U0813414

上海抗战与世界反法西斯战争研究丛书

记忆中的淞沪抗战

一二八淞沪抗战【上卷】

邓一帆——主编

上海科学技术文献出版社
Shanghai Scientific and Technological Literature Press

“上海抗战与世界反法西斯战争”系列丛书编委会

主　任：燕　爽

副主任：徐建刚　邢建榕　褚晓波

编委会（按姓氏笔画排序）：

王为松　邢建榕　朱敏彦　朱鸿召
余子道　张　云　吴瑞虎　洪小夏
徐有威　徐建刚　唐培吉　梅雪林
褚晓波　燕　爽

“上海抗战与世界反法西斯战争研究”丛书编辑部

主　编：余子道

副主编：张　云　梅雪林

编辑部成员（按姓氏笔画排序）：

王　健　王倍倍　邓一帆　李　莺
苏智良　余子道　张　树　张智慧
张　云　吴海勇　金光耀　杨凯茹
洪小夏　徐有威　唐　磊　梅雪林
韩洪泉　廖大伟　魏延秋

“上海抗战与世界反法西斯战争”系列丛书总序

徐　麟

伟大的中国抗日战争，是近代中国人民反对帝国主义侵略并且取得第一次完全胜利的民族解放战争，是开展时间最早、持续时间最长的世界反法西斯战争东方主战场。在这场历经十四年之久的抗日战争中，中国各族各界人民同仇敌忾、共赴国难，经过艰苦卓绝的浴血奋战，以巨大的民族牺牲，打败了穷凶极恶的日本法西斯侵略者，取得了辉煌的胜利。正如习近平总书记所指出的，中国抗日战争“为挽救民族危亡、实现民族独立和人民解放，为争取世界和平的伟大事业，作出了彪炳史册的贡献”。中国抗日战争是在中国共产党倡导的以国共合作为基础的抗日民族统一战线旗帜下进行和取得胜利的。以爱国主义为核心的伟大民族精神是中国抗日战争胜利的决定因素，中国共产党的中流砥柱作用是中国抗日战争胜利的根本保证，全民族抗战是中国抗日战争胜利的重要法宝。

上海抗战是中国抗日战争的重要组成部分。在中国抗日战争与世界反法西斯战争中，作为中国共产党的诞生地，上海这座具有反帝反封建光荣革命传统的英雄城市，发挥了独特的重要作用，作出了重大的历史性贡献。

20世纪三四十年代，上海这座国际性的大都市，已经成为中国与世界各国通商贸易的主要港口，成为中国经济、文化中心和政治、外交副中心。同时，上海又是当时中国最大的军港和守卫长江的大门，具有重要的军事战略地位，因而始终成为日本法西斯军国主义觊觎的一个战略要地。1931年九一八事变后，日本法西斯军国主义进而在上海挑起了一·二八事变，发动了对淞沪地区的武装侵略，驻守上海的十九路军和前来增援的第五军与上海人民一起奋起抵抗，给予日本侵略者以沉重一击，成为中国局部抗战历史进程中承前启后的关键性一役。九一八和一·二八时期的抗日武装斗争和民众抗日救亡运动，在世界上率先举起了反法西斯的旗帜，揭开了中国抗日战争和世界反法西斯战争的序幕。1937 年七七事变后仅一个月余，日本法西斯军国主义又把侵略魔爪伸向上海，遭到中国爱国军民的顽强抵抗，形成了以上海为中心的一场气壮山河、震惊中外的八一三淞沪抗战。七七卢沟桥事变和八一三淞沪会战，标志着日本法西斯军国主义全面侵华战争的开始。在中国共产党的积极倡导和推动下，抗日民族统一战线正式形成，揭开了中国全民族全面抗战的序幕，也标志着世界反法西斯的第二次世界大战在亚洲的东方战场正式形成。在八一三淞沪抗战历时一百多天的日日夜夜，中国军队和上海人民以其鲜血和生命，筑成了一座民族自卫的血肉长城，谱写了一曲民族团结、共御外敌的壮丽史诗。上海沦陷后，上海民众在全国人民和全世界爱好和平的各国人民的声援、支持下，面对极其艰辛险恶的环境，仍然以大无畏的英雄气概，坚定不移地继续投身于全民族抗战的洪流，对日伪的法西斯统治进行不屈不挠的斗争。中国共产党始终高举抗日民族统一战线的伟大旗帜，发动民众，团结上海各界人士，从人力、物力、财力等方面支持抗日民主根据地和抗战大后方的斗争，冒着腥风血雨，迎接抗日战争的最后胜利。

两次淞沪抗战及上海民众在十四年中不间断的抗日救亡运动，构成了一幅幅上海抗战英勇悲壮的画卷，也铸就了上海在中国抗日战争和世界反法西斯战争中的重要历史地位：上海不仅是中国对日作战的一个坚强的军事战略重镇，也是中国抗日救亡运动的前期中心和中国抗战文化的发源地；不仅是支援抗战大后方和抗日民主根据地的重要基地，也是世界反战反法西斯人士和中外难民的庇护所，是世界反法西斯舆论战、情报战的东方主要阵地，又是中国联系国际反法西斯阵营的纽带和桥梁。更为重要的是，上海抗日战争凸显了其重要的历史意义：它在外敌入侵、民族危亡的关键时刻，全面地、全方位地弘扬了以爱国主义为核心的民族精神，折射了中华民族有同侵略者血战到底的气概、有在自力更生的基础上光复旧物的决心、有自立于世界民族之林的能力，上海抗日战争在中国抗日战争和世界反法西斯战争历史上树立了一座永不磨灭的丰碑。

2015 年是中国抗日战争暨世界反法西斯战争胜利七十周年。在中共上海市委的领导和支持下，上海学术界和理论界经过多年的努力，联合推出了“上海抗战与世界反法西斯战争”系列丛书。这套系列丛书分为三个子系列，一是上海抗日战争史丛书，内中包括上海抗战史通论、一·二八淞沪抗战、八一三淞沪抗战、日军在上海的罪行与统治、上海人民抗日救亡运动、上海郊县抗日武装斗争、上海人民支援新四军与抗日根据地、抗战时期的上海经济、抗战时期的上海文化、上海抗战与国际援助等；二是淞沪抗战史料丛书，选辑和汇集民国时期有关上海抗战的具有代表性的通讯、纪实、回忆录及报告文学等鲜为人知的孤本、藏本影印重版；三是上海抗战与世界反法西斯战争研究丛书，其中包括资料性著作：如记忆中的淞沪抗战、淞沪抗战中文报刊资料选编、淞沪抗战档案史料选编、上海抗战历史文献选编等；专题性著作：如中国共产党与上海抗战、当代学者论淞沪抗战、国外学者论淞沪抗战、一·二八淞沪抗战画史、八一三淞沪抗战画史等；工具性著作：如上海抗战与世界反法西斯战争大事年表、上海抗战与世界反法西斯战争事件人物录等；通论性著作：在上述论著的基础上完成一部通论性著作，即上海抗战与世界反法西斯战争全史。这三个子系列丛书各有千秋、各具特色，在结集出版后，更能起到互相参照、取长补短的作用。可以说，这套系列丛书是上海学术界和理论界研究上海抗日战争和世界反法西斯战争的一项重大的学术成果，是对上海抗日战争史研究的一个重要总结和一次集中展示，也是向中国抗日战争暨世界反法西斯战争胜利七十周年献上的一份厚礼！

“疑今者，察之古；不知来者，视之往”。历史是最好的教科书。《上海抗战与世界反法西斯战争》系列丛书的出版发行，更是为了向社会提供一部能够弘扬时代正能量、培育与践行社会主义核心价值观的好教材。让我们站在新的历史起点上，进一步铭记历史、缅怀先烈、珍视和平、警示未来，为实现中华民族伟大复兴而奋斗，为促进世界的和平和发展作出我们应有的贡献。

2017 年 3 月

编辑说明

一·二八淞沪抗战和八一三淞沪抗战是中国人民抗日民族解放战争的重要组成部分。在抗日战争的伟大历史进程中，一·二八淞沪抗战是局部抗战中承前启后的关键性一役，八一三抗战是全国全面抗战的序幕，为捍卫国家独立和夺取民族解放，为赢得世界反法西斯战争的胜利，作出了足以彪炳史册的贡献。秉持铭记历史、缅怀先烈、珍爱和平、开创未来的精神，我们选辑了《记忆中的淞沪抗战》这部回忆文集。以下是关于本书编辑事务的几点说明。

一、本文集收录的文章，大都系当年参加过淞沪抗战的部队官兵、地方军政人员、民众各界人士的回忆记录、口述实录和传记史料，酌收一部分采访笔录和根据文字资料编写的文稿。

二、本文集分为三卷，上卷辑录记叙一·二八淞沪抗战的文稿，中卷和下卷辑录记叙八一三抗战的文稿。文集以两次淞沪抗战的战役为记述之重心，其他史实为辅。这些作品面世的时限，上起1932年，下迄2015年，其中有少量作品当时系军政机关的内部资料，未经公开披露。

三、全集收录的作品，综述性文稿排列在前，个案性文稿排列于后，后者按不同主题分类编列，一般以所述史实发生时间顺序予以排列。

四、收入本书的作品，一般按原稿或已发表的文章全文照录，个别作品编者有所删节，在文中以（上略）、（中略）、（下略）加以注明。各篇作品的出处，均在文末注明。书中所有注释，凡未注明“本书编者注”的，均系原文所作注释。

五、原文中遇有明显的错别字、脱漏、衍文时，分别以正字置于〔 〕内，脱漏字补于[]内，衍文以〈〉括出；字迹不清者以□标明。个别文稿原文未置标点符号，或标点符号混乱无序者，编者按原文行文情形加注标点符号。

六、收入本书的作品，大都为作者对于淞沪抗战的亲历、亲见、亲闻的忆述和记叙，由于作者的立场和观点有所不同，个人的经历和认知有其局限性，对史实和人物的是非功过的论析也有不同的见解，反映在文稿中的对历史问题的论析和见解问题，以及对史实记忆上的差错出入，在所难免。对此，本书编者本着“多闻阙疑”和“多说并存”的态度，未作改动和处理，敬请各位读者谅察。

编者

2017年6月

目录

Contents

二　作战历程

三　抗战人物

四 民众抗战

一　战役综述

回忆一·二八淞沪抗战

陈铭枢[1]

一　淞沪抗战的政治背景

十九路军驻防上海时，总指挥蒋光鼐虽然淡泊夷逸，对政治不热心，[唯]对抗日救亡则无比积极；蔡廷锴富于民族感情，也有强烈的爱国主义思想。马占山在黑龙江奋起抗战，博得社会舆论一致的赞誉，全军将士闻讯都跃跃欲试。蔡廷锴决心选拔一旅人，改为佩戴义勇军符号，北上赴援。这事至今我还记得很清楚。有一天我到上海，在我寓所与蒋、蔡两人一起回述往事，蔡廷锴说："我军虽然在国内打败过一些精锐队伍，但还不曾和外国敌军作过一次战，现在想起来都是罪过。我们过去苦是白受了，精力是白费了。"在言谈话语之间，我们都流露出对过去的极大不满。当时，我们三人经过协议，决定调一部分队伍北上，同义勇军并肩作战，并准备于出发之际，发出抗日通电，电稿我要王礼锡草拟。当组织义勇军正在进行之际，上海已处于暴风雨的前夕。1月中旬，十九路军同仇敌忾，坚定军人守土有责的决心，积极备战。蒋光鼐、蔡廷锴和戴戟联名来电报告，将在上海召开军事秘密会议，以确定军事行动。我即派京沪卫戍司令长官公署参谋长樊宗迟持我的三项指示前去参加。其中主要的一项，即"如日军向我防地进攻时，即在原地抵抗消灭之"。事后，十九路军总指挥部参谋蒋达文对我说："一·二八之夜，龙华警备司令室内，有三位长官，蒋光鼐、蔡廷锴、戴戟，连余共四人。1时15分[2]，

① 陈铭枢，一·二八事变及其前后一个时期曾任南京国民政府行政院代理院长、副院长，京沪卫戍司令长官、行政院交通部部长等职，是十九路军的元老和政治领袖。——本书编者注。

② 此系蒋达文1951年回忆稿所述时间，似为11时15分之误。——本书编者注。

余在司令室内接《大陆报》记者西人 George 紧急电话说：‘日寇现正由北四川路向闸北火车站方向前进。’立即报告三位长官，着余转知守军注意。20 分钟后，守军张君嵩团来电话说：‘来犯北火车站之敌已予以击溃，现正继续迎击中。’流血序幕正式开始。”

1932 年 1 月 28 日深夜 23 点 30 分，日军在闸北通天庵路，向我军翁照垣部不宣而战地发起袭击，十九路军迎头痛击，在激烈的巷战中揭开了一·二八抗战的战幕。当时蒋、蔡、戴三人立即电告军政部长何应钦，哪知得到的回电却是责难我军“违抗命令”。总指挥部即派蒋达文赶来南京向我汇报军事态势，他在汇报中说：“三位长官接到电报后，气得一言不发。”因我业已收到他们三人发来的急电，听他说完，即发回电。我记得回电的大意是：把我们十九路军将士的鲜血洒在黄浦江头，结束我们的光荣历史，我即来沪与袍泽共同赴难，云云。

原来前几天，蒋介石与汪精卫相继回到南京，就在抗战爆发前的数小时，蒋介石主持召开了国民党中央常委会，会上议决，汪精卫继孙科任行政院院长，孙科改任立法院院长，这便是史称的“蒋汪合流”。我借口战事紧急，愤而退席，连夜赶回上海，与十九路军同赴国难。

淞沪抗战发生后，南京中央政府异常混乱。蒋介石曾发过一个通电，被迫承认十九路军奋起抵抗是“忠勇自为”的行动，并说他“今身虽在野，犹愿与诸将士誓同生死，尽我天职”等一派鬼话。第二天下午，在蒋、汪共同主持下，又召开了一次中常会，匆匆作出两个决议案：1. 政府迁都洛阳；2. 在国民政府下设立军事委员会，推荐蒋中正、冯玉祥、阎锡山、张学良、李宗仁、陈铭枢为委员，行政院长、参谋总长、军政部长和训练总监为军事委员会当然委员；并指定蒋中正、冯玉祥、何应钦、朱培德、陈济棠为常务委员；李济深以训练总监为当然委员兼军委会办公厅主任。一个多月后，在洛阳召开的国民党中央政治会议上，经汪精卫提议，推荐蒋中正为军事委员会委员长，推荐冯玉祥、阎锡山、张学良、李宗仁、陈铭枢、李烈钧、陈济棠为常务委员（这次会议我没有参加）。同时决定，何应钦、罗文干（外交部部长）同我留守南京，负责对日本的军事、外交及首都治安事宜。

设立京沪卫戍长官公署，原系作为粤方代表入京开会的条件和保证，孙科在“宁粤合作”时出任行政院长后，本已失去存在意义，蒋、汪回到南京后，眼看就要被裁撤了，只因十九路军已在上海同日军开了战，才被蒋、汪保留下来。按规定，南京所有的宪、警都归我节制，可实际上并不听从我的指挥。如当时平津南下请愿抗战的学生大部分被押送过江，少数学生被首都宪兵司令部扣留关押，有人向我反映时我才知道，我马上派员持公署的公函前往交涉，才将学生释放出来。

烟霞洞会议后，蒋介石入京的那一天，我到中央军校去见他，他装模作样而又十分阴险地说："陈长官，我是在野之身，只有听你的了，你怎样处置我呢？"我听出了他的话中之话，意思是：我现在就要上台了，你能把我怎样？我就要对你不起。于是我急忙回答说："你还是中央三常委之一，我仍是听你指挥的。"说完，彼此沉默下来，无法继续谈下去，我只好告退。

在那几天，中央党部和政府（行政院）的各项会议，我虽然照常出席，显然没有前一个时期活跃，担子也轻了许多，不必再为孙科政府去自找麻烦了。会外的活动是常与冯玉祥、李济深接触，每当谈起救亡大计时，彼此的意见都基本一致，为后来的合作反蒋、坚持抗战奠定了友谊和基础。

蒋汪合流后，我的心情是极其沉重的。政治环境对我来说更是十分恶劣，要不是有十九路军三万余将士掌握在我的手中，我随时都会步邓演达的后尘。我之所以能保住一条命，还由于淞沪抗战打乱了蒋介石重新上台的内外政策部署。在政府决定迁都洛阳时，蒋介石乘机重新控制了国民党中央，我因此也辞去了行政院副院长一职。

我当时的沉重心情，绝不是一种多余的担心。一·二八事变发生的前四天，表面上业已下野的蒋介石，委派杜月笙和史量才通过张静江对蔡廷锴说："上海日军处处挑衅。若不善于应付，战争大有一触即发之势。望你体谅中央意旨，最好将部队撤退到后方南翔一带，以免与日军发生冲突。倘能撤退，我可报告蒋总司令（对蒋的旧称）。"蔡廷锴当即予以严词拒绝。蒋介石获悉后，立即密令南京宪兵第十六团于1月28日赶到上海，接替闸北翁照垣部的防务。蔡廷锴严令翁照垣拒绝交防。当蒋介石随同政府在逃往洛阳之前，又特别把何应钦留在南京执行其军事上的不抵抗政策，留下罗文干来办理其投降外交。当十九路军奋力抵抗日军坦克、装甲车和飞机的连续进攻，迫切需要平射炮和高射炮的支援时，虽经一再呼吁请领，可军政部始终不发一枪一弹，甚至还通令各部队说："十九路军有3师16团，无须援兵尽可支持。各军将士非得军政部命令而自由行动者，虽意出爱国，亦须受抗命处分。"因而当时驻在淞沪战地周围的蒋介石控制下的60个师的兵力，皆按兵不动，坐视我军孤军苦斗，不予支援。更令人痛恨的是，留驻上海的国民党海军，不但不给十九路军以任何援助，反而与日本海军当局达成协议："此次行动，并非交战，如中国海军不攻击日舰，日本舰队也不攻击中国舰队，以维友谊。"真是既可卑又可恨！

二　蒋介石破坏抗战

淞沪开战后仅仅十几天，日军在我十九路军将士几次反击均大获全胜的军事态势中，为等待增援，曾多次要求停火，并被迫三次易帅。2月10日，日本派他们的正规军第九师团长植田谦吉率部到沪后，何应钦恐慌万状，急派军政部次长陈仪、陆军步兵学校校长王俊为代表，于2月13日抵沪，与美、英、日等领事磋商和谈。我看透了这种丧权辱国的行为，发了“真”电致蒋光鼐、蔡廷锴、戴戟和各师、旅长，说：“本军为着精神、道德、正义、公理、光荣、自由而抵抗暴日，其价值是绝对的、永久的，吾侪必须贯彻全军牺牲之初心，以完成民族命运所寄托之使命。”又说：“本军抗战十余日来，所表现之忠烈神勇，虽足昭示中外，然尚未至全军决战之期。大敌不惧，失败非辱。”最后说：“近日颇有人发议，不忍本军牺牲，无以为继，亟欲设法避免再战，枢极不谓然。故略申前义，以勖兄等，愿共勉之。”在他们出发之前的2月12日，又特地给蒋、蔡、戴发去份密电，中有“达天（即王俊）和议，诚属徒然。……民族生机，只有不计死亡，持久抵抗。‘真’电之意，当可了然，望兄等坚决到底，不为任何当局所动摇”等语。蒋介石在我军中有特务，此电内情哪能瞒得过他。

在此之前，我在南京萨家湾交通部长官邸还接见了前来请求参战的宋希濂部的一批黄埔青年军官，并收到由孙元良领衔300多人签名的请愿书，要求到上海支援十九路军。许多人还慷慨激昂、声泪俱下地说，如达不到目的就要死在我的面前。我很感激地对他们说：“我代表十九路军欢迎你们前去共同对敌，我负责向你们的上级讲话。”他们辞去后，我立即给何应钦打电话，也曾同何应钦当面谈过上述情况。后来，他们所属的八十七师和八十八师在张治中的率领下，于2月9、10日两天开到上海与十九路军并肩作战，既有重大的牺牲，也有重大的战绩，因而我在致蒋介石的电文中说：“前方两军——十九路军与第五军协同作战，情同手足，亲如一军”云云，这又触犯了蒋介石的大忌。

开战后约一个星期，一天，冯玉祥、李济深看到十九路军孤军奋战，很难持久，便约同汪精卫到浦镇找我去同何应钦商谈增援问题。商谈中，何也承认“上海一隅，不仅为中国抗战的成败之所系，亦为世界视听之所系，要十九路军固守原防”。但对于援军问题，则以“开赴不及”为辞，不了了之。没过几天，蒋介石亲自出马，找我同何应钦、罗文干去商量，他说：“十九路军已经保持了十余日的胜利，能够趁此收手，避免再战为好。”谈论中，他又提出办法说：“一、如日军确无侵占我闸北企图，双方即协议停战办法，从速转入外交谈判途径；二、停战条约须双方退至相当地点，中国军队退出的地方由中国警察维持。”蒋还说：“这个办法要十九路军根据外交部的指示办理。”他还逼我、何应钦、罗文干会衔致电蒋光鼐、蔡廷锴遵照待命。至于陈仪、王俊两人奉命所搞的秘密外交，当时的实际情况我并不清楚，只知道他们是日本通，同日本的军政界朋友有密切关系而已。那天发出的“真”电密文，是我在推测判断中，在忧心忡忡的情况下而特地发出的指令。果不其然，14日蒋介石又要我照他的意图打个电报给蒋光鼐、蔡廷锴，我记得电文大意是：“政府对外态度与民众口气（即抗日言论），有其轻重缓急的不同作用，兄等须谨慎其事，按照政府指示而行。外间不负责任之议论，可不理会也。”由于我当时的处境困难，加以这一问题本身的复杂性，只得在电文的结尾加上一句说：“以上是总司令（沿用部属对蒋的旧称）面述电达，即希查照。”但我生怕他们不理解我的心境，故而又在16日那天给蒋、蔡、戴三人发去一电，中有“目前国论，确为之和、战交持之局。昨日孙科、张静江等犹有电责难政府，应立决和、战大计。而主和派某某等，其论谈又适与相反。今日岂有和之可言，惟有降服。降服，敌人亦不能放我，虽想战，又岂有战之可言。绝交宣战的形式，既不适用，又有可适用者，惟有处处与之抵抗到底而已。……惟上海战争，必须在原线抵抗，或终必难支持，亦即失败，败后，化整为零，做类似土匪式不规则作战。其最后结果，积极言之，仍可使有利于外交之解决；消极言之，亦可见我民族之精神。十九路军若遭覆灭，全国犹有千百十九路军，前赴后继，仍是十九路军之成功也。”次日，蒋、蔡、戴复电说：“铣电奉悉，职等亦作如此打算。希望政府有整个计划，若头痛医头，脚痛医脚，则始终无济于事也。据各方报告，敌今晚或明日有总攻企图，已严阵以待矣。”

此时，敌全部兵力已增加到二三万人，野炮六七十门，并有海军陆战队分布次要战线，敌舰数十艘也已集中在吴淞口，飞机增加到60余架。20日晨，敌军倾巢进犯，发动了又一次总攻，向我江湾阵地进犯。我军仅仅凭靠作战十几天来的经验，战火猛烈时，我军隐伏在战壕之中，待敌接近时，奋起以手榴弹还击，敌军攻势每每为我军击破。侵犯闸北的千余敌军和十余辆坦克，因遭我地雷的杀伤，死伤枕藉，我军乘胜追击，残余敌军向沈家湾溃逃。可是我军在后继无援的情况下，遭到侵扰一日重于一日。第八十七师二六一旅，宋希濂旅长辖下的五二一团第一营，在前、左、右三面受敌围攻的紧迫状态下，很多军人苦战牺牲，伤者亦无法运送下来，而该营官兵仍然沉着应战，视死如归。营长唐德左臂受伤，不仅继续指挥作战，且亲自投掷手榴弹与敌军肉搏……

前线战事紧迫如斯，可蒋介石、汪精卫控制的国民党中枢既无定策，还散布继续和谈的言论，来动摇士气。于是，22日我到南翔十九路军总指挥部同各位负责人会商，仍要继续挣扎下去。我们虽然早已看清蒋介石蓄谋破坏抗战，但为情势所迫，故又再次由我出面向蒋介石发电呼吁，请他调已驻扎在京沪线的上官云相部担任第二线工事的构筑；并请他此前承诺的调江西卫立煌、谭道源等部兼程前来支援。在此之前，我们还派参谋长邓世增去洛阳见蒋介石，坚催援兵。哪知23日却接到参谋长的来电说："伊(蒋介石)云：各部队均未集中，何能增援，预计增援部队需在10日以后，希嘱蒋、蔡诸兄，务照原定计划，迅在南翔之线，构筑工事，以期长久抵抗。至于撤退时间，由蒋、蔡诸兄察看情形，自行定之。"据此看来，蒋介石简直是又在耍流氓了。开战已有20余天，怎么能说部队还未集中呢？而且京沪线上的上官云相部和已到杭州的戴岳独立旅，只要他肯下命令，几个小时就可开到前线。我们会商时曾认为，只要在三四天内增加四团兵力，就可以在原阵地支持一个星期以上，如果蒋介石以前所答应的调蒋鼎文师来支援，则可稳操胜券。为此，我又急电蒋介石、汪精卫、何应钦、朱培德、陈济棠等人说清此意，请即设法增援。蒋介石于25日致电蒋、蔡说："第二次决战之期约在艳、东两日，我军援兵非到鱼日不能参加战斗，请尽量节省前线兵力。"这又是他要十九路军处于进退维谷，迫使全军后撤，便于实现与日军议和的花招。26日，业已开到接近前线的上官云相师，除派出一个团在南翔的第二线构筑工事外，其余的两团均按兵不动。不几天，何应钦忽又发来急电，命令将两个团撤退到镇江，另一团调往南京，归宪兵司令谷正伦指挥。这是蒋介石破坏抗战的最后一招，也是我决心同蒋介石决裂的开端。

3月1日，敌军调集七八万兵力，200多架飞机，向我军绵延百余里(1里＝500米)的防线开始了新攻势。蒋光鼐在态势危急而又后援无望之下，于午后9点忍痛下令，命十九路军和第五军撤退到嘉定、黄渡一带的第二道防线。全军将士奉令之时，尤不义愤填膺，声泪俱下。

上述的回忆足以证明：增援问题，实际上是一个和与战的问题。为此，在开战后的一个多月中，我同蒋介石进行了反复的斗争。蒋在同我的争论中，答应调江北的胡宗南、梁冠英的两师秘密渡江支援。事后，又让何应钦来对我说："日本军舰已向我方提出警告，如我调兵渡江，就要开炮射击。"我致电蒋介石、汪精卫、李济深说："敌如果寻衅，于我正为有利。"但蒋、何仍是百般推诿。至于同何应钦之间的直接斗争,那就更为尖锐激烈了。何曾多次向我发脾气说:“不要打了,打了十几天也够了。”我坚决回答说:“前方的官兵要打,老百姓要打,我能叫他们不打吗?”他愤愤地说:“什么老百姓?”我也气愤地顶他说:“开战以来,我们牺牲了多少生命财产,难道就这样罢了不成!”一句话说得他一言不发。我同何不仅常常面对面地争得面红耳赤,还常常在电话上闹起来,愤激时常常彼此掼掉了电话机。直至3月1日敌军又开始了新的攻势,十九路军由于实力不足,致使浏河阵地失陷,我军的侧面和后方都受到严重威胁。我和蒋光鼐请军政部速派两师驰援浏河,但军政部长何应钦置之不理,我军被迫退出上海。于是3月3日,国际联盟开会,要中日双方停止战争。5月6日,《淞沪停战协定》签字,一·二八淞沪抗日战役就此告终!

就在同意蒋光鼐下达撤军命令时,我的内心十分痛苦,悔不该没有接受一五六旅旅长翁照垣的献策。

开战之初,日军屡次被十九路军击败,当我军发起追击时,日军又屡屡向租界溃退,并利用租界作掩护向我军射击,而我军又不能朝租界回击日军。特别对我不利的是,敌所控制的登陆据点都在租界之内,如虬江码头、汇山码头等处,使租界既成了日军的保护伞,又成为对我军攻击的根据地。十九路军七十八师一五六旅旅长翁照垣,是当时防守吴淞、闸北一线的前线指挥官,回击日军侵犯时开第一枪的是该旅的张君嵩团。他针对这一形势,便向我当面献策说:在敌军向我进攻时,我应将大量兵力集结于适当位置,待敌向租界溃退时,我即进入租界跟踪追击,以大量兵力作为后续部队一举歼灭敌军,并乘胜占领苏州河以北的租界地区或整个上海租界。由于我当时顾虑过多,没敢采纳这一大胆的妙策,现在回想起来还后悔不及。

十九路军撤退后,我特用信、电给行政院长汪精卫说:“惜哉!前误于军政部之不调援军,后误于上官云相之不愿作战。”又说:“枢默念深思,方今对内对外,惟有集全党意志,树立统一巩固之中枢,提挈全国一致所趋之民众,与暴日周旋,此外,一切人事臧否利害,均当暂置。兹值粤已听命,各中委齐集行都,尤为难得之机,虽权位不称,亦旋转之一大关头也。”这是我后来企图联合国民党元老派对蒋介石施加压力的张本。同时,我又以极不满的心情,给予我有私交但在政治上各行其是的段锡朋一电,说:“枢病中熟思,对于全会(国民党中央全会,此时将在洛阳召开),愧无具体贡献,窃本精神,谨呈数言如下:堪忍委屈,通力合作,致斯祥和,国乃有救。兄可代向诸同志前一陈。枢每见外人,常以中国政府能否统一为问，日复国联通牒，亦以无组织之国家见诬。嗟乎！外侮非足亡国也，亡国者自侮也。心之忧矣，聊复区区，愿毋河汉。”这是我对蒋介石破坏抗战愤懑情绪的发泄。

三　淞沪抗战中两个较突出的人物

翁照垣在淞沪抗战中，因固守吴淞、闸北之线，开战最早，战绩也较突出，一时声名鹊起，仅次于蒋、蔡两人而驾于其他师旅长之上。徐名鸿在淞沪抗战初仅任七十八师秘书，后调总部任秘书长，其声名虽不及一般带兵官，但在职责范围内的一切工作，是做得很出色的。两人后来在福建人民政府成立时，亦为关键性的人物之一。故在此介绍其生平概况，以及他们与我的关系。

翁照垣为广东惠阳人，行伍出身，曾是陈炯明部下的一路司令。革命军东征时，惠州之役，他为敌对一方。失败后进入日本士官学校，毕业后到南京求见蒋介石，想谋一差事。蒋记前仇，拒不见。那天，适我也到总司令部见蒋，在会客室见一操广东口音的壮年男子同接待人员争吵。我上前问明原委，知其遭遇，不禁产生同情之心，乃赠送 5 000 元，并嘱其再出国深造，勉以将来为国效力。此后，他到法国学习航空。学成归国后，适我任广东省主席，正在成立省保安团，我即委他为第四团团长，部队驻扎在黄埔。1931 年我被逼出走，翁到香港来见，他说他要带一帮人进广州去把陈济棠干掉。我没有答应，叫他回去看看情形。他临走时说：“如陈济棠不来侵犯则罢，否则就同他拼到底。”当时省保安团有四个团，分驻各地。黄固、樊宗迟、符岸坛各团，均不发一枪即被陈济棠缴械。惟翁照垣坚守原防，在陈济棠的陆海空军联合进攻下，至弹尽粮绝，始只身泅水搭上轮船赴港。至此，蒋介石发现了他的骁勇，任命他为警卫师的旅长。不久，十九路军在江西新成立七十八师，我又把他要回来任一五六旅旅长。翁早年参加过国家主义派，但以后并没有组织关系，也没有在军中搞组织活动。淞沪抗战后，十九路军在全国人民的支持下，有了一点声名，而青年党曾琦、李璜之流居然大言不惭地说：“淞沪抗战是青年党领导的。”我记得我同十九路军几位负责人曾公开予以驳斥。

十九路军调闽后不久，翁照垣便辞去军职，代表十九路军到南洋各地慰问华侨，感谢他们的慷慨支援。不久，日军入侵热河，他又只身北上，出任东北军张学良部的师长，曾在长城一带转战。当我由欧洲回到香港后，在酝酿福建人民政府阶段，他立即回闽，出任福州城防司令。福建人民政府成立那天，他任成立大会的会场总指挥，第一面国旗由他捧出，因而有人说：“这面国旗是国家主义派的标记。”这真是令人不可理解。后来，他任泉州兴、泉、永民兵总司令，做收编地方武装的工作。我到泉州时，他对十九路军不战而退出福州，深为不满，同我大闹了一场。1936 年李宗仁、白崇禧发动反蒋运动时，蔡廷锴到了南宁，并着手招致旧部，重新组织十九路军，翁任六十师师长。1937 年全面抗战爆发，翁亦随之而来，并带有他以前的部下多人前来，并曾见蒋介石，要求派到前线作战。蒋对他真是旧恨新仇，念念不忘，故拒绝录用。最后还是我同白崇禧向程潜推荐，由程带到河北保定行营任战地督战官。后来他在巨鹿督战时负伤，从此南归，脱离军籍。新中国成立后闻在香港经营农场。

徐名鸿，广东丰顺人，早年在北京高等师范学校读书时，曾受无政府主义思想影响，对古典文学有基础。毕业时因成绩优异，留校任讲师，教《元曲》。其时，梁漱溟任北京大学教授，曾以“勉仁斋”组织讲学，专讲“东方文化哲学”，徐参加听讲，不久就成了梁的高足。梁在山东筹办曲阜大学时，徐应师命前往筹备。我在南京内学院从欧阳竟无学佛时，虽耽禅悦，而实未忘情政治。因早闻冯玉祥以基督教练兵，颇有成效，心想我也可以用佛教来练兵，故决到北京南苑冯的兵营参观。行前熊十力（内学院同学）为我介绍梁漱溟。到北京后，我在梁寓见徐在听讲，印象甚佳。此后，我重返粤军，革命高潮到来，顿感军中缺乏文化政治人才。

于是我想起了北京的梁漱溟。我便找李济深、张难先商量（张时任李济深梧州商埠督办公署的榷运局长，他在北京任陆军部录事时，同梁就有交谊），即由我们三人联名函请梁到广东参加革命。后梁本人以学校工作不能来，乃介绍他的学生徐名鸿、黄艮庸等来粤。时我师已平定南路，正处于北伐战争前夕。我又奉国民政府命令，偕白崇禧到湖南与唐生智联络，与白同行的是刘斐，徐名鸿等即作我的随员同去。任务完成后回广东，即出师北伐，我以黄艮庸为师部秘书，徐名鸿为政治部秘书。师政治部主任为戴笠农，副主任为钟喜焯，戴、钟两人不久均离去，徐遂升为主任。在北伐战争中，徐的工作表现甚好，深得总政治部主任邓演达的欣赏。因邓在汀泗桥战役时，随我师前进，故对徐甚了解。第十师到武汉后扩编为十一军，徐升任军政治部主任。在我脱离武汉政府后，徐同蔡廷锴的关系搞得很好，并深受邓演达的政治思想影响。十一军参加第一次北伐回到武汉时，武汉政府已为国民党右派把持。蔡廷锴在南昌起义后将军队开入福建，而徐名鸿则随叶挺、贺龙到了广东。叶、贺失败后，徐逃回他的家乡躲避，后到广州，又为李济深的第八路军总部逮捕入狱。时李已到上海，总部由参谋长兼广州城防司令邓世增主持。后经梁漱溟保出(时梁任广州政治分会委员),即任梁主办的第一中学教务主任。当我在江西任剿赤右翼军司令长官时,徐曾来我军中,为我同邓演达进行秘密联系工作。在淞沪抗战发生前,蔡廷锴任命他为七十八师秘书,后又调任总部秘书长。凡关于十九路军的对外宣传、组织民众、征集物资、分配慰问品,以及接待中外记者等工作,均由他主持。他成了蔡廷锴的得力助手。到闽后,他又协助蔡廷锴主持闽西善后处、闽西善后委员会,任秘书长。在他主持下,草拟了一个闽西善后委员会的组织大纲,在大纲中提到:政权属于全体生产人民,并实行"耕者有其田"和"计口授田"的办法。我从欧洲回来后,曾多次同他交换意见。最后实施前,我曾叫他到香港来详细讨论过。福建人民政府成立后,我兼任军事委员会总政治部主任,并任他为副主任兼十九路军总政治部主任。失败后,他逃入广东,在沙河坝被捕。旋被陈济棠杀害,时年仅38岁。

《陈铭枢回忆录》,中国文史出版社,2012年版,第98—109页。

十九路军淞沪抗战回忆

蒋光鼐　蔡廷锴　戴　戟[①]

一　淞沪战争的爆发

一九三一年九一八事变后，国民政府采取不抵抗政策，日本侵略军得寸进尺，妄想吞并整个中国。日军侵占东北三省得手以后，从一九三一年十一月起，先后在天津、青岛、汉口、福州、重庆、上海等地进行闹事挑衅活动。一九三二年一月中旬，日本帝国主义部署了以上海为中心的压制抗日运动和军事侵略的阴谋，派遣军舰三十余艘和陆战队数千人登陆，通过驻华军唆使所谓“居留民”集会游行，捣毁了虹口北四川路的一些中国商店，闸北区还发生日僧五名和三友实业社工人殴打冲突事件。就在此时，日本领事村井向上海市政府提出了封闭上海市各界抗日救国会和封闭上海《民国日报》等无理要求。当国民政府还没有作出答复以前，日方又在一月二十六日发出了“哀的美敦书”，限令在四十八小时内（即一月二十八日下午六时前）对村井的要求作出“圆满”的答复，不然就要自由行动。上海市市长吴铁城秉承蒋介石的屈膝投降政策，接受了这个最后通牒，在限期前封闭了抗日救国会，以打击爱国力量的手法来谋求对日军的妥协。不意在村井表示满意之后，日舰队司令盐泽幸一又在当晚发出了另一个以护侨为名的通牒，限令我第十

---

① 蒋光鼐，一·二八抗战时任第十九路军总指挥、京沪卫戍司令长官，后参与领导发动反蒋的福建事变。抗战时期曾任第四战区、第七战区副司令长官。新中国成立后曾任纺织工业部长、民革中央常委等职。蔡廷锴，一·二八抗战时任第十九军长，后参与领导发动反蒋的福建事变，抗战期间曾任第六集团军副总司令、两广边境司令。新中国成立后，曾任国防委员会副主席、国家体委副主任、民革中央副主席等职。戴戟，一·二八抗战时任淞沪警备司令，后参与发动反蒋的福建事变。新中国成立后，曾任安徽省人民政府副省长、省人民政府副主席。——本书编者注。

九路军立刻退出闸北让给日军进驻。盐泽没有等待中国政府答复，就下令开始军事行动。午夜十一时余，日海军陆战队向闸北我军进行突袭，我军奋起自卫，向日军还击。淞沪抗战在日军的不宣而战下爆发了。

二　十九路军的抗战准备

九一八事变后，在中国共产党的号召和影响下，抗战呼声响遍全国。第十九路军驻扎江西时，在中国共产党和红军“中国人不打中国人”、“枪口一致对外”的正义号召的推动下，全体官兵三万余人，曾在赣州宣誓反对内战和团结抗日；调防淞沪一带后，在上海人民抗日宣传的影响下，更下定了为中华民族图生存、为中国军人争人格的决心。当时我军有些部队的驻地，靠近日军的营房，彼此可以望见。我军官兵故意每天在日军面前举行野外演习，让日军知道，第十九路军是不怕日本帝国主义的！

我军广大官兵虽然早有抗战的决心，但我们在组织上的准备工作，是不够充分的，特别是跟处心积虑要侵略中国的日军比较，更相差很远。敌人在发动九一八、一·二八事变以前，是经过长时期的动员工作的。而我们呢？政府既坚持不抵抗主义，当然谈不到准备；第十九路军本身从九一八起，连官兵军饷都领不到，要做准备工作，也是心有余而力不足。而且当时调沪不久，情况生疏，对于日军的真正企图，看得也很不准确。国民政府没有给我军提供任何有关的情报，我们直到战争前两星期，才从自己所得到的情报中判断日军的侵略已不可避免，才积极进行应战部署。

我们的军事布置工作，是在一月十五日以后开始的，距战争爆发还不到两星期。但在这段时间里，我们做了不少工作，这是我们能够有效地打击日军的关键所在。一月二十三日，我军在龙华警备司令部召开了驻上海部队营长以上干部的紧急军事会议。参加这个会议的有蒋光鼐、蔡廷锴、戴戟、张襄、区寿年、翁照垣、黄固、林劲、丁荣光、樊宗迟、杜庆云、王赓、张君嵩、顾高地、徐义衡、杨富强、钟经瑞、李扩、钟桓、云应霖、黄曦、王贻愕等。蔡廷锴、蒋光鼐、戴戟等都在会上讲了话。蔡廷锴在会上说：“日本人这几天处处都在向我们寻衅，处处都在压迫我们，商店被其捣毁，人民被其侮辱，并加派兵船及飞机母舰来沪，大有占据上海的企图。我最近同戴司令一再商量，觉得实在忍不下去，所以下了决心，就是决心去死。但死也要有死的方法，所以今天召集大家来研究。”戴戟在会上说：“天下兴亡，匹夫有责。成败何足计，生死何足论。我辈只有尽军人守土御侮的天职，与倭奴一决死战。”蒋光鼐在散会前说：“从物质方面说，我们当远不如敌。但我们有万众一心的精诚，就可以打开一条必胜之路。何况我们还有两三万人，真不能挽救中国吗?”

紧急会议讨论决定了一切必要的应变措施（包括准备军粮物资等在内）。所有参加会议的人，都表示决心保卫上海，矢志不渝。根据会议决定，在下午七时向我军各部发出如下密令：

一、据报日方现派大批舰队来沪，多有向我政府威逼取缔爱国运动并自由行动之企图。

二、我军以守卫国土，克尽军人天职之目的，应严密戒备。如日本军队确实向我驻地部队攻击时，应以全力扑灭之。

三、第七十八师第一五六旅担任京沪铁道以北至吴淞、宝山之线，扼要占领阵地。第一五五旅担任京沪铁道线（包括铁道）以南至虹桥、漕河泾之线（南市、龙华之团即在原地），扼要占领阵地。

吴淞要塞司令率原有部队固守该要塞，并且与附近要塞之友军，确取联络。

铁道炮队及北站之宪兵营归第七十八师第六团团长张君嵩指挥。

丹阳第六十师黄茂权团，限明日（二十四日）开至南翔附近待命外，其余沈光汉师、毛维寿师为总预备队，在原地候命。

各区警察及保卫团受各该地军队高级指挥官指挥。

四、总指挥部移驻真如。警备司令部仍暂驻龙华。

一月二十四日，蔡廷锴与区寿年、谭启秀、黄固、翁照垣到达苏州，召集第十九路军驻苏高级将领沈光汉、李盛宗、邓志才等在花园饭店举行紧急会议。蔡廷锴在会上表明第十九路军抗战决心，并传达解释了二十三日发出的密令。参加的驻军将领，也一致表示反对不抵抗和拥护团结抗日。

两次会议以后，第十九路军各部基本上完成了战略战术的准备。全军动员起来了，有了充分决心，准备随时迎击来犯的敌军。

三 淞沪抗战的经过和我军的撤退

一九三二年一月二十八日深夜二十三点三十分，日军在闸北天通庵路突然向第十九路军翁照垣部袭击。我驻军依照总部二十三日下达的密令第二项“如日本军队确实向我驻地部队攻击时，应以全力扑灭之”的规定，当即给予还击，发生猛烈巷战。此时日军就用铁甲车二十余辆为前导，兵五路从闸北各马路口进犯。总部接到报告后，蒋光鼐、蔡廷锴、戴戟三人星夜步行经北新泾至真如车站，设立临时指挥部，依照原定计划，以电话命令后方部队迅速向上海推进。二十九日天亮，日本飞机出动助战，在闸北、南市一带滥施轰炸，战火逐渐扩大，但在我军坚强抵抗下，敌军各路进攻均被击退。我军先后截获其铁甲车三辆，毙伤敌军甚众。

敌方因进攻没有得手，第二天晚上二十点，通过英、法、美各国领事，向我提出停战要求。我们明知其为缓兵之计，但我军也要加强部署，所以接受了这个要求，命令前线停止战斗，严密戒备。指挥部同时即将原驻镇江以东的第六十师调到南翔、真如一带，并将第六十一师调运来沪，原在上海的第七十八师全部投入前线，加强防御。

二十九日上午，我军向全国各界发出通电，略谓：“暴日占我东三省，版图变色，国族垂亡！最近更在上海杀人放火，浪人四出，世界残暴之举动，无所不至。而炮舰纷来，陆战队全数登岸，竟于二十八日夜十一时三十分公然在上海闸北侵我防线，业已接火。光鼐等分属军人，唯知正当防卫，捍患守土，是其天职，尺地寸草，不能放弃。……第十九路军总指挥蒋光鼐、军长蔡廷锴、淞沪警备司令戴戟。”

一月三十日，日巡洋舰三艘、驱逐舰四艘、航空母舰两艘并随带陆战队五千人到沪。敌军增援后，对他们自己提出的停战要求，无耻抵赖，在三十一日二十三时，再度向我闸北防地猛攻，仍被我军奋勇击退。

战争开始的第一个星期，始终在闸北范围进行，敌军丝毫没有进展。二月四日，敌军开始第一次总攻，战火蔓延到江湾、吴淞一带，各线均展开了猛烈战斗。结果，在闸北方面向我青云路进攻的敌军被我击退，吴淞屹然无恙，江湾敌一联队（即一团）被我包围歼灭。我军乘胜反攻，各线激战达九小时之久，完全粉碎了敌军这次的总攻。敌司令盐泽幸一也因此被免职调回本国。

接替盐泽幸一的是海军第三舰队司令野村。野村到沪后，敌军续有增援，海陆空军已增加到万余人以上。二月十一日，野村对西方记者说：“日军渡过蕴藻浜之日，即为日军行动终止之时。”又说：“日军在吴淞踏平华军壕沟之日，为时不远。请诸君拭目相观，届时即可结束华东之抵抗。”野村的口气，虽然也很骄傲，但与盐泽在战前所说“一旦发生战事，四小时即可了事”的狂妄态度比较，却较为圆滑一些，也反映出日军指挥官在遭到坚决抵抗以后，不再敢那么趾高气扬了。

二月十一日下午，日军一面出动飞机在闸北投下了大量烧夷弹，同时用大炮轰击；一面向蕴藻浜、曹家桥一带进攻，并不断增援。我守军猛烈抗击，最后展开肉搏战，毙敌数百人。战况的剧烈，为战事开始以来所仅见。至晚七时，我军将进犯蕴藻浜之敌，全部击退。

吴淞方面，当闸北战事重起时，日军曾分一部分海空军向吴淞炮台和吴淞镇进犯，另有一股进袭吴淞附近的张华浜。二月四日，敌集结大小战舰二十余艘，飞机数十架，对准我吴淞炮台轮番轰炸。至二月七日，炮台全部被毁，但我步兵仍坚守阵地，浴血阻击，使敌无法登陆。在蕴藻浜南端淞沪铁路桥梁旁的敌军，也被我第七十八师守军击溃。二月十三日，我驻守蕴藻浜北端纪家桥的第六十一师出击部队，也奋勇击退了强敌“久留米”师团的主力。敌原来企图从几面包抄我吴淞守军的计划，完全被我粉碎。

二月中旬，野村的职务已改由第九师团长植田谦吉接任。随植田开来上海的陆军达万余人。植田谦吉以总司令的身份，也发表了谈话。他说，他要迫使第十九路军撤退。二月十八日，植田谦吉向蔡廷锴提出了如下的“哀的美敦书”一件：

本职基于欲以和平友好之手段达到任务，热烈希望，兹对贵军通告左开各件：

一、贵军应即从速终止战斗行为，于二月二十日午前七时以前将现据之第一线撤退完了。于二月二十日午后五时以前从黄浦江西岸由租界西北端连结曹家渡镇、周家桥镇及蒲松镇之线起算，黄浦江东岸由连结烂泥渡及张家桥之线起算，各从租界境界线向北二十基罗米突之地域（包括狮子林炮台）内撤退完了，且在该地域内撤去炮台及其他之军事设施，并不新设之。

二、日军于贵军开始撤退后不行射击轰炸及追击动作，但用飞机之侦察，不在此限。又贵军撤退后，日本军队保持虹口附近之工部局道路地域（包含虹口公园之周围）。

三、贵军第一线撤退完了之后，日本军为确实实行起见，派遣有护卫之调查员于撤退地域。该项调查员带日本国旗，以资识别。

四、贵军对于该撤退地域外，上海附近之日本人生命财产应完全保护之。此项保证如不完全，日方当采用适当之手段。

五、关于上海附近(包含撤退区域)外国人之保护，容另商议。

六、关于禁止排日运动，一月二十八日吴市长(按：指吴铁城)对于村井总领事之约诺应严重实行，关于此项，当另由帝国外务官宪对贵国上海行政长官有所交涉。

如以上各项不能实行时，日本军将对贵军不得已采取自由行动。其结果所生之一切责任，应由贵军负之。

蔡廷锴接到植田这个荒谬绝伦的"哀的美敦书"后，即送蒋光鼐，决定召集高级官长会议。大家在会上看见这个文件都很气愤，指挥部立即下令前线部队集结炮火向日军阵地猛轰，作为对植田的复文。

这时，敌全部兵力已有二三万人，野炮六七十门，并有陆战队分布次要战线，敌舰数十艘集中于吴淞口，飞机增加为六十余架。

二月二十日晨，敌发动又一次总攻。先以大炮分向我江湾、庙行镇等地猛轰。步兵协同坦克部队，一路进击张华浜一带；另一路由杨树浦进犯，来势甚凶。我军在装备上比敌人差得多，但与敌人接战了二十几天，取得了一些经验。当敌人倾巢来犯、战火猛烈时，我军隐伏战壕以逸待劳，候敌军接近时即以手榴弹还击，敌人攻势每为我击破。向我炮台进犯的敌军，被迫后撤。闸北敌军千余人和坦克十余辆，因触地雷，死伤枕藉，残余兵士向沈家湾溃逃。江湾、庙行间的战斗也激烈异常。这两处阵地位于闸北与吴淞之间，形势重要，是敌攻击的重点。二十一日起，在敌酋植田亲自指挥下，以步兵数千人配合飞机、大炮，向我冲击，敌我死伤均重。延至二十三日黎明，敌试图从江湾车站包抄我江湾镇，我军对敌冲锋多次，弹雨血花，杀声震野，敌不支溃退。我生俘敌营长一名及士兵数百人，缴获步机枪数百支，江湾阵地始终确保。庙行镇方面，敌从二十二日起，向我竹围墩间的麦家宅阵地进攻，发炮数千发，飞机轰炸终日不停。我第八十八师第二六二、第二六四两旅奋力抗御，正在危急时，我第六十一师第一二二旅从右翼增援，第八十七师第二六一旅从左翼向敌包抄，庙行镇阵地终于转危为安。此役敌遭受重创，当晚敌第九师团有一部分散兵，逃到杨树浦汇山码头一带，企图觅船回日，其狼狈情况，可见一斑。

此后一连几天，敌方继续用飞机大炮向我阵地轰击。至二十五日，敌向庙行前线第八十七师第二五九旅、第六十一师第一二二旅和独立旅古鼎华团等新接防地进攻，炮火集中在金家码头一带，十几分钟内，落弹数百发。古团几乎支持不下，经第六十一师第一二一旅以预备队全部赶到增援，两部会合，拼命坚持。第七十八师第一五五旅生力军又从广肇山庄和何家宅一带向敌猛攻，反复冲杀；至晚又会同第一二二旅第五团向侵入小场庙的敌人反攻，最后展开肉搏，阵地终于收复。至是植田所布置的总攻计划也宣告破产。

此时，敌旗舰"出云"号被我敢死队潜水炸伤，日本国内震动，且因劳师动众，战事无法速决，引起了反战浪潮。但当权派骑虎难下，仍然进一步布置军事行动，改派前田中内阁陆军大臣白川大将接替植田，并加派菱刈隆为副司令官，增调三师兵力和飞机两百多架来华，兵力已达六七万人。而我军防守的战线绵延百余里，战斗一个月，人员武器丧耗极多，且补给无望，所以当时处境极为困难。

二月二十九日起，敌人在白川部署下，再度开始新的总攻，闸北八字桥、天通庵等地都展开激战。天通庵附近，敌我相持八小时。我第六十师不断派敢死队跃出战壕，短兵相接，迫使敌军全部向狄思威路退却。其他各处战斗，也都极剧烈。闸北八字桥形成拉锯战，我方三失三得，伤亡不少。敌人死伤极大，遗尸累累，其联队长（团长）林崛大佐被击毙。

三月一日，敌又开始新攻势，闸北战线，敌冲击未逞；江湾方面，敌向杨家楼方向扑攻，用重炮、钢炮、野炮和飞机连续猛轰，步兵乘势进袭，白刃相接，血肉横飞。第七十八师第一五五旅扼守广肇山庄附近，仅营连长即死伤十二人之多，士兵死伤过半。庙行镇方面，敌从两路进犯，我军全力抵御，杀死敌军甚多。我又调浏河一团增援，终将一度失去的阵地夺回。但由于浏河守军大部已调到正面增援，兵力单薄，敌趁此机会，强行登陆，致浏河沦于敌手。浏河的危急情况第十九路军是知道的，所以请军政部速派两师驰援浏河，但军政部置之不理。浏河失陷后，我军侧面后方，均受严重威胁，不得已于三月一日晚全军退守第二道防线（即嘉定、黄渡之线）。我军苦战月余，官兵日夜不得休息，后援不继，休整无暇，但士气始终旺盛，当退守时，无不义愤填膺，声泪俱下，决心要雪此深仇巨恨！

三月二日，第十九路军向全国各界发出了退守待援的电文：

(上略)我军抵抗暴日，苦战月余，以敌军械之犀利，运输之敏捷，赖我民众援助，士兵忠勇，肉搏奋战，伤亡枕藉，犹能屡挫敌锋。日寇猝增两师，而我以后援不继。自二月十一日起，我军日有重大伤亡，以致力于正面战线，而日寇以数师之众，自浏河方面登陆，我无兵增援，侧面后方，均受危险，不得已于三月一日夜将全军撤退至第二道防线，从事抵御。本军决本弹尽卒尽之旨，不与暴日共戴一天……

三月三日，国际联盟开会决定，要中日双方停止战争。到五月五日，国民政府与日军签订了丧权辱国的《淞沪停战协定》。从五月九日起，日军自浏河、嘉定、南翔等地撤兵。第十九路军也已调离原第二道线，开往福建。

四　各方面对第十九路军抗日战争的支援

淞沪抗战爆发后，中国共产党在上海的地下组织，通过工会、学生会及其他群众组织，展开了对第十九路军的热烈支前工作。他们动员各界人民组织义勇军、敢死队、情报队、救护队、担架队、通信队、运输队等等，有的在前线配合作战，有的担任后方勤务的任务，对作战、供应各方面，起了积极有效的作用。如前线冲锋时，需要大量手榴弹应用，我军请军政部发给被拒绝时，就由总工会动员募集了几万只空烟罐，赶制"土炸弹"运往前方供用。凡前线迫切需要的交通工具、通信器材、工事物资、医药用品等，均通过各社会组织募集和供应。连前线战士每天两顿伙食，也组织郊区人民分区炊制和输送。

一月三十日上午，宋庆龄、何香凝先生等在真如进行慰劳。在她们的主持和组织下，一天工夫筹设了几十个伤兵医院。何香凝先生到前线慰问时，天正下大雪，而官兵只穿单、夹衣各一套。她回沪立即发动捐制棉衣运动，五天内制就了全新棉衣裤三万多套，运送给全体官兵穿用。

上海市商会会长王晓籁于二月五日到真如指挥部，随来二百多名童子军，交十九路军指挥。他们在我军作战期间，始终坚持工作，直到我军在苏州举行追悼会后，才解散回沪复学。其中数人在前线牺牲。

东北冯庸大学、上海复旦大学及华北各大学的几百名学生，还有苏北人民组织的大刀队等，都要求使用伤兵的枪上前线杀敌。指挥部因为他们没有经过训练，所以没有批准他们去前方，只把他们分配在长江南岸守备；一部分到青阳港第二线参加防御工事工作。

海内外人民知道第十九路军在上海发动抗战后，有的写信，有的打电报，有的寄钱，也有的寄衣物食品等慰劳我们。人民群众对于我军的热烈支援，鼓舞和激励了前线官兵舍身抗敌的决心和勇气，这是我军之所以能以少胜多、以劣势装备抵御全副现代化军队的关键所在。

五　国民政府对淞沪抗战的态度

（一）蒋介石阻挠第十九路军抗战的一些具体措施

蒋介石在宁粤和议后被迫下野，一·二八事件发生时，他正住在溪口，表面上不问政事，实际上仍然操纵南京政府一应重大政策。他在我军开始行动后，不断策划对日投降阴谋。一·二八前四天，杜月笙和史量才一同来找蔡廷锴，说张静江有事要和蔡廷锴面谈，要蔡到杜宅一谈。蔡到杜家时，张静江正在等候。午餐后，张静江对蔡廷锴说："第十九路军素来军纪严明，革命战争有功。上海日军处处挑衅，如果不善于应付，大有一触即发之势。望你体念中央的意旨，最好撤退到后方南翔一带，以免与日军冲突。上海华洋杂处，繁华之区，如果战端一开，损失极大。倘能撤退，我可报告蒋总司令。"蔡廷锴当即对张说："上海是我国领土，第十九路军是中国军队，有权驻兵上海，与日本帝国主义毫无关系。万一日军胆敢来犯，我军守土有责，决定迎头痛击。张先生也是中国人，应接纳我的意见，向蒋总司令报告。"张听了蔡的话，一时面红耳赤，无法下台。杜、史二人从中缓和，史量才说张先生和蔡先生双方都是爱国，只是方式不同云云。因此不欢而散。张静江的行动，显然是蒋介石所授意的。

蒋介石指使张静江破坏我军抗战不成，曾密令宪兵第六团于一月二十八日赶到上海，从北站下车，准备接替闸北翁照垣部的防务，经蔡廷锴指令翁照垣拒绝交防，蒋介石的这一阴谋未能得逞。

（二）军政部按兵不动，坐视不援

第十九路军在战争中所消耗的武器弹药和医药器材，国民政府一概不予补给。日军的坦克车、铁甲车、飞机，杀伤力大，我军迫切需要平射炮和高射炮，经向军政部一再呼吁请领，军政部始终不发一枪一弹。一个多月中间，日军不断有大量海陆空军增援；第十九路军函电请援，国民政府始终置之不理。军政部甚至丧心病狂地通令各部队说："第十九路军有三师十六团，无须援兵，尽可支持。各军将士非得军政部命令而自由行动者，虽意出爱国，亦须受抗命处分。”因此，当时驻无锡、苏州一带的上官云相一师，驻浙江的戴岳一旅，驻江北的梁冠英一路以及在杭州、赣东的蒋介石嫡系部队约六十个师的兵力，皆按兵不动，坐视我军孤军苦斗，不予支援。国民政府这种事敌卖国的行径，真所谓极人类历史上“寡廉鲜耻”之尤！

（三）克扣军饷与截留捐款

第十九路军自一九三一年十月起，从未领到应得军饷分文。国民政府借口国难严重税收减少而停止发饷（实际上蒋介石的嫡系部队从未欠发）。截至一九三二年五月底，军政部欠发第十九路军的军饷达八个月六百余万元之巨。淞沪抗战开始后，海内外同胞捐给第十九路军的款项，约有七百余万元之数（当时第十九路军曾编印《征信录》一种分发海内外捐献者）。我军向军政部请领欠饷时，军政部竟说捐款应归公有，欠饷应在捐款中扣除，所余之数应上缴。当时我军官兵因需款应用，只得勉强同意将捐款抵充欠饷（因为不如此，官兵将不知何时才能领到欠饷），但坚持将余款百余万留作残废官兵抚恤教养之需，军政部才不得不同意。本来，人民捐款是奖励抗战官兵和购买军需物资的，拿捐款充军饷，是没有理由的。后来全体官兵知道何应钦这种克扣捐款行为，无不切齿痛恨。

（四）海军当局的丑态

驻留在上海的我国海军，不但不给抗日军以任何援助，而且还与日本海军当局达成如下协议：“此次行动，并非交战，如中国海军不攻击日舰，日本舰队也不攻击中国舰队。以维友谊。”

（五）王赓献地图①

国民政府财政部直属税警团有两团原驻上海浦东靠黄浦江沿岸一带，战事发生后，该团撤退无路，经宋子文要求拨归第十九路军指挥。敌增加兵力后，我军召开军事会议。王赓以税警团旅长身份与会，散会后王取去第十九路军“部署地图”和“作战计划”各一份（当时在会场上散发的）。王当晚跑到租界舞厅跳舞，被日军

---

① 这里记述的“王赓献地图”之说与史实不符；此事真实情况，本书收录的顾高地《一·二八淞沪抗日战役回忆》一文，有确切和翔实的回忆，可供参阅。——本书编者注

侦知，将王逮捕，搜去该项军事文件。第二天，日本报纸吹嘘俘虏第十九路军旅长王赓云云。王赓是美国西点军校毕业的，与美帝特务有勾结，当晚被日方扣押数小时，即由美总领事具保释放。当时上海戏剧、文化界曾编排“王赓献地图”一剧公演，以揭露和谴责那些勾结敌人、出卖祖国的民族败类。

全国政协文史和学习委员会编：《从九一八到七七事变亲历记》，中国文史出版社，2015年版，第98—108页。

第五军参加淞沪抗日战役的经过

张治中[①]

一　淞沪参战

一·二八淞沪抗日之役，是接连九一八事变而来。日本帝国主义吞并中国的野心，首先在征服满蒙，对于我国东三省的侵略，无时不在积极地准备，就在一九三一年九月十八日夜偷袭沈阳，强行占领。于是数日之间，河山变色，辽东巨野，尽陷铁蹄。其后，更扩大其侵略目标，向我沿海各要埠肆扰，乃有天津事件，福州告警，纷至沓来。而上海一·二八事变的爆发，也系暴日侵略野心及挑衅阴谋所造成。最先，暴日制造五日僧被殴案；继乃有日浪人的暴动，焚烧三友实业社工厂，捣毁北四川路中国商店，使上海空气趋于极度的紧张；终乃有四项条件之提出，要求我国取缔抗日运动及解散抗日救国会，挑衅阴谋层出不穷。于是日舰队集沪示威，日陆战队登岸布防，各地日侨撤退等等，而最后的一幕，就是一·二八的闸北夜袭，我们淞沪抗日的战幕正式揭开。

这时是第十九路军驻守上海，首先举抗日之旗，通电云：

> 暴日占我东三省，版图变色，国族垂亡！最近更在上海杀人放火，浪人四出，世界卑劣凶暴之举动，无所不至。而炮舰纷来，陆战队全数登岸，竟于二十八日夜十一时公然在上海闸北侵我防线，向我挑衅。光鼐等分属军人，惟

---

① 张治中，一·二八淞沪抗战时任第五军军长兼第八十七师师长、左翼军指挥官。后任京沪警备司令、第九集团军总司令、军委会管理部部长、湖南省政府主席、军委会侍从室主任、军委会政治部部长、西北行营主任兼新疆省政府主席等职。新中国成立后，任西北军政委员会副主席、国防委员会副主席、全国人大常委会副委员长等职。——本书编者注。

知正当防卫，捍患守土，是其天职，尺地寸草，不能放弃。为救国保种而抗日，虽牺牲至一卒一弹，绝不退缩，以丧失中华民国军人之人格。此志此心，可质天日而昭世界。炎黄祖宗在天之灵，实式凭之！十九路军总指挥蒋光鼐，军长蔡廷锴，淞沪警备司令戴戟叩艳。

战争之幕既揭开，这时，蒋介石虽已退职在野，但鉴于当时形势，也曾发出一道通电。但是我看到一种大可忧虑的情形：十九路军单独在沪作战，孤军决不能久持，应该予以增援，同时，有党内反对派的人在上海就说中央看着十九路军打光，按兵不救。蒋是二月初由洛阳到浦口，我去迎接他，我就表达我的意见："我们中央的部队必须参加淞沪战斗才好，如果现在没有别的人可以去，我愿意去。"蒋说："很好。"马上关照军政部长何应钦，即调动散驻京沪、京杭两线上的第八十七、第八十八两师合成为第五军，命我率领参战。

当时我所率领的第五军所辖计有第八十七、第八十八两师及中央陆军军官学校教导总队和独立炮兵第一团山炮营。第八十七师师长由我兼，副师长王敬久，辖两旅：第二五九旅旅长孙元良，第二六一旅旅长宋希濂；第八十八师师长俞济时，副师长李延年，也辖两旅：第二六二旅旅长钱伦体，第二六四旅旅长杨步飞；中央陆军军官学校教导总队总队长为唐光霁。

我在二月十四日奉到军政部的正式任命，二月十五日又奉军政部令："第五军着归蒋总指挥光鼐指挥。"当即调动军队出发。首先从南京出发的是第八十七师宋旅，他们在十四日已经奉蒋总指挥命接防蕴藻浜北岸阵地由胡家宅至吴淞两端曹家桥之线；第八十七师孙旅也在十五日开到南翔（当时第十九路军总指挥部所在地）附近集结待命；第八十八师亦已经由沪杭线开到南翔附近待命中。

我是在二月十六日从南京出发的。我住在中央军校，十五日深夜鸡鸣以前，我起床端正地写了一封遗书，然后出发。我为什么要写遗书呢？这是表示我的决心，表示我尽忠国家的最大决心！因为这是一次反抗强暴的民族战争，也是我生平对外作战第一次，我必以誓死的决心，为保卫祖国而战。我知道：一个革命军人首先要决定的是牺牲精神，而牺牲精神又必须首先从高级将领做起。

我于二月十六日上午九时从南京和平门登车出发，当天到达南翔，即奉蒋光鼐总指挥的命令，接替十九路军防务，由江湾北端经庙行镇沿蕴藻浜至吴淞西端之线，并以一部在狮子林炮台南北闸洞亘川沙口、浏河口、杨林口、七丫口担任沿江警戒。我就令第八十八师担任由江湾北端经庙行镇、周巷至蕴藻浜南岸之线，第八十七师担任胡家庄沿蕴藻浜北岸经曹家桥至吴淞西端之线，军校教导总队之一部担任狮子林南北闸洞、川沙口、浏河口、杨林口、七丫口沿江一带警戒，于十八日先后接替完毕。这天，我奉总指挥令任左翼军指挥官（蔡廷锴是右翼军指挥官），吴淞、宝山、狮子林要塞地区司令谭启秀、翁照垣，也归我指挥。在十七日黄昏，我由南翔进驻刘行镇。

这天，我奉到南京统帅部的铣戌电：

> 兄等决定在淞沪原阵地抵抗到底，奋斗精神，至堪嘉慰！望兄等努力团结，为我党国争光。沪上地形复杂，敌方或将舍正面之攻击，而向我侧背着眼。我阵地附近河流纵横，到处便于扼守，日军若取攻势，其牺牲非有一与十之比，决难奏效。希望与十九路军蒋蔡两同志，共同一致，团结奋斗。对于蒋总指挥命令，尤当切实服从，万不可稍有隔膜。吾人若不于此表现民族革命精神，决意牺牲，更待何时？可将此意转告全体将士，努力保持本军光荣之历史为要。

我当即呈复一电：

> 此次奉命抗日作战，即有最大决心，誓以一死报国，并与十九路军团结一致，对于蒋蔡两位，绝对和衷共济，请释仅注。

我也发布了“告全军将士书”，着重指出：“打倒日本帝国主义，这是我们全国一致的呼声，一致的要求，一致的决心。现在，行动已代替了口号，实力已代替了空言，我们的存亡，将诉之于极猛烈的战斗。”“我十九路军将士守土沪上，抵御暴日，冲锋陷阵，血战兼旬，为国家争人格，为民族求生存，屡建奇功，功在党国。”“本军此次奉命来沪，协同十九路军作战，……治中个人，誓与我军将士共患难，同生死。深望我全军将士，人抱必死之心，以救国家，以救民族。假如日军犹有一兵一卒留我国内，我们的责任即未完成；反之，我们如尚有一兵一卒，必与敌人拼命到底！”“同志们，冲向前去，最后的胜利，终属我们最后的努力者！”

二　庙行战斗

二月二十日，敌人从这天拂晓起，开始向我总攻，敌飞机结队成群在我阵地附近及我阵地后方到处掷弹，更以重炮及敌舰炮向我吴淞、庙行一带阵地集中射击，敌步兵则借飞机炮火掩护，向我攻击前进。我军奋勇抵抗，击毙敌人很多，并且击落敌机一架。入晚敌继续向我攻击，战斗益酣，竟夜炮声不绝。我阵地工事被毁很多。我官兵掩处战壕内，沉着不动，等敌步兵接近，就用手榴弹、步枪迎头痛击，冲锋肉搏。这样血战两昼夜，敌死伤甚重，才不支而退。

到二十二日，敌人又倾巢来犯，继续攻我庙行镇以南阵地，想突破我阵地一点。这天上午九时，我庙行镇以南第八十八师第五二七团第三营大小麦家宅阵地，惨受敌炮火及飞机轰炸，工事全部被毁，被敌突破一段，营长陈振新当场阵亡。我立即亲率教导总队（缺一营）赴第八十八师指挥策应，并令第八十七师第二五九旅孙元良旅长率部向庙行增援；令守蕴藻浜北岸的宋希濂旅长率他的主力，由纪家桥渡河抄袭敌的侧背；令俞济时师长率部对被敌突破地区反攻。我第十九路军第六十一师张炎副师长也率兵两团由竹园墩出击。敌被我三面夹击，仓皇溃退，仅一小部残留在金家宅、大小麦家宅一带，顽强抵抗，血战到晚八时半，才把敌包围，完全解决。这一天的庙行战斗的激烈，为开战以来所未有，中外报纸一致认为是沪战中我军战绩的最高峰。二十六日，南京统帅部有一个电报给我们，说到庙行一役的战斗效果：“自经二十二日庙行镇一役，我国我军声誉在国际上顿增十倍。连日各国舆论莫不称颂我军精勇无敌，而倭寇军誉则一落千丈也。望鼓励官兵，奋斗努力，并为我代为奖慰。”

这是日寇在沪第一次总攻的失败，敌第九师团及久留米混成旅团的精锐，伤亡重大，庙行、江湾间敌尸到处都是。而使我伤悼者，就是我的忠勇的袍泽，牺牲于此一役中的为数亦复不少，官长伤亡八、九十员，其中包括第八十八师第二六二旅旅长钱伦体和副旅长陈普民，士兵伤亡一千余名。所以我在一本《淞沪抗日作战所得之经验与教训》小册子上面说过：“以我官兵作战之勇，牺牲之烈，斯书殆亦不啻滴滴鲜血所写成。”而庙行一役的忠勇奋斗，壮烈牺牲，更是这滴滴鲜血的结晶。

三　浏河战斗

浏河在我军左侧背。沿江七丫口、杨林口、浏河新镇及小川沙一带，绵延数十里的沿江警戒线，只由本军教导总队一营会同少数冯庸义勇军担任守备的责任。根据南京统帅部二月二十六日的指示，对浏河方面应该早予准备，至少应该配备三团兵力。可是前线自从二十日以来，无日不在激烈战斗之中，各部队都有重大伤亡，兵力实在感觉不敷。我所以把原守蕴藻浜北岸阵地的第八十七师宋旅两团调往江湾为预备队，也就是准备一旦战事吃紧，前可以策应江湾、庙行，后可兼顾浏河、杨林口。这个时候，日将白川义则大将率领日兵约十万来沪增援，令敌第十四师团全部驻运输舰中，泊在崇明海面，一面用飞机将我吴淞要塞及狮子林炮位毁损无余。三月一日的拂晓，敌就开始在江湾、庙行一线向我总攻击，战舰二十余艘携带无数民船和马达船，利用烟幕掩护，以步兵在我兵力配备单薄的六浜口、杨林口、七丫口登岸，并以舰炮向我沿江各口猛烈射击，飞机数十架从吴淞起沿江活动。敌登陆后，即连占浮桥等地，向茜泾要隘猛扑，我教导总队的一连死力搏斗，伤亡殆尽。我立即派遣第八十七师宋旅两团飞驰截击，想乘敌人立足未稳时一鼓而歼之，同时报告蒋总指挥请派兵赴太仓、浏河协助。

宋旅奉命后，即依第五二一团、第五二二团及各营的顺序，于午前九时由顾家宅汽车站向浏河输送，但只得汽车十一辆，每次只可输送一营。宋希濂旅长率先头部队第五二一团第一营于正午十二时到达浏河，得到一个紧急的情报：敌军约一万人，在占领浮桥后，有向我急进模样；教导总队的一营（欠一连）正在马桥附近坚强拒止敌人。他得到这个报告后，观察形势，以茜泾为浏河屏障，位置扼要，就打算先行将其占领，以掩护该旅后续部队的展开，即命第五二一团第一营唐德营长率部迅速向茜泾营搜索前进。哪里知道，才走到茜泾营南门附近，而敌已先我占领，于是与敌接触，展开尖兵白刃战。到下午三时许，第五二一团团长刘安祺率第二营到达浏河，敌飞机正集中轰炸浏河车站，输送汽车及房屋全被炸毁，同时在途中装运部队的汽车也多被炸坏，使我后续部队不得不徒步前进。在这个时候，茜泾营附近的战斗愈演愈烈，敌机二十余架密罩天空，一律低空飞行，掷弹如雨，敌舰的重炮连珠发射。四时许，敌大部向宋旅左翼绕攻，右翼方面教导总队的一营，死伤殆尽，这时与敌在茜泾营苦斗的第五二一团第一营，乃处于前、左、右三面受敌围攻的紧迫状态，死亡巨大。而全营官兵仍然沉着应战，几度冲进寨内，与敌肉搏，卒以敌火力过猛，众寡悬殊，不能得手。

看看到了下午六时，天色已昏，我第五二一团第三营才赶到。宋旅长即命第一营仍在原阵地死力抵抗，阻敌前进，并命已到部队迅速沿浏河南岸积极布防，等第五二二团全部到达后，再行乘夜大举反击。一直到深夜十一时，第五二二团以徒步行进，路程过远，还没有到达。这里我要指出的，就是我军仅以一营之众，在茜泾营抗敌数倍之师，自晨以至深夜，使敌人不能有尺寸的进展，而我军视死如归，前仆后继，卒使敌密集茜泾营寨内，虽以一师团之众，仍不得犯我浏河。我教导总队孤军死战，我第八十七师宋旅仓卒应援，都抱必死的决心，以期挽回全线被围的危险。激战至日没，敌我始终相持于浏河镇茜泾营间。

同时，第八十七师及第八十八师正面与右翼友军第十九路军第七十八师正面，均被优势之敌压迫，我官兵奋勇迎战，伤亡甚大。尤其这天午后三时，第七十八师阵线被敌突破，第五军的右翼被敌包围，预备队皆已用尽，阵地因伤亡而生之空隙无法补充，竭力支持至日没，乃退守杨焕桥、水车头、谈家宅、孟家角之线。蕴藻浜北岸阵地仍旧。

这天夜里，我军奉蒋总指挥命转移阵地。攻击茜泾营的部队，撤至太仓占领阵地。第五二二团还在黑夜中向浏河挺进哩，中途得令，才转向太仓。于是浏河一带，黯淡地陷于敌人之手，留下一个永远沉痛的回忆。

四 葛隆镇战斗

三月一日午后九时，蒋光鼐总指挥在南翔总部发下了撤退命令。关于第五军的指示主要内容有：左翼军须派一部在胡家庄、杨家行占领收容阵地，主力于本日午后十一时向嘉定、太仓之线撤退，利用嘉定城、太仓城为据点，派出一部于罗店及浏河方面警戒。

蒋光鼐总指挥的命令全文如下：

一、敌援军第十一、第十四两师团已到达上海，由敌将白川统率，企图与我军决战。其一部既在浏河附近登陆，威胁我军左侧背。

二、本路军为避免与敌决战，拟本日（三月一日，下同）午后十一时将主力向黄渡——方泰镇——嘉定——太仓之线撤退，待机转移攻势。

三、右翼军主力于本日午后十一时开始向黄渡——方泰镇之线撤退，以一部先占领真如、大场，逐次向江桥镇、南翔、广福南端进入阵地，作主阵地之警戒，其兵力配备及各师之战斗地境如下：

甲、第八十八师独立旅及宪兵团向颛桥镇、莘庄、七宝镇之线撤退，左与十九路军江桥镇附近联络。

乙、第六十师主力于本日午后十一时由铁道南方向黄渡方向撤退（古团及郑团暂归沈师长指挥，到达目的地后归还建制）。

丙、第七十八师主力于本日午后十一时由大场附近经南翔向陆家巷方向撤退。

丁、第六十一师主力于本日下午十一时由大场镇北方经陈家行向方泰镇方向撤退。

戊、新作战地境（退却路线同）：

（一）吴淞江以南属八十八师独立旅。

（二）第六十师、第七十八师以京沪铁路相连之线为作战地境（线上属第六十师），第六十一师以大场北端小南翔——陆家巷——方泰镇之线为作战地境（线上属第七十八师）。

己、各师撤退时，正面留一团作收容队，极力佯攻，掩护主力脱离战场，至主力进入新阵地后逐次撤退之。

四、左翼军须派一部在胡家庄、杨家行占领收容阵地，主力于本日午后十一时向嘉定——太仓之线撤退，利用嘉定城、太仓城为据点，派出一部于罗店及浏河附近对浏河方向警戒。

五、作战地境：以胡家庄——唐桥——广福——马陆镇——外冈镇——篷阆镇之线为两军作战地境（线上属左翼军）。

六、报告收集所在黄渡交通处。

七、余现在南翔，明日午前八时在昆山。

右令张军长治中

总指挥　蒋光鼐

九时三十分，我在刘家行军部，下达左翼军交换阵地的命令，规定第八十八师由马桥宅退集嘉定城，第八十七师孙旅由唐桥退集娄塘镇，宋旅及教导总队由浏河退集太仓，独立旅第一团退集蓬阆镇，第二团集结钱门塘，第七十八师翁照垣旅也集结于嘉定。各部队得令，都按时分途撤退，陆续到达指定地点，军部及直属部队也到达钱门塘镇。我一到就下命令，叫各部队即在新防御线构成坚固阵地，利用河川为外壕，构筑据点式的工事，逐次增强为主阵线。

在我奉命统率所部向新阵地嘉定、太仓背进的时候，又遭遇一场极惨烈的战斗，那就是三月三日我第八十七师第二五九旅五一七团在葛隆镇附近的娄塘镇、朱家桥一带的战斗。

在这一个静悄悄的午夜（三月三日的上午一时），我第五一七团已在昨天的薄暮，由庙行左翼趋抵娄塘镇附近，此地距浏河仅十五里，积疲未苏，血衣犹湿，夜凉野旷，哨线兵单，忽然敌以千余之众，自浏河猛扑而来，分向我警戒线夜袭。我娄塘镇、朱家桥、四竹桥三个前哨连奋起抵抗。战斗二小时，敌越来越众，轻炮十余门向我猛烈射击。我每连警戒线达三千米达之宽，且损失已及三分之一，前哨线乃逐个被围，但仍死战不退，把敌人抑留在娄塘镇附近。战到午前八时，敌又增加主力四千余人，开始向我阵地突击，并向我右翼包围。这时我军正在构筑工事，匆促应战，被敌冲到朱家桥北岸我第五一七团团部门前。我阵地势极危迫，幸该团第一营第三连奋勇冲击，才把敌人打退。到了午前十时，我第二五九旅旅长孙元良得讯，急赴第五一七团团部指示机宜，并令坚强抵抗，同时向我紧急报告。我立即急令驻篷阆镇的独立旅莫团迅速增援[①]，又令太仓宋旅掩护第二五九旅的左翼，令嘉定的第八十八师俞师长固守嘉定城，相机策应孙旅的右翼。

这个时候，敌军已增到七、八千人，环绕于娄塘一带我阵地前面，我第五一七团孤军力战，弹药已将告罄，拼死相持。午后，各点都被突破，我第五一七团被困核心，弹雨纷下，死伤逾半。莫团援兵还未到达，而敌军已突过娄塘镇连占各村落各要点，直陷贺家村。孙旅长这时在葛隆镇，看见敌军披猖形势，在下午三时，亲书一件，派员急趋钱门塘军部向我紧急报告，内容如下：

一、第五一八团早尽，第五一七团现受包围，团长失踪。

二、职拟在葛隆镇殉职。

三、钱门塘将有危险，请军长迁移。

我接到了这个报告，马上打电话给孙旅长，告诉他莫团即可到达，第五一七团于日没时可向葛隆镇撤退，在河川岸线占领阵地拒止敌人。午后四时，莫团到达葛隆，即部署最后的抵抗线，并向前线增援。在这个时候，第五一七团战况越陷于不利，朱家桥左翼又被敌突破，张世希团长到这战的最后关头，乃率所部官兵向前冲击，并对众激励以必死的决心，各荷枪向蒋家村方面冲出。敌军机枪如雨，我军前仆后继，顶死冒进，直扑日军阵地，杀声震野，势不可当。敌军受了这一次最大的猛击，才向后退去，重围遂解。零落而忠勇的我第五一七团抵外岗与第八十八

---

① 独立旅莫团即税警总团第三团，团长是张远南，在战斗中由莫雄以税警总团总参议名义，直接指挥该团作战。

师会合，经昆山转赴我军新阵地。

葛隆镇一役，关系很大，因为敌军的企图，在突破我嘉、太中间地区，直下铁路，截我后路。如果不是我第五一七团奋勇拒止，则敌趋葛隆，陷钱门塘，直下铁路，我们第五军和第十九路军的归路就断了，那后果是不能想象的。

这一天的血战，死了我军一个营长，两个连长和连副，六个排长，士兵伤亡近千数。就中第一营营长朱耀章身中七弹，殉国成仁，尤为伟烈！他在殉国前两天还作了一首诗，题目是："月夜巡视阵线有感"。今天读他的遗诗，真可以说是一字一滴泪，一字一滴血了。朱耀章营长的诗原文如下：

风萧萧，夜沉沉，一轮明月照征人。尽我军人责，信步阵后巡。曾日月之有几何？世事浮云，弱肉强争！

火融融，炮隆隆，黄浦江岸一片红！大厦成瓦砾，市镇作战场，昔日繁华今何在？公理沉沦，人面狼心！

月愈浓，星愈稀，四周妇哭与儿啼。男儿百战死，壮士十年归！人生上寿只百年，无须留连，听其自然！

为自由，争生存，沪上麾兵抗强权。踏尽河边草（蕴藻浜河），洒遍英雄泪，又何必气短情长？宁碎头颅，还我河山！

五　沉痛的收场

正值我第二五九旅第五一七团与敌在娄塘苦战时，三月三日下午，又奉到蒋总指挥电令，要我撤到陆家桥、石牌、白茆新市之线，构筑工事。奉命后我又令各部队依次撤退，令第八十八师撤至常熟城集结待命，第八十七师宋旅撤至白茆新市之线，孙旅撤至石牌之线，军部进驻东塘墅，独立旅第二团及军校教导总队集结于东塘墅附近待命。四日上午，军部及直属部队都已到东塘墅；五日，各部队也先后到达指定地点，都在积极着手整理并布防。于是，我们退守第二道防线了。

为着坚强防线持久抗战的打算，我特令各部队构筑纵深的第一、第二、第三之三线阵地。不过几天，各线阵地都已次第构筑完成，一面激励士气，整备军实，准备与敌作殊死战。九日，上官云相师长统率第四十七师开抵常熟，由总指挥部拨归我军指挥，当令该师在常熟东北梅李镇、谢家镇、福山镇一带构筑阵地，并严密警戒沿江各要点。而自从我军退抵第二道防线以来，敌未再犯，每天只有飞机向我作侦察动作。

我驻在常熟县东南的东塘墅大约一个月，中外人士络绎于途，或来慰劳，或来访问。而在慰问者中，使我怀感不已的，是过去黄埔军校党代表廖仲恺先生的夫人何香凝同志（在黄埔我们都尊称她廖师母），她特来我军驻地，慰问之余，慷慨赋诗，现将她所作的"赠前敌将士"那一首记在这里：

倭奴侵略，野心未死，既据我东北三省，复占我申江土地，叹我大好河山，今非昔比。焚毁我多少城市，惨杀我多少同胞，强奸我多少妇女，耻！你等是血性军人，怎样下得这点气？

在这以前，即在九一八事变发生后，她曾寄给我一封信，送来女褂子一件，要我转达黄埔学生的将领，并附一诗如下：

枉自称男儿，甘受倭奴气。不战送山河，万世同羞耻。
吾侪妇女们，愿往沙场死，将我巾帼裳，换你征衣去！

何香老充满了爱国热情，民族义愤，真令人敬佩无已！

到五月五日，上海休战协定签字了，淞沪抗日战役至此告一段落。就是这样收场，实不胜感慨沉痛之至！

我在五月七日奉到南京的来电，命第五军复员：第八十八师开驻武汉，第八十七师暂驻常熟附近原阵地集结整理。十八日复奉来电，令第五军第八十七师及军校教导总队调京训练，本军遂陆续返京。

第五军在这次战役中，计官长阵亡八十三名，受伤二百四十二名，失踪二十六名；士兵阵亡一千五百三十三名，受伤二千八百九十七名，失踪五百九十九名；合共五千三百八十名。因特于军中组织一个抚恤委员会，以司死难烈士家属的抚恤事宜。关于烈士的遗骸，国民党政府在南京总理陵园附近的灵谷寺前，国民革命军阵亡将士公墓的中央，安葬一·二八事变之役阵亡烈士遗骸一百二十八人，第十九路军居其七十，我第五军及宪兵团居其五十八，以隐示一·二八的血痕，并使一·二八阵亡烈士所代表的精神永垂不朽。第十九路军和第五军各立一个抗日阵亡将士纪念碑，但在一九三七年南京失陷后就被日军毁坏了。

全国政协文史和学习委员会编：《从九一八到七七事变亲历记》，中国文史出版社，2015 年版，第 158—168 页。

一·二八淞沪战役作战经过回忆

俞济时[1]

第一节 概说

按一·二八淞沪战役战斗经过，"台湾国防部"史政局于五十八年(1969)十月编有存档战史，本篇原不必赘述。惟"台湾"史政局所编淞沪战役内容，其第一手资料，系取材第十九路军之战报。由于第十九路军之特殊背景，故有关淞沪战役，若干重要情节纪述，与事实未尽相符，而其中张冠李戴及差误失真处，亦多有发现。窃鉴于一·二八淞沪战役，为我国军最典型之抗日战役，且亦为中日两国有史以来最具规模之陆上作战，盖是役双方均出动优秀之正规部队，严阵相对，而日军且挟其陆海空三军优势兵力，企图一举攫取我万商云集之国际性商业都市，进而提早推进其大陆政策。益以当时情势复杂，故一·二八淞沪战役，非特为当时国军战力之考验，且亦为国军声誉之考验，而此一战役之得失，非特关系上海一地之兴废，且将根本影响我国之存亡，意义与影响之深远，实无以复加。故此役之史实，应力求做到不容谬误。济时乃为躬亲参与本战役，刻尚健在之老兵，运筹与俱，矢石亲冒，面对若干失实记载，洵难甘缄默。爰搜集旧存资料，辅以记忆所及，将其中错误部分(包括时、地、人、事)予以校正。将其中重要遗漏部分，予以补充。并将淞沪战役战斗经过，依据参战部队投入之状况，区分调整为"第一阶段(第五军参战前)战斗"与"第二阶段(第五军参战后)战斗"两部分，俾容易把握整个淞沪

---

[1] 俞济时，一·二八淞沪抗战时任国民革命军第八十八师师长，后历任浙江省政府保安处处长、第三十六军军长、第七十四军军长、第十九集团军副总司令等职。抗战胜利后，任国民政府军务局局长，总统府第三局局长。本文系节录俞济时《中华民国二十一年一·二八淞沪抗日战役经纬回忆》之第三章，标题为本书编者所加。——本书编者注。

战役经过之经纬。

第二节　第一阶段部署暨战斗

（自一月廿八日至二月十六日第五军参战前）

民国二十一年一月二十八日七时三十分，敌驻沪海军第一外遣舰队司令盐泽照会各国驻沪单位，谓中国如无满意答复，日军将于次晨有所行动，各国驻沪武官，乃即共组防守委员会，划定各国担任警备之区域，其中律定日本海军担任地区为苏州河以北，北江西路以东，迄杨树浦沿淞沪铁路一带。敌军遂以虹口、杨树浦为作战根据地，积极从事作战部署。迄二十三时三十分，敌酋盐泽按其预定计划，下令开始军事行动。驱使敌军数千人，由天通庵分三路进攻闸北。其一自天通庵车站，经天通庵路，迂回向京沪铁路之上海北站进击。其一由吟桂路口日本小学校，沿路西进，转入横滨路，与进击北站之部策应。另一路由虬江路直扑上海北站。各路敌军咸以铁甲车为前导，并由乘机器脚踏车之手提机关枪队，在两侧掩护前进，企图一举攻占我闸北。

此际我闸北守军，为第十九军第七十八师第一五六旅之第六团（团长张君嵩），另附上海市公安局警察大队所属第六、第七两中队，第五区总署与五区区所全部警员。当敌军进犯天通庵时，我警察第六、第七两中队即予迎击，尔后虽由警察第二中队驰援，但在众寡悬殊之情形下，被迫逐次转移，敌军未遇坚强抵抗，轻易进占天通庵车站，洋洋得意，认为闸北稳入掌握，于是放胆前进。迨敌深入天通庵路、虬江路我军阵地时，我军下令反击，群起将敌层层包围，先以手榴弹击毁其铁甲车六辆，继即勇猛冲杀，毙伤敌人甚众，并夺获装甲车三辆，其他战利品尤伙。敌军经此迎头痛击，惊慌败退，当时我军系为自卫而应战，纯采守势，复以事前无攻击准备，故对败退之敌，未予穷追。

此次闸北巷战之胜利，关系全盘战局至为重大，不仅我军士气为之大振，且认识所谓“皇军”之真面目。

当闸北鏖战之际，江湾方面敌军，更迭向我守军冲击，俱被击退。吴淞方面之敌舰，亦集中于三夹水，对我要塞炮台轰击，但旋即逸去。

一月二十九日四时许，敌机在细雨迷蒙中，盘旋于闸北上空，滥肆轰炸，各处民房纷纷起火，宝山路商务印书馆、东方图书馆及上海北站等处，亦相继中弹燃烧，火焰冲天，光照数十里。我同胞之生命财产及文化宝藏，无端遭受浩劫，全民对敌军之残暴，益增愤慨。

当上海北站起火时，敌军即乘机进攻，我防守北站之宪兵一个连，竭力抵抗，激战达一小时，终以力竭被迫撤退，北站陷入敌手。十七时许，我第一五六旅第六团派队增援逆袭，始告克复。

同日北四川路、宝山路间，亦继续进行巷战，我军奋勇夺回天通庵车站，并占领江湾路敌海军陆战队司令部，天通庵、横滨路、虬江路、宝山路各处敌兵纷纷溃退，十九时许，我军继续追击，敌军败退北四川路以东，靶子路以南地区，闸北已无敌踪。

历经一昼夜之激战，共毙伤敌军千余，俘获其装甲车五辆，敌军狂言，四小时占领闸北之迷梦，于是全被粉碎。

当日晚，英、美领事出面调停，敌我双方接受停战三日，但敌军在停战期间，仍不断增援与挑衅。

翌日，我国民政府，宣布迁都洛阳。领袖蒋公，当时亦以在野之身，通电抗日，文曰："限即刻到，各总指挥官，各军官学校师生诸同志均鉴：东北事变，肇始迄今，中央为避免战祸，保全国脉起见，故不惜忍辱负重，保持和平，期以公理与正义，促使倭寇之觉悟，不意我愈忍让，彼愈蛮横，沪案发生，对渠要求，且已茹痛接受，而倭寇仍悍然相逼，一再向我上海防军突击，轰炸民房，掷弹衢市，同胞惨遭蹂躏，国亡即在目前，凡有血气，宁能再忍？我十九路军将士，既起而为忠勇之自卫，我全军革命将士，处此国亡种灭，患迫燃眉之时，皆应为国家争人格，为民族求生存，为革命尽责任。抱宁为玉碎毋为瓦全之决心，与此破坏和平蔑弃信义之暴日相周旋。中正与诸同志久共患难，今身虽在野，犹愿与诸将士誓同生死，尽我天职，特本血诚，先行电告，务各淬厉奋发，敌忾同仇。勿作虚浮之豪气，保持牺牲之精神，枕戈待命，以救危亡，党国幸甚。蒋中正印(一月三十日)"

一月三十日十六时许，敌增援之驱逐舰四艘及巡洋舰"龙田"号，先后到达黄[浦]码头，并运来陆战队三千余人，及大批军火。登陆后，迅即分运前线补充。翌日晨，敌舰有航空母舰"加贺"、"凤翔"两艘，巡洋舰"那珂""由良""阿武隈"等三艘，及水雷舰四艘抵沪。并运来陆战队四千人，分批登陆，加入前线。

前此，敌军接受停战，实因绪战失利，受创颇重，不得不虚与委蛇，以争取时间，积极增援补充。我军则严阵以待，免为敌乘。

二月一日，在南京下关之敌舰，发炮示威；我中央政府，通电自卫。二日，我京沪卫戍司令陈铭枢，赴沪视察防务。国联行政会讨论中日争端。此际，我第十九军主力两师已先后到沪，遂加强部署，以第六十师接替上海北站、八字桥、江湾迄庙行线之防务。第六十一师初向庙行、冯家宅间急进，随即接替第七十八师第一五六旅防务。第七十八师第一五五旅则在原地，仍任上海西南地区之守备。

二月三日，敌大批陆海空援军抵达上海后，即置休战之议于不顾；（休战期限至三日十八时止）开始向我军攻击。八时许，敌军万余人，分向我闸北、八字桥、江湾之守军第六十师总攻；并以装甲车为前导，飞机任掩护，轮番冲击。入夜后，攻势益猛。我军坚守阵地，沉着应战，使强敌难越雷池一步。惟天通庵南首北站附近，以及青云路、江湾路附近一带，民房被毁于敌机及炮火下者，不计其数。当闸北一带展开激战后，敌集结军舰二十余艘，藉其优势空军之支持，于十一时起，向我吴淞炮台进攻。我守军奋勇还击，相持至十五时许，敌机、敌舰不逞，乃相率退去。

二月四日，敌继续施行总攻击。闸北方面，自晨七时起，敌以猛烈炮火掩护其陆战队三千余人，分由横滨路、宝兴路及北河南路，向我第六十师第一一九旅（旅长刘占雄）攻击，北河南路战况尤为激烈，敌数度冲锋，均被击退，且死伤枕藉。另部敌军数千人，分向我八字桥、江湾之第一二〇旅（旅长邓志才）阵地攻击，自晨至暮，激战不已。我守兵无不视死如归，沉着应战，曾与敌三度肉搏，毙伤敌人五百余名，毁敌装甲车两辆，战至十八时，敌终不支撤守其防线。我第一二〇旅，因伤亡甚重，故未行追击。吴淞方面，于同日十一时许，敌调遣军舰十余艘，进攻我吴淞炮台；并以陆战队数百人强行登陆，企图一举攻占我炮台。经我守军奋勇抵抗，第一五六旅第四团（团长钟经瑞），复适时增援，敌卒不得逞。

二月五日，敌机不时入侵吴淞上空，零星炮战仍在赓续进行。闸北方面，敌于凌晨一时许，以重炮轰击我闸北市区，拂晓后，更藉飞机之掩护，以全力向天通庵攻击。我当地守军第一一九旅，坚强抵抗，激战竟日，歼敌五百余人，俘获装甲车两辆，机关枪四挺。当时曾有敌军一部窜至邢家桥附近，被我义勇军包围、全数予以歼灭。

同（五）日九时，我飞机第六、第七两中队，由南京飞沪参战。在真如附近空战中，击落敌机两架，堕毁于南翔附近；我军士气为之大振。

二月六日晨，敌又以四千余人、炮数十门、装甲车四十余辆；分向闸北、八字桥及江湾我第六十师阵地进犯。经该师果敢迎击，鏖战数小时，敌死伤枕藉，不支溃退，我亦伤亡官兵百余人。

敌军在上海挑衅一周来，连战皆北，消息传至东京后，日内阁爰决议将上海以南中国沿海所有之敌海军，组成第三舰队，集中使用，改调野村吉三郎中将为司令，取代盐泽指挥上海军事。驻沪之陆战队指挥官，亦改由植松练磨少将充任，两酋先后于六、七两日抵达上海。另下元混成旅团及陆战队一部五千余人，亦分批增援到达。

敌酋野村吉三郎抵沪后，当即改变作战方针，置重点于吴淞与江湾方面，先以陆海空军总攻吴淞炮台，并限二十四小时内攻克。

二月七日九时许，敌以飞机十余架、军舰六、七艘，装甲车十余辆、步兵二千余人，协力会攻吴淞。嗣复三度增援猛扑，但均被我守军击退。另部敌军约四千余人，以江湾为主攻目标；并以一部对闸北、八字桥方面施行助攻。初以猛烈炮火对我第一二〇旅阵地轰击，继以装甲车为前导掩护其步兵冲锋，来势颇为凶猛。我守兵沉着应战，待敌进至最近距离，始奋起展开肉搏，激战数小时，敌伤亡枕藉，终未获逞。

二月八日拂晓，敌以增援到达之新锐六千余人，会同残敌继续向我吴淞攻击。先后冲锋达十余次，均被我军击退。十七时许，敌七、八百人迂回至纪家桥，企图偷渡，以切断我吴淞联络线。经我军一二一旅（旅长张厉）予以迎头痛击，歼敌过半，敌虽数度增援反扑，终未得逞。同日八时许，江湾方面之敌千余人，向我杨家桥猛攻，企图一举攫取我江湾与大场，切断吴淞、闸北两地之联络。仍重施其故技，先以炮兵及飞机轰击，继以装甲车为前导，掩护步兵冲击。我第一二〇旅守备部队，为达成近战歼敌之目的，即佯作败退，待敌人冲入我既设阵地，伏兵四起，奋勇肉搏，歼敌三百余人，残敌突围逃窜。闸北方面守军，亦以诱敌战法，毙伤敌人七百余名。是日，国联上海调查团，提出报告书，详述沪案之经过。

敌军连日遭受重创，急待增援整补，因此二月九日至十一日间，仅有零星炮击与空侦活动，无激烈之战斗发生。此时，我上海各团体获悉敌军利用租界作战，特致电工部局，请严加制止，以杜后患。

二月十二日，西方传教士发起，闸北区自八时至十二时，停战四小时，以救护难民出险。经英国领事馆商请双方军事当局同意，于闸北宝山路、宝兴路、虬江路停止攻击四小时。敌军乘此机会，以士兵化装难民，暗藏武器，向北四川路增援，赖我守军有备，敌计终未得逞。休战期满，敌机又活跃于闸北上空，并滥施轰炸，民房被毁甚多。十六时许，复以炮火继续轰击，入夜后，尤为猛烈。迄二十一时许，敌以数千之众，分为三路，由青云路、天通庵、八字桥向我六十师攻击。激战时许，敌又遭败绩，全线撤退。

是日，当闸北地区休战之际，敌以千余人，向我蕴藻浜北岸曹家桥我第六十一师第一二一旅猛攻，但被击退。翌日，敌继续攻击，三度猛扑，终于十时许，在纪家桥以东地区偷渡成功；旋曹家桥亦陷入敌手。此时我军增援反攻，第一五六旅及一二二旅（旅长张炎），分由吴淞、杨行、刘行，向曹家桥急进，将敌层层包围，激战至十六时，敌伤亡过半，迄二十一时许，全部就歼。

当敌军于七、八两日，在蕴藻浜北岸受重创后，敌内阁即决定，调派其第九师团及第十二师团之一个混成旅团（久留米混成旅团）向上海增援，并任植田谦吉中将为司令，于十四日先后在沪登陆。此时英、美、法、意四国公使抵沪从事和平运动，敌酋植田一面虚事敷衍，一面积极调整部署如左：

一、闸北至八字桥方面：为敌海军陆战队约八个大队（每个大队千余人）。

二、八字桥经江湾至庙行方面：为敌第九师团全部。

三、蕴藻浜南岸至张华浜车站：为敌之久留米混成旅团全部。

当敌军陆续增援之际，我政府已令驻防苏浙拱卫京畿之第八十八师、第八十七师及陆军军官学校教导总队编成第五军，二月十三日前，先后集结于上海市郊附近地区待命。

为促进各部队精诚团结，并鼓舞士气，从而高度发挥统合战力、克敌致胜，领袖蒋公本诸昔日统帅之情谊，以个人名义致电各将领勖勉。二月十三日，致第八十八师俞济时师长电云："查日陆军一师一混成旅增加来沪，约于明日可以到齐，此后我方军事益加严重矣！惟作战致胜之道，端在指挥统一，奉命确实，及与友军协同连系十分密切而已。望即谨遵此旨，对蒋总指挥命令绝对服从；并严守规定时间，确行授予任务，而对于友军，尤须抱共患难、同生死之精神，团结一致，协同动作，则最后之胜利，自不难操券而得也。希即遵照，并晓谕所属，一体奉行。"其后致第五军军长并分电各师长曰："今日兄等决定在淞沪原阵地抵抗到底，奋斗精神至堪嘉慰。望兄等努力团结，为我党国争光。沪上地形复杂，敌或将舍正面之攻击，而向我侧背着眼；但我阵地附近，河流纵横，到处便于扼守，日军若取攻势，则牺牲必较我为大。希与十九路军蒋、蔡两同志，共同一致，万不可稍生隔膜。吾人若不于此处表现民族革命精神，决意牺牲，更待何时。可将此意转告全体将士，努力保持我国民革命军光荣之历史"。又电云："抗日为民族存亡之所关，决非个人或某一部队之荣辱问题。我前方将士，应澈底明了此义，故十九路军之荣誉，即为我国民革命军全体之荣誉，决无彼此荣辱之分。此次第五军加入战线，固为敌人之所畏忌，且必为反动派之所诬蔑，苟能始终以十九路军名义抗战，更足以表现我国民革命军战斗力之强大。生死且与共之，况于荣辱乎？望以此意，切实晓谕第五军各将士，务与我十九路军团结奋斗，任何牺牲均所不惜，以完成革命军之使命为要”。领袖蒋公如此光明磊落之襟怀，大义凛然之训诲，第五军将士莫不感奋无已。

第三节　第二阶段部署暨战斗

（自二月十六日至三月一日第五军参战后）

二月十六日，我第五军到达上海，是日十二时许，张治中军长到达南翔，奉第十九路军总指挥蒋光鼐命令要旨如左：

一、第十九军为右翼军，占领南市、龙华、北新泾、真如、闸北亘江湾之线；保持主力于大场、真如之间，迎击当面之敌，待机出击，将敌压迫于引翔港方面而歼灭之。江湾以北迄吴淞之线防务，交由第五军接替。

二、第五军为左翼军，接替第十九军江湾（不含），庙行镇东端、蔡家宅、胡家庄、曹家桥之线防务。主力控置于大场、杨行及刘家行地区，迎击当面之敌，待机出击，将敌压迫于黄浦江畔而歼灭之。以一部担任罗店、浏河、小川沙江面警戒，策应吴淞方面战斗。

三、吴淞要塞，仍由第十九军第七十八师第一五六旅负责守备，以有力一部相机进占张华滨车站，如情况恶化，则固守吴淞、宝山两要塞，作全军左翼据点；并归张治中军长指挥。

四、作战地境，左右翼军以大场镇、江湾镇、沈家港镇之线，为作战地境，线上属右翼军。

第五军张军长基于右令，当即令第八十八师接替占领由江湾北端经庙行镇、周行至蕴藻浜南岸之线。第八十七师第二六一旅接替占领胡家庄，沿蕴藻浜北岸向东经曹家桥，至吴淞西端沈家宅之线，（该旅已先于二月十四日接防）。另以陆军官校教导总队（欠一营），担任狮子林、南北闸洞、川沙口、浏河口、杨林口、七丫口沿江一带警戒。第八十七师第二五九旅为左翼军预备队，集结于刘家行地区，军部在刘家行。

第八十八师之独立旅，其旅部及教导团驻嘉兴，无战斗任务，仅第一、二、三团参与沪战，初由第二团团长古鼎华统一指挥，尔后分割使用；以团为单位，分别配属于十九军各师。各部均于十八日前，先后接防完毕。

正际我第五军各部，于二月十八日先后接替防务完毕，原由英、美、法、意四国公使从中斡旋之和议，亦告破裂。敌酋植田谦吉，旋即于是日二十时，对我十九路军提出哀的美敦书，限我军于二十日十七时前，由租界起，各撤退二十公里(1 公里=1 千米)。似此荒谬绝伦之要求，我方自难接受，乃于次日严词拒绝。

二月二十日晨，敌第九师团及久留米混成旅团，在其飞机及舰炮支援下，向我淞沪铁路全线发起总攻击，重点指向江湾镇及以北庙行镇以南第八十八师右翼阵地(按：原战史只称重点指向江湾，漏列八十八师右翼阵地)。九时许，久留米混成旅团四千余人及第九师团之一部，在敌机十余架掩护，战车数十辆前导下，分由虹口靶子场、钱港及南陶家湾三路围攻江湾、跑马场及体育路，我守备该地之第六十一师一二一旅第二团(团长田与璋)沉着应战，并以佯退欺敌，诱敌深入后，乃下令断行反击，并与敌展开肉搏，毙伤敌军甚多，并炸毁敌战车二辆，敌不支退却。当日十六时许，敌重整残部，再向江湾、跑马场发起攻击，我军奋勇迎战，卒成胶着状态。吴淞方面，敌舰炮不断向我炮台轰击，并以步兵千余人三度猛扑，我守军沉着应战，歼敌二百余人，我亦伤亡三十余人。闸北方面，以八字桥附近战况最为激烈，朱家宅一度陷入敌手，经我第一一九旅第三团(团长黄廷)增援反击，终于是日廿四时将朱家宅克复，第三团第三营营长李畏及其所属连长二员均负伤指挥，其余官兵伤亡七十余人。

左翼第五军方面，庙行镇及其以南第八十八师右翼阵地，二月廿日晨起敌机即更番低飞侦炸，敌地面部队之山炮野炮均对以上地区标定射击，我阵地被毁处，既多且广，而阵地附近之大小村落，毁损尤多，尤以大小麦家宅、小场庙等地区落弹即达千余发。上午十时许，敌步兵以小单位向我第八十八师右翼阵地猛攻，师以炽盛火力予以迎头痛击，甚至近距离时以手榴弹予以痛击，战至下午二时许，敌不支撤回原阵地，是战歼敌百余人，我第五二七团(团长施觉民)、第五二三团(团长冯圣法)伤亡连长三员，其他官兵六十余人，随即清理战场，夤夜整修被毁之阵地工事，再严阵以待。

二月廿一日晨，敌机分批侵入八字桥、江湾镇、庙行镇及其以南地区上空侦炸，继以猛烈地面炮火，向我阵地攻击，我阵地工事又多处被毁，此际敌步兵乘势向我第六十一师一二一旅第二团阵地攻击猛扑，经我守军坚强抵抗。敌不支退却。七时许，敌又以千余人在其优势火力支持下，以密集队形，节节向我进逼，企图一举攻占江湾镇，我第二团沉着固守，激战终日，阵地屹立不移，敌终难越雷池一步。

左翼第五军方面，第八十八师右翼阵地二月廿一日六时起，敌机轰炸，敌炮猛射较廿日更为猛烈，吴淞口敌海军舰炮更滥射助威。九时许，敌约一个联队以上兵力，向我第八十八师右翼阵地第五二七团、第五二三团猛攻，尤以第五二七团第三营大小麦家宅、小场庙间阵地，战况最为惨烈，经四小时战斗，我阵地多处被毁，团曾抽调预备队增援三次，敌亦曾冲锋攻击十余次，均未得逞，且伤亡甚重。是时我五二四团（团长何凌霄）适时由庙行镇出击，直扑敌军侧背，遂迫敌于廿二时乘夜撤退，我军未予穷追。是战我八十八师五二七团、五二三团及五二四团，共伤亡官兵三百余人，我阵地始终屹立未动。是夜师急调师工兵营协助，漏夜抢修被毁之阵地工事及加强据点工事，与敌继续保持接触。吴淞方面，是日敌曾数度偷渡蕴藻浜，均被我军击退。

闸北方面，八字桥、天通庵、虬江路、新民路等处，皆有激战，敌均无进展。

江湾车站附近，敌我仍在相持中。迫入夜后，敌集中炮火对该车站实施猛烈炮击，各处建筑焚毁殆尽，旋敌乘机三面围攻，声势颇猛。我守军第六十师第一一九旅第三团，遂主动放弃该站，转移于八字桥附近。同时，我江湾第六十一师第二团（团长刘汉忠）阵地，亦遭敌第九师团猛攻。激战至晚，虽毙伤敌人千余名，然该团亦伤亡殆尽，阵地岌岌可危，幸经该师第一团（团长黄茂权）适时增援，阵地始告稳定，未几敌亦败退；迄二时许，该团防务遂交由第一团接替。

二月二十二日凌晨三时许，敌六千余续攻八字桥，另以万余人猛攻江湾以行牵制。其主力三万余众，又猛攻江湾以北亘庙行镇间我第八十八师正面，企图中央突破，迫我军后撤（注：按我第八十八师当时兵力仅有两个旅共四个团，担任江湾北端至蕴藻浜南岸间广正面之防务，兵力至为单薄；而用以支援两个旅作战之师预备队，亦仅由师工兵营、特务营各辖二个连编成）；我第五二三团（团长冯圣法），张家桥、前后郭家宅、金家塘阵地，又首当其冲，战况惨烈。该团工事多被炸毁，官兵伤亡达四百余人；金家塘遂即告危。团长冯圣法急赴前线督战，十时许，冯团长左腿中弹，仍裹伤指挥不辍，士气极为旺盛（冯团长负伤指挥不辍，原史未列，特予增列）；由于官兵奋勇拒敌，故阵地屹然未动。另八十八师右翼第五二七团第三营方面，战况亦益趋惨烈。九时许，该营营长陈振新壮烈殉职，同时，大小麦家宅阵地，在敌炮火及敌机不断轰击下，全数被毁；致一部阵地遭敌突破，该营遂转移至周宅、黄宅地区。俞师长当即派该团资深副营长吕义灏少校升任营长（按此段原战史未列，经询据原任团长施觉民口述特予增列）。此时我第八十八师副师长李延年，亲率第八十七师第二五九旅第五一八团第三营增援到达，与敌激战于麦家宅以西地区，阻敌西进。是日晨，当敌主力向我八十八师右翼猛攻时，另有千余之敌，亦由孟家宅向八十八师第五二四团麦家宅、庙行间阵地攻击。经该团第二、第三两连奋勇迎击，敌死伤枕藉，终不得逞。迨九时许，我五二七团第三营麦家宅阵地遭敌突破。第五二四团第一营受敌侧击，损失奇重，营长徐旭重伤（原史未列，特予增列），送院途中不治而亡，形势危殆。此时我二六二旅杨步飞旅长亲至庙行督战，除严令第五二四团何凌霄团长，死守庙行待援反攻外，并急抽调杨焕桥第五二八团（团长黄梅兴）第三营之一部增援侧击庙行、麦家宅间突入之敌，激战至中午，相峙不下，旋敌另增调千余人向我庙行、周行之线猛攻，企图一举攻占我庙行镇。八十八师复紧急抽调第五二三团二个步兵连增援，展开激战。是日，该方面敌我双方伤亡均重，但我阵地仍屹立未动。

我第五军军长张治中，基于当前状况，即亲率军校教导总队之一个营赴冯家宅第八十八师指挥所指挥。当令第八十七师第二五九旅（旅长孙元良），由李家楼向庙行增援，第二六一旅（旅长宋希濂）主力，由纪家桥南渡，积极攻击敌之右侧背，并令第八十八师（师长俞济时），乘势反攻，恢复已失阵地。俞师长遵即一面严令庙行及赵店宅守军死守要点，一面令第二六四旅（旅长钱伦体），对被突破地区断行逆袭，夺回阵地。钱伦体旅长除即饬五二七团积极逆袭外，因获悉我友军已派有力部队两翼出击，乃亲率第五二八团之两个连（自师左地区抽调）至黄宅增援督战，并乘敌立脚未稳，令第五二七团第三营新任营长吕义灏率增援部队奋战反击，激战二小时余，一度突入麦家宅，不幸营长吕义灏被敌炮弹破片击中脑部，壮烈殉职成仁。钱伦体旅长继亦胸部中弹重伤，经医务人员裹伤护送旅指挥所，副旅长陈普民力劝后送治疗，钱旅长坚拒不允，并谓战况激烈阵地未复，职责所在，应继续指挥作战（按此段经过，原战史所列不详，经询据原任团长施觉民口述予以增列）。此时第八十八师第二六四旅副旅长陈普民，指挥师预备队工兵营，占领塘东宅亘庙行之线，将突入之敌包围，战斗之激烈，为开战以来所仅见。陈普民副旅长不幸右臂中弹，仍奋勇裹伤指挥，而工兵营营长唐循，不幸壮烈殉职。旋俞师长十四时亲率师特务营到达颜家宅督战，因之士气愈奋，战志愈坚，敌虽先后冲锋十余次，均被击退，俞师长之随从参谋项方强上尉（军校五期）不幸胸部中二弹倒地成仁，迄黄昏战斗仍在继续进行中。

当日十三时许，正值庙行镇及麦家宅附近战况惨烈之际，我左翼军预备队第八十七师第二五九旅孙元良旅长，亲率第五一七团欠一营（团长张世希）、第五一八团(团长石祖德),向庙行急进,策应正面作战。我蕴藻浜北岸守军第八十七师第二六一旅,南下渡河侧击敌军,旅长宋希濂亲率该旅第五二二团(团长沈发藻),并抽调第五二一团(团长刘安祺)第二营,分由纪家桥、周家宅强行渡河。虽在敌机二十余架轰炸阻挠下,终于十四时许,全部渡河完毕。旋左翼掩护部队第五二一团第二营攻占赵家宅、杨家宅,续向颜中桥,东齐家宅之敌压迫,主力第五二二团第一、第二两营,亦先后进击攻克齐家宅、唐家宅、殷家宅、西港、西湾东北、孙宅等要点,续向中心巷、北孙宅之线攻击。十五时许,战况益趋激烈,敌众四千余,分占颜中桥、中心巷、南孙宅、金母宅等村落,凭借工事及其优势火力,顽强抵抗。然我军对暴敌至为愤慨,咸抱有我无敌之决心,反复冲锋,前仆后继。我第五二一团第二营攻占颜中桥、王家宅、东齐家宅之线,第五二二团攻占中心巷,并续向南孙宅、金母宅之敌猛攻。激战至十六时许,敌第二十四联队第一大队,虽一度向我左翼反扑,旋被击退。十八时许,已近黄昏。敌机活动渐趋沉寂,我第五二二团乃乘机再全力猛攻,南孙宅又为我攻占,敌狼狈逃窜。我第五二二团跟踪追击,并将金母宅重重包围。残敌负隅顽抗,该团曾三度猛冲,但未奏效,入夜后,敌我仍在相持中。

按当日十五时许,第八十八师俞师长,于获悉右翼第六十一师副师长张炎(兼第一二二旅旅长),督率该旅第四团(团长谢鼎新)、第五团(团长黄镇)两团,由江湾向竹园墩方面急进,攻击敌左侧背之同时,接奉总指挥蒋光鼐电谕:“敌之预备队已全部用尽,现在甚感恐慌,有准备总退却模样,希各师努力反攻,将敌一网打尽”。俞师长随即严令所属全力反攻,该师官兵虽伤亡惨重,且疲惫不堪,但仍奋起冲杀,激战至二十三时,终将强敌击溃,仅麦家宅尚残留一部,企图负隅顽抗,阻止我军追击。此时,我右翼出击部队第六十一师之第一二二旅第四团第一营,已攻占孟家宅,其主力撤回江湾,以一部续向金母宅推进。左翼第二六一旅,则继续围攻金母宅之敌。

自二月二十日晨起,敌全力疯狂进攻达三昼夜,尤以二十二日反复肉搏历二十小时之久,由于我官兵咸抱与国土共存亡之决心,奋勇迎战,卒将顽敌击溃。此战总计毙伤敌第九师团及久留米混成旅团之精锐三四千人,而我军伤亡亦甚惨重。仅八十八师伤亡官兵即达二千七百余人,战斗之惨烈,实为开战以来所仅见。

我第五军军长张治中,鉴于当前敌我状况,遂于当(二十二)日晚下达攻击命令。其要旨如左:

一、第八十八师被敌突破之麦家宅阵地,务于本(二十二日)晚恢复。

二、阵地恢复后，江湾镇（不含）至庙行镇（不含）之线阵地，仍由第八十八师担任。庙行镇（含）至蔡家宅之线阵地，由第八十七师第二五九旅五一七团（欠一营）担任，并受俞师长指挥。

第八十八师俞师长，遵照命令要旨，决心先歼灭麦家宅阵地之残敌后，再行调整部署。当即下达命令如左：

一、顷奉蒋总指挥电谕，进犯之敌，经我军奋勇抵抗，毙伤惨重。敌预备队已用尽，有总退却之模样，刻已令饬各师相机出击，将敌压迫于黄浦江畔歼灭之。我第六十一师第一二二旅第四团之一营，已出击至孟家宅附近，顽据大小麦家宅之残敌，已在包围中。

二、本师即先恢复阵地，随即相机出击，完全攻歼麦家宅之残敌后，再回原阵地固守。

三、着第二五九旅孙旅长元良，指挥第五一八团，及第八十八师第五二八团，限今（二十二）日晚解决大小麦家宅之敌，再向孟家宅方面出击。

四、阵地恢复及出击奏效后，调整兵力部署如左：

（一）江湾镇北端至庙行镇（不含）之线为右地区，由第五二七团、第五二四团、第五二八团负责守备，归杨步飞旅长统一指挥。

（二）庙行镇（含）至蔡家宅之线为左地区，由第二五九旅五一七团（欠一营）担任之。

（三）第五二三团（团长冯圣法送医院疗养），及工兵营为师预备队，归第二六二旅副旅长萧冀勉指挥，于塘东宅、颜家宅附近待命。

第二五九旅孙元良旅长奉命后，即以第五一八团向庙行以右当面之敌攻击，阻止敌军增援，并切断麦家宅残敌退路，以第五二八团有力之一部，由唐家宅分两路向麦家宅攻击。二十一时三十分，第五一八团先行开始攻击，当与庙行镇东南端之敌三百余人发生激战。该团官兵前仆后继，奋勇肉搏，相持时许，敌不支向金母宅方面撤退，该团伤亡官兵六十余人，毙敌五十余名。

当第五一八团展开攻击时，第八十八师五二八团组织奋勇队，策划解决麦家宅之敌。迄二十三时，以奋勇队自塘东宅直接向麦家宅敌阵地正面猛攻，一部由塘东宅自右侧迂回袭击敌之左侧背，奋勇队攻击至麦家宅小桥西端时遭敌火猛烈射击，该队仍奋不顾身，勇猛突进，先头十余人越过小桥，冲入敌前哨阵地，夺获太阳旗一面，但因后续部队为敌火所阻，伤亡已达五十余人。奋勇队长吴绍文（第七连连长）亦负重伤，致未能奏功。右翼迂回部队，亦为小浜所阻，不能前进，乃撤回塘东宅原阵地。

按是日敌以数万之众向我江湾镇、庙行镇及其以南阵地猛扑，经一昼夜战斗，歼敌数千，我阵地屹立未动。是日虹口一带敌侨民极端惶恐，敌亦岌岌自危，惜我迂回兵力不足，未克扩大战果。

二月二十三日一时许，我第六十一师第一二二旅第四团第一营，仍围攻金母宅，冲锋三次，未获进展。拂晓后，敌援军万余人，分由梅园及张华浜向金母宅推进。以战车三十余辆，装甲车二十余辆为前导，并以飞机三十余架凌空支援，企图一举击破我军包围圈，救援其被围部队撤退。此时，我八十七师二五九旅孙旅长，率第五一八团及第八十八师五二八团攻击部队，攻占大小麦家宅，经孟家宅向金母宅急进。第六十一师第一二二旅第四团主力，亦由江湾向南齐家宅推进，攻击敌之侧背。十四时许，敌我双方短兵相接，反复冲锋十余次，鏖战至十八时许，敌伤亡惨重，复遭我军侧击，遂分向引翔港、张华浜撤退。我军跟踪追击，又歼敌千余人，卤获武器装具甚伙(原战史本日只列述第六十一师之战况，特予增述。又是日晨我二五九旅五一七团在杨焕桥以西击落敌机一架，后送苏州展览，据原任团长张世希提供一并增列。)

我第八十八师历经数昼夜激战，伤亡惨重。二十三日晚，奉令将江湾(不含)、庙行至胡家庄之防务，分别交由第六十一师第一二二旅、第八十八师补充旅第二团(团长古鼎华)，及第八十七师第二五九旅接替，八十八师撤至庙行以西地区整补。

二月二十四日午前，江湾、庙行间，敌我仅有零星炮战。迄至十六时许，江湾以东之敌第九师团第二联队二千余人，向庙行、江湾间移动，旋乘薄暮风雨交加之际，以四人为小组，共数十小组，匍匐前进；另以数十草人树立于金家塘东南田野中，企图以欺骗伎俩，转移我注意力，而施行偷袭。迨我哨兵发觉，敌即改行炮击，继以步兵分三路进犯，我第八十八师独立旅第二团，配属第六十一师沉着应战，初则掩蔽于阵地内不发一弹，待敌接近，骤以各种轻重武器猛烈射击，敌伤亡甚重，惟仍前仆后继，不断进犯。激战至二十一时许，敌渐呈不支，第二团窥破好机，乃断然以一部由后郭家宅进击敌之侧背，主力自正面全力同时出击，敌惊慌后退。我军跟踪追击，毙敌甚多，于周家宅附近敌遗尸中，由所佩符号获悉，其一为敌第九师团第二联队联队长百海实男。

二月二十五日一时许，敌新增援部队数千人，由张华浜附近登陆，随即会同残敌三千余人，分向金母宅、孟家宅及小场庙攻击。拂晓后，敌机九架，野山炮百余门，集中轰击我江湾、庙行间阵地。仅小场庙一地，落弹即达千余发。旋敌千余向我八十八师独立旅古鼎华团第二营小场庙北侧金家塘一带阵地攻击，该营奋勇与敌周旋，敌以装甲车协同步兵冲击，我则以手榴弹机关枪抗拒，激战三小时后，双方均伤亡甚重。正际我古团第二营金家塘阵地渐趋动摇之时，我第一二二旅第六团适时由水车头增援反击，敌不支败退，金家塘阵地复告稳定。十时许，敌增援部队继续到达，会同残敌共计万余人，又向竹园墩及小场庙攻击再兴，小场庙方面之战斗转趋激烈。六十一师第一二二旅陷于苦战，伤亡颇大。八十八师独立旅古团（配属一二二旅）北侧第一营，亦在强敌猛攻之下，竭力抵抗，旋敌机更番轰炸，继则敌炮猛烈射击，我阵地多被炸毁，第一营死伤惨重，第二连连长邹冠雄、第三连连长龙子廉相继阵亡，阵地遂告不守，转进至黄宅附近。

第十九军军长蔡廷锴获悉当前状况后，即令第七十八师第一五五旅第二团（团长谢琼生）由江湾镇出郭家宅，向小场庙推进，攻击敌之左侧背，并令转进至黄宅附近之第八十八师独立旅第二团第一营，协同该团预备队（第三营）全力反攻，旋以第十九军江湾镇以北战况惨烈情势危急，我第五军军长张治中奉蒋总指挥电令，即饬第八十七师二五九旅孙元良旅长速派遣有力部队，由庙行镇向竹园墩以东攻击，切断敌之退路，并令防守蕴藻浜之第二六一旅派有力一部强渡蕴藻浜向敌侧击。是日十八时许，我军三路进袭部队官兵莫不同仇敌忾，奋不顾身与敌肉搏多次，残敌终不支向东撤退，小场庙及其附近阵地又告恢复。是役敌遗弃步枪千余只、机关枪五挺，其战况之激烈与战果之丰硕，与二十二日庙行镇一役无分轩轾。

是日晚，我第十九路军总指挥部调整部署，令第十九军第七十八师（欠第四、五两团）及第六十一师一二一旅，接替一二二旅小场庙（不含）以南防务，一二二旅调庙前宅附近整补（古团调大场附近整补），另令第五军即接替小场庙亘庙行镇（不含）原第十九军第六十一师第一二二旅阵地防务，第五军乃于二月廿五日晚急令后调庙行镇以西整补中之八十八师于当日晚接替小场庙、庙行镇（不含）阵地。（注：第五军于二月十八日任左翼军战斗任务，军勉控第八十七师二五九旅（孙元良旅）之两个团（欠一营）为军预备队。孙旅二月廿二日起支援庙行镇正面作战数日后，伤亡甚重，已无力再担任重要方面战斗任务，而第五军又无其他兵力可资调遣，故不得已乃急令甫后调整补之第八十八师星夜接防，又第八十八师经过二月廿一、廿二、廿三日不断激烈战斗，伤亡官兵达二千九百余人，乃于三十六小时内将四个团兵力缩编为四个营，甫于二月廿五日晚新编完成，官兵互不相识，奉令后排除万难，于当晚勉强接替小场庙亘庙行镇（不含）之第十九军与八十七师孙旅之阵地防务）。溯敌军自植田谦吉接替野村吉三郎为司令后，即以全力向江湾镇、庙行镇及江湾、庙行间地区攻击，我军咸抱敌忾同仇决心，誓死抵抗，激战十数日，敌均未得逞，其中庙行镇、竹园墩、小场庙、金母宅等处之鏖战，更予敌以重创。惟敌仗其海空之优势，每于败退之际，辄滥施轰炸与燃烧，疯狂暴虐，无以复加，尤其二月二十日起，敌机三、四十架连续轰炸达三十六个小时之久，故江湾镇、庙行镇附近民房多被炸毁，战地满目疮痍，军民尸体遍地，甚至腐臭四溢，沟渠皆赤，身为战地将领，缅怀袍泽忠魂，洵不禁神伤，不得已我军乃决定于二月廿六日晚自动撤离江湾镇待机反攻。

另一方面，敌自二月二十日向我全线总攻击以来，伤亡亦近万余人，已无力赓续攻势，爰再抽调其第十一、第十四、第十六等三个师团来沪增援，并改任其前陆相、陆军大将白川义则为海外派遣军司令，以陆军大将菱刈隆为陆军总指挥，菱刈隆随第十一师团于二月廿七日抵沪，白川义则随第十四师团于二月二十八日相继到达上海。此际，国际调查团到达日本东京，各友邦人士斡旋频繁，和议之声又起，但未得结果。

白川抵沪后，即积极调整部署，除主力仍向我淞沪铁路正面行总攻击外，另以其第十一师团采迂回路线，由浏河登陆，对我形成包围态势，以迫使我撤退。

二月二十九日拂晓，敌开始全线总攻击。吴淞口外敌舰，首先与我吴淞炮台炮战。旋敌一部企图于纪家桥附近偷渡蕴藻浜，经我守兵迎头痛击而退。五时许，江湾方面，敌步兵千余人，在装甲车掩护下，向我第七十八师谈家宅以东地区攻击。我军沉着应战，将敌击退。八时许，敌复增援进犯，激战至十一时，敌终无法得逞。另股敌军三、四千人向我第八十七师第二五九旅庙行镇（战史记录：“向我第一二一旅庙行镇攻击”，按庙行镇二月二十三日夜八十师系移交二五九旅接替，又原战史亦未记载小场庙攻击，特予更正），及第八十八师小场庙攻击，相峙至十五时许，敌不支败退。是日闸北、八字桥方面之战斗，亦至激烈，其间敌以战事及炮火掩护猛攻，冲锋十余次，八字桥曾三度易手，终被我军奋勇夺回。

三月一日八时，敌续以陆海空军全力发起总攻击，并以密集炮火及飞机轰击，尤以第七十八师谈家宅、第八十八师小场庙间阵地最为猛烈（原战史未记载八十八师小场庙间阵地之战斗）。敌步兵即藉其优势火力，向我阵地冲击，经我守军奋勇迎战，毙敌甚众。但敌源源增加，前仆后继，拚战无已。激战至十二时许，我杨家桥、谈家宅之线守军伤亡过半，一部阵地遭敌突破，旋经该方面第七十八师预备队果敢逆袭，阵地乃告恢复。此时敌仍继续增援，该师则严阵以待。浏河方面敌第十一师团全师，于十四时许，在杨林口，七丫口一带强行登陆，虽经我教导总队一部极力阻击，终以众寡悬殊，无力固守，旋敌乘势进攻浏河。斯时也，淞沪铁路方面之敌军亦陆续增加，并全力突击。我第七十八师及第六十一师阵地各一部，先后遭敌突破。至是，我第十九路军总指挥蒋光鼐，鉴于态势不利，乃于十六时许下令全军总撤退，转进第二防线，待机反攻。

第四节　我军撤退行动暨调整部属

自敌陆军大将白川义则于二月二十八日率领大批援军到沪后，鉴于淞沪铁路正面攻击，迭遭重创，乃决定从侧面进军，迫我撤退。三月一日晨，敌主力仍向我正面攻击，敌机尤为活跃，炮火之猛烈，为前所未见。此际在浏河附近江面，有敌舰二十余艘，汽艇百余只，满载敌兵，在飞机五十余架连番轰炸及施放浓密烟幕之掩护下，于七丫口、六滨口之间登陆。迄七时许，敌已先后登陆万余人，我浮桥镇、茜泾营两要点相继陷敌，杨林口、七丫口警戒部队教导总队第二营第一连遭敌包围，虽坚忍奋战，毙敌颇多，但本身亦伤亡殆尽。第五军军长张治中获悉当前状况，即饬令蕴藻浜北岸之第八十七师第二六一旅抽调第五二一团（团长刘安祺）主力，以汽车输送赴浏河增援，原拟乘敌立足未稳，予以迎头痛击，将其歼灭于江畔。卒以汽车太少（仅十一辆），输力不足，迄十六时许，仅五二一团先头第二营到达浏河、茜泾营间地区。

第十九路军总指挥部获悉，敌约一个师团兵力，于浏河附近登陆后，深感我军已腹背受敌，复获知敌增援兵力将有五个师团之众。如仍在原地继续作战，则徒招牺牲，于事无补，当即决心撤守第二防线，待机反攻。爰于三月一日二十一时，下达撤退命令，各军随向指定地区撤退，迄三月二日凌晨四时许，各军主力均已脱离战场，并于拂晓前分别到达新阵地。此次大军战略转移，颇能出敌意表，直至大军撤退，敌始发觉。

三月三日，我军第二线阵地已完成部署，并已构筑必要工事，此时我援军亦陆续到达，乃积极从事攻势再兴诸准备。惟是日我第八十七师二五九旅五一七团（团长张世希）于娄塘朱家桥附近地区，截击企图向嘉定、太仓挺进之敌四千余众，战果丰硕。先是，二五九旅五一七团系担任大军撤退之掩护任务，该团原奉派配属第七十八师翁照垣旅担任吴淞地区防务之第三营，先于三月一日奉令迳赴娄塘归建。三月二日该团主力到达娄塘朱家桥附近，此时由浏河、七丫口登陆之敌约有四千余众，亦到达朱家桥，随即与五一七团展开不预期遭遇战，最后双方集中主力争夺朱家桥，战况激烈。张团长面对数倍优势之敌，奋战不已，终予敌重大顿挫后突围圆满达成任务。是役五一七团损失奇重，第一营营长朱耀华不幸身中七弹壮烈成仁。(朱家桥之战斗，原史未列)。

三月四日，国联决议中日双方停战。我军为遵守停战规定，即日下令停止攻击行动，但敌军则阳奉阴违，仍多处向我攻击不已。其间浏河之敌向第五军嘉定、太仓之线猛攻，遭我迎头痛击，不支退去，尔后敌又数度偷袭或强袭太仓，均被击退，溯自三月三日我军撤守第二线阵地，敌军虽在国联监视下达成停战协议，但敌军一直背信，陆续增兵不断对我攻击，直至三月卅一日，杨林口外敌舰，仍向我第五军阵地轰击，敌机仍陆续侵入太仓，对我军民滥肆炸射。四月一日开始，敌非特不知收敛，反变本加厉，一度在空军及炮兵支持下，进犯太仓、新塘市、朱家桥等地，均未得逞。四月六日至十日间，敌仍不断有小规模攻击行动，直至四月十八日，敌攻势已成强弩之末，乃划定浏河至嘉定为第一防线，嘉定至南翔为第二防线，南翔至闸北为第三防线，加强部署。我军亦于太仓、嘉定、南翔间加强防务，军事行动，于兹告一段落。

《中华民国二十一年一·二八淞沪抗日战役经纬回忆》，“台湾国防部”史政编译局印，1981 年版，第 9—40 页。

一·二八率部抗日

蔡廷锴

民国二十一年

元旦日，军政界照例放假，我食早饭后往宋部长及陈部长处贺年，并到邓公馆食午饭。是日午后气候转冷，寒风微雨，无处可游，胡乱消磨了半天的时光，即返本寓。

二日晨天气严寒，吾妻说在此不惯，拟返粤，我亦无词。正午天气转晴，较昨日为暖，偕内子出街购皮衣一件，及零星物件归来，适黄琪翔君来访。彼此隔别多年，谈笑甚欢，我问他革命行动委员会仍有进行否？他亦开诚答说继续进行。约谈一句钟，黄君辞去，我食饭后即出外游玩。

三日晨阅报知汪精卫已入京，大批改组派人马皆弹冠相庆，准备袍笏登场，但我忙于筹备北上抗日，对此政治上不感兴趣。午后往蒋总指挥光鼐公馆闲谈。

四日上午吾妻捡拾行李准备下午搭皇后船南下，所有亲友家眷都来送行，又经一番热闹、一番麻烦、一番惜别。

五日起床即看报，除看日内瓦开会情形外，余无重要新闻，我早知弱国无外交，任你奔走呼号，也不能引起国际同情。那时英法正在袒日，尤以法国最可恶。中日问题，欲以外交方式解决，已无望了，惟有希望新人物上场，组织新政府（汪派）能有新办法，但这不过是一种希望而已。午后照例往南京路。

六日天色晴和，起床后往龙华检阅七十八师钟绵瑞团，十时回来，区师长早到听候，即留他午餐，同往拜会上海商界巨子及地方领袖，以联络感情。

七日气候寒冷，上午不出门，无事可办，只有看书阅报，午后赴淞沪警备司令部会戴司令，与戴略谈时事。

八日天晴，早八时张炎、翁照垣两人到来，报告北上部队人员各级已分配妥当，并呈各文件请我批准，遂逐件审察，批准照办，下午同往大场、浏河、嘉定等处巡视防务，是晚在嘉定住宿。

九日天气甚佳，张、翁各已返防，我即返沪，本军军需处长来报告军需署仍未发给伙食，各部公积金最多维持至本月底，不知将来又如何打算语。情形如此，倘本月底政府当局仍无办法，惟有请求解散遣归田里，免我久共患难的官兵流落他乡。下午三时往谒宋部长。

十日天色晴朗，七时起床，照常看报，在苦闷抑郁的时候，长此困居堕落之地，亦非善策，决定由本日午后起，往京沪沿途巡视驻军。查得各部尚守纪律，颇堪告慰，至十三日午始抵京，即往交通部官舍访陈部长真如，将检阅部队经过及本军伙食无着情形向其报告，并请其代为设法。他说："现在政府正在改组，新上台人物尚未到齐，凡事均无头绪，你最好向何部长敬之暂想办法。"但军政部的军需在一月前已宣告破产，就是中央直属部队，亦对我们说一样的困难，何能维持我军。我想陈部长亦是对我敷衍了事，未必会能替我们想办法了。正在谈到最紧要关头，忽有某部次长来会陈部长，我遂不得要领而回。

十五日天气寒冷，九时往谒何部长，并将本军驻地及训练情形向他报告。他态度闲逸，很自然地对我表示关于本军伙食问题尚无确实办法，但又以轻松的语调，嘱我放心："军需稍有着落，即先给你部云云。"我见他如此说，虽一时未有办法，心亦稍慰，午后往紫金山陵园等处闲游，黄昏始返。

十六早气候如前，接龙华来电，谓警备司令部据探报，日寇有扰沪企图，寇陆战队不时向我武装警察挑衅等语。得此消息，即往卫戍司令长官部向邓参谋长益能询问，他同时亦接此电报。因此，午后即乘车返沪，到戴司令公馆，与戴面谈。他说："时局较前稍为严重，但他（日方）派其所谓和尚与我三友实业社工友打架，故意闯祸而藉词挑衅也未可料，但我军亦须时常注意。"

十七日天气晴，但因雪溶，冻得更厉害，九时往邓瑞人兄处围炉取暖，林梓浩等亦在座，闻我就将北上，竟以佳肴款待，开怀痛饮。林君言语极诙谐，时谈风水命运，津津有味，有时趣话甚多，我只有捧腹大笑。午后回时同往饮茶，端人君等则与交际大家某女士大跳其舞，我是门外汉，且对此揽腰狐步素无习惯，约坐一小时，不胜其烦，拟离开此处。他们兴致正浓一味推延，直待外边电火四射，始停止活动，又往某菜馆食晚饭，某女士亦同席，她有无限风骚，春意撩人，我守身如玉，不涉遐想，到十时左右，各男女朋友分道散去，我则返金菊村公馆。

十八日天晴，寒冷如昨，据龙华司令部张参谋仲昌来电话，谓日寇放出种种空气，且要求条件甚苛，恐有藉此骚扰淞沪之势，戴司令意拟明日请军长（指我）召集上海驻军官长举行座谈，以便应付事变。我当时应允，并往蒋总指挥光鼐处坐，并请蒋总指挥出席明日之会议。

十九日天气阴晴，看完报纸，依期往龙华司令部，由蒋总指挥主席开会，结果：

一、最近敌人或有骚扰，我军须无形的戒备。

二、万一有事发生，第一线兵力之配备若干，区寿年师最低限度死守五天。

三、各防区赶紧构筑工事，后方各驻地亦须预选抵抗线。

四、六十、六十一两师增援时，须于战斗开始后五日内到达上海附近。

五、对上海租界决定态度。

六、由明（廿）日起各部官兵除因公外，一律不准在租界住宿。

以上各条务须严守秘密，并决抱人不犯我，我不犯人之本旨，对于敌国人民亦不可损害分毫。会议完毕，戴司令请食晚饭，至九时大醉而散。

二十日晨往吴淞侦察防线，观各要点工事仍属简单，屡向当局请领这各种材料，又甚困难，因此，我嘱区师长先购各种器材，但以四万元为限。午后往谒宋部长，他对我说："敌寇领事因三友实业社事，有向当局严重抗议说，大约三两天总可明白。"现上海谣言四起，较往日更为严重，北上之事我虽有决心，恐会因此而不能成为事实。但仍积极准备，倘十天内上海无特别事故发生，准于二月一日乘津浦车北上。午后往孙希文先生处，请其代拟自动解除军职通电，孙君甚喜，谓一天可拟妥，是晚在陆文澜处谈天，深夜始回。

廿一日天微雨，晨早接陈部长真如电话，着往他公馆。我八时前往，他说："两日来所得外国人传出消息，日寇有向我上海骚扰企图，三友实业社事，他向市政府严重抗议，但京中尚未具体向其答复，约二三日内答复书可发出。"我问他："万一敌人向我侵犯，我军取如何动作？"他答："当然不客气，武力抵抗！"我又问："政府有无抵抗决心，你是中央一大员，亦会知道一二？"他答："看那时国际环境如何始敢断定。"上述情形较前更为紧张，吾身为军人，负保国卫民之责，断不肯屈辱。午后参观龙华兵工厂，该厂机器均是旧式，所制兵器如沪造七生半的山炮，发射多不准确，且厂内规模甚小，日出兵器不多，与沈阳厂相较，确有天渊之别。看完即回，与谭启秀同往七十八师司令部食晚饭，再回公馆，已高朋满座了。

廿二日晨看报，敌领事向市府提出无理要求，条件甚苛，最难堪的，就是要本军撤退三十公里。我见报章如此披露，即以电话询问上海市政府吴市长铁城，他答："敌的无理要求，已报告南京，必不会承认，请放心。"同时又接警备司令部张参谋长电话通知，昨晚发生一件意外事，因区师在某处之警戒线，于昨晚十一时有一奥国商人与一姘妇乘汽车经过步哨线，不肯停止检查，被哨兵击毙，诚恐惹起外交问题，幸该奥国人与外国妇女系诱奸事，正在被人告发无人理会他，我军道歉了事。午后往真如看区师实弹射击，黄昏始回到陆文澜处，探日方消息。

廿三日天色晴朗，我北上在即，沈师长光汉偕刘旅长占雄到来面谈，问我何日启程，并以该师全体名义赠我北上纪念金牌一个。我以首途日期未定，上海又在严重时期，拟不收受，沈、刘恳切强请接纳，故受之。留他们午饭后，带他们往龙华司令部谒戴司令。沈、刘临行时，嘱其对全部将士格外留意，他们已返苏州，我返公馆。叶少泉处长来谈，北上官兵皮衣约一星期可办完，义勇军旗帜等亦秘密造好，我军伙食本月份仅领得十万等语。是日午后因伤风不出门。

廿四日早接南京长途电话，谓今午何部长敬之到，着我在家守候，午后一时接何部长电话，请我到张静江先生公馆谈话。我遵命即往，见何部长与张先生正在厅中谈笑，何旋介绍我与张握手，即开始谈话。何部长愈谈愈近上海纠纷问题，继而直说："现在国力未充，百般均无准备，日敌虽有压迫，政府均拟以外交途径解决。上海敌方无理要求，要十九军撤退三十公里，政府本应拒绝，但为保存国力起见，不得已忍辱负重，拟令本军于最短期间撤防南翔以西地区，从新布防，望兄遵照中央意旨，想兄也同意。"我听了何部长的训示，拟即拒绝，但违抗上级命令，亦非所愿，乃对何部长说："本军自到沪驻防以来，军风纪尚佳。对于国际租界人士均守文明，在沪中外人士尚无不满意之表示，且驻地均是我国领土，也不接近日寇地区，要撤退，殊无理由。倘政府要撤，请不可限于敌方之要求，最好调我全军离开京沪路，我当绝对服从。"他见我如此态度，向我极力慰勉，约谈一小时，辞回公馆。

廿五日天气甚佳，因昨日与何部长谈话，受了无限刺激，昨晚失眠，故九时始起床，请区师长到来面商撤退事宜，但尚未接获上级命令，不过一种准备。区师长听了我言，皱眉苦脸的说，不作军人了，实行回去作农夫，免至受辱，我安慰他，小不忍则乱大谋，能屈能伸方是大丈夫。食完午饭，偕他同往蒋公馆，谒见蒋总指挥，并将昨日何部长所示撤退问题向他报告。蒋公听了，亦是叹息无语，最后则说一句："遵照政府命令就是。"我决心北上，亦无其他可想，只候政府命令撤兵，午后即请三五好友到某处消遣，以散心闷。

廿六日天气阴晴，寒冻异常，阅报载日寇要求的条件大略如下：一、驻上海之十九路军应遵某日通牒，限于本月廿七日以前撤退三十公里，并不得有敌对行为；二、查封上海《民国日报》，并取缔抗日分子；三、日方被三友实业社工友打伤人员要赔偿恤金；四、上海市政府须向日方道歉；五、此后不得再有类似事件发生。看报未完，政府的撤兵命令已到了，即转令七十八师区师长于本月廿七日撤退完毕，但宪兵未到接防以前，须留小部仍在原阵地警戒。命令转下后，相信上海局势会由此紧张而和缓了，国家屈辱如此，我为军人，殊觉无味。阴历年关在即，北上之军尚须时日始可开拔，乃乘暇与我最好的朋友邓瑞人等玩玩笑笑，以求愉快身心。

廿七日天气如昨，上午九时市商会主席王晓籁及杜月笙、杨某等来慰问，当时我亦不知其来意。王、杜两君说："贵军长体念政府的苦心，遵命撤退上海驻军，以求息事宁人，保存上海数百万人生命财产，同人等无任钦佩，除代表上海民众慰谢外，并预祝军长北上杀敌成功。"王、杜之意我已明白，乃谢谢他的好意。约谈一时，王、杜辞出，我午饭后出街访友，闻当局已答应敌方要求，所有苛刻条件均经签字接受，敌领事以覆牒表示满意云。各友互谈，以为一场风云可以消散，正谈笑间，忽有王志远君来说，英、美、法驻军纷纷以铁丝网在各街口要点布防，闻说日寇陆战队及在乡军人陆续集合，有向我闸北进攻之说云。当时在座诸友，均以为他说谎，明明今日上午已签约受苛刻条件，岂有再动干戈之理。不久回静安寺路十九号晚饭，入夜九时，近虹口花园各商店居民纷纷搬行李逃避，闻敌方已吹号集合，我们仍属半信半疑，即派人坐车到虹口等处侦察，回报与上述情形相符，但我闸北驻军，正在撤防，宪兵又未知到接防否。即以电话询闸北驻军团长张君嵩，他说："现在虹口等处商民惊恐异常，宪兵尚未接防，据报敌寇今晚向我防区进攻，请示如何处置。"我示意他，倘宪兵未接防，仍须固守原来防线，如日寇无故向我挑衅，我军为自卫计，应迎头痛击。张团长表示遵命。再过一时，淞沪之难已到，国耻又多一纪念日了，十一时十分，接张启荣电话说："日军向我闸北进攻，现在枪炮声甚密。"我接此消息后，即向张团长说如来进攻即加抵抗，即上三楼瞭望。闻枪声甚密，散寇来犯已属千真万确。瞬间蒋总指挥光鼐到来，稍谈，即同往龙华司令部与戴司令面商抗敌大计。到部时，戴君已在该处守候，即会谈，结果一面报告上峰并令我军全部限三日集中上海附近，一面通电国内外同胞，并拟乘汽车往闸北巡视。据张团长云：通闸北公路情况未明，乃与蒋、戴步行由北新泾往真如车站。当时在冰天雪地之中，小路泥泞，滑而难行，至天将拂晓始抵目的地。

一·二八那时，总部设在南京，参副人员均不在此，即令七十八师区寿年部全部展开应战，我军部则设于真如车站附近范庄。区师长接令之后，已陆续进入阵地。上午八时，闸北方面战况甚为激烈，据张君嵩报告，该团昨晚开始战斗，至今晨伤亡达六百余人，拟向我请增兵，当时我问他团全团官兵若干人数，他答有一千七百余人，现伤亡三分之一。我说你团尚有千人，最低限度亦守三天后始可换防，他亦不敢再说。

八时三十分，疯狂的寇机向我闸北、真如等处无目标的狂炸，商民牺牲甚大，敌军乘时向我各防线猛烈进击，幸我军沉着应战，敌屡犯均被击溃。正午我即往闸北等处巡视，并向官兵训话，入晚始回部，是晚敌情无变化，区师各团均已集中完毕。

廿九日天气寒冷，大雪纷飞，昨晚只在炭炉附近烘火，接听各方报告，终夜均无合眼。早七时，敌机又来光顾，因天有雾竟敢在一千公尺（1 公尺＝1 米）低空飞行。我方无制空权，又无高射炮及高射机关枪，任由敌机肆虐，见其太可恶，即令卫兵连以步枪排分若干组，在有效范围内，向敌机射击。出我意料之外，竟被我步枪击落敌机一架，当时兵民鼓掌如雷，军心更为大振。十二时军部赵参谋处长带同一部人员已到，即令其[重]新部署。下午敌情无变化，我军已攻至虹口花园附近，入黑前方战况又转激烈，至深夜十二时，枪声稍稀，接区师长来电话：敌黄昏后向我闸北冲锋数次，敌战车、唐克车被我手榴弹炸毁三辆，已被俘获。

三十日天气如昨，在拂晓时，敌又向我攻犯，八时后枪声渐疏，我六十师沈光汉全部已达江桥、真如附近停止候命，同时接上海市市长吴铁城通告，各国领事团体要求双方停战数小时，保护闸北、虹口一带难民出境，内有云敌酋野村已允许，我亦即答应。拟定双方前线以万国红十字会人员阻止及监视哨兵。是日正午停战三小时，难民退出，双方又继续战斗，午后战况甚激烈，战至深夜，来犯闸北之敌，均被我守兵击溃。据报敌方又增兵千余人，战舰三十余艘，均泊吴淞口外，明晨有攻吴淞炮台之企图。我吴淞等处陆军仅一团，兵力甚形薄弱，即令区师翁旅长率兵一团夜行，限拂晓抵达吴淞。即着翁旅长来部面授机宜，翁以为时间已八时，由闸北至吴淞且要经大场、江湾路约九十里，诸多推诿，即令其遵照拂晓前抵达，否则以军法从事。翁听我面示如此，即匆匆而去，率队前往，所有吴淞陆军归其指挥。

三十一日天气晴朗，敌机在拂晓前已升空，轧轧声音震惊全市，吴淞方面炮声如雷，不久接翁旅长电话，该部陆续抵达，敌舰及飞机十余架向我吴淞炮台总攻击，橡皮艇二十余只向我狮子林、吴淞等处等陆，均被我守军击退。同时闸北八字桥方面，机枪炮声亦烈，由寅至巳刻枪炮声渐稀，接各方电话均告捷，俘获敌陆战队数十名，步枪数十枝。午后战况稍沉寂，又接市府通告，敌酋野村因被我战败，敌政府派盐泽为指挥官，率久留米混成旅约七八千人来援等情。我军六十一师全部亦抵南翔，是夜各方报告前方战况无异状。

二月一日拂晓，敌机十余架狂炸我军部及暨南大学，但前方双方无进展，九时上海各界代表王晓籁、杜月笙、黄炎培等十余人来部慰劳，并赠送米食及物品甚多。各代表去后，因敌方增兵，同时我军亦全部到达，仍须[重]新部署，即以六十师沈光汉率所部接上海市闸北、虹口、八字桥等处区师防务，相机向该敌出击，吴淞翁旅归沈师长指挥；区师缺翁旅两团及六十一师全部，则控置于大场、南翔等处，为总预备队；财政部税警团，则在龙华方面警戒，并派一部控置于浦东，监视敌舰行动。下午战况如前，蒋总指挥率参谋人员往南翔，设总指挥部，军部仍在真如，入黑炮声又复大作，接沈师长电话，敌人似增兵前线及换防。

二日天气阴晴，市府通知各国领事团，拟请双方停战，敌酋盐泽亦有此意，同时接何部长来电云，战事可止即止等语，如敌人允撤兵，我亦不反对，除戒备外，暂行停止进攻。我方则派区师长寿年为军师代表，随吴市长前往某领事馆开会。结果敌方要求太苛，我军即拒绝。是夜枪声甚少。为应付敌寇来犯，即令沈师长特别留意。

三日天气又复寒冷，敌机照例拂晓即来光顾，前方战况亦无变动，但敌人援兵陆续已到，大约一两日内必剧战，若不取主动地位，恐被敌先发制人，即与蒋总指挥密商，先以强而有力之一部扑攻虹口及杨树浦之敌。议定以六十、六十一两师为主攻，同时防守闸北等处部队亦出击。计划完妥，准四日拂晓施行，但六十一师须于今晚九时以前准备攻击前进阵地。是日，敌方除终日以炮击我闸北等处外，无激战。

四日天气严寒雪雨纷纷，雾又低，敌机不甚活动，我军依原定计划，向该敌猛攻，接毛师长电话，我左翼张炎旅已将敌前进阵地占领，但右翼沈师攻敌之虹口花园敌司令部，不甚得手。同时又接沈师长电话，所报相同，攻至是日上午十时，各线无甚进展，且伤亡甚大。据沈、毛报告，敌人阵地工事甚坚固，(我军)无炮兵，攻击甚困难，但敌人又不能向我反攻，双方均呈对峙之局，入黑仍撤回我军原阵地。是日敌军伤亡颇众，我军因攻坚不得手，亦伤亡官兵千余人，据沈师长报告，敌人守兵甚强，但野战不及我军。

五日天气寒冷，敌机数架轰炸我闸北等处，二十三架向沪杭路飞去，炸我杭州飞机场，回来又炸我龙华机场。闻我飞机在松江附近与敌机决战，但我方飞机劣而少，被敌机击败，机师黄沛泉阵亡，殊为可惜。午后据前方武装侦察报告，敌人均向蕴藻浜等处活动，有向我反攻模样，即令前方部队注意，并令其准备迎击。入黑炮甚密，但前线无异状。

六日天阴晴，拂后炮声已停，据沈师长报告，在拂晓敌人以少数兵力来扰，均被我军击退。九时孙夫人、宋部长夫人等来部劳军，并慰勉，约一小时即辞去。顷叶少泉处长暨范至陆君来报，上海各界及各方慰劳品并汇来慰劳金甚多，拟在沪设办事处，以便应付，即委任范至陆为驻沪办事处主任，叶少泉、邓端人、杨建平、庄伟刚等副之。午后王达夫（即王俊）奉何部长谕来前方与我接洽，他对我说："如敌方允无条件撤回一·二八前原阵地，我方亦不追击。"我即向他表示如敌人确诚意撤兵，我军亦遵办。午后前方枪炮声时疏时密，敌人除以机械化部队不时向我袭击外，并以飞机用机关枪向我守军扫射，应有尽有，施展其气球队向我防线侦察，我官兵沉着，敌人亦不得逞，酉刻敌再来犯闸北，均被击退。

七日天气甚佳，东方尚未大白，敌机数十架已在空中嗷嗷，向我示威，不久吴淞与闸北枪炮声大作，尤以吴淞方面猛烈。据区师长电话报告；据翁旅长电话报告，敌人以陆海空军向我吴淞、狮子林、宝山等处猛烈攻击，露天炮台均为敌机炸毁，但敌陆战队向各据点登陆，均被我守兵击退。吴淞要塞司令邓振铨弃职潜逃，副官长某某阵亡等语。同时接沈师长电话，与区师长所报大致相同。当时要塞守备无人负责，则令七十八师副师长谭秀启暂行兼理，并将其炮台守备兵竭力整顿。是日激战至上午十一时，枪炮声渐稀。据各方报告，敌久留米混成旅团向我各据点来犯，均被守兵击退，尤以蕴藻浜及吴淞桥头两点最为激烈。是日敌军来势甚猛，惟我守军努力迎击，敌伤亡甚大，我军据报亦伤亡一千人。

八日天气如前，接各方来电慰劳甚多。七时以后，敌机数架向我京沪路威力侦察，我中央野炮兵一连（炮四门）已到真如车站，着其在附近休息，入晚进入阵地，归六十师沈师长指挥。闻我八十七、八十八两师编成第五军，张治中为军长，已到无锡、镇江，日间开来前方增援，但仍未接通报。前方各线已呈胶着状态，终日无激战。午后永安公司郭顺先生送大量佛兰地六十年旧酒来劳军，但我不嗜酒，转赠各将领，尤以谭启秀、翁照垣两人特多。是晚深夜亦无特别情况，我孤独一个人围炉取火。

九日微雨，云雾甚低，敌机不能活动，卫士喜形于色，前方情况亦不甚紧张。十二时接到阎锡山先生赠来十五生的重迫击炮数门，炮弹六百发，我军得此贵物，均甚欢喜，即着军械处分发各师炮连。是晚黄昏令各炮兵集中炮火，向虹口敌司令部猛烈射击,敌军甚为动摇,尤以重迫击炮收效最大。是晚九时据邓旅长志才报告,敌人唐克车队向我八字桥方面活动,敌兵继续向我来犯,激战一小时,敌退回原地,惟唐克车一辆被我击坏车轮,现停于散兵线前三十米达,俘获敌军上等兵一名等语。十二时以后,各方无闻枪声。

十日天气稍晴,晨七时敌飞机二十余架向我闸北等处大举轰炸,平民伤亡甚大,我军损害则甚少。在大场附近又被我击落敌水机一架,拂晓前后双方均有冲锋,敌亦无法向我进展。接各师书面报告,抗战至今,统计已伤亡官兵二千五百余人。正午英国武官某某来部面晤,但我不识英文,由唐副官长德煌翻译,他英文不十分好,该武官来华多年,普通国语亦说得流利,谈话间彼此亦方便。午后往吴淞炮台巡视,并赠佛兰酒两打与谭、翁,将抵吴淞,因潮水涨,敌舰高于地面,即以十五生的大炮向我乘坐之车及卫士车射击,极准确,两弹在距车十米达处爆炸,有一弹跌下两米达远,幸不爆炸,亦云险矣。因坐车有目标不适宜,即步行抵吴淞,谭、翁出来带路侦察,我说带好酒送你两位,请你们大饮特饮,并勉励他俩说:“此酒是人民慰劳你们抗敌英勇的表示,你们不要辜负人民,应尽责任,死守阵地。”与他巡视各炮台,仅剩残壁颓垣,所有旧式炮也被敌机炸坏了,前所有台兵,均属老弱无能,满面烟容,颓丧不堪,有何精力作战。据翁、张所报,除派其为瞭望哨外,其余各重要据点,均是我步兵据守。巡视各地方毕,已入夜,即回部。据赵处长报告,是日无特别战况,但敌人加强工事云。

十一日天气晴朗,雪溶甚冷,日上三竿,敌机已来临,炸我真如军部,外卫兵已牺牲数名,军需及慰劳品亦有损失。九时上海市学生队数百人,来维持道路交通及军部附近秩序。该学生义勇队精神奕奕极有胆量,敌机来狂炸时面不改容,镇静工作。此辈青年乃是国家栋梁,将来复兴中国,必靠他们,惟全国教育不能普及,青年不能多数如此,殊可叹惜。午后往闸北巡视,至邓旅长志才旅部,着同时往前线侦察,到达最前线,看见敌兵作预备放姿势,我勇敢的士兵也如是距离敌守兵仅四五十米达,我则躲在步哨侧边站立而望,因我身材过高,敌竟不客气连放数枪、哨兵则以最诚恳的态度请我不可太露目标,说话尚未完,敌以轻机扫射,伤及邓旅长护兵二名。我左胁下军服亦被穿破。看完闸北,再往虬江路巡视,黄昏后即回,是日无剧战。

十二日天气阴晴,晨早敌机向我散兵线周而复始摄影,但飞得过高,我步枪射击无效,至为可恨。十时法国武官某某来会,约谈二十分钟,他辞出,我则顺便说及法界附近(即中山路)敌人之某纱厂,有敌武装兵在该厂警戒,对交通大有妨害,即向各国领事交涉，转知限其撤退，否则先行解决该处敌人。下午接吴市长电话，敌方允今晚撤退，我则派兵一连监视其行动。忽接前方报告，敌人约两千余沿军工路向蕴藻浜移动。得报告后判断敌人必有企图，即令六十一师张炎旅星夜向蕴藻浜沿河两岸警戒。入黑后，前方枪声转密，监视敌纱厂之连长谭启友报告，敌纱厂之武装入黑已撤去，此处我军交通已无阻，运输亦较方便。至九时前方报告，敌犯我八字桥已被击退。

十三日天气甚佳，拂晓前飞机大炮枪声大作，炸弹声震如雷。据前方电话，敌向前线总攻，并放烟幕，蕴藻浜已被其架桥偷渡。据张旅长炎报告，敌人来犯凶猛，郑团长为楫受重伤，中校团附黄权、营长李荣熙相继阵亡。该团官兵死伤六七百人，现令黄镇团全部加入，正在鏖战中等语。我决心先扑灭偷渡蕴藻浜之敌，即令六十一师师长率张炎旅为该师预备队，向大场方面推进，必要时向张炎旅增援。激战至午后二时。敌势尚未稍杀，我即带同参谋副官数人，往庙行附近督战。至下午五时，我军略有进展，即令张炎率庞成团攻敌之左侧背，双方肉搏白刃战，至黄昏已将敌击溃，偷渡蕴藻浜之敌亦肃清。由开战以来，以此役为最激烈，夺获敌机枪十余挺，步枪数百杆，我军伤亡千余人，敌人增援之久留米混成旅，从此一溃不振矣。是夜九时以后，枪声沉寂。

十四日天气如昨，拂晓各方军事阵地战，但敌机不断地向我军阵地轰炸，闻敌人消息，因昨日被我击败，老羞成怒，已向敌政府乞援，闻二三日援军可抵沪。得此敌人增兵消息乃意中事，就是敌倾全国之师来犯，我军亦是如此抗战，总之尽我军守土责任，战至一兵一弹为止。午后二时，接总指挥部命令要旨如下："我第五军张治中部八十七、八十八师归我军指挥，已到安亭，一部抵南翔加入战斗序列，实行区分作战。十九军及税警团归蔡军长廷锴之指挥，左翼由庙行镇起至龙华、浦东之线属十九军。第五军及十九军七十八师之翁旅归张治中军长指挥，右翼从庙行接十九军蔡军之左翼沿蕴藻浜北岸至吴淞炮台之线，属第五军负责，务于本月十七日拂晓布防完毕，仍将布防情形具报为要。"我接此令，即召集各师长及税警总团王赓来部密商今后之处置，即下达命令，要旨大略如下："以六十师沈光汉部由闸北一带沿持志大学至江湾附近，左翼切实与六十一师联络，但以一小部突进杨树浦引翔乡，不时突击敌人；六十一师毛维寿部固守江湾，右翼与沈师切实联络，沿江湾至庙行镇，左翼与第五军切实联络，并以一部控制于跑马场，相机截断敌交通路；税警团王赓部，以一部控制于浦东监视敌舰外，其余主力应控制于龙华并担任后勤警戒；七十八师(缺翁旅两团)为总预备队，则在真如附近整理补充。"

命令下达后，并令各部限于本月十七日以前布防完毕，传命出击。是日敌兵甚疲，断无反攻能力，我军尤须切实整顿，故无大战。

十五日，天气又转风雨，拂晓亦无激烈战争。据我汇山码头坐探报告，今晨敌援兵两运输舰三千余人已抵达汇山码头登陆，接此报告，已转总指挥部。再接市府电话，敌政府因敌将野村、盐泽屡战屡败，已派植田谦吉为统帅，率两师团来援。此事系各国领事由东京得来消息，情势如此，我方万不可疏忽。午后即往南翔与蒋总指挥及张军长面商。到达后，三人决议请政府增兵，为我军援队。在晚饭后，第五军陆续来南翔，我返真如军部，据赵处长面报，前方无特别情况。

十六日天气甚寒，拂晓前略闻炮声。据各师报告，因昼间不能运动部队，今晚始可布防完毕。又据吴市长电话，今晨拂晓，敌增到三运输舰及炮兵甚多等语。余见汇山码头仍系公共租界，各国又无提出抗议，对敌甚为偏袒，决令炮兵全部集合一点，向汇山码头实行炮击，即令炮兵营长来部面示。十二时敌机三十余架向我闸北、江湾等处狂炸，被烧房屋数百间，商民损失甚大。继而炮声大作，我前线部队已疏散，无大损害，惟沈师在沪淞路持志大学附近车站之一连为敌炸弹命中，有一排完全牺牲。午后敌以唐克车、铁甲车向我八字桥、江湾等处进犯，惟我外壕纵深，敌未敢冲近，但铁丝网已被破坏，入黑各方均无激战。

十七日天气如昨，下棉花雪，看见行人衣服披上雪花。拂晓后各师长报告，依命令布防完毕，正按令构筑阵地工作，前方均是阵地战，查我军士气甚盛，大约三两日内必有一场大决战，拟以全线出击，但敌方工事甚坚，且[我军]无重炮及飞机，徒然牺牲亦属不值。今晚决令沈、毛师派出强而有力之一部，经引翔乡攻杨树浦，如得手，即攻占汇山码头。下午接第五军通报，该军昨晚亦布防完成，黄昏时沈、毛各突击队归旅长刘占雄指挥，遵本日上午九时命令向目的地前进。至九时接刘旅长报告，我突击队攻击甚有进展，第一层铁丝网被我冲破，惟缺乏工兵器具，第二层攻击不易等语。我军各部工兵除能造工事，只有作业工作器具外，有工兵之名，无工兵之实，等于步兵使用，我国兵种之设备，实比不上外国。十二时深夜，接前方电话，我军冲至敌之电流网，伤亡甚大，再无法前进，令其撤回原阵地。

十八日天气甚佳。拂晓已闻敌机声，卫士则报告寇机已在军部（真如）打圈，请我外出，我即出门一望，敌机在毫无目标乱抛下数十枚炸弹，骚扰约一小时始飞去。前方枪声甚激烈，想敌人不是出击，就是新增到敌兵换防，但接沈师长电话，敌兵由昨日起均穿黄绒衣服，似换防。九时接吴市长通告，敌统帅植田谦吉昨晚已到达，今晨向各国使节拜会，又有放出和平空气。我即答吴君，姑不论敌如何手段，我军只有不失守土有责的立场，敌方果有诚意，应将日军退回一·二八原地，始能谈和平。十二时前方全线已沉寂，午后四时接市府转来敌酋植田谦吉“哀的美敦书”，措辞甚为荒谬，已将敌通牒转报蒋总指挥，我置之不理，只嘱驻沪办事处以外交方式对其答复。当时各国对敌方通牒甚为重视，本日终日无剧战。

十九日天气阴晴。敌方通牒明知我军不能忍受，敌机由七时起开始向我上海附近所有镇市村庄大肆轰炸，可恶的汉奸胡立夫受敌方利用，竟以小数的金钱收买江北流氓地痞，偷入我军防线与及驻地窥察，致使敌机凡我驻兵之处，均行轰炸。午后敌机无活动，敌炮兵（重炮）密集向我据点猛烈轰击。五时接前方报告，已开始向我六十、六十一两师支撑点猛攻，但我军与敌接近不过二百米达，敌炮兵及飞机已失作用，我军仍属沉着应战，双方肉搏数次，敌不得逞，仍退回原处。后确知敌向我佯攻，其大部沿军工路迂回，向我江湾、庙行方面移动，即通知毛师及第五军注意。

二十日天气如前。早晨四时前方炮声如雷不绝，天明后敌机协同重炮兵向我全线大轰炸，由六时至九时尤为猛烈。我即电知各部，今晨敌先必用强烈炮击毁我工事，然后以步兵向我全线进攻，我军需先疏开，俟敌炮及飞机停止轰炸后，即回原阵，但动作要迅速敏捷，伪装及散兵多多布置。各师长即遵照所示办法，敌炮及飞机虽属利害，惟最猛烈之时，我守兵不多，故此损害亦微。到了九时敌炮及飞机已停止轰炸，敌步兵以呆板的战术向我全线来攻，激战终日，均被我军击退，敌受创甚重，我军牺牲亦大，入夜后敌已退回原阵地，我军追击至敌电网线被阻，亦撤回原线。

二十一日天气转寒。早晨略闻炮响，敌机照例来扰，但司空见惯，不足为虑。昨日敌我双方伤亡甚重，今晨只闻炮声，步枪声甚少，据报前方各部工事被炮毁殆尽，我官兵被生葬埋牺牲者亦不少。据卫生队昨晚挖掘至今晨尚未完全掘完，近日杀人利器如此犀利，我当局尚未见改良，急转直追，仍以血肉作长城，纵为精神胜于物质，但无谓牺牲总是不值。是日敌我两方均在收容整理，故无激战，黄昏枪炮声又转烈。

二十二日气候如昨。天明时，敌飞机向我京沪铁路沿途轰炸，青阳港铁桥被其炸坏，对我运输甚为不利。是日全线均有小接触，八字桥、江湾两方面较为激烈。接市府通知，今日下午六时意大利代办齐亚诺来会，我为外交关系即答应，请其依期来部。他依时到来，诚恳与其周旋，他亦满意，对我直白恭维，并询我是否系政府命令对日抵抗，但我不懂外交体材，思索两分钟，即答他说：“日本无故占领我东三省尚不足，仍向我沿海各大商埠不断的挑衅，我军守土有责，奉命卫戍京沪，外敌来犯，当然一面抵抗，一面报告，卫戍二字，就是保护疆土，就是命令。如果敌人无故侵犯入我警戒线，不抵抗即是失职，丧师失地，就要受政府军法裁判，未知贵国有此法律否，如何责任，我不大明了。”他大笑称是是是是。他又问：“何以日本侵占满洲，该处军队又不照阁下如此抵抗呢，是政府不允东三省驻军抵抗吗？”我为国家体面计，不想令东北当局难过，我再答他说：“当时东三省情形与环境不同，负责守土最高级人员或有困难之处，也不可料。”约谈一小时，欢辞而去。不久又接前方电话，敌人向我各据点来犯，正在激战中，至十二时敌不得逞，枪声停止。

二十三日天色晴朗。我因开战二十余天，未得睡眠，晨早身体不适，敌机已在头上打圈，想必系光顾我驻地，卫士即急叫我出外，说话未完，炸弹已下附近房屋，我即卧下门口空地，官兵伤亡十余人，弹药被波及不少，约卅分钟，寇机已去，即回范庄休息。瞬间接市府电话，谓敌政府因植田失败，已派白川大将，率两师团来增援，据外人消息，今晚可到等语。得此重要消息，即以电话报告蒋总指挥，敌大兵增援一两日内必有恶战。是日全线均有接触，但非激烈。

二十四日天气晴朗。早晨接第五军张军长电话，敌舰向长江西驶，浏河泊有敌大小舰二十余艘，测量我各渡河点水量，料敌必有登陆企图，已令防守浏河部队注意等语。七时吴淞方面炮声甚烈，并接谭司令启秀报告，敌舰十余艘及飞机十余架，向吴淞、狮子林炮台猛烈攻击及轰炸，屡欲以橡皮艇登陆，均被我军击退，即令努力防守外，对于蕴藻浜桥尤须格外留意。虹口及八字桥两处，亦不时以机械化部队向我进犯。午后四时据前方侦探报告，敌大部由杨树浦经引翔乡向江湾方面移动。入黑敌人诡计百出，以机械化向我闸北、八字桥等处佯攻，企图牵制我主力，不能离开正面，明日必以全力犯我庙行镇，以其达成中央突破之阴谋。是晚炮声终夜不绝。

二十五日天气如前。拂晓前，炮声甚密，据沈、毛两师长电话，敌人向我全线总攻，现在以重炮百余门向我八字桥、庙行镇之线猛烈炮毁我工事，敌机三十余架掩护敌步兵展开等语。本日天时太不利我军了，敌机活跃非常，至十时左右炮声渐疏，而步机枪声犹如阴历年元旦乡下人放鞭炮一样。据前方急报，敌人向我进犯，我军已准备出击，那时敌我两方已接近，飞机及大炮已失效用，就是我军杀敌之机会。十一时以后，双方冲锋肉搏，冲来冲去，我军士气甚壮，我即到杨家楼下督战，至午后五时敌势稍杀，至入黑后，敌溃退原阵地，我军夺获枪械甚多，并俘敌营长空闲少校一名，士兵本有二三百人，但当时士兵甚愤恨敌在蕴藻浜将我伤兵以火烧毙，故无法制止士兵之报复。八时枪声以停，我军伤亡二千余。

二十六日天气微雨，云雾甚低，敌机不能活动，官兵甚喜，前方无激战，九时后，黄莫京、陈庆云即带同外国男女记者二十余人来部访问，食茶点后，即开始与我问答，谈话约二小时，各记者欢别而去。当时因无敌机骚扰，人心及军人行动极为镇定，午后略闻炮声，令炮兵集中火力向虹口敌之大本营实施炮击，并向汇山码头敌人之登陆地点示威。黄昏后，前方平静。

二十七日天气阴晴转寒冷。闻敌主力集中跑马场及江湾两处，判断第三批增援敌兵已到达，今日必有剧战。八时，英国武官带同翻译来部说："我昨晚炮兵向黄浦江射击，波及英国兵舰，伤亡英兵数名。"我不明白我们沪造野炮弹头仍铸有中国年月，即拟不承认是我炮兵所为，他则将手巾包来弹破片给我看，我即顺口跟他道歉，并转知前方炮兵注意，他亦不甚追问，辞别出去。为应付外交计，即电驻沪办事处备花圈送死亡英兵外，是否仍须书明向他道歉，着范主任向外交家请示而行。十一时，又接市府电话，昨晚我炮兵向黄浦江射击，波及意大利兵舰，伤亡士兵数名，现向市府抗议。我说既然已波及，只有请吴市长向他道歉。午后敌又向我全线以陆空军进犯，现况甚紧张，激战至夜，双方仍在激战中，但我前线稳固。庙行方面，据毛师长报告，略有动摇，是晚终夜激战。

二十八日天色晴朗。拂晓时炮声甚烈，料敌人向我全线进犯，天明后，敌机数十架向我全线大轰炸，前方所报与我判断相同。八时，吴淞谭司令电话，敌舰十余艘拖载民船三四十艘，拂晓经狮子林、宝山向西驶去，企图未明等语。即将情形通报张军长留意。至十一时全线敌我两方冲杀甚烈，庙行被敌一度突破，午后五时失而复得三四次，入黑，敌以机械化部队向我全线反攻，均不逞，双方伤亡甚大，敌林元大佐被击毙。又据外国人传出消息，敌政府又派菱刈隆大将率援兵一师团今晚六时已到沪。我即调税警团古鼎华团加入庙行作战，是晚终夜激战，至深更亦如是。

三月一日天气如昨。拂晓敌援兵已加入作战，浏河方面亦闻炮声，接蒋总指挥电话，敌今晨已在浏河上游（七丫口）登陆，有向太仓前进模样。我军得此情况，知受到极严重威胁，蒋光鼐总指挥着我及张治中军长同到南翔面商。各人到达后，提出两个方案讨论：（一）为保持第二次抗战，应全线撤至第二防线，[重]新部署，候我援兵到达，再图反攻。（二）为维持我军光荣历史，则以最大代价与敌拚一个你死我活，在原地决战。（三）即将情形报告上峰。请示结果，接军事当局电令，因我援军不能赶及，着我军相机向第二防线撤退。本日自拂晓至晚，均是剧战，我刘家行、杨家楼下已被冲破。是夜九时奉总部命令云："因我后援不继，我军为保持第二次抗战接触，应由今晚起，开始将炮兵、辎重及笨重行李向正仪、苏州等处撤退，但炮兵通过昆山青阳港后，务须选择阵地候命。十九路军向南翔方面转进，其主力在青阳港右翼由太湖起至左翼沿昆山至常熟接第五军右翼一带布防，并加强工事。第五军由原阵地撤退至常熟，左翼由长江南岸起至右翼与十九路军切实联络，并施设工事。区师翁旅通过嘉定归还建制，仍将撤退布防情形具报。"我接获命令后，即以最迅速达成背进之处置，简略如下：

一、敌人大部援兵已到，今晨已在长江常熟附近（浏河以西距六十里）登陆，企图迂回包围我军截断我军后路。

二、我军为保持第二次抗战接触，第五军由原地转进常熟一带布防。

三、本军由今晚九时开始先将炮兵、辎重、伤兵先行向苏州撤退，但炮兵通过青阳港选择阵地候命，六十师着强有力一部先行撤退至安亭车站附近布防阻敌追击，务须有独立战斗能力，无命令不得撤退，其余主力撤至青阳港布防，并构筑工事。六十一师以一部经小南翔到达南翔附近布防，与沈师安亭部队切实联络，其主力撤退昆山，右翼与沈师、左翼与第五军取得联络。七十八师翁旅通过嘉定归还建制后，留张君嵩团防守太仓城，其余撤退唯亭一带整理，及构筑工事。税警总团应撤至龙华以南、松江附近严密向敌方警戒。我军部及总部今晚上以一部到唯亭设部。

四、各部开始撤退时，须肃静，仍须与敌保持接触，拂晓后须停止行动。

是晚十二时敌或侦知我军有移动，以飞机放流光照明弹四处侦察，但前方仍有接触，敌方亦不十分明了。

二日天气晴朗。昨晚我则步行至南翔，拂晓前线炮声甚密。午后七时接沈、毛区各师长报告，依照命令行动，除指定先行布防之强力部队已完成任务外，各部派出掩护收容队仍与敌在原阵地激战，我主力已距前线约四十里，现天已大白，即就地停止，今晚入夜可遵照到指定地点。午后敌侦知我军确已撤退。即向阵地猛冲，我收容队与敌激战至黄昏，亦陆续撤退，是晚枪炮略停，但看见前方火光冲天，料系放火烧屋为号，尤以庙行附近火光更焰。

三日天气如前。昨晚我九时向唯亭行进，天明抵达，各部电话不通，又无接获各师长报告，心中甚为不安，前方消息更无所闻。至九时区师长寿年来部面报，该部已照命令完成，但沈、毛两师尚未有报告。敌机不断地在南翔一带大轰炸，决再候至午后一时无消息，再往前方一行。到了三时依然无报告，即带同卫士多人乘小轿车到安亭附近，即看见我军六十师武装同志浩浩荡荡迎面唱军歌而来，沈师长继续亦到，则责其因何昨晚至今无报告。他云已有两封报告，或者传令兵走错方向亦不可料等语。各部正在煮饭后，即令晚饭后，今晚务须到达指定地点，我即返正仪总部。是晚九时接沈师长电话，今日我收容队在真如车站与敌追击队激战甚烈，我梁左勋团伤亡甚重，刻已撤至江桥，所知各部均已部属妥当。今晚似觉疲倦，十二时，则在行军床休息。

四日天气甚佳。据赵处长一肩接前方电话，拂晓我沈师收容队仍在江桥附近接触等语。八时敌机沿京沪路侦察我军行动。九时即约同各师旅长往青阳港昆山一带视察阵地，并督饬其从速构筑主阵地，午后始回部。据第五军军部通报，亦照计划布防，已与六十一师联络，我前方又变为阵地，在安亭及太仓前面不时接触。是晚前线安靖，与蒋总指挥谈至夜深即眠。

五日天气转寒，微雨。敌机未见活动。八时即往苏州视察，并令区师构筑城防工事，下午始回部，着赵处长令各部将上海战役伤亡官兵调查表及俘获表限一星期报告来部，以便转报。午后三时，张学良派代表何世礼及美国浅水舰长偕同记者来会，即着副官处在花园饭店招待，是晚请其便饭，至十时散会，他约明晨派员同往前方视察。

六日天气阴雾。着参谋处派官长与何世礼等往前线侦察。十时与蒋总指挥面谈，上海各国领事团拟出面调停，或者有停战可能，我即问他究竟如何和法，或割地抑赔款呢？如果不以平等的和平，我个人甚为反对。他说："大约当局总会不致屈辱。"我说汪精卫一班人素来亲日，他屈辱求和，为其个人地位亦不可料，吾人身为军人，本以服从为天职，但如有人甘心出卖国家民族利益，誓不与两立。蒋总指挥见我如此表示亦以为然。下午往区师翁旅训话，大意系说明淞沪之战，系为军人守土有责，成功失败，概不计及，现我军因战略上关系，且已取得相当代价，退守第二防线，希望各官兵此后更当努力。官兵听了极为兴奋，讲了一个钟头，黄昏后始回部，前方敌情无变化，十时后休息。

七日天气温和。晨早起床，无特别事，即往外出散步，顺便到六十师观其作业。十时回部，身体发热，喉起红白点，甚见痛苦，即着军医处马处长到来诊断。

他说："你烘煤火过多，已中了煤炭毒气，须静养。"午后往昆山视察六十一师防务，到达之后，毛师长带我到前线侦察，各部官兵兴高采烈，构筑强固工事。晚饭后，九时启程回正仪。蒋总指挥是日下午往南京，我因喉痛，十一时就寝。

八日天气晴朗。晨早敌机又来侦察青阳港，敌以机枪扫射我防线，幸无伤亡。安亭前哨有小接触，想敌方正在酝酿妥协，并不会向我进犯。但我喉症痛苦甚烈，即着唐处长德赶往苏州城寻医院休养，他回来报告已找得苏城天主会医院，该院长系美国人，对我军甚有感情，即将其私人房间请我明日到去休养。午后身体更为不适，终日卧于毡褥。是晚九时接太仓张团长电话。午后敌以小部来扰我前哨，被伏兵击毙十余人，生擒数名，获枪十余杆。

九日天气甚好。晨早起床，即着卫兵检齐简单衣物，八时坐电轮往苏州博习医院。到达后，该院长美国人（因我不懂得英文，名字忘记了。）殷勤招待，空出私人房间请我住，并派两名特别看护来调理。据院长诊视我的喉症说，若不留心料理，就会变态。后来他用药水洗洁，两日内不许食饭菜，料理三四日，喉症较愈，惟发热尚未消退，身体亦见孱弱。院长嘱仍须静养，不见客，十天可复原。但我处身在此环境下，不见客亦非易事，只嘱卫士择要而见，免至失朋友的情感。休养数日，身体比较舒适，但医生和女看护，对我虽十分殷勤，却怀有恐惧，她本应给我食药，却交卫士负责，后来她来探热时，我不客气向她们诘问，她才老实说："蔡先生，人人说你很凶，我确实不敢多看你，现在你眼也红，毛发也长，我今天冒昧对你说，请你原谅我。"她说完话，我仍觉不满意；我说："你身为看护，应当要尽看护责任。"从此以后，她便不敢怠慢我了，每日除殷勤给我食药之外，如有空暇时间她时常来向我开玩笑，有时又陪我到外边散步，大概她知道我不是一个单纯杀人不眨眼的武夫，而还有和一般文学士相同之温柔吧。我病日见痊愈，入院两星期，已出院返部。某看护也时常与我通讯。前方战事已见停顿，成不战不和之局，令我确实讨厌。我即向蒋总指挥请示，如果三天内和战问题无一个总解决，我决定向敌反攻。他答说："凡事请不可看得太容易，请你平心静气，听候当局处置，他要我军进则进，万不可轻举妄动。"他既然如此表示，我亦暂置之，惟离开部队日久，决定分日检阅各部队。据各师旅长面报，各部（以团为单位）补充已有九成五，纵使万一谈判决裂，确可与敌再战，或者较前更强。检阅各师完毕，所见官兵精神仍属旺盛，面示各官长须在精神、技术上加强训练，关于形式及制式须力求减少，此次作战经过所得之教训，亦须一一对各下级官兵分析明白。

四月二日，晨接南京电话，行政院汪院长要来前方劳军，着我们要在苏州车站听候欢迎。我亦照例率总部人员并派队在车站迎候，至是日十二时，他已到了，专车停在月台边，我即上车向他行一个陆军军礼，他一见我，就很客气地说："贤初兄，辛苦，辛苦。"他嘱我令各官长各部队先返去，着我同车往青阳港巡视阵地。他对我军守兵集合训话，井井有条，言词堂皇，确不愧是一个大政客。我识佢以来，无时无日不讨厌他，陪他两点钟，他回京，我即回部，蒋总指挥等问我关于停战妥协有无问及，我即答他，因其随员过多，无从入手，观其态度，必有协调可能。前方无事，各部整理补充亦有头绪，接粤李宗仁先生令司徒非率领补充队千余人拨归我军补充，但上海不能登陆，请其到宁波登陆，到杭州乘大湖船来苏州，暂编为补充团。查本军自补充旅已拨七十八师补充后至今尚无成立，着谭启秀南下成立补充旅，粤方当局对我军虽有隔阂，拟不许可，但民众及元老对我军仍属爱护，故不致拒绝。

四月二十四日，接军事当局训令，略云"国联调查团抵沪后，已由国联令中日双方在沪停止军事行动，应由该团着英美法义大使召集中日双方在沪开圆桌会议，解决一切问题，由四月二十五日起，中日双方在原地不得有军事冲突等由，准此。我国素以和平为目的，得外交国际之助力甚大，兹国联既有命双方停止军事行动，日方亦愿接受此议，我淞沪前线各军，亦遵政府之令，敌方不向我前进或炮击，我军亦不前进反攻，并严守秩序为要"等语。我军接此电令之后，为恐前方官兵不明了，即着旅长少将以上官长来总部会议。蒋光鼐总指挥早已入京，由我主持军事，即将当局训令对各官长宣布，各官长亦无异言，但情形如此，亦须顾虑敌方不守信义，嘱各师旅长亦须时常留意，我为明了政府态度起见，拟最近一两日内往京一行，各官长亦赞成。

二十五日，闻上海停战会议已筹备。是日下午入京，九时抵达交通部官舍，适陈部长外出，未晤，即往旅社暂寓。翌晨陈部长电话约到其官舍面谈，起床即往。他说："今日上海停战会议，军事方面因我军不能派出军事代表，故昨日与军事当局就商，已派黄莫京前往，此事憬然已知，昨日又用电通知你，不知你起程来京，想你亦同意。"我听了他说派黄莫京，我并不反对，但究竟以我军如何名义，如何阶级，不甚明了。他又说："因十九路军尚无参谋长，故临时定他为参谋长职，开完会之后。仍以他为本军参谋长，好吗？"既然如此，与他辩论亦无谓。早膳后，即回旅社。午后蒋总司令已改任军事委员会委员长，召我到励志社训话，除普通照常训勉数语外，不似从前北伐时得胜归来召见的微笑与欢容，最后更有力的嘱咐一句，以后须绝对听政府命令。我即辞别而去，坐车返旅社，沿途自思乱想，此次抗战，系出于诚心为国家争自由，为军人争人格，当时我军亦非挑战，何以弄至政府不满。思之无不为国族前途悲也。时至今日，多思多虑亦属无谓，俟军事停妥后，决心辞去职责。是晚汪院长请食饭，他对我们亦照其政客大家说话，无时不以其已往的手段，四方八面讨好，本拟不加批评，但我个人对他素来的一举一动，确有不满之处，是晚我在不高兴之中，默然无语，十时即回旅寓。

二十六日晨早起，即着茶房买报一份，所见报纸大字标题，上海会议事项，惟各问题尚不见登载。七时接粤方来电，吾妻本日启程来沪，转来苏州。在京中亦无事可办，着黄副处长和春来面商后，决于午后九时乘车返苏州，至深夜三时始达车站，因时间太早，在车站附近某旅店休息，至十时回部。各处处长来谈，前方数日来安靖，观看今早报纸，上海停战会议已急转直下，想已不成问题，着副官处通知今日午后开部务会议。在会议时提出数个方案：

一、停战协议，想不久可实现，军事复原后，应如何改良教育。

二、应筹备开追悼阵亡将士大会，以慰忠魂，限两星期筹备完毕，由徐秘书铭鸿，计划筹备。

三、去年九月至今，欠下各部官兵饷尾八个月，应由海外国内慰劳金项下支拨发给，着电至上海范主任志陆照拨。

四、京沪驻兵军纪易坏，应由总部严格训令各师切实注意遵行。

以上各条着参、副、经各处会同参酌修正施行，是晚总部全体职员会餐，至九时散会。

三十日晨上海长途电话，吾妻已到，日内偕范志陆乘长江轮来镇江，约五月二日可到。但念范等不熟识，派唐副官到镇江接船。观看今晨上海报，停战协议约三五日可签字，惟内容未披露，有无丧权辱国，未能探悉。

五月二日九时，吾妻及最天真的绍庐女儿来到了，现我住址未定，着其在某旅社暂寓。据范志陆兄来与我密谈："此次后方所办炸敌之某旗舰，因黄浦江潮水涨落未定，水手不知海底炸药已被水流横漂，爆炸已不准确，至为可惜，如果三百磅（1 磅＝0.45 千克）炸弹药不流开五米达，该敌旗舰就会片甲不留了。最可惜水手一名，（最得力能在水底四小时）下水炸敌舰时一去不回，定必系被炸药波及阵亡。现在我们又有一个最好办法，如能成功，收效甚大。"我即再问他仍有何办法？他说："敌方亦有革命党，联合高丽革命党向我们接洽，待敌方开某会之时，仍以炸弹对付，但他每人也要安家费数千元，成功后，仍要路费数千元，可否与其密商，请你决定?”我说现在停战协议已将签字，如果系间接办理，不成问题，如系直接，恐事情不密，就会弄成国际交涉。他说：“绝对间接与秘密，对我军毫无影响，请你放心。”我们两人正谈得津津有味之时，忽然传达兵来报上海大帮记者来会，范君即收口不言，即着传达请其到会客厅，我随即与记者相见。各记者开口则问：“上海停战协定就将签字，请问将军有何观感?”我说停战协议乃政府事，吾辈身为军人，以服从命令为天职，此时亦无什么意见发表。他们又问：“如果政府万一签订丧权辱国条件，将军又将如何。请见告?”我说：“倘政府不顾国家民族主权，与敌签订不平等条约，我站在国家民族上，当然反对。”他们问：“上海和平停战后，十九路军驻防有无变动。可见告否?”我答：“关于军事行动，乃军事当局命令行之，此时我不敢发表。”谈了一点余钟，记者辞去。我即偕范志陆君及吾妻等往外边食午饭，午后往参观苏州名胜。(狮子林、虎丘山等处)，吾妻乃乡下人，关于风景名胜，毫无兴趣，只走马看花，即回寓食晚饭，范志陆君晚上十二时乘车往京矣。

五月四日，起床看报，大字登载上海停战协议条款已披露，大致尚未见有屈辱明文，但有一条要根据上海未开战前，市府与其签订(上海三十里内不能驻兵)协定仍属有效，此乃未免令我无限悲痛。但政府已答应，我虽不满，亦无可如何。蒋光鼐总指挥亦无若何表示。

五月五日，上海停战协议签了，敌方由明日起开始撤兵，上海国际商团派来前方为中立军，监视双方不得再有误会，我亦接当局命令，转知各师及前线部队遵照办理。停战协议本规定某日内开始撤退，至某天撤完，但寇军不及一星期内已撤完。我派员调查敌方撤兵情形，据所报亦谓敌方提前撤完，情形既已如此，亦令各师复员，恢复平时状态，并切实训练，暂驻昆山、苏州、常州、镇江等处。总部决定驻苏州城内，各方面来助人员及义勇军亦给资遣散，追悼会约在本月中旬举行。我乘暇挈吾妻儿往无锡、镇江等处游玩，一星期回来。追悼大会筹备完竣，择五月十六日举行，政府派居正院长来祭，参加各机关、民众团体约四万人，情形甚为悲壮。廖夫人何香凝，在演说时，放声大哭，我珠泪亦难忍，而全场亦极悲痛。祭文挽联极多，(已载于追悼大会刊物)午后三时始散会。各种事宜已办妥了，我军为国家民族生存而抗战，可怜全国人民力竭声嘶，敦促政府抗战，政府那时无决心、无准备，似属可恨。至于各党各派又无精诚团结，就是国民党本身亦四分五裂，叫人团结，谈何容易。我简单说一句，有亲日派混入政府里头把持，只有一天一天地破坏抗日情绪，并不会有人助成抗日的阵容。九一八至一·二八何者为抗日，何者为亲日，七七抗战以来已揭穿西洋镜了。现在做汉奸的人们，当时何尝不在政府握大权，做大官！回忆一·二八前后亲日派的阻挠抗日，阴谋对我军不利，专寻我军的弱点向极峰挑拨，那时明眼人何尝不知，至今我还想食其肉而寝其皮，但事已过去，虽愤恨亦无济于事，不如又写我经过事业罢了。

追悼会过了三天，在部也觉得无聊，承挚友陆文澜君邀我游木渎。他说："该处风景甚佳。"有一日晨早带同卫士多人，偕陆君唐文启与"伯父"（忘记他姓名）同往，十点钟后就到了木渎，商业繁盛，男女青年智识甚高，男女交际亦极文明。此地乃明朝[鼎鼎]大名的风流才子唐伯虎的读书出身处，我到此观光甚为兴奋，山清水秀，所见百般无不心旷神怡。住了一宵，翌晨往参观某寺，午后始回苏州，接获军事当局密令，略云："红军大部窜扰闽南，漳州相继失守，同安亦危，着该军全部由海道输送进剿，所有装载船只，已由交通部备用，将开拔及到达日期具报为要。"接命令之后，即令按六十一、六十、总部、七十八各部序列装载，在镇江上船南下。六十一师在泉州口登陆，其余则在厦门、嵩屿、海澄登陆，先令六十师肃清海澄、漳州沿途红军。命令下达后，即挈吾妻往沪，着其先回港，我仍在上海应酬甚忙。上海市民亦在商会开淞沪抗日阵亡将士追悼大会，邀我参加，情形极为悲痛庄严。那时上海极是复杂，唐海安君请我在其公馆暂寓，蒙其招待甚为客气，在沪住了十天，均蒙各界招待。据报六十一师输送将完，我须准备南下，那时又不知蒋总指挥受何感触，在沪秘密回港，转回家乡，此事令我心中烦闷。是日看报，国府褒扬抗日军人，我及蒋光鼐、张治中等均奖给青天白日奖章，同时我擢升十九路总指挥，蒋光鼐调升驻闽绥靖主任，（京沪）卫戍司令长官部撤销，所有长官部人员，拨归绥靖公署，邓世增为公署参谋长，率同人员南下，公署设福州。我因敦请蒋主任光鼐回军就职，即在沪乘总统船南下抵港，同船有范志陆主任，并有银幕最出风头的阮某及交际花某某等多人。抗战以来，数月之劳碌，在船中两日最为痛快，舟次鲤鱼门，超然报记者钟翰华最先登轮访候，及抵码头，万人来迎。为便利应酬计，即在告罗士打开两房间，每日夜应酬不暇，华商总会两日均是请宴，并赠各纪念品，其他各团体慰劳物亦多，不能一一尽录。在港应酬数天，即上省，到省之日，各机关团体亦来码头迎接。我回本寓稍事休息，即往晋谒当局，形式比较以前为欢洽。翌日各团体在中山纪念堂开欢迎大会，请我演说，我因站在中央立场来讲话，各要人更属不满。在省应酬了数天，所得各方面报告的结果，"西南首要人物，此时也不拥护中央，亦不完全反对。"以我个人观察其内容，系半独立式无碍。国难如此，所谓党国要人，尚不知觉悟，将来又不知演变至如何程度！可怜者吾辈军人也。

《蔡廷锴自传——倥偬戎马上将军》(上),台北龙文出版社,2001 年版,第 307—338 页。

淞沪血战回忆录

翁照垣[①]述　罗吟圃记

沪战月余中，翁旅长逐日有简单笔记。战事既终，各方来函询问战斗详情者，日必数十起，殊难一一细复。翁旅长因嘱鄙人根据其笔记，并参照当日阵中日记，草为斯篇。间有文字失检，或叙述未妥之处，概由鄙人负责。

——罗吟圃

一　前言

战争是人类的耻辱，是和平和建设的破坏者，是残暴的大规模的屠杀，玷污了人类的情感，恶化了人类的思想，使整个的世界陷入于恐慌残酷的境地中，这都是我们从非战论者的口中所常听到的话。

这种话，在某种意义上是极有理由的。求生是人类共通的欲望，谁都不愿意死亡，更不愿意为他人所杀戮。我们亦希望世界有永远不再见到像战争一类的事情。大家在美好和平的地球上创造新的快乐，使地球或为更可眷恋的所在，使生命成为更有价值的东西，不分种别，不较强弱，熙熙攘攘，天下一家。我们亦不以为这只是一种理想的话，人类是会有一天进化到这种高尚优美的程度的。

不过这还是很远的将来的事。

在我们生活着的现世界里，战争还常是一个不速之客。我们不得不时时准备着战争的突然的袭来，不得不时时准备去应付这种无可避免的残酷的事实。我们

① 翁照垣，一·二八淞沪抗战时任第十九路军第七十八师第一五六旅旅长，1932 年 6 月起在上海《申报月刊》分期发表《淞沪血战回忆录》，同年 10 月由申报馆集结成书，出版回忆录单行本。——本书编者注。

是积弱的民族，是被压迫者，是个弱国的国民，是在列强积极侵略政策之下，反抗着，挣扎着，以求解脱的民众。我说我们不得不时时准备去应付这种无可避免的残酷的战争，就是因为我们是积弱的民族。强者用战争为最有力最末后的掠夺手段，我们若是不甘屈服，便不得不被迫而采取正当的自卫，因之我们便无可避免地卷入了战争的漩涡。我们即便是最安本分最爱和平的民族，即使绝对不愿意战争的来临，但战争终于要残酷地来践踏我们，因为我们是鱼肉，野心者时时都想来宰割。

战争虽则是耻辱，但屈辱于枪尖炮口之下而不敢反抗的更是耻辱！和平虽则是可贵，为正义而战争，比和平还要可贵万倍！我们也反对战争，但对于自卫的行动，却以为是最大的光荣！

亲爱的中国同胞哟！爱和平是我们的天性，但一百年来，我们亦已经过了好几次的国际战争了，我们总是任人凌辱，任人屠杀，任人劫夺！我们受了战争的惨毒是如何的重大哟！但我们将怎样去取偿呢？我们从战争所失去的，只有战争才能够给我们带回来！战争把我们累得贫弱交加，但亦只有战争才能恢复我们的健康和富裕（我所指的是对外作战）！我们中国人是不应该专凭空口讲和平的，和平根本就不是我们眼前的需要，在一个被任意压迫任意屠杀的国度中讲和平，那只是懦怯无耻的表现罢了！我们要自由，我们要平等，我们要正义，我们要做成堂堂皇皇的中国人，在公共的地球上俯仰无愧。倘如非战争不足以达到这个目的时，我们亦只有被迫而采取这种暴烈的手段！

战争，战争，自卫的战争，光荣的战争，正义的战争，自由的新中国，将赖你以创造！

淞沪战事至今，转瞬已是数月了，从战斗的开始至协定的签字——以至于现在，我们的热血，无时不在沸腾着，而以未曾战死沙场为大憾。我们当为民族的生存与领土的完整，牺牲血肉之身，与无理的敌人周旋逾月。在我们是一种出乎天性的爱国爱族的冲动，一种维护公理和正义的热诚。这种冲动和热诚，使我们能奋不顾身，以死为荣，而造成此可泣可歌之战役。我们虽则亦了然于成败利钝之数，但我们仍然不得不战，以祈战死的精神去冲锋陷阵，省得活张着眼睛，看国土主权让人家分裂蹂躏。我们完全忘却了自身的生存，自己的灵魂，已潜合在整个民族的大灵魂里，我们的生命永不会消失，如其民族的灵魂长放着自由的光辉。我们为民族的灵魂锐厉的呼声所唤起，接受了它严重的吩咐，所以会洒热血，抛头颅，企求在敌人的铁蹄下，争夺它垂亡的命运，韩光第将军尝知道这样去战，马占山将军亦尝知道这样去战！

在战争已成往事的今日，我们追怀起那月余的奋斗，更使我们坚抱了一个伟大的决绝的牺牲的志愿！国运复兴的要求，民众热烈的拥护，士卒牺牲的决心，这些教训与启示，在我们心中交织成坚韧的意志，使我将准备以更大的力量和更大的牺牲去正视敌方狰狞的画孔！继续准备，继续牺牲，这是我们眼前应该高呼的口号。一百年来积弱不振的中国，决非一次小小的战争所能使之兴起，我们应该准备去对付更多的决战，更大的决战！眼前的牺牲算得了什么？死得几多人？焚毁得几多房子？我们一起蒙了几多损失？在国际的战争中，这算得一回事么？这样的战争，不应把我们震撼！更多更大的战争还在后头呢！为求中华民族的自由与平等，我们还得准备去付更多更大的代价！这个小小的战争决不是最后的一次，而只是长期争执的开端。我愿意向我一切亲爱的同胞们一再陈明，我们以前从战争失去的，以后亦只有从战争才能够取回来！我们应该明白，我们所希求的是中国的自由和平等，这是一件价值极高的东西，不能略付些微的代价就可以拿到手来。我们牺牲了多少，获得到的亦是多少，所以我们应当准备更大的牺牲，去获取更高的代价。我们要从这个小小的局部的争斗，学习得来应付真正的大规模的国际战争的能力。我前面说过的，我们是弱小民族，是被宰割者，战争是我们前途将常迎面的东西。

战争的结果，在事实上，我们是失败了，但这是我们早就料到了的！明知只有失败而仍不得不与强敌相周旋，因为这是我们对于人类对于国家的义务上所必须尽力的。失败使我们惭愧，但决不使我们懊悔！在这失败里面，是光荣的牺牲，是纯洁的忠贞，是中国灵魂幼弱的试啼。失败使我们惭愧，但我们却因而获得民众的同情与拥护！这个失败是我们将来成功的开端，我们因而增加了直前无虑的勇气和再接再厉的决心！失败，这亦决不是最后的一个，我们还得再经过三次五次的挫折。但这是阶梯，是走向成功的高台的步级！失败，失败，失败，失败之后跟着的是成功，是中华民族的解放，是光明的生活和自由的存在！我们虽然因为这回的失败而觉得愧对亲爱的同胞，但我们继续不断的努力，将以更大的牺牲，赎回以前的罪过！在这回的战争里，我们从战事所损失的，和从战事所获得的，我不知道哪一方面比较的多，但我相信在精神上我们是胜利了！至少至少，我们觉得我们尝为民族的生存而战，尝为人类的正义而战，尝以最高洁最纯正的动机去牺牲！在物质上，我们的确是蒙了损害，但在精神上我们是踏进一步了！

民众热烈的同情和实力的拥护，是我们最大的鼓励和教训。民众使我们明了自己对于国家的责任，催促我们走上光荣的道路。民众不单拥护我们，使我们有力量去作战，并且启示我们以战争的意义和价值。这次的抗战，所表现的完全是民众的力量，是民众的力量，借着军队的武器去表现，这是我们认识得非常清楚的。民众方面的慰劳、接济种种物质上的援助，固然与我们以极大的鼓励，而尤其是他们在悲愤充塞、呼吁无门时，所发出来的惨厉的呼声，更使我们觉得只有战死沙场才能慰解他们的惨痛于万一。如其这回的血战有些微的功绩可言，则这光荣冠冕，还应该戴在民众的头上。那些在战场上喋血化泥、残身断臂的战士，都是受命于民众的忠仆，他们的战是为民众，也只有民众才能使他们战！

生为现代的中国人，别的都不如人家，只有“光荣的死”的机会是比别人多的！不平等的国际地位要求我们去死，不自由的民族生命亦要求我们去死，我们只有用死去争取自由和平等，这死亦便是光荣的死，是我们所追求的。数千殉国的战士，已经完成了他们的使命了！我们不觉得悲伤，只觉得羡慕！他们死得真光荣，他们的生命已寄托在整个的民族生命里面而长存了！他们碰到了“光荣的死”的好机会，这是他们的幸运。我们活着的，只有追踪他们的血迹前进。中国的命运，决不是死了几千几万人的性命，便可以完全挽回来的，我们死的机会非常多，只要我们都有决心去成为“光荣的死”的队伍里的一个。

下面所记的，是我们在淞沪作战月余所经过的概略。当时只尝将每日的事件，用简略的字句记下来，现在偶一翻阅，便觉当日的情景，历历如在眼前。我也愿意把它较为详细地叙述出来。有许多人写信来垂询当日作战的经过，现在看了我们的叙述，亦许可以明了多少。在叙述时，军长的决心，各位师旅长的胆识和诸战士的勇敢坚强，都是我们所不能忘记的。

廿一年六月五日无锡

二　战事的酝酿

这一次战事的发生，决不是偶然的冲突所引起。我们为明了战事的责任起见，不能不将战前酝酿的经过说一说。

日本的军阀，为积极完成其所谓大陆政策的好梦，不惜破坏国际盟约，拂逆世界舆论，在去年九月十八日，对沈阳开始作武力的占据，并继续展占至东北三省。在事实上，东北全部的土地，老早就在日人的掌握之内，日军什么时候发动，便可在什么时候占领。不过在他们未实行军事占领以前，中国的许多人民都还不十分惊觉罢了。若说东三省的“失”是失自九一八以后，这倒是表面的观察。去年照垣从欧洲回来，经过沈阳、长春许多地方，在悲愤感慨中逗留了两三星期，当时就觉得东北除还用着中国的邮票印花而外，在实际上，已经是别人的了！所以东北的不抵抗，也许是抵抗的不可能！但这却增加日本军阀的骄傲和轻率，把中国的军队完全不放在算盘上。上海的突然的事变，一半亦是这个原因。假使当初日本的军阀，知道中国的军队居然亦能够和他们对抗逾月，居然亦能够给他们以严重的损失，他们是绝对不会来尝试的。在他们的初意中，中国的军队一定闻枪色变，见敌即逃，只要略为恐吓，便可以使中国的队伍弃地而遁的。所以当时日海军陆战队的司令盐泽少将，便有四小时内占领闸北的豪语，虽则后来一直战到四百小时后，也不曾进占我们一寸一尺的阵地。

上海的事件，显然是因东北而起的。他们想在我们全国的经济中心，给我们一个严重的打击，使我们更没有力量去顾到东北。这种举动，在性质上，和他们在天津、福州、汕头等地的恣意挑衅，有着同样的意义，对着我们示威，给我们以牵制。其次呢，闸北似乎是一个天然的日本租界，所以他们不惜进一步为武力的占领，步武于他们在东北之所为。这完全是日本军队惨淡经营的一贯的侵略政策，只看他们在市政府苦心孤诣委曲求全地接受了他们的极端无理的要求之后，还继续做出一月二十八夜的暴行，就可知道了！所以在国际的观听上，谁是肇祸者，谁发出第一颗子弹，谁应该担负战事的责任，已经是一件很明显的事。

九一八事变发生时，十九路军还在江西进行剿匪的工作。① 这个消息到达之后，从第二天起，我们便提出“团结一致，打倒日本”的口号。这个口号，一直到现在，我们还是天天地喊着，在出操时，在集会时，在一切训话的场合时。我们一天到晚，耳边都充满着这个激昂愤怒的呼声。这个口号渐渐地成为我们一切愿望的中心，渐渐地成为我们唯一的使命。一直到十九路军被调来京沪线上，我们抗日的情绪更加高涨，决心亦更加坚定，因为种种迫近的可悲可痛的事实，不断地给我们以不可言喻的刺激。若不是敌对的行为忽然在上海发生，我们中间是会有许多人因良心的催促和热血的鼓荡而向东北走去的。我不相信有一个中国的国民，意识到日本人对我们这样的侮辱，而能够不愤慨万端！而且我们又是军人，背负着特殊的责任的。

十九路军调到京沪线以后，七十八师被指定担任淞沪的卫戍。淞沪卫戍本来

① 指国民党军队对江西红军进行的围攻。——编注

由税警团担任，七十八师到后，才将南市和吴淞的防务移交一五五旅的第一、二两团。闸北的防地暂时仍由税警第一团担任，一直到一月四日，我们才奉到军长的命令，转令驻太仓的第六团前往接替。第六团于八日全部到达闸北大场一带，并将防务接替毕。我们的旅部——一五六旅——本来是在嘉定的，亦于十日移驻大场。十一日奉师长命令，将淞沪一带警戒驻地重新区分：铁道以南，归一五五旅担任警戒（铁道属之）；铁道以北，（由暨南大学北端起）及浏河、吴淞，归我们这一旅。当时即派第四团担任吴淞、宝山的警戒，第五团仍担任嘉定和浏河，第六团仍留驻闸北、大场原地。第四团于十四日上午完全到达并接替配备完毕。

在这时期，日本借口于中国民众的抵抗日货运动，以逐步加紧的高压政策，极力向中国政府和民众挑衅，以为军事发动的引线。中国的民众，这时正因为东北事件的日趋严重化，悲愤填胸，对日人激起空前未有的恶感。中日的冲突，在日本人也许以为中国的军队决不会抵抗而假定其不会发生，但在我们则早已感到这冲突的必然性。至少是从一月十八、十九两日以后，我们便料到冲突的不可避免了！但我们这时却还都抱着冷情镇定的态度，听候政府的交涉处置。

日本的第一个步骤是浪人政策，利用浪人不法的行动以挑起衅端，以后便用政治力量来恫吓，恫吓不遂时，便采用炮舰政策，务达其所欲而后已。他们一方面既由日领向市政提出五项无理的要求，一方面由他们的海军司令官，在报上公布“如上海市长对于日领的要求，不予以满意的答复，并不将五项要求立即实行时，则海军司令官将采取相当手段以保护日本帝国之权利利益”的文告，同时他们向国内增加援兵，以为积极作战的准备。在这个恐怖周流、战云密布的当儿，我们对于敌方积极的压迫行动自然非常注意，同时亦惟有积极地准备对付以防万一而已。军长在这个时候便已下了牺牲抵抗的决心。

二十三日的午夜，我们接到师长转下军长的极密令如下：

一、据报日方现派大批舰队来沪，有向我政府威迫取缔爱国运动，并有自由行动之企图。

二、我军以守卫国土，克尽军人天职之目的，应严密戒备。如日本军队确实向我驻地部队攻击时，应以全力扑灭之。

三、七十八师第一五六旅担任京沪铁路以北至吴淞宝山之线，扼要占领阵地。

四、七十八师第一五五旅担任京沪道线（包含铁道）以南至虹桥曹河泾之线（南市、龙华之团在原地）扼要占领阵地。

五、吴淞要塞司令，率原有部队固守。

六、铁道炮队及北站之宪兵营，归七十八师第六团团长张君嵩指挥。

七、丹阳六十师之黄团，限明（二十四）日开至南翔附近待命外，其余沈、毛各师为总预备队，在原地候命。

八、各区警察及保卫团，受各该地高级指挥官之指挥。

同时师长的命令如下：

一、第一五五旅旅部必要时移至北新泾；云团照原位置，谢团即行调驻北新泾、虹桥；杨团集结于真如。

二、第一五六旅旅部仍位置于大场；钟团应死守吴淞；丁团集结于大场，对江湾特别注意，并派队担任浏河之警戒；闸北张团，应以机警灵敏之处置，应付当面之敌。如战斗开始，各就驻地，择要占领阵地，努力扑灭敌人。

我（照垣）接到军长的命令后，即下命令如下：

一、第四团在吴淞、宝山一带地区，构筑强固工事，而死守之。

二、第五团除留一连在浏河担任警戒外，其余即集结于大场，并派出一营进驻江湾附近，对该方面严密警戒。

三、第六团在大场之两营，务推进至闸北，扼要占领阵地，严密戒备。其余遵照命令办理。

除第四、第五两团遵照上令配备警戒外，第六团团长张君嵩的报告如下：

一、……

二、各部到达后，即在闸北京沪线北站起，沿淞沪路之宝山路、虬江路、中兴路、天通庵路、青云路等各路口，至八字桥止，构筑防御工事；并预定该地带为第一抵抗线，由会文路至宋公园路之线，为第二抵抗线。

三、闸北之警察及保卫团已联络妥当，并饬在阵地前担任警戒。

四、宪兵仍令固守北站；铁路炮队则饬其在原地准备候命。

从上面的命令中，可以知道我们当日早已对于我们的压迫者下了抗战的决心，并且迅速地在作应战的实际准备。我们虽则绝没有先开战端的企图，但我们却清楚地预料到有一天会被迫而采取自卫的行动。在几次的军事会议中，我们都表现了一致的精神和决心，不屈不辱，抗战牺牲。我们对于日人的横暴无理，愤怒和憎恶已到了极端。在激烈的会谈间，我们都雄心勃勃地想给日军以一种严重的教训。下级的官长和士兵们，更因为种种积极备战的工作而兴高采烈，在他们的心里，简直是在盼望战事的来临，好一泄他们的悲愤。“我们有什么面目去对民众呢!"他们常是这样说。在这班经过长期的苦战生涯的战士们看来,不立刻和日军痛打一阵,简直是不可思议的事。他们甚至于暗地里在鄙夷高级长官的懦怯!战斗在他们是家常便饭,这回的对方又是他们所最痛恨的日人,更足以鼓动他们新鲜的活力而觉得跃跃欲试。在我个人方面,日人的横暴和国人的冤抑,都给我以同程度的激励。我记得有一次,我停留在一家旅馆里,我穿的是军服,但没有人知道我是谁,有一个侍者用责问的语气向我说:"你们为什么不去和日本人打仗?"我当时没有法子回答他。在火车上,我亦碰过同样的事。车上的侍者来和我攀谈,他说中国的军队不好,自己打自己倒是凶得很,一看见日本人就像老鼠见了猫,完全不中用。后来他亦一样地问我,为什么不敢去和日本人拼一拼?在碰到外界的朋友时,亦时常听到同样的话。一直到后来,我竟不大敢穿军服在外面行走。我们的许多同僚都有同样的经验,心里都是说不出的气闷。士兵们在外购物时,亦时时给民众冷落,使他们想和日军拼命的决心一天切似一天。所以后来开火之后,他们能以前所未有的勇敢去作战。

闸北的占领,在日人方面似乎是既经决定的计划,非达到目的不可的。日本人以为在上海民气激昂之下,上海市长大概不会接受他的要求,他们的军事发动便将有所借口。后来条件接受了,他们却又节外生枝,说是日军对于闸北情形,极觉忧虑,因该处日侨众多,决定派兵到该项地区,维持法律与秩序。倘如日军当局真的担心居住闸北的日侨,则这时通告日侨,移住租界,正是极应该极便当的事,断没有不顾别国领土主权,擅自派兵至其侨民所在地以为保护之理!况且实际上,在日军当局发出该项通知与布告时,闸北的日侨早已搬移一空了!日本军事当局发出将派兵占领闸北,及希望中国军队自动退至铁路以西,撤除该地布防的布告时,是晚上的十一点钟(吴市长十一时廿五分始接到该项布告副本)。这里面的用意是极明了的:就是恐怕中国的当局,一例地接受他们的要求,使他们没有进兵占领的机会。所以该项布告发出后,约莫一点钟的光景,他们事先布置好的队伍便一齐发动起来!他们显然是断定中国的当局会接受他们的要求,而不顾我们有考虑的时间和撤退的机会。所以以后的有力的抵拒,完全出乎他们的意料之外,而使他们惊惶失措,进退狼狈。

对于日军当局的骄悍轻率,横暴无理,原无加以驳斥揭穿之必要。因为我们倘能抵抗时,便无妨以牙还牙,以眼还眼,即以其人之道,还治其人之身;不能抵抗时,只有退处于败亡之境;不愿抵抗时,则只有屈辱于淫威之下。简言之,是非在乎实力,枪炮响于言语而已!我们的自卫能力如其不可轻视时,人家亦决不敢派兵来我们的领土内保护他的侨民！

我们与其徒然痛恨敌人，不如反而求诸自己。

三　一月二十八夜

因为知道日本军事当局积极图谋进犯，所以我们亦在各个扼要的路口布置防御工事。直至一月二十八日的下午，两方对峙的形势，已到了剑拔弩张的时候了！这似乎给大日本帝国海军陆战队的庄严以一种侮辱，中国的军队竟敢作抵抗行动的准备！在上午九点钟时，横浜路左近的日本小学校，调来了二百几个海军陆战队，和我们对峙着，江湾路的日军司令部附近，亦有日兵四五十名，机关枪三挺，向我江湾方面警戒。同时我们亦加紧注意事态的变化，因为在这一两日间，日本当局曾一再声明将采取所谓"必要的手段"以实现他们的五项要求。

但是，在这个时候却来了一个大转机，把我们脑里所预备去接受的一场血战的幻影都一扫而光了！在下午三点钟时，我们接戴司令的密电：

一、奉参谋部长朱、军政部长何感午参电开，统密，查上海闸北一带防务，已令派宪兵一团，即日开往担任，所有该地之第七十八师部队，着即移驻真如、南翔，希将办理情形具报为要。又准宪兵谷司令感午电开，已派宪兵第六团，准于明（二十七）日晨到沪接防各等因。

二、第七十八师第六团应即遵命将闸北一带防务，移交宪兵第六团接收，俟防务交替完毕，即移驻真如或南翔附近。

我当时接到上项命令后，即转饬第六团团长张君嵩遵照办理，张团长当时打电话给我：

"旅长，我们给调开到真如去么？"

"是的！"

"哦！"

"哦！"

雄心勃勃的张团长显然有些愤慨，如其这是一封进攻的命令，我相信他一定磔磔地大笑的。但这时日军进犯的企图却更加明显了！日军司令部附近的警戒更加严重，配备了五辆铁甲车和三十几辆马达自由车，具备进攻的姿态。窦乐安路口亦置有机关枪四挺，武装马达自由车十余辆，士兵三四十人。同时日本小学的海军陆战队亦增加至三四百人，日侨纷纷从闸北区域搬出。租界当局亦因觉察事态的严重，而于下午四时宣布戒严。日本的便衣队等更东奔西逐，到处出现。这时只消任何方面先发一枪，便可以造成全部的激战了！

有人以为倘若宪兵第六团能于当晚赶到接防，则战事可不致发生，这是错误的。午夜进攻，占领闸北，这是日本军事当局的既定计划，必须执行的。无论当之者为十九路军或宪兵团，战事都是免不了的，除非我们屈服不战。当日午后八点钟时，我接到张团长的报告，说是宪兵第六团已有一营到达真如，一方面因为接防时间太晚.一方面又因为宪兵兵力不敷分配，已经用电话商定明（廿九）日拂晓开来接替等等。我便令张团长要继续严密警戒，不要因为快要换防便疏忽起来。实际上，这时两军间的空气已是非常紧张。张团长这时一方面在准备移交，一方面仍在施行严密的警戒：午夜事发以后，士兵能够沉着应战，愉快胜任，实有赖于张团长之布置得法，自然亦有赖于他的勇敢。

日本图占闸北的野心，果然已到了图穷匕见的时候。晚上十一点时，我接到戴司令的电话，说是据报日军有占据闸北的企图，将于晚上向我军施行攻击，嘱我转饬部属，严密戒备。我这时虽尚未见到日军司令“派兵护侨”的文告，便早已判断日军今晚必有所动作了！我接戴司令的电话后，便由参谋主任下通知如下：

一、据报今晚敌有占领我闸北之企图。

二、本旅决在原地固守，如敌来犯，即以全力扑灭之。

三、第六团应即进入阵地，严密戒备。其他各团，应在原地准备。

十一点二十分时，张团长用电话报告已遵令依原来配备，饬各营进入阵地；另饬第三营营长吴履逊，派兵一连，防守宝山路，协同驻北站的宪兵第一团之一连及铁道炮队，固守北站，为我军左翼的据点。并说日军已经在北四川路天通庵车站一带集合。

我当时告诉他说：“好好的准备，机会快来了！”

“哈哈，机会快来了！”

我知这时他是满心高兴的，只恐日军不肯先启战端。

十一点三十分时，忽然，在静默而又紧张的空气间，听到一阵极清亮的步枪声，接着便听到密如联珠的机关枪声……立刻又接到张团长的电话！

“日军已开始向我们攻击了！他们由虬江路、广东路、宝山路、横浜路、天通庵路、青云路等处，用铁甲车掩护，向我们这边冲过来！”

“打罢！不许退走，守住原阵线……”

这便是战斗的开始！

我一方面令第六团奋勇作战，丝毫不可示弱，一方面令第五团准备增援。

在战事未发动以前，我亦尝考虑过，我们的战斗力是否能够和日军对抗？我的结论是："能，如其我们能排除了自馁的心理！"我历次对我的部属训话，都和他们说明日军的如何不足怕，如何虚有其表，意思就是在排除他们惧外的成见。我们每天早晚都愤怒地高呼打倒日本的口号，亦是在养成自己的气焰。我在日本住过好几年，并且在他们的士官学校毕了业，对于日军里面的兵骄将悍，缺乏实际的战斗经验诸点，我是看穿了的。日本士兵以能吃苦耐劳名于世，但在这一点上，若和中国的士兵比较，就差得远了！日本士兵是知道某种事项为劳苦而努力去忍耐，我们的士兵则是长处于劳苦之境，把"劳苦"两个字的意义都忘记了。我虽然亦尝想到战事的终局，我们总非失败不可，但我又想到在中日一切的争端的总结账中，我们将无疑地得到最后最大的胜利，眼前虽则战败，却是向最后的胜利前进了一步（我是一个积极的乐观者）！何况我们是处在一种成败利钝生死荣辱都不暇计及的境地！

战争约莫开始了半个钟头，突然的激乱渐归于镇定，枪声一阵一阵的加密。这时大部的日军，用铁甲车数架掩护，由虬江路、宝兴路、广东路等，向我们正面的阵地进攻；横浜路、天通路、青云路等处的敌军，约莫六七百人，亦用几架铁甲车掩护，向我们阵地冲锋。来势俱非常之猛。在这时候，日军的确是勇敢非凡，他们跟在铁甲车后面，不慌不忙地前进。但这是因为他们还不尝吃过中国军队的亏，以后他们在前进时，便不敢和这次一样的，毫无戒心了！

我们的士兵是初次看见这种威风凛凛、式样整齐的敌人。他们眼里放着光彩，如像猎人发见美丽的鸟。碰！碰！碰！扑扑扑扑扑扑扑……这是他们日夜所高呼要打倒的敌人，这是侮辱我们的国家，欺凌我们四万万同胞的敌人，这敌人就在自前，还预备来屠杀我们自己，预备来占领我们的土地！杀哟！杀哟！杀哟！一阵喊声，一阵枪声，扑扑扑扑……一阵机关枪声！眼看着举措张皇的敌人一个一个的倒下去，倒下去……

铁甲车在突停了一下之后，又冲进来了！五十码了，三十码了！手榴弹像雨一般地飞出去，在一阵巨响震耳和灰尘飞腾之后，铁甲车回转了头了！惊慌无措的敌人，用各式各样的方法逃走，扑扑扑……机关枪又活跃起来，从左边扫到右，又从右边扫到左，一刹那，除了错错落落地横着许多敌人的尸骸外，什么都没有了！

在这一次，我们在报告上写着道："毙敌三百余人，伤数百人。"但我们还未曾捉住他们的铁甲车，只把他们炸伤了两三架。

这是我们和日军初次的“尝试战”！我们最大的发现是：自己的士兵的不可思议的勇敢，和敌人的出乎意料的懦怯！在这初次的战役中，我们便产生了好些勇猛惊人的战士！第五团第一营第二连的下士班长潘德章，当敌人在广东街口，用铁甲车来冲锋时，他沉着地用机关枪扫射，击毙了好几十个日军，后来一颗敌弹打中了他的左臂，他仍旧不走，咬住牙根，继续射击，终使敌人狼狈而退。同连的上等兵伍培、伍全兄弟二人，在闸北宝山路和敌人肉搏。他们奋不顾身，左冲右突，见一个刺一个，刺毙了约莫十几个之后，终于为敌人所害，因为敌人比他们多十倍！第三连的中尉连附谭绍平和上士班长张桂标，在闸北宝山路宝源路口，当敌人冲过来时，他们酣战如狂，在击毙十几个敌人之后，他们亦着了伤。同伴请他们退去，他们却反而走上前，终于在一阵敌方的炮火之下，以身殉国。其他像第二营第五连的连长钟国华、第三营第八连少尉连附，都在截击敌人的铁甲车上，显出特殊的勇敢和造成可赞的纪录。此外奋勇杀敌，慷慨牺牲的不能指数。他们临阵的勇敢，是他们自己所没有预想到的。

日军经过一次的挫折后，必定用更大的力量，更凶的形势，来作第二次的冲锋，这是我们所立刻预料到的。这时除正面的力量足资支撑外，我又另调驻在江湾附近的第五团第二营，推进至江湾前面劳动大学附近，并由该营派出一连至八字桥，对敌人作佯攻之势，以牵制敌方的兵力，同时并掩护在天通路青云路一带的第六团第二营的左翼。

我们的判断没有错，敌人果然在午前一点四十分时，由虬江路口、广东路、宝兴路口等处，向我正面第一营的阵地冲锋，人数约在一千五百人左右，仍旧用铁甲车掩护，同时并占领附近扼要的洋房，架住机关枪，向我们的阵地射击，复在洋房上面抛掷手榴弹，炸毁我们的防御工事。在这样猛烈的冲锋之下，我们的士兵仍然一步不退，用手榴弹和他们对掷，用刺刀和他们相格，有时则轰然一声，使敌人和自己都碎身于手榴弹的爆炸之下。

他们的铁甲车直冲过来，突破了我们的阵地，把我们的士兵分成两截！但誓死不退的士兵，反而跑上前去，用手榴弹向车上抛掷！他们为想炸毁敌人的铁甲车，每肯让自己炸得粉碎！这种牺牲的精神，真足以惊天地而泣鬼神。有时铁甲车冲过来了，他们一点不慌张，只是一颗颗的手榴弹，向跟着车后前进的敌人抛去。等待他们走得近了时，便横着刺刀冲上前去肉搏。所以到后来就是有铁甲车掩护的敌人，亦张皇畏缩不敢前进了！他们的铁甲车一连冲了五六次的锋，都没有把我们的阵线冲退，因为我们的阵线给冲破了之后，接着是一场白刃战，白刃战之后，阵地又给我们夺回来！一次，二次，三次……我们死亡的人数虽然多，但他们陪着死的更多，到后来，我们一共炸毁了他们五架铁甲车，他们的冲锋这才停止。

但我们的损失亦是很大的，在危急时，该营的预备队亦调上来增援。后来我们占领了各路口的商店楼上，用机关枪对准他们射击，并在上面抛下手榴弹，给敌人以极大的损失。可是在敌人狼狈地退去时，我们亦不曾追赶，一则因为是深夜，二则自己的损失着实不少！兵士伤亡甚多。最可痛的是机关枪连的连长张金山和该营的营附陆彬，均在这一役里阵亡！张连长和陆营附都是我们队伍最勇敢的分子！陆营附在中了弹时，还是继续前进，口里大呼"打倒日本帝国主义"！走了几十步，才倒地身死！张连长给敌弹射中臂部后，仍负痛指挥，大呼杀敌，至不能支持时，始仆倒地上。

同时天通路、青云路、横浜路等路口我们左翼的阵线，亦遭受敌人猛烈的攻击。他们的人数约在五六百左右，同样地用铁甲车掩护冲锋。经过了几次的肉搏之后，青云路和横浜路两处路口的防御工事都给他们的铁甲车冲毁了！这是敌人付了很大的代价才做到的。但我们的士兵并没有却走，他们灵捷地攀登了两旁的屋顶，继续用手榴弹和猛烈的射击阻止敌人的前进。横浜路的医院和光明玻璃厂都是最扼要的据地。敌人在遭受了相当的死伤以后，便纷纷地向来路退却。在他们的意思，一定是以为中了我们的伏兵，所以才不敢恋战。我们把阵地恢复后，把防御工事又重做起来，依旧据险而守。许多士兵夺获了日军的盔帽，高兴地把来戴在头上。

各处的枪击声，疏一阵，密一阵，继续地响着。敌人虽则不再频仍地作猛烈的冲锋，但仍想以猛烈的炮火将我们压退！我们则赶这个时候从事于更坚强的新的布置：在虬江路附近，位置了两门迫击炮，归第六团第一营的营长利长江指挥；在青云路亦安放了两门，归同团第二营的营长吴康鉴指挥。另外还饬第五团团长丁荣光派第一营（缺一连）开赴闸北，归张团长指挥。该营于二时许到达嘉兴路。当时张团长因为他的第二营死伤甚多，能力减薄，便令丁团的第一营在宝兴路和横浜路一带接防；他的第二营向左面缩短防线，警戒天通庵路和青云路两处。令新开来的五团第一营营长熊彪，将一连的兵力附机关枪一挺，接防宝兴路，右面与第六团第一营连络；并用同样的兵力接防横浜路，左面和第六团第二营连络，其余的兵力留为预备队，控制于中兴路附近。我想日人决不肯就此罢休的，他们收集了新的勇气之后，一定再来比较一下，因此，约莫三点钟时，我便下命令着第五团的团长丁荣光，把该团的第三营全部率来闸北增厚兵力。丁团长于三时五十分时，率兵到达青云路，便命第三营的营长陈德才，将该营增加在青云路至八字桥之间，右翼联络第六团第二营，左翼联络以前在八字桥之一连，同时张团长并将所属第二营，拨归丁团长指挥。此时丁团长的阵地是从宝兴路口，沿天通庵路、青云路，直至八字桥。丁团长这种布置是极为适当的。这样的布置清楚之后，我们便沉着地等待着敌人的主力部队，来作第三次的周旋了！

这时除了正面的阵线，仍有多少敌人在作无效可期的攻击外，其他方面都转归沉静。我们在正面的力量是可保无虞的。

经过这数小时的激战之后，我们得了两种经验：第一是应战要沉着。敌人的冲锋是一鼓作气的，只要经过几十分钟的激战便崩溃起来！他们情形非常慌张，动作又极迟缓，这完全是缺乏实际的战斗经验所致。第二是应付铁甲车的办法：铁甲车是掩护冲锋的利器，敌人凭借铁甲车的活动，常几次冲过我们的阵地，而使我们遭受了相当的损失。但我们的官兵随即聪明地发现抵抗的办法：第一种是俟铁甲车迫近时，用手榴弹将它炸毁，手榴弹抛在车底下的炸毁力最大。另一种是让铁甲车冲进，先似全力对付车后的步兵，然后以一部分迫近车旁，将车炸毁；或则是预伏着机关枪，让他们一直冲过之后，从后面痛快地射击，这时前后夹攻，敌人一定失却了抵抗的力量。

敌人飞机的出动是在二十九日早四时四十分左右。它们对住我们的阵线，抛下炸弹和燃弹，但并不很准确。这初次的飞机的袭击，的确曾给我们以甚大的威吓，这是一种我们不能肉搏的东西，一种使我们的步枪和机关枪的力量，减少到差不多等于零的程度的东西！轧轧的声音，使我们的心慌动，使我们不得不抬起头去看！但我们的官兵仍保持着常度，我们的阵线没有丝毫的松乱！机弹大半抛在民房上，一倏时间，广东路、横浜路和宝山路一带的商店、民房纷纷着火，并且迅速地蔓延开来！这时我们一面积极应战，一面从事于救火的工作。但后来收效甚少，东边扑灭了，西边又燃烧起来！

敌机一出动时，我立刻令驻在大场的高射炮连李连长，率领所部高射炮两门，开来闸北前线，担任防空，同时并通知各团，就所在阵地附近，指定轻机关枪，专门担任射击飞机，以补高射炮之所不及！在空战一方面，我们只能采取消极的微弱的抵抗！我常常想到：这回淞沪之战，倘如我们有了和敌人力量相等的空军，我相信我们的战绩一定超出一般人的意料！不必讲到炸毁他们的战斗舰和航空母舰，就是阻住他们的飞机，使他们不敢在空中自由侦察，自由掷弹，亦就够使我们占优势了！飞机对于一个没有抵抗的敌人，所发出的威力真是不可思议的大！

敌人的飞机在我们头上盘旋，约莫半个多钟头，掷下了好几颗炸弹之后，我们知道他们的步兵一定又来冲锋了。果然，在五点三十分左右时，他们又用铁甲车掩护步兵，向我们正面的阵地攻击。我们在应战了十几分钟之后，决定转取攻势。在猛烈的炮火中，我们的队伍直冲至淞沪铁路东边，企图截击敌人的后方而将他们全部扑灭。这样一来，敌人完全慌乱失措，一部分流水一般的向北四川路溃走，还有一部走不及的，便给我们围住。他们伏在广东路的洋房内，负隅顽抗，同时并在广东路口铁道附近一带，纵火焚毁民房。火势之烈，使我们后来没法扑灭，我们亦因为恐怕太深进了让他们截住后路，所以在追击了一阵之后，仍旧退驻原防。

在这几次战役中，我们的阵地有失而复得者，特别是天通庵车站为争夺之要点。在战争初起时，该站尝一度给日军占领，但当我们第五团的兵士赶到时便夺回来了！此外，广东路口等处的阵地，亦尝为敌人的铁甲车所突破，但我们终用苦战而使敌人退却，并且使他们遭受严重的损失。此时我们俩为准备应付日军所最优为的拂晓总攻击起见，不得不有相当的后备队以资调遣，可是我们两团的兵力都已完全用在前线阵地上了。后来我用电话请师长加派队伍以为后备，师长随令第一五五旅的第三团第二营归我指挥，该营于七点左右时到达大场，听候命令。这时我为振作士气和便利指挥起见，留镇闸北第六团团部，并随时出外巡视各处工事，勉励士兵。令参谋主任丘国珍暂在大场指挥新到的三团二营，策应后方。

这时天已微明，敌机又在天空出现，他们到处侦察，毫无忌惮，并随意掷下燃烧弹和炸弹，使各处起火。除了一弹中在湖州会馆内的军警联合办事处，一弹中在第六团第一营营部外，其余都中在民房上，引起极猛烈的火祸。这时我们的高射炮亦极活跃，各处的步枪和轻机关枪，陆续地向天中射击，据报告说，敌机有两架受伤，一中机翼，一中机身，但仍能安全地飞回去。

在上午十点左右时，又开始一场剧战。敌人知道急切地不能冲破我们的阵地，所以先用极强烈的炮火向我们压迫，同时敌机亦在空中到处掷弹，许多民房和商店都陆续起火，烟雾漫天，商务印书馆总厂和东方图书馆就是在这个时候着火的。我们仍旧用高射炮、步枪和机关枪向空中射击，但这种射击反而向敌人表示我们对于防空方面力量几等于零！敌机继续掷弹，我们的阵地亦有几处炸坏。一会儿，北火车站的钟楼和大厅亦起了火，停留在站内的中央铁道炮车，亦给炸坏两节。同时防守北站的宪兵一连，因为受不住炮火机弹的压迫，便纷纷崩溃下去。

商务印书馆总厂和东方图书馆的火焰漫天，已成无可救灭之势。我国文化的宝藏无端遭受了这样的浩劫，我们对于日本军阀的残暴无理，是永难有忘记的一天的！

在这样强烈的炮火和凶猛的轰炸之后，敌人又仍然借着铁甲车的掩护，用千余人的兵力向我们宝山路、虬江路各路口猛烈地冲锋，目的是在占领北站。在宪兵退去之后，北站已是空虚得很，所以当时张团长急调该团第三营营长吴履逊率所部(缺一连)预备队，增加在虬江路口和宝山路口等处，同时兼顾北站方面。我们正面的阵地，本来是极为坚固的，外加士兵对于屡次抵抗的胜利，产生了极大的自信心，由这种自信心产生了勇敢和镇定，所以虽则在这样强烈的炮火和冲锋之下，仍能沉着应战，毫不示弱，一直维持到敌人的气尽力竭时，才又转守为攻，用枪口瞄准敌人的背后！并且，自战事发作以来，他们对敌人的憎恶更加深切起来，因为他们之间，有许多在阵地上牺牲了，有许多负了伤给抬了回去，他们因为日常相处非常亲密的伴侣，受了敌人的残害，激起了极端强烈的复仇的愿望，所以他们在阵地上，没有一个肯先行退走，有许多当长官下命令教他们退却时，他们宁愿违背命令，继续在原地作战，一直到他们击退了敌人，或则是为敌人所残害！在冲锋时，他们更争先恐后，发狂一般地大喊。每至肉搏的时候，便是他们所最快意的报复的机会！

战斗正到激烈的当儿，宪兵的第六团第一营恰好从真如赶到。我便令他们归张团长指挥，并令该营营长李上珍率领所部前往北站，确实将该站占领，另以一部分占据该站附近的洋房，据险死守。这样我们几濒危急的右翼据点便恢复了！

这时正面阵线的炮火仍旧猛烈，日军一次冲锋失败之后，又重新地来过一遍。照例是先来一阵强烈的炮火和轰炸，接着是用铁甲车掩护着的步兵。这样的反复演了六七次，一直战到下午一时左右，才静了下去。这次敌人死伤二百余，我们一百余，无辜的平民给炸死的没有确数。我们还牺牲了一个勇敢的上尉，第六团第三营第九连的连长林玉。他让敌人射中了头部，即时身死。他中弹后，他的所部即刻反守为攻，使当面的敌人终于不支而退！

第六团第一营第二连有一个二等兵宋德洪，在虬江路和强敌顽抗，他的瞄准非常正确，一连击毙了十几个敌人，敌军纷纷散走后，他赶出来拿敌军的枪械，为一个受伤未死的敌人所袭击，他于负伤之余，仍将该敌人击毙，拿回了好几根枪，这件事许多士兵都在谈着。

另有一个连长，他在战得酣兴淋漓时，除去了衣服，只管向前冲去，但他并没有碰到敌弹。

敌人在经过这几次痛苦的经验之后，虽则决不肯就此罢休，但亦非重新鼓起新的勇气和收集新的力量，不再轻易地来尝试了。但敌机因为活动无碍的缘故，仍旧在空中侦察和掷弹，这时只有清亮的高射炮声和散兵线的步枪声陆续对答；偶然亦听到连续的机关枪，但在一番激战之后，这些机关枪声并不能使空气紧张起来。各处的民房仍旧焚烧着，商务印书馆总厂和东方图书馆的上空，笼罩着浓黑的火烟，纸灰随风飞扬，四处皆是。我们的教育界，特别是我们全国奋发有为的青年学生，将永远不能忘记日人这种暴举。

敌机继续活动，据报在下午三时左右，我们的高射炮又击中敌机，但并没有将它击下。各处仍然有小接触，枪声疏一阵紧一阵地响着。

下午六点钟时，奉师长转下军长命令，将六十师第二团第一营归我指挥。该营在六点三十分时到达闸北，由我拨归张团长指挥，在宝兴路附近各阵地增防；同时中央铁道炮队亦从后方开回北站左近，当即令其控制于共和新路口附近，警戒北站西南一带，掩护右翼的阵地。

七点三十分时，有一百左右的敌人，向八字桥附近的日本玻璃厂进攻。那里我们有兵一排，便用机关枪向敌人扫射。战争只延长到十几分钟，敌人便从天通庵路方面退去。此外在别的阵地上亦有小冲突，敌人的队伍中者有几个中弹倒死，其余的便溃散了！

八点左右时，我接到军长的电话说：敌人托英美各国领事出任调停，要求停战。我们尊重各国的领事的请求，已经答应了，前线的兵士，着即停止放枪……我即转令各团如下：

一、奉军长蔡电话，着即停止战争。

二、如敌不向我攻击时，除严密监视外，应即遵令停止放枪；倘敌来攻，务就地扑灭之为要。

这时我们全线便奉命停止放枪，听候上方的消息。

对于停战，我们完全不抱乐观，但亦不因之而抱悲视。停战只是敌人在屡次失利之后，生怕我们乘势反攻，聊为缓兵之计，以候待大批援军来沪的计划。敌人决没有停战以待和平解决的诚意。若是有这样的诚意时，这次的战事根本上就不会发生了！何况他们在屡次挫折之后，所谓世界一等强国的声威已无形中受了损辱，他们豪夸的大言，变成了对于他们自己的嘲笑，所以非大大地打了一场胜仗，是无以解嘲的。并且在这时候，他们军事发动的目标，一点亦没达到，反而遭受了损失，这在心胸狭隘的日本人是万不甘心的。他们只是希望在停战的时间内，布置一场更大的战争罢了！所以敌人的诡计，在我们是完全看穿了的，不过因为种种的关系，我们仍然接受这种请求。

虽然是停战，只是停止规模较大的战而已。实际上敌人的小部队，仍旧不断地向我们各处的阵地进袭。自然我们这边亦不会示弱，凡进攻的敌人，都使他们受多少损失，敌人这种举动，完全是怯弱的表现，因为怯弱，所以反而向我们示威，使我们不敢乘虚进攻。我们因为上方的命令，只要他们不来挑拨，便亦不去攻打他们。但在十点钟时，战事又忽然急剧起来。

自早上敌机到处轰炸，以致引起极大的火灾外，敌军还在广东路、横浜路和宝山路一带纵火焚毁民房，火势浩大，终日未息。

我们原有的阵地前后，差不多都被焚毁。火焰所及，士兵不能立足，所以只好将阵线向后略为移动。亦许是为了这个原因，日军以为有机可乘，所以不顾信守，在晚上十点时又大举来攻。日人的狡猾万端，是我们所知道的，虽然在停战时间，我们的戒备一点未常疏懈。这时除一面奋起迎战外，一面即令大场参谋主任丘国珍率领第三团第二营，开来闸北候命；同时因为浏河全无敌踪，所以把在浏河警戒的一连亦调回。丘参谋主任十一时先自赶到；三团二营则在午前（三十日）一时，由李营长炎桑率抵闸北太阳庙，即驻嘉兴殡馆为总预备队。浏河之一连则在午前二时归回原营。

剧战继续着直至拂晓，北站和虬江路一带的炮火最为猛烈，但双方阵地并无变化，同时敌舰向我们继续开炮，隆隆达旦，但不曾与我们以若干损失。天通庵路和青云路一带稍为安静一点。

我因为判断敌人停战之计，在于获得时间以从事布置及等候援兵到沪，决非有诚意可言；兼之破坏约言，首先开枪者为日军，所以向军长报告日军背约作战后，并陈述转取攻势的计划。我的意思是就在廿九日的晚上，对日军施行猛烈的袭击，占领敌人的江湾路司令部和北四川路日本小学一带的根据地，使敌人因失其根据地而运动失效，并进一步将他们全部赶回舰上。事实上我已经作这样的布置，但因为系在停战期内，未蒙军长允许。后来敌人的援军大增，种种的防御工事亦增加了强度，这种计划便不易实现了！

四　停战和停战以后

我上面说过，停战只是大战的酝酿，日人决不能毫无所得而结束这一场不体面的争斗，我们亦决不能接受日方无理的要求。各国领事的好意，是没有力量来消灭这回战争里面的贪狠的动机的。不过上海是一个国际市场，隆隆的炮声，免不了惊扰外人的好梦，所以才有停战这一幕，而实际亦只是停一停而已，战则仍是要战的。

在三十日这一天，虽则是在停战的期间内，敌人仍然向我们这边射击，步枪声和机关枪声时起时息。自然这些枪声里面，亦有我们的在内。这颇使我们诧异，为什么正式作战时，攻击精神并不见得如何旺盛，却在停战的时候，大显其威风？大概是因为遥远的射击，比肉搏来得安全一点罢！我命令我们的士兵，对于敌人零星的射击，不必答理，但如他们试着想冲过来时，便应当不让他们回去。自早至晚，他们的飞机继续地侦察着。对于这种往还低翔自由出没的敌机，我只觉得痛心而已。

这时宝山路一带的火，还继续地燃烧着。我们的士兵除一面加紧构筑强固的工事外，另一部分从事于扑灭火患。许多房子都给烧剩一些碎瓦颓垣了！

下午六点钟时，据报敌人的陆战队，用十几架卡车装载着，由租界经过，运往沪西，并向潭子湾方面前进，好像将从中山路进攻我们闸北右侧的样子。同时并听说敌人有便衣队一千多人，将由垃圾桥通过北西藏路，袭取北站。这实在给我们以一个大威吓，但这个消息后来证明不确。

当时我便派第三团第二营的一连，前往恒丰路对麦根路一带警戒，另外派一连，附机关枪一排，前往北西藏路一带警戒，同时并呈请师长加派队伍警戒中山路，掩护闸北的右侧背。后来军长加派了六十师第一团（缺一营），由真如开到中山路附近一带严密警戒。

敌人这次破坏了租界庄严的中立性，利用租界掩护，向我们进攻退守，是一件极不公道的事。租界当局之放任日军依据租界作战，是一件极大的失职。但我们知道租界当局实际上是没有力量去干涉日军的行动的。我们严守租界中立的行动，虽然可以博得国际人士的同情，但实际上我们是受了损失的，不单使我们在战斗上处于被动的地位，并且使以后的外人，过分信任租界的力量。因为同一在上海的范围，闸北是夷为一片平地了，但租界上仍然洋楼高耸，歌舞升平。使人们想到租界是中国的天堂，而租界以外是地狱。这种心理的影响，致使有些中国的人民，隐然赞成自由市的计划。事实上，中国无论在经济上、政治上、军事上都受到租界的危害，这回的事件，正是租界存在的必然性罢了！

当时我确曾主张：不管他租界不租界，凡是日军所在的地方，无论以之向我们攻击,无论以之策划或运送,我们便有冲进去而把他消灭的必要！如其日军的枪声发自苏州河以南,则我们亦无须乎因为他们是英美或是任何国的队伍的防区而停止在不抵抗的地位以自误。日军的炮从什么地方打来,我们的炮亦向什么地方打去,这是最公道的,这亦是事实上所必要的。如其租界当局以力量不足制止日军的行动为言,则我们正好尽一点义务去帮助租界当局完成他的责任。所以在晚上我又向师长具陈计划,以为日军的要求停战,决没有诚意可言,只在候待援兵以图大举而已,我们犯不着上他们的大当;况且自停战以来,日军还是继续地向我们放枪,以掩饰其虚弱,诺言已随彼之行动而破,我们更没有遵守的义务;所以正应该乘敌人的援兵未到以前,将苏州河以北至杨树浦一带的日军全部廓清,使敌人援军到时,失去了作战的根据地。同时并请师长转请军长增派队伍,以便即晚实行这个计划,但军长因为一则系在停战期间,二则因为系进攻租界,所以这个计划并没有实现。

就是从今天开始,我们接受民众的鼓励和慰劳。有许多民众的代表和个人,来向我们表示极端的同情和拥护,并馈赠许多极有意义的东西。接受这种真诚的恳挚的慰言,这是我们生平的第一次。许多民众的代表中,有的陈说了许多赞美和勉励的言词,有的竟至连话都说不出,只是用神情来表示他的极端的拥戴。他们的意思是这样:我们所做的,是他们所想做而做不到的,我们代他们做了,所以他们要表示感激！这种意义是极为伟大的,他们给我们以极大的教训,极大的启示。我们为什么打战？为什么牺牲？自然是为国家,亦即是为民众。使我们成为卫国的工具,成为民众的仆人,这是我们的天经地义;我们能为国家争体面,能为民众伸冤抑,这是我们的光荣,值得我们用生命去争取的。我不能形容民众在这回所给我们的教训的深切,亦不怀疑民们用在我们身上的热情,将永远生出良好的效果。由这种有意义的战争所引起的军队的奋起和民众的醒悟,是金石一般坚的团结着的。自沪战开始至终结,民众所表现的力量是比军队的大,我敢说,是比军队的大的！这种力量周流全国,积极波动,使整个民族的灵魂渐渐醒觉,渐渐奋起,以至于中华民族完全的复兴。这种力量是民众给与军队,暗示军队,驱使军队,而使之将这种力量表现的,要是不然的话,何以这回的战争,我们的士气特别旺盛？何以许多战士都以阵亡为光荣？何以他们能了然于这次战争的意义与他次根本差异？他们这种内心的驱使,就是民众的力量,由这种内心的驱使所表现的就是民众力量的表现。而民众的伟大的同情和实际的援助,更使这种力量表现得有力和恒久。我永不能忘记军长有一天对我们的训话:“这回战争上所表现的力量是民众的，所以，如有光荣可言，亦是民众的光荣。惟民众的力量才是伟大的，真实的力量，离开了民众，我们便失去了内在的生命和存在的价值了！”

一直到现在，民众都对我们维持着最深最亲切的好感，给我们以最宽大的原谅和对我们作最深切的期望，我常想：在这个小小的国际战争里，我们所表现的力量直是微薄得无可形容，但已经能获得民众这样伟大的拥护，我们的民众真是容易满足得很哟！这真是一件可伤的事。如其我们不是一个积弱的国家，不是受惯了人家的欺压的，则像这回这样的战绩，正是应该受民众所唾骂的。但是从此亦可见中国军人报国的容易和机会的多了，我们还不知要有多少次对外的战事，我们身为军人的，当着这许多可以成功立业报国救民的机运，我们自己应当如何的庆幸，如何的奋勉哟！

晚上日军仍间断地向我们的阵地放枪，但没有猛烈的袭击。

三十一日拂晓，仍可听到极疏落的步枪声，但此后便归沉寂。一直至上午九点左右，天空里又布满了日机了。这次日机的出动，一共是十七架，目的在于示威，在我们阵地上盘旋将近一个钟头，并在租界的上空往来好几次。下午三时左右，它们又在空中出现。这时各国的领事和双方的军事代表，正在英领署谈判如何休战，这道飞机便是在空中隐示日方的条件的。我不知道调停者有什么法子融合双方的意见，使日军废然而返么？这未免污了一等强国的威风！使他们攫夺闸北以去么？我们还有一丝抵抗的力量，用强力取回则可，拱手让人则不可！这中间如其有所谓公允的和平办法可寻，则战事根本就可以不发生了！我相信中国和日本的纠纷，只有从事战争以求最后的解决，以前这样，以后亦是这样！对付日本，无所谓大量或慷慨，无所谓容忍，无所谓和平。只可在将其整个击破之后，然后再来和他们讲求观善，那时候日本便会成为一个爱和平讲信义的国家。我们已受了多少的教训，欧美人亦有同样的经验，对日本只在武力的解决！

所以对于停战，他们绝对不能望有什么结果；但我们亦终于提出唯一合理的办法，就是日本军先行撤退。我们除此之外，绝对没有别的话可说，因为这时日军的脚，是站在我们的领土上面的。日方对我们的要求自然不用说了！他们哪里有诚意，只是一心在等待援兵罢了！

停战三天期满后，我们将碰到更大的侵迫，这是一定的。好在我们都准备着。师长在午后三时来了一个命令：各部应该将预备着的子弹，安放在阵地附近，并预先分散固藏，以避敌机的轰炸。一方面尽量的增加防御工事的强度，并多筑掩蔽部。大概在停战期满之后，敌人将有一度海军猛烈的炮击和飞机凶狠的轰炸。

民众方面的慰劳更加热烈起来，各种食物纷纷汇至，有些并直接在前线分散给士兵，这在兵士们亦是初次的经验，他们的感奋之状，自然是不必说了。许多食不完的东西都拿来分济难民，难民们亦争先恐后以帮忙士兵们工作。这是一种极为动人的现象，在这种危险的国难中，无论哪一阶级的人，都会自然而然结合起来的！同时这些难民的处置，却成为一个极重要的问题。他们时常麇集一处，特别是飞机在头上飞来时，他们不特不知道趋避，反而好像聚拢起来可以互相倚仗一样，有时都整批地牺牲在重量的敌弹轰炸之下。因为敌机只以表示威力为目的，不分武装的士兵和赤手的平民的。其次，他们的食料亦成为问题，所以当时我尝函请朱子桥、许世英二位先生，请他们设法把这些难民送往后方，这工作，以后是做得极为完满的。

二月一日的状况，同昨天一样，我们继续增加防御工作，特别是对于防避飞机方面。敌人的步哨仍然零落地向我们这边射击，第五团第一营给敌方击毙一名勤务兵，击伤一名士兵。

在这时候，我时常和我们的连排长谈话。他们都异口同声地说："想不到东洋兵这样容易打！"我问他们为什么呢？他们说：大战时，日军的瞄准异常不准确，其于把颈埋在铁帽里，尽管向前面乱放。他们所依赖的完全是炮火，没有炮火和铁甲车的掩护不敢前进。在炮击方面我们自然比较吃亏，所以我们的策略全在引诱日军前进，来和我们用机关枪、手榴弹以至于刺刀决个胜负。果然在一阵猛烈的炮火过后，我们这边一点动静亦没有，于是敌人认为我们是受了重创，或则是完全吓住了，他们便蹑手蹑脚地跟在铁甲车后面过来冲锋。到相当的距离，我们的机关枪和步枪便一齐活动，再近时便用手榴弹，在这个时候，敌人鲜有不张皇失措的，他们没有向前冲击的精神，只管寻觅掩蔽的地方，而且他们的运动又非常迟缓。凡此种种，除了因为没有实际作战的经验以外，还有一种原因，就是他们没有一种内心的鼓动，他们不明白为什么好好地要向中国人进攻，要把中国人杀戮。他们是普通的士兵，不能完全理解日本军阀的心理。如其他们明了战争的理由时，则这战争完全是侵略和压迫的行为，不能鼓动他们的勇气。

日本军阀利用他们来作战，所鼓动的，只是他们平常厌恶、轻蔑中国人的心理，以残杀下等动物的态度来残杀中国人。用这样的心理时，若不是碰到强烈的抵抗，亦许可以一直杀下去。但不幸而碰到意外的敌手——这在他们真是完完全全的意外，做梦亦没有想到的——所以便没有方法掩饰他们内心的怯弱了！从前日俄战争时，每个日人都以祈战死的精神去冲锋陷阵，他们在出发时，他们的家人亦勉励他们去战死，不要活着回来和他们见面，那种悲壮果决的情形，真是使敌人闻而胆战。但前年他们出兵济南以及这回出兵淞沪，这种精神一点亦见不到。他们自己既不愿意去战，他们的家人更伤心流泪，嘱他们珍重保身，后来听说竟至有索夫团的组织。从这一点看起来，就可明了日军这回的不能战和不敢战的最大原因了！我们的被压迫，比日俄战争时代的日本痛苦得千万倍，而日本的高压和侵略亦比当时的俄国横暴得千万倍。因为地位的转移而影响精神的衰旺，不然的话，像日本这样训练严紧配备周全的陆军，若是有着我们这种被压迫者的高涨的救国情绪在内心流荡着，则他们的力量，简直是不可抵抗的。不要说是闸北，就是欧战时的凡尔登罢；不要说是我们武器单薄的队伍，就是守凡尔登的法军罢，恐怕亦是抵抗不住的。日本军阀没有把这一点打在算盘内，所以他才敢说出几小时内占领闸北的话，我们自己亦没有把这一点打在算盘内，所以一向总是馁自己的气。我记得去年在警卫军第四旅当旅长时，有一个德国顾问和我说过：中国的军队要训练到可以和欧洲的军队打战时，起码要六十年的工夫。我当时严正地对他说：只要六年就够了！这回的战争，并不是要十九路军才能够这样战，中国的军队，无论哪一军哪一师，只要能够排除自馁的心理，只要能够决心去牺牲，都能够同样的战，这是我敢于断言的。

我们最初预备用两三人去拼他一个，后来便想用一人去拼他们两三个了。其实如用两三人去拼他们一个，在他们已经是一定要失败了！所以我说只要我们能从被压迫凌辱的地位奋醒过来，不要自馁，决心去牺牲，莫说不要六十年，就是六年亦不要，我们眼前就可以同心一志，去和压迫我们的敌人清算一百年来的旧账了！

停战果然没有双方可以接受的条件，只约定休战三天，双方请示政府而已。我们的士气，并不因战争一停而冷淡了下去，他们兴高采烈，磨拳擦掌，态度又紧张又安闲。他们眼见高级的长官都来在前线督战，军长师长向他们训励，他们真是又坚决又镇定。

二日午前一点时，接到师长的命令如下：

一、奉总指挥蒋二月一日午后五时三十分命令开：

1. 在上海租界分向闸北虬江路等来侵之敌，经我军痛击后，退回租界及江湾以东一带；据各方报告，敌方已动员二师，有由吴淞上海登陆，大举来侵之企图。

2. 本军以待机歼灭敌人之目的，拟占领虹桥、北新泾、大场、胡家庄、吴淞之线，保持主力于铁道以北之地区，待机将敌一举而歼灭之。

3. 七十八师附小炮一连(欠第一、四两团)占领虹桥—北新泾—真如镇—真如车站之线,保持主力于铁道线附近以南一带地区。

第一五六旅第四团占领吴淞,为我军右翼据点,而死守之。

第一五五旅第一团占领南市龙华各要点而死守之,掩护我军右翼。

第一五六旅附小炮连(欠第四团)、宪兵团(欠一营)占领闸北为前进阵地。撤回与否,静候命令。

4. 六十师占领真如车站北端……大场—胡家庄及其北方之线,保持主力于中央(派出一部至浏河,担任警戒,注意敌舰之行动)。

该师应派一团至中山路口,对曹家渡日本纱厂方面警戒,并与翁旅长切实联络。

5. 作战境界之区分及警戒:

七十八师、六十师间以闸北沿铁路之线,线上属七十八师。

各部队于其阵地前方,择要派出警戒部队,构筑据点式之坚固工事。

6. 各部对本阵地,须构筑坚固之掩体障碍物,及广阔之外濠;尤须注意伪装工事,以欺敌机。

7. 六十一师之一二二旅为总预备队,集中南翔候命(该师一二一旅防务移交完毕,概开南翔集中)。

二、师基于上命令之要旨,决定处置如左:

1. 一五五旅(欠第一团及第三团第二营)应占领虹桥—真如车站之线,左翼与六十师确取联络。第一团占领龙华南市各要点而死守之,掩护我军右翼。

2. 一五六旅(欠第四团)、宪兵第六团(欠一营)及一五五旅第三团二营.又小炮一连,应占领闸北为前进阵地,撤回与否,静候命令。

第四团附小炮一连、工兵一排,应确实占领吴淞,为我左翼据点而死守之。

这样地全线布置完毕之后,就只待敌人的生力军来试验了。

在我这一旅,阵线没有移动。

这一天是停战最后的一日,敌人仍然用示威式向我们的阵地射击,在疏落的步枪声中,偶然杂着小钢炮声和机关枪声,虽然没有激烈的战争,但空气是一步步的紧张了!

陈副院长、军长、戴司令、师长八时左右来前线视察,对官长加以切实的训励。陈副院长是十九路军的创造者,他现在虽然不在十九路,但他的威德仍然统被全军。军长的莅临,使全军更加振奋,凡是军长行到的地方,便造成一种严肃亲切的空气。过去十九路在剧战中,以军长的亲临指挥而挽回危局的极多。他是我们全军信仰的中心,是一个有认识有魄力的革命军人,他的决心造成这一次的光荣的牺牲。戴司令和师长指示我们作战的机宜,师长的和蔼的慰勉,使战士们增加了牺牲苦斗的勇气。同时有许多民众的代表更使我们感奋,他们一种超乎敬爱以上的态度,使我们益加警惕:辜负了民众的真挚的热情,应该是人类中最无耻的东西!

下午一时左右,敌人似乎决定向我们作总攻击了,最初是空中忽来敌机四架,在闸北上空往还侦察,约莫经过两小时之久。以后敌人在天通庵附近的炮兵,便开始向我们青云路、天通庵路、宝兴路、宝山路一带的阵地射击,同时敌机亦在上面抛掷炸弹,枪声一阵密似一阵。我们许多士兵都在掩蔽部下面,严待着敌人的冲锋。敌人趁着炮火猛烈的当儿,仍然用两架铁甲车掩护,向我们第五团第三营第八、九两连阵地冲进,目的在包围我们的左翼。在一阵剧战之后.他们终于不能支持,便溃退了下去。同时在天通庵附近的我们第五团的迫击炮连阵地,因为适当敌人炮火的要冲,连中三炮,阵地几乎完全炸毁。在这场战役中,我们损失了第五团第三营第九连的连长张福甫。张连长当时在阵地上受了重伤,一直到四日后才逝世。他是一个最得部属爱戴的官长。同团机关枪第三连的特务长亦受了伤。士兵阵亡的六名,伤的亦六名。

七时左右,师长派炮兵连长吴丹率炮二门赶来闸北增援。我令他在中兴路附近占领阵地,向敌司令部日本小学及虹口公园一带轰击。在这晚上一共发了五十余炮,江湾路的敌司令部和北四川路的日本小学都曾让我们的炮兵击中多处。两方的炮声,终夜不绝;但在黑暗中,敌人没有来袭击的企图。

敌人的炮声一直继续到天明,拂晓时尤为猛烈。我们第五团的迫击炮连,亦在天通庵阵地附近洋房上,对正面敌军司令部射击,后来据报告说,该连一共发五十余炮,命中甚多。

下午二时左右,敌人的炮击更加猛烈,我们全线的阵地都发见敌弹,特别是天通庵路一带,那里我们所占据的洋房,大半为敌炮摧毁。同时敌人的飞机亦四处掷弹,一时轰炸之声震耳。残落不堪的闸北商店和民房,又重新烧过一遍。敌人炸毁民房和商店的目的,是在使我们失去作战的依据地,起初我们亦尝因阵地附近烈火所及的地方,不能驻足而移退;但现在我们改变了策略,不特不将阵地缩退,反而向前推进,仍旧依据颓垣残壁,猛力抵抗。因此我们的阵地,并不因敌人的焚毁而动摇。反之,在火焰、瓦砾之中,和敌人冲锋肉搏,敌人更加吃亏。到后来，敌人的焚烧政策除了炸毁多量的民房外，对我们的士兵简直不生影响。就在这轰烈的炮击之中，我们只伤了一位排长、六名士兵和阵亡一名士兵而已。

这天我发出告全线官兵书：

忠诚义勇的官兵们，中国民族之生死存亡，已在我们的肩膊上了！大家要确实地负起我们的责任，发扬我们铁军的精神，保持我们过去光荣的历史。日本的陆军，在世界上算是第一强硬的，我们务要把这世界最强硬的陆军来消灭，夺取世界第一的地位，创造新的铁军荣誉。忠诚义勇的官兵们，机会是难得的，为国家民族而牺牲，虽死亦光荣，大家不要错过了这个报国的机会。大家尽量发挥素日沉着的精神，不慌不忙，把枪瞄准，务要一弹一敌；最低限度，亦要使子弹从敌人耳边飞过，吓得他不敢抬头。子弹用完了，上起刺刀来杀敌；刺刀杀断了，用枪杆来击敌；枪杆击坏了，挥拳去打敌；两拳打残了，还有你们的牙齿可以咬敌！忠诚义勇的官兵们，宁为枪下鬼，不作亡国奴，努力奋斗，坚持到底，民族之再造，就在这一回了！大家杀上去，杀个痛快淋漓！我们的口号：

军民团结一致！

反抗日本侵略！

誓死为国家求独立！

誓死为民族求生存！

中华民国万岁！

但是今天的战争，是我们这一旅在闸北和日军周旋的最后的一次了！从上月二十八晚起，一直对抗到现在。我们的士兵实在亦有相当的劳瘁了！我们的兵力刚够分配，没有机会抽调轮流休息，他们间有许多是几日夜都没有合过眼的。在精神上，他们虽然仍旧极度兴奋，但在身体上是有休息的必要的。不过这是长官们替他们设想，他们自己是酣战淋漓，不当想到休息这一回事。

下午一时五十分的时候，我们接到师长的命令：

一、兹奉军长令，派六十师一百二十旅邓旅长志才，率所部前往闸北接防。

二、仰该旅长将闸北防务移交邓旅接收后，即开回金家角附近，整理休息。

三、该旅务于本晚十一时以前，移交完毕。

我接到命令后，即饬第五、第六两团遵照办理，同时邓旅长亦已率一百二十旅官兵赶到。我们正在赶办移交之际，又接到师长的命令，这是晚上六时左右的事：

一、据报敌军拟在吴淞登陆，有攻击我要塞企图。

二、仰该旅长候邓旅长接收闸北防务后，即率第五团开赴吴淞增防，并死守之，但与大场刘旅应切取联络，并对江湾方面特别注意。

三、其余各部，仍照本（三）日午后一时命令办理。

我即令第五团丁团长荣光，在防务移交完毕之后，用汽车运兵，星夜至吴淞增防；第六团开往金家角整理休息。我自己亦带了旅部职员，连夜赶到吴淞。

闸北方面，以后便由邓旅长志才，率领一百二十旅的官兵，继续作光荣的抵抗。邓旅战斗力的坚强，终于使敌人因无法袭取而转采攻击的重心。

以上是我们这一旅在闸北作战的经过，从第一颗子弹起，到全线移防止，我们亦遭受了严重的损失，但比起敌人的损失来，则我们的损失是轻。我们可以自慰的是：我们是抱了牺牲的决心而作战的。我们每个人都预备阵亡，每个人都发誓要杀一个敌人。所以无论战胜或是战败，我们这种决心是可以使我们告无罪于同胞之前的。使闸北成为火灰瓦砾之场，这是我们所极为痛心的，但是这是日人应该负担的责任，因为战端是日人开的，我们不过被迫而采取自卫的手段罢了。我敢说，我们宁愿使闸北在我们掌握之内成为荒墟，而不愿他完好地归到日人的手里；就是对一般闸北受灾的难民，我亦还是这样说。牺牲了闸北，无形中一定救回许多其他的地方。我们的亲爱的难民和一切因这次战争而受祸的同胞，你们一定明了这次战争的意义。炸坏你们的商店的，是日人的飞机；焚毁你们的房屋，是日人的炮火；残杀你们的家人的，是日人的刀弹！你们应该永远不会忘记，这是国仇，比我们任何私人的仇来的重，你们是一定蓄着报复的心理了！这是对的，为国家复仇。反之，若没有这种心理，便不是我们的国民了！为公，为私，为中国为世界，我们都必须向日人算清我们的血债。时期快要到了！我们快要脱离在敌人炮口刀尖威吓压迫之下的生活了！中华民族快要取得自由平等的地位了！我们是有力量的，有使我们民族复兴的力量！不要自馁！不要怀疑！准备继续来决战！

五　吴淞一月

（一）如何守

有几位外国朋友曾问我说：

“你们守吴淞是怎么守的呢?”

在他这样的问话中,是带着惊异的成分的。他的意思是说:吴淞为什么能够守,并且能够守这样长久的时间?我的答语是:

“因为我们要守,所以守下去了!”

除了这样的答复以外,我找不出其他的话。这正如说十九路军为什么能够和日军对抗,就是因为它要对抗一样(“When thereis Will, there is Way!”),就是这样的意思。

总指挥的命令是“死守吴淞”,这几个字已经深入在当时各个战士的脑[筋]里。吴淞亦许失守,但这是在我们人尽弹竭之后;敌人亦许占领吴淞,但他一定要付一倍以上的代价——这是我们当时的态度。守吴淞不是战略上的成功,亦不是工事上的坚固,自然更不是战具上的精利。简言之,守吴淞只是一个决心,一个牺牲的决心而已!

在当时,我们上下一致的态度是:1. 但祈战死,不求生还。2. 见一个敌人,杀一个敌人!3. 必杀死一个敌人而后自己可以死!这种坚决的态度使敌人放弃了在吴淞登陆的企图。在事实上,敌人若希图直接确实地占领吴淞,是非牺牲比我们多一倍至两倍的生命不可的。

但我们终于从吴淞撤退了,这是使我非常抱憾的一件事。我们死守吴淞的精神没有尽量地表演,死守吴淞的计划亦没有完全地实现。当时我们全线和敌人激战至最后数日时,因为兵力不够分配,江湾庙行一带非常吃紧,所以把守吴淞的第五团抽调向江湾方面增援,以至后来实际上在吴淞防守的部队连义勇军在内,还不够一千人。如其我们当时还有两团以上的兵力,则虽然敌人由浏河登陆之后,我们仍然至少可以多守半个月,而于敌人实行占领之际,抱同归于尽的态度,使他们遭受最严重的损失,使世界上再无人敢轻视中国军队,使全人类都[重]新认识中华民族的精神!但我们这种计划竟没有实现的机会,我们的兵力单薄到无可为战的地步,使我们不得不退却而为卷土重来之计。以后我时常叹息这种壮烈为国牺牲的机会,竟让它错过了,痛心得很。

在这一月的支撑中,谭副师长启秀的谋略和指挥,丘参谋主任国珍的策划与布置,钟团长经瑞、丁团长荣光以及其余的官兵的勇敢和坚决,都是极可敬佩的。

吴淞方面的战事,是在二月三日上午九时以后开始的。当时闸北方面正在激战,敌人用极猛烈的炮火向我们的阵地压迫,我们不甘坐受损失,亦令炮兵连、迫击炮连和铁道炮队一齐向敌方还炮；同时为使我们的炮击发生充分的威力起见，我并命吴淞炮台向杨树浦的日本汇山码头一带轰击。到十时左右，我们已经发了十余炮了。旋据钟团长经瑞报告，停泊在吴淞外的敌舰六艘，已一致开始活动，排成一字形，纷纷向我们的吴淞炮台射击。我们的炮台亦奋力还击，同时守炮台湾的第四团第一营，亦开机关枪助战。剧烈的炮战，约莫经过两小时之久。敌方的驱逐舰一艘受了重创，不久即深沉，另外还有炮舰三艘受伤。我们的炮台毁炮三门，第四团全无死伤。钟团长为防避以后敌舰的炮击和敌机的轰炸，而以镇静的态度，诱待敌人登陆作战起见，命兵士们：

1. 非俟敌兵登陆时，不要放枪；2. 增加工事的强度，并须多掘地窖；3. 上午六时前早餐，下午六时后晚餐。这样敌机和敌舰便不易得到射击轰炸的目标了。

这时第四团的阵线是这样：

第三营及第四连，固守右自泗塘河、太兴桥沿蕴藻浜至吴淞镇东北端码头附近止之线，另由该营派出第八连附机枪两挺，在蕴藻浜车站，占领前进阵地。

第一营在第四连右翼起，沿黄浦江左岸至炮台右侧止之线。

第二营（欠第四连）占领宝山城，右与第一营，左与狮子林炮台守备营，切取联络。

团直属队为预备队，位于朱家宅附近。

我在三日下午六时接师长的命令后，除令第五团即用汽车运载向吴淞增防外，自己连夜先率同旅部职员，在四日上午一时到达吴淞的朱家宅第四团团部，至早上六时，我下了如下的命令：

1. 据报敌拟在吴淞登陆，在攻我要塞企图，我六十师邓旅在闸北正与敌相持中，刘旅在大场、江湾一带警戒。

2. 本旅（欠第六团）以掩护我军左翼为目的，决定在吴淞死守，敌如来攻，即以全力扑灭之。

3. 第四团在原阵地固守不动，第五团（欠第二营）应沿泗塘河左岸构筑工事，为预备阵地；对江湾方面，由该团派出警戒，并与刘旅切取联络。

4. 第五团二营在朱家宅附近集结，为旅预备队。各团务将工事构筑坚固，完毕后，应在驻扎村落，加筑据点及掩蔽部。

5. 米粮应尽量搜集准备。

旅部并在这个时候移驻张家宅. 在我们的意想中，敌舰不久一定来作大规模的攻击的。

（二）四日之战

上午十一时左右，敌舰十三艘和商船一艘在黄浦江口内外往动，好像有向我方进攻和乘隙登陆的样子。战端既开，我们是无所用其客气的，便命炮台向敌舰瞄准射击。我方发了几炮后，敌舰即分一部分退出口外，一部分驰进口内，在占领了适当的海面之后，即一齐向我们的炮台还炮，一时炮声大震，愈战愈密。

第四团的迫击炮连亦发炮助战，同时我们沿江一带的守兵，亦用机关枪向敌舰射击，敌舰也用机关枪还击。这次炮战的剧烈，是我们以前所未见过的，重量的炮弹，在阵地的前后左右，纷纷雨下，许多敌弹准确地击中我们的炮台，但我们的炮台仍然发炮，一直到敌机出现后，这才几乎全部被毁。当时的敌机一共有二十四架，在炮台上空往还轰炸，抛下重量炸弹无数。激战约莫二小时后，我们炮台已陷于不能动作的地位了！炮台上的大炮一共给炸毁了六门。要塞司令的参谋长滕××，就是在这一役阵亡的。此外还有副官二人，亦一同殉难。炮台守备营的官兵，伤亡的亦极多。其余的在炮火猛烈时，因为实在没法支持，便都溃散了！

敌人因为战具上占极大的优势，便轻易不肯地把机会放过，在我们的炮台失去了抵抗的力量时，敌舰还是继续发炮，敌机亦继续轰炸，希图乘机登陆占领阵地。这时我便令第四团守炮台湾之一营，派兵一排，扼守炮台；协同在炮台左右防守的部队，死力制止敌人登陆。可是当这一排人跑上炮台时，即为敌机所炸轰，死伤过半。但留着的仍旧据守炮台，奋勇应战。同时各处阵地，虽然在这种猛烈非凡的炮击和轰炸之下，仍然坚守原有阵地，不稍摇动，敌人终于没有法子上岸。一直到下午一时左右，敌人才死心塌地放弃上陆的企图，炮声亦渐归疏落，但仍继续地发射，直至五时许才完全停止。这场剧战中，我们第四团第一营阵亡战士十名，伤六名，就是扼守炮台上的那一排的。

从这次剧战后，我们的炮台便失其效用。我一面派兵把守，拒绝任何人参观，一面对外间表示炮台仍继续在活动中，并且在装置新式的大炮。这与其说是用来欺敌人，毋宁说是用来安慰自己的军心和民心。后来有人奇怪我们的炮台为什么老是不发炮，对于紧靠在江边的敌舰不与以射击，不知道其实那时的炮台已经连稻草人的威力都没用了！由此我们亦可见后来谭副师长坚持奋斗的艰难！

这时第五团兵力的配备如下：

第一营占领在自太兴桥右至陈家坞桥止之地区。右与第三营，左与第四团联络。

第三营占领第一营左侧至赵家木桥火药库止之地区。团直属队为预备队。

因第四团第一营在炮台湾，第二营(欠一连)在宝山城，防线都是很长，而兵力又过于单薄，恐怕敌人乘夜登陆袭击，兵力不够应付，所以我命第五团第二营营长黄康，拨出步兵二连，归钟团长指挥。黄营长拨出五、六两连，在六时左右赶到，钟团长即命第五连为第一营的预备队，第六连接替第四连的阵地，调第四连回宝山城归第一营建制。

晚上是绝对的寂静，使人不相信日里曾经过激烈的战斗。

五日上午十时左右，有敌机四架，在我们吴淞镇阵地上掷了十几颗炸弹，但一会儿即停止抛掷，大概是因为不见动静的缘故。同时敌舰五艘，在黄浦江口移动时，亦尝向我们开炮四五十发。我们亦相当还炮，但战事并不趋于剧烈，除了敌人有上岸的企图外，我们都毫不在意，而其实我们对于敌舰和敌机的抵抗力量亦是极有限的。在这一天，我们只伤了第四团第一营的士兵三名。

这时吴淞镇上简直可以说还没有什么损失。敌人的炮火都集中在炮台一带，镇上还未曾成为炮击和轰炸的目标。我们的士兵都在各村落构筑坚固的据点，并挖掘地窖，以避敌舰遥远的炮火和从空中掷下的炸弹，对于这些，我们都不能作积极的有效的抵抗，只能采取消极的防卫，但我们都以歼杀的雄心和镇定的态度，静待敌人登陆来和我们肉搏。

六日的拂晓，据前哨的报告：敌人的陆军约莫四千多人，夜里在张华浜登陆，有向我方阵地进攻模样；但后来亦没有什么动静。只是在辽阔的太空中，有敌人的飞机四架盘旋侦察；自由的江面，敌人的军舰四艘进出巡视而已。我们没奈他们何，但他们亦没有法子占领我们的土地。我们的士兵嘻笑地用破击炮、机关枪、步枪向敌舰射击，但这完全不能给敌舰以损害。

下午六点时，师长令拨八十七师高射炮二连赶来吴淞归我指挥，我便转饬归钟团长指挥，在吴淞镇附近占领阵地，掩护铁桥头一带。

我们已经觉察到战事的重心渐移来吴淞方面，这是敌人屡次倾其全力以攻袭闸北而屡遭失败，遂不得不变更战略的结果。在这两天内，我们只管努力增加工事的强度，以减少敌机和敌舰的效用。所谓守吴淞，真是完完全全的守，一点也不能采取攻势。我们的唯一的战略只在等待敌人登陆，即起而歼灭他们，他们不登陆，我们就像没有事一样。

（三）七日之战

一夜的宁静，只是一场大战的准备。敌人正在计划着向我们作大规模的进攻。早上据前哨报告，说是在张华浜附近，发现敌人铁甲车六架，步兵甚嘈杂，有向我方阵地进攻的样子。我除令前线守兵严密监视外，即饬第五团第一营进入泗塘河阵地，因为恐怕敌人在蕴藻浜上游偷渡后，向我方右背侧包抄。八时许，天空突现敌机二十四架，在我们吴淞镇阵地上空盘旋数周后，即掷下重量炸弹数十颗。这天虽然下着带雪的微雨，但敌机仍能活动，只要稍为可以作为标的的地方，都不能免它们的轰炸。我们虽然构筑了极多的掩蔽部和假阵地，但因为敌机掷弹甚多，仍然有相当的损害。同时，泊在张华浜码头附近和吴淞对面三夹水等处的敌舰二十四艘，亦一齐向我们全线作猛烈的轰击，炮弹纷如雨下，隆隆之声，更震耳欲聋。吴淞镇便在这样猛烈异常的轰炸之下，燃烧、崩倒、震撼，急遽地变成一片瓦砾纵横的废墟。张华浜车站附近，旋亦发现敌人的重炮八门（据报另有野山炮二十四门），集中火力，向吴淞镇和铁桥头一带的阵地射击。这时吴淞镇上山摇海沸，上空笼罩着浓浊的黑烟，仿佛就将沉毁一样。据我们的经验，在一阵猛烈的炮火之后，接着的是一次凶狠的冲锋。我们的士兵都照常地镇定，阵地一点亦未尝摇动。

果然，炮击正烈的时候，在张华浜的敌人的铁甲车，便掩护了敌军二千余人，用移山倒海之势，向我们蕴藻浜第八连的前哨阵地猛扑，好像预备一口气吞下吴淞一样。第八连的连长赵金声督率所部，依据工事，沉着地向敌人射击，希图阻止敌人的前冲。在苦战将近一小时之后，到底因为众寡悬殊，渐近不支，而该连这时亦早已死伤过半了！敌人的来势更加凶猛，已到了不能抵抗的时候了，赵连长没法，遂将残余的队伍散退至铁桥前端，预备渡河归回本阵地，继续抵抗。赵连长这种决断是极对的，在敌势过猛没法支持的时候，应该放弃前哨阵地，这于全线并无多大影响。但当时第三营营长梁文用电话将前线情况向我报告时，因为炮声震天，电话声不清楚，我误听为全线撤退（把前线听成全线）。我当时厉声说道：

“无论如何，不能撤退，死在那边就算了！”

实际上在当时撤退和不撤退都是一样的，到处都是炮弹和炸弹，前线和后方没有多大的分别，不过前哨是应该让他撤退的。我当时复令梁营长转饬赵营长仍率余部反攻，无论如何，务须固守原有阵地，不准撤退，否则便须以军法从事。但是这时敌已经乘机推进至蕴藻浜附近，想以单薄的兵力，从正面将敌人击退，已属不可能的事实。赵连长遂领余部，从蕴藻浜车站背后，绕过车站前端一带商店；在商店前面用机关枪向敌人猛烈扫射，这样一来，便将敌人分为前后两截。敌人以为中了我们的伏兵，一时异常慌乱，只知溃逃，完全失却了战斗的能力。我们这样乘势推进，敌人只管溃走，狼狈之状，不可形容。大概他们总免不了有六七百人左右的死伤。这时正面的敌人，便这样奇妙地让我们击退了！

这时正面的敌人虽然击退，但敌机和敌舰仍旧继续轰炸，我们的工事，有许多地方，都给炸的完全毁坏，并且没有一处不受炸。我们坚[韧]不拔的士兵只是镇静守住原有的阵脚，他们看着同伴在轰炸之下身裂颅碎，只增加了他们复仇的决心。在吴淞镇东北端的第五团第六连的壕沟中，当敌舰的巨弹飞来时，整排的士兵都被活埋在壕沟里面，尸身和枪械，都无从收获。其他各处炸死炸伤的官兵亦甚多。第四团第三营长梁文在铁桥头附近指挥作战时，敌机的炸弹炸倒了在他身旁的墙，他给压在碎块底下，后来经他的部属挖掘出来，竟没有压毙。梁营长现在还是像以前一样的精干。其他如同营第八连的中尉连附冯玉山和他部下的班长士卒；第九连的班长左桂生和士兵张齐发、梁海等；机关枪连的班长李锡先、王玉林、钟善华、邱盛宾、王学成、冯富强和士兵杨全胜、孔祥胜、邓明大、宋长发等等，都是奋勇作战，争先杀敌而从死里逃生的战士。第五团第二营营长黄康作战的勇敢，竟至使敌人见而生怕。

战事一直延长到下午六时，炮声才渐归于稀疏。我们前哨的士兵死伤过巨，力量单薄；敌人的主力部队，又仍麇集在张华浜一带，难保他们在晚上不卷土重来，所以我令他们在黑暗里，用小船渡过蕴藻浜，回归本阵地休息。

此次战役，给我一个极大的感触。当日人的飞机向我们恣意掷弹时，它们满天飞，得心应手，丝毫无所顾忌。虽则不能弹弹命中，但在精神上给我们以威吓，在实际上与我们以损害，确是极大的。我们虽然一共有七架高射炮，并且陆续发射，但不尝打坠他们一架，亦不尝打伤他们一架。不但是这样，我们的高射炮因为发炮太多，自身反而炸裂了两门。高射炮之不能击中飞机，这是无可如何的。因为高射炮之于飞机，只是一种聊胜于无的设备。要对付飞机，在我们还没有别的发明之前，只有飞机自己！我们若有一半的飞机，敌机便不能从容掷弹；我们若有同量的飞机，敌机便不能轻易出动；我们若有优势的飞机，便可以操这次战争的胜算了！日本人在沪战之后，他们自己惊奇地发觉飞机的威力有如此伟大——他们以前亦知道飞机的效用，但经这次的自由应用后，才更亲切地感到飞机的力量——所以他们无论政府民众，都竭力提倡充实空军的力量。他们的民众现在正在努力凑捐，以协助政府之所不及。我不知道中国的民众，在看了闸北和吴淞的战后的情形以后，发生了什么感想？还是徒然的喊航空救国呢？还是将以全国力量，上下一致，互相信任，以竭力扩充空防呢？沪战不是最后的对外战争，飞机的效用将来愈大，难道我们将于第一次领受了这样严重痛苦的教训之后，再以同样的眼睛，看我们许多无抵抗的大都市和民众，受到第二次的损害么？

晚上的情况，仍然非常紧张，敌人在蕴藻浜对岸时作时止地向我们射击；可是并没有偷渡的企图，倒仿佛是在向我们表示他们是有准备的，教我们不要去夜袭。第四团第三营知他们隔河对峙，亦不让他们安宁。

一直至八日早上六时左右，敌人贾昨日的余勇，用炮舰六艘，飞机二十几架，向我们第三营的阵地射击轰炸，以为步兵前冲的序幕。不多一会，便用铁甲车数架，掩护步兵千余人，向第三营的阵地猛烈地进攻。炮火一时异常紧密，激战至三个钟头左右，我们的阵地一点没有动摇，终于镇定地将敌人击退。但敌机仍然在空中掷弹，竟日不止，敌舰亦不时发炮，第五团第二营驻地中弹数枚，略有死伤，统计两团阵亡士兵五十三名，伤二十三名，有官长在内。

九点钟时，接到师长发自真如的命令：

1. 顷奉总指挥蒋二月七日午后十时二十分命令如次：

1）据各方确报，敌陆军约一师团，将沿江湾、浏河之线，压迫我军左翼，策应租界内之陆战队残部，有占领吴淞与闸北之企图。

2）本军以保护国土，实行自卫之目的，展开于上海附近京沪铁路南北之线，保持主力于铁道以北地区；对来扰之敌，迎头痛击，压迫于黄浦江畔而歼灭之。

3）六十师担任北站、闸北、江湾之线，以一部固守北站、闸北，主力集结于大场东北一带地区，相机迎击由浦江进犯之敌，左翼与翁旅切取联络。

4）七十八师除翁旅（欠第六团）死守吴淞外，其余在北新泾至真如之线，对中山、曹家渡警戒。

5）六十一师以一团控置于罗店，派出一部至浏河、小川沙沿岸一带警戒江面；主力则应于八日拂晓前，集结于刘行至大场一带地区。如浏河方面，无敌情时，则相机策应六十师。

6）八十八师（计三团）及八十七师宋旅（计二团）为总预备队，位置于南翔、虹桥间。

7）宪兵第六团担任高昌庙、龙华一带警戒，仍归戴司令指挥。

8）八十八师王赓旅古团担任虹桥、北新泾之线警戒，归区师长指挥。

9）补给：a. 粮食准备半月量；b. 弹药储藏所设南翔。

10）通讯计划如另图(略)

2. 本师遵照右令要旨，决定处置如左：

1）一五五旅将虹桥、北新泾之防务移交古团后，集结于真如暨南大学附近待命，但须派一团担任北新泾至真如之间，对中山路曹家渡警戒，左应与张团，右与古团切取联络。

2）一六五旅(欠张团)死守吴淞，应与六十师联络。

3）一五六旅张团担任真如车站以北至大场间之警戒。

4）其余直属队在原地候命。

根据上方的命令，我转饬各团遵照下面的布置：

1. 敌情及友军情况如师命令所示。

2. 本旅(欠张团)遵命在吴淞死守。

3. 各团应注意之事项如下：

1）加强工事，多开掩蔽部及交通沟，并在各驻地利用房屋，多做据点，以备各自为战。

2）尽量准备粮食。

3）每兵补足弹药五百发，手榴弹四枚。

我们当时所采的战略，就是在这次命令里面所说的"利用房屋，多做据点，以备各自为战"。我命士兵各在原驻地的小村落里面，构筑坚固的工事，以备敌人登陆时，各自为战，战至完而后已。因为我们兵力单薄，敌人以海陆空三面的全力向我们压迫，若和他们作大规模的会战，恐怕不易支持。所以我决定化整为零，使敌人于实行占领时，不得不付加倍的代价。丘参谋主任国珍尽日亲出各处指导士兵构筑掩蔽部和交通沟等，这些工事，当时是颇为完备的。

从九日起，接着好几天没有强烈的战事，只是一些零落的炮战而已。九日的上午自九时起，不断有敌机向我们的阵地侦察。因为我们的士兵都在掩蔽部里面，没有成群的队伍给他们做掷弹的目标，所以他们亦省起了多少炸弹。但偶然发见多少人影时，他们便在上面开机关枪。敌舰在出入口时，亦随意向我们发炮，总计这天共发二十余炮。我们第四、第五两团一共死士兵七名，伤十名。敌机每每于往还侦察之后，在空中作信号，以为敌舰发炮的目标。在最初几天，我们的士兵有在日里造饭的，敌机发现了炊烟后不一两分钟，敌舰便隆隆地向出烟处轰击。所以我们以后不许在日里造饭。敌机在上面侦察时，大概吴淞是如无人之境的。

但敌机既然找不到人，在找到目标明显的房屋时，亦必炸毁之而后已。所以日里我们把士兵分驻在掩蔽部里面，夜里才让他们住在房屋里面。在夜里当敌机失去了侦察和轰炸的能力时，是我们最活动的时候。

下午六时，师长拨地雷队一排归我指挥，我转饬归钟团长，着他们把蕴藻浜各段的桥梁继续破坏，并在沿河各要点安设地雷。

十日上午九时，敌机仍旧在吴淞的晴空上向我们的阵地侦察，时时以零碎的机关枪向下射击。敌舰三艘，在进出黄浦江口时，一共向我们发了二十余炮，同时并用机枪向我们沿江的阵地扫射。对着这样靠近河岸的敌舰，令人想到重炮的可爱。这一天，我们阵亡的士兵一共四名，伤六名。

这时六十一师已有一团进驻杨行，他们派出一营在曹家桥、纪家桥沿蕴藻浜北岸的一带施行警戒，使我们吴淞阵地的右翼更为坚固。

十一日早上，据第四团第三营营长梁文报告，说在蕴藻浜附近，发现敌人两千余人，并且有一部分向右方移动。遂令梁营长严密注意，但后来并无变化，一天的情况，和昨天差不多：敌机三架来去仍频，在我们阵地上视察颇密。敌舰在出入口时，照例向我们开炮，一共开了十几发。我们仍然有少数的战士在敌炮下牺牲，第四团死士兵六名，还有一位排长受伤。在炮战方面亦正如空战一样，我们只有设法减少敌方的威力而已。每每在接触时，我们便极力企图和他们的步兵接近，短兵肉搏，混成一线，使他们的炮火失其效用。至于敌舰上的炮，单独遥击时，我们只有习惯之而已，一月前后，都是这样。本来在国际战争上对方还是一个数一数二的强国，但我们却只有步枪、机关枪、手榴弹以至于迫击炮来守住我们最重要的要塞，这一回事，想起来只有苦笑而已。

这时我们旅部的驻在地，是在同济大学以北，费家宅以西，东向对炮台成为直线的一个小村落上，名字叫大金家村。在这个小村落里只有四五个人家，掩护在竹林里面；但我们旅部所占的地方却不过是两个极小的房子。在小房子的一角，我们挖了地窖，敌炮和敌弹来时，我们就暂时钻进地窖里面。可是这样的地窖，若敌弹炸在附近的地方，自然可免波及；若是不偏不正地打在上面，就只好当是活埋了！地窖只够容两个人睡觉，是我和丘参谋主任用的；不过有几次沪上的民众代表和朋友来看我们时，我们亦尝请他们暂到地窖里来屈膝，这是当敌炮隆隆不绝的时候。地窖里面装有军用电话，我时常在那里听取各方面的情报。同时参阅图样，那是凭借一根小白蜡烛的微光的映照，才看得见的。我记得我贫苦的儿时生活，曾有一次在山洞里过了好些时，食野薯，饮溪水。地窖的生活使我起了极趣味的回忆。我们的护兵亦有他们自己的地窖，他们并不是想挖来避危险，简直是挖来好玩的。

另一间小房子是我们办公的地方，亦就是会客室(虽则是危险万分的战地，但时常有热心的同胞来看我们)。那里面只有一只方桌和两三条长凳而已。方桌上面除了一点文件外，是两三罐已经开了封的冷食品。壁上贴了几张图表，我记得还挂了两顶日军的钢帽。就在这样的土房子内，我们高兴地生活着。

那是还有一个小厨房，但除晚上以外，是不举火的，我们长是吃着米[糕]、炒米、罐头、饼干、牛乳一类的东西。这些都是爱国的民众惠赐给我们的。他们代我们设想一些最便当最好吃的东西，使我们吃了又有气力又高兴。

但是我们并不是如何的紧张和忙碌的，自然紧张和忙碌的时候亦有，那是在我们有了歼杀敌人的机会的当儿。其余的时候，我们倒是闲暇不过的，白天比黑夜更为闲暇。我们时常说些好笑的话来混杂敌人的炮声；在战壕里的士兵更悠闲地唱曲，这是去参观过的人都知道的。后来丘参谋主任闲得不过了，竟在地窖里著起书来。他著的是一本《游击战术》，我亦随时供给一点意见。炮声起来时，他一手掩了耳朵，一手不停地写下去。这本书在两三天里就完成了。丘参谋主任这本书是特为东北的义勇军而写的，他对于眼前在战斗中的吴淞倒若无其事，却是在为东北的义勇军操心。

我们的政治工作人员，这时亦紧张地工作着，他们在各处宣传鼓励，写标语和做文章，我们旅部出版的《血潮日报》，在战争期间内，不尝停过一天。里面除了刊载长官的训话和鼓励的文字外，还撮录每日的政治新闻和军事状况。许多官长和识得字的士兵们，都拿来在战壕里当读物。这种工作是有相当的力量的。

炮弹亦尝光顾到那座小村落里。有一颗炮弹击折了一株树。另外在竹林里，有一只白山羊亦给炮击死了。飞机[常]在上面抛下炸弹，在屋东的小塘旁炸了一个大窟，把那小塘扩充了。此外不尝受到别的灾害。屋外在向北面郊野的路口，我们筑了一道坚固的防御工事，那是预备敌人就是打到我们的面前来，亦还是有一场恶战的。

这时在曹家渡警戒的六十一师的部队的前哨，已经开始在和敌人接战了。同时纪家桥一带亦步步吃紧。一直至十二日早上，敌人愈战愈凶，企图在那里强渡。纪家桥亦是我们的六十一师防地，兵力充足. 可无顾虑。我们的第四团为牵制在纪家桥进攻的敌人. 分散他们的力量起见，命迫击炮连和第三营用猛烈的炮火向蕴藻浜对岸的敌人射击。敌人亦相当还枪，同时敌机即来侦察，并抛掷炸弹数枚；

敌舰七艘，亦在黄浦江往来移动，向我们发炮三十余响，我们只阵亡士兵二名，伤一名。

这一天，为救济闸北战区难民起记，双方同意停战四小时，从上午八点钟止至十二点止。但吴淞方面的炮声并没有因为停战而静止。敌机竟日飞翔，并用机枪向下面射击。

九点多钟时，总理夫人亲来前线慰劳我们。她们在我们的土房子里面坐着时，敌机在上面轧轧地响着。我奉陪她们在外面巡视了一周，到十一点多时，她们才回去。在田野行着时，在她们头上重复地飞过的敌机，[常]向她们放枪。师长和丘瑞琛旅长亦来视察指点。

下午八点钟时，吴淞镇上忽起大火，四处延烧，我们疑心这是汉奸的贱行。在沪战中我们最大的耻辱，是有着许多汉奸，供给敌人使用。这真是在我们洁白的灵魂上撒了一个污点。但这些都是一班没有受教育的可怜的愚民，他们脑里从来没有国家观念，临时又为饥寒所逼；所以干出来这样忍心害理的事。这次的事是过去了，倘如将来对外作战时，仍然有一班所谓汉奸，则不但那班汉奸们该杀，就是我们都得负相当的责任的。

我们派一部分的士兵，从事救火的工作，好容易才把它扑灭了！但是吴淞镇上经了这些的炮火，大半都只留着几垛土墙了。

(四) 纪家桥之战

从十一日起，纪家桥和曹家桥一带骤形紧张，直至十三日遂激成一场酷烈的大战。

拂晓时，敌人利用烟幕的掩护，在曹家渡一道偷渡。因为烟幕蔽天的关系，我们的前哨发觉时，敌人已差不多偷渡完毕了。这次敌人来攻，人数约在两千以上，是不得手即不罢手的。曹家桥、纪家桥一带为我们六十一师的阵地，当即奋起应战。当时虽然发觉稍迟，但幸而未迟致使敌人构筑坚固阵地的机会。接触一会后，我们的部队即向前冲锋，企图将敌人一气冲退。但敌人人数既多，炮火强烈，机关枪弹如密雨乱射，阻止我们的前进。我们陆续的作了几次尝试，都归失败，牺牲了相当的力量。同时，敌人亦猛力来冲，再接再厉，我方奋死抵抗，屡次陷于苦战。在这时候，我们陆续增加队伍，再次冲锋，无如敌人据地已稳，终不得手。上午八点钟激战至下午一时，枪声未尝稍疏，冲锋至数十次，我们的兵士伤亡过多，形势颇为危殆。但我们始终采取攻势，企图将敌人赶回。六十一师的一二二旅，用两团的兵力，攻击敌人的正面；一二一旅派出两营由庙行一带，攻敌人的背后，尚未能将敌人摇动，而敌人愈战愈众。我们各处的部队，则因为反攻的缘故，损失大都很不少。激战至二时左右，敌人声势愈猛，炮火加烈，更使我方难于接近。曹家桥和纪家桥都在敌人占领之中，没法夺回。

下午一时左右，我当令丁团派一连，前往曹家桥和六十一师的部队联络。该连到达时，恰好该处的部队正在和敌苦战中，该连即加入援助作战。至二时左右，我再调第五团丁团长率所部（欠一营及一连）由吴淞向曹家桥方面，侧击敌人的右背侧，企图援助六十一师克复纪家桥。恰好这时张副师长因为出形势艰难，一时无克复希望，着丁团无须开来增援。当时丁团已到达蔡家宅，遂重调回原防。

张副师长的意思是：白日反攻，以敌人之众，顽强相持，恐怕不易得手，反损失自己的实力。所以他计划着一个巧妙的夜袭。晚上九点钟时，他自己亲带了两营人，用手榴弹和手枪，静悄悄地往袭日军的宿营地。整天疲劳的敌人，这时正在沉熟的酣梦中，一直到手榴弹的炸裂声在耳边震撼时，他们这才惊起乱窜。在白天万分凶狠的敌人，这时一点抵抗力都没有。他们惊慌之状，达于极度，只顾奔突逃命，所以不到一点钟的光阴便完全解决了！

本来此次是可以把敌人全部歼灭的，但冥冥之中，还给他们留了一条生路。因为这时[蕴]藻浜恰值潮退的时候，浜水涸浅，使他们有机会涉浜而过；在事实上，他们是有一大部分逃脱的，但亦够死伤了！特别是在黑夜里，出其不意地攻其无备，所以战利品非常的多，机关枪，步枪和钢帽以及敌旗之类。

当六十一师在举行夜袭时.我令第四团第三营和迫击炮连，开始紧密的射击，佯作攻击声势，以遥助纪家桥方面的进袭。到十时许，已经接到张副师长的电话，说在九点四十分时，便已经把敌人全部解决了！这真是神速之至，而张副师长的勇敢多谋，亦是不可及的。

夜袭是在我们这方面最有利的战略，因为一则使敌人的飞机、大炮和多量的机关枪失去或减少其效用；二则我们利用熟识错杂的地形，运动和白天无殊，使敌人张皇迷失，进退狼狈。所以夜袭是我们制敌最妙的法子。

在这天下午的战役中，我们委实遭受很大的损失。六十一师营长李荣熙，就在二时许的激战中阵亡。李营长是日本陆军士官学校的毕业生，和我同一年级的。他是一个沉着寡言实事求是的革命军人。他平素最憎恨日本，所以这次作战他特别奋勇，以至在前线殉难。他的死亡，委实是我们的损失。他的朋友吴营长履逊尝在火线为他作了一篇吊文，顺录在这里：

李营长荣熙，广东台山县人。民十四年，东渡学军事，入陆军士官学校骑兵科，十七年秋学成归国，服务于第三师司令部（即今之六十一师）为上尉参谋。士官学生回国服务者，至少为少校；李营长受上尉职，同学多非笑之！而李营长以做事非做官，处之泰然。后以在花县战张发奎之役，受知于蒋总指挥，不三月，调升为少校参谋。半载后，任第六十师第九旅第十八团第三营营长。李营长沉实而能干，其事上抚下之得体，尤为他人所不及。在校时除研究军事外，尤注意于国际及国内政治；其论事多切时病，而结论必以中国青年宜实事求是不可徒尚空言相勉同学。同学以是多敬爱之，而许其将来必能为中国创造一番真正事业，今不幸竟以抵抗倭寇之侵迫而成仁，享年三十有三。呜呼痛哉，因为词以哀之曰：

呜呼，荣熙哥，你成仁消息传来，逊不自知悲哀之何从也！国家阽危之秋，从此乃少一真正爱国之士矣；末世道义不张，从此乃少一诚敬对友之人矣；军队腐败，从此乃少一堪作模范之军人矣；空谈遍天下，从此乃少一实事求是之国民矣；自私自利满社会，从此乃少一为公牺牲之仁人矣！呜呼，荣熙哥！你成仁之消息传来，逊不自知痛恨之何从也！倭寇之凶焰未摧，从此乃少一杀敌之健将矣；国家之地位尚未臻平等，从此乃少一废除不平等条约之斗士矣；人民之痛苦未除，从此乃少一为民众谋福利之使者矣！呜呼，荣熙哥，你成仁消息传来，逊且悲且恨，且思而且喜也！人莫不有死，死或重于泰山，今哥之死，死得其所矣！哥之死，乃为军人争人格者也！哥之死，乃为民族求生存者也！哥之死，乃为国家树威严者也！哥之死，乃为公理作保障者也！哥之死，乃为正义求伸雪者也！哥之死，乃所以振国魂而醒人心者！呜呼！荣熙哥！中华民国之人，将因哥之死而勇敢向前流血，将使所流之血如洪水巨涛，以冲涤国家之耻辱于无有之乡，而使哥含笑于九泉！哥之同胞弟兄骨肉朋友，将因哥之死而更视死如归，以竟哥未竟之志，誓将倭奴之血，以奠祭于哥之灵前。呜呼！荣熙哥！哥其瞑目可也，哥其瞑目可也！

郑团长为揖亦在阵地上受伤，他受伤之后，仍旧奋勇指挥，不肯退回，后来是人家强制他睡到救伤床上去的。

敌人受了这次的创伤后，对偷渡[蕴]藻浜的企图，虽然觉得是占领吴淞最好的法子，但亦像无味的鸡肋了！

十四这一天，他们采用了最安全的攻击法：用十几架飞机在上面掷弹，十二艘敌舰向我们纷纷地炮击。对于这些，我们是如常的镇定的。只有第五团第二营第五连的连长罗彬，因为太镇定了，所以让敌机炸死。罗连长当时在炮台湾附近阵地，督率士兵工作。他穿的是官长的长外套，成了一个极明显的目标，飞机在上面飞过时，他悠闲地观玩着，不求掩蔽，所以终究遭了无妄之灾。本来我们在那里，为求减少目标起长，官长是和士兵穿一律的服装的；飞机来时，我们都得停止工作，静伏不动，或则是跑进掩蔽部里面去的。这一天，我们一共阵亡官兵四名，伤四名。

铁血军亦在这天上午赶到吴淞，是师长调来帮我们工作的。后来证明这铁血军有很大的用处。

十五日早上六时左右，敌人便又来向我们攻击了。敌人的用意好像是在使我方应付劳瘁，然后企图占领。这时有敌机十三架，不断地在吴淞、宝山一带轰炸，同时敌舰八艘，亦一齐向同样地区射击。经过一阵紧密炸击后，敌人用舢板数十只，满载陆战队，企图在我们的炮台正面登陆。经我们击退了，第二次又来；第二次击退了，第三次又来。一直尝试了十几次，结果都被我们击退！其实当时就是放任他们登陆，亦是在我们掌握中的。[蕴]藻浜车站附近的敌炮，更不断地向我们第四团第三营的阵地轰击，目的是在将我们前线的阵地炸坏。但除了炮击之外，他们并不前来冲锋。敌人的炮击，固然能给我们以相当威吓，致我们以相当死伤，但死伤之数若和敌弹的数目比例起来，那就觉得微乎其微了！他们前后一总所发炮不下数万发，但我们的死伤总算顶多亦不过二三百人而已！

敌炮一直至下午六时左右才停止射击。我们统共阵亡士兵七名，伤官兵十一名。第四(团)第一营的营长邓启圻亦受伤，当他勇敢地在指挥士兵击退敌人的舢板的时候。

这时庙行方面的形势亦紧张起来了！我因为我们守吴淞的部队应战至今伤亡甚众，但敌却正积极增厚兵力以图袭取，为死守计，兵力不能不加厚一点。所以请师长将第六团调回建制。旋奉师长的命令，准予调回该团第三营来吴淞增防。营长吴履逊即率所部，在十六日上午三时到达。该营即住在离旅部不远的费家宅，作为该旅的总预备队。

这天上午，方振武、张子廉、吴迈三先生代表民众团体来慰劳我们，为我们陈说沪上民众团体的救国工作的状况，给我们以极大的欣慰。我亦向他们陈述我们的牺牲的决心，吴代表竟至于离座向我下跪，但亦是一件使我极为感动的事。同时我也感想到中国民众的可怜，到底我们尝建树了什么功绩，而值得他们这样的宠爱推崇？

十六日的情况较为宁静，但敌机仍然四处侦察；敌舰亦有意无意地向我们发了几炮，那是跟着飞机的信号而发的；同时并在张华浜一带巡视。我们照例有几个牺牲者：死一名，伤四名。

十七日的情况一如十六日。我们阵亡士兵三名，伤一名。

大概日人亦感觉到固有的兵力不够使用，不愿意作徒然的牺牲，所以暂时静止不动，以待他们新到的生力军配备布置完毕之后，再图大举来犯。所以虽然在静止，但我们已先预感到更剧烈更长久的战事了！

下午十时接到师长从真如发来的命令如下：

奉总指挥十六日下午十二时命令开：

1. 据确报敌金泽第九师团，及久留来第十二师团之混成旅团，由敌第九师团长植田谦吉指挥，于本(二)月十四全部到沪，总数约三万人，连合敌海陆战队之残部，企图进占我吴淞及上海南北市。

2. 我军以保土自卫之目的，拟占领南市一龙华一北新泾一真如一闸北一江湾一吴淞一宝山一月浦之线，保持主力于铁道以北之地区，迎击由闸北一江湾一吴淞方面来犯之敌，待机出击，压迫之于黄浦江畔而歼灭之。其兵力部署区分如左：

甲 右翼军

应占领由南市一龙华一北新径一真如亘闸北一江湾之线，保持主力于大场真如之间，迎击当面之敌，待机出击，压迫之于引翔港方面而歼火之；但须以一部有力部队，死守南市一龙华，作全军右翼之据点，其详细之兵方部署如次：

1) 八十八师独立旅(欠古团)暨宪兵第六团，担任警戒南市、龙华、虹桥亘北新泾河以南(河属之)之线。但须以有力部队，死守南市龙华为右翼之据点。

2) 七十八师(欠翁旅)暨古团担任警戒北新泾河以北亘曹家渡家、中山路、真如车站北端之线。主力控置于真如镇西方附近。相机迎击当面之敌及策应六十师(警备配备同前令)。

3) 六十师占领北站一闸北亘八字桥一江湾北端之线，主力控置于中央，迎击江湾当面之敌，乘机向虹桥引翔港方面出击。

4）六十一师为右翼军预备队，集结于大场镇西南一带，以一部死守江湾镇。

5）作战地境，暂不规定，惟各师之左右翼须与邻接师切实联络为要。

乙　左翼军

应占领江湾北端亘庙行镇东端—蔡家宅胡家宅—曹家桥之线，主力控置于大场镇北、杨行镇南及刘家行之间，迎击由江湾北方地区来犯之敌，乘机出击，向殷家行镇附近压迫敌人于黄浦江畔而歼灭之。但须以一部在罗店—浏河—小川沙方面，担任江面之警戒。相机策应吴淞。要塞地区守备队归左翼军张军长指挥。须以有力部队，乘机进占张华浜车站，万不获已，则死守吴淞、宝山之要塞。以为全军左翼之据点。

丙　作战地境

右翼军、左翼军以沈家行—江湾镇—大场之线为作战地境，线上属右翼军。

丁　航空队须努力防害敌机之活动而掩护我军之作战，如能做到，则努力爆击引翔港附近之飞机场及其炮兵阵地。

戊　上述各部，须于明（十八）日午前三时以前，完备一切战斗准备。

3. 本师暨古团以死守吴淞及占领北新泾亘真如车站北端之线，相机迎击当面之敌，及策应六十师之目的，其兵力部署如次：

1）第一五五旅率一、二两团限本（十七）日下午十一时以前，移驻国际无线电台西端王千里宅附近为师预备队。

2）第三团担任北新泾河（河不在内）以北亘曹家渡沿中山路至真如车站在内之线之警戒，并须努力加强及改良已构成之工事，右翼与八十八师独立旅左翼，与第六团切实联络。

3）第六团（欠第三营）担任真如车站（车站不在内）以北亘大场镇（大场镇不在内）之线之警戒，并努力加强及改良已构成之工事，右翼与第三团，左翼与六十一师切取联络。

4）第一五六旅部率第四、五两团及第六团之第三营死守吴淞，并须以有力部队，乘机进占张华浜车站，协助友军迫敌于黄浦江畔而歼灭之。

5）各直属队暨古团，仍照现在位置，担任原定警戒任务。

4. 讯能及联络：

以电话为主，各部照遵前令及作战计划办理。

5. 补给：

1）粮秣，各部队无论何时，须存贮半个月以上粮秣，由各部队就地采办，若万不获已，由师军需处采办发给。

2）弹药总库在真如。

6. 卫生事项：

1）各团应在前线设绷带所。

2）师在真如设立野战病院，在南翔设后方医院。军队区分表：

右翼军指挥官第十九路军长蔡廷锴。

六十师

六十一师

七十八师（欠翁旅之四、五两团）附八十八师独立旅古团

八十八师独立旅（欠古、翁）附宪兵第六团及南市一带警团

左翼军指挥官第五军长张治中

八十七师

八十八师（独立旅一旅）

冯庸义勇军（现在浏河集结）

要塞地区指挥官正指挥谭启秀、副指挥官翁照垣

一五六旅[欠第六团（缺一营）]

航空队指挥官

午夜的时候，又接到右翼军指挥官张军长本日下午四时发于南翔的命令：

1. 奉总指挥蒋二月十六日下午十二时命令（附军队区分）……（命令内容如上）。

2. 本右翼军应占领江湾北端亘庙行镇东端蔡家宅、胡家宅、曹家桥之线。主力控置于大场镇北、杨行镇南及刘家行之间，迎击由江湾北方地区来犯之敌，乘机出击，向殷行镇附近，迫敌人于黄浦江畔而歼灭之。以一部在罗店、浏河、小川沙方面，担任江面之警戒，相机策应吴淞。

3. 本左翼军兵力部署如左：

1）第八十八师（欠一旅）应占领江湾镇北端至周巷无名河河岸之线。右与十九军，左与八十七师确取联络，惟主力须控置于大场镇以北地区。

2）八十七师二六一旅，应占领由无名河北岸沿胡家庄径应家桥之线，右与八十八师，左与吴淞要塞地区队确取联络。

第二五九旅，应派兵一营，归二六一旅宋旅长指挥，其主力为师预备队，应控置于场行至刘行大道上之火烧场董陆宅附近。

3）要塞地区队之任务，如总指挥蒋命令所规定。

4）中央军校教导总队为军预备队，集结于刘行北之太平桥、张家桥附近。

4．各师须于明日（十八）午前三时以前，分别与我十九路接替防务，并完成一切之战斗准备。（余略。）注意：

日前我军与敌作战，纯系巷战性质，现敌军主力渐向北移，此后应特别注意野战。野战尤须顾虑敌利甲重兵器，对我施一点冲破，及侧翼包围，故我军对此，须应预防，其方法如左：

1）兵力配备，前线不宜过厚，须置重兵于后方，力求纵深配备，以期减轻损害而策应便利。

2）散兵壕切忌联成一线，致敌飞机易于侦察，应按地形地物，分散配备，重叠构筑，尤应设置掩盖，如得时间余裕，则增设二线三线，俾能强硬抵抗。

3）距本阵地较远之处，配设假装物伪工事以乱敌目而分散其火力。

4）机关枪阵地为战线之骨干，务必求其坚固。

5）指挥之重要者，为各级官之通[讯]。故其设备须力求灵活，尤其部队与高级指挥官之联络，须十分确切。

这时英法美各公使的调停，显已到了绝望的段落，政府和民众都不能接受敌人无理的要求，倘如我们可以自动撤退无论若干远，倘如租界同围可以设立中立地区，则根本就不用和敌人冲突。我们还没战败，自然不能接受这种要求，我们即使战败了，中立地带的条件仍然不能接受！所以这几天的调停，仍然是制造一场更大更烈的决战而已。况且敌人以新增援兵之故，方想得机一逞，以洗雪以前屡战屡败、频换主将的耻辱，所以这时已经有日政府当局训令植田向我们致哀的美敦书的消息。我们这方，亦早已看出调停的决无结果，所以只是准备着来接受一场新的血战而已。不过，因为在停调的进行中，所以这数天来都无剧烈的战况可言。

在师长的命令中，我们是要以有力部队，乘机进占张华浜车站，协助友军以歼灭敌人的，所以在十八日的上午十时，我令第四第五两团，各派官长，侦查出击的道路和蕴藻浜可以渡过的地点。我们预备在必要的时候，决以第四团固守原有阵地，而以第五团（欠一营）及第六团的第三营担任出击。后来据钟团长报告，说是蕴藻浜河水深约丈余，阔约五十米突，并且对面有敌人强固的防御工事向我们瞰制，正面极难渡过。将来出击时，必须由永安纱厂右侧及胡家宅的红屋附近，实行强渡，比较容易。丁团长亦有同样的报告。我便令丁团长准备一切，机会到时，我们便要在吴淞以外的地区活动了！

下午四点钟时，师长拨山炮二门，赶来吴淞归我指挥。该项山炮在晚上九时左右到达，我当即转饬归钟团长，着在同济大学西方约三百米达的一座小村落，占领阵地，准备掩护我们渡河出击。

在十八这天晚上，军长便接到敌方的所谓哀的美敦书了！这哀的美敦书是我们所应该记得的，所以把来录在这里：

本职基于欲以和平友好之手段，达到任务之热烈希望，兹对于贵军通告左开各件：

1. 贵军应即从速中止战斗行为，于二月二十日午前七时以前，将现拟之第一线撤退完了，于二月二十日午后五时以前，从黄浦江西岸，由租界西北端，连结曹家渡镇、周家桥镇及蒲淞镇之线起算；黄浦江东岸，由连结烂泥渡及张家楼镇之线起算，各从租界境界线，向北二十启罗米突之地域（包含狮子林炮台）内，撤退完了。且在该地域内撤去炮台及其他之军事设施并不新设之。

2. 日本军于贵军开始撤退后，不行射击轰炸及追击动作，但飞机之侦察不在此限。又贵军撤退后，日本军仅只保持虹口附近之工部局道路地域（包含虹口公园之周围）。

3. 贵军第一线撤退完了后，日本军为确认其实行起见，派遣有护卫兵之调查员于撤退地域，该项调查员携带日本国旗，以资识别。

4. 贵国对于该撤退地域外，上海附近之日本人生命财产，应完全保护之。此项保证如不完全，日方当采适当之手段。

5. 关于在上海附近（包含撤退区域）外国人之保护，容另商议。

6. 关于禁止排日运动。一月二十八日吴市长对于村井总领事之约诺，应严重实行。关于此项，当另由帝国之外务官宪，对贵国上海行政长官，有所交涉。

如以上各项不能实行时，日本军对贵军，不得已采自由行动，其结果所生一切责任，应由贵军负之。昭和七年二月十八日午后九时大日本帝国司令官植田谦吉。

第十九路军司令蔡廷锴阁下。

在不宣而战已经过二十多天，战事损失已非常严重之后，日人才来向我们下哀的美敦书，这是一件又可恼又可笑的事。他们的目标，不过是想向世界人士掩饰以前的败绩为不足数罢了，其次则是想给他们以后更残暴的行为，作一种完全没有理由的借口。再次则是想对于我们一致的战线起挑拨离间的作用。在这封哀的美敦书中，我们亦可见日人的骄夸、狭隘、辣泼和阴狠了。

军长给他们一个最得体的答复，市政府亦给他们一个严厉的驳斥。这哀的美敦书的提出，只是敌人最拙劣的表现而已。但在这样情势之下，一场恶斗是免不了的了。

十九日虽然还是敌人在伫待我方对于哀的美敦书的答复的期间，但他们仍然继续军事的活动。早上敌机凌空侦察，在晴和的天空中向我们示威。同进黄浦江里的日舰七艘，一齐向我们吴淞沿岸的阵地轰击。因为发见我们的守兵还击的缘故，又用机关枪向岸上扫射。张华浜车站的敌炮，亦继续地用重量的炮弹击毁我们蕴藻浜沿岸的阵地。后来我们发见敌人有在蕴藻浜车站附近埋伏地雷的样子，第三营便用机关枪向该处扫射，敌人有二三十人左右的死伤。我们这边一总是阵亡士兵一名，伤三名。第四团的中校团附高强斌亦受了伤。高团附是一个极能耐劳忍苦的军人，这次守吴淞，钟团长得他的协助极大。

晚上师长拨来八十八师榴弹炮二门，即转拨归丁团长指挥，在金家宅西端的小村落占领阵地。

（五）二十日之战

对于哀的美敦书，敌人大概亦知道我们不会屈服的，这不过是一种希图舍弃责任的举动罢了！军长的答复是在十九日午后七时，大概在十九日的晚上，日人便决定二十日的决战了！

一十日的早上七时，是敌人哀的美敦书满限的时候；就在这时，敌人倾海陆空军的全力，向我们闸北、江湾、吴淞全线开始作总攻击。在闸北方面，以八字桥激战为最烈，敌人用坦克车十余，掩护步兵千余人冲锋，我们用机关枪痛快地射击，同时并奋力用手榴弹轰炸。并施放地雷，炸毁他们的坦克车两辆。剧战终日，我们的阵地全未摇动，而敌人却受了极大的损失。在江湾方面，敌人用最大的兵力向我们八十八师庙行镇的阵地压迫，他们同时用坦克车、炮队、骑兵和飞机，以崩山倒海之势，向我们的阵地进攻，我们方面因为兵力比较的单薄，所在阵地竟被敌军破坏，但仍奋勇支持，至下午二时左右，我方略为向后撤退，在这时候，敌人尝进占江湾跑马厅。但后来我们六十一师增援的部队开到后，便会同反攻，在把敌人击退歼灭之外，还夺获得极多的战利品。

在吴淞方面，在早上七点左右时，便有敌舰十二艘，向我们的阵地猛烈地炮击，同时敌机二十八架，亦在上空掷弹助威；张华浜的重炮八门，野山炮二十四门又复出现，紧密地向我们的阵地射击。这几乎是敌人所能向我们进攻的火战的总力量了，我们亦尽所有的炮类，向他们密密地还击。宝山城狮子林一带，尤为敌人炮弹最烈的地方。在这样强烈的炮火之下，我们的士兵还能够沉着地等待最后的结果。有一些士兵，竟为炮火的巨声所震，至于耳聋。但由炮火所激起的杀敌的情绪亦极度高涨，有几个士兵竟因按捺不住，不待命令，在猛烈的弹雨中，狂呼前进。

强密的炮战一直继续至下午三点多钟，这时敌人用装甲电船三只，掩护民船三十余只，每只满载陆军队三十余人，在飞机炮舰掩护之下，希图在我们炮台湾附近的江岸强行登陆。这是我们最活动的时候，我们用强烈的机关枪向他们密密地射击，不让他们有接近的机会。他们的飞机在上面所掷下的炸弹不能命中，敌舰的炮弹多半落在无效的地方，所以我们能够镇定地将敌击退，充分也发挥我们机关枪的威力。

这样的将敌人击退后，战事才好像告了一个段落，但敌炮仍然无聊地射击着，一直至晚上八点钟时才渐渐静止。敌人在下哀的美敦书后的全力总攻，总算是失败了！

这次我们在吴淞方面，并没有若干的损失。只是铁血军在他们的驻地潘家宅，被敌人的炮弹击中了四人和伤了十五人。

十一日仍续有战斗：从早上六时起，敌人在张华浜车站附近的重炮，仍向我们第四团第三营的阵地间断地轰击。前后共发数百炮，但我们损伤微乎其微，照常静守不动。敌舰十三艘和敌机十八架，同时亦向我们吴淞全地轰炸。战争至于此时，吴淞镇以及炮台湾一带已经是千疮百孔，已经是炸无可炸，击无可击，所以敌机和敌舰的轰炸，已经是多余的了！虽然对于民房损失难计，但对我们的战士都极其微细。并且后来因为听惯见惯之故，竟至连示威作用都低少下去。这种不断的炮击只是表示他们没有法子实行占领而已。

这时蕴藻浜方面发现敌军四百人左右，有乘隙渡河进攻的样子。但为我们的机关枪和步枪，不费力地击退了！他们的攻击精神根本就不旺盛，经不起强烈的反击，若和张副师长那样夜袭的精神，他们是没有的。这回的战事，亦许给了他们以改良陆军的很大的教训罢！

但在下午的战事中，我们以前血战败敌的第四团第三营第八边的连长赵金声，却终于以身殉国了。赵连长自七日战后，晚上即由蕴藻浜撤回，位置于永安纱厂内，沿纱厂的四周，构筑壕沟，并在墙上凿枪眼，据险固守。不幸在下午三时左右，炮战正烈时，有一颗从张华浜方面飞来的敌弹，穿过铁窗，在厂内轰然炸裂，赵连长和他的排长刘德标及士兵六名，都肢裂身碎，血肉横飞，至于不能辨识。尤其是赵连长自身，头颅和四肢均不知去向，无从寻获，只余一段残腔而已。

此外，在这一天中，士兵伤亡的总共十二名，第三营的机枪连连长陈锡荣亦受伤，陈连长苦战多天，功劳亦足极大的。

第三营在守吴淞的战役中，是居在极劳苦的地位的。他们位置在吴淞镇铁桥头附近，沿着蕴藻浜北岸，和对面张华浜一带的敌军相持，已经经过了二十几天。每次敌机和敌炮——尤其是敌炮——向我们轰击时，多半以该营的阵地为焦点。死伤之大，是不必说了，就是留存着的官兵，亦已疲惫不堪！十七的那天，我当因为他们的死伤过大，力量减少，而该营防线又属敌人攻的要冲，所以抽调驻守宝山的同团第二营的第五连，前往增防，还没有将全部调换。这天下午接钟团长的电话报告，说是该营死伤已多，不死的官兵，亦因为炮火不断地激震，精神体力，均非常劳瘁，其中有因为炮声的刺激而成耳聋的，有因为奋兴过度而致发狂的，许多士兵的动作都失了常态，若不调防，恐怕防务有碍等等。我当即调第五团第三营和他们对调，并就在晚上黑暗里秘密接换，十一时完毕。

敌人的炮火直至下午六时左右才稍为停息，但机关枪和步枪还是继续活动，终夜不绝。

从这两天后，一直至三月一日，吴淞方面已无激烈的战争；战事的重心，和以前从闸北移到吴淞一样的，此后已移向江湾庙行一带我们中央的阵地了！

二十二这天，仍然有敌机十二架、敌舰七艘，间断地向我们的阵地掷弹炮击，但只是剧战后的余气而已，但第五团第一连的驻所，却不幸为无目标的敌弹所中，死士兵一名，伤　名，并炸坏了一些武器，驻所的房屋都倒塌了。

这几天内，即使在剧战当中，上海的民众代表，仍肯冒炮火的危险，前来慰劳我们，送给我们极多的过于美好的食物，并告诉我们民众方面对内对外的种种活动，给我们以极大的安慰和鼓励。我亦转以乐观的论调去安慰他们，我说中国的前途是光明的，是无限的，是鲜活的，永远是中国人的自由的中国。我说上海的战事，亦许我们终归于失败，但我们是以这一次的失败为将来的成功的出发点的。

我是一个天生的积极的乐观者，特别是对于中国的问题。愈坏的情势，愈使我相信中国已经接近复兴的阶段。

我和许多热心的民众对谈时，激昂的时候亦有，但总是欢笑的时候多。我们在土房里促膝面谈，常是说不出来的欢快，忘记了外面隆隆的炮声。民众的代表初进来时，他们或则是赞美我们勇敢，或则是劝请我们珍重，但后来他们什么话都不说了，我们只是欢快地谈些关于中国人如何伟大的话。我们谈起胡阿毛（大概是二十九那天），他才是一个真正的勇士，我们谈起在前线的官兵如何在壕里唱歌，如何酣战，如何受伤不肯退却……甚而至于谈到汉奸，我们亦还是心满意足的，民众对于汉奸如此其痛恨，足见他们的爱国心是如何的高涨了。我记得有一次，我和几位先生畅谈之后，我们竟想到大家喝一点酒这回事。中外的新闻记者向我们探听最详细的战况，他们回去后把新闻放大起来，对于我们过分的褒奖；影片公司要我们去上镜头。我们竟是热闹的不得了。我很想说出，守吴淞是我生平最快乐的时候。拿一件事来证明，在那时我们虽然没在工夫来讲究吃的事情，并且时常是冷食的多，但我竟是吃得非常壮健，有点近于肥胖。现在我们从战争的紧张中弛缓下来了，应当可以休养一下，但我的体格和精神，都觉得大不如前，我仿佛曾做错了什么事，曾失落了什么东西，我实在比在吴淞的时候瘦了许多。钟团长和丁团长都有同样的感觉，他们亦都说还是在吴淞的时候愉快，我们的军心，从未尝有那样地亲切紧密地团结着的。一种同生同死的决心和愿望，把我们维系着，不论是官长，不论是士兵，大家把生命交换看守。在这种精神状态之下，无所谓痛苦，无所谓艰难，无所谓懦怯，这是一种精神的胜利，真正的喜悦，为我们在平常的生活中所不能发觉的。

二十三日的情况无多大变化，仍旧是敌机掷弹和敌舰发炮而已。敌机一共是六架，在晴明的天空里往来瞰视，他们显然是找不到正确的目标，所以总共只抛下了二十多颗炸弹。在下午时，敌人一共向我们的阵地发了三十多炮，我们伤亡官兵六名。对于敌机的炸弹和敌舰的炮火，似乎成为我们的便饭和茶水一样了，每天都得领受多少的。

在敌人的炮兵和敌舰向我们轰击时，我们自然亦相当还炮。但后来我们发见还炮的结果，还不如不还炮的好。因为一还了炮，敌人便有了假定的发炮的目标，而将炮火集中向我们轰击，每每在发了一两炮之后，在我们炮兵阵地左右，便来了一阵密如雨点的敌炮。再者，我们的炮火的威力是很单薄的，到底未能给敌人以巨大的创伤，所以还是不如不发炮的好。以前师长拨来山炮二门，就是因为发炮的缘故，被敌机敌舰作为目标，损失颇大，计阵亡四名，伤十一名，所以这天我命令他们归回建制。

但这时在江湾庙行方面，却是激战最烈的时候，日人集中武器和兵力，企图占领江湾、庙行，以达到他们在闸北和吴淞所未达到的目的。昨天从午前三时战起，今天从拂晓起，均血战竟日，战事的暴烈，远过于吴淞、闸北者之上，特别是在庙行镇附近的决战。

二十四日仍然是一套旧戏，从上午八时起至下午五时止，敌机间断地在我们阵地上空侦察，先后共掷下炸弹二十条。敌舰二十余艘，向炮台湾附近发了三十几炮；并忽然用机关枪向该处沿岸扫射，历二小时之久。这天我们阵亡士兵二名，伤的亦二名。

在庙行镇方面，今天上午较为安静一点，连接着廿二、廿三两天的损失，不能不从事于补充和布置了，但在下午情势又复紧张起来，连接着二十五这一天整天的大战。

二十五日，吴淞仍然无激烈的战事，敌机和敌舰却是照常活动，从上午六时起，敌机十四架，向我们的阵地上侦察、掷弹和开机关枪。敌舰八艘，向我们间断地射击。敌人的意思，只是在向我们瞰制罢了。这天第五团的士兵死伤各四名。

因为敌兵骤增的缘故，庙行镇的战况，在二十五这天非常紧张。事实上，我们的兵力是不够分配的，但敌人的援军却源源而来。下午五点钟时，接到师长的命令，把第五团抽调开赴大场镇东南二千米突的夏家宅，为师的预备队。我即饬第五团将防务分别移交第四团和第六团的第三营接替，赶紧开赴夏家宅。这时我们吴淞的阵地区分如次：

1. 以第四团之第三营，接防第五团第二营之阵地。

2. 以宝山之第四团第二营（欠一连及机关枪一排），接防第五团第三营之阵地。

3. 以第六团第三营接防第五团第一营及第四团第三营在泗塘河左岸之全线。

4. 以第四团第二营之一连及机关枪一排，固守宝山城。

5. 前拨第四团第一营为预备队之第五团第三连，归还建制。

6. 铁血军担任宝行路赵家木桥至火药库一带之阵地。

从这样的布置，就可知道我们当时兵力的单薄了！但敌人已把全部的力量向江湾庙行方面攻击，吴淞方面已居在次要的地位，所以我们终能继续守卫，一直到撤兵的时候。

第五团调开后，我命各部特别注意戒备，严密地监视敌方的活动，因为敌人仍然有随时窥袭吴淞的可能，而我们的兵力又异样单薄。

第二天，就是二十六，我调上海市民义勇军——二百余人，杂枪五十余枝——前往守卫宝山城；而把原来在该城守卫的步兵一连和机关枪一排，除留小兵一排协同市民义勇军固守该城外，其余的都调归建制。同时又调大刀队四十余人归第四团第三营营长梁文指挥，准备和敌人肉搏。又由八十七师拨借自动步枪十枝，每营配备二枝，留二枝为旅部预备队。这总算在可能的范围内增加吴淞的兵力了。在这样单薄的兵力配备之下，是全凭一个牺牲的决心来镇[慑]的。

以后的几天——廿七——廿八——廿九——都没有什么变化，每天只是敌机的侦察和掷弹，敌舰的发炮和机关枪而已。廿七日我们只伤士兵一名，廿八日伤亡各一名，廿九日伤四名，都是第四团的。敌却在这个时候大增援军，他们的十一师团和十四师团均陆续赶到，白川大将亦在这时到沪，这是他们第三次的易帅了。

但在庙行方面，每天都在剧烈的激战中，敌人除把全力来攻击我们中央的阵线外，复一再增援，使我方陷于苦战。自从二十五日起，我们每天都有严重的死伤，虽然在阵线上还无若何严重的变化。关于江湾庙行一带血战的详情，我们可以在军部编修的战史中看见，我这里只想略说一说我们这一旅一部分参加该处作战的经过：

我们的第五团在二十五日奉命开赴大场镇东南约二千米突的夏家宅。第六团（欠第三营）亦在二十七日下午十二时由真如开抵大场东面约一千五百米突的孙家宅附近。这时我们的一五五旅已经在燕毛湾、杨家桥、夏家荡、广肇山庄一带加入作战了。

三月一日上午九时左右，敌人又沿小场庙金穆宅一带，开始向我们中央阵地总攻，起初仍用飞机和重炮向我们阵地轰炸，随后便用坦克车掩护步兵冲锋。激战至十二时左右，我们一五五旅的阵地差不多全为敌人所摧毁，而敌方的炮火又一阵一阵的加烈，敌兵向前线冲进的愈众，这时几有全线动摇之势。就在这时候，五六两团便奉命归一五五旅黄旅长指挥，以第六团推进至孟家角方面，第五团则由大场墙前宅推进至谈家宅。

第六团进至孟家角时，正值该处敌人炮火最烈的时候，奋战近一小时，颇有损伤，同时我们右翼的牵动，亦纷纷溃退，敌人便乘势渡过小河西岸，进占谈家宅、孟家角的一部。这时张团长君嵩令他的第一营由孟家角北端前方，第二营由孟家角南端前方，一齐向杨家楼下方面增援反攻。同时第五团第三营奉命归张团长指挥，已开到孟家角附近；张团长即命该营由孟家角正面，协同第六团第一第二两营，向前猛冲。旋又加上迫击炮连，在孟家角附近占领阵地，向敌方猛烈地射击，掩护我们的步兵前进。这样一直激战至下午二时，才将敌人击退至小河东岸。第二营克复了杨家楼下，但因为屡次冲锋，均冒越过敌人猛烈的炮火，伤亡极多；第一营亦克复了孟家角被占的一部。二时十分以后，为指挥的便利起见，第一团全部便拨归张团长指挥。

当第六团在进行克复孟家角和杨家楼下时，第五团团长丁荣光令他的第二营向谈家宅正面，第一营连接第二营左翼，向前冲锋，激战至二时二十分左右，第三团全部又拨归丁团长指挥，和敌人肉搏数次，终于在四时半左右，由第二营将谈家宅阵地克复。

这时我们的阵地又恢复了严密的连络了：一五五旅各团及五、六两团的阵地，从谈家宅、孟家角、杨家楼下至燕毛湾，连成一线，但和敌人的阵地非常接近。张团长和丁团长这时正想在五时左右，全线举行反攻，企图克复今早夏家荡，广肇山庄原有的阵地，但因为黄旅长命令在原地固守，遂将计划打销。

就在这晚上十二时左右，因为中央左翼的阵地，在敌人额数多出我们一倍以上的主力加紧压迫之下，开始溃退，全线遂呈动摇之象，遂致向第二道防线总退却。

六　三月一日

三月一日的上午九时，敌人向我们全线开始总攻后，吴淞方面仍然遭受敌机敌舰的轰炸；不过敌进攻的焦点是在庙行一带，吴淞方面不过佯作进击，以为牵制之计而已。

十一时左右，接到第五军部参谋处通报转到左翼指挥官张军长治中从刘行发来的命令如下：

一、敌有一部由七丫口登陆，似有扰我侧背之企图。

我四十七师之一部，由黄渡向太仓方面前进中。

二、本军目的，在使敌立足未稳之前，在浏河口北地区将其扑灭。

三、着宋旅长希濂率所部两团，由现驻地经刘行、罗店向浏河前进。

四、军校教导总队，应固守浏河，并以一部在茜泾营严密警戒，俟宋旅到达后，即归该旅长指挥。

五、独立旅傅团应以一部在杨行北端，并派一小部进驻月浦镇，向狮子林炮台方向警戒，与我驻在盛家桥教导总队第二营切取联络。

敌人从浏河登岸以袭取我们的背侧，这是我们所极关心防备的，但因为兵力不敷分配的缘故，浏河方面，这时竟是非常空虚，若敌人大部从浏河登陆的企图达到时，我们便没有法停留在第一道防线上了！

在吴淞方面，敌人的炮火，多半集中在宝山和狮子林之间。至下午四时左右，敌人突用铁甲小汽船三只，掩护民船三十余只，向宝山城东门进袭，企图登陆，来势极为凶猛。这时我们那里只有上海市民义勇军二百余人（枪五十余）和步兵一排，极力和他们对抗。激战一小时以后，义勇军虽然奋勇异常，但火力终较敌人薄弱，形势渐趋危急。我闻报后，急令第四团第二营调兵一连（欠一排）附机关枪二挺，自动步枪二枝，用汽车赶运至宝山增援，义勇军亦拼命助战，终于将敌人击败，狼狈退去。

下午八时，奉到左翼军张军长电话，着我们准备撤退，并说敌人确已从浏河登陆。我即转饬各部队将所有预备弹药、米粮、行李、材料等，先用汽车运回嘉定。

在这时候，我们的痛楚是不问可知了。吴淞方面的兵力，已单薄到无可为战的地步——我前面已经说过——守和不守都是一样的了！

旋接到张军长九时半发于刘行的命令：

一、奉总指挥电令，本军于今晚变换阵地，以备与敌作长期抵抗。

二、本左翼军应撤至马陆镇—嘉定—太仓之线，占领阵地。

三、八十八师经由马桥宅—陈家行—广福南部—马陆镇—嘉定之道路，集结于嘉定。到达后，应警戒马陆镇—嘉定城—朱泾村之线。左翼军须与右翼军联系。

四、八十七师孙旅附山炮营（欠一连）经由唐桥—刘行镇—广福北部—大桥镇—沈家木桥—嘉定城—娄塘镇之道路，到达后，应警戒朱泾村—娄塘镇—西竹桥之线，右翼须与八十八师联系。

五、八十七师宋旅长及教导总队，经由浏河—陆渡桥向太仓集结，应警戒西竹桥—横沥桥—太仓城—西湖川塘之线，右翼须与孙旅联系。

六、独立旅第一团附山炮连及教导队总队第三营，经由杨行镇—罗店—嘉定一外岗镇一蓬阆镇(太仓西南约六千米突)在蓬阆镇集结待命。

七、独立旅第二团,应逐次在刘行镇、罗店布置警戒,负有掩护收容本师前线各部队之任务,俟全部通过罗店后,即经由嘉定外冈镇至钱门塘镇集结待命。

八、七十八师翁旅,经由杨行、罗店、嘉定,在嘉定集结,暂归俞师长指挥。

九、各师撤退时,务须派出有力后卫,作逐次抵抗,其抵抗线

如左:

第一抵抗线:马桥宅一唐桥一刘行。

第二抵抗线:广福一罗店。

十、各部队应于本日午后十一时开始撤退,不得私自提早。

上面的命令到后,即饬各部队遵命撤退,部署如下:

一、敌以优势之兵力,向我正面猛攻,另以一部约四五千人,在浏河登陆,攻我侧背。我军为避免我敌决战,决于本日下午十一时,开始撤退至黄渡、方泰、嘉定、太仓之线。我右翼军沿铁路撤至黄渡、方泰之线。我左翼军沿沪太路撤至嘉定、太仓之线。

二、本旅遵命于本晚十一时开始撤退,经杨行、刘行、罗店至嘉定城,暂归八十八师俞师长指挥。

三、撤退之部署如下:

1. 第六团第三营及铁血军,应于十时半开始撤退。

2. 第四团系应派排长一员,率自动步枪四枝,在铁桥头阵地,掩护主力撤退外(该排须至十二时后,始可撤收,如敌来攻,应以猛烈火力,阻其渡河)所有主力于十一时开始撤退。

3. 宝山上海市民义勇军,及第四团之第四连,除留排长一员,率兵一班,附自动步枪二枝,在宝山掩护主力撤退外(该排长至十二时后,始可撤收),其余均于十一时撤退。

4. 高射炮连统于九时五十分,先行撤退。

5. 工兵排,应将沿途桥梁,于我主力撤退后,即破坏之。

四、各种弹药米粮材料,先用汽车输送。

五、余在吴淞旅部,十一时乘汽车赴嘉定。

就照看上面的部署,我们的队伍开始渐次地离开我们一月来奋斗牺牲拼命守卫的吴淞,在这里我必须说明的,就是我们在撤退时的意识,一点亦没有掺杂着战败的心理,我们只是认为战略上所必要的阵线的变更,如其我们认识这次的撤退

为最后的战败，则我可以说我们决不是这样做的。慷慨赴死，这是我们从战争开始时便抱着的态度，我们决不肯于苦战逾月之后，在一息尚存之前，而对于敌人作退让之举。所以这次的撤兵，在事实上，只是一种持久抵抗的表现。

使我们最为感动的，是有几位民众代表，竟至用最诚恳最动人的态度，请求我们保全实力，徐图后举。我知道他们在说着这些话时，是血泪交并，悲愤无限的！亲爱的同胞，你们对我们的用心是无所不至了！你们的悲愤冤抑，无穷的惨痛，我们也是了解的了！你们请我们珍重，我们接受了这种美意；我们亦想转来请你们珍重哟！国家的艰难，民族的困厄，是要你们来救脱的，你们的责任比我们的更大，力量比我们的更多。战败是我们起初预料到的，但我们终于合力认真地战了一次，这就是我们的成功，这就是我们的胜利哟！在我们和敌人关系的总账上，这次的战争应该归在胜一方面呢，还是应该归在败一方面呢，我们现在还不尝知道。但我们所知道的是我们已经向胜利途程上走近一步了！这次的撤退，在你们眼里看来是失望，是可痛，是耻辱，你们的热情是极真洁的；但是你们的愿望却是太高了！你们希望在中国眼前的情势，一举而击败强敌，实际上没有这么便宜的事！至少，恐怕我们亦还要有两次三次的失败，来把我们磨(砺)训练的！我们的积弱的债是要若干数目的牺牲去抵销的，而在我们已经先付了若干了，我们还要继续努力去把它付清就是。所以对以前的事件，我们无须乎悲痛和叹息，只要我们树立了坚忍的意志，胜利决不是别人的哟！

这天晚上十时，我们的各部队便开始先后撤退，至第二天早上六时左右先头的部队已到达嘉定城了。俞师长便命令我们在嘉定东门沿北门至城外朱泾村一带，占领阵地，构筑工事，继续抗战。

我这时下各部命令如下：

一、敌有向我追击模样。

八十七师在娄塘镇、朱家桥至太仓一带，占领阵地。

八十八师在东门右侧沿南门至马陆镇一带，占领阵地。

二、本旅以协同各师拒止敌人，固守嘉定之目的，决于东门沿北门城基至朱泾村一带，占领阵地。

三、各部之配备如次：

1. 第四团应派兵一连，附机关枪二挺，在登桥镇占领前进阵地，掩护主力布防；其余由东门沿北门之城基，至朱泾村占领阵地，构筑强固工事，惟北门城外至朱泾村，至少须一营兵力配备之，左翼并须与娄塘之八十七师部队联络。

2. 第六团第三营及各义勇军，集结于东门城内为预备队，并须协同第四团构筑工事。

3. 八十七师之高射炮二连，归回建制；八十八师之一连，在城内占领阵地，担任防空。

4. 米粮应准备十天。

5. 交通网如另置，限即日完成之。

6. 余在嘉定城内旅部。

关于我们撤退时，还有一个很奇妙的误传，报纸都加以记载，而外间亦相信是那样的：当时第四团有一部分及掩护部队，因为失了联络的缘故，走错道路，误向浏河方面前进，随在那里和敌人相遇，引起一场意外的激战，在敌人方面，以为受了我们的暗算，非常慌乱；在我们原不预期作战，所以亦未作何巨大的企图；但两方一直激战了四个钟头。敌人因为出其不意，始终有些害怕，不敢进迫，我们亦因为人数过少，所以终于脱离了敌人而回头向嘉定退却，一直至二日下午一时才到达嘉定。后来人们以为我们是故意去和敌人痛打一阵之后，才从容撤走，但实际不是这样。

三日下午奉师长的命令：开至方泰镇归回建制。我们于四日上午六时到达，即在该处布防。

四日下午又奉命开至昆山集中，我们在五日下午六时到达。

七日又奉命开至六泾村，为军预备队。

这几天内前方仍然有小接触，敌机亦仍然向我们这边掷弹，但战事是可以讲到了一段落了。敌人宣称他们的目的已达，无再向前推进的必要，我们除一面积极准备和迅速补充外，暂时亦没有大规模反攻的计划。

以上是我们这一旅作战情形的报告，虽然想详细叙述，但仍不免有许多遗漏的，譬如那些有特别战绩的战士们，便一时来不及请人叙写，只好俟详细调查之后，再列册留念。许多民众代表对我们的赠言训语，亦不及录在这里。有一件事我要特别声明的是：这篇血战回思录是一篇报告，写给许多写信向我们垂询的朋友和各界同胞的。这里头决没有宣传的作用，更不想提出什么主张，只是在有些地方略抒个人的感想，以与同胞们互相勉励而已。

总计这次战役中，敌人由我们这一旅所受的损失：在闸北方面，死的约五六百名，伤的约千余名；在吴淞和蕴藻浜方面，死伤约七八百名；在江湾附近，死伤约三百余名；合计约二千余名。此外在闸北为我们炸毁铁甲车六架，可惜因为车身笨重的缘故，不易移动，后来仍给敌人运回去。飞机一总为我们击伤四架，另外还夺获了好些军械。我们这边，在闸北作战的第五第六两团，共阵亡官兵一百一十八名，伤一百九十五名；在吴淞方面，第四第五两团及义勇军等，共阵亡一百九十五名，伤一百六十八名；在江湾附近方面，第五第六团官兵，共阵亡一百五十九名，伤二百零五名；合计共阵亡四百七十二名，伤五百六十八名。

我们所遭逢的敌人，在闸北的是：海军司令盐泽所辖的海军陆战队，共三千五百人；此外还有巡洋舰四艘、驱逐舰八艘、炮舰三艘、航空母舰一艘、飞机约一百架、铁甲车十余架。在吴淞方，陆军是久留米混成旅团长下元熊弥所辖二十四旅，人数约一万，附海军陆战队的一部分；海军是盐泽所率的第一遣外舰队和野村所率的混合第三舰队，共四十余艘。飞机无定，大概后来敌人在沪作战的飞机，当在二百架以上。在江湾附近和我们第五、第六两团作战的，为植田谦吉所辖第九师团的一部分。

还有一件事我们要注意的，就是：十九路军撤退之后，它的心理状态怎样呢？因为退出了战争的漩涡而庆幸么？因为经过长时间的苦斗而沮丧么？因为损失过重而叹息么？因为争斗失败而怨愤么？不！十九路军撤退以后，时时刻刻在准备着更大的战争，他们不是怕战而是怕不战，不是怕牺牲而是怕没有牺牲的机会。他们战后的实力，比战前更坚厚，精神比战前更高旺。他们没有什么损失，使成了几千个以身殉国的军人，这断断不能算是损失，这应该说是获得。他们亦绝不会怨愤，因为他们用远大的眼光，看到将来最终的胜利。

其次，他们亦不尝因为获得了民众的同情和拥护，而觉得骄傲和自满。民众的同情拥护只使他们觉得惭愧，使他们更加警惕，鞭策他们自己向前努力。但这一点的确是他们最大的慰安，最大的快乐，最大的光荣。

顺把撤退的通电录在这里，作为结束：

> 中央党部国民政府钧鉴，各报馆全国民众均鉴：我军抵抗暴日，苦战月余，以敌军械之犀利，运输之敏疾，赖我民众援助，士兵忠勇，肉薄奋斗。伤亡枕藉，犹能屡挫敌锋。日人狰增援兵两师，而我以运输艰难，后援不继。自廿一日起，我军日有重大死伤，以致倾全力于正面战线，而日人以一师之众，自浏河方面登陆，我无兵抽调，侧面后方均受危险，不得已于三月一日夜，将全军撤退至第二防线，从事抵御。本军决本弹尽卒尽之旨，不与暴日共戴一天，浴血陈词，尚祈亮察。蒋光鼐、蔡廷锴、戴戟暨全体将士叩冬。

七　以后

沪战里面的是非曲直，中国的民众是了然于心的，不单是中国民众，国际的人士亦是了然于心的。欧美不必说，就是一部分脑筋较为清楚的日本国民亦还是了然在心的。中国的民众因为自身存亡的关系而采取了自卫的立场，国际的人士亦因为他们本身的利害关系而采取了种种的立场。是非曲直尽管了然于人心，但利害得失才是决定他们行动的标准。所以中国的民众若想依赖国际的援助而取得自身的解放，这是错误的。事实上已经一再证明，国际的盟约等于具文，国联的决议案等于废纸，但错处不在盟约和决议案自身，错处是在于强蛮的破坏者，尤其错的是中国对于这些盟约和决议案没有恰如其分的认识。藐视固然错，过分珍视以至于完全靠恃亦是同样的错。中国的问题，只有中国人能解答；中国的颠危，只有中国自身才能挽救；中国民众的冤抑，只有中国民众自己才能洗雪；中国的命运，握在中国人自己的手中。中国的民众，只有从自己的觉悟和奋斗中，才能获得自己的自由和幸福。中国人应该向世界显示他们独立的精神，显示他们的自尊心和自信心，显示他们创造一个新国家的能力。这是我们应当觉悟的第一点。

本来，一个国家而颓败至于别国敢来肆意压迫，一再凌辱，这与其说是压迫者的强蛮，无宁说是被压迫者的卑怯。我们与其激烈地去咒诅日本人，倒不如深刻地来责备自己。我们有着优越的人数，堆厚的资源，为什么不能造成一个强健的国家，乃至于无时无刻不在强暴者的袭击凌辱之中。即被凌辱袭击矣，为什么不能抗战，为什么不能抗战而胜？既然不能抗战和抗战而胜，则我们的国土便只有让人割夺，我们的同胞便只有任人屠杀！但我们为什么又不愿意？不愿意便只有战，只有战而胜！难道我们真的要坐在炮火硝烟之中，静待和平和公理来救援？若说我们眼前力量还不够，还不能用武力来和强敌相周旋，这倒是真的；但要有这样的觉悟就可以，不要等到第二次以至第十次的压迫来，临时仍然没有抵抗的力量！准备战，准备武力的自卫，这才是有为的国民所应当做的唯一的救国工作。我们动不动以爱好和平夸示于世界，但我们实在并不爱和平，我们以凶猛的内战震惊人类。我们眼前夸说爱和平并不是光荣，而只是表示我们卑怯和长于说谎。爱和平将成为一种光荣，但那是在我们有了充分的武力可以自卫之后。我们让外交家在国际的坫坛上去讲，但我们民众却应当讲如何充实我们的国防，如何建设盛大的军备。至于一班高谈世界的公理和人类的正义的，希望用这种正义和公理来拯救中国的危亡，那亦自有他们即高且远的见地；不过因为太高太远了，我们站在地上的人的耳朵是听不到的。我们愿意正视眼前的事实而不愿徒作辽远的幻想。正义和公理亦存在的，但它们正如一束美丽的香花，在病室里点缀是很好的，但治不了病。这是我们应当觉悟的第二点。

我愿意相信，中国是在一步一步地向上的，惟其如此，所以帝国主义者的压迫亦是一步一步地加紧，非把我们抑沉下去不可。我们将奋起自强，使帝国主义者相顾失色呢，还是委靡不振，让他们生吞活剥呢？我们决不能仍旧昏愦无知，麻木不仁，企图糊糊涂涂地再渡过一个世纪，我们确已临到生死存亡无可假借的时候，但是我敢说，我们始终并未下过救亡图强的决心！不，我们老是雍容自在，好整以暇，任何严重的祸难，任何深刻的耻辱，不尝使我们真正觉悟，不尝使我们痛下奋斗的决心。事变发生时，我们便张皇无措，徒然发出哀音，乞怜求救，不一而足，几乎以受凌辱为光荣。事变一过去，我们又依旧摆出大国民的态度，依旧过着鸵鸟式的生活。我们不尝下决心，亦不晓得怎样去下决心。我们的古人晓得十年生聚，十年教训，我们却连这个亦不晓得。

九一八事变以后，我们的政府已经一再宣示长期抵抗的决心了。长期抵抗的实现，实在是救国的无二法门。救国的事业决不是一朝一夕所能完成，我们决不能妄冀以一年半载的努力来振起深沉久积的颓唐，所以我们的抵抗是长期的奋斗，不断的奋斗，上下一致的奋斗。我们固然希望政府的宣示不至成为空言，但实行起来，还是在我们民众。如其我们能因沪战的刺激而痛下抵抗的决心，沪战便是我们一剂起死回生的良药，这是我们应当觉悟的第三点。

沪战的经验，是一个积弱的国家所能碰到的最深刻的教训，这里面所包含着的意义和所表现出来的事实，是强者对我们亡国灭种的预告，是强者对我们非人类的待遇，是极端的轻蔑和极大的侮辱，至于残暴和野蛮都在其次。我们是应当有所觉悟了！我们若再没有彻底的觉悟，不痛下真正的决心，若再不由这种彻底的觉悟和真正的决心，进而为实际的准备，则事变之来，只有一次比一次地严重，终于使敌人的轻蔑和侮辱，成为有理由的举措。我们只有以事实来对抗事实，不要让人家把事实来击破我们的空论。

我在前头说过，我是一个积极的乐观者，我相信在中日一切争端的总结账中，我们将无疑也得到最大最后的胜利。我亦说过，沪战的失败，是我们将来成功的开端。我深切地这样相信着，并且凭着这个信心去奋斗牺牲。我愿和我们爱国的同胞互相盟誓，我们以牺牲奋斗的精神，共同来创造独立自由的新中国。

附表一　中华民国二十一年一月二十八日至三月七日第七十八师第一百五十六旅死伤表

区分	部队号	旅部	第四团	第五团	第六团	总计	考　备
战斗参加人马	军官	20	89	94	117	320	A 战斗参加人员共计官兵 4 315 人 B 死官兵 394 人 C 生死不明官兵 149 人 D 负伤官兵 536 人 E 表外尚有上海市民义勇军 310 人、铁血团 253 人 F 又铁血团死团员 1 人、伤 15 人不列表内
	准尉士兵	63	1 536	1 444	952	3 995	
	马匹	5	5	6	10	26	
死	军官		3	4	8	15	
	准尉士兵		135	69	175	379	
	马匹		3	1	5	9	
伤	军官	1	7	6	16	30	
	准尉士兵		114	148	274	536	
	马匹				1	1	
生死不明	军官		1			1	
	准尉士兵		34	40	73	148	
	马匹						

附表二　中华民国二十一年一月二十八日至三月一日第七十八师第一百五十六旅武器弹药损耗表

种类		区分 \ 队号	旅部	第四团	第五团	第六团	计	备考
消耗	弹药	步枪	500	76 192	82 753	227 230	386 675	第五团尚有消耗左轮手枪弹 71 颗未列入本表内
		自动步枪		16 988	1 395	21 604	50 987	
		驳步枪		4 875	7 442	3 282	15 599	
		轻机关枪		2 350	1 370		3 720	
		机关枪		37 680	48 950	97 550	184 180	
		步兵炮	6	841	204	178	1 223	
		手榴弹		1 395	1 186	1 758	4 345	
		曲尺手枪		140		303	433	
		碌架手枪				55	55	

（续表）

种类		区分＼队号	旅部	第四团	第五团	第六团	计	备考
消耗	弹药	刺刀						
		烟雾弹		15	86		101	
		重机关枪	300		232		2 432	
损失	弹药	步枪	1	39	68	129	227	第五团尚有消耗左轮手枪弹71颗未列入本表内
		自动步枪				1	1	
		驳步枪			4		4	
		轻机关枪						
		机关枪			1	3	4	
		步兵炮						
		手榴弹						
		曲尺手枪				1	1	
		碌架手枪						
		刺刀		92	102		194	
		工作器具			72		72	
		步枪		63 800		33 000	96 800	
		自动步枪		5 520			5 520	
		驳步枪						
		轻机关枪						
		机关枪				10 000	10 000	
		步兵炮				540	540	
		手榴弹				300	300	
		曲尺手枪						
		碌架手枪						
		刺刀				75	75	
		烟雾弹		309			309	

表三　中华民国二十一年一月二十八日至三月七日止
第七十八师第一百五十六旅虏获表

二十一年五月十一日旅长翁照垣

种类	区分	员数	备考
俘虏	军官		枪弹军帽第六团第二营所获现枪弹，该部军帽留旅部备用，车系第六团通讯排所获，即留该排备用。
	准尉士兵		
	马匹		
战利品	枪	六五步枪 1 支	
	炮		
	枪弹	90 颗	
	炮弹		
	器具		
	粮秣		
	其他	铜军帽一顶单车 2 辆	

跋

夫国家之强弱，所肇端者綦繁，所影响者至巨，而要不能不求之于武备。盖武备之迹，垂竹帛者，固在战役；而武备精诣之所寄，则正求诸内心。盖惟国人富有民族之精神，爱国之思想，而又深之以学养者，言治军始有法度，言战役始克制胜。非常之事，以属诸非常之人。吾侪研治史乘，景仰前徽，凡可歌可泣为国家之砥柱，振民族于垂危者，揽其遗事，莫不振奋于千载之下。乃自世会今昔，曩哲不作，苦于销沉者，亦复历有年所矣！

溯自客年九一八之役，中宵变起，不崇朝而屏藩尽失，疆土易帜。运筹帷幄者，徒事从容，职领师干者，未及固拒；国人痛心疾首，冀有以一击而未获其机缘，坐使世界人士，群相惊异，敌焰益张，事机益迫。盖信由乎此，虽亡国可立而待，即亡种亦正计日以俟也！国家为民族之所托命，国家危急，即民族表示其精神之时。乃徒有呼号，不闻励秣，负其使命者，固无所逭于责任之间。即民族争存，亦岂容膜视于一息之际？卒也，战云益恶，浸浸自东北而及于东南。一·二八之夕，以上海为中外具瞻之地，亦不恤于一逞。当是时也，苟再无民族之英雄，充爱国之思潮，尽责任之所及，则传檄而定，不堪设想之结局，亦是在意计之中。乃十九路军振臂一呼，云合响应，浴血应战，固其金瓯。于是全国人士，亦复箪食以从，率心效死。战至经月，寰宇为之震撼，敌势于以少挫。及于斡旋，始复行成，而十九路军之以战于淞沪者战强敌，以存上海者存国家，其丰功伟绩，视诸前烈，何以遽让？盖中国之苦无抵抗于外族者已久，迨至今而转移风会，亦庶几不谓秦之无人矣。

淞沪战史，详于报章，垂诸汗简，无俟赘辞。乃辉腾旅长于事平之后，复以当日所涉历者，一一笔之于书，凡数万言，题日《淞沪血战回忆录》，以《申报月刊》甫经创行，流播綦广，于是属为刊布。报纸属史家隶乙部，方其血战之际，国人固尽其智能以欣伫厥功矣。兹者，复以别梓见属，此适私心所窃愿，爰付手民，单行问世。读者亦固且由此以进窥当日战争之迹象，谋划之周详，而民族精神之勃然涌现于行间字里，国家不亡之维于苞桑，所谓顽夫廉懦夫立者，将于是乎覩。国人更且循是以作爱国之思，以图抵抗之计，则此书之出，固不仅为淞沪血战之信史，而且张我方兴之势，以图兴邦于忧患之间。开其先河，作其民气，胥且由是觇之矣。

《申报》不敏，从事者六十年，日日思进步，以求餍于国人。近兹月刊之发行，年鉴之编纂，即欲尽日报之所不能尽.而自冀于有统系之信史，其尤有不能尽者，分别辑为丛书。竭同人之心力，以应世界之环境。维日方新，读者固已鉴其微旨矣。今者幸得《回忆录》别梓以行，即列之为丛书第一种。窃冀此后国运之日隆，武备之整饬，将以此役为转移，而《申报》之以月刊及丛书与世人相见者，亦惟以民族之精神，爱国之思想相淬励，则同人所孜孜以求者，亦或终有图成之日，欲以此为嚆矢焉。

中华民国廿一年十月松江史量才谨跋

《申报丛书(17)：西北视察日记淞沪血战回忆录杶庐所闻录》，上海图书馆整理，第 105—238 页。

我参加一·二八淞沪抗战的回忆

宋希濂[①]

淞沪请缨

一九三二年一月，日本人在上海多次挑衅，国民党反动政府多方媚日，命令上海市政府取消抗日救国会，并令驻防上海的十九路军撤退。一月二十八日晚十一时，日军突然向驻守闸北的十九路军袭击，十九路军奋起抵抗，获得全国人民的同情和支援。

当时我任陆军第八十七师第二六一旅旅长，下辖第五二一、第五二二两团，驻在南京的小营、马标一带。全旅官兵深感形势严重，非奋起抗战将无以图存，对十九路军的英勇抵抗，寄以深切的同情，一致要求立即开赴上海参战。我代表全旅官兵，于一月三十日下午三时到三牌楼军政部见何应钦，陈述官兵请求开往上海参战的强烈愿望。何应钦听了后，不仅没有丝毫兴奋的表情，反而板着面孔对我说："十九路军不听命令，叫他们撤离上海他们不撤，反而同日军打起来了，破坏中央的整个政策(按即对外妥协、对内用兵、对人民压迫的政策)，弄得很难处理，你们还来要求开往上海参战！这是不行的。"我和他争论多次，都遭到他严词拒绝，不得要领。

我乃返回旅部，于是晚七时召集全旅连长以上干部开会。我将何应钦不答应本旅开往上海参加抗战的情形传达后，大家情绪异常愤激，发言者甚多，有的声泪

① 宋希濂，一·二八淞沪抗战时任第五军第八十七师第二六一旅旅长，后历任第三十六师师长、七十八军军长、三十二集团军副总司令、西北行辕参谋长、新疆警备总司令、华中剿共副总司令等。新中国成立后，曾任全国政协常委、中国和平统一促进会首席顾问、黄埔同学会副会长等职。——本书编者注。

俱下地说："国家养兵千日，用在一旦，今敌人打进大门来了，友军已奋起抵抗，我们反而袖手旁观，难道要叫我们当亡国奴吗？"最后决议由旅长率营长以上干部向何应钦再度请愿，务要达到目的。

当晚十一时，我率干部三十余人，乘一辆大卡车闯进南京鼓楼斗鸡闸一号何应钦住宅，向何再次请求开往上海参战。他没有想到半夜里突来这样多的人，感到十分尴尬。一开始大家还是很有礼貌地向他陈述官兵的抗日要求，请他准许本旅开往上海支援十九路军作战，但何应钦仍然拒绝，态度顽固，说什么"日本现在是世界上头等强国，工业发达，拥有现代化的陆海空军。我国没有自己的工业，机枪大炮都不能造，一切要从外国买来；国家没有真正的统一，各地方军阀口头上拥护中央，实际上各自为政，又有共产党到处捣乱，这样的国家，这样的形势，怎能同日本人打呢？……"何应钦说了一大套亡国谬论，大家听得不耐烦了，就向他质问，态度很激昂。记得有一位营长王作霖（陕西人，黄埔军校第六期毕业）说得最为扼要动人。他说："我是部长的学生，也跟部长当过参谋，我听过您多次的讲话，您总是勉励大家当军人的要保卫国家，爱国爱民，才算是克尽了军人的天职。但是九一八事变丧失了整个东北，我们采取不抵抗政策，全国人民都骂国民政府丧权辱国，骂我们军人无耻，现在日本人打到大门口来了，我们还不起来抵抗，这同部长平日对我们教导的话，是多么不相称呢？难道作为我们的老师（何应钦任过黄埔军校的总教官、教育长等职），作为我们的长官，竟要我们甘心当亡国奴吗？我们是决不愿意当亡国奴的！"这些话说得何应钦哑口无言。随后大家纷纷发言，一致表示抗战的决心。僵持到深夜一点多钟，何应钦看到大家情绪激昂，言之有理，知道单纯用高压手段是不能解决问题的。于是他站起来，以和婉的态度和语调对我们说："现在南京空虚，明天一大早你们就开到幕府山、狮子山、下关一带，对江面严密警戒。我即调第二五九旅从徐州开回来，等第二五九旅到达后，视情况的发展，如有必要，再派你们这个旅开往上海参战。"大家认为多少有了指望，不便再闹下去，遂即退出返部。次晨，我们致电十九路军的蒋光鼐、蔡廷锴两将军及全体官兵致以深切的同情和慰问，并表示全旅官兵抗战的决心，誓以全力支援。此外，我们将由我领衔和全旅干部（共约三百人）签名的一封请愿书，派人送交当时的京沪卫戍总司令陈铭枢。同时我又派员到京沪铁路局接洽，要求他们准备车辆随时运送本旅去沪参战。

军人报国在今朝

自九一八事变后，蒋介石政府采取不抵抗政策，坐失广大国土，激起了全国人民的愤怒责骂。数以万计的各地学生，纷纷到南京请愿，蒋介石使用空言搪塞和高压手段，都不能阻遏全国人民蓬勃发展的爱国运动。同时在国民党内部也是意见分歧，矛盾重重，最突出的表现于宁粤间的分裂。蒋介石在内外夹攻的形势下，被迫于一九三一年十二月宣告下野。随后国民党政府改组，选林森为主席，孙科担任行政院长，实行所谓“责任内阁制”。但孙内阁对各项重大政策及经费的筹措，一筹莫展，毫无办法。及至沪战爆发，国民党中央号召团结御侮，共赴国难，并决定将国民政府迁都洛阳。于是蒋介石、汪精卫等人于二月二日前后到了洛阳，又于二月六日回到浦口举行会议。

这时上海战争正在激烈进行，十九路军单独在沪作战，中央并无派兵增援的动向。许多社会人士及国民党内反对派纷起责难，说中央看着十九路军打，按兵不救。出身于上海交易所的蒋介石，是善于看风色行事的。当沪战爆发时，蒋介石以下野之身曾发出一个给全国陆海空军官兵的通电，号召大家奋起抗战，并说他愿与诸将士誓共生死。此刻他知道如果不于这一重要关头，酌派一部分嫡系部队参加，不仅说明他的通电的虚伪，而且将会严重地影响他的地位和领导权。所以当张治中于二月初在浦口见蒋报告各方舆情，并表示愿意去沪参加作战时，他立即同意了。张治中那时是中央陆军军官学校教育长。蒋介石关照何应钦，即调动散驻在京沪、沪杭两线上的第八十七、第八十八两个师(这两个师原为警卫军第一、第二师)合编为第五军，并任命张治中为第五军军长兼任第八十七师师长，率领所部开沪参战。我这一旅奉命首先出发。当我在南京尧化门外集合全旅官兵宣布这一消息时，大家都情不自禁地欢呼起来，有的甚至把军帽抛到空中去，蹦跳，鼓掌，欢笑……形成了一个很动人的场面。我当时以“军人报国在今朝”为题，对全旅官兵作了一次情绪激昂的讲话。

我部于二月九、十两日开到南翔，当往见蒋总指挥、蔡军长、戴参谋长报告部队到达情况，并请求赋予任务。蒋、蔡等表示嘉慰，嘱暂在南翔集结待命。十一日，八十八师师长俞济时亦率该师的一部来到南翔。当时上海有一种传说，说中央有意使十九路军孤军作战，任听牺牲。因此，在俞济时提议之下，我们几个人出名通电全国，表示共同御侮的决心。通电由俞济时领衔，列名者为八十八师副师长李延年，旅长杨步飞、钱伦体，八十七师旅长宋希濂。电文大意如下：济时等忝列戎行，救国具有决心，……值此国家存亡关头，爰本中央团结御侮之旨，请命杀敌。现已全部开抵上海，听命于蒋总指挥。誓与我十九路军亲爱将士，喋血沙场，共同生死，……宁为战死之鬼，羞作亡国之民。……等语。

二月十一日（或十二日），我旅奉蒋光鼐总指挥命令，接防蕴藻浜北岸阵地由胡家宅至吴淞西端曹家桥之线，于十二日（或十三日）晚接防完毕。蕴藻浜是一条自西向东（稍偏北）的河流，河幅不宽，但水深泥多，不能徒涉。当时对岸只有日军少数警戒部队，本旅接防后，积极增修工事，并派出少数搜索部队渡过河去，施行威力侦察，与日军警戒部队常有小接触，在殷家行附近的日军炮兵，常不断向我射击。我的旅部驻在由刘家行至吴淞镇的公路的南面一个小村庄里。十五日，我曾去吴淞会晤守备吴淞要塞地区的要寨司令谭启秀和一五六旅旅长翁照垣，大家热烈地谈论着坚决打击日本侵略者的重要意义，一致认为在全国军民同仇敌忾的情势下，一定可以打败侵略者。十八日，张治中军长率军部及八十七师师部人员、直属部队及中央军校教导总队、八十七师的二五九旅等，先后抵达刘家行附近。他根据蒋总指挥的命令，用左翼军指挥官的名义（右翼军指挥官为蔡廷锴），下达了一道命令，要旨如下：

一、奉总指挥蒋二月十六日午后十二时命令（附军队区分）如另纸印发。

二、本左翼军应占领江湾北端亘庙行镇东端蔡家宅、胡家宅、曹家桥之线，主力控置于大场镇北、杨行镇南及刘家行之间，迎击由江湾北方地区来犯之敌，乘机出击，向殷行镇附近压迫敌人于黄浦江畔而歼灭之。以一部在罗店、浏河、小川沙方面担任江面之警戒，相机策应吴淞。

三、本左翼军兵力部署如左：

（1）第八十八师（缺一团）应占领由江湾镇北端至周巷无名河南岸之线，右与十九路军、左与本军八十七师确取联系，惟主力须控置于大场镇以北地区。

（2）第八十七师二六一旅应占领由无名河北岸经胡家宅至吴淞西端曹家桥之线，右与八十八师、左与吴淞要塞地区部队确取联络。第二五九旅应派兵一营归二六一旅宋旅长指挥，其主力为师预备队，应控置于杨家行至刘家行大道上之火烧场、董陆宅附近。

（3）吴淞要塞地区部队之任务，如总指挥蒋命令所规定。

（4）中央军校教导总队为军预备队，集结于刘家行北之太平桥、张家桥附近。

四、各师须于明（十八）日下午三时以前分别与我十九路军接替防务，并完成一切之战斗准备。

五、关于通信联络、补给、卫生事宜，悉遵总指挥蒋命令办理。

根据这个命令，本旅归还了第五军的建制，所担负的作战任务，没有变更。

庙行激战——强渡蕴藻浜

一·二八战争爆发前，日军驻沪部队为海军陆战队，约有四五千人，加上日本侨民所组成的武装约有三、四千人，共有八、九千人，统归盐泽海军少将指挥。他们过高地估计了自己的力量，以为中国军队一击即溃，所以悍然发动进攻。不料遭到十九路军的坚强抵抗，在闸北、江湾一带，激战十余日，日军伤亡枕藉，屡次进攻，均被我军击退。日本帝国主义为挽回它们的所谓“大日本皇军”的声誉起见，乃派其驻金泽的第九师团、驻久留米的一个混成旅团及飞机数十架和相当数量的海军舰队，陆续开抵上海，统归第九师团长植田谦吉指挥。植田到沪后，策定了一个“中央突破”的计划，重点指向庙行镇南端地区，企图于突破后以主力向南席卷，将十九路军歼灭于江湾、闸北地区；以有力部队向北席卷，将第五军主力歼灭于杨家行、吴淞地区。

日军自二月二十日拂晓，开始向我进攻，先以飞机十余架更番轮流向我八十八师正面的庙行镇一带，猛施轰炸，同时以重炮野炮向庙行一带阵地集中射击，另以一部分炮火向本旅阵地纪家桥、曹家桥一带轰击。敌步兵在飞机及炮火掩护下，向庙行镇附近阵地冲锋数次，均被我击退。

二十一日晨，敌又以炮火向八十八师阵地集中猛轰，尤以庙行镇以南阵地工事被毁颇多，继之敌步兵以主力向我严家宅、庙行镇之线，猛烈攻击。我官兵掩处战壕内，沉着应战，等敌步兵接近，以机枪扫射和使用手榴弹迎头痛击。敌军进攻数次，均未得逞。同时在二十一日午前一时许，敌步兵数百，借炮兵掩护，企图强渡蕴藻浜。本旅官兵，早已严阵以待，当发现敌军这种企图后，立即以炽盛火力向敌射击。双方激战约两小时，敌知我有备，未再进犯。本日我师二五九旅之五一七团小炮连击落敌军八四六号战斗机一架，驾驶员田中大尉当场殒命。

至二十二日，敌更倾巢来犯，先以重野炮五六十门向庙行镇一带阵地轰击，连续四五个小时，火力之猛，前所未有，许多工事，多被摧毁。上午九时左右，敌步兵在飞机大炮掩护下，猛烈进攻，重点指向庙行镇以南的大小麦家宅一带。守备该处的八十八师五二七团，伤亡甚大，第三营营长陈振新当场阵亡，阵地被日军突破了一段,形势很紧张。张治中军长当命八十七师的二五九旅旅长孙元良率部向庙行以南地区增援,同时张军长亲率中央军校的教导总队前往八十八师指挥所策应。另由蒋总指挥命第十九路军的六十一师副师长张炎率兵两团由竹园墩出击。

在二十二日午后一时左右,张军长打电话给我,告诉我庙行方面激战甚烈,敌人集中优势兵力向这一地区猛攻,企图突破我阵地,情况十分紧张,想要我旅抽调一个团开往庙行增援,问我意见如何?我答:"如果情势需要,自当遵命照派。但抽调一个团开往庙行,至快要四五个钟头才能赶到,白昼行军,更易被敌机扰乱,也不无影响。这样恐怕缓不济急,可否以本旅主力立即渡过蕴藻浜,向敌军侧背攻击,借以减少正面的压力?"我这一建议,张军长毫不犹豫地同意了,并问渡河有无困难,我说我们会设法克服的。张军长最后说:"好,就这样办吧!"我接受任务后,感到十分兴奋,立以电话召五二一团团长刘安祺、五二二团团长沈发藻来旅部,很快他们就来到了。我向他们说明庙行方面的战斗情况及张军长赋予本旅的作战任务,命两团各留一营守备阵地,主力立即在各团的正面渡河。渡河成功后,五二一团在右,首先夺取齐家宅,然后向北孙宅、西港方向攻击;五二二团在左,先攻占陆家桥,然后向南孙宅、顾家桥宅一带攻击。我问刘、沈两团长有无困难,他们以异常兴奋的情绪满怀信心地说:"有办法。"随即他们就回去部署了。

还不到下午三点,当我带着旅司令部的一部分人员走向蕴藻浜河边去的时候,听到一阵猛烈的枪声和手榴弹的爆炸声,但很快就终止了,我想大概是最先渡过河去的部队和日军的警戒哨兵发生了战斗。从旅部驻地走到河边,约半个钟头就够了,当我走到河边一看时,我几乎不相信自己的眼睛,哪里来的这许多五花八门的渡河工具呢?除几只小木船外,有竹筏子,有用门板扎成的平板船,还有大木桶……形形色色,不一而足。打听之下,才知道两团的队伍,除留有一部分在北岸阵地戒备外,全都渡过河,迅速驱逐或消灭了敌军的哨兵,向前攻击去了,我真没有想到这样快的速度!当我登上一个小木船准备过河的时候,突然西面阵地工事里跑来五二一团的一个连长(忘其姓名),一面向我举手敬礼,一面大声说:"报告旅长,请准许我们这一连也过河去打日本鬼子。"我说:"那怎么行!北岸阵地的戒备还是要紧的。"他说:"旅长,我们在南京一再请求要来上海抗日,总算达到了目的,来了十多天,却没有机会和日本鬼子好好干一场,大家都憋不住气了!现在有了机会,却不让我们去,全连士兵简直难过得不得了,纷纷向我质询责难,弄得我也很难应付他们。"这个连长的这一番话,使我恍然理解了有这许多形形色色的渡河工具和部队这样快就跨过了蕴藻浜的原因。是的,"大家都憋不住气了!"我在船上望着那位满面红光、意气风发、带着恳求的目光而又显得有些失望的表情的青年军官，我感觉到当一个军人真正认识到为何而战的真理时，他就会不知道什么是困难危险了！

我到了南岸后，首先映入眼帘的，是左侧约三十步地方躺着一具敌军的尸体，走近一看，这家伙显然是被手榴弹炸死的。我站在蕴藻浜河堤上，用望远镜观察情况，正面的齐家宅和左前方的一个村庄，已经看不见有我军的部队，只有少数的担架正在向后运送伤兵。我们走到齐家宅去，在那里设立指挥所，叫通讯部队向两个团指挥所架设电话。这时得到两个团长先后送来的战斗要报，得知五二一团已攻占北孙宅，正向西港攻击中；五二二团已攻占陆家桥及附近的另一个村庄，正向南孙宅及顾家桥宅攻击中。两团都有相当缴获，以迫击炮弹、机枪弹药及各种罐头食品为多。五二二团并缴获迫击炮一门。两团击毙的敌人共有四五十人，我方亦共伤亡了八九十人。这是下午四时左右的战况。

我部随即继续向前猛攻。五二一团于下午五时攻占了西港，击毙敌大队长一名，毙俘敌军二十余人。五二二团亦同时攻下南孙宅，颇有所获。我旅这一行动，完全出乎敌人的意外，敌军的指挥部根本没有预想到我军会强渡蕴藻浜来攻击它的侧背。本旅攻势的迅速猛烈，使向庙行镇进攻的日军感到严重的威胁。而我左翼部队的绕袭，更使在殷行镇附近的敌军炮兵阵地感到威胁。敌军指挥部为应付这一意外的严重局势，乃从进攻部队中迅速调出约两个大队的兵力来阻遏我旅的进攻，其炮兵的一部亦向我猛烈射击。二十二日将近黄昏的时候，战斗异常激烈，双方进行了肉搏战，喊杀声、枪声和手榴弹的爆炸声，响彻云霄。受伤的官兵，被刺刀刺伤者颇多，我亲见一班长的左腿和左臂均被刺入一寸多，可想见战斗的惨烈。由于官兵战斗意志旺盛，英勇杀敌，经过两三小时的激战，终于打退了敌军的几次反扑。我当命各团在已占领之线上构筑阵地，彻夜警戒。

向庙行镇及以南地区进攻的敌军，在正面遭受八十八师及八十七师二五九旅的坚决抵抗，同时其左右两侧受到六十一师出击部队及本旅的猛烈攻击，伤亡枕藉，损失甚大。敌军在三面夹击之下，不能不停止进攻，植田谦吉的中央突破计划，至此完全落空了。第五军的两个师，这一天几乎全部加入了战斗，一日之间，伤亡官兵达一千余人，这一天战斗的激烈，实为自一月二十八日战争爆发以来所未有。

抢占浏河

敌人受到这次挫败，自不甘心，日军统帅部随即派其陆军大将白川义则来沪担任最高指挥官，并加派其第十四师团的全部及第十一师团的大部开来上海增援，至此，日军总数达到十万人以上。敌人知道如仍继续从正面进攻，必须付出重大代价，且未必得逞，因此白川义则采取在我左侧背浏河附近登陆的计划。沿江七丫口、杨林口、浏河新镇及小川沙一带，绵延数十里的沿江警戒线，仅有左翼军指挥官所辖中央军校教导总队的一个营会同少数冯庸义勇军担任守备。稍微有点军事常识的人，都知道守备这一线的重要性，因为如敌军以有力的一部在此登陆绕攻我侧背，就会使我军全线瓦解。但当时十九路军和第五军总兵力不过六七万人，自闸北、江湾、庙行经蕴藻浜北岸至吴淞之线，几无日不在战斗之中，各部队都有相当大的伤亡，纵然控制了一些预备队，为防备敌军的正面攻击，也只能适当地控制于阵地的稍后地方，不能过早地使用于远在二、三十公里外的浏河、杨林口一带，所以该方面的守备兵力十分单薄。

三月一日拂晓，敌军开始在江湾、庙行一线向我进行全面攻击，同时，敌舰多艘携带大量民船和马达船，施放烟幕掩护，以步兵在我兵力配备薄弱的六滨口、杨林口、七丫口登陆，并以海军舰队上的大炮向我沿江各口猛烈轰击，飞机数十架从吴淞要塞起沿江轰炸各要口，严密监视我军的行动。敌登陆后，即连续占领浮桥等地，向浏河西端约五公里的茜泾营猛扑。我教导总队的一连，死力抵御，伤亡殆尽。本旅主力自二月二十二日跨过蕴藻浜向南攻击敌军侧背，缓和庙行方面友军所遭受的压力，完成任务以后，于二十四日奉左翼军指挥官的命令，仍撤回北岸守备原阵地，只留一小部在南岸监视敌军的活动。至二十九日，又奉张指挥官命令，将本旅所担任的防务交八十七师独立第一团（附教导总队第三营）接替，并命本旅集结于庙行镇左后方之唐乔田湾附近，为左翼军总预备队。是晚，本旅又奉命担任构筑第二线阵地。

三月一日上午，我率各团营长正在侦察地形，经过工事线的时候，突然旅部的一个参谋快步跑来报告，说张军长叫我立即到刘家行军司令部去，并要部队整装待命。我于上午十时左右到了军司令部，张军长告知浏河方面的情况，并当面交给我一道笔记命令，要旨于下：

一、敌有一部由七丫口（在杨林口西北约三千公尺）登陆，似有扰我侧背之企图。

我四十七师的一个团，正由黄渡向太仓方面前进中。

二、本军为使敌在立足未稳之前，在浏河以西地区，将其歼灭之。

三、着宋旅长希濂率所部两团由现在地经刘家行、罗店向浏河前进；惟因汽车不敷，只可以一部乘车，其余徒步用疏散队形向浏河前进。

四、中央军校教导总队之一营，应固守浏河，以一部在茜泾营严密警戒，俟宋旅长到达后，即归该旅长指挥。

命令的其他部分从略。

我接奉这个任务后，理解到形势紧迫，必须尽可能使部队迅速到达浏河，尤其要有一部分尽快抢占茜泾营，拒止或迟滞敌军前进，否则敌军必然先我占领浏河，对整个战局将会发生严重的不利影响。部队官兵听说本旅负有紧急的战斗任务，大家都异常兴奋，认为又可和日本鬼子好好干一仗了。队伍很快就到公路集结完毕了。我把情况和本旅任务对刘、沈两团长交代后，即命五二一团的第一营由顾家宅汽车站用汽车运输，只有十一辆车，很勉强地装载一个营。

大约是上午十一时左右，我仅带参谋、卫士各一人随同五二一团第一营营长唐德乘车出发，面嘱刘、沈两团长率部用强行军向浏河前进，并适当地用疏散队形行进，万一受敌机扫射和轰炸时，尽可能地减少损失。我和先头营快要到达浏河(大约相距约两公里的地方)的时候，被在天空盘旋的敌机四架发现了，我立命停车，指示队伍迅即向公路两边疏散隐蔽。果然一刹那间，敌机便俯冲下来，疯狂地在汽车周围投掷轻磅炸弹，并用机枪扫射，而且竟然在离地面只有一百多公尺的低空肆无忌惮地飞来飞去。原来隐伏在地面上的官兵，看到敌机如此猖狂，十分愤怒，有些士兵便不顾暴露目标的危险，站起来以一个人托着轻机枪的两个脚架，另一个人便对着敌机瞄准射击。一个连这样做了，其他的连跟着仿效起来，一时便构成了对空射击的火网。我看见一架敌机冒着烟，一扭一拐地向东方飞去，很可能这架敌机是被打伤了，其余敌机也都不敢再低飞了。敌机的扰乱，耽误了我们的行动约二十分钟。待其走后，检查汽车，有八辆被炸毁不能行驶了，只有三辆还勉强可用。我乃命这三辆车开回去接运后续部队，我们步行去浏河，很快就到了，这时大约是十二点半钟左右。

浏河街市店门紧闭，阒无一人，只见有三四个手缠“义勇军”臂章的青年，神色有些紧张。探询之下，始知他们就是属于冯庸义勇军的，共有一百余人，奉蒋总指挥命令在浏河一带担任对江面敌舰的监视，冯庸本人到上海去了，现这方面发生了战争，他们不知怎样行动才好。我当告诉他们，我军大部队即可陆续到来，此间可能发生一场激战，要他们立即离开浏河转到后方去。这些青年大半是东北籍，激于爱国热情，不畏艰苦来参加战地工作，是值得表扬的。

我到浏河后，立即搜集情况，得知敌军自今晨以来，已有数千人在七丫口、杨林口一带登陆，尚有大批敌军正在继续登陆，判断当在万人以上。首批登陆之敌，在占领浮桥镇(浮桥镇位于七丫口附近，在茜泾营以西约七、八公里)后，已向东急进。我认为茜泾营为浏河屏障，位置扼要，必须先行占领，才能掩护后续部队展开，乃立命唐营长率该营迅速向茜泾营搜索前进。哪知才走到茜泾营南门附近，而敌已先我到达，于是与敌展开了白刃战，杀声震天，战斗愈演愈烈。敌后续部队不断赶到加入战斗，而我方到下午三时后，五二一团刘安祺团长才率第二营到达浏河。这时敌机二十余架密罩天空，低空飞行，掷弹如雨，敌舰的重炮亦连续轰击，浏河的房舍多被炸毁，部队亦颇有伤亡。至四时许，茜泾营的敌军向我左翼迂回绕攻。原在右翼方面的教导总队第一营伤亡甚大。在茜泾营附近苦战的五二一团第一营处于前、左、右三面受敌围攻的紧迫状态，战死者甚多，伤者亦无法运下来。而该营官兵仍然沉着应战，视死如归，营长唐德左臂受了伤，不仅继续指挥作战，且亲自投掷手榴弹与敌肉搏。这种英勇杀敌的精神，在我国抗日战史上，留下了光辉的一页。

到了五点多钟，天色已昏，我五二一团第三营才赶到，我当命已到达的部队迅速沿浏河南岸积极布防，并命唐营仍暂在原地抵抗，俟浏河防务布置就绪后，即逐步后撤，归还建制。我五二二团全部是徒步行军，加以沿途受敌机扰乱，到晚十时尚未到达浏河。

第一次淞沪抗战结束

三月一日这一天，除浏河方面的战况已如上述外，而在江湾、庙行一带的正面阵地，亦均被优势之敌压迫，敌飞机大炮不断猛炸，我阵地工事，多被摧毁，敌步兵向我军反复冲锋，我官兵奋勇迎战，伤亡甚大。延到午后，正面阵地有数处被敌突破，各师旅控制之预备队皆已使用，而从后方调来增援的部队，据闻因路程遥远和运输困难，决非几天内所能赶到。淞沪战场的最高指挥官蒋光鼐盱衡全局，为与敌作长期抵抗起见，决定当晚转移阵地，命右翼军撤至黄渡、方泰镇之线，左翼军撤至嘉定、太仓之线占领阵地。是晚十点三十分左右，我接到张指挥官派专人送来的笔记命令，命本旅及军校教导总队经由浏河、陆渡桥向太仓集结，应警戒西竹桥、横沥桥、太仓城、西湖川塘之线，右翼须与二五九旅（孙旅）联系。奉命后我即派人通知尚在途中的五二二团立即向太仓转进，我亦率五二一团及教导总队于当夜开往太仓，均于三月二日上午集结完毕，并以一部留置于陆渡桥一带，对浏河之敌严密戒备。下午奉张指挥官命令，本旅及教导总队担任右自陈家宅（西竹桥西南一千五百米达河岸）联系孙旅左翼，经太仓城、铁港滨河左至西湖川塘之线，构筑阵地。并指示各部队应尽可能地依河川为外壕，先于各要点构成据点式工事，然后依时间逐次增强之。奉命后，本旅不顾一切疲劳，又立即积极从事阵地的构筑。

三月三日上午，浏河方面之敌数千人附轻炮十余门，向守备娄塘镇一带阵地（在本旅太仓阵地的右翼约八、九公里处）的我二五九旅五一七团猛攻。该团正面过大，阵地被敌截成数段，两翼被敌包围，该团官兵奋勇抵抗，死战不退，因而伤亡甚大，营长朱耀华壮烈殉国，下级干部及士兵战死者甚多。张指挥官得报后，即命在嘉定的八十八师及在太仓的本旅派兵前往支援，正行动间，突又奉急令中止。旋接张指挥官三月三日晚七时的笔记命令，大意谓奉蒋总指挥三月三日午后二时的电报指示，略谓："敌企图截断嘉定、太仓之线，阻我归路，各军应留一部散据各要点，即第五军分占钱门塘、太仓之线，十九路军由吴淞江北岸亘安亭望仙桥之线，节节抵抗，拒止敌之西进，即于本晚开始，第五军主力撤至陆家桥、石牌、白茆、新市之线，第十九路军主力撤至周巷沿青阳港西岸至陆家桥之线，构筑强固工事固守之。本军遵令以主力于本晚撤至石牌、白茆、新市之线，以一部在钱门塘镇、太仓之线占领阵地，拒止敌人，掩护本军的撤退。八十七师宋旅应以有力的一部固守太仓，拒止敌人，掩护本军之撤退，其主力应俟孙元良旅通过太仓后经直塘镇向白茆、新市占领阵地，对敌警戒，该旅固守太仓之一部，如敌不来犯，不得放弃，如受敌压迫，不能固守时，准予相机撤退，归还建制。"

本旅根据这个命令，派了一个加强营守备太仓，主力转到白茆、新市之线占领阵地。到五月五日，以蒋介石、汪精卫为首的南京政府，签订了屈辱的上海停战协定。至此，一·二八淞沪抗日战争宣告结束了。

《鹰犬将军：宋希濂自述》，中国文史出版社，1986年版，第64—77页。

忆一·二八淞沪抗战

戴 戟

一 一·二八淞沪抗战爆发

1932年1月12日，日本外务省扬言，对我爱国运动，“日本政府决定采取断然手段”，并表示“此次断然手段，即增派海军陆战队登岸，或封锁其各重要港口”。当时，日寇即以上海为重点，派遣兵舰30余艘，陆战队三四千人到沪。接着，在海军陆战队的掩护下，组织了日本“居留民”的集会游行，并借故纠众捣毁我北四川路、武进路一带的商店。

1月18日，日僧5人在闸北马玉山路寻衅，与我三友实业社棉职厂的工人互殴。驻沪日总领事村井借机向我市政府提出四项条件，要我道歉、赔偿、惩处和取缔我爱国运动以及封闭抗日救国会、《民国日报》等等。26日，竟又向我发出最后通牒，限于48小时内(1月28日下午6时止)圆满答复，否则将自由行动。亲日派上海市市长吴铁城秉承蒋介石一贯媚外的意旨，承认了这个最后通牒，立即封闭了设在天后宫内的各界抗日救国会。村井对此在口头上表示满意。但日舰队司令盐泽幸一又于28日夜向上海市政府发出另一通牒，以护侨为名，限我军队立刻退出闸北，让日本军队进驻，并狂妄叫喊：一旦发生战争的话，4小时即足矣了事。当晚日寇即向我闸北一带作突袭的战斗行动，一·二八淞沪抗战的序幕就这样揭开了。

当时，我第十九路军分驻淞沪一带的全体官兵，特别是士兵和群众激于爱国义愤，都具有愿为抗日牺牲，一雪国耻的要求。因为我军早于1931年在江西参加“剿共”时，士兵和下级军官曾深深受到工农红军“枪口一致对外”，“以民族战争驱逐日本帝国主义出中国”这一伟大号召的影响，有了不同程度的民族觉悟。而当时上海人民和全国人民的抗日救国的强烈要求，更促进了他们抗日御侮的决心，因此也就推动了我军上层军官和领导层起而应战。故在日寇不断增兵、寻衅过程中，我军高级干部即曾一度密商对策，决心抗战，并作了相应部署。“三友实业社”事件发生后，我军又于1月23日在龙华警备司令部召集驻沪军队上校以上军官开秘密会议，策划抗战军事。当晚向全军发布了极密令。

命令下达后，即将我后方本军部队密调镇江以东，枕戈以待。这时蒋介石依然是屈膝求和。在沪战发生以前，即没有任何就地抗战的命令，而在一·二八傍晚，战事一触即发之瞬，反而电令宪兵第六团来沪接防闸北。其用意显然是害怕我军就地抗战，故而预为防范。迨至战火已经爆发，全国军民都表示无比振奋，而蒋介石又以“一面抵抗，一面交涉”的幌子，陷我军于孤立无援，力图早日结束沪上抗日的军事行动。日寇亦洞穿蒋介石反共卖国的底蕴，因而在我军坚决还击之后，即声称只与我第十九路军为敌，并不与我“中央”其他军队作战。我军在强敌压境的情况下，由于全国广大人民的支持，利用街市战的有利条件，终于浴血奋斗，鏖战月余，使日寇四易司令，迄无寸进。这都是日寇和蒋介石等始料所不及的。

二　一·二八抗战战事纪要

（一）最初的战斗和盐泽被打跑

1月28日深夜11时30分，日寇部队在闸北天通庵一带开始向我进攻，放响了第一枪。我驻守部队翁照垣旅立即下令还击。敌军遭我还击后，即以铁甲车二十余辆为前导，分兵五路，从闸北各马路口冲出。29日清晨，日机出动，飞往闸北和南市一带轰炸助战。战火遂逐步扩大。

当时，在上海人民踊跃支援下，我军士气极为旺盛，敌军累犯均不得逞，我军先后截获铁甲车3辆。闸北区在日寇不断增兵冲击和爆裂弹、燃烧弹的滥施轰炸下，化为一片焦土，居民被杀伤者不计其数。

日军自开战以后，屡战屡败，死伤甚多，因而一度挽由英法美各国领事出面，提出“停战”的请求。我军明知其是缓兵待援之计，但仍接受了这个请求，于29日晚8时许，命令前线停止战斗。同时，将驻守镇江以东的第六十师调到南翔、真如一带，并将第六十一师输送来沪；原驻沪上的第七十八师，全部投入前线，加强防御。我军又于29日上午1时，通电全国，申明抗战决心。

30日，敌巡洋舰龙田号等3艘，驱逐舰4艘，载有特别陆战队5 000人驰至沪上，航空母舰“加贺”、“龙翔”两号亦同时开到。敌寇部署既定，对前此所提出的“停战”要求，遂托言“请示政府，三日为期”。但在31日晚11时，即再度向我闸北防地猛攻，均被我军奋勇阻击，毫无所逞。

2月4日，敌寇援军均已赶到，向我总攻。在总攻的第一日，敌人的步伐就很混乱。闸北方面，进犯我青云路的敌军被我击溃，吴淞屹然无恙。江湾敌军一队，被我包围。我军遂乘胜反击，激战达9小时之久，使战区扩大至吴淞、江湾一带。而敌人处处溃败，卒至吹嘘为“4小时足以了事”的敌舰队司令盐泽幸一因此被黜。

（二）蕴藻浜和吴淞之战

日寇海军司令盐泽幸一离开以后，继之而来的是海军中将第三舰队司令野村。前后增援陆军近万人，野炮数十门，增加的军火更多。2月11日，野村接见各西报记者，大叫：“日军渡过蕴藻浜之日，即为日军行动终止之时。”并谓“日军自吴淞踏平华军壕沟之日，为时不远，请诸君拭目相观，届时即可结束华东之抵抗”。由此可见，敌人当时是企图在蕴藻浜一带决战。

11日午后，日机5架在闸北投硫磺弹，继以炮击，同时向我蕴藻浜、曹家桥一带进攻。我驻防该地的第六十一师第六团奋勇还击。至午后3时，敌军又大量增援，据侦察增加的援军约有千人以上，还调了炮兵，向我猛扑。我军誓死抗击，最后展开肉搏，毙敌数百人。战况之激烈，实为淞沪抗战开始以来所仅见。我军坚持至傍晚7时许，终于将进犯蕴藻浜的敌军全部击退。

12日，8时至12时，为了救出住在闸北前线宝山、宝兴、虬江各路口的居民，由中立国作证，敌我双方停战4小时。后来，英美总领事曾向野村提出要求，延长停战时间，当被拒绝。然而野村所叫嚣的抢渡蕴藻浜，经过八九小时的激战，仍以挫败而告终。

驻守吴淞方面的是我第七十八师翁照垣旅，另有第六十师一部防守闸北江湾车站，第六十一师驻守吴淞以东到蕴藻浜北岸，策应吴淞。

当闸北战事重启时，日寇即分一部分海空军向我吴淞炮台及吴淞镇进犯。另有一股敌军袭击吴淞附近之张华浜。2月4日，敌人集结大小战舰二十余艘，飞机数十架，对准我吴淞炮台轮番轰击。至2月7日，我炮台全被炸毁。在敌人海空军联合袭击之下，我步兵却始终坚守阵地，浴血阻击，使敌人无法登陆。在蕴藻浜南端淞沪铁道桥梁旁之敌军，被我七十八师守军所击溃。2月13日，我驻守蕴藻浜北端纪家桥一带的第六十一师出击部队，又奋勇击溃了敌军久留米团的主力。敌寇原来企图从几面包抄我吴淞守军的计划，至此完全被我粉碎。

（三）粉碎植田的所谓“总攻”

2月中旬，第五军张治中军长所率领的第八十七、第八十八两师在广大士兵强烈要求下，来沪增援，这给我们很大鼓舞。其时，日寇增调的陆军万余人，由金泽第九师团师团长、陆军中将植田谦吉率领，亦已抵沪。植田是日寇第三次更换的指挥官。到沪后发表谈话，即妄称要迫使我第十九路军撤退。与此同时，各国驻沪使节曾试图调和，没有结果。植田于18日，竟以日本司令官名义向我第十九路军蔡廷锴军长提出哀的美敦书。

我蔡军长接到此书后，即遵照总指挥蒋光鼐的命令：“以火炮还击”，作为我们的复文。

此时日寇前线兵力，已增至二三万人，并有陆战队分布次要战线。敌陆军附有野炮六七十门，敌舰集中吴淞口，飞机亦增达60余架。2月20日晨7时，日军向我军全线发动总攻击。从吴淞起，沿淞沪铁路线直至闸北之天通庵一带，各路敌军同时出动，先以大炮分向我江湾、庙行等地猛轰。在大炮飞机掩护下，敌步兵协同坦克部队，一路袭击张华浜一带，另一路由杨树浦一带进犯，其势甚锐。我军装备虽不及敌人，但由于全国各地的声援，促使士气愈战愈旺，同时与敌人接战较久，也取得不少战斗经验。当敌人倾巢来犯火力凶猛时，我军战士群以手榴弹还击，向我炮台湾进犯的敌军，随即败退。袭击闸北的敌军千余人和坦克十余辆，因触我地雷，死伤狼藉，残军纷纷向沈家湾溃逃。而江湾、庙行间的战斗尤为激烈。

江湾、庙行两处阵地，位于闸北与吴淞之间，形势重要，日寇即以此两地为攻击的重点。在植田亲自指挥下，集结较多敌军，企图中间突破。从21日起，敌步兵数千依赖飞机大炮的掩护，向我冲击，一再妄图接近我江湾镇和江湾车站的阵地。我第六十一师第一二一旅两团和第六十师第一一九旅一部拼死抗击，敌我牺牲均大。到23日黎明前，敌人又试图从江湾北端包抄我江湾镇。我第六十一师梁世骥团立即分兵一部由东葛家桥阵地出击，对敌冲锋多次，弹雨血花，杀声震野。敌不支向后溃退，我军跟踪追击，毙敌甚多，并生俘敌第九师团大队长空间升。随后，敌又以飞机大炮向我江湾本阵地狂轰，继以步兵猛烈袭击，我出击部队乃折回原阵地固守。时江湾镇上的房屋，几乎全部被敌人炸毁，我伤亡颇大，但敌人死伤亦重。而我江湾阵地则始终确保。

庙行方面从22日起，敌由上松指挥，向我竹园墩、麦家宅阵地进攻。敌方炮击数千发，飞机轰炸，竟日不停。第八十八师第二六六、第二六四两旅，奋力抵抗，正在危急时，我第六十一师第一二二旅从右翼增援，第八十七师第二六一旅从左翼向敌包抄，庙行阵地遂转危为安。这一战斗我军死伤极大，敌亦受重创。当晚，敌第九师团一部分溃散的士兵，竟一直逃至杨树浦汇山码头附近，想私自觅船回国，显已陷入丧魂失魄的境地。而当日战斗的剧烈，给敌人打击的深重，亦可见一斑。

此后一连几天，敌人继续用飞机大炮，向我阵地轰炸。至25日，敌人又向我庙行前线第八十七师第二五九旅、第六十一师第一二二旅和独立旅古鼎华团，新接防的塘东、谷家宅、金码头、小场庙、竹园墩等阵地，再度进攻。敌人炮火集中向金家码头一带阵地射击，十几分钟内，落弹数百发。我古团几至不支，经第六十一师第一二一旅以预备队全部赶往增援，两部会和，拼死相持。第七十八师第一五五旅生力军驰至，从广肇山庄和何家宅一带向敌猛烈反击，反复冲锋。至晚又会同第一二二旅第五团向侵入小场庙之敌反攻，最后展开肉搏，死伤极重，而阵地终于收复。至此，植田所周密策划和亲自指挥执行的全面总攻计划，经我将士喋血奋战，已经烟消灰灭，成为不可实现的迷梦了。

（四）最后激战和退守

淞沪抗战至最后阶段，日寇屡战屡败，在上海的敌旗舰“出云”号亦被我方派遣死士潜水饷以重磅炸药，几至炸毁，日本国内的反战之声，正日益沸腾。但敌方的当权派则自以为骑虎难下，仍积极策划继续作战。据我们侦悉，自植田第二次挫败后，植田、佐藤、鲛岛等在靶子路会商，请求派三个师团增援。日本政府采纳他们的意见，当即派前田中内阁的陆军部长白川义则为总司令，大将菱刈隆为总指挥，增调第十一、第十二、第十四等三个师团的兵力，飞机200余架，于2月25日前后抵沪。这时敌军已增至7万余人，而我方全部仅4万余人，分布长达100余里的防线。我军久经战斗，人力物力耗丧甚多。虽全国广大人民群众，给予精神、物质上的支持，有加无已；但四邻驻军，在蒋介石掌握之下，都不能援应我军。

因此，我军抗战行动，愈到后来愈感到百倍艰苦。可是面对敌寇，激于爱国的热情，仍继续坚持，作最后的奋战。

2 月 29 日起，日寇援军齐集，即举行第三次总攻。闸北、八字桥、严家宅、天通庵等地，都展开了激战。天通庵附近敌我相持约 8 小时。我守军第六十师时以敢死队跃进战壕，与敌肉搏。敌受白刃战的压力，不能支持，全部向狄思威路退去。其他各处战斗都极为激烈。八字桥一地，反复争夺，我方三失三得，伤亡甚多，敌人死伤和被俘的更多；敌联队长林崛大佐被我击毙。

日军总司令白川义则于 2 月 29 日抵沪。3 月 1 日，又开始了新的战斗。八字桥、闸北、天通庵一带，敌军以飞机、大炮、坦克掩护步兵进袭，屡次冲击，均不得逞，而江湾、庙行、吴淞的激战又起。江湾方面，敌人朝杨家楼方向进攻，先重炮，后钢炮，继以野炮，猛烈射击，飞机 20 余架轮番轰炸，步兵趁势进袭，我守军与之肉搏，一时白刃相接，血肉横飞。我第七十八师第一五五旅第一团扼守广肇山庄附近，阻击敌人，伤亡极重。仅营连长伤亡的就达 12 员之多，士兵伤亡将及半数。剧战之烈，可以概见。至晚，我军阵地仍岿然不动。

庙行方面，敌人一路从麦家宅，一路从竹园墩北，两路来犯。我军全力抗御，杀伤敌军甚多。我又调浏河守军一个团增援，卒将一度失去的阵地夺回。吴淞方面敌舰连日实行佯攻，炮声不绝于耳，我守军仍阻其登陆。

1 日午后，敌人又增调陆军一个师团偷袭我浏河，向我左侧后方七丫口、浮桥镇等地进犯。其时，该地守军仅余两连，虽奋力抗击达一小时，而敌军进逼，愈战愈多，众寡悬殊过大。我急调第八十七师宋希濂旅驰援，亦已接应不及。这两处阵地在不得已的情况下沦入敌手。同时深入至茜泾镇之敌，又登陆数千人，正在掩护其后续登陆部队，企图包围我军。

此时，浏河即已被敌人占领，我军后路已断，如不及早撤退，必致全军陷入重围，无法收拾。我军处在援尽弹绝之中，遂于 3 月 1 日午夜，开始忍痛后撤，大场、庙行、江湾、闸北及吴淞炮台作战部队，一并退守第二道防线。初步退至嘉定、黄渡之线，以后又退至昆山、太仓之线，节节抵御，待机再进。

三　《淞沪停战协定》的签订

至是，国际联盟于 3 月 3 日开会决议，请中日双方停止战事，而将调停的任务委之驻我国的英国大使兰浦森、法国大使韦得理、美国大使詹森、意国代办齐亚诺等。从3月10日起。兰浦森建议将淞沪战争同东北问题分开，专就淞沪进行单独谈判。南京政府派郭泰祺为首席代表组成代表团，与日本大使重光葵开始谈判，集中于我之上海驻军权和日军定期退出侵地两点，折冲甚久。其中曾终止会谈三次，几至决裂。我方再度备战。最后由兰浦森向南京提出折衷方案，双方意见趋于接近，遂于1932年5月5日签订协定，即所谓《淞沪停战协定》。

日寇在谈判中，俨然以战胜国自居，态度十分傲慢。但协定签订后一两月之间，我东北义勇军，风起云涌，声势日益浩大，日寇被迫不得不将在沪的陆军悉数调入东北。故后此数年之中，敌寇的侵略矛头，集中于我东北、华北各地。在我南方，日寇士兵与浪人进行肇事滋扰。上海地区从5月9日起接收浏河、嘉定、南翔，至7月17日始将敌军侵地接收完竣。我第十九路军则于同年6月23日调离防地，开往福建省。

四　各方面对抗战的支援

回忆一·二八淞沪抗战，以劣势装备的第十九路军，与优势的日本海陆空军作战，除第五军参战外，别无邻部见援，而能浴血奋战，屡挫强敌，鏖战数月，使日寇四易司令，而始终未得寸进。这一用献血写成的光辉灿烂的史页，是和广大人民群众特别是工人阶级的支援分不开的。

一·二八事变发生后，上海人民掀起了轰轰烈烈支援和配合第十九路军抗战的热潮。当时，在中国共产党领导下的总工会，于29日下令举行抗日总同盟罢工，同时上海14家日厂的六七万工人，全部自动退出工厂，在日清、大阪等轮船公司的华员、水手，纷纷离船上岸。所有在日本商店、住宅、机关服务的店员、佣人等都纷纷告退。上海各商店也发动了罢市。

这时共产党所领导的上海各界抗日救国会，提出武装自卫的口号，号召上海人民组织抗日义勇军、战地服务团以配合抗战。工人和青年学生纷纷参加了义勇军。义勇军组成后，无论在前线配合作战，救护和慰劳，或在后方宣传、募集和监视奸商，侦捉日本间谍、汉奸等都起了极重要的作用。而且出现很多英雄事迹。如：青年妇女义勇军陈宜贞，自动背枪上前线，恰值敌人冲来，她据壕沉着射击，毙敌数人。自后每一接战，她必勇于向前，与敌肉搏，一时称为现代的“花木兰”。工人胡阿毛是上海的汽车司机，在战争中被俘。敌方搜出他开汽车的证件，予以重利，强迫他运军火。在经过黄埔江边时，胡遂驾车横驶，冲入江中，一时烟沉浪飞,人车俱没,壮烈牺牲,体现了工人阶级的崇高品质。

在捐献物资慰劳品方面,自晨至暮,络绎不绝,物品堆积如山。当听到敌人在前线施放毒气时,立即赶制防毒面具一万多件,送往前线。工会、学生会联合会、妇女界都成立了救护队,不怕牺牲,深入前线抢救伤员。此外,还有很多精神上的慰劳,如上海妇女捐助服装会的陈彩珍女士,在手织的绒线项圈上写着:“风云入新春,干戈起沪滨,心长嫌线短,聊慰出征人。”广东路青年会黄增誉在筹制的征衣上写道:“须知亡国即亡家,十九路军最可嘉,头可断兮心不屈,拼将热血救中华。”这些慷慨激昂的诗句,鼓舞着我们每一个战士。

在中国共产党号召下,全国人民和侨胞亦都纷纷支援。战争爆发不久,全国各地都有义勇军、敢死队、救国团等组织到沪参战、宣传和慰劳。在沪战爆发之始,国外侨胞即纷纷汇款支援,以后更加踊跃,并来电慰勉。如菲律宾华侨联合会拍电给蔡军长有云:“我军杀敌致果,震动全球,淞沪一战,开民国以来,未有之光荣,请再接再厉。”与此类似者络绎不绝。华侨还组织了“华侨义勇军团”,在前方与战士一起作战,在后方挖战壕,送子弹,配合我军作战,起了很大作用。

在上海广大群众、工人阶级和全国人民以及侨胞的大力支持下,鼓舞和激励了我军的抗日情绪,加强了抗日必胜的信心。当时很多将士怀着就地抗战的决心,毫无退缩的意念。因而,在这次战役中,我军自始至终,士气旺盛,出现了无数气壮山河、可歌可泣的英雄事迹。如第七十八师第一五五旅第一团第二营营长傅江桑,在我军撤退时,身负重伤,不能行动,他右手执驳壳枪,左手执小刀,佯死路边,待敌冲至,即手扣扳机,毙敌数人而后壮烈殉国。第三团第三营列兵袁正山在与敌肉搏时,持刀力敌十余人,当者披靡。敌聚众来刺,因用力过猛,枪截两段,仍用两手各执一段,伤敌甚多。第七十八师第一五六旅第六团下士潘得章,被炸弹炸中头部,即用绑腿自行裹扎,继续留在前线坚持杀敌,不肯退下火线。第七十八师第六团第二营班长华中兴、钟国强率部追击逃敌,至北四川路日海军陆战队司令部附近,吓得司令部人员狼狈四散。后因寡不敌众,两班战士全部壮烈牺牲。第六十一师第一二二旅第三营营长李荣熙,在纪家桥战役中,为了夺回阵地身先士卒,于阵亡前忍痛高呼:“前进!杀倭贼!打倒日本帝国主义!”以激励战友。诸如此类英雄事迹,不胜枚举。都表现了我军士气磅礴,奋勇杀敌,为国牺牲的精神。“拼将热血救中华”,是全国人民一致的愿望。而中国共产党表达了全国人民这一愿望,号召和组织全国工人、学生和各界爱国人士积极投入斗争行列,从而激励和鼓舞了我们以孤军抵抗强敌的决心和信心。

五　蒋介石对抗战的态度

我们回溯往事，从一·二八淞沪抗战，也认清了蒋介石反动派的面目。蒋介石集团对于上海一·二八抗战，不仅不予支援，而且积极地进行破坏。在战争爆发前，蒋介石从无任何指示，至一·二八傍晚，还下令调我第十九路军离开上海。这些情况，已如前述。可是蒋介石的命令下迟了，日本帝国主义已开始进攻。我军违反蒋介石的意愿，奋起抗击，战火终于爆发。此后蒋介石集团又在"一面抵抗，一面交涉"的幌子下千方百计地破坏人民抗日的工作。诸如逮捕爱国人士、解散义勇军、封闭义勇军办事处、压制和取缔抗日团体，不给上海抗日军民一兵一物的援助，反而扣夺国内外人民的捐款，断绝上海抗战军队的接济。

当日寇陆续增援达七八万人，军舰 60 余艘，飞机 200 余架，而上海军民抗战进入最紧要的关头，蒋介石集团还通令："十九路军有三师共十六团，无须援兵，尽可支持，无须援助。各军将士非得军政部命令而自由行动者虽意出爱国，亦须受抗命处分。"因此，驻扎在无锡、苏州一带的上官云相一师，驻扎在浙江的戴岳一旅，驻扎在江北的梁冠英一路，以及驻在杭州赣东的蒋介石嫡系约 60 个师的大批军队皆隔岸观火，视若无睹。即在淞沪战役中唯一支援的第五军也是开到京沪线后，激于全国抗战的呼声和上海军民的抗日热潮，才自动请缨，参加了战斗，并非出于蒋介石集团的意志。

更使人气愤的是驻在上海的国民党海军，执行蒋介石集团的意图，不仅不给上海的军民以任何援助，甚至还同日本海军达成协议："此次行动，并非交战，如中国海军不攻击日舰，日本舰队也不攻击中国舰队，以维友谊。"这是多么可耻的行动！在上海人民和十九路军浴血抗战中，蒋介石集团曾用尽方法强迫第十九路军停战。最后我军终以兵力不足，孤立无援，不得不撤出上海前线，由蒋介石集团与日本帝国主义签订了丧权辱国的《淞沪停战协定》。而蒋介石为了进一步讨好日本帝国主义实现其妥协媚外政策，还将我军调入福建。

全国政协文史资料委员会编：《文史资料存稿选编：抗日战争》（上），中国文史出版社，2008 年版，第 231—238 页。

我的父亲蒋光鼐与一·二八淞沪抗战[①]

蒋庆渝[②]

一九三一年六月父亲从江西到上海养病不久,就发生了九一八事变。日军在东北沈阳悍然向中国军队挑起事端,而驻守东北的张学良三十万大军不战而退,使东北三省土地陷于敌手,三千万东北同胞沦为亡国奴。张学良的行为激起全国上下一片谴责,要求政府抗日的呼声十分高涨。

就在全国一片救亡声里,当时剑拔弩张的宁粤双方都认识到要团结起来共赴国难。陈铭枢积极地从中调解,粤方也决定派代表到南京协商。在此背景下,十九路军在十月奉命调防京沪,陈铭枢就任京沪卫戍司令长官。

日本为扩大对中国的侵略,不断在上海寻衅滋事,并于一九三二年一月二十八日向中国驻军发动进攻,爆发了一·二八淞沪抗战。笔者曾于一九八六年撰文《淞沪抗战中的蒋光鼐将军》,谈及这场战争的经过和家父的感受。本章将力图从更大的视野来回顾这场战争,理解此役在中国抗日战争中的意义,以及它对家父后来的人生抉择所产生的影响。

一　九一八事变后国民政府的对日方针

一·二八淞沪抗战期间,中国政府在将介石和汪精卫控制之下,因此有必要按照历史的真实情况,剖析他们对待日本侵略所持的态度和当时国民政府的对日方针,从而客观地了解当时在前方作战的十九路军的处境。

---

① 本篇节录自蒋庆渝著《我的父亲蒋光鼐》一书第五章,标题系本书编者所加。

② 蒋庆渝,系蒋光鼐将军之子。

一九三一年九月十八日，张学良拥三十万东北军，却不放一枪，把东三省拱手让与日军的行为激起了全国人民的愤怒。民众抗日的呼声不绝于耳，张学良成为千夫所指的民族败类。

然而九一八事变刚刚发生，面对全国人民的抗日要求，蒋介石却在南京发表演讲，他说："我国民必须上下一致，先以公理对强权，以和平对野蛮，忍痛含愤，暂取逆来顺受的态度，以待国际公理之判断。"①

这种对外屈辱忍让，无所作为的态度，当时被人们称为"不抵抗主义"，时任《大公报》社编辑主任的著名报人王芸生认为，"这是不抵抗主义的铁板注"。② 这种屈辱的"不抵抗主义"遭到了全国上下的反对。

蒋介石的"不抵抗主义"源自他"攘外必先安内"的思想。早在九一八前的一九三一年七月二十三日，他在南昌行营发表《告全国同胞一致安内攘外》通电，③ 提出当前"安内"和"攘外"两项任务。通电说："我全国同胞，当此赤匪、军阀、叛徒与帝国主义者联合进攻，生死存亡，间不容发之秋，自应以卧薪尝胆之精神，作安内攘外之奋斗。"而对"安内"和"攘外"的关系，他在通电中明确指出："惟攘外应先安内，去腐乃能防蠹。……故不先消灭赤匪，恢复民族之元气，则不能御侮。不先削平叛逆，完成国家统一，则不能攘外。"

由于在一九三一年初，蒋介石在南京非法软禁立法院院长胡汉民，引起两广国民党人的不满。五月，以胡汉民为首的粤派在广州召开国民党中央执行委员会、监察委员会非常会议。另组国民政府，以汪精卫为主席。所以蒋介石通电里所说的"叛逆"，就是指以胡汉民为首的党内反对派。

蒋介石这种置民族危亡于不顾，一味"剿共"和消灭反对自己的派系，以建立独裁统治的作法，完全违背民意。他对日本的"不抵抗主义"，很快就激起了全国上下的激烈反对，国民党内胡汉民、冯玉祥，以及两广地方势力纷纷表态反对，军队里广大官兵也对不抵抗政策十分不满。蒋介石陷于四面楚歌的被动局面，使他不得不以退为进，在十二月十五日宣布下野。

随即，国民党召开了四届一中全会，决定重组国民政府，由林森担任政府主席，孙科担任行政院院长；陈铭枢接任行政院副院长兼交通部部长；陈友仁接替顾

① 蒋介石：《一致奋起共救危亡》，《中央周刊》，第一三七期。

② 王芸生：《这两年》，《芸生文存》第一集，上海《大公报》社，一九三七年版，第七二页。

③ 《国闻周报》，第八卷，第三十期。

维钧担任外交部部长。

新政府主张对日采取强硬的态度。一九三二年一月一日，孙科宣誓就职后，陈友仁就发表宣言说："本政府最急之任务，即在于消灭战祸，并保主权。誓本此旨，努力奋斗……"①

但是暂时引退了的蒋介石，仍然顽固地坚持自己对日妥协的政策，频频发表演说，抨击孙科政府主张对日强硬的态度。他说："以中国国防力薄弱之故，暴日乃得于二十四小时内侵占之范围及于辽吉两省，若再予绝交宣战之口实，则以我国海陆空军备之不能咄磋充实，必至沿海各地及长江流域，在三日内悉为敌人所蹂躏，全国政治、军事、交通、金融之脉络悉断。"②这就是当时舆论所提到的"如果对日作战三天内必将大败"的论断。

但是，行政院是要听命于国民党中央政治委员会（简称"中政会"）的，而"中政会"之前已经作出决定，对日方针是不用军事而用外交。正如孙科所言："……行政院本身无权可以决定，须完全听命中政会，方有秉承。"③当时蒋介石虽然下野，但是仍然担任着"中政会"常委，他的亲信何应钦担任着军政部长，拥蒋的江浙财团对孙科政府又采取不合作的态度，致使新政府寸步难行。

蒋介石基于上述三天内必将大败的论断，"一月十一日他在武岭学校发表《东北问题与对日方针》的演讲，提出'不绝交、不宣战、不讲和、不订约'的对日方针。"④汪精卫与之一唱一和。在一·二八抗战的枪声已经响起之后的二月七日，他仍然强调："对日一面抵抗，一面交涉，系余向所主张，今仍未变。"⑤

蒋介石刚刚辞职，财政部长宋子文就在一九三一年十二月二十一日向行政院递送辞呈，辞职前还故意将所欠各军队军费及各机关政费一律签发支付命令，总额约二千万元。他还在辞职时搬走了财政部所有文书档案，接着，"财政全体简任人员十七人，二十三日提总辞职，全体科长二十余人亦总辞职，二十四日各署长已不到署办公，并未因事务官之故依然工作。张寿墉亦辞财次……不等有人接替即不到部办公，实开'革命政府'中未有之先例。"⑥此举使孙科接手后的新政府面对

---

① 南京《中央日报》一九三二年一月三日报道《外交部长陈友仁宣言》。

② 蒋介石：《东北问题与对日方针》，转引自余子道：《抵抗与妥协的两重奏》，广西师范大学出版社，一九九四年十二月第一版，第三十七页。

③ 《孙科在记者招待会谈话》，《国闻周报》，第九卷第五期。

④ 余子道：《抵抗与妥协的两重奏》，广西师范大学出版社一九九四年十二月第一版，第三十六页。

⑤ 《汪精卫对记者谈话》，北平《晨报》，一九三二年二月八日。

⑥ 《各部长纷辞职》，《国闻周报》，第九卷第一期，《一周间国内外大事述评》，第八页。

空无一文的国库，办事无人，财政完全陷于瘫痪。

由于新政府完全无法运作，陈友仁对日绝交的方针又被否决，陈友仁、孙科相继提出辞职。蒋介石于一月二十八日主持召开了国民党临时“中政会”会议，决定由汪精卫代替孙科接任行政院院长。次日，又决定蒋介石出任军委会常委。主张对日采取强硬态度的孙科政府仅仅存在了二十八天，就被蒋介石和汪精卫联手推翻，主张对日妥协的蒋介石、汪精卫重新掌握了军政大权。

就在孙科倒台的当天午夜，日本对上海驻军发动了蓄谋已久的进攻，爆发了轰轰烈烈的一·二八淞沪抗战。

在二十世纪末，越来越多的学者已经逐渐能够正视在整个抗日战争中国民党军队的主力作用。有人指出：“国民政府正面战场在中国抗日战争中处于主体地位，这应是不争的历史事实。贬损正面战场的地位和战绩，也就必然贬损整个中国的抗日战争。”[①]这种看法无疑是客观的，也符合历史事实。

可惜的是有些人在肯定蒋介石领导了中国抗日战争的同时，却不肯正视他在日本侵略中国的初期，奉行“攘外必先安内”的方针，对整个抗日斗争所造成的损害和由此所激起全国人民的愤怒。

有人对蒋介石“如果对日作战三天内必将大败”的论断以及由此产生的一系列对日妥协政策进行美化，大谈其“正确”和“合理”；对他不顾大敌当前，一味剿灭异己，不仅“剿共”不遗余力，对党内的反对势力也毫不留情的个人独裁野心，视而不见；把九一八东北沦陷之后，反对他独裁媚日政策的国民党内反对势力，说成是“打着抗日旗号以继续称叛的某些新旧地方军事势力”。[②]

事实上，从一九二六年宁汉分裂以来，国民党就一直处在分裂状态。胡汉民等广东籍国民党人不仅资历比蒋介石深，在推翻帝制和建立广东革命根据地的长期斗争中，在国民党内的威望也远比蒋介石高。当年孙中山北上时代理大元帅职务的是胡汉民。把蒋介石视为正统，只是当蒋介石在江浙财团和黄埔系军人支持下夺取了最高权力和稳定了局势之后，由他们自己书写的历史。他们把持了全国的财政，自封为“中央军”，而对像十九路军这样在东征、北伐以及中原大战中都有辉煌战绩的正统国民党军队，仅仅由于不被蒋介石视作嫡系，而被说成是“地方军事势力”，使他们不仅军费无着，更备受排斥。

---

① 曾景忠：《中国抗日战争正面战场研究述评》，《抗日战争研究》一九九九年第三期。

② 辛灏年：《谁是新中国》。

在蒋介石争夺领导权的过程中，自一九三一年二月非法扣押立法院院长胡汉民，到秘密枪杀邓演达等一系列行为，都表现出了明显的独裁野心。他在一九三一年十二月十二日的日记中写道：

“此时救国，惟有余不退之一法，而欲余不退，唯有改为军事时期，一切政治皆受军事之支配，而听命余一人，则国始能救。否则，如现在情形，群言庞杂，筑室道谋，不许余主持一切，彼此互相牵制……利用领袖为傀儡，则国必愈乱而身败名裂，个人无论如何牺牲，亦不能救国于万一也。”①

可见，无论打着什么旗号，个人的独裁统治，确实是蒋介石当时想要达到的政治目标。而反对独裁，就成为胡汉民、邓演达等具有民主思想的国民党人和蒋介石斗争的焦点。

其实，从蒋介石到了台湾之后的统治方式，我们也不难看到他的治国理念和现代民主社会的差距。在他有生之年，台湾一直顽固地实行一党专政的独裁统治，临终又以封建的世袭方式把权力移交给自己的儿子。这些行为，都表现出蒋介石内心深处那种根深蒂固的个人独裁野心和帝王思想，这是有良知的学者都应该正视的历史真实。因此，他的治国方式与当时一些具有民主思想的国民党人格格不入，也是理所当然的。把当时国民党内的反对派，一概说成是“打着抗日旗号以继续称叛的某些新旧地方军事势力”，不仅不符合事实，更明显地带着偏狭的帮派色彩。

蒋介石在一九二六年三月二十六日的日记中就曾经坦言：“政治生活全是权谋，至于道义则不可复问矣。”而他在争夺国民党内领导权、实现个人独裁的过程中，其所作所为也确实可谓是不择手段。但是非常遗憾，这些事实，在如今恭维蒋介石的学者们眼里都视而不见。

当我们看到主宰政局的蒋介石和汪精卫的上述对日方针，以及他们的恐日心态，就已经决定了父亲所统领的这支抗日情绪高涨的十九路军，在一·二八淞沪战场上，将会遭遇怎样的悲剧命运。

在我小时候，一·二八被认为是个“国耻纪念日”。在我心里，一·二八淞沪抗战既是国家的耻辱，也是民族的悲剧。20世纪四十年代，我在广州培正小学和同学玩过一种掷骰子的“升官图”游戏，其中有一格是“十九路军孤军抗战，后退三

---

① 蒋介石日记，一九三一年十二月十二日，转引自杨天石：《蒋氏秘档与蒋介石真相》，社科文献出版社，二〇〇二年二月版，第三六六页。

步”，这就是中国百姓心里一·二八淞沪抗战的悲剧色彩。

二　十九路军的抗战决心

十九路军调防京沪的时候，正值父亲对国事感到消极和失望之际。因此当蔡廷锴到了上海请父亲回部队领导时，他却说：“部队既然调来了，我在和不在也都一样。”他仍然不肯视事。国民党在南京召开第四次全国代表大会，他被选为代表，也同样置之不理，没有出席。

父亲在一月六日，被孙科政府任命为京沪卫戍司令长官。陈铭枢催他到南京赴任，他回电表示：“有午奉悉畿机，京沪部队由贤初兄负责指挥，布置已妥，万一外侮来侵，弟必站在前线，以尽军人天职，此时实无来京必要。谨复！弟光鼐叩寝。”①陈铭枢在回忆录里说：“十九路军驻防上海时，总指挥蒋光鼐虽然淡泊夷逸，对政治不热心，惟对抗日救亡则无比积极”，②中肯地道出了父亲当时的状态。

蔡廷锴率部到上海后，受东北马占山在黑龙江奋起抗战的鼓舞，决心组织义勇军北上赴援。他的想法得到陈铭枢和父亲的肯定。③

当时第六十师驻苏州、无锡、常州、丹阳；第六十一师驻南京、镇江；第七十八师驻上海。蔡廷锴召集十九军旅长以上干部到他上海家里密商组建义勇军一事，也得到了将领们的支持。于是决定组成两个独立旅和一个特务营，蔡廷锴亲任总指挥，并选定张炎和翁照垣担任独立旅旅长。

他的决定曾经书面向蒋介石报告，蒋介石的回答是：“其勇可嘉，其事必败，千万不可行！”④但是，蒋介石的态度没有动摇蔡廷锴的决心，继续做义勇军出发前的准备工作。

最使蔡廷锴头痛的是军饷。当时十九军自一九三一年十月起就没有领到过军饷，十二月孙科政府成立后，军需署所发下的期票，都成了空头支票，好在得到宋子文和广东方面的接济才能勉强维持。在这段时间里他不得不为军饷而四处

---

① 《十九路军“一·二八”抗战内部物件汇编》，上海文史馆，上海市人民政府参事室文史资料委员会编《史料选辑》，一九八七年一月。

② 陈铭枢：《陈铭枢回忆录》，中国文史出版社，一九九七年三月版，第九十八页。

③ 陈铭枢在其回忆录中说：“我们三人经过协议，决定调一部分队伍北上，同义勇军并肩作战，并准备于出发之际，发出抗日通电，电稿我要王礼锡草拟。”见《陈铭枢回忆录》，中国文史出版社一九九七年三月版，第九十八页。

④ 蔡廷锴：《蔡廷锴自传》，黑龙江人民出版社，一九八二年十月版，第二六八页。

奔忙，为之气愤和无奈的叙述，在他自传里随处可见。他不满地说："我军是月伙食毫无着落，前孙院长在粤给我军伙食，又已用清，军需当局又无人负责，政府毫无办法。倘士兵因无衣无食而叛变，则不知属何人负责，此诚令我不解。"①

为了组织义勇军北上的寒衣，蔡廷锴不得不动用各师的公积金备办，义勇军计划在一月底出发，他决定届时将辞去军职，率部北上。

鉴于日方不断制造事端，上海局势严峻，淞沪警备司令戴戟决定于一月二十三日召集驻军营以上军官举行座谈，商讨应变措施。父亲抱病参加了这次在龙华警备司令部召集的会议。会上讨论了两个问题：1. 如果日军攻我防地，是不是抵抗？2. 如果抵抗，在哪里抵抗？

会上，蔡廷锴开始就说，日本人处处挑衅，大有占据上海的企图，"我最近同戴司令一再商量，觉得实在忍不下去。所以下了决心，就是决心去死。但死也要有死的方法，所以今天召集大家来研究。"

会上，军官们群情激愤，一致表示保卫上海，矢志不渝。戴戟说："天下兴亡，匹夫有责。成败何足计，生死何足论。我辈只有尽军人守土御侮的天职，与倭奴决一死战。"

父亲在会议最后发表讲话。他说："我因病了数月，很少与各位见面，今天烧热尚未退，仍在服药，所以到了稍迟。日军图占上海的情形，极其严重，大家想都清楚。蔡军长、戴司令更为愤恨，曾同我研究应敌决死、保国守土的计划。我虽是一个病人，也有了十分的勇气，听见大家在此开会，就想来同大家说几句话。"

"十九路军是很负名誉的军队，现恰驻扎在上海，此时真是十九路军生死存亡的关头，也可说是我们国家生死存亡的关头。到这种时期，我们军人只有根据自己的人格、责任、职守、声誉，来死力抵抗了！从物质方面说，我们当然远不如他，但我们有这种决死的精神，就是全部牺牲亦所不计。我们的死，可唤醒国魂，我们的血，可寒敌胆，我们一定可以得到最后的胜利。"

"从前汉朝时代的李广射石没羽，就是全凭一副独到的精神，因为把石头错认成老虎，必须把老虎射死，自己才会生存，所以虽是射不穿的石头，也会被他射穿。这就是他全部精神贯注的结果，所谓诚之所至，金石为开。我们现在也是同样的情形了，我们明知物质上不是日寇的对手，但是这种万众一心的精诚，就可以打开一条必胜之路；何况我们还有二三万人，真不能挽救中国吗？希望大家回去以此

---

① 蔡廷锴：《蔡廷锴自传》，黑龙江人民出版社，一九八二年十月版，第二六九页

激励士兵。”

“我们现在环境多么好，交通多么方便！而且还有人民的协助，大家只要一心一德。有死无二，也学一学避重就轻的战法；何往而不可？可以说没有丝毫顾虑的了。”

“我还有三点意见贡献大家：1. 我们作战时最好另制旗帜与识带，改用名目；2. 我们的决心，应当不令任何人知道，更不能让任何人知道我们有抵抗的决心；3. 我们应沉着坚守防御线，等到日人真向我攻击时，才表明我们一致的决心，奋勇前进，拼完为算！”

当天，父亲和陈铭枢、蔡廷锴、戴戟联名向十九军官兵发出《告十九军全体官兵同志书》，向全军表明抗敌的决心，动员全军准备战斗：

十九军同胞们、同志们！日本帝国主义的兽行鬼态，在我们面前已尽量暴露：夺我东三省，占我锦州，袭我热河，扰乱我平津、汉口、广州、福州；最近更在上海派来炮舰多只，封锁我海口，震动我京畿，杀人放火，烧我三友实业社，杀我警察。四顾神州，版图变色。皇皇五千余年之华胄，将沦为奴隶牛马万劫不复之惨境。是可忍，孰不可忍？我不自救，谁能救我？

本军自邓上将仲元第一师以来，而十一军，而十九军，无日不在革命搏斗之中。舍生取义之风成，铁血光荣之誉著。此次为振醒世界之视听，复活我们受辱的伟大民族之魂魄，保种保国，以死以生，自最高级官长以至伙夫，要须具有十二万分最后之决心与平素革命之勇气。不抵抗无以为人，不抵抗无以救国。认清楚此次与暴日拼命，通非寻常之作战可比。意义丰富，价值无上。抛掷一头颅，即保障世界一分和平；挥洒一点血，即挽回一分国运。

我们为紧急应付起见，只有以我们爱国热血，染成我们最后一页光荣的历史；只有把我们殉国精神，葬在四万万未死尽的人们心坎里。我们没有回顾，我们不管成败利钝，一刀一枪，死而后已！同胞们！同志们！他们有江户儿，我们有铁孩子。我们自高级长官至伙夫，若存一丝一毫畏葸怯顾之心，不仅是我们革命生命之自杀，将杀尽灿烂历史的威风，杀尽中华民族残灯欲灭的生命。子子孙孙，千秋万岁，都要骂我们为欺世盗名、亡国灭种不中用的东西！同胞们！同志们！仇人来到，分外眼红。我们负京沪、淞沪守土之责，决不叫仇日来损我们一草一木！决定死守！

自由之钟已鸣，救死之血正沸！我们不要感觉我们物质敌不过人，我们要以伟大的牺牲精神来战胜一切，我们必定能操胜算，我们必定能救中国。哥哥们！

弟弟们！冲锋吧！我们要永永远远在血泊中求得最后的生存与胜利。我们来高呼杀！杀！……杀！

1. 打倒日本帝国主义！

2. 扫除世界和平障碍！

3. 保国保种要和仇日拼命抵抗！

4. 死守上海、南京！

5. 保持十九军千秋万岁的光荣历史！

6. 军人以殉国为天职！

7. 中华民族中华民国复兴万岁！

8. 中国国民政府外交胜利万岁！

9. 中国国民党万岁！

10. 抗日胜利万岁！

11. 十九军胜利万岁！①

当晚七时，总指挥部向全军发出一道密令，具体布置了应变措施，明确命令："假使日军确实向我阵地攻击时，应以全力扑灭之。"

应该说，在日方蛮横无理的猖狂挑衅面前，十九路军同仇敌忾、上下一心、全军动员，已经下定死守的决心，也做好了一切应变准备。他们决心不让"子子孙孙，千秋万岁"，骂为"欺世盗名、亡国灭种不中用的东西！"

三　一月二十八日午夜的枪声

就在十九路军全军动员、决心死守的这一天，一九三二年一月二十三日，蒋介石、汪精卫、孙科等"在北极阁宋子文私宅商讨对日政策，'蒋、汪两氏咸主先行安内，方可攘外'。这次会议作出了两项决定，一是'命上海市市长吴铁城制止民众抗日'；为防止驻守上海一带的十九路军对日开战，会议还指令'由军政部长何应钦在五日内将十九路军调离上海，派先兵第八团接防'"。②

第二天（二十四日）何应钦匆忙从南京赶到上海，在张静江家里约谈蔡廷锴。他对蔡廷锴说："上海敌方无理要求，要十九军撤退三十公里。政府本应拒绝，但

---

① 《"一·二八"的一些纪念品》，淞沪警备司令部编，一九三三年版。

② 余子道：《抵抗与妥协的两重奏》，广西师范大学出版社，一九九四年十二月第一版，第四四页。

为保存国力起见,不得已忍辱负重。拟令十九路军于最短时间撤防南翔以西地区,重新布防。"①

蔡廷锴对此自然十分不满,但是也只能遵从。二十五日,他请师长区寿年到自己家里,布置撤退事宜。午后,他们又一起到家里拜访父亲,将何应钦要十九军撤退的事向父亲做了报告,父亲听后也"叹息无语,最后则说一句:'遵照政府命令就是'"。②

一月二十六日,日本领事借口一个日本僧人被殴致死,向中方提出要求道歉、赔款、惩凶及取缔抗日团体的最后通牒,并且要中国驻军撤离租界二十公里以外。局势已经处于一触即发的状态。到了二十七日午后,日军准备开火的消息,传遍全城,许多居民纷纷涌向租界避难。

二十八日,上海市府下令查封上海各界抗日救国会;下午,十九路军接到由参谋本部参谋总长朱培德、军政部长何应钦发出的移防命令:"兹为力图避免彼我双方军队发生冲突起见,着派宪兵一团,即刻开往上海闸北一带接替防务,归淞沪警备司令戴戟指挥,以兹缓冲,仰即遵照办理具报为要。"③

当时在闸北驻防的是七十八师一五六旅第六团,该团在团长张君嵩率领下于一九三一年十二月下旬才进驻上海,归淞沪警备司令戴戟直接指挥。第六团团部设在闸北太阳庙的广肇会馆,各营分驻于虬江路、闸北火车站一带。该团官兵驻扎在市内,目击日本浪人寻衅滋事,抗日保国的情绪高昂。全团官兵不请假、不离营,加强备战,日夜巡逻,枕戈待旦。因此,当接到移防命令时群情激愤,对政府的屈辱忍让义愤填膺。

二十八日傍晚时分,由于仓促奉命,宪兵第六团团长只带领一营兵力到达第六团闸北防区。鉴于日军当晚进攻的迹象已经十分明显,情报表明,日军已决心进攻。团长张君嵩认为,在此一触即发的时刻,仅以一营兵力驻守闸北防区,实在无法接防,必须等到全团到达后方能交防撤退。他随即请示戴戟司令和师长区寿年,并得到他们的同意。

当夜十一时左右,警备司令戴戟打电话通知第六团:"租界的外国驻军纷纷出动布防警戒,日海军陆战队已在虹口公园集中,有向我闸北防线进攻的可能,应

① 蔡廷锴:《蔡廷锴自传》,黑龙江人民出版社,一九八二年十月版,第二七五页。

② 蔡廷锴:《蔡廷锴自传》,黑龙江人民出版社,一九八二年十月版,第二七六页。

③ 《中华民国史纪要》(一九三二年一月——六月),第一七三页。

即严为戒备。”①张君嵩团长当即命令前线各营，全部进入阵地，严阵以待。

一九三二年一月二十八日二十三时三十分，尽管中国政府步步退让，但日本军队仍悍然向我闸北驻军发动进攻。日军以装甲车为前导，分别向我军天通庵路、虬江路阵地发动袭击。我闸北守军依照密令，奋起抵抗。张君嵩团长用电话向翁照垣旅长报告说日军开始攻击的消息，翁照垣果断地说：“打吧！不许退走，守住原有阵地……”这场闸北巷战，掀开了一·二八淞沪抗战的序幕。

十九路军一扫“甲午”以来对外的忍让屈辱，在全国一片救亡声中奋起抵抗。这场持续了近三十六天的保卫上海之战，历史上称为一·二八淞沪抗战。

当午夜的枪声响起，父亲已在寓所里休息。听到枪声后他立刻穿上便装，驱车到蔡廷锴寓所，同往龙华。当他们疾步进入警备司令部时，戴戟司令已在等候。他们迅速讨论和决定了作战方案，认为大战已无可避免。他们命令闸北守军，在援军到达前，至少死守阵地三天，以掩护主力到达战场。同时向全国发出通电，全文如下：

特急：南京中央党部、国民政府各院部会、各级党部、政府各军师旅团长、各报馆、全国国民公鉴：

暴日占我东三省，版图变色，国族垂亡，最近更在上海杀人放火，浪人四出，极世界卑劣凶暴之举动，无所不至。而炮舰纷来，陆战队全数登岸。竟于二十八日夜十二时在上海闸北公然侵我防线，向我挑衅。光鼐等分属军人，惟知正当防卫捍患守土，是其天职。尺地寸草，不能放弃，为救国而抵抗，虽牺牲至一人一弹，绝不退缩，以丧失中华民国军人之人格。此心此志，质天日而昭世界，炎黄祖宗在天之灵，实式凭之。

十九路总指挥蒋光鼐、十九军军长蔡廷锴、淞沪警备司令戴戟叩艳

一月二十八日的夜晚，由于总指挥部尚有部分人员滞留南京，父亲决定在真如车站设立临时指挥部。时值春节前夕，冰天雪地，小路泥泞。父亲和蔡廷锴、戴

① 梁岱：《十九路军“一·二八”淞沪抗日战争回忆》，《十九路军淞沪抗战纪实》，广东省政协文史资料委员会编，广东人民出版社，一九九一年十二月版，第二十页。作者当时任第七十八师翁照垣旅张君嵩团副团长。

戟三人，由龙华步行前往。当东方透出血红的曙色，他们到达了真如车站。

十九路军是清一色的步兵，没有飞机、坦克和装甲车。士兵多数是广东人，身材矮小，军服上装是对胸棉衣，下着中式裤子，头顶不圆正的军帽，脚蹬广东军的草鞋。与配备了空军、坦克的日本海军陆战队相比，真是天渊之别。

二十九日天刚亮，日空军就在闸北、南市一带低飞到千米以下狂轰滥炸；地面部队则在坦克、装甲车掩护下多次冲锋，企图冲破闸北防线。但在我中国士兵英勇的抗击下，连连受挫。

战争刚刚开始，日军指挥官、第一遣外舰队司令盐泽幸一根本不把十九路军放在眼里，他口出狂言："四小时占领上海。"但在十九路军的顽强抵抗下，日军在闸北的进攻屡战屡败，死伤过半无法支持。出于担心我军反攻，以致不得不通过各国领事出面调停，提出停火谈判的要求。

父亲虽深知这是日军的缓兵之计，但仍抱一丝和平的希望，在二十九日晚八时下达了停火命令。同时，他下令将原驻镇江以东的第六十师调到南翔、真如一带；将六十一师调运来沪；原在上海的七十八师则全部投入前线，加强防御。

十九路军抵抗的枪声激发了全国人民的爱国热情，慰劳和赞誉的函电如雪片似的飞来，赞扬他们"为世界求公理，为弱小求生存，丹心碧血，壮烈可歌"。

东北沦陷后流落关内的民众在电文中说："贵部捍御外侮，杀敌致果，为民族争光荣，为山河壮气色，挽国运于颠危，苏人心之槁死，精忠益世，溥海同钦……誓死愿作后盾，歼此蛮贼。"表达了东北同胞对十九路军的敬佩和抗战的决心。

在上海，各行各业纷纷组织义勇军，其中包括上海市民联合会救国义勇军、退职军人义勇军、民众反日救国义勇军、土木业义勇军、邮工义勇军、市商会童子军团、南京中央大学义勇铁血军团、复旦大学义勇军。

他们有的作为救护队、随军服务队，也有的直接投入了战斗。特别值得一提的是东北冯庸大学，组织了"女子义勇军"，专程从东北（应为北平）赴沪，参加作战。

战事刚刚开始，宋庆龄和何香凝就呼吁各界人民支持十九路军抗战。炮声隆隆中宋庆龄对十九路军官兵说："你们抗战的枪声一打响，海内海外，男女老幼都觉得出了口气！亿万同胞声援你们，支持你们！"

在国民党内，以刚刚下台的孙科为首的国民党留沪中央委员李宗仁、程潜、张发奎、陈友仁等十一人，在战事爆发的第二天就联合致电蒋介石、汪精卫："日人横暴至此，军民愤激，誓死抵抗。昨夜至今午，战事剧烈。我军士气百倍，连获胜利。政府此时当抱宁为玉碎、毋为瓦全之决心，以报国家，以谢民众。同人在沪见闻至切，公决应请中央即令近畿各军，抽调劲旅来沪应援，并极力设法接济十九路军军实饷糈。”

留粤中央委员唐绍仪、邓泽如、肖佛成、陈济棠、伍朝枢、邹鲁、白崇禧等二十六人致电十九路军将士：“贵部痛暴日之无理压迫，奋力抗敌，为民族争生存，为国家争人格，迭听捷音，致深钦佩。务望激励将士，坚持到底，同人等誓当竭诚接济，为公等后盾，并请转达各袍泽，共鉴微忱。”同一天，汇款四十万元接济十九路军。

一月三十日，总指挥部收到军政部长何应钦电报，通知有关人员，国府重要人员当日将渡江离京，而他将照常在南京维持。电报中他明确指出：“今后沪上停战与否，由吴市长与蒋总指挥按外交情形，协同处理。作战部署，由蒋总指挥适应情况，便宜处理。双方联络，务期密切，情况处置，盼时详报。”①

全国上下的支持和政府的授命，使父亲感到自己寄托着全国人民的希望，也肩负着关系国家兴衰与民族存亡的千斤重担。我想，当时父亲肯定认为，这是国民政府对他和十九路军的信任，这种信任也使父亲下定了与政府保持高度一致的决心。在他指挥一·二八淞沪抗战的整个过程中，无论是如何悲痛、无奈甚至愤怒，与政府同心同德这个决心他从未放弃。

四　从闸北巷战到死守吴淞

一月三十日，我方上海市市长吴铁城、军事代表区寿年师长和日本领事村井、舰队司令盐泽幸一，以及英、美、法等国领事在英国领事馆商讨停战办法。会议商定日军退回公共租界，我军则退至距离租界步枪射击范围以外地域。日方以要请示政府为由，要求停战三天。

就在和平谈判当天，日军三艘巡洋舰、四艘驱逐舰和两艘航空母舰，连同海军陆战队五千人抵达上海。当他们兵力布置妥当之后，就置自己停火要求于不顾，于三十一日晚再度发起进攻。

驻守闸北的守军与日军在闸北展开的巷战异常激烈。二月一日，父亲亲临真如前线指挥战斗，我军再次打退了日军攻击。当晚，日军舰艇炮击南京。

---

① 朱伯康、华振中：《十九路军抗日血战史》，神州国光社，一九三二年九月版，第一一二页。

二月二日，在汪精卫的策划下，国民政府决定移驻洛阳，全国为之震动。此举表明当时的汪蒋政权并无保卫京沪的决心。因此，当时力主坚决抗战的胡汉民、孙科对这个决定坚决反对。担任立法院院长的孙科拒绝去洛阳，认为这是“仓皇出奔”，是“恐日苟安心理”的表现。

当时，父亲在前线指挥作战。他认为大敌当前，全国上下必须团结一致，共同对敌。他没有附和反对派的批评，他领衔暨全体官兵向全国发出通电。通电中他为政府移驻洛阳的行动进行解释，说“中央政府因首都地位危险，时时在敌人炮火威迫之下，应急制度，断然不疑。迁移洛阳，与法都之迁波尔多、土都之迁昂哥拉，同为御敌图存之必要政策。武装同志，全国国民，方幸有安全行使职权之政府，以领导民族斗争，不容怀疑，无可非难”。

父亲甚至针对当时有些指责政府的言论，为政府辩护，呼吁团结。通电里说：“方今寇益深入，国濒危亡，血气之伦，只有发挥一致效死之精神，涤除诋排倾轧之恶习，举凡私见异同，权利之梦幻，一洗而空。”他呼吁“散处各方之中央委员政治领袖，发挥其拯救危亡之抱负，通力合作之精神，剑及履及，莅止于洛阳行都，智者尽谋，勇者致力，应付存亡一发之危局”。

通电向全国人民表示：“我十九路军奉命守土，本捍患之天职，自卫之正义，洞胸断首，万众一心，牺牲最后之一弹一卒……”，“以纯洁之心血，贡于党国，献于全民，邦人君子，听此最高之哀鸣，其亦鉴至诚，查其憨直！”[①]

吴淞要塞位于吴淞口西岸，当黄浦江入扬子江要冲，有重要战略地位，但是火炮陈旧，有名无实。开战以来日军荒唐地对外宣布，上海战事只对十九路军，不与中国政府及其他军队为敌。而军政部又一再强调避免战斗，人不犯我，我不犯人。当时吴淞要塞司令是军政部长何应钦的外甥邓振铨，他按照军政部旨意，眼看日军连日来调兵增援，不论舰艇商船，都视而不见，一律放行，任其自由出入，不发一炮。

二月三日，日军舰队准备在吴淞登陆，突然向吴淞要塞发动炮击。这时炮台开始还击，驻守在炮台的七十八师翁照垣旅钟经瑞团第一营也以机枪助阵。炮台守军击沉日军驱逐舰一艘，将敌舰击退。当日，日本领事村井对外扬言：“日本海军陆战队决于三日内占领吴淞要塞。”

鉴于日军有在吴淞登陆攻占要塞的企图，总指挥部决定派一五六旅第五团

① 朱伯康、华振中：《十九路军抗日血战史》，神州国光社，一九三二年九月版，第一二七页。

(团长丁荣光)前往增援,以加强吴淞阵地,并死守之。闸北阵地由第六十师第一二零旅旅长邓志才率部接防。丁荣光团于三日星夜乘汽车赶至吴淞,翁照垣也率旅部人员开往吴淞指挥战斗。

二月四日,日军发动了第一次总攻,战火由闸北蔓延到江湾、吴淞一带,日军增兵已达一万多人。上午十一时左右,日军舰艇十三艘,在二十四架飞机配合下,开始对炮台狂轰滥炸,企图伺机登陆。炮台守备营官兵伤亡极大,终于无法支持而溃散。幸得翁旅及时增援,扼守炮台,在炮台左右部队配合下,使日军始终无法上岸。经过两个小时苦战,日军终于被迫放弃了登陆企图。我军阵地仍岿然不动,但是吴淞炮台已经完全被毁。

无论是盐泽少将"四小时占领上海"的狂妄,还是村井领事"三日内占领吴淞"的叫嚣,都在十九路将士的拼死抵抗中粉碎了。这次总攻的失败,使口出狂言的盐泽被免职回国。接替他的日本海军第三舰队司令野村吉三郎中将乘旗舰"出云"号,在二月六日到达上海,日军兵力增至两万五千余人。

五　被绑住手脚的战斗

针对日军的部署,父亲拟定了十分详细的作战计划:死守闸北至江湾一线以及吴淞要塞两地区,形成我军左右两翼;而将主力集结于南翔以东至真如、大场、杨家行一带,待敌以主力进出江湾、蕴藻浜之间时,即在该地区与敌决战,以图歼灭之。假使敌军以主力进攻吴淞要塞,我军应由杨家行(敌渡蕴藻浜后)或由庙行镇(敌渡蕴藻浜前)方面侧击敌之侧背,或共同夹击之;若敌仍以主力专攻闸北,我军则死守,待机反攻。

日军新任指挥官野村鉴于连日以来在闸北方向毫无进展,就把进攻重点转向吴淞。二月七日上午八时,日军向吴淞发起了总攻。他们以飞机大炮轮番轰炸,火力集中在吴淞镇和南蕴藻浜一带,"所有民房商店,或栋拆椽崩,或火焰四起,吴淞全镇有如火山爆发,大地震裂,真是昏天黑地,倒海翻江,其恐怖凄惨状况,难以形容"。①

驻守蕴藻浜的赵金声连长,面对在铁甲车掩护下的两千余日军进攻,死力抵抗。但寡不敌众,无法支持,在率残部四十余人撤退途中,接到死守的命令。赵连

① 朱伯康、华振中:《十九路军抗日血战史》,神州国光社,一九三二年九月版,第一五四页。

长果敢遵命，杀回敌阵，将日军截成两段，混乱中敌军以为中了埋伏，以致在仓皇溃逃中自相残杀，死伤五六百人，向张华浜退了回去。赵连长则率余部坚守在原阵地。与此同时，日军也继续向闸北进攻。位于闸北、江湾之间的八字桥，由于北窥江湾，向南则威胁我闸北侧背，是两军必争之地，故双方争夺尤为激烈。从上午九时起，敌军在飞机大炮掩护下发起猛攻。守卫八字桥的是第六十师一一九旅（旅长刘占雄）黄茂权团，为避开日军优势的火力，该团官兵在敌军狂轰滥炸之时躲进掩蔽部，而当步兵临近的时候就在近距离用步枪、手榴弹消灭敌人。在当天七八小时的激战中，双方反复争夺，阵地六次易手，该团官兵终于击退了日军进攻。

父亲在二月十日向政府报告战况："敌连日以机群、大炮轰吴淞，房屋、炮台、树林等，毁扫已尽，无所凭依。闸北一带，焚炸殆尽，敌屡以铁甲车群分路来攻，我军虽死守阵地，惟有肉搏相持。十日以来我伤亡逾千，甚属困难，吴淞尤危。敌增兵已到，大战在即，誓拚牺牲与敌一决！"

在日军第一次总攻失败后，据报又向政府请求增兵。在此形势下，父亲认为应在日军新的援军到达之前与日军决战。陈铭枢对此十分赞成，二月八日他致电父亲说："鄙见迟早总须决战，愈迟于我愈不利，兄等当机立断可也。"①

然而当时蒋介石、汪精卫政府正一味寻求议和，对决战方案根本不予考虑。在第一次停火期间，蒋介石在一月三十日发出冠冕堂皇的"宁为玉碎，毋为瓦全"的通电之后，就在第二天给外长罗文干的电报中叮嘱他"不可以各国干涉，而我反出以强硬，致生不利影响也"。② 身为军政部长的何应钦，不积极备战准备迎敌，却在吴铁城等在英国领事馆谈判之际，对他们发出密电，说"我国目前一切均无准备，战事延长扩大均非所利"，③向谈判代表明确表示了停止抵抗的意图。

二月六日，英国远东海军司令克莱表示愿意调停，建议中国军队后撤，与日军脱离接触，撤出区域由第三国军队防守；而日军则退回一·二八事变前原防线。

二月七日，中国政府外交委员会讨论了英国方面的建议，作出了"上海息争办法"的七点决议，对这提议原则上表示赞同。汪精卫也公开对记者发表谈话说"最近英美等国之提议，余认为大体公允，故政府已大体接受。"④

① 朱伯康、华振中：《十九路军抗日血战史》，神州国光社，一九三二年九月版，第一六六页。
② 《中华民国史纪要》（一九三二年一月——六月），第二一四页。
③ 《中华民国史纪要》（一九三二年一月——六月），第二一五页。
④ 《汪兆铭就对日政策发表谈话》，《民国周报》，第九卷，第七期。

尽管蒋介石、汪精卫政府卑躬屈膝地向日方求和，但是日本对华军事行动，已经订有《上海方面军事行动指导要领》的既定方针，第二十四旅团和第九师团正被派遣来上海增援。他们对英国的调停根本无意接受。二月八日上午，外相重光葵和克莱会晤，当面拒绝了英方提出的停战办法。他苛刻地提出，中国军队撤退十五到二十英里(1 英里＝1.61 千米)，才能谈判停战，其嚣张与霸道令人难以置信。

然而，此时的何应钦仍然不能清醒地判断形势，当他得知日方拒绝英方停战办法后，连续给驻沪外交委员会委员宋子文、孔祥熙、吴铁城、张群等人发出三封电报，指责他们谈判不力，说他们"多主张根据各国通牒第五条，连同东省问题整个解决，以致毫无结果，失此斡旋良机，深为可惜"。在给吴铁城的电报中他再次重申蒋介石的悲观恐日论调，说"日陆军源源而来，战争若再持久，我方必败无疑"。他坚持要求吴铁城"力排众议"、"设法转圜"，向日方谋求妥协。①

在积极求和的同时，军政部长何应钦指令十九路军撤退。十日，父亲接到军政部电令："我军为避免敌兵舰大炮及防敌利用租界起见，应选定抵抗之本阵地，除现在杨家行、大场、真如、虹桥之线外，则以浏河及嘉定、南翔、泗泾镇之线为宜。"②这道命令，实际就是要十九路军放弃闸北、吴淞，撤退到第二道防线，父亲对此十分不以为然。

第二天(二月十一日)，他致电何应钦和陈铭枢表示不同意此时撤退："蒸午电悉，吴淞炮台被毁，敌以海陆空军全力攻我，明知死守终必毁陷，但骤然撤退，示弱于人，与敌便利，殊属非计。仍拟以一部坚守吴淞、闸北，余配备于胡家庄、大场、真如、虹桥之线，控制预备队于南翔，敌来与一决。达天交涉，日方要求双方撤退，此可甚难。日方向无诚意。如我放弃闸北，敌目的已达或更加无理要求，而政府更受人民攻击，钧意如何？请示。"③

父亲料定日军久攻闸北、吴淞不下，必然会将主力从蕴藻浜方向突击，这正是决战最有利的时机。于是他当机立断，把总指挥部移至南翔，展开兵力，准备决战。

陈铭枢在当日就曾致电父亲说："……近日颇有人发表议论，不忍本军牺牲，无以为继，亟欲设法避免再战，枢极不谓然。"十二日，又回电完全同意父亲的决心

① 《何应钦致吴铁城电》(一九三二年二月八日—九日)，第二历史档案馆藏军政部档案。

② 朱伯康、华振中：《十九路军抗日血战史》，神州国光社，一九三二年九月版，第一七一页。

③ 朱伯康、华振中：《十九路军抗日血战史》，神州国光社，一九三二年九月版，第一七六页。

与部署，认为“达天议和诚属徒然”，电文里他又再次重申原地抵抗的主张：“……望兄等坚决到底，不可为当局所动为要。”

然而何应钦的态度截然不同。当外交委员会和日方的谈判失败后，何应钦就征得蒋介石的同意，派出军政部次长陈仪和中央陆军步兵学校校长王俊，于二月十一日秘密前往上海，试图与日本军部在上海人员直接谋和。在陈仪、王俊与日方的谈判中，日方要求中国军队“退至相当地点”和拒绝第三国介入日军退出区域。这显然是另有企图，但是一味求和的蒋介石和何应钦却指令有关方面接受。当年十九路军高级参谋、《十九路军抗日血战史》的作者之一华振中，在当天痛心地写道：“敌方正在调兵遣将，又极力宣称调停，每次打了败仗，又极力运动和平，及至增兵到齐，又即行向我猛攻，诡计百出，狡诈多端以谋我。我国却当此大敌当前、危亡在即的时候，议论还是未定，主战主和，极不一致，且战且和，十分矛盾，事事都在被动……”

二月十二日，何应钦将谈判结果通知父亲，最后说：“请兄等即照所定办法，与日切实商洽，结果随时见告。待双方商议确定后，仍移交外交方面，用正式手续解决也。”[①]接此电报，父亲十分无奈，只好在当日午后，从前线回到租界参加谈判。

十三日清晨，虽然中国政府一再妥协，但是毫无信义的日军，按照既定计划，再次发起了进攻。不出父亲所料，野村一面向闸北、八字桥、江湾猛攻、一面以主力从蕴藻浜架桥偷渡，想包抄吴淞后路。

当天拂晓，日军约两千余人利用烟幕掩护，在曹家渡一带由南向北成功偷渡。驻守曹家桥、纪家桥的六十一师前哨发现后，立即行动起采，发起了数轮冲锋，想将敌击退。副师长兼第一二二旅旅长张炎率两团兵力攻击敌之正面，第一二一旅旅长张励则派出两营兵力，由庙行一带攻击敌之背后。但是敌军依仗优势的装备，以密集猛烈的炮火，阻止了我军冲击。机枪子弹有如密雨，使我军伤亡极大。

当日天气阴雨带雪，战斗异常激烈。从早晨八时到下午一时，为击退偷渡的日军，我军官兵们冒着敌人的炮火，勇敢地发起了数十次冲锋，和日军几次展开残酷的肉搏，依然没有得手。激战至下午二时，曹家桥、纪家桥均被敌军占领。

蔡廷锴军长见形势严峻，亲自带领参谋人员到庙行附近督战。当晚，副师长

---

① 朱伯康、华振中：《十九路军抗日血战史》，神州国光社，一九三二年九月版，第一八三——一八四页。

张炎率部夜袭日军侧背，使日营大乱，惊惶溃退，争渡蕴藻浜向南逃窜。这才使我军得以收复纪家桥，粉碎了敌军从后面包抄吴淞守军的计划。

在这次纪家桥战役中，我军官兵表现了中国军人奋勇杀敌的无畏精神。张炎旅第六团团长郑为楫负伤后仍然坚持指挥战斗；第六团第三营营长李熙荣，冒着敌军浓密的炮火，亲率百骑冲击敌军中坚，不幸中弹身亡。①

纪家桥一战击退日军后，父亲认为这正是计划中最好的决战时机。他决定以主力由江湾出击，先行消灭庙行镇以北之敌，然后将敌军向南压迫，将之全歼。他下达了全线出击、与敌决战的命令。

如果这一命令能够实行，谁能预料一·二八淞沪抗战的历史将会如何书写？但是，当军政部得知父亲下令出击决战后，就急忙加以制止。正当前方将士磨刀擦枪、枕戈待命之时，父亲接到了何应钦、陈铭枢、罗文干的联名来电："介公（指蒋介石）刻到浦镇，召弟等指示沪事，以十九路军保持十余日来之胜利，能乘此收手，避免再战为主……"②并指令和日方"从速进行"谈判。

陈铭枢是一直主张在敌方增兵前进行决战的，二月八日他在电报里就认为决战越迟对我方越为不利。如今他却与何应钦等联名发出这份电报，制止出击决战，可见政府求和的决心和陈铭枢所受到的压力。

这纸电文令父亲十分失望，但从军事的角度来看，他仍然力图维持出击方案，想在敌军援军到达前与敌军决战。因此他委婉地回电说："元未电奉悉，指示各条，谨遵办理，但敌方狡诈百出，未审能达到否？谨复。"③

电报刚刚发出，何应钦、陈铭枢就立刻回电，强调蒋介石的主张："蒋介公之意，我军进攻，无论如何牺牲，不能达到目的，在全盘计划未定之前，仍取攻势防御为要。特达，希查照。"④

战争交火半月之久，当局既不宣战也不作御敌计划，这种无计划的忽战忽和，使前线指挥官的军事部署无所适从。这场战争，战时人们盛赞我军的胜利，战后人们评论战术的得失，然而却很少有人知道，在隆隆的杀声中，前线指挥官心底的

① 李熙荣营长毕业于日本陆军士官学校，在蒋光鼐担任六十一师师长时，投身该师供职。历任参谋、团附、营长，牺牲时年仅三十三岁。次年，其故乡广东台山县人民在县城西郊的中山公园（如今改名革命烈士陵园），为他建立了纪念碑，纪念这位为国捐躯的年青军人。

② 朱伯康、华振中：《十九路军抗日血战史》，神州国光社，一九三二年九月版，第一九三页。

③ 朱伯康、华振中：《十九路军抗日血战史》，神州国光社，一九三二年九月版，第一九四页。

④ 朱伯康、华振中：《十九路军抗日血战史》，神州国光社，一九三二年九月版，第一九四页。

波澜。军令如山，父亲无可奈何，长叹一声，收回出击命令。

当晚七时许，何应钦再次来电，让父亲立即前往与日方代表接洽。计划中最有利的决战时机错过了，从而也失去了在敌增兵前全歼残敌的良机。几十年后，每当提起此事，父亲仍不免感慨万千。他说："我带兵几十年，大小战役无数，从无败绩，至多打成平手。与日寇一战，知其伎俩不过如此。可惜啊，这是被自己绑住了手脚的战斗！"

二月十三日深夜，北风呼啸，大雪纷飞。离开英租界的谈判会议，父亲心情格外沉重。当局仅着意于和谈，而敌军虽然屡战屡败，但增兵不已，对和谈毫无诚意。他身着对襟唐装，头戴礼帽，化装回到家里。他的一身"土佬"打扮，使家人十分惊异。当夜父亲告诉家人说，形势十分危急，日军又将增兵。战火还会扩大，租界也并不安全。万一日军进入租界，知道这里是谁家的宅第，就将十分危险。所以，还是尽量不引起外界注意为好。

连日来，家里人每天都煮一大锅广东人爱吃的鸡粥，跟随廖夫人到各收容所去慰劳伤兵，大家都很疲劳，但见父亲安全归来，都感到十分宽慰。当父亲知道从十三岁就到我家的保姆蒋柳，每天晚上都为他烧香拜神、求菩萨保佑的时候，他开怀地笑起来。父亲从口袋里拿出一个精致的小盒子，打开递到刘暮雨面前，里面放着一枚镶嵌着一块椭圆形宝石的戒指。他说；"你看，这玉石上有红色的晕纹，这是一位华侨托人带到总指挥部来给我的。他说这是"化险石"。宝石上的红晕是可以辟邪的，你叫阿柳放心吧！"说着，他把这枚寄托着广大侨胞对十九路军一片真情的戒指戴在刘暮雨手上。

当晚，父亲嘱咐大家。作为前线指挥官的家眷，他不能让家人离开上海，但为了以防万一，从明天起就不要再在家里留宿了。他让家人搬到朋友家里去暂避一时。此时，父亲似乎已经预感到这场战争前路的艰辛。

六　第五军参战

接连的失败使日本再次易帅增兵。二月十四日，陆军中将植田谦吉率部抵沪，兵力增至三万余人。当天下午，父亲回到南翔总指挥部，向何应钦等发电报告说："综合各方确报，敌到沪陆军并陆战队共三万人，有必据吴淞或胜仗后始行停战之企图，我虽欲求和，而日寇绝无诚意。为民族生存，国家体面，只有决心一战，请令我飞机，排除万难，速来前线，参加战斗，并设法在最近期内，另调别军一二师开来，为千万祷。”[①]

当日父亲接到何应钦电令，张治中将于十五日出发赴沪，统归父亲指挥。为了确定新的作战部署，父亲派出参谋人员对各部情况作了广泛的了解，并且征询指挥官的意见，尤其是战斗极为惨烈、位置又极具战略意义的吴淞阵地。他让参谋对翁照垣旅长说，如果吴淞不能固守，不如撤退到刘行一带，与闸北联系。但翁将军表示，吴淞是日寇最感痛苦的所在，而且放弃吴淞对国际观感影响很大。他对总部参谋表示：“本旅决定死守吴淞，请回报总指挥安心好了。”对翁旅长的决心父亲十分欣慰，他对总部军官们说：“翁旅长有这种精神，吴淞绝保无虞。”

当日，张治中军长从南京乘车来到南翔，第五军全部到达。这时父亲决定实行分区作战。全军区分左右两翼，第十九军军长蔡廷锴率六十师、六十一师、七十八师（缺翁旅）、八十八师独立旅附宪兵第六团及南市团警为右翼军；第五军军长张治中率八十七师、八十八师、中央军校教导总队、学生义勇军、一五六旅（缺第六团）为左翼军。

十六日夜十一时，总指挥部向全军下达了布防命令。[②] 命令准确地分析了敌情，指出“敌金泽第九师团十五日全部抵上海，并久留米第二十四混成旅及陆战队残部共约三万余人，归植田谦吉指挥，联合其海空军，有再攻占我上海、吴淞之企图”。布防命令确定了如下作战方针：“本军以守土自卫之目的，决占领南市、龙华、北新泾、真如、闸北、八字桥、江湾、庙行镇、吴淞、宝山、狮子林之线抵抗该敌，并集结主力于真如、大场、刘行镇附近，待机反攻而歼灭之。”

全军配备如下：“右翼军应占领南市、龙华、北新泾、真如、闸北、八字桥、江湾（在内）之线，主力控制于真如、大场之间，待机向虹镇，引翔港方面出击，歼灭敌人”；“左翼军应占领江湾北端、庙行镇、蔡家宅、胡家宅、纪家桥、曹家桥、泗塘之线，主力控制于刘行镇附近，待机向殷行镇方面出击，歼灭敌人。但须以一部在罗店、浏河、小川沙方面担任江面之警戒”；“吴淞要塞地区队，须死守吴淞、宝山、狮子林之要塞地区，以作全军左翼据点。又须以有力部队乘机进占张华浜地区，并归张军长指挥之”。

两军按照命令展开兵力，右翼军军部设在真如；左翼军军部设在刘行镇。

---

① 朱伯康、华振中：《十九路军抗日血战史》，神州国光社，一九三二年九月版，第一九八页。

② 朱伯康、华振中：《十九路军抗日血战史》，神州国光社，一九三二年九月版，第二一五——二一八页。

在一·二八淞沪抗战正轰轰烈烈展开之时，社会舆论一致指责当时政府的退缩忍让，但有两件事很使人迷惑：一是在战争刚刚开始之际，蒋介石在一月三十日所发表的一篇致各总指挥部和各军官学校师生的通电；二是蒋介石嫡系部队第五军的获准参战。因为它们都给人一种错觉：蒋介石是支持十九路军的。

这篇通电开头就说："东北事变，肇始迄今，中央为避免战祸，保全国脉起见，故不惜忍辱负重，保持和平，期以公理与正义，促暴日之觉悟。不意我愈忍让。彼愈蛮横。"蒋介石一反以往悲观的三日必将大败的论调，似乎已经明白自己以前提出的"以和平对野蛮"，对侵略者采取"逆来顺受的态度，以待国际公理之判断"的政策，其结果只能是"我愈忍让，彼愈蛮横"。

通电里他慷慨激昂地说："我十九路将士既起而为忠勇之自卫，我全军革命将士处此亡国灭种，患迫燃眉之际，皆应为国家争人格，为民族求生存，为革命尽责任，抱宁为玉碎、毋为瓦全之决心，与此破坏和平，蔑信义之暴日相周旋。"蒋介石似乎在向人们表明，他对十九路军奋起抵抗是抱完全肯定态度的，他似乎已经决心"宁为玉碎，毋为瓦全"全力支持十九路军去和"蔑信义之暴日相周旋"了。

然而十分可惜，这只是事情的表面。陈公博在《苦笑录》中写道："……记得一次我和汪蒋两先生在浦镇的车站山上的工程师住宅内谈话时，蒋先生还说了许多埋怨十九路军的话，我解释着十九路军不得不战，而且上海的战争，我认为是政治之战，而非军事之战，以后我更说：'倘若上海不打，恐怕要酿成内战。''内战，我是不怕的。'蒋先生很坚决地维护自己的意见。"①

从陈公博的回忆里我们清楚地看到，蒋介石的通电仅仅是蒋介石在当时政治斗争环境下所作出的一种姿态、一种手段。正如李以劻在回忆录中所写："当一·二八战起，十九路军领导人发出艳电，蒋介石得悉之后，据居正（司法院长）的儿子居浩然告我：'当天戴季陶、陈果夫、陈布雷、陈立夫等人群集溪口献计，要蒋通电告全国军人表示抗日决心，以免国人反对，所以才有冠冕堂皇的卅电。"②

我们更不难从他的亲信、军政部长何应钦对待十九路军奋起抵抗的态度，看出事情的真相。

① 转引自李敖：《蒋介石评传》下册，中国友谊出版公司，二〇〇四年八月第一版，第二三〇页。

② 李以劻：《淞沪抗战回忆片断》，《十九路军淞沪抗战纪实》，广东省政协文史资料委员会编，广东人民出版社一九九一年十二月版，第三十五页。

陈铭枢在回忆录中记述了在一月二十八日战争刚刚打响之际军政部的态度："当时蒋、蔡、戴三人立即电告军政部长何应钦，哪知得到的回电却是责难我军'违抗命令'。总指挥部即派蒋达文（总指挥部参谋）赶来南京向我汇报军事态势，他在汇报中说：'三位长官接到电报后，气得一言不发。'"①

八十七师二六一旅旅长宋希濂也回忆说："我代表全旅官兵，于一月三十日下午三时到三牌楼军政部见何应钦，陈述官兵请求开往上海参战的强烈愿望。何应钦听了后，不仅没有丝毫兴奋的表情，反而板着面孔对我说：'十九路军不听命令，叫他们撤离上海他们不撤，反而同日军打起来了，破坏中央的整个政策，弄得很难处理。你们还来要求开往上海参战吗？这是不行的。'"②

宋希濂和陈铭枢两人的回忆可以互相印证。他们的记述表明，蒋介石和何应钦对十九路军出于自卫的抵抗是十分不满的，认为他们是"不听命令"。

以上所列举的历史记载都清楚表明，蒋介石的那篇通电只是他向全国人民作出的一种姿态，是他与党内反对派政治斗争的一种手段而已，他对日妥协的态度并没有改变。

令人迷惑的第二件事是蒋介石批准第五军参战。如果蒋介石不支持十九路军抵抗，怎么会让第五军加入第十九路序列呢？这是许多热衷于为蒋介石遮丑的文人最为有力的论据。他们引用蒋介石给张治中和俞济时的电文，并借《陈布雷日记》的话说："蒋（介石）如此精诚，真堪泣鬼神而动天地者。"

事实真相如何呢？其实八十七师和八十八师的官兵，在沪战刚刚开始，就积极要求参战。除了八十七师宋希濂旅外，驻守杭州的八十八师师长俞济时也致电蒋介石说："沪案严重。十九路军应战颇获胜利，唯恐不能持久，可否将本师调沪增援。乞示。"③蒋介石回答是"贵师行动，一听何部长命令"。

要求参战遭到何应钦拒绝的二六一旅旅长宋希濂，于三十日当晚十一点钟，再次带着全旅营长以上干部，乘大卡车到何应钦公馆，要求到上海参战。当时何应钦也只允许他们开到幕府山、狮子山、下关一带对江面警戒。

直到后来，中央陆军军官学校校长张治中在浦口见到蒋介石，他对蒋介石建议说："我们中央的部队必须参加淞沪战斗才好，如果现在没有别人可以去，我愿

---

① 陈铭枢：《陈铭枢回忆录》，中国文史出版社，一九九七年三月版，第九十九页。

② 宋希濂：《"一·二八"淞沪抗战纪实》，《十九路军淞沪抗战纪实》，广东省政协文史资料委员会编，广东人民出版社，一九九一年十二月版，第六十页。

③ 转引自李敖：《蒋介石评传》上册，中国友谊出版公司，二〇〇四年八月第一版，第二三六页。

意去。”[①]他的请求得到了蒋介石的同意，并“马上关照军政部长何应钦即调动散驻京沪、京杭两线的第八十七、第八十八两师合成为第五军”，[②]由张治中率领参战。

在这以前许多爱国将领都曾请缨参战，但都被蒋介石拒绝。军政部还曾通令各部：“十九路军有三师十六团，无须援兵，尽可支持。各军将士非得军政部命令而自由行动者，虽意爱国，亦须受抗命处分。”[③]

当局一直千方百计避免战火扩大。战争刚刚打响，军政部长何应钦就向全国各省发出密电，要“各省军政长官深体中央意旨，确切明了正当防卫之意义，即对于此项上海冲突，勿涉嚣张，予日寇借口宣战之机，失却国际同情之利”。抵御外敌侵略，不是立足于自身求存的决心与反抗，而寄望于国际同情，是出于幼稚还是懦弱，任人解读。他在密令中还警告说，不要“误用正当防卫转成诱起战争之口实”。[④]

据当时在蔡廷锴身边担任参谋的李以劻先生回忆，“二十七日晚，何应钦、朱培德发来三次火急电：‘着该军忍辱求全，避免冲突，万勿妄动，以免妨碍国防大计。’”

那么蒋介石为什么突然改变态度，十分爽快地同意张治中率第五军参战呢？如果我们实事求是地通观当时的历史，就不难看到，无论是张治中将军对蒋介石的建议，还是蒋介石的首肯，都和当时民众的呼声以及党内反对派的指责和请战密切相关。

十九路军的英勇抗战与张学良东北军不战而退，形成了鲜明对比。十九路军十多天来的胜利不仅粉碎了日军不可战胜的神话，更激发了中国军队抗日的决心和士气。第三路军韩复榘部、第四路军何健部、第九路军鲁涤平部、第二十六路军孙连仲部、第一集团军陈济棠部、第四集团军白崇禧部、黄埔军校革命同志会以及各省市国民党党部等均发表通电，声援十九路军的正义行动。正在南昌“剿共”前线的三十多名将领也由朱绍良领衔致电蒋介石，请缨御侮。

开战以来，十九路军孤军奋战，其顽强精神受到了全国人民的拥戴。上海街

---

① 张治中：《第五军淞沪抗日经过》，《十九路军淞沪抗战纪实》，广东省政协文史资料委员会编，广东人民出版社一九九一年十二月版，第四十六页。

② 同上注。

③ 陈铭枢：《陈铭枢回忆录》，中国文史出版社，一九九七年三月版，第一〇一页。

④ 《何应钦致各省电》（一九三二年一月二十九日），第二历史档案馆藏军委会档案。

头出现了十九路军抗敌牌火柴、光鼐牌香烟；蒋兆和在火线上为父亲和蔡廷锴所画的油画肖像，被大量印刷、到处张贴；父亲和蔡廷锴、戴戟的肖像被广为印刷，肖像背面都印有各自的简历。他们被群众称为“民族英雄”，老国民党人邓泽如撰写《民族英雄蒋总指挥光鼐传略》，为父亲立传。

从战争一开始，上海工商界和文化教育界的上层人士就组织了“上海市民地方维持会”，由《申报》主编史量才担任会长，担负着支持前线，救护伤员的组织工作。

十九路军自一九三一年十月调离江西前线起，就没有领到军饷。一九三二年一月九日，蔡廷锴在日记中叹道：“本军军需处长来报告军需署仍未发给伙食，各部公积金最多维持至本月底……倘本月底政府当局仍无办法，唯有请求解散，遣归田里，免我久共患难的官兵流落他乡。”①由于军费无着，军队由广东到上海，连过冬的寒衣都没有。

当《申报》刊出《前方将士无衣御寒》的消息后，各地就立即发起了赶制征衣的活动，五天内收到捐助的全新棉衣三万余套，棉被两千余条。各界民众慷慨解囊，现金、食品、药物等源源不断地送达十九路军。

其时，上海各界民众都把淞沪抗战作为国家与民族生死存亡的头等大事来看待。人人关心战事发展，有钱出钱有力出力，各凭天良。可以说，十九路军在战争期间的衣食供给、军饷开支、军械补给全部是民众捐助。后来，父亲在《十九路军抗日血战史》一书序言中感动地写道：“淞沪之役，我军得民众莫大之帮助，近者箪食壶浆，远者输财捐助，慰劳奖饬，永不敢忘。此同仇敌忾之心，使吾人感奋欲涕。”

抵抗的枪声也激发了艺术家的激情。作曲家聂耳在抗日的炮火声中创作了《义勇军进行曲》；画家徐悲鸿创作了国画《雄鸡一声天下白》，画中题曰：“十九路军健儿奋勇杀贼，振垂毙之民族，图以美之。又自愧于危亡无补也。壬辰岁始，悲鸿。”漫画家黄苗子在《良友》杂志也发表了他为父亲和蔡廷锴、谭启秀、翁照垣创作的漫画像；上海地方维持会常务理事黄炎培先生，给他当年出生的儿子命名为黄拾玖。

当代大儒章太炎在二月十七日撰《书十九路军御日本事》，对十九路军抗战予以高度的赞扬。他说：“自清光绪以来，与日本三遇，未有大捷如今者也。原其制

① 蔡廷锴：《蔡廷锴自传》，黑龙江人民出版社，一九八二年十月版，第二七二页。

胜之道，诚由将帅果断，发于至诚，亦以士卒奋厉，进退无不如节度，上下辑睦，能均劳逸。"文章最后他写道："章炳麟曰：自民国初元至今，将帅勇于内争，怯于御外，民闻兵至，如避寇仇。今十九路军赫然与强敌争命，民之爱之，固其所也。"[①]

所有这些，都表明了一个事实，就是十九路军奋起抵抗合乎民心，也代表了民意，所以人们认为他们为中华民族洗刷了九一八以来的奇耻大辱，使十九路军成为全国人民心目中的英雄军队。

面对民众的抗日热情与呼声，蒋介石、汪精卫政权的一味求和政策，自然备受指责。

"二月十三日，孙科、孔祥熙、程潜、杨庶堪、陈友仁、丁超五、桂崇基、张知本、何世祯、孔敬亚等二十五人在上海集会，讨论抗日问题，并联名致电蒋介石、汪精卫，公开抨击自九一八事变以来的不抵抗政策和蒋介石的'我与日战，三日可以亡国'的谬论，要求中枢当局速定坚决彻底的抗日方针。"[②]他们要求当局"萃陆海空军力量固守上海，予十九路军充分援助"。[③]

二月十四日，胡汉民在香港发表谈话，对汪精卫"一面抵抗，一面交涉"的论调，针锋相对地提出"在日军未退出上海前，无交涉可言"。[④]

冯玉祥曾在国民党中央全会上当面斥责蒋介石："若不赶快决定派出多数的军队援助他们，那就是害国殃民，那就是要把十九路军的官兵性命送掉了……"[⑤]当时，有关"蒋介石按兵不动，是要看着把十九路军打光"的说法不胫而走。

对此，宋希濂的回忆录中是这样说的："这时上海战争正在激烈进行，第十九路军单独在沪作战，中央并无派兵增援的动向。许多社会人士及国民党内反对派纷起责难，说中央看着十九路军打，按兵不救。"又说："当时上海有一种传说，说中央有意使第十九路军孤军作战，任听牺牲。"[⑥]

丘国珍在《十九路军兴亡史》中写道："中枢分两派：一派是主战派，一派是反战派。主战派是西南各实力派所支持的中枢大员们，他们想趁战局之扩大而夺取

---

① 章太炎：《书十九路军御日本事》，《大公报》，一九三二年三月五日。章太炎此文原件于一九三二年二月十七日寄《申报》主编史量才，笔者未查实在《申报》发表时间。

② 余子道：《抵抗与妥协的两重奏》，广西师范大学出版社，一九九四年十二月第一版，第一四二页。

③ 《驻沪中央委员电请当局迅速定计》，《申报》，一九三二年二月十五日。

④ 蒋永敬：《胡汉民先生年谱》，台湾商务印书馆，一九八一年版，第五一六页。

⑤ 冯玉祥：《我所认识的蒋介石》，黑龙江人民出版社，一九八〇年版，第三十一页。

⑥ 宋希濂：《"一·二八"淞沪抗战纪实》，《十九路军淞沪抗战纪实》，广东省政协文史资料委员会编，广东人民出版社，一九九一年十二月版，第六三—六四页。

中央政权；反战派是中央大员们，他们忌妒十九路军的名声过大，恐怕功高震主！所以听任十九路军孤军奋斗，诸事掣肘，不调援军。”①

虽然十九路军在蒋介石征讨异己的战争中曾为他立下过汗马功劳，但鉴于当时他对陈铭枢的不满，以及十九路军和陈铭枢以及粤方的历史渊源，蒋介石始终将之看作异己的军事力量。特别是在当时宁粤间矛盾重重的情况下，粤方要求十九路军驻扎京沪，以保证粤方代表安全，就更加使蒋介石对十九路军心存芥蒂。

纵观蒋介石九一八后的日记，不难看出他还是有决心抵抗日本侵略的。他说：“与其不战而亡，不如战而亡，以存我中华民族之人格。”②他认为“为保障国土与公理计，任何牺牲在所不惜”。③ 那么是什么原因使他在一·二八战役中一味求和呢？这点我们也不难从他的日记中找到答案。

日本无疑是蒋介石心中的敌人，但在当时更使他咬牙切齿的敌人，是威胁他独裁地位的党内反对派。以胡汉民为首的粤派中央委员，以抗日和反独裁为号召，使蒋介石陷入了四面楚歌的地位。他认为粤方是以抗日之名来和他对抗，一九三一年十月二十三日他在日记里写道：“粤寇借倭奴之力以倒中国。”蒋介石的逻辑是颇为有趣的，“倒蒋”就是“倒中国”这一逻辑成立的前提，自然必须是“蒋介石就是中国”，以我为国，在他眼里日本是“倭奴”而已，党内反对派却是“粤寇”。

当时各地学生涌入南京，向政府请愿，蒋介石对学生的自发爱国行为恨之入骨，他将这种仇恨转移到粤派身上。他在十一月二十五日的日记中写道：“各方学生为反动派所蛊惑，故意捣乱，破坏政府，勾结日本、广东，人格丧失殆尽。……胡逆汉民，其亡国之妖孽乎？”二十七日又云：“倭事乃由国内卖国者发动，胡展堂、陈友仁之肉，不足食矣！”

这些都表明，蒋介石对威胁到他个人权势的人，是恨之入骨、绝不宽容的，竟至欲啖之而后快的地步。因此，民众对十九路军抗日的支持和拥戴，使蒋介石有苦难言，更使他在和胡汉民等人的党内斗争中，陷入十分被动的局面。张治中将军无疑看到了蒋介石当时处境的尴尬，所以他提出“我们中央的部队”必须参战才好。

这里值得一提的是，张将军说的是“我们”，那么“他们”是谁？虽然张将军在

---

① 转引自李敖：《蒋介石评传》下册，中国友谊出版公司，二〇〇四年八月第一版，第二二九页。

② 蒋介石日记，一九三一年九月二十五日。

③ 蒋介石日记，一九三一年十月十一日。

回忆录里只记下他和蒋介石这次谈话中的短短一句,①但是也已经能使我们明白,在他们的谈话里,对国民革命军也是分成"我们"、"他们"的,显然已是你我有别、壁垒分明。

对蒋介石而言,张治中将军的建议无疑极为明智。第五军参战既可以向民众表明,他本人支持抗日的决心,更能堵住党内反对派对他的指责,向全国上下表示:"我们中央的部队"也是抗日的,从而扭转当时对他极为不利的局面。

对此,中国台湾学者李敖在《蒋介石评传》第五章第三节里有翔实的论述。他说:"明眼人的看法是:蒋介石原以为十九路军对日本抵抗不了那么久。既然抵抗之久,出人意料之外,他就不得不派自己嫡系部队去'接漏油'、去争功,同时也'制止十九路军'。"

他接着引用《李宗仁回忆录》第四十八章中的话说:"先是,一·二八淞沪之役,十九路军一举成名,蒋光鼐、蔡廷锴一干人物顿时变成民族英雄,为全国人士所一致敬仰。但是中央此时却抱退让态度。淞沪战时,蒋先生曾令张治中率第五军俞济时等部参加作战,表面上是协同抗日,事实上则用来监视十九路军,防止扩大战争范围……"

纵观第五军参战以来,全体官兵和十九路军同仇敌忾,并肩作战,互相配合、亲密无间。虽然张治中将军与蒋介石之间直接密电往来,对第十九路总指挥部的命令都先征询蒋介石的训示,但是在作战中第五军将士和十九路军一样,是英勇杀敌、尽心尽力的。我还没有看到有明显的证据显示第五军参战是负有"监视十九路军"的职责。当然,即使有,也绝对不会留下证据。历史真相也只有蒋介石和张治中将军明白,局外人的看法终究也只是猜想而已。

就这样,张治中将军率领临时组建起来的第五军,在全国上下一片对政府不抵抗的指责声中,获准到上海参战。

七　第三任日酋"中央突破"计划的破产

第五军加入战斗序列后,面对日军不断增兵,父亲仍然感到我军兵力明显不

① 其他资料所引对话与回忆录有异,其中一种如下:"是年二月初,蒋介石由洛阳回京,到达浦口,张治中往迎。张在寒暄后说:'现在看,形势不大好。'蒋问:'你的看法呢?'张答:'十九路军孤军抗日,难以持久,外间传说纷纷,说政府有意坐视,甚至说借敌人之手消灭杂牌部队。我认为,应该迅速增援,事不宜迟!'"存此聊作参考。

足。而当局这种不战不和的决策，更使他心急如焚。几天前当局以全盘计划未定为由不准出击，然时至今日，政府的全盘计划仍然无着。他着急地连连发电请求上峰继续增兵，敦促政府及早决定全面的决策。

就在实行分区作战的二月十六日，他致电陈铭枢："我军连战皆捷，然非主力战，死伤已达两千，纪家桥一役，知敌亦不可轻。确报，敌到沪兵力已有三万余人，和议无望。敌只效占锦州故智，我退彼进，永图占据。稍一让步，闸北南市均非我有。大战在即，兵贵万全。沪战如大胜，可为我民族复兴之转机，败则将陷国家前途于万劫。万恳速请介公、敬之务在最近期内调二三师开来前线，预备急用，方能先为敌之不可胜，以待敌之可胜。至江北部队可在浦口偷渡，镇江有保安队维持，八十八师各团可调归建制，如办不到，宜速定和议，不容犹疑也。"

作为前线作战的指挥官，父亲既要履行军人天职，又要对全军官兵的生命安危负责。显然他当时认为如果当局不肯增兵，面对敌人源源不绝援军的到来，部队将面临极大的危险。他把这种忧虑告诉陈铭枢，希望得到支持和帮助。

但是，随着孙科政府的倒台，陈铭枢也在一月二十六日卸下了行政院副院长的职务。在政府里只担任一个交通部长，没有左右时局的能力，对时局也显得十分无奈。他当日就回电说："目前国论，确为和战交持之局。昨日孙哲生、张静江等犹有电责难政府，应早定大计。而主和派如某某等，其论又适与相反。……吾人倘只斤斤为爱十九路军之计，恐本军之命运，在精神与实际，终陷于爱惜不了之局势，即整个党与国任何部队，恐亦将如此！弟早屡促军政当局，下大决心，抽调各方援军至前线，并极力推动东北，能否照办，姑勿计。惟上海战争，必须在原线抵抗……十九路军虽毁灭，全国犹将有千百十九路军前仆后继，犹是十九路军之成功也。望兄等勿再忧虑。"①

在当时派系斗争激烈的年代，陈铭枢为国为民的凛然正气，跃然纸上，读来很令人感动。父亲回电表示："铣电奉悉。职等亦作如此打算，但希望政府有整个计划。若头痛医头，脚痛医脚，则始终无济于事也。据各方报告，敌今晚或明日有总攻企图，经严阵以待矣。谨复。"

在给参谋总长朱培德以及何应钦、陈铭枢的电报中父亲又说："顷接达天兄电话，日方和议毫无诚意。职等积极备战外，恳请钧座早定全盘计划。盼切！"

然而当局仍然迷信于和谈，对父亲的一再催促无动于衷。十七日，父亲再次

① 朱伯康、华振中：《十九路军抗日血战史》，神州国光社，一九三二年九月版，第二〇六页。

奉命到谈判桌上议和，日方的蛮横态度使他十分气愤，明知大战在即，军务繁杂而不愿再与之周旋。他致电何应钦、陈铭枢："对和谈事，请政府派人参加谈判，商定后自当遵从。但敌狡诈，前次在闸北救济难民，停止四小时射击，彼竟利用此机会进至我阵地前构筑工事，其无诚意可想而知。料敌是缓和机会，作一切之部署耳。一面谈判，仍望不忘作全盘之备战。"①

不难看出，父亲十分清楚日军在达到其一定军事目标之前绝不会停战。如果没有军事上的胜利，就只能是屈辱，而不会有平等的和谈。所以他一再提醒当局，日军只是借谈判之名备战，而当新的进攻准备妥当之后就会展开新一轮的进攻。他敦促当局，我军必须积极备战，击退敌人的军事进攻，以能在平等的基础上和谈。但是政府当局却对议和寄予太大希望，对父亲的提醒不予理会。

一个正在作战的前线指挥官，竟要如此心急如焚地敦促政府备战，重读父亲这些昔日的电文，实在令人心痛。

"事前不战不和又不准备，事后忽战忽和、忽和忽战，又皆听从敌方的操纵，凡此种种皆给日本以便利，将淞沪土地断送于'运输艰难后援不济'的痛语中。这种宋襄公之仁，实为任何国家所不取的对敌方法！"朱伯康在《十九路军抗日血战史》中的这段话，道出了蒋介石、汪精卫政府在这次淞沪战争中的严重错误。

二月十八日，蔡廷锴将军接到了日军的最后通牒，要求我军退出租界二十公里，撤去此范围内军事设施并永不重建。蔡廷锴气愤地把通牒呈交给父亲。父亲怒不可遏，认为对付这样刁蛮的侵略者已经别无选择。他断然下令：用大炮回答它！

二月二十日晨，日军发动了第二次总攻。他们先以大炮向江湾、庙行等地猛轰，继以步兵在坦克的掩护下，一路进击张华浜一带；另一路由杨树浦进犯，来势凶猛。植田谦吉的企图是突破庙行南端地域，然后以主力向南席卷，将十九路军歼于江湾、闸北地区；以有力部队向北歼灭第五军于杨家行、吴淞地区。这就是植田的所谓"中央突破"计划。

父亲一面指挥部队抗击日军，一面和蔡军长、戴司令暨各师旅长向全国发出致国民政府、各省军民长官、全国民众通电（号电）：

暴日蔑视我国家政府，以挑拨造谣之卑劣伎俩，违反通例，单独致本军以蛮横之最后通牒，本军惟有以铁血答复之。军人报国，粉身碎骨，是分内事，大战开始

---

① 朱伯康、华振中：《十九路军抗日血战史》，神州国光社，一九三二年九月版，第二〇九页。

之日，即本军授命之时。使一卒一弹犹存，则暴日绝不得逞，惟愿全国朝野上下，人人怀必死之志，引偷生苟活为无上耻辱，团结一致，前仆后继，则本军之牺牲为不虚，伏尸流血之战士，必含笑于九泉矣。①

这种拼死抵抗的决心，引起了蒋介石、何应钦的不满。蒋介石直接打电话责问父亲说："这个仗打得差不多了，下令停火吧！"父亲说："已经打起来了，无法收手！"事实上面对日军已经展开的疯狂进攻，如何停火？何应钦更是十分生气，到处散布说"蒋、蔡强出风头，目无军纪"。②

二十一日，日军以步兵数千人配合飞机、大炮向江湾、庙行两处重点冲击，争夺激烈，双方都伤亡惨重，但两处阵地始终在我军手里。二十二日，植田亲率日军倾巢出动，从凌晨开始就向我庙行南端阵地猛攻，驻守庙行的我左翼军俞济时第八十八师奋力抵抗。

敌军为寻求突破点，以实现中央突破计划，不断出动飞机大炮，对第五二七团三营的大小麦家宅阵地狂轰滥炸，使阵地工事全部被毁。上午八时许，三营阵地被敌军突破，营长陈振新当场阵亡。

当时，八十八师师部在冯家宅，俞济时师长命令副师长李延年率预备队增援，投入反击。战斗中，旅长钱伦体重伤胸部，但仍坚持指挥，工兵营长唐循阵亡。当时全部预备队都已经用尽，战况十分危急。

由于大小麦家宅被突破，致使庙行阵地受到侧击，伤亡十分严重。在这危急关头，张治中军长亲率中央军校教导总队，赶往八十八师指挥策应，另调八十七师二五九旅旅长孙元良率部向庙行镇南区增援，同时命令驻守蕴藻浜北岸的二六一旅旅长宋希濂由纪家桥渡河抄袭日军侧背。

庙行阵地被突破，将使我军处于两翼被分割的危险境地。因此，当总指挥部接到战报后，父亲当即决定，从左右两翼和正面三个方向同时向敌军实施反击。总指挥部于上午九时对全军作出如下部署：

1. 闸北至江湾南端施行猛烈之佯攻；

2. 六十一师副师长张炎率四、五两团由江湾西北端向敌侧击；

3. 区师长以一团置于夏家宅策应八字桥；

---

① 朱伯康、华振中：《十九路军抗日血战史》，神州国光社，一九三二年九月版，第二三六页。在韵目代日中，二十日可称"号"日，故此电又称"号电"。

② 李以劻：《淞沪抗战回忆片断》，《十九路军淞沪抗战纪实》，广东省政协文史资料委员会编，广东人民出版社一九九一年十二月版，第三十八页。

4. 八十七师孙旅加入庙行镇正面与八十八师同时出击；

5. 八十七师宋旅以大部由蕴藻浜渡河向敌侧背威胁。①

按照部署，左右两翼军密切配合、协同作战。张炎副师长接到命令就立即亲率两团，由竹园墩出击，先后到达水车头附近，直接向敌军展开侧击；宋旅长命两团各留一营留守阵地，其余部队立即开始准备渡河，下午三时左右，宋旅渡河成功，顺利向前推进，攻击敌军右侧背。宋旅的渡河工具除几只小木船外，还有竹筏、门板，甚至大木桶，都是官兵们临时应急的杰作。

宋旅和张旅对敌军两侧的夹攻，使进攻庙行的日军第九师团三面受敌，伤亡惨重，不得不停止进攻，仓皇溃退。到晚上八点半，我军终将残留在金家宅、大小麦家宅顽抗的日军全部包围歼灭。

这就是当时备受赞扬的"庙行大捷"，在庙行战役中，第五军和第十九军紧密合作、协同作战，取得了开战以来最辉煌的战绩。"庙行大捷"彻底粉碎了日酋植田谦吉的"中央突破"计划。

八 从孤军奋战到全线撤退

庙行战役狠狠地打击了日本精锐部队第九师团的嚣张气焰，也大大鼓舞了全国人民的抗战意志。第五军军长张治中总结说："这一天的庙行战斗的激烈，为开战以来所未有。中外报纸，一致认为是沪战中我军战绩的最高峰。"②

蒋介石也显得格外兴奋。自从开战以来，他从未对十九路军的抵抗满意过，但是这时他特意给张治中和俞济时发来电报说："自经二十二日庙行镇一役，我国军声誉在国际上顿增十倍。连日各国舆论莫不称颂我军精勇无敌，而倭寇军誉则一落千丈也。"③

连续的失败，使日军威信扫地，其国内舆论哗然。日本政府决定三易主帅，派遣前田中内阁的陆军大臣白川义则大将代替植田担任统帅，兵力将增至八万

① 《淞沪抗战作战纪要》(一九三二年四月二十六日)，《日本帝国主义侵华档案资料选编·九一八事变》第五六九页。转引自余子道：《抵抗与妥协的两重奏》，广西师范大学出版社，一九九四年十二月第一版，第一八四页。

② 张治中：《张治中回忆录》上册，中国文史出版社，一九八五年版，第九九页。

③ 《蒋介石致张治中、俞济时电》(一九三二年二月二十六日)，《中华民国重要史料初编——对日抗战时期绪编(一)》，第四六三页。转引自余子道：《抵抗与妥协的两重奏》，广西师范大学出版社，一九九四年十二月第一版，第一八六页。

余众。

而中国方面，由于连续作战已将近一个月，伤亡十分严重，五个师兵力只不过四万人，而且白天战斗，夜间修工事，日夜不得休息，急需增援。

在第五军加入战斗序列后，父亲就在二月十六日给陈铭枢的电报里提出："万恳速请介公、敬之务在最近期内调二三师开来前线，预备急用"，"如办不到，宜速定议和，不容犹疑"。但是他的增兵要求一直没有结果。

二月二十一日，蒋介石在南京和李济深、陈铭枢等讨论战局，提出撤退到第二道防线的主张。当天父亲收到陈铭枢、李济深的电报：

政府经决长期抵抗计划，密令各方调军，俟面详。望速饬员催夫构筑浏河、罗店、广福、南翔、黄渡阵地，以为不得已时之第二重防御线，弟等即夜带同工兵军官前来。①

但是当陈铭枢在二十二日到达总指挥部和父亲见面时，就撤退一事，父亲提出了不同的意见。父亲的意见改变了陈铭枢的看法，他们一致认为应该坚持原地抵抗。陈铭枢在总指挥部向蒋介石发出电报，表达了他们的看法：

现细查前线作战情形，及影响各国关系，依蒋、蔡等意见，决不宜撤退。且因战斗日烈，亦不能抽兵回作工事，兹决定以南翔亘浏河之线为第二防御地带，由吴工兵监规划工事，请即饬上官云相所部，前来担任作工为祷。前方两军协同作战，情同手足，无殊一军，必能发挥最大之光荣，请释鉴虑。但为持久抵抗之计，务请俯照前言，迅调江西陈、卫、谭各部，兼程前来无误。现在前线如何牺牲，亦可达到目的也。②

电报里希望能派其他部队协助修筑南翔至浏河线的工事，并从江西"剿共"前线将陈诚、卫立煌、谭道源等部调来增援。从电文中"俯照前言"一句看，这显然是蒋介石曾经答应过的事情。但是蒋介石却不顾自己的允诺，当即回电说上官部"渡江困难"，而"陈、卫各部，分防赣西，更非短时日所能集结"，不仅拒绝了调兵增援的要求，还对要求增援进行了莫名其妙的批评。他说："军事最重确实，上述办法，以难预期之事，求其适应机急必至贻误戎机。"③

接到蒋介石回电后，陈铭枢和父亲等又一次进行了讨论，再次给蒋介石、汪精

---

① 朱伯康、华振中：《十九路军抗日血战史》，神州国光社，一九三二年九月版，第二四六页。

② 朱伯康、华振中：《十九路军抗日血战史》，神州国光社，一九三二年九月版，第二五九—二六〇页。

③ 《蒋介石复陈铭枢电》（一九三二年二月二十二日），《一·二八淞沪抗战史料选》，《历史档案》，一九八四年第四期。

卫、李济深等发电求援：

现与蒋蔡等熟商，依目前战况，我军如撤退南翔附近，战线越长，又不能脱离敌火，士气影响亦大，更难持久，决死守原线待援。除请严饬上官云相星夜渡江前来外，并恳请再抽调江北部队渡江，重炮及湖北炮兵亦请调来。日方惧扩大战区，当不至向我渡江部队寻衅，若果寻衅，此正我之利，务乞速决。又蒋鼎文师何日可到，盼复。据报，日再增援之师，已陆续到沪，并闻。①

父亲在布置第二线工事设施的同时，也继续向军政部要求增兵。二十三日中午，他致电何应钦，陈述自己的意见：

第二阵地带设计已妥，拟先行完成通讯网之设备，第一次架设以嘉定为中心。分向浏河、罗店、南翔、黄渡一带完成后，再架设由昆山经太仓至浏河，由昆山经嘉定至沈家桥，由嘉定至广福等线联络之，恳钧座饬交通兵团电信队即来架设。惟查沪战迄今将及匝月，敌伤亡虽大，但援兵不断，我方似应统筹应付。速派有力部队增援，以免孤军久战为叩。②

为了求援，陈铭枢和父亲派京沪卫戍司令部参谋长邓世增，当面向蒋介石请增兵。二十三日父亲收到邓世增的电报，结果却是：

今晨晤蒋先生，催促增援，伊云：各部队俱未集中，何能增援？预算增援部队，须在十日之后。希嘱蒋、蔡诸兄务照原定计划，迅速在南翔之线赶筑工事，以期长久抵抗。至于撤退时间，由蒋、蔡诸兄查看情形，自行定之……③

此时，陈铭枢仍在南翔总指挥部，他和父亲看到邓世增求援的结果自然很失望，但是依旧想作最后的努力。陈铭枢再次给蒋介石、汪精卫、李济深、何应钦、朱培德发电提出增兵建议：

三日内如能增加四团兵力，必可维持原阵地至一星期以上。其时蒋鼎文师到达，则胜券可操。上官所部宜用炮兵掩护渡河，准备对抗敌舰，并催蒋师兼程来援。至原阵地之不宜撤退，当面陈。④

从两天来陈铭枢在第十九路总指挥部与蒋介石的电报往来，不难看出他当时和父亲讨论的重点还是那个老问题：按军政部意见撤退到南翔一线，还是坚持原地抵抗？权衡利弊，他们认为应该“死守原线待援”。

---

① 朱伯康、华振中：《十九路军抗日血战史》，神州国光社，一九三二年九月版，第二六〇页。
② 朱伯康、华振中：《十九路军抗日血战史》，神州国光社，一九三二年九月版，第二七三页。
③ 朱伯康、华振中：《十九路军抗日血战史》，神州国光社，一九三二年九月版，第二七三页。
④ 朱伯康、华振中：《十九路军抗日血战史》，神州国光社，一九三二年九月版，第二七三——二七四页。

但是能够“死守原线”的前提，是必须得到增援，至少“三日内”要能“增加四团兵力”。正如几十年后陈铭枢在回忆录中所说：“增援问题，实际上是一个和与战的问题。”①

然而，当时蒋介石心里最重要的战线不在对外，而在对付国内妨碍他达到“听命余一人”地位的一切政敌。刚刚结束的庙行战役是在他“中央军”第五军的防区进行的，因此他认为第五军参战的目的已经达到，他对舆论和反对派都已经有了一个交代，因此就更加坚定地不肯增兵，而要尽早结束上海的抵抗。他的决心，在与前来要求增兵的京沪卫戍司令部参谋长邓世增的谈话里，说得十分露骨。他在阐述了不予增兵的理由后，竟说：“最好趁着几次战役胜利的时机赶快收手，与日方谋求停战，比较援兵不继，改作城下之盟，那时条件更苛……②他的话里不仅表达了绝不增兵的决心，还显然带着对坚持原地抵抗主张的十九路军将领的不满与威胁。

由于向蒋介石、何应钦的求援没有任何结果，父亲不得不直接向已经抵达附近的部队长官呼吁，请他们共赴国难。

此时，第四十七师师长上官云相所部已经从镇江渡过长江，先头部队已经到达苏州、常熟一带。父亲在二十五日致电上官云相：

顷接梓电，欣悉吾兄决提挚雄师同赴国难，闻之益为壮奋，但渡江者望即向黄渡增援为盼。③

第四十六师独立旅旅长戴岳也已从赣东移驻杭州，但一直不来上海。情急之中，父亲在二十五日致电浙江省主席鲁涤平转戴岳，全文如下：

倭奴无理启衅沪滨，敝部顺民心而伸正谊，愤寇深而自卫，苦战匝月，幸挫敌锋，惟双方死伤已不忍言矣。乃敌以保持颜面计，已调其第九及第十一师团，来沪增援，而我尚徒以此久战孤军与之周旋，何异驱羸尪而斗虎狼！然守土有责，虽牺牲而何辞，弟恐无补于事耳！现闻贵部启戟遥临，当望敌忾同仇，迅开来前方，作同舟之共济，共洒热血于黄浦江畔，一洗新仇旧恨也。端电布臆，并希示复。④

---

① 陈铭枢：《陈铭枢回忆录》，中国文史出版社，一九九七年三月版，第一〇五页。

② 邓世汉：《京沪卫戍公署见闻》，《从九·一八到七七事变》，第二二七页。余子道：《抵抗与妥协的两重奏》，广西师范大学出版社一九九四年十二月第一版，第二〇一页。邓世汉为当时京沪卫戍公署机要参谋。

③ 朱伯康、华振中：《十九路军抗日血战史》，神州国光社，一九三二年九月版，第二八八页。

④ 朱伯康、华振中：《十九路军抗日血战史》，神州国光社，一九三二年九月版，第二八八页。

遗憾的是，所有这些急切的求援呼声都如泥牛入海，所有预想中的增援部队最终都没能参战。上官云相部除两营参加了修筑工事外，其余一直按兵不动；而戴岳旅虽然已到达杭州，却被鲁涤平滞留，不准开赴上海。

二十五日，父亲接到蒋介石的电报：

“第二次决战之期，约在艳（二十九）冬（二）各日，我军援队非到鱼（六）日不能参加战斗。务望于此数日内尽量节省前线兵力，抽调部队，厚集各地区预备队约在总兵力二分之一以上之数，方得应战裕如，不致临时竭蹶。对于浏河方面，尤应准备三团兵力为要，如何部署，盼详复。”①

前线的战斗，预备队早已用尽，二分之一的总预备队和浏河的三团兵力真不知从何而来。鉴于兵力不足，父亲决定放弃战略上极为重要的江湾阵地，二十六日拂晓，他下令江湾部队退守夏家荡、广肇山庄至竹园墩及杨家楼下之线。

当日，他针对蒋介石在前线兵力明显不足的情况下，不但不肯增兵却要他“抽调部队，厚集各地区预备队约在总兵力二分之一上数”的空谈，给何应钦、陈铭枢发了一封电报，请他们转给蒋介石，全文如下：

介公有酉、径戌两电均悉。一、职部作战兼旬，各师伤亡逾千，担任正面过宽，处处有兵力薄弱之患。二、俞（济时）师庙行镇一役，伤亡极大，调后方整理。其防线由毛（维寿）师之张炎旅接替，兵力不敷配布，因着税警古（鼎华）团担任一段。昨日敌来猛攻，官兵不沉着，遂致动摇，着张炎入黑后反攻，虽告得手，但伤亡过千，官长损失尤大。三、敌企图突破江湾庙行镇间阵地，集其主力于大沈宅一带，作纵深配备，连日作战焦点，亦在于此。四、兵力配布，当遵所示要旨办理，但敌军不绝增援，我军死伤日众，空谈配备，至可虑耳！②

二十七日，父亲得悉上官云相部除两营参加了修筑工事外，其余一直按兵不动；后来更不知何故，何应钦已将上官云相部一团调到南京归宪兵司令谷正伦指挥，其余两团奉命撤退回了镇江。陈铭枢正准备前往杭州亲自向鲁涤平求援。

当时，十九军伤亡已达五千，第五军亦达三千，而日方白川所率两师也将陆续到达。敌军不仅拥有航空母舰三艘、战舰三十余艘、战机一百五十架等这些中国军队没有的海空力量，地面的战车炮兵也有绝对优势，援军到达后，地面兵力人数也将达到七万之众。父亲十分明白，这蜿蜒百余里的防线，仅以这久战的四万之

---

① 朱伯康、华振中：《十九路军抗日血战史》，神州国光社，一九三二年九月版，第二九〇页。
② 朱伯康、华振中：《十九路军抗日血战史》，神州国光社，一九三二年九月版，第二九五页。

师抗敌拥有装备优势的近七万众，其结果不言而喻。为求安全，保存实力，遵令撤退已是惟一万全之策。

当天，面对援兵无望的现实，父亲曾一度决定按照蒋介石的意见退守至刘行镇、大场、真如、北新泾一线，但是遭到十九军和第五军许多将领的反对。他们的意见和几天来他和陈铭枢坚持原地抵抗的看法完全一致：退守二线将拉长了正面防线，又不能脱离火力接触，影响军心，有失民望。

当时的局势使父亲陷入进退两难的境地。他曾回绝一切会见，独自在总指挥部里来回踱步，久久不能决断。援军不至，若坚守原来阵地终将难免一败；然而撤退，将使一个月来的浴血奋战前功尽弃，以一万多将士的鲜血和生命换来的胜利就要付诸东流。现在上官云相和戴岳所部近在咫尺，只要他们能火速驰援，阵线就可能坚持到三月三日国联开会。届时就能在不失一寸土地的有利情况下，讨论沪战问题，以在和日方和谈中取得有利的停战条件。

在第十九军和第五军将士的支持下，父亲知不可为而为之，为民族荣誉，为国家利益，他决定不计成败，重新下达了坚守原阵地的命令，固守待援，血战到底。

这些想法在后来他三月二日给陈济棠的复电里讲得十分清楚。电报里说：

我军与敌苦战月余，前线官兵因受敌飞机炮火炸击，日不得食，夜不得眠，死伤极大，无法补充。宥（二十六）晚放弃江湾，实因兵力不足，不得不变更配备，自动撤退，敌当时实无能力攻占也。江（三）日为国联再开会期，我将士皆认定沪战得失，影响至大，不惜以非常艰苦，重大牺牲，支撑待援。期望捱过江日，以搏全军胜利，民族光荣。①

华振中在二月二十七日的军中日记里痛心地写道："敌第十一师今日已到齐，闻第十四师和日军司令白川明日将续到。我军若苦战呢，则此时已无力进攻了。支持呢，徒招损伤，终不免一败，且无补于国事；撤退呢，无以慰民众。国事益不堪设想，惟有束手待毙而已！今日的军事，处置殊觉焦急困难，真苦煞真公、憬公，虽最后仍决心牺牲到底，在原线抵抗，以期表现我中华民族的精神，安慰我同胞的热望……然从古名将未有遭忌不得内援而能成功者……我深为真公、憬公忧。而更为我民族前途悲……"②

深为第十九路军命运担心的陈铭枢，在二十八日发给汪精卫的电报中哀叹

① 朱伯康、华振中：《十九路军抗日血战史》，神州国光社，一九三二年九月版，第三四〇页。

② 朱伯康、华振中：《十九路军抗日血战史》，神州国光社，一九三二年九月版，第三一〇——三一一页。

道："惜哉！前误于军政部之不调兵，兹又误于上官部之不愿作战，惟持我孤军之决死耳！"[①]那天，他派丘兆深从南京来到总指挥部传达了援兵无望的消息。当时面对敌方不断增兵，而我军援兵不至的局面，实在令人十分担心，"不过我军已决定牺牲到底，死守原线，而心神反觉安定。因为事实如此已属无可如何。只有努力以尽军人天职，求良心之所安；一般官兵心里亦都认为此属军人快事也。"[②]这段军中日记，反映了当时前线全军上下，已是人人怀抱必死的决心。

二十九日，日军第四任指挥官白川到达上海，发起了更加猛烈的进攻。我方兵力不得不全部投入正面战线。

三月一日清晨，日军第十一师团三万余人在其舰队炮火掩护下，于浏河登陆，直接威胁我军侧背；下午，形势更为严峻，正面阵线庙行以南至杨家楼下之线，区寿年、俞济时两师的阵地被日军突破，伤亡极大，预备队已全部用尽，无法应付浏河方面登陆之敌。

下午四时，登陆日军进占浮桥，大有切断我军退路之势。此时我军仍然拼死抵抗。陈铭枢和父亲都曾请军政部何应钦速派两师驰援浏河，特别是近在咫尺的上官师能即刻投入左翼，驱逐日方登陆部队，以使正面战线仍能维持。但是何应钦置之不理，上官师始终按兵不动。至下午八时，我方因援绝兵尽，全线动摇。[③]"此时第二线战斗群业已使用完毕，加以全线肉搏竟日，死亡枕藉。同时我浏河方面又受优势之敌极力压迫，支持至晚，以四十七师（上官云相师）本晚决难到达增援，为避免与敌决战，乃决心撤至黄渡、方泰镇至嘉定、太仓之线待机，转移攻势。"[④]

鉴于期望中的上官师驰援无望，父亲不得已，只能决心撤退。当晚九时，总指挥部下达了于当晚十一时全线撤退的命令。

命令详细地规定了撤退时间、各部队新阵地的位置和撤退的路线，明确相邻部队的互相联络，对掩护部队的安排也有明确指示："各师撤退时，正面留一团作收容所，极力佯攻，掩护主力脱离战场，至主力进入新阵地后逐次撤退之。"[⑤]

这次全线撤退井井有条，可圈可点，三月一日的白天，各部仍不动声色坚守阵

---

① 朱伯康、华振中：《十九路军抗日血战史》，神州国光社，一九三二年九月版，第三一六页。

② 朱伯康、华振中：《十九路军抗日血战史》，神州国光社，一九三二年九月版，第三一七页。

③ 三月一日的战况，可参阅三月二日蒋光鼐给何应钦、陈铭枢的电报。朱伯康、华振中：《十九路军抗日血战史》，神州国光社，一九三二年九层版，第三四〇页。

④⑤ 《淞沪抗战作战纪要》，《日本帝国主义侵华档案资料选编·九一八事变》，第五七五页。

地，午夜开始，除了留下的掩护部队之外，都偃旗息鼓、不慌不忙，分别按照指定路线转移阵地。到天亮时分，主力已经撤离火线二十公里以外，日军才惊讶地发现我军已经撤退；待其发起追击时，又受到掩护部队的顽强阻击，使全军安全、迅速地退至黄渡、方泰镇至嘉定、太仓之线。

“大兵团在敌前撤出火线，是军事上一种高度艺术。如果没有丰富作战经验的指挥官，和久历戎行在战斗中成长起来的各级指挥官，是不可能获得成功的。”[①]这次成功的火线撤退，粉碎了日军参谋本部要求上海派遣军歼灭我军主力的计划，在军事指挥艺术上也留下了可圈可点的一页。

蒋庆渝：《我的父亲蒋光鼐》，团结出版社，2013年版，第77—119页。

① 梁岱：《十九路军一·二八淞沪抗日战争回忆》，《十九路军淞沪抗战纪实》，广东省政协文史资料委员会编，广东人民出版社一九九一年十二月版，第二十五页。

十九路军一·二八淞沪抗日战争回忆

梁　岱[①]

上海一·二八事件，是一九三二年一月二十八日十九路军在上海淞沪抗击日本侵略军的战争。我当时是个团级干部(第十九路军第七十八师第一五六旅第六团中校副团长)，对整个战役全部情况的了解，是有局限性；但我在揭开一·二八淞沪抗日战争的序幕中，是领导打响第一枪的参与者，因而掌握了一些第一手材料，可供参考。

一　战前我军部署和备战

一九三一年冬，经过国民党内部的斗争，出现宁(南京)粤(广东)合作的局面。改组政府后，由孙科、汪精卫先后任行政院院长。为了巩固其在政府的地位，特任命陈铭枢为京沪卫戍司令长官，并由赣南"剿共"前线调十九路军(十九路军总指挥蒋光鼐，十九军军长蔡廷锴)来京沪线上驻防，担任卫戍任务，同时任命戴戟为淞沪警备司令。十九路军下辖第六十师、第六十一师、第七十八师三个师，并作如下部署：十九路军总指挥部设在南京，淞沪警备司令部设在上海市龙华，第六十一师驻南京、镇江、丹阳地区，师长毛维寿，师部设在镇江；第六十师驻常州、无锡、苏州地区，师长沈光汉，师部设在苏州；第七十八师驻昆山、嘉定、上海地区，师长区寿年，师部设在嘉定县的南翔镇。该师以第一五六旅第六团一个团兵力进驻上海市闸北一带，归淞沪警备司令直接指挥。该团接受任命时，奉上级指示，大意是：对上海各界抗日救国运动，要给以热情的支持；对日本海军陆战队登陆后的

① 梁岱，一·二八淞沪抗战时任国民革命军第十九军七十八师第一五六旅第六团中校副团长。

动态，要特别提高警惕，防备其突然袭击，如敌胆敢来犯，则予迎头痛击。该团团长张君嵩、副团长梁岱、第一营营长利长江、第二营营长吴康鉴、第三营营长吴履逊，奉命率队于一九三一年十二月下旬进驻上海。

当时，日本海军陆战队在沪不时登陆演习，故意闯祸，借端挑衅，情况越来越严重。十九路军总指挥蒋光鼐，根据各方情报的报告，乃于一九三二年一月十九日在龙华警备司令部召集全军团级以上干部和有关人员会议。会议决定：(一)密切注意敌人动态，严加戒备；(二)战争发生时，区寿年师要加强第一线兵力，最低限度死守五天；(三)上海前线张君嵩团构筑的工事，加紧完成，后方驻地，亦须予选抵抗线，构筑第二边防工事；(四)六十、六十一两师，随时准备增援，战争开始后限五日内全部到达上海附近；(五)要注意上海公共租界当局的态度；(六)由明(二十)日起，各部官兵除因公外，一律不准在租界住宿；(七)战争发生时，总指挥部设在南翔，军部设在真如车站附近范庄。

会议前一天即一月十八日，有一群日本浪人和僧人，在上海市马玉山路与三友实业社棉织厂工人发生冲突，互相殴打，结果日僧受伤，日侨进行报复，于一月二十日纵火焚烧三友实业社引翔港的厂房。事后，驻沪日总领事村井苍松向我上海市政府提出赔偿、道歉，惩办工人、取缔爱国运动和封闭上海抗日救国会等四项无理要求，并限四十八小时内圆满答复，否则，将自由行动。与此同时，日本海军陆战队登陆集结，其司令部设在虹口公园附近。以演习为名，步步向我团防地迫近。日军企图侵占我闸北的阴谋，已十分露骨。

二　抵抗与不抵抗两条路线的斗争

自从东北军在蒋介石的不抵抗投降政策的指使下，把东北三省拱手断送给日本帝国主义之后，全国掀起了抗日救国运动，反对政府屈膝投降政策。我团就在这个严峻的时刻，奉命于一九三一年十二月下旬进驻上海，团部设在闸北太阳庙广肇会馆，各营分驻虬江路、闸北火车站(简称北站)一带。目击当时日侨借故闹事，日军寻隙挑衅，情况如此紧急，我们必须加紧备战。当日总领事和日舰队司令发出狂妄叫嚣时，我们认定局势已经发展到战争边缘，乃即召集全团排级以上干部会议。在会上分析当前出现的情况，判断日军最近的动态，有侵犯我闸北地区的阴谋，并严肃指出：九一八事件，东北军遵循不抵抗命令而放弃东北三省，是我国的奇耻大辱。我们的任务是保卫上海的，我们能不战而放弃上海吗？全体一致坚决表示，如敌胆敢来犯，就给它迎头痛击，誓死保卫国土。会议宣布即日起处于临战状态，提高警惕，加强备战，日夜巡逻，严防奸细，官兵不请假，不离营，枕戈以待。此时，我们沿着虬江路、北站、宝山路、横浜路、天通庵路、青云路之线所构筑的防御工事，工程已按原计划提前完成。乃以作战命令将全团兵力作如下部署：

（一）敌情（略）。

（二）第一营附迫击炮二个排，沿横浜路、天通庵路、青云路之线占领既设防御工事，右翼与第二营密切联系，特别向左侧以北地区警戒。

（三）第二营，沿虬江路、北站、宝山路之线，占领既设防御工事。左翼与第一营密切联系，特别对右侧注意敌人利用公共租界的行动。

（四）第三营，为预备队，位于湖州会馆附近，疏散隐蔽。

（五）迫击炮连（欠一排），在湖州会馆广场构筑掩体和阵地，随时准备策应第一线营的战斗。

（六）通信连的位置，仍在太阳庙原驻地不变动，应即构筑总机的掩体，并保持前后方通信线路畅通无阻。

（七）卫生队，在第一线后方预设伤兵收容所，作战中及时将重伤兵转送到后方野战医院，以及抢运阵亡将士的尸体到后方妥善处理。

（八）第一线营，构筑防空掩体，以防敌机轰炸扫射。

（九）前线指挥所，设在湖州会馆内军警联防办事处。

当日本海军陆战队登陆进行巷战演习，我团又在马路上筑防布哨，此时上海市已笼罩着战争气氛；居住在闸北地区的市民感觉到战争迫在眉睫、人心惶惶，纷纷迁入租界躲避。正当战争一触即发的时候，忽然接到师部转奉南京国民政府的撤兵命令，限令我团在一月二十七日前将闸北防务移交宪兵第六团接替。这显然是迎合敌酋最后通牒所提出的将我军撤出闸北的无理要求。全团官兵骤闻撤兵命令，无不悲愤填膺，痛恨政府软弱无能、屈辱投降的外交政策。

一月二十七日傍晚，奉命前来接防的宪兵第六团团长率该团第二营乘火车到达闸北后，即来我团部协商交接防务。据说该团仓促奉命，因交通运输关系未能全部开到，为履行命令的限期，要求即晚交接防务。当时，我们判断日军是不会因我们撤兵而放弃其侵占闸北的阴谋，甚至反会加速其行动，这样撤兵，必然重蹈东北沦陷的覆辙；但又不敢抗命拒交防务，只有利用接防部队未到齐的理由，采取拖延办法，以观局势的变化。乃对该团长说："你们的后续部队尚未到达，只来了一个营，防线这样长，怎能接得上呢？这样接防，岂不是等于撤防吗？现在敌情如此紧张，黑夜交接，情况不明，敌如突然夜袭，猝不及防，效果何堪设想，从军事来说是极其不利的，我们认为，关于交接防务问题，必须等你们的后续部队全部到达后再说。”同时我们即以电话请示上级，得到警备司令戴戟和师长区寿年同意我们的意见。因此，该团长也不坚持其履行上级命令的原则了。这是一场冒抗命危险的斗争。

三　战争爆发，浴血抗战

事情果然不出我们所料，一月二十七日夜十一时左右，接淞沪警备司令戴戟电话说："租界的外国驻军纷纷出动布防警戒，日海军陆战队已在虹口公园集中，有向我闸北防线进攻的可能，应即严为戒备"等语。复据我团侦察人员所得情报，亦复如此。乃即以电话命令前线各营，按原命令计划，全部进入阵地，特别侦察虹口方面的敌情动态。如敌来犯，则迎头痛击，固守阵地，不得后退。命令下达后，团长命我即往前线指挥所开始工作，团长留在团部与各方面和上级保持联系。

是日深夜十二时三十分（即二十八日零时三十分）左右，日海军陆战队以装甲车为前导，分向我天通庵路、虬江路的阵地，突然发动袭击。霎时间，枪炮声、手榴弹声，冲破沉寂的黑夜。敌军来势凶猛，我团官兵奋勇抵抗，与敌展开冲杀，将来犯之敌击退，确保阵地。一·二八淞沪抗日战役，一开始是由闸北巷战开始的。战争一爆发后，来接防的宪兵第六团，奉命归我团团长张君嵩指挥，也加入战斗了。同时奉总指挥部电令指示：因我军部队集中运输需时，在增援部队未到达前，限命我团死守阵地三天，掩护我主力到达战场。

敌人夜袭未能得逞，拂晓前又以海、空军配合，再次向我全线进攻，敌舰炮击我闸北地区，从航空母舰起飞的敌机用烧夷弹，狂轰滥炸我阵地，附近的商务印书馆总印刷厂和北站钟楼以及湖州会馆（前线指挥所）先后被炸中，引起熊熊大火。在战争中救火队无法施救，任其燃烧，一时火焰冲天，浓烟弥漫，笼罩着整个阵地上空。当烈火燃烧到阵地前的民房时，热气灼肤，战士就以湿毛巾蒙面，沉着应战，坚守阵地。敌人用装甲车掩护步兵向我阵地冲击，初时我们吃了大亏。乃组织敢死队，潜伏阵前马路两旁的楼房内，俟其驶近，即集中投掷手榴弹将其炸毁。另一种办法则将十个木柄手榴弹用铁丝捆在一起埋在阵前五十米外的马路中央，加以伪装，再用铁丝以一端将十个手榴弹的信管牵引线集中在一起，另一端则牵至阵地内，看准其驶近目标时，将铁丝拉动，轰然一声，把装甲车炸得动弹不得，成为我们的战获品；跟在装甲车屁股后的步兵，也被炸得死的死，伤的伤，幸免者则狼狈逃窜。我们就是这样在没有地雷配备的情况下,用这种办法来对付敌人的装甲车。二十八和二十九两日,敌军反复数次向我阵地猛攻,均被我击退,并俘敌十数名,击毁和缴获装甲车三辆,获得了初战胜利,彻底粉碎了敌酋"四小时即可占领闸北"的狂妄叫嚷,从而鼓舞了士气,坚定了必胜信心,唤起了全国人民同仇敌忾;但同时则冒犯了蒋介石卖国投降不抵抗主义的意旨。

上海工商学各界人士,为了声援我军抗战,掀起了全市罢工、罢市、罢课以抗议日寇侵沪。并呼吁抢救被战火包围未及撤出的闸北和虹口区居民。此时,驻沪各国领事为了维护其本国在沪的利益,以及出于国际资产阶级的人道主义,不得不出面斡旋,要求双方暂时停战,由万国红十字会接引闸北、虹口一带居民退出火线,并负责妥善安置。这项要求征得敌我双方同意后,决定在二十九日下午八时双方下令前线停止战斗。我团乘停战之机,调整部署,加固工事;敌方亦因屡次失败,借此喘息,以待援军开到。在此期间,日军先后增派军舰、航空母舰运来援军数千名到达上海。日军在三十一日夜间,再度向我军全线进攻,进攻重点在吴淞地区,来势猛烈,但我军将士,坚守阵地,英勇战斗,又一次将来犯之敌击退。但当时敌机炸毁了吴淞炮台,而吴淞要塞司令邓振铨吓破了胆,弃职潜逃,第七十八师副师长谭启秀奉命兼任该司令。同时,并令第一五六旅旅长翁照垣率领我团第三营和其他部队二个营,星夜赶赴吴淞,加强吴淞要塞的守备。在此之前,我军第六十师和第六十一师已到达前线,在大场至吴淞之线布防,加入战斗。第七十八师第一五五旅也奉命在江湾、[杨]家楼下方面布防,加入作战。而日本政府亦以敌酋野村连日作战失利,遂改派盐泽幸一为指挥官,率久留米混成旅团的七、八千人来沪增援。因此,战线就沿着淞沪铁路线一直延伸到吴淞炮台了。

我团在闸北地区首先与敌展开巷战,抵抗其侵略,赢得了时间,掩护我主力源源开到战场,从容布防,参加战斗。这一任务能否完成,对尔后作战,是个关键问题。全团官兵认识到这一点,所以虽在敌人的陆海空军联合进攻之下,毫不动摇,誓与阵地共存亡。经过四天的剧烈战斗,我团官兵伤亡过半,其中副营长陆彬、连长林玉、张金山、钟太初以及数名排长,均壮烈牺牲。在二月一日奉命将闸北防地移交给第一五六旅第四团后,我团撤至真如暨南大学,加紧整补训练,准备再战。

四 敌我不断增援,战争逐步升级

十九路军在淞沪孤军抗敌,连日血战,屡挫敌锋,大长我军志气,大灭敌人威风。战争之前，蒋介石顽固地执行投降不抵抗政策，千方百计地压制士气，以图苟安。但战火已经点燃，越烧越旺，势成骑虎，欲罢不能，加之在全国人民的压力和爱国将领的要求下，蒋介石不得不以第八十七、第八十八两个师为基干，临时组成第五军，由张治中率领，于二月中旬，开赴前线，增援蕴藻浜以北至吴淞之线，归十九路军总指挥蒋光鼐指挥。另外还调税警总团王赓部守备龙华、浦东地区，以防敌迂回侧攻我军右翼。与此同时，日政府以敌酋野村、盐泽相继作战失败，又改派植田谦吉为统帅，率其精锐第九师团前来增援。植田抵沪后，狂妄叫嚣，向我军提出最后通牒，限我军在二月二十日撤出闸北，这完全是军国主义者的强盗逻辑，这项无理要求遭到我军拒绝。二月二十日上午，敌人在飞机大炮掩护下，向我军全线发动总攻，其主力企图在江湾、庙行方面突破我中央防线，以断我闸北与吴淞之间的联络。当时我军防守该处阵地的是第六十和第六十一两个师的部队，奋起抗击，与敌展开一场恶战，冲锋肉搏，不少阵地失而复得。由于我军士气旺盛，勇敢顽强，沉着应战，一次又一次地将来犯之敌击溃，跟踪追击，直捣虹口公园敌军司令部，把残敌压至黄浦江边，敌在其海军炮火掩护下，始免于全歼。是役敌军伤亡惨重，其联队长（即团长）林崛大佐（上校）被击毙，敌酋植田的威风也被打下去了；但我军损失亦大，其中有营长李荣熙以及连排长数名均壮烈牺牲，他们为我国抗日战史写下可歌可泣光辉的一页。在这一场剧烈战斗中，我驻广东空军有部分爱国志士，激于义愤，纷纷请缨参加抗日作战，他们自动组织志愿机队，由队长丁纪徐率领，飞经南昌、杭州，晨袭黄浦江上的敌舰，敌海军旗舰“出云”号被炸受伤。这也反映全国军民同仇敌忾、满腔热情，冲破层层阻挠，支援十九路军淞沪抗日战斗。

日本帝国主义者为了挽救其皇军一败再败的颓势，继续大量增援，并派前田中内阁陆军部长白川义则为总司令，大将菱刈隆为总指挥，率领三个师团兵力和一些舰只，于二月二十五日到达上海。此时敌方侵沪总兵力已超过十万多人，而我方只有七、八万人。与此同时，我团在真如后方完成了整补任务后，也奉命开赴[杨]家楼下增援第一五五旅阵地，再次加入火线，继续与敌作战。敌军总司令白川到达上海后，即策划新的总攻。于三月一日晨，以一部兵力在闸北、江湾之线作为佯攻，集中其陆军主力，在海空军掩护下，向我吴淞炮台以南地区猛烈进攻，企图突破我军左翼，威胁我军侧背。战斗虽是非常剧烈，但我军战得英勇顽强，敌人新的总攻，仍未得逞。

五 敌军迂回偷袭我后方，我军转移第二道防线

敌酋白川策划新的总攻计划失败后，乃改变战略，派菱刈隆大将率领一个师团兵力，于三月一日傍晚用军舰和运输船载运，绕道长江口，经狮子林、宝山向浏河附近驶去。我总指挥部判断敌人企图在该处登陆，偷袭我太仓县城，迂回包围我军淞沪阵地，威胁我军左侧后方。这样，我军处于腹背受敌的不利地位，如不及时撤退，必然陷入重围。对此严重情况下，我总指挥部毅然果断地命令全军于是日夜间，向常熟、昆山、青阳港之间第二道防线撤退，占领该线预设的阵地，继续抵抗。是日午夜我军前线各部队分别按指定的路线和目标开始撤退，撤退时偃旗息鼓无声无响，不慌不乱，秩序井然。我军主力撤离战场四十里左右，天已大亮，为避免敌机侦察轰炸，部队停止前进，荫蔽休息，俟至黄昏继续向目的地前进。我军撤退迅速，出敌意外，翌晨敌人始察觉我军已经撤退，遂开始全线追击，但我留置前线的有力掩护部队与敌保持接触，且战且退，阻滞敌人追击，胜利完成了掩护主力后撤的任务。大兵团在敌前撤出火线，是军事上一种高度艺术。如果没有丰富作战经验的指挥官，和久历戎行在战斗中成长起来的各级领导干部，是不可获得成功的。

当我军撤退淞沪前线之前两小时，我团奉命急驶太仓县城防守，原驻该城的某补充团奉命归我团团长张君嵩指挥。该城是第二道防线左翼一个重要据点，孤立地突出在防线之前，是敌人登陆后所必争的战略据点，该城之得失，直接影响第二道防线的安全。全体官兵认识任务的重要性，乃下定决心，死守该城，誓与该城共存亡。是时该城大多数居民闻敌军在浏河登陆，已纷纷向昆山、苏州逃避，十室九空，居民残留者只有二、三千人。我团首先协同县政府清查户口，以防奸细混进，同时调查存粮，实行粮食统一管理；并把群众组织起来，成立防空、筑城、救火、救护等组织，协同我军作战。复将该城东南北三门封闭，只开放西门。于城外布置前哨阵地。在通往浏河道路上，利用青纱帐的麦田荫蔽，配备伏兵，狙击来犯之敌。一次有一小队敌人来犯，被我伏兵狙击，毙敌十余人，缴获机枪一挺，步枪十余支。当日就有敌机数架前来滥炸报复，不少房屋被炸毁，因我全城军民均已筑有防空掩蔽部，故伤亡甚少。以后敌又曾数次来犯，均一一被击退，直至签订淞沪停战协定时，该城仍然屹立在我第二道防线左翼的前面，未为敌陷，成功地完成防守任务。停战似后，该县人民团体派出代表团前来无锡惠山我团驻地，热情地赠送锦旗及慰劳品，以示慰问。

六　丧权辱国的"淞沪停战协定"（略）

七　为国捐躯，永垂青史！"无言凯旋"，可耻下场！

"淞沪停战协定"签订后，敌我双方军队撤出战场，脱离接触。我军于五月中旬在苏州体育场，举行追悼一·二八沪抗日阵亡将士大会。参加的各界群众团体达数万人之多，送来的花圈，摆满祭台两旁，悼念的挽联，挂满会场四周。国民党中央委员何香凝亲自前来参加，她在会上讲了话，对为国家民族而英勇捐躯的将士，致以沉痛的悼念，言词激动，热泪盈眶，听者无不动容。她的声音，表达了全国广大人民群众的哀悼。大会自始至终充满着悲壮严肃的气氛。与此同时，日寇也在上海虹口公园广场，开什么"祝捷"大会，并举行阅兵仪式。正当他们得意扬扬、耀武扬威之际，忽然韩国抗日爱国志士尹奉吉，对准阅兵台上，扔了一个烈性炸弹，当时会场乱作一团，中弹伤亡者十数人，其中日军总司令白川义则受重伤不治丧生，植田谦吉被炸伤了一只眼，重光葵被炸残了一只脚，而敌酋白川义则落得一个"无言凯旋"（指战死）者的下场而已。

战后四年（一九三六年），为了纪念一·二八淞沪抗日阵亡将士，原十九路军领导人蒋光鼐、蔡廷锴，曾提拨部分国内外各界人士捐赠的慰劳金，在广州市先烈路旁沙河顶，建立一座"十九路军抗日阵亡将士坟园"，将为国捐躯的阵亡将士遗骨移葬该园，并将其姓名职级立碑勒铭，以留纪念，以慰英魂，以供市民清明时节前往祭扫凭吊。但在一九三八年日寇侵入广州市时，园内纪念塔上象征十九路军士兵的铜像和园内部分建筑物被敌军毁坏。抗日战争胜利后，曾重修一次，但日久失修，无人管理，为当地农民占作耕地，弄得面目全非，零落不堪。现闻人民政府已拨专款将之修复，令人欣慰，亦足以告慰阵亡将士在天之灵矣！

中国人民政治协商会议广东省委员会文史资料研究委员会编：《广东文史资料选辑》，第 52 辑，广东人民出版社，1987 年版，第 32—44 页。

回忆十九路军与淞沪抗战①

朱伯康②

一　参加十九路军前身十一军之经纬

我与十九路军及其领导人陈铭枢等人曾有很久的历史渊源。早在北伐战争期间，我就进入由陈铭枢兼任主任的国民革命军总政治部工作人员养成所充当一名学员，开始结识陈氏。1928 年至 1929 年我应陈铭枢之召，加入由后者任军长的第十一军军官教导队，毕业后被分发蔡廷锴所部，担任营指导员。九一八事变后，我在上海由蒋光鼐、蔡廷锴录用于十九路军总部参谋处。在一·二八淞沪抗战全过程中，我协助十九路军高参华振中工作，主要参与参谋处的文电工作，并参加组织和协调各支民众抗日义勇军的活动。一·二八抗战结束后，我随十九路军离沪至闽，出任七十八师政治部主任，直至福建事变结束、十九路军解体。

对于参加十九路军之经纬，我想在下面做些比较详尽的回忆和叙述。早在北伐战争的后期，我就与十九路军(其前身第十一军)有了一段关系。我最早参加十九路军的前身可以从第一次大革命时开始算起。1927 年春夏之交前后，北伐军打到了南京、杭州和上海，这时我刚巧中学毕业。我是在杭州安定中学毕业的，这个中学在浙江是很有名的。我在中学时积极地参加学生运动，迎接国共合作的北

---

① 本文为复旦大学历史系教授余子道和 1 990 级学生陆军、柳浪于 1995 年 3 月对朱伯康进行访谈的口述记录。朱先生就陈铭枢、蒋光鼐、蔡廷锴领导的十九路军和一·二八淞沪抗战史实进行口述，并作现场录音。本文内容除另有注明外，系根据口述录音整理而成。

② 朱伯康，中国现代经济学家，复旦大学教授。20 世纪 30 年代初期，曾参加陈铭枢、蒋光鼐、蔡廷锴领导的国民革命军第十九路军，先后担任十九路军总部参谋处参议、第七十八师政治部主任，亲历一·二八淞沪抗战和福建事变的全过程。

伐军，也曾与北洋军阀孙传芳展开过斗争。那时领导我们的是浙江有名的共产党人宣中华，他也是国共合作的国民党在浙江的重要人物。我们安定中学有一个四年级的学生，叫宓维中，是一个共产党员，他比我高一年级，这个时候已经毕业了。他在杭州学生界领导地下共产党，又有公开的国民党员的身份。在北伐军到杭州之前，我们已经发动组织了杭州学生联合会，我被推选为安定中学学生会主席，还当选了杭州中等学校学生联合会主席，而这都是由共产党地下组织领导和支持的。

北伐军打到南京以后，由何应钦率领的北伐军东路军从福建那边也打到了杭州。以后没有几天，上海就发生了四一二政变，蒋介石实行所谓“清党”，屠杀共产党员和革命分子。在杭州也是一片白色恐怖，我和其他几个同学也被列名于黑名单之中。于是我们连夜各自逃亡他地，有几个同学是从安定中学趁夜爬墙逃出来的。我逃亡到上海后，住在一个小旅栈里，大约一个星期以后，设在南京的国民革命军总政治部政治工作人员养成所公开对外招生。我当即前去报考，而且被录取了，这可以说是我后来与陈铭枢亲近的起点。

陈铭枢当时是国民革命军第十一军军长，所部为北伐军的一支劲旅，北伐开始以来，在湖南、湖北和江西战场，屡创吴佩孚、孙传芳军队，所向披靡，屡立战功。但在四一二政变前后，由在武汉的共产党人和国民党左派主导的国民党二届三次全会提出反对蒋介石的军事独裁，以及尔后武汉国民政府号召“东征讨蒋”的斗争中，陈铭枢却站在拥蒋反共的立场，追随蒋介石，转向革命的对立面。蒋介石联合李宗仁，白崇禧为首的新桂系，拉拢西山会议派，于 1927 年 4 月 18 日在南京成立国民政府，蒋介石任国民革命军总司令。蒋宣布军事委员会由广州迁到南京，并重新成立国民革命军总司令部总政治部，完全排斥原政治部主任、国民党左派将领邓演达，指派吴稚晖为总政治部主任，陈铭枢、刘文岛为副主任。陈还兼任总司令部训练部部长。这时的陈铭枢可以说是深得蒋介石的信任的。这个吴稚晖是国民党的元老人物，是个老右派，他在政治部是挂名的，始终未来接事，实际上主持政治部的是陈铭枢。

总政治部主办的政治工作养成所，陈铭枢和刘文岛分别兼任正副主任，陈为主角，我在这里开始与他相识。当时，虽说这个养成所是隶属于蒋介石的总司令部之下的，但是陈铭枢还是容纳了一批国民党和左派人士来担任教职的。比如担任班里指导员的有沈钧儒、史良等人。史良那时刚从上海政法大学毕业就到这里担任指导员，还有一个叫潘大逵的，是所里的教官。这些人都是北伐时期的左派。

所以那时在养成所里政治方面还是左派占优势。我们当时的训练地点是在南京紫金山下面的荷花池。训练是极为严格的，完全按照北伐军的训练样式，按照步兵操典、内务规程等等进行。我在这个养成所里参加训练历时三个月。

1927年8月，孙传芳集结一批部队从长江北岸渡江向南京、镇江一线进行了一次较大规模的反攻。何应钦指挥的第一军和李宗仁指挥的第七军，事先并无准备，打了个措手不及。开始时，南京形势十分危急，有限的部队都应急调赴前线，结果南京防卫空虚，一些机关只好临时实行疏散。我们这批政工养成所的学员，没有待到毕业就由此散掉了。疏散的时候是非常狼狈的，没有汽车，更无法去乘火车，只有用两条腿跑路。走到南京东面的龙潭，遇到李宗仁、白崇禧指挥的第七军。这支部队在龙潭一带展开猛烈反击，把孙传芳的部队击溃，把他们赶到江北去了。这样，南京的局势恢复稳定。可是，这时南京军事当局对于政工人员养成所要不要继续办理问题发生了分歧，有的主张恢复养成所，有的认为先行暂停办理，以后再议为好。结果悬而未决，没有下文了。我只好回到上海等待机会。

正在上海寻找新的出路时，刚巧上海办起了一所新的大学，它叫劳动大学。这个劳动大学是由吴稚晖、李石曾主办的，校长是吴稚晖的亲信人物。吴、李都有留学法国的经历，五四以后曾经办理过留法勤工俭学，主张手脑并用式教育。南京国民政府成立之初，蒋介石的统治地位还不是十分稳固，所以吴、李这批人有权势，未在事先征得蒋的首肯，在国民党中央提议并获得通过举办一所劳动大学。它办在上海江湾，这里有一所模范工厂，先前曾是给北洋军阀孙传芳部队制造军火的，地点在江湾镇(今江湾中学原址)。劳动大学以这个工厂为基础实行半工半读。它有两个学院，一个是农学院，一个是工学院，农学院在吴淞办了一个农场。我考取了农学院农艺系。这个学校不要交学费，伙食也是免费供应的，而且每个学员还发给两套制服：一套工服，一套校服。考进这所学校的人很多是从北伐战争中退下来的，比如我的一个同学叫李良荣，原是北伐军的连长，因为在武汉“清党”中被迫脱离部队，也考进了这所学校。还有后来成为著名的经济学家的许涤新，工人运动的重要领导人的马纯古等等，还有很多学员都是共产党员，可以说学生中一半以上思想都是比较左倾的。

我在上海劳动大学学习了一年时间。这期间从1927年底至翌年初，陈铭枢统率的第十一军会同第三十二军钱大钧部、第四军第十一师陈济棠部和桂系黄绍竑部，击败拥护汪精卫的第四军张发奎、黄琪翔部，进占广州。陈铭枢这时在广东拥有举足轻重的地位，他既是蒋介石南京政府任命的讨伐张发奎、黄琪翔的“东路总指挥”，又得到粤派首领李济深的支持，而他的第十一军则是一支颇具实力的部队。由于这些因素，陈铭枢不久即当上了广东省政府主席，成为手握广东军政大权的风头人物。1928年春，陈铭枢在广州组建了第十一军军官教导队，他决定把原先在南京的政治工作养成所的同学重新招回来，加入十一军军官教导队。我得悉这一消息后很快与原养成所同学作了商量，很多同学都叫我一起去。这时原南京养成所留守处也给我发信，希望我到广州去。但是我舍不得丢弃劳动大学的学业，就与农学院院长去商量，这位院长是个“安那其”分子，是个无政府主义者，很同情革命，也同情我这个向往革命的年轻人。他同意我请假半年去广东受训，以后再回来复学。这样，我就离沪到广州去了。

当时，正是陈铭枢在广东最为得志的时候，既是省政府主席，又是十一军长。他举办军官教导队是为了培养一批自己嫡系部队新的骨干力量，造就下级军官和政工人员。这个军官教导队设在广州珠江南面一个叫小港的地方。规模很大，一共编为四个大队，一二两队为学员队，三四两队为学生队。第一大队的成员原为军事干部，第二大队的成员原为政工干部，也就是原南京政工养成所的学生，我就被编入第二大队参加训练。受训严格得很，比南京政工养成所还要严格，实行的都是保定军校、云南讲武堂的那一套，对学生动不动就手打脚踢，完全是军阀主义作风。但这也是有一点好处，在这里，我练就了一点本事，磨炼了体魄，经得起长途行军走路，能抵挡风寒雨雪。

我在十一军军官教导队受训整整一年之久，到1929年3月间毕业了。随后，我正式进入了陈铭枢的嫡系部队，被分配到十一军第十师蔡廷锴部，在这个师第三十一团第三营担任指导员，驻地先后在海南岛的万宁和陵水两县。我到了部队不足一个月，1929年4月蒋桂战争爆发了。李宗仁、白崇禧为首的新桂系第四集团军联合原属粤系的第四军张发奎部与蒋介石集团开战。当时，陈铭枢是拥蒋的，他下令调动第十一军去同桂、张军作战。北伐战争结束不久，国民党内蒋、桂两派就大打出手，爆发首次大规模内战，面对如此政局，我当时陷入了极大的苦闷。我觉得这是自己人打自己人，没有意思。李宗仁、白崇禧部队原是北伐时的第七军，陈铭枢的第十一军原是以北伐时的第四军第十师扩编而来的，在反对北洋军阀的战争中，这两个军曾是并肩作战的兄弟部队，现在且同室操戈。张发奎部队原是第四军第十二师扩编而来的，张和陈原先同为以李济深为军长的北伐第四军的两员大将，分别指挥第十二师和第十师协力作战，他们可以说是兄弟，是一起打出来的，而现在却互相残杀起来啦。这不是完全为了个人争权吗？我觉得很无聊，何必去充当炮灰呢？我下决心离开部队，借故浙江老家父亲病重，要我回去，向部队请假，部队里批准我告假回乡。我选择的退路是，重回上海劳动大学。

以上在南京和广州这两段经历，是我与十九路军前身第十一军和陈铭枢之间历史渊源的开始，我最早参加十九路军（十一军），从某种意义上说，可以从第一次大革命后期计起。陈铭枢是我的老长官，他对我很好，因为我是他的学生，他另眼相看，此后有好多工作都是他为我安排的。又因为我曾在蔡廷锴部队当过政工干部，后者也视我为他的老部下，因为这两层关系，后来我在九一八事变后进入十九路军还是比较得到信任的。

二 从劳动大学社科院到十九路军总部

1929 年夏，我回到上海后，当即去劳动大学联系，要求复学。校方认为我已脱课很久，重回农学院难以安排。该校当时已成立了一个社会科学院，校方同意通过考试可以进入该院学习。我考了一考，终于录取在社会科学院经济系，这就开启了一个新的学习生活，一直读到 1931 年毕业。

正当我在劳动大学社会科学院学习期间，国民党新军阀各派之间的混战愈演愈烈，1930 年夏的蒋（介石）、阎（锡山）、冯（玉祥）中原大战，规模空前巨大，震惊全国上下。这时，陈铭枢依然拥护蒋介石，支持蒋实现全国统一，他把蒋介石的内战政策，看成是为完成国家统一的统一战争。陈铭枢的基本部队这时编成为两个师，蔡廷锴任第六十师长，蒋光鼐任第六十一师长，在南方击败了张桂联军后，奉蒋介石的命令从湘粤边境北上，开赴津浦路一线参加对阎冯军的中原大战。陈铭枢、蒋光鼐、蔡廷锴所部被蒋介石所利用，成为后者进行内战的工具。1930 年 8 月，蒋介石下令以六十师和六十一师组成十九路军，任命蒋光鼐为十九路军总指挥，蔡廷锴为十九军军长。同年 12 月，十九路军又被蒋介石调赴江西，参加对中央苏区的“围剿”战争。我在上海劳动大学社科院期间，十九路军内有些六十一师的老朋友同我联系，希望我回到部队去服务。但是，当时我是不想到十九路军去的，因为它打内战，替蒋介石卖命的。我在劳动大学社会科学院以很强烈的志趣研究社会主义学说。我读了很多社会科学的书，好多是马列主义的著作，讲辩证唯物论、历史唯物论的，我是很喜欢读的。甚至黑格尔的《历史哲学》和克鲁泡特金的无政府主义的书，我也拿来浏览一番。至于日本河上肇的《资本论经济学》，更是我们经济系的教科书，我读过好多遍啦。

当时，我的政治态度可以说是左倾的，我对国民党的打内战是很痛恶的，十九路军里面有人很希望我回到部队去，我没有同意去。当时陈铭枢在上海办了一个出版机构，叫神州国光社，他邀集了一批颇有名望的学者，像王礼锡、胡秋原、王亚南等来办这个出版社，在文化界、知识界相当有影响。我那时还不过是劳动大学的一个学员，没有条件进入神州国光社充当编辑的。我可以说是一个书呆子，热衷于读书，也很喜欢搞研究、写文章。那时中国史学界和经济学界发生一场关于中国社会史的论战。我年轻胆大，敢于冒尖，出来打响了第一炮，论战中的第一篇文章是我写的，第二篇文章也是我写的，我在陶希圣编辑的《新生命》杂志上发表了《中国封建社会起源的历史考察》一文，前后分三期刊出。中国封建社会到底从什么时候开始的？我详详细细的收集了有关的史料，经过分析研究，论证了中国典型的封建社会是西周这一段，是从周朝开始的，到春秋战国，这个阶段是中国典型的封建社会。在这以后呢？我的文章不称它为封建社会，而是叫它为专制主义或前资产主义，国家政权大于商品经济的封建社会，即变形的封建社会，但不是资本主义社会。我这篇文章后来由日本一个研究中国史的专家天野元之助翻译成日文，开始时在《满铁支那》上发表。它是日本人在上海办的一个日文刊物，是日本的“满洲铁道株式会社”主办的，在社会科学界销路很广，颇具影响。之后不到半年，日本东京帝国大学出版社就把我的文章印成一单行本出版了。

那时，劳动大学研究中国经济史和政治思想史的一个老师叫陶希圣的，也是负责《新生命》杂志编务的，他对我的学术才能很为欣赏，有意起用我充当其助手。1931年春，他接到了北京大学的聘书，邀请他去北大担任中国政治思想史、中国社会史两门课程，聘为专任教授。他特地找到我家里，希望我陪同他去北大工作。他讲授的上述两门课程都是要发讲义给学生的，但他来不及编写讲义，要求我收集和整理史料，协助编写讲义。我接受陶的邀约，同意担任此项工作。这样，我在劳动大学毕业后，就跟陶希圣到了北大。

北大经济学院的院长，是我忘年的同乡，对我很是关心。陶希圣也很重用我。他们两位都热心为我在北大谋取一个正式的助教职位。可是，当提交北大教授会(北大的行政权力机关，相当于解放初期的校务委员会)审议时，却未能获得通过。原因是我是从劳动大学毕业的，而且思想比较左倾，怕发生问题。这样，我就没有取得正式的工作职位和薪资收入，生活就只好依靠这两位的资助。但是，我并未由此生气，依然积极协助陶希圣从事学术工作。在北大的半年多时间里，几乎天天埋头在北平图书馆里面,查阅图书资料,摘录卡片,编写专题史料。我写了很多东西提供给陶希圣,对他很有用。他的《中国政治思想史》讲义里,有不少是我提供的东西。

在北平待了半年多些时间,1931 年 12 月间我又回到上海。这是因为在九一八事变后,平津一带民众非常愤怒,我们这样的年轻的知识分子对国民党政府的不抵抗政策更是怒火冲天。那时候张学良成为众矢之的,大家都把气出在张学良头上,我也写了一首诗痛骂张学良。由东北军控制的北平警察当局对我们这些青年知识分子很不满意,我时有风闻。另外,我在北大与很多左派学生很为接近,交往不少。而原上海劳动大学的一些在北平的毕业生也与我互相来往不断。我们这些人搞了一些为政府所不满的活动,如出壁报、发传单之类,结果被北平警察局盯上了,把我的相片也拍去了,我感到害怕,担心在北平待下去会发生危险。这些事陶希圣也知道了,他叫我不要同他们来往,免得发生麻烦。当然,还有一个原因是我在北大并无正式职务,连个助教的岗位也未谋得,这也使得我产生去上海另谋出路的打算。临近 1932 年 1 月,北大放寒假时,我南返上海。

在我回到上海之前,十九路军已从江西调来上海、南京一带驻防。我到上海后,先去访问十九路军总指挥蒋光鼐,因为我与十九路军的前身第十一军有一段历史关系,蒋是认识我的,希望我参加十九路军。同时,当时十九路军军官教导队主任华振中是我过去在十一军军官教导队时的老师,他也很欢迎我去他那里工作。华振中是一个老资格的军人,出身保定军校,曾在粤军及十一军当过旅长,与蒋光鼐是保定军校的同学。有了蒋、华两位老长官的关照,我十分顺利地进入了十九路军。蒋光鼐留我在十九路军总指挥部参谋处工作,开始时也没有什么正式名义,就叫做参谋吧!就这样我参加了十九路军。在上海作战时,我担任的是抗日义勇军的组织领导方面的工作。华振中是抗日义勇军的总指挥,十九路军七十八师一五六旅旅长翁照垣是副总指挥,我协助他们开展工作。另外,十九路军总部与各个报社、通讯社的联系以及接待新闻记者的工作也由我们负责,总部秘书处的工作也是我参与的一项的主要任务。当时,十九路军总指挥部驻在南翔,我大部分时间在南翔工作,也常去前线部队那里活动,与中、下级军官接触很多。一·二八当天在闸北打响抗日第一枪的一五六旅第六团,旅长翁照垣、团长张君嵩等军官都与我来往密切,关系非同一般。而营、连长等中、下级军官,有不少是从十九路军军官教导队出身的,是我的前后同学。

三　十九路军的历史演变

以陈铭枢、蒋光鼐、蔡廷锴为领导人的国民革命军第十九路军，是一·二八淞沪抗战的发动者和主力军，这与这支部队的历史渊源和政治背景有着深刻的关系。我想详细的叙述一下十九路军的历史演变，指出它的历史发展和主要领导人的政治态度，与以后在上海发动对日抗战，这两者之间有着内在的联系。

十九路军最初起源于孙中山创建的粤军。1917 年，孙中山为反对北洋军阀破坏民国共和国政体，发动护法运动，在广州成立了护法军政府。不久孙中山在西南军阀的逼迫下离开广州，前往上海。他指示陈炯明带领原护法军政府统率的成为粤军的一支小部队，离广州向福建发展。1920 年 10 月驻闽粤军重占广州，陈铭枢被任命为粤军第五十协统领。同年 11 月，孙中山返回广州，重组军政府，并对粤军进行整编。为组建忠于革命的军队，孙中山委派坚决拥护革命的粤军将领邓铿(仲元)组建粤军第一师，并任师长。1921 年，第一师扩编部队，陈铭枢由于一向拥护孙中山的革命主张，经邓演达向邓铿推荐，被委任为粤军第一师第四团团长。陈铭枢所部也奉命从阳江、阳春地区调至广州，成为孙中山非常大总统府直接统率和指挥的一支最精锐的部队。从这时起，陈铭枢得以当面聆听孙中山的教导。

第一师第四团由戴戟任团副，陈济棠、李时钦分任营长。邓铿师长练兵极严，尤注重军风军纪，早晚向部队讲话，勉励军人刻苦自爱，舍身救国。当时，陈铭枢之第四团，官兵年龄在全师中最轻，富有革命朝气，锻炼体魄，讲究战术，专心训练，立有各种禁条。军纪严肃，全师中享有盛名。这支部队可以说是后来的十九路军的青少年时代，它的反帝爱国传统也就是从这里开始的。

1924 年孙中山改组国民党，实行国共合作和新三民主义。同年秋，陈铭枢经胡汉民、汪精卫、廖仲恺的力推，出任孙中山广州大元帅府直属的第一师参谋长兼第一旅旅长，全旅共两个团，张发奎、蒋光鼐分任一、二两团长。蔡廷锴任蒋团营长。第一师师长李济深当时兼职广西西江督办，驻节梧州，陈铭枢以参谋长代行师长职务。1925 年上半年，粤军第一师第一旅在陈铭枢的指挥下，投入讨伐陈炯明的东征战役和平定杨(希闵)刘(震寰)叛乱之战，为统一广东革命根据地和巩固广州革命政权做出了贡献。1925 年 7 月，广州革命政府改组大元帅府为国民政府，广东、广西的革命军队统一整编为国民革命军。以原粤军为基础的部队，编组成国民革命军第四军，李济深任军长，陈铭枢部改组为该军第十师，陈任师长，蒋光鼐任副师长兼团长。第四军继承邓仲元的革命精神和严格治军的传统，纪律严明，作战勇猛，又重视人才培养，造就了日后许多北伐名将。

国民革命军于 1926 年 6 月出师北伐，第四军为北伐军的先锋部队，以叶挺为团长的独立团先期出征，进军两湖。第四军第十师陈铭枢和第十二师张发奎两部作为北伐的先遣部队，迅速集中韶关，向湘南进击。这时，蒋光鼐专任第十师副师长，蔡廷锴任二十八团团长，范汉杰任二十九团团长，戴戟任三十团长。第十师进入湖南，先占醴陵，再克湘江，挥师北上直指湖北。接着在汀泗桥、贺胜桥战役中与吴佩孚主力展开决战，全师上下浴血奋战，勇追冲杀，将吴佩孚主力部队击垮。陈铭枢随即以主力攻打武昌城，与兄弟部队一起将武昌城军阀部队加以严密包围。随后的攻城之战，第十师作为攻城主力，率先攻入城内。蔡廷锴率二十八团在城内经猛烈奋战，擒获敌将刘玉春，立了首功。1926 年 10 月 10 日，北伐军占领武昌，陈铭枢就任武汉卫戍司令。第四军在北伐战争中勇猛进击，战绩辉煌，被人民誉为铁军，两位师长陈铭枢和张发奎，独立团团长叶挺，都成了战功卓著、声名远扬的北伐名将。

武汉三镇攻占后，陈铭枢的第十师和张发奎的第十二师合编为一个混成师，由师长张发奎、副师长蒋光鼐指挥，进军江西，对孙传芳军作战，协同北伐军其他部队，将孙部击溃。11 月间，胜利回师武汉。这时，国民革命军进行扩编，以第十师为基础，扩大为第十一军，陈铭枢出任军长，下辖两个师：第十师，师长蒋光鼐、副师长范汉杰；第二十四师，师长戴戟，副师长蔡廷锴。可以认为，第十一军及其两个师是尔后十九路军的基本部队，也是后者的直接的前身。

1927 年国共分裂后，8 月间蒋介石宣布下野，陈铭枢也辞去了第十一军军长之职，部队由副军长蒋光鼐代为主持。陈铭枢虽然此后不再直接统率和指挥这支部队，但始终是它的政治领袖和最高的决策人。第一次大革命的失败和蒋介石夺取了国民党政府的领导权后，原先为民族民主革命英勇奋斗，在北伐战争中立下过赫赫战功的这支部队，在政治上迷失了方向，为蒋介石所利用，变成为蒋打击反蒋派和“围剿”工农红军的工具。在蒋介石的指挥下，先后参加蒋桂之战、蒋阎冯之战，立下了汗马功劳。1930 年 8 月，蒋介石以历年来作战有功，将原十一军的两个师整合，编成为十九路军，任命蒋光鼐为十九路军总指挥，蔡廷锴为十九军军长。中原之战一结束，1931 年春，十九路军即被蒋介石调往江西，参加对工农红军的“围剿”战争。

十九路军在其历史道路上,虽然在一个时期内参加了国民党新军阀混战和反共内战,但是它是在孙中山为首的民主革命派的感召和组织下发展起来的,受过革命的洗礼,有着反帝反北洋军阀的光荣历史,全军上下深深地经受了爱国主义的熏陶,这是它以后在上海发动一·二八抗战的内在原因。这支部队,特别是邓仲元任粤军师长以后,接受孙中山民族民主革命思想的教育,注重严格的训练,实行严格的纪律,官兵中保持着爱国爱民的传统。尽管参加过内战,然而在心底里对于国人自相残杀,祸国殃民的内战是十分厌恶的。

1931 年 9 月,日本发动沈阳事变,进攻东北三省。消息传来,正在"剿共"前线的十九路军群情激愤,一股同仇敌忾的气势,迅速在全军升腾而起来。9 月 29 日,十九路军各部队在江西赣州城外聚会,军长蔡廷锴向部队讲话,义正词严表示,日军侵占沈阳,国难当头,军人救国,责任重大,义不容辞,我们应当誓死保国。官兵人人动容。于是全军宣誓,不再打内战,要求枪口对外,保卫祖国。

四　陈铭枢与蒋介石的关系

十九路军领导人陈铭枢与蒋介石之间的关系,是研究一·二八抗战的一个重要问题,我想对此作些回忆和说明。陈铭枢他开始时同蒋介石交情很好,对蒋有迷信。这在政治上有两个原因,一是他认为蒋介石是孙中山的继承人。因为蒋介石有一段时间非常革命,孙中山很赏识他,很信任他。二是他(陈)认为中国要强盛就必须要统一,他把蒋介石看成中国统一的旗帜。北洋军阀统治时中国四分五裂,现在北伐为什么呢?就是要使国家长治久安,所以统一是必要的。北伐成功后,陈铭枢在广东首先提倡把所有军队缩编,全国军队都归中央政府统率,地方服从中央。蒋介石很欣赏他,当时他是粤军出身的高级将领中拥蒋最力的一个人。

北伐战争时,蒋陈他们彼此是合作得很好。打汀泗桥、贺胜桥时,蒋介石很支持陈铭枢,陈有什么要求,蒋介石都答应。这一时期,陈铭枢之所以有很大的功劳,也是蒋介石给予支持和提拔的结果。武汉打下来后,陈铭枢做了武汉卫戍司令,在北伐军中,举足轻重。

1928 年,当时陈铭枢正是在广东得志的时候,既是广东省主席,又是十一军军长。蒋介石与桂系为争夺两湖地盘打了起来。张发奎同李宗仁、白崇禧联合反对蒋介石,陈铭枢却是拥蒋的,把十一军调去同张、桂军打仗。

1929 年前后,在广东陈铭枢的力量最强,其次是陈济棠,上面是李济深,李很欣赏陈铭枢。蒋桂矛盾激化，李济深与桂系关系密切，蒋介石把李济深诱骗到了南京，拘留在汤山。桂系起来反对，宁桂就打仗了。张发奎同桂系联合在一起，蒋介石要镇压他们。蒋介石开始时既重用陈济棠，更看重陈铭枢。十一军被调到广西去打张桂军。桂系被击败后，陈铭枢与陈济棠成为主政广东的两个军政领袖。蒋介石为便于控制广东，乃离间广东两陈。蒋介石支持陈济棠，他认为陈铭枢是有野心的，不容易指挥。陈铭枢原来地位同陈济棠差不多，后者怕陈铭枢夺他的位子，对陈铭枢有忌，蒋介石就把陈济棠提起来。1931 年 3 月，蒋介石与胡汉民之间的矛盾爆发，粤系联合桂系再次反蒋。这一次，陈铭枢不再像以往那样，起兵拥蒋了。陈铭枢不愿同陈济棠打仗，更不愿同张桂军打，他就一走到香港去了。这是陈铭枢与蒋介石的首次分手。

蒋桂战争结束后，广东编遣区整理番号，任蔡廷锴为六十师师长，蒋光鼐为六十一师师长，十一军此时只编两师。陈铭枢不再是军长，但他仍然是这两个师的政治领袖。陈铭枢是老板，他的下面都听他的话。广东人中有这样的说法：陈铭枢、蒋光鼐、蔡廷锴好比桃园三结义，陈铭枢是刘备，一个是张飞，一个是关羽。虽非是结拜关系，但他们的义气很重，后来有很多事情证明他们是讲义气的。

蒋光鼐、蔡廷锴，他们与蒋介石的直接关系，开始时是没有的，他们通过陈铭枢同蒋介石发生关系。从北伐战争开始，到上海一·二八事变，他们都是跟着蒋介石走的，是服从他的命令、指挥的。他们与蒋之间没有私人关系，同蒋介石的直接来往比较少，但是陈铭枢同蒋介石的私人关系很密切。

1931 年 6 月，陈铭枢因为得知十九路军在江西陷于政治上彷徨无主的局面，从日本秘密回到上海。蒋介石知悉后，立即召他去南京。是蒋介石请他(陈铭枢)回京的，这时蒋介石很拉拢他，想利用他大有作为。蒋介石有几种做法：一是让陈铭枢重回十九路军，归他指挥。原来陈铭枢同十九路军公开的组织关系是没有的，现在，蒋交给他统领了。同时，蒋介石答应陈铭枢可回广东做省政府主席。再者，蒋介石又私下欲同他结拜兄弟，在南京蒋介石的别墅，两个人关门倾谈。陈铭枢并未接受蒋要与他共结金兰的提议，但却同意出任军职，到江西担任剿共右路军总指挥官，同左路军总指挥官何应钦并列。他底下的部队很多，除十九路军以外，甚至黄埔嫡系的部队都交给他指挥。

九一八事变爆发，陈铭枢主张抗日，他与蒋介石的态度不同。他是劝蒋介石、劝何应钦(抗日)的。1931 年 9 月下旬，国民党内对立的宁粤双方进行和议，陈铭枢由于与广东地方实力派的深厚历史关系，被蒋介石和宁方指派为和议代表之一，与粤方进行谈判。不久蒋介石下野了，由孙科出任南京政府行政院长，陈铭枢担任副院长兼交通部长。这也是粤方在宁粤会谈时提出的，重新组织政府。陈铭枢一度出任南京政府行政院代理院长。后来，又把林森请出来了充当无权的国民政府主席，行政院长是孙科，陈铭枢是副院长。孙科干不下来，汪精卫回来了。蒋介石玩弄权谋，暂时下野是为了东山再起。他觉得时机不到，把汪精卫请回来，而后汪精卫又出面把蒋介石请回来。于是蒋汪合作，陈铭枢就下台了。蒋介石这时已深感陈铭枢的政治态度和活动已越出他所能控制和允许的范围，也不再是他手中一张可以用于对付异己的王牌，就把他撇在一边了。

五　十九路军淞沪抗战追忆

十九路军发动淞沪抗战是九一八事变后国内外形势发展的结果，这是九一八事变后全国抗日救亡运动所促进的。九一八事变爆发后，全国都震惊了，中国人感到了亡国的危险。当时中国的现状很清楚，军阀内战，民众残生，日本一来无力抵抗，非全国团结不可。国民党上层也动摇了，原来广东与南京当局的关系是独立的，有一个所谓的政治分会，有古应芬、孙科、伍朝枢、李文范，再加上陈济棠，宁粤是分立的。这时他们想同南京谈判，把过去的恩怨抛掉，团结救国。在两家之间调和的人是陈铭枢。他原是广东的，而同蒋介石的关系又很好。他作为蒋介石的代表，加上蔡元培、张继共三人到广东去，谈判成功了。孙科、古应芬等到南京来，南京方面答应释放胡汉民，蒋介石下野，西南方面答应取消广州政府，宁粤合作，重组统一的南京政府。这时重新组成行政院，院长是孙科。为了保证孙科、古应芬等广东派人士在南京和上海的安全，他们要求把在江西的十九路军调到上海来，驻在京沪一线，因为如此，他们（的安全）才有保证，不至于被蒋扣留。陈铭枢也就由此得蒋介石同意，出任京沪卫戍司令长官。

这时，陈铭枢是最红的，又是代理行政院长，又是京沪卫戍司令，又是交通部长，一身好几个职，是实力派，孙科要依靠他。一·二八抗战就是这个时候开始的。蔡廷锴、蒋光鼐二人所以敢于抵抗，背后还有陈铭枢的支持。上海之所以能（对日）打仗，他（陈铭枢）有很大功劳。陈铭枢的对日政策主张就是抵抗。蒋光鼐、蔡廷锴二人一起请示他：如果日本人打，我们怎么办？陈铭枢讲：这很简单，人家打我们，我们对不起，还击，不客气。这就决定了方针政策。蒋介石、何应钦一派是不要抵抗的，贯彻的是九一八以来的不抵抗政策。从一·二八事变以后，他们两(蒋和陈)就快决裂了。

十九路军在一·二八事变前已判明日本将在上海发动进攻。但对于作战没有什么准备,它一没有钱,二没有军备,三没有后方。但思想上是有准备的,很警惕。一·二八前夕,南京政府何应钦为防止十九路军与日军发生直接冲突,调来宪兵第六团来上海接防,是(接)七十八师在闸北第一线的防区。我们接受了命令,准备换防,刚巧在接防的那天,第六团还没有到闸北,日军就不耐烦了,发动进攻了。日军在上海的根据地就是它的驻沪海军陆战队司令部,在北四川路底、虹口公园斜对面,叫做海军驻华特别陆战队司令部。

蒋光鼐是儒将,是一个很文雅的人,作战战略都是他定的。蔡廷锴是战役战术上的将军,蒋是战略上的将军,两个人合作得很好。大政方针由蒋光鼐来定,蔡廷锴则去具体执行。黄强是(十九路军)参谋长,但他并未参与指挥作战,他是管军需方面的,真正指挥作战的是蔡廷锴自己,底下具体工作是由参谋处长赵一肩管的。邓世增是后方总办事处主任、军需部长,所有财政由他掌握。黄强与邓世增都很重要,都是上层人物,直接同南京打交道,很有权力。

开战时,日军的根据地在北四川路虹口公园一带,我们军队的主力则在上海市区对面,象庙行、杨行、宝山、吴淞这一带。日本要求我军从接近租界的二十里内退出去,不准驻扎,我们是准备退一步,退到嘉定一带防线。宝山、蕴藻浜一带都不能驻扎了,准备交防的。

在(1932 年 1 月)30、31 日左右,国民政府迁都洛阳,只留何应钦、陈铭枢在京维持战事,罗文干在京维持外交事务,汪精卫后来也到南京就职。这时,军委会中蒋介石在后方操纵最高决策权,何应钦在南京主持军政大局。他们的政策是动摇的,还不一定是要十九路军绝对不要打,但适可而止,及早收手,希望局部解决,不扩大、不持久。蒋汪合作,后来,直到最后停战协定签字。这时,所有支援十九路军的行动被阻止。

在 1 月 31 日,这时日本(因)援军还没有来,怕失掉闸北防线,于是向上海市政府吴铁城提议停战三天,并由吴铁城出面向十九路军提议进行谈判,英美法三国领事也出来调停。31 日在英国领事馆里谈判,十九路军派七十八师师长区寿年为代表参加。我们提了三个条件(略),日本也提出了三条(略)。区寿年拍案而起,走了。这样就不欢而散,英美调停没有成功。我们以血肉之躯保住了我们的阵地,所以闸北这条战线始终没有垮掉。2 月 5 日以后,战事又激烈了,日本陆军参战了。日本一开始是海军陆战队,后来海军参战,最后实在不行,陆军也参加了。战线延长到大场、宝山、浏河一带。

六　第五军参加淞沪抗战的情形

第五军是国民政府的中央警卫部队，在十九路军到达上海前，一直驻扎在江浙两省，是警卫南京的。第五军的两个师，八十七、八十八师，是(国民党军队)最精锐的部队；同时，它的干部都是黄埔军校毕业的，是从一期到六期的黄埔学生，军长张治中，属于黄埔系。这支部队是蒋介石最满意的部队。在十九路军调到上海之后，第五军让出京沪线给十九路军驻防。

到了上海发生战争时，第五军内部发生矛盾，上面不准动，下面看不惯，“就在我们旁边吗，日本打我们，我们(第五军)为什么不动!”后来，张治中派了一连炮兵，同时派了一个高炮连支援十九路军。不过这是十九路军通过张治中的私人关系借调的，不是中央的命令。这样说，第五军参战最早是从 1 月 31 日开始的。

到了 2 月 5 日，我们(十九路军)所有的军队都集中到上海了，苏州以西一带都空了，第五军就填防了。但到 2 月 6 日，它(第五军)还没参战。最后，到了 19 日，正式参战了。就是在十九路军打了二十天以后，张治中得到何应钦的命令，允许他(率部)参加十九路军抗战，担任左翼战线作战。南京中央命令他归蒋光鼐指挥，蒋派他担任左翼指挥，第五军正式参战。

参战的经过非常好，两军情同手足，一点没有间隙。第五军士兵都是好样的，两军结下了非常好的战斗友谊。但当时在上海的各种小报上，有各种传闻说，中央派张治中来监视十九路军，怕十九路军有异心。实际上并没有这回事。第五军不是来监视的，它是来支援的。我不同意董显光《蒋总统传》中所说，十九路军在后撤第二道防线时，蒋光鼐等只将后撤命令通知十九路军，而未通知第五军，以致后者遭到不应有的损失。据我亲历所见，第五军的作战部署与十九路军是一致的，作战公文也是两军一道发的，没有先后之分。我因为在参谋处工作，我晓得此种内情。十九路军和第五军两军是团结的，相互关系很紧密，一致对外，的确是同心同德，这就是民族精神的表现。

(复旦大学历史系陆军根据访谈录音整理初稿，余子道修改定稿。)

十九路军与一·二八淞沪抗战

朱伯康

一　十九路军的由来

十九路军的前身是北伐军(国民革命军)第十一军,十一军的前身是粤军第一师第四团。粤军第一师师长邓铿即邓仲元,第四团团长陈铭枢,全团军官以保定军官学校毕业生居多,十九路军的将领如蒋光鼐、蔡廷锴、戴戟、沈光汉、毛维寿、区寿年等,都是当时该团的团附、副官或连、排长。

一九二〇年,孙中山回粤,讨伐桂系军阀,邓仲元指挥第四团及邓演达独立营,在广东连江获得大捷。一九二一年孙中山就任非常大总统后,粤军有了发展。一九二二年北征,第一师在赣州又获大胜。一九二三年孙中山回粤,扩大粤军,陈铭枢被提升为第一旅旅长,其下第一团团长为张发奎,第二团团长为蒋光鼐,蔡廷锴、沈光汉、毛维寿、区寿年都是该团军官。这一年,粤军出师东江,击败滇桂军杨希闵、刘震寰部队,统一了广东。一九二四年孙中山改组国民党,确立联俄、联共、扶助农工三大政策,扩充军队,准备北伐,李济深被任为国民革命军第四军军长,并以陈铭枢的第一旅和蒋光鼐的第二团为基干扩充为第十师,由陈铭枢任师长,蒋光鼐任副师长,朱绍良任参谋长,蔡廷锴任二十八团团长,范汉杰任二十九团团长,戴戟任三十团团长。

在北伐战争中,攻打武汉附近汀泗桥、贺胜桥时,四军的第十师和叶挺独立团,奋勇作战,以少胜多,击溃吴佩孚主力。特别是叶挺团中有很多共产党员为骨干,纪律严明,作战勇敢,威名大振,使四军有“铁军”之称。继又在江西马回岭及南浔路一带击溃孙传芳军,部队在武汉获得补充,陈铭枢被任为第十一军军长兼武汉卫戍司令,蒋光鼐为副军长兼第十师师长,戴戟为二十四师师长,蔡廷锴为副师长。这时贺龙、张发奎、杨其昌各部皆归陈铭枢指挥。

一九二七年夏，蒋介石叛变革命，宁汉分裂，陈铭枢离职去日本，蒋光鼐、戴戟亦离武汉去沪，张发奎接任第四军军长兼第十一军军长，蔡廷锴升任第十师师长，继续北伐，进军河南与张作霖军作战。八一南昌起义，叶挺的十一军二十四师，贺龙的二十军，周士第的四军二十五师七十三团，都参加起义，旋向广东潮汕进军。是年八月，蔡廷锴师一度追随，但动摇不定，东开河口，没有南下，迎副军长蒋光鼐回部，率师入闽。一九二七年冬，蔡廷锴师在福建电邀陈铭枢回军，将驻闽新编第一军谭曙卿部缴械，恢复二十四师番号，重组十一军，陈任军长，蒋光鼐任副军长，蔡廷锴仍任第十师师长，黄质胜任第二十四师师长。

一九二八年，第十一军回到广东进行训练，并在广州河南小港创办军官教导队，主任华振中，招收数百名学生和学员，毕业后分发到全军各部队任下级军官。我那时是教导队第二队的学员，毕业后分发到蔡廷锴第十师的第三十团第三营当指导员，营长云应霖，驻地为广东海南岛万宁和陵水。半年后，我请假离开部队。这年陈铭枢拥蒋，在广东五华，击败汪精卫系张发奎、缪培南的第四军，回驻南路。陈铭枢被任为广东省政府主席。

一九二九年夏，蒋介石召开军事编遣会议，要求地方军队自动缩编，实则借编遣为名，削减异己军队。广东部队取消军的番号，缩编为五个师。陈铭枢的第十一军被缩减为一个师和一个独立旅，改称广东编遣区第三师和第二独立旅，以蒋光鼐为师长，蔡廷锴为旅长，均受陈济棠节制。桂系及张发奎不服从编遣，和蒋介石公开决裂，爆发内战。

陈铭枢及其第十一军这时受陈济棠指挥，站在蒋介石一边，参加蒋桂战争。一九二九年冬，先后在广东东江派尾、花县白泥及广西北流等地，打了几次硬杀硬拚的战役，双方各死伤万余官兵，再度将桂系及张发奎军队击败。战事结束，十一军恢复原名，并获得补充，蒋光鼐为六十一师师长，戴戟为副师长，蔡廷锴为六十师师长。

一九三〇年李宗仁、冯玉祥、阎锡山联合举兵反对蒋介石，第十一军又被拖入新军阀混战。五月间，蒋光鼐奉命指挥六十师、六十一师及李扬敬的六十三师，由广东韶关开赴湖南衡阳，与桂军作战，后又调至津浦线与冯玉祥军作战。八月间，蒋光鼐被任命为第十九路军总指挥，蔡廷锴为第十九军军长，统率六十和六十一师。这就是十九路军名称的由来。

十九路军不仅参加新军阀混战，为蒋介石卖命，而且逆历史潮流而动，进入苏区，对共产党领导的工农红军作战。一九三一年夏，蒋介石任命陈铭枢为右翼集团军总司令，命令十九路军开入江西，参加第二、第三次“围剿”。十九路军除原有六十师、六十一师外，在吉安还扩编了一个师，名七十八师，任六十师的一个旅长区寿年为师长。这支军队在江西苏区和红军作战，除在兴国高兴圩打了三天两夜以外，只有零星接触，没有大的战斗，但十九路军官兵受到很大教育，思想发生变化。他们眼见红军纪律严明，行动迅速，战术灵活，作战勇敢，特别是与苏区人民打成一片，到处得到群众的支持和拥护，而白军则处处受坚壁清野之苦，连问路和带路的人也找不到，象瞎子在黑夜里走路一样，随时随地有挨打的可能。因此，十九路军官兵对红军十分害怕和敬佩，普遍厌战，不愿和红军打仗，希望早日离开。

一九三一年九一八事变发生，东北沦陷，十九路军官兵情绪非常悲愤。不久当时的内蒙、热河陷入沦亡边缘，华北特殊化，蒋介石仍坚持不抵抗政策，民族危机日益深重，“抗日救国”、“停止内战”、“一致对外”的呼声，遍及全国。这时广东政局发生变化，陈铭枢促进宁粤合作，孙科、古应芬等取消独立，主张调十九路军到京沪一带驻防，以便他们到南京参加蒋介石政府有安全保障。在各方策动下，十九路军被调到南京至上海一线，陈铭枢受任京沪卫戍司令长官，戴戟任上海警备司令。不久就爆发了淞沪抗日战争。

二 一·二八淞沪抗战

九一八事变后，蒋介石政府坚持不抵抗政策，而日本侵略者则得寸进尺，先后向榆关、天津、塘沽、青岛、厦门、福州、汕头、上海等地挑衅。天津事件虽在小抵抗后划出“中立区”以求妥协，而上海事件则日益增多。

一九三二年一月二十日上午，日本侵华陆军和海军陆战队在引翔港纵火焚烧三友实业社毛巾工厂，杀伤华捕。同日下午，又在北四川路捣毁中国人开设的商店。日本驻上海总领事村井苍松口头表示遗憾，并无具体禁止暴行措施，反于同月二十一日上午，借口日本僧人五名被殴伤，提出书面抗议，要求即时解散上海各界抗日救国委员会及各种抗日团体。二十二日驻沪日本第一舰队司令部声称“如果答复不圆满，将采取严厉的对付行动”。二十五日，日本驻上海总领事催促国民党上海市政府对解散抗日救国会等无理要求作出答复。二十七日晚八时，竟向上海市政府提出最后通牒，限于四十八小时内答复，至迟到二十八日下午六时为止，否则日本海军将采取行动。国民党上海市政府于二十八日下午二时完全接受日总领事提出的最后通牒，公然命令解散抗日救国会。市长吴铁城并令市公安局长温应星和市社会局长麦朝枢，分别查封上海各区抗日救国分会，至下午五时查封完毕，日本总领事对国民党市政府这种不准爱国、屈辱投降的行为，表示满意。但到当晚十一时，日本第一遣外舰队司令官盐泽幸一却发出另一个通牒，强迫我上海驻军让出防地，交其占领，并在当夜十二时率领海军陆战队和便衣队向十九路军防地闸北进攻。当时驻闸北的七十八师翁照垣旅张君嵩团毅然抵抗。蒋介石下令十九路军退让，官兵拒不执行，于是淞沪抗战爆发。因为战争发生在一月二十八日凌晨，地点在上海闸北吴淞一带，所以叫“一·二八淞沪抗战”。

一·二八抗战是人民的抗战。在此以前，当日本侵略者步步进逼，战争迫在眉睫之际，除金融界张公权等向上海市政府请愿要求“和平解决”外，所有市民和群众团体，无不悲愤异常，认为屈辱求和已不可能，只有拚死抵抗，才能求得生存。上海工农学商各界特于二十六日借打浦桥法政学院开联席会议，通电要求对日绝交，反对日总领事所提无理要求。上海学生联合会全体干事于二十七日赴市政府反对屈服外交，反对接受日总领事要求。战事一爆发，一月二十九日中国共产党通过地下组织，发动上海人民给十九路军以极大的支援和鼓舞。党领导下的总工会发动工人参加抗日斗争，并宣布抗日总同盟罢工的命令。左翼作家联盟组织抗日会，并发表宣言。

人民的鼓励和支援给十九路军官兵的教育是极其深刻的。战事一发生，童子军、学生军、义勇军、战地服务团纷纷奔赴前线，参加战斗和战地服务。妇女界宋庆龄、何香凝，医务界颜福庆、牛惠生、瞿直夫、倪葆春，以及工商界史量才、刘鸿生等积极组织救护队、伤兵医院和难民收容所等，支援抗战。上海各界还募集寒衣、食品及各种军用物资进行支援和慰劳，各方函电和报纸舆论对中国军队奋起抗战，备致赞扬。所有这些，使十九路军官兵深受感动，人人奋勇作战，视死如归。那时我在十九路军总部随高参华振中接待义勇军、战地服务团和报馆记者，到过前线闸北、宝山、吴淞等地和苏州后方，亲见官兵上下亲密团结，斗志旺盛，决心很大。当时对非战斗员秋毫无犯，对俘虏给予优待，如重伤被俘的日军空闲少佐、尾大尉等，均及时得到救护，被击毙的藤井海军大尉还厚葬于真如。因此，即使日方报纸亦表示钦佩。

一·二八战争发生之前，日本侵略者根本看不起中国，诋毁中国为“非有组织的国家”，盐泽幸一扬言在四小时内可以占领上海。没想到战事一起，十九路军官兵奋起反击，勇猛异常，迫使日军节节败退。不到二十四小时，国内外空气完全改变，外侮的耻辱，国际的轻蔑，人民的抑郁，一扫而光，中华民族恢复了自尊心。

日军在战场上一败再败，被迫退却，于是增调海军陆战队，更换野村吉三郎为司令，结果仍不免失败。增派久留米混成旅来沪，在纪家桥一役，又被击溃。接着，特派菱刈隆为司令官，增调陆军第九师团，更换植田谦吉为司令官，在庙行一役中又遭失败。乃另委白川义则为司令官，再增两师团来沪。一个月内，日军再三增兵，五易主帅。到三月一日，我军因日方新增师团在浏河登陆，后方及侧面受包抄威胁，一时又无援军开到，乃撤退至第二线待援。到这时为止，上海日军计有五个师团七、八万人，军舰八十余艘，飞机百余架，大炮三百多门，武器优良远远超过我军。十九路军不过二万五千人，战斗十余天后，加上第五军两个师，共为五个师，人数仍不满四万。力量如此悬殊，竟能不断取得胜利，完全是由于人民大众的支持和鼓励，使官兵们振奋精神，愿以血肉之躯，为民族争光，为人民吐气，为国家求生存，因而能奋勇冲杀，挫败强敌。

但是淞沪抗战时间并不长，激烈战斗持续了一个月又三天，敌方不断增兵，我军退入第二线待援，迄无援兵开来，而议和之声甚嚣尘上。此时蒋介石对日本侵略仍持不抵抗政策，妄图"通过外交途径解决"，屈膝投降。二月十三日何应钦、陈铭枢、罗文干联名致电蒋光鼐，略云："介公刻到浦镇，召弟等指示沪事。以十九路军保持十余日来胜利，能趁此收手，避免再战为主。其办法为双方各自撤退至相当地点，中国军队退出地方由中国警察维持。"早在一月二十九日，国民党政府即请求国际联盟行政院依据盟约第十五条召开特别会议进行调处，并请英、美驻华公使斡旋调停。三月一日，驻华英、美公使提出休战三天和调停办法五项，日方停战条件之一是要求十九路军撤离京沪线。最后，日方因东北义勇军纷起，日军兵力单薄，亟须抽调军队去东北防守，日本国内反战运动兴起，重光葵等在天长节被刺受伤，而我全国人民抗日情绪高涨，不可轻侮，乃于五月五日签订了《淞沪停战协定》，我军撤出防线，由警察接防，日军退至一·二八前的防线。此后，蒋介石命令十九路军撤出京沪线，调往福建，继续实行其消灭异己部队的阴谋。不久，十九路军又在福建高举抗日义旗，成立反蒋的人民政府。

中国人民政治协商会议上海市委员会文史资料工作委员会编：《文史资料选辑》，第4辑，上海人民出版社，1980年版，第51—57页。

十九路军一·二八淞沪抗战回忆

张　襄[1]

抗战的远因及近因

日本自明治维新以来，没有一天不想侵占中国大陆，以遂其称霸亚洲的无限野心。1875 年在朝鲜制造纠纷终于爆发了甲午之战。1879 年侵占琉球，1895 年侵占我领土台湾，1900 年八国联军攻入我首都，日军出动最多。1904 年日俄战争目的在手与帝俄争占我东北的领土。1914 年第一次世界大战爆发，日本又乘西方各国无暇东顾向我提出二十一条，企图独占中国。

以上所举，不过就事件之大者而言，此外在长春、福州、珲春、济南、大沽、皇姑屯等地的挑衅寻隙事件就不胜枚举了。这是淞沪抗战的远因。

1931 年九一八事变，日军侵占我东北，蒋介石采取不抵抗的政策，于是日本侵略者狂妄地认为几个月之内可以征服全中国，逐步向华北采取攻势，战火延及华南，这是淞沪抗战的近因。

一·二八抗战前夕的情况

九一八事变发生后，全国人心极为愤慨，倒海排山地掀起了抗日排货的高潮，尤以上海为我国经济文化的中心，形势更为紧张。上海市市长张群、警备司令熊式辉早看到苗头不对，熊则设法预先调任赣主席，张也辞职调京。其时正值十九路军调驻京沪，戴戟同志接任淞沪警备司令，区寿年师进驻上海，归戴指挥，并调

---

① 张襄，一·二八淞沪抗战时先后任京沪卫戍司令长官公署副参谋长、淞沪警备司令部参谋长。

我任参谋长。接事之初，我去访问熟悉日本人情况的蒋方震先生，蒋先生说："你同戴来沪责任是很艰巨的，万一敌人发动事变，千万不要选择理想阵地，只能打遭遇战，就地展开必要的兵力与之一决雌雄，如果后退选择良好阵地，没有不失败的。"这一席话对我启发很大，我秉承戴戟同志的指示参酌当时的情况首先草拟对上海全面调查的计划，选择一部分专职人员专门调查日本居留民的动态、陆海军调动及增减情况、陆战队驻地：弹药及军用品存贮和有无新的补充等等，每日编列详表送阅。并令参谋处第一科调查郊区附近交通网及交通工具、交通线情况、各村镇可宿营的人数并粮食补给来源；令参谋处第二科调查上海及附近各县警察人数、枪支弹药数量。并与兵工厂宋厂长式鑫接洽，该厂现出何项弹药，每日能出若干，必要时将弹药扣存备用。又令副官处会同秘书调查上海慈善机关团体、医院多少、分布的所在及能容纳人数，令区寿年师于该师中组织兵要地理调查组，用便衣形式组织好多个参谋旅行团，在吴淞、大场及上海附近地区实行侦察，尤以交通网之调查为最重要。

以上调查，为防止泄漏，使用单线联系方法，绝对禁止向外发表和彼此互相谈论。

调查正在进行的时候，发现敌有向上海进攻的企图。当时司令部库空如洗，不得不以职员初到上海须支薪水为由，向市府暂借两万元作为添购防御器材之用，市府只借八千元，由秘书长俞鸿钧亲自送到，我们遂以此款并另由戴戟同志私垫的两千元，交副官、参谋秘密轮流到上海五金店及麻袋厂购买军用物资，避免遭人疑惑。

抗战的决定

1月20日上午2时30分，日本浪人勾引日本海军陆战队到引翔港三友实业社棉织厂放火，并于途中枪杀华捕一人，枪伤数人。下午日本居留民开紧急大会于日侨俱乐部。散后，日本暴民数千人沿途捣毁老靶子路、北四川路一带商店。上海市府提出口头及书面抗议，均不得要领，而日领村井仓松于22日反提出1月18日日本连社僧五人在马玉山路与我三友厂工人互殴案件要求惩凶，并提出四项最荒谬的条件，内有取缔各界抗日救国会并立即解散各抗日团体等条。同时，日海军司令部对于上海《民国日报》登载的日皇在东京遇刺未中消息，竟认为标题文字对日皇不敬已经引起青岛、上海等地日本海军陆战队的愤激行动，要求立将该报查封，声称："如不予以圆满答复即采取断然处置。"此时日舰运兵运械，昼夜不止，战事迫在眉睫。是日(22 日)七十八师翁旅长照垣来部请训，并报告布防情况，戴司令即将最近所得的一切敌情动态详告翁旅长并嘱对前方须时作戒备。翁旅担任吴淞经大场到闸北的防务，兵力实感不够，但翁抗战意志坚决，并不因此踌躇。戴与我们分头去看蒋光鼐总指挥、蔡廷锴军长。我即约区师长寿年同去看蔡，将最近所得情况向蔡汇报，肯定敌将向我进攻。蔡军长拍桌说"日本人欺负我国太甚，只要蔡廷锴在上海一天，绝不令日人踏进我寸土！"我回部后，将见蔡的情况报知戴司令，戴告诉我："蒋总指挥抗战意志甚坚决，已嘱我即发通知，明日(23 日)下午在龙华司令部召集在沪十九路军高级将领会议讨论一切。"次日下午在沪十九路军各高级将领准时到会，由蒋光鼐总指挥主席，蒋、蔡、戴均表示坚决抗战的意志，全场空气激昂万分，一致主张如敌人敢于进攻，即在原地抵抗。会后我将作战计划及抗战第一道"栈密"命令亲自签署，并送蒋、蔡、戴核后判行。因为战争随时可以发生，蒋、蔡、戴共同判行后，交我即日发出。

二十三日至二十八日情况概要

一、我方情况

（一）十九路军各部队位置：

十九路军总指挥部　南京

六十师　丹阳、常州、无锡、苏州

六十一师　南京、镇江

七十八师一五五旅	第一团	龙华、南市
	第二团	北新泾
	第三团	真如
一五六旅	第四团	吴淞　宝山
	第五团	大场
	第六团	闸北

（二）筹备经过概要

1. 加紧收集敌方情况(详敌情方面)及时通报各部。

2. 秘密架设战地各司令部同前后方互相联系之电话网。

3. 将副防御物品(铅丝、麻袋等)交各部受领,加强原有工事。

4. 令兵工厂宋厂长式骉将每日制存子弹停止送往南京,径交本部留用。

5. 密令两路局局长除留上海所必需车头、车皮外,各车一律不准停留北站。

6. 因情况紧张,电请军政军令两部暂增参谋名额(此事旋接复电称:“限于编制碍难照准。”)

(三)上海市社会情况:

1. 上海各社团及个人,因愤日人横蛮,纷纷到龙华司令部请愿,我们遵守戴司令意旨,对军事方面绝对保守秘密,对人民要求善为安慰。

2. 日本浪人到处寻衅,日陆战队及战车队在闸北天通庵路、淞沪车站、宝山路、同济路、横浜路等处,全副武装,往来驰骋。闸北一带顿呈战时状态,租界当局宣布戒严。我方各社团于26日下午假打浦桥法政学院联席会议,通电要求对日绝交,反对日领四项要求。沪学生联合会全体干事于27日赴市府请愿,反对接受日领抗议,并要求保障抗日团体。同日,上海《民国日报》因公共租界工部局受着日方的压迫,被勒令停刊。市府方面但求避免战争发生,百般迁就日方,引起人民群众的严重不满。

二、日本方面情况:

(一)上海海军方面,意欲与关东军争功,努力制造事变,以便扩大日本势力范围。

(二)日本阁旅,上海事件由大角海相处理,并由驻华海军舰队司令盐泽负责解决。20日日本海军省会议决定,驻沪兵力如有不足,可派第二舰队增援,并在吴淞口外扣留我国轮船,加派军舰游弋南京、汉口、广州、汕头、厦门等地,企图配合浪人同时暴动。28日海军航空母舰加贺、风翔等舰准备开沪。

(三)连日来,日本海军陆续运到大炮、机关枪各种军用品无数,陆战队士兵由汇山码头登陆。截止28日晚上,总计敌人在上海停泊的军舰约有二十余艘,在长江各地的计十四艘,统归盐泽指挥,海军陆战队计七个大队,约三千人左右(第二大队至2月7日才到上海),上海居留民团各路联合会(里弄组织)、上海日本少年团、在乡军人会上海支部、义勇后援会、义勇团日本队等组织总共亦不下二、三千人,飞机四十架,铁甲车已被发现的有二十余辆。

(四)日侨妇孺多迁入法租界,在乡军人、浪人化装我国平民深入我内地侦察军情。战争开始后,在龙华北新泾道上曾被我部截获六名、枪决四名,有两名系由警察捕获,并向本部报告备案(以后和议告成,市府居然将该两名间谍径自释放）。

一月廿八日情况

27日晚，盛传市府将接受日方所提出四项条件。我得此消息后即电询吴市长，吴因事外出，由秘书长俞鸿钧接电话，俞说："事态颇严重，市长正在研究处理中。"28日晨零时三十分，市公安局长温应星、社会局长麦朝枢奉市府令，派员查封抗日救国会。下午二时市府秘书长俞鸿钧亲赴日本总领事馆，竟以书面完全接受日方所提四项条件。上海市民联合会闻讯后，立即召开全体会员大会，通过电请政府对日绝交、反对吴铁城擅自封闭抗日会、组织决死团以武力对付奸商、请工商界立即成立救国义勇军、联合组织金融集中机关、筹募并购备军械等议案，并决定下午三时召集全市市民大会。事为市府得悉，派公安局强行制止。是日所得各方情报，敌人准备发动战事大有一触即发之势。夜八时起，各方电话及情报愈来愈多，龙华司令部灯火辉煌，战争气氛笼罩全部。十时左右，闸北张团长，温公安局长先后数次来电话，通知我步哨线附近均发现敌人便衣密探，请示可否断绝交通。我以尚非其时，告以对于可疑行人须加详细盘问，如果敌人没有开枪，禁止先行射击。十一时二十分左右，市公安局转来急件，系日本第一遣外舰队司令盐泽幸一致蔡军长廷锴函一律，略称："帝国海军鉴于多数邦人住居闸北，为维持治安计，将日军驻于该地，以负保安之责，希贵军今夜立即退出闸北"等语。我呈戴戟司令阅后，立即派员转送蔡军长。正欲再报告蒋总指挥的时候，吴铁城来了电话，说："我的外交手段业已用尽，只看你们军事方面如何。"戴司令愤慨地说："你身为市长，竟然完全承认日本人的要求，你如何对得起上海数百万市民！"说罢，即将电话挂上。此时司令房间及我房里电铃大响，闸北方面张团长及市公安局温应星局长均有电话报告。"天通庵路、青云路敌已向我步哨线开枪，来势非常凶猛。"我尚未及回答，只听得戴司令指示说："打！打！打!"我即将战争爆发情况电告蒋、蔡两位。不到十分钟，蒋、蔡均到龙华商议，并发出艳电，报告决定抗战，全文如下。

"特急，南京中央党部国民政府各部、院、会、各军、师、旅、团长、各报馆、全国国民公鉴：暴日占我东三省，版图变色，国族垂亡。最近在上海杀人放火，浪人四出，极世界卑劣凶暴之举动，无所不至。而炮舰纷来，陆战队全数登陆，竟于28日夜十二时在上海闸北公然侵我防线，向我挑衅。光鼐等分属军人，惟知正当防卫，捍患守土是其天职，尺地寸草，不能放弃。为救国而抵抗，虽牺牲至一人一弹，绝不退缩，以丧失中华民国军人之人格。此物此志，质天日而昭世界，炎黄祖宗在天之灵实式凭之。十九路军总指挥蒋光鼐、十九路军军长蔡廷锴、淞沪警备司令戴戟叩艳。”

此时前方时来电话，报告军情虽甚紧急，但战线业已稳定，敌人损伤甚大，我军已占主动地位。

随后，蒋、蔡、戴三位均赴前方，我们通宵处理各部队应补充的军用物品，并收集各方报告转到前方，以备领导参考。拂晓，司令部即迁至龙华，后因获得谍报，知敌方已侦悉本部位置，遂又迁到北新泾石灰窑附近办公。

作战全般概况

一、作战地点：(一)闸北(二)江湾(三)吴淞。

二、作战起讫日期：1月28至3月1日。

三、作战面：右起闸北经江湾，左迄吴淞。

四、作战地境：第五军未到达上海时，完全由十九路军担任，第五军参加后(2月16日)分为左右翼军。

右翼军作战面：南市、虹桥、闸北、江湾之线。

左翼军作战面：江湾、庙行镇、胡家宅、纪家桥、曹家桥、泗塘、吴淞之线。

左右翼军作战地境为大场、江湾之线，线上属右翼军。

庙行战后作战地境改为李家桥、庙行、姚家宅、殷行镇之线，线上属左翼军。

五、左右翼军之指挥官及其兵力：

右翼军指挥官为十九路军军长蔡廷锴，指挥十九路军三个师，六十师，六十一师、七十八师(缺翁旅)及王赓旅(缺古团)、宪兵第六团；左翼军指挥官为第五军军长张治中，指挥第五军两个师(八十七师、八十八师)及七十八师之翁照垣旅。

六、敌我兵力如附表一、二；敌我兵员及枪炮概数如附表三，敌我伤亡如附表四。

闸北情况

一、七十八师一五六旅在闸北作战概况：

一·二八夜十一时二十分，敌上海陆战队集中在该队本部，由敌蛟岛统率向我南北阵地同时进攻。当时由军本部指挥的区师翁照垣旅第四团在吴淞、宝山，第五团在大场警戒。闸北仅有第六团一团官兵一千余员，其布防情况大致如下。

第一营　虬江路、广东街、西宝兴路；

第二营　横浜路、天通庵路、江湾路、青云路；

第三营　除以三个连为团预备队位于太阳庙路外，其余一连协同北站宪兵连及铁道炮队防守北站。

敌盐泽司令十一时二十五分对我发出最后通牒，十一时二十分日陆战队已全部集中，十一时三十分即向我闸北阵地全线攻击。敌方兵力，在当日阵地上已发现的，有第一、二、三、五、四个大队（日本在上海的陆战队计有七个大队，特别陆战队尚未列入），加以在乡军人及义勇后援会，义勇团日本队等等不下三、四千人。天通庵路方面敌军向我发射了第一枪，他们恃有优势军火，以为我军一击即溃，不料我军士气旺盛，抵抗极为猛烈。战争开始时，我方阵地如虬江路、天通庵路、青云路各路口，受敌排炮火力损害，有的阵地士兵全部牺牲，敌人冲入防线内。但我预备队增援迅速，等到敌步兵接近阵地时，予以猛烈的打击，致使敌人死伤狼藉，才第一次领略到我军是不可轻侮的。我方阵地虽已恢复，但因敌之炮火猛烈，亦有相当损伤。敌经我反复肉搏，纷纷后撤，战事暂时停顿。但敌炮兵仍不断盲目发炮，阻我军反攻。29日早，天尚未明，敌机、铁甲车、大炮大肆凶焰，我前线阵地多被炸毁，第六团死伤不少。幸翁旅长指挥得当，将原留置大场的丁荣光团（第五团）调到闸北增援，当时前线兵力配备如下：

右起第六团第三营一部及宪兵连　北站——宝山路，

第六团第一营　虬江路——广东街，

第五团第一营　宝兴路——横浜路，

第六团第二营　天通庵路——青云路，

第五团第三营　青云路——八字桥，

第五团第二营　江湾劳动大学。

晨八时许敌又大举进攻，飞机、大炮轰炸我阵地，并炸毁我民房。因此，虬江路、宝山路、宝兴路火焰冲天，闸北几成火海，我民众死伤无法统计，商务印书馆总厂及东方图书馆完全化为灰烬。北站及列车铁轨、中央铁道炮队同时被炸中。宝山路、广东街、虬江路之敌约有步兵千余人，企图占我北站，此时全战线火焰弥漫，由虬江路冲来之敌窜进北站，使我有不得不撤退之势。张团长看到时机急迫，间不容发，遂令第二营长吴履逊统率太阳庙路之预备队，宪兵配足手榴弹，分由虬江路、宝兴路全体投入战斗。血战三小时左右，敌方死伤狼藉，但仍顽强抵抗。此时敌我两军已到短兵相接的时候，敌之飞机大炮无法显其威力。张团遂下令全线冲锋，敌方血肉横飞，纷纷溃退。正当敌我混战之际，防守北站之宪兵连因死伤过大，纷向后撤，幸第六团宪兵第一营由真如赶到，即时冒着炽烈的敌火，进入北站附近洋房，向敌顽抗，使我右翼据点得以巩固。是役宪兵营长李上珍协力不少。自经此次激烈的肉搏战后，敌步兵不敢再进攻，惟飞机大炮仍盲目轰击。

日方深怕在它的援兵尚未到达以前我军来一次反攻，因此想出一个缓兵之计，一方日领事向吴市长请求，一方又托英、美、法各国领事出任调停。我总指挥蒋光鼐虽明知日人绝无信义，仍希望有一线的和平，且在此停战的期间更可加强工事，因此于晚八时，依英、美、法各国领事的请求，即令前线停止战争。我方决定区寿年师长任代表，与吴市长铁城、日领村井、日海军司令盐泽及英、美、法等国领事、军事司令官等在英领事署正式会议停战办法。我方提出要求：1. 在沪日军，除依条约原驻者外，余均解除武装，退回兵舰；2. 日本须负战争责任，赔偿损失，数目待后调查决定；3. 由英美领事保证日本在上海以后无同样事件发生。日提出反条件：1. 华军退出闸北二十启罗米达以外；2. 在京沪线延伸线以北的上海市区——即指闸北、真如、吴淞、高桥、洋泾周围各区内，中国永不驻兵。

31 日午前午后开会两次，毫无结果，最后决定是要日本军队退入公共租界内，中国军队则退至距离租界步枪射程以外的地区。村井、盐泽以请示政府为由，声称须三日后始能答复。其敌人的援兵再须二日时间即可到达，而我办外交的人员图苟安一时，存在着不切实际的幻想，竟许其推延，真令人气愤。是日敌航空母舰加贺、凤翔等号装载第一航空队约三十架飞机，第三舰队巡津舰那阿、由良、阿武隈并鱼雷舰四艘满载陆战队三千人及大炮、炸弹、硫磺弹等运到上海，仅杨树浦一段即停有敌舰三十余艘，白龙港方面并停有敌驱逐舰和航空母舰，炮衣均已卸却，尚有什么和平可谈呢！

在停战期间，2 月 1 日年前一时到三时，敌又向我防线进攻，均被我军击退。惟天通庵路、青云路、宝兴路一带，敌用燃烧弹向我民房投扔，火势蔓延，无法熄灭，敌在停战时期不顾信义，企图破坏我方防线工事，所以下此毒手：是夜敌舰炮击南京，重光葵回到上海，令日侨准备回国，妇孺迁入租界，壮丁即行征集。盐泽并对英美领事表示：日军在上海兵力薄弱，不能放弃其使用飞机投扔炸弹之权。我方在停战时期除加强工事外，也知和平无望，对于前线官兵的粮弹补充早已准备妥当。果然 2 月 2 日午后二时左方敌炮兵又向我天通庵路、青云路、宝兴路一带炮击，飞机、机枪、步枪同时并发。攻击开始后，日本领事才以电话通知市府说："日本政府对于 31 日在英领署会议上所决定的日军'退入租界，让出越界铁路及附近地带交由英美暂时维持一节'，不能同意。"此次敌来势很猛，以铁甲车六七辆掩护步兵约六、七百名，分由青云路、恒业路、中山路一带前进，企图包抄我阵地左翼，经我官兵奋力抵抗，卒将该敌击退。3 日午后，敌复用炮兵向我全线袭击，敌机二十架到闸北阵地轮流投扔炸弹及燃烧弹，天通庵路、宝山路各洋房全被炸毁。幸赖士兵奋不顾身，在断壁颓垣中，突出与敌肉搏，出敌不意，杀得敌人死伤枕藉，迄未得逞。是晚除敌不时以炮兵向我不断轰击外，全线均无战事。蒋总指挥令翁照垣旅于交代后，开向金家宅附近，由六十师沈师长指挥该师一百二十旅（缺第五团）附黄茂权团到闸北接防。翁旅自 1 月 28 日夜起在一个星期中毫无休息，且六团损伤颇大，故须从事休整。

以上为翁旅在闸北作战的经过。

二、六十师一百二十旅在闸北作战概况(2 月 3 日)

六十师第一一九旅第一团　新闸桥、宝山路，虬江路口；

第一二〇旅第四团　虬江路口、宝山路、横浜河、天通庵路口；

第一二〇旅第六团　天通庵路口、沿横浜河、八字桥；

旅部　中兴路、大统路口。

敌于增援部队到后，2 月 4 日向我下总攻击令。第一日敌先以野山炮、迫击炮向我阵地攻击，并继续用重炮、飞机向我阵地工事及房屋轰炸。九时左右炮火益烈，我宝山路、天通庵路工事及房屋全被炸毁，十时左右敌向我全线进攻，战至午十二时，敌利用铁甲车机关枪掩护步兵七、八百名，分由宝通、宝兴、横浜等路向我宝山路、天通庵阵地猛攻。我第六团在战壕的士兵以肉身与铁甲车搏战，又以手榴弹炸毁敌铁甲车二辆，毙敌四、五十名，其余狼狈溃退；宝山路之敌亦被我第四团击退。下午三时左右，天通庵路房屋因被敌炮及飞机轰炸引起大火，敌乘机向我冲锋。我因阵地火势过猛，房屋倒塌，守兵压死不少，不得不将原阵地暂行放弃，但至晚间又将原阵地恢复。

5日为敌人总攻击的第二日。敌仍以飞机、大炮击我阵地，火焰冲天，致阵地附近房屋无一幸免。八时左右，敌倾巢向我全线攻击，来势较昨尤猛，新民路、虬江路之敌据高楼俯射，我守兵死伤过半，战局几不能支，幸赖预备队及时增加，并炸毁敌铁甲车一辆，毙敌七八十名，得以挽回危局。八字桥方面敌虽损失甚大，我方亦牺牲甚巨，苦战四个小时，敌始不支溃退，下午敌又大举反攻，以青云路、宝兴路、横浜桥为重点。我以一部从八字桥方面向敌侧击，毙敌百余，缴枪八十余枝，敌遂全部溃退。我一二〇旅第五团(缺第二营)于午后七时到闸北中兴路，山炮连同时到达，邓志才旅长因两日激战第四团三营死伤甚大，即晚以第五团三营接替该营宝兴路、横浜桥一带防务。此次作战敌方报纸初不透露战败消息，但各国报纸争相登载，敌新闻界也不得不披露一点。

附译日文报每日新闻一段如下：

“5日晨，我军(指日军下同)决行总攻击以来，作空前未有之大激战，敌军(指我军下同)死力反抗，我军虽猛力发炮，然彼竟东冲西扑，致我军不易进展。未几，敌军以迫击炮炮击我军，致我军惨遭未有之大败”(下略)。

6日为敌人总攻击的第三日，十时左右敌又向我全线进攻，每路均附以铁甲车，尤以天通庵路至中山路及八字桥阵地战斗最为激烈，苦战竟日。午后六时我宝山路、横浜桥阵地受敌燃烧弹及炮火连续不断的射击，散兵壕几致变形，不得不撤至第二线抵抗。至夜十一时许，我全线向敌反攻，我炮兵大显神威，原阵地又被我军夺回，虬江路、天通庵路一带之敌争先溃退，因而我军虽死伤较大，终将阵地恢复，惜未对敌穷追，否则战果更大。自经三日大战，敌军屡败，声称“四小时可将闸北稳拿在手”的盐泽，不得不以野村代之，而蛟岛指挥无方，也被植松代替。此后一直到3月1日每日仍有部分小接触，敌飞机大炮仍时来轰炸，但敌军在闸北仍寸土未得，这就打断了敌人一鼓而下的妄想。以后如果不是七丫口敌人登陆，我军绝不会自动放弃闸北。

吴淞方面战况

吴淞要塞是我国扬子江口的第一个门户，它虽系老式炮台，但在政治上军事上仍有其重要的价值。守要塞的系何应钦的姻亲邓振铨，他秉承蒋介石、何应钦的意旨，对于十九路军浴血作战竟抱与己无关的态度。在战事已在市内开始以后，他对于吴淞的水陆敌人竟听其自由活动，而且还自在地跑来上海，声称已请求辞职要离开炮台，意欲逃避任务。我当时向他提了意见，我说："在这个军机紧急时刻离开职守，事关头颅，不宜儿戏。"他才回了吴淞。但南京方面却批准了他的辞职请求，他得着消息立即离开炮台。当他在台之日，始终对敌毫无动作，因此自3日起，敌久留米旅团及第九师团得以预先扫除通过吴淞口的障碍，日本战舰、飞机同时连续轰炸，致我炮台大炮被毁三门。以后一直到谭启秀部接防炮台，炮台才开始抵抗，我才先后炸沉敌驱逐舰一艘、雄洋舰两艘，击落敌飞机一架。

翁照垣旅于3日由闸北开金家角整理，因吴淞告急，总部再令翁旅(第六团开金家角整理的一部分部从除处)开赴吴淞增防。翁旅于4日午前一时到达吴淞，其兵力配备如下：

一、我军兵力部署

第四团　右自泗塘河大兴桥起，沿蕴藻浜，吴淞镇黄浦江岸左至吴淞炮台止，派出一营进驻宝山城。

第五团　以第二营留作顶备队，余构筑北泗塘东岸工事作为预备队阵地。

炮台守备队，在原炮台固守。

二、敌情及作战经过：

4日午前十一时敌舰十三艘、飞机廿四架向我轰击，并以重磅炸弹投入吴淞阵地，炮战之烈为开战以来所未有。吴淞全镇几成火海。我要塞炮又被炸毁六门，要塞司令参谋长滕愿之殉难，守备营冒兵死伤亦大。敌企图登陆，我第四团守兵沉着应战，将其击退。5日敌三千余在张华浜登陆，无动静，企图未明。7日拂晓张华浜车站附近发现敌铁甲车六辆，人马络绎不绝，判断系敌久留米混成旅在此登陆。翁旅见敌向我包抄，以五团之一营预先进入泗塘河阵地。八时，敌飞机四十架、舰二十余艘向我吴淞阵地轰击，张华浜站附近敌重炮及野炮多门集中火力，分向吴淞镇及蕴藻浜铁桥附近阵地发炮，吴淞全镇如火山爆发。同时敌铁甲车并步兵两千余人向我蕴藻浜站第四团八连前哨阵地猛攻，我全连士兵大部分牺牲，仅剩四十余人，拟退守蕴藻浜北岸。刚撤至铁桥南端，接翁旅长令绝对不准离开原阵地，但敌已跟踪追到，无法折回。赵金声连长乃以必死的决心，绕出车站南端，将所有机枪对着军工路猛进之敌突行扫射，敌被截作两段。前进之敌进至我阵地前方受着我方痛击，闻后方枪声大作，以为中伏，向后溃窜，而后面之敌见前敌狼狈溃退，也随之向后狂奔，结果敌死伤近百，前哨原阵地仍为我恢复。是役中外报章皆赞扬我军以三四十人击退敌军二千余众，称为战史中的奇迹。敌经此次失败，知道中国人不可轻侮，于是"三日内占领吴淞"的狂言不复敢在报章上披露。

当翁旅守吴淞阶段，自开战至奉命撤离止，敌人竟无法踏上吴淞寸土，其步兵数次强行登陆，均被我守军击退，因之，除以大炮飞机盲目轰炸外，别无伎俩可施（关于吴淞方面作战详况可阅翁自著《淞沪抗战回忆录》，兹不赘）。

吴淞、江湾方面一部战况

一、我军截至7日止，我军各部已逐渐到达作战线上，其部署概况如下：

（一）七十八师翁旅（缺第六团）　吴淞、宝山；

（二）六十一师　主力在大场、刘家川，一部分在杨家行；

（三）六十师　江湾、闸北，

（四）王赓独立旅及宪兵团　南市、龙华、虹桥、北新泾；

（五）八十七师宋旅（共二团）；

八十八师（缺一团）　南翔、嘉定（任总预备队）。

二、敌情：敌自增加生力军于4、5、6三日对我闸北总攻击后，死伤甚大，迄未得逞。7日闸北方面除中山路、八字桥尚有激战外，其余全线比较沉寂，陆战队主力有向江湾、吴淞转移模样。两三日来英美各国领事及在京各国公使出任调停，当局仍存和平妄想，但敌方并无和平诚意。其新任第三舰队司令野村及陆战队指挥官植田均于6日到申，陆战队约千人在汇山码头登陆。7日久留米混成旅在张华浜附近登陆，8日晨向蕴藻浜南方加入战斗。敌因鉴于闸北失败，行动非常谨慎，加强侦察我方兵力的配备和调动。此时吴淞及蕴藻浜方面敌兵力约步兵一联队，附以海军陆战队，久留米混成旅则似有充任预备队模样，所以我蕴藻浜、曹家桥一带仅有小接触，没有激烈战事发生。

三、我军的动态：我军鉴于敌久留米混成旅业已上陆，蕴藻浜、曹家桥方面我前进阵地已在与敌接触中，遂将一部部队作如下调整：

（一）八十七师宋希濂旅开嘉定，以一团进驻罗店，接六十一师第四团的防务。第四团移交防务后即归还建制。

（二）令六十一师守备江湾和庙行镇、张炎旅防御蕴藻浜至吴淞一线。

四、蕴藻浜、纪家桥我部六十一师与敌久留米混成旅之血战：六十一师张炎旅鉴于敌陆军已正式到达，即令第六团郑为楫部扼守胡家庄，将沿蕴藻浜北岸到吴淞一线属其指挥的炮兵连置于姚家湾。第四团进驻胡家庄，其余仍在刘行停驻。13日晨四时，纪家桥南岸发现敌步兵四、五百人携炮六门向纪家桥我方阵地攻击,其后方尚有千余名密集部队,在施放烟幕弹后强行渡河。我方守纪家桥的第九连因敌进攻火力炽盛,全连官长仅余士兵数名,众寡不敌,纪家桥、姚家湾、钟家宅遂被敌占领。敌后续部队随即渡河,向我全线阵地展开猛攻,我六团营长李荣熙中弹壮烈牺牲、我六团团长郑为楫同时受伤。张炎旅长闻报,亲率四、五两团开至杨行镇、张家村应援,从早到晚,苦战竟日,敌伤亡重大。我军在吴家宅、沈家宅、钟家宅之线与敌对峙。下午七时,我军开始反攻,并潜派一部由周家宅向姚家湾、纪家桥出敌侧背猛袭,该敌纷纷向纪家桥及其南岸溃退。是日北风凛冽,大雪纷飞,我军乘胜穷追,南岸之敌以为我军渡河夜袭,彼此自行互相轰击,死伤甚多。查来犯之敌系久留米步兵第十四联队之大部、敌山炮兵第三联队第二大队之一部、敌工兵第十八大队全部约共二、三千名,死伤约五百余名,而我官兵死伤较少。敌海军陆战队在闸北受我军教训后,其自称为劲旅的久留米陆军才踏上陆地,但也不能挽回战局。

敌第九师团登陆及我部全军布防状况

一、敌自久留米混成旅在纪家桥作战失败后,植田师团长即于 14 日统率第九师全部,下分两梯团,其主力在汇山码头登陆,一部在张华浜附近登陆。14 到 16 两日登陆完毕(兵力参见附表)。植田发表声明:“此次到上海,是为保护帝国臣民之安全。因中国军队对我海军陆战队之挑战,使租界陷于不安和恐怖,并附帝国臣民于绝境,此乃予之所最痛心的。我师团的任务,此次到上海来,就是同海军协力将我居留民救出于水深火热之绝境,因此务须避免无益之交战,达成和平之目的。如果有妨害本师团任务的遂行,予走毫不犹豫,予以既然之处置。至于与租界内各国的关系是采协调之旨,努力做到租界的安宁。中国的民众只要他们不妨碍本师团执行任务,也应予以和平的生活。”2 月 18 日在英领署会议,敌方要求我军即时退出上海二十启罗米达以外、上海永不驻兵、吴淞等要塞永久毁除,会议因而破裂。晚九时,敌植田及村井等向蔡军长及上海市市长提出最后通牒,大意如下:

“本职切望和平达到任务,通告左开各件:

1. 贵军应速中止战斗行为,于 2 月 20 日午前七时前将现据第一线撤退完了,于 2 月 20 日午后五时前从黄浦江左岸,由公共租界西北端连接曹家渡镇、周家桥镇、蒲淞镇之线及租界北部境界线以北，并连接黄浦江右岸烂泥渡及张家楼镇之线以北完全撤退，至距租界线二十启罗米达（“千米”旧称）以外之地域（包括狮子林炮台），且撤去在该地域内炮台及其他军事设施，并不得重新建设。

2. 日本军于贵军开始撤退后，不行射击轰炸及追击动作，但飞机侦察不在此限。又贵军撤退后日本军仅保住虹口附近之工部局道路地域（包括虹口公园之周围）。

3. 贵军第一线撤退完了后，日本军为确认其实行起见，派遣有护卫军之调查员于撤退地域，该调查员揣带日本国旗以宜识别。

4. 贵军对在该撤退地域外上海附近之日本人生命财产应完全保护之。此项保护如不完全，日方当采取适当手段。

5. 关于上海附近（包括撤退区域）外国人之保护容另商议。

6. 关于禁止排日运动，1月28日吴市长对于村井总领事之约诺应严格执行。关于此项，当另由帝国之外务官对中国之上海行政长官有所交涉。

如以上各项不能执行时，日本军将即对贵军采自由行动，其结果所生一切责任应由贵军负之。

第十九路军司令蔡廷锴阁下。

大日本帝国军司令官植田谦吉。”

蔡军长接到敌军通牒后，请示蒋总指挥光鼐如何答复，鼐说；“打胜了，倭奴自然服帖，我们以大炮答复吧。”

于是16日蒋、蔡、戴三人协商后将全军重新布防。

二、我全军于16日起布防状况概要：

1. 右翼军：十九路军军长蔡廷锴，指挥以下各部：

1）王赓独立旅（缺古团）附南市团警，担任南市区、龙华、漕河泾、虹桥，北新泾（北端与苏州河合）之线，并须固守南市、龙华作为右翼军据点。

2）七十八帅翁旅（缺第六团）担任北新泾、曹家渡、中山路至北站及真如站之线，主力控制于真如镇。

3）六十师担任新闸桥、北站、宝山路、横浜路河、八字桥、雨伞店、杨家楼下至江湾之线。

4）六十一师一团死守江湾，主力集结大场附近，但第六团仍在罗店、浏河、小川沙之线警戒。

5）十九路军军司令部　真如。

2. 左翼军：第五军军长张治中，指挥以下各部。

1）八十八师（缺一团）二六二旅警戒江湾北端、小场庙、竹园墩、麦家宅、庙行、周港、蔡家宅至蕴藻浜南岸，其余集结马桥。

2）八十七师二六一旅警戒蕴藻浜北岸胡家庄、纪家桥、曹家桥至泗塘之线。二五九旅警戒火烧场附近。

3）七十八师翁旅（第六团缺一营）附义勇军约二百名，固守吴淞（狮子林、宝山在内）。

4）第五军军司令部刘行。

十九路军总指挥部南翔。

（注意）左右翼军作战地境为大场、江湾之线（线上属右翼军）。

20 日午前七时前，为敌军限我撤退的限期，我们鉴于一·二八夜敌人递交哀的美敦书限我军撤出闸北时，一面送出一面即向我攻击，全体官兵提高警惕，早已严阵以待，果然是时，从闸北、江湾至吴淞要塞全线均发生剧烈战争，尤其是江湾及庙行成为敌主要攻击目标。兹概述此两处情况如下：

庙行战况

一、庙行我左翼军八十八师在庙行附近布防状况；

五二三团　江湾镇北、严家宅、金家塘；

五二七团　金家塘、竹园墩、麦家宅；

五二四团　麦家宅、庙行、周巷、蔡家宅。

二、敌方兵力：敌久留米混成旅及敌第九师团一部。

三、战况：20 日拂晓敌展开优势兵力向庙行一带阵地进攻，重炮及攻舰大炮均向我阵地集中射击，庙行及麦家宅几成为敌炮兵的弹巢。敌因江湾方面有我重兵驻守，攻击两日未能得手，乃于 21 日将大部转向我庙行方面移动，竟夜炮声不绝，我阵地工事大部被毁。22 日改以全力攻我庙行以南阵地，我八十八师五二七团麦家宅阵地被敌突破，该团第三营官兵伤亡重大。旅长钱伦体赶到前方督战，胸部重伤，仍带伤指挥。俞、李两师长也赶到前线督战。张治中军长则亲率教导总队赴八十八师指挥所督战，令八十七师二五九旅孙元良部向庙行镇增援，令守蕴藻浜之宋希濂旅主力由纪家桥渡河抄敌侧背。同时我部张炎旅长为救友军之急，亲率步兵两团由竹园墩出击。敌被我军三面夹击，遗尸遍地，只得下令退却，但其一部仍留金冯宅、大小麦家宅一带无法退出；我方派队伍解决了败退之敌。此时敌虽节节顽抗，但已势穷力尽，无法反攻，我亦因损伤过大，无法再行追击，势成对峙状态。是役血战一昼夜，我方死伤三千余人，敌方因取攻势死伤更多。敌人称："庙行之战实为抗日战争中最激烈之役。"敌于是役侦察旬日，全力进攻两天，企图突破我庙行阵地，但不得不以失败而告结束。我八十八师亦因损伤过大撤至葛家西塘桥附近整理，其庙行镇以北至蔡家宅一段阵地由八十七师孙元良接防，庙行镇以南之阵地改由六十一师张炎旅附古鼎华团接防。庙行战役至此告一段落。

江湾战况

一、我军部署：我军在江湾方面，配置一师缺二团的兵力（即六十一师缺第六团），配备在江湾镇方面的一团（田国璋团）另附一营共四营余集结于大场。我右翼系六十一师刘占雄旅之一营，在江湾车站，左翼为八十八师之五二三团。江湾乃我军战略上重要据点，对于吴淞及闸北方面所关甚巨，亦为敌主攻重点，所以我在此配置了五团的兵力。

二、对于敌情的判断：敌对吴淞以一小部兵力监视，并掩护其右侧背海军，而在吴淞口佯攻，牵制我吴淞守军之转移，一方集中炮火，协同步兵向江湾、庙行攻击。其右翼以久留米混成旅对付我庙行的友军，而以其中央队第九师团的主力对付江湾我部。其左翼以敌海军陆战队守备闸北现阵地。攻击开始时，敌采取佯攻姿态，正式攻击后，才以大炮、飞机、铁甲车毁坏我阵地，然后由步兵伴随前进。

三、战况：20日为敌向我总攻击开始的第一日，午前七时起敌飞机十余架更番向我江湾前进阵地轰炸，炮兵集中火力连续射击，随以步兵二千余、坦克车数十辆由万国体育场向我进攻。我前方警戒部队捕获敌探一名，知当面之敌系第九师团第七联队，凭其优势装备向我江湾镇东一带阵地猛攻。我军击毁敌坦克车四辆、铁甲车三辆，并毙敌官兵多人，而我方阵地工事多被炸毁。我守备江湾田国璋团第四、六两连官兵伤亡殆尽。至下午团预备队业已调整，而敌仍猛攻不已，直至张励旅长以生力军第三团一营增加，敌势顿挫，夜闻战斗沉寂。21日为敌总攻的第二日，敌除第七联队外，更以三十五联队加入作战，由旅团长原宏指挥。敌开始即放烟幕弹，随后向我江湾镇东南阵地猛扑，田团将守江湾镇所有兵力全行投入，战到下午五时，敌无法进展，遂移转其攻击方向于江湾以北之地点。我张励旅长因见田团损伤过大，乘夜以该旅第一团梁世骥部接替。

22日为敌总攻击江湾的第三日，我方守江湾者为第一团梁世骥部及第二团第三营。拂晓敌以重炮多门及野炮集中江湾射击。同时，敌飞机以重磅炸弹及燃烧弹向江湾镇连续投弹。江湾全市烟雾弥漫，几成火海。同时敌以坦克车十余辆掩护步兵二千余向我猛冲，我阻击炮连弹罄炮毁，山炮三门又坏一门，无法与敌重炮抗衡。但我士气旺盛，官兵以七九步枪及手榴弹与敌作你死我活的斗争，使敌无法进展。我庙行友军与敌久留米混成旅同时亦做殊死战斗。正在危急之际，张炎旅长为策应友军，亲率四、五两团向水车头出击敌之侧背，攻击庙行及其以南阵地之敌，使敌不得不向后撤退。此役敌损伤极大，因此江湾方面敌之攻势遂告顿挫。敌攻击庙行失利，攻击江湾又毫无进展后，当晚以一部兵力向我郭家桥、严家宅及江湾北端东葛家桥进攻，企图包抄江湾。我梁团抽调守地官兵约一营，乘夜出敌不意，从东葛家桥阵地向敌突击，毙敌百余。残敌向颐家宅、孙家宅溃窜，生俘敌第九师团第七联队第二大队空闲升少佐一名，截获日本国旗及车辆甚多。此役空闲部队全军覆没，我郭家宅、严家宅一带阵地转危为安，江湾更形巩固。蒋总指挥因八十八师日间庙行之役损伤甚大，令八十七师孙旅接替庙行以北八十八师原阵地，八十八师庙行以南原阵地交六十一师张炎旅接防。

23日为敌军攻击江湾的第四日，据谍报敌十一、十二两师兵力共有四、五千人，并敌十四师之一部开抵上海。本部因敌人兵力不断增加，屡电南京火速派兵增援。当日接长官部邓参谋长世增梗电称：今晨晤蒋先生，催速增兵，蒋云："各部队均未集中，何能增援，预计增援部队须在十日之后，希嘱蒋、蔡诸兄务照原定计划，迅速在南翔之线赶筑工事，以期长久抵抗。至撤退时间由蒋，蔡诸兄察看情形自行定之。"按当时蒋、何蓄意不增兵，令我军退守南翔、浏河、泗泾之线，而我军决守原阵地抵抗，一方面是不让敌人踏上我的寸土，另一方面也因在租界附近作战，可以加深西方帝国主义与日本帝国主义之间的矛盾，从而在国际上取得有利于我的形势。如我退往南翔，以上意义尽失，且南翔一片平原，无险可守。抗战将近一月，蒋介石按兵不动，诚如所谓："各部队均未集中。"则蒋介石在此一个月中所司何事？若谓："十日后增援部队始可到达。"究竟指何部队亦未说明。总之，从邓梗电寥寥数语，就已体现出蒋介石不抵抗的决心。

24日为敌总攻江湾的第五日。敌正待援反攻，我方张励第一团梁世骥部连日作战死伤过大，乃由第三团附第一团第二营接替梁团江湾防务。当日敌除用飞机大炮毁我工事，并在竹园墩、金家码头进行侦察外，其余阵地均甚沉寂。

兹将第六十一师江湾暨庙行阵地接防后配备概举如下：

六十一师一二二张炎旅接替庙行以南防务的配备；

王赓旅古鼎华团 唐行南端——金家码头(包含码头在内)；

张旅第四团 金家码头——谷家宅西北端；

张旅第五团 谷家宅(包含谷家宅所在)——严家宅；

张旅第六团 任旅预备队；

六十一师一二一旅第三团 江湾镇；

六十一师一二一旅第一、二团 大场附近整顿中。

自庙行接防后，六十一师在江湾方面的预备队仅余一、二两团，并且都是屡战重创的部队。

25 日为敌总攻我江湾的第六日，亦即敌所称“第二次总攻击”开始的第一日。此时敌第十一师团业已到达，分布江湾及庙行方面，除久留米混成旅及敌第九师团外，我们又发现敌第十一师团第二十二联队已加入本战场。而敌第十四师团亦有一部在公大纱厂附近发现。当日郭家宅、小场庙、谷家宅、金家塘、竹园墩、金家码头全线发生最激烈的战争。

敌集中百余门大炮专向古团猛攻，对金家码头、沈家宅及第五团谷家宅、小场庙阵地，则用排炮连续轰击。从早六时到下午两时，古团损伤极大，预备队全行加入，也无法支持。张励旅长以预备队(第六团)两营增加古团，以一营增加第四团方面，卒将当面之敌击退。但第五团血战过久，增援无兵，致谷家宅小场庙阵地被敌突破。张励旅长为策应友军，急派第一团第一营进至广肇山庄。蔡军长也派黄固旅赶到广肇山庄及何家宅一带向敌猛烈反攻，卒将当面之敌击退。

26 日，因 25 日张炎旅、古团同当面之敌新增加的第十一师团剧战后，彼此损伤均大，当日全线无剧战。我军将战线重新调整如下；

六十师 闸北八字桥、雨伞店、张三桥；

七十六师 黄固旅：张三桥、杨家楼下、走马塘；

六十一师张励旅 走马塘、夏家荡、广肇山庄、竹园墩；

六十一师张炎旅 竹园墩、塘东宅、严家桥、庙行南端。至晚，为顾虑张炎旅当日作战损伤过大，其竹园墩暨庙行以南防地着移交八十八师接防。张炎旅开回墙前宅，王旅古团开回大场整理。

27 日，全线只有小接触，并无剧烈战争。我判断敌因 25 日第二次总攻击时损伤甚大，待援再图反攻。当日在张华浜登陆的敬十一师部队又有四、五千人向江湾、庙行集中，运输至为忙碌。又据谍报，敌第十四师团28日可到，其后续部队正在动员中。我方苦战匝月，并无一兵增援。上官云相师本已开抵黄渡，担任构筑工事，忽奉蒋介石令："两团留守镇江，一团留守京师。"戴岳旅本已抵杭州，蒋亦阻止其前来增援。在江西"围剿"中共的各师仍执行蒋的反人民的内战任务，迄未因外患而停止。蒋所谓各部队均未集中实即指此。我军自开战至当时死伤约五千人，第五军亦死伤近三千人。在此情形下，本拟退守刘行、大场、真如、北新泾之线再图抵抗，但最后决定仍在原线抵抗，尽我辈军人天职。兹将部队重新调整情况记录如下：

六十师一二〇旅调到刘家宅、俞家宅附近，作为军之预备队；

六十一师第六团附王旅、古团，接一二〇旅新闸、北站、宝山路、横浜桥之防务；

张励一二一旅夏家荡，广肇山庄、竹园墩之防务由七十八师一五五旅黄圃接替，张励旅开回大场西路河桥整理；

其余各部队防地仍旧。

28、29两日，全线虽均有战争发生，但无重大变化，惟八字桥方面战争较剧烈。29日，敌军最高级司令官白川到申，驻公大纱厂。敌十一师团主力于28日到长江口停泊，29日向浏河方面驶去。敌第九师团司令部当日进入天乐寺，敌四十四联队一部进驻公大纱厂。判断第三次敌之总攻即将开始。

3月1日敌增兵已到。敌酋白川发表宣言，大意须我军接受他的要求实行撤退后，日军才停止活动，"不使战局扩大。"

1日拂晓起全线均有激战，也就是敌所谓"第三次总攻击"的开始。

三月一日我军全线作战状况

一、右翼军方面战况：

（一）闸北方面：敌因我方阵地坚固，用飞机大炮终日轰炸，致虬江路、天通庵路、中兴路、八字桥各阵地如火山爆发，敌虽肉搏多次，终被我守军击退。惟八字桥系我闸北左翼之支撑点，在敌第三次总攻击的前一日（29日），即开始以飞机、大炮、铁甲车向我猛攻，激战至3月1日，敌经我六十师一一九旅顽强抵抗，屡进屡退，三得三失，敌我损伤均极重大。到晚，八字桥仍归我军掌握。晚十一时，该旅奉令作战略上的撤退。莫雄旅（因王赓被俘，莫雄继任旅长）及宪兵团向七宝镇及颛家桥撤退，六十师刘旅向黄渡镇撤退，六十一师第六团则向方泰镇撤退。

（二）张山桥、广肇山庄、竹园墩方面战况：本方面系七十八师黄固旅（共一、二、三团），当面之敌为第九师团第七、三十五、十九、三十六四个联队。其后方有第十一师团之二十二联队。以上全线均发生激战，敌借飞机、大炮、铁甲车的威力，更在兵力上占了上风。于是以重叠纵深的配备，向我黄旅夏家荡、广肇山庄、竹园墩之线反复冲突。我黄旅全体官兵义愤填膺，为保卫祖国而战，一直战到午后二时，阵地前敌死伤狼藉，我官兵亦损失极大。正当危急存亡之际，敌第九师团第七联队长率领总预备队冲入我阵地。我第一团官兵全体投入阵线，当场将敌第七联队长击毙。敌更以三、四千人向我竹园墩阵地反复突进，我右翼第一团、左翼八十八师同时陷于摇动状态，而竹园墩阵地卒被突破。营长罗整、营附江豢率同士兵四十余人突入敌阵地，无一生还，全线赖以安全后撤。同时，本师第五、六两团各一营闻警，跑步前来增援，敌因精疲力竭，无法反攻。相持到晚，我军仍占有杨家楼下、谈家宅、水车头之线。到十一时，奉令作战略上的撤退。黄旅以一部占领大场、夏家车头掩护我军部队之后撤，其余五、六两团撤至南翔集结。是役黄旅士官死伤极大，各团仅存二、三成及三、四成不等。死伤官长：第一团阵亡营长罗鋆、营附江桑、陈必有，连长云勉、钟大初、蔡干青、宋德甫，阵伤营附何友箴，连长谭公民、李青甫、任湘泉等。第二团阵亡营长唐三章、连长赖忠和、排长乌炽南、黄明，阵伤营长黄师焯、连长吴日廷，隋德桑、排长李志骏、马良、陈绍良、廖轰等。第三团阵亡排长庞杰、罗汉屏、梁世荣、郑企瞻、梁震次、林海、尹杰、邱廷国，阵伤团附聂率准，营附蒙得中、连长张廷绍、农南、陆威、郭铨、甘耀祖、闰泽霖、排长陈维藩、陈冠雄、谢志坚、王胜标、梁安雄、陈延康、张宏坤等。

二、左翼军方面情况：

1 日拂晓，敌久留米旅团即在竹园墩、庙行、周港全线展开激烈的攻击，敌舰在吴淞、狮子林、川沙口、杨林口向我岸上炮击。其十一师团主力在七丫口登陆后，陆续向我浮桥、茜泾前进。当时该方面防军仅有教导总队连，兵力极感不足。我军闻报，急令宋旅驰援。午后一时，宋旅五二一团到达浏河，即向茜泾，与敌相遇，展开激烈斗争，相持至晚十一时，奉令撤至太仓集结。而竹园墩、庙行附近从拂晓起战至下午二时，敌愈增愈多。八十七、八十八两师正面与右翼七十八师被优势之敌压迫，伤亡极大。迄晚该两师撤至颜家宅、杨焕桥之线与敌对峙。至午后九时，奉总指挥蒋令，决心长期抵抗，转移阵地。左翼军撤至嘉定、太仓之线。

三、总指挥部情况：

29日敌十一师团主力到达长江口。3月1日早据谍报，该敌确向浏河方面转进，当令第五军对该方面特加注意。惟八十八、八十七师正面敌已于当早拂晓起实行总攻击，无兵可调。除一面仍令第五军对该方面须抽出部队向浏河方面增援外，并用电话请南京即调卫官部一、二团人向浏河增援。待至下午八时毫无消息，而各方传来当面敌情，对我军更为不利。我军前线各师苦战近月，兵员已消耗大半，如果再行支撑，徒供牺牲，无补国事，于是总指挥挥泪下令，于夜十一时作战略上的撤退，以备在第二防线进行抵抗。当时部署如下：

（一）右翼军：

莫雄独立旅及宪兵团　撤至颛桥、华庄、七宝；

六十师　撤至黄渡；

七十八师　撤至方泰镇；

六十一师　撤至方泰镇北方；

（二）左翼军：撤至嘉定、太仓，

十九路军总部　撤至正仪。

以上各部均按预定计划撤退。当我部队后撤时，未被敌人察觉。第二步我军又向昆山及常熟之线后撤，此时已进入成立停战协定的阶段，我全体官兵莫不悲愤填膺，痛恨蒋介石甘心卖国不发援兵，终于在屈辱条件下，结束了一个整月的淞沪战争。

一·二八全战役十九路军暨参加抗战友军一览表

（附表一）

十九路军总指挥蒋光鼐　军长蔡廷锴　司令戴戟

一、十九军军长蔡廷锴

（一）六十师师长　沈光汉

第一一九旅旅长刘占雄，辖一、二、三三团

第一二〇旅旅长邓志才，辖第四、五，六三团，师属山炮营

（二）六十一师师长毛维寿

第一二一旅旅长张励，辖第一、二、三三团

第一二二旅旅长张炎，辖第四、五、六三团，师属山炮营

（三）七十八师师长区寿年

第一五五旅旅长黄固，辖第一、二、三三团

第一五六旅旅长翁照垣，辖第四、五、六三团，师属山炮营

二、第五军军长张治中

（一）第八十七师师长张治中

第二五九旅旅长孙元良，辖五一七、五一八两团
第二六一旅旅长宋希濂，辖五二一、五二二两团
独立旅旅长伍诚仁，辖一、二两团
（二）第八十八师师长俞济时
第二六二旅旅长钱伦体，辖五二三、五二四两团
第二六四旅旅长杨步飞，辖五二七、五二八两团
（三）军直辖部队　军官教导总队　独立山炮营

三、独立旅（即税警团）旅长王赓（后改委莫雄），辖一、二、三团

四、宪兵团团长齐学启，辖一、二、三三营

一·二八全战役日本侵略军一览表

一、陆军之部：

（一）上海派遣军司令官　白川义则
（二）上海派遣军直辖部队：
攻城重炮兵第一联队
独立山炮兵第一联队
独立工兵第九大队
飞行第二大队
上海派遣军宪兵队
独立战车队第二中队
兵站及野战病院等等
（三）久留米混成旅团团长　下元熊弥
步兵第十四联队第二大队
步兵第二十四联队第一大队
步兵第四十六联队第一大队
步兵第四十八联队第一大队
山炮兵第三联队第二大队
工兵第十八大队第二中队
（四）第九师团长　植田谦吉
步兵第六旅团长　前原宏行
步兵第七联队
步兵第三十五联队
步兵第十八旅团长　小野幸吉
步兵第十九联队
步兵第三十六联队
山炮兵第九联队
（五）第十一师团师团长　原东笃太郎
步兵第十旅团长　稻丘孝照
步兵第十二联队
步兵第二十二联队
步兵第二十二旅团长　三田见山
步兵第四十三联队
步兵第四十四联队
山炮兵第十一联队
（六）第十四师团师团长　松木直亮
步兵第二十七旅团长　平松莫雄
步兵第二联队

步兵第五十九联队
步兵第二十八旅团长　平贺贞藏
步兵第十五联队
步兵第五十大队
工兵第十四大队
辎重兵第十四大队

二、海军之部：

（一）第三舰队司令长官　野村吉三郎
（二）上海陆战本部指挥官　植松练磨
装甲车兼机关车队
曲射炮队
运输队
工作队
海军陆战队第一大队　铃木光信
海军陆战队第二大队　多田野佐七郎
海军陆战队第三大队　高桥乙松
海军陆战队第四大队　森可久
海军陆战队第五大队　大田右
海军陆战队第六大队　志贺正成
海军陆战队第七大队　胜野实
（三）第三舰队直属舰
出云　松野省山
第十三驱逐队司令　黄山茂
早苗　甲蕨　吴竹　若竹
第十五驱逐队司令　神山德平
荻茑　藤薄
（四）第一遣外舰队司令官　盐泽幸一
（五）第一遣外所属军舰
平户　天龙　常磐　对马　安宅　宇治
伏见　隅田　乌羽　坚田　比衣　任津
势多　热海　二见
第二十四驱逐队司令　中田操
樫　柳　桧　桃　浦风　小鹰
（六）第三战队司令官　堀悌吾
（七）第三战队所属军舰　那阿　阿武隈　由良
（八）第一水雷战队司令官　有地十五郎
（九）第一水雷战队所属军舰
夕张
第二十二驱逐队司令　木幡行
皋月　水无月　长月　文月
第二十三驱逐队司令　铃木田幸造
三日月　菊月　望月　夕月
第三十驱逐队司令　原显三郎
弥生　睦月　如月　卯月
（十）第一航空战队司令官　加藤隆义
（十一）第一航空战队所属军舰：加贺　凤翔
第二驱逐队司令　若木原治

冲风　峰风　泽风　矢风

（十二）其他军舰。

能登吕　宝户　闲宫　野岛　鸣户　龙田

大井第二十六驱逐队司令　西村祥治

栗　榆　柿　梅

（十三）第二舰队司令长官　末次信正

第二水雷战队

（十四）在乡军人会上海支部　各路联合会　义勇后援会　上海日本少年团　上海居留民团

共约 2,000 人至 3,000 人。

第十九路军兵员及枪炮概数表

（附表三）

番号	兵数	步枪	机关枪	迫击炮	山炮
60D	8 500	6,800	24	10	8
61D	9 500	7,600	28	16	8
78D	7 000	5,600	20	8	4
合计	25 000（人）	20 000（枝）	72（挺）	34（门）	20（门）

附：敌一级师团兵员及枪炮概数表

	兵　数	步枪	机关枪	迫击炮	山炮	曲射炮
敌第九师团	12,895（人）		重 129（挺） 轻 768（挺）	192（门）	120（门）	192（门）

附记：上举乃敌平时人及枪炮编制数目。如按战时动员编制兵员定增加不少，但敌对此绝守秘密，当时敌第九师团至上海，敌人宣称师部人员之庞大比其军部尤多，可见敌各师团系采取动员编制无疑。

十九路军暨友军抗日伤亡官兵统计表

（附表四）

区分/队别		阵　伤		阵　亡	
		官佐	士兵	官佐	士兵
十九军	六十师	92（人）	1,175（人）	29（人）	350（人）
	六十一师	195	2,820	44	751
	七十八师	114	1,965	46	1,170

（续表）

区分/队别		阵伤		阵亡	
		官佐	士兵	官佐	士兵
第五军	八十七师	101	1,340	24	499
	八十八师	141	1,557	57	1,034
	独立旅	34	314	16	195
合计		677(人)	9,171(人)	216(人)	3,999(人)

附记：1. 十九路军失踪士兵131名，第五军失踪官佐26员，士兵399名，伤亡失踪总计官佐919人，士兵13,900名，共计14,819名；

2. 敌以绝对优势之火力向我攻击，我军寸土必争，以肉体与无情炮弹飞机炸弹相抵抗，牺牲之大自在意料。这是极光荣的，是绝不甘为奴隶大无畏精神之表现。

3. 本表系根据各部报来汇整而成，其未报者即无从列入，迄今引为遗憾。

敌军伤亡统计表

伤亡/队别	阵伤	阵亡
陆军	1,884(人)	541(人)
陆战队	642	117
合计	2,526(人)	658(人)

附记：本表系根据日方公报全战役伤亡数制成的。公报为了欺骗它国内的民众，为了保全“皇军”的威望，不得不以多报少，事实上仅仅庙行一个战役敌军部即自认战死七百人，战伤数千人，已较此表为多，可见敌方死伤的实数远超过其公布的数字。

罗定县政协文史资料委员会编：《罗定文史》，第16辑，1992年版，第48—88页。原载上海市政协文史资料工作委员会编：《文史资料选辑》，第7辑，1967年版。

京沪卫戍公署见闻

邓世汉[1]

一

一九三一年九月底，国民政府发表陈铭枢为京沪卫戍司令长官公署(下文简称卫戍公署)的司令长官，从江西调回第十九路军驻扎京沪。

京沪卫戍公署的职权是保卫京沪的安宁，所有在京沪地区内各单位的军警宪，均归其指挥与调遣。公署的内部编制较庞大，人员数十，除参谋长外，分设参谋、副官、秘书、军法、医务、经理等处科，并有许多参议、咨议等人员。参谋长邓世增，副参谋长张襄(半月后，陈铭枢举荐戴戟代替他的淞沪警备司令兼职，调张襄去协助戴戟)。公署地址在南京市中山路三元巷(即蒋介石的陆海空军总司令部旧址)。陈铭枢等于十月下旬宣誓就职，蒋介石、吴稚晖曾来主持和监誓，并摄影留念。

第十九路军共三个师，总兵力约三万余人，毛维寿的第六十一师驻南京近郊各地区，沈光汉的第六十师驻苏州、镇江一带，区寿年的第七十八师驻上海近郊以至嘉定地区。总指挥部设于苏州，副总指挥兼军长蔡廷锴在京沪线上往来巡视，亲临各师旅团的营地，检阅部队。

我于十月间刚从北平的陆军大学(以下简称陆大)毕业后到南京谒陈铭枢，陈任我为他的中校机要参谋。我在职期间的卧室与陈(铭枢)的卧室同在公署最后一座楼上，每天膳食与陈共一桌，当时接近陈较多，所以了解各方抗战与否的动态也广泛一些。

---

[1] 邓世汉，一·二八淞沪抗战时任京沪卫戍司令长官公署中校机要参谋。

二

日本自吞并整个东北后，即扩大侵略范围，如天津、青岛、汉口、福州、上海等地，日浪人四出制造流血事件，随时随地可爆发新的事变。一九三二年一月初，日军更为嚣张，大有山雨欲来风满楼的之势，蔡廷锴来京晤陈铭枢会商要务，适陈、邓（世增）都不在，是夕也不返署（陈铭枢这时还未重视日军动向，尚在政海中角逐，他曾代理行政院长并兼交通部长，有些踌躇满志之态，卫戍公署职务，一切委诸参谋长邓世增）。晚饭后，蔡和我作长夜谈，蔡问我："日军每个师团的人数和装备及战斗力如何？我们两个师是否可以抵挡日军一个师团？"我便把我在陆大时从荻洲立兵大佐、田中久中佐、土桥、樱井等日本教官（九一八后一律遣退）所了解到的情况和日军编制，对蔡面述："日军一个师团约一万五六千人，是诸兵种联合组成的（步、炮、工、辎重、卫生等，东北多加骑兵），配属军用飞机九架（分战斗、侦察、轰炸），每个步兵联队（即团）配置战车十余辆。我军装备虽不如日军，但士气激愤，又久经实战考验。据我估计，我军一个半师可以抗敌一个师团。"蔡即兴奋地说："那我们现在有三个师，最低限度也可以长期抗击日军两个师团，这也无疑问了。"翌日早晨，蔡又问："你看我们与日本打起仗来，国家和我们的前途如何？"我回答说："抗日有百利而无一害，抗战才能卫国保民，而且得到国人的拥护；在国际上，因为英、美、法等国对日本独吞中国，对它们利益有冲突，是不甘心的，必然起来支持我们正义的防卫，而制裁横行霸道的侵略者。不然的话，我越示弱，敌越逞强，得寸进尺，任敌军宰割，不仅给国人唾骂，自己也无地逃遁。"

一月中旬，蔡廷锴来京又找陈铭枢，大谈日军如来犯，我军怎样应变的问题，直至开午饭。我当时大着胆地插嘴说："沈阳事变的覆辙，不久就要轮到我们头上来了，我们想再穿上军服，确是厚着脸皮了。"陈铭枢沉默了一会儿，才兴奋地说："看日本的风头火势，或许要在我们防区制造事变，有爆发战争的可能。不得已时，打就打，最大打光为止。但是憬然（蒋光鼐号）还在莫干山疗养，要通知他赶快回来，大家同舟共济才行。"这是我第一次听到陈表示抗战决心，令我欢喜若狂。因公署是当时执行保卫京沪的最高权力机构，而陈是最高长官，他如决心抵抗，在影响上可争取较多的抗战力量来支持。

陈铭枢自发出抗战不怕牺牲的决心之后，不到两天，他说到上海去巡视防地，我随陈往，是夕宿陈的上海法租界私邸。翌早陈说："我另有要务，不暇分身，派你去看后，将情况告知我。”我首先到离日本兵营最近的我军第七十八师第一五六旅驻闸北的第六团，即会同该团长张君嵩及其第一、二、三营营长利长江、吴康镒、吴履逊，视察我军阵地。敌我阵地警戒线，近的不过二百米；日军营房背后与我第六团的操场相毗邻；至于预期警戒战斗地带，如北四川路、天通庵路、横滨路、虬江路，宝兴路、广肇路、青云路，均罗布铁丝网，每个交叉路口或要点，则加设鹿寨及木马，或掩蔽壕等（当时没有沙包）。看完之后，张团长对我说：“这些工事，看似简单，但器材需款，一时筹措不易，请求上海市政府拨款。市府一味推延，好在旅长翁照垣有魄力，他向市商会和北四川路的广东同乡共商借了两三万元，才完成此项任务。有了工事，日军如敢来犯，我们就在这里和他拼命。”张团士兵多广东籍，时当冬寒，一律穿着单衣、草鞋和短裤，勇悍气氛，形于外表。我即将抽阅最前线经过和张团士气之愤激及拼死之决心向陈（铭枢）面报，陈听完后，兴奋地说：“敌人如偷袭我们，谅不致如沈阳那样容易吧！”后来，日军突然偷袭我军，就从这个张团开始，而反攻日军第一炮的也由这个张团开始。

三

一月下旬，日军明目张胆地先后调遣军舰共约四十艘，陆战队五六千人，战车数十辆，直抵黄浦江码头登陆，派出浪人诈称游行，即乘机捣毁北四川路的广东商店二三十间；另派浪人五名化装成日僧在闸北的三友实业社殴打工人，借端挑衅。稍有民族气节，也不能忍，何况守土卫国是当时卫戍公署唯一天职。公署即时电令加强上海第一线作应战戒备。但军政部长何应钦出头干涉，最后抬出统帅部的命令，务必把第七十八师之张君嵩第六团从闸北撤回南翔后方，另派其宪兵第六团接替张团防务，并限于一月二十八日下午六时前交接完毕，如有故违，以背叛论罪。当时卫戍公署已屈从他的要求，照样下达撤回张团之电。

二十八日下午七时，龙华警备司令部负责人给公署参谋处长樊宗迟打电话，谈了形势的变化。“日本领事村井几日前向上海市政府提出了要求：（一）封闭上海市的一切抗日救国的团体，（二）封闭一切爱国报刊和排日活动，（三）赔款（日本的伪僧人受伤，医药费约五万余元）；（四）道歉；（五）保证以后在上海市没有以上事故发生，并彻底执行以上任务。之后，日方又在一月二十六日再发最后通牒，限令四十八小时内完满答复村井领事的要求，否则采取断然之手段。市长吴铁城在限期前已经依照日领事村井所列各项条款办理好了，并邀请英、美、法各国领事和村井在一起集会，当众答复村井。吴曾问村井对条款答复是否满意，村井也在各国领事面前表示满意了。至于闸北之张君嵩团与宪兵团之交接问题，双方负责人已经会同视察完毕，因日将落山，在日军火线下行动，恐引起误会，故拟延至翌（二十九）日上午开始交接防务。”樊听完电话并汇报后，曾对我说：“明天宪兵团就可接替张君嵩团的防地。这样，何（应钦）部长也就不再怪责我们备战了。”谁知夜半（约零时二十分）龙华警备司令部突来电话说：“日本海军陆战队二三千人于十一时半向我闸北之第六团防地袭击，现正在巷战激烈搏斗中。”当即令饬京城近郊的第六十一师向下关的日舰严密戒备。

次日夜半，南京城又被日舰炮轰。时在晚上十时，突闻炮声隆隆，继闻机枪声，下关及沿江一带居民变成人流向城里奔逃，旋接第六十一师师长毛维寿的军用专机电话：“下关日舰四艘，无故挑衅，突向我狮子林炮台和清凉山防地炮击，炮位和工事大都被破坏，我师正在与日舰对峙中。”（这个电话机是陈铭枢卧室的，因当时陈、邓（世增）都不在公署，是我接的电话）。约过十余分钟后，即接何应钦电话说：“正在接日本公使馆的参赞通知，说我们炮台上的驻军突然向下关江面的日舰炮击，另有武装士兵向下关之日本商店枪击，希即制止为要。”因陈、邓不在，我即根据毛师长的报告以对，并说我们狮子林和清凉山两处都有弹着点所爆炸的破片，足以证明日舰炮轰我们。何（应钦）听了我回答的话之后说：“陈司令长官太不约束部属，又发生严重事故，增加政府困难，连政府的政令也不顾。”这次日舰无端炮轰京垣，人民遭到巨大损害，何应钦不但不向日方抗议，也不调查民众的损失，反诬说我驻军炮击日舰，为日军张目。

二月五日（或六、七日）那天，第八十七师第二六一旅第五二二团长沈发藻来找我谈抗日问题。他首先说：“第十九路军在上海与日军激战一周了，我旅两团官兵人人摩拳擦掌，要求到前线杀敌，我和几个同仁已向何（应钦）部长请求，受到申斥，真令我气愤！我拟联合两团的连长以上人员共同签名，再向何部长请求，如不达目的，决不罢休，你看我们这么做法，行得通吗?”我表示热烈赞成后，沈亦高兴地辞去。次日听何给陈打电话说：“第八十七师第二六一旅的连以上官员联合向我请缨未遂，遂自由行动，准备在下关火车站乘车出发，下关日舰虎视眈眈，如再引起日舰武力干涉，那就不好办了，请兄即来我处，代我解释解释。”陈放下电话，即往何（应钦）处。可见当时士气的愤激。后在苏州举行“抗日阵亡将士追悼大会”上，沈（发藻）见我时，沈即来和我握手并当众说：“二月二十三日，江湾战役俘获日军中校营长与数百日兵，就是我团和张炎副师长所率的两团围攻 1 000 多名敌人，并打了一场歼灭战。”我赞扬地说：“那日本什么皇军，什么大和魂，不做俘虏的皇牌威风，不都被你和张副师长拉下来了吗！?”沈笑得合不拢口，表示他请缨杀敌的行动做对了。

四

自一月二十八日起至二月下旬之浴血苦战，经过闸北，吴淞、八字桥、蕴藻浜、江湾、庙行镇各次战役，打得日军统帅几次变易：野村吉三郎海军司令代替盐泽幸一少将，植田谦吉中将总司令代替野村，白川义则大将总司令代替植田，加派菱刈隆为副总司令，以加强侵略机构。敌军兵力先后迭增，号称十万(加强兵种人数)。计陆战队、久留米混成旅团、第九师团、第十一师同、第十四师团等。我军兵力：计第十九路军的第七十八、第六十、第六十一三个师约三万多人；第五军的第八十七、第八十八两个师及宪兵团、税警团、独立团等约三万人(第五军于二月中旬加入战斗)总共不过六万余人。二月中旬，蒋介石返回南京。我当时曾根据敌我双方的兵力态势，绘出要图，建议陈(铭枢)、邓(世增)向蒋介石请求增援的急切，理由是：“日军统帅已四易，增派精兵，强窬十万，船舰百余艘，飞机百余架，敌我兵力相差悬殊，而且我军血战二十多天；伤亡无补充，又无增援，形同孤军作战；目前在上游的胡宗南、夏楚中的两个甲种师(当时控制在安庆、芜湖间的总预备队)；嘉兴、杭州间之卫立煌两个师(机动预备队)，江阴无锡间之上官云相师，以及步兵专门学校的高射炮队等(可作平射战车)，都闲暇无事，应该及早调到前线参战。还有赣东北之五十个师，武汉之十个师，江北之三四个师，都应该计划调遣作后续队。”陈(铭枢)、邓(世增)当时虽虑及向蒋介石请求援兵，或与蒋政策抵触而无效，但前线紧张，亦采纳我建议。陈当时气尚悻悻，似与蒋当面闹翻，不愿会面，只由邓往谒蒋介石。

邓世增晤蒋介石后，回来复述了蒋介石不肯增援的理由：“论兵力，日军集中容易，它共有二十一个师团(包括近卫师团)；论运输，日本交通发达，它在海军基地横须贺、佐世保、吴港集中出动要快过我们；何况现在无论制海权、制空权均控制在日本手里，无人阻挡，就是用运输船在长崎、门司、神户、大阪等港口集中出动，航线近的不到五百海里(1 海里＝1.852 千米)，远的不过七百海里，朝发可夕至；我们的卫立煌、胡宗南等部队均布紧防地，我们无论调动某个部队增援，都要经过防地之交接、集中、上落车船种种过程的许多时日，才能开动去前线，这样日军增援之快速则超过我们甚远，至步校的高射炮队，只可供练习，不适于战场的。最好趁着这几次战役胜利的时机，赶快收手，与日方谋求停战，比较援兵不继，改作城下之盟，那时条件更苛……”

之后，常见蒋介石在电话上找邓世增询问前线敌我战斗地带。我向邓说：“上官云相在抗战前后，曾来公署访过我们，他全师现屯江阴，为何不请他参战？”邓说：“现在一兵一卒到前线支援，须得蒋先生命令才能开动。”

自蒋介石坚决表示拒绝增援之后，邓即用专机电话与真如车站的总指挥蒋光鼐转达经过情节。电话后，邓说：“憬然（蒋光鼐号）指挥若定，虽援兵无望，但他理智过人，且够勇气！”日军统帅白川侦知我军援兵无望，孤军久战，竟于二月二十九日晚选派由日本国内新到的两个师团主力从浏河强行登陆，威胁我军左后侧背，在三月一日晚接到前线电讯：“我军开始撤至太仓、嘉定、方泰、黄渡之第二道防线，伺机反攻。”

三月三日，国际联盟开会决定中日双方停止战争。当时公署为着伸张正义，曾向蒋介石政府要求两事：一是上海海军舰长李某某（名忘）等运送粮食和猪牛鱼菜供给日本舰队，一是敌前呈献我军兵力配备要图的王赓，都必须惩办，以平泄国人的公愤。后何应钦替蒋推卸责任说：“淞沪战争，中日双方未经宣战，是局部冲突；李舰长是代日军收购给养，以免日军在沿海抢掠骚扰，这是好意。”

王赓在国人控诉其危害三军，无所逃罪的指摘下，蒋介石曾把王赓扣押送至公署。适参谋处长樊宗迟拒绝受理。事过半天，收发室向邓世增汇报，邓对我说：“蒋先生曾亲书条子把王赓押送公署，公署应转送第十九路军总指挥部处理，才符合情理，今绍圣（樊宗迟字）太粗心，连蒋先生的条子都不认识，也不问问我，竟把王赓退回去了。”殊不知王赓退回不够一个月，政府便把王赓开释复原职了。这说明押送王赓来公署，不过以堵全国舆论之口而已。

在抗战开始后约二旬，廖仲恺先生夫人何香凝女士拟在南京、苏州筹设抗战的伤病员医院和募集寒衣，以应伤病员兵的急需。她来京下榻于陈铭枢夫人朱光珍女士的萨家湾官邸。我晤何香老时，亲聆她慈祥的教诲，满腔的热诚，关注伤病员兵的温暖，溢于言表，但都被蒋介石授意所属各部借词制止，说什么伤病员医院和募集寒衣之事，由政府统一筹办，他人无须过问……竟把何香老一片爱国热情，付诸东流。

我军在未撤守第二道防线的某天，当时的外交部部长罗文干曾来公署访陈铭枢、邓世增，谈论抗战问题时，罗说：“当我军连续几次战胜日军时，英法美各国公使都轮流地请我食大餐，并向我祝贺，后侦知我政府不调兵增援，各国公使都不睬我了，昨天蒋委员长找我询问外交情况，有没有好办法？我把各国公使对我前后两种态度照样告诉他，同时说，有得打，外交有好办法，无得打，外交也无好办法，多打一天，在外交上也多一天的好收获。他（蒋介石）不满意我，我是这样说，他免我职，我也是这样说的。”

自三月三日国际联盟开会决定中日双方停止淞沪战争之后，蒋介石迭向陈铭枢说，淞沪停战协定，最好由淞沪警备司令戴戟或第十九路军负责人会同外交人员郭泰祺办理和签字，要陈铭枢照办。戴戟来公署，陈铭枢即把蒋介石的意旨向戴戟说了，戴戟反请陈铭枢说：“淞沪停战的签字，最好由你签。”陈铭枢默然良久，邓世增再帮腔说：“孝悃（戴戟字），和平停战是好事，就算我们打到日本东京去，亦要有和平停战签字的一天，为什么为求和平签一签字都这样固执呢?”戴戟说：“如日方认错的和平停战协定，我是同意签字的，但停战协定内有一条‘上海周围二十里内不准中国驻兵’，这种丧权辱国的协定，我是坚决拒绝签字的，阿蒋（介石）签字的人多得很，宋子文、何应钦、吴铁城等都是能手，何必要我。”陈铭枢、邓世增自经戴戟这次坚决表示之后，也噤口不再向戴提及停战签字问题了。

我军自撤守第二道防线后，敌我仍相对峙状态，各国使馆的参赞和武官都分别来到公署，请求到前线阵地参观与慰问，陈铭枢司令长官同意后，派我陪同国际友人到前线去。某次我偕英法两国的参赞参观到太仓前线时，日军违背国联决定，即开枪扫射。我们急忙退回太仓防线。这时防守太仓防线的是从闸北撤回的张君嵩团，张团长对我们说：“昨夜日军突击我阵营，被我们反击才逃跑，遗下日军尸体八九具（连武器）。并拿出照片，每个日兵，全身内衣均刺绣画符求神保佑，英法参赞看后亦作笑。我回京之次日，何应钦派员来公署说：“据日本使馆通知说，驻守太仓的我军于几天前，夜袭日军，曾俘走日兵十余名，无论生死，务要交日武官领回。”公署拿出当时照片，据理驳斥后，才同意日本武官收回日兵尸体。

在三月十日前后.有美国舰队司令纽顿乘旗舰直驶来京，美使馆武官和上海美同副领事随来，纽顿会见陈司令长官后，请求到前线参观，并拜会蔡廷锴将军和前方将领。陈同意后，派我陪同前往。我陪同他们乘火车至苏州转汽车至前线指挥所会见了蔡廷锴，并参观了前线阵地，后在宴席中，纽顿问蔡：“蔡将军，你估计这一次日军被贵军痛击后，还敢再来侵犯么?”蔡回答说：“日军横行无忌，目中无人，或会再犯，但我们抱定拼死之心，虽剩一人一弹，也决心抗战到底。”纽顿解释说：“日本无故侵犯上海，遭到迎头痛击，是日方预料不到的，如再入侵，确实愚蠢。”

翌早我又陪纽顿到常熟东南之东塘市第五军军部会见张治中军长，参观后，纽顿问张：“张将军，你判断以后日军要扩大入侵，用什么方式呢?”张回答说：“日军如扩大入侵的话，或会分作三个战场，一个上海，一个南京，一个杭州，形成一个三角形的据点而互相联系；(当时正在请纽顿食中菜的午饭，张即用中国筷子连结成三角形做给他看)但是，日本要达到这个计划的要求，必须动员相当兵力，也要遭到巨大损害，或者日方经过这次创伤，或暂收兵的。”纽顿听完张的谈话之后，说：“张将军所说是从战略上、战术上判断敌情，是怕危难，不敢侵犯，但九国公约和国联也是制裁日本，不得无故侵犯中国，更使日本骇怕的。”旋告别回京，抵下关时，纽顿邀我参观他的军舰并共用晚餐。近两日来，听了纽顿的言谈，只赞扬我前方抗战将士的英勇和坚决，却无一语道及蒋介石政府有过半点抗战观念。当时很多人认为，各帝国主义与日本有矛盾，不愿日本独吞中国，所以也是鼓吹抗战将士的积极抵抗的。但实际上怎样呢? 事后，美国并没有采取任何制裁日本侵略者的措施。

全国政协文史资料委员会编：《文史资料精华丛书》，第2卷，安徽人民出版社，2000年版，第321—330页。

一·二八抗日战争的回忆

丘东平[①]

一

表面上，日本帝国主义者一·二八对上海之进攻，似为制止中国抗日运动之战略。然而，事实并不全是如此；自从九一八事变以来——沪战之前，中国始终缺少有力之抗日运动，这不是说，中国的抗日运动完全没有，相反的，中国民众的反帝思潮，却正急速开展于日本帝国主义者加紧进攻中国的时候；不过，这种力量为中国的市侩阶级随时摧毁，并未达到足以打击仇敌的某种程度，更不成为日本帝国主义者所注目的中国民众反帝运动的作战营垒。观于当局承认日本帝国主义者的四项要求，把上海民众抗日团体一律取消之后，日本帝国主义者依然以进攻上海为必需之举，当更显然。日本帝国主义者为制止中国民众的抗日而进攻上海之声张，这不过是日本帝国主义者本身用以掩蔽国际的一种借口而已。如同对于满洲之军事占领，一贯的，日本帝国主义者对上海之军事行动，完全表现日本帝国主义者对中国一意进攻的侵略政策。日本帝国主义者为求切实确定满洲殖民地之获取，为求本身的政权能够永远存立于各帝国主义者为经济恐慌而起的尖锐化的冲突之场合，从而挽回行将崩溃之末运，所以日本帝国主义者必然地需用残暴的武力以进攻中国，蹂躏中国的内地，使中国无条件的屈服。而且，这不是以进攻

① 丘东平，现代作家，1932年前后，到十九路军翁照垣旅当文书，参加了一·二八战役；全面抗战爆发后，丘东平参加了八一三抗战，同时执笔同草明等合作创作了中篇小说《给予者》；1938年，加入新四军；1941年春，任鲁迅艺术学院华东分院教导主任，同年7月23日，在安徽盐城为掩护师生冲出日军包围壮烈牺牲，年31岁。

上海为止的，在以前，日本帝国主义者会以炮轰闸北的方法炮轰天津，以捣毁引翔港三友实业公司的方法捣毁青岛，以箝制上海《民国日报》的方法箝制福州、厦门各地报界言论之自由；这些都是日本帝国主义者对中国一贯施行的武力进攻的表现，和进攻上海没有分别。有的，只是上海的位置，比较其他的地方扼要一点。

田中义一的大陆政策，根本不以满洲殖民地之获取为满足；"欲征服全世界，必先征服中国；欲征服中国，必先征服满蒙。"日本帝国主义者得陇望蜀，由满洲之占领进而实行中国内地——上海之夺取，我们不得谓为绝不可能。依据战时十九路军军部所得之密报，日本帝国主义者对于中国长江流域之占领，确有预定之计划："日方鉴于我军积极准备抵抗，和平绝望，已决用武力解决。其军事计划，即欲占领所谓'吴越平原。'按'吴越平原'即北以扬子江为界，南迄钱塘江止，西沿京杭省道，东至东海间之三角平原。日本将以陆军二十万人守京杭省道，并以兵舰密布扬子江及钱塘江江面，使我军不得渡江袭击。至扬子江以北及南京以西之扬子江上流一带，以无险可据，需兵极大，故无占领之意。至杭州以西及钱塘江南岸，则崇山峻岭，不易攻取。故以杭州及钱塘江为界。陆军占领计划，业由白川大将拟就，而海军方面，以在沪野村少将资望稍差，故特派安保大将（即前海军大臣）来沪计划一切。日方之意，以为'吴越平原'系中国经济之中心，如能占领一年，中国经济必致破产，可直接影响政治而使中国当局屈服。"这种计划，虽发现于上海停战撤兵会议之时，但我们从日本帝国主义者对于所谓"吴越平原"之估计上，已可明白上海为她有意夺取之地。然而，即使"吴越平原"占领的计划已经施行，日本帝国主义者于上海一带之军事行动，也不一定能激起如同我们现时所追忆一般的悲愤壮烈之沪战。中国当局对于京沪之失陷（假设的）是否认为必需抵抗的问题，在满洲失陷而中国当局可以绝不抵抗的局面底下，实使我们难以思考。而且，满洲面积之广大与物产之丰富，其于中国之位置当远胜于京沪一隅之地；然而，满洲为日本帝国主义者占领既久，而悲愤壮烈之"满洲战"在哪里呢？欲明沪战爆发之原因，我们对于以下的两种客观与主观的条件，实有首先把握的必要：

一、与欧战终了同时，和满洲邻接的俄罗斯，变成了和世界资本主义体系完全相反的苏联。和日本出兵西伯利亚一样，列强已经很早的开始了对苏联的进攻。与苏联第一次五年计划成功，其经济势力渐次向外发展同时，世界各国以资本主义之寿终正寝已形成空前未有的经济恐慌；世界各帝国主义者必以瓜分中国及进攻苏联为最后之挣扎。满洲，这儿形成了反苏联战线的东洋的枢纽，这就是从东洋进攻苏联的绝好的根据地。日本帝国主义者此次对满洲之军事行动，并不单独关系于中日两国的这一点，观于国际联盟之助长战祸及默认或谅解日本的暴乱行为之狡猾态度，当不难借管窥豹。然而，在列强相互间的无可排解的冲突中，其事势之推移，有使西洋各帝国主义者尤其是美国不能不深致日本以严重之打击者，即为各帝国主义者于反苏联途中，日本在满洲所独占的特殊权益。当日本进攻锦州之后，日本之成为其他各帝国主义者所疑忌与嫉恨，当为更显明之事实。帝国主义相互间的冲突，虽不足以阻遏她们瓜分中国的行动，却能予中国当局以或多或少之便利，而使中国于日军侵沪之时，有采取军事抵抗之可能性。然而，这些只可当为促成沪战爆发的客观条件，而发动沪战之主观条件，则在于十九路军之不愿屈服与奋勇抵抗。

二、我们确信日本帝国主义者对于我们中国之进攻，必然地会引起中国民众悲愤激昂，舍身杀敌，而形成壮烈之反抗行动。十九路军，即为实践这种反抗行动的我们中国民众英勇的战士。十九路军对于日本帝国主义者之反抗，不但严重地指出了反对不抵抗的意义，并且代表全中国的民众向帝国主义高举坚强与沉毅之旗，而竖立数十年来中国民众反帝国主义运动的最有希望之表率。十九路军之反抗日本，物质上并没有相当的准备。以军事上之数量及质量相比而决定两方激战之结果，则十九路军以少数军队战胜日本多数之兵力，以窳败之枪械战胜日本海陆空军最新式之利器，诚为神奇不可思议之事实。到吴淞战地观察的外国朋友询问吴淞守将翁照垣旅长说：“你们守吴淞是怎样守的呢?”那时候，他们从翁照垣旅长所得到的解答是：“因为我们要守，所以守下去了!”不然，我们还有什么话来解答这个问题呢?

这两种条件恰好在日本进攻上海之日，同时俱备，所以沪战就终于爆发了。

二

当沪战之前，十九路军之兵力，完全以卫戍首都及京沪铁路之任务而决定驻防之地区，初未有对外作战的军事准备。其驻防地分南京、镇江、常州、无锡、苏州、丹阳、嘉定、真如、吴淞、上海。各地之部属如下：

南京——第六十一师第一百二十二旅；

镇江——第六十师第一百二十一旅及第一百二十二旅共六团另一教导团；

常州——第六十师第一百二十七旅的第二三两团；

丹阳——第六十师第一百二十七旅的第一团；

苏州——第六十师第一百二十旅的第五六两团；

无锡——第六十师第一百二十旅之第四团；

真如——第七十八师第一百五十六旅第六团的一部分；

嘉定——第七十八师第一百五十六旅第五团；

吴淞——第七十八师第一百五十六旅第四团；

闸北——第七十八师第一百五十六旅第六团，

龙华及南市——第七十八师第一百五十五旅。

十九路军的兵力，合计仅约三万八，而分驻于数百里长之地区，不消说是十分单薄的。幸有京沪铁路为之连贯，故于防卫上得一强固之干线。由一月二十五日引翔港三友实业社焚杀案发生，以迄于上海《民国日报》被封及日领向市政府提出四项要求止，十九路军为上海严重之形势及驻沪日军之挑拨所激发，已有迫切需求战斗的热情。一月二十八日，上海当局完全接受日领四项要求，十九路军驻防闸北之第七十八师第一百五十六旅第六团，依据上海当局所承认的条件准备撤防。但我们的第六团的英勇的战士，他们对于这种无耻的撤防的行动故意的表示滞缓；他们必要在闸北多驻一晚。没有第六团在闸北多驻一晚，上海的震动寰宇的抗日战争，将为拍卖国土的汉奸所一笔注销了。

这是日本帝国主义者的盲目：十九路军是我们坚强不屈的战士，而日本帝国主义者却错认十九路军是和张学良同胞骨肉的不抵抗者。日本驻沪海军少将盐泽的出言是如何夸大：四小时内扫清上海之中国驻军，占领上海！二十四小时内夺取南京！所以他们敢于用四千余的海军陆战队来暗袭我们第六团一团的单薄的营垒；所以他们得以饱受我们第六团的英勇的战士之突击，而使帝国的颜面荡洗无存！

就在第六团不愿意离去闸北的那一夜，我们现时所歌舞[①]的一·二八的那一夜，日本海军陆战队及便衣队四千之众，以铁甲车为掩护，即向我军阵地作四路之总攻：第一路进攻北站，约一千人，铁甲车五架，机关枪甚多；第二路进攻虬江路，铁甲车三架，六百余人；第三路进攻天通庵，铁甲车五架，约七百余人；第四路进攻青云路及同济路，铁甲车三架，约一千人。战事的爆发，就在中夜十一点三十分的时候。

日本兵确实是不平凡的勇敢，他们跟在铁甲车的后面，不慌不忙地前进。因

① 原文如此，“舞”疑应为“颂。”

为，在他们的眼里，中国的军队是菜园里吓麻雀的草人，就同他们把东三省的十余万大军在一个早晨扫除干净一样，只要一举手，就可以摧枯拉朽！

然而，虽然如此，夸大的日本兵，目空一切的日本兵，第一回合便为中国的十九路军所击溃了。直接指挥闸北阵线的翁照垣旅长在他的回忆录中毫不夸张的这样写着："我们的士兵是初次看见这种威风凛凛，式样整齐的敌人；他们眼里放着光彩，如像猎人发见美丽的鸟。碰！碰！碰！扑扑扑扑……这是他们日夜所高呼要打倒的敌人，这是侮辱我们的国家，欺凌我们四万万同胞的敌人，这敌人就在眼前，这预备来屠杀我们自己，预备来占领我们的土地！杀哟！杀哟！一阵喊声，一阵枪声，扑扑扑扑……一阵机关枪声！眼看着举措张皇的敌人，一个一个的倒下去，倒下去，……铁甲车在突停了一下之后，又冲进来了！五十码了！三十码了！手榴弹像雨一般的飞出去，在一阵巨响震耳和灰尘飞腾之后，铁甲车回转头了！惊慌无措的敌人，用各式各样的方法逃走，扑扑扑扑……机关枪又活跃起来，从左边扫到右，又从右边扫到左，一刹那，除了错错落落地横着许多敌人的尸骸外，什么都没有了！……"

一点四十分，敌人从虬江路口、广东路、宝兴路口等处卷土重来，向第六团第一营的阵地冲锋。人数在一千五百人，依然以铁甲车掩护。同时并占据扼要高屋，以机关枪向我们的阵地射击，从高屋上抛掷炸弹，以击坏我军的防卫工事。这一次的激击，我们的士兵依然是半步不退，近则肉搏，稍远则抛掷手榴弹，从没有虚费子弹。当酣战时，敌人突然以铁甲车冲锋，把我们的士兵分成两截，但卒为我们的士兵用手榴弹炸毁他们的铁甲车，严挫他们的威力。敌人以铁甲车向我们冲锋至六七次之多，然而他们每一次冲过我们的阵线，接着又是一场惊人的"白刃战"，我们的阵地，终于又为我们英勇的士兵从敌人的巨爪里攫夺回来。我们的战士诚然死得很多，但敌人为我方所击毙者，数目更在其上。而且，敌人的铁甲车已有六架为我军的手榴弹所炸毁。

我军的左翼阵线天通路、青云路、横浜路等处亦同时遭受敌人的铁甲车的猛攻。但是，没有不同样的结果，依然是击溃敌人。许多士兵夺获了日本兵的钢盔，立刻就在阵地戴了起来。

第二次的激战暂时停止之后，翁照垣旅长即令所部进行更坚强之军事布置：令第五团团长丁荣光派第一营开来闸北，归第六团团长张君嵩指挥。第六团第二营死伤过多，第五团派来之第一营于二时到达闸北，立即接防第六团第二营阵地，并于每连补足机关枪一挺，在宝兴路、横浜路一带右面与第六团第一营联络，左面与第六团第二营联络。并在虬江路附近置迫击炮两门,归第六团第一营营长利长江指挥;在青云路置迫击炮两门,归同团第二营营长吴康鉴指挥。为预备应付敌人的卷土重来,另外还令第五团团长丁荣光亲率该团第三营全部增援闸北。丁团长于三时五十分率所属第二营到达青云路,即将该营加入青云路至八字桥之间,构筑阵地,右面与第六团第二营联络,左面与本在八字桥之一连联络。同时,张团长并将所属第二营拨归丁团长指挥。此时丁团长所担任的阵地即从宝兴路口沿天通庵路,青云路直至八字桥。

敌人飞机的出动,约在二十九日早四时。我军对于敌人的飞机甚少战斗的兴趣,因为这是不能肉搏的东西。但敌人的飞机始终不会减少我军的奋勇;他们的威力只限于轰炸民房,破坏我军之掩蔽部。然而,我军以肉搏为特长,肉搏,这是绝对无须掩蔽部的决斗。

这以后,敌人的战略惯于在飞机轰炸之后,继以猛烈的炮攻或依然用铁甲车冲锋,然而,这种战略也同样的不能获取丝毫的效果。十九路军英勇的兵士,总是一次过一次的打得敌人落花流水,不过,在这种战况之下,广东路、横浜路以及宝山路一带的民房,已为烈火所焚毁。

上午九时许,敌人的飞机向宝山路施行大轰,商务印书馆总厂及东方图书馆即在此时起火,北火车站钟楼亦被焚。接着,敌人以铁甲车向北火车站大举冲锋,意在实行占领。北火车站本驻自动参战的宪兵一连,此时为敌人炮火压迫过甚,即行退走,北火车站几被占领。张团长急调所部第三营增援虬江路口与宝山路口等处,以充实北火车站之防守,终使敌人不能越过雷池一步。

敌人以屡战屡败,堂堂帝国的面子已荡洗无存,为和缓战事以待援兵计,于三十一日由日本领事向市政府提出停战要求,并请英美领事居中调解停战三天。我军深知敌人停战之要求全无诚意,只利用停战时间一面加强作战之工事,一面通告闸北居民乘机逃出战区。

停战之最后一天——二月二日,十九路军总指挥部得悉在闸北为我军所击溃之敌人,已退回租界及江湾以东一带,已动员陆军二师,有向吴淞登陆大举团攻的企图,故决定全军占领虹桥、北新泾、大场、胡家庄,以至于吴淞之线,并派六十师一百二十旅部邓志才旅长率所部抵达闸北接防,令七十八师一百五十六旅第五、第六两团将闸北防务移交邓旅,该两团即开回金家角附近整理休息;翁照垣旅长即率所属第四团占领吴淞为我军左翼根据点,而死守之。

在闸北之战争中,我们有一件不可忽略之事,即为翁照垣旅长于敌人首次援兵未到以前占领虹口及杨树浦一带敌人根据地之计划。翁照垣旅长对于这种以进攻为防守之计划,实为十九路军对付敌人必须采取之战略。翁旅长对于这种计划的根本认识即是如此:“不管他租界不租界,凡是日军所在的地方,无论他们以之为向我们攻击或策划运输之根据地,我们都有加以猛烈的进攻而夺取之的必要。”所以他一再向上峰具陈计划,决于二十九日晚,对日军施行猛烈的进攻,占领日军江湾路司令部,和北四川路日本小学校一带的根据地,进而将苏州河以北至杨树浦一带所有的日军,全部扫清,使日军援兵到时,失去反攻之根据地。倘若这种计划能够实行,则沪战于历史上的价值之伟大,必不同于我们在今日所估计的。从政治上说,沪战的结果是胜利的,然而,从军事上说,沪战的结果是失败的。沪战于军事的估计上之所以被认为失败,这最大的缺点就是十九路军对日本帝国主义者的作战只限于消极之防御而绝少进攻的意味。

最可惜的,就是翁旅长提议进攻的时间恰好为停战日期。十九路军为欲正式践行日本帝国主义者虚伪之停战协定,所以这种不可多得的战略,终于为一时的忽视而被抛弃不用了!

三

第一百五十六旅第五、第六两团,于未卸弃闸北防务之先,即驻防闸北之最后一天——二月二日,还遭受敌人一次猛攻。敌人的火炮从一日晚继续开至二日天明,拂晓时尤为猛烈。下午二时,敌人的炮攻更加厉害,我军全线都发见敌弹。我军依据颓垣残壁,奋力抵抗,于火焰瓦砾之上与敌人肉搏,而敌人所受的教训,依然是只有溃败而无进展。

一月三十日,日舰运特别陆战队三千至沪。二月一日,日军又有四千由杨树浦登陆。直至三月三日,敌舰开始炮击吴淞。于是,战事引伸于由闸北沿江湾以达吴淞之线,战事之中心且由闸北移至吴淞。

由三日至四日,敌舰继续炮击吴淞,但为翁照垣旅长率所属第四团奋力抵抗,敌人不能登陆。接防闸北之邓志才旅亦于天通庵路、虬江路、宝山路及中兴路各处开始与敌人剧战,结果皆击退敌人。

二月七日,敌人以海、陆、空面总攻吴淞。这是从四日以后吴淞第二次的大战。敌人以二十余架飞机集中吴淞向我军阵地大施轰炸,同时,泊在张华浜码头附近及吴淞对面三夹水等处的敌舰二十余艘,亦集中向我军阵地大施炮攻。张华浜车站附近的敌人还有重炮十余门集中火力向吴淞和铁桥头一带我军阵地轰击。激战不久，敌人以铁甲车掩护两千余人，用移山倒海之势，从张华浜向我军蕰藻浜阵地猛扑，时蕰藻浜我军只有赵金声一连，苦战约一小时，结果以众寡悬殊，死伤殆尽，退至铁桥头前端，但是以后又把敌人全数击退了。这一次，我们的士兵是非常巧妙地击退敌人，并不是凭借肉搏的力量。

闸北方面，敌人于六日晚十时向八字桥我军阵地进袭，激战至一时许，为我军所击退。七日正午十二时，敌人又以飞机及大炮掩护步兵千余，用机关枪小钢炮向八字桥我军阵地猛烈冲锋，我军奋力抵抗，并以一部分包抄其后，卒将敌人击溃。午后二时，敌人增援一千余，继续猛扑八字桥我军阵地，炮火比前更烈，然而结果依然失败。敌人以计不得逞，至下午五时，又卷土重来。这次进袭之敌人为野村少将率领之初到部队，武器异常锐利，炮火之烈，数倍于前。我军迎头痛击，终又重创敌人，阵地毫无动摇。是为八字桥之战。

又虹口公园之北至江湾以南一带敌人亦以猛烈炮火向我军阵地冲锋。并以坦克车两辆，随军前进，激战至烈。相持不久，敌人势将溃败，我军从战壕跃起立即冲锋，敌人惶惧，急以坦克车向我军再度冲锋，不料敌人的坦克车异常盲目，一冲锋即堕入我军的战壕内。我们的士兵好像在池沼里捉住了两只乌龟，十分快活，立刻用手榴弹把它们炸得粉碎！

二月九日敌人大队集中杨树浦，但战事中心仍在闸北及吴淞两点。

二月十三日拂晓，敌人以烟幕弹为掩护，在曹家桥及纪家桥一带偷渡蕰藻浜。据日本俘虏供称：此次进袭为他们决死之战；日本以半月来屡战屡败，自忖堂堂帝国面子，失辱过甚，乃以五千余陆军，组织决死队，拼命冲锋，必以争回面子为止。曹家桥及纪家桥一带为我军六十一师阵地。接触后我军好一气冲锋。但敌人既多，炮火又烈，机关枪密如骤雨。我军先后冲锋凡五次，皆不得手。同时敌人亦猛力来攻，我军奋死抵抗，屡次陷于苦战。我军增加队伍，继续冲锋。一连冲锋至数十次之多。但因伤亡过众，阵势渐转危紧。而且，敌人据地既稳，六十一师一二二旅，以两团兵力合攻敌人正面，一二二旅派出两营由庙行绕攻敌人背后，仍不能使敌人阵地动摇。敌人愈战愈众，而我军则因屡次冲锋损失极大，愈战愈少，激战时间延长至二时许，终于未能击溃敌人。于是，曹家桥及纪家桥一带阵地，即为敌人所占领。六十一师副师长张炎变更战略，亲率所部两营，用手榴弹及匣子枪，于晚上九时突入敌人的宿营地。敌人以激战竟日，疲惫过甚，皆从梦中惊醒。然而我军在夜中作战的神勇，是敌人所未曾尝试的。敌人在万分狼狈中仍能奋起应战;但是他们的威力根本解除,不到一点点的工夫,便完全解决了！是为有名的纪家桥之战。

敌人以全力倾注吴淞,闸北阵线尚告平静。十四日,江湾方面我军会与敌人激战。敌人对江湾之进攻多用大炮,劳动大学亦被炮毁。但我军奋力应战,卒将敌人击溃,并占领万国体育会跑马场。敌人以盐泽及野村两少将皆为中国十九路军所战败。即派陆军第九师团全部由植田中将率领来沪增援,是日在上海登陆。十六日,日本政府决令植田中将向十九路军提最后通牒。吴淞方面仍激战终宵,闸北江湾路亦有小接触。十八日上午,我军与芳泽在英领署谈判决裂。下午,植田中将向十九路军军长蔡廷锴致哀的美敦书了。

十九日我军驳覆日牒。二十日,晨七时二十分,植田下总攻击令。敌人以海、陆、空全副力量,于七时三十分,开始向吴淞、江湾、闸北我军全线大举进攻。我军对于敌军此次之进攻,早有相当之准备。敌人进攻时,我军全线将士,奋勇抵抗,毫不退让,敌人虽以全力攻击竟日,结果仍惨遭失败。而我军阵线,却毫不变动。全线各地战况分述如下:

江湾——敌人为欲截断我军之联络,所以总攻击之战略,特别侧重江湾。敌人下令总攻后,江湾方面敌军,先以飞机六架向我军阵地侦察,并抛掷炸弹。六时许,敌与我前线步哨接触,即以大炮猛攻我军阵地。八时后,敌人步兵三千余,以坦克军二十余辆为前驱,猛扑江湾西体育会路一带我军阵线。我军奋力应战,继以肉搏,至十一时许,敌人阵线渐次溃败,同时,敌人坦克军中我军地雷,立时毁灭四辆。于是,敌人阵线大乱,全部溃退。我军乘胜追击,敌人死亡枕藉,歼灭约在八百余人以上。下午一时许,敌人步兵两千余,向江湾我军阵地作二度进攻,炮火之猛烈,数倍于前。但为我军迎头痛击,至三时许,又向后溃退。晚七时,敌人卷土重来,向江湾我军阵地作三度进攻,激战至九时,又为我军击溃。全日激战结果,除歼灭敌人千余及毁灭敌人坦克车四辆外,并夺获其他战利品至多。江湾大连湾路方面,于下午五时左右,敌人阵线内地忽然起火,以为中计,忽促间四散奔逃,我军即乘机追击。晚七时,我军先锋部队到达平凉路,迫近敌人司令部。是役第五军已在江湾参战。

闸北——晨七时起,首先向闸北进攻者为八字桥方面敌人。他们先以大炮向八字桥我军阵地袭击,但我军均伏处战壕,不动声色,亦不开枪还击。九时许,敌人以坦克车十余辆,掩护步兵二千余,向八字桥我军阵线冲锋。同时,敌人飞机亦在空中助战。我军在弹雨之下,以机关枪及迫击炮应战。待敌人坦克车冲入阵线时，我军以手榴弹引发地雷，立将敌人坦克车毁灭二辆。敌人伤亡枕藉，狼狈奔避。我军乘势反攻，即将敌人击溃。三时许，敌人有再图进攻模样，但为我军神勇所震慑，畏缩未敢再举。敌人以八字桥战事既惨遭失败，午前十时许，即转向天通庵路我军阵地作同样进攻，枪炮互射，势如骤雨。敌人视为唯一利器之坦克车，屡图冲折我军阵线，但我军悉数暂时放弃敌人步兵，集中所有手榴弹以对付坦克车。敌人的坦克车恐受围困，向后溃退。我军从战壕跃出，即大举冲锋。敌人所用以掩护冲锋之坦克车，此时乃变为掩护退败之用。敌人以八字桥及天通庵路先后失败，乃急抽派步兵四百余名，铁甲车十余架，并以飞机及大炮为掩护，沿邢家宅路及新民路向北火车站进袭。至宝山路口，为我军突出应战，一面抛掷手榴弹，一面以机关枪扫射。敌人惊惶四窜。一部分，由鸿兴路向东逃匿，为宝兴路我军迎头痛击，悉数歼灭。义品里之南，尸骸狼藉。敌人以偷袭不成，张脉偾兴，在北河南路底与靶子路北，同时以大炮袭击我军阵地，我军亦以炮还击。至二时后，完全炮战。敌人既败于八字桥，又败于天通庵路，再败于邢家宅路之后，犹作困兽之斗，于下午五时一刻左右，重调精锐，向西宝兴路我军阵地进攻。结果又为我军所击溃。敌人轰击我军阵线之大炮，均发自虹口靶子场及狄思威路敌人司令部方面，但我军还炮极准，狄思威路敌人司令部，被我军炮毁，靶子场方面敌人炮位，有被压迫放弃之势。下午六时三十分，我军大炮又将狄思威路敌人炮基轰毁，同时，天通庵路我军乘胜追击，敌炮兵因步兵失却抵御力，急图携炮退却，但为我军追及，夺获山炮六门，敌人司令部，即被我军占领。

吴淞——上午八时半，敌舰三十余艘，向吴淞我军阵地开始进攻，并有飞机二十余架投掷重量炸弹助战，张华浜方面又出现重炮八门，野山炮二十四门，集中火力总攻我军阵地。狮子林及宝山城一带我军阵地所受炮火尤为猛烈。但我军沉着应战，全线毫无变动。下午三时许，敌人以装甲电船三只，掩护民船三十余只，每只载满三十余人，在炮台湾附近强行登陆。我军以机关枪猛烈扫射，绝不予他们以接近的机会，卒将敌人击退。这一次，由民众组织的铁血军也参战。

敌人这一次对我军全线的总攻，结果又是这样的惨败了。

四

敌人以二十日全线总攻失败，又变更策略，于二十二日晨三时许，以步兵二万余人进攻庙行镇，万余人进攻江湾，六十余人进攻八字桥三处我军阵地，江湾及八字桥两处，激战不久，即为我军击溃，惟庙行镇一处激战最烈。敌人二万余集中于庙行镇方面后，即以铁甲车及坦克车三十余辆掩护冲锋，企图一举占领，故来势之猛烈，为开战以来所仅见。幸我军步哨觉察甚早，全体得以预先准备，待敌人来近，即奋起迎击，并包抄敌人之后，加以围攻。但敌来意颇存奢望，故亦极力挣扎，作困兽之斗。至拂晓，短兵相接，完全肉搏，激战之猛烈，比纪家桥一役尤甚。我军以众寡悬殊，颇陷危境。正午十二时，我军得援，出奇兵包抄敌人后路，于是，敌人乃全线动摇。至下午五时，终为我军击败。是为有名的庙行镇之战。

二十二日晚十一时，离庙行迤南十余里之金穆宅侯家木桥地方，有敌人大部两千余为我军包围。敌司令部得悉，即派大批援军，连同溃退士卒，作猛烈之反攻，并以坦克车三十余辆，铁甲车二十余辆，猛烈冲锋，企图将我军击破，使被围之敌人出险。他们以本国军队被隔于我军重围之内，不敢施用炮攻，只恃机关枪及刺刀与我军作猛烈之肉搏。我军六十一师即分拨一部分约五千余人与之应战，形势甚为优越。晨四时，敌人飞机多架向我军大施轰炸，我军突陷危境。六十一师副师长张炎得悉，即亲率所部一团前往增援，不久将反攻敌人全线击溃，并将被围敌人二千余悉数歼灭。江湾方面亦有极猛烈之激战，结果敌人亦为我军击败，并生擒敌人十九联队之西尾少尉。

二十五日，江湾方面我军以所有防御工事皆为敌人大炮轰毁，不得已放弃江湾镇。小场庙方面敌人偷渡，并以陆军九千余人由江湾线起沿小场庙、竹园墩，赵家宅及孟家宅等处以重炮猛攻，但结果仍为我军击败。

二十九日，由吴淞至闸北全线大战又起。我军阵地仍无变动，至三月一日，敌人白川大将率领第十一及第十四两师团由浏河登陆，取包围势。我军以战机急转，不得已全线撤退。惊天动地之泪战，即由是终了。

《东方杂志》，第30卷第3号，1933年，第37—46页。

一·二八淞沪抗战时的外交活动[①]

——蒋作宾日记摘抄

蒋作宾[②]

1932年(民国二十一年)

一月二十八日　星期四　晴

今日又开外委会,蒋、汪均列席,议决外交进行方针。晚开政治会议及党部常务会议,推汪兆铭为行政院长,孙科为立法院院长,罗文干为外交部部长。夜间,日军与我军发生冲突。闻日人要求市府已全应允,日军尚施暴行,其有意捣乱,可谓无微不至矣。

一月二十九日　星期五　晴

日军在沪肆行蹂躏,用飞机二十余架炸毁闸北一带交通及文化各机关,居民亦大遭杀戮。我军抵抗,毙敌亦不少,掳获铁甲车四辆,打落飞机一架。至夜8时,由法、美诸国领事出面调停,暂告停战。夜开外委会,决议致牒九国公约国并发宣言。

一月三十日　星期六　雨

日军在沪肆行屠戳〔戮〕,我军积极抵抗,战事颇为顺利。政府现已决心取正当防卫。唯政府地点必须取立于不败之地,故议决迁至洛阳办公。先由林森、汪兆铭、蒋介石、冯玉祥等前往,余等仍居南京处理一切。今日发出致九国协约各国[书]并发宣言。

一月三十一日　星期日　雨

英、美、法在沪领事出面调停,约定下午3时开会。唯日本仍增兵不已,下关

① 本文标题系本书编者所加。

② 蒋作宾,1931年8月13日任驻日公使,一·二八事变爆发时,蒋正在国内,任国民党政治会议外交委员会常委会主席。《淞沪停战协定》签定后,蒋返日述职,负责直接与日本政府交涉、处理有关中日关系问题。

已来兵舰八艘。形势仍极严重。午后在外交部会议治安及应付各国公使请求各事。

二月一日　星期一　雨

日海军在下关，于夜间约10时以实弹及空包之大炮并机关枪、步枪等向我方射击。大炮、子弹多落于狮子山，清凉山、北极阁等处。日反以我方先行开衅提出抗议。我则先提抗议，继即驳复。因我方欲保持和平，恐有冲突，故下关一带并无正规军队，仅以警察维持治安，并未还击。实可谓委曲求全，无微不至矣。

二月二日　星期二　雨

午前商议提出抗议并驳复日牒，后并决定余与郭复初[郭泰祺]同赴沪。下午四时半，余偕杨少岩先赴汤山俱乐部沐浴，俟明日郭、宋[宋子文]等来汤山取齐，乘汽车赴杭。不料，夜间守卫兵约百零二名突然哗变，抢掠呼啸而去。对于余等幸未惊扰，虽赴杭之道已被其截断。折而回南京，约同宋等明乘火车至苏州，换乘汽船由运河至嘉兴，再由嘉兴乘火车至杭州。往返周折，极感疲劳。宋等沿途电知照护，尚不困难耳。日人断我交通，亦即使我不能行动自由，前途困难自益加多耳。

下关居民自昨日惊扰后，扶老携幼，提篮担筐络绎道上，见之惨然。

二月三日　星期三　雨

今晨6时返南京，即按照约定计划赴杭。沿途有人照料，并同行多人，尚不寂寞。晚6时，由苏州乘汽船经运河赴嘉兴。

美国又通牒，与国联行政院决议取一致动作，并不承认何等基本条件及如何保留。形势更形严重。

二月四日　星期四　雨

今晨3时到嘉兴，5时抵杭州，8时由杭州乘火车，12时抵老龙华，即闻炮声隆隆。日人仍不愿第三国调停，坚持占领之地，不得放弃云。

二月五日　星期五　阴

沪上仍激战，我飞机亦来参加。闸北多成焦土。日人以海军大炮在杨树浦向闸北扫射，可谓无人道已极。午后，在孔宅开外交委员会谈话会。

二月六日　星期六　雨

闸北仍战争不已。日舰攻吴淞，毁坏不堪，日陆战队力量薄弱，未被占领。英海军司令克莱出面调停，两方让出和平区，由英、美驻扎，停止战争。晚开外委会，对于此办法，系本英、美、法、意前提出之五项中之三、四两项，当然可以赞同。唯须促第二、五项之实现。德外交部来一鱼电，详述具体之方法。同人即根据讨论之。

二月七日　星期日　雨

由郭、宋、顾[顾维钧]、蒋[蒋作宾]等晤见英司令，将昨日之议决案大意相复。渠谓我非外交官，似难办到。晚又开会，对渠提议可以接受，不过须由此开一各国外交官会议，以谋解决整理中、日间各案之途径。闸北战争仍激烈，日陆军已到1.2万人，拟先取得吴淞。对于军工路之桥梁，已加修理。军队正向吴淞进行。外交部来一阳电，述英使到沪事之意见，请同人斟酌采用。

二月八日　星期一　晴

日方对英司令调停，须中国军队退出15—20英里始可与言和。英司令知其难而亦放弃其调停之意见。日人每至国联行政院开会时，必另寻一惊人之举动，使人不注意满蒙问题而注意此新发生之事。然而在国际之信用，则亦坠落无余矣。

二月九日　星期二　晴阴

汪、罗等均来电请至南京，停止上海开会。然余等之至上海，实因汪于一日由洛阳有电至南京，嘱将南京各机关一律停止办公，仅设办事处，并调外长赴洛阳。同人因南京为无关重要，且各外委多已至沪，遂商定至沪。又沪事关系重要，故时有集议，毫未离既定原则及方法。以连日来汪、罗之电观之，不免稍近张皇。外交最贵沉静，负责者竟如是，外交前途至可忧也。日人连日增兵已达1万以上，尚增加未已，数日内沪上将有一大战也。

二月十日　星期三　晴

汪、罗又来电，请余等留沪。因英、美、法三公使来沪晤重光，商调停。晚间，余等遂邀黄任之[黄炎培]、徐新六等商谈人民应有之动作，以促各使调停之容易。我方军事恐亦不能支持许久也。

二月十一日　星期四　晴

沪上现有顾、郭等负责接洽。余非至宁主持外委会不可。否则，彼等将发生误会。遂决定晚间乘鄱阳船赴京。接莫斯科莫[莫德惠]代表电，谓：俄对日占哈尔滨毫无表示，显系对日谅解云云。然俄之乘机观变为各国所难能。俄对于此次事变，必须俟各国均转入漩涡，然后乃乘势以收渔人之利，决不为人先以首受其祸。

二月十二日　星期五　晴

早6时开船，炮声隆隆，沿途见吴淞一带房屋倾颓，火光烛天，阒无一人，徒闻炮声及机关枪声，间续发放耳。船行甚稳，穿过炮火毫不感觉危险，真 20 世纪之奇怪战争也。

二月十三日　星期六　晴

早 9 时，船抵南京。下船适值何敬之[何应钦]、陈真如[陈铭枢]渡江迎介石。沪事虽三公使抵沪，而所提调停条件至酷，似偏袒日方要求，非我军先撤退 20 英里外，不能开谈判。英使谓系在途中所拟之条件，实系见日使重光后，徇日本之意所提之条件也。陈公洽[陈仪]来，谓已派王俊赴沪商撤兵，不愿第三者介乎其间，实系欺人之语也。

二月十四日　星期日　晴

顾、郭、宋、吴[吴铁城]等虽在沪接见各使，所商结果均不佳。日陆军已完全登陆。久留米、金泽两师所挑选人数充足。态度即强硬。当即分往吴淞、闸北两处布防。英、美、法三使多存观望，不再进行调停。

二月十五日　星期一　晴

与介石商解决日案事，意旨大致相同。唯须顾虑全盘，始能进行。日植田中将致哀的美敦书于我第十九路军，限即日将军队撤退，否则施行攻击。唯上海各中委及汪、冯[冯玉祥]、朱[朱霁青]、李[李烈钧]等均主战，并主张四处挑衅，虽亡国亦所不惜。然饷糈弹械缺乏，交通均被日人制止，以如此情形欲与人战，真所谓自取灭亡也。……

二月十六日　星期二　晴

渡江与蒋、汪等商外交，决定一面抵抗，不为所屈，一面谋直接谈判之机会，总期于国有利。泛言空论，一律贬除。直接谈判之形势，不拘一格。但仍不脱离国际关系，在运用之，以期于成耳。

二月十七日　星期三　晴

汪来京，仍申昨日之议，并决定积极进行。又顾来电云：英、法、美三使调停之结果，约定两国军事当局在法租界中文化协会对面接洽。

二月十八日　星期四　晴

晨，渡江晤汪、蒋，决定外交步骤，外交方针由中央政治会议决定；外交一切计划由外交委员会决定；其实行则由外交部行之。中、日两国军事当局蔡廷锴、植田在中日联欢社见面，日人提出限华军退出 20 启罗米突并监视其退出后，日军始退入租界。

二月十九日　星期五　晴

蔡军长、吴市长答复植田等，此系政府事，吾等不能做主，俟由外交手续解决之。然日人未俟答复,已用炮火轰击矣。今日吴稚晖,张静江等均来,颇主抵抗到底。外交方面亦以要求过苛,军人亦不容纳,只有出于一战耳。

犬养①托人请江代办往密谈,来电请示,想系欲设法了结耳。

今日决定何敬之赴洛阳,蒋介石留南京。

二月二十日　星期六　晴

复江华本代办电,请其可与犬养密谈,探其真意所在。果欲谋两国和好,在不损失主权范围内,吾国亦愿开诚与之商议,唯愿停止军事行动。最近所提侮辱条件,在今日之中国,无论何人均绝对不能承认云云。正午在励志社商谈时局,介石主张六个月长期之抵抗,不可如义和团之视国家为孤注一掷。吴[吴稚晖]、于[于右任]等发言均近儿戏,陈真如则欲为一时之拼。此等无计划之主张,均可陷国家于危亡也。

二月二十一日　星期日　晴

日人连日行猛烈之攻击,闸北、吴淞毁坏无余,似在扫清战场,行最后之总攻击。我军十九路军守闸北一带,警卫军守江湾、吴淞一带,此数日内将行大决斗。美人因上海事无调停办法,其军政部昨夜为整夜之筹划,闻自欧战后未有如是之紧张者。国联已决定 3 月 3 日开大会,解决中日两国之事。

二月二十二日　星期一　阴

江湾方面战事甚猛烈,敌以全力来冲庙行镇等处,被我警卫军包围,敌死伤甚多,士气颇馁。植田初至上海,即夸大口:三小时内可取得江湾。现连攻数日,均无结果。故急电东京,请增援兵。然我军伤亡亦复不少,幸士气激昂,足与暴日抗耳。

二月二十三日　星期二　阴

日军大败,几至不振。今日日本内阁会议,荒木②提出增兵问题,一致通过,已令出动,长江将被其扰乱不堪矣。英、美等虽愤日人之暴行,然终观望不前,期收渔人之利。国际各公法及各条约均任其蹂躏而无人过问矣。吾国虽极力抵抗,恐终难敌此暴行,唯有全国奋起决斗耳。

二月二十四日　星期三　晴

证以日海军武官及犬养之言,皆欲吾国由商界出面要求停战,以维商业。似

---

① 当时日首相

② 日陆相

日方亦急欲了解(结)沪案。惟日人无端侵援(扰)我境,军民愤激万分,日方仍欲在最后通牒内行动,万难承认。两方已成僵局。唯有互相增兵,以求最后之胜利耳。沪战胜利后,世界舆论对我国态度忽而一变,始知世界仍奖励武力,不赞成和平也。

二月二十五日　星期四　晴

沪战激烈,日方死伤甚多,迭次猛攻。均遭失败,渐有俟援军到后再图攻击之势。故多方散放调和空气,唯在国际方面则极力宣传中国有以武力取租界之意。

二月二十六日　星期五　晴

美国务卿史汀生复其外交委员长函,发表日本之违背九国协约及非战公约,无异教训日本;唯与日本经济绝交或宣战,则尚未至其时机。英国方面较美国更为和缓。以此可知国际之无可依赖矣。

二月二十七日　星期六　晴

汪等均赴洛阳,开二中全会。余因外交事不克成行。汪临去负责给一对于沪案之办法,与余谓沪案两方可同时撤兵,日撤至租界,我撤至真如,中间区域以中国警察维持秩序,由第三国监视云云。余月来因血压过高,精神不复如前健旺,加以外交事忙,更感疲也。

二月二十八日　星期日　晴

颜[颜惠庆]代表来电,谓:英外相西门提出调解沪事三条,即:一、两方同时撤兵,由第三国监视停战议和;二、日本声明无占领领土及在沪有特殊权利之企图;三、中国声明保障租界安全及将来之危险当即商酌。一二两条可接受,第三条可改为中国声明并无以武力占领租界之意。日人运动调停沪事各方进行。江代办亦来电报言犬养愿即由军事移入政治,以便制止军人之专横云云,似有可疑,不过其运动停战,则各方均趋一致,当必有用意之所在也。

二月二十九日　星期一　晴

第十九路军邓参谋长接得上海电话,报告昨晚英海军司令克莱邀宴中日两国负责人至其旗舰晚餐,提出调停中日停战事。两方同时撤兵,日撤至租界,而我撤至真如线,由第三国监视,治安由中国警察维持。我撤至南翔,日即下舰回国。外[交]部已复照准接受。下午开外委会,讨论恢复中俄邦交、讨伐东北伪国。决议建议中全会。

三月一日　星期二　晴

日军到后即派一师团由海军掩护由浏河登陆。我军后路即被压迫,所有前线队伍即于是夜11时陆续撤至南翔之线。因敌人炮火凶猛，不堪抵抗，亦可藉此为和平之表示。但此种退却，事前毫未通知外交界，适反外交委员会前日之主张，无论如何须支持至本月10日止之意。外交前途更增困难也。

三月二日　星期三　晴

我军虽退，然外交上主张仍拟不改。倘日要求不已，决定再行抵抗。果于今日日方答复克莱之文为：一、华方保证撤退，日方将同意于某时期内撤退，停止敌对行为，办法未定以前，各保守原地；二、停止敌对行为期间，开圆桌会议，有关系国参加，讨论军队撤退办法及保护上海租界法租界内外人之生命财产与利益；三、撤兵先由中国军队（附便衣队）开始，日本证实中国军队已撤至某地后，日军将撤至上海及吴淞区域，俟恢复原状始退出上述地段；四、双方有一违犯，即可自由行动，云云。现拟便接受停战，其余会议以不涉及其他为原则。

三月三日　星期四　晴

国联彭古等所提之调停案，完全注意租界之保全及完整，似完全为租界打算，已略加修改。军队退却，抵抗力减轻，国联即变态度，渐有迫其屈服之意。闻今日大会已开幕，或有谓须展期者，此次无良好结果可断言也。

三月四日　星期五　晴 燥

我军虽退，日军仍前进不已，并闻已追至南翔附近。午后我军援至，愤而反攻，日军大败，有退入北四川路及麦根路之说。且有白川大将在浏河被我军击毙之盛传。昨日全在不可捉摸之状态中。晚间号外连发数次，云上海大行庆祝胜利。

三月五日　星期六　晴

闻中央党部接上海中央通讯社信，我军战胜至今均已证实。国人颇有怨言，谓政府近于欺骗，不知此谣言究有何作用也。我军今日已退至昆山等处，日军仍向我攻击。国联已全体一致通过关于上海解决案：一、追认行政院2月29日之提议；二、上海双方停战，由两方当局军官下有效停战命令；三、停战后商议撤兵办法，由上海外国文武官参加讨论之，四、列强文武官将撤兵情形报告国联，云云。吾国代表保留下列两点：一、了解商议撤兵非圆桌会议。二、了解撤兵不附任何条件。

三月六日　星期日　阴雨

二中全会已了，通过长安为陪都，名西京；洛阳为行都。设军事委员会，以介石为委员长，所有军令由委员长负责执行，又通过各机关维持费，所有各中委已纷纷南下。又我军遵国联决议，已由蒋光鼎下令前方各将士，如日本不来攻击，我方不攻击日本矣。

三月七日　星期一　晴

发现英人与日合作之种种事实，并有谓日人将与英再行联盟。英人因印度之纷乱，不得不求日本之援助，且值保守党执政，非行其传统之政策，似不足以救英国之危亡云。日本此次在东省颇得罪于英、美，此次上海事件，对于英、美、法等国特卖人情。英人久欲巩固上海租界，特藉此以求达其目的耳。

三月八日　星期二　晴　阴

国联均有长篇演说，日人均置不理。各小国演说，日人反责其不知东方情形。日人已窥透国联之无能力，故愈敢为所欲为也。我方仍依照国联决议，自动组织撤兵商议。闻日人松冈等则极力运动撤兵区域由各国军队负维持治安之责。我则坚持吾国警察或保安队维持之。

三月九日　星期三　阴　小雨

汪等已返南京，介石已往宝华山。上海交涉尚无进展。令已去电宋、顾、郭等促进商议撤兵。若日坚持非外国军队不可，则可由中国自动雇英、美、法、意等军队，限以二三月，由中国出饷维持之。似此办法或较日军为妥也。晚陪宴丹麦公使。

三月十日　星期四　阴

国联由各小国发动，主张决议数条，以制止中日之纠纷。即促其实行前数次之决议。凡以武力取得之协定及各种权利或破坏人国之土地行政主权完整等等，各会员国均不得承认之。

三月十一日　星期五　阴　雨

日本重光复文由英使转交，谓中国保留之件，原决议案上所无，拟向国联询问。日本只知照决议案不稍增减。措辞殊为漂亮。吾国拟仍促其开议后再谈。

三月十二日　星期六　晴　雾

……

国联决议案，吾国因外交部训令迟到，未投票，非不接受也。

三月十四日　星期一　晴　寒

国联调查团明日可抵上海。今同在励志社开一谈话会，商定宣传及接待各方法。须以吾因自革命来，求得自由平等，决无排外之思想。东三省除领土主权外，欢迎外人投资。并注宣传各要领，由外交部及宣传委员会分途负责进行。

三月十五日　星期二　晴

郭复初与重光昨在蓝使[①]处商谈撤兵办法：一、中国军队暂在现时地位，以待解决时为止；二、日本军队撤退至租界内及其附近；三、第三国参加观察，另附中国政府须承认吴市长之公函[②]。郭答候请示政府。

三月十六日　星期三　晴

日本要求军队撤至租界附近，以观察其状态，为期不欲即时决定。约定今日再行商谈。　。

……

三月十七日　星期四　晴

英、美使转达重光之修改第三节：第三者监视或观察。至撤退后秩序之维持，系根据大会之决议案，应予接受。又经国联特别委员会之解释，似无危险。同时吾国放弃其保留之提议，日方亦应停止吴函之追认。日使今日以政府训令未到，不开会。

三月十八日　星期五　晴

沪上交涉仍无进展。国联调查团逗留沪上，似有难去东三省之意。调停沪案固属甚善，若置沈案于不问，则损失更大。日方百方运动阻止进行，以满洲国非中国，拒绝调查，亦成问题云。晚由介石夫妇邀宴，因美龄生辰，邀数熟友以作一夕之热闹。介石今日通电就军委长及参谋总长。

三月二十日　星期日　晴

午前偕淑嘉赴汤山沐浴。午后郭来电，停战办法已谈，略有结果：一、中国军队在未定他办法以前，仍住原地，住地由中国军官定之。若有怀疑，由各友邦协助之；二、日本军队退回公共租界及越界筑路内，回复 1931 年 12 月 28 日以前之原状。所应谅解者，日本军队太多，须有若干暂时驻扎上述地之附近，所有地点由日本军官定之。若有怀疑，由友邦协助之；三、由英、美、法、意等友邦组织联合委员会，监视并观察中日两国之撤兵及撤兵地秩序之维持。委员会设委员长一人，由会中互选之。

三月二十一日　星期一　晴

午后政治会议。夜间外交委员会会议关于上海停战商议“暂时”二字亦须有

---

① 英公使蓝浦森

② 即解散抗日会等

范围。今日下午四时再商，闻其结果亦不甚佳。因东京政局有变，态度仍强。此次停战商议，亦未可乐观也。

三月二十二日　星期二　晴

对于沪案，行政院拟一附件，电郭斟酌办理。大致谓：退入租界附近，限以至多不过2000人，至迟不得过四星期撤尽。然各方对此仍多反对，介石亦觉有危险，已告外交部电郭注意。

三月二十三日　星期三　晴

调查团拟分两路来宁，一由杭州乘汽车来，一由长江来，并拟赴汉口，经平汉线赴平，再赴辽。……

三月二十四日　星期四　晴

沪上撤兵事，今日开始商议。日方另提一案，共七条。我方代表坚持前日商定三条原案，争论多时，日始抛弃。日方仍持便衣队必须加入。讨论多时，仍无结果。

三月二十五日　星期五　晴

沪撤兵商议，日对第二条租界附近地，欲以狮子林、杨行镇、大场镇、真如划一直线。我方代表认为日方侮辱，不欲开议。重光坚留，仍无结果。始议第三条。日人无处不以诈行，故无人敢信日人之真意何在也。

三月二十六日　星期六　晴

沪撤兵商议。日人愿让至吴淞口、江湾、闸北一线，作为附近驻兵，仍无结果。余今日午前至汤山沐浴，观季陶建造之新屋，布置之地位，颇令人莫解。

三月二十七日　星期日　阴　大风

国联调查团今日分由京杭汽车及京沪水道来京，欢迎颇为热烈。晚在励志社便叙，日人吉田大使亦在座。吾国参加团由顾维钧组织，人员极多，概系前外交部之职员及使领等。吾国外交人员之纷乱，可谓极矣。

三月二十八日　星期一　晴

调查团受各方热烈欢迎，颇为满意。今午及晚受汪、罗正式宴会，演词尚以中国系新改革之国家，各国应具同情援助；并表示须以公正之态度解决此次中日一切纠纷。

三月二十九日　星期二　晴

与蒋、顾谈吾国外交应决定一方针。世界战争将来或有不免，应走东走西，均须先行决定，切实进行准备一切。蒋、顾均以为然。连日来，上海停战商议毫无进步，足征此次日人来华骚扰，完全欲使中国屈服。能屈服，诸事可商量；否则必到处扰乱。占领各海口及经济要区，以为将来对美作战之准备，决非空口所能商议停战也。

三月三十日　星期三　晴

上海小组会议对于撤兵驻扎区域略有进展。吴淞、闸北车站等处均可放弃，英使云此为日本最大让步，似为最低限度。至若撤兵时间，日本绝对不受限制，将来恐难有成，郭、戴[戟]拟不签字，或将成为僵局。

三月三十一日　星期四　晴

午前在陵园蒋介石处商议对调查团贡献意见，作为谈话之标准。会议毕，即偕国联调查团谒中山陵，并赴陵园办事处立食。由叶[楚伧]代表党部致欢迎词，李顿答词。答词中颇赞扬孙先生为世界人物创造新中国者，国民党员为新中国之新工具，将来中国至有希望云。

四月一日　星期五　晴

今日上海会议停顿。国联调查团今晚赴汉，拟在汉耽延一二日，即返京。由津浦路赴平。

四月二日　星期六　晴

今日上海会议对于时间问题仍无结果，恐将成为拖延之局势。午后，开政治会议，由行政院长汪兆铭报告国联调查团来京谈话之结果。该团对于日本之不经外交手续擅自动兵，又暗中组织傀儡政府，均能了解，唯对于铁路并行线及二十一条均认为有效之条约及记录，不能漠视。将来调查结果，将作成一方案，以为调解之基础焉。

四月四日　星期一　晴　燥热

汪赴沪安慰孙[科]。孙约汪于国难会闭幕后赴杭商时局。政客之无耻，诸如此类，欲政治之良好，决无可能性。一喟！上海会议无进步，郭泰祺因环境恶劣，畏人攻击，愤而辞职。………

四月五日　星期二　阴

天气骤寒，游览颇感不便，故未出外踏青。沪会日人坚持不定时间撤兵，区域反较前扩大。汪精卫谓若能规定期限，地域稍大亦不甚要紧，故即以是复郭泰祺矣。

四月七日　星期四　晴

沪会，日方要求说明苏州河南及浦东驻兵情形。吾方则坚决拒绝，遂暂搁置。

对于时期,日方自拟一宣言,不说明时限,必须俟沪地安全,日侨生命财产及合法营业得有保障时,始撤至1月18日以前原状。英使虽代拟三案,其间虽限以六个月,仍不能接受,仅答以请示政府而散。日人狡诈可谓已极。前要求加"上海周围"四字,故有说明浦东及苏州河南驻军之要求,后要求毗连驻军,故有不限时间长期久驻之拖延。戴、黄[强]等均心力交瘁,请求辞职,实以日人狡横不可对付也。晚在介石处商外交。

四月八日 星期五 阴

在外交部商复郭复初电,并代日本拟一宣言,宜从速撤退至1月18日以前之地(或一个月乃至三个月之间撤完),若该地一般居民均渐恢复原状时,得有寻常生[活],始行之。

四月九日 星期六 阴

沪会仍无结果。虽由英使提出三案,多接近日方,吾国所修改者,日方不肯接受。日方声言:接受英使所提第一案,因此案系照日案,仅增加"六个月之期限",后虽由英使再修改数字,将"保护生命财产"数字删去,仅用"俟合法营业恢复原状",此恢复原状,希望在六个月以内,或稍短时期内,日本即将其撤去,云云。我方仍不满意,云云。

四月十日 星期日 阴 雨

商议对沪会办法。即电国联颜代表,请其在国联特委会报告沪会之经过。请其定一撤兵之日期,或解释英使所拟之案,俟其答复,再行进行。岳军[张群]今日来京,关于在沪接洽情形,商谈数次。总之,吾国此时非确定外交真正方针不可,若再敷衍,前途真不堪设想矣。

中国人民政治协商会议北京市委员会文史资料研究委员会编:《文史资料选编》,第32辑,北京出版社,1987年版,第11—31页。

二　作战历程

马玉山路事件始末

李道发[①]

九一八事变后中国共产党首先号召全面抗日，全国人人起而响应，举行反日罢工、集会和示威游行，掀起抗日救亡的高潮。上海人民积极支持东北义勇军，其中影响较大的有商务印书馆、邮电工会和上海三友实业社。

上海三友实业社是当时民族实业家沈九成、陈万运、沈启涌等在提倡国货、抵制日货的潮流中创办的。创办之初，即以金星牌烛芯夺回了日货市场，接着又以质地优良的三角牌毛巾挤倒了日货铁锚牌毛巾，使之在市场上销声匿迹。九一八的消息传到上海后，三友实业社职员缪天宝即在厂方同意下，组织职工成立抗日义勇军大队，沈九成任大队长，下设 3 个连，一连连长缪天宝，二连连长李道发、连副尹文龙，三连连长陈连赓、连副王昌其，号手杨传炎。义勇军聘军事教官利用每天早晚时间操练，早操 5 至 7 时，晚操下午 4 时至 6 时，风雨无阻，操练科目按正规操典进行，严肃认真。厂方发给制服及木枪，以后还领到步枪 20 余支，大家充满爱国热情，经常高呼"打倒日本帝国主义"、"还我东北"等口号，远近皆闻。

三友实业社组织抗日义勇军，引起日本侵略者的注意和怀恨，一场阴谋挑衅事件不久就发生了。地处引翔港华德路（即今长阳路）的三友实业社工厂邻近有日商大东华及小东华纱厂，厂内驻扎日军，建有瞭望台，瞰视四周。一·二八前夕该处日军戒备森严，调动频繁，还日夜派人秘密巡逻。三友实业社厂门附近经常出现头束松箍、身着僧服的日本和尚，手持皮鼓、磬钟，边敲击，边念经咒，向马玉山路[②]走去，很明显是前来窥察我方动静的。义勇军战士们起先强忍，不予理睬。

① 李道发，一·二八淞沪抗战时系三友实业社职员，抗日义勇军大队二连连长。

② 马玉山路，今杨浦区双阳路。

1932年1月19日，青年工人周道礼、张华贵、朱瑞生、朱占魁等10余人在厂门口休息，适逢日本僧人5人边敲边念朝马玉山路走去，趾高气扬，旁若无人。周等即上前询问，日僧气焰嚣张，恶言相加，周等激于义愤，双方发生扭打，结果3名日僧致伤，2名鼠窜。事后，引翔港警察机构将周等3人拘捕，日方不满足于此，向上海市政府提出惩凶、赔偿、取缔义勇军及一切抗日组织等无理要求。第二天凌晨，日本浪人多名蜂拥前来三友实业社工厂纵火，并阻止杨树浦消防队施救，厂内工人和义勇军立即出动，制止了日本浪人的骚扰，并将火扑灭，当时焚毁厂房10余间。这天，华德路底的交通警田润生因阻止日本人纵火，当场被他们打死。其后，杨树浦临青路一带，日本浪人每晚集结开会，高呼为日僧报仇，扬言要摧毁三友厂。但三友厂从经理到职工均无所畏惧，仍坚持早晚两操，并加紧戒备，日本浪人数次密谋夜袭均未得逞。1月20日晚，得悉日方将前来毁灭三友厂，经理陈万运当即召集会议，由义勇军大队教官带队，向马玉山路朝北一带分散布防，敌人见有准备，未敢妄动。

在上海人民和三友全厂职工的强烈呼吁、抗议下，当时的上海市市长吴铁城被迫承认扭打日僧事件是群众的爱国行动，拒绝日方的无理要求，通知所属单位将周道礼等人交保领回。这样一来，日方恼羞成怒，发出最后通牒，限1月28日下午6时正式答复。驻沪十九路军总指挥蒋光鼐、军长蔡廷锴，为了维护国家尊严，下令准备抗战。日军于当日午夜11时许大举向我天通庵路等地驻军进攻，我军奋勇还击，一场民族保卫战就在我国的东大门上海展开了。三友实业社在这次战役中，总厂被迫停工，并遭到敌人的破坏，损失惨重。

吴汉民主编，蒋澄澜、周骏羽、陶人观副主编：《20世纪上海文史资料文库》，第1辑，上海书店出版社，1999年版社，第291—292页。

八字桥战斗亲历记

陈燕茂[①]

1932年的一·二八淞沪抗日战争，是蒋光鼐、蔡廷锴率领的十九路军和张治中率领的第五军为挽救民族危亡，反对不抵抗政策，同日本侵略军进行斗争的正义的民族战争。作者当时亲历其役，对八字桥三失三得之战，记忆犹新。

1932年2月29日，日军在总司令白川部署下，发动新的总攻，闸北八字桥、天通庵等地都展开激战。上午5时许，敌方炮火向我八字桥至竹园墩一带阵地轰击，炮声隆隆，每分钟有二三十发之多。在炮火的掩护和数十架飞机助战下，敌步兵千余人攻击竹园墩附近，来势凶猛。我六十师官兵奋勇迎战，激战至下午，犹能勉强支持。下午1时左右，敌加强攻势，我军为避免重大牺牲，下令缩短战线，敌遂蜂拥而入，占领八字桥。半小时后，我军增援部队赶到，正拟下令反攻，忽见大队敌军在飞机、重炮掩护下，先发制人，向我方阵地冲击。我守军见敌炮火甚猛，即隐伏不动，俟敌接近时，奋起与之肉搏，手榴弹、大刀队异常活跃，杀声震野，敌重炮、飞机失其效能，死亡枕藉，不支溃退，我军遂将八字桥克复，此为一失一得。

敌败退后，即整理残部，增加兵力2 000余人，于当日下午3时，发动第二次进攻。敌亡命而来，迭攻如潮，我军将士顽强拼搏，枪炮声、喊杀声震动遐迩。卒因久战疲劳，一小时后我军奉命撤退。下午4时30分，我生力军赶到，再次发起反攻，并以有力一部向敌包抄，两面夹击，敌拼死力顽抗，我军组织敢死队冲锋多次，白刃相接，血肉横飞，敌伤亡重大，不支而退，我军第二次收复八字桥。

敌仍不甘失败，又调集大部队第三次进攻，我军见敌来势凶猛，下令佯退，敌

---

① 陈燕茂原名陈祖荣，一·二八淞沪抗战时任十九路军第六十师步兵上尉，新中国成立后曾任广东省政协委员。

又占八字桥。下午5时20分，我军分左、中、右三路向敌包抄进攻，混战中敌铁甲车八辆横冲直撞，对我威胁很大，我即以小钢炮击毁其中的3辆，同时我左、右两翼加强夹击，敌人伤亡惨重，军心动摇，狼奔豖突而去，我军第三次夺回八字桥。此后敌再无余力反攻。

是役，我八字桥阵地三失三得，毁敌铁甲车3辆，毙伤日军近3 000人，并击毙日军联队长。六十师官兵伤亡近千人，其中阵亡达300余人，上尉营副陈漱石、上尉连长杨藺生等于此役牺牲。

吴汉民主编，蒋澄澜、周骏羽、陶人观副主编：《20世纪上海文史资料文库》，第1辑，上海书店出版社，1999年版，第272—273页。

我参加一·二八淞沪抗战的回忆

陈策汉[①]

我本是出身于广东宪兵教导队的一个学生，1929 年参加第十九路军，是由上士文书升到去顶阵亡排长职而当排长的。在参加抗日时，是 1931 年到达上海，驻在南翔、蕴藻浜等外围。有一日(记不清日期)，蒋光鼐到上海南翔召集第十九路军所有将士集中讲话，动员全军抗战，在中午时，日本飞机机群在上空盘旋，好在没有轰炸。

1932 年 1 月 28 日，日军大举进攻上海。到 2 月 30 日拂晓，又大举进攻上海外围蕴藻浜。蕴藻浜是我师(第六十一师师长先是蒋光鼐，后是沈光汉)防守。在冲杀那个时候，枪林不见，弹雨落处尘土飞扬，以及大炮声震耳欲聋，我的钢盔被打穿一个孔，左手被打断。跟随我的勤务兵李明珠(东北人)，亦中弹阵亡。我和他一同倒在池塘边的城基脚下。另一个是排长，被打去半个头颅，营长李荣熙(日本士官生)阵亡。除死在我身旁的以外，举目偷偷一看，尸横阵地。有些未死，悲叫声、痛哭声，实在使人不忍闻；还有一层更惨的，就是伤倒在阵地的，遇着日军行过，无一避免都被补枪杀害。

我伤后转到上海距籁达路蔡公时学校何香凝组织的上海的红十字会，敷药治疗。何香凝看见我负伤战士悲啼痛哭，她也跟着泪如雨下。

1933 年 4 月间，我伤愈归队。领导见我年轻，即将我保送入军官队教导队(在福建)第 2 期学员队。至 1933 年〔11〕月间，第十九路军在福州芝山营房成立人民政府。同时将各师军官教导队学员通通集中到芝山营房，改为军事政治大

① 陈策汉，一·二八淞沪抗战时任第十九路军六十一师某部排长。

学。未几被撤销，改为军官团，送入广东燕塘军校学习。后被中央(南京)认为是叛军，命令解散。

全国政协文史资料委员会编：《文史资料存稿选编：抗日战争》(上)，中国文史出版社，2008年版，第251页。

回忆一·二八淞沪抗日战争

马行健[①]

一九三一年夏，十九路军在总指挥蒋光鼐、军长蔡廷锴率领下，参加对中央苏区的第三次围攻，受右翼集团军总司令陈铭枢的指挥。九一八事变后，陈调南京任行政院副院长兼交通部长，调十九路军卫戍京沪，蒋、蔡职务照旧，戴戟任上海警备司令，所属的六十师、六十一师、七十八师于十月中旬开赴京沪沿线。

七十八师最后离开江西，由九江租乘招商局轮船直达上海。当时南京至上海一段江面，常有脱下炮衣的日本兵舰游弋，蔡军长为防日本兵舰寻衅，曾叫南京海关悬旗令我船停靠，改换陆路前进，师参谋长王友德不知悬旗是蔡所命，以军情紧迫，令继续全速前进，倒也无事。船抵上海，黄浦江两岸行人看到满满一船中国兵，大为兴奋，年轻人跟着我船奔走欢呼、鼓掌、挥手，有的还把帽子甩到半空。我船士兵见此情景极为激动，不待官长指示，一致振臂高呼"打倒日本帝国主义"，"誓死保卫中国"。岸上和江中相呼应，惊天动地。日舰上士兵惊愕四顾，不知所措。

十九路军到达京沪沿线后，即进行整训，陈铭枢任京沪卫戍司令，常由蒋光鼐陪同到各团驻地训话，勉励官兵不惜牺牲，抵御外侮，保卫国土。这些话给我们很大鼓舞。当时大批日本海陆空军已进驻上海，寻衅闹事，形势紧张。蒋光鼐、蔡廷锴、戴戟等十九路军领导人，立即采取应变措施，命七十八师防守淞沪，六十师和六十一师速向上海附近集结。七十八师一五六旅第四团在吴淞口构筑阵地，监视敌海军动向，第六团在闸北构筑阵地，严防敌陆军进袭。全体官兵见战事迫近，个个摩拳擦掌，准备痛打敌人。

---

① 马行健，一·二八淞沪抗战时任第十九路军第七十八师一五六旅第四团团部上尉副官。

就在敌我双方剑拔弩张，一触即发之时，国民党政府妥协退让，实行不抵抗政策。上海市市长吴铁城在谈判席上顺从日方旨意，一月二十八日答应停止反日宣传，停止抵制日货，取缔抗日团体等。得此消息，全军官兵莫不愤慨，于是名震中外的一·二八淞沪抗战就在这种情况下打响了。[①]

翌日黎明，敌海、陆、空部队大举向我军全面进攻，闸北巷战最为激烈。闸北属我军第六团防地，该团用沙包筑成战垒进行抵抗，敌人以坦克车、铁甲车为前导，步兵随后跟进，将我战垒冲破。但我军士兵毫不退让，有的伏在地面，有的登屋顶，继续阻击敌人，俟敌战车临近，伏在地面的士兵便用手榴弹炸毁其履带、轮胎，同时屋顶上的士兵用步枪和手榴弹向其后续部队猛击，打得敌人血肉狼藉，抱头鼠窜，始终未能越闸北一步。上海人民看到该团士兵不怕牺牲英勇杀敌，深为感动，当即捐款赠给全团士兵每人黄呢军服一套。

防守吴淞的是七十八师一五六旅第四团，团长钟经瑞，我是团部上尉副官。团部驻在吴淞镇附近。我团防守地区是吴淞镇及吴淞镇至宝山县城沿海一线，阵地正面开阔，团部命第三营负责吴淞镇及蕴藻浜沿河防线，第一营重点防守黄浦江堤及沿海，第二营为预备队。闸北战斗打响后，日本飞机每天都由停泊在吴淞口外的航空母舰上起飞，经吴淞地区至上海轰炸，日军舰也每天早上由海面驶经吴淞口助战，傍晚始返。我们没有高射炮或平射炮，每次敌机、敌舰经过吴淞地区，我们就用步枪射击，但无济于事。然而敌人不敢轻视，每次日舰驶近我江防阵地，便嘀嘀哒哒先吹几声号，接着用机枪扫射，用大炮轰击，成为一种规律。但敌军仍认为我吴淞守军是个威胁，于是开战几天后，便以海空军掩护陆军在张华浜登陆，向吴淞镇猛攻。吴淞镇与张华浜之间隔着蕴藻浜，河宽三十米左右，有一座水泥桥为必经之路，因而这成为敌我争夺的焦点。五、六架敌机整天轮番投弹，敌舰四、五艘在附近江面游弋开炮，尘土蔽天，弹片横飞，我士兵毫不退避，与阵前敌军拼杀。几天激战，双方伤亡均重。负责桥头阵地的是我团赵连长，连指挥所设在桥旁纱厂大楼内，激战中该大楼被敌炮击中，赵连长壮烈殉国，更激起全团官兵的杀敌决心。

某日上午，我团侧背同济大学方向有敌人活动，团部命第二营的一个连前往堵截。该连必须通过长距离的平地，无地形地物可利用，而头上却有敌机盘旋。他们以班为单位，分成九路纵队前进。敌机用机枪扫射，俯冲投弹，他们卧地仰

---

① 本段有部分与史实不符故经过本书编者删减。

射，敌机升高后，继续前进，有条不紊地到达目的地，完成任务。

吴淞炮台是海岸要塞。上海战事发生后几天，炮台还没开过炮。二月上旬某日，一五六旅旅长翁照垣同要塞司令部滕参谋长联系，叫他试向租界日军据点发炮，几声炮响后，接到炮台电话，说打不到上海租界，只好作罢。这天下午四时左右，四艘日本军舰照例由上海沿黄浦江返回海面，行至吴淞附近时，翁命炮台立即向日舰开炮，日舰亦向炮台还击，一时炮声隆隆，双方炮战半小时左右，其中一艘日舰冒起冲天黑烟，其他两艘日舰迅即一左一右驶前遮护，另一艘日舰殿后掩护，各舰同时施放烟雾，狼狈逃窜。大家都高兴地说，这一仗打得好，打得过瘾。

第二天上午七点多钟，日舰二十多艘由吴淞口外鱼贯驶入黄浦江，在江口至吴淞镇江面一字摆开。八点钟又有三十六架日机飞临炮台上空，轮流俯冲投弹，敌舰同时向炮台开炮，炮台立即还击，交火之声震耳欲聋。我见情况紧急，忙进团长室听候命令，见旅长、参谋主任和团长静坐室内，默默无言。少顷，旅长说："应当避免不必要的牺牲，还是到防空洞避一下好。"于是进入防空洞。敌军炮火确实猛烈，不到一小时就听不到炮台的炮声，显然已失去战斗力。我急忙钻进防空洞，报告我所了解的情况，旅长说："已接到炮台的电话，他们的副官长阵亡，参谋长受伤。"团长说："赶快叫第一营派一个连进入炮台增援。"不久便看到第一连官兵由驻地开出，立即分散跃进，冒着敌人的炮火，很快进入炮台阵地。第一连士兵只持有陈旧的步枪，对敌机、敌舰无法发挥威力，只是严阵以待，专等敌人登陆，与之肉搏。中午十二时左右，敌机敌舰停止轰击，也没从此地登陆。从此每天必有几架敌机在炮台上空扫射，敌舰亦向炮台开炮，我第一连岿然不动。

与十九路军并肩作战的有张治中将军率领的第五军，下辖八十七师、八十八师。这两个师是蒋介石的亲信部队，使用的是当时中国部队中最好的武器，他们担任庙行防务，苦战几天被日军突破，整个防线被截为两段。蒋光鼐急调驻防浏河担任预备队的六十一师第九旅驰往增援，在旅长张炎指挥下，经过反复争夺，终于把日军击退，恢复阵地。但预备队全部投入庙行，我军侧背空虚，敌人便以重兵在浏河登陆，我军腹背受敌，国民党大批军队却驻扎南京、镇江一带，观望不前。十九路军将领不得不通电全国，告以后援不继，忍痛撤退。

我们团三月一日夜由吴淞撤出，在嘉定休息一天，随即赶到昆山与全师会合，接着我团奉命前进到京沪铁路青阳港桥头一带构筑阵地，准备迎击敌人。敌人慑于我军威势，未敢继续进攻。一·二八淞沪抗日战争就此结束。

在一·二八淞沪抗战中，十九路军将士满怀爱国热情，发扬民族正气，以劣势装备和血肉之躯，狠狠打击了拥有现代化装备的日本侵略军，其英勇壮烈，惊天地泣鬼神，为中华民族的历史谱写了光辉的篇章。

中国人民政治协商会议上海市委员会文史资料工作委员会编：《上海文史资料选辑》，第50辑，上海人民出版社，1985年版，第161—165页。

守备吴淞见闻

马行健

一·二八淞沪战争爆发前，防守吴淞的是第七十八师第一五六旅第四团，当时我是该团团部上尉副官。我们团部先是驻在吴淞口江边的一所空屋内，战事迫近时，移驻在吴淞镇与同济大学之间靠公路旁一个只有几户人家的小村庄里。我团防务是吴淞镇至宝山县城的沿江沿海，战线辽阔。第三营负责吴淞镇及蕴藻浜沿河防线，第一营重点扼守吴淞江堤及沿海，第二营为预备队。

战事打响前，团部官长仅有团长、两个团附、我和一个姓苏的司号长。日军恃其海空优势，通常不在夜晚进攻，也很少在夜晚开枪。开战几天后的一个夜晚，中校团附出去视察阵地。不久，他的勤务兵跑来向我报告说中校团附负伤了，叫我派人去抬。我打电话通知卫生队派担架把他抬回团部，果然他腿上被打个小洞，经过包扎，送往后方医院。又过两天，少校团附突然发高烧，连夜去后方医治。不到一个星期，团部官长就减员到只有团长和我及司号长三个人了。

闸北战斗打响以后，日本飞机每天由吴淞口外海面起飞，经过吴淞地区至上海轰炸。日本兵舰每天早上由吴淞口外进入黄浦江，经过吴淞开往上海附近助战，傍晚返吴淞口外海面停泊。在敌舰由海外往返上海经过吴淞时，我防守沿江士兵立即进入阵地，以防止敌人登陆。尽管敌人没有登陆，我们士兵亦必向其射击。可惜我们士兵使用的都是湖北汉阳兵工厂和广州石井兵工厂书生产的七九步枪，对敌人的铁壳兵舰，效力甚微。但日本兵舰对这种射击也不敢轻视，每次行近吴淞时，必先嘀嘀哒哒吹儿声号，接着便用机关枪向我阵地扫射，同时用大炮向我沿江堤防轰击，致使堤岸为之震动。这种枪炮互鸣的交响乐，每天都要演奏几次，简直成为一种规律。

吴淞是上海的门户，由海外入侵之敌，要占领上海，必先占领吴淞，这是兵家常识。痛心的是,由于不平等条约的关系,日本海陆空军得以自由出入。可是在我团防守吴淞以后,他们就不能通行无阻了。如上所述,由吴淞经过的日本飞机兵舰,每次必遭到我团的截击,使其行动受到很大的威胁。于是在闸北开战几天以后,日军便用海空军掩护陆军在我未设防的张华浜登陆,并以该处为据点向我吴淞镇猛攻。吴淞镇前端有一条横流而过的蕴藻浜小河,宽约二十米左右。街头河上建有一座水泥桥,桥这边有一所几层楼的纱厂厂房。敌人要占领吴淞,必须要通过这座桥,因而这座桥遂成为双方争夺的焦点。敌机五六架轮番在上空投弹,敌舰五六艘在附近江面开炮助战。炸弹炮弹纷飞。我士兵置之不理,专门与敌步兵拼杀。实际上在短兵相接,血战肉搏时,飞机大炮已失去作用。经过几天这样惨烈的交战,双方伤亡均极惨重。桥旁纱厂是我防守桥头赵连长的指挥所。有一天战斗激烈时,赵连长正在二楼窗口用步枪向敌人射击,不幸被敌人几发炮弹同时击中,一时楼内:烟尘弥漫,视线不清,迨烟尘散后,只见赵连长双腿挂在附近纺纱机上,上身已被炸成血块,碎骨抛了满屋。赵连长的惨死,更激起我团全体官兵的杀敌决心。

赵连长死后的第二天晚上,我跑到他连阵地上去看看。我不知道蕴藻浜对面河边上就有敌人,正迈步上堤,想观察一下对面情况,身旁士兵急忙把我拉下堤来,告诉我堤上危险。我进入堤下掩体,借月光由射击孔向对岸一看,隐约可以看到对岸堤壁黑洞巾伸出的敌人枪口。啊!原来双方相距这样近!虽然敌人武器比我们精良,由于我士兵英勇壮烈,敌人始终未能越蕴藻浜一步。

有一天上午,同济大学侧背蕴藻浜小河对面有敌人活动。我团派第二营的一个连前往防堵。白天在敌机盘旋下行动是有困难的。我在驻地竹林旁看到该连前进的情景,很为感动。他们要通过长距离的平地,无地形地物可利用。他们以班为单位,分成九路纵队昂然前进,敌机用机枪扫射,他们毫不在意。敌机俯冲投弹,他们就地仰射。敌机升高后,他们继续前进。有条不紊,行若无事。这种不怕牺牲的大无畏精神,真使敌人望而生畏。勿怪那时日本军阀诬蔑第十九路军是中国南方"流氓",不知道死活。其实日本兵才是愚昧无知的"愚氓",他们受武士道精神的欺骗,盲目地去为军国主义者卖命,甚至葬身异国还不知道为什么!

吴淞附近海岸有个炮台,扼长江及黄浦江口,被人们称为吴淞炮台。这是中国最早修建的海岸要塞。吴淞抗日战争爆发后,上海报纸为表达人民的愿望,经常报道敌人兵舰被我炮台击沉。停泊在吴淞口外的日本兵舰,确实在我炮台射程之内,但淞沪战争打了许多天,炮台并没开过炮。大概在二月二十日左右,第一五六旅旅长翁照垣同旅参谋主任丘国珍来到吴淞，就住在我们团部。恰巧第三天吴淞要塞司令邓振铨给翁旅长一封公函，说他因公赴南京，要塞司令职务由参谋长滕某代理，已嘱滕遇事听翁指挥。

这天下午四时左右，四艘日本兵舰照例由上海沿黄浦江返回海面，行至吴淞时，翁打电话给炮台，叫他们向日本兵舰开炮，炮台遵命向日本兵舰开炮，日本兵舰亦即开炮还击。一时炮声隆隆，我赶快跑到江边去看，但见双方炮战约半小时左右，在几声巨响之后，有一只日本兵舰冒起冲天黑烟，我不禁高叫："打中了！打中了！"这时另外两只日本兵舰立即趋前，一左一右夹住那只受伤的兵舰，另一只兵舰在后面掩护，各舰并同时施放烟幕，顷刻浓烟布满江面，日本兵舰在烟雾弥漫中狼狈逃窜外海。炮声停止，整个战场突然显得寂静。我走回团部，大家都一致高兴地说，这一仗打得好，真正击中了日本兵舰。

第二天上午七点多钟，就看日本兵舰二十多艘由海面鱼贯进入黄浦江，在炮台侧背江口至吴淞镇一带，一字般的摆开，同时许多飞机从外海飞来。我数了一下，共有三十六架。飞到炮台上空，立即轮流俯冲投弹，二十多只兵舰亦同时向炮台开炮。一时飞机声，机枪声，炸弹声，炮弹声响成一片，震耳欲聋。我见情势紧张，急忙跑进团长室听候差遣。只见旅长、团长和参谋主任静坐室中，默默无言。少顷，旅长问："有防空洞没有？"我答："有。"旅长说："不必作不必要的牺牲，还是到防空洞躲一躲的好。"于是，他们进入作为团部指挥所的那个防空洞，我也随着进入。不几分钟，便又走出来隐在村旁竹林边观战。不到两小时，炮台炮声渐稀，未几，就听不见炮台的炮声了。（敌舰炮声清脆，炮台炮声沉重，所以分辨得出）但见炮台里边的人纷纷无秩序地外逃。炮台除炮手外，还有一个监护营，这么多的人狼狈逃窜，可见已失去战斗力。我急忙进入团指挥所，报告我所看到的情况。旅长说："已接到炮台电话，他们参谋长受伤，副官长阵亡。"团长说："赶快叫第一营派第一连进入炮台防守。"说罢，他就亲自用电话通知第一营营长。炮台外边有个海滩，为防敌人乘炸毁炮台之际，在炮台附近登陆，派兵防堵是必要的。我离开团指挥所继续到村旁隙望。不久，便看到第一连由驻地走出，全连散开，各个跃进。这时敌人火力已大部转移目标，跟踪射击四散逃窜的炮台守兵。我第一连士兵穿过纷纷向后方逃窜的炮台守兵，冒着敌人猛烈的炮火，突飞猛进。但见敌弹落时，他们暂伏地面，尘烟未散，他们又向前狂奔。很快，全连就进入已成废墟的炮台，这时炮台守兵已全部逃光了。第一连士兵只持有陈旧的步枪，对天空的敌机、江中的兵舰，不能发挥威力，他们只是严阵以待，专等敌人登陆，与之肉搏。

中午十二时以前，敌机敌舰停止攻击，分别退往外海，战斗告一段落。这一仗可以说是炮台失败了，我第一连胜利了。从此，每天必有几架敌机在炮台上空投几枚炸弹，敌舰亦有时向炮台打几炮。我第一连岿然不动，敌人亦始终未敢在炮台附近登陆。

不久，日本由国内派重兵在浏河登陆，浏河失守，我军陷于侧背受敌境地，情势十分危急。这内外交迫的险要情况下，第十九路军不得不通电全国，告以后援不继，忍痛撤退。

三月一日，我们团由吴淞撤出，在嘉定县城休息一天，随即开赴昆山与全师会合。接着我因奉命前进到京沪铁路青阳港桥头一带构筑阵地。团长派我同三个营长查看阵地。青阳港这条河比蕴藻浜宽得多也深得多。第三营营长梁文暗地同我商量，想分配他这个营防守桥的左翼，原有桥左沿港有许多天然小土包，地形地物较好；桥右完全是平地，无地形地物可利用。我因该营在吴淞作战时，伤亡较重，满足了他的愿望。不过我心想：蕴藻浜那样窄，敌人尚且冲不过来，青阳港这么宽，敌人怎能过得来。可是日军慑于我军威势，未敢继续进攻，名震中外的一·二八淞沪抗日战争就此结束。

《从九一八到七七事变》编审组：《从九一八到七七事变：原国民党将领抗日战争亲历记》，中国文史出版社，1987 年版，第 166—170 页。

教导总队在一·二八淞沪抗战中

张文心[①]

南京中央陆军军官学校是黄埔军校的继续，黄埔军校是南京中央军校的前身。1924年5月，孙中山先生创立黄埔军校于广东。从第1期至第5期学生均在黄埔入学，第6期至第13期均在南京军校入学。其中第6期和第7期学生有一部分在黄埔军校入学。

1931年9月18日，日本驻在我国东北的关东军制造九一八事变，侵占了沈阳。由于蒋介石的不抵抗政策，以致数月之内我东北河山变色。一·二八淞沪抗日战争则是接着九一八事变而发生的。

一　中央军校教导总队的编成

1931年夏至1939年冬，我在中央军校任职。曾4任教导总队的总队附兼第二营营长。总队第一营营长是丘之纪，军校第三期毕业。第三营营长马威龙，是云南讲武堂出身。总队长唐光霁，是保定军校出身的。

教导总队是为了适应军校学员练习实兵指挥而成立的，教导总队的编制为总队长1人，总队附1至2人。总队长是少将衔，总队附是上、中校衔，营长是中、少校衔，连长是上尉或少校衔，排长是上、中尉衔。总队部之下，辖有3个步兵营，1个工兵连，1个炮兵连，还有特务排、通信排，共约2 500人左右。火力相当于一个正规的步兵团，或稍胜之。

教导总队的士兵来源，主要由陆军教导第二师(陆军第四师的前身)中，抽调

① 张文心，一·二八淞沪抗战时任南京中央军校教导总队总队附兼第二营营长。

出一部分优秀上等兵和正副班长组成的;另一部分是投考军校未被录取的中学生和大学生自愿报名参加的;还有少数是各方面推荐的。教导总队的士兵一般具有作战经验和一定的文化水平。

二　教导总队驰援一·二八抗战

1932年1月28日,日本海军陆战队突然对我上海闸北进行夜袭。当时第十九路军驻防上海,首当其冲。第十九路军和上海人民同仇敌忾,奋起反击,给日本侵略者以重创。但该路军孤军作战,势难持久,必须有援军后继,否则,就有被敌人吃掉的危险。当时南京政府所属部队大都散在各地,因蒋介石下野,似乎是“群龙无首”,一时不易集中。我大哥张治中时任中央军校教育长,对此十分忧虑。

是年2月初,蒋介石以下野之身由洛阳回到浦口,我大哥去迎接他。当场向他表示:“在目前的情况下,中央部队必须参加淞沪抗日战争,以支持第十九路军。如果没有别的人可以去,我愿意去。”蒋略加考虑后,认为这个意见提得“很好”。马上指令军政部长何应钦,即调驻在京沪、京杭两线的第八十七、第八十八两师编为第五军,由我大哥张治中任军长;并调中央军校教导总队为第五军预备队,一同开往淞沪前线增援第十九路军。

1. *在行军途中*

2月16日上午9时,教导总队随同第五军军部由南京和平门车站登车出发,当日下午到达南翔,下车步行。不料徒步行进约两里许,突遭敌机投弹袭击。我总队官兵在仓促之间,都能主动利用地形地物很好地掩蔽起来,故伤亡极少。只有一弹投中我第二营一位副排长身边,这位副排长顿时血肉横飞,惨不忍睹!全营官兵见之,无不义愤填膺,誓为副排长报仇!

2月17日,教导总队在刘行附近接到第五军军部命令:“我军奉令接替十九路军防务,令八十八师(师长是俞济时)防守江湾北端经庙行镇、周巷至蕴藻浜南岸一线;八十七师(师长由我大哥兼任,副师长是王敬久)二六一旅(旅长是宋希濂)担任胡家庄沿蕴藻浜北岸、经曹家桥至吴淞西段一线的防务;军校教导总队总队长唐光霁率领总队部和第三营随军部行动;总队附张文心率第一营、第二营至前线担任狮子林炮台、南北闸洞、川沙口、浏河口、杨林口、七丫口沿江一带警戒。均于18日先后接替完毕。”我奉命后,即派教导总队第二营警戒狮子林炮台、南北闸洞及川沙口一带；第一营担任浏河口、杨林口、七丫口沿江一带警戒。

狮子林炮台，原由第十九路军翁照垣旅担任防务。我第二营接替后，即以一个步兵连附重机枪一排，编为一个加强连（连长是军校四期生庞乃仲），防守狮子林炮台；以一个连担任沿江约四五十里的防务，设流动巡查哨；另一个连控制在防地的中间后方，以便随时支援前线。当时一个营的编制为步兵三个连，重机枪一个连、共有轻机枪 27 挺、重机枪 6 挺、步枪 100 余只。

2. 敌军强攻狮子林炮台，被我奋勇击退

2 月 20 日，日军开始向我庙行一带第八十八师阵地进攻，血战两昼夜，敌因伤亡甚众，不支而退。这时，日酋白川义则率领第十、第十四师团来沪增援，其中第十四师团全部驻运输舰中，泊于崇明海口，企图不明。

2 月 29 日拂晓，日机 3 架到我狮子林炮台上空盘旋侦察，几分钟后离去。不到半小时，即有敌机 100 余架飞到我狮子林炮台上空，进行轮番轰炸，毁我阵地工事甚多。敌机轰炸时，欺我无防空设备，低飞至离地面仅百米左右，机上敌人灼灼可见。我乃下令在战壕内的官兵沉着应战，用步枪对空射击，当即射中一架敌机要害，随即冒着浓烟，一摇一晃地向东逃窜，终于坠毁在不远的地方，为我所获。经过这样一击，敌机便不敢低飞了。

2 月 29 日下午 3 时，敌机 10 余架又轰炸我狮子林炮台，并以机枪扫射我阵地，同时两艘敌舰拖着驳船 20 余只，借飞机掩护，在我狮子林炮台强行登陆。守在战壕内的我方官兵，沉着不动，等待敌船靠近岸边时，方用步、机枪进行密集扫射，给日寇以迎头痛击。少数偷偷上岸的敌人，也被我守兵用手榴弹和刺刀拼搏，予以消灭！如此血战半日，敌因伤亡众多，败下阵去。敌人妄想从狮子林炮台打开缺口，向我后方迂回的迷梦，未能得逞。这次战斗，我防守狮子林炮台的一加强连官兵，英雄奋战，前仆后继，打退了敌军的疯狂进犯，使敌人不敢轻视我方。但经过这次战斗，我驻守炮台地一连士兵亦死伤四五十人，狮子林炮台的炮位全部被毁，已失去防战作用。

3. 日军迂回偷袭我后方

3 月 1 日凌晨 1 时许，我狮子林炮台守兵听到江中有轻微的马达声。经侦察发现敌舰多艘，拖带驳船和机帆船，利用烟幕作掩护，由吴淞方面向我防地缓缓驶来。敌舰为了防止被我江防部队发现，仅带头的敌舰上面亮着一颗星儿小的红灯引路，其余各舰和拖船均无亮光。当时连长庞乃仲向我报告，我便亲加查看，判断这是敌舰偷越警戒线，向上游的浏河方向前进，以图攻我不备。我当即命令沿江警戒总队用步枪和轻机枪向敌舰射击，但敌舰并不还击，照旧前进。于是我乃派传令兵向总队部送报告，希望友军注意敌人行动。

传令兵往返三四十里于拂晓回营部时，敌人已在我杨林口、七丫口登岸，抄我侧背。至此，我第二营担负的警戒任务，不仅已失去价值，而且有被敌人切断退路的危险。时届黄昏，又未接到总队部命令，为挽救危局，遂决定集结队伍，向浏河方面之敌挺进。正率队行至半途，接到总队部紧急命令：着即星夜向太仓方面转进。我营遂遵令于3月2日转向太仓，在新防御线构筑坚固阵地，利用河川为外壕，阻止敌人前进，准备与敌人再战。

三　奉命退守在第二道防线上

自从我军退守第二道防线后，敌人未敢再犯，每天只派飞机对我阵营进行侦察。在此期间，中外人士前来慰劳，访问者络绎不绝。记得原黄埔军校党代表廖仲恺先生的夫人何香凝亦曾亲来慰问，并作有充满爱国热情、民族义愤的诗篇，令人敬佩！这首诗我记得是这样写的：

> “倭奴侵略，野心不死，既据我东北三省，复窥伺我申江土地。叹我大好河山，今非昔比。焚毁我多少城市，残杀我多少同胞，强奸我多少妇女，耻！你等是血性军人，怎么下得这口气！”

当我们这支千余人的队伍开进罗店镇的时候，镇上居民顿时沸腾起来了。大家奔走相告：“教导总队来担任我们这一带的江防啦！我们可以安心，不要逃难了！”

教导总队士兵的服装是整齐的，精神是焕发的。在寒流滚滚的农历正月，每个壮士只带着一条毯子，很单薄，可是内心的爱国热血却在沸腾着。镇上的爱国居民与壮士们心心相连，他们唯恐天寒毯子薄，冻坏了壮士们的身体，特推派代表到部队表示：愿做1000条棉被劳军，我坚决辞谢，请他们不要做。代表们说：“日本人来了，会把我们的东西全拿走，你们保卫国家，身上盖得这样单薄，我们于心不忍。做1000床棉被，我们罗店没有什么困难。”我离罗店去江防时，还一再向代表们表示“心领”，请他们千万不要做。罗店的主要代表是罗店小学校长。后来我们退守太仓，傍晚经过罗店，全镇居民已逃走一空。只见罗店小学内还存放着许多棉被。对此，我们深深感到一个军人不能保国卫民，实在有愧职守！

全国政协文史资料委员会编：《文史资料存稿选编：抗日战争》（上），中国文史出版社，2008年版，第247—250页。

第四十七师参加一·二八上海抗日的经过

赵子立[①]

1931年秋，第九军在江西参加第三次"围剿"惨败后，第四十七师与第五十四师合编，有枪的编为第五十四师，仍留江西作战，没枪的编为第四十七师，开赴蚌埠补充训练了3个多月。到翌年1月，发生一·二八事变，在表面上，第四十七师是蒋介石命令开赴上海抗日的，但第九军军长兼四十七师师长上官云相，先是按兵不动，迟迟其行；继则徘徊瞻顾，滞留中途。等第四十七师磨蹭到达上海时，战事已中止。

第五十四师在江西永丰，将徒手兵编成第四十七师第二旅(辖第三、第四两团)，向蚌埠开拔。当时旅长是王育德，旅参谋主任是赵子立，第三团团长是赵××，第四团团长是刘秉诚。1931年九、十月间到达蚌埠，上官云相让第三、第四团合编成第四团，另由第四十七师的部队编成一个第三团，以上官云相的亲信李锡庆为团长，塞进第二旅来。王育德只好把第三团团长赵××调至旅部任参谋主任，刘秉诚仍任第四团团长，我被调任第四团任中校团附，以曹雷雨为第一营营长，李文奎为第二营营长，霍炳文为第三营营长。这样，就把第五十四师的干部挤掉了一半。

当第四团编好后，上官云相亲自点了一次名。在点名中有一名士兵，因为应名松懈，上官云相立时故意大怒说："本军长点名，竟敢这样放肆，目无长官，足证在家也不是好人。"说罢叫刘团长立时把那个士兵枪毙了。为什么这样一点小事，也值得写在这里呢？军阀杀一个兵，本来是平常事，但是，因为应名时态度松懈，就要杀人，这在历史上也是很罕见的。上官云相的目的，不是在杀那个兵，而是

① 赵子立，一·二八淞沪抗战时任第九军第四十七师第四团中校团附。

“杀鸡给猴子看”,要把第五十四师调到第四十七师的部队,镇压得什么话都不敢说,任由他来摆布。当时,第二旅旅长王育德、第四团团长刘秉诚在上官云相的淫威下,也不敢说什么,只好把那个士兵枪毙了。

第二旅旅长王育德,上受上官云相的压迫,下受李锡庆的欺凌,只好辞职不干。王育德对我很好,我对王育德也很好。我当时曾建议他说:“我们名义上是第四十七师的一个旅,实际上仍是第五十四师的一个旅,不能容许别人任意来欺侮我们。我们应当把上官云相排挤我们的情形,报告郝师长,并直接报告蒋委员长。郭华宗等敢反对他,我们就不敢反对他。”王育德不接受说:“我不干算了。”这样,王育德走了。接着,上官云相就让李锡庆当旅长,李锡庆把旅部原第五十四师的干部全部换光。

王育德离开第四十七师后,由第五十四师来第四十七师的干部,就数第四团团长刘秉诚是个头了。这个人当时30多岁,河北雄县人,河北某师范学校和保定军校九期毕业生,国学和兵学程度都不错。他和王育德一样,也是懦弱怕事的人。但他比王滑头,王应付不了的环境,他能卑躬屈节、委曲求全地应付下去。后来我和他处得不太好。

第四十七师整编后,蒋介石给他补充了武器,同时开始训练。第四团的补充,得不到公平的待遇,武器较之其他各团少而差。第四十七师的训练,较我参加过的任何部队都为呆板,还保留了孙传芳五省联军的传统习惯,不注重战斗教练,只注重制式教练,只会在操场上摔脚底板——走各种步法。

第四十七师在蚌埠摔了三四个月脚底板,到翌年——1932年1月,一·二八上海事变发生,于2月初,受命开赴上海参加抗日。

上官云相一接到开赴上海抗日的命令,就向国民党中央报告说,第四十七师由江西开来蚌埠后,虽然补充了一部分武器,但器材补充极少。按编制全师尚缺这样那样的武器若干,请速发给,以利作战。他就这样利用向南京领发武器、器材来拖延时间。

他让各部队慢腾腾地于蚌埠上火车,在向南京去的途中,沿途各站开车的时间,路方要听从军方的决定。他让各部队控制时间,大站也停,小站也停,能慢就慢,借以逃避作战。

第四十七师到达浦口后,受命经溧水、溧阳、无锡、苏州开赴上海附近地区。当我随部队渡江至下关时,看到当时国民党军政部交通司司长邱伟。他是我在国民党中央军校第六期工兵第三队(学通信)肄业时的科长。当时我因为第四十七师发给第四团的通信器材太少，想向邱伟要点通信器材。于是我就去下关车站大楼上津浦铁路管理局见邱伟说："我是中央军校六期工兵三队的学生赵子立，现在第四十七师第四团任中校团副。第四十七师开赴上海去抗日，团里没有通信器材，怎么打仗呢？请老师发给我们一点。"他很高兴地拍着我的肩膀说："你干得很好，你们六期现在当中校的还不多，你要继续努力，多给国家做点事情。你要多少通信器材，我批给你，你开个单子来。"于是我就按一个团应需的和应预备的开了一个单子，他批"立即照发，以应亟需。"我到南京城内领出，交给第四团团长刘秉诚。刘向第二旅旅长李锡庆报告此事，李说："将器材交旅部，由旅部分配。"我当时说："这是我个人要的，第四团器材少，请仍归第四团用。"但李锡庆说："这是用第四十七师的名义要的，应当统一分配。"

第四十七师由南京改为徒步行军，其前进速度更可由上官云相来控制了。当时，上海的仗打得很激烈，但我们每天走上三五十里，就要宿营。所到之处，调戏妇女，窃取财物之事时常发生。上官云相等高级干部，都不跟部队行动，先乘火车至苏州，在那里过着花天酒地的生活。当第四十七师到达苏州附近时，受命归第十九路军总指挥蒋光鼐指挥。这时第四十七师的原 3 个团，都走在后面，让从第五十四师来的第四团走在先头，过昆山后，又派我先至第十九路军总部联络。我沿铁路经安亭向东走。在途中，我见到战地难民沿铁路及其以北地区向西走，时有日机沿铁路低飞扫射并轰炸。我到南翔地区，找到了第十九路军总部，先到参谋处接头。这时我概略地了解到以下情况：

日军于 1932 年 1 月 28 日晚，自虹口地区向上海北火车站、宝山路一带发动进攻，企图于 24 小时内占领整个上海。十九路军在上海工人、学生和市民的协助下，进行了英勇的抵抗，把日军撵下了黄浦江，粉碎了日军一举攻占上海的狂妄企图。于是，日军在 2 月上旬增兵，仍向虹口以北的八字桥地区猛攻，经我军民英勇抗击，日军又遭到第二次失败。日军在 2 月中旬再次增兵，从黄浦江口及其以南的西岸登陆，占领蕴藻浜、张华浜、高境庙地区，其主力在海空军协同下，向江湾——庙行——胡庄一线猛攻，将攻击的重点放在庙行地区；另有部队，渡过蕴藻浜向吴淞、宝山、狮子林进军，包围我守军。但我守军被围不屈，坚持战斗。日军向江湾——庙行——胡庄进攻的部队，经我军民英勇抗击，又遭到第三次失败。日军不得不在 3 月上旬第三次增兵，并以白川大将为上海侵略军主帅。当我到十九路军联络时，日军第三次援军的运输船，尚在长江口外三夹水区游弋，其企图登陆的地点和战略意图不明。

当我至十九路军总部联络时，上海守军占领北站——宝山路西段——八字桥——江湾——庙行——胡庄一线与日军作战，第七十八师在吴淞、宝山、狮子林被敌包围，但仍坚持战斗。

我与十九路军总部参谋处接洽后，晋见了蒋光鼐总指挥。他询问了第四十七师的编制和人数以及当时到达的位置，我如实作了回答。他指示我转告上官云相让第四十七师开到南翔附近待命。当我退出后，他又第二次把我找回去，一面说“给你们些慰劳金”，一面提笔写了一张“支第四十七师洋 8 000 元(记不太准)”的条子给我。

我回到第四团，将联络经过、所得情况和蒋光鼐的指示，通过团长刘秉诚报告了旅部，并将 8 000 元的条子，也交旅部转师部。这时团长刘秉诚秘密地告诉我说：“我们由南京经溧阳——无锡——苏州至昆山，沿途仅日机侦察，并无轰炸。但师部谎报多次受到日机扫射和轰炸，伤亡很大，企图逃避或延缓参加作战。”同时我看到苏州、昆山地方的小报登载：“由南京开来向上海参加抗日的□□□□师徘徊中途，畏缩不前，并且纪律废弛，到处扰民……。”当时，苏昆地区部队的高级长官的姓名，只有“上官云相”是四个字，小报上画的四个框框，很清楚说的是第四十七师。

第四十七师到达昆山地区后，因形势关系，并没有继续向南翔前进，在那里停了很短时间，就听说日军的第三次增援部队在浏河口方面的杨林口登陆了。日军在杨林口登陆的时间是 3 月下旬。当日军登陆时，杨林口并无正规部队担任防守，仅有地方保安部队的一个排驻在那里。日军一部毫不费力地登陆后，就在那里占领了一个滩头阵地，掩护大部队上岸，企图进攻上海守军后方。

日军在杨林口登陆，嘉定、太仓方面无部队据守，上海守军将腹背受敌，遭到严重威胁，不得不放弃上海，向西撤退。十九路军撤退时，将斗笠留置在阵地上，原对阵的日军与杨林口的登陆部队，望见斗笠，一连三日，不敢前进。迄确认中国军队已放弃阵地后，才开始进占浏河、嘉定、南翔、安亭等地区。

我军放弃上海后的部署概略如下：十九路右翼依托吴淞江，担任昆山至太仓地区沪宁路正面的守备，第五军担任太仓东北地区和常熟以东江防的守备，第四十七师担任常熟东北浒浦至福山地区的江防守备。

第四十七师于 4 月初到达福山、浒浦地区。当时采取间接配备，以一部扼江岸构筑工事，主力置于福山、谢家桥、梅李地区，并沿福山至梅李构筑纵深的预备阵地。第四十七师一到达指定防区时，尚有对敌观念，加紧构筑工事；但不久由于国民党政府与日本的和谈日趋接近，就连工事也不愿构筑了。许多高级干部有的嫖，有的赌，有的抽(大烟)，有的纳妾讨小。如第二旅旅长李锡庆将他新讨的苏州姨太太(由上官云相的一个姓易的苏州小老婆介绍的)接到前方去。他们每日吃喝玩乐，任意挥霍，反正第四十七师是包干制，士兵的薪饷，他们高兴给，就任意给几个，不高兴给就全部花了也没啥。这且不说，他们连十九路军蒋光鼐总指挥给的几千元慰劳金，也不向下发。我忍不住了，提出了质问，他们说："军政部扣了。"蒋总指挥明明对我说是慰劳金，又不是十九路军代军政部垫发的经费，军政部怎能扣呢？他们硬不发，不得不拿这话来搪塞我的质问。尤其可耻可笑的是，上官云相为了想同化第五十四师拨到第四十七师的第四团，竟把他的两个使女丫头给第四团的两个连长做老婆(后来又把两个连长提升为营长)。他们荒淫无耻，卑鄙龌龊，怕抗日，怕牺牲，虚报情况欺骗国人。这就是第四十七师参加上海一·二八抗战的真相。

至 5 月 5 日，国民党政府与日本签订了卖国的上海停战协定，答应中国不在上海驻兵。该协定签字后不久，第四十七师即由长江乘轮船开赴鄂东的武穴(今改为广济)，准备续开豫鄂皖边区的反共反人民的战争。

上海市政协文史资料委员会编：《上海文史资料存稿汇编：抗战史料》，上海古籍出版社，2001 年版，第 1—9 页。

淞沪抗战中的三十三个日日夜夜

黄振亚[①]

1932年一·二八淞沪抗日之战揭开了民族战争的序幕，为以后的8年抗战做出楷模，战争悲壮惨烈，为第一次世界大战以来所少有，现在弹指瞬间，已经过去60年了。笔者曾参加是役，兹记其史实。

一　日本挑起淞沪战争

远自甲午(1894)中日战争后，日本帝国无时无日不思侵略我国进而独霸世界。1927年(昭和2年)，日本首相的(田中奏折)"……欲征服中国，必先征服满蒙，欲征服世界，必先征服中国……"，其野心暴露无遗。1931年日本在我国东北沈阳发动九一八事变。由于南京政府采取不抵抗政策，迅速攫取我辽、吉、黑三省，但日本实施其武力征服政策并不以此满足。为迫使我国屈膝就范，1932年初，选我临近首都的经济中心上海，发动战争，借口是1月18日有日本僧侣及信徒天崎、水上、后藤、黑岩、藤村等5人横行于马玉山路与我三友实业社工人发生斗殴被伤。日本驻上海副武官田中隆吉即大做文章，亲自导演其日本浪人数十人深夜潜入引翔港，企图焚毁三友实业社工厂，并枪杀工部局华捕。同时日本浪人复聚众在北四川路一带毁店伤人。1月21日，日本驻沪总领事向上海市政府提出四点无理要求；27日又发出最后通牒，限时答复。当时上海市市长吴铁城秉承南京政府的意志，忍辱求安，于1月28日下午1时发出复牒，完全接受日领事提出的条件。日领事亦表满意。当晚11时许，日本军方又以护侨为名，出动陆战队

① 黄振亚，一·二八淞沪抗战时任国民革命军第十九路军军官。

迫令我驻军退出闸北，并采取军事行动进驻驻军阵地；我第十九路军为保卫国土，奋起向日军还击。于是，一场空前壮烈的一·二八淞沪抗日血战，即此爆发。

二　敌我参战兵力比较

1. 敌军方面

开战前，日本无视中国，认为我军不敢抗争，一击即溃。部署海军第一遣外舰队司令盐泽幸一率领军舰 20 多艘、航空母舰 1 艘，飞机 40 多架，海军陆战队1800 余人及武装日侨 4000 多名，扬言“一旦发生战事，4 小时即可了事”。开战后，在我军英勇抵抗下，敌军一次再次败北，乃逐次增兵到陆军 7 至 8 万人，海军 1 万多人，并四易其指挥官。计：

第一任指挥官为日海军第一遣外舰队司令官盐泽幸一少将（1 月 2 日——2 月 4 日）

第二任指挥官为日海军第三舰队司令官野村吉三郎中将（2 月 5 日——2 月 12 日）

第三任指挥官为日陆军第九师团师团长植田谦吉中将（2 月 13 日——2 月 28 日）

第四任指挥官为日上海派遣军司令官白川义则大将（2 月 29 日——停战）

其侵华兵力：

陆军：第九、第十一、第十四师团和混成第二十四旅团及特种兵部队约 7—8 万人，飞机 150 架。

海军：第一、第二舰队，计航空母舰 3 艘，巡洋舰和其他舰只 80 余艘（以“出云”号为旗舰），海军陆战队万余名。

飞机：160 余架。

日军又在 3 万多名日侨中，组织便衣队及利用日本浪人活动于战场。

2. 我军方面

战前第十九路军驻扎京（南京）沪线警卫。驻上海的为第七十八师：其第一五六旅在铁路以北，吴淞、宝山之线；第一五五旅驻铁路以南，虹桥、漕河泾之线。该军第六十师、第六十一师驻镇江、苏州、无锡等线。该军官兵对抗战早具决心，但当时对日寇真正企图尚未摸清，直到战前两星期，从日军种种行动，才判断日军发动上海侵略战争，已不可避免，乃作积极应战准备。1 月 23 日，蒋光鼐、蔡廷锴等在龙华警备司令部召集驻沪营长以上干部紧急会议，讨论决定应对一切应变措施。蒋光鼐等认为："从物资装备来说，我们远不如敌，但我们万众一心的精神，就可以打开一条必胜之路。"战事发生后，南京政府将其精锐的警备第一师、第二师改编为第八十七、第八十八两师及中央军校教导总队两个团组成第五军，调中央军校教育长张治中为军长，于二月上旬投入上海战场，与十九路军共同对日作战，两军参战兵力约 6 万人。

总指挥：蒋光鼐

第十九路军军长：蔡廷锴

第六十师师长　沈光汉

第六十一师师长　毛维寿

第七十八师师长　区寿年

第五军军长　张治中

第八十七师师长　张治中(兼)王敬久(副)

第八十八师师长　俞济时

中央军校教导总队　唐光霁(两个团)

淞沪警备司令　戴戟

吴淞要塞司令　谭启秀

另有宪兵第六团及上海警察及各地方自卫团。

上海及各地组成的义勇军，因组织训练时间急促，除小部分参加战斗外，大部分未及参战。

三　三十三个日日夜夜

1 月 28 日下午 1 时，上海市市长吴铁城秉承南京政府的旨意屈辱求安，接受日本领事四项条件。日军仍按其既定侵略步骤，于当晚 11 时许开出陆战队，占据闸北天通庵车站并向我驻守在闸北、江湾的驻军进攻。我第十九路军为保卫国土，奋起抵抗，一场淞沪血战在日军的不宣而战下就此爆发。我军激于民族义愤士气旺盛，无不以一当十，初战即夺获铁甲车 3 辆，另毁其 1 辆。

1 月 29 日，第十九路军向全国发出通电，表示卫国守土的决心，受到全国人民及各界人士的响应。

当午，日轰炸机群将我宝山路商务印书馆总厂及东方图书馆等文化机构炸毁,并狂轰滥炸闸北等商业区,一片火海,居民死伤不少。

战地难民因租界铁门封锁,只得从苏州河渡河,幸赖国人与西人援助,有数万人在英租界上岸。

开战两天来,在我军英勇抵抗下,日军死伤枕藉,原有人马死伤超半,急待援军。29日晚8时,日军通过英法美驻沪领事,向我提出暂时停战,我明知其缓兵之计,但为了战地难民疏散以及加强我军部署,遂同意停战三天。至此,我第十九路军的第六十、第六十一、第七十八三个师,已全部投入战斗。1月30日,敌航空母舰2艘、巡洋舰3艘、驱逐舰4艘,随带其佐世堡最精锐的海军陆战队5 000人到沪增援。31日晚,再度向我闸北、江湾开火,均被我击退。另大队机群轰炸真如被我高炮击落2架。

2月1日,泊在南京下关的日舰炮击南京狮子山炮台。次日,南京政府为准备拟迁都洛阳。

复战以后,敌军从其本土源源增援,此时兵力已近2万,日军发起首次总攻。其海、空军攻击吴淞炮台,被我击沉巡洋舰1艘、击伤5艘。其在炮台湾及张华浜、老鼠沙登陆之敌,亦被我守备部队击退。闸北宝山路、宝兴路之战,为我挫败。我乘胜追击,毙伤敌300余人,并夺获大炮7门,机枪17挺。

总攻各路最为激烈处为江湾路与青云路。该处系虹口咽喉,日侵华司令部设在虹口。其陆战队等部一次再次向我阵地冲锋,我军顽强坚守并出垒抗击,互相肉搏,枪炮几乎失其效用。此时我停在北站的铁甲车亦开来参与战斗,敌已伤亡过半,节节败退。我分兵追击,义勇军一部亦已推进到嘉兴路与占领狄思威路。此役敌死伤达500多人,我军亦有相同伤亡,义勇军排长郭成标即于此次战斗中牺牲。

此次总攻敌以挫败告终。日本统帅部以上海初战一再失利,丧师失众,遂于2月5日将盐泽撤职调回日本,令由其第三舰队司令官野村吉三郎接替总指挥。

野村鉴于第一次总攻失败的教训,到任后等待援军,调整部署。6日各线无大接触。2月5日我空军开始参战,在真如上空与敌机9架遭遇,被我击伤2架,击落1架,跌落在南翔附近。其技师卡野大尉等三人焚毙,群众围观,将其残骸机身碎片珍藏纪念。6日,我空军6架,在真如追逐敌机。此时,我空军尚在初创时期,数量极少,以后在沪战中很少出现。

7日,野村因海军屡攻吴淞失利,改派陆军3 000名在军工路及黄浦江边等处分向吴淞进攻,遭我翁照垣旅坚守痛击。8日,又派陆军七八百人企图偷渡蕴藻浜，我军早已作好准备，俟敌半渡而偷袭之，敌狼狈退败，溺毙与被我击毙者极多。敌新到之生力军 3 000 多名，猛攻蕴藻浜正面，自拂晓到下午 5 时前后发起冲锋 10 余次均被击退，四辆铁甲车为我所毁；另一路，敌军上午 8 时曾攻占我朱家浜、西陆家宅之北吴淞池塘，我闸北援军赶到即在池塘左右夹击，形成大包围圈，是役歼敌千余，恢复了阵地。本日敌除陆军各路围攻吴淞外，海军舰队及敌机群亦轮番轰击。我炮台已全部被毁，吴淞繁盛街市变成灰烬，但我军仍坚守阵地，浴血苦战，可歌可泣。

敌在攻击吴淞的同时，在西宝兴路与八字桥等街市，也与我发生激战。在我军英勇抗击下，敌死伤近千人，我仍坚守原阵地。

2 月 9 日，吴淞方面，敌倾全力，先后连败两阵后，今晨又图偷渡蕴藻浜，以援军两路向张华浜进攻，均未得逞。此时吴淞镇已成焦土，但我军无不英勇作战，坚守阵地，甚至手足断肢仍不愿退下战线，继续战斗，壮烈精神，深为感动。10 日，战事仍在蕴藻浜及军工路一线进行。我军左右两翼甚为活跃，敌军恐受包围，不时后退。敌舰 9 艘炮攻吴淞，未能得逞。宝山路亦有激战。我军乘胜追击，防线曾进展到虹口北四川路口。

2 月 11 日，我第五军已开进南翔，最先到达的是宋希濂旅，已接防蕴藻浜北岸到吴淞西端曹家桥之线。此时，上海及京沪一带谣传南京政府有意使第十九路军孤军作战，听任牺牲。为避免被人挑拨离间与第十九路军的关系，由俞济时、李延年、杨步飞、钱伦体、宋希濂等将领列名发出通电：值此国家存亡关头，受本中央团结御侮之旨，请命杀敌，现已全部开抵上海，听命于蒋光鼐指挥，誓与我十九路军将士，喋血战场，共同生死，宁为战死之儿，不作亡国之民等语。

2 月 12 日，为救护与疏散战区难民，经各方协议，当日上午 8 时到 12 时，双方停战 4 小时。

下午战事续起，天通庵路、虬江路激战，敌伤亡 200 余，吴淞、蕴藻浜、曹家桥亦重创敌军。

2 月 13 日，日本军部自更易野村为第二任总指挥后仍一挫再挫，战局毫无进展。乃改由第九师团师团长植田谦吉中将接替野村为第三任总指挥，率领其精锐的第九师团来华作战。当日战事重心仍在蕴藻浜。敌架浮桥竹筏，企图偷渡蕴藻浜及南泗塘河未逞。同日，敌久留米旅团主力千余人，利用雨雪雾气弥漫，偷渡草庵。登陆后迅速推进与我激战，肉搏甚烈，我援军赶到将敌包围，敌亦以援军攻击纪家桥，战斗至烈。敌因雨雪不能利用铁甲车，死伤颇多，不支后退。敌原来企图包抄吴淞计划为我粉碎。

闸北敌军 3 000 多人，利用炮火掩护向我虬江路、新民路、天通庵路、青云路等发起总攻，并有飞机助战。战斗中我亦集中火炮，双方炮火对战，自晨到晚没有间断，对战之烈为战事以来第一次。敌北四川路司令部及横滨桥日童公学内之敌第二司令部均被我击中，敌以伤亡甚巨，不支败退。

2 月 14 日，敌经曹家桥重创，犹不甘心，集中重兵到曹家渡[桥]，用重炮掩护再渡蕴藻浜。我奋勇抗击，配合纪家桥、唐家桥我军向敌挺进，恢复南泗塘河以西阵地。敌在张华浜、侯家木桥被我击退后，我阵线向前推进 3 华里，并包围康家桥及钟家宅之敌，取得战果。15 日，敌舰 3 次猛攻吴淞镇，均未得逞。

我第五军第八十七、第八十八两师已全部投入战斗。蒋光鼐命令张治中为左翼军指挥官，任江湾北端经庙行、蕴藻浜至吴淞西端之线防务，吴淞、宝山、狮子林要塞的谭启秀、翁照垣均属其指挥，沿江防务由中央军校教导总队担任。蔡廷锴为右翼军指挥官，仍任江湾南端、闸北一带之防务。我军经此调整，作战实力大为充实。

日军更易植田指挥官后，战事重心移至吴淞、宝山、江湾一线。2 月 17 日，敌舰炮轰击宝山南门民房，多处被毁；张华浜之敌与我孙家宅、夏家桥互战均无进展；敌陆战队偷袭炮台未逞，闸北亦有激战。

2 月 18 日，敌植田向我第十九路军发出最后通牒，要求我闸北、吴淞驻军后撤距各租界线 20 公里以外。英公使兰浦森从中斡旋。此种无理要求被蔡廷锴严词拒绝。

日军连日积极准备总攻，除各路陆军援军增防外，在沪江大学附近建设飞机场，并在高桥区及杨浦公大纱厂附近另辟两个飞机场。

2 月 20 日，敌植田下达总攻命令，以海陆空三军全力向吴淞、江湾、闸北全线大举进攻。敌参战总兵力陆军第三、第九师团、久留米旅团等约 4 万人，海军舰艇 40 余艘，航空母舰与飞机一百七八十架，以及坦克铁甲车与大炮特种部队全部上阵，由植田亲自指挥。上午 7 时半起，敌舰 30 余艘、飞机 20 余架向我吴淞炮台进攻，我守军沉着应战，敌一战再战未获进展。蕴藻浜之敌 3 000 多人曾突进我方阵地，后经我军左右夹击截断后路，被我包围解决。闸北方面，我炮兵猛轰狄思威路敌炮兵基地，天通庵路我军趁机反攻，敌节节败退。八字桥敌 2 000 余人，经我守军反击，伤毙敌兵 400 余人。

此次敌总攻的重点江湾、庙行地区，由植田亲自指挥。第一、第二两天，敌进攻均未得逞。22日晨，敌军万余携野山炮20门，由持志大学东首突击我江湾正面，遭我伏击，双方搏斗激烈，战至下午4时，敌伤亡千余人，纷纷溃败。庙行方面，敌集中主力两万余人，坦克30余辆配以飞机助战，向我庙行进攻，企图突破要点，遭我守军英勇顽抗。其集中兵力之多，(战斗之烈为开战来所仅见)。我第五军张治中军长亲率军校教导总队前来，指挥孙元良旅支援，宋希濂旅由纪家桥抄袭，俞济时、杨步飞对敌突破口反攻；第十九路军第六十一师副师长张炎亦率两团从竹园墩出击策应。敌军在我三面夹击下，血战到晚8时半溃退。是役毙敌3 000余人。这一天的庙行、江湾之战，中外一致颂扬，我开战以来国际地位声誉倍增，而敌寇军誉一落千丈。是役敌第九师团及久留米旅团精锐尽失，而我忠勇将士牺牲亦大，官佐死伤八九十员，旅长钱伦体、副旅长陈普民及不少团营连排长伤亡，士兵伤亡亦达千余人。

敌在庙行、江湾打败，残部军无斗志，全线总退却，由引翔港、平凉路退至汇山码头。我军乘胜追击，先头部队进至岳州路、沈家湾等处。虹口地区因敌军总退却陷于混乱，我军为尊重条约，下令不得冲过租界，敌军如不托庇租界，我战果亦更增大。

此役我庙行、江湾镇均遭炮火毁坏，复旦大学之子彬院、简公堂等亦遭焚毁，市民伤亡达数百人，真是浩劫！

2月24日，敌总攻庙行失败，除大部败退虹口，另有残部2 000多人被我军合围于唐家宅、金穆宅、侯家木桥。当日，从日本本土5 000援军开到，在张华浜登陆并有坦克40多辆参加反攻。被围敌军得此生力军支援，取得联系，进行突围。此时我军虽已苦战三昼夜，极度疲劳，然人人抱必死之心猛攻敌军。敌除有上千人突出重围外，其余全部被歼灭。此役日军尸骸遍地，敌指挥官计有数十员被我击毙。我军掩埋敌尸时，发现敌第九师团第二联队长百海实男亦在阵亡之列，可想此役战事之烈。我军还俘获小钢炮数十门，机枪24挺，步枪1 000余支及其他战利品。

闸北方面，北四川路东面之敌以榴弹炮向我攻击，我亦以炮兵对战。八字桥、天通庵亦有炮战，并多次向我冲锋，均未得逞。吴淞方面，蕴藻浜、纪家桥、侯家桥一带之敌200余人在炮火掩护下，向我阵地多次猛冲，均被我击退。

2月25—26日，战事重心仍在庙行、江湾一线。敌对失败并不甘心，仍组织援军一两千人与三四千人，飞机几架、几十架配合向我反攻。在我军英勇抗击下，敌迭遭败绩，已丧斗志。而我军在艰难环境下，前仆后继，愈战愈勇，且以优越的天时地利人和因素，每从捷径奇兵包抄取得胜利，我军连日重创敌军，尤以小场庙、竹园墩为甚。敌坦克与铁甲车参战以来屡中我地雷毁坏甚多，且战地低洼土软、港汊纷歧，更难发挥效用。因之，敌将该项车辆，多作炮垒之用，不复冲锋陷阵了。

吴淞方面，我兵力较为充厚，敌舰屡攻未逞。26 日，敌航空母舰出动飞机 13 架，轰炸吴淞外马路一带，并在蕴藻浜投燃烧弹，此处已成一片焦土。26 日下午，敌舰 3 艘、飞机 10 余架在浙江平湖、乍浦等地进行火力侦察。另有战斗机 15 架在海上绕道飞杭州笕桥机场与我飞机 10 架空战，并另有 3 架沿沪杭铁路沿线侦察。敌机迭次轰炸文化机关及医院民房，违反国际公法，国际舆论对此暴行均表愤慨，但日军对此不顾，当日又在新龙华滥炸民房。

2 月 27—28 日，敌因战事一再失利，一再损兵折将，故改用远程炮攻与飞机投掷燃烧弹，战地各处均起大火，远望满天通红，敌之残酷行为，令人发指。敌连日轰炸，大场镇上房舍十有七八被毁。江湾镇上近日来敌以大炮数十门、飞机数十架日夜轰击，镇上已成一片废墟，镇上未逃出的无辜居民，多被炸死，尸积如山，臭气逼人，尤其附近河水愈形污浊。我军为安全计，于 2 月 26 日晚 9 时暂行离镇调整新线，北自金穆宅，南迄杨家楼形成直线凭泗塘及俞泾作战更为有利。当日敌千余、飞机十余架曾向小场庙与严家宅进攻，被我冲杀截成两段，使首尾不能呼应，自行退却。敌舰 20 余艘，集中浏河、宝山江面，似另有企图。

2 月 29 日，我第十九路军及第五军自 2 月 20 日敌发动总攻以来，无日不在激战之中，各部队均有重大伤亡。面对强大精锐之敌，兵力实感不足。在一片胜利声中，军事有识之士预感今后处境艰难。

自植田总攻采用从江湾、庙行“中央突破”作战计划，受到严重挫败，最近敌海军旗舰“出云”号被我敢死义士潜水炸伤，引起日本国内震动，而且发生反战浪潮。日本军事统帅部骑虎难下，乃决定编组上海派遣军，派前田中内阁陆军大臣白川义则大将为司令官，来沪接替植田，同时加派大将菱刈隆为副司令官，并增调第十一、第十四师团和飞机 200 多架驰援上海日军。

3 月 1 日起，日军在白川指挥下，再度开始新的总攻。白川认为如继续从正面作战，必须付出重大代价而且未必得逞，因此采用从左侧背浏河附近登陆的计划。从日本开来的两个师团，除以一个配备于江湾、庙行、闸北，加强正面攻击力量外，另一个则留住运输舰内待命。敌舰均停泊崇明海面。

浏河方面，我原驻有两团兵力。自 2 月 20 日敌总攻江湾、庙行后，不得不将此兵力转用于正面战场。浏河为我军之左侧背，沿江七丫口、杨林口、浏河、新镇、小川沙等绵延数十里，仅留中央军校教导总队一个营会同少数东北冯庸学生义勇军与一些地方自卫队。我明知浏河地位重要，但当正面作战急要，只得将原守蕴藻浜北岸的宋希濂旅调往江湾作预备队，既可策应江湾、庙行，又兼顾浏河。当时南京统帅部 2 月 26 日亦曾指示对浏河方面应早予准备，至少应配备 3 个团的兵力。而当时援军第九军尚在赣浙途中，有些还在江西抽不下来，使敌有可乘之机。

3 月 1 日，闸北、江湾、庙行、大场、吴淞敌军总攻，均有激战，悲惨壮烈，言之痛心。浏河方面，敌舰 20 余艘，飞机数十架及携带无数船只，利用烟幕掩护，在杨林口、七丫口登陆，连占滩头阵地，即向茜泾要隘猛扑(到 3 月 2 日登陆之敌在万人以上)。我守军教导总队第一营及宋希濂旅急驰堵袭，我军虽英烈搏斗，前仆后继，视死如归，但兵力难挽狂澜。如我宋旅第五二一团第一营与十倍之敌战斗，几度冲进敌营。营长唐德右臂受伤仍指挥作战，并扔手榴弹。在肉搏苦战中，全营大多牺牲。此种精神给抗日战史留下光辉一页。

敌浏河登陆后，给左翼第五军以严重威胁。此时第十九路军第七十八师阵地被敌突破，我已无预备队可以反攻。总指挥蒋光鼐权衡全局，不得已于 3 月 1 日深夜，下令全军退守第二道防线(嘉定、黄渡之线)。3 月 2 日，第十九路军向全国发出通电：

“我军抵抗暴日，苦战数月，以敌军械之犀利，运输之敏捷，赖我民众援助，士兵忠勇，肉搏奋战，伤亡枕藉，犹能屡挫敌锋。日寇猝增兵两师，而我以运输艰难，后援不继，自 21 日起，我军日有重大伤亡，以致倾全力于正面战线。而日寇以数师之众，自浏河方面登陆，我无兵增援，侧背后方，均受损失，不得已于 3 月 1 日夜，将全军撤退至第二道防线，从事抵抗。本军决本弹尽卒尽之旨，不与暴日共戴一天……”。

我军苦战月余，屡战屡胜，敌四易统帅一再增兵，而我孤军无援终至退守，但我士气始终旺盛，当有秩序的退守时，无不义愤填膺，声泪俱下，决心要雪此深仇巨恨！我军撤退过程中，曾发生葛隆镇战斗，这是一·二八抗日血战的最后一次战斗，经过十分壮烈！

3 月 3 日 1 时，我第八十七师第五一七团由庙行撤抵娄塘(距浏河 15 华里)，遭遇敌千余猛扑。我奋起抵抗，敌愈来愈众，我死战不退，将敌抑留在娄塘附近。战至上午 8 时，敌又增加兵力 4 000 余人向我突击，旅长孙元良及时赶到指示坚决抗击。第五军急令独立旅莫团驰援宋希濂旅，俞济时师、杨步飞旅亦相机策应。

孙元良在葛隆镇布防坚守，第五一七团在被围的最后关头，团长张世希激励所部人人抱必死决心，与敌拼搏，最后将敌击退，才解重围。葛隆镇之役关系重要，因敌企图从葛隆镇、钱塘门直下铁路，截断我两军归路，所以如处理不好葛隆镇战斗，后果不堪设想。此役我第五一七团牺牲很大，营长 1 人、连长 2 人、排长 6 人战死，其中第一营营长朱耀章身中 7 弹殉国牺牲，尤为壮烈，他在殉国前两天，还写了一首战地诗，题为《月夜巡》。此篇遗诗，表达了当时军人的心声。

统计淞沪抗日血战，经历了 33 个日日夜夜，以我劣势装备之师，抗击了当时号称世界一流的 10 万强敌。此次战役，我毙伤敌官兵一万多人，我军亦伤亡一万多人。

在我军撤守二线时，翁照垣旅仍据守吴淞炮台未撤，3 月 3 日，经上海各工团之请求，希望保存实力，以备再战，翁旅始采纳民意后撤。其坚守炮台与敌 20 余战，屹然未动，并一再重创敌军；今日撤离时仍依依不舍，有无穷感慨。至此，我第一道防线已全部撤离。作战 33 天，第一线血战亦告结束。

3 月 3 日，我军撤离第一线时，国际联盟为调解中日纠纷，派出以李顿爵士为团长的国联调查团到达上海，出面调停，建议中日双方暂先停战。当时日本方面因在上海屡受挫折，鉴于中国军情民心，激昂不可轻侮，同意停战。3 月 24 日，中日双方开停战会议，南京政府在先安内后攘外错误政策下，不惜牺牲国家主权，派外交部次长郭泰祺与黄强（第十九路军参谋长）为代表，于 5 月 5 日与日本签订《淞沪停战协定》。

一・二八抗战虽已停战结束，但 33 个日日夜夜的血战振奋了全国人心，鼓舞了全军士气，提高了民族信念。它的抗战精神，向全国以至全世界昭示，中国是个伟大的民族，是不会屈服于任何强权的。正如蒋光鼐将军在一・二八战前会议所说："从物质来说，我们远不如敌，但我们万众一心的精神，就可以打开一条必胜之路"。一・二八抗战的道路，也为以后八年抗战做出了范楷。

上海战争结束后，日本军人 4 月 29 日在上海虹口公园庆祝天长节，举行阅兵典礼。预先混入会场的朝鲜人尹奉吉向主席台投扔炸弹，上海派遣军司令官白川大将以及植田中将、野村中将和重光葵等日本高级军政人员被炸成重伤，其中白川于 5 月 26 日死于医院。这也算是一・二八战事的一个结尾插曲。

全国政协文史资料委员会编：《文史资料存稿选编：抗日战争》（上），中国文史出版社，2008 年版，第 239—246 页。

龙华庙行镇抗战见闻

张汉钊[①]

我于一九三二年春，任陆军第五军第八十七师独立旅第一团上尉参谋职务，参加一·二八上海对日作战，负责作战联络的任务。当时第一团负责守备龙华飞机场，第二团开赴庙行镇参加战斗。我就奉令每天要由龙华跑到庙行镇和第二团切取联系并将当面作战的实况汇报。逗留的时间，在庙行镇火线上比较多些，当时战场的情况，也颇明了。现将独立旅当时守备龙华飞机场及参加庙行镇战斗的情形，忆录于后。

独立旅的由来

一九三二年二月中旬，旅的前身税警总团部，奉令抽调两个团的兵力驰赴上海参加抗战。当时就选派实力较强的税警第一、第二两团。第一团团长以下的官兵，均系湖南人，且系久经训练的部队，第二团团长古鼎华，精明强干，久经战场（以前在第四军），所部干部，也都是由第四军转过来的，全部士兵，均系广东人，战斗力较强，又是和第十九路军的官兵，有着同乡的关系。对通讯、联络、战斗协同动作等，均有许多的便利处。二月××日，第一团就从新浦现驻地乘火车到浙江嘉兴，旋就开到上海闸北。第二团就由盐城现驻地直开上海闸北。部队为了避免敌机的侦察及轰炸，都是在夜间行军。到闸北集结后，因用税警团的名义，直接参加对日作战，恐引起国际上的不良观感，就将税警团的番号改为陆军独立旅，并由王赓任旅长，负责指挥。

① 张汉钊，一·二八淞沪抗战时任第五军第八十七师独立旅第一团上尉参谋。

独立旅辖第一、第二两个团。团下辖三个步兵营;另辖直属部队:有特务连、工兵连、通信连、迫击炮连、卫生队。营下设三个步兵连,一个重机枪连。

部队在闸北集结待命后,旋即奉第十九路军总指挥蒋光鼐令,第一团开赴龙华飞机场附近,负责守备龙华飞机场及日晖港的任务,第二团仍在闸北集结待命,随时作战斗准备。旅长王赓接到命令后,就令第一团开赴龙华飞机场,并于当日亲到龙华飞机场附近的日晖港,指示部队布防。指示后,王就在第十九路军指挥部听令指挥。后旅长王赓被日本逮捕。王赓被捕后,独立旅就失去了指挥。第二天,莫雄继任独立旅旅长,负责统一指挥。旅的建制,名为两个团。而实际上已分别使用了。

部队参加守备及作战的经过

(一) 龙华飞机场守备的情况

龙华飞机场,位置于上海市南端,东靠黄浦江,南近日晖港,系国际机场。为了防止敌机输送部队,利用飞机场降落及防止日军迂回我第十九路军阵地的后方,第十九路军就令独立旅派出一个团的兵力,负责守备龙华飞机场的任务。独立旅奉令后,就派第一团由闸北开到龙华飞机场。一团到达后,团长赵君迈就邀集连长以上的主官到日晖港视察阵地,并指示兵力的配备。当天就以第一营的兵力,配备于日晖港的中游沿港地区,第二营的兵力,接联第一营的左翼,配备于日晖港下游的沿港地区,两营联成一线,团本部及直属队,位置于龙华寺附近,第三营的兵力,控制为团的预备队,位置于龙华飞机场的南端。防务配备完毕后,各部队都在沿港左岸阵地上加紧构筑防御工事,准备迫击敌人。新任旅长莫雄到任后,就来龙华飞机场对第一团官兵作了一次训话,打打气。后因日军作战,凭藉其海陆军炽盛的炮火作掩护,侧重正面的攻击,企图从我军阵地中作中央突破,以期作两翼席卷消灭我军阻击的力量。龙华附近,始终保持着沉静的状态。

(二) 庙行镇战斗经过

二月二十日起,敌第九师团主力,拟向我扼守在庙行镇附近的第五军第八十八师阵地开始作试探性的攻击前进,以期中央突破,作两侧的席卷包围,将我右翼第十九路军于江湾、闸北地区及左翼第五军于杨行、吴淞地区歼灭之。二十一日起，敌炮火向我第八十八师阵地作集中轰击，有时连续达四五个小时，阵地内的工事悉数被毁，继之敌步兵又迭向我阵地前攻击前进，我守军士气旺盛，与敌浴血苦战，将敌消灭于我阵地前，敌之企图未得逞。后敌又凭藉其炽盛的火力向我阵地制压并迭向我阵地攻击前进，战斗越演越烈，战况十分紧张。

二十三日，我独立旅第二团奉第十九路军命令克日开赴庙行镇参加战斗。团奉令后，于二月二十三日夜，由闸北以战斗姿态出发，沿小庙场向庙行镇方向前进，沿途迭受敌机投下照明弹及轻磅炸弹以及敌机机枪扫射的骚扰。部队为了避免受敌机的损害，在敌机投下照明弹时，就立刻在原地蹲下不动，照明弹熄灭后，复行前进，在敌机投下炸弹时，部队立刻卧倒，弹投过后，复行继续向目的地前进。经过三番五次的暂停及采取掩蔽，因之行动迟缓，午夜后才到达庙行镇附近。到达后，一方面将部队疏散，一方面向前线部队联系。不多时，就奉第十九路军第六十一师命令接替庙行镇第八十八师防御阵地，团就以第一、第二两营的兵力，接替第八十八师庙行镇第一线阵地，以第三营的兵力，作为团预备队，控制于庙行镇阵地后约一千米处。接防后，各部队一面向敌作监视，一面利用天未明前赶修工事及架设各部队间的通讯信路，准备天明后迎击当面之敌，这时，在我右翼阵地防御的部队为第十九路军第六十一师，在我左翼阵地防御的部队为第五军第八十八师。阵地前距敌攻击的部队约五百米上下。天明后，发现在我阵地前敌我双方的火网地区内，躺着许多尸体，有穿灰色军服的，有穿草黄色军服的，也有敌人的尸体，乱七八糟，无法收殓。从这里可以看出近一两天来，我英勇的友军和敌作反复的冲杀，是何等的惨烈。

从二十四日上午七时起，敌炮数十门，由敌侦察机两架指示目标，向我阵地内及我左右友军的阵地内开始射击，有时作横广的轰击，有时作纵深的轰击，有时集中火力攻击一点，有时又作扰乱性向我后方的射击，一连两三小时，发炮近千发，阵地内的工事，尽被摧毁，我官兵伤亡达一百余人。十时许，敌步兵约千名，向我阵地前攻击前进，经我官兵奋勇阻击，敌不得逞。敌我双方伤亡均很惨重。午后一时起，敌炮复向我第一线阵地作横广的轰击，发炮数百发，三时左右，敌步兵复向我阵地再行攻击前进，剧战约两小时，敌受我炽盛的火力制压，仍未得逞。入夜后，我守兵一面赶修被毁的工事，一面仍在向敌作随时阻击的态势。八时起，敌炮迭向我方阵地及我阵地后方断断续续作扰乱的射击。九时三十分，敌步兵复向我阵地再行攻击，经我迫击炮及轻重机枪火力的制压，敌无法前进。

二十五日二时三十分，敌利用夜暗潜行或匍匐前进，一声不响，一枪不发，拟迫近我阵地乘我不备，急行夺袭突破我阵地，幸我哨兵发觉，我仍以迫击炮、轻重机枪的火力向敌制压，使敌未得逞。拂晓后，敌炮仍由敌机指示射击目标，集中火力向我阵地大肆轰击。一小时之内，发射炮弹达四百余发，我阵地内所有的工事，悉数复被摧毁，轻重机枪，被土埋在地下的竟达半数，官兵死伤异常惨重。九时许，敌步兵利用敌炮延伸射击时，就以近千名向我阵地猛扑，我守军和敌发生剧烈的浴血苦战，达两小时，后因牺牲过重，阵地行将发生动摇，古团的预备队及特务连、迫击炮连、工兵连等及时增援参加战斗，才将敌击退。午时左右，敌炮复集中火力向我阵地内再行发炮五百余发。午后二时起，敌步兵千余名复向我阵地再行猛扑，虽经我守军奋勇阻击，但敌越迫越紧，战况也愈演愈烈，我方官兵经过两天的战斗，牺牲已达三分之二，力量大为削弱，阵地有随时被敌突破的危险。古团长就将这种情形向上级报告，幸得我右翼第六十一师及左翼第八十八师及时派队增援，奋力阻击，才将敌击退，阵地终于确保。入夜后，团奉令将阵地交由第六十一师接替，部队脱离第一线开赴南翔附近从事整补。

撤退经过

敌于二月底在我第五军阵地左后方浏河登陆后，我第一线和敌胶着的部队，有随时被敌包围的危险。总指挥蒋光鼐即于三月一日下令转移阵地继续抵抗。我第一团奉令由龙华飞机场沿沪杭路向辛[莘]庄方向撤退，第二团直接奉第五军司令部由南翔经南[黄]渡向东塘墅方向撤退。各团奉令后，均于三月一日二十三时左右，开始行动，各向目的地撤退。上海的抗战，旋因停战协定而告结束。第一团奉令就由辛[莘]庄开回淮北南城营房整训，第二团奉令就出现驻地开回淮北整训。抗战时用的独立旅名义，也就因此取消，恢复为税警总团部，总团长仍为独立旅旅长奠[莫]雄充任。

《从九一八到七七事变》编审组.《从九一八到七七事变：原国民党将领抗日战争亲历记》，中国文史出版社，1987 年版，第 215—219 页。

回忆一·二八抗战

陆 诒[1]

1932年1月28日晚上11时30分，闸北我军抗战的枪声，把我从睡梦中惊醒。当时我住在汉口路新闻报社的三楼宿舍，只听得整个编辑部人声嘈杂，电话铃声不断，说是驻守在闸北的中国军队同骄横不可一世的东洋兵打起来了！事出意外，因为国民政府早已命令上海市长吴铁城全部接受日本驻沪领事村井的无理要求，并在48小时限期之前，封闭了上海市各界抗日救国会和上海《民国日报》社。不料当村井领事表示满意之后，日本海军陆战队司令盐泽少将又在28日晚上发出另一个以护侨为名的通牒，限令十九路军立刻退出闸北防区，让日军进驻。他们也不等中国政府答复，当晚就从天通庵路向我军进行突然袭击，我军自卫还击，这场不宣而战的战役就打响了！我曾随许多同事一起跑到五层楼屋顶，倾听从闸北传来的一片枪炮声，大家你一句、我一言地在议论，推测打在什么地方，兴奋之情，溢于言表。

1月29日上午，闸北传来的枪炮声更加稠密，敌机多架又飞临上空，进行残暴的轰炸。宝山路上的东方图书馆和商务印书馆编译所被炸燃烧，烈焰腾空，大量的纸屑和灰烬被北风吹进了租界，那是敌人在消灭我们的文化机关！民族抗战的义愤在我心中燃烧，我就主动去找采访科副主任顾执中先生，表示愿意到闸北前线去采访，不求作什么人寿保险（当时，一部分外勤记者提出上前线采访的先决条件，是馆方为他们作人寿保险）。他欣然同意，派我随原来分工跑淞沪警备司令部的李祖唐先生到北站前线去采访。

---

① 陆诒，一·二八淞沪抗战时为上海《新闻报》社记者，新中国成立后，历任上海《新闻日报》副总编辑、复旦大学新闻系兼任教授。

我们叫了一辆出租汽车绕道出发，由兆丰公园（今中山公园）往西走出租界，经中山路桥到达闸北。这里与租界相比，显然是两个世界。头上敌机盘旋侦察，周围枪声时断时续，十九路军七十八师一五六旅第六团（张君嵩团）所部士兵守卫在街垒旁边，附近居民正在协助军队加固防御工事。驰抵闸北中兴路，遇到敌机低空扫射，司机立即停车躲避。等敌机过后，司机说什么也不肯再驱车前进，使我们进退两难。最后我建议："让我一个人先到北站去看看，你们可在此等候，如果超过两小时，那就不要等了。"

踏进被敌军轰炸的北站，见到有几节车厢歪倒在路旁，玻璃碎片狼藉满地，前面不时响起机关枪和步枪声。俯身步行，经过好几道哨兵盘问，最后由一位曾在霞飞路（今淮海中路）诺尔医院当护士的中年人带我到前线指挥所。此人我曾在医院中多次见到，彼此面熟，我问他什么时候到军队里的？他说："昨夜枪声一响，我就到此自动援军，做我应当做的救死扶伤工作。"再问他姓名和住址，他笑而不答。抗战的枪声就是神圣的号召，群众中自愿参战的无名英雄真不少。

北站东侧一间简陋的小屋，就是临时设立的前线指挥所。接见我的不是意料中的十九路军军官，而是刚从南京调来的宪兵第六团第三营营长李上珍。

李营长兴奋地带我到观察哨去察看从老靶子路（今武进路）伸展到宝山路口的敌军阵地，并向我详谈 28 日晚上作战经过。他说："宪兵第三营作为先头部队于 27 日晚上到达北站，我们是奉命来接收十九路军闸北防务的，目的是为了执行上峰缓和紧张局势的任务。28 日上午我去拜访过张君嵩团长，双方商定了移交防务的部署，不料就在当天晚上，敌军竟杀上门来。我最先接到张团长的紧急电话，问我前方情况怎样？你们有什么打算？我说：'敌人既然打了第一枪，我们就只有回敬第二枪。他们已冲到宝山路上，我们只能拼命，那还有什么好讲的！我坚决服从你的指挥，坚守阵地。'张团长就在电话中大声说：'那好极了！我们都是爱国军人，在敌人进攻面前，再也不要分什么十九路军和宪兵的界限，只有团结一致，狠狠地打，消灭敌人！'敌军好几次想冲过宝山路进攻北站，都被我们打退了！"

北站归来，我就回报馆写出了当天的抗战报道，这也是我做新闻记者的开端。

1 月 30 日上午，我到市郊真如十九路军军部访问了军长蔡廷锴将军。距军部门口不到两丈远的地方，即有一架被我军击落的敌机残骸，有五六个军人在围观、议论。原来这架敌机在昨天雨雪纷飞中偷袭我军部，敌人太猖狂了，欺侮我们缺少高射炮，竟敢俯冲 1 000 米以下作低空扫射。我卫兵连沉着应战，用步枪组成稠密的火力网对空射击，一颗子弹恰恰击中敌机油箱，引起燃烧爆炸，落到地上，人机俱毁，这就是侵略者应得的下场！

在军部，先得到七十八师秘书徐名鸿的热情接待，他领我到一间简陋的小房间去访蔡将军。当时蔡将军正在与七十八师师长区寿年商量重新部署军队，迎击敌军新的进攻。待区师长辞出，蔡将军才开始和我长谈。

蔡将军剃平头，身材高而瘦，脸晒得黑黑的，穿一身黄呢军装，佩斜角武装带。他一见面就说："这次抗战，我们是仓卒应战。敌人欺我太甚，逼得我们实在忍无可忍，不能不起来抵抗。早在1月24日，军政部长何应钦曾专程从南京赶到上海，找我谈话。胡说什么'现在尚未准备好，日军虽有挑衅，政府仍将循外交途径解决。上海日方无理要求十九路军后撤30公里，政府本应拒绝，但为保存国力计，不能不忍辱负重，拟令我军撤防南翔以西地区，重新布防，切盼遵照中央意旨实行，并将由南京派宪兵来接防。'27日上午，上海市商会主席王晓籁与社会闻人杜月笙、杨虎等又来找我，说什么'贵军体念政府苦心，遵命撤退上海驻军，以求息事宁人，保存数百万人民的生命财产，同人等无限钦佩'等等鬼话，可见南京国民政府和上海地方当局早已商定，答应日方无理条件，决心要屈服让步。但他们没有料到南京调来的宪兵尚未接防之前，日本兵已打进了闸北，我们只有奋起抵抗这条路可走。"

"接火以后，我和十九路军总指挥蒋光鼐将军、淞沪警备司令戴戟将军召开了紧急军事会议，部署作战。一面报告上级并命令我军六十师和六十一师限3天内集中淞沪作战。一面又通电海内外，庄严声明：'光鼐等分属军人，惟知正当防卫，捍患守土，是其天职，尺地寸草，不能放弃。为救国保种而抗日，虽牺牲至一卒一弹，绝不退缩，以丧失中华民国军人之人格。'"

谈到这里，蔡将军走到另一间室内去接电话，他回来时脸色显得特别严峻，对我说："刚才接到上海市市长吴铁城电话，各国领事和团体要求双方停战3小时，让闸北虹口一带难民安全撤离，日方已经答应，我方也同意。开战也好，停战也好，我们一定做到有备无患，时刻准备好同敌人决战。说真的，过去我们打了多年内战，坐视东北沦陷，人民遭殃，实在对不起国家，也对不起人民。今天我们是对外作战，士气和民心就不一样，我们一定打出中国军人的威风来，为中华民族争人格！你看事实，不是我军已经粉碎了日军盐泽少将四小时内解决战斗的谰言吗？我军将严阵以待，来者不拒。我们一定同他们拚到底！"

第二次再访蔡将军，是在2月7日上午。那天蔡将军情绪特别兴奋，他告诉我："孙夫人宋庆龄和宋子文博士曾于昨天(6日)上午来军部慰问，还带来了大量慰问品。孙夫人告诉我们，她和廖夫人何香凝、杨杏佛等正在筹组国民伤兵医院，专门救护十九路军受伤的将士，这对我们鼓舞极大。"蔡将军还指指身上穿的一件灰布丝棉背心对我说："这是上海妇女团体捐献给前方弟兄们穿的御寒背心。她们从报载的照片上看到十九路军将士头戴斗笠、身穿单薄军服在前线作战，特发动全市家庭妇女日夜缝制丝棉背心，送到前方。这千针万线寄托着全市妇女们的一片爱国热忱，战士们穿上这件丝棉背心，一定会感到温暖，甚至热血沸腾，愿将生命置之度外，英勇杀敌！"

他又说："刚才接到一五六旅翁照垣旅长电话，今天清晨，敌军海、陆、空军协同作战，向吴淞、宝山、狮子林一带发动猛烈的攻势。吴淞要塞的露天炮台目标明显，早被敌机炸毁，吴淞要塞司令邓振铨弃职潜逃，副官长当场阵亡，要塞守备竟无人负责，我即命七十八师副师长谭启秀暂行兼理。敌军海军陆战队试图在海、空军掩护下在吴淞、宝山一带登陆，都被我翁旅官兵奋勇击退。但是我军毕竟在敌军海、陆、空军优势火力下作战，伤亡极为重大。"

记者曾两次到吴淞郊外访问过翁照垣旅长，他真是一位智勇兼备的战将。他一再向我解释，十九路军这次抗战，是反侵略的义战，士气高涨，人人抱牺牲的决心，为保卫祖国而战。敌人的海、陆、空军的火力虽比我们强，但他们的士气远远不如我们。他们对吴淞的进攻，海军利用潮涨时发炮轰击，但又不敢近岸，空军也只有白昼肆虐，夜袭比较少。只要在作战中摸准敌军进攻的规律和特点，我们仍能克敌制胜，守住阵地。

当时，我每次从闸北我军防区到吴淞时，总要经过大场和刘行。在2月中旬以前，这一带我军守备兵力比较薄弱，也正是敌军企图从吴淞、宝山包抄我军左翼的注意之点。幸而由张治中将军率领的第五军于2月18日及时增援，接替十九路军左翼防务、从江湾北端经庙行沿蕴藻浜至吴淞西端之线，防御得到加强，并以一部分兵力在狮子林炮台南北闸洞到川沙口、浏河口、杨林口等地担任沿江警戒。张治中将军从南京到达南翔后，即接受十九路军总指挥蒋光鼐将军的命令，担任左翼指挥官(蔡廷锴是右翼指挥官)，指挥庙行、吴淞、宝山一线的战斗，十九路军七十八师的谭启秀和翁照垣也归他指挥。他将第五军军部设在刘行镇附近，指挥所部八十八师、八十七师及中央陆军军官学校教导总队和独立炮兵第一团山炮营进入阵地，迎击敌军第九师团及久留米混成旅团发动的那次总攻。

从这次淞沪抗战的全局态势来看，如果当时单靠十九路军3个师的兵力孤军奋战，没有第五军的及时增援，也难以抵御敌军3次增加的兵力，支持33天的局部抗战。我们在歌颂十九路军英勇抗战的同时，对第五军战士及时增援，自始至终的并肩抗战的功绩也不能抹煞！

2月20日下午，我最后一次从吴淞前线采访回来，路经刘行镇时，曾到第五军军部访问张治中将军。

张将军字文白，安徽巢湖人，保定军校毕业，曾追随孙中山先生参加护法之役。1924年黄埔军校创办时即参加学校教育工作，以后又历任国民党中央军校教育长多年，在中央军系统的师、旅、团、营干部中很多是他的学生。

他中等身材，脸色红润，说话谦和有礼，军服整洁，有儒将风度。张将军首先说明：第五军主动请缨来上海的目的，就是支援十九路军坚决抗日。我们都归十九路军总指挥蒋光鼐将军统一指挥，两军站在一条战线上分区作战，互相支持。进入江湾、庙行阵地以后，第五军和友邻部队如七十八师的翁照垣旅和六十一师毛维寿部协同作战，配合得很好。最近如庙行血战，打得非常漂亮，外间挑拨离间第五军和十九路军关系的谣言，切不可信。他满怀信心地说："在敌人炮火之下，只要是爱国军人都会团结合作、共同对敌的。我和蔡廷锴将军经常保持电话联系，毫无隔阂。应当承认，他们和敌军打仗，比较有经验，而且非常勇敢，我们应当向他们努力学习！"

淞沪抗战的后期，敌军又增调陆军第十一、十四师团到上海参战，共计投入总兵力有8万多人，以白川义则大将为司令官，于3月1日再次发动全线总攻。另以十四师团约3万人，在海、空军掩护下，迂回到浏河登陆，迫使我军处于腹背受敌的劣势地位，不得不全师而退，坚守昆山至常熟的第二道防线。

我军退守第二道防线以后，上海《新闻报》派我到沪宁铁路上的正仪镇（即十九路军军部所在地）常驻，继续采访战讯。当时最前线在昆山以东的青阳港一带，常有兵车驶往昆山，十九路军仍沿沪宁路沿线严密布防，前线大体上比较平静。蔡廷锴将军经常往返于苏州与正仪之间，继续整训部队，积极备战。有一次，陈铭枢将军从南京到正仪镇十九路军军部，召集蔡廷锴等高级将领开会，传达南京国民政府与日方和谈的意图，十九路军将领听到这个消息深表愤慨，但亦无可奈何。同年4月1日，蒋介石复任军事委员会委员长职务，他就在英美策划下，派外交部次长郭泰祺与十九路军参谋长黄强到上海和日方进行谈判。5月5日签订了丧权辱国的淞沪停战协定，淞沪抗战至此告一结束。

在这次抗战中，上海各界人民所表现的那种同仇敌忾、踊跃参战的爱国主义精神，真是可歌可泣！工人和青年学生纷纷组织救护队、志愿军，奔赴前线，为军队服务，义无反顾。即以民族资产阶级代表史量才先生为例，除了他主持的《申报》发表抗战御侮的舆论之外，尚挺身而出，在战争爆发的第三天（即1月31日）发起组织上海市民地方维持会，参加者有当时金融界、企业界的头面人物三十多人。他在成立大会上慷慨陈词："十九路军已奋起抗战，吾人伸头一刀，缩头一刀，如果畏缩退避，恐仍不能保住生命财产，不如奋勇向前抗日救国。我年近花甲，他无所求，但愿生前不做亡国奴，死后不做亡国鬼！"他被推选为该会会长，黄炎培任秘书长，即每天到会办公，做战时的后勤工作。当时在该会协助下，宋庆龄、何香凝和杨杏佛等借了交通大学部分校舍，创办了国民伤兵医院，设病床300张，收容前线光荣受伤的官兵。该会还资助中国红十字会举办好几所伤兵医院，收容伤兵。又呼吁上海市民踊跃捐助十九路军所急需的运输卡车、汽油、机器脚踏车、雨衣、跑鞋、药品等物资。只要消息一经公布，群众就热烈响应，踊跃捐助，毫不犹豫。大部分家庭妇女还日夜缝制数万套丝棉背心，连同各种急需物资和大量慰劳品争先向前线输送。有这样高昂、灼热的民心，才能鼓舞我军旺盛的士气。一·二八淞沪抗战的史实，证明了我们民族在反侵略的正义战争中具有强大的凝聚力量！

中国人民政治协商会议上海市宝山区委员会文史资料委员会编：《宝山史话——纪念一·二八淞沪抗战60周年专辑》，1991年版，第1—9页。

一·二八淞沪抗日战役回忆

顾高地[①]

一九三二年一·二八淞沪抗日战役打响了抗战第一枪，以双方几乎相等的兵力，在吴淞迄闸北一线激战了一个多月，迫使日方四易主帅，伤亡惨重，在中国近代抗御侵略史上写下了光辉的一页。

战役结束后，先后有原十九路军高参华振中写的《十九路军淞沪抗日血战史》（第一至第四章）和原淞沪警备司令部参谋长张襄写的《十九路军一·二八淞沪抗战回忆》问世。两文大都是根据当时阵中日记写成，内容比较翔实，是重要的战史资料，但对若干有一定意义的内幕新闻却很少提及。笔者当时追随蒋光鼐、蔡廷锴、戴戟三位将军之后，亲身经历过这一战役，往事历历，犹在目前，因此追记若干史实，以作补充。

一　一·二八事变是日本军人阴谋策划的

一·二八战争的导火线，一般都认为发生在一九三二年一月十八日傍晚，上海引翔港三友实业社工厂工人在马玉山路与日本僧徒五人互殴所造成。但事件发生的真正背景，在战后中日双方发表的战争记录中都没有提到。

最初揭露日方制造这一事件的阴谋的，是当时身任日本驻华大使馆陆军武官补佐官，也就是事变的直接策划者田中隆吉大尉（一·二八战役后升少佐）。此人是日本少壮派军人主张侵略中国的急先锋，是臭名昭著、已被处决的首恶战犯板垣征四郎和土肥原贤二的得力爪牙，一九三六年中佐时代担任关东军参谋时，又

① 顾高地，一·二八淞沪抗战时任淞沪警备司令部参谋，新中国成立后曾任上海市文史馆馆员。

是西安事变前夕绥远战役的主要当事人。不知怎样，此人在中日战争后期，一变而为反战反东条的中坚分子，最后成为在远东军事法庭上揭露日本军国主义罪行的有力证人。

他在军事法庭作证时，承认自己是制造一·二八事变的直接策划者。他说，这是由于板垣、土肥原想在东北建立伪满政权，希望在上海搞些事件，转移国际视听，因此板垣汇了两万元给他，要他策划一个阴谋，来达到这一目的。他接受了这一任务，就和当时在上海的著名日本间谍川岛芳子(其实是中国人，是清室肃亲王的女儿金碧辉)谋划，由川岛去找中国流氓发动三友实业社工人同几个所谓日本僧侣(中间有日本浪人参加)，言语冲突，继之互殴。如果不是日本军方蓄意在上海制造事变，这一事件本不难通过正常外交途径加以解决。而且事实上一月二十八日下午，上海市政府全部承认日方提出的条件时，日本总领事村井苍松已表示满意，认为事件业已解决。

谁知日本海军早已跃跃欲试，终于在七、八个小时以后，也就是一月二十八日下午十一时二十分，向我提出撤退闸北驻军，让日本军队进驻闸北的要求，并且迫不及待，就在同一时间出动陆战队冲向我闸北前线，终于爆发了一·二八战役。据田中自供，他在制造这一事件成功后，还得到板垣的感谢信说："幸亏你这样一来，满洲独立成功了。"田中的证词不仅揭露了日本军国主义者进行侵略所使用的种种阴谋诡计，同时也揭开了马玉山路事件之谜，补了历史的空白。

二　一·二八战争是如何爆发的

一月二十八日下午三时十五分，上海市政府送达承认日方全部要求的复文，日本总领事表示满意以后，社会上紧张的空气有所缓和，许多准备从闸北迁进租界的人暂时观望。令人不解的是公共租界工部局仍然按照原定计划，从当天下午四时起在租界内宣布戒严。

当时上海军事当局密切注视着事态的发展，告诫前线部队要保持高度警惕，准备随时击退日军的进攻。因为那天进出吴淞口的日本军舰特多，虹口地区日军和日侨的活动异常紧张，完全处于临战状态。九一八事变时，日本驻在上海的兵力，水上只有第一遣华舰队的炮舰十艘，司令官是盐泽幸一少将。其中除去分驻长江各地的炮舰外，经常停泊上海的只有二、三艘(包括旗舰"安宅号")；陆上只有驻在虹口公园附近的陆战队八百人，指挥官是鲛岛具重大佐。盐泽是日本海军军官中非常激进、非常剽悍的一员。九一八时，他是日本海军在华中、华南的最高指挥官，早就盘算想借故在他的防区内制造事端，显示日本海军的威风，因此在那年十月，曾要求国内增调陆战队二百人来上海，并增调驱逐舰四艘编入第一遣华舰队，而在一月间，陆战队又增加了一千人，前后总计达二千人，这是马玉山路事件发生时日本在上海的兵力。但马玉山路事件一发生，日本军舰源源而来，先是一月二十三日到有巡洋舰一艘、水上飞机母舰一艘、驱逐舰四艘；接着二十六日又到达巡洋舰一艘、驱逐舰十二艘（第一水雷战队），连同原在上海的舰只共达二十一艘，均在黄浦江中停泊。在盐泽眼下，以为中国军人是经不起一吓的，尽可为所欲为，妄想在几小时内拿下闸北，由日军进驻。因此他向上海市政府提出通牒，要求中国军队从闸北撤退，终于爆发了一·二八战争。

中国军方目睹马玉山路事件后，日军大量增兵，日侨不断寻衅，判断必有企图，于是在一月二十三日上午在龙华举行了军事会议，决定如日军进犯，全军坚决就地抵抗，并着手构筑闸北地区的防御工事。一月二十八日晚上九时三十分得到报告，日本海军陆战队在虹口公园紧急集合，同时又有舰上陆战队在黄浦江沿岸登陆，十一时二十分又有日军分批乘铁甲车冲向我闸北前沿阵地，要求开启栅门。我军早有防备，不予理睬，日军随即逡巡退去。接着日军又以铁甲车为先导，掩护陆战队向我前沿阵地进攻，战争终于爆发。大体经过是如此。原来我方因为尽量避免发生事故，配备在第一线的是警察部队，陆军部队却掩蔽在近旁警戒。日军正式进攻，我陆军部队也就进入第一线，奋起还击。

三　一月二十三日龙华的军事会议

淞沪警备司令原是熊式辉，宁粤合作，熊式辉调任江西省主席后，淞沪警备司令由十九路军领导人之一戴戟接替。当时驻在上海的军队是第十九路军第七十八师，师长区寿年。

戴戟到任以后，对上海局势作了全面分析，认为日军有随时在上海寻衅的可能，因此司令部内始终保持紧张的备战态势，马玉山路事件发生以后尤其如此。可是在这当口，担任外交交涉的上海市市长吴铁城却始终没有把交涉情况主动和军方联系，仅仅依靠参谋长张襄与市政府秘书长俞鸿钧通电话，才能了解一些情况。马玉山路事件发生以后，一月二十日凌晨有日本青年同志会浪人几十名纵火焚毁三友实业社，枪杀公共租界华捕一名。当日下午日本居留民大会到有二千人，会后游行，一路向中国居民和租界巡捕挑衅，捣毁北四川路一带中国商店，并向陆战队指挥部请愿，叫嚣出动陆战队，发动自卫权，显然都是日方扩大事态的有计划行动。这种情况持续了两日，二十一日又发生日本陆战队要求工部局取缔《民国日报》事件，形势更为紧张。

根据上述情况，同时又得到日方在国内调兵遣将的情报，我们判断随时有发生事变的可能，不能不及时采取警戒措施。为此目的，一月二十三日上午十时，戴戟约同十九路军军长蔡廷锴在龙华司令部联合召开了一次军事会议，决定应付方针，出席会议的是第七十八师团长以上和警备司令部主要参谋人员。会议开始，由蔡廷锴、戴戟先后发言，分析当时局势，认为日方一定会在上海发动侵略，接着逐个征询应当采取什么对策。与会人员都很激昂，表示要坚决抵抗。蔡廷锴立即宣布如日军正式进攻，我军即就地坚决抵抗，相机把侵略军压迫到黄浦江畔，加以歼灭。这时参谋处提出要不要确定一个作战计划？蔡廷锴豪壮地说，“我们不要什么作战计划，我们的决心是在哪里就死在哪里。”接着他告知七十八师师长区寿年，每个官兵可先准备一星期的干粮，随身携带，免得临时送不上饭，影响作战。

就在这时，正在病中的第十九路军总指挥蒋光鼐赶来了，听到大家表示的决心，极为赞赏，即席讲话说，论军队的素质，武器的装备，我们是不及日军的，但只要人人怀着必死的决心，学习李广射虎的精神，那么日军不但不足惧，而且是可以战胜的。蒋光鼐这番铿锵有力的讲话，顿时使全场活跃起来。其后戴戟宣布，各部队可即着手部署作战，所需防御物资、武器弹药补充和其他要求，由警备司令部统筹解决，会议至此结束。但参谋处仍认为有针对敌我情况定一作战计划的必要，因此散会后立即按照上年十月已准备就绪的《淞沪防卫计划草案》，起草了第一个作战命令，以后整个战役基本上按照这个命令提示的方针进行。这个命令由蔡廷锴、戴戟签发，于当天正午下达第七十八师。战后第二年，警备司令部修建一·二八纪念堂时，曾由参谋长张襄将命令原文亲自誊写，悬挂在纪念堂内，并在纪念堂揭幕之日，由联华电影公司拍摄了影片。

四　第一阶段作战中日方的缓兵之计

传说当时日方负责指挥上海作战的盐泽幸一，战前曾夸下海口，几个小时就可拿下闸北，将中国军队赶到真如以西去。当时他手里的实际兵力，包括原在上海陆上的陆战队二千人，连同当晚临时从军舰上调集登陆的陆战队五百人，总共二千五百人。中国军队的十九路军素有劲旅之称,战争一爆发,各部队争先恐后地要求调向第一线,但限于闸北地区是市街战,使用的兵力始终只有一个团又一个营,实际上还没有正面的日军多。

二十八日当晚起,日军发动进攻,炮火连天,并以烧夷弹焚毁前沿房屋,酿成一片大火,但我军屹然不动。二十九日激战一整天,日军未能越雷池一步。这样,盐泽泄了气,知道中国军队不可轻视,以原有兵力打下去,怕有被中国军队消灭的危险,于是策动英美出面调停,建议从当晚起先行停战,并商议解决办法。话很漂亮,说是为了人道着想,可以让陷在火线中的居民撤往安全地带,因此得到我方同意。但事实上由于三十日日方仍不时进攻,战事并没有真正停下来。

三十一日再开停战会议,英美总领事提议中日双方军队同时从交战地区撤退,由英美军队进驻,阻止双方接触。盐泽借口这一撤退意味着日军退入租界,放弃原驻越界筑路地区,须请示东京才能决定。二月二日东京回电到来,拒绝日军从现有警备地区撤退,停战会议宣告破裂。

这三天的停战,事实上是日方的缓兵之计,好让它从国内大量增援。果然二月一日,日方先有第一航空战队“加贺”、“凤翔”两航空母舰和驱逐舰四艘到达上海。接着,日本海军临时编成第三舰队,由海军中将野村吉三郎统率来沪,接替盐泽的指挥任务,而成为一·二八作战中日军第二个主帅。同时,陆战队再增二千人,改以植松练磨少将为司令官,原指挥官鲛岛具重大佐改任参谋长。陆军也决定出兵,以久留米混成旅团(包括步兵四个大队、炮兵一个大队、工兵一个中队等)为先遣部队,随同野村来沪,投入战斗。紧接着陆军主力金泽第九师团(师团长植田谦吉中将)紧急动员,输送来沪。

二月三日起,日军一面在闸北再次发动进攻,一面又集中军舰十多艘,配合航空母舰上的飞机,猛攻我吴淞要塞。当时的吴淞要塞是清末修建的露天炮台,完全暴露在光天化日之下,经敌军两天的轰炸、炮击,整个炮台陷于瘫痪,再无还击能力,但增援的守卫部队英勇作战,日军几度企图登陆都未得逞。

当时任吴淞要塞司令的邓振铨平日总在上海花天酒地过生活,警备司令部一再督促加强战备,他毫不在意。至一月二十八日下达了紧急命令,他才在当晚跑来警备司令部,说炮台还缺少配件需要补充,并说自己已请求辞职。戴戟司令严正告以在职一日必须尽到军人天职,缺少配件可通知兵工厂协助解决。当时的军政部长何应钦是邓振铨的贵州同乡,又是他在第一军北伐时期的老上司,当三、四两日吴淞要塞正在激战之中,竟批准了他的辞职,而派七十八师副师长谭启秀继任要塞司令。当日军进攻吴淞要塞时，将士都不像邓振铨那样怯懦，确曾奋力还击，要塞司令部参谋长滕久寿中校还在四日战死，无奈炮台过于陈旧，威力不大，没有取得重大战果。

谭启秀接任要塞司令后，率领翁照垣旅两个团(很长时期只有两个连)，始终固守要塞，击退日军一次又一次陆海空配合的进攻，直至三月一日我全军撤退为止。总之，在二月三日战事再开之后，迄七日日军虽有舰炮和空军配合，但在闸北毫无进展，在吴淞登陆未成，唯一取得的战果是把老掉了牙的吴淞要塞炮台全部破坏，从此日军重兵进入吴淞口，再也不用担心要塞炮的阻击了。这就是一·二八战役自开始至二月七日第一阶段作战的主要情况。

五　第二阶段作战中日军连续受挫

一·二八战役中日军的第二个主帅野村吉三郎海军中将(战后升为大将)擅长英语，为日本海军军官中的佼佼者，曾在第一次世界大战后的巴黎和会上充任日本代表团海军随员(当时是海军大佐)。一·二八战役爆发后，盐泽所夸海口破灭，野村被派来沪代替盐泽指挥作战，不仅统率原在上海的第一遣华舰队、第一水雷战队、第一航空战队和上海海军陆战队，还增加了以三艘巡洋舰组成的第三战队，并负责指挥陆军的先遣部队久留米混成旅团。

野村于二月五日乘坐旗舰“出云”号，率领第二舰队运载的陆军久留米混成旅团，于二月八日到达上海。他的第一手表现就是在八日下午二时许，在舰队和空军掩护下，派陆战队一个大队在吴淞张华浜铁路码头登陆加以占领。接着久留米混成旅团(旅团长下元熊弥少将，七七事变后任日军第一〇八师团长，长期在山西方面作战)在当晚同一码头登陆完毕。我军限于兵力，选定自吴淞经胡家庄并连接庙行、大场、彭浦一线为主要抵抗线，而以江湾、闸北为前进阵地，所以张华浜方面并未配置兵力，日军才得轻易登陆。

久留米混成旅团登陆后，连日向我蕴藻浜一带阵地发动猛烈攻势，企图一举占领吴淞，但激战四日，没有丝毫进展。二月十三日上午大雾迷漫，下午雨雪交加，久留米混成旅团在烟幕掩护下，在纪家桥方面强渡蕴藻浜成功，我守军第六十一师第一二二旅张炎部就地抵抗，战况激烈，超过以往数日。迄下午七时，张炎亲自率部反攻，击敌侧背，敌纷纷向南岸撤退，而南岸之敌，认为是我军渡河夜袭，猛加轰击，致使退却之敌遭受重大伤亡。此役不仅使敌一举占领吴淞的企图陷于破灭，且使号称劲旅的久留米混成旅团遭受重创，一蹶不振，应当说是一·二八战役中重要的一仗，对我军士气的鼓舞，影响极为重要。

就在同一天，日本陆军主力第九师团开始在吴淞铁道码头登陆，迄十六日登陆完毕，师团长植田谦吉中将在二月十四日接替了日军陆上作战指挥任务，成为一·二八战役中日军的第三个主帅。与此同时，我第五军张治中部到达前线，于二月十六日编入战斗序列为左翼军，担任江湾以北（不含江湾）经庙行至吴淞一线作战，右翼军的第十九路军担任江湾（含江湾）至闸北一带的作战。

植田部署完毕后，于二月十七日向蔡廷锴提出通牒，要求我军向租界外撤退二十公里，蔡廷锴当向蒋光鼐请示如何答复，蒋说："用大炮回答它。"断然拒绝了日方的要求。接着日军在全线展开进攻，战况空前激烈，但性质还是威力侦察，寻找我军薄弱环节，企图一举中间突破。不久，决战时机终于到来，这就是二十二日的庙行之役。当天日军以全力攻我庙行阵地，一度在麦家宅一带突破我第五军第八十八师防线，情况极为危急。我军先以第五军第八十七师孙元良旅增加在正面，后由右翼军第六十一师张炎旅长亲率两团由竹园墩正面出击，同时以第八十七师宋希濂旅由纪家桥渡河抄敌侧背。在三方面猛击下，敌不支退却，我军逐一收复原有阵地。此役激战一昼夜，使日军企图在中间突破的计划以失败告终。日方战后自称："庙行之役为一·二八战役中最激烈的一战"，情况正是这样。自二月八日起至二十三日止的第二阶段作战于此告一段落。

六　第三阶段作战迄战役终结

庙行战役日军败退后，日本内阁于二月二十四日决定再次增派两个陆军师团——善通寺第十一师团和宇都宫第十四师团来上海，改由白川义则大将担任统率上海全部陆军和海军陆战队的新司令官。一月中四易主帅，一次比一次投下更大的赌注，说明日军战略上完全陷于被动，战术上也陷于狼狈境地。

这一次日军决定实行迂回战，企图凭仗优势兵力，在我淞沪正面的后方登陆，将我军包围，再进行决战。我军所苦的是国民党中央从一开始就没有作战决心，总想适可而止，除了在各方形势逼迫下，派了第五军前来增援外，再也不作继续增援的准备，甚至将已奉令开沪的第四十七师及第三十三独立旅中途截回，不准开到前线。第十九路军和第五军在激战一个月之后，伤亡得不到补充，除了应付淞沪正面外，没有足够力量警戒侧面长江沿岸一带。

二月二十四日以后，日军一面仍不时在吴淞、庙行、江湾、闸北一带发动猛攻，一面以海军舰队出入狮子林、浏河一带进行威胁。接着，我军接到日方由第二舰队输送，再次增兵来沪的情报，判断日军将在浏河登陆，迂回我后方，但那时除了将没有实战经验的军校教导总队配置在浏河、七丫口一带警戒江面外，再也没有兵力可资调遣。白川率第十一、第十四两师团于二月二十八日夜迄二十九日晨到达长江口，三月一日开始全线总攻击，并以第十一师团于一日凌晨在七丫口登陆。教导总队寡不敌众，稍稍后退，我军急调宋希濂旅由顾家宅驰往增援。由于运输汽车中途遭日本空军炸毁，跑步前进，到达时已在下午，迄当晚为止，与日军相持在茜泾、浏河之线。同时淞沪正面，特别是江湾方面战况极为激烈，八字桥一带双方屡进屡退，三失三得，但迄晚我军仍坚守原阵地，在激战中还击毙了日军第七联队长。当晚蒋光鼐、蔡廷锴、戴戟三人权衡整个战局，后援无继，侧背受到威胁，决定当晚九时下令全线于十一时作战略撤退，将左翼军撤至嘉定、太仓之线，右翼军撤至黄渡、方泰之线。由于行动迅速，出敌不意，当晚没有被日军发觉，得以全师而退，未遭追击。吴淞方面最后撤退的两个连，通过狮子林、浏河方面，也没有经过激战就绕过了日军警戒线，到达指定位置。

日军第九师团于三月二日进入大场，同日第十一师团占领浏河。三月三日日军续向嘉定、南翔方面进击。同日，日军陆海军最高指挥官白川、野村分别发表声明，略称“中国军队业经撤退，帝国臣民安全及租界和平已得到回复，战斗行动即予中止”。此后迄五月五日《淞沪停战协定》签字，除第八十七师孙元良旅在葛隆镇打了一场后卫战，战况比较激烈；又第七十八师两个连保卫青阳港铁桥，全员光荣牺牲外，未再有重要接触。日军第十四师团因战局即将结束，在停战后数日始登陆接替调回国内的第十一师团的防务，在停战协定签字后编入关东军，运往东北，事实上未曾参加作战。因此，自二月二十四日起至终战时止的第三阶段作战中，日方投入作战的陆上兵力为第九师团、第十一师团、久留米混成旅团及海军陆战队，总兵力约四万四千人。我方使用在第一线的，计第十九路军约二万五千人，第五军约二万人，合计四万五千人，双方兵力基本相等，而日军使用战车、大炮，又有海空军协助，火力远远超过我军。

七　《淞沪停战协定》谈判中的曲折

日军悍然发动一·二八战争，直接触动英美在华利益，国际舆论对我比较有利，尤其我军奋起抵抗，英勇作战，国际间舆论对我更为同情，从而导致国联理事会和国联大会于二月二十九日及三月四日先后决议要求双方停战，此为促使日军现地最高指挥官于三月三日宣布停止战斗的原因之一。

据闻，白川在完成出兵目的后，就打算迅速撤军回国。但日本参谋本部见到第十一师团登陆成功，我军被迫撤退，又存侥幸心理，命令派遣军向太湖前进。为此日本驻华公使重光葵三月三日晨在取得海军野村中将同意停战后，向白川提出同样要求，白川迟迟没有表态。据重光事后告人，他说得舌敝唇焦，迄下午一时，白川才决定发表停战声明，此为日方决定停战的经过。

关于《淞沪停战协定》的谈判，最初系由英美公使，主要是英国公使蓝浦森居间调停，但中日双方意见有差距，未能具体化。迄二月二十八日由英国远东舰队司令凯莱上将斡旋，邀请我国前外交部部长顾维钧及第十九路军参谋长黄强，与日方海军野村中将及外务省代表满铁理事松冈洋右，在旗舰"肯德号"上作非正式会晤，意见仍难接近。主要是我方要求双方同时撤兵，日方撤至战前原有位置，我方自上海后撤二十公里，但日方要求我方先行撤退，日方俟事态平静后再撤退。

其后我方于三月一日先作战略转移，后日方亦正式宣告停战。当时国联调查团即将来沪，乃由英国公使蓝浦森再度出面斡旋，邀请中国外交部次长郭泰祺、日本公使重光葵于三月十四日在英国领事馆会晤，并邀美国公使詹森、法国公使米理德、意大利代办齐亚诺列席，以后又连续会晤数次，初步商定最后停战协定所列各项的草案，而于三月二十四日举行正式停战会议。当时出席停战会议的代表，我方为外交部次长郭泰棋，淞沪警备司令戴戟及第十九路军参谋长黄强；日方为第九师团长植田谦吉中将，驻华公使重光葵，派遣军参谋长田代皖一郎少将，海军第三舰队参谋长岛田繁太郎少将，据称日方认为停战属于统帅事项，故以军方为首席代表，然事实上植田虽每次出席会议，但绝少发言，仍以重光为主要谈判代表。

正式会议开始后，日方又依军方要求，横生枝节，于草案中加入停战范围包含苏州河以南地区及浦东地区，禁止中国军队进入这些地区。我方对此强烈反对，指出苏州河以南及浦东地区根本不是作战区，不能列入停战范围。日方田代、岛田二人态度蛮横，大有非达到目的不可之势。此外还提出日军撤退地区为吴淞、狮子林至大场、真如一线，并不愿明确规定撤退日期，又提出双方得用飞机侦察停战实施情形等等，对此我方亦坚决反对，为此会议一再濒于破裂。

其后据闻重光一方面通知野村，对岛田加以抑制，一方面商定，设立我方以黄强为代表，日方以田代为代表由四国武官列席的小组委员会，讨论各项有关军事问题，借此将田代排除在停战会议之外，然后再开会议。几经折冲，就撤退地区、撤退时间以外各点达成协议，但小组委员会仍未取得任何结果，重新移至停战会议讨论。最后东京方面态度稍为和缓，日方始同意撤销对苏州河以南及浦东地区的要求，并同意放弃原提六个月内撤兵要求，而改为协定签字后一星期内开始撤退，于四星期内完成。至此，四月二十四日最后确定停战协定草案全文，五月五日正式签字。至五月三十一日日本陆军全部撤回国内，海军陆战队撤至战前原有位置，并将兵力减为二千人左右。此系历时一个半月的停战协定谈判的曲折经过。

八　王赓是怎样被日军绑架的？

一·二八战役爆发前不久，国民党宁粤合作，由林森担任国民政府主席，孙科任行政院长，蒋介石明为下野，暗中却同刚从海外回国的汪精卫搞蒋汪合作，为重新上台之计。其第一步就是谋求淞沪停战，他虽在一·二八战役爆发两日后，从溪口以“在野之身”发出“卅电”，支持十九路军抗战，号召全国将士共赴国难；其后又于二月十日自洛阳发出“灰电”，对前线将士表示嘉奖，并称已派第五军来沪增援。但稍后重新上台已成定局，则一再明确表示无援兵可调，淞沪一战已能表示我军决心与勇气，在适当时机可撤退至吴淞迄南翔一线，为长期抵抗之计。其真实用意是想以退出闸北满足日方最初的要求，达到停战目的。为此在整个战役进行中，谋求英美出面调停从未停止，暗中主持其事的为宋子文，公开出面联络的是老外交家顾维钧。但宋子文却另派一人，经常出入美国驻沪总领事馆，进行联络，此人即是当时任税警总团团长，后为日军绑架的王赓。

王赓出身美国西点军校，北洋政府时代长期在北京陆军部任职，从来没有带过兵。宋子文想培植私人势力，在财政部成立税警总团，迷信美国，就任命王赓为总团长。税警总团本驻海州，九一八事变前调来上海，那时已完成新兵训练的有第一、二、三团（团长分别为赵君迈、古鼎华、张远南），其第四团（团长王天鸣）和特警团（团长孙立人）未调来上海。宁粤合作谈判中，粤方要求由第十九路军卫戍京沪。第七十八师调来上海，税警总团移驻嘉兴，后将番号改为第八十八师独立旅，但实际上与第八十八师并无隶属关系。

一月二十三日龙华军事会议后，上海形势紧张，因须将原驻南市的第七十八师调往闸北、真如集中，适王赓来沪联系工作，表示一旦发生战事，愿为后盾，当即将税警总团调来上海，担任后方龙华、南市一带警备任务。除第二团古鼎华部曾一度参加闸北、江湾作战外，其余两团没上过前线，王赓本人也没有多大任务，就经常受命于宋子文，离开防地，出入美国领事馆。警备司令部有时找王赓联络，发现他经常不在团部，曾加以告诫，但王不以为意，我行我素。

美国驻沪总领事馆在苏州河以北日军警戒区内，并且邻近日本总领事馆，王赓出入多了，引起日方注意。二月二十七日王赓从美国总领事馆出来，刚要登车，日本总领事馆警察和虹口捕房日捕冲上绑架，王见势不妙，要退入美国总领事馆，则已为日本警察堵住大门，又避入对门之英商礼查饭店同美国总领事通电话，但刚把听筒取上，日本警察已团团围住，将其劫持而去。

当时外间都指责王赓在虹口献地图，那是莫须有的事，但他被绑后，当然会受到日军盘讯。日方画报曾登载过一张王受盘讯时的照片，他身穿皮袍，坐在桌子横头，精神非常狼狈，日军一高级军官则坐在桌子正面。也有人说王经常出入租界，是为深入敌后，搜集情报，那是美化了他。王赓于二月二十九日被释放归来，最初未受到处理，但税警总团长一职已由粤籍老军人莫雄担任。稍后由于各方议论纷纷，国民党政府只得将王逮捕，以擅离防地、玩忽职守罪名判刑二年半，但不久即获释放。太平洋战争发生后，王被任命为赴美军事代表团团员，同团长熊式辉出国，中途患伤寒，在开罗逝世。

九 有关一·二八战役的其他见闻

（一）上海得到有关九一八事变的第一个情报。九月十九日上午十时二十分，日本驻沪副领事白井康来到上海市公安局拜访局长陈希曾，据称接到沈阳电报，昨夜沈阳中日军队发生冲突，现在战斗还未停止，日军正沿铁路向吉林前进，上海有很多日侨住在租界以外地区，希望中国方面采取保护措施，避免发生事故。在白井辞去后，陈希曾立即给我通电话，当时警备司令熊式辉不在上海，我将情况报告参谋长后，就以参谋处名义，将以上情况作为密件通报各军警部队，要求采取警戒措施，防止发生事故，同时我将情况电告南京参谋本部及军政部。这是上海得到九一八事变的第一个情报，我在那天中午曾向电报局及各报馆查询有无沈阳消息，回答都说没有，说明当时我国通讯联络过于落后。十月下旬的一天，在当时上海市市长张群每星期二、四、六召集的上海党政军和社会各界联席会议上，我听到从南京来的国民党中委张道藩说(同来的有何应钦和曾养甫),南京国民党中央得到有关九一八事变的报告,是在九月十九日傍晚,国民党政府考试院长戴季陶意识到中日间从此不得安宁,顿足大哭云云。

(二)蒋介石对保卫上海的仅有的指示。九一八事变后,我密切注视着局势的发展,上海驻有日本海军舰队和陆战队,警备司令部责任重大,因于九月二十五日通过参谋处以"有电"向当时驻在南昌的蒋介石请示,万一日军在上海发动战争,应否采取正当防卫,以尽军人天职。直至十月六日才收到蒋的"鱼电"答复:"有电悉。应采正当防卫。中正鱼。"

警备司令部奉到这一指示,立即派遣参谋分组出发侦察阵地,随后起草了《淞沪防卫计划草案》,送去南京请熊式辉核阅批准(此时熊已随蒋自江西返回南京)。按照这一计划,如日军进攻,我军将保卫蕴藻浜以北吴淞要塞地区向南连接胡家庄、庙行、大场迄彭浦一线为第一抵抗线;而以江湾、闸北为前进阵地,就地抵抗。此外并决定以浏河、嘉定、南翔一线为第二抵抗线,青阳港为第三抵抗线,为此并考虑战时交通运输、通讯联络暨后方补给等问题。一月二十三日龙华军事会议后所下达的第一个作战命令,基本上就是根据这一防卫计划决定写成的。

一·二八战役爆发后,蒋介石除于二月十日自洛阳发来"灰电"嘉奖十九路军抗战外,直至三月十八日就任军事委员会委员长之前,未再直接来电,所有指示均通过陈铭枢及京沪卫戍司令部参谋长邓世增(蒋光鼐兼京沪卫戍司令)转达,故上述之"鱼电"系蒋对保卫上海仅有的指示。

(三)一·二八作战中何应钦采取避战求和的方针。一九三二年蒋介石被迫下野期间,何应钦以军政部长身份在南京负责军事。在一·二八战役爆发前一日即一月二十七日曾亲来上海,会见蔡廷锴,力言不能在上海作战,如日人挑衅,应尽量避让,以免事态扩大。一月二十八日为了配合上海市政府全面承认日方要求,何应钦特将宪兵第六团调来上海,指示戴戟将第七十八师部队调离闸北,由宪兵接防,以减少冲突危险。只因宪兵第六团到达真如已是下午五时,当晚来不及交接,而日方却迫不及待地发动进攻,从而爆发了一·二八战役。

战争爆发后,戴戟连续将前线接触情况报告南京,何应钦犹来电切诫避免事态扩大,听候外交解决。尔后战事愈打愈烈,何应钦始终没有停止过谋求停战的活动。只是由于日方始终没有停战诚意,从而未有结果。其后蒋介石准备重新上台,加紧策划英美出面调停,此时何应钦竟不顾前线迫切需要增援部队,将本已奉令调来上海的第四十七师上官云相部,除已有一团开至常熟外,其余全部留在南京、镇江，不准来沪，而浙江方面亦将奉令调沪的独立第三十三旅戴岳部留在杭州，不准开动，从而使增援计划完全落空，导致三月一日的战略撤退。这都是何应钦一贯谋求避战求和方针的结果。

（四）上海市市长吴铁城一贯执行屈辱外交。吴铁城于一九三二年一月初继张群之后担任上海市市长。他在马玉山路事件发生后，不顾全市和全国人民的强烈抗议，一味谋求与日方妥协。此时他进行任何外交交涉，从不与军方联系，警备司令部只能通过参谋长和我与市政府秘书长俞鸿钧通电话，才能获知若干情况，已如前述。直到一月二十八日深夜，日海军通牒送达上海市公安局，陆战队已在闸北开始行动之际，吴铁城才给戴戟电话说："外交手段已用尽了，以后就看军事当局怎样办了。"戴戟愤慨地回答："你全部承认日方无理要求，如何对得起上海老百姓！"说完就把电话挂了。这时我正在戴戟身边接受指示，准备发往南京的报告，起草淞沪地区戒严布告，并发出通电宣告坚决抵抗日军进犯等等，亲自听到吴、戴两人以上对话。战争爆发后，本在枫林桥的上海市政府竟停止办公，而设立以公用局局长黄伯樵为主任的租界办事处，从事对外联系工作，直至《淞沪停战协定》签字，市政府始在原址恢复办公。

（五）京沪、沪杭甬铁路局长郭承恩严重失职。两路局长郭承恩是宋子文的亲信，一贯唯宋之命是从。《淞沪防卫计划》对如何保护铁路营运安全早有部署，因此在马玉山路事件发生，上海形势紧张时，警备司令部立即指示铁路局将物资疏散，尤其机车、车厢只限于每日行驶的列车得留在北站，其余概应控制在距上海稍远的地区。而郭承恩对这些指示置若罔闻，反听宋子文的话，认为上海有租界关系，不可能作战，因而根本未作应变准备。迨战争爆发当晚，铁路局匆忙间想把留在北站的二十多辆机车疏散，因司机互争轨道，竟将铁路完全堵塞，大部分无法开走，结果为日军炸毁，路局办公楼遭受敌炮攻击与敌机轰炸后，全部档案及物资也均化为灰烬。只有沪杭路的机车，因该路机务总管孙嘉禄、副总管陈福海、听了我的劝告，先期修筑了一条便道，当晚炮声一响，由陈亲自驾驶全部机车，联成系列，从容地循便道开出，转移至嘉兴龙头房，得以保全。郭承恩严重失职，当即为当时国民党政府铁道部长叶恭绰免职查办，但不久政府改组，叶氏去职，郭承恩又以宋子文的关系，被任为军政部兵工署长，反而升了官。与此相反，战时积极配合一·二八作战，将该厂生产的武器弹药供应前线使用的上海兵工厂厂长宋式骉，战后不久，却遭受免职处分，两相对比，可见国民党政府黑暗腐败之一斑。宋式骉留德出身，九一八以前是张作霖、张学良父子经营十多年、规模居于全国首位的沈阳兵工厂厂长，目睹东北沦陷，敌忾同仇，在一·二八作战中深受鼓舞，以全力支援前线，高度表现了爱国主义精神（新中国成立后，宋曾任上海市人委参事）。

上海市政协文史资料委员会编：《抗日风云录：抗日战争胜利四十周年纪念专辑》（上），上海人民出版社，1985 年版，第 141—160 页。

一·二八抗战时十九路军的军械供应

王大文①

一九二七年，浙江警备师改编为第十一军，我在第二十四师七十一团任团副，第十一军后在江西编入第十九路军，总指挥蒋光鼐，军长蔡廷锴，我任十九路军第七十八师上校军械处长，负责武器弹药的供给工作。

一九三一年九一八事变后，全国人民抗日情绪高涨。同年十月，十九路军全体将士离开江西，移驻京沪线一带。当时，十九路军下辖第六十、第六十一和第七十八三个师，第六十师（师长沈光汉）驻苏州，第六十一师（师长毛维寿）驻南京，第七十八师（师长区寿年）驻上海。第七十八师下属两个旅，旅长分别为翁照垣和黄固，黄旅驻守南市各重要工厂，翁旅驻守吴淞、虹口和闸北一带，该师副师长谭启秀兼任吴淞要塞司令。

一九三二年一月，日本侵略者在上海制造马玉山路事件后，进一步扩大事态，乘机准备进攻上海，激起上海及全国人民的强烈愤慨。十九路军将驻在苏州及南京的部队调集上海附近地区，随时准备抵抗日军的进攻。一月二十六日，日本驻沪总领事及日本驻沪海军司令分别向上海市政府发出最后通牒，迫令中国方面于二十八日撤退闸北驻军并拆除防御工事。双方正在交涉中，日军突于二十八日夜十一时许向闸北一带十九路军防地攻击，十九路军将士忍无可忍，即在总指挥蒋光鼐及军长蔡廷锴的指挥下奋起还击。

初期战事主要在闸北地区进行。当时十九路军的布防情况大致是：第六十师及第七十八师的一部驻守闸北，第六十一师警备江湾、大场一线，吴淞、宝山防线由第七十八师及第六十一师的一部担任。一·二八之夜，日军分三路向闸北进

① 王大文，一·二八淞沪抗战时任国民革命军第十九军第七十八师军械处处长。

攻，十九路军翁照垣旅当即还击，打退敌人进攻。日军装备精良，大多为重武器，且配以装甲车，而十九路军的武器装备极差，大多为老式的汉阳造的“七九”步枪，每支枪配一百五十发子弹，其他武器极少，也无装甲车。战争打响后，上海各外报记者到闸北前线采访，对十九路军能否以如此低劣的武器抵抗和战胜日军甚表怀疑，但十九路军全体将士在上海人民及全国人民的支持和声援下，士气旺盛，浴血奋战，决不后退。比如在市街战中，日军装甲车几次冲破我街垒防线，十九路军士兵就冒死攀登屋顶，投掷手榴弹炸毁日军装甲车，致使日军无法越雷池一步。

为了改善十九路军各部武器弹药的供应，当时曾采取一些措施。首先向南京政府请求调拨，未有结果。后通过各种关系向上海各洋行购置到一批新式的武器弹药，立即分发各部，每连得三支捷克式自动步枪，每团的机枪连得六挺手提机枪，每团的迫击炮连得六门迫击炮。这些武器弹药均以昂贵的价格购来，因财力有限，购置不多，但也大大增强了十九路军的战斗力。

此后，据驻守南市的部队报告，在某兵工厂内贮存大量武器弹药及通信器材，系海军部所有，但当时驻沪海军拒绝给十九路军任何援助，因此他们秘而不宣。后来战事紧张，看守兵工厂的海军人员弃职逃跑，十九路军才决定直接接收这批武器弹药，命令所有后方勤杂人员悉数投入搬运。当时，十九路军得到上海各界人民的支援，要人有人，要汽车有汽车，足足搬运了十多天才搬完。由于获得了这批武器弹药，十九路军才有可能在淞沪战场坚持了一个多月。后来，十九路军后撤至第二道防线，师长区寿年命令我将剩余的武器弹药运往南翔，又从南翔用民船运往苏州，十九路军奉调福建时，全部随运至福建。

战事发生后，上海及全国各地的爱国群众和海外侨胞掀起了支援十九路军抗战的热潮，动员了大量人力，捐献了大量财物。当时部队所需的后勤物资、通信器材、运输工具、医疗器械及药品等主要来自民间，许多群众将自己的望远镜、无线电收发报机以及汽车等，赠送或借给部队使用，其他如毛巾、食物、雨伞等等也都应有尽有。人民群众的爱国热情，极大地鼓舞了十九路军将士抗日斗争的决心和信心。

尽管十九路军装备低劣，但广大将士仍斗志昂扬，大智大勇地与日军进行战斗。有一次，七十八师在作战会议上讨论对付日军装甲车的问题，设想了不少办法。我提出，立即派人到昆山、苏州一带农村搜集稻草，在夜深人静时将稻草铺垫在日军装甲车必经的路面上，挑选最勇敢善战的士兵组成敢死队，各人配备多发手榴弹，埋伏于马路两侧，伺机杀敌。俟日军装甲车行经过些地段时，车轮或引擎被稻草缠住，无法开动，敢死队便用集束手榴弹塞入车内引爆。后来用这个办法曾炸毁日军三、四辆装甲车，一时传为美谈。

由于军民同心协力，英勇斗争，日军遭受沉重打击，死伤万余人，在中国人民抗日战史上写下了光辉的篇章。

上海市政协文史资料委员会编：《抗日风云录：抗日战争胜利四十周年纪念专辑》(上)，上海人民出版社，1985 年版，第 168—170 页。

淞沪前线采访追忆

万国安[①]

意外就职

1932年1月28日，上海各大报都登出了日本军队要进攻闸北的消息，人心立即惶惶起来。当时，我住在虹口公园附近的一片居民区里，对面则是日侨的宿舍。我想："天塌大家死，这里住的又不是我们一家。"可是耐不得新婚妻子的泪水，在眼见对面楼上的日本侨民忙乱着往大汽车上搬东西，于是也抄起仅有的小行李卷和一个破旧的牛皮箱，进入了法租界。

我们找到一家旅馆住下，那天天气阴冷，小北风很刺人，上海的冬天对穷人一点也不照顾！第二天天刚蒙蒙亮，马路上就有卖报孩子在喊叫："十九路军在闸北打胜仗了！"我立即跑出去买了一张报纸，"闸北我军大捷"几个大红字赫然展现在眼前。这时我才注意到，闸北的枪炮声已隐约可闻，阴呼呼的天空上飘来的不是雪花，而是燃烧过的黑色纸屑。不久，又听人说，闸北的商务印书馆被日本飞机给炸着火了。

吃过早点，我打定主意去闸北观望观望。从四马路转入望平街，经过时事新报社门前，见铁门关着，外面一群孩子还正在等当日的报纸。我心中一亮，发表我的《国门之战》小说的朱应雕先生不就是这儿的总编辑吗？为何不进入拜望一下，也好打听一下闸北的消息啊！

报社编辑部在二楼，地方不大宽敞，一切显得古朴陈旧。朱先生看到我，很热情，先伸出手来和我紧紧握了一下，便开口说："仗到底打起来了，十九路军是好

① 万国安，一·二八淞沪抗战时系上海《时事新报》的外勤记者。

样的！自从九一八以来，中国兵敢打日本兵的，他们还是头一份儿！”当时我的心情也激动起来，没加思索便说：“我若是独身一人的话，一定去十九路军报名上前线，和日本鬼子拼一下，洗雪一下九一八的耻辱，为我的家乡出口气！”朱先生听了一怔，两眼注视着我，态度严肃地说：“你敢上前线吗？”我听了有点儿不高兴，说；“你看过我写的《国门之战》的小说，我当过兵打过仗，怎么会怕上前线？”他听罢叫我稍等一下，起身独自下楼去了。十几分钟的工夫，朱先生引着一位30多岁、派头十足的人走上楼来，并介绍说：“这是本报经理汪英宾先生，我们商量一下，只要你同意，报馆聘请你当外勤记者，每天去前线采访新闻。每月工资暂定为百元，明天就上班，报馆汽车由你专用。”这大大令我惊讶，三言两语我就成了上海《时事新报》的记者了。一下子有了固定职业，生活也有了保障，做梦也没有想到啊！

初上火线

1月29日上午7点多，我坐着报馆的汽车出发了。闸北炮声隆隆，十九路军还在和日军进行逐街逐巷的拉锯战。

汽车从沪西绕出租界，出口处的英国兵拦住了汽车，我立即取出昨夜报馆印好的名片，上面印有中英文。英国兵接过名片看了看，嘴里嘟嘟噜噜说着什么，沉默一会儿，突然说出一句中国话：“很好！打日本兵！”

汽车经过中山路，我们赶赴闸北地区。大约是在八字桥，距离虹口区的日军陆战队司令部不远了，司机找了个隐蔽地方把汽车停下来。我还得步行一段才能进入我军的后方，司机对我说：“不要待得太久了。”看表情他很替我担心，可我却没觉得有那么玄乎。

愈向前走，闸北的枪炮声也愈见激烈，远处不时有黑烟柱高高升起。日军两架飞机轮番在上空俯冲扫射，我弓着腰紧贴着街道两旁低矮的房屋迅速向前运动，心中还在想：有一杆枪的话，就像个便衣队了。直到头上飞机愈飞愈低，驾驶员的后脑勺都能看见了，乒乒乓乓的机枪子弹把屋瓦打得乱飞，我才突然明白了：日本人发现我了，正拿我当射击靶子呢！我钻进一间空屋里躲了十几分钟，头上的飞机声音渐渐去远了才出来。

我又跑过两条弄堂，忽见前面不远处有十几名荷枪实弹的士兵正停在屋檐下休息，内中有一个人在打电话。正在迟疑中，一个士兵对我喊话：“什么人，不怕死？蹲在那里！”我一听是中国人，立即高举名片喊：“我是上海《时事新报》的记者。你们辛苦了!”打电话的那位军官招呼我:“过来吧!”随后抬头看了看安静的天空,说:“刚才日本飞机在那边乱打了一通,记者先生真够幸运的!”

招呼我的这位军官叫方远超,近30岁,中等个头,是十九路军的营长。他没有详细介绍部队番号,我当然也不好问。他欢迎记者来采访,见我掏出手册做记录,便急切地说:“一小时前我们五连击落一架日寇飞机,机毁人亡,都烧光了。昨夜1点多,日本兵由虹口那面开始向我们进攻。先是迫击炮,后是机关枪,步兵接着开始冲锋!刺刀闪着寒光,鬼子兵鬼哭狼嚎地一批倒下,一批又接上来。我们准备两天多了,老百姓早已疏散了。巷战不同于野战,空间小,大部队没法展开。我们有计划地将房屋墙壁打通,和街巷有机地联系起来,屋顶上设下埋伏,地雷少就大量使用集束手榴弹。进攻我们的日寇有2 000多人,他们有些轻敌,以为中国兵都像沈阳守兵一样,只要连打带吓唬就能大获全胜。他们也没有打市街战的经验,一开头就钻进我们布置好的口袋里。双方一接触,只打了两个多钟头,日本人就觉出不像他们想得那样容易了,于是一面撤退一面到处放火,商务印书馆首先遭殃!日本鬼子死伤不少,我们‘以逸待劳’损失少多了。我们六连还抓了一个活鬼子,腿被打断了。派了两个弟兄往团部送他,他真凶恶,连咬带打就是赖着不走。”停了一下,方营长继续说:“拂晓时鬼子发动二次进攻。飞机又上阵了,数量有五六架,全是双单翼,个头不大,扔的炸弹和迫击炮弹相仿。你正赶上这一拨儿。”

我本想去团部看看这名日本俘虏,火线上突然又响起激烈的枪炮声。方营长告诉我,日军可能又要搞第三次进攻了。士兵们开始行动,我只好向后转,临走时方营长告诉我他的师长叫沈光汉。还没等我走出闸北战场,日军飞机已经到处投弹、扫射,进行灭绝人性的屠杀了。

当天下午,《时事新报》的“战地通讯”号外和广大的上海人士见面了,在当时这是《时事新报》的创举,引起人们的关注。

丝棉背心

过了几天,我找到住在大场镇的沈师长的司令部。沈师长是广东人,一见面,便给我一种开朗乐观的印象。我首先代表上海市民向他和他的官兵致以亲切崇敬的问候,并给他带来几份我写的“战地通讯”号外。他连连说:“记者先生,久仰!久仰!”大概方营长早就向他报告过了。

我请他谈谈几天来的战况以及今后的局势，他开门见山地说："我们十九路军目前称得起是孤军作战，中央还没派来一兵一将。我们很困难，但全体将士会坚持抗战到底，不怕流血牺牲，请上海的父老兄弟姐妹们放心……"我用心地听他发表议论，而后问他有什么需要上海人民帮助的事情，他沉思了一下说："今年冬天较冷，夜间在野外作战，士兵需要御寒衣物，最好请市民给缝制些大号丝绵背心，希望记者先生代为呼吁一下。"他说到这儿，我忽然想起前天在闸北的一片废墟里，见有十几具冻的硬邦邦的尸体堆得整整齐齐的，那是打扫战场后还没来得及掩埋的将士，其状令人痛心。临别时，沈师长特意给了我一张名片，在上面写了几个字，又盖上私章，准许我在该师防区自由活动。

回报馆后，我在"战地通讯"上刊出沈师长的请求。不到三天的工夫，数千件大丝绵背心送到了报馆，大车小车，一时四马路望平街的交通都受到了影响。还有一位无名氏送来一架德国制造的军用望远镜，并注明请报馆赠给一名将军。总务科科长汪禹承先生把这个任务交给了我，不用说我把它送给了我认识的第一位将军——沈师长。几天后，那位无名氏还打电话到报馆，指名道姓地向我表示谢意。

险些丧命

一连紧张了十几天，逐渐摸索出一点采访经验，劳累也是免不了的。每天下了汽车，来回总要走十多公里，司机希望把汽车停在离火线远的地方，我则希望汽车愈近前线愈好，可少跑不少路。一想到在战壕里浴血鏖战的将士们，我的劳累就显得轻松多了。尤其是每天从前方回到报馆，看到编辑先生和工友们的那种温暖关怀的目光，更使我万分感动。

闸北战事稍有平静，敌人在等待援军的到来，前线的枪炮声也显得稀少了。这时我去前方采访又多了两位伙伴，新创刊的《大晚报》记者张若谷和黄震遐，当时上海小报称我们为新闻记者"三剑客"。

二月中旬，我们三人去吴淞口采访十九路军翁照垣旅长。在吴淞镇上几乎看不到人，黄浦江上日本军舰遥遥在望，一片阴森可怕的景象。汽车停在同济大学门前，一个小兵不知由哪里跑过来，我们向他打听翁旅司令部在何处，小兵刚伸出胳膊指示方向，突然一颗炮弹呼啸着从江上飞过来，"轰"的一声爆炸了。我们本能地趴在地上，一阵烟尘过去，等了两三分钟，见没有第二颗炮弹打来才站起身。

好险哪！抬眼一看，那个小兵竟站在那里一动未动地发愣！黄震遐喊了一声："你的胳膊怎么淌血了？"小兵这才惊醒过来，发现自己受伤了，二话没说，一转身就跑得无影无踪了。

这时一架敌侦察机从江面上飞过来，我们都躲在小胡同里，司机的脸吓得煞白。我们只好放弃这次采访，登上汽车。司机开足马力返回报馆，一见汪经理就声明："再也不开车去前线了！"

"攘外必先安内"

不久淞沪战局又是"黑云压城城欲摧"之势。据悉日本天皇特派海军大将白川到上海指挥侵华战役，南京方面也派张治中将军率领第五军两个师协同十九路军对日作战，战线已由闸北的巷战发展到江湾、吴淞口一线的阵地战了。

有一天，我赶到我军毛师长的司令部采访。司令部设在真如火车站附近的一个村子里，老百姓都跑光了，房屋大部被日本飞机炸得破破烂烂，不远处有一条铁路是去南京的，铁轨也被拆得残缺不全。一片荒凉破败的景象。

毛师长瘦瘦的中等身材，说话慢条斯理的，脸上有些倦意，可能是睡眠不足。草舍里光线很微弱，一股发霉的潮湿气味在黑暗之中流动着，小小的方桌上摆着许多线装书，墙上挂着一把发亮的手枪，一部电话机摆在行军床上，这就是他的司令部。毛师长消息很灵通，不等我多作自我介绍便说："老早沈师长在电话里就说到记者先生，可是你一直没有光临鄙师，失迎！"我忙说："一开始就到闸北前线采访，后又到大场镇沈师。战线逐渐延长，汽车路也离火线愈来愈远，现在总算找到贵师驻地了。特来拜见，请师长多多指教！"

毛师长很健谈，不亚于沈师长，从目前的战局说开，直到最后断言十九路军到了后撤的时候了。见我表示惊异，他说："东三省一枪不放，拱手让给关东军。这是为什么？"我说："那是张学良不愿意抵抗啊！"他突然笑起来："老弟，你太年轻了。张学良是执行蒋委员长命令行事的。"他停了停，接着又像讲课似的说："委员长把心思都用在江西共产党的身上了，打共产党比打日本人还重要。你知道委员长的救国救民的思想吗？"我摇摇头。他又笑了笑说："'攘外必先安内'，记者先生你懂这句话的道理吗？"我那时对这些政治道理确是一窍不通，可是我从心里对他的议论是不敢苟同的。停了一下，毛师长又说："老弟，要多读书，开卷有益嘛。你念过大学吗？"我忽然脸一红，嗫嚅地说："我只念过初中。"

毛师长留我吃了午饭，送我到村边上，紧紧地握着我的手说："有机会再来，欢迎你！"一路上我反复思考："这次谈话能写在'战地通讯'上吗？不能！不能！"在汽车里，司机一个劲地埋怨待久了，可我并没有介意，心里总在想那句似懂非懂的"攘外必先安内"。

部队撤走

2月下旬，我再次来到沈师长的司令部，沈师长满脸带着焦躁不安的神情，往日高谈阔论的风采消逝了。请示、报告的军官频繁出入，作战科科长对我说："日本的军舰有向金山卫集结的模样，吴淞口也增添了万吨巡洋舰。"我看到气氛有些异样，猛地想起了毛师长不久前提到的"十九路军要撤退"的话。心里正在嘀咕，沈师长的一名随员走到我身边悄悄地说："师部要行军了。"我一听心里一震，一种无名的悲哀袭上心头。我无精打采地走出司令部，呆立在大路边，眼前空空荡荡，冷冷清清，只有一架"飞机"在高空盘旋，但听不到发动机的声音。我痴呆地仰头望着它，忘了找个隐蔽地点，心中是一片空白，连自我的存在也忘了。就在这一瞬间，这架"无声飞机"做了个侧滚翻的动作，两只翅膀扇起来，原来是一只大鹰。我的幻觉消失了。

压抑的感受几乎弄得我莫辨东西，顺着大路慢吞吞地走下去。走了不知多久，忽然发现前面有队伍在活动，我的精神不由振作起来。愈近愈清楚，原来是部队在挖筑工事，外围还有哨兵在警戒，当我离他们有200米远时，就听哨兵高喊："老百姓不要过来，再走近我要开枪了！"我急步快走，高举名片大声喊道："我是上海《时事新报》的记者！"说也真巧，竟是第一天在闸北火线上认识的方营长的部队。方营长一边叫哨兵不要喊了，一边快步走过来。他还记得我。他负伤刚出院又上火线了，现在是中校副团长。他上前拦住我，急切地说："赶快离开这里。说不定这儿马上就要炮火连天了。我们原来的阵地交给第五军了，这是第二线。其他无可奉告，再见吧！"

回到编辑部把当日的"战地通讯"稿写出来，编辑褚保衡又对我说了一件怪事。原来今早编辑部接到一个匿名电话，指名叫我说话，主要是关于"战地通讯"上说"皇军"当俘虏的事，说我"侮辱皇军，皇军永远不会当俘虏的。"叫我当心小命！乍听真有点惊慌，日本"皇军"也关心起我的"战地通讯"来了！我真是"受宠若惊"，从古到今，两国交兵，谁抓谁当俘虏，有什么值得大惊小怪的。管他呢，我今天本来就气儿不顺!

发高烧了

3月2日,是个悲痛的日子。我一大早坐上祥生公司的出租汽车直奔大场镇的沈师长的司令部,空中既没有敌机吼叫,也听不到枪炮声,一个月来的烽火硝烟一股脑儿地消失了。

汽车快到大场镇了。我忽然从玻璃窗看到镇边上的竹树林中飘扬着日本的红膏药旗,一队队的日本兵排着长长的四路纵队前进,刺刀在阳光下闪动,好像在演习野外行军。

看到这幅景象,我的脑子"嗡"地一下大了,全身也颤抖起来,愤怒中含着惊恐,不由得嘴里说了一声:"十九路军真撤退了!"

我叫司机掉车转回报馆,同时极力地使自己镇静下来,怕惊吓了司机。马路有些狭窄,费了十来分钟,总算把汽车掉转头来,没等司机问为什么,我这才照实对他说,再往前走就要和日本兵的刺刀顶牛了。司机一听,脸立刻就吓白了,加大油门,直奔中山大路。前面已经有一辆大卡车在没命地狂奔,紧跟着又有一辆大卡车"嗖"地从我们右侧超过。马路上黄尘滚滚,刚跑几分钟,就看到前面的那辆车翻倒在路旁的排水沟里,来了个肚皮朝天。我们的车也在狂奔,司机大概猛然看到这悲惨的景象有些昏了头,把车开得七扭八歪,蹦蹦跳跳起来。我的脑袋向车顶上乱撞,嘴里喊叫着:"不要慌,发昏了?日本兵没有往这里赶,放心开车吧!"汽车回到报馆时,水箱已在沸腾了。司机一边灌冷水,一边结结巴巴地说:"明天,明天,我、我是不来了!"

我刚进报社门就和汪经理撞了个满怀,他说:"今天回来得早呵?"我赶忙轻声对他说:"十九路军撤退了!"谁知他听了这个痛心的消息,一点惊讶的表情也没有,只是淡淡地说了句:"昨天夜里就得到消息了。"我心想,老板们真是神通广大。

坐在编辑部,在悲愤沉痛的心态下,我匆忙写完了最后一篇"战地通讯"稿,而后离开报馆,在马路上叫了一部洋车,把我拉到三天前刚搬到法租界付斯东路的新家。一进家门,我一头就栽到床上,妻子慌忙走到床边,摸着我的脑袋惊叫了一声:"你发高烧了!"

“西线无战事”

在家休息了两天，体力也恢复了。这时十九路军已撤到昆山一线。中日军队成了对峙状态。十九路军总部设在苏州、上海之间的正仪车站，报馆派我和一位老记者刘彤先生，一同去总部采访。这时中日双方淞沪协定正在进行协商。

上海去正仪须坐去南京的轮船，因为铁路不通。在镇江下船换火车到苏州，苏州到正仪总部每日有专车往返。

据传轮船经吴淞口时，日军军舰要上船检查，发现中国军政员兵当即扣留。报馆给我们二人做了绸面长袍，扮成商人模样。谁知我们坐的轮船紧挨着日本军舰，却平安无事地过去了。检查之说，吓人一跳！

在镇江住了一夜旅馆，第二天早上在车站附近饭馆吃了早点。刘彤先生年近50岁，江苏人，大概是个“美食者”，边吃边对我说：“这是有名的镇江早点，肴肉、煮干丝还有小笼包子。万先生，你早先吃过吗?”我说：“过去我是个当大兵的，哪里会吃这样好的东西。”

到苏州住在阊门外的大旅社，沪宁记者来了五六位了：中央社的冯有真先生，1945年日本投降后，他任上海中央分社社长，不久因飞机失事而死；陆诒先生是上海《新闻报》记者，1949年上海解放时，他接管《新闻报》任采访部主任，当时我在上海军管会办了回乡生产手续后，还特意拜访陆诒先生，多承指教，迄今难忘；《大晚报》的黄震遐、饶谷公两位同行比我早来一天。十九路军在苏州也驻有留守处，第二天我们几位记者坐上总部的专车到正仪总部。

记得总部设在一个大祠堂里，我当了一个月的战地记者，还没有拜见过大名鼎鼎的抗日英雄蔡廷锴将军。将军年纪50多岁，为国操劳显得有些苍老，浑身透着一股百折不挠的大将风度，说话还饱含幽默感。

我穿惯了“二尺半”，到苏州匆忙买了一身童子军服装，换下了穿的长袍，戴上船形帽，手中少了一根木棍，不然倒是个地道的童子军了。

蔡将军看了看我，接过我的名片，先伸过手来和我握了一下。他笑着说广东官话：“老弟，你是童子军团的记者，欢迎！欢迎!”紧接着说：“你的‘战地通讯’写得生动、真实、有趣，有许多事我还不知道，你已经写出了。”我向他行举手礼，请他多多指教。

在苏州期间，称得起是“西线无战事”，总部每天照列发战报。我隔几天摭拾些街谈巷议，道听途说的中日双方对阵的小新闻，写成“后方见闻”手稿寄给编辑部。

告别苏州的前几日，因公事轻闲，便畅游了名山古刹。

后来的话

5 月 5 日中日停战协定签字了，又多了一条令中国人耻辱的条约。协定规定，中国人今后不能在闸北驻正规军，只能驻一个保安大队维持地方秩序。十九路军也奉调去福建驻防。

那个在电话里恐吓我的人，原来是给日本人当特务的小汉奸，姓王，名字忘记了，他是上海某通讯社的记者。淞沪停战后，报馆派我采访闸北地区军警方面的新闻，我来到了保安大队。新成立的保安大队，全部官兵都是九一八后从关外逃进关内的东北军。俗话说，老乡见老乡，两眼泪汪汪，消灭东洋鬼，才好返家乡！没想到在保安大队部我和那位汉奸老乡记者认识了。他是辽东人，他后来知道我是东北人，便极力和我拉交情，一次约我去他家吃饭，借酒遮羞说了真话。原来他参加了日本的特务组织，于是就打定主意拉我入伙，我拒绝了。一年后，这个铁杆汉奸、民族败类便被人暗杀，枕着一摊污血，躺在了虹口区的一条人行道上！

《纵横》，1993 年第 3 期，第 56—65 页。

闸北御敌

梁　岱①

布防

一九三二年一月十八日，日本僧人在上海马玉山路与我三友实业社工人发生冲突，互相殴打，结果日僧受伤，日侨进行报复，于一月二十日纵火焚烧引翔港三友实业社的厂房。事后日侨开会，电请其政府派兵来沪，遏止抗日运动；会后结队游行，途经北四川路时，捣毁商店，打坏汽车，殴伤巡捕。这一连串事件的发生，显然是日本侵略者在幕后精心策划，指使其浪人故意肇事，制造紧张形势，借口以保护侨民利益为词，派遣军舰和海军陆战队到沪，实行登陆，伺机发动侵略战争。

一月二十七日下午十一时三十分，日本驻沪总领事村井苍松和日本第一遣外舰队司令野村吉三郎，致函我上海市府，大意说，帝国海军鉴于多数邦人，居住在闸北一带，为维持治安计，欲以兵力配备该处，以负保安之责，希望中国方面，将闸北所有中国军队及其敌对设施，从速撤退等语。同时，日海军陆战队已在虹口集中，继而向我闸北防军进迫。于此可见日军侵略我闸北的阴谋，是有计划地预先策划的。

一九三一年冬，京沪卫戍司令部成立，第十九路军奉命由赣南调来京沪线上卫戍，第七十八师驻上海、嘉定间，当时驻防上海闸北地区的部队，只有该师第一五六旅第六团一个团，兵力约二千人。团长张君嵩，副团长梁岱，第一营营长利长江，第二营营长吴康鉴，第三营营长吴履逊。该团于一九三一年十二月间奉命进驻上海，团部设在闸北太阳庙广肇会馆内。闸北地区毗连公共租界，而公共租界

① 梁岱，一·二八淞沪抗战时任国民革命军第十九路军七十八师一五六旅第六团团附。

又是日侨聚居之地，日海军陆战队司令部也设在北四川路虹口公园附近。我团在冬防时期进驻闸北，当时抗日爱国运动此伏彼起，日本侨民不时恃强欺侮我国人民；为防事变于万一，乃在湖州会馆成立闸北军警联防办事处，张君嵩兼该处主任，及至日侨焚烧三友实业社，游行捣乱，同时日海军陆战队又登陆举行巷战演习，更引起我们的警惕，乃报请淞沪警备司令部核准拨款在闸北北站、虬江路、宝山路、天通庵路、横滨路、青云路、江湾路等处，构筑防御工事，以作自卫准备。这项工程，一月二十三日完成后，随即召集全团排长以上会议，在会上分析当前局势，指出日军有侵犯我闸北地区的野心，并认为九一八沈阳事变，东北军不战而放弃东三省，是奇耻大辱。全体一致表示，如敌来犯，誓死抵抗，愿以鲜血洒阵地，决不让寸土沦敌手。会议决定即日起官兵不请假不离营，加强警戒，枕戈以待。会后将兵力作如下部署：

（一）第二营附迫击炮连（欠一排），沿横滨路、天通庵路、青云路之线，占领既设防御工事，右翼与第一营密切联系，特别向左翼天通庵以北地区警戒。

（二）第一营附迫击炮一排，沿北站、虬江路、宝山路之线，占领既设防御工事，左翼与第二营密切联系，特别对右翼注意敌人利用公共租界的行动。

（三）第三营为预备队，位于湖州会馆附近，以便于策应第一线营的战斗。

（四）第一线营，在平时要以三分之一兵力。守备既设工事，并随时加强之。

（五）作战时，湖州会馆军警联防办事处改为前线指挥所。

当日军蓄谋侵略，进行巷战演习，我团在马路上筑防布哨自卫时，上海局势就笼罩着战争气氛，尤以闸北地区的市民，人心惶惑，大有战事一触即发之势，纷纷迁入租界躲避。上海市市长吴铁城将情况上报南京国民政府。何应钦曾亲自来沪对我们说："现在国力未充，百般均无准备，中日双方冲突事件，政府均拟以外交途径解决，为了保存国力，须要忍辱负重……。"与此同时，接到师部转奉南京政府的撤兵命令，限令我团在一月二十七日将闸北防务移交宪兵第六团接替。撤兵命令下达后，全团官兵悲愤填胸，痛恨南京政府屈辱投降，软弱无能的亡国外交政策。到了二十八日傍晚，奉命前来接防的宪兵第六团，其先遣部队第一营，始乘火车到达北站，团部及其余部队，则在真如车站下车。团长率领各营长到团部协商交接防务。据说，该团仓促奉命，因集中、整装、输送的关系，延误到达时间，要求即晚交接防务。我们当时考虑该团后续部队尚未全部到达前线，现在情况又是如此紧张，黑夜交接，情况不明，敌如夜袭，于我不利。乃以电话请示师长区寿年，同意在明（二十八日）晨开始移交防务。事情果不出所料，是夜十时左右接淞沪警备司令戴戟来电话说："现在上海外国军队，纷纷在租界各重要街口布防警戒，日海军陆战队已在虹口附近集中，有向我闸北进攻企图，应即严为戒备。"据探报所得情况亦复如此，乃即电令第一线各营，按照预定计划，全部进入既设阵地，特别侦察虹口方面的敌情动态，如敌胆敢来犯，则迎头痛击，固守阵地，不得后退。以电话下达命令后，团长还和我亲往前线巡视，鼓励士气。对各级指挥官作相应的指示后，团长即返回团部。我留前线指挥所观察敌情的变化。是夜十一时三十分左右，日海军陆战队以铁甲车为前导，分由天通庵路、虬江路两方面向阵地袭击。刹那间，枪声、炮声和手榴弹声，冲破了沉寂的黑夜。当时敌军来势闪猛。我团官兵奋起抵抗，与敌展开冲杀，将来犯之敌击退，确保了阵地。一・二八淞沪抗日战役，首先由闸北巷战开始。

血战

战事爆发后，未接防的宪兵第六团，奉令归我团团长张君嵩指挥，乃着该团第一营接防北站附近的阵地，并重新调整原有第一、二营的防守区域，以加强第一线的防御力量。同时奉上级严令指示，因为部队集中需时，在后续部队未到达前，着我团最低限度死守原阵地三天，掩护我军主力到达战场。敌人夜袭不逞后，又予拂晓时以陆海空军配合，再次向我全线进攻。敌舰发炮轰击闸北地区，从航空母舰起飞的敌机用烧夷弹滥炸。商务印书馆总厂、北站和湖州会馆（前线指挥所）首被炸中，引起熊熊大火。在战争中救火队无法施救，任其延烧，一时烈火冲天，浓烟笼罩，形同烟幕。当延烧至我阵地前，火热灼肌肤，战士就以湿毛巾蒙面，沉着应战，坚守阵地。

我们最受威胁的是敌利用装甲车掩护步兵向我阵地冲击（当时战士称之为铁牛）。初战时我们吃亏很大，乃组织敢死队，潜伏阵前马路两旁的店户内，俟其驶进，即以密集之手榴弹将其炸毁。有的战士将十个手榴弹扎成一捆，埋在阵前五十公尺的马路中央，加以伪装，再用铁丝以一端集束十个手榴弹的引信管，另以一端牵至阵地内，看准其驶近目标时，将铁丝拉动，隆然一声巨响，"铁牛"应声倒地。我们在没有地雷配备的情况下，是用这样办法来对付敌人的装甲车。二十八日和二十九日两天，敌军反复数次向我阵地猛攻，均被击退，俘获敌军十数名，击毁和缴获装甲车三辆，从而坚定了全体官兵抗战的信心，鼓舞了全国人民同仇敌忾，粉碎了敌酋狂妄叫嚷四小时内占领闸北的狂妄计划。

二十九日，上海全市商店罢市，学校罢课，抗议日军侵沪，呼吁抢救战区居民（因战事发生在夜半，许多居民惊醒后，在战火包围中，无法退出），因而驻沪各国领事在道义上不得不出面要求敌我双方停战数小时，保护闸北、虹口一带居民退出火线。并由万国红十字会从中斡旋，征得双方同意，决定在三十日正午停战三小时。我团乃乘停战时机，调整部署，加强工事。敌方亦因屡攻不下，藉此喘息，再图进犯。在停战时，与我方阵地毗连的租界外国守兵，大声向我方战士喊叫："哈罗"，举手致敬，并将拇指竖起，意思是说：你们打得顶呱呱。三小时停战甫过，敌又连续发起向我全线进攻，来势比前两日尤为猛烈。但我军将士，浴血奋战，仍将敌击退。在此期间，我军为防敌迂回侧攻我闸北阵地，第七十八师第一五五旅已在江湾方面布防，同时，第一五六旅旅长翁照垣也奉命率领我团第三营，星夜开往吴淞，加强吴淞要塞的防务。而日军亦以敌酋盐泽幸一连日作战失利，改派野村吉三郎为指挥官，率久留米混成旅团约七八千人来沪增援，因而战火就沿着淞沪铁路线延烧到吴淞炮台了。

我团首先在闸北地区阻击日军的侵略，赢得了时间，掩护我军主力源源开到战场，加紧布防，参加战斗，这一任务能否完成，对尔后作战计划，是一个关键性问题。全国官兵认识到这一点，所以虽在敌人陆海空联合进攻之下，也不动摇，誓与阵地共存亡，决不后退。经过四天的剧烈战斗，全团少校团附以下官兵死伤过半，其中有营附陆彬，连长林玉，张金山、钟泰初及排长数名（忘记姓名），壮烈牺牲。我团于二月一日奉命将防地移交第六十师后，撤至真如豫南大学整补。此时全国青年激于爱国义愤，纷纷到前线来自愿要求入伍，参加抗日作战。在短短一个星期内，我团已将作战伤亡的缺额全部补足，但自动投军者，仍纷至沓来，乃将情况反映上级，并得到特别许可超额补充。日夜加紧训练和补充装备，准备再次上阵杀敌。

第十九路军在淞沪孤军抗敌，血战兼旬，屡挫敌锋，初期国府首脑采取投降政策，战事既开，又观望破坏，按兵不动，但在人民群众的压力和爱国将领的要求下，终于临时以第八十七、第八十八两师为基干，组成第五军，由张治中率领，于二月中旬开赴前线，归总指挥蒋光鼐指挥，增援蕴藻浜至吴淞之线。此外尚有税警总团王赓部，驻守龙华和浦东地区，与此同时，日本政府以盐泽、野村相继作战失败，又改派植田谦吉为统帅，率其精锐第九师团前来增援。植田抵沪后，向我军提出最后通牒，限我军在二月二十日撤出闸北，让其进驻，气焰嚣张，令人发指。其蔑视国际公法，侵犯我国主权，莫此为甚。当其无理要求被我军拒绝后，他即重新部署，调动主力，企图在江湾、庙行方面，突破我中央防线，以断我闸北、吴淞间之联络。当时我军防守该处的第六十师和第六十一师部队，乃与敌展开一场大血战，冲锋肉搏，往返争夺，惊心动魄。由于我军士气旺盛，顽强勇敢，沉着应战，一次又一次地击退敌人的猛烈进攻，终于将敌军全部击溃。是役敌军伤亡甚重，我军牺牲亦大，为我国战史上写下可泣可歌、光荣的一页。植田的威风又被打下去了。

防守太仓

日本政府为了挽救其皇军的声誉，恢复其一败再败的颓势，乃先后又派白川义则和菱刈隆两员大将率领三个师团再次增援。同时，我团在短期内完成了整理、补充、训练任务，于二月二十五日再度奉命开赴杨家楼下增援。此时日军前后调来兵力，连同原有的陆战队，数达十万，且派来一员在日本军界中负有声望的宿将白川前来统率三军，看其来势，非侵占上海，决不会罢休。白川到达上海后，即改变战略方针，于三月一日在闸北、江湾、吴淞全线，以陆海空军主力，向我正面猛攻，另由菱刈大将率兵一部，用战舰拖民船数十艘载运，经狮子林、宝山驶向浏河上游七丫口附近，在飞机掩护下，强行登陆，有侵占我太仓城企图。因此，我军侧背受到极其严重的威胁，淞沪阵地，有被敌迂回包围的危险。我总指挥部处此严重情况下，就毫不犹豫主动地命令全军于是日夜间，向常熟、昆山、青阳港之线撤退，转移阵地，继续抵抗。是晚九时，我军在夜色蒙蒙中开始撤退，撤退时秩序井然，人马不乱。我军主力离开战场约四十里后，天才大亮，为避免敌机侦察，部队停止，荫蔽休息，俟至黄昏再继续向目的地前进。我军这一行动，出敌意料之外。所以敌人于三月二日午后，始察知我军确已撤退，才开始进击。而我前线留置的有力掩护部队，按计划与敌且战且退，迟滞敌人追击，完成掩护主力后撤的任务。这次有计划地果断地先机后撤，高度发挥了军事艺术，为我国历史上写下光辉的战例。大军撤退火线，如果没有丰富作战经验的指挥官和久历戎行在战斗中成长起来的各级干部和士兵，是不可能获得如此成功地安全撤退的。

当我军向第二防线转进时，我团奉命急驰太仓城防守。该城是第二防线左翼一个重要据点，孤立地突出在防线之前，是敌人登陆后所必争的战略据点。该城之得失，直接影响第二防线的安全。全团官兵认识到任务的重要性，乃决心死守该城，誓与城池共存亡。是时该城居民自闻敌军在浏河登陆后，纷纷向昆山、苏州逃避，十室九空，残留者只有二三千人。我们首先协同县府清查户口，以防奸细混进，同时调查存粮，实行粮食统一管理，以防抢购囤积；并把群众组织起来，成立防空、筑城、救火、救伤等组织，协同我军作战。复将该城东南北三门封闭，只开放西门。于城外各要点，布置有力前哨阵地，在通敌路上，利用麦田青纱帐的荫蔽，配备伏兵，狙击来犯之敌。有一次（时间忘记）敌以小部队来试探我军虚实，被我伏兵击毙十余人，生擒二人，缴获机枪一挺，步枪十余枝。是日敌机数架前来滥炸报复，但此时我军民均已筑有掩蔽部，故伤亡甚少，房屋则被炸毁无数。以后敌虽数次来犯，均被击退。直至签订淞沪停战协定时，该城仍如磐石地屹立在第二防线左翼的前面，未为敌陷。

停战后，我团奉令复员，集中无锡惠山时，该县人民团体派代表前来驻地赉赠锦旗及慰劳品，并索取我团官兵名册回去，据说是以为立碑纪念。

此次战役，我们虽然损失了许多生命、财产，然而我们的国土幸能保全，我们的热血，洒满了闸北，而我们的正义，获得全世界的同情。尤以海内外同胞，热烈支援前线，更加振奋人心，鼓舞士气。战争一开始，上海市各界人士，纷纷派代表前来我团部慰劳；有的代表还询问我们最需要什么东西，登记后，翌日即源源送来，如望远镜、防毒面具、手电筒、墨水笔、手表、线衫、线袜、内裤、丝棉背心、胶鞋、毛巾、手套以及医疗用品等，应有尽有。此外还有大量面包、饼干、糖果、罐头、水果、年糕、烧肉、白肉、腊味等等。这些慰劳品，在战事爆发初期，是直接送来我团部处理的。由于战争的发展，参加战斗的部队日多，送来的慰劳品也越来越多。后来由总指挥部统一接收，然后分配给各部队。此外各地华侨所捐的慰劳金、为数亦颇巨，是直接汇给十九路军收的（该军曾经公布过征信录要）。后来蔡廷锴将军还亲自赴南洋、美洲各地，向侨胞致谢和慰问。当时华侨认为蔡廷锴将军是当代我国民族英雄的代表人物，所到之处，均获得空前的热烈欢迎，华侨热爱祖国的情绪，于此可见一斑。

后来为了纪念一·二八淞沪抗日阵亡将士，于一九三三年在广州市通沙河的先烈路上，建立一座第十九路军淞沪抗日阵亡将士园墓和纪念碑，将部分阵亡将士的遗骸或衣冠移葬该处立碑勒铭，以留纪念，以慰英魂。新中国成立后，并得到人民政府将该墓和纪念碑公布为重点文物保护单位。每年清明时节，党政领导和各界人士，前往祭扫，凭吊忠魂。

《从九一八到七七事变》编审组：《从九一八到七七事变：原国民党将领抗日战争亲历记》，中国文史出版社，1987 年版，第 171—178 页。

防守太仓简记

余立奎[①]

一九三二年二月二十九日中午，我团奉总指挥蒋光鼐命令，着我团自真如徒步至南翔，转乘火车至昆山，再徒步经太仓增援浏河，并限三月一日下午五时以前到达浏河。我当即遵命率部于当日下午四时到达南翔。由于敌机骚扰，白天不能行车，直至夜九时半始行开车，南翔至昆山仅有五十余华里，但因车行速度过慢，至夜十一时始到昆山。三月一日晨七时，即率所部取道太仓向浏河前进(太仓距昆山三十六华里，距浏河亦三十余华里)。上午十时半行至太仓时，宋希濂已率部退至太仓。宋是第八十七师旅长。我即命部队在西门外停止待命，自己进城向宋报告我部是奉蒋光鼐命令增援浏河的，并向他询问前方情况。宋说："浏河业已弃守，现在不能前进。"我即回西门外团部，用电话将浏河业已弃守和宋旅至太仓情况向总指挥部报告，并说明我团暂留太仓待命。当时城内情况很乱，我部未进城，即在西门露营。天黑时，又有第四十七师一部开到，据说是一个团，我没有见到带队人。当天晚上，我又去宋的旅部，对宋说："太仓不能放弃，要守太仓，就要守六渡桥之线。"我又说："宋旅长有三团人，我只有一团人，我愿意和宋旅长各负一半防守责任，你认为哪里较危险，即交给我防守。"宋说："我们明早开一个军事会议来决定好吗?"我说好，这样我就回来了。

在当夜三点多钟时候，第四十七师一部分部队即在西门街抢了一家皮鞋店后拉走了，天明时宋旅亦全部开走了。我当即追至湖川桥，将宋追着，我说："宋旅长你怎么开走了？我们太仓就不要了吗?"宋说："我奉到命令要我开常熟。"(当

① 余立奎，一·二八淞沪抗战时任第十九路军补充第一团团长。

时他并没有说留下任何部队守备太仓。)我无话可说,只好回到西门外,将宋旅撤走情况向蒋光鼐报告,并向他请示太仓究竟还要不要?蒋说:“你的力量不够呀!”我说:“我不管力量够不够,我来就是准备牺牲的,牺牲了就算尽了我的责任。”蒋说:“那很好,你就相机进驻太仓吧,不得已时你就退巴城。”这样,我就率部进入太仓城。但这时太仓县长、公安局长、商会会长、保卫团长都已走了,商店大部分关门,老百姓亦多数逃走,只有一位电话局赵局长还在城内。我和赵联系后,即请赵转请他们回来。我即率部至六渡桥一线构筑工事,向敌警戒。布置妥当后,即由中校团附何自坚留在前方负责,我于晚间回到城内。这时公安局长、保卫团长、商会会长均已回来,我就和他们开了个小会,向他们说明我决心坚守太仓,但我的部队全部放在六渡桥(距城十二华里)一线,城内治安须请公安局和保卫团负责维持,一面请商会通知出售生活必需品的商店一定要开门,否则没有饭吃如何作战。商会会长当即表示:前方所需物品保证充分供应。次晨(三月三日)所有商店全部开门,秩序很好,老百姓亦陆续回来。我于三日下午回到六渡桥前线。四日上午十时敌即来犯,但人数不多,仅百余人,打了三个多小时,在下午一点多即行退走。五日又来,人数稍多一点,但还是打了几小时就走了。

这样连续打了十八天后(大约是三月二十三日),军长蔡廷锴到太仓前线来视察,同来的有英国驻苏州的总领事、法国大使馆参赞以及一些其他外交人员和几位高参。他们是上午九点多钟到达太仓的,这时前线还正在打,我一方面恐怕发生意外,另一方面当时法国人是同情日本的,我亦不愿使法国参赞了解我布置情况,所以没有同意外宾到前线,只是蔡和几位高参到前线看看。蔡看后对我说:“你的兵力太单薄,要增加些部队。”我说:“有部队增加当然好,没有部队增加也没有关系,我估计敌人是不会作重大牺牲来夺取太仓的。”下午三点多钟,蔡和外宾等就回去了。

过了三四天,第七十八师第六团张君嵩团开来太仓协助,我们又继续打了二十多天。有一次敌人来了约一个营兵力猛攻,经我们两团协力痛击,敌不支溃退,还遗下两具尸体,以后也就未再来犯。这两具敌尸在淞沪协定签字后,敌人来向我们要,我们不给他。后来他们说:“你们中国还有二十几个活人在我们那里,你们还我们的死尸,我们放你们的活人。”这样,我们才又把死尸挖出来由太仓公安局夏局长送往上海交换。四月下旬张团调往后方整补,又调第六十师第四团杨昌璜团来填防。在卖国的“淞沪协定”签字后,我们在七月间全军开往福建。在我们离开太仓时，太仓人民还办一个“三一”纪念馆纪念我们。

《从九一八到七七事变》编审组：《从九一八到七七事变：原国民党将领抗日战争亲历记》，中国文史出版社，1987年版，第179—181页。

工兵营参战片断

肖兆庚[1]

一九三一年八月，国民政府警卫军第一师的步兵一个团、工兵两个连、通信兵和警卫旅合编为第八十八师。师长由俞济时充任，工兵营营长以工兵上校唐循充任，我任工兵第一连连长，曾鸿基任工兵第二连连长，施汝德任工兵第三连连长，同驻浙江杭州梅东高桥训练。

一九三一年九一八事变后，第八十八师即以国难作号召加强部队训练。当时的官兵大多数是有爱国热情的，有很多人宣誓要和日军拼到底，宁愿战死，不愿做亡国奴。所以加强军事训练，每天三操两讲堂，另加夜间演习，却不以为苦，而且没有逃兵。还有一批学生青年，都是杭州人，要求到工兵营当新兵，准备参加收复东北。我曾派人调查他们的家庭，他们的家庭也大多数都同意。足以证明当时的民众和军队基层是有爱国热情的。

一九三二年一·二八淞沪抗战开始后，我们工兵营以为马上就会出发参加淞沪抗战，但师部只叫我们准备出发，没有行动。到二月五日，第八十八师的部队还没出发，官兵都很着急。工兵营营长唐循特别买了一架收音机，收听上海淞沪抗战情况广播，很多官兵都在营长房间外面听，听到深夜不散，有时听到第十九路军英勇抗战的报道，官兵很自然地叫出好来，甚至摩拳擦掌希望参加战斗。

二月六日，工兵营接到师部命令参加淞沪抗战。营长唐循在梅东高桥营房集合场向全营宣读师部参加淞沪抗战命令。同时规定如有人问我们部队的番号，就答复说是第十九路军的。实际上第八十八师和第八十七师编成第五军，以张治中为军长，指挥参加淞沪抗战。

---

① 肖兆庚，一·二八淞沪抗战时任第五军第八十八师工兵营少校营附兼第一连连长。

第八十八师步兵部队六日晚到上海后，即接替第十九路军江湾到苏州河边的防御阵地。当时日军增加兵力，以陆海空联合猛攻江湾以南阵地。七日上午，日军一小部突入江湾以南阵地。师部命令我们工兵营，从大场出发堵击突破我阵地的日军。当我们距离江湾约一公里的田野时，敌空军和炮兵集中火力向我们轰击。我们当时的战斗意志比较旺盛，在密集的日军海陆空军轰击下，用疏散队形继续前进，在江湾南面的一块坟地内把日军堵住了。我们向日军冲杀，日军约三十余人被我们歼灭。我们工兵营营长唐循、第三连连长施汝德阵亡，其余官兵死伤六七十人。我也在冲进时腿部受了轻伤。此后与日军相对峙，到黄昏时，日军退走了。我们继续前进和步兵取得了联系，巩固了阵地。

七日晚，新任工兵营营长劳冠英带着命令来到第一线，就任工兵营营长职，我升少校营附仍兼第一连长；另一个命令，就是接守第五二三团第一营阵地。八日拂晓交接完毕。八日以后，每天天一亮，日军借着空军和炮兵的掩护向我们阵地进攻，我们拼命把它打退，晚上就修补阵地和铁丝网、埋地雷等，日日夜夜没有休息，以致精神非常疲倦。有一次，我睡了四小时，竟未发现是枕在阵亡士兵尸体的腿上，足见疲劳之极。

在江湾附近阵地守了十几天，死伤约三分之一。二月二十四日晚上，接到营部命令转移阵地。当晚到了大场，立即进入阵地，这阵地还未构筑完好，我们又连续干了几天。日军在浏河登陆后，大场当面之敌更是猛烈向我阵地进攻，飞机大炮不断向我们轰击，而我们的死伤却是很少。这可能是新阵地的关系，敌人还没有弄清楚。我们在大场阵地守了约五天，又于三月一日接命令转移阵地到嘉定，由嘉定再到太仓、常熟。签订淞沪停战协定后，随即把我们调到汉口刘家庙。

《从九一八到七七事变》编审组：《从九一八到七七事变：原国民党将领抗日战争亲历记》，中国文史出版社，1987 年版，第 220—221 页。

淞沪抗战中的税警团

莫　雄[1]

一九三二年一·二八淞沪抗日战争爆发后，财政部长宋子文派我任财政部税警总团总参议。总团长王赓被捉后，又派我兼代该团总团长，指挥税警团参加抗战。

宋子文为了严密控制财政机关，充实"国库"收入起见，在财政部成立了一支部队，名曰"税警团"，实际上比当时陆军部队团的编制、人员、武器，都还大还好。税警团直属于财政部，其官兵的任命与扩充，经费的增减，武器的补充，防地调动等等，一切都要听命于财政部，直接间接得到宋子文的同意才行。所以税警团实是一支"宋家军"，是保护宋家财富的"打手"。

税警团原驻于津浦线，总团部设于蚌埠。后移驻沪杭线，总团部设于嘉兴。一·二八前夕，税警团大部分驻在上海、浦东一带，第一团驻徐家汇，第二团驻南翔，第三团驻闸北，第四团驻浦东，总团部设于徐家汇。在此期间，税警团正在积极进行补充训练，宋子文常常从南京来到上海，总是欢喜在法租界祈齐路第一、三、七、九号四幢连成的大公馆里，召见税警团的各级将校，询问该团的各种情况，异常关切他们的报告和问题。当他听到训练进步很快，士兵如何强壮，服装如何整齐，纪律如何良好，顾问们如何称赞，武器装备又超过正规陆军时，宋子文就高兴的不亦乐乎。此时，不管向他请求什么，担保可以得到他的同意。

但是，事情很不凑巧，当宋子文热心上海练兵的时候，也正是日本帝国主义野心勃勃，阴谋强占淞沪的时候。

一·二八抗战前几天，税警团第三团驻扎闸北太阳庙一带。第十九路军第七

---

① 莫雄，一·二八淞沪抗战时任财政部税警总团总参议兼代总团团长，参战时对外公开称为第五军第八十七师独立旅旅长。

十八师的一个团，也驻防闸北车站及天通庵一带，南京的宪兵团正陆续开来，准备接防闸北。日本海军陆战队和战车巡逻队，则日夜在边界巡游示威、侦察，企图吓走将撤未走的第十九路军。由于日军欺人太甚，第十九路军官兵个个摩拳擦掌，战争有一触即发之势。

税警团驻在这个战争边缘的地方，既怕同日军打仗，又怕挨骂，而不敢公然撤退，处境是很狼狈的。当该团的军官把日军横行无忌，企图挑衅的情况向团长张远南报告，并请示“日军如果冲到营前怎么办?”时，这位团长竟干净利落地答复：“关上大门，不许开枪!”由此可见，一·二八淞沪抗战之前，税警团有些是准备逃跑的。

一·二八淞沪抗战开始了，全国人心振奋。上海各界人民在中共地下党组织策动下，在宋庆龄、何香凝先生奔走呼号下，在文化界同青年学生的宣传鼓动下，无不热烈支援孤军奋战的第十九路军。海外华侨也热烈捐献财物，支援奋勇抗日的英雄。稍有民族天良的人，都愤恨南京政府倒行逆施，拥兵内战，对孤军抗日的第十九路军坐视不救。连蒋介石的嫡系部队的将校，也有请愿出兵上海，援助第十九路军抗日的。

到了二月中旬，淞沪抗战越打越烈，宋子文的税警团，虽然实行不抵抗主义，但战火已烧在身边，既无法安全脱身，也怕国人唾骂，或被友军缴械。迫不得已，宋子文才同蒋光鼐、蔡廷锴等磋商，决定驻闸北的税警三团和南翔的税警二团，归第十九路军指挥，参加抗日战争序列。待张治中的第五军开来上海参加抗战后，税警团的参战部队，就改名为第五军第八十七师独立旅，仍以税警总团长王赓为旅长，受第五军指挥。为什么要改为独立旅呢？因为宋子文怕税警团参战，会遭八国银行团反对，停止拨给盐余经费，为了瞒过八国银行团，继续取得盐余拨款，故不以税警团名义参加作战。因此，淞沪抗战中，自始至终，报上不见税警团的名字。蒋光鼐、蔡廷锴、戴戟三人所写的《十九路军淞沪抗战》一文中所说的古鼎华团即税警团第二团。税警团参加第十九路军抗战序列后，古团是从南翔最先开上前线的。这个团在抗战中，打得相当勇敢，官兵伤亡甚重，第一营的全营官兵几乎全部壮烈牺牲。

驻闸北的税警团第三团团长张远南，本是公子哥儿出身，又恃与宋子文的裙带关系，待人接物，颐指气使，骄横得很。对上司王赓固然不放在眼里，对宋子文左右的唐海安、陆文澜等也不买账，他曾控告王赓十大罪状，想搞垮他，取而代之。因此，王、张关系很不融洽。税警团参战后，王赓就拉拢唐、陆，合谋赶走张远南，以泄平日之恨。特在宋的面前揭露张的关门挖墙逃走的恐日情况，宋一听之下，果然大发雷霆，要撤张远南的职。唐海安、陆文澜两人，平日与我私交颇厚，乘宋大发脾气，要撤张远南职的时候，就说："莫雄是肯打肯拼的粤军将领，与第十九路军将领有交情，协同作战，比较方便，第三团的下级军官，多是莫雄的旧属，第三团的士兵多是莫雄以广东募来的，如果部长要撤张远南，就不如派莫雄去接替。"宋子文也觉得我与第十九路军同声同气，合作容易，于是很高兴地同意了唐、陆两人的建议，要陆文澜即刻找到我同王赓去见他。

我和王赓见了宋子文，宋对我开口就说："张远南是无胆匪类，怕日本人怕得要命，不能当抗日的团长，我决定撤掉他！你去接替他的团长职务吧，以免将来丢人！"宋的语气是肯定坚决的。当时我心里盘算，宋子文是洋气十足，处事比较干脆的人，但他同蒋王朝的一般官僚军阀一样，对部属无是非善恶之分，只有忠诚与否之别，忠于他的不论什么人也称好部属，挖他墙脚的，再能干的他也不用。宋曾同我说过："对领袖不仅要忠诚敬仰，而且要驯服迷信。"他对税警团的将校，就是惯于玩弄所谓"双轨政策"(不要部下和衷共济，合作共事，故使部下貌合神离，互相排挤，互相倾轧，却向上司争宠，以巩固领导地位的官僚手段)的。又如张远南是宋的妻兄，是宋的忠实走狗，现当宋火气上头撤他，火气过后，难免又要用他，与其现在去接替张远南，代他在战火中拼命，替别人火中取栗，倒不如卖个人情。因此，我从容地对宋说："张团长是部长的至戚，人所共知，当此抗日战事这样激烈的时候，突然撤职，名誉扫地，他在社会上怎样见人，如果部长认为用得着我，我不在乎当不当团长，也不一定要当团长才能指挥部队作战。部长要用我，就委一个参议名义，战时指挥第三团作战，平时就做做王赓总团长的幕客吧。"王赓此人很精灵，他一听我的话，就插嘴说："这个意见好得很，请部长即委莫雄为总团部总参议吧！"宋毫不考虑地连说："同意，同意。"立即亲笔委我为税警总团部总参议，并说："马上到差。"从此，我就以总参议名义指挥第三团参加淞沪抗日战争。

其实，我向宋子文条陈，顾全张远南的面子，愿意当参议而不愿意去接替张的团长职位，当时的动机并不完全为了张远南的社会声誉，倒是因张平日目中无人，不可一世，让他尝尝日本人的飞机炸弹滋味的主意多些。但王赓同我的关系不深，他不知我同宋子文及张远南的交情如何，当下只好见风使舵，附和我的意见，请委我为总团部的总参议，以总参议的名义指挥张团作战。王赓在此重要关头，不给张远南以决定性的打击，即采取退却的步骤，我猜他的动机与我相同。但当事情确定下来之后，王赓想，赶张不成，反招来一个总参议在自己的身边，总参议指挥张团作战，等于削减了自己的权力，动摇了自己的地位，这一着，对张远南不仅没有什么妨害，反而是一个帮助。因此有所后悔。

大约在二月二十五、六日（确切日子记不得，但肯定在二月二十八日淞沪抗战周月之前），战争最剧烈的时候，王赓离开税警总团之前，曾同我一齐到宋子文公馆，和宋子文会谈了很久。宋、王之间的谈话，多用英语，除了"是"和"不是"之外，我听不懂他们谈什么，有时他们也讲上海话，这似乎专门为了我听懂的谈话中，也没有一句说到王赓要暂时离开团部，更没有说到在王赓离部期间，总团长职务要由莫雄代理的话。在我与王赓同到徐家汇总团部的途中，王赓也没有向我透露半句关于他和宋子文谈话的内容。可是，一到团部，王赓即命参谋长蒋汉槎召集参、副、经、械、医各处处长和一些较高级幕僚开会。会上王赓说："莫雄先生乃宋部长委来本部的总参议，他作战经验丰富，你们今后要好好地服从莫总参议的命令，服从他就是等于服从我一样的。"我无准备地讲了一些爱国家爱民族，团结抗日到底，追随诸君之后的谦虚话。我讲完之后，大家鼓掌，王赓即宣布散会，以王的语气听来，又像欢迎，又像交待的话，弄得我莫明其妙。

会后，王赓偕同蒋参谋长和我一同到他的寝室，他很匆忙似的，捡出大堆文件，摆在桌上，又在他公事皮袋内抽出一些第十九路军发出的机密的作战方案，一叠比例图，敌我双方态势图，作战地境交通补给及后方医院绷带所等略图，声称交给我保管使用。又将他自己的行军床拆下，连同行李一起，命人搬上汽车。王赓这种举动，使我如坠五里云雾中。我急迫地说："我是临时来协助你的，怎能把这些重要文件和地图交给我呢？要嘛，就交给蒋参谋长，必要时，我向蒋参谋长拿好了，为什么你连行李都搬回上海去呢？"王赓指着桌子上三张英文名片，他说："这三个人，都是美国西点陆大同学，在美国大使馆当武官，现住上海美国领事馆里，他们曾拜访我两三次，今天得你莫大哥来帮忙抽得出身。我还有要事一定要马上回上海去找他们。"随即挽着我的手往花园走去，边行边谈，王赓突然嘿的一声："莫大哥！你这回来真正好极了！"我问："什么事？"他说："过两天你会明白的！"这一段谈话，无头无尾，含含糊糊，莫名究竟。当天下午三点钟左右，王赓身穿黑绒西装，下穿黄绒马裤，脚穿黑皮靴，神采奕奕地同我们握别后，即骑摩托向上海租界疾驰而去。

二月二十八日，我代表王赓参加了第十九路军总指挥部的战地掩蔽部召集的军事会议后，约下午四时左右，我于回部途中，遇见唐海安。他说奉宋子文命令，特地来找我，邀我转乘他自驾的无篷跑车。登车后，唐告诉我，王赓在虹口礼查饭店被日军捉去了。宋子文部长已下令委你立即代理总团长。三十分钟后，唐海安送我回到了徐家汇总团部，把宋子文的手令交给我。我同宋子文通了电话，他命令我立即就职。我觉得军中不可一刻无将，于是即召集参谋长及各处幕僚会议，传达了代理总团长的命令。从此，我即以代理总团长——独立旅长，指挥该旅参加淞沪抗日战争末期的战斗。

三月一日，我奉蒋、蔡命令，向后方撤退，傍晚转进到青浦、松江之线防守。三月三日在葛隆镇地方协同友军对日军展开激烈的防守战，战情之剧，是前所未有。这一连串的事件：王赓在礼查饭店被日军捉去，宋子文手令我代理总团长，第十九路军撤守第二道防线。这是否他临别所说的好消息呢！？

我记得，淞沪抗日部队转移阵地的计划，是在日军浏河登陆之前已经决定。上海各报登载，浏河失守，乃王赓被捉，献了我方抗日的地图及泄漏了抗战计划的结果，文化界也编演过“王赓献地图”的戏剧。

《从九一八到七七事变》编审组：《从九一八到七七事变：原国民党将领抗日战争亲历记》，中国文史出版社，1987 年版，第 209—214 页。

一·二八抗战敌我空中战争纪略①

日军初来沪时，仅有飞机数架，嗣后一再增加，最后至有飞机二百架，机场三处之多。除轰炸后方外，并作种种战斗之用。或窥探我军军情，敌恃为一大主力也，惟经我军发觉，立刻调驱逐机飞上应战，架高射炮、大炮机枪射之，日机即遁。自开战以来，已为击落多架，而我方最不幸者，为美飞行家孝脱〔萧特〕之殉义。兹分纪各情于后。敌方航空队最初来者为敌军"能登吕"舰之航空队，时至闸北，乱掷炸弹，轰炸商店及民房，惨杀无辜，残忍已极，为我军击落多架，已不敢再来尝试。该国海军省已电告业将第一航空队之作战飞机全数调出，由"加贺"、"凤翔"两航空母舰，共载飞机三十余架，并又加巡洋舰"那珂"号、"古良号"、"阿武隈"号，及一等驱逐舰四艘，于二月五日运来上海，加入战斗。其后每增兵一次，必添来数架。故最近共有二百余架，竭尽力量，在租界东区渐筑机场三处，逐日出发大施破坏。我军初无飞机，二月初始由洛阳、杭州调到若干架。十三日，丁[纪余]队长由粤率领驱逐机三十来援；十八日，张惠长派第四队长谭寿率第二批飞机由粤飞沪助战，并派胡锦雅赴沪指挥，粤空军总部议决必要时得续派机北上。我空军陆续抵沪后，见敌方飞机连日在我方抛掷炸弹，炸毁房屋无算，军民死伤更不可胜计，无不愤慨万分，皆具必死之决心，乃余二十一日下午三时，派出战斗机若干，飞至江湾、刘行一带，遭遇敌机，乃即在空中作战，各以机关枪扫射，激战良久，敌机被我机击中一弹，即行下坠，机身粉碎，机师当场殉命。二十二日下午三时许，我方战斗机又复出动，飞至江湾附近，敌机正在滥掷炸弹，我战斗机即上前驱逐，并以机关枪扫射，双方激战约一小时，敌机见势不佳，向杨树浦及吴淞方面逃去。旋我

---

① 本文标题系本书编者所改。

机飞行队侦悉尚有敌机数架在苏州方面侦察，乃赶往驱逐，待抵苏后双方飞行队又在空中作战，敌机以寡不敌众，恐遭不利，遂向东北逃去，我机旋亦飞回原处。二十五日，敌机又在我闸北天通庵路侦察，并投掷炸弹二枚，我亦有飞机两架赶到，敌见我机前进，即向狄思威路逃去，我即追至敌方阵线，该处日军乃开枪示威，其时左翼日军并以大炮轰我阵线，但我机及我军阵线并无损失。是晨，吴淞口外洋面，日方航空母舰驶出飞机十七架，五架飞往吴淞与杨行及宝山等处，八架驶往江湾方面，四架驶往闸北、暨大场等一带，窥探我方阵地。闻飞往吴淞之五架飞机为该地我军用高射炮击退，三架由公大[纱]厂方面飞至东宝兴路一带侦察，同时乱掷大量炸弹。我高射炮向彼瞄准射击，一机为我军击中受伤向东逸去，余二架亦急向北方逃去，六架往闸北天通庵方面掷弹，故北宝山路及北站后面均发生大火，我以机关枪扫射，敌机乃向西去，飞向江湾在乡村荒岭投弹。二十六日上午六时半，敌军遣派飞机十五架，飞至杭州笕桥飞机场，投掷重量炸弹，我方因事前未得报告，当时仅起飞十架应战，其余不及起飞，众寡悬殊，未能阻其进袭，日机到场即投下大量炸弹，损中国训练机三架、运输机一架，惟场损甚微，可早修竣。当日驱逐机十二架与我机交战时，日轰炸机三架既逃去，战仅仅十分钟，日驱逐机亦向上海逃去，我驾驶员两人受微伤，敌一[机]击落于杭州湾附近，机身已毁，机师亦毙命。查自开战以来，敌机颇为跋扈，我方虽器械不如人，而战术则无一不精，故前后被我击落之敌机计有八架之多，机师亦殒多人。兹志于下：一月三十一日上午十一时，有日本大队飞机驰赴真如，与该地驻军作战，炸弹与高射炮声不绝；结果，敌方掷数十弹，我军射落日机两架，落在曹家桥之北、无线电台之东一带。[二月]六日上午十一时，日本飞机数架复经真如，图毁我国际无线电台，掷下重量之炸弹，我军早已料到，一面散开、一面用高射炮机关枪迎击，我方飞机亦在上夹攻，激战半小时许，日机一架受伤落地，立时焚烧，余者见势不佳，即行掉头逸去。十日上午九时，日方由沪东飞往闸北、江湾、吴淞一带之军用机，每三只合集骈飞，侦察我军防地，十时许有敌机五架飞至青云路桥投弹，经我军发高射炮，击中敌机一架，俄顷之间坠在青云路桥挽，机内四日人殒其三、一人当[被]击毙。十三日上午十时，日飞机六架由东沿苏州路西飞，经三板厂新桥相近，绕我方防地后方，迴旋天空凡六七次，见其掷弹约四次，未爆发，旋经我军士用步枪及手提机关枪射击，负伤始退去。十五日上午十一时半，敌机多架至真如天空捣乱，当经我军以高射炮击落一架坠于车站北面，全机及驾驶人等均毁灭，在刘家行亦击落敌一架，该机为敌机八四六号，内上尉技师一名跌死。二十一日，在毛家桥及八字桥前面各击落敌机一架。二十六日上午十一时，庙行我军击落敌机一架。前后共计击落敌机八架。被我军击落之敌机，其机师有殒命者，有未死者。五日在真如投弹，被我军击落之敌机，机师三人当即被焚身死，该三机师姓名系日本海军大尉矢部让五郎、中尉加贺曾长加藤。六日"大美晚报"云，美国运货轮船"哈那伐"从上海开往小吕宋，中途发一无线电致本埠日总领事署，内称日前在北纬三一又二一度、东经一二四又二一度之海中救起日本陆军飞行家一人，其所乘飞机为D二百六十号则已沉于海中，飞行家不谙英语，无以知其详细等语，大约该机初亦在炮台上飞侦失道入海云。二十一日，刘行击下之敌机机师为田中队长，碎骨惨死。二十二日，有往大场战斗区视察者，见前日击落之日机一架，尚在道左，机身极大，三飞机师之尸均在机内，前面一人，后面二人，均作黄帽黑军衣，尚有六百磅炸弹四个未炸。本月以来，我方飞机亦陆续调往上海助战，我机师无不奋勇异常，迄今亦略有损失。二月十二日，我空军队长黄毓沛谈：在沪空军将士，咸具必死之决心，与暴日相周旋，而粤方飞[沪]空军，已取道湘鄂启程来沪，不日当可参加作战云云。其时，黄君之弟毓全已殉难，航空署长黄秉衡九日曾电航空第六队长黄毓沛，云："急。航空工厂沈厂长德燮转黄队长毓沛。和密。该队长兄弟忠勇报国，夙深倚重，此次出援上海，该队长奋勇当先，以寡敌众，克奏勋猷，殊堪嘉佩，惟毓全同志壮志未酬遽遭身殉，雁断行列，国失贤良，至深惋悼，除前已电沈厂长从优殡殓外，现已呈部请予特恤。先达同志伤势何如，亦深系念，希代慰问。秉佳（九日）午。"本月二十二日发生一更不幸之事，即美籍飞行家孝脱〔萧特〕氏，为我抗敌身殉。查孝脱〔萧特〕君因鉴于日机之横暴，到处投弹行凶，大为不平，遂于一星期前自动为中国空军效劳。闻本月二十一日，孝〔萧特〕君曾在吴淞附近击落日机一架，第二日，孝〔萧特〕君驾波林〔音〕机至苏[州]侦察，见有日轰炸机三架由驱逐机三架保护追踪而来，孝〔萧特〕君毫不迟疑，即毅然与之交战，当射死日机上观察员一人，旋为日驱逐机所攻，双方互有射击，其后始为一居高临下之日机所中，不幸焚死。孝〔萧特〕君所乘之机，于十六日停留于虹桥飞机场，十九日晨始飞往苏州，大约孝〔萧特〕君在苏州勾留二日，至二十二日始飞起侦察，当孝〔萧特〕君自愿为中国效劳之时，曾要求保守秘密，孝〔萧特〕君之言曰：余本为一中立之人，但余眼见日机在不宣而战之战争中，不断以炸弹轰炸男女老幼无辜之人，故不能再忍，余死后始可将此消息宣布云云。按孝〔萧特〕君为外人中第一个援助中国而为中国牺牲之人，闻中国将以军礼为之收殓。孝〔萧特〕君之义勇，中国军民极为感动，孝〔萧特〕君事出后，京航空署及美领事馆皆徧觅其人，而上海日本总领事村井，于二十五日致美总领事克宁瀚，略谓据日外交当局公布消息，及《大陆报》、《泰晤士报》载称：本月二十二日下午，美飞行家孝脱〔萧特〕中尉于苏州乘一中国飞机，与日海军飞机在天空作战。孝〔萧特〕氏射杀日海军小谷中尉后，亦中弹坠地等语。倘此讯果确，应请贵总领事加以注意，设法避免将来再有同样事件发生云云。但美领已正式否认此事。惟国民社二十五日华盛顿电云：美国务院官员，今日评论美飞行家孝脱〔萧特〕在苏州殒命事声称：美国不能禁止其人民入伍外国军队，现闻此事，国务院犹未接到上海美总领事正式报告。又据此间表示：美国固不能禁止其人民加入外国军队，但若即经入伍之后，则不能同时认为美国公民云。现上海美领事当道[局]，正设法收孝〔萧特〕氏之灵柩运回美国华盛顿泰科玛故里安葬。据称：若孝〔萧特〕氏遗骸可以运输，则将由苏州运沪，再行送归。现在美国之中国各公团，已发起暨[建]立纪念碑，以资纪念而慰忠魂，此碑大约将立在孝〔萧特〕氏身殉地点。二十八日，中国航空处〔署〕发表一文，谓美国航空家孝特〔萧特〕氏，服务于中国航空队，充教练员已有若干时，故与许多中国航空员友谊甚笃，近见日军肆暴，炮轰上海不设防区域，致无辜妇孺丧亡极众，屡次表示愿牺牲生命，维护正义与人道之决心。二月二十二日，孝特〔萧特〕偕中国飞机一队飞出，至中途迷失，旋见日机三架，在苏州抛掷炸弹，遂立即独自与之交战，但另有日本追逐机三架从高处攻之，迫其降落，日机复继续猛攻，致孝特〔萧特〕飞机焚毁而阵亡。孝特〔萧特〕为其所真正爱护之国家，作为高尚之牺牲，中国航空军对其工作至为钦感，中[国]政府已电令以最高荣典葬其遗骸云。

萧特军葬备极哀荣。

美籍机师萧特，于参加沪战时不幸殒命，本日举行军葬。灵柩于午后先运至[上海]三马路教堂，行宗教[仪]式及追悼会，礼堂门前悬鲜花所扎飞机，柩置祈祷台，前置国府、吴铁城、张治中等所赠盾，蒋介石夫妇及蒋光鼐、蔡廷锴、陈铭枢、郭泰祺等各要人、各团体花圈挽联极多。萧特太夫人及弟晨即至殡仪馆祈祷。至午刻，中美飞机师各四人舁柩升车，入堂开会，时公安局乐队奏乐，萧母在柩后啜泣。诵经后，郑莱代表宋子文读祭文，吴经熊代表民众演说，国府代表唐海安及财政、海军两部，十九路军、市政府、航空署代表及民众代表五千余人，二时三刻出殡。仪仗甚盛，唐海安等执绋，观者塞途，柩过脱帽致敬，华商店皆下半旗，送葬者千余人。五时半，柩抵虹桥机场，吴铁城等迎。旋由机师八人自灵车舁柩至墓穴，唐海安、吴铁城代表国府、市府献花行礼。八十八师军士一排行军葬鸣枪礼。礼毕，飞机一架盘空散花而散。

中国第二历史档案馆编:《中华民国史史料长编 民国二十、二十一年》,南京大学出版社,1993 年版,第 336—350 页。

一·二八停战后的上海保安部队

龙　骧[1]

一　上海保安部队的建立

1932年一·二八淞沪抗战停火后，中日双方于3月14日在英国领事馆内开始正式谈判，没有几天就达成协议。5月5日，郭泰祺代表国民政府，重光葵代表日本政府在《淞沪停战协定》上签字。这个协定，是以日方提出的草案为基础的，正文5条，其内容实质是：由苏州、昆山至上海的广阔地区，中国永无驻兵之权，日本军队可以驻留上海。换句话说，就是中国在自己的领土内无权驻扎军队，日本则可以将上海作为日后进攻中国的重要堡垒。正文之外，还附加三项谅解：1.取缔抗日；2.十九路军换防；3.浦东及苏州河南岸，中国不得驻兵。《协定》签字后，国民政府立即遵照执行，凡是涉及抗日的言论和行为，都在取缔之列，情节严重的，以"妨碍邦交"议处；十九路军调往福建"剿共"；上海不准驻扎中国军队，不设防。

上海是幅员辽阔、人口众多、工商业最发达的大城市，华洋杂处，情况复杂，大战后没有军队戍守，治安是难以维持的。蒋介石为加强统治，决定用建立保安部队的名义，成立一支警宪合一的武装部队。对外打着"上海市保安处"的旗号，对内是镇压人民的工具，在国防上是不起作用的。

保安处在组织形式上，受上海市市长吴铁城的领导，保安处的上层干部人选和重大决策，都直接听命于蒋介石，吴铁城是无权过问的。保安处管辖两个团和一个直属大队，由北平、天津和其他城市选调2 000名干警编为保安第一团；曾参

---

① 龙骧，一·二八淞沪抗战时任淞沪警备司令部所属的上海保安部队第二大队第五中队队长。

加一·二八淞沪抗战的宪兵第六团编为保安第二团;又由其他部队挑选素质较优的士兵编为保安处的直属大队,全处共有官兵约 5 000 人。它的官兵服装和一切待遇,都超过国民党陆军。因为,上海有几个帝国主义国家在上海租界内享有驻兵权。上海保安部队是代表中国的部队,同外国驻军相比,不能相差太大。

保安处成立时,蒋介石任命杨虎当处长。杨虎,安徽人,别字啸天,在孙中山领导革命时候,他曾参加"肇和兵舰起义"有功,又是青帮中著名的骨干人物,同长江中下游特别是上海的帮会势力关系密切,他来掌握这支武装,堪称人地相宜。

1932 年 8 月,宪兵第六团由松江、嘉兴、杭州等地开回上海改编为上海市保安第二团,原来宪兵营的称号改称为大队,连改称中队,排改称小队,各级干部人事,变更不多。原在清华大学毕业又曾在美国学习军事的齐学启,仍继续充任团长。大队长童宝辉、邹玉桢等,都是黄埔四期以前的毕业生,资历不浅。我带领的宪兵连,改编为第二大队第五中队,我任中队长。改编完成,除部分部队开往浦东和郊区的一些重要地点布防外,其余都在驻地从事训练。

二 上海保安处的任务

上海保安处成立后,即由第二团首先派遣第五中队开往浦东川沙白龙港驻防。那里是东海岸边的一个小港口,在一·二八淞沪抗战期间,曾有三艘日本军舰在港口附近活动,并在那里搁浅三天,中国海军视而不见,竟让它逃走。白龙港又是海盗和武装走私经常出没的地方,必须配备武装力量,才能维持当地的治安。从这次派兵驻防以后,这个港口就成为保安部队长期驻防的地方,驻军每半年换防一次。

1933 年春,上海扩建虹桥飞机场,要拆迁几个村庄的民房,市政府当局不顾人民疾苦,事前不作妥善安排,就采取高压手段,派警察去强迫拆迁,引起群众反抗,打伤居民、农民十多人,事态严重,工程停顿。保安处命令第二团派出第五、第六两个中队,共二百多人,由我指挥前往解决限期拆迁完毕,不许延误。这两个中队是由宪兵改编过来的,对处理群众闹事问题,都受过训练,具有一定经验和能力。他们一到机场,就采用威胁利诱,软硬兼施的手段,向群众宣传扩建机场的重要意义和不可抗拒的道理,然后派兵随同财务人员把搬房费挨家送上门去。同时又把各村庄的交通暂行封锁,不许村民来往串联;对那些缺劳动力的困难户,则派兵去帮助他们搬迁。这样,就使群众的怒火逐渐冷了下来,不到一个星期,几个村庄一百多户居民和农民，都迁出了他们居住的家园。竣工时，这两个保安中队的官兵，全都加发一个月的薪饷，我还被记了功。

虹桥飞机场是军用机场，蒋介石和国民党的军政要员乘坐专机来往上海，都在这里起落，警卫森严，不许任何民众随便接近。扩建工程结束后，我带领第五中队留驻机场担任警卫，并充当仪仗队，迎送来往要人进出机场。隔了几个月，上海又扩建龙华飞机场，那是中国航空公司使用的民用机场，规模也不小。保安处仍然指派我带领五、六两个中队去保护施工，那里拆迁的民房比虹桥机场的要多，由于市政府当局已在虹桥领受了教训，不敢再胡来，结果顺利完工。

三　帮会势力对保安部队的影响

杨虎出任上海保安处长，带来一批青帮分子，把青帮势力伸展到团队去，因而“拜老头子”的风气盛行一时（上海人称加入青帮为拜老头子）。这是当时人们在上海地方追求升官发财的一种门径。所以，保安处各团队有不少人成为黄金荣的门徒。

黄金荣是上海青帮大头目，他同国民党的许多上层人物、大资本家都有交往：特别是同蒋介石的关系，更为密切。他的势力，遍及长江中下游几个省，其他地方，也有他的门徒。因此，他在国民党统治时期，是一个很不平凡的“江湖巨人”。1934年，他在离我驻地不远的上海西郊漕河泾，营造一座大花园，落成时，黄金荣在花园内大宴宾客。保安处命令我派兵一小队（即一个排），穿着呢制服，戴白手套，去为他站岗守卫，显示威风。我拿着介绍信去会见黄金荣，守门人引我进去，通过两道便衣武装的哨位，才走到他的客房，同他见面。我过去只闻大名，未见其人，这次见了面，却使我感到惊讶。原来黄金荣是一个身材不高，脸上有麻皮，又黑又丑的人物。把他的仪表状貌和他的声望对照起来，是极不相称的。

我和黄金荣交谈完毕，他叫账房先生引我去观赏他的大花园，的确非常华丽。亭台楼阁、花地、假山和各种奇花异草，应有尽有。账房先生说：“这座花园是请大工程师精心设计的，造价不小，但黄先生还认为不够满意！”据调查，这笔巨大的建造费，都是帮里的门徒们贡献的。

在旧社会，这些人无恶不作。上海经常发生许多骇人听闻的案件，几乎都同黄金荣的门徒有关联，或者是他们干的。他们同政府和租界巡捕房互相利用，互相勾结，干了坏事，有人庇护，有人为他们开脱，哪怕犯了滔天大罪，也可以大化小,小化无,或者一跑了事。

上海保安处的官兵们,在灯红酒绿的繁华都市里,经不起腐恶环境的包围,许多人被青帮分子同化了,兵心涣散,纪律废弛,丧失了战斗力。第二团的一个少校大队长童宝晖,是蒋介石的同乡,他加入了青帮,到职不久,就和部属同帮的中队长张日杰发生矛盾,被张用手枪打死了,凶手被判处死刑,偿了命。但部队逐渐腐败,杨虎责无旁贷,不得不引退。

四 保安处改组,迎接抗日战争

1935年春,上海保安处改组为上海保安总团,蒋介石派宪兵第四团团长吉章简充任少将总团长。吉章简,广东海南岛人,黄埔军校第四期毕业,是“复兴社”的骨干分子。他到任后,举行干部考试和部队校阅,撤换旧干部,清洗青帮分子,又为“复兴社”积极发展成员。凡是经过考试,校阅成绩优良的,都先后给予提拔重用。我也是其中之一,被提升为第一团第一大队少校大队长。总团人事调整完毕,立即集中全力搞训练,整顿纪律,不到半年,这支队伍的面貌就焕然一新。

1936年,日本特务、浪人和汉奸,在上海市区活动频繁。日本海军陆战队经常出来举行示威演习。国民政府急急忙忙地在上海市区的一些重要据点,秘密构筑防御工事,同时,又把保安部队重新部署一番,以备迎击日军进攻。

当时,上海的工人、学生和各界爱国人士,在中共抗日民族统一战线政策的推动下,抗日情绪高涨。在一个星期日的夜里,保安总团长吉章简用电话告诉我说:“明天将有一批人到大场来搞宣传活动,你要就地取缔,不许他们在那里搞宣传,但不可打伤人。”我领会了他的意图,就连夜做好了准备。第二天上午,果然来了一群大专学生,敲着锣鼓,唱着抗日歌曲,步行来到大场,开展抗日宣传活动,在街头表演活报剧——《放下你的鞭子》,受到群众的欢迎。连我派去的官兵,也深受感动。表面装着“干涉”姿态,以应付任务,实际上都衷心同情这些青年学生的爱国行动。

1937年5月以后,上海形势愈趋紧张,保安总团的官兵,一律停止休假,不许离开岗位,时刻准备应付突发事件。有一天,京沪警备总司令张治中,穿着便服,突然来到大场视察防务。首先到我大队视察情况,接着,我又陪他去检查大场附近的国防工事。检查完毕,他鼓励我说:“军人守土有责,你们要提高警惕,随时防范敌人的突然袭击，尽忠职守，保卫祖国，是最光荣的事情。”说罢就上车走了。从此，保安总团进入战备状态。

全国政协文史资料委员会编：《文史资料存稿选编》，第15辑，中国文史出版社，2002年版，第722—725页。

三　抗战人物

忆蔡廷锴将军

陆诒

作为一个中国的新闻记者，我有幸参加了一·二八淞沪抗战的采访，并多次访问过蔡廷锴将军。记得在淞沪抗战期间首次访问蔡将军是在1932年1月底。一·二八抗战的第二天，即1月29日下午，我冒着敌机扫射的危险，到北站前线访问从南京调来接防的宪兵第六团第三营营长李上珍。他爽朗地告诉我："我们还没接防，敌人已杀上门来，敌人既打第一枪，我们不能不回敬第二枪。到了这种严峻关头，没有选择的余地，我愿意听从十九路军张君嵩团长的指挥，同他们一起浴血抗战，以克尽军人的天职。"

我是上海《新闻报》的战地记者，在31日上午赶到市郊真如的十九路军军部采访。当时军部暂设在真如车站以南的一家私人住宅中。除了门口有一名士兵站岗警戒外，别无显赫气派。离门口不到两丈远，还停放着一架被我军击落的敌机残骸。它是在昨天雨雪纷飞中被打下来的。该死的日本空军欺侮我们没有高射炮，竟敢在100米以下作低空扫射来威胁我们。勇敢的军部卫兵连战士即用步枪和机枪组成严密的火力网，不停地瞄准对空射击，一颗子弹恰恰命中敌机的油箱，立即引起大火燃烧，人机俱毁，这是侵略者应得的下场。

到了军部，受到十九路军七十八师秘书长徐名鸿的热情接待，引导我到一间小屋中去见蔡将军。蔡是一位高个儿，精神抖擞，身体结实，剃平顶头。有一张晒得黑黑的广东农民的脸，穿一套黄呢军服，待人和蔼可亲。他同我握手以后，说声"请坐"，仍继续和旁边那位年轻英俊的七十八师师长区寿年谈话。他们正在商量重新部署作战计划，迎击日军的进攻。我自然不能妨碍他们的公务。趁等候的空隙，打量了一下蔡将军用以会客兼卧室的这间小屋。这是一间简陋的房间，墙上挂着许多军用地图，有一张行军床安放在一角，此外就是一些普通的桌椅、板凳。

不一会，区师长谈完公务，起身告辞，我们即开始进行谈话。

蔡将军说："这次战争，完全是由日军挑起的。28日晚上11时30分，正当南京派来的宪兵第六团尚未接防之时，日本海军陆战队就冲向闸北，对我军突然进攻了。我是中国军人，有责任捍卫国土，敌人进攻我们，只有坚决抵抗。我立即命令驻守闸北的七十八师一五六旅的张君嵩团迎击来犯之敌，决不退却。我与总指挥蒋光鼐旋即驱车到龙华淞沪警备司令部，同戴戟司令等召开军事会议，共商作战计划。一面报告上峰，并命令我军六十师和六十一师限3日内全部集中上海应战，一面通电海内外，庄严声明，'我等分属军人，唯知正当防卫，捍患守土，是其天职，尺地寸草，不能放弃。为卫国守土而抵抗，虽牺牲至一卒一弹，绝不退缩，以丧失中华民国军人之人格'。我也深知我们的武器装备远不如敌人，但我全体官兵都有高度的爱国热情，士气高昂，抱着牺牲的决心，可以同敌人拼命。"

谈至此，蔡将军到邻室中去听电话，谈话中止几分钟。当他听完电话回来，面有不愉之色，不等我提出问题，就直截痛快地说："刚才接到上海市市长吴铁城电话，说驻上海的各国领事和各团体要求双方停战3小时，好让闸北、虹口一带难民安全撤退，日方已经答应，我政府也表同意。开战也好，停战也好，我们对敌人不作任何幻想，随时准备同他们决一死战。这位吴市长在28日以前，对日方所提的封闭上海市各界抗日救国会和《民国日报》等无理要求早就全部接受，而且照办了，但他仍未料到日本海军陆战队司令盐泽少将又在28日晚上提出另一个以护侨为名的最后通牒，限令我军立刻退出闸北，好让日军驻防。盐泽也不等中国政府答复，就在当晚采取军事行动。南京的军政部长何应钦也是一个胆小鬼，他曾在1月24日赶到上海找我谈话。他说，现在国力尚未充实，一切都无准备，日军虽有压迫，我政府仍拟循外交途径寻求解决。上海日方无理要求十九路军后撤30公里，政府本应拒绝，但为保存国力，不得已忍辱负重，拟令我军撤至南翔以西地区，重新布防等语。可见南京政府和上海地方当局已商定，答应日方条件，屈膝让步。我们身为军人，过去打了多年内战，坐视东北沦陷，人民遭难，实在对不起国家。这次，我们一定要打出中国军人的威风来，为中华民族争人格！"

第二次访问，是在2月7日上午，地点仍在真如十九路军军部。那天蔡将军显得特别高兴，他微笑着对我说："昨天上午，孙夫人宋庆龄和宋子文亲临军部慰问，还带来了不少慰问品，这对我们全军将士是莫大的激励和支援。孙夫人还告诉我们，她与廖夫人何香凝及杨杏佛等正在筹备成立国民伤兵医院，专门救护并治疗十九路军受伤的弟兄。"蔡将军又指指身上穿的一件灰布丝棉背心对我说：

“这是上海各界妇女团体捐献给前方弟兄们的御寒背心，千针万线日夜缝制，寄托爱国同胞的一片丹心。估计他们穿上这种御寒背心时，不仅感到全身温暖，也会振奋士气，奋勇杀敌的。有上海和全国人民作强有力的后盾，我们还怕什么?”

接着，他又说：“刚才接到七十八师一五六旅翁照垣旅长电话，今天清晨，日军海、陆、空军协同作战，向我吴淞、宝山、狮子林等地发动攻势。吴淞要塞的露天炮台已被敌机炸毁，要塞司令部副长官阵亡，司令邓振铨竟弃职潜逃，当时要塞的守卫已无人负责。我即命令七十八师副师长谭启秀暂行兼理。日军多次企图在海、空军配合下从吴淞、宝山登陆，都被我军奋勇击退，敌我双方都有重大伤亡。”

从 2 月 14 日开始，第五军军长张治中亲率八十七师、八十八师、中央陆军军官学校教导总队和独立炮兵第一团山炮营增援前线，仍归十九路军总指挥蒋光鼐将军统一指挥，并肩作战。他们曾在江湾、庙行一线与日军浴血奋战，屡次粉碎敌人进攻，坚守我军左翼阵地。3 月 1 日，敌军趁我军后方空虚之隙，在浏河大举登陆。当时浏河仅有少数冯庸义勇军驻守，接触后即溃退。浏河的沦陷，使我军侧翼受到严重威胁，不得已于当晚由总指挥蒋光鼐下令全军退守第二道防线(即嘉定、黄渡之线)。这次战略转移，井然有序，我军损失不大。

同年 4 月初，在国际联盟的建议下，中日双方在上海举行停战谈判。这时，蒋介石结束了短期的下野生活，又就任国民党军事委员会委员长。他为了继续进行反共内战，不惜牺牲国家主权，向日寇让步、妥协。国民党政府竟于 5 月 5 日签订了丧权辱国的《淞沪停战协定》，将上海变为一个不设防、不驻军、不抵制日货的城市，直至 1937 年八一三抗战爆发，才改变这种局面。

1932 年 5 月 16 日，我参加十九路军与第五军在苏州举行的淞沪抗战阵亡将士追悼大会，记得那天参加大会的有李济深、陈铭枢、蒋光鼐、蔡廷锴、张治中等高级将领，会场气氛极为肃穆、悲壮。《申报》特发表时评呼吁：“将士之死亦为光荣之死，以此一战而一部分军人乃亦从而幡然觉悟，表示再不参加内战。故此战有若一声洪钟，敲破我民族 20 年来酣于内战之心理，其影响我民族之前途，至深至巨。”

一·二八淞沪抗战给全国人民最现实的深刻教育，就是日本军国主义者并不是不可战胜的。只要我们停止内战，团结御侮，就可以打败日本军国主义者的侵略，保卫我国领土主权的完整。

经历了一·二八淞沪抗战以后，国民党政府“先安内，后攘外”的反动政策仍未改变。《淞沪停战协定》签订不久，蒋介石即于 1932 年 5 月 23 日下命令，将十九路军调赴福建内战前线。蔡廷锴将军临行之前，曾到上海向史量才先生告别，他对史沉痛地说：“我不遵守蒋介石的命令，抵抗日寇的侵略进攻，当然不能再留在苏州这块蒋介石的心腹之地，但抗日志愿永矢不变。”蒋介石也在5月底赶到汉口，就任鄂豫皖三省“剿匪”总司令，调动63万兵力开始对苏区的第四次“围剿”。

1933年2月，日军侵占了山海关，分兵三路，大举进攻热河。热河守将汤玉麟不战而放弃承德，遂使日军长驱直入，进攻长城沿线，我军曾在冷口、喜峰口和古北口等地浴血抗战，力阻日军的进攻。但亲日派何应钦和黄郛向日军屈膝求和，又一次签订了丧权辱国的《塘沽协定》。

当热河告急、华北局势紧张之时，十九路军曾派出两个纵队(共有4个团)，与广东、广西部队共同组织援热先遣队北上抗日，由蔡廷锴将军担任联军的总指挥。这年5月，先遣队整装出发，先头部队已到达湖南耒阳，蒋介石即严令北上部队回师“剿共”。蒋光鼐、蔡廷锴和全军将士十分气愤，当即通电反对。民族危机十分严重，而内战仍连绵不息。现实教育了十九路军将士，促使他们停止了对红军的进攻，并派人去苏区与红军洽谈，表示愿意响应苏维埃政府和红军1月17日宣言，实行双方停战。以后双方继续谈判，10月26日，十九路军代表徐名鸿(原十九路军七十八师秘书长)与苏区红军代表潘汉年同志终于在江西瑞金签订了《反日反蒋的初步协定》。

1933年11月底，我从上海赶到福州去采访，曾到福州郊外的三华镇十九路军总指挥部访问了蔡廷锴将军。久别重逢，他紧紧地握住我的双手，深情地说：“今天见到上海的新闻记者，使我联想到上海的父老、兄弟、姊妹们。当年十九路军和上海各界人民在战火纷飞中结下的深情厚谊，是毕生难忘的!”我说：“上海人民也时刻怀念着英勇抗日的十九路军将士。盼望有朝一日你们能回到上海与我们重聚。”

他叹了一口气说：“上海人民是热情爱国的。但有人不仅自己不抗日，还要千方百计来消灭抗日的十九路军，甚至还派了特务企图暗杀我和蒋光鼐，强令我军调到江西、福建去打‘自相残杀’的内战。我全军上下都从亲身经历中得出深刻教训，所谓剿共战争实际上是一种借刀杀人之计。我们的敌人是日本帝国主义，而绝不是中国共产党。我们与中共之间可以在抗日的共同目标上谈判停战，事实上也已经实现了双方停战，我们还希望进一步携手合作，共御外侮。这次我们在福州成立人民革命政府的目的，旨在号召全国，推翻坚持内战、对外屈膝投降的南京政府，促成对日抗战，实现中华民族的解放。我深信全国同胞和海外爱国侨胞都会同情我们的政治主张。”

当时我在福州采访，住在人民革命政府招待所，曾先后访问了李济深、陈铭枢、徐谦、萨镇冰、陈友仁和冯玉祥将军的代表余心清等。但我所有发回上海《新闻报》的电讯与通讯报道，都被国民党新闻检查所扣发，实行新闻封锁。福建事变虽然由于内因和外因各种条件尚未具备，即被蒋介石迅速运用军事、政治压力所挫败，但蔡廷锴将军与李济深、陈铭枢、蒋光鼐等爱国将领首先停止“剿共”内战，公开反对屈膝投降，创建抗日反蒋新政权的义举，对以后促进停止内战，实现全国团结抗战的局面具有积极意义。

蔡廷锴将军离开福建以后，曾赴香港小住，不久即赴欧美等各国考察，宣传抗日救国的政治主张。所到之处，备受国际人士与海外侨胞的崇敬和热烈欢迎。（下略）

吴汉民主编，蒋澄澜、周骏羽、陶人观副主编：《20 世纪上海文史资料文库》，上海书店出版社，1999 年版，第 283—288 页。

淞沪抗战中的宋希濂将军

梁志安

在戎马倥偬中度过前半生的宋希濂先生，曾任国民党第十一集团军总司令、十四兵团司令官。在抗日战争中，他以战绩卓著荣膺过国民党“青天白日”最高勋章和美国自由勋章。1932年一·二八淞沪抗战时，他因力主抗日、作战勇敢得脱颖而出，名闻遐迩。本文作者曾两次走访宋希濂先生，回顾了这一段历史……

请缨抗战

1932年1月28日午夜，日本海军陆战队兵分五路在上海向我闸北守军发动突然袭击，举世瞩目的淞沪抗战在日军不宣而战下爆发了。战幕拉开后，日军巡洋舰、驱逐舰、航空母舰纷纷抵沪增援。但由于国民党政府采取妥协退让的不抵抗政策，因而除了一纸冠冕堂皇的“共赴国难”的通电宣言外，并无调兵遣将的迹象。非但如此，国民党政府还匆忙做出了“迁都洛阳”的决定，这一行动，不仅使国人大失所望，也激起了国民党部队爱国官兵的强烈不满。

1月30日下午，在通往南京市区的公路上，一辆军用吉普飞快地奔驰着。坐在车里的是一位二十四五岁的国民党将领，他就是当时出任八十七师二六一旅少将旅长的宋希濂将军。半小时前，他在《中央日报》上读到了政府发布的通电宣言，当他得知政府仍无抗日决心，依然准备屈服退让之后，遂做出了亲到军政部请战的决定。

汽车很快开进了市区，在三牌楼军政部门前停下。宋希濂跳下汽车走进军政部部长何应钦的办公室。他以为凭着黄埔军校的师生之谊，何应钦会高兴见他的。谁知何应钦一见他进来，立刻皱起了眉头：“你不在防地，跑来做什么?”

宋希濂从容地陈述了全旅官兵关心沪战，并请求立刻参战的强烈愿望。

何应钦默默地听完他的陈述，不仅仍无一点高兴的表情，反而沉下脸板着面孔教训说："十九路军目无中央，叫他们撤离上海，他们反倒同日军打了起来，破坏了中央的整个部署，弄得很难处理。现在你们又想上去，这是不行的！"

"目前形势严重，非奋起抗战将无以图存。"宋希濂有些激动地说，"作为一个军人，怎能忍看外人在自己国土上肆意横行？还是请部长下命令吧，希濂誓与全旅官兵同生死，一定……"

"不行，绝对不行！"何应钦生气地打断他的话，"上海事态，不能扩大。那里华洋杂处，地区繁华，战端拉开，损失将无可估量，你们不要再来火上浇油！"

尽管宋希濂反复陈述理由，同何应钦争论半天，结果还是挨了一顿臭骂。最后.他只得悻悻地告辞出来。何应钦所说的"战略部署"，他心里很清楚，但他不明白为何这种时候还要坚持"先安内而后攘外"的政策。"剿共"，"剿共"到底有多大好处？"剿"了半天，"剿"出个九一八的东北沦陷，再"剿"下去，亡国的日子不会太远了……宋希濂怀着满腹的怨气回到了防地。

晚饭后，他召开了全旅连长以上的干部会议，将面见何应钦的情况说明后，立刻激起了大家的强烈不满。五二一团团长刘安祺，五二二团团长沈发藻等一致表示，决不能就此罢休。正当众人为不能参战大鸣不平之时，军政部却发来了给各部队的通令警告：十九路军有三师十六团，无须援兵，尽可支持。各军将士，非得军政部之命而自由行动者，虽意出爱国，亦须受抗命处分。

军政部的通电愈发使大家愤激异常，在为中华民族图生存、为中国军人争人格的情绪鼓舞下，宋希濂最后决定率领营长以上干部三十余人到何公馆再度请战。

当晚 11 点，一辆大卡车风驰电掣般地闯进南京鼓楼斗鸡闸一号何应钦的住宅。

何应钦没料到宋希濂半夜里竟会带这么多人闯来，不免感到有些慌乱。但当他得知众人是为请战一事而来时，态度又变得蛮横起来："你们怎么搞的，光想着打仗，战争是闹着玩的吗？人家现在是头等强国，工业发达，海陆空全是现代化，可我们连自己的工业都没有，机枪、大炮都造不出来，拿什么去打仗？现在国内局势还不稳定，各地军阀拥兵自重，共产党又到处捣乱，这样的国家，这样的形势，怎能同日本人打仗？"

"日本人是人造的，难道中国人是泥捏的？"

“守土御侮是军人的天职，人家骑在你脖子上，连哼都不敢哼一声，请问，咱这是当的什么兵，保的什么国，还算什么军人?”

何应钦的亡国论调惹得大家七嘴八舌地向他质问起来。这时五二二团的营长王作霖，走到何应钦的面前，情辞恳切地说：“我是黄埔六期毕业的，是您的学生，也跟您当过几天参谋。我听过您多次讲话，有的至今铭记在心。平时，您总是勉励我们说：当军人的要保卫国家，爱国爱民，这才算恪尽了军人的天职。但九一八事变丧失了整个东北，我们却采取不抵抗政策，老百姓都骂政府丧权辱国，骂我们军人无能，现在日本又要占领上海了，我们还不抵抗吗？这同部长平日教导我们的话是多么不相称，今后还叫我们怎么相信您，相信政府呢？我们不愿做孬种，让国人耻笑，留下千古骂名，请您还是好好想想吧！”

王作霖的话，使何应钦哑口无言。面对这些情绪激昂、言之有理的下级军官，他意识到单纯用高压手段是不能解决问题的。这时，他想起了“下野”的蒋介石，心里很感窝火。蒋介石、戴季陶、陈果夫、陈布雷、陈立夫麇集溪口，他们为应付国人舆论而搞的通电宣言，其内幕，何应钦是知道的。但他想不到一纸宣言，竟会招来这么多麻烦。既然无力同日本抗衡，何必发什么通电！现在倒好，老蒋“下野”躲到一边，弄得自己成了众矢之的。他越想越气，但为了摆脱眼前的困境，只好以委婉的语气说：“现在南京防务空虚，你们明天一早可以开到幕府山、狮子山、下关一带，先对江面严密警戒，我马上调徐州的二五九旅，待他们到后，视上海战事的发展，若有必要，再派你们这个旅开上去，大家看怎么样?”

众人见何应钦的话有了松动，感到多少有了点指望，就不再吵闹了。宋希濂知道不便再闹下去，便向何应钦告辞，率领大家离开了何公馆。

在返回驻地的路上，宋希濂坐在车里，微闭双目。想起两次请战的情况，虽未完全达到目的，但他毕竟迫使何应钦做出了让步，竟不由自主地笑了起来。

开赴前线

部队移驻幕府山、下关一带后，宋旅给十九路军发出了一封誓以全力相援的慰问电。为争取尽早开赴前线，宋希濂又派人给京沪卫戍总司令陈铭枢，送去了全旅三百名干部签名的请愿书。可左等右等，还是没有开赴前线作战的命令。宋希濂每天望着奔流东去的江水，心急如焚，担忧着淞沪战局的发展。

宋希濂是湖南湘乡人，生于 1907 年。他的先世多为文人，祖父公卿公、父亲宪文公均曾饱读诗书，但他们皆未踏入仕途，只在家乡躬耕自娱。父亲从小就教他研读古典文学，不少诗词古文，他都能脱口而出，但他并不想沿着这条路去做学问。大革命的洪流、孙中山的名字，唤起了他对革命的向往，帝国主义的对华侵略、军阀官僚的祸国殃民，坚定了他投笔从戎的决心。因此，他于1923年底离开家乡，同陈赓一道经上海、香港，辗转来到了当时的革命中心广州，投考了孙中山先生在共产党帮助下创办的黄埔军校。从此，他便以一名军人的身份驰骋沙场，开始了数十年的戎马生涯。

宋希濂望着水中的波涛，似乎听到了黄浦江畔的隆隆炮声，看到了大上海许多名园古刹——静安寺、玉佛寺、豫园、龙华塔……在战火中纷纷倒塌。他摇摇头，想理清一下自己的思绪，但许多往事还是一幕又一幕地在他脑中闪现……

“壮岁从戎，曾是气吞残虏。阵云高、狼烟夜举。朱颜青鬓，拥雕戈西戍，笑儒冠、自来多误……”他忽然想起了陆游的诗句，不禁苦笑了一声。儒冠多误，难道军人就无误吗？九一八事变，数日之内，版图变色，辽东巨野，尽陷敌手。昔日之耻，尚未洗雪，日寇又于淞沪挑起战端，难道还要一误再误，让国人指骂军人只会失地误国吗？

想到战前日本舰队司令盐泽幸一的狂妄叫嚣：“一旦发生战事，四小时即可了事。”他就感到热血沸腾，堂堂中国军人就这样为人藐视，实在是莫大的耻辱。宋希濂扯开军服上的领扣，希望晚冬的寒风能够平息一下胸中的怒火。

这时的淞沪之战，仍在激烈地进行，十九路军在炮火中独立支撑着局面。为援助前线的抗日部队，中国共产党通过各种方式，发动各界人民展开了热烈的支前工作。孙中山夫人宋庆龄偕同廖仲恺夫人何香凝也亲自到前线慰问，可国民党政府却仍然没有派兵增援的举动。蒋介石的不抵抗政策，激起了全国人民的愤怒，各界人士纷起责难。在这种情况下，一贯善于看风使舵的蒋介石也有点坐不住了。他感到，再不派出一部分嫡系部队应付一下各界舆论，他的地位和权力将会受到严重影响。因而，当张治中将军于2月初在浦口向他报告各方舆情，并请求去沪参战时，他只得同意了。

蒋介石的故作姿态，南京城里的何应钦心里是有数的。见到蒋介石的亲笔手令，他并未急着调兵遣将，后经张治中将军的一再催促，何应钦才将散驻在京沪、沪杭线上的第八十七、八十八两个师连同中央陆军军官学校的教导总队，临时拼凑成一个第五军，任命张治中为军长并兼任第八十七师师长。张治中虽感恼火，却无计可施，只得率领第五军开往淞沪战场。

消息传来，宋希濂兴奋异常，立即下令全旅官兵在南京尧化门外集合，当众宣布了即时开赴前线的命令。二六一旅数千名官兵，一听到先令本旅开拔的消息，都情不自禁地举枪欢呼起来。大家尽情地蹦跳、欢笑、呼喊着，这一幕热烈而动人的场面，激起了宋希濂的许多感慨。

很久没有见到了，这激动人心的出征场面！自从1925年两次东征、1926年的北伐以后，宋希濂总感到带兵越来越难了，尤其国共分裂后，政府驱使军队同共产党部队作战以来，每每师出无名，将士不肯用命。大家对政府的离心力一天比一天加大，兵难带，仗难打，灰心之际，他曾不止一次地想解甲归田。可今天却不同了，日本的入侵激起了大家的爱国之心，抗战的呼声唤起了每个士兵的斗志，大革命时期轰轰烈烈、动人心魄的场面又出现了。宋希濂很清楚这是为什么，因为他也有过一段终生不会忘记的痛苦经历。

1928年他在东京留学时，日本帝国主义出兵侵占山东，在济南奸淫掳掠，屠杀中国军民五千余人，造成了骇人听闻的济南惨案。当他得知此事后，义愤填膺，立即组织了一千四五百名留学生在东京召开声讨大会，准备上街示威游行，抗议暴日的侵略罪行。但日本当局田中内阁竟出动大批军警包围了会场，一下抓走四五百人，他与主席团的十几名成员也一同被捕入狱。在监狱中，他们十几人被关在一间小屋里，受尽了日本军警的残酷虐待，不仅饭吃不上，连水每天也只给一小杯，动辄就是一顿拳打脚踢，毫无一点人道可言。每当想起在日本监狱中的遭遇，想起九一八的奇耻大辱，他就感到极为愤懑。但他苦于找不到杀敌报国的机会，因而时时耿耿于怀。现在，机会终于来了。宋希濂站在高台阶上，望着欢呼雀跃的士兵，内心也很激动，忍不住慷慨激昂地演说起来："俗话说：忠臣谋国，百折不回，勇士赴难，万死不辞。现在时局堪危，到了极其关键的时刻，我们既为军人，就当置生死于度外，恪尽军人守土御侮的天职，正所谓军人报国在今朝，我们军人报国的时刻到啦！'名编壮士籍，不得中顾私。捐躯赴国难，视死忽如归，'只有这样，才算是真正的军人。现在，日寇正在上海横行，这是我们国家的耻辱，军人的耻辱！他们占我东三省，使我们数千万同胞沦为亡国奴，现在又来毁我城市，杀我同胞，污辱我们的姐妹，难道你们愿意袖手旁观吗？你们是中国的军人，是有血性的男子汉，难道愿意咽下这口气吗？……"回答宋希濂的，是一片震撼山河的怒吼：

天下兴亡，匹夫有责！

宁碎头颅，还我山河！

二六一旅全体官兵，抱着捐躯赴国难的必死决心，踏上了南下的列车。

喋血沙场

2月10日,宋希濂率部开到南翔后,立即前往十九路军总指挥部,向蒋总指挥报告部队到达情况,并请求赋予战斗任务。蒋光鼐总指挥、蔡廷锴军长、戴戟参谋长(戴戟时任淞沪警备司令,十九路军参谋长为黄强——本书编者注。)对宋旅积极谋求参战的情况是知道的,因而当他们见到宋希濂时,热烈地赞扬宋旅勇赴国难的精神,并要二六一旅接防由胡家宅至吴淞西端曹家桥一线的蕴藻浜北岸阵地。

蕴藻浜是一条自西向东的河流,与黄浦江相通连。河面虽然不宽,但水深泥多,难以徒涉,算得上是一道天然防线。宋旅接防后,立即加紧增修工事,严密警戒对岸日军的行动。

沪战爆发前,日本在上海的海军陆战队只有四五千人,而目前已增加到三四万人。战争头一星期,一直在闸北相峙,日军屡次进攻,伤亡枕藉,始终难以前进一步。为此,日军一再易帅,想挽回“大日本皇军”的声誉。继海军第三舰队司令野村之后,日本又改派第九师团长植田谦吉率部到沪。蒋介石、何应钦得此情况大为惊慌,急忙再次邀请英、美领事进行调停,并派军政部政务次长陈仪、陆军步兵学校校长王俊为代表,抵沪与美、英、日等领事磋商和谈。但由于日方态度强硬,所要条件过于苛刻,遂使和议再遭破裂。

2月20日拂晓,新上任的日军总司令植田按照他的“中央突破”计划,集中兵力在吴淞、庙行一带,企图突破我方阵地,以主力向南席卷吃掉十九路军,再以强有力的一部向北掩杀消灭第五军主力。于是,自沪战以来一场最为激烈的大战开战了。

敌人的飞机成群结队轮番轰炸,重炮、野炮一齐发射,大批日军在飞机与炮火的掩护下呐喊着猛扑过来。伏在战壕里的我军将士们,沉着应战,奋勇抵抗。守卫在蕴藻浜北岸的宋部也遭到了对岸日军的猛烈攻击。数百名企图强渡蕴藻浜的敌人,在宋部猛烈的还击下,始终未能达到目的。

22日午后,正当战斗更加激烈地进行时,宋希濂接到了张治中将军的电话。张治中告诉他说:敌人在庙行以主力连续进攻,现已突破一段阵地,形势非常紧张,希望立即抽调一个团到庙行增援。

宋希濂听到这一情况,思考了一下,便将自己的打算告诉了张治中:“从蕴藻浜到庙行，部队最快也要四五个小时，能否让我部来个反冲击，强渡蕴藻浜向敌侧背攻击，敌虑后路被截，必然分兵与我相战，正面攻势定会减弱，不知军长以为如何？”

张治中听完，立刻同意了宋希濂这一大胆的想法。挂上电话后，宋希濂立刻派人找来刘安祺、沈发藻两位团长，向他二人布置了强渡蕴藻浜及过河后的任务。

刘、沈两团长一听说要过河抄敌人的后路，都很兴奋。待旅长分配完任务，他们很快赶回阵地组织部队渡河去了。

半小时后，等宋希濂带着旅部大部分工作人员来到河边时，部队已经渡过蕴藻浜。宋希濂站在岸上往河里一看，简直被眼前的景象惊呆了。除了几只小木船外，河里还有数不清的竹筏子、门板绑成的平板船、大木桶、木盆……形形色色，不一而足。“好，干得漂亮！”宋希濂没料到部队这么快就过了河，他一边用欣赏的目光打量着，一边向一只木船走去。

这时，五二一团的一个连长从阵地里跑过来，他向宋希濂大声请求道：“报告旅长，请您让我们也过河去打日本鬼子吧！”

宋希濂停住脚，打量了一下眼前这个青年军官，以和蔼的口气说：“噢，北岸阵地的戒备也很重要，你们的责任也不轻嘛！”

“是的，旅长。可我们不该留下，在南京时，我们连一再请求来上海作战，总算达到目的了，可来了十多天，总不能同鬼子好好干一场，大家都憋不住气了！现在有了机会，却又不让我们去，连里士兵都很难过，他们天天向我询问、责难，我实在无法向大家交代了，请你让我们上去吧，旅长！”

面对这个因失望而近乎流泪的连长，宋希濂心里一动，似乎一下子明白了部队之所以能这么快便跨过蕴藻浜的原因：当一个军人真正意识到为何而战的真理时，他就不知什么叫困难和危险了。他有些动情地拍了拍对方的肩膀，好言劝走了这个青年军官。

过河后，已看不到部队的踪影，宋希濂用望远镜观察了一会儿情况，便命令到齐家宅设立临时指挥部。通讯部队正往两个团指挥所架设电话时，刘安祺、沈发藻先后派人送来了战斗要报。宋希濂得知刘安祺部已按规定攻占北孙宅，现正在进攻西港；沈发藻的五二二团也以全力向顾家桥攻击中，心里很感高兴。

一小时后，两团均已按照他的指令攻克目标，同敌大部队接火，宋希濂便下令坚守既得阵地，狠狠咬住敌人。

向庙行镇全力进攻的日军，虽已突破几处阵地，但还未及扩大战果，侧背枪声骤起，遂引起了全线的动乱。日军指挥部做梦也想不到宋旅竟敢强渡蕴藻浜，从侧背杀来。这一突然的变化，使敌正面攻击部队感到了严重威胁，植田谦吉不得不抽调上千名有力的部队阻止宋旅的攻击，敌人的部分炮兵也开始掉转炮口向宋旅袭击。

刘安祺、沈发藻率领部队同敌人展开多次肉搏战，一次又一次地打退了敌人的反扑，但有几处阵地还是被敌人突破了。正在双方打得难解难分，再次进行肉搏时，宋希濂为视察前沿情况，带着警卫人员赶到了战场。

眼尖的士兵一见旅长来到前线，立时高呼："旅长，旅长来啦！大家冲啊！"

旅长到来的消息使士兵们精神振奋，人人奋不顾身地冲向敌人。霎时，喊杀声、枪声、炮声、手榴弹的爆炸声交织在一起，惊天动地，响彻云霄。经过数小时的激战，宋旅终于打退了敌人的疯狂反扑。

日军由于左侧背受到了宋旅的猛烈攻击，右翼又受到了十九路军六十一师一二二旅的绕袭，处在三面被夹击的情况下，不得不停止进攻，仓皇溃退。至此，植田谦吉的"中央突破"计划也完全落空了。

庙行一役，使日军第九师团及久留米混成旅团损失了大批兵力。我军在此役虽也伤亡军官八九十员、士兵一千余名，但这一仗，却打出了中国军人的志气。中外报纸当时均曾大加报道，使我军声誉在国际上顿增十倍，日军声誉一落千丈。由于宋希濂在此役英勇果断，对扭转战局做出了巨大贡献，从而一举闻名，受到了国内外舆论的赞誉。

第二防线

当日军在庙行战役遭到惨败之时，日本海军旗舰"出云"号被我敢死队员潜水炸伤。为此，日本举国震动，各地反战浪潮迭起。日本政府骑虎难下，遂不顾人民的反对，决定孤注一掷，再次扩大军事行动。2 月底，日军改派前田中内阁陆军大臣白川义则大将来沪担任最高指挥官，并增调第十四师团及第十一师团的大部，携带二百多架飞机来沪增援，使敌方兵力达到十万以上。一时，上海天空，乌云密布，一场恶战，迫在眉睫。

庙行战后，宋旅撤回蕴藻浜北岸阵地，随着战局的急剧变化，又奉命作为左翼军的总预备队开到唐乔田湾附近。

3 月 1 日清晨，日军更大规模的进攻开始了。宋希濂率领各团营长抓紧时间巡视阵地，勉励全体官兵作好以身殉国的准备。这时，张治中打来电话，要宋希濂命令部队整装待命，并叫他立即赶到刘家行军部。

宋希濂整顿好部队后，便乘车来到了军部。张治中告诉他，日本海陆空军在自川义则指挥下，正向江湾、庙行一线发动全面攻击。现在敌人已有一部分兵力在杨林口、七丫口登陆，似有从侧背包围我军的企图，需要他立即赶往浏河，阻止敌军前进。

听完介绍，宋希濂立刻明白了战局的紧张程度，便毫不迟疑地说："决不能让日军越过浏河，请军长放心！"

"抢占浏河关系重大，如果敌人先我占领，我军就会处于全线被围的险境，整个战局将不堪设想，你一定要尽快赶往占领浏河！"

"放心吧，军长！不过，我们只有 11 部汽车，军部能否再给我们一些？"

"很遗憾，汽车几乎全部被敌机摧毁，实在没有办法，你们只好一部分乘车，大部分徒步前往。"

"明白了，我立即出发。"

回到部队后，宋希濂决定亲自随五二一团唐德的第一营先行，并令刘、沈两团长率部用强行军赶往浏河。

11 辆卡车，勉强装载下第一营，飞快地向浏河驶去。快到目的地时，被在空中盘旋的四架敌机发现了。宋希濂一见不妙，立刻命令大家跳车隐蔽。刹那间敌机俯冲下来，一阵狂轰滥炸，一下子报销了八辆汽车，其余三辆也是伤痕累累，勉强还可使用。宋希濂见状，决定让汽车回去接运部队，他率领大家徒步赶到了浏河。

浏河街面上，店门紧闭，静无一人。打探之后，方知从杨林口、七丫口登陆的数千名日军，在占领浮桥镇后，已向东急进。据此，宋希濂认为要截住敌人的东进，必须抢占浏河的屏障茜泾营。这样，他便随唐德的第一营迅速插到了茜泾营。但等他们赶到营南门时，发现敌人已先到了此地。原守卫在这里的教导总队的一营士兵，已死伤殆尽，余下的仍在一所大院里拼命抵抗着日军的攻击。

宋希濂赶到后，立即率领大家投入战斗，经过一阵猛冲猛打，才稳住了阵脚。待敌稍退后，他亲自指定大家占据有利地形，尽量利用掩体保存实力，阻滞敌人的进攻。宋希濂心里很清楚，敌人突破浮桥镇在浏河登陆后，战局已经发生了巨大的变化。现在唯一能做的就是尽量拖延时间，等待援军。但用一个多营的兵力要挡住数千名，也许更多敌人的进攻，恐怕不大容易。此时，他已做好了战死沙场、为国捐躯的准备。

敌军后续部队不断赶到,20余架敌机也赶来助战,他们进攻的势头一次比一次凶猛。宋希濂和唐德的第一营处在了三面被围的紧迫状态。他们哪里知道,当时进攻他们的日军竟有一个师团的兵力。正在紧迫危急的情况下,刘安祺率领部队到了。由于此时已到傍晚,日军暂停进攻,大家才稍感喘过一口气来。

宋希濂抓住战机,积极布防,准备尽可能同敌人作更长时间的对峙。天黑时,他突然接到了张治中派人送来的蒋总指挥的笔记命令:由于浏河守军大部调往正面增援,敌军业已登陆,我军侧面后方,均受严重威胁,因而命令全军于3月1日晚退守第二防线(即嘉定、黄渡之线)。接到命令,宋希濂心情十分沉重。但要避免全军被围,他只好怀着悲愤的心情下令撤退。

当退守第二防线的命令一传下来,许多官兵难过得掉下了眼泪。大家望着坍塌的房屋,想着那些战死的同伴,怀着来日定雪此恨的悲愤心情,趁着夜色撤离了阵地。

淞沪遗恨

自淞沪开战以来,仅一个多月我军就毙伤日军万人以上,迫使敌人三易主帅。但由于国民党政府不肯全力抗战,致使我方兵源枯竭,全线处于被敌包围的险境。蒋光鼐、蔡廷锴、戴戟、张治中将军不得已作出了退守第二防线的决定。

3月2日,宋旅在太仓集结完毕,又奉命开到陈家宅至西湖川塘一线。部队到达后,宋希濂指示各团依河川为外壕,在各要点构筑据点式工事。中午,军部送来了淞沪抗战总指挥部向全国各界发出的退守待援的电文抄本:

> 我军抵抗暴日,苦战月余,以敌军械之犀利,运输之敏捷,赖我民众援助,士兵忠勇,肉搏奋战,伤亡枕藉,犹能屡挫敌锋。日寇猝增两师,而我以后援不继。自2月11日起,我军日有重大伤亡,以致力于正面战线,而日寇以数师之众,自浏河方面登陆,我无兵增援,侧面后方,均受危险,不得已于3月1日夜将全军撤退至第二道防线,从事抵御。本军决本弹尽卒尽之旨,不与暴日共戴一天。……

看完电文,宋希濂思绪万千,心里对政府的所作所为深感不满。他认为沪战失利,完全是政府造成的。沪战之初,政府就采取了“适可而止”以待国际进行干涉的错误决策。此外,政府的精锐之师不用于守土御侮,反而用于反共,焉有不败之理。如果驻守上海的海军部队能够参战,敌人就很难登陆。可当十九路军、第五军浴血奋战之时,海军不但不予援助,反而同日本海军达成互不攻击的协议。如果政府真的无兵可派,倒也情有可原,但事实并非如此。当时上官云相一师就驻兵无锡、苏州一带,戴岳的部队也近在咫尺,江北的梁冠英部,杭州、赣东的蒋介石嫡系部队加起来约有 60 个师的兵力,但这些部队皆按兵不动,坐视上海孤军苦斗,致使抗战将士一月之内阵亡四千多人,受伤七千余人,显然这是政府的过错。

1932 年 3 月 3 日,国际联盟开会决定要中日双方停止战争。前线的炮火还未停息,蒋介石就立即派人同日本进行和谈。4 月 1 日,名为下野,实际一直在操纵南京政府的蒋介石,为了促进同日和谈的加速进行,再次粉墨登场,正式就任了军事委员会委员长一职。

果不其然,蒋介石一登台,国民党政府的和谈代表便无条件地接受了日方的全部要求:在上海市区不设防,不驻军,取缔反日运动和组织,不抵制日货。5 月 5 日,同日寇正式签订了丧权辱国的“淞沪停战协定”。就这样,上海人民被出卖了,十九路军、第五军的浴血奋战被断送了,数千名战死沙场的将士白白地淌尽了他们的鲜血。

当宋希濂率部离开上海时,他的内心充满了矛盾和迷惘。他曾久久地注视着这块被鲜血染红的土地,喟然长叹:遗民忍死望恢复,几处今宵垂泪痕……

《纵横》,1985 年第 2 期,第 21—32 页。

淞沪抗战中的蒋光鼐将军

蒋庆瑜

1966年，当“文化大革命”的狂潮正席卷中国大地，在乌云密布的8月30日清晨，周恩来总理亲笔写下了一份包括13名民主人士的《应予以保护的干部名单》，其中之一是我的父亲蒋光鼐——当年震惊中外的一·二八淞沪抗战的最高指挥官。

就在这三天之前，8月27日中午，一群戴着红臂章的女八中学生，气势汹汹地闯进了王府井大街大甜水井二十四号的红漆大门。当时父亲因身患癌症，手术后卧病在床。他扶病而起，对这些十七八岁的女学生们连说“欢迎”，但他迎来的却是她们冠以“反动官僚”、“军阀”的一串辱骂；之后，红卫兵们把认为是“四旧”的一切，旋风般洗掠而去。其中包括父亲多年来精心收藏的全部印章以及妈妈的存款。她们走后，父亲手持拐杖，走到庭院，一言不发。从青年时代他就投身革命，那是时刻冒着生命危险与封建统治强权的抗争。如今，这些无知的青年把自己在权力纵容下的胡作非为，也说成是“革命”。莫名的悲愤使他举起手中的拐杖朝着院中的一盆盆花卉使劲劈去，把它们砸得粉碎。父亲拄着手杖喘息着，愤怒使他浑身颤栗。1967年6月8日，这位当年指挥千军万马，曾使气焰嚣张的侵略日军三次增兵、三易主帅的将军，在愤怒、痛苦和缄默中辞世了。

从辛亥一兵到第十九路军总指挥

也许，对许多年轻人来说，蒋光鼐这个名字已经十分陌生了。但在1932年的上海，大街上到处都可以买到“光鼐牌”香烟。许多人家，甚至远在延安的红军俱乐部里都悬挂着他的肖像。当时的青年画家蒋兆和在战火中为父亲绘制的油画肖像，在一·二八淞沪抗战后被印刷成几十万张；它被宣传队员们沿街张贴，被游行的学生们高擎着前进！在这张画背面，印着他的小传，其中有这样几句："大战开始，与十九路军军长蔡廷锴暨淞沪警备司令戴戟，力保疆土，誓死为国，鏖战月余，杀敌无算，造成甲午以来抗暴却敌之第一页光荣历史，举世无不知其人焉。"在那国难当头，民族危亡的时刻，人们赞颂他，崇敬他，称他是"抗日将军"，誉他为"民族英雄"。

父亲出生在1888年12月17日，字憬然，广东省东莞县人，数代书香门第。幼年入东莞师范学堂，1905年入同盟会，1906年投笔从戎，入广东黄埔陆军小学，同年加入同盟会。

1911年武昌起义，他毅然离开南京陆军中学奔赴武昌，作为黄兴总指挥部卫队参加战斗。

1913年，他又放弃保定军官学校的学业，驱驰千里到江西湖口参加起义。湖口讨袁失败后，他化装逃亡日本，在孙中山主办的军事训练班"浩然庐"学习。从此他开始在中华革命党核心机构和孙中山先生左右工作。

后来他奉命到香港孙中山的讨袁机构协助邹鲁从事军事策反工作。1917年孙中山在广州成立护法军政府，他任警卫营连长，后任巡监缉私舰舰长，协助朱执信从事军事联络工作。1921年孙中山任非常大总统，他在警卫团任副官、团附。1923年，他开始领兵作战，在著名的粤军第一师及北伐中被誉为"铁军"的第四军中历任营长、团长、师长。在统一广东革命根据地的东征、南讨以及北伐中屡建战功。著名一时的南征单水口战役，他指挥两团兵力以少胜多，激战三昼夜，大破敌军8 000余人。

1927年宁汉分裂的时候，他担任十一军副军长兼第十师师长，对革命尚未成功而革命队伍自行分裂的状况感到十分痛心，于是秘密离开武汉。当蔡廷锴率第十师脱离南昌起义部队的时候，他赶到河口与蔡一起率部入闽，恢复了十一军建制，表示拥护中央。他对官兵们说："中国现在最需要的是和平，我们当以铁血维护之。"随后在粤桂战争及中原大战中战功赫赫，被任命为第十九路军总指挥。但就在中原大战的新郑战役中，我的堂叔、六十一师的团长蒋光鲁阵亡了。接着于1931年初，他接到进军江西向红军进剿的命令。

理想对于现实，就像立足山顶在呼唤流云，时而仿佛置身其中，时而却又虚无缥缈。国民党军队间连年的内战，堂弟的阵亡以及党内分裂，使父亲以铁血维护中央统一的信念发生了动摇。1931年5月，他从江西离部赴上海养病，虽然蒋介石派人前往劝说，还亲自到医院探望，他都不肯回部指挥。直到10月，十九路军调防京沪，蔡廷锴请他回部领导，他说部队既然调来了，他在和不在都一样，仍然拒绝此事。11月，国民党在南京召开第四次全国代表大会，他被选为代表，但他却置之不理，拒不出席。

当时，父亲虽然已经官高禄厚，但念及自己投身革命的初衷，常感到心灰意冷。他虽然曾奋死征战，从辛亥革命的普通一兵而官至第十九路军上将总指挥，但却颇感与世相违。他甚至准备解甲归田了。

国难当头奋起抗战

在苦闷与彷徨之中，虽然父亲常常手持《陶渊明集》和《剑南诗稿》聊以解忧，但每当与来访友人谈及国事，仍无法抑制那一腔沸腾的热血。1931年日军突然攻占沈阳，东北军不放一枪，把东三省拱手让给日寇；1932年日军又在上海不断挑衅。战争乌云笼罩着黄浦江畔。而政府当局却无视民情，一味退让，一再告诫驻军，“不得擅自行动”。但是他不再是个初出茅庐的学生，只知东奔西闯，他也不再是个唯命是从的军人，只能立马横戈。他身为驻军总指挥，麾下有3万之众，为国保土，义不容辞！1月23日他抱病在龙华警备司令部召集驻上海部队营以上军官紧急会议，主持讨论了两个问题：

一、如果日军进攻我防地，是不是抵抗？

二、如果抵抗，在哪里抵抗？

会上群情激愤，一致表示保卫上海，矢志不渝。会议结束时蒋光鼐慷慨陈词：“我国自甲午败衄（败衄，战败的意思）以来，已不敢作对外之战争，帝国主义者予取予求，我则俯首退让；帝国主义者长驱直入，我则望风而逃。国人皆勇于私斗而怯于公战，此帝国主义者日益张牙舞爪而国民之悲愤不可抑也。从物质而言，我远不如敌，然而我们还有两三万人，众志成城，真不能报国吗？”当晚7时，总指挥部向全军发出一道密令，具体布置了应变措施，并不顾军政部的告诫，明确命令：“假使日军确实向我阵地攻击时，应以全力扑灭之。”

1月26日日本领事借口一僧人被殴致死，向中方提出向日方道歉、赔款、惩凶及取缔抗日团体的最后通牒，并且要求中国驻军撤离租界20公里以外。面对日方的蛮横态度，上海民众和驻军官兵都十分气愤，但政府当局竟然完全接受。27日夜，军政部长何应钦三次发来急电，命令“忍辱求全，避免冲突，万勿妄动以免妨害国防大计”。28 日，上海所有爱国团体被封；下午，十九路军接到移防命令，闸北防务限六时前由宪兵团接替。当晚，敌情已非常严重。情报表明，日军已决心进攻。驻防闸北的七十八师张君嵩团官兵接到移防命令时群情激愤，不肯交防，而接防部队也仅到达一营兵力。鉴于这一情况，蔡廷锴军长请示蒋光鼐总指挥，他们断然改变了上峰的命令，决定推迟交防！就在当夜，1932 年 1 月 28 日 23 时 30 分，尽管中国政府步步退让，但日本军队仍悍然向我闸北驻军发动进攻，而我闸北守军则依照密令，奋起抵抗。作为中国的正规军队，十九路军一扫“甲午”以来对外的忍让屈辱，在全国一片救亡声中，打响了抵抗日本侵略军的第一枪！

当天夜里，父亲已在法租界寓所里休息，听到枪声后他立刻穿上便装，驱车到蔡廷锴寓所，同往龙华。当他们疾步走进警备司令部，戴戟司令已在等候，枪炮声中三双军人的大手紧紧地握在一起。他们迅速讨论和决定了作战方案，认为大战已无可避免，电令后方部队火速向上海推进。同时向全国发出通电：“……光鼐等分属军人，惟知正当防卫，捍患守土，是其天职；尺地寸草，不能放弃……”

一·二八淞沪抗战的大幕就这样拉开了。父亲虽身经百战，当夜却格外兴奋。由于总指挥部尚有部分人员滞留南京，他决定在真如车站设立临时指挥部。时值春节前夕，冰天雪地，小路泥泞，他们三人从龙华步行前往。这三位在大革命烽火中身经百战的将军，无论公职私谊都亲密无间，但在那炮声隆隆的冬夜他们却默默无言。他们都来自孙中山亲手缔造的粤军第一师，都以曾浴血北伐征途，在“铁军”中供职为自豪！当东方透出红色的曙光，他们到达了真如车站。

十九路军是清一色的步兵，没有飞机、坦克和装甲车。士兵多数是广东人，身材矮小，军服上装是对胸棉衣，下着中国式的裤子，头顶不圆正的军帽，脚蹬广东军的草鞋。与配备了空军、坦克的日本海军陆战队相比，真是天壤之别。日军根本不把十九路军放在眼里，指挥官盐泽幸一扬言四小时占领上海。开战之后，日本飞机低飞到 100 米低空狂轰滥炸，在坦克、装甲车掩护下多次冲锋，企图突破闸北防线，但在中国士兵英勇抗击下，连连受挫。未得逞的日军在美、英、法等国的调停下，于 29 日晚提出了停火要求。但当援军到达上海后，就置自己停火要求不顾，于 31 日晚再度发起进攻。2 月 1 日蒋总指挥亲临闸北前线指挥战斗，再次打退日军攻击。当晚日军舰艇炮击南京。2 月 2 日，政府决定迁都洛阳，使全国为之震动。当此蒋光鼐暨全体官兵再次向全国通电表示：“洞胸断手，万众一心，牺牲至最后一弹一卒”，“以纯洁之心血，贡于党国，献于全民”。

2 月 4 日盐泽再次发动进攻，战火蔓延到江湾、吴淞一带，尽管日军增兵已达

1万多人,但我军防线仍岿然不动。口出狂言的盐泽少将被免职回国,这使全国人民欢呼、振奋。而十九路军也赢得了全国人民的尊敬和爱戴,抗日热潮又一次席卷全国。

蒋总指挥仰天长叹:这是被自己绑住了手脚的战斗!

2月6日,日本海军第三舰队司令野村吉三郎乘旗舰“出云”号到达上海接替盐泽指挥作战,兵力增至25 000。第五军所属参战部队也陆续到达,接受蒋光鼐指挥。

2月7日,父亲拟定了十分详细的作战计划,死守闸北至江湾一线以及吴淞要塞两地区,形成我军左右两翼,而将主力集结于南翔以东至真如、大场、杨家行一带,待敌以主力进出江湾、蕴藻浜之间时,即在该地区与敌决战以图歼灭之。当天即把兵力部署下达部队。

鉴于闸北方向毫无进展,野村把进攻重点转向吴淞。我们从2月10日蒋总指挥向政府报告战况的电文中,可看出当日的战斗是何等激烈:“敌连日以机群大炮轰吴淞,房屋、炮台、树林,毁扫已尽,无所凭依,闸北一带,焚炸殆尽,敌屡以铁甲车群分路来攻,我军虽死守阵地,唯有肉搏相持。10日以来我伤亡逾千,甚属困难,吴淞尤危。敌增兵已到,大战在即,誓拼牺牲与敌一决!”

然而,这是一场奇特的战争。开战以来全国上下群情激愤,纷纷请缨抗敌。就连我母亲和家里保姆也每天煮一大锅广东人爱吃的鸡粥,跟随廖夫人到各收容所去慰劳伤兵,含着眼泪一口一口地喂那些伤残的士兵。一年之后,父亲曾经写道:“淞沪之役,我军得民众莫大之帮助,近者箪食壶浆,远者输财捐助,慰劳奖锦,永不敢忘。此同仇敌忾之心,使吾人感奋欲涕。”

为了敷衍舆论对国民党政府按兵不动的指责,蒋介石曾通电表示“宁为玉碎,毋为瓦全之决心”,“枕戈待命以救危亡”,他还作出姿态示意军政部长何应钦同意张治中将军的要求,率第五军参战。但与此同时,何应钦却指责十九路军违命抵抗,不从军令,对十九路军军械始终不发一枪一弹,致使十九路军连手榴弹都不够使用,一些部队只好用上海总工会用罐头盒赶制的“土炸弹”来御敌。日军宣布:上海战事只是专对十九路军,不与南京政府以及其他军队为敌;何应钦则严令各军“人不犯我,我不犯人”,通令各部:“十九路军有三师十六团,无须援兵,尽可支持。各军将士非得军政部命令而自由行动者,虽意出爱国,亦须受抗命处分。”于是就发生了一桩桩怪事。吴淞要塞司令听任日舰自由出入增兵支援而不放一枪，当日军进攻要塞时反弃之而逃；海军则在开战之后仍然供应日本海军淡水、鱼肉，并且与日军达成协议：“此次行动，并非交战，如中国海军不攻击日舰，日本舰队也不攻击中国舰队，以维友谊。”何应钦一面热衷于和谈，一面催促十九路军撤退。10 日，他电令蒋光鼐：“我军为避免敌兵舰、大炮及防敌利用租界起见，应选定抵抗之本阵地，除现在杨家行、大场、真如、虹桥之线外，则以浏河及嘉定、南翔之线为宜。”实际就是命令十九路军撤退。第二天，蒋光鼐回电拒绝撤退：“蒸午电悉，吴淞炮台被毁，敌之海陆空军全力攻我，明知死守终必毁陷，但骤然撤退，示弱于人，与敌便利，殊属非计。仍拟以一部坚守吴淞、闸北，余配备于胡家庄、大场、真如、虹桥之线，控置预备队于南翔，敌来与之一决……”但何应钦却坚持主张，再次下达后撤的训令. 面对这一纸命令，蒋光鼐颇感十分为难，明知军令难违，但遵命撤退，他将如何面对上海的父老兄弟和全国的四万万同胞？正当他进退维谷之际，京沪卫戍司令陈铭枢发来电报“……近日颇有人发议论，不忍本军牺牲，无以为继，亟欲设法避免再战，枢极不谓然。”12 日又再次来电重申原地抵抗的主张：“望兄等坚决到底，不可为当局所摇夺为要。”陈铭枢的态度坚定了父亲原线抗战的决心。他料定日军久攻闸北、吴淞不下，必然会将主力从蕴藻浜方向突击，造成决战态势。于是他当机立断，把总指挥部移至南翔，展开兵力准备决战。虽然何应钦仍幻想和谈，当晚还打来电报，让蒋光鼐去租界谈判，但 13 日清晨，毫无信义的日军却已经发起了新的总攻。

不出所料，野村一面向闸北、八字桥、江湾猛攻，一面以主力从蕴藻浜架桥偷渡，想包抄吴淞后路。当天上午雨雪纷飞，战斗异常激烈，双方几次展开残酷的肉搏。蔡廷锴军长亲临督战，出击敌之侧背，迫使其主力向纪家桥方向溃退。一切恰如所料，成败在此一举，蒋光鼐下令，当晚全线出击与敌决战！

如果这一命令能够实行，谁能预料一·二八淞沪抗战的历史将会如何？谁敢说英勇的十九路军将士不会把残敌一扫而尽，使之再也无法卷土重来呢？但正当前方将士磨刀擦枪、枕戈待命之时，蒋总指挥却接到了何应钦、陈铭枢、罗文干的联名来电：“介公（指蒋介石）刻到浦镇，召弟等指示沪事，以十九路军保持十余日来之胜利，能乘此收手，避免再战为主……”并指令“从速进行”关于停战的谈判。电文犹如冷水灌顶，父亲委婉地回电说：“指示各条，谨遵办理，但敌方狡诈百出，未审能达到否？谨复。”力图维持出击方案。但电报刚刚发出，就立刻收到了何、陈来电：“蒋介公之意，我军进攻，无论如何牺牲，不能达到目的，在全般计划未定以前,仍取攻势防御为要……希查照."在蒋介石的压力下,连主战的陈铭枢也反对出击了。战争交火半月之久,然而当局既不宣战也不作御敌计划,却以无计划来干涉前线指挥官的部署。这场战争,战时人们盛赞我军的胜利,战后人们评论战术的得失,然而却很少有人知道,在隆隆的杀敌声中,前线指挥官心底的波澜。军令如山,他无可奈何,长叹一声,收回出击命令。前方将士则在鲜血横流的雪地上,捶胸顿足,声泪俱下。当晚七时许,何应钦再次来电,让蒋光鼐立即前往与日方代表接洽。

计划中最有利的决战时机错过了,从而也失去了在敌增兵前全歼残敌的良机。几十年后,每当提起此事,父亲仍不免感慨万千,仰天长叹:"我带兵几十年,大小战役无数,从无败绩,至多打成平手。与日寇一战,知其伎俩不过如此,可惜啊,这是被自己绑住了手脚的战斗!"

面对日军最后通牒,蒋光鼐断然下令:"用大炮回答它!"

2 月 13 日深夜,北风呼号,大雪纷飞。蒋光鼐离开英租界的谈判会议,心情十分沉重。当局仅着意于和谈,而敌军虽然屡战屡败,但增兵不已,对和谈毫无诚意。他身着对胸唐装,头戴礼帽,化装回到家里。他的一身"土佬"打扮使家人十分惊异。父亲不动声色地说,形势十分危急,日军又将增兵,战火还会扩大,租界也并不安全。万一日军进入租界,知道这里是谁的宅第,就将十分危险。所以,尽量不要引起外界的注意为好。虽然连日来家里上下都忙着慰劳伤兵,大家都很疲劳,但见父亲安全归来,都感到十分宽慰。当妈妈告诉父亲,从 13 岁就到我家的保姆每天晚上都为他烧香拜神、求菩萨保佑的时候,他开怀地笑了起来。"这个傻女就识拜神!"他说着像是想起了什么,从口袋里拿出一个小盒,里面放着一枚镶嵌着一块椭圆形宝石的戒指。"你看,"他对母亲说,"这玉石上有红色的韵纹,这是一位华侨托人带到总指挥部来给我的。他说这宝石上的红韵可以避邪。你让保姆放心吧!"说着爸爸把戒指交给妈妈,让她戴在手上。这枚戒指寄托着侨胞对十九路军的一片真情。后来它一直保存在我定苏姐姐手里,因而还能够保留到今天。当夜,他告诉母亲,作为前线指挥官的家眷,他不能让她离开上海,但为了以防万一,从明天起就不要再在家里留宿了。他让母亲搬到朋友家里去暂避一时。

连连的失败使日本决定易帅增兵,2 月 14 日陆军中将植田谦吉率部抵沪,兵力增至 3 万余人。当天下午,蒋总指挥回到南翔总指挥部,向何应钦等发电报告说："综合各方确报，敌到沪陆军及陆战队共 3 万人，我虽欲求和，而日寇绝无诚意，为民族生存，国家体面，只有决心一战。"2 月 16 日，张治中军长从南京乘车来到南翔，第五军亦全部到达。蒋光鼐决定实行区分作战，夜 11 时下达了兵力布置命令。以十九军军长蔡廷锴率一部为右翼军，占领南市龙华、真如、闸北、八字桥、江湾一线，军部设在真如；以第五军军长张治中率一部为左翼军，占领江湾北端一线及死守吴淞要塞，军部设在刘行镇。但此刻使他深深忧虑的不仅是敌人，而是当局的昏聩媚外。几天前，当局以全盘计划未定为由不准出击，然时至今日，政府的全盘计划仍然无着，这使他不得不连连发电敦促上峰。

16 日深夜，他给陈铭枢去电说："希望政府有整个计划，老头痛医头，脚痛医脚，则始终无济于事也。"在给参谋总长朱培德、何应钦、陈铭枢的电报中又说："日方和谈毫无诚意，职等积极备战外，恳请钧座早定全盘计划，盼切！"

17 日他奉命再次到谈判桌上议和，日方的蛮横态度使他十分气愤，不愿再与之周旋，他给何、陈发电说："对和谈事，请政府派人参加谈判，商定后自当遵从。但敌狡诈……一面谈判，仍望不忘作全盘之备战。"

一个正在指挥作战的前线指挥官，竟要如此心急如焚地敦促政府备战，而政府却只想屈辱求和，对此呼吁却置若罔闻，对父亲的耿耿忠心恨之入骨。然而他却似乎浑然不知，历史上御敌将领曾一再发生的悲剧，已经落到了他的头上。2 月 18 日，蔡廷锴军长接到了日军的最后通牒，要求我军退出租界 20 公里，撤去此范围内军事设施并永不重建。蔡军长气愤地把通牒呈交蒋总指挥。面对这一通牒，父亲怒不可遏，断然下令：用大炮回答它！

20 日晨，日军发起进攻，十九路军向全国通电："……军人报国，粉身碎骨，是分内事，大战开始之日，即本军授命之时。使一卒一弹犹存，则暴日绝不得逞，惟愿全国朝野上下，人人怀必死之志，引偷生苟活为无上耻辱，团结一致，前赴后继，则本军之牺牲为不虚，伏尸流血之战士，必含笑于九泉矣。"通电全文，字字泣血，句句熔金，表示了对贪生卖国之徒的愤怒，也表示了全军将士为国保土的一片赤诚。

然而，蒋介石却直接给父亲打电话责问，让他立即下令停火。半个月来强忍着的一腔怒火，顿时涌上心头，父亲愤然大声答道："卫国保土乃军人天职。强敌压境，怎能不奋起自卫？这一仗一定要打，而且已经打起来了，全国百姓不让停火！"几年来，父亲一直把蒋介石视作领袖和中央的代表，他曾抱着中央统一的信念，东征西讨。1929 年他任六十一师师长，率六十一师及蔡廷锴六十师击败张发奎军及桂军于广东花县;1930 年率六十、六十一、六十二师攻占梧州,再败张、桂军于广西北流。中原战事爆发后,蒋介石处处被动,张、桂军又准备北上响应,情况十分危急。他受命为前敌指挥官率六十、六十一及六十三师由韶关出湖南与一倍兵力的张、桂军决战,大破之于衡阳,张发奎部几乎全军覆灭。这时蒋介石在津浦、陇海两线又同时告急,他又奉命率六十、六十一师北上。克泰安、攀泰山,飞兵直下济南,完全扭转了津浦线战局,被任命为第十九路军总指挥兼济南警备司令,但他表示非为地盘而战,决辞警备司令一职,愿继续率部西进,被任命为第六纵队司令,率六十、六十一师及胡宗南第一师到河南陇海线作战。为巩固蒋介石的中央政权,真可谓功勋卓著。如今,在这国难之时,他置个人安危与仕途不顾,直接顶撞了这位昔日心中的领袖,决心与日军血战到底。

日军的企图是突破庙行南端地域,然后以主力向南席卷,将十九军歼于江湾、闸北地区;以有力部队向北歼灭第五军于杨家行、吴淞地区,这就是植田的所谓"中央突破"计划。22 日,植田亲率日军倾巢出动,向我庙行南端阵地猛攻,我左翼军奋力抵抗,情况危急。张治中军长亲率中央军校教导总队赴八十八师指挥策应,顶住了敌军攻势。同时左翼军宋希濂旅,右翼军张炎旅分别从纪家桥和竹园墩出击,使敌三面受敌而仓皇溃退,伤亡惨重。至 25 日,"中央突破"计划彻底破产,我军又一次取得了辉煌的胜利。

孤军奋战 擐甲哀鸣

最后通牒被拒绝了,军事进攻也失败了,这对野心勃勃的日本帝国主义实在是奇耻大辱。国内舆论哗然,日本政府决定派遣前田中内阁的陆军大臣白川义则大将代替植田担任统帅,兵力将增至八万余众。而中国方面,虽然每战连捷,使敌人三次增兵,三易主师。但连续作战已将近一个月,伤亡十分严重,五个师兵力已不过四万人。而且白天战斗,夜间修工事,日夜不得休息,急需增援。但自从十三日纪家桥战役后,父亲就要求增兵。一直没有结果。

2 月 16 日,父亲致电陈铭枢:"……大战在即,兵贵万全……万恳速请介公、敬之务在最近期内调二三师开来前线,预备急用……"

23 日又致何应钦电:"……敌伤亡虽大,而援兵不断,我方似应统筹应付,速派有力部队增援,以免孤军久战为叩"。为了求援,他还专门派出参谋长邓世增向蒋介石面请增兵。

所有这些求援结果如何呢？

虽然他与陈铭枢左一个"火速"，右一个"兼程"地催促，但所有预想中的增援部队都没能参战。上官云相部除两营参加了修工事外，不知何故一团调到南京，两团调到镇江；戴岳旅虽已到达杭州，却被鲁涤平滞留，不准开赴上海。陈铭枢原想到杭州向鲁涤平乞援，但在又气又急之中却病倒了，只能在28日发给汪精卫的两封电报中哀叹说："……上官所部不愿赴援，枢病未愈，不能赴杭，戴旅赴援，亦当无望矣！""惜哉！前误于军政部之不调兵，兹又误于上官部之不愿作战，惟持我孤军之决死耳！"

当时，十九军伤亡已达5 000，第五军亦达3 000，而日方白川所率两师已陆续到达。面对军情报告，蒋光鼐十分明白，这蜿蜒百余里的防线，仅以这久战的四万之师抗敌八万之众，其结果将不言而喻。为求安全，为保存实力，遵令撤退已是唯一万全之策。2月27日，他回绝一切会见，独自在总指挥部里来回踱步，久久不能决断。撤退？一个月来的浴血奋战将前功尽弃，以一万多将士鲜血和生命换来的胜利就要付诸东流，现在上官云相和戴岳所部近在咫尺，只要他们能火速驰援，阵线就可能坚持到3月3日国联开会讨论沪战问题的时候。这样就能在不失一寸土地的有利情况下和日方谈判。当时，他对当局仍存一线希望！为民族荣誉，为国家利益，他终于决定，不计成败，坚守到最后一刻。

29日，日军第四任指挥官白川到达上海，发起了更加猛烈的进攻。我方兵力不得不全部投入正面战线。3月1同清晨，日军3万余人在浏河登陆，直接威胁我军侧背，下午，我军中央阵线也被突破。由于预备队已全部用尽，无法应付登陆之敌，下午4时，登陆日军已进占浮桥，大有切断我军退路之势。但我军仍然拼死抵抗，希望上官师能即刻投入左翼，驱逐日方登陆部队，以使正面战线仍能维持，然而他们却始终按兵不动。下午8时，我方因援绝兵尽，全线动摇。父亲不得已，只好召集蔡、张二军长到南翔会商，气氛极其悲壮。张军长沉痛至极，一言不发；蔡军长则怒目圆瞪，对卖国媚外之流人骂不已；戴司令捶桌顿足，把座椅踢翻，悲痛欲绝。当晚11时，父亲含泪下达命令：全线撤退。

3月2日，总指挥部在昆山向全国发出退守待援通电，表示："决本弹尽卒尽之旨，不与暴日共戴一天！"

3月3日，国联开会决定，中日双方停止战争。慷慨悲壮的淞沪抗战宣布结束。蒋、蔡、戴、张暨各师旅团长发出泣告国人通电："……擐甲哀鸣，泪尽以血……"

归去来兮，时不可为也！

战后烟火中的上海已被留在远处。一个多月以来政府对抗战的态度又一次使父亲感到失望和愤怒。3月7日，他奉命到南京述职。蒋介石脸色阴沉，不再露出往日对他的笑容。他严词指责父亲不服从指挥，大讲他“攘外必先安内”的道理。面对蒋的咆哮，父亲十分冷静，始终沉默不语。他明白，他在一·二八所肩负的使命已经结束，今后对日交涉的一切都将由政府出面处理。他感到有些悲哀，为了伤亡的将士，也为自己对时局的无能为力。他又在闲时拿起《剑南诗稿》和《陶渊明集》了。有时他也拿起一枚印章，默默地观看，在图章侧面，刻着两行小小的行书，“邓演达赠”和“民国二十年”。那是第一师时代的好友邓演达在去年他生病时所赠，不想半年前邓演达被当局杀害，这印章竟成遗赠了。

5月5日，国民党政府与日寇签订丧权辱国的淞沪停战协定。全国人民奔走呼号，悲愤莫名。5月7日，第五军、第十九军复员，八十八师开驻武汉，八十七师暂驻常熟一带，十九路军各师驻昆山、苏州、镇江等处。5月28日，淞沪抗战阵亡将士追悼大会在苏州举行。4万群众，心情悲壮，挽联如林。念及几个月来所思所感，父亲凝悲愤于笔端，挥毫亲撰一联：

自卫乃天赋人权，三万众慷慨登陴，有断头将军，无降将军，石烂海枯犹此志；

相约以血雪国耻，四十日见危授命，吾率君等出，不率其入，椒浆桂酒有余哀。

没过几天，他接到军委会密令，着令十九路军调往福建，向红军进剿。他早已决心永不参加内战，对此命令不作任何表示。参加完上海市民在商会召开的淞沪抗日阵亡将士追悼大会后，他连对蔡廷锴也不打招呼，独自携同家人秘密地离沪赴港。当政府授予他和蔡廷锴、张治中“青天白日奖章”，发表调升他任驻闽绥靖主任，升蔡廷锴为十九路军总指挥的时候，他已回到了珠江三角洲的故乡了。

他住在由祖父书房改建的“荔荫园”里。在这片当年他因剪掉辫子而离开了的土地上，开鱼塘，植果树，创立虎门医院，兴办吉云小学。还整理和购置了大量书籍，抽暇读书、习字。他篆刻了一方印章“红荔黄蕉是吾乡”和藏书的石印“荔荫园藏书画”,表达自己再也不问政事的决心。他想脚踏实地地做些有益于大众的事情,以寄托20多年来一直珍藏心中的理想和他对苦难中骨肉同胞的爱。他已过不惑之年。虽然他还不知道,“复兴社”已把他列入暗杀的黑名单,蒋介石已用重金悬赏他的生命,但对这位“领袖”他是完全失望了。也许对自己曾为之浴血征战,还颇感懊悔。一年之后,当蒋介石与日寇签订卖国的《塘沽协定》时,他亲自起草并与蔡廷锴联名发出的通电中,对蒋介石严词责问:“敌何日停止进攻?假使外被不可止之进攻,内怀不可决之剿除,则国将不国,届时狼狈沉沦之惨状,孰得而知?”

正是这泾渭分明的爱与憎,使他在重新走出家园的时候,踏上了一条新的、荆棘丛生的道路。

《纵横》,1986年第2期。

我脑海中的一·二八淞沪抗战

蒋建国

抗战胜利了,我们家从广东东北部平远县的一个小山村搬到了广州。经过长达14年的抗日战争,劫后余生,确实是十分值得庆幸的事。

1947年年初,我随父亲蒋光鼐参加了一次纪念一·二八15周年的活动,在广州沙河顶先烈路有一座建于20世纪30年代初的、气势宏伟的十九路军淞沪抗日阵亡烈士陵园,落成的时候,我尚未出生。抗战胜利后,原来伫立在纪念碑基座上的十九路军战士全身铜像及周围的铜狮、铜鼎等物都已荡然无存,但是纪念建筑物尚保存完好,参加纪念活动的人很多,除了前后两任十九路军总指挥外,大概都是原十九路军的同僚和下一代。祭奠仪式十分隆重,大家沉痛悼念一·二八抗战牺牲的将士,能告慰他们亡灵的是,经过14年的艰苦奋斗,中国人民终于取得了完全彻底的胜利。我还记得按照广东人的习俗,参加祭奠的人每人都分得一份烧猪肉。关于一·二八抗战具体的内容,我脑海里是空荡荡的。就像当时的那座陵园一样。那一年我12岁。

抗战前夕

1962年1月28日在上海举行过一次纪念活动,好像是上海市政协牵头举办的,在报纸上有过报道,也发表过文章。那次活动我父亲、蔡廷锴、戴戟都参加了。我当时远在甘肃会宁劳动,只记得后来看到在报纸上的有关文章中强调人民群众的支援作用,蔡廷锴在发言中说中国共产党当年做了大量发动群众的工作,就这个意义上说,一·二八是中国共产党领导的(大意如此,原话记不清了)。

可惜,这次活动陈铭枢好像没有参加,可能是因为1957年他被戴上了一顶右派帽子的缘故吧。其实，十九路军之所以能在上海与日本侵略军打起来是和陈铭枢有着很大关系的。首先，十九路军原来是被派到江西参加第三次“围剿”的，由于蒋介石先后在南京扣押胡汉民和李济深，宁粤之间发生了矛盾，陈铭枢主动做了些调和的工作，和解条件之一就是把十九路军调驻京沪，以保障粤方领导人的安全。在此前十九路军一直是拥蒋的，蒋介石答应了这一条件。就是这样一个偶然的机会，1931 年年底，十九路军从江西调驻京沪。戴戟任淞沪警备司令（他原来也是十九路军的师长）。陈铭枢被任命为京沪卫戍司令，他还在中央政府内兼任行政院代理院长、交通部部长等要职。以前他又一直是十九路军这支部队的领导，1 月 23 日，十九路军营以上军官的紧急会议上，陈铭枢派卫戍司令长官公署樊宗迟参谋长参加，并代表陈讲述了几件事，其中第三件是：“日寇零星少数的来不必理他，多数或大部队伍来犯，我须处于正当防卫时才同他抵抗。”据此，会议作出决定，明确命令：“我军以守卫国土克尽军人天职之目的，应严密戒备，如日军确实向我阵地攻击时，应以全力扑灭之。”

十九路军之所以能够留在上海的战斗岗位上，抵抗日本侵略军的野蛮进攻，又是因为一个偶然的机会。军政部一向贯彻“攘外必先安内”的政策，他们知道十九路军在九一八后爱国热情高涨，曾在赣州集体宣誓永不参加内战，团结抗日。上海局势日益严峻时，军政部派了宪兵六团到闸北接替十九路军防备。这是军令，不能违抗，只好准备换防。就在一·二八之夜，因为宪兵六团的人没到齐，交接手续还未办，半夜 11 时许，日军开始分五路发起进攻，十九路军奋起自卫，就打起来了。那是正当防卫、守土有责。十九路军勇敢地抗击敌人的消息一传开，马上得到全国人民的称赞和支持，一扫甲午战争以来爱国军民一直憋在胸中的闷气。九一八事变中，20 万装备精良的东北军，因为执行不抵抗政策，被两万关东军只用了三个多月就把东三省占领了，大片国土沦丧、难民流离失所，民怨沸腾，老百姓爱国抗日的情绪高涨，这就是紧接着发生的一·二八淞沪抗战之所以迅速得到全国军民的支持和拥护的原因。

我逐渐明白了为什么那么多老人提起一·二八就热血沸腾，对十九路军的抗日行动同声赞颂。因为他们是亲历者，他们曾经在那个年代生活过来的。

有一位百岁老人，是民革的元老了，一·二八时他还是广州中山大学的学生，听到十九路军在上海抗日的消息就马上和几个同学一起赶去支前，轮船到了上海，因为战事激烈了靠不了岸。回忆起来感到非常遗憾，他说唯一可以安慰的是，后来在北京成了我父亲多年的同事。

在上海度过的不眠之夜

小时候我总听到一些年长者讲一・二八，我不明白为什么总是比我大很多的人在讲？为什么与我年龄相仿或比我小的人很少提及？我更不明白是，即便我父亲是一・二八淞沪抗战的总指挥，他也不愿讲一・二八的事。

1967年年初，父亲因患癌症术后复发，需要做肝脏外科手术。北京肿瘤医院院长吴恒兴介绍说，上海第二军医大学附属的长海医院有一个肝脏外科小组，组长吴孟超医生能做这种手术，他是世界上首先突破肝脏外科这一禁区的。我们拿到有叶剑英元帅批示的信件到上海住进了长海医院。可惜，专家被打成“反动学术权威”了，天天在医院扫地，手术没办法做。我们向医院领导提出请吴医生出来做手术的请求，遭到拒绝。晚上我们私下找到吴医生家里求他，吴医生十分难过地说：“我们大夫的职责就是救死扶伤，可是现在我们不能做手术，他们不让我们做，不是我们不做，真是爱莫能助，请你们原谅！”就这样，唯一延长父亲生命的机会失去了。

出院前的那天晚上，刚好是1月28日，我和妹妹定粤在病床边想听父亲讲讲一・二八的故事。开始他有点兴奋地说：“是呀！35年前的1月28日我也是住在医院里，一接到电话，就马上赶到司令部……”啊！原来父亲不用我们提醒，他比我们更清楚——是35年前。然而，刚开了个头，他忽然打住了，再也没有开口。那天晚上他并没有睡熟，在寒冷与寂静中，辗转反侧。处在当时的历史条件下，他不说什么我们也很容易理解。

新中国成立后，我们有好多机会接触一・二八淞沪抗战的领导人：陈铭枢、蔡廷锴、戴戟等。因为他们作为民主党派的领导人，参加了建立新中国的工作，走上了接受中国共产党领导的道路，他们都是父亲的亲密朋友。特别是蔡廷锴，在20世纪50年代初，我们两家人还同住在北京东单沟沿头17号院内，共同度过了几年美好的时光。在我记忆中，他们都很少提及一・二八。现在回想起来追悔莫及的是，我们当时也没有珍惜和他们相处的日子，多提些问题，多得到些第一手资料。对过去的经历他们不愿多说，也很自然，认为只是做了自己应该做的事而已。遗憾啊！他们都已带着很多我们不知道的故事离开了人世。

好在一・二八淞沪抗战期间的档案材料保存是完好的，只要下功夫都可以查到，但是过去好长时间在我国对抗日战争的历史提得比较少，即使提出也只提八年抗战，从七七事变讲起，此前的六年局部抗战就提得更少了。于是就出现了下面的一段小插曲。

中国人民抗日战争纪念馆开馆之后

1987年夏，位于卢沟桥畔的中国人民抗日战争纪念馆开馆了，这是一件大事、好事，是很多热心人促成的。我们也随着人流满怀喜悦地走进了展厅。前面有好几块版面是序幕，第一块是“九一八”，第二块是“一·二八”，在这两块版面上有两幅照片，一幅是第十九路军军长蔡廷锴在视察炮兵阵地，另一幅是第五军军长张治中在指挥部。还有一小本印刷品是《上海停战协议》，另外，展柜里还有一面纸做的小三角旗，写着抗日标语口号，别无其他。

我们看了“一·二八”这块展板后觉得很纳闷，两位军长是谁指挥谁？又是什么人来协调两军的配合调动呢？十九路军是有总指挥的，军政部明确命令第五军归总指挥领导，但是在文字上、图片上都没有表现出来。我的小妹妹定桂回家后就写了一封信给中央统战部，反映展览上这一内容的缺失。承蒙统战部系统以认真高效的负责精神办理群众来信，不久妹妹就收到了北京市委统战部给中央统战部四局复函的复印件。主要内容如下：“关于蒋光鼐亲属希望在中国人民抗日战争纪念馆展出的一·二八抗日战役，增设蒋光鼐有关史料的问题，有关领导阅批后速转抗日战争纪念馆的负责人，经研究，军事博物馆的同志拟在展面上增加蒋光鼐的照片，并已报朱穆之同志，近日即可落实，特此报告，并请转告蒋光鼐的在京亲属。”

妹妹写信反映情况的结果是在“一·二八”版面上蔡将军的大照片右上角加了一幅蒋光鼐的照片。这种办法是最简单的处理方法，让我们不好再说什么。

父亲一生从来就没有为利争过什么，我们也没必要为他争什么，问题的关键是原版面上展出的内容是对还是错。妹妹写信的目的是想指出展览上的内容与史料有出入，希望改进，至于如何改那是专家的事。

人们并没有因为时间久远就忘记十九路军，也没有忘记十九路军的领导人，更不可能忘记一·二八淞沪抗战。

1988年，民革中央在人民大会堂的三楼小礼堂召开了隆重的“蒋光鼐先生诞辰一百周年纪念座谈会。”

1989年，经国务院批准“十九路军淞沪抗日阵亡将士烈士陵园”被定为全国重点烈士纪念建筑物保护单位，陵园经广州市政府三次拨款重修，早已面貌一新。

1992 年，民革中央召开了隆重的“蔡廷锴先生诞辰一百周年纪念座谈会”。

1997 年 12 月 17 日，十九路军前后两任总指挥蒋光鼐和蔡廷锴的骨灰从北京八宝山革命公墓移入“十九路军淞沪抗日阵亡将士烈士陵园”安葬，他们魂归故里，又和当年一起浴血奋战牺牲的部属将士们在一起了。

2002 年，民革中央在中国人民抗日战争纪念馆举行“‘一·二八’淞沪抗战七十周年纪念座谈会”，会上军事科学院军事历史研究部编著的《中国抗日战争史》副主编罗焕章，以军事历史专家的身份对一·二八淞沪抗战给予了很高的评价。

我们家属也趁这次纪念座谈会的机会，把在我家珍藏了 70 年的“化险石”戒指捐赠给了中国人民抗日战争纪念馆。这枚戒指是一位华侨在一·二八淞沪抗战期间送到十九路军后方办事处，指名要送给蒋将军的（还有一枚是送给蔡将军的，不知是否还在），希望戒指能保佑两位将军身体健康平安，领导十九路军打败日本侵略者。70 年里，我们家经历了很多劫难，被日本人抄过家，被国民党抄过家，被红卫兵抄过家，能把这枚戒指保存下来很不容易，我们都很珍惜它。因为它表达了中国华侨拳拳的爱国心，也是对十九路军抗击日寇的肯定和支持。我姐姐定苏在非常时期曾将它用塑料包好，藏在花盆的泥土中，才使戒指躲过一劫。这枚戒指后来一直在抗战馆的展柜中展出，最近抗战馆的同志告诉我，经过专家评定，“化险石”戒指已经被评为一级文物了。听到这个消息，我们都觉得很欣慰。

一·二八淞沪抗战后父亲的辞职信

前些年我曾随民革中央副主席李赣骝去台湾访问，后来台湾朋友给我带来了一些我想查找的档案资料，其中一份是国民党“中央监察委员会”因为 1949 年父亲名列中国人民政治协商会议筹备委员会的名单中，经人“告发”，开会决定终身“开除”我父亲国民党党籍的文件。另一份是一·二八之后我父亲写给蒋介石的辞职信，信是父亲亲笔写的（都是复印件），原文抄录如下：

委员长钧鉴：

职素多病，不胜繁剧。自赣归来，卧病数月，即已屡乞退休；正请命间，适一·二八事起，国难当前，军人天职，义当奔赴。只惟力疾效命，不敢诿卸。今停战协定既已签约，战事即可暂告结束。职劳瘁之余，旧疾益增。极应解除十九路总指挥职务。俾得稍舒喘息,安心调养。一俟平复,则有生之年皆报国之日。尚乞钧座鉴其愚忱,即予允准早卸仔肩,以轻罪戾,不胜感戴之至。专此。敬请钧安!

职蒋光鼐呈

廿一,五,八日于杭州

《上海停战协定》是5月5日签订的,这封信是8日写于杭州的。

在看到这封信之前,我并不知道父亲写过辞职信,只知道他参加完上海市商会开的追悼会后,自己悄然离沪,绕道香港返回虎门的家乡。连蔡廷锴也感到突然,事先连对他也没有打招呼就走了。父亲这封辞职信还是以健康原因作为理由,而且理直气壮地说明一·二八挺身而出的理由:"适'一·二八'事起,国难当前,军人天职,义当奔赴。只惟力疾效命,不敢诿卸。"

十九路军在一·二八之前是被派到江西参加第三次"围剿"的,他托病到上海住院,屡征不出。国内很多学者都注意到他是不愿意参加内战才请假赴沪就医的,当然,病可能有一点,因为平常就比较瘦弱,但应该不是要命的病。为什么这样说呢?我不妨透露一点家庭生活中的细节,大家就明白了。父亲在此期间与我母亲结婚了,我母亲的第一个孩子——我的姐姐是1932年10月在香港降生的,为了纪念一·二八,父亲给她取名"蒋抗日",自己回家乡从事公益事业,表示不问政治。

父亲曾经说过,一·二八是十九路军从拥蒋到反蒋的分水岭。

到底是什么原因促使他辞职呢?为什么十九路军的领导人都不愿多谈一·二八?因为他们没有说,所以至今我也不清楚,这有待研究历史的专家去解答了。

《虎门》报,第1362期,2012年2月24日。

爱国实业家项松茂遇难经过

项泽楠　谈玉林

一·二八事变中，五洲药房经理项松茂及其11名店员遇难一事，曾经轰动一时。特将此事追述如下。

项松茂，名世澄，1880年10月9日生，浙江鄞县人。曾做过上海中英药房会计及汉口分店经理，1911年任上海五洲药房经理。药房业务逐步扩大，1921年盘进固本皂厂，易名为五洲固本皂药厂，分制皂、制药两大部，在上海颇有名声。九一八事变后，全国人民同仇敌忾，项氏参加抗日救国会，组织五洲职工编成义勇军一营，自任营长，聘请交通大学军事教官阮晓军来厂，每日工后训练1小时，以为抗战准备。

1932年1月28日傍晚，日军伤兵车辆驶过北四川路老靶子路（现武进路）口的五洲药房第二支店时，受到我爱国志士枪击。第二天上午，日军闯入店中搜查。他们在三楼发现藏有义勇军制服，就把11名店员押上卡车，逮捕而去。① 项松茂闻讯后，当天下午来到总店，准备营救。其时被捕店员的家属亦来问讯，项氏即欲亲往支店。总店同事纷起劝阻，勿冒生命危险。项氏严肃地说："我是公司总经理，有关11位同事的生命，岂可贪生苟安？我不去救，如何对全公司负责！"遂乘车独往。途经银行公会，有人惊讶地对他说："你是抗日救国会委员，还不避风头！"项则毫不动摇，依然前往。

项氏抵达支店，一名日军站岗士兵上前招呼，原来是相识的日本商人小山。项氏寄以莫大希望，以为营救有方。他请小山探问被捕店员下落，设法协助营救。

---

① 这11名店员是蒋邦毓、虞耕丰、童永才、戚德江、徐知杰、丁兆年、陈汉坤、吴宸良、陶赋、李生才、周瑞龙。

小山允诺，相约次日在原地会晤。项氏遂离店返回。

当晚在厂中寓所，项氏召集同事聚谈，报告十九路军胜利消息和调查同仁踪迹情况。他说："日间调查，还无消息。我明日再去，想必可设法找寻，你们切勿恐慌。我全家在此，不迁一物，明日本厂照常开工。"还叮嘱制药部多制军用药品供前方急需。

30日下午，项氏偕职员朱灿如再往支店。车至海宁路北四川路时，街上戒严，朱力劝折回，项却推门下车，凑巧遇到一位常有交往的芬兰木材商人，一同进入戒严区。此时项氏已被日本便衣监视，行至二支店前，未见小山。便衣尾随进店，项氏不疑有他，出示名片，要求保释被捕店员，派员看守商店并修理门窗。日人允可，项遂嘱朱先回总店，派员同来，芬商亦离，项则留店等候。迨朱会同职员李祖荫来店，见店门关闭，欲夺门入，被日军阻止，并说你们店主已去司令部了。朱、李在外高呼，迄无应者，遂回总店报告。项氏长子项绳武(名隆勋)当即挽请日友大堀，同车前往战区探寻。走访多处关押华人场所，都不得要领。绳武又四处恳求亲友，并呼吁中西官厅、社团交涉营救。31日，绳武与公共租界巡捕房洽妥，与日籍警探来到日本领事馆交涉。日籍警探单独进办公室，过了很长一段时间，失望而出，并埋怨说："你父何故提倡抵制日货，组织义勇军，领事馆不得干涉军部，实无能为力。"绳武无可奈何。2月1日，找到较有声望的日友桑野，来到蓬路(现塘沽路)日军俱乐部打听。绳武被阻室外，见日本军官询问桑野，声色俱厉，桑野频频鞠躬对答，汗流满面，十分紧张。桑野退出后，急忙拉着绳武往外走，上车才说："日军查明你父是抗日委员、义勇军营长，店中藏军服，自己送上门来，已押送到江湾司令部去了。"又说："方才军官问话，我不敢吐露你是项松茂的儿子，只说是五洲药房派来探听消息的人，否则将危及于你。"后经各方调查，凶讯证实。项松茂于30日被日军绑缚，劫往日军俱乐部，次日清晨被押解江湾日本小学的日军军营。日军审问，项氏抗争詈骂威武不屈，随后即被杀害，11名店员也同时遇难。

项氏与同事遇害后，家属遍寻遗骸，一无所得，只得以衣冠入殓安葬。绳武清检父亲遗物，在纸堆中得其手书联语一副，联云："平居宜寡欲养身，临大节则达生委命；治家须量入为出，徇大义当芥视千金。"项氏临难不求苟免的志愿，早已表白出来。国民党政府褒扬项氏"抗敌不屈，死事甚烈"，蒋介石题赠"精神不死"4字，《新生》周刊第一卷第十二期发表杜重远的悼念文章。浙江鄞县县志将其事迹记述，日本武田药厂亦专函慰问。一·二八抗战15周年时，黄炎培在《文汇报》、

《大公报》撰文纪念。项氏遇难50周年时，胡厥文、许德珩、周谷城、张承宗、刘靖基、赵祖康等均题词缅怀。

吴汉民主编，蒋澄澜、周骏羽、陶人观副主编：《20世纪上海文史资料文库》，上海书店出版，1999年版，297—299页。

美国飞行员萧特殉难之后

邹志一[1]

70 多年来，在中国、在美国、在世界航空界，传颂着这样一位英雄，他的名字叫罗伯特·萧特(Robert Short)，他是志愿为中国抗日而捐躯的第一位美国飞行员。他殉难的地点，就在现今江苏省苏州市工业园区娄葑镇(原属吴县车坊镇)境内。

罗伯特·萧特，是美国华盛顿州泰科玛人，毕业于寇蒂施民用航空学校，原为美国陆军航空兵飞行员，退役后任盖尔飞机公司驾驶员，技术甚精。1930 年由美来华，1931 年 6 月任我国军政部航空学校飞行教官。

1932 年初，日本帝国主义者继 1931 年九一八武装侵占我东北三省之后，又在我东南沿海水陆领域不断增舰、增兵，寻衅骚扰，侵略野心变本加厉，矛头直指上海。其时，我东南一带，从前线到后方，频遭日机的破坏性空袭与轰炸。我上海驻军国民党十九路军将士，为维护民族尊严，捍卫国家主权，于 1 月 28 日高举抗日大旗，抗击日寇，开展了举世闻名的"淞沪抗战"。以后战祸蔓延，我苏州市不断遭到日机的狂轰滥炸。当时，美国飞行员萧特见日寇如此无理，义愤填膺，他曾对亲属这样说过，"我是中立国人，无所偏袒其间，但作为人类的一分子，看到日军做出这种不像人的野蛮残杀行为，我怎能忍受！为了人道主义，我与之誓不两立！倘若为此而献身，我亦心甘情愿。一旦我牺牲了，请告知我父母，我没有什么遗憾。"于是，便志愿协助我十九路军驾机参战。

2 月 21 日，为了避免日机袭击，萧特驾驶我国新购买的 P－12E 战斗机的验证机 XP－925A 从虹桥机场起飞，转场前往南京，不料就在吴淞附近上空遭遇由

---

① 邹志一，江苏省吴县市政协文史工作者，曾任吴县政协文史办公室主任。

所茂率领的三架日机。在 1∶3 的劣势,萧特凭着他高超的飞行技术与敌人进行了近 20 分钟的激战,所茂飞机中弹十余发而被击落,另一僚机也被击中,而萧特安然无恙,突破重围转场南京。

第二天,萧特又与六架日机展开了一场激烈的殊死搏斗。那是 2 月 22 日下午 4 时半(据《苏州明报》、《申报》、《上海战事画刊》报道为 2 月 22 日;纪念碑误刻为 2 月 23 日),萧特正单独驾驶波音轻便驱逐机路过苏州之西,与日机遭遇。其中三架是小谷率领的 13 式战斗机,三架是生田率领的 3 式驱逐机,正在苏州南郊一带对我无辜民众及苏州葑门机场掷弹轰炸。双方飞行高度约为 1 000 米,其时,萧特正在 13 式机队的左前方 45 度,他驾机急速转弯爬升到 13 式机队的左后方有利角度,即向为首的小谷领队机攻击,但未击中;萧特又作了第二次攻击,仍未奏效;第三次,萧特改变战术,利用 13 式的火力死角,从下方爬升方向向小谷机腹部射击,当两机距离仅为 20 米时,萧特连续开火,日机终被击中,小谷中弹三发命归黄泉,射击手佐佐木一等航空兵左腿负伤。萧特大胜,正欲脱离,没想到生田率领的三架 3 式机从高空扑下,对萧特机分头夹击。萧特坦然应敌,奋勇抵御,坚持与日机群周旋格斗。战约十分钟,终因寡众悬殊,萧特被击中机身要件,坠落于吴县车坊高店镇无潮港口水中。年仅 27 岁的萧特为帮助我国抗击日寇,献出了自己宝贵的生命,谱写了一页中美两国人民的友好历史。著名书画家谢孝恩以"血洒长空忾同敌寇,躯捐异域义薄云天"之对联盛赞萧特的英雄气概和崇高精神。

噩耗所至,莫不感佩,国内外大小报刊,争相报道。

萧特遗体当日从湖中捞起,2 月 25 日,苏州飞机场顾指挥将萧特遗体按中国习俗用楠木棺成殓。灵柩由苏运沪后,旌表委员会议决定改装美国式钢质灵柩。柩色银灰,价值美金 725 元。

应我国国民政府电召,萧母伊理蒲斯太夫人携其次子埃德,于 4 月 19 日乘坐塔夫脱总统号轮船抵沪参加葬礼。国府代表唐海安亲往浦东大来码头登总统号迎接,并在轮中代表中国政府及全体人民致欢迎词,表示:"欢迎太夫人之光临,对于君之爱子,为正义而牺牲,极度感谢。"女界代表温毓庆夫人向萧母鲜花。萧母也致了答词,她说:"余子之死,虽甚悲惨,余亦不免心中戚戚,但为友邦人民牺牲,亦属义举。今承欢迎,极感盛意,泉下人亦有荣焉。"这天,外交部、上海市政府、十九路军均有代表亲莅码头欢迎,上海 87 个团体也派代表数百人前往欢迎。随后,宾主同乘专轮至新关码头登岸,市府代表俞鸿钧秘书长即向太夫人表示敬意。码头上欢迎者人山人海，途为之塞。

萧特义士旌表委员会多次郑重讨论，预定仪典。4 月 24 日，上海各界为萧特举行了隆重的追悼大会和公葬典礼。

这一天，上海各界一致下半旗志哀。

上午 10 点，在胶州路万国殡仪馆举行了宗教祭典仪式。

中午 12 点 30 分至 45 分，萧特灵柩由其生前好友、飞行家水启瑞率领从殡仪馆移至慕尔堂。国民政府、市政府、航空部、十九路军总指挥部、宋子文、孔祥熙、唐海安等所赠花圈，分装两辆汽车，一路随灵出发。

下午 2 点 30 分，上海各团体于慕尔堂举行萧特义士追悼典礼。

5 点 20 分，送葬人员至虹桥机场东首丽虹园，下车整队后缓缓走向墓地。5 点 45 分，始抵位于虹桥机场入口处墓地。当中美航空队员合抬灵柩入内时，军队举枪致敬，代表民众脱帽致哀。灵柩安放于墓穴架上。萧母、萧弟及亲友均立于墓前。接着由费然君作最后祷告，江海关监督唐海安代表国府献花，上海市市长吴铁城代表市政府献花，各向墓穴行三鞠躬礼，且向萧母致敬，典礼乃毕。

事后，国民党中央当局赙赠萧母丧礼国币 10 万元，以作养老之费。

萧特殉难一事，也深深感动了吴县各界民众，他们纷纷醵资立碑，以垂纪念。

当年 7 月，在萧特殉难处——车坊高店镇无潮港口江海隋粮王庙东侧，竖起了近三米高的华表式花岗石纪念碑。碑正面中间刻有“美飞行家萧特义士殉难处”11 个大字，左边刻有“中华民国二十一年七月立吴县吴曾善谨书”一行小字；碑右侧刻有“苏州桃坞朱林记石铺承造”，左侧刻有“吴县建设局打样”。纪念碑坐落于三级石阶之上，高大醒目。

当年，又有吴县各界人士，私人醵资在苏州大公园北部民德亭后绿树丛中的一方空地上，建起了“萧特义士纪念碑亭”，亭内竖有欧美式方形花岗岩纪念碑。

1937 年七七抗日军兴，我苏州人民成立吴县各界抗敌后援会于大公园苏州图书馆内，于是被日寇列为破坏目标，迭遭日机空袭轰炸。日本侵略军侵入苏城以后，即将图书馆付之一炬，萧特义士纪念碑亭亦被破坏。整个公园沦为日军养马场，浩劫一场，面目全非。但碑上刻有纪念碑文的大理石薄片，幸有人收拾保存。

抗战胜利后，吴县人民于 1947 年仲春在苏州大公园又立一块“美国萧特义士殉难纪念碑”。在“日月重光，山河再造”之时，再次深表“眷念殊勋，倍深景仰”之情（此碑毁于 1951 年抗美援朝时）。

1981 年，苏州博物馆举办苏州市革命斗争史展览会，曾展出过当年苏州大公园萧特义士纪念碑的大理石薄片。

1984 年一·二八淞沪抗战 52 周年纪念日，上海复旦大学王遽常教授曾以其旧著《淞沪抗战烈士传略三章》披露于《团结报》上，罗伯特·萧特即其中一人。萧特弟弟埃德先生在海外获知中国人民至今仍在纪念乃兄，颇思莅华祭扫，寄托哀思，于是委托其友林美玉女士至《团结报》探询，并在报上刊登小启，广征苏沪一带老辈人士指点萧特营葬情况及其墓地所在。其时，我在吴县政协文史办公室任主任，得知这一线索后，即去上海、苏州等地图书馆和档案室，查访、搜集有关情况；和同事一起赴车坊萧特殉难所在地开展调查，召开当年目击者座谈会。并在车坊党委、政府的协助下，发动群众寻找当年萧特义士殉难纪念碑，终于弄清了萧特殉难前后的详细经过，也找到了纪念碑，但已被开成四根石柱，柱上字迹清晰可辨。此后，我先后在《人民日报》(海外版)、《苏州报》上撰文介绍萧特殉难前后的情况，刊登有关消息。同时，将调查征集到的情况，通过《团结报》编辑部转告埃德先生。

1984 年 10 月 3 日，埃德先生偕其女儿随美国斯密森旅行团至上海。先后走访了上海万国公墓、慕尔堂、虹桥机场。10 月 6 日抵达苏州，9 日赴吴县车坊乡。乡党委副书记徐金官、宣传委员周根土热情接待了他们。宾主共同追忆当年萧特志愿抗日、在车坊殉难的经过，深感中美两国人民友谊深长。其后，大家又一起乘船至殉难处凭吊致哀，还瞻看了萧特殉难纪念碑。埃德先生对这次接待十分满意，他说："我只是抱着试一试的愿望向中国旅行社提出了要求，没想到我在车坊看到了、听到了这么多关于我哥哥殉难的资料，特别是被开成四部分的纪念碑柱还被政府找了回来。我非常感谢中国人民至今还保存着我哥哥的纪念碑物。"在离车坊之前，双方合影留念，又一次留下了中美人民友好的真实记录。

1985 年，时值纪念抗战胜利 40 周年，为了弘扬萧特义士的英雄事迹，进一步增进中美两国人民的友谊，经吴县政协和统战部建议，吴县人民政府拨出专款，于 9 月 16 日在车坊高店重新修复了萧特义士殉难纪念碑，并新建了萧特义士纪念室，1932 年的旧碑陈放于纪念室内展出。新恢复的纪念碑仍为华表式，花岗石质。碑面刻有"美飞行家萧特义士殉难处"11 个大字，碑座正面刻有萧特义士的简介。碑柱、碑座坐落于 4 米见方、高 1 米的平台上，通高近 5 米，平台东、南、西三面各有五级石级。1999 年 4 月，车坊镇政府又在殉难纪念碑旁增添了萧特英雄飞行员立像。庭院四周绿树成荫，显得格外庄严肃穆。纪念碑、室建成后，被吴县人民政府定为文物保护单位，被中小学命名为德育教育基地。

1985 年 11 月 26 日，美国哈佛大学费正清东亚研究中心助理研究员安·费立德·詹斯顿女士前来车坊参观萧特义士纪念室，采访了当年空战的目击者高进生先生，并转交了埃德先生所赠有关萧特葬礼的 21 帧珍贵照片和致车坊乡政府的感谢信。由于我参加了萧特这一专题调查，当时好几次美国友好人士来访，均由我接待。詹斯顿女士是个中国通，会讲汉语，客主双方交流没有语言障碍。共进午餐时她激动而滔滔不绝地跟我交流采访感受，跷起大拇指，连连称赞："萧特真是英雄，英雄！"并表示回美国后将在《纽约人》、《生活》等刊物上发表文章，报道萧特事迹。她告诉我，这次离开中国后，还将去日本继续深入采访，并说明了其中的缘由——当年根据上司指令击落萧特的那位日本飞行员，也深深佩服萧特的英勇行为，视萧特为"一位了不起的国际英雄"，心中一直为自己击落萧机而内疚不止。为此，他曾在美国的一家报纸上刊登启事，花了 44 年时间，千方百计寻找萧特的亲属，并亲自赴美国，向萧特亲属请罪。詹斯顿女士说，等采访全部结束，她还准备专门出书记录此事。

1987 年 2 月和 4 月，中国人民抗日战争纪念馆副馆长高玉亭一行和中国军事博物馆文物处处长徐士贤，先后前来吴县政协征集萧特的有关资料，将有关历史照片借去北京复制，并在中国军事博物馆和中国人民抗日战争纪念馆展出。10 月 1 日，美国影视制片人詹·卡尔普先生，在中国三 S 研究会顾问郎新康先生陪同下，指名要我接待并陪同前往车坊拍摄纪录片《动乱的岁月 1927—1937》，报道萧特动人的英雄事迹。

2005 年 1 月 26 日，为了纪念中国抗日战争和世界反法西斯战争胜利 60 周年，江苏省广播电视总台策划冯三羊、编导陈功率摄制组前来采访我，并去车坊实地拍摄《血捍长空》专题纪录片，怀念、颂扬萧特的英雄事迹。

自从车坊高店的萧特义士纪念室和殉难纪念碑落成后，每年前来参观瞻仰、祭扫凭吊的国内各界人士、中小学生和海外来宾络绎不绝，他们纷纷向萧特遗像鞠躬，为萧特殉难纪念碑献花，并深深祈祷：愿萧特义士的英名代代相传，永远活在人们心中；愿中美两国人民世世代代永远友好下去！

《纵横》，2005 年第 9 期，第 24—27 页。

四　民众抗战

上海市民义勇军参战记

王屏南①

一

1932年2月20日夜晚9时，[义勇军]奉旅(十九路军一五六旅——本书编者注)司令部命令，着由大场开赴嘉定。屏南疑甚，何以不令前进杀敌，转令开入后方，岂前敌无须助耶，抑别有作用耶？

旋悉嘉定之驻军于昨夜开赴前线，因后方空虚，令先入后方〔震〕慑，听候后令。而同志间亦有心疑激作愤语者，屏南以服从命令为军人天职，军机莫测，未能一一公开，此去后方之嘉定是别有作用，不是视义勇军无能力，同志幸勿怀疑，自兹而后，各宜惟命令是从，不得再作愤激语，防免违抗军令之嫌。于是紧急准备，至10时30分钟出发，离开大场，星光暗淡，犬吠四闻。全军同志有枪者肩枪负弹，无枪者则各持梭镖1或2枝，整队前进，肃静无哗，黑夜行军，有衔枝疾走之慨。

行约二十里，传令兵报告称，有抬锅之伙夫二人逃走，将军锅炉灶弃于路旁等语。第一连连长李楷闻报，遂自告奋勇曰：好，我与同志来抬。于是大家轮流抬锅炉，官长士兵多一抬锅之兴趣矣。彼弃锅潜逃之伙夫原为雇用而来，其怀何心而逃去，则不测，想其畏难怕死，自在意中，彼即逃脱，自亦不遑追究。

行至半途时，有一军官乘汽车西驰，遇本军遂下车传语曰：翁(照垣)旅长有电活，上海市民义勇军开回大场驻扎，语已驰去。屏南际此不无迟疑，我以奉司令

① 王屏南原为上海执业律师，一·二八抗战时担任上海市民义勇军大队长，本文是他所写《上海市民义勇军经历史》的一部分，标题、段落及标点系上海市政协文史资料委员会编者所加。

部书面命令开赴嘉定驻扎，今司令部如果得翁旅长电话令义勇军开回大场，自应以书面命令开回，若凭信一军官之传语即便开回，设有其他缘故，我不能不负轻信之责，以故决意前进。

次早5时入嘉定城，驻扎于启良学校内，校景甚佳，假山池沼，楼台亭榭，位置井然，种植花树亦不少。舍宇宽广，操场有二，一在校墙以内，一较广大，则在校墙以外。屏南勘四周后回入校内，见全军同志因宵征疲劳于宿舍内睡觉，我之睡魔亦来扰矣，伏案成寐。

忽据司令部书面命令，着即日开回大场。正在准备之际，忽副官主任邱秋星君至，收回命令，于是确定暂驻嘉定。部署既毕，仍事训练。旋据报大场房屋今晨被敌机炸毁甚多，宝华寺及司令部等处均受炸损等语。迟数日，旅司令部亦由大场迁来嘉定，以是知前敌之状态有变矣。

一日张子廉同志来，买肉百斤以饷义勇军同志，大块吃肉，今于军中得之。因请张同志演说，藉资激励。张同志设词极沉痛，邱主任训勉亦慨切。屏南于代表全军同志致谢词时，不觉言之过切，全军同志咸皆感泣，我自亦不禁坠泪，咽不成声。回视张同志、邱主任亦皆满眶热泪矣。嗟乎：国破家何在？凡有血气孰甘束手待毙，此吾侪同志之所以成义勇军者，讵可以平庸视耶。

张同志、邱主任二人于是夜同赴吴淞谒翁旅长，磋商征集各地义勇军事宜。翁旅长作书交张同志持往谒华振中主任（华为义勇军主任），妥筹征编办法以补助军中之不足。张同志奔走甚力，结果以时间短促，未得完满成绩。旋仅介绍张藩所募之溧阳大刀队45名，至嘉定求予参加，为国效命。于表演时，视其刀法虽少奇异，亦颇纯熟，乃接受其爱国之至诚，以为豪杰来归应予容纳，遂由旅司令部拨归上海市民义勇军大队部统辖。嗣悉大刀队有神符意味，每晚须燃香修炼内功，令整队表演则失整齐，可知其平素未受整队之训练，察其队员之举止尚称规矩。本军至是多负大刀队45名之给养责任，军需储存尚堪应付。

越三日为2月27日。上午10时，本军奉命开赴宝山前线助战，令调所属之大刀队开赴吴淞。是日午刻由嘉定出发。张子廉、王剑谔二同志随军送屏南至宝山之南门外。途中张子廉同志以剩余钞票50元交屏南，以助义勇军之买菜资。4时到达宝山县城，设大队部于贫民教养院内，各连连部分别驻于公众场所。屏南与机关枪连连长赖作梁接洽接防事宜外，并率李楷、王海清、余绍棠、林镇城、李向恒诸同志，侦察海塘与四郊之形势，并访问乡老绅耄等，始知昔英兵侵入上海时，即由宝山之东南隅海塘登陆。海塘在土堤之下，用石块筑成，年久失修，有多处受潮冲坏，变为水草沙滩。冬春时潮力薄弱，而涨度亦低，土堤尚无危险。是处南连吴淞炮台，程仅 4 里许，北通狮子林，沿海一带形势均极隘要，而以宝山东南隅之石塘为最。此处凸形，视为据点，倭敌军舰出没洋面，呼啸灵通，弹丸可及，乃知此据点为军事上必争之地。赖作梁连长云，是处埋有地雷 9 颗，分作 3 个机线，万一危急时可供炸发。屏南乃一一志之，并派同志守护，特别注意。宝山北门外迤西北一带则多树林，可设奇兵以诱敌。相度形势既毕，赖作梁遂率机关枪连开赴吴淞，仅留步枪兵一排计 18 名，守东门外海堤。屏南以为防线既长，地势又险要，掩蔽处除土堤及些少树林外，别无所有，顾念军机械既未全备，后方之援军又绝，因实力单薄，虑或有失，乃急电请拨枪支弹药，以壮军心。一面下令乘夜补充工事，并准备奇兵用品，严行布哨防守，劝告商民闭门熄灯，视察县署监狱种种防备。尽到达时起，一夜之中措置周全，所有居民颇称安定。

次日上午 8 时，翁照垣旅长以电话勉屏南曰："宝山交你保守，请你负责。"并训勉全军同志共同为国努力，需要枪弹已催后方司令部立即起运接济等语。屏南就电话中慨然受命，负责保守。查宝山原由第七十八师第一五六旅第四团第三营营长龚耀新与机关枪连连长赖作梁保守，今仅有上海市民义勇军 214 人与十九路军 18 名而已。是地势之要，军力之薄，其危险之程度与顾虑之心思为何若？苟非具有大无畏之精神与抱牺牲一切之决心者，必不敢来此险隘也。是晚后方旅司令部派服务员麦贤运送到手榴弹 8 箱，每装 50 颗，计 400 颗，立即分发各同志备用。一面令制假手榴弹，训练各同志以抛掷之方法。全军同志既得手榴弹，勇气为之大壮，我心亦以稍安，并留 10 余颗于大队部，以备急迫时毙敌之需。更以 2 枚自系腰间，日夜抚摩，视如至宝。次日（2 月 29 日）拂晓，民众见义勇军系带甚多炸弹，表示威力洪大，人心更为安定。屏南时至海塘土堤上卧伏，用望远镜侦察敌舰，由 3 艘增至 5 艘，所增 2 艘吨数较大。心窃以为敌之生力军至矣，其攻击我方必在旦夕。急用电话报告翁旅长，请示机宜。又以吴淞之阵势及种种设伏兵机，拟欲亲往视察，以为宝山设奇之蓝本。参谋主任邱国珍答称，敌机密布在空，见人便加炸害，既欲来淞，定于晚上，以免意外危险。屏南以兵机重要，瞬息万变，纵有敌机，何畏之有？竟于清晨 8 时，与副官林镇城二人，步出宝山南门，向吴淞进发。讵意行未 2 里，遂被敌机所见，飞来两架，跟踪炸射，我急令林副官奔进距离百步，谓之曰："我死有你在，你死有我在，见机闪避，毋遭毒害。"林闻言奔进百步，伏于草堆旁，机过则起行，如是 10 余次，我在后亦如是闪避前进。当卧地时，伏视敌机频频作圈形追赶，忽炸忽射，最危殆关头计有二次：一炸弹落在草堆中未爆炸，我正伏卧于草堆旁也；一机枪之弹射入我足前盈尺地中，连续如贯珠，土烟飞起二、三尺。敌机迫击历半小时始去。敌机既去，林副官立待我来，相见之下，互道危险，一笑置之。彼此服装均染泥土色甚重，相与抹去，乃继续前进。

途过炮台湾，经过中国公学及同济医科学院以达吴淞镇。目之所触，尽是颓垣败瓦，弹痕炸洞，市镇荡平，道路梗断，极目四视，杳无人烟。惟于战壕间，见十九路军聚精会神，状如猛狮之伺狡兔。我来与之互致敬礼，并致慰劳语，于是探询司令部之所在地。承其指示曰：前行一里余，村屋之旁竹林深处便是。我循其所指之方向进行，至则乃为一营部。询营长何往？据其勤务报告，以往旅部。问旅部何在？则遥指过彼板桥入北面村庄，便见旅部卫兵。我便行过板桥入村庄，西北行约百步，果见卫兵，询之旅部在是。先晤张君燮参谋，告以来意。张参谋留林副官候于参谋办公室，导余至后门外之竹林中，移开木箱，现一隧道，我侧身下地窖，侧进二步，见邱国珍参谋主任与吴履逊营长在焉。窖形如上字，可容 3 人坐卧，深约 6 尺，顶覆钢板，厚以沙泥与稻草，下铺稻草与草席，中置电话机一具，发号施令悉赖乎此。旁置小篾篮一，中盛面包水果数物，兼一热水瓶，是为前敌指挥作战之将领起居出没之洞天也。想见日则深伏窖中，夜则驰驱原上，彼敌机无所施其巧。敌舰之敌不敢登吴淞陆地者，良有以也。

屏南请示防御机宜后，遂与林副官遄返宝山。至大队部时已薄暮，正在草制军令拟设奇兵时，敌舰忽发炮轰击，连续 5 发，均未命中。宝山有鼓楼一，位于城之中心，被敌炮击中。震塌多处。南门内（大队部左方）关帝庙亦被炸毁，民房遭其炸坏者更多。所幸人民早经迁徙，所留者仅少数贫民，均知穴地或于树林中引避，故少死伤。屏南以避免敌人之飞机及炮火计，下令全军同志隔离驻扎，万一不测可减轻损失。须臾军需官陈留青自嘉定押运军粮至，报告称车至罗店与宝山之中途，敌舰连续炮击，一弹落于车旁，距离甚近，地为震动，粮车幸未被击中等语。我军同志乃知敌舰发炮多是暴滥示威，殊无足畏。薄暮又巡视海塘防线，并勉励同志。至北门外计划设备奇兵。见敌舰稍有移动，且聚集小轮及民船不少。急伏战壕内，用望远镜详察之，则见小火轮 3 艘，民船 30 多只，由崇明方面缓行至敌舰之旁。预料今晚或明晨敌有来攻宝山之势，更因邱参谋主任电告，谍报宝山境内发现青色烟火，必有敌方奸细藏于民间。乃急回部，下令严密防守，毋稍疏忽。一面召集各连排长训勉，一面设布奇兵。深夜 11 时许，西门外村犬呼声甚厉，我亲率同志 10 余人出城巡察，尚称安谧，并亲至各哨慰勉。最后再至海塘侦察敌方动静，但闻朔风怒号，潮声如奔马。细辨之既久，决知敌方今晚未有作若何之动作，乃用手电伏地照时计，已为次日凌晨之1时半矣。

二

3月1日，黎明微雾，哨报敌舰突增至15艘之多，已在行动。屏南闻报，急亲至海岸视察，在海雾弥漫中，见敌舰15艘列成一字形阵势，移时又发现小轮民船等百余只，蠕动于敌舰之旁。又移时敌舰开动矣，屏南急传令准备杀敌，一面电告翁旅长以敌舰之行动。

至午刻，见敌舰开进吴淞口者计共6艘，开往浏河者计2艘，又见敌国商船2艘随之俱北。检点尚在吴淞口外宝山对面者计有7艘，其舰身均斜，头对宝山，而小轮10余、民船百余，其行动则已渐渐迫近宝山而来。战机至矣，急派同志3人分守地雷总机，并传令同志誓死杀敌。当是时也，我义勇军同志罔不忠勇激发，聚精会神，持步枪者则频频瞄准，握手榴弹者则拔关准备。数百道目光视线，一致对准敌轮，尖锐注力，不稍旁瞬。屏南则自系手榴弹四于腰际，手握佩刀二，指挥同志，准备应援。并设伏于海塘第一道火线之曲凹处所，设奇兵于北门外沿海塘之树林底下。既毕事，乃坐于土堤边草地上。仰视天空，数见敌机计有24架之多，翱翔于战区空际，频频以巨弹掷炸，机声与轰炸声及敌舰之大炮声，一时交作，震耳欲聋，宝山地轴亦以震动。此际为下午4时，敌果希图在宝山之石塘方面登陆，用小火轮3艘满载精锐，当先冲锋而来。其后随有民船五六十只，挂帆荡桨，紧迫宝山。敌舰视小轮迫近石塘时，连续开炮掩护，敌机忽聚集宝山空中，认北门外树林下有兵，肆意乱炸。冲锋之敌在小轮上用机关枪向岸上射击，我上海市民义勇军则一致沉着，用步枪抵抗，不稍畏怯。第一连连长李楷枪法甚佳，射击最准，令其他同志2人为装子弹，3枪轮射。敌轮冲迫多次，屡易司机。当于冲杀之一小时中，我全军同志均能一致，以敌轮为目标，集中瞄准，火力甚强，敌受创坠水者当不在少数。海水因敌舰炮击及行动而震动，敌之小轮与民船愈见颠扑而离乱。终以不得逞始退去，视时计已5点15分。屏南以电话报告翁旅长，承其奖励有加，并谓已电后方运送犒劳食品云。屏南以敌必再至，请派兵增援。斯时宝山民众群呼“十九路军战胜万岁!”“上海市民义勇军战胜万岁!”屏南胆气因之益壮，而顾虑以之突增，以军械未全备也。少顷有排长郑期骅、同志吴焕文来报告称，今日杀敌不痛快，不应在敌未上陆地时击之，此李楷之过失也。应待敌上岸后击之，使敌片甲不留，我义勇军方可获得甚多之战利品等语。屏南语之曰，知己知彼乃能百战百胜，李楷击敌使退，理属不错，君等之壮语理亦不错。敌人未灭，机会甚多，愿大家注意之可也。晚 6 时 15 分，翁旅长派机关枪连两排，又调手提机关枪一排来援。

三

3 月 1 日晚上 8 时，奉令预备 3 天干粮，经于一小时内准备妥当。我军除白米之外绝无任何种干粮，若临时购办，亦难购得，军需官报告尚存黑枣数斤，光饼二三十磅，令分发同志，静候后令。9 时又奉命令，立即开回嘉定，全军同志莫不惊愤，有谓今日我战胜，何以要调开，有谓愿死守宝山，不愿退却。屏南以军人以服从命令为天职，开回嘉定，或将调守他方，或为指挥上战略上之作用关系，自应遵从，勿容违背，遂星夜开拔。

夜静更深，闻蕴藻浜方面枪炮声甚厉，南望天空，火光四起，知大场方面亦在夜战中。行至罗店，始知十九路军与第五军共同总退却，我乃大惊，而四肢不觉失力，心头刺痛不已，疑被流弹所中，乃定神抚摩，绝无异象，得同志向保卫团取开水至，饮尽一碗，心神稍宁。休息片刻，继续前进，次日拂晓至嘉定。屏南往见翁旅长与邱参谋主任等，正在启良学校西偏之假山石洞中视察地图，指示曰：上海市民义勇军可于今晚开赴方泰镇之西传村候令。晚 7 时许开拔，黑夜漫漫，星光亦绝，同志中有失足坠落江中者，幸经救起。所有受伤同志，如龚觉生等，无伕可雇，又不见救护队，只得由各同志互替抬杠，缓步以行。探询西传村，则无一知之者。敲村民之门以借问，亦答不知。行至外冈镇，承保卫团煮焦饭以饷，查询路径，知已迷途，不得已继续前行，天将曙抵安亭。

3 月 4 日上午至松江，驻扎西门外超果寺。承松江县政府供给米菜 10 天，又得松江县党部、商会等助给衣件及松江民众犒以酒脯，全军同志得到休养。屏南时因心胃气痛甚剧，乃函请上海市民联合会义勇军委员会陈炳辉同志来松代理职务，于是返沪就医。至沪日，知沪上甚传我与翁旅长已在吴淞殉难，沪寓已经受各界同志之慰问，盖因退却后交通阻隔所生之误传也。

屏南就医静养经一星期，遂至松江整顿军务。4 月 5 日，屏南赴唯亭谒翁旅长，告以上海民众一致希望反攻，收复失地，若迟迟不进，大失民望。翁旅长云：宝山非君坚守抗战，吾不得出矣，今之民意，当转请军长暨总指挥，听候解决。各军仍在积极准备反攻中，屏南以反攻之希望既有可能，乃回松江，于 4 月 9 日率队由松江开拔，经嘉兴、苏州以至唯亭驻扎，检点员额，为 318 人，足见慷慨从戎者不乏其人。

全军分 4 部驻扎，于唯亭镇之南端开辟一大操场，约占田地 20 余亩，主持者翁旅长，工作者上海市民义勇军、铁血军、各大学义勇军等共同努力焉。并于阳澄湖畔，筑垒练习射击。翁旅长常请蔡军长、区师长莅唯训勉，又令以迫击炮、机关枪、手提机关枪等利器按日开至大操场，分队教练，各部义勇军均感快活。

四

4 月 30 日，上海市民义勇军在唯亭经翁照垣旅长改编，命名为十九路军随营学生义勇军第二大队，仍以屏南任中校大队长职，给养仍由已筹应。上海各大学义勇军改编为第一大队，彭培亮任中校大队长；铁血军改编为第三大队，任戴天人为中校大队长，会合训练，成绩颇佳。五月十二日，蔡廷锴军长莅唯检阅义勇军，并加训话，略谓“各部义勇军纪律、军容都很好，我们救国杀敌的机会很多，大家在这时间须要特别注意研究军事学识，练习军事技术，准备将来的作用，要努力，要精进”等语。

五月十八日，各部义勇军奉命开往无锡，分驻于惠泉山各姓祠堂，本大队部则设在薛氏宗祠内。五月二十六日，因十九路军开往福建，随营学生义勇军，即将遣散，为同志川资问题，乃向翁旅长请假，回申筹款。到沪后得王延松先生、王晓籁先生、林康侯先生之同意，允为联名宴请上海闻人筹款应付。五月二十九日，上海市商会派童子军团长徐国治带童子军五十名至无锡，赠锦旗一面，文绣“人民武力”四字，并赠慰劳金五百元，当日分发各同志。六月七日，王延松先生等假座一品香设宴，为义勇军筹遣散费，屏南自锡赶回，出席报告作战经过与遣散办法，颇得赴宴闻人之乐，并经王晓籁先生等面嘱蒋君毅同志经理其事。六月八日，返无锡军次。六月九日，点检枪械交还十九路军。六月十日，整队至江苏省立民众教育学院，举行十九路军随营学生义勇军毕业典礼，蔡军长、区师长以纪念章分赠义勇军同志，并发给毕业文凭。蔡军长对上海市民联合会赠旗一面，文绣“民族先锋”四字，因上海市民义勇军产于市民联合会，有宝山克敌之战，藉为纪念也。

六月十一日，结束队务，遣归同志。蒋君毅同志携款至锡，对第二大队全体同志，不分官长士兵，一律每人给资拾圆，为归田路费。发至屏南时，笑曰“敬奉国币拾大圆,聊佐归旌之费”。屏南当经婉却,非嫌薄也,请将拾大圆留应救国之需或助其他同志,蒋君毅同志笑而收回。是日后,将所余军需品赠送东北志愿团,一切手续均告完毕,即于是晚乘车返沪。至北站时大雨倾盆,衣履尽湿,承上海市民联合会欢迎,因到会答礼,归寓时已更深。次日黎明,仍理故业,国仇未复,图报以时,谨记经历,以告爱国同志。

上海市政协文史资料委员会编:《抗日风云录:抗日战争胜利四十周年纪念专辑》(上),上海人民出版社,1985 年版,第 171—181 页。

一·二八淞沪抗战和上海市民义勇军

方知达

在一·二八上海淞沪抗日战争中，有一支人民武装，在中国共产党上海地方组织和各界爱国人士的支持下，协助十九路军，奋战于扬子江和黄浦江口的宝山县沿海地带。虽然他们人数不多，但却机智、勇敢，将强大的日本舰队和登陆部队，拒之于十里海滩之外，固守住阵地，使日本军始终不能登陆，最后败退而去。这支人民武装，就是当年的“上海市民义勇军”。我在少年时参加了这支武装，经历了从成立、训练、作战，直至被国民党政府勒令解散的全部过程，现就亲身见闻，追记如下：

1931年九一八事变后，上海市各界人士义愤填膺，由上海市商会、上海市民联合会等社会团体出面，成立了“上海抗日救国会”等爱国组织。中共中央发表“关于日本帝国主义抢占满洲事变的决议”，号召人们为反对日本帝国主义而斗争。但蒋介石却在南京市国民党党员大会上发表演讲，说日本侵占东三省事件，全国民众应“暂取逆来顺受态度，以待国际公理之判断”(即等待帝国主义列强来宰割中国)。这时全国抗日救亡运动日益高涨，罢工、罢市、罢课，抵制仇货，集会、游行等抗日活动汹涌澎湃。上海抗日救国会成立了“救国义勇军委员会”，全市工厂、商店、学校、街道的有志之士踊跃参加义勇军的业余训练，并曾在南市公共体育场举行检阅宣誓。我那时在虹口舟山路胜达呢绒厂当学徒工，时年15岁，是参加义勇军业余训练的队员之一。

一·二八淞沪抗战爆发之后，上海抗日救国会的义勇军委员会召开临时紧急会议，公推该会负责人王屏南律师等3人，持公函至十九路军军部蔡廷锴军长处，请缨杀敌。蔡军长介绍他们到正在闸北前线对敌激战的七十八师一五六旅旅长翁照垣处接洽。翁旅长指定丘国珍参谋主任和丘秋星副官主任为上海市民义勇军觅一集合地点。于是，上海市民义勇军委员会发出紧急通知，号召志愿参加上前线抗日杀敌者，速到南京路西藏路口新世界国货商场内报到，我即应召前往。至2月1日先后约有200人来参加，随即分赴闸北平江公所待编。丘参谋主任认为，义勇军虽然经过去冬短时期的业余军事训练，但未经实习作战，不便开赴前线，故决定先到大场进行实地训练。于是已报到的人员编队开赴大场，但在行进途中与日军遭遇，队伍被打乱冲散，到达大场宝华寺驻地时，只剩下50来人了。尔后又来了不少志士，至2月4日，已达240余名，即由一五六旅司令部发给步枪64支，子弹12 000发，正式成立上海市民义勇军第一大队。大队长王屏南，第一连连长李楷，第二连连长王海清，其余编为补充排。这些队员大多是青年工人，其次为店员、学生，也有个别归国青年华侨。

大队长王屏南律师，1893年生，祖籍山西，后移居福建，家境贫寒，少年来沪谋生，自学成才，肄业于上海政法大学，即以律师为业，受当时民主革命影响，在国家民族危亡之际，自誓仿效岳武穆，投笔从戎，以身许国，是一位具有民族革命进步思想的爱国主义者。他为人热心正直，严肃认真，与队员共甘苦，以义勇军事业的成败为己任，在前线战斗中表现沉着坚定，以身作则，因此受到大家的爱戴和尊重。如果不是这样，他要把200多名来自各方的志士仁人在极为艰苦的条件下团结在一起，是难以办到的。

大场宝华寺离前线不远，敌我交战的枪炮声清晰可闻，日夜不断。寺内大雄宝殿的左右两廊：左为义勇军的食堂兼课堂，右为队员的宿营处；东厢房是大队部办公室，东厢房之东有小花园，草木亭榭，整洁雅致；园东有宽约2丈水沟，通向寺后水池；沟东为环寺之墙，侧旁修了战壕，墙外即是竹园和田野，由此东南行约四五里，便是前线。由于此地离前线很近，敌机常来临空扫射和投弹。因无防空火器，所以军民伤亡、房屋被毁日有发生。为此，义勇军训练改为日出之前、日落之后进行。

当时正值早春二月，寒气料峭，朔风彻骨。一场操练下来，经过起倒跪卧，跌打滚爬，不仅满身泥尘，而且遍体挂霜，许多队员手足冻裂，耳鼻红肿，但无人唉声叹气。大家只有一颗赤热的抗日爱国之心，满腔的誓死御侮之志。所以虽然军衣单薄，难挡寒冷，轻絮作被，稻草为褥，一日两餐，青菜米粥，照例东方未白而起，黄昏过后再练，每日三操两讲。白天讲课，头上有日机轰炸，地下有日军炮击，我们岿然不动。在这样困难严峻的条件下，义勇军的全体战士身愈苦而志愈坚，始终情绪饱满，斗志昂扬。

当时义勇军的供给情况和生活条件是非常艰苦的。由于国民党政府根本不想抵御外侮，处处刁难十九路军，在军事上，不增援兵，在政治上，暗中向日军求和，在经济上不给一切补给。因此，十九路军本身尚且依靠全国人民特别是上海各界人民的捐助，义勇军就更不必说了。大队长王屏南利用上海市商会和市民联合会等团体的关系，求取援助米菜被服之类，才得以供应，不致因冻饿而废于训练。至于医药亦是向上海市人民募捐的。

物质生活虽是很艰苦，但我们依然过得活泼愉快。常在日暮之时，举行1个小时左右的娱乐活动，如歌咏、讲故事、捉迷藏、武术表演等。队员中有人知道大队长会拳术，要他表演“武当四金刚”和“柔术五老手”，博得大家喝彩鼓掌。于是有一技之长的队员也纷纷表演自己最拿手的技艺，大家一时沉浸于团结欢乐之中，顿时忘掉了一切疲劳与困苦。

经过短时间的基本操练之后，为适应实战，开始了“掘壕”作业，主要是帮助十九路军工兵继续挖掘尚未完成的工事，对营地附近的壕沟，缺漏的加以修补，壅塞的加以沟通，浅小的加以扩充。全队上下齐心协力。颇有收获。敌机察觉我们掘壕筑垒，频频前来扫射和轰炸。我们则趁机练习防空知识和动作，意外地增添了一项新的军事实习的课目。

义勇军志士皆为抗日杀敌而来，他们之中多数人本来有职业，有家室，有老小，一不为官，二不为财，没有薪饷，自愿义务劳役。如今在前线附近，每日每时皆见日军狂轰滥炸，人民群众家破人亡，陈尸野外，莫不义愤填膺，怒火万丈，因此心急如焚，迫切要求投入前线对敌作战。有一位南洋归国的华侨青年，每晨天未亮即起床，在一棵大树前，面对而立，以两掌内侧下边交替猛力砍树，直至出汗力衰而止。每日不断，渐见皮肉红肿，掌内淤血，不以为苦。有人问他为什么要这样做？他说：“练出一手铁砂掌的功夫，以便与敌人肉搏时应用。”像他这样做各种苦练的队员还有很多人。

2月20日晚9时，上海市民义勇军奉旅部命令，开往嘉定城换防，接替开赴前线的驻军。10时半，义勇军从大场出发，有枪者荷枪负弹，无枪者各持大刀或梭镖，行军锅灶则由大家轮流来抬。如此整队而行，星光暗淡，犬吠四闻，全体队员肃静无哗，秩序井然。黑夜行军，真有“衔枚疾走”之概。这是义勇军成立后，第一次夜行军，对于“业余”军人和城市青年来说，也算是首次考验了。

第二天清晨5时到达嘉定县城，即驻于启良学校内。该校建筑颇佳，有假山池沼，楼台亭榭，花草树木。课堂舍宇宽敞，校墙内外各有操场。我们到了那里，视察布岗完毕，其余同志即休息入睡。

当接到换防命令时，大家情绪有些波动，都说我们要求上前线杀敌，为何如今反而向西后退数十里去后方嘉定县？但是，经过一番分析，认识到既然有原驻部队开赴前方，要求我们来接防，也就等于加强了前方的力量。再从地图上看，嘉定四通八达，确是“要隘”。于是我们致力于昼夜巡逻，维持治安，谨防奸细，保障前方安全。

当时，从闸北、江湾、庙行、蕴藻浜到吴淞、宝山，敌我双方战斗激烈，全线吃紧。在十九路军英勇顽强的抵抗下，20多天来，日军屡攻屡败，死伤甚重，毫无进展，不得不屡易主帅，急速增兵。日军有当时先进的武器——军舰、飞机、大炮，我军基本上使用步枪、机枪、手榴弹。至于火炮则又少又旧，完全不能与日军相比。

一个星期很快就过去了。2月27日上午，义勇军奉命开赴宝山前线参战。久久向往的时刻终于到来了，大家摩拳擦掌，精神焕发。午饭后义勇军就从嘉定出发，健步如飞，下午4时抵达宝山城内。大队部设于贫民教养院，第二连连部驻于魁星阁。我所在的第二连第三排第九班，则住在城墙东门内侧的民房中。

宝山县处于扬子江口和黄浦江口的汇合处，由此南行10余里为吴淞重镇，扼入沪水路交通之咽喉，西去10来里为狮子林要塞，控万里长江之门户。两地都设有炮台，但因历届政府腐败，不修国防，因此炮是废炮，兵是弱兵，要塞徒有其名，等于虚设。日军舰队可以坦然而过，长驱直入。宝山城郭很小，对穿不过一二里，周围不过五六里。东门外约百米即为海滩，漫斜伸向海中，涨潮时潮水也不一定能到达岸边，退潮时露出一二里海滩，浅水涉行可远去二三里。城东南有土岗伸向黄浦江口，下有石塘即防波堤，城西北是一片树林。

义勇军进驻后，大队长即率第一连长李楷、第二连长王海清、参谋余绍棠，副官林镇城、李向恒等，由原驻此地的十九路军机枪连长赖作樑陪同，视察海岸沿线和四郊各处的地形地貌及其总的形势。我们首先看到的是海雾弥漫之中，阴霾密布深处的日军战舰：列队驻泊者有之，往来窜动者有之。临战态势，杀气腾腾，犹如凶豺饿狼伺机而动。细问乡亲父老，据他们说，昔日英国兵舰入侵上海时，即由宝山城的东南隅防波堤附近登陆。众人细查此处，堤由石塊筑成，但因年久失修，已被潮水冲溃，变成水藻乱石堆。赖作樑说，此处是日军易于登陆的要地，故埋有地雷9颗，引爆线分乘三路，必要时可杀伤、狙击登陆之敌。赖连长交代完防务，即率机枪连开赴吴淞，仅留步枪兵18人，防守东门外海堤。原来这里由十九路军七十八师一五六旅第四团第三营加上机枪连防守，现因吴淞吃紧，需要增加兵力，所以旅部命令，要义勇军来接防。

王屏南大队长等人视察完毕后，即率领全体队员星夜修补工事，布岗设哨，守护海岸。这时城内居民，富有者都已外出逃难，留下的只是一些贫老残弱无处可去的乡亲。义勇军通告大家闭门熄灯，实行军事戒严，只凭“口令”通行，借以巩固城内的安全。

至于我所在的第二连第三排第九班的12人，任务是防守城墙的东门。此地是全城凸向“两江”汇合处的锐角，面对茫茫大海。门外即东南海岸，是主要防线阵地。东门由粗铁棍编成栅栏，左右两扇，门外边是护城河，很窄。上有吊桥，护城河至海岸约百米内，筑有城壕、掩蔽体等工事。门里边挖了防空洞，上盖铁板，有交通沟通向门口岗位的护身堡。附近民房，即是义勇军作息餐饮之处。

到达宝山第二天，即2月28日上午8时，翁照垣旅长从吴淞给大队长王屏南打来电话，说：“现在宝山交给你部防守，责任重大，望义勇军全体同志，为国效劳，全力以赴。”当晚旅司令部派军需员麦贤运来手榴弹8箱，每箱50颗，计400颗。这种手榴弹是“香瓜型”，全钢壳的，表面如龟纹，黑色很笨重，中装炸药，上有撞针以保险栓锁住。使用时抽出保险栓用力甩出去，即着物爆炸，有相当大的杀伤力，在当时，算是近战中最有力的利器了。因为它外形如乌龟，所以大家打趣说：“大家好好带着，必要时送给日军当点心吃！”

我们领到手榴弹后，即刻着手进行投掷训练，找些分量大致相当的铁球来练习，一时热情倍增，劲头十足。

2月29日拂晓，前哨从望远镜中见到对面近处驻泊的日舰由三艘增至5艘，新增2艘吨位较大的日舰，疑为主力舰。似有向我们组织进攻之势。当即报告大队长，勘实后，转报吴淞翁旅长。旅部答复：“你们可来吴淞商议。”大队长王屏南即率副官林城镇，冒着敌机袭击的危险，奔向旅司令部。在去吴淞途中，经过炮台湾、中国公学、同济医科学院等处，直至镇内，一路弹孔炸洞，断垣残壁，道路阻塞，市镇荡平，极目环视，杳无人烟，足证日军穷凶极恶，灭绝人性。但见战壕内十九路军战士精神抖擞，严阵以待，令人肃然起敬。大队长和林副官几经探寻，来到镇西南一村庄，由值班参谋张君燮引导至村后竹林内，移开木箱，显出一条隧道，侧身而下，进入丁字形的地窖内，旅司令部指挥首脑，即设于此。经磋商议定：“义勇军应坚守宝山，与吴淞成犄角之势，阻敌登陆；至于增兵的要求，因一五六旅只来两个团，任务很重，自身兵力尚感不足，难以抽出兵上支援，希望义勇军勉为其难，善自为之。”于是，大队长和林副官急回宝山，已是傍晚。此时敌舰突然发炮5

发，击中城中鼓楼以及南门的关帝庙（大队部在庙的左边），民房亦被毁不少。但因十室九空，并无伤亡，也未炸中义勇军机关和防地。顷刻，军需官陈留青自嘉定押送军粮来，也说车至罗店与宝山的中途，敌舰炮弹落于粮车附近，险些遭难。又据前哨报告，敌舰有移动之势。用望远镜观察，见日军小火轮3艘，民船30余只，由崇明方面缓驶而来，停泊至敌舰旁。接旅部电话说，据侦察兵报告，宝山县境内发现青色烟火，必是日方奸细所放的信号。综合以上军情分析，刚才敌舰发炮属于火力侦察，探视动静；敌舰调动，乃是组织力量，恐将于近日内发动攻击。大队长王屏南即召集连、排长以上军官紧急集合，开会商议对策，直至深夜1时。

次日拂晓，即3月1日清晨，一·二八淞沪抗战关键性的一天来到了。黎明微雾，观察哨报告，正面海中日舰，突然增至15艘，正在行动。义勇军全体官兵闻报后，立即进入阵地，大家怒发冲冠，瞪目而视，弹上膛，刀出鞘，准备血战。在雾气弥漫之中，只见日舰15艘，列成一字长蛇阵，旁有小火轮及民船百余只，蠕动编排，似在组织进攻力量。义勇军一方面严密监视，准备杀敌，一方面电告吴淞旅部。至中午，见日舰有6艘开进吴淞口，2艘开往浏河，2艘尾随商船，其余7艘留在原地，舰身调转，头对宝山，摆成横条一字型，炮口均朝向宝山前沿阵地。而十余艘小火轮，百余只民船，则渐渐迫近宝山岸边。仰视天空，24架敌机轰鸣而至。大战开始在即，检视怀表，正是下午4点钟。霎时间，日舰炮击，日机轰炸，日船扫射，犹如天崩地裂，电闪雷鸣，震耳欲聋。义勇军战士则沉着屏息以应战，握步枪者频频瞄准，握手榴弹者准备拔栓，持大刀、梭镖者紧握把手，守地雷导火线者按机待命。数百道复仇报国的目光，一齐射向日军战船。我们心里明白，此时宝山阵地只有上海市民义勇军214人，步枪64支，子弹12 000发，手榴弹400颗，地雷9个，其余是大刀、梭镖，外加十九路军战士18人，如此而已。日军无论在数量、质量上都大大超过我们，加上战舰、飞机、大炮，优劣之势十分清楚。但是，大家深深感到，在我们的肩上，担负着祖国同胞的重托和上海市人民的希望。想到国家民族的存亡荣辱，哪还顾得个人的生死安危，真是身为哀兵，胸怀正义。

果然在枪、炮、炸弹的掩护下，3艘日军小火轮尾随五六十艘民船，快速向东南隅石塘袭来，眼看快要到达堤边，落入了义勇军步枪的有效射程之内，几阵步枪齐发，船上日军纷纷应声落水。第一连连长李楷，枪法精良，专打日军小火轮上的驾驶员，一枪一个，百发百中，真可谓称得上“神枪手”了。于是由另外两人给他装子弹，李楷用3支步枪轮流射击。如此排枪加“神枪”，打得日军船只东倒西歪，阵势大乱。日舰虽强，但水浅不能靠近，无法施展火力优势。在当时，登陆必须依靠步兵，步兵不能上岸，阵地在我们手中，日军也就无可奈何。如此激战1个多小时，日军不得已调转船头退去。顿时几个像我们这样十五六岁的义勇军小兵，天真幼稚，竟高兴得在战壕内手舞足蹈，大声叫好，以示庆祝。这时正是下午5点多钟。

在这场激烈战斗中，义勇军队员也有人受了一些枪伤。

日军退回原地后，义勇军抓紧时间整顿前沿阵地，防范日军再度来犯。但是，万万没有想到，3小时后，旅部竟传来“立即从宝山撤退”的命令。这真似一盆冷水，从头上直浇到脚底，弄得大家目瞪口呆，群情大哗，都说“我们今天以险、勇取胜，挫败了日军的凶焰。为什么反而要后退，放弃宝山要隘”？大队长以电话请示旅部，要求说明原因，回答乃是斩钉截铁的一句话：“快走为要！”无可奈何，义勇军只得拖着十分沉重的脚步，怀着强烈不满的心情，“鸿鹄参天飞，展翅频回首”，依依不舍地从宝山县城南门出发，撤退到嘉定。留下的乡亲父老，难免要惨遭日军的残酷蹂躏了。“士有壮志兮难酬(捍卫祖国)!”这是谁的罪责?

更深夜静，阴云遮月。耳闻蕴藻浜前线，枪炮声剧烈；遥望南天，大场那边火光四起。行至中途罗店，退兵如潮，互相探问，方知十九路军与第五军全线总退却，难怪刚才旅部要我们快走，否则前线凸出部宝山城必将陷入日军重围。

原来，日军自挑起血战迄今，猛攻月余，死伤甚众，已三易主帅，增兵数万，仍一筹莫展。因此穷凶极恶，改派白川义则大将为司令，率两个师团和特混舰队来沪，于3月1日发动全线进攻。但在闸北、江湾一线遭遏，吴淞、宝山方面亦强攻不下，故分兵从水路向西，在太仓县浏河镇七丫口登陆，企图迂回包抄，使我腹背受敌。

义勇军于次日(3月2日)拂晓到达嘉定城内，启良学校已由旅司令部占用，即移驻于关帝庙和粮食仓库内。敌机尾随而至，在东门一带及城中恣意轰炸，军民死伤颇多，房屋着火被毁者亦不少。义勇军因奉命仓促撤退，粮米均在宝山，急至旅部请领，毫无所得，仅给步枪50支，子弹10 000发，并指示义勇军当晚开赴方泰镇西传村待命。这时敌机炸中粮食仓库，其东边的房屋被震塌，炸伤压伤数人。大队长王屏南和连长李楷、王海清，参谋余绍棠等避入西侧竹林，商议伙食问题及行军计划。及晚，听说旅部司令部已西行，急切造饭，米少人多，大家将就吃了一点，于7时开拔。黑夜漫漫，星光全无。队员中有失足落水幸被救起者，受伤人员如龚觉生等，不见救护队，又无民夫可雇，只得由队员交替抬着走。一路探寻西传村，无人知晓，行至外岗镇，大家腹中饥饿，蒙当地保安团煮焦饭(俗称“锅巴”)以饷，细问路径，知已迷途，即于旅部失去联络，不得已继续前行，天亮抵安亭火车站，亦由保安团及热心人士捐给我们饭吃。大部队聚众商议，欲在安亭筑壕据守。但既无命令，又无后援，此非良策。义勇军西去何处，也无把握，不如南行至松江，再定目的。另一方面，也可回沪筹备接济，解决吃饭问题。主意已定，即雇船从水路走。过青浦县时，由保安团及公安局赠送饼干数十包权作点心。当晚在舟行中度过。

3 月 4 日下午抵达松江县城，驻扎于西门外超果寺。县政府答应供给米菜 10 天，补充一些衣服。民众亦来犒劳。于是，我们一方面派人到上海去筹募粮食，一方面组织队员上街头游行宣传，到学校、剧院等公共场所进行演讲，宣传抗日救国主张，劝告抵制仇货，反对对日妥协，要求收复失地等等。这时，有志之士来松江参加我义勇军者达百余人之多，即将他们编为第三连，进行训练。同时，经过多方联系，得知旅部已撤至苏州以东的唯亭。4 月 5 日，大队长王屏南赴唯亭谒翁旅长。翁一见面，首先对王屏南说，“宝山若非你部坚守，如果日军登陆成功，我旅腹背受敌，必被包围，撤不出来了”，表示感谢之意。王则向翁报告失散经过，义勇军现状和队员要求重返前线、杀敌报国、收复失地的迫切心情。翁说：“这个问题事关全局，当转报蔡军长和蒋（光鼐）总指挥裁决。”并要义勇军速去唯亭归队。义勇军即于 4 月 9 日整队出发，步行至嘉善，天色已晚，宿于粮库。这粮库蝎子特多，闹的大家一夜难以合眼。次晨登船，由内河经嘉兴、苏州等地，到达唯亭。这时义勇军已增至 318 人。

先后来到唯亭的，除上海市民义勇军外，尚有大学义勇军和铁血军。经协商决定，成立“三部义勇军联席会议”，以便共同制定计划，3 位大队长轮流“值星”以及开会时轮流担任会议主席。

上海市民义勇军在唯亭驻扎期间，做了以下几件大事：

一、参与修建大操场。在唯亭镇南端，修建占地约 20 亩的大操场，并于阳澄湖畔建筑土垒，供练习射击之用。旅部则派迫击炮和机枪、手提机枪等利器来参加教练。

二、综合群众要求，经联席会议讨论通过，向蔡廷锴军长、蒋光鼐总指挥陈述理由，提出反攻建议。

三、上海市民义勇军出版油印小报《民力报》，宣传抗日救国主张，以激励军心。不料此举与政府停战议和之旨不合，为上峰所忌，出至第 7 期即被“劝告”停刊，并派人把张贴在墙上的《民力报》尽行涮去。因此，引起大家的不满，人心开始浮动，旅部对这一情况甚为注意，翁照垣旅长特于 4 月 26 日上午 5 时在大操场单独召集上海市民义勇军训话。语中谓“我有哭不得，笑不得，说不得之苦衷”，并说“诸君之间有欲回上海者，可先回去”。这么一来，大家有愤懑的、有失望的、有欲另谋他途的，当天就有65人办妥离队手续回上海。旅部闻讯大惊，还以为他们是擅往前线杀敌去了。事关重大，即派专人来查看明白才息事。

4月30日，七十八师一五六旅旅长翁照垣奉上峰命令，改编上海市民义勇军为十九路军随营学生义勇军第二大队，以王屏南任中校大队长，该部给养，仍由自筹。改编上海大学义勇军为第一大队，以彭培亮任中校大队长。铁血军为第三大队，以戴天人任中校大队长。2天以后旅部召集3个大队军官开会，讨论义勇军给养供给困难问题，宣布第一、第三大队两个大队的供给，发至半个月即5月15日截止，能自给者留，不能自给者去。这时第二大队长王屏南表示，先捐白米一百包，并自告奋勇愿回上海向各界人民筹粮。5月5日，国民党政府对日屈膝求和，《淞沪停战协定》签字，规定中国不得在上海驻兵。5月12日蔡廷锴军长来唯亭检阅义勇军并训话，说“各部义勇军的军容都很好。我们救国杀敌的机会很多，大家在这时要特别注意研究军事知识，练习军事技术，准备将来有用，愿大家努力”。身为一军之长，训话“词不达意”，足见自有苦衷。5月18日各部义勇军奉命开往无锡，分驻于惠泉山麓烤香浜畔各姓宗祠，第二大队设于薛家祠堂内。蒋介石把义勇军调到无锡惠山，并不是想要进行培养训练，准备继续抗日救国，而是怕这伙拿枪的年轻人闹事。所以改编为“随营学生义勇军”在先，加以麻痹，接着调离前线附近，置于后方无锡而另作处治。

不数日传出消息，十九路军即将被调往福建，参加蒋介石指挥的对中国工农红军的第四次军事“围剿”。果然，于6月9日收缴了我们的枪支弹药。10日即匆匆忙忙地在无锡社桥头(地名)“江苏省立民众教育学院”举行十九路军随营学生义勇军“毕业典礼”，宣告解散。轰轰烈烈地伸张民族正义的淞沪抗战被国民党彻底葬送了。

上海市民义勇军参加实战的人数不过200余名，从自愿组成到被下令解散不过4个月左右。但他们在敌人的枪林弹雨下，不怕艰苦，不顾安危，毅然走上武装抗日的最前线，发扬了中华民族浩然正气和爱国主义的伟大精神，在我国抵御外侮的革命史中，写下了光辉的一页。

上海市政协文史资料委员会编：《上海文史资料存稿汇编：抗战史料》，上海古籍出版社，2001年版，第10—23页。

一·二八上海邮工支援十九路军抗日

朱学范[1]

一九三一年九一八事变发生，日本帝国主义侵略中国的罪行和国民党政府的不抵抗政策，激起了全国人民的民族义愤。上海的学生、工人、店员，在中国共产党的号召和组织下，掀起了抗日怒潮。

九月二十四日，上海十万大中小学学生举行罢课，三万五千名码头工人举行罢工。二十六日，各界十多万人举行反对日本侵略大会。全市的电线杆上和各处墙壁上，贴了很多反日传单，写了很多反日口号，连电车和公共汽车的车厢内外都贴满了传单、标语。十月初，八十万工人、店员等组织了抗日救国联合会，会址在天后宫内，同上海市商会在一起。我代表上海邮务工会参加抗日救国联合会，担任调查科科长。当时有一项任务就是抵制日货，由稽查科的检查队查出哪家商店有日本货后，就由调查科去查明属实，然后没收。上海和全国其他城市都开展了抵制和验查日货运动。

在北京邮工组织邮工义勇队的影响下，上海邮工也组织了义勇军。上海抗日救国联合会要求国民党政府发给枪械，被置之不理，上海邮工义勇军只能进行徒手训练。

一九三二年一月二十八日晚，日军在上海的闸北、江湾、吴淞等处，发动进攻。当时驻防上海的蔡廷锴所部十九路军，在上海和全国人民抗日高潮的推动下，英勇奋起抗击。上海工人和人民响应中国共产党的号召，掀起了轰轰烈烈的支援抗日军队作战的热潮。由于上海广大人民群众特别是工人阶级的积极支持，提高了

---

① 朱学范，一·二八淞沪抗战时任上海市总工会主席委员、上海邮务工会执行委员会常务委员；新中国成立后，曾任中华全国总工会副主席、全国人大常委会副委员长。——本书编者注。

十九路军官兵的抗日情绪，英勇奋战，粉碎了日军扬言在四小时内占领上海的狂言。上海军民奋战了一个多月，使日军四易主帅、死伤万人以上，挫败了日本帝国主义的侵略气焰。

一·二八战事发生后，上海各业职工广泛开展抗日救国活动。上海邮工组织了一支抗日救护队，直属中国红十字会领导，会长是闻兰亭。邮工救护队编为第十九支队，其他有基督教救护队、四明同乡会救护队、广东同乡会救护队、奉化同乡会救护队、上海市商会救护队、红卍字会救护队、红十字会救护队等等，所需药品、包扎纱布、绷带等，都由红十字会供应。上海邮工救护队由邮局的男职工和邮政储金汇业局的女职工自愿报名参加，一共有五十多人，其中女队员三十人，我担任队长。女队员的带队人是鞠如，是邮政储金汇业局的职员。邮工救护队向上海邮政局借了一辆转运邮件的包封车，将原来绿色车厢漆成白色加上红十字标记，当作救护车。邮工救护队出发之前，在老西门关帝庙广场上开宣誓大会，一致表示，坚决拥护十九路军抗日救国，要不辞辛劳，不畏艰险，不惜牺牲，努力做好救护工作。开过宣誓大会后，大家怀着舍身报国的豪情，在我率领下奔赴前线。

邮工救护队到闸北宝兴路，找到一家已经空无一人的铁工厂作队部，立即投入救护和运送伤兵的活动。第二天，救护队到达吴淞炮台湾一带，翁照垣旅正与敌舰进行激烈的炮战，我们这些初上战场的邮工，为隆隆炮声，震耳欲聋。敌军的炮火，使吴淞镇上一部分民房燃起熊熊大火，我们救护队员立即投入灭火战斗。翁照垣旅在吴淞奋勇抗战，每天有一批伤员，我们的救护车每天冒着炮火和飞机轰炸的危险，频繁地运送伤员往返于吴淞和后方之间，还从租界带去当天的报纸，分送给旅部官兵阅读。他们看到上海工人、学生、市民和全国各地人民支援十九路军抗日的无数动人事迹，士气大振。报纸每天刊登上海和各地人民节衣缩食，自动捐款和捐赠衣物支援十九路军的消息。上海邮局职工于二月一日捐赠牛肉二十二箱、饼干十大箱，二月十六日和二十七日，又两次捐款三千三百零三元。沪宁、沪杭铁路局职工于二月十日，一次捐出一万元和卫生衫一万件。江海关职工于二月初捐款一千五百五十六元，捐棉背心五百件。一月三十日有一个码头工人拦住红十字会的救护车，硬把自己的口粮四斤大饼塞给护士，请转交伤员。二月中旬，裁缝工谢志诚等四人为一家绸缎商店翻制丝绵背心四百二十一件，他们听说是送给十九路军的，赶工三天三夜，一个工钱也不收。如此等等感人的事迹不胜枚举。上海报纸还刊登全国各地人民捐款、捐物支援十九路军的消息，大大鼓舞了前线浴血奋战的十九路军的斗志。

正当上海邮工救护队在前线冒着炮火抢救伤员、传递消息的时候，全国各地邮工支援十九路军抗战的消息，纷纷传来。如北京邮工捐款一千元，宜昌邮工捐款八百元，沙市邮工捐款三百二十元，广州邮工捐款三百元，杭州邮工捐麻袋五百条、宜昌邮局信差黄鼎之从微薄的工资中捐款十元，等等。各地邮工的爱国抗日行动，使上海邮工救护队受到了很大的鼓舞。邮工救护队在前线奋勇救护伤员，尤其是及时将新闻报纸送到旅部，鼓舞士气，翁照垣旅长极为赞赏，把邮工救护队作为旅部直属的一个单位，发给我一张委任令，任旅部运输服务队队长。我随身带着这张委任令，救护车可以在前线通行无阻。

由于日本帝国主义陆续大量增兵，并增派军舰、飞机滥轰狂炸，翁照垣旅不得不从吴淞撤到大场。邮工救护队跟着后撤，分散到大场、嘉定，我同一部分队员在大场以公共汽车站作为伤兵站。在敌人的飞机轰炸、扫射下，救护队的活动极为困难。敌军完全不顾国际公法，他们的战斗机对标志着红十字的救护车也进行追击。我把三位女队员郝丽品、冯慧英、李管声送回上海，救护队的人员少了，而伤员不断增多。我也参加手术工作，曾为一个脚骨已被炸断皮肉还连着的伤员，切断皮肉，进行急救。鞠如带着女队员在嘉定城内建立伤兵站。

三月一日，敌军乘十九路军兵力不足，在浏河偷袭登陆，迫使十九路军从上海撤退。邮工救护队分组撤离战区。在大场的救护队直接撤回上海租界，在嘉定的救护队一组出西门，绕道青浦、松江返回上海；一组出南门，到马陆再分两路，一路经梵王渡回上海，一路越南翔沿铁路向上海撤退。这一路走到南翔火车站，不料遇到一群日军，一部分队员不及避开，凶残的日军见到臂缠红十字袖章的救护队员竟然举起步枪用刺刀乱戳，潘家吉、陆春华、陈祖德三位队员惨遭杀害。上海邮工知道三烈士壮烈牺牲的消息后，悲愤无已，捐款抚恤烈属，借座上海少年宣讲团举行追悼大会。

一九三六年在南翔附近购地三亩，筹建邮工烈士墓，三月十九日我主持了邮工烈士墓的奠基典礼。后因爆发八一三抗日战争，烈士墓的建筑工程搁置下来。抗日战争胜利后，在烈士家属一再催促下，一九四九年一月七日，上海邮务工会与南翔义盛泰石作订立合同，以大米十八石（每石大米以金圆券七百元计算）为工程材料费用，建成邮工烈士公墓。一九八〇年六月，中国邮电工会上海市委员会为了景仰先烈，提请上海市民政局批准，将原在南翔的邮工烈士大公墓迁葬龙华的上海烈士陵园。

一·二八抗战距今已经五十多年了。在这五十多年里，中国人民在中国共产党领导下，取得了抗日战争、解放战争的伟大胜利，把一切帝国主义势力驱逐出中国大陆，推翻了旧中国的反动统治，建立了社会主义新中国。当前，举国上下同心协力，意气风发地为实现中共十二大确定的总任务和总目标而奋勇前进。我是一·二八战火中的幸存者之一，追叙往事，展望未来，更须努力在四化建设中作出新的贡献，以告慰于为取得民族解放和人民民主革命的胜利而献出生命的无数先烈。

上海市政协文史资料委员会编：《抗日风云录：抗日战争胜利四十周年纪念专辑》(上)，上海人民出版社，1985 年版，第 34—38 页。

回忆复旦大学学生义勇军

曾宪猷

随营训练

一九三一年九一八事变后，各界爱国群众纷纷组织抗日义勇军。具有光荣爱国传统的复旦大学，也在十月份成立复旦学生义勇军，绝大部分学生都参加了。

一九三二年一月，日本侵略军又将魔掌伸向上海，上海局势开始紧张。中旬，全市大中学校提前放寒假，我和义勇军班的同学商议，发动了几十名义勇军战士，组织寒假特别军事训练班，要求到江湾附近的十九路军驻地随营受训，得到校军事委员会主席林继庸教授的支持。他多次与十九路军军部联系，由于国民党政府曾明令军队不准接受学生军训，所以颇费周折，最后由蔡军长亲自出面保证，才特许复旦学生义勇军随营受训。当时订了三条协议：(一)随营义勇军各自订立志愿书，宣誓尽忠抗日救国，不怕牺牲；(二)绝对服从上级命令；(三)一切生活费用均由部队开支。

一月十日的清晨，复旦随营学生义勇军班冒着早春飞雪，整队出发。我们身穿黄呢义勇军制服，胸佩闪闪发光的五角银星，肩背一把系着红绸带的大刀，辞别学校，雪地行军。一路上我们引吭高歌自编的《义勇先锋歌》："跑上前去啊，国难当头，同胞们奋斗！用我们的赤血和黑铁开民族的路；勇敢向前，努力杀敌！要高举中华民族旗帜，我们是抗日和救国义勇先锋队！"雄赳赳气昂昂地走向大场宝华寺十九路军一五六旅旅部。下午旅长翁照垣将军为我们召开入营典礼，发给我们每人一杆马枪和二颗手榴弹。第二天，我们便开始"三操两讲"的学兵生活。学习兵制操典、游击战术和防空等军事常识。翁旅长常在早操时训话，鼓励大家誓死保卫祖国，还一连三个晚上向我们讲述他旅欧的阅历，号召有血气的中国人团结起来，打败日本侵略者，争取中华民族的光明前途。

难忘的一·二八之夜

一月二十八日下午，我们在防御阵地上筑战壕，铺完了鹿砦后，听到军事交通车传来迷惑不解的消息，说群众中流传十九路军准备撤退，日军将占闸北。我们要求前往闸北，向群众澄清事实，作抗日宣传，得到旅部同意。我们每人背了一顶写有“十九路军”四个大字的铜鼓大笠帽，到北站、天通庵一带群众集中地段作宣传。一群众听了我们的宣传，又看到前线阵地各主要街巷都已用沙袋铁丝网作了防御工事，广大十九路军战士情绪激昂，严阵以待，才消除疑虑。我们回旅部后汇报，翁旅长赞扬我们做得对，接着，他看了看手里拿的文件说：“刚接到南京命令，要我们今晚十二时从闸北撤退，让宪兵来接防。”话音未了，我便举手站出队伍报告：“我们不是天天讲抗战吗，现在是时候了。我们不能接受这个命令。请允许我们立即冲向日本军营去，我们的热血是不会白流的，”说着便情不自禁地失声痛哭，同学们和在场的官兵也一齐哭泣起来。翁旅长语音沉重地说：“请你们相信我翁照垣是不愿做亡国奴的，我们一定要抗日到底！但我们还需要政府，必须相机行事，请你们放心吧。你们今天很劳累了，我命令你们立即开饭，饭后就寝。”半夜忽听到远处传来枪炮声，一·二八抗日战斗打响了。

参加战地服务

战斗打响后不久，翁旅长走进寝室，严肃地说：“十一时半左右，我军前哨听到日军营的冲锋号，便立即进入阵地，日军用坦克作前导发起攻击，我们用集束手榴弹把它炸毁在阵地前，敌人想不到我军会如此坚决抵抗，伤亡很大。但我们兵力不足，连旅部的后勤人员都一起开上前线去了。你们是初上战场的新兵，要胆大心细，沉着作战。”于是派副团长彭培亮当领队，我们便轻装出发。

队伍接近前沿阵地时，突然发现敌机飞来。彭团长下令卧倒，敌机过后继续行军，我们议论着第一次参战的体会，互相勉励。这时天已大亮，只见当地居民扶老携幼背着行李向后方避难，一边走，一边咒骂日军，这种悲惨的情景，更激起我们对敌人的愤恨。

上午到达闸北太阳庙前线指挥部后，旅部命令我们立即组织战地服务队，分组织、宣传、慰劳、交通、情报等五个组。我们在市民中散发战地简报，在苏州河一带对着租界刷出大幅外文标语："为和平而战斗！""为正义而战斗！""拥护十九路军对日作战"等；同时负责将全市人民送来的慰劳品进行登记、保管、分发；又为自愿前来参加服务的汽车编号，维持战地交通，还为许多志愿参加抗日敢死队的群众进行登记；并根据群众报告对敌探嫌疑对象进行审查等等。

下午趁敌人暂时龟缩的空隙，我们在太阳庙附近的一个广场上，召开战地群众大会，宣传抗日救国的道理。大会前后我们把部分慰劳食品用汽车散发给流落在街头的战区群众，号召群众拥护十九路军对日作战。

入夜，我们担负指挥部的保卫工作，大家不顾疲劳分头巡逻，坚持到第二天早晨。当轮到我们上火线观察敌情时，我们就携带一些慰劳品去战壕慰问战士。他们日以继夜地监视着敌人的动态，在兵力不足无法换防的情况下，疲倦得不想吃东西，但喜欢香烟。他们见到我们说："想不到能与你们大学生在火线上见面，就是死也甘心。"我们同部队战士并肩向敌人射击。

战斗打响时，由南京派来接防的宪兵到达北站，前敌总指挥翁照垣对他们说，日军已经打上门了，请你们枪口对外，一起抗战，补充到阵地薄弱环节。恰值敌人突然袭击，宪兵不及布防，牺牲很大。事后上海《大公报》误登复旦大学义勇军与日军激战牺牲两百多人，因为宪兵也是穿黄呢制服，于是张冠李戴了。但这一消息揭露了日军的残暴，激起全国人民的义愤，因此我们没有作出更正。

一月三十日，日军增援部队开到，翌日即撕毁停战协议，开始向我前线阵地猛攻。留守在太阳庙的同志也受到敌炮火的袭击。大家虽日夜连续战斗，体力极度疲乏，但还是坚守岗位。翁旅长对我们说，敌人的援军已开到吴淞口外，准备大举进攻，十九路军的后续部认也已开到，火线兵力不缺，命我们立刻离开前线，回大场旅部待命。

我们在大场焦急地等待翁旅长的命令，但一直没有消息。当听到吴淞口外日军战舰攻击吴淞炮台，还派飞机侦察、轰炸，大家义愤填膺，要求旅部派车送往吴淞助战。我们到达目的地时，见吴淞镇外弹坑凹凸不平，镇内房屋倒塌，瓦砾遍地，不见行人和守兵，便径直往海滨去，用望远镜眺望吴淞口外的敌舰情况。就在这个时候，两架敌机飞来，我们急往镇上奔跑，守卫的战士招呼我们躲进防空洞，敌机在我们的汽车旁丢下一枚炸弹，便飞返吴淞口外去了。当我们回到汽车旁，翁旅长从附近茅屋快步跑出，严肃地批评我们不听命令违反军纪。他叫我们从明天起就到沪宁线上去做抗日宣传工作，给我们两百块钱旅费，并告诉说沪宁线都有十九路军驻防，有困难可以找他们解决，说罢便和我们一一握别。我们依依不舍地离开了前线阵地。

组织武装宣传队

根据翁旅长的命令，我们组织了武装宣传队，从真如出发，沿着沪宁线北上。每到一地，就召开群众大会，宣传淞沪前线十九路军英勇抗战的经过，揭露国民党政府的不抵抗政策，动员民众支援十九路军抗战，还自编自演抗日小戏，如《铁与血》、《小白龙》等等。每次宣传演出，群众都情绪激昂，演到动人之处，不禁失声痛哭，高呼“支援十九路军抗战到底！”“反对不抵抗政策！”等口号，我们当场募捐，许多青年还要求参军，民众的爱国热情令人感动。

我们的抗日宣传，受到广大群众的欢迎，却遭到国民党政府的百般刁难和阻挠。到苏州时，吴县县长竟不准我们进城，借口说苏州城内从不驻兵。我们抗议无效，忍无可忍，拿着枪直冲县长府邸，向县长提出安排住宿、提供集会演戏场地的要求，他吓得诺诺答应，安排我们住在城郊的成烈体育专科学校。十九路军驻苏州办事处闻讯后，立即来找我们，招待我们吃饭，称赞我们干得好，说这些家伙终日酒醉饭饱，没有半点抗战思想，就是要教训一下。当我们到达无锡时，地方当局把我们安排在远离市区的惠山的一个庙里，还限制我们的宣传不可过分批评政府，不要刺激青年，我们不予理睬，还是照样宣传，在无锡城里点了一把抗战之火。

镇江是当时江苏省政府所在地，我们从常州一到镇江，就受到了顾祝同的控制。开始他说这里是省会与南京毗邻，讲话做事要慎重。我们交一份宣传计划与他共同研究，然后安排会场，后来他又提出要同我们合作宣传，我们干脆拒绝，提出自己上街去宣传。他才被迫答应提供会场，威胁说，只讲十九路军抗敌，不讲政府抗战是不行的，你们有武装，我们也有武装。我们气愤地回答，我们宣传十九路军官兵英勇抗日的事迹，死都不怕，你们要镇压抗日宣传，绝没有好结果。我们不顾威胁，坚持在广场上宣传，终因当局严密控制，出席人数不理想。一两天后，我们决定过江去扬州。

我们在扬州中学学生的热情支持下，宣传工作开展得十分顺利，深受群众欢迎。我们计划多演几天，但第三天，翁旅长派人找到我们，告诉说十九路军由于孤军无援，已退入第二道防线，命令我们立即回沪集训。

随营学生义勇军解散

三月底,宣传队回到翁旅驻地唯亭。这时,随营学生义勇军已经由复旦学生军一个班,发展到一千多人。除复旦、中国公学、法政学院等学生义勇军外,还有上海市民义勇军、南京中央大学学生铁血军、讨日援沪义勇军、西南在野军人抗日救国北上敢死队、四川敢死队、武进妇女救护队等。他们都是一·二八抗战爆发后自愿组织起来奔赴前线的热血青年,由十九路军总部编入翁旅。

四月初,翁旅长按照蔡廷锴军长的命令,将随营义勇军各部统一整编,编成三个大队,进行正规军事训练。军训是艰苦而又紧张的,但学员们认识救亡图存,必须掌握军事技术,所以个个精神奋发,积极努力,盼望着全线反攻的一天早日来到,亲手打败日本侵略者。

可是令人痛心的消息接踵而来。五月五日,国民党政府违背中国人民的意愿,与日军签订《淞沪停战协定》;六月初蒋介石下令将坚持抗日的十九路军调往福建对红军作战,我们也因此"训练期满",各自分散。在告别会上,代表们慷慨陈词,谴责国民党政府的不抵抗主义,表示要抗日到底的决心,有的决定随军南迁,有的决心北上东北抗日。复旦学生义勇军决定全体回校。六月下旬,我们回到了母校,全校师生热烈迎接我们归来。

我校许多学生通过一·二八抗战,看到国民党当局对外投降,对内剿共的事实,认识到在国民党政府统治下,有枪也救不了国。要挽救国家民族,只有找共产党。一九三二年下半年起,我校许多有革命要求的进步学生,纷纷参加反帝大同盟、社会科学家联盟、左翼作家联盟、教育工作者联盟等进步组织,在共产党领导下,积极开展抗日斗争,在斗争中得到锻炼,经受考验,先后加入中国共产主义青年团,走上革命的道路。

(翁三新、饶景英整理)

上海市政协文史资料委员会编:《抗日风云录:抗日战争胜利四十周年纪念专辑》(上),上海人民出版社,1985 年版,第 188—194 页。

组织复旦大学学生义勇军和出任十九路军技术组长

林继庸[①]

一 任教复旦大学与组织义勇军

我自从办工厂失败后，对办工厂就有了戒心，认为自己必须有资本才能办工业，不能跟那班今天拿本钱、明天就要分红利的人合作，跟那班眼光短浅的人办工厂，是很难成功的。有了这次打击，我为生活起见，只得到上海复旦大学教书，当理科化学兼任教授。不久复旦大学理科改组为理学院，增设化学系，我以教授兼任系主任、理学院院长。复旦郭任远生物学家，任复旦生物学院院长，后改理学院，我当时在复旦教书，校长突然叫我接任郭院长，一任六年之久。这次擢升乃是李老校长登辉先生的独力提拔，我和李校长在那时不过仅仅谈过两次话。当院长时我曾和韩组康、何庆曾、沈熊庆（在台，任台大化工系主任）、李运华等教授创设“化学兵器课程”，使学生对化学兵器有正确的认识，并且能运用于作战。我知道我们国家贫弱，常受外国欺侮，战事终归要发生的，所以我叫学生多多研究化学兵器。此外我又协同温崇信教授（在台，任征信新闻董事长）组织复大学生义勇军，我和温主任亲自领导，当时有一千五百个学生参加，现在台湾的赵聚钰、张徽仪（邹作华夫人）、梁培树（邵永励夫人）、陈保泰、李琳、陈其志、杨庆燓、许拔、顾乃登及在韩的安炳武、在港的陈弘毅等即系当时干部，他们在抗战时发挥了很大的作用。

---

① 林继庸，一·二八淞沪抗战时为复旦大学教授、理学院院长兼化学系主任，曾任该校军训委员会主任，负责学生义勇军的组训工作；又被十九路军聘为技术顾问兼技术组长，参与制造武器支援抗日。——本书编者注。

二　任十九路军顾问兼技术组长

民国二十一年一·二八淞沪战前日本军阀谋我日急，学生、文化界、工商界，虽然高喊抗日口号，但一遇情势紧张，他们却纷纷逃到租界躲起来，我对这种情形实在看不顺眼，我认为无决心何足言抗日。我当时住在租界（北四川路）刚好租约期满，乃于二十年年底迁出租界，住在闸北天通庵路。二十一年一月廿八日晚十二时，日军突袭击我驻军，侵入上海闸北，我十九路军就地抵抗，沪战爆发。我家中了炮弹，大火焚烧，幸而我已逃出，但家里的东西却毁于炮火，无家可归，我只得暂住在友人周国荣先生家里，第二天早上出外走走。行到西藏路幕尔堂见堂内有童子军担任救护工作，他们勇敢且热心地救护伤患，可敬可佩。但他们缺少一位写布告的人，我遂自告奋勇，担任了这份工作。我正在写布告，突然十九路军总部开了一部车子来接我到总部去，请我当技术顾问兼技术组长，对我优礼有加，他们请我运用上海的技术人才帮助他们作战，我自忖从此可以对国家有所贡献，遂接受下来。不久蔡元培（子民）先生及杨铨（杏佛）闻得我负责军事技术工作，即派徐宽甫（在台、中国制药公司董事长徐乐天之兄）邀请我到法租界亚尔培路中国科学社晤谈。蔡先生是我读北大预校的校长，杨先生跟我是第一次见面，我们晤谈了两个钟头，他们把整个科学社供给我办公，并吩咐徐先生给我一切用品，我即请徐先生发出征集信件，邀请上海各位科技专家及大企业家于第二天到科学院来讨论。届时来者约二三百人，全堂满座，个个怒气填胸，大有灭此朝食之势，蔡、杨两先生分坐我左右随时给我提示。就这样联合上海的科学界、工业界，制造了防毒面具数百套，手榴弹几十万枚，以及其他军需品如照明弹、烟幕弹等等。因为工业界对我了解，都愿意出钱出力协助我从事抗日工作以便对国家有所贡献，所以我替十九路军制造的各种军用品，始终未花过十九路军一文钱。当时新民机器厂胡厥文尤其热心，他负责做十五万枚手榴弹，日夜赶工，连胡子也没有时间刮。有一天，我去看他，胡须长约半寸。他要刮了再同我谈，我说："刮什么！留起来，等我们打到东京再刮好不好？"直到民国二十六年八一三战役，他的胡须留了一尺多长，抗战胜利我在重庆见到他，我说："这是国耻。"叫他将胡子刮了，有胡须的他看来像个老头，刮了变成小白脸，这是后话，暂且不谈。在当时我与上海工业界人士相处融洽，常与他们讨论，我认为要抗日，单靠机械工业是不够的，民生工业以及人心亦很重要，轻重工业要密切配合发展，不能厚此薄彼，人民必须有衣穿，有饭吃，有书读，有报纸看，才能使他们支援军队，从事抗日工作。

我在十九路军当顾问兼技术组长时，曾参与两件事对日寇打击甚大。按：先生任十九路军顾问兼技术组长时，乃由阮尚介介绍同济大学校长胡刚复负责联合徐学禹、包可永、洪中、杨继曾、吴钦烈、朱霖、冯德建、王承黻及韩国独立志士王雄等一百多人分配工作制造化学兵器，用于轰炸当时停泊黄浦江的日旗舰“出云”号，及战舰“播”号，炸得半沉。过了两天报上登载敌军海军上将某氏已在医院毙命啦！该出云舰及“播”号战舰经日方派工修理半年方能浮起，此其一。尹奉吉于虹口公园炸弹事件中，炸毙日本白川大将及居留人商会会长河上肇[1]，炸伤驻沪总领事重光葵[2]一足，及野村中将[3]一只眼睛，其所用的便当型炸弹乃由王承黻等制造，再由联络组组长罗为雄（鸣白，在台）物色韩国青年尹奉吉进行工作。便是先生参与制造的，此其二。（见胡光麃《波逐六十年》三一五页）。日军捕我甚急，必欲得我而后甘心，很多样子似我的人被捕，受到严刑审讯，知道不是我才将他们释放。我不能在租界住了（租界有日探），故避居复旦大学校内燕园，复大对我多方掩护，爱护备至。此时我训练的义勇军已解散，一部分投效十九军旅长翁照垣部，继续参加抗日工作。我整日蛰伏，足不出校，在复大住了一年，由于不能外出，心情异常苦闷，感到长此下去亦不是办法。过去我在复大任教五年，本想终身从事教育事业，但以现实环境不许可，民国二十二年春间遂忍痛离开上海回到家乡——广州（当时我的父母都在广州，是一个大家庭）。在广东担任科学研究的工作。

以上所讲在一·二八淞沪抗敌一战虽然为其短短一个多月，可是在三天之内召集上海的科学界及大企业家等二、三百人，那都是我国人才的精英，他们出钱出力，埋头苦干，事涉国民兴亡，他们义愤填胸，奋不顾身，集合一堂，为国效命，这也是我国中华文化五千年来之伟大表现，同时又给我一个机会结识那些爱国人才，使我后来在八一三抗战时发动工厂内迁得到他们的大力扶助，使工作得以顺利进行。

《林继庸先生访问记录》，“台湾中央研究院”近代史研究所，1982 年版，第 14—17 页。

---

① 上海日本侨民居留民团团长为河端贞次，本文记为河上肇有误。——本书编者注。

② 重光葵时任日本驻华公使，本文记为日本驻沪总领事有误。——本书编者注。

③ 野村是日本海军第三舰队司令官野村吉三郎。此外还有日本第九师团师团长植田谦吉、日本驻沪总领事村井苍松等日本军政官员被炸伤，本文漏记。——本书编者注。

怀念复旦义勇军

林继庸

赵聚钰来信坚嘱我为复旦通讯写一篇文章;何名忠更来敦促,他说:即使只是写一个字,亦要我写。我自三十五年以来,从没有发表过任何文章,目前寄居宝岛更何能写得出文章来,当即拟复信谢却。不料温崇信来说他那篇"怀母校,念师友"如何精彩,该文中且把我恭维过一顿云云。他迫我即时拜读他那篇妙文,我只好苦着脸看下去,看到他描写我踢"高跟"的举动,及他把女同学骂回宿舍去的威风,我没得话说,只好拿起笔来胡诌几句,聊以交卷。可惜我手中没有当年的复旦同学录,否则,我倒可以把一千五百余名学生义勇军,逐个描写出来。

话说复旦同学们当年受着九一八的刺激,爱国心切,热血涌腾,屡次开全体学生会议,自动请求加强军训,以便于国家有事时,可以投笔从戎,组成劲旅。当时诸位青年同学秉着赤心,为爱国热忱所驱使,精神奋发,气吞牛斗,不可遏抑,李老校长乃举行校务会议,议决成立军训委员会。众人推举我当主委,我推辞不得,只好拉上温崇信,要他屈任副主委。我们立即组织复旦学生义勇军三个大队,每个大队分若干个中队小队,另组女生救护队一队。组织成立,即报请政府指派军事人员来校担任教练。全体义勇军均戎装裹腿。我和温崇信、许逢熙也要武装起来,一同在操场上现身。女生救护队均身穿奈丁格尔式的长衣,足穿平底快鞋,一同练习。女生上操时,不准穿"高跟",这亦是当时的禁令之一。全体于每晨七时即群集操场上操。政府派川人张一飞及皖人郭坚来校任教官,陈呙德亦被政府加派为教官。政府并拨给步枪数百枝,于练习射击时再拨给实弹。顿时军容旺盛,如火如荼。京沪及邻近各大学相继效法组军,把京沪一带变成为学生义勇军的世界。电影公司派员来校拍摄活动电影。王柏龄将军来校讲军事学。陶希圣先生也对同学们演讲"三头六臂",所谓三头者,就是笔头、拳头、枪头,尤须注重枪头云云。当时对于本校军训表示最热诚者，首推十九路军翁照垣旅长，他常常来校指导，并带同他们到部队实习及宿营。义勇军会操时，李老校长常常莅场检阅。他每见到同学们精神奕奕，纪律严明，常笑对我们说："这个……这个……这个很好！"金通尹先生每遇到惊险镜头，辄忧形于色，但时亦开颜欢笑。章友三自惭孱弱，购备了一套戎装，始终没有穿着出场。殷以文在徐家汇附中，武装赳赳，遥为呼应。吴剑岚感于髀肉复生，舍枪取剑，淬厉甚勤。温崇信则常常紧皱双眉，作金刚怒目。

当时义勇军的中坚人物有：赵聚钰、周孝伯、李钟麟、吴贤淼、魏子励、周中规、林兆元、张锦祥、杨庆夔、顾乃登、余世郊、陈弘毅等数十人，女救护队则有盛和音、周莘柏、张徽仪、梁培树、张淑婉等十余人。军中同人首重纪律。记得张一飞教官曾因向我报告完毕而忘却敬礼，我唤他回来申斥了一顿。迨至抗战时，他在重庆任警官，远远看见我行来，即立在一旁，大呼"敬礼"。总队长周孝伯因犯规，我在大队前予以申诫。当众褫去其总队长职，降为士兵。李钟麟、张锦祥均因打架受过惩戒。

一·二八抗战开始以前，江湾校舍地当冲要，极为敌人注意，环境恶劣，一日数惊。义勇军分队警守母校，日夕不息。赴京请愿时，秩序齐整。劝捐救国金时，奔走呼号，劳苦不避。抗战开始时，义勇军五十余名，即自动编队加入第十九路军第一七九旅协助据守由吴淞口至蕴藻浜一带防线，在枪林弹雨中浴血苦战，予敌人以重创，直至撤退无锡，任务完成后才整队返校。义勇军中有许多人曾随我在后方服务，如杨庆夔等在"大世界"制防毒面具，均能耐苦任劳。凡此情景，想当日亲与其役之同学，当可依稀记得。

复旦学生义勇军自开始组织，至抗战服役，以至战事终结后解散，所有经过，均由同学们自动发展，并无任何背景指使。迄今二十年余，百思亦难找得其有丝毫受人指使的迹象。盖均由青年学生们的爱国热忱自动发挥，故能任苦任劳，历尽牺牲而不避，任何人不能指使之，亦非任何人所能抑制之。此种忠贞为国之精神蕴结于每个青年人的心坎中，每当国难严重之时，蕴结愈加，一发而澎湃奔腾不可遏止，其动作直可惊天地泣鬼神，在我国历史中，曾数见。

文章写到此处，已可告一结束，但我觉得仍不能停笔，仍要说几句话。心绪缭乱，顿觉郭坚教官之忠魂毅魄萦绕着我之笔端。我明白了，我若不补述郭坚教官的故事断不能结束此文，断不能把复旦义勇军的精神表达。记得民国廿七年元月某日，我方在汉口江汉大厦室内办公，忽闻履声及门而止，俄顷，听得"报告"一声，我顺口答以“进来”。门开处，一位军官踏进门来，向我敬礼。我抬头一看，啊，原来是郭坚教官。他那时仪容肃穆，英气上挺眉梢。“郭教官，从哪里来?”“报告林先生，郭坚从长沙来，查得林先生在此处，特来拜候。”“好。你现在哪军服务? 担任何职? 往哪里去?”“报告林先生郭坚现在军任连长职，明日就要开拔到台儿庄去。”“好，你是个好男儿。国家有事时应当各尽力量为国家服务。你能有机会到前方去，胜过我在此地多多了。”“不敢，不敢辜负林先生的期望。林先生，郭坚去了。以后如有机会再来拜见。敬礼!”我送他出门。眼见他离去，眼看到他的影子没入于人群中，不见了，永远没有再见他了。过了两个来月，我有事在安南河内工作，一日午间，我正在饭店独自用膳、阅报，看见大字标题，有台儿庄大胜消息。我即唤侍应生拿一杯酒来，向北酬酒于地，遥祝郭坚教官无恙。后来查得郭坚教官在台儿庄一战中为国捐躯了。这是复旦义勇军精神的表示，复旦义勇军的精神是曾经用血和汗培植出来的!

（原载《国立复旦大学纪闻》）

陈思和、龚向群编:《中华学府随笔·走近复旦》，四川人民出版社，2000 年版，第 169—172 页。

一·二八抗战中的上海邮工童子军

徐耀彭

上海邮工童子军团，隶属上海邮务工会，成立于一九三一年八月一日，团址设在靶子路（今武进路）五三四弄九号，创办人朱学范，朱担任训练部长。第一次招募七十八人，成立之日，朱以孙中山先生“人生以服务为目的”之言勉励团员。旋经中国童子军总会批准，编为中国童子军第六四二团。

当时的童子军分为下列几种：十二岁以下者为幼童军；十二岁至十七岁者按性别分男女童子军；十八岁以上者为青年童子军，上海邮工童子军即为后者。原来全国邮政系统内没有童子军团组织，自上海成立后，浙江、江苏两省邮局亦相继成立。邮工童子军的历史仅二年，但它在抗日救国斗争中所作的贡献却令人难忘。

上海邮工童子军团成立不到二个月，九一八事变爆发，消息传到上海，朱学范召开童子军团成员开会，成立上海邮工抗日救国运动委员会邮工抗日义勇军，聘请教练，讲授作战知识和各种技能，如侦察、测量、通讯、救护等，并经常到闸北、江湾、真如一带郊外实习，熟悉交通、地形，严格训练四个多月。

一九三二年一月二十八日淞沪抗日战争爆发，朱学范即召集全体邮工抗日义勇军（邮工童子军）开紧急会议，朱振臂演讲说：“国家兴亡，匹夫有责，今国难临头，有光荣革命历史的邮工们，我辈抗日义勇军同胞们，是奔赴前线为国牺牲的时候了！”在朱的启发和鼓励下，当天组成邮工童子军战地服务团，全体到会者激昂慷慨，一致要求上前线抗击日本侵略军。随即组成两个队，一队由王定昌副团长率领，主要任务是募捐款项、粮食、药品等，设立收容所收容难民；另一队由沈桴团长负责，参加战地服务，编为第十九路军总指挥部童子军通讯队。

童子军在参加战地救护、输送难民、传递军情、投送密件等方面做了大量工作。他们深入前线，不畏枪炮袭击，不怕飞机扫射，个个英勇坚毅，受到十九路军军长蔡廷锴将军的赞誉。在一次会议上，蔡将军列举邮工童子军的英勇事迹，热情地称童子军为铁军。

当时的战地服务快报，曾报道邮工童子军的活动："童子军瞿××带着机要公函投送吴淞翁照垣将军，骑车行至张华浜附近，日兵瞥见，用枪射击车后轮，瞿伏身疾驰，泥溅身脸，幸未伤身，完成了使命。有外国记者目睹，著文赞扬。""又一次敌军派遣汉奸藏匿树林中，向传送军事邮件的某童子军射击，拦劫函件，收集军密。某即跳入路旁池潭，十九路军闻声出追，奸人逃去，未为所逞。"等等。

在这次战争中，邮工童子军陆春华、陈祖德、潘家吉三烈士殉身。他们三人驻在嘉定，担任通讯和救护工作。驻所一再受到敌机轰炸，他们仍昼夜不息，执行任务。一九三二年三月一日，我军退却，沪嘉之间消息隔绝。三月三日清晨，三烈士和另一名童子军从嘉定绕道南翔往上海联络，行至离南翔三里地的马陆镇，突遇小队日兵，三烈士未及隐避，又无武器抵抗，遂被虏，另一名童子军见状急奔回部，得以幸免。日兵令三烈士脱衣搜查，烈士抗拒，日兵用刺刀枪柄乱刺乱击，遂被杀害，一具尸体横陈路旁，二具倒在沟边，日曝雨淋两个多月，直到五月五日签订《淞沪停战协定》，南翔日军撤退后，方得收殓。烈士遗体血肉模糊，令人痛心至极。上海邮务工会为追念三烈士殉身国难，于一九三二年十月十六日举行邮工烈士追悼会，表达了人们对烈士们的深切怀念。

上海市政协文史资料委员会编：《抗日风云录：抗日战争胜利四十周年纪念专辑》(上)，上海人民出版社，1985年版，第250—252页。

商会童子军团的战地服务

沈寿山　程钦梁

一·二八和八一三淞沪抗战期间，上海市商会社会童子军团是一支很活跃的战地服务队伍。该团于一九三一年十一月成立，当时参加对象是在上海总商会所属商业夜校学习的职业青年，以锻炼体魄、修冶品德、增进知识、日行一善和参加赈济灾民等活动为宗旨。

一九三一年九一八事变后，团本部感到国难日蹙，必须扩大力量，投入救国运动，决定招收第三届团员，改变过去在商校范围内招生的成规，而向全市职业青年招募。九月二十九日，团本部在报上发表《发起组织商人童子军团告全国商民书》，阐述在职青年组织童子军团抗御外敌的积极意义。又在全市各大报发布招募团员的消息，并以商会名义通函各商号动员所属青年参加军团训练，以为捍卫国家民族的准备。不到三天，应募人数达四百余人。经过考试和体格检验，录取一百二十名，于十一月一日正式入团受训。这届团员的抗日御侮意志坚强，成为次年一·二八战地服务的主要力量。

经过紧张集训后，第三届团员立即投入募款活动，利用业余时间，踪迹遍及全市各饭店、茶室、剧院游艺场所，经常工作到深夜。募集总数达一万数千元，结束时被评为全市募款单位的冠军。团员杨长康，当时才满十六岁，一人募得一千五百余元，成绩尤为突出。

一·二八战争爆发，军团负责人、教练员、各队队长及大部分团员于二十九日清晨汇集在团部所在地市商会，亟谋为抗敌御侮效力。商会地处河南路桥北堍，靠近战区，团员们目睹烈火吞噬民房，一致认为抢救战区难胞和受伤战士乃军团急需做的工作。正副团长当即前往红十字会总会接洽，决定军团团员带领红十字会的卡车、救护车驶入战区抢救难民和伤兵。当时还写了宣誓志愿书，大意是：

“为抗战服务乃青年天职，决心服从指挥，遵守纪律，完成任务，任何牺牲在所不惜。”在宣誓书上签名者有一百余人。当晚由团长叶春年、副团长徐国治以及卢绪章三人率领到九江路红十字会救护大队报到，以四人为一小组，随车奔赴战区。

自一月三十日开始，团员们深入闸北、虹口、江湾、杨树浦各地区，帮助未及迁移的老弱病幼，连同必需的生活用品，抢运到各难民收容所安置。第一天就救出难民几千人。

一月三十一日清晨，营救难民继续进行。其中一车由二届团员罗云祥率领三届团员应文达、毛征祥、鲍正武出发。至晚未见他们归队，四处查询，一些难民反映，在老靶子路(今武进路)曾看到四个童子军被日军捆绑押去。团部向日方多次交涉，均不得要领，后来才知他们已被日军杀害，尸体也被毁灭。

四烈士殉难，全体团员无不义愤填膺，一致要求深入前线，为死难同志报仇。于是团指挥部决定由徐国治赴南翔十九路军军部联系，组成一支二十五人的战地担架队，到七十八师一五六旅参加救护服务。其他团员统编为运输大队，每天护送慰劳物资至前线，同时配备担架，接回伤员送入医院。

四烈士殉难时均未成婚，罗云祥二十一岁，良晨好友社排印部主任；应文达二十一岁，亚细亚火油公司职员；毛征祥十九岁，毛志祥牙医诊所助诊；鲍正武十八岁，营业税征收处文书股员。一九三二年十二月十一日，在市商会隆重举行四烈士追悼大会及纪念塔落成揭幕典礼，参加者有上海二十多个童子军团的团员和在沪外籍童子军代表及各界人士二千余人，联华电影公司还拍摄了纪录影片。追悼会规模之大，情绪之沉痛，为当时所罕见。纪念塔建于市商会大厅前面草坪上，正面刊有蔡廷锴将军亲笔所题“为国牺牲”四个大字。一九三四年在江湾公墓建成四烈士衣冠墓，历届团员经常祭扫瞻仰。八一三战役后，日军在江湾辟建飞机场，衣冠墓不复存在。1945年抗战胜利，衣冠墓竟在数十里外的虹桥路万国公墓内发现，仍是原样，烈士瓷像神采依旧，碑身丝毫无损。究系何人所为，至今尚未查明。十年浩劫中，纪念塔和衣冠墓都被平毁。

在参战地服务和护运支援物资中，团员们都表现了不怕牺牲的英雄气概。例如三月二日清晨，团员杨性初，护送十三辆卡车慰劳品至真如时，始知我军于昨晚接到命令，后退到昆山、苏州一带驻防。杨即关照其他团员速随原车返回，自己则去苏州随军服务。路经[真如]暨南大学，发现尚有四、五百名伤兵未及撤离，其时敌机三架在上空盘旋，大队敌军将到。杨急奔真如车站，强行截住即将开出的最后一列西行火车，帮助大部分尚能扶持行走的伤员上车，自己再次从暨南大学赶来车站时火车已经开走，他又截住一辆军用卡车追赶部队，敌机尾随卡车，扔弹、扫射，卡车被毁，杨身受重伤，住医院三个月始获痊愈，右股骨至今留有一颗子弹。又如团员周缵旦，服务于宝山、庙行前线担架救护，一次敌我双方激烈交火，他为了及时救下伤员，带领一组担架，直奔战壕边沿，一颗子弹打穿了他左肩，鲜血淋漓，但他全不考虑自己安危，匆匆包扎后，坚持在火线服务。

《淞沪停战协定》签字后，随军服务团于五月八日由苏州回到上海，留沪团员齐集车站迎接，并以军乐队为前导，高举十九路军赠予服务团的各种奖旗，列队通过南京路等主要街道，受到市民热烈欢迎。次日各大报刊登有关照片和新闻报道，给军团以极大鼓舞。

一九三四年到一九三七年，军团续招了第四、五、六、七、八届团员，由于一·二八战时服务得到社会好评，职业青年报名踊跃，全团人数扩大至四百余人。团本部在日军侵略气焰日趋猖獗的形势下，加紧了对团员的爱国主义教育和战时服务技能训练。

八一三沪战爆发的第二天，团部即从毗邻的北苏州路商会迁至宁波路钱业公所，成立了战时服务指挥部，调整了各职能服务队的编制。通过与有关部门联系，一部分团员到第一军战地随军救护服务，其余大部分团员到新闸路红十字会、枫林桥外交大楼运输站、大华路运输队、浦东大楼民食调节运输站、松江重伤兵医院、真如东南医院和第五、十一、十八、二十一后方伤兵医院及几处难民收容所服务。他们冒着炮火，往返奔驰于公路，把各界支援的慰劳品和药品器材从市区送到战区军部，又接送伤员到后方治疗，团员陈杏荪、徐健来、郑志强等因此受重伤。在后方医院的团员日夜照顾伤员，整天工作忙碌，但都以能为抗敌贡献一分力量，心情十分愉快。

四行仓库激战时，童子军团积极支援。十月二十八日，商会严谔声先生接到四行孤军电话，说某校女童子军杨惠敏送去的一面国旗过小，不适宜悬挂在仓库大楼屋顶，要求商会设法送一面大的，以及若干衣被食品。当夜，叶春年率领团员六人，和《立报》记者樊放、白广荣，童子军团理事赵邦墉，广肇中学童子军郑昊章四人，满装两卡车物资，连同大幅国旗一面，旗杆一支，驶至新垃圾桥，各人背负物资匍匐至仓库东侧，送到孤军手中。团员胡惠祥手持国旗奔上仓库四楼，交给负责长官。一会儿，谢晋元团长请副官传话，感谢同胞的支援，一并说“我们将不惜打到一枪一弹，流尽每个人最后一滴血，誓与敌人战斗到底，这是中国人的气节，请同胞们放心”。短短这几句话，表达了孤军威武不屈的精神，团员们听了非常激动。翌日晨，四行仓库屋顶升起一面巨大国旗，租界市民群聚瞻观，欢声雷动，深受鼓舞。

抗日军队后撤时，童子军团继续进行战地服务，先后在苏州、南京设置办事处，又在汉口建立团本部。鉴于战区扩大，难以集中指挥，陆续分编为四个大队，足迹遍及苏、浙、皖、赣、湘、鄂、川、黔、粤、桂、滇、豫、陕、甘等省，为抗日救亡贡献了自己的力量。其中团员苍成全、徐正祥、何泰，或遽罹瘴气，或积劳成疾，先后殉职。一九三八年七月，团员范仁德、高志德随红十字会医疗中队到达延安，毛泽东同志接见了他们，关切地询向他们的年龄、工作、生活和家庭情况，勉励他们“团结起来，坚持抗战”，并题词“团结”以为纪念，这既是对童子军团的鼓励，也是对军团在全民抗战中的作用的高度评价。

上海市政协文史资料委员会编：《抗日风云录：抗日战争胜利四十周年纪念专辑》(上)，上海人民出版社，1985年版，第253—257页。

胡厥文支援一·二八淞沪抗战

陆象贤　卢　鸣

一　制造弹药支援十九路军

1931 年九一八事变发生后，全国掀起了轰轰烈烈的抗日救亡运动。是年 9 月 28 日，上海机器同业公会主任委员胡厥文和钱锦华、赵孝林等，召开钢铁机器同业公会会员大会，讨论抗日救国问题。会议作出了以下决议：(一)请政府从速出兵，驱逐日兵出境，恢复失地；严惩失职文武官员，以维国法。(二)组织检举日货会，以抵制日货。(三)筹设原料厂，以永久挽回权利。先办铸钢厂，股额 50 万元，推叶友才、胡厥文等筹备；成立炼料厂，督促六河沟、扬子、汉冶萍及本埠和兴各厂从速采铸；目前铁料向印度采办，酸料函促酸厂筹备处早日开办。(四)组织义勇军，各厂厂长准许 16 岁以上职工加入；如不愿全体加入，每厂 10 人以下抽 1 人，10 人以上抽 2 人或 3 人；厂方如不愿职工加入，依其应抽人数，每人每年征费 50 元，厂长如不愿加入，征费同；组织义勇军征募委员会。(五)政府如对日宣战，一部分工友准往兵工厂，帮助制造机械枪炮，并于最短时间，各厂各赶制迫击炮 600 尊和地雷、手榴弹、电网、机枪等。

由于国民党政府实行不抵抗政策，日军轻易占领了我国东北三省，大肆烧杀抢掠，东北同胞横遭蹂躏，处于水深火热之中。闻此惨状，1932 年元旦，胡厥文写了《伤强邻瞰视而不察也》一诗，叹道："举世皆优游，我东望而愁增！"

一·二八抗战爆发后，十九路军武器弹药消耗极大，特别是迫击炮弹、手榴弹急待补充，国民党政府不派援军，不给一枪一弹。以史量才为会长的上海市民地方维持会得知这一情况后，委托以胡厥文为主任委员的上海机器同业公会制造手榴弹 10 万枚、地雷 5 000 枚和相当数量的迫击炮弹。胡厥文十分赞赏十九路军将士深明大义，抗敌御侮，当即表示同意，即刻找上海机器同业公会的其他负责人商量，得到他们的支持。当时由于机器工业集中的闸北地区是主要战场，整天炮声隆隆，战火纷飞，不是制造武器的合适地点。他便把机器同业中便于迁移的小车床等制造武器弹药所必需的设备和原材料，集中到南市王佐才的中华铁工厂内，并迅速从各厂抽调40多名熟练工人到该厂，组成专门生产武器弹药的临时工场。工人们听说自己所制造的武器弹药是支援十九路军打击日本侵略者的，个个喜形于色，人人摩拳擦掌，生产热情极为高涨。王佐才负责生产管理，按时按质按量完成生产任务，每制完一批武器弹药，立即派车送到上海机器同业公会。胡厥文坐镇同业公会，筹划指挥，同十九路军和上海市民地方维持会等保持密切联系，一接到王佐才送来的武器弹药，便火速派三星棉铁厂的司机径送抗战前线。这个临时工场前后共制造手榴弹和迫击炮弹各5 000枚，其中有一部分是在闸北失守后迁到杭州制造的。与此同时，胡厥文还协助支秉渊把位于闸北的新中工程公司的机器搬到常德路，在那里生产手榴弹和十九路军所需要的抽水机（手摇泵）。

二　筹划用水雷炸"出云"舰

一·二八事变以前，日本在上海通常只停留一两艘军舰。事变后，到2月12日，在沪日舰达32艘，由吴淞二号河筒起，一直停至浦东南段江面，成为一直线。此外尚有航空母舰3艘。这些军舰协助陆军作战，对上海军民生命财产威胁极大。其中有一艘"出云"舰，是日军的旗舰。此舰是英国制造的巡洋舰，排水量为9 000余吨，参加过1894年中日黄海大战和1905年的日俄战争。胡厥文和十九路军取得联系后，筹划用水雷炸掉它，并请同济大学校长阮介蕃协制水雷，同时托人请来能潜至黄浦江水底的潜水员。这事危险性极大，如被日军发现，即有杀身之祸，然而阮介蕃和潜水员们都极乐意承担。

水雷制成后，潜水员们按预定计划，在浦东石塘湾携水雷下水，用密封火油箱几十只作为浮力，把水雷推到"出云"舰底下，岸上的人按约定的时间接通电源，让水雷通电爆炸。因为炸药的爆炸力不够，水雷爆炸时，"出云"舰仅剧烈地摇晃了几下，没有被炸毁，牺牲了一个水性最好的潜水员。蔡廷锴将军在其自传中回忆此事说："此次后方所办炸敌之某旗舰，因黄浦江水涨落未定，水手不知海底炸药已被水流移位，爆炸已不准确，至为可惜。如果300磅炸药不流开5米远，该旗舰就会片甲不留了。"过了几天，胡厥文又派潜水员前去侦察，准备再炸，但是潜水员无法接近“出云”舰，因为“出云”舰挨炸后，日军惊恐万状，立即在舰的四周安装铁丝网，以防再炸。胡厥文只好把再炸“出云”舰的计划作罢。

三　动员妇女赶制棉衣

一·二八抗战正值早春季节，时有雨雪。十九路军将士多是广东人，军衣单薄，难以御寒，许多官兵手足冻裂，耳鼻红肿。胡厥文见此情景，便同夫人沈方成商量，缝制棉衣棉裤送给十九路军官兵，沈夫人满口答应。

2月8日，妇女捐助军用服装会号召妇女界节衣缩食，自制衣装补助军用，要求先行捐制灰色或黑色爱国布无领对襟棉背心，至少5 000件，每件长2尺，棉花8两，用带不用钮，务于36小时内制成。沈方成听说丝棉背心比棉背心更具优越性，立即把备用的衣料拿出来，在胡厥文母亲的协助下，迅速裁剪缝制，提前按妇女捐助军用服装会的标准，把几件丝棉背心赶制出来，送交前方将士应急需。

四　从此蓄须

一·二八抗战结束后，胡厥文的朋友们发现他的胡子长了起来，纷纷问他为什么要蓄须？胡厥文对胡须本没有偏爱，相反感到是一种负担，因为每天都得花时间去剃除。一·二八抗战前，他几乎天天要剃须。一·二八后，他异常繁忙和紧张，上海机器同业公会的日常事务要他处理，新民机器厂和合作五金厂的事情要他安排，逃难的亲友要他帮忙，特别是制造武器弹药支援十九路军的事要他联络、筹划等等，真是千头万绪。为了处理好各种各样的事，他连睡眠和吃饭的时间都得不到保证，哪有时间去剃须，只好由它长了。胡阙文为此作诗：

九一八、一·二八，敌据三省窥冀察。
野心末戢再兴戎，侵吾淞沪肆贪猾。
守士将士忿填膺，问天无语泪盈睛。
矢坚贞，怒鸣镇，一片江潮杀倭声。
吾心跃跃如花放，勇为见义宁多让。
搜罗机械汇沪南，集合同行与巧匠。

地雷水雷手榴弹，劳形日夜成巨量。

送军前，与敌抗，如醉痴，须髯长。……

吴汉民主编，蒋澄澜、周骏羽、陶人观副主编：《20 世纪上海文史资料文库》，上海书店出版，1999 年版，293—296 页。

宋庆龄支援一·二八抗战的一些情况

黎照寰[①]

《文史资料选辑》第三十七辑蒋光鼐、蔡廷锴、戴戟所述《十九路军淞沪抗战回忆》一文，其中提及各方对第十九路军支援的事迹，关于孙中山夫人宋庆龄所领导的一部分支援实况，据我能够回忆的增补如下：

一·二八淞沪抗战爆发，孙夫人即时函电分寄海内外各界人士，大力呼吁支援第十九路军抗战，捐输一切可能捐输的东西。同时，约了廖仲恺夫人何香凝和杨杏佛、黎曜生、陈某及其他同志会谈。即日共同决定：(一)个人或者联名继续发函呼吁援助；(二)筹设一系列伤兵医院；(三)孙夫人和廖夫人组织并领导群众分赴抗敌前方及后方慰劳；(四)杨杏佛担任文书工作，黎曜生主持庶务；(五)陈某担任联络第十九路军有关将士工作；(六)其他六七人结集一些同志分任募捐、采购、运输、调查等工作。

当时交通大学新建学生宿舍一所落成，即先借用，设置为"上海第一伤兵医院"。此一消息传出，医护人员自动前往服务，分科开始工作，伤兵分途而至；有些汽车、货车、三轮车，皆未经预约，随时承担义务；药品、衣物及医护所需物资，纷至累集。不久，各界男女自动到院探望伤兵，临别留下现款、首饰等等，但无姓名住址。第十九路军医官指令重伤人员送到自己的医务所，轻伤的送到市民举办的医院。有些医官不时亲到交通大学巡视医务执行情况，并指示切实办法。医院的出入口是交通大学的后门，所以院、校并在，两无妨碍。

第十九路军伤兵留在交大方面的经常有六七百名，连伤好即回战线的，多至

---

① 黎照寰，一·二八抗战时任上海交通大学校长。所文标题为本书编者所拟。

2 000余人次。伤兵表现斗志昂扬，义愤填膺，令人深切感动。

（1963年）

全国政协文史资料委员会编：《文史资料存稿选编：抗日战争》(上)，中国文史出版社，2008年版，第253页。

回顾一·二八抗日戏剧宣传

赵铭彝[①]

一九三二年一月二十七日，我接到通知，要到某处去取传单。我去了，接到的是一个大旧皮箱，装满中共中央的文件，我叫一部黄包车经过北四川路，到横浜桥附近，一队日本海军陆战队士兵迎面整队走来，租界上的巡捕拿着警棍指挥行人让路，电车停开。黄包车夫回头问我，是不是还要向前走，我催着他赶快向侧面小街转弯，在人群中终于闯过去了，最后绕一个圈子，拉到施高塔路（今山阴路）恒丰里。我那时就住在这个弄堂深处一间平房里，是左翼戏剧家联盟的机关，地方偏僻，不引人注意。把箱子提进房间，准备立刻分发给有关组织，突然，剧联党团书记刘保罗同志来了，悄声对我说，马上开紧急会议，到他住的地方去。

会议主要是传达上海空气紧张，日本人可能发动战争，要作好应变准备。尤其是我们包括“剧联”总部和“大道剧社”，都在日本人控制的地区，要特别留意事态的发展。出席会议的文委领导同志告诉我们一些消息，这些消息来自各方，有的说战争一定会发生，有的说南京国民党政府已经屈服，战争打不起来，市上谣言很多，虹口地区搬家的人已经逐渐多起来了。我们讨论了好久，对情况都捉摸不定。文委领导同志走后，我们决定不管仗打不打起来，我们的反日演剧不能停止，第二天（二十八日）晚上在暨南大学的演出一定要举行。会后就叫人把布景灯光等送往暨南大学，并通知大道剧社的演职员在二十八日中午乘车去暨南大学，照原定时间上演。

二十七夜晚，虽然搬家的人越来越多，但表面上日本人没有动静。到廿八日，

---

① 赵铭彝，著名话剧、电影评论家；1932年任中国左翼戏剧家联盟书记，同时参与建立左翼电影、音乐组织。

街上还是平静的，报纸上也透露出没有战事发生的消息。

刘保罗同志像往常一样，精神抖擞地忙着集合剧社人员，准备去暨南大学. 他笑着说，我们无产阶级什么也没有，怕什么，戏一定是要演的，我们喊打倒日本帝国主义的口号要喊得更响。

我们走到日本海军陆战队司令部时，街上已布了沙包工事，来往行人稀少。当转到天通庵火车站进入华界时，情况就觉得十分紧张，搬家的人奔忙着，国民党士兵已在各街口设防，但还是自由通过。到真如车站，一列载满士兵的火车停在那里，西去的火车只看到一列通过，车上挤满了人，最后几节车厢是敞篷的，也装满了人。这是正午时分，我们找到暨南剧社的负责人，一道吃饭，饭后忙着布置舞台，外面怎么样，我们不知道。

二十八日晚上七时，暨南大学礼堂里坐满了人，话剧开演前还有社联的人讲演，据说是邓初民同志，我没有去听，在后台忙着。大约八点多钟，保罗写作的《血衣》上演，跟着是大道剧社的《乱钟》开场，观众安静地看戏。当演到沈阳北大营日本帝国主义侵略者的炮声响时，我在后台用棒敲打大鼓，并把手中的甩炮（小孩玩的火药纸炮，我们作为枪声道具的）拼命甩掷，全场震动起来。就在这时，黄浦江里日本军舰上的大炮声也响了，接着是闸北一带紧密的枪声，于是观众大乱，都朝门外跑。戏演不下去了，保罗和演员们下了装，我们一起到广场上，只见闸北一带火光冲天，炮声枪声夹杂着，大家都惊慌起来。

保罗和另外几个剧社的负责人短促商量之后，立刻动员剧社成员向学生们宣传，要他们收拾自己的行李，准备万一。不一会，在火光中日本飞机在上空投掷炸弹，有人大声叫着，“飞机来了不要跑，趴在地上。”学校大门外，真如火车站上从闸北开来一列火车，车上已装运了伤兵。我们赶到车站，车上的人说，宝山路已经被日本人占了，火车来不及装水就开的。保罗要大家大声喊：“打倒日本帝国主义！”“向十九路军致敬！”我们正要上车去慰问伤兵，忽然日本飞机又来了，沿着铁路线扫射，路旁成千上万难民奔逃，十分狼狈。我们立刻转移到暨南大学校园，分别蹲在树下，一时不知怎么办。天色渐渐明了，晨光中有几架日本飞机飞到我们头顶，眼看着一颗颗银白色的炸弹抛下来，炸中学校后面的国际电台。日机轮番轰炸之后，我们才从惊慌中清醒过来，大家不约而同地说，“走！”“离开这里！”我想到我们的布景和灯光器材，保罗说，“不要了，马上走！”于是我们随着人流向西出发。车站上那列装伤兵的火车也开动了，可是没走多远，日本飞机追上来又扫射，火车加速飞驰，人流四散乱窜。我们赶紧离开铁路线向南偏西公路前进，检查我们的队伍，走失了姜敬舆同志，有人说看见他替一个妇女抱小孩向西去了，以后就没有再见到他。

当天晚上走到华漕镇，第二天经徐家汇进入法租界。我们全体安全地集合，继续作抗日的战斗宣传，一部分同志在租界难民收容所工作，一部分同志随前线慰问团到前线作新闻报道工作，演剧活动暂时停顿。

参加这次演出活动的人中，刘保罗、辛汉文、郑雄、姜敬舆、郑君里，朱光、李春霖、汪曼生、严僧（后四人于该年五月去江西苏区），都已先后离开人世，回忆起来，对这些戏剧战士不胜怀念。

上海市政协文史资料委员会编：《抗日风云录：抗日战争胜利四十周年纪念专辑》（下），上海人民出版社，1985 年版，第 280—283 页。

自制水雷奇袭日军旗舰“出云”号[1]

胡叔常[2]

一·二八淞沪抗战发生后，上海机器制造业暗地里制成水雷一枚，配上引信。与第十九路军第七十八师区寿年师长取得联系，由他们训练十多名潜伏水底的潜水员；由同济大学校长阮介藩负责给水雷装好炸药。然后齐到浦东石塘湾集合，即用密封火油箱数十只作为浮力，连同水雷在浦东下水。由潜水员将装载水雷的浮桶推行至“出云”舰底下，与安装在浦东的闸刀接电爆炸。但“出云”舰没有被炸毁，仅摇动了几下。

究其原因，可能是炸药爆炸力不够，浮桶配备太少，潜水员在水底下推行速度太慢，虽已接近舰身，没有紧贴舰底，而约定时间已到，即引发爆破，因而没有取得成功，反而牺牲了几名潜水员。此后，日军惊恐万状，立即采取防护措施，在“出云”舰四周安装了铁丝网。故拟再去爆炸，派潜水员去侦察，已无法进入舰底下，致未能再炸。就当时敢于爆炸敌舰的民族气节和爱国精神论，乃是可歌可泣的。

全国政协文史资料委员会编：《文史资料存稿选编：抗日战争》(上)，中国文史出版社，2008年版，第252页。

---

① 本文标题由全国政协文史资料委员会编者略作改动。

② 胡叔常，江苏嘉定(今属上海)人，爱国民族企业家。

一·二八抗战中的地方维持会与史量才

马荫良[①]

（一）

一·二八淞沪抗战时期，上海工商界和文化教育界上层人士所组织的“上海市民地方维持会”，在支持前线、稳定后方、密切联系军民和集中各界人民抗日意志等方面，作出很大的贡献。史量才被推任该会会长，以身作则，积极捐献，并以全力主持会务，不分昼夜，不顾劳瘁，尤为突出。

一九三一年九一八事变后，上海市民一致主张抗日，史量才主持的《申报》，在时评中旗帜鲜明地提出“应当维护国家维护民族，而作自卫之背城”。史量才参加上海抗日救国委员会，主持国际宣传和检查奸商偷售日货等等工作。由于国民党政府的不抵抗政策，步步退让，东北尽失，上海和全国人民义愤填膺，认为中共号召停止内战，一致抗日，是当前最切要的救国家、救民族的正确方针。上海人民继续举行抗日大示威，工人组织抗日救国联合会，学生赴南京请愿，虽都被蒋介石饰词拒绝，但在全国人民抗日的雄伟呼声中，蒋介石于一九三一年十二月不得不宣布下野。

日本帝国主义者轻而易举地占领了东北，助长了它的侵略气焰，日本海军更蠢蠢欲动，决定向中国沿海最大城市上海发动进攻。一九三二年一月初制造一系列挑衅事件，作为借口准备发动军事进攻，上海人民对此已有所觉察。

在此紧张情况下，史量才于一九三二年一月十四日在哈同路（现铜仁路）寓

---

① 马荫良，1927年任上海《申报》馆总经理史量才的秘书，一·二八淞沪抗战期间任《申报》馆经理。新中国成立后，曾任华东新闻学院教授、上海新闻图书馆馆长、解放军外语学院和上海科技大学教授。——本书编者注。

所，约集工商文化界二十余人，组织"壬申俱乐部"（一九三二年农历为壬申年），讨论国事，商议对策。壬申俱乐部第二次会议在华山路范园钱新之寓所举行，邀约当时上海市市长吴铁城参加。第三次会议在巨鹿路刘吉生寓所（现作家协会上海分会旧址）举行，邀约（淞沪）警备司令戴戟参加。第四次会议在江西路金城银行楼上举行，这次会议似在一月二十六、七日，史量才已和宋庆龄晤谈，得悉十九路军有坚定的抗日决心，战争爆发已不可免，上海各界应作好准备。这个俱乐部实是上海市民地方维持会的前身。

一月二十八日淞沪抗战爆发，一月三十一日史量才约各界人士在四川路中国企业银行（系刘鸿生创办）楼上大厅集会，宣告组织上海市民地方维持会。出席者三十二人，推史量才为会长，王晓籁为副会长，虞洽卿、张啸林、杜月笙、刘鸿生、钱新之、林康侯、徐新六、朱吟江、秦润卿九人为理事，徐寄庼、陈光甫、胡孟嘉、张公权、胡筠秋、黄炎培、穆藕初、聂潞生、胡筠籁、孙仲立、胡筠庄、胡筠庵、刘吉生、吴蕴斋、张慰如、袁履登、李馥荪、胡笔江、陈蔗青、贝淞孙、杨志雄为会员。会所开始在瑞金路延安中路口（现瑞金一路小学旧址），后改在延安中路一八一号（现卢湾区妇产科医院旧址）。

这次会议我曾随史量才列席旁听，印象极深。从这会议后，史量才即不到申报馆办公，全力主持该会会务，嘱我白天在申报馆工作，晚饭后到史宅向史汇报记者前线采访消息、读者热烈情绪和申报馆中事务。汇报毕，随时代史量才接待来访人士，因得和蒋光鼐、蔡廷锴、张治中、戴戟、翁照垣、徐名鸿等将领晤谈，并能先睹有关文件。回忆起来，这是我一生中最大的幸福。

那天史量才慷慨陈词说："我年近花甲，自幼深惧列强瓜分中国，立誓生不作亡国奴，死不作亡国鬼。现在日军已向淞沪侵略，十九路军已奋起抗战，吾人伸头一刀，缩头一刀，如果畏缩退避，恐仍不能保得生命财产，不如奋勇向前，抗战救国。世界上不战而亡国的人叫做亡国奴，虽战而败，但屡败屡战，而仍不免失地的人，叫做义人。义人之国叫做义国，义气长留天地，谁能亡它？谁能奴它？欧战时，比利时不是一度亡了吗？但世界上绝无一人称比利时的人为亡国奴。比利时人拼了死命，保持国格，最后终于翻身。"

会议决定本会宗旨为慰劳军队、救护难民、调剂金融、维持商业、联络军民。会议决定成立一个秘书处，以黄炎培为秘书长，下分慰劳、救济、金融（附商业）、交际四股，股下设组，全力资助社会人士和集团所办的伤兵医院及难民收容所，负责调查、规划、供应等等工作。

这次会议还决定：(一)本会经费由正副会长、理事担负，会费自由捐助。(二)本会职工由各会员单位借调，由秘书处统一分派工作，不支薪。(三)本会向上海各界人士募捐款物，全部为救济、慰劳需用，不得移作他用，结束后造册公布。(四)本会会员必须参加一个股(或组)工作。(五)为了便利工作起见，本会备早、中、晚三餐，每桌十人，四菜一汤，会员和工作人员一律可入座就餐。

以上五条规定，为以往任何人民团体所未有，出席者都认为参加本会纯系出于爱国热忱，为保卫祖国出力，是上海市民应有的光荣职责。这种光荣感，以后在扩大组织时，激发了许多人士参加，使该会发挥更大的作用。

史量才本人参加秘书处工作，有时审阅文稿，检查账目，工作繁忙时即和工作人员一起就座进餐，畅谈情况，平易近人。他患有胃病，胃痛剧烈时，自带止痛药片服用，继续工作，常至深夜。

(二)

上海市民地方维持会的第一个任务是支援前线、慰劳将士、救护伤病官兵。抗战一开始，上海各界人民立即自发地展开了规模巨大的捐献运动，各界各业爱国人士，包括工人、学生、工商业者、居民，男女老幼，万众一心，聚集各报馆、机关和群众团体门前，踊跃输将，爱国热情之高，实为上海历史上所未有。

二月一日申报馆接陈姓不具名读者送来支票一万元，附来信如下：“上海申报馆总经理先生台鉴：迳启者，此次上海之役，吾国仁义之师，歼灭凶蛮，树全胜之战勋，足使日寇丧胆，外强寒心。吾政府久困于悲苦绝望之中，乘此天赐之良机，在全世界眼中一眨时间，一跃而登无上光荣之地位。吾谋将战士之功，万岁流芳，在历史上，直可与华盛顿将军相伯仲，不亦伟哉！嗟夫！我四万万的同胞们，扬眉吐气，此其时矣。孰不知吾们受耻足矣，东方病夫强矣，睡狮醒矣，誓抱玉碎之心，毋为亡国之奴。当此国难之际，宁受生命财产牺牲，虽死足荣，私蓄财产贪生者罪不可恕。鄙人伶仃孤苦，家寒力微，日来见贵报载有慰劳前方将士之举，竭力赞助，附足支票洋万元，恳请贵报馆即日兑现，转交当局，则终身沐德矣。陈启二十一年二月朔日(按即二月一日)。”这信在报纸上刊载后，连续多天，读者用“爱国者”、“一个市民”、“不具名”等等名义前来捐款，可见感人之深，同仇敌忾，人同此心，心同此理，捐献成为市民天职。

海外侨胞汇款慰劳更为热烈。一月二十八日战争爆发，二月三日即有汇款来沪，款项数字比国内为巨。如三月四日一天即有爪哇汇来万元，小吕宋万元及其他零星千、百元等，总计一日内共有六万三千七百余元。菲律宾华侨联合会电蔡军长："我军杀敌致果，震动全球，淞沪之战，开民国以来未有之光荣，请再接再厉，谨先电汇中兴银行二万两，充作前敌战费。"旧金山侨商周崧除本人捐助军饷十万元，公司提出十万元，并声明如中国对日宣战，愿捐军饷一百万元。爱国热情，溢于言表。

革命爱国学者章太炎，除本人捐助外，另向亲友募捐，并于二月十七日撰《书十九路军御日本事》，寄史量才，嘱为发表。这一极重要的文献全文如下：

《书十九路军御日本事》

"民国二十年九月，日本军陷沈阳，旋攻吉林，下之。未几又破黑龙江，关东三省皆陷。明年一月，复以海军陆战队窥上海。枢府犹豫，未有以应也。二十八日夕，敌突犯闸北，我第十九路军总指挥蒋光鼐、军长蔡廷锴令旅长翁照垣直前逐之。敌大溃，杀伤过当。其后敌复以军舰环攻吴淞要塞，既击毁其三矣，徐又以陆军来。是时敌船械精利，数倍于我，发炮射击十余里，我军无与当者，要塞司令邓振铨惧不敌，遽脱走，乃令副师长谭启秀代之。照垣时往来闸北吴淞间，令军士皆堑而处，出即散布，炮不能中。俟其近，乃以机关枪扫射之，弹无虚发。军人又多善跳荡，时趋出敌军后，或在左右，敌不意我军四面至，不尽歼，即缴械，脱走者才什一，卒不能逾我军尺寸。始，日本海军陆战队近万人，便衣队亦三千人，后增陆军万余人，数几三万，我军亦略三万，自一月二十八日至二月十六日，大战三四，小战不可纪，敌死伤八千余人，而我军死伤不逾千。自清光绪以来，与日本三遇，未有大捷如今者也。原其制胜之道，诚由将帅果断，发于至诚，亦以士卒奋厉，进退无不如节度，上下辑睦，能均劳逸。战剧时，至五昼夜不卧，未尝有怨言，故能以弱胜强，若从灶上扫除焉。初，敌军至上海，居民二百余万，惴恐无以为计，闻捷，馈饷持橐，累累而至，军不病民，而粮秣自足。诸伤兵赴医院者，路人皆乐为扶舆，至则医师裹创施药，自朝至夜半，未尝倦，其得人心如此。章炳麟曰：自民国初元至今，将帅勇于内争，怯于御外，民闻兵至，如避寇仇。今十九路军赫然与强敌争命，民之爱之，固其所也。余闻冯玉祥所部，长技与十九路军多相似，使其应敌，亦足以制胜，惜乎以内争散亡矣，统军者慎之哉！民国二十一年二月十七日章炳麟书。"

二月十日，日军速战速决策略已告粉碎，正在从日本本土增兵来沪。史量才在其寓所召开一次理事会，邀约蔡廷锴、徐名鸿共商对策，一致认为日军增兵侵略，我军必须坚持长期抗战，作好准备，上海市民必须坚持长期支持，以取得胜利。会上由理事会建议，募集救国捐，输财纾难，正名救国，表示与寻常募款不同，并将本会全体会员名单公开登载报纸，以昭信实。其时会员已由原来的三十二人扩展为二百余人。秘书长黄炎培所拟的广告稿，全文如下：

上海市民地方维持会募集救国捐启

"暴日既席卷东三省，复欲伸势力于长江。首犯上海，凭其陆海空军之武力，不顾公理公法，图占我土地，恣杀我民众，纵毁我公私建筑。淞沪一带，市廛化为丘墟，老弱转乎沟壑，毁室取子，存者无以为家；绝脰揕胸，死者不敢逼视。直疑地狱竟在人间，乌乎惨已！我十九路等诸军将士，忠勇奋发，舍命抵抗。旬日以来，浴血苦战屡奏捷音。苟无如此奋斗孤军，将使敌长驱而直入，此全国人民所为万众一心，欢呼而奋起者也。同人当事变初生，组织本会，从事于维持地方诸务。念前方将士之舍生杀敌，设慰劳组，聊献壶浆箪食之诚。念劫余民众之载道流离，设救济组，借供衣食医药之用。而尤念上海处全国经济之中心，交通之总纽，其胜其败，国之存亡系焉。彼军人既舍弃身家，死守一隅，以保全国，吾民众何可不闻风兴起，各竭绵力，以答孤忠。各地仁人义士，以现金、以物品委托代致者，亦既踵趾相接。始信输将纾难，人有同心，岂惟救死扶伤，责无旁贷。军民必须合作，兴亡端在匹夫。在莒无忘，自愧请始。用是草成小启，并告同胞，正名救国，与寻常募款不同，与子同仇，其慷慨解囊以助。吾海内外热诚爱国诸君子幸共鉴之。上海市民地方维持会会长史量才，副会长王晓籁，理事虞洽卿、张啸林、杜月笙、秦润卿、林康侯、朱吟江、刘鸿生、徐新六、钱新之，会员张公权、卢鉴泉、胡孟嘉、李馥荪、陈蔗青、陈光甫、徐寄庼、胡笔江、吴蕴斋、贝淞荪、叶扶霄、尤菊生、胡筠庵、陈健安、冯幼伟、俞寰澄、齐云青、楼恂如、张絅伯、郭秉文、聂潞生、冯炳南、邹秉文、陈松源、唐寿民、穆藕初、袁履登、杨习贤、郭顺、胡筠秋、胡筠庄、朱庆澜、查良钊、杨志雄、颜福庆、陆伯鸿、胡筠籁、孙仲立、刘吉生、徐采臣、张慰如、黄延芳、郭乐、俞佐廷、裴云卿、荣宗敬、朱博泉、汪伯奇、梁士纯、沈籁清、蒋云逵、姚慕莲、王彬彦、褚辅成、俞叶封、何尚平、陈立廷、汤斐予、褚民谊、陈伯权、钱志翔、窦耀廷、应子云、李应生、方液仙、徐玉书、潘序伦、周宗良、顾馨一、陶乐勤、黄炎培同启。收款处：上海中国银行、交通银行、浙江兴业银行、浙江实业银行、中央银行、中南银行、上海银行、盐业银行、金城银行、大陆银行、四行储蓄会、广东银行、东亚银行、中兴银行、和丰银行、国华银行、中汇银行、中国农工银行、通和银行、通易银行、明华银行、劝工银行、企业银行、四明银行、垦业银行、上海市银行、通商银行、江南银行、福源庄、同春庄、恒巽庄、怡大庄、庆成庄。一切收支随时公布于各大报纸，事毕编印专册报告。中华民国二十一年二月十五日。”

关于捐款用途，十九路军于三月初通电全国，并在报纸广告如下：“各报馆转全国同胞公鉴：敝军抗日沪滨，承海内外爱国同胞敌忾同仇，热心输助。士挟纩而知仁，马加鞭而愈疾。所得执饵属鞭，与强虏周旋以至于今者，惟在实事求是，款不虚靡。矧至一黍一铢，皆同胞救国所寄，必使一黍一铢，需用于抗日救国之途。故自义款颁来，即划定用途于下列各项：救恤伤亡将士，一也。作全军之特别活动费，二也。军实亏缺之补充，三也。准此支配，所有出纳收支，一一列注簿录，敬谨保存。属在寇敌未歼，犹在继续作战期内，应与一般军事内情暂从秘守。一至相当时机，立即宣布中外，以著信征，庶使同胞纾难之情，照于天壤，敝军报国不欺之志，日指山河。谨质数言，并鸣谢悃。”

上海市民除捐献款项外，尽力募集物资，食品、日用品、衣被、棉衣、交通工具、通信器材、防御工事器材、水泥、沙石、钢筋、沙袋、汽油、煤油等等，源源不绝送往前线。每逢战地传出消息，我军需要哪些物品，一刻之间，这些物品即收集捐献到各团体机关。有一次，报上刊出制造防毒面罩，需要香烟空听，市民立刻把上海家家户户所有空听九万余只收罗完毕，送往前线。又有一次，前线卡车、自行车被敌机炸毁极多，亟需补充，各企业立即将运货卡车，市民把自用自行车捐献。宋庆龄、何香凝到前线慰劳，天正下大雪，官兵只穿单夹衣各一套，返沪后告维持会劝募棉衣，即发出消息，标题为《前方将士无以御寒，后方民众何以救济》，不到五天，就收到旧丝绵背心、绒线衫裤、棉被等两千余件，全新棉衣裤三万多套，立即运往前线。市民听到消息，绝不踌躇，绝不吝惜，军民打成一片，为争取抗日战争胜利而奋斗。上海市商会不得不设立第二、第三办事处，以便征集物品。

在救护伤病官兵方面，该会不办伤兵医院，全力资助各社会团体兴办救护队及伤兵医院。首先支持宋庆龄所办的国民伤兵医院，以及红十字会所办各伤兵医院，共八十余所，收伤病官兵七千余人。该会负责经常调查、联系、分配医疗物品，取得各方面医院的统一协作。规定真如设医疗所，先行抢救，重者送国民伤兵医院，轻者送其他医院。救护队出入枪林弹雨之中，由该会供应交通工具及驾驶人员，昼夜不绝，将伤病官兵和难民送至后方。

其时，国民党在上海的中央研究院，地址在愚园路底，因系越界筑路，交通便利，自动改作伤兵医院，由与研究院有关的医院、医学院派来医生，研究院职工担任护理工作。国民党机关报《民国日报》已于一月中因发表抗日言论，被日本驻军强迫上海市政府勒令停办，全馆同人认为奇耻大辱，此时也自动在望平街馆址办起医院，为上海红十字会第三十五伤兵医院，职工自愿担任护理工作，表示全馆同人抗日救国决心，对日本帝国主义切齿痛恨，誓不两立。

伤病官兵在医院中经常说："过去打内战，死了算了，没有人民来慰问。现在和过去大大不同了，慰问的人如潮涌而来，慰劳品堆积如山，我们深感对外抗战的光荣，更觉内战的可耻。"伤病员神志稍清，即问医护人员："前线打胜吗?"医护人员答以"打胜了，"然后安然睡去。有重伤的听了最后一声胜利后，即瞑目而逝，英勇悲壮，令人热泪滚滚。有的伤员还没有完全治愈，要求出院返前线作战，有的甚至偷偷奔赴前线。

宋庆龄和何香凝曾两次赴前线慰问，赞扬十九路军的英勇杀敌。上海市民的齐心支持，大大激发我军将士的战斗勇气。宋、何第一次在前线对将士慰问时讲话摘录于下：孙夫人说："你们抗战的炮声一打响，海内海外，男女老少，都觉得出了口气！亿万同胞声援你们，支持你们，真是抗战一家，爱国一家！我告诉大家一个好消息：上海的工会、学生会、童子军、工商界等等，已经组织起义勇队、敢死队、情报队、救护队、担架队、通讯队、运输队、民工队，这些就是十九路军的'编外部队'啊，他们正准备投入战斗。"廖夫人接着也说："群众组织赶制的土炸弹、棉背心，各方捐献的胶鞋、药品、各种生活用品，以及面包、饼干、罐头、年糕、粽子，还有你们广东弟兄爱吃的烧猪肉等等，正在运往你们阵地的途中。港澳同胞、海外侨胞捐助的款项，正源源不断地寄来。孙夫人筹办的简易伤兵医院也已搭建好啦……"

与此同时，宋庆龄和史量才每周晤谈，交换情报，互商对策，并对《申报》时评提出许多建议，作为宣传方针。二月底，淞沪战事已继续一个月，宋庆龄在国民伤兵医院对中外记者发表谈话，明确宣布其反对不抵抗政策，赞扬十九路军的抗日救国主张。上海市民地方维持会同时号召国民参加十九路军，造成全国皆兵、全民保国基础。在中国共产党地下组织的领导和协助下，曾组织上海市民义勇军，由十九路军翁照垣旅长负责集训后，开赴前线，作为十九路军的一部。

（三）

上海市民地方维持会的第二个任务，就是救济战区难民。该会不办难民收容所，但救济股分设总务、调查、供应、运输、卫生五个组，工作人员最多。一月二十八日战争爆发后，就有受灾难民扶老携幼，进入租界。红十字会、红卍字会、蓝十字会、同仁辅元堂、新普育堂等慈善团体立即在庙宇、学校、教堂、男女青年会等处办收容所。日军飞机轰炸我军阵地和后方后，被难人民更多，收容所共设二百多所，难民五万多人。因为都是临时仓促组成，设备、物资、医疗等等方面，很不适合，并且各自为政，经常产生纠纷。这时，地方维持会救济股就负责调查登记，联络安排，妥善分配的任务。先后利用空地建棚屋八十余所，调配医务人员三百余人、青年教师四百余人，并继续不断地供应食品、日用品和医疗药品。当天气严寒，大雪纷飞之时，该会发出第四号通告，“难民缺乏棉衣、被褥，人民多送一被，多救一命”。市民立即响应，三天之内募集棉衣、棉被各一万余条。

地方维持会的第三个任务是稳定上海金融和工商业。其时银元和纸币通用，但经过历次内战的教训，市民都将纸币兑成银元，以便应用，特别对于中央银行、中国银行、交通银行所发行的纸币，很不信任，发生挤兑情况，造成市民紧张不安。另外，遍布上海各里弄的烟兑杂货商店，小本经纪为多，一旦不收纸币，立即促使人心惶惶。怎样使国营和私营银行的纸币无限制地十足兑现，怎样使烟兑杂货店铺接受纸币售货，是当前迫切的两大问题，也是在金融上稳定后方的关键问题。那时上海私营银行有南四行、北四行两个主要集团。北四行是中南、金城、大陆、盐业，发行中南银行纸币。南四行是浙江兴业、浙江实业、上海银行、四明银行，发行浙江兴业和四明银行纸币。在理事会上，史量才倡议，南北八家银行先带头做好兑现工作，得到一致赞同。中央、中国、交通三个国营银行，也决定无限制地兑换纸币。王晓籁召集烟兑杂货业同业公会理事，一致决定不得拒收纸币，并不得压价，使纸币和银元等价通用。其时银行已因战事而停业，但烟兑业所收得的纸币可于每天上午九时至十一时，下午一时至三时到银行换取银元、银角。上海银钱业后来决议于二月三日起照常开业，因系戒严时期，营业时间定为上午九时至下午三时，对于所有存款也不加限制地支付，市民向银行提取存款的大大减少，私营银行也不向国营银行提取存款。上海金融界对抗战的贡献是巨大的。

在稳定上海工商业方面，主要是生产、供应上海市民生活必需品，即米、煤、棉布三项。这些粮食店、煤炭店、棉布店遍布全市，和市民有直接关系，抗战开始时，曾停业过几天，二月三日起全部开业。经过市商会、同业公会等讨论，一致决定，开业后均照原定价格发售，不得涨价，同时保证继续不断地供应货源。同业公会可向银行贷款，派人到各地采购，如向常州、无锡、松江、青浦等地购买大米，调运华北煤炭、棉花到沪等等，这样，工厂才能继续生产。上海市民在生活安定，秩序恢复正常之后，不但不想逃离上海，而且更加热烈响应地方维持会的号召，为慰劳与救济工作，昼夜努力。凡看到过以往国内战争时上海市民的惊惶失措，对比当时安谧如常的情况，都认为自上海开埠以来所未有。

地方维持会的第四个任务是由交际股联络军、政、民三个方面，取得一致行动，收集上海外侨及国际的反映，互通情报，商讨对策。这个股由杜月笙、钱新之、刘鸿生负责，钱新之通日语，刘鸿生通英语，每夜集合，每周和史量才、王晓籁、黄炎培在史宅晤谈一次。当日军企图在短时期内占领上海的计划失败后，不得不从国内连续调兵换将。估计到大部队不可能在黄浦江码头登陆，也不可能在淞沪一带驻扎，宋庆龄、杨杏佛绘制苏浙两省长江和东海沿岸地图，晒成蓝图多份，请史量才在地方维持会讨论。并由史量才、杜月笙（杜月笙于二月下旬被增选为副会长）两人于一个深夜面交吴铁城，转送蒋介石，蒋介石不予重视。一九三二年三月一日，日军果然在太仓、浏河大规模登陆，十九路军为避免腹背受敌，被迫撤离淞沪。

国际联盟派李顿调查团来沪时，地方维持会提出报告，从一·二八前的日军挑衅，突然袭击，到飞机大炮轰炸后方和淞沪地区造成的损失，列举事实和数字。对于和谈，提出：（一）反对成立上海自由市；（二）日军必须撤到一·二八前原地；（三）中国主权国驻兵国境，是国际法定权利。史量才以上海日报公会会长名义宴请李顿调查团时，邀请各国驻沪领事，惟独不邀日本领事，以示抗议。

在此时期，地方维持会对国民党政府的不抵抗政策和不支持上海军事，多次提出批评，蒋介石迫不得已，派张治中率第五军支援十九路军。一九三二年三月底，国民党为了应付上海和全国舆论，召开所谓"国难会议"，选定的会员以上海市民地方维持会会员为最多。会员集会讨论，认为如果能够在会议上争取更多的民主权利，大家参加，否则拒绝。但主持会议的汪精卫强硬表示，"以讨论御侮、救灾、绥靖为范围"，逾此即非所许。马相伯、史量才等六十六人联名发表声明，谢绝赴会，并在各报刊登广告，全文如下："各省市政府、各公团、各报馆及全国国民公鉴：昨电国民政府文曰：'国难会议辱承敦聘，读组织大纲，集中全国意志共定救国大计等语，念匹夫之有责，虽汤火其敢辞。顾同人深信，凡民族争存于世界，以合作为最要条件，盛衰存亡，胥系于此。我中华民族所以积弱至今濒于危亡者，唯一症结，确在不能合作。民国二十余年内讧之频繁激烈，人所共见。近数年来，更立一党专政之制，杜绝多数民众政治上合作之途，以致党员斗争于内，民众睽离于外，全国嚣然，戾气充溢。日人乘之，乃有九一八以来之奇辱，此而不变，沦亡可待，遑论御侮！同人参与国难会议，方拟开陈所信，化除杜绝合作之党治，实现全民协力之宪政，对此救亡大计，努力解决，以答政府相邀之雅，而副人民望治之殷。乃政府忽有限制会议议事之规条，经推代表赴京晋谒，奉询真意，复承汪院长函复，会议讨论以御侮、救灾、绥靖为范围等语。诵悉之下，不胜惶惑。以为遵召赴会，如严守制限，置救亡大计不提，则对国家为不忠，对政府为不诚。而政府既已严定制限，则此实施宪政之案，又无提出会议余地。思维再四，与其徒劳往返，无补艰危，不如谢绝征车，稍明素志。用特电陈不能赴会理由，幸乞谅察。至于救济国难，重在实际工作，不以赴会与否而有异同。宪政为救亡大计，同人天职所在，既有确见，仍当次第开陈。所愿党政诸公，念国命之垂危，察症结之有在，破除成见，与民合作，中国幸甚。临电无任惊惶迫切之至！'等语。同人深信救亡大计，惟在全民合作，合作之基，惟在施行民主主义之宪政。非此不足以解除纷扰，挽救危亡，因并于即日发起民宪协进会筹备会，一切进行办法，容待续布。愿我全国父老兄弟姊妹有以教之。（列名以姓氏笔画多少为次）王造时、王云五、尤列、史量才、左舜生、朱吟江、李时蕊、李煜堂、李铭、李璜、汪伯奇、杜镛、谷钟秀、狄葆贤、沈钧儒、吴经熊、金井羊、胡孟嘉、胡筠、胡敦复、马良、俞庆棠、唐文治、徐元诰、徐新六、孙洪伊、夏鹏、陈启天、陈彬龢、陈辉德、陈锦涛、张一麐、张九维、张子柱、张寅、张嘉璈、张耀曾、许克诚、章士钊、陶家瑶、陆伯鸿、黄一欧、黄炎培、黄金荣、曹惠群、冯少山、冯自由、温宗尧、程子楷、彭允彝、虞和德、赵叔雍、赵恒惕、赵凤昌、荣宗敬、刘天予、刘鸿生、欧元怀、蒋群、卢学博、穆湘玥、颜福庆同启”。从此地方维持会与国民党政府已短兵相接，国民党政府视史量才为眼中钉了。

国难会议于四月五日在洛阳开幕，到者一百余人，不足三分之一。汪精卫仍根据一贯“对日交涉”、“全力剿共”的反动方针，通过救灾、御侮、绥靖三个议案。同时在国际联盟的建议下，在英、美、法帝国主义的压迫下，国民党政府和日本举行和谈。五月五日国民党政府代表与日本签订了卖国丧权的《淞沪停战协定》，一·二八抗战以失败而结束。

（四）

《淞沪停战协定》签订后，地方维持会救济股即登报宣布自五月二十日起停止接收捐款捐物，五月三十一日结束。五月二十四日上海成立战区善后委员会，吴铁城任会长，虞洽卿、史量才任副会长。史将地方维持会捐款三十万元拨给该会，其余仍送十九路军应用。十月，国民党政府行政院成立上海临时市参议会，聘史量才任议长，王晓籁、杜月笙任副议长。同月，上海市民地方维持会结束，改名上海市地方协会，仍为民间组织，史量才任会长，杜月笙、钱新之任副会长。国民党多方拉拢史量才，但史素性耿直，虽勉强周旋其间，仍坚持其正义斗争，绝不屈服于权势。

十九路军开始驻防京沪时，总部设在南京。一·二八战事爆发后，迁在真如范庄，三月日军浏河登陆后迁正仪，五月停战协定签订后迁苏州。蔡廷锴经常从总部来沪联系报告，深夜又返总部。五月二十八日即一·二八后四个月，在苏州举行淞沪抗日阵亡将士追悼会，全国人民同声哀悼，全国报纸无不表示最崇高的敬意和最深沉的哀思。追悼会后十九路军即被调赴福建。

翁照垣自吴淞撤退后，到史量才寓所作长谈，报告军队仓卒应战，英勇抗敌事实。史建议翁立即写下，在《申报》发表，后翁在《申报月刊》发表《淞沪血战回忆录》，并印成单行本。蔡廷锴在即将离开苏州调赴福建时，与徐名鸿来沪和史量才长谈，将一月二十八日抗战爆发前，何应钦、张静江的训令劝阻，以及一月二十七日何应钦多次电报嘱“万勿妄动”等文件，以及一月二十八日战争爆发到三月一日日军浏河登陆，不得不后撤时期，蒋介石的手令，何应钦的谈话、训令、电话记录等，全部交史量才阅看。当然，在那时的情况下，都是不能发表的。临行时，蔡对史说：“我不遵从蒋介石命令，当然不能再留在苏州这块蒋介石心腹之地，但抗日志愿永矢不忘。”

十九路军移驻福建后，不一年，即一九三三年五月，国民党政府与日本签订《塘沽协定》，十九路军通电反对，并发动福建事变，成立临时人民革命民主政府。蒋介石命令空军轰炸福州、漳州、泉州等地，陆军从江西进攻，真是勇于内战，怯于抗日。蒋光鼐、蔡廷锴等不得不宣布下野。蒋介石指令十九路军全部解散，沪粤间关于十九路军纪念建筑和文字都被涂改或毁灭，但全国人民心中的十九路军是永远不会消灭的。十九路军的结束，虽不属本文范围，但我深感十九路军保卫淞沪，英勇抗日，以及坚决主张民主，爱国爱民，忠心耿耿。我作为一个居住在上海七十五年之久的市民(一九一〇年,我年六岁,随父迁沪),应该写此文以表衷心爱戴,长留纪念。

上海人民反帝斗争历史久长,但在腐朽的清皇朝、北洋军阀和国民党政府统治下,只能进行政治上抗议,经济上抵制外货等运动。一·二八在淞沪区域内直接和日本侵略军作战,军民一致,以寡敌众,使日军四易主帅(先是上海舰队司令盐泽幸一,继是日本海军第三舰队司令野村吉三郎,再是日本陆军第九师团长植田谦吉,最后是日本前陆军大臣白川义则大将),而我军坚守淞沪三十四日才被迫撤退,实为上海历史上第一次。这次抗战,大灭日本军国主义者侵略的嚣张气焰(日军扬言四小时占领上海),大长中华民族的志气,赢得世界人民的同情和赞扬。这次抗战为一九三七年第二次国共合作后的八一三全面抗战打下基础,从而得到一九四五年的胜利。念胜利得来不易,缅怀先烈,爱国之心油然而生,上海人民当永矢勿忘!

上海市政协文史资料委员会编:《抗日风云录:抗日战争胜利四十周年纪念专辑》(上),上海人民出版社,1985 年版,第 211—227 页。

参加一·二八抗日救国工作回忆

罗次启①

1932年1月7日，南京《中央日报》载：

国民外交后援会，昨日开第一次委员会决定：今日向中央请愿。

首都国民外交后援会，昨日(6日)举行第一次委员会，出席者：罗光海、井松泉、郑天牧、李继善、谢锦才、唐国桢、王燐芬、穆华轩、倪光和、罗次启、黎子机、许生保、陈海澄、曹孟君、朱尚琳、骆继常、李万元、陶寄天、李永茂、贾国民、周伯敏。

主席：罗次启　记录：朱尚琳

讨论事项如下：

(一)本会章程，业已草就，请予讨论，决议：修正通过。(二)本会常务委员及部长，请予拟定案。

决议：甲，推定周伯敏、陈海澄、井松泉、唐国桢、曹孟君、李永茂、倪光和为常务委员。乙，①推罗光海、穆华轩为总务部正副部长。②推骆继常、郑天牧为宣传部正副部长。③推罗次启、黎子机为组织部正副部长。

外交紧急，本会应向政府请愿案。决议：通过。拟定请愿要点：

(一)政府宣布对日外交方针。

(二)询问政府对锦州采取的态度。

(三)请政府严办失职长官。

---

① 罗次启系归国华侨，一·二八抗战时曾任南京首都各界反日护侨救国会常务委员兼宣传部长。本文标题为本书编者所拟。

由本会全体委员于10日晨上午9时前往中央党部、行政院、外交部请愿，呈文由陈海澄、朱尚琳同志草拟，通知由李永茂负责。

报载史料：

1932年1月9日

首都各界抗日救国会鉴于锦州已失，日军又进攻榆园，国民外交，更形势紧迫，而中央常委又迄今尚未来京，负责乏人.外交政治，几近停顿。乃于昨日9时推举代表罗次启、倪光和、李继善等特呈赴中央党部请愿，当由中委马超俊接见，由倪光和详述请愿之目的，由罗次启对请愿各点加以申述，并请马委员于3日内书面答复。

1932年1月10日

抵制日货，功效大著，因损失重大，声言将严厉处置。日本官场，今日宣称，自中国抵制日货以来，日常损失，异常重大，若中国排日运动不停止，日本将采取严厉之处置，至其采用方式，则派海军登陆或封锁中国重要海岸，二者之中，必居其一。

1932年1月16日

国民外交后援会，请政府宣布对日断绝外交。日人在各地暴行，应以实力对待并电全国加紧义勇军的训练。

1932年1月26日

日对沪案，态度强硬，威胁益极，予日领事以全权许其便宜行事。

陆战队登陆并运来飞机。

居正：对日外交，中央已决定方针。要大家一德一心，共同奋斗。

1932年1月27日

日军48小时答复称：海军将自由行动，军舰飞机，陆续来沪。民国日报，竟被勒令停版。迫使上海市政府命令抗日会取消。这十足证实蒋介石对日不抵抗主义。

1932年1月28日

沪案形势紧，戒备日严。

日舰竟载运大批军械来京。蒋介石派交通部长陈铭枢赴沪劝上海十九路军军长蔡廷锴不要抵抗，但陈刚从南京下关上火车赴沪，而蔡廷锴在上海已同日寇回击开火了，蒋介石乃派张治中率领第五军赴沪。

1932 年 1 月 31 日《申报》载：

我军追日军退入租界，昨日围击残敌，又获胜利。闸北方面，日军完全肃清，傍晚日军大队舰队开到，正在准备中，昨晚休战。

蔡军长之谈话。本报记者昨日访谒十九路军军长蔡廷锴于军次，关于抗日之情形，当亦表示如下：此次我军在闸北，抵抗日军陆战队，完全为自卫行动。28 日下午，日本领事向市政府所要求之条件，已经市政府完全答复接受。距到晚间 11 时，日本海军陆战队司令突然提出“哀的美敦书”，要求我军立即退出闸北，否则采取行动。我方不满。1 小时之间，日军陆战队即由北四川路方面侵入华界，向我军防线攻击。际兹情形之下，我为保守国土，为民族生存，尽军人之天职，争取军人之人格计，不能不作正当之防卫。抵抗至 29 日下午，已将日军完全击回租界。我军全线，均在闸北华界，未曾跟踪追击。此次我军获敌铁甲炮车 4 辆，击落飞机 3 架，敌军伤亡甚重，我军伤约 300 余人。至 29 日下午，我军应日方领事之要求晚间 8 时停战。但日军队及便衣队，仍旧据租界继续对我军防线攻击，此种失信之事，我军认为殊属不正。在愤激之余，我军只得继续迎击。盖租界以内原为中立区域，而现在日本似利用租界作军事行动，在租界当局应有适当之制止，否则我军在军事上不能不采取正当防卫。又云十九路军无论敌寇如何猖獗，决不放弃保国卫民之天职云云。

2 月 1 日，翁照垣谈话，十九路军之战胜，实我民众军队力量。2 月 2 日，日军两次总攻失败，南京下关日舰开炮挑衅。2 月 4 日，日军陆海空总攻又失败，日舰 13 艘围攻吴淞炮台，激战 11 小时，我军击伤日舰 2 艘，日本陆战队死伤各半。

2 月 5 日，下关人心渐定。2 月 6 日冯庸大刀队到沪，我大胜，威风十足。吴淞损失大，暨南大学被炸，国府迁都洛阳办公。林、汪、冯等抵沪。

从一·二八上海十九路军抵抗日寇开始，我们南京首都各界抗日救国会积极支持，加紧扩大宣传，并发动各机关、人民团体和群众捐献大批麻布口袋、运沙堆沙包抗日。同时捐献慰劳品，并组织南京各界代表由陈海澄（市党部）、罗次启（华侨代表）、唐国桢（妇女会）等于 2 月 23 日，由南京赴上海慰问十九路军将士。我们代表慰问团和抗日救护队共50余人到达上海真如暨南火车站下车，不一会，目睹日机飞来轰炸暨南火车站，我们慰问团和救护队一行卧倒地下，待日机丢下炸弹后，代表团仍向十九路军进行慰问，由十九路军军部徐秘书接见，我们奉赠慰劳物品，并祝贺慰勉十九路军抗日胜利。在场的军人个个摩拳擦掌，情绪激昂，都愿为抵抗日本侵略者出一分力量。(后略)

1932年5月28日，在苏州举行淞沪抗日阵亡将士追悼大会，南京、上海军政机关及各团体和各界代表人士参加者异常之多。计到有居正、李济深、何香凝、蔡廷锴、张治中、陈铭枢、蒋光鼐、戴戟、许世英、王晓籁等。我代表南京首都各界抗日救国会由南京前往参加，追悼会十分隆重，祭文有何应钦、蒋光鼐、陈济棠等。挽联很多，其中有北平绥靖主任张学良的挽联："百战为公理，浩气丹心，赢得誉满全世界。千里悼英雄，凄风苦雨，忍看血染吴淞江。"在追悼会上，十九路军军长蔡廷锴讲话后，我代表首都各界抗日救国会讲话。我说："这次战役，是枪杆子对准日本帝国主义侵略者打的，打得很好，连新加坡等地马来人见了华侨都举手敬礼，并欢呼：中国人是第一，中国人敢打日本人。这次淞沪抗战，是中国人不怕外国侵略者的典范，给中国人树立了榜样。那些患'恐日病'的人，应该振作起来改变态度，抱有大无畏精神才行。否则不仅完不成孙中山先生的革命大业，还会有当亡国奴的危险。"

回忆九一八和一·二八参加南京首都各界抗日救国会时期，发现最突出的事，就是南京下关抗日会检测货所主任陈家树及检查员井然等串同舞弊包运日货，经派员调查属实，我们就主张设民众法庭审判，严厉惩办。抗日会全体委员一致同意通过。

1932年8月13日，南京《中央日报》载：陈、井包运日货案，昨日在市党部公开审讯，各关系证人均到庭对质。审理案，已经终结，案情大白，再经一度会商公平裁决。

轰动全市之包运仇货案。于昨日下午3时在市党部大礼堂举行公开审讯，到会者有各团体、各区分部代表及各报记者100余人。首都各界救国会委员及惩戒委员刘陆民、吴迈、唐国桢、陶寄天、罗次启、尤宪祖及市党部委员李培天、周伯敏等参加了会审，由刘陆民主审。在审理前，由罗次启起立报告会审之意义：(一)希望大家明了真相并守秩序。(二)因会场狭小，故仅限各团体党部及记者旁听。旋即签提陈家树、井然及运输公司以及各关系旅馆之账房茶役到庭作证。先是陈、井二人，语言狡辩，未经对质。众口指对，于是案情大白。至6时3刻，始由罗次启报告本日审理终结。但经过一度会议后,即可有公正之裁判。旋即散会。陈,井二人仍还押候判。

由于报上登载陈、井包运日货案,在南京市组织民众法庭公开审讯之消息,8月19日,司法院长居正主张陈、井包运日货案,应移送法院办理。各民众团体也主张从严惩办,抗日会惩戒委员会亦仅少数个人议处极刑之主张。

8月21日南京《中央日报》载:抗日会执委到市党部请愿民主严办陈、井。近悉中央拟将此案移送法院办理,各界抗日会全体委员闻听之余无不愤慨,特于昨日(20日)赴市党部请愿,坚主此案应由民主自动解决。并发表对此案之宣言。定明日(22日)下午2时,举行紧急会议,讨论办法云。

中央党部常委汪精卫、居正、叶楚仓得知此消息,马上召集抗日会常委到中央党部谈话。参加谈话会的有罗次启(华侨代表)、唐国桢(妇女会代表)、项学儒(教育界代表)、倪光和(农会代表)、赵连城(商会代表)。我在会上代表抗日会说:"我们派陈家树、井然二人检查日货封存,这两人假借抗日名义,受贿贪污,证据确凿,他们破坏抗日工作,如果不严加制裁,那么抗日救国会就关门罢了。"汪精卫见我们态度坚决就向居正说:"居先生,我们连这两个人都办不了吗?叫警察厅长吴思豫来将陈、井二人关押严办。"叶楚仓未表示什么意见,就叫吴思豫去照办了。

九一八和一·二八我参加抗日救国工作中,亲眼看到蒋政权的"恐日病"随处暴露在光天化日之下。如五三济南惨案、万宝山惨案直到九一八沈阳事变,蒋介石始终抱定对日不抵抗投降卖国主义。所幸有十九路军在一·二八采取坚决保卫国土,誓死回击日寇,取得淞沪抗日战争的伟大胜利,使全国军民更有信心,看到日本帝国主义没有什么可怕的。张学良、杨虎城两将军在西安又迫使蒋介石不得不实行第二次国共合作,抗击日本帝国主义。八年抗战,终于使日本帝国主义于1945年8月15日宣布无条件投降。可见只要中国人民团结起来,任何帝国主义都不可怕,中华民族将永存于世界。我一向反对蒋介石对日本不抵抗主义,我拥护蔡廷锴一·二八淞沪抗战。1943年冬,蔡廷锴到广西宜山,我们还欢迎他到黔桂铁路工程局报告抗战经过。1982年黑龙江出版社出版的《蔡廷锴自传》中第612页也说:"三十一日晨,搭车往宜山,陈安吉、沈鸿文等送我到城南车站,兵站赠我车票,未上车之前,我以为今日必孤寂,不期安放行李后,即遇九一八之役帮助我军之同事罗次启,罗君是贵州人,现充黔桂铁路特别党部委员兼柳南段党务督导委员,阔别12年,忽得相见,欣喜异常,罗君重提一·二八之役,双方大为感触……"新中国成立后,孙中山先生百周年诞辰纪念日前夕,他还复信赞同我赴京参加，但后因为该纪念会没有扩大，未能如愿。如今他虽去世了，但像他这样的民族英雄，以及为抗日而死的革命先烈的丰功伟绩将与日月齐光，永垂不朽！

全国政协文史资料委员会编：《文史资料存稿选编：抗日战争》(上)，中国文史出版社，2008年版，第195—199页。

海外华侨支援淞沪抗战

沈立新

由十九路军总指挥蒋光鼐、军长蔡廷锴、淞沪警备司令戴戟率领的十九路军，在一·二八爆发的淞沪抗战中，满怀爱国热忱，上下一心，全军奋勇抵御强敌，鏖战三十余天，歼敌累累，使世界为之震动。在这一战役中，海外华侨积极支援，作出了重大的贡献。

一　组织华侨抗日义勇军

九一八事变后，日军得寸进尺，祖国和民族处于生死存亡的紧要关头。海外华侨闻讯后忧心如焚，纷纷自备川资回国，组织义勇军。其中北伐军旧将领吴越组织和指挥了一支约二百人的华侨抗日义勇军，于一九三一年十一月间抵达南京。次年一·二八战役打响后，该军接受紧急军事训练。二月初，离开南京到达上海，设总部于南市的大吉路九十一号。出发前，吴越等人曾向全国发出通电："越等九死余生，何所眷恋，终朝饮泣，但痛祖国之沦亡耳。爰誓续前盟，共赴国难。勒马悬崖，挽狂澜于既倒，挥戈盘箭，挑落日于黄昏。小不丧军人之人格，大不失中华之尺地，战死而已，他无所愿。惟奋臂当车，实深望海内外侨胞之助。"电文激昂悲壮，爱国之情溢于言表。

义勇军的一切经费，原来全部由海外侨胞供给，后来由于战时交通困难，捐款不能按时到达，改由十九路军某师垫支伙食。

这支义勇军于二月十二日开到南翔，十六日起正式投入战斗，其主要任务是随十九路军医务处救护前线伤兵。

当时随十九路军一起参战的各类义勇军，义勇团、敢死队、服务团、志愿军、救护队等很多，其中以华侨义勇军与上海市民义勇军最为突出。他们在火线上与士兵共同作战，在后方不断挖掘战壕，许多可歌可泣的事迹在中华民族团结御侮的史册上写下了光辉的篇章。

二　踊跃募捐筹款

海外爱国华侨在淞沪抗战中的另一重大贡献是募捐筹款。一·二八淞沪抗战爆发后，华侨著名人士陈嘉庚先生积极奔走，一再筹募巨款汇至上海，支持十九路军抗战，使十九路军全体官兵受到极大的鼓舞。

新加坡另一华侨巨商林义顺先生，当一·二八战事发生时，适在上海养病。翌日，他一连向新加坡发出电报十多份，动员各埠华侨有钱出钱，有力出力，奋起救国。新加坡各侨团组织接电后，闻风而动，一呼百应，踊跃输将。

胡文虎先生不待救灾会成立，即电汇一万元交中国红十字会，作济难救伤之用。二月下旬，何香凝等正在沪组织救护队，因经费困难，致函胡文虎请求援助，为此胡文虎又汇来一万元，并寄来大批药品。为此蔡廷锴将军曾题词说："永安堂主人胡文虎君，热心救国，仁术济人，……本军在沪抗日，胡君援助最力，急难同仇，令人感奋。"

华侨的捐款数字大，速度快。当一月二十八日深夜战斗打响后，到二月初华侨捐款即汇达上海，中间相隔不过四五天，足见广大侨胞报效祖国之切，爱国热情之高。印尼的爪哇、菲律宾的小吕宋、美国的旧金山等地，汇款纷至沓来，仅二月四日一天，就接得法币六万三千余元，银一千二百余两。此后，更加络绎不绝，无日没有款到。快字当头的捐款事例屡见不鲜。如越南中圻华侨反日后援会，于二月十日在岘港等地举行募捐活动，仅两天功夫便募集国币二万元。一九三二年二月初，菲律宾华侨联合会和杂货商会，由中兴银行汇来银二万两，交十九路军蔡廷锴军长。

由李清泉先生任主席的菲律宾华侨国难后援会，在一九三二年的二月份，先后汇出十五万元和十万元之数，捐赠十九路军。为了使捐款持续不断，李先生还要求各商家永久抽捐，店员按月抽薪十分之一。

为了救济难民，新加坡华侨成立了筹赈中国难民委员会，不到二个月，就集款达百万元以上。

美国堪萨斯城的华侨，接得国内十九路军邮寄的抗日纪念章八枚，以及蒋光鼐、蔡廷锴和戴戟三将军合影照片一张。十九路军馈赠上述礼品，其本意为感谢该地华侨对淞沪抗战的慷慨支援，但侨胞们认为自己侨居海外，不能亲临前线执戈卫国，唯有竭力募捐助赈，方能尽国民一分子之责。为此，经反复商讨，决定将其中的纪念章一枚及照片，赠给该埠捐款最多的杨菊坡医生，其余七枚以每枚美金十元为起点，由愿出高价者标购。结果分别由七人购买，共得款近一百二十美元，然后连同其他捐款一并汇至上海。

侨居新加坡的林洪夠等侨胞六人，是美美咖啡店的职员，收入微薄，但他们按月提取百分之五的薪金，捐赠给祖国的伤兵难民，他们在给《星洲日报》的信中说："我国有五千年之历史，四万万之同胞，岂肯坐而待亡耶！凡我国民，应知国亡种灭之痛，当一致团结，拥护政府，抵抗到底。"

此外，旅美华侨还利用演戏、跳舞等方式筹饷募捐。旧金山市大中华戏院的班主及演员，在淞沪抗战爆发后，曾自动发起演剧筹饷，将所得之款，汇交十九路军，为此曾获得淞沪抗日纪念章数枚。芝加哥著名的艺术舞蹈明星刘科伦女士，也曾在洛杉矶进行义务演出，筹款数千美元汇给十九路军。

海外华侨和祖国心连心，祖国的独立富强是他们的衷心愿望，连小学生也不例外。一九三五年蔡廷锴将军访问菲律宾时，马尼拉市中山学校校长曾在报告中提到，一·二八时，各位小朋友节省零用，日蓄一仙，汇寄上海慰劳十九路军，此种爱国精神，令人钦佩。广大华侨真正是做到有力出力，有钱出钱，甚至无钱也定要出钱。在美国有许多年迈患病以及失业在家的华侨，本来生计已经相当困难，也不惜变卖家具，得资悉数提作捐款。新加坡许多小贩常常将一日或数日所得的汗血之资，送交筹赈会，表现出崇高的爱国主义精神。

侨居哥伦比亚的黄兴之女黄澄华女士，曾将首饰出售，所得之款全部捐资祖国。纽约中国学生联合会主席胡惟德君，积极发动募捐，热爱祖国之心令人感动。

三　捐献汽车、飞机

华侨的捐款除现金以外，尚有部分是实物。侨居加拿大温尼伯市的华侨，为了使前方战士更加有效地杀敌，集资购买了一千具钢盔寄给南京政府转交十九路军将士使用。这一消息一经传出，美洲各埠华侨闻风而动，结果购买了一万五千具钢盔寄回祖国。

马尼拉华侨在淞沪战役中，不但捐助军费为数甚巨，而且由粤侨出入口帮工界联合会和粤侨工商联合会一起，捐赠载货汽车两辆，送给十九路军供运输之用。

海外华侨鉴于祖国空防力量薄弱，日军狂轰滥炸，上海遭受严重损失，深感发展空军的重要性，为此纷纷募款购机。菲律宾华侨捐资最多，购买了飞机十五架，命名为菲律宾华侨飞机队捐赠祖国。古巴华侨也曾捐款购买军用飞机，赠予义勇军。

四　光辉业绩　永不湮没

海外华侨源源不断地募捐助赈，和十九路军全体将士的浴血苦战，两者互为影响，起着相互鼓励、相互促进的作用。当淞沪战役胜利的捷报传到海外时，广大侨胞欣喜若狂，备受鼓舞，表示“坚持到底”、“决不退让”、“誓作后盾”、“款将续汇”的电报如雪片般从海外飞来。十九路军将士从海外华侨身上吸取了力量，受到极大鼓舞。据不完全统计，淞沪抗战期间，侨胞的捐款总数达七百余万元，这个数字可能是低估了的，因为仅美国华侨就捐洋五百万元汇回祖国。据说十九路军军饷十分困难，在这种情况下，上述华侨的支援更是雪中送炭，难能可贵。事实上，十九路军在沪战中的开支，大多来自国内外捐款。蒋光鼐、蔡廷锴、戴戟三将军在回忆淞沪抗战时说：“海内外人民知道十九路军在上海发动抗战后，有的写信，有的打电报，有的寄钱，也有的寄衣物食品等慰劳我们。人民群众对于我军的热烈支援，鼓舞和激励了前线官兵舍身抗敌的决心和勇气，这是我军之所以能以少胜多、以劣势装备抵御全副现代化军队的关键所在。”

上海市政协文史资料委员会编：《抗日风云录：抗日战争胜利四十周年纪念专辑》(上)，上海人民出版社，1985年版，第265—269页。

朝鲜志士行刺日本侵略者白川等的义举

李华林

20世纪初，日本帝国主义吞并朝鲜，朝鲜沦为日本的殖民地。朝鲜人民不甘心被奴役，自1919年三一运动以后，抗日运动此起彼伏。我由于受到追捕，无法在朝鲜存身，于1930年3月经朝鲜爱国组织派遣来到中国上海。

当时旅居上海的朝鲜侨民很多，也有的加入了中国籍。他们中不少是革命者，因此上海有许多朝鲜革命团体，还有一个由流亡者组织成的临时政府。由于国民党政府当时推行对日亲善政策，日本特务与朝奸也对上海的朝鲜革命者大肆迫害，一些不明是非的人往往瞧不起朝侨，因此流亡上海的朝鲜籍革命志士，特别是我们青年人，感到压力很大，无法开展救亡工作。

来到上海后，我经一位朝鲜学校校长金斗奉的介绍，结识了临时政府的财政相金九。金九是黄海道人，当时还兼任朝鲜侨民团团长，虽然已经50多岁，却喜欢与青年交往。我俩思想接近，谈得很投机。金九认识安重根，并以安为自己的楷模，认为应当走决死斗争的道路。我也深信应以血还血，以牙还牙，不能任人宰割。于是我们决定找一些志同道合者，准备组成暗杀队，打击日本特务和军政要员。

经过一段时间的筹备，暗杀队成立了，队员共4人：金九、尹奉吉、李奉昌和我。尹奉吉与金九同乡，也是黄海道人，他还是另一进步团体义烈团成员。暗杀队由金九领导，并负责活动经费和对外联系。从他平时的言谈中，我们感到他还联络着其他一些秘密革命团体，不过他从不对我们说，我们也绝口不问。我的任务是考查和对付女特务。当时经常有人从朝鲜来，首先总要去拜访侨民团团长，有时金九也会从其他渠道得知来人的消息。每逢他对新来的女侨民产生怀疑，便把来人介绍到我处居住。我那时独居在马浪路(今马当路)的一个亭子间里，在与来人共同生活中对之进行考查，以判断来人是不是日本派遣的特务或朝奸。记得这样的任务我执行过 3 次，有 2 次发现了特务，我把情况告诉金九，如何处理就不知道了。

尹奉吉的任务是调查日侨聚居地区（主要是虹口一带，旧有日租界，归并入公共租界）日本军政要员与特务的身份、住址及其他情况。他住在虹口，平时身穿日本服装，拖木屐，操日本话，公开身份是卖菜的，每天推着小车出入于日本人家中，很快就与虹口的日本军民搞得很熟，把我们打击的重点对象，如日本居留民会长河端等的住房分布情况了解得一清二楚。然后他又借卖辣椒粉为名，把情况送到法租界来。一般朝侨由于他的伪装，都很讨厌他，却不知他是一位坚定的革命志士。

李奉昌能说一口流利的日语，对日本情况很熟悉，而且那时正有一位日本贵族小姐在追求他，他利用这种假恋爱关系，搜集情报。

1931 年爆发九一八事变，日军侵占了中国东北三省，上海方面的日军也在修筑工事，为发动侵略战争作准备。尹奉吉、李奉昌都得到了这方面的情报，并侦察了若干军事设施。战争是不可避免的了，我们应当做些什么？小组进行了讨论，并考虑了最坏的情况。如果上海沦陷怎么办？大家一致决定不能撤退，要坚守上海，进行最激烈的斗争。

在这样的情况下，李奉昌决定潜入日本去刺杀天皇。他计划利用那个贵族小姐的关系，携带炸弹潜入日本，然后趁天皇出巡之机下手。小组同意了他的计划，并和他一起作了周密的研究。首先是需要两颗体积小威力大的炸弹，这个由金九设法找到了。其次是如何将炸弹安全地带进日本？我们设计了一条特制腰带，戴上腰带，套上春秋大衣，外观不露痕迹。一切准备就绪，李奉昌只身出发。为了避嫌，我和尹奉吉都没去送他，只有金九等候在他必经的路上，彼此行了个注目礼。

李奉昌离沪之后，我们焦急地等待着他的音信，但一直没有消息。后来终于从日本报刊上获悉，李奉昌在日本天皇行经二重桥时行刺未遂，当场被捕，即遭杀害。壮士一去，永不复还。

不久，一·二八战火燃起，日本军人在上海大举进攻，烧杀掠夺。有一天，宝山路上的东方图书馆被日军焚烧，望着熊熊烈火，年老的上海市民都失声痛哭。我也不禁流下了眼泪，为上海也遭到朝鲜同样的命运而难过。一个伟大民族的历史文化的延续危在旦夕。

自李奉昌牺牲后，我们一直在伺机发动新的进攻。4 月 29 日是日本天长节，日本人总要在这一天举行庆祝活动，上海的日侨照例在虹口公园集会，军政要员都将出席。尹奉吉计划在这一天行动，小组研究后同意了他的方案。尹奉吉到虹口公园实地侦察了几次，有一回我也跟着去了。公园门口有日本兵站岗，盘查甚严。但尹奉吉与那些人都相熟，打个招呼就把我带进去了。

小组最初决定我和尹奉吉一起行动，让我们扮作谈恋爱的样子，以便有个掩护。后来考虑我去不合适，一是因为我对虹口情况不熟，易露破绽；二是事后如果两人被捕，回答审问不一致，将会被敌人找到我们组织的线索。于是决定让尹奉吉一个人去，并要求尹事后不要逃跑，以免影响到整个组织。尹奉吉毫无惧色，一口答应。

小组还就如何带进炸弹，穿什么服装等等细节问题研究多次，最后决定把炸弹装在水壶里。让尹奉吉穿着西服，背着水壶，装作普通观礼者的模样前去参加庆祝会。改装炸弹的事由金九负责，我则和尹奉吉一块练习观礼者应有的举止仪态。离行动的日子一天天近了，大家的心情也越来越激动。行动前 3 天，金九把尹奉吉带到一个秘密地点宣誓，还拍了照，留下永久的纪念。

4 月 29 日的天长节，庆祝典礼定于上午 9 时开始。这一天，尹奉吉一早便出了门，他迈着坚定的步伐，走向胜利和牺牲。遵照秘密工作的原则，我们都没有去送他，静静地等着他的消息。

第二天报纸上报道了事情的经过，全上海家喻户晓。据目击者向我们传达，尹奉吉坐在主席台下面前排，到 11 点钟庆祝会结束，外宾退场，开始阅兵时，他先吸了支烟，然后装着口渴，举起了水壶，一下子把炸弹扔上了主席台。接着"轰隆"一声，日军总司令白川大将被炸破肚子，从台上滚到台下。驻华公使重光葵的腿炸得飞上了天，居留民会长河端当场毙命，海军司令炸瞎了眼，主席台上的日本军政要员非死即伤。会场内一片混乱，而我们的志士却巍然挺立，仰天长笑，后来英勇就义。

当天晚上，上海各报馆都收到了金九寄发的英雄尹奉吉宣誓的照片与誓言。后来金九也在报刊上发表了文章，指出这一行动是朝鲜革命组织领导，目的一是为表明朝鲜人民是杀不尽的，为了光复祖国，只要存在一天，就要向日本帝国主义者讨还血债；二是朝鲜革命者愿意和中国人民团结一致，打击共同的敌人。

为了安全起见，金九在尹奉吉宣誓之后便转移到郊区，我也迁移了住址，秋天去了广东。虹口公园事件在全世界造成很大影响，朝鲜人民的革命事业得到中国人民以及全世界一切爱好和平的人民的同情与支持。为了掩人耳目，蒋介石后来被迫接见了金九，问他有什么要求。金九要求对朝鲜青年进行军事训练，并组成军队开赴前线。1933 年在洛阳军校设立了一个朝鲜青年军训班，即渊源于此。

上海市政协文史资料委员会编：《上海文史资料存稿汇编》第 3 卷，上海古籍出版社，2001 年版，第 33—37 页。

上海抗战与世界反法西斯战争研究丛书

记忆中的淞沪抗战

八一三淞沪抗战（下）

【下卷】

邓一帆——主编

上海科学技术文献出版社
Shanghai Scientific and Technological Literature Press

目录

Contents

四　右翼战线

五　空军作战

六 海军作战

七 情报战线

八 民众抗战

四　右翼战线

忆第四十五师参加淞沪抗战二三事

王宏谟①

1937年7月7日，日军在卢沟桥肆意寻衅挑起事端后，即将战火蔓延到华北各地，紧接着又入侵上海。我南方中央各军，除加强海防外，并在上海周围，集结重兵，以迎击来犯。

曾久驻中原的第四十五师，也奉命调来浙江，担任慈溪、余姚至镇海要塞防务，防止日军由镇海、宁波西犯杭州。师部驻余姚。

第四十五师这支部队，原是由河南息县、汝南、固始、潢川等县的地方团队改编的，师长是戴明[民]权。该师兵员充足，也有战斗力，但毕竟未经过大的战争。蒋介石为了加强对该部的控制和指挥便利，已先期派他侍从室第二组组长刘进为该师少将副师长，并令参谋本部派一员参谋为该师参谋长协助整顿。参谋本部即派我为该师少将参谋长。那时，我正在福建指导国防工事的构筑，至10月中旬，才赶到余姚任职。

到职后，刘进副师长即向我详细地介绍了第四十五师各方面详细的情况，并商讨如何帮助和团结戴师长的办法，以期共同搞好抗日工作。刘进又让我赴前方各处视察防务，如有必要可进行调整，并告我借此机会，对部队官兵进行讲话，激励士气。更重要的是要和部队建立深厚的感情，并取得官兵们的信任，以便在尔后抗战指挥和战斗方面，有共同的想法和目标。我们按计划逐步进行。

---

① 王宏谟，淞沪会战时任第十集团军第四十五师少将参谋长。

由余姚至松江集结

10月24日,我正在慈溪前线视察第二六五团防务时,忽接到刘进电话,要我立即返回余姚师部。返部后,始悉已奉蒋介石电令,要第四十五师于26日全部开到松江集结,归张发奎总司令指挥。刘进又对我说:戴师长闻听近日来上海战斗激烈,不愿开赴松江;并借故强调钱塘江防务重要,意欲拖延时日。刘进为了贯彻执行上级命令,叫我先率第二六五、第二六六、第二七〇三个团和师直属小部队,遵令前往松江集结。我即率全师部队,按规定日期于26日到达松江集结完毕待命。第二天(27日),我即到闵行向张发奎报告一切。戴师长和刘副师长同部队到杭州后,又返回余姚,办理那里的防务移交诸事务。完毕后,始回到松江防地。

蒋介石来松江开会

10月28日晚饭后,我接张发奎总部高参李伯颜电话,他说:"总司令来了,你赶快来专员公署开会。"我立即来到公署,一进门愕然一惊!见是蒋介石在场主持会议,坐的有朱绍良、顾祝同、张发奎三位总司令,还有钱大钧和几位军师长共十余人。我急忙找个地方坐下,定眼一看,只有蒋介石和宋美龄二人身着便服,其余将领都是庄严的军装,唯有我一人身穿西服,心中很觉不适,幸未见怪。宋美龄正在讲话,大意是:连日来敌人飞机,狂轰滥炸,炮火密集,势极狂妄,大场虽已失守,但我军仍在奋力抵抗。第十八师师长朱耀华,因未成功已成仁,这是军人应有的气节。谢晋元团长已退守四行仓库,与龙华形成一条坚固的阵线。美国已援助我们大批钢材、钢板,供我修筑战壕和交通工事使用。按目前情况,无论如何,也可坚守三个多月,因国际形势,对我们极为有利。讲话结束后,在场人员都表示有信心。接着蒋介石还指示了其他事项。后来即问:"第四十五师参谋长来了吗?"我即站起来回答:"来啦。"蒋说:"回去告你们戴师长,把士兵全部拨给第八十八师。"我听词测意,好像是他们已经肯定了似的。我连声回答"是!是"待散会后,我唯唯而退。当夜回到师部后,心里反复思量,这将如何处理?对这件事我未敢透漏消息,诚恐部队因此而发生意外。

29日早晨,我即赴总部,面谒张发奎,请求"可否叫刘进和我,率领全师官兵,归第八十八师指挥,原建制的开赴前线,参加战斗?"张和颜悦色地耐心地回答我说："这件事本来开始是如你所说的那样计划的，经过再三考虑，反复研究，在你到会之前，还是这样决定了。因为刘进和你到这个部队时间不久，恐怕你们在关键时刻掌握不了这支部队，反误大事。所以最后决定，只将兵拨补出去，较为妥善。况且目前凡是加入守龙华的部队，一律佩戴第八十八师符号，以欺骗敌人，使其不知我军伤亡有多大。至于补进生力军的方法是整师参加或只拨士兵，差别不大。"我听了他的这番话，只好打消自己原来的想法，按既定的命令行事。

当晚，戴师长和刘进也由余姚返部。我只向戴师长说："我师接替第八十八师防守龙华的光荣任务，一律佩戴第八十八师的符号。"戴听后，未动声色，他内心如何难以揣度。随后，我把会议经过和张发奎的谈话情况，如实地向刘进作了说明。刘进立即与第八十八师师长俞济时[①]联系，为了不削弱战斗力，商定以建制连为单位拨出，连排长职位基本不动。各级可派军官一人为联络员，随部队协助指挥作战，实际就是未来的部队长。

师拨编经过与送别

10 月 31 日午后 1 时，第八十八师参谋长陈素农前来松江接领部队。第四十五师的三个团早已集合在松江西北角的竹林里待命。交接会开始，首先由我向全体官兵讲话，大意是：大家久久盼望的抗日杀敌机会已经到来了。现在咱们即将协同第八十八师，共同担任固守龙华的光荣任务。为了掩敌耳目，我们换上第八十八师的符号。希望大家在抗日民族战斗中，奋勇杀敌，荣立战功。并向官兵介绍了陈参谋长，又说：他是来迎接我们去参加他们的强大阵容的，今后大家务必听从他的教导和指挥。官兵们一听到要开赴前线杀敌，顿时人人心情激愤，个个斗志昂扬，恨不得立刻插翅飞赴战场，与日军拼搏一番，以雪我民族百年来的奇耻大辱。激动场面，实难尽述。接着，陈参谋长也讲了话，大意是：欢迎大家加入第八十八师，共同抗战。

随后，全师各部队即分乘已经准备好的三列火车，开赴龙华。我也亲到车站送行。列车开出后，我激动的心情，久久平静不下来。与我们同甘共苦，共患难的亲密战友，一旦离别，能不心情依依，热泪盈眶吗！我昂首伫立，遥望着列车开去的前方，又想到自己没有和他们一起奔赴战场，而深感遗憾！

---

① 此处记忆有误，当时八十八师师长为孙元良——编者按。

11月上旬，戴明[民]权师长荣升为万福麟军的中将副军长。同时蒋介石电令：着第四十五师以所留人员为基础，由杭州经南昌、九江、武汉、驻马店，开至河南邓县重新整补，编成新的第四十五师，由刘进升任师长。

全国政协文史资料委员会编：《文史资料存稿选编：抗日战争》(上)，中国文史出版社，2008年版，第543—545页。

防守柘林、浦东纪实

焦长富①

八一三淞沪会战开始时，我在第五十五师第一六五旅第三三〇团担任团长。在作战期间归右翼军总司令张发奎指挥。现就记忆所及，把当时经过分两个阶段叙述如下。

防守柘林

战役初起时，第五十五师奉命担任杭州湾一带沿海防务，以抵御敌人登陆为主要任务。我团防守区以濒临东海的柘林为中心，右翼向杭州湾方面延伸，左翼与白龙港第一六三旅取得联络，在沿海堤岸上构筑工事，坚固防守。

当时敌人主力部队正挺进上海，外围兵力不多。在我阵地正面的海域上，敌舰忽多忽少，出没无常，多系巡视性质。夜间，探照灯划破长空，不断向我阵地扫射扰乱。

柘林是滨海一小镇，有古老砖城，俗称防寇城，城墙雄伟高大，但城内居民不多，举目四望，一片荒凉。据居民反映，此城原为明代民族英雄戚继光平倭寇时所建，当时戚继光屯兵于此，曾多次大歼倭寇，使之葬身鱼腹。足见此地在军事上自古以来就有重要价值。根据海潮的趋向和风向，船只行驶便利，这是不利于防守的一面。但岸上土质坚硬，平坦开阔，所有现代化兵种，各种重武器，均能运用自如，这是对防守有利的条件，如能充分运用，定可大起作用。阵地后方，有河流一道，分段架有桥梁，人马车辆均可畅行无阻。但所有大小村庄，四周多在水环抱之

① 焦长富，淞沪会战时任第八集团军第五十五师第一六五旅第三三〇团团长。

中，仅在必要渡口设置船只，居民出入多自驾小舟。我们为适应环境需要，组织官兵学习摇桨划船。

海岸居民多以晒盐和捕鱼为生，他们热爱祖国，有保卫家乡的坚强意志。他们自动协助构筑工事，严防间谍破坏，为官兵送信带路，十分自觉。

我们费力摸清上列情况后，如实报告上级，并建议对这里的防守应十分重视，以免影响整个战局。后经上级派员实地视察，认为对柘林一带阵地确应重视。

我团防守柘林一月有余，未曾与敌接触。至九月底，上海情况吃紧，我师奉命增援，所遗柘林防务交友军接替。

防守浦东

自吴淞陷落、敌舰进入黄浦江，战事延至市区，保卫上海的战斗日益激烈。原来防守浦东的第五十七师增援黄浦江西岸，所遗浦东防务由第五十五师接替。

第五十五师全部占领黄浦江东岸阵地，加强工事，严密监视，以防敌人登陆。我团防守区域，左自封锁线起，经日本纱厂、日本海军码头和他们的第一号、第二号码头，以及英国旗昌栈码头，向右一直到我国招商局码头东头为止。在阵地后方有我炮兵阵地，不时向停泊黄浦江上的敌舰轰击。

敌指挥官所乘的“出云”舰（旗舰），停泊在我封锁线外黄浦江中。其他敌舰亦在江中排成长蛇阵。敌运输船只，在军舰掩护下，自由航行。敌机空袭轰炸日夜不停，对我炮兵阵地的轰炸尤为猛烈，许多后方村庄被炸成一片焦土。

我阵地前方的日本海军码头，为敌军屯煤之所，由敌舰掩护，日夜运送，十分忙碌。我深恐敌人趁我措手不及，蜂拥登陆，因此设法破坏其趸船。于是我们挑选了一批识水性的官兵约十人，初用钢钻穿洞办法，因趸船钢板较厚，未曾奏效。继而向上海警备司令杨虎申请发给炸药，进行爆破，经批准发给水雷四枚，以及雷管、引机、发电机全套。我托旗昌找小火轮机密运来（英人在租界躲避，司机为中国人），并确定每雷布置十人，技术方面由本师工兵营营附负责。深夜以极缜密的行动，把水雷二枚安装在海军码头，第一号码头和第二号码头则各安置一枚。待全部装置完毕。安全退回后，即发电爆炸。霹雳巨响，大功告成。于是敌人震惊，立即发出紧急红球信号，各敌舰的探照灯纷纷探照，却一无所获。只见被炸的趸船，歪歪斜斜散落在水中，它瘫痪了，不再起作用了。

由于黄浦江西岸我援军云集，上海方面的敌人一时无法得逞。不料到了十一月上旬，传来了紧急通报，我海防要地柘林被日军攻破，大举登陆，正向上海急进，以致我军侧背受到威胁，战略上大为失利。接着得到命令，全军火速向后转移。但蒋介石以为敌人未到之前，如将首都门户和外侨聚集的大都市上海撤得不剩一兵一卒，未免有失声誉，于是作出寸土必争的号召，要求不惜牺牲一部分兵力作最后挣扎。乃指派第五十五师第一六五旅旅长张彬率我团（第三三〇团）和第三二八团（缺一营）协同蔡劲军所部的上海保安队（多系在豫北一带招的新兵）固守南市，并暗示必要时可退入法租界。

我部到南市后，就赶快构筑工事，但尚未完成，即与敌发生战斗。敌人以优势兵力向我进迫，炮火极为猛烈，飞机轰炸尤为残酷。苦战两日后，我伤亡严重，粮弹断绝，第一六五旅旅长张彬率一部分部队退入法租界。第三日早晨，退到华法交界处的我团官兵四十余人，前面被法租界铁丝网和机枪阻拦，后有敌人穷追，大家心慌意乱，经我收容整顿，晓以大义，复与敌人展开血战。相持到傍晚，我左腿受重伤，抬至华界贫民医院急救。当夜幕初降时，尚闻枪声，后来渐趋稀落，下半夜枪声全部停止。十一月十一日，上海市区全部陷落。

宋希濂、黄维等著：《淞沪会战：原国民党将领抗日战争亲历记》，中国文史出版社，2013 年版，第 177—179 页。

浦东“神炮”立奇功

蔡忠笏[①]

八一三淞沪会战时，我是炮兵第二旅旅长，本旅第二、三两团驻扎嘉兴。炮兵在战时一般都是分割使用，不只分割到营，而且分割到连。八月十三日前，即把所属两团的五个营十五个连分别配给其他军、师参加作战，只留一个营在嘉兴待命。

十四日午前二时，我接到命令率领炮兵一营与阮肇昌师的步兵一团，立即开往浦东，担任防守。于是下令给营长，要他午后五时前在龙华车站集结待命。我将带领旅部必要人员先行。到上海后，看见一切都不妙，阮师的步兵团在哪儿？人员、马匹、器材怎样渡江？多亏一位任黄浦江船舶管理所主任的同学帮忙，派给轮船三只、拖船十二只，到龙华港候用。同时，在小街上也找到了阮师的步兵团。当即偕同步兵团至龙华，而嘉兴开来的炮兵列车也已到站。为了避免空袭，到天黑后，我们才开始渡江，十时左右全部人马器材渡江完毕。部队全部夜行军，我率步兵团、营长和炮兵营、连长先到前方侦察阵地。部队到后，先构筑工事，然后进入阵地，作射击准备。

浦东和上海仅一江之隔，但相差甚远。浦东方面连无线电通信设备也没有，所以部队到浦东作战，完全与外地隔绝，既得不到上级的指示、友军的通告，有紧急事故也来不及请示，全凭自己的决断来处理。

浦东原有敌根据地，日华纱厂、日清公司、邮船会社、新三井码头、老三井码头等五处，尽是敌海军的粮库、煤库、弹药库、材料库。五处都没有碉堡，驻有守兵。这些阻碍很快就给我们全部肃清，把有用的物资搬开后，即把各库加以破坏，光是煤库就烧了三天三晚。这就予敌以精神上的打击，警告它不要做卷土重来的

---

① 蔡忠笏，淞沪会战时任第八集团军炮兵第二旅旅长。

迷梦。

此后，在敌舰的炮击和敌机的轰炸下，我防守浦东达匝月之久。直到九月中旬，上级派第五十五师师长李崧山来浦东接防，我把阮师的步兵团归还建制，炮兵营交给他指挥，回到嘉兴旅部。其时浦东地区指挥官张发奎已到，他对我在这困难情况下，能够独立坚持防守，完成任务，并且所有各部人员、马匹、枪炮、器材损失较少，倍加赞许。

淞沪会战中，浦东炮兵发挥了强烈的爱国主义精神。日军企图在浦西登陆，因受我军抵抗未能得逞，因而转以浦东为登陆的目标。当时浦东的兵力相当单薄，强敌在前，我们还是竭尽全力防守，并努力予以重创。为防止敌军登陆，我们把全营的火炮都布置在江岸上。由于火炮数量有限，不得不把连与连之间的间隔拉大，把炮与炮之间的间隔也尽量放大，这样，整个江岸有可能登陆的地段，全被我们控制起来。相接的连、炮，彼此也相互支援，并在重要的地段配置了步兵。为了避开黄浦江上敌舰平射炮的射击，我们把所有的炮位都选择在离江岸稍远的地方。这样布局，有利于我们的火炮打击敌舰，而敌舰的大炮却无法打到我们。

我们的炮兵十分注意防空，特别注意炮兵阵地的伪装和行动，并严令敌机空袭时，立即停止射击。敌机飞走后，再开始射击，避免被敌人发现。用这一“疑兵”之计迷惑了敌人，使敌无从得知我炮兵阵地之所在。

战争一开始，黄浦江上的敌“出云”旗舰，就是我炮瞄准射击的目标。当时被誉为“神炮”的浦东炮兵，斗志昂扬，英勇非凡，可惜使用的是山炮，而不是重炮，如果是重炮，早已把它击沉了。这是因为距离近，目标大，差不多能够百发百中。“工欲善其事，必先利其器。”我们的山炮弹对敌舰的装甲虽起不了作用，可是它的推进器却曾被我们击坏，停止了三天活动才修理好。敌舰上的炮都是重炮，如果它能打到我们的炮兵阵地，那一定会造成我们很大的损失。但是它无法知道我炮兵阵地，我们安然无恙地活跃在浦东。不论敌舰上行或下行，整个浦东江岸都有炮弹“欢迎”它。浦东炮兵到底有多少？是敌人无法摸清的。

浦东的官兵，忠于自己的防守任务，在抗战中表现了大无畏的精神，他们自动地遵守纪律，服从命令，群策群力，竭尽心智保卫自己祖国领土，打击敌人。敌人为摸清我炮兵阵地，派出侦察机从早到晚轮番到浦东上空盘旋，如果我们的炮兵阵地露出一点破绽，就逃不脱它的重磅炮弹，莫说一营，便是一团也早被消灭。但我们参战的官兵却创造了奇迹。记得当时有几个连观测所设置在树上，居高临下，视界广阔，又得到天然的荫蔽，收到很好的效果。类似这样的群众性创造，当时并不罕见。

负责指挥浦东炮兵的是我，我身任其责，亲历其境，曾为它费尽了不少心力，但完成任务的是全体官兵，在全民抗战的史册上，应该写上他们的功绩。

宋希濂、黄维等著：《正面战场：原国民党将领抗日战争亲历记》，中国文史出版社，2013年版，第180—182页。

浦东炮兵显神威

孙生芝[①]

八一三淞沪会战爆发后，我任陆军炮兵第二旅第二团团长，九月初接事。当时该团编制为两个营六个连及直属部队。第一营三个连全部在浦东参战，第二营第四连在杭州湾之澉浦，第五连在澉浦以北乍浦，第六连在金山卫驻防。防线由杭州湾至上海浦东，全团拥有德国制造“卜福斯”炮二十四门，团部及直属部队驻在平湖县城。我接事后，推进到闵行，因浦东战况激烈，我常驻浦东。

浦东当时只有步兵第五十五师，师长李崧山，另有独立战斗的陆军炮兵第二旅第二团第一营，该营有“卜福斯”山炮十二门，还有良好的观测通讯器材。“卜福斯”山炮，口径七十五毫米，最大射程九千米，最高射速为每分钟二十五发，为当时炮兵中最优良的炮种。该营主要任务为还击黄浦江上日本军舰的炮轰，相机支援浦西我步兵作战。

奇袭日军飞机场

十月间，上级密令我会同德国顾问比格尔，侦察较好阵地，奇袭日军机场（原浦西高尔夫球场）。德国顾问比格尔原系炮兵第一旅顾问，与我相处很好。经过会同侦察，确定炮兵阵地在浦东江边英美烟草公司大楼东南，距离江边约三百米左右。当夜十时进入阵地，计有“卜福斯”炮八门，每炮配炮弹百发，瞬发信管与碰炸信管各半。进入和撤出阵地力求做到动作迅速、隐蔽。一切准备工作于午夜十二时前完成。

---

① 孙生芝，淞沪会战时任第八集团军炮兵第二旅第二团团长。

日军飞机场经常停有飞机三十架左右，多为轰炸机和驱逐机，它们对我军威胁最大，危害最烈。每天拂晓前，机场电灯通明，根据我们观察的结果，从打开电灯到首批飞机起飞，其间约五十分钟，我们准备抓住这一时间进行奇袭。次晨，敌机场电灯亮后三分钟，我们试射一弹，证实测量准确，即迅速开始大面积射击，仅八分钟，八百发炮弹全部倾泻于敌人机场内。接着全部炮车、器材、人员安全撤出阵地，离开江边内移。十分钟后，天已大亮，黄浦江上的日军舰即开始盲目向浦东炮击。敌旗舰“出云”舰上的主力炮也参加了炮击。一时炮声隆隆，声震大地。吴淞口外日航空母舰上的水上飞机亦轮番向浦东方面狂轰滥炸，以求泄愤。炮击持续了整个上午。我方事先有准备，军民伤亡很少，唯民房略受损坏。

事后得悉，此次我浦东炮兵奇袭日军机场，共击毁敌机五架，击伤七架，敌方人员也有损失。

陆军炮兵第二旅第二团第一营参加整个上海浦东战役，曾给黄浦江上的敌舰以威胁与打击，第三战区副司令长官顾祝同，为此曾多次以电话请张发奎传令嘉奖。

夜袭吴淞日军

淞沪战争爆发之初，由于我军民同心合力，坚强抵抗，敌军增援部队企图登陆，均遭阻击，但其滩头阵地仍有相当进展。吴淞被敌占后，其部队及指挥机关的一部分驻扎该地，并积存有大量军火，我炮兵奉命深夜进行奇袭。

浦东东北一带距离吴淞驻地很近，地势对我有利，但此处没有我驻守部队，不为敌人所注意，我们选择这里为据点，乘敌不备，对敌驻地发动突然袭击。九月下旬至十月中旬期间，有三四次在深夜，我团派遣官兵五六人，乘小汽艇拖一小木船，上载“卜福斯”山炮一门，炮弹二三十发，还有必要的枪支、器材和工具，悄悄出发，前往浦东东北尖端，进入预先侦察好的阵地，稳准狠地猛击吴淞敌驻地、仓库、临时码头和船只等。事后了解，使敌人受到很大打击。

勇击敌舰

八一三时，日本海军第三舰队的主要力量结集在黄浦江上，沿江停泊，势如水上阵地，截断我水上交通，威胁两岸。各舰主力炮口径大，射程远，对我上海守军威胁很大。

敌人舰只时有增减，一般在三十艘左右。每舰拥有大炮十二门以上，三十只军舰共有三百六十门大炮，力量比我们强得多。而我领空、领海又为日本飞机和军舰所控制，这使我们炮兵的作用受到限制。但即使在这样劣势的条件下，浦东炮兵仍沉着作战，伺机炮击，先后击中的敌舰在二十艘以上，敌旗舰“出云”舰也多次被我击中，可惜我们的炮口径小，威力不足，未能把它击沉。但在破坏和杀伤上，尤其在精神上，已给敌人以重创。

我们浦东炮兵作战的方针是：一、炮兵阵地和观测所做到绝对隐蔽秘密。二、不放弃任何有利机会，迅速准确地予敌舰以重创。做到：我空军轰炸日舰时，一定打；日本兵舰炮击浦西时，一定打；日舰进入我有效射程内，一定打；深夜敌怠于戒备时，一定打；浦西求援时，一定打。三、严禁盲目发炮，节约炮弹，提高命中率。因此，我们的战术大都获得成功，特别是支援浦西作战，不论白天黑夜，有求必应。当时上海报刊对浦东炮兵多有赞誉，称之为“浦东神炮”。

浦东炮兵观测所设于耶稣教堂楼顶，辅助观测所在浦东江边英美烟草公司大楼楼顶，楼底还装有有线电话与后方联系。这些设备，为保密起见，全用麻袋盖实，因恐夜间人静，电话铃响，被停泊在同一大楼前面黄浦江上的敌旗舰“出云”舰察觉。为什么敌人对这幢大楼不加破坏呢？原因是敌“出云”舰经常停泊在楼下江面，这一位置恰在浦东炮兵弹道死角内，使敌舰有安全感。但他们绝对没有想到浦东炮兵的观测所就近在咫尺。

这年九月十八日，是日本侵略我东北六周年纪念日，我们得上级密告，今晚我空军夜袭敌“出云”舰，并配备有水雷爆炸，要浦东炮兵及时予以支援。记得我英勇空军在夜间十时左右飞临敌舰上空，一时黄浦江上敌舰探照灯乱射，信号弹乱发，高射炮及高射机关枪齐鸣，日舰官兵暴露在舱面，忙于应付天空，我浦东炮兵乘机集中火力，向“出云”舰猛轰，（该舰夜间离岸稍远，盖防暗算）一时弹如雨下，甲板上遍地开花，日舰百门大炮齐向浦东还击，就在敌舰的注意力被吸引到浦东这一瞬间，我空军一架飞机朝“出云”舰飞去，连投两弹，绕过江边大楼向东飞走了，可惜弹未命中，未能将该舰击损。事后得知，那天夜里曾派水鬼（潜水员）潜水，推动水雷轰炸“出云”舰，因操作过急，水雷未近敌舰即行爆炸。

浦东炮兵对敌人给予打击，不断使敌人丧胆，所以日军对浦东炮兵恨之入骨，曾千方百计进行破坏。他们派汉奸侦探，派飞机侦察我炮兵阵地。有一次，上海某报一记者来浦东参观某连炮兵阵地时拍了照，在报上发表。次日该连即遭敌机轰炸，幸抢救及时，未造成大损失。此后，炮兵阵地加强保密措施和掩体工事，周围布有便衣岗哨，直至撤离，炮兵阵地始终未被敌人发现。

日军金山卫登陆与浦东炮兵撤退

十一月五日，日军在金山卫登陆。该处当时驻有步兵一个营和炮第二团第六连(有“卜福斯”炮四门，连长郭文河)，我曾去视察两次，对炮第六连的部署甚感满意，因自开战以来，那里没有战事，故我常驻浦东。炮第二团团长部驻在浦西闵行，与第八集团军总司令张发奎驻地毗邻。十月底，张调沪西指挥，浦东及杭州湾防务交给第十集团军刘建绪，刘未到任，一切事务由其参谋长代办。

五日拂晓，我正起床，郭连长电话报告日军登陆，随之电话线被切断，失去联络。我赶到总部向刘建绪的参谋长请示，恰遇敌机俯冲轰炸，他急于避炸，没有答复。后来郭连长负伤撤至后方，他详细报告了日军登陆与我接战的情况。那天海上有雾，监视哨看不清海上日军活动的情况，日军乘此机会，分几路同时登陆，人数众多。枪声一起，敌舰即向我阵地发炮，敌飞机也蜂拥而来，俯冲轰炸，我炮兵阵地和前缘步兵受到重大威胁。郭连长迅速指挥炮连应战，阻击正面敌军的进攻，但无暇顾及侧翼。敌两翼进展迅速，对炮连阵地呈包围态势，步兵不敌，纷向敌连阵地两侧撤退，形势危殆。郭令换用零线子母弹(出炮口即炸，五百米内杀伤力甚大)以每分钟二十五发的最快速度发射，延缓了敌军的进攻，但终不能持久，在敌海陆空协同攻击下，炮连人员伤亡过半，郭也负伤，被部下抢救撤退，阵地遂失。

因电话线被切断，我与金山卫、乍浦、澉浦的三个炮兵连失去联系，即派刘副官前往，也因途中遇敌未果。在此情况下，我向那位参谋长请示浦东炮兵营的处置。他指示撤退，但没有告诉撤退方向、地点及运输工具。我即向张发奎请示，张问我需要多少运输工具，我说要卡车五十辆。张允于下午五时听回音。于是我命浦东炮兵向闵行集中，五时左右接张来电，说已向宋子文部长要了五十辆柴油车，晚上九时到，命撤退苏州。晚十时左右，开来三十二辆车，立即装运，忙到下半夜两点，全营除近两百匹骡马外，均已安排妥当，此时方乘团部唯一的小汽车撤离。

车抵青浦，卡车司机不肯继续前行，我费了很大气力在该地一个四面环水的小村庄里找到第三战区前敌总指挥陈诚，陈诚给汽艇和民船，将全营运到苏州，又换船转运嘉兴。因平望失守，无法通过，由营长带领折向南京，为唐生智挽留，后来参加保卫南京战役,全营损失殆尽。

宋希濂、黄维等著:《正面战场:原国民党将领抗日战争亲历记》,中国文史出版社,2013年版,第183—187页。

金山军民英勇抗击日寇

蔡仁甫[①]

在中国人民抗击日本帝国主义侵略的斗争中，地处沿海要冲的金山军民同样不畏强暴，面对武装到牙齿的侵略者，以弱对强，以寡敌众，英勇战斗，直至流尽最后一滴血，展现了一幅幅壮烈感人的画面。

反登陆，打响自卫战

1937 年淞沪战争打响前，金山卫一线属杭州湾左岸守备区，海岸线长，防守兵力不足，仅有为数不多的壮丁队和少数地方军警从事海防巡逻，八一三淞沪战争爆发后，国军 62 师驻防金山卫，并在金山卫、山阳、漕泾等地挖掘战壕。9 月 20 日，日机轰炸金山卫沿海，海滩防御工事就草草收场。10 月初，日军正面进攻上海受挫，派出大批奸细在金山卫附近活动，绘制了极其精确的金山卫海陆地形图和中国军队布防图。与此同时，日军调动 11 万援军，早已偷偷地在东海海域集结待命。

11 月 4 日晚，中国守军第 8 集团军驻金山卫的 62 师奉令调防川沙。指令由驻在浙江的第 10 集团军 63 师移驻金山卫。当夜，63 师未能及时赶到，62 师有一个营部和 2 个连留守，营部驻陆家埭（今石化地区纬五路北），一个连驻白沙湾施城，另一个连守金山卫西南海月庵，再有炮兵连的一个辎重排驻卫城蛇王堂。此外，有督战队一部驻卫城大观乙种农业学校内。在中国军队调防之际，日军乘虚而入，其 11 万援军已集结在大、小金山附近的海域。

① 蔡仁甫，系上海市金山区金山地名志编撰人员。

11月5日(阴历十月初三)拂晓,日军第十军司令柳川平助中将指挥所辖11万人,趁着浓雾和大潮汐之机,分乘155艘运输船,编成3个登陆运输队,在金山卫东西长约15里的沿海偷袭登陆。第一登陆地为漴缺,以18师团为主力;第二登陆地为戚家墩,以第6师团为主力;第三登陆地为白沙湾,以第6师团一部为主力。中国守军急起抗击。

偷袭漴缺的日军,遭到国军62师王子隆营的猛烈阻击。当时王子隆营已奉令调防,并撤至柘林以北。闻讯后,率部跑步赶回阵地。王子隆身先士卒,英勇抗击,不幸左臂、颈部中弹,经简单包扎后,继续坚持指挥战斗,击毙日寇80多人。后王子隆又被日寇炮弹击中腹部,仍坚守阵地,直到英勇殉国。全营官兵同仇敌忾,大部壮烈牺牲。日军进攻塔湾,12名盐警奋起抵抗,激战到11名警士殉难。日军进攻海月庵,守军连长用重机枪猛扫,杀伤大批敌人,直到枪筒发热爆炸,仅剩20余人北撤。守卫在施城的一个连,奋勇迎敌,终因寡不敌众,大部牺牲,仅剩28人突围。驻守在蛇王堂的炮兵,因海塘工事简陋,弹药不足,10个炮台中,仅有两个炮台拼命还击,但炮台顶部被日舰击毁,守军在击毙数十名日寇后,全部壮烈殉国。11月5日6时30分,金山卫全线失守,日军随即分兵向金山进犯。

11月6日,日军辎重部队千余人沿张泾河北进,在蒋家埭旗杆大宅附近,遭到退守松隐前岗的国军62师残部近百名战士的伏击。日军指挥官和20余名日兵当场毙命。因62师战士分散隐蔽作战,日军无法施展火力,激战半小时,日军伤亡百余人,狼狈逃跑。国军62师仅伤5人。

驱来犯,展开阻击战

金山卫防线失守后,日军一混合旅包括炮兵、骑兵和步兵在内的7 800人,于1937年11月8日,从临近的浙江平湖县新埭镇向枫泾镇进犯。当天下午5时许,日军在枫泾镇东南的北旺泾、潘家娄一带遭国军预备第11师41团警戒连的阻击。国军凭借匆促构筑单人掩体工事,与日军展开激战。当场击毙日军30多名、战马4匹。终因三面受敌,弹尽援绝,全部壮烈牺牲。入夜,日军以优势兵力,向41团余部猛烈炮轰,41团官兵不畏强暴,殊死抵抗,团长张纬负伤,团副(附)方学苏顶替团长继续指挥战斗,直到全团伤亡过半,团附方学苏中弹阵亡,官兵仍坚守阵地。10日凌晨,原驻嘉善国军109师654团的官兵,由嘉善驰援枫泾,向日寇步、骑兵猛烈开火,协同41团余部歼敌。终因正面受敌兵猛烈炮火攻击,左侧背遭日骑兵压迫，腹背受敌，处于被动包围之中。入夜，团长黎荫棠中弹负伤，王达之代理团长，继续指挥战斗。日寇企图包围两翼，全歼国军。黎团识穿阴谋，杀出一条血路，沿铁路、公路且战且退，抗日战火移向嘉善境内。

整个枫泾阻击战，歼灭日寇近400人，国军伤亡近千人。此战阻碍了日军的进攻步伐，大煞了日寇的骄横气。

抗占领，坚持游击战

1938年春，日军炮舰3艘，从朱泾驶向枫泾，途径泖桥时，被姚杏林游击队伏击，击沉炮舰2艘，日军伤亡数十人。不久，日军疯狂报复。姚部撤至李家廊下，日军追击。姚部联合田岫山部、沈俊生部游击队，围歼日军，击毙日兵30余人。翌日，日军增兵，分三路进逼李家廊下，游击队迅速撤离。3月12日夜，游击队分三路进发，准备拔除松隐日军炮楼。东路由袁英杰部的陆阿进分队几十人，防守松隐至亭林的公路；袁英杰主力百余人埋伏松隐东街土山旁，用机枪对准日军楼房；南路由62师游击队在距日军楼房百米处监视；西南路由沈俊生部用小钢炮对准日军炮楼。深夜，沈俊生部发炮，击中炮楼顶部，62师游击队发起冲锋，机枪、步枪集中向炮楼扫射，日军仓皇从后窗逃命，有的光屁股躲进公路边的茭白丛中，后向泖港方向逃命。游击队撤走后，日寇大肆报复，向62师驻地后岗扫荡，双方激战，日军指挥官荒木正夫大佐被击毙。

同年(具体时间不详)，国军45旅734团游击队，夜袭枫泾日军据点。当时，枫泾镇外围有通电的铁丝网警戒线。游击队向老百姓借了棉被，盖住铁丝网，上搁木板。半夜，游击队员越过封锁线。拂晓时突然向据点开火。日军不备，被歼多名。同时，游击队用迫击炮击中粮库，火光冲天。

1939年农历三月初三，驻枫泾日军20余人，乘轮船经潮泥滩顺胡桐港和牛里泾，向三叉洋扑来。轮船停靠后，留一名日兵守船，其余日兵窜过大通桥，直扑草庙汇。游击于平湖境内的国军45旅田岫山部得讯后，即调数百人埋伏草庙汇。日军进入伏击圈，遭到机枪、步枪猛烈射击。日军10余人立刻毙命，其余躲进毛家宅农民家。田部当即四面包围，全歼日军。守船日兵弃船逃至赵家宅，被农民赵子云打死。这次战斗，全歼日军24人。同年农历三月初六，日军数十人乘轮船4艘偷袭廊下，田岫山急调驻廊下五区头的部队，向西撤到马王桥，沿山塘河三角漾口布下阵地，从水路拦堵；驻鱼池浜的部队守廊下东市梢，拦截东南方向来敌。

下午3时，日军轮船鸣枪驶经万春桥时，田岫山部猛击敌船。前两艘船上的敌兵大部被歼，后两艘船上的敌兵慌忙弃船登岸，双方隔山塘河对射，日军小钢炮开火，田部重机枪手阵亡，两名战斗员重伤。这次战斗，歼灭日军40余人。

1939年春，金山卫城居民叶迪奎不堪忍受日寇肆虐，参加45旅游击队除寇小组，与小组原88团文书陆士加、副官王某等4人，在一次偷袭中，击毙日兵1人。1944年农历十二月廿六日，金山卫南门居民伍四金联络游击队，将一枚定时炸弹偷偷放在日兵床下。夜半，日军小队长和3名日兵被炸毙命。1943年春，日伪进行"清乡"，在金山卫至乍浦的海塘上，强迫农民扎起一道10多公里长的竹篱笆，沿篱笆筑碉堡，每隔3华里设一"检问所"。自从筑了篱笆封锁线，盐田（会场）虽在家门口，盐民却要绕道几公里去海滩劳作，往往劳累一天，产不了几斤盐。有时经过"检问所"，日军不时放出狼狗，吓人取乐，妇女更是经常受凌辱。有时检问所关闭，盐民、渔民更生活无着落。于是他们暗中串联，终于在一天夜里，数百盐民、渔民摸黑行动，采取刀砍手拔，将金山卫到斐家弄的竹篱笆全部拆除，临走还点上一把火烧光。日军只能龟缩在碉堡里放冷枪。后来，日军又强迫农民再修竹篱笆，农民在修筑时故意在篱笆上留下不少洞。日伪军枉费心机搞起来的"清乡"封锁线就这样崩溃了。

1944年9月19日，抗日县政府秘书科长马寄尘，派参谋曲介石率行动员潘子光等4人，到张堰镇执行任务，在安东客栈击毙日军准尉小队长土沃。同年11月，14名日军从廊下出发去吕港，携带机枪一挺、掷弹筒一个、步枪十多支，在距吕港镇3里的清堆庵，被共产党领导的先遣支队伏击。周强带领的一分队隐蔽在清堆庵北面，何亦达带领的三分队埋伏在清堆庵南首，刘季芳、周国桢带领的二分队从正面阻击，俞乐天带领的非战斗队东撤。当日军进入包围圈时，突遭先遣支队痛击。敌机枪手被击毙，其余慌作一团，躲在公路两侧低洼处，用报话器向驻吕港、朱泾的日军求援。历时10多分钟，击毙日军3人，打伤5人，先遣支队迅速撤离，无一伤亡。

上海市政协文史资料编辑部编：《上海文史资料选辑：金山卷》（上），2007年第3期，第147—151页。

忆第六十三师金山卫阻击战及其前后

胡啸华[①]

第六十三师隶属第十集团军，担任杭州湾海防，曾激战金山卫、阻击日军登陆（称杭州湾战役）。当时我在该师司令部担任公文总收发，上级各指挥机关、师属各旅团来往文件，均经我拆阅登记主要内容，从中了解一些情况，加上亲见所闻综合回忆，写成此资料，如有错漏之处，请知情者指正补充。

参战前部队概况

第十集团军辖有第二十八军、第十五师、第十六师、第十九师、第六十二师、第六十三师，以后又编成第一二八师、第一九二师等，均属湖南省主席兼第四路军总指挥何键的湘系部队。1935 年蒋介石为了剥夺何键的兵权，任命原第二十八军军长刘建绪为第四路军总指挥。两广事变平息后，又借机将湘系部队陆续调到闽浙赣皖边区驻防，并在浙江衢州成立"闽浙赣皖边区绥靖公署"，任命刘建绪兼该署主任，仍指挥原属部队。

所辖各师均为三旅六团制，兵员不足，武器装备陈旧。鉴于日军侵华日紧，军政部于 1937 年春命令刘建绪对各师实行整编，撤销旅部，缩编为三团制（以旅的番号改为团番号）充实战力。整编后军政部进行点验，并发给防毒面具，准备抗日。

七七事变后，为了适应战时需要，撤销了"闽浙赣皖边区绥靖公署"，改为第十集团军，刘建绪任该集团军总司令，移驻杭州，所属部队陆续调到杭州、嘉兴地区

① 胡啸华，淞沪会战时任第十集团军第二十八军第六十三师司令部公文总收发。

待命。

第六十三师实辖两旅四团(第一八八旅归总部直接指挥,从未归建),原驻江西上饶,师长陈光中兼任"赣浙闽边区指挥官"。部队布防于铅山、江山、崇安等县。1937 年春,刘建绪命令该师缩编为三团制,陈光中以部队分散防务紧为由,请求暂缓整编。刘建绪则三令五申限期整编,陈光中置之不理。刘建绪虽大为恼火,但适值抗战爆发,部队急需集结,为了稳定部队情绪,只得暂不追究陈光中抗拒整编之责,仍维持两旅四团制。

约在 7 月下旬,第六十三师奉令由上饶分乘火车向杭州集中。当时钱塘江大桥尚未建成,部队在西兴车站下车,渡过钱塘江到达杭州市区,驻在拱宸桥附近,几天后移驻海宁(旧县址)地区待命。

八一三后,上海抗战日趋激烈,中共主办的《新华日报》发到部队,激励士气,枕戈待旦,咸以杀敌救国为己任。第十集团军总部曾组织各师团以上指挥官赴上海前线,了解战场情况,吸取抗战经验。嗣后又抽调第十五、第十九等师赴沪参战,不少的三湘子弟在英勇杀敌中壮烈牺牲。

布防杭州湾北岸

约在 8 月中旬,第十集团军总司令部命令第六十三师归驻平湖的第二十八军军长陶广指挥,担任杭州湾海防。兵力部署是:第一八七旅(辖第三七三团、第三七四团,旅长李伯蛟,原任第三七四团团长,湖南邵阳人)守备乍浦、全公亭、金丝娘桥、金山卫之线。金山卫港湾水深 40 英尺以上,有沙滩可作为登陆运动与滩头阵地,历史上戚继光抗倭时,日寇曾在此登陆。因此,第一八七旅的防守重点置于金山区,日夜赶筑工事。由集团军司令部配属一个卜福斯山炮连,归第一八七旅指挥,配置于金山卫附近,以备打击敌舰。第一八九旅(辖第三七七团、第三七八团,旅长陈齐,原任第三七七团团长,湖南邵阳人)以一个团担任乍浦、海盐、澉浦、王湾镇之线海防,以一个团为师总预备队,控制于澉浦附近。

澉浦位于沪杭公路以南,是一个紧靠海边的小镇,有一座秃山,高约 300 公尺,已构有国防工事。师长陈光中率必要人员设师指挥所于澉浦,师干训队随指挥所行动。师司令部由海宁推进至澉浦以北几里的角里堰,直属部队随师部行动。

随着淞沪战况日烈,沪杭之间部队调动频繁,日机加剧了狂轰滥炸,沿海城镇如乍浦、海盐、海宁等被炸成废墟，角里堰师部驻地，日夜受敌机低空侦查扫射，直属部队无高射火器，只能压着满腔怒火。8月中旬的一天，见到一架敌机拖着冒烟尾巴，坠入杭州湾海里，无不拍手称快。事后看到《东南日报》号外，才知日军木更津航空队10架飞机被我空军击落7架，击伤2架，基本上消灭了这队空中强盗。

金山卫阻击战斗

两个多月来，进攻上海的日军因死伤惨重，在正面突破不能实现，遂改用从侧翼向淞沪迂回的战略。11月初，战舰在杭州湾海面远距离巡弋，敌机也不断沿杭州湾海岸、沪杭公路线轰炸桥梁及沿岸工事。此后敌舰逐渐增多。

11月5日拂晓前，敌舰用探照灯照耀我海岸阵地，并用远射程炮队我金山卫、金丝娘桥阵地集火轰击，敌机也配合狂炸达数小时之久。我阵地工事、通讯设施大都被摧毁。敌继以第十军所属第六、第十八、第一一四师团和第五师团第九旅团，在几十辆登陆坦克与装甲车掩护下，分别在金山卫、金丝娘桥强行登陆；另以一部分兵舰炮轰澉浦、乍浦之线，阻我援军行动。我第一八七旅在金卫山、金丝娘桥的守备部队，整日浴血苦战甚至短兵肉搏，给敌人以重大伤亡，我官兵也颇多壮烈牺牲。在战斗最艰苦激烈之际，电话不通，无线电报也发不出去，通讯中断。师长陈光中曾派人乘自己不久前在上海购买的避弹小汽车送去手令，要第一八七旅坚守待援，驶抵前线，便被登陆的敌人俘去。旅长李伯蛟在枪林弹雨中亲临前线督战，不幸阵亡；卜福斯山炮在打击敌舰时被猛烈的敌炮摧毁。

上级令第六十二、第七十九师驰援，由于受敌机的扫射狂炸，行动迟缓，战局不能挽回，敌军登陆得逞。我第一八七旅苦战至5日午夜，除一部分守军被敌围困大多壮烈牺牲外，其余奉令转移至峡石附近；第一八九旅转移至海宁附近；师司令部及直属部队，于6日利用浓雾由角里堰转移到乔司(杭州东北)附近。随即令各旅、团布防于海宁(旧县址)、峡石、长安之线，阻敌西犯杭州。

退出杭州炸大桥

日军强行登陆后，兵分两路：一路直插闵行，向上海我军右翼攻击；一路直趋松江，分犯嘉善，截断沪杭铁道并向淞沪迂回，形成钳形态势。轰轰烈烈的上海抗战局势，急转直下，淞沪守军腹背受敌，不得不实行总撤退。11 月 12 日，上海沦陷。敌军继续西犯，12 月 13 日侵占南京，旋即分路南犯，直指杭州。

沪宁既失，杭州难守，第十集团军重新调整部属，防守浙东、浙西。集团军总司令部移驻义乌(以后移驻金华)；所辖部队除参战上海的第十五、第十九等师外，第二十八军移驻绍兴钱清，防守杭州湾南岸，其余各师均布防于富春江南岸及浙西桐庐、新登、临安地区。

第六十三师是最后撤退的。12 月中旬由乔司移驻杭州，掩护党政商学团体及难民撤退。这时的杭州市大都关门闭户，街道上除稀零的食品摊外，只有堆积待运的物资和从战地退下来准备南逃的难民，流离失所，备极凄凉。尤其是谣言四起，人心惶惶。

12 月 22 日前后，由南京南犯的日军已抵武康向杭州逼近，第六十三师奉令南撤。23 日黄昏通过钱塘江大桥时，人流车流仍是拥挤不堪，当晚撤到西兴、萧山地区。师部先后驻白鹿塘、所前，各团部署于西兴、长河头至临浦之线，防守富春江南岸。

钱塘江大桥是连接沪杭、浙赣两铁路的主桥，分上下两层，上层通汽车行人，下层通火车。1935 年开始修建，因江面阔，潮汐汹涌，水流激荡，江底沙厚，工程十分艰巨。1937 年大桥接近完成时，时值抗战军兴。为了适应繁忙的军运需要，昼夜赶建，9 月间完成铁道桥面通行火车，11 月间公路桥面建成通车，对当时军运起了重要作用。12 月日军迫近杭州，为免被敌利用，军事当局决定炸桥，分别在桥墩、桥面安装大量炸药。12 月 23 日黄昏，待第六十三师后卫部队通过后，即点火爆破。当时我随师司令部行抵西兴，只听一声巨响，地动山摇，西兴的门窗也滋滋作响。这座大桥是由我国自己设计建造的，现在为了抗日又自己动手炸断了。

12 月 24 日，日军占领杭州。至此，我国最富饶的宁沪杭大好河山，沦为日军的铁蹄蹂躏之下。

全国政协文史资料委员会编：《文史资料存稿选编：抗日战争》(上)，中国文史出版社，2008 版，第 546—548 页。

日军金山卫登陆与浦东炮兵的撤退

孙志平[①]

1937年八一三淞沪抗战爆发后，我被任命为陆军炮兵第二旅第二团团长，9月赴任。当时我团为两营六连编制，再加上团直属队。全部兵力部署为：第一营三个连在浦东参战，第二营第四连位于杭州湾之澉浦，第五连置于澉浦以北的乍浦，第六连驻防金山卫。全团武装有德国制造的“卜福斯”山炮24门，负责由杭州湾到上海浦东的防卫任务。团部及团直属队由平湖县推进到闵行驻防。

当时，浦东只驻有步兵第五十五师，师长李崧山，另有独立战斗的我炮兵团第一营。该营装备有当时最优良的德式“卜福斯”山炮12门，还有良好的观测、通讯器材。这种山炮口径为75毫米，最大射程9 000米，最高射速每分钟25发。炮一营的主要任务是还击黄浦江上日军军舰的炮击，相机支援浦西我步兵作战。

九十月间，我浦东炮兵曾多次组织单炮小分队，外出夜袭吴淞日军的驻地、仓库、码头和船只。9月18日，奉命配合空军夜袭黄浦江上的敌“出云”号军舰，给敌舰以打击。10月的一个夜晚，又受命奇袭日军飞机场(原浦西高尔夫球场)，击毁、击伤敌机12架。为此，第三战区副司令长官顾祝同曾多次以电话请驻守浦东的第八集团军总司令张发奎传令嘉奖我部第一营。

日军登陆金山卫

金山卫地处杭州湾北岸，在上海市闵行之南，乍浦、澉浦东北。金山卫至乍浦、澉浦、平湖、嘉兴、上海、闵行，均通汽车，交通方便，地处险要，自古以来即是沿

---

① 孙志平，淞沪会战时任国民革命军第八集团军炮兵第二旅第二团团长。

海重要战略据点。

金山卫当时驻有步兵一个营，炮兵一个连。这个炮兵连就是我团第二营第六连。该连拥有“卜福斯”山炮4门，观测器材、通讯设备均甚齐全。连长郭文河山东菏泽人，行伍出身，以后入过几次军事学校。人甚干练，抗战积极，为当时我团最优秀的连长，该连也是最坚强的一个连。我曾去金山卫视察过几次，对于该连布置、配备，均感满意。因为金山卫及其附近一向平静无事，又因浦东炮兵日夜在紧张战斗中，故我常驻浦东，以后未去过金山卫。

陆军炮兵第二团团部与张发奎第八集团军总司令部同在闵行。10月底，张发奎调往浦西指挥作战，浦东及杭州防务交给第十集团军刘建绪负责。刘未到闵行接事，一切事务由其已到闵行的参谋长代行。11月5日拂晓，我将起床，即接到金山卫我团第六连报告：日军在金山卫登陆。话未讲完，电话便中断了。我立即赶到总部向刘建绪的参谋长请示：(1)金山卫的炮兵第六连是我团最好的一个连。如果步兵能够支持，我保证该连与阵地共存亡，请及时增援步兵。(2)我即绕道去金山卫一探究竟，可否？(3)万一日军在金山卫强行登陆成功，浦东后路必将切断，炮兵行动较为困难，请及时早先通知准备。恰逢此时，日本海军飞机成群结队，轮番轰炸闵行。这位参谋长惊惶失措，只顾避炸逃命，未及答复。

由于电话被切断，我们与金山卫、乍浦、澉浦三个炮兵连的联系中断。这时，团部刘副官(湖北人)自告奋勇，请求乘自行车前往金山卫，一探究竟。我欣然同意，并令他传达余意：在万不得已时，撤至嘉兴待命。刘副官约在一小时内即回报：“沿海公路上日军遍野，飞机成群，不见我部队，只有溃兵三三两两。我绕路去金山卫，也无法走通，并已连遭枪击，衣被穿洞数处。”这一行动，不但表现了他的勇敢精神，也增强了我加速撤退浦东炮兵的决心。

不久，守卫金山卫之我团第六连连长郭文河负伤后被送至后方。我向他详细询问了日军登陆与我接战的情况。他说：那天拂晓前海上有雾，监视哨无法观察海上日本兵舰和运输舰数目及活动情况，日军便趁此机会在金山卫登陆。当时日军人数众多，从多个地点登陆，先闻枪声，后见海上火光(发炮火光)，继闻炮声，我一面向步兵联系，一面派人奔赴前线进一步了解情况，一面指挥全连迅速射击。同时日本飞机也蜂拥而至，俯冲轰炸前线及炮兵阵地。我炮兵虽向日军登陆点猛烈射击，颇见成效，但因敌登陆点不止一处，我往往顾此失彼。当面之敌，虽遭我炮兵猛烈轰击而迟滞不前，但两翼敌人仍进展迅速。我步兵因人员大量伤亡，寡不敌众，初现动摇，继则受到两翼迂回敌人威胁，援兵不继，随向炮兵阵地两侧溃退。炮兵阵地前方，已成真空，形势危殆。我一面令所有榴霰弹统用零线子母弹发射（按零线子母弹出炮口即炸，对于炮口前方500米左右敌人杀伤力很大），一面组织勤杂人员用马、手枪掩护炮兵阵地，延缓敌之进攻。但由于两翼空虚，援兵不至，缺乏步兵掩护，炮兵终不能持久。在敌海陆空协同猛力攻击下，炮连人员已死伤过半，我也负伤，被士兵挟着撤出，阵地遂失。

朝苏州方向撤退

金山卫日军登陆消息证实后，我十分着急。炮兵行动迟缓，这是人所共知的事实。如今浦东步、炮兵要同时撤退，则浦东炮兵很难保证安全。不但是浦东炮兵的命运难保，乍浦、澉浦炮兵的命运也很担心（当时自杭州湾至澉浦、乍浦、嘉兴、平湖、金山卫一带同归张发奎负责，刘建绪接任后未变）。在此抗战紧急之时，我再次向刘建绪的那位参谋长请示，浦东炮兵营如何处置？他指示可以撤退，但并未指明撤退方向、任务、地点和运输工具。

空袭的威胁，军民的混乱，道路的难行，金山卫炮六连的命运，浦东炮兵的前途……万事萦怀，心急如焚！我费了九牛二虎之力，总算接通了浦西张发奎的电话，告以浦东炮兵目前处境危险的情况，请念新式炮兵训练之不易、以往作战的情况，请求大力援助，最好派汽车急速运出。张问我要多少运输工具？我说最好是50部汽车。张答应让我下午5时听回音。于是，我命令浦东炮兵迅速向闵行集中，万勿迟疑。5时以前，张发奎果然来电话告我，说他已向宋子文要了50部柴油汽车，晚上9时开到闵行，把炮兵送到苏州，汽车即返回上海，千万不要留车不放。我立即向张发奎表示感谢，并保证到达苏州后即将全部汽车放回。

当夜10时左右，32部柴油汽车陆续到达闵行，还差18部。这时浦东炮兵已全部集中闵行待运。我立即组织装运，一直忙到夜12时，全营除近200匹骡马外，已全部安排妥当，运输车队开始向苏州进发。

我因骡马尚未到齐，饲料、给养等尚须亲自处理，特别是骡马又是当时我们炮兵唯一可靠的运输工具，我更不应委之他人一走了事。我俟近200匹骡马全部上路后，始乘团部唯一的一辆德国造老爷小汽车从闵行动身，拟经公路至苏州再转嘉兴，此时已到深夜两点左右，闵行成了死镇，见不到一个人了。

由于天下小雨，道路泥泞，人流阻塞，这部百岁老爷车经常抛锚。经司机努力维修，总算于清晨抵达青浦，惊睹浦东炮兵全在此处。询问何故？都说汽车司机不肯继续前行，要求回上海，因为他们的家都在上海，目睹沿途难民情况，顿生回沪之念。我找其带队的人几经洽商无效，不得已只好另想办法。

我费了很大气力才在青浦的一个四面环水的小村庄找到第三战区前敌总指挥陈诚，陈诚答应派给足够的汽艇和民船运送浦东炮兵去苏州，我即乘老爷车经苏州至嘉兴。

事后得悉，我过松江后约一小时，松江即失守。我过平望后（是太湖东南边的一个镇）约一小时，平望又告失守。炮兵第三团团长卢某在平望与日军遭遇，几乎被俘（他是由湖州去嘉兴路过平望）。浦东炮兵自青浦船运至苏州后，换船由苏州去嘉兴。因平望及其附近地区失守，无法通过，遂由营长带领折向南京，为唐生智所挽留，后参加南京保卫战，全营覆没。浦东炮兵的命运就这样结束了。

全国政协文史资料委员会编：《文史资料存稿选编：抗日战争》（上），中国文史出版社，2008 年版，第 558—560 页。

金山卫战役中的海军炮队

林家禧[①]

金山卫，在江苏省东南滨海之区，是一个海防重镇。金山卫有失，浦东区阵地后方受制，不能固守，影响沪战全局。海军总司令有鉴于此，于1937年，即将封锁线沉舰所卸下的舰炮，组成"太湖区炮队"，由总队长罗致通率带，自南京乘火车出发，至苏州下车；归战区长官部指挥部署，参加战斗。当时战区长官为张发奎。嗣经长官编成三队：一队赴吴江；一队赴太湖马迹山；一队赴金山卫。我被派在金山卫炮队为队员。

编队后，即日出发前往阵地，我队由队长王夏鼐、队副郑翊汉率带。武器配备：有舰炮八尊，小口径炮十余门；员兵六十余人。武器、弹药、人员雇民船十艘，由汽轮一艘拖带，自苏州出发，沿运河航行，经嘉兴、平湖，抵达距金山卫五里某村；当日午时到达，布置驻所，武器、弹药尚未起运上岸。至3时，闻炮声十余响。4时，即闻金山卫已被敌人登陆占领。但是我们没看到驻军后撤，未敢轻信。后探悉，原来该地空无一卒。据云：该地驻军，因苏、沪一带紧张，迫不及待接防部队到达，即先行调去增援，致敌人有隙可乘，不费力地登陆占领。在此紧张情况下，我们驻地既无通信设备，又无友军联系，若自动后退，又恐无令退却，军法从事。不退，眼看武器将受损失。弄得进退两难。队员们都以保存武器为上，表示决心。盖在抗战时期，大口径炮非常宝贵，有钱也买不到。主张后退，则可保存实力。但王队长不敢作决定。直至6时，天色入黑，突有兵士一人，快马加鞭，疾驰而至。到驻所附近，在马上大声喊："海军炮队，要今晚赶到嘉兴。"连喊两声，即扬鞭飞腾而去。我们立即沿运河而行，过平湖时，被守军截住，不许通过。并勒令

---

① 林家禧，淞沪会战时系海军部太湖区炮队金山卫炮队队员。

返航，说是奉总司令命令，所有海、陆军不许后撤过此。我们告以情况，彼不理睬。经费一番唇舌，彼才答应电上级一询。得答复后，才允放行，但时间已延搁数时矣。

次日上午，抵嘉兴报到，而总部已空空如也。适悉苏嘉路一带亦极紧张，总部已移杭州。据留守负责参谋说："现在前方情况危急，你们是知道的。你们海军舰炮笨重，须安装才可用，也没有时间给你们安装，你们舰炮，那不是等于废物了吗？我们长官部不要这样的炮队。同时，战场紧张万状，我们此后一切给养，都不能管你，你们应自己打算去。"王队长听到这话，真是晴空霹雳！告说："你若中途不管，那你也该电告海总部，请求处理。"他也不理。最后要求借长途电话或电报，由我们自报海总部。他答说："前方紧张，军事忙极，哪能够给你打电报，通电话。绝对不肯。"嗣经再三恳求，最后才答应借长途电话，与海军总部通话。但说话时间.只限两分钟。当长途电话达海总部时，海总部说："长官不要你们，可带往福建。"王队长答："往福建交通工具，如汽车、火车都被长官部统制，无法调遣。且越仙霞岭，更是棘手。苏嘉路吃紧，只有过太湖……。"但海总部说："太湖已属危险，万不能走；要走，你自己负责！"电话随即中断。于是王队长转向长官部商洽，汽车、火车都无办法，弄得走投无路。最后，王队长想要翻过高山峻岭，是做不到。他表示惟有不惜牺牲，才有办法。遂下定决心，趁晚强渡太湖。

是晚，做好一切战斗准备，横渡太湖，于次日黎明，将抵无锡，敌人水上飞机四架，自湖中起飞，跟踪搜索。我们在岸旁密林中躲过，随即沿运河西航，经过沿途两岸，都是难民，扶老携幼。岸边尸体枕藉，岸上散兵游勇，到处抢夺掳掠，枪声不绝，顿呈无政府状态。因自沪战失利后，军队自动溃散，不战后撤，沿途骚扰，真是人间地狱，惨不忍睹！抵镇江，才见秩序稍为安定。

我队在镇江稍事休息，即出丹徒，入长江，远航南京。抵京时，当地亦呈紧张，居民大都逃避。我队即改搭运舰开赴湖南省城陵矶，防守洞庭湖口，改编为"洞庭区炮队"。至此，"太湖区金山卫炮队"告一段落。

由此可见，蒋介石集团在抗战期间，其作战部队腐败涣散，使国家受到莫大的损失，使人民遭受惨绝人寰的灾殃，真令人感到无比的痛恨。祸国殃民，至于斯极！

全国政协文史资料委员会编：《文史资料存稿选编》，第15辑，中国文史出版社，2002年版，第324—325页。

王子隆抗击日军

上海市奉贤县胡桥乡编志组

《奉贤县政概况》一书中，曾为王子隆营长著文，记曰：“王子隆，湖南湘乡人。民国二十六年，随张发奎来驻防柘林胡家桥。11月4日，敌兵由朱家村登陆，子隆率师督战，奋不顾身，敌乃改向亭林北去，吾军得暂安全。而营长不幸中弹，伤于要害，不治而死。今地方人士特命其殉难地为‘子隆乡’，以纪念忠烈。”

1937年，朱家村有63户人家，300余人。除种田、晒盐外，部分人捕鱼谋生。阴历十月初三清晨3点钟，渔民徐志文、徐义生、沈之祥、徐阿木、沈义村出海捕鱼，朱士林、朱士平兄弟俩也到沿海收鱼钓子。当时，大雾弥漫，加上天尚黑，渔民们与乘先遣艇登陆的日寇遭遇，时仅二三步之距。这之前几天，已经传闻“日本人要来了”，现听到叽里咕噜的声音，徐志文等立刻向西奔跑。日兵先朝天开了两枪，接着捉住5人。徐阿木被日寇杀害，其余被迫当“脚夫”。朱士林兄弟俩往东逃，回村里，将日军登陆之事告诉朱家村父老。

这一天，日海军舰艇在朱家村海面停泊，看上去是黑沉沉的一片，数量不少。登陆汽艇上有日本兵五六十人，2人守艇，50多人上岸探路。当时，驻守漴缺的我军，只有一个排24人。听到枪声，他们连外衣也来不及穿，有的着汗衫，有的着短裤，提起枪就急奔海岸。守军排长喝问：“哪一个？”日本兵不回答，俯伏在海滩上。守军就用步枪射击，每人打了两三发子弹。沿海缺少屏障，他们就以石护塘为墙，与日寇对垒，并挖掘战壕，以备决战。同时，派出通讯兵报告情况。

5点钟光景，入侵的日本兵开始还击，还出动两架飞机低空盘旋侦察。朱家村的村民躲在芦柴墩中避难。

登陆的日寇受到守军阻击，死伤数十(具体不详)，遂用炮轰击沿海地带。8点钟，日本飞机开始大肆滥炸。一排守军同日寇进行了殊死战斗后，只剩下了两三个人。

再说这天随大部队撤出沿海的王子隆营，正步行到新寺附近，接到通讯兵特急战报后，停止撤退。该营所属连、排长议论纷纷，但营长王子隆果断下令，命全营官兵，立刻跑步奔向朱家村前沿阵地。

子隆营一到朱家村，士兵们就到附近村民家要来菜油，往枪管中倒灌。他们奔向石护塘，用步枪、手榴弹打击日寇，还用 3 挺机关枪扫射登陆的敌人。双方交战五六小时之久。战斗非常激烈，也十分残酷，一颗炮弹落在战壕中，守军 10 余人不幸牺牲。守军扔出一颗手榴弹，炸死一个日本兵。子弹打光后，就拼刺刀，有的直至牺牲时还紧紧抱住日寇不放（朱士林老人说："埋葬这批士兵时，他们紧紧抱着鬼子，我们只得将日本兵放在下面。守军士兵放在上面，就这样作坟墓。"）。牺牲的 20 多个士兵周身血肉模糊，遗体由村民们埋葬在他们浴血奋战的壕沟之下。

营长王子隆进入阵地后，指挥士兵英勇抗敌，奋不顾身。不幸左臂中弹，经卫生兵包扎后，仍然坚持战斗，直到被炮弹击中腹部，方离开战场。王营长身负重伤，流血过多，担架送到胡家桥时已奄奄一息，到法华桥壮烈牺牲。

日本侵略军在朱家村受到子隆营猛烈打击，登陆阴谋被粉碎。撤出朱家村海面后，日舰掉头西窜，转张家厍、金山卫登陆，入侵金山、奉贤，后经迎龙庙东犯胡桥镇。朱家村 300 余人，因有子隆营抗击日寇，方才免遭日本侵略军的烧杀掳掠之难。

新中国成立前，每年农历十月初三这一天，朱家村群众公祭 20 余位无名的抗日志士，以纪念他们的英勇业绩。王子隆牺牲后，重葬于今法华中学东老沙港河滩上，坟墓为砖砌水泥圆形墓，墓碑上用毛笔字工整地写着"营长王子隆之墓"。1947 年，胡家桥、法华桥、阮巷三地，名为"子隆乡"，以纪念这位抗日志士。

新中国成立后，每年清明节，当地群众常集队来到子隆墓地祭扫。1958 年，因开辟新沙港而迁移子隆墓时，棺木中见有 2 支匣子枪置于遗体双肩之上。

上海市政协文史资料委员会编：《上海文史资料存稿汇编：抗战史料》，第 3 辑，上海古籍出版社，2001 年版，第 108—110 页。

忆第七军吴兴阻击战

王卫苍[①]

抗战开始之前，我在广西南宁中央陆军军官学校第一分校高教班第5期学习。抗战动员，我即奉派为第七军第一七〇师第五一九旅中校参谋主任。参加了后期的淞沪抗战，现在我就所知道的略加记述。

民国二十六年(1937年)七七事变，上海八一三抗战爆发，在国共合作共同对敌的政策下，蒋介石宣布全国抗战。当时在广西的第四集团军总司令李宗仁被任命为第五战区司令长官。他和广西省省主席黄旭初下达全省动员命令，征集10多万新兵入伍，将原有16各步兵团扩充为13个师，编成第七、第四十八两个军，后又编成第三十一和第八十四两个军，归第二十一、第十一两个集团军指挥。第二年又编组第十六集团军。其战斗序列如下：

第二十一集团军总司令　廖磊

　第七军军长　周祖晃，副军长　徐启明

　　第一七〇师师长徐启明(兼)，第一七一师长杨俊昌，第一七二师长程树芬

　第四十八军军长　韦云淞，副军长　区寿年

　　第一七三师长贺维珍，第一三八师莫德宏，第一七六师长区寿年(兼)

第十一集团军总司令李品仙(兼)

　第三十一军军长刘仁毅

　　第一八八师长刘任，第一八九师长凌压西

① 王卫苍，淞沪会战时任第二十一集团军第七军第一七〇师第五一九旅中校参谋主任。

第八十四军军长谭连芳

第一七四师长王赞斌，第一七五师长钟毅

当上海战争吃紧的时候，南京军事委员会命令广西调派部队赴沪增援。广西绥靖公署便抽调第一三八师、第一七一师、第一七三师、第一七六师四个师，编为第二十一集团军第四十八军，开赴上海作战。11月初，第七军的两个师，在陇海路商丘、砀山一带，集结完毕，随即奉令南开上海增援。11月12日，第七军先到南京的第一〇三八团，即奉蒋介石的手令，由汽车输送浙江嘉兴，掩护上海我军的转进。次日，第七军后续部队，即在常州下车，徒步开往吴兴集结，防止日军西窜。

日本陆军第十军在金山卫强行登陆成功后，我上海右翼军刘建绪等部，向浙江溃退，日军跟踪向嘉兴进犯。我第七军第一七〇师第一〇三八团，已先一日在嘉兴布防，但只打得一天，挡不住敌寇大举进攻，向后撤退。

日寇突破乍平嘉线后，即派第六师团（谷寿夫）沿京杭国道由南浔西犯，企图攻占吴兴，直取南京。11月，与第一七〇师第五二二旅在升山发生激战。我在戴山的第五一九旅（欠第一〇三八团），亦与敌军接触，在敌寇飞机大炮的猛烈轰击下经两昼夜的奋战，损失惨重，旅长夏国璋、团长韦健森均阵亡。残部退守吴兴城，只打得一天，吴兴失陷。这时，第一七二师程树芬率部来到，与第一七〇师残部共同扼守吴兴城西仁王山一带山地。由于敌军炮火强大，兵力又多我几倍，只打得一天一晚，就败退至江浙边境孝丰等地。这时，第二十一集团军总司令廖磊率领从上海溃退的第四十八军，来到这江浙边境，凭借山地继续拒止日军的进犯。但敌军统帅松井石根率领的四个师团，沿沪宁线，已于12月13日攻占我南京城。

这次第七军在吴兴城作战失败的原因有三：第一、兵力不足。第七军只有两个师（第一七一师已调去上海参战，还有一个团，调去嘉兴未归还）七个团，而且新兵居多，未经严格的军事训练，战力极差。第二，时间仓促。开到阵地，只一天就发生战斗，没有构筑好野战工事。升山、仁王山，都是这样。第三，阵地前的公路交通，未作彻底破坏，有的甚至没有破坏，使敌人的战车、炮车、汽车很快就接近我前沿阵地。也就在这一次，川军有一个师，在浙西泗安未破坏公路，致使敌军坦克冲到指挥所，把师长饶国华打死。[①] 那时，我军只有打内战的经验，不懂得破坏交通线的重要，致使敌人机械化部队畅行无阻。

---

① 这里作者记忆有误，饶国华是在广德保卫战失败后，用手枪自杀殉国的。——本书编者注

廖磊所率的两个军，除在浙西山地继续抗击日寇外，还即积极整编部队。由于在上海、吴兴两次战斗，人员损伤过半，每师仅编得两个步兵团，而把旅部裁并，开回广西接训新兵。这时，日寇作战目标是想打通津浦线，夺取徐州，并无意进攻浙江，只把杭州作为一个据点，阻止我军向上海出击。我二十一集团军的第七、第四十八两个军，就在浙西桐庐迄金华一带布防。当时，浙江省主席黄绍竑(广西人)，也很希望这两个广西军，在浙江防守。可多疑的蒋介石却不愿意了，便以归还第五战区建制，策应津浦线作战为名，命令我们这两个军，从浙赣路经九江北渡长江，开往安徽。民国二十七年(1938 年)2 月，第四十八军开赴津浦路南段的明光、张八岭等地，协助第三十一军阻击南京日寇的北犯，第七军则在合肥、寿县一带，扼要构筑工事，防止敌人西犯。

在此，我想把看到的一些有价值的资料，和我在第一七〇师代参谋长任内，于 1938 年 1 月，出席武昌召开的第一次全国参谋长会议和在会上听到参谋总长何应钦、副参谋总长白崇禧、军令部长徐永昌的报告，以及与会人的发言和个别人的谈话，加以梳理思考，得出敌我作战的经验教训和上海抗战的失策，有如下几点：

(一) 从八一三到 10 月中旬，日寇不断增兵，总兵力达陆军 10 个师团，连同海军陆战队及配属的特种兵队，合计在 30 万人以上，这都是日本训练有素的精锐部队。日军从吴淞口外的兵舰上，用远射程大口径火炮轰击我军阵地，还有飞机不断轰炸，我军不论中央或地方军队，装备都比日军差得多，在我们阵地上的山野跑，完全被日方优势炮火所压制，不敢还击，只能挨打。

(二) 我方空军，只有少数购自国外的过时旧式飞机，但我方空军人员，仍然奋不顾身，与敌周旋，也打掉不少飞机，但我方损失惨重。我们广西航空学校的几十架战斗机和飞行员，在上海这一仗，几乎牺牲完了。由于没有制空权，我们阵地上的官兵，抬不起头来，白天也不能做饭送菜，在前线的官兵，整天吃不到饭菜茶水，饥饿疲劳，已达极点。这种消耗战，多打一天，就多吃亏一天。

(三) 上海抗战，我国前后参加的部队，共有 70 多个师，占当时全国兵额三分之一以上。而且这些队伍都是经过军事训练，有作战经验的，这一仗打下来，死伤过半。例如宋希濂的第三十六师，从上海撤下来，只剩 3 000 多人，当然还有不少伤兵转送后方。又如第四十八军的第一七六师区寿年师，上海打下来，到孝丰整编，只编得一个团(原先是两旅四团)，人们讥笑区寿年当师团长。这些部队，除少数例外，大都是一直到第二年的下半年才得到人员补充，有的装备还领不到，远远比不上原有的力量。比如第七军，从上海和吴兴打下来到孝丰整编，每师只编得两个团，只有原有的二分之一。半年来得不到一点补充，又调去淮北参加徐州会战。在优势敌人的猛烈攻击下，又遭惨败，使徐州会战以失败而告终。以兵力不足额、装备不全的两个空架子的师，去拒阻数倍于我的敌人，哪有可能呢？

（四）淞沪三角地带的地形，适合敌人发挥它的海空优势，而于我军则不利。这滨海地区，地势低，水位高，挖下去两三尺就是水，许多野战工事，被水浸淹，不能使用。而吴（县）福（山）线是早已建就的钢筋水泥永久工事，在上海打起来以后，也不派兵扼守，把所有的部队，都填到第一线，没有二线配备。上海撤下来的队伍，都是溃不成军，如一盘散沙，完全脱离掌握，官兵各不相顾，以致这几条既设工事，完全未发生作用。

（五）没有海防，便没有国防。敌人兵舰，可以在我国近海地区任意游弋，我们也无阻止敌人登陆的能力和设施，不说潜水艇，连鱼雷快艇也没有几艘。所以敌人在金山卫，挟其海空优势，毫无阻挡地一举登陆成功，直指松江县城，迫使上海我军全线崩溃。

（六）部队训练至关重要。不经过严格的军事训练，是不能完成战斗任务的。我们第一七〇师，便有多数是新征入伍的壮丁，很多没有受过民团训练的，连立正稍息都不懂，更谈不上瞄准射击和利用地物了。我发现这种情形，即通知各团，利用在砀山集结候命的时机，施行紧张训练，并打了三次实战射击，后来参加实战，还是很差劲。这是我们广西兵的情形，其他各军，亦有这些现象。例如湖南第十八师，在抗战刚开始便把这个师的老兵，编到其他部队，调去上海参战。该师则另接新兵，在湖南训练。但到上海战事吃紧的时候，又叫这个师也开去上海，参加作战。可是这个新兵师，一上火线，经不起敌军的猛烈攻击，就溃不成军。师长朱耀华，愤而自杀。这不是一个失败的可悲教训吗？

以上几点，是上海作战失策，尤其是后期的孤注一掷，更为最大错误。当上海打到快两个月的时候，副参谋总长白崇禧向蒋介石建议："在上海这个不利地形作战，牺牲太大，应适可而止，保存实力，作尔后持久作战之计，应即后撤至吴福线既设阵地，继续作战。"蒋介石也已采纳这个意见，下令各部向后转移。第二日下午，蒋介石又忽又召集紧急军事会议说：根据外交部的提议，九国公约正在比利时开会，只要我们能在上海再坚持几个星期，这些国家就会出面干涉，因此要收回转移命令，仍在原阵地继续打下去。当时，白崇禧等人极力反对，说命令已下达了，部队正在执行，如要他们再行返回原阵地，必会引起混乱，糟到不可收拾的地步。可是，蒋介石不听，坚要收回成命。这时，各部队有的已经撤下来了，阵地也被日军占领了，又要回去反攻，战斗极为不利，死伤多，损失大。至 11 月 5 日，敌人在金山卫登陆成功，并向松江县城进攻，我右翼各部，被迫向青浦后撤，左翼也只得向吴福线后撤。那些碉堡工事的门锁钥匙，原交当地乡保长保管，战事紧迫，他们都逃走外乡。撤退到该线的部队因找不到钥匙，工事门打不开，碉堡也进不去。在敌军的追击下，吴福线也没有站住，数十万官兵，像洪水决堤一样，四散奔逃，武器辎重，遍地丢弃，形同大溃退。这样的一退千里，使苏州、无锡、常州、镇江等重要城镇，均未经战斗，就落入敌人之手。

全国政协文史资料委员会编：《文史资料存稿选编：抗日战争》(上)，中国文史出版社，2008 年版，第 565—570 页。

桂军第七军掩护淞沪大撤退作战回忆

徐启明[1]

一 桂林誓师奔赴前方

民国二十六年(公元 1937 年)丁丑夏七七事变,抗日军兴。中央政府通令全国总动员一致对日抗战。五路军总指挥李宗仁集结桂军在桂林誓师,宣布中央命令对日抗战,征召副总指挥白崇禧飞抵南京,任陆海空统帅部副参谋总长,筹划对日抗战,并分别派遣第七军、第四十八军、第三十一军分途出发赴前方徐州集结待命。余当时适任第七军第一七〇师师长,奉命前驱驰赴衡阳集结,随后第一七一师及第一七二师及军长廖磊亦到达,待车出发武汉。时值丁丑秋月,沪上正进行对日激烈抗战,各外国人亦刮目相看,以中国窳劣兵器能够英勇对日抗战,非常赞佩。当时日人侈言三个月可以踏平中国。未几第七军与第四十八军及第三十一军俱相继到达集结徐州待命。统帅部任命李宗仁为第五战区司令长官,李品仙为副长官,驻节徐州指挥。嗣令第七军赴东海岸至山东半岛之日照县布防,防日寇由海岸登陆,余则率第一七〇师在连云港布防。第七军在东海布防未久,淞沪国军正与日寇进行激烈斗已将两月。此时第七军军长廖磊升任第二十一集团军总司令,率第四十八军及杨昌俊之第一七一师急赴淞沪参加蕴藻浜、陈家行之战斗。因此,调整人事,调周祖晃继任第七军军长,余为副军长兼第一七〇师师长,后因淞沪国军经两月有余之激烈战斗,已西撤转移阵地。适此时统帅部接得情报,敌军第十军三个师团有由杭州湾登陆夺我嘉兴,希图由太湖南侧向南浔、吴兴、长兴前进,迂回南京,截断包围淞沪大军退路之企图。

---

① 徐启明,淞沪会战时任第二十一集团军第七军副军长兼第一七〇师师长。

二　吴兴掩护守军转移

统帅部得悉敌第十军于杭州湾登陆企图后，乃急调集结在苏北东海的周祖晃第七军我之第一七〇师及第一七二师星夜驰赴吴兴，堵击日军，掩护淞沪大军转移阵地。时余兼第七军副军长，于11月15日率先头部队由东海乘火车转津浦线南运渡浦口过江至武进集结，17日早陆续到达吴兴城。随后，第一七二师程树芬师长与周祖晃军长亦到达。时有湘军刘建绪部队正在准备撤防，转移杭州。斯时更奉上命，着由我师派李本一团赴杭州归刘建绪指挥，因此我军减少一团之力。我与程师长及周军长、参谋长等，根据地图及实地观察的情况，决定作纵深配备之计划：以我师在右为右翼队，沿浔吴公路占领南浔为第一线；派有力部队占领升山市作第二线；还派有力部队占领吴兴城作第三线；另选吴兴后方李家巷丘陵山地一带作第四线。程师在左为左翼队，占领太湖南侧山林地带，与余师南浔联接为第一线；另派有力部队于太湖南侧山林地带，与本师升山市之线联接作为第二线；另派有力部队于太湖南侧山林地带，右与余师吴兴城联接作为第三线；以后转移，仍沿太湖南侧山林地带与本师李家巷丘陵地带联接作第四线。本师右翼为水田湖沼区，敌人行动困难，只派一个营在右侧公路作游动掩护。

当时决定部署如上，我与程师长分途赴前方视察。适有军用小汽艇2只在吴兴城附近，我与程师长分用。因吴兴附近多系水田湖沼地带，且有小溪流可通行小汽艇，可作视察及传达之用。我到南浔附近，据前线部队长报告：敌寇前锋部队于18日已到达南浔附近，占领附近树林一带，并在树林间藏有狙击队，欲狙击我军，阻我勿前进，速退后方安全地带云。我即乘汽艇转回升山市获晤夏旅长国璋，指示一切，小心警戒。随即驶回吴兴城视察吴兴。余师指挥部即设在吴兴城东门附近。

20日拂晓，敌开始以陆、空、炮、坦克向南浔攻击。我军顽强抵抗，入暮将作巷战，乃令放弃，转移升山市之线。22日，敌复以陆、空、炮攻击升山市之线，不幸夏旅长国璋阵亡，乃转移吴兴城之线。26日敌复以陆、空、炮、坦克向太湖南侧山林地带及吴兴城之线猛攻，敌机往来穿梭轰炸我左翼山林地带。程师被强敌压迫，向左后方吴兴城侧三角地带转移，我右翼部队徐师漆道澂旅急速集结守吴兴城。27日，敌以陆、空、炮、坦克集中向吴兴城猛攻，我与周军长即在吴兴城后背高山上督战指挥。旋接漆道澂旅长电话报告：我守城及外围部队损失甚巨，战斗激烈，请增援。我与周军长面商，即嘱以无力增援，可放弃吴兴城，留少数有力部队据城环作掩护，速率大队沿吴兴城边公路向后转移到李家巷丘陵地带，占领阵地。当该队后撤时，炮火炽烈，我漆旅韦团长健生不幸被炮击阵亡。当敌猛攻吴兴城时，我程师左翼同时被敌压迫向后转移，亦电话急嘱程师部队转移吴兴城后方李家巷丘陵地带，占领阵地。并以徐师后撤部队占领李家巷丘陵地之棱线，作严密部署；另派一部在李家巷右侧高山地占领据点，掩护右翼。

时已入暮，敌有跟踪追击状，且有作夜袭骚扰行动。我嘱各部队沉着应战，如敌夜袭，不要移动，即在阵地准备作逆袭抵抗。我在此部署之间，程师长亦到，与程师长商决，请周军长速电报告统帅部，请火速派部队增援(时川军有三师已到达泗安，距离李家巷约四五十里)。统帅部无明确答复，周军长亦亲向川军直接要求，川军以尚未集结完毕为辞。当晚敌无动静。28 日早，敌军并无别的动作，料敌初战吴兴，必有待休调部队，准备明日之行动。我乘此敌尚无行动之机，急令部队破坏后方公路桥梁，阻障敌之炮队及坦克通行公路，并令卫生队迅速将受伤官兵后运。当日我与程师长即在李家巷督战指挥，并令各部队长就近占领阵地，准备明日敌之大举之进攻。我意料敌得一日夜休养调整后，明 29 日必然有大举之行动。

果然 29 日拂晓，敌出动飞机多架沿公路两侧作穿梭侦察轰炸，嗣炮火亦开始向李家巷前后炮击。未几步兵亦分波次随坦克出动，向我阵地前进。我急传令用预备队增援出击冲锋，士兵冒死蚁集，爬上战车用手榴弹集中轰击，毁敌战车 2 辆，我军伤亡甚众，敌势亦稍杀，其余战车后退停止，不敢前进。我与程师长在丘陵高地督战，目睹此战况激烈非常，不禁举手大声呼喊冲杀，以壮士气。此时我军死伤狼藉，仍死守阵地。及至下午 2 时，敌似增援，强力压迫程师左翼，用飞机及炮火轰炸我阵地后方，以七八辆战车直冲中央阵地，并用小部队向我右翼高地攻击，作包围势。因此中央被突破，两翼被包围，已无预备队可用，遂全线动摇，不支溃退。

我与程师长即用口头大呼传令向泗安方向转移退却。我与程师长在公路左侧田野间行进，并在后随收容所部三四百人作后卫。时已入黑，方向不判，到一民家请指引向泗安方向移动，行约二三十里，见前方有火光烧桥梁，即派一排长带少数兵往前方探看。未几回报云：此乃是淞沪大军转移，急速通过此桥，火尚未灭。我与程师长即由此过桥，遇有零星桂籍官兵云：我们是由淞沪转进经此处，虑敌人重兵器过此，故烧桥。又云：廖总司令亦已转进到泗安、孝丰去矣。

我与程师长判断，淞沪大军必已安全脱离敌阵转进，我军堵击敌人掩护国军转进任务已经完成，内心非常安慰，即向泗安转进。到达泗安时，川军部队已撤离，向芜湖转进。敌机仍沿吴兴、长兴公路至泗安来往侦察及轰炸。我与程师长在泗安稍作休息，即向孝丰转进。是日约下午 4 时到孝丰，知周军长亦已到达，即往会晤，并往见廖总司令，报告此役任务作战经过。所有我师及程师的部队俱散失，亦均陆续到达孝丰。廖总司令命各部队速清查人数，为整备缩编，大约每团除损失外，仅可编成两营弱，参加上海作战部队亦差不多可以说损失一半。吴兴之役，阵亡旅长夏国璋一员，团长韦健生一员，其余营连排长多人，战斗详报复有记载，此时记忆不清。

三 阻击作战得失检讨

统帅部得报，敌第十军第六师团有由杭州湾乍浦登陆，经嘉兴由太湖南侧之南浔向吴兴、长兴前进，迂回南京截断淞沪大军退路之企图。统帅部即命令第七军周祖晃军长率我第一七〇师及程树芬之第一七二师（本师缺李本一团，已拨归刘建绪指挥，在杭州布防，故两师兵力只七团），星夜驰赴吴兴，担任堵击敌人掩护淞沪大军转进之任务。当时部署是由太湖南侧山林地带联接南浔为第一线，又太湖南侧山林地带联接升山为第二线，又太湖南侧山林地带联接吴兴城为第三线，向后太湖南侧联接李家巷为第四线。从南浔至吴兴城约 60 里，后至李家巷、长兴之公路约纵深八九十里。从 20 日开始作战至 29 日晨后被挫败。在十昼夜之苦战中，统帅部未派员随军联络，亦未设有指挥部。28 日，周军长请统帅部派川军增援，亦未得明确指示，我军以七个团之兵力抵挡敌一个师团，又淞沪大军转进情形亦茫然不知其详。而 29 日最后在李家巷之线激战，敌用陆、空、炮、坦克集中从中央突破，两翼包围，我无预备队可用，无炮兵协助，更无战防炮可用，以致士兵冒死冲锋，作蚁集爬上战车，集中用手榴弹毁战车 2 辆。敌坦克始后退。此种惊心动魄之战斗残酷情形，谁能见到。最后终至无援，遂至全线溃败。

战后上方谴责周祖晃军长与我作战不力，着撤职留任（统帅部参谋处主张）。此役抗战十昼夜未有增援，到后来清查缩编，每团仅余两营弱，旅、团长阵亡各一人，营、连、排长损失亦多。如此牺牲损失，何谓战斗不力乎？又我军在第四线抵抗苦战之部队后转进至泗安时，遇见淞沪大转进之桂籍部队，亦已到达泗安，足证我军在三四线苦战之时，淞沪大军已安全脱离敌阵。而我军堵击掩护之任务，未受敌乍浦登陆截击之危险，自命此实为大功，而反得薄惩，命也！后在孝丰整编时，我又报告廖总司令我部有一团长李发，当战斗转移时，擅自率败兵向芜湖后方逃走，当被总司令以临阵退缩罪将之枪决，以示警诫。又后来我遇到白崇禧副参谋总长，将此役掩护任务及十日夜之苦战经过详报，深得其谅解。他只说：损失如此之大，阵亡旅长、团长及下级军官如此之多，经十昼夜之苦战，且淞沪大军已安全转移退却，未受截击危险，不能算作战不力。他因为我所率两师皆刚由他手所精练而来之部队，不便作公正平反之议。（撤职留任之处分，在徐州会战后，奉上命复回原职。）

统帅部为指挥大兵团之最高军事机构，高瞻远瞩，无论四面八方，均须详细顾及，而当时统帅部只全力注重淞沪大军之作战，忽略吴兴战场掩护战斗情形。又统帅部未派有监察员与联络员随军监察与联络，又未设有临时指挥部，搜集情报与战报。又后方泗安镇方面新到来四川之师，当然是统帅部最周密的筹划。当吴兴掩护部队在三四线战斗最激烈时，敌人之压力亦用尽，而泗安距吴兴后方不过四五十里，急速行军两小时可到达，当时周军长祖晃亦曾报告统帅部请令川军增援，统帅部当时应捕捉大好时机，严令川军适时加入增援，大可将敌压迫驱逐，夺回吴兴城，必操胜算而毫无问题。但统帅部对周军长之请援，不作断然决定，毫无处置，失误时机，遂至第七军七个团兵力经十昼夜苦战因不得增援而溃败，惜哉！此统帅部于参谋处作业方面，实有疏忽偏颇照顾不周之过失。

四 孝丰整编与李团归建

民国二十六年(1937)12月，自淞沪及吴兴会战后，第七军与第四十八军伤亡惨重，实足惊人。后转孝丰集结，计约每团仅剩两营弱，每师仅剩两团强，真可谓浴血抗战，战虽败而士气未馁，所以急速整编，以备作持久抗战。计我师除李本一团调归刘建绪总司令指挥外，在孝丰编成两团，每团编成两营，团长为李瑞金、秦树森，副师长为罗活，师参谋长为马拔萃，参谋处长杨伟仁等。当时各军奉命经天目山、分水、於潜县，暂时休整待命。我率第一七〇师则到桐庐布防，沿富春江对杭州警戒（时杭州已陷敌手）。斯时刘建绪电报，饬李本一团归建。

本师到桐庐沿富春江布防后，即派李瑞金团赴新登县候命，并嘱李团长派便衣二组，分向杭州方向查询奉命归建之李本一团的行踪，以便迎接。但尚未取得联络，乃悉杭州敌人，已派约一个营之敌，沿富春江西上，先占领富阳。

李本一团，因不知敌情，又不悉我有迎接部队，仍沿江岸东行，得悉敌人已先占领富阳，乃先派一个连，先行对富阳之敌作佯攻，并四面行动作混战扰乱之势。李本一团长，为本军战将，人极机警果敢。其本人即率大队，就近徒步涉水，向南岸行动。时富春江水浅，到处有徒涉场，我往新登迎接的李瑞金团，闻富阳方面有枪声判断必为李本一团回归与敌战斗，即率本团向富阳方面行动，对敌佯攻。适此时已联络上李本一团之先遣队，告知该连长，富阳之敌由其负责纠缠，嘱该连随前队徒涉，追随前队。李瑞金团即对敌人作佯攻，敌人不知我军多少，只作守势。

李瑞金团以任务达成，即率队向桐庐方面撤退，并派人急速回桐庐，向师长报告李本一团已脱险，涉水过南岸，其本团亦已舍敌撤回，向桐庐归队。我得悉此情形，非常欣慰，即派员往富春江南岸查询，并就近在桐庐搜集船只四五艘，集中南岸渡口，等候李本一团渡江。李本一团长归桐庐见我，我非常赞佩，慰勉有加。又李瑞金团长，亦率队安全回桐庐，该团长亦为本军有素战将之一，能冲锋陷阵者也。

全国政协文史资料委员会编：《文史资料存稿选编：抗日战争》(上)，中国文史出版社，2002年版，第549—553页。

回眸第七军参加淞沪会战[①]

徐启明

（一）抗战前夕

民国二十五年秋，广西与中央能和平解决，对抵抗日本侵略意义重大，广西续作反日活动，我们看报纸愤于日寇的得寸进尺，觉得应不顾一切开始抗战。二十六年春广西部队改编为第五路军，李宗仁、白崇禧为总副司令，李品仙为参谋长。第十五军取消，很多并入于第七军，军长廖磊，副军长周祖晃，下辖三师，第十八师长覃连芳，第十九师长是我，第二十师长程树芬；此外成立第四十八军，军长是夏威，副军长韦云淞。改编后我即到梧州接任。健生说："我们一方面加紧训练部队，准备抗日，一方面实行兵工政策修好道路。"我这师负责修荔梧（荔浦到梧州）路，荔浦到江口的一段程树芬负责修。江口到梧州的一段，限三个月完工。修路期间，我师部驻陈塘村，每天分派士兵筑路，部分留营，建设厅派有工程师来指导，做得很快很好，健生曾到陈塘村来视察，很表满意。三个月内如期完工，我这师即调到桂林训练。

这时健生在省内仍负较多的责任，除了民团组织、军队训练、经济交通建设各项工作继续进行很著成效外，值得一提的是制造军械弹药的研究与改进。广西在财政困难下自己设厂制造，健生不断召集专家开会讨论，制造成品很多，其中手提轻机关枪及手榴弹做得很好。手提轻机关枪是以捷克机枪步枪为蓝本，做到可与原制品媲美。自二十年到二十六年这段时间中，广西上下埋头努力，成果丰盛，抗战爆发，广西即将这成果献给中央，献给国家。

---

① 本文标题系本书编者所加。

（二）率师出发

二十六年七月七日卢沟桥事变时我正在桂林。在这之前日寇对平津节节进逼，所有军官都主张立即抗日，大家见面总说："这样子非打不可了，为什么不对日本宣战呢？"可见人人都有爱国的天性，即使知国力不及日本，打起来军人难免要遭牺牲，但仍主张立即抗战。七七事变后，中央宣布抗日决心，并下征集令，在桂林的所有军官士兵都表现得很激昂。德邻得中央命令，召集军官开会，并在扩大纪念周上宣布准备动员。八月初，平常不肯轻离省门的健生奉命飞南京，就任最高统帅部副参谋总长，参加中央密笏。广西成立绥靖公署，以德邻、健生为正、副主任。此外第五路军改编，主要部队集结桂北，准备出师。民众方面也表现了高度的爱国心，妇女们日夜赶制军鞋。军鞋由政府统一设计布底装钉，有一扣子，称为扣鞋，适于行军及爬山。我们出师头两年内省内源源不断送来扣鞋，都是省内妇女辛勤的贡献。

在这军民一致拥护中央抗日的浪潮中，难免亦有若干别具用心的人反对，但他们立即遭受唾弃。如政治部副主任黄公度平常思想左倾，与部分军官有勾结，反对服从中央参加抗日，我即主张要办他，当局即把他扣了。我觉得从前无论什么战役，无论是胜是负，都是内战，都没什么意义，现在抗战才值得打。平生所学的是军事，所信仰的是三民主义，在军校研讨的军事学全是对外的，三民主义中的民族主义是对外的。我国受到列强，尤其是日本欺凌压迫太久了，一旦全国团结对外，我极为兴奋，而我在一开始就能率一师劲旅参加圣战，更感无上光荣。

当我们出发前，广西部队又经一次改编，第五路军改为第十一集团军，其战斗序列如下：

第十一集团军总司令　李品仙　参谋长　何宣
　第七军军长　廖磊
　　副军长　周祖晃　参谋长　张淦
　　第一七〇师师长　徐启明
　　第一七一师师长　杨俊昌
　　第一七二师师长　程树芬
　第三十一军军长　刘士毅
　　副军长　覃连芳　参谋长　韦布

第一三一师师长　覃连芳(兼)

第一三五师师长　苏祖馨

第一三八师师长　莫德宏

第四十八军军长　韦云淞

副军长　张义纯　参谋长　刘清凡

第一七四师师长　王赞斌

第一七五师师长　贺维珍

第一七六师师长　区寿年

第七军首先奉命出发，其余亦分别由桂衡公路赴衡阳，或由梧州水运广东再搭粤汉路北上，集结徐州。主力部队——其中甚多新征入伍的——几乎全部出动，地方秩序则召集民团维持，好在一方面是共同对外，一方面战时可以军法处置匪案，地方秩序甚易维持。

出发前的准备工作很多，大家很忙碌，军装是中央发的，为防敌机发现目标，盔甲草笠都涂了颜色，军械以轻武器为主。我这一师只有一营山炮，有七五口径的山炮和七二口径的迫击炮，用驴马拖曳，军需品由全州水运衡州，我们集中毕即在盛大欢送下离省北上。

(三) 从衡阳到东海岸

第七军到衡阳时，地方人士热烈欢迎，此后每到一地，民众都表敬意。不过在敌人掌握制空权的非常时期，不应有大场面的迎送，以免无谓的损失。我们在衡州初尝敌机轰炸的滋味，因此日间我们把部队分散在乡间，到夜晚才集中搭粤汉铁路到武昌，过江到汉口后即搭平汉铁路到开封，转搭陇海铁路到徐州，广西部队奉命集中徐州。这时中央计划在徐州一带成立第五战区，由李德邻任司令长官，负徐州津浦南北段地区指挥之责。

第七军在徐州集中也是分散在乡下，这时日机轰炸得很厉害，不到一个星期就调海州布防。防地是北从山东日照起，南到海州之南东海岸，相当辽阔。我这一师是接黄杰师的防地，这时上海打得很激烈，黄杰师应调赴上海作战。我们日夜对海面警戒，并构筑防御工事，预防日军登陆。夜晚，常见日舰及运兵船移动，还好没登陆。

我们在东海岸布防两个星期，上海战事激烈，十月初，我国军因遭敌寇海陆空军之压迫转移蕴藻浜南岸，陈行、广福、施相公庙、浏河之新阵地。敌先后增加兵力约二十万以上，国军作战已入严重态势，急待生力军之增援。统帅部即组织第二十一集团军，由廖磊统率，驰援淞沪。其战斗序列如下：

第二十一集团军总司令　廖磊　参谋长　张淦
　第七军军长　周祖晃
　　副军长　徐启明　参谋长暂缺
　　第一七〇师师长　徐启明兼
　　第一七一师师长　杨俊昌
　　第一七二师师长　程树芬
　第四十八军军长　韦云淞
　　副军长　张义纯　参谋长　刘清凡
　　第一七四师师长　王赞斌
　　第一三八师师长　贺维珍
　　第一七六师师长　区寿年

（四）参加淞沪会战与浔吴掩护战

二十六年十月初，我们撤离东海岸，再度集中徐州，廖总司令马上带四十八军和第七军的第一七二师共四个师由徐州南下，直驰淞沪。于十月十九日夜，由黄港、谈家头附近，协同其他国军，加入南翔蕴藻浜阵线之攻击，激战数日，伤亡过重，于二十三日随其他国军退至大场、走马塘、唐家桥之线。嗣因敌第六师团于十一月五日在杭州湾登陆，向松江方面进迫，我淞沪阵地侧面感受重大威胁。十一月初廖集团随左翼兵团与中央兵团之间，随战况之转移，经十余日之战斗后，奉命沿嘉定转吴福线，继向锡澄线转移。

十一月上旬，统帅部命令周祖晃军长率一七〇、一七二两师立即搭火车南下，集结武进再赴吴兴，阻止敌第六师团向南京迂回切断我上海各军之退路。我军即火速南进，十一月十三日到达武进。周军长命我连夜由汽车载运驰往吴兴，但李本一团赴杭县归张发奎(后归刘建绪)指挥。自武进到吴兴行军艰难，沿途有汉奸敌探打信号枪，便利敌机轰炸。十五日抵达吴兴。十六日闻敌主力自嘉兴向南浔推进，奉命派一团向南浔前进阻敌，十七日抵达南浔镇附近与敌遭遇激战，我师一团赴援。十八日因遭敌优势兵力攻击，又受敌便衣队攻击，伤亡甚众后退升山市。我在二十日亦到升山市布置防线，程树芬师则在我师后方策应。

敌人占南浔后稳扎稳打，待后续部队抵达后，于二十一日攻击升山市，攻势十分凌厉，敌机轰炸扫射，远程加农炮猛烈射击，战车亦出动冲击。我师专恃迫击炮轻机枪阻敌前进，要敌人靠近了才接战，伤亡颇众。下午派第一七二师一团赴援，未到敌已突破升山市阵地，旅长夏国璋与敌争夺西山，壮烈殉国。当时我与周军长在吴兴城背后山上司令部指挥作战，商定将部队撤到吴兴城，占据城池及山地凭工事抵抗。

二十三日敌军开始攻击吴兴，战车二十余辆掩护步兵冲锋。我在城外部队伤亡甚大，入暮撤入吴兴城。二十四日敌炮对我阵地及后方行破坏射击，敌机三十余架及炮火支援其步兵进攻，我军反攻失利，至下午四时我即下令撤退。韦健森团在后掩护撤退，不幸韦受重伤，我从电话中得报命令抬回朱家巷，不幸逝于半途，就在附近找棺木葬了。这次幸亏及时撤退，否则敌人在五时已占领城外山地，吴兴城外尽是水田，全军有覆没危险。这样撤退有布置有目标，队伍不乱，很快地我们又在朱家巷一线占领阵地。

那时周军长住在朱家巷后面一间民房里，我和程师长找他商议对策。周军长是好人，但缺决断力，不敢担当，我说："从敌人开始从南浔发动攻击到今天已八九天了，上头命令第七军的任务是在吴兴阻止敌人前进，没讲阻止多久，当然能打退敌人最好；不能，能阻止越久越好。敌人整个第六师团有两万多人，而我们两个师只数千人，现在又损失了几个团，残破了，如果朱家巷被突破就不得了。这是最后一线，我们利用山地赶紧布防，我们两个师，我这师在马路之右，程师在马路之左，同时每师留若干人做预备队，不能全部上去，就这样再挡他一阵。"周军长同意了。这时得报四川刘湘部有五个师到达泗安，准备增援吴兴。泗安距朱家巷五十华里，周军长打电话与他们的司令联络说："敌人强大，无法拒止，敌人已占吴兴，同时已准备向朱家巷攻击，我们怕支持不住，希望你们推进来增援。"得到的答复是："我们的部队还未集结好，不能推进。"时已夜晚七八点钟，我看后援不至，对程师长说："我们不能久留军部，赶紧到山上布置，虽然我们有命令下去了，但怕不能确实。"我们即拿手电筒赶到前线。

我们一到马路口，观察布置果然不甚确实，责备了团营长，督导他们加强工事。不到四十分，敌便衣队来扰乱了，我说："我判断不是主力，便衣骚扰，对付夜袭要沉着。"果然大家看师长亲在前线，很镇定，等敌人接近，一个反击，敌便衣队退了，如果我与程师长不在，军心一乱，怕要出乱子。

敌便衣队退去后，我看路旁伤兵极多，有的十分痛苦，我身上带有熊胆，便一点一点（一粒米大小）分给他们吃，这可使伤口延缓发炎，减少痛苦，同时指挥卫生队在今晚十二时以前将所有伤兵运送后方。

一切都安排好了后，我与周军长电话联络，我判断敌人翌晨拂晓一定发动全力攻击，大家认为不错。是夜平静度过。二十五日晨七时，敌空军轰炸机分批来轰炸，每次六架。八时敌炮开始射击，一线一线的或集中某一重点的轰击，估计有三十门以上的炮，我们一门炮也没有，打得我们神经有点紧张。到九点左右，敌机敌炮及步兵一起来了，四五辆坦克做前驱沿马路而来。这时师部在朱家巷山背树林凹地，军部在更后一点的民房。我下令反击战车以迟缓敌人，一个营长带了几个人携手榴弹匍匐上前，爬上敌战车，结果破坏了一辆，他们步兵立即后退一下。这时双方距离仅约八百米，伤亡很重。我们当时想如果有平射炮打战车该多好，完全凭血肉与敌人坚甲利兵斗，不会支持多久的。十点左右，敌人轰炸机、大炮、战车又一起攻来，我们又是一个逆袭，我们的预备队及身边的卫队都用上去了，抵抗激烈，再破坏一辆战车，阻止住了，他们再后退。敌人停顿了一个时期。我说："敌人一定不会停止，一定不断攻击，你们还是拿勇气抵抗。"十一点到十二点间再攻击一次，又给我们阻止住了，敌人再停顿了。他们后头部队也赶到了，下午二时，飞机八架以上又来轰炸，敌炮全力射击，坦克掩护步兵又来了。双方接近在三四百米之间，打得很激烈，到四时左右，敌人不再停顿了，而且不断增援上来，左右迂回包围我军。正面只是威胁性攻击，并不猛冲过来，我看态势不好，后援不至，对程师长说："要求增援不能来，只能多延缓敌人前进时间了。"到了四时多，通讯网被炸坏了，与军部联络断了。炮弹竟从右边山地射来，我与一个副官和一个卫士站在一起督战，那卫士拉我一下说："师长，右后侧有枪，你不后退，怕等一下不能退了。"拉了我就走，我看情形不对，用口头传达命令说："现在立即转进，但无法指示目标，不能到长兴，应在泗安集结。"即找到程师长一起走，一面派人去向周军长报告已下令向泗安撤退，泗安有川军驻防较为安全。

我与程师长走不多久，夕阳已西下了，为防轰炸不敢走马路，在水田中泥巴中走很困难，一面走一面收容退下的部队，大约有一两百人亲自带着，以备抵抗敌人的追击。我们亦不知泗安在哪里，只能照大概的方向走，走了一夜偶尔在村庄里休息一二十分钟，到了次日破晓又收容了一些部队，八点到达泗安。川军竟已撤走，我军大部分已先我们而到，他们年轻走得快，两个师长反而当后卫了。最令我感到安慰的是由上海撤退的部队已过了泗安，廖总司令也已率部过了泗安到广德去集结。我们任务是防止敌人截击上海国军的撤退，现在阻敌八九天，总算达成任务。不过牺牲惨重，在泗安收集残部后只剩一团半。我这师两个旅（旅长漆道澂、夏国璋，夏已阵亡），每旅两个团，夏旅的李本一团拨给刘建绪指挥，所以实际参加战斗的只三个团，现在只剩一个半团，一千七八百人。程师剩一团两营（参加战斗有四个团），等于牺牲了百分之六十，比我这师更惨。

我们在泗安收容点名，发现团长李发走了，我对程师长说："我们一个团长跑了。"即报告廖总司令。不久李发带了十几个人和程师长的参谋长秦天生（福建人）回来了。他经过泗安直向芜湖方面走，还没到芜湖发现不对回过头来，但我们已报上去。我们在泗安停留半天即奉命到广德。廖总司令追究李发擅过泗安的罪，下令把他枪毙了，秦天生是幕僚，又没带人免予处死。李发作战勇敢，要我就不会枪毙他，廖总司令为明军纪在上海也枪毙了一个带兵先走的旅长，亦有其立场。此外关于这次我们的浔吴掩护战，我们确已尽了全力迟滞敌人急进达八九天之久，周军长也一再电请川军增援，川军始终不肯增援。统帅部调刘湘的川军在泗安集结，实恐我军单薄，难以持久，做预备队，川军坐视友军危殆，实有违协同之旨。随后统帅部竟以吴兴战役周、徐正副军长作战不力，作撤职留任处分，而不追责川军，实为失察。

（五）警戒浙北

我们在广德停留不久，奉命移动到孝丰整编。廖总司令带四十八军先去整顿好再调第七军去，整编时他每师训话，他口才不好，但直截了当，不拐弯抹角，因此显得坚强有力，完全是军人性格。他一面检讨作战，提高士气，一面拿枪枪毙先走军官警戒部属，申明军纪，他说："作战失败不要紧，逃走是绝对犯军法的。"

孝丰编整后，第四十八军、第七军奉命调防桐庐、分水、建德，对杭州方面敌人警戒。这时日寇已侵入杭州，浙江省主席黄绍竑带一千几百名保安团队退入我们的防区，他说："杭州已垮了，我主席不做了。"在桐庐住一夜再往后方撤去。同时我们得刘建绪军部电知李本一团自杭州转进，归还第七军建制，要我派兵接应，恐日军跟进。我即派一旅长带一团人到新登去接应，并打无线电报联络。不料李本一没接到我们的电报，敌人派一营先占了富阳他又不知道，他竟取道富阳，就在富阳与敌人打起来。李很勇猛，把那营敌人打败了，但仍有顽敌驻扎河边，当李团冒险渡河时出而狙击，幸而敌人人数太少，我方损失不大，李团终于平安归还建制。

我们在桐庐约两个星期，沿着钱塘江构筑工事，廖总司令在建德，第七军军部在俞家村（俞樾的故里）。我的师部在桐庐，本来指定在一个庙里，敌人轰炸得很厉害，我将师部迁到山边，炸不到。此外杨俊昌师在我师之北——分水，程树芬师在钱塘江南岸与刘建绪防区相接。

十二月初到桐庐时，上面命令各师组织便衣队，鉴于淞沪会战我们吃了敌人便衣队很多亏，上面很重视。我以团为单位，每团挑一百几十名勇敢的兵士加以训练，到处收买老百姓衣服用具，因为是本国人很容易改装，随便装为挑夫、农人、行商，或逃难的人，配备短枪、步枪、轻机枪，远看是三三五五的老百姓，接近了是武装便衣突击队，派出去做斥候、侦探或骚扰敌阵都很适用，效果很大。

我们在桐庐过了二十七年新历年，即奉命迂回北上，因为南京陷落，徐州吃紧，第四十八军、第七军奉调集结合肥，以防日寇自南向北夹攻徐州。

陈存恭采访记录：《徐启明先生访问记录》，“台湾中央研究院”近代史研究所，1983年版，第75—88页。

关于我们军长吴克仁之死

吴凤起[1]

七七抗日军兴，东北军第六十七军转战天津、上海间，屡挫强敌，坚守阵地，上海一役尤为激烈。从其阵亡将士统计数字来看，仅将级军官就阵亡 5 名，重伤 3 名，团长伤亡过半。此 5 名阵亡将官中就有我们军长吴克仁和军参谋长吴桐岗。由此足可说明该军抗战的坚决和英勇。然而由于吴军长的死况不明，第六十七军不仅未蒙奖励，反因伤亡过半而缩编为一个师，军长家属任其流浪，连一点优抚也未得到。笔者彼时适充吴军长的随从参谋，对其阵亡的经过情形，概略知之，兹特述如次。

一　天津——大城

第六十七军直辖两个调整师：第一〇七师（师长金魁璧）、第一〇八师（师长张文清），每师辖两个旅，每旅辖 3 个团，共 5 万余人。1937 年 7 月下旬，第六十七军大部分集中河南商丘附近，准备用火车向河北天津外围输送。车运前，吴军长曾在商丘车站，召开将官会议，研究集中运送、补给和作战等重大军事问题。会上，他首先概略介绍了当前形势，然后，着重就全军今后的作战方针和部队部署做了详细说明。最后他说："我们盼望已久的全面抗战，现在总算是开始了。这次作战非同往昔，必将打出一个上下来。作为东北军来说，不管别人怎样打法，我们是义不容辞的，一定要同日军拼个死活。绝对不能叫别人指着我们背后说，东北军只会嚷着抗日，而实际打起来的时候，则是一个草包。就我个人言之，自受命之

① 吴凤起，淞沪会战时任第六十七军军长吴克仁的随从参谋。

日起，已把妻儿老小作了善后的安排，以身殉国是我最大的光荣，如能活着回来那当然也是我最大的愉快，因为我能亲眼看到胜利的果实。”这段话清楚地表明了吴军长抗战的坚强决心，不是胜利便是死。会后一些迷信者议论说：军长的讲话，兆头不好。

是年八九月间，天津附近大雨滂沱，平地皆水，士兵几乎是天天沐雨而战，然士气仍极旺盛。日军对大城第六十七军防线进行了几次试探性的进攻，均未得逞。吴军长经常到第一线督师，看到士兵在如此艰苦的环境中，毫无埋怨情绪，而且战斗热情较之以往任何时候都要高涨，他的胜利信心更为坚强。

不久，山东韩复榘企图与日军妥协，作战不力，平汉线又节节败退，第六十七军后方补给线受到严重威胁。在此情况下，吴军长仍未气馁，他认为敌人的战斗力并不比我军高出多少，只要我军坚决抵抗，必能制止敌人侵略的凶焰。当平汉线石家庄行将不守时，刘峙来电：令第六十七军即刻脱离当面的敌人，沿沧石路向平汉线的彰德、新乡方向撤退。吴军长对这一战役的失利非常愤慨，他说：“论我军的士气和战斗力以及兵员数量占绝对优势，怎么会这样快就失败了呢，而且一退就是几百里！这只能说是刘峙指挥上的无能。”接着第六十七军又奉命撤退到黄河南岸待命。

二　上海——松江

我跟吴军长去南京的途中，他说：“从前有句俗语说：‘宁给好汉牵马坠镫，不给草包当祖宗’，这两句话含义很深，此次河北之战，第六十七军一直在胜利中，但却蒙了一个丧师失地的臭名。到南京见着委座，我将尽一切努力，请求大本营把第六十七军调往上海前线，不再跟刘峙那种活迷糊鬼混了。”我答：“第六十七军虽全部由河北退回，但损失也相当严重，有些部队把电台都丢了，如果不加以整顿，马上即往上海转进，大有疲于奔命之势，此古兵法之所忌，似应加以考虑。”他说：“你们作幕僚的人，总是顾虑那么多，要知道现在是非常时期，也是军人见危授命之秋，只要国家需要我们，又何计其他！”

到南京见蒋介石回来后，吴军长精神十分饱满，喜形于色的向大家陈述他此次南京之行述职的顺利情况。我心知吴军长希望把第六十七军投到上海战场的请求必能获准，因为这是蒋介石求之不得的事。第六十七军愿意牺牲，蒋介石又何乐而不为！天津外围之战，第六十七军的战斗力，蒋是知道的，即令吴克仁不来请求，亦将调他来上海增援。不过自愿和被调这二者可能有很大的差别：因为他自愿要到上海来，首先要把自己部队的战斗能力夸誉一番，对第六十七军的实际损失就不便说出来，当然也就不能有所请求；如果是被调，则实际上的损失自可全盘提出，所请求补给的一切军需物资，自可垂手而得。但由于吴克仁的急于想脱离刘峙的指挥自愿增援上海，又是仓促向上海转进，而没有得到整顿和补给的机会。

第六十七军到上海后，配备于松江前线，直接受张发奎指挥。此时上海战场战斗十分激烈，双方炮火互相轰击和反复的冲锋，尽日不绝。第六十七军刚一上去，就遭到一次最猛烈的进攻，几乎把军的防线整个冲垮。吴军长曾亲率直属营到前线督战，幸好把突入的敌人消灭，恢复了原阵地。就这第一个回合作战，检点战绩，其损失程度远远超过以前的战斗。在河北高级军官无一阵亡者，此次交锋的结果，吴骞旅长身负重伤，关团长阵亡，下面的伤亡就更大了。

军前进指挥所设在松江城内，白天几乎完全躲在能抗重磅炸弹的掩蔽部里指挥战斗。日机整日不断地空袭，所投下的炸弹没有太大的，其目的为扰乱我军的补给线和麻痹指挥系统，以便利其第一线的进攻。战斗的进行越来越激烈，空袭亦越来越频繁，吴军长虽知前线危殆万分，也不能出去督战，只好在掩蔽部里的电话机旁指挥战斗。他几乎是不眠不休，喉咙嘶哑，仍在不停叫喊，常是那两句话：“与阵地共存亡，违令者杀头。”他的部下也总算对得起他，都坚持到了最后，没有在他们手中失掉阵地。

当他听到他的亲密战友旅长和团长们阵亡的消息，口里虽说：“马革裹尸，死于捍卫祖国的战场上，乃吾辈军人最光荣的归宿。”可是他眼里却情不自禁地流下泪来。

三　松江——昆山

由于第六十七军誓死坚守阵地，日军几次猛攻，均未得逞，乃转其凶锋于其他的方面。11 月 5 日夜，张发奎来电令第六十七军放弃松江，自行突围，向昆山撤退，并告知敌第十军 3 个师团在金山卫登陆，已突破守军防线，向我包抄过来，并切断昆山的通路。但敌人的兵力，只占领了几个重要据点，对我之包围圈尚未形成，我军如能集中兵力冲其薄弱部分，自可安全撤退。自从这次通话后，张发奎即撤往昆山。吴军长听到敌人已抄后路，再在原阵地坚守已不可能，随即电令第一〇七师师长金魁璧、第一〇八师师长张文清自行组织撤退，目标为昆山。

由于第一线的不守，指挥系统完全陷于紊乱之中。松江城挤满了由前方溃退下来的散兵游勇，各部皆有，谁也指挥不了谁，又加上大家处在包围圈内，每个人都企图逃脱被包围的厄运，就更加不听指挥了。吴军长初期还想掌握军直属营，掩护军部指挥人员冲出重围，但到后来发觉直属营已溃不成军，想集中一个连的兵力也无能为力。且前方的敌人越来越近，时机紧迫。最后，仓仓卒卒只集中了二三十名战士，刚出街就有不少人失掉了联系。原因是彼时天上星月皆无，黑暗异常，行走不便，加之街上日军特务充斥，随便鸣枪，常有被流弹击中殒命者。当吴军长到达松江通往青浦的要路口时，只剩下军参谋长吴桐岗、参谋处长吴锡凯和从第一线退回来的旅长刘清源，还有几位参谋和军长的两名副官，士兵也不过十余人了。吴军长开玩笑似地说："我们这些人，比当年曹操败走华容道时，还要狼狈得多！"

1937年秋季，不仅华北多雨，上海附近也同样多雨，所有沟渠小河里面水都是满满的，除公路外其他地方都是泥泞多水，不易通行。松江通向青浦、昆山的公路的第一个交通要点是一座木桥，第二个要点是佘山口(隘路)，路两旁地形复杂，第三个要点是新开河上的大桥(已被敌机炸毁两处)。前两个要点已被敌人控制，目的在截断我军的退路，尤其是我军重武器和车辆的撤退。由新开河大桥至松江城的公路上几乎摆满了车辆和重武器(各种火炮和机枪)，后皆为敌所获。

吴军长面对敌人的第一个火力封锁的要点，回顾众人说："怎样排除桥对岸的封锁?"刘旅长当即接言道："由我率几名弟兄，用火力将敌机枪火力压制住，你们可趁机冲过桥去。"吴军长未加思索当即同意了刘的建议。这十余名士兵的武器有两挺轻机枪、七八支冲锋枪，其余均为步枪，刘旅长手中的武器是长嘴手枪。他们利用黑暗的掩护爬向桥去，大约越过桥之一半即为敌发觉，对方的机枪开始扫射起来，刘旅长高喊杀声冲向敌人，终因敌方火力过猛，又未弄清敌火力点的位置，结果白白地送掉了最后的一点兵力。更令人难过的是眼睁睁地看着刘旅长的阵亡，谁也没有冲过桥去！

见此情景，大家都没作声。过了一会，吴军长开言道："我们再等一等，看看别人是怎样过去的？是否还有别的道路可走?"陆续向这条道路跑来的散兵却有不少，他们一看到敌人的封锁，无心再肯和敌人战斗，便纷纷逃到别的方向去了。看到这里，吴军长觉得既然大家不能集中力量用硬打的手段突过去，只有分头寻找敌人的空隙，潜出敌人的包围圈去！于是，他对我们这些随行人员下令："从现在开始，大家各自行动。最好是一两个人在一起，自寻出路，尔后在昆山集合。”我因是军长的随行参谋，要求和军长同行。他说：“我有两位副官同行已经够了。你会游泳，河流阻碍不了你，赶快把大衣脱掉，游泳突围去吧，到昆山赶快找着贺副军长（贺奎），请他尽快地把撤退回去的部队迅速集中起来。”我问：“军座打算怎样突围?”他答：“我准备令副官去找小船，从别处渡过河去。”因此，我不便再要求和他一道突围了，因船小人多，对军长的行动也不方便。

于是会游泳的人都把大衣脱掉，有的把较重一点的武器也投于水中。吴锡凯处长更为利落，竟把手表和钢笔一齐抛掉。别人问他这是为何？他答：“万一被俘，免为敌人认出我是军官。”

初期，我们几位会游泳的人尚协同一起寻找敌之空隙，由于夜暗和路不熟悉，渐渐的都失散了。我游过许多没顶深的沟渠、小河和一条宽百余公尺的新开河，首先到达昆山。

据突围回来的士兵说：于拂晓前后看到吴军长和吴参谋长已脱离松江和青浦到达新开河附近，正在寻觅渡河中。估计时间，如果真的在拂晓前后到达新开河，则下午必能来到昆山。然而我们几度去戒严司令部探询，均无消息。是日傍晚，我遇到第一〇七师赵参谋，得知第一〇七师金师长和邓玉琢参谋长也在新开河乘船过渡时遭敌伏击，两人均跳入河中。金师长为善游泳的参谋用绳子拖上岸来；邓参谋长却因负伤过重沉没于水中。与邓一同葬身河内者，还有两名参谋。

吴克仁和吴桐岗之死，由今看来是同样死于敌人的机关枪扫射而沉没于新开河。只因和他们同道的人无一生还者，故当时无从肯定其生死。抗战初期，敌人利用吴克仁的下落不明，曾以他名字命名伪军的部队番号，企图诱骗抗战不力的将领向其投降。一般不明真相者，也误认为吴克仁没有死而投降了敌人，蒋介石也明知没有这回事，可是他却既不辟谣，也不表彰忠烈，竟漠然置之。

抗战末期，吴克仁阵亡于上海的事实，才渐渐为人们所了解，可是时过境迁了，谁还理他这一档子事？遂令这样一位坚决抗日并以身殉职的军长，落了个不明不白的下场！

全国政协文史资料委员会编：《文史资料存稿选编：抗日战争》（上），中国文史出版社，2008 年版，第 582—585 页。

关于第六十七军吴克仁军长之死

刘多荃[①]

东北军第六十七军于1937年，在上海参加对日作战中受到很大的损失。战役结束后，关于该军军长吴克仁将军的下落，一时传说不一，有的说吴克仁率部投敌，有的则说是已英勇战死。总之，非降即死。后来对吴克仁率部投敌的说法，似乎得到了澄清，但吴克仁是怎么样死的，仍然是一个谜。笔者于1939年在江西上饶顾祝同的"第三战区司令长官部"里，遇见一个名叫王公予的人，其人是国民党的嫡系，陈果夫手下的一个角色，当过国民党江苏省政府的民政厅长，他主动同我谈起吴克仁将军的事。因为这件事当时东北军系统的人都比较关心，所以王公予的这段谈话我还记得很清楚。王公予对我说："吴克仁将军是一位好军人。我（王自称，下同）在1937年冬逃避兵灾，途径松江遇着一条深水河流，因不会游水而不敢强渡。当无可奈何之际，看见有几位军人抬着一块不大的门板，亦拟渡河。我便赶了过去，但互不相识。我试着询问了一下，才知道为首的便是第六十七军军长吴克仁将军。吴问及我的情况，我因急于逃命，所以也就毫不隐讳地把自己的姓名、身份全告诉了他。吴说：'这里有一块门板，给你先用吧。我们军人打了败仗，已经很对不起你们，再先顾自己，那就更对不起人了。'结果，我因乘救命门板渡过了深水河，得以活了下来，而吴克仁将军自己却因徒涉致死，所以我对吴将军是深为感念的。"

笔者听过之后，便将王公予所说的这段事向顾祝同谈了，顾当时对笔者说："你可把王公予所说的关于吴克仁之死的这段话写下来，由我转给重庆军委会。"

---

① 刘多荃，原东北军将领，1933年起任陆军第一〇五师师长，七七事变后任第四预备军第四十九军军长。——本书编者注。

看顾祝同当时的表示，好像很愿意为吴克仁恢复名誉的样子，但事后顾是否向重庆军委会打了报告，我就不清楚了。

据我的判断：当时第六十七军战败后，部队里可能有少数野心分子，打着吴克仁军长的旗号收容余部，壮大声势，以做为投向汪伪的资本。汪伪当时也确曾以吴克仁的名字命名伪军部队的番号。这样就给国民党蒋介石集团提供了造谣吴克仁将军率部投敌的所谓根据。其实是降是死，蒋介石集团是清楚的。他们之所以这样造谣，无非是发泄对东北军因西安事变时扣蒋的仇恨罢了。

1949 年笔者在香港见到张发奎，我们也谈到吴克仁的事，张也说吴克仁并未投敌，对于蒋介石集团为什么要造出这样的谣言，张同我的看法相同，即扬言吴克仁投敌，是蒋介石集团对东北军别有用心的诬蔑。

全国政协文史资料委员会编：《文史资料存稿选编：抗日战争》(上)，中国文史出版社，2002 年版，第 580—581 页。

五　空军作战

淞沪会战中的中国空军[①]

王 倬[②]

一 抗日战争前扩编空军

抗日战争前，国民党在南昌将各种老式飞机拼凑成两个轰炸队，专门对付共产党。1936年蒋介石50寿辰，掀起全国性的“献机祝寿”运动，向美国买了霍克Ⅲ式驱逐机100架，在各省市举行命名典礼。加上广东陈济棠的垮台，广东空军全部飞到南昌，集中待编。这时成立了一个南昌军区空军司令部，由毛邦初任司令，陈卓林为参谋长。扩编驱逐第三大队，由广东人蒋其炎任大队长，所用飞机很杂，有美国的波音、意大利的弗埃脱、英国的阿姆斯脱朗、德国的容克47式等。第四大队由高志航任大队长，航校二期毕业生李桂丹为二十一中队长，黄光汉为二十二中队长，毛沄初为二十三中队长，各分队长均由三期毕业生担任。队员系四、五两期毕业生，六期为见习官。这是一个清一色的航校毕业生班子，也可说是蒋的空军基干部队。第五大队大队长是广东人丁纪徐，副大队长马庭槐，由航校二期的刘粹刚为二十四中队长，胡壮如为二十五中队长，分队长及队员均系航校毕业，使用的飞机与第四大队一样，全是新的霍克Ⅲ式，而所辖的另一个二十八中队，除有一个分队长雷炎是航校三期毕业的广东人（旅美华侨）外，其余均系原广东空军，所用的飞机是老式的霍克Ⅱ式。

轰炸部队成立了一个第二大队（轻轰炸机），由孙桐岗任大队长，所属第二十中队用的是广东原有的德制亨格机，其他两个中队用美制诺斯落泼机，飞行人员

---

① 本文标题系本书编者所加。

② 王倬，淞沪会战时任国民政府空军第五大队第二十四中队下属分队长。——本书编者注。

及轰炸员均系航校毕业。另外一个重轰炸大队，大队长是航校一期毕业生(后留德)，也是蒋介石御用飞机的驾驶员徐焕升。这个第六大队的主力是美制马丁式重轰炸机 6 架，其他是意大利的肯白落尼式飞机。另有 20 架美制低空攻击机，编为第七大队，由刘超然任大队长，石友信为副大队长，飞行员及射击手均系航校毕业生。其他有少量的侦察机编入轰炸队担任陆空联络、空中照相等。以上这些兵力，在抗日战争中为保卫领空，打击侵略军，曾起了一定的作用。

二 空军节的由来

1936 年西安事变后，国共第二次合作，实行全民抗战。1937 年 8 月 4 日，毛邦初担任空军总指挥，在空军战士抗战情绪高涨的影响下，开始对日抗战布防：第四大队驻钱塘江口的笕桥，第三大队驻南京以东的句容，第五大队驻扬州机场，成三角形布局，准备迎战来犯之敌。

8 月 14 日清晨 2 时，蒋介石在南京亲自用电话命令驻扬州的第五大队说："汉奸黄濬向日军密报我军即将封锁长江，在长江中有敌舰 50 艘正向东逃跑，你们大队应立即将预备油箱拆下，每机挂上一枚 500 磅炸弹，于拂晓前追击，全部加以歼灭。对已驶进吴淞口、在黄浦江内者，不准炸。"当时我将命令复诵完毕立即报告丁大队长，准备作战。

当时青年战士们摩拳擦掌，情绪沸腾。3 点 30 分由二十四中队长刘粹刚率机 18 架进行追击，留一个中队担任驻地警戒。整齐的大编队，仔细搜索前进，东方刚出现一点曙光时，在吴淞口外的白龙港口发现敌舰一艘，正在逃窜。队长下令变换队形为梯队，俯冲垂直投弹。第二架梁鸿云副队长的那枚炸弹，正中敌舰尾部，黑烟直冲云霄，立即下沉，其他各机的炸弹均先后在敌舰周围爆炸，在完成任务返航时，只见敌舰的桅杆顶部露出水面。这是中国有史以来空军建军后的第一次胜利，因此定每年 8 月 14 日为空军节。

当天上午 9 时，毛邦初亲自驾机来扬州机场，对取得的胜利表示满意，并要求再次派机前去侦察巡逻。下午梁鸿云副队长又率机 3 架在上海市上空巡逻，忽被早已躲在云层中的敌侦察机 1 架偷袭，本人被击中 5 弹，座机亦受伤，但仍安降虹桥机场，急送宝隆医院救治，终因伤势过重，不治身亡。他是抗日战争中，为国捐躯的第一个空军战士。

三 沈崇诲、任云阁撞沉敌舰

笕桥航校每天升旗的时候，总见到旗杆座上用紫铜制成擦得很亮的标语："我们的飞机和炸弹与敌人的兵舰阵地，同归于尽！"切实能做到的，也大有人在。

1937年8月中旬一个清晨，驻在广德机场的第二大队奉命出击即将入侵吴淞的日本兵舰和部队。十一中队分队长沈崇诲请战，他是清华大学毕业后投考空军的，入三期轰炸科，毕业时名列第一。平时总以尽忠报国自勉。当日愉快接受任务，偕六期毕业的轰炸员任云阁，驾驶双座轻轰炸机诺斯落泼，率机6架，飞至长江口，发现敌舰，即下定决心，绕道浦东，急命后座任云阁跳伞离开飞机，在我军阵地降落，以便自己用生命、飞机和炸弹与敌人的兵舰同归于尽。但任云阁坚决表示要与前座的老师同生死。在这一刹那的紧急关头，沈崇诲开足马力，推下机头，穿过敌人高射炮火，带着800磅的一枚炸弹向敌舰猛撞，把敌舰炸沉。两位英勇的战士换来了无法估计的代价，显示出中华民族不可侮的气节。6架掩护的驱逐机，俯冲下去向两位烈士含泪告别。这一壮烈的事例给空军全体战士一个生动的学习榜样，以后拍了一部电影《铁鸟》，就是叙述这段真实史迹的。

四 阎海文杀身成仁

阎海文是航校六期毕业生，在我们二十四中队当见习官。从开始抗战那天起，他天天盼望接受任务去痛快杀敌。

1937年8月中旬的一个早晨，指挥部命令中队即刻派机6架，各带500磅炸弹一枚，轰炸上海天通庵日军司令部。本来每天出任务的名单和飞行位置，都写好在黑板上，因为他"翅膀"较嫩没有排上号，他等得心焦，不断请战，甚至流下服泪，不得已允许他飞我的2号僚机。

到达目标上空时，敌人猛烈的高射炮火像放焰火一样，震动着我们的机身，但丝毫没有影响我们的杀敌决心，6架飞机的3 000磅炸弹全部击中目标。但阎海文的飞机被高射炮打掉一个翅膀，他及时跳出飞机，一个白色的降落伞在敌阵上空飘荡，给敌人准备了围攻的机会。他选择在天通庵公墓中降落后，卧倒在地，伪装死去。敌兵一排逐渐迫近，快到身边，他立即抽出自卫双枪左右开弓，当场击毙敌兵7名，在其余敌兵接近时，他举起手中枪，对准自己的太阳穴射出最后一颗子弹，杀身成仁，不愿做俘虏受辱。

他英勇地表现出中华民族的伟大气节，非但受到全国人民尊敬，即使敌酋第二天在汇山码头向全体海军陆战队训话时也说："过去在日俄战争时，大和民族勇敢不怕死的精神安在？现在已被中国的沈崇海、阎海文夺去了，这值得我们钦佩。对这个英雄，我现在命令用我们大日本帝国的海军军礼进行海葬！"后来特派军舰一艘，在阎海文遗体上覆盖着两国国旗，驶往黄海礼葬。这虽是敌酋用来鼓励他们士气的一种方法与手段，但阎海文的这种士可杀而不可辱的献身精神和民族气魄值得我们骄傲。

五　日本木根津航空队惨败

日本军国主义者曾自夸，要以南可威胁新加坡、北可轰炸海参崴的木根津轰炸队，在3小时内消灭整个中国空军。可是这个轰炸队在1937年8月中旬首次袭击杭州笕桥时，率机迎击的我空军第四大队长高志航右臂中弹，仍奋勇杀敌，分队长乐以琴一口气击落敌机4架，创造了一次战斗中击落敌机最高的纪录。这一仗把敌人的嚣张气焰狠狠地打了下去。

当时被俘的日本飞行员说："你们是有美国人帮忙作战的。"高志航能讲一口流利的日语，用自己脖子上的围巾牵着俘虏到机场，让他们亲眼看到中国的飞行员雄赳赳地走下飞机，没有一个外国人，敌俘惊恐信服。我们的战士还按照优待俘虏的政策，既不骂也不打，还把全国人民慰劳空军将士的桔子、苹果等分送给他们，替受伤的俘虏包扎、治疗。虽然语言不通，战俘们为了表达他们的内心感动，拿起笔写了4个字——"非常丁重"(非常感激的意思)。

六　扫射立足未稳的日军登陆部队

八一三淞沪抗战一开始，敌人早有准备的海军陆战队用19艘舰艇，在吴淞、张华浜、蕴藻浜一带强行登陆。我空军指挥部派驱逐机18架，前往低空轰炸、扫射。

到达目的地时，太阳刚从东方升起，我们绕道浦东，利用太阳照射、敌军不易瞄准的有利条件，擦着黄浦江的水面由东向西横扫。我们每架飞机的两边翅膀下挂着12个延期3秒钟爆炸的杀伤力小的炸弹，加上大小机枪各一挺。每个战士怀着满腔怒火，睁大了眼睛，左手拉炸弹环，右手按着操纵杆上的机枪钮，同时动手，对准了立足未稳，在码头附近慌乱的敌军。手起弹落，浓烟四起，人腿马头满天飞，整批的敌军纷纷倒下。这时长机来了一个 90°转弯，由北向南又是一阵直扫，使敌人头也不敢抬。不到一小时，我们第二批低空攻击机 20 架接踵而来，由吴淞向杨林之敌攻击，这时他们已有所准备，成了陆空大战，双方互有伤亡。估计敌军伤亡在 1 000 人以上，我军第一批毫无损伤，第二批损失攻击机 5 架，死伤 11 人。这个胜利果实，给敌人来了一个"下马威"。

七　大世界炸弹案真相

关于上海大世界的炸弹案，过去有许多传说不符合事实。现就我所知，略述真相。

1937 年抗战初期，指挥部得到情报，有敌人航空母舰一艘在大戢山洋面（钱塘江口），即派第二轻轰炸大队飞机 6 架各带 800 磅炸弹一枚前往袭击。到达该洋面时，敌舰已逃无踪影，返航时途经上海市跑马厅（现为人民广场）附近，其中一架由祝鸿信分队长驾驶的飞机，发动机稍有减速情况。后座的轰炸员雷天眷，四川人，原在吴淞商船学校轮机科肄业，1932 年日军侵犯淞沪，学校被炸毁，乃投笔从戎，考进航校学习轰炸，专攻投弹和射击。这时他追忆往事，复仇心切，又痛恨上海这个帝国主义冒险家的乐园和跑马厅这个赌博和剥削的场地，于是没有得到机长同意，顺手将那颗比人还高的大炸弹轻轻一拉，一点偏差，竟使无法统计的同胞血肉横飞，死于非命。

当时如果把真实情况公布，人民将对空军怀恨，对蒋介石不满，乃由中央社发布了一个不真实的新闻，伪说我们这架轻轰炸机，在执行任务时，被敌人高射炮火击坏炸弹架，不幸造成此重大惨案，并对受害者进行慰问，办理善后、抚恤以聊民愤。当天蒋介石电责第二大队长孙桐岗治军不严，记大过二次，撤职留任，戴罪立功，以观后效；轰炸员雷天眷押解南京，交军法严办。以后这个肇事者坐班房，直至我军派机 3 架由徐焕升率领前去东京散发传单时，才由毛邦初、王叔铭等向蒋请求予以宽大，准雷随机前往，戴罪立功而获释。

八　"夜猫"吕基淳英勇报国

吕基淳，河北人，原是北京志成中学学生，航校三期毕业，为人勇敢机智。抗战开始不久，日本木根津航空队大部被消灭，敌人在白天不敢出动，只好利用晚间偷袭，因为在黑暗的夜空，不易被发现，可以减少损失。

1937年9月中旬的一个晚上，敌轰炸机2架来南京夜袭，吕基淳一马当先，立即升空寻找目标，其中一架尚未到达南京上空，即被吕击落焚毁，另一架见势不佳，调头逃窜。吕基淳像猫儿见到老鼠一样，紧追不舍，追至丹阳东边，又将敌机击落。因此大家送他一个名副其实的绰号“夜猫”。

他非但晚上立功，在白天也英勇善战。一次在太湖西边，他率机4架与敌机5架遭遇，在数量上、质量上我军都处于劣势，但吕基淳一碰上就打下敌机一架，他自己的座机也被打得千疮百孔，臀部中了子弹，鲜血直流，他仍奋不顾身地冲杀，敌机不支逃走。当他凯旋返回南京机场准备降落时，座机的起落架已放不下来，油量也将耗尽，迫降在机场内，飞机翻了一个身，但人是安全着陆的。救护车开到机旁，他走出坐舱，飞行衣上、降落伞上流满了鲜血。送他到中央医院，经医生查看，子弹由臀部射入，弹头仍在膝盖骨旁未穿出，必须先施麻药后动手术取出。当时他很自然地走向手术台旁的小扶梯，将腿往上一搁，抽上一支香烟，不慌不忙对医生说：“不用打麻药，你给我开刀就是了。”医生不允，他坚强而轻松地说：“过去关云长请华佗刮骨疗毒，还要找一个人陪他下棋，我用不着这一套，请动手吧！”医生用刀子划开皮肉，钳出子弹头，他自始至终在说说笑笑，好像失去了痛的知觉。可惜这位英雄战士在武汉的一次大空战中，虽取得了空前胜利，也顺利完成了报国复仇的心愿，但却壮烈牺牲了。

九　刘粹刚三个月中击落敌机7架

刘粹刚，东北人，航校二期的高才生，技术高超，是高志航的得意门生，脾气也很像老师，耿直、勇敢、刚毅。担任第一任二十四驱逐中队长，平时训练学习时，一丝不苟，认真负责，严格要求，对自己更严。例如在空中拖靶实弹射击时，有半数以上的人命中率达到100%，他自己只有93%，他虚心请教，继续钻研，连饭也不回去吃，直练到弹无虚发才回队。

自八一四中国空军第一次出击，他就身先士卒，率领大队机群，炸毁敌舰，立下第一功，以后在短短3个月中连续击落敌机7架。最出色的一战是1937年10月中旬一天上午10时，敌人以最新式的96式战斗机到南京上空威力侦察，耀武扬威故意做些特技来挑衅。刘粹刚不畏艰苦与危险，单机应战，战斗不到两个回合，他以娴熟的飞行特技，很快转入敌机内圈咬住敌尾，一排清脆的枪声，火光一起，敌机化为灰烬。

1937年11月上旬，八路军向山西平型关挺进，来电要空军协同作战，约定时间是晚上8时整。刘粹刚接到命令，要派出6架飞机，但人员不够，乃从邻队中抽调3人，下午3时亲自率队飞洛阳，加油待命。那天气候恶劣，能见度只有400尺，按常规是不能飞行的，刘认为这是国共合作，团结抗日，一致对外的战斗，再困难也要执行这个任务。于是在蒙蒙细雨中，飞向目的地，按时到达平型关附近。这时水天一色，又加灯火管制，陆空联络没挂上钩，认不清敌我位置，既不能扫射，又不能投弹，恐损了自己人。经几个圈子的侦察飞行，无较好办法，只得返航。经山西高平县上空时，有半数飞机油将耗尽，不得已乃下令迫降，自己在空中盘旋着注视僚机的迫降情况。在伸手不见五指的情况下，他连人带机撞进了高平县的城门楼里，壮烈牺牲，闻者无不痛悼。以后将昆明空军军官学校附设的子弟小学改为粹刚小学来纪念他，由他爱人许希麟任校长。

《20世纪上海文史资料文库》编委会编：《20世纪上海文史资料文库》，第1辑，上海书店出版社，1999年版，第358—365页。

八一四空战亲历记

龚业悌[①]

抗日战争时期，我是国民党空军第四大队第二一中队副中队长。参加了中外皆知的八一四空战和其他多次战役，虽然事隔多年，但往事历历，犹如昨日。

1937 年八一四空战时，我是高志航大队的飞行员。高志航是辽宁人，是东北空军最早的飞行员。九一八事变后，东北空军合并到国民党空军，高任国民党空军第四大队队长。第四大队还有好多飞行员也是东北人，他们都怀着打回老家去的决心，所以在空战中打得非常英勇。

日本在 8 月 13 日猝然进攻上海，激起了全国人民的愤怒。空军第四大队在 8 月 14 日由周口调防杭州，刚到笕桥机场，正遇日本飞机来袭，高志航马上命令迎战，于是八一四空战就这样爆发了。

我为怀念高志航等人当年奋勇杀敌的精神，特将八一四空战情况，追述如下：

敌我情况

参加这次空战的空军第四大队的前身是抗战前一年（1936 年）10 月从国民党中央航空学校毕业的第二期至第六期的学生中挑选出的 10 个人组成的驱逐队，包括二期李桂丹（队长）、刘志汉（副队长）、三期谭文（分队长）、四期王远波（分队长），队员有五期乙班张效贤、苑金函、王恺、刘署藩，五期甲班刘哲生，六期一班龚业悌。同年底改称二十一中队，又调来六期一班王文骅、金安一，六期二班司徒福、李宿光、韩参，和新成立的二十二、二十三两中队合并为空军第四大队，是当时

① 龚业悌，淞沪会战时任国民政府空军第四大队第二十一中队副中队长。——本书编者注。

驱逐队的主力部队，第一任大队长是高志航。

进行这次空战的地点笕桥，是杭州东郊的一个小市镇，因八一四空战而驰名中外。空军第四大队全部是用美制柯蒂斯、霍克Ⅲ装备的。这种飞机是单发动机，时速227公里。发动机内装有带协调器的由三叶螺旋桨间隙中发射子弹的大小卡而脱机枪各一挺；机身下可载500磅炸弹一枚，两翼下可载18磅炸弹八枚。实际上是一种俯冲轰炸用的强击机，而不是作为空战用的战斗机。因此，在抗战期间，四大队担负的任务不只是驱逐敌机，还兼有俯冲轰炸和强行侦察（威力侦察）的任务。由于这种飞机具有用途多、火力强大和续航时间长（四个半小时）的优点，当时在对日抗战中，中国弱小的空军发挥了它的作用。

七七事变后，四大队未与日机接触，处于备战状态。后来有一次曾得指示由二十一中队每机装载18磅炸弹8枚待命轰炸上海、汉口的日本租界地和停泊在汉口江面的两艘日本军舰。可惜轰炸未成。据闻国民党行政院泄密，日舰掳我一客轮与军舰并行，顺流东下，逃出吴淞口。

7月中旬，日本空军飞机400架调到台北待命，企图威胁华南袭击各重要地区。7月底河北战局吃紧，日机大举轰炸天津和保定。宛平（包括卢沟桥）、大沽相继失守。这时空军第四大队和第九大队曾去支援华北战场。

8月7日，四大队飞机28架飞达周家口。不料8月13日晚日军猝然进攻上海。这时，上海派遣军特设航空队所属的木更津航空队（此时已移驻台北新竹机场）、鹿屋航空队、第十一、十三、二十一、二十二、二十三航空队；第一航空队的“凤翔”、“龙攘”航空母舰和所属第二航空队的加贺航空母舰，还有该派遣军直属的第三飞行团所辖的五个独立飞行中队，数量数倍于我，性能也略优于我。

13日晚，驻广德的空军第二大队、驻扬州的第五大队和笕桥航校暂编混合大队曾出击日军。十四日晨二大队的诺斯罗普轻轰炸机由驱逐机掩护出发，轰炸上海日本第三舰队、杨树浦码头和该处登陆日军登陆部队。下午，日军采取报复行动，派遣飞机轰炸笕桥机场。恰在这时，四大队奉命由周家口移防杭州，先敌赶到了笕桥上空，截击了这批敌机，发生了这一次激烈空战。

激战笕桥

8月14日，空军四大队接到移防杭州的密令，下午一时李桂丹队长即率二十一中队9架飞机飞离周家口机场，随之二十二、二十三两中队也先后起飞。当时天气异常恶劣，江浙一带阴云密布，间有雷阵雨。飞过芜湖，进入山区，能见度更坏，气流也不稳，飞机在烟雨迷蒙中颠簸摸索。幸而李桂丹对杭州地形熟悉，中队改成纵队，用超低空跟踪飞行躲过雷雨，沿着山沟逶迤前进。经过两个多小时的艰苦飞行终于安抵杭州上空。由于飞机油量都快要用完就冒着滂沱大雨，紧急降在笕桥机场。正待停机加油，突然紧急警报响了，原来驻在台湾新竹机场的日本海军鹿屋航空队三菱轰炸机越海来犯，刚从南京赶来的高志航大队长，当即下令："飞机不要停车，一半起飞警戒，一半加油待机出击。"并以布板信号指示适时赶来的两个中队，留在空中截击敌机。李桂丹当即率四架飞机（分队长谭文、队员柳哲生、王文骅、金安一）起飞离场。分队长王远波、队员张效贤、刘署藩和我停在停机线上等待紧急加油。高志航正好得到由二十三中队队员飞来的他所驾驶的飞机，立即升空指挥，痛歼来敌。当我和其他三架飞机还没加油时，突然间从云缝里钻出一架敌机，投下两枚炸弹后东逃，我即猛然推开油门，第一个起飞向东追击。正好敌机在我上方，我喜出望外，当时求战心切，呼啸一声猛拉机头，准备瞄准后向它射击，不料飞机刚起飞加速不够有失速感觉，只好赶快减少飞机仰角，按正常角度爬升。敌机也在争取高度，这样一边爬升一边紧追，不觉追到硖石，眼看将要到手的猎物，在 2 000 米高度就要钻入一簇白云中。我心急如焚，紧扣着两挺机枪的扳机，向敌机喷吐出一连串仇恨的子弹，从发烟弹所指示的情况判断，敌机尚不在我射程之内，我失望地眼看它没于如絮的白云之中。我随即爬升到 3 000 米，飞到云海上，我想只要它在云隙中一露头我就一定把它击落。万没想到正在我满怀希望追逐时，发动机突然停止转动，没有油了。我赶紧向回转 180°，对正机场方向，向下滑翔，很幸运，在这段空间没有敌机发现我，否则我就会被他们击落接近地面时，飞机也正好滑进了机场，停在机场中央。我焦急地等着有车给我送汽油来以遂我杀敌之意。但是机场上由于被炸，一个人也找不到。我真是急得要冒出火来。只好向飞机厂棚跑去找油。这时空中正展开着追击战。高志航起飞后爬升到 3 000 米云层上，四面索敌，不见敌机，因想到轰炸在云层上无法瞄准射击，必须在云层下找目标，随即找个云隙下降。在云缝中和分队长谭文会合，很快发现了敌轰炸机，马上加快速度追上去，迅速开枪射击，击毙了敌机枪射手。而后毫无顾虑地逼近敌机紧扣扳机喷射出四挺机枪的子弹，敌机应声着火下坠，机上有人跳伞，飞机坠地，所载炸弹，轰然爆炸烈焰上冲一百多米。这是击落的第一架敌机，高志航首开纪录。

李桂丹升空后，觉得笕桥云层过低且厚，不易发现敌机，就领着柳哲生、王文骅两架僚机飞向乔司机场上空。乔司机场又名甫明机场，是为纪念赵甫明在一·二八淞沪战争期间的一次中日空战中英勇牺牲而命名。他们在搜索中，也是怀着为赵甫明报仇的夙愿。就在这时，他们突然发现右前方有一架涂满棕黄墨绿迷彩的双发动机双尾翅的日96式轰炸机。他们三人联合，居高临下，先发制人，机枪怒吼向日机轮番攻击。敌机也不示弱，后座机枪手不甘坐以待毙，拼命还击，但终于敌不住我三个人猛烈火力，中弹着火，坠毁于乔司机场附近，为赵甫明奉献了最好的祭礼。

这时，留在空中巡逻的其他两个中队，也在到处搜索，追歼敌机，各有建树。二十二中队分队长郑少愚在钱塘江畔上空打垮了一架敌机，其他敌机也被连续击落两架，由于敌机没有预料到四大队会从华北的战场上不远千里南调，回防杭州。他们在遭到我们围歼痛击之后，都纷纷逃窜。

这次空战历时三十分钟，以日机被击落六架，我机在空战中无一伤亡而结束。可惜的是根据情报，来犯的敌机是十一架，因下雨云低，敌单机乱飞，在云中时隐时现，我们只能像捉迷藏一样在云缝中去捕捉，才能把找到的敌机打下来，寻找不到的就被它跑掉了。如果天气好，敌机编队来，凭着我们那种义无反顾的精神，是可以一鼓作气把它全部消灭掉的。还因为到达杭州晚了一点，油不够用，所以和我一同起飞的王远波、刘树藩两架飞机起飞后即油告尽而停了车，只好迫降。刘树藩因飞机被树挡住震伤不治身殉。他是东北人，久怀痛击日本侵略者，打回老家去的大志，不料大敌当前，未死于空战，却因求战心切丧生于起飞油尽的失事之中，真是“出师未捷身先死，长使英雄泪满襟”。

再战笕桥

八月十四日，四大队在出发前估计可能住宿有问题，每人准备了一个行李袋，一只装衣物的小箱子，放在各自的飞机座后的整流罩内，因仓卒应战，大家都把这些东西带在飞机上打了一个胜仗，这在世界空战史上恐怕也是少见的。傍晚，攻击队飞曹娥，因被雨阻迫降笕桥。人员增多，食宿未做准备，只好吃些饼干喝点汽水充饥。晚上拿出行李铺在办公桌上和地板上，都和衣而睡。由于蚊子太多又不时有电话铃声吵闹，一夜不得安枕。惟胜利的喜悦占据心头，精神仍觉振奋。八月十五日，天尚未晓即起身。攻击机在晨曦中飞去曹娥。五时，已奉命每机载一千磅炸弹，拂晓轰炸停泊在温江口外面的敌航空母舰“龙骧号”，不料正装挂炸弹准备出发时，空袭警报响了，时间是五点半，只好摘下炸弹，准备迎敌。

敌机这次是以三菱双翼 89 式轰炸机来袭，四大队以霍克 3 二十一架飞机迎战。高大队长指定我当他的僚机。我们一同跑步回去上了飞机，他发现他的飞机汽缸在昨天攻击敌机时被击中三弹，暂时启动不了，他跑过来，命令我把我的飞机让给他飞。我迅速帮助他把飞机发动，他就立即起飞，其他飞机也跟着他离场升空，飞向指定空域集结。

不久，首批敌 96 式轰炸机九架，成 V 字队形，从西南方向带着沉重的炸弹向笕桥机场飞来。这天，笕桥上空云层仍然很厚，云高约五百米。敌机是从云下飞来的，极易发现。高大队长发现后，立即跟踪追击，一直深入火网，将其领队队长击落。我当时正站在停机线上，目睹着跟随这架领队飞机的两架僚机，像无头苍蝇似的慌乱地掉了队；其余六架由第二分队的领队带领继续从西面窜入机场空地上空，仓皇投下炸弹后加快速度向东逃逸。这时我们有六、七架飞机，尾随追击，机枪齐发，像放鞭炮一样，把它们打出机场。离机场不远处，有四架敌机先后被我击中，燃烧下坠。余下两架，由二号僚机领着从南向北摇摇晃晃地打算重新进入机场，立即又受到我机攻击，也都毫无例外地中弹燃烧，掉在场外，轰然爆炸，浓烟上冲。空中飘着两顶白色降落伞，吊着敌人，摇荡着下降。

九架敌机在不到半小时的时间内，就被我全歼。这场战斗，打得干净、利落，就像进行一场实战演习一样。在场上目睹的人都欢呼跳跃，欣喜若狂。

李桂丹率领的二十一队，在云下低飞巡逻索敌。忽然发现一组编队的日机，就立即展开攻击。他率先冲入敌群，但未能将领队击落，只一架起火燃烧。另一架敌机可能自知不妙，拚命钻云，柳哲生立刻包抄过去向敌机猛烈开火，敌机冒烟钻入云层。柳哲生正拟回航迎击另一敌机时，飞机汽化器被击中，被迫降至乔司机场；接着又受到六架敌机轰炸，幸未受伤。以后检查飞机共中十七弹。李桂丹这时又发现另外三架敌机向曹娥方向逃去。他猛拉机头加速追了上去，在距敌机三百公尺时，把瞄准具对准敌机领队，紧扣扳机，四挺机枪齐发，日机被击中，坠向曹娥江口。另外两架日机见势不妙，加速逃跑。李桂丹穷追不放，日机钻入云中，他就在云层边缘向前追赶，伺机歼击。这时，他发现二十三中队分队长郑少愚在他左下方追赶一架日机，他翻下去助战。日机上下翻腾躲避，李、郑两人冷静接敌，见日机进入射程，就连续射击，敌机中弹当空爆炸。

这次空战共击落敌机十余架，凡被我发现和追得上的敌机，都全被我击落下来。我机一无损失，只高志航在进入敌火力网时，左手掌受轻伤入院治疗。这是继八一四后，连续取得的又一次更大的胜利。

八月十五日上午笕桥空战结束，下午大队十八架飞机(另外三架飞机于十六日修好后再飞南京)奉令由李桂丹率领飞南京，在南京大校场机场降落。日本木更津航空队96式陆上攻击机二十架由大村航空地出发，第一次来空袭南京，这个航空队已是四大队两次空战中的手下败将，它绝没有料到竟然会又在这里狭路相逢。真是不是冤家不对头，于是又展开一场你死我活的厮杀。经过一场激烈的战斗，敌机经不起我机凌厉的攻势，丢下五架飞机的残骸和三十五具尸体，败下阵去，我机一无损失。四大队又赢得了保卫南京的首次空战的胜利。

在抗击日军入侵的三天里，空军其他部队在保卫城市领空和出击作战，都取得和四大队一样的丰硕战果，三天空战，中国空军共击落日机三十余架，得到全国各界和最高当局的函电慰勉和嘉奖，八月二十五日中国共产党毛泽东主席撰文指出：“……所有前线的军队，不论陆军，空军和其他地方部队都进行了英勇的抗战，表示了中华民族的英雄气概。中国共产党谨以无上的热忱，向所有全国的爱国军队、爱国同胞，致以民族革命的敬礼”。给予我们很大鼓舞。

四大队到九月二十二日一直驻防南京，参加南京的保卫战，轰炸上海敌前阵地、军舰、仓库、码头；掩护轰炸机去海上轰炸敌航空母舰和军舰；参加多次空战，共击落敌机六十余架。高志航、李桂丹、刘粹刚、乐以琴、郑参愚、吕基淳、梁添成、柳哲生等每人击落敌机的架数，都在两架以上。我在八月十九日击落日机96式轰炸机一架于广德，机上一人断臂，两人被击毙，两人被生俘。在九月二日击落敌水上双翼双座战斗机一架于上海江湾。这几次空战，基本上消灭了日本木更津航空队。

血洒碧空

每当回顾八一四空战的时候，我深切地怀念高志航、李桂丹大队长和其他英勇牺牲的同学们。

两次空战，高志航大队长厥功至伟。高是辽宁人，中学毕业后，投笔从戎，被选到法国留学，学飞行技术。他是九一八事变前东北军中最早的飞行员之一。一九三二年调空军第二队，一九三六年调任空军第四大队大队长。他立志驱除日本侵略者，为收复家乡东北而献身。在每次战斗中，都表现足智多谋，骁勇善战。高志航这次伤好出院后，去南京与刘辉刚、黄泮扬、袁葆康，悉心研究，用霍克Ⅲ击落敌96式驱逐机的战术和方法。结果连续击落敌96式驱逐机多架。使敌人闻风丧胆。一九三七年冬以功擢升为空军驱逐司令，曾几次为苏联志愿队E—16战斗机中队领航，从兰州飞南京参与南京保卫战，深为当时苏联战友赞佩。不幸同年十一月在经周家口加油时遇敌机空袭，在地面起飞前被敌机炸中，光荣牺牲。

在历次空战，李桂丹的功绩是值得赞颂的。他是东北人，早年弃学，入陆军军官学校，后转入笕桥航校二期学飞行，他满怀对日本侵略者的深仇大恨，立志为救亡图存而献身。毕业后留校任教，一九三六年任二十一队队长，深孚众望。三次空战均率先迎敌，击落敌机数架。在驻防南京保卫上海的日子里，每战必亲自领队，屡立战功。一九三七年任第四大队副大队长。高志航牺牲后由他代理大队长，不幸在翌年二月十八日在武汉空战中，率五架飞机首先冲入敌群，被敌击中而壮烈牺牲。

八月十九日二大队分队长沈崇诲(航校三期同学)在轰炸长江口日舰时，因飞机发生故障，冒烟下坠，但他毫无惧色，猛撞日舰，与敌人军舰同归于尽。

八月二十一日，五大队队员阎海文(航校六期一班毕业)，在上海空战中着火跳伞落入敌阵，敌人喊“抓活的”！他举枪射杀了前来缉捕的几个敌人，剩下最后一颗子弹，饮弹自杀。敌人被他的英勇行为所感动，将他入殓掩埋，并为立碑，上书“支那勇士之墓”。

一九三八年四月十九日四大队队员陈怀民(航校五期毕业)在武汉空战中受伤，然后猛撞日机，竟与日本飞机同归于尽。

还有九大队队员李文韶(航校六期二班毕业)轰炸上海杨树浦敌阵，腰部中弹，肚肠外露，他忍着剧痛，手蘸鲜血，在飞机玻璃风挡上写下：“还我河山”，四个字后，壮烈牺牲。

在民族存亡的关头，这些勇士们没有吝惜自己的宝贵生命。他们的爱国行为，正如中国共产党当时赞许的那样：表现出中华民族的英雄气概。

沈阳市政协文史资料委员会编：《沈阳文史资料》，第2辑，沈阳政协文史资料办公室，1982年版，第129—139页。

保卫京沪杭纪实[①]

(1937年8月6日—1937年9月21日)

龚业悌[②]

一九三七年八月五日　星期四　天气晴、阵雨

昨天,一般演习堪佳,惟仍有许多违背战术原则的地方,大队长略加讲评,还须待顾问点评,大约到明天便可听到。

今天本预计要作三机成队作地面射击给顾问看,可是因为保管飞机乏人,便算中止。

昨午后,白崇禧由桂林过此飞京,谒委员长于军校官邸报告一切。闻刘湘、龙云等亦将于九日由蓉飞京,蔡廷锴入京请缨抗日。

平汉津浦两路无战事,日方正赶修筑工事,预调大军增援。日军费浩大,财政已自起恐慌,将在朝鲜、台湾增税。中英达成协定在伦敦发行中国债务二千万镑(约合国币二万万六千万元),用以整顿中国内债。

一九三七年八月六日　星期五　天气阴雨

高志航大队长飞周家口,那儿算是我们战时驻防的飞行场,场地还算好,我们决定明天前进到那里。

---

① 本文节录自龚业悌著《抗战飞行日记》——本书编者注。

② 龚业悌,抗日时期中国空军第四大队飞行员、分队长、副中队长,参加著名的"8·14"上海大空战,取得骄人的战果。

一九三七年八月七日　星期六　天气阴雨

今同，南昌是天气晴朗，阳光和平日一样强烈。

上午，决定出发前进到周家口机场；将所携带的东西都从住处搬到机场。

十二时二十五分起飞，告别了这令人留恋的城市，向北直飞。五十分钟后，我们便越过长江和许多岗峦丛翠的山，这里天气逐渐阴沉，雨云四布，一会，暴风雨相继袭来。我们仍奋勇前进，忘记一切危险，从云的缝隙中去找我们前进的路线。绕过一大片浓黑的阵雨地带，结果，我们迷航了。

迷途，是飞行中最可怕的，我们只好向西飞，遇到铁路再回头沿平汉线南下，时油已罄，于是在大雨滂沱中，迫降在许昌机场，机场满是积水和泥泞，有两架飞机落地后翻过去，幸人无恙。下午一直到近晚时分，我们都在泥水中推飞机。将每一架飞机停到停机线上。

晚十二时才在疲惫中糊涂入睡。

一九三七年八月八日　星期日　天气阴雨

据悉，已有 16 架飞机到达周家口机场，下午五时许，高大队长飞驻马店，投下通讯袋发出命令：限地面人员八日晚到达周家口。

许昌是一个野外机场，一切设备都很简陋，幸而，昨天驻在这里的攻击机队的机械士数十人帮助我们。今天，他们又来把我们两架陷在泥里的飞机翻出来，并进行修理和检查。到下午，我们已有八架飞机可以飞起来。

队长的飞机，因为翻过去，尾翅破坏，要有较长时间修理才可起飞。我们不能等待，一方面怕敌机来轰炸，我们将无法应付；一方面是怕航委会有任务分配，于是决定冒险飞起来。当我们开车滑行时，便有三架重陷在泥里，稍停，又滂沱大雨，终无办法，只好放弃前进的打算。

晚上，我们很担心，嘱场长想办法派一连人来场警戒，我们便涉过水道到一个农校去安睡一夜。

一九三七年八月九日　星期一　天气阴

我们住宿的农校，隔飞行场不过三四百米，早上，我们又涉水过来勘测机场边的场地，看是不是有能供我们起飞的地带。

近午，我们得知周家口机场可以降落，而且大队长昨晚得电报知道我们在这里，也飞来决定带我们下午飞到我们所要到的机场去。

一点多钟，天有微雨，我们相继冒险以短距离利用一段稍好的场地起飞。在我们起飞前，第九大队队长领六架“许来克”机迫降在这里，他们是奉命由蚌埠飞往襄阳，不料到襄阳后，因机场水深不能降落而四散了。他们一共有两中队飞机都迫降在附近各机场。飞三十分钟我们就到了周家口机场，这里的场地出人意外的好。晚上，我们宿在附近一个村落里。

一九三七年八月十日　星期二　天气晴

这里和许昌一样，也是一个野外机场，而且在我们来以前是没有飞机在这儿降落过，设备简陋，不可能容纳战时的几个飞行中队。在这里，除两个油库储有两千箱汽油，一所房屋，容纳先我们一小时来的第十四队的飞行人员居住而外，场的附近便没有可使用的房屋，我们重新找到的住处早晚来回到飞机场，都得步行十余公里的乡村野道。

虽然这机场是这样的不适于战时应用，但我们一大队都得奉命驻在这里，在我们国家空军早创的时期，设备简陋、生活很辛苦是在所难免的。

今天，我们轮值警戒，分三班：一预备，一正式警戒，一休息；一班一中队，一中队一天。在这里的，因二十三队在前天迫降驻马店，到今天因飞机损坏而没有回来，只我们两中队，于是我们明天便是轮到正式警戒了。

一九三七年八月十一日　星期三　天气晴

我们所住的村子里的房舍，叫王庄李斋，屋主很富有，因这地方不安宁，已搬到城内去居住了。我们来，这些房子恰巧容下了我们一个大队的人。这里很幽静，有假山，有葱茏的绿荫，尤其在傍晚和深夜，犬吠鸡鸣，凉风习习，别有一种不同的雅趣。

早上，我们经过乡道，到机场警戒，将飞机都滑到场子的四周，原因是避免敌人轰炸和起飞容易，一天的时光我们都消磨在株守中。

九队老斯洛勃机五架来，他们在七号那天是一同和十四队出发的。因天气太坏，便折回广德原防，今天才重来。

通讯机由南京飞来周家口传达命令，限十二日晨全部出发南京。

一九三七年八月十二日　星期四　天气晴

早上，由乡道步上飞行场，一路鸟语啁啾，清新的露滴从灌木林的密叶上落下来，沾湿了我们的衣襟。

飞行场的四角，今天已搭起草黄色的帐幕，有椭圆形的，有四方形的。大概是每中队一个，是给机械士们居住的，因为飞机放在场边，以便于他们工作。

这里没有无线电设备，就是报纸也见不到，关于国情及前线的战况要想得到是异常困难的。下午，近晚的时分，十一队全队来，才由他们那里得知，海演曾有两艘日本巡洋舰为我鱼雷击沉；汉口市日侨民已全部撤出。

上午大道机来周家口接高大队长去南京，午后三时开发飞南京。近晚，高大队长又由京飞返，命大队仍留周家口。

三时，我们因得到京、沪、杭一带敌机活跃速南飞的命令后，拟即起飞，大队长自京归后，第十四队匆促起飞去了。大概是去代替我们的任务吧，所以我们便留下了。

一九三七年八月十三日　星期五　天气晴

晨八时，我们本想走，每人都准备一礼拜应用的东西，有装被褥的保险伞一个，装衣服的小皮箱一只，都放在飞机座位后面的整流罩内。大约是去长兴，因为有些地面人员在昨天下午乘“道格拉斯”运输机走了。可是，到了时间我们并没有走成。

午后三时，运输机由南京载器材去汉口，并接命令须将飞机上的副油箱卸下装上炸弹架。大队长奉命又飞南京，但因故障落在武汉，当夜宿汉口。

当日，日军在上海向我闸北地区进犯，我守备部队八十八师奋起还击，八一三抗战从此爆发。

一九三七年八月十四日　星期六　天气晴

今日是我们大队的最光荣的纪录开始的一天，也是中国空军最光荣的胜利的一天。

上午，我们还在乡野的周家口飞机场里。下午，我们奉命飞向杭州。从飞行开始到晚上，天气都极其恶劣，我们经过艰苦的飞行才在茫茫的烟雨中降落在笕桥机场。110降落不久，听到有敌机来袭警报，又都立即升空警戒，只有我和另外两机实在没有油了，便停在场边等待加油。杨一楚走过来站在我的座舱旁，告诉我上午他们掩护担负轰炸任务的飞机轰炸上海的情况。正谈话间，一架日军96式轰炸机从云里钻出来向机场飞了过来。敌机仓皇投下两枚炸弹，放在机场空地的两桶汽油被炸中起火燃烧，敌机投弹后向东逃去。我立即驾机起飞尾随追击，一直追到硖石，眼看敌机即将钻入浓云之中，我即扣动扳机向它发射一连串机枪子弹，可惜距离太远射程不够，未能将其击落。

敌机进入云中后，我即驾机攀升至云上寻找敌机，意想如果敌机在云缝里一露头，我一定将它击落。可是，敌机再也没有飞出来，而我的飞机因长途飞行过后尚未加油，油已用尽，发动机停止转动，我只好靠滑翔，迫降回机场，情形是很危险而侥幸的。

被空袭后的机场上，见不到人影。我降落后急于找机械士加油，竟一个也找不着，我心急如焚。和我一同起飞的分队长王远波起飞后即油告尽而停车，因处理得当安全迫降。刘署藩起飞后油尽停车，迫降时飞机撞在一棵大树上机毁人亡。

当时，杭州笕桥上空雨云密布，云高仅500呎，能见度很低，敌96式重轰炸机9架无法编队，各自在云中乱飞寻找空袭目标——机场。我们大队也只好分散，像捉迷藏一样在云中寻找敌机。当我从迫降地点返回棚厂时，一架敌机由3000呎上空着火下坠，随即有一人跳伞。我们大队长高志航和我们中队里的谭分队长驾机追踪下来，敌机坠地时所载炸弹即轰然爆炸，火光上冲百米。后来到晚上统计一共击落敌机四架。高志航首开纪录。

一九三七年八月十五日　星期日　天气晴

昨晚，攻击队由蚌埠飞曹娥，因天气坏，都落在这里，落地时间已经是黄昏了，二十七队一机与二十二队一机相撞，幸未伤人。晚间，因人多地狭且零乱，睡不安稳，惟有胜利占住心头，可稍快慰。

大队经过昨天一次纷扰后，除降留在周家口的两架飞机外，只剩可飞的二十一架了。我们临时编制，高大队长指定我是二号僚机，三号梁添成，四号赵茂生，五是信寿巽。

今日，天未晓即起身，攻击队已在晨曦中起飞曹娥。我队准备每机载一千磅炸弹，全队出发轰炸敌航空母舰，可是当我们正准备载挂炸弹时，敌袭的警报来了，那时是五时半。

我们飞机上的汽油、机枪子弹都于晚间补充装配妥当，听警报后大队长领着我跑上各自的飞机准备开车起飞，可是大队长自己的飞机因昨天攻击敌机时被中三弹，汽缸穿破，不能飞行，于是便命我将我的飞机给他飞。我匆忙帮他开车，飞走。大队长起飞后，所有飞机都起飞，笕桥空前的空战便从这时开始了。

敌机来自宁波方向，从场西南角进入，队形九机V形。大队长当即深入火网，将其领长飞机击落，两架僚机像无头的苍蝇掉了队。敌即以第二分队领队，领着第三分队，共六机向场中进发，我机在后追击，一直至该队将炸弹仓促投下，仍未将其击落，这时我正站在停机线上，看到我们的飞机以一串串的流弹发射到敌机上，心里高兴极了。以后这些被击的飞机都相继在空中燃烧下坠，我们更乐不可支了。另外敌两架僚机从南向场直进，但他们还没进到机场时，便被我们的两架飞机追击焚毁坠于场边，有两个飞行员跳伞，被我方俘获。我们看得极其清晰，我们全场的人都欢呼若狂了。

以后，又有飞机被我击落，这纪录我们无法计算，大队里负伤的仅大队长一人。

近午时分，我们大队奉命全部调南京，虽然这里敌袭的警报还频频传来。

下午三时二十五分，校中都走避一空，只剩我和王远波分队长两人，我们的飞机都因破坏不能飞，敌机九架正在这时来了，我们伏在壕沟里看他们安稳地通过，掷了炸弹来毁坏我们辛苦经营的母校，我们心里悲愤是未曾有过的。幸这次轰炸弹落空地，没有造成损失。晚上，我们寓城中。

我们欣悉：敌木更津航空队二十架飞机空袭南京，这批飞机是由大村航空地出发的。被我方击落五架，毙敌三十余人。

一九三七年八月十六日　星期一　天气阴

晨起四时起身，乘汽车与王分队长及杨一楚至西湖饭店接柳哲生同行。刚上汽车，敌袭的警报发了，便叫汽车司机加速度向学校开行，在中途用手枪迫两机械士上车，为我们开车，因为校中人皆躲避一空了。

因为猎获敌人的心太切了，机上的蒙布以及摇把，都放弃不要，温度表上的示度，仅在36。左右便起了机，升到5000呎，在空中巡逻，希望敌人就出现在我眼前就好。天昏暗、多云，远处的东西很难辨别，无意间到乔司机场，那儿有三个弹痕，两个落在两架好克旁边，一个在甫明纪念塔的附近。回头看学校方面的一隅，也是极其萧条，回想昔同，心底不禁凄然。已而，他们两机都同时起来，大约又绕过二十分钟的光景，未发现敌机，便决心飞到南京去。

向南京的一角，天气极坏，我们飞绕至太湖附近，途中极力注意索敌，由吴兴向西飞时，忽然发现前面有一架敌机在攀高，似乎对于我们要有什么行动。于是，我们急飞到领队的前面做记号，领队示意加速追上去，可是当我们在紧张地接近时，我们发现都是自家人，才坦然地挥手道别。

过长兴，我们又发现不少的飞机，可是都不是敌人，云仍是很低，沿公路才到了南京。

在机场我得悉，我们大队昨天到这里，又有过一次激烈的空战，来袭的敌机有的被驱逐狼狈地逃回去，被击落的一共有四架，击伤的无法调查。得悉沿途又被我友邻部队截击共击落击伤日机十一架，使敌精锐的木更津航空队折损过半。

大队长伤右臂住杭州广济医院，我们大队大队长战务由王天祥代理，我们的飞机加油后，他便领着我们二十一、二十二两中队飞到汉口。

在赴汉的途中，天气极坏，我们是沿着浩瀚的长江西飞的。到达汉口，进城到冠生园用午膳，那算是几天来所用的最完备的一餐。休憩两个小时以后，又搏斗在飞赴周家口的途程中。这次航途中，天气的恶劣，远过于上两次航程中所遇到的，云低暴雨，百尺之外不见人，于是我们低飞、低飞环绕又环绕，经过极艰苦的奋斗，才回到我们预定的场地降落。

今天总计飞行九个小时，航程一千四百余英里。晚膳前，我们特为刘署藩的殉职致哀，他是我们队里殉职的第一人。他 1916 年 11 月 13 日出生于辽宁开原，当日与我一同等待加油，又一同起飞追击日机，不幸起飞时油尽停车，撞在一棵大树根上，以致内出血而身亡。

一九三七年八月十七日　星期二　天气晴

今天早上天还没有亮，勤务兵即来叫要准备起飞南京，于是匆忙的整理行装。七时半，天气极不好，云低兼有微雨，因得知南京的天气放晴，也就冒险起飞了。

在烟雨迷离中，我们苦斗了好久，有时低飞仅数十尺，幸而是平川沃野没有险峻高山，一无危险，二十分钟后，云上略见有白光，即盲目穿云而上，才得重见蓝天。这时，我们的快乐，真不可支。我们所取航路是经过蚌埠，顺铁路南飞一直到达首都。

从蚌埠经过时，留心到机场还留有二十余架飞机，都是带黄色的，不知是哪一队驻在那里。

到首都的航程中，天气一样的迷蒙有乌云缭绕，莫辨前路，幸而山不高，路也不远，不久就安全地降落了。在大校场机场降落后，没有休息好久，便又飞到广德，那仅仅是一个短程的飞行，时间不过四五十分钟。

二十三队已早我们到了那里，我们共同进餐，饭舍之好，是我们自出发以来未曾有过的，我们精神都觉得非常的好。

我们的每架飞机上挂上了十八公斤（公斤为千克的旧称）的燃烧弹六个，二十五公斤的破裂弹两个。饭后，我们便起飞，一共五个分队，我跟谭分队长，在最上面一层，轰炸的目标是上海日本兵营。过太湖后，云极低，我们总在1000尺以下飞行，一个多钟头以后，我们这有威力的队形已展现在上海的北郊了，我们预计到兵营上空后即俯冲将弹投下，180°向后转再转向西边回来，因为兵营是在敌阵线内，敌阵线以北是我们的军队，向北我们可以避免敌人地面炮火的攻击，向西正是我们回归所应取的航路。这样的到前线上来执行轰炸敌阵的任务，在我们中队还是第一次，队里的同伴一个也没有领略过前线对敌作战的滋味，更没有看过企图击落我们飞机的无数的敌高射炮炮弹，在我们队形的周遭不断地迸爆发出的一团团灰黑色的浓烟，所以我们心中都有些微的恐惧，一种说不出来的滋味。虽然我们每个人的心都是愤懑的。

我们所轰炸的目标兵营附近的上空，笼罩着极多浓厚的白云，好像敌人临时施放的烟幕一样，蒙住我们的视线，因此，我们只好一面攀高一面从云缝里寻找我们的目标。

没有好久，我们发现有很多的黑圈在我们左右、上下同时爆发，声音很响，有时竟可使我们的飞机在它爆发的气流中跳动。在这时，我没有顾到，假如让我们的飞机遇到，会给我们造成多大的损害，我很相信，这高射炮弹的威力仅只能在我们的心理上造成一点胁迫，讲到它的效力则是微不足道的，在欧战中我们从没有看到过高射炮击落过多少的飞机。因此，我只紧紧地跟随我们领队。由于这些高射炮手们一颗颗的炮弹的指示，我们的领队毛瀛初队长才发现这云层底下，正是我们所要寻找的目标，我们正是按顺序的穿云俯冲下去，不管云是多么扑朔迷蒙。

在云中，我们感觉操纵极困难，因为白茫茫，我们对我们自己同伴们和长机都失去视察的能力，只能估算保持原有的固定位置向下俯冲，我们没有相撞那真是幸运极了。不一会，出云了，我们应该感谢那些敌人的高射炮手们，我们俯冲下来的地方一点也不错，是高大的楼房，是敌人巩固的营垒，于是，我们都将所带来的全部炸弹都投掷到底下的敌巢中，我们真高兴极了！

我们轰炸的目标很多的地方都燃烧了，当我们脱离北飞时，敌高射炮还远远地投射为我们送别的一颗颗流弹呢！

我们逃出高射炮的重围，是各自向不同的方向脱离的，在淞沪的北郊，我开始和我的领队会合，在我和他集结时，我发现他机翼下还有七颗炸弹挂在炸弹架上摇摆着，我指给他看，他告诉我，他打算把它投到前面的江中去，但他没有投，他示意叫我独自回来，他大概想降落到附近的机场去。

我于是拨过机头脱离他，开始和另一架飞机接近，那便是王分队长，王分队长告诉我，我左边有一颗炸弹也未投下去，我很抱歉，当投弹时我曾很仔细地想过，我投弹的总拉手已经断了，左右拉手须在投弹时各拉四下才可将八枚炸弹全部投下，毕竟在当时就疏忽了。以后，我只好将这颗炸弹投在太湖里。

在归途中，我们都遇到同去的同伴，我们都很高兴的，一个也没少回来，我检查自己的飞机，中流弹四颗，别的飞机上，也都有同样的第一次出征前线的可纪念的弹痕。

下午，第五大队也出发轰炸上海，第二大队老斯洛勃轰炸机也同时出发，轰炸泊于黄浦江中之敌舰队旗舰——“出云”舰，结果，舰受微伤，我同班毕业的阎海文同学失踪，李传谋同学迷途，迫降常州失事身殉，使人伤感无已。水镜磬同学同机，幸免于难。

几日来，我总击落敌机三十余架，国人阅讯，莫不欢腾鼓舞，纷纷来电祝捷，并致慰勉之忱，殊为可感，树立了我中国空军在国际上的无上之荣光。蒋夫人并派励志社总干事黄仁霖携慰劳品来场慰劳并亲自巡视一周。

一九三七年八月十八日　星期三　天气晴

今晨，我们起得很早，因为近日来日方宣传上海空权已为他们占有，所以我队又出发轰炸敌阵地，这次去除轰炸外，还带有挑战的意味。

十一点，我们九架霍克Ⅲ起飞直飞上海。云高 4000 呎，我们的高度，领队是 9000 呎，我是在最高层的一个分队，高度在 13000 呎，蔚蓝天色一望无垠。

我们在苍茫的云海上飞抵上海，想找一个云洞穿云下去。云层的厚度达 2000 呎，很难找到空隙。可也太巧，正在日租界上空发现有一个可隐隐约约看到地面建筑物的云洞，当我们围着云洞飞绕时，一颗高射炮弹在我们下面爆炸，我的领队看得很清楚，便领着我们迅速地朝着云洞俯冲下去，我们由 13000 呎高空一直俯冲到距地面 3000 呎才把炸弹全部投下，炸弹虽不大，但数目可观，单指我们小队里投下的就有二十四颗，这是足可以使敌人胆寒的。炸弹投下以后，我们就是轻松的战斗机了，正好执行争夺上海制空权的任务。我们在战地上空耀武扬威地飞绕了20分钟，始终没有发现敌机，便欣然地飞返南京。

据悉八月十四日我袭击上海，发生如下不幸消息：二期同学第五大队二十四队副队长梁鸿云，当日上午九时随大队长丁纪徐率领的八架霍克Ⅲ轰炸敌舰，下午二时又随队长刘粹刚率领的三架霍克Ⅲ出击上海日军，遭敌七架战斗机围攻，被击落于沪郊二十公里处殉国。

本期同学，第二大队九队飞行员任云阁，同日轰炸上海日舰，俯冲投弹时，被敌地面炮火击中阵亡。

一九三七年八月十九日　星期四　天气晴

今天，队长李桂丹率领分队长吕基淳、王文华，分队长王远波率领金安一和我共六机向广德飞行，目的是掩护第二大队到花鸟岛轰炸敌航空母舰。

我们这次没有带炸弹，完全担任掩护，比较轻松，近午时分，我们起飞了七架老斯诺勃(Northlop)轰炸机，我们以每小时140哩的速度跟随，高度是12000呎，天高气爽，万里无云。我们为避免上海敌人发现我们，便绕过南汇，费时一小时又五分，由南汇至花鸟岛只四十余里，当我们飞离海岸向茫无涯际的海洋进发时，那山头隐约可以辨认。

飞二十分钟，我们看到老斯诺勃机已飞在一群敌舰的上空，将炸弹拉下，这时，我们高出他们近4000呎，很冷，我们都靠氧气维持我们正常的呼吸，我们主要是寻找企图攻击我们的敌机，所以只顾向周遭上下巡逻，弹着，我们很难看到。

在归途中，我们看到很多的舰只南北相对行驶，是不是敌人的，我们无法去辨认舰上面的旗帜，我们都互不相犯的错过，好像是在人行道上，陌生人们相遇一样的平凡。

从海上飞回广德，刚降落到广德机场，老斯诺勃机又都相继起飞，原来是有敌袭警报，我们也跟着起飞，到空中去巡逻，但一无所获。队长便领着我们赶回到南京去参战，在归途上，很可纪念的，我开始击落了我追击的第一架敌机。在正向南京正确的航向飞行时，我没有忘记索敌，我开始向四周探视搜索。我对击落敌机，每天晚上有很多的梦想，因为我曾亲眼看见过我的很多同伴在空中击落了他们追击的敌机，而我几天来，一架敌机也没遇上。

我一面跟队，一面下视，我发现在两个山的峡谷里的田野间有一架大飞机的机影。这时我的高度是在4000呎以上，太阳在我的左上方，我为好奇心驱使，想寻找这投影飞机的真形所在。便回头向左上方看，但左上方是一片青青的空穹，一无所有，于是我回头到原来的方向下视，很惊异的发现那是一架双发飞机，正在山涧里，低空飞翔。

于是，我加足油门，冲到王分队长前面去，告诉他我们底下已发现一架可疑的飞机，便翻身俯冲下去，一直朝它后面突进。离它还有1000呎高度便脱离，蹿升到他的右上方，这次，我没发射我的枪弹，因为，我发现他满身涂色和我们的攻击机无异，我恐怕我们的飞机有新近涂过这种颜色的而被我错击。

我很欣喜，一切都与我所疑相反，那正是我所切盼发现的敌机，两翼及机身上缀有鲜红的太阳国徽，我的速度是超过敌机的，这时，它似乎已觉察到我对于它将有极不利的行动，于是它降低它的高度到100公尺以下，两边的山林把它夹着，它的速度总在160哩以上，我便随即转弯从它尾后俯冲下去，在和我相同的高度及机头正对它的尾翅时，便改平，我的飞机因俯冲所得的速度已达250哩，虽然我在转弯时被拉下的较远，可是以我和它相差的速度去追踪它，那算是极易的事，我跟它低飞不久，我甚至要关闭我的发动机，才不会和它相撞。

这时，我已完全飞在它的涡流里，我飞机的安定完全要靠我在操纵上迅速的改正，才可以维持。高度渐渐的低，我已看见敌机上的机关枪手已站起来，向我观望，但是，那只可能是徒然的观望，他和我之间还有两个直尾翅和横尾翅以及它的尾巴，他没法发射他的流弹，使之无害地通过它的尾巴而来伤害我。

我很高兴，我是在捉弄他，我迅速将已关的发动机又重复开开，更接近他一些，当我在接近的一瞬间，我开始瞄准他左边的发动机，拨开左边大枪的扳机，射出一串流弹，渐渐我又将瞄准点移到驾驶员座位上去，当我正想发挥我的最大火力时，我猛然发现我要和他相撞，于是我急即向左拉开，向上钻升着，我一边拉开，一边下视，我几乎发狂，我瞥见他机上我所击的发动机冒烟了，机身慢慢地滑下去，摔落在稻田中，尾后拖出一道很显明的泥沟，机头撞在前面的树上转过来，右翼全碎了。机上的两个人立即跑出来，向两边逃逸，我便又侧俯冲下去，但是，我并没开枪，我不想伤害武装完全解除而狼狈逃逸、不久即可被俘的敌人，我的目的，只想对于这架飞机的特点看得更清楚一点。

我正攻击这架敌机时，王远波分队长和金安一也跟来在上面警戒，金看敌机中的人跑出来，曾下去开枪扫射，敌人逃跑离开了这架敌机。

以后我们放弃这架飞机，我集结飞在2000呎时，又发现一架同样的飞机在我们队形的左下方，我做记号告诉领队，回头再找时，便看不见了，于是我们便解散，各自寻找。这时队长不了解我们的意思，追来命令我们回去，我们在空中无法通话，记号虽然看得清楚，可是总难懂的，为此，我们都急得格外心烦。自这次以后，我们深深地感觉到机上无线电的需要了。

回到大校场，飞机都起飞了。听说敌机今天分五架一队来袭，共达四五十架。于是，我们急速命机械士加油起飞，我和王队长两人又在空中自由巡逻两小时多，怪兴奋的。

一九三七年八月二十日　星期五　天气晴

今天得悉，昨天被我击落的敌机，坠于广德白水塘方场之水田中，机已焚毁，机上一人被俘，左臂已被击断，其余二人已死，二人逃亡缉捕中。

上午，驻广德第二大队副队长孙桐岗自广德来，带来被俘敌人一符号，圆形，上缀一朵梅花、二个飞机，里面有“冈村宗之丞”等字样，是否为被俘者之名，很难忖知；还有三个护身符。队长嘱将这些东西保存起来，写好文字说明，将来好送陈列馆陈列（编者注：以上这几样战利品先后在中国人民革命军事博物馆及中国人民抗日战争纪念馆陈列）。

下午，马丁两架载炸弹六枚，到上海轰炸泊于黄浦江中之敌旗舰“出云”舰，到达时，被敌驱逐机五六架包围攻击，弹落舰旁。回来检查飞机油箱座舱均多处中弹。

晚闻扬州被炸，滕茂松在地面被炸死。我击落敌机四架。二十二队黄可强在广德空战中阵亡。

一九三七年八月二十一日　星期六　天气晴

日来，我各处抗战，均获胜利，全国民众，倍极欢腾，尤对我空军表示有无限爱戴厚望之忱，贺电纷来，令人兴奋，又有惭愧无能，不足图报之感。

广德第二大队都来上弹，全体出发，轰炸敌兵营，战果尚不详。

因几天飞行时间都在八九小时以上，疲倦已极，所以开始分班警戒，以便调剂。上午我们轮到休息，我和王远波分队长及金安一到城中游览。

首都，我离开已两年多了，城市建设有明显进步，但市内繁华则已非昔比，受战争影响，街衢冷落，商业萧条。

一九三七年八月二十二日　星期日　天气晴

今日，上海日军强行登陆，我飞机十八架载弹由大队长领队飞往轰炸，但，任务未克达成。原因是我们尚未达目的地，第二、三小队即受敌驱逐机袭击，我队形因后方无防御能力即被散开，散开后在空中激战好久，他们的飞机大概是十余架，灵敏性较我们好。

结果，大队长王天祥、队长郝鸿藻及阮模群均失踪，但上午有一可喜消息，即乐以琴分队长昨日在沪与三架日机缠斗，击落敌机一架，自己飞机被焚，跳伞得救。

晚八时，有敌机三架来袭，因探照灯及高射炮得力，弹皆落于郊野，我夜间警备飞机闻报准备起飞，旋受命中止，令人焦急已极。十二时，敌机又来，但弹又落郊外。

一九三七年八月二十三日　星期一　天气晴

今天，我飞机十四架又重复轰炸敌兵营，九机任轰炸任务，由李桂丹队长领队，五架任警戒，由刘粹刚队长领队，七时半起飞。我因腹疾，未同去。

结果和昨天相仿，我们由崇明岛方向背着太阳光进入时，即为敌机从中冲散，任轰炸者除两小队达到任务外，其余均掷弹于江中，参加空中战斗，是役，刘粹刚队长击落敌机一架，李队长和范金函失踪。

晚宿新生社，至安乐酒店，悉李传谋于十五日轰炸上海迷途，迫降常熟机场，再起飞时失速下坠，机毁身殉，心底凄然。

连日有阎海文同学失踪，任云阁中弹牺牲，殷沛被击落，我们应该不要忘记为他们复仇。

晚十二时，敌又来袭，未投弹。

一九三七年八月二十四日　星期二　天气晴

敌三艘航空母舰泊吴淞口外，105 架日机全部出动，炸我，阻止我登陆的守军，伤亡极大。

今天已悉，前日失踪的王天祥大队长及阮模群同学因负伤在沪就医，郝队长弹伤右臂，稍慰。

晚六时，消息传来，敌军由飞机及军舰掩护，在宝山强行登陆，总指挥令赖名汤副队长率二机赴该处侦察敌军登陆多少，携炮若干，炮位在何处，在机上以通讯投于陆军司令部。

七时，敌机六架来袭，时明月正由紫金山上升起，地上被照得清朗已极，且机场负责指挥者误为自己飞机，待红讯号发出后，继续发出绿信号，并将落地灯开关一次，使敌看清目标，投弹两次，第一次烧新霍克机两架，道机一架，火光熊熊；予第二次以投弹瞄准机会，探照灯行动似不如前两次好，因敌机系三机一队，照光在敌机进入时仅照射前一小队，后一小队未受灯光之刺射，使得机会照准投弹。

在敌机投弹时，我在机场北端伫立，一切都看得格外清楚，这次一共投下炸弹三十八枚，第一次系燃烧弹，第二次为破坏弹，幸均稍有偏差，投在停机线附近，不然，机场一切建筑均将成为瓦砾灰烬。

从警报来到敌机飞去为时总在四十分钟以上，除临时警戒之飞机飞起来在空追击外，并会同沪上归来的飞机三架共同驱逐，结果吕分队长在句容附近击落敌机一架，另一架敌机亦受创迫降。

敌去后，航空委员会宋美龄秘书长来视察被炸后情形。

一九三七年八月二十五日　星期三　天气晴

昨夜在宝山登陆敌军今晨被我完全歼灭，敌死伤约五千余人，为自开始战争以来所仅有之胜利。

午后“马丁”两架及“汉格尔”三架由“新霍克”及“波茵”掩护至吴淞口轰炸敌军舰，结果，仅重伤一艘敌舰，使敌两舰搁浅，而我则因两种飞机性能不同，不能很好地配合作战，“汉格尔”机竟被敌驱逐机包围击落一架，另一架受创迫降。敌驱逐机一架被我击落。

这结果，一方面使用失当，一方面也是攻击手段的错误，由这奇重的损失，我们应该接受这一次深刻而沉痛的教训。

今日得悉，李队长前日因负伤迫降苏州，感安慰。

敌第三师攻罗店，九大队大队长刘超然率雪来克攻击机 4 架攻击罗店登陆日军。八大队大队长谢莽率亨格尔机三架、马丁机两架助战，航校暂编大队三十四分队分队长周延芳率霍克Ⅱ三架参战，在上海投弹炸浏河、狮子林江面大小敌舰 24 艘，俯冲扫射登陆日军。

空战中击落日机一架。王志恺、张俊才、洪冠民、陈雄基牺牲。

一九三七年八月二十六日　星期四　天气晴

因前日机场被炸情况惨重，使我们不能不将居住的地方迁避到较远的地方去，所以昨日在总指挥训话后，我们的居处被指定为陵园图书馆。

陵园图书馆位于陵墓右下边的一个山岗上，树林葱翠，建筑宏伟，附近风景尤幽雅适人意，晚膳后，我们散步到近旁的幽林里去，一向的心尘，完全被那静穆的山野涤去了。

今日许克机四架来飞，他们昨日近晚受命攻击登陆敌军，因无炸弹，九机两架失踪，其余皆受重创。

夜间，我方追踪敌机至天长境内，击落敌96式陆上攻击机两架，敌机毁人亡，机长大庭弥一郎曹长被击毙(搜出日记一册)。

一九三七年八月二十七日　星期五　天气晴

昨夜，敌机十二架来袭，第一次重轰炸机三架投五百公斤炸弹，第二次为轻轰炸机六架，投较小炸弹甚多，系连续投下，弹着均落于我们所居住的房屋附近，真有点觉得奇怪。白天刚搬家，晚上就来轰炸。

晨，十时，委员长在机场训话，我们都参加。意思大概是说，现在我们已到了民族生死存亡的关头，我们每人应该要负起救亡图存的责任来。这一次战争胜，我们便存；败，我们便要趋于灭亡。我们应该求存，使我们民族国家永远适存于世界，不要自弃，使我祖先数千年来所创造的光荣历史从兹断绝，遗害于我万代的后辈子孙。我们明了这点，所以我们要有为国牺牲的决心，应该不怕死地与敌人战斗。自十四日空军作战以来，前五天有好的战果，在数量上我们损失一架飞机，他们要损失十架，我们死一战斗员，他们要死廿个，这是以一当十的精神的发挥。但后五天的情形却不同了，你们应该要知道这是为什么，这是我们自己有了缺点，敌人已将我们的缺点看破。现在我告诉你们，以后要注意三点，来改正自己，使自己健全起来。一、通力合作，不要各自为战。二、严守纪律，遵听教训。三、战时应作平时看，平时应作战时看。最后，我告诉你们，敌人从昨天起即将倾全国空军的力量来消灭我们的空军，我们应该注意尽力的应战。

之后，刘粹刚、乐以琴、吕基淳、傅啸宇四人以英勇击落敌机甚多，倍受荣耀嘉奖。

队长住苏州教会医院三天，伤势痊愈回来。据述当日轰炸将近目标时，遇敌驱逐机攻击，弹中座舱板，坐垫燃烧，舱板破片散出，刺入腰表皮，同时发动机汽缸亦被打坏一个，即勉强迫降苏州。苑金函亦于当日同时受攻击，左手被弹伤，不能操纵油门，在开始迫降时速度很大，又伤头部，降落后即为红十字会所救护，因地点适在罗店附近，敌在强行登陆，遇其前哨，救护队三男四女全被杀害，被俘后趁看守之敌兵不在，带伤徒步奔跑十余里，遇我军得救，送入苏州医院就医，约一月伤势痊愈。失踪消息频传两日，而结果确悉如此，诚为庆甚。

搜出斧田卯之助复敏子信一封，其中谈到"木更津战死者委实太多了，16日以后死者又在发展"，在天长击落木更津航空队96轰炸机一架，机长斧田卯之助等6人机毁人亡。

一九三七年八月二十八日　星期六　天气晴

今日，罗店陷落，战线已转移至吴淞，敌空军两日在济南任意轰炸，伤我无辜人民无数，残忍无比，令人发指。

昨晚，两次敌袭警报。第一次是八时，我们因前天所投炸弹离我们太近，太危险，于是便在预行警报发出后便分成两批，一批是去陵墓南，一批是去明孝陵。我因听人说，明孝陵有古石洞，是天然的安全避难所，也为好奇心的驱使去了。但，当我们到那儿时，那洞口的石门深闭，任你如何呼唤，不曾有人来开，我们只好伫立门外。

在门外，心里很难受，我们来是为了安全，但是不进洞去，任你藏身在哪一个森林的密处，都是不安全的，甚至这里每一个地方会连我们的住宅都不如。

这一带，即自我们来到这里的一段路上，警卫是极其森严的，原因是何应钦部长也避难在这洞里。虽然，我们知道只要何部长能够知道是我们来，他必定可以容纳我们，可是，既没有电话，又没有别的方法向洞中通话。

幸好，敌机不来，十分钟后警报即解除，我们便回到了原来安居的地方。

中午十二点，第二次警报又来，他们又走，我回想至第一次狼狈的情形，真使我痛心，我不知道深夜里在这黑蜮蜮的山中，他们奔向哪里去，而哪里又是可以使他们避难的地方？我决定不走。我知道他们走与我安睡在床上，安全与危险的程度并不会两样的。

两小时后，敌机仍未来，一切都恢复常态，同伴们在楼上楼下的都悻悻地归来，心里含着愤懑，躺到床上。大概飞行的同伴们，都很愿意英勇的牺牲在空中，不愿平凡的死于地面，由这一种心理反映出来，觉得我们好像是一些丢失卵翼的人一样，指挥者对于我们在地面上的安全，似乎全未顾及。

晚上，睡不安枕，白天，很多的同伴还要和平常一样飞出去，由过去的经验告诉我们，这会要在飞行中有极多的顾虑的。因此，我益发感到在晚上，我们安全保障的重要。

一九三七年八月二十九日　星期日　天气晴

今天一天平静，没有敌人来滋扰，或许敌人已感于过去白天来袭，损失太奇重，而不敢来了吧。

下午四时，黄光汉队长率六机去罗店巡逻，在嘉定飞绕四十分钟，不见敌机，云太低，有微雨，便回来，着陆时已黄昏。五时，赖名汤副队长亦率六机（杨慎贤、李文庠、柳哲生、王荫华、王文骅），每机载二十五公斤炸弹一枚，出发至吴淞口轰炸敌军舰，预定在嘉兴加油，任务完毕后飞杭州，翌晨返京。

第三队同学来，谈悉彭仁忭同学昨晚轰炸上海，中敌高射炮着火，机毁人亡，以身殉国，后座为五甲同学，不胜悲悒。

二十四队奉令拨三机给二十八队在句容警戒同，此地留四机，该队其余人员将全去汉口，杨一楚亦同行。

昨晚，敌未来袭，得一夜恬静的安睡。

今天轮到我们休息，上午进城，城中情形和我们来时一样，所不同的是搬家的增多，大概是感于这两天轰炸的威胁太大吧，可是，商店仍照常营业。

到新生社遇王绶昌，相偕到新新弹子房作弹子戏一小时，便在广州酒家用膳，我们的举动都潇洒豪放。

二十二队出发，轰炸上海汇山码头。

晚上，第二班的同伴们从飞机场回来，他们有三分之一的人又去过上海轰炸敌军舰，大家饶有兴趣地谈一些在出击前线时的战况。

一九三七年八月三十日　星期一　天气晴

早上很迟才到大校场去，假如敌人来袭时，我们将要被陷入困境中了。

我们大队里的飞机，经过半个月的战斗，仅剩十四架了。但，我们每天去机场的人，总超过一倍以上，这未免不是多余的消耗，然而，毕竟没人注意到。

在战时军备的补充，确是极其重要的，在空军强大的国家，每个飞行中队里的常备机数是要被预备机数超过两倍的，我们空军其所以在近两天来特别沉寂，任敌人能在沪南、罗店一带轰炸而不能加以制止，就完全因为忽视了这一点，这使我们又得了一个很珍贵的教训，促使我们以后建军的改进。

我们三中队一共凑起来，今天可以飞的飞机，仅只够一中队的出击，但，我们仍要出发。下午，总指挥周至柔和驱逐司令官丁纪徐来，对我们下达以下的命令：

1. 敌情：正午十二时十分有敌运输舰十艘由花鸟岛向西北行驶。

2. 我军目的：我军有轰炸该舰队之任务，飞机十二架由黄光汉队长率领在三时半出发经南汇咀出海，飞十五分钟于四时四十五分可在海面遭遇敌舰。该队出发时每机携带120磅炸弹四枚，由京至南汇咀途中分V队形，过南汇咀后，成战斗队形，飞行高度9000呎以上，投弹时从4000呎以180°俯冲在1500呎以下，开始投弹，投弹后即集结飞返。

3. 注意点：如未达目标中途遇驱逐机，设法避开，如在投弹时遇驱逐机，则先两分队投弹，后两分队在上空掩护，先两分队投弹完毕后升高掩护后两分队投弹。如出海飞十五分钟后未发现运输舰，即飞往宝山以西、浏河以东、罗店以北之敌阵地投弹。投弹后如遇敌驱逐机，或油量充分，可攻击一次。又若在海面未发现敌运输舰，即任何船只皆可攻击。

命令下达后，并训话。略谓近日空军几次任务均未达成，委员长深不满意，沪战为我生死存亡之战争，诸位应英勇为国，惜时惜物，为国为军争得无上光荣。

我们唯唯，便在三时半，结队出发，一直向东飞行。我属第三分队，领队为赖名汤副队长。四时经苏州，五时二十分至南汇咀，我们那时是中队梯形，小队战斗队形。高度13000呎左右，辽阔的海，张开在我们面前，海面上的一切，都可以看见。花鸟岛至上海的一线，我们并没发现有十余艘舰只在行驶，那儿只有两只像兵舰的白色的船和两艘黑色的船，在花鸟岛那边行驶，在我发现时，我离它至少在十几哩以上，是何国籍，又究竟是不是如我判断的舰种一样，都无法观测和证实，十分钟，我发现泗樵方向有两敌驱逐机在起飞攀高，我示意告诉领队，领队向北飞回避，第一、第二、第四三个分队的都直接飞向那所发现的船那儿去了。

我们分队在海面从去时一直飞到六点十分，没有发现什么舰队，我们在一两艘小船上空飞绕一回便决定回来，因为我们没有看出它是值得我们炸的目标，虽然，命令是任何船只都可以炸。

天渐近黄昏，太阳从血红色的霞云中射出软弱的阳光，坠入地平线，将太湖的水漾得艳红的。

一会,我们飞到太湖上空,此时天堑已垂下可怖的欲雨的暮云,闪电在天边忽明忽暗,我们好像今晚不知要投落到何方去,领队示意将我们所带炸弹都投到湖里。

在夜幕黑暗中航行了一小时,幸而到了南京,于是,我们在灯光下落地,那时已是七点半了。

回到总站,听他们炸过的同伴说,他们曾炸过一艘运输舰,使它重创。但,当梁添成低飞至五十口尺高度察看,他极力证明被炸的是美国大来公司的客轮,不久,船上有电报发出来呼救,证实,这次误炸事件是真确了。

这件事情发生,我们为国家深感遗憾,但按命令执行任务,我们不应该担当什么责任。

一九三七年八月三十一日 星期二 天气晴

据闻敌轰炸机 8 架袭广州,29 队霍克Ⅲ8 架拦截,击落击伤敌机各一架。

陵园加上明孝陵是首都最著称的名胜,紫金山的雄伟俊秀,也都在这一角,下午,夕阳西下,黄昏近晚时,我们总在这胜景里散步遨游。

虽然,这些地方,过去曾经是车水马龙,游人如织,可是在战时就很少有人光顾。白天,偶尔也有一些行迹仓皇的人来往,连一个快意的游人也没有,我们总是踏过陵墓便打从音乐台转回来。

六点钟,我们又匆忙地赶到总站,听总指挥宣布判决昨天误炸美舰的事,一共宣布五点:

1. 不认清目标投弹。

2. 不遵守命令。

3. 不守军纪。

4. 黄队长交军法处审问。

5. 总指挥平日教育不良,应予处分。

我们的感觉是“冤哉枉也”。

8 月 14 日至 8 月 31 同半月来共击落日机 60 架,日精锐的鹿屋及木更津两个航空队至此基本被歼灭。

一九三七年九月一日 星期三 天气晴

据报载,前日误炸美舰系美胡佛总统客轮,弹中舷旁,伤旅客数人,美政府曾向我政府提出严重抗议。我曾向美致歉意,并负责赔偿。美又宣布当局视此事为战时之寻常事件,并不愿采取什么其他行动。

敌机昨日六架轰炸广州分校,我廿九队及时驱逐,当即将其击落两架,我分校损失甚微。同时广德也被炸,一敌机俯冲过急没有拉起来,焚坠棚厂中。

今日雪诺德上校讲"夜间飞行及投弹"一小时,我四、五两大队混合编制训练,计合成为一大队,隶二十一、二十二、二十三、二十四、二十五五个中队,大队长宁汉卿、副大队长王常立,训练即日开始。

一九三七年九月二日　星期四　天气晴

上午,二十五队出发八架飞机,到前线去巡逻。因为近来敌人的轰炸机由驱逐机掩护在那一带活动频繁,随处投弹,上海领空的制空权差不多完全落入敌手。我们虽然飞机很少,但也不能不去驱逐,而让敌人在前线横行无忌。他们去的结果,使我们非常失望,因为当他们到达前线后,遇到敌人一架双座机,在他们的底下,在数量和高度都均占绝对优势的情况下,而没有将敌机击落。

陈纳德上校曾经说过:"三架驱逐机攻击一双座机是绝对可以将它击落的。"照今日的情况,以八对一。但战绩等于零,我们算是完全失败了,连过去我们所获的一些光荣的战绩,都显得黯然失色了。

确实,三架驱逐机对一架双座机的攻击,是占绝对优势,完全可操胜券的,何况我们这次的数量是以八对一,听说这最大的原因,还是不合作,各自为战,过去一些重大的牺牲换来的代价和教训,毕竟在这次又忽略了,重蹈覆辙。

正午,陈纳德在总站长室召集我们,申讲一些攻击的战术,对于这次二十五队的失败,深深地不满并详细讲解遇到以后有同样的情形发生时应如何应付,如何取得胜利。

以后司令官又讲一些激励我们的话,决定还是要我们一中队再去巡逻一次,把失去的荣誉挽回来。

我们激奋,心底热血沸腾,于是,在三点钟,我们一中队的飞机都昂然地飞赴上海和浏河那个方向,命令中规定我们应在云下飞行巡逻,若隐若现。

我们起飞后,立即钻升到 1000 呎,队形是中队 T 形,第一分队三机 V 形,第二、三、四队为各两机,高度差约 500 呎。一路云高 5000 呎,天气极其清朗。

一个钟头后,已看见吴淞和上海,那儿的云高 5000—7000 呎,像山峰样奇幻突出,我们随即便降低高度到云下去,虽然,我们当时也知道在云下飞行不如在云上飞行有利，容易受人利用云朵奇袭，可是，命令我们不能不服从。

其实，这未免太死了，这呆板的命令，使我们即刻在战斗上不利。

我们在五分钟内，已在由罗店、浏河以至上海的整个空域内绕过两匝，在底下我们可看出东边崇明岛那长长的岛屿横在浩瀚的扬子江出海口的中心，靠浏河的江边，停泊着灰色的敌炮舰七艘和其他一些傍在炮舰旁的小艇，浏河和罗店的碧绿田野间的村落，由于这些炮舰发出的炮弹的轰击，都冒出缕缕的浓烟，直上云霄。这些都是我们的阵地和我们同胞安居乐业之所，看了真使人气愤。我恨我没带炸弹，不然，我拼着命冒万险也得将这些敌舰炸沉几艘。至于上海一隅是近乎沉寂，我们高度高，除一些高大的房屋映到我们视线外，看不出那里经过一月残酷的战争毁灭的迹象。

在我们上面，可以看到白云，和从云隙射透出来的强烈的阳光，一道一道的金色，我们连一架飞机的影子，也不曾找到。

我是在中队的最高层，对于索敌一点也不能疏忽，即使这么久没有发现敌机，但是庞大奇幻的云朵是可怖的，它时常有可能将敌机引到我们的头上来。因此我和王分队长差不多相平地飞行，以增加我们索敌的视野。

我们又重新转向上海那边飞去，我的左边是蔚蓝的天空，右边全是些山峰般起伏的云层，我们不能再飞得高一点，只好对这边特别地加以注意。正是我们过浏河飞在罗店的上空时，领队发现在我们右边有一小队敌水上驱逐机，从深灰色的云朵中俯冲下来攻击我们的第一分队，他摇摇翅膀，尾追下去，我跟着领队后面，当我们差不多接近，便发射出一线流弹，警告敌机，脱离我们的第一分队以免遭到我们的攻击。

当他们攻击开始时，第二分队也早发现，他们也曾将机头拉起向敌机开枪，可是，非常不利，领队的陈副队长，因为过于攀高射击，飞机下坠，改正过来，失去了高度的优势。

我们在射击脱离后的一瞬间，便急疾地升高求得有利的位置，可是在这时，第三分队便又受到他们的攻击。

我的领队即向左转弯，我跟着，突然发现有两架敌机跟在我们两架飞机后面，那是谭文分队长和他的僚机巴清正，于是我们便同时翻倒下来，王分队长攻击向谭分队长攻击的那架敌机，我攻击向巴清正攻击的那架敌机，这时，敌人离他们很近，而我们在敌人的后面还远，情形万分的危急。

正在俯冲时，我突然看见领队俯冲的方向有一架飞机着火，我极其兴奋，我想这一定是敌机中弹了，可是，又一架飞机从领队俯冲的方向急速上升，这飞机便是攻击谭分队长的那架，着火的是我们的谭分队长而不是敌人，我心里极其气愤，我继续俯冲，一方面注意前面我所攻击的敌机，一方面还留心刚才从我旁边升起的敌机，当我确实认清刚才升起的那架对于我无影响，我便专心追击前面的敌机。

我所追击的敌人是一个死干的家伙，他追击巴清正的距离是和他的同伴追击谭分队长的距离差不多的，我非常着急，因为我相隔他的距离太远，我预料在我没有击落他以前，他必先将我要救援的巴清正打下来，于是，我便向他发射一连串的大“考而脱”机枪的枪弹。本来在这远距离的打击，是没有多大效用的，我的目的是警告他赶快放弃追击巴清正，否则他将被我击落。

从我所发出的子弹中的发光弹，可以判定机枪子弹都是从他的机翼中穿过去的，他随即向右急剧转弯，如我所希望的一样，放弃对巴清正的攻击。

我高兴极了，继续向他急疾俯冲，他侧着翅膀缓慢地转弯，目的是想用后座的机枪打我，可是那距离太远，我仍继续向他追击，这时他发觉他的后座枪几乎是没有用的，于是他扭转机头对正我，他这种动作出我意外，但，我也求之不得，这一来，我射击一点也不用修正，正射在他的机头上，于是我便对准着他尽量地发射我的枪弹。

我们已渐渐地逼近，我决心和他相撞，因为我底下是我们自己的阵地，于他绝对不利。结果，在快相撞时，他先拉开了，我们便很快地错过。这时，我速度极大，我急即作英麦曼动作翻过来，又对他射击，他无法应付，便又急即地倒下去逃避。在这时，我很可以追踪下去，因为这对于我会极有利，但我突然发现，刚才从我旁边升起的那架敌机出现在我的左边，如果我按我的计划追下去，我将会受他的攻击。于是，我开始和他急争高度的优势，我想到谭分队长的被害，我极气愤，只想急争到高度将他凑下来，报仇雪恨。但不久我发现，他爬高比我快，他的高度已比我高，我便立即翻倒下来，远离他，开始找另外的敌人。

一场剧烈的战斗已在下面进行着，我一下来，便又捕着了我攻击的目标，情形和上次的一样，但我不知道被敌人追的同伴是谁，一切的过程和上次一样，我追近他，他和我对头，我射击，决心和他撞，他躲避，错过去，我又同样地翻过去攻击，他又逃避。

在这次攻击后，我上面已没有敌机，于是我便安心地攻击，冲下去，尾追着，我跟得很近便开枪。这时，我猛然发现我下面又一架敌机在追击我的一个同伴，于是，我不得不放弃他，解救处于危难中的同伴。

在我这一次攻击脱离时，我发现，在这一片清爽的天空中，只有我一个人和两架敌人的飞机，我们同来的同伴都到旁的地方和云上爬高去了，我也拼命地爬高，去争得有利的战斗位置。

在这时，我很高兴，我发现被我追击过几次的那架敌机，已不能正常飞行，向上海江湾那边翻坠，我便俯冲下去，想对他作彻底清算，可是运气不佳，我不能很顺利地实现我的意图，我要开始急急地俯冲下去，躲避另一架敌机对我的攻击。后来才知道，飘向江湾的那架敌机终于坠落了。

当我再升起来时，在这空际上只有我和方才攻击我的一架敌机，我离他还远，他似乎没心来找我麻烦，他忽发现我们从云里钻出来的一个同伴，于是，他便去追击，他把马力开得很大，一方面想很快地接近他所追击的目标，一方面他也想很快地远离我，我知道他这个意图，他已完全错误，从速度比较，只有他离他的目标更远，而我离他渐近，于是，我便开足马力去追他。

当我离他不远时，他便开始转弯，向苏州那边跑，我便选择最短的距离去拦截，他转弯很慢，我知道他是想用后座枪打我，我没理会，只顾接近他，他无法，便又施展惯伎和我对头，我自他开始作剧烈的转弯操作起，以至互相错过，我两支枪始终没有停止过射击，我想他对我的射击，也是同样的。

这次脱离后，我的高度降得很多，发动机的响声也不对，不断放炮，我回头看时敌人已不见影踪了，于是我在云缝里又开始爬高，我想再升高一点去寻找他，结果敌机已经跑了。

因为云多，我爬上去遇到云又得降下来，最后我到了 8000 呎，我看见底下有一架飞机往回飞，我想这必是我的同伴，便很快降下来，和他会合，他示意要我一同回去，于是我便离开了战地。

回到机场，一共只有四人，我的领队王分队长腰受伤暂住鼓楼医院。以后，四架又相继回来，巴清正的飞机上中弹二十余颗，我的发动机上中弹一颗，只此一弹，总电线几乎打断，这是发动机放炮的原因。

我到总站楼上，将作战情况向副总指挥报告，他当即转告陈纳德上校，上校连说“好！好！”

一九三七年九月三日　星期五　天气晴

今日报载上海电，昨日罗店空战剧烈，击落敌机两架，一坠罗店，一坠江湾。很显然坠罗店者实际为谭分队长，坠江湾者系是被我击中向江湾飘坠的那架敌机，这是我击落的第二架敌机。

一九三七年九月四日　星期六　天气晴

听美顾问讲授投弹要领及驱逐机攻防战斗。

上午二十三队九架飞机去上海，结果，在沪上遇敌驱逐机六架。战斗片刻，吕基淳分队长击落其中一架；郑少愚队长受伤迫降，飞机着地后，立即焚毁；乔志云失踪。

二十三队九机由毛法初队长领队，飞往上海宝山、罗店巡逻侦察，于十二时起飞。阵容是：第一分队毛法初、郑少愚、曹世荣。第二分队赖名汤、齐志云、XXX。第三分队吕基淳、XXX、XXX。于一时起飞抵罗店上空，遭遇敌96式驱逐机发生空战，郑少愚飞机被敌机三架包围，油箱被击中爆炸着火，迫降我军阵地，腿受枪伤，手、面、头部被烧伤。队员齐志云飞机中弹数十发，迫降常州机场。

一九三七年九月五日　星期日　天气晴

今日警戒半夜，三时半到机场，一方面是恐怕敌人拂晓袭击，一方面是委员长今日训话。下午五时，美顾问讲夜间投弹要领，并指派十人晚间练习。

一九三七年九月六日　星期一　天气晴

今日任务是警戒。上午，练习俯冲投弹两次，都是领队的越过目标，以致成绩不好。惟第一次我飞到目标上空，开始推机头，将炸弹投下，两弹均中于舰首。

李队长率十机于下午四时半起飞到嘉兴加油，各携250公斤炸弹一枚，于黄昏飞上海、浏阳河、狮子林一带，轰炸敌军舰，于六点三刻到达目标上空，开始俯冲投弹，敌驱逐舰两艘中弹，巡洋舰一艘受伤，甚重。出击人员李桂丹、毛法初、刘粹刚、张伟华、乐以琴、吕基淳、柳哲生、巴清正、袁葆康和宋恩儒。

下午，轰炸的飞机刚起飞，警报即传来，这时，在场的飞机仅霍克III及伏亚特各一架，都起飞，我们便乘车沿机场东驶，至一乡村。驻句容的波茵也起飞，在空巡逻，一小时后警报即解除，我们便相率回到陵园。

晚上，听平津流亡同学播唱救国歌曲。慷慨激昂，使人感奋。

午夜，轰炸上海人员回来，闻炸中两敌舰，着火。

一九三七年九月七日　星期二　天气晴

本日拂晓，敌机若干架袭广德，奉命由赖名汤副队长率吕基淳和邹赓续三机由京起飞拦截。于太湖南面上空发生空战，击落敌机一架。又遇敌驱逐机发生激烈空战，吕基淳臀部受枪伤，飞机中弹数十发，起落架损坏，返京时落地翻滚覆。赖名汤飞机中弹四十余发，邹赓续飞机中十弹。据上海电，昨夜轰炸结果，沉敌舰三艘，使人不胜欣慰。

昨上午，委员长来训话，训词中意谓：今天特来讲纪律给大家听，纪律在军队是极重要的，有严格的纪律，才有无畏的牺牲精神，牺牲精神即是不怕死，不怕死可以战无不胜，攻无不克，我自用兵以来，即注意这个。我对于不守纪律的部下，总是严厉的制裁处罚的。你们现在正是需要守纪律的时候，你们守纪律便会有牺牲的精神，便会不怕死，至终便可以战胜我们的敌人，解决当前的危机，挽救我们的民族国家。最要紧的你们现在要知道，你们的生命已不是你们自己的，你们的生命是民族的生命，是国家的生命，是主义的生命。你们应该不惜个人之身，去努力奋斗，来求得民族、国家、主义永远的生命的长存，在奋斗中你们虽死，但民族、国家、主义的生命存在，而你们的生命也是永远长存的。

守纪律不独可以救国家，而且可以救你们自己。过去几个空军军官的牺牲，大半是由于不守纪律，没有互助精神。你们应该心愧，对于已死去的同伴应该深深觉得负疚，因为你们没有守纪律而使他们身死，你们是好好的一同飞出去的，而不能相助好好的飞回来。

为这个，我曾对你们的长官施行严格的处分，部下不守纪律，我是毫不姑息的，反之，我不守纪律，你们也可以处罚我。为国家，你们应该守纪律的。

对飞行人员，我要讲的两句话就是：

“回翔审慎，精理密微。”

在空中飞翔应该要自如，要一无顾虑，慎重的审察，遇到敌人要沉着地和他作战，不要心慌。

一九三七年九月九日　星期四　天气晴

早上，很早到飞机场，场中一切的东西都看不清楚，好像到处都多生了些黑影。二十五队比我们还去得早，他们今天奉命出发轰炸敌舰及蕴藻浜登陆之敌。

一九三七年九月十日　星期五　天气晴

休息，我们游览了几处名胜的地区。

一九三七年九月十一日　星期六　天气晴

下午，中天有温暖的阳光，有奇幻的秋云缭绕。和王远波、曹方震出玄武门，泛一叶扁舟于波光粼粼之秋的玄武湖中，船穿过藕苍丛里，垂柳丝丝轻拂着我们的头。我们感觉到非常快意，自然使我们忘记一切，使我们恢复战时疲困的心神。

晚上，我们又都在大校场，本来有我们中队的投弹，结果，为一点别的缘故，由二十五队投了。

一九三七年九月十二日　星期日　天气晴

上午，和王远波步行到灵谷寺，沿途我们经过陵墓音乐台，谭墓、阵亡将士纪念塔一些地方，秋之山野里的景物和名胜，我们都尽情地游览了。

一九三七年九月十三日　星期一天气　上午阴下午雨

早上，我们和平日一样的到飞机场，将场里的飞机都滑到棚厂前面。

上午，练习投弹，要领和以前一样。顾问麦克唐纳很热心地为我们到场边看弹着，回来又认真地讲评了好久，可是我们感觉很惭愧，消耗很大而成绩并没有显著的进步。

今日是敌军预备在上海前线反攻的一天，想战争必然是异常激烈的。下午我二十五队奉命四时出发轰炸敌在杨行、月浦的炮兵阵地，每机带弹八枚，一共出发八架飞机。

晚上，云低，雨绵连不止。出发的只五架飞机回来，其余的都在杭州及江阴，在轰炸时，他们看得很清楚，双方战事极其激烈。

一九三七年九月十四日　星期二　天气晴

昨天沪上敌军开始总攻击，我军沉着应战是，并于下午施行剧烈反攻，敌军所获无多，我军为战略关系，仅向后方稍稍移动。

今日前线因天雨，战事极其沉寂，我军自从杨行、月浦撤退后，即固守江湾北站线，工事极其巩固，将来战事或将成为阵地战，我军将不致受敌舰炮轰尚为有利。

上午，二十五队又练习俯冲投弹。下午，我队本预备出发轰炸敌军阵地，可是，因为天气不好，延至黄昏时犹未能出发。

据广州电，我空军在敌舰与虎门要塞炮战时出动轰炸，毁敌舰二艘，惠州又击落敌机一架。

一九三七年九月十五日 星期三 天气阴

上午休息，和曹芳震谈心，并同到陵墓去摄影。墓上已比前几天不同，各建筑物都用木架架着，是准备伪装起来，因为从空中看来这目标实在太大了。下午，天阴暗之极，我们都到飞机场，因为有一队出发，课也没上，天气不好，夜班警戒免除，于是我们便归来。

一九三七年九月十六日 星期四 天气雨

今天和王文骅、金安一、王德谦步行到玄武湖，正值微雨霏霏，便在美洲茶社饮茶小憩。队长他们也来。我们叙谈一会，待雨止新霁，我们三人沿湖步行，遇李有干遂同行摄影，又在湖滨小坐，听柳浪流出歌声，异常悠扬。转来，和王至中央医院看吕基淳分队长，又至"明星"看上海和绥远的抗战影片。

一九三七年九月十七日 星期五 天气晴

今天是旧历八月十三日，是我的生日，一个可纪念而值得欢欣的日子。记得去年在这天里算极其快活，和韫辉在学校中曾无尽的欢乐，可是在今天，情绪和景况和从前迥然不同了。

人家都说人生最可纪念而值得欢欣的日子只有四个——生日、毕业、结婚和辞世，如真这样，那这天是太可贵了。因为四个中我还只有这一个，虽然也曾毕业，可那仅是一段落的。

婚姻，我无暇憧憬，更不希求。至于死，在时间紧迫、国是濒危中，逢迎着可欢欣的自己的生日，便想起死，那应该是壮烈而有价值的。

值警戒安靖，下午三点，二十队八机载弹出发淞沪轰炸上海狮子林一带敌军阵地，中途遭遇敌水上驱逐机发生空战。

五大队队长刘粹刚率 6 机去上海侦察，遇敌驱逐机两架，刘粹刚和分队长王倬将其击落。

一九三七年九月十八日　星期六　天气晴

九一八这苍凉沉痛的国耻纪念，又第六次的来临了，正午，我们静默致哀，听悲壮而凄楚的歌声，回忆曩时，心底悲怆无以自禁。

下午，我们就计划从晚上七时半飞，分四次，每次六机，第一次：李桂丹（队长）、柳哲生、李有干、巴清正、王远波（分队长）、龚业悌；第二次：邓伯强（副大队长）、张光明、曹世荣、梁添成、王文骅；第三次张伟华（队长）、张慕飞、邹庸续；第四次：李桂丹（队长）、王远波（分队长）、柳哲生、龚业悌。

每隔一小时出发至上海轰炸敌军在汇山码头一带沿江的军火屯集处和仓库，因白天情报，敌运输舰两艘在此处卸下了全部军火。

黄昏，第一批六架"霍克Ⅲ"起飞，每机携带炸弹 8 枚，于七时四十分，我们便经过许多灯火辉煌的城镇到了上海战区。

战区极其凄凉，在 5000 呎下望可以看到空中两军交流发射枪弹的火光和几处村落燃烧的火焰。我们关小油门悄悄地绕到了浦东，朝敌人的阵地飞去。敌人已发现我们，便用密集的高射炮对空盲目地射击，高射炮一团团的火花都爆发在我们的前面。

目标很清楚，有黄浦江、苏州河和公共租界自来水厂的明亮的电灯把它围着，有敌人配备的探照灯和机枪阵围绕着。第一分队，由队长领着垂直俯冲下去，这时，王分队长领着我飞在他们的后面，渐渐地，敌人的探照灯强烈的光芒在空中巡游，寻找我们。我也立即俯冲下去，我俯冲下去时，很清楚地看见第一分队的炸弹都爆炸在目标上，激起几个大的火团，我心中痛快极了。

由于第一分队的炸弹爆炸，惊起了敌人二十多盏探照灯一齐打开了，交叉的在空中扫探，盲目发射的高射炮弹更密了，机枪的流弹织成了一片红色火网，我一点没有在意，徐徐地将我翼下的八颗炸弹一一地投送下去。

当我的炸弹完全投下时，由于探照灯光的眩目，我无法看见我的领队，于是我便独自的脱离，我脱离的方向和他们脱离的方向相反，向西脱离，因为他们脱离的方向是原来方向的浦东，此时已被敌人的探照灯和机枪组成的火网完全封锁了。

我脱离后，我回头看很高兴，因为我已完全避开了探照灯光和机枪火网的威胁。

可是，这时我已飞在敌人阵地的上空，敌军阵地里的机枪集中向我扫射。

我没有理会迅即爬高到敌人机枪射程之外，我开满发动机向西进发，我计算照我的速度绝不会在这危险的地带翱翔至五分钟之久。

在飞行中，我不时向右后方回顾，罗店和浏河都在我的右翼下向后退去，这一带也有疏落的约七八个探照灯光在巡游，浏河江中的军舰上也不时地向空中断续地发出炮弹，这对于我绝无影响，我向他们投以蔑视的嘲笑。他们这种动作，实在是多余的。

我以 300°的航向，4000 呎的高度返航，前面完全是一片灰暗，看不清迎来的是山、还是水，好在这条航线我还熟悉，循着江流即可飞到南京，其他同伴都还在后面，我一定可以首先到达南京。

在途中，我每到一个城镇，即按原来预定的信号，将飞机指示灯开关三次，表示是自己的飞机，这种联络很有效，我每到一个城镇，灯火都是通亮的，指示我正确的航向。

一路，天上有丝丝的流云，流云薄处缀着灿烂的繁星。因飞机是向前进，云看起来好像是往后飞腾，星光暂时由于云的衬托，而且速度似乎是和我相等，我开始误认为是我的同伴。那云朵一段段地阻着那光芒若断若续，我更误认为那是我的同伴在指示我，引我去和他集结，我便无意地去追它，同时我仍保持我的速度前行，好久以后，我还没有追着，但是我仍然看见它，它离我还是和以前看见的一般远，我知道我已被骗了。

当我恢复平飞以后，我又发现我的底下有我的同伴在引我，我便低飞下去，又低下去，当我发觉那是田地里的反射出来的星光，而不是飞机，我便又带着和前次一样后悔的心情，恢复了平坦的飞行，我后来想来很可笑，这初次夜间长途者的被骗。

但，当我回到机场时，有很多的同伴都带着有趣的表情，将他们所经历的与我同样滑稽的情形告诉了我。

到达镇江上空便远远地看到南京大校场旋转的指示灯光，我慢慢地降低高度，放下轮子，从淡蓝的银光中降落，时间是九时整，飞行时间是一小时二十分钟。

我是第一个回来，同伴们都纷纷前来问讯轰炸的情况，使我应接不暇，簇拥着我进入指挥室。当我向总指挥周至柔详细禀报了战斗情况后，指挥室里一片欢腾。

后来，他们又诘问了一些问题，这些问题大概都是在我的陈述中随时插进来的，无非是补充一些述说的不足，这里可以不必记录。但，当我谈到我看见敌人许多探照灯时，有人突然问我，看见敌人的听音机没有，这印象对我特别深刻，因为它反映了发问者对夜航飞行的无知，成为许多在当时听到的同伴们常常在别人面前将它重新又提起的话柄。

一会，一架架飞机相继回来，连我一共是五架了，还一架是李有干，去时他是担任第三分队的领队，因此我们等待、等待。但，当第三次出发的飞机起飞时，我们还不见他回来，一会，上海有电话来，说我们的飞机曾被高射炮击中一架坠落，同时巴清正是他的僚机，也曾瞥见我们一架飞机冒出过一缕黑烟，以后便不见了。

我们觉得很难过，消息传来，我们的同伴中又少一个。但，他是可以自慰和瞑目的，他这次壮烈牺牲，是牺牲在杀敌的阵营里，而且牺牲在这沉痛的九一八的晚上。

第二、三两次均如时起飞，李桂丹队长又领着王远波、柳哲生和我，第四次出发。但当我滑行到起飞的位置时，我飞机上的照明线路发生故障，灯完全灭了，无法夜航，于是我只好滑了回来。

最后一架飞机回来，时间已是三点多了，我们相聚在一起，高兴地座谈各人所经过的战绩。在皎洁的月光下啖着香甜的月饼，开始欢度着这有意义值得纪念的中秋佳节。

一九三七年九月十九日　星期日　天气晴

今晨报载我们昨夜轰炸敌人阵地共有五处燃烧，并有两艘敌舰受重创，地点记得很详细。上海西文报“North China”更用大号字将这消息刊登，并称敌损失军火 700 万日元，赞扬中国空军的英勇。

恐怕是因为我们这次对敌的威胁太大，他们决意报复，上午八时半钟四十余架敌机空袭首都。

今天担任警戒的是二十三和二十四队，我们队休息，在接到情报时，我们的十八架飞机起飞截击。驻句容三机也前来参战。

我们因昨晚通宵未眠，尤其在我夜间出任务后又留在飞机场，代替二十四队警戒，二十四小时没有休息，所以起床很晚，待预行警报的汽笛和飞机在空中的声音交响时，我们才从梦中惊醒。在我们看这原是最普通的事情，所以我仍躺在床上，直等到有人来告诉我敌机的数目使我知道这是一个大的空袭时，我才和同伴一同起来，脱离开我们的住所。我们是向明陵走，因为没有一个可以安身的地方，走不多远便在一个石桥上停住，紧急时，我们可以在大桥下和旁边的一些长着蔓草的小石洞中藏身。

在那儿，我们不时巡视天空，天空是一色青青，毫无片云。我们的飞机编队在上空巡逻十几分钟后，首都空前激烈的空战的序幕便展开了。

空战空域包括南京下关、句容和环绕着首都的几十里的郊野上空，我们所看见的只不过是南京上空的一隅。

敌机高度至少在15000呎以上，首先我看见六架轻轰炸机从西南的方向向市区的上空飞行，投下炸弹。后面还有两架飞机散放着浓烟。我想那放烟幕唯一的目的是引诱我们去攻击前面的轰炸机，而他留在上一层的战斗机可以趁我们不备而下来施以袭击。这是一种在欧战时使用的惯技，但，我们的飞机没有理会他。

我们飞行的高度太低，处于极不利的地位。当那六架轰炸机开足他们的马力投弹逃脱后，在各处我们的飞机都受在上层敌机的袭击，展开激烈战斗。

在数量上我们吃亏太大，常常是他们两架或三架围攻我们一架。在技术上，他们是知道我们是驱逐机而采取攻击驱逐机的手段来攻击我们。而我们没有预计到而是以攻击轰炸机的攻击手段开始攻击他们，而且他们又占有高度和速度的绝对优势，这结果是早可以预料到的。

在紫金山的南端，我看见我们一架飞机被敌机三架追击，他们的速度极快，任我们那一架怎样的动作，都不能摆脱敌机的追击，结果，着火下坠了。由于这一启示，我们才知道，他们有驱逐机来，而且性能是极其优越的。

在同一个方向，又看见了敌我两机格斗，首先高度完全相等，开始迴旋，渐渐敌机追到我机尾部，我机因转弯过久失速螺旋下坠，于是便飞机改正后向下俯冲脱逃，但敌人尾随很紧，我机拉平后复又以半横滚向下俯冲，本来如果继续以降低高度是可以逃脱的，可是后来又恢复上升，因飞机性能太差，而被敌击中，尾旋下坠，机中人跳伞得救……

此外，所见到的，都是你追我逐的，太高，很不容易看见，有时甚至只能听到尖锐的飞机叫声，不能目睹。后来一些敌机被击落，都不是在我们这视界狭小的地方可见到，我所看到的仅仅是这一空战空前激烈，我当时觉得非常伤心，同来的同伴的情绪也是和我一样的，因为我们所瞥见的只有我们的飞机被击坠落。空战结果，敌机一架被我击落；我三大队八队分队长黄居谷、刘徽炽、十七队队员刘兰清、四大队二十二队队员戴广进殉国，吴鼎臣轻伤。

下午，敌机二十余架又来袭京。

一九三七年九月二十日　星期一　天气晴

报载日方今日通知在京各国使馆谓南京为中国军事指挥要地，彼为欲战事早日结束，准备于本日十二时后大举轰炸南京，为避免危险，计限各国使馆人员于十二时前急速离南京，外轮一律限制停泊于下关上游。

这通告虽近于威胁，但亦有事实上的可能。敌机40余架来袭，我11架迎战，二十五队队长刘粹刚、分队长袁葆康各击落日机一架。

一九三七年九月二十一日　星期二　天气阴

今天我们非常镇静。我们大队将于今日离开南京去接受新的任务；南京的防务，全部留给第五大队。我们已都恢复原来的建制，担任防务的飞机虽然仅有霍克Ⅲ八架和波因两架，但，照昨天的战法，总还可以支持而免于损失。四大队所余八架霍克Ⅲ中有一架2109号机，是我在四大队前身中正队参加上海飞行表演时分配给我的飞机。它已战绩满身，我抚摸着它，依依难舍，祝它好运，再立新功。

八时，我们都上车离开图书馆，向下关进发，我们是乘轮船去汉口再转道他去。地面上一部分人员，则沿津浦路转徐州西行。

我们经过城中，一直到下关三北公司的码头。街上的情形已不像平常的安静，车马运输特别的多，多半是避难的，行人也多半扶老携幼，背着行李，带着怆痛和愤激，行色匆匆地准备脱离这危难的地区。

十时，我们十九人都登上三北公司的长兴轮，都一齐挤进了大餐间里，十一时许般便启了碇。

我们凭栏南望，首都的轮廓随着江水的流向后缩渐近于模糊，终而没于烟雾迷离里。我默想首都将面临的危难，我心凄然。

近晚，船抵芜湖。

龚业悌著：《抗战飞行日记》，长江文艺出版社，2011年版，第130—183页。

沪战开始时空军动态

张栖霞[①]

1937年八一三日本侵略军又在上海登陆。这时我正在国民党空军中任第6大队大队长，驻防南京，我队的任务是“监视青岛以南，舟山群岛以北，东海敌舰行动……”当时我的大队辖有3个中队，每中队有九架美制道格拉斯式侦察机，除前后座有两挺机枪外，还可以带炸弹250公斤。我的部署是大队部驻南京通济门外大教场空军总站，调一个中队进驻淮阴，并以海州连云港、上海、苏州。作预备降落加油站。

在此之前一个多月，七七卢沟桥事变发生以后，北方大战已经揭开。平津战事正在激烈地进行，蒋介石的直系陆军有汤恩伯、刘峙、顾祝同等几张王牌参加，但他始终没有派出空军，他把空军的主力，都控制在东南。我记得当时可以作战的飞机约有200多架，9个大队和几个独立中队。其布置的概况大概是这样的：扬州驻一个驱逐大队，南京两个侦察大队，广德两个轰炸大队，杭州一个驱逐大队，曹娥一个攻击大队，南昌一个重轰炸大队，还有第7大队，忘记驻在哪里。这构成了以上海为前方要塞来保护南京的阵势。

但当7月下旬，日本的海军又在上海方面活动，增加舰只，最多达到20多艘大小军舰时，蒋介石看到东面的战事，势不可免，想突然封锁吴淞口，把日海军的几十条军舰封闭在黄浦江内，来个瓮中捉鳖。可是他这一妙着，又被他的幕僚汉奸出卖了情报。事情是这样的：大概是8月初，一天晚上约7时左右，我在大教场大队部接到周至柔的电话，叫我立刻到山西路他公馆去。到时看见参谋处长张有谷，轰炸大队长张廷孟、王叔铭、南京总站长石邦藩。周至柔的神色非常严肃，

---

① 张栖霞，淞沪会战时任国民政府空军第六大队大队长。——本书编者注。

说有要紧的话和我们说，弄得我们面面相觑，不知道他葫芦里卖的是什么药。他到前后看看无有他人，才关好门窗，用很庄重的语调，低声和我们说：

“你们的部队都准备好了吗?”

我们大家一齐回答：

“早准备好了，只要有命令，随时可以出动!”

他说：“好的，我刚才从委员长那边回来，今晚12点钟，我们要封锁吴淞口。”

他说过这几句话后，目光炯炯地注视着我们每一个人，接着又说：“据今天下午上海的情报，日军已有大小20多艘舰艇进入黄浦江。战事难免，委员长决心先下手解决了这一部分敌舰，所以今晚动手，封锁吴淞。到半夜12点钟，日军一发觉我们封锁吴淞后，立即就会发生反抗，明早我们的空军就要全部出动，投入战斗，协同陆海军解决了黄浦江内所有敌舰。任务是艰巨的，要绝对保守机密。”

他接着又说：“现在你们大家一个也不要走，就坐在我这里，商量一下作战的行动。要等到12点上海最后的情报。封锁吴淞口的目的达到后，你们就立即各回本队，连夜准备，明天绝早就飞往上海轰炸。”

当时我们几个人坐在周至柔公馆的客厅里神情都非常紧张，看看手表，又看看壁上挂钟，觉得钟表走得特别慢。将近12点钟，大家又去注视着电话机，可是12点钟到了，电话机不声不响，但是壁上时钟滴嗒滴嗒地一秒一秒走过去了，这是怎么一回事？周至柔也坐立不安，起来在厅中踱方步，一直等到一点多钟，电话机好像是坏了似的，总是不响。周至柔又不敢打电话去问。只好叫我们大家且先回队部，听候命令。我虽然回到大教场本队部，一夜都不曾睡，并且在天还未亮之前就叫全大队的飞机都挂好炸弹。准备天亮出动，但在作战命令没有到达前，不把任务目的告知各队，只叫三个中队作好战斗准备。

但在飞机场上等了一天，也没有消息。后来我才风闻到是蒋介石内部一个高级机要秘书把情报出卖给日本人。日本海军在当夜12点钟以前就将大兵舰都退出吴淞，停泊在口外，并用几只驱逐舰通宵不断地在吴淞口开进开出。探照灯把吴淞口照得雪亮，使人无从下手。过了几天，日本人只是按兵未动。

蒋介石以为日本人不会在东面发动全面战争，就把空军主力北调。我记得那时候只留我第六大队驻防南京，其他的部队大都奉密令北飞。可是先行的部分空军刚到蚌埠，八一三沪战开始了。

八一三的上海战事是以日本借口日海军军官二人在沪西虹桥飞机场被我机场卫兵击毙的事件而发动的。事发当天，有一小队日本海军陆战队要进入虹桥机场，卫兵阻拦不让，日军就开枪打伤我方一卫士，我们的卫队开枪还击。当双方在机场门口发生争吵时，上海航空站与南京航委会用长途电话不间断地在联系，航委会参谋处又立刻将情况转告我大队。我们都时刻收听情报。最初航委会叫上海航站极力忍耐，阻止日本兵进入机场，避免流血，但日寇是故意寻衅的，还先开枪打伤卫兵，于是双方打了起来。

当天夜里，我大队就奉到出击的命令。14 日天还未亮，我们就在机场做好准备。但那两天正有台风在上海附近登陆。14 日早，台风中心正沿长江西进，南京整日都是大风雷雨，阴云笼罩，无法出动。这天上午接到杭州情报，日本空军已出动向我杭州笕桥机场空袭，是从东南面进入杭州上空的。笕桥机场和空军军官总校被轰炸，有部分损伤，但这一次我方打得非常漂亮，我驱逐机队立即凌空迎战，当场就击落敌机好多架，其余均向南方逸去。从击落的敌机残骸和尸体中证明被击落的是木更津的轰炸机队的 93 式重轰炸机，喜报传来，士气颇为振奋。

当时国民党的空军从 1932 年在笕桥积极训练以来，素质有一定提高，但未和敌人接触较量过。此次初逢大敌，一战胜利，证明我们当时所采用的美国霍克式新驱逐机性能尚未落伍，新训练出的头二、三期学生，都能胜任。这就增强了其他各大队每一个队员的信心。

8 月 15 日的早晨，南京仍然是阴雨，且云雾很低，连中山陵后面的山顶都盖住了。风也很大。我在大教场机场上非常焦急，参谋处已经打来几次电话，问我怎样？我只好回答他们："请自己看看天气好了，能不能出动？"但到 8 点钟左右，参谋处长张有谷又给我来电话，他说："栖霞，你为什么还不出发？"我仍然说："你看天气吧！"他说："刚才接到广德、杭州的情报，敌机又空袭我广德机场，现在我杭州、广德两地空军正在迎击和拦截中，此刻尚在空战。你还不出发，万一上面说你临时畏缩，可受不了。"我想，这话也对，蒋介石万一真个说我作战不力，岂不冤枉。他不懂当时南京尚在台风附近，而杭州、广德等地都没有什么风雨（此种情况应有天文台记录可查）。开始，参谋处也同意我等候天气转好再出动。但杭州、广德两地发生空战的情报到南京后，参谋处也沉不住气了，催我出动，我也就不顾一切遵命前进。

不到半小时，我第 6 大队就全部凌空向上海飞行，我自己驾大队部的飞机领队出发；同时，停在机场整装待命的第 5 大队看见我第 6 大队起飞，他们亦随即全部起飞，两个大队共有 50 多架飞机，列队东进。这时候，大雨如注，云雾低垂，才到汤山一带，队形就被云雾迷散了。到了句容，简直就看不到部队跟进。我心中非常焦急，但以为部队一定在附近云雾中前进。当时视线很差，飞行眼镜都被雨水弄湿了，看不大清楚。甚至连飞行衣也被淋湿了。这一次大雨，可以说是我学成飞行以来，第一次所遇到的最大的雨。这一天在雨中飞行时间过久，到了江阴接近常熟一带，雨才小了，快到吴淞，天空才露出了晴天，总计在大雨中飞行了一个多小时。要不是大敌当前，任务重大，又看不见部队，我早已飞回南京去了。我怕万一部队都到达上海，而我当大队长的人独自退回南京，那就真个变成临阵脱逃，要受军法处置了。因此我决心单机也要飞到敌人的头上抛下几颗炸弹。另一希望是在上海上空遇到本队的飞机，所以一直飞到上海。我是沿江先到吴淞上空的，看看地面，也不见什么动静。在吴淞上空盘旋了几圈，始终看不到我机前来，也没见到敌机。遂沿淞沪路向上海市飞去，想找一个目标，投下炸弹。到了江湾上空，忽然听到后座机关枪响，我以为遇到敌人的驱逐机了，急忙回头一看，却又不见有敌机来攻。我就鼓着眼睛，怒目责备坐在后座的参谋，怪他不该乱放机枪，浪费子弹。哪晓得他对我指指飞机左后方约 100 多公尺远的高射炮子弹爆炸的烟雾。好险！差点被命中。不过敌人也暴露目标给我，我就回敬了他几个炸弹。等我钻出云来时，飞机已在北站上空。这时仍不见我机踪影，再在上海停留也没有多大意义了，看看黄浦江面，也只有几只兵舰停靠在外白渡桥附近英领馆旁边。我就沿京沪路向西飞回，希望在沿途遇到我机。一直到了苏州，见在阊门外机场上面停放七八架飞机，我就在苏州降落，这才看见是我第 6 大队的飞机，也有一两架第 5 大队的。我问他们有没有看见其他飞机，有没有到上海。据他们的报告，亦是飞过汤山就飞散了，各人的中队长也不知道飞到哪里去了。但是这几个年轻的飞行员竟也独断专行地飞到上海，在江湾上空投了炸弹就走，因恐南京天气不好，所以在苏州降落。我慰勉了他们几句，觉得我中华这班年轻的子弟兵可爱，他们都是我们在笕桥航空学校亲手教出来的雏鹰。于是我叫他们在机场警戒着，就跑去用电话和南京联络，把情况向参谋处报告，并请他查究我队其他飞机的下落。当时参谋处已收到各地机场的情报，说第 5 大队的大部飞机已降落在滁州，也有几架是第 6 大队的，其他的仍在南京降落。我一计算 3 处的飞机总数不差，无损失，就放心了。参谋处本意叫我在苏州待命，就近向驻在苏州的司令长官张治中先生请示，并了解前方地面部队动态。但我认为苏州太近前线，一切防空情报设备都没有，飞机摆在此地是很危险的，主张让这几架分散了的飞机，先回南京队部，我也要回京收集队伍，重新整顿出发作战。得到参谋处同意后，我就叫那几架可爱的雏鹰于第二天早天亮即飞南京。我在第二天早晨去见张治中，张先生那时候住的是一座庭院深邃的大公馆，警卫森严。当时由卫士引我进去，转弯抹角到第 3 进屋，再上楼，这才看到张先生。他一个人，坐在一间很大的楼房中的大办公桌边。我说明来意，但他当时对于前方的消息也不尽了解，对于我们空军今后作战的方针，也没有明确的指示。

辞别了张先生，我雇一乘人力车，到飞机场去，才到闾门，就听到空袭警报。我下车立在人家屋檐下，叫人力车夫把车子也弄到檐下来，刚站定，就听到炸弹爆炸声，判断方向是在车站和机场，但我只看到车站上空约有两个中队的敌机，在约 1 000 多公尺的低空向西南飞来。机场离城较远，不知有多少敌机。我庆幸我的几架雏鹰已飞走，但又担心我自己的座机被毁。敌机刚一过去，我就叫车夫拉我奔向机场。机场离城有好几里路，面积很小，周围又没有村落，老远就看到我的飞机还摆在场上，走拢一看，飞机前前后后都是弹坑，但没有炸中我的飞机，而且还有一架敌机摔坏在我飞机后面几丈远的水田中，两个日本飞行员已摔死了。站长告诉我，一队敌机来炸过。敌机见没炸中我的飞机，就俯冲下来扫射，被卫兵用步枪击下来了。那是日本航空母舰上起飞来的飞机。我仔细检查飞机，竟没有一点损伤。我怕敌机再度来袭，就起飞回南京，将上面情形向航空委员会报告。

在 8 月 16 日我集中飞机向上海轰炸，并派机向东海侦察敌航空母舰。这一天在上海遇到敌人的驱逐机，我第 5 大队被击落飞机一架，同时又听到驻曹娥的攻击机队，亦被日军击中多架，虽只是枪伤，但士气颇有动摇。因为战争初期，我航委会集中轰炸、驱逐、攻击、侦察各种机队都用于轰炸。

这时候，航空委员会为了作战指挥的便利，即成立空军前敌总指挥部，以周至柔为总指挥；毛邦初为副指挥；以参谋处副处长罗机作参谋。另外又派出 3 个司令：以张廷孟为轰炸司令，高志航为驱逐司令，陈栖霞为侦察司令。为了避免敌机轰炸空袭，空军总指挥部亦从城内移到中山陵东南紫金山麓的运动场。这时候，飞机队也调整了一下，除意大利制的重轰炸机队摆在南昌始终未参战外，将驻南京的第 5 大队调西安，驻曹娥的攻击机队调南阳(豫西)去整训待命，轰炸机队的重心位置在广德，杭州笕桥航空学校已西迁昆明，校中训练用的驱逐机，和扬州的驱逐机大队都集中到南京。这时候，南京已受日机空袭威胁，不时发生空战，因此，将我的第六大队侦察机移驻合肥，由我自编组一个精粹的中队，飞到杭州笕桥乔司海滩上一个临时机场，对上海之敌，作彻夜不间断的疲劳轰炸。

9 月下旬，我到杭州笕桥时，看见笕桥机场和校舍，已是断壁颓垣，人去楼空，一切警卫都没有。我们只好在白天就将飞机飞到建德，黄昏时分进至杭州乔司。

就在这一段时期中，在南京守卫首都空防的驱逐机队，既要防卫南京，还要到上海去轰炸。因为当时我们所用的美制霍克式驱逐机可以携带500公斤炸弹，其载量约等于当时所用的轻轰炸机，可以进入敌人阵地，施行轰炸，投了炸弹后随即可以对敌的驱逐机作战。这种飞机的性能和敌人当时所使用的93式驱逐机对比起来，还胜一筹。日本93式驱逐机虽灵活，但速度不及霍克机，而且93式只有两挺小口径机枪，霍克机则除一挺0.79小口径机枪外，还有一挺1.3的大口径机枪，火力比93式机强多了。我们当时这种飞机很少，总共只有两个大队和一个中队的新老霍克机。但在八一三以后到上海撤退前，这两个多月的京沪空战中，也曾击落敌机几十架，如当时被称为中国红武士的刘粹刚（东北籍航校二期毕业生）一人就创击落敌机九架的记录。击落三架、两架、一架的记录者还有多人，有一位飞行员在上海浦东，强迫降落敌人阵地后方，在杀伤了前来围捕的许多敌人后，用手枪自杀，这是众所周知的事。

同时，蒋介石预先在美国订购了6架马丁式重轰炸机。头一批运到两架，大约在9月下旬10月上旬，在南京机场投入战斗。这种飞机的携载量有1 000多公斤，可以携带800公斤的炸弹两枚，头一天晚上有一架开始在夜间飞到上海去轰炸，在吴淞江湾投下炸弹后，轰然一声，震得公共租界的房屋门窗为之动摇而破裂，其威力很大。可是在第二天夜晚又拟飞去轰炸时，在南京机场刚刚起飞，就着火焚毁了。第三天再拿第二架出动，又同样在同一情形中焚毁了。两机的失事，完全相同，似被汉奸特务预放定时炸药似的。当时蒋介石的部队中汉奸也很多，连旧国府和军委会内部都有汉奸。这两次失事，死了好几个青年优秀飞行员。从此以后，马丁机也再没有组成新队。

当上海的战事正在激烈进行的时候，北方占领平津的日军，又分道南向平汉线的保定和平绥路进兵。驻保定的第一战区司令长官程潜，和第二战区司令长官阎锡山二人告急的文书雪片似地飞来，并要蒋介石抽调空军北上助战。上面已经说过，从卢沟桥事变以来，蒋介石始终没有派一架飞机到北面战场。特别是山西王阎锡山，一向是不欢迎蒋家军进入他的防区的人。这一次竟然请调空军，蒋介石当然不能拒绝，当即令周至柔抽调空军北上助战，弄得周至柔啼笑皆非。因为当时的空军全部实力，只能应付京沪的东面战事，而且因没有补充，已渐感困难，若再抽去实力，就难以支持了。但因为是蒋介石的命令，他还得遵令去敷衍一下。在空军前敌总指挥部的决策之下，把我叫到南京，给我一个空军北正面支队司令部司令官的名义。要我立刻组织一个支队司令部，克期北飞太原。划给我的空间范围可够大了。命令上规定“从四川万县以东迄湖北信阳之线以北，所有黄河两岸除甘肃一省外的空军和地面场站统归该支队司令部指挥区处”。这无异是叫我去独当一面。但支队部的编制又是很小的，只是一般空军大队部的编制，除司令官外，有参谋、副官、书记、军需、机务等几个干部和一些司书、译电、械、弹等助理员。不过另给我一个活动的办法，就是战务费不加限制，实报实销，并可以调用别部人员和临时雇用人员。至于部队呢，除叫我将我的基本部队第 6 大队，仍留东面战场，交由副大队长张毓航率领，仍在杭州作战外，另拨驻西安的第 5 大队和南阳的第 27 攻击机中队听我指挥作战。当时我就向总部提出意见，认为支队司令部的编制小，给我作战的部队太少，太弱，这两支部队都是东线作战受有损失，调去整训的。这时候第 5 大队虽已补充完备，但 27 攻击机队只有飞机 5 架。因此我要求再抽调一个霍克式驱逐机中队给我。经过再三讨论，才不得已抽出一个第 28 驱逐机中队给我。这是一个独立中队，是从广东收编过来的老霍克机，中队长陈智光和其他的队员已经有击落敌机的记录，但该队损失很大，那时候也只有 5 架驱逐机了。

决定之后，总部立即电令汉口总站派一架运输机飞来南京，限我第二天就飞洛阳，并准我尽量带走我第 6 大队部的班底人员，这大约是 10 月中旬的事。从此以后，我就脱离东线战场，转到北面去了。

全国政协文史资料研究委员会编：《文史资料选辑》，第 39 卷第 113 辑，中国文史出版社，1986 年版，第 31—39 页。

八一四空战的回忆

唐中和[①]

1937 年 7 月 7 日卢沟桥事变，揭开了抗日战争的序幕。7 月中旬，杭州笕桥国民党中央航空学校经过几天紧张的准备，全校员生、器材经浙赣铁路陆续南运，其目的地有两个，一是广西柳州机场，一是云南昆明机场。

当时在航校受训的有第七期、第八期、第九期共三期学生。第七期的学员班，都是经过南京中央军校或其他军事学校毕业后考选进去的；其中 1/3 是从广东航空学校并入该班的。这时第七期学员在学校的高级飞行课程已经训练完毕，正等待举行毕业典礼，由于战局关系，不得不俟航校迁到昆明后再举行毕业典礼，除留了七八个专门训练急需待用的轰炸员外，其他全部分配到前线空军各作战部队。

在航校迁离杭州笕桥期间，日本侵略者已在上海发动八一三淞沪战争开始大规模进犯。

当时杭州笕桥航空学校教育长陈庆云已被任命为杭州地区的空军指挥官，以蒋坚忍为副指挥官。那几天杭州地区连续阴雨。8 月 13 日下午 2 时，空军第四大队大队长高志航率其全大队（辖二十一、二十二、二十三、二十四共四个中队），从江西南昌飞到笕桥机场待命。

空军第四大队是当时空军作战部队中配备力量最整齐的一个大队，从中队长、分队长、飞行员，全部是笕桥航校毕业的学生，配备的战斗机是清一色的美制“好克”战斗机，双翼，起落架可收放，武器每机有大“考尔脱”两挺，并可携带 250 磅的炸弹两枚，巡航时速约 170 英里，续航半径约 280 英里。13 日下午 4 时，原在

① 唐中和，淞沪会战时系国民政府空军轰炸机独立第三十二中队飞行员。——本书编者注。

南昌机场的空军第九大队（辖二十六、二十七两个中队），由大队长刘超率领美制的“雪腊克”18架（是下单翼式超低空攻击机）也飞到笕桥机场。这时在笕桥机场上，有奉命驻守机场准备随时出击上海吴淞、闸北一带敌人的轰炸独立第三十二中队（队长彭允开、副队长徐卓元）的“道格拉斯”9架（笔者就是当时轰炸独立第三十二中队的飞行员），现在再加上第四大队的“好克”战斗机36架和第九大队的“雪腊克”攻击机18架，共有作战飞机63架。笕桥机场在航校进行正常训练时，已感场地过小，设施欠缺，到此时那么多飞机集中在一起，更觉得拥挤不堪。

8月14日，笕桥机场的天气状况：云高约300米，下着毛毛细雨，能见度为500米。在一般的情况下，这种天气是不飞行的。但第九大队的“雪腊克”机却于上午8时冒着极其恶劣的天气飞赴曹娥机场了。

下午1时30分，由曹娥的对空监视哨打来电话说：有敌人双发动机的轰炸机9架，已飞临曹娥上空，续向西飞，向杭州笕桥飞来。

此时在杭州地区的空军指挥官陈庆云，不在笕桥机场，向各方电话查询亦不知其所在（后来据他自己说。因从市区回笕桥时，交通阻塞滞留中途）。副指挥官蒋坚忍与当时全体飞行员在机场休息室聊闲天，有的打扑克牌。蒋坚忍原是航校的政训处长，不懂空军的性能，没有指挥作战经验。当接到曹娥的对空监视哨的电话后，第四大队大队长高志航当即在全大队中抽点了9个人的姓名，并立即宣布命令：“背上保险伞立即跟我出发！我首先起飞，你们一个接着一个起飞。在空中不要失去联系，抓住敌机，立即攻击，最好从后上方进击。”又说：“大家必须抱着有我无敌，有敌无我，视死如归的决心！”就这样各自奔赴自己的座机边，扣好伞，登上飞机起飞了。

起飞后，只见他们直冲霄汉，出没云层，上下腾飞，搜索敌机。又过了一会儿，只见两架在机身和机翼上都有太阳旗标志的日寇轰炸机从云层中窜出，在机场上空作东西向飞行，寻找轰炸目标。再过了一会儿，突然见日机投下两枚炸弹，立即爆炸，当时停在机场休息室旁，从沪杭铁路通到机场的一条铁路专线上的两节汽油车，引起大火燃烧；休息室的门窗玻璃，也全部被炸碎。这两架双发动机的日机，见已命中目标，立即钻入云层。这时只听见云层里枪声咯、咯之声不绝，一忽儿被我击落的一架日机，变成一团大火，摇晃晃地向半山的山麓飘坠；接着在机场东端上空，又一架日机被我击落，烧成一团大火飘出云层；又接着在蚕桑学校的南端上空，第三架日机也被我击落，敌机着火飘坠，敌飞行员跳伞，我方有两架战斗机监视着他直至坠地，被地面警卫部队俘获。其他敌机，仓皇逃窜。我机乃返航降落。此时天色已黑，不得不用落地灯照明着陆。但结果在夜色朦胧中滑回停机线时，发生两架飞机互撞，两机机翼上各有所损，连夜即修复；作战人员无一损伤。

击落的3架敌机，第一架是大队长高志航击落的，第二架是中队长李桂丹击落的，第三架是谁击落的已记不清。当大队长高志航返航落地回到停机线时，地面所有的飞行员都拥到他的机旁，高声欢呼，那种兴高采烈的情况，真是动人。

参加八一四空战的，除了大队长高志航、中队长李桂丹，还有毛瀊初（曾在台湾任“民航局长”）、董明德（曾任台湾“空军作战司令”），分队长乐以琴，飞行员张效良、李有干等人。

8月15日上午11时，又接曹娥对空监视哨报告，敌双翼单发动机轰炸机9架，已经过曹娥向杭州笕桥方向飞来。我第四大队又以一个中队的飞机起飞迎击，约11时30分，被我机拦截在钱塘江上空，当天云高约3 000英尺，敌机排得整整齐齐的品字形的队形，企图闯入笕桥上空。第四大队飞行员立即群集向其猛攻，当即击落3架，其中一架着火，飞行员跳伞，其他敌机立即掉头逃窜。

8月15日，第三十二轰炸独立中队，又奉命去上海吴淞、闸北一带的敌人阵地进行轰炸。直到傍晚，飞返前进基地嘉兴机场，飞行员住在嘉兴机场以西约二华里的一座破庙里。16日晨4时，早餐后起飞，正在机场上空进行集队，即遭敌九六式战斗机两架的偷袭，分队长黄葆珊的飞机被击落坠地着火，人机俱毁；幸周庭芳从笕桥驾机赶来，与敌进行空战赶走敌机，我机队始得继续飞向淞沪，执行前线轰炸任务，以后转航南京。

1938年秋，我方空军大部分作战机群，已损耗殆尽，我被调到新建立的成都空军军士学校担任飞行教官。1939年春，空军总司令部迁到重庆。当时一致肯定1937年8月14日在杭州笕桥上空第一次与当时号称强大的日本侵略者的飞机交战，以3∶0大获全胜，创造了辉煌的战绩，打破了我方空军远逊于敌的谬言，并鼓舞了我军的士气，这对中国空军在抗战中，有其一定的历史意义。因此国民党空军总司令部将这一日定为空军的节日（空军节）。从此，每年到这一天，国民党空军的各学校、各部队都举行盛大的舞会、游艺会或演京剧等来纪念庆祝它。

原第四大队长高志航，成为抗战中的空中英雄，其事迹为广大人民群众所传颂。他于笕桥空战后即率队调赴华北周家口，不幸在那里的一次空战中阵亡。

高牺牲后，第四大队长由李桂丹继任。李于武汉保卫战中与日机互撞时牺牲。李后即由毛瀛初继任第四大队长，毛现任台湾民航总局局长。

浙江省政协文史资料委员会编：《浙江文史资料选编》，第 26 辑，浙江人民出版社，1983 年版，第 94—97 页。

八一四笕桥空战见证

张光明[①]

民国二十六年(一九三七)八月十四日空战经过见证。

见证人张光明,一九九五年七月三十日写于洛杉矶。

在五十八年前,我是空军第四大队第二十二中队飞行员,亲自参与八一四空战的人。我现已八十三岁高龄,垂垂老去之前,有责任亦有必要说明,见证八一四空战真实经过,留下八一四空战真实战史纪录。

在过去五十八年岁月中,阅读了许多有关八一四空战报道的消息和文章。各有不同说词。以致对八一四空战产生不一的认知。为何?深究之下,写报道文章的人竟无一人是参战者。数据出处,多少存有传闻、揣测、夸张、隐瞒的意味,所写的东西在基本上,存有失真的问号。历史纪录贵在第一手,要以亲身参战过,更加负责任的态度,见证说明八一四空战经过和战果。

一　空军第四大队由七七至八一三时的任务行动

(一) 七七卢沟桥抗日战争爆发,空军第四大队于七月中旬,由原驻地江西南昌,奉命秘密进驻河南周家口机场待命。

(二) 第一任务目标,天津市南开区,日军兵营指挥所。

(三) 第二任务目标,绥远省百灵庙机场日机六架。

(四) 第三任务,支援地面作战,协同防卫保定外围新防线。

在当时昼夜随时备战,又因当时全国情况紧急多变,未接下达攻击命令,该项

---

① 张光明,淞沪会战时系国民政府空军第四大队第二十二中队飞行员。——本书编者注。

任务因八月十三日情况突变，未予执行。

（五）八月十三日午，突接高志航大队长，由南京军事会议后，电令全大队兵力，即刻进驻浙江笕桥。高大队长由南京直飞笕桥。三个中队（二十一、二十二、二十三，三个中队）即刻陆续起飞，沿途大雨滂沱，视线模糊，冒险低空前进，二十二中队低空曲线飞行，降落广德机场加油后，续航浙江，不久，中途在雷雨中，遇敌机，在雷雨茫蒙中，视界不清，看不清架数，与分队长乐以琴准备攻击时，敌机也发现我机群，即潜入云层，无法追踪。领队只有进驻笕桥待命，未便有违。

（六）飞抵笕桥，见已被敌机轰炸，正在火焰燃烧中。随乐以琴分队长即东飞企图追寻敌踪攻击之，追至钱塘江口云雨低蒙，天气恶劣，乃折返笕桥落地。高大队长正讲述单机击落敌 96 式轰炸机一架经过。当时令人既兴奋又敬佩！

二　八一四拂晓空战

（一）八月十三日空袭后，场站人员因避空袭未返，场站无人工作。在大雨中，飞行员背扛小桶汽油至飞机旁，用石块打开油桶，彼此互助缓慢加油。加油工作至凌晨一时半，方各寻房屋就寝。自十三日午未进餐饮，至感疲惫，全身水湿数小时，亦感寒凉，随手取得寝室主人衣服穿用入睡。凌晨三时余，被空袭紧急警报声惊醒，披衣奔向机场，在暗夜中飞机升空，云高约三千呎，因视界不清，顾虑笕桥上空群机巡防，有相撞危险，乃决定飞至钱塘江南岸，在杭州市与笕桥之间往返巡防。

（二）在八月十四日拂晓，视线蒙蒙中，在南方远处地平在线，发现有条蠕动黑线，渐而由远而近，片刻黑线由粗变大，物体蠕动更清楚，片刻已认定为机群，乃立即升高接近，辨识为敌机后，立即进入攻击位置。

（三）在攻击前，辨认为大型双翼四架编队敌机，翼上机身日本红太阳标志显明。选定长机攻击目标，立即由前侧方开火，该长机立即着火一团下坠。

（四）攻击后脱离，反转作第二次攻击时，见另一架敌机着火下坠，攻击友机脱离，在我同一空域，其机号为 2204 号，乃分队长郑少愚。我在第二次攻击进入前，见另二架敌机片刻先后被我另三友机分别击落，均着火坠落在钱塘江上空。此一战斗过程，仅约三分钟结束。

经查阅敌机资料图型，此大型双翼轰炸机，似为日本 88 式非金属飞机，机力脆弱，每当攻击，极易着火。

（五）战斗结束接近2204号机分队郑少愚，（我驾机编号为2205号）编队折向笕桥。此时天晓，遥望有敌机二个编队群，由西南方航向笕桥方向，并遥见我机群尾随围攻。

敌机群被围攻，偏离笕桥北方，遥见二架敌机前后被击落，敌机群仓促投弹郊区，潜入云层，向东而遁。我与郑分队长意图由钱塘江北岸，采直线东航向临平山空域拦攻敌机，东航追至金山卫上空，无所获而返。

（六）本次空战，为中国的空军第一次大规模空战，也是世界第一次大规模空战，这也是第一次中国的空军击落多架日机，六比零的战果，创造了中国空军光荣战史。

三　八一四空战胜利对日抗战之影响

（一）当时中日空军兵力对比，约为一比十二，日本的空军不但量多，而其飞机性能、装备训练，均较优越。双方形势纯是劣势的空军对优势的空军。

（二）空军第四大队在八一四一场激烈空战，以初生之犊的英勇精神，在笕桥空域击落六架来袭的日军轰炸机。当此消息发布，举国欢腾，军民士气大振。后来定八一四这一天为“空军节”。

（三）八一四这一空战胜利，激励了弱势兵力亦可胜的观念。审慎选择有利的条件下，集中一击，不但可战，而尚可胜。这一经验战例，影响八年抗战，全国一致奋战不懈的精神。

（四）自八一四空战之后，空军第四大队，夜以继日连续在京沪杭地区，支援地面作战，与空中搏斗。大小空战每日发生，日机时有损伤。为期六周，总统蒋公，在南京大校场基地，召集参战人员训话时称：“中国的空军在六周内，把日本木更津航空队击溃，而使该航空队司令剖腹自杀。这是空军将士用命，创造了辉煌战果”。更激励了民心士气。

四　空军魂——高志航

空军第四大队的“战神”精神，也就是高志航的精神。在他的躯体血液里，充满了爱国思想与英雄思想，用回忆他的几项小故事说明，就可以令人了解这位英雄人物一名民族英雄。

（一）民国二十五年在笕桥成立空军第四大队，移驻江西南昌青云埔基地。在高志航策划督导下，连续六个月日夜不停地战技训练，除空战格斗训练外，面对空中射击及与对地面及水面目标射击与轰炸，严定限达90分为及格标准，在课目讲解后，顺口说出一句："对水面浮动靶不及格者，中午就不要去休息吃饭"。当天全大队飞行员均及格。唯独高志航射浮动靶不及格。他就不回营房休息吃饭，一直起飞降落作不停地射击训练，直至傍晚，方达及格标准。并且把靶标在翌日训练课目下达时，当众展示靶标，以示他负责绝不例外。当时空军第四大队的战技训练情报，传入日本空军，颇为惊讶。日本把空军第四大队，列为未来的主要目标。

（二）卢沟桥抗日战争爆发后，空军第四大队奉命即进入河南周家口机场，高志航大队长主持作战会议，其中讨论到，攻击绥远省百灵庙机场六架日机任务如何执行时，高志航就指问分队长郑少愚如何攻击战法，郑少愚则以战术原则，答以应在拂晓奇袭，击敌机于地面。高志航乃正色提告全大队飞行员，攻击日拂晓前分三个高度层，进入百灵庙上空，高志航在低层领队，不准任何人向地面攻击日机，让它们飞起来后一个一个再把它击落，叫日本人知道中国空军的厉害。

（三）在民国二十五年，空军第四大队随蒋委员长进驻河南洛阳，高志航奉命率九架，飞赴山西太原，作中央军力展示。当晚间九点，接航空委员会电令。高志航即刻率领九机于夜间起飞，航返洛阳，众皆惊异，为何冒险长途夜航，航空委员会主任周至柔，责问不该冒险夜航。高志航认为在接获电报文中，有"即"返洛字样，高志航自称，我乃军人，在电报中"即"字，我应服从命令。

（四）高志航在八一四空战中，臂部受伤，进入杭州医院医疗，伤愈后赴南京报到，此时空军第四大队人员已赴汉口，转往甘肃兰州准备接受苏联军援。当时我主力战机耗损殆尽，仅余少数飞机，日机空袭频繁，日本96式战斗机性能优越，我少数飞机已无抗斗日本96式战斗机能力。高志航当时不信此一说法，决定亲身一试，拆去霍克Ⅲ式机上之炸弹架，副油箱与整流罩等，减轻重量，增加速度与灵敏性，率五架升空迎敌，追逐缠斗一场激战，双方均无损伤而结束。证明高志航发自内部之真勇，和其优越的飞行技术，广被赞誉。

五　八一四空战战果见证

（一）五十八年前的八一四，空军第四大队在笕桥空域击落六架来袭日军轰炸机的战果，是确实的纪录，不容有疑。我是参战者，亲身所历，亲眼所见，并且是最早发现敌机，最先遭遇敌机，最先攻击，最先击落敌机的人。事已五十八年，在我有生之年，垂垂老去凋谢之前，有责任，亦有必要，以负责的心情态度，把八一四空战战果，重新作一次见证，存真战史纪录。

（二）在五十八年岁月中，阅读了许多许多有关八一四空战的报道文章，在若干报道文章中，也出现了不同的版本与说词，我要逐点加以说明。

A. 有的说，814 空战战果，击落日本 96 式轰炸机六架，六比〇。

B. 有的说，814 空战战果，击落日本 96 式轰炸机二架，二比〇。

C. 有的说，814 空战战果，日机损失两架，中国损失一架，二比一。

这三种 814 空战结果说法，均非事实。我要更正说明于后：

A. 814 空战击落日机六架，并非全是 96 式轰炸机，其中有四架是双翼大型轰炸机(可能是 88 式)，其中仅二架是 96 式轰炸机。击落架数无误，然机型、机种不同。

误导原因，在笕桥附近空域与地面，仅看见来袭敌机是两个 96 式轰炸机编队群，亦可能看见击落敌机的情况，纷坠落于笕桥东北，半山的东南方郊区。但很少人看见，当拂晓时分在钱塘江南岸与江上空，被击落四架笨重、速度不快、纷纷着火坠落的敌机。这项纪录已误传多年，应予更正回归真实。

B. 二比〇的说法，可能当时只看到被击落在笕桥附近的二架敌机。但是他们看不见，也不知道，在钱塘江南岸，双方先期遭遇已发生了空战，在短短数分钟内，击落四架来袭的双翼敌机。才说成了二比〇。

C. 至于二比一的说法，是由日本官方发布消息数据，在当时都知道日本这项报道消息，这是必然之事。日方必有所隐埋真实情形，对其国内，对敌方都有必要隐瞒误导。至于日本所指击落我机一架，可能是指八一三刘树藩起飞失事的一架。八一四空战中国没有损失，仅高志航臂部受伤，人机均安返基地。

六　空军第四大队在八年抗战中，外人所不知的几项史料

（一）在抗日战争中，有四位大队长为国牺牲，即王天祥、高志航、李桂丹、郑少愚为各大队之最。

（二）在抗战八年中，空军第四大队是作战伤亡人数最多的大队。由民国二

十六年至三十年这五年间，是八年抗战最艰苦最惨烈的时候，牺牲伤亡的数字最大。

（三）空军第四大队，有两个别名，一是为众所知的“志航大队”，另一是不为人所知的“中尉大队”。民国二十七年保卫武汉时，由大队长到飞行员，都是中尉阶级，这现象惟世界少见，但证明A.空军的人事制度，阶级管理严格；B.空军尚在幼苗时期。

（四）在南昌基地，战技训练炸射命中率，规定90%为及格标准，全大队人人都达此标准，有超标准的战技训练，方创造了笕桥、上海、南京、武汉、南昌、随樊、台儿庄、重庆、梁山、成都等地空战，均能予敌机重创战果。

（五）空军第四大队组成份子单纯，均为航校毕业生。

（六）高志航能说流利的俄语。颇使当时苏联军援人员惊讶。高志航把与日机战斗的经验侃侃道出，苏联人员均赞誉有加，奉为战神。

《张光明抗日空战拾粹》，台湾大鹏文教基金，2012年版，第34—41页。

消灭日军木更津航空队侧记

曹觉迟①

八一四是国民党空军的空军节。1937 年八一三淞沪抗战爆发后，国民党空军第四航空驱逐机大队，奉命由河南周家口基地转场到安徽广德机场集结待命。8 月 14 日就一举消灭了气焰嚣张、号称精锐无敌的日军“木更津航空队”。我军士连当时担任笕桥机场的防空和警卫任务，有幸分享了这次空战胜利的荣誉和喜悦。

笕桥机场的卫士

1937 年七七事变之前，我是原国民政府航空委员会特务团军士连连长，排长是褚铁(后补副连长)、刘岘(又名刘名山，现居美国)、邱辅英等。驻在南京上新河营房，负责训练学兵。七七事变后，军士连接收了从广州改编过来的邝营为第四营(原来的第四营随空军军官学校到昆明后扩编为官校特务团)，增加了一批学兵及 9 门苏罗通高射机关炮，扩大了军士连的训练内容。

8 月上旬，我连接到团部转发的航委会命令。略称：“着该团军士连立即开赴杭州，担任笕桥机场防空和警卫任务。防空事宜，受杭州防空司令部统一指挥……”我连于 8 月 9 日进入笕桥机场。

笕桥机场是原空军军官学校的训练基地，位于杭州市东北方，西边接近市区，北邻官校营房和沪杭铁路，东、南两面是农村桑园，均临近钱塘江。自 1932 年一·二八上海抗战之后，军校即陆续向云南昆明迁移，现在只有一部分人员留场

① 曹觉迟，淞沪会战时任国民政府航空委员会特务团军士连连长。

办理结束交代事宜。机场内没有一架飞机，只有一个庞大的空荡荡的飞机库(棚)。

军士连的9门高射机关炮，分布在机场东面和南面的桑园里，刘排长指挥机场南面各炮，我的指挥位置在机场东面第四炮。

8月13日，淞沪抗战爆发。我们除担任官校警卫的人员外，全部进入高炮阵地，准备随时痛歼来犯之敌。

防空指挥的失误

8月14日中午，官校办理结束交代的X科长通知我，去接杭州防空司令部打来的电话。我到校部通话之后，对方问我："你是曹连长吗："我答："是啊。"对方说："有一件事通知你，今天下午大约3点钟的时候，有我们民航机一架，从杭州方向进入笕桥着陆加油，加油之后，继续起飞，你们连不要误会。请你复诵一下。"我复诵之后，对方说："要注意对空警戒，保护民航机的安全"。我回到第四炮位，立即用电话通知了各排，并强调了上海战事激烈，特别注意对空警戒。

时间和防空司令部的通知大致不差，在下午3点多钟，发现有一架银色飞机，从杭州方向低空飞向笕桥机场上空。看着该机将到机场，不是飞向跑道降落，而是向机库俯冲。我正纳闷这是怎么回事？突然"轰轰"两声巨响，机库棚顶被炸飞了，场内地勤人员慌忙隐蔽。我这才意识到是日军飞机，此时敌机已升起，飞过四炮上空，明显地看到了机翼上的红膏药标志。炮口旋转180度已来不及(因苏罗通是法国造的陈旧机炮，转180度须全炮移动)，我急得真想跳起来骂杭州防空司令部。幸好在此同时，我机场南边的友邻各炮也开始了射击。敌机正在向左转弯，薛班长喊叫"打中了，打中了！"我也看到敌机右翼抖动了一下，急向大青山方向逃窜，已脱离了苏罗通的有效射程。我恨恨的叹了一声："可恨让它跑了"！真不知道杭州防空司令部为什么这样麻痹，没有发现这是敌机。

高志航首战告捷

正在我叹息的时候，学兵们乱喊："连长、连长，快看，我们的战斗机截住了这个狗强盗!"其时我的眼睛早已盯着那架日军飞机了，在大青山上空被我一架战斗机拦截。敌机想转身逃窜，可是已来不及了。我战斗机紧紧咬住它猛烈射击，转瞬之间,就把它揍下来了。我机群一直注视着屁股冒烟,螺旋下坠的敌机葬身在大青山下之后,才离开战区。这时,不仅场内人员欢呼雀跃,也隐隐听到场外的欢呼和掌声。我又飞来了两架战鹰,紧随第一架战鹰之后,在杭州上空搜索巡逻后,向东北飞去。

今天这一场“哑巴仗”(没有空袭警报,也没有“解除警报”)很快就结束了。打下日军飞机的是谁呢?大家在议论中,不到两个小时,从杭州带来了“号外”,也听到了鞭炮声,大家争看不及,拿号外的便说:“我来念念吧”。他站到一个高地大声念道:“今天(14日)下午3时20分,日军轰炸机一架,窜至我杭州上空,偷袭我笕桥机场,丢下两枚重磅炸弹后,仓皇向大青山附近逃窜,被我空军第四大队高志航大队长及时拦截,迎头痛击,一举将敌机击落在大青山下,机毁人亡。我仅被炸毁空机棚一座,无其他损失。”大家听后,啧啧称赞:“高大队长真是英雄”,“这些日寇就得叫我们志航大队教训、教训!”我心里想:“苏罗通只能是无名英雄啦。”

下午6时许,×科长打电话给我说:“今晚上有志航大队4架飞机进驻笕桥机场,来后请你加强警戒。”我回答:“不成问题。”

推心置腹以诚见

黄昏前,分两次(先3架,后1架)来了4架战斗机。我连派出军士哨,担任警戒。

黄昏后,我去查哨,碰到×科长,他是来看飞机的。我们一边走一边闲聊,他说“今天看过号外,听说你们学兵有说‘二话’的。”我笑着说:“科座你听见说些什么?”他说:“你们学兵说敌机是高大队长打下来的这不错。可是它右翼上也有我们射穿的窟窿啊,抹掉了这一点,我们的炮弹怎么报销呀?”我接着说:“他们这些话是冲着我来的,想表现表现自己嘛。我对他们进行了教育,告诉他们抗日战争是整体战,有了战功,只能记在最突出的英雄或集体名下。今天的日机,是高大队长英勇战斗,一举击落的,有目共睹。如果我们一定要说敌机是我们先打伤的,有谁看见了呢?况且我们是空军的防空警卫部队,应该共同作战,空军的胜利,自然有我们一份光荣,有什么委屈呢?”他说:“可以告诉你们官兵,苏罗通击中敌机机翼是抹不掉的,这是我亲眼看到的,因为杭州防空司令部也有电话给我,叫给民航机加油。我一直注视着这架飞机,机库被炸,我须立即上报。我会把你们防空战斗情形写进报告的。”“谢谢科座。”我又提出疑问:“我对杭州防空司令部有怀疑:

为什么敌机进入笕桥机场的方向、时间与他说的民航机进入的方向、时间丝毫不差呢？没有空袭警报，军民都没有疏散，今天是炸了机库。如果是工厂、营房，要死伤多少人呀！”他说：“是值得怀疑，不过社会上的事情‘巧合’的时候也有。现在我们还不便武断，等我问他们民航机到哪里去了？有答复时再告诉你，但是他们防空失职，是责无旁贷的。”

我还想向他了解志航大队驻在哪个机场，又觉得这是军事机密不便多问。他看我欲言又止，就说：“有什么问题谈谈吧。”我把想问的说了，他说：“这是机密，不过你们有共同作战任务，可以对你说，他们驻在广德机场。”我说：“是不是在苏、浙、皖交界的安徽广德。”他说：“是的，他和上海、杭州成犄角之势，随时可以支援两地，广德到杭州空中距离只有七八十公里。得到情报，马上可到。”相见以诚的谈话，使我思想上轻松了不少。

人为事故误戎机

8 月 15 日，天气晴朗，是日本飞机侵袭的好天气。我连接受了昨天的教训，把炮位作了变换，使各炮在空中形成交叉火力网，并早早地进入了阵地。

“空袭警报响了！”学兵们只在防空演习时听过一次这种“怪声”，既紧张又敏捷，很快的各就各位，准备就绪，待机歼敌。场内地勤人员，除值班者外都迅速疏散。战鹰起飞了，不知是谁在小声数着“一架、两架、三架”。我正在打电话询问各排情况，忽然听到有人喊：“连长，那架飞机怎么不起飞?!”这是个问题，引起了我的注意。远远地看去，看见有几个人围着飞机，像是着急跺脚的样子。过了一会才看见一辆黑色小汽车开到飞机旁边停下。不一会儿，飞机发动了，滑上跑道起飞了，可是，飞机刚刚离开地面，发动机便停止轰鸣，飞机迅速下降，对着我们四炮阵地冲了过来(四炮阵地，在跑道尽头外面的桑园里)。我急忙令学兵赶快闪开。还好，飞机滑到跑道尽头停了下来，飞行员跳出机舱，低着头坐在机旁。

我跑过去一看，这位飞行员光着头，穿的是一件夹克上衣和白色灯笼裤子，手里提着个小皮箱，好像空袭警报才把他从梦境中惊醒，慌慌张张跑到机场来的。我问他：“飞机发生了什么故障?”他说：“飞机没有毛病，是没油了。”我说：“现在还没有发出紧急警报，叫学兵给推过去加油吧。”他低着头不语，我真急了说：“放在这里不行。这太危险……”正说着，看见顺飞机跑道来了两辆自行车，骑得飞快，坐着 4 个人，着装像是机务队的。我说：“机务队的来人了，你们说吧。”

机务队的人，一面跑一面问："飞机怎么样了?"这位飞行员仍然不吭声。我说："飞机没有毛病，是没有油了。"那位飞行员很恼火地冲着机务人员说："你们是干什么的，为什么不给加油?"机务人员也火了："你昨天一下飞机像'二大爷'一样，扭头就走，屁话不说，我们知道你缺少什么?"他一蹦起来说："那要你们干什么!"我看着不对头，赶紧劝说："现在打仗要紧，别的话以后再说，趁还没有紧急警报，赶快推去加油。"我不再让他们争论了，派了4个学兵，帮着他们把飞机推走了。

志航大队再报捷

"紧急警报"拉响了，很快就听到杭州湾方向像沉雷似得爆炸声。加油的飞机，也急忙起飞了。我们专注地看着天空，搜索敌机。

不知过了多长时间，听到长鸣不断的汽笛声，"解除警报"了，疏散的人群回场了，我们的战鹰返航了，都仔细地数着一、二、三、四架都着陆了，这就意味着打了胜仗。

远远地看着飞机被"包围"了。不一会，推飞机去的学兵，一面往回跑一面喊着"好消息"。阵地上的官兵把他们团团围住，范梦云结结巴巴地说："啊拉，打下'木老老'的(浙江方言是很多的意思)。"到底打下敌机多少? 我说："薛明你说吧。""日寇来了5架飞机，被打下了3架。"薛明说完，大家高兴的又叫又跳。

后来听官校的人说，敌机是受了我们广德和笕桥的战鹰两面夹击，遭到惨败。如果不是王××的飞机误事，战果可能还要大一点。

志航大队三立功

8月16日，杭州无战事，我们连利用这个时间加强防空设施。下午原停在笕桥的4架飞机，全部飞走了，也许是调整部署吧!

8月17日，空袭警报汽笛又响了。疏散后的机场，空无一人，我询问了各排情况之后，严阵以待。

"紧急警报"之后，很快就在东方发现了几架敌机，稀稀拉拉地像麻雀阵似得向西飞来。学兵们因为没有看到我们的战斗机，既紧张又兴奋，小声地说："这回轮着我们打了。"我叫大家不要紧张，看准敌机，算好"提前量"，到有效射程内再发炮。

就在此时。忽见敌机乱阵，四下分窜。情况有变，学兵喊叫“往上看啊”，原来是我们的战斗机群，不知何时隐到高空，现在正以雷霆万钧之势来了个“分割包围，各个歼灭”。敌我飞机，左右盘旋，上下翻飞，展开激烈战斗。有一架飞机，被我战鹰赶到笕桥上空，距我们阵地不过 2 000 米，可我们不能开炮，只能一面观战，一面待机。

“打下来了！”学兵几乎是齐声欢呼。敌机被打落下来，像陨星一样，一头栽倒地下，听到轰隆一声巨响，就冒起了黑烟；接着又看见大青山那边打下一架；海边（指钱塘江口外边）也打下一架。不用看底片，我们已知道击落敌机 3 架，肯定是“三战三捷”啦！

警报解除之后，我随很多人去看击落在附近的那架敌机。敌机已炸的五零四散，烧的只剩下破碎骨架，看不出机型；敌机驾驶员也只剩一堆堆焦骨，一块块黄油，这是侵略者的必然下场。

第二天消息传来：“来犯的敌机共 6 架，被击落 3 架，击伤 2 架。”我志航大队三立战功，可惜的是高志航大队长受了轻伤，某飞行员住进医院，打仗吗，牺牲是难免的。

木更津队被消灭

淞沪会战日趋激烈，双方都在调兵遣将，酝酿大战。杭州方面，一连几天却安静无事。

在连续激烈空战之后，忽然气氛凝静，就更觉得沉闷。敌我情况究竟如何？心里没有底。去防空司令部开会的副连长回来了，带回一些文件和报纸。他找出一件公文说“先看这个吗？木更津完蛋了。”我接过来仔细看完，不由得叫了一声：“好，真带劲！”

公文的大意是：日军为了破坏我空军官校训练基地和阻扰我由沪杭线增援上海的部队，自 8 月 14 日开始，连续侵袭我杭州。侵袭之敌是日本木更津航空队，共有飞机 10 架，由两艘主力舰（长门号、鹿敖号）运载从东海起飞，多次向我攻击。我空军第四大队在高志航大队长率领下，同仇敌忾，英勇奋战，三战三捷，共击落敌机 7 架，击伤 2 架，基本消灭了“木更津航空队”。这些日军由于狂妄自大，迷信“杜黑主义”，致遭聚歼！

我问什么是“杜黑主义”。副连长说：“我们空军人员解释说——杜黑，是意大利法西斯的空军理论家。他主张单机轰炸，理由是行动机密目标小，偷袭的成功率大。”我说好啊，叫他永远迷信下去吧。

晋升录用是嘉奖

连续几天激烈的抗战过去了，传来了敌我双方的战况，顿觉心情轻快。不知不觉到了 9 月中旬，淞沪战争还在紧张进行，敌机开始延伸轰炸南京。我军军士连完成了在杭州的任务，与 9 月 18 日调回南京。

不久，发生了两件事：一是航委会指定空军在军士连学兵中挑选空军射击士、通讯士，合格多少录用多少。结果，把身体好、有文化、年岁小的学兵，选了 33 名，整整走了一个排。二是连长曹觉迟晋升少校衔，副连长褚铁、排长刘岘（名山）均升为上尉衔。这也许是对我们的嘉奖吧。

全国政协文史资料委员会编：《文史资料存稿选编：抗日战争》（上），中国文史出版社，2008 年版，第 565—570 页。

八一四空战真相

李　青

及时发出两道战令

民国廿六年八月十四日，中国空军大举反击日本空军，使日本航空队铩羽而归，阻滞日本陆海军的进攻，振奋我国民心士气，坚定了长期抗战的信心。

这一战役，高志航烈士及空军第四大队的英勇奋战的精神，为八一四胜利的主要缔造者。分析高志航等获致空战辉煌战绩的原因：

1. 最高当局对于空军的指挥，从战略避战转为分兵迎战，进而集中决战。初期拟定冀北作战计划，调南昌的第四大队于八月七日及广德的第二大队于八月十一日分别进驻河南周家口及信阳，等候支援河北地区陆军及轰炸平津地区日军；但八月九日情报显示，日军有向淞沪袭击的企图，八月十三日沪战揭开，空军总指挥部在十三日下午二时及十四日凌晨二时发布第一、二号作战命令，调动部队集中淞沪外围，并指示作战机宜(第四大队由周家口急调笕桥)。

2. 八一四当天清晨七时起，空军卅五队、第六大队、第二大队、第五大队及卅四队全日出动各型飞机六十六架侦察轰炸上海附近的日军船舰、军事设施，导致日本急派战机反击，企图摧毁我方空军基地笕桥及广德。当时适逢台风侵袭，淞沪及东南一带风雨交加，停泊在东海马鞍群岛附近的日本航空母舰“加贺”、“龙骧”及“凤翔”号三艘，都因为风浪太大而无法让舰上飞机起飞出击，迫于情势才改派刚于八月八日从日本九州进驻台湾松山的鹿屋航空队九六式陆上轰炸机十八架，在无驱逐机掩护下于八一四当天中午十二时五十五分及一时零五分，分两批进攻笕桥及广德，到达笕桥时间约在四时，适逢第四大队先派遣廿一、廿三中队自周家口抵达不久，时机巧合引发了四一八空战。

敌我双方空战机队

由于空军第一、二号作战命令相继下达，八一四全日动员的空军部队，几达全部兵力的百分之六十，除远在西安的第七大队及笕桥航校的教练机外，其余部队均直接参与作战或间接移防第一线备战。当时中日双方部队调动情形是这样的：

（一）中国部队：

1. 笕桥基地：①航校初级教练机及学生已撤往汉口，教官及高级教练机组成暂编大队，下辖卅四、卅五中队，另有从汉口返回的卅二队。②第四大队由周家口飞驻笕桥。

2. 广德基地：第二大队。

3. 曹娥基地：第九大队从许昌移防，于十四日下午和十五日进驻。

（二）日方部队：鹿屋航空队于八月八日从日本九州鹿屋基地移驻台湾台北松山机场(有关八一四空战史书均称日方部队为木更津航空队，这是错误的。因为木更津航空队原驻日本本州横须贺木更津基地，八月十一日移防九州佐世保大村基地及济州岛。另外所传言日本飞机从台湾新竹机场起飞，也是错误的。)

（三）双方参战部队与飞机：

1. 我方第四大队霍克Ⅲ(HAWK－3)廿七架，其中廿一、廿三中队安抵笕桥十八架，廿二中队降落广德九架。

2. 日方鹿屋航空队六九型轰炸机十八架，分成两批各九架进攻笕桥与广德。

会战时间鏖兵过程

中日双方会战时间，八一四笕桥空战时间，报道不一，有所谓八一三下午，也有认为是八一四清晨的说法。大多数都肯定是八一四下午，正确时间应该是下午四时到四时半之间。这是依据双方部队飞机起飞时间、航程、天候影响因素推算而定。

1. 第四大队在上午十点接到高志航大队长从南京拍发即刻飞驻笕桥的移防电报后，由廿一中队队长李桂丹召集移防会议，询问天气、决定人选、编队航路、整备战机，午餐后一时从周家口起飞。计有霍克Ⅲ(HAWK－3)廿七架，全部离地集合编队约在一时廿五分时刻。周家口到笕桥航程四百一十哩，霍克Ⅲ(HAWK－3)巡航速度是203MPH(英里/小时)，全程费时约两小时，应在三时廿五分左右抵达。因为笕桥机场积水和指挥失控等影响，全部十八架(廿一、廿三中队)落地是三时四十分左右。

2. 廿二中队霍克Ⅲ(HAWK－3)九架由黄光汉率领，因天气恶劣导致偏航，中间于三时十分降落在广德，停留一小时，约在四时二十分续飞笕桥，五时抵达。

3. 日本鹿屋航空队九六式轰炸机十八架，从台北松山于十二时五十五分及一时五分，分两批各九架起飞，由台北经浙江永嘉到笕桥六百七十公里，九六式轰炸机巡航速度二百廿公里，全程费时三小时。第一批进攻笕桥机队约在四时抵达。日本军方纪录轰炸笕桥时间为四时廿五分，返航落地时间七时五分。第二批进攻广德机队在一时五分起飞，台北到广德是七百七十公里，航速二百廿公里，全程费时三小时卅分，抵达广德为四时卅五分，军方纪录返航落地时间是晚上九时廿分。

依据以上资料推算，会战时间应是笕桥空战下午四时到四时半，广德空战四时卅五分到五时。

作战经过：

1. 笕桥空战——八一四下午三时，笕桥机场倾盆大雨，场内积水。学校教官中所组成的暂编大队卅五队许思廉、姜献祥、杨绍廉驾驶可塞机(CORSAIR)三架正要飞赴上海轰炸公大纱厂及汇山码头，忽然接获青田方面防情电话，有日本轰炸机自永嘉进入，经青田往杭州进攻。当时第四大队的霍克Ⅲ(HAWK－3)尚未抵达，场内飞机部分起飞或移拖疏散，人员躲避，情况紊乱。高志航刚从南京接受作战命令回到笕桥等候第四大队，二十余分钟，廿一中队由李桂丹率领抵达，落地后部分飞机准备加油挂弹，稍后廿三中队也由毛瀛初率领抵达。高志航判断日机即将临空，虽然大部分尚未加油，仍带领廿一中队的一、二分队起飞。升空不久，日机已到了笕桥，出没在云层之中，其中第一分队长机(总领队)是新田慎一少佐(按鹿屋航空队轰炸机飞行队长相当我方空军的中队长)所驾战机刚一出云端，即被我方击中发电机部位，马上就钻入云层内躲藏。另外新田机队第一分队三号桃崎军曹仓皇投弹中，机身已暴露在高志航及谭文(廿一中队分队长)面前；起初桃崎仍奋力反击，企图找一生路逃逸，但结局还是被高、谭合力击毁在钱塘江边的金门塭附近。稍后，第三分队一号机大衫忠一大尉，接战后被我方射击中弹二发；第三分队号机三井军曹又在李桂丹(廿一中队队长)、柳哲生、王文骅(均是廿一中队队员)的合击下坠毁于乔司镇的李家村。而第三小队二号机的大串军曹恰巧被即将返航的高志航发现,遭到近距离的猛烈攻击,机身中弹卅八发,左翼十四发,右翼廿一发,左引擎二发,合计七十五发,嗣后在左引擎熄火,完全失去作战能力的情况下逃回台北。以上所记叙八一四笕桥空战经过,系依据航委会廿九年印行的空军抗日战史等资料综合整理,相互参证,屏除细节的描述,纯以记事笔触叙述。现再根据王荫华将军的口述,来对当时的战果作一客观的了解:“八一四晚上高志航曾召集全大队的弟兄检讨战况,他表示所击落的日机是在遭到攻击的情况下而反击的,并且当场询问此外有何人击落日机?当时并没有人声称曾击落……。”虽然事后现场空中或地面人员能目睹起火坠毁的日机仅有高、谭二员所击的一架,但据曹世荣将军于1954年8月刊登于中国空军《八一四怀旧》文中所述:“当日大队长和其他同志当场击落二架……。”这被击落的日机两架分别是李、柳、王三员合击一架,因未目睹起火爆裂,导致空军迄今仍抱持怀疑态度,无法下定论。另外高志航所击中的第二架日机(即大串军曹所驾)也是因未起火爆裂,虽然中弹累累,仍是用单引擎飞返台北。但若从高志航座机引擎处被命中一事判断,两机的确曾经遭遇,再依据日军战报证实大串座机损伤情形。所以,列入当日战果是可认定的。

2. 广德空战——日本机队第二批九六式轰炸机九架,由浅野橘太郎少佐(鹿屋队航空队飞行长,相当我方空军大队的作战科长)率领,于八一四下午一时五分从台北起飞,紧随着第一批新田慎一少佐机队经永嘉、青田到永康后折飞广德,约在四时三十分接近广德基地。当时我方暂编大队卅四队队长周庭芳于四时左右从笕桥奉派飞到广德一带巡弋;看见日机有进攻企图,急忙在基地上空摇晃机翼警告,可惜地面人员不知道他的用意。不得已只好单机攻击,往返上下时将日机编队冲散,历时约卅分钟。这时由黄光汉率领的廿二中队霍克Ⅲ(HAWK-3)九架因为偏航中间降广德后,正续飞往笕桥途中,见到仓皇飞来的日军即刻拦截,计击中该机队第二小队二号机的燃料箱,勉强飞到台湾基隆外海社寮岛灯塔附近的海面迫降,机毁,人员被救,另外该机队第一小队二号机中弹一发,第三小队三号机中弹四发。

参战人员实际战绩

双方战绩统计:

1. 日方:根据日本一连空战斗详报(一连空即日本第一联合航空队,抗战初期编组而成，下辖木更津及鹿屋航空队）记载：八一四当天从台北出击的九六式轰炸机有十八架，安返十四架，失踪二架，重伤损毁二架。

2. 我方：①谭文分队编号(2105)刘署藩起飞时油尽迫降，机毁人殉。②谭文分队编号(2106)金安一油尽迫降，机损人微伤。③高志航座机(IV－1)右侧及引擎各中一弹。

有关八一四参战人员，尤以笕桥空战一役，究竟何人参战？何人建功？现存的空战史籍未见详记，第四大队档案也欠完整。笔者试就现存史料、档案、报道，再考证人事资料，概列如下：

1. 第四大队——大队长高志航。

① 廿一中队——李桂丹、柳哲生、王文骅、谭文、王远波、金安一、刘署藩、苑金函、袭业梯。

② 廿三中队——毛瀛初、王荫华、曹士荣、吕基淳、杨梦清、敖居贤、戴广进、陈怀民、信寿巽。

2. 起飞作战人员：高志航、李桂丹、谭文、柳哲生、王文骅、金安一、刘署藩、王荫华、曹士荣。

3. 建功人员：高志航、李桂丹、谭文、柳哲生、王文骅。

4. 其他报道所称参战人员：（民国廿六年七—九月经历）刘志汉（原廿三中队副队长，廿六年七月一日调航校教官）、赖名汤（廿二队副队长，中间降落广德）、刘宗武（第三大队第七分队长，驻句容）、高品芳（航校教官）、邹赓续（第五大队廿八队分队长，驻扬州）、王授昌（第九大队廿六队，当日由许昌进驻曹娥）、张光蕴（第九大队廿六队）、司徒福（第四大队廿一队，先赴南京，后来参加南京防空作战）、阎海文（第五大队廿五队，驻扬州）、乐以琴（第四大队廿二队分队长，中间降落广德）。

根据史料客观分析，八一四的战绩并非中国空军初期对日作战最辉煌丰硕的一次，比较同年的八一五杭州、南京，九一五南京，次年的二一八汉口，二二四南昌，四一三广州等历次空战都要逊色。但主要的意义在于胜负立见，对双方战斗志气有深远的影响。另外坊间所称战绩是六比零的说法，笔者查证空军对于六比零，在民国廿九年订定八一四为空军节之前，还没有特别强调，一直到卅年八月航空杂志十卷八期中才有黄光锐《发扬研究与创造精神》、林伟成《八一四与空军建设》所撰写的纪念文，首次强调八一四笕桥空战是六比零。从此还有九比零、十比零的说法，都似嫌夸张。而空军战史记载笕桥空战为三比零，则嫌保守，平心而论应该是四比一。

八一四空战大胜，为八年抗战打开了胜利之门，湔雪中华民族近百年来军事外交失败的耻辱。不仅粉碎了日本军阀“三月亡华”的迷梦，振奋了民心士气，坚定抗战必胜的信心，同时也缔造了空军的忠勇军风，高志航确实是既忠且勇的军人典型。

以英、美各国的空军而言，对作战任务之派遣，除非大编队作战，大队长不必“亲自出马”，而高志航大队长每次战役必定是“御驾亲征”，一马当先，身先士卒，把生死置之度外，勇往直前，义无反顾。一条命为空军尽瘁，一颗心为民族效忠。高志航已将大忠大勇的精神，发挥到了化境。其部属受到他精神的感召，当然也就人人奋勇，个个争先群起效法，蔚为乐战敢死的风尚，故能屡挫敌锋，迭建奇功，成为一支无坚不摧，无敌不克的常胜劲派。（下略）

台湾《中外杂志》，第 42 卷第 2 期，第 121—124 页。

八一四空战大捷[①]

王惠民[②]

当我回到杭州支台到职不久，八一三沪战开始前，空军方面，早已日夜戒备，那时蒋教育长还在航校，对我们这工作单位特别重视，如果有一两个小时没有看见情报，就会主动打电话来问，同时频频以“特别关照各分台注意航空母舰及飞机的动向”为嘱。全国已掀起抗战的怒潮，我们更是以战战兢兢的心情从事工作，惟恐有失，八一三战事发生后，敌机滥炸我阵地，领袖已决心以牙还牙，于八一四那天上午即命令轰炸大队队长孙桐岗从广德派机轰炸黄浦江中的“出云”号旗舰及日军司令部，那时笕桥航空站的总站长是邢铲非，一上午在机场亦忙着招呼准备驱逐大队飞机飞来，以备大打一场，心情显得非常紧张和痛快。

下午三时廿分左右，我们收到了温州电台张培兰的防情电报，大意是远处闻重音机声，国别、机种、数量、高度均不明，方向似由东至西北，译出后立即由王台长直接报告蒋教育长，不数分钟，黑山电台又有防情报来，这次飞机经过海岛，隐约看见大编队轰炸机，但因云层太低，能见度不好，无法看到国徽，也是一个不明国籍飞机的情报，当我们把这后续情况报告了蒋教育长以后，连说：“很好，很好，继续注意，后面还有没有飞机，随时报告。”说罢，他已判断是从湾台起飞的日机，照路线和航程，我国没有这批飞机，而且我们上午去炸出云舰，一定是日机企图偷袭以作报复，所以立即在机场上，指挥邢站长，去做应变措施了。

---

① 本文节录自王惠民《四十年前话防空》一文之最后一节。——本书编者注。

② 王惠民，淞沪会战时在航空委员会防空总台杭州湾花岛山防空监视台负责情报工作。

当时杭州的天气很坏，云层低，而且下着细雨，其时空军第四大队正奉命从周家口飞来笕桥，是分三批取不同航路，旨在减少日寇的注意，这三批分由第廿一中队队长李丹桂、二十二中队队长黄光汉、廿三中队队长毛瀛初率领，大队长高志航则因公去南京然后乘“空运机”从长兴再赶到笕桥的。当廿一和廿三中队到达笕桥时，虽则能见度差，也都勉强降落，当飞机滑到停机线时，突然有人冲过来摇旗大喊“有警报，敌机廿分钟就飞到了。”原来正是邢站长在亲自指挥，那时，既无塔台设施，又无无线电通话，一切靠人，飞机一架一架地落下，邢站长就一架一架地指挥他们升空。最后高志航也赶到了，就抢着不是他驾驶的二一〇九号机起飞迎敌，按当时霍克Ⅲ式机油箱所存油料，从周家口到笕桥，已所剩无几，必须要加油后起飞迎敌，因此耗费时间，敌机迫近，时机实在紧迫，也顾不得冒险了。就有一架飞机起飞时已迟了些，升到半空中，敌机已临驾其上空，因之被击落下来，事后知道，来犯的敌机是木更津航空队九六式轰炸机十八架。由于天气恶劣，敌机到达浙江上空后，亦无法保持完整的队形，到达笕桥附近上空已零零落落，我机在高空等待，正好以逸待劳，俯冲迎头痛击，各自寻找目标，在各别的混战中，我空军英雄郑少愚、李丹桂、柳哲生、王文骅，都有斩获，高志航更大开杀戒，打个痛快，按霍克Ⅲ式上的武器是大口径可尔脱机枪，有效射程八百公尺，日机只小口径机枪，有效射程三百公尺，在这地位高下与射程悬殊的情况下，又加我空军个个士气高昂，人人同仇敌忾，自然一战而创下辉煌的战果，空战二十分钟后，日机铩羽而归，落荒而逃，据搜索获得日机六架残骸，我机毫无损失，而日本当晚广播有“十八架出击，十三架失踪”的报道，大概还有七架，因受创过重归途中掉到太平洋中去了(据说适遇台风亦有关系)。经过这一次空战大胜，我空军的士气如虹，信心倍增，因为事前有海上情报，得以有所防备，亦有最紧迫的时间来部署迎战，航校方面，当初构想派遣防空电台的部署得到了宏效，后来空军当局以此役之胜战果意义重大，即以此八月十四日为“空军节”，大家内心的欣慰自非笔墨可以形容了，假使没有这个情报，一定得不到这回胜利，是可断言，而且降落在笕桥机场上的我军主力几十架战斗机亦必遭殃，损失不赀了，我们这一班由魏先生亲自教诲和领导的无名英雄，更是如释重负，窃自欣慰。

时局一天天的紧张，沪战自二十六年十一月日寇从金山卫登陆以后，南京总台由长江乘轮直上汉口，杭州支台搭浙赣路转进长沙，以后二地更由汉口而成都，长沙而桂林、贵阳。民国卅年四月航委会在成都成立空军总指挥部，情报总台又划分出侦测总台和情报总台两机构，情报总台原任务改由杨震裔(松江人，李范

一、王崇植所办之军委会无线电训练班毕业）负责，侦测总台负责筹建工作队作侦空工作，由陈一白负责，不三月，两机构又合并由陈一白负责，统称为空军监察总队，迁重庆大坪直隶航委会，迄胜利还都在南京小营，及后改为空军监察大队，专司侦空业务以迄于今，不赘。

台湾传记文学社编：《传记文学》，第 39 卷，第 2 期，第 24—25 页。

四十年前话防空

王惠民

“防空”这工作，经过第二次世界大战以后，各国咸认为是“总体战”的一环。我国八年抗战中，更表现得淋漓尽致，大后方遭敌机来袭时，还发放“预行警报”，好让军民先有充分准备的时间而蜚声中外，回想当局缔造防空网的艰辛，不能不追溯到四十年以前的往事。

那是民国廿年（1931）九一八事变以后，接着民国廿一年之上海一·二八之役，全国军民身受日寇侵略之痛，在我中央政府的“安内攘外”的决策下，忍辱负重。鉴于日机在一·二八时候的不法横行，竟不断地在淞沪一带及向杭州、南京各地示威，全国普遍响起了“防空救国”的口号，“献金”“献机”运动的热潮，随之响遍海内外。杭州笕桥是中国空军的摇篮，有了空军，同时也有了防空监视哨的配备，杭州的梅东高桥，就是防空训练的场所。那时的防空情报传递主要是靠专设的有线电话辗转联络，防空监视哨亦仅及于大陆沿海各省的“点”。防空监视哨的配备也简陋，几件测候仪、飞机识别图和几具望远镜而已，而要等敌机飞临大陆陆地上空后，才有情报，时效更谈不上。由于以上的因素，在我空军建军之始，就从“距离”和“时效”上来考虑，先从杭州笕桥空军摇篮为中心，以日本为假想敌，从事杭州至东北、东、东南方面扩建防空情报网，北从吴淞口外、南至温州外海各小岛为据点，形成弧形圈，拱卫笕桥，距离拉远，情报时效也延长。当时主其事者是中央航空学校教育长蒋坚忍将军。

外海防空情报传递的构想和筹建

为了确保空军训练基地的安全，第一、敌机如果空袭笕桥，飞机从航空母舰起飞的成分为大，而航舰停泊地一定在苏浙沿海各岛屿之外的公海上，则飞临海岸线进入陆地前，各小岛一定凭辽阔的海空，可以听到机声甚或看见机群。而以地理形势而言，花鸟山首当其冲。第二、敌机如从台湾起飞，则更需扩至黑山、温州。所以初期，他们决定先在笕桥成立一座防空总台。花鸟、陈钱、大洋、小洋、六横成立五个海空监视哨，并以无线电传递以争取时效。随后再南至温州、东自崇明沿苏鲁沿海及内陆各地，再成立若干电台，拱卫京、沪、杭地区。现在面临的问题是通讯问题，在当时的情况下，国内使用无线电通信的机器庞大，一般还多用交流电，就是我们的飞机上，也还没有无线电通信设备。蒋教育长知道戴雨农先生那里有电信人员的训练，而且设厂自制小型电机，通信的成效很著。于民国廿四年八月透过杭州警官学校赵校长龙文，并获得戴雨农先生的全力支持，邀请当时实际负责设计制造电机并主持全国谍报通信工作的魏大铭先生研讨这一个问题，由蒋坚忍将军划出构想。因为他们早已深思熟虑，连情报报告方式、器材给养补给、第一期设置位置，以及人员专业训练等都定有腹案，只要戴雨农先生方面，能够派遣人员、供给电机，他们所理想的外海防空监视哨即可成立。魏大铭先生了解了实际情况，同时认为保卫笕桥空军摇篮确属当务之急，爱国的热情澎湃，更听到他们叙述目前外海的一般情况：（一）外岛无防卫，战时敌人随时可以占领。（二）日本海军航空队经常在长江、钱塘江口外的海面上空活动，设非训练有素的特工通信人员，使用秘密通信，任务难期达成，所以就一口气承担下来。因此不到一个月，中央航空学校的防空总台就在笕桥航校旁边的一座民房里建立了起来。

梅东高桥速成班

“梅东高桥”这名词，在中央航空学校的一般人来说，是耳熟能详。因为这原是防空训练的旧址，魏大铭先生在接受了航校方面的委托后，一面调派负责人，先事筹建防空总台，一面选派电讯班的优秀电讯人员，自民国廿四年十月至十一月，在航校指定的梅东高桥接受短期的专业训练。第一期开班廿人，自负责人至报务人员全部参加，训练班的班本部、教务、总务统由航校调派专人负责，主要课程是“机舰识别”，航校指派汤卜生负责主教，所以他每天和学员们打得很熟，他是一个短小精悍的广东人，年轻有为，可惜在抗战期间一次战役中壮烈成仁。其次是“航空气象”，主教是当时航校的气象台台长胡信，一本航空气象学讲完后，因为“层积云”“积层云”“层卷云”“卷层云”大家还是弄不清楚，后来索性率领学员们到操场上去仰天看云,一个个的问,一个个地解释,才有了进步。在训练期间,测量天候的仪器也全部运到了,于是又忙着实习如何测量温度、湿度,还有风速、风力、风向等等。一方面演习架设,一方面演习使用。因为这些常识在一般通讯人员来说,都是胸无点墨,一张白纸,大家的学习情绪非常高,虽则时间很短,以后也发挥了很大的效果。另外还有每周一次的"精神讲话",是蒋坚忍教育长担任的。他的学识好、口才好,娓娓道来,使人听了总觉得时间太短,在他分析时事的时候,使人热血奔腾,大家都为自己的国家乐于效命,在他宣达建军需要的时候,大家都觉得能有机会参加空军方面的辅助工作是一份荣耀。结业那天,他宣布了第一批分发建台的理想和航校方面的准备,大概是这样的:

1. 为了达到防空的需要,分秒必争。第一批先建立花鸟山、陈钱山、小洋山、大洋山、六横岛五个小岛,这些小岛都没有设防,而且日舰随时有停泊登陆的情事。又因为岛上的生活都很苦,人民知识不开,为免泄漏军机,所以必须要身分掩护,完全采取秘密工作的方式,但为以后的立足设想,更需与岛民打成一片,生活在一起。

2. 每电台二人工作,每日固定时间报告气象外,随时要报告机舰动态,等到各台建成以后,他要亲自驾机飞临各岛测试。

3. 为了配合各台的需要,物色到镇海人韩振鹏君购置交通船一艘,专任交通,定期来往各岛间,按时运补电机电料零件、干电池、医药以及生活必需品,并使建台顺利起见,出发人员随韩君一同前去,权衡当地的实际环境,制定掩护方法。

最使大家兴奋的是,他宣布今天下午大家可到航校机场去,搭乘一次教练机,每人五分钟,在空中兜了一个圈子,好让大家领略一下空中飞行的滋味。那天,大家真比什么都高兴,那天是个天高气爽、万里无云的晴朗天气,好几架教练机已在停机坪等候这一批青年升空。当航校派交通车把这廿个人接到机场以后,先由汤卜生教官讲解保险伞的使用方法,如果飞机发生故障时,先要将座位上的腰带松开,人离机后口数一、二、三、四、五……看高度而定,通常使保险伞张开,不致为飞机尾舵划断为准,随后将胸口的圆钮一拍,保险伞会自然张开,这是乘坐飞机前每人必须知道的常识。他还不嫌其详地示范给我们看,认为满意后才开始分批升空,一批批的升空和降陆,都没有问题。正是最后一批即将功德圆满的时候,突然发现机场上空有一顶保险伞正在缓缓下降，大家不免紧张了起来，机场的救护车迅速开到降落伞着陆地点去救人。同时一架后座无人的教练机也降落了。据驾驶这架教练机的教官说，他莫名其妙的突然发现后座无人，而见一顶保险伞下降时才知道自己飞机上的乘客出事了，而惊魂甫定的那位同学说明原委，才知道事实经过是这样的：当飞机升空后，那位教官恐怕他的座带没有系好，所以用手向胸前一指，意思要他检查一下，他大概是紧张过度，误会以为飞机有故障了，要他松开腰带，于是把刚才学的马上实用，迅速把腰带松开，再向前座的那位教官点头示意，那位教官以为没有问题了，就侧机转弯，可能侧的程度相当高，以致他也糊里糊涂地离开了飞机，闭目口念一、二、三、四、五……，将胸口的圆钮一拍，以后他就不知道了，有惊无险，人仅受了一点被降落伞着地时拖伤了皮肤。不过这种优待免费空中游览，以后民国廿五年的第二期、廿六年的第三期训练，为策安全起见，都被取消了。

建台前夕

在开始训练时，总台的建台工作已近完成阶段，当时由魏先生指派王允吉为台长，我是主任务报员，负责总分台通讯诸元的制定，及一切业务行政工作的部署。

总台的发报机是一百瓦和五十瓦二部，另加备份十五瓦手摇机一部，以防停电时使用。天线架设工程由航校通讯队派员协助，同时总台和航校总机间的专线电话，也迅速由通讯队架设完成，另外加派机械士二名，日夜查巡以维持线路的畅通。这电话，在现在来说，就是“热线”，因为航校规定只要是“防情”电话，要立即直接接到蒋处长（兼教育长，以后都称教育长），即使教育长与旁人在通话，也要立即折线先通，教育长公出，直接接校长，所以在航校通讯队方面也特别重视。在训练期间，台长和主任报务员，一面要筹备建台，一面要参加受训，所以特别辛忙，直到分发前夕，诸事齐备，交通员韩振鹏也报到了。魏先生来了一个电话说：（一）一台二人必须考虑到报务和工程两方面，就是两人中当然都会报务，而其中一人需有工程方面的基础，万一电机有小故障，可以自己修理，不致通讯中断。（二）此次为第一次外派航校工作，任务重要。总台固重要，分台更重要，必须随建随通，主任报务员王惠民应一同出发，改派花鸟，负责各台通讯正常后再调回。（三）检查所带简单的电机修护工具，是否够用等等。当然，这考虑是非常正确的，事实上第一点出发前的人员调配，也是照魏先生的意思分配的，不过他对这件事情是特别慎重而认真，怕万一有失，不放心，所以连夜，将五个分台的人员调配、工作性能，由王台长去上仓桥警校内，无线电训练班魏先生处当面报告。第二点，要王惠民出发去建通各分台，王台长非常尴尬，他对我说："怎么样?"但我根本没有想到，在总台忙完结了，还是要出去建分台，不过事实上说不去也说不出口，只是明春的结婚成了问题，把这个私事说出了以后，王台长说："这很简单，先把五个电台建好，魏先生对海岛的情形还不熟悉，到达后，详详细细地报告魏先生，通讯正常以后，再请婚假调回。"及后，我率领五个分台最后到了花鸟山以后，发了一份一万字的长电。大概分段连发了二十天，详细报告各台建台经过、生活环境、应变措施等等，忙坏了总台的值机人员和译电人员，最后还得到魏先生的嘉勉，动机即在于此。当出发人员的重新调配，电机试通以后，即在十一月初搭沪杭甬车直达宁波，转乘班轮到定海，由于陈钱山人口较多，有定期市集，各岛间人员来往复杂容易混迹，且交通员韩君有人事关系，还要就地取材(每台雇用一名雇员兵)，所以大家都先到陈钱山，而以此为第一站，即先建台与总台取得联络，再以定海县政府所派各岛的乡公所书记身份，先是大洋、小洋，再是六横，最后花鸟，不到半个月，五个分台顺利建成。

附：电台地址人员分配表

地址	花鸟山	陈钱山	大洋山	小洋山	六横
主任	王惠民	张光冲	查梦影	江导海	江夏泉
报务员	徐止善	黄丁寅	邵敦礼	陶进智	常锦兴

海岛生活紧张刺激

海岛的生活，真是另有一番风味，各岛的分别只是人口多寡的不同而已，其风俗习惯，大体相同。这里叙述花鸟山的进入和生根，可以代表其他各岛，真可说是紧张刺激。

花鸟山位于吴淞口最外海的一个小岛，上述各岛中只有这一个小岛有灯塔，是属于海关管辖，也是全岛生活水平最高的一个特区。平时商轮、军舰出入吴淞口都以灯塔为目标，位置在岛的东北部，居民则在西南低洼地区，因为海上常有暴风，他们称为"打暴"，就是现在的台风。海岛的居民都有这套本领，看风向，看云彩，知道那一天即将有大风雨，渔船都会即时赶回港澳避风，预测的非常正确。当时我们决定进入某一小岛之前，必先调查清楚该岛的实际情况，花鸟山的情形是这样的：岛上居民都以捕鱼为生，居民约三百户左右，男女老幼也有一千余人，老乡长卢三泰，具有魄力，统治全岛，前年亡故。乡长一职就由其子卢招享接任，年龄很轻，不过二十多岁，但是比较胆小软弱。由于岛民知识不开，生活单调，性情强悍，所以岛与岛间常为了一点小事而械斗，流血事件，层出不穷，县政府方面也常为了这些纠纷，派人到岛上拘捕凶手。这时刚巧花鸟山方面，在二个月以前与外岛渔民发生争执，打死了一个人，所以全岛居民特别紧张，经常有人来陈钱山（俗称嵊山）打听消息。他们知道最近嵊山到了十多个人是县政府派来的，因此格外紧张，卢招享更是提心吊胆，日夜不安，好像大祸即将临头。这里有一点值得一提的，这些岛民，人与人间非常凶悍，蛮不讲理，而对政府下派的人员，非常"敬而远之"，绝不敢碰一根汗毛。因此，他们竟日夜戒备，万一发现有陌生人来了，有关系的人，都会找秘处深藏不露，只有一些老弱妇女，来应付这些陌生人。大概是十一月（廿四年）中旬，出发这最后一站时，在嵊山雇了一只小舢板，仍由韩振鹏陪同，我、徐止善（报务员）和葛大全（雇员兵，据说是海盗归正，木壳枪射击非常准确，也了解该岛的情况）四人从上午九时出发，那天风平浪静，碧海无波，看看很近，却走了四个多钟头才到达彼岸，上岸地点是大澳，那是一个避风港，也是部分渔民杂居之处。当我们从海上仰望时，会见到黑压压一片人头，估计也有一、二百人，可是到船泊岸时，只剩下几十个老弱妇孺了，一问三不知，既找不到乡长，也找不到乡公所。于是我和韩振鹏先去挨户访问，好在手里有县政府的公文，我们走到那里，一群小孩就跟到那里。不久，我们发现有一片小茶馆，隔壁房子里有小孩子读三字经的声音，推门入内，果然是一个私塾，一个年约五十余岁的老学究以奇异的眼光迎接着我们，通名道姓以后，才知道这里只是一个书塾，也只这一位先生，我们把县政府的公文拿出来，再说明纯粹是帮乡公所工作的，他再审阅了一下公文，问明了不是来抓人的，似乎才松了一口气。他带我们到卢招享的家里，也就是乡公所的所在地，大概步行二十分钟的距离。那里除了卢太太和几个小孩外，没有见到卢乡长，卢太太也不肯说出卢乡长的所在，幸而那位私塾先生，也是外乡人，好在对我们的底已摸清楚，他自告奋勇地去找乡长，大概从下午二点一直到天快黑还没有找到。我们想乡公所既已找到，行李和器材，只能先搬到乡公所再说，所以又到船上接运器材和行李，都是自己搬运，直到晚上七时许才搬完，柴米油盐，都带足了的，也不客气地借乡公所开火，先吃了饭再说。一直等到晚上九时许，那位私塾先生才带着卢乡长回来，他以似信非信的眼光，听我们自我介绍，见到了公文，是来帮他办事的，而且一切自理，不要乡公所一文钱，他才渐渐地和我们拉近了距离，愿意给我们一个厢房，这一晚就这样匆匆的铺床休息，大概已近半夜时分了。

卢家是个土著，世代统率了这一个小岛，他的房子在大澳的最深远处，三面有土山围绕着，是一个避风的好住所，是瓦屋，正屋前左右有二排厢房，正房是客厅，厅的后半截有一排落地门，用来停棺材的，卢三泰死后一直停柩在家，前几个月才出丧埋葬，所以空着。第二天起来，我们在打架设电台的主意，徐止善说，这地方最好，天线拉在后面土山上，人迹也不会到的，于是和卢招享打商量，他觉得非常奇怪，这狭狭的一小条隔间，能做什么用？于是我们说："现在告诉你，不过你一定要保守秘密，我们是来测量气候的，所以有许多仪器，要放在那里，这是中央派来的，透过县政府才来到你家，我们住在这里，对你只有好处，不会有麻烦，不过这件事，不能和灯塔方面的人说，更不能随便和老百姓说，免得他们传闻失实，如果他们问起，只说是你的书记好了。"卢招享听了我们的话，也见到我们大包小包的，而最感兴趣的，我们不是县政府，而是中央派来的，他动了"雪冤"的念头。他说："这个我明白了，你们要做什么事，我一定帮忙，不过最近为了械斗的事，县政府抓人抓得很紧，事情是人家犯上来的，我们实在冤枉，能不能请县政府再调查清楚，不要抓人。"我顺手一指韩振鹏说："这位韩先生同县政府很熟的，以后他经常会来，你把经过情形写得清清楚楚，让韩先生带回去，同时我们也报告中央，一定替你解决这个问题。"他真是喜出望外，前后判若两人，马上派人把教书先生找了来写状纸，一面杀鸡杀鸭，今晚要请我们大吃一餐，同时他邀了几位保长、甲长，一同晚饭，介绍乡公所新来的王书记（王惠民）、徐干事，同时对他们说，乡公所有我们两个人来，的确是帮乡公所办事的，大家放胆出海捕鱼。王书记的名字即刻便响了起来。事实上，韩振鹏回到定海后，确实到县政府去调查这件事，同时当晚即架台与总台联络成功，我发了电报给航校蒋教育长，报告经过。以后经韩查明，县政府方面，并没有如卢说的那么严重，还在调查阶段，而一切因为卢比较老实，是陈钱山方面一批地棍故意恐吓，另有所图而起。自从我们到后，县政府从未派人来拘捕人犯，谣言也就停止了，所以更增加了卢对我们的信心，可称合作得非常顺利。

徐止善非常干练，他看见我要借用客厅那后半截成功以后，接着就把温度表、湿度表、测候仪，都拿出来，搬到那里，又把 MOPA 小收发报机也搬出来架设好，还有一部分的十五瓦手摇发电机也架起来。诸事齐备，只剩架设天线，我们必须到后山去，于是向卢要了两根竹竿作为支撑，又由他引路帮着拿竹竿，天线的一端挂着一个风向标，告诉他这个是看风向的，再把天线引线从后窗引进屋内，电台就架设成功了。为了怕他东问西问，就先告诉他都是气象用的设备，而且我们所有的器材，都不可同人家说。卢因为他的事已有我们肯出面帮忙，心理上的负担已解除了，已经心满意足，可以说是衷心地感谢我们，所以当晚晚饭后，我们就躲在这小隔间里，同杭州试通成功。我们原带了礼品，为联络居民感情之用的，饭后，曾由徐止善拿出了万金油、八卦丹、花露水、毛巾、牙膏、牙刷、肥皂等分送各人，可以说是尽欢而散。

工作展开以后遭遇到困难的是商轮和军舰通常都经东北洋面靠近灯塔行驶，我们在西南，一部分是看不到的，除非要登上中部最高的小山峰，才可以南北两面望。这与电台有一段距离，平时我和徐止善分别留一人值班外，葛大全也训练成了一个瞭望哨，我们中间，一人和葛大全分别瞭望，随身携带望远镜，一有发现商轮或军舰，随时回来报告，飞机则在高空，闻机声抬头就可看见，而且速度很快，一有发现，立即发电报告。这样大概过了一个多月，与岛上的居民也熟悉，而且也建立了感情，我们想出了一个就地取材的方法，透过乡长，召集年轻壮丁集训，先是早晨集合晨操，随后教他们看兵舰和商轮，任何时间一有发现立即报告，他们都认为这是新鲜玩意儿，只要不出海捕鱼，都踊跃义务参加。这工作是由徐止善负责的，以后的情报来源非常多，只要有人来报告，什么方向有船舰，我们就派一个人去证实那是那一类型的，通常商轮比较多，兵舰则大半是挂太阳旗的，所以花鸟山电台在情报的数量上，也占第一位。

大概在阳历年过后几天，那天天气晴朗，能见度很好，突然发现一架小型飞机，在环绕花鸟山飞行，转了一个圈子以后，又迅速向陈钱山方向飞去了。逗留时间不到二分钟，当我们看明了是一架青天白日国徽的教练机以后，立即用空军情报的报告方式报告总台，第二天得到总台的回答是航校蒋教育长亲自架飞机临各岛测试，五个电台都有报告，只有小洋山所报的时间慢了几分钟，而在校正时钟时，发现时钟慢了。从这次教训，时间观念提高了各台的警觉，所以每次总台发通电时（规定每日早晚二次，发布一般性通告，各台同时抄收）增加了一项报时的项目，由各台自动更正。

海岛的风俗，真是怪得可怕，一个人生病了，总是求“娘娘庙”的神吃“香灰”代替吃药，有时会把命都送掉。我们所携带的，除了照明用的火油、罐头食品以及米麸等食品以外，还有些简单的药品那是阿司匹灵、金鸡纳霜、沃古林眼药水、红药水、碘酒、硼砂粉、消炎粉、双氧水、癣药水、安福消肿膏等等数十种，装成一个药箱，纱布、膏布、绷带、药水、棉花、酒精齐全，还有简单的剪刀钳子等等用具，如果摊开来，也能摆一个桌面，都是备自己万一所用的。一天徐止善见一个小女孩伤了手臂，而且溃伤红肿，但看她却满不在乎，于是动了恻隐之心带到乡公所来，先为她洗涤，又为她上红药水、消肿药膏，然后包扎走了，告诉她明天再来，好像不到一个星期，创口居然好了。还有一个经常参加晨操的干部，有好几天没来，问了才知道在生病，徐止善去一看，知道是患了疟疾，没有服药，只吃香灰，于是他马上回来拿了金鸡纳霜给他吃，禁止他再吃香灰，居然也马上见效。由于以上两个病例，后来什么病也都找上门，凡是伤风咳嗽、皮肤小伤、疟疾等病症，都可说药到病除，所以没许久所带药品已全部用罄，第一次交通船来的时候，我特地向航校申请多带药品，蒙全数带来，而且全部准予报销。这对我们以后的业务开展帮助很大。

大概在民国二十五年一月中旬的一个下午，徐、葛二人都已外出瞭望，乡公所只剩我和乡长两人，一个青年气吁吁地跑来说："灯塔那边的一个人带了二个日本人到乡公所来了。"我问乡长："过去他们来过没有?"他说："一年大概总有一两回，都是兵舰停了用小划子上岸，是玩玩的。"我恐怕那个风标会招致日本人的怀疑，而且内行人一看就知道是天线，所以马上飞奔出去，把天线的二根竹竿，用力拉下平放。不一会二个日本兵和一个灯塔的工人，果然到乡公所来了，卢乡长招待他们，喝一杯茶的时间，他们就走了，我则躲在厢房里没有出来，只听到那个灯塔的工人在问："听说县政府派人来乡，他们人在那里? 是做什么的?"卢乡长告诉他们是书记，帮乡公所办公事的，人出去玩了，后来似乎也没有追问，就走了。从这件事，我有一个感触，江浙海外，多少岛屿，我们都没有设防，日本人可以随意出入，还有些人的媚外心理作祟，带着外国人走，在自己老百姓前面炫耀。回想我们去小洋山建台的时候，船将靠岸时，老百姓鸣锣示警，好像预备抵制我们上岸一样，而日本兵舰停泊，人员上岸，却一窝蜂去迎接他们，真是可怕! 所以决定把天线重架，照特工通信的方法隐蔽了起来，以策安全。

乡公所自从我们来了以后，真正为老百姓做的事，确也不少，例如代人写信、排解纠纷可以说每天都有。最妙的是妯娌吵架，都为的是家务事，也要找上门来，吵吵嚷嚷，哭哭啼啼，有时会闹上半天。还有一次老小一家门拿了香，上乡公所来，要求乡长分家，乡长因为这对象是远房亲戚，不便出面，一定要请我出来主持公道，其实，我们法律常识一点也不懂，他们的要求很简单，列出了房地产、渔船等不动产要均分，这个说要那一块地，那个说要那一条船，各有各的理由。我想了一下，如果好坏分搭，求其平均，大概不会有问题的，所以把这个意见提了出来，又加以卢乡长的从旁解说，居然非常顺利，双方满意回去。此后他们一点芝麻绿豆小事，都要找上门来，认为我们是真正可以解决问题的。而我们就在一面周旋于他们之间，很顺利地作我们自己的工作。

交通船规定每一个月载送补给品到各岛一次，我还有督导其他分台的责任，所以趁交通船来往期间，在陈钱山约晤其他各台的负责人会晤一次，讨论一般工作进度，凡对掩护和身份上所需要的，都由我专报总台转报航校处理，也都获得满意的答复，这一段时期的工作，可以说最痛快的了。人与人间的关系原来就是如此，航校对我们这一般局外人的工作非常信任，也非常满意，我们凭自己的良知和技能，贡献航校，贡献国家，也觉得乐于效命，乐于去做。所以第二期、第三期的扩台计划，又在民国二十五、二十六年相继实行，这是后话。

阳历三月，我的任期届满，调回的命令由魏先生核准发下。我建议徐止善新充花鸟山主任报务员，另派一名报务员，来同徐一起工作。这位新人是由总台调来的，也是防训班一期的同学，在三月份的交通船带到花鸟以后，我就和花鸟山作别，搭交通船回定海。婚假只有两星期，回忆离花鸟时的一段景况，真与来时迥然不同，可称得人山人海，有的送我黄鱼干，有的送鱼肚——这是花鸟山的名产——大家都依依惜别，再订来期，在岛上只仅仅四个月的时间，关系如此的好，也出我意料之外。在那时我也确曾想过，有机会一定再要去花鸟山，这愿望到现在还是如此。

总台改制及扩建分台

航空委员会已于民国二十五年设立于南京小营，主任是周至柔将军。当是年四月，杭州梅东高桥第二期防训班结业后，总台的建制，也改变和扩充了，在南京小营设立情报总台，魏先生派陈一白负责，另调沈燕笙为主任报务员，杭州的原防情总台改为情报支台，台长仍为王允吉，我又恢复了主任报务员的原职，不过在筹建总台的时候，魏先生又调我到南京总台服务，遗职派陈邦彦接充。总台在廿五年五月间已正式开始工作，第二期结业同学中派出八个人分建温州、黑山、鸭窝沙、崇明四台外，余员十二人，即在总台值机。那时的通信总支台间采日夜廿四小时随呼随应制，以双方交换情报，及气象报告，第一期的五台，保持与支台长通（分支台间采同波制，支台长时间守听，分台可随时出呼发报，可以保证在三五分钟内发出情报，这是其他电台所办不到如此好的制度和好的技术)。第二期新成立四台则与总台保持长通，通信办法与支台同，尔后黑山、温州还是与支台的关系重要，又划归支台直接联络，而在下半年应航委会的需要又从总台人员中抽派人机在东台、盐城加建两台。总台的主要任务是扩建保卫首都的防空弧形圈，这两台原在第三期建台计划中，不过有余裕人员，故提前派建，同时又作第三期的训练计划。此次人员较多约卅员，在廿六年一月起即陆续在南通、如皋、阜宁、滁州、淮阴、海州、徐州、青岛、兖州等九个据点，在半年中，总台要维持情报搜集，计划人员训练，订定作业规程，派遣电台出发，可说是非常艰巨。关于派遣电台中兖州、徐州和滁州是航委会特别指定的，这是位置于南京北北西三重配备，当时北方风云紧急，平津岌岌可危。可能是防止日机南侵的三道关卡，和地面监视哨作双重配备，重点在防卫首都。到卢沟桥七七事变后我奉命匆匆调赴杭州支台。那时领袖已昭示国人“牺牲已到最后关头”，抗日情绪已高到极点，全国军民，都已忍无可忍，不惜牺牲，决与日寇作殊死之战。尤其是我们这辈受魏先生领导的青年，更是热血沸腾，战事开始以后，昼夜工作，不分彼此，食眠均无定时，魏先生仆仆风尘在京杭道上，除了主持了军统局四处全国谍台通信的部署策划以外，时常关怀到航委会的工作，奇怪的是半夜里打电话来查问的时间为多。他的办公时间最高潮是晚上八时以后，到深夜或至次晨三、四时。当我将由南京调赴杭州的前一晚九时许，赵容德(及刘醒吾，在鸡鹅巷五十三号特务处通讯科办公)打电话来要为我送行，约在夫子庙见面，要请我洗澡和吃葱油饼，我问他：“这时间你怎么能出来?”他说：“魏先生有点感冒，睡觉了。”他判断今晚不会找他，大胆地偷偷和我约会，尽了这份朋友的友谊。

八一四空战大捷

当我回到杭州支台到职不久，八一三沪战开始前，空军方面，早已日夜戒备。那时蒋教育长还在航校，对我们这工作单位特别重视，如果有一、二个小时没有看见情报，就会主动打电话来问，同时频频以“特别关照各分台注意航空母舰及飞机的动向”为嘱。全国已掀起抗战的怒潮，我们更是以战战兢兢的心情从事工作，惟恐有失。八一三战事发生后，敌机滥炸我阵地，领袖已决心以牙还牙，于八一四那天上午即命令轰炸大队队长孙桐岗从广德派机轰炸黄浦江中的“出云”号旗舰及日军司令部。那时笕桥航空站的总站长是邢剷非，一上午在机场亦忙着招呼准备驱逐大队飞机飞来，以备大打一场，心情显得非常紧张和痛快。

下午三时廿分左右，我们收到了温州电台张培兰的防情电报，大意是远处闻重音机声，国别、机种、数量、高度均不明，方向似由东至西北，译出后立即由王台长直接报告蒋教育长。不数分钟，黑山电台又有防情报来，这次飞机经过海岛，隐约看见大编队轰炸机，但因云层太低，能见度不好，无法看到国徽，也是一个不明国籍飞机的情报。当我们把这后续情况报告了蒋教育长以后，连说："很好，很好，继续注意，后面还有没有飞机，随时报告。"说罢，他已判断是从台湾起飞的日机，照路线和航程，我国没有这批飞机，而且我们上午去炸出云舰，一定是日机企图偷袭以作报复，所以立即在机场上，指挥邢站长，去做应变措施了。

当时杭州的天气很坏，云层低，而且下着细雨，其时空军第四大队正奉命从周家口飞来笕桥，是分三批取不同航路，旨在减少日寇的注意。这三批分由第廿一中队队长李丹桂、二十二中队队长黄光汉、廿三中队队长毛瀛初率领，大队长高志航则因公去南京然后乘"空运机"从长兴再赶到笕桥的。当廿一和廿三中队到达笕桥时，虽则能见度差，也都勉强降落。当飞机滑到停机线时，突然有人冲过来摇旗大喊"有警报，敌机廿分钟就飞到了。"原来正是邢站长在亲自指挥，那时，既无塔台设施，又无无线电通话，一切靠人，飞机一架一架地落下，邢站长就一架一架地指挥他们升空。最后，高志航也赶到了就抢着不是他驾驶的二一〇九号机起飞迎敌。按当时霍克Ⅲ式机油箱所存油料，从周家口到笕桥，已所剩无几，必须要加油后起飞迎敌，因此耗费时间，敌机迫近，时机实在紧迫，也顾不得冒险了。就有一架飞机起飞时已迟了些，升到半空中，敌机已临驾其上空，因之被击落下来。事后知道，来犯的敌机是木更津航空队九六式轰炸机十八架，由于天气恶劣，敌机到达浙江上空后，亦无法保持完整的队形，到达笕桥附近上空已零零落落，我机在高空等待，正好以逸待劳，俯冲迎头痛击，各自寻找目标，在各别的混战中，我空军英雄郑少愚、李丹桂、柳哲生、王文骅，都有斩获，高志航更大开杀戒，打个痛快。按霍克Ⅲ式上的武器是大口径可尔脱机枪，有效射程八百公尺，日机只小口径机枪，有效射程三百公尺，在这地位高下与射程悬殊的情况下，又加我空军个个士气高昂，人人同仇敌忾，自然一战而创下辉煌的战果，空战二十分钟后，日机铩羽而归，落荒而逃。据搜索获得日机六架残骸，我机毫无损失，而日本当晚广播有"十八架出击，十三架失踪"的报道，大概还有七架，因受创过重归途中掉到太平洋中去了（据说适遇台风亦有关系）。经过这一次空战大胜，我空军的士气如虹，信心倍增，因为事前有海上情报，得以有所防备，亦有最紧迫的时间来部署迎战。航校方面，当初构想派遣防空电台的部署得到了宏效，后来空军当局以此役之胜战果意义重大，即以此八月十四日为“空军节”，大家内心的欣慰自非笔墨可以形容了，假使没有这个情报，一定得不到这回胜利，是可断言，而且降落在笕桥机场上的我军主力几十架战斗机亦必遭殃，损失不赀了。我们这一班由魏先生亲自教诲和领导的无名英雄，更是如释重负，窃自欣慰。

时局一天天的紧张，沪战自二十六年十一月日寇从金山卫登陆以后，南京总台由长江乘轮直上汉口，杭州支台搭浙赣路转进长沙，以后二地更由汉口而成都，长沙而桂林、贵阳。民国卅年四月航委会在成都成立空军总指挥部，情报总台又划分出侦测总台和情报总台两机构，情报总台原任务改由杨震裔（松江人，李范一、王崇植所办之军委会无线电训练班毕业）负责，侦测总台负责筹建工作队作侦空工作，由陈一白负责，不三月，两机构又合并由陈一白负责，统称为空军监察总队，迁重庆大坪直隶航委会，迄胜利还都在南京小营，及后改为空军监察大队，专司侦空业务以迄于今，不赘。

台湾，《传记文学》，第39卷第2期。

回忆淞沪抗战时的空中作战[1]

赖名汤[2]

民国二十五年(1936)初,中国空军成立驱逐机大队,即将高志航所率领的驱逐机中队扩充为一个大队。航委会指定该大队的队职官,概由航校挑选优秀教官担任:我于是又奉命回到高志航的队伍中。这个大队的大队长由高志航升任,下辖三个中队:第二十一中队队长为李桂丹;二十二中队队长为黄光汉;我任副中队长;二十三中队队长毛瀛初。每中队辖三个分队,分队长为三、四期同学,记得三期的乐以琴是二十二队的一位分队长,队员多系五、六期同学。

每中队有美制霍克Ⅲ式驱逐轰炸机九架,加上大队长的座机,大队有作战飞机二十八九架,为当时中国空军的主力部队。霍克Ⅲ式机对霍克Ⅱ式而言,又称新霍克,单引擎、双翼、单座。续航力三个半小时,加副油箱时可增续航时间四十分钟;航速一百八十哩以上。每机两翼可带百磅炸弹十枚,取去副油箱时,可在此一位置加挂五百磅重炸弹一枚;另配有大小"扣提式"固定机枪两挺。第四大队的有形战力大约如此。

当时的中国空军除第四大队外,先后成军的尚有第一、二、三队,第五、九大队,两个重轰炸机中队,一个空运队及一个临时中队。在对日抗战全面爆发时,我空军拥有购自各国的各型飞机(包括教练机)不过二百架;而日本则已拥有战斗轰炸机一千五百架以上,且有相当雄厚的工业生产力,自制飞机源源出产。中国空军在以一敌八的数量劣势下,即以高度的精神战力克制强敌;四大队在成军以后

① 本文节录自《赖名汤先生访谈录》,标题为本书编者所加。

② 赖名汤,淞沪会战时先后任国民政府空军第四大队第二十二中队副中队长、中队长。——本书编者注。

的战斗中，对精神战力的表现，尤其发挥得淋漓尽致，这种表现可以说就是奠立中国空军忠勇军风的基础。

四大队成军时的基地，在江西南昌青云浦。成立之初即订有训练计划，针对假想敌人——日本空军，如何以精良纯熟的战技，使发挥最大的战力，以克敌制胜。我们对日本空军的组织、装备、战法、战技等，莫不加以悉心研究；因日本处处在妨碍我建设与统一，大家都知道，中日两国迟早难免一战。大队成员皆年轻，从队长到队员，从空勤到地勤，莫不士气高昂、朝气蓬勃，大家同心协力要把四大队练成一支战力坚强的空中劲旅。

大队成立不久，航委会即派陈纳德上校来担任顾问。他看过我们的飞行、炸射，以及训练计划之后，即为我们设计如何练习轰炸日本主力舰；练习时，在地面上以白线画主力舰大和号一般大小的图形，担任轰炸的机群飞到某一高度后，采半滚方式，往下俯冲，待至若干秒后，即刻投弹，拉起机身，这时飞机离地面大约是二三百呎。在那时因为还没有精确的投弹仪器，那种训练轰炸目标的方法，应是比较恰当而有效的办法。

以训练积极，短期之内即练成一支信心坚定、战力坚强的空战生力军；大家都盼望能早日小试牛刀。

训练期间值得一述的一段小插曲，就是民国二十五年十月我们在南京的一次飞行表演。是年十月三十一日，是蒋委员长五十岁华诞，当时全国人民有献机祝寿的盛举。中国空军即在南京举行了一次飞行特技表演，排成“中正”两字的队形，在空中飞过。我所驾飞机就是排在“正”字中间的一短划；因此一位置最难飞，故迄今难忘。

训练完毕首次接获执行任务，是在民国二十五年冬，四大队奉命进驻河南洛阳。因当时情况，张学良与西北军留难蒋委员长的事实，我们的主要任务，即赴西安低飞示威；同时我们又奉命轰炸潼关附近车站，使张学良等部运输困难。在执行任务时，我们又奉命侦察张部动态。高志航大队长亲率飞机进行侦察之际，曾见地面有衣着白色之活动群，高即命僚机相继俯冲，扫射目标。事后侦知被射者为羊群，有人把此事当笑话讲时，高大队长却说敌人狡猾异常，经常披穿羊皮在雪地上行走，企图欺骗我们。

七七全面抗日战争爆发前不久，四大队即奉命进驻河南周家口；因当时政府接到情报，日本驻华军队可能在北方挑衅。果然我们进驻目的地不到几天，卢沟桥事变即告发生，而我们进驻的行动事先是极端保密。

卢沟桥事变发生一个多月后，八月十三日的清晨，接获上级电话，要四大队迅即飞返杭州，防护空训基地。高大队长召集全队研究后，自己先去南京，而各中队决定先后分别出发：二十一中队李桂丹率队先走；其次为二十二中队，即我队；再次为毛瀛初所率的二十三中队。南下时天候欠佳，云层太低，且途中遇雨，低飞，视线很不好，可说是一次全队发挥高度技术的飞行。以天气与油量关系，在抵达杭州前，先在广德机场加油，八月十四日下午五时半左右始到达笕桥，当我队抵达笕桥上空时，日机轰炸航校机场的一次偷袭已告结束。在人慌马乱、战后惨象犹未暇清除的情况下，我们先降落加油，随即疏散，赴醒村俱乐部打地铺过夜。

十五日晨，全队赴机场警戒，约八时许接获情报，又有日机从钱塘江方向来袭；全队即紧急起飞，我领三机在机场上空向日机来袭方向迎击，其他各机亦先后升空；我机在二千呎左右发现日本飞机数架迎面飞来，我摇动机翼，成一字队形，向日机冲去；待日机队形被冲散之际，即盯住其中一架，衔尾跟进开始射击。日机身太阳徽号标志已看得十分清楚，前座与后座的飞行帽也看得清清楚楚，其后座人员并连续向我开枪还击，待我射击数次后，只见日机尾部冒出长烟，旋即化成一团火球，冲落地面。这时，空际这里一团火，那边一圈烟，都是被我们击毁日机爆炸时或击落下坠时的景象，是奇景，亦是惨象；我们则感到万分高兴而鼓舞振奋。这就是中国空军后来每年纪念的八一四、八一五空战大胜利。我们打了漂亮的一次胜仗。

我们落地加油，继续备战；二三十分钟后，又听说日机将进袭南京，我们即起飞赶往，待我们飞抵南京时，日机刚袭炸机场完毕逸去，当晚即住南京。深夜十一时左右，月亮甚明，南京天气很好，突又警报大作，日机来炸机场。我与李桂丹在一营房内同住一室，他尚穿着拖鞋，我犹披着睡衣，以为日机白天才来袭扰，同一晚上不会再来，仓促间我们正欲冲往机场升空迎战，焉知刚出室门，敌机业已凌空，方向即朝我们头上飞来；我们横跑仅约五十公尺，日机已开始投弹，炸弹爆炸处，离我亦不过数十公尺。

此期间日本空军日夜发动袭击，一在企图以数量上的优势，一举摧毁我空训与空防基地，并图使我少数空军疲于应付之际，渐次以大吃小，消灭我国空军；另一企图则显然欲一雪八一四之后连连败绩的耻辱。

十六、十七日，军事委员会、航委会、励志社等单位，即派员来基地慰问，显示当局与各界对空军深切关怀。蒋委员长唯恐空军人员受损，并下令南京机场的飞行员迁往总理陵园图书馆内。过了几天，我们正在警戒，蒋夫人亦到南京机场来慰问我们，她戴着草帽奔走烈日之下，鼓舞空军的士气，她的爱心与关怀，令人深受感动；并带来大批慰劳品，分赠所有空军人员。

在南京担任警戒任务期间，我们并不是完全处于被动的防守，我们也不断出击，打击敌人；我也因此出过不少次任务。抵达南京的三四天后，上峰即曾派遣我队执行夜间轰炸上海虹口日本兵营的任务。此次任务由副大队长王天祥领队，我们一行六人中，包括董明德、郑少愚等；各机挂弹完毕，直飞上海。接近目标区时，日本兵营中发射之高射炮火，在夜空中织成满天美丽的烟火球网，我们当时不知危险为何物，各机穿越烟火球网进入目标区上空；领队先行投弹，各机亦顺次完成任务。我冲入投弹时，敌人的高射炮火震得我的座机摇晃不定。只见敌人营区火光冲天，升起多处烟柱，敌人损失之惨重，可以想见。这是中国空军夜间轰炸敌军的第一次。这次任务主要在支持上海陆军作战，以减少我陆军部队遭受当面敌军的压力。

同样在减少我陆军压力的一次任务，是轰炸日军的运兵船团。我们获悉情报，日本此一运兵船团正向上海东北宝山县外海面驶来。空军指挥官毛邦初召集我队六人赴指挥部接受口头命令，并解说敌人船团行踪；顾问陈纳德亦在座，对情况作补充说明。我等受命后，我曾问在敌人船舰活动范围内是否尚有友邦船舰，毛、陈二氏均答称，该区域无友船活动，不必顾虑。我们于清晨起飞，先到嘉兴机场加油、挂弹，然后出海搜索目标。过金山卫，一路沿海岸天空北飞，细心搜索，起初并无发现。在将航向改为北北西，继续耐心搜索，偏西飞行，已可看到晨光曦微薄雾中的上海市景。此时在宝山县外海的鸭窝沙海面，果有一片如海上浮城的方形阵势在蠕蠕移动，那正是我们苦苦搜寻的目标。我们各机相应心照之后，分别拉升到适当的高度，采取最佳的攻击位置。

日本军阀于八一三发动进攻上海战役之后的两个多星期内，认为我海军既无力与其对抗，我空军经其连日出动找我拼斗后，飞机损失不少，对我战力影响甚大。因此，日军船团驶入中国海域时，耀武扬威，毫无忌惮，既无军舰护航，也无飞机掩护。日本军阀对当时我国空军士气的估计，实在是一个极大的错误；殊知我空军即使仅剩少数几架飞机，一样可予敌人以致命的打击！

日本船团以骄狂无备的心理，驶进长江口时，船艇上的日军正在分批吃早饭，部分日军则在晨光中欣赏中国河山的景色，或在整装准备登陆，闻得机声接近，犹或以为是支持他们登陆掩护的日本机群。及至中国空军轮番俯冲，炸弹与枪弹交织而成的狂涛骇浪，一波又一波地卷过日军的船团时，这些侵略者方知噩运临头。

载运日军的这座海上浮城，其人员装备当在一个师团以上，经我机群半小时的轮番炸射，损失相当的大。

此行任务中唯一遗憾之事，即误炸一艘美国船；当队员梁添成俯冲向船投弹时即觉得不对，曾摇动机翼，因他为旅美归侨，认识美国船的标志。返回基地即报告击中最大的商务船可能是美国船，其实当我们受命时，曾请示有无友邦船只在目标区域活动，上级说没有，故上级对部分误投弹的飞行员未加深责。

我初次流血受伤，是跟敌人不断接战的三个星期之后，一次空战中所发生的，这也是中国空军与性能优于霍克Ⅲ的九六式日本新机的首次遭遇。

自八一四中日空军的热战序幕揭开以来，我们在防护基地、防护首都，对敌机的拦截迎击，或是支援陆军作战，炸射敌人地面部队与兵舰，经过三个多星期，敌人遭受的打击固然惨重异常，而我方的损失亦复不小。我们许多同学已在战场中壮烈成仁，我们的飞机有些已经与敌人的机舰同归于尽，有些则已拖进工厂修理。第三、四、五几个驱逐大队剩下可用的飞机总共不到二十几架，混合编成一个临时部队。这个混合部队的士气却未因许多同学的战死而显现丝毫沮丧，反而益加昂扬，昂扬中夹杂着若干悲愤的情绪；大家热血激腾，凡有情况，皆抢先争取出任务，以期一抒为国家吐气，为同学报仇的激愤。

这次同九六式日本新机的遭遇战，按轮流担任任务的顺序来说，原非由我担任；当我们获得情报时，日机正从上海来炸广德机场，而轮到担任警戒的是毛瀛初，我即表示愿意代毛瀛初担任这次的任务。获准后，即率吕基纯、邹赓续及另一同学，四机向太湖方向前进，至太湖上空时，我以六千呎高度取监视敌踪的有利位置；在空中环绕飞行，少顷果见敌机群二十四架，轰炸机与驱逐机各十二架，驱逐机对轰炸机取保护态势。敌机数量虽为我机六倍，但既已受命执行任务，且与优势敌人已经多次拼斗，此次岂有见敌势众而临阵后退之理，因即决定向敌轰炸机实施突击。而此次保护敌方轰炸机的十二架驱逐机为日本首次出厂加入空战之九六式新机，性能较霍克Ⅲ为佳，速度更快。当我攻敌轰炸机时，六架九六式机即俯冲而下，分别向我机围攻。我于敌机迎面来回攻击数次，越打越低，最后贴着湖水飞行约十五分钟后，脱离了战斗，一度我机上挡风玻璃被击碎，破片使我面部流血，幸未击中我的头部，否则，这些回忆将永无与世人见面之机会！是时僚机尽散，在空战时，三架敌机轮番攻我，又经一番缠斗，始摔脱敌机。回到基地检查，我的座机中弹三十多处；吕基纯腿部中弹进入中央医院；邹赓续的座机中弹较少，或以缠斗时间较短。总之，此次任务归来，每架飞机都是弹痕累累，我们又在死亡线上跳过一次;当时选入中国空军驱逐机队的战斗员,实际上每天都有这种机会。

赖名汤口述、赖暋采访整理:《赖名汤先生访谈录》,台北"国史馆",2011年版,第31—40页。

八一四空战大捷与情报作业

魏大铭[1]

一　前言

每年八一四空军节，宣扬我国抗日战争，一开始即大胜日本有名的木更津航空队之英雄事迹时，我总感觉到把一班无名英雄的功绩埋没了。我国八年抗战，空军神鹰之功绩深印人心时，我亦不能不想起这一班在背后的无名英雄的划时代的贡献，岂可再埋没下去，现已事隔三、四十年，已无关国家利益之机密可言，应当把它写下来了。

一开始是沿海防空情报，继之为沦陷区秘密电台的探视情报，再继之为解译日敌飞机、机场基地的电讯情报，这显示出一个情报现代化的特征，相当进步的了。我记得：1. 军令部林次长蔚文有一次同我谈天，对于用甚少财力人力而能得到如此确切的空军情报，表示奇异与欣赏。他是有丰富经验与修养的军事参谋，为蒋委员长之助理，当然了解多少年来传统的军中情报费的无效与探子报来的情报的不确定性，正如德国著名兵学家克劳维茨战争论所言者，现在我们军事情报突破了这一面，林蔚文将军曾经手过中原会战与浦口石友三兵变等密电情报而平定其叛乱，他更经手过日本外交密电情报的无补于军事实用，而我们情报竟经常可挽救许多人的生命，以一个军事家实利的眼光来看不由得衷心欣赏了。2. 据一九七三年出版的 The Ultra Secret 一书(此书叙述英国破译德国密电经过及事功，有中译本)称“这种破译情报改变了传统作战观念”。这是说传统情报的不确

---

① 魏大铭，国民政府军统局特工，长期主持军统局电讯工作。淞沪会战前曾主办杭州浙江警官学校无线电特训班，后历任军统局电讯科科长、第 4 处(电讯处)处长等职。——本书编者注。

定性的作战，与现在用十分确定性的情报来作战是不同了。3. 我国自鸦片战争以来，累积至民国时代日本的欺侮凌辱，已被认为世界上落后民族三等国家了，直到廿六年(1937)七七奋起抗战，八一四空军大胜与上海抵抗三个月，不但振奋国内人心，并稍去国际对我国鄙视之心，迨后我国防空情报有声于世，且派遣侦空工作队去香港、仰光、印度协同盟国作战，已进至现代化情报功能，西方国家当知觉我中华民族之进步及优秀的一面，惜我国军事委员会机要室之密码未能改进，仍脱不了近世“落伍”的一面。

现在可惜抗战时的资料我手边一点都没有，只能凭记忆写出来，另外请王惠民将军写《四十年前话防空——造成八一四空军节的胜利》、《第八工作队在香港》两文及倪耐冰教授写《第六工作队在缅印》一文，庶可概其全貌。本来空军情报一向由陈一白兄主持，且其情报对于我国空军之经常贡献事功亦无人足以详述，十分惋惜。又空军方面领头开创与指导这个防空情报工作，是中央航空学校副校长蒋坚忍将军，写《追记八一四》一文并赐击落敌机照片一帧，尤足珍贵。后来航空委员会时期以罗机将军最了解而很能使用这种情报，都使我人怀念不已。

1981 年 7 月刘绍唐先生看到这份资料，以为《传记文学》所需要，乃交托他斧正发表。

二　抗战前建立防空情报网，八一四乃创造辉煌胜利

我国自民国二十年九一八事变及廿一年一・二八沪战二役，日本侵略压迫，中国人民抗日情绪高涨，当时国家谋自立自强之道，最为显著亦最为时髦者，一为复兴社之兴起，二为空军之建设。我于二十二年三月起参加复兴社戴雨农(笠)先生所主持的特务处的特务训练工作，于杭州上仓桥省立警官学校为掩护之无线电训练班并制造无线电机，建立全国之秘密通讯网，以供特务工作之用，尚著成效。于民国廿四年八月承杭州笕桥中央空军军官学校教育长蒋坚忍将军之邀，依照他们的计划及作业方法，委托我代为筹建沿海防空监视哨及其通讯。

当时浙江省立警官学校设有政治特派员一个名义，特派员是戴雨农先生，他委任赵龙文先生主持特务训练，有甲、乙、丙及无线电等四个训练班。我是由赵校长龙文先生告诉我要我帮做这个工作，乃去见航校蒋教育长的，我做实际技术工作，其他我都不知道，事实上，也不必知道。蒋、赵都是复兴社干部，谅经他俩商谈后，得戴同意，才叫我办的。我觉得杭州复兴社的活动，是很认真有力量的，当时

强调三信心——信仰、互信、自信——我们是做到了，否则这个有效的防空情报网就建立不成功。

A. 中央航校的海空监视哨构想

当时中央航空学校校长周至柔将军，教育长毛邦初将军，政训处长蒋坚忍将军，毛则公出美国，蒋乃兼教育长，后又任副校长。蒋委员长要建立空军以御侮，所以着意开办这所航空学校，经费多，待遇好，人才云集，声誉鹊起。当蒋教育长派车接我去航校，先介见周校长后，在教育长办公室内商谈，只觉得地方辽阔，房屋整齐，东转西弯，规模宏大。谈毕之后，还留我在航校整洁的大餐厅内午餐，吃的大概是飞行员伙食，所以很好，再看看有计划的一幢幢小洋房的官舍，旁边就有网球场，蒋教育长乃网球高手，好之乐之，身手矫捷精神抖擞。如此完备堪称国内第一，确有复兴气象。

蒋教育长告诉我要沿浙海建立海空监视哨、通讯电台并负责监视任务，委任我全权处利，一切照特务电台办，空校不干预，计划于花鸟山、陈钱山、大羊山、小羊山及六横岛五处建立秘密通讯电台，监视经过飞机及船舰，一有发现必须于三分钟至五分钟内向杭州报告其机舰种类、国别、数量、队形、方向、高度等项，各地掩护，则利用当地之区公所关系及聘任定海当地人士充任交通任务，每月运送补给品并与地方当地人打交道，介绍掩护关系等。计划的十分周详，可见已经深思熟虑使我十分佩服，因为当时我们幼稚的空军，竟有如此成熟的防空计划，绝非我们老式军人所能也。

我的主要任务为建立秘密电台于三、五分钟内传送情报到达杭州，我考虑后，认为办得到，所以就一口答应下来，当时通讯电机最小者，一为充电机式，一为手摇机式，均不合保密之用，又无线电通讯都是定时约会，岂能随呼随应，能于三、五分钟内必可通达者。我是有些艺高胆大了，后来在筹办训练期间，我以干电池通讯机，用共同波长制的方法，要工作人员实验秘密架设与随呼随应的通信，才证明给他们看是办得到的，而得信心，他们有了信心，事情才办成功。总结，通讯速率没有失败过，保密得好，使花鸟山的电台在一次日本军舰水兵登陆（不知是游玩抑侦察）时，未被发现，若被发现，则后来民国廿六年的八一四一役之结果又未知如何了。该花鸟山电台主报王惠民掩护得好，处理得当，亦可见我国根本无所谓国防也。（说来惭愧，我当时还不到卅岁，学问经验都不够，竟不知道利用这种好机会来侦听日本军舰的通讯，产生最好的情报，过了几年，才摸索懂得这个诀窍，按这种知识技术学问,各先进国家都已有成就,列为最高机密者也。)

直到现在,我还在奇怪的:1.蒋坚忍将军为什么对我们竟如此信任,这大概是组织的功效了。2.我们就凭这样一个接洽过程,一次商淡,没有记录,没有公文,就办起来了,实在是符合保密的原则,在空军方面恐怕只有每个月开支一笔情报经费,其他什么痕迹都不存在。可是接洽并执行公务而半点手续都没有,拿现在的标准来看,简直是不合乎手续不合法,但是后来历抗战八年之久,办得很成功。3.这些人员都自军统局的电讯人员派去,由总台长陈一白(原名陈南琛,常熟人,交通大学电机系毕业)洽承空军的工作需求去执行。这许多技术青年纯洁热血,没有政治欲望,耻言名利,只知多做实事为荣誉,是反映当年的民族自强的革命精神,如今看来不相信竟会有这种事,不是太傻吗?

B. 杭州梅东高桥之航情训练

我接受了这个任务之后,即着手选定人员,制造电机,送往梅东高桥空军营地接受防空监视哨的情报训练。这个地方选得太好了,地方大,周围都是荒地,且有高墙围起来,不但与民间隔绝,与航校亦隔绝,隐蔽保密,自由自在的作业,所以学习实习都很专心有效,而同志们觉得派去空军效劳,不能丢人,空军请我们去工作是荣誉,对于技术的优越性有自信,所以大家高兴而精神旺盛,斗志高昂了。

蒋教育长很周密的一套防空情报作业教材由航校教官来授课,我一看十分周密而科学化,特别是气象报告及机艇活动的情报以数字代表个别的意义,使我衷心钦佩。当时如要我设计,我还想不出如此优异的电报格式来,谅系得自英、美先进国经验累积的防空书刊者也。民国廿四年十月至十一月共训练了二十人,第二期训练在二十五年四月完成,第三期在二十六年完成。其主要课程为机舰识别,并有各种照像图片为凭,外加吨位大小判测,目测高度及距离、队形、方向及舰别的练习,就可以报得出防空情报了,其规定格式如下:(略)

这一份电报只有廿个数目字,分成五组,即是一份完整的防空情报且不用另加加码,只用活动转盘交换数字代号,即十分保密的,当然另外亦报补充消息,如只闻机声或距远看不清舰种等等。

又气象观察的训练及其器具之使用,与普通的气象报告有些不同,空军飞机作战对于能见度及云层之高低种类,最为重要。这只能靠各人的观察,多加实地测验,才可使个人所判之差距减至最小,其气象报告亦为廿个数字分成五组,以代表天晴、下雨、风力、风向等意义也。

此外，即为通讯演习，使用共同波长，随呼随应的制度，保证情报于五分钟内一定要拍发到。所以总台的责任很重，守听人员使用收报机要时刻不停地在Condenser 刻度盘上三、四度内转动，因为各分台电机的波长免不了参差，要能听得分台一叫，就即刻回答才好。总、分台工作人员大家共同演习纯熟，可能的毛病亦相互知道改进，大家都有信心才止。

其次是电台秘密架设的练习。唯一问题在天线，习惯上天线一定要在室外，愈空旷愈高。没有皮包的铜线，其电波才可发射出去得强。这种荒岛小屋只好室外伪装晒衣服绳子。效率当然差些，可勉强通到，须总台收报机灵敏度要好，收报人员耳聪而有耐性来截长补短。

一切技术问题有把握解决之后，乃讲究掩护方法，务须保密。好在交通员韩振鹏乃定海人氏，水产学校毕业，在定海地方上做事，在地方上比较活跃，人事熟悉，由航校给钱，让他购置一艘交通船按时补给运输，其他时间他可以作私人经营以为掩护。所以各海外岛屿上建台须靠他介绍觅关系，俾能立脚。只有温州一台为大城镇，故须选由警官学校出身，后入无线电训练班之张培兰同志主持之，庶得可靠之立足也。时势所需，技术俱备，人员忠勤，筹划周密，大时代中必成之小事物也。

C. 布建沿海无线电总支分台，完成监视网

我总记得第一次筹建五个海岛分台为花鸟山、小洋山、大洋山、陈钱山与六横岛，另于杭州建一总台，时在民国二十四年十二月也。我不放心，不要这个通讯新制度办不好，五分钟的限度要失败，所以决请王惠民同志去各小岛上一一辅导，选择台址，架设秘密天线，与杭州通讯畅顺，达到要求标准后再至第二分台架设，由韩振鹏同志交通船一一运送，介绍当地人士，协助布建之掩护事宜，大家配合得很好，就顺利地完成了。王惠民同志最后至花鸟山建台，即留在该小岛上工作，亦所以就近照顾各岛台，按花鸟山地位乃总绾长江口通南北洋之航道，地当要冲最为重要也。

当时航校最顾虑者为航空母舰。这五个监视哨，花鸟山与陈钱山在最外海，由上海至南北洋及日本之船只，均在花鸟山监视视线之内，因该岛建有灯塔，为航海要道，即航海界所知名之 North saddles 也。陈钱山则监视向南航行之去广汕、香港、基隆、马尼拉各航线，大小洋山为监视航行宁波、温州、福州、厦门的航线，六横岛在象山港口，均所以护卫杭州空军基地也。

我的初期回忆印象，商船来往均有报告，军舰亦有，只有一次航空母舰，其情报速度确在五分钟之内，情报之准确性亦属实在，航校表示满意。有一次蒋教育长坚忍，自驾一架飞机去各该岛屿上空巡视，以测验情报之速率及其准确性，返后曾告诉我说，各该岛电台反应均正确而速率亦合要求。只有小洋山所报之发现时间少有参差云云，当为时钟之不准，因之杭州总台每日之时间报告讯号嘱令各分台要注意每天校对。此项实地驾机测验，我由衷佩服其治事之能，精确周到，无以复加，而亦确知吾人工作勤奋，技术纯熟，对防空有助，确具信心而继续扩充矣。

二十五年四月完成第二期航情训练后。即派建温州、黑山（黑山在浙江南田县东南海中，此群岛最高者曰马鞍，亦称鞍山）、鸭窝沙（在吴淞口外，长江南口必经之路，该岛上有灯塔）及崇明四岛，江南防空监视哨布建完毕。其时航空委员会成立，乃在南京建一情报总台，总台长为陈一白先生，杭州改称情报支台，支台长为王允吉先生（杭州人，李范一、王崇植所办军委会无线电训练班毕业）。

二十六年完成第三期航情训练后，续在兖州、青岛、徐州、海州、淮阴、滁州，阜宁、如皋、盐城、东台、南通等十一处布建防空监视哨分台，前后三期共建廿处分台，并扩充南京总台之效能，已兼及护卫南京之空军基地，尚为周密，列如下图。（略）

我当时不止站在纯通讯业务立场上，为荣誉要办好这个通讯，更因为我相当了解我国空军初创，比之日本空军，显为劣势，此项防空情报实是格外重要。即民国二十六年八月十四日杭州笕桥机场要叫空中的飞机紧急下来，准备加油上弹迎敌，飞机上还未装通讯设备，仍是用机场布板为通讯工具，可见一斑了。

D. 八一四空战我空军首建战功

民国二十六年七月七日卢沟桥事变时，我在牯岭。当蒋委员长在庐山大会堂宣布全面抗战后，军政大员均纷纷下山返回岗位，从事抗战，我亦返回京杭，（南京为行政地点和秘密通讯总枢纽，杭州为训练班及无线电机制造所地点）作长期抗战之部署。八月十日左右在上海公干时。适日寇扩大侵略，于八月十三日发动沪战，我空军轰炸大队长孙桐岗先生直接奉委员长之命，自广德基地于八月十四日出发，轰炸停泊在上海黄浦江畔汇山码头之日本旗舰出云号，及虹口日本陆战队司令部。据孙桐岗将军于卅余年后在淡水舍间闲谈时面告称，有一架轰炸机在出云舰上空受伤后，即俯冲该舰，因炸弹甚小只有八十磅，故该舰虽受伤但不重。后即经修复云云。当时曾有两个炸弹竟落在南京路上沙逊大夏与 Palace Hotel 之间闹市地点马路上，伤亡约四百人左右。同日下午我在法租界三极无线电学校附近马路上，亲眼看见一架低飞飞机，在啸声中沿爱多亚路掠过大世界门前与虞洽卿路交叉处落下两颗炸弹，轰然大震，我不禁呆住，我想大概我机在黄浦江上空为敌高炮击伤，连机上炸弹都未掷完，即逃脱火网，以不能载重，不得不放掉炸弹而能降落附近机场者也。此次死伤竟达一千余人，我在马路上亦亲眼见民众惊骇奔走相告，大家去救人而全无怨对语气，仍满怀希望，再来炸此敌舰，真是敌忾同仇、爱国心切的表现。同时可见我们空军创办时的艰苦矣。两次炸弹均炸在马路上，没有炸着房子，不亦妙哉。

当时停泊在黄浦江中的日本旗舰出云号 Idzumo 及同时聚集在江中的美、英、法的主要兵舰，比较之下，出云号舰是老式的，不及英美了。

我八一四在上海，当天傍晚取道松江转苏州回到南京，忙于工作，亦只从报纸上得知杭州我空军大获全胜之新闻，激奋全国民心，并知得力于我们温州黑山的防空情报而已。直到民国四十三、四年大家都到台湾来了。某次国防部第二厅招待所的宴席上，有总政治部主任蒋坚忍将军及主人第二厅厅长赖名汤将军，谈起我们当年的防空情报工作而获得八一四空军胜利之事迹时，他们都津津乐道，他们二位将军的亲身经历，我才知道这些事实经过。我的回忆记述如下，当然并未详尽，或者有参差之处，但如求诸官方文书恐还找不到啦。蒋副校长当时在笕桥机场上指挥轰炸机挂上炸弹要去上海轰炸敌舰，有的飞机已经升空了，其时驱逐机大队长高志航亦自周家口机场率机群赶来笕桥担任某项任务(我猜想可能是护航轰炸机去上海)，此时适接到我们温州及黑山二个防空分台于下午三点廿分之情报，称有大编队敌轰炸机如何编队，多少高度，何时经过当地上空向某方面飞去等情，蒋坚忍将军说，他依此项机种、编队及高度方向等情判断，定必来笕桥轰炸了。于是即刻在机场召集各单位主管会商变更原定作战部署，及如何迎敌打法，决定我们自己轰炸机避开，教练机推进掩蔽体内，驱逐机火速升空，在最高空或隐在云端上为掩护，等待敌机来临，俯冲下击云云。于是全场动员，紧张忙碌，飞机没有无线电通讯，而时机十分急迫，加油装子弹升空，赖名汤将军当时亦爬上飞机升空，他说(1977 年 8 月 14 日记者刘毅夫先生所撰《八一四歼敌记实》一文称赖将军时任二十二中队副队长，二十二中队迟到杭州，未赶上会战云云。并存)，他驾机在机场西方上空待敌，因可利用云间透露进来的阳光作掩护也云云。结果我机尚未全部升空，敌机已临上空，发生战斗，迟起飞者一架，因在较低地位，即受攻击而负伤落下，但在高空埋伏之我机，以居高临下之有利地位，冲击此十八架木更津有名的重轰炸机，它的队形一乱，更减少敌机相互支持的火力，因之被击落六架。日机败北逃回台湾途中，尚有坠海者，当晚日本广播宣称十八架中，十三架失去联络云云。一般宣称我机无损，日机被击下六架，为零比六之比也。事实上以我所知，我机至少损失二架，(1977 年刘毅夫文中称“二十一中队刘树藩和二十三中队金安一两机因油尽坠毁”。)据 1974 年日本人吉屋奎二编著的《蒋总统秘录——中日关系八十年之证言》卢沟桥事变、八一四空战一节中称：

“中国空军首建战功，十四日发生了台风，在上海东方海上，朝西北方向移动，华中沿海一带阴霾四合，但中国空军仍然冒恶劣气候出动，于上午十时轰炸日军起卸物资的上海汇山码头以及陆战队司令部、纺织工厂，还炸伤了日本第三舰队旗舰出云号。”

“继之，并于当天下午在上海西南方的杭州笕桥上空和日本飞机演出空战，树立了最初的战果。”

“当天下午五时，由河南周家口飞来杭州的中国空军第四大队(大队长高志航)二十七架飞机在即将降落于笕桥中央航空学校之际，和日本海军航空队所属九十六式轰炸机十八架遭遇。”

“第四大队立即对日机展开急袭，高志航首建战功，写下了中日战争史上最初击落日机的纪录，结果在这次空战中合计击落日机六架。”

“其余日机在阴霾中向南方逃走，当天晚间日方广播‘十八架飞机中，十三架失去联络。’”

“中国空军则未受损害。”(按：据笔者所知，我方至少损失二架。)

“倭寇空军技术之劣，于此可寒其胆矣。”(蒋总统的八月十五日日记)

“当时的中国空军，仅仅在两年之前才开始正规建军，向德、意等国购入战斗机、轰炸机三百架(日本此时已有一千五百架)。因为国家财政困难，而出于全国各界捐款支应颇大。其后由于领导募捐的蒋夫人(亦即是航空委员会秘书长)建议，乃以八月十四日为空军节。”(据笔者所知，中国空军主力只有孙桐岗的第二大队(轰炸)及高志航的第四大队(驱逐)。

事实上不论日本势凶在华北甚为得逞，不过沪战支撑三个月，八一四空战胜利，确确实实鼓舞了中华民族的民心士气，有利于此后的长期抗战。

这个战役，已有适时的航空情报，有卅分钟的备战时间，但在机场上还有飞机未及起飞应战的，假使情报迟慢十分、廿分钟，我机损失当更大，如无此情报，则恐我著名之航空学校及笕桥空军基地设施，及数十架各式飞机，在无还手之劣势情况下将遭极大之毁损，则可断言矣。（据 1981 年 2 月梅汝琅将军所写《千里眼顺风耳》大文中说："高志航大队长接收俄制 E15 式战斗机一队十八架在周家口基地，没有及时获得空袭警报，以致敌机临空，被投弹命中，一代空中英雄，当场殉职，事后检讨，敌机从北平起飞，经过开封，开封防空情报不灵，没有及时传递到周家口，河南情报处长失职，贻误戎机，军法处决云云"可资证明也。）

事实上，我们是劣势空军，该敌方十八架轰炸机之偷袭轰炸，原无失败之理，而竟能扭转胜负之机，不能说不是我们空军指挥者之事前的情报布置，临事的情报判断与使用作战之智能与妙算之功。

台湾传记文学社编：《传记文学》，第 39 卷，第 2 期，第 11—17 页。

忆中国空军痛歼日军飞机首战告捷

陈禅心①

1936年10月，我刚满25岁，是个小学教师，为响应敬爱的孙中山先生“航空救国”的遗诏，投笔从戎，由福建莆田奔赴杭州笕桥中央航校参加了中国新兴的空军，在著名空军英雄高志航、李桂丹（皆为东北籍飞行员）所在的空军第四大队任职，转战大江南北。

1937年七七事变后，中国军民全面动员抗日，新兴的抗日空军由国民党直接指挥。同年8月13日侵华日军进攻上海。日军空军王牌木根津航空队100多架轰炸机由台湾新竹机场起飞，接连疯狂地轰炸我国的主要城市上海、南京、杭州等地。淞沪地区城乡战火弥漫，受炸形状惨不忍睹。

8月14日，驻守河南周家口机场的国民党空军第四大队接到了空军司令部的命令，迅速到杭州笕桥机场集结，准备痛击日军飞机的轰炸。

8月14日下午，杭州笕桥机场地面用红白两色“T”布导航，第四大队全体飞行勇士在阴云密布、淫雨绵绵的恶劣气候条件下安全降落。不久，空军总部就接到防空监视哨的报告：“日军七架重型轰炸机正在全速扑向杭州湾。”当时，美丽的杭州西湖笼罩在烟雨之中，空袭警报使整个杭州城区都紧张地进行防空疏散。在高志航大队长率领下，第四大队飞行员忘记了转场的疲劳，不顾越下越大的暴雨，满怀民族的仇恨与歼敌雪耻的雄心飞上了乌云翻滚的天空，捕捉战机。

下午3时10分，中国空军抗日的第一战打响了！日军木根津航空队骄横地闯到杭州上空，瞄准笕桥机场和杭州城市准备轰炸。它们似乎认为中国没有空军，可以像昨天那样尽情地轰炸与施虐。严阵以待的高志航一声令下，中国空军

① 陈禅心，淞沪会战时系国民政府空军第四大队飞行员。

勇士李桂丹、乐以琴、郑少愚、王文驿、柳哲生等六架战机就像下山的猛虎一样，各自盯住射击目标。高志航首先咬住一架敌机，把射击瞄具的“十”字环，紧扣准敌机左侧的发动机上。狠狠地一按电钮，带着雪恨激情的机关枪子弹就像雨点一样密集向敌机扫去，一举击中。一声爆炸，一股火焰，敌机拖着长长的浓烟，悲哀地坠落到地面。另外六架日军飞机，一下子慌了手脚，盲目地丢掉炸弹，掉转机头就想溜之大吉。李桂丹等勇士在云层中上下翻飞，盯住日机的射击目标重重地按下了电钮。顷刻间，另外五架日军轰炸机有的旋转着掉到了地面，机毁人亡；有的在空中爆炸，化成一团火焰；有的像没有头的苍蝇一样，倒栽葱地坠入中国的钱塘江里；只有一架敌机侥幸逃窜回去。

半个钟头过去了，第四大队无一伤亡，六架日寇飞机被击落，开创了我国新兴空军对日作战首战告捷的辉煌纪录——6∶0。当时国内外各大报纸、各国驻华通讯社都发出了号外，欢呼中国空军首战告捷，赞扬大队英雄高志航为“抗日天神”，首建奇功。许多外电惊呼：“中国年轻的空军实力不可低估！”

第四大队 6 架凯旋的战鹰带着胜利的喜悦，呼啸着降落在笕桥机场上，我与地面上欢迎的人群围上去。值得庆幸的是，高志航的座机刚刚落地，发动机就停了车。原来他的座机早已中弹五六处，只因他杀敌忘了自己，能安全着地，说明他胆大艺高。我们把高志航大队长高高地举起来，抬着前进。高志航兴奋而又谦虚地喊道：“这六架敌机是我大队飞行员共同击落的。我只是打响了自东北九一八事变以来憋在心头的仇敌雪耻的第一炮！”

中国新兴的空军首战告捷，一举击落日军飞机六架。极大地振奋了刚刚揭开的全国抗日战争序幕的中国军民。中国空军第四大队在国际上闻名遐迩。为了纪念八一四空战大捷，国民党当局决定把这一天定为“中国空军节”，纪念中国年轻的空军对日作战的第一功。我当时在武汉曾与著名作曲家冼星海、孙师毅、盛家伦等人参加了中国空军军歌审定会议，特地编了一首歌曲纪念。歌词云：

……

八一四，西湖滨；志航队，飞将军。
怒月裂，血飞腾，振臂高呼鼓翼升，
群鹰奋起如流星，掀天揭地鬼神惊。
我何壮兮一挡十，彼何怯兮六比零。
一战传捷，举世蜚声。
……

发扬民族的力量，珍重历史的光荣。

八一四空战胜利以后，高志航由少校大队长提升为中校大队长，中国空军第四大队被上级誉为“志航大队”，调往南京大校场，负责保卫南京的安全。

全国政协文史资料委员会编：《文史资料存稿选编》，第15辑，中国文史出版社，2002年版，第616—617页。

中国空军在八一四那一天

张光明[①]

日本军国主义侵略者在民国二十(一九三一)年九月十八日,发动侵略中国东北事变后,民国二十一(一九三二)年一月二十八日,又发动侵略上海之战,即所谓的一·二八淞沪之战。

当时国军的军政部航空署,抽调杭州两个航空队和广东一个航空队,共廿五架飞机,在上海、苏州、杭州三地,协助第十九路军作战。当时中国的空军和日本的空军,进行了数次空战。于二月五日在上海空战中,分队长黄毓全阵亡,飞行员朱达先受伤。二月二十二日,在苏州空战中,美国试飞员萧特驾波音机,击落一架日机后,被日机轮攻阵亡,这是美国人为中国抗日牺牲的第一人。二月二十六日,在杭州空战中,国军击落敌机一架,队长石邦藩受重伤,飞行员赵甫明重伤殉国。一·二八空战是中国空军和日本空军第一次交锋。

民国二十一年至二十六年六月的五年中,笕桥中央航空学校,培训了第二期生、第三期生及第四期生各一个班次,第五期两个班次,第六期两个班次,总共七个班次,毕业生约有五百余人。(航校将中央军校一九二九年航空毕业班毕业生数十人,列为第一期。)

有了人才,国府买来新飞机,陆续组成空军九个大队、一个暂编大队(由学校高级组教练机组成)。总兵力虽有三百余架飞机,但其主力飞机(战斗轰炸机 CURTISS HAWK－Ⅲ、战斗机 BOEING 281、轻轰炸机 NORTHROP 2E、对地攻击机 CURTISS A－12)仅有一百六十余架而已。

七七卢沟桥事变后,在兵力部署计划中,空军第一、四两个大队,进驻华北地

---

① 张光明,淞沪会战时系国民政府空军第四大队飞行员。

区，担任攻击或支援作战，其余各大队，均部署在浙江、江苏、安徽三省各机场。

八一四空军各部队作战概况

民国二十六(一九三七)年七月七日，日军大举侵华，围困平津，发动卢沟桥事变。继而又于八月中旬，发动淞沪之战。八月十三日下午四时，日本空军以小部队空袭笕桥。空军第四大队奉命及时由河南周家口飞抵笕桥，正在加油中，敌已临空，大队长高志航立即起飞，追击敌机，当场击落日本九六式重轰炸机一架。

八月十四日破晓时分，国军飞机在钱塘江与笕桥空域，分别与来袭二批敌机群遭遇，遂即展开大规模激烈空战。分别击落日本八八式双翼大型轰炸机四架，九六式重轰炸机二架，国军以六比○获得中日空战史上的大胜。

八月十四日，中央下达攻击日军命令，令第五大队沿江追击向东逃窜的敌舰。第五大队即出动霍克飞机九架，沿江追巡至吴淞口外，发现敌舰，即行俯冲投弹攻击，敌舰被击中，爆炸起火，立即下沉。当日上午九时二十分，另由第五大队大队长丁纪徐，率霍克机八架，自扬州起飞，出击长江口南通附近日舰，投弹虽命中数枚，冒出浓烟，但因炸弹威力不足，未即沉没。当日下午二时二十分，该大队中队长刘粹刚率霍克机三架，自扬州起飞，攻击上海日军司令部及兵营，投弹命中目标，但亦饱受地面炮火射击，同时遭遇隐蔽云端的七架敌机偷袭，副队长梁鸿云座机被击中，光荣殉国。

八月十四日清晨七时，由暂编大队第卅五中队许思廉率可塞机五架，自笕桥起飞，轰炸上海公大纱厂敌军械库，命中起火燃烧。下午二时四十分，又由该队出动可塞机三架轰炸同一目标。下午三时四十分，由暂编大队第卅四中队长率霍克Ⅱ六架，自笕桥起飞，轰炸上海公大纱厂，当接近目标时，发现敌人正在沿江临时性机场装配飞机，立即俯冲轰炸，均命中目标。

八月十四日晨八时四十分，第二大队副大队长孙桐岗，率诺斯罗普轰炸机廿一架，自安徽广德起飞，轰炸上海吴淞口外海一带日舰及公大纱厂、汇山码头等目标，并炸毁公大纱厂西面之临时性机场设施。下午三时四十分，由第二大队诺斯罗普轰炸机廿一架，分二批轰炸上海公大纱厂、汇山码头及敌军司令部，多弹命中目标，但飞行员任云阁遭敌地面炮火集中攻击而牺牲。李传谋之座机被击伤，返航飞至常州附近时坠地殉国。

在八一四这天，空军各部队出动飞机七十余架次，集中攻击上海一带(陆地、海面）日军各重要目标，予敌沉重打击。

抗日战争，是中华民族生死存亡的战争，在近代史上占有重要地位。抗日战争，亦可说是二次世界大战的前奏。中国的空军，在这段历史上，为中华民族谱下了悲壮的史页。

如今抗日战争过去半个多世纪了，在这漫长岁月中，我们这些空军老兵，时刻渴望看到一部完整而真实的空军抗日战史，但至今未能如愿。

如果国府空军当局，有意作这件事，不妨多搜集空军抗日战争的零星记述文物，更须及时专访昔日参战尚在世的将士和遗眷，把口述或留存的资料整理编辑，则可将空军八年的作战经过，完整记录在卷，垂昭青史。

《张光明抗日空战拾粹》，台湾大鹏文教基金，2012 年版，第 70—73 页。

回忆广东空军抗日的空战

陈 晋

抗日战争初期，我空军以我弱敌强的形势对敌作战，尽管南京中央空军主持人，对投效的广东空军人员，平日歧视排挤，但广东空军遵守孙中山先生倡导“航空救国”的遗训，本着“国家兴亡，匹夫有责”的决心进行抗日战争。现将广东机队及有关人员参加比较显著的空战概况忆述如下：

一·二八杭州湾空战

一九三二年，广东“西南政委会”辖下之空军总司令部总司令张惠长支援十九路军上海抗战，将广东空军组成一队混合机队（由驱逐机、轰炸机配合）北上参战。当时南京政府辖有飞机六个队，分驻各地区，亦有个别机队人员参加支援上海抗战。广东机队以丁纪徐为队长，副队长谢莽（广东航校第三期），分队长陶佐德、英汝鎏、容章柄。队员梁达文、刘沛然、美国归侨余彬伟、陈信源、林振亚（广东航校第四期），分驾飞机七架美制“莱茵”（RYAN）“域古”（WOCO）“可塞”（ORSAIR）等机型，由广州飞长沙，转南京候命。南京空军有部分已迁驻洛阳。日军扬言：“广东机队飞到那里，就打到那里”。南京政府畏敌，多方阻止我机队飞赴前线。军政部长何应钦，在欢宴会致辞中，强调敌强我弱，不宜抵抗。他说：“你们是空军苗子，要珍惜，不能作不必要的牺牲，以致影响将来”等语。自淞沪战幕揭开以后，杭州笕桥机场，已成为日机袭击目标，故我机队改在杭州东南方的长沙滩临时的乔司机场降落。我们估计到敌机必来偷袭，遂立即部署作战计划，以六机编队凌空搜索，飞抵上海虹桥空域，而未发现敌机踪迹。但苏州空域，有南京空军第四队印度归国进步青年朱达先（广东航校第三期），单机与日机遭遇，空战片时，终因众寡悬殊，人机负伤，尚能安全折返基地。这时，南京空军第六队分队长黄毓铨（美国归侨、台山人）婚假届满，返队销假，行装甫卸，目睹敌机肆虐，义愤填膺，未遑仔细检查飞机，即驾原受伤之机升空迎战，因该机操纵系统已受到创伤，故在上升转弯时突然失灵下坠，人机俱毁。与此同时，有美国“波音”（BOEING）飞机厂来华推销员波卜肖特（BOBSHRT）激于义愤，发扬国际主义的正义行为，亦驾起波音驱逐机，加入我方战斗，不幸亦因众寡悬殊，英勇牺牲，遗体安葬于上海虹桥。其后，其弟偕其母亲曾来华凭吊为中国抗日献出宝贵生命的亲人。次晨拂晓，日轰炸机多架，由驱逐机掩护轰炸乔司机场，我队长丁纪徐率领吴汝鎏、陈信源凌空与敌激战十余分钟，终因飞机性能速度均较差于敌，且受敌机群围攻，吴座机中弹受伤，迫降机场外，幸存命。同时，南京空军第二队队长石邦藩、第六队分队长赵普明，及其（粤籍）同学赵德之弟（广东航校三期），分别驾驶“可塞”（CORAI 美制）及“容克”（JUNKER 德制）两机，先后参加空战，结果石、赵两战士均中弹负伤，迫降着陆，送医院抢救，赵因伤势过重，不治牺牲，而石则截去左肢致成残废。其后，南京政府电令全部机队撤至安徽蚌埠候命。广东机队逗留蚌埠月余，广东空军总司令张惠长去职，黄光锐接任空军司令，才命该机队所有人员及残存飞机一架返粤休整。这次战役敌众我寡，是一场艰险的战斗，亦是中国空军抵御外敌的第一回合。

南京句容会战

日军侵华以来，于一九三七年八月十四日、十五日，首次使用自誉为王牌之木更津轰炸机队，由台湾起飞，每次九架分两批，企图远航偷袭南京、句容、杭州等空军基地。结果被我驻防南京、句容、杭州等地区的空军机队迎头痛击，这是抗战以来较大的一次空战。我空军在南京、句容空域击毁敌机四架；在杭州空域击毁敌机两架。南京中央称谓“六比零”战果。这是发扬了我空军作战的英勇、斗志的坚强而取得辉煌的战果，故此选定八一四这个日子，为航空节作为纪念。是役参加战斗人员有：空军第三大队之第七、第八中队，杭州笕桥航校的李桂丹、刘粹刚、郝鸿藻等分队长。队员有广东航校六期的岑泽鎏、黄居谷、蔡志昌、杭州笕桥航校的陈有为、罗英行、刘武等。使用“非亚帝”意大利制的战斗机。该大队长王星垣（东北人），副大队长广东航校三期的蒋其炎，又第五大队之第十七、二十八、二十九中队等战士。中队长广东航校三期的陈其光、美国归侨陈瑞钿、雷炎均、黄泮扬、苏英祥、黄新瑞;广东航校五期的胡佐龙、关燕荪、刘兰清;广东航校第六、七期的黄元寿、邓从凯、周灵虚、梁定苑等,使用"霍克"二型、波音飞机。这次会战,我空军能以我劣势战胜敌的优势,主要是我空军具有克敌制胜的坚强信心,充满民族自豪感,发挥敢于拼搏的精神的结果。当时航空委员会秘书长宋美龄和励志社主任黄仁霖曾亲临句容机场慰问祝捷。当时,有归侨飞行员参战者苏英祥用英语告宋,我们这班参战者是不少北上投效被歧视而遭淘汰,只在抗战前夕,才恢复空勤的。最后空战有:是年八月二十六日、九月十九日、二十二日、二十七日、十月十九日等几仗。空战中敌使用机型是"95"、"96"式驱逐机掩护轰炸机偷袭南京、杭州诸地区。我方蒋其炎座机被击伤,他跳伞着陆伤喉部,抢救脱险;陈瑞钿座机中弹,亦安全飞回基地;刘兰清座机中弹着火,他跳伞后,敌机仍当空中靶标射击,以致牺牲。敌是违反国际法规定的,因空战中跳伞人已缺武器对抗。这几次出战,我亦击毁敌机多架。

轰炸杨树浦

一九三七年九月十九日,日军在上海杨树浦登陆后,为了迅速使陆用飞机投入战斗,当即在杨树浦滩头阵地,修建简便跑道,并利用当地大条干树作成吊架,赶着装配陆用飞机。我驻南京原广东空军第十六中队,派出广东航校六期的聂盛友、汪汉淹两战士,共同驾驶"可塞"(CORSATIR 美制)单机侦察并轰炸杨树浦敌军,在俯冲投弹后,聂被地面火力击中头部阵亡。而后座汪汉淹身染鲜血,仍抱有我无敌的复仇决心,继续作第二、三次轰炸和扫射。最后腿部虽中弹受伤,仍能坚持飞回基地。后因腿部伤重截肢幸存。同日,再派中央机队队长孟广信,率领攻击机"STRAT"(美制)九架,飞往该目标低空扫射,予敌惨重损失,但我机队遭敌军密集火力射击,孟广信队长当即壮烈牺牲。

扬州空战

一九三七年九月十九日原广东第十七中队的胡佐龙(广东航校五期)率机三架在扬州附近空域与日空军队长"岗野猛"座机遭遇,经过剧烈地缠斗,卒将敌机击落。收拾机骸时,由尸身姓名与官阶证件,始悉被击毙者是日空军队长"岗野猛"。这是根据胡佐龙生前口述的。

轰炸浏河敌舰

一九三七年九月二十五日，日舰三十多艘，由出云舰率领云集上海浏河。我空军第八大队辖下有：第十、第十九、第三十共三个中队。是日由大队长谢莽(广东航校三期)率领"亨格尔"(HENKFL)德制轰炸机三架，驾驶战士第十九队归侨薛炳坤、罗谦德(广东航校三期)、第三十队由队长石友信等分驾"马丁"(MASTIN)轰炸机五架，第十七队归侨黄泮扬和胡佐龙(广东航校五期)等分驾驱逐机(BOENING)美制机七架掩护。由于"马丁机组"航速比"亨格尔机组"为快，各机组分别在南京和句容机场起航，空中会合大编队。由于亨格尔机群航速较慢，逐渐落后于马丁机群，致不能同时向敌舰投弹。是日能见度不佳，机队又缺通讯联络设备，故波音驱逐机群只掩护马丁机群进入敌舰上空，投弹脱离后，未遇敌驱逐机群截击。而亨格尔机群，只好在没有驱逐机掩护下进入目标，投弹脱离时，受到敌驱逐机多架猛烈攻击，该机组只能靠本身火力迎敌。我左僚机薛炳坤座机发动机被击伤，薛头部亦受伤，只好迫降虹桥机场。右僚机罗谦德座机受敌攻击更为激烈，射手中弹牺牲，罗机为求减少敌机攻击机会，降低高度插入领队谢机后下方，利用该机火力还击敌机。罗机虽中弹多处，仍能迫降常州机场。谢机虽中弹，射击手张某牺牲，但能飞返基地。空军总指挥顾问陈纳德(美籍)认为该大队长谢莽擅改命令致遭损失，提请议处。其后，谢被撤职处分。此役失误原因，实际乃机组安排不当，因马丁机型与亨格尔机型不同，航速各异，飞行差距很大，又缺通讯设备，会合空域选择不当，致使驱逐机组顾此失彼，只能掩护马丁机群，变成分开两次投弹，但作战方案还是依原计划进行的。

广东省政协文史资料委员会编：《广东文史资料》，第 50 辑，广东人民出版社，1987 年版，第 122—129 页。

高志航淞沪空战立殊功

刘荫桓①

高志航系通化县三棵榆树人，原名高铭久，字子恒，家贫务农。其父高景文，母李氏，生兄弟六人，姐妹二人，铭久为长兄。幼年时期在家务农，九岁入学，十三岁远离家乡，考入奉天（沈阳）中法中学。一九二〇年在学时期因家贫困，以减轻家庭负担，投笔从戎，考入东北陆军军官教育班学习。就学期间，东北军扩建空军，他立志去法国学空军。而当局教育长郭松龄将军说。“你身体太小不能出国，给中国人丢脸。”他生气地说：“法国人也不是高个子，并且我也学过法文，同时，我决心将高铭久名字枪毙了，更名为高志航，决心出国学习航空，以便将来立志杀敌报国。”当时，郭松龄军长的夫人在座说：“你有这样的好学生，一定派他出国留学深造，说不定将来会成为一个英雄人物呢？”在郭松龄夫人的鼓励下，高志航于一九二四年到法国学习二年航空，以优异成绩，于一九二六年回国。回国后，张学良将军任命高志航为东北航空处少校（陆军衔）驾驶员，时年十九岁。他正当青年，在技术方面刻苦锻炼，精益求精，在每次演习中，均获奖励。不幸，有一次在演习中，因机械发生故障，降落时，将右腿折断。在南满医院治疗后，腿稍有些弯曲，对驾驶飞机有障碍，后又到哈尔滨医院，作第二次手术，打断另接。愈后，腿比原来短一分，设法穿厚跟鞋，调剂成功，对驾驶飞机毫无影响，而且技术上比以前更有进步。因此群众均称高瘸了飞行员。

九一八事变后，张学良将军接受南京国民政府命令，撤入关内，以待国联裁判。当时东北军有飞机三百多架。山西阎锡山有二十架左右。山东韩复榘有十架左右，南京国民政府有一百架。

① 刘荫桓，淞沪会战时系空军第四大队少尉特务员、空军驱逐司令部后勤主任。

此时，高志航目睹日寇横行，惨杀同胞，他因耻于滞留敌占区，将家属打发回原籍，只身一人向飞机场三百多架飞机含泪告别，化装进山海关，投靠山东韩复榘空军驻济南机场聂队长。聂系他的同学，聂对他说："你在这里有危险！"让他立即南下，介绍到南京航委会报到。

一九三二年春，高志航到南京报到后，首先分配到杭州笕桥航空学校担任空军少尉见习。当时南京政府歧视东北人，经过航委会主任黄光锐第一次检阅，飞行员纷纷表演，唯独他是见习人员没有表演资格。黄主任下令让高志航表演一下看一看，恰巧降落时飞机腿子放迟，飞机受伤，由此好多人都说："他是东北人，来搞破坏的。"而黄主任却说："这是由于他没有训练的关系。"反而提升为空军中尉分队长。在任分队长期间，他自修自练，刻苦学习，夜里不用打灯起飞无阻，把飞行各种技术，如：倒飞、弧形飞等等，练得精益求精。黄主任在第二次校阅时，认为他的技术是中国飞行员中独一无二，晋升他为空军上尉教官。在航校半年后，又提升为空军教导总队少校总队附，当时与总队长毛邦初思想不一致，矛盾重重。

此时，正当蒋介石五十大庆，全国献礼祝寿，英、德、意各国为了推销飞机，派飞机在南京上空表演作战技术。高总队附在杭州留守，闻讯后自动进京表演。高志航以各种特殊技术表演。蒋介石观看后，询问表演的飞行员是谁？有这样高超技术。毛邦初说："是高志航总队附在表演。"蒋介石立即命令召见。蒋对高说："你的技术很高，赶超世界水平。"当即把自己的"天窗号"飞机奖给了高志航使用。由此高志航的名字人人皆知。

此后，蒋介石命令他去意大利购买飞机。他到意大利，会见首相墨索里尼。中意双方议定，两国飞行员共同表演，高志航的技术在意大利上空施展开来，深受称赞。意大利军火商向他出售落后的飞机，用大批的金钱行贿。他拒不受贿，将意币掷地而去。他在向墨索里尼辞行时说："贵国飞机已经太落后了，并且贵国用行贿方式出售飞机，我们中国人绝不接受，请原谅。我们将去美国，再见！"当时意大利首相非常钦佩他的行为，即将身上自带的钢笔式手枪送给他作为纪念，同时又来电赞美高志航，不辱使命称号。高志航到美国购回霍克式驱逐机一百架回国。回国后，立即成立五个大队。高志航任第四大队中校大队长，在杭州笕桥开始训练新的飞行员。

七七卢沟桥事变后，全国总动员一致抗日。蒋介石说："陆军由冯玉祥副委员长指挥，海空军由自己指挥。"蒋说空军出动一千架飞机作战。当时航委会秘书长宋美龄说："出不了那么多！"蒋说："出五百架。"宋说："只有驱逐机一百架左右。”

八一三淞沪会战爆发，日航空母舰木更津航空队百架轰炸机开始轰炸江、浙两省，于八月十四日敌机八架，进入杭州市区上空轰炸。当时，航委会命令不抵抗，空军跑警报。而高志航主张“将在外，君命有所不受”，家仇国恨，等待何时！日机乱炸我同胞，令人忍无可忍！于是他下令起飞，他首先拦住敌机歼杀，只见天空中无数铁鹰，有的俯冲，有的仰攻，翻腾旋转得满天黑烟圈。他首开第一炮，击落日领队机。接着，各中、分队长四面出击。十分钟战斗后，击落敌机六架，两架受伤逃跑了。辉煌战果，轰动全国。蒋介石把八月十四日，六比零的战斗日子，定为空军节。

后来，日军又调来佐世保航空队二百架飞机（内中驱逐机一百架，与我军展开激烈空战。数月后，出现了中国四大金刚：高志航、刘粹刚、李桂丹、乐以琴将日军四大天王分别击落，俘虏A天王，B、C、D三个天王都阵亡于杭州、南京、上海一带。A天王俘至南京。A天王原系杭州航校日籍军事教官，中国航校学员大多数是他的学生，我飞行员都以师生之礼相待，因此他受到无比的感动。他说：“你们可以炸‘出云号’航空母舰，必须牺牲一人一机，把中国机涂改国徽，我把信号交代与你们，发出信号，航空网即开放，人机必须向烟筒窜进，同归于尽，才能完成任务。哪一位愿意前去，请举手!”全体学员都举起手来，愿意前去炸舰。A天王看到这一情景，认为中国必胜，日本必亡。他说：“好吧，你们把证章都交给我，摸到谁，谁去。”乐以琴证章被抽中，毅然决然向“出云号”母舰袭击。乐发出信号，日舰张开航空网，人机直入尾部烟筒中壮烈牺牲。母舰受了重伤，狼狈逃窜黄浦江港外。A天王还说：“日飞行员发誓时说：我要做了亏心事，出门就碰上高志航。”可见高志航在日空军中的影响。

上海抗战后，我方飞机消耗殆尽，无力作战。高志航因背部受伤，在庐山休养。这时，蒋介石电召他到南京，派他去兰州接收苏联斯大林支援我国驱逐机一百架的任务。但是高志航伤尚未痊愈，应召到京，未见蒋时，就问部下：“日寇来轰炸为何不打?”部下说是因为我机速度与日机相差三分之一，加之敌多我少，很难作战。高志航即说：“可下令少加油，少带弹，不必要的机件拆掉，飞行员轻装上阵，减少重量，发挥特效，必能战胜。”于是，多日未作战的南京，忽然发生热战。高志航率领四架飞机，打得日寇落花流水，敌机两架狼狈逃窜，高志航跟踪追击，时值黄昏，高到了镇江机场，伤口疼痛，给机场信号，不用灯安全降落机场。他离机时说，我要休息，不准报告航委会，我要安静的休息，以后再报告。但是，蒋介石和国民政府林森主席问今日何人作战，打败了日军？这时，得到报告，是高志航，但高现已失踪。最后得知降落镇江，当即派专车到镇江迎接，洽商接收苏机事宜。

高志航以空军上校第四大队长身份，到兰州机场与苏联空军少将专使以俄语谈话。专使说："你留学苏联否？"高说："没有到过贵国，我们中国的将领都会说几国的语言。"苏联专使说："我不会说中国话，十分抱歉，请原谅。"又说："你们飞行员对苏机驾驶，因腿短比较困难，飞机速度快，操纵灵，必失事，训练一个多月无进展，还需要时间训练方能作战。"高说："我国急需与日寇作战，三日内就要训练好，以回南方应战。我可以试一试你们的飞机性能。"对方说："可以，但是苏机头重要，特别注意操纵。"高说："知道了。"他飞上天空，在空中倒飞三分钟，又做了各种特技，回到机场，苏少将握他双手，称他是天神，是现代英雄。双方交接办妥后，下令三日内一定训练好，即飞汉口作战。当时毛邦初主任下令，经西安、洛阳、周家口三站加油飞汉口，遇到敌机作战要有充分计划。而高建议不到周家口，因周家口机场小，容量不够，我们用两站加油，足够回到汉口。毛邦初不同意，坚持按原计划行动。当时，形成将帅不和。毛邦初说："如果途中作战油量不足，谁来负责？"在起飞前，高志航向部下刘荫桓说："你率领地勤人员先飞回汉口司令部，和王参谋、于机务长把司令部整理一下，并告诉司令部全体人员，苏联飞机比美国飞机速度快三分之一，与日寇作战，日必败，我必胜，不久就要回老家了，让他们放心，为国干好工作吧！"起飞后，他到周家口时，气候不良，通报敌机一队，向汉口方面轰炸，情报传达敌机沿平汉路向驻马店方向前进。但敌机佯作迂回前来偷袭周家口。高志航下令全体紧急上机作战。高跑步上机刚入机舱，敌机已进入机场，第一个炸弹，就落在主机上，高志航、机械长、机械师等六人壮烈殉国。炸伤我机四十多架。

高志航牺牲噩耗传到航委会、国民政府和军委会，各位首长悲痛之下，由蒋介石主持，在汉口商务会大礼堂举行追悼会，蒋介石亲自献花圈致哀。高志航英雄殉国，死之伟大，生之有威，永垂千古。

高志航英雄灵柩在湖北宜昌下陵。英雄时年三十一岁。

宋希濂、黄维等著：《正面战场：原国民党将领抗日战争亲历记》，中国文史出版社，2013 年版，第 338—341 页。

“天神”高志航

黄　越

……
八一四，西湖滨
志航队，飞将军
怒目裂，血沸腾
振臂高呼鼓翼升
群英奋起如流星
掀天揭地鬼神惊
我何壮兮一挡十
彼何怯兮六比〇
一战传捷举世蜚声
……
发扬民族的力量
珍重历史的光荣
……

这是一首抗日战争时期国民党空军歌曲的节录，它慷慨悲壮，气吞山河，浸透了中华民族的爱国精髓。

歌中的“八一四”是什么日子？

词中讴歌的“志航”是谁？

每当吟咏这支歌曲，回忆的风帆把人们又带到中华民族铁与血的年代，带到那乌云翻滚、枪声嗒嗒的杭州上空……

八一四奏凯

“警报！有警报！敌机 20 分钟就到！”

在阴霾浓重、靡雨飘洒的杭州笕桥机场停机坪上，总站长尹铲非不住地摇着旗连声地大喊着“警报”。笕桥机场是国民党中央航校所在地，机场条件十分简陋，跑道又狭又短，没有指挥塔，也没有无线电通话，起飞和降落只能凭白红两色的“T”字布指示。驻河南周家口的国民党空军第四航空驱逐大队接到指挥部紧急命令，到杭州笕桥机场集合待命，准备参加对日空战。

机群刚飞抵笕桥上空，一架一架的下来，尹铲非就用这撕裂人心的声音把他们一架一架打发上天。从周家口飞到笕桥，飞机里的油量已所存无几，于是飞上去的，又不得不下来加油。机场人手又少，在紧急警报声中加油，飞来的飞去的，一片紧张……

第四大队长高志航也正在这时乘空运从南昌赶到了，他一听有警报，抓了一架队员的飞机就钻向了天空。

热血在每个勇士的身上沸腾，民族的仇恨，父老的期望，多少年的积愤，使他们只有一个念头：“为死难的人们报仇，为危亡的民族雪恨！”“今天要和你鬼子拼了！”

天气越来越坏，雨越下越大，高志航率领的机队都是霍克三式战斗机，风挡只有一半，挡不住雨，雨水直往机舱里灌。但兴奋的情绪使他们不顾一切，纷纷在云层里寻找敌机厮杀。来犯的敌人是日本号称精锐无敌的木更津航空队。大雨使敌机也乱了阵脚，他们很快就失去了队形。一架敌机好容易对准笕桥机场，准备投弹，即被高志航等发现，愤怒的枪弹雨点般地向敌机射去！

从未遭到过抵抗的空中侵略者慌神了，匆匆投下炸弹，掉头就想溜。高志航和勇士们哪里肯放过？他们不顾敌人密集的火网，拼命往前冲。敌人的机舱突然哑了，显然射手已经受伤或死去。随着高志航一阵急射，一架敌机拖出长长的黑烟，一声爆炸，可耻地向地面坠去。

高志航首开纪录打下了第一架敌机后，其余敌机立即像无头苍蝇一样在空中乱窜，寻找机会逃命。勇士们在云层里上下翩飞，见着目标就盯住不放，不一会儿，李桂丹、郑可愚、柳振生、王文骅等也纷纷传来捷报。

短短的 30 分钟空战结束了，在志航大队无一损失的情况下，敌机除一架逃窜,飞回去向主子报丧以外,其余六架全被志航队的勇士们击毁坠地。

一架架凯旋的战鹰呼啸着降落在停机坪上,高志航的座机刚落地,发动机便停了车,原来他的座机已中弹五六处,可真危险!

勇士们在高志航的率领下,排队走向立待良久的欢迎人群时,人们高呼着高志航的名字涌了上来,高志航兴奋地喊道:“不是我,是大家一同击落的。”喜悦、欢乐,高志航被人们高高举了起来,抬着前进。

这便是第二次国共合作时期,1937 年 8 月 14 日下午在杭州笕桥上空发生的一场使日军闻风丧胆的空战。

志航大队一举击落敌机六架,这在一场旷日持久的侵略与反侵略的战争中,也许算不得什么惊人的数字。然而,在中国人民抗击日本侵略者的战争史上,这是第一次空战,而且首战告捷,一举打破了日本空军不可战胜的神话,打击了日本侵略者的嚣张气焰,鼓舞了全国人民的抗战热情,长了我们中华民族的志气。从这个意义上看,这是一场多么不寻常的战斗啊!

由此,8 月 14 日,就被确定为国民党军队空军节。

也正如此,几十年来高志航的名字一直被人们传颂着。

热血男儿

高志航,艺高、胆大,勇猛过人。

他到欧洲深造时曾有好几个国家想用重金留下他当试飞员;法西斯头子墨索里尼看了他的特技表演后感叹地说:“像这样的飞行员,全意大利也只有一两个!”

他回国后拼杀在抗日最前线,与其他战友一起,仅三个多月就击落大批敌机,声震中华,就连并不真心抗日的蒋介石,为了装潢自己抗日的门面,也不得不亲自多次慰勉、褒奖……

高志航的事迹像传奇故事一般在民间广为传诵。

……

也许就为这些,他,年轻的飞行员高志航,被誉为“天神”。

获得这些桂冠,对于高志航来说,是偶然的吗?不!让我们循着他的足迹看一看,就不难发现,成功不是一日之举。

高志航出生在东北通化的一个普通家庭里,他自幼勤奋学习,立志要为国立功。1925年春，他被张学良将军选为飞行员，并被派往法国学习。那时他叫高志恒。临出国前，他兴奋、激动，彻夜难眠。他找到张将军，要求改名。他说："保卫祖国，空中英雄就是我的奋斗目标！"从此，"志航"，既是他的名字，也是他勉励自己心志的呼唤。

他在法国深造期间，除了睡觉、吃饭，几乎把全部时间都用在训练场上，他不仅娴熟地掌握了教程中的一般飞行科目，而且还偷偷地从教员的特技表演中苦心捉摸其飞行要领，终于又练就了一身飞行高难动作的本领。1926年他以优异成绩结业。

他回国后在沈阳继续深造。1931年9月18日晚，高志航正与战友们议论着日本帝国主义如何野心勃勃，讨论着如何保卫祖国领空的时候，日军的机关枪和大炮响了，他跳了起来，高声喊道："日军的枪声响了，我们快去司令部请示起飞杀敌！"

一群年轻的爱国军人在空军司令部被告知"不准抵抗"的命令时，他们垂头丧气地回到住地，一个个默默无语……

第二天，高志航却坐上奔向北平的列车，他想向正在北平的空军代司令张焕相请战。

得到的回答是"没有办法"。

当天他就南下了。他决心要寻找一条报国之路。

他跑到上海后积极参加游行、捐款等抗日活动，在东北流亡学生集会上，他同大家一起流着眼泪唱着《松花江上》，大家热血沸腾，慷慨悲壮，最后泣不成声，高呼口号。此时，高志航义愤填膺，激动地挥舞着拳头高声对大家说："同胞们，眼泪不能使我们中华民族生存，我们要战斗，要拿起武器，打回老家去，把日本鬼子赶出中国去！"

之后，他又跑到杭州。他忍着国民党空军上层帮派的排挤，宁肯被官降一级（少校降为上尉附员），受着到时吃饭、按月发薪，既不给工作、又不让飞行的冷遇，在国民党航空总校留了下来，为的是寻找时机，以便杀敌复仇，立功报国。

一个偶然的机会使高志航脱颖而出。航校为了应付参观，让高志航以学员的名义去表演。看了他的表演，使来观的外宾惊诧，陪同参观的官员结舌，因为这超绝的飞行技巧绝非一个普通的学员所能做出的。而航校的学员们，在平时的接触中，深深地了解并钦佩他的本领，要求高志航出任教官的呼声与日俱增。终于，高志航被提拔为第八航空队队长，并恢复少校军阶。

他高兴万分，认为报国有了希望。他制定了一套详尽的训练计划，带着同伴整天摸爬滚打在训练场地上，驰骋在蓝空云隙中。

他的以身作则和严格要求，得到部下的信赖和拥护；他的超绝的示范和严格的训练，使学员在短期内就掌握了优等的飞行本领。

1934年春，他被晋升为第四航空大队长，领导三个驱逐机队。

当进行了这段简要的回顾之后，我们感到，高志航被人们誉为"天神"，并不是偶然的。他具备了许多常人所不具备的素质条件、能力和毅力，然而，更根本的原因还是一条：他对祖国、对民族怀有一颗赤子之心。爱国信念给了他超人的智慧和无穷的力量！

惊天地　泣鬼神

日本侵略者的飞机多、性能好，"不可战胜"的神话曾经吓唬住多少胆小鬼。然而高志航却时时用我之优势鼓励部下的斗志，他的作战动员使许多部属至今记忆犹新：

"现在你们都是具有优秀战斗力的队员，今后一定要击落敌机，消灭敌人，否则就不是忠实的战斗员，就是怕敌人，那就不是中国人……我也这样要求自己！大家要记住为国争光，为民出力，勇敢杀敌，树立战斗英雄的榜样，使我第四驱逐大队能够留名国际。"

高志航没有背弃自己的誓言，八一四空战的胜利，使他英名四扬，他的机队也在国际上遐迩闻名。

他被提为中校大队长，调往南京大校场，协同句容第三大队，共同保卫南京领空。

不久，日军飞机屡次来犯，高志航得到警报，立即起飞迎战，常常在几十分钟就歼灭敌机数架。

一次，敌机夜袭南京，高志航立即让机场及南京城灯光全部熄灭，并开放事先伪装好的假机场（宛如大校场一样）灯光，敌机毫不怀疑地投弹和扫射。当敌机飞返经过南京附近汤山时，即遇志航大队在高空埋伏的机群的袭击，顿时使日军遭到毁灭性的打击。

又一次敌机夜袭南京，南京城及大校场机场灯光全熄，敌机抵达南京盘旋一周，地面一片漆黑，认为飞错航线，又恐油料不足，不敢逗留，遂行返航。这时由高志航率领的第四大队和孙忠华率领的轰炸第二队，突然出现在汤山上空，首先由高志航率机拦截敌机并击毁一大部分敌机，剩余敌机仓皇逃命，此时孙忠华率队跟踪尾随至上海虹桥机场（沦陷区），机场敌人误认为是他们的飞机获胜返航，遂开灯引导着陆并准备为之加油。孙忠华率队乘机及时低空投弹，顿时火光一片，爆炸声声，血肉横飞，敌机场乱作一团，伤亡损失惨重。

一个胜利接着一个胜利，一份捷报又接着一份捷报，当时各种报刊几乎天天出现高志航的名字。南京、上海男女老少都在传诵着高志航的事迹，他赢得了人们的尊敬。有一次，他在上海一家商店买东西，付了钱把东西拿回家打开一看，发现钱原封不动地包在里面，并附有一张纸条，上面写着："高大队长，希望多打几架日本飞机，这点东西作为慰劳您的心意。"高志航看后非常激动地对家人说："这不是几个钱的问题，是中国人民的要求，是中华民族不可辱，中国领土不容侵略！"

高志航因迭建殊勋，遂又被提升为空军上校驱逐司令，直辖三个驱逐大队兼任第四大队长，第四大队改称志航大队，用以表彰高志航抗战功高，并激励全军官兵士气，驱敌立功。

但是，不幸的事却发生了。

1937年10月初，高志航奉命赴苏接受苏联援助的相当一批驱逐机。在莫斯科起飞之前，原拟飞返南京继续作战，狠狠打击敌人，不料突然接到空军副司令毛邦初令他领队飞洛阳待命的急电，高志航虽怀疑同僚作梗，但大敌当前，应共赴国难，不以个人嫌隙为芥蒂，遂率队飞抵洛阳机场。抵达洛阳机场后，又接到毛邦初令他率队驻防周家口的急电。周家口素以警报不灵出名，高志航队驻此，对其战斗力的发挥定会受到影响，上司如此安排，不知何意。

抵达后便是连续七天的阴雨。第八天天气甫晴，早6时高同部属在俱乐部用早点时，突闻敌寇"八七"式轰炸机的轰轰吼声，已在头顶上空响起。高志航马上起立对部属说："大家赶快登机起飞杀敌，快！快！不得违令！""谁怕死，我毙谁！"他一面怒吼，一面奔进机舱，并令军械长冯干卿给他调整机枪。车尚未开，而敌炸弹业已投下，冲击着空气嘶嘶作响，渐渐逼近飞机。高志航即时跳出机舱，尚未落地，炸弹即已爆炸，高之头部及下肢均已炸得不知去向，只剩中段胸腹部在燃烧。军械长冯干卿也为炸弹炸死，掷与二三百公尺以外的边沟内。

一颗在祖国的蓝天上熠熠闪光的明星殒落了！

中华民族失去了一个为了她的独立、解放而英勇奋战的儿子。

高志航牺牲时，年仅30岁。

爱国精神永存

时间如流水，几十年过去了，但高志航的名字和他的爱国精神，却常驻人间。曾为抗战洒血鏖战的国民党人不会忘记他，坚持抗战到胜利的共产党人更不会忘记他。1946年3月，已经在解放军航校担任高级职务的原国民党空军人员，专程到高志航的家乡看望了高志航的母亲，并送了“航空之母”的红绸横幅。不久，航校副政委黄乃一同志又派人专程去慰问高母，并为其家属安排了工作。同年8月14日，在延安举行了纪念八一四空战大捷座谈会，1980年8月14日下午，人民解放军领导机关邀请在京空军部队、院校担任重要职务的部分原国民党空军人员又举行了八一四座谈会。凡是为国家、为民族解放事业做出贡献，以及牺牲了自己生命的人，人民会永远缅怀他们的。

流水般的几十年过去了。令人感到欣慰的是，在今天的形势下，高志航的名字正闪耀着新的光辉。高志航是一个国民党的军人，他的事业及其思想，我们虽然不能用无产阶级革命战士的思想、品德来衡量，然而，仅就爱国这一条，却是与全国各族人民的心相通的。这种爱国精神，正在成为我们完成祖国统一大业的一种无形的力量。

高志航当年的同仁、部属们说：“八年抗战中，除少数汉奸卖国贼外，在抗日的旗帜下，全国人民团结一致，枪口对外，取得了最后的胜利。这正是我们中华民族凝聚力的表现。自然，民族内部也会产生一些纠葛，但是，‘兄弟阋于墙，外御其侮’，我们应该消除隔阂，增进了解，早日完成祖国统一大业。”

高志航的女儿们呼吁道：“每当看到大陆上亲人的幸福生活，我们就时常思念在台湾的二妹和三弟，我们非常盼他们能回到祖国大陆观光，和家人欢聚一堂，一起祭奠离开了我们的爸爸。二妹和三弟应该知道，爸爸是为中华民族的独立，为祖国不受侵略，献出了宝贵的生命，我们是他的后代，应该继承爸爸的爱国精神，共同为祖国的统一事业，为国家富强多做贡献，这样，敬爱的爸爸也会含笑九泉的。”

是的，高志航的亲人们，人民空军的指战员以及全国人民的共同愿望——完成祖国统一大业——在爱国主义的大前提下，一定会尽快实现的。

《〈纵横〉精品丛书》编委会编：《英烈忠魂永铭》，中国文史出版社，2002年版，第296—305页。

忆我壮士阎海文

黄震遐[1]

中华民国二十六年(1937)八月十七日,这天在中国空军的战史上,是一个不可磨灭的日子,永远可泣可歌的纪念日子。

在八月十七日早晨,淞沪水汪汪的水田地带的上空是淡青的,没有一丝的云纱,没有一只飞鸟,整个天地都被暑威克服了。只有江湾北站会战的雷鸣,在远天击着民族解放的军鼓,风声隐约中,还听到嘶哑的喉咙呐喊着:"前进!杀!"

在青天之上,有一只孤独的"霍克"机,被敌人的高射炮弹围住,显然陷入极大的危险中。

敌人的高射炮是集团使用的,无数的弹花迸裂在霍克机的四周,带状的黑烟拦阻着霍克机的进路,霍克机越飞越低,尾巴忽然冒出青黑烟来,显然中了弹,阵地上多数的敌军逐渐从掩蔽部里爬出来,呆呆地对着天空上望着。

在霍克机快要变成"尾旋"的瞬间,一个小黑点从机座中弹了出来——立刻变成一把美丽的天伞,浑圆,洁白,以柔和的姿势,徐徐飘坠下来。

阵地上的敌军全发狂了,房屋里、桑林竹木里、街头墙堍、阵地上,到处都蜂拥出来。指天画地,嘈成一团。多数人都躲开军官的约束,飞快地溜过田地朝着保险伞降落的方向闯去。

"去看支那飞行士,支那俘虏!"

"支那空军投降了。"

---

① 黄震遐,上海著名报人、军事评论家,一·二八到八一三事变前后曾任上海《大晚报》编辑。——本书编者注。

“支那飞行军官一定哀求活命……”

一边跑，大群粗短的“皇军”一边嬉笑着，乱嚷着，渐渐有几百人向保险伞降落的地方拥着奔来。

中国的航空员真地在他们面前出现了。

他还是年轻的小伙子，最多只有二十二岁，飞行衣已撕破了，英武的直挺挺地站在一个大坟堆上，不肯屈服。

“皇军”开始向他包围，前前后后有数百人，后面还有数千人，他虽然只有一人，但眼睛冒出火来，仍不后退，手里握着一把左轮。

日本军官开始用日语叫他降服，他用左轮答复了这初次重大的侮辱，朋！朋！朋！三个日本人倒了下去，粗腿乱蹬着。日本人一齐奔逃，大声呐喊，三八式步枪响了起来，远处的开始跑回去拿机关枪，其余站在前列的数百人卧倒在地面上，都不敢抬头。

“皇军”对这“单人”所进行的第二次攻击，又在两人阵亡之后狼狈败退。

现在，青年的中国航员只剩一颗子弹了，日本人又爬前去。军官们一齐怪声乱吠，勒令士兵把这“支那飞行士”活捉过来，不许杀害。他眼看着前后左右，都是敌人黄色的浪潮。抬头是祖国微笑的青天，低头是祖国芬芳的花地，年轻的战士心里一阵辛酸，一股热血直冲到脑门——在野兽般的日本兵逼近到五十米的距离，他英武地对着祖国的青天立正，瞪目举枪照准太阳穴，“朋！”

日本人替他造了一座坟，上书“空军支那勇士之墓”。

上面一段纪事，是根据老百姓的情报和敌人的情报写成的。

这勇士的名字是阎海文，才廿二岁。

他又是东北人——辽宁北镇，笕桥中央航校六期毕业生，空军少尉。高个子，和平的性格，不多讲话。喜欢运动，研究驱逐战术，谁都同他好。

廿六年八月七日，他们从南昌到淮阴，八月十四日到了扬州，八月十七日，他驾了驱逐机升入祖国的青天中，就此一去不返了。

九月一日，在我方对阎烈士的消息尚在依稀测度的时间，日本大阪《每日新闻》上首先登出了关于我阎海文悲壮殉国的通信，作者署名是大阪《每日新闻》上海特派员木村毅氏（木氏，过去是一知名的文艺作者），对阎烈士悲壮的殉职，非常感动敬仰，而发“中国已非昔日之支那”之叹。原文结论有云：“我将士本拟生擒，但对此壮烈之最后，不能不深表敬意而厚加葬殓。（中略）事后在彼所御的飞行帽中，检出珍重叠折之纸片，内容为铅笔所书秀丽之女子手迹，署名为南通州安东巷三号刘月兰女士，于鹏程万里，千犯百死，深入敌阵之时，对此纸片犹能袭什珍藏，则刘月兰芳名之为阎之爱友，殆无疑义，此少年空军之死，虽如苞蕾摧残，遗杳不久，然对此多情多恨，深情向往之心情，虽为敌军，亦不能不令我全军将士一掬同情之泪也。”

二十七年二月于武汉

周佐治编：《空军英勇故事集》，青年出版社，1946 年版，第 5—8 页。

沈崇海肉弹炸敌舰

黄震遐

八一三后，当第四驱逐大队英勇地扫荡东边血红的上空时，另外在中国空军光荣的轰炸史上，亦划上了一道彩红耀目的记录。这一个强壮伟大的记录，便是第二大队——中国空军中的突击兵团的伟岸的战绩。如今相隔数月，虽已时过境迁，但因为当日之所以未便将此悲壮的战史公布于世，既是为了军机上的顾虑，以致把这宝贵的材料一向都埋藏在黑暗中，则如今忽见光明，与世人相见，纵然事隔半载，自然仍是新鲜的事——新鲜火辣的印象了。

第二大队是中国空军中的铁的骨干，在整个空中抗战过程中，要算这第二大队给了骄狂的敌人以最痛烈的迎头打击。使敌寇在震惊恐怖之余，不由自己深深感到我第二大队的威力。日本海军少将松永寿雄在三月号“日之出”杂志上发表的空战论文中，曾经战战兢兢地提到：“彼等所自夸的×××机，以之用作轻轰炸机，实有非常优秀之性能，它是一种可以飞来东京的飞机，此种飞机，时速一百八十九里，续航力十小时，从上海到东京的距离，是九百三十里，往返共一千八百六十里，故若是无风的天气，极易飞来。至于上海与神户或大阪之间的距离，还不足七百八十四里，即使有小小的风，这种飞机，也可以十分容易地飞来……”

日本为免除我们优秀的×××机直袭东京起见，特地派出了大量的海陆驱逐机在我东海洋面，封锁我飞向东京的航路。一方面用最新锐的木更津、木鹿屋两航空队向我空军根据地猛烈进攻，企图将我们这一支伟大的突击兵团——中国空军中的铁的骨干消灭。

木更津、鹿屋两航空队的袭击，被我第四大队和××队打得油煎火化，大败而逃。整个日本“皇国”的空中攻击武力，在一星期内完全凋零破产，这是日本所受的最大损失和打击。九六式攻击机的惨败，使日本海军当局对于我精锐的×××机，又发生新的恐怖。

在日本空军攻击武力消失之后，拥塞在东海洋面佘山白龙港一带的敌人兵舰，陡然发现他们头上蔚蓝的中国天空是危险的，没有遮盖的。三千五千吨的“皇国”小巡洋舰，千把数百吨的小驱逐舰，都没有希望可以避免被中国空军毁灭。

有史以来第一次，日本海军忽然感到自身的渺小。

第二大队在开战当初，早在太湖西区广德附近的秘密场地内集中兵力，取了待机的姿势。当敌人用它全力向江浙两省的上空从事侵略时，它只让英勇的第四大队拼命和敌人抵抗，把敌人攻击的力量迎头痛击，纷纷扑灭后，等到敌人再无余力了，才移转其目光于白龙港佘山大小洋山一带海面上敌军的舰阵——集注在堆满了飞机的航空母舰上，塞满了陆军的运输舰上，和艨艟大舰光溜溜的甲板上。

在倚山面湖的广德飞行场上，秘密集中了一百名笕桥的学生，十万发机枪弹，百吨炸弹，和三万匹马力，加上雄壮的体魄、凌云的壮志、牺牲的决心——凑成这个××大队，中国空军中的铁的骨干。

这第二大队若全体同时出动，那三万匹马力的吼声，就会像五师骑兵的金戈铁马齐在天上驰过一样，“天会撼，地也会动的。”

从八月十四日开始，××大队开始加敌人以痛击！以铁机轰铁舰，是铁的锤头，打在铁矿的砧上，最壮快的一幕又是一幕。

下面请看第二大队中第×队队长的一段回忆：

“八月十九日晨，炎热的阳光下出发，七机构成严整的队形，升入万尺蔚蓝高空中。太湖的碧波如镜，水汪汪的江南美丽之秋野，展开翼下。

高度二万米，青天上有稀稀的一层薄云。七架××××机强壮的发动机声奏着雄武的军乐，越过浦江闪烁之带，绕过淞沪的兵火，逐渐侵入浦东大沙洲的上空。

通过南汇上空的时候，副队长沈崇诲的‘九〇四’号机似乎发生故障，尾巴冒出漫长的青烟，渐渐脱离队形落后了。

沈崇诲是清华的学生，航学三期最优秀最果决的一员，大家都晓得的。

我们回首浦东的烟云，不见‘九〇四’号机，不见崇诲其人的影子。但见高空万云如海，笼罩着白龙港凄愁的东海之水。

花岛山白龙港附近似乎都有敌舰踪迹。

正午顷，率领着六架××××机继续执行任务。

七千五百尺青天中，祖国海岸消失了，下面是一片澄碧的海，椭圆形的沙洲。将近一时，在五千匹马力的怒鸣中，佘山在望！

敌人的军舰，约莫有十余艘，好像浮在池中叶子，有些在冒烟。

高度七千五百尺，进入轰炸航路——第一次就投下了二千四百余磅！

第二次投下三千磅！空气紧缩着。

在两吨半的铁量倾压之下，火光怒闪，海水狂沸，澄碧的海中，陡然激起山般的白色的水柱，夹着万千的碎片，蹂躏整个佘山附近的洋面。

三弹着落在一艘二等巡洋舰的左舷的一米远处，猛烈闪光之后，舰体逐渐倾侧、冒烟，人员如蚂蚁乱爬，终归翻了过来，咚的一声，汽锅爆裂，又是白水的大山。

其他大小敌舰，同时四散逃命，蓝水上划了多数辐射的白浪纹。

归途，青天，艳阳，头上有一层稀疏的云带。

好像有六架驱逐机快率的掠影在云中穿过，不辨敌我。

白龙港又在望了，浦东大沙洲的灰色的海岸线徐徐出现，划分着金黄与蓝色的海容的所在，即是白龙港。

这时看到我们下方二千尺处，有一只孤独的××××机在慢慢逡巡着。

白龙港附近有大批敌舰出现，看见我们雄伟的阵容，惊慌失措，向上海蠕动逃去。

机会太好，可惜炸弹已经投光了，没有可以打击敌人的武器。

天哪，就在我们悲愤填膺，恨不得生吞活剥敌舰的时刻，那架不断在我们下方，敌舰上方的孤独的××××机(现在已认明是沈崇诲九〇四号了)，忽然对准一艘敌舰，开足油门直冲下去了！

我们的心，我们的血，我们整个灵魂都跟着冲了下去！

全世界似乎在窒息等待，白龙港风云暗淡，山河变色……

烟——强烈的白光水柱，大蓬的黑烟，突出海面数百尺。

烟消火散，敌舰倾侧，倾侧，舰尾先没，人如青蛙乱跳入水，轰的一声，火药库爆裂，一切毁灭！

沈崇诲啊，我们若哭你无泪，若替你欢呼却无声，我们的心如沸浆，我们的泪眼模糊，我们周身的热血，如万马奔腾。老沈，沈同志，沈副队长，六架××××机一齐发出雄武的吼声，向白龙港茫茫的海水致最后敬礼。”

以上是第二大队×队长一段回忆，但我们不要忘记，这仅是第二大队千百次战绩中的一页选了出来，来纪念“革命的笕桥”的精神，来纪念我们的战友，我们杀身成仁的勇士——沈崇诲副队长。

周佐治编：《空军忠勇故事集》，青年出版社，1946 年版，第 11—18 页。

击落敌机十一架的刘粹刚

大　风

晨曦涌出了，
浩瀚的大美景：
云层如花朵，
天似镀金，
马达——战鼓，
风声——军号，
心中——殉国的情热，
突破江南的晨雾哟！
保卫我祖国的天路。

(一)

长白山的银峰依稀，龙江的黑水滚滚南流啊，流不尽游子的哀愁，流不尽男儿的耻辱。

二十五岁的刘粹刚，是辽宁昌图县人，这你可想象八一三对他的严重的意义了。

在大时代中，经过败北耻辱的逃亡，万里南来，参加铁血救亡的战线。从军校到航校，通过黄浦与笕桥，从野外演习到空中射靶，严整的生活，铁的纪律和夙夜匪懈的工作，把一个二十初度的青年锻炼成为一个钢的军人，英勇的战斗员和坚强的领导者，使他具有法国空中英雄冯克的谨慎确实，德国空中英雄李希霍芬的果敢敏捷射击能力。加上满腔愿为国家复兴努力，为民族革命殉节的热情。这青年是不可侮的。

活跃于笕桥的草坪上，浅黑的皮肤，明亮的眸子，爽直沉毅，说话有力。如鹰一般的人，这是我们的刘粹刚。

中央航校二期毕业后，由他领导的能力，不久便升为××队队长，地点在南昌。这××队中的成份，是最优秀的，一共十三个青年，没有一个到三十岁，最小的只有二十一二岁。这边是袁××，最年轻、最沉默，有时沉默得像在害羞似的。但飞翔如鹰，射击的分数是百分之百；那边是梁××，副队长，他将以他的“血之祭礼”，开拓大胜之路；还有傅××，航校的优秀学生，此外余、董、史、姚、曹五人，都是最优良的射手。全队平均的射击成绩，时常都在百分之八十以上。

这一届青年——从全中国东南西北沙里淘金一般挑选出来，而在精神和体格上无不是最标准化的战斗员，便是日后成就历史伟业的××队的基干。中国大空中的铁的前卫！

“国破山河在，城春草木深，”那位浅黑，明快，又是非常严厉的二十五岁的队长——刘粹刚，便是他们的组织者、领导者。

北方风云渐紧，全国喊出了“保卫卢沟桥”的呼声。我们准备已久的空军的一部，终于向北方开始集中。

“你们放心，我绝不会被敌人打死的，假如残废了，我便自杀！”风萧萧兮赣江寒，××队在出发东征之际，十三个青年的意气，凌霄而化白虹了。

（二）

八月十四日，扬州做了××大队根据地，准备对上海方面取攻势。

闸北方面的巷战，已经过一夜的奋斗。在八月十四日一大早，三百五十万市民包含着千万种兴奋的情绪，开始他们对于抗战的企望，人人咬牙切齿，希望我军赶快把敌人消灭，好一雪心头之恨。可是敌人的兵器非常犀利，海军的大炮又很精确地掩护着他们，使我军前仆后继、进展非常困难。在隆隆的敌炮声中，三百五十万人的希望黯淡了，由热烈的兴奋转为悲愤的沉寂。但恰巧在这时，街上忽有人喊起来：

“飞机，飞机！”

“中国飞机，中国空军来参战了！”

刘粹刚率领着他全队的青年战士，和××队在一起，凑合成大的集团，以乌云盖日之势，猛然进入上海上空，五百公斤的炸弹，早就挂在霍克机的肚皮上。领袖的训词：“你们的身体、飞机和炸弹，当与敌人的兵舰、阵地同归于尽，”默铭在心中。越飞越近，越降越低，眼看着日寇兵舰一条条呈现眼底。一个信号，马上从一万尺的高空之上，马达怒吼，一双双无脚的怪物连串俯冲而下，向挤在浦江中的敌舰猛烈袭击，五百公斤的大炸弹很重地触在水上，夹着巨大的爆炸声、烟柱和水柱宛如山立。日寇受此奇袭，狼狈的情形，真是无法形容，炸弹偏左偏右，大舰亦随之左右摇荡不已。平时射击有百分之百成绩的精良射手，更把他们的机关枪子弹，如急雨般撒布在充满惊慌逃避人员的敌舰甲板上。刹那之间，便发生狼藉满船的死伤，许多敌人都跳水逃遁。

第一次轰炸的结束，敌驱逐舰一艘受到重伤，左右倾倒，慢慢向吴淞口方向爬去。

当天下午，第二次出发轰炸，五百公斤的炸弹，又继续向虹口和敌军司令部的阵地猛烈掷下。这次敌方也派出几架驱逐机迎战。大上海上空，陡然呈现着紧张热烈的景象，但结果都被我方击散。只有副队长梁××的一架受到重伤，被逼降落在离上海二公里的地点。

据当天下午侦查的结果，知道那艘晨间受伤逃出吴淞口外的敌驱逐舰，果已在长江口外沉没了。

八月十四日的大轰炸，是中华民族与欺凌压迫我们的帝国主义者的断然的反击。使他们领略我们的力量，尝尝我们铁拳的滋味。看到这壮烈的情景，三百十五万市民的血液奔腾如怒马，心花狂放如火山爆裂，千万的孩子，千万的手臂，千万感动到泪落的眼睛，一齐仰向天空——祖国蔚蓝的天空，上面是那绘着青天白日标识的中国的空军，在翻腾驱逐。

“中华民国万岁！”每一个人心中都在怒吼。

(三)

八月十五日，大风来自东海，扬子江上，惊涛裂岸，天地晦暗。全××大队从扬州出发，向上海作再度的攻击，终以驱逐机轻快的性能，难以抗击大风的扑击，半途而返。

第二天，敌人给了我们一个反击。约莫有十余架的敌机，忽然飞临扬州上空，向我军袭击。这一天空中恶战的结果，刘粹刚首破纪录，击落敌机一架。到了第二天，全队又向上海反攻，刘粹刚、傅××、雍×诸战士并翼作战，各人都射落敌机一架。

二十、二十一、二十二，三日，刘粹刚和他的战士们在上海上空纵横奋击，打得长谷川的水上机东奔西散，焦头烂额。这三天中的记录，一共是五架（刘粹刚一架，袁××一架，不明者一架），上海方面的制空权，可说被××队掌握在手中了。在此坚强的、威风凛凛的铁翼掩护之下，我方的陆军亦大有进展，八月二十二日居然中央突破敌军，进占汇山码头。

九月初，敌军大部的陆军，乘船从北翼迂回过来，和我军展开激烈的登陆战。××队为协助陆军作战起见，奉命将全威力指向扬子江岸，把所有的炸弹、机枪弹，成吨的掷压在敌军的头上。六日，浏河附近，五百公斤的地雷弹命中掩护登陆的敌舰两艘，轰声响处，火光冲天而起。十二日，吴淞浏河间，又命中敌舰一艘，舰身倾侧，浓烟四冒。十四日，杨行刘行间，适逢占领阵地的大部敌军在运动，一阵机枪和破弹片，杀得敌军狼奔豕突，四散如蚁，多数储藏军需品的村庄，同时起火。十七日，威力转向罗店，在炮烟弥漫之上，和敌机大战，副队长王××射落敌机一架。给了地面上的陆军以决定的援助。

××队奋战到九月十七为止，保持的记录是：射落敌机九架（其中五架是刘粹刚个人的记录），先后击沉（或伤）敌舰四艘。给侵略我们的敌寇以数千万日金的重大损失。同时期，我方只损机一架（梁鸿云），充其量不过二十万元而已。

在京杭一带扫荡东线上空的 x 大队，是我空军的磁石，吸收了数十架的敌机，使之粉碎。这是防御作战的要点。反之，刘粹刚指挥的××队，则是中国空军攻击的铁拳！

（四）

九月中旬以后，沪战日趋激烈。由于我第一线部队的后退，敌人的陆军航空队得了根据地。整个东方战线上空的日寇空军，陡然增加了好几倍。这使我方空军作战，不得不采取一种避实击虚的游击方式。同时首都方面仍不得不加以适当的防卫。整天远征西讨，连饮食睡眠的功夫都没有。从八月二十二日起，××队便是从扬州移往南京，一方面向敌军不时出击，一方面还要和××队共同担负首都的防空任务，这时××队员的紧张滋味，可以想象得到。

从九月九日起，敌方对我首都的袭击，采取了大集团主义。每次派出的机数，都在四五十架左右，并且还用多数的梯队，行波状的冲击。这使我军的防御，特别感到困难。但××队全体战士，本大无畏的牺牲精神，无不以一当十，越战越勇，每次都把来袭的敌军雁阵，打得没命逃跑。九月二十日，敌轰炸驱逐机五十架来袭，我××队仅以九架迎战，在云中翻腾旋转，十荡十决，大败之，刘粹刚、袁××、董××和友军××队的乐以琴各击落一架。二十二日，敌机五十一架再来，刘、袁、董三人又各击落一架，另友军××队董××亦击落一架。二十五日，敌机九十六架分批而来，各队和防空部队协同抵抗，又击落五架。总计敌方在五日之中，猛袭南京三次，前后被我击落证实的，凡达十三架。

这时期的刘粹刚，面容消瘦，皮肤被日光晒得漆黑，一天到晚，拼命与敌机鏖战。每天滞空的时期，常在七八小时左右。他的座机“二四〇一”号，每次都被敌弹打得弹痕累累。但他也每次都无恙归来。敌人用他们优势的工业能力压迫我们，但中国有的是天不怕地不怕的铁的男儿！

“我决不会被敌人打死的，假定我残废了，我便自杀！”这是壮士的声浪。

十月十二日，首都上空呈现出最雄壮的一幅空战风景画。这天拂晓，敌方又用庞大的空军集团，向首都进攻。刘粹刚、高志航两位空中英雄，同时凌空作战，纵横奔杀，大有赵子龙单骑驰骋百万军之势。高志航当时击落敌机一架，杨××亦击落一架，另外击伤一架。酣战之后，将敌方的雁阵完全冲散。刘粹刚本人，则被一架敌方精锐的九六式驱逐机紧紧追击不舍，越降越低，危殆万状。地面千万的首都军民，仰望晴空，莫不为我们青年的民族战士捏一把汗。可是，陡然间，刘粹刚把机头一仰，很快地来了一个美丽的“英莱曼转法”，就利用千金一刻的时机，把一长串的机关枪弹射进敌机的内部，敌机灰色的翼子侧转过来了，紧跟着便像石头一般地跌落到地面，触及民房而粉碎！

痛快，痛快，整个首都的欢呼声如春雷暴动，整个首都市民的出汗的手掌都拍肿了。

刘粹刚到这时为止，击落的敌机，正是十一架。

长白山的银峰依稀，龙江的黑水滚滚南流啊。青年的战士，你那不灭的精神，将永远地作为中华民族的火炬，指示我们将来那雄大的翼阵，浩浩荡荡，向东方迈进！

周佐治编：《空军忠勇故事集》，青年出版社，1946 年版，第 19—30 页。

我国空军于上海罗店阻敌登陆战纪实

刘超然[①]

1937年8月13日，日军在我国上海开始了大规模的侵略战争，当时我正担任国民党空军第九大队大队长。我正率该大队驻防在河南南阳。8月24日下午1时左右，我接到了航空指挥部的电令，限我队于当日下午2时前到达南京待命。电令原文为："特急。南阳刘大队长超然。该大队长即刻率队来京待命，并限于2时前到达。"我接到电令时已是下午1时许，我立即率队起飞。飞机经过周家口加油后，于4时左右飞抵南京。这时空军总指挥周至柔和美国顾问陈纳德命令我队迅速装挂炸弹，于黄昏时飞达上海罗店阻击日军登陆。我当即命令机械人员迅速装挂炸弹及上足机枪子弹（"雪来克"攻击机，前面装有四挺机枪，后座装有一挺对空作战用机枪，每挺机枪可装子弹500—700发，可装杀伤炸弹10枚）。原准备5时左右起飞，不料航政处这时已把炸弹装上了火车，打算运往常州（后听说原来的作战计划是想叫我们第二天拂晓由常州到上海作战的），而临时指挥官们变更了作战计划，要我们在南京即挂上炸弹飞往上海。当时航政处长汪丰听到我队要立刻装挂炸弹之事后，顿时手忙脚乱，而时间仓促，炸弹已无法马上运回机场，只得向指挥官们请示。周至柔和陈纳德稍事商量后，陈纳德说"你们可以不用装挂炸弹，用机枪去扫射好啦！"周至柔又毫不在意地说："去试试看吧。"而这时陈纳德又用轻蔑的口吻问："敢去吗！"我斩钉截铁地说："当然敢去！"我随后立即率领二十六队队长王汉勋等驾"雪来克"攻击机9架直飞往上海罗店前线，于7时左右，将飞达前线上空时，我马上率队降低高度，飞机距离地面只有八至十公尺左右的超低空飞行，飞往作战前沿阵地，就向已经登陆在江边沙滩上的日军，进行猛烈的

---

① 刘超然，淞沪会战时系国民政府空军第九大队大队长。

攻击，可惜未装炸弹，否则杀伤敌人更多。当我们第一次攻击后，飞至江中心时，我回顾了一下后方，见日军已死伤不少，沙滩上是一片片血红，我心中非常兴奋，为民族复仇的怒火更加高涨。随即在江中上空转回机身，复向敌机作第二次攻击（按战术上应当直向前飞行，离开火网后再行绕回，然而我因见敌寇密集，复仇心切。却直接于火网内回转暴露了自己，这是我指挥战斗中战术上的错误），又因我队没有装挂炸弹，不可能给予敌人以毁灭性的打击，所以当日军将强大而密集火力集中对付我队的空中攻击之后，加上大家只顾“惩敌复仇”，不讲究战术，因而我队这时已有不少飞机中了敌弹。第三小队长机（二十七队副队长张旭夫）当时就被击落，落在敌我双方战线之间（中国陆军部队士兵立即英勇出击，将张等抢回，送往上海治疗）。我的左翼僚机分队长陈盛馨，脚被击伤，我示意其克服忍耐（我右翼僚机为二十六队中队长王汉勋，其后座为李文韶，准备一旦我被击落，由他率队负责指挥），随我飞往杭州。

这时天色已黑，我即摇动机翼作集合符号后，有五架飞机随我向杭州方面飞去（但第二小队长机分队长张俊才因被敌炮火射击，又因天黑迷失方向，未能按照符号集合归队，结果沿江飞去，撞在镇江附近，机碎人亡，左右僚机迫降）。我们于9时左右依次用落地灯照明（飞机前面装有落地灯两盏），在杭州乔司机场安全降落，这时随我飞回的只剩下五架飞机。当时杭州空军总站长邢昧非曾热烈地欢迎我们，并及时将受伤人员送往广济医院抢救，但李文韶（杭州航校第六期乙班毕业）因伤流血过多，抢救无效而死。

次晨天尚未亮，约4时左右（杭州每日有警报），我又率队飞往南京，天亮时到达，对我队飞机进行全面检查，没有一架飞机没有弹孔。我所驾驶的Ⅸ1号雪来克机，弹孔竟达56个之多（由南京空军总站机械长杜振亚检查），而危险的是我的飞机发动机最下一个气缸已被弹击穿，润滑油不停地往外流（在空中我已发现油压表突然降下，但在杭州因天黑无法检查）。在李文韶的座舱里发现了他用自己鲜血写成的“还我河山”四个字（那时拍有照片存队）。可是他已为了民族，为了祖国，壮烈地牺牲了。

全国政协文史资料委员会编：《文史资料存稿选编》，第15辑，中国文史出版社，2002年版，第618—619页。

曹娥空战情况的回忆

刘超然

继七七事变之后，在1937年8月13日日军进袭了上海市，当时日军的航空母舰盘踞在浙东沿海地区(浙江宁波和钱塘江口一带)。8月14日，敌军木根津航空队(重轰炸)和从母舰上起飞的飞机，连续向杭州空军基地不断地猛烈轰炸。当时我率空军第九大队驻防在许昌，奉命到南京，后调绍兴待命。我乃率二十六和二十七两中队(共飞机18架)，于当晚6时许飞抵曹娥机场(即绍兴机场，因位置在曹娥江边故名)。这时除原航空站的一、二名机械人员外，其他地勤人员均尚未到达。起初电令是派福特运输机到许昌来接运我大队机械人员，但是临时又改由杭州中央航校派出。这批人员从杭州乘汽车到深夜10时后才到达曹娥机场，以致使飞机的加油和装弹等工作都不能很快地进行。同时又因这批航校来的机械人员对“许来克”(译音)攻击机的机件构造不熟悉，加油装弹等操作也就很困难，因之动作迟慢，耽误了不少时间。当晚12时左右，我接到由航校转来的命令(电话)：“该队于15日拂晓时飞往上海，配合空军第四大队轰炸虹口日军海军司令部。”晨5时左右，我们坐上飞机，开动发动机后，正准备起飞，机械人员才告诉我，炸弹刚运到，还没来得及挂上，又因所派来的机械人员不懂得如何为“许来克”攻击机进行装挂炸弹。在这种情况下，我只得停车，下机进行装弹。这时一抬头发现上空有两队日军飞机，正由东向西飞行，估计日军已发现我队飞机停在曹娥机场上，而右方一队沿机场北面直向杭州方面飞去，而左方一队(9架)立即变更队形，从人字形变为梯形，接着就向下俯冲投弹和扫射，炸弹和枪弹在我们四周爆炸。我迅速地爬进座舱，立即开机，并命令全队立即起飞迎战。在这种仓皇情况下，二十六队副队长唐文良，因机场水深草高条件太差，起飞时为水草所阻，翻在北面机场边，人受重伤（后脊椎折断），另有两架飞机在地面就被日机炸坏机翼及四五架飞机因故未能起飞外，二十六队队长王汉勋、二十七队队长孟广信，队员杨辛癸、齐清元等有十余架飞机相继升空，与敌展开空战，共约30分钟才告结束。

当我离陆起飞后，即被三架日机所包围，可是几经周旋，也逐渐升高，其中一架被我钉着机尾，当即向其猛烈射击，当时见其冒着浓厚的黑烟向地面冲下去（在曹娥机场附近）。当我的飞机转过弯时（这时高度约1 500尺），就发现下坠的黑点是跳伞的敌驾驶员。这时我后上方左右两边两架敌机又开始向我攻击，我就马上和在我后座的狄曾益（后来在另一次空战中阵亡）向来袭的敌机开始还击，战斗约有十余分钟，但因制高权已被敌机占据，并为了避免其他敌机从下方向我攻击，我就马上决定向山中飞去。空战结束后，发现我机场中弹十余枚，除有三架有不同程度损坏外，人员无一人死亡，而我方则击落日军水上轻轰炸机一架（该机是从日军航空母舰上起飞的），生俘敌飞行员军曹（山下良）一名。

当日军山下良跳伞着陆后，企图向东逃跑，被当地驻军戴民权师捕获，后戴师长邀我一同审讯，即由我队押回杭州交空军军法处收押。

总论这次战斗，对我队来说是意外的、突然的。当时我们没有贪生怕死，而是起飞迎战敌机，因为我觉得做一个中国飞行员有责任保卫祖国的天空。如果说我的过错是未能飞往上海轰炸虹口敌海军司令部，反而造成我机被炸的损失的话，究其原因，我认为完全是由于国民党空军指挥部作战计划的混乱：对各种机种的性能、机械人员的工作能力不了解，运输补给的情况也不确知；只知发命令，命令一发出他们就认为万事大吉；由于炸弹不能及时运到，运到后机械人员又不会装挂等等原因，造成一再耽误了战机；并且缺乏情报。当敌机临空发动了突然的攻击，使我队处于被动的情况下，机场又是草高水深，飞机难于顺利起飞。可是这批官僚们并不知道曹娥机场的实际情况，就把我们大队调到这里，以致造成了上述的飞机翻毁和被炸伤的损失。航空指挥部先曾电令各机场割草排水，但该航空站站长兰光杰等都认为曹娥机场系一偏僻小站，只割了停机线的一小部分草，只能停二三架飞机的一小块地方就算是敷衍过去，却上报机场能用。我队在曹娥被日军突袭后，兰站长就向我一再请求，不要上报该机场的实际情况（实际草未割、水未排），当时我因同他有些师生关系（他系航空班毕业），同时也感到投鼠忌器,因指挥部作战的有关负责者都是他的同学,而我不是国民党嫡系出身的飞行员,所以我的许多学生也都成了我的上司,故而我就没敢具实上报曹娥机场的情况。

全国政协文史资料委员会编:《文史资料存稿选编》,第15辑,中国文史出版社,2002年版,第620—621页。

目击中国空军歼灭日机经过

丁普明[①]

1937年8月，日军空军驻吉鸟岛的木根津轰炸大队，为配合日陆军进攻上海作战，某日拂晓时，由我国浙江温州上空经过，向杭州及南京方向北飞。南京是日早上七八点钟即有预行空袭警报，但群众及工作人员照常工作。中国驻杭州笕桥飞机场驱逐大队（大队长高志航）30余架，由笕桥机场起飞，在杭州以南约百公里处遭遇迎击，即展开激烈空中战斗。日机轰炸大队（25架）编队，成品字形，构成火网，相当严密。中国空军士气甚高，勇猛攻击，拟冲散日机队形，分而击之。但始终未能冲散日机队形，即由后方、后下方、后上方继续猛烈攻击，比及日机到笕桥上空时，已被击落十余架。该日机队在笕桥机场及航校附近投250公斤炸弹数枚，均未中目标，无大损失。当时我为南京区空军总站长，亲见日机八架编队，在南京机场东北角第一飞机修理厂附近投弹两枚，一枚未炸，一枚落于秦淮河内，无损失。又在黄埔陆军军官学校附近投弹数枚，炸毁一部分校舍及民房数间。日机由杭州到南京上空时，中国空军驱逐机尾追攻击，在京杭途中上空已被我机击落数架，在城内上空，又被击落五架，日机投弹亦甚仓皇，均未命中重要目标。余三架成品字形队，由中山门上空向青龙山方向逃窜，此时日机一架又被击中起火，但仍编队飞行，未几坠地，人机均毁。余二架仍编队向上海方向逃窜。我坐汽车到日机坠地地点时，已有群众欢呼围看，日机只剩下发动机两台，人与飞机均成碎片，人已烧焦。后据报在崇明岛附近，一架日机坠地起火，人机均毁。又据报最后一架亦在近海岸时，落于海中。本站人员拾得日轰炸队大队长日记一本，令人译出，上面说："在吉鸟岛起飞时本为27架，但其中两架僚机相撞，人机均毁，不

① 丁普明，淞沪会战时任国民政府空军南京区空军总站长。

胜心痛。”又说该大队“一举可以摧毁杭州及南京飞机场一切设备”。可谓狂妄至极。此次战斗经过，中国空军方面及地上设备均无重大损失。我驱逐机落于野外者约四五架；人员一人受重伤，但系油尽而被迫降落者；被日机击落一架，人员未受伤。高志航左臂受轻伤。中国方面所用驱逐机多为“霍克”（美国制），均为单座单发动机，800余马力，时速约400华里，机枪一挺，系随发动机旋转而发射，口径约半寸，射程二三百米。该机为双翼利于缠斗，略快于日轰炸机。此外，尚有南京起飞的意大利制“费亚提”驱逐机三四架；单座发动机，约700马力，时速约500华里，快于美制霍克驱逐机。

全国政协文史资料委员会编：《文史资料存稿选编》，第15辑，中国文史出版社，2002年版，第622页。

六　海军作战

海军抗战记事

陈绍宽[①]

敌人处心积虑，侵略我国，匪伊朝夕。自前年卢沟桥事变发生，野心益炽。我政府为求国家民族之独立生存起见，遂发动全面抗战。时本人因春间奉命令为庆贺英皇加冕典礼副使，甫经蒇事，正在各国考察海军，并筹充我国海军海防军备，闻警兼程飞回，领导全军参加全面抗战。当就现有海军实力，于国防要点加以精密之配备，经即集中军舰力量，并先后将长江各段，建成封锁防线，阻止敌舰深入，务使敌人步步受重大打击，以达我长期消耗战之目的。兹将海军前后抗战情况，分区列纪如次：

一　淞沪抗战

淞沪抗战，有击破敌人速战速决战略之作用，故当战云酝酿之时，即令驻沪海军练习舰队司令王寿廷分饬所属严加戒备。待战事发生，负饬在沪海军努力抗战，固守防地，一面协助陆军，联络作战。敌军力图报复，自二十六年八月二十日起，敌机迭向淞沪海军各机关轰炸，海军司令部、江南造船所、海军军械处、海军制造飞机处、海军无线电台、海军上海医院、海军警卫营驻所、吴淞海岸巡防处等均先后被敌炸毁。时永健军舰适在沪所修理，亦屡遭空袭，迭次抗战，相持数日，终于二十五日被炸沉没。海军虽受重大损失，而抗战精神愈趋激奋。海军为严防敌溯黄浦江上犯，抄我陆军后路起见，先于二十六年八月十四日以普安运舰沉塞董家渡水道，敌军进路被阻。沪战因而延长，粉碎敌人速战速决之固定战略，建立我

① 陈绍宽，在全国抗战时期任国民政府海军部部长、海军总司令部总司令。——本书编者注。

国最终胜利之基础。故敌人不得不迂回金山卫登陆，旷日持久，我国战略上之目的既可达到，陆空军亦得以从容退出淞沪，均与海军堵截董家渡水道之策划，大有关系。

此外，本军并派员在沪秘密工作，敷设水雷，图炸敌舰及其重要之军事建筑。浦东新三井之第三、第四两号码头及趸船，均于九月八日晨被我军炸毁，并炸沉敌之汽油艇二艘。九月二十九日晨谋炸敌之“出云”舰，亦几命中，该舰左右之防御物均被炸毁，舰体受震损伤。适敌海陆军及外交界各酋于军事会议闭幕后，回宿舰中，亦遭到剧烈震动。至海军存沪之高射炮，则尽量借给浦东陆军组设炮队，扼守要隘，藉增抗战力量。旋以沪战紧张，则令海军警卫营加入当地军警作战，并饬誓死御敌，直至十一月十一日高昌庙失陷，海军各机关均被敌占。而海军警卫营仍随最后奋战之第五十五师部队共同抗战。其由海军在董家渡所布之水雷，封锁该处港道，至高昌庙失陷后，敌海军尚不得前进，因敌在扫雷之际，有爆炸毁沉敌艇之效。又海军除将黄浦江划为三道防御线，分别敷布水雷外，因上海港汊纷歧，另用中小型水雷，于作战陆军各部队防区择要敷设，并担任破坏桥梁，供给陆军地雷等工作。此为海军在淞沪抗战之概况。

二　江阴抗战

上海战事爆发，本军第一步工作，即实行破除航路标志，如灯标、灯桩、灯塔、灯船及测量标杆等，酌定必要地点，以次破除毁灭，使敌舰失去目标，不易活动。此项工作，于二十六年八月十一日起，先就江阴下游一段，开始实施，派甘露、暾日、青天三测量舰，及绥宁、威宁两炮艇分别担任。经各该舰艇努力进行，先后将西周、浒浦口、铁黄沙、西港道、狼山下、姚港嘴、狼山、大姚港、通州沙、青天礁、刘海沙、长福沙、海北港沙、龙潭港、福姜沙等各项航行标志，一律毁除，完成任务。毁除标志之外，其主要工作，即将港道阻塞，阻止敌舰进入。二十六年八月十二日起，就江阴下游一段，实施此项策略。本人亲率舰队赴江阴指挥，事先即已抽调海军舰龄较大之通济、大同、自强、德胜、威胜、武胜、辰字、宿字八舰艇，及向国营招商局暨各轮船公司征集之嘉禾、新铭、同华、遇顺、广利、泰顺、回安、通利、宁静、鲲兴、新平安、茂利二号、源长、醒狮、母佑、华富、大贲、通和、瑞康、华新等二十艘，合计二十八艘，下沉堵塞。旋又征用公平、万宰、泳吉三商轮。继续沉塞。又为增强防卫力量起见，再行抽出海圻、海容、海筹、海琛四军舰以资沉塞。前后共沉大小军舰商轮三十五艘，合计吨数为六万三千八百余吨。旋复先后将镇江、芜湖、九江、汉口、沙市各地敌之趸船共八艘，陆续拖往堵塞。并先后由江苏、浙江、安徽、湖北各地，征用石子三千零九十四英方，又六万五千零二十担，又二千三百五十四英吨，民船盐船一百八十五艘，陆续填下，弥补罅隙。同时并从事布雷工作，将江阴一段敷布水雷，以期在国防上造成坚强之封锁线。二十六年八月二十六日，皦日测量舰在通州附近继续进行破除标志工作，遇敌舰两艘追击，益以敌机踵至，卒被击中，立时焚毁，为江阴抗战中海军舰艇第一次壮烈牺牲！海军为拱卫首都、巩固江防起见，江阴封锁线初步建成时，关于防御任务，随派海军第一舰队司令陈季良、海军第二舰队司令曾以鼎，先后驰往防御，而平海、宁海、应瑞、逸仙等主力军舰，则列最前线，其余各舰艇，亦各严阵以待，准备敌舰来袭，予以迎头痛击。本人随时亲赴前线，巡查防务，指示机宜。敌方对我执行此项策略，视为一重大障碍，敌之军舰力量无可施展，不敢来犯，遂尽量利用其空军暴力，对我扼守防线各军舰肆行袭击。二十六年八月十六日起，即开始不断向各舰空袭。二十二日被宁海舰击落敌机一架，自是敌军谋我益急，连日派敌机向我舰队压迫，冀遂其冲破封锁线之企图。各舰奋勇抗战，并将舰队各高射炮构成一整个江阴封锁线之防空网，与敌机周旋三四十日之久，敌卒不获一逞。至九月二十二日，敌机大队来袭，各舰员兵，均浴血苦战，历六小时，敌机不支遁去。是役我平海、应瑞两舰受伤，平海舰长高宪申，正在指挥抗战，弹中腰部，伤势甚剧。高射炮指挥见习生孟汉霖、高昌衢接续炮击，并亲自发射，奋不顾身，均被弹阵亡，为海军抗战中之最先壮烈牺牲者，其余员兵伤亡亦惨烈。我舰虽有损失，敌机中亦有五架受创。二十三日，敌机六七十架，分批向舰队四周围攻，尤以平海、宁海为其轰炸目标，遂再度开展极猛烈之海空战。各舰员兵死守炮位，前仆后继，相持苦斗，宁海员兵，伤亡尤众。当时奋勇力战者除航海员林人骥等立时阵亡外，舰长陈宏泰已受重伤，犹在塔台指挥作战，枪炮官陈嘉榕、军需员陈惠、枪炮员刘崇端等裹创力战，迄不少却。见习生孔繁均见炮兵受伤，冒险疾进，自充射手，发弹甚多。而平海副长叶可钰于舰长重伤后，执行指导职务，继续抗战。机关枪指挥见习生刘馥，因高射机枪发射过多，发生障碍，在极度危险之露天炮位，且战且修，至枪架被敌击断后轴时，尚忍痛执赤热之无架机枪向敌发射，均属难能可贵。当双方激战之时，敌机弹落如雨，海军抗战官兵视死如归，再接再厉，奋勇杀敌。无如敌机麇集，众寡悬殊，平、宁两舰先后被炸中要害，并以积日抗战，炮弹告竭，逐渐倾斜而至沉没，作壮烈之牺牲。是役敌机被我舰击落者，又有四架，负伤之敌机中有二机低飞，经我击中，其机体碎片，散落于平海后望台十余片，是则敌方所付之代价，亦正靡轻也。两日鏖战，我军官兵，颇多伤亡，至殉职或负伤之地点，均在炮座之下，即未受伤者，亦未寸步离开其战时职守之处所，洵我国抗战上有重大价值之光荣历史。

平宁两舰被炸后，第一舰队司令陈季良移驻逸仙舰继续指挥抗战。该舰员兵因敌机肆虐日甚，咸抱有我无敌之决心。九月二十五日，该舰在江阴附近执行防守任务，敌机十六架更番来扑，弹片纷飞。该舰沉着应战，但因高射炮经迭次抗战，及前两日之巨量射击，此时复经猛烈发射，消耗殆尽，乃于存亡呼吸之交，突发舰首十五公分炮两发，击落敌机两架，沉没江中，余机始遁去。该舰已被炸伤进水，堵塞罔效，不得已驶搁浅处。是役阵亡士兵十四人、伤八人。经此次抗战后该舰仍时被敌机掷弹，卒至倒沉。当逸仙舰被炸时，即赶派建康等舰驰往救护，并令第二舰队司令曾以鼎率楚有赴江阴接防。建康途次龙梢港，突遇敌机十余架来袭，该舰以高射机枪猛烈抵御，敌机分前后队夹击，该舰被炸八弹，舰长齐粹英、副长严又彬、航海员孟维洸在望台上执行作战任务，均被炸伤，员兵阵亡九人，受伤者二十七人。该舰以各部损坏甚多，各舱同时进水，遂亦倾斜下沉。楚有抵登后，于二十八、二十九两日遭敌机分批来袭，虽经激烈抵御，而众寡不敌，卒被炸中要害，并伤员兵十八人。该舰遂驶六圩港附近，一面抽水塞漏，一面御敌，但敌机仍不断前来轰炸，该舰乃于二十九日下沉。第二舰队司令部即移驻江防总部办公，继续办理江防要塞各事宜。是月敌机在江阴一带不断空袭，而海军各舰艇仍不避艰险，担负防守职务，并迭次击落敌机，予以重创，故为敌方所仇视，以至青天、湖鹏、湖鄂、江宁等舰艇，为因抗战甚力，先后被敌炸毁于龙梢港、鳗鱼沙、鲥鱼港、炮子洲等处。绥宁亦于同月十三日在十二圩防地被炸重伤。应瑞舰则于九月间防守江阴之际，累次抗战，曾被敌机炸伤。十月二十三日在采石矶进行卸炮工作，系为装置炮位巩固江防起见。忽为敌机侦悉，率队来袭，该舰抗战激烈，牺牲甚巨，殉职员兵二十员名，重伤五十余名。此外海军各舰艇，或任军事输送，或任特殊工作，随时往来江阴，屡遭敌机袭击，躬冒万险，达成任务。顾江防战役，本军虽蒙重大损失，但抗战精神，益为发扬。故于二十六年十月间，设法拆卸各舰艇之重炮，组织炮队。首先成立者，为海军太湖区炮队，原分五个分队，分别配置于江阴、浦东及太湖各处，队部则驻于苏州。惟江阴炮队关系犹巨，旋将原有江阴炮队组织加以扩充，于总台部外，分设第一、第二两队，担任巫山、六助港两台职务。十一月九日，又成立镇江区炮队，步步设防，准备候敌来犯，予以痛击。嗣以沪锡军事情形突变，配置各区之炮队奉令西移。而海军当局以江阴炮台之海军炮队，关系首都防御策划，地位扼要，且时值锡常失陷，敌军进窥江阴，形势吃紧。为阻止敌军深入及策应京沪路线各部队作战起见，认为江阴炮位有立即安设之必要，乃饬将巫山炮位先行赶工装置，配备炮队兵力，令其死守。该队奋勇抗战，至十一月三十日上午八时半，敌舰五艘先后上驶，向六助港进逼，该队队长陈秉清乃下令开炮，甫经四发，即击中敌舰一艘，见其内部冒烟。敌舰立即还击，炮弹密如连珠，巫山台第三炮竟被摧毁，第一炮旁亦落一弹，炮座负伤。相持至十一时，最后之敌舰两艘先退，其余三艘正在逡巡之际，我巫山台员兵复乘机炮击，第七发又重伤敌舰一艘，遥见该舰人员，纷下小艇逃逸，其他两舰还炮掩护，并分左右靠拢该伤舰夹拖退却。十二月一日，敌军进抵江阴县城，巫山下发现便衣队，与我驻澄防军接战。是夜十时半，江防总司令部下令所属移南京待命，要塞部亦准备炸毁各台炮位。巫山台海军炮队遵令毁灭该台炮件，并支持至三日晚十时许，于我方作战部队安全离开后，陆续后撤。各区海军炮队先后撤退，移转防地，继续抗战。（下略）

国民政府海军总司令部编译处编：《海军抗战事迹汇编》，1941 年内部版。

海军抗战纪略

孟慕超①

去年卢沟桥事变发生，敌人灭亡我国之阴谋暴露，政府为求国家民族之独立生存起见，遂发动全面抗战，时海军部，陈部长因春间奉明令为庆贺英皇加冕典礼副使，甫万经事，正在各国考察海军，并筹充我国海防军备，闻警星夜飞回，领导全军，参加抗战，对于沿江沿海之防务，加以精密之配备，抗战十多月来，敌人之侵及本军防区者，只长江下游及黄浦江而已，故本文之作，只包有江阴防战、淞沪防战以及与此有关之各项材料，其他业也已设防之地区工作，仍守秘密，不列入。

（一）江阴防战

敌人发动卢沟桥事变之时，本想不战而胜，后因我最高当局决心抗战，敌乃进兵上海，以破我金融之中心，并威胁首都，本军为拱卫首都担任江防起见，乃封锁江阴下游江面，同时毁除封锁线外之航行标志，俾敌舰无法深入，二十六年八月十一晚起，先就江阴下游一段水道，实施堵塞，陈部长亲率舰队驰往指挥，计沉船五万二千七百余吨，包有本军舰艇，招商局及各轮船公司商轮及沙市、汉口、九江、芜湖、镇江各地区之趸船等等，并以民用盐船若干艘，装载石子，以补罅隙，另于其左近，密布水雷，封锁至为巩固，故自沪战发生至于首都失陷数月之内，京澄间之水道，未受敌舰阻扰，便利军运，两岸驻军，亦不遭受威胁，厥后江阴城陷入敌手，要塞沦亡，而封锁线则完好如故，迨首都不守以后，方由敌人徐徐破一鸟道，但敌之巨舰仍不能即时畅行，使我政府各机关及各部队得从容西移，实具有重大作用。

担任破坏封锁线外之航行标志者，为甘露、皦日、青天三测量舰及绥宁、威宁

① 孟慕超，淞沪会战时任海军总司令部参谋处军务科科长。——本书编者注。

两炮艇,当八月二十六日拂晓,皦日舰于毁灭自狼山至西周、灯椿工作完成后,驶经通州途次,遇敌舰三艘,跟从追击,至卢泾港,第二舰随同急进与第一舰并列,其外一艘则在姚港随后缓驶,七时四十六分敌舰炮火,齐向皦日联合射击,该舰立时起火,敌机又踵至投弹,卒被击中,至二十七日下午全部毁沉,此为本军舰之第一殉职者,故应详加记述。

江阴堵塞工作完成后,为防催敌舰前来破坏起见,乃以大舰队防护之,以平海、宁海、应瑞、逸仙舰等主力军舰列最前线,其余各舰艇亦各严阵以待,以第一舰队司令陈季良、第二舰队司令曾以鼎先后分任指挥。陈部长则不时亲赴前方巡察防务并指示机宜,敌舰因我江阴港道封闭,视为一重大障碍,故不敢来犯,惟时遣飞机前来窥察,投弹肆扰,每当敌机来时,各舰辄发高射炮射击,间有一架被我击伤坠水。二十六年八月二十二日,敌机被平海击落一架,全军士气,因此益旺。与敌周旋匝月,敌卒未得逞,敌情急万分,乃集合大量空军实力,倾队来攻。九月二十二日,大队来袭,各舰员兵奋勇抗战,历六小时之久,是役我平海舰受伤,舰长高宪申于指挥全舰抗战之时,弹中腰部,伤势甚剧,高射炮指挥见习生孟汉霖、高昌衢接续炮击,奋不顾身,均中弹身亡,其余员兵伤亡亦极惨烈,我舰虽有损失,敌机亦有五架受创,同时应瑞舰亦微有受伤。次日,敌机六十余架由四周来攻,以平海、宁海为轰炸目标,遂再度展开大战,海军员兵死守炮位奋勇抵抗,前仆后继,苦斗相持,宁海员兵伤亡尤多,当时奋勇力战,最为激烈者,除航海员林人骥等立时阵亡外,舰长陈宏泰腿部虽已重伤,仍在望台指挥作战,枪炮官陈嘉樽、军需员陈惠、枪炮员刘崇瑞等裹创抗战,迄不稍却,见习生孔繁均见炮兵受伤,冒险急进,自充射手,发弹甚多,而平海副长叶可钰,于舰长重伤后,执行指挥职务,继续抗战,机关枪指挥见习生刘馥,因高射机枪发射过多,在极度危险之露天炮位,且战且修,至枪架被敌击断纵轴,尚忍痛执赤热之无架机枪,向敌发射,均属难能可贵。当双方酣战之时,弹落如雨,水柱擎天,波涛搏面,全军官兵,并不稍稍畏却,反而再接再厉,奋勇杀敌,无如敌机麕集,实力悬殊,终以平宁两舰,先后炸中要害,逐渐倾斜,而至沉没,竟为壮举而牺牲。是役敌机被我舰击落者有四架,负伤之敌机,中有二机低飞,经我击中,其机体碎片,散坠于平海后望台上者十余片,是则敌方所付出之代价,亦正靡轻也。两日鏖战,我军官兵,颇多伤亡,至殉职或负伤之地点,均在炮座之下,即未受伤者,亦未曾离开其职守之处所,此种精神,惟军人魂三字以表之。

平宁两舰被炸后,第一舰队司令陈季良,移驻逸仙舰继续指挥抗战,该舰员兵因敌机肆虐日甚，咸抱有敌无我，有我无敌之决心，九月二十五日该舰在江阴附近工作，敌机十六架更番来扑，弹片纷飞，该舰沉着应战，但以高射炮弹经迭次抗战，及前两日之巨量射击，此时复经猛烈发射，消耗殆尽，乃于存亡呼吸之交，突发舰首十五生炮两出，击落敌机两架，沉没江中，余机始遁去，该舰已被炸伤进水，堵塞罔效，不得已驶搁浅处，是役阵亡士兵三人，伤六人，经此次抗战后，该舰仍时被敌机掷弹，卒至倒沉。

当逸仙舰被炸时，海军部赶派建康等舰驰往救护，并令第二船队司令长曾以鼎，率楚有赴江阴换防，建康途次龙稍港，突遇敌机十余架来袭，该舰以高射机枪及步枪猛烈抵御，敌机分前后队夹击，该舰被炸八弹，舰长齐粹英、副舰长严又彬、航海员孟维洸在望台上执行作战职务，均被炸伤，员兵阵亡七人，受伤者二十七人，该舰以各部损坏甚多，各舱同时进水，遂亦倾斜下沉，楚有抵澄后，于二十八日遭敌机分批来袭，虽经抵御，卒被炸中要害，并伤兵十八人，该舰遂驶六圩港附近，一面抽水塞漏，一面御敌，但敌机扔不断前来轰炸，该舰乃于十月二日下沉。

十月间敌机在江阴一带，不断空袭，而海军各舰艇，仍不避艰险，担负防守职务，并迭次击落敌机，予以重创，故为敌方所仇视，以致青天、湖鹏、湖鹗、江宜等舰艇，均因抗战甚力，先后被敌炸沉于目鱼沙、鲥鱼港、大沙圩等处，员兵均不惜牺牲，为国效命。绥宁亦于十月十三日在十二圩防地被炸烧毁，应瑞则因在采石矶拆卸炮械，被敌机于十月二十三日炸沉，殉职员兵十五员名，受伤五十九员名。此外海军各舰艇，或任军事输送，或任特殊工作，随时往来江阴，遭敌机袭击，躬冒万险，达成任务，迄十二月一日敌军进抵江阴县城，江防总司令部后移，海部始令第二舰队司令曾以鼎率员兵于十二月二日先后离澄。以上所述，均为海军舰队在江阴防战之经遇大略情形，至于江阴及其附近各处所配备之海军炮队之工作，则于另节中述之。

（二）淞沪防战

淞沪抗战，有击破敌人速战速决战略之作用，故当战云酝酿之时，海军部即令驻沪海军练习舰队司令部分饬所属严加戒备，迨战事发生，复饬在沪海军努力抗战，固守防地。自二十六年八月二十日起，敌机迭向淞沪海军各机关轰炸，海军司令部、江南造船厂、海军军械处、海军制造飞机处、海军无线电台、海军上海医院、海军警卫营驻所、吴淞海军巡防处等，均先后被敌炸毁，时水健军舰适在沪所修理，亦屡遭空袭，经数次抗战之后，相持数日，终于二十五日被炸沉没。

为防敌溯黄浦江上行，抄我陆军后路起见，乃以普安运舰参加沉塞董家渡水道，致使沪战得以延长三月，粉碎敌人之速战速决整个战略，建立起我国最后胜利之基础，并使敌人不得不迂回金山卫登陆，故我国战略上之目的得以达到，陆、空军得以从容退出淞沪，均与本军之堵塞董家渡水道大有关系。

除此之外，本军并派员在沪秘密工作，与我陆军联络，敷设水雷，图炸敌舰及其重要之军事建筑，浦东新三井之第三、第四两号码头及趸船，均于九月八日晨被我军炸毁，并炸沉敌之汽油艇两艘，九月二十九日晨谋炸敌之出云旗舰，亦几命中，该舰左右之防御物均有毁坏，舰体并受震损伤。海军存沪之高射炮，则尽量借给浦东陆军，组设炮队，扼守要隘，藉增抗战力量。旋以沪战紧张，则令海军警卫营加入当地军警作战，并饬誓死御敌，为壮烈之牺牲，直至十一月十一日高昌庙失陷，海军各机关均被敌占，而海军警卫营仍随最后留沪之第五十五师部队共同作战，海军在董家渡所布之水雷，封锁该处港道，至高昌庙失守后，敌海军尚不得进前，因敌在扫雷之际，尚有爆炸毁沉敌艇之效，余外本军并担任破坏桥梁、设置水雷、供给陆军地雷等工作，以掩护大军之退出淞沪。此为本军在淞沪防战之大要。

（三）组建炮队

松江之役，本军虽蒙巨大损失，但抗战之心，并未因之稍衰，更未稍忘军人卫国之职责，故于二十六年十月间，即行设法拆卸各舰艇之重炮，组织炮队，俾再与敌周旋，经海部拟具计划，呈奉军委会核准后，首先成立者为海军太湖区炮队，内分五个分队，分别配置于江阴、浦东及太湖、乍浦各处，队部则驻于苏州，十一月九日又成立镇江区炮队，因之江南各水道均布满海军抗敌健儿，候敌前来，予以痛击，嗣以沪锡军事情形突变，配置各区之炮队奉令西移，虽江阴巫山炮台之海军炮队，以地位扼要，且时值锡、常失陷，敌军进围江阴，敌舰进逼形势吃紧，该队乃奋勇抗敌。十一月三十日上午八时半，敌舰五艘，先后上驶，向六助港进逼，该队队长陈秉清乃下令开炮，甫经四发，即击中敌舰一艘，见其内部冒烟，敌舰立即还击，炮弹密如连珠，巫山台第三炮竟被摧毁，第一炮旁亦落一弹，炮座负伤，相持至十一时，最后之敌舰两艘先退，其余三艘正在逡巡之际，又一敌舰中弹重伤，遥见该舰人员，纷下小艇逃逸，其他两舰还炮掩护，并分左右靠拢该伤舰夹拖退却。十二月一日，敌军进抵江阴县城，巫山下发现便衣队与我驻澄防军激战，是夜十时半，江防总司令部下令所属移南京待命，要塞部亦准备炸毁各台炮位，巫山台陈队长遵令毁灭该台炮件，于二日晨二时率队离澄，各区海军炮队先后撤退后，转移防地，待命杀敌。

现战事尚未结束，敌人仍拟继续侵犯，则本军更伟大之战绩，即将不断出现，至其经过情形，容俟他日再为文表彰之。

国民政府海军总司令部编译处编：《海军抗战事迹汇编》，1941 年内部版，第 59—64 页。

平宁逸瑞四舰战斗报告

海军总司令部编译处

江阴系长江要区为战略所必争。欲御敌舰之侵犯长江，必先巩固江阴防线。当国难严重之际，海军部陈部长适因前奉命为庆贺英皇加冕典礼副使，甫经蒇事，正在各国考察海军，并筹充我国海防军备，闻警飞航回国，策划应战，即集中军舰力量，迨全面抗战开始，海部以保卫京畿，必须扼守江阴，故毁除标志堵塞水道之后，随派第一舰队司令陈季良、第二舰队司令曾以鼎，先后率舰驻守江阴，平海、宁海、应瑞、逸仙等主力舰，列最前线，其余各舰艇亦各严阵以待，准备敌舰来袭，迎头痛击。陈部长随时亲赴前方，巡察防务，指示机宜。敌因我军江防严密，希图消灭我之舰队，空袭达数十次。我军奋力抗战，迭于敌以重创。二十六年八月十六日上午十时，敌机七架自东北来袭，各舰高射炮集合射击，敌机急投弹北逸。十九晨七时三刻，敌机一架，自东向高飞侦查。上午十一时，又敌机多架，从东南飞来，趋向上空，投数弹均落水中，间有一架，被我击伤坠水。二十二日，敌机又被平海击落一架。我军士气益旺，与敌周旋四十余日，敌卒不得逞志，乃联合空军实力，倾队向我进攻。我军奋勇抗战，而众寡悬殊，遂不免有壮烈之牺牲。兹将各舰艇作战情形，依战事经过之次序，分述如左：

（子）平海，平海驻防江阴，为一队司令旗舰，敌方攻击目标，首集于此。九月二十二日上午八时许，敌机三十余架，分队三面环攻，该舰员兵躬冒弹雨，用高射炮及高射机关枪猛射，第一批敌机投弹不中，防我反击，仓皇北遁。第二批又相继麕集，在该舰左舷纷投大量重弹，毁我击艇捍，前部米舱贯破进水，并有多弹在舰中舰尾爆发，员兵伤亡颇多。我舰长高宪申正指挥全舰作战，弹中腰部，伤势甚剧；第一高射炮指挥见习生孟汉霖，装弹御敌，突被敌弹击中脑部，立时阵亡；第二高射炮指挥见习生高昌衢、枪炮上士陈得贵，及二等兵郑礼湘，分任抗战工作，均遭炸毙；一等炮兵周兆发，虽被弹片穿入右臂，横贯左臂，仍复死守炮位，忍痛力战，直待补充兵加入后，始行倒地，旋经疗治无效，卒至殉难。时我舰尾三十节机关枪发射过多，致生阻碍，上士张玉成冒险修理，为敌弹所重伤，中士严祖冠在弹片飞洒之下，奋勇驰向枪位补充，复遭惨击殒命。此际敌弹纷集，死伤枕藉而我舰忠勇员兵，前仆后继，与敌作殊死战，各炮及机枪火力，犹能驱散敌机，不使迫近。激战至午，第二批敌机方离去，但为时未及一刻，又有敌机十余架，从上游飞临高空投弹，我舰奋勇再战，敌始遁去。是日下午五时半，敌机九架来袭，并有驱逐机掩护，向该舰左舷投弹四枚，相持约二小时，我枪炮军士长任庆銮，奋不顾身猛烈射击，终将敌机驱退。统计是日战役，该舰员兵抗战阵亡者五人，轻伤者二十余人，所发高射炮弹，计二百六十五发、机枪子弹计四千余发，我舰毁损固多，而敌机中亦有五架受创。该舰立时补足各炮位死伤人额，并将重伤员兵，分送医院治疗，一面修整军械，彻夜警戒。二十三日上午十一时许，敌侦察机两架，在我舰上空窥伺约半小时，下午二时许，敌机六七十架，分批先后向我舰队四周整队进攻。平海受击最烈，时舰长高宪申腰伤甚剧，副长叶可珏率领指挥官刘馥、王炳炎、曾光荣、张国华、郑春香等分据炮位，继续抗战。各炮兵亦勇敢杀敌，遂再度展开极猛烈之海空战。但该舰炮弹匮乏，子母弹尤属不给，至弹药垂罄时，星弹亦取出发射，苦战不休，机枪射击后甚准确，敌机虽俯冲数十次，终未能伺隙攻入。未几，我机枪以发射逾量，运转不灵，机指挥官刘馥，在极度危险之露天炮位，且战且修，上士欧阳顺亦冒险协助，我员兵愈战愈勇，视死如归，敌机被我击落者，复有四架，其负伤者尤多，中有二机因飞度过低，击中下坠，机体碎片，在我后望台上散开。相持过久，敌机陆续增援，该舰高射机枪一挺，突被敌弹击断枪架纵轴，其他三挺，因枪位距离关系，射击失效。敌机九架，乘隙由右舷掷弹，指挥官刘馥忍痛持赤热之无架机枪，向敌发射，敌机始退。各炮管则因炮击太猛，炮闩以至梆手，均熏灼发烫，我高射炮及机关枪人等，力御强敌。敌机散以聚，更番攻袭，舰尾受伤奇重，进水甚猛，而八生弹舱湍勇尤急，运药员兵任庆銮、景钰等，涉险迫前，将所有药弹运至舱面备战。最后该舰危势增剧，仍复併力抗御顽敌。敌机退后，该舰倾斜二十余度，由叶副长督率员兵，赶卸炮械及重要舰件，陆续运京，敌机连日仍来侦炸，堵塞无效，舰身斜度加增，旋即下沉。

（丑）宁海，该舰与平海为伯仲舰，于八月十二日随队驻守江阴，敌机屡来空袭，迭经击退。九月二十二日上午十时半，敌机十五架，由该舰尾左方，一小队集团水平轰炸阵形进攻，弹片纷落于该舰舰首，及左右舷近旁。我高射枪炮对敌猛烈射击，敌机向东南退却，该舰伤士兵二名。十一时半，敌机六架，又自舰首东向飞来，该舰仍密集火力迎击，敌弹一落舰侧，伤我士兵四名，舰舨及舱面铁板，被破片洞穿十余孔。下午四时半，敌机九架，进逼该舰上空，因我高射炮火力猛烈，迄未得逞。二十三日，该舰因有敌机来澄侦察，准备抗战。下午二时许，敌机十二架，自后方进袭，同时左舷正面，亦发现十二架，左后方则有二十余架，陆续飞来，而舰尾方面，另有敌机九架，直趋上空，次第以急降下轰炸方式，分向该舰投弹。我高射枪炮员兵，激烈抵御，低空之敌机中有二架，被我高射机枪击中，颠簸降落。弹片爆炸，纷飞于舰首及望台左右舷水中，爆烟高蔽桅顶，前段左右舨洞穿多孔，锚练舱、米舱、帆缆舱、十四生炮弹舱，同时进水，舰身震撼甚剧。航海员林人骥，在望台执行抗战工作，被爆片穿脑阵亡。敌机各队，分头投弹，我高射枪炮员兵伤亡虽多，仍各誓死力战。复有敌机二架，中弹落水。而该舰前段舨水舱，亦被爆片洞穿无数孔径，电话交换所、鱼雷料件舱、凉机舱，同时进水，士兵舱且受弹燃烧。该舰一面对敌激战，一面堵塞水道，扑灭火警，支持至三时半，战况益趋惨烈。陈舰长正在指挥抗战之际，忽被敌弹破片炸伤腿部，仍令舰员兵，赓续奋斗。旋被敌弹炸中前桅右后方，并伤右鱼雷炮一尊，下望台，及海图房一角，水柜全部，舢板四艘、烟囱一部，同时毁坏。炉舱、前后风机、后机舱，亦均进水。至是我高射机枪炮士兵死伤过半，高射机枪全部毁坏，飞机亭旋告火警。副长甘礼经方率员兵灌救，敌机三架又低飞投弹，并以机枪扫射，该副长当饬炮兵发出最后一弹，敌机遁去，战事始告终了。是役敌机向该舰投弹百五十余枚，我发炮七百余发，高射机枪万五千余发，击落敌机四架，该舰伤亡官兵，计达六十二员兵之多。当时特别出力人员，除航海员林人骥、枪炮副军士长陈耕炳、上士陈金魁、下士任积与，一等兵梁意和、郑迪柏、韩亨端，二等兵董小文、沈长雨、何礼育、张再裕，三等兵郑守钰、刘志成，均抗战阵亡外，如舰长陈宏泰腿部已受重伤，尚在望台指挥作战；枪炮官陈嘉榕，炸伤腿部，裹疮指挥；军需长陈惠出入弹林，奋不顾身，致遭重伤；枪炮员刘崇端、枪炮军士长林树椿，拼命御敌，再接再厉；见习生孔繁均，于枪兵受伤后冒险疾进，自充射手，发弹甚多，忠勇足尚；枪炮上士陈永相发射机枪，修复障碍，沉着勇敢，受伤后面部血肉模糊，犹大呼杀敌不已；帆缆中士陈香香、轮枪下士江铿惠，在爆片横飞中，动作敏捷；一等兵林桂尧，足部重伤，始终奋战；二等兵叶民南，开炮抗战，继续努力救火，尽瘁匪懈；勤务兵张其德，传运弹药，适值炮火负伤，自填炮位，洵属难能可贵。其余员兵亦各守方位，克尽厥职。该舰虽被炸下沉，而敌机受创亦剧，则敌方所付之代价正匪轻也。至舰中鱼雷高射炮、枪支仪器及其他武器等等，则被欧阳格强行拆卸。甘副长于二十五晚，率在澄员兵来京，其受伤员兵，则已于二十三夕离舰就医，阵亡者由该副长与海筹舰长林镜寰接洽收殓。

（寅）逸仙，平海、海宁被炸后，第一舰队陈司令移驻逸仙舰指挥。该舰员兵因敌方肆虐日甚，咸抱抗战决心。二十五日上午九时，该舰在江阴附近工作，敌机十六架更番猛扑，掷弹二十余枚，均落在左右舷近旁，爆片纷飞，我舰沉着应战，相持一小时，惟该舰高射炮弹经迭次抗战，及二十二、二十三两日之巨量射击，各弹消耗殆尽，仅存碰炸炮弹九十九颗，此时复因敌机围攻，存亡呼吸，猛烈发射，存弹垂罄，及变更战略，突发舰首十五生炮两发，击落敌机两架，沉没江中，其余各机遁去。该舰亦被敌弹炸断机舱之左旋转轴机柱，并震坏电灯机、自动制汽门，舵舱行李舱登时进水，舰身向左倾斜，堵塞罔效。是役阵亡枪炮上士蔡国桢、勤务兵郑云梅、炊事兵潘小喜三名、重伤一等兵郑福荣、二等兵谢学经二名，轻伤一等兵淡水泰、二等兵郑能深、郑章銮，二等轮机兵陈依平、高逸明，及派驻该舰遣用之自强枪炮上士刘维和等六名。建康、青天、江元、仁胜、崇宁等舰艇，闻警驰援。该舰驶泊目鱼沙外港，赶速拆卸炮械，并设法治疗伤员；而敌机仇视我军，力图扑灭，仍时来目鱼沙，向该舰先后掷弹，卒被炸坏倒沉。

（戌）应瑞，该舰奉命于八月十二日随队驻守江阴，敌机不时来袭，迭经击退。九月二十日下午十一时，敌机两架，迫近该舰右方，经用高射炮机关枪合力迎击，该机投弹两枚，落于舰之前段右傍水中，伤士兵二名，舱面铁板及前炉烟筒，被爆片穿破十余处。二十二日上午十时半，敌机十五架由东南飞来，弹群落于舰尾左右舷附近，该舰以高射炮、机关枪猛烈射击，敌机飞去，伤员兵三员名，中炉舱重底炸震漏水，爆片洞穿左鱼雷炮及鱼雷一孔，又前桅并舨旁暨舱面铁板等十余孔。十一时半，敌机六架，下午四时半，敌机九架，先后来袭。该舰枪炮密集扫射，敌机未敢逼近，高飞而去。二十三日下午二时十分，敌机十二架，飞向舰首，左舷亦发现十二架，同时舰尾九架，左后方二十余架，复来围攻，该舰枪炮员兵分头御敌，抗战益烈，敌弹纷落舰侧，伤员兵二员名，舨外及舱面铁板被爆片击伤甚多。旋二十五晨六时，开抵江阴堵塞线工作，八时半敌机六架，飞经该舰高空侦察，九时半工作告竣，装载沉塞该线之海圻、海琛员兵赴京。沿途遇敌机拦击，且战且行，未受损失。至下午四时半，在高资江面，又遇敌机九架，中有一架，折向该舰投弹二枚，均落舰尾右舷水中，舰身震动甚剧，车轴舱漏水。当晚抵京，嗣奉令驶赴大通驻防，十月十日，开泊采石矶拆卸炮械。二十三日九时二十分，忽得空袭警报，该舰准备抗战，至九时半敌机七架，迫近该舰掷弹，经用高射炮、机枪猛击，敌弹十余枚共落附近水中。旋敌机潜飞投弹，并用机枪扫射，左前段煤舱近侧先中一弹，继则前望台右边渣油柜亦被炸发火。正抢护间，保身台前向及其左侧又中三弹，炸透下舱，爆片横飞，燃烧多处，锚机传钟并舵齿轮同时震坏，电灯机及总保险线亦被震断，右前段且进水。该舰员兵奋不顾身，赓续抗战。一面堵塞漏水，情势危殆，前望台左侧，及右前段，又各中一弹，总水管炸裂。火势愈炽，虽用摇手水龙抢救，并由甘露赶派舰兵来援，卒难扑灭。延及前药弹仓，敌机三架，仍在该舰上空伺隙进袭，殆火焰稍杀，而进水益甚，舰身向右倾侧，下午五时半沉没。是役该舰以抗战激烈之故，员兵死伤甚多，计阵亡者，上尉枪炮官赵秉献、上尉代理鱼雷官许仁镐、帆缆副军士长谢如藻、枪炮上士郑一新、轮机簿记中士林鸿雄、轮机下士江依二、帆缆下士沈良科、信号下士柳瑞波、一等兵郑济禄，二等兵郑能通、廖得云、王贤，三等兵梁周斌、陈幼昌、林良平，轮机练兵林永庆、炊事兵江其淦等十七员名，受伤者五十九员名，而中士林鸿雄等又因重伤殉难，牺牲极为惨烈。该舰在江阴防线，作战甚力，迭受损伤，此次拆炮策划，系为装置炮位，巩固江防起见，于江阴、镇江防战关系甚巨。

就以上抗战情形观之，海军虽损失甚巨，而其同仇敌忾破釜沉舟之气概，固足振士气而寒敌胆。此外海军各舰艇，或任军事运轮，或任特殊工作，随时往江阴，屡遭敌机袭击，躬冒万险，达成任务。迨十二月一日敌军进薄江阴县城，江防总司令部后移，海军方面始命其第二舰队司令曾以鼎，率海员兵于是月二日先后离澄，此皆为海军在江阴防战之经过情形。至毁除标志、堵塞港道、敷布水雷、设立炮队及巫山台海军炮队击中敌舰，并瞰日舰毁灭灯椿被敌击沉各节，胥属江阴方面之海军防战策略，已散见于他项之中，兹不赘列。又江阴抗战，本军固受重大牺牲，而为奋斗，于抗战前途关系，殊非浅显，军委会曾下命慰问，原令见本编篇首。

国民政府海军总司令部编译处编：《海军抗战事迹汇编》，1941 年内部版，第 176—182 页。

摘下来的日记

——在平海军舰参加江阴抗战的片段

刘　馥

在一年前的今日，有一队飘飙着青天白日的舰队，巍然地在江阴把守着长江的咽喉。

两千那炸不退的战士，死守着江阴的最前线。

我们“海军抗日前锋队！”是海军领袖陈部长所训练的，是最精锐海军战士，和他一手建设的舰队，由最英勇的陈季良司令所统率的。

国家所托付的一件最艰难、重大的工作“去守江阴口子！”

四十年来中国海军第一次在怒吼了！

在那一天我们随了司令，和日本的航空队拼头颅、洒热血，支持了一月多最猛烈的攻击，并且在九月二十三日以我方极小的舰队在八十余架敌机狙击下，作了有史以来最大的“海空之战”。

十三门小小的高射炮和炮后的为中华民族争气的决死斗士，与布满天空的敌机殊死的奋斗，表现了不屈不挠的军人魂，更粉碎了敌人妄想屈膝中国的野心。

这是当时一个炮后人员载在他日记里的一个片段，是他所窥看的一个角落，一个指挥官竭尽心力于他所负责的炮只看见了这些。

有许多比这里所写的更伟大悲壮的事实，有无数比这里更勇敢的斗士，他不得看见，却只记下他自己所看见的这些。

请致敬，请默念！当时奋战而死的勇士，他们为了国家，为了海军而光荣地牺牲了，我们要继起先烈的精神向敌人去拼命，去挽救在危亡中的国家！

当时的情况太伟大了，我的日记实不足以表现之，但当时我非常细心琐碎地把他记下，因为我的目的，就是留给自己凭吊的一个详细记录，现在展露在读者之时，是非常惭愧的！这摘下的三日的纪事，是作者认为可以代表江阴抗战期中最重要的三日，可是以前说过，这不过是“自己所看到的一个角落”，并不是概括性的，因有或许在这以外，更有无数可值得凭吊的故事！我希望多看到些。

八月二十二日

是十五点。

我正在枪炮办公室检取“八生高射炮弹道图”，室中悄静极了，只闻得几个瞭望兵在甲板上踱步的声音，像这般静寂的下午，确是我设计一张“引信弧线图”的最好时间了。

我把柜里属于H的一匣的打开了盖，刚把一张棕色的透明纸抽出来了一半，嗯！不对！舱面上跑起一遍声！急遽而又纷沓的脚步声！显然是表示有事故发生了。

“警报！”我暗地自忖，一面顺手把图抽出，仍然关了匣盖，把它推入柜里。“呜！呜！呜！”我们的汽笛突地放出它悲壮的吼声，我冲出房间，一直向炮位赶去。

我的部位是平海旗舰的高耸的后望台，从那里我管制着那一门“第三高射炮”和四挺威力最猛的高射机关枪，那里有各种的测远镜、搜索镜、探视镜，是舰后部的心脏，是攻击敌人的大本营。

亮晶晶的枪管，灿烂的挺起在日光中，他怒瞧着天空傲然地要寻求喷洩的机会，可是他们射击手比他们更急地装上饱满的弹仓，为他们挂起精致的瞄准器，他们急于要把几百发锁在钢炼里的子弹，找一个钻入敌人心脏的机会，所有的舰员奔跑着搬运炮弹，在那测远镜塔旁的两尊搜索镜分向四面探索敌踪，紧张的情绪传遍了全舰。

我发出“备战”的命令！台下的炮兵雄壮的几声呼应。我第三炮洁亮的炮口，渐渐地摇起，高傲地仰在秋阳下反射着闪烁的光辉。炮下站的是六个劲壮的炮兵，他们都已准备完成，只向碧蓝的天际翘首瞭望，精神抖擞地只等着一声“开放”的命令，就可“隆”地放出大炮。

这印象因为今日的成功，委实在我脑中印下极深刻的印象。我们再也梦想不到再过些时候，我们会完成那样一件的杰作。我立在后望台上，默看那主力炮塔粗大的黑影映在明爽的甲板上，那笔直整齐一条条的甲板线，网着那一具高耸魔王似的高射炮影，宛若一副美术的黑白摄影杰作。呵！我们现在是在这种明亮美丽的境界中的幻想，谁知不久以后我们是弥漫在朦胧的炮烟，向着长空吼啸着战之歌了！

等了好久，仍未发现敌踪，我就坐下把携来的“弹道图”展开，要乘这时候研究一些问题。

“敌机发现！敌机发现！敌机发现！”接连三声急促的呼声尖锐地撕破了澄静的空气，我骤然如被一声暴雷所震，本能的跃起。

“方位左舰一二零——视角三四十度——敌机向我飞进”瞭望兵尖利地在一声声的报告，我紧急地发出“第三炮预备发射！”“炮便！”第一炮兵立刻紧接着命令应声汇报。

奔到搜索镜旁，我从瞭望兵手里接过观测镜，按照方向看过去，果真的六架编队的双翼机，由黄山顶上对我们急进，由镜中的情况，我默默地在估量射击的修正量。

“目标敌人的领队机！偏差××上，左右零，高度×千×！”决然的我发出估空的射击量。

“引信××！”。铛！达！炮闩跃起把后膛闭锁，一颗满心想杀敌的炮弹已送入炮膛，我等不及下面吹“开放”号，就独断的发出“开放！”的命令！

下面寂静无声，射手在瞄准目标，可是这发射前的一秒钟，紧张和内心砰动的印象是无可描写的，我心急的只等着——

“目标对正——放！”炮兵第一所呼声音的漾荡未及止，我们眼前闪起一阵红光，在“砰轰轰”声中，炮声兀的向后一退，膛内的子弹以每秒六百八十公尺的高速，转出了来复线的束缚迎击敌人了。

“引信××！”达，便！放！“引信××！”达，便！放！

镜里显的是一圆明澈的天空，和一队嵌在分割线上的魔机，我把镜子摹一摹，使镜心的十点对正了领队的一架，就这样也跟定了他不放。倏地，在领队敌机的下方——第一发弹着——恰迸裂在镜里10分割线稍下，展开小小一朵的白云花。

我立刻便呼“过上十！放下”下面的掌尺手同样的也从着回报。

“砰轰——砰轰——砰轰”“嗡——嗡——嗡”，炮声和轰动着的机声合奏着“海空之门”。

我偶尔离镜向下一瞥，隐约的见到朦胧的白烟下，一支闪亮的铜壳向后一跃，两条粗膀子向前一扯，就在这“达”的一声中，炮又刹那的后拥，新装进去的铜壳子又夹在一团白烟中掷了出来。

弹着果然近目标，敌机被一朵白烟一遮又幸运地冲出了。我不免有些失望。但老天！我真不敢相信是打中了他——，机身上霎然闪着一点火光——我也真狐疑这是回什么事，因为从来从未看见过飞机被打中的情形，更想不到的就是自己这一着，就会干下一只敌机？可是眼还未及瞧一瞧，机身已明明白白地迸炸开，机身上面爆起一朵新炸的白烟，是次一发的爆裂烟。我慌的由座子上立起，用力地扬手的大叫"命中了！呵打着了，打下来啦！""打下来！"这一叫鼓尽了我所有的力气，把许多人叫的如梦初醒，狐疑不信地仰着头竭尽他们的目力想要去发见一些东西，但事实究竟放在眼前！

片给的东西已由机尾炸的四散纷飞。通体像火球般的被火焰绕着狂焚，他拖着一缕的黑烟盘转的自向下坠，初秋的晴空他挂着一副悼丧的黑纱了。

"哈！中华民国万岁！"猛地被想起这一句，我便激越地狂呼。

"中华民国万岁！万岁！万万岁！"万岁声如春雷般的由四面八方爆发，每个人都在狂欢，反复的，叫着这"万岁！"的呼声，我再也想不到这是真的事实？

又鼓了一阵子掌声，是机舱里的人冲上来看热闹，可是这时只有一缕浓黑的烟，袅袅的悬在天空，敌机早已轰地一声坠落在山的背面。

谁能预料到我们的愤怒能如愿地化成狂焚敌机的火焰？谁会想到我们会代那死于炸弹下的千百同胞吐一口怨气？更谁会想到是我们开了海军第一次击敌的记录？

这光荣的一击，不但擂碎那凶残的铁鸟，也使"平海"三百几十个胸膺里充满了坚决的自信，使三百几十只口里发出了，为"祖国祝捷"的万岁声。

镇住沸腾的心，我又用镜子看过去，敌机的附近满布着破裂浓烟，在我们猛力狙击之下，可怜的敌机经了这一击，已震碎了他们行凶的胆量，几架飞机争先恐后，急不择路地以高速力东逃西散。其中一架似亦受伤慌慌张张地在破裂烟中困难的飞行，竟幸运地被它穿过一团团的弹云，偕着另二架友伴不要命的向东突去，其余的二架呢，老早溜得老远了，所谓"堂堂的帝国航空队"原来是这般的面目啊！

"嗡嗡——""呜汪——"突然这奇怪的机声尖锐刺入耳鼓，六架敌机由白云中突然潜溜了下来，几乎全队以最高的速率垂直冲下。

我本能地向第四高射机开枪扑过去，一手推开射手，一手抢过枪柄，凝定了神，在刹那一秒时间紧紧地瞄定了敌人。

这是一生再也忘不了的景象了，静静的碧空，衬着几道椭圆的瞄准环，一颗滴圆的黑钢珠，被置在环心，又凑在六架疾冲飞机之前。

“机关枪发射!”一面我关照了其余的枪手，气一沉，心一横，轻微微地我手指一钩，一线火流奔驰上去，把心里的焦急带走了一半，我吐松了一口气地跟着曳光痕摹正了枪，咬紧了牙关，把食指紧逼住机子，一口气去了他半盒子弹。只看见曳光弹簇簇地在敌机的前后左右穿梭，一颗颗窜动的繁星尽把他的目标紧紧匝住，继而我们几挺枪跟着我的声音，也扫上了他们的子弹。在那一刹那三条奔腾的火线，齐在蔚蓝的天空搅动着，扫荡着织成密密一层火网。对于我的射手们，活动而又真实的敌机，比起平常训练时瞄我为他们所制得铁片飞机或是绘图的飞机，更确实而又逼真得多，而子弹由他们亲手放出，比起模拟的空中叫几声要真实得多了。

在密盛火力的包缠下，敌人恐已感觉到机枪的可畏，机头在火线的交流中忙的向上一吊，好几颗小黑点撒了下来。“炸弹！炸弹!”

大概是他们心里想：未死于支那射手狙击中已是万幸，还深深求什么准确哩！索性送光了完毕。

瞿——咝——瞿咝——轰！轰！轰！右舷倏地奔腾起六七股水柱，搅着浓厚的黑烟，翻激着暗灰的泡沫，尽向上冲，冲到了尽端便如雪山般的崩塌，随后又接了几弹几股密接的水柱在江面搅起一座“水帘山”，待消散只余一片薄霭朦胧在江面上。

“嗡汪——”，失敬得很，我实在未想到末尾一机是这样富于“日本武士道”精神的。他单独地撇开队，向我们蛮悍地直冲。

“故障！故障!”

机枪兵官本来原是向他射击，忽然间枪发生了“故障”。他们射击中断，他看见敌机仍不住地冲下，急促间只得呼“故障”向我求援助。

我猛觉另一种机枪的声音“戛哒哒——”呼啸过耳边，回身一望，老大的一架已降到这样低，霎的我调过枪头一瞄，“格格——”，猛地一阵急袭，“哒哒哒”由飞机头上也吐出长长的一条火舌。他的机弹也向我们急骤的扫射，但我毫不顾他，惟一答复的方法，便是还击。所以我尽力以高速的发射支架着他的攻击，还要教训他使他知道，这一挺有稳定架十而且每分钟放一千发的著名麦德森机关枪和伏在瞄准环下的一只老于放枪的眼睛，比他那安在颤抖机枪上的机枪要强悍得多多。

我一身的精神，已在全贯注在扫起这挺火柱子，去兜他的飞机，一刹那间他的周围丛射着我的曳光弹(比起前几个月打氢气球时,还似乎容易些),酷似一架玩具的飞机,孤悬在金丝网内。

在激烈的争持中,官本华的枪又"彪"了上去,到这时全舰所处的危境,才被解救了。靠得住敌机吃了几处亏,他猝然地来个峻峭的急转,由交叉的火线中挣脱出去,从他这猝然地斜升腾,机内的人头和翼下的炸弹都清楚地显露。"咳! 没丢弹,倒怪哩!"我们倒提防他下这凶狠的一着,而怎的他竟连这一着都没施展,否则对于我们也是很讨厌的,所以因此有人说他机里的轰炸手被我们打死了。我虽不敢十分确定这事,但深信这是极其可能的,比起他们所说的"今天有天后庇佑,他炸弹丢不下",总要有意思得多。今天的作战便是这般了结,我等敌枪嗡嗡的声都听不见了以后躺下身,在地下舒舒我周身的紧张和疲劳。眼一闭,恍若机枪声仍在耳边,即飞机的击落声,炮声炸弹声一齐涌入思潮。我便猛然爬起来,极力要屏绝着这一切的思潮,底下的人看见我站起了,许多的人都向我扬手,带了些昏惘和高兴爬下望台,每一个笑脸迎着我,愉快地跑向船尾。

船长、副长、总大副都望着微笑,我跑过去大声地报告"第三炮击落飞机一架"。他们微微的点头,仍在笑! 站在船尾的司令吩咐下面拍发这一通告捷的电报。

整个舰喧着、闹着、庆祝。这伟大的胜利,我仍如做梦般的沿路走,沿路哼起在这时最得意的一段:"你听林中小鸟,在我们这边真是唱得好;你的祖国,你的祖国。你的祖国真是好;你的祖国,你的祖国。你的祖国真是好!"

我请求去寻觅被击落的飞机,司令因为防地的问题怕我们发生意外的纠纷,所以不准去。

炮台上打过旗来报告这消息,并且庆贺着微妙的一击。

飞机的残骸落在江阴电雷学校,碎散成一堆废铁,这是一架九四型的轻轰炸机,机内约三个敌人,一个不留的被烧成焦炭,佝曲焦枯已不成人形,可怜他们的尸骸,不值一文的还暴露在异国的烈日下,再无重归"樱岛"的日子了,是我们结束了他们的生命! 我们为了责任,为了他屠杀江阴的同胞,为了保卫我们的同胞而把这三个凶残的屠手消灭。但同样的基于人类的同情心,我极其悲怜他们,更因以前看过一篇报载的"敏子写给斧田"的信,写得那般幽怨缠绵,使我想到另几个"敏子式"的幸福被破坏了,另几处甜蜜的家庭被摧毁了,想起他们老父母、妻儿以及亲人们悲痛的情境,不竟为之凄然,尤有抱憾的,便是无法知道他们家庭的住址,因为人机都成焦炭,又如何能写封信去安慰他们的亲人哩?

可怜你们的亲人啊——我只写在这里表示歉意了！夜深了，异国的人们，不知已悉这凶惨的消息未？

深夜于学生舱

九月二十二日

晨餐未进竟，便为警报声逐上炮位，急促间从了霖的劝告，从他那里取了几块饼干储在袋里，原想腹饥时暂充食粮的。于今——至爱的霖弟已为祖国战死，知己的衢也壮烈牺牲，眼睁睁对这块清血的饼干，霖弟的影子恍惚涌入眼前，流泪罢！壮士泪重于血，忍痛吗！悲惨在刺激我的泪泉，哎！

霖、衢以及战死的各战友，我是怎样的忍受这钻心的悲痛哟！泪珠滴在纸上，滴在渍了你圣血的饼干上，和你的血溶成一片，我的心似乎要触到你的心！

我把你所赐给的圣血，你赐给的那块含着无穷关切、友爱的食粮，润着我悲悼之泪，咽下去！使你永远地保存在我的心灵——使我决心为你报仇。你如有灵，请指示我那个敌人，让我把他击得粉身碎骨，以慰你的英灵。人说事过如梦境，确实今朝的事如梦般的飞驰过去，偶一深思战死的英灵，不由地涌入思潮，依稀一步步的走向我。

勇与血的故事，生与死的关头，这是日记吗？

飞机未来以前满江疾驰着许多在演习的快艇，他们鼓勇地破浪冲进，如果是这样的攻击日舰，那是如何的兴奋。

不一时，紧急警报，一江的船都驶去，静寂的江面，只除有我们守卫江阴的舰队，只剩下海军的战士守卫着江阴之空。

敌人的攻击，全是有计划的，以我们平海旗舰作主要的目标。

九点左右，我们发现四十几架一大集团的敌机，由上游向我们疾进，我知道非是激烈奋斗不能挽救的了。

把着搜索镜看见上下分为两层的集团，已编成投弹的队形，对我们迎面冲来。一声命令，我的炮送上五响，都炸在敌左翼分队的附近，那小队便立刻向侧方回航，但其余的敌机愈发近了。从镜看上去，在阳光下一闪一架一闪一架，比翼接翅的排空而来，三架一队六架一列大规模地涌过来，这时候绝不是精细发射的时候，非用弹幕射击去阻止不可。

“偏差××用自动装置，快放！”砰轰，砰轰，砰轰，炮风拂过我面颊，我那尊无锋不辟的“啼丧炮”笼在雾霭里，愤怒着攻击的火焰，子弹由一个手换到另一个手，强壮的臂膀在甩前又甩后，烟中的人们闪动着，忙碌着，一响复一响地把炮打出去。

我们的心只全注意右炮上面，一响一响的轰上处，天上就碰炸着一朵朵连续的白花，联成遮拦飞机的一条帘，渐渐的弹云愈增愈多，愈织愈密。看着他们先头的机队挣出了一群弹云，又冲入另一群弹云，恐惶的在其中梭巡迴转寻求生路。后面的大队，为避免炮火的袭击起见，就分成多队，由四面八方的钻进来。他们冲到那里，弹幕便追到那里，密密的遮在前面。

四面的瞭望兵，不住的，甚至几个同时的报着"××方面敌机冲近了"，我便令炮倏地转过去"砰轰，砰轰！"射击，因此自己有时不得不放弃将猎中的目标，只求救这舰了。敌机纷至沓来，已使我不得不离开观测镜，竭尽我的目力向西方梭巡。

命令的下达，不知是若干起，疯了的炮的东啊，西啊，不停地转，无休止地瞄放、转、瞄放——构成保卫的弹幕，我恨不能化了几百个分身。更恨我的炮没有几百条管子，一个个对他们瞄射，一管管对他们轰击，像八月二十二日一般的打下他几架。

威胁、惶急、应付的困难，一齐无情的锤钻我，保卫的重担承在我肩，我的右手标示向天际的仇敌，左手举起拳头在狂舞，我的一脚在地下顿，催促着发射，加强他们的胆量。

这台上高高站的是我，激声呼唤的是我，生存在我，破灭也在我。

我得知敌人从四面齐来攻击，我们终必有穷于应付的一时，只得去拼最大的敌人。碰到下面炮发射稍慢时，我的责骂便如冰雹的擂下去，只在这短短的紧张的片间，我的心已焦够了。

我奔去通知第二炮，专对左方打，虽用尽力叫他们，他们仍置若罔闻，炮火不住的轰击。所有人的都疯了，聋了，我哑了的嗓音已震不动他们的耳膜，我重望回奔，敌人愈加迫近，我望着我的机枪兵，用手指指天空，四挺麦德森陡的竖上去。他们知道要肉搏了，打开保险！倚好肩托，他们注视着哪一些敌人敢要冲下。

炮在遮拦洪水般的攻击，如波浪的敌人一层下去，又一层层的又继续冲击过来。

"哒……哒哒……"一小队驱逐机由左前方倏地低翔过来扫射我们的炮兵。

"嘎……格格格格……"两条火线迸上去拦住，是麦德森机枪冲杀过去了。

"砰砰砰……"三十节机枪也跟着冲过去，弹火线从他们射向我们，又从我们射向他们，对驰……敌人的弹密密的打头上扫过，望台上被击了许多的孔。

嗡嗡……砰砰，砰轰……嘎……格格格……哒哒哒……砰砰砰砰……轰轰轰……一切的战声合奏了。

呜汪……呜汪……呜汪……敌人乘我们交迫间，一架一架的俯冲而下，狂旋的螺桨烁着日光对我们发狂的掩下。

"敌机下潜，机关枪开放！"所有的枪一齐转竖上去，"格格格……砰砰砰"，近十挺的火力扫杀过去，自然哪！敌人不等被打着，老早便撒下弹转头飞上去了。

云端上也发现十八架极大的重轰炸机，约以八千尺左右的高度平飞着对我们轰炸，又斜叉地飞来另一队，在更低一层的高度夹叉着也向我们同施轰炸。可恨极了，这群敌人都乘我们应付不及，弹药不济的时候，不疾不徐地由舰首向我和第二炮的死角上压迫过来，我知道第一炮穷于应付，便不顾他桅不桅，开炮轰过去，桅傍的几条 stays 眼看着在炮烽下被截断下来。

"暂停！"我这时几于恨不得把这碍事的桅拆下来，又恨这炮死在那里不能向前放。后来我又不管他又轰了上去，可是几炮以后，生怕打中了自己的 yard arm，又只得忍痛停放，看着敌机悠然地飞过来，悠然地投弹，我们切齿咀恨对这般狂东西无法可施，如果我们能变大刀队，在那时我们各人忿激的成份，一定会使我们不顾一切地冲过去，大劈大砍一阵。

嗡嗡飞机已临在头顶上，机关枪兵火起，要把机关枪开上去，我把他压制住，不许他放，因为飞机飞得太高了，徒然白费了子弹。

在我的"啼丧炮"的威名下，敌人也休想由后而冲过来，我的蛮干的打法一次次打退他，急起时我用大偏差连放四五炮，在他们前面遮拦住。这种打法是屡次最收效的法子，几乎没有一次失败过。

几个机关枪兵大叫"炸弹降落了！"一看，哈！天上小黑点几十几十一小群，好多好多！就在这下落中，我看见几颗必会掷中我们。

"卧倒！"我急智地发下命令，所有的我的炮兵和台上的机关枪兵立刻扑伏下去。我自己动作稍迟，刚要扑下的时候，看见前面街上一阵红光，才以"天崩地塌"的一声爆炸，浓黑的烟和水花一齐向舰上扑过来，这舰就像碎了的震跳。我以为舰中弹了，不管他一切，我爬起来看见究竟是怎样，刚爬起又"乒乓"几下更猛烈的爆炸，一道热风扫过头颊，三步前的测速镜的钢护管立即陷进去几处大洞。舰身摇动使我又坐跌下去，仓卒间我不知如何又爬起，一看，舰仍是好好的，仅是左舷正退下去一座巨大的波水，这时又有几声爆炸，可是我却无心去理会。

在这刹那，全舰的炮寂然停住，只余那打得烧红的炮管，在溶着焦漆，颤起的跟着舰还在摇抖，我急忙对伏下地下的人疾呼“站来打呀！”

炮兵也跟着我跃起，他们知道危险已过，以后无数的危险只靠着炮的奋斗。第一炮兵窜到瞄镜后，把着轮子转几转，手一扣原在膛里的一颗炮弹，“砰轰——”一声打下去了，第三炮兵（装弹手）连滚带爬地抱着他的炮弹，跪在地上就把它塞进膛去。

在巨炸后显得十分的沉寂，只有我这几响疏疏的炮声，我知道不妙，一个机关枪兵跑过来掣住我的后衣报告说“第二炮完了！”

可是敌人又想飞回来投弹，有几架已在转头，我问炮兵“储备柜里的弹药，还余多少？”下面叫上来“只有×颗了”。我急疯了连叫“去搬呵！快些去呵！”下面几个声音又叫上来“到了呀！炮弹到了呀！请放心！不要急了”——好几个运弹兵连续地都抱下炮弹跑到我们这炮，“为什么没有送到别炮去的哩？”这一时全舰好似就是这一个炮位生动着，有工作着，跑动着的活人，转动着正准备射发的炮，和紧张凑急的人声，和这里比起来，其余的地方，更显得寂寞无声。

我看见敌人的大队又在回头，单凭这一炮的搏斗是绝不行的，我趁机走到后望台的前部向下面一看，软软地倒在围栏上的不是昌衢吗？“他完了！”我自己告诉自己。

地下一摊的血泊中横七竖八的，辗转反覆卧着几个血人，英勇的汪炮手还无恙，那是第二炮兵换上去作了第一不是？

受着极重伤，半个臂部炸飞了的周绍发双手悬在瞄准器转柄上，向老汪哀号说“我完了！痛极了！”老汪无情地对他说“再等一等，等补充的到了再说，”他痛得身子一弯，转了一眼翻一下子正瞧到我，好似看到了什么奇异东西的，尽盯了我不放，惊奇的神情像在说“你还活着？”我惨痛极了，无言可说，只以手指着他的瞄准器，意思说“职务！责任！”，他也明白了我的心语，挣扎着移过眼线到溅满了血肉的瞄准盘上。

我再回到自己的炮位去，他们因我离去了，都显得迟疑、不安和惊诧的神情，又似在等待我，直到我重现到他们面前时，他们方始不约而同地振作了精神，埋头于他们的镜里、盘里和门上的工作去。

两队敌机有一队被打回头，可是另一队愈冲愈近。我对这单狂的一队毫不在乎，修正了命令，炮加紧轰了几发。他们的航向方向左斜，爆云一朵朵都遗落在他们的右方。我立即换个偏差，又开上两炮去，打不中，多落在他们的后下方，可是他们也跑走了！

下面一堆人拥上来，由前面争着向这一边跑来，我疑是什么地方起了火，有人上来救火。我转过去看见这堆人都向第二炮，一面跑，一面望，我惊奇地凭着栏板看第二炮发生了什么事情？

周绍发痛得弯下身去，像在要呕吐，可怜，这忠勇的战友的手，仍握在转把上不放，他受不住炮的震动，这使他糜烂的伤口更痛。可是他们仍坚守着岗位，要使炮再放，炮一震，他的手便在炮盾上一撑，生怕那不可收拾的伤口再撞到那防盾的钢板上去。

补充兵先把霨抬了上去，他们攀上血梯，踏过战友的躯体，眼睛睁得直直地向炮位抢过去。

周绍发一声惨呼倒下去了，半个身体横在脚蹬上，另一个兵一把一拖，拉了便去，那地下被他的血扫成了一条血路，他的职守是由别人去作了，他永远别再想回到这里来了！

头被扰昏了，又是一队冲过来，我们的人都已战疲，炮只在弛缓的攻击。我竭尽仅有的力量，断续的嘶着“右舷！目标，用××高度，偏差××，瞄放三发！”“过上二十！”，“砰轰——砰轰”在焦急的心中愈其感到炮发射太疲慢了。

“杀呀！和日本鬼子拼命啦！打！快放！”我把最后一口勇气鼓出，血都要吐出了。

炮兵听了，斗的兴奋起来，他们齐叫了一声“拍打！”也拚起命来干，这时，“达轰！达轰！达轰！”炮口的火方连着不住闪亮。

一架敌机躲进云里去，继而全部全都钻进去，我急得无法，再下命令“炮向云头快放，挡住他！”

一架敌机冲出云，两架，三架……我们炮都错挡在另一点去。

一架俯冲下来，后面又斜着翼冲着一架，再一架，“迎上去机关枪！”只有两挺枪打上去，其余的打出了毛病——小小的一冲。敌人的机身看过去还不过是黑蛾了那般大小，他们便不再下冲，安全的在机枪不能及的高空，打个拐弯而去，弹是撒下来一共十来颗，“轰”的在舰尾爆发，我们的战友都已预先卧倒了。

怎的舰尾的人哩？剪形镜倒塌在地上，三十节机枪炸翻过来，枪旁横卧着两个人。

机关枪兵中本无郑礼湘的，他平时是在汽艇拿舵的，那个运动和篮球都很好的大个子中士，平时我每一次下汽艇，拿舵的都碰他当值，不是常常他和我说“拿舵的功夫，全在平时慢慢地练好的！”那个家伙，我真可惜他，他的死，据人说，是在这次炸时，那个张炮手因为机关枪坏了，不敢离开职守，回避一下，尽在修理枪机，被丢在舰舷附近水里的炸弹炸倒了，遍身是伤。郑礼湘望到情形，奋勇地冲过去想放枪，还不知机关枪已坏了，才跑不了几步路，斗大几个炸弹又在舰舷附近爆发，他翻一个滚身整个腿肚给炸弹片削去了，但他这蛮子，虽去了腿，仍想爬到枪那里去，哒哒：敌机枪扫下来的机关枪恰又打穿了他的胸膛，在他手刚摸到枪柄的刹那，他才感到痛苦，撒开握枪的手，仰天倒翻过去。他睁目对着天际，若含有无限的恨意和仇恨，想看打死他的敌人是谁。

由这些痛苦的记忆里，我回想我们在这些战斗中，次次都是处在敌人的包围攻击之下。他们占了数量上的优势，对于他们的攻击精神，我早就看透了，他们极少冲进我们炮火的有效射程，或是我们机关枪的狙击圈内，更瞄准些投弹或是向我们扫射，只凭着四面八方同时进攻的威势和数量，使我们的炮火不及应付。尤其苦的，便是当敌人来自我们射击的死角时，我这炮全无一些办法。

他们虽丢下了几百枚炸弹，但我们毕竟争口气未为他们直接命中，他们用狠毒的方法，每一次撒下大数量的炸弹群，以全队掷弹所散布的大面积来掩盖我们。因我们的防护不良，所以几十个忠勇的战友，为炸弹片惨酷地杀伤了，但这竟不能达到日本鬼子理想中的目的“消灭我平海军舰”。

虽则我们防空的火力过于薄弱，但我们凭着这“拚命死干”的精神永远保护着我们的舰，三门的炮，竭尽所有的力量和四十架敌枪对仗是毫无愧色的。

身为指导官的汉霖和昌衢，他们为了职守，为了奋战而殉职阵亡了。几十个忠勇的炮兵，亦在他们的炮位上壮烈的牺牲了生命。平海的三门炮和十挺机关枪第一次开展这种伟大的奋斗，和壮烈的牺牲的一页，于抗日的海军史上，他们对得住他们的舰，对得住在悲悼他们的中华民国！

这是海军第一页最光荣的历史！是用他们的血写成的，是用平海三门高射炮叫换出来的。

我增加了先死的战友们所遗下的责任，去复仇！去奋斗！要坚苦地负担着，要于明天、后天，终有一天，为他们达到愿望！

鬼子们所用的战术，狡猾、奸诈至于极点，他们常以一二队伪作攻击，以分化我们的炮火和注意力，同时乘我们扫射当中，满载炸弹的几队主力，悄悄地乘隙冲过来猛施轰炸，而在这时间内伪装的一队也乘机跳脱。所以在第二次受患后，我便分派几个人对假装轰炸队，严密的跟踪监视真的敌人，一俟被发觉了，这门炮便猛烈地攻上去，甚至始终不停地追着。作战达二个小时以后，敌机才舍开我们远飏，这时辉耀的天空上已散布着无数的白点，我们的炮管打得赤熟了，每个人也疲绝地躺在地下喘息。

仰天躺在后望台上，躺在一堆机关枪弹壳上，以弹箱为枕头，我四肢发软，口里干渴的发焦，心在跳动，想说话失耳的哑喉，一句也挣不出。

我十分疑惑霖怎样了，不敢再休息，便困苦的爬下高巍巍的后望台，蹶到第一炮位去，我几乎要叫出来！看见炮后面一摊鲜洁的热血——可是叫不出声，我挣出声来问。

“孟先生？”他们悲肃地回答道，“他在自己帮忙炮兵装弹时受了伤。”我的心几乎冷了，“怎样？重不重？”“不重，恐是耳震破出血，”这回答使我稍安了心，这时我又鼓起作战的精力四处跑去找他。

我到学生舱一问，关得漆黑的舱房，一个躯体放在我们平时读书的长桌上。

是不是昌衢？果然是的，由层层包扎的绷带下露出的是他铁青的脸，他脑已炸坏，我也再不忍描写他惨痛的模样了。

死寂的学生舱，阴黑深邃如一处墓窟，生者与死者相对，彼此黯无一言，我原是悲惨得说不出话。他呢？已离开人世，再也不能说话。我悲惜他这振作有为的青年，为国家而死的海上战士，更和我同学八年多的深厚友谊。记得在中秋的皓月下，我们举酒对欢，今日你这样早的牺牲了，我摸着他冰冷的脸，永别了！亲爱的同学，伟大的同学。

我焦心的找下水兵舱，许多伤了和殉了职的战友都一个个放在长柜子上，我昏乱的四处找，几度几次已找过了，显还未看见霖弟在那里。最后方看见我至爱的汉霖弟静静地卧在一个长木柜上，宛若平时午睡那般的微笑着，耳朵里果然挂下一线血痕，但他仍是那般生动。

“汉霖！汉霖！”我叫他摇他。“汉霖！”他不答应。摸过去他的胸仍有微温，我仍相信他不过是耳膜震破了，受了刺痛昏过去，我不相信他是死，因为他太不像死过去。

“汉霖！汉霖！汉霖！”我猛地摇撼他，希望他能从昏迷中醒过来答应我一声。

寂然！我心想，还是给他休息会，他自然会醒转来，我坐在他身旁心在剧跳，一刻也不能安。

“刘先生啊！刘先生啊！”惨绝人寰的呼声是谁在唤我。

××挣扎在血泊里，抽动着，翻着滚着在和苦痛搏斗，他是一个最激烈的爱国者,那般强壮的一个水兵,现在都只能挣起来头来对我叫。

我走过去,脸凑紧他,他用他的手围住我的颈子,用将死的力量紧匝着我,然狂叫着要求我。

"我痛呵！我将死去了,刘先生！只有你能！我要你代我报仇呀！我就要死了,你……代我报仇罢！代我们中国的同胞报仇罢！可恨我不能跟,去打了!"我安慰他说,"不要紧,你别闹,别急,你的伤一两个礼拜就会好的。"

"你不知道!"他抽搐地用手指着腰的伤口说"完了!"

气渐渐在喘,汗珠流满额上,他抽搐着,突然用力匝一下,手松下去,他就这样死去了！我跪下去,跪到血里,碎了的药瓶刺入我膝,我的心发了横,我希望敌再打来！我要为他们死的伤的复仇！

"喔……"警报,我爬起抢着路向炮位跑,刚跑又想回头再看汉霖。

人都在切着齿诅咒着跑,我刚想回头,一个机枪兵正向舱里去,他惊慌地对着我叫"上去吧！刘先生！快上去啊！到炮上去啊,一切只靠你们了。"

我又重复回头跑,哪！复仇的时机！我爬上炮位,暴戾的"杀"字横在我心头。敌机来了,高空,十八架一起,蜂踴地向我们进攻,"开炮"我愤激的舞起拳头。

"偏差××,高度××……"

炮激烈地打上去,我的欲望和愤恨太大了,但是一炮炮打上去天空极少发见爆裂烟,这使我惊诧到了极点,急向下面察询时,他们方报告说"空炸榴弹"已将放完,现在仅余有极少数,所以不得已将破甲弹渗入应用。

我只得用阻止敌人到投弹点的弹幕发射,猛轰上去,一阵炸弹雨,落在我们与宁海舰的前方,江面突涌起一座大极的"水帘",日本飞机毕竟受不住打而提前投弹了。

"水帘"塌的退下来,整个江阴的舰队朦胧在炮烟里,无恙的傲立在一片橙黄色波纹之上,我感动得几乎要流下泪。

再下去探看汉霖醒来未？下了船,他仍辗然微笑地卧在那里,从来就不知如何去验人生死的我,惶急的用耳去听他胸腔,可是纷乱极了,自己的心又跳得极厉害,我简直不知道听些什么,用手去搭脉,又找不着脉门在那里,我仍不信他是为国死去了！只是推他呼唤他。

几个围观的兵见了,不由地泪如雨下,苍军士长惨然告诉我"他一抬下来,只叹口气便过去了"。

我的心如被劈开的悲伤,昏乱急促的我不知如何是好,我翻动他身子,要找出他在那[哪]里受到致命的一击，我仍不信他是过去了。

右脑侧方有一缕血流出，我想掏出手巾为他拭去，昏乱极了怎的会掏出一块饼干，我也就用这饼干，他赐给我的礼物，轻轻地为他擦去一些血。我过度的疲劳，加上我的忧急，使我要昏倒下去，我抚着他极惨的呼唤，为什么你的命运如此的短促啊？国家正需要你，你却早为祖国牺牲，你忠诚前进的青年，勇敢无畏的民族斗士，我用尽了我的话也写不完人们对你的惋惜。

是敌人！是万恶的日本飞机！是那想灭绝我们生路的日本帝国主义！起来！为你们和民族的仇恨！我宁愿牺牲了一切！拼了命为你们复仇！

日记是血写的！

夏日深夜追记

九月二十三日

在补记廿三这一天日记的时候，我的笔异常的沉重，心虽然兴奋，但是要命的创伤的剧痛，使我断断续续的写下去，我只想快快地写好它，因为这是我们生命里多么重大的一天呵？

廿七日晨

每个舰员都深知今日敌人决不惜以大规模的空中轰炸来报复昨日的失败。

昨宵夜未成寐，彻夜被亡友的追忆所苦，当清晨刚露朝曦时，我已步上舱面，沐浴清新的朝风。秋夜多露，到处都见一片清光，间有几处未洗净的血迹，比着湿水还要深刻。最令我见了感动的，便是泊在江阴的全个舰队，朦胧地仍然耸立在朝雾中，使我格外地感到深切，今日更不知会有多少烈士将要为她牺牲。

炮兵御着雨衣孑孑在炮的附近，我一走过去便被他们围拢起来，一双双静默的眼睛，都期待着听我说话。

“今天务必要先解决几个敌人才行，这是最要紧的，如果最初一着被我们占了上风，我们便不必愁以后，就是炸死，我们也当，你我一起死在炮位上！”

“都在于你啊！先生！”忠实的射手凝视着我说道。“我们总跟定了你，无论如何总为你尽力到底。”其余的附和说。

“这是我们一致努力的事，最要紧的，便是要耐得住一切的痛苦，今日如能耐得住痛苦，如果能不断地奋斗，就对得住祖国和死去的战友们，日本鬼对付了我们已有一个多月，还对付不下，今日我们的舰队仍赫然地守在此地，他们今日决不惜大规模地攻击我们，要记住我们是大中华民国的丈夫，死生事小，国家的荣誉却大，我准备和你们一齐拚死命打，为我们的亡友们复仇，为我们中国保守着这平海舰，不能成功就是成仁，无论如何不许有一人退缩！”

“谁会退缩？决[绝]没有一个的，”一个炮闩手怒冲冲的质问我。

士气是可用的了！

“呜——呜——呜”汽笛忽然长鸣，“敌舰！”我一面大呼，一面排开了他们赶先奔到部位去，“快到部位去，”我回头向他们挥挥手。

“打打笛，打打笛！”壮烈的备战号幽咽着，舱里士兵一齐从舱口奔驰出来，争向部位跑去。

我先登上后三米半测远镜台上，用它搜索敌踪，继而又赶到第一炮塔上巡视。

舰尾四尊主炮高高仰起，极端雄武地对着长江的入口。药弹输出口的机械也开动了，燦然的练带不住地在循环，把黄色的穿甲弹和褐色的药包筒逐个地从容在机中流出，一个个被防焰扉外的炮兵接了出去。人与机械都在忙碌，抱了这些炮弹的炮兵们，是如何的愉快啊！

快！快！另一方面在炮塔里面，周身穿了防焰衣的装弹兵，狰狞地执着送弹棍，等待着吧！机会马上就到了。瘦瘦的炮闩手，他也弯身在明亮得如镜般的炮闩后面检查发火孔，身上束紧了一皮带的如同赴狩的猎人，猎人啊！你所猎取的不是鸟兽，而是妄想冲进去的敌舰，这就是我们万恶的敌人，日本鬼子呀！电发火管，戴了耳机的传令兵，他眼中注视着号令收信器的指针口，尽向电话筒叫到——第一炮塔发令所——

一个个炮兵肃静而紧张地工作着，电动机嗡嗡然地交鸣着作战的前奏曲，炮塔跟着白针转来转去在跃跃欲动，干罢！一切都准备好了，不要让我们再等待下去吧！

炮第一第二两个射手，把手按住挪机上，一面旋转着制动轮。他们的眼睛已就在瞄准镜口，极力地在搜索敌踪，一面脚微微地踏住开关，他们的脸上，露着坚忍的表情和待战的精神。我想到我们期待已久的作战机会，一个我们生活中的大时代，就要到了。

各路电的导通线，千头万绪的由电箱通到炮上去，这一条的黑线衬托着地毡上列就的一对子弹和药包，就是当时的主角。那东西，无论谁都深望能把他们送进敌舰腹里去爆炸，试想吧！当这一对漆着美丽的鹅黄，加上一道宝蓝彩带的子弹，钻进了那丑恶的钢甲，炸碎了那蓄满了野心和罪恶的敌舰时，我们将要怎样的得意，怎样的庆幸哩？

让我们打吧！让我们冲出去吧！给我们这一次机会，使我们落后的海军怒吼，使我们争一口气，我们守候得已久了，我们的愤怒再也耐不住了。

冲出去？不可能的，没有奉到命令也没有任何的使命。

现在只等候着敌人来了，任你来的是日本强大的舰队，任你有的是巨炮飞机，我们决将不顾一切地选择“奋斗”作我们的路。虽然我们也必将走到“牺牲”的路上去，但是这有何“可憾”哩？我们虽葬送了自己，也要使敌人同归于尽，看着我们青天白日翻飞璨烂的海军旗光荣的悬在桅顶上飘扬，永远的飘扬，看见凶残的敌舰一艘艘的沉在水里，这不是满足了我一生的愿望了么？

我重登上后三米半测望镜，用它去搜索敌人踪迹，渐渐地发见有一抹淡烟，微露在水平线上，那当是敌舰所发出的吧？

“后测远镜发令所！左舷一二零度发现煤烟。”听到话管里同样回答后，猛地发见各炮已迅速的指向那点去了。

我让出测远镜给测远手，自己又换到左舷着观测镜去侦察动静，眼见发现的确实煤烟，心里不禁溢出一阵兴奋的喜意。周身的血液突如涨潮般地涌上，片刻间传遍了周身，我的两颊不觉泛出一片红光。

和我一道惯的士兵，他们总知道这是我准备作战的一种表情，这绯红的双颊也算是战争的一段佳话。

“距离二七零。”测手已对煤烟作目标动手测算。

各部分亦开始了紧张的工作，但我渐渐地有些怀疑，静候好久后，只见水线上首先露出的是一只独桅，随后一条黑色的细长烟囱又露出了水平线，这显然地在告诉必定不是敌舰。再等一会，当它全身显出一半时，我们便完全失望，因为那仅是一艘鬼模样的拖船，因此我们对于这一条拖船非常的痛恨，因为就是它打破了我们的希望的。于是敌舰的警报就解除了，炮位简单防护，也经我们加设了。昨日又运来一百发的空炸榴弹，这一排生力军真是我们所最需要的东西，自昨天作战以来，我们的空炸榴弹已将用罄，连破甲弹也参入射击了。

十　点半左右，两架敌机在远远地窥探我们，现在剧战是不可避免了。

十四点警报，十分钟后“敌机发现”，先后共来了八十余架，仅就第一批来的已在五十架以上。这时满空全遍布满着飞机，轰轰的音由四面八方响彻，这全是拿来对付我们区区三条小军舰的吗？当防空哨报出“敌机发现”的当初，我正立在后望台上面临着我最亲爱的第三炮，用目光扫过要跟我共生死的炮兵们，我无言地向他们，坚决冷峻地只发出一个“打”字，而故意不说“开放”，下面所有的炮兵听见了也齐声狂呼“打”字，我更把手用力一挥，又大叫一声“大家乘今天去报仇雪耻”。这时士兵比喝了酒还兴奋，鼓动的效力真是大极了。

没有阳光的下午，在那灰云笼罩的天气下，山光水色黯然都显着愁容，只有我这红了漆色的炮，和一群蓬勃生动的壮士，在燃着复仇的火焰，他们抢来抢去地动作着，活跃着，在准备死战到底！

炮上的偏差盘，仍是如往常般的璀璨，嘿！美丽的老友！我们不知要再合作多久了！

“死守住炮位，死战到底！”我与炮兵彼此相誓，坚守到底。

四五十架的敌机分了四个方向围攻过来，铁翅遮黑了惨淡的天空，砰，砰，砰，我的两门炮得了“打”的命令，如狂般地发射起来，立刻敌机的前面开了一朵朵云花。

“偏差×下！”“射击要沉着！”

砰！砰！砰！士兵飞快地装弹发射，每做一个动作时就咬牙切齿地恶声诅咒敌人。

一架敌机在我们的 Pot Quarter（斜左方）被击中，便如一颗流星的坠落下来，在天空中划成一条长黑烟。那时如有摄影机摄下，当时景况那才极有价值，可惜我们正缺着这家伙。

右舷的一队已向我舰俯冲，我抢到机枪上，为我亲爱的同学报仇，我要取偿于今日啊！拍！拍拍拍，一阵迎头痛击，使敌队的头一架敌机，再也不敢俯冲，掉首便向上逃避，这时我的机枪便换向，其余的各架，拼命地打，这条枪喷出的火线，立时扫退了队头的几架，余下的多架老早已经飞开，更不敢下冲了。敌人的飞机队只要被火力驱除了为首的几架，他们整队的企图便无异被撕成粉碎，他们的投弹也多半草草地完了事。我为自己准备了两挺机枪，由欧阳顺炮手代我装好弹药，当一挺的子弹打完后，我立即奔到另一挺去，这样互相交替的装弹和射击，除非因了故障以外，我机枪回爆的声音总是激荡在空间的。

大概一半日本飞机的攻击多是非常持重的，他们战斗的精神也很脆弱，但也例外的，有几架飞机确实勇敢。某一次，有一队飞机冲下想轰炸我们，头一架领队飞机的攻击精神是可惊的坚毅，任我的曳光弹在牠的翼间窜来窜去，这位队长总是沉着地俯冲下来，丝毫不顾忌我的射击是如何有害。可是到冲得很低的时候，我便着急地紧扣住我的机枪，向他不停地狂射，在那时期他便被击中数处，但不行，他还是仍然如故地投下四颗重量炸弹，并且用机枪向下狂扫。在我瞄准他的时候，我清楚地看见一排机枪从他机头喷出，带着火光的枪弹，都打我左右啸过，他打不中我，倒被我打中了他自己的飞机，使他一时支持不过，几乎冲下水里去，但勇敢的敌人终于嗡然一声，重复摇着机翼挣扎上去了。他这一次的掷弹，若不是受我扰乱，一定会命中我舰，这就是当我看见这四颗炸弹一同落下时，我想这一次必会命中，例外的只觉得炸弹下落得好久，那弹顶的旋叶也好像尽在嗞嗞地旋转个不止，那时我们的心理都期望他快快落下的好。

这四颗炸弹差不多将要掠过我舰的后桅斜刺入水，在我左舷二十米以外，起了极猛烈的爆炸，眼前一片亮光闪过，暴雷似的炸耳，震倒了我自己。我耳虽塞了药棉，但是为爆声过猛，我的两耳觉得像被针插入的剧痛，霎时间神志几失，等到恢复过来以后，除二架敌机已经潜下，可恨我机枪突发故障，一时无法能攻击阻止他，可是幸而这机的驾驶手是个懦夫，只高高地投了弹在离舰几十公尺以外炸开。

当我修理好机枪以后，敌队的第三机恰好由上面冲下，供我开刀。因为那次自己格外专心的射击，所以发弹虽少，但是每次都极精确，这恐怕是一时气愤，加了历次射击的惯性所促成的吧。这敌机不知当时是过于勇敢，或是技术过差，他直下冲到我的前面二百米左右的低空，经我一路的射击也未避让过去，等被击中了要害才开始拼命挣扎想换回牠悲惨的命运，可是已经迟了。突然我见它横闪了双翼直栽到水里，大约因为一时浮船的关系，当他轰然地溅起水花时，便立刻撞反了身，他的推进器还继续旋转，搅起老高的浪花。

当我击中一架该死的敌机时，在他后面那架已在我无法应付中投下炸弹，猛然我看见前方是四颗炸弹，刹那间我舰已被炸地跳起来，我被惊人的震动和霹雳的炸声掀得摔倒，后脑在地板上猛撞一下，自己不知道是生是死，只觉周身的骨头要被他震碎了，拼命地爬起来，手臂是痛的几如折断，可是一听到又是砰然的一声时，我又本能执着枪柄了。

在极度紧张的射击中，震耳欲聋的炮声，一次次的从耳边响过。我第二炮差不多用极限射击去驱逐由舰尾来的飞机，炮口喷出的火焰灼过我的左颊，带过一阵剧风，我眼内先闪过一片火光，然后一阵发黑，似乎迸散着无数的火花，我的腿一软几乎要昏倒，也不知是怎样的又重见了，猛见第二炮炮口正挡着我的前面，袅袅地流出一缕细烟。炮兵向我挥手要我让开这里，我怒哮着答道“不能！机枪是一刻也不能停的”，从此我便被震伤了头脑，当飞机来袭时，我的头脑尚能清清楚楚的辨明他的距离是多少，瞄在外环还是里环，飞行的方向经不经过环心，这一切都极清楚地呈显着，我神志仍是水一般的澄明，可是当飞机远远地去后，我便感到昏眩想要仆倒。

有一次一架形式颜色都显得特别的敌机，正在平平飞得离水面不多高，似乎是去攻击我们后面的宁海舰的。当我见了这良好的机会，可笑他还飞得高兴，你快快地把他瞄在外环和平线的交点试射，我一次便钩发挪机向他猛射，他猛地受了狙击，不知有未受伤，便扇了扇翅如一只水鸟般一溜，一个斜开腾去了。老实说，我很惊诧他竟能这般矫捷的避开射击，这个人一定是一个劲敌。

在上次被震倒的时候，右舷的第三机枪的枪架便在那时被炸断，但枪仍是完好可用的，其余一架因了故障，枪管已经退出，短时内一定不及修好，所以在敌队已经来攻时，我终于不顾一切地，把他用臂支架在钢板上强行射击，枪巨大的挫力，令我射击极度困难，枪口也颤跳的过分厉害，我简直是无法施行。可是当数百发的子弹放出去后，敌机已在回转，我们的危机虽得解救，猛地觉得左手被烫痛极，不竟跳了起来，用右手极力地搓着，伸来一看掌皮已是几道的烙痕，因为经过百数发的射击，枪管已如烙铁般的赤热，我握在枪管上的左手掌也就被他所炙伤，虽然我随即把手浸入一桶水中，但是痛苦反而更加剧烈，去你的！不管这些！

这时，因了这桶水使我重复意识到他的用途，于是我把他提起，拿去冷却枪管，水一泼在枪管上便吆的化成蒸汽，这样怎怪我手掌不受炮烙之刑哩？我把枪管冷却以后，自己已是筋疲力尽，头发涨得痛，心也不住的跳，口唇和喉咙干得发焦，于是桶中的余沥也被牛饮入腹，冰凉的水这一刺激倒使我神志暂时清醒了。

好啊！一架敌机又被友军击中，大家一齐嘈哄起来了，我手中还提着水桶也在兴奋，当第二次我重复想用这断架的机枪时，已知从家具箱中取出一大卷渍油的棉纱，握在左手护着烫，想向一些无关紧要的敌机射击，可是手指一钩不响了。这又是机枪发生了故障，于是我重新把他放在地上修理，自己因为过度的射击，已经失去清楚的理智，忘了第一步，开了保险钮的手续，所以解开枪闩时，砰的一声，一粒子弹走了火，把前面的薄钢板打穿一个孔。好幸运的我啊，假若是钢板稍厚时，这粒子弹将要反跳回来打死了自己，这真是我的大幸运，这个弹孔如今还留在平海军舰后望台的右舷钢板上作为我抗战的纪念。

在一次猛烈的射击当中，猝然的一件东西射到我的胸膛，我默想自己是中了枪弹，可是想起早晨和士兵所共勉的话，多忍一份痛苦，多杀一名敌人，就多对祖国多一份责任，所以我想射击到我最后。叮当，奇怪！这件东西竟落在地下了，仔细一看才知仅是枪机的退力簧(Return Sqring)和簧筒，因为发射时过度的涨缩，渐渐的松转而脱离了螺丝，被簧力一撑遂向后猛射，但无论如何对于一个坚忍的人，纵使真的有一粒子弹穿过他的胸膛，他也将负了伤支撑着苦战到底，绝不退让的，到放下枪的时候，便是他进入天国的时候了。

船早已斩断锚链向前开行，飞机现在只在老远转着，我乘着这间隙走到下面第二炮的地点，用大声激励炮兵“打得真好，你们真勇敢！”炮第一、第二个射手听了高兴得张开口微笑，第二炮兵尤其兴奋地翘起拇指向我迎送，还叫到：“机关枪打得妙极了！先生，看你越打脸越红，真是了不起的高兴啊，我就多打几炮上去，装弹兵上来说前舱的人，都道你倒在地上战死了，恭喜，恭喜！你未受伤。”

我走到瞭望台的后面，向我的第三炮炮兵说“好啊！真打得好！现在慢着射击，飞机已经去远了，我们的子弹要节省啊！”可是第一射手头仍埋在镜上，一面瞄一面叫“刘先生，刘先生，刚才受了伤没有？”砰地又放出一炮，郑春香炮长看见了我，口吃吃地说道：“我，我们，都在这里了。”

炮的附近满堆着弹壳，炮管的灰漆都烧成焦黄色，当他们滑润油倾注在炮闩时，油都立刻滋滋地起泡。炮兵操作过多，热得打起赤膊，看见他们飞舞起双臂尽管把弹药装填，真不愧是忠勇绝伦的健儿。到这时候中华民族的精神，才十足的表现出来，中华民族永无屈服的一日啊！这“九月二十三日”一天的下午，这是最值得纪念的一个时期。

船上一时不作战就显得静寂，只有机器以全速进行的推进声，炮位上的各人皆已疲绝，有的竟席地而坐，稍作喘息的。

不久，又有两个飞机编队绕来攻击我们，于是炮又开始狂吼，我所指挥的这两门炮，经战即久，射击的能力也大有增进，一炮一炮的仅在敌人附近爆开。可是我前后作战已达四个小时之久，整个肢体已战得声嘶力竭，每传出一声命令，不知要鼓起多少气力，但是我深知最后的五分钟，就是胜败的关键，所以无论自己是如何困顿，终必坚持到底的。

忽然一个遍身水淋淋的运弹兵，抱了个子弹狂奔，上来向我报告“八生药弹舱进水了，这里所搬上来的是照明弹。”我说：“照明弹就拿去放！叫他们拚死把所有的高射弹炮搬上舱面，快！快！”

他回答道“是，我们正在拼命地搬呢，高景铨炮手因为搬弹差不多要淹死在舱内。”“不管！快去搬！”

他们和冲进的水奋斗，救出了一大半子弹。

天上刹然一亮，一个降落伞火留在空中，这是照明弹放出了，汪炮手说“不坏，再放！”

水手怒骂道“烧死这些日本鬼子!”

子弹非常欠乏,我们把空炸榴弹、穿甲弹和照明弹三种混合着发射,由右舷来的一队敌机是被第二个炮驱去走了。

第三炮是分配去射击左舷的敌机队,因为一时弹药不继,发时稍疏,便被九架列成整齐队伍的大型轰炸机(后面还跟着驱逐机)闯近,幸而弹药重复到达,我们赶紧高速的发射,想挽救这已迫近的危机。可是已感不及,眼看领队的敌机发出一个信号弹,于是六架敌机一齐投下轰弹,稍间歇了一会,敌又发出了一道信号弹,于是全队又做第二次的一齐投下。

几十以上的黑点,一刹那由那些铁鸟的翼下,密簇簇地向下播散了。一颗颗死亡的种子渐渐地化成巨型的大炸弹,成群结队地密布了半个天空,无情地向我们笼罩下来。

我们都看惯了这些,也不介意现在是否就是我们的归宿,也并没感到一些被震慑的意味,却在炸弹嗞嗞的下落声中,以最高的速度尽其所有的向敌人射击,准备作我们“死”的取偿。

家!爱人!生命!什么也不足以留恋!仅是变了色的祖国,将少了一批海上的健儿去为她奋斗!仅是我们那炮和枪将停止了宝贵的射击!

亲爱的祖国呵!不要离别了我们啊!我们还想为你去闯夺、去报复一切的仇恨啊!

我最亲爱的炮来呵!机关枪也来呵!跟了我们去殉葬吧!

我们死也不瞑目的,让那些跋扈的敌机飞翔在我们的头上,这是我们的天空,让我们在最后的关头保卫着他吧。几颗巨大的炸弹,突然打我眼帘前插下去了。轰!轰!轰!天崩地塌地在四周炸了,我们的前后左右密丛丛的布着水的山岭,我们恰被包围在山谷的中心。这里的山景也有沸腾的白沫,微像着覆顶的白雪,也有刹然的一亮红光,使你想到夕照的红霞,并且也有挣出的黑烟,几成一片连绵的松岭。战的美景!死的歌声!

扶在台边的我,觉得船马上就要崩塌了,舰舷在急剧的一落,当着眼前沸腾着汹涌的江水,等着我们陷下。舰向下倒了,咦!又上升了!我们的平海舰又重新摆正了!万岁!万岁的平海舰,万岁万岁坚持到底的战斗员!

舰仅差一点就被直接命中,这真的是过分的幸运。

几颗炸弹较迟的又零零落落的在四周爆炸。可是到这时候,我们每人都只有一种轻松的感觉,惊诧着如何又挣出了这不可避免的命运?真是奇迹!

我鼻孔和口角挂下了鲜血，虽把衣服拭去了，仍在流着。

“偏差××下，”命令与口血一齐迸出欢愉的口中，现在我们开马后炮，追！打！

敌人全部飞远了，只有一架亡命的又在这次攻击中，不知是被我们还是被友舰糊涂的送了下来，留作“取偿”的代价。

舰重伤了，水向舰中直涌，下去到水里去救人去！我脱了皮鞋，打赤了足，奔下后朝台。现在是如何的开心啊，毁灭过了去，血仇也亲手报了！我叫唤着，嚷着跑向后面。

我们相信这些战斗可说是够危险，够剧烈的了。他们的投弹因了战线的疏开，决不会齐聚于一点，所以他的破坏力是分化的，但我们是摆在水面的一个显著目标，尤其是平海是全队的旗舰，所以大量的炸弹全向这一点集中。这时我们只有去拼，因为我们既不能如陆军的可以疏开，也无法避让得及，只得尽力去攻击敌人以解救自己的危机，但是要以我们的三门炮和机关枪去应付四面八方来的飞机，实在是困难极了，幸而我们大家都以死志报国，用惊不倒的胆量去和占有数量上、地位上绝对优势的敌人去奋斗。我们只能以猛烈的射击，使敌人的飞机无法准确投弹，使攻击精神脆弱的敌人终为我们所震慑。这是一次最伟大的斗争，像这种大规模的空海战斗截至目前为止，还是有史以来的第一次。

同队的宁海舰被敌机多次击中快沉了，遂奋勇的向岸上冲去，他们作战的坚强是惊人的。这便是那天轰炸敌人所仅得的代价，以这样大规模攻击获得这种结果，决不能算是一种成功。

今日八十余架敌机在完全无制空的状态下，向仅有十三门中型高射炮，约三艘较有力的轻巡洋舰，用大量的重炸弹去轰炸，还得损失四架飞机。由这里边可以认清我们的战斗是如何的成功，当时我们如能得到我们英勇空军飞来援助，便可以上下夹攻，使敌人的攻击必将全归失败。

平海舰现在拼着死命在将沉的状态下，想把舰勉力支持，驶到安全地点修理后再打。舰一面进水一面前进，外面的江水冲入如瀑布，里面的人群策群力去抵抗。为了要阻止这滔滔的急流，我们上下一心的一面堵塞，一面抽水，抽水机不住地摇动着，棉被、木材一切可用的东西都抱去了堵塞。冲呀！冲上去堵住这股瀑布呀！虽被狂流冲了，回头再上前冲呀！堵呀！抽呀！这一部悲壮的进行曲，要教训我们全民族应当为伟大中华民国去抵抗这妄想断绝我们生存的疯狂之日本帝国主义！

午夜，我们海军的领袖陈部长赶到，指示一切，延至次晨拂晓风雨凄楚的天气下，舰因进水过多，渐渐不支，舰尾下沉，我们流泪的吻别了“光荣的平海舰”。

“平海精神不死！”“平海阵亡将士精神不死！”

二十九日下午写完于十二圩

国民政府海军总司令部编译处编：《海军抗战事迹汇编》，1941 年内部版，第 228—258 页。

宁海舰作战身历记

孟汉钟[1]

八月十六日敌机的空袭爆发了民族的哮声，驻江阴的船队从此一天天劳动、警备，防御国防的最前线。挺起胸膺，做真正国防的斗士。敌机不断地来江边空袭，而船队也不断地执行任务。海军是国家实力之一部，由是更得了进一步的证明：每逢敌机来袭，全船立刻动员，战炮位哪！运子弹哪，各种工作的特务队纷纷出来服务。不多久，漫天飞起一朵朵灰云！高射炮弹所炸的火花——织成不可侵犯的火网！两岸间的老百姓，更欣然跃喜来欢迎这付伟大的创作，他们多知道我们总会将敌机击溃，给他们至上安慰的！

八月二十日晨发现一架敌水上侦查机来袭，驻澄各舰遵照海军部节省弹药的命令，将炮火有效而节俭地向敌机发射。水上机本来转动不灵，亦受准确炮火包围，始终不敢在舰队上空飞越，只在附近江面的上空绕了数匝而东窜去。待至傍午，要塞忽传来紧急报告云七驾敌机西飞已过常熟了，我们听了立刻准备起来。过了一刻钟紧急警报响了，东南方发现敌机，正是七驾。舰队炮火集中迎击它，立刻敌机的队形便被击散了，匆匆地投下几颗炸弹便东窜。这是重磅炸弹呢！在水中炸起七八丈高的水柱，然而离宁海近有一千米之远，我们一无损伤，敌人则虚耗汽油及炸弹了！

我们当高射指挥官的人最怕在晴天无云时指挥，因为向着天空看去根本眼睛无从瞄看，对焦极难，而且敌人银灰色机身受了日光反射，也难寻找标定它们，最好天空有层薄云，像棉絮似地微飘在高空，飞机不能飞越它(因为那是太高不合瞄准了)。若在云下飞呢，那顶容易寻出它的踪迹来，且可永保目标——这时视界更

---

① 孟汉钟，淞沪会战时任宁海舰上尉枪炮官。

是清晰。八月二十三日那天正是适合此项规定，偏偏就有十五架敌机来犯，敌人即送礼上门，当然舰队有用炮火去欢迎。望见遥远的一群共分三队进攻，前两队各六架，后一队三架。第一队转至要塞上空即刻作急降轰炸法，一架架自高空开了油门降下封炮台投弹，忽然开足马力上升逃走了。舰队的轻重机关火力不停地向它射击，高射炮则对准第二、三两队敌机……只见第三架降下的敌机忽然被子弹击中，轰隆地一声着起火来，烧成一团红球，更拖着又长又浓的黑烟，好像水龙在舞着，配着蔚蓝色带云的天空。这付警心醒目的奇景，安慰了疲劳的战士！格外兴奋，有的炮兵竟然拍起巴掌大声喝好。我见第二队敌机正鼓其盲勇向舰队进攻，第一队其他敌机匆匆投弹他窜。

我此刻尚忆起那狂号的机声，与那丑恶的日章旗！一步步向舰队上空接近。被那机声扰的神经系全跃动了，赶快镇定一下，仍以常态指挥，炮火相当猛烈，敌机在弹群中穿过扶摇地至舰队上空，投下十几枚重磅炸弹。哦！瞧那高耸的水柱。击起不平凡的哮声，渐渐地又降下去，这一队敌机也向回窜去了。第三队敌机忽又由另一方向进攻，可是舰队的炮火又多又凶，照样有效向它抵抗着。他们照样投弹，我们照样射击，炸弹群又落水中。这一队有两架敌机受了很重的伤，瞧，敌机扶摇欲堕的样子，大概要葬身在中国的大地上了。

辛苦了一天，大家都很累的。在官厅休息的时候，忽然平海旗舰汽艇送来一封信，原来霖弟写信来告诉我，今天击落那架敌机是他所指挥的船首炮所击中的。我知霖的枪炮学识极好，如今果有特殊成绩发挥，真特别安慰呢！立刻写封信并购了几瓶啤酒，一边贺他，一边慰劳他同他的战士们！

敌机常常单架飞来侦察，多半高高地飞在舰队上空绕数匝后，即飞去封锁线上视察(距舰队千米)。当我们知道仅是侦察机来，数目又少的话，我们便稍放一两颗警戒弹，敌机也知趣即刻到封锁线那边去匝了。每次侦察都有照相，因为我们常在《字林西报》及《大陆报》上见到舰队鸟瞰的照片同封锁线的情形。敌人是极会暗算，干练特务人才自必对于这种侦察情报工作刺探得最热心了。他们也知道金汤巩固的澄江是不易侵犯的，因此累次先打听虚实次再进犯，差不多已成惯例。我们并不畏惧倭寇的侦察及轰炸，让他来侦来炸吧。我们总是本着责任向他们抗斗，生死久已置之度外了。

所以当八月二十七日下午来袭的敌机虽用极凶猛阵势进攻，掷下多数重磅炸弹，并未威胁我们半毫分，炸弹片击在船板碰碰地响，炮火的射击哪会停？敌机开机关枪扫射，我们也用机枪去射击它们，洩光弹将敌机包围着。瞧，敌机散开了，一队逃回去，一队又溜到封锁线上侦察。适绥宁炮艇在监视封锁线，敌机以为它既小又失群可欺，便轮流急降投弹。绥宁本着抗战的正义感急忙以炮弹送上去，迎接敌机，敌机猝不及防吃了败仗赶紧收队，敷衍了事回去报账了！

九月初期中，空袭警报常常发着，凡是敌机由上海附近西飞，过不了好久，要塞中或防空监视哨即报告舰队。空袭警报一发出，全舰人员立刻站炮位赴职位，紧张的工作瞬间布置妥当。敌机并不一定都袭江阴，它们自沪西飞或许侵犯京镇一带，甚至去汉口、芜湖扰乱，但多半经过江阴。但舰队那[哪]能预测它们是过境或者专门袭击舰队，既不能预测当然对一切警戒手续总要做周全，免得临时仓皇忙手措足不能对付了！是以有了警报即刻站炮位，准备作战，不停地用望远镜搜索敌机的踪迹，提起十足精神。在那时，神经的刺激达到饱和点，紧张的生活将整个人生观改变了，贡献整个人给国家，听凭国家命运支配去。一天三五次警报，送接数十架敌机简直算为家常便饭一类的事了！

瞭望队在先因为工作尚未老练，每发现飞机即发紧急警报，有时等用望远镜看清楚，始知是中国机，它们出动去轰炸上海敌舰、敌阵地及助我陆军作战呢！中国机飞经舰队上空给我们至不便利，因为飞机速度极快，自发现后瞬即飞临上空，并无多时可从容判断敌友，稍微不察，误中国机为敌机加以射击即是妨碍抗战力量，而且使海空军易生误会，如误敌机为友机则本身感受危险，所以就由舰队报告海军部向空军总指挥部接洽，设法使我空军出动时不再翔越舰队天空，必需时则预先特别通知，这样圆满的解决使舰队同人在此后确认目标得到很大的便利，瞭望队困难，也大大地减少了。

几次的夜袭引起将士们广大的兴趣，有时敌机在暗而无月的夜中来袭，并放照明弹藉探舰队的踪迹，可惜他们航空人员技术太差，舰队虽被他们发现，累次的投弹丝毫无效果。我们因为发现不到敌机，为节省子弹计，也不会射击。可恶的汉奸累次发放信号，引起我们至大愤怒，倒饱飨他们以机关枪子弹呢！曾有一次夜间中国机来澄视察，我们以为是敌机，恰巧有微微月光及白云，很简便将它找到，正将射击，忽然指挥台上传下不准射击的命令！是以只好看住它。奇怪极了！汉奸的信号也不放了，事后我们知道来的是中国机，不禁深叹为什么汉奸的消息那样灵通？

忆起年幼时在东南大学附属小学求学，先生们常以大自然的乐趣及美丽唤醒我们注意保卫国家江山。大自然是由造物主去操纵，变化万千，自必美丽异常，然而战争的场面配上自然的情景，那更是伟观呢！九月二十日夜间，月色不淡不浓，天空散有鳞片云，江岸、山城及舰队的轮廓微微地显出来。在这初秋的月夜间，我们看到一副海空战的伟大图画，深刻的印象划入脑海之中，若不是战争又何见到这伟壮的场面呢！在那幽静的时候，我从甜蜜的梦中，被悠长的警报声唤醒，急急披衣穿鞋跑到第二高射炮去指挥，看见曾总大副在驾驶台上轻声唤道："汉钟！好好干一下！"我笑面报告他"老师，请你放心。"这时只听见飞机的沉重声音在黄山江面绕着，一会儿绕到江阴城方面，忽然向海筹、海容上空投了两颗弹，于是黑色轮廓中忽然添上数耸红光及黑烟焰，配了轰轰隆的声音，水柱的威风倒不明显了。海筹、海容等舰所发射的炮弹像一颗颗明亮的星儿迎了上去，这副交杂的美景使我看的也忘了秋寒，深深地感觉它的壮观。可是一转瞬间敌机即飞来宁海上空，舰队左右各一架(听声音判断的)，飞得很低，可看见敌机的黑形在云上斜洒着。它投炸弹，我们开高射炮及机关枪，灯光、火焰、流星、水柱及炸弹声同炮声，在美如银漾的月光下极不调和地表演。这幕海空军夜战的伟大气派，令参与是役的人们领略到它的兴趣同价值。伟大的战争，伟大的海军赶走无耻的倭寇！敌机飞走后我身上才感微寒，始记得并未穿呢衣，只披了单衣便跑出来，但忽然看见炮旁有一件呢军衣，取它过来一看就是我的，不禁奇怪之至。我问炮兵这军衣从哪里来的，他说："先生，这不是你的勤务兵看您穿军衣作战，怕您受凉替您将呢衣拿来，您接过来没穿，在放此地，因为那时敌机正从海筹的上空飞到此地来，您注意指挥，怎么便忘了哪！"我一想，果然不错，纷杂的战斗及战景的伟大使我忘了寒冷，现在敌机负伤逃去，解除警报也响了，便欣然发令收炮，提了呢衣，向船中安眠去！

或许有人要批评我所记载的事实在太零碎了，但是我是在江阴参战的一分子，还负着实际责任。每次敌机来袭或是看更期间所尝受的滋味太深刻，看事比一般人总稍稍锐敏。我所写的全是事实，丝毫未加渲染，说到下面的事情还要格外惊人呢！在江阴的海军舰队，的确曾用浓笔在历史的一页，隆重写了一片海军坚决而忠勇抗战的记载，则是千真万确的事，任何人都不能抹杀这重要的事实，我们描写诚以不能还原实况而惭愧呢！

倭寇长谷川在沪发出无理照会，强迫各国人员退出南京，让他好发兽性大轰大炸，倭寇也不知以何种资格，才取得如此发照会狂权。我国抗战已属既定方针，不管敌人如何蛮干，我们总要把它打出中国土地而后已。在江阴的舰队更加紧工作，警戒残暴的敌人。九月十九日，发现多架飞机沿铁路线西飞，因距离太远未曾开炮。未几他们陆续东飞，数一下比原来的数日减少十架，而且机种是五花八门样样皆有，好比重轰炸、轻轰炸、双翼机、军翼机、水上机、陆上机，大大小小不一而足。这模糊凌乱拼凑成的空军，难怪受我防空部队稍一激击，马上狼狈而窜，大败东逃了！：

九月二十二日上午十时，要塞方面报告敌机十余架将犯江阴。宁海军舰在舰长陈宏泰氏、副长甘礼经氏领导之下，早已完成应付敌人大规模轰炸的准备，枪炮方面由总枪炮官曾万里氏指导检查及布置，也满足高速度作战及火力散布的需要。此时全舰员兵部位站好，镇定而英勇地守候敌机来临，只祈望有好机会尽量击毁它们，已泄我们心中之积忿。果然，机会来了！十五驾敌机于十点半出现，双翼的重轰炸机，带的炸弹很多吧！不管它，不怕它。瞧，敌机用高狂的速率自舰尾方向硬冲过来。测高仪迅测高度及距离，指挥官们勇敢指挥，高射炮朝目标用精锐的炮火迎来，陈泰华炮长俯首细心看准瞄镜，一秒钟都不敢疏忽，要塞也开炮协助我们抵抗。敌机受不住这猛烈炮火网的包围，立刻散成两队，一队自东南向西北，另一队自北飞南，横越舰队进启。这倒给舰队的每尊炮皆有发挥效力之可能。敌机守了固定航线冒险飞近投弹角。我们所发的高射炮弹也加速度迎击了它，沉重的机声轰隆地一步步迫近，每个人怀了愤怒，忘了威胁，忘了头顶所受的危险。

第一队敌机投了弹，即飞越高射炮射程外高空盘旋，第二队敌机又换个方向进攻，这次每一对用集体投弹，(以前都是个别投弹)所有的炸弹落在平海、宁舰中间的水中激起水柱，相连成一座阔高无比的水屏风，烟光水汽如是地凝结，竟将平海全部舰影遮住了，真伟观！第二队所投的炸弹砸落在平海、宁海左右舷及应瑞舰前后的水中，四飞的弹片击伤我英勇的将士们，因我们均无护身板钢盔保护也，惟舰体并未受任何损伤。敌机受我炮火猛击后，即扶摇东窜，据观测台报告云有三架敌机尾曳白烟，落后直堕下地，这是我们优良炮火控制的成绩呢！

敌机才逃走，我们即忙了补充、整理全舰炮械弹药，及料理救治受伤员兵。忽又听到紧急警报，六架敌机自电雷学校方面飞向舰队，单翼的重轰炸机，是不是“木夏津”的遗产？过电雷学校时掷下多枚炸弹，裹起漫天的灰土，进一步又袭舰队。敌机受炮火的威胁被迫改航向，蛇航的结果，所投弹之命中率因此也减小，然而所投的重磅炸弹落在舰队中间具有极大的轰炸力，四散的破片飞向各舰，平海及本舰几位工作的战士遂因此受伤，船体也穿了十几个洞。我们已将这几架敌机击伤，因为瞧着他们勉强支持摇摇晃晃飞回去，要是舰队多几尊重机关炮，必能将此敌机全数击落下来呢！可惜！可惜！

下午三时，在满船火药味道中勉强吃了午饭。全舰战士们知道敌人还有大规模的进攻,因此赶紧边补充接洽各事,心中有了牵挂,即刻大家奔忙地完成了各项任务。下午四时又见九架敌机从东南方向直向平海、宁海上空进袭,舰长下令用密集炮火施行长距离的射击。指挥台上曾总大副遵令指挥,将炮战诸元素缜密推测传给各炮应用,机关枪亦啪啪地响个不停,如是击溃了敌机的队形。他们四散而隐入云中,用机关枪扫射我英勇将士,嗣后飞到海容、海筹上空胡乱地投下十数颗炸弹,全落在水中。我军毫无损失,敌机便急急飞到江阴城内轰炸,从那个方向逃回根据地去了!

九二二这一天,全体将士们自晨九时工作到夜晚的九时,粗粗地用了午膳、晚膳,整日在极紧张的心情中度过。上下一心,合力一致地勇敢应战,受了曾总大副平日极有秩序的训练,应战时的精神,遂特别焕发,于是成绩很优良,总共发射四百多枚炮弹,机关枪弹八千多发,甲板上尽是子弹壳同炸弹碎片,战况的猛烈于以想见了!我们能用精锐火炮将敌人击退,私心很是安慰与镇定。然而下午平海军舰忽传来一个噩耗,说是派在平海军舰见习的同学孟君汉霖同高君昌衢,却在今日的英勇抗战中抱了杀敌的决心,与猛攻舰队之敌机群作战,奋力指挥卒能将敌机击落,敌机随形击溃,然而二君亦在此期间,虽已建了大功,本身却受敌炸弹破片击伤脑部,以身殉职,阵亡在所指挥之炮位旁。啊!这消息传来后,我心中悲痛无以复加,暂时失了知觉,已悲晕过去不知人事呢!

我在前几段中已经报告过孟君汉霖是我的同胞弟弟,而且自幼年到海军专科学校毕业为止,我俩都在一起求学,不管在家庭或在学校里,我俩总是在一起行走,许多人都羡慕我俩的合作及努力。霖弟年十二岁半即赴遥远的福建求学,奋斗五年出来后身体练壮,在鱼雷及舰课都以前茅毕业,而最后的枪炮科还被提拔作为榜首,于以见各位长官及老师对他的厚爱了。霖弟的志向很远大,总希望国家的积弱能消除,国耻能雪清,更斤斤提倡复兴海军,建设海军的灼见,自己努力锻炼身体,研究功课,使德、智、体三育并进,他常常规劝我,勉我上进。我每受他的诚恳言语所感动,像这般要好的兄弟,一旦分别,而是永久的分别,雁行折翼,怎不令我又悲又痛呢!

霖弟前两天有信给我,说到在此抗战争民族生存之际,每人皆应抱决心为国牺牲,如全国人士皆同此心,敌人必不得逞。他说一般人士气太沉寂,他将用热血去唤醒他们,是以预书遗嘱,涕泣告别父母师长和同胞,誓以热血遍洒平海及江阴。我接信后还未三天,而霖弟却以事实证明他的志向了。唉!他今天见倭寇的机队逐渐迫近舰队上空,敌人的凶残引起他正义的愤怒,加紧指挥平海军舰第一高射炮向敌发射，更因炮兵发弹过久，精神不继，于是奋然亲自装弹同，用他的熟练的技术加堆弹的装填，当然发射的速度也增加了。炮长们仔细瞄准的功劳，两架敌机被击中而曳退了，队伍滚向大地之野了。霖在此立功之时，忽然受到炸弹片的影响，便殉难于平海军舰第一高射炮旁边，静静地合闭着眼睛，嘴角带了微笑，他竟成仁了！痛哉！霖身上正义的血流在甲板附近，留下他的光荣遗迹，好比一个人卧在那里一般。这是霖弟精诚所化，殉国后，犹欲唤醒同胞共赴国难呢！伟大的霖弟做了新海军的先驱者，为海军抗战后率先殉难之人。我们做烈士家属的人们自必悲戚之至，但是念到"烈士之血，主义之花"，霖已在民族战争中负了军人最大责任，则不禁破涕而笑呢！

谨祝忠孝双全的烈士霖弟早升天堂，恳求英灵昭示指点我服务之南针啊！

高君昌衢的学问非常之好，且是本班才毕业的榜首，他为人素寡言笑，性温和，对他人咸彬彬有礼，但是在足球场上却是最勇敢、最爱冲锋陷阵的一员健将。他同霖弟极为知己，担任平海军舰第二高射炮指挥官之职，英勇地抗战，不幸也被敌弹片攻击而殉国了！二位烈士的亡去，不仅是本班的重大损失，即国家亦受顶大摧折。长才未展，雄志未售，二烈士在天之灵当不无遗憾！"出师未捷身先死，长使英雄泪满襟"！唉！感觉得太悲痛了！

九月二十二日的夜间在迷惘而惊心梦境中勉强混过了，心情是那样的不安定，许许多多复杂的思维将我的注意力全产动了，好像睡在无绳的吊铺中，身子时上时下，时而摇摆，而疼念手足的情分更不时由心底蓦然涌上来，反而忘了白日鏖战的辛累了。等到次日清晨三时许即起来，取出日记再看，更桌旁静心地写，将二十二日的抗战经过同霖弟殉国的情形全记上去，等日记记好，我的眼泪也将日记浸透了！伤心哉！

二十三日五时许，忽然报有十艘敌船已过南通，步步迫近江阴，下游各监视哨不断地将此消息报上来。于是，防敌舰的站炮位警报更壮观地出发，播音机中不停地发布命令声。大炮在转动，口弹机在拖子弹了。我的炮位是第三炮塔的指挥官，早就跑到里面指挥，仔细地点清每个炮兵的细动作，只有依次安然而无纷乱。炮兵们很安静，很壮烈做着应做的事，我们第三主炮机不久的时间便准备清楚了。

指挥台发出射击的命令——各别射击，就是由指挥台供给射击诸元素，然后各炮瞄准目标，各炮自行开放。这是在窄狭水道中的指挥，在宽阔的海面便不是这般办法了。各别射击可给各炮的指挥官以审判自己指挥的能力，同时加强本身的信念。当时我们第三炮赶紧向下游的江面瞄准，我以不断用望远镜搜索，可恶的敌舰始终不敢将丑形露出。虽然我们的炮弹已装入膛内，只待一扣扳机就可射出。嗣后，敌舰驶到距长山二十英里附近又驶下去，我们也就收炮，各人去做早晨应做的事去。

甘副长知道今天的情势必很紧张，因为昨天敌机目的未达，同时今早敌舰又知难而退，最经济而毁灭性的侵略自然是用空袭为佳。并且天气又不热，阴云散布满天。微微而平静的江水上面却浮游着万吨的大军舰，更集着团结一致，歼灭敌人的战士们之决心。胆小如鼠的敌人啊，你来吧，我们已准备热血与正义与敌舰生死战呢！十时后发现两架单翼侦察机，在高空环绕很久，然后飞返东方。甘副长同曾总枪炮官商量一致，便下令提前午膳，赶快将各项准备作妥，舰后弹药舱的炮弹也厘整过，机关枪弹都新上了枪膛，炮膛与枪膛都擦拭干净，各处受伤员兵的位置也由生力军补上去。全船各处皆听到"敌人桥"、"不让东洋鬼子溜走的"英雄吼声。

午后二时，要塞发出空袭警报，旋将近一刻钟发现十五架敌机自左转正面飞来，东方也有十二架敌机进袭，于是当面的海空战便展开。对左舷的敌机用较快炮火，对东方的远敌则用远距离炮火很精确地迎击它。战至正酣之际，忽听瞭望队报告东南方又有三大队敌机进袭，数一下，一共二十七架，这算是来江阴后最大的空袭了。大家除了兴奋之外更沉毅地、跳跃地干这放高射炮、开机关枪的事体。忽然瞭望队又报东北面又发现三十七架敌机，分二大队进袭。好！敌人今天倾巢来犯作孤注之一掷，我们已立志保土，难道还怕这个么？

敌机虽众，所操的战术也很到地，他们分成许多小队中队，三、六、九架不等，自各方向进袭。敌人想分散我们的注意力，使我们的炮火不能应付，实在我们的炮火很充足，他们分开，我们正可专心瞄准呢。这时第一次发现的敌机已投下几群弹，全落在平海、宁海及逸仙舰的当中水中，炸激起满天的烟、水，暂时地各舰均被这烟及水雾迷漫住了。我们却未曾受伤，舰尾的敌机用急降下轰方式次第由高空下降，嗡嗡声忽停忽起，炸弹声时作时歇，唯有高射炮及机关枪的声音则响个不停。急降的敌机受了机关枪弹的阻挡一时忍不住劲，就陪那子弹一起到水中去，一时又一架敌机也学他，两架中弹而起火而堕的敌机创出新的画面，炮兵们见了咸欢欣不止，精神更兴奋了！

抬头向四面看了一次，喝！飞机似蚊蝇一般在头顶绕着，我们各舰及要塞所发射的高射炮弹也爆成成千盈万的云朵儿满天飞舞，机关枪弹更接成细而长的火龙满天游动着（因用洩光弹）。稍一瞬间，又有两架敌机被射中，在天空爆炸，炸时细碎的东西由天空纷纷落下，平海、宁海各舰上均落了很多。有一个弹药兵捡了一块破铁片放在炮旁，炮长看见，就问他什么用，他回答："恐怕你们各位专心开炮没看见射下的敌机，因此我特捡一片让你们看了可兴奋一点。"炮兵笑着说："快去取药弹吧，我在望远镜内看得比你们还清楚呢！"话还未说完，前面士兵舱内报告传出，前段各舰受爆炸弹力炸震，已有多处破裂进水。副长立刻令塞漏队去工作，自己也去视察。原来接续而落的炸弹太凶，本船的锚链仓、帆缆仓、米仓、十星炮弹仓等处都震破好多洞进水。水势虽凶，堵塞队员兵也特别卖力奋身工作，船面上的抗斗也愈变愈猛烈了。敌机环绕平海及宁海反复投弹，左右舷旁全是炸弹的水柱树立降落，排山倒海般雄势响着。驾驶台上的官员们守着部位努力尽职，林航海员人骥在执行任务时被弹片击中而殉职。这格外激奋其他的官员抗战意识，默怒而沉着做每个人的责任！

陈司令在平海舰见我军各舰抛锚作战甚为不便利，便下令起锚作战。烟雾中见了旗令，赶紧派起锚队去工作，那时前段船面上炸弹片四飞五射，成了极大的危险界，起锚机也受了伤，好几个工作人员也受了伤，因此起锚稍迟便成众矢之的。四面八方的敌机迫近来投弹，这轰炸的声音将耳朵都震聋了。他们投弹，弹落如雨；我们开炮，炮炸似云。战斗的情况愈趋愈激烈，子弹堆在甲板上也愈聚愈厚。锚尚未绞起，舰长赶紧下令，截断锚链，轮机下士江铿惠冒了万险匍匐到船头将锚截断，船脱了羁绊，就可自由行动。舰长将船驶转弯，尾随平海舰向西蛇航，因为受伤太厉害，前进的速度是很缓的，驾驶台下层的机关枪平台由刘枪炮员崇端及孔同学繁均二人指挥，检炮上士陈永相则担任管理开枪的工作。因为平海上驶很远，宁海落后的原因，敌机想从宁海将它们的损失找回本去，就特别集中炸宁海。刘枪炮员及孔同学的责任格外加重了。高射机关枪从来未停断地发射，因为露天的炮位又无掩体的保护，受弹片及敌机关枪扫射而伤的兵很多，每有缺额刘君即先补上，使开放不断。孔君自始至终管理发射，共发弹千余发，击溃顽强敌人，实有大功焉。曾总枪炮官在指挥台用极忠勇及勉励命令，时刻唤起大家累疲的精神，果然不负所托，又有三架高飞的敌机中弹烧成红火圆落下水去了。战士们更得许多安慰，加增了我们勇气吧。袍泽们努力！努力！瞧这孤单的三千吨轻巡洋舰能和七十余架敌机作战，我们的战绩已很可观，加倍努力求胜利吧！

我们船用蛇航法，zizag 上驶，船长们利用好的机会使船避开敌弹命中，一刻转左，一刻转右，一刻加速度，一刻又减速度。这真难为引港某君的功绩，他指挥着河川水道的详状，利用最敏捷手段，冒着极大的危险，使船勿搁浅勿触礁。然而也是帆缆中士陈秉香舵操镇定，转角迅速，极安静服务的成绩呢。船头此时进水很汹涌，高射炮弹舱中也陆续进了尺许的水，药弹兵没拿他当回事，依然站在水中，很有趣味地在搬弹。他说："我们是海军军人，是不怕水的，管它水不水，炮弹总要搬上去才对。"船头水既多，加速度前进依然无效，仍是迟缓得很。炮兵们受伤的很多，除了依照秩序有替补的以外，勤务兵们均自动填入炮位，多难得啊。受伤的射手及炮兵均不愿离开职位，勉强挣扎瞄准与发放。机关枪修理者陈上士受了伤，眼睛被打伤，满脸血汗，一边称"打打打"，一边拭血仍去工作，同炮兵们忘却炙手苦疼，在折机关枪管修整机件之作用实可大称功劳也。有几个炮兵抱弹送至炮位，中途受伤倒在甲板上，他们连痛都不喊，抱住弹滚到炮位旁。如是一般的忠勇故事，太多了，很难一一描写出来。不过这时敌人投弹更凶，两个炸弹在船左舷水中，无情的弹片将我宁海忠勇陈舰长之腿部击伤，血流了满驾驶台。他看了看腿仍旧抬起头来指挥。甘副长见这情势不对，极力劝舰长赴医药室治疗，舰长方挥泪别了驾驶台，由看护兵扶到舱下去治。舰长受伤的消息瞬间传遍全船，战士们格外怀恨无耻的敌人残暴，加紧射击。敌机也在天空逞意乱投弹，舰身受弹的威力所影响，进水洞也变大，舰身倾倒愈甚，舰首也下垂。正在此紧急之时，忽然后段高射炮指挥官陈嘉梫因从指挥台下来助战，被炸弹所震，失手跌下将腰部跌伤，前段高射炮指挥官陈惠亦于此时受伤，炮兵挂彩的更多不可胜计。自然激动战士们抗战热诚，再接再厉地杀敌。又有三架敌机中弹，一架坠落江中，两架坠于芦柴洲中，受伤逃去的飞机更多而不计其数，敌机的弹已逐渐投落完，仍环飞天空作侦查举动。据瞭望台的报告，共有八十余架敌机来袭，比以前发现的又多出十余架了。投完弹的敌机在天空向被击落的敌机施了祭礼便扶摇东返，剩下十数架仍在投弹。士兵舱也被炸起火，幸而火势逐渐被救火队救熄，所损亦有限的。忽然又一群弹由急降下的敌机投下，这群弹落在本舰机舱前面，望台后面的地方，下望台及海图房全炸毁，前三足桅亦去一足，左边高射炮及舢板全炸飞掉，机器舱受损很重，水也湧湧地流进来，前进速度更减，迫不得已只桅好个地方搁浅，俾足保全舰体，尚可替国家节省下许多物力。可是舰中进水太多，舵已不灵，船更失去控制性，等不及选择好地方，甘副长当情势太迫，遂下令驶进八圩港搁浅，可是勉强到了北岸已无能为力，只好就搁在那浅滩上。忠勇的宁海军舰，今日已由抗战中得到他所牺牲的代价，宁海便这样安然而静寂地歇在了澄江了。

在这时期，我们船上的高射炮弹及枪弹已因大规模的抗战用去了，炮兵们受伤的，辛劳的已疲倦了。可是万恶的敌机乘这危险时忽又来三架进袭，嗡嗡的轰隆声刺动战士们的注意力，大家想已无炮弹如何抵抗呢？正在踟蹰之间，忽然叶名南炮兵从弹箱中取出最后一弹，独自装好，转炮向敌，瞄准好即开放，瞬息间在敌机群前爆发，敌知我船尚有装备，战力仍在，是以只好掉头逃去，不敢再犯，叶名南此弹的功劳殊非小可呢！

倭寇不独用炸弹乱炸，还用机关枪扫射，即我舰被炸落震水的士兵也不能免这酷难。向毫无武力的人们进攻及残杀，正是国际公法所禁止的。倭寇如是的举动，代表窄狭成性的东洋岛民心理，不人道之极！且太野蛮了！

黄昏之幕已逐渐降下，宁海的抗战也告一段落。这雄冠世界的有名的江阴之役，代表着海军抗战之决心与成绩，八十多架敌机环绕爆击这三千吨的轻巡洋舰，作战在三小时以上，发出七百多发炮弹同一万五千多发机枪弹，共击落七架敌机，伤者更多不可胜计。我们虽受了伤，但若有船坞可去修理，宁海的创伤必在短期中恢复原状再可上战场杀敌呢！宁海舰上下一致地努力，合群的成绩，卒能将顽敌击退，此皆舱面、机舱及特务、电讯各方面官佐、官兵密切联络，互相合作的结果，尤其陈宏泰舰长领导有方，甘体经副官长、曾万里枪炮官素日训练得法，加以燕轮机长的热诚合作，领导各部分努力之勋绩。难怪在江阴要塞观战的德国顾问，看到这热烈的战况也钦佩不止，认为自一九一四世界大战后，以至西班牙内战均无此勋烈战绩呢！敌机师轰炸术之不良亦可由此而见了！

果宁海有优良的防空设备，或者江阴有防空的战斗机辅助我们抗战，再或者宁海早些起锚上驶，……恐怕还有更大的战果呢！宁海或不致牺牲吧！然而宁海终于牺牲在血战之中，最前线岗位之旁，挥泪洒别了它，祝它的精神永生，祝它的精神逐渐布散出来，而永远存在，传之不朽！九二三是宁海抗战纪念日，九二三的精神现已传遍全军，敌人的轰炸徒徒激起我们一致抗斗，前赴后继的伟大精神呢！我再郑重喊一句口号："宁海永生，海军万岁！"

国民政府海军总司令部编译处编：《海军抗战事迹汇编》，1941 年内部版，第 190—204 页。

纪念伟大的九二三

陈绍宽

一

九二三战役是抗战第一年头（二十六年九月二十三日），我海军和敌空军在江阴展开的海空大战。虽然九二三不是江阴作战阶段的唯一战役，而江阴作战也不是抗战以来海空战之总的激斗，但江阴的战役在一般的意义上可以代表我海军反击敌空军的整个历程。而在江阴的许多战役中，九二三那一天又是最激烈的一次。所以九二三在中国海军抗战史上实是最值得纪念的一页。本人秉承最高统帅之命，部署这次最艰难困苦的堵塞战场面。明知敌我实力相差太远，但我们有的是民族战争的大无畏精神和三民主义最后胜利的一贯信念，而本军将士一念甲午战争以来四十余年的深仇积恨更无不切齿痛心，竞欲一搏。凭着这些革命的条件，海军自始至终，固守岗位，以血肉筑成江上的长城，阻止敌人的前进。而在我全军奉命作战略的转移时候，海军则又充任诸军的殿后，挥泪退出原来的阵线。因为九二三战役既为江阴整个战斗过程中的最高表现，而牺牲之壮烈也以此战为最，所以历年每届此日，怀念殉难袍泽的英灵，辄复悲愤填膺。然而牺牲更是胜利的代价，破坏则为复兴的先河。凭此一役，使举世皆知中国海军之能战，而我全军同人亦更以此自励。今年本军有整建月刊之发行，并于九月号刊行九二三特辑，而此实追往开来之重要历程，卧薪尝胆的惕历表现，故特综述前后经过，并加检讨，籍以增强共同奋斗的信念，不仅仅是纪念逝者而已。

谁也晓得，在这次倭寇对我侵略的武力中，最有把握的，就是它的海军。它可以利用舰队“闪电”的溯江直上，威胁我首都，截断我南北岸的联络，迫我作城下之盟，实现它的速战速决的迷梦。可是自江阴封锁线在我海军手中树立之后，情势却为之一变。因此敌人要用舰队从扬子江口上驶,必须破坏我封锁线,要破坏我封锁线又不能不先歼灭我守卫封锁线的海军。

以长江的地势和海军的一般性能看来,要达到它的战略目的,应该运用它的海军的。可是它最有把握的海军,却是最无勇气的舰队。它不敢贸然地和我们的弱小的海军一决胜负,而把其主要的任务交给空军来担负了。它满以为我们落后的海军可以容易地亡在它的空军手里,可是这种胆怯无能的精神却造成了极端笨拙的战略。因此为了这一条封锁线,却蹉跎了三个多月,而毫无成就,这正表现它自身已是否定了速战速决的战略,另一方面却稳定了我们以空间换取时间的基础。可是江阴的海空战终于在这种情势下展开了。

自二十六年九月十六日起,敌人就屡次空袭我守卫封锁线的海军。但作战经验告诉他们,要有效地破坏我为数寥寥的军舰,非有大量空军不足见功,于是继着九月二十二日的大规模空袭,便于二十三日那天再来一次空前的轰炸。七十多架的飞机分批围攻我平海与宁海、逸仙、应瑞四舰。虽然在敌机重弹造成的雨幕之下,护甲薄弱的诸舰经不起剧烈的气力,与那气力所激动的水力,而告损坏。若干露天抗战的海军将士遭中了大量的敌机炸片而成仁就义了,但敌机也被我忠勇的战士击落七架。其余负伤的敌机便狼狈地逃回了老家。计从八月十六日起至九月二十五日止四十日之中,敌机被击落之数在十架以上,受伤者至少达三十余架,但我们的封锁线却在十二月二日敌军占领江阴后半月才被破坏一角。这样不但使敌人的战略受到致命的影响,而且一面却保证我们第二步布置的完成。严格说来,江阴保卫战可说是替抗战的前途打下了巩固的基石。同时九二三之役便随着有其重大的意义了。

二

在九二三所具的重大意义之中,应特别提出的,便是关于精神与物质的问题。总裁在首都沦陷时昭示过我们:“此次抗战为国民革命过程中所必须,为被压迫民族对侵略者争取独立生存之战争。”从这便知,这次抗战既不是那利用民族主义口号而实行侵略弱小民族,像德之对于奥、捷的帝国主义者侵略战争;也不是那戴上爱国主义面具而争取侵略弱小民族的霸权,像第一次欧战与这次英、德、意的帝国主义间的火併。我们的抗战是整个民族自求解放、自求生存的革命战争。为此,所以我们不但不是以优越的物质来攻击敌人,如德之于奥、捷,而且不是居于物质均等的地位，以与敌人相周旋，如德之于英。反之，这次抗战却是以绝对劣势的装备来对抗绝对优势的敌人，若照现代战争是科学的战争原理来说，好像这种抗战是必败无疑的了。但我们要知，物质劣势是被压迫民族的必然现象，而保障民族革命的成功却不在物质，因为在客观条件中，主要的是看民族意识是否坚强，从这意识而表现的行动是否一致，换句话民族精神是否已达到足以发动革命，保证革命的程度。关于这，国父早已告诉过我们，在革命的战争中，精神居其九，物质仅居其一。总裁所以发起国民精神总动员的运动，其旨意即在乎此。

因此这次抗战是精神的斗争，物质仅立于从属的地位。总裁在《抵抗日本帝国主义先要抵抗日本武士道的精神》一篇的训词中，曾说过："我们要打倒日本侵略的野心，要打倒日本侵略的武力，先得打倒它日本的侵略精神；要打倒日本的侵略精神，先要完成自己应该具备的革命精神，固有的民族精神。"接着，总裁又指出："我们的革命精神，就是智、仁、勇。"

在江阴抗战的时期中，我海军的主力不过是平、宁、逸、瑞几只小型军舰。但姑以日本侵华用的第三舰队的实力来比一下，相差远是不可以道里计。即就九二三战役言之，我们的抵抗力，不过是区区十三尊高射炮和有限的弹药而已。军舰本身的装甲又是非常薄弱，以视敌人来袭的飞机数达七十多架，投下的重弹五百枚以上，亦感得相形见绌。可是我们弱小的海军凭着什么，能够使敌人的大海军逡巡不前，使大量的敌机无法完成它们的使命呢？我想大家都会承认，这是靠着我们的革命精神。在敌人心中，满以为我海军不经一吓便要退却，可是空有其表现的敌人海军不会使我们畏缩，而大量的敌机也未曾使我们气沮。在敌舰空炮的威胁下，在敌机实际的高压下，我为数四艘的军舰，却始终屹如山立，守着岗位。因此在我们的民族精神的照妖镜中，暴露了敌人的鬼相。所谓的武士道精神，已片片地溶解在中华民族抗战的火焰之中。

但敌人或许会闪闭着它海军的畏缩心理，倒过来说，江阴战役所以用飞机来对付我海军者，是它一种便宜手段。可是它所谓的便宜在哪里，我们姑且不说，而它的畏缩心理，却有事实为其证明。举一个例罢，当锡、常失陷之后，敌人曾以五舰进窥江阴，为我六助港海军炮队击中两艘，其余则逡巡逃去，一直到了江阴失陷，敌舰惊魂未定还不敢溯江直上。这样狼狈情形，即使日本武士道精神不以为耻，我们却也替它难为情。因此从这一点，我们自有理由断定敌海军作战精神的消失。

总之，九二三战役已足以证明日本精神的失败，而物质方面，它也不会得到何种的胜利。说到这里，我们虽未敢以此自豪，但我在意识上，确已坚定了守土的抱负。

三

九二三战役不但在抗战的过程中有显著的意义，即在世界海空战史上也占了重要的位置。飞机对海军的活动在上次欧战仅属萌芽的阶段，那时除担负海岸巡弋、侦查与防潜外，实际远还未达到能与舰队联合活动或用以攻击军舰的机能。战后，空军技术与飞机母舰建造的发展，掀起空前的海空能力问题的论战，但论战仅是论战而已；即使有的国家企图用试验方法证明空军对军舰的威力，但结果和实际的作战经验还相差太远，仍未能对这问题与以完满的解决。不料为世界列强数十年来坚持不能解决的海空问题，却在远东武器落后的中国获到解决的曙光。说到这里，又不能不归功到九二三战役。

说切实点，九二三之役是展开了世界海空战史的第一页。这是一点没有虚夸的。虽然这次欧战在去年九月初头就爆发了，但海空战却始于本年二月间；虽然八一三沪战中，我空军也曾数度轰炸黄浦江上的敌舰，但规模之大又不能不让九二三后来居上。

说到九二三这里还可以提出几个特征来：第一，沪战中的海空战，是以我方劣势空军对敌的优势海军作战，挪威战后的海空战最少可说是均等的海空力之交绥，可是九二三却是以我劣势的海军对敌优势的空军之抵抗。第二，无论沪战或欧战，被炸的一方都是拥有掩护的空军部队，所以实际是空军与海空军作战，但九二三却又是纯粹的海军单独对空军之搏斗。为了这些，九二三情势实为现代海空战史上最单纯的表现。因此对于海空问题，实为最佳良的例子，其内容也就非常明显了。

至九二三所给我们的经验是怎样的呢？它证明了空军投弹命中率较高射炮的命中率为低。说到这个问题，我们自然会忘不了敌人作战精神的颓丧和技术的不够。不过大体说来，也可以在战术上得到一点暗示，即就九二三一役来说，敌机计在七十架以上，为了敌人深知我们海军没有航空队，在它机群里是不会有驱巡机的。以七十架的轰炸机言，最少可载一百四十吨以上的重弹，每弹以五百磅计算，则数量当在五百枚以上。当时我方平、宁、逸、瑞四舰，因弹药的缺乏，与九二三战创之余，高射炮弹总共也不过在七百多颗，但结果我受敌机直接命中不过一枚，而敌机则被我击落七架，至受伤不在此数。因此比率最少当为七与一之比。

四

最后说到九二三，我们还不能不注意一点：我海军所以有这样作战精神，实关系到我们悠久的海军历史，和从这悠久历史所养成的善战习惯。一般不明了海军的人，往往以甲午战争，而抹杀了海军一般的精神，不知中国海军在过去社会影响非常重大，甲午之前我海军有着许多可泣可歌的光荣史迹。“海军太不行了”，这不过是甲午战争以后无常识之人的表面感叹罢。同时为了很少有人下过志愿来研究甲午前中国海军，以致数千年中国海军，只在上述一句话完全否定了。这不仅是中国海军的不幸，实为整个中华民族的损失。关于中国海军史的问题，自有专究的人。在这里我仅告诉大家，秦、汉、隋、元、明武功最盛的朝代，海军是尽过它的任务的，同时在南宋季明，海军也曾建过保卫的奇功。以甲午论之，如果认为是海军的失败不如说是整个陆海军的失败，如果认为军事不利，不如说是政治的崩溃。在我们，当然不能不自提出反省，但厚责海军的人，可曾明了当时海军处境的困难，可曾认识当时一般作战的忠勇，可曾证实过甲午战争的史料？这些一切，我想凡是中国人都该提出忠实的反省，因为中国的海军是大家的海军，不是海军人的海军！

上述各点，或许说得离题太远了。但几千年来的海军，它的一贯精神是服从与一致，关于这一点，殊不愿多作夸张之语，也不欲说是海军的特有精神。在这只请大家诉诸事实。“同舟共济”，是中国人最善用以描写一致精神的成语，不能否认这句成语，便不能蔑视了海军的作战精神。甲午以前为然，甲午以后又何莫不然，白江之战为然，甲午之役又何莫不然。以今日人看今日事，事实更属明显了。

说到九二三，未必便是中国海军作战精神的最高表现，但我可以告诉大家，站在中国民族的立场之之一份子的海军，确已秉承数千年累积的精神，在“如何而后可保我祖宗遗留之广大土地，如何而后可以保我繁衍绵延生生不息后代之子孙，如何而后可以保我独立自主之国权”的训示下，尽过它的“无可旁贷之职责”了。但我们并不敢以此而即为后日建军的保证，我们只怀着以九二三的精神而为后日物质建设基础的抱负。为民族之前途计，我还希望大家对海军下一个建设的决心。

海军今日为民族而牺牲了,在未来,他将为着民族而建立起来。

国民政府海军总司令部编译处编:《海军抗战事迹汇编》,1941 年内部版,第 45—51 页。

海军上海抗战的二个行动[①]

王则潞

（一）炸毁浦东敌三井码头

浦东敌三井码头，计有四座，为敌舰装煤及登陆要道，于军事上至关重要，戒备自极森严；我海军当局为谋断绝敌之交通运输计，图彻底整个炸毁之。

二十六年九月三日，我海军与淞沪戒严司令部取得联络，以水雷四具，派轮机兵王宜升、林兰藩两人，密运至浦东敌三井码头附近民房内隐藏，斯时浦东情形，日有侦察机侦查，夜有探照灯探照，风吹草动，亦遭敌机炮扫射，在兹严重情形下，株守数夜，始将水雷陆续运达三井码头后方，约距数十码之地，埋存于煤炭堆内。于七日夜间，乘隙急进，原拟将码头四座，同时将其炸毁，迨运出两具，安放于第三四号码头时，夜色苍茫，四围沉寂，忽犬吠狺狺，敌哨发觉，急发灯号，电光闪灼。我工作人员，恐误军机，遂将已安放之水雷两具，按电发炸，轰然一声，火光冲天，声彻四郊，码头两座，一全毁，一半沉，敌人所贮军用品及燃料，顷刻间都成灰烬，烧焚达两小时余，当时因水雷炸力甚猛，附近之敌汽油艇，亦同时炸毁翻覆。次日，敌人于半沉之码头上，施行抢救及抽水工作，江中浮出救生马甲及防御工具甚多，此实为我海军自制水雷威力第一次成效之表现。

九月九日，上海各报曾揭载其始末，此摘录新闻报一则，如下：

“……我用极大威力之武器，将新三井码头炸毁，当以时值深夜，轰然巨声，响彻全市，连公共租界之市房，亦为之震撼，据目击者谈，当码头炸毁时，江水几溅达数丈之高……”

---

① 本文标题为本书编者所改拟。

自此次我海军水雷，极端表现其威力，将三井码头炸毁后，敌只得由浦东敌海军码头绕道抢装存煤，戒备较前尤密，而我谋炸之心愈急，旋于十月二日夜间，复派轮机兵——王宜升、林兰藩、陈俊策、任善元四人，由浦东公和祥码头边，将水雷两具推送下水，由水中潜运至新三井海军码头内向。三日晚间，复加派电匠一人，前往装置电线，将电流按发，炸沉码头浮船一座，毁铁码头船一座，船之一舷进水倾斜，徐行沉没，船内有隔堵，半贮五金料件，半贮运动器具及木材等。敌闻声后用排炮轰击，我轮机兵等急收残线及机件，冒越危险区域而返。此次结果，较前尤为完满。

（二）谋炸敌旗舰“出云”号

卢沟事变，举国同仇。敌遭严重打击，乃求急战速决，遂于八一三进攻淞沪，以敌第三舰队“出云”号为旗舰，敌酋多麕集该舰，策划谋我战略，我海军当局图一举炸毁，悉数歼灭之，于是密令积极进行。其时敌舰队多驻泊于英大马路外滩以外，鱼贯而列，防御极周，并以小汽艇日夜梭巡，至海关码头 任何船只，虽系有外国旗帜，一律遭受监视，即所以防不测也。出云旗舰则泊于浦东公和祥码头前第二号浮筒，周围用货驳环护，入夜探照灯光芒四射，稍现黑影，即用机枪扫射，江边地段，完全不能接近，洋泾港附近则有敌浅水炮舰寄碇哨戒，其余驱逐舰散泊于各浮筒，来去无定，我海军当局最初原拟采用电艇，装置鱼雷发射管，于夜间潮涨之际，于陆家嘴入，从洋泾港出，以鱼雷袭击之，惜无隙可乘，所谋未遂，然犹努力不懈。于九月二十九日夜间，改用水雷三具，运赴浦东，在瑞铨船厂水槽推放水内，由潜水人循江边向出云旗舰进发，并通电缆于浦东，其时敌舰似有察觉，以步枪射击，潜水人只得退回，相机再进，往返数次，均遭射击，迄最后前进，时已夕尽，天将破晓，恐功亏一篑，急遽发电，以水雷距敌舰稍远，未能完全命中，然爆炸威力之猛烈，其时敌酋川越，长谷川，松井等，正在舰中会议均遭震撼，或翻倒，或压伤，莫不惊惶失措。

自是而后，敌舰戒备，更加严密，然我不因是而馁，犹积极图之，于十一月四日夜，再度以水雷由公和祥码头，顺流推送，被敌发觉，以步枪射击，五日夜间，仍再进行，敌复以机枪密集扫射，计往返数次，潜水人失踪者两人，事虽未就，其忠勇亦可嘉矣。

国民政府海军总司令部编译处编：《海军抗战事迹汇编》，1941 年内部版，第 78—80 页。

江阴抗战记

陈宏泰[①]

自二十六年七月七日卢沟桥燃起全面抗战火焰后，日本帝国主义之黩武军人，抱整个吞并中国之野心，以完成其独霸东亚迷梦。于是乎发生上海虹桥飞机场日人挑衅之事件，局势紧张，战事一触即发。我海军奉命防卫江阴国防线。宏泰忝长宁海，得与神圣抗战之役，殊有荣光。爰就八月十一日出发起，至九月二十三日止，此四十四天内重大事实，择要写成纪录，藉以表现我海军抗战勇敢之精神，壮烈之牺牲，大中华民族浩然正气，昭昭不朽焉。

八月十一日，淞沪战云弥漫，局势紧张。宁海舰驻泊首都，正在捞寻所失之锚。下午四时三十分，突奉海部命令，备便开行。当即下令升火待发，晚十时平海舰由下关开行下驶。本舰起锚随行，全舰员兵异常兴奋，均抱卫国杀敌之心。夜色深沉，宁海满载全舰之热烈希望，而赴前敌。故此次航行殊可纪念也。

八月十二日，拂晓到达江阴。晨曦初上中，望见通济、大同、自强、德胜，威胜五舰，并商轮十余舰，停泊于君山附近江面。本舰随平海驰至长山江面，抛锚于平海左舷，距离四百码处。八时升旗，海军部长之旗帜，飘然于平海主桅之上。咸悉陈部长亲临指挥填塞封锁线工作，全体员兵振跃非常。少焉通济悬少将司令旗，率各舰轮驶到福姜沙江面，各就指定部位，分成行列，抛下首尾锚。陈部长发出弃船旗令，各舰轮同时开放海底门，渐次下沉，筑成坚固之水中堡垒，以阻敌舰前进。第二舰队司令部移驻本舰。下午海荣、海筹、应瑞、逸仙等舰，陆续由京开澄，同负保卫封锁线之责。入夜工作完成，部长乘平海舰回京。

---

① 陈宏泰，淞沪会战时任中国海军第一舰队主力舰“宁海”号舰长。本文作于 1941 年。——本书编者注。

八月十三日，上海我敌两军业已接触，双方战时剧烈，当即下令各员兵小心戒备，各尽职守。上午十一时瞭望台电话报告，舰首发现飞机十架，由上游天空向本舰飞航，既已汽笛发出警报。旋得报告，系我国空军一队经此飞沪。此后不断有国机来往，飞越舰队上空。惟飞机航力强大，自发现转瞬即达舰队上空，无多时间以辨认国徽。为本身危险计，不得不予以驱逐。若系国机，恐滋误会。当由司令电请海部转商航委会，饬空军勿飞越上空，免生误会，幸得圆满解决。晚八时第一舰队陈司令乘平海到澄指挥。

八月十六日，风狂浪猛。上午十一时瞭望台电话报告，封锁线外发现敌机七架。当即发出紧急警报，令高射炮员兵各占炮位。敌机七架均高飞在高射炮射程之外，盘旋窥察。本舰高射炮备便开放，俟机瞄准射击。敌机知我有备，不敢迫近。乃于封锁线外掷弹两枚，均落水中，相率遁去。

八月十九日。上午七时三十分，瞭望台报告发现敌水上侦察机一架，在左舷天空飞行。即令高射炮瞄准射击，该机即向北遁去。十一时瞭望台报告，黄山炮台悬警报符号，当即令各高射炮备便。旋敌机十二架在黄山炮台上空发现，炮台发炮轰击。各舰高射炮亦集中炮火，向该队敌机猛烈射击。鏖战十五分钟，该队敌机被我炮火威胁，不能维持队形，乃仓皇掷下炸弹两枚，均落于黄山山麓。黑烟弥漫，响如焦雷，纷纷溃散逃去。十一时半解除警报。

八月二十日，天气晴和，风日清爽。上午八时得防空警报，旋即解除。八时半炮台又发紧急警报。瞭望兵报告，敌机七架于下游高空发现。少焉机声轧轧，渐迫近舰队上空。即下令高射炮瞄准发射。敌机见我有备，知不得逞，即转向下游驶去。本日二队司令部由本舰移驻勇胜开京。

八月二十二日。下午四时，瞭望台报告炮台发空袭警报，四时五分发紧急警报。即见敌机十二架，分两队袭我舰队，即下令各高射炮分头迎击。炮声隆隆中，瞥见炮台上空，又有敌机三架，轮回用急降下方式投弹。平海舰锚位接近炮台，高射炮火密集向该队敌机射击，敌机一架突然命中发火，空中冒出浓黑长烟，坠于黄山山后。我军战士鼓舞精神，勇敢动作，集中炮火向该两队敌机射击，将敌机队形击散。掷下炸弹两枚，均落于平海舰左舷附近水中。水柱矗立，弹屑横飞。敌机两架受伤，摇摇欲坠，纷纷相率向南遁去。五时解除警报。

八月二十六日。清晨六时半，平海旗令全军备战。当即令各主炮员兵各就部位。无线电房得瞰日由通州急电报告，敌巡洋舰两艘由狼山上驶。旋得炮台旗号，通知敌舰三艘上驶，即令各员兵注意敌踪，勇敢杀敌。全舰员兵精神焕发，愤慨异常，均沉着等待。至十一时二十五分，得炮台通知，敌舰三艘驶到通州江面，发炮击毁天生港码头后，即转舵下驶。吾人不禁为瞰日忧虑，盖瞰日在通州担任毁灭白茆沙航路标志工作。因敌舰近在咫尺，须日夜秘密进行工作，揣其寄泊处，必在天生港码头，此次敌舰炮击该处，此舰必遭无幸矣。下午二时敌水上侦察机两架，由下游飞我舰队上空，盘旋侦查。各舰发炮驱逐，旋即飞去。三时十分瞭望台报告，敌机四架由东来袭，即以汽笛发出紧急警报。敌机四架分两队向我舰队袭击，即下令高射枪炮分头迎击，炮台亦发炮轰击。敌机翱翔之声，与枪炮爆炸之声，杂然并作。敌机投弹五枚，均落在平海旗舰舰尾附近，浓烟水柱，矗立如山。我炮兵于敌弹爆炸声中，均奋不顾身，精神百倍。敌机知不得逞，乃转向下游飞去，于封锁线外，向我巡逻艇绥宁号掷弹八枚，均落于水中。绥宁发炮八十余发，奋勇抵抗。敌机见不得手，斗志衰颓，乃向原路逸去。入夜续传警报两次，均无发现敌踪。

九月十九日。上午八时十五分钟汽笛大鸣紧急警报。瞭望台报告下游发现大批敌机，高空向上游飞行，即令各炮备便。该队敌机共三十三架，均高空飞往南京，我军严阵以待。九时二十分该队敌机三五错落，溃不成军，沿江飞回，谅系被我空军击败，仓皇逃遁。经我舰队上空时，我军及炮台均发炮截击。该机喘息未宁，不敢应战，均用高速率飞行，逃向下游而去。下午二时半又传警报，敌机二十余架袭京，复为我空军击溃，回窜时不敢沿江飞行，盖惧我军截击也。

九月二十日。上午七时十一分瞭望台报告，下游发现敌机，我军列阵以待。七时十五分敌机两架，飞我舰队上空盘旋，各舰开炮猛击。敌机见我炮火猛烈，时时窜入云中，藉为掩蔽。相持半小时，敌机见无隙可乘，乃仓皇掷弹四五枚，均落于平海与我舰之间，水中爆炸，声如闷雷。敌机离云中低飞窥察时，即令以高射机枪迎战。八时五分敌机乃相率遁去。下午三时半，海部陈部长乘中山舰到前线视察。中山舰下淀时，即前往进谒。部长慰勉有加，殊为感奋。夜十时忽传紧急警报，即下令各炮准备夜战。月色如银，微风不动。无何机声轧轧，发现于舰首上空。即令高射枪炮同时应战，一时江面高射炮及机枪之声大作。敌机知我有备，乃于上流容、筹二舰淀泊处掷下一弹，又于应瑞舰尾附近掷下一弹，均落水中。卒因我军炮火猛烈，不敢飞越我舰上空，乃转向遁去。一幕月下夜战，于焉告终。

九月二十二日，天色阴云无风。上午十时二十分瞭望台报炮台悬空袭警报符号，本舰各炮即时备便。二十五分传紧急警报。三十分发现敌机十五架，由下游向本舰舰尾左舷方向接近，我舰即发炮轰击。敌以小队集团水平轰炸方式攻击我舰。弹群落于平海旗舰舰首,并左右舷近傍,及本舰舰尾,并左右舷近傍,又应瑞舰尾附近水中,计二十余弹。即令高射枪炮集中炮火,对敌机猛烈射击,击溃敌机阵容,相率向东南方飞去。我舰伤士兵两名。十一时三十分又传警报,敌机六架自舰首东向来袭我舰。我高射枪炮以密集火力迎击,敌仓皇掷弹三群而逃,一群落于平海旗舰舰首附近,二群落于本舰左右两舷近傍水中。我舰伤士兵四名。船皮并舱面钢板被爆片洞穿十余孔。是时即闻平海高舰长受伤,该舰阵亡员兵六人,轻重伤数人。下午四时二十分又传紧急警报,三十分敌机九架自东南方飞来,直指平、宁两舰上空。即令高射炮以密集火力施行远距离射击,将敌队击散。敌不敢接近,乃隐匿云中。久之,飞向海筹附近水中,并江阴城掷弹十余枚而去。五时半解除警报。是日我军员兵作战竟日,精神饱满,勇气百倍,发炮四百余炮,高射机枪八千余发。敌虽三次来袭,均未得逞。

九月廿三日,天气阴云,微风不动。上午十时三十分瞭望台报告,敌侦察机两架在右舷上空发现,远距离盘旋一周,即转向飞去。此乃昨日三次来袭,今日派此两机来侦查我军状况也。预料今日必有较恶剧之空袭。因令提前午膳,各员兵修养精神,准备决战。下午一时五十五分炮台发出空袭警报,二时五分紧急警报。各员兵均抖擞精神,待机杀敌。二时十分敌机十二架自右后方西来,距离颇远,似作待机姿势。同时左舷正面亦有敌机十二架发现。左后方则陆续有敌机二十余架飞来,而舰尾方向更有敌机九架直趋本舰上空。即令高射炮兵指向该队敌机猛烈射击。该队敌机到达本舰上空后,次第以急降下轰炸方式,向本舰投弹攻击。急令高射机枪对低空之敌,以密集火力猛烈迎击,即有敌机两架中弹,颠簸降落。当时弹群纷纷落于本舰舰首,并望台左右舷水中,距离仅咫尺。爆炸时水柱爆烟,高蔽桅顶,爆片横飞,前段左右舷被洞穿多处。据报告锚链舱首先进水,米舱、帆缆舱、十四生弹舱,继续进水。即命塞漏队极力堵塞。其时舰身震撼甚剧,航海仪器受震破碎,电报房报告无线电机件及各种仪器均受震破坏。航海员林人骥在望台被爆片破脑阵亡。是时左右两队敌机亦已接近投弹,我高射枪炮分头猛烈迎击。二时四十分平海旗舰升起锚令,我舰因起锚机受伤稍延,乃成敌机之鹄,分数小队自四面八方接近,不断投弹。我高射枪炮分头迎击,炮火益烈。又有故机两架中弹起火落水。敌投弹不下百枚,均未直接命中。是时前段船皮水线上下,被爆片洞穿无数,小者数分,大至三四寸不等,凉机舱一孔则为十余寸。于是全舰电话不通,纷纷报告电话交换所、鱼雷料件舱,凉机舱等处均同时进水。急令塞漏队分头堵塞,因水势汹涌,堵塞并关闭舱盖鲜效。转瞬间水入下士兵舱,而上、中士兵舱忽告火警，即令救火队极力扑灭。旋二次起火，又经扑灭。我高射枪炮炮兵伤亡甚众，当令分别补充。三时三十分进水甚多，势愈危殆，不得已下令截断锚链行驶。轮机下士江铿惠于爆片横飞中，迅速截断锚链，动作敏捷，殊堪嘉尚。敌机不舍，继续掷弹围攻。前段进水甚多，速率锐减，运转欠灵，舰身欹侧，舰首下垂，勉强航行。敌机十余架跟踪掷弹，我高射枪炮继续猛烈抗战。约二十分钟炸弹一群落于本舰前桅右后方，毁前桅一足，下望台及海图房一角、水柜全部、舢艇四艘、烟囱一部，又伤右鱼雷炮一尊。轮机长报告炉舱、前后风机、后机舱均进水。枪炮副军士长陈耕炳正指挥开炮间，突中弹阵亡。枪炮上士陈永相面部重伤，仍死守炮位，奋勇抗战。至是我高射枪炮兵死伤过半，炮弹告竭。余正在驾驶台指挥间，左舷近傍又落下弹群，爆片飞溅，重伤左腿，乃裹创支撑。枪炮员刘崇端、枪炮军士长林树椿，沉着指挥，奋勇作战，士气为之大振。帆缆中士陈秉香万分危急之中，仍能从容不迫，镇静操舵，诚有海人之风。时予创伤大发，力不能胜，经副长甘礼经苦劝，请离开望台。不得已将全责交甘副长指挥。予即由见习生孔繁均、一等兵施殷和二人扶送至救护室。时空际机声仍翱然大作，低飞以机枪扫射。我舰为保全舰体，减少死伤计，乃开入八圩港。四时三十分将舰驶搁北岸浅滩。敌机三架仍在空际以机枪扫射，我舰二等兵叶民南奋勇发出最后一炮，敌始遁去。一幕最剧烈之海空战争，于焉告终。舰中死伤累累，威宁艇驶靠左舷救护。予奉令率轻重伤员移驻威宁，开往南京。一切中……善后，交甘副长负责办理。翌日威宁抵京，予往南京海军医院施行临时手术后，即转往芜湖医院治疗。计此役敌以六七十架飞机攻击我舰队，掷弹二三百枚。我舰发炮七百余发，高射机枪万五千余百发，击落敌机四架。我舰伤亡员兵六十二员名。抗战三小时，忠勇壮烈之精神，诚可日月同千古。兹乘海军杂志副刊之便，书此回忆录，藉以告慰同胞，发扬我正气也。

国民政府海军总司令部编译处编：《海军抗战事迹汇编》，1941 年内部版，第 52—58 页。

江阴要塞首次保卫战

瀛云萍[①]

江阴要塞位于上海和镇江之间的长江南岸，为长江下游出海的咽喉要道，是长江沿线自下而上7个固有要塞的第二关，自古以来就是兵家必争之地。

上海的吴淞炮台沦陷后，江阴炮台就变成了江防的第一道关口。江阴城北长江江面最窄处只有2公里宽，用障碍物封江是比较容易的。而紧靠江岸就有黄山、鹰山、鹅山、小角山等制高点，易守难攻。许多江防炮台，就设置在沿岸这些群山的山包上。这些炮台的总管称江阴要塞司令部，当时的司令官是许康少将。

根据抗日战争的实际需要，1937年我军在江阴城东北长江江面上最狭窄处设置了"封锁线"，用以防止日军优势海军的自由冲闯。封锁线的主体是沉舰。凡是不能对日作战，又不能开入内河避难的比较大的舰只，将它们横卧江中，连结一起，沉入江底，形成一道阻止敌舰上行的巨大障碍物。除沉舰外，就是广布水雷（沉雷、漂雷等），以弥补沉舰之不足。为加强要塞守备力量，海军于沉舰前将舰上的火炮、机枪等武器拆下来，安装在各要塞炮台中，当陆炮使用。

江阴封锁线筑成后，江阴要塞司令部的主要任务是保护封锁线不得有失，电雷学校也驻在江阴，操纵电雷助守。

淞沪抗战爆发后，日海军为了掩护陆军进攻上海、南京，消除其陆军进攻的侧翼威胁，企图利用其优势，打通长江通往腹地的水道。于是，冲开江阴封锁线，夺取江阴要塞，便成为它首当其冲的目标。因此，日军大本营决定陆、海军联合攻打江阴。

我军侦知日军进攻江阴要塞的情报后，作了充分的战斗准备。除江阴要塞全

① 瀛云萍，淞沪会战时任江防军江阴要塞司令部88高射炮台台附。——本书编者注。

员参战外，又抽调了所需要的野战军高射枪炮及所需要的守备要塞的步兵。我们舍不得沉入江中的宁海、平海两艘兵舰，也开到江阴山下参加战斗。

除了老炮台和旧要塞进入战备状态外，我们还装备了从德国购进的新式要塞炮 3 门，分别安置在重要阵地上。其中：150 毫米口径的要塞榴弹炮一台（丙三台）已安装完毕，并配好了新训练的官兵；88 毫米口径的要塞高射炮两台（甲三台、甲四台）。安好后，急速从炮校要塞干部训练班中抽调了两台高射炮的全员官兵，进入甲三台、甲四台阵地，立即进入射击准备。一切参战部队统归许康少将指挥。当时我任高射炮台的台附，台长是李诚中少校。

1937 年 8 月 15 日拂晓，日军出动军舰十几艘，进到江阴封锁线以东六七公里的水域、距江阴炮台八九公里处，向要塞炮台及封锁线开始猛烈地轰击；同时，以飞机 60 架向要塞及封锁线和我两艘兵舰疯狂投弹轰炸与扫射。我江阴要塞各炮台及兵舰上的火炮分别对敌海军兵舰和空中飞机，予以猛烈地还击。于是开始了连续三昼夜的激烈战斗，到第三日下午，日军以失败而撤走，我们保住了大江封锁线，保住了祖国长江的东大门。双方损失均惨重，日军舰大约是 5 艘被击沉，其余也均不同程度的带伤逃走，飞机被击落两架焚于江北，死伤官兵当以千计。我两艘兵舰一沉一伤，各炮台附近的草木完全化成灰烬，人员伤亡情况未公布。

这是我参加抗日战争打的第一仗，也是我参加的几十次战斗中的唯一胜仗，也是一次最标准的、最激烈的战斗。打到最激烈时，双方阵地附近都被水花、火光、炸弹的硝烟、破片、泥土、石块等所织成的彩幕所笼罩；炮口声、弹道声、爆炸声、机枪声、呼号声混成一团。人们的视觉有时有用、有时无用，而听觉则完全失去了作用。

单就我 88 高射炮台来说，战斗最激烈时，台长的指挥根本失灵，各炮各自为战。打什么？怎样打？皆决定于炮长及瞄准射击手三人（瞄准射击手共二人，一人看纵线，一人看横线，谁先看到目标进入十字线时，谁就按手中的击发纽）。此三人皆中、上士军衔，但他们实际上起到了军官所起不到的作用。即使在极困难的情况下，我台射击仍能坚持，充分发挥了新火炮的威力。

在激烈战斗中，日军的炮弹、炸弹像飞蝗一般扑向我方阵地时，真正能坚持不断射击的，只有由志愿参军的青年学生训练成的、装备有新式 150 毫米口径要塞榴弹炮和 88 毫米口径要塞高射炮的丙三台和甲三、甲四台的战友们。至于其他老炮台的胡子官兵就多缩入掩体里装死去了；海军也只是在钢甲炮楼里瞎打，能和我们认真地顶烟干的非常少见。在这里要特别提到那些热血沸腾的知识青年们，当自己操纵着现代化火炮与不共戴天的敌人展开搏斗时，早已把生和死置之度外，心头上只有报仇雪恨、尽忠报国的思想和愿望。每当从望远镜里看到自己的炮弹击中目标时，无不欢呼“中啦!”这种手刃寇仇的心情，是什么代价都买不来的。

江阴之战，尽管非常激烈、残酷，但我们炮台百余名官兵中只一人受伤；别的炮台周围被炸得像蜂房一样，而我们两台高射炮附近却没落几颗炸弹。按说我们的高射炮是突出的露天目标，很远就可看到，直接瞄准射击是很容易击中的。虽然我们有铁房似的厚炮塔和钢筋水泥的掩蔽部，但还是经不起大炮弹和重磅炸弹的轰击。然而敌人始终没有用重炮打我们，也没有用重磅炸弹炸我们，这是为什么？事后经过讨论大家认为，当时我们所使用的 88 高射炮，在日军眼里也是珍宝。他们想完整地得到这两台珍宝，所以不肯认真打我们，但我们却认真地打了他们。他们的军舰多半是被我们击沉的。我们的最大射程是 10 800 米，敌舰完全在我炮的有效射程内，却在老炮台的有效射程之外。所以老炮台的射击只起阻敌作用，使敌舰不敢再前进；能杀伤敌人的则只有我们这三台远射程的新火炮。事实证明，我们的结论是正确的。后来敌人终于攻占了江阴，完整地得到了这两台 88 高射炮，德国人继续卖给他们这种炮弹。

我们学生军于首次江阴要塞战胜利完成任务后，立即调往南京守卫乌龙山和老虎山的 88 高射炮台，代号是甲一台、甲二台。我在乌龙山甲一台，任上尉台附，台长仍是李诚中少校。

全国政协文史资料委员会编：《文史资料存稿选编：抗日战争》(上)，中国文史出版社，2008 年版，第 574—576 页。

八一三抗战中我国海军作战片断

陈　惠　魏振基　梁魁庭　张君然

一　袭击出云舰

1937 年 8 月 13 日，淞沪战争爆发。14 日，江阴区江防司令部（由江阴电雷学校改编的战时机构，司令欧阳格，参谋长徐师丹）命快艇大队大队长安其邦立即率鱼雷快艇史可法 81 号（艇长胡敬瑞）和文天祥 171 号（艇长刘功棣）前往上海袭击停泊在黄浦江中的日本第三舰队旗舰万吨级巡洋舰出云号。

两艇自江阴启程，经内河秘密赴沪。其中文天祥 171 号艇因故耽误，未能及时赶到，只有史可法 81 号艇于 15 日抵达龙华，略事部署，即按原定计划于天黑后单艇由龙华出击，但途中被我陆军误阻，只得返回，改于 8 月 16 日晚行动。16 日晚 8 时，史可法 81 号艇重登征程，经十六铺、陆家嘴到外滩公园江面，向出云舰发射了两枚鱼雷，但仅伤其尾部。敌遭突袭，仓促应战，混战中史可法 81 号艇负伤，搁浅在九江路外滩江面。这是我国海军在八年抗战中使用的第一对鱼雷，也是我国海军在抗日战争中唯一的一次主动出击的战斗。可惜功亏一篑，未奏全功。

日本侵略军受到意想不到的打击，恼羞成怒，于是派飞机到江阴电雷学校，进行报复性轰炸。

二　击落日机

8 月 22 日下午，12 架日机飞临江阴电雷学校上空，其中 6 架驱逐机在高空掩护，其余 6 架轻型轰炸机，准备俯冲投弹。敌机正在盘旋侦察，突然电雷学校院舍中升起烟柱，显系敌特指示轰炸目标，敌轰炸机立即对着校舍依次俯冲。此时，我鱼雷快艇上的高射武器、附近炮八团的高射炮以及由学校学生组成的高射机枪火力网一起发射，同敌机展开激战。当第5架敌机俯冲时，被我密集火力击中，带着火团直向校院坠落，撞毁校舍的一角，机毁人亡。正在俯冲的第6架敌机见状，立刻拉杆而起，将炸弹投在荒野里，仓皇逃遁。

战斗结束后打扫战场，见敌机属九四式轰炸机，机号是154，尚未烧尽的残骸上有许多机枪弹痕，显系学生队的战绩。这些学生进江阴电雷学校还不到一年，因战争全面爆发，匆匆提前结束，在南京中央军校接受入队训练后，于是年7月底返回学校，编为高射大队参加战斗。敌机来袭时，他们以初生之犊不怕虎的精神与敌激战，立下战功，为此，江阴区江防司令部授予学生队一面绣有“铅刀小试”字样的奖旗，以示嘉勉。

三　海空交战

9月22日，敌机数十架分批飞临江阴要塞上空，向停泊该处的我海军第一舰队的舰只狂轰滥炸，首先集中火力攻击我旗舰平海号。平海号系轻型巡洋舰，舰长高宪申，面对敌机逞凶，沉着镇静，指挥全舰官兵奋勇还击，其他舰只炮火协力支援，敌机不敢低飞，投弹命中率极低。此役共击落敌机5架，我平海、应瑞两舰负伤，平海舰长高宪申负重伤，官兵伤亡10余人。

翌日，敌机又犯，不但数量增多，而且从早到晚不停地攻击，战斗激烈。敌因前一日全面攻击未能得逞，故改变战术，以10余机由南向北飞经电雷学校及要塞上空，吸引我火力，另以大批飞机由东向西沿江低飞，接近我第一舰队后实施攻击。我水上、陆上火力齐向敌机射击，一时炮声隆隆，硝烟弥漫，江面上激起冲天水柱。我宁海号轻巡洋舰遭到敌机密集攻击，但全舰官兵不怕牺牲，奋勇拚搏，舰长陈宏泰身负重伤，坚持指挥战斗，副舰长叶可钰在高射机枪架被炸坏后，用手架起烧红的枪管继续射击，舰上开花弹告罄，继用穿甲弹射击，击落敌机多架。这场战斗，我第一舰队官兵伤亡近百人，宁海、平海两主力舰均受重创，浅沉岸边，失去战斗力。同日，电雷学校史可法38号鱼雷快艇在江阴要塞上游江面与敌机遭遇，激战后被击沉，正副艇长姜翔高、叶君略以下全艇官兵全部英勇牺牲。这次战役是抗日战争期间我海军在陆上火力支援下，与敌空军交锋最猛烈、规模最大的一次战斗。后来人们称为九二三海空大战。

九二三大战后，第一舰队以逸仙号为旗舰。9月25日，逸仙号在沿江搜索行驶时，遭敌机攻击。第二舰队司令曾以鼎闻讯，率楚有、建康两舰支援。激战中，击落敌机3架。但我逸仙号负伤浅沉，建康号被炸沉，舰长沈粹英以下数十人伤亡。不几日，第二舰队旗舰楚有号亦被敌机炸沉。

上述为八一三抗战中中国海军英勇作战的片段。据我们所知，抗战期间，在其他地区，也有不少海军官兵，坚强御侮，壮烈殉国。

《20世纪上海文史资料文库》编委会编：《20世纪上海文史资料文库》，第1辑，上海书店出版社，1999年版，第355—357页。

我国海军在八一三抗战中战历纪要

张君然①

我国海军自1984年甲午海战后，曾一蹶不振，迄至抗日战争之前40年间，仍无较大发展。而且由于历史的原因，军中存在畛域观念，指挥权也不统一。1937年八一三抗战前，海军总兵力约有各类舰艇120艘，共52,000余吨，其战斗序列，按指挥权分。约有：

一、由海军部（部长陈绍宽）指挥的：

第一舰队：司令陈季良，辖有轻巡洋舰4艘（平海、宁海、海荣、海筹），驱逐舰1艘、炮舰6艘，运输舰2艘。

第二舰队：司令曾以鼎，辖有炮舰13艘，内河炮舰2艘，水雷舰6艘。

练习舰队：司令王寿廷，辖有巡洋舰2艘（应瑞、通济）。

二、又军政部指挥的电雷学校，这是蒋介石为培植嫡系海军骨干设置的学校，当时自成一系，由欧格任教育长，辖有练习舰3艘，鱼类快艇12艘。

三、由军事委员会管辖的北洋海军为：

第三舰队：司令谢刚哲，辖有巡洋舰2艘（海圻、海琛），改装巡洋舰1艘（镇海），炮舰3艘（永翔、楚豫、江利），驱逐舰1艘（同安），炮舰8艘，运输舰1艘。其中除海圻、海琛驻防南京外，其余都驻在青海和威海。

四、广东海军是广东省所属海防司令部指挥的：

第四舰队：司令陈策，辖有巡洋舰一艘（肇和），炮舰7艘，炮艇19艘，运输舰1艘，都驻在广州至虎门一线。

以上舰艇多为老式归舰，其中最大的作战舰海圻，排水量4 300吨，是1899

---

① 张君然，淞沪会战时系原国民政府海军司令部海事处上尉参谋。

年建造的防卫性巡洋舰。其他比较有战斗力的只有巡洋舰平海、宁海(均为2 500吨)及炮舰逸仙(1 520吨)等数艘。

7月7日卢沟桥事变发生时,日本驻在我国的海军为第三舰队,司令官是长谷川清中将,以巡洋舰出云号为旗舰,停泊在上海,辖有第十战队巡洋舰3艘,以第十一战队驱逐舰13艘,第五战队所属第十三、十六驱逐队在旅顺,第五驱逐队在华南。随着战争形势发展,7月28日,日本派吉田善吾第二舰队(下辖第四、第五战队及第二水雷战队)驶来我国。同时还将新编的第九站队、第五站队及第三雷战队调华编入第三舰队。至此日本侵华的海军兵力加强,我国海军已处在极端劣势。但全军官兵也和全国人民一样,在抗日救国爱国主义思想鼓舞下,无不敌忾同仇,准备和日本侵略者决一死战!

8月初,战争形势日益紧张。当时政府权衡海军实力及战略需要,决定海军的作战方案是配合陆军消耗日军的实力,保卫南京和长江航道。为此海军第一、第二舰队陆续集结在江阴至南京一线。并决定在江阴要塞附近封锁长江,以阻截日军沿江西进,并把当时以进入长江中上游执行撤侨任务的日海军第十一战队和一大批日籍商船堵截在封锁线之内。最高统率部密令江阴要塞司令谢慕寒(谭延闿外甥),协助执行封锁计划。不料这一决定被潜伏在汪精卫左右的日本间谍黄秋岳所泄露。以致日本舰船于封锁完成之前,逃出长江。

海军开始执行封锁长江的任务,8月11日起由测量舰甘露、皎日、青天及炮舰绥宁、威宁等五舰在江阴下游连日破坏航道浮标灯标。同时海军第一、二舰队将练习巡洋舰通济,炮舰大同、自强、武胜、德胜、威性,水雷艇辰字宿字等8艘兵舰,及招商局所属商船6艘,又征用其他商船16艘,共计舰船30艘,沿着江阴河道逐次下沉,堵塞工作于8月12日全部完成。随后又征用商船3艘,接管日本浮码头8艘也一并补充沉入航道。我国随即于8月13日宣布封锁镇江以下长江航道。以后随着战线的扩大,8月25日又将老式巡洋舰海圻、海琛、海筹、海容等四艘自沉于航道,以加强江阴的封锁线。同时还设置了三条水雷封锁线,共使用沉船45艘,石料2 350多吨。船驳185艘,动员人力1 000余名,舰艇10余艘,前后历时近两个月。这条封锁线使日军西进的日程滞迟了四个月,为我国抗战初期的部署争取了时间。

8月9日,日军在上海制造“大山事件”,并以此为借口进行挑衅。8月13日八一三全面抗战开始,为了阻止日军沿黄浦江西进,我海军在训练舰队司令王寿延指挥下,于8月14日将运输舰普安号自沉于董家渡航道,又设置了三条防御潜艇的水下堵截线。8 月 17 日在江南造船所附近水域又下沉了 6 艘商船，包括扣留的日本商船洛阳号(4,500 吨)在内。以后又陆续征用商船 16 艘自沉于十六铺航道。

这时我国万众一心，全民抗战的声势蓬勃展开。8 月 14 日起我国空军连日轰炸了日本海军陆战队及第三舰队旗舰出云号，可惜未命中。为了适应战斗体制，江阴的电雷学校，被改编为江防司令部，据守江阴封锁线。8 月 14 日傍晚，他们派出 2 艘鱼雷快艇驶往上海攻击出云舰。16 日晚 8 时，鱼雷艇"史可法 81"号由艇长胡敬端指挥，沿黄浦江下驶，高速穿过停泊中的日军驱逐舰及英、法、意等国军舰，到达南京路外滩攻击位置，在距出云舰 300 米外发射 2 枚鱼雷，但鱼雷在出云舰外侧日本总领事馆的岸边触发，"史可法 81"艇马上转头脱离，但受到敌人炮火的追击，快艇在九江路外滩中弹沉没，人员游水登岸归队。袭击虽未成功，但这是我国海军在八一三抗战中第一次主动的攻击，是敌人意想所不及的，对日军心理上的威胁甚大，所以对这次行动，舆论上的评价很高。此后，为了继续打击敌海军，留驻在上海的海军人员组织力量，在江南造船所技术员和工人的配合下，制造了一批控发式水雷，9 月 7 日夜他们试用时，先将上海日军三井码头炸毁。9 月 28 日他们又潜入春江码头，将出云舰尾部扎伤，同时还炸沉敌人铁囤船 4 艘，拖轮 2 艘，敌人不得不将旗舰出云号于 9 月 30 日拖回日本修理，这次攻击也鼓舞了上海人民抗敌的士气！

江阴封锁构成后，海军第一舰队在司令陈季良指挥下以平海为旗舰，把主力平海、宁海、应瑞、逸仙布置在江阴前线，严密戒备日军沿江进攻。海军第二舰队由曾以鼎指挥，担任南京空防任务。平海和宁海装备有 8 厘米高射炮 7 门，高射机枪 8 挺，应瑞装有 4 厘米高射炮 2 门，逸仙装有 7.6 厘米高射炮 6 门，高射机枪 6 挺，有一定的对空实力。8 月 22 日，在江阴地区，电雷学校员兵和平海舰各击落一架敌机，全军士气很高。因为封锁线是日军西进的阻力，所以就成为日军攻击的主要目标。

9 月 22 日上午，日机 18 架在江阴要塞和舰艇炮火阻击下，对平海、宁海二舰进行两次轰炸攻击，平海中弹 2 枚。午后又有日机 7 架对两舰进行攻击、被各舰炮火击退。傍晚日军又出动飞机 9 架，对巡洋舰应瑞进行攻击，有 2 枚重型炸弹落在舷傍。这一天的海空战斗，我方对空炮火非常激烈，击落敌机 5 架。海军平海、应瑞二舰负伤。平海舰长高宪甲受重伤。应瑞舰负伤后，驶往南京整修。以后于 10 月 23 日海空战斗中在采石矶沉没。

9 月 23 日，敌方首先以飞机 12 架飞临江阴要塞上空，吸引了炮台对空火力。随后又有敌机 24 架对宁海和平海俯冲轰炸，二舰各中弹 2 枚。在激烈海空战斗中，两舰边战边向上游驶去，不久平海又中弹 3 枚，舰身进水，只得驶向江岸搁浅。宁海也受伤，在目鱼洲附近江岸搁浅，都丧失了战斗力。这一天的海空战斗是开战以来规模最大的战斗。我方击落敌机 4 架，战斗中宁海舰长陈宏泰负了重伤，副舰长叶可钰继续指挥对空战斗，高射机枪架被炸毁之后，他双手抱着红热的枪管继续射击，英勇奋战。舰上人员死伤达 62 名，空前壮烈。

平海搁浅后，第一舰队司令旗舰转移到逸仙舰。9 月 25 日敌机 16 架追踪攻击逸仙舰，海空战斗中击落敌机 2 架，该舰也中弹进水在江岸搁浅。这时第二舰队司令曾以鼎率炮舰楚有和驱逐舰建康来援。驶经龙梢港时与敌机 10 架遭遇。建康直接中弹 8 枚沉没，舰长齐粹英以下 27 人负伤，7 人战死。楚有也于 9 月 29 日在六圩港与敌机作战时中弹沉没。

在淞沪之战的同时，我国驻广东海军也成为敌人入侵的障碍。9 月 14 日，担任封锁我国南方港口的日本海军第五战队派旗舰夕张及驱逐舰追风、疾风等溯珠江而上，向驻守虎门的我海军舰队进攻。敌舰接近时，我巡洋舰擎和开始出击。灯台岛炮台也向敌舰开炮。激烈炮战中，擎和中弹负伤搁浅。以后敌军又增强了海空军实力，从 9 月 20 日到月底历经几次激烈战斗，我国广东舰队所属作战舰艇都在奋战中损伤了。此外驻在青岛和威海的我第三舰队所属一部分舰艇 13 艘，为执行封锁和破坏港口任务，分别自沉于青岛小港和刘公岛港口。

八一三抗战开始后，我国海军以薄弱的力量，奉令执行封锁航道阻击敌人西进的任务，成为敌海空军主要攻击的对象。经过两个月的海空激战，作战舰艇损失殆尽。但是海军官兵仍将舰炮武器拆卸上岸，组成江防守备部队，在整个抗日战争期间，分别驻守在马当、巴东和西江梧州，构成要塞阻击敌人，为抗日战争作出了一定的贡献。

上海市长宁区政协文史资料工作委员会编：《长宁文史资料》，第 3 辑，1987 年版，第 82—88 页。

铁血御外侮

——国民党中央海军江阴抗战记

叶芳玲

1937年8月，日本帝国主义加紧了对华侵略的步伐，著名的淞沪抗战开始了。就在这场战役进行之时，在长江的东大门——江阴也发生了一场激战。这场战役，是中国旧海军在抗日战争中进行的第一次对日海空作战，也是最后一次对日海空作战。

江阴战役的结局，固然是失败了，但是，它对于配合淞沪战役，破坏日军速战速决的战略计划，起到了应有的作用；同时，广大爱国官兵也用他们自己的生命和热血，在这场战役中，谱写了光辉灿烂的一页。

江阴战役是从这里开始的——

实行封锁

1937年8月7日，黄昏。国民党政府海军部部长陈绍宽在他的办公室里召见了"通济"练习舰舰长严寿华。他手指地图，严峻地说："目前局势万分紧张，为了阻止日军打开我长江东门——江阴，溯江西上，配合其驻扎在长江流域的浅水炮艇部队和武装侨民等进攻汉口、南京，最高国防会议已批准我部计划：集海军全军为一集团，封锁江阴航道，配合陆上友军拱卫南京，保卫我长江运输线。"

陈绍宽停了一下继续说道："封锁江阴航道需要采取措施。'通济'是一条无战斗力的旧舰，准备和其他旧舰一起在江阴要塞下沉。现在，你必须立即驰赴江阴，做好一切准备。"

陈绍宽仔细指示了封锁线的方位，又紧紧握住严寿华的手，语重心长地说：

"何时实施沉舰，我将另行通知，要相信将来抗战胜利，一定会建设起新的海军，此时千万不要灰心啊！"

封锁江阴要塞，是国民党政府最高国防会议的密令。但是，这个密令却被国民政府行政院机要秘书、汪精卫的亲信黄濬泄露给了日本总领事。日本政府当即下了"撤侨令"。8 月 7 日夜，满载日本陆军、海军陆战队和侨民的商轮在日舰的护送下，开始陆续驶出长江。

封敌于长江之内的计划落空了；敌人方面军事行动的步伐却更为加快了。

早已侵入中国沿海的日本海军第三舰队，这时已中止了在台湾海峡的演习，所属各战队分别回到原驻地。第十一战队、第五水雷战队分驻于长江流域和华南沿海。舰队司令长官长谷川清中将乘旗舰"出云"号进驻上海。根据日本政府"大海令一号"，由吉田善吾中将率领的第二舰队，护送陆军、海军陆战队和军火也来到中国，并将第四战队、第三水雷战队以及新编第九战队编入第三舰队，加强其在上海方面的力量。就在日舰、日侨陆续撤出长江时，麇集于吴淞口、舟山群岛和马鞍群岛附近的第三及第二舰队所属各战斗舰：航空母舰、轻巡洋舰、驱逐舰、鱼雷艇等，正朝着长江口，朝着中国大陆张牙舞爪，虎视眈眈。

8 月 11 日中午，日本轻巡洋舰"由良"、"鬼怒"、"名取"、"川内"等相继侵入吴淞口，分泊于杨树浦附近和黄浦码头。将近夜晚，又有约十艘驱逐舰和鱼雷艇鱼贯进入黄浦江，抛锚于杨树浦一带江面。

霎时，黄浦江上空战云翻滚。日本帝国主义欲攻取上海，直捣南京，以武力压迫国民党政府屈服，实现速战速决的战略目的。

日军要实现上述企图，逆长江西上显然是一条捷径，在这万分紧急的形势下，11 日下午，蒋介石终于抓起电话耳机，亲自向陈绍宽下达了命令：立即实施沉船封江。

海军部指挥机关里，刚放下电话的陈绍宽，迅速整好军容，偕同陈季良等人快步走出大楼，分别钻进早已候在楼前的几部小汽车。转眼间，车队驶出挹江门，朝南京下游的草鞋峡方向风驰。

草鞋峡一带江面上，一股股黑烟融入苍茫暮空。集结在这里升火待命的中央舰队"平海"、"宁海"、"逸仙"、"应瑞"等轻巡洋舰，以及大小十几艘内河炮舰，已处于紧张的备战状态。当陈绍宽等抵达草鞋峡，下车登上"平海"号旗舰时，舰上立即发出起锚开航的信号。刹那间，一道道夜航灯光刺破浓浓暮雾，各舰尾随"平海"，鱼贯而行，直趋江阴。

江阴为长江下游的咽喉要地。早年，李鸿章在这里修筑过要塞；现在，在要塞的旧址上，有 60 尊大炮齐对江面，此刻，“通济”舰和其他七艘老舰、废旧鱼雷艇，以及 20 艘大型商船相挨泊于江面。军舰上，炮械都已卸去；商轮上，船员也已遣送登陆。

午夜，“平海”、“宁海”等舰相继驶抵江阴。陈绍宽向各舰传令：江阴封锁线于 12 日中午开始执行堵塞，任何中外船只均不得通行。

翌日清晨，“咸宁”、“绥宁”等炮舰在江阴下游方向陆续轰击各处灯塔、灯标、灯船，欲将下游一切航标予以破除。

至中午时分，“大同”、“自强”、“威胜”、“德胜”、“武胜”以及“辰字”、“宿字”等七艘军舰，开始按既定方位陆续自沉。20 艘商船在“通济”船长和舰队参谋的分头指挥下，也排列成行，先后下沉。

下午 5 时，“通济”舰最后执行任务。舰上全体官兵集合在甲板上。为示破釜沉舟之志，每个水兵只身携带一卷铺盖，全体军官则孑然一身。他们默默地向舰只告别……

血战江阴

江阴封锁线初步形成后，陈绍宽立即回南京述职。陈季良仍驻“平海”，指挥中央舰队日夜警戒在封锁线上。

疯狂的日本帝国主义原不把中国军队放在眼里。他们狂叫着“三天占领上海，三个月灭亡中国”，于 8 月 13 日向我驻沪军队发动攻击，淞沪战役自此展开。

8 月 14 日，日舰“出云”、“川内”号上的舰载机轰炸了虹桥和闸北区。同时，日军第三舰队第一航空队的“凤翔”、“龙骧”、“加贺”号航空母舰，开始连日出动飞机，对南京、南昌、苏州、杭州等城市实施狂轰滥炸。接着，日军第十一战队各舰艇和第八战队旗舰“由良”等配合陆上部队向中国驻军防地炮击。

中国驻军奋起抗战，屡挫敌锋。空军部队连日迎击敌机，并乘隙袭击云集黄浦江和马鞍群岛各处的日舰。

战事在上海激烈地进行，守卫在江阴封锁线上的海军官兵，目睹的却是另外一番景象。

海军当局为了加固封锁线，责成沿江各地征集民工、民船，采运石方，以充填沉船空隙。8 月中旬开始，从江苏、浙江、安徽、湖北各地征得巨石 3 000 多英方、

2 300多吨，碎石 6 500 多担，还有盐船、民船 185 艘。但是，地方当局不向百姓道明实情，贫苦的船民们摇船运石匆匆来到封锁线上，满以为卸了石便可回乡，殊料这里竟也是他们沦落、葬身之地！当他们被不由分说地赶上了岸，眼睁睁看着依以为生的船只连同石头一起被江水吞没，顿时，捶胸顿足，呼天号地。有的船家求生无路，回乡无门，不得不投水自尽。

这种种惨象，尤其是妇孺的哭啼，震动着海军官兵的心。这时，他们作为旧时代的军人，还不能对眼前发生的一切作出正确的解答，但是，一颗中国人的心和中国军人应尽的责任感告诉他们，这笔债，是要向侵略者讨还的！他们默默守卫在各自的岗位上，严阵以待。

从 8 月 16 号开始，江阴封锁线上不时出现敌机。8 月 22 日，又有敌机 12 架前来骚扰。守卫在最前线的“平海”舰迅速而准确地射出复仇的炮弹。击落敌九四式轰炸机一架。官兵士气为之一振，摩拳擦掌地准备迎接更大的战斗。

这时的日军，由于上海驻军的顽强抵抗，恼羞成怒。他们看到，由于江阴封锁线，使得其第三舰队的行动受到限制，而且对南京方面的空袭也构成威胁，从而妨碍了他们速战速决战略目的的实现。现在，必须采取措施，立即加以摧毁。所以，日军一面从国内不断地增兵上海，一面加紧策划对江阴封锁线实行大规模的轰炸。

9 月 20 日，日军第三舰队的各级指挥官聚集在“出云”舰上，敌酋们议定，将第二联合航空队的全部兵力投入作战，重点攻击“平海”、“宁海”，寻机进行低空轰炸，将两舰一举击沉，随后，消灭其他船只。

9 月 22 日，将近中午，长江下游一带天低云暗，细雨霏霏。12 架九二式水上攻击机和 6 架九五式战斗机满载着 60 公斤重弹，向江阴封锁线呼啸而来，直扑“平海”。机群分队从三面环攻该舰，弹如雨下，在舰旁激起如林般冲天水柱。“平海”舰立即应战，四门高射炮昂首齐吼。附近的“宁海”、“应瑞”、“逸仙”等舰及两岸炮台上的高射炮也密切配合，组成密集的火网，撒向天空。一架敌机被击中，拖着长长的尾巴栽向江中。其余敌机忙麇集成群，向“平海”左舷发疯般轮番俯冲掷弹，两颗炸弹击中舰体，弹片射穿驾驶台，击伤舰长高宪申。年轻的副舰长叶可钰迅速接替指挥，沉着地发出一道道命令。随着命令，“平海”舰灵活地避开敌弹，高射炮旋转炮口向高空之敌射出连珠炮弹，高射机枪迎着俯冲之敌“哒、哒、哒……”横扫。中弹的敌机呜咽着坠入江底，负伤的慌忙夺路而逃。

嗡嗡的机声刚逝，从日军“加贺”号航空母舰上起飞的 7 架九六式轰炸机又出现在“平海”上空，接踵发起第二次攻击。一枚30公斤炸弹命中“平海”，幸未致成重伤。

第二个冲击波过去后，敌机又组成了第三次攻击。这时，日近黄昏，低低的云层压在“平海”、“宁海”舰上空，视界不清。敌机乃改变进攻目标，扑向“应瑞”。两颗炸弹在舰旁爆炸，这艘1913年造的巡洋舰即受严重创伤。

夜幕降临了，敌机余焰未熄，不甘心地掉头返航。

这场海空激战，敌机被我击落5架，击伤多架，我方舰队连夜调整部署，处理了伤亡人员，做好一切迎战准备。

次日清晨，敌侦察机在江阴江面盘旋侦察。不久，又有数十架敌机蔽空而来，复又躲进高高的云层。狡猾的敌人改变了战术。首先，敌以12架战斗机、攻击机吸引了炮台上的对空火力，接着26架九四式、九六式轰炸机破开云层，发出撕裂人心的怪叫，向“平海”、“宁海”轮番俯冲，在仅约二海里宽的江面上丢下无数重型炸弹，犹如撒下张张铺天盖地的弹网，把“平海”、“宁海”层层围住。舰队官兵也毫不示弱。敌机刚刚进入射程，各舰指挥员一声令下，排炮怒吼，机枪齐射。顿时，只见空中、水中、机旁、舰侧火光闪闪，炸声如雷，硝烟弥漫。

突然，一架敌机在空中爆炸，四散的残骸沉重地砸落在“平海”后望台上。同时，两枚炸弹先后命中舰体。“平海”遂带着遍体鳞伤向上游避航。凶暴的敌人见势更为猖獗，新增派的20架轰炸机和战斗机追踪而来，分批高速下降，狞笑着俯冲掷弹。副舰长叶可钰站在弹痕累累的驾驶台上，冷峻的目光紧盯着敌机，疾令各炮位瞄准射击，各机枪密切配合。机枪指挥刘馥自充射手，扫射正酣，枪架纵轴因发射逾量而折断，刘忙冒险抢修。突然，一架敌机厉声扑来，说时迟，那时快，刘馥一把抓起发红的枪管，对准敌机迎头猛扫，吓得敌机一抬头疾躲进高空。但是，三颗罪恶的炸弹又在“平海”舰附近爆炸，命中舰体，机舱、弹药库被击穿进水。水手们争先跳进水中抢护仅存的炮弹，堵塞漏洞，但舰体负伤过重，堵塞无效，倾斜20多度的“平海”，终于吐着滚滚黑烟和蒸汽，沉搁在十二圩浅滩。

“平海”既沉，“宁海”遂成敌人集中攻击的目标。

连续的激战，“宁海”也消耗甚巨。现在，面对恃优势而肆虐的空中强盗，众官兵毫无畏色，越战越勇。他们把满腔的仇恨压进炮膛，瞄准敌机，把一串串炮弹送上天空，在敌群里开花。敌人玩弄故技，高空轰炸配合以俯冲攻击，几十架飞机上的重弹不停地倾泻下来。“宁海”舰首中弹一枚，飞机亭被击起火，锚机被炸失灵，无数弹片洞穿左右船舷，锚链舱、米舱、帆缆舱、十四生弹舱等同时进水。驾驶台里，航海员头部中弹，脑浆四溅。舰长陈宏泰腿部受伤，一个踉跄栽倒，又强撑着站起来。他忍着剧痛，不顾伤口血流如注，急令全舰官兵迅速灭火，斩断锚链，继续作战。舰前段，各级指挥官带领水兵冒着纷飞弹片，紧张地抢险；炮塔上，炮手们前仆后继，坚守战位，六门高射炮高昂着头，不断碰射出一团团火焰。不幸，又一枚重弹在舰桥后侧爆炸，舰体要害部位受到严重破坏，剧烈地摇晃起来，失去了战斗力。舰长下令向上游避航。"宁海"也挣扎着驶抵十二圩。这时，江水浸过甲板，淹没了舰尾。

一场恶战结束了，"平海"斜躺在浅滩上！"宁海"翘首倒栽江边，更有成百名官兵的热血洒进了一江绿水。落日仿佛为之啼血，最后一抹余晖，竟是那样鲜红、鲜红……中国海军失去了它仅有的两艘现代化新舰，而日军虽有十架飞机在封锁线上丧命，其气焰却从此倍加嚣张。

两天后，中央海军第一舰队司令部刚刚移驻"逸仙"舰，正在江阴和鱼目洲之间航行，被正在进行低空搜索的敌机发现。十架敌机即刻低空投弹，三度狂炸该舰，使该舰高射炮火力失效。正当敌人得意忘形之际，舰队司令陈季良命令以舰首大炮反击，连续命中两架飞机。但是，"逸仙"舰也因负重伤而沉没。全舰阵亡官兵十多人，伤八人。与此同时，前往援救的中国唯一的驱逐舰"健康"号亦被炸于龙梢港途中。

此情此景，江阴封锁线十分危急。海军部疾命第二舰队司令曾以鼎乘"楚有"炮舰前往接替陈季良。同时，将属粤系的巡洋舰"海圻"、"海琛"和中央舰队的"海容"、"海筹"沉于江阴，加固封锁线。

但是，"楚有"舰刚抵江阴，就在连遭四次空袭之后，于 9 月 29 日沉没。

在日本侵略者狂轰滥炸之下，第一、二舰队所属"青天"测量舰、"湖鹏"鱼雷艇、"江宁"、"绥宁"炮舰，已负重伤的"应瑞"舰等，先后在江阴水面遇难。国民党中央海军舰队自此丧失殆尽。

舰队既没，海军部拟改变策略，拆卸舰炮移置于江阴、镇江附近要塞，借以继续守护封锁线。但这时，上海战局突变。由于蒋介石乞望《九国公约》国家出面制裁日本，对上海撤退令下而复收，引起部队极大混乱，淞沪防线全线动摇。11 月 11 日，日军占领上海，随即便如入无人之境，分三路直扑南京。12 月 13 日，进占南京。海军江阴炮台炮队坚守到 12 月 1 日，终于在三面受敌的险境下，奉命撤退。

淞沪战役，国民党数十万陆空大军顽强抗敌整三月；江阴战役，国民党中央海军以弱战强力守封锁线，其英勇激发了全国军民的斗志，对于粉碎日军三月亡华的梦想起了重要作用。

一年多后，国民党军事委员会装模作样地表彰了江阴战役中的抗日有功人员。陈季良、曾以鼎各记一等功，高宪申、陈宏泰、叶可钰分别授予甲胄荣誉奖章。刘馥等官兵也颁发了其他各级奖章或通令嘉奖。

但是，江阴战役的耻辱又当谁来负呢？1938 年 2 月，国民党大员陈诚在武昌珞珈山将校研究班以《沪战的经过与教训》为题发表讲演。他说："军事与政治原是不可分离的东西，但是这次作战以及作战期中，我政治上的缺陷实在太多"，"战略受政略影响极大，乃是国家的不幸"。这在事实上承认了作战的失败是政略和战略方面的原因。说的是淞沪战役，江阴战役何尝不是这样？

中国半殖民地、半封建社会的统治者国民党政府是腐败的，但是中国人民是英勇而不可侮的。江阴战役的中国抗日勇士们，你们无愧于民族，你们将会永远得到人民的怀念。

江苏省江阴市政协学习文史委员会编：《江阴文史资料》，第 20 辑，第 38—47 页。

中国海军抗战事迹

郭秉衡[①]

1936年暑假，我考入中国海军电雷学校。抗战爆发后不久，我们即提前结束了在南京军校的陆军训练，于7月28日乘电雷学校的同心号浅水炮舰赶回江阴本校。

8月13日夜晚，我们第三期学生队被分派在黄山要塞东南麓的九个高射机枪阵地上，担负对空作战任务。每个阵地配有两挺马克沁高射机枪，每个学生装备有一支新式步枪和100多发子弹。两挺机枪分别架设在匆匆筑起的由交通壕连接的两个掩体内。当我们进驻阵地后，每天均有数批敌机沿长江北岸向西飞往南京轰炸，因距离我们阵地较远，无法射击，大家只好把浑身力气都用于加固阵地和擦拭枪支上。

奇袭日旗舰“出云”号

八一三淞沪战争打响后，日军的指挥部就设在停泊在黄浦江面上的第三舰队旗舰、万吨级重巡洋舰“出云”号上。当时日本海军认为中国海军几乎等于零，是不敢轻举妄动的。7月29日，日方竟派遣大使馆武官向我海军部长陈绍宽威胁说，如果中国海军违反严守中立的状态，将受到毁灭性打击，当即遭到陈绍宽的严词驳斥。

1937年8月14日，设在江阴的中国海军电雷学校改编为江阴区江防司令部，欧阳格任司令，徐师丹任参谋长。快艇大队长安其邦随即率“史可法”102号

① 郭秉衡，淞沪会战时系海军电雷学校第三期学员。

和“文天祥”171号两艘高速鱼雷快艇，驶往上海奇袭“出云”号。两艇的艇长分别为胡敬瑞、刘功棣。两艇接令后稍加伪装，即星夜出航，由江阴内河出发，只开动副机，昼隐夜航地驰往上海。岂知文171号艇在途中因故耽搁，迟了一天才到达龙华，只有史102号艇按预定计划于8月15日傍晚抵达龙华。艇长在水泥厂和先期到达的江阴区江防司令等人会面并简单研究后，决定按原方案单艇立即下驶出击。谁知由于为了达到奇袭目的，该艇事先未与岸上陆军联系，因此沿途多次被阻并受到枪击。当时我军已在十六铺一带黄浦江上设置了封锁线，该艇不能通过，乃被迫返回龙华。次日(8月16日)白天与友军取得联系后，艇长与随艇指挥的大队长一同由陆上去英租界外滩一带，实地察看“出云”舰及附近水上情况，发现十六铺封锁线外有敌人炮艇巡防，同时外滩一带黄浦江面上停泊有各国军舰及商船，环境比较复杂。他们回到龙华后，文171号鱼雷快艇也赶到了，但欧阳格司令仍决定只派先到达的史102号鱼雷快艇单艇出击。

1937年8月16日晚，史102号鱼雷快艇按计划由龙华开动副机，悄悄地驶出十六铺附近的封锁线，经南京路外滩后即开动两部主机冒着敌舰艇的炮火全速向下游冲去。由于江面上各国舰船灯光耀眼，驶至外滩陆家嘴附近江面时仍看不清敌舰“出云”号的具体位置，而如再推迟发射鱼雷，则可能使鱼雷失效从而失去战机，乃向预定的方位将一对鱼雷射出。在鱼雷的巨大爆炸声中，鱼雷快艇也被击伤，不得不冲驶搁浅在九江路英租界外滩码头外档。艇上人员将机枪武器等装备卸弃江中后就泅水隐藏在码头下面，候至夜深人静才游上岸。到路口已有事先安排好的接应人员将他们接到英租界内的惠中饭店，一直未暴露身份。以后他们又曾移到八仙桥青年会，前后历时月余，才辗转返回江阴，继续参加战斗。

这次奇袭，虽未能将敌“出云”舰击沉，但这是抗日战争中中国海军唯一的一次主动出击的英勇行动。“出云”号确被史102号鱼雷快艇发出的鱼雷爆炸击伤尾部。经此一击，敌人晕头转向，以致在挨揍后的几天都没有搞清楚这次袭击来自何方。直到1937年8月22日，日军才派了12架飞机到江阴中国海军电雷学校进行报复性轰炸。

击落第一架日军飞机

这天下午，空袭警报拉响了，我们迅速进入了阵地，在各自岗位上注视着空中。这时，混在学校校舍工地的汉奸将工地上的木料点燃，一时烈焰冲天。12架敌机正飞临我阵地上空，6 架在高空盘旋掩护，其余 6 架轻型轰炸机依次鱼贯向汉奸指引的校舍目标俯冲投弹。在第一架领队敌机俯冲投弹的一瞬间，我们所有阵地上的高射机枪、停泊在港内的鱼雷快艇、江面上的舰艇以及阵地附近炮八团所有的对空火力，一齐向敌机开火。我所在阵地上的一名射手毛却非同学在射击排除故障时，右手被砸得鲜血直流而竟未发觉。当第五架敌机刚刚向下俯冲时，即被我们火力击中，只见一团通红的火球由空中直向地面坠了下来，但飞机上机枪仍在不停地向地面射击。片刻间，敌机坠毁，撞坏了校舍的一角，三具飞行员的尸体烧的模模糊糊。第六架敌机接着向下俯冲时，看见前面那架已经着火，慌忙拉起机头升起，将炸弹投在田野里后逃之夭夭。

警报解除后，我们纷纷奔向校园去看被击落的敌机残骸，同学们看到敌机上有很多机枪弹孔，心中很是激动。这是一架日本九四式轰炸机，机号为 154。为奖励我们学生队在抗战中击落第一架敌机，江阴区江防司令欧阳格授予我们一面绣有“铅刀小试”四个字的三角锦旗。

江阴附近激战

1937 年 8 月 25 日，我海军“永建”号炮舰在上海江南造船厂与敌机激战后被炸沉。8 月 26 日，我“皦日”号测量舰在南通附近江面执行任务时，与敌舰“八重山”等三舰遭遇，接战后被敌舰击沉。以后，“史可法”181 号鱼雷快艇在江阴至南通江面战斗巡逻返航时与敌舰遭遇，经激战后被击毁，艇上除中校教官马步祥失踪外，其余均泅水脱险。

1937 年 9 月 22 日，敌机数十架陆续分批向守卫在江阴封锁线上、要塞下的我海军主力第一舰队的舰只进行轰炸，目标首先集中在旗舰“平海”号轻巡洋舰。我舰艇官兵英勇奋战，舰长高宪申负重伤。“宁海”舰副舰长叶可钰在高射机枪枪架被击坏后，用手抱着烧红的枪管继续对空射击。经激烈的战斗，共击中敌机五架，我官兵伤亡十余人。

次日，敌军不但数量倍增，而且从早至暮，轰炸几未间断，同时改变了战术，先以少量十余架飞机由高空自南向北飞经电雷学校及要塞上空，横越江面，吸引炮火，分散我军注意力；然后大批飞机沿江自东向西低飞，先集中轰炸“宁海”号轻巡洋舰，次及其他各舰。一时间，要塞至江面上空硝烟弥漫，水柱冲天。“宁海”舰长陈宏泰身负重伤仍坚持指挥战斗，航海员林人骥以下近十人壮烈牺牲，数十人负伤。当天虽击落敌机多架，但我平海、宁海两舰主力舰只也浅沉岸边，失去了战斗力，不得不将第一舰队旗舰移到“逸仙”号上。这一天各舰官兵死伤近百人。这是抗日战争期间最激烈的一场海空战斗，也是我海军官兵伤亡最多、最壮烈的一次战斗。

同日，电雷学校“史可法”34号鱼雷快艇在江阴要塞上游江面与敌机激战后被击沉。艇长姜翔高、叶君略以下官兵全部英勇牺牲。

9月25日，敌机在长江内鱼目洲附近与“逸仙”舰激战，被击落三架，我舰被炸伤浅沉，死伤官兵约十人。同时，第二舰队司令曾以鼎乘“楚有”舰并率“建康”舰赶来支援，在激战中“建康”舰被敌机炸沉，舰长齐粹英以下数十人阵亡。

9月28日至10月2日，第二舰队旗舰“楚有”号亦在与敌机战斗后被炸沉没。

各地海军的抗战

（一）1937年9月14日，敌第五水雷战队旗舰、轻巡洋舰“夕张”号率“追风”、“疾风”两驱逐舰溯珠江上驶进犯我虎门要塞。守卫在舢舨洲灯楼附近的我海军“肇和”号轻巡洋舰（2 800吨，装备有6英寸主炮两门）率“周海”号炮舰（400吨）应战。双方炮击后，“周海”号受伤，敌舰下驶逃去，并遭我空军轰炸。以后几天，敌机不断对“肇和”舰进行轰炸，将其炸沉。

（二）当抗战爆发后不久，海军即将一些陈旧舰艇自沉于江阴，设立封锁阻塞线，并事先将各舰主副炮全部卸下，以后又将未沉各舰的3英寸口径左右的大炮卸下，在各舰艇抽调了大批机枪官兵，先后组成了太湖、洞庭湖炮队，在江阴乌山、马垱、湖口、田家镇、葛店，最后在川江各地设立了炮台，阻击敌舰，使之不能肆无忌惮地凭借其舰艇优势从水路突破我军防线，而只能采取迂回战术，绕过我设防炮台，从陆上进攻。1937年10月1日拂晓，敌驱逐舰三艘窜犯我江阴下游的乌山炮台，该炮台凭借从“楚有”等舰上卸下临时安装的四尊12生口径的大炮与敌舰炮战，并击伤其中的一艘。以后，敌舰未敢再犯，直至江阴被敌军从陆路迂回攻击，炮台官兵才开始随驻军绕道撤退。1938年，敌迂回进攻我湖口柘矶炮台，我海军陆战队一、二、三团官兵，浴血奋战，予敌以重创，各团官兵伤亡甚众。同年9月间，敌旗舰“八重山”号率驱逐舰四艘向我田家镇炮台进犯，经过激烈炮战后，敌舰仓皇逃去。尔后，敌仍采取由陆上迂回的故技围陷我葛店炮台，在遭遇中我总台附郑奕汉英勇牺牲。最后又在川江各险要处设立炮台，卒使敌舰未能由水路侵入川东，保证了战时陪都重庆的安全。

（三）1937年12月，济南陷落后，第三舰队奉令将各舰艇在青岛等地自行沉没，阻塞港口，并将舰炮拆下后组成舰炮队在陆上打击敌人。他们首先在禹城地区击毁敌一列装甲列车，另有海军一连官兵由舰队司令沈鸿烈率领，在临沂附近与敌一个中队以一比一的兵力激战，歼敌数十名。以后他们又组成江防守备总队转战马垱、湖口、田家镇、葛店及宜昌、巴东地区各沿江要地。1938年5月至6月间，他们在马垱、香河桥与登陆之敌海军陆战队激战后，毙伤敌人数百人，大队长尼庆鲁，中队长温进化、张舒特、刘茂秋，分队长祁国治等以下官兵多人壮烈牺牲。数月后，在田家镇臂膀山一次敌机低飞轰炸时，他们又曾用高射机枪击落其中一架敌机，夜晚又与上驶之敌舰在南台臂膀山下进行了激烈的炮战，我观测员等数员英勇牺牲。

（四）1938年7月7日，敌机多架对停泊在湖南岳州岳阳楼附近的洞庭湖面上的舰艇进行袭击，经过激战，我舰艇、人员均有伤亡。

（五）1938年10月24日，我海军“中山”舰在武汉大会战中于上游金口江面与六架敌机展开了激烈的海空激战，该舰中弹沉没，舰长萨师俊牺牲，以下官兵40余人（占该舰人员的半数）伤亡，其他人员以后又调到沿江要塞海军炮台上继续战斗。

（六）1939年前后，我海军成立了第二布雷总队，隶属于第三战区。总分队下分七个大队，其中一、二、三、五大队为漂雷队，四、六、七大队为定雷队。漂雷队多在长江中游皖、赣两省敌后活动，当时的名称是“海军长江中游布雷游击队”。定雷队则在沿海港口及江河湖汊活动。当时温、台、漳、泉州及闽江口等地均由定雷各队布下了水雷，并在那里驻防。由于各港口布了雷，故敌舰艇未敢由水面进犯，最后这些地区均被日军由陆上迂回攻陷。例如当时厦门为日海军驻地，驻有海军中将指挥官，而漳、泉二州近在咫尺，却未敢派其舰艇进犯。漂雷队则常常深入敌后，先侦察敌情，然后秘密由上游将漂雷投放江中，使之顺流而下，撞毁敌舰船。当时所用水雷均由海军湖南辰谿水雷制造厂制成，经火车、汽车运至皖、赣两省各布雷队驻地后，再用人力秘密抬入敌占区，临时雇佣中型民船去投放。1940年4月初，第五大队（大队长林遵）曾在安徽贵池两河口江面成功地布下了约30具漂雷，炸沉了两艘敌舰船。

我军在活动时也常遭敌人伏击，如五大队队员朱星庄即在一次日军伏击中英勇牺牲。另外在安徽铜陵一带，由大队长郑震谦率领的一个大队在执行任务时，多由皖南新四军掩护活动。以后随着战局的发展，又在鄱阳、洞庭两湖布了雷。最后在宜昌以上的长江上游设立了漂雷队及烟幕队，以配合川江各海军炮台保卫川江三峡要道，卒使敌舰不敢侵入川江、直到抗日战争胜利。

全国政协文史资料委员会编：《文史资料精华丛书：抗日战争的正面战场》，安徽人民出版社，2000 年版，第 68—74 页。

江阴航道封锁记

严寿华[①]

1937年8月12日5时起，国民党当局将军舰12艘、大型商船23艘及数量可观的载石的大号民船，陆续炸沉于长江的江阴航道，据说是为了防止日本海军沿江入侵，必须将江阴航道封锁云云。但上海失陷后，日军从陆路分兵夹击南京，并不由水路进攻，花费偌大代价进行的航道封锁完全无效。

我参加第一期中央军训团，于1937年7月底结束，回到南京，其时通济舰仍驻泊在下关江面。当时北方的战局越来越紧张，敌人除海军部分尚未动员外，其国内的陆、空军均已纷纷调运华北增援。推测如果时日持久的话，对我方是不会有利的。据说敌人的战略政策，是先求占领了华北（五省）作为基础，以后再论第二步骤。因为那时华东、华南的范围，均是在英、美两国的影响势力之下，岂能一口遽吞，惹起英、美的干涉！

蒋介石鉴于北方的形势日趋恶化，要想分化敌人的力量，就必须另辟一个战场，来牵制日军在北方的力量。经国防部多次的考虑，认为合理。那时，驻在上海江湾敌军司令部，经常派人到大场的机场窥探军事情报，多被我方发觉。为此，双方都准备着军事对峙的布置，大有一触即发之势。

国防部拟用迅雷不及掩耳的手段，决计封锁江阴港道，把所有的日本浅水炮舰、商轮以及住在长江以上一带的日侨，都封锁在内地，使他们动弹不得。当时计划订好，定某日某时执行封锁，并于前一天（24小时之内）通知各国使团。敌方纵使知道，也是措手不及。孰料这件秘密而重要的计划，却被行政院机要秘书黄某

① 严寿华，淞沪会战时任国民政府军委会军令部高级参谋室参谋。

泄漏给日本驻宁总领事。听说，当时他是将纸条塞在自己的帽子里，订约日领于某时在某处应酬，离去时，两人的帽子相换而戴，那日领戴去黄的帽子，其秘密的情报就夹在其中了。

约在8月7日，将近黄昏时，陈绍宽部长打电话来，召我到部。我到时，他引我至楼上，在他的个人办公室里，很秘密地对我说："目前局势，万分紧张，国防部决定先把江阴港道予以封锁，阻止敌人来去长江的航路。通济是无武力的旧舰，你先开往江阴，做好准备，何时堵塞，另行通知。"语毕，并示以封锁线的方位。继又说："以后抗战胜利，就会建设新的海军，此时千万不要灰心。这是密令!"我答说："事关国家安危，我个人毫无问题，自当遵令执行。"我受命后回舰，不动声色，准备明早开澄(江阴的简称)，当日到达。启航之前，又奉令将驻舰的见习生调往马尾，学习枪炮，趁夜离舰，由教练官陈粹昌率领，从内地绕道江山赴榕。

至夜间，只见有几批日本炮舰，掩护日轮满载日侨经过江阴下驶，其形状极为狼狈不堪。这说明通过黄某泄漏秘密，使在江阴以上的日侨，全部不分缓急，限时撤出长江。国防部的计划遭到破产，黄某罪大恶极，自应受到极刑。

通济到澄时，第一舰队司令部(司令曾以鼎)移驻本舰，执行指挥事宜。继又开来大同(舰长罗致通)、自强(舰长张日章)、德胜(舰长刘焕乾)和威胜(舰长王夏鼐)等四艘。其后海容(舰长欧阳勍)和海筹(舰长林镜震)二舰也开来，这二舰是来执行任务的。

又在三五天之内，开来的商轮，计有：新铭、泰顺、华新、醒狮、遇顺、广利、通和、瑞康、茂利和华富等18艘(其他的船名记不清)。这些商船都是海轮，抗日期间，沿海不宜航行，所以也用来封锁，否则，会给敌人牵去起反作用的。

我们于11日午夜奉到命令："江阴封锁线定于12日中午12时实行封锁，任何中外船只，均不得通行，以免危险。"并于11日照会驻沪的各国使团。陈绍宽部长于11日夜间约9时，乘平海到澄亲自指挥，宁海随后也开到了。命令于12日晨5时开始执行封锁任务。除大同、自强、德胜、威胜四舰，由各该舰舰长按照既定方位自行堵塞外，其余的商船分为两部分，着由通济舰长严寿华和二队参谋陈绍基分工负责，按照方位，执行堵塞。各船的员工一概遣送登陆，由江阴至无锡，乘火车到上海，由各该公司给予遣散或安置。

是日，令青天测量舰在江阴下游，把白卯沙一带所有的航行浮标，全部用炮击毁，予以破坏。不幸在执行任务时，被敌机窥察，用机枪紧跟舰后，不断扫射。该舰不得已，转向通州疾驶。当快近通州港码头时，舰体被炸，重伤而沉没。员兵登岸，由当地机关予以照顾，运至南京。其后，在夜间派宁艇继续予以破坏。

同时，海容和海筹二舰，担任上游巡弋，阻止船只下驶。适有日轮“岳阳丸”一艘满载日侨下驶，海容旗令，饬其折回返航。中有海军聘请来教战术的顾问一日本海军大佐寺冈谨平附搭此轮（他也是日本派来兼作间谍的人员），意欲准其下驶，经我方严辞拒绝，该轮才折向南京上驶。到宁时，靠泊浦口码头，全部日侨改乘津浦火车到济南，转青岛而返国。

约在下午5时，通济是最后执行沉船堵塞。首先集中全体员兵喻以大义。大家寂然无声，心中徒抱感慨。除必要的员兵留几人执行任务外，其余的全部先行离舰到宁海舰集中。二队司令部也即时移驻宁海。士兵除准带铺盖外，官员则不准随带任何东西，以后由政府给予代价补偿，以示破釜沉舟的决心。员兵离舰后. 仅陈绍宽、曾以鼎和我三人。时有小火轮一艘，靠泊舰旁，留待我们三人与通济告别后离舰。迨“海底栓”开后，机舱里全部滚滚地进水，至舰体快要倾斜时，我们二人才黯然离舰——与通济告别了。斯时，我的心中具有无限的感慨：一为通济舰是我的第二家庭，而员兵间的感情，亲如叔侄兄弟；次则我积有几十年的心爱东西和纪念物等一旦付诸“东流”。一场心血，化为乌有，能不慨乎！在沉没时，主桅还悬着一面国旗，至沉到江底时，因水位太浅，导致主桅上的国旗还露在水面，以后设法锯断主桅，以灭痕迹。

封锁线任务完成后，陈绍宽乘舰回向蒋介石报告，留曾以鼎驻节宁海，并派海容、海筹二舰驻守江阴，防护封锁线和加强工作。不久的时间，曾以鼎调往南京，驻节永绩，派一队司令陈季良赴澄，执行封锁线等职务。这时，抗日的烽火已笼罩着京沪一带地区了。通济的员兵，当时由甘露测量舰（舰长谢为良）运宁，其他四舰的员兵，则由平海舰运送。他们到达南京时，全部集中在海军鱼雷营待命。至于补偿方面，各舰长每人领2 000元，其他的舰员，则按阶级的大小而酌发。闻以后海容等舰堵塞时，准许员兵随带自己的物件，不再给予补偿了。

我到南京时，照例应向海军部报到，陈绍宽就派我和参事任光宇同到军令部去。闻是该部曾来文咨请派员参加战时军务的需要。我俩到了军令部，首先晋谒部长黄绍兹，并报告执行江阴封锁线的情况，指着海图告以当时堵塞的方位，他很满意，就派我俩在高级参谋室服务。高参室的主任是中将张华辅，陆军的老前辈。军令部的组织计有三处：(1)作战处，处长刘斐；(2)情报处，处长杨宣城；(3)总务处，处长陈焯。

江阴堵塞线的建成，是海军部动员所管辖的舰队来执行和担任护卫任务，大小舰艇，都忙得不亦乐乎！独停泊在下关，归由军政部管辖的海圻和海琛二舰，却逍遥自在地泊在原地，按兵不动。这是何故呢？据说，这是蒋介石用来钳制陈绍宽的。先把陈的舰队，借抗日的大问题来消灭干净；其后保存着圻、琛二舰的实力，才有出头的日子。其居心阴险，真够令人不寒而栗。

陈季良驻守江阴，卫护着堵塞线的责任甚重，日寇的机群不断地前来轰炸，与之海空战斗，夜以继日。其次，敌机大举轰炸，卫护堵塞线的主力舰——平海、宁海相继沉没。归电雷学校欧阳格指挥的黄山炮台，也竟袖手旁观，不发一弹相协助。敌人向白卯沙（浏河）登陆时，他拥有12艘的鱼雷快艇，丝毫没有出动。至于该校所制造的水雷，试验时，全部不会爆发。闻当宁海舰受重伤搁浅时，欧阳格竟派人到舰上拆除仪器，其居心可见！一则借外力来排除异己；次则借抗日的机会，大发国难财。其背景自有人在，所以毫无忌惮的。该校也是直属军政部管辖，和圻、琛两舰是一鼻孔出气的。后来，因受到多方的揭露，袒护者爱莫能助，才把欧阳格枪毙，而谢国人。

到了卫护封锁线的主力舰大部分被炸沉之后，军委会又有人提出，要陈绍宽把仅存的容、筹两舰，拿来加强堵塞。陈绍宽不服，反驳说："海琛和容、筹均属姐妹舰，至于海圻、海琛两艘的舰龄，也都相当残旧，要求也应该加入堵塞。"遂将圻、容、筹、琛四舰来加强堵塞。应瑞当时泊在芜湖，被敌机炸沉。于是将圻、容、筹、琛和应瑞五舰的大炮拆下，转安到马垱、田家镇两岸，作为临时要塞，并以各舰的水兵，分配为要塞的炮兵。该项拆卸工程，全部由军政部城守局工程处为之一切负责。

江阴堵塞线共沉的船只，有舰艇12艘，大号商船23艘，还有满载石块的大号民船、盐船（数字不知），统计起来，按折旧议价，其数可观。其中民船和盐船全属于船户私人的生活财产，一旦被迫沉堵港道，他们全家的生活依靠什么，惨情苦况，可想而知。但是敌军在战略上，并不重视这条封锁线，后来11月21日它们不由水路进攻，避实而就虚，用大迂回战略，侧面包围攻取南京。我们耗费了这么多的财力和物力，认为可靠的封锁线，其效果几等于零。当时的封锁，势在必行，但行而无效，可算浪费。那时，谁敢预料敌人不会从水路进攻呢？1941年4月，福州沦陷，敌人不由闽江水路直取福州，而是采取侧面由长乐、连江两处包围而占领了福州。长江口外的封锁和密布的水雷也全部无用了。

淞沪战役之后，国民党的军队望风而遁。各人都想保存自己的实力，留作资本。若一旦全部牺牲了，则名利双收的"摇钱树"即随之而消逝。反正胜败得失，和我个人没有多大的关系，以个人利益为出发点，握有实力，将来总有投靠的地方和出路。蒋介石虽喊破喉咙，无济于事。其时军心涣散，成为普遍性的流行病。所以当退却时，也不通知任何联系的驻军，各行其是，因此战局节节失利，南京岌岌可危，国府迁渝，林森已乘永绥舰先往重庆。旋据报刘多荃的部队（杂牌的）驻守京沪线的无锡，闻有不稳之势，为此，国民党政权于 12 月 13 日放弃南京，退守武汉，以唐生智留守南京。海军部也撤至岳州，当时感到缺乏海上运输工具，回想起那时把德胜、威胜两舰堵塞江阴，殊为失策。这两舰虽无武力，但它的运输量很大，适宜航行于上游和川江之间。其后，海军部撤至重庆时，这两舰更为需要了，可是已悔之晚矣！

全国政协文史资料委员会编：《文史资料存稿选编精选：抗日战争写真》，中国文史出版社，2006 年版，第 105—109 页。

我参加沉舰堵塞江阴航道经过

何承惠[①]

1937年8月，为配合淞沪抗战，保卫南京安全，阻滞日军舰艇溯长江西犯，中国海军奉命以沉舰船、布水雷等多种手段，在江阴以下阻塞航道，构筑江阴封锁线。

当时，我在自强军舰(1 000吨)任轮机长。一天，我们接到国民政府海军部陈绍宽的紧急命令，限8月12日前，第一、第二两舰队及其所属旧式大小军舰、运输舰、练习舰，如自强、大同、德胜、威胜、辰字、宿字、定安、通济、华安等舰艇20余艘，迅速集合江阴口(即长江口)，候令执行任务。以上各舰艇多数停泊在长江中、下游，只有极少数停泊在内海，受命集合江阴都能准时到达。各舰艇开到指定地点抛锚后，官兵们爱国热情、抗战情绪很高，均作了海战的准备。

但各舰艇集合江阴口不到6小时，忽又奉海军部长的紧急命令：限各舰即刻全部在江窄、流急的江阴航道上依次自行沉入江底。各舰艇奉令后，立即行动，在舱底打开海底水门。此时，官兵们始知任务是封锁江阴要塞。各舰队官兵完成任务后，乘坐舢板登岸。我以责任所在，最后坐舢板登陆。大约经过20分钟左右，大小舰艇20余艘，全部沉入江底。舰上器材、文件及私人衣物全部随舰而去。各舰官兵奉令集合南京鱼雷营待命。大家认为牺牲少数物资，换取阻止日军不能水攻，是我们的胜利。约半个月时间，海军部即令各舰艇官兵们原职原薪分到其他舰艇服役。

在江阴口未封锁之前，日本的舰艇商船约10余艘，停泊在长江上游宜昌、武汉及下游九江、安庆一带。正当国民政府命令第一、第二两舰队集结江阴口待命

---

① 何承惠，淞沪会战时系中国海军“自强”舰轮机长。

之时,发现日本舰艇、商船飞驶而逃出江阴口外,到了吴淞口。我国政府军事机密,显然有汉奸泄漏给日本人了。据说封锁江阴、截获日军兵舰这一决策,是由蒋介石、汪精卫三四人举行最高军事会议决定的。列席会议、担任纪录的只有行政院机要秘书黄秋岳一人。蒋介石看到正在计划封锁江阴尚未执行之时,忽然日军的舰艇、商船,从长江内纷纷疾驶而逃,大为震惊。密查泄漏军事机密者为黄秋岳,即令逮捕交军法机关审讯。黄秋岳供称:他有一个儿子在日本留学,被日本收买,通过儿子的关系,将我国军事情报出卖与日本,得了一笔巨款。审判终结,立予枪决。此乃国民政府在众目睽睽之下,处决的第一名汉奸——黄秋岳。

我在旧中国海军服役达 40 余年。于封锁江阴之役后一年,感到蒋介石不能真正抗战,决心呈报海军部批准退役。今年已 74 岁,就记忆所及,简略写出,尚有待于阅者指正为幸。

全国政协文史资料委员会编:《文史资料存稿选编》,第 6 辑,中国文史出版社,2002 年版,第 626—627 页。

抗日战争时我在江阴封锁线的经过

严寿华[①]

我参加第一期中央军训团，于 1937 年 7 月底结束，回到南京，其时通济舰仍驻泊在下关江面。闻到北方的战火越来越紧张，敌人除海军部分尚未动员外，其国内的陆、空军均已纷纷调运华北增援。推测如果形势持久的话，对我方是不会有利的。据说敌人的战略政策，是先求占领了华北（五省）作为基础，以后再论第二步骤。因为那时华东、华南的范围，均是在英、美两国的理想势力之下，岂能一口遽吞，惹起英、美的干涉！

蒋介石鉴于北方的形势日趋恶化，要想分化敌人的力量，就必须另辟一个战场，来牵制日军在北方的力量。经国防部多次的考虑，认为合理。那时，驻在上海江湾敌军司令部，经常派人到大场的机场窥探军事情报，多被我方发觉。为此，双方都准备着军事对峙的布置，大有一触即发之势。

国防部拟用迅雷不及掩耳的手段，决计封锁江阴港道，把所有的日本浅水炮舰、商轮以及住在长江以上一带的日侨，都封锁在内地，使他们动弹不得。当时计划订好，定某日某时执行封锁，并于前一天（24 小时之内）通知各国使团。敌方纵使知道，也是措手不及。孰料这件秘密而重要的计划，却被行政院机要秘书黄某泄漏给日本驻宁总领事。听说，当时他是将纸条塞在自己的帽子里，订约日领于某时在某处应酬，离去时，两人的帽子相换而戴，那日领戴去黄的帽子，其秘密的情报就夹在其中了。

约在 8 月 7 日，将近黄昏时，陈绍宽部长打电话来，召我到部。我到时，他引我至楼上，在他的个人办公室里，很秘密地对我说："日前局势，万分紧张，国防部

① 严寿华，淞沪会战时任国民党军令部高级参谋室参谋。

决定先把江阴港道予以封锁，阻止敌人来去长江的航路。通济是无武力的旧舰，你先开往江阴，做好准备，何时堵塞，另行通知。”语毕，并示以封锁线的方位。继又说：“以后抗战胜利，就会建设新的海军，此时千万不要灰心。这是密令！”我答说：“国家安危，此时莫定，对我个人毫无问题，自当遵令执行。”我受命后回舰，不动声色，准备明早开澄（江阴的简称），当日到达。启航之前，又奉令将驻舰的见习生调往马尾，学习枪炮，趁夜离舰，由教练官陈粹昌率领，从内地绕道江山赴榕。

至夜间，只见有几批日本炮舰，掩护日轮满载日侨经过江阴下驶，其形状极为狼狈不堪。这说明通过黄某泄漏秘密，使在长江以上的日侨，全部不分缓急，限时撤出长江。国防部的计划遭到破产，黄某罪大恶极，自应受到极刑。

通济到澄时，第一舰队司令部（司令曾以鼎）移驻本舰，执行指挥事宜。继又开来大同（舰长罗致通）、自强（舰长张日章）、德胜（舰长刘焕乾）和威胜（舰长王夏鼐）等四艘。其后海容（舰长欧阳勋）和海筹（舰长林镜震）二舰也开来，这二舰是来执行任务的。

又在三五天之内，开来的商轮，计有：新铭、泰顺、华新、醒狮、遇顺、广利、通和、瑞康、茂利和华富等 18 艘（其他的船名记不清）。这些商船都是海轮，抗日期间，沿海不宜航行，所以也用来封锁，否则，会给敌人牵去起反作用的。

我们于 11 日午夜奉到命令：“江阴封锁线定于 12 日中午 12 时实行封锁，任何中外船只，均不得通行，以免危险。”并于 11 日照会驻沪的各国使团。陈绍宽部长于 11 日夜间约 9 时，乘平海到澄亲自指挥，宁海随后也开到了。命令于 12 日晨 5 时开始执行封锁任务。除大同、自强、德胜、威胜四舰，由各该舰舰长按照既定方位、自行堵塞外，其余的商船分为两部分，着由通济舰长严寿华和二队参谋陈绍基分工负责，按照方位，执行堵塞。各船的员工一概遣送登陆，由江阴至无锡，乘火车到上海，由各该公司给予遣散或安置。

是日，令青天测量舰在江阴下游，把白卯沙一带所有的航行浮标，全部用炮击毁，予以破坏。不幸在执行任务时，被敌机窥察，用机枪紧跟舰后，不断扫射。该舰不得已，转向通州疾驶。当快近通州港码头时，舰体被炸，重伤而沉没。员兵登岸，由当地机关予以照顾，运至南京。其后，在夜间派宁艇继续予以破坏。

同时，海容和海筹二舰，担任上游巡弋，阻止船只下驶。适有日轮“岳阳丸”一艘满载日侨下驶，海容旗令，饬其折回返航。中有海军聘请来教战术的顾问——日本海军大佐寺冈谨平附搭此轮（他也是日本派来兼作间谍的人员），意欲准其下驶，经我方严辞拒绝，该轮才折向南京上驶。到宁时，靠泊浦口码头，全部日侨改乘津浦火车到济南,转青岛而返国。

约在下午5时,通济是最后执行沉船堵塞。首先集中全体员兵喻以大义。大家寂然无声,心中徒抱感慨。除必要的员兵留几人执行任务外,其余的全部先行离舰到宁海舰集中。二队司令部也即时移驻宁海。士兵除准带铺盖外,官员则不准随带任何东西,以后由政府给予代价补偿,以示破釜沉舟的决心。员兵离舰后,仅陈绍宽、曾以鼎和我三人。时有小火轮一艘,靠泊舰旁,留待我们三人与通济告别后离舰。迨"海底栓"开后,机仓里全部滚滚地进水,至舰体快要倾斜时,我们三人才黯然离舰——与通济告别了。斯时,我的心中具有无限的感慨:一为通济舰是我的第二家庭,而员兵间的感情,亲如叔侄兄弟;次则我积有几十年的心爱东西和纪念物等一旦付诸"东流"。一场心血,化为乌有,能不慨乎!在沉没时,主桅还悬着一面国旗,至沉到海底时,因水位太浅,导致主桅上的国旗还露在水面,以后设法锯断主桅,以灭痕迹。

封锁线任务完成后,陈绍宽乘舰回,向蒋介石报告,留曾以鼎驻节宁海,并派海容、海筹二舰驻守江阴,防护封锁线和加强工作。不久的时间,曾以鼎调往南京,驻节永绩,派一队司令陈季良赴澄,执行封锁线等职务。这时,抗日的烽火已笼罩着京沪一带地区了。通济的员兵,当时由甘露测量舰(舰长谢为良)运京,其他四舰的员兵,则由平海舰运送。他们到达南京时,全部集中在海军鱼雷营待命。至于补偿方面,各舰长每人领2 000元,其他的舰员,则按阶级的大小而酌发。闻以后海容等舰堵塞时,准许员兵随带自己的物件,不再给予补偿了。

我到京时,照例应向海军部报到,陈绍宽就派我和参事任光宇同到军令部去。闻是该部曾来文咨请派员参加战时军务的需要。我俩到了军令部,首先晋谒部长黄绍乾,并报告执行江阴封锁线的情况,指着海图告以当时堵塞的方位,他很满意,就派我俩在高级参谋室服务。高参室的主任是中将张华辅,陆军的老前辈。军令部的组织计有三处:(1)作战处、处长刘斐;(2)情报处,处长杨宣城;(3)总务处,处长陈焯。

江阴堵塞线的建成,是海军部动员所管辖的舰队来执行和担任护卫任务,大小舰艇,都忙得不亦乐乎!独停泊在下关,归由军政部管辖的海圻和海琛二舰,却逍遥自在地泊在原地,按兵不动。这是何故呢?据说,这是蒋介石用来[钳]制陈绍宽的。先把陈的舰队,借抗日的大问题来消灭干净;其后保存着圻、琛二舰的实力,才有出头的日子。其居心阴险,真够令人不寒而栗。

陈季良驻守江阴,卫护着堵塞线的责任甚重,日寇的机群不断地前来轰炸,与之海空战斗，日以继夜。其次，敌机大举轰炸，卫护堵塞线的主力舰——平海、宁海相继沉没。归电雷学校欧阳格指挥的黄山炮台，也竟袖手旁观，不发一弹相协助。敌人向白卯沙（浏河）登陆时，他拥有 12 艘的鱼雷快艇，丝毫没有出动。至于该校所制造的水雷，试验时，全部不会爆发。闻当宁海舰受重伤搁浅时，欧阳格竟派人到舰上拆除仪器，其居心可见！一则借外力来排除异己；次则借抗日的机会，大发国难财。其背景自有人在，所以毫无惮忌的。该校也是直属军政部管辖，和圻、琛两舰是一鼻孔出气的。到后，因受到多方的揭露，袒护者爱莫能助，才把欧阳格枪毙，而谢国人。

到了卫护封锁线的主力舰大部分被炸沉之后，军委会又有人提出，要陈绍宽把仅存的容、筹两舰，拿来加强堵塞。陈绍宽不服，反驳说："海琛和容、筹均属姐妹舰，至于海圻、海琛两艘的舰龄，也都相当残旧，要求也应该加入堵塞。"遂将圻、容、筹、琛四舰来加强堵塞。应瑞当时泊在芜湖，被敌机炸沉。于是将圻、容、筹、琛和应瑞五舰的大炮拆下，转安到马垱、田家镇两岸，作为临时要塞，并以各舰的水兵，分配为要塞的炮兵。该项拆卸工程，全部由军政部城守局工程处为之一切负责。

江阴堵塞线共沉的船只，有舰艇 12 艘，大号商船 23 艘，还有满载石块的大号民船、盐船（数字不知），统计起来，按折旧议价，其数可观。其中民船和盐船全属于船户私人的生活财产，一旦被迫沉堵港道，他们全家的生活依靠什么，惨情苦况，可想而知。在这次敌军的战略上，并不重视这条封锁线，不由水路进攻，避实而就虚，用大迂回战略，侧面包围攻取南京。我们花耗了这么多的财力和物力，认为可靠的封锁线，其效果几等于零。当时的封锁，势在必行，但行而无效，可算浪费。那时，谁敢预料敌人不会从水路进攻呢？1941 年 4 月，福州沦陷，敌人不由闽江水路直取福州，而是采取侧面由长乐、连江两处包围而占领了福州。长门口外的封锁和密布的水雷也全部无用了。

淞沪战役之后，国民党的军队望风而遁。各人都想保存自己的实力，留作资本。若一旦全部牺牲了，则名利双收的"摇钱树"即随之而消逝。反正胜败得失，和我个人没有多大的关系，以个人利益为出发点，握有实力，将来总有投靠的地方和出路。蒋介石虽喊破喉咙，无济于事。其时军心涣散，成为普遍性的流行病。所以当退却时。也不通知任何联系的驻军，各行其是，因此战局节节失利，南京岌岌可危，国府迁渝，林森已乘永绥舰先往重庆。旋据报刘多荃的部队（杂牌的）驻守京沪线的无锡，闻有不稳之势，为此，国民党政权于 12 月 13 日放弃南京，退守武汉，以唐生智留守南京。海军部也撤至岳州，当时感到缺乏海上运输工具，回想起那时把德胜、威胜两舰堵塞江阴，殊为失策。这两舰虽无武力，但它的运输量很大，适宜航行于上游和川江之间。其后，海军部撤至重庆时，这两舰更为需要了，可是，至今悔之晚矣！

（1964 年）

全国政协文史资料委员会编：《文史资料存稿选编》（第 15 辑），中国文史出版社，2002 年版，第 326—329 页。

七　情报战线

八一三抗战中的反间谍斗争

文　强[①]

八一三淞沪抗战期间，我任国民党军事委员会特务处驻上海办事处上校处长兼苏浙行动委员会上校人事科长，曾在特务处处长戴笠领导下，开展反间谍斗争，经历过一场与以南本实隆为首的日本间谍的较量。现追忆经过如下。

一　九国公约及陶德曼诱和

正当八一三淞沪抗日战役形成极度紧张而又胶着的关键时刻，日军屡战屡败，逐次增兵换将，也未能占领上海。当年的上海是殖民地化的国际都市，也是远东的世界经济中心之一，国际帝国主义者视为共有的囊中物。蒋介石对上海的重要性了如指掌，日夜忧虑，唯恐上海失去。但战争打到 9 月底 10 月初，他多年建立起来的嫡系精锐部队，不但大部投入到这一战争中，而且作了重大的牺牲，如果再拚下去，大有可能将 70 万嫡系精锐打光而解决不了问题。恰在这时，出自宋子文的谋略，将战场上难以解决的问题寄希望于九国公约，幻想欧美帝国主义出面调解、干涉，解决中日争端。这时我每天与戴笠接触，几乎都会听到他口中念念不忘九国公约签字国“制裁日本”，把九国公约看成救命符。日本方面也在千方百计地考虑如何对付九国公约签字国的干涉。

当时曾出现德国驻华大使陶德曼斡旋和谈的活动。这场法西斯轴心阵线筹划的丑剧，不但在上海开演，不几天又搬到了南京。蒋介石、宋子文都与陶德曼接

① 文强，淞沪会战时任国民政府军事委员会调查统计局特务处驻上海办事处上校处长兼苏浙行动委员会上校人事科长。

谈过，这是戴笠亲自透露给我的，他甚至得意忘形地认为上海有救，和谈成功便是胜利。他还高兴地说，这个问题他曾与日本问题专家王芃生研究过，王说这是置日本于死命的一着好棋。戴知道我在杭州警校时曾与许多学者研究过日本问题，问我有什么看法，我迟疑含糊地答复说，八字很难算准。他见我不再往下说，急促地催问如何没下文了？这就迫使我不得不补上两句："我看利用国际制裁可能是一着好棋，如果寄希望于陶德曼，那就要谨防中敌人缓兵之计。"我的话还未说完，他就在我的肩上一拍，表示"谨防"二字说得好，他一定在电话中向校长（蒋介石）禀报。

二　一个紧急电话

在陶德曼进行停战活动的新闻见报后的一个早晨，我的助手叶霞娣忽然在隔壁叫我，说有紧急电话。我拿起听筒，是戴笠的声音。当他听准我的接话声音后，只说了一句，请立即来一趟，就放下听筒。急得我不知这个紧急电话是从何处打来的，忙问毛人凤，他慢吞吞地说："我想可能是福履理路打来的，您得小心一点，此处照例不接待宾客，您坐自备车去，也不可直开到大门前，远远停下的好。"

我立即照毛所说的地址前往，远远将车停下。刚走进大门，戴穿着毛巾睡衣在廊下等着，要我到他的内室共进早餐。接着递给我一封电报，便在屋子里兜起圈子来。这是他的老习惯，凡属在屋里兜圈子，一定是在考虑重要问题，凡属是拍桌子，一定是准备破口骂人。我一看电文，有这么一段话："华北日本特务机关长松室孝良的助手南本实隆少将潜来上海，请注意。"我不解何意，将电报退交给他，陪着他兜圈子，以待下文。他一看我也在走，似乎有些感到奇怪，随即落座，我也坐下，相对无言久之。他终于开口说："念观兄，你辛苦了，文友社这出戏唱得不错（指我在文友社的活动），你还得再唱一出全武行的苦打戏，我考虑由你出马为最妥当。电报上的南本实隆是日本特务头子土肥原、松室孝良两人的得力助手，也是在平津搞间谍工作的一条毒蛇，我多年来就要灭掉他，都滑过了。今又潜来淞沪，这次决不允许他滑过，希望老兄多动脑筋，为国诛患。这条毒蛇一出洞就得露头，不出三天就可知道，同文书院与日本海军俱乐部不会无其足迹。这条毒蛇表面上看来很老实，矮瘦个子，干瘪瘪的，能说一口流利的中国话，带一点天津音，从容不迫，是一个阴谋家，什么手段都使得出来，不是容易对付的家伙。"接着他扫了我一眼，问道："老兄有无左轮手枪，西服可多做几套，配几名得力助手给你，由你自己挑选，作好出马的准备吧！”说完，他把准备好的一支马牌三号左轮，配有30发达姆弹，连同500元特别费一并推到我的茶案前。我立即感到这是不可拒绝的，但在没有说明具体任务前，又不敢将推过来的东西收下来，只好说：“戴先生，你说的这条毒蛇我从来没有和他打过交道，我已有一身的任务，怎能兼顾得下？这项任务可否在王兆槐等人中择一人来干？”戴笠毫不迟疑地说：“兆槐被公开职务缠住了，日方早已注意他，其他人也不相宜。你的兼职多，事太忙，我很了解，再忙你也干得下来，不必推辞，不要被一个难字挡住了前进的道路，要做关云长，过五关斩六将。”被他这一说，我也就将推在面前的东西全部收下，告辞而去。临出门他又叮嘱说：“这次谈话不可告第二人，此间会见地也不可告人，以后无我亲自的电话，请不要来。”

三　毒蛇出洞

第二次紧急电话是我亲自接到的，时间是在4天后的早晨，戴笠叫我立即去一趟。一见面他便说：“该死的毒蛇出洞露面了。他们急于要赶在九国公约国开会之前，完成攻下上海的任务。你判断陶德曼奔走和谈是缓兵之计，幸好我已向校长禀报，你的见解证明毒蛇的活动恰恰就是和谈为假，进攻不渝为实。我们的方针要有针对性，不到时候不诛此蛇，且看他如何横行，一定要掌握他的三魂六魄，使他落入我们布置的陷阱之中。毒蛇所需要的是情报，手法是以重金收买奸逆，到处混进他们潜伏的间谍。这是毒蛇在平津地区活动的一套规律，我已摸熟了。毒蛇已经用自上而下的办法，企图收买杨振华这位王敬久手下的前参谋长，他是日本士官的同学，被我借调为别动队总部参谋长，此人还有些爱国心，向我汇报了。我决定将计就计，要杨金蝉脱壳，推荐你顶替他以军事委员会少将高级参谋、甘心为虎作伥的面孔出现。他们要通过会面的考验，然后再谈其他。毒蛇要杨约你于今晚8时前往静安寺路（今南京西路）100弄10号见面，到达时，按门上的电铃，有一妙龄女仆开门，问‘是李先生吗’，你说‘是’，就可随她进去。你的化名杨已取好，叫李文范少将，你得注意，千万不可露出马脚。我已电军委会，在职员名册中加上李文范少将高参的虚名，以免有内奸去查册误事。你好好准备去与毒蛇见面，不必带手枪，也不要带任何男女，自备汽车换换牌照。见面后问到年龄可报大一点，日本人不到50出头当不了少将官衔，中国人不讲这些，也得大几岁好，此去不要忘记是英租界，这一次不暗中派人保护你，以后也得派。问题是他们为何不约到虹口日租界，也不是旅馆和公共场所？可见初次约见，已对你有了信任感，这种信任感来自杨振华的介绍，杨这个人呀！……”他说了半句，未说下文（杨振华自淞沪战役结束后，正式投敌，后来做了苏北的伪总司令）。接着他又转到会见地点的问题，说：“见面后可侦察一番，是日侨户还是商人住户，弄清楚来龙去脉，记下每一个出入的男女，拍下照，好找出毒蛇一伙的行动规律，这件事我会吩咐侦查队去办。你要深思的是初次见面的对话，使其百分之百的相信你，陷阱就在你的脑子里。对手是极为机警精细的，切莫轻率对待。”先生讲，学生听，两次紧急电话相召，便等于上了两堂课。课听完，他问我有无困难？我说，还没有和毒蛇见面呢，有困难再来请示。彼此哈哈一笑，谈话愉快地结束。

四　一场虚惊

我作好了可能想到的准备，似乎心安理得，可又寝食俱废地想着如何完成任务。我想爱国杀敌是男儿天职，疆场作战明来明去，贵在主动，反谍斗争以暗对暗，更贵在主动。这一共同之点，运用之妙存乎一心。自第一次紧急电话后，我一连几天的思维全扑在“主动”二字上，既吃不好，也睡不宁，好像千斤担子挑上肩，总是放心不下。是日赴约前，我换了西服，检查了换好的汽车牌照，关照司机将汽车多兜了几个圈子，然后才到目的地。开门接见，一切无讹。女仆将我引上二楼一间会客室，灯火辉煌，在中间条桌周围坐着4个不同年龄的人，都穿着西服，一见我踏入，4人同时立起，有如军伍。其中一位瘦小干瘪的老头伸出手来，彬彬有礼，叫我为李先生阁下，自称是杨阁下介绍要见的人。我已意识到这就是毒蛇无疑，没料到毒蛇竟掏出一张名片给我，上面赫然印着“南本实隆”4个字。我抱歉地说，失礼了，未带名片。南本又客气地说：“杨阁下介绍大名是李文范少将，那就是将军李了。”我点头不语，且看下文如何。南本满脸皱纹，估计近花甲之年，旁坐之人都腰杆挺直，年龄在三四十岁左右。我判断4人都是日本军人，特别是其中一个高大肥胖的，两眼炯炯，老盯在我的面部。我不甘示弱，也瞪眼盯着他，打下他的气焰。

大家沉默了一阵，南本打开了话匣子。他措词用语颇通孔孟之道，对平津上流社会通行的词汇也运用恰当，一言一行，有一定的诱惑力。他向我询问了一系列的身世经历、兴趣爱好等，唯有他所要攫取的东西只字不提，显见其狡黠处，令人难以捉摸。我对他的答复是事先编好的天衣无缝的一套，自称是江西人，李烈钧将军的堂侄。南本信以为真，紧紧地与我握手，并约定两日后在虹口一叙，有车来外白渡桥等候，要我的车停在桥头，双方车前玻璃窗里都悬一儿童玩耍的小红气球为号。说完后，他将一个没有吹胀的小红球塞在我的口袋里，又取出一大捆用绳索扎好、用火漆盖有中央银行戳记的东西送上了我的坐车，说是初次会见的见面礼。

我原来住在三极电所，由于法租界当局怀疑这所学校不见男女学生，来来往往的不是三山五岳的好汉，便是汽车如龙，多次警告要查抄。我把这一情况告知了戴笠，他一个电话给杜月笙，杜立即将善钟路100号的一座花园洋房让出来，作为苏浙行动委员会的办公大楼，原来的三极电所改为接头处，除别动队总指挥部设在谨记路外，善钟路这座花园洋房便成为戴笠发号施令的大本营。我与南本分手回来，车子一直开进内花园的喷池旁，叶霞娣、赵蔼兰两位女秘书，一见我深夜归来，以为出了什么事，两人几乎同声低语说："老板已经多次催问你回来没有，我俩问你的副科长周康以及易、赵两参谋，都不知你的去向。快去吧，小心点。"

我急忙抢步登楼，一踏进戴的办公室，三言两语，说初见无所要求，只约定两日后在虹口见面；归来时送了一大捆东西，道是见面礼，抬上汽车带回来了，是用密密麻麻的绳索扎好，还用火漆加盖中央银行戳记，我想是钞票无疑，但不知为数多少，未敢擅自拆启，请指定经理人员随我去验收。我本来是高高兴兴地汇报，不料戴笠越听越紧张，指着我的鼻子叫了起来，将满楼的人都惊动了，我也感到奇怪，因为这是我与他相处以来从来不曾有过的。我记得他叫着说："念观兄，你怎么会将毒蛇的赠礼不加考虑就带回来了？试问一声爆炸，玉石俱焚，那还了得吗！那大捆东西现在何处？你一人上了当事小，这座大楼几百人的命怎么办？你呀，你呀！"他越说越急，连声音也沙哑起来。我正有口难辩，人群中走出了行动技术专家、平日被人以"格柏乌专家"相称的余乐醒（当时是苏浙行动委员会的技术室主任），急忙拉着我下楼，一直到喷水池旁，叫其他的人都退到百米以外去，他用手电照射观察，判断是银行钞票打的捆，刚提取出来不久。戴笠远远听到余乐醒说是钞票打的捆，又过来指着余的鼻子，大叫他比我还书生气十倍。这么一来，气氛更加紧张，我只好冷静地请余用导电线作引爆试验，叫所有的人都退到内花园墙外卧倒，以防万一。引爆试验的结果，寂然无声，我不管三七二十一，拾起几块青砖抛向大捆包，依然毫无异状。余取出一把利剪将绳索剪开，轻轻地将露出的钞票翻了一个遍，高兴地欢叫起来，一大捆全是钞票，但别人不知道这捆该死的钞票为什么将我们吓得如此紧张无状。这场虚惊来自毒蛇的秘密，只有我与戴笠两人知道，连经理处长张冠夫也被蒙在鼓里。后来点数是1万元法币，戴笠摇头说，毒蛇这份见面礼够大方的，这反映了他们正在饥不择食，我们机不可失。

五　讨价还价，引蛇上钩

对虹口之约，戴笠和我作了周密的筹划。他首先对那场虚惊安慰我说："老兄沉着应变的精神可佩，我的警惕过头也是不得已。过虑则愚，过敏则乱，不如此则怠，不认真则万事无成。得失各半乃得失之失，全胜而败不如积小胜而大胜。剑及履及，步步以慎敌之心，则有备无患。反之，掉以轻心，事无不败之理。"他一口气用兵家的语言说出，还用那剑拔弩张的字体，写下上述之词赠我。经他一番激励，我对虹口之约勇气倍增，毫无后顾之念。

我根据约定信号在车内前窗悬红球在外白渡桥等待，一辆同样悬着红球的轿车迎面而来，我只身上了来迎之车，疾驰到日本海军俱乐部。开车者将我引入一室，在座者仍为初见之4人。特别与我亲近的是那个身材高胖、一言不发的较年长的日人，显得非常亲热，因此人不善汉语，南本成了翻译。我对南本心中有数，对此人则毫不摸底，故意一言不发，不以此人为谈话对象。南本问我何以如此，我说："此君不知其名，亦不知所居何职，南本先生阁下乃当然可信之人，故不欲与此君对口，万请原谅。"南本束手无策，便问此君有无名片，他乃掏出名片给我，赫然是"日本宪兵大佐森正一"。南本问我："姓名官职已明，可否对谈?"我说："不识大佐阁下，失礼了。但中国人的习惯，凡事有主有头，既有南本少将阁下为主为头，森正一大佐阁下即应居次居副，方为得体。"南本与森正一用日语交换了意见，认为我言之有理，不再和我兜圈子了。

于是我采取主动，先言万元见面礼之赠，甚感信任之情，接着说，"感于九国公约国开会有期，战场胶着，国际形势瞬间万变，中日同文同种，不能长此为仇，凡事请直言商讨。本人乃军伍出身，不愿坐令岁月蹉跎，且最近又去南京一转"等等。南木深思后说："我们有请求，也有请教处。请求为急欲了解中国统帅部之决心如何？对日作战之动员兵力配备如何？请教者，九国公约之制裁倡议是否出自宋子文部长的谋略？对陶德曼奔走和谈的看法如何?"我答复说，四问题乃经国大事，也涉及世界大局，非今日可言，尚须准备后在下次答复。南本无法，只好将问题缩小，要求将对日作战之动员兵力配备如何为告，我采取不关门的讨价还价策略，提出四问题都可作满意的答复，且只提一题，更无问题，不但下次准可答复，甚至可以以书面答复。南本对书面答复特感兴趣，森正一频频点首，眉开眼笑，两人用日语交换意见，会谈空气颇为活跃。

南本是间谍老手，以"中国通"自命，又摸透了中国下层社会以金钱万能为饵，因此又直截了当地问我明日或下次书面写出四问题需代价若干，要我不客气地说出来。我感到应遵循欲取先予，攻心为上的原则，对南本提出金钱交易，故意淡然置之。但又示意，资料不在我手，行情尚待探询，过急过早难望有成。南本和森正一两人又以日语交换意见，约我两日后照旧来部洽谈，如四问题难以同时见诸书面，其中第二题望能兑现。我答云："岂能失信于两位阁下，事情空口不足信，见诸事实为凭，无信不立，请放心。"第二次会谈引毒蛇上钩已初步见效，但对四问题的答复，我不能擅专，便于归后向戴笠作了详细汇报，并研究对策。

六 闭门造车，四题一夜而解

戴笠指示我，引蛇上钩已成，但要严防脱钩，关键在假戏真唱，以解彼方燃眉之急，而且附带目的在于骗取一笔巨款，以充军饷。我得到以上指示，便大胆放手假戏真唱，闭门造车，写好四题的答复提纲，送戴笠过目，他将顺序和内容改得更完善了一些，嘱咐留存底稿，上报校长(蒋介石)备案，同时要留出讨价还价的余地，关键是不能露出假戏真唱的破绽。

我连夜将刘戈青、易珍、赵宣、王业鸿 4 人请来，由我将提纲宣读，但并不说明作何用，4 人以为是测验他们，各选一题，埋头作答，戴笠亲自来看卷，又叮嘱准备夜餐，每人各发特别费 40 元，大家熬夜通宵，乐不知疲。4 人先后交卷，都怀疑为何出此四题？我则笑而不言。引毒蛇上钩而不脱钩之策已定，我想为了 200 万元的目标，四题不能一次亮出，而且每题 50 万元似乎太廉，准备在讨价还价中，提高到 500 万元并不为多，需要相机行事，多多益善。

七 第三次会谈，毒蛇昏头迷向

第三次按约定时间到原址会谈，一入室多了一位文雅的中年人，南本等没有介绍，照例我也不问。南本重提四题准备得如何？上次提到代价问题未蒙作答，引为失望，今天望定下来。我答复说："已准备好第二题带来，是到前线最高司令部许以重金得来，就我个人来说，是生命换来。”言毕假装泪下，南本等急问为何？我故意以内疚不安的姿态说，老父死犹未葬，生前负债未还，老母重病在床，身为少将，绵薄薪俸不足糊口。更惨者，妻子见家贫如此，患精神分裂症，乘我出差远行，抱不满一岁婴儿投水而死。家事如此不幸，不但难为人谅，反遭白眼讥评，多次欲投水自杀。我的这番家事假戏一唱，博得5个日本人同情，纷纷劝慰，似乎同样在引我上钩。他们说但愿商谈之事成功，荣华富贵应有尽有。如阁下愿到日本一游，也可为之置产娶妻，美女歌伎任阁下选择等等。我收泪静听，他们送茶送烟送水果，分外亲热。

南本转询第二题的书面答复是谁执笔？我答复是本人主稿，另雇可靠人缮抄，缮抄者不知何用，分属军人，当不会犯疑，请放心。森正一似在示意南本，急欲一看第二题答案。我故意拖延，迫使南本不得不转入讨价还价问题上来。他问我这一题连同另三题共需代价若干，盼我提出。又说，如超过500万元之数，本人无权作答，500万元以内可酌情作主。我一听500万元以内可以作主，估计尚未请示，乃答复：就第二题言，上海少战一天，战费恐已不止200万元，若一旬一月累计，又当若干？人命应重于金钱，我看第二题一题500万元也不为多。而且我如得数百万元之数，便可为民息战免灾，投向和平之路，实现陶德曼奔走和平停战之善举。不料一提到陶德曼，那文雅的中年人大感兴趣，用日语和南本交谈，我虽不知内容，但可看出喜形于色（后来了解，这个文雅中年日人系侵华日军报道部长，名大川博野）。

南本又将问题拉近一些，问第二题代价150万元如何？我不作答。南本第二次又问，我说请诸位考虑作出决定，本人无定见。不知他们之间早有默契，还是另有别故，对这一题竟加到200万元为最高代价。南本拿出名片，写明“第二题代价200万元，其他各题另议。南本实隆（签字）”。我接过名片，问何时交付现款或开支票？南本答复说，尚未准备好，准再缓两日交现款不误。我便将第二题交给了他，5人挤到一堆细读，南本念念有词，欢喜之状令我暗笑。于是又约定第四次会谈仍在原址原时间，但悬红球改为贴美丽牌香烟广告画片，以免桥上西方巡捕注意。说完，将画片塞进我手中而别。

我返回向戴笠汇报，他高兴地细看名片签字，同时又疑虑地估计说，引毒蛇上钩下陷阱的计划，是步步深入的，主动权仍操之于我。兄很机灵，但要考虑到日本人最小气，南本在华北从来没有这么痛快过。下次会谈难免有变，凡事都要考虑到坏的一面，好事多磨，古有明训。

八 果然有变与讨价还价

第四次如约会谈，我满以为 200 万元现款可以到手，准备了一辆卡车在外白渡桥桥头等候着将款运回。我主观预料，尚有三题答案在手，他们不能不交现款，何况一提陶德曼，他们就那么动容，难道我亲历其境，反而不如戴笠听汇报高明？可是这次一进门，室内只有南本 1 人，其余 4 人都不露面，情况显然有异。我怀疑假戏真唱被他们看出破绽，又怀疑有内奸作祟，泄露了真相。这些猜想，随即被另一自信压了下来，问题是四题的连环性和四题中的关键陶德曼。难道风雷大作，一点雨也不下么？还是镇静以待，且看南本作何表演。

南本一见我，满脸愁容，戚然声咽，拉着我的手不放。我问为何这样？他说："不瞒阁下，上次谈妥 200 万现款代价只得一题，是我作主，其他 4 位反对，使我下不了台，本日他们连出席谈话也不来了。尤其森正一是宪兵大佐，虽低我一级，但不得他同意，什么事都会办不成。他们对第二题到手，感到满意，但一题 200 万元，四题就要 800 万元，代价太高。另外，我南本是替国家负责，事只可成不可败，否则就要剖腹以谢天皇。我有妻室儿女一大堆，我死无恨，家中老小何以为生？因此 200 万现款交付尚待共商，请打八折回扣，以备留给我的妻室儿女，这一私情不可告人，但又不得不有求于阁下。"他言至此，声泪俱下。我对这突然变化感到诧异，但从南本表演的丑态中，放下了我所忧虑的两种猜想，也就恢复了主动，继续防止毒蛇脱钩。我假装为他解忧而又同情地说，代价的问题不会造成困境，有远见者自能不惜代价之多寡，若战争旷日持久，取胜无期，九公约国一致制裁，论赔偿巨款，又何止亿万？至于八折回扣，国际间早有先例，大可提出细商。南本静听我言，改忧为喜，又与我谈到连同另三题一次付出代价的建议，问我有兴趣洽谈否？我则指责前议第二题签字要交付之 200 万元尚未兑现，横生枝节，有违信守，难以谈到其他。

南本对我的指责表示接受，并愿在 200 万元基础上，同时谈妥其他三题的总代价，如果谈妥，一部分交付现款，一部分开支票分期到银行提取，决不食言。我说，是否能在 200 万元基础上，再加 300 万元，合计为 500 万元。他提出若以 400 万元谈妥，又以八五折支付，他有把握作主，但必须保证其他三题一次交出。讨价还价的结果，达成了九折付款的协议。最后我坚持须兑现一半再交出三题答案，否则就搁下，经双方考虑后再谈。南本表示明日上午 9 时请派车在外白渡桥等候运款,同时在原址交出正金银行支票.并请我信任他,无论什么困难,他一定可以克服(指日本内部分歧的困难)。他又主动在名片上写上支取400万元九折付款的语言。

归后我向戴笠汇报,他久久不言下次如何进行,也不说他的预见正确,最后说,且看明日兑现开支票是否可靠。对再一次的会谈,要我提出改在我们布置的公共租界内进行,而且告知在原德租界赫德路(今常德路)某号刘戈青的住宅,他们如有诚意,必然会来,否则也可能脱钩滑掉。当我告辞时,他忽然嘱咐只说赫德路某号,不可说出是刘戈青住宅。

九　成交多变,现款实收

第五次会谈仍在原址,我如时到达,5个日本人都列坐等候,南本左难右难地诉苦,赌咒许愿地请原谅,说现款只筹得40万元,运到了外白渡桥,其余360万元,开的是日本正金银行支票,并把支票在我面前亮来亮去,目的在交换三题答案。我提出他们一再食言,毫无信守,深为遗憾,因此建议明日改在原德租界赫德路某号续谈。若支票兑现无问题,则三题全交.运来的40万元现钞作为续谈的信用金。南本等5人用日语交谈后,表示对改在赫德路某号会谈没有异议,40万元现钞请接受运去,支票于明日会谈时交付,但要求交出三题答案。

40万元运到,我将第五次会谈情况作了汇报。戴笠叹了一口气说,毒蛇出洞,已送来40万元,不能说不是小胜,且看赫德路交付支票是否能兑现,这是反谍大胜的考验。我无言以对,但望大胜能到来。

十　毒蛇新计,支票开来

第六次会谈在赫德路刘戈青家举行,这是戴笠安排的。我当时感到用这一特务处中级人员的住家作为反间谍策划定谋之处不当,但深知戴笠有神出鬼没的花招,未敢提出不同意见。后来的事实证明,戴笠的安排另有作用,我的想法简单化了。

我如期与南本等见面,事先作了安排。除一人负责招待茶水烟酒水果外,在赫德路各口布置了游动哨,这是为了保证安全与防止租界巡捕房干涉,更重要的是注视毒蛇如何来对付这一新环境,他们如果不事先派爪牙侦察一番,是绝不敢来的。当日我们的游动哨早已报告，由虹口前后来了两批可疑的人，到约定之处侦察过，且有3人还停留在附近香烟摊、水果摊和黄包车夫群中，探头探脑地向刘戈青的房子监视。由此可见毒蛇的行动我们也是可以掌握的，但如果没有我5次深入敌营，也就不可能换取赫德路的会谈。而每逢我去赴约，戴笠也总在外白渡桥和虹口等地区，暗中采取了甚至连我也不知道的安全措施。所有这些，都是干秘密工作必不可少的。

这次南本来主要是为了交换支票，收买三题答案。前来与会的不是5人，而是南本实隆与森正一两人(后来游动哨拍来照片，核对结果，发现另外两个没有到会的日人正在赫德路马路上游动)。南本等初来时似乎有些心神不安，一见我独自一人，招待茶烟的又是女孩子，他们也就安心了。南本问我是不是住在此房子里？我答复不住此房，这房子是亲戚租赁的，壁上那帧照像是我的姑母，回江西去了，房子空着，幽静无哗，比旅社好，两人点头称是。

南本开门见山地谈双方的交换兑现，但提出有一个附带问题，并说这是不得已的，而且事成之后，代价在400万元以外。我思想没有准备，立即感到南本狡猾透顶，于是我说，有问题就可谈，但要一件一件的办，一定要守信用。我加重语气说如果拖泥带水地问题丛生，谈妥了的又不履行，本人碍难遵命。我不但斩钉截铁地如此说，态度也严肃起来，并补上一句，今天双方交换都须照约履行，请问现款是多少，支票是多少？南本说，今天无现钞，应付的360万元，照九折计算的支票，请在三、五天内去提取，我们会通知银行准备好。如果转户头，请向正金银行接洽立即可办，此刻请交换实物，相互在收据上签字，这样才好回去交差。

南本接着就谈所谓新的问题，兜圈子从九国公约开会谈到陶德曼奔走和谈的障碍，如何不利于两国邦交及中日战争的平息。他用利剑一般的舌头，极尽挑拨离间的能事，指责西方国家称霸，奴役东方民族，中日是同文同种的国家，一衣带水，唇齿相依，难道容许破坏吗？他像宣教似地谈得口沫四溅。

南本说另外的代价是用在如何杀掉宋子文这个问题上，他认为只要杀掉此人，中日和谈的障碍就可以排除，九国公约干涉就会烟消云散。他说："我们知道宋家住在哈同花园附近，门卫森严，是租界巡捕房保护的重点，如果没有内应是下不了手的。最好的机会是趁他坐车外出，在上下车时动手，或者用手榴弹。此事能办的话，先给10万元中国钞，事成不会少于百万之数，请阁下雇用打手来办。更重要的是搜集宋子文生活行动的准确情报，只要能做好这一着，我们也可派适当的人手参加。"我对这突如其来的问题，不敢作答复，但为了不使毒蛇脱钩，也不能不予答复，于是我假装深思片刻以后说："共除障碍，此事可办，不在乎金钱，在乎以两国邦交敦睦为重，待我考虑计划有了谱，再进一步商谈。"南本表示同意，还叮嘱说，事宜急不宜迟，重在内应，外力为附，代价不成问题，成不成都有，但希望有成。说完，又约定两天后再在此处谈，时间仍为上午8时半。

我返回汇报，将支票交给戴笠，他仔细看了支票及印章说，不会有假，问题是不能转户头。他们说的转户头，就是将原款改户头存在他们的银行里，你懂吗？毒蛇多么狡猾。一次去提，银行确有困难，可是要三、五日才能取到手，在战况和国际局势瞬息万变的时候，难免不夜长梦多。

接着我谈到南本提出的新问题。他一听，大吃一惊，显然和我一样是没有思想准备。我将不得不从权答复免使毒蛇脱钩的谈话汇报，他表示赞赏。于是叫我坐下来长谈，要我先谈自己对这个问题的想法，我由于对这问题已作了深思，便拟订了两个方案，目的是不使毒蛇脱钩，骗取更多现款。两个方案的内容如下：第一案是唱"戏中戏"的假戏真唱，办法是用暗杀的手段，造成假象，保证宋子文不受惊，也不受伤害，代价不能少于法币50万元至100万元，先交款再动手。假扮的刺客调用高英奇和刘戈青，以高为主，刘为副。第二案是同意保证办，但借故拖延时间不动手，决不容毒蛇派爪牙渗入，代价与前案相同。

戴笠对我所提的两案，同意第二案，认为毒蛇脱不了钩，钱可到手，宋部长不受惊动，同时批评了第一案。他说，宋部长在外交上、中国经济上，特别是在上海金融市场上，影响太大，如假戏真唱，一下轰动出来，将使国家和前线不利，上海金融市场上的损失也很大。不说别的，光是股票落价，其损失就不止几千万，难道毒蛇所说的100万元代价能弥补吗？我听了他的批评很难受，他理解我的心情，立即安慰说："对付毒蛇不易，老兄真有胆识。"我原认为无话可谈了，不料留我长谈，原来还有问题。

他胸有成竹地问我："你看引蛇上钩的假戏是不是唱到了尽头？须知戏法不可久玩，久玩就会有破绽，对方就会下我们的毒手。先下手为强，后下手遭殃，连戏词里都有的东西你能不懂吗？我看毒蛇提出了宋子文，一定还有更大的阴谋，使我们提高了警惕，要加强对领袖、何部长等的安全戒备。我们引毒蛇上钩，不止于骗款，更大的目的是在华北给他滑掉了，这次不容许再滑掉。"他将桌子一拍说："毒蛇罪有应得，一定要干掉他。"随后又慢吞吞地用商量的口气说："我看下一次见面就送他上西天。刘戈青的房子要满期了，赫德路他们敢来，估计他们还在美梦中，谋害宋部长的问题提出来，也就看出毒蛇们仍在饥不择食。对杨振华这位借调来的参谋长，我很不放心，假如他向毒蛇方面说了什么话，你的活动就会被他们监视，接着也会对你下毒手，你考虑没有?”我被他这么一提，不禁毛骨悚然，在我的思想上根本就没有如此考虑过。

戴笠说完上述这些话，注视我在不断点头，便直截了当地说，你去安排，就在谈话的屋子里干掉毒蛇一伙。你下次见面要善于应付他们一次又一次的不付款，还要看他们还有什么新问题提出来。其他的行动，我会吩咐赵理君、王兆槐来干。

十一　赫德路刘宅第二次会谈

我带着除掉毒蛇的杀机去会谈之前，几乎一晚没有入睡，翻来覆去地想诛除毒蛇能不能一帆风顺？租界不同于我们权力所及的地方，我是这一幕假戏的要角，如果不使赵理君、王兆槐有所了解的话，我也会成为刀下之鬼，而且在厮杀中，毒蛇们首先就会将我干掉。无论如何，我必须与赵、王两人规定暗号联系，要打手们听了我的暗号再动手。我知道赵理君有勇无谋，王兆槐智勇兼备，我必须向戴笠建议，将王兆槐排在赵理君之前，只能由王指挥赵，不可用赵指挥王。暗号的规定由我与王、赵面商来定。

按约定的时间，也就是第七次会谈，南本与森正一到了，南本手捧一束盛开的樱花赠给我，说这是日本的国花，人人见了都吉利。森正一掏出一只又大又笨的日本手表赠给我，说时间就是黄金，时间就是胜利。南本为了显示他的汉语不错，还大声念着我国古语“一寸光阴一寸金，寸金难买寸光阴”，使3人会谈的空气忽然热烈起来。我立即意识到这是他们精心设计的拉拢手段，也是预祝新问题的吉利解决，时间越快越好。我料定毒蛇们的急迫心情，便表示新问题大吉大利，一刻千金，必当全力以赴。两毒蛇会心一笑，还鼓起掌来，我叫招待茶水的小姑娘将樱花束的枝头用火柴烧一烧，将花瓶里的过夜花束移开，换上鲜艳夺目的樱花。我故意赞道樱花时节已过，能控制樱花8月开，太宝贵了。两毒蛇一听，高兴得了不得，双双走到花瓶前三鞠躬，我鼓掌助兴，假装这种感染力已经到了完全融合的程度。

落座下来言归正传。我将戴笠同意并赞赏过的第二案内容，换过语气介绍了一番，把可办的调门提得更高。两毒蛇一听，眉飞色舞，森正一拾起茶桌上赠我的那只又大又笨的手表，摸摸看看，南本示意要为我戴上，也就是要我争取时间来干。我便将已有的一块瑞士表亮出来，3人相对一笑，又鼓了一阵莫明其妙的掌声。我立即说，据闻宋部长不常居上海，到南京夜间行动，十有八九是坐飞机（这是诓词），容易动手，达成任务的关键在飞机场，上海、南京两机场都要布置。接着我把问题转到代价上来，指出南本上次应许过的“成功不成功都有”这话要兑现。并说我已物色了4个打手，是河南和江北一贯打野兽的职业射手。这样的勇士，他们不问政治，只看在金钱上，谁出钱多就为谁干，甚至对他们的老子兄弟都可以干，是六亲不认的。南本说，要看看人，或者看看照片，我说不能看人，容易泄露，而且他们怕见日本人，照片我已带来，请看他们的英雄气概，与贵国的武士道精神一样（我早料到要看照片，是从河南国术比赛的画册上剪下来的表演照）。两毒蛇看了又看，举起大拇指，赞赏物色得好，事成后欢迎去日本读书深造，也可供养一辈子，连家属也一样。我打断毒蛇的话说，向菩萨烧香要早烧，不要临时抱佛脚，许愿也要先兑现一些，将来是将来，现在是现在，既要用他们，就要能保证他们的生养死葬和家属的安家费用。先给卖命钱，才能出死力。

南本被我说得连连点头，不得不干脆地说，本日午后3时送5万元中国钞到外白渡桥交付，下次再见面时交付5万元如何？我说行。于是我约定第八次会谈仍在原址，务请见过面的都来，准备吃锦江酒家的川菜。两毒蛇满口答应，我将他们送走后，等到午后取了5万元国币，再向戴笠汇报。

十二　毒蛇终于溜掉

午后我取到5万元法币交给戴笠，汇报了第七次会谈的经过，同时将干掉毒蛇的鸿门宴的安排说了一通，还风趣地说这桌5万元的酒席费也会带来，用不着到外白渡桥去等候了。最后我提出所设想的联系暗号，以及调整王、赵位置的建议，要求打手多配几人，准备对付刘戈青住宅外面的对手和巡捕万一干涉的麻烦。他全部同意我的建议，并答应由他亲自安排，王兆槐负行动总指挥之责，但不公开出面，赵理君负责室内干掉南本这伙毒蛇，事先带4个打手潜伏在阁楼上，听我的暗号动手，鸣枪不如用匕首，免得惊动巡捕房及外边的人。他还嘱咐今晚要这些人去熟悉环境，预演一下。招待茶水的小姑娘胆小，换成王兆槐手下的侦查员。他要我特别注意，穿上他的钢背心，以防毒蛇临死前作困兽之斗。他要求所有参加的人都要胆大心细，从容不迫，万一到了巡捕房也可引渡救出。当他祝我成功还只说出一半的时候，似乎忽然又想起什么，我等了一会他才叫我再坐坐，多谈几句。

他说，最近一周前线伤亡惨重，从整个态势来看，如果没有生力军源源而来，是难以再打下去的。我们寄希望于陶德曼的和谈调停不但落了空，也上了敌人缓兵之计的当。毒蛇们许诺的400万元代价，到手的现款只有46万元，其余300多万元是支票。打电话问正金银行，答复不能转户，并说提如此一笔巨款，要一星期才能办到，我看此中有诈。南本哭丧着要拿回扣准备后事不假，可能已经感到40多万元丢到无法捞回的大深海了。综合以上许多迹象来研究，明日的鸿门宴可能落空。如让毒蛇又溜掉，我心不安，我们的人在华北和东北等地，死在毒蛇手下或被监禁的有数百之多，对华北等地的老百姓来说，那就更有不共戴天之仇。他这次长谈，总的说来是担心毒蛇滑掉。他甚至后悔，不应该贪图金钱，应该在赫德路第二次会谈时就干掉他，连森正一等一网打尽。我听了他的话之后，不免也担心毒蛇滑掉。

第二天会谈前，我一早就到赫德路安排一切。赵理君头晚上就将演习情况向戴笠作了汇报（我也是导演人之一），戴笠感到满意。预定9点钟会谈，11时入席，赵理君一行6人，一个个进入刘宅，潜伏于阁楼。我以小便时拉铃为号，也试验过多次，只要从厕所里一拉铅丝，阁楼上装置的小铃便会发出声音，我们都说是日本毒蛇的丧钟。我在客厅里等着等着，一直等到过了10点，连毒蛇的影子也不见。又耐心地等，对阁楼上潜伏的6位勇士，连送3次点心、水果都吃光了，戴笠也来过3次电话询问情况，但一点动静都没有。外面巡逻哨报告说，前几次见面时拍过照片的人一个都不见出现，显然是毒蛇脱钩溜了。我耐心地等到午后2时才用餐，整个下午仍不离开，抱着万一的希望等待，6位勇士也不便离开。如此失望地等到午后6时才接到戴笠电话撤退。他用急促的声音叫我立即去一趟，他在银行家贝先生家里等我。我一进门，他就说，日军果然从金山卫登陆了，全用不着我们对四个问题的答复，对新题也不感兴趣了。他劝我不必灰心丧气，毒蛇总是滑不掉的，要我赶快办理人事科及办事处的结束工作，交道三（周伟龙的别号）留沪负责，改调我为前方办事处处长，任务是收容别动队，国军的散兵游勇也一并收容。他本人取道香港回南京。鸿门宴落空后，我懊丧得在半年内心不安，感到为国家尽责太少而无地自容。南本这条毒蛇侵华有功，后调为日军驻扎宁波的某旅团长，日本投降后不知去向。

全国政协文史资料研究委员会编：《文史资料选辑》，第36卷，第106辑，中国文史出版社，1986年版，第61—81页。

淞沪战役中的重大泄密案

黄　均[①]/口述　崔普权/整理

八一三淞沪抗战期间，发生了两起涉及中国最高当局和最高决策的重大泄密案，这两起案件的主犯就是我的叔父黄秋岳。

黄秋岳，名浚，字哲维，号秋岳，以号行于世。祖籍福建省侯官（今称闽侯），生于1884年，其祖父黄玉柱（字笏山）为清咸丰年间的名画家。秋岳父黄彦鸿为清光绪时翰林，诗文颇具造诣。黄彦鸿与我的祖父黄彦威（光绪时举人）为同胞兄弟。黄彦鸿有妻室两房，共生五子，依次排列为浚、济、涞、溥、漳。黄秋岳为其长子。

黄秋岳有三子一女，依次为：长女黄颖（现居美国）、长子黄晟（详见后文）、次子黄英（字济之，今已故）、三子黄和（字济平，现居台湾）。黄秋岳幼年秉承家学，四岁识字，七岁能作五言小诗，可谓天才学子。曾师从于有“诗伯”之称的陈石遗，专攻诗学。在陈石遗《石遗室诗话》一书中有如下记叙：“秋岳年幼劬学，为骈体文、出语惊其长老。从余治说文，时有心得。世乱家贫，舍去治官文书，与同学梁众异、朱芷青最为莫逆，相率为五七言诗，遍与一时名士唱和。”

黄秋岳年稍长，即到北京译学馆就读。在这期间他对京戏产生了浓厚的兴趣，课余常去听戏、看戏、品戏，并结合佛经《维摩诘所说经》中的传说故事，编写了京剧《天女散花》的本子。后经艺术大师梅兰芳先生修改、编整，成为梅派著名的以歌舞见长的古装戏之一，于1916年在北京吉祥大戏院公演。

在这以后，黄秋岳又赴东瀛日本，在早稻田大学就读。在日期间他不但精晓了日文，还熟悉了日本的风土民情，崇尚日本的心理逐步形成。

---

① 黄均，系汪精卫的主任秘书黄秋岳之侄。

黄秋岳回国后，先居上海，后居北京和平门西松树胡同。与同乡、学友林白水同在新社会报(后改为《社会日报》)供职，林任社长，黄任总编辑。

1926年8月，林白水在报端发表《官僚与运气》一文，讽刺“逃跑将军”张宗昌和他的“智囊”潘复，张宗昌恼羞成怒，竟将林白水逮捕处死。林白水在临终前立遗嘱：“我绝命在此顷刻，家中事，一时无从说起，只好听之……所有难决之事，请莪孙、淮生、律阁、秋岳诸友帮忙……丙寅八月七日夜四时万里绝笔。”

此时，我在绘画上多有爱好，黄秋岳当是我在这方面的积极支持者。我12岁在周肇祥领导的中国画学研究会里学习工笔人物画。当时，溥心畬在画坛名声显赫，在黄秋岳的引荐介绍下，我得以拜在溥师门下，做一磨墨童子，习诗文、书法、绘画，耳提面命，使我从中受益甚深。

这一时期，黄秋岳先后在北洋政府陆军部承政厅秘书科任科员，还任过交通部法规编纂员、交通部秘书，财政部佥事、秘书、参事等职。北洋政府垮台后，黄秋岳又转到南京政府任职。1931年，国民党元老林森任国民政府主席，他也是福建闽侯人，十分赏识黄秋岳的才学，遂将黄调任行政院秘书主任。从而使黄秋岳在更高的阶层中有了一席之地。

1931年九一八事变后，亲日派汪精卫向蒋介石靠拢，1932年，汪担任了国民党中央政治会议主席、行政院长等要职。崇尚日本、精通日文的黄秋岳自然为汪所赏识。汪还将黄秋岳的长子黄晟(字济良，毕业于燕京大学)调职外交部任副科长。

1937年七七事变以后，日本侵略者很快就侵占了北平、天津和华北大地，军事侵略的矛头明显直指南方。当年8月，江南一带虽表面上还处于平静之中，但北方战事频仍，日军向南逼近的恐怖已笼罩上海、南京。

身居南京的蒋介石，根据日本的既定政策，以为战争已不可避免，于是召开紧急军事会议，做出了先发制人的决定。密令有关部队在江阴封锁长江，将日本海军在江阴上游至汉口一段长江中的70多艘大小战舰，3 000多名日本海军陆战队队员和大小坦克、炮兵等，全部封锁在这一段水域中。这一行动，对即将发动淞沪战争的日军，当是迎头一棒的有力措施。

然而，就在部队接到密令，马上布置实施时，事先得到消息的日本海军及战舰，已连夜急速顺江东下，驶出了封锁区而集中在黄浦江的水域上，对上海造成了更大的威胁。

日军撤退的消息，使蒋介石勃然大怒，他严令戴笠：立即追查泄密事件。

由于参加紧急军事会议的人员，除了蒋介石侍从室二处主任陈布雷和汪精卫的主任秘书黄秋岳以外，均是高级军事将领，盲目的调查，非但棘手，同时又是不可轻举妄动的。几天过去了，蒋介石的追逼过问，使戴笠十分着急，可是泄密案仍是没有一点线索。

8 月 13 日，日军首先发起了攻击，一场空前激烈的淞沪会战开始了。在战争的白热化阶段，蒋介石决定到上海的前沿阵地去视察，由于日军凭借空中的优势而控制了制空权，行车是很不安全的。考虑到英国驻华大使许阁森的轿车上挂有英国国旗，不会受日机的攻击。白崇禧遂建议蒋介石，乘坐该车前往上海。临行时，蒋考虑一国之首，乘坐他国的车辆，有失国体，坚持坐自己的车，改为夜间行驶而未乘坐英国大使的轿车。但是，白崇禧的建议却使英国大使的车在公路上遭到了袭击，大使本人也负了伤。这个消息传来，白崇禧不禁汗如雨下，联想到泄密案尚未侦破，由于自己的建议而险些使蒋介石送了命，他后怕得不敢再往下想了。极善察颜的戴笠此时得知：在白崇禧向蒋介石建议用车时，只有六七个人知道(这其中又有黄秋岳)。调查面骤然缩小了，调查的对象相对集中了，目标也更具体了。

调查的结果：黄秋岳、黄晟和一个叫作廖雅权的汤山招待所的服务员同时被逮捕。

这个廖雅权，原名叫南造云子，是 1909 年出生于上海的一个日本间谍的女儿。她曾在日本受过间谍学校的专门训练，于 1926 年 17 岁时以一个失学青年的身份出现在南京。而后打入离南京市区 60 里、国民党高级会议的场所、高级军政人员常出入的汤山温泉招待所当了一名“服务员”。南造云子被捕后，为了活命，主动坦白了黄秋岳将情报由其子黄晟转送给她的全部过程，从而受到了一些优待。

黄秋岳由戴笠亲自审问。审问进行得顺利，黄秋岳父子均在各自的供词上签了字。经由最高军事法庭审理后，余怒未消的蒋介石亲笔签署了处黄秋岳父子以极刑的判决。

处决在雨花台进行。但就在黄秋岳父子命赴黄泉之时，神奇的南造云子却从戒备森严的监狱里逃走了。1938 年 12 月，汪精卫发表了“艳电”，而且很快又成立了有日方一手扶植的伪政权。不久，那个南造云子在上海协助汉奸李士群、丁默邨等人，在沪西极司菲尔路 76 号建立了汪伪特工总部，重新进行特务活动。1942 年，33 岁的南造云子在上海霞飞路百乐门咖啡店前，被人击毙，结束了她罪恶的一生。

八一三的战役是惨烈的。由于泄密而使本来可以封锁在长江内的日方战舰和士兵，非但没有被早些消灭，反而使淞沪一战的日方军事实力大增，对我方形成了威胁，以致造成了大量的人员伤亡。我曾经读过有关八一三战役的书籍，对书中所记述的我方惨重损失，使人难以忘记。

此事过后，我还曾听到过一些说法，其中主要意思是：黄秋岳泄密是受了汪精卫的指派，由于黄秋岳还要请汪照顾家小，不便翻脸(又恐汪不承认)而自认。此种说法，究竟对错，不敢妄言，但黄秋岳泄密一事则是真实的。事隔多年，追忆至此，不当之处，敬请知情者指正。我还借阅了有关的一些文史书籍，从中得知不少史料，以助此文，在此并谢。

《纵横》，1993 年第 4 期，第 44—47 页。

封锁江阴要塞泄密案

鲍志鸿①

1937年七七卢沟桥事变时，我正在陆军大学十三期学习。按国际惯例，各国陆军大学和军官学校即停止上课，学员等回原部队参加卫国战争。当时同学王好生和我都是来自航空委员会，学校命令我们向空军司令部报道。不料，我们到航空委员会（司令部设在南京鸡鸣寺）向空军前敌指挥部参谋长胡百锡报道时，他说，为适应我国长期抗战的需要，陆大继续办理，我们仍应回陆大学习，暂不回部队。

卢沟桥头炮声隆隆，日本为扩大侵略战争，把当时驻扎在我东北的关东军两个师团，在朝鲜的驻屯军的一个师团，均调向山海关进发，在日本本土内的两个师团也都动员起来了。

当时我们的对策，本来也想，“以快制快”、“制胜机先”。虽然敌人声势浩大，行动迅猛，但我们处于以逸待劳的优势。我们完全有可能乘敌人大部队未到达以前，先歼灭已在上海的日海军陆战队。因此，日本驻沪以及长江各商埠的海军和海军陆战队就成为我们首战要猎获的对象。

八一三淞沪抗战爆发了。当时驻沪的保安部队、武装警察开始配合空军对日本海军陆战队司令部进行猛烈进攻。但是，用重达500公斤的炸弹都未炸垮。以后得知，日本很早就利用卖“味素”、“大学眼药”的商人大搞军政情报。因此日本海军陆战队司令部系统按照要塞防御工事的要求构筑了强固的工事。日本在沪的纱厂也是按照要塞工事建筑的，日本工人亦变为精兵，执行侵略任务。这说明当时我国对日军事情报未能跟上，远远落后于敌人。

---

① 鲍志鸿，曾任国民政府军统局第一处处长，主管对日作战情报业务。

除此之外,同时还继续出现许多可疑的迹象。例如从京、沪撤退的日本侨民,连很多贵重的东西都原封未动存放着。又如原在武汉旧日租界的大石洋行撤退,随即由八路军驻汉办事处进驻。当时办事处负责人之一的李克农同志发现,茶饭摆在桌上,都来不及下咽就匆匆撤走了。武汉的日侨是于 8 月 7 日奉令向淞沪以东撤退的。

种种可疑的现象越来越多,越来越令人深思……

众所周知,蒋介石很多地方都有他的"官邸"。但他在南京时,十有八九是住在黄埔路中央军校内的"官邸"。因此军校附近戒备森严,一般人是不能进出的。再则军校内的"总理纪念周",蒋介石也很少例外地不参加。因为他还要利用"纪念周"对他属下文武官员,特别是军校和中央政校的学生们作"精神训话"。有一次,陆军大学全体学员奉校长命到军校参加扩大纪念周,还有中央政校的全体学员参加。记得当天是由军校学生总队总队长惠济担任总值日官,早早就把队列站得整整齐齐,迎候蒋介石前来主持。忽然总值日官宣布:大家不要动,已发觉有两个日本特务混进军校,正严密搜查中。军校从中山路进黄埔路,宪兵、警察三步一岗,五步一哨,还有便衣巡查,出入的人车,宪兵登记,怎样使日本特务混进呢?当时清查大营门登记进出各单位主官乘坐小轿车数和人数,发现有一辆轿车不是参加该纪念周的。因此初步判定日本特务是乘这辆汽车闯入军校的。而且因被发觉又乘这辆汽车逃离军校。另外我们回校上课又是一个现象,日语教员金马利与学日文学员接近,试探我国抗战的动向。因此,认为他们是受日本特务指使探听蒋介石是否抗日的问题。

许阁森的汽车被炸更使人疑窦顿生。上海战况紧急,蒋介石要亲自到上海去巡视。当时只有极高层将领和重要的机密人员在场得知。小诸葛白崇禧建议蒋介石说:"英国驻华大使许阁森要到上海,可以坐他们的汽车去。"蒋当时表示首肯。翌日,蒋又临时中止乘许阁森之车。结果,许阁森之车顶上虽有大幅英国国旗,但同样挨了日军的狂炸,许阁森被炸伤,幸免一死。

同时,上述军校内的逃车案,经一再核对,系行政院机要秘书黄浚之车。而那次扩大纪念周,黄浚不是被邀请的人。

前后接连发生的案件,合并研究的结果,已确定黄浚有重大嫌疑。

英国驻华大使许阁森被炸伤,当时不少人还怀疑白崇禧建议蒋搭许阁森之车,是想借日本人之手杀蒋介石后,自己取而代之,由于黄浚案日益败露,白被疑一事也就得以澄清。

在逮捕黄浚之前，进行过严密的跟踪侦破过程，发现黄浚下班后多次独自一人到玄武湖散步。黄爱吃纸包巧克力糖，他从不将包糖的纸随便乱扔在地上。在玄武湖滨有一较大的树洞，黄便把一包“糖纸”放进树洞内，以后又有日本特务到那棵树中取走糖果纸。

此外还有几次发现，黄浚到南京新街口一个外国人开的咖啡店去喝咖啡，每次均在一定的挂衣帽处放衣帽，并乘日本特务挂帽时交换衣帽，情报即存放于衣帽之内。跟踪取出情报的日本浪人，他们都是走进中山东路逸仙桥南一家“私人医院”，而那个私人医院便是日本特务机关所在地。

事实已经充分证明，1937 年 8 月蒋介石（兼行政院长）在行政院召开国防会议时，黄浚以机要秘书身份参加作记录，将我国封锁长江的时间、地点泄露给日本。

黄浚被逮捕后，查明他为福州人，他和他的儿子（当时在外交部工作）都是留日的。黄自供挥霍无度，每月开支约需 800 元，日本给黄浚的特务费 400 元，还有特务奖金，因此而沦落为汉奸。他在上海、南京两处都有他的“公馆”。

黄浚一案全部人员被逮捕以后，由军事委员会军法官会审。黄供认出卖国家机密，被判处极刑，其他人员分别判有期、无期徒刑，在南京执行。

江苏省无锡市政协文史资料委员会编：《无锡文史资料》，第 31 辑，1995 年版，第 88—89 页。

我参与侦破“黄浚案”

钟高玉[1]

“汉奸黄浚案”是抗战全面爆发前夕的一桩大案，近几年许多报刊都对此案的侦破作过披露，但却有些失实之处。我当年曾亲身参与侦破“黄浚案”，我的这篇文章，意在澄清那些失实的情节。

1937年春夏期间，南京国民政府侦破震惊一时的“汉奸黄浚案”，我是亲身参与者之一。几十年过去了，往事仍历历在目。

那是1936年6月间，我刚从宪兵司令部特高组军事队第六期毕业，即被派往广州，临时担任蒋介石的随身警卫。半年后，我又随蒋返回南京。

此时，正处于七七卢沟桥事变的前夕，日本帝国主义根据其侵略的需求，频繁的派遣各类间谍，潜入中国内地，到处刺探，搜集中国的军事秘密和政治经济情报。当时，南京国民政府一些最机密的国防计划和特别措施，只要一决定下来，日方就立刻知道了。其速度之快，了解之细，简直令人不可思议。

1937年8月，蒋介石亲自制定了一个绝密的军事行动计划：决定采取闪电式行动，在一个晚上，对吴淞口至江阴一段江面执行三线布雷，封锁住长江下游，以迫使在下关和长江上游的日本军舰缴械投降。事情本来是非常机密的，只有参与会议的几个人知道。然而，就在散会后的当天夜里，准备布雷行动的前几个小时，日方突然将所有军舰驶出吴淞口，开至海岸要塞大炮射程不及的海域。这一举动使蒋介石吃惊不小。

那些日子，我看到蒋介石神色不安，紧锁眉头，不时地倒背双手，怒气冲冲的在房间里走来走去，牙床(蒋介石是一口假牙)疼得好几天都吃不下饭，且时常对

---

① 钟高玉，淞沪会战时担任蒋介石的随身警卫，解放后曾任耒阳市政协委员。

部属发脾气。

一天，蒋介石火速召集南京市的军统、中统、宪兵司令部负责人开会。在一间小会客厅里，他用一口地道的浙江奉化口音，拉着嗓子说："吴淞口布雷一事，日方都知道得如此清楚，说明我们内部有他们的人。这是一枚定时炸弹。你们必须在一个月之内，把这枚炸弹，给我挖出来……"

会后，蒋介石又亲自给南京宪兵司令部司令谷正伦下了一道手令。

谷正伦感到事情重大，考虑再三，把侦破任务交给了本部驻南京的特警二队。

说到特警二队，在特务组织中颇有名气。两年前，它成立了一个外事组，地点设于南京鼓楼日本总领事馆附近，主要任务就是专门做日本总领事馆的反间谍工作。经过一段时间的策划和工作，该组织在总领事馆内有了一个可靠的内线关系。这个人名叫陈耆才，代号叫"23"号。他文化程度不高，但很机灵，能说一口流利的日语，在日本总领事须磨身边当贴身勤务员，深受信任。二年前，外事组的李荣芳偶然与陈相识，结为朋友，在彼此交往中，李荣芳向陈施加一些影响，同时并用重金收买，陈欣然应允秘密加入特警队，担任通讯联络员。陈耆才利用自己的合法身份和工作条件，先后多次窃取了不少情报传送给特警二队。

这次外事组的李荣芳接到特警队队长老丁的命令，约请陈耆才在一家酒店楼上见面，陈如期赴约。喝酒谈话中，李荣芳问道："老陈，你们馆里中国人中有哪些经常同须磨来往？"

陈耆才想了一阵，说："根据我的观察，国民政府中的那个行政院的机要秘书黄浚和须磨来往最多。"

"近来到过馆里吗？"李荣芳问。

"近段时间很少见他来！"陈耆才答。

李荣芳又问及了其他一些问题，然后返回外事组驻地，把陈耆才提供的情况详细地向丁队长汇报。丁队长听了以后，沉思了一阵，恍然大悟，手往膝盖上一拍，说："对！布雷一事泄密后，黄很少去领事馆，这现象反常。看来我们原来对他错估计了！"丁队长说的"错估计"，是指对黄浚没引起注意，黄一贯善溜须拍马屁，为蒋介石所信任，加之他是国民政府的机要秘书，职位重要，以前只认为他与须磨是早稻田大学的同窗，因此没把他往泄密事件上扯，现在看来很有疑问。

丁队长把情况和队里分析的疑点一一向宪兵司令谷正伦做了汇报。谷正伦当即通报了蒋介石，在得到蒋的许可后，立即指示特警二队把侦缉工作目标转向了黄浚。

就在这时，我被调到了特警队，担任李荣芳的助手，干起了跟踪侦缉工作。李荣芳，二十四五岁年纪，高挑个儿，白白净净的圆脸，一双黑亮的大眼，显得特别精神。

我们接手任务后，便在黄浚住的公馆附近守候观望。记得是接受任务后的第三天，我扮作游客模样，叼着烟卷在一家杂货店门前若无其事地晃荡。忽然，从黄公馆的大门内走出一个长得十分俏丽的姑娘，不由得将我的目光吸引了过去。那姑娘十八九岁年纪，手里抱着小孩(估计是黄的孙子)，正朝着一家商店门口走去。我断定，这一定是黄公馆的女佣人，没有盯梢的价值，不去管她。

偏偏在这时节，李荣芳却突然走近我身边，像发现了新大陆似的往我肩上拍了一掌并诡异地朝我眨了眨眼，神秘兮兮地对我说："小钟子，这是黄公馆的人，对我们有用处！"

"有用处?!"我大惑不解地翻了上司一眼。

李荣芳"嗯"了一声，笑了笑将嘴附在我耳畔如此这般地叨咕了一阵。最后，认真地征求我的意见说："干不干?!"我听了他一番全套计划，将袖子一扎："行啊！就这样办！"

第二天一大早，我们来到指定地点等候，可是天公不作美下起了大雨，一直下到吃晚饭时才雨住云收。我和李荣芳足足等了一整天，始终不见昨天那位姑娘从黄公馆出来。正当我俩心情焦急之际，忽然黄公馆侧面那扇小门"吱呀"一声打开，走出一个人来。我们仔细一看，正巧是我们望眼欲穿的那个姑娘。她双手抱着一个孩子，哼着小曲儿，径直朝第一公园方向走去。我同李荣芳相互交换了一下眼色后，便各自分开，寻机超过那姑娘，在一棵树后悄悄隐藏起来。

一会儿，那姑娘慢慢走了过来，我乘她不防，猛地窜上去，突然伸手用力将其推倒在地。这时，李荣芳佯装路过此地，朝我大吼一声："住手！"并朝我猛扑过来。我假扮受惊的样子，抽身迅速闪入附近胡同。李荣芳也不追赶我，走近问候过那姑娘后，便陪姑娘向大街转角走去。我完成了"丑角"任务，即返回特警队。

当晚，李荣芳回来特别晚，满脸喜气盈盈，我忙问情况如何，他兴奋地告诉我，那个姑娘名叫莲花，原是江北农村一个贫苦农民的女儿，因父母双亡，被人诱骗到南京，后又被人转手卖给黄公馆做女佣，受尽了黄府主人的污辱和打骂。

李荣芳在讲述莲花姑娘的身世遭遇时，心情十分沉重悲怆的样子，看得出，他是很同情莲花姑娘的。自"英雄救美女"的双簧戏开台后，李荣芳就同莲花经常往来，到后来竟达到形影不离，想不到"假戏变作真戏唱"了，莲花被李荣芳的"情网"

套住，为特警队提供有关黄浚的不少线索，但要真正抓住黄与须磨勾搭的事实，一下还很难办到。此间，蒋介石曾多次气愤地催促谷正伦加速破案。

特警队进行了一次研究，为加快侦破工作的进程，又在鼓楼公园（日本总领事馆大门外）里布置了“小报摊”、“测字摊”及拉人力车的特工人员。我则具体负责对黄公馆出入人员的跟踪。可是一连好几天，黄浚的行动都非常正规。每天除坐小汽车去行政院上下班外，只有一次应须磨柬请去了领事馆，而“23 号”监视内线反馈的信息称那只是一次一般性的应酬，并没有发现什么不轨的活动。其次，黄还到丁家桥国民党中央党部开过一次会，后又到黄埔路（陆军军官学校后面）蒋介石官邸一次。此外，黄浚总是待在家里，如缩头乌龟，不出头。

至于黄公馆内的其他人员，引起我们怀疑的人就是黄浚的小车司机小王。他每次外出都骑自行车，特警队派人跟踪他，除看到他在街上兜几圈子外，就只见他去国际咖啡馆一次。有一天晚上我向丁队长汇报情况，负责在日本总领事馆监视的小秦也说起领事馆中的管理员小河（日本人）也曾三次到过新街口国际咖啡馆的事。看来，这中间定有蹊跷，事情为什么这么巧合！根据这个情况我提出再行跟踪一次，弄个水落石出。

第二天，我在黄公馆门前等了一天，没见姓王的出来，直到第三天，王司机出来了。我悄悄盯住他，果然，这小子进了咖啡馆，但很快又出来了。我看他没搞什么活动，只好沮丧地返回特警队。

不多时，房外传来莲花找李荣芳的声音，我忙邀她进来询问情况。莲花说今天她替黄太太打水洗脸路过黄浚的书房门前，见王司机匆匆忙忙跑进书房把头上戴的呢帽取下，向正在打太极拳的黄俊扬了又扬，随即把呢帽挂在衣帽架上，自己光着脑壳退出了房门。

莲花这么一说，我恍然大悟，心里暗忖：“莫非问题就在那顶呢帽上？哼！明天非弄他个水落石出不可。”第二天下午 6 点，我一身西装革履，跨上单车，来到黄公馆对面街口，只等王司机出来。大约过了 10 分钟，王司机果然骑一辆单车出来了。只见他头上戴着一顶呢帽，蹬着单车飞一样的直奔咖啡馆。我也紧追不舍，一直跟进了咖啡馆。只见姓王的摘下呢帽，挂在衣帽架上，然后倚着一张圆桌坐下，要了一杯咖啡，慢腾腾地喝起来。几分钟后，他喝完咖啡就起身出门，没发现什么异样的活动。我悻悻地回到了特警队。这时，负责跟踪日本总领事馆小河的小秦也没精打采地回来了。别说了，也是没门。这下子我们都像泄了气的皮球，感到了已到了山穷水尽的地步。倒是丁队长在一边默默地抽着烟一声不吭地听我和小秦的汇报。忽然，他那双眼珠子骨碌碌一转，向我们问道："在咖啡馆里，他们挂在衣帽架上的呢帽是不是一个颜色？"

我竭力回忆着："王司机的帽子是灰色！"小秦也肯定地说，"小河的也是灰色！"

"他们俩挂帽的位置距离有多远？"丁队长又追问了一句。

"喝咖啡的人都把帽子挂在那个衣架上，没注意哪顶帽子是哪个人的。"小秦说。

丁队长听罢欢喜的眉飞色舞，右手往大腿上一拍："好，明天可以到手了！"丁队长指的是什么？我们都一时丈二和尚摸不到头脑，只见丁队长连忙召拢行动组的人迅速集合开会。这时，时间已快晚上12点钟了。等人员到齐，丁队长把第二天的计划任务交代了一番，然后又把外号叫"猛子"的小刘喊到身边，悄声地嘀咕了一阵，随即又将我拉到身边如此这般的布置停当。最后，丁队长向大家大声地说："如果情况有变，一切听我临时命令行事！都清楚了吗？"

"都清楚了！"我们异口同声地回答。

第二天天刚亮，我就来到黄公馆对面街口，一直等到下午，也没发现什么情况。第三天下午6时，我临时接到黄队长命令，骑上单车，来到了秦淮河沿河一条横街路口上等待。一直等到快7时，我突然发现了对面桥头上出现了丁队长。只见他一手从头上取下呢帽，一手掏出手帕在额头上抹了一下……嘿！这正是他前天晚上在会上规定的暗号，说明有情况了！

果然，我回头一看，蓦然发现日本总领事馆的小河，骑一辆单车，从对面横街上驰来，紧随他身后的是我们特警队的小刘。此刻，只见小刘猛地蹬快单车，如出弦的箭，对准小河的单车后轮飞撞过去。只听"咔嚓"一声小河连人带车翻倒在地，头上戴的那顶呢帽也掉落在地上，"呼"的又被一股风刮落在十多米远的地方。

这时，早在桥头观察动静的丁队长迅速跑过来，一把揪住小刘的单车，喝令小刘从地上扶起小河道歉，然后两人一起将小河强行送往医院。

趁着间隙，我迅速地拾起了小河的那顶呢帽，骑上单车径直朝新街口国际咖啡馆的地方奔去。到了一个僻静的地方，我下车将丁队长事先写好的纸条塞进帽中的夹层里。当我赶到国际咖啡馆时，发现衣帽架上，早已有一顶灰色的呢帽挂在那里，与小河的呢帽一模一样。这下可逮着狡猾的狐狸尾巴了！我心中掩不住地高兴，走近衣帽架旁，把小河的呢帽挂上去，然后回到桌边，要了一瓶啤酒，两片凉糕。过了一会，我起身摘下挂在衣帽架上的另一顶呢帽走出咖啡馆，跨上单车驶上大街。

当我把“猎物”带回队部，翻开夹层一看，里面果然藏着情报资料，其中有蒋介石暗中部署几个精锐陆军师移防到上海、苏杭一带的情况，还有一张南京下关要塞的地形图。资料显示全部都是黄浚的手迹，罪证抓到手了！谷正伦得到我们的报告，立即上报蒋介石，蒋亲自下手令逮捕黄浚归案。

丁队长接到命令前，已想妥了捕黄计划。丁队长模仿须磨的笔迹写了一个字条，大意是嘉奖黄浚，同时指示要所有搜集情报有功的人员于次日晚11时在黄浚家聚会，届时须磨要亲往犒奖等，并派人将夹有字条的呢帽送到咖啡馆。同时，为了摸清黄浚的动向，第二天早饭后李荣芳约了莲花探寻黄浚昨天晚上的情况。莲花告诉我们说，黄浚昨天晚上好高兴哩，一连喝了两瓶高级啤酒，简直乐昏了头。

丁队长向莲花布置当晚逮捕黄浚行动的联络暗号，莲花听了后，点点头就走了。

晚上，天空中满布乌云，把星月都遮了，正是行动的好时机。丁队长对外事组、行动组人员异常兴奋地说：“今晚的任务非常重要，希望大家都拿出勇气和镇静来。要知道，对象都是有枪的，接触后可能会发生拒捕现象和逃越等情况。总之，行动要快，使他们措手不及，束手就擒！”说到这里，丁队长从里屋拿出一个布包裹郑重地交给我说：“你今晚上化装邮差，先把门卫诱开。”说完转向猛子小刘叮嘱说：“你要立即配合，迅速冲劲门去，先制服门卫和司机，勿让他们逃跑了！”小刘点了点头。我无不疑惑地对丁队长说：“要他们开门送一封‘挂号’或者‘电报’不就行了，干吗非要这么个大包裹？”丁队长见我不理会他的意思，眼睛一鼓，瞪了我一眼。我知道丁队长脾气很倔，没再吱声。

会议结束后，大家各自做好行动准备。11时整，丁队长发出行动命令。我扮作邮差，带上包裹，直奔“黄公馆”。

黄家的大铁门紧关着，我按响门铃，等了几分钟才见侧门上一个小方孔露出门卫一双眼睛。

“什么人？”门卫在里头问。

“送包裹的”我大声说。

“哪儿寄来的？”

“上海！快开门。”

“什么东西？”

“你自己看看！”我扬了扬手里的包裹。

“从这里递进来!”门卫不耐烦地拍了拍门洞。

我举起包裹往门洞上比画了一下,说:“递不进去啊。”这时,我才暗暗佩服丁队长的用心。

稍等,小门“吱呀”一声开了,我迅速迈腿进去。就在同时,小刘飞身闪进门内,迅速伸出铁钳似的大手掐住门卫张口欲喊的喉咙。行动组的李荣芳等六七个人也趁机冲进正院。我同小孙把门卫和司机交给一位特工看守后,也同时奔进正院。正在这时,突然听见里面客厅中“叭”地一声传出一声沉闷的枪声。我们一怔,意识到,可能是屋里的人已发觉我们的行动了。大家奋不顾身地冲入客厅,只见灯光下胖墩墩的黄浚如木头一样站在屏风侧面一动也不动。我同李荣芳同时把枪口对准黄浚大喝一声:“不许动,举起手来!”其他特工人员也围拢过来。

黄浚见状,默然无语,两手垂落下来,手枪“当”地一声掉在地上。见有女尸横卧于屏风右侧地下血泊中,身子还在抽搐。李荣芳飞身扑过去悲怆地喊了一声“莲花——”便哽咽地哭泣了起来。

原来,莲花在行动开始后,乘黄浚在和汉奸尚在客厅喝酒之际,迅速潜入黄的书房中,利索地打开抽屉将一个鼓鼓的牛皮纸信袋拿到手中,这信袋正是黄浚准备今天晚上亲自交给须磨的一扎情报资料。莲花把信揣在怀中匆匆退出书房,并疾步奔向客厅外,黄浚料定事情败露,想喝住莲花。可是莲花当做没听见似的仍然往外跑。黄浚随即掏出手枪朝莲花打了一枪。

李荣芳紧紧地把莲花揽在怀中喃喃地说:“莲妹,我来迟了! 你恨我吧!”说完,泪水犹如雨点似的洒下来。莲花那双乌亮亮的眼睛朝李荣芳闪动了一下,脸含微笑缓缓地合上了。我和小刘、小秦走到莲花尸体前,拉起李荣芳向莲花默哀辞别。这时丁队长牵过铐着双手的黄浚将其按倒跪下,一连朝莲花磕了三个响头,然后才同李荣芳押着黄浚登上事先准备好的汽车,返回南京宪兵司令部。

半个月后,黄浚等一伙日伪汉奸在南京伏法的消息见诸报端,一时震惊了国内外。这是抗日时民国一大要案,是我亲自参加的一段真事,为澄清一些不实的传闻,特撰写此文,以飨读者。

《(纵横)30 年典芷》(1995 年卷),中国文史出版社,2015 年版,第 356—363 页。

在上海参加苏浙行动委员会别动军抗战[1]

赵茂高

自川调沪参加特工

民国二十六年，七七卢沟桥战事初起，士气民心，如火如荼，同仇敌忾，争先从戎。中央为精诚对待四川将领，使刘湘等能格外安心顺从，以巩固抗战基地，乃将驻防成都的一个蒋委员长警卫团团长石祖德将军，一个宪兵第五团团长徐志道将军等两个团调回南京予以整编。曾佑民将军和我都在第五团服务，我们从成都由水路沿嘉陵江上流到长江，乘筏换船到南京下关下船，已是旧历八月十四，次日是中秋，南京城内大部分市民都已疏散到了乡间。我的岳家通济门八宝前街的住宅亦不例外，家里只留一个远亲在看门，我们预料敌机会在中秋夜向首都捣乱，乃提早在下午四时左右即在家里吃了晚饭，去到中华门外雨花台团部。

次日我到句容县下山地去找我眷属的时候，在四象桥慧圆街口遇到了当时首都警察所新成立的保安总队长赵世瑞先生，赵世瑞说戴笠先生在上海成立游击部队，很需要人去帮忙，邀我离开宪兵到上海去工作。反正宪兵司令谷正伦的干部和情报首长戴笠先生的干部都是为国效力，我心里从未计较，顺口就答应了赵世瑞而下乡到下山地，意思是想叫岳家全数离开南京地区到故乡东阳去住，那〔哪〕知道我的妻女被乡间亲友东请西邀地不知到了那一村那一家了。我请人去找，人没找到，就接到从南京转来的一份电报，是戴笠的名义发的，电文很简单，只是“请兄速即来沪”几个字。接了电报以后，没有和妻女们道别，就从下山地到南京，先到道署街向宪兵司令部告别，正巧遇上空袭，司令部里只有申参谋长等少数人在

① 本文标题系本书编者所加。

办公，其余的人员都在中华门外雨花台一座有强固防空设备的地下司令部内办公。申参谋长带我一同乘坐他的汽车到这地下司令部，并告诉我说：戴笠先生有信给谷正伦司令商借九支木壳枪作警卫用，谷先生说，宪兵的枪不是军事委员会发给的，是自己节余经费买的，意思是没有允借，叫我会见戴笠先生时转告他。那时京沪铁路已不开客车，只有公共汽车走苏嘉公路到上海，由南京出发要在无锡住一宿，第二天走苏州、嘉兴、松江抵上海，沿途都有日机轰炸侦查。车到松江渡河时，司机即欲令乘客下车，不再继续前进了，乘客纷纷抗议，迫使司机继续驾驶，于傍晚到达上海南市，入法租界暂在青年会九楼住一夜，次日到指定的地点报到。

别动部队敌后作战

当日下午即有人持一以“江涛”书记长名义派我在总指挥部担任情报参谋，这个来联络的人是“文强先生”，同时约我于次日上午十时到福履理路一〇〇号去戴笠先生的住所和戴先生见面。我准时到达，戴先生一见面就说：“你怎么现在才到，你听敌人的飞机大炮是这样子的，我们不上去还有谁上去。”我报告他：“来啦！就管不了那么多，要就不上前方来了。”戴先生又指已先在座的桂永清将军说：“他的一个总队，现在只剩下一班人，前方战争的惨烈可以想见”，以后又继续说：“校长很盼望多知道一些前方的详细情形，你多探访一下，随时提出报告”，似乎特别提出使我了解的是关于黄琪翔将军担任指挥的右翼防线，和别动军的任务在维护交通安全，防止汉奸活动，确保补给线及电话电信畅通，并在我军转进时掩护撤退及作尔后在敌后作战之准备。他说：“这个部队是我（戴笠自指）向杜月笙他们说的，这件事一定要帮忙，否则，大家就太对不起蒋委员长了”等等。我乘间又报告借木壳枪的事，戴笠先生说：“枪运到了，我们多得很，不稀罕这滴点。”接着又问我有没有钱用，我没作声，戴先生就上楼写了一张贰百元的条子，叫我自去领取。这时桂将军已告辞走了，戴先生约我在当天十二时到赵主教路四〇〇号刘总指挥志陆将军的寓所吃中饭，借机介绍我和刘志陆、周伟龙、朱学范、陆京士、陶一珊诸先生见面。饭后到了公共租界梅白格路祥康里一个好友周筱卿先生的家，告诉他我的住址；并且约定最少三天我会设法跟他通一次电话，如果一周到十天没有电话和他联络，就请他写一封信通知我的妻子，说我可能不在了。周筱卿大哥听我说后，接着说：“你为什么？凭这些人，你不愁吃，不愁穿，虽说我戏院不开门，但总要设法开的，只要我戏院锣声响，不管生意好坏，都少不了你的吃用，何必呢！老弟”，说话的中间几乎要落泪，友谊很可贵。我告诉周大哥：“在抗日战争中，我们必须投入战争的行列，到上海来的目的是如此，否则，搞搞宪兵多好，只是搞宪兵搞得有些厌倦了。”周筱卿邀我到他家吃晚餐，还邀了林记更新舞台一班同事作陪，以后我才知道那天晚上吃的一桌没钱付，把一桌纹银的台面——银制的碗碟盆筷等——给饭店拿去作押。

亲身体会“浴血死战”

第二天曾去到“真如”前线，真如车站附近的暨南大学已停了课，所有房屋都是空空的，连猫狗小鸟似乎被枪炮声吓跑了。民国十八年当排长时曾驻防真如车站兼主持暨南大学治安的任务，有空亦向学校要了讲义去揩油听听课，对当地的地形相当熟悉，在行动上方便得多。统计一下我们部队每天伤亡的人数大概在三千有余，前方补给非常困难，尤其是伙食，可以说没有补给，饿了靠“干粮饼”（干粮饼是用面粉做成一个圆形的饼，麻绳穿之成串，每串十个，可悬挂在颈项上，饿时在卧姿时口啃之即可充饥，非常方便。）饮的是壕沟里的血水，士兵的面孔看上去满头满脸都是泥灰，被敌炮打翻了泥土，嘴似乎紫红带黑色的血盆，艰苦死战的情况可从士兵身形上看出来，在课本上读到“浴血死战”的含义，到此才得到真正的体会。回上海以后即报告了戴笠先生，同时亦发了一信给南京谷正伦先生说明上海前线恐不能再守三个月了，南京为首都所在，应积极准备。

第二天——大约是十月二十日左右——戴笠先生打电话给我说：“今天晚上我和你同去前线，要死大家要死在一起。”我问他：“如何去法？”他说：“你在那里等我和你联络好了，不要走开。”到了下午五时在日机归航的时刻，周伟龙到八仙桥青年会来接我，周伟龙向我说：“戴先生有打电话给你吗？说今夜我们三个人要死死在一起。”说完了，车到福履理路戴笠先生的住处停下，我在车上等候，周伟龙进去接戴先生。周伟龙出来后说戴先生太忙分身不开，前方的事要我们多负责，事实亦如此，那夜真如前线正在转进中，而且戴先生曾将他的敌情判断告诉过我，说敌人一定会在浦东地区登陆，企图包围作歼灭战，上海前线的转进，正是敌人企图包围的良机。戴先生正忙着冲破敌人的战略企图，如何能抽出时间去忙那些琐碎的小事呢？

撤退之前战阵之间

于是周伟龙和我到了虹桥一座小洋房里,苏浙行动委员会的别动总指挥部就设在此处。当夜在此地吃晚饭,同座除有刘志陆、周伟龙和我以外,另外有二位客人,一位是王敬久将军。王将军告诉我们:“你们的指挥部该往后移一移,胡宗南将军的指挥部迁虹桥飞机场后面,明天晚间,我预测敌人炮弹会对此地作超越射击。”说完以后,王将军就和住在七星庙的他的部属通话,问了部队整编后的情形,据报告王将军的一个师整编后可得一个营。接着又打电话给胡宗南将军,告诉胡将军他那一个师整编后的情形和驻扎地点,并将这个部队交胡将军指挥,经胡将军同意后又告知他的部属,命令在七星庙待命,归胡宗南将军指挥。王敬久将军打完电话后,脱去军服换上便服说,现在没有我的事了,可以到上海去洗个澡轻松一下,眼光注视到我。周伟龙接过去说,等一下——一面卷好了正在查看的地图——我陪你去,刘志陆将军把总指挥的印章取出来交给我,说戴笠先生交代的“到必要的时候,把印信交给你,由你负责”。我没敢接受,对刘说:“现在还不到时候,更何况戴先生也没有交代我:必要时由我保管印信。”老实说,那时候匆匆组成的总指挥部,大家都没进入情况,除我认识总指挥外,参谋次长——都是东北军的干部,佚其名——只见了一次面,时间不到十分钟,他们都连袂地走了。又听说真如前线转进后,司令长官顾祝同将军已转进后,敌军尚未到达,几个乡村成了真空的状态,命令别动军派部进驻,以掩护我大军转进。总指挥部无法办,还是由戴先生直接命令特务大队去进驻前方的空虚村落,以掩护大军的撤退。

我为敌机轰炸目标

第二天早晨七时三十分左右,虹桥路我们的总指挥部的前后左右都被日机包围监视,炮弹落点亦在附近不到五十公尺的地方,原来我们后方一百公尺左右的一丛小竹林中,有我们的炮兵阵地,被敌机侦查发觉后,连累到附近一带都成了敌人的轰炸目标。到了日落以后,我们的总指挥部再度迁到一个已无人迹的小村落中,四周围已成熟的稻谷还留在田中没有收割。在此地只留一天又迁到隔河就是法租界的一所空学校中,这样搬来搬去的都是夜间行动,沿途挤满了调防的部队,这些部队充分地表现出训练有素、勇敢善战、为国尽忠的精神,在夜行军中,静寂守纪律，除了沙沙的脚步声外，连咳嗽的声音也没有听到过，天上除有星星外，地面上看不到一点烟火之光，勇往前进与敌人作殊死战的决心和毅力在行军中已表现无遗。至于别动军总指挥部是奉谁的命令在行动，连我亦不知道详细的经过，真是有亏职守。刚搬到这里，我签收一件情报：内容是“敌军已在金山卫登陆，我军向苏皖边区方向撤退。”这时我们已处于敌人的包围内，敌军的小型坦克已封锁了后撤的道路，唯一的去处只有一条路：经枫林桥进入法租界，再转南市。

八百壮士孤军固守

我第三支队陶一姗部仍在上海市警察局长蔡劲军指挥下保卫大上海的南市一带，以后接获蔡局长传下来的蒋委员长命令撤退，保卫大上海的战争于焉只剩下八百壮士死守苏州河北岸四行储蓄仓库的一幕高潮戏。上海市民先前已为国军都已撤退，不知道四行仓库还有国军把守，等知晓以后，上海市民男女老少摩肩接踵拥到苏州河南岸公共租界内，隔河狂呼猛叫为壮士们鼓气加油。在外白渡桥隔了一层铁丝网的两面，就是上海公共租界和中国地界的分野，在那里有上海的市民冒着生死的危险掷过一些粽子、罐头食物等物品，以冀壮士取用。在守仓库的壮士只希望得到一面国旗高悬到四行储蓄仓库的屋顶上去，于是女童杨惠敏不避炮火顶着国旗渡过苏州河送与壮士。当国旗在屋顶升起，全上海的市民在青天白日的国旗飘扬下，精神已得到无比的兴奋和鼓励。

台湾中外杂志社编：《中外杂志》，第 29 卷，第 5 期，1981 年 5 月。

八　民众抗战

从七七到八一三上海人民支援抗日的活动

姜 豪[①]

解放前的旧中国，受尽帝国主义侵略，其中尤以日本军国主义者野心最大，蓄意吞并全中国。一九三一年九月，他们发动九一八沈阳事变，在国民党政府推行其“攘外必先安内，安内而后攘外”的反动政策下，拱手丢送了我国整个东北的锦绣河山。

一九三二年一月二十八日，日军进攻上海，激起十九路军的英勇反击，得到上海人民的热烈支援，苦战三月，重创敌寇。但国民党政府不但不加支持，反而迫令停战，和日本侵略军签订了丧权辱国的《淞沪停战协定》，规定上海不得驻兵，把十九路军调赴福建。

一九三五年八月一日，中国共产党发表《为抗日救国告全体同胞书》，号召停止内战，一致抗日，深得全国人民的同情支持。一九三六年十二月十二日爆发了西安事变，张学良、杨虎城二将军向蒋介石进行兵谏，要求联共抗日。通过以周恩来副主席为首的中共代表团在西安进行了艰巨的工作，使西安事变得以和平解决，迫使蒋介石接受停止内战，一致抗日的要求，从而形成了抗日民族统一战线，实行第二次国共合作。一九三七年七月日军挑起七七卢沟桥事变，二十九军奋勇应战，展开了全面抗战的局面。同年八月十三日，日军再次进攻上海，我军坚决还击，打了一场震惊世界的硬仗。

上海是我国具有光荣革命传统的大城市之一，从七七到八一三，军民一心，同仇敌忾，为支援抗日战争，维护民族生存，作出了卓越的贡献。现就我亲身经历和

---

① 姜豪，淞沪会战时任中国国民党上海市党部监察委员、上海市新生活运动促进委员会书记，并一度担任上海市各界抗敌后援会组织委员会主任委员。——本书编者注。

亲眼看见的一些情况，记述如下。

(一) 卢沟桥事变发生，支援华北抗敌

一九三七年七月七日晚十二时，日兵一中队六百余人，在卢沟桥以演习为名，进攻我驻在当地的二十九军宋哲元部队。该军吉星文团坚决抵抗，日军伤亡惨重。此后日军先后增至十多万人，攻占了天津、北平，并在华北到处窜扰。随着战区扩大，我方参战部队也陆续增加，将士牺牲严重，二十九军副军长董麟阁和师长赵登禹力战殉国，举国痛悼。

七月八日，中共中央发表宣言，号召"全国人民、政府和军队团结起来，筑成民族统一战线的坚固长城，抵抗日寇侵略！"这一伟大号召，振奋了全国军民的斗志，激起了抗日救国的高潮，各界人士纷纷成立救国会，积极开展活动。

一九三六年十一月，救国会领导人沈钧儒、章乃器，邹韬奋，李公朴，沙千里、史良，王造时等七人，在上海被捕，发生"七君子"事件。到了一九三七年八月一日，国民党政府为了表示接受共同抗日，把他们从苏州高等法院看守所保释出狱。回上海后，他们共同发表谈话，沈钧儒并于八月二日亲至南京，向蒋介石面陈抗日意见。沈先生等不顾个人安危，坚决要求团结抗日的行动，肝胆照人，充分反映了上海和全国人民救亡图存的强烈愿望。

一九三七年七月十七日，在蒋介石主持的庐山谈话会上，全国各界知名人士一百五十八人，慷慨陈词，要求国民党政府刷新政治，团结抗战。与此同时，上海各方面人士，也纷纷出谋献策，向有关方面提供了不少意见。当时我主持的上海人事咨询所，在七月十五日举行了座谈会，到会的有胡朴安、樊仲云，严谔声、王芸生、丘汉平、薛农山，王汝琪，许晓初、陶百川等二十多人，一致要求团结抗日。但是蒋介石死抱住"安内而后攘外"的政策不放，对敌消极作战，对内积极反共，使日本帝国主义者的气焰更加嚣张，大半个中国先后沦陷。

七七卢沟桥的抗日枪声一响，上海各界人民立即响应，纷纷致电慰问，并捐款劳军，同时筹组救护队，准备开展战地救护工作。除了原有的工人、店员、学生、大学教职员和文化、妇女，医药，自由职业等各界组织及慈善团体外，又产生了不少新的组织，专力从事支援抗日的活动。如由上海各大团体联合组织了援助抗敌将士委员会，宋庆龄和何香凝先生组织了妇女抗战团体，还有沈兹九、钱俊瑞、萨空了、叶灵凤、严独鹤、张志让、顾执中、胡愈之、郑振铎、茅盾、诸青来、周剑云、姚苏凤，王晓籁等组织了民族复兴协会等等，目的都是开展支前工作。

关于救护工作方面，中国红十字会、红卍字会、慈善团体联合救灾会、上海学生集中训练队、各中医团体、中国佛教会、市商会童子军等许多社团，都先后组织过救护队，有的还开设救护训练班。八月初，红十字会救护队曾开赴华北工作。各方面为了集中力量，又联合起来成立了上海市救护委员会，统筹开展战时救护工作。

由于华北战区日益扩大，支援工作日益繁重，为了集中力量，加强领导，由上海的工会、学生会、农会、商会、文教组织、自由职业、宗教团体、慈善机构、救亡组织等五百多个团体，联合起来组成上海市各界抗敌后援会。一九三七年七月二十二日开成立大会，决定推选执行委员一百二十一人，互选常务委员三十五人至四十五人，秘书长一人，另选监察委员二十五人，并设立特种委员会若干，其委员由常务委员会推聘。当天会上推选的执行委员，有王晓籁、黄任之、钱新之、张寿镛、潘公展、杜月笙、陶百川、颜福庆、潘公弼、奚玉书、章益、金润庠、马荫良、洪深、杨卫玉、傅东华、李文杰、王芸生、胡厥文、穆藕初、朱学范、寿毅成、严谔声等一百二十一人。推选的监察委员是周雍能、吴开先、杨啸天、蔡劲军、虞洽卿、刘湛恩、褚慧僧、徐寄庼、林康候、闻兰亭、潘序伦、江一平、胡朴安、宋汉章、马骥良、徐桴、李廷安、张啸林、顾馨一、陆伯鸿、郭顺、严独鹤、徐永祚、秦润卿、王新命等二十五人。次日召开执行委员会，又推选王晓籁、钱新之、张寿镛、潘公展、黄任之、杜月笙、童行白、陆京士、柯干臣等九人为主席团（八月一日沈钧儒获释后，也参加主席团工作）。并推选陶百川为秘书长，严谔声、秦联奎、汪曼云、顾炳元、周宪文、肖青山六人为秘书。又决议设立筹募委员会，专责筹募支持抗战的经费。委员有各界人士百余人，以杜月笙为主任委员。吴蕴斋、秦润卿、李铭、骆清华为副主任委员。

八月初，抗敌后援会设立战时服务团，由林美衍和姜豪先后任团长，征求市民志愿参加，报名登记者三千多人，准备予以相当训练后派赴战地从事宣传、防护、救护、工程、运输、消防等工作。惟因八一三沪战发生，未能实现原定计划，只是动员过一部分团员做过些征募雨衣、棉衣以及调查贩运日货商人等工作。当时抗敌后援会决议要抵制日货，凡是贩运日货的被称为奸商，报纸上要揭露他们，给他们舆论上的谴责。

为了加强救济工作，八月九日由各有关方面成立了上海市救济委员会，推选潘公展为主任委员，钱新之、胡筠秋、庞京周、宋汉章、陆伯鸿、屈文六、周邦俊、周宗良、张嘉甫、郭承恩等为常务委员，毛云为秘书处主任，黄任之为总务主任，蒉延芳为财务主任，王伯元为收容主任，穆藕初为给养主任，杨志雄为遣送主任，许晓初为医药主任，张秉辉为训导主任，姜怀素为警卫主任，陈良玉为掩埋主任，另推王一亭、虞洽卿为监察委员。此后从各方面募到的钱，一部分作救济来沪难民之用，一部分集中汇出，救济战区难民。

（二）八一三淞沪抗战，掀起支援抗日高潮

一九三七年八月十三日，日军进攻上海，火烧民房的烈焰弥漫闸北上空，激起了上海人民多年来潜伏在心头的怒火，纷纷以实际行动支援抗日部队。八月十四日，全市童子军总动员上街征集慰劳品，市民们无论老少男女，都热烈捐献，从食品到日用品、医药品，样样都有。童子军征募到了物品，立即分批冒险送上战场，战士们收到了亲人们送来的慰劳品，更加鼓动了奋勇杀敌的斗志。就在同一天，各行各业都组织起来开展慰劳工作，慰劳队、救护队、工程队等群众组织络绎于途，前线和后方打成了一片，充分显现了军民一心、同仇敌忾的热烈景象。

八月十四日京沪警备司令张治中通电表示抗战到底的决心。十五日何香凝先生电慰张治中将军，更加激励了前线将士。十四日，我空军首次出战，上海人民亲眼看到我机轰炸日军司令部及黄浦江中的日本兵舰，炸毁日舰三艘，炸伤其旗舰“出云”号和日舰根据地汇山码头。这时黄浦江边，人人雀跃欢呼，个个扬眉吐气。

战事首先从闸北开始，由于战区面积小，参战人员多，密集作战，伤员较多。八月十四日，中国红十字会、世界红卍字会和上海市救护委员会设立了十四所伤兵医院，太和医院设立一所，派出救护队从炮火中抢救了大量伤员，运送到设在租界的各伤兵医院，进行紧急医治。至八月底，伤兵医院增至三十多所，病床增至五千张左右，当时租界内各大医院内都设立伤兵医院，还有些较小的医院也收容伤兵，有的借用别的房子设立伤兵医院。

战事突起，战区居民抛弃家园，扶老携幼，逃到租界避难，情况非常凄惨。租界里有亲友的还可以暂时寄居，没处寄宿的势必流浪街头。为了帮助这些难民解决食宿问题，战事爆发的当天就由上海市救济委员会和各慈善团体联合救火会发动，设立难民收容所三十多所，一天内收容难民五万多人，仅大世界一处就临时收容一万多人。收容所借设在寺庙、公所、会馆、学校等公共房屋内，免费供给食宿及医药。八月十五日，敌军在高桥一度登陆，十九日又在浏河登陆，战区扩大，难民增多，这时收容所增至六十多所，但仍以人满为患。

十月一日，上海市救济委员会由市政府命令改组为上海市非常时期难民救济

会(简称上海市救济会),由社会局、上海戒严司令部、两路局、航政局及市府所属各局,联合上海地方协会、上海市商会等机关、团体共同组成。主任委员仍是潘公展(当时市社会局长兼教育局长),秘书主任毛云,秘书雷可南、陆厚仁,除增加营救组,由屈文六担任主任外,其余各组主任蝉联。

据当时统计,至九月底,单在公共租界内,收容所共有一百十七所,收容人数约六十多万人,遣送往非战区的近三十万人。还有些同乡会也设立收容所,如战区扩大到太嘉宝三县,太嘉宝旅沪同乡会曾办过收容所,给所内外难民发过寒衣。

九一八日本侵华,中国向国际联盟提出控诉,国联派李顿调查团来华调查,写了一份调查报告,日本置之不理。八一三我国抗日后,国际形势逐渐开朗,至十月初,国联大会通过谴责暴日议案,并决议召开九国公约签字国会议,共商对策。美国也宣布日本为侵略国,并表示将以全力为国联后盾。十月五日,英国工党决议,谴责日本,抵制日货,要求英国政府对日实施经济制裁。为了开展国际宣传活动,十月十五日宋庆龄先生致电美国总工会,促请推进抵制日货运动。十周二十日,宋先生又向美国人民发表广播演说,揭露日军在华暴行,呼吁对日制裁,支援中国人民抗战。

十月二十四日,颜惠庆、施肇基等发起组织上海国际委员会,联合在沪国际人士,共谋募集巨款,从事救护伤兵、收容难民等活动。另有中外人士成立了国际友谊社,由刘湛恩、徐新六、朱少屏、戴葆鎏、汇丰银行负责人嘉斯尔、美商会会长布兰特、哈瓦斯通讯社社长白礼稚、德籍牧师古鲁爵、意大利商务参赞安旗朗等九人担任董事,从事上述同样活动。

八一三淞沪战事爆发,战区日益扩大,在我忠勇爱国将士的坚强抗击下,日寇损兵折将,一再增援,疯狂滥杀,无恶不作,上海人民耳闻目睹、义愤填膺,各界人士通过各种组织,宣传抗战、声讨暴敌。如文化界救亡协会十月二日举行座谈会,应邀参加者有金仲华、胡愈之、潘汉年、施肇基、吴经熊、颜惠庆、夏晋麟、张志让,潘公展、陶百川、刁敏谦等,揭露日军暴行,一致表示坚决支持抗战。又如宪政协进会于十月十五日举行理事会,到会理事有诸青来、彭文应、张志让、汪馥炎、谢丞平、倪文宙、胡愈之、钱俊瑞、张定夫、金则人、张希为、王汝琪等二十余人,作了同样表示,并决议慰劳上海及华北抗敌将士。

在淞沪抗战中,上海人民真正做到了有钱出钱,有力出力。为了集思广益,出谋献策,上海市各界抗敌后援会聘请了文化界和其他方面知名人士五六十人为设计委员,成立设计委员会,研究和草拟各种有关抗敌大计的方案和意见。八月二十七日召开第一次会议，到会委员有郭沫若、彭文应、王造时、左舜生、章乃器、梅龚彬、史良、陈志皋、张素民、陆鼎揆、钱俊瑞、陶广川、林美衍、姜豪、许性初、程瑞霖、王龙章、钱亦石、章益、沙千里、蔡叔厚、李文杰、郑通和、邹韬奋、潘肇邦、史国纲、杨东蕙、顾森千等四十余人，推选郭沫若为主任委员，彭文应为副主任委员，郭先生离沪时由彭文应代理主任委员。并分配各种专门问题研究人员名单如下：(1)海面封锁问题及租界中立问题：史国纲、陆鼎揆；(2)战时整个金融及筹码问题：章乃器、张素民、许性初、钱俊瑞、顾森千；(3)筹募救国公债及收集硬币问题：程瑞霖、左舜生、陶广川、林美衍、郭虞裳、郑通和、王造时、沙千里、史良、李文杰、潘肇邦；(4)如何调整抗敌后援工作的需要与供给问题：钱俊瑞、史良、沙千里、林美衍、姜豪；(5)如何统一同类性质之各种抗日团体及统一各团体会计问题：陶广川、潘肇邦、王龙章、许性初、林美衍、姜豪、李文杰、陈志皋、袁文彬；(6)如何维持当前的教育问题：郑通和、王龙章、陈志皋、杨东蕙、袁文彬、顾森千、蔡叔厚、袁业裕、梅龚彬、郭虞裳。

当时对于上述各种问题的研究，许多专家及有关人士确实费了不少心血，提供了书面意见，又印成了一厚本意见书。可是淞沪战事不久结束，国民党政府忙于步步内撤，影响这些意见无法实施。但当时设计委员会的工作开展得十分认真，还按业务分设小组。我参加的民运组，研究有关群众组织的事情，各重要救亡团体都有人参加，所以人数较多，我被推为召集人，每次开会都有三十多人参加。

抗日战争的号角一响，各界人民纷纷组织起支援抗敌的团体。为了加强各方面团体的联系，抗敌后援会于九月初设立了组织委员会，负责联系工作，推聘我为主任委员(当时任国民党上海市党部监察委员、上海市新生活运动促进会书记)，骆清华(商会方面)、周学湘(工会方面)、易礼容(青年组织方面)和钱剑秋(妇女方面)为副主任委员，还有委员四、五十人。成立后做过抗日救亡团体的登记联系和青年组训等工作。在十月初登记过的团体，有工界救亡协会、青年救国服务团、沪西印刷界同人战时服务团、中药界救护团、飞轮救国团、国民救亡歌咏协会、童子军战时服务团、江淮旅沪同乡会救亡协会、四川旅沪同乡会战时服务团、职业界救亡协会、美术界救亡宣传团、教育界救亡协会、教育界战时服务团、中国妇女慰劳自卫抗战将士会上海分会、上海妇女战时服务团、合作界救亡协会、游艺界救亡协会、战时摄影服务团、洪兴协会战时工作委员会、纱厂工人救亡协会、学生战时服务团、中华妇女国防会等。此外还有好多团体没有登记。

组训青年工作方面，开办过政治训练班，招收青年学生七、八十人，本来计划训练三个月后组织他们到战地去工作，因上海抗战部队不久西撤，租界当局禁止抗日团体继续活动，抗敌后援会被迫停止活动，政训班也就中途解散。后来学员中有一部分自动到后方去工作，也有些人到了延安。此外，还办过补习学校十所，妇女看护训练班一所，都是借用学校教室上课。十月二十四日补习学校和看护训练班借贵州路湖社举行联合开学典礼，到有学生一千人和抗敌后援会主席团成员张寿镛（原光华大学校长）、潘公展和秘书长陶百川等。由我代表组织委员会报告办学宗旨及各校情况后，张寿镛、潘公展及来宾李文杰、钱剑秋讲了话。

抗敌后援会为了加强慰劳品的征募工作，于八月下旬成立了供应委员会，负责征募慰劳物品。该会主任委员是王晓籁（当时任市商会理事长），副主任委员是金润庠、陈小蝶、许晓初，还有委员数十人。九月初，供应委员会改称慰劳委员会，人员照旧。十月初起，除征募和供应原有各种慰劳品外，又征募过雨衣及棉背心，以供当时军队的需要。并联合美术界举办过慰劳将士书画展，书画家们捐献佳作，售出后捐款劳军。

此外，抗敌后援会还有交通委员会，负责征集军用车辆，主任委员是徐佩璜（当时任市政府公用局局长）。八月底，他在工作报告中说，已供应卡车三百辆，以后续有增加，这些车辆都是向交通运输单位及私人运输公司征用的。还有个宣传委员会，负责抗敌宣传工作，主任委员是童行白（当时任国民党上海市党部执行委员会常委）。还有个技术委员会，负责有关支援抗战的技术研究工作及招募技术员工等等，主任委员是朱学范。

九月十日，朱德、彭德怀两将军通电就任八路军总副指挥。九月底，八路军在平型关抗日大捷，上海工、商、学各界和妇女等团体纷纷致电祝贺，反映了广大人民拥护团结，一致对外的大好形势。

抗战一开始，各界人民纷纷自动捐款，有的把捐款送请报馆转送前线，有的送交单位集中后直接送往前线，或由组织送请报馆转送。七月底上海市各界抗敌后援会成立后，又设立了筹募委员会，许多人就把捐款送请该会转送。筹募委员会还发动各方面募集爱国捐款，特约各银行、钱庄及《申报》、《新闻报》、《大公报》社等代收，集中后送给抗战部队。还有个人及团体直接送部队的，因之当时捐款究竟有多少，难以统计。不过从报纸上的零星记载，可见人民踊跃捐输的热情。如七月十三日，大教联决议，各校教职员一律捐薪一日，以五千元为最低标准。八月三日，抗敌后援会函各业同业公会确定捐款纲要。八月三日，胡文虎、胡文豹电汇国币三万元，救济华北伤兵难民。八月二十四日，旧金山华侨捐款十万美金。爱国华侨的踊跃捐献，鼓励了上海人民支援前线的热情，因之每天都有很大的捐款数字。如八月二十一日一天中，抗敌后援会筹募委员会就收到捐款九万五千多元，八月二十六日，商务印书馆捐款五万元，公司与同人各半。截至八月二十七日，抗敌后援会筹募委员会共收捐款一百万元。当时筹募委员会每天在各大报刊登大幅收款鸣谢启事，把所有捐款人的姓名和捐款数目公布出来。捐款存入银行，转拨抗敌部队。

八月下旬，国民党政府发行救国公债，设立了救国公债筹募委员会，以宋子文、陈立夫为正副会长，孙科、宋庆龄等二十多人为常务委员。名义上是全国性的，实际上征募对象是以上海为主。十月二十七日，上海商界首次揭晓，认购救国公债一千六百九十万元，已缴八百另八万元。至同月底，各界认购者约有五千万元。

十月二十八日我军从闸北撤退，二十九日租界当局马上变了脸，即日起禁止一切抗日团体在租界内活动，上海市各界抗敌后援会被迫自动解散。只有伤兵医院由红十字会，红卐字会及各医院继续维持下去，难民收容所由各慈善团体及原办同乡会继续维持下去，其他抗日救亡团体都被禁止活动。

十月二十九日，上海市各界抗敌后援会发表结束前的告市民书，表示拥护政府抗战到底的国策。其他各方面也有同样表示，认购的救国公债继续缴解国库，学生方面还成立保卫大上海工作委员会，发起组织学生义勇军，通电拥护政府抗敌到底。

当我军西撤时，蒋介石也发表谈话，表示“民气旺盛，可克复一切困难，复兴民族大业仍积极进行”。可是他的话虽讲得很好听，民气固然也很旺盛，但他并不尊重民意，表面上讲要“继续奋斗，积极抗战”，心里打算的却是相反的一套，所谓“安内而后攘外”的阴魂始终不散。因而淞沪战役以后，他指挥的军队不是一打就垮，便是未打先跑，以致敌骑纵横，无数中华儿女的鲜血染红了祖国的土地。幸而中国共产党领导全国人民，坚持抗战，终于取得了最后胜利，保全和发扬了我中华民族的光荣历史传统，并进而取得新民主主义革命的伟大胜利，走上社会主义的金光大道。

附 录

上海市各界抗敌后援会执监委员名单

(一) 执行委员一百二十一人：王晓籁、钱新之、陶百川、张寿镛、童行白、黄任之、潘公展、杜月笙、骆清华、汪伯奇、颜福庆、陆京士、潘公弼、汪曼云、庞京周、周邦俊、樊仲云、奚玉书、黄香谷、许晓初、章益、金润庠、李骧骐、马荫良、金国宝、秦联奎、洪深、周学湘、斐云卿、徐佩璜、沈怡、杨卫玉、柯干臣、葛杰臣、傅东华(以上常务委员)、朱文德、朱经农、黄伯樵、周剑云、李文杰、杭石君、赵君豪、吴中一、潘仰尧、蒋光堂、蔡仁伦、江问渔、王性尧、薛农山、林柏生、蔡承新、高事恒、王芸生、杜旭如、胡厥文、穆藕初、徐来臣、邹秉文、史贻堂、姜怀素、陈小蝶、胡西园、蔡洪田、吴修、胡星耀、黄造雄、蒋建白、李遂先、徐王生、叶翔皋、陈培德、邵虚白、龚雨亭、水祥云、李华、范一峰、林克聪、朱学范、徐乃礼、周梦白、寿毅成、谢仲复、李养吾、高伯浚、沈若虚、金楚湘、金光楣、袁仰安、冯有真、张叔通、王志莘、严谔声、曹志功、张一尘、林美衍、崔唯吾、江万平、瞿振华、张小通、毛和源、陈贤本、曹显吉、王元章、蔡志阶、汪剑平、孙鸣岐、袁鸿钧、陈庆兆、孙秋萍、夏国梁、曾虚白、许冠群。

(二) 监察委员二十五人。周雍能、吴开先、杨啸天、蔡劲军、虞洽卿、刘湛恩、褚慧僧、徐寄庼、林康候、闻兰亭、潘序伦、江一平、胡朴安，宋汉章、马骥良、徐桴、李廷安、张啸林、顾馨一、陆伯鸿、郭顺、严独鹤、徐永祚、秦润卿、王新命。

(三) 执行委员会主席团九人：王晓籁、钱新之、潘公展、张寿镛、杜月笙、童行白、黄任之、陆京士、柯干臣。

(四) 秘书长一人：陶百川。

上海市文史馆、上海市人民政府参事室文史资料工作委员会编：《上海地方史资料》(2)，上海社会科学院出版社，1983 年版，第 244—257 页。

记上海劳动妇女战地服务团

胡兰畦①

1937年8月13日，上海抗日救国的战争大幕揭开了。真是上下一心，男女老少，有钱出钱，有力出力，爱国热忱达到沸点。在敌人的炮火枪弹之下，我与郭沫若先生、黄慕兰同志等若干人士趁黑夜到火线上去慰劳。这时上海雄师云集，都是从四面八方开到前线来的。由于言语不通，习惯不同，这些从各省各地来的官兵与驻地的老百姓很难交流。这对作战是很不利的。当我代表何香凝先生到十八军去慰问时，军长罗卓英亲笔写了一封恳切的信，诉说了军中的困难，希望何先生能够组织一个战地服务团到他的军中去服务，协助军队，搞好军民关系，增强军队的作战能力。我将信拿回去给何先生看了，她让我去组织。我想，只要对驱逐日寇的战争有利，我是万难不畏、万死不辞的。

我到女青年会的工人补习学校去，征求到9名愿意到战地服务的女工和1名小学教员，连我自己，一共11个人。我们没有任何要求，背起包包就走上了抗日的战场。我们唯一的目的就是打走侵略我国的日本帝国主义。

十八军派了一部大轿车来接我们。暮色苍茫中，我们告别了何先生以及欢送我们的同志们。车子出法租界，过枫林桥、暨南大学，一路行进，愈近前线，敌人的大炮越响，天空中划着火龙似的弹道，炮弹好像正向我们的汽车劈了下来。道路行人绝迹，原野肃宁清静。深夜，我们的车停在一个被炮火毁坏了的村庄，到处都是破瓦残砖，只有靠田路边有一半倒塌的草棚子，那是军部的一个联络站。草棚内有一张木桌，桌上放一架电话机，一个小角落放着餐具，大概是寝馈于斯了。我

① 胡兰畦，女，革命作家、社会活动家，淞沪会战期间受何香凝委托，组建上海劳动妇女战地服务团，并率服务团在淞沪战场和华中等地各战区进行宣传教育工作和战地救护工作。——本书编者注。

们下车在棚中就地坐了一会，又转到田野里去，冷风吹得我们直打哆嗦。

到达军部的第二天早晨，军长罗卓英接见了我们。他盛赞我们的爱国热忱和勇敢精神。他说："你们上前线来，不是来和敌人拼刺刀，而是要你们慰劳民众，组织民众来帮助军队抗战并且慰劳军队、调查军风纪。这个工作做好了比拼刺刀还有力量。"我们照他的指示做，的确没有到战壕里和敌人对垒，只是一心对士兵宣传抗日救国的道理。这个工作不是可有可无的。

虽然我们没有到战壕里去拼斗，但我们究竟是上了火线。有一次在下师部去工作的路上，我们走向一片田野的田间小路，路边小树像小弟妹伸出小手，小树枝乱抓我们的衣角。突然，一架敌机从小树梢上飞掠而过，我们清楚地看见飞机上的飞行员。如果他开枪扫射，我们准得有人丧命。可能飞机的任务是侦查，所以就放过了我们。

在行进中，我们看见无边无际的田野里，棉花、豆子、晚稻，都被敌人的燃烧弹烧得乌焦。我们到师部去就是要发动群众把田里剩下的庄稼抢收起来。男劳动力都到前线服务去了，我们一到师部就号召妇女们到田里去抢收。费了相当的气力，组织了一百多名妇女上阵。刚收了两天，我们接到紧急命令，急速返回军部。当我们回到军部时，军长已到火线上去了，军部钱家宅的住处，已经人去楼空。住房内有一大堆烧了的文件灰烬，室内很凌乱。仅有秘书室和军办公室一些文职人员，他们奉命等我们回来与他们一起撤退。大家相对无言，任秀棠呆呆地向上海方面遥望着，李亚芬的眼泪像断线的珍珠点点抛洒，我的心里更是难受。

上海守军撤退了，上海外围嘉定县的外岗十八军的部队也撤退了。我们服务团随着秘书处撤退，军部派了王参谋带队。日落黄昏，王参谋集合大家讲话：一不许打手电筒，二不许擦火柴，三不许吸纸烟……

江南深秋的天气，总是细雨连绵，乡村小路的泥土，被泡得如同发酵了的面团，一脚下去，巴叽叽地、软塌塌地，万一滑倒，就得深陷泥淖。但是为遵守行军纪律，谁都默不吭声。幸好我们都是穿的塑料五眼球鞋，鞋带结紧，不会松散。

天都快亮了，总算到了太仓。我们在一条河浜边坐以待旦。到了无锡，见到军长，军长让我们坐上军车，开向常熟。车到曹桥地方，碰上敌机的狂轰滥炸。一霎时地面震颤，耳朵欲聋，总算司机能干，把车开进田里，让我们跳到田埂后面卧倒，才过了这一关。

我们徒步走到常熟，找到一个无人住的茅棚歇下，茅棚内一无所有。我们饿着肚子，围绕茅棚散步。走着走着，突然听到一声吆喝："口令！"我们回答："刚从无锡撤下来，不知口令。”哨兵见我们都是女流，又穿着军服，对我们还带点客气。我听出他的四川口音，就问他是川军哪一个部队。他迟疑着没有回答。这时从前面的竹林中走出几个士兵，一说起来才知他们是杨森的队伍。他们的师长与我是彼此知名的。见面我就告诉他，我们两天没有吃饭了，要他请我们吃一顿饭。他命令炊事员煮了一大锅粥送给我们，并且送了四川榨菜。我们算是美美地进了一次野餐。

从常熟、宜兴、溧阳、高淳，直到芜湖，才弄到了一只小小的木船。可是挤了三十几个人，男女都在一块儿，连解小便都成了大问题。

逆水行舟，溯流而上，长江的水势虽平，还是要背纤拉滩，爬悬崖，上陡坎。领队的杨秘书不让服务团的女同志去背纤。我们则决不后人，竟一路从芜湖拉纤把小船拉到九江。一到九江就听到说，军长罗卓英已升为十九集团军总司令了。

1938 年，我们还是在罗总部工作，在安徽、浙江、江西游击区坚持抗日救国宣传，演出话剧、歌咏等节目，起到了鼓舞士气、坚定必胜信心的作用。有一次在江西安义前线，演出中遇到倾盆大雨，我们宣布停演，战士们一定不肯。他们说，不演到抗战胜利，日伪垮台，决不甘休。于是我们在台上布棚下淋雨，战士们在露天里挺立挨浇，直演到最后一幕。

在前方，我们成立了战地剧团，为士兵和民众演出抗战新戏。为伤兵治伤、换药、洗衣服、写家信；为民众办补习学校、识字班、歌咏会。我们献身于抗日战场，工作还是做得很扎实的。

同年 9 月，罗卓英奉命保卫武汉。这时正是我们服务团在军中服务一周年，在武汉开了盛大的纪念会，罗卓英派车送我们到鸡公山去休整几天。谁知刚到鸡公山，连一天也未住，当天半夜接到紧急命令，立即下山返回。

武汉已决定撤退了，总司令部已迁到团风。武汉码头上只有一只小火轮，是用来给秘书处与服务团渡江的。轮船上连水手也没有一个，等我们上得船来，就全靠军乐队打大鼓的“余傻子”用竹竿把船撑到江心，顺流而下，直流到团风乡下。

第二天，我们到团风镇上去做调查工作，市面上连个人影子都没有。只见街头有两具尸体，上面腐集了许多苍蝇。突然，警报声响了，紧接着又听到紧急警报。天空中盘旋着一大群银色的飞机。我身边只有秦秋谷一个人，我们也顾不了旁的，赶急奔到一个石围子后面躺了下来。真是说时迟，那时快，一下子飞机上就扔下一二十个银色的像体育课的哑铃似的东西。顷刻之间，天昏地暗，日月无光，我们的周围都是黑漆一团，什么都看不见了。我叫了一声“秋谷”，秋谷同时叫了一声“团长”。这证明我们两人都还活着。可是一转眼满天绯红，只见纵横的街道上，马上燃起熊熊大火。我迅速把队伍集合起来，发口令跑回司令部。一到宿营地，才知道司令部被炸了。郑蕙珍、杨丽川都被埋在土堆里，刚刚抢挖出来。她们的手臂、腿脚，都给砖土压得青一块、肿一块。总算万幸，也就离死一发之间了。

武汉失守以后，大部分的团员都转到延安去了。我因为得到周恩来同志的指示，留下来在白区工作，以后就不用上海劳动妇女战地服务团的名义了。罗总部许多军官都叫我“少将”或者“团长”，因为我是受了正式任命的。

上海市政协文史资料委员会编：《上海文史资料存稿汇编：抗战史料》，第3辑，上海古籍出版社，2001年版，第114—118页。

赵朴初在八一三抗日烽火中

汪东林[1]

1985年8月15日，是中国人民抗日战争胜利40周年。在这一年的三四月间，《人民政协报》编委会就决定，计划举行"抗战一事"征文活动。入选的文章，不仅在《人民政协报》发表，而且结集出版。我的任务就是采访赵朴初同志和宋希濂先生，各写出3 000字的"抗战一事"文章即可。由于宋希濂其时已定居美国，我的直接采访的任务就剩下赵朴初先生一位了。我大约在5月间把这项任务告诉赵朴老和陈大姐，陈电话告诉我，说赵朴老很愿意做这件事，让我届时提前预告，直接登门就是。大概是6月初的一天，我首次登门采访，赵朴老夫妇同在。一开头赵朴老就说："抗战八年，是近代中国历史上的一段重要历史。大事悠悠，写不尽的可歌可泣的篇章。我个人也是过来之人，虽然力量单薄，所做有限，但细细回忆，至今难忘的事还真不少。你要的是抗战一事，我要谈的却不止一事。我看是不是想起什么谈什么，想到哪里谈到哪里，你可以从中选择一件，行不行？"

"我当然赞同，只要您老有时间，我是多多益善。"我说。

于是采访开始，由赵朴老本人侃侃而谈，陈大姐在旁偶尔插话，补充某些细节。出乎我意料的是，这次采访不是半天，而是话匣子打开，欲罢不能，在一个月的时间内，谈了七八次之多。我后来形成的文字，不是3 000字而是30 000字。在过去，我只是笼统地知道赵朴老在抗战八年中以佛教居士的身份从事慈善救灾和救助难民的工作，但对具体的事例、业绩则毫无了解。通过这次采访，我对赵朴老更加肃然起敬，深为他的为国家为民族的献身精神所感动。

① 汪东林，系著名传记文学作家，高级记者。

炸弹震惊“大世界”

1937年七七卢沟桥的炮声，惊醒了全国亿万同胞，也促成了从西安事变字面上的协议变成事实上的国共两党的第二次合作。作为全国经济金融中心的上海，立刻出现越来越浓的战争气氛。上海滩上，人心浮动。

8月13日清晨，一位衣着整洁，仪表潇洒的青年，走过行人还不多的上海闹市区的著名娱乐场“大世界”的门口，踏上云南路，推开坐落在这里的上海慈善救济中心——仁济堂的大门，一个多月来，除了守夜人，他总是每天第一个上班，最后一个下班。

仁济堂是上海一个有百余年历史、在社会上颇有名气的慈善机构，它的主持人大多数是上海佛教界的知名人士。它原有的工作仅是给灾区百姓施医给药，或者救济各地逃荒来沪的灾民。但自全国抗战爆发之后，古老的仁济堂也被推进了全民族共同抗战的洪流。七七事变后，这里设立了新的机构——上海慈善团体联合救灾会（简称“慈联会”），使仁济堂这个原来纯民间的慈善组织，变成了一个官民合作的为抗日救亡服务的慈善团体联合的办事机构。主持者除了上海慈善界（多为佛教界）知名团体和人士，还包括上海市市长吴铁城、社会局局长潘公展，他们还委派了常驻仁济堂的工作人员。

这位一早第一个推开仁济堂大门的英俊青年，就是时任中国佛教会（办事处在上海）主任秘书的赵朴初。他时年29岁，也追随佛教界老前辈参加了“慈联会”，任常务委员。

“慈联会”虽然是个临时性的机构，但上海市社会局派来的干部却掌握着人、财、物大权。上海慈善界和佛教界的王一亭、屈映光、黄涵之等老前辈经常到仁济堂视事，他们不放心社会局官方人员的工作责任心。黄涵之特别要赵朴初作为他的助手，每天在仁济堂坐班，赵朴初天天看着这帮社会局的干部晚来早走，工作能推则推，便把情况如实向诸老前辈汇报，他们几次与潘公展交涉，仍然收效甚微。而赵朴初对工作却总是任劳任怨——别人管的，他帮着出力；别人推开不管的，他主动接起来。日子不长，仁济堂“慈联会”的同事们，便异口同声地给他起了个绰号，叫“不管部部长”。他因此忙得不亦乐乎。

8月13日上午，仁济堂得到淞沪抗战正式打响的消息。大上海怒吼了！在仁济堂上班的人们也精神振奋，纷纷向外联络，打听战事的细情。中午接上边来电，说郊区和闸北方向大批难民涌向城区，要仁济堂提前做好安置的准备。不料社会局派来仁济堂的负责人借故他去，无人领头。赵朴初当机立断，召开全体会议，毅然宣布：

"同事们，朋友们，今天闸北的大炮打响了！国难当头，大丈夫义无反顾，现在仁济堂的负责人都不在，我是'慈联会'的常务委员，各位又常戏我为'不管部长'，今天的事就由我管了。我们的当务之急，是立即着手准备战争难民的安置工作。"

没有人表示异议，赵朴初立即提出：

"安置难民第一需要交通运输工具，第二需要落脚的场所，第三是安排开伙开饭，第四是给医施药。目前最重要的是第一、二项，必须尽快有着落。"

大家很快做出两项决定，一是由"慈联会"尽快租用十辆大卡车。二是在仁济堂可联系的范围内就近找较大的去处，如剧场、电影院、同乡会、庙宇等。此时，一批批难民已相继涌到。

赵朴初连忙派人向仁济堂外边的难民发布安民告示，告诉他们早则今夜，晚则明天，"慈联会"一定给大家做出安置。难民欢呼不迭。

当晚，赵朴初要求其他同事，能留守的尽量住下，家中有急事的可先回去一下，再尽快返回来。

社会局的人走了许多，原仁济堂中国佛教会等慈善团体的人一个也没有走。

八一三之夜，赵朴初不能成眠，他焦急地等候派出去雇佣的大卡车的音信，忧心如焚。他睡不着，半夜出去，看到成千上万的难民秩序井然地躺卧在云南路两旁，许多人没有入睡。赵朴初与难民中的老人和青壮年交谈，方知他们有来自上海郊区各县的，有来自市区闸北和南市的；有的人家已经遭到日寇的炮火轰炸，家破人亡；有的人在炮火中出逃，除一身衣服，什么也没有携带。

次日上午，十辆大卡车终于开到仁济堂门口。赵朴初长吁一口气，和同事们伏到一张市区地图上，寻找有条件安置难民的去处，标上记号，立即打电话联系，很快落实停当。

不料第一批难民尚未出发，日寇飞机突然空袭市区。仁济堂人心紧张，社会局有几个人想出逃，被赵朴初阻止。赵朴初到门口一看，难民们却仍依然待在马路旁，并无惊慌之状。对比社会局那些人的惶惶欲逃之状不禁十分生气！正往回走进大门，突然一声巨响！一颗重磅炸弹正中近在咫尺的"大世界"门口，霎时间血肉横飞，许多行人遇难。爆炸的强烈冲击波，把仁济堂的窗户玻璃震破，砖瓦震落，一块大砖头落在赵朴初办公桌上，幸好赵朴初不在房内。

战火中的难民收容所

这一颗炸弹真是非同小可！在仁济堂“慈联会”办公的社会局的干部们，等炸弹响过，都一溜烟夺门逃散了。赵朴初一看当即大声疾呼：

“你们不能跑！你们撒腿就走，大门口的难民怎么办？”那些人根本不理睬。赵朴初不由得怒不可遏。但怎么办呢？赵朴初冷静下来：你们不管，我来管！他关照几位老办事员在屋里打电话，自己即刻跑到大门口去找汽车。一看卡车还在，可十辆卡车的司机全不见了。赵朴初回到仁济堂，打算步行带队伍走。同几位老同事商量，他们表示没有汽车不好办，老老小小，人太多，步行难；再说自己年岁大了，也走不了远路。正在犯难之时，进来一个人，赵朴初一看，喜出望外，大声说：

“大琨呵，你来得正好！”

大琨姓吴，其时 25 岁，后来是中国人民大学教授、著名经济学家吴大琨是也。吴是赵的好友，几天前他还带着许幸之来仁济堂找赵要工作，想为救济难民出把力。赵朴初即向他叙述了刚刚发生在仁济堂的一幕，并把自己的想法告诉他。

吴大琨听完，一拍巴掌说：“就按你说的办，没有汽车，我们用两条腿走。”

两人商量一阵，天已傍黑，便一人带着一面红十字旗子，走出仁济堂大门。

难民们看见红十字旗子，呼啦一声站了起来，他们虽然衣衫褴褛，面有倦容，却一呼百应，一支上千人、老幼俱全的队伍，秩序井然地自动排好队，跟着两面红十字旗帜开拔了。

夜幕降临，从闸北方向传来隆隆的枪炮声，不时有流弹在空中飞过。赵朴初想领难民到宁波同乡会暂避，可那里铁门紧闭，无论怎么叫，也无人答应。正为难时，一位年轻的大个子警察走来帮忙打开了大门。赵朴初高兴地与大琨商定，先安排 150 名难民住下，安顿完毕后，红十字旗一挥，余下的难民又跟着他们踏上新的征途。

就这样，赵朴初和吴大琨在一夜之间，率领难民大队伍，夜闯上海滩，敲开大小十余处场所的大门，把难民全部安排妥当。

8 月 15 日上午，“慈联会”的诸位佛教界的老先生都不约而同地早早来到仁济堂。赵朴初向他们详细汇报了 14 日上午和夜间发生的一切，并提出必须立即派人照料各个难民点的生活，得到一致赞同，并立即采取相应的行动。

仁济堂属下的难民收容所由10余所发展到50余所。收容所不仅提供难民衣食、医药，还着手对难胞进行文化教育和抗日救亡教育。

赵朴初夜以继日地深入各难民收容所察看。一天，他在一收容所询问难民生活情况和要求时，一位来自嘉定农村的60余岁的老农民激动地说：

“我伲在这里有吃有住，我很感激各位先生、太太的菩萨心肠。只可恨日本鬼子毁了我的家，全家八口人死的死，散的散。这个仇不报，一口气难咽。我老了，不中用了，有三个儿子，现在下落不明，我盼着国军打胜仗，把嘉定夺回来，找到我的儿子，让他们从军杀日本鬼子……”

一位40开外、体格壮实的妇女接过话头说：“这话说得对，我伲逃难的百姓受到仁济堂这样好的照顾，真是做梦也没有想到。只是一想到老家就揪心。现在上海城里人有钱出钱、有力出力，我伲逃难的女人，没有钱，也有一双手，能做鞋和缝衣，支援前方打仗，总比呆在这里吃饭强。”

是啊！朴实而善良的中国农民，祖祖辈辈在自己的土地上耕耘，再艰苦的岁月也没有失去生活的希望，而战争却无情而残酷地毁坏了他们的一切。他们的愤怒和仇恨正蕴发着巨大的力量。

赵朴初正想讲几句话，又有一位怒气冲冲的青年农民站起来，挥着拳头咬牙切齿地说：“我要同日本鬼子拼命，你们给我枪、给我刀，他们烧了我的房子，活活烧死我病在床上的80岁老奶奶。我不报仇、不把鬼子兵劈成两半，我就枉在世上做人!”

赵朴初十分激动地对难民们说：“各位乡亲父老讲得好！日本鬼子是中国民众共同的敌人，为了打败日本鬼子，我们每个中国人都应该有钱出钱、有力出力，万众一心筑成一道新长城！你们的要求和希望，我们一定考虑尽快安排!”

当天晚上，他便伏案制定计划，集中青壮年进行抗日救亡教育和军事训练，对有劳动技能的妇女组织生产支前。

赵朴初的计划立即得到黄涵之等“慈联会”负责人的支持和批准，许多热心于此的有为干部纷纷投身这项有意义的工作。赵朴初委派难民收容所的得力干部焦明负责给难民作短期训练。

焦明接受任务后，与难民同吃同住，白天训练，晚间上课。一个月后，第一批300余名青壮年难民就列队宣誓，由焦明亲自带队，补充到已经在浴血奋战中伤亡惨重的宋希濂的三十六师部队，并立即投入战斗。在八一三战火中，数批青壮年难民上了前线，不少人血沃中华，壮烈牺牲，一部人后来随军西撤，继续与日寇鏖战。

朱诚基将军的来信

1987 年 11 月的一天，我因事去赵朴初老家，进了客厅，赵朴老正全神贯注地看一封信，只对我摆手示坐，待看完信，才爽朗而感慨地对我说："50 年光阴，也是弹指一挥间，要不是这封信，我真差不多忘了这些将近半个世纪的往事了。"赵朴老说罢把信递给我。这是一封署名"老部下朱基诚"的厚厚的长信，信中写道：

敬爱的朴初老首长：

我们有 50 年的历史联系了，感情是深厚的，往事是难忘的。您还记得吧，1941 年皖南事突围后，我首先找到您，才接上了党的关系。当时您对我能突围出来，非常高兴，并热情接待了我，详细询问皖南事变前后经过情况……

半个世纪前的一个进步青年，和您生死与共，得到您的帮助、支持。您不怕危险，与革命青年混在一起，大力开辟上海租界的抗日根据地——难民收容所工作。您还亲自发起"微阳社"进步活动，想那时，在白色恐怖的环境里，您干劲那样足，不怕坐牢杀头，实在难能可贵！朴初同志，您当时给我的印象太深刻、太亲切了！我们都是历史的见证人呵……

朱诚基叩上×月×日

就是这封信，使赵朴初在经过短暂的深思之后，把话头引向 47 年前——

那是 1941 年临近春节的时候，日寇铁蹄蹂躏下的上海，赵朴初主持了近两年的难民收容所和遣送青壮年难民辗转上前线杀敌的工作已告一段落。一天午后，他正坐在家中翻阅报纸，随着一阵急促的叫门声，走进来一位衣衫褴褛、头发很长的青年。这突发的场景使赵朴初大吃了一惊，没等发问，来人就上前作一大揖，激动地说："赵先生，我终于找到您了！"

来者就是朱诚基。原来，在一年多以前，朱和千百名青壮年难民一起，由赵朴初组织、安排，历经艰难前往皖南成立不久的新四军总部。没多久，皖南事变爆发，朱诚基也做了俘虏，他从被俘的第一天起，就伺机逃跑。在一个伸手不见五指的黑夜，俘虏队伍已被押解进江西境内，他找到机会，逃出虎口。但是，往哪儿逃呢？到哪儿找党组织才能更快地归队呢？朱诚基想到了赵朴初先生。他相信只要沿浙赣线回上海找到赵朴初先生，就一定会得到帮助。

赵朴初听完朱诚基的叙述，即表示一定想办法帮助他，并先安排朱诚基在上海租界住下，让他再等些日子。

经过一段时间的奔波，赵朴初为朱诚基找到了可靠的关系，并亲自带他到“功德林”素餐馆与关系人约见，朱诚基激动得热泪盈眶。几天后，朱诚基便精神抖擞地登上轮船，直驶苏北，重新投入党的怀抱，走上抗日前线。

47 年过去了，1987 年 10 月，赵朴老出差杭州，在一个偶然的场合，朱诚基见到赵朴老叙述起这段往事，朱这时刚从解放军军级干部的职位上退下来，他紧紧握着赵朴老的手，心情无比激动，在赵朴老返回北京后，朱诚基又写来了这封充满激情的信。

《纵横》，2004 年第 5 期，42—44 页。

八一三战地采访纪实

陆　诒[①]

1937年8月初，我从卢沟桥前线回到上海时，上海也处在前线的紧急情况中了。

自从1932年一·二八抗战签订淞沪停战协定开始，上海驻军区域受到限制，市内仅有淞沪警备司令部所属的保安总队两个团和上海市警察总队等地方部队，自卫力量很薄弱，连吴淞要塞也解除了武装。当时的上海，实际上已成为门户洞开的不设防城市。而日本在上海的驻军却比一·二八战前增加，并在虹口建成了全部钢骨水泥的军事堡垒——日本海军陆战队司令部；日本在虹口、杨树浦一带经营的工厂，也改建成适应军事需要的堡垒化建筑，成为八一三日军利用的军事据点。7月中旬，日军开始多次用汽车满载武装官兵驶往江湾及沪西一带侦察、示威和夜间演习，一再向我挑衅。7月24日，日方声称有水兵宫崎贞夫在宁波路上失踪，向我方提出严重交涉。其实，后经我方查明，那水兵是到靖江跳水自杀未遂，到南京后供出了事实真相，与日本当局所宣布的情况完全相反。我们及时报道了这桩国际外交史上的一大笑话，揭露了日本侵华的阴谋。

8月9日下午5时半，日本驻沪海军陆战队中尉大山勇夫乘坐一辆挂56号试车执照的福特篷车，直闯我虹桥军用机场，进行侦察活动，我守卫机场的保安队士兵喝令制止，日军中尉竟蛮横地拔出手枪射击。我守军被迫还击，当场击毙日军官兵两名。日军以"虹桥机场事件"为借口，要挟我国政府撤退上海的保安队并撤除所有的防御工事，遭到我方坚决拒绝。

---

① 陆诒，著名新闻工作者，曾任重庆《新华日报》采访部主任，重庆《大公报》记者、上海《联合日报》、《联合晚报》和《时代日报》编委、采访部主任，《新闻日报》副总编辑。

我军攻入汇山码头

这时，日本军国主义者大规模进犯上海已如箭在弦上，一触即发。在这种严峻局势下，在一·二八淞沪抗战中曾亲率第五军与十九路军并肩奋战的张治中将军，当时担任京沪警备司令，他在8月11日奉命率领驻防沪宁路沿线的八十七师（王敬久部）、八十八师（孙元良部）和独立第二旅（钟松部）向上海推进，到指定地点布防。一面急令在西安的三十六师（宋希濂部）火速南返，参加保卫上海的战斗。与此同时，苏浙边区司令张发奎将军奉命率领驻防沪杭路沿线的五十七师（阮肇昌部）向浦东挺进，五十五师（李松山部）及独立二十旅（陈勉吾部）进入上海南郊；五十六师（刘和鼎部）和六十一师（杨步飞部）开到上海北郊布防。这时，集中在淞沪一带的日本军舰已增至30艘，日本海军陆战队兵力也从4 000增加到9 000人，还有日侨中3 000多在乡军人疯狂备战。连日虹口和闸北居民纷纷逃难，战事不可避免。

8月13日上午9时15分，从闸北开始打响了第一枪。这是日本海军陆战队和日侨便衣队沿着虬江路向宝山路一带我军警戒线挑衅进攻所引起的。上海市市长俞鸿钧为这次日军挑衅向冈本总领事提出了抗议，未见答复，日军即开始了炮击，用炮火掩护其步兵向闸北全线猛攻，我军立即奋起迎击，士气高昂，锐不可当。14日拂晓，我军开始总攻击，原打算趁日军援兵未到，先歼灭在沪之敌，然后再与来援之敌决战。这天上午10时，我空军协同作战，对虹口附近日军阵地及日军据点公大纱厂进行猛烈轰炸，我军步兵随即开始进攻。日军凭借坚固建筑物及防御工事顽抗死守，我军穿户入室，与敌军逐屋争夺，展开激烈巷战。下午4时许，我空军飞临浦江上空，向日本海军“出云”号旗舰投弹，敌舰受到多处创伤。

八一三淞沪抗战的最初三天，我军采取攻势防御的战术，进展相当顺利。我八十七师和八十八师从左右两翼发动进攻，缩小对日军的包围圈，敌人难于招架，使原盘踞在浦东三菱、太仓、日清等公司仓库和码头的日军也被迫放弃阵地。我军紧接着又发动对虹口日本海军陆战队司令部的进攻，敌人凭借坚固的防御工事和海军炮火的支援，进行顽强的抵抗。17日，我空军又飞临上空助战，轰炸日海军陆战队司令部，我机一架被敌方高射炮火击中，战士阎海文跳伞后落入敌军阵地被围，他拔出手枪先击毙敌兵数名，然后开枪自杀，壮烈殉国。

自19日起，从西安调来的三十六师沿天宝路及其两侧进入租界，进攻汇山码头，八十八师的沈发藻旅以一部兵力据守公大纱厂策应，主力从引翔港插入租界，协同作战，刘安琪旅则从华德路横线突入东百老汇路（今东大名路），与三十六师配合作战，夹击汇山码头敌军阵地。当我三十六师一〇八旅二一五团冲到东百老汇路的十字路口时，为敌军战车所阻，第二营与敌展开巷战，营长李增英勇牺牲。但我军另一营战士以战车五辆为前导，分头向敌军阵地突击，摧毁各十字路口的敌军机枪阵地，击毁敌军战车，最后冲入汇山码头敌军阵地。这时，驻泊江面的敌艇纷纷向我军炮击，同时东百老汇路东西两端的敌军也向我军夹击。我军激战良久，伤亡惨重，最后放弃汇山码头阵地。

宝山姚营壮烈殉国

从8月23日起，淞沪抗战进入了第二阶段，其特点是敌我双方都大量增兵，战争规模越打越大。敌军由守势转为攻势，从长江沿岸的张华浜、川沙口强行登陆，进攻我沿江的吴淞、宝山、月浦、浏河等地。我军建立了第三战区司令长官部，以冯玉祥将军为司令长官，顾祝同为副，与敌军展开了激烈的阵地战。

这个阶段，以罗店争夺战最为激烈，打了一个多月，敌我双方作拉锯战，屡进屡退，全镇为炮火夷平，成为一片瓦砾。敌军往往先用重炮、海军炮火和飞机向我阵地猛烈轰击，掩护其步兵进攻。我军整营、整连壮烈牺牲于敌军炮火之下，但后续部队仍不惜牺牲，前仆后继，将入侵之敌加以包围，日军也大量增援将我反包围，形成阵地犬牙交错，双方肉搏死战，反复冲杀，伤亡都极惨重。

敌军进攻罗店被阻，乃改变战术，于9月5日进攻沿江的宝山城。30多艘敌艇集中在吴淞口一带向城内炮击，还施放硫磺弹引起全城大火，敌军乘机攻进城内。我十八军九十八师五八三团第三营营长姚子青率部据城死守，与入城之敌血战两昼夜，全营500多官兵全部英勇牺牲，写下了淞沪抗战中悲壮的一页。

访问冯玉祥将军

当时，我是上海《新闻报》记者，记得每次绕道出公共租界赴前线采访时，都要通过英国商团的岗哨查验工部局所发的通行证。我在战火纷飞的前线，还经常采访报道了各界人民所组织的战时服务团，他们驾驶卡车为前线输送弹药、救护伤兵，码头工人和人力车工人为军队装卸军用物资；许多农民在我军防线上挖战壕、修防御工事……这种军民团结、同仇敌忾的战斗精神，比一·二八淞沪抗战时更为高涨。

在战争初期，我曾到真如前线访同过冯玉祥将军。他身穿灰布棉军装，精神奋发，满面笑容地接见记者，见面第一句话就说。“西安事变和平解决，国共两党重新合作，全面抗战就打起来了，多年来的人民愿望实现了！”接着，他又说：“这次打仗不再是局部抗战，而是举国一致的民族抗战。”那天，冯将军谈话的兴致非常高，他又对记者说：“抗战不能单靠军队打仗，还要靠人民的支援。上海各界同胞过去为一·二八淞沪抗战贡献了大量的人力、物力，甚至贡献了宝贵的生命，这是我们永远不能忘记的！在这次全面抗战中，更希望上海各界同胞团结一致，为抗战出力！”

谈到这里，冯将军举最近的事实为例。他说：“8 月 15 日，从苏州来了两位年逾六旬的老先生——李根源和张一麐，他们冒着敌机空袭的危险，来到真如前线劳军。他们对我诚恳地说：‘国家兴亡，匹夫有责！除了冲锋陷阵之外，不论在前线或后方，凡是埋地雷、点引线、慰劳伤兵、安置难民等等具体工作，我们都可以干。’李老先生毕业于日本士官学校，参加过辛亥革命、云南起义和护法之役，办过云南讲武堂，桃李几遍全国，是军界的老前辈。张老先生是清朝举人，曾经当过袁世凯的秘书，又反对袁世凯称帝，大义凛然，为人们所敬仰。他们亲自到前线劳军，对我说这么几句话，那真是难得啊！难得！他们的言行对我的激励太大了！使我十分感动。”

敌军从杭州湾登陆

9 月 10 日以后，日军增加的兵力已达 10 万人以上，其海陆空军实力有战车 200 多辆、重炮 300 多门、飞机 300 多架、大小舰艇 70 多艘。他们在全线继续采取攻势，与我军作激烈的阵地攻防战。我军经过不断增援，也集结了 40 多万大军与敌浴血奋战，愈战愈勇。9 月 21 日，军委会发布命令由蒋介石亲兼第三战区司令长官，顾祝同副之。任命张发奎为右翼作战军总司令，陈诚为左翼作战军总司令，朱绍良为中央作战军总司令，坚持在北站、江湾、庙行、罗店等地继续战斗。从地理条件来看，上海市区以北、浏河以南和长江西岸激战地区，正是敌舰炮火威力所及，敌军能发挥其海陆空军优势的有利战场，而我军采取单纯的防御战术，处处陷于被动。疲兵再战，伤亡惨重，防卫能力明显下降。10 月 25 日，大场失守，使闸北、江湾、庙行我军受到侧背威胁，遂将我军主力部队撤至苏州河以南阵地。26日晚上，我八十八师五二四团团长谢晋元奉令率800官兵坚守四行仓库，掩护我大军撤退。800壮士孤军奋战，杀退了敌军的多次进攻，最后奉命退入租界。800壮士的抗战精神，使富于革命传统的上海人民受到极大的鼓舞和激励。

11月5日，敌军第十军从杭州湾的金山嘴和全公亭大举登陆，由西线迂回到我军后方，9日攻陷松江，对上海实行大包围，我军为避免腹背受敌，遂下令全线撤退。日军于11月12日占领上海，八一三淞沪抗战到此结束。

这次抗战，历时三月之久，虽因敌我力量悬殊和军事上指挥不当而失败，但我军将士浴血奋战，毕竟粉碎了日本军国主义者"速战速决"的狂妄企图，又一次发扬了中华民族誓死不屈、英勇抗击外来侵略的战斗精神。中国人民将永远纪念在八一三淞沪抗战中壮烈牺牲的将士们！

上海市政协文史资料委员会编：《文史资料选辑》，第75辑，1994年，第181—186页。

八一三抗战杂忆

陆 诒

四十五年之前，抗日战争刚刚爆发。

七月二十九日，我作为上海《新闻报》的记者从卢沟桥前线随军撤退到保定。三十日下午一时，敌机即狂炸保定车站，军民死伤五十多人，这是七七事变后我在后方城市亲历的一次残暴屠杀。当晚，我与《大公报》记者范长江搭平汉路火车南下。

从华北前线回到上海，上海依然是前线。

八一三上海抗战的炮声一响，我每天得绕道走出租界到闸北前线去采访，途中经常遇到士兵与难民。调来上海战场作战的有广东、广西、四川和湖南等省份的部队，他们大都为自己有参加民族抗战的机会而感到自豪。有一次，一位四川战士同我谈话，他说："当了几十年的兵，连年打内战，招来了敌人得寸进尺的侵略，这次出川来到上海打'国仗'。将在战场上同东洋兵较量一下，真是机会难得啊！"

难民们的脸上，充满了对日本侵略者的愤恨。敌人的炮火摧残了他们的家园，逼得他们扶老携幼踏上流亡之途，但同他们谈起这场反侵略的民族抗战，却无怨言。我曾在路旁听到一个五岁的女孩子问她的妈妈："走这么多路还没有到，我伲为啥要逃难？"

那位母亲是大场附近的一个农村妇女，她爽快地回答说："东洋兵要炸坍了我伲宅屋，快要杀进村子了，所以要逃难。阿囡，你大起来可不能忘记今朝呀！"

战争初期，闸北战线，除八字桥突出地带有激战之外，仅有敌机轰炸和扫射。我在前线指挥所内见到最初到达上海战场的张治中将军。一·二八淞沪抗战时他曾统率第五军与第十九路军在此并肩作战，这次在旧战场上接见我，他极为兴奋的说："这次是举国一致的民族抗战，不再是局部抗战了。我们为反对侵略，争取民族生存而战。这是正义的战争。只要我们坚持长期抗战，我们一定能取得最后的胜利。"

每次绕道出租界赴前线，都要通过万国商团岗哨查验工部局所发的通行证，这些外国兵的脸部表情随着我军作战胜利而迅速好转，有的伸出大拇指，赞扬中国兵的勇敢善战，有的痛斥日本军队屠杀平民的暴行。上海是一个国际上著名的城市，中外观瞻所系，日本侵略者当年在此犯下的累累罪行，人所共见，这是永远也洗刷不了的。

敌军屡次增兵，战争的规模越来越大。到了九月上旬，我只能利用繁星闪耀的黑夜，出发上前线。周围是无际无涯的黑暗，只有星星发出微弱的光辉。为了防空，汽车不好开灯，只能摸黑前进，公路早被敌机炸得坑坑洼洼，高低不平，通过时颠簸的厉害。接近前线，常遇到从战壕中跃出的武装同志，横擎着上刺刀的步枪，大声喝问："口令？"

在前线，我深切体会到军民团结的必要性。当回答好通行的口令后，哨兵们总是亲切地告诉你，前面有什么桥梁，朝那条路走最安全等等，这种真挚爱护，甚为感人。

过了大场汽车站，沿公路向东疾驶。晚上九时，敌机又出动夜袭了。象小月亮那样的照明弹，把地面上的东西照得清清楚楚，那位有跑战地经验的司机早把汽车刹住，大家迅速跳出车厢，俯卧在河滩上躲避，听到敌机上的机枪扫射，由远而近打来。照明弹的光芒只能维持五六分钟，过此限度，我们仍可照常开车前进。经刘行镇时，见到当地民房被炸得东倒西斜，找不出一所是完整的。恰巧碰上我们的炮兵行列，他们为避免敌机白天干扰，改在晚间行军。队伍中有机动炮车，卡车和各种人力车以及驴马，他们用各式各样的新旧交通工具，将各种口径的火炮和弹药运到前线。

在吴淞，宝山，罗店这一带作战，要经受敌人海、陆、空三方面的火力攻击，我军浴血奋战，牺牲很多。罗店镇曾全部被敌军销毁，有很多居民遭到屠杀，附近农村也受到敌军的奸淫掳掠，许多人家破人亡。记得一九七九年我陪全国政协常务委员黄维（八一三抗战时，他任十八军六十七师师长在罗店作战）访问罗店公社时，还听到当地父老控诉日本军国主义者的种种罪行。

历史岂容篡改！

我庆幸自己生长在这个"置自己生死于度外"的伟大时代，作为一个新闻记者在八年抗战中有四年在前线度过，亲身经历了这场反侵略的正义战争。今天，日本文部省修订教科书时竟然随心所欲篡改历史，把“侵略”说成为“进入”。这是多么荒谬绝伦！亲爱的读者，我们还要警惕，在日本，居然还有人想走军国主义的老路！

《解放日报》，1982 年 8 月 15 日。

向四行仓库孤军送旗

叶春年[①]口述　沈青山执笔

1937年八一三日军侵沪战事爆发，经过75昼夜血战，10月26日大场防线被突破，全军后撤。原在北站一带作战并担任掩护的一营官兵，由副团长谢晋元率领当夜奉命撤到西藏路桥北堍的四行仓库。27日清晨完成撤退。仓库西北两面被日军包围。我军凭借坚固的建筑物和有利的地形，构筑工事，猛烈反击不断进扑的敌人，使敌军遭受严重伤亡，攻占企图不能得逞。谢晋元副团长与全体官兵抱定牺牲决心，坚决固守这孤立的最后据点。

仓库南面濒临苏州河，东侧为西藏北路。沿河的北苏州路属租界范围。西藏路桥和西藏北路由英美军队及租界的万国商团驻守，以防战斗双方冲进租界。这时日军尚有顾忌，未向英美军队挑衅。仓库东南角墙外原有一家烟纸店，孤军凿通墙壁，经由该店与租界沟通，但穿越马路则会暴露在日军的射程之内。仓库可与租界通电话。

10月28日下午，上海市商会秘书长严谔声接到谢副团长电话，要求送去一面国旗以及准备固守所必需的食品和衣被等物。严谔声把这个任务交给沪战一开始就在前线参加战地服务的市商会童子军团。团长叶春年立即接受了这一任务，答应当晚一定完成。这一振奋人心的消息，顷刻传遍各处。某校女童子军杨惠敏闻讯后凭着一股爱国热情，白天自愿将一面国旗送过桥去。可是旗太小，又没有旗竿，不合需要。

当晚叶春年带领叶德馨、胡惠祥、罗文光、张文彬、王国祥、何明九6位团员，从八仙桥青年会装满两卡车上海各界支援的食物和各种慰劳品，并带去原市商会一面最大的国旗、旗绳和叶团长家两根最长最粗的晾衣竹竿(作旗竿用)。卡车绕

---

① 叶春年，淞沪会战时任上海市商会童子军团团长。

道河南路过天后宫桥(即河南路桥),沿北苏州路向西熄灯前进,距西藏路桥二三十米处停车。这时晚上10时左右,大家掮着沉重的慰劳品大麻袋,趁黑夜路灯光线微弱匍匐前进,穿越桥堍马路进入烟纸店内,即有部队人员接应。驻防桥上的英军和万国商团的往返巡哨,也起了一定的掩护作用。但有时发出响声,距离仅200米左右的日军如有发觉就会开枪射击,气氛十分紧张。虽然,大家并不考虑自身的安危,但两卡车物品一件件背着爬过去颇为吃力,而且时间耗费太多。于是想办法利用桥堍东西两侧的两根电杆,跨一根粗绳,由6位团员分在两侧,把慰劳品袋一包一包地从东到西在路面上拉过去。并把烟纸店柜台上的铁栅栏拆除,与部队战士一起把支援物资搬入据点。经过几小时的努力,完成了任务。叶团长嘱胡惠祥捧了国旗,跳进小店,穿过墙洞,登上四楼营部亲自交给负责长官。他环顾仓库内四周,战士们精神抖擞,抗敌气氛高涨,深受感动。

次日(29日)清晨,仓库顶上一面巨大的国旗高高飘扬。河南群众欢声雷动。许多人流下眼泪,并肃立脱帽致敬。面对近在咫尺的暴敌,由忠勇将士升起的这面国旗宣告了八百壮士固守最后据点的决心,向全世界显示了中华民族永不屈服的英雄气概。

随送国旗和慰劳品卡车同行的有《立报》记者樊放、白广荣,广肇中学童子军郑昊樟和童子军理事会赵邦镛等人。卡车开回团部(在钱江小学)时已凌晨2时左右。在团部彻夜守候送旗消息的有王应麒等人。樊放、白广荣拟就了本团送旗经过的特写稿,准备清晨见报。叶、王、樊、白共同研究认为,当时我军西撤,上海已在日军势力范围之内,本团抗日服务早为日军所忌(6年前,一·二八战役时,本团四烈士被害即为先例),这样发表出去,不利于我们继续服务。由于时间紧迫,不及在团内部详细商讨,即由叶、王建议,为了振奋人心,可将杨惠敏送旗一事写成报道,樊、白即与报社电话联系。29日《立报》对送旗一事作了这样的报道:"昨晚市商会派女童子军送青天白日(满地红)国旗一面,他们(四行孤军)已把它挂在窗口,半夜里又有人送去巨大国旗一面,今晨将飘扬于四行仓库顶上,表示我军坚守闸北。闸北还是我们的!"其他报纸据此也作了类似的报道。

上海市政协文史资料委员会编:《上海文史资料存稿汇编:抗战史料》,第3辑,上海古籍出版社,2001年版,第111—113页。

八一三忆往

曾虚白[①]

民国二十六年的八一三是我从客观论政的民间报人，转变而成主观从政的公务人员整个一生的重要分水岭；同时也是我民国二十一年一·二八第一次淞沪战争时创办《大晚报》起在新闻敏感的岗位上备受日本军阀蹂躏我国体、屠杀我同胞、任意侵凌、百般侮辱的刺激，义愤填膺难求宣泄，卒得跃进政府抗战阵营杀敌报国一吐胸头积忿的一生重要里程碑。

我当时在上海办的《大晚报》，是在炮火催生战争中茁壮的一份传播媒体。不幸它出生以后的五年中，各种通道传来的资讯，都充满着敌军压境、国脉垂绝的报道，使我掌握了这份有影响力的媒体，仍无法发挥它保国卫民应有的战斗能力，深感愧恨。直到二十六年六月蒋委员长召集庐山会议，跟着在七月中旬发表了卢沟桥事变的重要宣言，这才拨开了满天阴霾，把政府五、六年来忍辱负重培养国力作这最后决战准备的苦心，大白于世。

政府决心抗战态度的明朗化，有决定我生活转变的影响力。因为，民国二十二年黄郛受任主持华北政务过沪北上时，曾与我恳谈，详析政府先安内再攘外的国策，保证政府至适当阶段，必断然抗日。那时候我也曾向黄郛先生保证说："真有一天政府发动抗日战争，我决心放弃手创的新闻事业，学着你跳火坑的榜样，参加政府抗日工作。"实际，我这决心，不光是对黄郛先生说的，是我勒令自己必须遵守的行为趋归。

那时候董显光兄虽还主持英文大陆报笔政，实已兼任军事委员会驻沪办事处主任，负责检查外国记者的电讯，已一再劝我参加他的工作，我漫应之。直到这时

① 曾虚白，淞沪会战时任国民政府军事委员会第五部（宣传部）国际宣传处处长。——本书编者注。

候，我才向他表示愿断然投身政府抗战阵营，不作任何顾虑。

消息一天坏一天，跟着七月三十日天津沦陷之后，八月二日北平也给敌军占领了，于是八月十三日，日军竟在上海从江湾闸北进犯市区，展开了全面战争。

显光兄到南京带回来的政情，知道中央政治委员会决设国防最高会议，为全国最高国防机构，下设六部。其第五部负责宣传，部长已内定由陈公博任之，设负责国内宣传之副部长一人，定由谷正纲任之，设负责国际宣传之副部长一人，即定由显光兄任之。我则内定长国际宣传处，秉承显光兄的督导推动国际宣传业务。

工作岗位既经确定，我们就不等任命就职等仪式的认定，立刻在战场所在地上海，展开我们的工作。我们以为做好国际宣传工作应从根做起。上海是外国人集中居住的国际大都市，要国际间了解我抗战的立场，自应从说服在上海的外国人着手。

我们生长在上海，知道上海内幕比谁都清楚，看透控制公共租界和法租界的那些外国人，大半都是势利鬼。他们看到日军压境而来，虽不会立刻冲进租界，都认定妥协顺风倒，是识时务的俊杰。因此，我们要找不怕强顽说几句公道话的外国人，就变成凤毛麟角了。那时候，上海最畅销的西文报是《字林西报》，虽由英人投资，实际是公共租界公部局（权类市政府）的机关报。它的态度审慎，但遇必要时也会帮日人讲话。另一份西文报是上海《泰晤士报》，虽由英国人出面做发行人，实际由日本人投资做后台老板，因此，言论报道不避爽爽快快为日本宣传之嫌。

这两份重要西文报纸取这样袒日的态度，影响上海外国人对我偏见的形成是非常可怕的。幸在当时，在沪西人仍有若干主持正义者作同情我抗日之呼吁。这中间值得特别提出表示我们感铭者计有两人：一位是上海《大美晚报》的主持人高尔德（Randall Gould），一位是《密勒氏评论报》的《周刊》主持人包卫尔（J. B. Poweel）。这两人即在上海租界安全无保障时期，仍不避艰险，大言炎炎作反日论调。日方危言恫吓，二人出入携手枪自卫，不为动。尤以包卫尔最为日方攻击目标，曾以报纸裹炸弹掷向包氏，幸未中。珍珠港事变后，日军入租界，包氏被捕入狱，不胜日方虐待患风湿症，跛双腿，战后出狱，终身残疾。这些雪中送炭外国友人的支持，固值得我们感铭肺腑，但面对上述逆势潮流的冲击，他们的努力仍无补于披靡的全局。

那时候，我们在上海办事处的人员，除显光兄与我外，只有董寿朋、魏景蒙和一位女同事朱书清，一位澳洲老记者普赖德（Pratt）做顾问，一共六个人。原来我们的工作只限于检查外电,六个人尚能应付,现在一下子要把全部国际宣传重任一肩挑起来,真不知如何着手了。

我们计划,只能先从自己能力加强功效的部分着手,简言之:(一)编印简介国情的小册子,(二)编发申述国情的函件,选寄世界各国有影响力的传播媒体与意见领导人物,(三)编撰英文广播稿约请社会知名人士分别做国际广播。

深幸日军压境的刺激,引发租界内国人的爱国情绪,自发自动的救国活动,一时风发云涌,云会景从,掀动了整个上海社会。此中有一个高级知识分子组成的“抗敌委员会”,经我们与其主持人几次联系的结果,变成了我们外围组织,紧密配合,扩大了出乎我们意料之外的宣传效果。

这个“抗敌委员会”的中心人物,计有麦伦书院校长夏晋麟、沪江大学校长刘湛恩,立法委员兼英文《天下》月刊主编温源宁,另外还有一位英国《曼契斯德导报》的驻华记者丁布雷(H. J. Timperly)。这几位都是那时候在上海数一数二的思想领导者。结果,抗战转变长期,除刘湛恩外,一一都吸收成我们国际宣传阵营中的重要干部。至刘湛恩之不能参加,并非无缘而是他先我们成仁殉难了。他是我们中最活跃的一个人,其言辞的锋利与做事的落实深受日人注意。有一天,他在一个候车站等候上公共汽车,不料人堆里一个人向他开枪袭击,中要害不治死亡。凶手显然是日人的主使。刘湛恩就做了抗战期中我们知识分子成仁殉国难的第一位烈士!

抗战宣传资讯来源,当然最主要的是前线后方作战实情的报道。要记者肯把这实情传播给世界知道,一定得让他们自己亲自接触到第一手资讯的来源,因此前线指挥官与后方地方长官经常举行记者招待会,变成当时当地国际宣传最主要的任务了。可惜那时候,举行记者会的重要还未得一般军政长官的了解,特别是前线指挥作战的军事长官,军事紧张,每一个人的全副精神一天到晚都放在考虑与指挥作战上面还嫌不够,[哪]有心情来跟新闻记者闲聊呢?这是一个不容易打开的难关,可是也是我们主持国际宣传者必须要说服他们接受我们合作的重要任务。因此,显光兄和我决定冒着敌方炮火飞机追击的危险,亲自驱车到前线,分访各线司令长官要求他们定期接见外国记者。当时指挥中路的是朱绍良,指挥左翼的是陈诚,指挥后方掩护的是顾祝同,经我们分别解释后,皆一致表示合作,愿拨其无法旁骛的宝贵时间与外国记者详谈,打开中国新闻史上宣传业务的新页。此中尤以陈诚将军表示了最热诚的接受。就我个人说,也在此时跟辞修先生订了交,来台后在改造党务期间蒙他凡我有所建议与贡献都不断作有效的支持。

使我们感到更欣慰的，那时后方地方长官，刚遇到我圣约翰大学老同学俞鸿钧兄做着上海市市长。鸿钧兄不独说一口流利的英国话招待外国记者不需要翻译，并且自己做过新闻记者，深切知道招待记者的重要，更透彻了解怎样运用可得最丰富宣传的技巧与收获。因此，他一经我们提议，立刻规定每星期举行招待记者会一次，由他亲自主持。他的确言出必行，一直到上海沦陷，他自己退出上海为止，每星期定期举行招待记者会没有脱过一次，对国际宣传作了极有分量的贡献。

从八月十三日沪战爆发到十月廿八日我离开上海，短短两个半月，我们能在上海布置下相当有效的国际宣传基础，并非偶然，因为，这是蒋委员长夫人宋美龄女士冒着敌方炮火的危险，两次由京来沪，亲自策划督导才能争取到的收获。蒋夫人是一位博学多才的政治家，对于如何利用外国传播媒体以争取抗战中国家有利的条件，尤能匠心独运，不时提出惊人的指示，实施而生意外的奇迹！她又经张学良的介绍，得英国苏格兰人，记者端纳（W. H. Donald）做她的顾问，来沪时每由他伴侍同行。端纳也是一位了不起的中国友人。在辛亥革命时期他参加过革命军打下南京城，成了国父的幕友；袁世凯失败后，他到东北成了张学良的顾问，张之戒毒并投效中央都是他劝告的结果。因此，经张学良的推荐，受蒋委员长的赏识，端纳成了委员长的顾问，经常随侍夫人贡献他的意见。我们在上海的宣传布置以及此后在抗战期中全部国际间运用宣传的策划与联系，他的协助也是值得记录下来的。

十月二十六日，日军攻陷大场，上海已无险可守。军事当局决定，以苏州河为最后防线，令谢晋元率团固守闸北的四行仓库以掩护国军的全线后撤。我们看这情形，决定我们也应追随国军，转进后方，发展我们更艰巨的宣传任务。但国军虽退，上海租界尚在中立国家控制中，我们仍有继续我国际宣传业务的地盘，故上海办事处仍应保持并继续其工作。显光兄决即日赴南京就他第五部副部长之职，并与我约定一经洽妥，即将电话告我，由我约齐参加我们工作的几个干部雇车赶到南京。

二十八日晨接显光兄南京电话，嘱我当晚雇云飞汽车行汽车约同可能约齐的干部，连夜赶到南京。这时候，敌军已打到闸北，经常走的京沪国道已不能走，必得绕道走京杭线。预计天一黑六七时就动身，赶一天夜路，明日黎明可到南京。我当即电话约了可任总务的陈耀柱，任英文写作的邝耀堃与日文写作的崔万秋，六时到我家集中出发。一切洽妥后，立即赶往耀仲弟家叩别老母。深感这突然告别的意外，不得不给她老人家不能忍受的冲击。她看着多少亲戚朋友把上海认做寄托身家性命的避风港，她的儿子身在这避风港内却要跳出去投身战争旋涡里，这不是太不合常情的傻事吗？慈母温情，娓娓道来，如抚怀婴；我不得不以逆势好转立可返侍膝下慰之。孰料这次道别之后，她老人家不能待我胜利还家就去世了；这一次竟成了我母子最后生死的永诀！返家，妻馥贞为我收拾好了行李，带着子女等我话别。我抚着馥贞的手背，眼看着子女们说道：

“馥贞，这一别家庭重担要交给你一人独力去挑了！我跟着政府走，可能留在南京，可能搬到武汉，也可能走到遥远的西康；这一场血战，可能三年五年结束，也可能十年八年还打不出一个结果来。有机会安定下来，我一定设法接你跟孩子们到后方去。可是，战争是流动的，我们只能抱着最美丽的希望，作接受最苛刻考验的准备。我相信你，有这份勇气和能力，接受这个考验。”

抱着这种沉重的心情，我与陈、邝、崔三人一等天黑立刻坐着云飞出租汽车登程。起初，闸北的炮火声，有时夹着头顶上敌机的飞行声，不断的刺激使我们神经稳定不下来。两三小时之后，这些声音没有了，我们逐渐把整个担子委托给司机去挑，一个个在车内沉沉入睡了

我正睡得甜蜜时，突觉车子一个大震撼，睁眼看，只在左侧车窗外的朦胧晓色中看到一只车轮飞一般的滚过去，车子突作右转时已插在公路右侧的两棵大树中间，一动也不能动了。

再定神仔细琢磨，才了解，当车子飞速疾行时，左边一只前轮，脱轴飞了出去，司机急把方向盘向右转，竟把车子不等倒下去就不偏不倚正好插在两株大树中间，安安稳稳地没有造成全车打滚的惨祸！这真是死里逃生不寒而栗的奇迹！或者命运之神在对我们作此后生活示范的警告吧！

出事地点在龙潭，离南京还有好几十公里。时天正下着蒙蒙雨，我们带着沉重的行李淋着雨，拦恳过路卡车带我们到南京，真给我们上了参加国难磨炼忍耐性的第一课。到南京，显光兄听了我报告后，骇告我说，蒋夫人由端纳陪同前天也由沪返京，半途遭车祸受伤，还留在上海医院治疗。这启示，显见炮火中驱车京沪间，是杀敌战斗的部分作业，不测应作意料可测计。我们追随领导者脚步有此纪录，应引自豪。

一到南京，第一件要做的是当然由显光兄引介晋谒领袖蒋委员长。蒋公当日下午立即约见于他中山陵军校校长的官邸内，召见不在办公室而在私邸，或者因显光兄与他师生之谊表示的殊遇。

晋谒领袖聆取指示后，我们准备了解现况，立刻展开工作。不料，第一步了解

我们工作大本营的第五部竟是一个有名无实的空架子。当然，这个军事逆转，仓卒成立的新机构不会有什么规模，应该是意料中的事。可是，受命负责的部长陈公博留在上海至今未来就职，却是怪事。据显光兄告诉我，前一天中央政治会议的主席汪精卫找他去谈话，竟说国事前途险阻重重，像显光兄这样毫无政治经验的人投身抗战漩涡中，未免有些得不偿失。言外之意，直截了当，不欢迎他这个人做第五部部长。我们早就风闻，汪精卫领导的一部分中央委员，不讳言自己是“低调俱乐部”的会员，公然高估日本军阀的淫威，妄断抗日是盲目自杀绝不会有什么前途。陈公博是汪的左右手，这次做了第五部部长，显有找机会渗透他们“低调”的阴谋。了解了这一套政治幕后的情况之后，显光兄与我推断，蒋公派他做第五部副部长的动机，虽未明言，却有钳制低调阴谋渗透到这重要宣传机构里去的政治任务。

事实的发展，没有几天立刻证实了我们推断的正确。陈公博不准备来京主持第五部，却经中央核准派他带了部长衔以特使身分到意大利去名义上视察，实际与莫索里尼法西斯政权进行联系工作。这是汪精卫坚持通过的任命案，其意义显与抗日原则南辕北辙背道而驰。我们听到我们的顶头上司竟做出这种违背国策的越轨行为，并且还得政府支持堂而皇之的胡作非为，真义愤填膺切齿抗战阵营竟有内奸之潜伏！正在此时，显光兄忽接陈公博上海电话，说，他以快函寄来亲签字据嘱显光兄凭据立即汇沪美金十五万元，备他带到意大利作紧急机要用途。问他什么机要用途，他只说，用途由他负责，显光兄不必多管。显光兄问我该怎么办，我即电话驻沪办事处嘱密查陈公博要此巨款的用途。谁知道，不用查，陈的动机遍传上海小报，已成一条轰动一时的社会新闻。原来，陈公博要此巨款是向上海一个巨商谈妥收买他的姨太太带到罗马送给意大利外相西雅诺〈Ciano〉做外室的。西雅诺几年前是意大利驻沪总领事，跟陈公博酒肉征逐搅得很熟。陈知道西雅诺当时玩得最惬意的一个交际花已嫁给上海某巨商做姨太太了。因此，陈公博辗转托了许多人商诸此公，请他愿收巨款出让爱宠以成全政府媚外美人计的运用。显光兄得上海办事处据实电话密告后，断然退还陈公博寄来的那张手书字据，据理复告，主计处拒绝接受这种不说明用途巨款支付的单据，碍难遵命照汇。陈事后并无任何反映，足见其自知理亏，不得不默认失败，然其饮恨求他日报复之情可悬想得之。我庆贺显光兄，这是他参加国难阵营立下第一次保国卫民的大功，不负领袖无条件信任的知遇之恩！

南京虽已眼看就要沦陷了，我们仍不愿浪费时间，要立刻展开我们应该担负的工作。但,巡视所谓第五部,在郊外富贵山里为政府机关掘的一个足容万人的巨大防空洞,虽也划出一部分给我们作办公之用,里面几十个人用的办公桌椅以及照明设备都应有尽有,可是没有一个人在里面办公。仔细调查,所谓第五部人员,实际都是由党政各机关原来有职人员调用的,在这危急时期,有的仍在原机关上班,有的早疏散后方去了。因此,我们到处找人,到处扑个空。

这时候,跟着南京的危急,外国记者蜂拥而来争取这国都失守中国存亡大转变的报道。如何在协助中端正他们报道的内容,是我们做国际宣传当务之急。不巧那时候,天天下着雨,兵荒马乱,交通工具异常缺乏。外国记者跑新闻,找不到难能可贵的人力车,就得提起双腿踏着泥泞走路。我们如能忍着同样的辛劳,代他们找寻他们可以信任的资讯,是他们求之不得的援手。显光兄与我就在这个考虑下,决定我们留京一天就应该为外国记者作这样的服务一天:即发我们的“新闻资讯供应稿”备他们采用。写新闻的人,知道外国记者采用标准的不容易找,勉强征集第五部旧人与上海带来的新人努力应付,竟能在我们离京之前印发这种“供应稿”二十期,影响外国记者的发稿内容,收我抗战宣传的实际效果。

战讯一天紧一天。上海在十一月十二日沦陷了。敌军进展甚速,南京的失守,迫在眉睫,我们应该怎么做,始终还找不出一个头绪来,抓着这一个有名无实的第五部,湿手涂满了干面粉,困扰难堪。直到十一月十五日中央宣布把党政军机构再作一次大规模的调整,才把我们国际宣传的工作岗位,确确实实定下型来,一直到抗战结束,没有改变过。

抗战时期的国际宣传处,是具有党部机构的外形,实际其经费的核定与支拨与其人事的选拔任用,都是透过军事委员会由委员长直接督导支配的。在名义上,国际宣传处是国民党中央宣传部属下四处中的一处,实际这个处的经费与编制是军事委员会第五部取消后全部经费与编制的移用,仍直接由军事委员会督导支配。董显光名义上是宣传部的副部长,实际上他是由蒋委员长亲自督导专任主管国际宣传的一位长官,并不受任何宣传部长的指导。因此,在抗战八年之中,换了十位宣传部长,董显光这位副部长没有动过。

我们工作岗位确定之后,怎样着手组织只能留待撤退到后方安全地带再考虑的了。因为我们在一月十五日奉到撤销第五部命令的同时也受命国宣处新机构应立刻启程到武汉去展开工作。换言之,我们一方面要结束旧的第五部,一方面立刻要带起新的国宣处,因即决定由选定的国宣处职员连夜整理应带的文件器材,明晨一早全部渡江登津浦铁路转赴武汉,只剩显光兄与我留京,应付沦陷前宣传上的一切紧急措施。

送走同仁后，我们的工作简化集中一件事，那就是协助领袖周告世界，吾撤守国都越战越强的战斗意志。领袖已令政府全体部会首长，包括国防部长[①]何应钦，宣传部长邵力子十一月十八日乘长兴轮离京赴汉，独留下我们，协助他作撤守时的最后宣传。就在十九日当天苏州沦陷。纽约《泰晤士报》记者杜登（Tillman Durdin）是显光兄大陆报旧部，也是最同情中国的一位美国名记者，他闻讯要求蒋委员长发表宣言。领袖应之，即以撤守后我继续抗战之坚强斗志拟稿予之。在我国势危急时期，纽约时报及时做此报道，实予我民心士气精神上有力之支持。旋政府决定任唐生智负责保卫首都防务的司令长官作最后自卫抵抗后，蒋委员长偕夫人在十一月二十五日以茶会招待在南京的所有外国记者。刚巧这天外电传来说，九国公约国家已决定无限期延缓制止日本侵略案之实施。外国记者到齐，委员长正要发言时，日本轰炸机忽盘旋天际，竟在附近落弹。委员长既不走避，亦不动声色，等待敌机去后，立即开始宣读他南京撤退前的宣言。

招待外国记者发表撤守文告，是我们留京应做的最后一次任务。嗣后即奉命于翌日夜六时赴下关，登委员长侍从室准备好在那里的一只小轮，启程赴汉。显光兄与我准时登轮，轮上同行的有侍从室主任陈布雷、秘书陈方与中央通讯社社长萧同兹。这三人都是在执行业务时，天天见面的熟人，可是这一天在这种情况中见面，大家只能默默相对了。江水滔滔，载着我们这几个不甘屈服的斗士，逆流西上，推送我们走上争取最后胜利的战斗旅程！

回首当年，撤离南京时同舟五人中的四位，都成了墓木已拱的先贤，只剩下我这个万劫余生，在这里学着老伶工李龟年，击筑吹箫，漫唱天宝当年遗事，真有些不尽沧桑之感了！

台湾传记文学社编：《传记文学》，第38卷，第1期，1981年1月，第101—105页。

---

① 应为军政部长——编者按。

八一三淞沪战役中我的经历

陆大公①

八一三淞沪战役发生时，我在新新公司附近的老闸捕房任华籍捕头。老闸捕房所辖地区，东起今山东路和山西路，西迄西藏路，南至延安路，北濒苏州河，当时属于公共租界范围，系上海最繁华的地区之一。现就我的亲身经历和见闻，记述若干片段。

沪北难民纷纷逃入租界

卢沟桥事变发生后，日本驻沪海军经常登岸，在华界游行示威，向我挑衅。8月9日下午，日本海军陆战队中尉大山勇夫和士兵斋藤要藏驾驶军用摩托车，闯至沪西虹桥机场，制造了震惊一时的虹桥机场事件。

事件发生后，日军陆战队准备于8月10日向闸北发动进攻。后来，应各国驻沪领事的要求，日军同意推迟48小时，让各国侨民迁入租界后，再行开火。日军一面在黄浦江上结集28艘兵舰，摆出了进攻的架势，一面向国民党上海市政府提出无理要求，时局极为严重，闸北一带实际上已进入战时状态。

8月12日下午，火车站附近的商店相率自动停市，俄而蔓延至浙江北路、爱尔近路（现安庆路）、海宁路、山西北路、河南北路、老靶子路（现武进路）、四川北路等处。同时，闸北、真如、浏河一带居民，自朝至暮，纷纷向苏州河以南的公共租界境内迁避。由北往南的各条马路，几为搬场车、汽车、塌车、老虎车、黄包车所塞满，其中，尤以浙江路、福建路、河南北路、西藏北路，更为拥挤。一般贫苦小户，无

① 陆大公，淞沪会战时系上海公共租界工部局老闸捕房华籍捕头。

力雇车，只得靠自己挑扛，左提右携，有的还怀抱婴孩，其颠沛流离之状，较一·二八战役尤甚。仅8月13日这一天，涌入租界的难民就有6万余人。后来，租界当局将边沿的几扇大铁门关闭，不许难民进入，但难民人多势大，还是涌进了租界。

为了安置这批难民，上海市救济委员会在全市设立收容所20余处，每处收容难民六七十人至百余人不等；又将大世界、佛教净业社、清凉寺、江宁公所等处改为临时收容所。上海各慈善团体分别联合救灾会、宁波同乡会、湖社收容组、回教会、国际救济会等组织先后收容了许多难民。全市收容所最多时达104处，收容人数为223 500余人。在收容期间，难民生病的近2万人，死亡的有400余人。与此同时，将难民陆续遣送回原籍，据市救济委员会统计，先后达193 200余人，自投亲友和自行回籍的，尚不计在内。

上海市救济委员会于9月30日结束，改组为"非常时期难民救济委员会上海分会"，由市社会局会同上海市戒严司令部、两路局、航政局、市府所属有关各局及上海市地方协会、市商会等机关团体共同组成，主任委员为潘公展，仍在浦东大厦二楼办公，继续办理难民收容和遣送工作。

全市人民掀起慰劳热潮

8月13日，日本侵略军以虹桥机场事件为借口，向江湾、吴淞、闸北等地进犯，中国人民的抗日战争正式爆发。

抗战发生后，上海人民义愤填膺，在租界内组成了许多救亡团体和慰劳组织，其中较有影响的，为上海市各界抗敌后援会和工、农、文化团体单独组织的各种救亡协会，加上其他救亡团体，据统计约有140个。

上海妇女也纷纷从事救亡运动。在宋庆龄、何香凝等人的号召下，她们举行书画展览，进行义卖活动，并捐献金银首饰，作为慰劳将士和救济难民之用。宋美龄也在南京联合李德全等人组织"首都妇女慰劳自卫抗战将士总会"，并捐款1万元。

上海各界人士又发起"一元救国捐运动"，市民热烈响应，踊跃参加。8月13日至15日的3天之间，仅海关华员就集款捐献了1万元；一个叫王成章的，还捐献了一辆汽车，上海各大报不时公布捐献者的名单。当时给我印象最深的，是一个名叫刘依荪的5岁女孩，通过《申报》向前线将士捐献了2元，这是她从糖果钱中节省下来的。她还附了一张条子，上书："这二块钱送给我爸爸的战友们。"原来她的父亲也在前线作战。

租界的戒备

战争一开始，公共租界和法租界立即宣布中立，并在报上发表谈话，表示要尽力使租界成为和平区域。公共租界原有万国商团组织，它是工部局领导下的一支武装队伍，成立于20世纪20年代。战事发生后，万国商团出防巡逻，各国驻沪军队也分别出发，分段驻防。据估计，公共租界和法租界那时共拥有武装力量约2万人，其中工部局警队约4 600人（尚有后备队5 000人以上），万国商团2 000人，英国陆军960人，水兵800人，美国陆军1 000人，水兵150人，法国陆军1 700人，意大利军队不足400人，其他国家陆军700人，水兵300人，法租界警队2 000人。

至8月20日为止，租界驻军已经沿苏州河南岸筑成了3道防线。第一道防线以铁丝网、沙袋等障碍物为主，设于华界和租界的交接处。在第一道防线之后，又设有第二道防线。从8月19日开始，再筑了第三道障碍物。

租界当局所筑的防线，大致情况如下：（一）在南面以苏州河南岸为界，东自外白渡桥南堍起，循苏州河迤西，至白利南路（现长宁路）连接华界的中山路止。（二）在北面从界路南首的爱尔近路（现安庆路）浙江北路转弯处起，循爱尔近路向东，至虹口日军占领处止。（三）在东面，北端始自北站附近的中华俭德会，循江西北路向南，至苏州河北岸的自来水桥止。以后，法国又从越南增调援兵1 500名，美国从桑犹哥调来水兵1 200名。

租界境内虽然没有发生过战斗，但也遭受3次轰炸。第一次为8月14日下午，南京路外滩华懋饭店与汇中饭店（现和平饭店）之间的一段马路上，掉下了4颗炸弹。隔半小时，大世界十字路口又掉下炸弹。第二次为8月15日，麦特赫司脱路（现泰兴路）张家花园一带又落下了日军的炮弹。第三次为8月23日，先施公司（现上海服装公司）三楼遭到了日机的轰炸。截至10月12日止，租界居民中弹片而死的2 057人，受伤的2 955人。

我参加筹建伤兵医院

随着战争的扩大，从前线下来的伤兵日益增多，各种救护队每天出发至战地，在枪林弹雨中，将伤兵护送至安全区域。据估计，伤兵先后不下20万人。

中国红十字会总会和上海市救护委员会随即设立了伤兵医院和救护医院14

所、特约医院2所。到9月1日，国民党军事委员会、军政部、淞沪警备司令部暨在沪参战各部队和各界人士联合筹组伤兵管理委员会，办理伤兵的医疗和输送工作。但因伤兵过多，一时无法容纳，于是许多爱国者创办的伤兵医院应运而生。

我当时虽然工作很忙，但感到作为一个中国人，应该为抗日救亡运动贡献一分力量。一天，我和几个朋友研究，决定成立一所伤兵医院，医疗器材、药品和医务人员由外科医生高济民负责，房屋则由我设法解决。蔡福堂、江葆初、葛宝华、邵文楣等各捐几百或1千元，余静波一人捐了3千元，为数最多。

伤兵医院的场所以学校为宜，但大部分学校已改作难民收容所。八一三战役发生之初，各校正值暑假，没有上课。上海市救济委员会特函请市社会局通饬各校，在战争期间暂缓开课，藉以收容难民。至8月底战事尚未结束，而学校教育又不能长期停顿。新生活运动促进会提出建议，各学校在安全区域合并开学，但上课时间适当减少，每班每天以6小时为最高限度，而教室的利用时间则适当延长，自上午8时起至晚上10时止，让各班轮流上课。这样，一个学校的校舍可供3个学校的学生用。各校不但为原有的学生开课，而且收容难民的子女入学，学杂费一律免收。对教职员工停止薪给，只供伙食。同时，在学校中增加了战时常识的课程。

我们办的伤兵医院，设于茂名路上的大夏中学，但学校已有大批难民，难以全部安置，通过与黄浦剧场老板陈济美商谈，他同意剧场楼上的胜利舞厅停业，扩大收容难民。有了场所，伤兵医院等于已经办成了一半。病床由我的朋友向爱国女中周英才借来几十只。另外又借了一辆卡车，插上红十字旗，这样，运送伤病员的工具也有了。医务力量也具备，内外科都有。定名为红十字会第十二伤兵医院，由高济民任院长，江葆初负责财务，葛宝华负责总务，蔡福堂为董事长，我是设计委员会主任委员。

牌子一挂出，就有许多不相识的居民前来捐物捐款，其中有工人，有青年，还有七八十岁的老太太。不少学生和文艺界人士自动前来，义务做护理工作，电影明星路明、宁萱都曾来帮过忙。后来，国民党军队全部撤离上海，我们的第十二伤兵医院移交给红十字会，移交时，慰劳物品堆满了两个房间。

上海市政协文史资料委员会编：《上海文史资料存稿汇编：抗战史料》，第3辑，上海古籍出版社，2001年版，第50—55页。

抗战初期上海的难民工作

赵朴初①

一　引言

一九三七年上海八一三抗战之前，从七月七日卢沟桥掀起的抗日烽火开始燃遍大江南北。八月十三日，上海市近郊、南市、闸北一带的难民扶老携幼，涌入租界。八月十四日，我正在云南路上仁济堂内的救济机构工作，忽听得一声巨响，瓦砾横飞，办公桌上的玻璃台板震成碎片。原来是国民党空军的一架飞机越过上空，不知何故一枚炸弹落在最热闹的大世界（现西藏中路延安东路交叉口）附近，炸死一些行人，一些房屋受到损坏。一时叫声震天，原已成群结队涌到大世界附近仁济堂来的难民更加纷乱。抗战初期上海的难民工作就是在炸弹声和难民的哭喊声中以及租界附近的炮火声中开始的。

我当时是一个三十岁的青年，在这场伟大的抗日救亡运动中投身于难民工作，连续四年。于今事隔四十余年，当年并肩战斗的许多同志，天南地北，散处四方，如果他们读到我这篇记述，也许会引起他们少年和青年时期的一些回忆。四十多年前的这一工作把我们这一群血气方刚的青年和稚气未脱的少年紧紧地联系在一起，而且不少同志从这一工作开始了毕生的革命生涯，思往事，励来兹，不为无益。

记忆所及，当时一同在难民工作中共同战斗的有汤镛、朱启銮、刘平若（即焦明）、黄浩（即王子方）、周克（即周新民）、丁瑜（即丁佩瑜）、陈良（即陈学良）、顾德欢、朱诚基、张蓬（即张一帆）、诸敏、俞远（已病故）、梅达君、王珍、计淑人（已牺

① 赵朴初，中国现代佛教领袖、文史学者、书法家、社会活动家。

牲)、吴小佩(即吴宝龄)、张巩、孟一如、浦青、马翔如、张辛田(即张之光)、叶梯青(已牺牲)、马崇孺(即马优良)、庄静波(即庄季玉)、胡静(即胡英芝)、杨堤(即王上达)、杨逸、许勤(即计招根)、江征帆、孟澄(即江一方)、刘志荣(即刘志谦)等同志。我在写这篇回忆的过程中,一部分同志谈了当年的亲身经历和感受,大大充实了我写的内容。当年参加难民工作以及在难民收容所中受到党的教育走上革命道路的尚远不止上述这些同志,我十分怀念当年的战友,希望读了这篇回忆的同志能提起笔来,把往昔峥嵘岁月里这一段史实写下来,以补充我的片断记述之不足。

二　难民工作的开始

慈善事业在我国由来已久,新中国成立前上海一地的慈善团体就以百计,皆系民间组织,遇到内地各省发生严重的水、旱灾害,如三十年代初期陕甘豫大旱灾,上海各公益慈善团体就联合成立临时救济组织,募集款项衣物进行赈济。救济组织的地点集中在云南路上的"仁济善堂"(简称仁济堂)。这是一个有百余年历史的全国闻名的慈善机构,主持慈善救济事业的大半是佛教居士,我在佛教界工作,有时也参加一些救济工作。

一九三六年至一九三七年间,西安事变以后,国民党上海市市长吴铁城召集各慈善团体负责人黄涵之、屈映光等人组织成立"上海慈善团体联合救灾会"。过去,上海民间慈善团体虽有下野官僚(如屈映光、冯煦等)参加,但官方并未加入过,这回是国民党官方第一次出面组织这个官民合办的"上海慈善团体联合救灾会"(以下简称慈联会)。因当时日本帝国主义侵略我国,节节进逼,中日之战已不可避免,上海慈联会的设立是暗中作为战时准备之一端,盖战事一起,社会人士必然会举办救护伤兵和救济难民的工作,官方落得在其中占个"领导"之名。

慈联会以许世英为主任,黄涵之、屈映光等为副主任,地点就在仁济堂。国民党上海市社会局以潘公展为首,派了一些人在慈联会工作,但他们是在七七事变以后才来的,潘公展有时也来,但经常在仁济堂处理日常事务的是黄涵之。

黄涵之热心公益事业,在旧社会是一位"慈悲为本、方便为怀"的老派人物,有爱国心,具正义感,在上海慈善团体中颇有号召力,新中国成立后,曾当选为上海市人民代表。

当时我在中国佛教会担任主任秘书,和几位老先生关系较深。慈联会成立,我当选为常务委员,驻会办公,实际上是黄涵之的助手,他对我十分信任。

那时，吴大琨和许幸之等几位青年朋友来找我，要参加抗敌救亡工作，我说："少安毋躁，就会有工作做的。"

不久，果然有工作做了。一九三七年七七卢沟桥战起，上海形势越来越紧张，到了八一三上海战事爆发，慈联会租了十辆卡车运送难胞。八月十四日，大世界上空落下炸弹，和云南路相距咫尺，仁济堂难民潮涌，乱成一团。这时，国民党派来的工作人员慌忙逃跑。我气愤极了，对他们说："你们走了，现在这么多难民，怎么办?"他们理都不理我，即作鸟兽散。仁济堂的老工作人员在炸弹丢下后大都没有走，照料难民伙食等工作，到傍晚也都下班回家，卡车司机也早散了。当时有谣言说是国民党的要员在租界上云南路的仁济堂开会，因此日军飞机来丢炸弹，落在附近的大世界。后来知道，这是国民党自己放出来的谣言，借以自高身价，但是社会局潘公展那一批人从此再也不到仁济堂来了。

数以千计的难民怎么安置，我当时只有一个想法：难民没有安置，我不能走。但是如何安置呢？天色已晚，总不能露宿街头。正在紧张之际，吴大琨来了，我和他一商量，决定采取紧急措施，先找地方把大批难民安置下来再说。于是我和吴大琨举了一面红十字旗，带了大批难民浩浩荡荡从云南路转到西藏路朝北走，先到宁波同乡会。这是一所高层楼房，我们爬过铁栅栏，打开大门，把一批难民先安置下来。这时是八一三战火的第二天，大世界上空落下炸弹，市郊炮声隆隆，枪声不绝，火光烛天，租界上已是一片混乱，许多戏院、银行包括一些商业贸易机构都暂时停止营业。我们领着大批难民上街时，街上的巡捕(即租界上警察)也大都跑了，个别巡捕还帮助我们一起打开宁波同乡会的铁门，对我们安置难民的工作表示同情和支持。从宁波同乡会出来，我们转入北京路，到了金城大戏院(现在的黄浦剧场)，又有一大批难民进去了。一夜之间，我们设立了十几个临时收容所，把难民暂时安顿下来。

第二天，黄涵之、屈映光等都到了仁济堂，但潘公展那些国民党官员们则一个都不到。我们开始研究收容安置难民的具体计划。我报告了前一天国民党社会局的人根本不管难民死活，一跑而空的情况，黄涵之等人听了很生气，说："他们不来，很好，我们自己搞。"并决定在慈联会下面设立一个"救济战区难民委员会"，统筹办理难民的收容、遣送、安置等工作。这个委员会以屈映光为主任，黄涵之为副主任，下设收容股、给养股、总务股、遣送股、医务股。我担任收容股主任，所有的收容所都由收容股管辖。不久，日益增加的难民涌入租界，我怀着十分兴奋的心情投入这一工作。

难民工作一开始，和我在一起的是两个比我还年轻几岁的朋友：吴大琨和许晴。大琨不久离开上海。许晴我早就认识，他先在他叔叔许幸之负责的金城收容所（金城大戏院）工作，后来我找他到收容股来帮忙。他是我在难民工作中共事的第一个共产党员，不过我当时并不知道他是党员，只是我们都很年轻，对许多问题的看法相同，因此成了好朋友。他到收容股后，我曾和他带领卡车到郊区前线附近去撤出难民，运送到市内收容所来。这时，战事日趋激烈，郊区农村遭到战火，流离失所的农民纷纷到市区来，租界首当其冲。加上失业工人、失学青年和南市、闸北遭到战火的市民，难民成为一个严重的社会问题，救济难民工作也就热火朝天展开了。

这里有一插曲：当时中国佛教会成立了一个僧侣救护队，都是青年和尚，集中到仁济堂，救护队所需物品都由慈联会供应。八一四炸弹丢下来时，有的和尚吓得哭了，我安慰他们说："不要怕，还要上前线去啦。"后来这些和尚在前线救护难民和伤兵，表现很英勇。国民党军队西撤，这个僧侣救护队随同到武汉，以后就不知下落了。

许晴不久也离开上海，临行前他介绍一个人到收容股来代替他的工作。他介绍来的是焦明同志（即刘平若），当时已在金城收容所工作，不过我还不曾见过。刘平若是上海文化界救亡协会的会员，靠写文章投稿维持生活，也是共产党员，当时我也并不知道，只是估计他和党一定有关系。当时和我在一起的一位工友郑年生后来就是由刘平若介绍，参加了江南抗日义勇军粟裕、叶飞同志的部队，以后他英勇牺牲了。刘平若同志到收容股来了后，我们就将难民中的壮丁集中起来，先后成立正大收容所和康悌收容所，由刘平若兼收容所主任。在国民党军队西撤之前，我们曾经送了一部分壮丁支援前线，参加抗日战争。

当时收容工作已大规模展开，担子很重，问题成堆。要开展对慈联会上层的团结工作，要争取租界当局对难民工作的帮助，要进行广泛宣传以取得社会各阶层的支持，要对日本帝国主义者的捣乱进行斗争（如某些收容所教员被日方指名要求租界当局逮捕引渡，我们设法营救），要利用难民工作的合法地位开展革命活动，培养革命力量，对抗日战争作出贡献。

虽然问题很多，但全国形势很好，十分有利于我们开展工作。一九三五年，中国共产党提出建立抗日民族统一战线的主张，一九三七年七七事变的第二天，七月八日，中国共产党中央委员会向全国发表宣言，号召各党各派各阶层一致抵抗日本的侵略，加强民族统一战线，得到了全国各阶层人民的热烈拥护。当时上海租界虽被日军四面包围，成为“孤岛”，但是就在这个“孤岛”上，上海各阶层人民热烈响应中国共产党的号召，在抗日民族统一战线的方针指引下，爱国热情高涨，同仇敌忾，一致对外，表现了中华民族不可侮的崇高气节。因此，我们得以广泛动员各阶层人民来关心、支持难民工作，在一个时期内，成为一个轰轰烈烈的群众运动，广大市民、工人、文艺界、教育界、工商界、宗教界都关心流离失所的难胞，出钱、出力、捐衣物，从各方面支持难民工作的进行。

难民不断涌入租界，收容所也不断设立，首要问题就是急需工作人员。当时我认为，难民工作不是单纯的救济工作，而是整个抗日救亡工作的一个组成部分，应当挑选一些思想比较进步的人来参加。因此我要求刘平若同志介绍一些人来担任收容所的负责人和管理人员。有时，人还没有，我先随便写上一个名字请黄涵之先生批准，等人到了，就顶了这个名字去报到。继刘平若同志之后，朱启銮同志来了，周克、丁瑜（即丁佩瑜）、张蓬（即张一帆）、陈良（即陈学良）、梅达君、吴宝龄、王珍、计淑人、孟一如、浦青、马翔如等同志也先后到各收容所工作。朱启銮同志也在收容股，后来刘平若同志离去后，主要是朱启銮同志帮助我工作，收容所的大多数工作人员是由他们两人介绍来的。当时，法租界卢湾区监狱释放了一部分政治犯，送到难民收容所来安置，我们立即发衣服，安排理发、洗澡，分派到各收容所工作。

三　“孤岛”上的“解放区”

从一九三七年八月到一九四〇年，慈联会前后设立了五十几个收容所，收容难民五十万人次。难民工作中最繁重的事务工作有两项：一是收容，二是给养。给养工作由给养股负责，具体工作是仁济堂慈善团体的老工作人员做，他们有经验，也有一套规章制度，但由于收容人数多，规模大，给养工作人员也是非常辛苦的，他们在难民工作中作出了贡献。

收容所的设立，大致可分为两个阶段。第一阶段是八一三以后的一段时间，在十分紧急的情况下，设立了几十个临时收容所，名称都是就地取名，如金城收容所（金城大戏院）、正大收容所（正大银行）、群玉收容所（群玉坊）、明德收容所（明德坊）、明毅收容所（明毅坊）等。一些中小学校、电影院、银行、钱庄、旅馆、同乡会、饭店、酒楼因战事关系暂时关门，都成了临时收容所。

上海沦陷以后，战事西移，上海租界成了“孤岛”，这些行业逐步恢复，学校也重新开学,收容所不能不另作安排。因此第二阶段,找空地搭建棚屋,设立了几个大的收容所,有慈愿、惇信、延平、大慈、慈兴等,其中最大的一个是慈愿收容所,原址是普善山庄义冢地。租界当局为了恢复市面,也希望许多临时收容所集中起来,因此,他们也出力支持。慈愿、大慈和慈兴这三个收容所是紧连在一片的,收容难胞近六千人。另外,在延平路设立延平收容所,收容两千多人,搭起草棚,长期救济。这时,相当数量的难胞已陆续回到郊区农村或城镇去了。

这些收容所都建立了机构,正副主任下设立管理组、给养组、教育组,每周举行干部会,布置工作。慈愿、大慈、慈兴三个大收容所,共有管理人员八十余人,在干部中组织读书会,学习政治经济学、哲学等。朱启銮、周克、梅达君等同志当年都是收容所的"教授",他们还为难胞编教材。在收容所初期,我记得周克同志编的国语教材第一课名为《我们伟大的祖国》,内容充实,文字清新,颇得好评。

收容所的另一经常的中心工作是抗日的宣传教育活动、阶级启蒙教育和初步组织工作。这方面有不同的意见。有的人主张以识字教育为主,而我们则主张以抗日教育为主。收容所的孩子们有读书识字班,稍大的孩子上正规文化课,课程内都有政治教育的内容,成年人读《社会发展史》、《论持久战》等;妇女班学文化,也读浅一点的社会发展史。逢到七七、八一三纪念日,开小组座谈会,并举行报告会和讨论会。当时是国共合作共同抗日时期,因此报告会和讨论会曾经公开批评国民党军队不战而退,并宣传八路军、新四军的战果。这些活动都收到了成效。在讨论中,也有个别受国民党欺骗宣传的人说共产党的八路军、新四军"游击、游击,游而不击",大家则说国民党军队不战而退,放弃大片土地,八路军、新四军的游击战打得很出色。反动论点终于孤立。

收容所教育工作内容丰富多彩,有各种文娱活动,如说书场(讲岳飞传等,以爱国主义教育为内容)、歌唱会、戏剧会演、小茶馆等。夏天举行纳凉晚会,读报、讲故事、座谈时事等,最为活跃。

许多难胞都是一家一户在收容所内,因此,有的收容所成立了"闾"的组织,以十家为一闾,闾有闾长,经常开闾长会,讲卫生,讲团结,解决一些日常生活中容易产生的矛盾,有点类似现在的里弄小组会。

收容所还组织生产自救,这个办法是从老解放区传来的。收容所的粮食是慈联会拨发的,菜蔬则须自给。我们和租界工部局华人教育处处长陈鹤琴先生合作,开设制造玩具的工厂,另外接受外加工,编结网袋之类;同时介绍难民到工厂做工,下工后仍回收容所住。总之,多方设法从事生产,生活也就逐步得到改善。

收容所内的难民绝大部分是郊区农村和近郊的劳动人民，但其中也混杂有散兵游勇、流氓地痞。因此，维持收容所的秩序，使抗日宣传教育工作能以顺利进行，非和坏人坏事作坚决斗争不可。先后在民德、明毅、慈兴等收容所工作过的陈良同志，就曾被难民中的坏蛋打伤，头上的伤疤至今犹存（一九七八年我过南京时，和陈良同志重逢，他当年在收容所当地下党支部书记时还不到二十岁）。慈愿收容所的流氓在所内敲竹杠，勒索财物，调戏妇女，相当猖獗，扬言要对收容所的干部浇硝镪水，还要放火烧收容所。我们发动积极分子和正派的群众对他们进行斗争。由于收容所内正气压倒邪气，租界当局为了安全，也怕收容所出事情，因此，支持我们打击这些坏人，开除了一些流氓，恢复了秩序。

我们对难胞中的青少年、青年妇女、壮丁还采取了短期训练、集中学习的办法。如群玉收容所里分壮丁班、妇女班和儿童班，学习时间是两个月。

收容所的难童相当多，难民工作一开始就碰到这个问题。我们设立了大慈收容所，收容妇女和儿童。这时，租界工部局华员俱乐部的李伯龙和张菊生主动来找我，愿意出经费帮助难童教育工作。我们就集中了一批优秀难童，开办了工华收容所，由丁瑜同志负责。

这个所是一九三八年四、五月开办的，工作做得生动活泼，其中二十几个孩子经过不到半年的教育培养，参加了新四军。现任上海市副市长的杨堤同志（那时名王上达）就是其中之一，当年只有十五岁，在工华收容所被选为学生自治会主席。

工华收容所对难童的教育方式主要有二：(1)分甲班、乙班上课，内容除文化课外，重点是政治课。此外组织一部分甲班中比较进步的学生，集中到另一处上课，内容是党的政策等。文化课和政治课的内容有：《西行漫记》、抗日民族统一战线、新四军八路军抗日英勇事迹等。(2)由学生自治会组织同学们成立宣传队，到其他难童收容所和妇女收容所去宣传，内容就是从老师那里学来的，主要是抗日救亡的道理。还到一些学校去宣传，演出小型活报剧如《放下你的鞭子》等，进行募捐。这是从工作中进一步培养锻炼他们，起了很好的作用。据杨堤同志回忆。“当时收容所里地下党的力量很大，我们这些十五、六岁的孩子思想纯朴，但也看得出哪些人是进步的。我就受丁瑜同志的教育影响很深。在收容所里，我们不仅受到爱国主义教育，而且也受到党的政治教育，初步懂得了一些革命道理，感到做一个‘红小鬼’很光荣。”

大慈收容所设在牛庄路，除了识字班学文化外，这个所的特点是宣传队的活动很活跃,包括歌唱、活报剧、话剧和其他剧种。此外,还组织一些同志到工厂的夜校去教工人识字。如杨逸同志一九三七年从上海近郊吴淞逃难到市区,进大慈收容所还只有十五岁,她在收容所除了搞宣传工作外,还到申新三厂工人夜校做扫盲工作,进行抗日宣传教育,在收容所入了党。据她回忆,当年她常到仁济堂来找我,或是为了接洽演戏等事,或是带了难胞来看病,或是为周克、丁瑜同志送信来。那时,难胞中的青年们和孩子们来找我的很多,我自己虽然也只有三十岁,但深深被这些孩子们的蓬勃朝气所感染,四十年流光已逝,他们的形象如在目前。

也许有人会问。在当时的环境下,收容所里怎么能允许进行这些活动?这是因为抗战期间,国共合作,共同抗日,周恩来同志担任国民政府军事委员会政治部副部长,共产党的书刊在抗日初期也公开发售,因此,在宣传抗日的大前提下,难民收容所的活动还没有引起什么问题。加以租界之内,国民党力所不及,而英、美、法等帝国主义和日本帝国主义有矛盾,对难民收容所工作表示同情和支持。同时,中共地下组织还都是隐蔽活动,并不暴露身份,我也毫不知道党的组织和具体人员情况。当然,收容所内各种派系、各种政见都有,但表现方式主要是对时局的看法和辩论,并未发生大的冲突。以后,国民党采取限共、溶共、反共等反动方针,一九四〇年后,我们的处境逐渐困难,不过那时难民工作也快结束了。

许多当年在难民收容所工作过的同志回忆那一段日子,都说:"在收容所里,除了挂国民党的国旗外,其余的一切活动都是在共产党的领导下进行的,可以说是一个'小解放区'。许多工作人员在这里得到了类似解放区行政组织领导工作的锻炼,思想水平和工作能力都有很大的提高。"

四　输送革命力量

难民收容所成立之初,我和刘平若同志商量,集中难民中的一部分壮丁,设立正大收容所。当时,上海近郊战事方酣,我们送了一批难民到前方参加抗战。不久,国民党军队西撤,上海成了"孤岛",难民越来越多,长期收容不是办法,我们开始研究转移安置问题。那时,上海、温州之间有商船来往,我了解到这一情况,就和刘平若、朱启銮等同志商量,想以慈联会的名义"移民垦荒",设法租船运送难民到温州,然后转送到皖南新四军去。

这时已是一九三八年,屈映光离开上海,慈联会工作主要由黄涵之负责。我们提出难民到后方垦荒,支援抗战,黄完全同意。我们和租界当局接洽,租界当局对疏散难民也表赞成，并且答应出路费、发衣服、开通行证。这样，这个计划就可以用“移民垦荒”的名义公开进行。对包围上海的日本帝国主义军队，我们准备在他们盘问时，就说是疏散难民回乡种田，估计他们也会放行。

进行了这些初步准备工作以后，决定由刘平若同志到皖南新四军军部去接洽。平若同志坐船到温州，经金华、上饶到了南昌，找到了新四军后方留守处，商定只要把难民用船从上海运抵温州，以后的问题就由新四军负责解决。刘平若返沪途经温州时，用慈联会名义和国民党港口司令部以及温州市的慈善团体接洽，取得了他们的支持。平若同志回上海告诉经过，我们十分高兴。平若不久就离开上海，调到常熟人民自卫队，参加敌后游击战争去了。

据刘平若同志回忆：“我是在一九三七年八月十七日开始和赵朴初同志一同工作的，是许晴同志介绍去的。一见如故，我就住在朴初同志家里，膳食都由他供应。党交给我的任务是运用难民工作进行党的活动。我先在金城收容所，以后组织设立正大收容所，集中了一部分难民中的壮丁。当时，中央军委派张爱萍同志驻上海，他和余立金同志常到正大收容所来，研究送难民参军的问题。这些，当时赵朴初同志是不知道的。他出于拥护共产党提出的抗日民族统一战线的主张，和我商量运送难民到新四军去。我得到党组织的批准，经温州转往南昌，到了新四军后方留守处，余立金同志接待我，并商定运送办法。我回上海复命，朴初同志非常高兴。我先后在三个收容所工作，然后调到仁济堂慈联会协助朴初同志做上层人士的统战工作，主要以黄涵之、屈映光为对象。从皖南回上海后，当时江苏省委决定开展敌后游击战争，我奉调到常熟县人民自卫队，我和朴初同志一起的工作就结束了，时为一九三八年九月。不过，我在常熟、无锡、常州、苏州一带，负责江苏省委的交通工作和在江南抗日自卫队工作期间，每次到上海去，都还是找朴初同志，或住在他家里，采办药品等都是通过他的关系。”

此后，我们开始进行具体的组织动员和事务准备工作。据当年在收容所工作的同志回忆：慈联会设立的五十几个收容所中，有二十几个所已经建立了秘密的共产党支部，经过半年多时间，各收容所难胞中的进步分子大体上已逐步集中，如工华收容所二百多人，都是从群众中涌现出来的积极分子，绝大部分都参加了革命外围组织，还从其中发展了一批地下党员。动员和组织工作是公开和秘密相结合，公开动员以“移民垦荒”为口号，开大会，做报告，大张旗鼓地进行；秘密动员由地下党支部进行，但党支部不出面，由每一党员联系若干群众，一个一个做细致的动员工作，讲清楚是参加新四军抗日。由于收容所近一年来抗日救亡的宣传教育工作深入开展，群众的政治觉悟有了很大提高，动员工作比较顺利。

动员工作做得差不多了，就开始做组织准备和事务准备。首先是把第一批七百多人编成若干小组，派定组长，宣布纪律：第一是分散上船，彼此不打招呼；第二是不能带抗日的革命书报、杂志、歌唱集等；第三是船出吴淞口日军关卡以前，不要唱抗战革命歌曲。其次是和租界当局接洽，解决对参加垦荒难民发路费、衣服和难民证等问题，并向英商太古轮船公司租了一条船。这些事务，由朱启銮同志负责，遣送股的工作人员具体办理。这些工作告一段落，决定朱启銮同志先去皖南一行，向新四军军部汇报准备工作情况并商定接运事宜。朱启銮同志返沪后，运送工作开始。那时，中共上海市委的林枫同志（解放初任杭州市委第二书记，已病故）由皖南新四军驻地返沪，军部派丁公量同志护送他回来。林枫同志决定由丁公量同志护送汤镛、朱启銮同志，并一同运送难胞去皖南。丁公量同志先到温州，以红十字会总会交通股名义和国民党县政府接洽，同意由当地供应难胞膳宿。

船上七百名难胞中，有四十多名共产党员，汤镛同志任党总支书记。党组织当然是秘密的，汤镛同志对四十多名党员也是采取单线联系的办法。公开带队是朱启銮，汤镛是秘密政委。由于事先已经宣布了各项纪律，登船没有什么麻烦，出吴淞口时，日军来检查，因为是太古轮船公司的船，顺利放行。一出吴淞口，大家都大大舒了一口气，顿时活跃起来，救亡歌声不断。汤镛同志根据上级党组织交给他的党员名单分别找党员单独谈话，布置任务。每个党员负责联系若干群众，重新进行编组，进一步动员群众参加新四军，并和他们一起学习有关党的抗日民族统一战线的方针政策，提高政治觉悟和阶级觉悟，巩固参军抗日的思想基础。据汤镛同志回忆，这条船上绝大多数是收容所的难民，也有少数是失业工人，不是从收容所去的，而是由党另外安排的，其中有陆政同志和周林同志，周林同志在船上担任工人支部书记。

船到温州登岸后，朱启銮同志拿了慈联会的介绍信找了温州市救济会，取得了联系。这时，新四军丁公量同志已在温州等候。汤镛同志就和丁公量同志到温州新四军办事处，找到了中共浙江省委书记刘英，汇报了情况，并提出难民中的老弱妇孺请地方安置，其余的去新四军。刘英同志立刻发电报给新四军，回电说三天之内派人到温州来接。老弱妇孺由朱启銮同志和温州市的慈善团体联系，安置在当地。四、五岁到十一二岁的难童，刘英同志要汤镛同志带到金华，找地委安置，这个问题后来也解决了。三天之后，新四军军部派余立金同志和刘先胜同志到了温州，刘英和汤镛、朱启銮、丁公量等同志研究了到皖南去的路线，决定重新进行编队，步行前往。据汤镛同志回忆，上海人没有步行过这么远的路，一天走几十里，有的同志哭鼻子了。走了十几天，到达金华，找地委安置了儿童，然后前往兰溪。这时候，一部分人由于体力不支，陆续掉队，因此，大队在兰溪停下来等候。汤镛同志为了寻找掉队同志，在兰溪、金华之间来回跑，正值大热天，汤镛同志说，“简直晒脱了一层皮”。

这次行动的整个路线是：温州——青田——丽水——缙云——金华——寿昌——歙县——岩寺——太平——泾县云岭（新四军军部所在地）。

在步行过程中，我们对外说是到屯溪（国民党第三战区司令长官部所在地），实际上到了歙县就直奔岩寺。岩寺有新四军兵站，太平有新四军留守处和运输站，到了太平，就不走公路，翻越两座山头到云岭。

这中间有一个插曲：船到温州后，有一个战地服务团从上海到达温州，全团二、三十人，由一位姓盛的同志和汪大铭同志率领，加入了我们的行列，一同到了新四军，参加了战地服务团。

新四军军部热烈欢迎这一批经过长途跋涉从日军四面包围中的上海“孤岛”奔赴革命的同胞。安定下来后，政治部举行了测验，由于在难民收容所一年中间在政治和文化方面都受到教育，考试成绩一般都还不错。在填写志愿时，有些同志提出想做地方工作，不愿做部队工作，以后经过动员，所有人员都编入军部教导队，由余立金同志任教导队政治部主任，刘先胜同志任组织科长。汤镛同志也没有再回上海，留在新四军任军法处长了。

这一次大规模运送难民到新四军，由于事先进行了周密的准备，一路上比较顺利。朱启銮同志以上海慈联会工作人员的身份，率领难民垦荒的名义，与沿途各地有关部门联系，没有引起怀疑。但是大队人马到达岩寺时，离泾县云岭不远，又都进入岩寺新四军兵站。这时，被驻在屯溪的国民党顾祝同司令部发现，忙来查看，但所有难民都已换上新四军服装，他们也无可奈何。

此后，我们还从上海运送出两批，但到达温州后，不能采取大规模行动，而是采取零星的办法，每次一二百人，也顺利到达新四军所在地。

这些同志，都是难民同胞中的先进分子，经过二三十年转战南北，其中不少同志已是师以上的领导骨干了。

回首当年，在党的领导下，许多同志为这一场运送革命力量的事业花了不少心血，付出了辛勤的劳动。我们曾经听到从延安传来党中央对此作出的评价，指出：在上海沦陷、日军四面包围的情况下，能从租界上送出大批难民到新四军，是成功的壮举。这是对我们工作的最高表扬和最大鼓舞。

一九三七年到一九四〇年间，输送人员参加武装斗争的任务，继续扩大进行，地区不是去皖南，而是到苏南的嘉定、青浦、松江和无锡、常熟、苏州、昆山、太仓、江阴等地参加江南抗日义勇军，另有一大批到苏中、南通、海门、启东等地。这些难胞都是秘密分散出去，通过各条秘密交通线、交通站到达根据地的。常常是先由交通员带到游击队根据地，然后再由进去的人回沪分头带人前往，用滚雪球的方式不断扩大动员面。累计起来，两年间输送出去的在三千人左右。

此外，还输送了一批积极分子到工厂和农村，以后都成为革命的种子。难民中相当多的人是从郊区各县农村来的，在上海战事停止后，逐步遣送回乡。地下党组织就利用这项工作输送了一批干部到郊区各县农村，在中共江苏省委统一领导下，贯彻执行毛泽东同志在敌占区"[隐]蔽精干，长期埋伏，积蓄力量，以待时机"的方针。这些干部在收容所与农村流离来的难胞同甘共苦，在团结抗日的基础上建立了感情，他们到农村以后，得到群众的掩护和帮助。还有相当一部分干部通过各种关系进了工厂，其中不少是共产党员，如陈良同志在收容所入党，以后到电车公司当司机，这样的例子不在少数。

在记述本篇回忆时，许德良同志讲了当年一段史实："那时候，我在上海神州职业夜中学当校长，这所学校是地下党办的，赵朴初先生从慈联会拨了一笔经费，委托我们办一个无线电收发报训练班，训练收容所的一批难童，大约办了两期。这些难童学会了无线电技术，后来都到解放区去了。一九三八年下半年到一九四〇年上半年，我担任慈联职业中学校长，学生都是难童，有二、三百人，教员中不少是地下党员，这些学生有不少后来都参加了革命队伍。"

五　后记

到了一九四〇年，难民疏散、转移、安置的工作做得差不多了，老的进了养老院，小的进了教养院。这时国民党反共活动越来越猖獗，他们对难民收容所中种种进步活动是知道一些的，所以和我们争夺群众，进行斗争。形势对我本人也很不利。由于种种原因，难民工作一结束，我就半隐蔽起来，专心去办净业孤儿教养院。记得在一九四〇年至一九四一年间，陶行知先生的学生张宗麟先生在上海办一期刊，刊名记不起了，可能叫《民主周报》(?)，其中一期辟一专栏，名为《四年来的上海》，我写了一篇题为《四年来上海的难民工作》的文章刊载其上。上海图书馆顾廷龙同志曾为我到藏书楼遍寻这一期刊，未能觅到。

在记述这篇回忆的过程中，我的眼前时时浮现出当年许多战友。那时他们都是青年或少年，朝气蓬勃，奋发有为，对抗战胜利和革命前途充满信心。记得有一天清晨我到收容所去找周克同志，找不到，原来他就和难民一起睡在地面席铺上，收容所的许多工作同志都是这样，真正做到了同吃、同住、同劳动。大家的生活是很艰苦的，有时我到收容所去，这些青年同志围着我，说要改善改善生活了，于是我请他们到粥店，每人两碗粥，一只皮蛋。平时大家和难民一样，常常是两根萝卜干一顿饭，但收容所里都是读书声、革命歌声，琅琅不绝，充满了革命乐观主义精神。

有一部分青年同志每周一次到我处聚会，名为“星六聚餐会”，每人交一、二角钱，吃一顿素餐，讨论政治、时事、理论等问题，交流心得体会，相互帮助，共同提高，颇有益处。

当时，还时常有些青年来找我。如新中国成立后在对外文委工作的金子明同志（当时叫王大中）为一批印刷工人（印刷厂被毁于炮火）的衣食问题来找我。又如解放后先后任安徽省教育厅副厅长、上海市教育局长的孙兰同志（当时叫江平）也为救济工作来找过我，慈联会都帮助解决了他们的要求。一九五八年我到安徽去，遇见孙兰同志，她问我：“我就是当年的小江，您还认识我吗?”我立刻就认出她来，当年的小江已经是一位久经锻炼的革命老干部了。这两位同志在“文化大革命”期间都遭到林彪、“四人帮”的残酷迫害，含恨而死。我的友人和相识者中，有一百多人遭受到和他们同样的命运，回忆故人，我的心情久久不能平静。

这里要特别指出的是，当年难民工作所以能轰轰烈烈成为一个伟大的群众运动，归根结底，是党的领导，是党提出的抗日民族统一战线的方针发挥了极大的作用。从事难民工作的许多地下党员正确贯彻了党的方针政策，他们在上海租界这一特殊环境中进行了艰苦的斗争，取得了卓越的成果。正是由于党的抗日民族统一战线方针的指引，难民工作才能不同于旧社会一般的“慈善事业”，而和抗日救亡运动这一革命斗争紧密联系起来。

那时，除了慈联会这个机构外，也还有不少团体做难民救济工作。上面讲过，由于大世界上空丢下炸弹，潘公展等人离开了仁济堂，后来他们就在浦东同乡会大楼办了一个难民救济协会，这个机构在潘公展等人逃离上海后由黄延芳先生负责，也开办了不少收容所。这些收容所虽然不可能进行抗日救亡运动的宣传教育，但在救济难民的一般意义上讲，收容安置了不少的苦难同胞，管衣管食管住，以后又遣送回乡生产，是起了一定的作用的。此外，法租界有个国际救济会，是天主教办的。陶行知先生领导的战时普及教育服务团(简称“普教”)也派了一些同志到慈联会所属难民收容所工作，陈良同志就是其中的一位。他说，他和在收容所工作的“普教”的多数同志都参加了共产党。

一九三七年秋，党中央派了刘晓、刘长胜同志到上海，重建江苏省委，并设立了难民工作委员会。朱启銮同志是难民工作委员会党组书记，周克、刘平若是党组成员，后来黄浩、汤镛、周克等同志先后任难民工作委员会书记。八一三以后，党的组织逐步恢复和发展，在各方面开花结果，难民工作曾是其中一个重要基地。在收容所成立之初，只有二、三十个地下党员，以后发展到近三百个党员，起了骨干作用。在难民工作中，输送革命力量是一件大事，党运用这个阵地，教育、团结了群众，培养了相当一批人，推动他们走上革命的道路。在难民工作结束前，有计划地向农村、工厂安置了一批干部，他们在中共上海市委领导下，在抗战胜利后的第三次国内革命战争中，在迎接上海解放的斗争中都贡献了力量。

至于我个人，在这一轰轰烈烈的群众运动中进一步通过实践认识到革命的真理。抗战前期四年中的难民工作使我终生难忘，原因就在于此。

上海市政协文史资料委员会编：《文史资料选辑》，第4辑，上海人民出版社，1980年版，第31—50页。

八一三事变中的抗战兵工重地

——上海炼钢厂

温勇耀[1]

上海炼钢厂前身为江南制造局炼钢厂，是我国最早的钢铁厂之一。抗战前夕，上海炼钢厂重新回归军工生产，主要生产飞机炸弹，是为数不多的由中国政府控制并能正常生产的钢铁厂，对于国防与抗战意义重大。

1937年8月13日，日军向上海大举进攻，八一三事变爆发。上海炼钢厂作为兵工重地，也不可避免地遭到了日机的频繁轰炸。时年41岁的上海炼钢厂厂长张连科早年曾留学日本京都帝国大学，深谙日本的侵华野心。事变发生后，他忧心如焚，围绕工厂停工、复工、防空、迁移等事项不断向国民党兵工署署长俞大维密电请示和汇报。俞大维也频频从南京发来加急密电，指示机宜。从8月13日到9月11日，现存可查的加急密电就达40多封。透过这些电报档案中的片言只语，我们既能切身感受到侵略者所带来的战争痛楚，更为上海炼钢厂在民族危亡关头表现出的舍生忘死、共赴国难的牺牲精神所感动。

沪战爆发　命运堪忧

八一三事变后，上海的气氛骤然紧张，上海炼钢厂所在的南市到处弥漫着危险的气息。张连科对时局描述道："黄浦江上，外舰云集，租界区内，敌营密布，不啻整个上海无时不在外力威胁之下，即本厂无日不在飘零之中。一旦有事，破坏毁灭，曷堪设想。"

---

① 温勇耀系重庆钢铁厂档案馆工作人员。

8 月 13 日下午 4 时,俞大维发出紧急密电,令张连科做好工厂搬拆或炸毁准备。电报称:“战时各厂应防备有被敌人占领及利用之虞,事先亟须作适当准备,俾于必要时或将重要机器搬拆或作整个炸毁,仰迅速严密准备具报,并随时发密语。至要!”

8 月 14 日上午 10 时,张连科致电俞大维,汇报战争对工厂的影响:“沪战昨晚开始,甚烈,刻在激战中。职率员工照常工作,成品、材料正设法运置,请随时指示机宜为谢。”

无力防空　频频被炸

8 月 14 日下午,上海炼钢厂遭遇了日机的第一次试探性空袭。据电报记载:“本日午后,有敌机数架在本厂上空盘旋并用机枪扫射,旋即离去。全厂员工虽均无恙,然影响工作殊巨。”

此后,因工厂周边缺乏防空力量,日机的轰炸愈加频繁,至 8 月 25 日,日机已先后轰炸上海炼钢厂 9 次,投掷燃烧弹、爆炸弹数十枚,有时在同一天内甚至多次“光顾”,给工厂设备及人员造成了很大损失。

如 8 月 20 日电报中称:“敌机 6 架今晨 7 时前来炸本厂,1 弹落东厂,3 弹落西厂,损害尚不大,惟军械库一带落弹较多,损害较大,死兵 1 人。”

8 月 21 日两次轰炸上海炼钢厂。晨 8 时,日机轰炸上海炼钢厂,投 2 弹,一中轧钢房,一将东北墙炸倒 3 丈;下午 3 时又投 1 弹,中钢炉部邻近民家。

8 月 25 日的一封电报见证了当时空袭的激烈:“今日南市方面情势愈加严重,本厂附近因无高射炮,敌机时来低飞扫射,任意轰炸,毫无顾忌。本厂本日复中弹数枚,致将轧钢部侧之车制部及警卫队旁之物料库炸毁,损失颇大。现邻近之江边一带民房已起大火,烧至造船所方面之军械库,敌机仍继续来袭,无法施救,将有延烧本厂之势。正由警卫队与救火会抢救中。”

夜间生产　冒险复工

因“敌机不时来厂袭击,员工不能工作,水陆交通梗阻,制品、材料无法运迁”,8 月 16 日,上海炼钢厂被迫暂时停工。得知这一消息后,俞大维在 8 月 16 日接连发出两封加急密电,要求上海炼钢厂非但不能停工,还应日夜赶制。8 月 23 日,俞大维以蒋介石不允许工厂停工为由，向张连科施以压力：“奉委座谕，该厂工作不能停顿，平炉应设法维持。”

8月23日，尽管担心炼钢炉火目标太大，张连科仍被迫作出了夜间复工的决定。当晚7时，散居上海各处的职工秘密到厂。夜间生产也并不顺利，张连科在8月24日的电报中称：“职率员工于昨申到厂，开工至夜11时，因无电而止。今午开工，因敌机7架盘旋厂之上空，前后投掷多弹，工人惊散。”

从长计议　避迁汉阳

八一三事变发生后，张连科即安排技术专家何维华紧急编制了《上海炼钢厂迁厂计划书》，计划将工厂搬迁至湖南衡阳县东阳镇。俞大维则认为：“衡阳动力及厂房设备及防空条件俱不如汉，以利用汉阳铁厂为宜。仰从速筹备先将车床、电炉、起重机暂不需用之材料、砂箱等运汉阳铁厂，一方仍应于艰苦之中设法维持平炉工作，制造弹壳毛坯，以充军实。”

在战火绵延的特殊时期，上海炼钢厂拆卸、运输工作都困难重重。张连科在8月26日呈送俞大维的电报中称：“沪上运输情形现刻困难万状，职连日奔走接洽，车船俱无……敌机今日仍续来轰炸，并声言将南市炸平，前途殊堪忧虑。”

为了在坚持生产的同时妥善安排工厂搬迁，张连科制订了分批撤退的方案。“全厂员工，拟分为三批，随迁运车船赴汉。第一批为钢炉部、修理部、轧钢部；第二批为砂模部、木工部；第三批为车制部、零件部。每批约派事务人员数名同行。”张连科本人则在上海亲自领导钢厂的生产和拆迁，坚持到最后一刻才撤离。

1937年9月16日，上海炼钢厂完成迁厂工作，借汉阳铁厂开始复工生产，并在随后奉命更名为第三工厂。随着抗战形势的发展，1938年，第三工厂再度西迁，迁移至重庆大渡口。1940年1月1日，第三工厂并入钢铁厂迁建委员会（重钢前身），成为支撑抗战的重要钢铁生产基地。

（文中所示档案现存于重庆钢铁厂档案馆）

《中国档案报》，2014年9月22日，总第2664期，第4版。

在宁波迎送上海抗日伤病员的日子

戴庆琦[①]

八一三淞沪抗战前夕，我18岁，供职于上海呢绒行业。由于业务需要，每天晚上我都要到南京路慈淑大楼三楼四楼申报馆所创办的量才补习夜校攻习英语。

沪战爆发，住在闸北华界的居民纷纷逃到租界避难(我外祖母一家也从宝山路义品里逃了出来)，而一部分租界居民又向邻县邻省返乡逃难。当时战争一开始，陆上的公路铁路交通立时中断，仅海上尚有宁波轮船可通航，成为唯一的通道。我不甘在沪屈服于日寇的淫威，因此在炮火连天声中搭轮回到了故乡宁波。

此时，由于战争日益扩大，前线负伤将士也陆续撤到后方。在上海各界战地服务团体的协助下，部分伤员迅速撤入租界，再由海上输送到宁波。在这国难当头时刻，受爱国心的驱使，我在宁波与同学张介良、任怀炯、赵唯贤、叶忠思等人联袂投报中国红十字会鄞县分会紧急筹组的红十字会救护队。红十字会鄞县分会由商会会长袁端甫任会长，在宁波孝闻街董氏宗祠设立队部，推选我为队长，队员有应炯、王宗祺、韩香桂(女)等男女青年数十人，在四明医院陈训华等诸位医师的亲自教授下，边学边用，立即展开救护工作。担负起上海淞沪抗战伤员的中转及为敌机投弹所伤人员的救护等工作。当时，我等参加红十字会救护队，既不顾生命危险，更不计任何报酬，完全是自掏腰包自吃饭(以后在红十字会担任工作时，由红十字会供应伙食，别无其他待遇)。可是大家都是心甘情愿，出生入死，夜以继日地工作，情绪十分高昂。

当时上海开往宁波的轮船，有华商三北公司和招商局的，也有外商怡和、太古的。为了避免敌舰和敌机的轰炸袭击，中国船只曾借用英国国旗悬挂。每当宁波

---

① 戴庆琦，上海呢绒行业职员，淞沪会战时参加中国红十字会鄞县分会救护队。

接到上海发船送来伤员的电报，即按伤员人数组织接待和中转。这是红十字会救护队义不容辞的使命，而宁波华美医院、中心医院等几所大医院的医师、护理人员也得出动，七塔寺、青年会、影剧场等公共场所，临时辟作接待场所，供茶水、医疗、开饭，青年学生和各界人士纷纷前来慰问。在这一系列活动中，伤病员和接待人员相互交谈前线和后方的抗战情况，以激励士气。我们还为伤员做代写书信等各种服务。记得有一位被敌人机枪射穿了双目的伤员，心情特别激动，他一再昂首高呼，慷慨陈词，愤怒痛斥敌人毁坏了自己双目，因而无法再上前线杀敌，并宣誓一定要在伤愈后在其他场合与日寇作殊死的战斗。他的言词给在场的人以深刻教育。此情此景，历历在目，至今犹不磨灭。

任务是多方面的，每当搭乘伤员的上海轮到达宁波港之后，救护队员就立即从大轮船上接运伤员到岸上，再按照不同伤势，分批用汽车、人力车等各种交通工具送往医院或休息场所，供以茶水饮食，随时换药医治甚至抢救。伤势尤重的，就餐时还得喂食，其中最感困难也最为重要的，莫过于对各类思想复杂情绪不稳定的伤员进行及时的劝慰。首先要了解他们的具体情况（如家乡、家庭、亲人、妻儿……）做好政治思想工作。否则，某种不稳定的思想和反常情绪，极易引起共鸣而扩大蔓延。由此可见要做好一个优秀的救护人员，不仅要具有抢险抢救的胆识和医务知识，还要懂得心理学和有一定的政治思想修养。

宁波地处海防前哨，上海伤员到达之后，还得立即转送后方。当局安排伤员的去向，是南昌后方医院。从宁波送出去的第一段路程是曹娥、萧山、永康、金华。走铁路线由宁波坐火车去萧山（中间在曹娥过江），转浙赣线经诸暨到金华。走公路线坐汽车沿鄞、奉（化）、新（昌）转永康到金华。再从金华乘火车去南昌。不论乘火车还是汽车，我们救护队员都得随同伤员前往，以便沿途照料，直至目的地有了交代才整队回来。往往在途中还会发生各种意外情况，如遇敌机空袭必须停车隐蔽，以策安全。因为敌人是疯狂的，他们对国际公约中“对作战双方已放下武器的人员，应停止袭击”等规定，根本置之不理，曾多次发生敌机扫射或轰炸运载伤员车辆的事件，因此我们必须小心从事。

从上海经宁波中转的伤员先后不下 10 批，每批都有上百或数百名。所幸在先后转送的任务中，尚无重大事故发生。

当时，有一桩值得一提的事，曾轰动一时向四行仓库八百孤军献旗的女童子军队员杨惠敏女士也是随同伤员从上海经宁波转往后方的。我们同是年轻人，在宁波见到她，感到格外亲热。我们向她表示敬意，相互赠送照片并在纪念册上题词互勉。她还将自己拍摄的我空军轰炸敌“出云”舰的实战照片数张赠送给我作为纪念。她随同伤员来到宁波，也随同伤员离开宁波，前往当时抗日指挥中心——武汉。当我们同车到达奉化武岭附近的一个小集镇时，遇上了敌机骚扰而停车隐蔽，几位驾驶员对行车意见不一致，发生了争吵，以至即将动武。这时这位杨惠敏竟三步二跨跃向其中一位司机身上，紧紧抱住不放，藉以劝导和排除双方纠纷。她豪爽果断的行动感动了司机，争吵很快平息了，行车意见也统一了。大家亲眼看到这幕情景，不由得对这位年轻姑娘——战士深感钦佩。最后我们到了金华火车站，送她上了车厢，才互道珍重后分手。此后我们就一直没机会再见，听说她现在台湾，如若回顾往事，定当深感欣慰。

至于敌机在宁波砾社机场及市郊等处投弹轰炸时抢救工作情景，宁波土塔寺和尚踊跃组成僧侣救护队的慈善为怀的热心行动等等，在此不作详叙了。总之，八一三淞沪抗战时期，中国红十字会鄞县分会救护队是宁波最早成立的救亡爱国团体之一，以后各地才纷纷成立抗敌后援会和相继组织各种抗日救亡队伍。

上海市政协文史资料委员会编：《上海文史资料存稿汇编：抗战史料》，第3辑，上海古籍出版社，2001年版，第138—141页。

回忆抗战时在上海办理救济被难同乡

韩希愈①

1937 年 7 月 7 日，日军向[卢]沟桥发起进攻，平津相继沦陷，上海局势也随之紧张起来。我们看到华北难民流亡载道，深感救济工作不容延缓。在同年 8 月 6 日召集丹阳旅沪同乡会理事会议，席间我们根据会长爱国老人马相伯先生“国难人民自救建议”的有关指示，极力准备救济工作。同时认为有集中力量，扩大任务，尤其是联合镇江旧府属 5 县的同乡团体共同办理之必要。8 日，丹阳旅沪同乡会邀请镇江、金坛、溧阳、扬中 4 县旅沪同乡会作进一步的商讨。询谋佥同，拟组织镇、丹、金、溧、扬 5 县旅沪同乡救济委员会，以参加各单位负责人为委员，11 日宣告成立。并订于 14 日假座青年会召开首次常委会议。不料，13 日沪战爆发，上海近郊、南市、闸北一带难民扶老携幼涌入租界。全市人民情绪激昂，纷起要求为国效力。14 日会议我们仍如期举行。会议将要开始时，忽听到一声巨响，门窗都被震碎。原来是我国飞机在轰炸日军出云舰未命中，飞越上海上空时，不知何故一枚炸弹落在大世界附近，道路行人死伤枕藉，室内也遭到波及，一时秩序纷乱，不得已宣告流会。在这里顺带提一件事，就是救济会主席吴蕴斋先生是金城银行经理，他从银行里和总经理周作民、总稽核吴言钦一同乘车出来，行经大世界，周的汽车是前一部，过去了，第二部车是吴蕴斋先生的，他因参加救济会常委会议，车子从八里桥路转弯绕到青年会。后面是那位总稽核的车子，被红灯卡住了。这时正巧炸弹下来死于非命。吴蕴斋先生后来很激动，虽然会议流会，他也积极主张一定要领导办好这次救济被难同乡工作，与我一再商讨进行方案，准备以遣送为主。又订于 18 日假金城银行重开常委会，即席认定捐款，着手初步救济

① 韩希愈，淞沪会战时系镇、丹、金、溧、扬 5 县旅沪同乡救济委员会工作人员。

工作。复承扬中姚俊之先生慨借新星药房店址，权作临时办事处。部署既定，我们镇江5县救济会工作也就开始了。

遣送

我们救济工作，首先是注重遣送，使得被难同乡能平安返归原籍。我会遣送组主任杨管北先生，同时主持上海市救济会遣送工作，故决定与市救济会通力合作，由我会资助经费3 000元。可是登记的被难同乡，人数已达万人，输送困难。当时我出面急电丹阳县长李阐初先生、商会主席胡尹皆世丈、民组会主任林立山世丈、红十字会会长姜慧禅舅氏，请加速封船来沪，迎护被难同乡。战时船舶皆受统制，在各方协力之下，居然觅得小汽轮1艘、民船7艘，派林鑫山等监押赍粮，冒险来沪。这样使得一部分被难同乡能直接安抵原籍，免去辗转流徙之苦。可是汽轮马力过小，不能负重，遂再电镇江冷御秋先生拨借燃煤轮，并在丹阳由慧舅高价雇大民船10艘来沪，行程既快，容载人数也比较多了。途中尤为安谧，令人快然。最后又有一批从日本回国的同乡，复电丹阳续派汽轮来迎，归途适逢敌机，竟以机枪扫射，更投小型炸弹，幸未命中。可是难胞仓猝登岸东躲西避，在这种纷乱的时候，林鑫山等都危而不乱，又使大家平安抵达原籍。至于和市救济会合作遣送各批，都是从上海登舟，输送到苏州和无锡，再辗转返乡的。我电请丹阳旅苏同乡会戎法琴先生等，随时就地照料，并代联系优先登车。前两批是由丹阳来轮接走的。最后有一批旅日回国同乡，由市救济会送到苏州，不料在途中又遇到空袭，弃舟奔散。旅苏同乡会诸君不惮劳瘁，四出招寻得以齐集，各人行装也都找到，真是令人感动。在无锡则因难民群集，交通工具缺乏，虽然按批分送，也有不少淹留在无锡。吴蕴斋先生电请中外慈善团体联合会，我又电请丹阳旅锡同乡会，请求多多协助。金坛、溧阳同乡，则由溧阳慈善团派轮船在锡等候。各县同乡回籍后，分别由各县慈善团体酌予收容，分别遣散。按旅日回国同乡被送回籍者有三批，经丹阳派轮来迎的有两批，最后一批是乘市救济会的船从苏州转道的。送遣途中的给养，经市救济会代办，都是分发面包。丹阳来迎船只，粥饭具备比较优越。总计前后遣送42批，共21 334人。遣送组副主任蒋复仁、马如赓两先生和该组同人，奔走喘汗，劳怨不辞，尤堪称佩。记得有次在老垃圾桥堍难民上船时，日机飞来在上空转来转去，我当时也在场协助遣送工作，急急登上船头甲板大声招呼大家散开走避。等到敌机飞去，我看看四周连人影也没有了，只剩我一人在船头，当时我的确也不晓得什么是怕了。

收容

在救济工作开展时，碰到了收容问题。我们会所太小，无法作为集合候船回籍的处所接纳被难同乡。我又和丹阳同乡戴金永先生商谈，是否可以将他主持的普缘善堂借用。戴商得该堂理事诸君的同意，慨然将该堂四层大楼全部借用，解决了收容的首要问题。善堂诸君真是乐善好施，热忱可嘉。收容所中每天供给一粥一饭，环境也很整洁卫生。收容组副主任蒋复仁、姚汉彬、贾玉清先生等带头操作，为组内同人树立了好的榜样，因此所中秩序很好。当时天气炎热，鼠疫流行，上海难民死亡率很高。而我们临时收容所开办了 52 天，收容人数先后达 16 358 人，却没有一人被传染。这说明所里注重卫生，起居安适，饮食清洁，医药齐全，得到了较好的效果。

上海沦陷后，南市城区无家可归的被难同乡，纷纷避入租界，请求救济。在商得普缘堂理事会的同意后，继续借用居室。我们又开始办理长期收容，由唐钊侯、蒋仲衡两先生担任管理。到 1939 年 9 月为止，共开办了 23 个月，平均每天给养 306 人。会方因经济问题很难维持，我走访中国红十字会国际委员会总干事贝克先生，要求分拨给养，贝克慨然同意，供给了 8 个多月。其余都是我们同乡一致苦心维持，得以不匮。为教养兼顾，又分别组织了成人教育班、难童学校、缝纫班、贩卖团等，以免形成坐吃游惰之风。在教育中我们讲“你们为什么做了难民”？以激发他们爱国抗日的情绪，同时还开展一些文娱活动，调剂生活。

在我们所中，主要因彼此都是同乡，大家都能发挥互助互谅的精神，就是日常生活中发生一些矛盾，经过调解，也很容易解决。因此在管理上比较市里一些大收容所好得多了。在逢年过节时候，我们都要向难民发放一些衣物和食品，这都是同乡捐助的慰劳品。对教育班和难童学校成绩优良的，也发奖品，以资鼓励。总之使得他们也一心一意协助我们办好收容所。开办近 2 年时间里，没有发生什么不良事故，一部分人还学到一技之长，转入难民工厂工作。

救护

为了抢救抗日将士以及被难同乡，我们救济会又组织了救护队，到上海前线去工作。由陈培德先生领队，带领队员，并备大卡车以便抢救输送伤兵员和难民。每次抢救人数在百人左右。在沪战期间，我们先后抢救抗日伤员 1 054 人、受伤难民 2 343 人，其中我们同乡还是少数。在军队撤退时，时间匆促，我救护队在前线，由陈队长果断决定随军后撤。沿途未尝一日中断抢救任务，在辗转途中，碰到不少困难，我队先后损失卡车三辆。一直西移到如皋，不得已宣告结束。在汉口来电要求支援时，我们又想方设法，让队员们由香港绕道返沪。当时在上海各同乡团体，都各自救济被难同乡，可是到前线去抢救伤兵和难民的却没有，我所这项工作在同乡团体来说实属创举。

我们也曾支援过抗日的游击队。丹阳有一位管文蔚同志在家乡组织游击队抗击日寇，缺乏医药和急救器材，曾派戎秉忠来沪向我们要求支援，据说管是共产党人。当时我和吴蕴斋共同主持救济会，他们就来找我。为了抗日一切都好办，不过经费方面却很困难，因为救济会捐款是专款专用的，现在却是为了支援游击队。我只得先去五洲药房和同乡费锡侯先生商量，按照丹阳来的单子配好药品和器材，计价 400 多元，装成五个木箱，交给戎秉忠乘难民船带回。关于款项，由蕴斋先生付出一半，我负担 150 元，马如赓先生也出 50 元，总算完成了任务。后来扬中同乡吴福钧先生来要求支援布匹帮助在扬中的游击队，我和如赓捐赠 20 匹布交吴带去，聊尽个人爱国之心。

生产

难民生产是维持救济事业之根本办法，我们在长期收容难民时，就计划筹设难民工厂。开始准备办一些轻而易举的小工业，遴选难民中年轻力壮者，分别习作，自食其力。预算以 5 000 元为度，这样就要首先筹募经费，由我垫款，并邀请书画家们，筹办两次书画义卖。名画家镇江同乡谢公展先生、溧阳同乡姜丹书先生等极力协助支持，成绩较好。1939 年 2 月筹募经费告一段落，乃商得京口公所董事长许秋飒先生同意，借用吕班路(现重庆南路)空地，建造木屋以应需要。在行将落成时，法租界公董局通知阻止，我们多方呼吁未能通融。不得已将木屋让渡与天主堂，厂务进行暂告停顿。适巧蕴斋先生的朋友朱警辞、张瑞芝两先生，愿出资向印度订购高氏农村实用纺纱机全套，供给我厂应用。经蕴斋先生决定，双方订立合同。这样原来拟办小工业计划，进而改变为小型纺织厂了。厂分纺、织两部，纺部与张等合作，织部由我们自办，主要就是为了安置被难同乡。根据经营范围，谨慎从事。关于租地问题，那时上海畸形发展，几乎没有什么空地了，即使有，租价之昂，条件之苛，往往出乎意料。辗转物色才租到昌平路空地，时已逾年，而厂房设计，初是因陋就简。在领执照时却一再修改，且因砂石统制，运输困难，更值雨季作息靡定，全部工程到 10 月底才告完成。于是收容所中送来难胞分批予以训练，其他善团要求派难民受训的也酌予收下，然后并送各厂实习。到 1940 年底结束。所费不赀，仅训练难民 235 人，真是事倍功半，同仁均引为遗憾。1941 年开始转入正式生产，计划能货无滞留，适合时需。这样转为正常机构，如有盈余即可移充补助我同乡福利和救济各项事业之用。谁知所办机件仅止于训练而不能适用于正式生产。又复由蕴斋先生邀约专门人员精心擘画，对机件之修改和添置，营业之调整和改正，都安排妥帖。到 5 月底一切完竣，正期欣欣向荣投入生产，可是电力限制，米粮统制，物价飞涨接踵而至，一切都足以阻碍工厂的发展。12 月 8 日，日军发动太平洋战争，进占租界，难工均自求资遣回籍，而厂方也接到敌伪即令解散之文告，于是忍痛结束。所遗厂房、机件等，由蕴斋先生派金城银行管理员周小坡先生接洽让渡与永兴金属厂，以清偿银行债务。

救济会工作计自开办到结束为止，共募得捐款 81 011.08 元，支出遣送收容经费 36 091.75 元，救护经费 11 185.55 元，生产开办训练等经费 180 088.59 元。不足之款均由蕴斋先生等设法借垫，俾得事业尚能顺利进行。至于会计事务，全由镇江同乡李文杰、李鸿寿两会计师义务担任，事无巨细，两人均亲自参与，不惮琐碎。这种服务精神，值得同乡们称道。回忆我镇江、丹阳、金坛、溧阳、扬中 5 县旅沪同乡，为办理救济被难同乡、救护抗日将士的工作，消耗岁月与心血资财先后达 4 年之久，的确值得记录下来，作为纪念的。当时我还是一个年轻的后辈，得能追随同乡前辈负责镇江等 5 县救济会工作，兢兢业业，终始其事，在抗日救亡方面略尽绵薄，尤其感到莫大安慰！

上海市政协文史资料委员会编：《上海文史资料存稿汇编：抗战史料》，第 3 辑，上海古籍出版社，2001 年版，第 126—133 页。

中法学堂学生的爱国行动

金长琨[1]

上海有许多类型的外国教会主办的洋学校。在这些学堂里，学生的爱国活动受到洋人的干涉甚至禁止。1941年4月24日，国民党抗日将领、退驻上海租界的“四行孤军”谢晋元团长，不幸遇害。当时笔者正肄业于上海法租界公董局主办并由法国天主教圣母兄弟会神职人员任教的中法学堂（即今天的上海光明中学）。现在回忆，敌人曾企图封锁谢将军之死的消息，但纸是包不住火的。原来“四行孤军”自从退驻胶州公园后，谢团长每天带领部属举行升国旗仪式，这是当时孤岛人民的最大精神鼓舞。谢团长惨遭杀害，孤岛上空从此国旗消失。全市人民不能再看到中国国旗了，精神受到莫大打击，一场轩然大波由此翻腾开来。当时我们在学校里发动了一次悼念孤岛消失国旗的抗议示威行动。是年4月某一天第一节早课，班主任、副校长安杰（Ange）先生走上讲坛，我们全班同学一个也没有站起来向他行礼，他也就无法示意“请坐”，非常尴尬。接着当他正准备开讲时，全体学生突然一齐起立，谁也不吭声，态度十分严峻而目露怒火。抗议仪式虽仅几分钟，安杰先生已感到很不愉快。我们没有等他质问，早就委派坐在第一排的一位戴眼镜的同学（恕我已忘他的姓名，他是商科第一名，毕业后曾分配到法公董局财务处法国人O. Desaove手下任文牍）抢先告诉安杰：“我们今天在此，为上海消失中国国旗表示中国学生心中无比的愤怒，也为祖国蒙受侮辱，表示抗议！”副校长安杰耸了耸肩胛，双手一摊，眉头紧皱，只好默然而已。我们此举引起教会学校当局的重视。打从以后，改变了应届毕业生只许有法文文凭的局面，特此印发印有孙中山先生像和中国国旗的中文毕

---

① 金长琨，淞沪会战时系上海法租界公董局主办并由法国天主教圣母兄弟会神职人员任教的中法学堂学生。

业文凭，至少说学校当局尊重了中国学生的国格和人格，这在以前是办不到的。

此后，我们又发起了一次课堂示威抗议行动。事情的经过如下：当谢晋元将军遇害噩耗传来时，我们毕业班全体同学群情激昂，有的在课堂内相互转告，有的公开议论，人人心情沉重。我们又从报上获悉上海各界纷纷去参加谢团长追悼会的消息，全体同学迫不及待地集中在一起秘密开会，经过协商倡议每人捐钱，买了一只花圈，花圈上写着："谢晋元团长千古，中法学堂正超班全体学生敬挽。"并草拟了一篇悼文，以示对爱国将领遇害的抗议，体现上海学界誓死不甘当亡国奴的凛然节操。记得那天是 1941 年 4 月的某一天早晨，法语语法课教师白鼐先生(Bernard)正在教室(班名：正超班 Cowis Superiaw aème annèo)朗读讲解课文(教室地点：即今天光明中学二楼)，忽然，只听见嗤！嗤！一片移动课椅的声响，原来我们早已约好，那天上午在课堂上，全班十几个同学要一齐站立起来，低头默哀，遥向谢将军亡灵致哀。看到班上这种不寻常的景象，白鼐先生心中纳闷，但他不出声；而当追悼仪式结束，大家安坐下来时，他便开始大声训斥。我们讲清原委后，他又责问事先为什么不向学校打招呼，还威胁说，他将禀告校长。今日想来，白鼐老师肯定已将此事向校长万谦(Vincent)反映。

不过，由于"四行孤军"谢团长之死，当时在上海乃是震动全市的头等新闻。虽然上海人民处在政府内迁的状况下，但人心不可侮，悲情不可堵，法国人对中国学生的爱国行动也只能顺水推舟，不敢扩大矛盾。我们还委托一位姓汪的同学去胶州路、星加坡路胶州公园(即今天的静安区工人体育场)献送祭文和花圈。其余同学在教室致哀，热泪盈眶，心情沉痛，气氛十分悲戚和肃穆，为中法学堂前所未见。后来校方也未予追究。

求学时代这段不平凡的经历，在当年同届毕业生中(1941 年 6 月下旬)人人都有记忆。以上不仅是笔者个人思想的写照，也是全体同窗好友共同感情的再现。当时甘冒被校方开除危险而参与行动的同学，经回忆有：高元祥(天主教徒)，他后来毕业于震旦大学医药系，新中国成立后在瑞金医院担任过皮肤科主任医师；又有陆德荣，他年龄最小，曾于 1941 年底来到法商东方汇理银行找我话别，去法国担任一位法国医生的助理员；又有一位唐××，后去美国侨居念书；再有盛××，曾在上海市电报局(和平饭店底层铺面)任职，等等。

上海市政协文史资料委员会编：《上海文史资料存稿汇编：抗战史料》，第 3 辑，上海古籍出版社，2001 年版，第 142—144 页。

淞沪抗战时期主持浙江重伤医院的回忆

褚承猷[1]

八一三淞沪抗日战争爆发，浙江省政府主席朱家骅认为杭州临近上海，可将奋战重伤伤员运杭抢救护理。

通过沪杭两地有关医疗卫生机构紧急协商，提出积极筹办临时野战医院性质的浙江省地方重伤医院，为上海战区转运下来的重伤伤员作抢救手术与护理。

本人原在南京卫生署流行病学组任职，浙江省政府主席聘请我出任重伤医院院长之职，负责紧急建院工作，院址设在杭州梅东高桥笕桥空军军官学校内。医院暂设病床600张，临时由省民政厅卫生处抽调省级市级所属医疗机构内外科医护人员。由于医疗救护人员不足，医护力量薄弱，轮值班次调派困难，遂派专人与湖州福音医院(属美国教会医院)联系。

湖州福音医院院长是美国人曼吉医生(Dr. F. C. Manggie)，对日寇侵略中国，表示极大愤慨。福音医院本已有撤退准备，遂决定撤退杭州，大部分医护人员，重要的外科手术器械、卫生材料设备，由曼吉医生亲自率领事务人员若干由湖州迁杭。同时由省外事处人员与英国人主办的原杭州市广济医院院长柯登(Dr. Bishop Curten)主教协商两院合并事宜。杭州广济医院临时床位分散收容抢救护理，并作为浙江省府主办的重伤医院临时分院。

当时上海同济大学校址在吴淞蕴藻浜，地处日侵略军战地，因此奉命全校及附属同济医院撤退内地，途经杭州时，省府、市府派人联系，商定为加强重伤医院医疗救护力量，由当时同济医院院长李宣果、外科主任章元瑾组织率领外科手术组，参加重伤医院工作。

---

① 褚承猷，淞沪会战时任杭州浙江重伤医院院长。

重伤医院和同济医院手术医疗外科小组、湖州福音医院、杭州广济医院4院，共设病床600张，但仍不敷每日周转。由淞沪转运来杭重伤专列车，平均每昼夜有百人左右。因此，凡已经抢救护理，病情好转者及时转运金华、兰溪等处后方军医院疗养。

为更好解决重伤病员住院床位周转紧张问题，又临时利用笕桥空军撤退后的空库房、教室、走廊、贮藏室和部分宿舍等增加床位400张，这样总计有1 000张病床。当时临时雇用的杂勤人员、辅助人员有400余人，除免费供应每日三餐外，以日计发0.50元。不论医务、护理，还是杂勤人员，分批分班日夜值班。另外一部分事务杂勤工，专管接运和转运伤员。沪杭两地红十字会救护大队，冒着敌机空袭、扫射、在炮火下抢运重轻伤病员，其爱国主义自发行动，使人十分感动。

重伤医院是浙江省地方主办的，由省财政支付费用，从来没有向省内外任何方面要求资助。

但是，省内外，特别是上海市各爱国、慈善团体、工厂、商店、学校等企事业单位，出于对日本侵略者无比仇恨，出于爱国主义的热忱，主动大批捐赠各种救济日用品。其中医疗外科手术部分器材，重伤病员绝大部分的内衣、棉背心、床上用品等等，是上海三友实业社等厂商和上海、杭州各界爱国人士所捐赠。上海梅林、泰康、冠生园等食品厂捐赠大批饼干、罐头。同时沪杭两地以及全国各地慰问团纷至沓来，慰问函电如雪片飞来，给了我们极大的慰勉和鼓励。

淞沪前线战地重伤下来的战士，死亡率高达15%—20%，主要原因是战地救护重伤伤员，由于抢救在炮火下进行，绝大部分都没有按常规程序处理。又为了躲避敌机轰炸扫射，多半于夜间专列运杭，延误了救治时间，且转运来杭途中，无医疗救护设施，创伤感染严重，终于不治，令人扼腕。

浙江省地方重伤医院在1937年12月10日奉命撤退重伤伤员，转移金华、兰溪等后方陆军军医院。当时由于时间紧迫，共撤退伤病员计1 100余人。最后留有胸腹部、头部严重炸伤、枪伤，又遭感染，生命垂危，实在无法移动者计87人。外事人员和本人与杭州广济医院院长柯登主教协商，拟将不能移动的87名重伤病员送英国教会主办的广济医院继续住院治疗，痊愈后代为给予资助使其回原籍，一切医疗生活费用，均由中国政府通过外事偿付。当本人和该院联系时，柯登院长主动提出留下住院的87名伤员，一切费用均由英国教会慈善救济资金支付。至于后来究竟如何处理，就不清楚了。

同济大学全校教职员、学生和同济医院最后撤退至四川宜宾。湖州福音医院曼吉医生和家属由沪返美，重伤医院全部医护工作人员各返回原工作单位，本人和省府主要负责人员于日侵略军侵占杭州前夕（1937 年 12 月 18 日）乘公路局留下的专用车去永康，向省府作书面汇报。

浙江省政府地方重伤医院，自 1937 年 8 月 20 日奉命紧急筹组，至 8 月 24 日开始收容由淞沪军用专列运杭重伤战士，至同年 12 月 19 日撤退，计 118 天。

在杭州市被日侵略军侵占前 10 天，浙江省市党政机关等先后撤退金华、永康、龙游、兰溪等地。

重伤医院是当时中、外籍医务人员，在抗日战争中救死扶伤的联合战时野战性质的医院，充分体现国际主义和人道主义精神，是爱国主义自发的表现。

上海市政协文史资料委员会编：《上海文史资料存稿汇编：抗战史料》，第 3 辑，上海古籍出版社，2001 年版，第 134—137 页。

不能忘却的上海“拉贝”

——抗战时期饶家驹及其建立的上海“南市难民区”

汪志星[1]

饶家驹及上海“南市难民区”的情况在中国报刊史料上早就有记载，1997年还被正式列入了官方编纂的上海市《南市区志》。而《南市区志》内关于饶家驹及“南市难民区”这一章节的内容主要就来源于当年上海报刊上的相关报道及相关史料。

饶家驹，1878年3月15日出生于法国洛林地区，1946年9月10日逝于德国西柏林，字铁才，父亲是著名工程师，母亲为美国籍。他于1913年来华传教，曾在圣心堂管理外侨教徒，并担任法国驻沪陆海军与公共租界“万国商团”随军神父、上海天主教所办各外侨子弟学校童子军指导员。这使他有机会接触各国驻沪领事馆和租界当局。在1932年一·二八淞沪抗战时，饶家驹曾担任“华洋义赈会”会长，出入战区救护伤兵难民。饶家驹在华生活27年，曾多次从事难民救济。

1937年八一三淞沪抗战爆发后，饶家驹受各方委托，在复旦大学操场、徐家汇等地建立了6所难民收容所，收容难民5万多人次。饶家驹鉴于在法租界和南市交界的民国路（今人民路）上有大量难民，于是提出了设立“南市难民区”（亦称饶家驹安全区）的建议。经过他多方奔走，得到英、美、法等国驻沪外交当局支持，最后取得中日交战双方的同意，11月9日“南市难民区”正式成立。成立的当天就收容难民两万多人。最多曾有收容所130余所，收容难民10万人以上。难民区由以饶家驹（当时任国际红十字会难民救济委员会负责人）为首的外籍人士组成监督委员会负责管理。为拓宽经费来源，饶家驹于翌年5月赴美，在白宫会晤

① 汪志星，上海市黄浦区地方志办公室工作人员。

罗斯福总统，获资助约 70 万美元。在美国期间，饶家驹利用一切机会走访政界和社会要人，四处募捐。为此，1939 年，美国医学援华会等团体发起“一碗饭运动”。

二

1937 年 8 月 13 日，日本侵略军向上海闸北、虹口、杨树浦一带大举进攻，淞沪抗战爆发。日军所到之处，烧杀掠抢，上海及邻近地区成千上万人流离失所。为避战火，难民纷纷涌入上海公共租界和法租界。租界人满为患，难民最多时达 70 万。大批难民露宿街头，成年人每日冻饿死者逾百人，儿童每日死亡约 200 人。租界当局恐难民滋事，也惧日军趁机进入租界寻衅，便在法租界与华界交界口安装铁栅门，架设铁丝网，以阻止难民大量涌入。于是，无数难民被困南市，集结于民国路上，缺衣少食，处境悲惨。

当时，南市公共场所甚多，加之居民大量涌入法租界，留下大片空房。法国天主教神父、“华洋义赈会”会长饶家驹向上海市市长俞鸿钧建议，在南市划一区域接纳难民。11 月 4 日，上海市政府批准设立“南市难民区”，并以不损失领土主权为前提，提出四项原则：一、不与日方洽商；二、此系国际难民救济性质，绝非变相租界，任何外邦不得干涉中国领土主权；三、外邦不得派兵驻扎，亦不需外邦武装警卫，该区治安由中国警察负责；四、不订任何协议，凡不违反上述原则，中方予以考虑。同时，饶家驹又向日方提出，对难民区勿施攻击。5 日，日本驻沪总领事冈本答复：“同意该区域（难民区）只供市民居住时，保证不对之进攻，也不在该区域内进行军事活动或敌对武力行为。”经过饶家驹的斡旋，得到中、日及租界三方当局同意，上海市政府于 11 月 8 日发布告示：“中国红十字会向上海国际委员会建议在本市沪南区划出难民区，以为战时难民暂时寄托之所……本府以事关救济难民，为维护人道起见，业经呈奉中央核准照办在案。兹准于本月九日中午十二时起实行。”下午 4 时，上海国际救济委员会在议定的“南市难民区”四周各路口竖立旗帜，旗帜上有大红十字及国际救济委员会中、英文名称。9 日下午，上海国际救济委员会开始在方浜路各路口修筑防御工事（沿民国路各路口原已有工事）。至此“南市难民区”区域正式划定。

“南市难民区”设监察委员会，饶家驹任主席，总管区内诸事。委员会下设总办事处，驻南市北区救火会内，年底移驻租界。为便于管理，难民区分 9 个分区。第一区为：丹凤路东，福佑路南，民国路西，方浜路北；第二区为：安仁街东，民国路南，丹凤路西，梧桐路北；第三区为：障川路（今丽水路）、旧校场路东，民国路南，安仁街西，方浜路北；第四区为：潘家街、侯家浜（今侯家路）东，民国路南，障川路、旧校场路西，方浜路北；第五区为：晏海路（今河南南路）东，民国路南，侯家浜西，方浜路北；第六区为：狮子街、旧仓街东，民国路南，晏海路西，方浜路北；第七区为：露香园路东，民国路南，狮子街西，方浜路北；第八区为：青莲街东，民国路南，露香园路西，方浜路北；第九区为：民国路东、南，青莲街西，方浜路北。每区设区长 1 人，下设总务、文书、训导、给养、庶务、卫生、清洁、登记、调查、医务各组。年底以后，难民区监察委员会名义上仍受上海国际红十字会领导，实际上已受制于伪大道市政府"南市自治委员会"。

社会各界和国外组织踊跃以实物、钱款捐助难民区。上海不少机关、团体承诺供应给养一周或一旬；上海伶界曾发起义演，集款资助难民。区外难民也有节食捐献者。市救济分会第一收容所难民节食 29 袋面粉捐助；"三一三难民贩卖团"绝食一天，每人节资 6 元，购大饼 600 余只送往难民区。财政部长孔祥熙曾拨款 5 万元给饶家驹，并说明其中 4 万元专用于"南市难民区"。法租界为救济难民发行慈善奖券，每期以十分之九拨"南市难民区"。美国红十字会捐赠中国战区难民 100 万美元，有部分拨予"南市难民区"。

11 月 9 日，"南市难民区"建立第一天，先辟城隍庙、豫园、小世界及各学校、教堂为收容所，当即收容两万余名难民。10 日夜间起，战争推进至南市南部，难民往北奔逃，不断涌入难民区，各收容所人数迅速增加。据 11 月 28 日统计，难民区内有 118 个收容所，8.8 万名难民。以后原在民国路的难民也陆续被劝导入难民区，区内难民数超过 10 万。难民生活十分艰苦，但尚能维持最低生活水准。初期，每日上午 9 时和下午 2 时发放两次粥。以后，根据登记人数改发大米，每人每日一罐（约 6 市两），由户主凭卡领取，同时每人每月发生活费 1.95 元，后因物价上涨，每月发 10 元左右。对区内居民按户口限量供应平价米，每包售价 16 元。入冬，监察委员会将各慈善团体募集的大批棉衣、棉被分发给难民。难民区在梧桐路老天主堂处设 7 所难童学校，招收 2 000 余名学生，难民子女均免费入学；另在九亩地阜春街设残老院，收残疾老人 130 余人。中华医学会在区内设问诊处 12 处，并在万竹小学内设流通图书馆。普善山庄负责掩埋尸体。区内还设草绳工场和板刷作坊，招收难民 200 多人，后因缺原料停办。继而又办一刺绣与花边工场，由法籍拯亡会修女执教，收难民妇女为徒。

难民区时有管理不善之处。如，第七区区长任希彭虚报难民数额，克扣难民口粮。事发后从其家中搜出赈米若干、赈衣百套及绸布棉被百余条。又如1939年4月,难民区委托恒达洋行采购糙米1 000包,其中数百包搀入稗子、砂石。此外,难民区内还经常发生吸毒、赌博、酗酒、斗殴等违规事件。

日方虽然表面上承认"南市难民区不受武力攻击",但实际上从未放弃对这个区域的觊觎。1937年11月5日,冈本宣称,"一旦中国军队被逐出其周围地区,日本陆海军有意占领此地区"。12日中午,新北门障川街窜出30多名日兵,在沙包上插着太阳旗,用枪刺驱散周围难民。下午又开出两辆轻型坦克,西向巡行民国路,14名日本步兵尾随,恣意查抄行人。后经饶家驹交涉,日军才未越过民国路。不久日军又以在难民区外巡逻时被人打伤为由,不顾国际救济委员会申辩,强行开进难民区搜查。翌年底,日军曾将难民区总办事处通租界的电话线剪断,后经饶家驹据理力争,才由工兵接通。为加强对难民区的控制,日军和伪大道市政府将难民和居民居住区域分为红、黄区,后又分为21个区,区与区之间人员不准来往。同时将难民居住的区域缩小至小世界、青莲庵、庙前救火会、豫园、内园、珠玉业公所、露香园7处。难民区出入口仅剩淘沙场和陈市安桥两处,分别由日兵和伪警把守。

由于日军在上海进行经济封锁,对米、棉、煤等物资实行严格管制,加之物价飞涨,难民区的经费日渐枯竭,供给越来越困难,不得已降低供应标准。1939年9月13日起,难民口粮由每日6两减为3两。10月1日起,居民停发口粮,对其中不能维持生活的4 700人,另设3个收容所安置。同时动员有工作能力的难民自谋出路,并疏散部分人员回乡。中国共产党领导的上海慈联会以"疏散回乡"的名义,由饶家驹弄到两批通行证,输送难民中部分青年投奔新四军。此时,区内尚有难民19 209人,收容所88个。

1940年,欧洲战场吃紧。饶家驹奉法国天主教之命于6月16日离开中国去巴黎从事战时救济工作。"南市难民区"缺乏主持者,只能宣告结束。6月24日《申报》报道,难民区代理常务理事发表公告:"查本办办理救济中国难民工作,瞬间三载,每年施放粮款,为数甚巨。现为经费枯涸,无法继续,经饶常委员在离沪之前,曾开会决议,定于六月二十日停止给养……所有口粮,展至月底为止,并准每名给予一个月之恩粮,作为遣散之资。"同时又称,"南市难民区"遣散难民问题,除老弱者由新普育堂继续给养,已全部解决。7月3日,难民区监察委员会致函法国驻沪总领事馆,宣告6月30日已停止活动。至此,"南市难民区"不复存在。

三

上海“南市难民区”的创办比南京国际安全区还早了十几天，由德国人约翰·拉贝所领导的南京国际安全区正是通过饶家驹与日方联系的，并在南京大屠杀期间保护了 20 多万中国难民。拉贝还写下了著名的《拉贝日记》，成为日后关于南京大屠杀的第三方铁证。

可以说“南市难民区”不仅是南京国际安全区的参照样板，同时饶家驹也亲自参与了南京国际安全区的创建。此后，“南市难民区”的模式又在抗战期间的武汉、杭州、广州、福州等地，在不同程度上得到了复制和模仿。

二战结束后，1949 年修订《日内瓦公约》时，以上海“南市难民区”为样板，签订了《日内瓦第四公约》即《关于战时保护平民之日内瓦公约》，饶家驹的名字两次被写入其中。这是一项殊荣，只可惜饶家驹没能亲眼看到这一幕。而且《日内瓦公约》中也曾以“南市难民区”为例，因此，“南市难民区”有着很大的史料价值，只是目前国内关注的人还不多。

“南市难民区”开创了这样一种模式，即在战争期间不仅保护交战双方的伤员和战俘，也要保护战区的平民。这是一个首创，在当时填补了空白，因为此前的《日内瓦公约》并没有相关战时平民保护的条款。也就是说，中国抗战期间上海“南市难民区”模式，后来成为国际法的一部分，如今已广泛实施于世界各地的难民区、难民营等。

1938 年，饶家驹的事迹就已为人所知，当年的美国《时代》杂志也有报道。但随着岁月的流逝他渐渐被世人遗忘。

四

随着社会的不断开放和进步，人们开始越来越关注历史、了解历史，饶家驹及“南市难民区”的历史情况也被越来越多的人关注和研究。

人们比较熟悉的《拉贝日记》中就有 12 处提到饶家驹(译作雅坎诺)，详述了饶家驹与南京安全区国际委员会及日本方面的联系，最后一处提及是在 1938 年 1 月 27 日的《拉贝日记》中，拉贝对饶家驹称赞道：“据上海电台的消息，法国政府授予雅坎诺神父‘荣誉骑士’封号。我们在这里一起经历了很多，委员会的 15 名成员尽了最大的努力，克服了重重困难。雅坎诺先生做出了常人无法想象的成绩，封他为荣誉骑士，他当之无愧。”

在此，值得一提的是美国国会图书馆研究员、历史学家阮玛霞女士（Marcia R. Ristaino），在上海调查二战期间犹太难民的历史时，意外得知饶家驹的故事后产生兴趣，随后在法国、日本等地大量寻访史料，写成并出版了《饶家驹安全区——战时上海的难民》一书，并在 2011 年被白华山翻译成中文，由江苏人民出版社《海外中国研究丛书》出版。此著翔实叙述了关于饶家驹在上海的经历，还介绍了 1940 年 6 月饶家驹离开上海启程返回法国后的传奇故事。饶家驹启程离开上海时说，他的祖国正在遭受着战争，他要回去帮助他的同胞们。这一年的 5 月，纳粹德国进攻法国，饶家驹想创建一个类似上海“南市难民区”模式的“巴黎安全区”，却不曾想到纳粹德国 6 月就攻陷巴黎，法国很快战败投降，饶家驹关于“巴黎安全区”的设想没来得及实现。

然而随着战局发展，1945 年德国战败投降，举国一片焦土。饶家驹反而作为罗马教廷的首席代表被派往柏林，主持救济德国难民的工作。1946 年他因病死于西柏林的法国占领区，享年 68 岁，当时的柏林大主教、法国占领军司令以及中国军事代表团团长桂永清等在西柏林弗洛诺（Frohnau）的教堂出席了他的葬礼。饶家驹过世后，他的遗体并没有运回其家乡，而是就近安葬于西柏林的法国占领区墓地。

五

2013 年 3 月，德国海德堡约翰·拉贝交流中心驻华办事处负责人、“饶家驹—拉贝友好协会”会长姜郁春到柏林收集饶家驹的相关史料，并找到了饶家驹的墓地。2013 年 6 月初，姜郁春先生陪同专程赶来柏林的美国学者阮玛霞女士拜访了饶家驹的墓地和举行葬礼的教堂等地；此后又与墓地管理处及柏林赖尼肯多夫（Reinickendorf）区政府达成协议，为饶家驹墓地捐献墓志铭牌。

2013 年 8 月，当姜郁春先生与我说起，他有捐献镶嵌玉片的墓志铭牌并在玉片上用中文写下“仁者爱人”四个字（玉石与汉字都是承载中国文化的载体，仁则是儒家文化的核心，用于描绘跨国际的人道主义者饶家驹正合适）的想法后，我认为作为一名后生有这种想法是一件好事。我立刻就想到了上海著名文化学者余秋雨教授，因为在我的印象里，余秋雨教授的许多作品是跨国界的、具有国际影响，尤其重要的是余秋雨教授对约翰·拉贝和饶家驹其人其事都有很深的了解，他对“仁者爱人”也有过很好的解释。于是我提议请余秋雨教授为饶家驹墓地墓志铭牌镶嵌的玉片题写“仁者爱人”这四个字。我立即联系了余秋雨大师工作室的金克林先生，没过几天，余秋雨教授亲笔题写的“仁者爱人”并有落款的书法作品就展现在我们面前。2013 年 9 月 1 日，余秋雨教授的题字刊登在德国首份华人半月刊《华商报》第 344 期上。

2013 年 9 月 10 日，柏林饶家驹墓地墓志铭牌揭幕仪式举行，中、德、法、美等四国嘉宾 60 余人出席。

时光荏苒，饶家驹及其建立的上海“南市难民区”已经离我们远去，但这位在战争中无私地帮助过中国人民的老朋友，永远不会被我们忘记。

《中国档案报》，2014 年 3 月 13、14 日。

回忆八一三抗战中的上海新闻界

王文彬[①]

历史性的大变化

1937年七七卢沟桥事变后，爆发了中国人民的抗日战争。更大规模的抗战是从上海八一三开始，在3个月的上海抗战中，各行各业都发生了空前未有的大变化。上海是当时全国新闻事业的中心，新闻界也发生了历史性的大变化。

上海大小报纸几十家，绝大部分减少了篇幅。《申报》、《新闻报》历史最久，规模最大，每天各出报八九张之多，特别是《新闻报》的广告篇幅常常超过新闻篇幅。抗战开始后，工商业的广告都减少了。战时交通拥挤、阻塞，报纸运销外地也大成问题。

《大公报》为及时报道新闻，从8月14日起，增出《大公报临时晚刊》，4开一张。《大公报》和《立报》因注重新闻采访和评论写作甚受读者欢迎，销数比平时大大增加。《立报》篇幅小，零售多，销数一度跃进到各报的前列。

《时事新闻》和《大晚报》因为同属一个公司经营，战时曾出版两报的《联合号外》。《神州日报》为适应读者需要，曾提早出报时间，因而一度多销，后来因内容贫乏，销数又跌下来。

上海租界内的小报，长时期以来，一味迎合低级趣味，黄色新闻较多；抗战爆发后也改变了内容，增加了有关抗战的宣传资料

① 王文彬，淞沪会战时任《大公报》本市新闻版主编兼外勤课主任。

各报纷纷停刊

日本侵略军1937年11月侵占上海后，上海各报纷纷停刊，有一部分迁移外地出版，兹略志如下：

《救亡日报》1937年11月22日停刊，1938年1月1日在广州复刊。

《立报》1937年11月24日停刊，1938年4月1日在香港复刊。

《民报》1937年11月24日停刊。

《时事新报》1937年11月27日停刊，1938年4月27日在重庆复刊。

《中华日报》1937年11月29日停刊，与香港《南华日报》合并。

《神州日报》1937年12月1日停刊。

《大公报》1937年12月15日停刊；早在1937年9月18日增刊汉口《大公报》；1938年8月13日创刊香港《大公报》，1938年12月1日创刊重庆《大公报》。

《申报》1937年12月15日停刊；1938年1月15日创刊汉口《申报》，1938年3月1日创刊香港《申报》，1938年10月10日，利用外商名义在上海复刊。

《新闻报》1937年12月16日起停刊一星期，至12月24日复刊。

国民党中央通讯社上海分社1937年11月24日起停止发稿。

当时接受敌伪新闻检查的只有《新闻报》、《时报》等几家；后来《新闻报》找到外商招牌，才终止了送检。

敌伪破坏报业的罪行

日本侵略军侵占上海后，最初，上海公共租界和法租界尚能维持原状。因此，租界内的英、美等外商报纸仍照常出版，同情中国抗战；同时，利用外商招牌的中国抗日报纸继续创刊，都不接受日本侵略军的新闻检查。因此，日伪组织除阴谋用金钱收买抗日报纸外，特派奸徒袭击抗日报社，曾多次写恐吓信，投掷手榴弹，送人手、人头，送毒汁水果，埋藏硫磺弹、定时炸弹，等等，妄图迫使《文汇报》《译报》《导报》《中美日报》《大美晚报》《大美报》《华美晚报》《大晚报》《大英夜报》等报改变抗日立场。但是这些袭击、破坏罪行，更激起抗日报纸的严正痛斥。

1940年7月2日，汪伪组织曾在汉奸报上发布“通缉令”，列入黑名单的共83人，其中新闻界人士约近半数。计有《申报》金华亭、马荫良、胡仲持、瞿绍伊、张一萍、黄寄萍、赵君豪、伍特公；《新闻报》马崇淦、汪仲苇、顾执中、朱曼华、徐耻痕、潘竞民、蒋剑侯；国民党中央通讯社冯友真；《大晚报》崔唯吾、徐怀沙、金摩云；《大美报》张似旭；华东通讯社吴中一；《大美晚报》刘祖澄、程振章；《中美日报》吴绍澍、汪倜然、张若谷；《神州日报》蒋光堂、盛世强；《华美晚报》张志韩、戴湘云等。

据 1940 年 7 月 16 日上海《大美报》载，汪伪组织将在上海各家英文报工作的袁伦仁、庄芝亮、吴嘉棠、郝志翔等 4 人也列入黑名单。

据同年 10 月 7 日桂林《救亡日报》载，汪伪组织通缉的 83 人中，还有暗藏的附逆分子。

上海殉难的报人

上海被日军和汪伪组织杀害的报人，首先是《大美晚报》副刊“夜光”主编朱惺公（朱松庐的笔名），他对汪精卫降敌卖国，曾多次著文痛斥，对日伪种种恐吓，坚决表示“余不屈服，亦不乞怜”。1939 年 8 月 30 日，朱惺公被暗杀后，上海各界人士对日伪非常痛恨，对朱惺公遗属致送恤金，几天之内即达 2 万余元。

接着被汪逆爪牙杀害的报人还有：美商《大美报》发行人张似旭 1940 年 7 月 19 日被日伪杀害后，重庆《新华日报》曾于 7 月 24 日发表短评表示哀悼。美商《大美晚报》国际版编辑程振章 1940 年 8 月 19 日被日伪枪击，受重伤，21 日逝世。《申报》记者金华亭，1941 年 2 月 3 扫被日伪枪击毙命。美商《大美晚报》副经理兼广告部主任李骏英，1941 年 6 月 23 日被日伪狙击毙命。

据国民党政府“明令褒扬”并“特给恤金”的上海殉难报人，先后共计 15 人，除朱惺公、张似旭、程振章、金华亭、李骏英 5 人外，还有邵虚白、赵国栋、冯梦云、周维善、秦钟焕、陈桐轩、吴鸿煌、朱鸣春、王安陆、陈坤等。

我的点滴回忆

八一三抗战时，我任《大公报》本市新闻版主编兼外勤课主任。因抗战爆发，外勤课和通讯课合并成立采访部，范长江和我共同负责，他分管战地记者的采访工作，我仍分管上海市内的采访工作。淞沪抗战尚未结束，长江因工作需要离开上海。

记得八一三那天的《大公报》本市要闻版，我编写的头条新闻大标题是：《沪市紧张情形，宛如一·二八前夕》。当时读者最关心的是上海战场的新变化。《大公报》在上海的战地特派员经常是杨纪（张蓬舟）、高公（高元礼）等，他们每周休息时，我接替他们赴战地采访，一般是晚饭后出发，深夜赶回编辑部，写点“本报战地特讯”，有时因战局变化，第二天夜里才能回来写稿。

我那时主要忙于编辑工作，出外采访机会不多，我记得只写过《闸北大火记》《闸北孤军奋斗始末记》《南市难民视察记》《廿四救护医院参观记》《上海的难民问题》等篇。在《大公报》临时晚刊上，只写过《释放政治犯》。

1937 年 12 月 14 日，《大公报》停刊，王芸生写了《暂别上海读者》、《不投降论》两篇社论。全体员工一律给资遣散，我第二次失业（1934 年春曾在北平第一次失业），曾利用这期间将我 1933 年在北平民国大学新闻专修科的采访等讲义修改补充，编成《采访讲话》一书；同时将新闻界人士的论文辑成《报人之路》一书，两书同时在上海出版。

1938 年 2 月，上海《文汇报》创刊，《大公报》因投资关系，派徐铸成和我到文汇报社工作。徐主持笔政，我主编本市新闻兼采访主任。我工作不到半年，被《大公报》派赴香港，参加香港《大公报》创刊工作。后来转到广州，主持《大公报》驻粤办事处和广州分馆。

上海市政协文史资料委员会编：《上海文史资料存稿汇编》，第 10 辑，上海古籍出版社，2001 年版，第 95—100 页。

一名教师心目中的淞沪抗战

汪长锐[①]

1937年卢沟桥事变前夕，我刚结束了4年大学生生活，来到上海一所私立中学担任专职教师。正当我以培养新一代人的喜欢心情，投入秋季开学授课准备工作的时候，八一三淞沪抗战爆发了。我立刻参加淞沪抗战的后援工作，并目睹了这次抗战的前后过程，现仅就一个中学教师对战役的观察，忆述如后：

淞沪抗战前夕的上海

日本帝国主义为了进一步实现加速并吞中国的野心，于7月在北平挑起卢沟桥事变后不久，又挑起八一三事变，准备大举进攻上海。在八一三事变前夕，整个上海的气氛已十分紧张，随时随地都可看到抗日爱国活动和居民频繁的迁徙；电影院、广播电台频频播放着激动人心的歌曲，在《义勇军进行曲》的鼓动下，人们斗志倍增。全市抗日后援组织正酝酿着成立；在北四川路的日本兵营附近日军的防御工事增多了，敌兵街头巡逻队来去频繁了。全市笼罩着战争有随时可能爆发的火药味。

位在虹口区、闸北区和江湾、郊县的群众，鉴于一·二八事变未即时撤出的教训，纷纷地找较为安全地点迁徙。这时“法租界”及“公共租界”中英国势力范围地段有人满之患。因为原住在这些地区的住户，他们的亲友突然降临，不得不尽可能让出一些地方给亲友暂住；有些“二房东”也趁机以高价出租住房，发一笔小“国难财”。同时，粮食、蔬菜来源减少而需要量突增，售价亦在上涨。如市场上大米

① 汪长锐，淞沪会战时系上海市某私立中学专职教师。

原售价一石法币 10 元左右，这时涨到一石 16 元以上，面粉一袋也上涨到 5 元左右。商店里购买日用品的人增多了，这是因为原有的日常生活用品，多留在原住地。

淞沪抗战中的后援会

8 月 13 日下午，上海上空响彻着枪炮声，说明驻在靶子路日本军营内的敌人已发动向我方守军进攻了。敌人向驻守在水电路上持志大学的我军打出第一枪，我们英勇的上海保卫战开始了。日本兵营是在 1932 年一·二八事变后修筑的，位于靶子路通往闸北天通庵路口，是一座高层的大建筑物，屋顶有瞭望台，平时日夜都有日军值勤，军营顶部还装有一门大炮，炮口直指持志大学校舍。日军兵营距持志大学约有 2 公里。当时我军就是凭持志大学的建筑守卫着我国神圣的领土，以迎击敌人的进攻。据报载，战斗打响之后，我军曾一度攻入日本兵营，因不了解这一建筑物内部结构，不便于防守，故又退出。

枪声响后，上海市各界抗敌后援会宣告正式成立并开始工作。这时上海居民虽处在战争环境中，但没有被战争所吓倒，而且更加斗志昂扬地展开抗敌后援工作，紧张地进行救济难胞和救护、慰问伤兵。

后援会对救济难民工作，事先已有较详密的计划，所以当难胞涌入市区时，就很有秩序地把一批批难胞送到各个“难民收容所”去。那里的大批义务工作人员，立刻热情地为难胞安排好食宿问题，有病痛的还找派来的医务人员为其诊治。难胞群众也能和工作人员很好地配合，所以所内秩序一直保持良好，没有发生过意外事故。“难民收容所”都是利用游乐场所及影剧院设置的，一共有几十个，最大的一个是设在“大世界”里。笔者开头几天也在这个收容所里义务工作过，后来才去专搞宣传工作。

救护伤病员，也是后援会中心工作之一。战斗一打响，事先酝酿好的救护队，立即组成开赴前线抢救伤兵。救护队员来自不同职业的人，当中医护人员居多，都是义务服务。他们昼夜不停地冒着生命危险在前线抢救受伤的抗日英雄，转送到后方医院医治。上海三个月的抗战，他们的足迹走遍了各个战场，抢救出成千上万的伤员。

后援会再一个中心工作是抗敌宣传。当时后援会组织有几套宣传班子，有作专题讲演的，有作前方战绩报道的，有作捐献宣传的。专题讲演组每周举行 1—2

次，事前在《申报》上刊登全部讲演人名单、题目及时间，届时按预定计划进行。笔者也被安排作了一次《国家兴亡，匹夫有责》的讲演，内容着重号召国人“踊跃输将，为抗战作出贡献”。我仿佛记得是在爱多亚路（今延安路）一个广播电台上讲了15分钟。至于征集捐献物品的，通过电台一广播，要什么立刻就有人送到指定地点来。记得有一次播出某伤兵医院急需一些香蕉之类水果，两小时以内，民众送来的水果就把一个电影院的舞台堆放满了；虽然又立刻广播不要再送水果来了，可是仍然不断有人送。捐献慰劳前方将士的物品，可以开一家大型的“百货公司”。捐款的人也很多，不少旅居海外的炎黄子孙汇来大批外汇，爱国之情感人至深。

在敌人心脏里的战斗

日军在战争开始时，曾狂妄宣称三个月内灭亡中国。可是上海军民的抗战，使敌人的吹牛破产了。在上海一个地区，敌人用了几十艘军舰、20余万精锐部队、死伤几万人、花了三个月，才占领了我军后援不继的上海。而当上海即将成为“孤岛”的时刻，市区内还出现一场英勇壮烈的抗击战。那就是在谢晋元团长指挥下，八百中国壮士坚守四行仓库的战斗。这一可歌可泣、惊天动地的英雄业绩，在中国历史上写下了一首永不磨灭的诗篇，它震撼着中外。

在苏州河北岸屹立着一座四行仓库，虽然周围已被日军团团围住，轻重机枪和小钢炮不时朝着仓库轰击，可是我们英勇守军仍毫不动摇地坚守着阵地，国旗仍在四行仓库的屋顶上迎风飘扬着，它充分显示出了中国人民不可侮的精神！每层楼窗口的枪口都对着敌人阵地，不时吐出一长串红彤彤的火舌，击退了敌人无数次的进攻，也消灭了诸多进犯的敌军。八百壮士坚决不理睬敌人多次的诱降，也回谢了友邦人士提出的只要不带武器可以进入“租界”安全地带的善意安排，誓死与阵地共存亡。那天，我亲自在南岸看见有一个中国女青年，高举着国旗泅水到四行仓库，向八百壮士送去全市人民的慰问信。中外记者的镜头摄下了这一壮举场面，报纸上也作为头条新闻刊出。其实，这位小姑娘就是中国人民的化身，是在谢晋元烈士率领的八百壮士视死如归的精神激励下而出现的壮举。由此也可以看出人们对国民党爱国官兵的崇敬心情。

全国政协文史资料委员会编：《文史资料存稿选编：抗日战争》（上），中国文史出版社，2008年版，第577—579页。

八一三抗战时期民营厂矿的内迁
——我国工业总动员的序幕

林继庸[①]

一　八一三淞沪战前我国工业的概况

我国的工商业，向来就在沿海商埠一带发展，尤以上海天津两处为最。因为交通、原料、电力、技术、市场、金融、捐税、劳工等种种条件的优越，又受着数十年帝国主义治外法权的孕育，所以其工业特别发达。根据实业部民国二十六(1937)年九月底止的登记：在上海合乎工厂条件的(即合乎工厂法的规定，有五十个工人，十匹马力以上者)有一二七九家；广州市虽是我国自有主权的最繁盛的都市，但只有较大的工厂一六四家，比上海差得太远了；天津则因八一三之前已经沦陷，没有确实的统计数字；其他各地，工厂少得可怜，微不足道。上海的工业固然发达，可惜我国没有强大的海军、空军，不然，上海倒可以比美黄金世界的纽约！只因没了国防保护，所以忧国者只盼望能学就《西游记》上所述那移山倒海的法力，把上海整个搬到内地去，好好的从头整顿起来，以便国难临头时为国家作个军需及人才供给的重镇。

二十余年来帝国主义的侵略炎威，只在所谓安乐窝里睡觉的人们梦境上微微的印了些儿感觉，九一八事变算是打了人们一记耳光，记得那时热心国事的人们高喊着抗日，但是一到局势紧张便纷纷地把家眷赶速迁进租界内逃命；又记得汪精卫那时尚以革命者自居，会大声疾呼救国奋斗，但自己却住在租界内不肯踏进

① 林继庸曾任复旦大学化学系主任、理学院院长，1937 年 8 月受南京国民政府行政院委托，出任上海工厂迁移监督委员会主任委员，在上海主持迁厂事宜。——本书编者注。

南京一步。上海——具有伟大吸引魔力的上海租界！一般自号爱国志士且不愿离开上海，若想把已有工业根据的企业家劝他们把工厂迁到内地去，岂是一件容易的事？

一·二八的火光和炮声，照灼着人们的眼帘，震动着人们的耳鼓。我那时方加入第十九路军总指挥部担任技术工作，为着军用品的供给，曾有一个时期与上海的工业界共同尝受辛苦危难。各项军事用具得着厂家们的帮助，颇能迅速地完成交货。差不多需要什么就能立刻办到什么。当时十九路军在上海抗战，很能够光荣地打了些胜仗，厂家们着实给予伟大的帮助。因此我对于军事与工业的联系，有了个更深刻的认识。想到内地的工业是如何得幼稚，我们将来或许在内地抗战，若是没有各项工业帮助，会感觉到如何的不方便呢?!

资源委员会于一·二八战役后成立。当局者目光远大，把所设计的重要工厂一律摆在内地。兵工署亦开始感觉到非往内地设厂不可了。浙赣铁路及粤汉铁路两条大动脉，正由曾养甫(在台任立委)凌鸿勋(字竹铭，在台，任中油董事长)两氏及其同事们全力兼程并进。陕、川、黔、滇、湘、桂、粤、闽、苏、浙十省的公路网已逐渐贯通。其他民营事业方面，在后方比较上值得述及者：在四川，有刘航琛、胡光麃诸氏排除万难把重庆电力公司的两个大发电机及四川水泥厂、莘兴机器厂的设备，加紧筹划进行；卢作孚氏亦将其民生实业公司增强组织；杨芳毓氏正在竭力完成钢铁厂的设备；在云南，缪云台、金龙章诸氏正筹划设立云南的第一家纺纱厂；在陕西，韩威西氏与其友人致力实业，惨淡经营；此外，长沙有伟大的发电厂及纱厂、机器厂各一家；四川有面粉厂三家，纸厂一家(用稻草做原料日出一顿单面光纸)，机器厂两家；陕西有纱厂一家，面粉厂两家；贵州有纸厂一家(用稻草做原料日出半吨单面光纸)；江西有机器厂一家，陶瓷厂一家；湖北有纱厂五家，面粉厂三家，较具规模的机器厂四家及水泥厂一家。在全面抗战发生以后，虽仅有此数厂，然因他们所处地点的优越，所以在后来八年抗战过程中，确已尽了伟大的力量，尤以各纱厂及重庆的电力厂、水泥厂、民生公司等为最。

津、沽、青、济等处的工业已不堪回首！山西及广东两省的工业，曾经当局者奋其全力，锐意经营，以及永利化学工业公司在卸甲甸伟大的创造，均足以表示国人之能力。然而择地不慎，无补时艰。其最堪太息痛恨者，则为数十年曾有先觉哲人，目光如炬，早料及抗战需要，在后方已为吾人预留下许多良好的工业基础，如左宗棠氏在皋兰所创办的机器毛绒两厂，张之洞氏在武汉创办的丝、麻四厂及铁、针、玻璃等三厂，又盛宣怀氏所经营的汉冶萍三矿场等，而吾人不能发扬光大之，卒至人亡政息，使优良工具变为历史上的陈迹，真是吾人的奇耻大辱！

一·二八的炮声只惊醒少数人的好梦，大多数的人们仍旧是酣呼鼾睡。上海吸引灵魂的魔力更复加厉，种种建设的计划，均在那里促成上海的繁荣，民间企业界有了成见，有了苟安的心理，又不能用科学制度来管理他们的事业，谁肯离开上海把工厂迁入内地去！让我再述一件事实来代表一般人的看法吧。当我苦劝一位大企业家内迁，经过一小时的时光，把国际厉害同民族安危的史迹推论，反复陈述了之后，他的回答是："林先生，不要太兴奋啊！记得一·二八大战那时，我们的工厂总共停工还不足十天呢！"不到黄河心不死，火山一日不爆发，他们也乐得在火山口上多嬉游一日，若是同他们讲道理，说到害，他们便会口若悬河的发出偌大的道理，辩别更深刻的利害来回答。因为积习难返，所以我们在七七抗战以前推动工厂内迁的尝试，不得不认为失败。

尝试失败后，得了一个结论——推动厂矿内迁及集合国中企业界与技术人才跑入内地来埋头苦干，是我国实业界划时代的革命事业，非有急剧的环境变迁及巨大的势力推动，断断办不成，这一机会，一直等到七七抗战发生后才露出来。

二　上海工厂拆迁前的准备

（一）建议上海的工厂内迁

敌人在卢沟桥发动战事没有几天，政府即成立了总动员设计委员会，由何应钦（敬之）部长主持，分为几个部分，其中资源部分，由资源委员会召集。民国二十六年七月二十八日，我出席机器和化学工业组的会议。在会议中曾讨论到全面抗战时期军需供给的问题，我即把握着这个机会，提议把上海的工厂迁移到内地去。当时议论纷纷！有些人以为事体是应该办的，但是恐怕不易推动，眼看着上海这方面战争就要开始了；有些人以为上海的各家机器厂凑合起来，其设备也抵不住一家国营的兵工厂，实在值不得搬迁；有些人以现在民有的力量，即是国家的力量，能将他们的生产机器搬迁内地，固然是更好，即不然若能够带同这些工业界的主干人员跟着政府一起也有用处，我们不妨尝试，尽我们的力量去做，国家因此多花些钱，亦是值得。我认为民间工厂的规模确是比不上国营工厂，但是搬进内地去亦有其用处，且现在各民营机器厂亦多接受国营兵工厂的订货，即如我们国营兵工厂的规模亦比不上克虏伯、斯可达等厂，但是我们的兵工厂搬进去亦可帮助战事的进行啊！结果我们决定去试作接洽。

七月二十八日下午资源委员会派庄前鼎、张季熙（在台，任台糖协理，退休）两员及我前往上海与各工业界领袖商洽。其时上海的情形已相当紧张了，二十九日约得上海公用局徐局长佩璜及工业界胡厥文、项康原（在港）、薛福基、吴蕴初、支秉渊、颜耀秋诸先生筹商迁厂办法。诸先生均曾参加一·二八抗战工作，此次聚首一堂，重谈此事，盱衡时局，义愤填膺。我的建议，甚得他们支持，胡厥文先生尤为热心，自动的向各方面奔走拉拢，汗珠儿湿透了他的大胡子也不肯少息。胡先生的大胡子是有来历的，记得一·二八抗战时，胡先生受了我的委托，兼旬工作，于丝绕颊无暇剔除，我笑谓彼且留起胡须来作纪念，待我们打到东京去，再剃不迟。时隔五年余，已髯长尺许了。三十日胡厥文先生召集上海机器五金同业公司举行执委会议，邀我等出席讨论，当时曾大大的辩论了一场。大鑫钢铁厂余名钰，上海机器厂颜耀秋，新民机器厂胡厥文，新中工程公司支秉渊，中华铁工厂王佐才诸先生当时均表示愿以身作则，将自办的工厂随着政府一起走。即日，商得迁厂原则，我即于当晚偕同上海机器五金业同业公会代表颜耀秋、胡厥文两位返京复命。过了数日，康元制罐厂项康原先生，中国工业炼气公司李允成先生，大中华橡胶厂薛福基先生及天利、天原、天府、天盛四厂主人吴蕴初先生，均先后来访表示愿意迁移。薛福基先生并亲自入京来与我计划一切。八月九日资源委员会建议于行政院院务会议，以上海市区为我国各工厂集中之处，现值吃紧关头，市区内各工厂都愿意迁移内地，为政府效力，以充实军备，俾长期抵抗之力量得以增厚，预计将工作母机二千部连同工具，并挥炼钢、炼气、制罐、制橡胶轮胎及制防毒面具等重要生产设备，迁至后方指定地点复工生产，需辅助迁移款项五十六万元（旧法币）。并于同日总动员设计委员会小组会议议迁厂事宜，由资源委员会派员赴沪全权负责主持一切。议决后，我再度去上海，临行前，杨继曾（君毅）拉着我的手说："继庸兄，你能够搬出两个工厂就很能干了，这不是一件容易的事情啊！"这句话直到现在我还记得清清楚楚。

（二）迁厂预定的步骤

当时我们曾预想到工业动员是件困难的事，将来工业复员时其困难更要增加，横在目前，我脑子里想到要措置的事体，至少有三十余项，可分为三个步骤：

第一步拆迁时 1. 劝迁，2. 选择，3. 拆卸，4. 装箱，5. 报关，6. 运输，7. 保险，8. 设站，9. 检验，10. 接收、11 各厂未复工前工人的安置，12. 对付在变化中的环境。

第二步迁到集中之地后，又需 1. 分配省区，2. 择地，3. 购地，4. 租厂，5. 安装电力，6. 分配机件，7. 材料原料的添补供给，8. 工作分配，9. 经济筹划，10. 技术员工的增添及训练，11. 工作母机的补充，12. 应付军事逆转时的危机。

第三步 1. 在国营工厂未复工之前及其后，应制造何种产品？2. 除却军需品之外，民间日用品应如何顾到？3. 各厂本身的管理问题，如何能在混乱的时代中使其合理化？4. 交通的困难是无法避免的，应如何补救？5. 各地区的政治人事等问题如何应付？6. 各项工业纵横的联系使能紧密联合，勿失却其中的一环链？

我们更因而推想到新厂的设计与配合。又想到将来战事完结之后，如何能使已迁及已成立的各厂永远留在大后方。不独要把他们的生产工具及资本留下来，更要把现有的企业界技术界人员以及由他们训练成功的新的一辈人才都留下来，更进而吸引欲来未来的各方面的人才，把他们一同拉进后方。我国中部、西部、西北部各处应当有几个新的"上海"，平白地建造起来，以为第二次抗战时期的准备。这些念头，这些希望，当时都略略草拟。虽是各种方案要随着军事的进展方能举办，但是这个政策必是要首先决定的。

在我的脑子里，却从来没有想到如何把这些工厂重复迁回上海去。相反的我却想到……1. 将来战事完结之后，应当如何组建机关前往大阪、神户、长崎、横滨等处，把敌人的重要工厂拆迁到我国后方来，以为赔款的抵偿；2. 将来各厂家能得着较新颖的机械工具，及较精良的技术时，我们现在所迁入的机械，将会成为老大的废物，应如何把这些老大废物迁入康边、青海、新疆、滇西等较为深入的内地去，作过渡时代的建设。

我根据办工厂的三个条件来草拟迁厂草案，那就是要顾到安全、方便、有利三个原则。要做到安全，事前必须有一周详的计划。所谓方便，就是不要找厂家的麻烦。虽然政府补助不多，他们也愿意搬。商人以赚钱为目的，所谓"砍头生意有人做，亏本生意无人干"，就是这个道理。譬如现在香港，很多人在"火山口"开厂，他们何尝不知道危险，但因为有利可图，他们还是冒险做。抗战前夕，他们千里迢迢，长途跋涉，将工厂拆迁到内地去，就是受了这三个因素的影响。

三 资源委员会上海工厂迁移监督委员会时期

（一）"上海工厂迁移监督委员会"的成立

民国二十六年八月十日，行政院第三二四次会议通过资源委员会拆迁上海工厂的提议，着由资源委员会、财政部、军政部、实业部会同组织上海工厂迁移监督委员会，以资源委员会为主办机关，严密监督，克日迁移，关于印刷业之迁移，由教育部参加监督。当即由资源委员会派林继庸，财政部会计长龙松舟（在台任行政院主计长，已退休），实业部派代理工业司司长欧阳仑，军政部派整备科上校科长王祄（湖南人，王祉之介弟，王祉现任台湾省建设厅，为名诗人）为委员，以为我主任委员，驻沪主持一切迁移事宜。各委员于十日下午四点得知消息，即于当日下午六时在车站聚集乘车赴沪，其时国库应发的款尚未领到，资源委员会副秘书长钱昌照先生乃借发五十六万元支票交我带去支用。

八月十一日上海工厂迁移监督委员会在上海成立，举行第一次会议，并即召集上海的五金、机械化化学、冶炼、橡胶、炼气等工厂方代表，开会讨论办法，责令克日组建上海工业联合迁移委员会，在监督委员会的指导及监督之下进行工作，八月二十日厂方代表公推颜耀秋（上海机械厂）等胡厥文（新民机械厂）、支秉洲（新中工程公司）、叶友才（华生电器厂）、严裕棠（严氏为大陆机械厂负责人裕隆机械公司董事长严庆龄之父，年前在台逝世）、余名钰（大鑫钢铁厂）、吕时兴（中新机器厂）、王佐才（中华铁工厂）、赵孝林（电机公司）、项康原（康原制罐厂）、钱祥标（中国制钉厂）等十一人为委员，经监督委员会认可，并指定颜耀秋、胡厥文、支秉洲为正副主任委员。上述十一位委员均为当时上海工业界之佼佼者，号召力强，国家民族观念重。我晓以大义，请他们下定决心，率先提倡示范，先将自己工厂拆迁，其他工厂自然跟着效法。监委会决定先将机器、材料拆迁至武昌徐家棚集中，然后分配西上宜昌、重庆、北上西安、咸阳，南下岳阳、长沙。至于迁往广西云南两处的工厂，则拟俟第二步由广东方面迁移较为便利。上海南头一带工厂的机件，集中闵行、北新泾或南市起运。其现在闸北、虹口、杨树浦一带者，则先行抢拆至租借装箱，由苏州河或南市水陆起运。凡机件、材料、半成品、工具等，经审查准许迁移者，发给装箱费每立方呎三角五分，运费至武昌者五十三元，成品运费准发至镇江，每吨十二元。各厂抢运机件如在危险地带，可不待检验径自装船运出，其应领费用，经殷实厂商作保亦可发给，俟到镇江或汉口再为检验证明。部署既定，即着手分头进行。

（二）工厂拆迁所遭遇之困难

其实上海的风声已然极度紧张，敌兵巡逻市上，面目狰狞，战机一触即发，住在租界以外的人们，都赶着搬家逃命。在租界内居住，亦赶着把家眷迁往乡间或原籍暂避。忙碌纷乱中，我们简直找不到人。

八月三十日，上海的炮声响了。十五日，敌机来袭，我机奋勇迎击，在空中大战起来。人心更是惶惶然，军政部代表王祄以责任重大，要赶回南京任所；事业部代表欧阳仑亦要求离开上海；只有财政部代表龙松舟愿意留下来。我心想，监督委员会委员一旦离开上海，以后找他们开会不容易，一切工作立即陷于停顿。我遂要求他们将全权委托书交给我，在委托书上签名盖章后始能离去。从此，我以监督委员会主任名义全权处理上海工厂拆迁工作，不用开会，独断独行，反而感到方便。

八月十六日，敌军继续轰炸，大炸弹从空中掉下来，正中着大世界，把热心国事任劳任苦的薛福基先生炸伤，不久他竟因伤身故。在炮火连天的时候，地方秩序相继混乱。这十日内我们遇着不少困难。

卡车，火轮，划子，挑工，是我们办运输的对象。货车的主人，其热心爱国的，已把少数的车辆送到前方军队应用。其余的因为恐怕拉差，宁可把车辆的零件拆去，闲放在巷堂里。其肯出租的，一定要很高的价钱和很稳当的担保。说起来也难怪他们，当时货车出了租界外，须要特别的入界照会才可回来。的确，有些车辆出了租界外，就为有力者扣去。就是装上机件的车儿，沿途亦常遭警察及流氓的拦阻，每次都要费许大力量才得平安通过。火轮船那时忽然也减少了许多数量。我们费了九牛二虎之力找到一辆轮船，先付租金，转眼间又被难民麕集占领。如此的已不止一次了。好容易搭通过了线索，方才雇得些划船及力夫。在杨树浦一带更必须要出高价钱雇得白俄或高丽的力夫及司机，才可进出。长江下游江阴要塞已被封锁，火车太过拥挤，且开行无定时，车站机车头又都是轰炸目标，我们只好放弃陆路运输，专靠划子来工作。

驻防军队因为要清查汉奸，封尽所辖地区的通路，均派兵拦守。各军队均要自发通行证或护照。内中不免有些奸人借此为发财之具。甚至由区内把机件搬出来亦要护照，护照上注明物件数目及人数。工厂的职员工友们。往往因为多带了一件被铺，而至全批物资被扣留。监督委员会首先与京都警备司令部办事处取得联络，发给通行证，以便厂方职员率领工人入戒严区搬运物资，由各厂高级职员及工厂职委会职员严密监视，并负完全责任以防汉奸。该办事处主任邢震南先生极明白事理，极有肩膀，经我将情势解说，便立即交给我许多空白的通行证，及盖印的白布章、木船与货车的旗帜等。各厂负责人凭着这个护符，便可入得戒严区域，以后再向每军每师去办此类交涉。

往事不堪回首，假若当时有准备、有计划，能有一个机关以公平的统制分配运输工具，及主发通行凭证，则对于我们的工作便可增加许多便利，物资抢救出来的数量也必可大大地增加。

其时沪上各银行奉令暂停兑现，后来开放，亦限制提款，幸得财政部次长徐堪(可亭)先生允许，我所带来的支票随时可向中国银行兑现现金；关务署并允许，可凭监督委员会的证明，准各厂迁移的物资免除关税及检验，待到汉口海关再行补验。各工厂的资产大多抵押于银行，未得债权人的允许，其抵押品是不许擅动的。各债权银行亦允经监督委员会证明，由主任委员负责担保，准其迁出，我在三日间竟附上担保五千余万元的责任。

困难犹如江水，滚滚不尽而来，监督委员会有两位委员已早于八月十四日因公返京。我亦因连日奔走南市，闸北，左脚受伤中毒，伯特利医院石成志医生诊治之后嘱我休息，要把左脚悬挂起来，不可放下，否则恐成残疾，须割去一足。各厂家相顾无言，我亦只得一只脚跳来跳去！但我不能终止我的工作。我在马浪路租了一家跳舞厅作为办公室，悬高左脚坐着办公，接应各方面来往的人物，工业界朋友们见我这样不屈不挠拼命苦干，心亦为之感动，工作更加迈进，很多小事不再麻烦我了，有问题他们自己想办法解决。如此工作效率反而增加了，原来我常陪他们到各处办交涉浪费了过不少时间，现在他们分头工作，我则驻厅(跳舞厅)从中指挥，在万难之中，鼓励着各厂当事人的勇气。不要灰心，要冷静着头脑，把紧张的情绪捺住，他们每当走投无路之时，常大发牢骚。对待他们只有忍耐，只有安慰，只有勤勉。当此千钧一发的时机，假若我们之意志稍现颓丧，我们之处理稍感畏难，则此后工作进行必将陷于停顿。厂家各人，打不破重重难关，均已失望，殆以为迁厂事必无所成。我们心念上海一隅的战事，不知能支持几时，岂肯轻易放松一瞬的时间？监督委员会立即把上海工厂联合迁移委员会的内部组织加强，并代为解决种种困难。幸得资源委员会负责者指导于上，各厂家又分头合作负责于下，工作虽是艰苦，但进行还算相当顺利。

独资经营的厂家，关于迁移问题，尚容易决断进行，至于有限公司组织的迁厂举动却惹起法律问题。董事会简直是开不成，股东会更无从说起。监督委员会于是下令给各厂的负责人，必须服从政府的命令，将厂中机件拆迁，一切责任自有监督委员会代为向其董事股东们负担。当时最顽强的要算龙章造纸公司的常务董事傅筱庵，他与日人有勾结，以日寇作其后盾，起先拒不迁移(后来日本占领上海，大道市政府的首任市长就是傅筱庵)，监督委员会下令由该厂总经理庞赞臣全权负龙章造纸厂拆迁之责，并一再警告傅筱庵，如在限期内未拆迁，将其工厂炸毁，绝不以厂资敌，傅筱庵知道无力抗拒，只好放手。后来龙章纸厂内迁重庆，改组为中央造纸厂，并兼制钞票纸，成为后方规模最大的造纸厂，在抗日期间，对后方的文化事业贡献很大。

（三）由被动到主动

淞沪战事日益加紧，工厂迁移的风气亦日渐造成。最初虽经苦劝谈者而不肯动弹者，后来竟有人自动前来要求加入工厂拆迁的行列。小型工厂拆迁较易，重作亦较迅速，宣传的作用很大，一传十，十传百，造成一呼百应的趋势。工厂拆迁蔚为社会风尚，变成一种时髦。好像谁的工厂不搬迁，谁就表示对抗战不力，被认为准备做顺民，做汉奸。故一大型工厂搬了，必有十数个小型卫星工厂随之。监督委员会为争取时间起见，对于及早迁移者除所给装箱费，运资，旅费，生活费之外，并允向政府商请低利贷给建筑、复工等费，协助征地、用电、承接工作，减免苛细杂捐，购储材料原料，以减少其复工困难，务必使各厂于到达指定地点之后，迅速复工生产。其延不迁移者，则在一定期限之后，将酌减其应得津贴。同时并将迁厂种类加增，不仅只限机械，化学，电气，冶炼等业，其有合乎后方抗战需要，及具有一技之长，而得监督委员会核准者，亦准发给同样待遇。其不合紧急需要，而自愿随政府迁移者，监督委员会亦酌量给予方便。上海市社会局长潘公展（在美）又代为普遍通知各厂，及各同业公会，嘱其到监督委员会接洽，我复重托各厂之努力分子，四出劝导，工厂联合迁移委员会派李若膺驻苏州，金履端、邹友仁，蒋逸聪驻镇江，李守中驻武汉，各处设站接应。资源委员会复派陶寿康，施才两员驻镇江，李荃荪（在台任台肥公司协理）、吴至信两员驻武汉，执行监督并负责照料。凡工厂联合会及各站队员，有因公受伤或死亡者，由监督委员会担任医养抚恤，此表示政府对西迁的重视，也使他们免却后顾之忧。

（四）动人的一幕

厂家自己的努力，是值得人们钦佩的！他们奋斗的经过，真是可歌可泣！在炮火连天的时候，各厂职工们正在拼着死命去抢拆他们所宝贵的机器。敌机来了，伏着地上躲一躲又爬起来拆，拆完了就马上扛走。看见前面那伙伴被炸死，大声喊声“哎哟”，流着眼泪把死尸抬过一边，咬着牙筋仍旧是向前工作。冷冰冰的机器，每每涂上了热腾腾的血！白天不能工作了，只好夜间开工。在巨大的厂房里，暗淡的灯光常笼罩着许多黑影在那里攒动，只闻锤击轰轰的声响，打破了死夜的沉寂。这是一幅由血泪交织而成"工业总动员"，至今回忆犹不能忘怀。而当时工作人员的艰辛，亦非笔墨能形容的。

（五）第一批厂仓皇西上

民国二十六年八月二十七日，是一个值得纪念的日子，这一天马雄冠的顺昌机器厂、严耀秋的上海权器厂、胡厥文的新民机器厂、胡叔常的合作五金厂等四家之机件，共装船二十一艘，并技工一百六十余人，由各厂重要职员高功懋、刘元义、邵仁理、金祥宏等分别率领冒险由苏州河运出。翌日，余名钰的大鑫铜铁厂、支秉洲的新中工程公司、沈鸿的利用机器厂、胡允甫的精一机器厂、李翊生的启文机器厂及姚兴昌铁工厂之机件及工人，亦由各厂派负责职员吴仲甫、李翊生、安得璋、沈鸿、胡允甫、徐亚坤等分别率领，继续运出。其运输方法简述如下：用木船伪饰以树枝及茅草等，每艘相距半里许，互相照应，循苏州河，用人力划出；途中如遇敌机来袭，则泊于江边芦苇丛中暂避；抵苏州后乃雇用小火轮船拖原船至镇江，再换装江轮直驶汉口。苏州镇江两处均已设有运轮站，与当地军运及政府机关取得密切联络，并与上海时通情报。那时因江阴已被封锁，铁路又侧重军运，吾人只得由苏州河一条路运至苏州，或取道南市由松江转苏州。

此次运输方法尝试成功的消息传来，中国建设工程公司、慎昌铁工厂、康元制罐厂、中国窑业公司、中华铁工厂、益丰搪瓷厂、镐錩铁工厂、汇明电池厂、铸亚铁工厂、中国机器厂、美艺钢铁厂、达昌机器厂、三北造船厂十三厂的物资由各本厂职员雷志璠、黄生茂、谢正宽、载怀三、庄阿大、董吉甫、钱惠康、孙九鼎、孙传德、汪友之、王春芳、孙士桥等分别率领。均按照此法急剧陆续运出。不料九月八日起、驻防苏州河的军队突将乌镇路至北新泾一段航路封锁。再此段内船上各厂的物资漂泊河中，进退不得，彷徨两日。我与工厂联合会主席严耀秋先生驰往闸北遍觅驻军主管人员交涉，所遇均多方推托。其时江上敌舰炮火直对着闸北一带乱射，弹片横飞，距鼻咫尺，中弹的房屋，随着脚跟倒下来，几葬身瓦砾堆中者屡屡。是日傍晚，始交涉得有头绪。封锁虽算是已得以解除，但因盘查过严，厂家咸感不便。未几，京沪警备司令部办事处邢主任震南调任，以后发给护照又经一度延阻。九月中旬，银行及各界联合组织上海市运输委员会，在兵站取得民船二百艘及大小轮船三十只，其分配办法分（一）军用，（二）国防及银行物资，（三）政府物资，（四）民用物资，依次序先后迁运。工厂机件被列入第四等，不能得着帮助。又经俞(鸿钧)市长代监督委员会向张文白司令长官处领得护照一百张，又为捷手者领去；后经几许交涉，始蒙发给一张，但是无论困难如何，仍阻不住厂家迁厂的决心，只有上下一心自寻解决办法。

上海工厂迁移工作经各厂家团结的结果，渐上轨道。我心念着青岛的工业，以为亦应着手迁移，曾于八月三十日发电南京，请资源委员会提议派员前往主持。苏州、常州、无锡一带的纱厂甚多，战事尚未波及，亦可着手发动拆迁。资源委员会曾于九月中旬派顾毓瑔(无锡人，名诗人，顾毓琇之介弟)前往苏、锡一带劝导。但是各纱厂当时盈利甚厚，大家都抱着宁可现在多赚钱，等到事到临头再算的观念，所以未能推动。资源委员会又曾派孙越崎，陈良辅，刘兴亚，周茂柏(在台任工矿公司董事长)等四员往河北抢运物资，但因军事转移，仅运出材料一批，该处的厂矿未能迁出。

上海的文化界的意念与纱业中人的恰是相反的，我与他们开会曾讨论两次。预料明年春季始业后方各省将感觉教科书缺乏，他们却自动地着急起来，商务王云五先生(在台曾任行政院副院长)尤为热心，我乃在极端困难之中，抽出吨位，速将商务、中华、正中、开明、大东等书局的中小学教科书五百吨先行迁出。随即将印刷厂多家及中国铅笔厂的机件物料先行运出。九月中旬教育部代表梁明致君曾到沪一行，我乃与梁君共同拟具协助文化工业迁移费用预算，电京请求追认。在抗战初期，大后方的青年学子就靠这五百吨教科书，才有书可读，学业不至于中断。等到这五百吨教科书用完，内迁的工厂已次第开工生产，教科书已不算匮乏了。(关于抢运书籍经过详情，可参阅朱沛莲《沪战发生时抢运书籍经过》一文，原文刊登于《中央日报》五十六年八月二十五日九版)

上海有些小厂家平常依靠着较大的工厂分接工作。他们的工厂虽小，但是他们急公赴义的决心倒甚大，他们有些人听过我的训话，知道敌人快要到来，各大厂家均以预备西迁，以粉碎敌人破坏我民族工业的阴谋。他们心里明白了，他们的目光在发亮，他们的血管在沸腾着。有一位厂家急急忙忙跑回家里去对老娘子发表他的意见，随即召集他厂内的学徒工人演讲一番，即下一个命令："搬!"全体动员，漏夜收拾。把笨重的机件托付给所知交的大厂家代为保管，他们肩负着包裹到我的办公室来领证明书。我诧异他们的决心及动作何以如此迅速。他们把经过告诉我，我心里甚为感动，我伸出个大拇指称赞他们，他们接得证明文件，说声："到汉口再见!"头也不回，大踏步，肩着行囊走了。这种剑及履及的精神，光明磊落的态度，真可令一般麻木不仁的资本家愧死。

华成、华生两电气厂，中国、中华两无线电器厂，此时已将机件拆装完毕。急遽用船划走。龙章纸厂以处于炮火集中之日晖港，且其中一千千瓦之整套发电设备，及造纸厂之大烘缸两个，每个重十二吨，均以体积庞大，搬装困难，延至最后始能装船运出。

（六）上海工厂转移监督委员会工作的结束

九月初旬，资源委员会秘书长翁文灏（咏霓）先生新从欧洲返国。为调整工业以应抗战时期之军需民用起见，翁、钱两先生拟有整个计划，一方面扩大各厂矿的内迁，一方面增加了内迁厂矿迅速复工的保证。政府于九月中旬成立贸易、工矿、农产三调整委员会，直属于军事委员会。翁先生兼任工矿调整委员会主任委员。资源委员会于九月二十日向行政院建议拆迁吴蕴初先生所办之天利、天原、天盛、天府四厂，及造船文化各工业，请求增加迁移经费。九月二十三日第三三零次院议，交工矿调整委员会召集军、财、实、教四部，及资源委员会审定办理。九月二十七日工矿调整委员会曾同务机关为工厂迁移事在京开会讨论，议决增加迁移费五十二万六千元，及通过各厂息借款项原则，并议决以后工厂迁移原则，其原则简述如下：（一）沪战以前，当时厂家多怀观望，为奖励起见不得不从优一律给予津贴，现在愿迁者众，前订办法自不适用；（二）另定迁移之工厂分为军需及普通两种，其在国防上确有需要，如机器，化学，冶炼，动力，材料，交通，器材，医药各厂及矿场，于原料、动力、人工等方面均可有供给办法者，得由政府按其个别情形酌予补助。其办法由主持机关斟酌各厂情形与各关系机关分别商洽，拟具意见呈请军事委员会委员长核定；全国各地辅助总额暂定五百万元，其息借办法由工矿调整委员会临时个别决定之；（四）其他普通工厂则不补助迁移费，惟其精巧技术制造能力经主持机关认为有特别援助之必要者，得筹定息借办法办理之；（五）所有上海迁移善后与以后工厂迁移事宜由工矿调整委员会主持之。

监督委员会主持上海工厂拆迁工作，所定的办法及所用的手段，很多是因时因地制宜的。非常时期用非常之手段，理所当然。但这些办法不能普遍适用于全国。故当上海工厂拆迁工作告一段落，工矿调整委员会代之而起，亦是时势所然。

监督委员会因鉴于战线日渐紧逼，为催促各厂物资早日运出起见，曾规定：自九月二十七日起，尚未启运者其工人川资及生活费缓发；自十月十一日起，原料运输辅助费减给半费运至镇江。

这时适逢军委会改组，除原有的第一、二、五、六部外，特别增设第三、第四部。

第三部主管重工业，第四部主管轻工业。第三部部长由翁文灏兼任，俞大维（在台曾任国防部长），钱昌照（乙藜）为副部长，以下分设四组：（1）地质组，组长翁氏自兼；（2）化学组，我担任组长，金开英（在台任中国生产力及贸易中心董事长）为副组长；（3）机械组，杨继曾（在台曾任经济部长）、李景潞（在台曾任经济部次长）分任正副组长；（4）电气组，辉震任组长。组长是少将衔，副组长是上校衔，我担任化学工业组长，亦得了少将官衔，以后对我发生了一点作用。

我因军事委员会第三部成立，被任兼化学工业组组长，于十月六日奉召返京商洽。九日，我在京召开监督会第二次会议，议决俟工矿调整委员会主办之厂矿迁移机关成立后，即移办交代。会中首次结识翁文灏、刘景潞、张兹闿（在台曾任经济部长）诸先生。十四日由京赴汉口，安置到汉各厂。二十一日由汉返京。二十三日由京返沪继续办理工厂迁移事宜。十月二十六日闸北失守，苏州河一段顿被截断，各厂物资只得取道内黄浦江运往松江，经苏州、无锡至镇江。及至十一月五日敌兵在杭州湾乍浦登岸，迫平湖告警，松江又受威胁，乃改由怡和轮船运往南通州，转民船经运河至扬州、镇江。这段运输比较以前各道更觉艰辛。以后迁移者则惟有取道香港或宁波转往各处。

十月二十八日我复被召返京。三十日我在京召开上海工厂迁移监督委员会第三次会议，亦即为该委员会最后一次会议。十一月一日我赴镇江视察运输状况，觉尚良好。我军于十一月十二日退出上海。随我在上海工作的人员钱文远，林世华（我的侄儿），王序端三君，均于上海沦陷后安全退出。十二月二日（?）常州失守。六日江阴炮台被陷。十一日南京情形混乱。十三日南京失守。上海及附近各工厂物资沿着长江迁移的运输，直至十二月十日镇江运输站撤退，乃告一段落。

（七）上海工厂内迁的一个统计数字

在上海工厂迁移监督委员会期间，除去协助公营及国营的工厂不计外，计共迁出民间工厂一百四十六家。其机器及材料重量已安全抵达武汉者共一万四千六百余吨。技术工人二千五百余名，各厂业类及家数如下：

1. 机器五金业　六十六家
2. 造船业　四家
3. 炼钢工业　一家
4. 电气及无线电业　十八家

5. 陶瓷玻璃业　五家
6. 化学工业　十九家
7. 炼气业　一家
8. 文化印刷业　十四家
9. 纺织染业　七家
10. 饮食品业　六家
11. 其他工业　五家

(八) 拆迁途中及其损失

各厂迁移物资当上海失陷时,颇有损失。载天利氮气厂机件各船十月二十七日方开始陆续驶出,开至北新泾是即逢我军转移阵地,内有四艘被军队拦截充浮桥之用,后经费去大力用旧船交换始得释出。又逢敌机轰炸,天原厂门有装载未毕之木船一艘被沉河中。龙章造纸厂机件一千三百余吨,雇用民船四十六艘,编成十组。其第一至第四组得安全到达镇江,转装江轮;第五、六两组到达镇江后,已不及转装,即由原船由镇江划至汉口。最后之四组到达镇江被敌军拦截,退回上海。当时在扬州附近仙女庙地方,尚有数厂物资被截,欲进不得,但在日后,各物多能间道安全退回上海。

张园朋等记:《林继庸先生访问记录》,“台湾中央研究院”近代史所,1982年版,第23—47页。

抗战期间上海民营工厂内迁纪略

颜耀秋[1]口述　李宝森记录

1937年，七七事变爆发，国民政府在各方面压力之下，不得不作一些抗战的打算，其中有一项是在资源委员会（以下简称“资委会”）之下，组织一个技术合作委员会。该会分机械、电机、化工、土木工程、公用事业、金融、经济、法律等12组，每一组设委员5人，共60人。原议由这些基本委员每人发展5人，逐步发展形成一个网罗全国技术人才的技术网，借以动员全国技术力量来共赴国难。我当时被聘为机械组委员，其余4人为资委会工业处处长杜殿英、两路局局长黄伯樵、津浦铁路机械处处长石志仁、清华大学教授庄前鼎。该会成立后，仅正式开过两次会，由60人发展到300人，就没有再发展下去了。

不久，资委会通知我到南京去，面授机宜说：风声紧急，上海工业多，一旦发生事变，将完全资敌，必须抢救，嘱我们在野人士自动组织起来，准备内迁。当时我担任上海机器五金制造业同业公会主席委员，即赶回来动员同业响应号召，无如一般同业态度冷淡，不易推动。其后资委会派庄前鼎、张季熙、林继庸等前来，分头与上海工业界领袖等洽商，同业中又有过去在一·二八战役中热心支援十九路军的胡厥文出来领导推动工作，僵局才逐步打开。

7月29日，林继庸和我联合邀请上海工业界胡厥文、吴蕴初、薛福基、支秉渊、项康元等集议，筹商迁厂具体办法。我们都曾参加过支援抗战工作，这次重行聚首，倍加兴奋，决定先将关系军火制造和修配的机器五金制造工厂尽速内迁。

7月30日，我们上海机器五金制造业同业公会（包括冶炼、电机工业等在内）召开了执行委员会议。新民机器厂胡厥文、新中工程公司支秉渊、大鑫钢铁厂余

---

① 颜耀秋，淞沪会战时任上海工厂联合迁移委员会主席委员。

名钰、中华铁工厂王佐才和我在会上都表示带头将自办的工厂跟着政府一同走，并议妥迁厂原则。当时会上引起激烈争论，当我说到“这次事变不是局部性的，如不内迁，势必沦入敌手，也就是间接资敌，纵有任何困难，也要想办法搬走”，某大型电机厂代表在隔壁房间内就骂我：“年轻小伙子不知轻重，乱唱高调，像我的厂就有机器二、三千吨，怎样迁法？”一般中小同业对内迁则有很多拥护的。胡厥文和我当晚即偕林继庸去南京复命，其后又回到上海来作迁厂的具体打算，我们于8月初在南京、上海之间就往返跑了好多趟。

首先要解决的是钱的问题，机器的拆迁装运，跟着走的技工职员的安家费、川资和部分职工的遣散费等等，无一不需要现金，而当时行业中一般经济拮据，要想推动内迁，非由政府暂行垫借一笔经费不可。我们奉命后立即着手计算所需运费和装箱费。鉴于形势紧张，市面混乱，装箱木料缺少，运输工具困难，不得不宽打保险系数，最后确定从上海运至汉口运费为每吨53元，愿意跟去的职工另发安家费，经向当局建议作为暂借，约计可以搬出几万吨，约需借款200万元。在资委会见到副秘书长钱昌照，钱听到我们的打算和要求后，一口答应转呈行政院核付，并吩咐该会财务处负责人先将该会存款100万元，除留用少数外，悉数暂行垫借给我们使用。我等乃于8月8日遄返上海，通知同业。大家听到运费有着，等不及南京汇到，有办法的即先向各处临时借垫应用，因为当时上海工厂多半在苏州河北，不得不先行抢运过河，以策安全。

8月10日行政院会议通过资委会的提案，着由资委会、财政部、军政部、实业部会同组织上海工厂迁移监督委员会，以资委会为主办机关，并由资委会林继庸、财政部庞松舟、实业部欧阳仑、军政部王袮为委员，以林继庸为主任委员，驻沪主持一切迁移事宜。

8月11日上海工厂迁移监督委员会（以下简称“监委会”）在上海成立，并即召集上海的五金、机械、化学、冶炼、橡胶、炼气等业厂方代表开会讨论办法，责令克日组织上海工厂联合迁移委员会（以下简称为“迁委会”），在监委会指导及监督之下进行工作。8月12日厂方代表公举我和胡厥文、支秉渊、叶友才、严裕棠、余名钰、吕时新、王佐才、赵孝林、项康元、钱祥标等11人为委员，经监委会认可，并指定我和胡厥文、支秉渊为正副主席委员。

在内迁工作中，一切具体事务全部集中在迁委会。当时迁移对象虽包括各行各业，但事实上以机器、机电两个行业为主。原设在提篮桥的铜匠公所（即机器五金制造业同业公会）会址既已沦为战区，临时租用的牛庄路一小间房屋也不敷应用，幸得刘鸿生支持，将四川路 33 号企业大楼六楼全部出空，供给我们使用。办事人员都由各厂抽调出来支援。在委员会之下设有审核、会计、出纳等组，并有总、副干事专司具体事务，委员等也分工负责，在百忙中抽出很多时间，努力从公。迁委会接受厂商申请，调查核实后，转向监委会声请复核批准付款。可是当时局势乱，人事更乱，监委会实际上仅资委会林继庸一人负责，其他各部所派代表都有名无实，我只得随时随地盯牢林继庸，才能比较顺利地推进工作。

淞沪地区的战事日益加紧，工厂迁移的风气也日渐形成，不久有些原来举棋不定的厂家也自动前来表示愿意内迁了。但是很多厂还采取观望态度，其中大多数人对蒋政府根本没有信心，怕跟进去没有保障，有些限于条件，有些则贪图苟安，视租界为乐土，干脆拒绝。也有些口头赞成而始终不见行动的。

克服重重困难，抢运机器出险

山雨欲来风满楼，八一三前几天，住在苏州河以北和闸北一带的居民，就抢着搬家逃命，还有很多人赶着回乡避难。工厂、商店也忙着拆迁机器，并将可移动的物资尽快搬进苏州河以南。一时途为之塞，尤其苏州河上桥梁经常挤得水泄不通。

我原在商务印书馆附属的华东机器厂担任工程师，居住闸北，历经齐燮元、卢永祥、孙传芳等军阀混战以及北伐战争，八年之中就逃难三次。后来我自己创办上海机器厂，吸取教训，托庇租界，选定杨树浦丹阳路设厂，不料又遭到一·二八事变，停工半年，损失甚重。自卢沟桥炮响后，虹口区日人气焰愈加嚣张，我再一次接受教训，急忙搬厂，一部分迁到静安寺路马霍路口，一部分迁到南市，先后于 7 月底前分别开工，以作狡兔三窟之计。至于留存杨树浦厂房一部分机器，除派人看管外，我亦无暇顾及了。

战事很快于 8 月 13 日早晨爆发了。苏州河上的几道桥梁立即被租界巡捕把守牢，8 月 14 日即陷于完全隔绝的状态。后来江宁路造币厂桥还能抢救出部分轻便机器物件，重型的根本无法移动。但是各厂还是拚命设法拆迁，绕道抢运至苏州河以南来装箱，职工们冒着连天炮火和飞机炸弹抢拆机器。为了避免目标，白天不能工作，只好夜间在掩蔽的灯光下活动，敌机来了，伏在地上躲一躲，飞机过去了再爬起来拆，拆完就马上扛走。当时大敌当前，人人愤慨，枪林弹雨阻挡不了大家抢救物资的一股劲头。可是跟着形势的发展，困难接踵而来。

急需解决的仍是运费问题。8 月 14 日上海各银行奉令暂停兑现。其后公布了一项限制提存办法，原存银行款项只能作为汇划头寸，只能转账，不能取现，只有新存进去的才能作为划头，以现金进出。汇划头寸每户只限每天取一、二百元应用。因此，很多工厂无法发工资、开伙仓。我厂职工近 300 人，只能吃粥，一动也不能动。南京答应借给我们的款项由于银行辗转延搁，于 8 月 15 日始由林继庸携来汇票一张，经往银行兑现，竟被列为汇划头寸不能作为划头抵用。这笔款项原为垫借各厂抢迁机器的专款，如不能兑现，望梅焉能止渴？林继庸向银行交涉也没有效果，后来听说财政部会计司司长庞松舟在沪，经多方探听，我和余名钰拉住林继庸一起，好不容易在霞飞路伟达饭店找到庞，但他说："这要问徐次长（徐堪，字可亭）。"我们追问："怎样找到徐次长呢？"他说："他每天中午要到此地来睡午觉，今天晚了，你们明天再来。"第二天我们上午就去候驾，庞又嘱我们备一公事来。所幸我们公私图章都带在身上，随时缮拟出一纸呈文。下午 1 时，徐堪懒洋洋地踱进了房间，朝床上一横。我们饿着肚皮在阳台上静候到 3 时半，才听到徐开口问庞："松舟，有什么事没有？"庞方领我们进去，说明缘由。徐阅了呈文，批了"照办"两个字，并从衣袋中取出小图章加盖好，交还给我们。这一来，钱可以领着了，各厂遂分头忙于装箱托运。

运费暂时有了着落，运输工具接着成了严重困难。当时经营车辆运输的商人鉴于一出租界即被军队拉差或被难民拦用，纷纷将车辆藏匿，甚至有人故意将卡车零件拆去，闲放在弄堂里不肯出租的。轮船、驳船也多被军队拉去了。9 月间银行和各界联合组织了上海市运输委员会，其后台老板是中国银行董事长宋子文。该会以杨志雄为主任委员，上海市各交通公用部门都有代表参加，我也以迁委会关系忝列为委员之一。会址设在杜美路杜月笙家里。我们起初很高兴，以为这样一来，我们机器迁运可以有办法了。没料到宋等别有用心，他们凭借这个组织名义，强行征用、扣用了大批车辆船只搬运他们的财产。听说中国银行等有大批钢板、机器等抵押品，包括他们个人物资需要轮驳运到苏州去，哪顾到我们的死活。我在会上一再陈述民营机器厂是奉命内迁，关系制造修配军火支援前线，非同寻常，应予照顾，他们却置若罔闻。我还因此受到了宋的严词斥责。在讨论迁移目的地的时候，他认为所有东西全部先运苏州，而我们却认为苏州难守，还是先运到镇江，再由轮船运至武汉比较安全，且可早日复工生产。每当我们围着一个长台开会时，宋总是坐在侧面沙发上，主席杨志雄主持会议，不时看着宋的脸色行事。当我提出这项主张时，宋忽站起身来大声咆哮说："不行，先抢出大门再说，抢出来以后，你们要搬到伦敦也行（意指装得再远一些也行）。"大家都不敢作声。后来这批运到苏州的钢板听说在苏州沦陷时未能抢出，全都资敌了！我们迁委会代表虽开了两星期的会，浪费了不少时间，但民营工厂连一只驳船也没有分配到手。后来还是靠各厂自行分头设法找到一些"漏网之鱼"的小驳船分批运出。可是路上碰到"抓差"扣用或为难民占用，以致机器卸在中途，损失惨重的也有不少事例。

接踵而至的是通行凭证的问题。驻防军队对于所辖地区的通道都派兵拦守，原属必要，但其时并没有一个机关统一签发通行凭证。当时上海机关多，各军队在其驻防区内都自发通行证或护照，内中就不免有奸人借此敛财。机器从租界内搬出也要证照才得通行，有了警察局的通行证还是经常遇到种种留难。后经通过监委会向京沪警备司令部办事处联系，而该处主任邢震南明白情理，慨然将许多空白通行证和盖印的白布章、木船与货车上用的旗帜等交给我们。可是出了租界，当地驻军毫不买账。有些船只已经装出，中途忽被驻军封锁，漂泊河中进退不得，来会求援，我们就得马上亲自赶到该地驻军司令部交涉。记得一次我和林继庸两人于早上 6 时从新垃圾桥过桥，跟着八十八师领路人徒步前往，其时江上敌舰炮火集中射击，弹片横飞，我们只得咬着牙关，拚着性命继续前进。9 时余抵达该师驻扎的阜丰面粉厂，但找不到该师负责人。等到 12 时以后来了一位处长，经央求后才应允带领我们去找孙元良师长。我们同坐了一部福特老爷车，走上半小时，到达了一所水门汀房子内，孙又不在，最后才见到副师长，经据理交涉才勉强同意发给通行证。以后沿途碰到每军、每师都要办类此的交涉，麻烦透顶。如此荆棘载途，难怪部分厂商视内迁为畏途，望而却步。假如当时政令统一，能有一个机关公平合理地分配运输工具，并主发通行凭证，不失时机，处理得当，我们必可动员更多厂，抢救更多的机器和物资。

8 月 27 日，我们上海、顺昌、新民等机器厂和合作五金厂等 4 家的机器和技工 160 人共装船 21 艘冒险由苏州河运出。第二天大鑫钢铁厂和启文、新中、利用、精一、姚兴昌等 6 家机器厂的机器和工人继续运出。运输方法是用木船上复树枝、茅草等伪装，循苏州河用人力划出，每艘相距半里许，互相照应，途中遇敌机来袭就停泊于芦苇丛中暂避。抵苏州后，乃雇用小火轮拖原船至镇江，再换装江轮直驶汉口。我们在苏州、镇江两处都设有运输站，与当地军运及政府机关取得密切联系，并与上海时通情报。那时因江阴已被封锁，铁路又侧重军运，我们只有循苏州河一条路运至苏州，或取道南市由松江转苏州。初次尝试成功的消息传到上海后，中国建设工程公司、慎昌铁工厂、康元制罐厂、中华铁工厂、益丰搪瓷厂等的物资都相继采用这种办法急遽运出。

在武汉不受欢迎

迁出的上海厂商经讨论后，决定先到武汉复工，迁委会派副主委支秉渊和其他委员 2 人亲到汉口设立办事处，主持与当地官商联络一切事宜。不久，支来电说，当地官方对我们并不欢迎，拟请资委会派大员前去疏通。我们认为向南京政府说明这个问题很难形诸笔墨，乃于 9 月 28 日由我和林继庸一起专程去南京面陈一切。其时吴蕴初也因向南京资委会汇报有关天原、天利等厂内迁事务，约好同行，雇了两辆汽车于下午 5 时自沪动身，9 时抵嘉兴，12 时到湖州，经京杭国道前进。沿路看不到一个兵，经过金山卫也没有设防，连我们这些不懂军事的人也都大惑不解。第二天下午抵南京，见到钱昌照，他也派不出大员去武汉，于是就令我代表前去，另派职员 2 人随往。抵汉后即往访湖北省政府，见到建设厅厅长石瑛，要求协助复工。彼满口答应帮忙，并找来一位科长一起谈，但后来发觉他们对此都不起劲。我们查勘到武昌洪山下面有一片几百亩的平地，想在那里成立工业区，新中、华成机器厂等也都想买地建厂，但因得不到当局支持，加上地方人士反对，处处碰到留难。厂家与地主谈判，每谈一次地价就上涨一倍，搞得无法成交，虽经工矿调整委员会派代表与省、县政府交涉，也不得要领。官府中人竟说，洪山以产红菜苔著名，若在那里办厂，简直是助长工业打倒农业。由于购地问题旷日持久不得解决，很多厂都感到此间居大不易，放弃了长久打算，有的就径行转运入川。

从上海迁出的 140 多家工厂陆续抵汉，同时从河南迁来的也有豫丰纱厂等，其时迁移工作的中心已移至汉口，于是在同年 9 月间我们在汉口成立了迁鄂工厂联合会。委员基本上是上海迁委会委员，推举我和支秉渊担任正副主委。上海全部沦陷，迁委会也告结束，所有内部办事人员 30 多人都给川资路费绕道香港到汉口迁鄂会内继续工作。

迁来厂商急于复工，其后还是分头找到私人帮忙才得到一些方便。有些利用空余堆栈或民房权作厂房，依靠职工努力，架起轮轴，装好机器，没有多少天就临时恢复生产了。机器五金制造业同业先后在武汉临时复工的有 40 多家。11 月，工矿调整委员会也在汉口成立办事处，由林继庸、李景璐为正副主任，负责协助工厂复工，并由兵工署发来一批军需工程，计有手榴弹、迫击炮弹、洋镐、铁铲等，交由迁鄂工厂联合会转行分发各厂制造。

我厂在八一三炮响后即将分散在苏州河以南和南市两分厂的机器迅速拆卸装箱，搭第一批驳船冒险从上海开出，最先到达汉口，即在汉口租借厂房，于10月1日局部开工，其后并在武昌小铁桥买下一座有一亩多地、半亩房屋的中小型工厂。好在我从上海出发时，估计到外地找协作有困难，带来的班底齐全，有翻砂、打铁、翻铜、焊接、木模等各个部门的技工，因此复工比较方便，遂于10月10日正式开工生产。当时武汉市面集中在汉口，我们在武昌的厂配只螺丝钉都要过江到汉口去买，江上经常有大风，常被封锁一连几天，甚感不便。当地人士常劝我们说："要搬，还是搬得远些，到四川去。"

间道返沪，转道入川

11月初我又回到上海，当路过南京时，蒋政府已搬家了。金山卫已失守，公路也被切断，只得从扬州到泰州，由天生港搭太古船到上海。当我去汉时，上海迁委会由胡厥文留守。

自10月26日闸北失守，苏州河一段被截断，各厂物资只得取道内黄浦运往松江，经苏州、无锡至镇江。及至11月5日敌兵在杭州湾乍浦登陆，平湖告警，松江河道又受威胁，乃改由怡和轮船运往南通，转民船经运河至扬州、镇江。这段运输比较以前更险阻艰难了。最后迁移者唯有取道香港或宁波，内迁条件越来越恶劣，迁出的工厂也就逐渐稀少了。

上海迁委会工作期间先后共迁出146家工厂，机器及材料安全抵达武汉的共有1.6万多吨，技术工人2 500多名。我在沪和胡厥文料理好上海事务，并结束了上海迁委会善后，即于11月底转道香港，再乘飞机到武汉。

上海工厂迁移监督委员会亦于10月间结束，所有事务移交给资委会下面的工矿调整委员会主办的工厂迁移机关接办。抵汉后遇到林继庸，他奉命到四川查勘，邀我一起到重庆去看看。1938年1月底我们搭飞机入川，于除夕前一、二日到达重庆。由于没有掌握情况，元旦各店关门闭户，竟找不到一家饭店就餐，没奈何只得向沿途叫卖的馄饨担买些馄饨来充饥，这样过了一整天。2月间，我们同往内江、自流井、邓井关、成都、彭山、夹江、乐山、五通桥一带考察工业资源，并勘察建厂地点，觉得四川物产富饶，真是天府之国，同时看到下江日军势如破竹，武汉难以固守，重庆尽管运输困难，暂时条件较差，但为一劳永逸计，还是以迁川为宜。

我在重庆时也为我厂迁川作了一些准备，在东水门内租下一座禹王庙，内有大殿，两旁有戏台，尚属宽敞。其他各厂没有在汉落脚的也已陆续迁到重庆，有的先行择定厂址，有的先行设立办事处。1938 年 4 月 17 日各厂代表集会，成立了迁川工厂联合会，先设办事处，我和庞赞臣被推选为正副主席委员。

5 月间我再一次回沪料理，主要任务有二。一件是私事，那就是将我厂被关在杨树浦的一部分机器设法运进去。我厂原来雇用一个美籍工程师 J. Woodworth(译名吴德华)，他原在上海美商慎昌洋行任工程师，系美国 Fairbank Moorse 公司代理人，后来慎昌洋行不再替该公司经销，他即自行在沪开厂，因不善经营而失败，我就聘他为顾问工程师，月支薪水 300 元。此人娶一日本妇人，常年住在一屯船上。战事发生后，日妇回日本，他就单身迁移到我厂内居住。我厂也正好利用他的美籍为护符，厂门口挂起两个招牌，一面是上海机器厂，一面是美商吴德华公司事务所，就这样扯起了美国花旗，并用两名印度人看门。吴德华后到菲律宾去跑了一趟，回来后他向我建议由他设法将厂存机器搬出来，运港转川。我向工矿调整处洽妥，如将这项机器运川可借 2 万元作运费。我就根据吴德华的建议和他签订了一面卖出一面买回的契约，由他出面向美领事馆打护照，以便装船运港。不料吴德华托词美领事不同意他运港，说“美领嘱其改道运菲律宾去开厂，他不得不同意”，并说到了菲律宾，以后可以再设法转船运港，我无可奈何。讵料这批机器运出后，即音讯杳然，他竟一去不复返了。

另一件是公事，是了结上海工厂迁移委员会首尾。开始内迁时资委会拨给监委会垫借各厂机器运费 56 万元，系由我们迁委会负责分发各厂领用，现在要凭证单据实报实销。在撤销迁委会时，该项凭证封存在浙江兴业银行保险箱内。这时上海已完全在日军控制之下，查抄甚严，如被日军发觉系内迁重庆文件，可能会发生生命危险，但我终于不顾一切将这两大包单据全部亲身携带上船了。抵汉后交与工矿调查处复核。过了一个时期，约在 7 月间，该处副处长张兹闽向我说：“查下来相差 700 元，要你们赔。”后来他又对我说：“经第二次复查仅有 200 元账目证件不足，前言是开玩笑的。”总算在万难之中，幸少差错。

一迁再迁，流离颠沛

1938年6月回汉后，看到武汉局势已混乱得不像样了。不久马当失守，我们工厂不得不一迁再迁。当时在武汉的厂商对迁移目的地各有看法。一部分如新中、华成等厂手上业务多，急于恢复生产，他们认为湘西较近，路又平坦，交通工具便当，很快可以复工；另一部分如中华、中兴等厂看到广西桂林工业不发达，开工后不虞没有生意。其余大多数厂则认为四川虽路途遥远，运输艰险，但有崇山屏障，日寇难以侵占，可以一劳永逸。就是这样，我们三路分兵，各奔前程了。

我厂是迁移到重庆的，因此，这里介绍的也只能限于入川的情况。宜昌为入川要道，我厂因早有准备，及时将机器用大轮船装运到达。总算先走了一步，迨马当失守，人心惶惶，迁到宜昌的势如潮涌，码头上机器行李堆集[积]如山，混乱异常，日机不断轮番轰炸，惊险万分。据估计，如靠浅水轮船装运到四川，照当时情况至少要5年才能搬光。蒋政府对于运输船只下了一道命令，轮船吨位应拨80%归军用，16%归官用，4%归民用。于是凡与军政部直接间接攀附得上的都成“军”了。船上装满着军官家属，亲亲眷眷和他们的棕棚、台子、板凳、脚盆、马桶等等都成了“军用品”了。我曾在兵工署署长俞大维面前发过牢骚。俞当时敷衍我，回顾左右说：“这样怎么行，马上对他们讲。”可是说说罢了，一无效果，好像在串戏。其后虽因日寇按兵缓进，民营厂机器也有部分陆续运进，但仍有一部分来不及运出而遭受到损失。可是我当时也忙于自己“上岸”，凭借一点小面子将重要东西轧进兵工署船舱，又靠手腕自行花钱设法找到一点民船舱位，终于抢先装到了重庆。机器一到，厂房现成，立即复工。

1939年5月3、4两日重庆受到连续大轰炸。我厂和华生厂都在城区，危险异常，幸未遭难。环顾四周，房屋倒坍，死亡枕藉，伤心惨目，不忍卒睹。工矿调整处翁文灏因公离渝，在飞机场上面嘱副处长张兹闿速将城内两个较大工厂——上海、华生搬到乡下去，限3天内搬出市区，当然我们只好遵命照办。

其时适值南京永利厂附属的机器修理厂因就盐的原料来源方便，迁移到自流井五通桥盐区，即将他们原在重庆大学下面租地建筑的厂址让给我们。我们花了2万多元，买了80亩地，倚山坡作势，面临嘉陵江，上下划分为三层，下一层辟为厂房车辆，当中一层用作办公处，最上一层为职工宿舍。

当我们兴工时，需要石工和搬运工，附近的兵役署工作站闻讯就来兜生意，派了一连人来。时在夏天，兵士都着短衣裤，骨瘦如柴，形容枯槁。工作的第一天我家放在屋外曝晒的几斤锅巴就被攫取吃掉了。我们看他们如此皮包骨也不忍计较，问他们为何瘦削至此，他们回答我们八个字“斤两不足，层层克扣”。原来他们每人名下应有老秤24两米一天，不能算少，可是由兵役署发到师、旅、团、营、连，层层都要扣除所谓运费，到了他们嘴里只有十几两，就不够吃了。这种克扣粮饷，当时在蒋军中是普遍现象。

我们迁川工厂还受到兵役的骚扰。他们不管生产需要，常常把我们辛辛苦苦培养出来的技工、艺徒拉走了，有的只得花些小钱赎回来。后来不堪其扰，由我代表迁川工厂联合会出面向军政部声请技工免役，所幸找到一位次长，批准“缓役”。

自力更生

重庆过去只有一个几千千瓦发电量的电力公司、一个电炉炼钢厂、一个武器修造所和华西实业公司在上海买进中国铁工厂的机器而开工的一个工厂，还称得上现代工业，此外只是一些手工业作坊而已。抗战后上海和武汉各地工厂纷纷迁川以后，没有几年，重庆顿时成为后方工业建设的中心。我们由上海迁川的200多家工厂，包括冶炼、机械、电机、化学、纺织、饮食品、教育用具和其他各种工业，在全体职工艰苦奋斗之下，从无到有，从小到大，都有了相应发展。

1941年我们举办了一个展览会，定名为迁川工厂联合会会员工厂出品展览会，会上展出各厂产品以及各种图表，说明内迁生产的成绩，颇受广大人民的欢迎，也受到各方面的重视。苏联和英国大使馆都派员来抄记录图表，唯有美使馆不加理睬。展出期间，翁文灏曾举行招待会一次，请各国大使参加，美国大使还是没有来。显然，他们是不乐意看到我们自力更生，国货抬头的。

值得纪念的是周恩来同志在展出期间先后共来过两次，董必武同志和邓颖超同志等也都来过。至今我还珍藏着陪同他们参观时所摄的照片。更值得一提的是当毛主席在重庆时，我们还受到过他的招待。其后我们在重庆特园也公宴了毛主席。在座的有周恩来同志、王若飞同志等。主席对民族工业垂询甚详，并给我们内迁工厂以指示和鼓励。这次宴会从上午11时到下午3时半才尽欢而散。

抗战以前各地只有商会是作为合法的人民团体组织，各工厂都是商会会员，并没有工业的独立组织。重庆市有一个商会，迁川后胡厥文和我二人都当选为该会委员。但该会不久即被国民党特务所操纵，对商民利益为害则有余，根本不代表民意。我们内迁工厂自成立迁川工厂联合会以后，所有事务都通过联合会直接向有关部门反映或出面交涉，以免辗转隔阂。几年来经验，深感有必要成立一个工业会的独立组织。我们当时提出“谋工业化建国来争存世界，谋自力更生以挽救危机”等13号，号召四川、江西、湖南、重庆、成都、昆明各地工厂会员来共同发起组织，加强团结。无如蒋政府对我们内迁工厂联合会经常请愿，早已感到头痛，当然不同意我们单独成立工业会。国民党组织部陆京士对我说：“组织工业会将来再说，现在先成立一个学术团体好了。”于是我们只得将会名改为中国全国工业协会，于1943年3月18日在重庆正式成立，由吴蕴初担任理事长。内迁工厂负责人等在内迁生产的几年中，处处受到排斥和摧残，吃足苦头，从而对蒋政权的真面目逐渐看清楚，少数高瞻远瞩的人士如黄炎培、胡厥文、吴羹梅等更感到当时工业协会所能起的作用有限，于是另行发起了中国民主建国会的党派组织，代表民族工商业的利益，与反动势力斗争。

照顾为名，摧残是实

工矿调整处表面上是以照顾内迁工厂，安排业务为标榜，但是与其说照顾，不如说在压榨、在摧残。初期工厂没有生意，调整处安排了些业务，工厂是受惠的。但在1942年以后，我们承接军、公定货的厂商做一次蚀一次本，家家搞得焦头烂额。原先约定的货价系按材料、工资加开支作为成本，再加利润。由于伪币贬值，物价波动，用去材料照原价补不进，原订的工缴抵不过伙食、杂用开支天天上涨，等到完工交货，收到的货款已经七折八扣，非但没有利润，还要大蚀其本。可是我们不做军、公定货，开工不足，坐吃山空，也维持不下去。许多小厂更因得不到照顾，市场缩小，业务衰落。加上苛捐杂税，搞得债台高筑，有很多停工，甚至歇业解散的。我们代表厂商一再向工矿调整处张兹闿呼吁，请其通融办理，设法调整。有一次我向他说：“工缴适当照顾一些，不要做得这样死，总要叫我们生存，不要叫我们死。”他听后气极了，盛气凌人地对我说：“你只顾自己，我是代表政府，不是商人。”其死硬如此。

绝处暂时逢生

1944年后方工厂越来越做不下去了。中小厂倒闭的越来越多，这样下去预计冬天非整个垮台不可,所幸接着局势有了新的转变。后方对外吞吐原来只有广州湾一条路,太平洋战事发生,依靠河内,安南陷落后再靠仰光,其后缅甸也终于被占,滇缅公路被封锁,海运遂被完全截断,只有依靠空运了。当时一架飞机载重量一般不过15吨,如枪弹、炮弹、手榴弹等军火都由美国运来势不可能。美国要蒋政府设法自己多制造。1944年秋天,战时生产局成立了。局长由翁文灏兼,副局长为彭学沛,业务由张兹闿负责。其时物价波动比前更烈,他们也领会到不想办法不行了,就搞出了一套新办法。他们先挑几个大厂为中心厂,中心厂下面各有几个到几十个附属厂。战时生产局抓中心厂,看生产设备能力给军工定货任务,例如我厂一年生产能力可以做6万只迫击炮弹,即照此推算,每季做1.5在每一季开始时议定价格,材料由他们保证供给,工缴利润部分预付80%,实际上等于工资及其他开支全部预付,仅20%利润待交货后付清。这样厂家只承担利润部分的风险,其他可以未雨绸缪,不致受物价波动的影响了。价格由我们同业大家公开评议,估定后由他们审核,以后每一季度调整一次。我们有了固定生意,就好有计划的生产,非但能保本,而且也有了盈余。原来不知有多少厂预计熬不过年关的,这一年也破涕为笑,欢度春节了。

迁往湘西、桂林的各厂于1944年春天蒋军在湘、桂大溃退的时候奉工矿调整处之命又作了第三次内迁。各厂毫无准备,仓猝拆迁,运输又困难,上有敌人飞机轰炸,后有追兵,大家忙于逃命,机器物资一路失散殆尽,人员家属沿途也有牺牲的。迁湘、桂的新中、华成、新民湘厂和中兴等厂化了近半年的时间,跋涉万水千山,才陆续到达重庆。其时他们几乎是全军覆没,像新中厂在祁阳迁出的机器物资共达2 000多吨,而到达重庆的只有一卡车的货物。该厂支秉渊抵重庆后,对我说他已成为难民了。我安慰他,并将自己写字间让给他使用。其后他们也分别得到贷款,重新建厂,分配到生产任务。

胜利后的一杯苦酒

1945年8月抗战胜利,全国人民鼓舞欢欣,我们这些艰苦备尝的内迁工厂劳资双方无不有苦尽甘来之感。不料正在此时,各厂忽然奉到当局通知说,奉行政院院长宋子文口谕,中国厂商所有定货合同一律取消。我们闻悉之下,真如晴天霹雳。一时工厂全部停顿,外省职工此时纷纷要求发给川资或解散费,以便早日回乡探望,搞得我们无法应付。不得已去找战时生产局张兹闿,他说:“这是宋院长面谕，别人做不了主。”当时后方厂商人数众多，群情激昂，乃推代表200多人，由胡厥文等率领到上清寺行政院请愿。起初拒不接见.后来宋子文适从楼上下来，一见人数众多，就缩住脚，向楼上一溜，嘱推代表上来谈。于是就推了胡厥文、胡西园等5人为代表。宋不问情由，以上海流氓口吻责问代表们说：“你们算啥？来个三吓头，是哦？”待说明原委后，宋不耐烦说：“什么工业不工业，我全不懂，你们对我讲，简直是对牛弹琴。找我没有用，你们去找翁副院长去。”代表等陈述定货取消以后，停工迄今，坐吃山空，工资无着，有些工厂甚至职工伙食难以维持，加上外省职工纷纷要求发给川资回乡探亲，各厂一筹莫展，无法应付等困难情况，要求政府体念商艰，酌量收购部分成品和材料，如再不行，那么请行政院收买厂房机器，也好让我们遣散职工。宋却说：“这些破烂东西不值得搬回上海。美国货好，价钱又便宜，送上门来，还要你们的东西？天下哪有这样戆大！”他叫彭学沛来应付一番，本人就借题脱身一走了事，搞得没有下场。

我们不得已又分头向经济部和国民党组织部呼吁，求见蒋介石。一天晚上，我们的代表们得到蒋介石的接见，先由胡厥文陈述困难情况，并说明抗战期间工厂内迁，无论在物质上、经济上或政治上对国家都有很大的帮助，接着提出申请借款100亿元的请求。蒋听了说：“这样要促使通货膨胀的。”胡等说明政府投资工业不会影响通货。当时蒋除说了这一句话以外，并没有表示其他意见。会后批准50亿元的贷款。贷款采取了承兑汇票的方式，由迁川工厂联合会担保承兑。在见蒋时50亿元数字不能算小，无如经过批准到办理借贷手续，几经层转，稽延了很多时日，伪法币币值江河日下，各厂等钱借到手，已不抵用，一面停工坐吃需款维持，一面外省职工急等发放遣散费和还乡川资，以致很多厂仍旧无法应付。于是再行申请战时生产局收购成品、材料和机器以解倒悬。首先由各厂提出需款数字，并开列可供收购的成品、材料或机器清单，经七折八扣核准后，由战时生产局派员到各厂挑选精华部分搬走。至于今后各厂如何开工生产，他们完全不管，并且层层留难，搞得有些厂的机器残缺不全，狼狈不堪。但是各厂对这杯苦酒又非吃不可，因为如运回上海，首先抗不住运费的沉重负担。我们厂商当时相对无言，欲哭无泪，很多人这样想：我们离乡背井，吃尽了千辛万苦，得了什么好处？

“优惠承购”

抗战胜利以后，我们都归心似箭。其时我已于1943年卸任迁川工厂联合会主委职务，比较抽得出身来，就准备先下来看看情况。迁川联合会同仁等委托我在沪筹备成立一个组织向当局联系，为后方工厂复员做好准备工作，工业协会同仁也嘱托我先行联系上海工业界人士。10 月 16 日搭民生公司民联轮直放上海轮船东下，沿途停靠各码头，只见满目疮痍，生民疾苦，于 26 日抵沪。登岸后使我惊异的是尽管闹市已恢复了酒绿灯红的繁华景象，可是工业区冷冷清清，工人闲散街头，烟囱只有几个冒烟。经了解始悉敌伪工厂被查封了，还没有处理，一般工厂没有煤和原料，也无法开工，胜利已两月有余，生产始终停顿，形成了死寂状态。

其后，后方工厂负责人陆续返沪，我们就在上海成立了迁川湘桂工厂联合会上海办事处，并推我担任办事处主任。我们的主要任务是共同筹商并协助内迁工厂复员。成立后不到一、二个月，重庆出了校场口事件，上海社会局即召我去说："你们工厂联合会在大后方不顶好，希望这块招牌不要挂。"我当时置之不理。后来社会部上海办事处陆京士又约我去谈及这个事情，我因与陆京士素识，也不当他一回事。其后陆京士又专为此事召我去，说："你们工厂联合会在后方关系搞得不好，不要成立什么办事处。"我看苗头不对，就写信告诉重庆的胡厥文。胡复信叫我不要管他。但我为了避免麻烦，就将办事处的地址另外换了一处，并将这块招牌不挂在大门口而挂在房门口。最后胡来沪，我就辞职，上海办事处主任一职也就由胡兼任了。

当时接收大员对敌伪工厂的处理是这样的，一面查封，一面责令停工，解散工人。各厂发给工人解散费一般只有 3 个月工资，当时折合每月不到一担米，加上物价飞涨，工人一家数口要靠三担米维持 3 个月，势不可能，导致成千上万的工人天天向社会局和经济部特派员办事处请愿，要求复工。特派员张兹闿看形势不对头，不得不筹备复工。他看到我们后方工厂的返沪人员闲着无聊，就再来一次利用，派我们到接收厂内去做临时厂务主任，并成立了复工委员会。我和胡厥文、魏如、胡叔常等都被聘为委员，机械业复工委员会由李泰云担任主任委员，下面设立业务、技术、供销、财务等股，都由委员分别兼任。我们分别管理一个厂，复工生产。厂的生产业务由复工委员会统一布置，原材料和工资也都由委员会调拨，每厂每月只发极少数限额的零用开支。按其制度，权力高度集中在委员会，委员会等于总管理处，各厂等于车间。如此庞大机构，百事待理，焉能不搞得杂乱无章！业务断档，停工待料是常有的事。可是每月开支和工人工资倒少不了。当然月月造成亏损。通过尝试，他们总算还有自知之明，感觉这样管理不下去了，于是决定由敌伪产业处理局公开标卖。其时我们当然也想买进，因为自己的老厂毁的毁了，机器拆的拆了，如果此时此地不找一个根据地，今后又如何复员，可是我们在重庆已经弄到奄奄一息的地步，哪里有钱承购！于是我们联合起来分头请愿，要蒋政府考虑内迁工厂在抗战中有过贡献和现在的困难处境，准予优惠承购，以资鼓励生产。我们和胡厥文等去南京五、六次，先后谒见行政院副院长翁文灏、经济部部长王云五，最后才见到行政院院长宋子文，经批示准予我们 22 家优惠承购。一般内迁工厂在标买敌伪工厂时有优先得标权。

优惠承购的办法是将接收的敌伪厂资产按值估价，不需经过标卖手续，而以估定价由我们承购，并准予分期付款。付款办法除承购时付第一期外，以后每半年为一期，分三次付清。由于反动政府经济崩溃，伪币贬值加剧，我们确实"受惠"不浅。后来听到有人提意见，我们担心倒算，乃于承购后不到 7 个月分别提前将价款全部付清，借以巩固了我们的"收获"。从对跟着蒋政府内迁来讲，我们可算是失之东隅，收之桑榆。可是从对广大人民来讲，我们却是做了一笔极其不等价的交换。抚今思昔，弥觉汗颜。

《20 世纪上海文史资料文库》编委会编：《20 世纪上海文史资料文库》，第 3 辑，上海书店出版社，1999 年版，第 375—393 页。

后　记

《记忆中的淞沪抗战》,是《上海抗战与世界反法西斯战争研究丛书》中的一种,收录关于一·二八淞沪抗战和八一三淞沪抗战的回忆文稿和口述实录共 201 篇,分辑为上、中、下三卷。这套资料性书著的选编工作,是在"丛书"编委会的指导下,由上海淞沪抗战纪念馆邓一帆同志和复旦大学历史系张纪同、董从懿同志通力合作共同完成的。张纪同和董从懿负责进行前期准备工作和对文稿的初步选辑;主编邓一帆统筹全书文稿选辑、编排和校勘,完成全书的编辑工作。本书选编过程中,复旦大学历史系余子道教授和南京政治学院上海校区张云教授给予了热忱的支持和悉心的指导,上海淞沪抗战纪念馆唐磊馆长始终予以关心和支持,复旦大学图书馆和历史系资料室为文稿资料的查询征集提供诸多协助。对此,我们一并深表谢忱。本书选编工作中由于各方面原因,还存在不当和不足之处,恳请广大读者和同行学者们批评赐教。

编者　2016 年 9 月 3 日于上海淞沪抗战纪念馆

图书在版编目（CIP）数据

记忆中的淞沪抗战：全3册 / 邓一帆主编．—上海：上海科学技术文献出版社，2017.8
（上海抗战与世界反法西斯战争研究丛书）
ISBN 978-7-5439-7460-9

Ⅰ．①记… Ⅱ．①邓… Ⅲ．①一·二八事变—史料 Ⅳ．①K264.310.6

中国版本图书馆CIP数据核字(2017)第145043号

责任编辑：张 树 李 莺
封面设计：周 婧

丛书名：上海抗战与世界反法西斯战争研究丛书
书 名：记忆中的淞沪抗战（全3册）
邓一帆 主编
出版发行：上海科学技术文献出版社
地 址：上海市长乐路746号
邮政编码：200040
经 销：全国新华书店
印 刷：常熟市人民印刷有限公司
开 本：720×1000 1/16
印 张：93.25
字 数：1 572 000
版 次：2017年8月第1版 2017年8月第1次印刷
书 号：ISBN 978-7-5439-7460-9
定 价：300.00元
http://www.sstlp.com

上海抗战与世界反法西斯战争研究丛书

记忆中的淞沪抗战

淞滬

八一三淞沪抗战（上）

【中卷】

邓一帆——主编

上海科学技术文献出版社
Shanghai Scientific and Technological Literature Press

目 录

Contents

八一三淞沪抗战(上)

一 会战综述

二 中央战线

三　左翼战线

一　会战综述

东战场京沪战役的检讨[①]

顾祝同

诸位官长，今天有机会与诸位共聚一堂，来检讨京沪战役的抗战经过和教训，感到十分荣幸和愉快。本人于上海战事发动不久，在八月二十四日，就奉令到南翔前方担任指挥，直到守备首都为止，均系亲历其境。现即以此方面作战情形做检讨的基础，将本人所有的观感，直率的贡献与诸位，作今后改进的参考材料。

自卢沟桥事变以至今日，已九个月了；倭寇积极侵略的行为，激动我民族求生存的情绪，一致坚决抗战，战域之广，北自绥晋冀鲁豫，南至江浙皖闽粤，约计一千一百四十四万余方里，为古今[中]外仅有的广阔战区。就兵力论，我敌合计使用，在两百万以上；其中尤以淞沪战役，形成上海附近的争夺战，最为紧张。国军先后使用到五十九个师八个独立旅；此外尚有地方部队及炮工诸特种部队，约计七十余万。而倭敌在这方面所使用的兵力，也在二十万以上，轻重大炮四百余门，飞机三百余架，战车二百余辆，军舰百余艘。战斗之壮烈，不亚于一九一四年的世界大战。而我军将士在最高领袖领导之下，为保卫国家所发扬的奋斗和牺牲的精神，更足以感天地而泣鬼神。现在将作战的经过大概，叙述如下：

第一　京沪作战经过概要

(一) 围攻时期

自去年八月七日敌在沪寻衅，虹桥事件发生后，我军为扫荡上海敌军根据地，

---

① 《东战场京沪战役的检讨》，系负责淞沪会战前线指挥的第三战区副司令长官顾祝同，1938 年 4 月在国民政府军事委员会训练团所作的讲话稿，由军官训练团内部印行。

于十二日以八十七、八十八师、独立第二十旅及保安总团，展开于真如、江湾市中心区之线，十四日开始对虹口、杨树浦之敌攻击。围攻一星期，虽曾一度进出汇山码头，卒因缺乏重炮，未能彻底破毁敌人的筑城地带，结果不能达成预期的目的，深为缺憾！待至八月二十二日，敌增援军，以主力于浏河口，一部于张华浜上陆。我军以新到的十四、六十七、九十八师由嘉定、刘行、宝山向该敌包围攻击，企图扑灭敌之登陆部队，发生激烈的战斗，双方损失均大。敌虽以他方面的兵力，转移于本方面，但只能维持着上陆点，攻击仍屡遭挫折，并无进展。而我军因动员和输送的迟缓，亦未能迅速集中优势兵力，乘敌立脚未稳，将其击破。随后敌于宝山方面，利用陆海空军的协助，先后以一师团登陆，担任该方面作战部队为六十一师及沪保安总团各一部及增援的第六师，经数日苦战，牺牲殆尽，遂以陆续来到的第一、第七十八师逐次增援；于平坦开阔地带敌陆海空军炽盛火力之下，遂行战斗，损伤极大，而我们主动的作战指导，到这时候——九月初旬——已停顿了。张华浜和罗店方面的敌人，未能击破，宝山方面的敌人，积极向刘行攻击前进，其增援军亦陆续开到，我军从此转攻为守，迫处于被动地位！

（二）防御时期

至九月十二日，国军以右翼依托上海租界，亘江湾、刘行、罗店、浏河之线，占领阵地，拒止敌军前进，实行坚强的抵抗。尔后逐次变换阵地于蕴藻浜、广福、大场、走马塘，及苏州河南岸诸阵地，使敌遭遇意外的打击和重大的伤亡。而我军伤亡亦大，部队数度补充，战斗力逐渐降低。至十月下旬，为挽回颓势计，曾以生力军的广西部队四个师，由大场、陈家行、广福附近转移攻势，以期扫荡蕴藻浜南岸敌军。经过四天的激烈战斗，虽然得到初步的成功，卒以缺少空军的协助和炮兵的支援，不能扩张战果；同时又遭受敌军猛烈的反击，这次攻势，又归失败，退守苏州河南岸；全般的态势，愈形不利！延至十一月五日，敌以有力部队，乘我金山卫附近部队交替防务之际，突由该方面登陆，企图抄袭松江、青浦、安亭，截断京沪、沪杭的交通。同时苏州河南岸阵地，也被敌于刘家宅、吴家库附近突破。当时感着腹背受敌威胁，又缺少精锐生力军可资使用，无法撑持，遂于十一月八日夜开始向嘉兴、苏州一带撤退。

（三）太湖两侧地区之战斗

在国军开始转进以后，松江于十一月九日即告失陷，枫泾亦相继为敌占领；沪杭交通已被遮断，以致苏州河南岸的我军，不得不转向昆山、苏州方面撤退。数十万大军，拥挤在京沪交通一条道路上，加以部队死伤惨重，补充后素质较差，故纪律与秩序之维持，极为困难，影响到太湖两侧地区的既设国防阵地，未能坚确占领，即为敌军击破！乍平嘉方面阵地宽广，兵力薄弱，敌沿铁道猛进，于十七日嘉善、嘉兴、平望诸要点相继沦落敌手，整个阵线，呈动摇的现象。而北侧地区，敌又以有力一部，于浒浦上陆，猛攻常熟，形势也很危急，遂决心再退守锡澄阵地。同时以新到战场之一百七十、一百七十二两师，沿吴浔路作战，负确保吴兴之任务。于十一月二十日后，沪杭线部队向桐乡、长安附近撤退，京沪线附近部队，向无锡、江阴附近撤退。至二十五日，吴兴失陷，无锡方面敌人也逼近城下。部队的战斗力十分低落，士气涣散，难忘固守阵地撑持战局，遂以新到战场的川军担任保卫京杭及宣城、广德、长兴公路的任务，于长兴、广德、宜兴、溧阳附近拒止敌之西进；以太湖北侧地区之国军，主力向徽州、一部向南京转进。各部队的行动，虽能如期完成，而广德、宣城、芜湖的失守，未能对敌实行强烈的战斗，予以巨创，深为遗憾，尔后即转入首都的守备时期。

(四）首都守备时期

敌军越过太湖以西地区后，即以主力向南京急进，一部向宣城、芜湖前进。当时南京的守备部队，多新自前线陆续抽回，喘息未定，整理未完，即遭受敌人的攻击。十二月四日，外围阵地与敌接触（句容、淳化镇等处），九日即迫近城郊，激战四昼夜。卒因各部队新兵过多，战斗力脆弱，又兼芜湖失陷，敌军偷渡江浦，南京陷于重围，难望持久，不得已，奉命撤退，以主力突围，向徽州前进，一部渡江。当部队开始撤退之际，战斗异常激烈，雨花台失守，光华门为敌人突破，中山门附近亦被敌炮毁数阙，部队惹起混乱，城防动摇，各级指挥官多未能确实掌握部队，秩序紊乱，又兼渡河器材事先无充分准备，一切行动未暇周详布置，以致演成溃乱悲惨的现象。这次撤退，实给予我们各级将领一个很大的教训！

以上是京沪作战经过的概要，各位很多亲身参加的。我们从这次战役，检讨出下列的成果和教训。

第二　在政略上所得的价值

这次抗战是我中华民族，对无故侵略的敌人，在存亡的关键上最大奋斗的一幕。故对外应充分暴露敌人侵略的野心，表现我民族自卫能力与抗战决心，以期促进国际的同情和主持正义；对内则唤起国民的自觉和精诚团结，以巩固抗战的基础。在政略上，实有重大的意义。说者以为我们作战方针，为长期抗战，而敌人战略，则利在速战速决；上海附近，敌人增援容易，又能获得陆海空军协同作战的利益，似不应以战略迁就政略，以强大国军与敌角逐于上海一隅。殊不知上海为我国经济中心，列强商务所在，国际关系错综，国民心理上重视，不有激烈的战事不能给予友邦以深刻的刺激，暴露敌方侵略的罪恶；不有激烈的战事，不能使国民信赖政府抗战的决心，巩固长期抗战的基础。四个月抗战结束，虽然牺牲惨重，而忠勇壮士的热血，洗清了国际模糊的观听，确定了敌人侵略的罪恶，获得外交上有利态势，得到友邦精神和物质上的援助。国内的民众，亦感到敌人凶残，亡国之祸，迫在眉睫，非共同团结拥护政府，不能增加抗战力量，因而促进了内部的团结，建筑了长期抗战的基础。这都是京沪一带，苦战的目的和成果。

第三　在战略上所得的教训

（一）内线作战与外线作战

上海附近的作战，因地形和交通网的关系，敌在江海面上保持行动的自由，始终立于外线作战的地位。敌藉外线的有利态势，凭着优越的装备，不论于局部或全般，实行放胆的包围攻击。我军以装备不完全，又受交通网的限制，未能各个击破敌人而发挥内线作战的利益。例如敌由浏河、罗店附近登陆，侧击我上海的攻围军；又在吴淞、宝山附近登陆，夹击我三官堂阵地；此外刘行、大场附近战斗，敌常由两方包围夹击。最后在金山卫登陆，进占松江、青浦，截断沪杭路，威胁我苏州河南岸阵地；又在浒浦上陆，包围夹击我嘉定附近部队。这是敌人运用外线作战、分进合击的方法。而我军因缺少有力的战略控制部队，失去各个击破敌人的好机，完全立于被动地位。

（二）中央突破与包围攻击在现在的价值

敌军常集中优势兵力于一点，对我军阵地实行中央突破，奏攻后续向两翼席卷。其惯用的方法如下：

初期：对企图突破的地区，先以飞机集中轰炸，破坏工事，并扰乱阵地后方，继以炮兵集中射击,彻底破坏我阵地。

中期:于飞机炮兵轰击完毕后,即以战车掩护步兵开始攻击前进,此时炮兵延伸弹幕;同时飞机亦在空中盘旋,阻止我后方部队之增援。

后期:敌战车突入后,构成突破孔,并向左右席卷,步兵随后进入,迅即构筑工事。

中央突破可发挥物质上的最大威力,以摧毁我之阵地,惟因兵器及筑城的进步,对于正面防御的强韧性,已大为增加,故攻者损伤甚大,而其成果,并不如包围攻击的伟大。此次敌在吴淞、杨行、刘行、蕴藻浜、苏州河等地点之战斗,正面攻击多因我军强韧抵抗而顿挫,牺牲甚巨,然每行包围,往往获得成功。

(三)机动

战机由于空间时间的交互作用而成,而捕捉战机,固有赖于指挥官之慧眼,但其实施则系于军队之机动力。欲于所望之时期及所望之地点,运用所要的兵力,则全赖军队的机动。此次我军因机动迟钝,致失去战机而遭败绩者颇多。机动力的发挥,固然要交通机关运用敏活,而军队的训练与素质,亦极有关系,这是我们应当十分注意的一件事。反之敌则处处占着先机,来支配战局。

(四)翼侧依托

在持久的防御阵地,两翼或一翼,必须有坚固的依托,方能避免敌人包围。就上海附近的地形观察,扬子江与杭州湾构成大三角地带,扬子江与黄浦江构成小三角地带;在大三角形内两侧无依托,形成弱点,处处予敌可乘之机。敌在浏河、金山卫登陆,国军战略上即陷于不利的态势。而小三角形内,因一翼依托租界,使敌不敢放肆行动,故能维持至三月之久。

(五)后方连络线

后方连络线乃维持作战活动力之生命线,若受切断或威胁,往往促成全军总退却之动机。而国军对此种感觉性特别的大,因此敌军常乘我弱点,即以小部队活动,往往收效。倘我军对行包围的敌人出于果敢的行动,排除危险,并不足畏,这点各位以后应特别注意。

（六）第二线兵团即战略预备队

战略预备队，就积极方面而言，为达成某种目的，扩张战果；就消极方面而言，为应付紧急情况，挽回全军厄运。这次我军，因逐次增加，又陷于动员与输送的迟钝，缺少控置战略预备队。故在积极方面，未能捕捉好机，在消极方面，亦不能挽回危局，可为以后的殷鉴。

（七）消耗战

消耗战的指导要领，在对优势敌军，利用火力与工事，逐次消耗敌之战斗力，待超过平衡的时候，再以主力与敌决战。这次会战，因为我们的火力与工事，均极薄弱，所以对于消耗战的要求，不能完满达成。此点以后国军在装备教育上，应讲求改进之点。

（八）精神力量与物质力量

拿破仑说："战胜的因素，精神占四分之三，物质占四分之一。"此言在今日科学发达的时代，仍不失为统帅的格言。盖支配物质者人也，而人者精神寄托之器也，故精神实居战斗胜负之主因。东战场之初期，所以能维持三月之久而不衰者，由于我军有整然一体之精神。迨苏州河撤退时，精神衰败，遂至锡澄及南京附近之既设阵地，均不能坚守。由此可知作战指导，对于精神力量的保持和提倡，应特为注意。

第四　在战术上所得的教训

（一）纵深配备与预备队之使用

我军一般的纵长区分，失之过浅，因此阵地缺乏弹性，一经敌军突破，即不能利用纵深的据点为支撑，藉逆袭以挽回危局。又预备队之使用，一般失之过早，并缺乏主动和积极的精神。

（二）建制之保持与兵力之使用

保持建制，对于军队团结和指挥上，颇为有利；又兵力以集中使用于所欲决战方面为原则。此次各级指挥官均犯分割建制及逐次使用兵力的弊病。

(三)逆袭

防御之要领,在利用火力与逆袭,以压倒歼灭敌人;而逆袭最要紧者,即逆袭时机与逆袭方面之决定。关于逆袭时机,一般失之过迟,就实战经验,敌在突入我阵地三小时后,工事完成,配备就绪,逆袭往往无功。故我军应乘敌侵入阵地之顷间,立足未稳,断然以预备队施行逆袭,恢复原有的阵地,实为至要。又逆袭方面,常由正面冲出,致遭敌炮兵及战车之狙击而顿挫。今后应以突进敌人之两侧为逆袭目标。

(四)诸兵种之协同

诸兵种之协同作战,因平时缺乏训练,比之敌军大有逊色,其中尤以步炮的协同,战车与步兵的协同,陆空军的协同,十分欠缺,为我教育应改良之点。

(五)夜间战斗

夜间战斗,在本战役极为国军所采用,往往获到意外之成功。现敌对我之夜袭,极具戒心,往往于日没后,即将第一线部队撤退。但夜袭只可期于小部队之成功,若大部队则易惹起混乱。依据战史的教训,大部队的夜袭,殊不多见,并绝少成功。惟以今日空军之发达,昼间无法运动,故宜利用夜间以行接近敌人,待至拂晓,举行攻击,方可减少损害。夜间运动的要领,应特别注意连络及道路网的侦察与标示。此次我军的夜间行动,在连络侦察上,缺点尚多,以敌空军之优势及装备武器之优越,非特别注重夜间教育不可。

(六)空军之威力

空军为现代不可缺乏之新兵器,就其精神上之威力说,无论对于参加野战或轰击都市,均能发生甚大之效果;就物质上之威力说,则对于野战工事之破坏力,远不如炮兵。我军这次死伤于敌机的人数,不及死伤于敌军炮火之十分之一,可以证明飞机的功效并不甚大。而精神上的威力,亦随部队训练的优劣而不同,精炼的部队,殊非全凭空袭所能动摇。

(七)攻击点之选定

攻击点之选定,系在敌之薄弱部分,或最感病苦的方面。敌军攻击点之选定,归纳如下：

1. 兵团结合部——我军各部队之[联]系及协同，极不确实，结合部分，即为弱点所在，故敌每以此为攻击点；如三官堂附近、杨木桥附近，及蕴藻浜南岸黑大黄宅附近之攻击，均系我兵团的结合部。

2. 翼侧——我军对于翼侧之感受性特大，因此敌军通常以一部攻我侧背。

3. 部队交代——部队交代时，往往形成弱点，敌在金山卫之登陆，即乘我军交代之时也。

（八）独断专行与着眼大局

兵团越大，各级指挥官独断专行之机会愈多，尤以战场扩大，交通通信困难之时为然。盖战场中情况往往不明，指挥官若俟情况十分明了时再行处置，则每失却战机；故必须着眼大局，考虑自己所负责任，本上级指挥官所受之意图，而作适当之处置。此次敌在金山卫登陆，在附近各部队，如出于果敢迅速的攻击行动，则敌之上陆，必因遭遇打击而迟滞，或竟不能成功，使我军得有从容撤退的时间。

（九）海岸防御

以少数兵力，对长距离之海岸行防御，若采游动的后退配备，则易于达成防御之目的，否则亦应控制强大的预备队。而此次各部队之配备，多采直接配备，更设长大的一线阵地，致处处设防，处处皆感薄弱。

（十）河渠湖沼地之作战

敌军因受一·二八作战之教训，鉴于上海附近河渠湖沼地之复杂，乃利用橡皮舟、木筏、小气艇、水陆两用战车，泅水师及架桥等手段，达成战斗上之要求。故河川湖沼已不成为障碍。如乍平嘉、吴福线国防阵地内之湖沼地点，因设防未能周密，同时敌军利用上述战具侵入间隙，致阵地无可依托，为敌逐次攻陷。

（十一）作战地境

作战地境与战斗通境，为划分各部队之责任，每因增援部队原属系统之关系，时常变更，致使指挥官对于作战与战斗之指导上，惹起交替和变更的混乱，予敌以可乘之机。

（十二）阵地编成

阵地编成，尚沿用旧式之一线阵地，无纵深疏散配置，致缺乏韧性；又兵力配备，亦未能充分形成重点，全线力量，几致平均，故处处薄弱，对敌之主攻，既不能守，对敌之薄弱部，亦不能攻，此今后应亟行改革者也。

（十三）警戒与搜索

各部队对于警戒，极为懈怠，对于搜索，亦欠确实，致敌情常不明了，因而战斗部署，难期适当。须知警戒周密，方能秘密企图，保部队之安全，搜索确实，方能判明敌情，为指导之基础。倘两者俱缺，则像盲人骑瞎马，危险孰甚。

第五　我军之优点

以上所讲，大半都是说敌军的优点和我军的缺点。其实我军优点很多，如：

（一）冒险和牺牲的精神

在猛烈的敌军炮火和飞机轰炸之下，整个村庄和阵地，往往全部化为焦土，而我将士前仆后继，拚死抵抗，常与阵地共存亡，其冒险与牺牲的精神，实属难能可贵，即敌方官兵，亦同为叹服。

（二）忍劳耐苦的精神

在战斗紧急之际，前线士兵，常五六日不能得到片刻休息，有时连饭也不能到口，只靠着几块干粮和战壕的积水，以充饥渴。此不特为敌军所不及，即全世界，也少这样忍劳耐苦的战士。

（三）精诚团结与服从命令

从后方开到的部队，往往甫到战场，喘息未定，就奉命加入前线。这些部队，从各方面抽调，有的平时尚少系统和精神上[联]系的关系；但一经奉到命令，无不勇于奉行，并不感到指挥上的困难。这是我们领袖十年以来精神教育的成果。

（四）不屈服不投降

在全战役的经过中，被敌人包围的部队很多，但绝未发现缴械和投诚的丑剧，大多数作了壮烈的牺牲。

根据以上各点，可见我们的士气，远在敌军以上，如能加以精炼和适当指挥，制胜敌军，并非一件难事。

上述的材料，虽片段资料，但均从四个月的抗战经验中得来，介绍诸位，作为今后研究改良注意之点。此外对于军队训练和军官学术上的修养，个人还有点意见：

（一）军队训练

我认为训练，较之装备，尤为重要。不良的装备，只要部队精炼，还是可以打胜仗；倘若徒有精良的装备，而训练不够，则兵器的性能不能发挥，全军的士气不能团结振奋，一遇敌之攻击，难免弃甲曳兵。在北伐的历史中，能找到许多的例子。这个道理很简单：兵器只是作战的工具，而训练才是作战的技能，技能不良，绝不能运用工具。譬如写字，会写的人，坏笔也能写出好字，而不会写的人，就有好笔，也写不出一个好字，打仗也是同样的道理。现在我们的武器，大多数仰给外国，补充不易，更应当注重训练，从技术上与敌人争高低，以补装备的缺点。

（二）军官学术上的修养

以前惯用的战法，在这次抗战期内，证明完全失败。因为我们以前的作战，只有陆军，是平面的，现在加上空军，变为立体的；而各部队对于高空的防卫，常识欠缺，或过于重视恐惧，失去机动力和作战的效能，或不知分散遮蔽，招致无谓的损失。又如以前作战，不注重工事的构筑，或仅作一线的简单散兵壕，现以炮火进步，不能不讲求新的筑城法。以前作战常集结兵力，冲击敌人，为唯一的决胜方法，现在则不能不研究乘虚蹈隙的战法。最近，委员长手令“取胜之道，必须智勇双全，不仅斗力，且须斗智”；又谓“用兵不外奇正二字，如欲困敌疲敌与灭敌之法，更应注意用奇兵之道”。以敌装备的优良，我们特别应从战法上穷求胜敌的道理。凡此种种，非从学理上修养，从经验上体会不可，希望诸位注意以下的修养方法：

（1）多看新的书籍，求原则上的了解和新的知识。

（2）研究敌人战法的特点和弱点，及抗战中所得的教训。

（3）研究新兵器的特性和使用方法。

（4）注重诸兵种联合作战的方法。

（5）检查和改正本身的缺点。

从以上各点用功，则学可致用，不涉空泛了。

现在大家叫着长期抗战的口号，须知长期抗战是依政略而叫出的名词，在战略上，只是持久战。持久战的原则，一面在利用空间和时间逐次消耗敌人的力量，一面则培植和增进自己的力量。于有利的态势之下，与敌遂行决战，以博取最后胜利。我们应如何才能逐次消耗敌人的力量，应如何培植和增进自己的力量，应如何造成有利的态势，此三点虽于战争指导有关，不全属于作战方面，但大部分与指挥训练有密切关系。而指挥训练的方针，则基于战术思想而有不同。先要有统一的战术思想，才能发挥强大的战斗力而无遗憾。例如欧战初期，德国军人的战术思想，认为包围有利，故于包围上，收到甚大的成果。现在敌人信赖火力，故于火力运用上特别注重。我们的战术思想，也有训练和改进的必要，这就是将官班召集的目的，希望诸位紧紧把握这短少可贵的光阴，潜心研究，自研究的成果中，发挥出打败敌人和复兴民族的曙光。

《顾祝同将军纪念文集》，"台湾国防部"史政编译局编印，1988 年版，第 167 页—180 页。

回忆淞沪会战[①]

顾祝同

先是民国二十六年七月七日，日军借口在卢沟桥演习时，有一名士兵失踪，要求入宛平县城搜索，经我拒绝，乃炮轰宛平县城，我驻军第二十九军吉星文团长率部奋起抵抗，于是揭开我八年对日抗战的序幕。十九日，委员长蒋公发表重要时局讲演，认卢沟桥事变为我最后关头；二十六日，日军要求我撤退北平驻军，复经我严词拒绝；二十七日，日军以陆空军向北平进攻，三十日，日军攻陷天津，八月四日再陷北平，我全面对日抗战的决策，至是乃不得不被迫作最后决定之准备。

八月六日，我奉召由渝返抵南京，当时军委会所拟定战斗序列的原案，是要我担任第九集团军总司令。九日，日海军陆战队在上海虹桥机场滋事，与我驻军发生冲突，我料日军将在上海制造战端，以扰乱我商业及金融中心，并威胁我首都。十三日，上海日军以公共租界为根据地，向我闸北大举进攻，我为粉碎日军企图，争取国际支持，乃令上海驻军奋力抵抗，淞沪战役乃由是揭开。

沪战初起，日军遭我迎头痛击，一度龟缩，嗣因日军增援部队到达，在我军左翼浏河口及张华浜登陆，我军亦陆续增援，向左翼延伸，战斗正面乃日益扩大，最高统帅部乃决定成立第三战区，以冯玉祥为司令长官，而以淞沪警备司令张治中所辖第八十七、第八十八及第三十六师，编为第九集团军，并以张为总司令；另在第九集团军左翼，成立第十五集团军，以陈诚为总司令，并兼前敌总司令。依规定，前敌总司令可以指挥集团军，但为张治中所不愿；而冯玉祥与中央将领素少渊源，指挥调度，亦不灵活。委员长蒋公有鉴于此，乃于八月二十四日，偕蒋夫人、白崇禧及我，乘车至上海安亭车站附近，召集陈诚、张治中等，指示作战机宜，并发表

① 本文节选自作者回忆录《墨三九十自述》第十二节“抗战前期”，标题系本书编者所加。

任命我为第三战区副司令长官，成立副司令长官部，负实际指挥第九及第十五两集团军作战的责任。

当时冯玉祥的第三战区长官部，远在宜兴后方的山洞中，与前方指挥联络，都不方便。我来战区，只是临时决定，仅带有随从一名，只得暂借张治中总部的人员及设备，我的办公室，也就暂设在张治中办公室的隔壁，只装了两部电话机，以应付前后方[联]络的需要。于是急电西安行营，调第一厅厅长侯成，率同曾振、吴鹤云、范诵尧、王省三等四人，前来协助，其后韩德勤亦来到，担任参谋长，侯成为副参谋长。张治中的总部，是在南翔以西十余公里的一小村庄，地名徐公桥，每日经常有敌机在上空穿梭往来，前线敌机轰炸声、炮声，均可清晰听到。

淞沪会战，我军先后使用的兵力，共为五十九个师，八个独立旅，此外尚有地方部队及炮、工等特种部队，共约七十余万人；日军使用兵力，约在二十万以上，轻重大炮四百余门，飞机三百余架，战车两百余辆，军舰百余艘。日军的战法，当其向我某一地区攻击时，通常可分为三个阶段：第一阶段先以飞机集中轰炸，破坏我工事，并袭击我阵地后方，继以炮兵及海军长射程炮向我阵地集中射击，彻底破坏我工事；第二阶段即以战车掩护步兵，开始攻击前进，此时炮兵则延伸弹幕，飞机亦临空盘旋，阻止我后方部队增援；第三阶段则于战车突入后，构成突破孔，再向我阵地左右席卷；步兵随后进入，迅即构筑工事，以防阻我反击。日军如此战法，使处于劣势装备的我军，除利用夜暗进行猛袭外，几乎很少有还手的机会。

亘淞沪作战期间，国军作战经过，约可分为三个时期：

第一是围攻时期：自八月九日虹桥事件，我军于十二日以八十七、八十八两师，独立第二十旅及保安总队，展开于真如、江湾中心区之线，十四日开始对虹口、杨树浦之日军，围攻一个星期，再以三十六师加入作战，虽曾一度进出汇山码头，终因缺乏重炮，又兵力不充分，不能扩张战果，致未能达成预期目的。二十二日，日军第十一师团增援到达，以主力于浏河口，一部于张华浜登陆，我军亦以新到之第十四、六十七、九十八等三个师，由嘉定、刘行、宝山向日军包围攻击，发生激战，双方损失均大；日军虽续调兵力增援，亦仅能维持登陆点附近阵地，并无进展，而我军因动员及输送迟缓，亦未能趁日军立足不稳，将其击破。其后日军于宝山方面，利用陆海空军的协力，先以一个师团登陆，使我第六十一师及保安总队与增援之第六师，牺牲甚大，经再以第一及第七十八师逐次增援，由于地形开阔平坦，致我损伤极重。及至九月初，日军续有增援，我军遂被迫处于被动地位，战斗乃更为艰苦。在这一期间，我的副长官部实际上系直接秉承蒋公的指挥，冯玉祥的长官部乃形同虚设，其后冯调往津浦北段，蒋公乃自兼司令长官，我因副长官部僻处南翔附近，不能照顾全局，于是迁至苏州的张园，以便利作战指挥。

第二是防御时期：九月十二日，我军以右翼依托上海租界，亘江湾、刘行、罗店、浏河之线，实施坚强抵抗，拒止日军前进，尔后逐次变换阵地至蕴藻浜之广福、大场、走马塘及苏州河南岸，使日军遭受重大打击，我亦伤亡甚大，部队经数度补充，战力已逐渐降低。十月下旬，我为挽回颓势，曾以新到广西部队四个师，由大场、陈家行、广福附近转移攻势，期扫荡蕴藻浜南岸日军，经四天激烈的战斗，虽获得若干进展，卒以缺乏空军及炮兵支援，不能扩张战果，日军又猛烈反击，使攻势终告失败，我军乃退守苏州河南岸，全般态势，愈形不利。委员长蒋公于十月廿八日，亲临苏州，指示作战机宜。此外，外国报纸，对我军作战英勇，备致赞扬。十一月五日，日军以有力部队，突由金山卫一带登陆，企图抄袭松江、青浦、安亭，截断京沪、沪杭两路交通，同时苏州河南岸阵地，亦被日军突破，我军以腹背受胁，又缺少精锐之生力军可资使用，乃不得不于十一月八日夜，开始向嘉兴、苏州一带撤退。

第三是撤退时期：开始撤退后，松江、枫泾于九日失陷，沪杭路首被遮断，苏州河南岸我军只有向昆山、苏州一带后退，这一带地形，河汊纵横，水深不能徒涉，公铁路两旁又无平行道路，部队单位既多，沿途拥塞，加以日机轰炸扫射，死伤不少，秩序混乱，部队长大都失去掌握，统帅部命令只能下达到师部，故虽令各部队占领太湖两侧国防工事，亦未能进入阵地，以致第十集团军刘建绪部，在乍、平、嘉阵地（乍浦经平湖至嘉善之线），未能作有效抵抗，日军乃沿铁道猛进。十七日，嘉善、嘉兴、平望诸要点，相继沦陷，整个阵线动摇，而在太湖北岸地区，我军原拟守吴福线（苏州至福山之线）阵地，亦未能有效利用。此时日军续以有力一部，由浒浦登陆，直扑常熟，形势乃益见危急，我遂决心退守澄锡线（无锡至江阴之线）阵地，同时以新到战场的第一七〇及第一七二两师，沿吴浔路（苏州至南浔）作战，负确保吴兴的任务。十一月二十日后，沪杭部队向桐乡、长安撤退，京沪线部队向无锡、江阴撤退；至二十五日，吴兴不守，无锡方面日军亦已逼近城下，部队战力十分低落，士气涣散，难望固守阵地，撑持战局，于是乃以新到战场的川军五个师，担任保卫京杭及宜广长公路的任务，于长兴、广德、宜兴、溧阳附近，拒止日军的西进，而将太湖北侧的我军，主力向徽州，一部向南京撤退，尔后即转入首都保卫战的时期。

苏州撤退 在上海我军开始撤退后，日机猛炸我京沪铁公路沿线各要点，苏州每日均在空袭中，我的副司令长官部乃决定于十一月十四日入暮后，向武进撤退。是日，苏州遭日机大肆轰炸，我离苏州时，苏州城内外多处大火焚烧，难民扶老携幼，沿途充塞，部队亦络绎西进，秩序混乱已极。过去战地情景，我虽已见惯，而此时一幅乱离惨痛的画图，深印脑际，历久竟不能磨减。

我于十五日晨，率司令部同仁到达武进南方两公里的一个小村，决定暂留，指挥部队行动。过两天，我奉委员长蒋公电召赴京，司令部同仁则经由溧水转往皖南的甯国，继又迁至休宁县属屯溪附近的梅林村，以后又再迁至前湖村。在这同时，太原于十一月十二日沦陷，烟台我军于十八日撤出，国民政府于二十日移驻重庆，并宣告中外，继续抗战，为期使地方政治能配合军事作战，先后改组湘、鄂、黔、皖、苏、浙等省政府，我原兼贵州省府主席，以吴鼎昌继任，而却于十一月二十六日，又奉令兼任江苏省政府主席，这虽是我第二度主持苏政，但由于我实际在前方指挥军事，无法兼理省政，乃报经核准，以韩德勤为苏省府委员兼民政厅长，并兼代省府主席。二十七日，苏省府乃自镇江迁往扬州办公，战区长官部参谋长遂由侯成升任，而由邹文华递升副参谋长，所遗参谋处长缺，则委由刘广济充任。

南京守备 上海撤退后，南京守备责任，原由南京卫戍司令长官唐生智负责，但守备的我军，多系由上海附近撤退的部队，唐对各部队情况不甚熟[悉]，于是蒋公命我留京协助唐指挥作战。日军自越过太湖以西地区后，即以主力向南京急进，一部向宣城、芜湖推展。当时南京守备部队初由前方撤回，喘息未定，整补未完，甫进入阵地，即遭受强敌攻击。十二月四日，日军进至秣陵关及句容附近，两处均于当晚失守；五日，日军复以主力进攻淳化，一部猛扑汤山，激战四昼夜，汤山失守，龙潭、淳化亦相继沦陷，芜湖继亦被攻占，日军且偷渡江浦，致南京陷入包围，难望持久，乃奉令撤退，以主力突围向徽州转进，一部渡江沿津浦路北撤。当部队行动时，日军与我战斗十分激烈，十二日，雨花台失守，光华门亦被突破，中山门附近城垣多被炮毁，城防动摇，而渡河器材未有充分准备，一切行动，未能周详准备，以致秩序混乱。我俟部队撤退开始后，即与唐生智等渡江至浦口，然后乘津浦路车北上徐州，与李宗仁晤谈后，再经陇海路转平汉路，南下至汉口。

十二月十三日，南京失陷，日军烧杀淫掠，无所不为，我军民妇孺被惨杀蹂躏而死者，统计在十万人以上，实为空前未有的浩劫。日军攻占南京后，以为我军战斗意志尽失，乃透过德国驻华大使陶德曼，于十二月二十二日向我提出和议，委员长蒋公洞识日军企图,先于十七日发表我军退出南京告国民书,重申抗战到底的决心,于是我对日长期抗战的国策,乃更为坚定不移。

顾祝同:《墨三九十自述》,“台湾国防部”史政编译局编印,1981年版,第169—176页。

关于淞沪会战的回忆和感想[①]

陈 诚[②]

(一) 决定抗战大计

七七事变之初起也，陈与领袖适在庐山办理第三期训练。当时国人对于和战问题议论纷纭，颇多怀疑，殊不知领袖对于抗战早具决心。如七月十七日领袖在庐山发表谈话称："……卢沟桥事件能否解决，即所谓最后关头之境界；万一到了最后关头，吾人当然只有牺牲，只有抵抗……"。又云："我们的立场有极显明的四点：(1)任何解决，不能侵害中国主权与国土完整。(2)冀察行政组织，不容任何不合法之改变。(3)中央政府所派地方官吏，如冀察行政委员会委员长宋哲元等，不能任人要求撤换。(4)第廿九军现在所驻地区，不能受任何约束。这四点立场，是弱国外交最低限度。我们希望和平而不求苟安，准备应战而不求战……"。自此谈话发表后，国内外人士对于领袖咸有一致之认识。而领袖亦即于是时离牯返京，并令将庐山训练团提前结束。时陈以病留牯，兼办结束。适八一三事件发生后二日——八月十五日，陈在牯接奉领袖及钱慕尹等电话，召陈赴京，策定抗战计划与战斗序列。遂于十七日离牯，十八日抵京。当经领袖嘱以三事；(一)赴华北向晋、陕将领说明中央之决心与应抗准备；(二)赴上海视察张文白部作战，并协助之；(三)速厘定战斗序列。时陈以抗战月余以来，本人并未担任直接抗战之任何职务，此去究以何种名义身份从事所赋任务，而且一身又不能同时分赴两地，乃向领袖陈述此意。领袖问："以何种名义为宜"？陈云："如领袖对余欲机动的使

---

① 这份陈诚关于淞沪会战的回忆资料，辑录自中国第二历史档案馆公布的《陈诚私人回忆资料》(1935—1944年)，原载《民国档案》1987年第1期，标题系收入本书时编者所加。

② 陈诚，淞沪会战时先后担任第三战区前敌总指挥、前敌总司令，曾兼第十五集团军总司令。

用，可给一高参名义”。而领袖则云：“仍以行辕为佳”，然亦未即发表。至厘定战斗序列一节，当时军令部尚无此等材料，乃于十八日晚与自[白]副总长、黄季宽、王达夫会商，由陈将各将领之历史、个性、能力口述一遍（此刻除黄欲睡眠外，余人皆有笔记）作为参考。于十九日偕熊天翼赴沪视察，二十日返京。途中熊问陈；“返京后，对领袖报告是否彼此需要一致?”陈答：“以分报为宜，因如此领袖可多得一份参考资料也”。

返京后，领袖询问视察情形，熊云：“不能打”。又问陈，陈云：“非能打不能打之问题，而是打不打的问题”。领袖问：“何意?”陈云：“敌对南口，在所必攻，同时亦为我所必守，是则华北战事扩大已无可避免。敌如在华北得势，必将利用其快速装备沿平汉路南下直赴武汉，于我不利。不如扩大沪战事以牵制之。”领袖遂云：“一定打”。陈又云：“若打，须向上海增兵。”遂发表陈为第十五集团军总司令，并增调队伍赴沪参战，而整个中日战争亦即由此揭开。

（二）沪战经过

甲、战斗第一阶段（攻势时期）自八月十三日至九月廿三日

1. 淞沪战事的发动：中日战争之必然爆发，早在吾人意料之中；淞沪战争的导火线是为着虹桥机场事件，亦为国人所深悉。当时敌方海军陆战队约六千人在淞沪一带藉端启衅，我第九集团（军）为应付事变，遂将附近部队陆续向淞沪一带集中，于八月十三日开始英勇抗战。

2. 我军之攻击精神：当时我军为求立于主动，企图扫荡留沪之敌军，乃以87D在左，88D在右，向上海之敌积极进攻。其攻击重点初指向虹口，后改向公大纱厂。经数次战斗后，敌在上海之陆战队已被我军包围。惟我军兵力有限，后方控置部队极少，经陈向张[治中]商决后，（按：此在陈赴沪视察时事）始将36D、98D加入攻击，同时改变重点指向汇山码头，企图由中央突破，将敌截为两段，再向两方席卷而扫荡之。惜攻击开始过早，至36D一部迫近汇山码头时，而后续部队（98D）犹未到来，致攻击一时顿挫，后且变为被动矣。

3. 敌军登陆及我军阻止攻击：八月廿二日晚，敌以增援来沪之十二[一]师团由狮子林、石洞口、川沙口方面，同时以一部由张华浜附近强行登陆，企图威胁我军侧面。当时因我沿江兵力薄弱，未能拒止敌军登陆，乃以87D之一部及教导总队之一团、上海保安总团一部向张华浜登陆之敌攻击，同时以在吴福线之11D及在杨行、宝山方面之98D转向狮子林、川沙口方面之敌攻击，更以在昆山、吴县附

近集结之67D用汽车输送向罗店挺进，并急调正向常熟、福山前进之14D向太仓、罗店方面前进，以求会歼登陆之敌军。但总以交通运输关系，各该部队赶到战场时，敌之主力已登陆成功。此不能不认为我战因如上之失败。又当我向敌攻击时，因接近江岸，敌二十余艘之炮舰及优势空军，发挥强大威力向我轰击。但我仍冒万难，积极猛攻，在月浦、罗店一带演成互相争夺之激烈战争。此时敌复增援不绝，而我则无后续部队，以致仅能解决侧背之威胁，未能将敌压迫江中而歼灭之，殊可惜也。以后敌因在罗店附近被我十八军各师所阻，不能进展，乃转向吴淞附近及虬江码头，强行登陆。幸我6D、61D及1A等部适时赶到，即对在吴淞登陆之敌施行猛攻。此时我第一军因先在后方控置，至6D伤亡甚大时，始以78D各旅逐次加入作战，致部队建制陷于混乱。

4. 杨行至刘行之战斗：九月六日，宝山被陷。我98D姚子青营孤军困守，全营殉国。同时，吴淞、张华浜及虬江码头方面之敌，仍继续增加，未能扑灭，坐使与沿江敌人联合，以主力沿宝刘公路向杨行突进。九月十一日杨行被占。十四日陈到刘行指挥。为要长期抗战，须转移阵地，逐次抵抗。但此时领袖为要取得国际同情与认识，尚欲死守刘行。九月十六日，我第九集团军被迫退至北站、江湾、庙行、杨家宅之线固守。敌军方面，予[于]十一日占领杨行后，复以主力向我刘行猛攻。但我在罗店南端之18A，仍继续向罗店北端之敌攻击。在月浦方面，98D之一部因伤亡过大，且形势突出，不得已撤至陆福桥之线。此后，因沿宝刘公路西犯之敌仍续进不已，刘行岌岌可危，我遂放弃围攻罗店北端敌之计划，退守罗店西南及罗嘉公路之施相公庙一带。同时以各部队牺牲过大，全部攻击遂无形停止，仅有局部之小攻击而已。

乙、战斗第二阶段（守势时期）自九月廿四日至十月廿五日

1. 刘行至蕴藻浜之战斗：当刘行以东杨木桥附近战斗时，我66A、4A、15D等部队已陆续到达，并曾加入作战，亦未奏效。此时敌已迫近刘行。至九月廿四日，中央宝刘公路方面为调整战线，撤至右翼接杨家宅附近之第九集团军，经窦家弄——顾家镇——刘行东侧（国际电台附近）——太平桥——万桥沿荻泾以至罗店南侧之线。当时在沪敌军计有1D、3D、11D、12D及8D、16D各一部，并海军陆战队等，共约十余万人；野山炮约四百门，战车二百余辆，飞机二百余架，大小兵舰七十余艘。至九月三十日，顾家镇与刘行间之陆桥附近，我57D与15D之接合部被敌突入，经该两师派队逆袭，将其击退。同时，刘行与长浜站间之万桥附近，我15D与77D之接合部亦被敌突入，我77D因伤亡过大，全部溃退，以致牵动全局。

经陈向领袖报告部队不能再打的原因，大意说：如无生力军加入，即应转移阵地，调整部队，继续抗战。经领袖研究答复以后，于十月一日晚以15D之一团留置刘行，以57D之两营留置顾家镇，掩护我军转移，主力撤至由杨家宅、唐桥站，沿蕴藻浜南岸，经陈家行——广福——罗店西南两侧——施相公庙——曹王庙亘双草墩之线。

2. 蕴藻浜至苏州河之战斗：我军由刘行撤退以后，敌向广福方面跟踪前进，猛攻广福。经我奋勇抵抗约一星期之久，终将敌挫败。十月初旬，敌又转移主力，沿沪太公路南下，向蕴藻浜进犯，企图占领大场，以威胁我第九集团军之侧背，而达其占领上海之目的。当时我在该方面之兵力为8D、16D、57D，因战斗激烈，8D官兵几伤亡殆尽，故其左翼黑大黄宅附近阵地于十月六日晚又被敌突破。于是以撤至昆山附近正在整理之1A及新到达之税警总团与19D、26D、20A等部陆续增援，仍不能挫阻敌势。此时我5A[之]171D、173D、174D及176D正陆续向上海输送中。于是陈即提出下列之三个意见：第一是以第五路军由蕴藻浜北岸，同时以两个师由蕴藻浜南岸，各以一部由南岸及罗嘉公路以北转取攻势，对敌行歼灭战。第二是以第五路军据守蕴藻浜南岸，以16A及66A之一部，再另外抽出几个师，由蕴藻浜北岸出击，将突过蕴藻浜南岸之敌包围歼灭。第三是暂取守势，待五路军集中后，再相机出击。后经统率部决定采用第三案。但当时因情况所迫，不能久延，乃决心乘敌攻击疲惫之时，突予猛击，以求击破渡过蕴藻浜南岸之敌，并进[而]恢复刘行，乘胜迫敌江边而达歼灭之目的。遂以甫抵战场之五路军由蕴藻浜出击，更由左翼抽调98D及正在整理之66A加入，并由其他正面各师各抽一部，向当面之敌攻击。于十月二十日晚开始总攻。经三日之激战，结果因我五路军各部限于运输未能如期集中，并且新兵过多，缺少战斗经验；同时敌空军又肆行轰炸，故一经接触，即形混乱，以致原阵地无法维持。乃将在杭州之19D、18D、26D、33D调至大场方面，同时将3D、53D加入，并将左翼之11D、14D及正在太仓整理之15D调来，始得维持战局。但数日以后又感危险，遂于廿四日逐次退守大场、走马塘之线。廿五日大场被围，敌由大场东西两侧突进，我33D不战而溃，于是敌对闸北、江湾及在庙行之我军，即形成包围之势。廿六日，情况愈形不利，有及早调整战线之必要。此时除以88D之一团固守北站外，主力撤守由丰田纱厂沿苏州河南岸经江镇桥至南翔线上；左翼方面仍固守原阵地。

丙、战斗第三阶段(转移阵地时期)自十月廿七日以后

1. 苏州河之战斗：当我由大场、走马塘撤退前后，适值九国公约开会。我为

增进国际的同情，原拟在该线死守，后因被迫溃退，无法维持，始转移到苏州河。此时我 87D、88D、1A、36D、102D 等部被敌跟踪猛攻，损失甚大，因敌亦欲在九国公约开会以前解决上海战事。当时我在上海之作战部署，原区分为中、左、右三军，中央军朱（绍良）总司令于苏州河战斗最激烈之时奉令调赴西北，部队并为右翼张（发奎）总司令指挥，新旧交替，指挥上不免感受影响。同时敌并以有力部队向南翔、江桥镇猛攻，经我并力死守，屹然不动。但苏州河方面终因我部队立足未稳，致被侵入。经调左翼之 67A 及新到之 154D、46D、教导总队等支援反攻，战况至为激烈。

2. 敌由杭州湾登陆：十一月四[五]日，我军正与渡过苏州河之敌苦战之时，杭州湾、全公亭、金山咀方面海岸忽发现敌人登陆。我为击破该方面敌人以保侧背安全，当即决定以 26D 进占松江，以 61D 占领闵行，以警戒黄浦江之左岸，又令 67A 速经松江向金山县前进。同时令 79D 在嘉兴下车，用汽车输送至平湖、新埭镇线上占领阵地。并令 63D 由乍浦方面，62D 由南桥方面向登陆之敌夹攻。同时又以守备浦东之 45B 亦向该方面转送。此为当时之应急处置。但 26D、61D 在以前作战均伤亡甚大，67A 又系新到战场，不能企望过奢。同时，苏州河的本身亦不能不保持相当实力，故将 67A 及教导总队加入 154D 方面后亦因伤亡过多，致苏州河无法可守。（按：当敌在杭州湾登陆时，领袖出电话问陈如何处置，陈答以须调整战线。后领袖又命陈再支持三日，结果蒙受不利之溃退。）

3. 京沪路线之战斗：当十一月十一日晚我左翼军开始撤退之时，因安亭附近发现敌人，公路铁路均被截断。此时我退至安定[亭]附近之左翼军先头部队，虽遭敌之突袭；并不停止抵抗，仍向嘉定方面转进。后我九师赶到，始将安定[亭]附近之敌击退，恢复交通。以后我由南翔撤退之部队始得安全通过。

4. 沪杭路、京沪路方面之战斗：当我由苏州河撤退时，原拟撤至乍、嘉、吴、福既设之阵地固守，伺机转取攻势。但因平望、南浔先后被敌窜入，苏嘉路已被截断，致我由左翼转用于沪杭路方面之部队无法南下。至十一月十九日，嘉兴失守，该方而之敌并有继续西进，迂回我吴福线侧背之企图。同时，在浒浦登陆之敌攻陷福山，因此吴福线上亦难坚守。迨撤退至锡澄之时，因右翼放弃乍嘉线，同时，沿京沪进迫之敌又相继向我猛攻，至十一月廿六日，不得已又将锡澄线放弃。又江阴要塞自廿七日至十二月一日激战五日，经因援绝被陷。至是，京杭路方面之敌遂沿太湖南侧长驱直犯，于廿四日陷吴兴。自是节节后撤，宣城、芜湖遂亦相继失陷。

5. 南京会战：自十一月二十六日放弃锡澄线后，即以36D、88D，87D、51D，58D，66A及新到之10A参加南京防御作战。十二月七日，敌分两路攻破淳化、汤水[山]阵地。八日至十一日在附郭阵地激战三日。迄十二日，我守雨花台之88D被击破，各部动摇，南京因此失陷。

6. 浙皖方面之配置：当敌以主力攻击南京之时，另敌一部沿吴宣公路向宣城、芜湖方面突进。此时在沪杭路方面之我军为刘建绪部，在安吉、孝丰方面为廖磊部，在江南方面为川军各部，后又增加7A两个师，川军六个师，及18A残部第六师。多因伤亡过巨，无力出击。故不但不能策应南京会战，而且向后移动。此虽由于野战军与守城军未能切实连络，而对自己力量缺乏正确估计，亦为最大原因。（按：当苏州河撤退时，领袖曾召陈至京，问："南京如何守法？"陈云："是否叫我守？"领袖云："不"。陈云："如不叫我守，则我不主张守南京"。领袖命陈与何部长、德顾问等研究。后将研究结果及不能守之原因报告后，领袖遂决心不守。并命陈即赴皖南布置。但陈到皖南后，领袖又有"以主力守南京，以一部遏[退]皖南"之处置。结果伤亡甚大，而南京终于不守。）

（三）对于沪战之感想

淞沪战争为中国对日抗战之开始，其最初之胜利影响于尔后作战者甚大，故凡作战准备、作战计划均应充分周到，亦即孙子所谓："未战而庙算胜者……"之意也。然就上述"沪战经过"观之，则所谓准备也者、计划也者，似仍有须待吾人检讨之处。兹摘录陈总司令（诚）廿七年二月廿八日在武昌珞珈山将校研究班训话数则，以实吾说。（原题目为《沪战的经过与教训》，兹仅录后段《失败的原因及所得到的教训》十四条中之三、四、六、七、十各条）

1. 政略影响战略：战略原是达成政略目的一种手段。但是战争既启，就应该以战略为主，不能因政略牵制战略。因为战略保得胜利的时候，政略的环境就可以跟着好转。反过来说，如果战略失败，就是最初认为有利的政略，亦必跟着恶化。这次战略受政略的影响极大，乃是国家的不幸，并不是国家的错误，因为我国本身准备不足，要希望人家援助的关系……。

2. 政治影响军事：军事与政治原是不可分离的东西，但是这次在作战前以及作战期中，我政治上的缺点实在太多……。自敌军由狮子林方面登陆之后，附近各县地方负责者，事先不组织民众，训练民众，事后不知动员抵抗，这也是我们作战中极大的缺点。

3．一般准备不足：卢沟桥事变以后，接着沪战爆发。当时兄弟（陈自称）由庐山奉命赴沪，沿途所见，极少动员紧张的气象。（笔者按：即在抗战第八个年头的今天还是如此！）通信、交通、运输、军用器材及民众组织等等，都没有充分的准备。及至战事发动以后，仓皇应付，通信、运输各项阻滞迭生。……

4．初期攻势不能成功的原因：当沪战爆发以后，我军以五师之众，对数千的敌陆战队实行攻击，竟未能奏功，实在是当时部署种种不当的缘故。譬如不能彻底集中兵力，形成重点，及步炮没有协同动作，都是比较显著的事实。等到迫近汇山码头的时候，因为不待主力到达，以致兵力薄弱，不能扩张战果。倘使当时能依照原定的计划，待98D到达后使用于重点方面，那末，一定可以获得期望的战果。

5．退却时机与行动失当：我军作战的整个方针既为持久战，那末，于持久目的达到相当程度以后，就应该顾虑自己军队的实力，以免遭受无谓的损失，保存决战时的充分力量。但此次淞沪作战，当敌主力已被我诱致[至]于该方面，同时我军亦损失极大，增援已穷，已至反攻无效的关头，就应该转移新阵地，再图歼灭。这种勉力支持，待部队溃乱、战线动摇时，才实行被迫而撤退，因此不能为整齐而有计划的退却，是很失策的……。

但是，淞沪一隅已支持约三月之久，使狂妄的日本不敢再以“三个月灭亡中国"的眼光来轻视中国；即世界各友邦，亦因我淞沪之英勇抵抗，均对我有相当之认识与同情。此不能不认为淞沪战役之一种收获。其他如淞沪抗战转变了敌“沿平汉南下”之原定计划，因淞沪抗战促进了国家的真正统一；因淞沪抗战所得的教训，作为我以后改进的资料，其收获尤非浅显。

《陈诚私人回忆资料（1935—1944年）》（上），《民国档案》，1987年第1期，第14—18页。

淞沪会战的得失

陈　诚

淞沪会战的得失如何？在抗战进行当中，有人认为得失相当，也有人认为得不偿失。但自今日视之，抗战已成为历史陈迹，对于得失的看法，较为客观，则我们定然要说：淞沪会战是所得多于所失的。

先说淞沪会战的所失：

一、淞沪会战，我军使用兵力约达七十余万，敌军使用兵力亦达三十万左右。敌军外线作战，而使用兵力尚不及我军之半数，终能获致胜利者，唯一原因就是他们的装备优良。精神虽说胜过物质，可是血肉筑成的长城，事实上是抵御不了无情的炮弹的。所以我军虽多，终不免于败北。财物的损失不计，光是兵员的损失，我军超过敌军的数目，至少在一倍以上。“人海战术”是残酷的，淞沪会战，我军虽未尝有意使用此种战术，但其结果却与使用此种战术者没有多大区别，这是我们应有反省的勇气的。

二、淞沪会战之初，我军士气的旺盛可谓达于极点，但因伤亡惨重，人海究竟不是火海的敌手，所以到了苏州河撤守的时候，士气一落千丈，几至无法维持。南京在崩溃的士气之下，也便轻易地失陷了。

三、大兵团在一个狭小的地区作阵地战，后方的支持关系最为重大，诸如给养弹药的补充，战地伤兵、难民的医护、收容与管理，都是后方极重要的作业。而淞沪会战中，前线官兵竟有几个月不发饷，几天得不到饮食的怪事，而伤病军民辗转道途，无法治疗，尤属触目皆是。大军转移的时候，沿途遗弃的粮秣、弹药、武器、汽油等，随处可见，这些现象充分暴露我们后方没有支持前方大兵团作战的能力，显示中国仍然是一个组织管理十分落后的国家。

四、我们抗战的决策是持久战、消耗战，胜败的关键原不在一时一地之得失。

此种道理，早经宣告中外，人所共知。然淞沪一役，寸地必争，牺牲惨重，适与我们所标榜的抗战决策背道而驰。这现象显示我们似有决策，似无决策，足以引起人心的猜疑。

以上为沪战之所失。

以下再说一说沪战之所得：

一、敌人在淞沪挑衅，原意还是想要我们知难而退及早屈服的。中国的财富精华集中于江南，而以上海为之总汇。毁灭了上海，可使中国经济崩溃。而京沪近在咫尺，有如唇齿相依，上海不保，唇亡齿寒，国都亦将无法支持。国都不保，又可使中国政治崩溃。因此之故，日寇认为侵犯上海，是击中要害，射人先射马的绝招，必可使中国早日就范。殊不知中国受日人多年的侵侮，早有抗战到底的决心。而中国地大物博人众，正如百足之虫，可以死而不僵，平津可以不要，京沪又何不可放弃之有？这一点是日寇始料所不及的。所以他们刚在虹口挑衅，我们就将计就计，大规模抵抗起来。他们又错把我们长期抗战的序战当作背城借一的决战，于是集中兵力，不惜多次增援，以图一逞。至是，我们诱敌之计遂完全成功。我们现在可以这样说：淞沪会战是我们导演的战役，而敌人在我们导演之下，弄假成真，以为南京一破，凯旋可期，因之由北而南的侵扰，变成由东而西的仰攻，这便是沪战最大的成功所在。

二、中国境内用兵，由北而南者无不胜，由南而北者除明之灭元、国民革命军之北伐外，胜利的记录绝鲜。日寇于据有冀察后，如抄袭元清故事，挥兵南下，以偏师出洛阳，塞潼关之口，以主力趋武汉，关长江之门，则中国东西纵剖为二，西北方面进不能出，东南方面退不能入，此时我们的持久抗战，恐怕就要困难多了。太平天国之乱时，曾国藩在危难中，仍分兵回师武汉，可见争取武汉为兵家当务之急。今日阀估计错误，急其所当缓，遂予我以从容撤退的机会，否则能够退到四川的，恐怕只有少数能飞的要人，则中枢早已解体，尚何有于长期抗战？

三、淞沪会战，一打就是三个月，开头使用的兵力都是中央的精锐，使国人对于政府抗战的决心，再无可以置疑之余地。然后调派西南、西北的部队，才不致发生困难。西北、西南在此以前，多少还保有一点割据的局面，真正全面统一的抗战，实自淞沪会战始。在军事的统一前提之下，才形成了全国政治的统一。后来四川成了中国的堪察加，重庆成了长期抗战的司令台，自陕西秦岭终南山脉，转向豫西、鄂西、湘西连成一气，成为抗战的最后防御线，运用自如，如指臂之相使，这也是淞沪会战打出来的成绩。

四、中国经济物资工业设备，因淞沪会战相持较久，始得有内迁时间。数百年来，中国文化发展，以东南一隅及沿海地带为最。西南、西北相形见绌，已成为落后地区。沪战揭幕，经济工业内迁，东南及沿海人民亦大量西徙，遂造成一种大规模的文化交流，西南、西北之文化水平无形中跃进甚巨，对于配合长期抗战当然有莫大的贡献。假使日阀先据武汉，这种有利形势自属无从谈起。

五、我军沪战中所表现的坚强英勇，不但粉碎了日本"中国通"所说"只要三师人就可以到处横行"的狂悖预言，并且也惊醒了开战后日阀"速战速决"的迷梦。同时中国军队在世人的心目中，也为之观感一新，不复如以往之受人轻视。兹节录沪战时外电数则以为证：

（一）伦敦二十八日（十月）海通电：此间各报，本日对上海华军于猛烈抗战之后，始按照预定计划作最有秩序之撤退至业经布置妥当之新防线（指苏州河南岸防线），一致表示钦佩。《泰晤士报》发表社论，特别提出华军之英勇抵抗，并称日军尚未获得其摧毁中国军队主要目的。即此次两军作战，华方伤亡固极惨重，但十周之英勇抵抗，已足造成中国堪称军事国家之荣誉，此乃前所未闻者。

（二）伦敦二十八日路透电：《泰晤士报》二十八日社论，先谓本报对于此次上海作战中国军队之英勇智谋表示最大敬意。继谓：上海十周血战，将有一日证明中国已安置从来未有的兵力之基础矣。华军现已从滑稽故事之迷雾中脱颖而出，此为近世史中之第一次。

（三）伦敦二十八日路透电：《新闻纪事报》二十八日社论称，华军在沪抵抗日军攻击之战绩，实为历史中最英勇光荣之一页。华军之忠勇抗战，当可感动参加九国公约会议之诸代表，为维护国际法起见，同取均等之坚决立场。（委员长命再支持苏州河防线三日，其故在此。惜比京会议结果，仅于十一月十五日发表宣言一通。要求日方接受国际调解，日方则悍然不予置理云。）

以上是淞沪会战的所得。

得失两相比较，所得是政略战略的成功，所失是战术战斗的失败，自然所得者大，所失的小，是很显而易见的。

日阀对华战争利在速战速决，不能速战速决就是他们的失败。淞沪一役之后，反而给我们奠立下长期抗战的基础，此而犹不认为失败，徒见其颜厚而已。日阀致败的唯一原因，就是对中国的估计错误。因此我们觉得"知己知彼，百战不殆"之语，实为古今不刊之名论。

《陈诚回忆录：抗日战争》，东方出版社，2009 年版，第 41—44 页。

关于发动淞沪会战最高决策过程的回忆①

黄绍竑②

抗战开始奉命入京担任军职

卢沟桥事变发生后，我鉴于武汉是中国的心腹重点，华洋杂处，恐怕会发生问题，不待庐山训练团训练结业，就请准先回武昌。当时我曾考虑到万一卢沟桥的战事发展为全面的战事，日本第二步攻击的主要目标，必定是武汉。而我国首都南京万一不守，第二个首都，也一定是武汉。所以武汉为将来军事上必争之地，必须趁这个时间作巩固武汉大后方的准备。于是建议中央拨发国防工事建筑费一百万元，以加强武汉的国防工事。这个建议为中央采纳了，不过只准先拨五十万元，其余五十万元，责成湖北省政府筹垫。这个国防工事建筑的责任，便无形中交由我来担负。我一方面仿照在浙江的时候，先组织一个国防工程处，分头采购物料，开始建筑。另一方面到各方去视察过去湖北省境已有的国防工事，主要的是长江下游的田家镇至九江一带，与平汉路上的武胜关至信阳一带。先到田家镇一带，这是历史上屏障武汉的要塞，有新的国防建筑，也有旧的国防建筑。我见原有的工事，旧的是太陈旧了，新的是太简陋了，并有不合理的地方。有几个炮位竟看不见江面上的目标，控制不了整个的航线。那些炮位上的防守官兵，更是行所无事的在那里住家式的住着。我随便考问他们一些防守上的常识，竟没有一人能答上来。其他必要的通讯、交通、设备与粮秣、弹药的储藏，更是谈不到，我觉得非常

① 本文节录自黄绍竑《五十回忆》，标题系本书编者所加。

② 黄绍竑，1937年7月抗日战争全面爆发后，任军事委员会第一部(作战部)部长，主管作战计划与作战命令。

危险与失望，而急急想把它改善增强。随后又到武胜关及信阳附近视察，那里的情形，比田家镇更差得多。我在五十八师俞济时师长处食了一顿晚饭，俞师长曾任浙江保安处长，也是旧同事，那师官兵都是浙江的保安团改编的，所以相见之后，分外亲密。饭后接到程参谋总长颂云的电报，要我立刻到南京去，我只好停止了视察的工作，当夜赶回武昌。我已知道有新的任务，一时未必能够回来，便把省政府主席的职务交由秘书长卢铸代理。而搭机飞到上海，大约是八月一日，观察当时情势，预料全面战争是免不了的，必须将家中稍为安顿，逗留了几天，于四日才到南京。六日那天，在国民政府开了一个具有历史性的重要会议。蒋先生将七七事变的情形，以及敌人要灭亡中国的阴谋，与我们国家的决策宣布了，中日两国自此遂进入战争的状态。当场除各军事主管长官或有关机关报告之外，即由蒋先生指定各人的任务，我担任第一部部长，系主管作战作划，与作战命令的。此外，还有二、三、四、五、六等部，但后来有些部并未正式成立。我受到这个命令，非常惶恐，因为我这十多年来，一向都混在行政界中，对于军事只在中间干了几次打杂式的临时工作，对于这个老调，有点怕敢[难]重弹起来！蒋先生要我担任这项工作，也许因为我曾于二十二年担任过北平军分会参谋长，参加过长城战役的缘故。但那次战役，是局部的，而现在却是全国性的战争，轻重大小，又有分别。同时因为离开军界久了，很多情形，不甚熟悉，干部亦成问题。踌躇至再，终因凛于国家民族胜败存亡的大义，与自己应尽的责任，便不顾一切地毅然肩负起来。在短短的数日间，东凑西凑的，将一个机构，组织成功。并拟具初期的作战计划，呈请蒋先生核示。好在在蒋先生直接指导之下，奉命进行，尚不致十分困难。

抗战后的国内大团结

自七七卢沟桥事变而至八一三上海事变发生期间，真是中国近代史一个最大的转变！这一事变，惊醒了国人的迷梦，结束了国内的战争，使中国内部团结起来。“兄弟阋墙，外御其侮”的古语，那时才得到事实的证明。党内久未到南京的人物，如阎伯川（锡山）、龙至舟（云）、李任潮、李德邻、白剑[健]生、陈真如（铭枢）、刘辅臣（湘）、方叔平（振武），[无]论是在国内，或在海外，都在共赴国难的口号下互相集结。就是方在对垒中的朱德、周恩来、林祖涵、叶剑英等，也停止战火，在南京互相握起手来。这时南京住民，已经命令疏散，潮水似的涌向各地去，而各方的要人及开赴前线的部队，却相反的涌到南京来。恐怕这是南京有史以来最热闹最紧张的一个场面了。

抗战初期敌我外交上的奇迹

八一三上海的炮声响了，一切都进入战时状态。八一四南京受到第一次空袭，来袭的敌机，被我们击落了好几架，这是中国空军开始同敌人作战的第一日，就收到极好的战果。八一四也就成为中国空军的永久纪念日——空军节。上海的战事，由于我军之英勇抗战与主动的攻击，几乎将敌人多年来处心积虑所造成的军事根据，完全摧毁。但终以我海空军的劣势，不能阻止敌人由海上源源的增援。同时我们的援军也陆续由各地开到上海来，战场逐步扩大，战事至为激烈，比之战争最先发生的华北，规模要大得多。这里现出一点奇迹：华北同上海虽然开战了好些日子，但都是不宣而战，一面在那里打仗，一面还在那里讲道理，并不按照宣战的国际惯例执行。在汉口的日侨，我们并不当作敌人看待，将他们俘虏起来。那时江阴下游江面已封锁了，我们准许这些日侨，乘船到浦口，再乘津浦火车到济南，转青岛回国。好像这些路线及青岛还是中立地带似的。我在南京住在钟鼓楼日本大使馆的隔壁，日本大使馆的人员走了，丢下好多汽车，不能带走。部队里正缺交通工具，要征发那些车辆来使用，我们的外交人员大打官话，说："未经宣战，征用对方器材，不但日本以后要说话，就是中立国也要说话！"我不愿向他们过于争执，也就罢了。但不知他们会不会想到日本在华北和上海作战地区，是怎样的行动？土地都被占领了，我们还要很慎重的替他们保存一些小东西。后来南京市政府复将日本大使馆的门，用砖墙封闭，并派警察严密的保护，深恐有人进去偷东西。我不知道十二月十四日日军占领南京，看到那种慎重的保护措施，有没有一些谢意，或其他的感想？

最高统帅的英明决策

在未叙述以后的种种以前，我得将最高统帅英明的决策，先为提明。日本侵略中国，一贯的采用蚕食政策，由朝鲜之夺取而侵占东北，而进入长城，而发动卢沟桥事变，均属"蚕食政策"的逐步实施。他们发动七七事变之目的，实在占领平津或察绥，并未有对中国全面作战之计划。蒋先生早已洞悉其奸，在七七事变发生后，曾在庐山某次集会中训话，内有："和平未至绝望时期，决不放弃和平，牺牲未到最后关头，决不轻言牺牲。”之语，又记得有一次，蒋先生曾对我们解释“最后关头”四个字的内涵，他说：“平津的存亡，就是中国最后的关头，因为平津一被占领，则华北全局必至瓦解，我们以后就没有一处可为华北国防锁匙的地区，更无时间以从事国防的建设了。日本如果决心占平津，则中国必全力对日本作战。”等到日本占领平津已成事实，一面仍希望像以前一样作地方性事件，为局部之解决，他的目的既在占领平津，其用兵数量及作战计划，亦以占领平津为度。均不料我最高统帅，却严正指出最后关头已到，而领导全国军民奋起作全面的殊死战。是以我们的作战计划，就不限于平津而争取主动的地位，以展开全面的战斗。

上海虽为日本在东南的侵略根据地，但因为碍于国际关系，并未准备在淞沪作战。八一三事变的发生，是出乎日本意料之外的，亦可以说日本是被动的，而我国是主动的。最高统帅的决策，是要以主动的姿态，先把上海的敌军根据地摧毁，然后再主动的向华北作战，即使不能将敌人根据地铲除，亦须吸引其兵力到这方面，以搅乱其既定的计划。果然淞沪会战范围，一日一日的扩大，敌人以前所准备在华北方面使用之兵力，亦被吸引到淞沪来。最先发动战争的平汉线，反而暂告安静，否则敌人如用重兵沿平汉铁路向武汉进攻，则其进展之迅速，决非淞沪可比，而我方之应付，必招致非常之困难。此种英明决策，实为抗战八年而终于得到最后胜利之最重要关键，述叙至此，不禁起衷心之崇敬！

黄绍竑著：《五十回忆》，岳麓书社，第335—339页。

揭开八一三淞沪抗战的战幕

张治中[①]

一九三六年二月，南京国民政府为了准备对日作战，把全国划为几个国防区，我奉命兼任京沪区的军事负责长官。

一　战前准备，定下“先发制敌”的战役思想

（一）成立京沪抗日秘密指挥部

我担任这个极为机密的备战工作，是不能公开进行的。我在奉命之初，先在中央陆军军官学校（简称中央军校）选调了一批干部，筹划一切。

首先我考虑的一个问题是用什么名义来掩护这个工作的进行。中央军校是个教育机关，我是该校的教育长，我就在学校东大楼教育长办公室的旁边，设置了一个高级教官室。我利用这个“高级教官室”，作为备战的实际司令部。把从军校选调来的工作人员，武的派在参谋处，文的派在秘书处。我当时对所有的工作人员，有一个很严厉的规定：绝对不许对外泄漏工作的机密。因而，没有一个外人知道，这个小小的机构，竟是日后揭开全面抗日战争序幕的司令台。

我把机构设立之后，首先决定两项重要工作：一是关于国防工程；二是关于民众的组训。我派了两批人员分别到京沪区各地去视察。

半个多月以后，我把这个“高级教官室”移驻苏州。为了不引人注意，先选比

① 张治中，淞沪会战开始前任京沪警备司令，淞沪会战期间任第三战区第九集团军总司令、中央作战军总司令。

较偏僻的狮子林作为办公处所。后来，因为机构扩大。工作人员增多，狮子林地方狭窄，容纳不了这么多人，决移驻留园。在移驻留园时，我觉得“高级教官室”这个名义不能掩护工作的积极进行，决改对外名义为“中央军校野营办事处”。

如果说苏州是全国最负盛名的风景区之一，那么留园就是代表苏州风景的最令人留恋的一座名园。说起这座名园的历史，许多人都知道，那是清代维新后，一个鼎鼎大名的邮传大臣盛宣怀的家园。这座用民脂民膏所建成的美轮美奂的名园，在我的记忆中留下了一个深刻的印象。它是集东方古典艺术之特点，一楼一阁，一亭台，一水榭，幽静曲折有趣，乃至水池里各种各样的金鱼，古老的树木，鲜艳的花卉，都极尽园林之胜。然而，我今天所留恋的不只是这所名园的风光，而最令我回味的是我在那座名园中，考虑过许许多多有关民族抗战前途的问题，拟制和决定过许多对敌作战的计划方案。在那些怪石嵯峨的假山之上，或茂林秀竹丛中，也曾留下我一点深思熟虑的痕迹啊！

这个“中央军校野营办事处”，一直到淞沪战争爆发前夕，没有人知道它究竟是干什么的，敌方更是始终不知道。我所任的抗日备战工作得以从容布置，得力于这个秘密机构不少。留园啊！我向你致意。

我们这群在留园工作的同志们，都怀着孜孜不倦的心情工作着。把平时当做战时看。

我又把这个机构学校化，实行很有规律的作息，常常集合参谋人员研究一些问题，作出若干决定，派出一批一批的人到淞沪线、苏福线、锡澄线一带实地侦察、测量、绘制地图。这批人回来之后，完成了战术作业和初步的作战方案，并开始构筑淞沪线、苏福线和锡澄线一带的小炮机关枪据点工事。这都要在种种困难情况下，秘密地进行工作。特别是在上海，敌人耳目众多，为不让敌人侦知，必须采取巧妙的掩护手段来进行工作。

为了加强军事上和政治上的研究设计工作，我又设置了军事研究委员会和政治研究委员会两个附属机构。两会的职能是搜集有关军事和社会科学的学术材料，研究国内外军事、政治、经济、社会、外交、文化各方面的情形，作出报告或建议。除了从本处干部内选充研究委员外，又聘请了几位有专门学识的人担任研究工作。他们都提出了许多宝贵的意见。

我当时兼顾中央军校的校务，并时有向政府请示工作，需要来往于南京、上海间。政府为此曾给我指定一节专用车厢，随时挂在任何一次客车上。这个时期，我成为京沪路上来去匆匆的忙人。

(二)对京沪抗日作战的建议和决心

自一·二八淞沪抗战到一九三六年期间,中日关系日趋紧张。日本军国主义在东北阴险地让溥仪傀儡粉墨登场,做了伪满洲国的皇帝;又肆无忌惮地侵占了我国华北;一九三六年八、九月间,在上海方面又制造紧张局势。九月二十三日夜,日方以“出云”舰水兵三人,在上海北站附近租界内被人狙击,伤二死一事件为借口,出动全部海军陆战队,在青云路、八字桥、粤东中学、天通庵、五洲公墓一带,布设岗哨,派队巡逻,大有挑衅的企图。我方虽经多次交涉,渐趋缓和,而其陆战队驻沪人数,则借故增加。日军频繁地举行各种演习,且迭派舰队到宝山、福山镇、段山港、浒涌各港口,测量水位,积极图谋进犯。当时的中日形势,已经是“山雨欲来风满楼”。

我当时认为形势严重,不能不作进一步准备。即将第三十六师由无锡推进至苏州附近;第八十七师由江阴推进至常熟、福山一带;原在南京附近的第八十八师推进至江阴、无锡;并秘密设计扩充上海保安总团。我于九月二十三日向国民政府陈述意见:

一、请将本分区作战上必须之部队,密令配拨,以便指挥。

二、请即令饬通讯主管机关建设京沪分区军用电话及指定地方长途电话,战事发动后之使用权。

三、请将京沪铁路及锡沪公路之车辆尽量控制于无锡以西各站、昆山支塘以东及上海附近。所有船舶,请密令各县尽量诱至于吴县、常熟附近,以利我军运输,且免为敌所利用;并将本区各县船舶车辆明定统制管理办法,俾得于军事运输适时利用。

四、请于本区预定作战地区各要点,囤积必需粮秣,以供军食。

五、请将阵地内已由驻军筑成路基之各路桥梁涵洞,迅予建筑。

我当时看了南京国民政府的种种情形,又焦虑,又愤慨,又于十月四日再次沉痛地具述意见:

一、上海为我经济重心,系世界视听,我沪上武力仅保安一团,守土匪易。在事变之初,必先以充分兵力进驻淞沪,向敌猛攻,予以重创,至少亦须保持我与租界交通,取攻势防御。若自甘被动,虽占苏福线或锡澄线,亦属非宜;若迎战不能一举破敌,又不能持久支持,则使国人回忆一·二八之役,薄现在中央军之无能矣。

二、为达成上述任务，须有兵力六、七个师，以四至五个师任淞沪正面，两师控制浏河、福山、常熟一带。如此，在淞沪附近作战当可支持三个月以上。除现有第三十六师、第八十七师、第八十八师三个师外，请再调三至四个师来沪。

三、大局至此，无论外交如何，似应以决心抗战积极准备。唯各方面仍不免空泛、纾缓、推诿，使部属无所秉承，如徒有作战计划，迄今毫无准备，即其例也。

从这几个月来，日军在上海的动态，推测中日形势，今后可能更趋恶化。我为了应付万一，于十一月初，下令进行下列部署：

一、令第三十六师、第八十七师在苏福线上一面警戒，一面继续构筑工事。

二、令第八十八师接防锡澄线阵地。

三、以地方团队担任沿江防务。

四、以各县警察为监视哨。

五、令江苏保安第四团分驻浏河、梅李镇、牌头镇等处，为东自浏河附近西迄大港镇地方警察各监视哨后方之支援。

六、成立太湖水警联防处，任太湖水上之警备。

（三）西安事变对京沪防御的影响

一九三六年十二月十二日，西安事件突然发生了。当时南京国民党首要对西安事件主张用军事解决的占多数，我是主张政治解决的少数人之一。在调兵遣将的“讨逆”计划之下，原驻在京沪区的第三十八师、第八十八师被调走了。这时对日军的戒备兵力，只有一个第八十七师了。第八十八师在八个月后才调回，第三十六师到八一三战起才调回。这对淞沪作战的准备，是一个顿挫。

我当时最担心日军乘我内部发生问题的时候，爆发淞沪方面的战事，那就没有办法来应付。不过上海方面的日军，此时却反而采取冷静观望的态度。这或者由于当时西安事件完全出于日方意料之外，或者它作了错误的估计吧！

（四）受职京沪警备司令官，定下“先发制敌”的战役思想

七七卢沟桥事变后，日军在上海的行动，咄咄逼人。日军在各通衢哨所增加兵力，各屋顶架设高射炮，各要点构筑工事，对市中心区及南翔方面试设炮位，日夜连续举行演习，拟退各地侨民，扩编义勇队及在乡军人队等等。日军将原驻汉口的陆战队千余人撤调到上海，日军舰十余艘位于浏河至吴淞间，对海口施行封锁。在日本国内也已派定正式陆军，待命出动。并先后制造水兵宫崎失踪及撕毁

日本国旗事件，真是形势紧张到了极点。

七七事变以前，我正在青岛养病，忽闻卢沟桥战事起来，即于第二天拒绝医生的劝告，径返南京，接受京沪警备司令官的职务。

这时，我所指挥的部队，除第八十七师在常熟、苏州外，第八十八师已调回至无锡、江阴，其他仅江苏省、上海市保安团队数团。原指定共同作战的空军、炮兵等，都调到华北去了。为维护上海的资源与海口，我方不愿在上海轻易发生战争，但万一发生战争，我则必求立于主动地位，所以尽力为运输、通讯等各项工作做好准备。不久，第二师补充旅到达苏州。我令其一团化装为上海保安队，入驻虹桥、龙华西飞机场，加强警戒；一团化装为宪兵，开驻松江。又调江苏保安第二团接替浏河方面江防警戒，将原保安第四团集结太仓附近，担任岳王市、梅李两区的防务。

这时，我有一个基本观念：这次在淞沪对日抗战，一定要争先一着。我常和人谈起，中国对付日本，可分作三种形式：第一种是他打我，我不还手，如九一八东北之役；第二种是他打我，我才还手，如一·二八战役、长城战役；第三种是我判断他要打我，我就先打他，这叫做“先发制敌”，又叫做“先下手为强”。这次淞沪战役，应该采用第三种。我在七月三十日向南京国民政府郑重提出这个意见：

我在北方作战，固不宜破坏上海，自损资源，然若敌方有左列征候之一，如：一、敌决派陆军师团来沪，已开始登轮输送时；二、敌派航空母舰来沪时；三、敌在长江舰队来沪集合时；四、敌在沪提出无理要求，甚至限期答复，即断定敌发动无疑。则因我主力军远在苏、常以西，输送展开在必需时，且上海保安团抵抗力薄，诸种关系，似宜立于主动地位，首先发动，较为有利。曾迭电具申意见，未蒙核示，兹预拟本军行动标准，谨申呈核，是否有当，敬祈示遵。

南京国民政府的复电是：卅未电悉，应由我先发制敌，但时机应待命令。

我知道战争绝不能免，就在给南京国民政府电报的第二天——八月一日，发布了一篇文告，鼓励我京沪区的卫国将士。文告述：

此日吾民族已临于最后关头，此日吾人亦陷于生死线上！光荣神圣的民族生存抗战之血幕必且展开。兹特揭橥要义，为本区将士同志告。期以忠勇坚毅，共迎行将到来之无限艰苦，但必有无限希望的岁月。

自甲午一役，失地丧师，我同胞忍辱负重，而徒抱复仇雪耻之愿者，殆已四十余年矣。乃敌自此更逞淫威，肆其凶焰，蹂躏我主权，占领我土地，荼毒我人民。本其岛国野心，妄标大陆政策，鲸吞蚕食，肆无忌惮。攻城略地，何日无之？因之九一八之血迹未干，一·二八之屠杀顿起，长城之役甫停，察绥之变旋作。含垢忍辱既已六年，创巨痛深，几难终日。兹复驱师启衅，扰我平津，更且大举动员，图占冀察。然后挥师南指，侵我中原，跃马而行，纵横朔漠，以遂其逐步吞噬之迷梦。我最高统帅所以认为最后关头，抗战到底，以求最后之胜利，而举国人士所以奔走呼号，誓死不能退让者，正以此耳。

文告又说到全面抗战实出于不得已，完全为自卫图存。接着说道敌忾同仇的真正意义，以坚信将士们的信念与决心。最后，我提示了对敌作战应注意的几个要点：如誓雪国耻，不怕死，不怕敌人，信仰中央，爱护袍泽，长期苦斗，百折不挠，实行连坐法等，作为京沪区全体将士的精神教育和纪律的基础。

同日，我又发表了一篇《告京沪区民众书》，除提高亡国灭种之警觉及剖析敌国实情外，重在宣示此一战的重要，发动民众，尽力与军队合作。我在这篇文章的结尾说：

凡我民众，无分男女，无问老少，智者尽其能，勇者竭其力，以绥靖地方，杜绝奸宄，厉同仇敌忾之气，坚至死靡它之心，以听命于政府，则虽不擐甲胄，不执干戈，不冒矢石，而其贡献于国家民族者，实且伟大莫与伦比矣。至于体力精壮，英勇果敢之同胞，愿为父老之前驱，愿作本军之后继者；精警有为，熟悉敌情，能扑灭无耻之汉奸，能肃清敌方之间谍者；抑或有他一技之长，愿以供战争之使命者，或编入地方组织，或隶属部队机关，不患无效命之机，不患无杀敌工具。昔孙武子以吴兵复楚，阎应元以江阴抗清，东南为人才文物荟萃之区，孤忠英勇之士，悲壮激烈之操，史不绝书。揆之十步芳草，十室忠信之义，市井田畴，动多壮士，必有闻风兴起者。自由之葩已胎，独立之旗高举，为民族之英雄，抑为子孙之罪人，决于自择。唯我亲爱同胞，共勉前程，共纾大难，时乎不再，凛凛勿忽。

这样，我从各方面都加以准备布置了，只待大战时机的到来。

二　揭开战幕，进攻日军在沪据点

（一）抗日将士神速进入淞沪战场

一九三七年八月九日，日军官大山勇夫[①]在虹桥飞机场与我守军冲突被杀，

① 一说是日军军曹大山勇夫。

上海的形势突然告急。十一日，敌第三舰队驶集黄浦江及长江下游浏河以下各港口，有即在淞沪登陆发动战事的企图。

这时，我京沪区在苏州、常熟、无锡一带的驻军，仅第八十七师、第八十八师及炮兵第八团、炮兵第十团、警察总队一总队、独立第二十旅的一个团。我立即命令第八十七、八十八两师，做输送前进的准备。

十一日下午九时，我接到南京统帅部的电话命令，将全军进至上海附近。

我当即作了下列几个重要决定：

一、第八十七师的一部进至吴淞，主力前进至市中心区；

二、第八十八师前进至北站与江湾间；

三、炮兵第十团第一营及炮兵第八团进至真如、大场；

四、独立第二十旅在松江的一个团进至南翔；

五、令炮兵第三团第二营及第五十六师自南京、嘉兴各地兼程向上海输送；

六、派刘和鼎为江防指挥官，率领第五十六师及江苏保安第二、第四两团，任东自宝山西至刘海沙的江防，并控制主力于太仓附近。

我是八月十一日夜半离开苏州，统率全军从苏州、常熟、无锡一带向上海挺进，十二日晨，进驻上海。清早，上海居民从梦里醒来，看见遍地都是抗日将士，惊喜交集，都问："从哪里来的？为什么这样神速？"这是由于我们事先控制了火车、汽车，能够于一夜功夫，便进入了上海预定阵地。

(二) 决心犹豫，丧失战机

这时，我决定攻击部队于八月十三日拂晓以前，完成对虹口、杨树浦日军据点攻击准备。此时，我突然接到南京统帅部电话命令：不得进攻。我飞急电告："我军业已展开，攻击准备也已完毕。"但回电还是"不得进攻"。

因此，原定十三日拂晓的攻击，不得不停止。我预定十三日拂晓攻击，本想以一个扫荡的态势，乘敌措手不及之时，一举将敌主力击溃，把上海一次整个拿下。但现在失此良机，似乎是太可惜了！

这是什么缘故呢？据说是：上海外交团为避免在上海作战，建议南京政府，改上海为不设防城市——自由口岸。这个建议文件，大概是十一日发出，十二日到达外交部，南京政府不免犹豫了一下，故忽然命令我不得进攻。我未见着正式文电，真实的是否如此，无从确断。

我们的进攻，因此延到十四日午后三时才开始。大家都把这一次淞沪会战称为八一三战役，实际上八月十三日并未开战，不过是两军对垒，步哨上有些接触，而正式的开战是在八月十四日。这样耽搁了两天，却给敌人一个从容部署的机会。

（三）喋血淞沪，决心抗战到底

大战的血幕既已正式揭开，我外交部在这天曾代表国民政府发表了一个重要声明。同日，我也发表了一篇重要讲话，主要显示我军坚决抗日的态度，其中一段是：

> 昨（十三日）下午四时，日方军舰突以重炮向我闸北轰击，彻夜炮声不绝，我居民损失奇重。同时复以步兵冲出界外，进攻我保安队防地，我方仍以镇静态度应付，从未还击一炮。现日方又大举以海陆进攻，我为保卫国土，维护主权，绝不能再予容忍。时至今日，和平确已完全绝望，牺牲已到最后关头，御侮救亡，义无反顾。兹应郑重声明者，上海和平既为日方炮火所震毁，而我祖先惨淡经营之国土，又复为敌军铁骑所践踏，不得不以英勇自卫之决心，展开神圣庄严之抗战。本军所部全体将士，与暴日誓不共戴一天。五年以来，无日不申儆军中，以湔雪国耻、收复失地为己任。我十万健儿之血肉，即为保卫国土之长城！决以当年喋血淞沪、长城之精神，扫荡敌军出境，不达保我领土主权之目的，誓不终止。

上面这篇讲话，可以看做我对敌行动的正式宣言。

从八月十四日起到二十二日止，是我军对虹口、杨树浦敌根据地猛烈攻击的时期。

敌自我军开始行动后，就在虹口、杨树浦两大根据地，利用其炮舰火力的掩护固守，等候他们国内的援军到来。八月十四日上午，我空军开始向黄浦江敌舰轰炸。我军于下午三时下达总攻击命令。下午四时，我们的炮兵就开始集中射击，步兵勇猛攻击前进，到日没时止，多有进展。突然又接到上级命令：

> 密。今晚不可进攻。另候后命（寒酉待参京电）。

于是攻击实施，又因此停止。

十五、十六两日都是奉令作攻击准备，并没有实行全线攻击，仅将五洲公墓、爱国女学、粤东中学各点攻占。其中以第八十七师第二五九旅第八连与第七连合力突入敌阵地，占领敌海军俱乐部一役为最壮烈、最英勇。

十五日，我发出一个通电，原文如次：

各报馆转各部队、各机关团体暨全国同胞公鉴：元日下午。暴日侵沪舰队突以重炮轰击闸北，继以步兵越界袭我保安总团防地，我保安队忍无可忍，起而应战。治中奉命统率所部，星驰应援，保卫我先祖列宗筚路蓝缕辛苦经营之国土，争取四万万五千万炎黄华胄之生存，誓不与倭奴共戴一天！今日之事，为甲午以来五十年之最后清算。彼曲我直，彼怯我壮，彼为发挥野心之侵略，我为决死求生之自卫，无论暴敌如何披猖，最后胜利必属于我！愿我举国同胞，武装袍泽，毋忘我东北、平津数千万同胞呻吟于日寇铁蹄践踏之奇惨，毋志我一·二八战役、长城战役、天津战役忠勇牺牲先烈之血迹，以悲壮热烈之精神，共负洗雪国耻收复失地之重任，遵奉最高统帅之昭示，以百折不挠抗战到底之决心，求得最后最大光荣之胜利。擐甲陈词。不胜激越！

在日援军登陆以前，我认为对虹口、杨树浦的攻击，尤为必要。十七日拂晓，奉令继续开始全线总攻击。这次总攻击，其经过及成果的概要，可见我给南京军委会的一个电报：

密。本军于今(筱)晨五时半，按预定部署，全线开始总攻击。最初目的原求遇隙突入，不在攻坚，但因每一通路皆为敌军坚固障碍物阻塞，并以战车为活动堡垒，终至不得不对各点目标施行强攻。谨将各部激战实况分陈如次：一、八十八师以主力由北分向日本坟山、八字桥、法学院、虹口公园攻击，往返争夺，伤亡甚重，仅法学院一处，已牺牲一营之众。而攻日本坟山之部，于上午十一时攻入后，因受敌侧方机枪射击，未能返出，死伤尤多。日没前，北正面受敌反攻，已被我击退。二、八十七师先对日俱乐部、日海军操场及沪江大学、公大纱厂攻击，迄九时许，得王师长(敬久)电话报告，已占领日俱乐部及海军操场。唯经派员确查，据称日俱乐部旁之四层楼油漆公司，尚为敌死守，我军正向其包围。对沪江大学、公大纱厂及引翔港镇方面，则激战终日，尚未得手。下午五时许，敌由海军操场南两次激烈反攻，均被我击退。

三、本日我炮兵射击，甚为进步，命中颇佳，但因目标坚固，未得预期成果，如对日司令部一带各目标，命中甚多，因无烧夷弹，终不能毁坏。

我在这天上午八时许到前线视察，经第八十八师炮兵阵地到第八十七师，所见官兵士气高涨，不怕牺牲的精神，都极可嘉。从正午十二时到下午四时，我在万国体育场附近督战，枪炮声密集，战斗激烈。我又看见我国空军也很敏捷勇敢。敌人高射炮声如连珠，弹发如雨，胜于民间过年晚上放爆竹。

十八日，我又接到暂停进攻的命令。这是开战以来，第三次的停攻命令。

但是，敌人在这时却整天在其飞机掩护下，到处以小部队向我反攻。我们司令部到前方的电话，也常被敌谍破坏。

十九日，我军又开始攻击。到下午五时，接到第八十七师王师长电话，说他的左翼最前线部队已经突入杨树浦租界至岳州路附近。我决心即刻扩张战果，突入贯穿杨树浦租界至汇山码头，截断敌左右翼的联络，向东西压迫，一举而歼灭之。当即我率同重要幕僚，进驻江湾叶家花园第八十七师司令部，部署一切。

一、令第三十六师即夜加入沙泾港至保定路间的正面，向汇山码头江边突破攻击。

二、在日俱乐部正面的第九十八师之一旅，受第三十六师指挥。

三、令第九十八师第二九四旅归第八十七师指挥，加入该师左翼，向沪江大学、公大纱厂攻击。

二十日拂晓前，我之突破，西进展至欧嘉路，东至大连湾路，南至昆明路、唐山路。敌从昆明路方面向我多次反攻，都被我击退。

在这一天的战斗中，有一件事，使我到今天想起来还觉得难过：就是突破杨树浦租界时，我们只凭几辆破坦克（是在厂内修理的，临时拉出，好的坦克早调北方去了）冲击。带领坦克车的连长，也是军校的学生。我命令他冲杨树浦。他说："车子太坏，而敌人的火力过猛，我步兵又很难跟上。"我说："那不行，你的坦克不攻入，休来见我！"结果他冲到汇山码头，连人和车子一起牺牲了！我军虽一度冲到汇山码头，但未能确实占领，因敌人利用钢骨水泥的楼房作据点，放射密集小炮弹，火力异常猛烈，我们的步兵虽极勇猛地跟上，但挡不住黄浦江面敌舰炽烈的炮火，也不容易冲破敌方在街市上的坚固据点。所以这天虽一度攻入汇山码头，仍是站不住脚。

二十日晚上，我乘月夜亲赴江湾前线督战，指挥各部队继续猛攻，并以第九十八师全师加入，准备以全力先攻略杨树浦。第三十六师、第八十七师的第一线部队推进到百老汇路、唐山路、华德路之线，以新到的第十一师及教导总队第二团控置于江湾市中心市区为总预备队。二十一日，各部队继续攻击。第三十六师最前线部队，在新调来的战车掩护下，又攻抵汇山码头，到拂晓后，因受敌海军炮火的猛烈攻击，迫不得已，才退回百老汇路北侧。我战车第一、二两连，全被击毁。第八十七、八十八、九十八各师攻击，也都没有多大进展。二十二日，我军各部继续进攻，但因敌增援已到，攻击已不得手，仅第八十七师在午后将精版印刷厂及康泰厂两据点占领。入夜，敌分途反攻，都被击退。

这是从八月十四日至二十二日，攻击虹口、杨树浦根据地的战斗经过概要。

三　挽救危局，恰遭“卸磨杀驴”的结果

（一）狮子林、川沙口和罗店江防阻击战

八月二十三日上午五时半，我接到江防司令刘和鼎的电话报告：狮子林、川沙口方面，有兵力不明的敌人登陆。那里的守军仅第五十六师步兵一个连（因兵力不够支配，这里只配了一个连）。我当时决心拒止并歼灭登陆敌人的目的，由正面抽出部队，向狮子林方向前进，支援江防军的作战。

这时，我已被任为第三战区第九集团军总司令，指挥淞沪附近的全军作战。总司令部设在南翔附近一小村中。拂晓后，敌机到处狂炸。总司令部通到各方的电线，都被炸毁，通讯联络完全中断。我为明了状况，分别派遣参谋到各方观察联络，又为便于指示机宜，亲率重要幕僚，于八时三十分到达江湾。

二十三日的战况以及我的位置，可以在我呈报统帅部的漾亥参电看出轮廓：

密。本（漾）日上午五时半接到刘军长电话报告：敌于拂晓以前，在狮子林、川沙口登陆，即与陈次长诚商定部署，以十一师向罗店北进，支援五十六师之作战，而由正面抽出兵力为预备队。当因前方电线为敌机炸断。未能由电话指示各部，乃于八时半亲赴江湾八十七师料理一切。是时，据报张华浜、蕴藻浜附近，同时有敌登陆，我守军正迎击中。……兹为顾虑左侧登陆之敌起见，将对虹口、杨树浦正面作战之三十六师、八十七师、八十八师、独立第二十旅、保安总团、教导总队第二团各部归王敬久指挥，派其为淞沪前敌指挥

官，命对正面固守原阵地；而以教导总队第二团拒止张华浜之敌；由八十七师调一旅支援吴淞；并抽出第九十八师令向宝山、杨行、刘行、罗店之线前进，以该师师长夏楚中指挥该师及第十一师，拒止上陆之敌。……迄下午五时，十一师已不顾敌机轰炸，进至罗店南六公里之处，因罗店为少数敌军占领，该师已将前卫展开，将其驱逐。教导总队第二团，因张华浜上陆敌近两千人，尚在其附近与敌对峙，当由八十八师抽调一团前进至蕴藻浜南岸设防。

电报最后又说：

因驻地于日间受敌机轰炸，本晚正在移营，电话尚未架通，焦急异常。拟即赴太仓或嘉定与罗军长卓英一晤。

这一夜，进行彻夜的激战。狮子林、川沙口方面，进至罗店附近之敌，于十七时顷由第十一师驱逐，并击毙敌下级军官一名，在其身上搜得军用地图，知敌重点指向罗店、嘉定及浏河。我决心：以第十一师向川沙口方面攻击前进；第九十八师向狮子林方向前进。但宝山已被敌占领，第五十六师据守的一营，撤退至陶家宅、张华浜、蕴藻浜方面；教导总队第二团前进展开于张家浜、殷家浜、南徐家湾之线，迎击登陆敌人。嗣于十七时由第八十七师派兵一个团增援，于二十四日三时到达，由第二六一旅刘旅长指挥，与敌激战。

吴淞附近敌军于二十三日下午，以千余人登陆。吴淞方面原由保安第一团守御，二十四日四时，由第八十七师先派第二六一旅的一个营到达增援，现正与敌激战中。

（二）冒敌机轰炸，亲临前线，挽救危局

我要叙述当时一段危险的情景。我在听到敌人在川沙口登陆报告后，觉得敌人已抄到我军的后面，我军有全部被敌包围的危险。因此，我决定亲到前线去，一面镇定军心，一面设法挽救目前的危局。

从南翔到江湾只有十八里路，本不算远，但我们一出门就碰上敌机三至九架，不断地在上空来往轰炸扫射。我本来坐小汽车去，敌机临头，我就下车隐蔽；敌机转头，马上前进。但走不多远，敌机来往太多，小汽车不能再坐了，我穿着一双马靴徒步走去。中途遇见一个骑脚踏车的传令兵，下车向我敬礼，并问我：“怎么总

司令走路?”我也来不及对他说别的了,骑上他的脚踏车就走。一路上,我一会儿停下来掩伏,一会儿又乘隙前进,就这样冒险赶到江湾叶家花园第八十七师师部,才把正面军心稳住。

我到了江湾,决定不顾任何困难,抽调第十一师、第九十八师迎击登陆的敌人。那时由正面抽出这些部队真不容易,且因敌机狂炸扫射,部队简直无法行动。第十一师师长彭善在初接到调动命令时,对我说:“简直炸得不能抬头,怎么办呢?”我说:“不能抬头也得走,难道我能从南翔一路冒轰炸走到江湾,你们就不能从江湾走到罗店吗?”就在这个万分危急的局势下,抽调两个师迎敌。由于这样迅速部署,才把已经失去的罗店收复。罗店收复的影响很大,不仅稳定了正面,而且维护了后面的交通,使后面的部队能继续增援,才能与敌保持对峙的态势。

在攻占罗店的同时,第九十八师也已将狮子林之敌驱逐。保安总团仍守吴淞。唯张华浜的敌人,虽经教导总队猛攻,还是未能击退,二十三、二十四日,先由第三十六、第八十七两师抽调四个团前往围击,经几度猛攻,才把敌人包围在张华浜沿岸泗塘以东的狭小地区。二十七日,敌人被我左翼军(指挥官王敬久)于夜间迫退到张华浜车站附近。

杨树浦正面,我军仅四个团的兵力。突入巷战的我军,因受敌军夹击,在二十四日夜不得已撤出,沿租界路口固守。二十五、二十六两日无激战。二十七日拂晓前,虹口、杨树浦正面敌人,由俱乐部方面向我反攻两次,都被我右翼军(指挥官孙元良)击退。吴淞方面登陆之敌,经右翼军迎击,尚残留于纱厂百余人,也被我包围。教导总队第二团及炮兵第八团、炮兵第十团,都奉命调至后方。第六十一师的主力,已输送至大场附近。二十八日无激战。二十九日,全线战事沉寂。三十日,战事平静无变化。

三十一日拂晓后,敌以飞机三十余架,并以海军舰炮猛击吴淞,强迫登陆;敌另一部由市轮渡码头登陆。我守吴淞的第六十一师的一个团,伤亡过半,不支后退;唯吴淞炮台,仍由上海保安总团固守。我将在刘行的第六师调到杨行、吴淞,驱逐登陆之敌。该师于三十一日夜,向吴淞攻击前进,与敌遭遇予杨行以北地区,发生激战。从九月一日到五日,全军正面无激战。六日晨,敌在虬江码头登陆,经我右翼军猛烈攻击,激战至黄昏,卒将敌包围于码头的栈房中。七日,张华浜之敌倾全力向右翼军及中央军(指挥官宋希濂)阵地猛攻,经全日激战,将敌击退。躲在虬江码头栈房顽抗之敌,也由我第六十一师增援之一团打退。八日,这股败敌倾全力来犯,均被击退。九日上午十时,敌集中军舰炮火和飞机轮流对军工路一带的我左翼军进行猛烈射击与轰炸，掩护一个团的步兵进攻，激战到薄暮，敌伤亡惨重，我也受到很大损失，但因我军奋勇抵抗，阵地屹然不动。十日、十一日均无激战。

这是从八月二十三日到九月十一日，抗登陆战斗经过概要。

（三）我的苦闷

我在八一三战役的整个过程中，总算是一个勉尽职责的人吧。不谈当时冒险犯难、奋不顾身的种种经过，仅从八月十四日以来，我没有好好吃过一餐正式的饭，也没有得到一夜的安眠。在过度疲劳之后，也忘记了困乏，只是感到眼睛是红的，喉咙是嘶哑的。这些我则视为当然，本没有什么值得夸耀的。今天想起来，却有一些无端的横逆，常常在刺痛我的心。

记得八月二十三日，我把战斗序列调整了一下：炮兵第十六团及第六十七师都输送至嘉定附近，连同第一师、第九十八师都划归第十八军军长罗卓英指挥。是日深夜，总司令部已移设于徐公桥，我才吃了一点粥，在椅子上略靠了一下。我想应该去看看刘和鼎和罗卓英他们，商询对该方面登陆敌人的作战方策，并指示机宜。一想到这些问题，立刻动身，于清晨到达太仓，指示刘和鼎如何应付当面之敌。

然后，冒着敌机轰炸，从太仓到嘉定找罗军长。见面后，罗卓英很奇怪地问："张总司令为什么会跑到我们这里来？"我当时内心里很明白：罗军长归我指挥，我应该来看看。可是一谈，才知道陈诚已不是军政部次长，他已经做了第十五集团军总司令。自蕴藻浜以北地区的防务，统归第十五集团军，由陈诚指挥。我与罗卓英谈了半天，傍晚回到徐公桥总司令部。这时，我一肚子的闷气，怎么发表了陈诚做第十五集团军总司令，连我也不通知。第十八军本归我指挥，为什么忽然划归第十五集团军？这究竟是什么缘故，真令人费解。

当我从罗卓英那边回到徐公桥的时候，我得到电话说顾祝同已到达苏州（第三战区司令长官冯玉祥，副长官顾祝同）。我心里想，两日以来，我只专顾前线，没有同后方联络，我应该到苏州看看顾祝同，和他商酌许多问题，并可借此向南京统帅部报告请示。

我一到苏州，还未及见顾祝同，就打电话给蒋介石，满想申说一番内心的苦闷。不料，蒋一接电话，就厉声地问："你在哪里？"我回答："在苏州。"蒋又问："为什么到苏州？"我就说明经过："为着左翼作战，亲到嘉定会罗卓英，听说顾墨三（顾祝同字）着苏州来了，所以来同他商量问题。”蒋在电话里又大声地叫：“为什么商量？两天找不到你，跑到后方来了！”我也有点气愤了，我讲：“罗卓英原来归我指挥，我不能不去看看，我不知道他已划归第十五集团军陈辞修（陈诚字）指挥了！”电话里的声浪越来越大，蒋对于我讲的根本不理，只是严厉地责问：“为什么到苏州？为什么到苏州？”我耐不住了，索性说厉害一点：“委员长应该怎么办？我是到苏州与顾墨三商量问题的。我一直在前方，委员长究竟怎么样？”即听见粗粝地说了一句：“你究竟怎么样？还问我怎样？”一下就把电话挂了。由于这个电话，我伤心了！我怀着很大的伤感，莫大的委屈。为什么？八一三之战，是展开全面抗战的序幕，何等光荣，何等神圣。我在淞沪一带的部署，自信毫无错误。尤其像我以一个总司令的地位，大胆而勇敢，从八月十四日起，一直在师部，在第一线，亲在叶家花园的水塔上督战，始终站在最前线。至于上海未能一举占领，统帅部失机于先，三次叫我停止攻击；后来，大战展开，除陆军外，又没有有力的空军配合。在开战前，委员长问我：“有没有把握？”我的答复是：“一定要有空军和炮兵的配合。”而自开战以后，因为缺乏这些条件，以致未能达到占领全沪的目的。我这两天（二十三、二十四日）都在前线奔忙，稳住了正面，阻止了左翼登陆的敌人进攻。只因前线电话线屡被炸断，以致没有与后方通电话。我是临阵脱逃吗？为什么不能谅解，反向我生这样大的气呢？

这个意外的横逆，刺伤了我的心！

（四）由攻势转入守势

从九月十一日起，沪战转入了一个新阶段——由攻势转为守势的时期。

战事爆发以来，敌在淞沪一带作战的兵力，陆续增加到八万多人，军舰四十余艘，停泊于定海桥至吴淞镇之间，协同作战。敌机成群结队，滥施轰炸。自九月初旬起，敌主力向吴淞方面猛烈攻击，至十日夜，我第十五集团军右翼阵地被敌突破，退到杨行、月浦的新阵地，与敌对峙。我第九集团军的左侧背，因之越发暴露，大受威胁。九月十一日上午，敌向我蕴藻浜南岸阵地猛袭，战斗异常激烈，潘家宅、徐家宅的阵地被敌占领。我军退到河流西岸固守，并由第二六一旅派兵一部在蕴藻浜上游警戒。午后，接到第三战区司令长官的命令：

为整理淞沪嘉浏一带阵地，节约兵力，俾达韧强抗战之目的，着第九、第十五两集团军即转移。第九集团军即向北站、江湾、庙行、蕴藻浜右岸之线转移，占领预筑阵地，但须节约兵力，抽出第六十一师及独立第二十旅充集团军预备队。

我即依令变换阵地，转入守势。各部队奉令后，即于夜间开始行动，到第二天拂晓前，转移部署均告完毕。直到九月二十三日我辞职照准那一天，第九集团军正面，敌我没有多大接触，可以说一切无变化。

（五）辞职的经过

最后要说的是关于我辞职的经过。从八月十三日至九月二十三日，这整整的四十天中，我在前线无分日夜地指挥策划，四出奔驰，得不到休息，体力已疲乏到不堪想象的地步。尤其使我感到疲惫不堪而实在无法支持下去的，就是精神上的苦闷。我不得不决心辞职。记得远在九月八日那天，我曾亲函蒋恳切表示辞职的至诚，并荐贤自代。这封信多少可以表达我那个时期的苦闷心情。

一、淞沪作战，已逾三周，兹概呈重要经过，职于八月十一日午后九时许，奉命率所部八十七、八十八师，于十二日进至沪上，以一团占领吴淞，七团进围虹口、杨树浦之敌，至午后六时展开完毕。十三日，奉命勿进攻，延至十四日午后五时，始开始攻击，至十六日，奉命停攻，准备；十七日，再攻击，至十八日夜，八十七师已突入杨树浦租界，又以三十六师加入猛攻，自十九至二十二数日，皆继续进展。讵二十三日晨，敌分由川沙口及张华浜登陆，因警戒川沙部队仅有五十六师之一连，警戒张华浜部队仅保安团之一部，遂致侧翼感受威胁。职当即亲至江湾部署，抽调十一及九十八两师北上，收复罗店，以迎击上陆之敌。二十四日，至嘉定视察，并与罗军长商讨歼敌计划。此两日皆电话不通，无由向钧座报告，致劳廑念；然职有责任，不能不亲至前方部署与视察也。自二十五日以来，虹口杨树浦之敌，仍为我包围封锁；张华浜之敌，屡给我击退至江边狭小地区。我因受敌舰敌机之轰击，伤亡过大，尚未能将其歼灭。吴淞方面，以六十一师守兵素质稍次，复于三十一日为敌登陆，现由第六师围攻中，已奉令划归第十五集团军作战地境。此三周来作战经过概要也。

二、前奉钧座垂询：扫荡上海敌军，有无把握？如扫荡不克时，能否站得住？等因。职当以"如我空军能将敌根据地予以毁灭，则步兵殊有把握！如空军未能奏效，则以主力守据点，掩护有力一部攻击，取稳扎稳打之战法，亦可站得住"奉答。嗣后攻击实施，我空军虽奋勇轰炸，惜为数量所限，终未能收成效；复因敌工事之坚强，我军诸兵种力量之不逮，致未于短期间克奏全功。窃唯我军战略方针，原为对敌持久战，钧座前所询扫荡不克时处置，职经迭电陈明：在上海附近，以维持与租界交通着眼，预定数线强固阵地，以行攻围，似有坚强持久之把握。现敌虽增援已到，连日来犯，均经击退，我阵容迄未少变，而我王敬久师、孙元良师、宋希濂师及钟松旅各官兵，不辞疲劳、不畏牺牲之攻击精神，询已极度发扬，此当在钧座洞鉴之中。

三、自作战以来，职之部署计划，皆经逐日呈报，而钧座命令意旨，亦一一遵转实施。职于指挥上似无不当之处，但扫荡沪敌之任务，因力量与时间之限制，终未达成，职当身负其责。且职病体未愈，力疾支持，已感形神交瘁。职虽有为国牺牲之精神，深恐于事无补，反足贻误。似此职在责任上，在病体上，均应求所以自处之道。昨因健生副总长回京之便，曾恳托代陈下情，幸蒙特许，准以墨三副司令长官兼代，毋任欣感！乃今复以健生副总长、墨三副司令长官之建议，中止发表，仍令职继续负责，彷徨焦虑，万分不安。务祈钧座迅赐明令免职。如墨三兄不愿兼代，拟请以逸民（朱绍良）兄继任，或将第九与十五两集团军合并，由辞修兄统一指挥，均甚适当。至职如蒙钧座鉴宥，畀以闲散名义，派在大本营奔走效力，谨当竭其绵薄，以报高厚，抗战期间，绝不敢偷安旦夕也。

我辞职决心下得很早，而酝酿得很久，总是不蒙批准。说可以批准了，忽然又不准，经过几次的周折，好容易才于九月二十二日见之命令，调我为大本营管理部部长。敌人广播说是我的建议不被采纳，而且与陈诚闹意见，所以辞职。这种诬蔑，当然不足一哂。然而我为减除对统帅部的烦闷，和预防与友军摩擦，却被敌人道出其中一点点消息。回到南京，蒋约我吃饭，我请求回家休养。蒋说："好，但你先就了职再走。"于是遵命先就了管理部部长的职，随即带着一个困乏的身体和一种落寞的心情，回到我的故乡洪家疃了。

宋希濂、黄维等著：《淞沪会战：原国民党将领抗日战争亲历记》，中国文史出版社，2013 年版，第 12—29 页。

关于淞沪会战和南京战役的回忆[①]

白崇禧[②]口述　马天纲等记录

淞沪会战

民国二十六年八月四日[③]，我奉委员长电召飞抵南京，委我任副参谋总长职。当时情形日日紧急，日本在河北、绥远、平津一带挑衅不已。我最高当局知日为贯彻其大陆政策，必不会停止侵华之行动，乃于南京召集全国将领开会，表示决心抗战。各将领归去后，秣马厉兵，动员调遣，待命抗敌。八月九日，敌武装官兵侵入上海虹桥机场警戒线内滋生事端，与我方保安队发生冲突，借此集中多数兵舰，并以陆战队登陆，要求我撤退驻沪保安队，我严词拒绝。八月十三日，敌遂集中驻沪陆军及海军陆战队约万余人[④]，向我保安队进攻，淞沪战事即告发生。我为应付事变，令张治中部三个师向上海增援，初期我以优越之兵力一度进展至汇山码头。八月二十二日晚，敌军第三师团、第十一师团及第八师团之第四旅团、第一师团之第一旅团，于川沙[⑤]、狮子林、宝山[⑥]等地同时登陆，向宝山、罗店、浏河之线南犯，我方续以陈诚部增援，二十四日起开始反攻。上海地狭而近海，敌人陆海空联合作战，极易发挥威力，我军反攻因未能奏效。后以敌人之增援部队陆续增加，以主力进攻罗店。十九日[⑦]罗店陷，我军退守闸北、江湾、庙行、双草墩一线。第三战

---

① 本文标题为本书编者所加。（本文注释除注明“本书编者所加”外，均为《中报月刊》编者所作。）

② 白崇禧，淞沪会战时任国民政府军事委员会副参谋总长，

③ 民国二十六年八月四日，即公元一九三七年八月四日。以下凡民国年号不再另注。

④ 此时日在沪尚无陆军，海军陆战队兵力亦不足万人。。

⑤ 浦东另有川沙县，这里系指川沙口，又称小川沙。

⑥ 日军未在宝山城登陆，是在宝山县境之小川沙登陆，另有一部在蕴藻浜附近黄浦江岸登陆。

⑦ 应为二十九日。

区副司令长官顾祝同将军(司令长官原为冯玉祥,冯调任第六战区司令长官后,由蒋介石兼任)指挥张发奎、朱绍良、薛岳、罗卓英、刘湘(本人未至前线)[①]、廖磊(淞沪战事发生后月余始到达上海)等之集团军,与敌对峙于北站、刘行、浏河之线。当时我军力若每一集团军以三军计算,共十八个军,若每军以三师计,共五十四个师。敌人之兵力至九月底共聚集二十万人,并与强大之海空军力量配合,故以优越之势,突破我庙行、江湾之防线,我军乃向蕴藻浜南岸、陈行、广福、施相公庙、浏河一线转移。

我军转至新防地继续与敌相持,战事激烈。我军因缺乏现代化武器,全赖血肉之躯与之相抗,所以伤亡甚重。后因敌人火力猛烈,我军被迫向苏州河南岸、江桥镇、小南翔之线撤退。此时,我方兵力分中央、左、右两翼三路兵团,中央兵团向小南翔撤退,因制空权操之敌手,敌机日夜侵扰,遂与左翼兵团续退至青浦、白鹤港[②]。当时因联络困难,下达命令较迟,各部准备不周,撤退秩序甚为混乱,是以青浦、白鹤港之线不守,乃向吴福线[③]之既设阵地撤退。当时以受敌机日夜跟踪之威胁,各部队撤退秩序更为紊乱,以至吴福线又告不守,而续退向锡澄线[④]。十一月九日[⑤]敌迫近锡澄,中央见部队伤亡重大,于敌人强大空军之威胁下又无法作战,乃下令撤退淞沪战场,部队主力向浙、皖、赣边境撤退,一部沿京沪大道向南京撤退,参加守城。上海抗战至此告一结束,历时二月又二十六日。上海抗战原计划本是节节抵抗,故有既设阵地如吴福线、锡澄线,后因敌人掌握制空权,行军不易,不能按照原定计划实施,复以命令下达仓促,部队准备不周,故原计划尚未实现便开始撤退。

以上是淞沪战役之大概,今列我双方战斗序列如下:

1. 日本战斗序列

上海派遣军司令官:松井石根

第三师团师团长:藤田进

第六师团师团长:稻叶四郎

---

① 刘湘本人在武汉,所部由第二十三军军长潘文华指挥。

② 据了解,十一月九日我军全线撤退,乃因日军十一月五日在金山卫以三个师团登陆包围我侧后方之故,我军一部退至青浦、青阳港是九日以后之事。

③ 吴福线系指苏州至福山一线的国防工事。

④ 锡澄线系指无锡至澄江(江阴县城)一线的国防工事。

⑤ 十一月九日下令撤离上海,敌迫近锡澄线在十数日后。

第九师团师团长：吉住良辅

第十师团师团长：不明

第十三师团师团长：荻洲立兵

第十六师团师团长：藤江惠辅

第十八师团师团长：林茂清

第一〇一师团师团长：齐藤弥平太

第一一四师团师团长：末松茂治

第一后备兵团：重藤支队

冈崎支队、重藤支队、李春山旅、于芷山旅共二十万人以上，飞机二百余架与优势之海军。

2. 国军之战斗序列

第三战区司令长官：冯玉祥(后调第六战区，蒋委员长兼司令长官)

副司令长官：顾祝同

前敌总指挥：陈诚

作战部队：张发奎集团军、朱绍良集团军、廖磊集团军、薛岳集团军、罗卓英集团军、唐式遵集团军

淞沪战役之检讨

对日军之检讨

(1) 敌人利用淞沪沿海之形势，发挥陆海空三军联合作战之威力，以装备之优良，训练之纯熟，发挥各兵种在战场上之战力，予我军创伤甚重。

(2) 日军官兵在战场上均能发挥奋斗牺牲，前仆后继，有武士道与大和魂之精神，彼虽为我之敌人，亦应取其所长而效法之。

(3) 敌人之纪律太差，对民众奸淫、掳掠无所不为。我军虽装备不如敌人，因日军之行为所激起同仇敌忾之心理，却为抗日战事中激发精神之利器。

对国军之检讨

(1) 国军官兵深具民族意识与国家观念，于淞沪战场虽制空、制海权操之于敌手，而我方之装备训练亦远不如敌人，然我军悉能以血肉之躯与日军相抗，其视

死如归之精神可歌可泣。

（2）我军以劣势之陆军装备，抵抗敌军海陆空联合作战之优势，所凭借的全是爱国精神。自八月十三日至十一月九日将及三个月，我军伤亡虽重，但敌人损失也不少。打破日军阀三个月征服中国之迷梦。

（3）我军因无空军掩护，炮兵又少，攻坚非常困难。抗战期间，我军攻陷敌人坚固阵地之战役，固不乏其例，如昆仑关与密支那两场战役，但终属少数，考其原因乃在于武装不如敌人。

（4）日军炮火猛烈，又有空军掩护，我军进攻效果很小。

（5）我军训练远不如敌人，使用同一武器之命中率亦远逊于敌人，步兵对轻重武器因训练不精，不能使用自如，未发挥较大之威力。

国际对沪战之评论

我军在淞沪作战，装备虽居绝对劣势，因为英勇抵抗，赢得国际一致之赞誉，今列举数条如下：

（1）二十六年十一月二十八日伦敦海通电云：此间各报对上海前线华军于猛烈抵抗后，能按照预定计划，作最有秩序之撤退至业经布置妥当之防线，一致表示钦佩。英国《泰晤士报》发表社论，特别提出华军之英勇抵抗，并称日军尚未获得其摧毁中国军队之主要目的。即此次两军作战，双方伤亡惨重，但十周之英勇抵抗，已造成中国堪称军事国家之荣誉，此前所未闻者。须知若干华军器械，犹未充分，但一般所认为不能保持一日之地，彼等竟守至十周之久。此种奇迹，自属难能可贵。上海一隅之抵抗，对于整个中国均有极大之影响。

（2）十一月二十八日伦敦路透社电云：《泰晤士报》同日社论，对淞沪战事之最近一幕有所评论，先论本报对于此次上海作战中国部队之英勇智谋表示最大敬意，继谓日军欲使华军有计划退却变为总溃散，殆将感力尽精疲之苦。日军之最大与唯一目的，在摧毁中国陆军，使之不复有坚强有效之战斗力，苟无以达此目的，则土地纵有所得，亦无多大关系。日军纵谓杀死华兵甚多，纵谓上海战事此后不必再延长，然实则未必如是，上海十周血战，将有一日证明中国已安置从来未有的兵力之基础矣。华军现已从滑稽故事之迷雾中，脱颖而出。……目前虽华军大部分犹训练未足，武装未齐备，并因无力量购置雨衣，犹携雨伞（指川军）与俱，虽如此犹能抵抗现代化武器，做有秩序之撤退，此种精神将在各处发生影响。

（3）十一月二十八日路透社伦敦电云：《新闻纪事报》同日社论称，华军在沪抵抗日军攻击之战绩，实为历史中最英勇光荣的一页。沪地华军之忠勇抗战，当可感动参加九国公约之诸代表，为维护国际法起见，同取均势之坚决立场，各国有较中国所有更强之武器，力能发起对日之国际抵制，此举可使日本早日屈膝，而迫令放弃侵略之狂暴行为。

以上是英国报纸对沪战之批评与推崇。这种国际同情，与国内人民情绪得到安慰，全是三月来淞沪会战牺牲三十万部队之悲惨结果。

上海战场撤退之后，蒋介石对战地之转移，有下列之训示：

1. 此次淞沪战争已给日人绝大之打击，充分表示我们军人为国家为主义决死抗敌的精神；

2. 纪念光荣战死之官兵，就要继续他们牺牲的精神，完成他们的遗志；

3. 高级将领应加倍勤劳，认真研究改进部队的缺点，讲求有效的战术，以减少官兵的伤亡，增大战斗的力量；

4. 今后作战应注重之要点：此次上海阵地转移，我们移到沪战最后一线，大家应抱定牺牲的决心，誓死固守，与上海共存亡。

淞沪会战战场杂记

一、抗战时期因为制空权操于敌人，我方之陆、海军之活动完全受了限制。空军更不敢白日活动，只能在夜间出击。陆军若是白日行动，因无空军之掩护，常受敌机轰炸骚扰而前进困难。战场指挥官也在白日行动甚为不便，因为敌机只见有车辆活动便盲目扫射。我印象最深刻之一次是我奉蒋委员长之命赴第三战区视察。汽车由南京出发，行至昆山附近时天刚拂晓，为预防敌机袭击，我们取下吉普车车篷，我监视顶前上空，其他随从人员监视左右后上空。突然有敌机数架由云层中急降而下，幸而我们事先有准备，立即跳车，快步藏于公路两旁之稻田或树林中。刚一离车，车身便被敌机机枪扫射命中，损害不重，待敌机过去，我们才继续向上海前进。

二、淞沪抗战时，我以副参谋总长身份常奉命至前线视察战况。是时，冯玉祥为第三战区司令官长官，顾祝同是副司令长官。我第一次抵达前线时，礼貌上先拜会战区长官，冯不在，我以为冯外出，并不在意，与顾副长官讨论战况敌情后，至前线视察。第二次奉命又到前线视察，我照例拜会冯玉祥，他还是不在。此次，我忍不住问顾副长官说："委员长要我前来慰劳他，并听取他的意见，何故两次不见我?”顾说冯因为怕空袭,白天不在战区长官部,住在离上海约一百五十里路之宜兴张公洞,除偶尔夜间到战区长官部,白天从未来过,私章交给顾副长官,公事由他处理。顾告知我:如要见冯,非至宜兴不可。遂乘汽车专程至宜兴见冯,车行约两小时抵张公洞与冯相见。张公洞是石岩洞,面积甚大,可容纳一两千人。我转告委员长慰劳之意后,冯未有何表示,我当时心中忖度,是否第三战区之部队都是中央部队与西南部队,冯指挥不灵而不到战区?我回至南京与何总长(应钦)商量,我以为西北部队如宋哲元、石友三、石敬亭、孙连仲、刘汝明、冯治安等有爱国之热诚又是冯一手造成之部队,他们对程潜之素来不大接受,不如在黄河以北、山东北部、河北等地,开辟一新战区——第六战区,由冯负责,兵力若连同韩复榘至少有十五万人以上。何总长同意我的说法,我们遂向蒋委员长建议,也蒙采纳。我征求冯之意见,冯亦很高兴。讵料命令发表不久,冯刚乘京浦路北上,韩复榘即有电到中央反对此事,宁愿隶属五战区(战区司令官李宗仁)。中央之命令已经发表,而韩复榘又表示反对,只好将韩之一部不纳入第六战区,给韩以山东省主席兼集团军总司令。冯就职不久,宋、石等西北军纷纷向中央发电反对,过去宋、石等在程潜指挥下虽不太受命,然情况尚称良好,如今对冯甚惧而不信任,则事态更形严重。宋、石等为冯旧部,所以反对他,有其道理,譬如冯畏敌机轰炸,指挥所每日换地点两三次,每换一次地点,全军的通信网便须变更,所以各军常与指挥所失掉联络而无法报告军情。由此可见他怕飞机是事实,在第三战区如此,到了第六战区还是如此。

各方反冯之密报皆直接上达委员长,委员长衡量如此发展下去,影响很大。一日召见我,告诉我各方之反映,委员长说:“解铃还须系铃人。”要我打电报请冯回京,冯回到南京,委员长授意我向他转达他的部下不信任之意,希望他辞职。当我转告冯,幸而他无异议接受,可见冯在第六战区一定遭受困难,才肯辞战区司令官之职务,专任军事委员会副委员长职。冯解职后,第六战区之部队分散至各战区中,当时之各战区计有:第一战区(司令官程潜);第二战区(司令官阎锡山);第三战区(司令官委员长兼);第四战区(司令官原是何应钦将官,后改为张发奎);第五战区(司令官李宗仁)。以后,第六战区改设在武汉。

冯玉祥所以失掉部队之信任,主要因为他御将之术太坏。古人语御将以礼,冯则以暴。部下如有触犯,动辄罚跪。原先别人传说,我不相信,十六年西征完毕,我奉命北上援助阎锡山,路经河南新乡,下车拜访冯,冯以午餐招待。饭后我要启程,冯叫刘汝明去看看火车准备妥当否?刘恭敬地答应“是!”当时,刘是军长，冯使用有如勤务兵，这是我亲眼看见的。冯御将之术，若不出潼关，尚可维持，一旦与革命军接触，部属见革命军待人接物都是以礼，当然会心生二心。

三、淞沪会战时，军队高度表现了大无畏精神，人民所表现的也是慷慨捐输。凡部队所需要的无论食物，或是防御用品如麻袋、沙包、铁丝网等都是无条件贡献，这种爱国热诚无形中鼓舞士气不少，至今尤令我甚为感动。

南京保卫战

一、军事防守会议

淞沪会战转移阵地之前，对南京防守事宜，蒋委员长曾经召开高级将领会议，出席之高级将领有参谋长何敬之将军，训练总监唐生智将军，第一部副部长王俊将军与我等等。委员长在会场宣称南京是我们之首都，国父陵寝之所在地，必须防守。会中询问谁愿担任防守责任。唐生智立起发言，慷慨陈诚自愿防守，他批评自抗战以来，中下级士官牺牲甚多，但未见有高级军官牺牲者，他愿担任防守责任，与城共存亡。委员长嘉奖其壮志，但与会人多为唐担心。因为参加南京保卫战的部队，多是由淞沪战场撤退，有的部队伤亡过半，至少也在三分之一以上，而沿途撤退，上有敌机，后有追兵，士气非常低落。以久战疲惫之师来保卫南京，这是我们为唐担心之最大原因。

二、南京弃守

十一月二十六日，锡澄线失守后，在吴锡线节节抵抗之既定计划，因退兵秩序太坏而无法进行。当时我军之主力向浙赣皖边境撤退，一部向南京撤退，参加守城。此时，我空军得苏联飞机援助，（苏联援助之飞机计有 E15 单型、E16 双翼型之驱逐机，与 SB、DB 二种轻重轰炸机）力量大增，彼此曾发生激烈之空战。但是空军并非万能，必须陆军与之配合才能发挥大的威力；所以空军力量之增加，只能振奋国人之精神，不能挽回战局之颓势。十二月四日，敌人以主力沿京芜铁路，一部沿京杭路，出现于秣陵关及句容之南京外围二据点附近，是晚两地均相继失陷。十二月五日，敌人以主力攻淳化镇、汤山，激战数日，汤山、淳化、龙潭相继失守。十二日晚雨花台失守，中央遂下令放弃南京，十三日敌人入占南京城，城中部队多被缴械或壮烈牺牲，能退出城外者不多。自十二月四日至十三日敌入城，南京城共守九日。

敌人占据南京后，纵兵放火劫掠、屠杀、奸淫，将我无辜民众及失去抵抗之徒手士兵，用绳索捆绑，每百人或数百人连结一团，用机枪扫射，或用汽油焚烧。日方军官带领士兵，到处放火，并藉搜索为名，挨户侵入民家及各机关内，将所有贵重物品及艺术品载运而去。妇女被奸淫无数，民众被残杀总在十万人以上。据当时在南京之外国传教士说，这种野蛮残暴之行为是现代史上破天荒的纪录。

三、蒋委员长之训示

南京陷落，我方野战军损失颇重，举国震惊，日本军阀以为我国之抗战已至土崩瓦解的阶段，但是，蒋委员长高瞻远瞩，认为目前之形势，无论如何艰难恶劣，唯有向前迈进，如果中途屈服，即是自毁灭亡，与其屈服而亡，永无复兴之望，毋宁抗战而败，终必有转败为胜之时，基此信念，十二月十七日，发表《我军退出南京告国民书》，要旨如下：

"此次抗战开始迄今，我前线将士伤亡总数已达三十万以上，人民生命财产之损失，更不可计数，牺牲之重，实为中国有史以来抵御外侮所罕见……敌人之侵略中国，本有两途，一曰鲸吞，一曰蚕食，今者逞其暴力陷我南京，继此必益张凶焰，遂行其整个征服中国之野心，对于中国为鲸吞，而非蚕食，已由事实证明。……鲸吞之祸，显而易见，蚕食之祸，缓而难察。敌苟恃慢性之蚕食政策，浸润侵蚀以亡我于不知不觉间，则难保不存因循苟且之心，懈其敌忾同仇之义。……今大祸当前，不容反顾，……若父告其子，兄勉其弟，人人敌忾，步步设防，则四千万方里国土以内，到处皆可造成有形无形之坚强壁垒，以制敌之死命。……"中国地大物博，非日本所能鲸吞，而抗日之胜负不决定在南京之失守，或任何一乡镇失守，只有我们全民之心理为抗日，日本无力量，也不能枪杀我所有同胞，占据我所有领土。由此可见蒋委员长坚强之信心，"抗战到底"是一句至理名言，因为我以劣势之装备对敌优势之装备，只有利用所长——广大之土地与坚强之心理。所以蒋委员长之训示不单为南京撤退而发，若要长期抗战以非如此不可。

四、检讨

1. 防守南京之目的，就战略上而言，或望以劣势装备，凭据险要之地形，增强抵抗，以求宕延时间，或以守待援，或待机反攻。

2. 南京不设防之建议：当委员长召集南京防守会议时，我因为常至前线视察，深知淞沪会战撤下之部队残缺不齐，疲惫万分，本有一建议："南京是总理指定之首都，为总理陵寝所在地，不忍为军事破坏，应宣布为不设防之城市，以主力退至城之西部、西南部一带，一部集结于浦口，监视南京，掩护徐州（第五战区），保留实力，以便机动打击敌人。"待会议席上，我见委员长首先宣布防守南京，唯恐扰乱最高统帅之决心，建议案便未提出。事后回忆，心有未安，虽委员长已有决定也应提出，以供参考，才算进了部属之责任。

五、南京之形势

南京城内有天保城、雨花台，居高临下，是全城之要点，城东北两面环绕长江；西、南有秣陵关与句容为屏障。汤山、龙潭、栖霞山、乌龙山、尧化门皆是军事要地，所以金陵古称为龙盘虎踞之地，委员长有此认识，所以决定防守南京。所不幸者，守城部队多是淞沪战场退下的疲惫之师，未经整顿即参加守城任务，虽有十余师，而力量实未及一半。曹刿论战"一鼓作气，再而衰，三而竭。"参加淞沪会战之部队，已是衰竭不堪，所以调至南京防守仅守八天，便丧失雨花台，居高临下，威胁城内之据点一失，南京遂告陷落。

如果八一三上海保卫战，我军为向国人交待，只做轻微抵抗，将主力撤至南京，深淘[沟]高垒，由沉着之将领指挥，敌人的海空军不能放肆，如此以守上海之精神守南京，虽南京终久必失，但抗敌效果一定较大，敌人之损失也更大。这虽是事后之明，也迹近纸上谈兵，不过以一得之愚，供后世兵学家之参考耳。

淞沪会战时，军队高度表现了大无畏精神，人民所表现的也是慷慨捐输。凡部队所需要的无论食物，或是防御用品如麻袋、沙包、铁丝等都是无条件贡献，这种爱国热诚无形中鼓舞士气不少，至今犹令我深为感动。

胡菊人主编：香港《中报月刊》，1980 年 8—9 月号。

八一三淞沪战役回忆

张发奎[①]

淞沪战争的征候，到了八月九日才开始发现。当时敌人的兵舰集中于黄浦江和长江的江面，并运到陆战队万余人在上海登陆，随即令武装士兵闯入我虹桥机场滋生事端，同时，更要求我方撤退驻沪的保安队。这一要求，经我方严词拒绝，敌方遂于十三日正式揭开了淞沪大战的序幕。

在这战役的前夜，最高统帅部适时下达了淞沪方面军队的战斗序列：张治中将军担任指挥左翼的部队，我担任右翼军总司令；另以李崧山、阮肇昌、刘尚志各师，张銮基的独立旅及炮兵第二旅第二团编为第八集团军。集团军的总司令也由我兼任。同时，刘建绪将军的第十集团军，亦奉令加入于右翼军的序列。

我奉命后，即令张銮基旅推进浦东，接替李崧山师的防务；令李师移动于上海方面，策应左翼军作战；并令刘尚志推进至松江附近，以为集团军的预备队；刘建绪集团军则由衢州附近向杭州推进，为右翼军的第二线兵团。

十三日，敌我在上海的警戒部队发生战斗，我左翼军按照原定计划，即开始攻击行动。经过数日的战斗，因为没有摧毁坚固防卫工事的火器，同时，又缺乏街市战的熟练经验，我左翼军的部队虽曾一度进出于汇山码头，但终不能摧破敌人的整个防卫组织。

我所指挥的右翼军方面的情况，是比较沉寂的。因为在南市方面，隔离着一个租界地区，浦东方面，又隔离着一条黄浦江，所以就没有成为作战的重点。但左翼方面却不同了，战况是紧张的，因此，我必须用各种方法给予策应和支援，我除将阮肇昌师增援左翼军外，也不断地以炮兵在浦东的洋泾附近，袭击敌人的侧背，

① 张发奎，淞沪会战时任第八集团军总司令兼右翼作战军总司令。

来策应左翼军方面的作战。

我浦东方面的炮兵对敌人的袭击，也确曾发挥过相当的威力。因此，在当时就被一般人过誉为“神炮”。它不断打击敌人的“出云”旗舰，轰击虹口的日军司令部，使敌人不断地感受着威胁。敌人为谋消除这威胁，曾采取了种种的侦察手段和不间断的出动飞机，企图搜寻我炮兵的阵地，毁灭我炮兵的力量。但他们始终无法找到我们炮兵阵地，更无法制止我炮兵每天黄昏和夜间的袭击。

炮兵阵地的位置，是在浦东洋泾附近。为尽量发挥威力及避免敌方空军的威胁计，当时就在对岸设了一个秘密的观测所，利用海底电线的通讯，协助我们指挥炮兵的射击和修正弹看的偏差；同时，炮兵的活动时间，常在黄昏和夜间。白昼我们就把各阵地巧妙的伪装起来，或将各炮移动藏匿于沟渠和竹林的深处。因此，在这战役的全部经过中，敌人始终没有发觉我们阵地的位置。我对这几门炮，当时是非常爱护，不但常常亲自去指挥射击，并且在这次会战终了的最困难的时期，也还用尽了方法，把它全部安全地移转到后方去。

我们的炮兵阵地也曾有过一次几乎全被敌机摧毁的教训。当时有几位新闻记者到战地访问，他们要求去一看“神炮”的雄姿，经过炮兵营长的许可，同到竹林隐秘的炮兵阵地里，并在那里拍摄了一些照片。次晨，他们将访问战地的详情，披露于报上，并且连炮兵阵地的照片，也一并刊登了出来。当天早上，我在《时事新报》上看见了这详尽的报道，即认为这是一个不应泄露的军事消息，并且认为这消息于我们的炮兵阵地，将会发生不可测的后果，因此便立即命令该营长，迅速变换各炮隐秘的位置。到中午，果不出所料，敌方便出动了空军，把所有洋泾附近的竹林都炸光了，致令附近的居民也无辜遭受很惨重的损失；但侥幸的是各炮依然无恙。事后，那位炮兵营长即被撤差，那负责的新闻记者也受了处分。这事，对战地新闻不慎的报道是一个教训，同时也说明了一个军事指挥官对细微的事，也须时时刻刻作密切的注意。

所谓“神炮”，说来也许一般人不会相信，我们所有的，只是六门“卜福斯”山炮而已。假如能够有较多的炮量和较大口径的炮种，我深信对这次会战将有更大的帮助。因此，我最初便建议统帅部，主张由乍浦附近海岸赶筑一条可以运输重炮兵的临时公路，直达浦东，效法海岸游动炮兵的使用方法，调集一部重炮兵使用于浦东方面，但统帅部却没有采纳这个建议。

到八月二十二日，战事即开始转入更猛烈的阶段。敌军增援部队第三师团、第十一师团，以及第一师团、第八师团之各一旅团当天即在宝山狮子林登陆，并即向我左翼军方面之宝山、罗店、浏河线进攻;同时,对我右翼军方面之川沙及浦东各地,也采取积极的行动。我方亦同样地以京沪、沪杭两铁道输送增援部队,投入左翼军方面,双方均以猛烈火力作阵地的战斗,情况特别紧张。是以,我方对原来预期以攻击的作战手段指导会战的计划,不得不加以修正,而转入以纯粹防御战的阶段了。

那时,最高统帅部坚决的企图确保这个远东最大的都市,便尽量挹注兵力于淞沪方面,京沪、沪杭两铁路的军车,遂日夜不间断的奔驰,把一师一师的部队送来,加入填补火线,其情况好像一九一六年法军为挽救凡尔登要塞的危急,从巴黎运送增援部队的状况相似。但敌人的装备和战术及战斗各方面,俱达到了相当的高度,他们的空军力量更占了绝对的优势,他们大量的野战炮兵配合着海军的长射程炮也发挥了很大的火力;而我方仅有临时构筑的野战工事,一切器械也比不上敌人,战斗的不利,是可以想象的。为着企图避免这过巨的牺牲和改变这不利的状况,我常常竭尽智虑去搜求战斗的真相,推断未来的状况及研究歼灭敌人的策略。我不断地考虑:如果没有可以改变这不利的形势的策略,——如果以大量的战斗力投入这方面的决战,而没有胜利可操的把握,则我们纯粹的防御计划,应否考虑加以修正?经过了二旬的战斗,我的结论是:在我军的现存条件下,欲把敌人歼灭,或遏止他们的攻势,确实是非常困难的。

这时,我和张治中将军即建议于最高统帅部,主张对上海作战使用兵力的最高点,应作一个精密的数字计算,并建议如果超过这个限度仍不能压制当面的敌人时,则我们的战略应转变为持久消耗战,须先以十个师的兵力预先占领苏嘉、吴福线之既设阵地,以为第二抵抗线;此十个师的兵力除非在扩张战果方面,不得为其他状况而使用。我们两人并明白表示,愿自接受敌人攻击之日起,负责固守此既设阵地三个月时间的责任。

但最高统帅部不赞同这建议,它的意见认为上海是必争之地,应不惜一切牺牲来确保这个地区。又当时因敌人的增援部队尚未全部到达,战况亦有时稍微沉寂,于是,有些将领们便为此种情况所眩惑,以为敌人的攻势已至顶点。就是冯玉祥将军亦有“淞沪方面的战况已经稳定了”的判断。

可是,到九月中旬以后,情形已有了变化,敌人大量增援,我们发现其第一、第三、第六、第八、第十一、第十六、一〇二、一〇六、一〇七、一一四、一一六等师团的番号,估计其兵力,约在二十余万,炮三百余门,战车二百余辆,飞机二百余架,其在淞沪与我决战的决心,也益加明显了。

此时，我方的部署，亦有所变更，原左翼方面，改划成为两个区分，以薛岳将军担任左翼，朱绍良将军担任中央，与我右翼相连系。左翼方面自九月上旬以来。战况已逐渐不利，阵地亦逐渐后移，虽后援部队逐次加入，亦仅能维持“寸土必争”的状况。

我右翼方面的战况，尚没有若何变化。敌人虽迭次企图排除我浦东对他侧背的威胁，但在我将领严密戒备之下，敌人几十次的登陆行动都没有成功。不过，我常常顾虑敌人如在左翼军正面突破企图不能成功时，他们可能采取侧面的迂回行动，因此，我右侧的金山方面是一个最可注意的地区。当时我有一个直觉灵感和历史的回忆，就是戚继光于闽浙荡寇时代，日人曾经在金山登陆而扰乱浙境，如果敌人以历史作依据，这段历史实有重演的可能。同时，在战术上的判断，那里也是一个理想的登陆地点。那里海岸有四十呎(英尺旧称，1 英尺＝30.48 厘米)以上的水位深度，又有利于登陆运动的沙滩及可作为滩头阵地的据点。

为了这个侧面顾虑，我曾亲自实地侦察那里的地形，并在那里配置了一连炮兵和一营步兵，再三叮嘱他们对海面作特别戒备。同时，我又命令他们编组了一队渔船，远出海面从事广远的搜索。为欲彻底明了实地的情况，我亦常亲自或令幕僚至沿海地带和浦东方面巡视警戒部队和火线的战况，并把全线的防御组织严密起来。整个右翼方面，虽无特别紧张的情况，但我必须在缜密戒备方面努力，使统帅部可以集中全力于左翼和中央方面的作战，免去了对右翼方面的忧虑。

整个十月的作战重点，始终保持在左翼军方面，十月下旬，敌人以全力攻击我左翼军阵地，决战的时期已经到来了。战地悲惨的景况，亦一幕一幕的呈露在我眼前。我们的增援部队继续的向前进发，他们由后方输送到战地后，没有一刻的停留和准备，就加入了火线。敌人的炮弹好像雨点一样的散落在我们的阵地。我们的炮兵在数量与火力上都无法与敌对抗，只有英勇战士们以血肉筑了长城，来抗拒敌人犀利的火器。制空权也完全掌握在敌人手里，敌人的飞机一天到晚翱翔在战地的上空。我们的部队没有立体作战的经验，仅凭着血气之勇，不知讲求疏散与伪装，更招致许多无谓的损害。我们部队的行动白昼大受限制，一切部署的调整和兵力的转用，都在夜晚，这更使指挥与时间上，蒙受很大的影响。战地是一片平野，不能徒涉的川渠，纵横交错，这对于连络与地形的熟识，均感到不少的困难。在这种种不利的条件下，各级指挥官当时都深深地感到指导一个防御组织不健全的大兵团作战，确是一件不容易的事；而下级干部和士兵们，到这时候才认识了现代战斗的形式，才明白仅靠精神而忽略物质科学的战斗，已是落伍的思想了。

在战况的高度紧张中，最令人感动而安慰的，是人民对作战的协助。他们不仅帮助军队的运输和救护。他们更自动地献给了他们仅有的粮食，一切好的东西，他们都送给军队使用。学生们自动地加入了战地宣传和通讯的工作；妇女们自动的看护我们的伤兵；慰劳队的歌声，鼓舞了战士们的热血，工作队的情绪，消灭了战士们的疲劳。在大军作战最感困难的后勤工作，人民都帮助我们解决了。军队为国家而流血，人民亦贡献他们的一切给军队。这是民族战争的特质。

十月卅日，左翼方面的战况已达到极度的不利。突击我大场阵地的敌军已在周家宅、姚家宅两处强渡苏州河，上海市区的我军便感受到侧背的重大威胁。以当时的情况判断，敌人似有从大场以西向左右席卷的行动。朱绍良将军这时忽奉命调任甘肃省主席，所遗中央兵团的任务，最高统帅部即命令我去接任，并将右翼方面的指挥责任，交给第十集团军总司令刘建绪将军接替。这时刘集团军的部队方从杭州向前推进，我一面担忧沿海地带的侧面和刘集团军能否确实接防，一面又感于上海方面的紧张战况，将如何去挽救这危殆的局面。我此时陷入了无限的焦虑，以沉重的决心，担当这残破而没有把握挽救的局面，这在我生命史中是最痛楚的记忆。

十一月二日，我的指挥部由南桥移至龙华西侧的北干山，这是极接近火线的位置。当我到达那里时，情况已变化了，第一线的部队已陷于紊乱状态；同时，渡河的敌人予我们侧面的威胁，也正在日益扩大中。但第一线已经没有可以抽调的部队，后援的兵团又迟迟未能到达，我除了竭尽一切的努力来调整这个紊乱的形势外，我开始发生了悲观的心情。

十一月五日，一件数月来日夜所焦虑的事终于发生了。敌人的第六、第十八两个师团当日就在全公亭、金山咀等地同时登陆了。我力量薄弱的警戒部队很迅速地被驱逐了，刘集团军以行动迟缓，未能实施夹击的行动，让敌人一直向松江前进，我吴克仁军集结尚未完成，仓卒应战，又遭受各个击破的命运。

九日，松江被陷，我军腹背受敌，失败的战果已是注定了。

从整个战略上着眼，敌人强渡苏州河以后，退却已是无可疑义而不能再迟延的事。这虽须要最高统帅部作很困难的决定，须当机立断的即下决心，但指导大军作战者，其最困难的条件也就在此。当时，前敌总指挥陈诚将军来到我的指挥部，他亦同意我的意见，可是，最高统帅部却仍迟迟未决，等到情况已到了最危急之际，才于九日下达却封命令。但这时机已不适切了，当我接到命令时，部队已陷于极度紊乱状态，各级司令部亦已很困难掌握其部队了，因而演成了最后一幕原可避免而终不能避免的大悲剧！

台湾传记文学社编：《传记文学》，第31卷，第3期，第59—62页。

淞沪会战

张发奎

战前受命与备战

日本军阀以向大陆发展为其传统之侵略政策，自民国20年9月强占我东北三省后，仍不断继续进迫，以蚕食手段，得寸进尺，企图先行逐次占领我华北各省市，以肢解我国家，进而利用我国政客、奸伪为傀儡，以华制华之毒辣手段，控制全中国。

我在民国21年冬奉派以军事参议院上将参议的名义，赴欧美各地考察军事，作为建军之参考。先到欧洲之英、法、德等国，目睹列强三军的装备与军事教育技能，均随科学之发展而改良，突飞猛进，尤以德国之特种部队——如伞兵及装甲部队等之训练，与民族精神士气之激昂，深为感动；民23年冬转赴美国，又考察了8个月，见闻益深，耳目为之一新，真是胜过读万卷书。依我考察所得，过去之平面战争，已进步到立体战争，无空防即无国防，我当时即有留美加学空军之意，惜体格检验不合未果。其时，适蒋先生电召回国，我即表示以希望为未来抗战之军职尽力。民25年1月被派闽、浙、赣、皖四省边区总指挥职，力辞未获，同年冬转调苏、浙边区主任，其任务乃兼负构筑国防工事。不消说，这是我国整个对日作战计划中主要准备工作的一部分，它对日后的抗战，至关重要，所以我欣然接受了。

苏浙边区主任的驻地在浙江省嘉兴县，主要任务为构筑苏、浙边境自乍浦——嘉善——西塘镇之线的国防工事，以杭州湾及太湖为左右两翼依托，并与左翼之苏州(吴县)福山国防工事相联系。这是对日抗战前我国国防设施计划之一部，也是为未来淞沪作战而设备的。我当时异常重视这项工作，曾不辞劳苦地缜密计划，经常分赴现地监督施工，恰好在八一三淞沪战争爆发前夕赶筑完成；但最可惜的是在淞沪会战前后，因兵力部署与作战计划及战术思想不一致，再加上军政两方面的不协调，结果，这些国防工事未能充分运用，发挥它的作用和价值。

民国 26 年间，日本军阀悍然侵华，敌驻屯军司令官田代皖一郎爰师本庄繁九一八之故技，纵其丰台驻军，于 26 年 7 月 7 日深夜，在卢沟桥附近非法演习，制造衅端，向我该地驻军第 29 军之第 219 团包围攻击，遂掀起中日全面战争之巨祸。

我于民国 26 年 7 月 21 日在紧急的命令之下，回到了嘉兴，并接受了应预期于淞沪作战之积极准备意旨，在这种情况与任务之下，我必须考虑指导下述二种行动：第一、我如何去运用辖区人民的热烈情绪与不规律的意气行动，使其导入于有计划的发展与有秩序而镇静的行为。因战争是不得已之艰巨任务，国民是战力的源泉，军队对敌的作战能力，胥视人民的知识与民族精神而定，人民不但须有强烈的战斗意志，而其在战时的生活，必须适合于战时的条件，正如蒋百里先生所云："生活与战争条件一致者强，相离者弱，相反者亡"的名言。第二、我必须预先搜集战争必要资料，判断将来状况的推移，和缜密部署军队与其他一切的战斗准备及各种措施，俾使在任何紧急情况之下获得主动作战的地位与自由，这是一种不易下达的决心，因为须有先知的谋算和特别的慧眼来做这个计划的基础。

8 月上旬，我奉到立即从事上海作战右翼部署的命令，计划把辖下的部队利用夜间秘密推进于上海的边缘，以攻势行动，先歼灭上海驻留的日军，俾收得先制之利，并使敌人海上增援的部队，无法取得立足之地位。因攻击才能行动自由而立于主动的地位，而奇袭乃战术上最卓越的行动，胜利之冠，亦只有辉耀在攻击者的头上，故我始终反对消极作战的手段。犹忆民国 21 年一·二八之役的第一晚上，前十九路军蒋光鼐邀我和黄琪翔一同至虹桥商讨作战计划时，他告诉我在上海驻留的日军约 3 千人，我军于本晚可得使用的兵力约为两个团以上的状况之后，我就曾对他说："应不顾一切，采取迅速而彻底的攻击，以车辆输送部队，突击虹口之日军司令部，并以商轮堵塞吴淞口，遮断其水陆之交通，只有这样才可以歼灭上海的敌人，并引导于我有利的战斗，为顾虑国际与外交，是战略政略上的最大错误。"但他终以"只有应战，不能求战"的见解，否定我的建议，而遭受失败的命运。那是对日战争采取消极抵抗的痛苦教训。

这次我把辖区原属我指挥仅有两个师，秘密地向上海附近推进，以李松山（第 55 师）进出浦东及右侧的沿海地带；阮肇昌（第 57 师）进出于上海龙华附近；我自己带了必要的幕僚在南桥设立指挥所，如果作战的重点在左翼方面，阮师可随时转用于该方面作战。我当时非常兴奋，并愉快地憧憬着辉煌战果的来临，我觉得这个任务是十分艰巨，虽然所指挥的部队，不能如已往自己建立亲自督训的前第4军的子弟兵一样的亲切而深刻了解，但此国家民族危难的时候，捍卫国家，乃军人应尽之天职，怯懦推诿，绝不是一个忠勇的军人，故应以艰苦卓绝的精神，竭尽一己之智能来克服一切困难。旬日以来，我以非常紧张的情绪，静候着战鼓的擂动。

淞沪会战

8月9日，敌人的兵舰集中于黄浦江和长江口的江面，其陆战队万余人在上海登陆，并以武装士兵闯入我虹桥机场滋事为借口，要求我撤退驻沪之保安团队，经我方严词拒绝后，遂于13日正式揭开了淞沪会战的序幕。

最高统帅部适时下达了淞沪方面军队的战斗序列，张治中担任左翼军总司令，我担任右翼军总司令，并以李松山、阮肇昌、刘尚志各师及张銮基的独立旅，炮兵第2旅第2团编为第18集团军，该集团军之总司令亦由我兼任，同时刘建绪之第10集团军亦归入本右翼军之序列。我即令张旅推进浦东接替李松山师的防务，李师移动到上海方面，俾得适时策应左翼军之作战；并以刘尚志师推进至松江附近，控置为集团军之总预备队；刘建绪部则由衢州向杭州推进，作为右翼军的第二线兵团。

8月13日敌我在上海的部队发生接触，我左翼军照原定计划开始攻击，经数日的战斗，因我军没有摧破坚固工事的兵器，且不熟练街市战，虽一度进出汇山码头，但敌人的整个防线，终未能攻破。当时我右翼军方面，因为在南市方面，隔着一个租界，暂作缓冲地带，在浦东方面，亦因受黄浦江之地障关系，敌我均非主作战重点，战况较为沉寂；但左翼军方面战况吃紧，我必须用各种方法去策应支援该方之作战，除将阮师增加左翼军方面外，我并以炮兵在浦东之洋泾附近设置炮兵阵地袭击敌人之左侧背，收效甚大。

“神炮”——浦东炮兵对敌人的轰击，在这次会战中最值得回忆的一件事，这是一种运用炮兵奇袭的特别方法，当时曾被敌人誉为“神炮”曾打击了敌人的“出云”旗舰；也轰击了虹口的日军司令部，发挥最大的威力，敌人感受了重大的威胁和伤亡。敌方曾费了很多的侦察手段，企图毁灭该炮兵，但终未得逞。盖我炮兵阵地位置在浦东之洋泾附近正对着虹口的日军司令部，可以瞰制黄浦江面上的敌舰及其后方部队的行动，并利用海底电线在对岸设置有一个秘密而良好的观测所，来指挥我炮兵之射击和修正弹着之偏差，虽在夜间亦能准确射击，且为避免日本空军之威胁，常利用夜暗作活动时间，白昼则巧妙地把它伪装起来，藏匿于低洼沟渠或竹林深处，亘会战的全过程，“神炮”的阵地位置始终未为敌人发现，我非常地爱护它，常亲自去指挥它，在会战终了最困难的时期，我亦尽各种手段，把它安全地转移于另一次战役。

“神炮”还有一个更可回忆的故事：有一天，上海的几个新闻记者来战地采访新闻，对“神炮”特别羡慕，要求去看它的雄姿时，在竹林隐蔽的炮兵阵地里，炮兵营长和他们摄了一张照片，次晨他们把采访战地新闻，披露于报上，同时把这一张照片刊登出来。当我在时事新闻上，发现了这段消息后，我立即认为这件军事消息的泄露，对于“神炮”之安全，将有莫大的危险，我立即命令该营迅速变换阵地。是日中午，果不出我所料，一队敌机，把所有洋泾附近的竹林全部炸毁，其附近的居民也遭受了鱼池之殃，损失不少，但“神炮”因能及时变换阵地，而依然无恙。事后炮兵营长撤了职，报馆受了查究，记者亦被扣办，这件事的发生，对于新闻报道得了很好的教训，而一个指挥官对于细末小节亦应时刻留意，不能疏忽。那时我只仅有这 6 门的“卜福斯”山炮，假如有较多的炮量和较大口径的炮种，相信对本会战中得更多的帮助，我曾建议统帅部，由乍浦附近海岸建筑一条可以运动重炮兵的临时道路直达浦东，效法海岸游动炮兵的运用，调派一部重炮兵使用于浦东方面，惜因炮兵过于缺乏，而未能采纳。

8 月 22 日敌增加第 3 师团、第 11 师团及第 1 师团、第 8 师团之各一旅团，同时在宝山狮子林登陆，向我左翼军方面之宝山、罗店、浏河之线进攻，我右翼方面之川沙，及浦东各地，敌人亦分别作积极之蠢动，我军亦同样以京沪、沪杭两铁道输送后续部队，投入于左翼军方面。双方均以强大的兵力作阵地战之搏斗，战况异常激烈，使我们原来预期以攻势作战手段指导会战的计划顿挫，被迫变为一种纯粹的防御阵地战了。

我军最高统帅部在后方尽量地挹注兵力于淞沪方面，企图确保这个远东最大的都市。京沪、沪杭两铁路日夜不间断地奔驰，一师一师的部队逐次加入填补防线，其情况好像 1916 年法军为挽救凡尔登要塞的危机，从巴黎运送增援部队的状况相似。敌人方面新装备和战术技能，已达到了相当的高度，其多量的野战炮兵配合着海军的长射炮的盛炽火力，已在战场上获得优势主动的地位，我军则在战壕里，而且只有临时构筑之野战工事，以劣势之装备，凭着血肉之躯与敌搏斗，其牺牲之大，是可以想象得到的。我常殚精竭虑地作状况之推移判断，倘我军以大量的兵力投入该方面的决战防御，仍无胜算把握时，则我们的纯粹的防御计划，应否加以修正？实有考虑之必要。目前已经过了两旬的激烈战斗，欲将敌人歼灭或遏止其攻势，在我军之现有条件之下，恐难以达成。因此，我和张治中曾建议最高统帅部，对上海会战可能适时运用兵力之最高点，作有效而精密的计算，若超过这个限度仍不能挽回战局以制压敌人时，则我们的战略，似应转变为持久消耗战，并先以约 10 个师兵力预行占领苏、嘉、吴、福之既设国防工事，作为第二抵抗线，此 10 个师之兵力，除非用在扩张战果方面，不得为其他状况转用，我 2 人并愿意负责自接受敌人攻击起，固守此既设阵地 3 个月时间的责任。

最高统帅部否定了这个建议，他的意见以为上海是军事必争之地，应不惜一切来确保这个地区。当时敌人的后续部队尚未全部到达，战况较为沉寂，因而有些将领乃为此而受眩惑，满以为敌人攻势顿挫，冯玉祥当时亦有“淞沪方面的战事已经稳定了”的报道。

9 月中旬以后，敌之增援部队——第 1、第 3、第 6、第 8、第 11、第 16、第 102、第 106、第 107、第 114、第 116 等 11 个师团番号已陆续发现。估计当时敌人的兵力总计约在 20 余万人，炮 300 余门，战车 200 余辆，飞机 200 余架，敌人在淞沪与我决战之企图，益加明显了。我左翼军方面，当时亦划分为 2 个区，以薛岳将军担任左翼，朱绍良将军担任中央、与我右翼军相联系。左翼军方面，自 9 月中旬以来，战况渐趋不利，阵地次第失陷，虽赖我后续部队逐次加入战斗，亦只能维持“寸土必争”之状况而已。其被突破之点，虽经逆袭，亦不能恢复，全线均处在被动挨打地位，别无进展，于整个战局无补。

我右翼方面的战况，敌虽迭次企图排除我浦东对其侧背之威胁，在我严密的戒备下，敌人几十次的登陆行动，都无法得逞。不过我常顾虑，敌人如在左翼军正面突破企图不能达成时，可能来个侧面迂回行动，因此我右侧背的金山方面是一个最可注意之地区。当时我有一个预感，回忆历史上戚继光于闽浙荡寇时代，日人曾在金山登陆而扰乱我浙境记载，如果敌人以往历史作为后事之师，则敌人从金山方面附近登陆之历史重演可能性甚大，况金山有 40 呎以上的水位深度，并有利于登陆运动之沙滩，可作为滩头阵地的据点，从战术上观点来判断，那里确为一个理想登陆地点。为了这个侧背的顾虑，我曾亲自实地侦察那里的地形，在该地配置一营步兵和一连炮兵，构筑强固工事，并再三叮嘱他们固守，对海面尤须特别警戒，且令他们编组了一队渔船，远出海面从事广正面的搜索及规定海面与陆上部队之联络信号，其附近之沿海地带，我常亲自或令幕僚人员巡逻，并把沿海和浦东全线的防御地带严密组织起来。因右翼地区辽阔，兵力有限，我必须以谨慎勤劳的精神去克服，以保持我全军右侧背之安全。

整个10月期间之主作战，敌我均保持在左翼军方面。该月下旬，敌人即以全力猛烈攻击，决战的时期迫在眉睫，战地悲惨的景况，一幕一幕地呈现在我的眼前，我们的增援部队陆续向前挹注，由后方输送到达战地，没有一刻的停留和准备，就填入了火线，敌人的炮弹如雨点一样散布在我方的阵地上，我劣势之炮兵，且因制空权掌握在敌方，无法与之抗衡，只有英勇之战士们用血肉来筑成长城抵抗敌之优势火力。敌机一天到晚飞翔在我阵地上空投弹，没有立体作战经验的部队，又未讲求疏散与伪装，致招致许多无谓的伤亡。我军行动以及军事部署或调整，白昼均受限制，在暗夜实施，时间、精神方面都蒙受莫大的影响，同时战地一片平野，其不能徒涉之河流，纵横交错，通讯联络倍感困难，各级指挥官对指挥一个防御组织不健全的大兵团作战，确是一件不简单的事，这时候各级干部士兵才认识现代战争中科学的地位重要。

在这时战况高度紧张中，最可歌可泣而又值得安慰的事，是人民对我军的协助，他们不仅帮助军队的运输和救护工作，并有的自动献出他们仅有的食品。妇女们自动看护我们的伤兵；慰劳队的歌声，鼓舞了我们的士气；工作队的崇高热情，减少了战士们的疲劳；大军作战最感困难的后勤业务，大部都由他们帮助解决。军队为国家而流血，人民为救国家民族的英勇军人而流汗出钱，这是民族战争的特质，也是中华民族的光荣。

10月30日，左翼军方面的战况已到了极度的不利情势，其突击我大场阵地的敌军，已在周家宅、姚家宅两处强渡苏州河。上海市区的我军，已感受侧背的重大威胁，敌人似有从大场以西向我左右两翼席卷的趋势。朱绍良将军这时更调任甘肃省主席、所遗中央地区指挥任务，最高统帅部命令我接任，将原来我右翼方面指挥责任交由第10集团总司令刘建绪接任，其时刘集团的部队，正从杭州向前方推进，我一面担心右翼沿海地带的侧背和刘集团部队能否确实接防，一面感于上海方面的战况，将如何去挽救这时危殆的局面？我心灵上的焦虑，是我生命史上最难忘的回忆。

11月2日我的指挥所，由南桥移到龙华西侧的北干山，是极接近火线的位置。当我到达这里的时候，情况又变化了，第一线的部队已陷入混乱状态，其渡河的敌人，给我们侧背的威胁，益形扩大，我已没有可以抽调的预备部队来应战，而后续的兵团则迟迟未能到达，我除竭力而镇静地鼓励士气以期稳定其局面外，别无他途了。

11月5日，一件数月来日夜焦虑的事情，不幸而言中了。敌人以其第6、第8两个师团于金山咀、全公亭等地同时强行登陆；我薄弱的守军未几即被击破；而刘集团行动迟缓，未能适时对敌人夹击，任敌长驱直向松江前进；我吴克仁军集结未毕，仓卒应战，又遭敌各个击破。9日松江遂沦陷，我军腹背受敌，其不利之态势已暴露无溃了。

从整个淞沪会战的战略上着眼，自敌人强渡苏州河后，权衡当时的双方战况，我军适时退却，是不可迟疑的事。当时战事正酣，纷至沓来之各方不同的战况和敌情，如不能当机立断，适时适切下定决心，则影响以后作战甚大，指挥大军作战的指挥官所最感困难之条件也就在此。前敌总指挥陈诚将军来到了我的司令部亦有同感。但最高统帅部仍犹豫未决，等到情况到了危急境地之际，于9日始下达退却命令，时机已不适切了。而且通讯联络不确实，当我奉到撤退命令时，前线部队已先我奉到，开始撤退经过我的司令部时我才发现，故有极度混乱而难于掌握之情形，狼狈不堪之悲剧一幕一幕地出现，伤心惨目之事，回忆起来，犹有余悸。

在远东的战史中，这是日俄战争后最大的战役，也是抗日战争中第一次最大的屠杀，作战时间将近三个月之久，双方动员兵力百万以上，一切当代的兵器，都已搬上战场，我们在此役中虽然损失了巨量的兵员，遭受了严重的失败。其稍堪告慰者，我们则由此而认识了现代战争的特质，获得了许多的经验与教训，增进了不少的各种战斗技能，同时惊醒国人救亡图存的观念，再接再厉，产生新、厚的丰硕力量，坚持抗战到底的决心，去争取最后胜利。

苏浙战线之转进

最高统帅部对淞沪会战后失败之退却命令，是于11月8日未按正常指挥系统下达的，这是一种计划不周全而又不适切的退却。退却在战术上不是一个绝对失败的名词，在战史许多战例中，有计划的战略退却，仍可转败为胜。第一次世界大战中，马肯生将军于华沙的退却指导；法军于马恩河以第6军侧击德军的右翼；都是转败为胜的退却战例，关键在于高级指挥官，对于战略与战术能否巧妙运用而已。

9日夜，一个黯淡而悲惨的黑夜，天空闪烁着稀疏的星光，没有月亮，紧密的枪声渐渐向我的司令部接近。后方人员呈露出特别仓忙的神色，附近的居民扶老携幼向西北方向逃避，人声像闹市一样的鼎沸，天空虽时有敌机轧轧的声音，但禁止不了四周照耀黑夜逃亡的火光，这一切均充分显露出极度的紧张的情况，我怀着万分焦虑的心情，注视着事态的变化。

记得民国26年11月9日我军自前线开始撤退时，曾经发生过一件使我吃惊的事件。那时我身任淞沪会战之中央军地区指挥官，竟不知道前线部队已奉命撤退，当时俞济时将军经过我的司令部门前时，恰好为我发现，俞当时属胡宗南将军指挥，而胡则属我指挥的，当时我问他到何处？他才报告我说："已奉命撤退，难道总司令不知吗？"事实上当时我确未接到撤退命令，其书面命令，乃后来经由第9集团军胡宗南将军转来的，他并且已先拆阅过，故我接到此命令前，上级并无任何预先指示。但是我辖下的各部队因先知上级的企图，未等到我的指示就先行开始撤退。这种传达命令的方式和下达时间计算之错误，可以想象上级人员如何的慌乱。尤令我不解的，退却命令所选定之青浦、白鹤港之线，距现阵地仅约50公里，试问这短少50公里距离，如何可以作为百万大军之退却目标？但我仍基于上级的指示而下达三个集团的退却命令，以完成我的手续，而我命令中的各种规定，恐没有办法实施，因为各部队已早于我的命令下达之前而自动开始退却了。

当敌骑接近了北干山边沿的时候，我们的部队大部虽撤离，但仍有少数的落伍士兵和伤患，呻吟于沿途两侧。我怀着万分悲痛的心情向青浦转进，途中我看见了一些毫无规律而极度混乱的退却现象——各行进的交叉，方向的错误，军民的混杂，友军误会的冲突，指挥官不能掌握部下，部队寻觅不到自己部队长的位置种种的坏现象，都已暴露无遗。在此生死紧急关头中，部队之是否精练，将领以及各级指挥官之素养与责任心如何？是一个现实最好的考验。

敌之追击部队，紧蹑在我们的部队之后，到达青浦时不但未能妥善部署，且没有喘息的余裕时间，青浦又于11日失陷。那时松江已沦敌手，我虽奉令解除中央军地区总司令的职责，回复右翼军的指挥任务，但已不能从沪杭路线归队，因须绕道，不能及时到达，只有电令第10集团军迅速确实占领乍浦，嘉善之线既设阵地拒止敌人。

乍浦、嘉善之阵地，是战前我亲自监督完成的。这一带地形，我特别地熟悉，希望在此线以最大的努力来迟滞敌人由沪杭线南下，遂决心亲赴嘉善督师。幕僚们为我个人的安全而担忧加以劝阻，我未予采纳。我于13日到了嘉善，当我在弹雨之下视察阵地时，得知保存工事图表之人员，与掌管掩体钥匙的乡保甲长均已逃避了，部队无法进入既设工事，而且当时仅有一师装备窳败的兵力，占领了约

30 公里之正面，在暴露的土堆上构筑临时野战掩体，与当面第 16 师团和近卫旅团之一部优势装备之敌抗衡。在这不利的状况下，14 日失了嘉善，19 日嘉兴沦陷，敌人的铁蹄即踏入杭州门户。

左翼京沪线，亦陷于同样的命运，部队退却更为混乱，没有一个部队作过有组织的抵抗，亦没有一个部队稳定地占领过阵地拒止敌人，吴县、福山、锡澄两线的既设阵地均无兵力加以利用，任令敌人毫无阻碍而从容地跨进了这两道南京的门户。这时我再忆起我前面所述的建议未被采纳之失策，否则我们不仅可以迟滞敌人向南京进犯的时间，而从淞沪撤退的大军，亦决不致落到如此狼狈的地步。

11 月下旬，敌以主力沿京杭公路、一部沿京沪铁路以钳形的战略攻势向南京前进。南京是我们的首都，其得失对于国际与国内的影响，较上海的关系更为重大；最高统帅部最初原有意保卫南京，但作战如弈棋一样，满盘之差，错落一子，即不可收拾。我们在淞沪会战既已损失了精锐部队的主力，其由该方面转进的兵团，数量少虽不少，但大都残破不堪，战力薄弱，非有相当人马及装备时间整补，一时难以复元，况当时我军态势上又处于内线作战被动地位，欲在南京外围各个击破由京杭、京沪两蹈齐头并进的敌人，依现有兵力及态势来看，其不可能公算甚大。因此我们必须从坚守据点着眼，指导南京的战斗，故对于时间、兵员、弹药、给养以及外援兵团的运用，转移攻势时日的策定，均应从速准备和详密的谋算。

无疑的，保卫南京，乃一个重要的决策，最高统帅部召集我们在南京开了一个会议，结果，唐生智自告奋勇，肩起了保卫大南京的责任。我被改派在宜兴方面指挥刚从广西调来的廖磊兵团，在该地附近，占领一个侧面阵地，以策应南京的保卫战。杭州方面的指挥责任则交由刘建绪接替。当我到达宜兴的时候，广德与常州已发现敌人，江阴要塞亦失陷了。

敌之行动是迅速的，由京杭路前进之敌，在吴兴及在安吉、泗安方面分别击破了廖磊及刘湘军后，12 月 4 日已进出于句容及秣陵关附近。由于外围我军兵力的脆弱及南京防御组织不健全，战斗仅一周的短暂时间，我中华民国之首都即被异族——日寇占领了。

南京于 12 月 12 日沦陷，太阳旗 13 日晨竖上南京的城楼，这是一个最悲痛的记忆，也是我中华民族最大的耻辱。不过南京的失陷，在淞沪会战失败后，早为一般人意料所及，在军事立场上说，南京的保卫战，不能成为一次会战，仅可认为淞沪会战的尾声，亦可认为是敌人追击目标的最后一次战斗而已。

南京失陷后所带来的灾难，其悲惨情形，我真不忍卒述，居留南京之未及逃离千万民众，被日本军阀屠杀，其保卫南京的战士，抱着保存中华民族坚忍不拔的伟大精神，虽在敌人包围之下，亦不愿屈膝投降，仍冒着敌人的枪林弹雨苦斗，实施突围，或只身横渡或泅水长江而归队，在突围与渡江中，千万的战士壮烈牺牲了；京、沪一带的民众，为着不愿做敌人的奴隶，扶老携幼，成群结队跋山涉水，向后无目的地流浪逃避，只知保存忠义气节，至于流浪到何地与将来的生活如何，都不加以考虑。我从宜兴向於潜转进途中，到达於潜附近，遇见一个松江县的土人，他带着妻子和几个孩子，肩挑着一担行李，跟着我们向於潜方向行进。他对我说："我是松江人，11 月 9 日，鬼子进了松江城，我就逃出过着流浪的生活了。"我问他为什么逃离家乡？现在向哪里去？将来的生活如何？他流着眼泪说："这于我是没有办法考虑的，因我不愿做亡国奴，不愿在日本鬼子的统治下做顺民，只知跟着部队跑，你们到哪里我就跟到哪里，不过我希望现在能稳住脚，使我们不致流浪到很远的地方，至于生活，则无法计及，只有一天挨一天就算了。"这是战争带来的灾难，也是民族精神的表现，当时我非常地悲痛而惭愧，这种宝贵义不事秦，有敌无我，不甘奴役，爱国家爱民族之精神，使我十二万分地敬佩而感慨万千。

南京失陷后，我们在长江下游有体系的抗战已受挫折，转进中的疲惫兵团，只得进入皖北、皖南山区，一面整补，一面从事游击战与敌人周旋到底。我们不可讳言，这一阶段的军事方面，是失败了，我认为不要带着阿 Q 的精神以自慰之口吻，夸说我们的战略如何成功。反之，我们更要承认错误，切实地去检讨，虚心地来接受教训，不要讳疾忌医，应即面对现实，承认事实，勇于进行改革，扭转一切颓风，以复仇雪耻……

全国政协文史资料研究委员会编：《文史资料选辑》，第 39 卷，第 113 辑，中国文史出版社，1986 年版，第 17—30 页。

回忆八一三淞沪会战[①]

薛　岳忆述[②]　邵拓荣编著

预备军镇守西南，请缨抗战，三请获准

一、争先赴义，请求参战

日本军阀穷兵黩武，以国内资源缺乏、人口膨胀为借口，时谋向外侵略，复因地理形势关系，而以中国大陆为其侵略目标。

第二次世界大战前期，日本军阀以其帝国主义怀抱席卷天下之野心，幻想三月亡华，进而征服世界。除串演伪满洲国傀儡组织，强占我东北广大疆土外，更于民国二十六年先后发动七七卢沟桥事变，及八一三淞沪战争，实行大规模的全面侵略战争。

其时，我政府为先谋国内之统一团结，攘外必先安内，于清剿共军，进行建设期内，对日本侵略不能不委屈忍痛，力谋和平。蒋委员长中正发表《敌乎？友乎?》一文，说明中、日两国唇齿相依，合则两利，争则两败，以促使日本朝野认清敌友，免为匪俄所乘。讵料日本军阀执迷不悟，谋我益亟！至此，蒋委员长认为“和平已至绝望时期，牺牲已到最后关头”，乃在庐山发表谈话，号召全国军民“地不分南北，人无分老幼，皆有守土抗战的责任”。中华民国之对日全面抗战，于是展开。

二十六年八月抗战开始时，军事委员会发表三位战区司令长官，第一战区为蒋委员长，镇守河南；第二战区为阎百川，镇守山西、北平一带；第三战区为冯玉

---

① 本文标题系本书编者所加。

② 薛岳，淞沪会战期间任第三战区第十九集团军总司令，10月间曾兼任左翼作战军总司令。

祥,顾祝同为副司令长官,陈辞修为前敌总司令。中央派薛岳将军镇守贵阳,为第三预备军副司令长官,仍兼贵州省主席及滇黔绥靖副主任;时龙云为第三预备军司令长官兼滇黔绥靖主任。

日寇犯淞沪时,薛将军先把第四军由重庆用船输送到南京,再坐火车到南翔参战,不到一星期,接第四军军长吴奇伟电报云:“在南翔血战一周,伤亡惨重!”等语,因为这些部队均无对外作战经验,薛将军认为应该亲往淞沪前线指挥作战,以“讨倭自任,以死报国”。于是连续三次电报蒋委员长,请求参战杀敌,第一次至第二次要求,均未获准。主要理由是:当时中央认为淞沪会战固然重要,而安定后方西南各省也是非常重要,尤其西南各省均是薛将军追剿打下来的天下,有很高的威望,对安定民心士气均有莫大的贡献,所以留他治理西南。直到第三次请求时,薛将军坚定杀敌之决心,务请中央核准,以便效命疆场。此时蒋委员长考虑很久,深知战胜之道,全在将士之肯赴死不辞,审察利害得失,权衡全局,才予复准。

二、慷慨赴义,誓死报国

薛将军获知委员长批准其前往淞沪参战之消息后,益感兴奋,当即留参谋长在贵州,负责贵州绥靖工作并准备移交。时薛将军之眷属大小均不在贵州,因其急赴上海参战,所以电召其子女前来诀别,后不及待,至途中“马场坪”始遇见妻儿,仅聚谈半小时,于下午即挥别妻儿,要他们到贵阳定居,临别时告云:“吾已誓死报国,尔等好自为之,身为军人当以捍卫国家为天职,设有不测,亦为求仁得仁,毋以吾为念。”这种爱国赤忱亦足以感天地、泣鬼神,代表中华正气。

薛将军九月十七日深夜乘车由马场坪出发,连续一天一夜疾驶不停地赶到长沙,见到办事处主任赵志垚后,再改乘火车到汉口。此时敌机沿途猛炸长江各大都市,损失很重。薛将军经郑州、徐州到南京,晋谒蒋委员长,立即派其担任第十九集团军总司令,时南翔战役由张治中指挥。

淞沪会战,浴血半载

一、南翔指挥作战

民国二十六年九月二十三日薛将军奉命担任第十九集团军总司令后,于二十四日赶赴安亭指挥战事。

第十九集团军当时统辖六个军，其任务以确保南翔、罗店、广福至长江，阻敌西犯为目的。九月二十七日敌分三路进犯，经第四军吴奇伟、第六十六军叶肇、第六十九军阮肇昌三部反复攻击，以吴部为最烈。翌日敌步兵随战车沿沪太公路跃进，飞机重炮上下为助，我军浴血苦战，以手榴弹匍匐狙击，敌步兵不得进，而我军伤亡亦相当惨重！

二、升任前敌总司令兼左翼军总司令

薛将军到南翔不到一个月，顾祝同升为第三战区司令长官，陈辞修升副司令长官①，东战场右翼军总司令为张发奎，守金山卫；中央军总司令为朱绍良，守上海八字桥；左翼军总司令为薛将军，并兼前敌总司令。部队在前方打了数月，开始时伤亡很重，这时司令部设在安亭。薛将军到安亭后，即亲赴前线视察，觉得原为一线阵地之配备不理想，容易被敌人突破、南北合击，足以动摇我上海的中央军，而夺取上海。故薛将军立即下达命令，改为纵深配备，令第七十三军军长王东原率第十五师师长汪之斌、第十六师师长彭位仁、第十九师师长李觉等三师固守姚家宝至竹围阵地；令第六十六军军长叶肇率第一五九师师长谭邃、第九十八师师长夏楚中、第九师师长李延年扼守老屋至朱北宅；以第六十九军军长阮肇昌率领第五十七师从陈家宅至老陆家宅间居中出击。又令第七十五军军长周碞率第六师，由竹围、墙门头、小南翔、钟家桥一带迎敌。第三十二师师长王修身构筑小南翔、谢家宅等地堡垒。第十六军军长李韫珩自领第五十三师由杨家宅、陆家桥、孟家宅、蕴藻浜南岸迎敌。其第十一师彭善构筑小南翔李家宅堡垒。第四军军长吴奇伟率部构筑张家桥、唐家桥、新俞宅一带堡垒；全线南北呼应，联系一气，且筑堡垒应战者各为纵深配备，布置改定后，适敌分四路进犯。

十月三十一日午前九时，敌大举进犯，以战车二十辆薄阵，距我守军仅十公尺。我军以机枪、迫击炮沉着应战，毁敌战车、格杀敌军无数。敌退入村屋倚土墙枪孔集射，路窄巷战，我士兵乘胜拥进，予以围歼。敌人仓卒不及避，死伤枕藉，我方亦伤亡惨重，一连战士仅余二十人。当我军五攻竹围，敌又沿铁路夜袭濠楼、中

---

① 这里记述有误，顾祝同在淞沪会战期间始终为第三战区副司令长官；陈诚于11月任第三战区前敌总司令，并未担任副司令长官；薛岳于11月任第十九集团军总司令兼左翼作战军总司令，并未出任过第三战区前敌总司令。——编者按

归塘，战至午前九时，往复攻击数十次，我阵全毁。各级指挥官伤亡殆尽，情势迫切，我竹围援军中途驰增，而守军周、陈两团长又奋勇杀敌，势始稍缓。然卒因敌之装备机械化，优良于我，复凭铁路纵横驰突。第四军与敌两千余相搏，敌尸山积。下午四时敌以催泪弹来袭，会风反向，天授良机，我军乃乘势追击，敌全线溃退几不成军。是役恶战，敌受挫后虽屡思逞，然亦从此不敢轻犯矣。

三、浴血苦战，勇挫锐敌

淞沪之役，战至十一月初，我军以攻为守，屹立不动。日本柳川军所属三个师团遽绕道杭州湾，由金山卫登陆。右翼军不战而退走，撼我中央军，迫使不战而后撤。十一月七日苏州河右岸中央军自上海、浦江向安宁公路不战而退走，左翼军薛将军奉命转进吴福国防线，并布置诸集团军转进，策划至详。

薛将军令炮兵指挥官刘翰东，设立炮兵群主力在右翼于南桥东九王庙、洛阳桥、墙门高头，以蕴藻浜、唐桥站为目标。左翼及十五集团军直辖炮兵群，则分置南翔镇、谢家桥、直圣塘桥等，并以葛家头沿杨泾至广福为目标，与步兵协调轰击，而敌军步兵麇集，连同战车攻击南翔很久，无法战胜我军。我军常利用敌军炮声间歇时立予反击，他们开始炮轰则我军即隐蔽，致敌人屡进屡退，浴血苦战坚守阵地，勇挫锐敌，给敌人打击很大。因此，薛将军电报云南省主席龙云说："血战半载，寸土未失。"此为当时薛将军在淞沪会战战况之真实写照。

薛将军于南翔西南、童家桥设立电话预备总机，敷线通达各部队，经常以手持电话口授命令，策划进退。疲劳时，即命勤务兵设帆布床假寐，遇苦战即就阵地督战，并遍巡各部队，与将士共生死；虽敌人炮火连天，弹雨纷集时，随从人员间或惊骇色变，而他则若无其事，早置个人死生于度外，其豪情壮志，忠忱胆识，屹如山岳，怎不令人敬佩。

四、三路包围，从容脱险

二十六年十一月初，统帅部与我军在上海战场已达成初期抗战任务，粉碎倭酋"三月亡华"之迷梦，为举世所震惊。第一线之防御工事，几全被敌炮炸毁，已无险可守，令于十一月八日下午六时起，由第一线后退至广福之第二线，以避敌舰猛烈炮火。但薛将军为顾及右翼军张发奎及中央军朱绍良所部约二十万众，将有被金山卫登陆及上海之倭寇所包围之险，固守原阵，掩护其撤退。左翼军为掩护友军，乃坚持延至十一月十一日下午方开始后撤。不料第一五四师巫剑雄部负防卫右后侧之责，未经报准，擅自撤走，致被敌窜至总司令部所在地之安亭右侧背。薛将军即令特务营奋勇抵抗，并饬总部人员迅速撤退。薛将军座车突被击毁，副官、司机、卫士均殉职，薛将军是时正发烧声哑，急开车门，伏于路侧稻田，匍匐前进。凭其游泳技术，度过河汊五道，旋由参谋处上校作战科长陈阵（湖南茶陵人）率同上士陈和生等（皆广东人）四名随从保护，步行至昆山，顾墨公、陈辞公皆赞佩其舍己救人，相对感泣！此役除随从副官陈朝章（广西人）腿受重伤，译电科长朱洪（广东东莞人）右肩负重伤，后承民间救活外，其余参谋处上校科长欧阳熙、中校参谋郭振华、熊耘（上三人皆湖南人），副官处上校科长李腾侠（云南人），书记唐励（湖南人）、侯登瀛（浙江人），司书周千里（湖南人），译电员吴昆容、廖乃琼、蔡毅然（上三人皆广东人）等皆为国殉职。特务营长黄茂才（广东英德人，部属多为湘粤子弟）及其所部官兵皆壮烈战死！此役之英勇壮烈，永堪怀念敬仰也。

五、淞沪会战所得之代价

古来英雄豪杰之所以能超人者，主要在其有突出的牺牲精神，并从其自我牺牲中去完成永恒不死之大我。薛将军是一位智勇兼备、奇正并用的将才，并具有自我牺牲精神。他自参加淞沪会战，浴血半载，以勇锐挫敌，威震倭寇。自民国二十六年九月南翔、刘行、罗店、广福之战，迄安亭转旆阵地战，对我军虽不利，然薛将军领导之将士以血肉斗机械，以弱御强，其战法之新颖，将士之忠勇，多属创见，为古今中外所罕见。

淞沪会战，是抗战八年中时间最久、用兵最多、牺牲最大的一次会战。先后投进了七十个师、七个旅、一个税警总团、一个教导总团与若干保安队与炮兵单位，加上空军与防空部队、海军与鱼雷部队。总兵力我方约在七十五万人左右。而敌人也投进了九个师团以上，总兵力在三十万以上。双方合起来应是百万兵力的大会战。

此次战役我们所得到的代价，有下列几点：

第一、在政略上——我们粉碎了敌人“速战速决，三月亡华”的迷梦，以事实证明我国上下一心，斗志高昂，虽区区上海一隅弹丸之地，也足足打了将近半载。

我们也告诉了九国公约中的中、日以外的七个签字国，中国不是一个可以被敌人征服或容易被敌人征服的国家。我们将士以血肉斗机械赢得了全世界的同情，同时也孤立了日本，这便是我们政略上的胜利。

第二、在战略上——我们吸住了日军的主力，不让敌人一举而席卷绥、宁、陕、甘、川、滇，走蒙哥可汗与忽必烈可汗囊括南宋的老路。(坂垣征四郎向日本参谋本部所提出之方案正是如此)。否则，西北西南局势，很可能恶化到不可收拾。

第三、在战术上——淞沪会战中我方将士也有超出任何人意料的成就。我们仅有象征性的空军与少得可怜的战车与大炮，谈不上战术上的陆空协同或按照规矩打仗。闸北与虹口，有钢骨水泥的建筑及敌人用炸弹也轰不倒的堡垒；但上海乡间却是一片田野，没有可以掩蔽我军的丘陵或树林，而且土壤极薄，一掘壕沟便是地下水，加上秋雨绵绵，我们将士不仅两脚两腿泡在水中，而且上身也湿透了，如此泡在水中连续一周，并不算稀奇。而敌人既有战术空军受前线军官指挥，做到了百分之百的陆空协同，作了步兵的掩护者，也作了炮兵的观察者，又有很多的军舰停在黄浦江中，在我方枪炮射程以外，而其兵舰上大炮的射程与火力皆非我军的各种炮火可比。况且，舰上的司令塔有几层楼房那么高，对我军居高临下，一目了然。

然而，我军竟然能留在淞沪战场上将近半载，而且一再发动攻势，这不是战术上之空前奇迹吗？这一个奇迹乃薛将军领导下所属中华儿女敌忾同仇、众志成城的精神之最高发挥。在蒋委员长的卓越领导之下，人人抱定必死之决心，和日本侵略者拚个死活。尽管我军的装备如何恶劣，训练如何不够，而一上战场便毫不反顾，前仆后继、视死如归。

敌人称“月浦”迄于“罗店”一线，为“肉磨之线”；“肉磨”是敌人所发明而流行的名词，意思是磨肉。国军与日军在相互磨肉，互相消灭。这线上的我军是身经百战的薛将军所领导的部队，如第四军吴奇伟等。我们应该把他们的光荣战绩与可歌可泣的英烈史实，都写下来，留给亿万世之后代子孙作为楷模。兹举一例说明：在吴奇伟第四军里有一位师长欧震，便曾经连战十五昼夜而不休不止，真正是寸土必争，万死不惜，与敌作拉锯战。欧部旅长宫惠民、团长罗醒尘、王大仿阵亡，营连排长牺牲惨重，而部队斗志反愈战愈勇，由此可见一斑。

宣城游击战，重振军威

一、以游击战配合正规战之运用

国军的战争指导方针，是“以空间换取时间”，在时间上达成“持久消耗”，以粉碎日军“速战速决”的战略。在兵力装备上说，日军为优势，我军为劣势。以劣势对优势之战斗，在于尽量避免正规战，于是蒋委员长早有以游击战配合正规战之战略运用。以游击战辅助正规战，牵制消耗敌人，并掌握沦陷区以防止敌伪夺取治权。遂于民国二十六年颁布“游击战教令”，训练游击干部，并派遣一部正规军及地方团队，担任游击战。各战区在此正确的决策指导下，概能掌握敌人后方广大之地域，领导爱国民众，牵制消耗敌人。

淞沪会战我在军事上成为“阵地防御战态势”，彼攻我守，及敌陷南京后，我军战略改变。在布置上，通奇正以制敌，所谓“于战略之守势中，取战术之攻势”；以正规军防御，以游击队袭之，使剽进之敌，前阻雄兵，后绝援应，如陷泥淖，不可自拔。故以后穷年累月，敌寇得不偿失，师老无功，毫无进展与成就，而敌兵日益厌战者，皆我计之成功也。

二、整编训练，重振军威

当薛将军至宣城前，东战场之黄绍竑、张发奎等都走了，中央军朱绍良、顾祝同、陈辞修，南京唐生智等皆赴汉口，东战场那时仅有前敌总司令薛将军一人在指挥作战。薛将军率部分三路向西撤退到皖南宣城，并在宣城游击至敌后，把京沪公路切断，收容散落军队改编，由两个师改为一个师，并派干部赴江西、湖南一带补充兵源，训练部队。时杭州已沦陷，薛将军在宣城改用游击战方式，在敌后机动出击，重振军威。此时，第三战区司令长官顾祝同亦回来，看到薛将军对部队之整编、补充、训练有素之情形，感到非常欣慰。

第三战区利用皖南、浙西、黄山山脉、天目山山脉为游击根据地，对沪杭、京沪杭及长江主要交通线点，展开游击战。统以截断敌后交通、通讯。摧毁库站补给、工事要点，牵制转用兵力，破坏伪组织，以粉碎敌军统治沦陷区“以华制华”之企图，使敌疲于奔命，无法获得喘息之机会。

薛将军又于第十九集团军下设一游击总指挥，以孔荷宠担任之，结合军民，授以两大任务：1. 打倒活的敌人；2. 摧毁死的敌物；及三大战法：1. 袭击、2. 埋伏、3. 扰乱，使游击武力遍于宣城、芜湖等地。避实击虚，以特种战术奇袭手段，制胜敌人，达成我军牵制消耗敌人之目的。

陈寿恒、蒋荣森等著编：《薛岳将军与国民革命》，“台湾”近代史研究所，1988年版，第303—315页。

东战场片羽

罗卓英[1]

（一）前言

东战场诸役，是八年抗日血战的一个开始。我们不敢说："好的开始是成功的一半。"但事实证明东战场诸役，确是表现了我中华男儿忠勇爱国的高度精神，许多可歌可泣之事，真是罄纸难书。这里所记的不过一部分的战绩，虽属一斑，也可以此略窥全貌了。

我们知道，敌人蓄意谋我，已历数十年之久，准备完成后，才来向我挑衅。以致不宣而战。敌人既然无故来犯，我人也只有起而应战；但这种应战是被迫的，完全为了同仇敌忾的心情，虽然明知道毫无准备，在装备和武器完全不及敌人的情势下，不得不拿血肉做长城，以求保卫我们国家的领土。

（二）坚守罗店

本人奉命率陆军第十八军一部分队伍，扼守罗店一线。读者在地图上也许不易找到这个地方，不得不先做一点简单的说明，以便建立概念。

我们都知道江苏省东南部，离上海不远的海边上，在嘉定与浏河之间有一个小镇不是吗？这地方就叫罗店。市面虽不大，却是极富战略意义的据点。守住罗店，嘉定、浏河一带就可以保全，间接也就是守住了苏州和上海的门户。

但是这地方一坦平阳，没有山峰，也没有特殊的设备，可资利用。连个像样的

---

① 罗卓英，淞沪会战时任第十八军军长，统领麾下官兵奋战于罗店、宝山，后擢升为第十六军团军团长、第十五集团军总司令，不久改归第十九集团军，任副总司令。

战壕也来不及修筑。勉强建立了一点简单的工事，可以说是象征性的，在日寇重炮和坦克车的疯狂攻势下，只有拿我们的血肉去和他们拼了。

本人上赖领袖的威德，下凭诸将士的用命，大战七日夜，敌人进犯三次，三次都被我军击退。在第二次争夺战时，本军旅长蔡炳炎，团长李维潘壮烈殉国。本人曾有一诗以纪其事：

三来三往力争持，十荡十决扫虾夷。

淞沪风云罗店血，大书蔡李是男儿。

敌军本想一鼓而下罗店，长驱进犯，无奈我方坚守。敌与我隔水相持，不敢越雷池一步。

（三）以静制动

在巡视阵地后，口占七绝一首，这首诗虽被记者抄去发表，但是仍愿在此写出。因为那种情绪，原是稍纵即逝的，不能以明日黄花而把他视作等闲。题目就是：

东战场

海东鹰逐阵云飞，好向江南猎一围。

捉得倭儿千万个，归来草绿马还肥。

也许人家会说："仗打得那样激烈，你倒好整以暇做起诗来了？"

我的答复是，问这句话的人真是太不懂战争的道理了。兵法云："以静制动。"打仗固是一种动态。可是一个担任指挥作战的人，他的头脑，必须要保持冷静，才能够临危不乱，制敌机先。因此凡是一个久经战阵的人，如其他平时欢喜写写诗的，在作战的空隙中，也必然会不废吟咏，否则就是失却常态了。一个失却常态的人，还能够打仗吗？

敌我相持半月，只隔了一衣带水。敌人却始终打不过来。敌乃改攻"吴淞"，向"杨行"方面进犯去了。可以说终东战场之役，嘉定、浏河两地，不曾受战火的摧残。这战绩，都赖我官兵的英勇造成的啊！

（四）一寸山河一寸血

可是，我方兵力实在不够分配。十八军一部分队伍，在罗店抵抗敌人。所属第九十八师的一个营，则调去防守宝山。九月七日那天，营长姚子青和全营官兵，与宝山城同时殉难。下面的诗就是哀悼他们的：

吊宝山殉城姚营官兵

鲸涛鳄浪撼危城，全仗吾曹抵死争；
五百健儿齐殉国，中华何止一田横。

挽姚子青营长

英雄年少气如云，八载相从念虎贲。
今日海疆成壮节，临风洒泪哭将军。

可以说，东战场的战事，是非常猛烈的。因为是滨海地区，敌方的兵船，可以开炮助战，而我方却无力还击。敌人登陆，又有海军做他们的掩护，各种武器也占优势，使我方牺牲惨重。十月五日，我第十一师，雷汉池营长，率军守徐宅阵线。敌以战车二十余辆冲我阵地，并释放毒气，我官兵誓死不退，与阵地同亡了。

最令人感泣的是有士兵十八人，自动将手榴弹捆在身上，伏地以候战车冲来，结果人亡战车也同时被炸毁。这是古今中外所未有的壮举，也是空前的惨剧。不敢不为记出，藉以稍慰这些壮士们的在天之灵。

接着，郝梦龄军长，又在白水镇殉国。有人以："一寸山河一寸血"的话来形容这场战争，确不是夸张的说法。

对于雷，郝两君先后殉国。也各有一诗以吊：

雷汉池营官兵殉国"徐宅"

姚营而后又雷营，溅血成仁性命轻；
毒弹战车何足畏，浩然正气作干城。

挽郝锡九军长梦麟"白水镇"殉国二首

旌旗北指扫妖尘，誓雪深仇不顾身。
却忆庐山风雨夜，与君同做请缨人。
满腔忠愤动星辰，壮烈当为白水神；

料许精魂长护国，千秋一例祀张巡。

牺牲的官兵虽不少，士气却越战越旺盛，真正做到了前仆后继。而民心也坚定而且乐观，认为日寇必败，最后胜利，一定属于我们的。

二十六年双十节，我们在嘉定城内开庆祝大会，军民情绪十分融洽。

(五) 敌方士气低落

在东战场，能够守这样久，消耗敌人不少的兵力，确是出乎他们的意料之外的。敌人曾经夸口："三天打下上海。三个月占领全中国。"如今已快三个月了，不但没有占领全中国，甚至连上海也没有打下呢。而敌人的士气却已经开始低落了，我们从敌人的尸体上，找到一段日记，今译如下：

"向支那进军，意义不明，我人不知为什么要去作战。明天拂晓，要实行敌前登陆，也许会战死，一想到死亡，就躭忧家中，以后将没有男丁了，怎么过活呢？我的妻子正怀孕，愿菩萨保佑生个男孩吧……"下面半页不全，大概是被撕去了。

敌人每一个士兵，都有骆驼毛做的背包，晚上拿它当枕头用，平时则可以放东西。这本日记就是从背包中发现的。

也有些人战败被俘，他们愿意投降，我们对他们很优待，把他们护送到后方去了。在罗店，前后共计俘获了三十二个敌人，中间有一个中尉军官，其余都是士兵。

武道士精神哪里去了？祈战死的军歌，早被丢到字纸篓里去了吧？反观我国的士兵，宁死不屈，绝没有一个投降敌人的。真不愧堂堂中国军人！不愧堂堂中国男儿！

晚上，钱副官来，交了几个密件给我。他说"前天好危险，陈老总正打电话。敌机已在总部上空盘旋好久了。老总一向胆子大，从不进防空壕的。这一次，大家觉得情况不对，劝他躲。他的脾气，你老知道，他是从不听人劝的。后来，敌机已经到了头上，我们刚刚把他拉出屋子，一个炸弹下来。办公室垮了。假使迟一秒钟就完蛋了。"

"辞公的勇敢，真可佩服。但是敌机的投弹怎么会这样命中呢？就像看见的一样。"

"汉奸太厉害了啊！敌机一来，总部附近到处是小镜子，一闪一闪地，向敌人指示目标。夜间则发信号弹。真是捉不胜捉。”

（六）将在军则忘其身

钱副官去后，我的心上发生了许多感想。辞公实行了“将在军则忘其身”的古话是对的。可是附近的民众工作，也可以说是保密和肃奸的事，则似乎还做得不够。辞公军务倥偬，自然顾不到这些；但他的幕僚长是干什么的？况且他的幕僚也不少，难道就没有一个人想到这些应该做的工作吗？当时，就挂了个电话问庄明远：

“褚问鹃有没有来？”

“十天前去了电报，可是至今还没有见她来到？”

“你们的肃奸工作做得怎么样了？”

“这里乱糟糟的，还没个头绪呢。”

“消灭汉奸的事，最好由女同志去做，从家庭入手，才有办法。你们那边不是有个战地服务团吗？为什么不利用？”

庄明远笑道：“那是郭沫若送来的。辞公也不会运用她们，只不过应付人事而已。”

我挂断了电话以后，不禁十分纳闷；我一向以为褚问鹃不是胆小的人，如何竟没有到前方来，未免太令人失望了。她是我们的干部，可以推动工作，不比别方面来的战地服务团，她们是以老百姓的身份参加的，和军方不熟，一切都联络不上，她们做了点什么，我们只有感谢，却不便指挥她们，只有褚问鹃可以做她们和军方的桥梁，她却偏偏没有来。

罗店方面胡汉英女士所率领的战地服务团，有十六名团员，很能吃苦。但也只能做到替士兵洗衣服的事，其他方面，却没有多少表现，这情形和某某相同。她们都是外客啊！

方才钱副官又说到一件事，他说：“据统计，火线上饿死的士兵比战死的还多。因为饭送不上去，士兵身上又没有带干粮。几天几夜没有饭吃，不饿死还等什么？伙伕们因为冒死送饭，饭和人一起被敌人毁灭的已不在少数了。这些可敬的伙伕，也都是无名英雄呀！还有是因为煮饭，炊烟暴露了目标的事也很多。后来简直白天不敢再煮饭了。”

我一到前方，就接读褚秘书从军邮送来的信。她建议："赶快准备大批的干粮，分发给士兵们带在身上，以便充饥。如今的炮火猛烈，炊烟会暴露目标。埋锅造饭的时代已经过去了。"她又说："这个建议一共写了两份，一寄总部，一寄军部，两份中总有一份可寄到的。"

罗店战线不长，给养问题还不太严重，谁知别处竟然饿死人，这太可怕也太不应该了。于是又电询庄明远，问他干粮的事。他回答："褚秘书的建议，我已经交下去了，可是并无下文。我也没有办法啊！"

（七）尾语

在罗店和敌人争持半月，因为其他战场失利，淞沪（似应为罗店——本书编者按）已无坚守价值，奉命放弃，放弃后却仍被我军封锁，敌无法进入。嘉定、浏河，始终无恙。

不久，熊希龄叫大家做光饼给士兵做干粮。人们震于熊希龄三字，方才照办，可是上海的保卫战已近尾声，光饼虽好，对于战局，却已没有多大的帮助了。

罗香林编：《罗卓英将军纪念集》，台北，1991年印行，第65—73页。

上海作战之经过与所得之教训

邹作华[①]

作者自序：本记事为余去岁奉命参加上海抗战两个月来在实战场里所亲历之经验及感想所得之概要。今春回校利用总理纪念周及朝会时间对教职员及学员生等所讲之简单记述，今应各员生等申请印刷分发之要求，遂将速记之稿略加修正而付印焉。内容自不免于芜杂有待改正之处，尚望阅者不吝指正幸甚。

民国二十七年九月

今天所要讲的，是上年在上海抗日作战的经过与所得的教训，在本问题未讲之前，有两点先提出来，请大家加以注意。

一、凡经过一次战争，对于战术、兵器必有一番进步，什么道理呢？因为一切在平时不能暴露的弱点，到战争时，才能暴露出来；平时不能发现的错误，在战时才能发现出来。所以经过一次战争，便多得一次经验，根据这种经验，作为改革的基础，然后逐步加以改良，自然便有一番进步。当日俄战争之后，日本各军事学校，解释原则，引用战例，都以日俄战争所得的实验做资料，甚至曾经参加战役的教官，在讲授时，尚自鸣得意，很骄傲地以为所解释的原则，并非空洞的，而是实在亲身由战场里所得的经验。在欧洲也是如此，一般军人，说到战争的经验，便说拿破仑如何，一八一五年滑铁卢之战如何，以及一八六六年的普奥之战，一八七〇年普法之战如何，现在则又说欧洲大战时如何如何，所列举出来的，都是从实战场里

① 邹作华，曾任东北军炮兵总指挥、南京炮兵学校教育长等职，淞沪会战时任第三战区炮兵总指挥，一度负责指挥全部参战炮兵部队。——本书编者注。

所得到的经验，所以各国的典范令军事学，莫不经过若干次战争，在实战场里，以实战经验而逐步造成的，绝不是向壁虚构。专凭理论，或有不实在的地方，惟有我国，从未经过以上所说的大战。甲午中日之役，并无战史，此后民十八年抗俄及后来古北口诸战役，又非长时期战争，故现有之典范令，并非在实战场以头颅铁血最高代价所换得实战经验之结晶，乃是属于他人所有，而我向他接受来，模仿来的典范令，因之有不适合我国的国情。而且以往我国可以说并无典范令，连一个改良的基础都没有。所幸此次抗战，已经过一年以上，所得教训与经验甚多，将来把他编撰成为战史，乃是我国军事上空前的收获，也即是改良军队教育之基础，国军建设之宝典。这是一个很重要的史料，我们不可不深刻加以注意。本人参战时期甚短，所得到的经验，不过属于一部分。以下所讲的，不免挂一漏万，但希望能藉此引起大家研究的兴趣，使我国军事，因此次战争，而逐渐进步。这是首先要说明的一点。

二、对于本问题，以前已经有许多人研究，如在各种杂志上所看到的，与将校研究班、军官训练团，所发表的“上海抗战失败原因之检讨”等种种，都异常详尽。本人为参战员之一，所见到的，不会有更深的见解，不过各人见地不同，现在愿把亲历的经验及感想贡献出来，给大家做个研究的参考，绝不是存心对某一个人攻击，或者对我千辛万苦、忠勇抗战的袍泽们，有所批评。此点也希望诸位加以了解！

关于上海作战的经过，可分为四个段落：

（一）上海攻围前后之状况

（二）蕴藻浜战斗之状况

（三）苏州河战斗之状况

（四）上海作战失败之原因及所得之教训

第一　上海攻围前后之状况

自一·二八以后，签订了淞沪协定，日本即根据此种协议，在上海布置势力，建筑营房工事，经六年之久。同时我国方面，亦有相当配备，如乍嘉阵地、吴福阵地，及后方各预备阵地，并于无锡、江阴间设警备司令及警卫部队。去年七七卢沟桥事变发生，情势日渐扩大，循外交途径，已属不能解决，当时我委员长蒋，认为战事已无可避免，于是遂于八月七日，下令封锁长江，八月十日，令占领上海。当时由现任湖南省张主席（治中）任总司令，指挥的部队计有八十七师、八十八师、炮三团、炮八团及炮十团的两营，奉令以后，即下决心，强袭上海。当时的处置，凡研究战史战术者，都认为适当，因为如不施行强袭，等到敌军增援以后就不可能。但张总司令的计划，原决定在八月十三日占领攻围线，由八十八师任右翼，八十七师任左翼，选择的攻击点最初是虹口，后改为公大纱厂。到八月十五日，现任政治部陈部长（诚）、江西省熊主席（式辉）到沪，认为攻击点不合，又改为汇山码头，并以兵力薄弱，增加三十六及九十八两师，但是三十六师和九十八师尚未到达战场，陈、熊二长官已经返京，未能按照新计划实施，于是仍照以前计划攻击。不料攻击到最后，遇见敌海军司令部永久堡垒坚固工事，我军既缺乏攻城经验，加之炮兵分割使用，距敌海军司令部过远，不能发挥威力，以致对于这种坚固工事，无法摧破，不得已只好攻击停止，这是我第一次遭受的打击。八月二十二日，敌军由狮子林、川沙口、石洞口登陆，另一部由张华浜登陆，威胁我攻围军。其时我军乃派九十八师对狮子林方面登陆之敌，八十七师之一部与教导总队一团、保安团一团，对张华浜方面登陆之敌施行阻止攻击，因保安团无战斗力，一到前线，即形瓦解。教导总队平素也缺少实战经验，在白昼间三路行军，被敌机察觉轰炸，战斗力亦受损失。因此，八十七师对于张华浜之敌，两方面阻止，均无效果，遂使敌军自由登陆。以后十一师调到，与登陆之敌，发生遭遇战，第一军（军长胡宗南所属第一师及七十八师）亦随后赶到，第一师因兵力使用失当，致被敌各个击破，七十八师蹈其覆辙，亦遭受同样之打击，结果未能达成任务而向杨行撤退。九月六日敌军占领张华浜，以后敌沿海军队，即取得联络，宝山城遂相继失陷，九十八师姚子青营全体壮烈殉国。九月十一日，敌占领宝山后，即沿宝刘公路前进，占领杨行。上海攻围部队因发现敌永久堡垒坚固工事，没有攻下的希望，同时敌军登陆，逐渐扩张，感觉无法阻止，乃于九月十六日撤退右翼，由北站、庙行、江湾，撤至杨家宅之线，转攻为守。当右翼撤退时，左翼仍在激战中，其时十八军、六十六军、第四军、十五师、十七师，都先后加入战场，于杨行、月浦等处，又与敌发生激战，终以无大效果，被迫于九月廿四日，左翼十五集团军亦撤退。但右翼在杨家宅、顾家镇、刘行、罗店以西施相公庙至浏河间，转攻为守，总觉得力量不够，不能阻止敌人前进，幸得第九集团军、第十五集团军其时已取得联络，退守一条线上。此为上海攻围前后撤退的第一个段落。

第二　蕴藻浜战斗之状况

自九月二十四日至十月廿六日，在蕴藻浜附近战斗，计有一个多月。刚才已经说过，第九集团军及十五集团军，已退至一线上，其时敌军主力，已完全登陆，沿宝刘公路攻取杨行后，向顾家镇推进。敌人的兵力计有第一师团、第三师团、第六师团、第八师团、第十六师团之一部，及海军陆战队五六千人，配属野战炮四百门、战车二百辆、飞机二百架及机械化部队，不下十余万。在这一线上，遭受我军强烈抵抗，发生未有的激战。在沪战中，最悲壮惨烈的，就在这一线上，我国抗战的基础，也就在这一线上，用头颅热血，来奠定成功的。当时所有外国人士，目睹战争情形，没有不赞佩我国军队抗战意志的坚强，牺牲精神的伟大。那时敌人在顾家镇一带，天天都有局部攻击，至九月三十日拂晓，以飞机百余架、炮数百门，对刘行、顾家镇轰击，硝烟弹雨，迷漫空中，计先后达三小时，其惨酷残忍，与困难复杂的情形，据外国人士评论，比较在欧洲大战时，实有过之无不及。后来右翼顾家镇、刘行一线，十五师与五十七师之间，被敌人突破，因为五十七师是按国防师编制，士气甚盛，战斗力强，当时即将突破之点堵塞住，继之十五师与七十七师防线之间太平桥，亦被敌突破。七十七师全部溃退，敌在突破点，即逐渐扩张，遂影响及于全般战局，无法补救。当时虽经请示顾司令长官及委员长，奉命死守顾家镇，但在事实上，死守已不能挽回颓势。顾家镇仅留五十七师两营，刘行留十五师一团兵力，其余均撤至蕴藻浜、陈家行、广福、施相公庙线上。对于顾家镇这一地方，在九月廿六日，本人曾亲到该处视察，无论在图上或实地，确系非常重要。本人曾建议，敌人将来主攻方向，一定自顾家镇经唐桥镇，攻取大场，决不会由刘行到广福。根据的理由，是以敌军作战向来利用公路，如果脱离公路，其炮兵及机械化部队，即不易活动，无由发挥其优越装备之特长。顾家镇至大场有良好的公路可以利用，而刘行至广福后便没有公路了，此在地形上判断的一点。其次在心理上判断，敌人急欲解决者，就是想从大场，至第九集团军后方，使第九集团军脱离上海。根据此两点理由，判断敌人由顾家镇经唐桥镇，攻取大场，必无疑义。为此问题，当时曾经研讨，因有人力说敌人一定由刘行进攻广福，于是防御计划把重点置于广福，而忽略大场。到九月三十日以后，敌人果然一天一天地加紧向广福进攻，其时多数人益信其判断与处置，均相适合。殊不知声东击西，兵不厌诈，如孙子兵法所云："善攻者，使敌不知其所守"，敌之所以佯攻广福者，盖欲牵制我之兵力，以遂其夺取大场之计耳。惜我方未能烛察其奸，竟坠入其计中，且为其佯攻所惑，将预备队亦调至广福。十月六、七、八、九等日，敌军渐渐从黑大黄宅、蕴藻浜过来，一部从南桥亭宅渡河。那时守黑大黄宅的是第八师，被敌突破以后，税警总团又继之被敌突破一大缺口，当时幸邻近的第九集团军之三十六师（宋希濂师），看见局势非常危险,乃派一营冲锋上去,立刻把敌军击溃,始得支持下来,该师的战斗力,可不待言喻。敌人突破蕴藻浜以后,逐渐扩张,我方指挥官,以任何部队,都是伤亡残缺,不可倚赖,于是不得已将在杨行撤至昆山整理的第一军,又调至黑大黄宅、蕴藻浜、唐桥镇一带作战。但是第一军因以前作战,实力损失过重,补充的都是新兵,尚未整理完毕,服装也不齐全,步机枪刚能使用,表面上看起来似一时不能作战。可是第一军系有历史、有名誉的军队,比较不同,当该军加入战线后,即予敌以重创,由此敌不敢再行轻犯。说到第一军在前方作战,确有至存一官一兵犹不肯退的精神,该军曾有某旅,守一村落,被敌人飞机轰炸,炮火毁击,损失殆尽,最后只剩一人,他总抱着第一军是有历史、有荣誉的军队的信念,不肯离去,一个人利用很多的械弹,忽而向东射击,忽而向西射击,虚张声势,敌人不知虚实,以为尚有很多兵力,始终不敢前进。有这样牺牲的精神,所以在战场上,才能够压倒敌人,最大的优点,都怀抱着必胜的信念,尤为其他部队所不及。以后敌由赵家角、盛家宅六十一师正面,向前扩张到桃源浜、盛家宅。中央突破后,架桥掩护队渡河架桥,机械化部队即向前猛进,势不可遏,渐渐扩张起来。我方炮兵甚少,当初仅炮三团、教导总队炮兵营、炮二团、炮十六团及炮十团两营,后来炮四团全团加入,又增加本校练习队,使敌人不能再向前扩张,多赖炮兵之支援,但最后形势险恶,无法长久维持。我委员长曾亲至前方视察,认为欲打破危局,非反攻不可,那时恰好一七一师、一七三师、一七六师,均到达战场,乃在昆山会议,决定十月十九日举行反攻。但这次计划反攻企图太消极,只命令肃清蕴藻浜南岸之敌,无旺盛之企图心,所以结果得不到良好的代价。那时,反攻的部队以九十八师在广福以北,六十六军在老陆宅出击,主力为第五路军,由陈家行向蕴藻浜南岸攻击,肃清蕴藻浜南岸之敌。后来因第五路军方才下车,为顾虑疲劳起见,乃改定十月二十日实施,又为避免敌空军威胁与敌优势炮兵的轰击,决定于是日下午开始反攻,等待炮击以后,利用敌空军及炮兵不能活跃时,前进攻击。炮击的目标有三:(一)将反攻部队当前敌人歼灭,使反攻部队进展容易。(二)为战果扩张射击。(三)为封锁射击以防敌之逆袭。于是到了二十日下午黄昏时候,我炮兵开始炮击后,步兵即行前进,广福方面,九十八师进展至南北梅宅,六十六军进至老陆宅,五路军亦将桃源浜占领。次日早晨一七一师报告占领桃源浜,一七三师亦同样报告,占领该地。但结果系自相误会,其原因,或系刚到战场,地形不明,夜间运动,联系不确所致。到十月二十一日,敌人空地协同,趁势反攻,突破我阵地,第五路军,又因被敌机轰炸,锐气消失,由浙江调来的几个师,如三十三师、第八师亦于十月二十四日被敌攻击，退至走马塘。当时曾有配属某师之炮三团团长整日躲避地下室里，炮兵阵地上无观测所，甚至给他命令，亦推诿通信发生故障，不能接受。敌军刚过蕴藻浜，该团已先撤退至苏州河，只剩步兵孤立作战。在战况危险之时，没有炮兵支持，步兵自然要发生悲观，要知道现在作战，必须步炮兵打成一体，才有力量，今炮兵如此，殊堪浩叹！当敌军攻击走马塘包围大场的时候，我方曾令第三十三师死守大场，但未能遵照命令实施，等到敌军攻下大场后，正好抄袭至第九集团军后方。十月廿六日第九集团军撤退苏州河，撤退时，因为闸北、大场地区狭小，异常拥挤，损失奇重。第九集团军撤退至苏州河后，十五集团军右翼由江桥与之取得联络，此为第二段落。

第三　苏州河战斗之状况

自十月廿六日我军退至苏州河，第三日敌即跟踪而来，在北新泾东西姚家宅、刘家宅两处突破。那时第九集团军已改派朱（绍良）任总司令，最危险时期我委员长又亲到前方视察，其时朱总司令要求增加炮兵，除原有炮三团全团及教导总队炮兵营外，请求增加重炮一营、野炮一营，当由第三战区顾副司令长官命令，并经委员长亲派一团长指挥五营炮兵，冀收统一指挥之效。但是本人尚不放心，乃派刘指挥官（翰东）前往视察，据云：因种种关系炮兵尚未进入阵地。本人问指挥官在否？答未看见。以后敌人渡河情况，愈加紧张，十一月二日本人乃亲到北新泾去看，果然也未看见该炮兵指挥官。只见敌军渡河，炮兵不能为有力之支援，步兵单独不能抵抗，同时炮兵又利用不上，本人异常着急，当时在那里的有卢团长（蔚云）、王队长（显庆）、张连长（法颜），都没有办法。后来始悉该炮兵指挥官某团长系在方家窑车站，本人乃面告以委员长亲自命你指挥五个炮兵营，其希望甚切，现在苏州河敌人一部分已渡河扩张，并架桥梁，机械化部队即要过来，步兵已不能解决，非炮兵不可，应速前往指挥，以达成所奉之任务。据云："五个炮兵营的指挥官，联络很好，据报对敌攻击，亦很顺利。"等语，实在所说的多不确实，本人认为万分遗憾！后来苏州河敌军渡河，渐渐扩张，研究怎样驱逐，本人认为那时情况，步兵既不能解决，非用炮兵不可，但利用炮兵，敌我相距仅六七十公尺，以五营炮兵的力量，威力很大，对过河之敌，必可歼灭，不过须将我步兵稍向后撤。为欲发扬炮兵威力，步兵有时应前进，有时或后退，在欧战时，均有先例，不然两军距离太近，炮弹命中敌人，不免危害友军。无如张、朱两总司令不同意，本人并且郑重声覆，步炮兵若能严密协议，适当处置，于炮兵施行急袭射击之稍前，我步兵机动后撤，如敌军前进，影响战局，本人愿负其全责，可是始终不能照此实行。十一月四日金山卫敌军登陆，因为在蕴藻浜作战，我军损失过重，兵力薄弱，苏州河战况危急时，需要步兵增援，乃由金山卫调来一师，即被敌察觉，所以我方军队刚移动，敌军即由金山卫登陆了。敌登陆后，直趋松江后方，虽经六十二与六十三师夹击，未能阻止其前进，后与六十七军一〇七师、一〇八师发生遭遇战，因白马山被敌占领，一〇七与一〇八师均相继溃退。在此时期，苏州河战况，我已无法挽回危局，同时由金山卫登陆之敌已抄至松江，于是不得已乃下令于夜间退却。但那时情况，因敌均已到我后方，无法延缓，乃于白昼运动，以致为敌机滥肆轰炸，死伤惨重，白鹤港桥梁亦被炸毁，退却异常混乱。十一月十二日左翼亦退却。此为上海作战三个月之经过。

在上海作战三个月的经过，即如上述。现在且把作战的结果与所及的影响，来检讨一下。自从苏州河退却以后，多半人批评，系受战略的影响，甚至有人归咎于当初不应该在国防线以外，与敌人作战，如效欧战时法军为避免在比国边境与优势德军决战之战例退至国防线，既可利用已设之坚固工事，并可减少江面敌舰炮火之损害，便不致有此重大牺牲。这种说法，不能说没有相当理由，但在本人的见解，纵使照批评者说的战略虽属失败，然在政略上，却已得到相当的成功，怎么说呢？此次发动民族抗战，是在抵抗侵略，以战争唤起国际的同情、全民族的觉悟，予侵略者以打击，所以上海的战争，并不容退让，而是需要以重大的牺牲，展开全面抗战战胜之端，奠定长期抗战争取最后胜利之基础，以及得到国际的同情与援助，未可专重视战略而忽视政略，否则，胜利难期。举例言之，拿破仑睥睨一世，蹂躏欧洲，其战略初无往不利，然终不免于败窜之命运者，外交之孤立也，欧战中之德国亦莫不然，专注重局部的战略胜利，失却国际的同情，意大利背盟于前，英美相继参战于后，卒至惨败，不可收拾。德人战后回忆，犹深叹惜而有遗憾！又在一八六六年卑士麦执政时代，普奥发生战争，奥军大败，当时依普鲁士的兵力，可以直追至奥京维也纳而有余，在战略上言之，应予以追击，但卑士麦则以为不然，而行制止。盖在政略上言之，德国的敌人，非为奥国，并须联奥以制法。又一八七〇年普法之战，于赛当会战后，法军败北，就政略言，普军也应适可而止，但毛奇将军以战术家之见地，竟率兵进逼巴黎，结果得不偿失，且使德法两民族间，结下了深仇积恨。到欧战时，法对德图报复，亦为德国失败原因之一，终不免受凡尔赛条约之束缚。我们的敌人——日本帝国主义者——最近之将来必遭受同样之结果，其国民亦必有痛恨其政府今日所为之非之一日。

凡在国际关系单纯的时代，只要战略获得胜利，政略也能好转，倘在国际复杂之今日，非战略与政略相协调，则无由达到其战争之目的。所以这次上海的战争发动，是为国家民族生存、国际集体安全而抵抗侵略，必须以重大的牺牲，来表现我抗战的决心与力量，增加国际的同情心与国人的自信力。同时上海是我国的经济中心、资源中心，尤非确保不可。欧洲军事家常说作战有三要素，所谓三要素者，就是三 M：“人 MEN，金钱 MONEY，物资 METERIAL”，我国的经济、资源，以及各种工业，均集中上海，所以上海绝不能轻易放弃，最后虽然不能保持，但为政略关系，总要尽我们的力量来维护，况且这时恰值九国公约签订国正在开会的时候，在我们的政略上，也不容许退却，无论如何，总要努力支持，表示我坚决抵抗的精神。故在今日回忆，对上海牺牲，实有重大之意义。并且那时平汉线已由保定退至彰德，津浦线由天津退至济南，平绥线亦将退入山西，如果上海再不取积极行动，坚强抵抗，敌人便可长驱直入，平汉路可迳趋武汉，津浦路可直下南京，如此即撤至国防线上，亦难免后顾之虞。

现在抗战已经一年，幸而有上海的一战，深深埋下了础[基]石，国内的力量与团结，一天一天地坚强，国际的同情与援助，一天一天地增加，使我长期抗战，争取最后胜利的时间，也一天一天地接近，这就是政策的成功。总之战略是为达成政略要求的手段，换言之，战争者为贯彻其政略（国是）也。

惟几年来耗费多大之财力，构筑之永久坚固国防工事，外人称为东方“兴登堡阵地”者，最后连一必需不可或少之最小限守备部队，亦未控制，至数线阵地，等如虚设，甚至连位置也不知，或熟视若无睹，直趋而过，不稍停留，使前方部队，未能利用作退却之收容，后方部队，未能利用作增援之掩护，贻敌人“只见许多工事，未见一个守兵”之讥。其次有扫荡上海之决心，无扫荡上海之准备，或准备而不充分，依赖而不确实，以平时装备之两师，付以扫荡上海之重任，与欧战时德第二军之以平时装备之两师团，对比利时要塞攻击，遭受同样之顿挫，颇相类似。一则使法军集中，得裕余之时间，演成五年之胶着战，致德军逸失其欲以运动战击破法军之计划，凡研究战史者，莫不以比利时通过之难易与时间，为德法两军胜败之关键。一则使敌军从容登陆，逐次增援，豕突狼奔，未能阻止，迫我放弃积极之企图，陷于被动之地位，而不可挽回者，亦无能讳言也。此种宝贵之史料，惟有留待将来之研讨耳！再次军队训练不精，指挥官素养不足，尤其是不能协同一致，而与敌以可乘之机，是我们的致命伤。此后应注意改良，不必好高骛远，妄事批评。总括言之，此次上海作战，历时三个月，军队伤亡数十万，物资消耗、产业损失不可数计，实为东方第一次大战。战争之胜败，不仅属于军事，对于政治、外交、国民教育、财政等，都有连带关系。倘能各就失败原因，加以检讨，寻求所以失败原因之所在，作为今后改良基础，不再蹈覆辙，这就是我们所得的教训，我们牺牲所得的代价。

此次上海战役，军费之消耗，物资财产之损失，固无以数计。仅就兵员而言，据正确统计，伤亡三十万人，占全兵员二分之一（参加沪战部队约六十万人）。依战史记载：日俄战役，战争年余，日军死伤二十万人，俄军死伤三十万人。欧战时，经五十一个月之战斗，参加兵员总计六千万人，伤亡共计三千万人，占全兵员二分之一。

各国参加兵员及伤亡总数如下：

国家	参加人数	伤亡人数
英	五七〇万	二〇〇万
法	七五〇万	五〇〇万
俄	一五〇〇万	一〇〇〇万
意	四〇〇万	一七〇万
德	一二〇〇万	五〇〇万
奥	九五〇万	四九〇万
美	四〇〇万	二〇万

以上列人数比较，可知我国此次战役，兵员伤亡之多，实为前此所无。吾人对此次之失败，应以军人的眼光，站在炮兵的立场，将战术上失败原因，加以检讨，以供大家研究参考。

第四　上海作战失败之原因及所得之教训

一、第一次攻围失败之原因

甲、攻城研究与准备

平时对于敌人的设施状态、兵役制度、军队增加等等都要调查明白，基本战术上说的“决心的基础，有三个条件：（一）任务（二）敌情（三）地形”，其中任务、地形是已经知道了，惟有敌情须待搜索，而搜索之目的，在明了敌之兵力位置、行动、设施状态，用以判断敌人企图，作自己决心基础。为什么呢？凡一国作战计划，都是由平时策定，对于军备与其他一切，都根据计划来建设准备，否则就是要建设军备，亦无标准，纵使勉强建设好，亦未必适用。此外，如谍报机关之设立，亦很重要。所有预想敌之诸情报，多赖该机关供给，然后用之以定战时作战计划之基础，直至战争以前，该机关尚须进行细密调查，但到了开战时候或在战争当中，对于敌情还没有完全明了者，这是很少的事。上海自一·二八以后，七八年来，敌人盘踞在杨树浦一带，所作种种准备，我谍报机关，亦无情报，致扫荡上海的攻击重点，临时尚须考虑变更，迨至实施攻击后，遇见敌人永久堡垒，以致毫无办法，此即上海攻围第一次失败原因之一。

乙、缺乏攻城研究

攻城失败与成功，兹举两例以证明之：（一）旅顺要塞攻击，经过六个月的时间，最后虽然旅顺要塞陷落，但攻击仍算失败，因事前没有研究，对要塞内部情形，完全不知道，倘使该要塞不是陷于孤立无援的绝境，恐怕还攻不下。（二）比利时最坚固的列日 LIEGE 等要塞，仅八九天、十余天或一个月便都被攻下，原因是德国对该要塞在事先都调查得清清楚楚，敌情及要塞抗力如何，都了如指掌，知道该要塞的抗力，只能抗堪廿一公分（公分为厘米的旧称）炮火的威力，于是就造成廿四公分及四十二公分之火炮，一方面天天研究攻城战术，所以一到战时，便迅速地把该要塞攻下，这可算是攻击成功。依以上二例看来，在事前有研究与准备，便可操胜算，否则，便是失败。我国一般军人心理，总以为我国对外作战，没有要塞可攻，因此不但专门学校无要塞战术，即陆军大学亦无要塞战术，一旦遇见永久堡垒，还不认识，何况攻击？这是上海攻围失败原因之二。

丙、缺乏专门担任攻城部队之训练

大凡一个国家，建设很多军队，应该按照现代战争的需要，分门别类加以训练，到战时才可以应付一切。即如攻城部队，是一种需要专门训练的部队，在平时须指定一部分军队，使之训练演习，以养成攻城经验，而备战时之用。我国近几年来，训练军队，一方面虽因设备上不经济，不能举办，而同时在他方面，则又不惜糜费，如聘请顾问指导，在汤山建筑观测塔，每座需费数万元，又建筑各种掩蔽部，均未使用过，实不免有失轻重，用非其当之处。假使将前项经费，建设永久堡垒模型，平时指派一部分军队演习训练，一定可收巨大效果。以野战而无专门攻城经验之部队攻城，此为上海攻围失败原因之三。

丁、无攻城火炮准备

按旅顺要塞攻击，系使用廿八公分榴弹炮，将它攻下。比利时要塞攻击，则在事前便准备廿四公分及四十二公分之火炮，该要塞攻下主要原因，即在威力强大之炮火。今我国对此毫无准备，即欲购置，亦因限于财力，不易办到。当在上海发现敌人永久堡垒，工事坚固，非野战部队所能攻击成功，因此攻击不下，牵制兵力。本人曾建议将海军廿四公分加农炮拆下运用，可惜那时在时间上，已来不及！如果平时便能计划及此，将海军炮装于列车上，一至战时，临时于地面铺设钢轨，便可运用，事后回顾，徒深慨惜！此在平时无攻城火炮准备，为上海攻围失败原因之四。

二、攻城军编组

甲、步兵数量不足

查旅顺要塞攻击正面十公里，兵员十万人，比利时列日 LIEGE 要塞攻击正面十公里，兵员六万人，ANMUR 要塞攻击兵员八万人。上海城正面九公里，攻击军仅八十七、八十八两师，攻击兵力已经不够，同时觉得敌人有登陆可能，又分出一部分兵力，拒止敌人登陆，似此兵力不足，为攻城失败原因之一。

乙、炮兵兵力薄弱

查攻旅顺要塞时，用炮三百门，攻比利时要塞时，用炮四百门。攻上海时，仅有炮三团、炮十六团及炮十团之一部，共火炮四十八门，实属太少。若将炮八团十六门、炮十团二十四门、炮十五团三十六门、炮十六团三十六门，完全集合起来，共有炮一百六十门，统一指挥，集中火力，或有攻击成功之可能。可惜攻城编组炮兵力量薄弱，此为攻城失败原因之二。

三、攻城计划

甲、炮兵无统一指挥

当大本营成立之初，即决定设立炮兵总指挥，但未明令发表，虽另有炮兵指导官，又未到上海。因此炮兵没有统一指挥之机关监督，观测所不推进到前方去，阵地落后，加之分割使用，把各连配属于步兵师，以致力量分散，大失效用。炮兵无统一指挥，不能集中威力，此亦为攻城计划失败之一重要原因也。

上海攻围失败之种种原因，已如上述。兹再叙述一段故事，以证平时准备与研究之重要。自旅顺攻击后，日本承认攻击失败，于是战后派遣许多军官，到外国考察要塞攻击，其中有数人最初到德国第二军团考察，住在联队内，有一天参观工兵演习场，见建有永久堡垒，外壕胸墙侧防机关斜提，应有尽有，工兵天天演习，步兵亦时常演习。日军官即问领导参观之军官，据称系法国要塞堡垒之一，该日军官当时以为考察德国对于要塞攻击，是如此训练，认为很对。回国后，不久即发生欧战，在尚未正式宣战时，德国第二军团立刻以原来编制出发，担任比利时要塞攻击，那位赴德考察之日军官非常注意，经详细调查，始恍然大悟。盖前所谓法国要塞堡垒者，实系比利时要塞，前之时常演习之步兵，乃专任攻城之部队。因德国对比利时要塞攻击，事前即将要塞抗力，调查清楚，根据此调查，准备廿四公分及四十二公分火炮，平时并指定一部军队，担任攻城训练，一切早有准备，故一至战时，第二军团，即以原来编制，(六混成旅)出发，强袭比利时要塞，于八月四日到达，八月六日开始攻击，初虽稍受顿挫，卒赖火炮之威力，于八月十四日便将列日LIEGE要塞攻陷。我们看了这一段故事，可知调查与攻城编组以及火炮准备之重要。我国对于上海敌情，事前似无所知，亦无准备，攻击失败，乃是当然之事。古人说："往者不可谏，来者犹可追。"希望大家努力改良，使以后不致覆辙相寻为幸。

上海攻围失败的原因，已经说过。现在再来研究关于登陆敌人阻止不能成功，以及蕴藻浜、苏州河失败的原因，这个问题，可分开来说：

一、登陆敌人阻止不能成功之原因

甲、上海一带海岸，因受"协定"限制，毫无工事，而交通机关之不敏活，不能于所望之时机与地点，集中必需之兵力，与敌情判断之不正确，皆为失败之主要原因。大家都知道敌人登陆地点是狮子林、张华浜、川沙口、石洞口等处，但根据战术判断，敌人登陆一定有佯登陆，决不能各处一齐登陆。按照战术原则，登陆以后对于前进方向，一定要有良好的据点与道路，以俾尔后战斗指导之容易与有利，才可以达到任务。故当时依正确判断，敌登陆主力，应在张华浜、狮子林，因为在这两处登陆以后，有较好的公路，可以前进，同时对我上海攻围军亦可加以威胁。至于石洞口、川沙口等处，则登陆后并无公路，发展困难，敌人决不会以主力于此登陆。试举最近一·二八战役之例，敌人在浏河登陆，就是因为该处有道路可以利用，扩张便利之故，于是可知敌此次之所以在各处一齐登陆者，其目的在分散我攻围之兵力。可惜我方当时对敌人主力登陆地点，事前既没有正确之判断，临时又仓促应付，一闻敌自各处登陆，便将兵力分散，坠入敌人狡计之中。如果那时以九十八师对狮子林登陆之敌阻止，八十七师一部对张华浜登陆之敌阻止，虽然终不能阻止敌之登陆，至少当可延迟至相当时日，使我得有从容增援的机会。此为判断错误，对敌登陆阻止失败原因之一。

乙、第一军在杨行、宝山间对登陆之敌，以四个旅分四次陆续增加作战，为敌各个击破，以致未达成任务，而向杨行撤退。此种错误是忽略预备队之用途，预备队无论战况如何险恶，总宜保持建制，应用在企图决战方面，万一为状况所不许，亦不应以四个旅分四次作填空式的牺牲，使陷于同一之结果，失却控制预备队的意义，乃为失败原因之二。

二、蕴藻浜战斗失败之原因

甲、蕴藻浜阵地，与刘行、顾家镇的关系，就地理上言，正在阵地中央的前面，是一个很好的前进阵地；就交通上言，能控制到大场及杨行到刘行的两大干路。假使此道不给敌人占领，敌人即不能接近本阵地，况且顾家镇前进阵地，炮兵能够完全支援、控制，如果刘行、顾家镇不过早入于敌手，便可休养多少兵力，省出多少兵力，当时本人认为无论如何，此两要点，决不能过早放弃，但始终未能保持，早委敌手，此为蕴藻浜失败原因之一。

乙、前曾说过，那时对于敌人主攻方向，本人判断，必由顾家镇直趋大场，无如第某某集团军参谋长，认为重点系在广福，以致对敌攻击方向，判断错误，此为失败原因之二。

丙、关于消耗战的意义，乃是以战斗手段来消耗敌人，使敌人因消耗而受重大打击，虽然我亦难免牺牲，但应使敌人也受相当牺牲，然后方能获得消耗战之代价。在蕴藻浜战役中，我敌阵地距离，近者一百公尺，远者亦不过二百公尺，形成阵地战的状态。我敌距离既如此近迫，如敌欲实施炮击，或飞机轰炸，照原理研究，弹丸散布，应有一个不可缩小的范围，此范围在中等距离射程，野山炮为百五十公尺，十五榴重炮及十公分加农炮为一百五十公尺至三百公尺，敌我步兵均在此散布范围以内，纵使敌之飞机轰炸，十分准确，炮弹发射，极度精良，亦难免受同等损害，势非先将自己步兵撤退至相当距离，则不能实施。如果我对搜索勤务，注意周密，监视敌人，不稍松懈，遇敌欲施行轰炸或炮击，步兵有后撤模样时，我即跟踪前进，与敌保持相当距离，或秘密撤出轰炸地带，使敌虽有优势空军与炮兵，亦无所施其技，其威力亦无从发挥了。所以在这种状况之下，必定要步兵对步兵战，我受若干牺牲，一定要敌人也要受若干牺牲，使他无法避免，才可以说是消耗战，我的牺牲才有代价。倘使以血肉之躯与铁弹相拼，牺牲了一师，又上去一师，我已死亡相继，敌则损伤无几，这样肉弹主义，一方面的牺牲，并不是消耗战，乃是消耗自己的力量，结果非失败不可。上海作战各指挥官对各兵种性能，多不充分理解，且误解了消耗战的意义，故在白天打一次仗，夜间沿途都是伤兵，伤亡过重，乃为蕴藻浜失败原因之三。

丁、十月十九日我转移攻势，参加部队为一七一师、一七三师、一七四师、一七六师，攻击目标为蕴藻浜南岸之敌。六十六军在广福以南，向老陆宅攻击，九十八师在广福以北，向南北梅宅攻击，兵力确甚优势。但当时因我空军力量薄弱，炮兵又比较劣势，曾经慎重研究，决定黄昏为攻击时机，先用炮击，然后步兵前进，使敌炮火与空军不能发挥效能，以减少我的危害，而易达成任务。惟可惜当时没有顾虑到黄昏是暮气最深的时候，员兵疲乏，精神不振，而且大部队夜间运动，联络困难，虽费极大力量，接近敌人，未受敌之空军及炮火损害，终因攻击目标看不明白，全部兵力掌握困难，以致有在桃源浜之自相误会，使全盘计划尽成画饼。第二天敌人发现我之错误，遂乘机出击，我反遭受重大损失，深可叹惜！按欧洲大战时，炮火何等猛烈，经过五年的战争，对于拂晓攻击的战法，仍然存在，因为拂晓时，朝气正盛，兵员疲劳已经恢复，精神饱满，雄心勃发，诸兵种之协同，尤其是炮兵之支援容易，对于纵深阵地之攻击，并易扩张战果，是最宜于攻击的时机，所以拂晓攻击的战法，自然有其存在之价值。倘使这一次转移攻势，改于夜间接近敌人，待将拂晓，以急袭之炮兵火力摧毁敌之工事，步兵乘此疾风迅雷之势而前进，迨天明敌之空军与炮火能活动时，我步兵已与敌接近，则其飞机大炮已不能施行轰击，而失其效用，如此必能发挥我优势的兵力，而达成目的。此为误选出击时机，乃为失败原因之四。

戊、此次战事，由海岸线节节后退，先退守杨行，退守顾家镇，再退守刘行，最后退守蕴藻浜，均为既定之计划。各部队指挥官对于高级指挥官之作战企图，似预有所知，所以各人的心理早就存着这样思想，便没有死守一线的决心与精神，结果退至国防线上，也不能据守，像这样意志不坚，精神涣散没有死守的决心，便没有战胜的希望，此为失败原因之五。

三、苏州河战斗失败之原因

甲、因蕴藻浜战斗，损失太大，以致兵力薄弱。

乙、在江湾、闸北方面的部队，经过三个月的浴血苦战，元气大损，八十七师、八十八师、三十六师、都是精疲力竭，差不多已经没有战斗力量。同时左翼方面，又不能抽出兵力，转进至右翼，那时部队的困难情形，既然如此，而朱（绍良）、张（发奎）两总司令，又适于此时交接，原有幕僚，多已离去，新幕僚对于各部队历史及现在状态概不明了，无法指挥，此亦为苏州河失败的原因之一。假使在蕴藻浜战斗，不作如此重大牺牲，能够保持相当兵力，苏州河的战斗，还可以支持至自动作战略上的退却，而不致作战斗的退却。所以苏州河的失败，乃是蕴藻浜失败的结果，虽然尚不无其他原因，但至此已陷于无法挽回之境了！

以上所讲的上海作战经过与失败原因，都是个人由观察所及与实验所得的情形，其中或者有不详尽地方，但是大体上不致相差过多。现在再把上海作战所得的教训来归纳一下：

一、平时谍报勤务与战时搜索勤务的忽略。关于这个问题，并可引几个史实来证明。

甲、上海战役中，我国物资与财产的牺牲以及战区失陷后，土地、人民、主权的丧失，实无法可以统计。当战事初起时，我方原期一鼓而占领上海，不料第一次攻围，便遭遇严重困难，推其原故，就是我们平常忽略谍报工作，对于敌人的永久堡垒——海军司令部，事前都没有调查清楚，一旦贸然进攻，即遭顿挫，又没有攻城的准备，于是竟束手无策，攻击停顿，致使敌人在此时期内，陆续登陆，以成滋蔓难图之势，这便是平时缺乏谍报勤务所演成的结果。

乙、蕴藻浜战斗失败的原因，就是对于敌人的企图与行动，没有尽搜索的手段，致对敌之攻击方向，判断错误。假使当时搜索能周密，敌人的一举一动，我都了如指掌，再加以严密监视，适当处置，如敌企图对我某一处攻击，我即以某种方策应之，如敌欲对我轰炸，我即秘密撤出轰炸地带，或跟踪前进与敌接近，使敌无从施其伎俩，如孙子兵法所云："善守者，敌不知其所攻。"便不致遭受如此重大损失，这就是战时忽略搜索勤务之害。再者，平时多数人对"搜索"与"侦察"，每有混为一谈，要知二者虽皆为欲明了情况所用之手段，但通常所谓搜索者，为探其有无及变化之如何也。侦察者，为详究其现存状况也，关于实行上虽无大差别，惟阵中要务令中侦察之语，大概只关于地形之时用之，此点亦不可不加以注意！

丙、徐州会战，几十万大军，为敌人包围，损失惨重者，虽缘判断敌人不致如此迅速冒险深入，及兵力之不敷分配所致，要亦系搜索勤务不良之故。

丁、德国平时谍报的微妙，真叫人钦佩！在战前对比利时要塞的设备、抗力，以及攻击方向等，都调查得非常清楚。平时根据此等谍报，准备攻城火炮，训练专门攻城部队，到战事起后，对比利时提出通牒，称欲假道。当时比利时尚未复文，仅下令增加常备军，召集预备军。德国已得谍报，知道比利时要表示拒绝，不待复文，即以平时编制装备的部队，迅速向比利时要塞强袭，不旬日便把要塞攻下，这种敏捷确时的动作，真不愧为世界强国！如果我们平时谍报确实，在事前有充分准备，对于攻击敌海军司令部永久堡垒，也一定能够如期顺利攻下，倘使那时敌失了此据点，登陆问题，决不能如此容易了！

戊、欧战初期，英为战略关系，想强行通过他大尼利海峡，占领土耳其京城君士坦丁堡，当时英国拥有优势的海军、超级的战舰，其炮火威力，可震撼山岳，所以最初单独使用海军，以为一定可以完成计划，不料意外地海军攻击要塞竟致失败，乃组织英法联军，改用陆军十六个师，攻击一年多，步兵伤亡十六七万，战舰损失数十艘，结果仍然与所期相反，未能成功，始终不能通过他大尼利海峡。考其原因，也是因为谍报不良，判断错误，而致失败。原来英国对于土耳其要塞防卫力的估计，系依据一九一二年以前所得的情报，殊不知土耳其在一九一二年对巴尔干半岛作战时，感觉其要塞强度不够，已经增加榴弹炮不少。迨战事起后，又有德舰二艘及商船多艘，积载多数水雷与炮弹，先后向君府秘航，遁入马尔马拉海，土军以之增强其海峡的防御力及要塞强度，远非一九一二年前所可比拟。假使英国对于谍报，不忽略此点，而对土耳其要塞的价值，有正确的判断，决不会轻视此暴虎冯河之勇！

看以上从实战与战史所得教训，就可以知道平时谍报勤务与战时搜索勤务的重要，所以无论如何，在平时要尽种种手段与方法，来完成谍报勤务，在战时不论部队大小，凡参加作战者，对敌情的搜索，更不可视为等闲，须臾忽略。孙子兵法有云："知己知彼，百战不殆"，要做到知己知彼的程度，必须有健全的、微妙的谍报勤务与搜索勤务，然后才能百战百胜。抑有进者，谍报勤务应尽的种种方法，不问手段如何，只问能否达成任务，有时即使用极卑劣龌龊的手段，亦所不惜。有一个故事，可以引证，当日俄战争之后，俄政府派员赴日购炮，其时日本正造一种大口径炮，屡经试验，总是每发必膛炸，正欲将此种炮出售，因之就卖给俄国，运回试验，当时亦同样炸坏。后经俄国细细考究，改用自己所造的炮弹，却非常良好，乃明白不是炮身的不好，是炮弹的不好，于是又派军官到日本购买，以致引起日本注意，亟欲探明个中情形，可是日方使用种种方法，总得不到要领。后来乃派一个擅长交际谙熟俄语的妙龄女子，在咖啡馆中，用柔媚的手段，勾引俄国军官，由此一见倾心，日渐亲密，久之俄国军官为情网所缚，遂不觉入其彀中，渐渐于谈话中间，把买炮的问题的原委，尽情吐露于日本女间谍之前，该女间谍得此情报，即奏凯而去，而视俄军官为陌路萧郎，同时日本当局亦不肯再卖炮给俄国了。此即为完成谍报勤务不择手段之一例，而行使谍报勤务时，行为狡猾无孔不入之情形，于此亦可见一斑！故用间篇又云："三军之事，莫亲于间，赏莫厚于间，事莫密于间。非圣智不能用间，非仁义不能使间，非微妙不能得间之实。……此兵之要，三军之所恃而动也。"

二、凡一国之作战计划，都应于平常策定，基此而更定集中及输送等计划，复为充分之准备，庶几有备无患。此次上海作战，因临机发动，故关于集中与输送计划，不无缺憾，以致临事仓促，陷于被动地位，头痛治头，脚痛治脚的毛病，处处可以看到。其最显著之例：如敌自张华浜、狮子林、川沙口登陆时，我急调昆山、吴县附近集结之六十七师用汽车输送，向罗店挺进，并急调正向常熟、福山前进之第十四师，向太仓、罗店前进，终以输送力薄弱，迨到达时，敌主力登陆已成功，影响于战局者既深且大，回念前情，不禁陨泪！古人说："失之东隅，收之桑榆。"吾人得此教训，以后对于未来预想战场，应划分若干区，每区需要若干兵力，借镜前车，而预为详细之集中与输送计划，庶几临战能有充分把握，而收指臂之效。如此则上海战役，虽然失败，因失败而使吾人有所警惕，洗雪旧耻，其失败仍属于胜利的前奏。至于平时的计划与准备，千头万绪，均须缜密顾虑，切实做到。例如普法战役，双方各努力于将来大战之准备，法对德法边境，设复线铁道九条，对比国方面亦有同样之准备，德国则于与法接境区域，设复线十二条，以外对卢森堡及比方更有复线五条，单线三条，更为输送所要之准备。迨欧战未宣战前，德国为顾虑交通阻碍，即先占领卢森堡中立国，使可管理铁路，便利暂时运输。反之，此次上海之役，因事前并无输送计划，又鲜输送准备（虽有亦不完备），遂致行动不能迅速，影响军事，即此一端，可见平时计划与准备的重要了！

三、我国平时教育军队、研究战术，大都不切实际需要，不适我国国情，亦为极大缺点。我国海岸线绵延甚长，长江贯通内地数省，敌人在沿海一带，如虎门、厦门、上海、海州、青岛等处，随时都有登陆可能，进入长江以后，则南京、芜湖、安庆、马当等处，差不多也随处可以登陆。所以按照我国国情地理及此次战役所得教训，今日所需要的战术最紧要者，厥为对登陆敌人的阻止战术，以前陆大及各军事学校，都未注意及此，以致平日研究战术，到战时多不适用。惟愿经此教训以后，对此问题，特加注意，以匡前失！

四、在编制上先天不完全的军队，不足以巩固国防。所谓先天不完全者，乃是兵种不够，大凡一个师的编制，在各国有三个炮兵团，师炮兵并且有重炮，至于我国，整理师仅有炮兵一营，且尚有未设者，因此一个师便不够战略的单位。要知道近代战争，由白刃战演进为火力战，炮兵为火力主体，军中战斗的骨干，没有炮兵，就不能遂行战斗，换言之，就不能参加国际战争，既不能参加国际战争，就没有力量可以巩固国防。在以前举行建军会议的时候，本人曾经参加，当时提出建设炮兵的问题，而且具体建议，不妨将一个师内步兵减少一团，以此经费建设炮兵，或者把他种建设费之一部，移来做建设炮兵用，藉以完成国军编制，巩固国防力量。可惜那时会议，始则以财政困难，不能办到，后来又说既有多量步兵，虽然缺少炮兵，也可以两师抵作一师用，对本人的提议，未获采纳，只有交辎学校徐教育长（庭瑶）极表同情，以为如不增加炮兵，徒然建设此许多步兵师，太无意义，以后才将此意见保留，可是为日无多，即发生上海战事，吾人便已得到很明显的教训。我国两个师的兵力，确是不及敌人的一个师团，不但两个师不及一师团，即六个师恐怕还不及敌人的一师团，其所以如此远不及人者，就是炮兵太少，不能单独作战之故！盖军之强弱，在质而不在量，未可以数量为比例，例如以三十岁之一健壮者，与五六岁之稚弱者较，胜负之数，无待龟蓍，非数不多，力有未充也。想当时反对添设炮兵，主张以两师抵作一师用者，至此当不致再坚持其议吧？

以上的建议，没有成功之后，炮兵建设问题，便无形打消。我国虽拥有二百万军队，而炮兵尚不到二十个团，在今日发动长期抗战之时，倘使几次会战之后，火炮衰损，弹药消耗，及人员器材等之补充困难，或竟无法补充，试问如何能够继续作战，真是异常危险之事！至于步兵没有炮兵，不能单独作战问题，可就上海战役中，举例证明：在上海对敌人登陆阻止未能成功后，第一军在杨行、宝山间战斗，任何一次，都不能立住脚，即因无炮兵，步兵不能单独支持之故。后在蕴藻浜一线，能据守一个多月，则因炮兵增加炮四团、炮三团、炮十六团、炮十团、教导总队炮兵营，才有力量支持得住。于此可知步兵必须有炮兵支持，乃能发生力量，但是炮兵没有空军，也不容易发扬威力。大家都知道，现在炮兵射程增大，野炮一万三千，轻榴弹炮一万一千左右，射程既如此加大，对于射弹观测，除将观测所一定要推进到前方以外，如较六千公尺以上，再向远方射击时，应该用什么方法观测呢？这就需要空中观测了，我们在战场上随时见到敌人的系留气球及飞机侦察观测，便可以知道炮兵非空军协助，不易达成任务，凡参加上海作战的，都有如此一致的感想。所以步兵没有炮兵，不能单独作战，炮兵没有空军，也不能达成任务。由上海战役所得的教训，证明编制先天不完全的军队，实不能参加国际战争！

五、兵数与兵力的关系，兵数系指兵的数量而言，不能为兵力的标准，兵力乃是真正的战斗力量，不能以兵数比较而决定。古人说："兵在精而不在多"，故往往兵数甚众，而被少数兵击破，如曹操以八十三万大军（多新抚荆州之兵）而败于吴，苻坚以投鞭断流之势，而败于晋者，这就是兵力强弱的关系，而兵数的多寡不能决定战争的胜负。观察上海三个月来的战争，对于战况经过以及实战场里所发生的现象，却与吾人平素在桌上所研究的战略战术及对抗演习等情形，大不相同。即以攻防进退一端而论，平时决定此问题之标准，以两军之兵数实力比较而定，如兵数略等则遭遇战，优势则攻，劣势则防，发现敌人错误过失，抓着机会则反攻，此殆为通常的原则。但在上海战场，敌人竟以劣势的兵力，大胆企图攻势作战，神出鬼有，使我军疲于奔命，甚至完全屈从其意志而处于被动。拥有优势之兵数，反甘取守势动作，则最后虽欲守亦不可能，而必须退却，甚至目睹友军陷于悲惨的遭遇，受少数敌人玩弄，呈出侧攻的机会，也不能独断专行，徒取消极的守势，空逸良好的战机，不但使局部的战斗结果陷于悲惨境地，及全般作战，亦因此而遭遇不可挽救的不利。对于这种情况，当时寻不出正确的原因及解答，经三四个月的研究，始获得答案。这个答案就是觉悟兵数与兵力的区别而获得，所谓兵数者，乃是平时研究战术战略之一般的学理原则，为对敌实力计算之标准，然于实战，其对抗军既定，则其意义，亦随之而变异。譬如德国的兵数一万人，法国的兵数也是一万人，其实力乃是大约相等，若中国与德国或日本，兵数各一万人，其实力比较便不同了。故兵数不过为判定其兵力要素之一部，而兵力的真价值，则须综合其国家之国民性、文化、兵役制度、军队的训练装备编制、军官素质与技能、指挥官的天才与修养、战术的造诣，及其精神信念，进而至于资源与军需补给能力等各种要素，始能判断，其中尤以国民性及指挥官之能力与精神为最重要。现在把上海作战的兵力要素，提出来加以检讨：

（甲）国民性与兵力之关系

A. 中国古代的国民性，因受孔子学说的陶镕，以忠君爱国的思想为中心，发挥而成为名节事重，生死事轻的风气，因而见义勇为、见危受命、抑强扶弱、打抱不平，皆视为分所当然之事，以如此品性优越的国民，使成为一大集团，则其力量将莫之能御，这是中国固有国民性的优点。

B. 降及近代，人心渐渐浇薄，无论何事，皆以自己的利益为前提，对于他人，则漠不相关，而且避重就轻，取巧偷安，忠义之风，扫地而尽，种种弱点的暴露，都是民族道德没落的现象，其影响于兵力方面者，实为至大，兹分别说明之：

（1）缺乏同情心，不但一般国民如此，即军队袍泽亦莫不如此，别人的境遇，无论如何痛苦悲惨，都不肯加以援手。在上海作战时，每有友军或本军，甚至本师被敌人攻击，只要与自己无关，便可置之不理，大家抱着“明哲保身”及“个人自扫门前雪，不管他人瓦上霜”的态度，绝无与人合作的精神。因此一念之差，遂形成了一盘散沙的现象，影响与战争上，不是阳奉阴违、敷衍塞责，便是貌合神离，彼此不顾。譬如第一师被敌攻击，第二师则袖手旁观，毫无同情心，似此各不相谋，没有协同精神的弱点，致使敌人发觉，即以全力对我的一部攻击，我当然非失败不可。如果我军能够互相策应，协同动作，如孙子兵法云：“击其首则尾至，击其中则首尾俱至”。如此联络一体，呼应一气，则上海战事，决不会失败如此之速！

（2）无旺盛之企图心。我国多数人的心理，总以守份安命顺时听天为务，不求有功，但求无过，平时服务，则上下推诿，减少自己责任，一旦有事之时，则敷衍迁就，不能积极尽责。此种影响及于战时，便是没有独断专行的精神，没有向上求功的意志，黯然无气，贻害最大。须知军队作战，主要的战胜要素，便是要有旺盛的企图心，始能超越一切物质、一切兵力，因为战胜的机会，何时来到，无可预期，须要我们去寻求机会，然后机会才能捕捉，倘使袖手等待，学守株待兔、信天翁求鱼的态度，纵令等待至何时，也不会有兔自来就缚、鱼从天降的一天。然能努力不懈，抱着旺盛的企图，不断地寻求机会，时时等候发现，等候捕捉，终必能达到获得的目的。俗语说：“老虎也有瞌盹的时候”，无论敌人若何精强，总不免有破绽发现，所以两军长久相对峙于坚固阵地的情况之下，有旺盛企图心者，常能搜索敌人弱点，或尽量利用其暴露的细致缺陷过失，予以打击，因而遂得大发现突破的机会及场所，即或不然，而依此小打击之累加，逐次对敌蚕食进占地步，亦得构成他日大进展的基础。如蕴藻浜在去年十月六日，敌人先由黑大黄宅突破一部分，以后又由赵家宅突破，构筑工事，架设铁丝网，一天一天向前扩张。又苏州河敌人，最初由左面吴家库突破一部分，后又由刘家宅突破，逐渐扩张，这就是因为敌人有旺盛的企图心，向着以上所说的主义，不断努力进行，故能达到其目的。于此可知战胜机会，正如一轮轴，旋转不已，稍纵即逝，等待捕捉者，稍不努力，即如白驹过隙，杳不可寻，若一经过去，即不能期其复来。所以寻求战胜的机会，完全基于旺盛的企图心，尤须有独断专行的精神，才能随时随地因机会的获得而得战胜。盖战胜的机会，不仅限于情况顺调进展之际，而沉沦于悲运危境之间，亦可索得，故有时纵陷于死地，也可寻着活路，此种情形，决非稀有之事。总之机会的企图，吾人虽于梦寐之间，亦不可无此念头。

（3）缺少牺牲精神与敢死勇气。现在有些人，对国家民族的观念太薄弱低下，不顾群众利益，不肯自己牺牲，甚至有连个人的意见，都不愿牺牲。一到作战的时候，总是畏缩不前，毫无敢死的勇气，或则借故推诿，或者因循不进，一种怕死怯懦的情形，都是由于“个”念太重，“群”念太轻的关系。记得上海战况危急，敌人已到刘行的时候，委员长电令教导总队炮兵营调往浦东，其时炮兵愈感缺乏，当即令练习队及炮四团速往参加，不料开到苏州，炮四团即因指挥权关系，竟被留置苏州，前方需要炮兵，急如星火，也置之不理，贻误战机，实可叹惜！又如炮三团某团长，因敌人的飞机火炮猛烈轰击，整日潜伏在地下室里，不敢到前方去，最后战况危急，便先自退到苏州河南岸北新泾，当时本人觉得非将其撤换，不能作战，乃与刘指挥官向陈总司令报告，一面呈报告第三战区司令长官司令部，久未奉到复命，实在不能再延，因与刘指挥官会衔将其撤职。总括言之，上海作战三个月，死伤军队数十万，勇敢牺牲者，固不乏人，但没有如山西、河北及平汉线与台儿庄各战场，死伤高级军官或军长阵亡殉国者之多，此系缺乏牺牲精神与敢死勇气之故，此亦为在上海作战，不能扫荡敌人的原因之一。

（乙）兵役制度与兵力之关系

我国向来为佣兵制，直至中日战争发生，始实行征兵，因为开办伊始，法制既不能完全无缺，而民志闭塞，一时又不能推行无阻，故虽拥有优势人口，对于兵员补充仍然感觉困难。至于敌国人口虽少，但久已实行征兵制，可以说全国皆兵，对于兵员补充，自然比较容易。上海战役，一般人研究苏州河失败的原因，都说为什么将金山卫的部队，调至苏州河？谁知当时因蕴藻浜损失惨重，兵力薄弱，无兵可调，不得已而将金山卫守兵调来增援，并无其他原因。一般不知兵力来源困难者，妄加责备，未免如纸上谈兵，不顾实际了。然而经这次失败的教训，吾人乃知系兵役制度推行太迟的关系，倘使在五年前，即实行征兵制，上海战役决不会如此失败，即使牺牲了三十万人，我立时再补充三十万，或者，始终与敌形成阵地战的状态，上海或不致放弃。所以兵力薄弱，补充困难，乃是上海战役失败的大原因，而且征兵制推行太迟，补充的兵，未经充分训练，不能实时应用，兵力更觉薄弱，此由于兵役制度的关系，我国兵力所以不如敌人！

（丙）军队训练与兵力之关系

现代兵器进步，飞机火炮，威力优盛，战斗行为，每不能在白天活动，于是渐趋重于夜间，尤其是先天不足，装备较劣势的国军为然。而战斗动作，须力求近接，我国物资落后，惟人口则占优势，故军队训练方针，应精神物质并重，以优势的人口，补救装备的不足，使精神胜于物质，然后军队乃能超越一切而不致落后，对于夜战及白兵战，更应特施训练，使长于此种战斗。在上海作战，即多夜战，但是各部队平时都缺少此种训练，战时自难收良好之效果，所以远战既不如敌，近战又难胜利，以后须特别注意，训练夜战，避敌之长，补之我短，过去因忽略此点，致有桃源浜夜袭之误会，可为殷鉴。

（丁）装备编制与兵力之关系

装备不足，系因财政关系，一时无法普遍充实，刚才已经说过，但是我们对于装备，不能过度重视，因为战争的胜败，并不完全因装备的优势而决定，曾见有装备最精良的部队，然而参战以来，从未见表现其力量，反之在华北及台儿庄等战场作战的军队，装备大都不良，却能常获胜利，可见作战的要素，乃在军队的精神，有旺盛的攻击精神，终能战胜物质。

（戊）军官素质、技能与兵力之关系

我国士兵所受教育较少，不能不认为是一种缺点，因为军事教育的基础，是建筑在普通教育的基础之上，与教育文化，有不可分离的关系。委员长有言："良民为良兵之基础"，所以根本问题，是要担任全国文化事业者，为负责改进，不能单就军事教育方面，求全责备。不过依个人的经验，任何知识低下的士兵，只须长官能够身先士卒，激发其忠义之气，使之兴奋发愤，则虽令其赴汤蹈火，亦必不辞。胡文忠公有言："有不可战之将，无不可战之兵，有可胜不可胜之将，无必胜必不胜之兵"，故在一个部队之中，必须有优良素质及技能的军官，然后才能发扬兵器之性能与威力，并能指导士兵得如典范令所规定而战斗。

（己）资源及军需补给能力与兵力之关系

资源及军需补给能力关系兵力极大，敌方准备已经有三十年之久，故敢横行无忌，我虽没有如敌方准备之充实，但在上海战役中，未尝感觉缺乏，这不能不使吾人满意，钦佩当局之措置之有方，对此问题，可毋庸研究。

总之上海战役中，作战部队总数，约计六十万，而实际则不能发挥六十万军队的强大力量者，是由于构成此兵力要素不健全之故。今后应本上述各方面关系，加以检讨，力求改善，才能完成此兵力的要素。

六、兵力与指挥官的关系。关于兵力要素，当然于战争中占第一重要地位，但吾人应视兵力为一种静物，所以能使发挥其真正活力的意义者，唯赖有智、信、仁、勇、严武德兼备之指挥官。换言之，即如何能将自己所有的兵力，为适切有利之运用，全基于各级指挥官之能力及精神以为断。所谓能力及精神者，即兼备智、信、仁、勇，严之武德，盖见理洞明谓之智，判断情况正确、谗不能进、诈不能惑，始能应变以制胜；言行相符谓之信，赏罚必行、事无诈欺、人人信服，则将士用命；诚实爱人谓之仁，解衣推食、至诚感格，可与士兵共生死；立志坚决谓之勇，见危授命，虽败不馁、虽危不惧，则奋臂一呼，而三军作气；公正无私谓之严，执法如山、有犯必罚，然后军纪肃而号令行，其中尤以执法严明为最重要，所谓将不行法，是谓无法，兵不忘法，是谓无兵，若兵畏将不畏敌则必胜，故指挥官必须有此武德，才能运用自如，虽兵力较差，亦可制胜。如亚历山大所指挥之麦克特尼亚兵，尝能击破十倍之敌；亨尼拔鲁指挥卡尔脱哥兵，战胜世界第一之尚武国民；夫雷特利伊于失其精锐军队大半之后，尚能与欧洲诸国之兵，相对峙而作战，终不坠其令名；战败的罗斯拔滑之法兰西军，一入于拿破仑指挥之下，即足以蹂躏全欧；战败于东普鲁士之德意志军，一入于兴登堡、鲁登道夫指挥之下，即获得但能堡空前之歼灭战；反之如震撼世界之蒙古军，于成吉思汗、巴都、铁木真等之死后，即为人所驱逐，土耳其之恐怖，亦随斯尔但等之死亡而消灭。由此观之，其指挥官禀赋如何，影响于军队力量极大，故语云："虎将羊群，能击破羊将虎群"，斯言确有至理！在以前我委员长领导北伐时，有一次战况很不利，吴思豫力劝走避，但委员长不为所动，镇定如常，不久预备军队赶到，使战局转危为安。又攻南昌时，子弹告罄，孙元良即向委员长报告，当时，委员长置若罔闻，仍在观看地图，孙以为尚未听到，复高声报告："已无子弹"。于是，委员长乃毅然回答："已无子弹，尚有刺刀"。孙始憬然觉悟，立即命士兵上刺刀冲杀，战局大定，这就是我委员长兼备智信仁勇严之武德，始能从容不迫，措置裕如。又攻击旅顺战役，因强袭未能成功，以后要正攻，一定须作成堑壕对峙，因此各指挥官皆面现难色，经召集各指挥官会议，当时有曾到过欧洲的工兵指挥官，说普奥战争及普法战争如何如何，根据先例，可以正攻，议论纷纷，莫衷一是，自朝至暮，参谋长不能决定，其时乃木坐在旁听席上，即果决地说："我们人员弹药，补充容易，敌人则放一弹，便少一弹，其要塞寿命而渐减短，如我有其他良法，马上照办，否则，只有实行正攻。"寥寥数语，便把这个大问题解决了。于此可以表现决心不动摇、态度不犹豫、武德兼备、能力卓越之指挥官，实超越兵数及其他一切战争必要诸元之上，为战胜之唯一要素，无论过去现在及将来，均为不易之原则。而所恃以补助战时劣势者，亦唯赖此指挥能力卓越之指挥官。上海作战最初对登陆敌人阻止不能成功，第一车又在杨行、宝山间，被敌各个击破，其后蕴藻浜之役，对敌之攻击方面判断错误，损失尤为惨重，这都是指挥官缺乏"智"字原故，以及炮兵分割使用，指挥不能统一，阵地落后，观测所不良，白天不敢射击，指挥官不上前方等，皆是指挥官缺乏"勇"字的原故。上海之失败，实非战斗不力，乃指挥官之素养不足所致，殷鉴不远，可不慎哉！

七、对于交通、通信与伤兵处理等事，措置不良，影响战事，亦非浅显。兹再分别说明如下：

（甲）交通：上海战区内，自昆山到南翔、安亭、大场、江桥镇一带，道路极坏，白天行军，最多只能走十公里，一到天雨，即泥泞不堪，行走尤觉不便，加之各处桥梁，因敌机轰炸，时常损坏，交通更觉困难。但此种情形，后方高级司令部并不知道，直到十一月九日撤退时，白鹤港桥梁炸毁，撤退的军队，不能通过。本人目睹此种情形，非常着急，即报告苏州战区司令部，不料主管人员，因为电话中断，没有接到消息，所以当时撤退，遭受如此惨重损失者，因交通不便，实有极大关系。盖自开战以来，所有交通负责人员，大都明哲保身，不肯到前方去视察，其时有一黄参谋，常在地下室内驻守，此外均不知何往，以致公路桥梁，日渐损坏，交通不灵，使战事上受到甚大影响，迄今思之，犹有遗憾！

（乙）通信：在上海作战时，每遇空袭，由前方向苏州打电话，往往不通，如果整天有警报，便是整天如此。要知道敌机轰炸的目的，多半是希望破坏或妨害我指挥组织系统，使我当时通讯失却联络，在军事行动上发生困难。所以我们无论在如何危险困难之中，必须保持通讯机构，不使须臾迟误，以免贻害戎机。因为在战事进行的时候，军情瞬息万变，对于全般处置，全赖通信联络，如有一线的中断，一分钟的迟误，每会发生极大的影响。故谓通信为军中之耳，耳聋而不能听，其害可知。可惜当时多漠视此事，甚至通信兵也说，高级司令部不接电话，即无修理必要，此种现象，实为上海战役中在通信上发现之缺点，为吾人所受深刻之教训。

（丙）伤兵处理：关于伤兵处理，在上海战役中，尤欠完备。每到夜间，由前线回来的伤兵，沿途号痛咒骂，无人顾问，且夜间受伤兵士退后之际，正为后方部队前进补充之时，目击此同病相怜的袍泽，为国家抗战受伤，婉转呼号，无人救护，兔死狐悲，物伤其类，此种所予前进士兵之印象，关系士气极大，此亦无可讳言的缺点，以后应特别注意！

对于上海作战经过一般的情形及所得的教训，大略已如上述。兹再将关于炮兵方面者，加以检讨。

关于炮兵者

一、炮兵运用

甲、一般指挥官对于近代炮兵，进度到如何程度，大都不甚了解，对于炮兵之性能及威力，亦未能深切认识，以致不能有利运用。以战史上实例来说：在一百多年前，拿破仑最信任炮兵，那时炮兵杀伤纪录为百分之十九；一八六六年普奥战争，炮兵杀伤纪录为百分之一二.五。一八七〇年普法战争，其时当法国大革命之后，当局为迎合政客之心理，缩小军备，没有注意建设炮兵，但普鲁士鉴于普奥战争炮兵之不良，经几年功夫，加以改进，那时的炮兵杀伤力纪录为百分之十二。一九〇五年日俄战争，炮兵杀伤纪录为百分之十五。欧战时炮兵杀伤纪录为百分之三十五。由拿破仑时代到普法战争，炮兵杀伤纪录系由多而少。自普法战争至欧洲大战，炮兵纪录则由少而多，由以上各时期战史所指示我们的，以及我们由战史上所得的教训，便可知道在日俄战争以前，军队战斗力量，全寄托在步兵身上，日俄战争以后，军队战斗能力乃移转于炮兵身上，这就是炮兵进步的实绩，我们一定要有深刻的认识，认识了炮兵之后，才能对炮兵适当使用，即对其他兵种，亦是如此。我国一般指挥官，因为对炮兵没有深刻认识，故不能巧妙有利运用。

乙、不明统一指挥与分割使用之利害，为什么要统一指挥，为什么要分割使用，以及利害如何？大都未深研究！要知道当初炮兵的分割使用，是因为没有步兵炮，步兵没有第一线独立战斗的装备，所以要配属炮兵，故以往战术教程有："单炮使用之时机，为机枪之破坏，阵地之侧防"之语，自从步兵炮发达，步兵具有第一线独立战斗装备以后，便没有炮兵分割配属的必要了。至于炮兵的分割使用，实为最减杀炮兵威力之使用法，不特步炮兵协同困难之点甚多，且一经分割，即脱离指挥官之掌握，便不能举炮兵之全力，对于一点射击，以微弱之火力，分散于诸方面，必要时对于要点，火力不能集中，更无法适应战机，作机动火力之运用，实为炮兵使用之大害！盖炮兵为火力兵种，如在统一指挥之下，阵地配备良好，运用得法，则火力之集中分散，均能随心所欲，达成使用，集中可将火力对于一点，分散即能控制全面，故炮兵最利于统一指挥而不利于分割使用。惜在上海、台儿庄、徐州作战，对此都没有深切认识，以致我炮兵不能充分发挥威力，这不能不归咎于运用之不当！

二、阵地

甲、无观测所及观测所未能推进到前方，都不能作有效射击，无观测所不但不能观察战况及观测射弹，根本即不能射击，观测所不推进到前方，也无法观测，这是确切不移的道理。在上海作战时，本人到前方视察，炮兵大率都无观测所，问射击什么目标？系奉命射击敌人机枪，问有效否？则不知道。又有一次，本人特到前方视察观测所，命各级指挥官引导，谁知东奔西跑，走了好几个钟头，直到了顾家宅镇的最前线，结果一个观测所也没有看见，似此完全盲目射击，所以不是射击到敌人后方去，便是危害及于友军，不能适时适切援助步兵，使步兵独立作战，此亦上海作战失败原因之一。

乙、阵地侦察，多在夜间行之，对于观测所及射击阵地，并未经过详细绵密的选定，即贸然将炮进入阵地，一到白天需要射击的时候，不是观测所不能观察敌我之战况及敌我之位置，不能射击，就是阵地落后，不能满足射击技术及战术上之要求，不是超越不过去，就是要求的地方射击不到。这样敷衍从事，形同儿戏，故虽将炮进入阵地，仍然不生效力，毫无意义！

丙、近代火炮，射程虽然增大，但是阵地仍不能落后，否则便不能发扬火炮的威力。我们要知道各国军事家对于兵器的研究，苦心孤诣，不知用了多少脑力，多少心血，逐渐将炮身、弹丸、火药、炼钢等等改良进步，到今日才有射程如此增大之火炮，我们既坐享其成，则对于使用方面，应该尽量利用他的特性，以发扬其威力，才不致辜负造兵者之苦心与火炮之特性。但在上海战役中，炮兵阵地落后的程度，竟有在一万公尺以上者，如此则射程增大，徒供人们利用作取巧的机会，倘使射程增大一千，即将阵地落后一千，增大两千，即落后两千，结果致火炮射程之增大与不增大等，岂非大谬。所以我们必须要明白火炮能增大射程一千，便能多射击敌人一千之纵深，对于阵地必不能落后，才不致失却增大射程之本意。上海作战情形如此相反，故不仅不能发扬火炮性能与威力，而且步炮协同及观测，通信联络困难之点，亦随之增多，火炮更因此而容易衰损，深堪浩叹！

丁、阵地多依赖公路，重叠配置，未能展开，故不能满足战术要求。实则上海附近，水道纵横，河流交错，到处可以通航，如果利用河流为进入路，便不致有此现象，可惜当时不知利用，诚属失策。然而那时情况，不但我方阵地重叠，敌人也是如此，以后发现敌亦利用船只为进入路，可知彼此所见，大略相同。

戊、对于阵地进入及变换阵地，无论情况在如何紧急之时，均延至夜间行之，此实与原则不合，故今后必须应乎情况要求，须在白天进入者，即于白天进入，或战况要求白天变换阵地时，亦须勉在白天行之，不可稍有延忽，即使受到敌空军的威胁，万分无奈之时，亦须努力使四门炮能进入一门或两门援助步兵，则在有形无形间，自能收获甚大效果。

三、步炮协同

关于步炮协同的不良，凡参加此次战役者，莫不有此觉悟及感想，究其原因，甚为复杂。兹先就教育上而言，一般青年军官，在研究基本军事学的时候，没有把步兵缺乏炮兵，即不能遂行战斗的观念，深深印入脑海之中，及至专门学校，又各自为政，步兵的专讲步兵，炮兵的专讲炮兵，绝无共同趋向，不知联系之义。过去在汤山时，步、炮两校，距离甚近，惜未能时常举行联合演习及讲求两兵种具体的协同战术，即在陆军大学里，讲到步炮协同，也不过仅说这样一个名词，并未在细部上加研究，这就是教育上，对步炮协同的方法，没有做到之处。其次关于编制问题，我国各师，都没有炮兵团，到作战时，临时配属，平时既无历史关系，若欲完成良好之步炮协同，自属势所难能，甚或将此单位忘却，连协同之观念皆无，此种情形，在天王寺附近秋季大演习中，曾发见之。凡此种种，皆为步炮协同不良之原因，在短时期内，实无法改进，以补救此缺点，为目前应急之际，惟有讲求下列诸端，切实做去，或可得相当效果：

甲、步、炮协同之要领

步、炮兵均不能独立战斗，必须打成一体，乃能发生战斗力量，正如跛盲相助，不可分离。盖步、炮兵在现代均不能独立作战，其性能各有所长，同负重要任务，分之则长无所用，合之则益显其能，故无论在时间上与地域上，均不可须臾分离，而且需要密切合作。所谓炮兵开战胜之端，步兵结战胜之局，这就是步炮协同的效用，否则，纵使步兵如何勇敢，炮兵如何精良，装备怎样优越，训练怎样完善，指挥何等万能，如果步炮兵各自为战，火力不能协调，炮兵射击效果，步兵不能立刻利用，步兵需要炮兵支持，炮兵不能适时射击，仍不能达成战斗目的。例如炮兵射击，煞费苦心，消耗弹药甚多，射击效果甚大，将敌人的工事颠覆破坏，敌方的人员马匹杀伤甚重，这样的伟大效果，如果我步兵不能立刻利用上，则炮兵射击的效果非特无丝毫价值，反足暴露我之企图。在一九一六年“索母”英法联军之攻击，正面为十五公里，其炮兵数，仅法第六军展开正面内，计七五公分炮四四四门、短重炮三〇〇门、大威力臼炮五六门、大威力加农炮六一门、堑壕炮三六〇门、平均野炮三四公尺一门、重炮二八公尺一门、大威力炮一二〇公尺一门，攻击准备炮击，自六月二十四日迄七月一日，七日间，消费弹药约八千吨，需三十辆车组成之列车二十七列车，终因左翼英军之未能如预期进展而攻击中止，使德军得利用此时机，招致预备队，渐次恢复，结果法军消耗多量之弹药，未能达成预定之企图，因为工事破坏，马上可以修复，人马杀伤，即刻可以补充，必须用迅雷不及掩耳的手段，使他没有修复与补充的时间，才能达成目的。譬如突击，炮兵已打开缺口，步兵如不能利用立刻冲入，则其缺处马上便被闭塞，亦等于无效，故步炮协同，无论在时间上或地域上，须密切速系，不可分离，一定要打成一体作战，实行所谓炮兵抢夺，步兵占领之本领，然后乃可，战场战胜之主因，实系于此。

乙、步炮兵指挥官之会见

步炮协同第一的具体手段，便是步炮兵指挥官之会见。在战斗前，无论战况如何紧迫，其与步兵直接协同之炮兵指挥官，于战斗开始前，务必与应协同之第一线步兵指挥官会见，乃为最必要之事，而此两指挥官为实现紧密协同动作起见，尤须在事前会见为有利。但上海作战所发现的情形，却与此相反，步兵至危急时期，需要炮兵协同而找不到炮兵，或者炮兵想与步兵协同，也不知道何处步兵需要炮兵。这就是步炮兵两指挥官没有会见与实行严密协议之故，以后务宜注意，不可轻忽！

丙、协定之实施

上述会见之目的，即为协定之实施。所谓协定者，并非形式的仅由步炮兵指挥官各述自己之战斗计划而已，必须立脚于实战场里，依现实之状况，协议两兵种之具体的战斗手段，步兵意欲如何，炮兵即应如何，炮兵能怎样，步兵即宜怎样。譬如炮兵有多少弹药，威力如何，均应一一详告，并询明步兵指挥官之企图，所望之火力及其目的，如主要先攻何处，火力应集中某一点及其意义等事项，皆须确切协定，但此协定之主旨，须以步兵指挥官之企图为基础，其协议内容：

A. 在战斗各时期步兵之行动与炮兵射击之协调：攻击时，炮兵应如何支持步兵，防御时应如何构成浓密无空隙的火网，或某地步兵不能射击，需要炮兵及阵地他部射击之，何地由炮兵射击，何地由步兵射击，皆为步炮协同实施之紧要事项。

B. 各时期之连络法：例如某时放信号，以一星表示遇见敌人步兵炮，二星表示遇见敌军，遭遇障碍，不能前进，需要炮兵射击，或以三星表示至阵地前发现冲锋机会，希望炮兵迅速运用火力，向敌人射击，凡此种种，均为步炮两指挥官所应协定。以上不过略举一例而已，至于连络方法，可用手旗、信号枪、回光、电话完整时使用目标方眼板之规定，皆为协定实施之要领。

丁、须保持紧密之连络

A. 在战斗开始之前，步炮两指挥官必须先行会见，会见后须确切商量协定之实施，一至战斗时步兵前进，则炮兵须时时刻刻注意步兵之位置，一方面于观测所观测敌我之状况，然后乃可射击。盖在平时演习，步兵位置是容易观察，若在实战场里，便不是如此，因为防空关系，步兵须尽种种方法，对空伪装，或队形疏散，尤其是夏季分散于麦田内或其他荫蔽之下，不易观察，所以炮兵必须尽种种手段，以探知步兵位置，否则，即不能射击。

B. 步兵亦须时时通报其新位置于炮兵，譬如炮兵援助步兵攻击某地，及至步兵占领该地后，炮兵或已不能看见，此时如步兵也不通报，则炮兵仍向原处射击，必将自己步兵危害。上海作战时，教导总队炮兵营协同之步兵，第一日夜间即将阵地占领，然并未通知炮兵，次日炮兵仍向该处射击，以致击毁自己步兵轻机关枪，这就是步兵未将新位置通知炮兵之故。关于此点，特须保持密切连络，不可疏忽！

戊、冲锋前之协定

步炮的协定最重者，莫如冲锋前之协定。盖步兵冲锋，必须借猛烈炮火之力，乘机前进，使敌人猝不及防，才能成功。如果协定稍不确实，炮兵射击过早过迟，不能与步兵前进适相符合，便不能达成战斗目的。故在步兵开始前进至敌人火网外，及通过火网接近敌人阵地而至将冲锋时以前，必须补缀协定者即炮兵应如何射击？步兵至何时才可开始突击？突击开始后，炮兵再如何将火力延伸等，皆须确切协定。最要紧者，自步兵攻击准备起，炮兵对步兵，务当特别爱护，如保赤子，小心谨慎一直护送前进以至于占领，才能完成责任。换句话说，炮兵务尽种种手段与苦心，使步兵达成任务，以结战胜之局。举例言之，如协定九点冲锋，则一至九点钟时，步兵则不必顾虑炮兵射击与否，一直前进，到九点零一分，炮兵乃将射程延伸，如此则正与步兵前进之步骤一致。假使炮兵在九点钟即延伸射程或停止射击，则敌人必能料到我步兵将行突击，知所防备了，因为步兵冲锋，必须利用猛烈射击之炮火，使烟雾弥漫，尘土飞扬，敌人神摇目眩，无暇他顾之时，即乘此机会前进，一面炮兵于最后一分钟将火力延伸，虽令敌人知觉，然我步兵突击，以告成功矣。

已、冲锋发起后之协同

划清射击任务，亦为步炮协同重要之事。对于敌人阵地前线之目标，务须分清，或阵地战两军对峙，对敌人最前线目标，距友军一百五十公尺（野山炮）或三百公尺（十五榴重炮）以内者，是步兵任务，一百五十公尺或三百公尺以外者，是炮兵任务，将此严格分清之后，始免互相归罪，互相推诿，而两兵种间容易引起争端之原因，亦可消除。倘在敌我相距一百五十公尺或三百公尺之内，步兵非炮兵射击不可时，则步兵一定要稍撤至相当距离，方不致受炮兵射击之危害，如此必能达到步炮圆满之协同。惟此际须注意勿因撤退暴露我之企图及目标，被敌跟踪进迫，不能立脚，而动摇军心。故步炮兵指挥官，当于步兵撤退之前，补缀协定之不足。若时间许可，并应为必要之工事，连以交通壕，或于拂晓前行之，但均须于炮击前最短之数分钟内撤退，不可过早，使敌无可利用，亦为必要之顾虑与处置也。

总结：本篇所讲上海作战所得一般之教训，大略如此，其中难免言之不备，备而不详。而关于炮兵方面者，尤为吾人深切注意之事，所举各端，亦不过就其荦荦大者而言，不能详尽无遗。惟愿大家能因此而引起研究兴趣，本此次战役所得之教训，改正以往错误，向着现代之大道前进，尤其对上述步炮协同具体战斗手段诸要则，切实记忆，身体力行，以达成圆满要求，则今后抗战，必获无穷禅益，最后胜利，必更有把握，而战胜之荣冠，终必加诸吾人之头上！

中央炮兵学校，1938 年 9 月内部印行本。

上海作战检讨

黄　杰[①]

壹　敌军方面

一、战争准备周密：日本企图侵占我国领土，为其既定国策，故数十年来，举国上下无不处心积虑，从事战争准备，凡所作为，皆有作战准备因素存在乎其间。征诸日本设于上海之公大纱厂、海军司令部、虹口公园、两俱乐部及汇山码头等项建筑，莫不以军事为着眼，其坚固不亚科布多防御工事，故我军屡攻不克。他如江南河流纵横，湖沼密布，然日军之渡越工具，皆能得心应手，使兵力得以灵活运用，此皆由于战争准备周密有以致之。

二、凭借海、空军之优势，配合两栖作战实施包围：淞沪作战之敌，藉其优势海、空军力量，在海上、在长江、在黄浦江始终保持行动自由，随时随地可实施两栖作战，争取外线，放胆实行包围。如在浏河、在杭州湾、在浒浦、在太湖，而获致多次作战效果。

三、三军联合作战运用良好：淞沪会战之初期，敌以航空母舰之飞机支持地面作战，后得扩大战场，陆续开辟前进机场，配合航舰更为加强，保持空中绝对优势，随地面作战之需要，充分予以支援。尤其是在我军转进时期，所受损害及干扰更多。

其海运所负运输诸任务，以及配合两栖作战之舰炮火力支援，均能运用良好，收效甚大。

四、包围攻击之效果，远较中央突破为大：敌在淞沪会战之初期及中期攻击，

① 黄杰，淞沪会战时任第八军军长兼财政部税警总团总团长。——本书编者注。

多采取突破方式。以对我第八军之攻击而言：如蕴藻浜作战时，唐桥站之争夺战；渡河后之陈宅、严宅各役；又苏州河作战时，刘家宅争夺战；渡河后之陈渡、大金家宅各役；均系向我既设防御，采取中央突破，不但收效迟缓，且牺牲惨重。而敌在浏河、浒浦等处，逐次延伸之两栖包围，以及杭州湾登陆形成之大包围，均收获极大效果。

五、敌空军及炮兵支援步兵攻击，配合密切：敌人每向我第八军攻击前，均先以空军预向进犯地区施行猛烈轰炸，继之以炮兵集中射击，颇收心理破坏及杀伤效果。其步兵则趁此火力制压之余，向我进攻，此时，其炮兵复延伸形成弹幕射击，空军则不断寻求活动目标炸射，以阻我增援及补给，配合密切，常能孤立我阵地之守军。

六、乘隙进攻，趁机席卷：（一）敌于蕴藻浜渡河之先，首攻我唐桥站；受阻后，即转移重点，向我两军团之接合部乘隙进攻（黑大黄宅以西）。我虽能机先识破，适时加强左翼侧面阵地，而友军阵地终被突破，得建桥头堡，续向两翼席卷，致第八军三面受敌，孤军陷于苦斗。（二）其后多次续犯，以及苏州河之作战，亦多如此，力求制造“新的侧翼”，以便攻击我之侧背。

七、对国军战力判断错误，犯逐次使用兵力之失：日军过度骄横，始认三个月内可以结束战争，灭亡中国，较其祖师丰臣秀吉之两年，狂妄尤甚。岂知事出意外，淞沪会战陆军先后投入十九个师团，且均系逐次使用，倘开始即以此全数投入有利战场，战局必为改观，我之损失亦必更大也。

八、未灵活运用“奇袭”原则，不敢大胆深入：淞沪会战之阵地作战时期，敌每行突破后，均未灵活运用奇袭原则，不知组织强大之机动部队，适时扩张战果，深入我后方占领决定性要点，以瓦解我全面阵地。以第八军当面之敌而言，在蕴藻浜防线被敌突破后，我军仍能安然转进至苏州河继续抵抗，迫敌再行攻击，予敌重大损失。倘敌大胆深入，原可避免此种损失，足见敌在战术运用上过于呆板，非但不能制造战机，有此良好战机，亦未知适时捕捉。

贰　我军方面

一、最高当局衡量淞沪战力，决策正确：（一）淞沪毗连苏、浙，屏障京都，为华东之门户、长江之咽喉，一经轻弃，敌深入矣，倘不力阻，敌可达速战速决之目的，我不能争取长期备战之时间，势将影响对敌进行”持久消耗”作战之运筹，此其一也。(二)对内唤起全国国民之自觉,促进精诚团结,巩固抗战基础,故淞沪力战在政略上实具有莫大的价值,此其二也。(三)对外充分暴露敌人侵略之野心,表现我民族自卫之决心与力量,争取国际同情及主持正义。上海为我国经济中心,列强商务所在,国际关系错综,国民心理重视,不有激烈之争夺,殊难启迪友邦人士深刻之认识,揭发日本侵略之狰狞面目,此其三也。(四)华北平原,不利于劣势装备部队对抗优势装备之敌作战,故我以主力使用长江方面,诱敌在河渠、沼泽地区与我作战,使其不易发挥机动力及火力,我则利用特殊地形,采取持久战略,迫敌消耗较多之战力,以争取时间,而奠定长期抗战胜利之基础,此其四也。

二、三军充分发挥大无畏之革命精神:淞沪会战期中,我三军将士均抱必死决心,同仇敌忾,前仆后继,视死如归,参战各军一如我第八军,以血肉之躯,无视敌之漫天枪林弹雨,忍饥渴,冒万死,寸土必争,裹伤再战,被包围不惧,战死不屈,浴血捐躯写成壮烈史篇,诚足以惊天地,泣鬼神,成仁取义,可歌可颂,已充分发挥大无畏,不怕死之革命精神,堪为我国未来战争之楷模。

三、兵力不足,装备欠佳:(一)税警总团成立之目的,原为建立新制陆军。惟成立未久,步兵只六团、二营,仅及当时之乙种师,即奉命参加作战,而其所负任务,均超过任何甲种师。以敌情言,适其主攻方面,重点所指;以战术言,正面常在十公里以上,超过兵力负担;以地形言,属于河川防御,无法控制强大预备队,用于决战时期,敌人一旦渡河成功,不能达成“半渡”歼灭敌之目的;不论蕴藻浜及苏州河,河幅多在二百公尺以内,采取直接配备;于敌渡河前,则须承受敌之强大火力;采间接配备,于兵力机动时,则承受敌空军之低空炸射,及炮兵之弹幕阻绝。前者尚尚可加强工事稍予补救,后者须冒兵力消耗之最大危险。故第八军之作战,除控制较大之预备队,使能有效反击外,仍采直接配置,并饬各防御区注重纵深,讲求彼此策应。此项决策,颇收实效。(二)炮兵火力至感不足,第八军仅税警总团之炮兵一营,只七五榴炮十二门,且无军炮兵,射程不及敌人,无力压制,任其自由轰击,遭受损失及影响士气均大。除榴弹外,无穿甲弹,对敌战车、坚固工事及窜入混凝土建筑物内之敌,不易歼灭。一旦装备损失,无法补充。弹药补给迟缓且不足,难以适应战况。(三)工兵因装备关系,只限于土工作业、沙包累积、部分障碍物之急造。(四)无车辆装备,战场机动,全赖徒步,运动迟缓,暴露愈久,损失愈重。与敌接触时,兵力损失常近半矣,壮士身先死,未见敌面目,遗恨九泉。且无适切之补给运输能力,常感补给不足。(五)缺乏高射火力,仅于参战之直前,领有少数重机枪之高射脚架,训练匆促,制空不足,难收实效。复无空中支援,任敌机肆虐。我第八军能于十月十三日，击落敌机两架予敌些微打击，当时士气大振，诚属难得之事也。(六)通信能力不足：1.有线电通信装备不足，电线常被炸断，查线者于作业中伤亡。2.步兵营多无法建立无线电通信网，团级以上只有电台一至二座；且于电报，一旦损失，即告中断。3.第八军之作战，除积极发挥原有通信效能外，多赋予较远程之任务；并予各级部队长以独断之权，故在全期作战过程中，勉可保持掌握实效。(七)辎重兵全赖人力及少量兽力输送，在敌强大空军之制压下，补给品能送达前方者，不及所需三分之一。伤员患、伤亡弃置品及掳获品之后送，尤感困难，影响士气。(八)医疗能力不足，民间医护支援极少实效。

四、建制常被分割，影响战力至大：税警总团在淞沪作战全期，各步兵团经常奉命配属于友军，担任各该方面之艰苦任务。为国牺牲固属光荣，但短期内难望归还建制，而本身任务并未因此减少。分割建制，影响战力，莫此为甚。此上级参谋作业，深欠思考也。

五、加强工事效力，甚于增加兵力：本军税警总团在蕴藻浜作战期间，因参战匆促，临时急造工事多欠坚固，伤亡较大。且系一线配备，缺乏韧性，然在苏州河之作战，曾先期构筑工事；主力转进到达，亦深知筑城之实效，较增加兵力为大，莫不断积极加强；并请求纵深配备及互为支援，得收歼灭实效。

六、既设国防工事，未能适切利用；在战端未启之前，我军在吴县至福山及无锡至江阴两线，原设有永久性之国防工事，但在战争既发之后，却多未适切获得利用。如本军奉令守备无锡以南地段，亦系既设国防工事之线，部队匆忙到达，上级既未发下工事构筑图形，亦未交下开启工事之门钥，既无从知其位置，偶或在荒草丛林间发现一、二堡垒，则铁门坚锁，亦无钥匙开门。此时之工兵，久经激战，缺乏炸药，亦无法炸开铁门。战地机关民众，早已避战远离，亦无从查问，使既设之国防工事，未获发挥其应具之有效价值，至为可惜。而主事者事前之计划有欠周密，尤深值检讨也。

七、部队长亲临前线，最能鼓舞士气：(一)率先躬行，与生死，鼓舞士气，克敌制胜，收效最大。(二)能适时把握战机，迅速变更部署，灵活实施奇袭。(三)使所属知其重点之所在，产生“向心维护”心理，专意杀敌，较之宣布“连坐法”，更收实效。(四)战时不论攻防，无分部队或个人，均“时感孤独”，此为战场心理之一，部队长既在前线，即可祛除。因此，作战时余常抱杀敌在前，转进在后，幸生不生，必死不死之信念，经常在第一线督师，与士兵共生死，确能收提振士气之效果。

八、支持友军即维护我军，亦所以报效党国：(一)蕴藻浜及苏州河各役，第八军之友军每遇危急或阵地被敌突破，余必笃行“向炮声（危急之处）前进”之格言，自动支援，戮力杀敌；力保友军安全，即所以维护我军也。（二）会战末期，我百万大军被敌三面包围及强大空军炸射之下，通信中断，陷于混乱。本军多能在危难之中，力保通信连络，确实掌握所属，整然一体，依既定计划行动。因此，三次奉命担任掩护部队，均圆满达成任务，使我大军减少损失，得保战力，继续抗战，亦所以报效党国也。

九、效忠领袖，杀敌祝寿：当敌军集中陆、空武装部队之主力，在苏州河刘家宅向我第八军猛攻之日，正值领袖五一华诞之期，我特为此冲过猛烈炮火形成之弹幕，亲赴刘家宅之第一线，以时、地、人三者，恳切激励全军，趁此良机，杀敌祝寿，全军奋勇歼敌数倍，建功宏伟。

十、本军税警总团平时教育至为严格，对官佐杂兵及后勤部队之战斗训练，一体重视，此次作战，每能发挥最高价值。

《中华民国史事纪要（初稿）》（1937 年 7 月—12 月），第 649—653 页。

淞沪会战记略

史　说[①]

为抗日备战成立京沪警备司令部

八年抗日战争由一九三七年的七七卢沟桥事变开其端，全国抗战局势的发展却始于一九三七年八一三淞沪战役。

淞沪一带是国民党政府首都的门户。一·二八日军侵沪，国民党政府事前毫无准备，下关日舰一声炮响，只得迁都洛阳。一·二八战役以屈辱的停战协定告终后，蒋介石感到南京至上海，门户洞开，认为有在这一带作防御设置的必要。

早在一九三三年春，陆军大学第十期学员在嘉兴、乍浦一带作战术实施，研究敌军登陆及我军防御方案，我当时是第十期学员，随同出发。参谋本部也派参谋在京沪杭地区侦察地形，拟制设防计划。一九三五年秋，在南京以南句容、溧阳地区举行国民政府成立以来第一次，也是仅有的一次军的规模的对抗演习，由张治中、谷正伦任东、西两军军长、蒋介石自任演习统裁，进行准备抗日作战的训练，我当时任军部参谋，亲与其事。

一九三五年，由林蔚[②]定稿的国防计划，主要内容是在郑州、开封、徐州、海州及豫北汲县、新乡、辉县地区和京沪杭地区设施防御阵地。郑、汴、徐、海及豫北地区由当时任河南省政府主席刘峙负责，京沪杭地区由唐生智负责，并在军事委员会内密设"执行部"，总揽国防工事事务，由唐生智以训练总监兼负执行部总责。京沪杭地区设三个分区：南京分区，即南京到镇江这个核心地区，由当时任南京

---

① 史说，淞沪会战时任第九集团军司令部作战科长。

② 林蔚，字蔚文，北伐时任蒋介石的参谋处长，时任国民党军事委员会的铨叙厅厅长。

警备司令的谷正伦负责；沪杭分区，即杭州湾沿海到黄浦江以东地区，由张发奎负责，在嘉兴设苏浙边区司令部；京沪分区，自无锡、江阴东至上海地区，由当时任国民党中央陆军军官学校教育长张治中负责。

在京沪分区，归张治中指挥的军队有三个师：第八十七师，驻江阴、常熟，师长王敬久；第八十八师，驻苏州、昆山，师长孙元良；第三十六师，先驻无锡，西安事变时北调，七七卢沟桥事变后又南来，师长宋希濂[①]。这三个师的前身是德国军事顾问训练出来的教导师，是蒋介石的精锐部队，曾参加过一九三二年一·二八战役，当时编为第五军，只有第八十七、八十八两师。第三十六师是从这两个师分出来的。还有淞沪警备司令杨虎及所属保安总团步兵两个团（总团长吉章简）与上海市警察局（局长蔡劲军）及所属警察总队；太湖水警指挥官陈又新（指挥部在吴江）所属的太湖水警；江阴电雷学校（校长欧阳格）和江阴要塞，也归张指挥。

张治中为了执行这一任务。于一九三六年春初，在中央军校内密设一参谋机构，名为高级教官室，由军校教育处长徐权、步兵科长童元亮主其事，调战术教官方传进、沈蕴存和我等六七人为参谋，实施京沪分区防御设施计划[②]。到一九三六年秋，将这个组织推进到苏州，成立京沪警备司令部，对外不公开，张以军校教育长兼任司令官。参谋长是徐权，下设主管军事计划的参谋处，处长童元亮，后调任淞沪警备司令部参谋长，到八一三以后，又调回任处长；作战科长，先是龙娇，后是我。又设主管政训工作的秘书处，处长夏维海，第一科长刘孟纯。西安事变以后，抗日统一战线逐步形成，抗日备战加紧，蒋命张治中卸去军校教育长职务，专任京沪警备司令官，驻苏州留园东半部。

八一三淞沪战役前的备战工作

国民党政府在一·二八战役后的中日停战协定中，已经把安亭经太仓到太仓西北长江江岸七丫口一线划为停战线，并秘密承认在停战线以东，不再进驻陆军部队，淞沪一带不得有防御设施，吴淞炮台破坏后不得重修。而日本在上海虹口、

---

① 据张治中将军说：西安事变发生后，原驻在京沪区的第三十六师、第八十八师被调走了。第八十八师在八个月后才调回，第三十六师到八一三战起才调回。

② 作者注：徐权为陆军大学六期同学，童、方、沈、史都是陆大十期同学。

杨树浦驻有海军陆战队约三千人，其陆军随时可在黄浦江岸及长江沿岸登陆。在这种情况下，我国不能不先在内地重要有利地带设置防御阵地，再密图在上海附近部署兵力，防止日军入侵。

京沪分区，依照国民党政府参谋本部的计划，在无锡、江阴一线（名锡澄线）和苏州、常熟、福山一线（名吴福线），设置防御阵地与沪杭分区乍浦、嘉兴一线相衔接；预先在阵地上构筑钢筋水泥的重机枪巢作为阵地骨干，战时再以战壕沟通。为了构筑工事，军事委员会拨款一百几十万元充材料费，由驻军第八十七、八十八、三十六三个师担任构筑。到一九三七年春，这些机枪巢都已完工。这样的工事不要说在现代化战争中，就是当时也不能算是坚固阵地。但军委会限于经费，只能如此设施。

在上海虹口的日本海军陆战队司令部设有坚固工事，杨树浦东端的日商公大纱厂和小沙渡附近的日商丰田纱厂也设有防御工事。蒋介石亲下手谕给张治中，如战事发生，我军应先扫荡这些据点及在虹口、杨树浦的日海军陆战队，使它无法策应登陆的日军。张治中命我拟制扫荡计划，我的主要设想是陆空军配合强袭。张批准了，转报给蒋。蒋来电问，五百磅炸弹能否摧毁日海军陆战队司令部工事，航空委员会派参谋作战科长罗机①到苏州与我这个作战科长订立陆空协同计划。七七事变后，又派张廷孟到苏州见张治中确认这个计划。在部队方面，必须学会对坚固据点的攻坚战术，但当时部队军官缺乏攻坚知识与经验，又没有威力强大的武器，只作了一些形式上的训练。

京沪分区参谋机构，于一九三六年到一九三七年，领导驻军三个师的团级干部及参谋人员，在苏州到上海的长江沿岸及以南地区做了几次参谋旅行，设想各种情况，研究了这一地区作战的方略。政治工作方面，也在苏州、无锡、江阴、常熟各县，利用暑假集训学生，并训练一些民兵。

京沪分区和淞沪警备司令部还想在当时以江湾五角场为中心的上海市中心区，秘密设置阵地工事，防止日军在黄浦江登陆。但只做了几个据点的机关枪巢，没有能照计划全部实施，八一三战役就爆发了。

为了准备运输，协同京沪铁路在有关车站作了便于军队装卸及坦克上下的车站设备；修筑了从苏州经吴江到嘉兴的苏嘉铁路。这条铁路在战争初期起了作

---

① 作者注：是我军校六期、陆大十期的同学，新中国成立后曾任“台湾国防部”次长，因与部长蒋经国有矛盾自杀。

用，以后被日军拆毁。

八一三淞沪战役的引火线

七七卢沟桥事变后，蒋介石还想保持上海这个港口与国际的联系，命令张治中不要在上海与日本人挑起事端。张治中去见蒋介石，说明上海限于一·二八停战协定，在未与日军决裂前不能进驻陆军，只有一个保安总团，兵力薄弱，如果日本海军陆战队一有行动，即可占领淞沪各要地，建议抽调陆军部队化装为上海保安部队，增强兵力。蒋介石同意了，派第二师补充旅（后改独立第二旅，旅长钟松）由徐海地区南调到上海附近，以一部换上保安团服装进驻虹桥飞机场。当事情决定的那天晚上，何应钦和张治中同由蒋介石那里出来，何拍拍张的肩膀说："文白，这是要闹出事来的啊！"

日本人大概知道有中国正规军到达上海的消息，八月九日，派了一个军曹，名叫大山勇夫，骑了机器脚踏车[①]到虹桥机场，要进机场大门，守门的就是化装保安部队的步兵旅士兵。这些士兵平时恨透了日本人，一见日本军人横冲直撞，不听制止，就坚决自卫，开枪打死了那个军曹。淞沪警备司令部急了，参谋长童元亮与上海市市长俞鸿钧商量，把一个死囚犯穿上保安部队服装，打死在虹桥机场大门口，说是日本军曹要强进机场大门时，先把我卫兵打死，以便与日本人交涉。当警备司令部与日海军共同派人来查看的时候，发生了提交法警检验的问题。中国方面要交上海中国法院法警检验；日本人要交租界外国法警检验。双方争吵。同时，日方又提出撤出一切中国部队的要求。而日第三舰队已由吴港、佐世保运送海军陆战队千余人到沪。形势趋于紧张。以上这些情况是淞沪警备司令部参谋长童元亮亲口告诉我的。大山勇夫是军曹，相当于中国的中士，不是军官，当时警备司令部参谋现浙江省参事室主任刘劲持也记忆相同。有些资料上说大山勇夫是中尉，不准确。

蒋介石料到上海终不免要作战，密令张治中在苏州进行部署，并准备在江阴封锁长江。封锁江阴的消息被行政院汪精卫的主任秘书黄浚（号秋岳，是日本收买的间谍）泄露给敌人，日海军即命江阴上游军舰及汉口日海军陆战队东下，听说

---

① 即摩托车。

当时汉口日侨吃饭未毕，丢了饭碗就上船。这些军舰集中到黄浦江上①。同时又从青岛及国内的吴港、佐世保运来海军陆战队近两千人。到十一日，上海的海军陆战队兵力达五千人以上。附有小坦克及炮兵，集中在虹口、杨树浦一带，以在现虹口公园旁的日海军陆战队司令部及杨树浦东端公大纱厂为坚固据点。丰田纱厂的据点，因在苏州河南的公共租界内，且远在沪西，日军自动撤出。

一九三七年八月十一日夜，蒋介石命令张治中将在常熟、江阴、苏州、无锡的第八十七、八十八、三十六个师及重炮兵两个团推进到上海。两个重炮团，一个是十厘米加农炮团，番号炮兵第十团，团长彭孟缉（新中国成立后去台湾，曾任参谋总长）；另一个是十五厘米重榴弹炮团，团长部存诚（以后任顾祝同的参谋处长，被日机炸死），都是从南京附近调来的。

战幕揭开，我国进入全面抗战

军队的运输是准备好了的。第八十七师由江阴、常熟用汽车输送到江湾附近，第八十八师和第三十六师由苏州、无锡用火车输送到真如、南翔。八月十二日晨，第八十七师主力已到杨树浦租界北侧一线，第八十八师主力已到闸北、虹口公园以北一线（虹口公园已为日军占领），第三十六师控制在江湾附近。重炮兵亦已到江湾以南附近进入阵地，准备按原定扫荡计划与空军协同对日军阵地进行强袭。张治中的司令部到达南翔，以便指挥。

但十二日张治中接蒋介石命令，不得进攻。据说是上海领事团建议，使上海成为不设防城市，南京政府始终想保持上海的国际关系，因此有此命令。但坐失袭击的良机，使原定计划第一次落空。

八月十三日，日军在闸北及虹口公园北的八字桥附近进行火力搜索，两军发生前哨接触，八一三战役正式揭开序幕。

八月十四日，我军正式下令开始进攻。我空军和日本木更津航空队在杭州笕桥上空进行空战，轰炸机主要去炸日军舰，只派了少数到上海轰炸日海军陆战队司令部工事，对日军损伤不大。下午，第八十七、八十八两师开始攻击，战斗激烈，第八十八师旅长黄梅兴中炮弹阵亡。至日没，进展不大。是日夜又奉蒋介石令，停止进攻。

---

① 作者注：日本第三舰队的华中部队，司令官长谷川清，旗舰是“出云”号巡洋舰。

十六日，前线争夺一些小据点。十七日，再次全线进攻，稍有进展。十八日，又奉蒋介石令停止进攻。这第二、第三两次停止进攻命令，是何缘由，我不知道。

是时，由十九路军"福建事变"失败后的残部编成的第六十一师（师长杨步飞）和由陈诚嫡系第十八军所属的第九十八师（师长夏楚中）、第十一师（师长彭善），先后由后方到达淞沪战场。命第六十一师归第八十七师师长王敬久指挥，在第八十七师后方设置第二线阵地，并控制一部准备支援防守杨树浦北至吴淞口的黄浦江岸的上海保安总团。第九十八师控制在江湾附近，第十一师控制在大场附近，准备日军在长江沿岸登陆时，支援自宝山至福山沿江警戒守备的第三十九军（军长刘和鼎，主力为第五十六师）。浙江张发奎的部队也已于十三日到达浦东。

十九日，我军前线又开始进攻，第八十七师突入杨树浦租界内。我国仅有的一个坦克部队南京装甲团（团长杜聿明）奉命派来战车两个连（战车重七吨）、战车防御炮一个营，都配属给第八十七师参加战斗。因为步兵与战车从来没有协同作战的训练，当战车进入杨树浦街市内时，步兵一迳逼战车在前面突击而不加掩护，战车都被日军击毁，两个连长阵亡。这两个连长都是我黄埔六期同队同学，配属给第八十七师的命令是我亲自交给他们的。一去不返，思之黯然。

为扩张战果，以第三十六师加入第八十七师与第八十八师的中间，二十日继续进攻。此时，日本也已由国内增运海军陆战队二千五百余人到沪。直至二十二日，双方逐屋争夺，伤亡惨重。第三十六师一度夺取汇山码头。日军放火阻止我军进攻，杨树浦大火烧了几天几夜。

近来有一位陈诚系的高级军官告诉我，张治中曾把第九十八师两个旅分归第八十七、三十六两师指挥加入战斗，夏楚中成了光杆师长，大为不满。在我记忆中没有此事。但张治中的回忆录中亦记有此事，可能是张治中直接电话指示，果若如是，此种部署极不合理。

对日本海军陆战队司令部及公大纱厂的攻击，因我军在战术上缺乏钻研，没有把重炮直接瞄准射击，又没有接近爆破技术，不能奏效，形成胶着。于是防御日陆军从海上到黄浦江岸和长江江岸登陆，成为主要问题。

淞沪战事发生后，全国动员抗战。蒋介石成立大本营，设第一至第六部，把参谋本部、军政部、军训部都编入，各为一个部。蒋自任大元帅，到南京撤退到武汉时，又自动取消，仍称军事委员会委员长。有人说蒋迷信，孙中山、张作霖都称过大元帅，都不善终，所以他不愿称大元帅。又有人说，中日未正式宣战，不宜设大元帅、大本营。我曾见他在八月二十日用"大元帅蒋中正"名义下的一个命令，编定全国军队的战斗序列：划河北方面为第一战区，蒋介石自兼战区司令长官；山西方面为第二战区，阎锡山为战区司令长官；京沪杭方面为第三战区，冯玉祥为战区司令长官。冯设司令长官部于无锡，未到前线亲自指挥。不久，冯调任山东方面第六战区司令长官，蒋自兼第三战区司令长官。第三战区辖第八、第九两集团军。苏州河以北，黄浦江以西，北长江属第九集团军，张治中为第九集团军总司令。苏州河以南及浦东属第八集团军，张发奎为第八集团军总司令。当时，张治中、张发奎以及陈诚、薛岳等都是中将加上将衔，这一官衔是一九三七年上半年在一、二级上将下增设的。

张治中将军冒险指挥抗登陆作战

八月二十三日拂晓前起，日本从国内运来了四个步兵旅团，旋又增加至八个旅团[①]，由日本上海派遣军大将松井石根指挥，主力在宝山以西狮子林、川沙口长江沿岸登陆（最先登陆的是第十一师团的部队），一部在蕴藻浜南黄浦江沿岸登陆（是第三师团部队）。在二十三日拂晓以后，日空军开始猛烈轰炸，使我援军不能接近，日海军也以猛烈炮火支援日陆军登陆。我沿长江岸守备的第五十六师和沿黄浦江口守备的上海市保安总团，兵力薄弱，日陆军登陆获得成功。

日军利用汉奸，到处剪断中国军队的电话线路，前后方电话均不通。张治中由南翔古漪园的司令部一路冒敌机扫射与轰炸的危险，到江湾叶家花园第八十七师师部指挥，我亦随行。他命第八十七师抽出一部与第六十一师抗击黄浦江口沿岸登陆之敌，并令第十一师由大场向罗店，第九十八师由江湾向宝山前进，归还第十八军建制。当第九十八师、第十一师到达前线时，第十八军军长罗卓英尚未到达，此时他已至嘉定，其所属第六十七师及第十四师也先后到达。张要我下达第十一师、第九十八师归建命令。我说罗未有明令归我指挥。张说，在我第九集团军作战地境内，我当然可以指挥他。而张未知蒋介石已决定任陈诚为第十五集团军总司令，指挥抵御沿长江南岸登陆之敌。

张治中于夜间始返司令部，命我拟电报告蒋介石。二十四日拂晓又到嘉定附近乡村，找到罗卓英（我也随行）。张与罗商定把罗带来的部队向罗店、浏河推进。

① 作者注：这是根据戴笠给张治中的亲笔情报，记载有各旅团名称。日军师团相当于中国的师，旅团是旅，联队是团，大队是营，中队是连，分队是排，小队是班。

罗卓英指挥第十一、十四、六十七、九十八四个师，进行了激烈的罗店争夺战。战斗结束后，我记得曾看到过第十八军写过一本《罗店十日》的油印资料。

因为电话不通，张治中在嘉定部署定了以后，于日没后到苏州和蒋介石通电话。蒋因很久得不到张的消息着急，在电话中责骂，我看到张气得把电话听筒也砸了。

翌日，蒋介石派陈诚到上海，在张治中的司令部，与张协商我军全般部署。陈当面命我写命令，他讲一句我写一句，我送给张签发，张也签了。

接着，蒋介石正式任命陈诚为第十五集团军总司令，指挥蕴藻浜以北对由长江沿岸登陆之敌的战斗；又从西安把顾祝同调到上海，任第三战区副司令长官，代他指挥全局。顾住在张治中的司令部内（司令部已由南翔移至安亭与南翔间之徐公桥）。顾每天早晚与蒋介石通电话，报告情况，由蒋在电话中指示某师调到哪里，某师如何作战，顾祝同作了传令兵。顾到达时未带参谋，张把我借在顾身边做参谋工作，顾与蒋的电话均由我记录，并下达命令。自此以后，张治中就不大参加指挥。

日军在长江沿岸及黄浦江沿岸继续登陆，与我军一个点一个点地争夺，往往日军白昼占去，夜间我又夺回。此时，我中央军校教导总队的一个团、浙江周岩的第六师、西北胡宗南的第一军两个师先后到达宝山、吴淞、蕴藻浜一带，与敌激战。在日军舰炮火下，伤亡惨重，往往一个部队，不到几天就伤亡殆尽地换下来了。我亲眼看见教导总队那个团，整整齐齐地上去，下来时，只剩下几副伙食担子。

八月底，第九十八师转移阵地时，顾祝同命令留一个营固守宝山（我在侧听顾在电话上说的）。这个营长姚子青率全营官兵誓死抗击日军，宝山失陷，该营无一生存，真是可歌可泣[①]。

到九月中旬，第十五集团军及第九集团军正面均被日军突入。顾祝同下达命令，两个集团军退守北站、江湾、罗店（以南附近）、浏河一线之阵地，于是我军取固守形势。据宋瑞珂同志回忆，九月十七日蒋介石曾亲到昆山，并饬调整部署。我记得有一天，张治中、顾祝同要和南京的什么人一同出去，我问张，我要跟去吗？张说不必了。他未告诉我是蒋来，事实上此时张已不管指挥事务。

以后日军主要在第十五集团军正面进攻。到九月二十二日，在张治中数次恳

---

① 姚子青是第九十八师第二九四旅第五八三团第三营营长。八月三十一日晚接防宝山，至九月七日全营殉国。

辞后，蒋介石任朱绍良为第九集团军总司令，调张治中为大本营第六部（管理部）部长。二十三日，张离沪赴南京，我亦离职到苏州。此时，顾祝同的长官部已在苏州成立，顾派人找我，坚邀我做他的作战科长。我以要回富阳老家看看为辞。顾说你去了即来。但我因张治中有约在先，从家里出来就到了南京。以后上海附近战况只是耳闻。

全国全军参加淞沪会战

到九月二十二日，因后方兵力陆续增加，蒋介石命令调整部署。第三战区分为右翼、中央、左翼三个兵团。右翼兵团总司令张发奎，辖第八、第十两个集团军；第八集团军总司令由张发奎兼；第十集团军总司令刘建绪[①]；作战地境为苏州河以南、浦东及杭州湾沿海。中央兵团总司令朱绍良，辖第九集团军，集团军总司令由朱绍良兼；待广西军队廖磊的第二十一集团军到达后，亦归中央兵团；作战地境为蕴藻浜以北至长江南岸。顾祝同的第三战区司令长官部在苏州。以后又以陈诚为前敌总指挥，驻昆山。

此后，日军与我军又均由后方陆续增加。日军前后计有第三、九、十一、十三、十六、一〇一等师团，听说日本把伪满军队也调来了。我方除增加中央嫡系军队外，粤军、桂军、湘军、鄂军、川军、东北军都调来了。日军增兵后，不断进攻，到九月底，以主力在我左翼进行了一次大规模进攻，突破左翼兵团刘行附近阵地，我方作了局部调整。

对峙到十月中旬，广西部队廖磊的第二十一集团军到达，酝酿进行一次反攻。白崇禧以副参谋总长身份到上海来了几次。早在张治中尚任第九集团军总司令时，白就商量他的广西部队到后，由西向日军侧翼反攻的部署。他也和我们幕僚人员商量，参谋长徐权和参谋处长童元亮都比较持重，而我当时只二十七岁，年轻气盛，竭力主张于夜间反攻。

十月下旬，以广西部队第七、第四十八军的六个师（一七〇、一七一、一七二、一七三、一七四、一七六师）为主力、在徐行广福前线开始了较大规模的反攻[②]，激

---

① 作者注：第十集团军主要是湖南何健的部队，先在钱塘江南准备拒止浙东登陆之敌，此时北调。

② 十月十五日第二十一集团军到达。二十一日晚，以第二十一集圈军的两个军为第一路，广东的第六十六军为第二路，第十八军的第九十八师为第三路，开始反攻。

战彻夜，终以在日军猛烈火力下，又未能在夜间进攻前，在白昼侦察好日军火力点，布置火炮压制，以致伤亡惨重，两个旅长阵亡。日军在第二日采取攻势，我军不得不退守原阵地。十月二十五日，大场失陷。湘军第十八师师长朱耀华自杀。这是此次战役中殉职的第一个师长。

于是苏州河北阵地已被突破，无力恢复，不得不作西撤之计。原先在京沪地区抗战计划内，预定淞沪抵抗后，逐次撤退至吴福线、锡澄线，作两年的持久作战。此时，淞沪战场已尽到抵抗的责任，应撤退至吴福线再行抗击。蒋介石初亦同意撤退至吴福线，已命令部队开始行动，可是在十一月一日晚，他突然偕白崇禧、顾祝同到南翔附近一小学内，召开紧急军事会议。蒋讲了八一三以来作战概要和国际上的反应，并对前线官兵英勇战斗作了表扬鼓励。接着说，根据外交部意见，九国公约会议将于十一月三日在比利时首都布鲁塞尔举行，这次会议对我国命运关系甚大，要求各部队尽最大努力，在上海至少再支持两个星期，以便在国际上获得同情与支持。这样就改变了撤退部署，苏州河北军队主力守南翔、嘉定，胡宗南第十七集团军及六十一师[①]、第六十七师等十几个师，撤至苏州河以南沪西地区，归张发奎、黄琪翔(原任第九集团军副总司令)指挥，坚持与租界联系。这样，继扫荡计划落空后，战前预定计划又一次落空，酿成敌在金山卫登陆后之全军溃退。

在张治中任第九集团军总司令时，九月中旬，曾受蒋介石最后也要保持与租界联系之授意，命我草拟在苏州河南沪西之防御计划，并派参谋侦察，准备构筑阵地，旋以张去职作罢。

当第八十八师撤退时，留一个团(第二六二旅第五二四团)的主力坚守苏州河北侧四行仓库。这个仓库建筑坚固，又与河南租界紧邻，谢晋元团长率部坚守，时称“四行孤军”、“八百壮士”，轰动了租界居民，争着过河送犒赏物品，一女童子军渡河过去送旗，报纸热烈表扬。激战四日，至九月三十日以达成后卫任务，退入租界，被租界当局缴械圈留。其后谢被刺身亡，在国人心中永留纪念。

十一月初，日军强渡苏州河攻击，随即停止。五日拂晓，日陆军第十军司令官柳川平助指挥第六、第十八、第一一四三个师团，在金山卫及其附近登陆，陷松隐镇，占米市渡，进陷松江，一部沿沪杭路北上占南市，主力出青浦，向西北包围我军侧背。十一月八日，第三战区下达转移命令，九日开始全线撤退。后面有日军猛追，南面日军由太湖沿岸登陆，北面由长江沿岸登陆夹击，我全军成溃退之势，经

---

① 作者注：原师长杨步飞早已撤职，与钟松旅合并，以钟松为师长。

过吴福线、锡澄线之既设阵地，均不能守。

原定计划，前方淞沪会战，后方应在吴福线及锡澄线留置有力后续部队固守阵地，于前线退却时，拒止敌追击部队之前进，掩护我后撤部队。但留置军队到达不久即调淞沪前线，钢筋水泥机枪巢的钥匙几经转手不知去向。到这个时候，退到国防工事线上的部队，在已筑的工事上打几枪就跑，花了多少人力财力的工事，竟丝毫不起作用。

日军一路追击，一路杀戮奸淫，军民遭劫，惨绝人寰。十一月底，我军一部沿沪杭线南撤，大部撤到皖南，仍归第三战区。第八十七、八十八、三十六师及教导总队、叶肇的第六十六军第十几个师，撤到南京，在首都卫戍司令长官唐生智指挥下，进行南京保卫战。这些部队都遭重大伤亡，补充多次也已精疲力乏，南京亦不能守。

尾声——战役经验检讨

八一三淞沪战役是我国全面抗战的开始，把全国军队都调动起来了。蒋介石的嫡系精锐部队，绝大部分到达淞沪战场，成为战斗主力。

当时，首先到的是张治中的三个由德国顾问训练的教导师改的第八十七、八十八、三十六师；接着就是陈诚系罗卓英的第十八军四个师；以后胡宗南的第一军、李玉堂的第三师、李延年的第九师、俞济时的第五十八师、王耀武的第五十一师等都陆续到达。蒋嫡系部队中，没有到上海的只有汤恩伯的第十三军在南口，卫立煌的第十四军在山西忻口，第二、第二十五师在平汉路上。地方部队也踊跃参战，粤桂湘余汉谋、李宗仁、何健所部都来了，东北军也来了，远至川军、滇军也调动出来，川军一部且到达参加战斗，各省保安团队都调上来补充。全国人民在国共两党第二次合作的抗日民族统一战线引导下，一致奋起，造成了抗日的极好形势。但在军事方面，有很多可以作为吸取教训之处。兹将我的观感，综述如下：

一、战役指导上有两大失着。首先是预定的扫荡计划落空。按照预定计划，要在日陆军登陆前，以陆空军协同强袭上海日海军陆战队据点。但在我大军于八月十二日到沪后，要保持国际联系，一再命令延迟进攻，致失良机，预定计划落空。其次是预定在京沪地区进行持久作战，所以在后方构筑吴福线、锡澄线、嘉兴一乍浦线以及南京外围阵地。但战事爆发后，认为上海是国际视听所在，竭力要保持与租界联系，要在淞沪这个水网地区，抗战三个月。淞沪地区一片平原，掘地不深就见地下水，不能做土木的坚固工事。而日海军军舰的大小口径火炮，威力和数量都比我陆军强大，以致我军伤亡特重。到十月底已不能支持时，还为等待九国公约的开会，要求坚守半月，把应控制在后方阵地和江防、海防的兵力，都吸收到上海来。以致当敌人在金山卫登陆，迂回我军侧背，造成全军溃退，弃有利地形上的既设阵地于不守，甚至南京亦不能保。此实指导上之大失策。

在敌陆军登陆以后，淞沪作战，差不多由蒋介石直接指挥每一师的行动，他坐在南京以电话传达命令，哪能适应战机？后期陈诚任前敌总指挥，调动部队比较乱，特别是大军退却时，固然军队多、道路少，败势已成，控制不易，然如能划分好战斗地境，在后方阵地先部署掩护部队，撤退秩序一定会好些。

二、军队士气极为旺盛。官兵对于抗日无不意气风发，在惨重的伤亡下，犹能奋起作一村一台之反复争夺，战役进行中，可歌可泣之事甚多。为人传诵的如第九十八师姚子清营为坚守宝山而全部牺牲；第十八师师长朱耀华为失守大场而自杀殉国，第八十八师谢晋元团八百壮士的坚守四行仓库。旅长阵亡者，据我所知有攻虹口日海军陆战队司令部之第八十八师黄梅兴；罗店争夺战中之第六十七师蔡炳炎；在十月下旬反攻中之第一七〇师庞汉帧，第一七一师秦霖，敌在金山卫登陆后守松江之第一〇八师刘旅长，阻击敌向青浦前进时之第五十八师吴济先，守吴兴之第一七三师夏国璋。负重伤的师、旅长尚有多人，中级军官平均伤亡过半。有的师四个团长伤亡四五个、十二个营长伤亡十七八个（包括补充后伤亡的）。下级军官与士兵，平均伤亡三分之二以上。精锐部队由后方来的保安部队，杂牌部队整团补充达四五次之多（此时尚未实行征兵制，新兵无来源）。

到淞沪作战的先后有七十三个师，但有好些战斗力薄弱的部队，也因伤亡过大，战斗激烈时，几天就要换下阵来，有的部队上去，一触即垮。为使前线能保持有经验的指挥骨干，应当充实精锐部队。

三、军队指挥机构，开始时第八、九两集团军各指挥几个师。以后师增加了，编成军①。一个军应该有三个师，但新编的只有两个师，甚至只有一个师，因为资深的师长不升军长摆不平。顾祝同到安亭，设第三战区司令长官指挥所，于是有战区、集团军、军、师四级，这是必要的。以后觉得有些人作军长，官小了，作总司

---

① 国民党军队平时最高单位为师，但仍保留一些军，如第一军、第十八军、第三十九军等，抗战开始后，逐渐都编成军。

令又不够，例如陈诚认为罗卓英应该作比军长大些的官，蒋介石认为胡宗南做军长嫌小了，于是在军上设军团一级，但又不普遍设。后来又在集团军上设兵团一级，有右翼兵团、中央兵团、左翼兵团，共辖五个集团军，以后是六个。在淞沪一地有战区、兵团、集团军、军团、军、师六级指挥机关，不免叠床架屋，有些机构形同虚设，如何运用得动？

四、上海之能抗战三个月，全凭军队士气，至于战斗训练，战后检讨，即使蒋介石的精锐部队，都只形式上受了一些德式或日式的军事训练。在高级指挥官幕僚中的陆军大学新毕业的参谋人员（包括我自己在内）也只形式上受了一些德式参谋与指挥教育，缺乏针对现实的战术研究。怎样以劣势装备对优势装备作战，怎样利用士气与地形打击日军，都没有深入钻研。初期攻击日海军陆战队司令部，就不知道用重炮直接瞄准去破坏和压制日军火力点以及接近爆破。以后抵抗日军进攻，对炮兵与坦克束手无策。夜间反攻，也不于白昼侦察敌火力点和布置炮火压制，以致伤亡惨重。至于步兵与炮兵、战车协同作战的训练，从来未有做过。京沪警备司令部一再请求后方重炮与战车到苏常一带进行联合演习都舍不得，一到战时，互相埋怨。炮兵第十团长彭孟缉到我这个总部作战科长办公处来，希望步兵不要丢了他的炮兵就跑。其实他的十毫米加农炮都是汽车牵引，不怕跑得不快。战车一上战场，步兵不予掩护，说你有装甲，怕什么，单独冒敌人炮火前进，直到战车全毁为止。

五、友军之间常怀猜忌，不特中央军与非中央军之间为然，即同为蒋之嫡系亦如是。高级指挥官如张治中和陈诚都是蒋介石亲信，但互不相容。有人说，张之去职是陈诚排挤出去的。又有人说，陈诚把顾祝同推到苏州后方，自揽前线指挥大权。一九三八年冬，白崇禧、张治中、熊式辉在江西吉安开会，跟张去的副官回来对我说，听到他们谈话，他们对蒋介石之宠陈诚非常不满，说：“他（陈）是浙江人嘛！”

中级指挥官也是矛盾重重。如张治中指挥的第八十七师师长王敬久、第八十八师师长孙元良，同是黄埔一期同学，却互不融洽。为了争战斗地界，当面在张治中前争吵，张不得已，把第三十六师插到两师中间来调和冲突。第六十一师归王敬久指挥，王天天讲该师长杨步飞的坏话，顾祝同撤了杨的职，该师和钟松的独立第二旅合并，以钟为师长，与第八十七师合编为七十一军，升王为军长。胡宗南的第一军到上海，还怕陈诚吃了他，以战后能调回西北为幸。这些情况，以后愈演愈烈，终至互不救援，友军被消灭则幸灾乐祸，而自己亦不免于亡。

六、空军与优势敌机空战很勇敢。在猛烈高射炮火下轰炸敌工事，被击落到敌阵地上的战斗人员，如阎海文还以手枪击敌后自杀。还有轰炸机对日舰猛撞，与敌舰同归于尽，都为人所传诵。但蒋介石建立空军，由宋美龄、宋子文当权多年，从美国购买飞机，往往受军火商诓骗。听说有一批战斗机，仅速度过人而乏迅速升降能力。据航空委员会作战科长罗机对我说，八一四空战开始，只有八十九架飞机能作战，不久即消耗殆尽。到八月下旬日陆军登陆时，天空一色日机，青天白日飞机一架也不见了。

中国海军军舰，大都自沉或被日机炸沉于江阴长江封锁线上，没有和日海军正式作战。当时最大的三千吨，两年前从日本购买的最新的“海容”巡洋舰（舰长欧阳景修，五十年代上海市政协委员）就是在江阴被日机炸沉的。江阴电雷学校（校长欧阳格），号称蒋介石创立的新海军之基础，扬言要用鱼雷炸黄浦江上的日本“出云”舰，但真到浦东放射鱼雷，却毫未伤及日舰。

作战开始以后，后方组织跟不上。伤兵大量下来，京沪线沿途都是伤兵，缺乏医疗与后送能力。铁路白天被日空军炸了，夜间修复通车，也无法送完这些伤兵。

七、日本间谍汉奸活动猖獗。在日军登陆那几天，差不多所有电话线路都被剪断。到了夜间，后方村落到处看到汉奸放的信号弹，直到各村组织民兵放哨，才好了一些。

日军登陆后，到处乱杀老百姓。罗店附近一带，家家有死人，户户穿孝衣。一九六〇年我与中国新闻社记者访问罗店时，公社负责干部对我说，自抗战以后，直至解放，老百姓把阴历七月十五的祭鬼节都移到日军登陆那天。我军退却，日军追击，在京沪沿途到处奸杀，兽兵以刀砍人为乐，逼母子奸淫作为玩赏；集中村中妇女，大寒天裸体置田间稻草堆中，随时拖出强奸。国民党军事委员会政治部第三厅（厅长郭沫若）从战场上日军遗弃尸体中，搜集很多照片，出版了一本日军罪行录，阅之令人发指。

八、日空军轰炸，海军炮火射击，均极猛烈，但我军无所畏惧。不过也做了些傻事，如八月十一日夜，我军向上海运输时，规定坐火车的在南翔下车，官兵却不肯下车，一定要火车开到闸北，他们怕留在南翔，不让去杀敌，上级告诉他们，闸北在日军炮兵射程内，而他们却说，怕炮火还来干什么？广西部队在苏州火车站下车，日本飞机来了，他们不肯疏散，说我们来打日本鬼子，还怕他的飞机！

上海全市市民，除汉奸外，都热烈支援这次战事。慰劳品不断送到前线去，学生抬了担架，驾了汽车，冒炮火到前线抬伤兵下来，大批战地难民，也由上海救济收容。上海租界中医院、舞厅和不少公共场所收容了伤兵，文化界人士也都出来慰劳。我好几次看到这些情况，不禁感动得热泪盈眶。

宋希濂、黄维等著：《原国民党将领抗日战争亲历记：淞沪会战》，中国文史出版社，2013年版，第63—77页。

目击八一三上海之战①

杨　纪

沪战揭幕

虹桥事件犹如星星之火，而事件之起因在八月九日下午五时半，日本海军陆战队大山中尉、斋藤一等兵乘福特篷车，由虹桥路直冲虹桥军用飞机场，经卫兵拦阻，日军遽尔开枪并将车驶入碑坊路，射杀保安队队兵时景哲一名，保安队乃予还击，日军当场身死。此事经过，经法医之判断，三人均为被杀。事件真相原已大明，屈在日方不言可知。九日下午十时，俞市长即以坦白诚恳态度与驻沪日本总领事洽商，双方均定采用外交解决。十日即行派员赴肇事地点调查真相。十一日检验保安队兵尸体，日本军官四人亦被邀在场。我方办事之公允敏速、诚意万分。事件正当依照常轨进行之际，是日下午日总领事竟向俞市长提出撤退保安队，撤除防御物等无理要求，当被正言拒绝。日领亦自认满意。殊知是晚日舰日军竟如狂风暴雨而来，严重形式于以造成。由此可知虹桥事件不过日军图侵上海之一种策略而已。

日军抵沪之消息证实后，我方始在毗连租界之线，设置必要防御。公共租界当局亦将毗连华界重要路口之铁门关闭，万国商团团员及英美军士多在门内驻守。爱而近路以北，也已断绝交通。老靶子路以北，因日军布置工事行人自行裹足。昨晚北四川路桥堍、邮局对过上海琴行路边之直角线上，日军亦堆满沙包、配备哨兵，如临大敌。租界北区呈露严重之状态。沪西区域稍为和缓。闸北战事，

① 本文是作者杨纪（张蓬舟）作为上海《大公报》记者在八一三淞沪会战时的战地采访日记，标题系本书编者所加。

晨间在虬江路以北，有市街战，结果无大损失。午后六三花园有剧烈炮战，车站等处均发生火警。全沪形势以闸北迄杨树浦一带最为严重，盖日军司令部设在彼处也。南市在军事上非必争之地，我方又有周密防备，或可幸免日军之蹂躏。沪西暂时或亦不致波及。目下战事如无特殊之发展，则其战场属于本市范围者将在吴淞闸北之线。盖此处有租界为日军之根据，彼将以为进战退守，运用可以自如。至于我方之种种措施皆为自卫而应战。俞市长所谓“人不犯我，我不犯人”即充分说明我方行动之目的也。

昨晨交战前，闸北江湾居民多已逃避租界。昨晨枪声响后，苏州河以北及残留闸北等地之居民均纷纷携老扶幼，提箧背裹络绎南行，入苏州河南之公共租界内，车辆盈途，路为之塞。自晨迄暮扰攘不息，公共租界及法租界之大小旅馆多告客满，有可召租之房屋无不招贴租人。房金较平时涨价数倍，且有预收房金三月、逼订承租契约一年者，稍有赀斧之人求一容膝之地，只得忍痛接受；一般穷苦大众，各同乡会多已办理收容；至于乡间逃来之贫民，露宿街头巷尾及外滩一带草坪内者不下数千，为状之惨，如日本军人稍有良心必不忍见。除昨晚九时后红十字会派由救护车赴沪东收容难民数千，暂时安置于法租界大世界外，各慈善机关倘能设法处置，造福非浅，而租界当局亦应迅予禁止房东之投机增价。至于金融市场极为稳定，粮食存底虽丰，奸商居奇操纵殊为可恶。昨日米价每担由十二元四角至十八元四角，价格悬殊一至于此，甚至有囤积颇多，而拒绝出售者。昨日海宁路恒丰盛粮食店即因此引起众怒，遂遭捣毁。当此非常时期，固望商民激发天良，以义为利。而租界当局如欲安定人心，对于粮食价格亦应迅予平价划一、施行严格管理。此事在天津租界近固施行有效者也。（十三日晚写）

司令部中

记者衔社命，排万难，于昨午赴我军司令部，向各高级长官致敬，并聆其指示。当迂回而至司令部时，所见沿途我军斗士均带德式钢盔，荷精良武器，一种坚强之精神与体魄实足代表新兴中国之气概。晤见记者，彬彬有礼，间有以前线消息见询者，告以我军昨已攻克敌海军俱乐部，无不霁然色喜。旋于一矮屋疏檐之内，首先会见徐参谋长。徐氏以极诚挚坦白之态度答复记者所问。在其答语中显然可知徐氏为一优秀之参谋人才。彼盖不特军事学科有甚深之修养，即于世界政治经济亦周知极详，多以恰当之“军语”概括其发言之大意。徐氏首谓军人天职在于保国卫民，吾人六七年来含垢忍辱，其处境实与战后之德意志人民同其困难，原欲师法德国、徐图自力更生，殊不知日军得寸进尺，不容弱国稍事苏息，必欲迫之使战，以求遂其大欲。此次上海战争，起于日人制造之虹桥事件。事发后既已声明外交解决，又复遣舰增兵、肆意威胁。十三日晨，突以武装日兵向我闸北驻军挑衅，吾人为执行其保国卫民之天职，不得不起而应战。但此种苦衷，凡有国家观念之文明国民，必能寄予同情，吾人自一·二八以来，除祈求和平以外，军事上亦有相当准备，日军纵令如何肆虐，我军抱定焦土抗战决心与之周旋，最后胜利必属于我。徐氏又谓近知日舰向浏河方面进扰，烦君转告同胞，吾国江防已非一·二八时之比，日舰如愿作尝试必遭重大打击。徐氏对我空军失其控制能力后，遗弹炸伤人民事件抱极大遗憾。彼谓此种遗憾乃系发诸良心，而租界当局向我抗议，请求毋在租界上空作战，殊属昧于事理。所谓租界，其领土、领空、主权原属我有，我空军在我领空作战，他人自不应置喙，况我空军作战动机，系由日舰泊驻浦江、利用租界之特殊关系，为日本一方之军事工具，吾人既已迫而应战，对于敌人之军事根据地不得不加以扫灭。租界既非日本一方所有，其他各国既愿共同维持租界之和平，自应将其扰乱和平之根因解决，而督责日舰即驶离租界也。继又会见张司令官，张氏在一·二八之役，早已驰名中外，近年治军治学卓著勋劳。此次复统大军，与暴日周旋，本其学识经验必能造就抗战史中光荣之一页。张氏发言简洁，纯一儒将风度，对于此次战略，氏谓上海既系市区自非野战可比，吾人本稳扎稳打之法，得一寸保持一寸，不求速效，但求确实把握，必使侵略者之范围日削月减，吾人虽持久至三年五载，终须驱逐暴力于国境之外也。语至此，苏州民众代表李根源、张一麐诸氏偕至慰劳，其至座上客满，彼此慰勉有加，李张诸氏以耄耋之年，不辞劳瘁，远赴战区，记者见之至为振奋。此种军民交织之热情，实即赤忱报国之表现。诸长者、诸长官均能如此，吾辈青年敢不以生命能力贡献国家乎，记者等告别离司令部时，诸长官均亲送至门，握手而别。

记者离开司令部时，副长官刘一公特别嘱向各界致意，军中目下最感缺乏者有三：一为各种车辆，二为汽油，三为粮食。上海附近公路纵横，如有车辆汽油，于军事上实多便利。粮食关系军食，闸北惨遭日军猛烈炮火，庐舍为墟，军队给养，备极困难，几于有钱无处买，如八字桥我军在前日英勇抗战中，枵腹一日。故同情国军之各界人士，倘以物质援助，深盼多用上开三种。受赐良多矣云云。（十六日晚写）

前线将帅

午后层云蔽日，阵雨阻途。我英武之空军甫自西北结队腾拏而来，穿云冒雨、飞向敌阵，将谋完成其神圣的民族抗战之使命。机声轧轧，掠顶而东，一机前导，余如雁行，勃勃雄姿，令人兴奋。记者窃思中国创建空军时仅数年，即已大露头角，足御强寇。而在甲午以前、海军实力较日为优，徒以将帅偷生，黄海会战一旦颠覆。四十年来，人进我退，迄无建树。五年前一·二八之役，及此次八一三之役，暴日均以海陆空立体战术向我肆虐，而我报之者，在前线仅有血肉之躯，战败屈辱，当然之事。现在中国陆军之进步，已使敌人惊异，空军之精锐，尤令敌人丧胆，而海军始终不兴。记者固知海军实力，敌我悬殊，什一之比。然在以国为注之大时代中，如为瓦全苟安，殊辱军人天职。但记者深信海军将士爱国决不后人，终有报国之术。内戚杨君，自幼即受海军教育，六年前留英返国，遇于江右。彼意新中国之海军，陈腐舰艇，早不堪用，欲求充实自卫力量，当谋潜水艇、驱逐舰之大量建造，此事果获实现，何至今日敌舰纵横，升堂入室。试举“出云”一舰为例，谋炸之难，即已如此，使人更信海军在战争上之价值。盖不能阻敌人于公海，而欲禁敌人于国内，不亦难乎。说者每谓我无侵略之图，又非工商之国，况值民穷财尽之际，欲建庞大海军，实无此力；如有此力，应用于陆空军之充实，期能自卫，此说亦有至理。当记者思潮起伏之际，此行之目的地已达，由卫兵之接引，在一茅舍内会见立于线前之我军将领孙元良、冯圣法两将军，承其延见，并述战事经过甚详，择其可以公表者，记之如下：冯副师长在一·二八战役中，曾任八十八师五百二十三团团长，庙行之役受伤甚重，创愈后以功升任现职，数年来国仇私恨，宜其勇敢逾恒。但冯氏之镇静的态度，系统的思考，令人一望而知为一优秀之将才，年龄未逾不惑，其作战经验极富，为专攻步科之黄埔军校第一期第二队出身。冯氏首述八十八师黄梅兴旅长殉国之事，因其同窗情深，至为悲悼。黄将军十四日奉命沿江湾之线向持志学院之敌出击，在敌军猛烈炮火下奋不顾身，卒将敌阵摧毁。下午四时，正以电话向师部报捷，而敌弹横来，击中腹部，遂至陨命。孙师长接话未毕，遽尔中断，知必有异，而殉国阵亡之报告踵至矣。晚间其遗体即已安运后方，忠魂寄于国土，黄氏之死可谓不朽。冯氏概述黄旅长之一生，谓以“勇敢忠诚”四字可以包括其为人行事。冯氏续语记者，闸北江湾之线，被我连日痛击，死亡极多，我军伤亡亦千余人。八字桥一处，敌以坦克车冲锋，得而复失者数次，此激烈之火线终为我军占领。本午我军已由爱国女学、粤东中学进军，对虹口公园作包围之势，足下返沪或可闻及攻克之讯也。予等语时，正值敌我空军在上空作战，机枪泼泼，震耳欲聋。冯氏笑邀记者偕赴其后园观战，师部四周坚固工事，赫然在目。予等抚松倚竹，极目云表，则见高空中我机正由敌高射炮威力圈中，脱颖而出，上下升沉，迂回作九十度角之飞行表演。我机渐远，敌机三架突作侧飞，掷下六弹，火烟顿起，侵略者如此残酷，除报之以铁血外，实无可理喻也。孙师长公务甫毕，亦趋入后园握手寒暄。记者昨日未及识荆，留友人书而返，孙氏即首以此事致意，在军务倥偬之际，犹能忆及琐事，其精细周到，迥异常人。孙氏为一·二八抗日名将，时任八十七师二百五十九旅旅长，庙行之役屡建大功。近年驻防苏省，地理行胜早有成竹。此次复立国防前线，一周来夙夜勤劳而精神焕发，佩中将领章，英武之气溢于四表。孙氏复邀予等入室，指示地图，历述作战经过，结以我军士气必持之毋堕毋馁，目前如此振奋，将来亦必如此振奋，坚持到底何敌不催，良以暴日侵我数十年矣，现值历史上之大清算期，我生及时，敢不努力云云，公忠卫国之志，令人肃然起敬。会谈既毕，记者邀赴园中，合摄一影为念。此时云开雨霁，复现白日青天，我军飞机三架成一人字，又向东行，孙氏对于空军作战之英勇，极表敬佩，而民众拥护军队之热诚尤为感激。记者告以闻特区同胞将赴前线慰劳之事，孙氏谦辞不敢，并谓现尚无功可贺，何能劳众犯险。记者温语告知群众现时心理，已认定只要是抗战便应该慰劳，况我军捷报频传乎，孙氏亦笑颔之。记者遂于枪炮声中与辞而归。（十七晚写）

沪战形势

七月七日卢沟桥之烽火既燃，全国的民族抗战之鼓角乃起。敌军于攻占平津后，更分路侵略。津浦、平汉、平绥之军均已被迫应战，敌被我三面包围。此种形势，与上海现情颇多相似，公共租界北区，如扇之柄，敌固久已作为根据，闸北、吴淞、浦东之线，如扇之缘，敌又企图以为放射式的侵扰之的。南北地形如出一辙。上海抗战之幕既揭，战场逐渐扩大，江浙京赣诸地又已沦为空战漩涡；青岛闽粤，敌复剑拔弩张，一触即发；北起长城，以至南海，战线之长凡七千余公里。数十年来东亚两大民族间之一切纠纷，已至最后之清算时矣。

记者曾受一·二八日军之荼毒，今又留居上海，目睹敌人肆虐，旧恨新创，并为巨痛。惩前瑟[毖]后，敢贡愚知，试举五年前之沪战，以证今日必胜之券，操之在我。再就连日战场目击，述其轮廓，以供读者诸君之参考。

当一·二八之战，敌初扬言四小时内尽可解决我军，及遭我十九路军及第五军之英勇抵抗，共历一千零四小时，我军犹自沉着固守于第二道防线，仅持轻兵器之军队已能发挥如此威力，何况时逾五年，我之锐气已成，又当敌力分散之敌，其势何难前知。再据军学专家于一·二八战事之批评、敌军有六优点：(一)兵器精良，(二)迂回包围，(三)联络确实，(四)不轻突进，(五)收容迅速，(六)射手优良。今都不能单独存在，试举(一)项，当一·二八时，敌机轰炸我仅少数高射炮应战，现在我亦有坚强之空军，攻守咸宜，新式枪炮应有尽有矣。再举(二)项，敌何尝不师法野村、植田、白川之故智，谋于吴淞、浏河、杨林、七鸦诸口偷渡，但以五年经营之江防，当非杨林被袭时之容易。迂回包围之术，范围缩至公共租界之北区，殆亦无所施展矣。再举(三)项，专家赞美之词，系指敌兵前进，多带电话机与后方联络，阵中动作、均用手旗辅助之两事，此种小节，我已能之。(参证前线将帅一文中黄梅兴将军殉国事略)。再举(四)项，我现本持久战原则，稳扎稳打，敌欲突进恐不得焉。再举(五)项，如欲反败为胜，此法固亦有效，我已立于不败之地，即已无用，况我军业经整理训练、此当然之纪律何难做到。末举(六)项，有一显著之例，自十四日至十八日之五日间，敌机击落三十二架，我机损伤不满十架，谁之射手优良可以立见。除此而外，军学专家所见敌军劣点有八，无不一一存在，故就战术观点而言，我军实居优势。虽然如此，我之高级长官亦颇虚心应变，如徐参谋长语记者时即郑重而言，对于敌军实力不可估计太低，而存夸大之心；亦毋需估计太高，致生畏葸之念。全军智囊已如此审慎将事，沪战前途当可自信有为矣。

记者在战场亲聆各高级长官之语，其见解完全一致，一语蔽之，即稳扎稳打。八一三以来，表面观之似无突飞猛进之象，殊不知敌据虹口，有数十年之经营，虽各种商人建筑均可资为要塞，市街之战非同野战，一进一出可以动辄数十百里，敌军一线既摧，稍事转移，又可据地以为荫蔽，门窗户格尽是炮垒。我军步步为营之战略，实为至善之计，况敌战事既开，求速不得，欲罢不能，拿坡[破]仑征俄之败，敌今又躬自蹈其覆辙矣。现时我军阵地，北起宝山路，东迄杨树浦租界沿边，我固牢守，而北面之线，突进之点尤多，任何一处得手，即可将东西之敌遮断，而施以逐个击破也，此为租界战区之大势。浦东虽遭攻击，我方驻有大军，敌欲夺为陆军之根据必不可能，纵使能之，隔一黄浦，亦无裨于虹口之颓势。吴淞以上、镇江以下，已施封锁，此间江防之线，据徐参谋长之言，盖已早有充分准备，观于敌舰五艘十四日进袭浏河终不得逞，足知其言确凿。敌既无机可乘，企图迂回包围终成泡影，将来决战之地必仍在虹口一区。至于南市、沪西，敌不但无力进扰，且有事实上不可能者，况南市一带又无军事上之价值，敌亦不致无谓牺牲；而敌机在此等处袭击人民轰炸建筑物，不过系暴露狰狞面目，使世界人士彻底认识日本帝国主义之真相而已。（十八晚写）

苏州河畔

虹口之敌列长蛇之阵，东西两端均置有司令部，第三舰队“出云”旗舰则泊驻浦江，遥为指挥。自南满洲铁路公司码头起，至黄浦码头止，大型船埠有南满、平和、大阪、汇山、华顺、招商北栈、公和祥、顺泰、耶松、招商中栈、黄浦等十处，均可停靠大型船舶，其他厂家之小型码头更不计其数，敌军均可资为增援据点，其地理形势并非不优。而自十三日战事爆发以来，陆上之敌已受我军三面包围，不但无所发展，其北面阵地且被我军突进数处、东西联络随时有被切断之可能。前夕我军少数部队一度奋勇攻进汇山码头，敌人受此威胁无不丧胆，可能之理想已有事实证明矣。我军又以大队固守浦东以扰其后，致令敌人增援退却均感困难。目下形势，在虹口区域陆上之敌，直如瓮中之鳖，早迟均须被我歼灭。倘真一旦瓦解，唯一求生之路只有溃窜公共租界南区，是故苏州河畔之设防，关系界内数百万人生命财产，租界当局为严守中立，保障安全，均应努力从事，以完成其任务，界内居民亦宜尽量予以协助，免使精华所萃之地同遭暴日之毒手。

苏州河所负之使命既已如是重大，故记者连日均往南岸实地观察，其形式最紧之地段，为外白渡桥至天后宫桥之间，计有外白渡桥、白渡桥、四川路桥、自来水桥、天后宫桥之线，即自外滩之河南路一段也。外滩以东，第三国舰艇殆已接受我国警告，驶离福州路外滩以北，距离日舰里许，遥为警戒。自舰艇至外白渡桥，轻兵器之射程均能到达，防御力量可告无虞，北河南路以北，目下尚无敌踪。我军对于不被敌资为军用之租界地区，原自严格遵守其条约上之义务。一·二八及八一三以来之事实已为具体的证明，故租界当局分其力量在沪西一带设防，实为不必要之举动。

外白渡桥为公共租界连系东西之最大桥梁，钢骨坚实，无异象征工业时代之伟大成就，现其南北两堍均置有防御工事，北岸有少数日兵驻守，南岸则系英军及万国商团，除东区难民南退时双方均未加以拦阻外，其余车辆行人概受检查。昨午曾有武装日兵数人，陆续进入桥南地区，立被英军及万国商团解除武装，此种措置完全合法，而在时局严重之上海毅然执行，尤为英勇。兹后同样事件，必将不断发生，尤望增加兵力，贯彻中立，更望捕房当局对于此等被解除武装之日兵，予以适当处置。因彼辈既为战斗员，当中日两国国民情感如此恶劣之际，引起社会不安之事随处可以发生也。

白渡桥北堍，租界当局布有铁丝网，交通已被遮断。北岸商市之门多已加封上锁，街面沉寂如死，无人往来，岸边菜市弃置多数筐篮，想为十三日事发后商民未及携走者。南堍堆置沙袋颇多，但无人驻守，民众参观空战者，尚多麇集桥畔，来往自如。

四川路桥本较白渡桥关系尤为重要，但实情反而松懈，桥面中段软弱无力之铁丝网架横眠其中，中间尚有一处洞开，交通似可自由，但无同胞来往。桥北上海琴行直角线上之沙袋尚未撤销，然已无日兵踪迹，桥南虽置沙袋，亦无外兵驻守，自来水桥及天后宫桥情形亦极相似。

综观南岸情势，租界当局似仅倾其全力注意外白渡桥一处，但日方不诚不信之事罄竹难尽。租界当局想亦未能健忘，如照目前做法，恐去其国际的任务尚远，故于重人之外，兼须自重，增防建垒，在目前情况下实为必要之图，否则败兵如退水，一口既决，敌将泛滥而来，虽令大禹复生，合龙盖已难矣。（二十晚写）

上海治安

自十三日抗战开始以来，我军前线叠有进展，而身负全市治安重责之上海戒严司令官杨虎，巩固后防、镇压奸宄，使前线将士得以安心作战，毫无后顾之忧，功绩尤为卓著。杨氏原任淞沪警备司令，自十四日奉命兼任上海戒严司令官以来，不时驰赴前线各地，视察军事，席不暇暖，偶一莅沪，亦因处理公务备极勤劳。今晨八时，记者竟得杨氏电邀，赶往奉谒，承其在戎马倥偬之际，详谈戒严后之维持本市治安办法，特志如左：

杨氏不愧一革命健者，始终以坦白诚恳之态度与记者接谈，并邀司令部高级参谋吴氏共话。杨氏首述上海为全国经济中心，人口众多，外侨亦复不少，敌我两军在市区内作战，地方治安之维持实为重大之任务，余奉委员长命令兼管本市戒严之职，自当本其能力，期能毋负委任，对于戒严区域，当本戒严条例严格执行；司令部在系统上直隶于军事最高当局，本市所有治安机关及部队，均由本部统辖，其于治安实行计划亦由本部制定实施。总之，戒严之目的，在于肃清后方奸宄、便利前方作战、保护地方人民、整饬后方部署之四点。

杨氏继谓抗战发生以来，每多假借爱国名义，不轨非法之事时有所闻，在此举国对外之际，国民竟有如此丧心病狂之举，诚不胜其痛心疾首。余对维持治安所抱之信念，首在肃清汉奸，出以决心，于最短时日内，必为彻底之肃清，但于假借肃清汉奸为名，而为抢夺钱财之实者，亦必尽法惩治，不稍宽贷。杨氏语甫及此，而他客纷至，记者遂与握手兴辞。

记者濒行，以租界内假借打倒汉奸为名而为抢夺财物之实者，颇不乏人，司令部对此有何等措置为问，高级参谋吴氏答称，目下上海既入战时状态，普通法律自不适用，对于此辈奸人，司令部当设法引渡，依法处置，此举亦已获得租界当局之同情云。（二十二日写）

隔岸观火

昨日午后四时，日水上飞机二台正在外白渡桥上空盘旋之际，记者挟优良之望远镜，登临某屋高楼之巅俯瞰全市，见此一片干净土，因日军暴行又遭浩劫，浦东之火现已熄灭，但不久即有日机一台投一炸弹于东北锐角之地，响彻云霄、惟未燃烧。而杨树浦至虹口一线，火舌十余处，虽在青天白日之下，崇楼傑阁之间烈焰腾空之状仍然历历在望。据闻起火原因，多为敌军残败之余，深惧吾军乘胜追击，自行放火，或迫使该地难民代其纵火者，其唯一目的系欲趁烟火迷漫之势，以乱吾军追击之目标，迟缓我军前进动作，遂不惜出此。虹口一带不仅人烟稠密，且多日人开设之商肆，杨浦杨[树浦]一带为规模宏大之工业区域，亦多日人经营之厂家，今遭一炬，可怜焦土矣。

持此精美之人工工具，直有缩地之方，数公里外目力所不及者，呈现于望远镜中，乃如近在咫尺。首先窥见日舰 OHOTOLE，泊于外白渡桥之东，似为“出云”前卫，其上堆置沙袋甚多。日领馆之前，泊有日舰 HABUSOA，其戒备之状一如前舰。日清码头所泊者为日商轮衣笠丸，正在起椗出口，码头上卸下木箱颇多，由日军用卡军络续搬运。码头左角设有防御工事，沙袋堆积如城，往来之日兵甚少，且均褐衣露首，工作颇忙碌。此段浦江中，有小型日轮三艘泊驻，汽艇数艘游弋其间。日旗舰“出云”泊于顺泰码头前二号浮筒附近，此发动上海暴行之日第三舰队司令坐舰，除十四、十五两日被我空军连续投弹爆破外，十六日又被我军机械鱼雷击中，故彼之警戒特严，除炮座附近外，余均装置沙袋，后部甲板上尤多，瞭望台上之日兵，正持单筒望远镜向北窥伺。

英商公和祥码头之暗灰色彩，正足表明其处境，码头周围空无一人，亦无任何船舶停靠，大有老僧入定之概。招商局北栈码头上亦堆积木箱甚多。此两码头间之后面，正有浓烟烈火，自迎面屋顶喷出，推其距离似在兆丰路百老汇路之间。吾军已向百老汇路进军之说，此火殆可证实。汇山码头因房屋构造之位置，视线多为所遮，惟水泥钢骨之迎送台则仍完好，码头上并无船舶停靠，亦无人往来，其外市街较远处火花四射，烧势甚猛。大阪码头泊有日轮一艘，惟无人在码头活动。自此以东，视全线全为高厦所阻矣。回视杨树浦至虹口之正北一线，火尾毗连如鳞，昏黄烟雾直干霄汉，在蔚蓝天空中装点一片人工暗云，下接市街，有如屏障也。（二十三日写）

西线战事

自虹口至杨树浦一线，我军分三路攻击，敌与在此线内，既可凭藉租界之特权畅行军事准备，又复以数十年苦心孤诣之经营，一切工厂船埠、大型建筑，遂无一不可资为军用，尤其是虹口日海军陆战队司令部，全部水泥钢骨，直同炮垒，又有永丰大楼、六三公园等处之坚固阵地，互为犄角，西线中我军进展之难可以想见。况闸北地区为工商栉比之处，临近租界，人口稠密，市街之战损失必巨。况遭一·二八日军之魔手，迄今未能恢复元气，疮痍满地，触目皆是。且此处为淞沪、京沪、沪杭甬铁道之总站，如以资敌，受其威胁者当不止于上海一隅。一·二八之败，杨林被袭，固一大原因，北站失守亦为关键。八一三战事爆发前两日，日军舰队甫经两日海程抵沪，正当喘息未定之际，我军后发先制，穷一夜之力急驰来沪，执行其民族抗战之神圣任务。

八一三抗战以来，胜利消息多在东路，正北我军亦已攻入数处，独于西线战事报道甚简。故就战略上推测，我军系行翼攻击，以冀将残敌聚于一隅加以歼灭。东路攻入之利，在于我军后方概为原野，便于作战，又可控制浦江、断绝敌人连络，西线主计在守，而敌亦不暇进犯，故除北端一线，颇有激战外，老靶子路以南迄未发生战斗。

西线作战指挥为抗日名将孙元良将军。彼帅雄厚兵力，保持江湾至闸北之线，待机进取，于北四川路底之日司令部，作为守势中之攻击目标。敌人作战重心既被威胁，对于横滨桥以北越界筑路之北四川路地带，运用尤为呆滞。故在较寂之西线战事上，我军进展亦甚神速。当敌人枪林弹雨中，出生入死者不下数十次，八字桥为世人注目之地，但因地形限制，步兵攻击虽易得手，然因一道如肠保持极难，既经越桥冲锋加以占领，但工事无从做起，敌用坦克车相逼，又只得放弃矣。敌我两军计在此桥发生争夺之战，前后不下八回，现仍夹河对峙，无进无退。此桥在一·二八之役中，战斗亦颇剧烈，青云桥、宝山桥诸地，则无大进出。

江湾正面自我十四日以猛烈攻势占领持志学院，八十八师旅长黄梅兴竟至阵亡殉国，十六日乘胜进占爱国女学及粤东中学，十七日又占领海军俱乐部附属园。江湾正面在顺利发展之下，已逐渐逼近日军司令部矣。

今晨，江湾我独立二十旅向何家宅上海法学院方面佯攻，敌人异常恐惧，伤亡极巨，我军机关枪连连长李祝秋，孤军深入，亦以身殉国，李氏为湖南人，黄埔军校毕业生，平生作战最为勇敢，而于暴日敌忾尤深，故一闻进攻命令，遂奋不顾身，不以试探之战而稍懈，其忠勇之概，堪为军人之模范。

至于四川路越界筑路地带，我军虽时以哨兵游击，但未加以占领。记者深信该区域残敌之扫灭，仅为时间问题，我军战略完成之日，即系敌人毕命之时也。

综合西线战况，江湾正面攻击，进展虽缓，但我完全居于优势，长围一合，日司令部纵有高城、深池、坚甲、利兵，亦必与被整个颓势同归于尽。江湾至闸北之线，原是攻势防卫，集结兵力在一师以上，用此雄厚兵力，牢握敌人咽喉，亦完全居于优势。全部情况，在西线一端，向敌屈曲攻击，如用军语说明，则正所谓“攻击钩形”也。

记者屡赴战地，与西线官兵接触之机会甚多，负此民族抗战任务之健儿，同仇敌忾，英勇万分。以指挥作战之师部而论，即处于火线之中，孙师长以下，无不镇静异常，师部门窗已被流弹爆破，而工作人员仍处之宴然。稍近火线，则士兵作战之勇尤为令人感动。彼辈卫国斗士，枪口向外，屹立不倦，询以感觉辛苦否，多露笑容而摇首否之。

今午记者与萧参谋谈，彼于作战计划，颇具卓见，尤对近来许多建设，毫无军事价值，深为扼腕。彼举北站大厦一事为例，谓该楼建筑费数十万元，高耸入云，果有何用，徒供敌人炮火目标，而不能资为我军据点。闻其工程甫竣，即发现屋基某角与地面不在一水平线上，屋顶露台平面，每一平方公尺不能载重四百磅，徒具庞大之形，并无坚固之实，虽占地理形胜，竟无大用。反视日军司令部，彼则不尚外表，矮屋五层，直较民房为低，四壁坚实，摧毁不易。彼意将来一切大型公私建筑，务须兼合军事上之要求，庶几国防得一辅助，其言盖亦可以发人深省也。（二

十三日晚写）

浦东情报

浦东之地，东滨东海，面对嵊泗列岛，北连扬子，与崇明夹江峙立，西接黄浦，为上海市之屏障。地形突出有如半岛，系川沙、南汇与本市接壤之区。就军事观点而言，如于锐角之上置有要塞，可为扬子江南水道之锁钥。今既无此设备，遂一变而为腹背受敌之地，况敌航空母舰泊于嵊泗列岛及吴淞口外，战舰不断在沿岸游击。敌军时有偷袭企图，浦东实处于三面被胁之地。一·二八战役该地所以平安无事者，盖敌于租界北区并无大败，杨林偷袭又告成功，故未重视浦东一隅。八一三抗战以来，租界北区战事敌人既受严重打击，界内据点多被我军摧毁，遂不得不扩大外缘，于十四日以战舰五艘偷袭浏河，在该处既不得逞，乃于十六日转向浦东方面进扰矣。

敌军未攻浦东之前，我陆军炮兵××旅已奉命由××向该地增援，旅长蔡忠笏将军之前锋，以强行军于十四晚即渡江到达目的地，十六日在三菱、三井、耶松等码头与敌发生遭遇站，此时我仅步兵一团、炮兵一营，敌军虽数倍于我，终被我筑围扼守，未能越出码头一步。迄晚我军大集，施以猛攻，敌舰亦集中江岸不下十艘，双方炮火极烈，"出云"以旗舰之尊，竟亦参加战斗，发射其二十生的之巨炮。以冀掩护陆上部队。自是日起，我军除以巨炮应战外，复行白刃战，岸上之敌死亡枕藉。"出云"尾部，亦被击伤。敌军始知登陆无望，遂又渐行放弃进扰浦东之计划。至二十日止，残敌一概肃清。目下浦东情势，除少数敌机自二十三日起连日飞往侦查投弹外，我军实控制优势，居于主动地位。该地现有 x 师 x 旅兵力，均归张发奎将军指挥，防务巩固，治安无虞。但据记者观察，敌在租界北区之据点既多破坏，又受我军重大压迫，攻既不能，守亦无望，放弃虹口之说终于有实现之日。吴淞一带之偷袭，连日与我军激战，我当不致再蹈覆辙，让敌人盘踞要津，在我后方威胁，昨起已有 x 师兵力向该处登陆之敌邀击。江右之战日内定可分晓。江左已有陈诚将军统帅大军，从事攻守。镇江以上敌又无从飞渡。将来敌只有以嵊泗列岛等处为根据，而向浦东进犯之一法，故十六至二十日间之战斗，或仅为浦东之绪战也。

浦东之地既已如是重要，而蔡将军又与记者为多年旧交，故于昨午买舟东渡，面聆其说，以尽公私之谊。当在董家渡登人力车之后，敌机两台即迎面飞来，低空盘旋，似在侦察我军炮兵阵地，恋恋不舍，去而复来，当高度不及一千公尺时，若开机关枪，则记者定作牺牲矣。田间苦无荫蔽物，敌机将至，只得下车避于阡陌之间者，不下十次。终见一机投弹，爆炸于里许之棉田中，尘土飞扬，农作物受损不少，幸未伤人，而我之高射炮，突然怒鸣，弹火爆于空际，成为白色云朵。敌机始暂东去，旋又复来，如是扰扰，终于送我而达旅部之门。

蔡氏年逾不惑，精神倍佳，生平豪放，纯一军人风度，保定军校出身，精于枪炮之学，待人接物，备极诚恳，数十年来，始终未离军队生活，其治事之一贯精神，有如此者。北伐之役，记者与之同隶东路军，即知其作战经验异常丰富，殆后钱慕尹司令警备淞沪，又成同僚，氏即驻防浦东，今又重履斯土，立于抗日前线，当可发挥所能，捍卫祖国也。

蔡氏闻记者至，趋出相迓，握手道故，殷勤可感，间述浦东战况，一及日人残暴行为，即为切齿，对于投弹燃烧民房、杀伤非战斗员等事，指为忍心害理之兽行。记者以氏为枪炮专家，即以南京路爆炸惨案之疑点为问，氏断为飞机所投之炸弹，其最大理由即中日双方目下均未使用如此威力之大炮，而可以同时杀害数百人者。记者又询以弹道落点并不作垂直线，投放炸弹亦有此可能否，氏谓可能盖投放时弹道之角度、空气阻力、风向等关系，其落点均不一定成垂直线也。

蔡氏生平之嗜惟在曲蘖，故记者与辞时，询以军中有好酒否，氏笑曰无之。记者亦笑谓然则其待抗战成功，予将在豫丰泰设庆功之宴，痛饮黄龙，其时或正菊黄蟹肥之时欤，相与抚掌而别。（二十四晚写）

夜行散记

八一三抗战以来，记者因职务关系，亦与前线健儿同未安枕，昨晨治事甫毕，又衔社命赴浦东视察，黄昏始得返馆，适获一极巧之机会，而偕××××军官至北面前线观察，车出枫林桥，迂回前进，柳筛月影，波漾渔灯，道旁卫国战士，正擎枪立于风露之间，勤于值守之精神，令人深为感动。

在此大自然之怀抱中，白月当天，万物可睹，呈现车窗中者，初为租界西区之黑色轮廓，高耸霄汉之永安新厦突立市街之间，有如鸡群之鹤，其状安详，不因前午日人炸弹之毒手而稍改态度，颇能代表中华民族坚忍独立之特性也。嗣见租界北区，有数处火光接天，正不知为杨树浦之工业精华，抑虹口区之市民汗血，又遭暴日之毒手矣。

渐进而至我军炮兵阵地，其前信号灯频燃，一物升空，极强之光数点随之而起，拥有射程×万××公尺之巨炮数十门，遂因目标指示而发挥威力。其中颇有无家可归之东北健儿，佩白底蓝字之“卿”字臂章参加抗战。九一八切齿之仇恨，不图今日能以打击相报，其作战之勇敢，自不必多言。我军炮火一发，响如迅雷，而敌阵闪电之势，即因之迸起，想见摧毁力量之猛，牺牲其下者，正不知有若干条生命。日人与我，同种同文，彼辈因受军阀之愚弄，作此不义之战争，舍家捐命，获此结局，岂不冤哉。

目的地既达，停车于榆林之下。此处为南北两战场之中心，适如三角形之锐角点，机关枪、迫击炮，在万籁无声之原野中清晰可闻。其地房舍已为日机轰炸，损毁罄尽，公交汽车数辆亦如蜷伏之犬，贴地不起。

今晨一时许，前线救护车三辆络绎而来，每车仅十人左右，伤势均不严重，可证我军损失甚小。据一步兵黄耀景言，彼在吴淞方面作战，十时左右，因冲锋陷阵，为敌人机关枪射中，伤及两臂，本欲继续战斗，因迫于排长之命始退下治疗。彼言登陆日军，并无多大战斗能力，均匿于江畔房屋之内，不敢挺身应战，可见并无远大之志。我军已有 x 师增援，江岸一线，敌在六处被我包围。此地并无坚固据点，防御工事亦难构成。登陆之敌欲图生还，殆已不易。此辈斗士虽已负伤，竟无一人作呻吟之态，对外战争之能激发民性者如此。救护队及童子军在深夜中尽瘁服务，爱国热情亦不减于前线斗士也。

越数里而至一地，在黯淡烛光下会见八十七师师长王敬久。彼于十二日晨到达市中心区后，即在杨树浦一带作战，屡破敌人坚固阵地，诚虎将军也。氏闻记者等往访，趋出迎迓，态度和蔼，以诚恳之言词叙述该师战斗经过。东北一线我军确已攻占岳州路、公平路、塘山路、百老汇路，熙华德路一带，突进之点亦已获有联络，敌人决无发展可能，该线目下尚在相持中。

王氏旋又述及江岸一线之战况，敌在张华浜登陆者约二千，已被解决。吴淞炮台湾前晚登陆之敌只数百人，因有据点，故尚图挣扎，但信不久即可击退。狮子林一带登陆之敌约一师团，亦被我军包围，即可解决。昨晨并得司令部通报，我炮兵将泊驻吴淞口外之敌舰一艘予以击沉云云。

记者等于四时遵原路返沪，则数小时前所见之炮兵阵地已完全挪移，其运动之神速至堪惊异。中国仅有六年准备，军队之进步即已如此，记者深信长期抵抗战之结果，必能使全世界对于新中华改观也。（二十五日写）

罗店之战

八一三抗战以来，敌在租界北区作战部队，均系海军特别陆战队，除原驻上海东西两司令部及各据点约六千之众外，长江上游退沪及新由日本国内吴港开来者为数约近万人，连前约一万六千之谱。自遭我军严重之打击，遂呈瓦解之势，东北两线尤受重大之压迫。东司令部公大纱厂已被我军粉碎，其中残敌被围待死；北面我军突进之点，敌亦无法抗拒；西线始终相持，江湾我占优势。综观全局，胜算确操在我，但敌凭藉坚固工事尽力支撑，虽无反攻之力，然欲一鼓荡平，亦非经过相当时日不可。于是租界北区形势遂成黏性战争，敌方增援之正规陆军，初在浦东登陆企图迂回包围，孰知脚甫贴地，立尚未稳，即受浦东我军之猛击，遂又照抄一·二八老套绕向吴淞、浏河方面。

敌在张华浜、蕴藻浜、炮台湾、狮子林等处登陆者，为数并不甚众，多被我军包围扫荡，该处似已不值吾人重大注意。惟罗店形势颇为吃紧，偷袭敌人约近一师团，浏河登陆者亦复不少。如该方面失利，则不仅嘉、太、宝三县难守，京沪铁道亦有中断之虞，淞沪之军将陷入孤立，一·二八之惨痛必至再演。故关切时局者，应于西部战况更加注意也。

当记者报道所知之前，愿先提供的一可喜消息：即罗店之战，据军方今午确息，昨因我军战斗序列之重新配备，该方面又有生力部队增援，昨晚业将敌军驱出罗店之东，目下已在月浦之线激战。该处统帅为国军虎将陈诚将军，彼为主战派之少壮军人，统帅×师之众，以当进退失据之敌，我之胜算确有把握。记者于此更愿申说一事：即一·二八之败，病在后方无防，吴淞守将邓振铨之逃，遂使敌人志骄意得，而翁照垣之守亦未能发挥威力，但敌人终于不敢正视吴淞，故远袭七鸦等处，仅遭遇我保卫团五十名之抵抗，敌以数万之众乃得长驱直入，切断我军后路，迫使我军退却。此为一·二八战役失败之根因。故一般恐日病者，现闻敌人袭入江右各口，遂以为一·二八之覆辙，今又蹈之。殊不知一·二八时，浏河、罗店一带，敌军如入无人之境者，今有国军虎将帅其×师，为国干城，必使敌人易进而难退。况敌背水为阵，军需粮秣，输送困难，原野作战，又乏据点，敌我两军近如咫尺，敌机敌舰，亦无从施展其残杀手段，诸种弱点均聚于敌，胜负之数，不难前知。故就事实而言，现与一·二八情况大不相同，恐日病者盖可以休矣。再就心理而言我既抱定长期抵抗之主义，须存宁为玉碎之决心，焦土抗战，分所当然，敌纵登陆，亦何所惧。军民务须守此方寸，坚此自信，始能发挥民族抗战之力量也。

兹再转笔以述罗店之战，根据材料为我军情报及搜获敌军阵亡高级军官所携之敌方军用地图，此图注有“上海近傍二号”字样，系三份连接，只有罗店至嘉定等处，显见其进扰目标尚在嘉定。幸经我军邀击，将敌止于罗店之间也。今午经记者之研究，见其军事配备、进攻路线及部队线号、作战大概，即已了然，据之推断战情，必无甚误之处。盖此图为二万五千分之一之空中写真测图，由“上海派遣军司令部”所颁发，并注明“用济后烧却”者，图上尚有数处染有该军官之血渍也。

该图于宝山县属川沙口、小川沙口江岸之外，绘有舰形符号三列，形如三字，最南一列共有八舰，符号内字样多已模糊不清，东端数只，则“浦风”等字尚可认出，其他数艘亦系“风”字压脚。查“雪月风雾”等字，均为日本之一等驱逐舰，主炮均为十二生的者；第二列四舰，有“大井”一艘字样尚清，则为二等巡洋舰；第三列仅有一艘，东面注有“信号”二字，右旁注有“xx 时间二十号午前二时”，其舰队位置在东端成一纵线，可知敌以满载陆军之战舰十三艘，向我川沙口等处偷袭。其到达时间远在二十日，而登陆时间据我方报告则系二十二日。此三日间尚无法登陆，其战斗能力已可知之。据图上标识，依箭标之指示，敌登陆之地在川沙口及小川沙口之左边。我军第一道防线在史宅、赵家宅、朵宅三处，敌在史宅左翼、赵家宅右翼之线似曾发生战斗，然后依塘工堤东西会合，向大村宅、川沙湾进扰。我军第二道防线在汤宅、西花园宅、陈家宅三处，敌得手后始合向川沙河之线直逼罗店镇。该图在罗店镇位置上绘有蓝色重线箭标及一粗横线，依军图惯例，粗重之线均系代表重兵所在之地，蓝色为我，红色为敌也。该图所表示之情形，虽只局部战斗之情况，而敌以大量舰队及陆军进袭，足见其重视罗店。目下该处之敌既遭击退，兹篇所述亦不过追记过去情形而已。（二十六日写）

突贯攻击

今兹所述，虽仅为追记上海抗战史中光荣悲壮之一页，但记者为求搜集此项史料，曾费无数周折。其事为何，则八月二十二日我军攻克汇山码头之真相也。自攻克汇山码头消息传播后，社会反应显然有二：一系热情同胞闻之欣喜欲狂，以为此地一被占领，敌即毋烦再攻，而可自灭者，迨后继续消息渐少，终至对此铁样事实亦竟发生怀疑。一系缺乏自信之人，自始即不信任其事，兼为刊布事后消息之外报所迷，其错误观念愈加固执，盖心理上已种恐日病根，自不信任我军能有如此威力也。记者由于此事之教训，断为社会之所以发生怀疑，实由吾人未能克尽职责、详为报道，致使客观事实陷于模糊，故其罪责应由吾人坦白自负。良以军事行动瞬息万变，一刻之前如此，一刻之后未必仍如此，所谓胜败乃兵家之常，故军事家只重视战争之结果，并不十分重视一时之成败也。惟吾人为新闻记者，时间观念应较诸一般人为重，俨如自动记录气象之机械，随时依温度之升降为正确之记载，提供最后之确据，以尽报道之责。如仅持一时状况，认为一成不变，不肯继续探索其发展动向，甚且闭门造车，向壁虚构，毫无情况作为根据，即滥事判断，纸上谈兵，以为想当然耳。故在二十二日汇山码头得而复弃后，尚在传播我军以该处为根据而向两翼扩展之消息，此真贻误时机，混乱听闻矣。故吾人必须把握时代，不能稍涉怠惰，否则予社会影响之恶劣殆有不堪设想者。萌斯一念，遂决竭其棉薄，而于旬日以来出入战场，期能补过。今再以攻克汇山码头之历史提供读者，除为证明我军之牺牲精神及战斗能力，俾坚民族之抗战自信外，并将笼罩心理上之暗云为之吹散，使此一页光荣战史，亦得以昭明于世焉。

先是暴日侵沪之势既成，驻防苏州之师首先奉命驰赴吴淞、江湾之线警戒。十一日下午九时二十五分开拔之命令到达，即以急行军于十二拂晓进抵目的地，十三晨战幕即揭，该线我军屡与敌战，确察敌军战斗力薄弱，遂决进攻之志。驻防西安之师亦奉派增援，于十六日到达。我军战车队亦于十八日由 XX 开来助战，满拟一举而可廓清界内残敌也。

军学上有一术语，凡对敌正面之一部行突击贯破，以分断敌线者谓之“突贯攻击”，或称“中央突破”。我攻汇山码头之军所采战略，即系如此。自二十日我西路军由天德路挺进以来，叠有扩展。二十一日下午九时，我军下令总攻，沿天宝路、公平路、舟山路、兆丰路等纵线向岳州路、东有恒路、邓脱路、塘山路、百老汇路等横线推进；东路军亦沿华德路横线向百老汇路突入，拟会师于怡和路一带，进占汇山码头，完成突贯进攻之任务。沿途我行威力搜索，屡遭敌军顽强抵抗，均被我军奋勇击破。二十二日上午三时，我军以战车五辆前导、步部三营跟进，分头向汇山码头突击。战车发其精锐之平射炮，连毁敌人机关枪阵地数处，并毁其工事颇多。步兵尤为英勇，以血肉之躯吸收其重机关枪弹，前仆后继，向百老汇路敌阵猛击，终将其枪手射杀，并夺获重机关枪一挺。三时前即确实进入汇山码头阵地，伤亡惨重，而乃将该处敌人完全肃清，达成攻击任务。日军公然自赞之日俄战争时之奉天大会战，其悲壮激烈不及此役远甚。其时岸上之敌虽溃，而泊驻江面敌舰则纷向虬江码头一带下移，至其炮火射程线内，开始向我前进入之军轰击。同时百老汇路东西两端之敌，以杨树浦及北四川路司令部为根据，向汇山码头会合。我军鏖战良久，敌舰以烧夷弹射来，房屋着火燃烧，敌机又以巨弹投掷，我军损失颇重，毁战车两辆、有两连长阵亡、三辆受伤冲回，步兵一营生还者仅数十人。营长身负三伤，内有一连官兵佚均被烧夷弹焚死，尤为奇惨。此役牺牲十分壮烈，迄今追记，于英勇抗战之伤亡健儿，犹寄无限之钦佩与同情也。

记者此稿，久已写成，因求真实，遂一再与参加此役之高级将领斟酌修改。惟彼此均在忙中，兹篇所记不过述其崖略，翔实信史自有将来专修战史之人负其责。记者亟为发表之故，特为篇首所发之感想，耿耿于心者亦已旬余，如鲠在喉必以一吐为快也。（三日追记）

战区远足

1

八一三抗战以来，记者足迹所至多系前线，对于我军各部队作战之局部的战略战术，业已陆续介绍矣。抗战迄今已逾一月，局势演变渐趋严重。记者为求忠于本职，亟欲明了整个战局之轮廓，特作战区之远足，访问战区最高军部当局，对所欲知之问题已获得相当答案。此种问题，殆亦读者亟欲明了之事。现就其可发表者略举若干事，以作报道。就中人名地名因格于功令，未便指实，然一事一语皆非出自记者臆造也。

当记者决作远足之行，为求缩小敌机目标、增加行驶速率，以三日之期待，始获一暂充机器脚踏车之司机人。其人或精于修理而拙于驾驶者，记者危坐车后，不禁心旌摇摇。前夕昏暗中，竟即翻车于虹桥路上，记者双膝着地，破皮五处。昨午再度翻车于阡陌之中，伤鼻甚剧，血流如注，握之急行，呼吸窒息，血夺口腔而出，烦闷之情实难描画。经半里许始遇军医官为施手术，注止血针，慰藉有加，并许为“勇敢之人”，心境稍快。然因流血过多，不觉头昏耳鸣，幸有谈笑风生之彭参谋出而招待，彼索题纪念之言，遂书“流无代价的血、遇有趣味的人”为赠。由兹一事，使记者深感业新闻者除备普通知识外，各种应用技能亦不可不习也。

行前曾口占一绝以言志，并请夏女士书于手册中，诗云：“民族抗战八一三，不杀倭奴誓不还，自信书生能报国，但凭秃笔斩楼阑”。此册继经多人题咏，张总司令书有“成功成仁，义无反顾”，黄副总司令书“抗战到底”，徐参谋长书“有敌无我，有我无敌”，侯参谋长书“且把碧血铸长城”，孙师长书“长期抗战、必须坚毅强韧，争取最后五分钟的胜利”，柳处长书“‘汉贼不两立’，是好男儿，便当杀贼”，庄副处长书“为民族求生存而战”。全军将领所提示于吾人者，何等慷慨激昂。国人于此，应知所奋发矣。

前夕既抵闸北，宿于萧参谋处。是日午后，租界内即有关于闸北之谣言，谓为我军业自闸北退却者，现已证明为绝对无稽矣。因此一事，记者又萌感慨，夫闸北一地为全线之轴，绝无放弃之理。吴淞、杨行方面既已撤退，杨树浦至蕴藻浜之线深受左翼威胁，始奉命为战略上的撤退，守兵尚不肯即行，延至十一日晚间撤至江湾之线，与左右两翼衔接，化突出阵地为一直线阵地，节省兵力，反较有利。而国民不察，颇多鳃鳃过虑，此殊嫌于军事上认识不足。敌于十二日晨七时起，仍猛烈轰炸我退出之阵地，直至十一时始发现已无一兵，空费弹药射击四小时之久。我军此次抗战，确抱与敌军偕亡之心，万无轻易撤退之理。宝山守城之兵未奉撤退命令，苦撑三日，全营殉城，至死不退，可为明证。日人宣称三星期可了沪战，现已延长月余，彼用十万大兵结果不过如此，其前途已可想见。当兹两国并命之际，国人应三复“闻胜不骄，闻败毋馁”之语，然后方可担当大时代之使命也。

日军在沪作战之实力究竟如何？此一问题。恐正萦绕于许多人之心中。兹据记者所得解答，即正规陆军十个旅及一工兵团、海军陆战队一万人左右、军舰及装甲商船百余艘、飞机两百余架。如此庞大武力，经一月之时间，表现之成绩，仅攻入我江岸东西不及五英里、南北不及十英里之地，合之不过五十平方英里之地，已使用其全国陆军兵力四分之一、海军兵力三分之一、空军兵力十分之一。日前战局尚是胶着状态，如照目前情况推算，吾国拥有四百万平方英里之大地，倾全日本之人亦只能扰乱我五万平方英里之地，由是以观，日本诚不足畏矣。

现在上海作战之敌军，除海空军以外，正规陆军中，据俘虏及谍报所知，其番号长官，有如左表：

第三师团二十九旅团	旅团长	伊东正喜
第五师团二十一旅团	旅团长	吉木贞一
第六师团三十六旅团	旅团长	谷寿夫
第八师团十六旅团	旅团长	中路直三
第九师团六旅团	旅团长	秋山义兑
第九师团十八旅团	旅团长	井田宣时

第十一师团	师团长	多田骏
第十二师团十二旅团	旅团长	山田乙三
第十四师团二十七旅团	旅团长	未松茂治
第十六师团工兵十一联队	联队长	儿玉支雄

以上各部队中阵亡之联队长(团长)已有第六师团第六联队长仓永辰治,重伤之联联长已有三十四联队长加腾守雄、六十九联队吉泽忠勇、及鹰森孝等四员,官兵伤亡约万余人。

2

日军之战斗能力究竟如何?此一问题,可举新近觅得日军颁发各部队之对华作战要点中之大意,以窥其奥。该要点除尽量诬蔑我军之荣誉外,并列举作战时应行注意事项,归纳之可为四点:(一)进攻华军阵地之前,先以强大火力行密集射击后,始用步兵出击;(二)步兵应尽量使用自动武器,以减少步兵之数量,增加步兵之质量;(三)每一次出击应力求海陆空之协同;(四)华军最怕新式装备,故不必一定获得战斗效果,亦应尽量利用此等新式装备以为威胁。以上四点,证之一月来敌军所行战术,即以此为根据。先举八月三十一日再陷吴淞之役,敌先使用军舰二十余艘向我长约三千公尺之吴淞沿江一带线的阵地,施行猛烈轰击,军舰每艘如以主炮四门计算,至少有重炮八十门,其主炮多系二十生的之口径,有效射程至少有十五公里,吴淞沿江敷设之工事自在其炮火射程之内。依照射弹散布之被弹面公算,每一百平方公尺面积,只需平均分布炮弹四十发,即可杀伤毁坏此面积内之生物或建筑物。敌于此役,自上午九时起射,直至下午五时始停,中历八小时之久。如以每十分钟发炮一次计算,敌舰是日所发之炮当在四千发以上。依照被弹面公算,可毁一万平方公尺之面积。吴淞阵地长只三千公尺,自已被其威力所征服矣。而敌更使用水上飞机三十余架,掷弹数百,以填补炮弹不及之缺隙。我军阵地之绝难保全,可想而知。故该线守军×××师×××团不但不能寻求敌之步兵作战,根本尚未望见敌人即已损失殆尽,敌之步兵遂安全登陆,宣告占领吴淞矣。再举九月五日敌军偷渡沙龙口之役,其时敌军原只四百人左右,惟所挟武器均系自动机关枪,以两三人管理一挺。此一挺机关枪因放射速度增高,直等于步兵一排(三十余人)之兵力,且其弹道凝集,近距离之威力更非步枪所能及。日军配置每中队(连)原只六挺,今竟全部挟此武器登陆,故人数虽只四百而战斗力竟在四千步兵之上。其势之锐自不可当，难怪防守该线之×××师不能阻其进至宝杨公路也。至于出击时之协同动作，及利用新式装备为威胁等，其事诚不胜枚举。继观日军战术，自表面而言，敌据有大量精良武器，纯粹利用科学工具以临我军；而我军所以抗之者，除血肉之躯外，复何所恃。此或"恐日病"者致病之原，殊不知战斗之道首重士气，次问战斗效果终究如何，暂时得失于与一瞬即变之战略战术，与全盘战局所关甚微。日军自鸣得意之现行战术，就其本身而言，绝无可畏之处。试就上开四点分别解说：（一）密集射击，我军固有损失，试问此密集射击究需付出若干费用、究可获得多少代价，吴淞一线固已被其粉碎，但四千发炮弹及数百枚炸弹之价，粗为估计，至少应值百万以上，日本国民付出百万以上之血汗代价，仅由日兵暂时占领业经粉碎之吴淞，此种消耗究有何等价值。（二）精兵主义固可逞一时之威力，然其武器之放射率愈高，消耗率自亦愈大，以四百人行四千人之消费，日本财力绝难持久。（三）陆军不能脱离海空军单独作战，且需海空军先行扫除困难，然后出击，诚不知陆兵之功能何在。如一旦处于海军势力所不及之地，或空军丧失制空权后，试问陆军尚能从事战斗乎？日军之所谓"协同"，可知不过是陆军必须依赖海空军之门面语。（四）新式装备施于初见世面或毫无自信之人，其始或可生效，然纯以恐吓为目的，必欲使人始终畏惧盖亦难事，即以记者而论，初睹敌机轰炸固有戒心，经见既久遂萌不过尔尔之念，以手无寸铁之书生已作如是想，乃欲用此等手段加于精忠报国之斗士，直为不可能之事矣。总而言之，日军所可称道之战斗能力，与其誉之为富有重大威胁性，毋宁宁直呼为钢铁火药之大浪费家。然以日本之贫乏，此种物资，从何而至，言念及此，不禁寄予爱好和平之日本平民以无限同情，彼辈胼手胝足，勤劳终岁、血汗所得，竟遭军阀压榨浪费于不义之侵略战争，岂不冤哉。反观我军一月所来表现之事实，就士气而语，再接再厉，宝山有殉城报国之官兵，虹口有不甘作虏之飞将，以视滁州日空军之跪地乞降，淞沪日陆军被攻至急时之举枪纳命，可证是非公理之激发作用，尚能表现于两军士气之中。再就战斗效果而论，日军目前所采之战术，如此浪费，不但日本军需供应难乎为继，其国民在负担之上亦吃不消也，故言日军之战斗能力，无论从任何方面看，均一纸糊老虎耳。

3

我军之战术究竟如何？此一问题，须先涉及我军之战斗精神及战斗能力，然后可以阐明我军以前虽处于极为不利之战术中，而表现于战斗精神及战斗能力上之成绩，实为光荣伟大。溯自甲午以还，日本军阀不念千年来受我文化熏陶之德，乘我内忧外患，屡次趁火打劫，二十一条、山东出兵、九一八事件、一·二八事件、侵占平津，无不明目张胆，对我恣意压迫，必使同文同种之善邻，在其穷凶极恶之政策下，窒息苦恼而死，以遂其吞并中国领土之野心。中国国民，焉有不义愤填膺、攘臂而起，以求国家民族之生存。七月七日卢沟桥之烽火既燃，八一三上海之衅端又起，必迫中国出而应战。此种咄咄逼人之气焰，已使全中国之国民不能再忍，况负保国卫士重任之斗士乎。故在心理上言，我有理直气壮之师、以拒彼内疚神明之众，士气之旺，可以想见。至于军队训练，其成绩亦为人所共喻。无论为调整师、整理师或剿匪部队，其装备均属简陋，空军之协同甚少，海军之协同根本没有，以当敌人海陆空立体战术之威胁，此次参加抗战之陆军，无不咬紧牙根，至死不屈，世界任何国家之陆军，恐亦不能有此奇迹。此非夸大之言，试以一·二八中日军每日用为宣传之"肉弹三勇士"，现役中吴淞战场之所谓"肉弹六勇士"为例，彼十万人中只有寥寥数人，愍不畏死，即引以为荣，而我军之牺牲精神及作战能力，配备于淞沪战场视死如归之健儿，殆无一不是肉弹勇士矣。

我军对于此次战争，既已明确认识其神圣之意义，又本其数十年之实际教训发挥实力，故难以简陋之武器，其始犹自采取攻势，飞机轰炸、重炮射击，人类遇之即成悲境者，我军视若无睹，不辞任何牺牲，在重重炮火中奋勇突击。闸北沿租界之线，八月二十一日曾攻入北四川路虬江路、江湾沿租界之线，八月二十二日曾攻入汇山码头、杨树浦沿租界之线，先后由华德路攻入齐齐哈尔路、华盛路、辽阳路、大连湾路、舟山路、公平路，明知敌人挟持新型武器，又在租界内以数十年经营之据点在一百处以上，其抵抗力之强不言而喻，然我军既已迫而应战，初试锋芒，不觉情绪高涨，其势难遏，以血肉之躯，抵挡敌人新式武器。凡此诸役，除攻汇山码头一战外，其余各役多行白刃冲锋，此种战术用于敌有据点之市街战，原难收得效果，但竟达成任务。我优敌劣之势，既已尽情暴露。蒋委员长平昔教育官兵"精神胜过物资"一语，亦从事实证明矣。但行此种战术，用之于最后五分钟之主力战，必收莫大之利。前此两军绪战之时即行使用或将认为不值如此，其实此亦另有意义。盖我军虽有十年战场经验，但从未与新式装备之敌国部队接触，所以采取攻势，即欲获得实际效果，用坚将士作战之自信心；就另一方面言，敌虽凭借新式装备，亦不足阻我出击之军，使敌重新认识新式装备之不足恃。有此两种结果，我军之士气自然旺盛，敌人之士气必致沮丧。此在两军心理上之影响，于我至为有利也。

租界北区之敌既已受此严重打击，不能向外发展，遂自十六日起，以增援之敌偷袭浦东、浏河、罗店、吴淞、张华浜、蕴藻浜、沙龙口、虬江码头诸地，阵线逐渐外扩，我之战术亦一变而为守势防御。其间阵地几出几入，我军伤亡虽重，敌亦伤亡万余。因其努力奉行对华作战要点，使尽平生气力，尽量利用飞机大炮，结果所费不赀，以助成我消耗战之目的。我军则渐趋稳健，不予轻易出击。八月二十八日王师接得确报，张华浜之敌阵地确已动摇，始予总攻。九月八日杨行前线杨团增援后，第一命令即为“节省子弹”，可见我军尽量储蓄实力，以应付主力战。此种战术当无可议之处。

九月十一日我军自动撤至第一道防线后，仍采守势防御战术，逐渐脱离敌海军炮之威胁。阵地工事有月余之经营，相当牢固，敌机轰炸，亦无所惧。敌之陆军出击，此在我军求之不得，因除敌海空军外，其陆军诚不堪一击。此非轻予嘲笑，实其战斗力之估价只能如此。故我进入预定阵地后，找出敌人缺点，便可随时出击。九月十五日一鼓而收复罗店，即为明证。现行之战术，不但可以节省物资，并可保全人力，敌如以攻势姿态向我进犯，其牺牲自必较我重大，消耗战之任务今兹始渐达成。综观全盘战术，初用猛烈攻势以挫敌人之锋，现行守势防御以储我军之力，始终由我主动。胜利之把握，其在此乎。

4

我军之战略究竟如何？可分为三时期而言：自八月九日虹桥事件发生后，敌于十日起即陆续在沪增兵增舰。上海市市长俞鸿钧向日本驻沪总领事冈本质问，彼初则谎言“增兵无妨”，继即提出“撤退保安队，撤除防御物”等无理要求，侵略上海之举已自势在必行。其时敌驻沪兵力除原有之陆战队及长江上游退沪之陆战队外，并由吴港陆战队增援数千之众，合之亦将近万，敌舰则增至二十六艘。本其以陆军控制华北、海军控制华中、华南之一贯的政策，欲用迅雷不及掩耳之势，以威胁我保卫上海之三千保安队。殊不知我于虹桥事件发生后，即已窥破敌之阴谋，驻防上海附近之八十七及八十八师，奉命以急行军进至闸北、江湾、杨树浦一线阵地，数小时之部队运动，十二日清晨以上各线即布满我抗战斗士，此种“后发先制”之动作，实予敌人当头一棒，两军之战阵既列，日军如真有勇气，当不待我军喘息早已出击，而事实则并不如此。记者是日遍历闸北及四川路一带观察，我军已据工事，作预备放之姿势，而敌人则在四川北路底一带奔走攘扰、来往不息，不知数日部署所作何事。尤可笑者，敌既欲以威胁加我、使我“屈膝”，而我表明抗战决心，展开实力以后，素无信义之敌，忽又高谈法理，在共同委员会席上竟责我破坏“淞沪停战协定”。当经俞市长指出：日军去岁向该协定规定日军必须退出之八字桥一带地点侵入，协定已由日军先行破坏，安能独由我方遵守。冈本始俯首无词。而日军亦自知势成骑虎，十三日上午九时十五分始以便衣队向我市区警戒线内进入，淞沪战幕遂正式揭开，而敌之威胁政策亦宣告失败。

第一时期之我军纯取攻势的战略。自八一三至二十二之十日间，由闸北沿江湾至杨树浦一线，我军全在外线作战，将陆上之敌包围，东西夹击，行“攻击钩形”战略，多已收效。东面先后进占华德路等地，西面进占虬江路及海军俱军部附属园，敌之公大纱厂及北四川路底陆战队司令部等东西两司令部均受我军威胁，尤以二十二日前所行之“突贯攻击”战略竟建大功。二十二日上午三时前我军由敌阵中央突破，进占汇山码头，一度将东西之敌切断。此为我军在取攻势时战略上之成就。

敌在租界北区作战既告失败，乃由正规陆军增援，遂于十六日转向浦东进军，当经我军击退。又于二十日拂晓偷袭川沙石洞诸口，进犯罗店镇，行“翼攻击”以为牵掣，亦被我军施以包围。此后敌陆继偷渡到浏河、吴淞、蕴藻浜、张华浜、沙龙口、虹江码头诸地，使我军陷于内线作战。我军始以“逐个击破”之战略将敌分别包围，苦撑二十余日，彼此伤亡均重。敌之新式武器渐次滥行使用，我因阵地凸出部分忒多，又以战术上之种种不便，乃自动于九月十二日退入第一道防线。第二时期之我军，所采战略遂成“守势防御”。

今后我军除在主力决战之时，当倾全力予敌人以致命打击之外，现似将不出于“守势防御”之一途。敌如进犯自须付更大代价，侵略之难，迥非敌始料所及。故近卫首相原言三星期可了沪局者，已于九月十日公开向人宣称沪战本年底亦不能了矣。

我军现采“守势防御”之战略，其优点可以言者约有两端：一为阵地化为直线，工事敷设较易，无论采用线的阵地或面的阵地均可运用自如。所生战术上之效果，改白刃冲锋为壕堑战术，可以节省人力物资，对于阵地之保持亦易，陷敌于胶着状态，欲速不得、欲罢不能，以完成我持久战之目的。一为地形上所予之便利，可使部队增加战斗能力，前此部队之行军、做工、作战，在敌军控制制空权之情势下，我军只能工作十小时，敌则二十四小时内均可工作。现我既已步入稳扎稳打之途，只顾作战，毋烦再事运动，在时间上即已增加三分之二，况敌海军炮有效射程渐远，将来进入湖沼泽地带作战，敌之所谓“泥足”即可见诸事实。历史上在湖沼地带作战而获得胜利者，只有兴登堡一人，然而我非一败涂地时之帝俄残兵，敌之统帅如长谷川、松井、永野等等，安能妄拟兴登堡。欧战时东战场之奇迹，绝无再造之机会矣。

综观我军之战略，无论攻势守势，都已达成任务，而运用之灵活、措置之适宜，尤可谓卓著成绩也。

5

我军物力虽不及于敌人，一月以来之上海抗战，论战术并未失败，论战略则已成功，且于整个国家之命运，发生一新的好转。大时代对于吾国之赐与良非浅显，世人每以战争为苦者，被压迫之中国，反由抗战中自力更生，此非故作乐观之言。依大势观察，敌我两方于上海之战后，在政略上所发生之结果，优劣之势，判若天壤，今举六点以为证明。

（一）敌初以为只用恐吓手段，不费一矢，既能压迫我保安队退出上海，视上海亦如东北之唾手可得者，结果适得其反，自遭我军英勇抗战以来，所受无形有形之损失，有非想象所及者，其一贯的如意算盘完全打错，是其政略上失败之第一着。抗战以后，姑不论其伤亡惨重，元气大伤，即就被其侵入之江岸五十平方英里之地而论，除市政府之少数堂皇建筑外，宝山、罗店、吴淞等地，无不因抗战而化为一片焦土。敌以极大代价得此焦土，不知派何用场。战区人民鉴于敌军奸淫烧杀之兽行，尽以逃避一空，不但胡立夫之类的汉奸绝不能再起，真使日军踏入“无人之境”。记者获睹东京朝日新闻所载侵入罗店之照片，敌之联队长和知鹰二以愁眉苦脸之表情，蹩其双脚立于罗店镇瓦砾之场。又宝山入城之敌虽挥旗举枪、故作狂态，然其照片背景尽系断壁颓垣，此种坚壁清野之策略，实予敌以重大打击，使其军事占领之地完全无所利用。而造成清野之实者，又系敌之飞机大炮，付出最大代价，获此“石田”全是蚀本生意，敌在战略上的失败，此其一。

（二）敌之常备正规陆军原只十七师团，而用于镇压国内反动、防止殖民地革命运动、应付东北义勇军，至少应使用六个至八个师团。七月七日华北抗战事发，敌在津浦、平汉两线作战之部队，据知已达六万，其番号为第十、十四等师团；平绥一线作战之部队，据知已达五万，其番号为第四、第十九等师团，合之约近六个师团。上海抗战事发，海军势穷力蹙，不得不由陆军增援，使用于上海之兵力又逾五个师团。是则日本之陆军在目前即已竭其全力。将来战区再一扩大，敌即绝难胜任。其所以不敢在青岛寻衅，并非日军阀爱惜其商民二十万万元之投资，实无能力再酿事端，增其担负。而近日扰乱闽粤者，只是敌之海空两军，陆军竟无闻焉。可见其捉襟见肘、窘态毕露矣。日本向来之假想敌为俄为美，陆军对俄，海军对美，成为一贯之国策。今以侵略我国之敌，竟将陆军兵力使用殆尽，尚未能征服中国，诚不知假想之敌一旦见诸事实，则将凭借何种力量，以图自存。敌在政略上的失败，此其二。

（三）日本已成债务国。此次侵华军费，两月之内竟已两次要求追加。第一次“北支事件费”总额十三万万元、第二次“支那事件费”总额二十万万元，合之为三十三万万九千二百六十七万一千元之巨。第二次追加之支出内容如左：

陆军费	一.四二三.七一三(千元)
海军费	三四九.九五八
预备费	二五〇.〇〇〇
共	二.〇二二.六七一

此等费用殆将完全用于消耗战上，而日本人民每人即须增加负担四十元以上之战费，况其对华作战后，对华贸易即几完全停止，军阀黩武，不惜大肆搜刮，以作下本不生利之事，结果必致民穷财尽。无怪日本财阀已有反战之酝酿。故就经济立场言，敌在政略上的失败，此其三。

（四）东北事变后，日本退出国联，已成孤立之势。侵略华北后，又遭举世诟骂，不但不自反省，更加一意孤行。再犯上海，引起世界之反对。以上就国际关系言，敌在政略上的失败，此其四。

（五）上海抗战后，敌竟疑神见鬼，以为中国必须依赖军火进口始能作战，竟以大量海军违法封锁中国海岸线，不但欲使上海成为死港，敌据伶仃洋东沙岛等地，并欲威胁香港，殊不知此举除予第三国以打击外，对我并无多大之影响。反之，却使沿海密集人口流入内地，工业、资本亦渐向中部迁移，为我保存抗战实力不少。敌在政略上的失败，此其五。

（六）中央以精锐主力在华北及上海抗战后，国内之统一益见巩固，日本数十年所行离间分化之阴谋，现已尽失其效用。促成统一运动，主观上固在我军事各领袖之彻底觉悟，客观上实由日本制造之形势所促成。是敌欲敝我者反而利我，敌在政略上的失败，此其六。

以上所举，不过荦荦大端，敌不惜使用武力，以求贯彻其侵略主义，最后结果亦可想而知矣。

6

由上所举敌我双方之种种分析，合之得一结论，即我军于上海抗战之前途，确具胜利把握。然此胜利之因素，除作战部队仍需以始终如一坚决的自信心以及英勇的战斗力，完成其神圣的任务外，其他方面之助力亦为成功因素的主要部分。今请略论目前有助于抗战诸事，并向关系方面建议，以为本文之结束。

首须述一可敬可风之事，即上海童子军及青年战地服务团等组合在战事上之贡献，实为伟大。彼等沐风栉雨，或出入阵地，任救护运输之工作，或留守后方，维持秩序，服务之勤恳、行动之纯洁，使人感到新兴中国之势力，实为雄奇瑰丽。记者愧未调查，不知工作人员究敷分配与否，如其不能，则曾受军训之大学生及公民亦应挺身而出，分担其事。

上海市民对于作战部队物资上的援助，可谓能尽捐输之责矣。登一广告征求，所需无不立至。国民之热情义举诚可钦佩。然此有两问题急应注意：一为物品之运送，务须力求敏速，若非前线所需，根本不必送去，既系所需，焉可迟迟不送。前次送赴三××师之面包，即因延宕日久，多已发霉，不能供做果腹之用。此中原因，或因手续周转忒多，以后如由一机关统筹办理，收到时即交各部队之上海负责人，并设法拨给相应车辆由其自运，即无积压之虞，自可迅速到达，庶能于事有济。一为劝募捐款，此中流弊，层出不穷。军费应由政府统筹收支，有力者最好是认购国家发行之救国公债。爱国团体之经费应自行筹措，不能依捐款为来源，为求防止假借名义以圆自私之辈，不宜再以团体或个人名义募捐。

军队运动和给养输送，需要良好之道路及车辆，以增加其效率。记者亲见市区各路凹凸不平者已多，甚至炮弹和炸弹之洞经月不填，黑夜行车生出许多危险。如组成若干义务劳役之战区工程队，如此简易工事自属轻而易举。兹事原有身负专责之××局，望能注意及此。

前线官兵之健康，在战事上有直接之影响，目下医药界只注意事后之治疗，忘记事前之防治。如能动员全市医生和医科学生，本国民之天职、医生之仁心，遄赴前线，为我保卫祖国之斗士，行必要之防治手续，并由制药家配送相当急救药物，则较之等人死后送花圈之办法，人道得多。又伤兵医院似应由统筹机关多派人员，随时严格考核，对于怠职之医生及看护，苦进忠告，劝其毋以人命为草菅，毋以做伤兵医院之医生及看护为时髦，必须热心服务。对于伤兵之管理，尤望各部队之上海负责人少开会，多去照料。至于战地卫生，各地卫生行政机关在此时尚不发动实力，真为不可原谅之事。对于尸体之掩埋消毒等等，望能即有一种战时组织去工作，以防止瘟疫之发生。

上海抗战中证明五年来军事上之准备相当成功，而政治上则仍待加紧努力。例如保甲工作，即缺乏成绩，以致汉奸活跃，民国警察至少应做分段肃清汉奸工作。战区人民应加重其连保、户口、异动陈报等责任，并可科以协同搜索之责，以安定后方。

战区之党员既奉有“先人民而犯险，后人民而退息”之命，切毋颠倒其词，倒行其事。庶几平日挂在嘴边之宣传言词，处于乱世，以实践为人民作榜样。毋效昆山党务特派员朱学典，甫于八月五日召集民众团体举行报国宣誓，六日即遁于上海一去不返，其秘书杨维熊亦率同职员逃避一空，以致民众失所领导。记者亦为党员，对此偷生畏死之徒实觉羞与为伍。不知我森严之党纪，对此类误国渎职之事，能为惩一儆百之制裁否。

人民本于爱国热忱，对于战时动态自是十分注意。新闻政策切不可忽视。上海战场纵横数十里，战斗单位如是之多，军方应设法使各种情报集中，以迅速之方法供给报馆、介绍国人，先入为主，以杜绝敌人之谣，并求其内容确实详尽，不致自欺欺人，一扫新闻界杂乱矛盾之现象，以澄清国民之视野，对于愿赴战地采访之正当记者，尤宜谅其爱国热情，予以便利。

凡此诸种问题均系记者身经目击、积郁五内者。今兹举出梗概，乃出于纯洁之动机，期能于上海抗战之实际行动有所裨益也。（十九晨写完）

别张将军

本日午后，愁人之秋雨迄未停止。记者仍御两轮机器脚踏车，踏上预期之第二次战区远足的征途。不意在泥泞道路中，先后翻车三次，最后一次且将左脚挂入轮边，受轮盘支柱之剧烈摩擦，裂鞋穿袜，伤及左踝，乃至不良于行。沪战以来，记者因赴战区采访，至此亦为第四次之受伤，虽将原定计划打破，但亦获得一极可纪念之机会。盖承××××军总司令张治中将军于其离部前三小时，与记者在后园接谈。回忆沪战初发，记者于八月十五日以报人身份，首先在南翔军次会见张氏。今又适逢其会，于淞沪战区为最后之惜别，斯亦因缘巧合也已！

张氏双臂交抱，面容清癯，与记者分坐园中，虽觉每次晤对均见其益形瘦削，然始终不足以掩蔽焕发之精神。氏以诚挚言词，首为自述彼亦爱读本报之一人，对本报之言论向所重视，并于记者之意外遭遇，深加慰勉。氏云“君伤脚来访，诚为‘勇敢之人’，余虽至忙，故亦不能不招待也。”其时侍从连来催饭，氏顾谓之“请彼等不必候我，可言我有客人在此谈话。”其待人之热情，使记者深为感动。记者且知是时朱总司令初到，宋、王、孙诸军长亦远道来送，为尽量节省时间，故仅发问关于张将军个人之事，以期获得辞职真相，告慰读者。

“总司令因病辞职，已获批准，其详可得闻否？”

“余自今春辞去军校教育长职务，原拟出国养病，嗣以中日局势紧张未能如愿。八一三之前夕，奉命绾军淞沪，此为余生平第五次参加战役。本期稍尽军人天职，然以病魔缠绕，如再勉为其难，则牺牲个人事小，贻误军机事大。现值战局已步入一新阶段，阵地渐臻巩固，前途较可乐观，故始以病请辞。奉命与朱总司令对调负责，回京供职。此余辞职及赴京之原因与经过也。”

“总司令之辞职理由，吾人为珍惜国家人才，自应深切同情，不知今后以健康关系仍须出国疗养否？”

“国家至此地步，余已绝出国之念，但对新职恐仍不胜繁剧。回京后拟向委座面前陈辞意，如蒙邀准，当在京中养疴，身体稍事复原，尚可再来前线努力。余对抗日工作始终均愿立于第一线，如不因健康之不许，则绝无退休之意也。”

语至此已近十五分钟，林间细雨，沾衣欲湿。记者不忍再扰，遂起立致惜别之词，并祝其健康早复。张氏情意殷殷，邀于便中赴京续谈。窃念濒行无以为敬，因将新辑“上海之战”原稿一册捧呈，藉作今次纪念，并说明原拟携来奉请教正者，不图已无余暇及此矣。张氏则谓作序之事，回京后可以寄来，并应记者之请题“持必死之心，坚必胜之念”两语于手册。终于缱恋情怀中，相与鞠躬而别。（二十三晚写）

杨纪著：《上海之战：一·二八——八一三》，上海《大公报》社，1937年版，第11—55页。

八一三淞沪抗战纪实

宋瑞珂[①]

八一三淞沪抗战，我未亲身参与，但当日与陈诚相处，得知情况较多。现就当时见闻，参考有关资料，对战争起因、战前形势、双方部署及各阶段战况，扼要加以叙述，供研究抗日战争史的同志参考。

一　战争起因

日本军国主义者基于传统的侵略国策，自九一八强占我国东北后，继续向南进迫，一九三六年九月竟以外交方式，向南京政府提出共同防共与华北特殊化等无理要求，遭到拒绝。彼以计不得售，复见我国西安事变和平解决，国共两党有第二次合作共同抗日的可能，乃企图进一步施展武力侵略，以遂其侵占华北进而统制我全国之迷梦。以上诸端是八一三淞沪战役之远因。

一九三七年六月，日本按照预定计划，先将平津驻屯军河边旅团集中两联队以上兵力于平郊丰台一带，七月七日夜间，故意在卢沟桥附近施行演习，藉口搜查失踪之士兵，袭击我宛平城。我驻军宋哲元二十九军三十七师（冯治安）的吉星文团，奋起抵抗，演成卢沟桥事变，进而在上海制造事件，挑起战端。此为八一三淞沪战役之近因。

---

① 宋瑞珂，黄埔军校三期毕业，淞沪会战时任武汉行营少将高参，后任师长、军长。原文六万字，现删节发表。

二　抗战准备

九一八事变后，南京政府一再忍让，但在全国军民一致要求抗日的形势下，预料到战争无可避免，曾采取了以下一些备战措施。

（一）整理陆军。一九三五年军事委员会在武汉行营设陆军整理处，以陈诚为处长，东北军的杨正治为副处长，刘绍先为军官训练主任，训练下级军官，并聘请戢翼翘、侯连沄等军事专家多人为设计委员，在南京陆军大学设将官讲习班，分两期整理四十个陆军师。一九三六年春开始，调集整理师的旅长以上军官到陆大学习，我被调参加第一期学习班，师长霍揆彰、宋希濂、王敬久、关麟征、黄杰，旅长刘安祺、钟松、郑洞国、罗奇、陈瑞河、施忠诚，副师长彭善、张珙，参谋长周彭赏、叶佩高等，都在这一期学习。整理师的团长、副团长、营长则轮流调步兵学校学习。

（二）拟订防御计划。蒋介石命军事委员会铨叙厅长林蔚（当时似兼参谋本部次长，总长是程潜）拟定了一个防御计划，曾到陆大对我们讲述一次，其主要内容是在中原、徐海、苏浙沿海及晋绥地区构筑国防工事，并从德国购进平高两用重炮数十门，于七七事变后，星夜装置于江阴、镇江及南京城郊要塞。但到八一三淞沪抗战开始时，该项重炮阵地的设备与训练尚未全部完成。

在华北，则令阎锡山在晋北长城各口设防，傅作义在绥远大青山一带构筑防御工事。对冀察未提出任何设施，对山东考虑韩复榘阳奉阴违，未便在黄河天险和胶东设防。我们当时就感到抗战一起，这几省将沦于敌手。

（三）构筑京沪杭防御工事。一九三五年冬蒋介石密令张治中准备淞沪区抗战，其后任为京沪警备司令，在吴县、常熟、福山（吴福线）及无锡、江阴（锡澄线），利用河流湖泊障碍，构筑防御阵地的骨干工事，又在淞沪外围构筑要点工事，并于一九三六年至一九三七年，举行几次参谋旅行。又密令张发奎准备在沪杭地区抗战，任为苏浙边区司令，在乍浦、嘉兴线构筑防御阵地骨干工事。在京沪线上的部队是宋希濂的三十六师、王敬久的八十七师、孙元良的八十八师，还有工兵团；在沪杭线上的是阮肇昌的五十七师。此外，增强了京沪铁路上的军事运输设备，新修了苏嘉铁路，加强了后方必要的公路建设，改善了江防交通和通讯，同时组训民众，以便自卫。

（四）拟定扫荡上海日军据点计划。根据这一计划，以张治中京沪警备司令部所指挥的三十六师、八十七师、八十八师和上海保安总队吉章简的两个保安团，出敌不意，夜间奇袭，迅速摧毁虹口日军各据点，并占领沿江要点，阻止日军登陆增援。其目的是取得初战胜利，先声夺人，同时使日军无法登陆或增加其登陆困难。可惜奇袭失利，又囿于国际舆论，失去戎机，造成被动局面。

三 日军挑衅，揭开战幕

七月中旬，上海日军屡次以汽车载武装官兵，向江湾侦察示威，并常以部队在沪西一带施行夜间演习，一再挑衅。继而藉口其水兵宫崎于宁波路失踪，提出交涉。七月二十日，其海军陆战队本田参谋长无理要求我国飞机停止在上海上空飞行，被严词拒绝。八月九日，其陆战队中尉大山勇夫闯入我虹桥机场警戒线滋事被击毙，此即所谓虹桥机场事件。

虹桥机场事件发生后，日方佯许由外交途径和平解决，实则为大举增兵调舰争取时间。截至八月十一日止，敌海陆军集结上海的情况如下：（甲）军舰，除原泊于淞沪之日舰外，新到的有二等巡洋舰“川内”、“由良”、“名取”、“鬼怒”四艘，均为五千二百吨，每舰定员四百四十八人；新式一等驱逐舰“时雨”、“白露”、“夕暮”、“有明”、“初霜”、“子日”、“若叶”、“初春”八艘，均为一千三百六十八吨，每舰定员二百人。以上各舰均于八月十一日前后陆续抵沪，并搭载陆战队三千余人，在沪滨登陆，合原在上海的军舰共有三十艘。（乙）特别陆战队兵力，前此驻沪陆战队合由汉口下驶者约三千人，新由各舰队开到约三千余人，各舰抽调可能数一千六百多人，在乡军人会三千七百人。

八月十三日，敌集结驻沪部队，向驻守闸北宝山路及八字桥的我保安队进攻，淞沪战争揭开序幕。

四 开战前的形势

一九三二年一二八战后，中日缔结停战协定，我国驻兵区域受到限制，并不许设防，市内仅有淞沪警备司令部所属的保安总队两个团以及上海市警察总队等地方部队，自卫力量极为单薄，连吴淞炮台亦不能武装，致门户洞开，国不设防。

与此相反，日本在沪驻兵反较前增多，并在虹口建立日海军陆战队司令部，全部钢骨水泥，坚同堡垒。虹口附近房屋虽系日商建筑，然构筑时均应军事需要，形成堡垒化。杨树浦一带亦多日人经营的工厂，较虹口建筑尤为牢固。因此，八月十三日炮声响后，位于虹口、杨树浦的靶子场、公大纱厂以及各种掩体设备一百余处，皆成为日军据点。被日军坚强控制的汇山码头附近地区，则为其军队登陆的基地。吴淞口至外白渡桥，日本军舰、运输舰畅行无阻。

八月七日，南京国防会议决定全面抗战。八月十一日，令京沪警备司令张治中率领驻在京沪路之八十七师、八十八师、独立第二旅（钟松）向上海预定围攻线推进，并令苏浙边区司令张发奎率领沪杭路沿线之五十七师（阮肇昌）向浦东推进，五十五师（李松山）及独立第二十旅（陈勉吾）调向上海南郊，继令在浙江的五十六师（刘和鼎）和六十一师（杨步飞）进入上海北郊。与此同时，决定将全军主力向华东集中，令正从湘鄂地区北上增援的罗卓英十八军四个师改调上海，在河南商丘的周喦第六师，在徐州一带的胡宗南第一军两个师以及俞济时的五十八师、王耀武的五十一师，均往上海输送。

五　激烈的市街战(八月十三日至二十二日)

市街战为八一三淞沪战役的序战，主要在虹口、杨树浦一带进行，历时十天。战况如下：

八月十三日敌军炮兵开始炮击，支援左地区部队向我军进攻，其陆战队由天通庵、横浜路跨越淞沪铁路冲至宝山路口，被我军击退。另一部向持志大学我八十八师二九四旅攻击前进，战车欲强行通过八字桥，与我军发生争夺战，遂开淞沪会战的端绪。

到十三日晚，我八十八师推进到闸北、持志大学、五洲公墓各要点，八十七师推进到新市区、沪江大学、虬江码头等处；三十六师星夜兼程赶赴上海。

是日夜间，蒋介石下令于十四日拂晓开始总攻击。十四日上午，我空军到沪协同作战，对敌虹口司令部轰炸，我各部开始攻击，展开激烈的市街战，敌凭借坚固房屋及工事顽抗，我军逐屋争夺，战况激烈。八十八师二六四旅自江湾方面猛攻八字桥侧面，敌不得不放弃对持志大学之攻击，退保上海法学院，缩短在西体育会路之线。我军乘胜进占爱国女校及粤东中学，八十八师二六四旅旅长黄梅兴于占领爱国女校后中敌炮弹殉职。自十四日凌晨开始总攻击，二六二旅与敌在天通庵、宝山路一带激烈战斗，敌凭炮火威力向我阵地轰击，并使用烧夷弹，西宝兴路、青云路一带多处着弹起火。我军不顾一切，奋勇反击。

先是我左翼军八十七师二六一旅（刘安祺）循其美路与其东侧前进，与敌遭遇于陈家行、张家宅、陈家巷一带地区，连战皆捷，一路超越日本海军操场，又一路迫近租界外线之西姚家桥，敌军左翼据点之海军特别陆战队司令部在我包围之中。同时，八十七师左翼部队二五九旅（沈发藻）沿黄兴路、大同路、华原路、军工路，以公大纱厂为目标，攻击前进，与敌激战于陆家宅、观音堂，进至公大纱厂，并向引翔港镇攻击。

八月十六日，敌增援的海军陆战队赶到上海，向我各处阵地进犯，我军早有准备，同时出击，予以重创，敌不得逞，且将公大纱厂放弃，八十七师刘漫天团进入占领。在此之前，由武汉调来的十八军九十八师（夏楚中）二九四旅（方靖）于八月十五日晚到达新市区，张治中命其归八十七师师长王敬久指挥，接替军工路、虬江码头一带任务，以便沈发藻旅全力进攻。十四日，停在黄浦江中的日本旗舰“出云”号被我空军炸伤。第三十六师插入八十七、八十八两师之间，并肩攻击前进。八月十五日至十八日，我军各部奋勇攻击，进展至日本海军俱乐部附属园、海军操场、西姚家桥、引翔港亘公大纱厂之线，形成有利态势。但敌大量增援，而且利用公共租界作战，便利很多。

八月二十日下午九时起，我军冒敌海陆军炽烈火力，继续全线总攻，颇有进展。第三十六师沿天宝路及其两侧进入租界，分由兆丰路、公平路、舟山路等纵线，向东有恒路、唐山路、东熙华德路、东百老汇路（今东大名路）等横线推进。八十七师沈发藻旅以一部据守公大纱厂策应外，自引翔港攻入租界，刘安祺旅自西姚家桥循华德路横线，突入东百老汇路，以与三十六师一〇六旅（陈瑞河）会师汇山码头为目的，完成分进合击之任务。一〇八旅（杨光裕）二一五团冲到东百老汇路十字街口，为敌战车所阻，其第二营突入巷内，穿户入室，格杀残敌。各部沿途屡遭敌军顽强抵抗，杨树浦敌以战车六辆阻击，并焚烧房屋以阻我军前进。自虹口至杨树浦东段亘十余里之区域，火光数日不熄。我军各纵队之间连络密接，地形熟悉，一面开设进路，一面攻击前进，间或利用屋上进迫，亦颇生效。

二十二日上午三时起，陈瑞河旅两个营、杨光裕旅一个营配属战车五辆，分头向汇山码头突击，战车的平射炮连毁各十字路口敌之机关枪阵地数处，步兵乘机冲锋，向东百老汇路敌阵猛击，将其枪手射杀，并夺获重机枪一挺。旋冲入汇山码头阵地，并行火战与白刃战，达到突破而席卷之目的。

其时岸上之敌虽溃，但驻泊江面的敌舰纷向虬江码头一带下移至其火炮有效射程内，开始向我进入的部队轰击，同时东百老汇路东西两端之敌，受杨树浦及北四川路虹口公园之炮火支援，向汇山码头夹击。我军鏖战良久，敌舰以烧夷弹射来，房屋着火燃烧，致使应支援与推进之企图未能迅速遂行，功亏一篑。此役三十六师一〇六旅旅长陈瑞河负重伤，由该旅二一一团团长李志鹏代理。营长李增阵亡，另两个连长身负重伤，有一连官兵均被焚死，战车两辆被毁，战车连连长阵亡两人；一个步兵营生还者仅数十人。此役战斗的悲壮激烈，为市街战最光荣之一幕。

浦东方面亦有市街战。八月十四日敌军以战舰五艘偷袭浏河，知我有备，不得逞而退，乃于十六日转向浦东方面，掩护海军陆战队登陆。我五十七师之一团及炮二团一营已先进入阵地以待，与敌遭遇于三菱、三井、耶松等码头。敌军虽数倍于我，终被我筑围扼守，未能越出码头一步。迄晚我大军云集，敌舰亦集中江岸不下十艘，双方炮战极烈，敌出云旗舰亦参加战斗，发射口径二十厘米巨炮，以掩护登陆部队攻击前进。我军亦以重炮还击，第一线步兵并行白刃战，敌军死亡枕藉，不能立足，出云舰尾部被击伤。敌军知持续登陆为不可能，乃放弃进扰浦东之企图。至二十日，登陆浦东之敌一概肃清。

六　江岸战斗(八月二十三日至二十九日)

敌在浦东登陆失败后，调集约五十八艘运输舰，运载第三师团、第十一师团主力及吴港、横须贺海军陆战队一部为先遣队，在派遣军总司令松井石根大将指挥下，集结于引翔港镇、殷行镇、张华浜、吴淞镇、宝山、狮子林、川沙镇、浏河一带江面。

二十三日凌晨，这批敌军在小川沙、狮子林、炮台湾同时登陆，向宝山、罗店、浏河之线攻击前进，重点指向罗店、嘉定方面。二十五日，敌第八师团第四旅团(鹰森孝)的先头部队与第三师团之一部，在吴淞镇、蕴藻浜、张华浜及黄浦江码头各别开始副登陆，冀以战略有利之态势突破罗店，席卷嘉定，截断京沪路联络，包围我上海野战军。

是时我长江沿岸警戒部队仅刘和鼎的五十六师，敌登陆时，张治中抽调控制在大场的十一师(彭善)和已在新市区的九十八师冒敌军飞机的猛烈轰炸，前往增援。统帅部复调罗卓英十八军(后编为十五集团军)另外两师增援。二十四日对敌反攻，以敌海陆空军之火力过猛，未能奏效。嗣敌后续部队陆续增加，以主力进攻罗店，二十九日罗店失陷。是役敌第三师团第六联队长仓永长治为我击毙，第三十四联队长加藤守雄受伤。经过是役之打击，敌乃变右翼溢出包围作战为正面攻击，同时将陆上作战全归陆军担任，以期统一指挥。

七 可歌可泣的罗店争夺战
（八月二十四日至九月十七日）

罗卓英第十八军第十一、十四、六十七、九十八师到达长江右岸增援时，罗店已被敌占，十一师奋力夺回，交六十七师防守。敌以第三、第十一师团及其舰队、飞机逐次增援，演成激烈的争夺战。

当时上海整个战局中，以罗店争夺战最为激烈。盖罗店距吴淞、长江口近，离大场、闸北亦不远，敌海军舰炮可以直接命中陆地目标，敌又掌握制空权，可以发挥其陆海空军联合作战的优势，我军被迫在此作战，形势极为不利。但我军官兵激于民族义愤，士气高昂，反复肉搏，力阻敌人进攻。敌白昼反击，我军则经常趁敌机不能活动的夜晚，发动夜战，以夺回白天丧失的阵地。

九月十三日，罗卓英部主动将两翼部队稍稍向后移动，但仍扼守罗店突出之点。敌集中其第十一师团主力，先以飞机大炮轰击，旋以铁甲车掩护步兵由月浦来犯，三路猛攻，我军沉着应战，将其击退。入夜敌集中炮火向淑里桥附近轰击，我所筑工事被毁，敌乘机派出战车四辆伴随步兵七、八百人，在小金宅方面渡小河袭罗店之东，另一股袭罗店之北，我军奋勇应战，肉搏多次，始将其右翼击退。但敌一小部曾窜入罗店镇，纵火焚烧，火势蔓延，已无法坚守，我再度退出罗店突出之部，坚守西郊预定阵地。

十五日我军增援反攻，在大雨滂沱中与敌肉搏，敌狼狈溃逃，我乘胜追击，恢复罗店东郊原有阵地。十六日，罗店南北两面的阵地均有激战。镇南我六十七师、十四师和十一师据守顾家阁南北塘口之线，敌集中炮火轰击，掩护步兵猛攻，激战至午，敌无隙可乘，且以雨后泥泞，坦克不能活动，我后方炮兵亦猛烈射击，敌死伤甚重。镇北我军已抵张家堰、洪家宅、李家宅及丁家楼以西之线，敌顽强抵抗，我利用敌旧有工事苦力支持，终得固守新阵地。其后敌又向我左翼反攻，经王耀武五十一师和俞济时五十八师痛击，敌伤亡惨重，我乘胜进击，获敌二十二联队旗一面及军用品甚夥。

此役，双方血战旬余，伤亡枕藉。在残酷的拉锯战中，罗店全镇已成一片焦土。为构筑新阵地，六十七师四〇一团中校团附（以后称副团长）汪化霖，自告奋勇，率领步兵一排，在金家宅附近占领前进阵地，掩护全团构筑工事。临出发前，团长朱志席心情沉重地说，任务艰巨，希望多坚持一些时间。汪斩钉截铁地回答，成功不敢预期，成仁我确有决心，不坚持到日暮决不生还。敌军在飞机舰炮轰击下一再进攻，汪率部反复搏斗，终于坚持到黄昏，完成了任务，但汪化霖及所率全排官兵均壮烈牺牲，其英雄气概可歌可泣！

在罗店争夺战中，十一师代团长韩应斌阵亡，副团长薛先维、曹金轮负伤，步兵营长伤亡十八人，六十七师前任师长李树森被敌机炸伤右臂，二〇一旅旅长蔡炳炎、四〇二团团长李维藩、四〇一团团附汪化霖阵亡，三九八团团长傅锡章负伤；九十八师路景荣、李远新团长阵亡，侯思明团长负伤，连排长和士兵伤亡之惨重可以想见。

八　吴淞之战(八月三十一日至九月六日)

当敌以十一师团攻击罗店之际，吴淞镇亦受敌舰敌机的攻击，敌第八师团之一部先遣部队屡次试行登陆，皆为我军击退。八月三十一日敌第三师团之第六十八联队主力，藉海空军掩护，大举登陆，双方展开激烈的争夺战。

先是，敌以航空侦察机鸟瞰吴淞，在天际摄影，然后制成要图，与军用地图对照作出处置。八月三十一日，敌以吴淞为攻击目标，先使用军舰二十余艘，向我长约三千米之吴淞沿江一带阵地猛烈炮击(每艘军舰如按主炮四门计算，至少有重炮八十门)。我该线守军六十一师之一团，不但不能寻求敌之步兵作战，且根本尚未发现敌之地上部队即已损失殆尽。敌之步兵大队，遂得分由数点登陆，占领阵地，逐渐外扩，以掩护后续部队登陆，向吴淞包围攻击前进，吴淞遂于九月六日失陷。

九　宝山之战(八月三十一日至九月七日)

第十八军九十八师二九二旅五八三团第三营，在营长姚子青率领下，于八月三十一日晚，接替第六师担任宝山城防。

九月一日晨，由炮台湾登陆之敌开始向宝山进攻，吴淞口外的敌舰以宝山城为目标，不断轰击，敌机亦不断飞往轰炸，城垣雉堞屡坍屡修。姚营乘敌立足未稳，迎头痛击，自九月二日起，击退敌数路进攻。延至四日，狮子林方面之敌赶来夹攻，姚派队迎击于金家宅一带，用白刃冲锋，敌攻势顿挫。当晚，敌一部又由炮台湾登陆，血战通宵。九月五日，战况激烈，日军集结兵舰多艘、飞机十余架、坦克数辆，猛攻宝山。姚营在敌陆海空三方夹击下，凭城顽抗，死伤惨烈。六日，吴淞镇为敌突破，敌军继续增援，相持至七日晨，敌舰炮轰毁城墙东南一角，于是蜂拥而来，想由城垣缺口冲入，姚子青指挥所部拼死苦战，搬取断栋折梁和瓦砾中的缸瓮块及桌椅等填补缺口。最后姚率仅存的二十余人冲击，遭敌炮弹击中腹部，他仍高喊“弟兄们，杀身成仁，报效国家民族的机会到了！”向敌冲去，壮烈殉国，全营牺牲。

十　杨行之战（九月六日至十七日）

九月六日，在吴淞失守的同时，敌第三师团主力约四千人在虬江码头强行登陆，续向江湾进攻，同时在吴淞登陆攻陷宝山之敌向杨行猛攻，其企图是实施中央突破。我军针对敌之企图，火速沿唐桥、刘行、罗店之线，拆除附近铁路枕木及铁轨为材料，构筑阵地。

参战部队除已在杨行附近的王修身第三十二师外，原担负掩护任务的胡宗南第一军（辖第一、第七十八两师）亦在杨行附近四面无阻地带，与优势之敌血战，击退敌人十次进攻。这一战斗十分激烈，第一军第一师第二旅旅长刘超寰及第一团团长王应尊负伤，第四团团长李友梅阵亡。守军在完成任务后，于九月十七日转移唐桥、刘行地区。

十一　我军第二期作战部署

由于敌人在沿江各点登陆成功，九月六日，第三战区司令长官部下令停止总攻击，并颁发第二期作战指导要旨。

其要领是：“（一）战区以保持经济重心，巩固首都，而行持久抗战之目的，就现包围敌人之态势，运转优势兵力，截断各登陆敌之联系，限制其发展，并围攻狮子林及小川沙方面已登陆之敌，以打破其包围我军之企图，而收各个击破之效果。（二）如不能达到各个击破敌人之目的时，则依状况逐次后退至敌舰炮射程外，以决战之目的占领阵地，乘敌海陆军火力不能协调之际，发扬我精神与物质之威力，一举将其击破之。”同时对兵力作了相应的部署。

九月十七日，国民政府军事委员会委员长蒋中正到昆山前方督战，决定全线退守北站、江湾、庙行、罗店西南、朝王庙、双草墩迄于浏河之线(战线延伸将近二十五公里),在此线构筑坚固攻势防御阵地迎击敌人。部署在这一线的部队:北站至八字桥为八十八师,江湾、复旦大学为三十六师,黑桥宅、庙行为八十七师,陈家宅为五十七师,胡家宅为七十八师,唐桥为税警总团,顾宅为十六师,刘行为第一师,小朱宅为一五九师,金家湾为一六〇师,朝王庙为十五师,金家宅为六十七师,罗店西南南北塘口为十四师,南北周宅为十一师,曹庄至朝王庙为五十一师,双草墩、沈家桥为五十八师,浏河为五十六师。

此时到达淞沪之敌,计有第三、第十一师团及第十三、第九、第一〇一师团、台湾旅团、伪满军之各一都与海军陆战队等,共十万余人,炮三百余门(舰炮除外),战车三百余辆,飞机二百余架,并于鸭窝沙、高尔夫球场等处构筑飞机着陆场。

十二　阵地战(九月十八日至三十日)

我军调整部署后,自九月十八日起,双方转入阵地战。逐日激战情况简述如下:九月十八日是九一八事变六周年纪念日,我军集中炮火向虹口、杨树浦一带敌军阵地轰击,敌受重创。罗店北之敌向淑里桥进犯,并进攻南北塘口及钱宅,均被击退。向刘行公路两侧我军阵地进犯的一〇一师团之一旅团攻击甚猛,被我第一军奋勇击退,并乘机反攻,克复村庄数处,敌死伤甚多,并击毙其大队长一名,夺得联队旗一面。

是日上午敌又向我持志大学八十八师阵地进犯,我军候其接近,跃进冲击,敌不支溃退。北四川路之敌在炮火掩护下,向我北站猛攻,我八十八师奋勇迎击,将其击退。这天清晨敌炮舰一艘驶至外滩公园外档后,徐徐向陆家嘴春江码头前驶,同时有满载敌军之小汽艇两艘疾驶该处,企图登陆,我五十五师守军候舰艇驶近,即以密集的机枪火力扫射,敌知我有备,汽艇趁机逸去,我浦东炮兵发炮轰击,敌艇逃逸。

九月十九日,敌企图攻下刘行,截断我军之联络线,坦克十余辆伴随步兵向刘行北区之张家宅、谢家宅、吴家宅方面冲击,并由杨行方面之敌炮遥为掩护。我军候其迫近,跳出战壕与敌肉搏,奋战数小时,各退回原阵地。另有敌千余向永安桥以北小朱宅、朝王庙之线进攻,并以机械化部队突袭我阵地,曾一度进迫至朝王庙、金家湾之间,旋我十五师和一六〇师预备队绕出敌后奇袭,杀伤敌甚多,并夺获军旗一面。

九月二十日，敌第九师团集中力量于市中心区，企图向江湾进攻。连日来敌第三师团亦纷纷向蕴藻浜沿岸增防。是日晨敌战车五辆随伴步兵，沿体育会路及周家宅附近向狄家浜附近我军猛烈进攻，激战一小时敌不支而退。迨晚八时，敌又分两路进窥，一路由东体育会路向江湾跑马场，一路由泗泾球场向高境庙我军阵地攻击，被我三十六师击退。虹口公园及市中心区之敌军重炮则不时向江湾、高境庙一带猛烈轰击。

同日刘行方面，敌向陈宅、王宅、杨九房一带我军阵地猛攻，激战三小时，被我击溃。罗店方面，有敌机多架向罗店西北朝王庙三公里处之杨家村、苏村我军阵地猛烈轰炸。到十时许，步兵进攻苏村、鼓手村、蒋宅、西宋宅之线，我五十一师迎战，并派出一部向敌军阵地猛烈反攻，冲锋五次，敌受创甚巨，终未得逞。闸北方面，上午敌向我北站阵地数度进攻，均被击退。下午敌海军陆战队进犯天通庵一带我军阵地，亦被击退。

九月廿一日，战事以刘行方面最为激烈。早晨敌军先由杨行方面以重炮猛击陆福桥我军阵地，发炮千余发，步兵一联队以坦克十余辆为前导，猛冲我军阵地。我军在敌进至战壕附近时，以手榴弹纷向敌军密集部队抛去，并以白刃向敌刺杀，敌坦克首先转身后退，大队亦继之溃退五里之外。八时后敌机廿余架，飞往梅宅一带前后投弹百余枚，我军阵地虽遭损害，但旋修旋补。敌炮亦向我军阵地轰击，我炮兵予以还击。至晚七时，刘行正面张家宅前之敌，趁暮色苍茫，分三路进窥，致我军一营遭受三面夹击，营长指挥所部坚决抵抗达三小时，身中一弹仍裹创杀敌，以待援军。杨木桥方面，敌进袭孟湾，激战两小时，双方均有伤亡，战斗暂停。但杨九房、王九房，至深夜仍在激战。连日敌向市中心区增援，企图突破我江湾凸出阵地，炮击彻夜未停。庙行沿蕴藻浜以北敌军与我军有激烈战斗，其运输队误入我军阵地，被我俘获六人，子弹十二箱。敌一联队猛攻刘行附近之孟湾阵地，遭我军反击，俘敌五十余名。罗店方面，敌向我尤梅宅、苏陈宅、张家宅、金村一带阵地进犯，并以台北守备队第一、第二两联队绕道猛扑罗店西北之线，向苏村附近猛攻，另以伪满张海鹏部猛攻我杨家村阵地，张部伪军班长以上均由日人充任，经我迎头痛击，受创极巨。进犯苏村之敌约三百余人，在姚宅被我包围，几乎全部覆没，残余攀登树上，与我战斗甚烈，击毙其中队长一员、小队长数员，并俘士兵一名，其余全部被我歼灭。

九月廿三日，战事重心仍侧重于刘行、罗店之线。刘行方面杨木桥我军阵地曾一度失守，旋即克复，并将前数日放弃之第一线阵地夺回。从早晨起，敌倾其全力向该处进犯，双方冲杀，展开搏斗，我十四师、十五师仍坚守原阵地。敌于反攻失败后，派出飞机三十余架，在我军后方阵地及刘行镇长浜站一带，大肆轰炸，我军阵地无重大损失，惟多处村落被炸起火，民众牺牲颇多。

罗店右翼我军于同日拂晓乘敌不备，越沪太公路猛烈反攻，盘踞公路东侧金家宅之敌稍事抵抗，即纷纷溃窜，我将该村收复，并乘胜追击，东进达两千米，敌退据东苏塘，凭工事据守。虹口之敌，晨起藉铁甲车掩护，自江湾路底向我持志大学阵地进犯，冲锋多次，均被我八十八师击退。浦东方面敌艇一艘满载敌军企图在同泰码头附近登陆，被我五十五师迎击，仓皇遁去。

九月廿四日，刘行方面，敌战车八辆，掩护步兵向杨木桥进犯，我先在桥端密布地雷，当敌冲到时，地雷爆发，八辆战车炸毁其半，其余四辆亦有相当损坏，敌兵被炸死百名以上。杨木桥、孟湾、朝王庙、金家湾、周家心等地终日在互相炮击中。午夜，敌以小部队分向杨木桥、周家心等处进窥，被我击退。

是日晨宝山路一带间有炮击，江湾跑马厅附近有数处起火。浦东方面，亦曾两度发生炮击。浏河口以迄马桥口方面集结敌舰十余艘，另有主力舰一艘，似有登陆模样，该处我守军五十六师奉命严密警戒。

九月廿五日，敌向我总攻，各地均有激烈战斗。罗店、刘行两方面之我军仍在小堂子以迄朝王庙、杨木桥一线。敌于头晚先攻罗店以南之阵地，又进攻刘行、杨九房一带，希图侦察我军主力所在。是日敌分别向刘行之金家湾、罗店、刘行之间的金家宅、杨家渡进攻，杨行之敌炮兵发炮掩护。钧家湾在刘行以东，与庙行相距甚近，我军实力较薄，阵地被突破。但李玉堂第三师增援赶到，庙行八十七师同时反攻，敌被迫放弃钧家湾，退回永安桥，我军转危为安。当敌进攻钧家湾时，另派出千余人由杨宅西麻塘、马家宅等处强渡荻泾，向金家宅、杨家渡方面进窥，该处地位重要，我万耀煌十三师抵抗激烈。我军前锋原沿荻泾与敌对峙，当敌千余乘木筏强渡时，乘其半渡，以机枪、手榴弹猛烈打击，敌颇有伤亡，但其战车多辆已强渡而过，于是在金家宅、杨家渡与我六十七师（黄维）、十三师等部展开一场恶战。敌机参加助战，我军阵地受损颇大，但援军第九师（李延年）赶到予以反击，力阻敌军前进，荻泾河内水流尽赤，该师团长杜昌青在这次战斗中负重伤，战斗之烈可以想见。浏河方面，集结之敌舰虽多，因我军严密戒备，始终未敢登陆。江湾方面，敌进犯我体育会路、水电路持志大学阵地，均被击退。入晚市中心以西陆家角及泗泾球场一带之敌，在坦克掩护下，向我阵地猛攻，我军乘敌迫近即以手榴弹对准敌坦克猛烈投掷，敌坦克威力无法发挥，我军三路并进，奋勇冲杀，敌被击溃。闸北方面该日上午，敌机飞我阵地上空盘旋侦察，并间隔发炮轰击我宝山路阵地。下午炮声更密，民房数处被毁，并炮击我八字桥阵地，进攻我警戒线，被我击退。浦东方面，自三菱码头至杨树浦底，敌舰增二十余艘，各舰炮位对准浦东，不断发炮。午后三时许敌机十三架，在其昌栈、十八间、洋泾、张家楼、杨家楼、沈家楼、浦东大道一带投弹七、八十枚，有少数房屋被炸毁。敌各舰亦于四时起，纷纷开炮轰击，约百数十发，我开炮还击，双方炮击之烈为浦东开战以来第一次。晚十一时许，我空军飞沪夜袭敌舰。至午夜敌艇四艘满载敌军在炮火掩护下，分别驶近浦东春江码头，用机枪向岸上扫射，我五十五师某团守军猛烈还击，敌不支败退。

九月廿六日，我军上午在罗店、刘行方面展开猛烈反攻。第一、第三、第九、十三、十五、十六各师均以有力部队，越杨木桥，直达永安桥敌军前线之主阵地，展开激战。下午四时天降骤雨，敌坦克难施威力，我增援部队即从永安桥两翼渡河前进，冲入永安桥以北之康家街、新开河、朱家油车等处，展开激烈战斗。入晚雨稍停，曾有数十分钟之沉寂，九时后敌大举反攻，原在杨行、月浦间集结之敌约万人以上，倾巢而出，我军被迫退回永安桥以南，再度反击，将敌击退。此后双方均欲夺占永安桥沿线及该处之公路区，隔河对峙。罗店西北与东南区，是日虽有激烈战斗，但该处敌军因在杨行方面已受严重威胁，故进攻杨家渡、钧家湾之前锋被我阻击反攻后，就退至泾河之北固守。江湾方面，敌向我持志大学阵地进扰，被击退。下午我军由曲家桥和粤东中学两方面向爱国女校敌警戒阵地进攻，北四川路敌派坦克十余辆在江湾路掩护步兵进犯，双方炮火甚烈，至晚间我军仍回水电路阵地，双方在相持中。当江湾一带激战正烈之际，闸北方面敌我前哨亦时有接触。上午敌舰廿余艘向浦东炮击，并两度派小汽艇冲袭，均被击退。敌机多架飞北站、江湾及永安桥一带投弹轰炸，在宝山路商务印书馆旧址投弹六枚，麦根路车站及北站等地亦被投弹多枚。

九月廿七日，罗店至庙行之线，自我军越过永安桥后，即向东推进，敌反攻被我击退。下午二时，敌机七架飞刘行、顾家宅、庙行之线盘旋轰炸，敌两个联队分两路来犯，一路攻永安桥，一路攻孟家湾，激战至晚，在蕴藻浜北我占有优势，迄晚仍在节节推进。永安桥方面，连日敌我进出多次，作拉锯战，是日经数小时之血战后，敌不支溃退。市中心区敌以一联队以上兵力，藉坦克十余辆掩护，沿翔殷路向我体育会路进扑，至晚八时，持志大学、粤东中学及八字桥亦发现大量敌军与翔殷路敌军一部向我夹攻，似有一鼓突破我该处阵地之企图，我军准备充分，迄深夜敌无进展。浦东方面，敌艇多艘游弋沿浦东一带江面，企图登陆，但未得逞。

九月廿八日，罗店方面，敌又向我警戒阵地进犯，我军奋起抵抗，敌即后退，似在试探我军实力。刘行迄庙行一线，敌头晚以三联队之众来犯，一部冲入我军阵地，经猛烈搏斗彻夜血战，至晨将敌击退，我恢复原阵地。江湾方面，晚上八时中心区之敌沿三民路西进，在江湾跑马厅北与我三十六师前哨接触。近日敌拟辟跑马厅为飞机场，故屡次进犯，企图压迫我前哨后退，但未能实现。下午，敌炮兵向我体育会路炮击，我炮兵亦向泗泾球场、市运动场敌军阵地还击，重炮兵并向虹口敌海军陆战队司令部及其军械库炮击，至深夜炮声未停。

九月廿九日，敌连日猛攻罗店一带我军警戒阵地，塘湾以南我仍扼守沪太路阵线，罗店正面我军向前推进.罗南之敌，以坦克数辆向西钱、樊家桥方面进犯，一度闯入我警戒线，我军候其逼近，以手榴弹、战防炮集中攻击，击毁敌坦克二辆，毙敌多人。江湾方面泗泾球场之敌，下午向我贺家宅进犯，相持半日，傍晚我第三十六师突然出击，予敌重创，敌退回原防。下午三时，敌沿横浜河向我宝山路桥进犯，当被击退。浦东方面，凌晨，敌舰突向烂泥渡日清公司码头后方一带炮击，我方还击，敌出云旗舰尾部受重创。杨树浦敌炮兵也加入炮击，浦东杨家桥、长桥、六里桥一带一部分民房被毁起火，敌杨树浦阵地被我炮兵击中多弹。此时敌艇三艘载员南驶至陆家嘴及其昌码头，企图登陆，被我击退。下午四时许，杨树浦敌炮及江中敌舰又轮流发炮，连续不绝。敌机三架盘旋浦东上空，敌艇两艘各载士兵十余名，向浦东祥生铁码头驶来，图强行登陆，被我击退。

九月卅日拂晓起，敌全线向我猛攻，北自浏河，南迄八字桥，均被击退。敌之主力指向罗店、刘行一段，倾其全力猛扑万桥、刘行正面，我第七十七师(罗霖)二三〇旅四五九团的万桥、严宅及五十七师之陆桥等处阵地同时被突破。刘行方面之第十五师陷于苦战，但仍据守阵地，奋力支持。五十七师曾派队逆袭，一度夺回陆桥。十月三日，我军六十七师在罗店方面之两处阵地，一处有兵力一连，最后战至仅剩四人，以一人护连长之尸，余三人仍坚守待援。又一处只剩连长一人，卒以弹尽，用工作器具击毙侵入阵地之敌军官，阵地得以不失。据同学赵可夫说，他当时在七十七师任四八一团团长，该师于九月十七日深夜到达刘行接防，与敌激战十余日，伤亡惨重，全团士兵仅剩五百七十三人。缅怀每个先烈，为祖国的生存，为世界和平献出了生命，其壮烈事迹将永远留在人们心中。

敌不断向我闸北炮击，敌机亦飞宝山路商务印书馆旧址轰炸，敌艇三艘沿横浜河北驶，图在宝山路登陆被我击退。九月三十日下午三时敌向八字桥水电路、江湾车站、高境庙车站一带猛烈炮击，并出动敌机轰炸，我军除严密戒备外，并改取攻势，将盘踞爱国女校之敌完全驱逐后，仍回原防。敌攻我八字桥亦被击退。下午七时，敌以舰炮、坦克掩护，向江湾复旦大学以北翔殷路我军进犯，被我击退敌军至九月十七日，与我对峙于北站亘庙行、唐桥、刘行、施相公庙、浏河之线，即采用齐头并进、速战速决之手段，企图一举突破我正面阵地，进出我后方要地，截断我京沪联络线。其第一次及第二次增援之陆军，在沿宝山狮子林、小川沙强行登陆，占领罗店以后，以一部向吴淞增援，直迫杨行，经我强烈打击，攻势顿挫。增援之敌，除于杨树浦方面以陆军与海军陆战队换防外，即于九月二十日，以第一〇一、第三两师团之主力为基干，分三路犯我太平桥亘刘行、罗店公路之阵地。攻击重点，指向唐桥、刘行，但因我薛岳集团军所部顽强抵抗，白刃逆袭，敌之中央突破遂无进展。九月十八日，敌挟飞机、重炮猛犯，反复冲击，我伤亡颇重，团长吴坚、徐孝安裹创立阵前不稍却，激战八昼夜。二十八日，敌使用三个联队，又以战车陷阵，我军愈战愈勇，敌不得逞。廿九日，敌又袭我阵地，我突起迎战，歼敌中队长市原三郎、少佐铨木，敌遗尸盈千。三十日，我第七十七师正面之万桥、严宅及五十七师之陆桥等处，同时被敌突破，我左翼军乃向蕴藻浜南岸陈行、广福以及施相公庙、浏河之线转移阵地。

十三　阵地防御战(十月一日至十日)

到九月末，敌增援之第九师团、十三师团、近卫师团、一〇一师团、一〇二师团、一〇七师团、一一四师团、一一六师团之一旅团及台湾军、伪满军于芷山、李春山等部，均已先后到沪，总计兵力在二十万人以上。

我刘行阵地被突破，局部调整态势，以扫荡当面敌人为目的，占领闸北、江湾镇、庙行、陈行、广福、施相公庙、浏河之线为主阵地，由陈行地区转移攻势，实际上是由阵地战转入阵地防御战。

我军防御正面，南起闸北，经江湾镇至庙行，沿蕴藻浜至陈行，北向经广福、施相公庙，以迄浏河口，长逾二十五公里，分为右翼、中路、左翼三个战斗地境。自闸北亘江湾至庙行之右正面属右翼军(朱绍良)之战斗地境，自庙行西经陈家宅至陈行，北折至广福之中央地区，包括蕴藻浜南岸之大场，属中路军(陈诚)之战斗地境，自广福直北以至浏河口之左地区，属左翼军(薛岳)之战斗地境。鉴于蕴藻浜南北两岸为开阔地，无险阻可以依托，而敌之火力优于我，因此我军精心配置第一线步兵火力，用各种步兵火器构成密集之火网，使我军在不利形势下，能于阵地前杀敌致果。后来的事实证明，采取这一战略措施，给敌人以很大杀伤，遗尸盈千累万，曾使蕴藻浜江水赤而不流。

十月一日，敌向刘行东南顾家宅方面我军阵地进犯，一部在项家宅一带被我包围，到十一时许，敌以两联队兵力，在飞机坦克掩护下，出动增援。我军由孟家宅截击，毙敌千余人，其中少、中佐七人，并击毙大佐联队长铃木八郎，敌狼狈逃窜。江湾东南金家巷、狄家浜、尤沙港、吴家宅之敌，已退往谭家镇。敌不断向我闸北阵地炮击。北四川路、老靶子路、虬江路口，敌活动频繁，并有一部由虬江路冲入，我军奋起迎击，敌死伤五十余人。敌常偷袭北站我军阵地，为我八十八师击退，肉搏冲杀，不下百次。头晚我军挑选精壮部队实行夜袭，一部在暗处搜索前进，既近火线，乃翻越民屋而过，进至敌机枪阵地，突然以手榴弹向敌袭击，毙敌甚多，余弃械而逃。

敌积极企图进犯南市，但浦江上游泊有各国军舰甚多，有碍军事行动，未便贸然登陆。十月一日上午十时许，敌第三舰队司令长谷川清派员乘汽艇至新开河江面分访英、美、法、意、荷、德六国海军司令，要求各该国军舰予二十四小时内移泊黄浦江下游，以便日军进攻南市。各国海军当局严词拒绝，并一致表示为保护本国侨民及特区治安计，在任何危险状态下，决不离开原防。我空军夜间四次来沪袭击敌阵地和杨树浦汇山码头等敌后方基地。下午，敌机先后在宝山路、北站及浦东杨家渡日清码头投弹并扫射。

敌军向刘行、罗店地区进攻，本来侧重于永安桥、杨木桥一带，自我军克复永安桥后，杨行敌军受威胁，加以庙行、江湾之线，敌军始终不能突破，乃将市中心区之大部兵力，转用于杨行、罗店方面，而以主力部队向顾家宅、周家巷、西王宅、太平桥、殷家角之线分途猛攻。该处各点均在罗店以南、沪太公路东侧。十月二日，敌军先用密集炮火向我军阵地大肆轰击，并用飞机轰炸，接着步兵藉战车三十余辆之助，先由殷家角方面突破沪太公路，突入小堂子、小高宅、袁家宅、金家宅、严家宅一带。但严家宅迤西一带有一天然河流梗阻其间，我军早已临河构筑工事，敌再欲前进已不可能，乃再集中其主力部队，猛袭顾家宅、周家巷、北店宅、西王宅、太平桥一线。我军在残缺不全的工事中，对进攻敌军猛烈抗拒，始终不退。经此数小时之浴血大战，阵地无坚可守，故于深夜在顾家宅等处稍向后撤至唐桥以北蕴藻浜附近之王家宅一带。进占永安桥之我军亦主动后撤，与庙行及蕴藻浜方面之部队取得联系。

闸北方面，头晚敌由北四川路以坦克掩护分途西窥，兵力约有一联队之众，双方激战猛烈，至晨七时，将敌各路击退。是役，在东宝兴路一带毙敌百余人，并击毙其中队长一人、分队长三人。我军乘胜追击，直冲至北四川路永丰大楼附近，又在中州路擒获白俄间谍一名。上午十时，敌坦克四辆向我宝山路进扰，相持至午，被我击退。

同日晚九时半，我空军飞沪夜袭，向杨树浦汇山码头、黄浦码头一带投弹，炸毙敌百余名，并有多人坠江溺毙，公大纱厂亦投两弹。

十月三日，我右翼军朱绍良部与敌隔蕴藻浜对峙，惟北岸沪太路东西两侧之崇明塘宅与东墙宅一带，我尚有重兵扼守，阻敌前进。早晨，敌军移刘行、顾家宅之兵力向该处进犯，被我军击退。沿蕴藻浜北岸之敌军分据周宅、东唐家宅、胡宅、东杨宅等处，与我在浜南部队互以大炮及机关枪射击，敌欲渡浜南犯，未能得逞。

江湾方面，我军取攻势，三民路以南、其美路以北、淞沪路以西一带之敌军向市中心区移撤，我即搜索前进。凌晨三时，派出一部越过其美路向敌进攻，纵横冲杀，旋即返回原防。天明后，敌机出动助战，投弹多枚，并集中炮火向我猛轰，我亦还击，相持甚久。翔殷路以北陆家角一带，敌在同德学校前后构筑工事，似有固守之意。

闸北方面，敌集结于北四川路一带，下午向宝山路、宝兴路口及中兴路口冲击，被我截断包围，杀伤四十余人，仓皇退去。下午七时，敌从虬江路口、宝兴路口冲进，我分头迎击，激战两小时，被我逐回北四川路。

浦东方面，我炮兵向杨树浦敌根据地轰击，敌舰炮还击一小时许。下午六时敌机两架飞浦东盘旋，其中一架投下红色信号，并施扫射，另一架投下燃烧弹数枚，击中该处民房起火，敌舰炮即向起火处连续发炮，我炮兵发炮还击，敌舰逸去。

十月四日，罗店方面我军除固守该镇西面之施相公庙外，在其西南方面尚扼守殷家宅、谢村之线。敌西进被阻后，移重兵于蕴藻浜北岸，企图偷渡，威胁我大场、江湾之阵地。两军隔浜交战，已有多次。是日敌屡犯唐桥，企图直入沪太路，袭我后路，激战终日，被我击退。

左翼现已进入阵地战，敌在沪太路方面，我守蕴藻浜以北西泾。凌晨三时起，我军反攻得手，至晚九时，敌两个联队向西泾方面进犯，我主力军即从顾家宅东进，突破沪太路敌阵，至深夜尚在激战中。江湾路、谭家宅、水电路我军阵地，凌晨三时起，敌以一个联队之兵力，用坦克十七辆掩护，猛烈进犯，九时许被我击退。十一时敌又来犯，相持至下午五时许，敌始稍退。晚九时，敌又全面出动来犯，双方猛烈战斗，至午夜尚在激战中。广东街方面，我生力军已将敌全面扫荡。我军炮兵向在夜间活动，是日突于白昼大显神威，向蕴藻浜以北及虹口两处敌军阵地猛烈轰击，敌受损甚重。敌机廿余架，从黎明起不断在江湾、大场、闸北、沪西及真如、南翔各处盘旋不已，投弹甚多，我平民罹难者不少，尤以沪西及真如两处受害最烈。

十月五日，蕴藻浜已成为上海战事的关键，我军凭南岸扼守，敌则盘踞北岸，与我相距甚近。清晨敌在阵地上放出气球窥察我方阵地，至上午八时，周宅、胡宅一带敌阵地内歌唱笑谑声清晰可闻，我即以迫击炮轰击，均中标的，敌军四散奔逃。北岸沪太路之唐桥，敌猛攻未逞，在其西北一带构筑工事。其西白杨宅为敌炮兵阵地，连日发炮不停，经我测定方位，于下午二时猛轰数炮，将其炮位毁灭。左翼施相公庙至蕴藻浜以北、西泾以东一线战斗激烈，蕴藻浜以南至江湾线无大接触。

同日下午五时半，敌坦克多辆在沪太公路甚活跃，敌机亦不断投弹，并以一联队以上之兵力，携渡河材料渡浜南来，我军在南岸将其击退，敌溺毙五六十人，渡河未成。西泾以东，晚七时，我军向敌冲击，激战至深夜。

江湾翔殷路同德医院后南赵家巷之敌约二百余人，于下午二时突向我赵家巷阵地猛犯，我派出一部由复旦大学南进，抄敌侧背，敌受创溃退。连日敌向闸北、谭家宅、持志大学方面进犯，势甚猛烈，是日晨六时许，经我军痛击，敌伤亡二百余人，退保爱国女校阵地。下午，敌机在闸北投弹百枚以上，午间更甚，但启秀女校我军阵地并无变化。下午五时，敌坦克掩护敌军向东宝兴路口进犯，巷战两小时，至七时许，敌被逐回。

同日下午二时敌机一架飞浦东盘旋，敌舰接敌机信号，向洋泾、烂泥渡一带猛烈轰击。下午三时我炮兵向虹口方面炮击，有一弹落于日军司令部附近，适有日军官多人分乘汽车三辆经过，车被击中，连人化为灰烬。我空军于晚六时一刻来沪，在杨树浦敌临时机场投弹八枚，起火燃烧，敌损失重大。至十二时，再度夜袭，至虹口、杨树浦投弹数枚，予敌重创。

十月六日，罗店方面连日仍在激战，敌十一师团曾数度进犯施相公庙之北阵地，被我击退。现敌军千人在坦克三十辆掩护下，又来进犯。前哨接触后，敌顽强挺进，在我阵地前六百米处构筑工事与我相持。罗店之南有敌一部越沪太公路西进，经我分兵抄袭将其包围，敌慌乱突围逸去，但伤亡惨重，生还者无几，其大队长死于乱军之中，我军搜索阵地，生擒敌军十余人，并获轻机枪三挺及步枪多枝。敌因在罗店作战受创严重，竟不惜背弃国际公法，接连两日屡次施放毒瓦斯弹，我军受毒者五十余人，其中二十人死亡，六人中毒很深。

蕴藻浜方面，敌自上游偷渡失败后，于凌晨三时，在沪太路野猫墩搭桥偷渡未逞。下午又从下流车站方面进犯，同时张华浜方面亦有一联队进犯我庙行正面阵地，我生力军自大场补充就绪，高境庙我军亦向前挺进，下午五时发生猛烈的阵地战，迄深夜止，庙行正面至蕴藻浜以北、西泾以东、沪太路以西我军均占优势。

江湾方面，晨起敌坦克在翔殷路及泗泾球场等处活动，下午二时许敌两小队向贺家巷、叶家花园进犯，经我还击退去。闸北战斗时弛时紧，晨五时，敌机有两次大规模轰炸，敌炮亦大举轰击，但我军阵地无大损失。下午五时，东宝兴路、宝源路、虬江路等处，敌坦克又出动进犯，被我击退。晚八时，我军从虬江路方面冲至四川北路，敌相率退却，后以敌坦克炮火过猛，我仍回虬江路淞沪车站阵地。八字桥方面，晚九时许，敌犯方家桥，虹口敌军亦施炮击，六三花园敌两纵队冲过我八字桥的警戒线，在柳营路与我激烈战斗，被我击毙廿余人，敌向日本坟山方面退去。

十月七日，敌第三、第九两师团，以步炮空联合作战，由蕴藻浜北岸，分由唐桥、刘行向我第八师（陶峙岳）正面黑大黄宅及胡宗南第一军正面西亦房两处开始强渡，激战四昼夜，敌我死亡均重。早晨我军向从左方渡浜南犯之敌包围堵击，发生猛烈战斗，敌有两个联队被截成数段，至下午三时敌两岸联络已断，在大雨中我跟踪追击，渡浜之敌溺毙三百余人。下午七时，我三面推进，敌又从张华浜出动增援。

十月八日，数日来大雨，敌机、坦克不能活动，我军对渡浜敌军之歼灭进行顺利。敌自五、七日起分三处渡蕴藻浜，并有坦克七辆掩护，经两日之苦战，将敌截为三段，并将敌坦克击毁。下午天色放晴，敌机七架出动，惟双方正在短兵肉搏，未能投弹。下午四时，敌气球又升空侦察，晚八时，唐桥方面残敌被我解决，毙敌三百余人，其中中下级军官十余人。泗泾球场敌两个中队由坦克七辆掩护进犯我市立公墓、贺家巷阵地，意在与蕴藻浜方面敌军相呼应，双方激战三小时，我击毁敌坦克一辆，毙敌三十余人。

十月九日，渡浜之敌，经我痛击，唐桥一带已无敌踪，他处残敌已被包围，敌虽图增援，但因水涨偷渡不易，均被我击退。上午十时，敌一联队经南涸塘直扑我朱家桥阵地，我军奋勇迎击，激战终日，至晚敌死伤三百余人，不支败退。朱家宅一部残敌被我包围，西泾方面敌亦被迫退至沪太公路东花园桥宅附近。敌军当日曾七次进犯，均被击退。隔浜敌军，虽炮击千余发，我损失甚小。刘行区广福镇正面新木桥之敌，向我猛犯，被我十一师击退。敌又施放毒气，并在虹口架起大炮作长时间轰击，图毁我阵地，并准备在北四川路各路口挖掘坑道埋装炸药，拟从地下破我阵地，又拟组织敢死队袭击我八字桥阵地。晚六时许，东宝兴路敌军有挖掘坑道模样，启秀女校我军掷手榴弹阻其工程进行，双方以机枪扫射，激战两小时，敌即败退。广东街我军出击，敌向北四川路退却，我军在北四川路底构筑工事。敌以坦克掩护前进，晚八时半起战斗一小时，毙敌廿余人。敌由日本坟山方面向我八字桥冲击，冀夺我柳营路阵地，经我军两面夹击，同时粤东中学我军由通利路过六三花园向敌侧围击，搏斗至午夜，爱国女校敌派兵增援，至凌晨一时半，敌五十余人被我包围歼灭。十日晚，八字桥及粤东中学我军进攻六三花园，并派队牵制爱国女校敌军，激战一小时后，我全线猛烈冲击，通利路北段被我占领，毙敌六十余人。晚十时，敌一中队进犯我东宝兴路阵地，巷战一小时，敌不支退去。

我浦东炮兵，当晚大施威力，向江中敌舰及杨树浦、虹口敌军阵地发炮轰击，当有敌舰两艘被击中，惜未能穿其甲板，故受伤敌舰仍能逃驶下游。此外敌公大纱厂被我击中数弹，毁敌军用卡车十余辆，敌海军码头、闵行路、万岁馆亦被击中，日清公司总经理日人山中应日军司令部之召，在万岁馆集议，当场中弹毙命。敌受此重创，停泊江中各敌舰，联合向我发炮还击，我浦东其昌栈东首招商华栈栈房二十余座被击中起火，一时红光满天，损失约数十万元。

十四　蕴藻浜之战(十月十一日至二十四日)

自十月七日开始，敌以第三、第九两师团，藉优势炮火掩护，开始强渡蕴藻浜。激战数日，我歼敌甚夥，十一日转移阵地。

十月十一日，我左翼军以徐家巷(蕴藻浜南江扬路西)为中心，沿江扬路布置防御线。下午四时，敌以机械化部队掩护一联队之众，自蕴藻浜车站进攻，与我军在江扬路发生激烈战斗。我坦克连亦出动，混战四小时，敌不支败退，遗尸百余具。据报敌有重要军官阵亡，故败退时状极仓皇。唐桥方面，晚六时激战至烈，我军曾两度猛冲敌阵，敌被迫退出刘行东警戒线，此役敌死于肉搏者六十余人，败退时被击毙七、八十人。据俘虏说，刘行一带遗尸过多，发生疫疠，且饮料缺乏，敌已无法久留。

闸北方面，下午敌轰炸机五架在宝山路、共和新路投弹七、八十枚，敌炮亦大施轰击，下午六时半起，右翼全线均有战斗。北四川路各街口敌军增加，广东街、东宝兴路一带敌军来犯，炮火极密，我军浴血奋战，敌死伤百余人。爱国女校、六三花园敌军，今日薄暮，以三个中队的兵力作大规模的进攻，企图突破我广利路（虹口公园附近）防线，双方肉搏，至晚十一时许，敌不支败退。八字桥方面，我军不断出击，敌无法捉摸，翔殷路一带敌坦克于下午六时掩护步兵向我叶家花园进攻，三度冲锋，卒被击退。在激战时，我炮兵击毁敌坦克一辆。

十月十二日，为淞沪会战第二月届满之期。此一月间，我军主动转移至北站、江湾、庙行、罗店、双草墩之线。敌自十月五日偷渡蕴藻浜以来，共投入兵力二万五千人以上，屡遭我军痛击，西冲广福镇不逞，西南冲陈行镇不逞，由蕴藻浜车站增援亦不得逞。至十一日江扬路之役，敌死伤已达四千二百余人。翌晨三时至七时，我军又在坝石桥宅（沪太公路西、蕴藻浜南各三里许）获得胜利，敌死伤一千三百余人，内有联队长一人、中下级军官廿余人，缴获机枪卅余挺、步枪千余支。蕴藻浜南岸我第八军（黄杰）即税警总团的第五团阵地被突破，团长邱某阵亡。第十九师（李觉）一〇九团团长刘湘辅及时侧击南进之敌，敌出不意，惶乱溃逃。同时，黄杰亲到其第四团（团长孙立人），使用预备队反击，恢复原阵地。朱家宅方面残敌在我军围困中，下午，敌由东方突围，过沪太公路东至马桥宅（在坝石桥东三里许），我军守西弥浦（一小河浜，距马桥宅半里许），另部沿葑村塘（一小河）北进，从西菱泾东攻，不顾敌机轰炸，奋勇前进，激战七小时，进出七、八次，敌伤亡九百余人，计当日一天之中，敌伤亡约达二千二百余人。

是日敌以大场为目标，全力进犯，来势极猛，我军阵地被突破一点，敌军推进三公里，惟我军增援兵力雄厚，由正面反攻，同时两翼奋勇夹击，敌主力部队被我击溃，渡浜进犯大场、南翔之企图未能得逞。又浏河泊有敌舰及运输舰五十余艘，十一日晚又到大舰一艘，于当晚六时起先后企图登陆四次，激战一小时，被我击退。次日敌舰驶至上游白茆口、七丫口一带，向岸上发炮四、五百发，但敌军在舰上未动。

右翼方面江湾、泗泾球场敌于十二日下午六时，由张奚家方面攻我贺家巷阵地，叶家花园我军当即出动，在李家湾激战两小时，至九时许敌不支败退。我机枪连掩护步兵开进，晚十时半，双方在徐泾桥一带激战。闸北方面，下午敌机轰炸宝山路、共和新路、宝兴路一带，投弹二百余枚。晚十时左右，广东街、虬江路口，敌坦克出动，我以手榴弹应战，至十时半，敌一中队进犯，巷战一小时后，被我击退。浦江敌舰终日向浦东炮击，招商局华栈及民房数处中弹起火，延烧甚烈。其昌栈附近，可炽铁厂浮码头被击沉江中，嗣后又连续发硫磺弹五、六炮，对准厂顶连续发射，纷纷爆炸起火，因地处江边前线，无法施救，焚烧至傍晚，始行熄灭，厂房全毁。下午四时至五时许，敌机多架飞沪西投弹多枚，市民多人被炸伤。又敌机一队，下午飞南市上空抛下大量传单，措辞荒谬，我市民捡获后，纷纷撕毁。

十月十三日，杨森的二十军一三三师（师长杨汉域）、一三四师（师长杨汉忠）到达市郊接替陈行阵地，与敌激战数日，打退敌军五次进犯。连日来敌继续猛攻，企图突破南翔、大场间之公路线，而由侧翼展开对大场之包围。李觉第十九师横贯真太路，占领钱宅、湖里宅、黑大黄宅亘葛家牌楼之线阵地。十四日夜，日军猛扑，相持五昼夜，至十七日拂晓，该师五十七旅一一三团在葛家牌楼战斗空前激烈，阵地为敌炮火摧毁无遗，一度失陷。秦庆武团长收集残部乘夜夺回，已经是一片焦土，所余官兵不足两排，但仍利用弹坑，固守待援。师旅预备队均已用完，次日拂晓，在优势敌人冲击下，秦团长与全部官兵壮烈牺牲。

十月十一日敌突破蕴藻浜阵地之后，以第九师团为基干，附以近卫师团、第三师团为第一线，初攻浜南我左地区，胶着于葑村塘河汉地带，后攻我阵地右区，因在严家湾遭遇我有力部队之打击，稍为后退。十九日，我阵地右前方之敌，冀由市中心区西攻庙行，亦被阻于麦家宅一带。其中央沿沪太路南犯之敌，附以机械化部队，但扩展不及二千米，对峙于俞家宅、高家桥宅之线。我左地区前面之敌，自突过葑村塘后，横越河汊数道，沿浜向南扩张三千米。自南而北之全阵地，形成南起闸北，亘江湾、大场、广福、施相公庙、北到浏河口之线，敌军主力攻击重点指向大场至广福一线突出部陈行。

先是，九月十三日国联大会，我提申诉书。二十一日，国联开会考虑中国申诉。二十八日，国联大会决议，谴责日机乱炸。十月二日，日本外务省声明拒绝国联调解中日战争。美国总统罗斯福发表宣言，抨击侵略国，请各国保卫和平。七日，国联大会决议对我精神援助，美国政府正式宣言，斥责暴日破坏公约。十二日，国联大会决定九国公约会议定于十一月三日在比京召开。十四日，英派艾登外相出席九国公约会议，十七日我国正式接受九国公约邀请。

此时国际形势有利于我，南京统帅部寄希望于参加九国公约国家能以实际手段制裁侵略者，故不惜以战略迁就政略，一面于十月廿二日特派顾维钧为出席九国会议代表，一面加紧增强阵地战，冀于战场上取得有利之态势，以为外交之声援，于是倾注全力于大场之阵地战。日本内阁决定拒绝参加九国公约会议，犹思于军事上发扬其所谓“皇军”之攻击精神，故对我第二阵地带之总攻，全力以赴，限期限地攻击前进，与我处于针锋相对之地位。

十月十五日以后，我第二十一集团军（廖磊）到达上海战场。战区司令长官部为恢复蕴藻浜南岸阵地计，决定全线反攻，以韦云淞四十八军为第一路，由黄港、北侯宅、谈家头附近向蕴藻浜南岸之敌攻击，以叶肇六十六军为第二路，由赵家宅向东攻击，以夏楚中九十八师为第三路，由广福南侧地区向孙家头、张家宅之线攻击，原任守备之各师各编成一至三个突击队，向当面之敌攻击，以配合各路军之进攻。十九日夜，我全线发动攻势，八时许各部分途出击，适敌之主力亦向我进攻，战斗至为激烈。迄二十二日晨，我第一路恢复陈行及桃源浜后，遇敌反攻，无法进展，第二路因渡河材料缺乏，仅占领朱之房、唐桥头，第三路将广福完全收复，并占领广福东之土桥；其他各部均有进展。此时敌倾海陆空之全力，向我蕴藻浜南岸反攻，除猛烈轰炸外，并施放烟幕，以掩护前进。我二十一集团军误以为施放毒气，秩序混乱，敌乘机猛冲，以致桃源浜及陈行得而复失。同时，右翼第九集团军亦与敌激战未已，相持至二十三日，我退至小石桥、小顾宅、大场、走马塘、新泾桥、唐家桥之线，但闸北至庙行方面及陈行以北之阵地仍无变动。此役血流成渠，尸积如山，各不稍却。我一七〇师之五一〇旅旅长庞汉桢及一七一师之五一一旅旅长秦霖，均于掩护转进时，忠烈殉国（据《李宗仁回忆录》说，六个旅长三死两伤）。二十四日晚，敌对小石桥方面全力猛攻，对广福以北亦猛攻不已。我谢鼎新团长率领全团死守突出部之陈行，血战两昼夜，杀敌三千，虽全团葬于泥土之下，然而庞、秦、谢三将军以死殉国之英名，亦永垂竹帛于不朽。

十五　大场之战（十月十一日至二十六日）

初，我军以黄杰第八军即税警总团（六个团）加入突出部陈行方面之战斗，击退敌人，而黄部亦损失殆尽。是后杨森二十军接防，战斗激烈，敌亦增援，相持不下，旋调杨军到安庆整补。越日，敌军增援后持续攻击，我胡宗南第一军逆袭，敌之攻击顿挫，胡军亦牺牲过半。嗣由第七军（周祖晃）接防，甫入阵地，立即反攻，经一昼夜之恶斗，敌虽稍却，但该军伤亡过重，调往后方整补。

我第二十一集团军攻击顿挫后，敌军益加猖狂。十月二十四日，调主力部队对我大场、新泾桥猛攻，并向我大场以西之胡家宅、塔河桥宅进犯。经一昼夜之恶战，大场、南翔公路被敌突破一公里，大场我军阵地遂形突出，一时形势危急。入夜我军奋力反攻，白刃肉搏，毙敌千余，将敌驱逐。日军受创败退后，又增援反扑，以战车四十辆作前导，向大场以西一公里之地点突破，胡家宅、塔河桥宅等处因之失守。二十五日，大场以西之走马塘方面日军强渡，我军竭力堵击，日军被迫后退。旋敌不断增援，其机群亘日轰炸，战车亦强行冲进，我守军第十八师以敢死队挟手榴弹，实行肉搏逆袭，士气空前激昂，卒因全部工事被敌炮火击毁，阵地遂被突破，至深夜，大场南翔公路方面陈家宅、梅园宅各点先后失守，不得不下令撤退。翌日，日军进入大场，随即循大场真如公路向西推进。此役敌军进犯，我奉命固守大场以西阵地之十八师师长朱耀华，拚命抵抗，不幸终为突破，影响淞沪整个战局，自觉无以对国家，乃举枪自戕，这是淞沪会战中殉国的头一个师长。[①]

大场失守，影响我军内线之闸北、江湾数面受敌。为排除侧背之威胁，遂于十月二十六日下令向苏州河南岸江桥镇、小南翔之线撤退，留置一部于苏州河北岸各要点，阻止敌人。

十一月三日九国公约会议开会于比京。四日，会议组小组会研究解决方法。五日，德、日、意签订反共公约。六日，比京会议通过致日声请书，我国上下以比京会议结果过于空洞，咸表失望。

十六　坚守四行仓库(十月二十六日至三十一日)

自十月二十六日大场失守，迄十一月六日比京九国公约会议无结果，十几天间，我南北战场军事，皆蒙不利之影响。十月二十六日淞沪我右翼军闸北、江湾等地部队奉令向沪西转移时，原驻闸北的八十八师师长孙元良令其五二四团（团长韩宪元）担任掩护。当时闸北一带空前大火，韩宪元团长在指挥所部掩护撤退中，奋勇抵抗，中弹阵亡。谢晋元团附率领第一营（营长杨瑞符）继续留置闸北掩护大部队撤退。他们穿过猛烈炮火，转入四行仓库，在艰苦的情况下，担负掩护任务，使我军安全转移。

谢晋元、杨瑞符率领所部于十月二十六日深夜进入四行仓库，立即在四周布置防御工事，至翌晨部署完毕，准备迎击敌军。二十七日敌一面放火，一面前进，至下午大队敌军渐逼近四行仓库，前后战斗三小时，敌伤亡六、七十人，从此敌不敢明目张胆进攻，便采取包围态势，伺机攻袭。

二十八日拂晓，敌抽调一部猛犯，我一壮士将手榴弹捆在腰间，突然从六楼窗

---

① 此处叙述有误，朱耀华举枪自戕，但被抢救过来，并未牺牲。——本书编者注。

口纵身跳入敌群，轰隆一声，此忠烈壮士与敌数十人同归于尽。敌一次一次进攻，一次一次败退。孤军苦战四昼夜，气薄云霄，八百壮士可歌可泣的事迹，迅速传遍国内外，全国人民为之振奋鼓舞，国际舆论给予广泛的同情和赞扬。后统帅部以掩护的目的已达，密令上海警备司令杨虎指导该团撤退。十月三十一日夜间，在敌军的炮火中，八百壮士冲破火网，撤出四行仓库，进入租界。此种慷慨牺牲精神，青史留传，将永垂不朽。

十七　厅头镇激战（十月三十日至十一月四日）

闸北、江湾以及大场一带之我军三十六师八十七师、八十八师、第三师、四十六师、六十七师、税警总团以及桂永清教导总队的周振强第一旅等部，于十月底均已先后到达苏州河南岸。十月二十九日，敌开始向苏州河南岸猛攻。三十日敌分由周家宅、姚家宅（陈家渡）两处强渡苏州河，我军坚强阻击，后退至北新泾及其以南地区继续抵抗。敌占据点数处，我六十七师在厅头镇与敌激战四昼夜，十一月初，接替八十七师和第三师扼守的阵地。

当时六十七师驻守厅头镇，左翼为戴岳的四十六师，防守姚家宅阵地。作战第二天，姚家宅失守，敌军即从侧翼包围六十七师四〇二团，并对控制在该地八字桥的师预备队三九八团猛烈进攻，四〇一团和三九九团在右翼阻击敌军。敌集中其优势兵力突击厅头镇，利用系留气球在空中指示目标，用猛烈炮火集中轰击我军阵地，掩护其步兵进攻。我四〇二团战斗到最后，仅占有镇端一角，仍坚持逐屋战斗，死守不退，官兵伤亡殆尽，团长赵天民重伤残废，副团长和营长张培甫、李俊等先后阵亡。三九八团团长曹振铎负伤后不下火线，坚持指挥战斗。激战到第四天晚间，教导总队周振强第一旅及总队直属部队赶来接防，始将全部阵地移交。相持至十一月四日，渡苏州河之日军取得联络，乃以江桥为其进攻目标，然其进展依然缓慢，于是不得不改变战略迂回我后方。

十八　日军金山卫登陆及我军全线转移（十一月五日至二十九日）

十一月五日晨四时许，日军第十军（司令官柳川平助）率领第六、第十八师团及其国崎支队（后有一一四师团登陆增援），并集结舰船八十余艘，在杭州湾北岸金山卫附近之全公亭、金丝娘桥、金山嘴、柘林等处同时登陆。柳川原任台湾军司令官，日俄战争时，以惯用迂回战略著名，当时杭州湾我军防御力量比较薄弱，正在换防，敌乘朦胧晓雾，驱兵登陆。登陆之后，向北推进，一路由金山卫趋张堰、松隐直扑松江，另一路由漕泾趋亭林、叶榭攻闵行，迂回淞沪我军主力的右侧背。当时张发奎曾令浙北浦东之六十二师（陶广）及独立四十五旅（张銮基）与枫泾之七十九师（陈安宝）夹击，并令预备十一师（胡达）由苏嘉路赶往增援，奈以各部联络困难，行动迟缓，且分离过远，协同不易，敌乘虚冲击，虽经分途阻击，终因伤亡过重，敌于是直向松江（距上海南站三十五公里）进迫。我六十七军（吴克仁）甫由豫北调来，集结未毕，即与敌接触，致被各个击破。八日松江失陷，淞沪我军侧背感受重大威胁。

敌登陆金山卫，形势急转，第三战区策定第三期作战指导要旨："以打破敌之包围企图，而巩固南京之目的，京沪线方面利用既设阵地，节约兵力，除抽调一部转用于沪杭线方面拒止敌人，同时抽调一部巩固南京，待后续兵团到达后，以广德为中心，转移攻势，压迫敌人于钱塘江而歼之。"同时对兵力作了相应的部署。

十一月八日，第三战区下达转移命令，中央兵团向青浦、白鹤港之线转移，因遭敌机炸射，联络困难，且下令稍迟，各部准备未周，撤退秩序混乱。是日晚，敌陷松江，我一〇八师刘旅长巷战殉国。敌续向青浦、白鹤港之线突进，我俞济时七十四军五十八师一七四旅旅长吴济光督部阻击阵亡，该线遂于十一日弃守。于是左翼兵团不得不与中央兵团同时向吴福线之既设阵地撤退。十二日，我左翼军主力西移，右翼军撤至苏嘉线附近及其以西地区十八军六十七师奉命开赴安亭车站扼守泗江口公路大桥掩护大军撤退。当时以敌机威胁，掌握困难，各部队撤退秩序更为混乱。十一日夜间敌便衣队趁机袭击，造成了更大的混乱和损失，六十七师于大军完全通过后，才全师而退。

十一月十二日，敌复得第五次增援，其主力是第十二师团之一部（自东北绥芬河调来），第五师团之第九旅团（自晋北调来）。敌军五次增援之结果，计有常备役兵九个师团，预备役兵五个师团，共计十四个帅团，二十八万人（特种兵、海军陆战队及伪军不在内）。

十三日，沿京沪线西进之敌抵安亭西南，同时由自茆口、浒浦登陆之敌第十六师团及重藤支队进攻支塘，有遮断公路交通之势。我左翼军向苏州、福山之线转移，右翼军向乍浦、平湖、嘉善之线转移。十五日以后，我十九集团军（罗卓英）于兴隆桥、福山、常熟及沿江一带与敌激战甚烈，敌舰四艘先后被击沉。十九日，自朝至暮敌向我吴福线阵地炮击，其后续部队源源增加，并以一部渡昆城湖，袭击苏州。其由太仓前进之敌，协同浒浦之敌，进迫常熟、福山，大有逼我于该线决战之企图。罗卓英指挥十八军十一师反攻进占虞山之敌，并令夏楚中九十八师和叶肇六十六军于常熟、莫城之线迎击进迫之敌。

我军为避免决战，乃于十九日晚向锡澄线转移，并令十九集团军、二十一集团军向太湖西南之安吉、孝丰、宁国等地转移。此时正面之敌跟踪追至，当与我掩护部队七十四军五十一师、五十八师（冯圣法）等部在浒墅关、望亭发生激战。苏州、福山之线弃守以后，由苏州西进之敌，以三个纵队继续前进，由常熟西进之敌分向无锡、江阴之线攻击，在太湖以南西进之敌亦越南浔镇向吴兴进犯，有迂回锡澄线右侧背之企图。十一月二十四日，敌迫至无锡附近，第一军第一师抵抗了一天，二十五日无锡陷落。二十六日，第三战区司令部令京沪线各军一部向常州、镇江（如第一军等），主力向浙皖边区撤退。先此约在二十日前后已令七十一军（王敬久）、七十二军（孙元良）、七十八军（宋希濂），实际上就是八十七师、八十八师、三十六师和七十四军（俞济时）、六十六军（叶肇）去守卫南京。

自十一月二十七日起至十二月一日止，我守江阴要塞之一〇二师（柏辉章）、一〇三师（何知重）与敌激战达五日之久，工事大部被毁，官兵伤亡很多。同时，进陷苏州之敌，以一部越太湖向宜兴东北之沙塘口登陆进犯，江阴守军因弹尽援绝，乃实行突围，向镇江方面转进，要塞陷落。

沪杭线方面，自敌第六、十六、十八师团及一一四师团先后登陆后，一部经松江向青浦进击，加入京沪线作战，主力向枫泾、嘉善进攻。我右翼军第十集团军刘建绪部，与敌激战于乍浦、平湖、嘉善之线。十一月八日以后，敌主力向枫泾进迫，与我预备十一师（胡达）、一〇九师激战甚烈，我军伤亡惨重。十日，枫泾被攻陷，敌即沿铁道南下。当时我拟利用既设工事（一九三五年用钢骨水泥构筑的机枪掩体）予以打击，惟因正面过广，无法阻止敌人前进。十四日嘉善失陷，十九日嘉兴不守。敌第六师团由青浦越淀山湖西进。于十四日侵占苏浙交界之平望，尔后与嘉兴附近之敌会合，沿太湖南侧地区向西进犯，二十日南浔被攻占。我为巩固吴兴防务计，令新到的廖磊二十一集团军之第七军（周祖晃）占领菱湖镇、昇仙市、大钱镇之线，阻敌西犯。敌攻占南浔镇后，续行西犯，二十四日突破昇仙市，以陆空联合向吴兴进攻，激战至二十六日，吴兴失陷，第七军一七二师副师长夏国璋于城郊激战时殉职。敌复向长兴方面猛犯，我以到达广德、泗安的二十三集团军（川军，刘湘本人在武汉未到前方）向突进之敌攻击，但以行动迟缓，集中未毕，未克实施，仅以一四四师（郭勋祺）由泗安向长兴推进，一四五师（饶国华）守广德，一四六师（刘兆藜）守广德右翼，一四七师（杨国桢）、一四八师（陈鸣谦）守泗安。

十一月二十三日，敌十八师团由太湖分乘汽轮及橡皮艇百余艘，窜抵宜兴、长兴一带，约一旅团冲到泗安，与郭勋祺部发生激战，郭腿部负伤，因伤亡甚多，向后退却。敌挟其机炮优势进攻广德，饶国华师长及独立十三旅（田冠五）与敌激战甚烈，因某团擅自后撤，敌于二十九日攻占广德，饶国华师长愤而自戕，这是东战场上第二个殉职的师长。此后敌即向宣城、芜湖进犯，主力由郎溪会攻南京。

上海市政协文史资料委员会编：《抗日风云录：原国民党将领抗日战争亲历记》（下），上海人民出版社，1985 年版，第 34—73 页。

二　中央战线

虹桥事件经过

董昆吾①

一九三七年我在上海任上海市公安局蒲淞警察所所长，沪西越界筑路和虹桥飞机场一带都是属于我所的管区。“虹桥事件”发生时，在公安局方面，我是代表者，在地方警察方面，我是责任者，这事件的处理我是全部参加的，所以我对于这个事件的发生和经过印象很深，记忆特别清楚。现在根据我的回忆和实事求是的精神，叙述于下：

上海是我国华东的军事门户，又是商业枢纽，日寇对于上海，垂涎已久。一九三七年夏季，日寇想要继上海一·二八战事之后，再次挑衅，发动攻势，借以达到它实行占领上海的目的。当时上海情况非常紧张，但是根据《中日上海停战协定》的规定，只许中国在上海驻保安队，而不许驻扎正式军队，因此，我国陆军八十七师、八十八师便换上上海保安队的服装，由南京开进上海市；驻守沪西虹桥飞机场的。就是八十八师的一个连。

一九三七年八月九日下午五时余，有驻在上海闸北丰田纱厂的日本海军陆战队的一个中尉军官，乘着一辆带篷的军用汽车，由日本士兵驾驶，沿着沪西的虹桥路，由东向西，开足马力，飞驰奔驶，意图开到虹桥路的西头，冲进虹桥飞机场的大门(虹桥飞机场的大门面向东开，正对虹桥路)。当他的汽车驶近飞机场的门前，要想冲进大门时，该场守兵(陆军八十八师一个连)看见那辆汽车来势凶猛，拦阻不住，不得已，由场内开枪。该汽车受到场内开枪射击，欲退不能，遂向右转，沿着飞机场的东面铁丝网围墙外面的碑坊路向北开驶。铁丝网内的守兵预先筑有简单射击工事，他们在工事内对着这辆北驶的汽车，连续开枪射击，将这汽车击毁于

① 董昆吾，淞沪会战时任上海市公安局蒲淞警察所所长。

碑坊路上。日本军官在汽车内中弹毙命，开车的日兵下车向东北方豆地里逃逸，跑到百余公尺处，为该处正在修筑工事的守军击毙。

我于这事发生后，随即赶到飞机场。当我到达现场时，只看见这辆日本海军陆战队的汽车，车头向北，停于碑坊路上，距离飞机场正门约百余公尺，车身上的弹痕如同蜂窝一般。乘车的日本军官尸体，已被守兵由车内拉到车外，剥去衣帽靴袜，并将尸体开了膛，脏腑肠肚，狼藉尸外，其状甚惨，不忍目睹。那时该场守兵正在手持锹镐，欲将尸体掩埋。我当时目睹这种情况，知必演成严重交涉，当即一面加以制止，一面用电话报告公安局（局长蔡劲军）转报市政府（市长俞鸿钧）。

当这事件发生时，该飞机场随即将枪击日本海军陆战队汽车、射死日本军官事报告上海警备司令杨虎。杨即提出该司令部已经判处死刑、尚未执行的囚犯一名，给他穿上军衣，绑上裹腿，拉到飞机场的东面铁丝网内击毙，以为对这一事件的交涉留有站脚地步。

当晚九时许，日本海军陆战队、日本领事以及所有各国驻沪领事都到现场。市政府派一通晓日语的张秘书为代表，公安局派我为代表，会同与日本方面办理交涉。当场架起电灯，在现场上由日军和所带军医人员开始验尸，检查伤痕，登录记载。我和张秘书以"起初是这辆汽车意图冲进飞机场的大门，不听守兵拦阻，并先向场内守兵开枪，击毙我方守兵一名，场内守兵为自卫计，才向汽车开枪"等理由向日寇交涉。但那具被击毙于铁丝网墙内的囚犯尸体，虽然穿着军服，绑着裹腿，终以囚首垢面，头发、指甲都过于长些，裹腿的打绑，也不像军人做的，而且中弹的方向，也不符合。因此，当被日军检验识破，这具死尸并非场内守兵。当时彻夜验尸，双方激辩甚烈，日寇强横激愤，气势凶恶，激辩到深夜，没有具体解决而散。翌日晨，日本陆战队将它的官兵尸二具和破汽车一辆取回，当日夜间日寇陆战队已作好准备，把坦克车等停列于闸北日寇海军司令部的门前，拟定于八月十日从上海闸北开火，进攻上海市。但由于驻沪各国领事的要求，日寇允许推迟四十八个小时，让各国侨民迁入租界区内。八月十三日晨，日寇军从闸北开火，挑起了上海八一三战事。

一九五九年十二月十五日

全国政协文史资料研究委员会编：《文史资料选辑》，第 2 辑，中国文史出版社，1986 年版，第 131—133 页。

八一三上海抗日之役

孙元良[①]

粉碎日军速战速决的战略

中国和日本不宣而战的冲突，肇于一九三一年九一八沈阳事变，后来继续爆发一九三二年一·二八上海事变，和一九三七年七七卢沟桥事变，到一九三七年八一三上海发生战事，于是扩大为两国间的全面战争。直到一九四一年十二月九日，即是日本偷袭美国珍珠港的翌日，我国才对德国、意国、日本等三国正式宣战。

从一九三七年七七卢沟桥事变起，到一九四五年八月十五日格林威治时间三时日本接受波茨坦（POTSDAM）宣言向同盟国无条件投降止，中日战争历时八年。若从一九三一年九一八沈阳事变算起，则历时十四年。若更从一八九四年甲午中日战争日本割我澎湖、台湾算起，则历时五十一年。

八一三当时，我任国军陆军第八十八师师长，部队驻在京沪铁线上的无锡、江阴、苏州一带。八一三前夕，我奉命率部队乘火车到真如车站下车，增援上海前线。但我应对当面情况，独断将部队迳开上海闸北车站，恰恰赶上迎击敌军的侵犯，还击敌军第一枪。

日军增援后，第八十八师坚守闸北阵地七十六天，敌军屡次进攻，都受到我部极大的打击，未能越雷池一步。敌广播呼第八十八师为“可恨之敌！”后来日本为掩饰它在南京大屠杀的罪行，也借口“中国军在上海死力抵抗，苦战多时，日军伤亡多，因此痛恨中国军。”

近代历史上最长期的中国抗日战争，首先在上海闸北保卫战中表现出中华民

---

① 孙元良，淞沪会战开始时任第八十八师师长，10月擢升为第七十二军军长兼第八十八师师长。

族坚毅不屈、勇敢牺牲的精神。日本军阀的速战速决战略粉碎在国军血肉筑成的新的长城下。

坚守上海四行仓库的孤军“八百壮士”，属于第八十八师的第五二四团第一营。在国军全部撤离上海第一线后，他们孤军奋斗，在闸北原阵地抵抗十倍以上敌军的攻击，达成任务。他们的忠勇赢得全世界的赞扬。（黄自教授作曲的《中国一定强》歌就是歌颂这件事。）

敌军的兵力

日本原在上海虹口驻有海军“上海特别陆战队”四千人，归敌海军第三舰队指挥。在黄浦江上泊有驱逐舰五艘。原住上海的日侨，和从南京武汉等地撤到上海的日侨共约三万人，组成“居留民团”，准备随时参加作战。

八一三的炮声一响，东京的日本统帅部在同一天就派出了增援部队；跟着在十天的期限里，敌军完成了七万五千陆军兵员在上海登陆。海军兵舰增加到三十艘。其中的加贺、赤城、龙骧、凤翎等空母（每舰载机三十至四十五架）出没于东中国海上，舰上机群与日本本国飞来的机群策应作战。

日本的空军，在开战后，即调动“海军中攻队”（海军中型陆上攻击机队）数十架，由日本基地（千叶县木更津机场和鹿儿岛县鹿屋机场两处）起飞，渡海向我南京、南昌、杭州等处轰炸。不久，敌将以上两处的航空队合并编为“第一联合航空队”。共有三十八机，成一战略单位，归第三舰队指挥，进出于长崎县大村和台湾台北两机场，以我南京、南昌、杭州、广德各空军根据地目标，取奇袭动作。

日本的陆军从八一三开战起，到十一月十二日国军撤离上海第一线阵地止，“上海派遣军”（指挥官松井石根）的总兵力是九个师团和两个支队。番号为第三、第六、第九、第十一、第十三、第十六、第十八、第一〇一、第一一四等师团，加上第十步兵旅团和国崎支队，共约三十万人。

国军的兵力和战法

国军在上海的总兵力为八十五个师，加上若干特种和独立部队，共约九十万人。

需要说明的是：第一，我敌双方的兵力都是逐渐增加的。国军于八月下旬，在上海阵地上只有十四个师；即是最后期（十一月初旬）也没有九十万这样多的兵力同时在战线上作战。因为有部队调来，也有部队调去。第二，国军的兵力虽为日军的三倍，但并未能以多打少，攒击日军，或形成包围，而是使用如小说上的“车轮战法”。又好像《封神演义》里，众神仙攻打三霄娘娘的黄河阵，神仙们是个别进阵去的，不是集体进入的。各个神仙个别地在黄河阵里吃着混元金斗的亏，或先或后，削去了顶上的三花。因为国军准备既未充分，运输也很迟滞，所以很难于在短期内一次集中倍于敌军的兵力，形成优势的力量；只好以数量的多（不是在短期内集中数量的优势）来补救质量以及其他的缺陷；以自己的消耗来换取敌军的消耗，达到持久的目的。在上海战场上实行的办法就是当前线某一阵地的部队消耗到不能支持了，然后将调到战场不久的新部队换替上去。

第八十八师则自始至终一直在原阵地上，没有换过一次班。在三个月的血战，第八十八师伤亡的官兵当然很多，曾经补充过五次，每次都是用几个补充团来补充，这些补充团的若干官长有作战经验，士兵则全是新兵。

国军艰苦奋战

毋庸讳言，彼时国军无论在装备、训练、后勤各方面都距现代化甚远，而且各部队的历史、素质、装备、训练等等也不大相同。和日军比较起来，当然差得多了。记得有一支队伍从老远开到江湾火线后面，预定休息几天，再去接替前线的阵地。他们挤住在几个乡村里，举火造饭，炊烟四起；空场上晒满了换洗的衣服，随风飘舞。于是引来敌机，敌机飞的差不多触着屋顶，机枪乱射，炸弹乱掷。这么一来，这支还未上过火线的部队又要调回后方去补充训练了。还有另外一支在内战中素以精悍善战著名的某友军，在敌军几个钟头的火力攻击下，就被轰得七零八落了。他们根本没有看见过敌人的面孔，便被掉下火线了。再说后勤方面，上海战区后面有铁路、公路和水道可资利用，那时敌机也还未能充分地阻碍我后方的交通，但在我左翼作战的友军部队，粮食补充困难，有时还要饿肚子哩。

战争初期，敌我双方的空军都还不能构成决定性的打击力量。我空军最初系以敌第三舰队的旗舰“出云”号和虹口的敌海军陆战队司令部为主要目标。

国军陆军平时对于敌我空军的状态可说是知己知彼，因此对自己的空军到前线协同作战一事不存奢望。

尽管国军有种种缺点，然而进犯的日军还是不能如意地迅速击败国军，取得胜利。因为三民主义为全国民众一致支持的精神力量，我国力虽未充，而激昂的抗日士气可用。

开战初期，国军曾一度采取攻势。第八十七和第八十八两师曾攻达汇山码头，和虹口敌海军陆战队司令部。敌陆战队一部溃败，逃入公共租界，大部狼狈逃上兵舰。惜国军缺乏攻坚武器，未能竟全功。

战事一天一天地延续下去，日军受创甚重。这真出乎自满自傲的日本帝国主义者的意外。速战速决，竟成梦想。同时全世界对中国反抗侵略，维护独立的勇气，与国军坚强作战的牺牲精神，表示衷心的同情和赞美。这样，一直打到十月中旬。

坚定不移的第八十八师闸北轴心阵地

在这一段战斗时间中，有时我军在左翼的阵线虽向后移，但影响不了第八十八师在闸北的钢一样坚硬的据点。从闸北到长江边的国军阵线，好像一根以轴心为支点的杠杆。全阵线是杠杆，闸北就是轴心。这根杠杆在蕴藻浜、吴淞、狮子林一线的地位时，固以闸北为轴心；就是向后移动到江湾、顾家宅、刘行、罗店一线的地位时；更向后移动到大场、嘉定一线的地位时，还是以闸北为轴心。第八十八师在闸北打定了万钧不拔的轴心，结结实实地插在大上海的中心。血战七十六天，日本源源增加的海陆空三军丝毫不能摇动这钢一样坚强的轴心！

上海的市民同胞和全国同胞的爱国热忱，给予国军的鼓励和支持，更形成一座精神堡垒。物质的支援，从食物、日用品到土木作业用具，无所不有。（最合用而消耗最多的麻袋简直不虞匮乏。）自秋天转入冬天，妇女同胞缝制的棉衣大批送到前线来，战士的身心都温暖了。三个月的战争中，每一个市民同胞和前线战士息息相关，休戚与共。这就是全民战争，日本帝国主义者受到我全民的抵抗！

第八十八师黄梅兴将军和无数忠勇将士的殉国

开战后的第八天（八月二十一日），我师第二六四旅旅长黄梅兴少将中敌炮弹阵亡！旅参谋主任邓大沧中校（黄埔第五期）、连长王绩增上尉（黄埔第七期）、通讯班长高志远中士同时殉国！

在他死亡的瞬间，我正和他通电话，说过很多话后，最后我说一句笑话。我说："等你通话等了很久，我以为你阵亡了呢。"哪知不过几秒钟，电话就断了。他的临时指挥所受到致命的敌炮击。我向来是不喜开玩笑的，在学校肄业，往往因同学开玩笑而弄到不欢。我不知我何以当天竟会向他说起笑话来了？真是一个使人不怿的巧合！

梅兴兄是黄埔军校一期同学。对于他的壮烈殉国，以及我师和友军无数忠勇将士的殉国，不仅国军同袍哀悼他们，上海和全国同胞都哀悼他们。赵景深先生马上作成《黄梅兴烈士殉国》大鼓词，在上海各游戏场内演唱，给同胞们更大的感动和激励。

大鼓词：表的是智勇双全黄梅兴，带了一部人马向前行。众兵丁来到了爱国女学冲要地，要把那校内日兵一扫平。黄梅兴命令兵士把学校团团围住，一个个都伏在地面不做声。那日兵听说是我国人马来到了，只吓得昏头昏脑，缩成一团，乱放几枪数不清。他们放枪放炮真是不惜工本，哪能够打退我军阵地半毫分。众兵丁依旧伏在地上不移动，日本兵当是我军退了兵。乱慌慌打开校门要想逃走，急匆匆只恨两条腿无能，茫茫好似丧家之犬，危危乎好似釜鱼待烹！这情景早被梅兴瞥见，说时迟，那时快，一声呼啸，众兵丁一个一个爬起身来，机关枪手榴弹噼噼啪啪声乱鸣！只杀的日本倭鬼抱头鼠窜，只杀得尸横遍野丧残生！只杀的一个个跪在地上叫饶命，口口声声说你是大中华我是小日本，但求饶命，万世都感恩。这一场大战抢回了爱国女学冲要地，只杀得日兵逃得影无形。众兵士欢呼如雷动，黄将军忙站上台慰劳士兵，一面又打军用电话向后方申捷报，眉飞色舞喜吟吟。兴冲冲正说到得意处，不提防诡诈日兵远远一炮打中黄将军！哎呀一声往后倒，但只见天昏地暗，草木惨淡，大地也把泪来倾！从今后黄将军名标千古重，留与后人永把英名钦——一段壮烈抗战史诗汗丹青。

中外记者的一部分记述

"最足动人心者，是为中国军心的振奋。虽遭轰炸，力冒被炸的危险，仍能镇静自处。有时去炸弹堕地之处仅一二百码耳，炸片横飞，尘土四扬，而初不少慑。中国救火会亦极出力，到处救火。是日闸北起火十余处，北车站以西亦有之，皆日本投弹所致也。两路管理局之正面尚属完好，其内部为炸弹炮弹所击，又有星期二之焚烧，上层颇有损坏。东南两面炮洞累累。但损坏虽巨，中国军之扼守依然也。据该处第八十八师守兵言，星期二日军轰炸炮击虽烈，仅死伤十三人而已。

更有一事可异者，闸北虽遭轰炸，产业多被损坏，人命死伤倒不多。闸北至今尚有非战斗之人民在内，卖猪牛肉者有之，开饮食店者有之。闸北国军人数虽不得而知，但有一事可决者，即难以使之退出。深沟高垒，到处皆是。前线已到北四川路及靶子路之百星戏院矣。”

“北站建筑物受了两个月的轰击，自然受了些损失。但北站大楼仍巨人般耸立着，它的四周数百尺地内房屋已成了瓦砾的小丘，所以大楼益发显得有些巍巍然了。炸弹炮弹给它造成了很多喷火口，东北部的墙垣上的弹洞比较多，南侧面还有一条二十尺左右的裂痕，这该是无数炸弹的成绩。其时里面底层还是很安全的。里边住的军人似乎很闷气，因为受震得厉害，加以窗口堆满了沙袋，光线很暗。”

“我们一层层上去，看见墙壁被毁的很多，大部都给火焰熏黑了。轰炸的痕迹太多了，屋顶的水泥掉了！东北边可以望见日海军陆战队司令部；四周呢，到处看到防御工事。沿公共租界界路直到苏州河西岸，也到处是铁丝网、沙包和守备的战士。”

“离开北站大楼，归途上遇到空袭！我们也赶忙学着中国军找障碍物躲避。受了十五分钟的虚惊！”

“一幕与平时不同的戏剧，今天在百星大戏院开映。那戏院的房屋站在北江西路的越界部分，好像一个战争的纪念碑。那房屋的最高一层，已经烧掉，其余各部分都受着炮火的损害。”

“中国士兵仍住在里面。三天以前日本军队约五十余人冲进去，卒被中国军队逐出！这消息被一个《字林西报》的英国记者获悉，他于昨日跑到那里去与一个中国士兵打着招呼，那个士兵站在房里面的破玻璃窗边，看见记者到来，他先以手榴弹打着招呼，再由破玻璃窗向外探望；每见一个生客行进，他总以手榴弹作投掷的样子，直至认清来客别无恶意时，方走向里面的黑暗方向去。”

“赫司克尔路那面，曾经过激烈的战斗。老靶子路的一段，自北江西路至北四川路那一段，只见破屋颓垣，一片荒凉！在老靶子路的终点，北火车站那里，看见许多障碍物。在北四川路与老靶子路的交叉处，有日本军的障碍物。在河南路那里，有一个英国兵岗位。当记者去的时候，那里站着一个威尔斯士兵。在北江西路角上，又有一个英兵岗位，一半在店屋里，一半在路上。从那里望出去，可以看见以前繁盛过的闸北，视线可一直延长到虬江路。这里现在住的全是英国兵，他们都谨慎的预防着日本海军陆战队的袭击。”

“北河南路的防守处那里，站着一个中国哨兵。他是个精壮力健的青年，穿着绿色制服，短脚军裤，一条红布条缝在裤脚两边；裹着绑腿布，穿着草鞋。他精神奕奕，机枪的弹火，不能撼动他的镇定。有时炮弹在离开他百码的地方落下，声震云霄，沙石横飞，但他仍是若无其事。当记者问他是哪一部的士兵时，他只承认是属于八十八师的。记者再问讯时，他便不作任何的回答了。”

“许多中国兵都穿着短裤，在北四川路与宝山路之间，跑来跑去。看起来他们对于一切的炮火都不以为意。在几秒钟的时间以内，日军总要发炮数响，他们连头也不抬一抬。有几个日本的炮弹落在租界边境，使那附近的房屋立刻倒塌下来！马路也立刻变成粉碎！而那般勇敢的中国兵，仍旧跑来跑去，屹不为动。除掉他们的巡视工作以外，对于炮火似乎毫不在意。”

“昨天（十月一日）的北车站大楼，仍雄壮地站在那里。除掉墙上的炮孔之外，一切都与战前一样。在房子的上面，也有被炸穿的洞穴。但在后面的车站，不幸已破碎不堪！大部分被炮弹毁坏了！”

“宝山路的损失，尚没有闸北与北四川路之间的一带那样厉害。那里的房屋与路面都已十分破碎！远处望过去，分别不出炮火与枪弹的痕迹。”

“在北车站租界边的英国守兵，他们的态度都颇镇静，但是内心十分紧张！那里有十分坚固的沙袋。有几处，中国兵已布置电网，一方面帮同保持租界的安全，一方面预防日军或者会由该处攻进去。”

以下一段是战后不久的记述：

“我们取道自外白渡桥到北火车站。当走到靶子路的时候，老远即可以看见车站旁的破瓦颓垣，真是一片凄凉！踏入北站，只见车站的屋顶十九都有大窟窿。车站里的售票房、办公室、行李房、候车室，还有一家旅行社和烟纸糖果店，都已不成样子，露出凄惨的景象！最可惜的是高矗界路，建筑未经年的两路管理局北站大楼亦竟遭受无情炸弹与炮弹的赐予，被轰炸得面目模糊！”

“走进宝山路，两旁的市屋十九成了灰烬。在一片焦土中仅可以看出中国军遗留下来的防御工事的痕迹，在人们的回忆中。”

“从宝山路折入宝通路，这里因为地处冲要，所以遗留下来的中国军建筑的防御工事很多。尤以一座坦克车掩体最为庞大，在掩体的四周围有铁丝网。这里虽受到很多炸弹的轰炸，仍没有受到多大的损失。我想，闸北阵地所以能够保持这么长久的日子，直到左翼败退下来方受影响，除了第八十八师的英勇外，也许这种工事是有着很大的力量吧？”

“由宝通路绕道至中山路、八字桥，沿途房屋已找不出一间比较完整的，大约这儿曾经过剧烈的战事吧？再过去，就是闸北水电公司的分厂，也被炸弹炸得东歪西倒！使人辨认不出是个什么所在了。再朝前走，穿过跑马场，便是江湾，那里的情形和一·二八后差不多，铁轨都已拆毁。”

“过了江湾跑马场就是所谓新上海的中心区，居中的市政府，外表上似乎没有什么大的损坏，仅左边被毁去一角。”

“在这里的田野间可以看见三五农人正在耕耘。”

敌增兵包围，国军后退

东京敌统帅部焦虑上海战事的胶着，十月二十日决定派出更多的援军。它还是用老法子，利用它的海军优势，从我远后方登陆，包围国军两翼，期望达到驱逐国军离开上海，而不是歼灭国军于上海的目的。

一九三二年一·二八淞沪抗日之役，日军不是因为正面攻击无效，改由我侧背登陆包围，逼退我军的吗？这次他们为什么不早采用这一手段，而让战事拖延数十天之久呢？当由于我军在正面的压力，和它动员的缓慢吧？

日军动员缓慢，所以不能构成速战速决的条件。日军在战斗时无旺盛的攻击精神，所以不能由正面突破敌阵，扩大战果。日本军阀基于他们缺乏创造性，事事模仿的民族根性，在军事思想和军事技术方面当然也不例外。他们从欧洲军事课本因袭下来的两翼包围，在中国战场上从未得到过一次决定性的收获，但是他们依然一直用这老法子。

他们在中国虽赢得若干战役的胜利(有时败北)，但始终不能攻溃或消灭敌人，获得整个战事的胜利。

战犯东条英机口供：“日本对中国作战四年以上(指太平洋战争前)，以日本的国力对付复兴中强有力的国家作战，自感国力的不足。”由此口供可见我国在第二次世界大战中地位的重要，给予敌人消耗与牵制力量的伟大。国民革命军实在尽了应尽的责任。

十一月五日，日第十军(司令柳川平助)以第六、第十八、第一〇一、第一一四等四个师团和国崎支队从杭州湾北岸的全公亭、金山卫等处登陆，主力向嘉兴，一部向昆山，拊国军的右侧背。[①]

---

① 这里记忆有误，日军第一〇一师团并未在杭州湾北岸登陆，第十军辖有第六、第十八、第一一四等3个师团和国崎支队。

十一月十三日，敌军另一部一个师团和一个旅团——第三师团和第一独立旅团在上海西北七十二公里的白茆口附近登陆，拊国军左侧背。敌军企图从两翼包围上海战场的全部国军。

在我海军力量薄弱，岸上防御因地区辽阔而稀疏的情况下，敌陆军借其海空军掩护，登陆成功。从杭州湾登陆的敌军十一月九日陷松江，国军于十一月十二日迅速从上海撤退。同六年前一样，敌军没有获到预期的战果。

上海战事告一段落后，日军自行检讨。他们认为未能包围消灭国军固属他们的失败，就拿双方的损耗来说，日军也算失败，因为这一役国军伤亡十八万人，日军伤亡五万人，日人自认日军的装备与训练既较为优胜，那么，这样的伤亡比例实在不划算啊。

此役国军在战略上的得失：

国军毅然以主力使用于上海战区，乃因上海为我经济重心，和中外观瞻所系，故不惜任何牺牲，强韧作战。因此之故，敌我双方的作战重心由华北移到华中。

在相持三个月的时间内，我长江下游的物资与工厂得以内运，国际观感为之一新，所获政略上的成就甚大。

就作战观点而言，敌拥有便利的海洋交通，易于发挥海陆空军联合的威力，我则交通未辟，集中迟缓，本难于发挥优势，而欲于上海和敌作阵地战，似非得计。然就全国地形论，如当时在黄河流域对敌作战，实不如在长江流域利用湖沼山地较为有利。

上海敌我主力三个月的激战，使在华北的敌军不能任意行动，造成我华北的有利形势。尤其是使山西的国军有准备的余裕，结果在山西的敌军始终不能西越黄河一步，关中保持完整。西南大后方得在安定中厚蓄潜力。这实为战略上最大的成功。

《孙元良回忆录——亿万光年中的一瞬 1904—1949》，台北坤记印刷有限公司，1975 年版，第 205—220 页。

血战淞沪

宋希濂[①]

一　风驰电掣奔赴淞沪战场

一九三七年八月十三日晨二时，日军从闸北、横滨桥以东及青云桥一带出动。九时五十分，日本海军陆战队，从北四川路日本小学开出，用轻重机枪向我扫射。于是八一三战役开始。我第八十七师（师长王敬久），第八十八师（师长孙元良）最先投入战斗。

当时我任第三十六师师长，驻防西安。十三日晚接到最高指挥部命令："火速开赴上海参战！"同时命令沿途一切车辆（包括特别快车），通通为我师让路。

奉命后，我立即部署部队乘车顺序，准备好干粮、饮水等。然后风驰电掣地沿陇海铁路东开。（这里附带说明一下。当时驻在徐州、蚌埠及南京附近的军队颇多。为什么单独命令我师由陕开沪？因为我师和第八十七、八十八两个师是姐妹师，是由原国民政府警卫军改编而成的。）日夜兼程，经过两天两夜，十六日即赶到上海。我们这个师经过南京、镇江、常州、无锡、苏州等京沪路沿线各县。老百姓知道我们是去参加淞沪保卫战，打击日本侵略者的，每站都是人山人海，鼓掌欢送，高呼口号壮我军行。慰劳将士的饼干、糖果、罐头食品、香烟等物，纷纷争相掷进火车窗口。我师将士无一不为民众高涨的抗日热情所鼓舞，誓死保卫祖国的壮志更为坚定。

十七日，我师即投入战斗。我亲自率领陈瑞河旅为前驱，彭辑光旅的胡家骥团殿后。

---

① 宋希濂，淞沪会战时任第九集团军第三十六师师长。

我师进攻的位置在第八十七师与第八十八师之间的天宝路一带。陈瑞河旅首先向驻守该处的敌军猛烈进攻，逐街逐屋地争夺，伤亡颇重。旅长陈瑞河负重伤，我即命第二一二团团长李志鹏代理旅长职务，继续攻击。日军的防守掩体多半是钢筋水泥加上沙包建成。我军缺乏攻坚炮火，只能逐步接近，使用手榴弹爆炸敌人据点。日军陆续增加部队，造成两军对垒，进行阵地攻坚战。

二　中外驰名的汇山码头攻坚战

我师在淞沪打得最精彩、最激烈、功绩卓著的一仗，是进攻汇山码头之役。这次战役是淞沪整个会战中几次著名战役之一。它是和姚子青营长死守宝山，全营壮烈牺牲、谢晋元八百壮士死守四行仓库、罗卓英的第十八军往返争夺罗店等战役，同样驰名中外的。

我师第二一六团由西安开抵上海后，立即进入引翔乡阵地，奉命攻击敌重要据点汇山码头。其任务是：除了阻止日军在虹口增援部队的登陆以外，并准备一举驱赶敌军于黄浦江畔，然后集中力量歼灭之。

二十日，首先侦察地形地物，准备晚间开始攻击。第二一六团当时共有官兵二千余人。除团直属部队外，共辖三个步兵营。以第一营营长熊新民所率官兵为主力[①]，进攻兆丰路，第三营营长顾心衡所率官兵助攻公平路，两路齐头并进。吴涛的第二营为预备队，担任策应。

半夜十二时，攻击开始。第一营由兆丰路向汇山码头攻击前进，途中必须冲破唐山路和东熙华德路口的日军防御工事。敌军躲在四五层高的楼顶上，居高临下，对我军进行俯射，阻止我军前进。相持了一个多小时，胡家骥团长下令：“不顾一切牺牲，冒着敌人的炮火前进。”于是我军官兵与敌人展开了激烈的巷战，进行逐屋争夺战。由于我军官兵视死如归，凭着英勇无畏的气概，一举冲过了唐山路，胡团长身先士卒，走在队伍的最前面，带领部队继续冲击。他的两名卫士，一个叫胡正林的光荣牺牲，一个叫喻盛东的身上中了两弹，他自己也五处负轻伤，但仍坚持不下火线，继续指挥战斗。因此又连续冲过了东熙华德、百老汇路，直逼汇山码头。残余的日军支持不住，争相逃窜到外滩外白渡桥，向桥南英军投降。我

---

① 据熊新民说：“那时我先是第三十六师第一〇六旅参谋主任，参加作战后，旅长负伤，第二一二团团长李志鹏升代旅长，我在火线上调升第二一二团上校团长。”

军乘胜追击。但抵达汇山码头的部队,无法摧毁坚固的铁栅门,进攻受阻。胡团长首先爬上铁门,士兵相继跟进。然而由于遭到侧面日军的猛烈炮击,我军官兵很多人壮烈殉国。我于是下令第二一六团在完成扫荡汇山码头的任务后,重新撤回引翔乡,形成与敌人对峙的局面。仅汇山码头一战,我师伤亡五百七十余人。敌军除一部分向英军投降外,死伤也不下四百余人。

我军装备远远不如敌军。我师官兵抵达上海后,没有经过休息,立即参战。凭着爱国精神,民族正气,三天内即取得这样辉煌的战果,这是中华民族的骄傲,也是被敌人诬蔑为"不堪一击"的中国军人的骄傲。

三　敌我淞沪增兵，形成决战态势

淞沪战役由于我国军队的顽强抵抗,上海工人、学生、市民的热烈支援。在战役初期,日军即遭到重大的挫败和陷于苦战。

八月二十三日,日本一个旅团登陆增援。八月到九月之间,在上海北面,陆续登陆的援军,先后共有十几个师团,总计约三十万人,日方委派松井石根大将为上海战场总司令。将陆续增援的部队,从吴淞、浏河等方面登陆后,迂回攻击我方的左侧背,企图在淞沪西北地区,一举击破我军,消灭我军主力。我方亦陆续增援精锐部队。如第一军、第十八军等均相继投入战斗。尤以在罗店的争夺战,极为壮烈,双方伤亡枕藉。上海战争开始时,派张治中担任第九集团军总司令。及至九月中旬,张治中调任军委会第六部部长,派朱绍良接任,改称为中路军总司令。派陈诚为左翼军总司令,指挥薛岳、罗卓英两个集团军。派张发奎为右翼军总司令。同时发表王敬久为第七十一军军长、孙元良为第七十二军军长、我为第七十八军军长。但指挥的部队仍只一个师。我军先后在淞沪之战中,投入了约七十多个师,几占开战初期,军委会共辖有一百八十个师的一半。敌军投入约三十万兵力。这一阶段敌我双方展开了激烈的争夺战。

四　将士血热之躯，染红每寸土地

在这一阶段中,我第三十六师经常在与敌军相距很近的地方进行战斗。有时两方讲话都听得很清楚,日军的机关枪甚至可以打到我的司令部。我师及第八十七师在初期是进攻虹口、杨树浦一带。以后由于日军的不断增加,两师主力随即移到江湾一带作战。

九月某日，敌人的炮弹击中了我的指挥所。我和师参谋长，还有几个参谋，正在屋内研究作战方案，而炮弹落在隔墙的房里，造成房倒屋塌，看守电话总机的四名通讯兵牺牲。

我率领的第三十六师是一个整编师，装备较好，上战场时九千余人。由于战斗激烈，伤亡很大，共补充了四次。每次补充约一千五百人至两千人，这些补充兵多为曾经有过训练的老兵。

敌人掌握了制空权，日夜轮番对我轰炸。即使白天有一两个人在路上行走，敌机都要进行低飞扫射。其战况之激烈、严酷，可见一斑。但我军士气旺盛，同仇敌忾，奋勇争先，没有一个人怕死贪生。也由于我师与敌人展开了短兵相接的阵地战，旅长陈瑞河负伤，营级以下的干部死伤甚多。将近三个月的作战，全师共计伤亡官兵一万二千多人。

其中补充来的人员，为了避开敌机白天的狂轰滥炸，都是晚上到达前线，立即投入战斗。有许多官兵连符号都没有来得及发就牺牲了。他们用血肉之躯，护卫着我国的每一寸土地，血洒疆场，成了为国殉难的烈士。战争结束后，连姓名都不知道，他们的家属连抚恤都得不到。他们是我中华民族的忠魂，是我抗敌勇士中的无名英雄。因为我们从事的是反侵略战争，才有了这么一大批英勇捐躯的官兵，才使得在武器优劣悬殊的战争中相持了两个多月。

第三十六师全体官兵与其他兄弟部队一样，虽然牺牲是惨重的，但使日本侵略者也同样付出了死伤约十万人的代价。

英国伦敦《泰晤士报》，当年十月二十八日发表社论，特别提出华军之英勇抵抗。并称日军尚未获得其摧毁中国军队的主要目的，即此次两军作战，华方伤亡固极惨重，但十周之英勇抵抗，已足造成中国堪称军事国家之荣誉，此乃前所未闻者。虽知若干华军器械，犹未充分，但一般所认为不能保持一日之阵地，彼等竟守至十周之久，此种奇迹，实属难能可贵。上海一隅之抵抗，对于整个中国均有极大影响。

这恐怕是比较客观的评价。

五　淞沪失败原因

（一）敌强我弱的客观形势

日本是一个实行征兵制的国家，受过正式军事训练两年或三年（特种兵为三年)的壮丁甚多。所以,它虽然平时只有二十个师团及一些特种兵部队。但一旦动员,立即可以征集数百万人。而我国于一九三六年,才开始设立师管区,办理征兵事宜,临时征集的壮丁,根本没有受过训练,参加淞沪战场作战的部队,伤亡都很大。除由各省的保安团队抽调部分官兵,送上战场补充外,已无后备兵可以征补。在淞沪战场打了将近三个月,伤亡过重,部队残缺。每个师所存人数,多的不过三四千人,少的只有两三千人。

(二)当局指导上犹豫不定

当时主管作战的军事委员会第一部(以后改称为军令部),及前线的高级指挥官,鉴于已被日军攻占了浏河、刘行、江湾、真如等地,后方已无可以抽调的增援部队。均建议迅速将上海战场的主力部队,有计划地逐步撤退到常熟、苏州、嘉兴之线(简称吴福线),及江阴、无锡、嘉善之线(简称锡澄线)进行整补。这两线是一九三五、一九三六两年,以四个师和几个工兵团的兵力,构筑的两条国防线。实行和日军持久作战的方针。这一方针无疑是正确的,并已获得蒋委员长的批准。十月底,这一方案正在开始实施之际,蒋介石突然于十一月一日晚十时左右,乘专车来到南翔附近的一个小学校里,随来的有白崇禧、顾祝同等人。随即召集师长以上的将领会议,以约半小时的时间,听取了几个高级指挥官的战况报告。接着蒋介石讲话,主要内容分为前后两部分,而尤侧重于后者。前一部分他概括了八一三以来,敌我双方作战的经过、概况和国际的一般反映,并对前线官兵的英勇斗争,进行了表扬和鼓励。后一部分则是他此行的目的,他说:“九国公约会议,将于十一月三日,在比利时首都开会。这次会议,对国家命运关系甚大。我要求你们作更大的努力,在上海战场再支持一个时期,至少十天到两个星期,以便在国际上获得有力的同情和支援……”同时他又说:“上海是政府的一个很重要的经济基地,如果过早地放弃,也会使政府的财政和物质受到很大的影响。”蒋说这些话,语气很坚定,说完他就走了。

(三)敌增重兵

十一月五日晨,敌以军舰多艘,炮击平湖县属金山卫一带,掩护其第六、第十八两个师团在漕泾镇、全公亭及金丝娘桥登陆,在黄埭会合,趋张堰镇。六日抵松隐镇,七日占米市渡,八日敌军窜至石湖荡、张庄市,进陷松江。侵占松江之敌,以一部沿沪杭铁路向上海前进,以主力疾趋青浦、南翔,企图将在沪西北区的我军,加以包围歼灭。

（四）毫无撤退计划，部队极度混乱

自八一三淞沪战争爆发，我就率第三十六师投入战斗，在江湾、天宝路一带，与敌军周旋了两个多月，没有一天停止过战斗。十月二十八日，奉命撤到苏州河南岸据守。我的指挥所设在沪西的罗别根路，敌军曾数次施行强渡，均被我击退。至十一月六日，敌又集中优势炮火轰击我阵地，掩护其工兵进行架桥作业，随着敌兵强渡成功。我军仍在河畔逐点据守，阻其扩大，但战况已益趋严重。因当时所有退守苏州河南岸的部队，均伤亡甚大，又无兵力增援。我原归中央集团军总司令朱绍良指挥，退到苏州河南岸后，改归右翼集团军总司令张发奎指挥。他的司令部设在青浦附近。九日下午六时，张发奎和我通电话，说："委员长命令我军务必在沪西再支持几天。"但到八时，张又突来电话，命本师于当晚立即向昆山方向撤退。九日这一夜的退却，简直是紊乱极了。因为自沪西经青浦、南翔至昆山一带地区，全是河汊纵横，没有一处可以徒涉，只有一条公路可走。所有部队全沿着这条公路西去。大家争先恐后，拥挤不堪。各级指挥官对自己的部队，完全失去了掌握。自青浦至南翔的苏州河大桥，被敌机炸毁了。所有车辆无路可走，拥塞于途。加以深夜过青浦时，西南方向机关枪声很密，说明日军已迫近青浦。大家为避免使自己的部队陷入敌军包围圈，更是拼命向前赶，形成极度的纷乱。敌军编组了几个小规模的挺进部队，从青浦以西地带，挺进到苏州河北岸的南翔至昆山间公路上。胡宗南的第十七军团司令部，在南翔西南角的苏州河畔，遭受敌军的偷渡袭击，司令部人员及警卫连被打死者甚多，胡宗南只身逃出。薛岳（那时任第十九集团军总司令）乘小汽车，自南翔前往昆山，被敌军机枪扫射，司机和他的一个卫士被击毙，薛岳从车上跳到一条河沟里，幸免于难。

这次撤退十分混乱。这样大的兵团，既不能进行有组织地逐次抵抗，以迟滞敌军的行动，又无鲜明的退却目标。造成各部队各自为政，拼命地向西奔窜。战场统帅部，对许多部队都不明白其位置，遂使敌军如入无人之境。弄到这种地步，最主要的是蒋介石妄图依赖国际联盟和九国公约签字国，对日本施加压力，与日本进行和谈，以谋求结束战争。

（五）第三十六师淞沪撤退经过

我于十一日在南翔附近，将部队收容掌握后，晚越过沪宁铁路以北地区，绕道

前往昆山。到达昆山时,陈诚的总指挥部(陈诚那时担任前敌总指挥)已经撤走。那里只有一些找不到自己单位的小部队和溃散的士兵。我得不到任何指示,便率部退往苏州。大约是十七日黄昏到达苏州。这个古城已是死一般的沉寂,街上店门紧闭,阒无一人。我走到电话局和在无锡的顾祝同(顾那时任第三战区副司令长官,负东战场指挥之责)接通了电话,他叫我迅即开到无锡去。当晚继续西行,于十九日正午到达无锡,即往见顾祝同。他告诉我,军委会命令第三十六师立即开南京。运输部队的车辆已通知铁路局准备.让我速往接洽。

淞沪战役自八月十三日开始,到十一月九日夜全线撤退,历时将近三个月。双方都投入了相当大的兵力,战斗是激烈残酷的。参加这一重要战役的国军官兵,懂得这是为保卫祖国的生存而战,是一场反侵略的伟大战斗。虽然我军装备远不如敌,但都奋不顾身,视死如归。每一寸土地的争夺,敌军都要付出重大的代价。我军也牺牲惨重,实在是可歌可泣的。尤以第三十六、八十七、八十八这三个师自战斗开始的那一天起,一直到全线撤退的最后一天止,始终坚持战斗。其他的师最多打半个月,便被轮换下去整补。因此,这三个师在闸北、虹口、杨树浦、江湾、大场一带作战的英勇尤为突出。应该成为中华民族史册上的光荣一页。

宋希濂、黄维等著:《原国民党将领抗日战争亲历记:淞沪会战》,中国文史出版社,2013 年版,第 131—137 页。

访钟松将军谈八一三淞沪抗战

彭广恺[1]

发生于距今六十年前的八一三淞沪战役是中国近代史上的一件大事，七七事变拉开了抗战的序幕，八一三淞沪战役则是真正大规模起而抗击日本侵略，其规模之大，死伤之惨烈，空前仅见，李宗仁在其回忆录有云："淞沪之战简直是以我们的血肉之躯来填入敌人的火海。每小时的死伤辄以千计，牺牲的壮烈，在中华民族抵御外侮的历史上，鲜有前例。"而今六十年过去了，淞沪会战的悲壮事迹已随着抗战一代人的凋零逐渐没入历史，虽然海内外仍不乏有心人继续撰述此一伟大之民族圣战，然根据当事人作口述历史的机会毕竟越来越微小了。

笔者有幸于民国八十三年(1994 年)两次前往荷兰走访钟松将军，听其讲述淞沪会战种种往事，将军当时虽已九五高龄，仍精神矍铄，谈及往事记忆犹新，而于袍泽牺牲之惨烈则不胜惋念之情。钟将军一生戎马，然以参与淞沪会战为其生命中最具意义之一段时光，可惜陷于机缘，未得再继续请教，越一年，钟将军仙逝。如今披露将军生前之谈话，除表个人缅怀海外萍水相逢之机缘外，并希望以此文纪念抗战中牺牲之千千万万英勇将士。

钟松将军民前十一年(公 1901 年)生于浙江松阳县。早年毕业于浙江省立第十一师范学校，国民革命军兴，投效黄埔，毕业于二期炮兵科。曾参与东征、北伐、抗日及戡乱，来台后于民国五十六年中将除役。民国六十年移居荷兰与家人团聚，民国八十四年于荷兰逝世。

钟松将军于淞沪会战爆发之时，率陆军独立第二十旅与孙元良之八十八师、王敬久之八十七师等三个中央嫡系部队首先进入上海，归京沪警备司令张治中指

---

① 彭广恺，台湾当代文史学者和出版家。——本书编者注。

挥，向日军进攻，后扩充为陆军六十一师，历全程淞沪会战三个月血战，战斗伤亡虽大，然终能站稳脚步，坚守阵地，可谓克尽职责。

以下是访问钟将军全文：

问：八一三淞沪战役是怎么开始的？

答：民国二十一年一·二八淞沪战役后签订的《淞沪停战协定》，规定上海及其邻近地区不得驻扎中国军队，只能由少数保安团及警察维持地方秩序。七七事变之后为了积极备战，把我的独立第二十旅（驻苏州）第一团改为宪兵第十三团，开驻松江，第二团化装为保安团，秘密进驻上海虹桥机场。

民国二十六年八月九日，日本驻上海海军陆战队一个中尉叫大山勇夫的骑了一辆摩托车硬闯虹桥机场，[①]我方门口岗哨经制止不听将他击毙。第二天上海市政府（市长俞鸿钧）及淞沪警备司令部（司令杨虎），邀集日方及驻在上海各国领事派人到现场实地查验，此时日本军舰已群集吴淞口外，日本海军陆战队登陆上海已达四千人，加上原有在沪的四千人，总数达八千余人。我于八月十日晚上十时左右接到命令，将驻在苏州的部队于八月十一日清晨进入上海市郊的真如，与八十八师（师长孙元良）会合。八月十日、十一日、十二日，日本在这三天之中，日军大量从吴淞口向上海登陆。到了八月十三日下午五时，日舰炮轰闸北，这时我们在真如的部队奉命开进上海，我独立第二十旅进占上海持志大学地区；八十七师主力在市中心区附近；八十八师进入闸北。淞沪之战遂正式开始。

问：战争导火线的日军肇事者大山勇夫，几十年来有的书记载他的军阶是军曹，有的说是中尉，莫衷一是，据您所知是什么官阶？

答：据我所知是中尉。当时淞沪警备司令部的参谋处处长朱侠（后来任我六十一师参谋长），是他告诉我的。八月九日冲突事件发生后，他立刻前往处理，从死者口袋中搜出的名片得知他的官阶。

问：八月九日虹桥机场冲突事件发生后，日本就开始向上海集中兵力，您刚刚讲八月十、十一、十二日乃至十三日都按兵未动，甚至战史中记载我方直到十四日统帅部才下令正式进攻，甚至下令进攻后，又数次停止攻击，张治中等后来回忆说统帅部严令禁止进攻，导致坐失先机，乃至酿成初期攻坚的巨大伤亡。

答：坐失先机的说法是正确的。如果我们早一点进入上海，不等日军增援，

---

① 此处记忆有误，冲击虹桥机场的除了大山勇夫外，还有一个斋藤要藏，他们乘坐的是福特敞篷小汽车，两人均被击毙。——编者按。

先收拾日本海军陆战队，抢占要点，后来不致伤亡这么大。

当时我们几个将领都曾催促张治中先发制人，他的意思是要等日本人先动手，免得落人口实。他当时是前敌总指挥，应该有所担当，把责任都推到蒋委员长身上，也未尽公平。

问：您的六十一师前后经历如何？

答：我原任第二师第六旅十二团上校团长，后任第六旅副旅长，民国二十二年第二师补充旅成立，我任少将旅长。民国二十五年改称陆军独立第二十旅，民国二十六年八一三淞沪战役爆发后，与八十八师、八十七师同时开进上海作战，也是淞沪战役最早参战的三个部队。开战后，原十九路军旧部为班底的六十一师开赴上海战场支援吴淞，阻击日军登陆，在军工路附近被日舰炮火轰击，伤亡惨重，溃不成军，师长杨步飞被撤职，残余部队集为一个团，加入我旅原来的三个团。八月二十五日独立第二十旅扩充为陆军第六十一师，属于甲种师，辖两个旅（一八一旅、一八三旅），共四个团，朱侠任我的参谋长。从淞沪战争爆发一直打到日军金山卫登陆我军后撤，三个月来天天打，从天亮打到晚上，没有一天休息。八月二十二日战场扩大后，我师负责蕴藻浜、大场区域，一直顶到十一月初，从蕴藻浜移到苏州河南岸，打了不到十天，于十一月八日撤离淞沪战场，我的师撤到无锡后只抵抗一下子转安徽绩溪整补。民国二十七年八月间，六十一师守武汉外围大别山区叶家集附近，跟日军打了一场硬仗，挡住日军进攻至少两个星期，我师一万两千人也伤亡四千多人。之后，从河南商城、信阳撤到河南巩县，二十八年初开到陕西兴平县。二十九年日军猛攻中条山，围困我第九军，我率部攻打中条山侧背之侯马车站，解第九军之围，这次战役伤亡也是很大。这是我从抗战参战以来比较激烈的几个战役。

问：现在在台好像已经没有几人曾经指挥过淞沪会战，其中刘安琪将军不仅参加过，而且似曾担任过您六十一师的副师长？

答：刘安琪是黄埔三期，本是王敬久八十七师两个旅之一的一个旅长，另一个旅长是我黄埔第二期同学沈发藻。至于为什么调刘安琪而不是沈发藻当我的副师长，我猜因为刘安琪与我一样，早期也是出身顾祝同的第二师（他当时当团长）。刘安琪于十月初调来，于二十八年初调到第一军任七十八师师长，原师长李文接第九军（编者按：应为第九十军）军长。

问：前几年在台湾过世的孙立人将军当年也参加过上海蕴藻浜和大场的战斗，您在战斗中同他接触过吗？

答：孙立人属于税警总团（黄杰任总团长）第四团团长，在我们这条战线中守其中的一段，战斗紧急之时曾经来支援过我六十一师。

问：刚刚提到从八月十三日到二十二日，是我军在淞沪前线对日军猛烈进攻之时，真正是谁在前线指挥部队？

答：是京沪警备司令张治中，他负责下令攻击，此后开战前十天部队伤亡太大，被蒋委员长怒斥一番后，就很少管事了，后来都由第三战区副司令长官顾祝同转达蒋委员长命令，张治中于九月底辞职后，朱绍良继张治中指挥，担任中央军总司令，在苏州河附近防守时，我也接到他十几通从驻地青浦打来的电话。

问：蒋委员长当时斥责张治中些什么？

答：那天委员长带了冯玉祥、顾祝同、钱大钧、白崇禧等到南翔召集我、王敬久、孙元良等师长，当着我们的面骂张治中说："打仗有伤亡，我向来不在意，但是你这一次的伤亡太大了，从此以后你要听顾副长官（顾祝同）的话。"委员长又说："我讲过的，你那个参谋长徐权不行的啊！你不听我的话。"

问：三个月的战斗中，日军一般的进攻情形如何？

答：日军都是用所谓正规战攻击。先用炮轰击我们的阵地，等到差不多时步兵再攻击。日本空军的轰炸我们倒不大怕，那时的飞机速度不快，投弹也不是像现代的地毯式轰炸，因此地面人员除非是在集结行军的情况，否则仍有相当的时间可以躲避。海军舰炮轰击就不同了，口径至少四、五英寸（1英寸＝2.54厘米），装填速度又快，最少有三十条兵舰在黄浦江中，一条军舰上的炮比一个炮兵团有过之而无不及，几十条兵舰那是几十个炮兵团啊！上海这个战役我们吃亏最大的就是日本海军的舰炮攻击，没有亲临其境的人很难体会出当时我们步兵师遭逢现代立体作战的苦处。

问：六十一师火力配置如何？

答：前面讲过我们这个部队是属于甲种师，在当时国军部队已经算是相当好的装备了。当时一个班有一挺轻机关枪，大概是捷克式的，一个连有九挺；另外一个团三个营，一个营三个步兵连外，有一个重机枪连，有马克西姆水式重机枪六挺，团部有一个八二口径迫击炮连。

问：面对日军优势火力，我炮兵火力如何？

答：一般部队配属的七五口径山炮对日军没多大用处。我方重炮团我知道的只有彭孟缉的炮兵第十团，十厘米加农炮由牵引车拖载，据说还有一个十五厘米的重榴弹炮团，详细情形我不太清楚。

问：您的部队防空火力如何？

答：非常微弱，只有一个高射炮营，辖三个炮兵连，口径很小，对敌人空中威胁不大；另外步兵的武器对空射击能力就更弱了，一般机关枪只能射五百公尺，步枪只能到二百公尺。

问：有坦克支援过吗？

答：我们部队没有。据我所知淞沪战役初期来自南京的装甲兵团（团长杜聿明），也是当时中国唯一的装甲兵团，曾经支援过两个连十几辆坦克，担任三十六师（师长宋希濂）进攻汇山码头的前导。三十六师也是开战初期第一个部队，越过八十八师、八十七师和我们部队向前进攻。但当地都是高楼大厦，坦克车根本运转不灵活，结果在敌人猛烈的炮火轰击下，人车俱毁，很可惜。

问：淞沪一战我军伤亡总在三十万人以上，这么惨烈的牺牲不仅在我抗日战史上空前仅有，在近代世界战史上亦属罕见，您觉得这样大的牺牲打这场仗值不值得呢？

答：我当时只是个师长，说老实话，打这场战争的真正目的我并不清楚。打仗有一个目的嘛！有的打仗以政治为目的的叫政略；有的以军队胜负为目的的叫军略。上海打仗应该是有政治为目的吧！上海为全国经贸、金融中心，在上海打，可以说涉及各国利害最深，可以借机展示一下军事力量以期英美进行干预。上面是不是利用国际利害这层关系打仗，我不清楚。如果纯以军略的角度来讲，上海这个仗是不可以打的。

问：为什么是不能打？

答：主要是防守的问题。淞沪地区地势平坦，河港纵横，无险可守。相反的，日本当时是世界上头号军事强国，拥有精锐的海、陆、空三军，可以协同作战，上海这个环境恰恰适合他们打仗。我们不一样，仅有陆军可以应战，海军几乎没有；空军亦无法支援地面作战。仅仅一个陆军如何跟一个陆、海、空协同作战的现代化部队作战？这也难怪我们牺牲这么大，实在应该撤到一条可以防守的国防线，先使他们海军舰炮打不到，去掉最大的威胁，然后再作一决战。

问：我方当时在淞沪后方既设国防线情形如何？

答：国民政府早在抗战前为了防止日本仿效民国二十一年的一·二八之战侧背登陆之计，从民国二十三年起，在苏州至福山（称为吴福线）和无锡至江阴（称为锡澄线）开始秘密构筑防御阵地，包括轻重机枪、战防炮、迫击炮等射击工事，还有观察部、弹药库、散兵壕以及人工障碍物等。

民国二十四年，陆军大学筹设一个将官班，一共有三十个将领，这是作为国防军基本部队的将领培养场所，我也是其中之一。当时教官曾秘密透露给我们大家这个设计案的原因及工事过程。如果我们能在这个国防线上抵抗日军的进攻，则伤亡断不致像后来那么大，白白的把一个师一个师填入火海。设想没有日本海军的炮舰轰击，我们也不至于只有挨打而无法还击的情况。陆上的轻重武器我们也有，只是数量少些，质量没那么精良，空军我们也有，只是数量少罢了，唯独海军的舰炮轰击，我们毫无办法，只有挨打，这就是为何我们上海伤亡这么大的原因。

问：淞沪战争前后有哪些重要部队参战？

答：在开战之初，陆军独立第二十旅、八十八师、八十七师进入上海，此后有开战几天到的宋希濂的三十六师、杨步飞的六十一师、陆军官校的教导总队、黄杰的税警总团、罗卓英的十八军、胡宗南的第一军、李延年的第二军、广西调上来的廖磊的第二十一集团军、广东来的吴奇伟的第四军等，这些都是我记忆所及比较早加入战场的，当然后来的部队更多了。淞沪会战三个月，大概总共有七十几个师参战。

问：总结来说，您觉得淞沪会战各个部队表现如何？

答：英勇有余，但表现可以说都不好。战争本来是求胜的，而上海这个仗我们是挨打的，表现好不好，全看挨得住或挨不住打，可不可以站得稳，站得稳可以挨十天半个月，甚至像八十八师、我们六十一师可以顶三个月，站不稳的，敌人一阵炮火或上前冲个两三次就没了。此所以淞沪会战参战部队虽多达七十几个师，各省都有，但有的一炸或一冲就垮了。今天来、明天走，跟看戏一样。这种以血肉之躯跟日本人“顶牛”的精神是可佩的，但伤亡则是可怕的高。

问：您刚才提到在上海这个仗中站得稳不稳的问题，可不可以举个例？

答：我举个令人痛心的例子。由廖磊带来的广西第七军八月底①从徐海增援而至淞沪战场，副参谋长白崇禧筹划进行一次反攻。一天晚上来到阵地跟我们讲他的七个旅准备从我的六十一师及第九师（李延年部）的前方大场正面出击。广西部队向以勇悍善战出名，白颇以此得意，并责怪我们固守阵地多日不出击。十月底某日拂晓前，桂军全面出击，步兵毫无掩蔽向敌人阵地冲锋，未料天亮后日军飞机炸弹、海军舰炮万弹齐发，不到三个钟头，桂军七个旅伤亡过半，从发起攻击算起也不过半天的时间，溃不成军，光旅长就阵亡两个，只好调下火线另派部队接

① 应为十月中旬——本书编者注。

防。当天晚上，白崇禧又召集我们在南翔讲话，这次口气大不一样，神情凝重地说：“我了解了！唉！只有你们已经站稳了脚步的部队才勉强可以维持这个战争。”

再举一个例，中央嫡系的精锐部队——教导总队，总队长桂永清、参谋长邱清泉都是留德的高才生，装备特别精良、训练也好，是当时国军部队的佼佼者，总队部驻南京，当时支援来上海大概一万人不到，浩浩荡荡开进上海，我们当时就告诫他们当长官的要小心、要掩蔽，但他们还是不注意，结果行踪一给日军发现，又是飞机轰炸，又是舰炮轰击，还没作战就死伤惨重。

问：淞沪之战有人称之为“血肉磨坊”，意思是以中国的血肉之躯去抵抗日本的现代化优势装备，您的看法如何？

答：完全正确，日军是磨，以我们的血肉之躯一个师一个师无尽的投进去碾磨。那时白天日方炮火攻击猛烈，没法补充兵源，总在天黑以后才行动。补充来的兵不能用新兵，都是后方尚未参战的队伍，一来到师部之后，逐步分派到以下各部队。但往往天一亮又是炮火，又是轰炸，许多补充上来的兵源根本名册还未造，名牌还未发，官长还未见过就炸死了，很惨啊！我的六十一师，上海打了三个月，每次五、六百人这样补充不下二十次，前后加起来伤亡两万多人，团长阵亡两人，一个师伤亡就这么大，所以说淞沪战役我军伤亡在三十多万人以上是合理的。整个八年抗战中，淞沪战役无论在战争规模上、在人员牺牲上，都是最大的，之后的徐州台儿庄战役和长沙会战都不如淞沪会战大。

问：十一月初，日军从杭州湾北岸登陆，我军腹背受敌，统帅部才下令全线撤退，撤退之时秩序甚为混乱，李宗仁在回忆录中说：“溃退之惨，一言难尽！”事实上，很多参战的人后来回忆说：淞沪会战战场上三个月来的英勇士气，全给败退时的窘迫给销蚀掉了，您所知当时情况如何？

答：撤退是要有交通线的，从上海到苏州、到无锡，有几条交通线？铁路只有一条，撤退总不能走铁路吧？白白给敌人轰炸。公路有几条？有多宽？河流只有一条苏州河。几十万大军挤在这么一个河港交错、无险可守的狭小空间，要撤恐怕一个星期也撤不完，更何况是一夜之间要我们撤。那么有限的道路及那么多的部队，大家只好见缝就钻，秩序大乱。淞沪血战三个月，这样的结局实在是很可惜的。

以上是访问钟将军全文。附带要提的是有关淞沪会战的英勇抵抗，打破了日本“三月亡华”的美梦，使西方人一改过去百年来中国积弱不振的印象，大大提高了中国的国际地位；另一方面，由于牺牲的惨重，毫无疑问的，又严重斲丧了抗战前所蕴积的现代化军事力量，不仅是兵员的巨大损失难以立即补充，许多训练有素的中级军官前仆后继地战死，更是国家无可弥补的损失，官兵的巨大损失，对日后八年抗战影响极为深远。关于淞沪会战的回忆及评论，过去台湾和大陆都有人发表过，因政治立场不同加以年代已远，对事件的描述颇有出入。就台湾而言，许多以后来台的当年参战的高级将领，几十年来对整个会战的描述往往失之简略，对于当时战略的正确与否、指挥的得当与责任的归属等等讳莫如深。钟松将军的这篇访问，值先生身后发表，如能帮助我国人民略微了解整个会战的真相，亦算达成将军接受访谈之初衷。

台湾传记文学社编：《传记文学》，第 73 卷第 4 期，第 41—45 页。

虬江、宝山、月浦、广福血战记

方　靖[①]

一　战前敌我双方的情况

八一三淞沪抗战前，第七十九军第九十八师原驻武汉，八月十一日奉命轮运南京担任卫戍。于十二日乘轮东下，十三日午后抵南京下关时，得知日军已在上海方面发动侵略战争，企图占领上海，形势紧张。我师于十四日下午奉命车运上海，十五日拂晓前到达南翔车站下车。天明后，敌机四十余架对南翔车站大肆轰炸，幸而我军已提前向四郊疏散，未受大的损失。

第九十八师编制是两个旅(每旅两个团)及直属部队炮、工、辎重各营。师长夏楚中，副师长王甲本，参谋长罗广文。第二九二旅旅长吕国铨，副旅长陈集辉，第五八三团团长路景荣，第五八四团团长胡一。第二九四旅旅长方靖，副旅长龚传文，第五八七团团长侯思明，第五八八团团长向敏思。师的装备是以国产装备为主，每团三个步兵营，每营有重机枪一个连，每团有八二迫击炮一个连，每步兵连有捷克轻机枪六挺，师炮兵营有江南造七五厘米山炮六门。

二　第九十八师在淞沪抗战的经过

(一) 虬江码头战斗

八月十五日晚，第九十八师第二九四旅奉命由南翔车站进至新市区马玉山

① 方靖，淞沪会战时任第九集团军第九十八师第二九四旅旅长。——本书编者注。

路，接替第八十七师沈发藻旅在马玉山路虬江码头向公大纱厂之攻击准备位置。第二九二旅亦须进至马玉山路以西地区结集，暂归第八十七师师长王敬久指挥。我当天夜间到虬江码头，经交通壕进到趸船上，见有市政府的武装警察一个连担任守备，同时看到三四百米远处的黄浦江内有日本兵舰两艘，没有灯光。我当时看到阵地防御工事太薄弱，担心易被登陆之敌攻破，必须增构钢筋水泥工事。

八月十六日，敌机数架从早到晚对我不断轮番轰炸扫射，因制空权在敌手，致使我军部队日间行动大受限制，只能在黄昏后开始活动。八月十六日至二十日，每晚协同第八十七师向马玉山路公大纱厂一带敌人阵地进攻，因无重火器，皆未能奏效。我空军在日间偶尔出动两三架飞机，如遇到敌高射炮射击即行飞避，不起丝毫作用，从二十日以后，不再见到我飞机。

（二）宝山、月浦战斗

八月二十日，日增援部队盐泽师团一部由宝山狮子林登陆，侵入罗店，向我第十一师进攻。当晚，第九十八师奉令调到宝山月浦方面，归第十五集团军总司令罗卓英指挥。当时师的部署以第二九二旅第五八三团守备宝山及狮子林炮台之线，阻敌登陆，第二九四旅在月浦以东地区占领阵地，构成村落防御，拒止敌人。因此时我后续部队尚未到达，必须固守阵地待援。

八月二十五日，日军在狮子林炮台及宝山之间大举登陆，首先攻占狮子林炮台。至八月底，我第五八三团第一营（营长姚子青）固守宝山县城，被敌攻破，全营官兵壮烈牺牲。此时日军约有两个联队向我第二九四旅月浦阵地展开攻势，利用海军炮击我阵地，每分钟发射炮弹百余，并用系留气球升空观测，命中效力相当准确。但敌步兵前进缓慢，每进一小段必构筑机枪掩体工事。敌以步炮空联合作战，而我则以步枪、机枪、迫击炮应战。有时派出逆袭部队与敌激战，利用村落构成据点工事，逐村防守，约坚持一星期之久，所有村落阵地多被敌机敌炮击毁，我官兵伤亡很大，但士气很旺盛。后改变以村落房屋为据点的办法，在村落阵地前缘百米的空地构成阵地坚固工事，拒止敌人，因此伤亡日渐减少。

某日正在激战中，接到保安总队吉章简电话，传来消息说，国共两党现已真诚合作，共同抗日，共产党承认孙中山先生的三民主义为中国今日之必需，愿为促其实现而努力。当时全战场官兵感到无比欢欣，士气更加旺盛，认为这是中国人民团结抗日无比坚强的力量，胜利一定属于我国人民。

九月初旬，已形成阵地战，每天都有相当大的伤亡。因在战争初期缺乏经验，所构筑的工事太薄弱，不能抵抗十五厘米榴炮弹，因此有许多人员武器被敌炮击埋葬在掩蔽工事内。全师官兵伤亡达四千九百六十人，内阵亡团长一人，伤团长一人，阵亡连营排长约二百余人。经过三四次补充，所补的官兵都是由后方部队中抽调而来，随时补入连队，发给武器，立即开上火线，加入战斗。有的刚上去就负伤，送入医院，他还不知自己所在部队番号。每天每营、连要增补几个营、连长，因为当时防御工事不坚固，官兵不能擅自后退，只有拼死与阵地共存亡。

九月十日晚，第九十八师将阵地移交给胡宗南部第一师接替，后撤至嘉定县城及其外围，一面整补，一面构筑预备阵地。

据我所知，在九月十日前后，我军已有十几个师先后到达上海战场，陆续加入南翔南北之线阵地。先后投入战场的计有第八十七师、八十八师、九十八师、十一师、十四师、六十七师、三十六师、一师、九师、六十师，九十师、五十九师、三十二师、十三师、六师以及两广部队、川滇部队等等，还有些不知道番号的部队。此时蒋介石为了鼓舞士气，已明令发表胡宗南为第一军军长，李延年为第二军军长，王敬久为第二十五军军长，宋希濂为第七十八军军长，夏楚中为第七十九军军长。

（三）广福战斗

第九十八师经过一个月的整补以及构筑预备工事，复于十月二十日晚进驻广福镇方面第一线阵地，接替第十三师防务，与敌激战。当晚广东部队第一六〇师，协同第九十八师、第二九二旅由广福镇阵地正面向敌阵地猛攻，已陷入敌火网内，直至二十一日天明未能奏效，我进攻部队后撤整理。此役我第九十八师第二九二旅四个营自营长以下官兵皆壮烈牺牲。

二十一日晨，我第二九四旅接替第十三师广福镇阵地后，继续与敌战斗。此时阵地形势是由罗店西北向南沿徐行、罗店间，经刘行、广福、老陆宅至公共租界西侧之线。敌我双方皆构成坚固工事，形成阵地战，我方阵地工事掩体系用铁路的钢轨作横梁支柱，能抗十五厘米榴弹炮弹，异常坚固。同时奉指示说，国联正在开会，要我们官兵尽力固守阵地。这是幻想国联开会，强令日军撤出中国。

此时，第九十八师的阵地正面，不足一公里，敌我对峙，每天伤亡不多。我阵地左翼是第九师第十八军部队，右翼是广东部队第一六〇师，再右是第六师周岩部及第三十二师等部。

相持至十一月初，整个战场情况起了变化，因敌军增援部队由杭州湾金山卫登陆，向我右侧背大迂回。此时作战中心已移到松江、青浦县朱家角方面。因此全军即于十一月十二日晚间放弃上海战场全部阵地，全线向常熟、昆山方面撤退。当时官兵思想，认为常熟、昆山有国防永久坚固工事，能作持久抗战，待机反攻，因此在撤退时并不气馁。

十一月十二日晚十时，我第九十八师由广福镇阵地撤至嘉定城预备阵地，担任掩护右翼友军安全撤退。十三日晚间，经嘉定向太仓、常熟撤退时，有十几个师的部队拥挤在一条公路上，争先恐后，遇到敌人的飞机在上空投照明弹，不断轰炸扫射，致使秩序大乱。尤其在太仓县分路口，原定第十五集团军第九十八师与第二十一集团军广西部队皆向右往常熟，其他各部队皆向左往昆山。此时混乱不堪，有的应向昆山的，却向常熟，有的应往常熟的，却向昆山走。

国防工事近似虚设

十一月十五日拂晓，第九十八师刚抵常熟，即命第二九四旅迅速占领城东既设阵地，第二九二旅任城防守备，迅速进入阵地工事。当时发现既没有现地工事位置图，找不到工事位置，亦找不到钥匙。据当地老百姓说，工事位置图和钥匙是由保长保管的，而保长早就逃跑了。

我官兵随即按方向寻找工事位置。所谓国防工事，钢筋水泥机枪掩体在公路大道两旁南北四百米之线，仅有十几处像坟堆的土包一样，当时掘开上层，有的是机枪掩体，没有钥匙打不开，只有立即钻开。有的扒开了是棺材，不是水泥工事。再向三四百米以外去找寻，就找不到水泥的掩体工事了。我们只有急急忙忙地占领阵地，构筑临时工事。阵地前面隔着一道十余公尺的小河，对岸的树木房子很多，从前没有扫清射界。我们正在占领阵地时，而敌人也到小河沟对面占领阵地，开始战斗。我所占领的掩体工事皆没有联络交通壕，每个掩体工事仅能容一班兵、一挺轻机枪，在日间不能联络，后方粮弹也送不上来，只有在夜间补给。我官兵满以为退守到国防工事线上定能持久抗战，现在看到公路南北两侧二三里处，仅有十几座水泥掩体工事，如再往远处就没有工事了。至于湖内湖边上，皆没有防御设备，使官兵大失所望。

本日下午，有敌机二十余架对常熟城轮番轰炸，同时有日军一个中队从我两个集团军的间隙，如入无人之境，窜入常熟城北能俯瞰全城之虞山（当时罗卓英第十五集团军同廖磊的第二十一集团军之间有八华里的空隙）。

十六日，在虞山上的敌人增到一个大队以上兵力，以机枪和轻榴弹炮火力控制常熟城。十七、十八、十九日，罗卓英亲自指挥第十八军第十一师（师长彭善）反攻虞山，曾一度将虞山夺回，毙敌甚众。经过反复争夺，并于十八日增加第四十四师协同进攻虞山之敌，敌人由浒浦镇方面登陆，向常熟城郊进攻。我第九十八师在常熟城沿北门、东门至大悲桥以南之线，与敌激战。直至十九日下午，奉命同第十八军第十一师、第二十一集团军（广西部队）及第四十四师，撤出常熟阵地，强行通过被敌炮火封锁的第二十四号桥。二十日下午，又同各友军先后退到无锡市。二十二日，第九十八师奉命随同第十八军向皖南广德方面撤退，第二十一集团军向浙西方面撤退，其他部队向常州方面撤退。

全国政协文史资料研究委员会《八一三淞沪抗战》编审组编：《原国民党将领抗日战争亲历记：八一三淞沪抗战》，中国文史出版社，1987 年版，第 185—190 页。

回忆淞沪抗战

方　靖

抗日战争的全面展开，是从1937年8月13日日本帝国主义进攻上海开始的。那时我是国民党第九十八师第二九四旅少将旅长。

8月11日，我师奉令去南京担任卫戍。13日抵达南京，在下关登岸。得悉日本侵略军在上海悍然发动战争，全师将士无不激愤，纷纷请命抗日。稍后即奉命开赴上海战场。14日登车，15日拂晓抵南翔。

部队下车后，看到情势非常紧张，我旅当即令部队散开。少顷，即有60余架敌机临空，肆无忌惮地低空扫射、轰炸。我军无高射兵器，所幸部队已散开，未受到重大损失。但是，这一空袭却使我意识到：敌我武器装备悬殊，战斗将是残酷的。

15日午后，第九十八师进入上海市区。

当时是仓促应战，上海战场上还只有王敬久的第八十七师和孙元良的第八十八师，归第三战区第九集团军总司令长官张治中指挥。展开于真如至新市区马玉山路一线，对公共租界已完成攻击准备。

第九十八师进入战场，亦归张治中指挥。

张治中将第九十八师一分为二：第二九二旅拨归孙元良第八十八师指挥；我的二九四旅拨归王敬久的第八十七帅指挥。

我向王敬久报到，王敬久便令我接下第八十七师沈发藻旅的新市区马玉山路防地，继续向窜入公大纱厂之敌人攻击。

是晚，我到前沿阵地视察地形，经交通壕到趸船上。我看到市政府的一连武装警察在担任守备，三百米以外的黄浦江内有两艘敌人军舰，舰上一片漆黑，处于临战状态。另有几艘英、美军舰，却灯火通明，像是隔岸观火。再看看我方的防御工事，都十分薄弱，倘若敌人强行登陆，是完全可以得逞的。

我心情沉重地回到旅指挥所，对副旅长龚传文说："从各方面情况来看，我没有必胜信心，却有决心与阵地共存亡。"龚传文亦慷慨地说："好，部下一定追随旅座。"

8月16日清晨，敌机开始轮番轰炸我军阵地，同时黄浦江中敌舰亦以每小时三百发炮弹轰击。从早到晚几乎毫无间隙。第二九四旅是有作战经验的部队，但是，还从来没有遇到过如此强大的火力压迫，几乎不能在阵地上固守。

怎么办？怎么办？我没有别的办法，在战场上，只能以"杀人立威"了。我利用敌人夜间减弱攻击的机会，集合部队训话："蒋委员长在庐山训示：和平未到绝望时期决不放弃和平，牺牲未到最后关头决不轻言牺牲！现在最后关头到了，我们只有牺牲，牺牲，牺牲！日寇当前，国家民族到了生死存亡关头，我们身为军人，有卫国守土之责。如有人胆敢退后一步，立杀不赦！"我下令将一名在阵地上惊慌失措的营长枪毙于全队面前。

当然，以"杀人立威"并不是办法。但是，在当时我认为这是唯一的办法。

由于敌人以强大火力压迫，我军日间出击受到限制，只能夜间行动。自8月16日晚至19日晚，我旅连续向公大纱厂一带守敌发出攻击。但无足够炮火牵制，所以攻击无效。

第九十八师师长夏楚中因部队被拆散表示不满，便对张治中说："既然把我的部队肢解，我这个师长留在前方何用？干脆让我带着部队撤到后方去吧！"张治中只得将第九十八师调往宝山——月浦方面设防，归第十九集团军总司令罗卓英指挥。

来接我的防地的，是胡启儒率领的军校教导团。我在黄埔军校潮州分校受训时，胡启儒是学员大队的分队长，彼此很熟悉，他来时骑一匹高头大马，威风凛凛。见面后他拍着我的肩膀说："老兄多关照，少让我接点任务吧。"我还以为他是开玩笑，便打着哈哈说："你的能力比我强，你的教导团比我的旅好，何必客气？可是现在啊，只好请你跟我去前沿阵地，部署接防。"

岂知他还没有接近前沿，就被敌人的炮火吓破了胆，转身上马，对我拱拱手说："老兄，我要走了——部队交给你指挥。"我看他转身要跑，情急大喝一声："站住！你再跑我毙了你！"胡启儒勒马而回，哭丧着脸对我说："你我黄埔同窗，相煎何急！"我当时又好气又好笑，只得对他说："我逼你做什么？临阵逃脱你不要脑袋了吗？"

当时师的编制为两旅四团。第九十八师师长夏楚中、副师长王甲本、师参谋长为罗广文。因为王甲本和第二九二旅旅长吕国铨在陆军大学受训，夏楚中便将第五八三团交我指挥，单留第五八四团为预备部队。

第九十八师在宝山——月浦一线布防，第二九二旅第五八三团守备宝山及狮子林炮台之战，阻止日本侵略军登陆；第二九四旅在月浦以东地区构成村落防御阵地。

第二九四旅当面之敌有两个联队，正在疯狂进攻，同时以海军炮击和飞机轰炸协助。并放出气球侦察目标，命中率很高。

我军士兵过去在战场上没有见过用坦克，骤然间出现如此庞然大物，不免惊慌失措。几天以后，我们才知道这个庞然大物并非不可制伏。实际上这种轻型坦克装甲并不厚，以重机枪近距离直角水平射击，可以穿甲而过；使用束集手榴弹爆炸亦很有效。当我们连续摧毁多辆坦克后，敌人坦克便龟缩了。

8 月下旬的一天，我召集三个团长来旅部开会，研究调整部署。会后，在旅部共进午餐。谁知刚端起碗，敌人海军一排炮弹打来，在附近爆炸。弹片和砖瓦飞进旅部院内，屋宇强烈震撼，尘土大落，门窗玻璃全碎，指挥部顿时大乱。我一面大叫“不要动”，同时俯身遮住桌上的饭菜，少顷，便坐下来，摘下军帽，掸掸尘土，对团长们使一个眼色，说：“诸位继续吃饭吧。”团长们明白我的意思，于是哈哈一笑，各自操起碗筷。外面惊慌逃窜的官兵们，看见我们仍在吃饭，也就安静下来。

由于遭受到这场惊吓，我们骤然省悟，村落阵地不适应对抗具有现代化兵器之敌，必须尽快改为工事阵地，我便下令拆除建筑物，改筑阵地工事。

由于调整了防御部署，伤亡大大降低，敌人的疯狂攻击也受到一定的挫折，不得不付出代价以步兵冲击。

第九十八师在上海抗战期间，最为壮烈的，是据守宝山城的第二九二旅第五八三团第三营。该营奉命守卫宝山县吴淞口、炮台湾，是阻止敌军舰闯长江口沿岸的主要防线，也是保卫上海战场翼侧的重要堡垒。因此敌军集中军舰五十余艘，飞机二十余架，坦克近三十辆，步兵千人，向该营发动疯狂进攻。

在日寇陆、海、空三面夹击下，宝山城郊阵地全部被夷为平地，营长姚子青在接防时率领全营在阵地宣誓：与阵地共存亡！

9 月 7 日战斗尤为激烈。姚营阵地的周围尽是断瓦颓垣，硝烟四起。姚营奋起反击，与敌人肉搏。事后据统计，仅宝山城金家巷一地，为姚营击毙之敌多达二百人，伤者不计其数。但终因兵力、武器相差悬殊，姚营在宝山坚守八天七夜后，全部壮烈成仁。

姚子青营在中国抗日战争史上写下了光辉的一页，为了纪念这位抗日民族英雄，后来在武汉以烈士之名命名一条马路——姚子青路。

9月初，副师长王甲本及第二九二旅旅长吕国铨从陆大提前结业归任。同时第十一师、第三十六师、第一师、第九师、第六十师、第九十师、第五十九师、第三十二师、第十三师、第六师及两广、川汉黔地方部队，先后开到上海战场，投入战斗。

9月10日，第一师胡宗南来接第九十八师防地。我照例向胡宗南交代战守情况，告诉他与敌人对抗是何等艰苦，不可掉以轻心。哪知他却很不以为然地说："没有什么了不起的，看我们来收拾小鬼子吧！"结果上去不到一天，就几乎被打垮了，不可一世的胡宗南不得不承认："第九十八师在此坚守一个月，实在了不起。"

第九十八师能在宝山——月浦一线守一个月，从主观上讲，是民族气节和爱国精神所支持，而客观上是与上海人民和全国人民对抗日前线的支持分不开的。我们在前线作战，来自全国各地的慰问品源源不断。

在当时来前线慰问的民众团体多得不计其数。其中我记得最清楚的，是一个来自罗卓英司令部的上海劳动妇女战地服务团，由一个叫胡兰畦的妇女带领着一群女孩子来我师慰问演出。傍晚到达，我把办公室让给她们休息。这群女孩子热情极高，要到前沿地去演出。事情过了四十多年，我忽然在报上看见胡兰畦的名字，最近又在全国六届政协三次会议的闭幕的大会上，在人大会堂四川厅里竟意外地和她相遇。胡兰畦同志一时想不起我来，提起上海抗战，她才想起来，因她急于回成都，只好相约以后有机会畅谈往事。

第九十八师于9月10日晚，奉命撤至嘉定县城，一面整补，一面构筑外围工事。

我师在嘉定经过一个月的整补，外围工事基本就绪。10月20日晚，奉命接替第十三师于广福方面的阵地。第二九二旅旅长吕国铨求胜心切，在敌情不明的情况下，进入阵地的当夜，便向敌阵地发动猛烈攻击，结果陷入敌人火力网内。经一夜激战，该旅四个营的官兵全部壮烈牺牲。次日清晨，我率第二九四旅补充上去，在前沿阵地举起望远镜一看，只见尸横遍野，血流成渠。

按上海战役的作战计划是：至10月底我军主力撤至吴江、福山一线既设阵地，另以坚强部队占领江阴—无锡—海盐一线从事整补。这样虽败不乱，尚能继续予敌以重创。但是，此时蒋介石尚迷信所谓"九国公约国"开会制裁日本侵略军，坚决命令各部队在上海战场再支持两周。这一错误决定，使得敌人利用时机，由柳川平助率领三个师团和八十余艘战舰，在杭州湾金山卫登陆，战松江，袭青浦，进行侧背迂回，迫使我军仓猝撤退。

11 月 12 日晚，各军开始撤退。

在接到总退却命令时，由于各军都幻想在常熟、昆山等线有永久性国防工事，可以持久作战，待机反攻，所以尚不气馁。

第九十八师奉命撤至嘉定预备阵地，以掩护右翼友军安全转移。至 13 日夜间该部始由嘉定向太仓方面撤退。

按原撤退计划，是从太仓分路口处，第十九集团军及第二十一集团军部队皆向右撤往常熟，其他部队则向左撤至昆山。由于敌机追袭，造成混乱，十几个师一齐涌向常熟公路。敌机纠缠不休，加之夺路奔逃互相践踏，造成重大伤亡。

11 月 15 日，第九十八抵常熟，即奉命担任城防守备。

我接到狙击命令却无法执行。因为在常熟城外所谓的“永久性国防工事”，既没有图，也没有人指引道路。在城外公路两侧出现一些坟堆，我命令士兵挖掘，多半是真的坟堆，只有十几处是钢筋水泥的地堡。这些地堡门紧锁，不知钥匙在谁手中。向附近居民打听，才知道管钥匙的乡、保长早已逃之夭夭。万般无奈，只好砸锁进入。这才看到每个地堡的面积最多只能容纳一个班，而且地堡之间没有交通壕。再往纵深寻找，一直到江边才找到几处同样的地堡，如此的“永久性国防工事”，比真正的坟墓相差无几。因为这样的孤立的地堡，非但不能互相援助，而且无纵深工事，想要往地堡送粮弹都有困难。为什么只在公路两侧及江边筑些地堡呢？我猜测是用以应付南京大员来视察的。因为大员们只不过坐车乘船走马观花而已，有了路旁一些“工事”，也就可以敷衍了。

情况十分紧急，我立即下令各连赶紧补筑步兵掩体工事，以为地堡辅助。在阵地当面有一条十多米宽的小河，其对岸的树木、房屋甚多，容易被敌人用为掩体，又妨碍视野。我又命工兵按照战术要求扫除视野障碍物。但已来不及了，敌人已出现在对岸，只得仓促一战。

我正在前沿指挥作战，忽接副师长王甲本电话，说城内发生骚乱，有抢劫商店、银行之事，要求我派部队进城弹压。我当即拒绝了。我说：“现在城内处于混乱之中，倘若我派兵进城，就有可能被人诬告，那真是纵然浑身长嘴也辩不清了。”他同意我的意见，说：“言之有理！”次日，王甲本偕同我进城，只见街上尽是抛弃的商品，在一家银行门外，又看见侧卧着许多尸体。有一具尸体下面还压着一个钱箱，而在这一尸体后面至银行大门口，七具尸体排成一行，显然是在争夺财物时互相残杀的。

第九十八师在常熟奋战四昼夜，继续撤退。在苏州、南京一带未作停留，一直退到了安徽徽州。

（方知今整理）

《新观察》，1985年第14期，第30—32页。

八一三杨树浦江湾地区战况

熊新民[①]

对日海军码头的攻击

西安事变之后，三十六师接管西安，担任西安警备任务。1937 年 8 月 13 日爆发了八一三抗日战争，三十六师星夜赶运到上海。那时，我先是任三十六师一〇六旅参谋主任。三十六师开到上海时，旅长陈瑞河负了伤，二一二团团长李志鹏升代旅长，我则调升二一二团上校团长，奉命由公平路及其两翼等地区攻击杨树浦日海军码头。

我团沿公平路进攻，在公平路上先后攻克了日军两道防线，一个先头排越过与黄浦江平行的杨树浦路，向日海军码头突击。正在乘胜攻击时，忽然日军由杨树浦路东头开来 6 辆坦克，拦腰占领了杨树浦路，把越过杨树浦路向日海军码头进攻的我军一个先头排切断，堵住了进攻的后续部队。事态紧急，我当即指挥在公平路上的进攻部队，发起猛攻，又将预备队调来，必要时增援，企图突破阻隔与先头进攻日海军码头的队伍取得联系。我又把一个战防炮排调来，从公平路向日军坦克射击，不意战防炮一加入作战即被打坏了一门，后面的炮就不敢推进了。我又命令战防炮应不顾牺牲继续射击。该炮排却借口公平路无隐蔽的进出口，又没掩护的阵地，请求另行侦察阵地之后，再进行射击。这时正面攻击的部队正在与日军血战，忽然接到上级命令，立即迅速撤退，转移到江湾布防死守。这时在公平路上的进攻部队，不肯撤退，要把被隔绝在日海军码头的先头排援救出来。考虑到当时的形势不允许这样做，只能遵照命令，忍痛后撤。这样先头进攻日海军

① 熊新民，淞沪会战时任第三十六师二一二团上校团长。——本书编者注。

码头的一个排被敌人包围，遭汽油喷射器火攻，全部壮烈牺牲。战斗至此，进攻告一段落，全团转移到江湾阵地，转入到防御阶段。

死守江湾

江湾防御作战的概况

江湾是上海近郊的一个大镇。我团西自爱国女校(不含)与八十八师接界，沿江湾复旦大学及其以东地区与一〇八旅接界。上级命令要求“人在阵地在”，要与阵地共存亡，绝对死守。这里，尤其是复旦大学图书馆，是整个阵地中最突出的重要阵地，与敌人最接近，地形又较复杂，最容易被敌攻击。一直死守到10月下旬最后撤离上海为止，总共苦战3个月之久。这是上海整个战役中打到最久，牺牲最大的一块阵地。尤其是刚撤到江湾时，日军一次又一次地猛烈攻击，妄图在中央突破我军阵地，迫使我军撤退。我军用血肉之躯拼死守，使日军未得前进一步。官兵们作战之勇敢，牺牲之壮烈，真是上可以贯日月，下可以泣鬼神。尽管伤亡惨重，官兵始终保持忠勇，斗志昂扬，并高度警惕，未敢稍有松懈。尤其难得的是上海群众，特别是青年学生们的大力支持，促使我们每一官兵都感动得热血沸腾，热泪盈眶，有信心，有决心，紧握手中枪，誓与阵地共存亡。

人民大力支援，学生担任运输并要求参加作战

二一二团撤到江湾时，就奉命死守江湾。首先面临的一大困难就是没有时间挖战壕、筑掩体，尤其缺乏麻袋、木材、钢板、铁丝网等急需材料。上海群众一得知这一情况，就立即筹集了大批急需材料，利用夜间(白天有敌机轰炸)将这些急需材料运送到江湾。绝大多数材料是由青年学生和工人搬运送来的。此后前方缺什么、需要什么，只要摇一个电话，不管刮风下雨，都会立即源源不断地送来。学生们还要将这些急需物资送到前方去。我们说前方危险，不让去。他们却答：“我们不怕危险！”有时前方正遇上打仗，学生们还要求去前方参战，并说他们都受过军事训练，打过枪。我们说服不了他们，就只好推说这要经过上级批准，没有上级的命令，谁也不敢答应你们的要求。他们说，“那我们去要求上级”，这才离开。另外，即使我们没要求的东西，如罐头、点心、慰问袋、牙膏、牙刷、肥皂等，也都源源不断地送来。尤其在我们与敌人对峙时，不敢烧火做饭。因为日军一发现有烟

火,就用大炮轰击。上海群众一得知这一情况后,又立即送来大批的炒米、大饼、饼干、面包、咸菜、咸肉、火腿等等。至于药品、绑带、救急包、清凉油、人丹之类更源源不断地送来。伤员有多少,只要摇一个电话,到夜间就立即会派来多少副担架运送租界上去。到了9月底,上海群众怕官兵夜间凉,又给每个官兵赶制丝棉背心。又听说军队干部伤亡很大,干部补充困难。上海群众又立即在全上海将所有的钢丝马甲(防弹护身的)收集起来,一齐送到前方。团、营长以上干部都分得了一件。我感到守备复旦大学图书馆最容易遭受敌人的攻击,因此就把分给我的一件送给了守备那里的连长穿。以后谁接这块阵地的防务,马甲也就跟着移交给谁穿,藉以鼓励士气。上海群众只要一发现日军有什么调动、增援或在黄浦江等处日舰有增减时,都会准时告知我们,加以防范。这样军民一体,一心对付日军,仗就好打得多了。很多官兵都很感动,受到极大的鼓舞和教育,作战的热情也大大提高了。他们都说:“老百姓都这样热情支援,我们就是为国战死了也高兴。为国捐躯,死也光荣。”

精忠贯日月

日军屡次向复旦大学图书馆进攻,每次进攻都伴着几辆坦克,但都被我们击退,未能得逞。又一次,恰逢我军战防炮弄坏了,正撤到后方去修理。日军发射了一阵炮弹后,开来了3辆坦克,伴随着一群步兵,向图书馆阵地进攻。一个高大个子的士兵立即从散兵壕内站立了起来,大声叫喊他旁边的士兵说:“赶快替我把这几个手榴弹用绑腿布绑在腰上。”那两个士兵就给他捆上。那位身上捆着手榴弹的士兵,爬出战壕,爬过铁丝网,向敌坦克滚过去,刚接近坦克骤闻一声爆炸声,顿时浓烟扬起,只见日军坦克斜歪着不能动了。后面跟随着的2辆坦克调头就逃。坦克后的日军也逃得无影无踪了。我问:“这个人是谁?”都答:“他是我们班副班长。”这一抗日救国的壮烈事迹,真可以贯日月,泣鬼神,大大地激发了全体官兵的忠勇士气。

捆绑着肠子指挥作战,坚决不肯下火线

在巡视复旦大学图书馆阵地时,又遭到了日军的猛烈进攻。我忽然发现趴在我身边的一个人的肚子上冒出一股血淋淋的红泡。我仔细一看,大吃一惊。“哎呀,你负伤了,赶快下去。”那人一看,立即指着他旁边的士兵说:“赶快拿救急包,用绑腿布给我裹扎好。”我说:“赶快下去吧。”他答:“不要紧。”一会儿,他就倒在

散兵壕里了，这时敌人被打退了。我满脸泪水往下落，忙问：“这是谁呀?”众人都答：“这时我们的排长。”据后来了解，这位排长姓彭，都喊他彭排长，湖南湘乡人，他是随新兵由湖南保安团队调拨补充到我团的。

险些被炮弹炸死

江湾处在长江口的日舰与陆地上的日军大小炮火三面包围之中，我军在江湾所构筑的各类掩体的出入口几乎都暴露在日军炮火的直接射程之内。有一回，日军百余门大小火炮朝着江湾阵地乱轰，我们照例都进入到掩蔽部内。我进入团指挥所掩体内，忽然听到嗖嗖的炮弹声一掠而过，“嗞”，一颗重炮弹正从掩体的出入口射进，直穿进出入口的背墙上，留下一个大窟窿，但没有爆炸。坐在掩蔽部出入口过道上的司号长被打穿成两截，血淋淋的。我则因为是坐在掩蔽部内部与出入口过道有一个九十度的大弯，炮弹直射在过道口的背墙上，才得幸免于难。事后大家都说：“团长有福气。”

只准补充士兵，不准撤下来

二一二团在八一三上海抗战中，先攻击日海军码头，后死守江湾，共达三个月之久，且日日夜夜与敌紧密接触，从未间断。作战之久，牺牲之大，在八一三抗战中，都是罕见的。在上海正面作战的几个师——三十六、八十七、八十八师他们的指挥官与士兵，都具有很好的作战经验，利于抗战，不宜把整个部队撤换下来整训。伤亡虽大，但源源不断补充训练好的新兵，充实增添力量。八一三后，在上海与日军打得最久的就只有这三个师。二一二团则是自上海抗战一开始直打到最后撤退为止，连最后担任撤退掩护的也都是这个团。为什么它能坚持这么久呢?一方面这个团在约三个月的抗战中，除原有官兵两千多人之外，先后得到补充的新兵(实则是训练好的老兵)一千多名。这些新兵都是一整班、一整排甚至一整连补充进来的。他们被拨到团之后，先在江湾后方驻下，然后其排、连长上前线，到第一线去参观、学习、锻炼、熟悉敌情、地形和实战状况，练习对敌作战的主要方法。这些新来的连、排长再率各自所辖的班长、副班长和部分轻机枪射手等，在其各自准备接替任务的阵地上，照前面所说的办法再演练一番。视情况，一个班、一个排甚至一个连区去接防，正式加入作战。在接防之后，视情况，还可以酌量留一两名老兵或干部，协助防守作战这样做的结果，新兵和老兵，新部队与老部队，在作战上简直没有多大差别，都能放心，以至成为一种很好的，具有速成训练性质的传、帮、带的好方法，上级非常鼓励这种办法，一致推广仿学。记得有一次，有湖南调拨补充来的一批新兵，照这样的办法轮训补充之后，他们的一班、一排甚至一连的官兵，都互相熟悉，各有关照，心里较安定，补充到团内后，加入火线都起到很好的作用。有的官兵要求立即上火线，要打仗。他们说："我们是来打日本侵略军的，都受到过训练，会打仗，不是来整训的。"有的还赶着报告团长说："请放心，把我们摆在那里，只要人在阵地在，誓与阵地共存亡。"我说："不是不放心，只是打日本不像一般打法，要观察、学习，才有经验。"有的哭了，还说："如果团长不放心我们的话，请求把我们拨补到旁的部队去。"总之，都不肯在后方休息。当时前方火线上也急需补充。于是，我就按情况一个班、一个排地分批分期补上去。结果都很勇敢、沉着、不怕死，敌人来进攻，都奋不顾身地抵抗。平日的掩蔽动作也很好，从不暴露目标，从不叫苦，从没出过乱子。原先，我不放心，经常在火线上巡视，后来放心了。我认为这主要是他们谁都知道这是打日本侵略军，是为了保家卫国，是民族生死存亡的战斗。

九国公约国在开会，务必要再艰苦支撑一段时间

打到最艰苦的时候，上级传来蒋介石的命令，说是九国公约国正在开会，有可能得到调解。只是当前前线的战局至关重要，如不艰苦支撑，在谈判上于我很不利，务必要求我们要咬紧牙根，忍痛再支持一段时间。这样，我们又必须互相鼓励，竭力苦撑。就在这几天，敌情似乎也缓和一点，我们还以为日军也在等待九国公约国的调处。孰料不几天，情况骤变，日军在金山卫和长江边上两处登陆，向我军展开了大包围，形式更加紧迫了。

奉命掩护撤退的作战经过

敌人登陆成功后，二一二团奉命紧急撤退，并受命为全军撤退的最后掩护团。二一二团本处在与日军紧密接触之中，日军企图包围我团，所以特别注意牵制不放。现在我团有担任掩护全军撤退的任务，就更为艰巨了。果然，敌人也发现我军有撤退的征候，就更加与我团保持紧密接触，咬住不放。我们多次打退日军之后，日军忽然派来几辆坦克。我团后卫营，一面抵抗，施展诈骗手段，一面撤退，撤离了守备近 3 个月之久的江湾阵地，沿着通往北新泾(上海近郊的大镇)的公路跟着撤退。日军死命地咬住我后卫营尾追。我发现距江湾不远的地方有一条小浜，浜的我方公路旁有一栋不太大但比较坚固的住宅。小浜桥上敌方公路两旁尽是

密密的树林，它制约着坦克只能沿公路通过。于是，我命令战防炮立即在房屋内隐蔽并占领阵地，瞄准对河敌方公路。等我团后尾部队完全通过之后，立即将浜上小桥炸毁。果然日军夹着几辆坦克，尾追而来。说时迟，那时快，我当即亲自指挥战防炮瞄准日军的坦克射击，一炮就打中日军头一辆坦克。因有中间的一条小浜，这才得以与日军脱离了接触，从容地撤到了北新泾。忽然又接到了紧急命令，要二一二团立即占领北新泾沿浜的两翼构筑阵地死守。我当即部署全团自北新泾公路两翼起，东至靠近上海某近郊的一座楼房，凭北新泾这条小浜，阻止日军之进攻。紧靠北新泾公路桥南一线，有一段化粪池，这是一大天然障碍。只是在化粪池以南沿浜这一线容易被日军攻击。果然日军发现二一二团占领了北新泾阵地，全线展开向二一二团攻击，重点指向二一二团的右翼，虽经过几次猛扑，均被阻止。忽然日军又用一种如同浮桥一样的渡河器材，自动伸展过河，妄图强占二一二团阵地。二一二团官兵集中各种炮火猛烈射击，阻止住日军的追击。抵抗 2 天后，又复奉命撤退。这时才得知，我后方的撤退部队既多，且跟着一起撤退的携儿带女的还有众多老百姓，加上损坏的车辆，公路挤得水泄不通，就是公路两侧的田野上，也到处都是人群拥挤，争、吵、打、骂、哭、喊，紊乱到了极点。我见无法撤退，于是下令绕道经南翔、昆山、苏州直撤退到南京。这时二一二团已不足千人，还都是一些勤杂兵。上级说：马上给补充新兵，责令抓紧训练，一天当 20 天用。我们一方面布防，休整工事，一方面挤时间赶紧训练新兵。以后就转入保卫南京的战役中去了。

对先烈的凭吊

在八一三上海杨树浦江湾战区的抗战中，最使我受感动而终生难忘的，莫过于捆绑着手榴弹炸毁日军战车和捆绑着肠子继续指挥作战，坚决不肯下火线的两件忠烈事迹了。另外，就是在攻击杨树浦，冲进日海军码头被包围全部牺牲——不是战死，而是被烧死的这一排烈士。后来，日本投降，我随部复员回到上海，那时我升任八十八师副师长并代理师长职务已一载了。复员后在上海担任警备任务，驻防在上海郊区。上海各界的知名人士、名流，由王晓籁领衔，邀请我们八十八师团长以上的军官，在“伤兵之友”社，举行了一次欢迎会，慰问、招待我们，还发了奖品。因为八十八师，原是八一三抗战在上海打响头一枪的一个师，又是“八百壮士”的母师，平日驻上海时也受到人们的称赞。上海各界，无不喜欢这个师。会后有几位新闻记者，特邀我再去原来作战过的战场上，旧地重游，凭吊一番。我欣然从命。那时，原在八一三上海抗战中当过团长、现驻上海的，就只有我一个人了，随记者一同前往江湾复旦大学图书馆。这里曾经是我指挥作战、与日本侵略军打得最激烈的地方。到江湾一看，已找不到原来的图书馆了。虽然房屋、街道、马路等形态已经变迁，但我脑海中的记忆依旧。回忆起当年我团官兵在这里浴血抗战时，那种激烈悲壮的情景。我下车到处寻找，也找不到当年炸坦克和彭排长为国捐躯的地方了。我由于满怀悲壮激烈的回忆，又寻不着忠烈们牺牲的义地，内心更为激动，竟不知不觉泪流满面。记者们一看我满脸泪珠，在回忆里凭吊时就都安慰我说："这既是对烈士们的悲壮凭吊，又是对烈士们忠魂的安慰。"我想，我们已经恢复了国土，烈士们可以安息了。我怀着又悲切，又自慰的心情，返回司令部。

上海市政协文史资料委员会编：《上海文史资料存稿汇编》，第 3 卷，上海古籍出版社，2001 年版，第 56—65 页。

淞沪会战纪要

张柏亭[①]

枕戈待旦

四十五年前的事了，日本军阀自九一八侵占我东北以来，得寸进尺，贪得无厌，到民国二十六年(1937 年)七七卢沟桥事变，我们实在已经忍无可忍，真正到了“和平绝望，牺牲最后”的关头了。于是中国军民展开抗日圣战，并为争取主动，造成有利战略形势，于八月十三日先机进军上海，点燃近代史上有名的“淞沪战役”。

上海为我国经济中心，亦为首都门户，在倭敌侵略的蓝图中，固早有强袭上海，扼制长江口，以威胁我南京首都的企图，我统帅部知彼知己，在京沪地区亦早做必要的作战准备。国军精锐的八十七师、八十八师、三十六师、教导总队为蒋介石亲训部队，聘有德国顾问协助训练，驻戍于京沪线各要点，孝陵卫、无锡、苏州、常熟一带；沪杭路上则以嘉兴为中心，亦驻有第五十七师阮肇昌部。

早于华北情势紧张后，统帅部就已经用“军校野营办事处”名义，在苏州狮子林设置指挥部，经常召集各部队长及幕僚，研讨策划对淞沪方面作战准备的一切事宜，各部队官兵斗志昂扬，士气振奋，枕戈待旦，准备随时出动杀敌。

地形侦察

民国二十一年一·二八抗日战役之后，中日淞沪停战协定规定，国军在京沪

① 张柏亭，淞沪会战时任第九集团军第八十八师参谋长。——本书编者注。

线的驻戍位置，不能超越昆山(安亭至浒浦口线)以东地区，其后上海警备司令部，虽以维持治安为理由，成立一个保安总团(吉章简将军为总团长)，辖有两个团，相当于一个步兵旅的兵力，但其装备训练不足，没有多大作战能力。由于局势日益恶化，驻节苏州而实际负责策划战备的副长官顾祝同将军(长官由蒋介石自兼)为争取先机，命驻守无锡之八十八师(师长孙元良将军)以一个团——吴求剑将军率领的五二三团，化装为保安队分批潜往上海，利用地方关系掩护，接替防务，在闸北宝山路、龙华、徐家汇、虹桥、北新泾、真如一带，秘密构筑必要工事。时任上海各界抗敌后援会主席团委员兼募捐委员会主任的杜月笙利用其地方关系，配合国军预定的作战计划，在闸北一带要点，租赁民房，在室内密建钢筋水泥掩体，平时不落痕迹，使用时打开枪口。

同时，野营办事处分批集合各部队营长以上干部，前往上海侦察地形，认识尔后的攻击目标。我是第二批，参加八十七师旅长刘安祺将军率领的那一组，主要侦察范围为闸北地区宝山路、八字桥、江湾路一带，特别对北四川路底、天通庵附近日本海军陆战队司令部四周，详密反复侦察，和我同行的有炮兵营营长王洁中校与谢晋元中校等人。我早年曾在江湾路法科大学读书，住在横浜桥附近余庆坊的亭子间里，每天挟了书包往返好几次，真可说是熟门熟路，谢晋元中校则于北伐时期龙潭作战后，担任二十一师连长时，驻防闸北甚久，也是识途老马，其余的同行人员，则都光头西装，行动有点土里土气，多少引起了日军怀疑，在公园靶子场附近，发现了一批流氓型的大汉，在我们后面指手画脚，跟踪而来，幸而我们发觉得早，我带着转几个弯，在北四川路朋友家躲避风头，不然的话可能会发生麻烦，以致构成纠纷。

孙将军当机立断

伟大的日子终于来到了，我们在八月十一日接到命令，向上海出动，由铁道输送真如集结待命，真如离上海北车站约有十余公里，市郊一片旷野，师长孙元良将军随第一列车先行，在真如得到的情况是：原驻上海及由武汉撤沪的日海军陆战队五六千人，并动员居留上海的日侨在乡军人共约万余人，也已经在虹口区集结完毕，仓促开始行动；另有敌舰二十余艘组成的船团，掩护运输舰五艘，正向上海急驶。

孙元良将军是一·二八抗日名将，以庙行一战成名，他熟谙淞沪地区形势。

上海南瞰黄浦北枕吴淞，阻江而濒海，地形由杨树浦西向倾斜而下，从闸北东向建筑物亦愈益坚固高耸，在此情况之下，如果遵照上级命令在真如待命，则前方作战要点尽将委于敌手，先机尽失，尔后要采取攻势，则成为攻坚、仰攻，若要采取防御，则真如附近一片平原，无险可扼。于是，孙将军当机立断，决心指挥先头到达的二六二旅，以疾风迅雷之势，向闸北地区推进，占领北火车站——宝山路——八字桥——江湾路之线。这一英明的决断，对其后整个淞沪战局的发展，可说具有决定性的影响，万一稍有迟疑逡巡，则好机转眼即逝，闸北轴心阵地，将无法形成，而其后淞沪战场的形势，要完全改观了。

淞沪战役的引火点——八字桥

八字桥是淞沪战役的引火点，民国二十一年一・二八沪战的战火，从八字桥燃起；最为巧合的，五年后八一三战役的战火，仍然由八字桥燃起。

八字桥因两次沪战而闻名于世，事实上所谓“桥”，只是宝山路与日海军司令部间，街巷大水沟上架设的通道而已。这个地点在作战上极为重要，敌得之可楔入我阵地，阻断我南北联系，使我有骨鲠在喉之感；我得之进则可作为攻击之据点，守则构成全阵地体系之核心，是以“八字桥”在闸北地区，成为敌我必争的要点。

我二六二旅在旅长彭巩英将军指挥之下，推进至北火车站附近后，以五二四团在右，五二三团在左，迅速展开占领阵地，利用杜月笙构筑的家屋内工事，打开枪口清扫射界，构成坚固的街市战阵地。这时敌军也正由虹口地区，沿吴淞路北四川路行动中。我五二三团团长吴求剑将军，曾参加一・二八战役，熟知上海地形，率领易瑾少校之第一营向八字桥搜索前进，先头进抵八字桥西方时，敌人的前哨部队也正好到达，双方针锋相对，立即发生冲突，由易瑾营射出了淞沪抗日战役的第一枪，时为八月十三日午后三时稍过。敌我都没有占领八字桥，八字桥通过战役全期，成为中间地带，激烈的战斗在八字桥周边进行。

攻击敌海军司令部

敌军以虹口区为根据地，背靠黄浦江，其阵地以汇山码头为起点，沿吴淞路、北四川路，以迄江湾路虹口公园对过的日海军陆战队司令部，形同一条长蛇，以海军司令部为首，而以汇山码头为尾；我军在作战部署上，亦以打击其指挥中枢的海军司令部为优先目标。

我二六四旅于十三日下午到达，为争取先机，决心不待敌海上增援部队来到，于翌（十四）日展开攻击。由二六四旅为主攻部队，超越二六二旅，集中力量攻击敌海军司令部。

十四日拂晓开始行动，勇敢的黄梅兴将军率五二七团、五二八团，超越二六二旅向江湾路推进；二六二旅则以北车站为中心，在右翼方面向当面之敌牵制拘束，孙元良师长为掌握战场状况，在第一线设定两个指挥联络哨，由副师长冯圣法将军为右联络哨，位置于北站大楼；笔者为左联络哨，位置于水电厂屋顶。水电厂在闸北水电路，距离敌海军司令部只有两公里左右，在昨（十三）日的战斗中，已被机枪弹与迫击炮弹破坏得千疮百孔。从屋顶展望，江湾路一带尽在眼底，可以清楚地看见敌军在虹口公园周边、持志大学、六三公园一带活动。我攻击部队由爱国女校方面，自左翼旋回压迫敌军，逐次前进，敌军节节后退，利用特制的钢板防盾沿江湾路顽抗。晌午时分，我英勇的攻击部队前仆后继，已经接近敌海军司令部附近，敌兵遗尸遍地，一部分退入其司令部，其余狼狈沿北四川路南窜，后据外国记者报道，有遁入公共租界避难企图，租界内的英军及万国商团等曾在苏州河岸严密戒备。正在此紧要关头，不幸黄梅兴将军立于阵头指挥，在爱国女校附近被敌迫击炮弹击中，当场壮烈殉国，同时成仁的，尚有旅部参谋主任邓洸中校及通信排官兵三十余人，时为下午三时许。

黄梅兴将军为淞沪战役中我高级将领阵亡的第一人。由于黄将军的阵亡，指挥顿失重心，攻击不得不告中止。第八十八师于沪战开始后，扩编为第七十二军。当晚第二师钟松独立旅到达战场，归入军序列，在观音堂司令部匆匆与钟旅长及邓钟梅副旅长见面后，不稍停留立即增援第一线，接替二六四旅防务。这一天的战斗中，我二六四旅伤亡黄梅兴将军以下千余人，仅五二七团即有连长七人阵亡，战况之惨烈，可以想见！

突击“出云”舰

作战开始后，黄浦江内敌舰云集，多达二十余艘，以密集舰炮射击，协同其地面兵力战斗。我彭孟缉上校指挥的炮兵第十团，虽亦在彭浦一带放列，但火力不足与敌舰炮抗衡。

世人咸知谢晋元将军为一员勇将，殊不知谢将军智谋深远，更是一位具有高度修养的参谋人才，沪战初期他原任二六二旅参谋主任，和笔者保持业务上紧密联系。

江南初秋，气候仍然燠热，俗称为秋老虎。八月下旬某晚，我不能入睡，正倚窗遥望战场夜景。敌我曳光弹交互射击，有如流星；正好我空军临空夜袭，敌阵地高射机枪开始射击，火花喷放胜似庆典焰火，十分壮观。

我正在出神，背后有人招呼，是谢晋元中校来访。

“中民兄还没休息！”

“有点事来商讨，……浦江内敌舰云集，舰炮射击构成我们莫大困扰，必须有个应付方法。”

“中民兄有好主意吗？”

“今天和王兆槐兄研究，停靠在汇山码头的‘出云’舰为敌方旗舰，为其指挥中心，敌酋长谷川清就驻在上面，擒贼先擒王，打蛇先打首，我们先把‘出云’舰摧毁，定能获致重大效果。”

我深以为然，于是谈到摧毁“出云”舰的技术问题，谢同志有其具体的构想，并谓如果决定进行，王兆槐同志可以为我们协力。兆槐兄时为淞沪警备司令部稽查处长，我也深知其果断干练。于是立将谢同志的建议转报军长，认为可行，并即指派谢晋元同志策划进行。

数日后，谢同志在王兆槐兄的协同下，经过周密计划，完成了一切准备，当时黄浦江尚未封锁，民船可以通行，准备了一艘快速的小火轮，携带特种爆炸物，由南市十六铺附近出发，预期驶近“出云”舰三四百公尺处施放。可惜实施时，执行人员有欠沉着，未达预定距离过早发射，以致未能击中目标，仅炸毁汇山码头一部分设备，我三名技术人员则遭敌火射击，不及逃离现场，作了殉国的无名英雄。

当时汇山码头发生大火，报章腾载，大快人心。谢同志的计划虽未能达成，但已震撼敌军，获致精神效果。其后敌酋不敢再在该舰驻节，而黄浦江内敌舰，也远向杨树浦以东江面移动，舰炮射击一时陷于沉寂。今王兆槐兄同在台湾，当犹能忆及一二也。

伟大的铁拳计划——刘宏深少校殉国

“铁拳计划”是由德国顾问设计，而由笔者完成参谋作业。

抗战前中德邦交友好，第一次大战间德国的最后一任参谋总长色克特(HansVon Seeckt 1866－1936)上将，受聘于我国军事总顾问，率顾问数十人，来我国协助军事建设，在各教育机关及京畿附近部队，如教导总队、八十七师、八十八师、三十六师等单位，指导教育训练，一切动作完全采取德式。

战争爆发后，因受政治影响——(德、意、日结为轴心)，色克特被召返国。行前向我领袖辞行时，表示愿留下少数德国顾问，作为在我国服务的最后效力。领袖接受其好意，派一位德国顾问来到八十八师，(日久忘其名)淞沪战役发生后，军长命我与该顾问共同策划，准备依德国闪电战的方式，发动一次突击作战。

当时德军正在欧洲战场采行闪电战术，德顾问就当时上海战场形势，认为日军阵地由汇山码头经吴淞路、北四川路，以迄江湾路，蜿蜒有如一条长蛇，宜在其腰部选择一个要点，集中威猛火力发动突击，将其拦腰斩断，首尾不能相顾，而后直向其心脏部进出，则敌抵抗组织自然归于瓦解。

研究结果，我们选定虬江路为突击点，遵从德顾问意见，选拔精壮勇敢的战士五百人为突击队，携带轻便锐利的近战武器，以优秀营长刘宏深少校为指挥官，同时集中全师炮火，由炮兵营长王洁中校指挥，在附近放列担任掩护，另在突击位置配置多数自动火器，直接支援。预定拂晓开始行动，先以炮火猛烈轰击目标地区，再由自动火器支援发起突击。该计划定名为“铁拳计划”。由于突击地区在二六二旅阵地正面，一切细部参谋作业指定由谢晋元中校负责完成，并由其指导实施。

当夜完成一切部署，翌日按照计划行动。炮兵于拂晓密集射击，虬江路敌阵地附近一片火海，列焰冲天，所有工事与建筑物尽行摧毁。紧接着刘宏深少校身先士卒，率领突击队适时冲进，毙伤敌兵无算，横尸街巷。不幸刘宏深同志深入敌阵，亦中弹阵亡，虽已予敌重创，终告功败垂成，未能达到预期目的。

刘少校军校五期卒业，湖南醴陵人，品学俱优，青年有为，殉国时年仅二十八岁，新婚甫三月，缅怀英烈，惆怅无已！

闸北轴心阵地

淞沪战场我军战斗序列，最初区分于左右两翼，黄浦江以东的浦东地区为右翼军，中隔市区(南市及英法租界)；自苏州河以北为左翼军。右翼军司令官张发奎将军，左翼军司令官初为张治中，旋因指挥不当撤换，由朱绍良将军接替。左右两翼军的作战负担并不平衡，实际上左翼方面是主战场，右翼方面只是沿黄浦江岸警戒监视而已。

左翼军的初期区分，以八十七师、八十八师、三十六师为基干分为中、左、右三地区，同时八十七师升格扩编为七十一军，八十八师为七十二军，三十六师为七十三军。以八十八师为主体的七十二军，位置于左翼，紧靠苏州河北岸，至江湾路之间为作战地域。

战役初期，我军居于主动地位，采取攻势行动，对虹口地区之敌，构成包围态势。自从八一三由五二三团易瑾营，在八字桥射出第一枪后，十四日攻击敌海军司令部，同在那一天，我空军在杭州上空，击灭来犯的敌木更津航空队。十五、六日续由我八十七师、三十六师，由江湾路敌阵北翼，向其侧背迂回攻击，敌军退至汇山码头附近，依据坚固建筑物顽抗，纵火阻止我前进，因我军缺乏攻坚武器，未能克奏全功。这是我军攻势的最盛时期。

到八月二十二日，敌酋松井石根率第三、第二十一师团，及第十六、第十三师团各一部，在吴淞附近登陆，向蕴藻浜、吴淞镇、狮子林一带推进；同时我增援部队，也陆续到达战场，战区渐形扩大，于是原来的对敌包围态势，渐渐改变为敌我东西对峙的局面，更由于敌我增援部队的源源到达，战线不断向北翼延伸，直达扬子江岸。

我军改取战略持久的方针后，闸北地区的八十八师，成为全战线旋回的轴心，依托苏州河岸，努力加强工事，构成街市战纵深阵地。并由工兵营营长蔡仁杰少校主持，集合志愿服务的土木技术工人，组成工程队，设计一种分解式的钢筋水泥掩体，先在后方做好，然后租用夜暗车运第一线，在各要点装置接合，使闸北阵地很快构成为钢铁般的金城汤池。蔡仁杰少校不眠不休，厥功最伟。

在八月下旬，敌人曾多次攻击我闸北阵地，均遭我守军击退，迭予重创，敌在广播中公然称八十八师为“闸北可恨之敌”。

自此，敌在闸北正面，直到我军转进为止，不敢再作任何蠢动，转移目标于我左翼方面，对我江湾以北的友军阵地，加强压迫，战线逐次后移至江湾——顾家宅——刘行——罗店之线；至十月下旬，更后移至小顾宅——大场——嘉定——走马塘——新泾桥——康家桥之线。但我闸北阵地，始终保持轴心地位，屹立不动，也没有换过防，从八一三直到十月二十六日向沪西转移，血战两月又半，敌军未能越雷池一步。

十月二十五日，大场第十八师友军阵地被敌击破，我左侧背受到威胁，才奉命转移到沪西阵地。敌军吃足了八十八师的苦头，在我离开闸北后的第二天，还不敢放胆前进，唯恐我尚有伏击部队，纵火焚烧，大火从北火车站一直烧到恒通路恒丰桥一带，蔓延数里，一片火海，真是可恨又可耻。

指挥位置的密匿

沪战开始后，全上海各界市民，充分表现了爱国热忱，无论男女老幼都与前线战士一条心，大家同仇敌忾，打成一片。地方人士组织“抗敌后援会”，青年学生与工人组成“抗日救国青年团”，号召“有钱出钱，有力出力”，供应车辆、食物、日用品以至各种作业工具，协力后方工作。很多青年志愿从军，直接上第一线参加战斗，军民打成一片，民心士气高涨到了极度，实开我国“总体作战”之先河。

但上海五方杂处，居民良莠不齐，不免有极少数的地痞流氓，受日本人收买利用，混杂在都市的各个角落，做通风报信的工作。战事突发时，闸北地区仍是热闹的市街，这些小汉奸混杂活动，捣乱治安，刺探军情，我们送公事的传令兵，常遭暗算失踪，或被抢走公文，真是防不胜防。

中山大道原为一·二八沪战后依军事的着眼而修筑，由沪西贯穿到北火车站，成为闸北战场的大动脉。作战初期，我们选定中山大道三十一号桥附近的观音堂，作为司令部位置，一时成为记者群众热心地方人士探访慰劳的目标。机警的孙元良将军立即有所预感，当十四日黄昏和钟松旅长见面后，迅即离开侦察新位置，决定第二天移往苏州河边的福新面粉厂。正好在我们离开期内，敌舰炮对准观音堂射击，中殿佛像打得粉碎，我的床铺炸得无影无踪，残壁上插了好几枚不发弹，不禁捏一把汗。

其后，我们司令部像捉迷藏式的移动，敌炮总是如影随形。最后移到苏州河畔的四行仓库，但对外始终仍以观音堂为联络位置。为了战场后方安全，不得不劝导闸北居民迁往安全地带，市民们毫无怨言，扶老携幼越过苏州河，避入公共租界。

四行仓库是金城、盐业、中南、大陆等四个银行的堆栈，位于苏州河北岸北西藏路西侧，门前沿河是光复路，左前方即为新垃圾桥。苏州河是一条上海通往后方的内河动脉，一般物资经由苏州河运往内地，同时内地的土产与农作物，也经由苏州河运到上海。河幅虽在百余公尺，但河床甚浅，水道淤塞，污乱不堪，涨潮时舟楫通行无阻，退潮时只剩狭隘的泥浆水道，船行要用竹篙撑持。直到闸北放弃，我们司令部位置再没有移动，最后作为最后阵地，授命八百壮士夺守，写下历史最光荣的一页。

淞沪战场的最后阵地

平心检讨淞沪作战，敌我双方都犯了逐次使用兵力的毛病。我们虽是在自己的国土作战，但内地交通梗阻，后方部队赴战，欲速不达；敌方海上运输便捷，动员准备良好，但抱轻敌观念，最初高唱速战速决，以为三个月就可以制服中国，等到不得已时派兵增援，再增援，总不肯彻底投入兵力，而期极力节约力量，备为应付其他方面之用。

白卯口登陆的敌第三师团，向我左侧背拊击，于十月二十五日突破我大场阵地后，统帅部决心调整态势。二十六日早晨，顾祝同副长官（委员长自兼长官）电话征询孙师长意见，有意把八十八师留置在闸北地区，分散据守村落据点，并相机展开游击。孙师长就战场实际状况，具陈所见，认为徒作无谓牺牲，难收实际效果，但如上级已作决定，自当奋力以赴，克尽革命军人天职。因在电话中不能详述，派我去面报详情。

当时大场方面友军的情况，尚在继续恶化，失去了联络的溃军与伤兵，纷纷由小南翔方面退下来，秩序非常混乱，敌机不断在上空盘旋，发现目标立即低飞射击。我沿中山大道乘车前进，遭受多次袭击，走走停停，沿途一片凄凉境况。在沪西中山大道五十一号桥附近下车，循小河边西行，约三里处走过一座小桥，在竹林中茅屋内找到了副长官，副长官正在观看壁上张挂的地图，我敬了个礼。

我：报告副长官，我是八十八师参谋长，孙师长派我来当面请示。

顾将军点点头，招手要我近前，先叫我就图上指告闸北战场目前一般情况，以及各部队配备情形。我顺便报告了来时沿途所见，建议指挥所应该极力移动位置。遂即谈到正题。

顾：大场情况变化后，闸北阵地侧背完全暴露，必须调整态势。但国际联盟十一月初要在日内瓦开会，会中接受我国控诉，将讨论如何制止日军侵略行为，所以，委员长有意要贵师留在闸北作战，把一连一排一班分散，守备市区坚固建筑物及郊区大小村落，寸土必争，要敌人付出血的代价；并相机游击，尽量争取时间，唤起友邦同情。

我：统帅的决定，当然绝对服从；不过就任务遂行的效果，有些意见孙师长要我来面报。

顾：你尽管说！

我：闸北除市街外，市郊一片平坦，毫无隐蔽，地形上不具备游击战的条件；至于分守据点，事实上也有困难，因为本师已经先后补充了六次，目前老兵只有十分之二三，这情形正如一杯茶，初沏时味道很浓，经过六次冲开水，冲一次淡一次，越冲越淡。新兵未经过战阵，有些新兵甚至连枪都未放过，目前全靠干部和几成老兵，在阵地上支撑，对新兵且战且训，渐渐在实战中锻炼其战技。在各级干部层层节制的掌握，以及老战士带头之下，尚可保持战斗体系，一旦分散配置，则维系力顿告消失，期望发挥各自为战的效果，恐怕难之又难。副长官沉默了一会儿，点点头。

顾：那么，你们准备怎样来实践委员长的意旨呢？

我：部下的想法，委员长训示的是政略目的，是要强调日本军阀的侵略行为，上海是一个国际都市，中外视听所集，要在国联开会时，把淞沪战场的现实景况，带到会场去。既然如此，似乎不必要硬性的规定兵力，也不必要拘泥何种方式，尽可授权担当部队，斟酌战场实际状况，来做适切的措置。

顾：你具体地说说看，究宜采取何种方式？留置多少兵力？

我：依部下看，留置闸北守备最后阵地的部队，兵力多是牺牲，兵力少也是牺牲；同时，守多数据点是守，择要守一二个据点也是守，意义完全相同。最好授权部队，以达成此项目的为主，自行适当处理。

顾：孙师长电话中，也曾提到这些，但没有说明究竟留置多少兵力？和守备何种据点？

我：部下认为选拔一支精锐部队，至多一团左右兵力，来固守一二个据点，也就够了。

顾：时间已经不多了，你赶快回去告诉孙师长，就照这样办，今晚要部署完毕，一切我会报告委员长。

顾将军为领袖的得力助手，从容大度，指挥若定，面带笑容和我握了手，我敬个礼离开指挥所，仍循原路驱车回闸北，但情形更为混乱了。中山路苏州桥附近，已被前方退回来的辎重车辆阻塞，一位八十七师的排长认识我，他左臂负伤，右手抱着一枝轻机枪，走上来告诉我前面已经无法通行，××部队顶不住了，敌军正由数辆战车前导，向我追蹑而来。

时机十分紧迫，我急于要返部报告请示结果，不得已只要绕道漕河泾，穿过租界到苏州河畔，雇舢板回到四行仓库，时间已经快下午五时三十分了。

孙师长正在市内来回踱步，这是他一贯的习惯，每逢有事时踱步沉思，等到有决定时立即坐下来写手令，或招必要人员有所交代。他不待我开口，先就告诉我，顾静君已有电话指示，以一团兵力留守闸北最后阵地。决定就以四行仓库为固守据点，但经斟酌实际情形，一团兵力未免失之过多，在给养、卫生、休憩诸方面，反而会感觉不便；因此孙将军以达成上级意图为目的，权宜变更为一个加强营，以第五二四团第一营为基干，配属必须要特种部队，由中校团附谢晋元，少校团附上官志标，少校营长杨瑞符率领，担当此艰巨任务。

八百壮士临危受命

谢晋元团附以下官兵八百人，临危受命，决心死守此最后阵地，为淞沪战场留下一片干净土，他们豪气干云，誓言要流尽最后一滴血，射完最后一粒子弹，与四行仓库共存亡，其后世称“八百壮士”成为历史壮烈事迹，业已由中影公司摄制成战争巨片，以资表彰。

按当时军队编制，团不设副团长，有中少校团附各一人，中校团附即相当于副团长。五二四团团长为韩宪元上校，广东文昌人，军校三期卒业，战功卓著，后于南京防卫战时，在雨花台壮烈殉国。原中校团附黄永淮，勇敢善战，于巡视第一线时，负伤入院，故以旅部参谋主任谢晋元中校调任；黄永淮后于中原会战守备新郑时，担任副师长，城陷负伤昏迷，在车运途中苏醒，抢夺日押车夫士兵刺刀，刺伤日本多人后被杀，其事湮灭不传，在此顺笔一提。

谢晋元团附为广东蕉岭人，黄埔军校四期毕业，时年三十三岁，体格魁伟英俊，为人诚挚刚直，沉默寡言，有守有为；上官志标团附，福建上杭人，在中学时代受革命思潮熏陶，投笔从戎，从基层工作干起，军校军训班毕业，平实朴质，勇敢善战，连长任内多次负伤不退，时年二十九岁；营长杨瑞符少校，黄埔军校六期毕业，天津人，时年三十岁，性格豪放，坦率热情，为师内有名勇将，每战身先士卒，负伤多次。第一连长陶杏春，第二连长邓英，第三连长唐棣，机枪连长雷雄，以及各排长，都是优秀的青年军官。

八百位豪气干云的壮士，于十月二十六日午夜，完成掩护任务后，迅即进入四行仓库，就原有四周防御工事，整理加强，并在四行内部着手部署，构筑强固工事，连夜完成初步作业，尔后逐次加强。有关四行战斗经过，上官志标团附手记之《四行仓库坚守记》，叙述详确，这里不多赘述。

撤离四行经纬

“八百壮士”奋守四行仓库，惊天动地，气壮山河，不但振起全国民心，更因为上海是国际都市，在沪外邦人士均身历目睹，透过外国记者们的报道，一时轰动全世界。

友邦人士对“八百壮士”，一致寄予无限的崇敬与同情，各国使节团曾透过外交关系，正式提出照会，要求我政府基于人道立场，下令孤军撤离，同时很多外籍妇女代表，也向蒋夫人作同样的要求。

其时，八十八师转移到沪西后，在苏州河南岸，据守丰田纱厂——北新泾——周家桥之线，继续与敌军隔河对战；我奉派在法租界某地，负责与孤军联络。八百壮士连日苦战，但精神愈奋，斗志弥坚，打到第四天亦即十月三十一日，统帅部认为已达到预定目的，应各方之请命令孤军撤离。

四行仓库四周东、北、西三面环敌，唯一可以撤离的路线，只有越苏州河通过租界，到沪西归队；但是要在战斗进行中，如何脱离？以及如何通过租界？一连串细节，都需商榷。

当时，师长吴铁成先生因由新职务已去南京，由秘书长俞鸿钧代行，同时俞先生还兼上海代缴特派员职务。我先去找俞先生，又去找警备司令部杨虎将军，我与杨为士官先后同学，一向相熟，杨意公共租界外国驻军由英军司令斯马莱特(Gen. Smoolet)统一指挥，四行对河的驻守也由英军担任，此事先须与斯马莱特交换意见，相约在下午二时到杨私邸会谈。

法租界环龙路杨寓，是一座豪华的幽静花园洋房。

参加会谈的，有斯马莱特将军、俞鸿钧先生、冯圣法副师长与我，杨的英文秘书孙履平担任传译，都准时到达，先由杨为各人介绍，斯马莱特是一位中等身材的中年人，具有英国人的特征，留着小胡子，潇洒中带点幽默，模样儿极似前美军顾问团团长蔡斯将军，他与冯副师长与我握手后，说了句生硬的上海话：“八十八师呱呱叫，顶好！”

话题由杨打开：“最高统帅已有命令，接纳友邦人士善意，命令四行孤军立即撤退，但其如何行动，涉及租界关系，特须得到英军的合作协助，特请各位来商谈一切。”

俞先生插一句：“斯马莱特将军知道此事吗？”

斯马莱特点点头，望着冯副师长与我，微笑说：“我的部队与贵师官兵，数月来隔河相望，我们已经是好朋友，四行守军撤离时，我当全力支持负责掩护，但不知你们要我怎么做?”

我说：“目前日军正在四行周边，向我孤军围攻，撤离的唯一路线，只有越过苏州河经由租界到沪西归队，首先要通过贵军警戒线，行动程序必须密切协定；再则，日军在国庆路方向，设有机枪阵地并有探照灯，封锁着四行后门的北西藏路，行动时须得贵军掩护，方能顺利通过；还有，通过租界时，须有相当交通工具，应请准备提供!”

冯副师长又强调：“孤军撤离绝不是战败退却，或者逃跑遁走，而是应友邦人士的请求奉命撤离，此点须请斯马莱特将军特别了解!”

斯马莱特站起来，走到杨身边拍拍肩膀：“你们放心！杨司令是我多年的好朋友，你们信不过我，应该相信杨司令。”

于是，又商谈了些撤离的程序，以及有关细节，诸如彼此的联络方式，对日军机枪阵地及探照灯的制压等问题。杨又叮嘱俞鸿钧，有关外交事项的一切，由他负起完全责任，俞表示可顺利解决。

我回到法租界某地的联络位置后，先挂电话报告孙师长，说明协调会谈的详细经过。到黄昏九时许——约定时间，和仓库内的谢晋元团附通电话，告诉他来了命令，准备今晚撤离，谢同志似乎极感惊异，也非常激动，声言：“全体壮士早已立下遗嘱，相誓与四行最后阵地共存亡，但求死得有意义！但求死得其所！请参谋长报告师长，转请委员长成全我们!”

我与冯副师长轮番开导，谢团附与上官团附及杨营长也交替接话，态度十分坚决，在电话中隐约可以体味到，激动得“声泪俱下”的情状。

最后，我以坚定的语气告诉谢团附：“你们成仁取义的决心，固然十分钦佩，但这是最高统帅的命令，我是命令的传达者，军人应以服从为天职，打日本鬼子的机会非此一时，今后可能还有比奋守四行仓库更重要的使命，待你们去担当！如果你们违抗命令，那你们的勇敢与牺牲，成为匹夫之勇而无意义了!”

谢晋元团附终于顾全大体，接受命令，于是我将和英军协定的事项告诉他，今晚午夜后开始行动，由英军压制鬼子探照灯与机关枪，探照灯击毁后迅速冲过北西藏路，由新垃圾桥进入租界，车运沪西归队，一切都照预定进行，斯马莱特将军亲自在新垃圾桥旁指挥，午夜当日军探照灯招摇如同白昼时，英军由桥头碉堡中，使用小钢炮连续猛射，一举将其击毁，但其机关枪实施标定射击，孤军冲过北西藏路时，仍有多人受伤，杨瑞符营长左腿也被击中。

八百壮士羁留孤军营

我在三十一日晚间，传达撤离命令后，当夜回到沪西，向孙师长报告处理经过，翌日凌晨率一部分事务人员，到漕河泾法租界边界附近，准备孤军到达后，为他们处理一切问题。

想不到，事情发生了变化，八百壮士通过新垃圾桥后，租界当局要收缴武器，车运胶州路羁留，全体孤军情绪激昂，声言武器为军人第二生命，不能离手，他们宁愿重返四行仓库，继续固留到底，僵持了数小时，情形极为紧张，我在漕河泾久待孤军不至，心知发生了麻烦，驱车赶到新垃圾桥，看见那种情形，劝阻谢晋元同志暂时忍耐，其中必有原因；同时租界在场人员，也力言这是租界的规定，只是替孤军代为保管武器，当点明数量出具收据，决非缴械可比，情势才告平息，遂即登车送往预定的地点。

我立即去找杨虎司令，杨打电话给斯马莱特责其背信，才知道不是英军作梗，而是日方向工部局提出了严重抗议，威胁租界当局，如果准孤军通过，则日军也将开进租界，追击孤军，使租界当局不得不苟且应付。

我又赶去找俞鸿钧先生，那时年轻气浮，一见面就气冲冲问他："昨天协议时，俞先生也在场，说好有关外交事项由你负责，你办的是什么外交？"

俞先生态度谦冲，丝毫没有见怪："这是临时发生的情况，我已报告政府，即循外交途径交涉，请转告贵师长暂时要忍耐，不可节外生枝！"

为了租界当局轻诺食言，受日方威胁羁留我八百壮士，政府确曾责成上海特派员公署，提出严重抗议，但租界当局慑于日方蛮横，不敢释放孤军归队；另一方面，日方要求引渡孤军，工部局同样也予拒绝，就这样"八百壮士"羁留在孤军营，经过四年多岁月，他们在谢晋元将军领导下，自强不息，虽然解除了有型武装，但却加强了精神武装；不卑不亢，不屈不挠，虽然离开了现实战场，但却建立了心里战场。孤军营在上海成为孤岛的孤岛，成为敌后的精神堡垒，成为沦陷区同胞心目中希望的灯塔。无数可歌可泣的故事，可从谢晋元将军的日记中看到。

就在孤军撤离四行仓库的这一天，蒋委员长怀念英烈，明令八百壮士各晋一级，谢晋元团附真除上校团长，颁授青天白日勋章，上官志标晋升为中校团附，机枪连雷雄连长递升为营长，原营长杨瑞符少校，撤离时负伤住院，已直接归队，另有任用。八百壮士感激之余，益自奋励。

其后，谢晋元团长不幸于三十年四月二十四日遇害后，中枢悼念忠烈，明令追赠为陆军少将。蒋委员长通电全国官兵效法忠贞，一代完人，永垂青史。

奉命西撤守卫首都

八十八师于十月二十六日转移沪西后，由后方赶到的税警团孙立人部加入序列，在丰田纱厂——北新泾——周家桥之线，沿苏州河南岸占领阵地，继续与敌军奋战，隔河相持。沪西市郊一片旷野，既没有地形可利用，也没有建筑物可依托，唯一的障碍只有苏州河，但河幅仅约百公尺，愈西向愈狭窄，到周家桥附近只有三四十公尺，障碍程度有限，而且工事构筑时间甚短，作战极为艰苦。白昼敌机不断盘旋，地面活动困难，所幸官兵用命隔河战斗，仍能阻敌渡犯。

支持到十一月十二日，已经达成掩护友军转进的任务；同时敌第十军于十一月五日在杭州湾登陆，已推进到松江附近，侧背感受威胁。于是奉命向西转进，旋又奉命急驶南京，参加首都防卫战。

淞沪战役自八月十三日，我八十八师五二三团易瑾营，在八字桥放出第一枪，其后增援部队陆续到达战场，国军精锐尽出，总兵力达八十五个师，战线向北延伸，直抵扬子江岸。八十八师闸北阵地成为全战线轴心，始终屹立不动，未使敌人越雷池一步，血战三月，复奉命以八百壮士奋守四行最后阵地，壮烈事迹震惊全世界；转移沪西阵地后，又激战兼旬阻敌前进，掩护我各部友军转进；西进途中，又在青阳港扼守铁公路桥三日，迟滞敌军追蹑。可谓有始有终，尽了捍卫国家的任务，柏亭身与其役，实感无限荣幸！惟事隔四十五载，已记忆不全，仓促书此，聊以志念！

全国政协文史资料研究委员会《八一三淞沪抗战》编审组编：《原国民党将领抗日战争亲历记：八一三淞沪抗战》，中国文史出版社，1987 年版，第 130—149 页。

第八军淞沪作战日记
(1937年8月8日—10月19日)

黄　杰

八月九日

一．日海军陆战队登陆上海，并要求我方撤退上海保安队，为我方严词拒绝。

二．上海日寇海军陆战队官兵各一人乘汽车企图冲入虹桥军用飞机场，不服我守卫士兵之制止，致起冲突，该日本官兵被击毙，我卫兵亦死一人。

三．日寇千余集中炮火向南口猛射，我军迎战反击。

本日奉军事委员会委令：“兹派陆军中将黄杰为第八军军长此令”。

八月十日

一．日军攻南口。

二．四川、西康各军，遵照川康整军会议规定，于十日前整编完成。

八月十一日

一．我海军破除江阴下游各航行标志及阻塞江阴要塞水道。

二．一九三二年淞沪停战协定共同委员会在沪集会，日驻沪总领事冈本指摘中国违反该项协定。上海市市长俞鸿钧严词驳斥，谓日军之背信行为已将该项停战协议破坏无余。

八月十二日

一．国防最高会议及党政联席会议，商决抗战大计，并决定推蒋中正为陆海空军大元帅，以军事委员会为抗战最高统帅部。

二．日舰续大批到沪，海军陆战队增五千余名在虹口一带布哨。

八月十三日

一．上海战事，今日爆发；上午九时，北四川路之日军向闸北我军射击，我军当予以还击，战事遂起。上海市市长俞鸿钧，得悉日陆战队向我军挑衅射击后，即向日本驻沪总领事冈本提出抗议无效。自晨至夜，两军激战不休，双方机关枪炮及重炮部队先后加入作战，于是战争形势不可收拾。全面抗战自此开始。

二．我国封闭长江江阴下游长山港江面，军事机关征用招商局轮船嘉禾、新铭、同华、运顺、广利、泰顺、公平等七艘、民营轮船十六艘、海军舰艇及各埠趸船二十八艘，一并沉下，成第一道长江封锁线，以阻敌舰上驶。长江下行轮船亦止于镇江。

三．日清汽船会社之"岳阳丸"与"大贞丸"时停泊南京，由我政府接管，改名"江汉"与"江襄"，交招商局运用。

八月十四日

一．外交部发表声明，评述日本侵华之历史，宣称：日本破坏中国领土主权之完整，违反国际联盟会章、九国公约及非战公约，而中国今日乃为自卫及维持条约之尊严而战，期望对中国有同情之世界各国须认清对于国际条约应尽之职务。

二．上海今日战事，集中于空中；先是停泊于黄浦江中之日舰，由"出云号"旗舰指挥，任意轰炸闸北我军阵地，因而中国空军出动轰炸日舰，遂发生空中大战。当一·二八时，中国并无空军，此次空军突然出现，一般市民咸感兴奋，纷赴公共租界外滩及各大厦屋顶观战。

三．当我空军轰炸时，日舰高射炮猛烈射击，且日舰停泊于公共租界外滩，致波及租界。下午三时，炮中南京路华懋、汇中二饭店，死伤中外市民百余人。下午四时许，我一机为日炮所伤，飞离上海时不能控制，以致于大世界附近落下两弹，炸死八百余人，伤六百余人。

四．日寇木更津空军联队轰炸机十八架，从台湾新竹基地起飞袭杭州笕桥，我空军奋勇拦截，击落敌机六架，此为我空军第一次空战，即以零比六之丰硕战果，写下八一四之光荣历史。

五．国军坚守南口要塞，并击退日军以大批战车之攻击。

八月十五日

一．日机除在上海四郊轰炸外，今日两次空袭南京，被我方击落两架，我机一架亦受损；日机并两次空袭杭州，第一次被我击落三架，第二次被击落一架。

二．南京军事当局对于中国飞机在不能控制之情况下误投炸弹于租界内及其所造成之损害，表示十分遗憾，并加解释：当时中国军机被日本高炮所伤，炸弹囊亦不幸损坏，致炸弹不能控制乃发生惨剧云。

三．上海市市长俞鸿钧驳复领事领袖因中国军机肇祸之抗议，并对于租界当局容忍日军以租界为作战根据地及在租界中央区日本各银行及其他屋顶装置高射炮之行为，加以质问。

四．青岛日海军当局借口昨夜有日水兵二名被枪击事，强欲派兵登陆，形势甚严重。我方表示，日军如登陆，决予驱逐。

五．南口战况极激烈，日军以坦克车三十余辆猛击，国军固守阵地，迭创来犯日军。

八月十六日

一．我空军出击，炸伤黄浦江日海军旗舰“出云”号。

二．川康绥靖公署决将所属之飞机队交由重庆行营接管。

八月十七日

本日奉委员长密令，即将赋予本军作战任务，饬所属部队限期集结，并编订开拔次序。运输工具正由铁路局统筹调拨中，何日开始行动，另电饬遵。

八月十八日

本日奉委员长蒋公以“敌人战略政略的实况和我军抗战获胜的要道”为题，对全国将士之训示，并附有抗敌战术十二条，通令三军将士切实遵照实施。兹记训词要旨如左：

一．寇逼天津，想不战屈我，我大军北上，战而不屈，是其战略之失败。

二．平津为北方重镇，敌得之不能不重兵驻守，然决不能久占，是其政略之失败。

三．顿兵危城，不得速战，是其战术之失败。

四．倭寇虚骄诈伪，外强中干，处处惹敌，处处慌乱，为我军备战固守，杀敌致果之最好机会。

五．我军应敌战术原则：(一)要以持久战，打破敌人速战速决之企图。(二)要占住主动、镇静、防护，陷敌人于被动。(三)要固守阵地，坚忍不退，以深沟高垒厚壁，粉碎敌人之进攻。(四)要利用民力地物，处处设阱设防，人人抗战杀敌。(五)要讲求防制敌机大炮战车毒气之战术，使其攻击无效。

六．手颁抗敌战术十二条，希望全体将士精密研究，加紧练习，发展革命军百战百胜之威力，达成御侮救亡之任务。

八月十九日

一．上海虹口终日激战，国军压迫日军阵地甚烈，且曾一度占据熙华德路及汇山码头，不久因战略关系，又行退回.

二．日军在沪作战，叠受重创，东京特派已退役之陆军上将松井石根来沪指挥。

三．军事委员会派陈诚为第三战区前敌总指挥。

八月二十日

一．政府划江苏南部及浙江为第三战区，蒋委员长兼任司令长官。

二．日机首次袭武汉。

八月二十一日

一．日寇大举进犯吴淞，并以飞机滥炸上海南市难民列车，死伤千余人。

二．南口战事惨烈。

三．孙连仲部与日寇激战于良乡、房山，不利。

四．“中苏互不侵犯条约”今日签字。

八月二十二日

一．日寇三师团在川沙口、狮子林、宝山同时登陆，犯我罗店浏河之线。

二．中国共产党宣言服从国民政府，参加抗战。

三．蒋委员长委任朱德、彭德怀为国民革命军第八路军正副总指挥。

八月二十三日

一．日寇关东军攻张垣。

二．粤汉铁路黄埔支线赶筑完工，并与广九铁路接轨通车，以利抗战物资从海外来者，得直接由九龙运入内地。

八月二十四日

一．日寇续到部队吴淞登陆。

二．日寇攻陷南口，国军退守居庸关。

八月二十五日

一．日寇海军第三舰队司令长谷川清宣称；封锁中国海岸，自上海至汕头。

二．军事委员会本日发表收编共军命令，任命朱德为第八路军总指挥，彭德怀副之，朱彭本日通电就职。

八月二十六日

一．日寇军机在京沪公路袭击英驻华大使座车，英大使许阁森受伤。

二．我第二十九军刘汝明部退出张家口，在洋河附近集结。孙连仲部转进至马头镇、琉璃河一带。

八月二十七日

一．本党中常会决议：授权军事委员会委员长蒋中正，组织大本营，行使陆海空军之最高统帅权，并对党政统一指挥之。

二．国军退出居庸关。

八月二十八日

一．上海连日激战，我军牺牲惨重，罗店失而复得。

二．军事委员会任命李宗仁为第五战区司令长官。

八月二十九日

一．中苏互不侵犯条约全文，今天在莫斯科与南京同时正式公布。

二．川康各军整编完竣，重庆行营组织点验委员会开始点验。

八月三十日

一．国民政府明令征集国民兵。

二．蒋委员长决定以军事委员会为抗战最高统帅部，不另设大本营。

三．我国政府向国际联盟陈述日军挑衅经过，日本政府应负责任。

八月三十一日

一．蒋委员长对路透社记者发表谈话：认为国际为谋整个安全，对日寇侵略应行干涉。

二．日机炸广州。

三．中央在武威之骑兵师师长马步青兼任甘新公路督办，修筑原有兰州至星星峡一段之甘新大道，俾接连苏联边境运入我国之抗战物资。

九月一日

一．吴淞失陷，日军登陆杨树浦。

二．日本政友会要求日内阁宣布对中国用兵之目的。

三．美国驻日本大使要求日本停止轰炸南京及中国不设防城市。

九月二日

一．日本称华北事变为中国事变。

二．上海市商会通电各省市商会，积极募集救国公债。

九月三日

一．日海军占领东沙群岛。

二．蒋委员长核准成立特种警察训练班于湖南临澧，并派戴笠为主任、余乐醒为副主任。

九月四日

一．天津日寇进攻马厂与唐官屯。

二．我军在良乡以南之□店击落日机三架。

三．日机与海军轰击粤海之虎门、马江。

四．前日本陆相寺内大将及驻华陆军武官喜多中将，由日抵津。日驻华北军事机构扩大，与关东军平行，司令部将移驻北平，寺内任司令官、喜多任参谋长。

九月五日

一．日海军第二、第三舰队司令宣布：封锁中国，北起秦皇岛，南迄北海口之中国海岸，所有中国船只不许通航，惟青岛及属于第三国租借地领海除外。

二．察哈尔省主席刘汝明派员至京报告，该省省府已撤至蔚县办公。

九月六日

一．国民政府明令军事委员会设置军法执行总监部。

二．军事委员会收编共军为第八路军，今日改编就绪。

九月七日

一．蒋委员长派胡适赴美，蒋方震赴德、义，说明日本侵华经过及其暴行事实。

二．宝山失陷，守军姚子青营长以下六百人全体殉国。

九月八日

淞沪日寇继续增援兵力后，向我军展开总攻击。

九月九日

国防参议会成立，参加成员包括国民党陈布雷、周佛海、陶希圣、傅斯年；青年党曾琦、李璜、左舜生；国社党张君劢、江庸、张东荪；中国共产党周恩来等。

九月十日

一．上海杨行阵地被日军突破，我军坚守罗店江湾之线。

二．津浦线日军第十师团矶谷廉介突破我军马厂防线，宋哲元部南退。

九月十一日

一．马厂沦陷。

二．军事委员会划津浦线为第六战区，任冯玉祥为司令长官，辖宋元哲等部。

三．察哈尔境日寇陷蔚县。

九月十二日

一．日本海军陆战队在广东大鹏湾登陆。

二．我政府向国际联盟申请援用盟约处理中日关系。

九月十三日

日寇陷山西大同。

九月十四日

一．日寇板垣征四郎部，自河北固安渡过永定河。

二．日寇陷晋北广灵，进向平型关。

九月十五日

奉军委会令：本军调上海参加作战。本军所属税警总团各团营自本日起开始自海州沿陇海、津浦及京沪各铁路专程直达输送。即由第一支队所属三团为第一梯次，依次先行。各独立营及总团部为第二梯次，第二支队所属三团为第三梯次殿后，即日开始东运。

本日各地概况：

一．日机十一架轰炸石家庄及保定车站，损失颇大。

二．河北固安沦陷。

九月十六日

上海刘行罗店为日军突破，第一军胡宗南部、第十八军罗卓英部损失惨重。

九月十七日

一．蒋委员长亲赴昆山前线督战，士气大振。

二．琉璃河失陷。

三．我军克复罗店。

四．国际联盟行政院讨论中日争端。

九月十八日

河北涿州为日军侵陷。

九月十九日

本日敌机六架袭东海、投弹城区及连云港，幸无重大伤亡。

日来敌机多批袭徐州，均经东海及连云港上空，或许已侦知本部部队集结，正有行动中，故亦予袭击。

本日各地概况：

一．平汉线日军突破我军徐水阵地。

二．日机三十架袭南京明故宫机场，被我空军击落七架，我军损失二架。

九月二十日

一．日机五十架袭我首都。

二．日机开始轰炸粤汉铁路南北两段。

九月二十一日

一．军事委员会调整部署，将第三战区淞沪地区国军分为右翼、中央、左翼三个作战军。

二．平汉线日寇突破满城我军阵地。

三．津浦线日寇与庞炳勋部激战于姚官屯。

四．英国向日本提出警告，日空军滥炸非军事地区。

九月二十二日

一．国民政府发表中国共产党共赴国难宣言，向国民政府提出四项诺言：(一)拥护三民主义。(二)取消赤化运动。(三)取消苏维埃政府。(四)红军改编为国军，受军事委员会统辖。

二．法、美政府向日本警告，日空军滥炸非军事地区。

三．伪“平津治安维持会”成立，高凌蔚主持。

九月二十三日

一．蒋委员长发表谈话，盼中国共产党真诚一致，为御侮救亡而努力。

二．日机炸沉“宁海”、“平海”两舰于江阴。

三．河北省境内日机炸大名。

九月二十四日

一．蒋委员长发表声明：中国为正义而战。

二．保定失陷。

九月二十五日

一．蒋委员长电令全国县长负责守土。

二．日机九十六架分五次袭南京。

三．我军杨爱源、林彪、高桂滋等部，败日寇于平型关，日寇死伤两千余人。

九月二十六日

本军奉命东运，自本月十五日开始输送以来，由[于]铁路异常繁忙，以及受空袭频繁之影响，因而有所延误，最后一批为税警总团第二支队第六团，今日始得全部开拔完毕。余于部队全部东运后，即电呈军委会备查。

九月二十七日

一．日寇在上海虹口设关收税。

二．雁门关各口激战

九月二十八日

国际联盟大会通过《谴责日军在华暴行案》。

九月二十九日

淞沪全线激战，日寇四次总攻惨败。

九月三十日

本军所属各部队，自十五日起自海州开始东运以来，第一支队之第一、二、三团，第二支队之第四、五团，及炮兵、工兵、辎重、通信、特务等营、军部各单位，均先后到达上海近郊之南翔，先后下车集合。惟第二支队之第六团殿后，列车尚在输送途中。

本军今日奉令推进至小南翔地区，当即命令各部队徒步行军，并限于当夜集结完毕。

本军各团、营先后到达上海近郊后，各部队之位置及任务如下：

一．第一团——两营位置于苏州河北岸，左自北新泾镇沿苏州河北岸，迄新闸桥之线，对租界警戒线。一营位置于方福桥、方家木桥、五卅公墓、晏摩氏女校，占领据点构筑工事。

二．第二团——位置于彭浦镇乐益山庄、大场镇朱家、梅园之线，占领预备阵地构筑工事。

三．第三团——暂归第八十八师指挥，在江湾附近备战。

四．第四团——位置于葛家巷（江桥镇东北约一公里）待命。

五．第五团——第一营位置于郁公庙（大场镇约三公里半）集结待命。

六．第六团——列车尚未到达。

军战斗指挥所：潘家巷（洛阳桥南约二公里）。

各友军单位：

第六十一师、第八师、第十六师，担任大场镇以北蕴藻浜之守备。其战斗地境为：第六十一师、第八师：东墙——严宅。第十六师：六号桥——滨西桥亭宅（线上属左）。

敌军情形：

当面之敌番号不明，唯挟有战车甚多，其炮兵因藉系留气球之观测，弹着颇为准确，且能依我军之行动为集中射击，益以飞机之肆虐，故作战颇为犀锐。而连日以来，集中兵力向我第八师正面猛攻，我第八师伤亡惨重，有岌岌可危之势。日来天候均晴和，故敌机无日不出动滥行轰炸。

战斗地区之状态：

村庄均属竹木成荫，田原间亦复花树遍陈，极可收荫蔽之效。且细流甚多，形成天然有利之外壕，而公路四通八达，故输送补给极形便利。

本军隶属中央作战军（总司令朱绍良上将）第九集团军（总司令朱上将兼）指挥。

同隶第九集团军之部队：第七十二军孙元良部、七十八军宋希濂部、七十一军王敬久部、第三师李玉堂部、第十八师朱耀华部。

本日奉第三战区长官部令，第六十一师钟松所部配属本军指挥。

第六十一师团长以上人员名单：

师长：钟松、副师长刘安祺、参谋长朱侠

第一八一旅旅长杨文瑔

第三六一团团长李忠

第三六二团团长何蕃

第一八三旅旅长邓钟梅

第三六五团团长季韦佩

第三六六团团长劳冠英

该师系以第二师之补充旅与六十一师（丙种师）合并编成，故旅、团长均系第二师旧部。据钟师长语余，该师袍泽闻悉归本军指挥，与余再共生死，无不兴奋。又称：该师原守虹桥，担任虹桥机场之警戒任务，此次淞沪战役，即由日军擅闯虹桥机场，为该师守军所格杀引发云。

十月一日

第三战区中央作战军第九集团军通报，本日六时，本集团军所辖各部队之位置如左，并令各部队相互间密切连系，共御来犯之敌：

一．第八十八师在北站至持志大学、东钱家塘（不含）之线，与敌激战中。

二．第三十六师在东钱家塘（含）、江湾、吴家宅之线，与敌对峙中。

三．第八十七师在吴家宅、唐家宅之线，与敌激战中。

四．第八军之税警总团以一团在北新泾镇、新泾桥门；以一团位置于彭浦附近；其余在小南翔沿走马塘，分别构筑工事。

五．第八军之第六十一师，在唐家宅以西，沿蕴藻浜右岸，唐家桥、黑大黄宅（不含）之线，与敌对峙中。

六．第三师位于黑大黄宅（含）、陈家行（含）之间，沿蕴藻浜右岸，加强构筑沿河防御工事。

七．第十八师以两团在闵行、龙华间；一团在北新泾镇、纪王庙间，分别构筑工事。

八．上海市保安总团之两团，在新闸路、北站间，沿苏州河左岸，对租界方面警戒。

十月二日

拂晓，敌军第九师团在优势空军支持下，配合战车部队，由北南犯，攻击我第九集团军蕴藻浜、陈家行至唐桥站间之既设阵地，企图由大场以西南窜，切断京沪铁路，以孤立我由大场镇至江湾之守军。

本军之税警总团（欠两团）适担任小南翔至走马塘地区间工事构筑，随即奉令接替八十七师之作战，与敌主力相遇，经两日之激战，双方损失均重。敌复以第三师团增援，猛攻我左翼友军，将陈家行至黑大黄宅宽约三公里之阵地，突破数处，敌渡过蕴藻浜，向南继续猛攻。致我税警总团阵线特别突出，陷于三面受敌，孤军苦战，工事悉成焦土，但官兵抱守土必争之决心，坚苦支持，得确保桥站阵地。

十月三日

敌强大部队继续向南压迫，我税警总团因守严家宅、曹家宅之守军，牺牲重大，相继失陷。第九集团军总部令总预备队第一〇八旅派兵支援。该旅仅以第二一五团第三营增援，发展于黄宅、俞宅之线。

余复以可堪调用之部队，配合炮兵，协力向敌实施逆袭；于十四时顷，得遏止敌之攻击，并夺回严家宅及西曹宅。敌复集中炮兵轰击，继以步兵反扑，数度肉搏，双方牺牲惨重，我税警总团在严宅守军全部殉国，严宅因而复告失陷。

十七时顷，第一〇八旅奉命接替本军第六十一师之黄宅阵地；该旅之俞宅阵地，则复移交税警总团第一支队第二团接替。

本军第六十一师之战况：该师担任唐家宅以西，蕴藻浜右岸至黑大黄宅（不含）之守备。由于将士用命，虽经敌数度激烈攻击，均能拒止强敌，确保阵地。本（三）日七时顷，军为迟滞敌军渡河，涌入蕴藻浜南岸，减轻主阵地正面压力，该师指派部队增强蕴藻浜北岸唐桥站之桥头堡；经该师师长钟松令三六二团二营前往，积极予敌压制，使敌在唐桥站火网瞰制之范围内，不敢越过蕴藻浜，颇收实效。

我左翼作战军第十五集团军之两师与敌整日激战，伤亡颇重。十八时顷，受敌强力压迫，蕴藻浜右岸撤退，敌第九师团主力跟踪追进，致我第六十一师左翼侧背暴露，大受威胁。敌欲乘虚进入，经该师急调预备队，与敌激战终宵，敌不断增援，情况危急。余立即亲至前方督战，激励士气，并饬税警团之一部迅速增援，击退敌三度攻击，得保阵地完整。惟本军此时阵地，已形成突出，陷于三面作战之不利状态。

十月四日

自拂晓开始，敌空军向我军阵地穿梭猛烈轰炸。九时顷，敌地面部队由东、北、西三面，向我唐桥站之桥头堡形成包围攻击。激战至十九时，数度肉搏，守军伤亡惨重。上级以迟滞目的已达成，遂令本军撤回至右岸主阵地固守，继续拒止来犯之敌。

十月五日

我固守蕴藻浜南岸之各部队，奉命组成多数突击队，乘敌渡河未稳，利用敌炮火间断之时及夜暗，分批向渡河之敌实施突击，迫敌无法从容建立桥头阵地线。

本军之各突击队，至为果敢，多能奋勇穿透敌阵，予敌重创，虽有伤亡，均能返原派遣部队。

十月六日

午前十一时接第九集团军朱总司令绍良电话指示如下：

“第八师正面胡家堰(不含)南桥亭宅(含)之线，石驳岸墙门头间被敌人突破。仰即增援消灭之。”

正午顷复奉委员长蒋公电话如下：

“速亲往西塘桥附近尽量援助第八师之作战”。遵即赴前方与第六十一师及第八师师长会晤。乃令税警总团第五团向北推进，接守西六房、石驳岸、墙门头宅之线，而令第四团向北推进至西塘桥。该两团以白昼于敌炮火、飞机轰炸下，向敌前进，损失自属不赀，尤以第五团竟夺回已失阵地，受损当益甚。所幸该团士气磅礴，虽伤亡迭出，而前扑后继，卒于午后八时将突入之敌完全消灭，因是蕴藻浜南岸遂无敌踪。而第四团除其第二、三营于午后六时到达西塘桥外，其第一营因迷道行至第十六师右翼后谈家头附近，适该师右翼受敌猛攻岌岌可危，遽见该营到达，遂多方耸其加入战斗，该营着眼大局，乃独断应其所请，因是该营受损亦大。同夜十时三十分第四团因受税警总团第二支队司令王公亮令，该团二、三营先后到达池沟宅与四堵宅。

十月七日

黎明，敌集中炮火向本军阵地猛击。拂晓后，敌主力藉空军之掩护，向我军正面猛攻；其炮兵复行弹幕射击，以火力隔绝我部队之彼此支援，致阵地被敌突破数处。激战至九时，余饬各部队逆袭，并亲率军预备队税警总团之第五团，配合各逆袭部队，出敌意表，向敌攻击，鏖战三小时，战况至为惨烈，予敌重创，卒将进犯之敌全部包围歼灭，恢复原阵地。

本日西六房方面之敌仍猛烈向我税警第五团攻击，故伤亡益众。下午四时许，石驳岸附近又被突破四、五百米，而黑大黄宅及桥亭宅又复先后告急，乃令税警第四团第三营前往增援，卒收复该阵地。复令第四团之第一营（该营因第十六师另派部队接替遂归建制）及第五团第三营驰往桥亭宅阻止突入之敌向右席卷，然该敌以重兵突击，截至午后一时，我军伤亡殆半，势甚危急，乃以第四团第二营驰援，至午后六时，因两翼友军均已呈动摇之势，致有受两翼包围之虞，且该两团官兵死伤竟达半数以上，弹亦告罄，乃不得已退守王家地、东西赵家、角塘、北宅、盛家宅之线待援。

午后十时奉上级命令：税警总团第一支队第一团担任北新泾镇至新闸桥，构筑阵地之任务交由第十八师接替。乃令该团于大场镇附近集结，并令第二团以主力占领马桥宅、坝石桥宅之预备阵地，以一部向严家宅、李宅、三房宅、孙家池、黑大黄宅搜索。各该处如仍在我军手中，应切实占领之。

十月八日

晨，敌大增援部队由塘家站渡河，另部经黑大黄宅（时改由十八师守备）向我友军侧击。军为确保左翼安全，即以军预备队支援第十八师之作战，反击敌军，将进犯黑大黄宅、严家宅东侧小河之敌，尽行逐退；并协力该师抵抗继续进犯之敌军。

先是七日午后九时，上峰有见于本总团四、五团伤亡之惨重，非予以整顿不可，乃令将丁家桥宅以东之阵地交与第七十八师二三二旅，但各该友军迟至今日午前六时始行接收完竣，四、五团各剩一营人，分别撤至杨木斩、林家木桥宅从事整[顿]。

在大场镇附近集结之第一团，除第一营拨归第六十一师使用外，余部在第二团之右翼占领陈家宅、俞家宅、朱家宅之线。

正午，敌在其优势空军及炮兵支援下，已在第九集团军之当面，多处渡过蕴藻浜，建立桥头阵地。本军方面，经浴血苦战，敌进展较迟缓。

十五时，敌主攻部队，既无法突破我第八军阵地，乃旋回西进犯我友军阵地。经第三十六师一〇八旅积极抵抗，本军复以火力支援之，予以重创，使不得逞。

十月九日

一时奉第三战区兼司令长官蒋委员长电令指示：将作战军之兵团区分及作战地境从新规定，有关第八军之事项如下：

一．第八军改配于十九集团军（薛岳），归右地区总指挥胡宗南指挥。并任军长黄杰为该军团之右地区副总指挥，仍兼第八军军长及税警总团团长。

二．第十九集团军右地区指挥第一军（辖第一、第七十八、第三十二各师）、第八军（辖税警总团）、第八师及第十六师。

三．第六十一师解除第八军之配属，仍在原阵地担任守备。

拂晓，当面之敌向黄宅方面第三十六师第一〇八旅攻击，战斗至十一时，双方伤亡均重。此时本军奉兼司令长官蒋委员长电令，饬第一〇八旅暂归本军指挥，协同税警总团，由沪太路向西攻击黑大黄宅之敌。

同时，第一〇八旅旅长复接第六十一师钟师长电话，奉第九集团军朱总司令部良命令，饬第一〇八旅暂策应第六十一师之作战。该旅长因指挥系统紊乱，故未实施攻击黑大黄宅之敌。

十九时第一〇八旅旅长复接其师长宋希濂命令，接替原第六十一师沈家宅（不含）至朱家宅之总战地守备。当两部队交接防务之时，敌以主力楔入，向本军税警总团第二团之阵地，施行侧面攻击。经该团奋勇抵抗，双方伤亡惨重。

敌复以强大部队配合战车继续攻击，我税警第二团官兵寸土必争，伤亡逾千，由于兵力薄弱，致被敌突入，奉命退至大场镇西北之马桥宅整顿。所失阵地由第十九师第五十五旅向敌施行逆袭。因出敌意表，激战至二十一时，将敌击退，恢复坍石桥原有阵地。

十月十日

令税警总团第二十一团反攻恢复曹家宅阵地，因该处敌已建筑工事，且该村四面环水，不可徒涉，故虽猛扑之下，亦难克复，仅歼敌甚多而已。

晚十一时，因第一师方面突告紧急，遂令方于侯家库（大场镇以西约二公里处）以南地区集结税警总团第二支队第六团向葛家牌楼宅、湖裹宅附近移动，到达该地区后，应右与第一支队第二团联络，左与第一军联络相机策应该两方面之战斗。

十月十一日

午前九时正[整]，我税警总团第一支队第二团正面因受敌压迫过甚，海家宅阵地致被突破，因退守葑塘沼河之线。同时塘亚村第一师右翼告急，乃令第二支队第六团向该处急进支援之，但仍受第一支队司令官何绍周指挥。

十月十二日

本日敌仍以重兵向本军及第一师正面猛攻，我亦竭力迎战，故战斗之烈，为连日以来得未曾有。我军伤亡迭出，由以第六团为最，竟至不支稍退，我第二团左翼遂陷于被包围之态势，乃不得已据葛家楼牌宅继续战斗。同时我第五集团集结于严家浜整理约一营之众，鉴于突入之敌席卷之势，已成不利于友军之战斗，遂决令增援，卒会同第一师预备队挽狂澜于既倒，重奠固守阵地之基。由于我税警第六团受创过重，乃奉上峰令回至大场镇以南地区整顿。同时税警第二团亦以苦战过久，七日由第十九师接替撤至濮宅（大场镇以南约一公里半处）从事整顿。

本军之税警总团，自九日以来，与向西曹宅、海宅、西塘桥、坍石桥等地进犯之敌苦战，寸土必争，屡经肉搏，击退敌数次攻击。奋战至本日晚，仍在俞宅、朱宅、季项宅、葛家神楼以西之线与敌作拉锯战。

本日晚奉右地区胡总指挥宗南电话指示：“为加强正面防御，缩短税警总团之防线，由第十九师接替总团季项宅、葛家神楼、黄港、湖里宅、苏家宅、张家楼（不含）线之防务，积极拒止敌人，右与税警总团，左与第一师密取联系。”税警总团于交替后，即集中兵力，固守朱宅、马桥宅地区。

十月十三日

本日晨收到右地区胡总指挥宗南命令，为加强正面防御，缩短本军税警总团之防线，由第十九师接替防务。内容与昨电话下达者相同。

第十九师奉命后，当即以第五十五及第五十七两旅为一线，接替本军税警总团该线防守地区，于本日晨接替完毕。税警团交出一部正面后，亦得以缩短防御正面，加强防御。

正午，敌机及炮兵不断向我税警总团及第十九师正面，加强轰击，随即以步兵猛攻，相互冲杀，经三小时之惨酷鏖战，卒将敌军击退。此役计毙敌千余人，击落敌机两架，生俘敌飞行员一人；我军阵亡营长以下官兵七百余人。

本军税警总团第一团参加此方面之作战，奉命扼守俞宅、朱宅之间，本日该方面之战况殊形沉寂。

十月十四日

本军税警总团第一团阵地于俞家宅、朱家宅之间，敌于拂晓及午前九时三十分曾两度攻此，我第一团均沉着应战，卒予敌以重创；彼敌不甘，乃据壕图思接近；我第一线部队讲求破敌之法，加强轻、重机关枪对其壕口精确瞄准，同时集束手榴弹以俟，彼此相持，竟入于夜。

同时，昨日在第十九师正面被我挫败之敌，经整顿后，于今日九时顷，复向我第十九师正面猛攻，激战整日。至十五时，该师阵地被敌突入，余即亲率本军税警总团之预备队，由侧面反击敌军，将敌击退，该师阵地得以恢复完整。

十二至十四日三日之间，敌主力数度攻击陆宅地区我第十九师五十五旅阵地，该旅配合税警总团，反复肉搏，将敌击退。此役记毙敌三百余人，卤获步枪五十五枝，机枪四挺，军刀、旗帜数十件，我军亦伤亡官兵四百余人。

十月十五日

奉兼司令长官蒋委员长命令，第九集团军仍辖原有各部队：第七十二军孙元良部、第七十八军宋希濂部、第七十一军王敬久部、第八军黄杰部、第三师李玉堂部、第十八师朱耀华部、淞沪警备司令杨虎部。惟第六十一师仍解除第八军之配属，与第八军均直接由集团军指挥。至是本军解除第十九集团军之配属，再度配属第九集团军。

本日拂晓，敌猛攻我税警总团第一团俞家宅、朱家宅阵地之突出部，曾一度陷落，因我将士戮力反攻，卒形恢复。是役毙敌二百余人，获轻、重机枪各一挺、步枪三支。我方亦伤亡六、七十人，即身经百战之岳营长中林（该团第二营营长）竟以身殉，良足惋惜。日间复受强敌攻击，因我兵力太弱，虽阻其凶势，以是该突出部被其占去一部分。

综计税警总团第一团自参战以来，于兹七日，兵力即极单薄，死伤又形迭出，虽士气未曾稍减，其奈兵单力弱何，乃呈请上峰请予瓜代，未邀俞允，不得已于晚十时令总团部参谋皮宗敏赍令前往，严饬该团应确保朱家宅阵地迄于十六日午后，如不能达成任务，则以军法从事。至该团原守备之俞家宅阵地，着交由第三十六师第一〇八旅接替。

十月十六日

本日自晨起，税警总团第一团正面战况极形沉寂，仅稍受敌机之损害。而第一团以疲战之余，实有难乎为继之势，遂以前增援第二团之第五团撤下重编之第一营接替之(因该营于第二团撤下时并未撤回)，而令其集结于季项宅作该营之预备队。

迄晚，本军奉命将马桥宅、朱家宅阵地，交由第二十六师刘雨卿部接替，我税警总团第一、二两团，乃撤至北新泾镇附近整顿。

十月十七日

本军奉第九集团军朱总司令绍良命令：税警总团所担任之沪太公路马桥宅、季项宅、葛家神楼(不含)之线防务，由第二十六师与本日午夜交接完毕。

拂晓，敌向我马桥宅阵地猛攻，经本军税警总团(欠第一及第二两团)勇猛抵抗，激战至十六时顷，双方伤亡均重，敌不支退去。

正午，敌攻俞家宅急，我朱家宅侧背咸受威胁，复以第一团撤下之数十残余反攻(该团撤下之残余仍留季项宅作第五团第一营之预备队)，敌虽被击退，而连长亦告阵亡，仅余一排附率领十数名战斗兵耳。

十月十八日

敌数度攻占俞家宅，本军在该处之守兵复协同反攻。损失更巨，急待调整。入暮，奉第九集团军朱总司令绍良命：着即撤下。

十月十九日

本军税警总团正面交由第二十六师接替，撤至北新泾镇附近，从事气势之恢复。

以上所记，自十月二日至八日间为本军参与淞沪战役塘桥站之争夺战；十月九日至十九日，为本军参与蕴藻浜南岸之作战经过。作战兼旬，官兵伤亡枕藉，内心伤痛无已，余在此次战斗中之观感如左：

敌仍沿袭往昔之战法，即炮火与兵力集中使用于一点。反观我方，被攻之处，守军竭力抵抗外，其他未被攻部队，则期期自庆，束手旁观，绝不加以援助；一旦已被敌攻击时，他部冷眼旁观，亦复如同出一辙，致敌能逞其到处可行突破之伎俩，因此横的方面漠不相关，致酿成国军之重大损失。而此另一缘因，亦由于部队过于分割地使用，及各级指挥官之独断专行之能力欠缺，是尔后当特别注意于此也。

黄杰著：《淞沪及豫东作战日记》，国防部史政编译局印，第 22—40 页（8 月 9 日—9 月 29 日），朱汇森主编：《中华民国史事纪要》（1937 年 7 月—12 月），台北"国史馆"，1985 年版，第 491—497 页（9 月 30 日—10 月 8 日）；第 525—530 页（10 月 9 日—10 月 19 日）。

忆税警总团参加淞沪抗战

郑殿起[①]

9 月下旬，税警总团奉命将连云港至鲁南的防务，交给广西第二十一集团军廖磊部后，车运到上海参加淞沪抗战，归胡宗南的第十七军团指挥。

从 9 月 26 日起，第一支队先由苏北海州乘火车出发，到达上海后，第一团担任沪西八字桥一带的警戒，第二、第三两团，则担任大场东南方一个斜切阵地的构筑和警戒。9 月 29 日，第二支队（我当时在该支队司令部任少校参谋）按第四、第五团、支队司令部和第六团的序列，乘火车自海州启程。支队司令部带第五团的一个营和高射机枪一个连为一列车，于 9 月 30 日晚乘火车由海州出发，10 月 2 日上午 3 时许到达苏州。顾祝同长官部的驻站参谋，通知我们部队下车隐蔽，以免天明后遭受敌机的轰炸，待次日晚再上车东开。但支队司令官王公亮不听长官部参谋的招呼，命令列车继续东开。

当我们的列车抵昆山站时，已是 2 日上午 5 时许，东方已发白。王公亮仍想继续前进，昆山车站站长立即警告说，每天天明以后敌机一定前来轰炸，列车绝对不能再前进了！支队司令部的列车这才停止在昆山车站的外边，令部队下车隐蔽。在部队还未全部下车时，果然由上海方向飞来敌机 9 架，到达昆山车站上空后，便对我们的列车施行猛烈的轰炸和扫射。敌机去后，经检查伤亡官兵 14 人。

10 月 2 日晚间，第二支队司令部的列车，由昆山东开，于 3 日拂晓到达南翔车站下车。当时我们只有 20 年前测绘的 1∶10 万的地图，地图与现地几乎完全不符。同时，对于上海话我们都听不懂，也不好问路。故下车后，我们几个参谋只

---

① 郑殿起，淞沪会战时先后任税警总团司令部参谋和第九集团军第八军税警总团第二支队司令部少校参谋。——本书编者注。

好带着支队司令部的大部分人员摸索前进。幸好很快找到了军部所定的支队司令部的位置——真如附近的“北十路”；但支队司令官王公亮则带着几个副官走错了路，直至3日晚间，才找到支队司令部的位置。

首战蕴藻浜

10月3日晚间，第二支队司令官王公亮接到黄杰的电话，知道孙立人的第四团，已在3日拂晓前，增加到大场以北、蕴藻浜南岸，胡宗南第一军所属陶峙岳的第八师阵地上。3日白天，日军不断发动猛攻，该团的战斗十分激烈。特别是张在平的第三营，阵地几乎为敌炮兵打翻了个，全营伤亡很大。4日中午，接到黄杰的命令，令第五团于4日晚7时，也增加到第八师的阵地上，仍归陶峙岳指挥。于是王公亮带着我们四个参谋，于四日晚8时许，到达陶峙岳的师部指挥所。当时第八师共有四个团，已在蕴藻浜阵地战斗了6天，伤亡很大，营长几乎普遍换了一次。三日拂晓，增加上来的第四团，是被陶峙岳一营一营的插在第八师的部队里。第五团增加上来以后，虽然是接替一个团的阵地，但与第四团并未衔接。第五团于4日晚接防后，当夜即遭到敌人的几次冲击，至5日拂晓，已不能支持。该团团长邱云纪一再告急，果然于5日拂晓，阵地被敌人突破，左翼的第二营，后退了百余米，以致动摇了第八师整个阵地。幸经第八师将自己的一个预备队营增加上来，才把阵地稳住，但失掉的阵地，则未恢复。

蒋介石在南京知道税警总团第四、第五两团，只打了一两天就垮了的情形后，立即打电话找黄杰讲话。一开口就骂黄杰没有用，并说这样好的装备的部队，为什么一上去就垮了？你平常究竟干些什么？小心你的脑袋！赶快把失掉的阵地给我夺回来。黄杰挨了一顿闷心骂，有口难于分辩。

胡宗南见税警第四、第五两团伤亡很大，士气低落，便命令他们从第一线撤了下来，到真如附近休整。王公亮带着几个参谋于5日晚间，又回到了北十路。

大场争夺战

10月8、9日，大场一带的战斗开始。第二支队的第六团，被胡宗南配属于第一军。最初，在第一师的右翼参加战斗。10日晚间，又由第一军配属于第一师指挥。至12日的夜间，胡宗南通知黄杰说：已令第六团归还建制。但至13日晚间，第二支队司令部还未接到该团的报告，也不知该团的下落。于是，王公亮派我和一个上尉参谋，到大场第一军的阵地后方去找第六团。我和熊参谋在13日的夜里，先后到正在指挥部队激战的第一军军指挥所和第一师师指挥所，他们都说已于12日下午即令第六团归还建制了。我和熊参谋找了一夜，也未见到第六团的影子。至14日早晨，我们回到了北十路支队司令部。14日中午，王公亮又带着参谋主任谢慕庄到大场一带去找，结果于14日的夜间，在第一军左翼友军阵地的后方一个竹林里，才找到了第六团团长钟宝胜。这时，该团只剩下不足一个营的兵力了。据钟宝胜说："该团12日夜间奉第一军军部的命令，撤离第一线阵地，到后方休整，但并未告其归还原建制，故部队未敢离开第一军阵地的范围。"

税警总团第一支队，从10月9日起参加大场战斗。大场战斗，比蕴藻浜战斗还要激烈，特别是防守大场镇的第一团阵地上，双方争夺更为激烈。战至13日，支队三个团均伤亡半数以上，营长以下军官，伤亡2/3，第二团团长负伤，已离开战场。第一、第三两个团长，也先后借病请假走了。由于伤亡惨重，阵地逐渐后退。至14日晚间，胡宗南命令第一支队将阵地交给新增加上来的一个师，全部撤至苏州河南岸北新泾以东附近休整；第二支队也于14日晚间，奉命撤至苏州河南岸北新泾东刘家屯、周家桥一带休整。

税警总团两个支队，均只打了一仗，就败不成军，而第二支队最糟。于是，宋子文和孔祥熙要求黄杰撤换何绍周和王公亮。黄杰为了保住自己的地位，乃于10月16日下令撤了何绍周和王公亮的职，将孙立人升为第二支队司令官，仍暂兼第四团团长；另调第二师第四旅旅长赵公武为第一支队司令官。由于原来的副总团长左鼎华已他调，故同时又调第二十五师的旅长梁恺为副总团长。第六团团长钟宝胜，因为作战不力，被胡宗南撤职，并送到顾祝同的长官部查办。

苏州河阻击

税警总团撤到苏州河南岸以后，进行了人事调整，部队也作了调整和补充，将第一支队并编为第一、第二两个团，以第一团的中校副团长龚贤湘代理第一团长；第二团团长也以该团的中校副团长（姓名已忘记）代理之；第二支队并编为第四、第五两个团。由总团部直属的两个独立步兵营和由河南刘峙拨来的一个保安团，分别补充在第一、第二两个支队里。10月16日奉胡宗南的命令，税警总团在苏州河南岸担任北新泾至沪西刘家宅、周家桥一带的防御（第一支队守备北新泾至刘家宅西端之间的阵地;第二支队守备刘家宅、周家桥之间的阵地)。第二支队的第五团配置在刘家宅至周家桥的西端,左翼与第一支队第一团衔接;第四团以两个营配置在周家桥。周家桥是个沿苏州河南岸东西长约 1 000 米的居民地,因接近沪西租界区,故该地有很多工厂和商店,其中以申新纱厂为最大。支队司令部与第四团团部合并一起,位于周家桥以南约 500 米的徐家宅。

税警总团占领苏州河南岸阵地后,最初每天夜间,宋子文都派财政部驻沪人员,由上海市内送来两三卡车的防御器材,如钢板、三角铁和麻袋等。最初还送来许多面包(因为白天不能生火做饭,当时敌人飞机在白天不断在空中侦察,如果某处有炊烟,敌机即向该处投弹,因之部队每天都是太阳未出来以前就吃早饭,在太阳落了后才做晚饭吃)和冷水消毒药片以及蚊香等。宋子文还经常派人送些白兰地酒(一磅重的扁瓶装)给孙立人,说是因为秋季多雨,喝点酒可以祛风寒,我们当参谋的,每天也能分到一瓶。

从 10 月 21 日起,日军开始向苏州河阵地攻击,至 23 日敌人已接近苏州河北岸。25 日拂晓前后,敌人在苏州河北岸施放大量烟幕,并利用涨潮时苏州河河水向西倒流的条件,在北岸运用橡皮舟结成与河宽相等的浮桥,待天明前落潮时,河水又向东流,于是利用水的流力,将浮桥的另一端搭到南岸。敌人用这种方法,在第四、第五团的阵地前,同时搭成橡皮舟浮桥三道,敌人步兵利用烟幕的掩护向南岸强渡。当敌人放烟幕时,我军就加强监视,待敌人搭成浮桥时,我军就用手榴弹将三道浮桥,全部炸毁。

26 日以后,每天拂晓,日军都企图用浮桥的办法强渡苏州河。我军为便于用手榴弹炸毁敌人的浮桥起见,在南岸用厚钢板圈成很多临时投弹掩蔽部。27 日晨雾很大,敌人在第四团的正面,又搭成三道橡皮舟浮桥,并施放大量的烟幕,然后利用浓雾和烟幕,成一路纵队向南岸强渡。由于雾和烟幕的浓度很大,我军发现后虽用手榴弹将敌人浮桥炸毁,但已有 20 几个敌人冲到了南岸。因为南岸的下面有 3 米多高的陡坎,在陡坎的下边,有申新纱厂储煤的地窖(向我方凹进的)。冲到南岸的 20 几个敌人,就躲进了煤窖里。对于这些敌人,我军枪炮的火力既打不着,手榴弹又不容易炸到。于是,想办法从申新纱厂里,抬出四捆棉花,浇上煤油,点着后由上边向下一推,着火的棉花捆就滚到煤窖里。藏在煤窖里的敌人,不敢出来的就被火烧死了,跑出来的则被打死。

10 月 30 日拂晓以前,天又大雾,日军从 29 日的晚间,即在苏州河北岸不断地施放烟幕,终于在天明前在第五团的正面上,再搭成五道橡皮浮桥。敌在步、炮火力掩护下，分五路纵队向南岸强渡。当被第五团发现时，已有100余敌人冲到了南岸，潜藏于陡坎之下。

该团虽先后将敌人的浮桥炸毁了，但未将100余名敌人已强渡到南岸来的情况，报告孙立人和黄杰。而这些敌人却被在第一支队左翼的第六十一师看得清清楚楚。于是他们便直接报告了胡宗南，胡又及时报告了顾祝同，同时又问黄杰知不知道这回事？黄杰正要打电话问孙立人时，突然接到蒋介石的电话。蒋问他为什么税警总团的正面上，又有敌人冲过来了？在苏州河打了十几天，旁的部队都能顶住，只有税警总团不行，现在限你在今天中午以前将冲过南岸的敌人消灭掉，否则杀你的头！

黄杰放下电话后，未来得及吃早饭，就带着作战科长皮宗敏和中校参谋李则尧，跑到第二支队司令部指挥所来，即令孙立人推进到第五团的指挥所去，令该团邱云纪团长，亲自到火线指挥，限在午前歼灭这股敌人，同时手令孙立人将第五团隐匿敌情不上报的第一营营长罗某，就地枪毙。于是孙立人即带着少校参谋龚至黄，推进到第五团的指挥所(距火线只有300米)，邱云纪则推进到最前线。经过一上午的激烈战斗，至当日下午2时许，才将潜藏在南岸陡坎下的敌人肃清，但团长邱云纪则在这次战斗中阵亡。

黄杰在第二支队指挥所得孙立人的报告后，知道冲到南岸的敌人已被肃清，即时用电话报告胡宗南，然后才离开第二支队指挥所回到军部去，并派参谋处长朱致一驻在第二支队指挥所督战。

10月30日下午5时，第二支队接到军部传来胡宗南的口头命令云：“税警总团第一支队守备的阵地，由第三十六师接替；第二支队守备的阵地，由第八十八师接替，并限于30日下午9时开始交接，在当日午夜12时以前交接完毕。税警总团交防后，撤至徐家汇附近休整，笔记命令以后补发。”

税警总团在与第八十八师、第三十六师交接防时，因胡宗南军团部向第八十八师下达口头命令时，误将小红楼划归于第三十六师。而向第三十六师下达命令时，则说小红楼应归第八十八师，致使两个师谁也不愿接小红楼。当孙立人用电话报告黄杰时，适逢接到胡宗南的笔记命令，命令指明小红楼属于第八十八师的范围。孙立人乃催促第八十八师按胡的笔记命令，接替小红楼的防务。但该师又以小红楼内已窜进去敌人为词，而不肯接替。孙立人气愤地说：“好，我们把小红楼里的敌人消灭掉，再交给他们看第八十八师还有什么话说。”于是，加派第四团的一个连，协助原来守备该处的第五团的一个连，采取地雷爆破的方法，将小红楼炸塌，消灭了藏在里面顽抗的敌人。

在战斗中，兼团长孙立人背部和头部负了重伤，被送到附近的野战医院。第四团团长则由第三营营长张在平代理。至于小红楼则由胡宗南勒令第八十八师接替。我们第二支队，才于31日的清晨离开火线，撤至徐家汇附近休整。

苏州河战役，第一、第二两个支队，又伤亡了半数以上，故撤到徐家汇休整时，又将第一支队第一、第二两个团，合编为第一团，由龚贤湘代理团长；第二支队则将第四、第五两团合编为第四团，由张在平代理团长。当时名义上虽然是两个团，实际上每团还不足1 000人。随后，于11月10日跟着胡宗南的第十七军团向昆山、无锡、南京撤退。

全国政协文史资料委员会编：《文史资料存稿选编：抗日战争》(上)，中国文史出版社，2008年版，第517—521页。

税警总团上海抗战情况[①]

郑殿起

8月间黄杰升为第八军军长并兼税警总团团长，第八军军部和税警总团司令部合署办公，税警总团的参谋长周学海升为第八军参谋长并兼税警总团参谋长。当年的8月28日税警总团调上海抗战，归胡宗南的第十七军团指挥。10月1日和2日第一支队和第二支队，先后到达上海，最初参加蕴藻浜战斗。战斗很激烈，由于蒋介石直接指挥到团，先是第一支队以团为单位，被分割增援到第一线，10月2日晚间第二支队的第四、第五两团，增援第二十四师，一夜之间，阵地有三处被日军突破，均被税警总团的增援部队恢复。因为第二十四师已战斗了五六个昼夜，于4日夜间撤至第二线休整。第二支队也随着撤至第二线休整。虽然只打了两天两夜，因战斗异常激烈，官兵伤亡了四分之一。第二团则增援第一军的阵地，仅战斗一夜，因团长钟宝胜负伤即被撤到第二线，又与支队司令部失去联系，支队司令部派了两组参谋找了两夜，才在第一师的后方找到第六团，但官兵已伤亡了三分之一。

税警总团参加蕴藻浜战斗后，因伤亡较大，每个支队由原来的三个团并编为两个团，即第一支队保留第一、第二团；第二支队保留第四、第五团。并从后方增补一个团的新兵，在第二线稍加整训，即参加上海市郊大场战斗。这次战斗两个支队联合在一起，未被分割使用，但营、连、排长有三分之一是新提升的，并且有一部分新兵，加之大场战斗比蕴藻浜更为激烈，所以也只打了四天，伤亡几乎一半，随被撤至第二线休整。

蕴藻浜和大场两次战斗，所有参战的部队均打了败仗，并且伤亡也大，但税警

---

① 本文摘自《税警总团的沿革》，题目为本书编者自拟。

总团因为待遇比其他部队高，武器装备比其他部队强，平时即为其他部队嫉妒，所以在蕴藻浜和大场两次战斗中，虽然也同样打了败仗，但宋子文和孔祥熙则认为给财政部丢了脸，乃强迫黄杰将何绍周、王公亮两个支队司令官免职，并指定将第四团团长孙立人，因在蕴藻浜和大场战役中，打得比其他五个团为好，伤亡也小，提升为支队司令官。黄杰只得照办，于是发表孙立人为第二支队少将司令官。另调第二师旅长赵公武为第一支队少将司令官，调第二十五师旅长梁恺为少将副总团长。

税警总团参加大场战斗后，经过人事调整，并又由后方补充了一团新兵，约于10月20日即调到苏州河南岸的紧靠沪西租界的周家桥一带防御。当时新调的第一支队司令官赵公武和副总团长梁恺均未到任，所以第一支队的部队由总团部直接指挥。第二支队司令官孙立人仍兼第四团团长，支队司令部与第四团团部合在一起。两个支队的配置是第一支队在左，第二支队在右。部队到达苏州河南岸后的第三天，日军即开始攻击。当时正是阴雨连绵季节，几乎每天拂晓以前即开始下雾，直至上午九、十点钟雾才渐散。雾大时能见度不过十来米，所以日军则趁雾天落潮时河水顺流、倒流的时机，用连结的橡皮舟当浮桥向南岸偷渡。特别是在第二支队的阵地正面，因有一部分河岸向北突击，行成弱点。在11月3日拂晓前，正值浓雾，日军用两个连结的橡皮舟分两处在第五团阵地的正面偷渡，当被我军发现时，已有日军300余人渡到南岸，幸阵地前有二、三米高的陡岸，日军未能突进阵地内。黄杰闻讯后，迅即赶到第二支队指挥所。黄杰刚到第二支队指挥所，蒋介石也由南京来电话：“令黄杰速将渡到南岸之敌歼灭”。黄杰接电话后，即令孙立人进到第五团指挥所督促该团将渡到南岸之日军消灭。孙立人到第五团指挥所后，偕同团长邱之纪到第一线上指挥战斗，战至当日下午三时，先是第五团第一营营长（名已忘，云南人）负重伤，继则团长邱之纪阵亡，终将渡到南岸的日军大部击毙。但日军还有20余人占据了周家桥南岸边的一幢二层小红楼。到当日的傍晚，第五团的二个排，已接近小红楼，并有十余人进至楼下。但楼梯已烧毁，日军在楼上顽抗。这时胡宗南下令：“令税警总团将阵地交给第三十六师接防。限在当日晚九时前交接完毕。税警总团撤至徐家汇休整”。但第三十六师以小红楼内还有日军，只接替其他阵地之防，对小红楼必须将日军歼灭后，才能接防。这时已至3日深夜，孙立人仍在第五团指挥所，乃向军部要地雷，准备将小红楼炸毁。至4日拂晓前（上午四时许），军部用汽车将15枚地雷送到第五团指挥所。孙立人出指挥所指挥炸小红楼时，正值日军开始拂晓前的炮击。孙立人正在看地雷时，一棵炮弹在他的上空爆炸，将他的后背及头的后部炸伤。于是士兵们将他抬进第五团指挥所，他一边裹伤，一边命令第四团第二营中校营长张在平（已负轻伤）代理第四团团长，第五团中校团附劳声寰代理第五团团长，并指定张在平负责将小红楼炸毁，将日军歼灭后，才能撤离第一线阵地。一切安排好后，孙立人这才离开火线。由军部用汽车送到上海租界地内宋子文所设的医院治伤。税警总团于 4 日上午撤至徐家汇休整。

1937 年 11 月 8 日晚税警总团开始由上海向昆山撤退，又由昆山撤至无锡布防。掩护由上海后撤的部队通过无锡，然后又由镇江过江撤至六合、滁县。12 月南京失守后随着胡宗南的第十七军团经定远、寿县、凤台、阜阳、临泉、汝南到平汉路上的确山，运至陕西宝鸡整训。在行军途中至凤台县时，正值过新年，驻了四天。这时孔祥熙由汉口电黄杰，计划将财政部库存可以装备三个团的武器装备补充税警总团，恢复原来的六个团，并将武器弹药等的种类、数量电告黄杰。但过了三天，孔祥熙又电黄杰说："前计划补充税警总团的武器、装备另有他用，税警总团撤销，财政部停发经费，由军事委员会改编为第四十师"。税警总团至此结束。

全国政协文史资料委员会编：《文史资料存稿选编》，第 15 辑，中国文史出版社，2002 年版，第 731—733 页。

第八十七师在淞沪抗战中

仇广汉[①]

从八一三淞沪抗战到日军攻占南京，我任国民革命军第七十一军第八十七师司令部少校作战参谋，亲身经历了这段时间所发生的事情。现就记忆所及，对淞沪抗战作如下追述：

一　战前准备

西安事变后，蒋介石被迫抗战，对保卫淞沪、保卫首都南京，作了一些准备，构筑了沪宁沿线的国防工事。

我师（第八十七师）由参谋本部制定下发了西起江阴要塞，逶迤至常熟、福山镇构筑钢筋水泥堡垒群的永久性工事计划。事前，由参谋本部少将×××为主任，中央军校战术研究室上校课长×××以及第八十七师作战科长顾葆裕、参谋仇广汉、工兵营长石仲和等参加，乘马沿长江南岸向东侦察地形，决定工事位置，并在五万分之一的军用地图上标定，报国防部审批定稿。其后，开始构筑。1936年春，先完成锡（无锡）澄（江阴）线工事，同年秋，再推进构筑到常熟。第八十七师师部率第二六一旅和直属部队由江阴向东进驻常熟附近，第二五九旅由无锡进驻苏州城附近，均取准备进攻态势。

1937年7月底，日本开始由长江沿岸撤退侨民。8月9日，“虹桥机场事件”成为日军发动淞沪战役的借口，要求国民政府撤退上海保安队和撤销一切防御工

① 仇广汉，淞沪会战时任第九集团军第七十一军第八十七师司令部少校作战参谋。——本书编者注。

事被拒绝后，日军即从长江口至黄浦江摆开32艘战舰示威。于是，战事一触即发，淞沪之战，已是不可避免的了。

二 抗敌经过

8月9日夜11时左右，我军第八十七师率第二六一旅奉密令在常熟南门外调用沪锡公路局长途汽车百余辆，星夜驰往沪北大场集结。我师之第二五九旅亦由苏州乘汽车同时到达。

8月11日夜，第八十七师以神速的行动，到达大场——江湾之间，第二六一旅即占领张华浜——吴淞口炮台之线，第二五九旅占领新市区——江湾地区，构筑工事待命。

8月12日上午，我第八十七师师部和师直，在大场桐叙园被数十架日机(据报36架以上)轮番轰炸，死官兵150余人，伤200余人。

8月13日上午8时许，我师师部推进至江湾叶家花园(系巨商叶澄衷的花园)。中午，京沪警备总司令张治中来参谋处，由师参谋长夏声召集副处长唐化南、作战科长张铖、少校作战参谋仇广汉等人，听张讲话。张告知我等说："今天我国已向国际正式声明对日抗战。各路大军正向指定地区急进，我们拟乘敌援军未到达之际，先发制人，一举将淞沪之敌歼灭。"

当时，驻上海的日军第三舰队，有海军陆战队共约6 000余人，以虹口为中心，对我军闸北、江湾呈半弧形外侧包围态势。

8月13日入暮后，敌我双方炮战激烈，我军向日军发起大规模攻势，攻击重点指向虹口。由于该地区多系高楼大厦，不易发挥火力，未能给敌以致命打击。

8月14日，我空军出击，旗开得胜，仅20分钟就击落敌机50余架①，并在当时的首都——南京上空，迫使来京袭扰之敌机12架，降落投降，②一时军威大振。

19日，我第八十七师集中兵力突击，将虹口区当面之日军截成两段。但敌军不顾伤亡，死守待援，战斗处于胶着状态。迨23日夜晚，日军突有一股强大部队，从我左侧迂回，企图攻占江湾、闸北。当时我方援军相继赶到，第三战区司令长官冯玉祥令张发奎部控制浦东方面为右翼兵团，左翼兵团为陈诚守备江防，巩固两

① 此处记忆有误——本书编者按。
② 此处记忆有误——本书编者按。

翼，中央兵团仍为张治中兵团。

我们这时受到张部第一军胡宗南直接指挥，与正面之敌短兵相接。连日来，日海、陆军飞机昼夜对我疯狂轮番轰炸，炮击目标大部指向大场——罗店及其附近（我目击当时日机不下三四百架次），因而我军特别是第八十七师伤亡惨重，团长以下伤亡近8 000人（我师战前编制为1.2万多人）。其后，江苏保安团4个团约8 000人，由保安副处长贾蕴山等率领，于9月1日夜间把部队交给我师。我师得到补充后，又立即向东推进。由于敌援军到达，我制空能力丧失，连遭数百架敌机轮番轰炸，不及旬日，我师又死伤团以下官兵近5 000人。江苏保安团拨补来的连长以下官兵花名册尚未呈送到师部，许多人就已阵亡了。

为了解除日海军对我的威胁，师部派我冒险进入法租界吕班路我海军舰队司令部，洽请舰队司令李世甲配给我部水雷50枚，并将这些水雷布置在杨树浦、蕴藻浜一带的水面上，使敌不敢靠岸登陆。于是，敌我形成对峙，双方都难越雷池一步。

三　撤出上海

至11月初，日军增援部队约两万人①在50余艘兵舰和数以百计的登陆舰及数百架飞机掩护下，在杭州湾金山卫登陆，猛击我军右翼。我腹背受敌，苦战不支，即向西沿铁路线转移。

当我军撤至真如地区、江苏保安团第二次送兵到我部准备补充时，我原真如前线阵地已陷敌手，第二线阵地则由四川军队杨森之第二十四军②接替。我奉军长兼师长王敬久之命，向杨森介绍敌我阵地情况，并随杨一直视察到阵地前缘。当我军向西转移前夕，王敬久又派我去上海四行仓库与孙元良军长的第八十八师联系，告知我部将立即转移。这时孙已知情况险恶，正收拾行装，并下令第五二四团副团长③谢晋元率兵一营固守四行仓库，掩护主力撤退，以利我军尔后反攻。我返回部队已是翌晨2时。我军正从唯亭车站以西渡过苏州河（也叫吴淞江）向青浦县白鹤港沿江南岸，转进至苏州以南，经宝带桥进入苏州城。当时，苏州已是

---

① 应为10万人上下——本书编者按。

② 应为第二十军——本书编者按。

③ 应为团附——本书编者按。

空城，只留少数人员在街上放置汽油桶，准备日军到达时，将房屋焚毁。我第八十七师只休息片刻，即继续向无锡转进，师部当晚在浒墅关宿营。

部队到达无锡附近，王敬久接奉电令，第七十一军归第十一军团长上官云相指挥（王敬久原为第八十七师师长，在开战不久升任第七十一军军长，仍兼第八十七师长）。王派我找上官联系，我见上官于无锡惠山西的乡村中。他向我询问了第七十一军撤退情况，即指示继续向镇江撤退。

部队撤到镇江后，王敬久即不再兼第八十七师师长职，由副师长沈发藻升任师长。第八十七师师部和军部均驻城南十数里之竹林寺中，当时镇江城内的江苏省政府早已撤走。

第八十七师在镇江充补新兵以后（江苏省约有八九个保安团，在沪战期间，全数补交第八十七师），声势大振，已有完整的3个旅，6个团，兵力约1万余人。惜江苏保安团补充来的都系新兵，没经较好的军事训练，更无作战经验。团长以下的军官也都是在沪战中没有伤亡的排连长或班长升充的，指挥能力较差。

全国政协文史资料委员会编：《文史资料存稿选编：抗日战争》（上），中国文史出版社，2008年版，第514—516页。

中国化学兵联队参加淞沪抗战始末

范长琛[①]

1937年8月13日，淞沪抗战爆发。8月14日，正在南京受训的化学兵总队队长李忍涛集合其第三期六一级以上的准尉见习官和第一、二两期的部分同学，宣读军政部部长何应钦的手谕，令该部立即编制一个李文斯抛射炮化学兵联队，迅速开赴上海，参加对日作战。当时这帮热血青年军人的情绪高涨激昂，深为能亲临前线参加抗日战争而振奋。

李文斯抛射炮化学兵联队一共编成四个排，每排四个班（三个炮班、一个弹药班），每个炮班配属德制李文斯抛射一门，士兵十六人，其中正副班长各一人，操炮手六人，弹药手八人，整个联队计三百余人，十二门李文斯抛射炮。

李文斯抛射炮是以其发明者、法国人李文斯的名字命名的。炮的口径为15厘米，专用于化学战剂的使用，但也能用于步战的需要。它没有炮架，只有一个圆形底座，作战时将炮身的2/3埋设在坚固的工事里，用电线将多门炮联系起来，计算好目标方位，以电钮操纵齐放，也可以单炮施放。它的威力相当强大，是当时比较先进的一种战斗武器。

全联队编成并领到武器弹药后，便投入紧张的操作训练，诸如观测、瞄准、射击，都要求在短时期内能很快掌握和运用自如。

8月17日，李文斯抛射炮化学兵联队奉命开赴上海。当日下午由驻地三牌楼步兵学校出发，乘市内小火车直抵下关车站，于深夜1点多钟登上东去的军用专车。火车开出南京后，每经一站都有抗日救国组织给我们献茶、奉水，并用饼干、糖果慰劳我们，还唱救亡歌曲，呼抗日口号，使全联队官兵热血沸腾，抗日情绪

---

① 范长琛，在淞沪会战期间任中国化学兵总队排长。

更加高涨。

18 日下午 4 点多钟，军车抵达南翔。全队下火车后，停止前进，休息待命。这里离前线已近在咫尺，附近村庄竹林里已有友军在隐蔽着。据早到的第三十六师战友们说：“这里常有敌机骚扰。”正谈着忽然发现天空有信号弹，说明敌机即将来临。全联队立即以班为单位疏散隐蔽，炊事班马上将炊烟遮盖起来。不一会儿，6 架敌机已飞临上空作低空盘旋并发射机枪，跟着轰炸机扔下炸弹，当场炸死炸伤两人，一个是黄教官壮烈牺牲，一个是炊事兵光荣负伤。对此，大家莫不义愤填膺，表示一定要给死难者报仇。

这时候夕阳西下，大家就过晚餐后，乘汽车到江湾地区参加对日军的进攻。当联队的车队到达万国公墓的时候，前方的步枪、轻重机枪、小口径步兵炮的射击声响已清晰可闻了。

李忍涛联队长命令部队在马路旁人行道上就地休息待命，自己去前方指挥部联系防地问题。不一会儿，李忍涛乘摩托车回到部队，随即召集各排长下达作战命令，各排、各班依照地图上标明的位置，进入指定阵地。

前线指挥部给联队的命令很紧迫，要求在两小时内做好一切战斗准备。在前线步兵向敌发起攻击以前，要给敌以彻底痛击，摧毁敌之钢骨水泥建筑的司令部。全联队 4 个排 12 门抛射炮，采取重叠式配置方法，集中部署于一个固定目标。以两个排 6 门炮为齐放单位，将各炮用电线连结起来。待完成对敌目标观测、瞄准、固定炮位和测量距离等动作后，即等上级下达开炮的命令，不久，“叮铃……！”电话命令果然下达了。全联队跃跃欲试的官兵们立即配合友军向敌人齐炮射击，发射出大量的黄磷燃烧弹与爆炸弹。刹那间，这种炮弹发挥了它特有的强大威力，敌方阵地上空顿时出现大片红光，敌枪声、炮声逐渐沉寂下来。据观测员报告：我方的李文斯炮击的弹着点击中了目标，给日军以强大的压制，使得敌人抬不起头来，在敌司令部方向只见火光连片，烟雾弥漫。这一捷报，给这些初生牛犊不怕虎的青年军人，以极大的鼓舞。他们随即修正炮位，继续朝着敌方目标作了三次齐放炮击。约半小时后观测员又报告说：敌人的工事掩体被炸塌埋没了。联队长当即命令暂停射击，让我方前线步兵向敌人阵地冲锋。于是，号声、枪声、喊杀声在敌方阵地上响彻云霄，步兵老大哥迅速冲上去消灭了前沿阵地上的敌人，这一仗我们打胜了。翌日，上海大小各报，均以头版头条报道了我军大捷的新闻：“昨夜江湾前线战斗异常激烈，国军巨炮三响即将敌司令中枢彻底摧毁，我步兵一度冲入敌人司令部展开白刃战，消灭敌寇无数，敌方阵地上陈尸狼藉……”

云云。

我军就这样和日军周旋了3个昼夜,敌不敢越雷池一步。敌人只有凭借空中优势,从早到晚利用飞机轮番在我阵地上空侦察、扫射、轰炸,给我步兵在精神上的威胁不小。我军白天不敢出动,只有利用夜暗进行战斗,在战斗的空隙睡觉休息。

四天以后的一个拂晓,联队联络参谋传来命令,要全联队立即开赴罗店镇,接受新的任务,阵地由友军前来接防,联队长先到昆山布置一切。部队抵罗店后,即以排为单位在罗店至昆山的公路上集结,准备向昆山车站进发。各单位刚把队伍整理完毕,即将出发的时候,忽然发觉罗店镇桥头有手持太阳旗的日本兵。敌人大约有一个班,很可能是侦察兵,因为在其前面二三百公尺有尖兵模样的散兵正向我方摸索前进。原来敌军同我军对峙在江湾前线,我军防御力量犹如一堵铜墙铁壁,敌军屡攻不下,一再受挫。敌便寻找我防御之薄弱环节,企图打开缺口,便在川沙口、石洞口一带强行登陆,直插罗店镇,梦想截断我军退路。部队发现敌情以后,立即沿公路两侧散开,并占据有利地形、地物,准备以机枪与步枪同敌人交火。就在这紧急时刻,我第五十七师第三三七团先头搜索部队进抵罗店,当即与进犯之敌打上了,并把敌人压制到罗店镇以外,抢占了罗店。化学兵联队这才免于同敌人纠缠,离开罗店奔向昆山。

昆山火车站老百姓熙熙攘攘、十分拥挤。联队长李忍涛已在那里等候所属部队。等部队都下车后,他便给大家讲:根据何应钦部长指示,联队应为长期抗战作好准备,部队必须开回南京进行扩编,不能局限在上海一隅。等话一讲完,他就给带队的军官吩咐了一些什么,便乘福特小车离去。部队分别乘坐征用来的卡车,或强搭开往南京方向去的大小车辆,陆陆续续、急急忙忙的赶回南京去。

中国化学兵总队是何应钦一手建立起来的一支部队,李忍涛是他亲自培养出来的嫡系将领,他让部队赴沪参战是应付蒋介石的面子,但他不肯把自己的这点资本在上海淞沪战场上同敌人拼光。所以何应钦直接给李忍涛下手令,要他把部队带回。化学部队赴沪参战,张治中司令官是知道的,阵地也是张治中安排指定的;但部队撤离阵地张事前并不知道,事后发觉自然气愤。他除直接向蒋介石电呈详情外,命令战场督战部队及沪宁沿线部队堵截,并命一经查获该部官兵,立即逮捕送交其司令部军法处严惩,如有拒捕者可以就地正法。化学兵联队闻讯,在沪宁途中不敢明目张胆地征用众多车辆,只好采取分散办法,零星、疏散、隐蔽回返，一路上延误耽搁时日不少。联队回南京原驻地后，进行了整顿休息，并为部队扩建作了一系列准备工作。嗣后，陆续分配到各战区，投入8年抗战的行列。

全国政协文史资料委员会编：《文史资料存稿选编：抗日战争》(上)，中国文史出版社，2002年版，第571—573页。

化学兵总队淞沪抗日始末记

戴　威

1937 年 8 月 13 日，日军继 7 月 7 日在卢沟桥燃起战火后，仅隔 36 天，又在上海发动了疯狂的进攻，妄图以 3 个月的时间，摧毁我中华民族的斗志，一口吞下我神州大地。

8 月 14 日，正在南京受训的国民党军政部化学兵总队，由总队长李忍涛中将集合第三期六一级以上的准尉见习官，第一、二两期的部分同学，宣读了何应钦部长的手谕，要我们编制一个李文斯抛射炮联队，开赴上海，参加对日作战的战斗序列。

李文斯抛射炮联队在编制上共辖 4 个排，每排辖 4 个班，即 3 个炮班、1 个弹药班，每个炮班配属一门李文斯抛射炮。每班设正副班长各 1 人，每班前 6 名为发射组，后 8 名为弹药传递组，正班长指挥发射组，副班长指挥传递组，整个联队计 300 余人，12 门炮。

这种抛射炮由法国人李文斯发明，故以其名字命名。炮的口径为 15 厘米，专用于化学战剂的发射。它没有炮架，只有一个圆形底座，作战时将炮身的 2/3 埋在坚固的工事里，用电线将多门炮连接起来，计算好目标方位后，以电钮操纵齐放。根据战场战斗情况的需要，以排为单位，或者以几个排为单位，也可以班为单位使用。虽然它不是要塞炮，但在野战炮群中，威力也是相当强大的，是一种先进的战斗武器。

对当时这种先进的李文斯抛射炮，兵器教官在课堂上给我们讲解过它的一些性能和使用方法，在操场上也教授过操作要领，但不曾作过实弹射击。因此在领到武器、弹药以后，全联队要在一两天内从头再温习一遍，诸如观测、瞄准、射击等都要在极短的时间内掌握。教练、指挥、操作都要轮流学习。

8月17日，抛射炮联队奉命开赴上海。当日下午2点多钟，联队集合在南京三牌楼步兵学校大操场上，总队长李忍涛中将下达了作战命令。联队以军用卡车运输直抵下关火车站，登上京沪铁路的军用列车，夜间1时许列车驶向上海。

火车开出南京后，每经一站各地都有抗日救国会的组织向我们献茶奉水，并送来糖果、面包、饼干慰劳我们，还高唱救亡歌曲，共呼抗日口号，使我们车上所有官兵心情温暖、情绪激昂。

18日午后4点多钟，火车驶抵南翔，我们下车后，休息待命。这里离前线已不很远了，附近林荫丛中已有隐蔽着的友军。经联系方知是三十六师宋希濂的部队，他们是当天早晨到达南翔的。他们向我们介绍说，这里经常有日机前来骚扰，汉奸活动也很频繁。正谈着，忽然发现天上有信号弹。他们连说日机快要来了。我们立即以班为单位分散隐蔽，炊事班也马上将炊烟遮蔽起来。不一会果有6架日机飞临我们驻地上空，作低空盘旋，并机枪扫射，轰炸机还扔下炸弹。我部联络参谋黄其祥当场被炸死，一个炊事兵张彪也给炸伤了。马路上150米处的水沟旁，只见友军的1名传令兵也被炸死倒在一边。大家无不愤恨敌机的暴行，都表示要给死难者报仇雪恨。

这时夕阳西下，我们随即结集起来，晚餐后，前线来了汽车，说要把我们运送到江湾。一路上看到各兵种增援的部队以及后勤补给的车辆和骡马奔向前线，南京卫岗桂永清陆军教导总队的战车营，也同往一个方向前进。这原是一条比较宽阔的马路，如今却显得十分拥挤了。我们的车队到达万国公墓的时候，前方所有各种武器战斗的响声，已清晰可闻了。

我们在万国公墓停顿了不到1小时，总队长李忍涛就从前线指挥部回来了。他马上召集班长以上军官布置任务，各单位依照地图上所标的位置到达了指定的阵地。这里离火线更近了，大约只有400米。他一面命令队伍停止前进，一面领着第一、二两期同学去侦察地形，准备构筑工事安置炮位。在不远处有一座四面有围墙的花园洋房，占地面积很大，足够联队设置指挥所之用。而我们所使用的抛射炮，炮弹在射击飞出炮膛后弹道呈曲线形。这里是理想的阵地，只要把射界清理一下，不易为敌机侦察到，自己放警戒也很便当。据说这座花园洋房，是复旦大学校长的私人别墅。

前线指挥部命令我们要在2个半小时内做好一切战斗准备，在我军前线步兵向敌人发起攻击以前，彻底摧毁日军设在一座钢骨水泥建筑里的司令部。

我们4个排共有12门抛射炮，采用重叠式炮击布置，以两个排6门炮为齐射单位，集中一个固定目标，轮番轰击。各炮用电线连结后，瞄准好目标，以电话向指挥部报告战斗准备完毕，等候指挥部的炮击命令。

电话命令一到达，我们的李文斯炮汇合友军的炮火齐向日军轰击。由于黄磷燃烧弹与爆炸弹发挥了强大的威力，日军阵地上空顿时出现大片火光，日军炮声枪声逐渐沉寂了下来。观测员报告说，炮弹已击中了目标，给日军以重大的打击。只见日军司令部方向火光连片，烟雾弥漫，敌兵四散逃窜。这一捷报给我们这些“初生牛犊不怕虎”的青年军人以极大的鼓舞。我们随即修正了一些炮位，用爆炸弹继续朝着这个目标作了3次齐放，大约半小时，观测员又报告说，敌人一般工事掩体纷纷倒塌湮没了。我们这才停止炮击，让前方步兵向日军阵地发起冲锋。于是号声、枪声、杀声在日军阵地上响彻云霄，“我们胜利了！”联队的全体官兵学生士兵手舞足蹈地高呼着。

第二天，上海大小各报抢先出版了“号外”，接着各报均在头版头条位置报道了这一大捷。

我军就这样与日军周旋了3个昼夜，日军步兵不敢出动，连坦克也未露面，只以空军起早到晚地在我阵地上空侦查、扫射、轰炸。因我方空军力量尚不够壮大，不能与敌机较量厮杀，给我步兵精神上一定的威胁。我军白天也不出动，利用战斗间隙休息睡觉，双方都在夜间进行战斗。

4天以后的拂晓，联络参谋曹国埏赶来向我们传达联队长的命令，说是何应钦部长电令我联队迅速撤离阵地，返回南京归还建制。阵地上只留一个联络军官，让接防的部队顺利接防，总队长李忍涛在昆山等待着我们。我们便整队，在罗店至昆山的公路上集结，各排清点人数、武器、弹药以后，部队即向昆山进发。

事情来得很突然，我心里直是犯疑。但服从是军人天职，我不敢多问，事后才知道里面有其原委。

化学兵总队是何应钦一手建立起来的训练机构，它对外是中央军校特训科，毕业生与军校毕业生是以“同期”论学历的。但它直属军政部领导，总队长李忍涛中将是何氏的嫡系将领，曾留法学习军事，赴沪参战是何氏给自己装饰门面。他知道（他患有“恐日病”）这点力量根本斗不过日本人的重兵压境，所以在显示一点力量以后，不让他的这点本钱输在日本人手里，急忙抽回，都不曾通报战地司令官张治中将军，就直接电令李忍涛要部队返防。以致后来张治中气得下令给沪宁沿线军宪，拦截扣留联队所有官兵。吓得联队官兵不能征用车辆，不敢佩戴符号，还不敢整队，而是零星四散像从前线开小差溜下来似地回到南京。

当联队刚把队伍整理完毕，即将出发的时候，忽然发现罗店镇公路桥头有手持太阳旗的日本兵。原来日军因江湾的防御力量犹如铜墙铁壁，便找防御薄弱的地方作为突破口，在蕴藻浜一强行登陆，直插罗店镇，妄图截断我军退路。发现敌情后，我们立即就地散开，除重武器外，所有持机枪及步枪的官兵利用地形地物，准备与敌人交火。就在这紧急的时刻，五十七师三三七团的先头搜索部队正好到达罗店，见我们力量单薄，当即协助我们仅有的近战力量，与日军前哨打上了，并把日军压迫到罗店镇以外的开阔地里。他们一面抢占罗店镇，一面追击残敌，我们这才免于同敌人纠缠，离开罗店奔向昆山。

昆山车站上逃亡的老百姓熙熙攘攘，总队长李忍涛已在等候我们。他问了问带队的值星官路上的情况，然后对我们说，根据何部长的命令，我们不是单纯的作战部队，为长期抗战，化学兵种应进行扩大整编，联队将来要担任扩编与训练新兵的任务，不能死守在上海一隅，所以全队必须返回南京。说完他把排长们叫到跟前说了些什么，然后登上他那部雪佛兰轿车就走了。

排长们回到各排给排里讲，因为特殊情况，不能像来上海时那样，队伍浩浩荡荡，军容整整齐齐，此番回南京以分散形式零星离沪，并且不佩戴领章符号，路上如遇军宪盘问必要时才说明情况，跟南京总队联系。

大家分散陆续回南京，其行动之不便与处境之困难，自然是意料中事了。首先乘车就是件难事，沿途军宪对我们的怀疑盘问，常令我们张口结舌。扣留追询、电话联系不麻烦吗？吃饭、住宿不是平时，能不碍事吗？就这样，一路上的延宕耽搁就不在话下了，还因生病无法医治及其他缘故死伤了好几十个人。

联队陆陆续续、蹒蹒跚跚回到南京，休息、整顿、总结后，为扩建部队作了一系列工作，有关人员分期分批地分配到各战区，各自走上新的战斗岗位。

（范长琛整理 1986 年 2 月）

上海市政协文史资料委员会编：《上海文史资料存稿汇编：抗战史料》，上海古籍出版社，2001 年版，第 78—83 页。

第二师补充旅参加淞沪抗战回忆

王大中　傅立贤

1937 年 7 月 7 日爆发了日军进攻卢沟桥守军的事件。卢沟桥守军吉星文团奋起抵抗，保卫祖国，得到全国军民的齐声拥护和响应。

当时驻在河南鹿邑和柘城的第二师补充旅（旅长钟松、副旅长杨文瑔）所辖两个团，第一团（团长李忠）驻柘城，第二团（团长何藩）驻鹿邑，于 7 月 10 日奉命经徐州、南京开赴苏州待命。在苏州驻留时，第一团改换了宪兵服装作为宪兵十四团的番号开到松江地区。第二团就地改换了上海保安团队的服装后开到上海龙华、虹桥地区。到了上海后，第二团机枪三连奉命驻虹桥飞机场并担任机场警卫。这里需要说明：第二师补充旅是野战军，为什么临时要改换军装呢？因为 1932 年上海一·二八事变，淞沪中日之战后，国民党政府与日本国政府签订了一个所谓《淞沪停战协定》。该协定明文规定中国野战军不能进驻上海市区。这是一个丧权辱国的协定。为此补充旅所属两个团便分别改换了宪兵团和保安团的军装。尽管如此，日本的侦察耳目是非常灵通的。就在 8 月 9 日那一天下午，公共租界内驻军军曹等二人，驾驶一辆军用摩托车，来到了虹桥飞机场门口附近，窥视机场守卫部队。机场守门士兵，发现是日本人，就向他们问话。二人一见中国士兵发现了他们的行动，就立即开车想逃跑。中国士兵便高声喊话，命令日军“停车”。日军见势不妙，企图径直继续逃跑了事。中国士兵一看日军不停车，便按照战时典令规则开枪射击，将日军击毙。击毙以后，士兵便来报告当时代理连长，连长查看现场并问明经过情况，随即派兵将现场保护起来，回头将事件经过先用电话口头报告营长李秀岭，再用文字报告团部。经过 3 天时间，除营长李秀岭，团长何藩来虹桥机场现场看过外，上海保安司令部、上海市政府以及南京政府外交部都没有任何指示和任何处置措施（可能有，我们当时不知道)。直到8月13日凌晨,突然奉命说,部队立即整装出发,将日军尸体摩托车一并交由当地保安团中队接收保管。记得当时天降小雨,第二团全团经大场向江湾挺进。当我们跑步抵达江湾时,天已拂晓,公共租界和日海军司令部的炮火即向我们射击,企图阻止我们前进布防。由于第二团身着保安团服装是黄咔叽布,目标特别显著。在前进中官兵自动将原来的草绿色服装换上。到了八字桥、爱国女校、持志大学后,几乎全部都改换完了。上午8时左右,补充旅第一团也赶来,在持志大学、五卅公墓、虬江码头布防。我们防线的正面就是公共租界和日本海军司令部。他们的工事构筑得非常坚固,平时修建的所谓高层建筑楼顶,实际上就是他们战时使用的堡垒和瞭望台,我军空军开始还能飞来一两次、两三架在日军阵地上空盘旋,在日海军司令部楼顶上扔了几个炸弹。三五天以后,不仅看不见我军的飞机,连炮火的声音也没有了。每天拂晓与黄昏,敌军猛烈开炮干扰我们的活动。白天敌军飞机就不停地在我军第一线和后方上空侦察扫射。所以我军第一线部队,根本无法举火炊爨,一日两餐饭,只能在后方做好,趁日没以后,和拂晓以前紧接日军炮击之后由炊事人员送往第一线。我军后勤机关,对战时补给毫无准备,毫无计划。官兵当时确实是饿着肚子坚持战斗。侥幸的是公共租界和日海军司令部没有坦克车,装甲车的数量也不多。由于我军采取层层设防的办法。每一线只要有人在,阵地就不会失守。这是一次真正的人与阵地共存亡的实战。到了夜间,我军就要组织敢死队向敌阵地出击。近战、肉搏战经常在夜间发生。有一天晚上八字桥就阵亡了3位连长。官兵英勇杀敌的精神,可歌可泣。就这样,我们坚持了40多天,江湾战线始终未动、屹立如山。我们部队的番号由第二师补充旅改编为独立二十旅(旅长仍是钟松、副旅长杨文琮),不久又改编为陆军第六十一师,师长钟松。所辖两个旅:一八一旅旅长杨文琮,一八三旅旅长邓钟梅。但因战斗激烈,官兵伤亡惨重,损失的情况,仅就第一团机枪三连而言,先后补充连长5人,士兵700多人。最后从第一线撤下来,只剩11人而已。我们军校第十期同学是1936年7月毕业的,分配到补充旅第一、第二两个团共11人:魏昌文、张云从、粱雄飞、程广山、何宝珊等5人均在这次战斗中阵亡。其余石建中、吕伯眠、里健民、胡锡桂、傅立贤、王大中等6人幸存。幸存中的石建中同学负重伤,肠子被打断,送进法国租界动手术时用狗肠一节接上治愈。现在只有作者2人尚健在。其他4人的情况都不知道了。

全国政协文史资料委员会编:《文史资料存稿选编:抗日战争》(上),中国文史出版社,2008年版,第537—539页。

淞沪会战中的孙立人将军[①]

沈克勤[②]

民国二十六年七月七日卢沟桥事变发生，燃起了中国全面抗日战争火炬，到了八月十三日，日军进攻上海闸北，扬言在三个月内征服“支那”，激起全国军民英勇抵抗。

淞沪战役展开，我方出动张治中的第九集团军、罗卓英第十五集团军、薛岳第十九集团军，对抗日军的一、三、十一师团及六、八、十六师团之一部共十万人，于上海北站、刘行、施相公庙、浏河沿线发生激烈战斗。

一　智取丁家桥

那时黄杰中将升任第八军军长仍兼税警总团长，下辖六个步兵团，孙立人任第四步兵团团长，是一支训练有素装备精良的部队。抗日战火掀起全国军民复仇的高潮。税警总团官兵向中央请缨杀敌，于九月二十八日奉命由海州开赴上海前线作战，配属张治中第九集团军，先后参加蕴藻浜和大场两个战役。在战斗中，敌我双方伤亡重大。孙立人率领的税警第四团在这两次战斗中，战绩最为辉煌，这是由于孙立人指挥有方，官兵英勇沉着应战，受到上级颁令嘉奖。

孙立人指挥作战的特点，是在任何情况下，都掌握一部分预备队，增援战况最紧急方面。在大场战斗中，他曾两次亲率预备队去增援被敌人突破的第一营阵地。由于孙立人团长亲到第一线指挥，很快将突入阵地的日军击退。在大场

---

① 本文节录自沈克勤编著的《孙立人传》第5章，标题系本书编者所加。

② 沈克勤曾任孙立人将军随从秘书。

战斗后，税警总团的两个支队司令何绍周和王公亮均因指挥无方而被免职。十月十六日，孙立人因战功升任第二支队少将司令，仍兼税警第四团团长，并管辖第五及第六两团。后因税警第六团伤亡较大，孙立人将第六团番号暂时取消，所余官兵拨补第四及第五两团。孙立人回忆当时率部前往淞沪作战情形说："民国二十八年八一三上海作战的时候，日本海陆空军联合猛攻淞沪，税警总团奉令增援。当时税警总团开上前线有六个步兵团，共二万五千余人，装备齐全，可以当做三个师用，如果担任一个方向的攻守，可以发挥很大的战果。可惜上面指挥官没有整个计划，竟被别人分散着用了。当时我们奉命开苏州河待命，接着又开往南翔。十月七日，到达南翔车站，已经天黑，只见这一师的副官、那一师的副官，都在抢着接兵，好似旅馆的茶房在车站接客一般，互相争抢。原因是各师均有损伤，大家争着接兵补充，送到最前线，用来抵抗敌人。税警总团官兵一下车，就有好几个团分别被各师接去，我团当时拨归第八十八师，师长孙元良指挥着三个残破团，令我团作为总预备队，无论哪一团哪一处被敌人突破，就要我团分兵补上，记得当晚大雨，不到翌日中午十二时，我团兵力已经零碎补完。八十八师的三个团都补得有我团的官兵，我的身边只剩下二十余人了。到了下午二时，忽然来了一道命令，说丁家桥指挥所正面，被敌军突破，情势非常紧急，教我即刻补上去，收复阵地。我报告说："部队业已分散补完了。"上面说："这是命令，违者军法从事！"我只得遵从命令，率领着二十几个传令兵上去应战。丁家桥下的河面，约有二三十米阔，而河水却很深，无法徒步，非从桥上过去不可。我只见桥那边的友军，潮涌般败退下来，势如山倒，不可遏制。于是我站立桥头，大声喊道："你们为什么后退？"他们说："官长都逃了，我们不要命吗？"我说："我就是团长，你们不要退，听我指挥，快回去收复阵地！"他们都说："好，团长不怕死，我们也不怕死！"于是一涌上前，反使敌人惊慌失措，以为我军败而复进，一定是增援了大军，即刻退回原阵地去了。我恢复了阵地后，去见师长报告作战情形。当时连日大雨，我从头到脚，遍体淋湿，而且天气很冷，难受已极，但是一看师长身旁，还安稳地坐有两位团长，他们不上前线指挥，却躲在那儿清闲。后来师长向上面报告，还说："税警总团无作战经验，闻炮声就散掉，因此影响全局。"①

① 孙立人讲《统驭学》，见《孙立人将军凤山练军实录》。

二　血战苏州河

税警总团扼守蕴藻浜及大场一线连续二十余天，在日军重炮、舰炮及飞机集中轰炸下，伤亡惨重，十月十八日，奉命撤至苏州河南岸整顿，孙立人因战功升任第二支队少将司令，率领第四、第五两团残余官兵，担任紧靠沪西租界周家桥一带的防御任务。从十月二十日起到十一月三日止，敌我隔苏州河战斗将近两周，战况激烈，只在晚间九时以后至翌日黎明前，战斗稍为缓和，这时我军才能生火造饭。当时因我空军处于劣势，白天敌机不断在战场上空袭击，轰炸扫射，发现地面上有炊烟处即行炸射。所以不论军民白天都不敢生火造饭。孙立人每天在拂晓前和日落之后，带着郑殿起参谋及两名卫士到第一线视察，白天有时战斗激烈，则带着郑参谋到战斗最吃紧的前线指挥督战。

十月二十七日晨，日军趁涨潮和晨雾之际，用事先连接好的小型橡皮舟作浮桥，偷渡到南岸四五十人，隐蔽在岸下储煤坑内。孙立人接到报告，亲到第一线指挥第四团的两名班长，在岸边竖起四块厚钢板当挡护墙，连续投了一百多枚手榴弹，将日军的橡皮舟炸毁，然后将十几捆用汽油浸透的棉花包点燃后，推到岸下滚到储煤坑内，将大部日兵烧死，残留下的日本兵，因浮桥已断，进退无路，我军用了两个多小时，便将偷渡到南岸的日军全部消灭。

孙立人率军与敌血战三天两夜，击败日军七次进攻，未曾合眼，身体精神实在疲乏极了。总团长黄杰要他下去休息，他觉得他的战斗任务还没完了，坚持不肯下去。

由于机枪连战地处于全团防线的突出部，位置十分险要。孙团长下令李鸿连长死守三天，不准退却。李鸿举手敬礼说："团长放心，有我李鸿在，就有阵地在。"不久，孙团长来巡视防御阵地，看到所构筑的掩体均未留下通路，即查问李为何不留退路出口？李鸿报告："团长，你命令死守，当然不考虑退路。"临行，孙立人紧紧握着李鸿的手说："坚持着，等我回来。"后来日军久留米（第十八）师团对机枪连阵地发起最猛烈进攻，双方展开了肉搏战。李鸿腿部受伤，流血如注，他叫刘立忠排长解开他的绑带，用劲绑着伤口，继续向敌人冲杀。孙立人听到机枪连阵地危急，亲率敢死队一百名官兵前往支援。孙团长急忙跑向枪声激烈的地方，只见李鸿单膝跪在机枪射手身边，指挥数挺机枪交叉火力射向正在逃窜的敌兵。敌人被击退了，孙立人看着官兵用血肉之躯守住的阵地，对李鸿说："你连损失太大了，我交给你坚守三天的任务已经完成，你组织好剩余官兵，准备转移吧！”李鸿回答说：“这时不能动，一动整个防线就溃了，先把敌人的气焰压一压再说。”孙立人很赞赏这一意见，立即提升李连长为少校营长。[①]

十一月三日拂晓开始，双方战斗异常激烈，日军趁晨雾之际，将国军左翼税警第一支队阵地突破，税警第五团（在第四团之左）当面之敌，也正在利用橡皮艇架设浮桥向南岸强渡。孙立人带少校参谋龚至黄赶到第五团指挥所（距第一线约一百米）指挥，全天战斗激烈。下午六时接到军部命令，税警第二支队防地由第三十六师接替，限当晚九时以前交接完毕。但在周家桥西端有一两层高的小红楼，在黄昏时被二十余名日军侵入，第五团第一营几次攻至楼下，日军仍在楼上顽抗，因此接防部队以上级命令中未说苏州河南岸已有敌兵为理由，而拒不接防。当时孙立人仍在第五团指挥所，他说：“好吧，等我们将侵入小红楼日军消灭后，再把阵地交给你们。”当即要求军部送二十个地雷来，因军部没有地雷，得向上级请领，直到四日凌晨三时许，军部才将地雷用汽车送到第五团指挥所，此时日军已经开始拂晓进攻前的炮击。孙立人知道地雷已送到，很高兴，立即走出指挥所掩蔽部，弯腰低头用手电筒看地雷，一颗榴霰弹在他的上空爆炸，将孙立人的背部臀部炸伤十三处，有八九块弹片射进体内，幸好因带着钢盔，正低着头，所以头部未受大伤，部下立即将他抬到掩蔽部内。当时他满身是血，军医抢救裹伤，但他仍坚持令第四团第二营营长张在平代理第四团团长，并负责用地雷将小红楼炸毁，消灭侵入的日军，然后孙立人则由胡让梨连长抢救背下火线，军部派汽车送到上海租界辣斐德路宋子文部长临时所设的医院治疗。在孙立人由周家桥赴上海市内途中，军长黄杰赶来看望他，并温语慰问。四日上午，税警第二支队的阵地全部交给第三十六师接替，税警第四、第五两团撤至徐家汇附近休整。[②]

孙立人追述苏州河这一段战斗经过是这样的：

我团调回苏州河整理，但当我们自火线撤下来时，又很冤枉的受了些牺牲。当时我团防守的阵线，规定由第一军第一师所部接防，我为了顾及阵线的稳定，恐怕友军接防在部署未定之时，给敌人以可乘之机，会要吃亏，就叫他们从后面接上去，步步站稳，以求安全，这实是一种非常友好的措置，不料有一营经友军接了后面的防地，就不许我营前头的士兵撤下来。我营分明是奉令调防，他也不管，竟向

---

① 周宗达撰《将军行》文，载于《抗战名将——李鸿将军》一书中，第1—71页。

② 郑殿起撰《孙立人将军智勇报国》一文，载于《八一三淞沪抗战》一书中，第194—197页。

前面奉命撤下来的开枪，结果冤枉牺牲大半，全是从后面打死，然后他们捡了枪去报功，这种情形，真是令人气愤。及至我们撤到苏州河以后，上面指挥官还以为大场可以守住两月，我们足有两个月时间，可资整理。当时我向上级报告说："三五天内，苏州河就要成为第一线，我们必须从速部署。"果然，不幸而言中，某师开上大场，一碰即跨，接着敌人就来到了苏州河，并且有日军五百多人渡过了河。当时蒋委员长曾有严厉的命令，敌人如在何处渡过苏州河，该处防军首长，即要军法从事。于是总团长即来电话责问我。我说："我虽未能阻止敌人渡河，但我确有把握，即行消灭渡过来的敌人。"结果在当日下午五时以前，就把五百名敌人消灭了，并破坏了他架好渡河的轻便铁桥。五时，我将任务达成的情形以电话报告总团长，并问他处有何情况。我认为敌人既在我团防地渡河，则在其他各团防地，也有可能敌人强渡情事。总团长肯定地说："没有。"于是我放心了，就由火线走回指挥所，距离不过一千公尺，总团长就来电话告诉我，左翼刘家宅，我军第五团防地，敌已渡河，正待消灭。当时我甚觉奇怪，因为刚才还说没有人渡河，现在忽然又有了，而且正是总团长平日认为最精锐的第五团防地。税警总团共有六个团，第五、第六两团是总团长到任以后成立的，所以总团长平日只认为第五、第六两团最好，而第五、第六两团长也就骄矜自许，自认为是总团长的中坚，颇看其他各团不起。不料第六团参与上海之战后，听到炮声就散了，而第五团呢？恰在我团的左边布防，敌人在我团防地渡河时，同时也在第五团防地渡河，不过那位团长，自认为是总团长相信之人，平日行动上也就随便多了，同时他又相信敌人不会那么快就打到苏州河，所以他在上海城内跳了三天舞回来，才知道敌人业已渡河，而他连自己的阵地在何处，也不知道，甚至连长也有不知阵地在何处的，现在突然听说敌人已在自己的防区渡河，就虚报情况，向上面请援。总团长当然异常关切，就派第三团一团兵力去增援。因为作战的场地实在狭小，而第五团官兵分不清阵地，一味胡乱放枪，及至第三团加入后，一面有敌人的攻击，一面加着自己部队的互相射击，天黑冤枉死的很多，两团官兵就这样被消灭了。因为我当时升任第二支队司令，所以那天晚上总团长又来电话，叫我去指挥第五团，我去看了一趟情形，只得回来报告总团长说："我没有办法指挥第五团，因为他们太混乱了。"第二天，又从三十六师调来一团增援，又以同样的情形被消灭。又过了一日，已经是第三天了，我记得好似是十一月三日，拂晓之时，敌人放了烟幕弹，大家于是风声鹤唳的惊扰起来，以为敌人在用毒瓦斯，又说敌人业已大举渡河。总团长只气的张皇失措气急败坏地说："大势已去！大势已去！"因恐受到军法处分，提起手枪就要自杀。我当时见到这种情形，觉得长官如此着急，军人天职，应当见危授命，杀敌至果，救护长官。就自告奋勇地说："请总团长回去休息，让我带兵去抵挡。"本来那既不是我团的防地，就不属我的责任，总团长平日待我无恩，照普通一般人情势利的说法，就犯不着去替死，但我绝不是那么想法。我只觉得守土卫国，义所当为，尽忠长官，是军人本分，就毫不犹豫畏怯的带了李邦钦营冲向第五团防地，与敌人拼命，从上午九时，一直打到下午四时，阵地给我收回了，渡河的敌人多被消灭，未消灭的也逃退回去了。但我营伤亡很大，李邦钦营长阵亡，连长只剩下一个未死，排长死的更多，士兵四百多人，只剩下两百多了。我报告总团长说："阵地已经收复，敌人已经退去。"总团长说："好了好了，你去休息。"因为我三天两晚，两度大血战，全未休息，身心实在疲乏极了，因为该地敌人渡河，已有三日的时间，工事已经做好，使得我们反攻十分困难，待我们打退敌人后，敌人所架的轻便桥，还不曾被破坏，敌人仍旧随时可以渡河。我当时报告总团长："我一定要在当晚将敌人的轻便桥破坏，才算完成任务。"当晚我就想尽方法，去破坏那轻便桥。第一次用棉花蘸了火油，从上游放下，顺流去烧。因为防地就在申新纱厂那儿，所以取用棉花甚便，不料敌人早就预防到这一点，在桥的上游架有铁丝网，因此这办法失败了。第二次选出些最勇敢而善泅水的士兵，随身带着手榴弹，从水中游过去，破坏那桥，也不成功。第三次派人绕道偷袭，也未完成。及至第四次，会同工兵营，调派一排工兵，用水雷从上游掷放去破坏。可是那排工兵不是我训练的，大都畏怯不前，借端推诿，工作很慢，我们虽陪着工作，但技术上却仰赖工兵，因此到清晨四点中的时候，还未达成任务，而已被敌人发觉，遂以猛烈炮火，轻重机枪、迫击炮都集中向我阵地扫射，我军死伤枕藉，我个人也受伤十三处，被部下从死尸中寻出来，早已是人事不知了。及至稍为清醒，觉得自己的责任还未完毕，教他们抬我到指挥所通电话，报告总团长说："轻便桥仍未破坏，我已受伤，无能为力，职务已交张在平营长代为指挥。"话一说完，我觉得责任已了，头眼一昏，电话筒随即从手中掉了下来，我也就昏迷不醒了。①

据日本史料记载：与孙立人率领的税警总团作殊死战的对手，是日本号称"常胜军"的久留米师团。自入侵中国以来，这个第十八师团第一次在中国土地上付出了沉重的伤亡。日军占领上海后，这个师团的司令默默地站在孙立人率领的税警团官兵誓死保卫过的阵地上，双手合十，为他的战死者祈祷，并下令立石碑一

---

① 孙立人讲《统御学》，载于《孙立人凤山练军实录》，台湾学生书局。

块，上书“遇华军最激的抵抗于此！”这是侵略者在中国土地上自己树立的第一块“耻辱柱”。[①]

沈克勤编著：《孙立人传》(上)，台湾学生书局，1998年版，第97—106页。

① 周宗达撰：《将军行》，《抗战名将——李鸿将军》，第1—71页。

淞沪血战

劳声寰①

日人撤离青岛以后，我团（财政部税警总团）亦奉命急开淞沪。此时我们已不敢乘船，只是急行军到海州，搭陇海路火车到徐州，转津浦路南下，八天之内赶到。自八一三到现在，打了将近一个月了。我团在南翔下火车，立即接到税警总团团长黄杰的命令，我团归第八师师长陶峙岳指挥。待全团下了火车，就遇三十六架敌机来袭，部队就近处分散掩蔽，我个人则冒险到丁家桥第八师师部去报到。

陶峙岳师长说："来得好，我们已打了十天了，伤亡惨重，敌人窜入蕴藻浜南岸，八个村庄已陷，我们部队正在继续抵抗中，你们去恢复阵地。"这是我团所接到的第一个简单命令。我回团后即挥军前进，这是我团第一次和敌人作殊死战，士气好，斗志高，不过伤亡了三分之一，一千多人，才把八个村庄恢复。事实上陶师长不讲实话，八个村庄是已全丢了，没有部队继续抵抗，我们是硬攻克服的，伤亡也够惨重了。达成任务后，我又到师部去报告，陶峙岳当着我的面向朱绍良打电话报告："报告长官，早上以来，发现火线上有小的空隙，少数敌人钻进来，税警五团来了，把少数敌人驱逐了，南岸已无敌踪。"就这样轻描淡写地减轻第八师失陷阵地的责任，但亦掩盖了我团的战功。当时即认为此公不是一个好的指挥官。

此后我团就防守蕴藻浜南岸，足足打了三个星期。为了守住南岸阵地，必须掌握对岸的一个突出据点——石驳岸，双方均尽力争夺此一据点，遂成为敌我火网交会的最危险地区。我们未来之前，我方友军五次各以一连人冲锋过去，每连人过去支持三五天就打完了。我们逐出南岸敌人以后，马上就要争夺此一据点。我团派机关枪一排、步兵一排，带两挺重机枪、三挺轻机枪，由一个连长带，过了河

① 劳声寰，淞沪会战时任税警总团第五分团副团长。

冲过去，我们在后面火力支援，攻克了。由于有机枪的缘故，他们支持了十天，没有一个活着回来。我们再派一排上去，被派的没有一个讲话的，提了武器就冲过去。他们在前面守，白天都不能和后方交通，我们只能利用晚上送饭过去。所谓饭，是于黄昏后煮的，送到前线已冰冻了，也只能在黄昏及天亮前各吃一次充饥而已。由于要争夺此据点及南岸正面，我们牺牲惨重，全团只剩下二千二三百人了，不过我们在南岸正面也打死了约一百四五十名想冲过来的敌人。

我们支持了三个星期，胡宗南的部队开上来接防，我团退到大场北边马桥宅，归三十六师宋希濂指挥。不久，奉命掩护两广部队反攻蕴藻浜。由于我团有平射炮、高射机关枪，坦克来了用平射炮对付，飞机来了用高射机关枪对付，所以敌人坦克飞机都似乎避开我们正面，最初二十天，伤亡不到二十人，是一个大奇迹。不过后来敌人密集舰炮及野战炮，猛烈轰击我方阵地，我团约有二三百人被击毙于工事里面。

两广部队的装备不行，反攻顿挫。而胡宗南部正面吃紧，向黄杰要求调用我团的平射炮和高射机关枪。黄杰与胡宗南交深，为了前线急需没有拒绝。不幸的是我们交出这两种利器以后，敌人突然地向我团正面进攻，坦克、飞机一起来，我们没有力量对抗，两天之内，伤亡一千多人，打不下去了。上面命令我们退到苏州河南岸整补。

自九月上旬起，税警总团陆续参加淞沪之战，皆以团为单位，分别配属国军各师指挥，填补各师正面，置两个支队司令及总团部悬着。至各团为各师作战伤亡过半以后，始自苏州河南岸防卫战起，方以总团统一指挥作战，而两个支队司令何绍周、王公亮也同时更换了，第一支队赵公武、第二支队孙立人兼，派系人事问题竟于战场上闹开了，殊深慨叹！

我团最后的一千两百官兵退到苏州河南岸，上面调八百名各省的缉私队队员来增补。这种队伍比警察都不如的，不能打仗的。名额足足八百，但沿途逃亡，带到的不到三百。最荒唐的是带来的那个连长交出队伍以后回头就跑，这是临阵脱逃，死罪。为了维持军纪，我立即开枪格杀，这才把带到的部分稳住。整顿了一整天，次日就接到命令归税警第四团团长兼第二支队司令孙立人指挥，原来的第二支队司令王公亮已调开了。我团随即在苏州河南岸占领阵地，收容前线退下来的第三十六师和第八十八师。第三十六师是宋希濂师，第八十八师是孙元良师。这两师血战两三个月，奉命后撤，我们收容时才知道十八师朱耀华师长已自杀成仁，而孙元良的一部由团附谢晋元率领死守苏州河北岸的四行仓库，即闻名于世的八百壮士。

我团奉命防守的阵线是苏州河南岸的极斯斐而路，正面正中是周家桥镇，正面右边是丰田纱厂，左边是北新泾。背靠水泥厂及周家桥镇市街。首先我们必须扫清射界，须放火烧周家桥店面，否则敌人放烧夷弹及炮击，我们背后成为火海，岂不自陷死路。不料商户百姓不肯退出店铺，还企图保有财物。我们不得不先驱逐他们，再放火烧房。其次我们得做好工事，但此路是柏油路，又没有爆破工具，只好拿沙包、米包、洋纱堆砌，盖上钢板，做成阵地。靠着这阵地，我们死守一个星期。对岸的啤酒厂系钢筋水泥建造，楼房三层极坚固，破坏扫清困难，敌据此瞰制我阵地，并作掩护挖对壕推进浮桥入河中强渡。敌人一个大队集中强渡，在优势火力与飞机掩护下分数波猛冲第三营阵地，终被突破，惨遭严重损失。朱恺仁、罗敬持两个营长重伤，李高谷营长阵亡，不幸的是丘之纪团长亦壮烈殉国于第三营阵地刘家宅。

原先，除了有特殊任务须各自去做以外，我和团长是形影不离的。但因战况过于激烈，我俩经常在前线督战，上级打电话到我团指挥所常找不到我们。因此黄杰总团长指令团长与团附分开，一在指挥所一在前线，轮番负责，既便于指挥督战，又便于与上级联络。就在此令下达的次日晚上，丘团长到前线去督战巡视，到了第三营正面即被敌人机关枪扫射，他和两个卫士一起阵亡，而第三营可能比丘团长还早就没有了。我在指挥所发觉团长没照预定时间回来，呼叫第三营没有回音，电讯已断，等了很久，似乎是凶多吉少。早上四点多，我便派一个排长去查线，他到了第三营阵地，发现尸体横籍，摸到其中有一穿皮夹克和皮鞋的，用手电筒一照，就是团长。他连忙回来报告，我忍着热泪向总团长报告耗音，他也深受刺激，竟对我说："他死了，为什么你不一起死?"我说："先一天你规定团长和团附一在指挥所一在前线，所以我没跟他在一起。"他说："要抢下他的尸体，抢不下枪毙!"这时天快亮，本来不适于在前线活动，但是军令如山，不得不遵。我带了一排人冲上去，敌人的枪炮火力已加强了，飞机也活动了，只要我们行动，目标显著，火力便集中攻击我们。我们分三次冲锋，不到三百公尺，一排人都打光了。我附近飞来一颗炮弹，击中烂泥巴，把我弹起三四尺，我以为这下完了，没想到没受一点伤。我回指挥所再带第三排，再冲上去，又打光了。下午我带通讯兵、迫击炮连及弹药兵，共二十几个，又打光了。我只得上孙立人的阵地去借兵，先遇到他们第一营营长李邦钦，他还有四五百人，不肯借我。我找到第三营营长张再平，他说他不敢做主，就在他营部打电话给孙立人，孙指示不借。我可真走投无路，就在第三营营部打电话给黄杰,黄不在,参谋长周学海接电话,我向他报告:“今天我奉命抢团长尸体,在我手上已牺牲一百多人了,我不是怕死,我来第四团借兵,准备再去,可是借不到。现在准备一个人上去,从现在起,劳声寰这个名字不再提了。”说完放下电话,一个人就往前线冲上去。大概离营指挥所五十公尺左右,张营长所派的兵追上来把我拉住,他说奉周参谋长命令拉我回去接电话。周参谋长说:“声寰,我已报告总团长了,干部伤亡太多了,不能再牺牲了,总团长的话是气话,你这种干部不能牺牲。你马上收容部队,孙立人还有七八百人,你把正面交给他,今夜你们跟三十六师反攻上去,把团长尸体给抢回来,过去的不谈了。”我奉命把正面交给孙立人,而三十六师又奉命接孙的原来防地。我即刻收容余部,可怜得很,当时只剩二十几个人。当夜我跟总团部炮兵营长贾幼慧联络,要求炮兵射击掩护,炮声一响,我们二十几个人随第四团冲入刘家宅内,把丘团长尸首抢回来。后来运到南京军人公墓安葬。

任务完成之后,我再收集余部,共有一百五十名,但因团的番号尚未撤销,我充升代理团长。我团在指挥系统上原属孙立人指挥,我特地去孙的指挥所报告一切。他要我率所部做他的预备队,在虹桥路集中。当我离开孙指挥所不到一百公尺时,不幸敌炮击中指挥所门口,孙负重伤,抬赴上海同仁医院疗治,此后他未再亲临淞沪战阵。我团后来归五十师指挥,守获港。

淞沪战事终因敌人在金山卫登陆,有切断我大军后路之虞,而不得不撤退。我团当然无法整补恢复战斗的力量。我们沿着京沪路撤退,一面还对付追兵的袭击,一面要防备来自天空敌机的炸射。我们有十几条舢板,尚有余力协助从上海逃出来的难民退到南京。我们又退到蚌埠。我团因人数太少,在编整时编入唐守治团,我奉命到汉口担任战干第一团的队官。

战干团专收容逃难青年,训练为抗战的干部。团长是委座兼,副团长为陈诚,教育长桂永清。但因周至柔和蒋坚忍知道我回到武汉了,便要调我回空军去工作。桂永清最初回绝了,蒋坚忍特地专函向桂要求,婉称借调半年,桂不便坚拒,我才回到离开了两年有余的空军。

“台湾中央研究院”近代史研究所口述历史组采编:《劳声寰先生访问记录》,“台湾中央研究院”近代史所,1988年版,第27—34页。

随六十一师参加淞沪会战

邓禹恒[①]

八一三时，我所在的部队是陆军第六十一师三六三团二营六连。师部原驻江西省九江市，师长杨步飞；团部原驻九江市以南的德安县，团长劳冠英。他们都是黄埔军校的毕业生。我当时是六连的上士文书，年龄19岁。

8月22日，六十一师奉命从江西乘火车向上海进发。经过通宵疾驶，于次日(23日)上午到达距上海约80里的安亭车站。火车刚进站，火车头就独自开跑了。原来车站发现9架日机正从远方飞来，所以命车头跑出车站躲避去了。这时，部队也急速下车，出站疏散。下车未毕，9架日机已飞临安亭车站上空，幸好未立即投弹。因这些日机都是双翼水上飞机，只能进行俯冲投弹和扫射，不能进行水平投弹。9架日机经过盘旋侦察后，再进行投弹轰炸和扫射。这时部队大部人员已经下车出站了，仅有一些携带行军锅灶的炊事官兵和马厩官兵与马匹等，因难以迅速下车而被炸。当时有18人被炸死，43人被炸伤，军马亦有几匹伤亡。日机的轰炸更激怒了众官兵，大家咬牙切齿摩拳擦掌地吼着："誓为祖国而战！誓为同胞复仇！"同时，对日机空袭的警惕性也提高了。日机远去之后，部队急行军，向上海方向前进。当晚7时许，到达了上海北郊的大场镇。这时，部队突然闻到了浓重的死尸臭味。从大场镇的居民口中得知：大场镇上有一座英国牛奶公司的奶牛场，日机轰炸，死伤了很多人，很多牛。现在，活着的人都走了，死尸没人管了，故发出一阵阵臭气。在大场镇，部队开完晚饭，稍作休息后，又赶向镇北约10里的蕴藻浜和江湾、苏州河之线接防，进入了阵地。天明时，我们看到日本军舰在吴淞口外的江面上游弋，日舰上的那个红色图记都清晰可见。进入阵地后的

① 邓禹恒，淞沪会战时任第六十一师三六三团二营六连上士文书。

第二个早晨(25 日晨),日军飞机和军舰上的大炮同时向我们的阵地进行猛烈的轰击,地面的日军也随即进攻。我们奋勇抵抗,日军未能得逞,陈尸阵前,只能退回到原来的防线。我军伤亡亦很重,如我连的少尉排长王文,班长陈春林、张晓山等十数人就是在这天阵亡的。此后,日军虽常有进攻,但都被我们冲杀击退。我们的官兵伤亡人数也是非常惨重的。例如,六连在临阵时,全连官兵为 141 人,但仅经过 1 周时间,到了 8 月末,就伤亡了连、排长 3 人。少尉排长王文阵亡,上尉连长谢璧藩和少尉排长邹琳身负重伤。士兵死伤 40 余人,如陈春林、张晓山、刘伯先等,全连仅剩 90 余人。其他各营连的伤亡人数也非常惨重。部队在 8 月的日子里,食品情况不太好。主食多为压缩饼干、南瓜或蚕豆,大米很少,蔬菜也很缺乏。原因是大军突然至沪,军需品一时供不应求。

到了 9 月间我们后方的援军大量到达上海战场,战斗实力加强了。我们将原有阵地的一部交由援军接防。日军向我阵地攻击的次数明显减少了,也不像 8 月那样激烈了,因我军的兵力已数倍于日军。但日军对我军的空袭却加强了。当时,就在这个方圆不过数十里的上海战场,每天就有二三十架日机,在空中飞来绕去,寻找目标。上海的制空权全被日军占有。每天几十架日机从天亮飞来,日落飞去。到了夜间,又飞来几架在空中嗡嗡怪叫,循环盘旋,进行侦察。这些日机全都是从吴淞口外飞来的双翼水上飞机。它的前后脚架都不是轮胎,而是船形的浮滑板。日机在白天若发现我军防区内有一缕炊烟,或有人活动,就要盘来旋去进行侦察,搜索目标,而后进行狂轰滥炸。我军虽有一些高射炮进行还击,但也吃过敌机许多亏。后来因日久天长,我们的胆子也越来越大了。如白天活动时遇见日机轰击,除用机枪还击外,还以疏散队形继续行军。因双翼飞机只能进行逐点的俯冲投弹,它的命中率较小。日机若在夜间发现地面有火光,就立即飞到火光上空投掷照明弹,把黑夜的地面照得如同白昼一般,万物可见。如果发现了目标,或可疑征兆,就会不分大小、不计真伪乱炸乱扫一通。我们有一次在夜间移动换防,因无经验,也曾吃过它的亏。部队在夜间移动除了经常受到日机的威胁外,最令我们痛恨的就是那些被日军收买的当地汉奸。每当日机向我军夜袭时,他们总在竹林、树林或棉花地里,以及其他的阴暗之处,向日机发射出各色信号弹,给日机指示袭击我军的方向和目标,致使我们遭到了许多不应有的伤亡。

9 月的某些夜间,我们曾多次看到我军的飞机飞来上海轰炸吴淞口外的日本舰队。若在夜间除了能听到飞机声外,夜空中还能见到日军从吴淞口外和黄浦江上分别射出的几十束相互交叉的探照灯光,光束直抵云层,探寻我军夜袭的飞机。

与此同时，吴淞口外日军高射炮火飞向夜空。当我们听到我军飞机轰炸日舰时不断发出的轰隆隆、轰隆隆的巨大爆炸声，都会兴高采烈地向空中行礼致敬，拍手称快，以至欢欣若狂，久难入眠。后来又听说我军飞机在夜袭吴淞口外的日舰中，曾有一次炸沉了日本的一艘航空母舰，我们更是高兴极了。

10 月，日军的地面部队在吴淞口外海军的重炮和众多的飞机配合下，先后 3 次向我军阵地发动猖狂进攻。我们全线官兵都舍生忘死与日军展开血肉横飞的拚死搏斗。全线杀声震天，敌我双方都有重大伤亡，我师的三六六团上校团长(已忘记他的姓名)在一次的战斗中，乘日军伤亡众多和后备空虚，带领全团官兵向日军纵深地带展开猛烈的进攻，一举夺回了日军江湾之线的大片阵地。后来，日军又乘该团在所占阵地立脚未稳之际，向该团发起凶猛的反扑。结果，该团不但未保住新占的阵地，还失去了原有的阵地，而且伤亡众多。他当即受到上级的撤职处分，理由是他无命出击，而且伤亡损失重大。

10 月里，我们前线的官兵伤亡惨重，每个连只剩下几十个人了。连、排长都是新提升起来的，原有的连、排长都已非伤即亡。例如，我连新任的上尉连长欧阳铭，就是初上战场时的第七班副班长。各排的排长也都是在战场上提升起来的。

在 10 月里，日空军对我军的轰炸仍像 9 月那样疯狂猖獗，凶猛残暴。

日军增加了来袭的飞机数量，已不是二三十架，而是三四十架。飞机的种类也有新的突破，除了只能作俯冲投弹的双翼水上飞机外，还配备了单翼的、黑色“巨型飞机”。有人说，这种飞机是意大利供给日本的重型轰炸机。这种飞机的飞行高度，比双翼飞机高，投弹时，也不像双翼的那样俯冲投弹，可以水平投弹；投弹数量也不只是双翼的那样每次 1 枚，而是每次几枚，甚至几十枚；轰炸的目标，也不像双翼飞机那样每次一点，而是每次一片，甚至一大片。在初期，我们不了解这种巨型飞机的性能，因此有一些部队都吃过它的亏，很多将士都被它夺去了生命。我们愤恨地把这种黑色巨型飞机叫做“大黑鬼子”。有一天，我军高射炮火集中火力向一架“大黑鬼子”射击，虽然它作了高速飞行，但仍被击中起火，拖着一条长长的巨型黑烟尾巴掉了下来，人机全毁，我们都痛快极了，相互玩笑地说：“你看，把你打下来了”，“把你打下来了……”这种解恨和欢欣的情景，我是毕生难忘的。

11 月初的某一天，日军仗着海军之优势，在上海战场右后方杭州湾北岸的金山卫强行登陆，随即又向金山卫以北的松江、青浦两县进攻，对上海形成北、东、南三面包围之势。在上海正面战场上日军虽进行了约 3 个月的猛烈进攻，付出了重大的代价，也没能攻占上海，所以迂回于杭州湾登陆了。

这时，为了保存实力，捕捉战机，各部队迅速撤出上海。11 月 9 日，我师奉命在当夜秘密撤出江湾和蕴藻浜之线的阵地，向后方某地开进。当天夜里，我部向南途经大场、真如、徐家汇和龙华等地，于次日（10 日）拂晓之前到达了上海市西南的闵行镇。稍作休息和用饭后，部队又继续行军，向西撤退。当部队行军到了松江县城以北时，天方大亮。这时，听到战斗的枪炮声，原来松江县城已有了敌情，发生了战斗。我们就沿着松青公路向青浦方向前进。当部队走到卖花桥附近时，我们发现空中有 12 架日机正从远方向我军飞来。部队立即疏散隐蔽，有的隐蔽在竹林或树林里，有的隐蔽在稻田的草堆旁，还有的隐蔽在公路两旁的壕沟里。我同一些战士都隐蔽在稻田的草堆旁。12 架日机飞临我部上空，盘旋两圈进行侦察，随即就沿公路和公路两侧的竹林、树林草堆等目标，进行疯狂的轰炸扫射。许多人被炸弹和机枪夺去了生命。我的左脚也被炸伤了，血流不止，疼痛难忍，移步困难。当时，战友们给我一根竹杖，要我拄杖慢行。过不一会，太阳升得更高了，天也更亮了。这时飞到松江和青浦两县上空的日机已增加到了 20 多架，向这两县的大片地区进行疯狂的轰炸扫射。我们没有被吓倒，士气反而更加旺盛。部队一面加强对空反击，一面仍沿着公路向青浦方向继续前进。当日傍晚，大部队已赶到了距青浦不远的佘山镇以东地段。当部队又继续前进时，突然发现佘山镇已被日军占领。该镇已成为日军堵击我军的主要阵地，它位于我军退路的咽喉之地。这时，为了要迅速到达有利地区，乃向日军展开了猛烈的进攻。仇人见面，分外眼红。我军将士的喊杀之声震天动地，部队的冲锋号声响彻云霄。顿时，血肉横飞，尸满遍地。很多爱国男儿都倒在了鲜红的血泊里，为祖国壮烈牺牲。现在，我回忆到此，尤为惊心动魄，心痛难忍；思念他们，催人泪下。经过约 1 个钟头的前赴后继的反复冲杀，终于全歼了百余名日军，占领了佘山，从而，将敌军的封锁线打开了一个缺口，后继大军得以通行无阻地到达有利的地区。这时，我也同几十名伤员乘车被送到了南京。而后又转送到位于湖南省耒阳县的后方医院进行医疗。

后来，我们得悉：守卫在上海四行仓库的那个营，当我们撤出上海战场时，他们没有撤离。该营营长谢晋元。当日军侵占上海之后向四行仓库进攻时，该营舍生忘死，奋勇战斗，弹尽粮绝，仍奋战不已，打得日军死伤惨重。他们就是抗战中被誉为“四行仓库八百壮士”的英雄们。他们在中国人民心中和抗日战争史上留芳千古，永垂不朽。

八一三抗日之战，只是我国八年抗日战争序幕。2 个月零 28 天的上海战场保卫战，打破了日本侵略者扬言要在“一周内”占领上海，“三个月内灭亡中国”的罪恶迷梦。

上海市政协文史资料委员会编：《上海文史资料存稿汇编：抗战史料》，上海古籍出版社，2001 年版，第 84—90 页。

自告奋勇参加淞沪抗战

贾亦斌[1]

八一三淞沪抗战爆发不久，正在湖北荆州整训的第十军（军长徐源泉）第四十一师（师长丁治磐），奉命抽调一个团增援上海前线的作战部队。9月初，这个团开到上海后，编为第一军第一师第二旅第四团，军长胡宗南，第一师师长李铁军，第二旅旅长严明，第四团团长先是李友梅，后是刘楚人。我当时任该团第一营少校营长。这个团的官兵大都是自告奋勇前去参战的。

我们到达上海之前，第一军在刘行、杨行一带与日军展开激烈战斗，伤亡很大。我们从荆州坐轮船到南京，又由南京乘火车赶到上海附近的南翔。敌机轰炸刚过，南翔车站弥漫着火光、硝烟，变成了一片废墟。我们都非常愤怒，在刘团长的带领下，连夜步行赶到了刘行、蕴藻浜一带，接替了赵家楼的防务。天刚亮，日军就升起了装有仪器的气球对我阵地进行观察，把机枪架在屋顶和树上向我们扫射。我带着刘光前营附和一名传令兵到阵地前沿侦察。我正举着望远镜向前瞭望，日军发现了，立即打来了一阵炮火，传令兵当场被炸死，刘营附负重伤。我的帽子被气浪掀掉，上身军服被炮弹片炸破，头部负伤，鲜血不停地流了下来，一时昏倒在战壕里。当时不少人还以为我被打死了。苏醒过来后，我继续带领全营官兵坚守阵地，打退了日军的进攻。

我们在这个阵地上坚守了20多天，与日军展开了阵地战。上海的地下水位很高，挖不多深就冒出水来，上海人民给我们送来了许多有铜板面的木板子，派上了大用场。见到我们在阵地上无法烧饭，又送来了许多饼干等食物，使我们深受感动。那些日子，白天日军放出气球监视我们的一举一动，我们成了日军海陆空

① 贾亦斌，淞沪会战时任第一军第一师第二旅第四团第一营少校营长。

军的活靶子，天上飞机狂炸，水上黄浦江面的军舰乱轰，陆上步炮兵不断发起强大攻势，每天我营都有许多官兵牺牲在阵地上，连尸体也运不下来。白天难以活动，我就晚上带着官兵爬进战壕，搬开官兵的尸体，腾出地方，连夜抢修战壕，以便第二天继续与日军对抗。我对官兵们说："弟兄们，要趁着夜晚，赶快挖好战壕。我们胜利了，这就是我们民族的复兴地；如果我们牺牲了，也是为自己准备好坟墓。"大家都抱有必死的决心。

尽管我们同日军相距仅几十米，日军却一直无法突破我们的阵地，就朝着我们挖战壕，不断接近我们阵地。我们就用绑腿带子把手榴弹捆成一束一束向日军战壕投去，阻止了日军的进攻。20 多天下来，我营原来 400 多人只剩下 100 多人了。旅长严明曾电话问我需不需要部队增援，我回答说："我们还顶得住，增援别的部队吧。"严明对别人说："这个贾营长，受伤不下火线，部队伤亡很大，不仅不要求增援，当我们想要给他增援时，他也不要，真是个怪人。"

10 月下旬，第一军第一师退守苏州河南岸，我营奉命守北新泾。当时，这个小镇几乎被炸平了，苏州河上的一座公路桥也被炸断。我们营的防务就在这座桥附近，沿苏州河南岸构筑工事，阻止日军渡河。我的营部设在河岸附近上海保安司令蔡孟坚留下的防空洞里。为了有效地阻击日军，尽量减少我方伤亡，我指挥官兵沿河岸挖掘战壕，深于河平面掏出射击孔，我们的人隐蔽在里边，对岸日军难以发现。我们刚布置完毕，对岸的日军抓来了两个老百姓从断桥的那头向我方走来，试探我们这边的虚实。我严令官兵不要射击，使我阵地没有暴露。当日军乘汽艇、木船开始渡河，起初我们也不射击，当他们渡到河中间，我们的机枪、步枪一齐开火，把日军打得人仰马翻。由于双方短兵相接，日军的飞机无法轰炸，大炮不能射击，其优势无法发挥，几次渡河都是这样被我们打退的。有一天，我们侧翼的上海税警总团的一位副团长到我营阵地联系和参观。我从小防空洞里出来接待他，正说着话，日军飞机前来轰炸，炸弹破片炸伤了我的右腿，我仍坚持带伤指挥作战。在这期间，我们从报上看到了平型关大捷的消息，深受鼓舞，进一步坚定了抗战到底的决心。

11 月 1 日，日军从我营友邻部队阵地附近强渡过苏州河。5 日，日军又在杭州湾北金山卫登陆，我军的侧背受到严重威胁，于 12 日开始从上海全线撤退。刘楚人团长向我们传达了李铁军师长的命令，要我们营到黄渡附近的一个村庄集合。我们找了一夜也没找到这个村子，天快亮了，才赶到虹桥附近上海到青浦的公路上。几十万军队和难民挤在这条路上，潮水般地向前涌流。住在虹桥附近别墅里的外国人，从窗户里伸出脑袋，做着各种嘴脸，我真是愧恨交加，抬不起头来，带领部队继续前进。

天刚亮，一架日军飞机飞到我们头上狂轰滥炸。离我不远的一个孕妇，身上背着一个孩子，怀里抱着一个孩子，而且挑着一副担子，一头还装着一个孩子，非常吃力地向前奔逃着。一架飞机向她及周围的一堆人俯冲下来，我连忙喊她赶紧趴下，话音未落，一颗炸弹已在她身边爆炸，她和4个孩子都被炸死，她腹部被炸开，腹腔里的胎儿还在不停地蠕动，血流满地，真是惨不忍睹，至今想起，犹为痛心。

当天晚上，我们到达了方家窑附近。我营奉刘团长的命令掩护部队撤退。在方家窑附近的一条河上有座公路桥，我方工兵在桥上埋下了许多地雷，目的是阻止日军追击，哪知我军很多部队尚未撤完，这一举动竟成了我们自己的灾难。我们营只剩下八、九十人了。重机枪在撤退时，是把枪身与支架拆开背运的，人一被冲散，枪身与支架也就分了家。其他武器也都残缺不全。刘团长命令我们坚守到第二天天明，等大部队撤完我们再撤。

那天夜里，炮兵第十四团开到了河对面。这个团是当时唯一用德国大炮装备起来的、拥有口径15厘米的现代化大炮的重炮团。团长彭孟缉听说桥上埋下了地雷，大炮无法通过，在对岸痛哭失声，对我说："中国就只这个像样的炮团，怎么办呀！"我听了也很痛心，但也想不出挽救的办法，眼看他们忍痛把大炮全都推进河里去了。当炮兵们小心翼翼地走到桥上，刚走不远就踏上了地雷，很多人被炸死了。

我们营坚守到第二天早晨，完成了掩护大部队撤退的任务。我们撤到了青浦县城，看到地方保安团在那里防守。但刚进城就听到对面响起了一阵枪声。我察觉出这是日军的枪声，为了稳住军心，就说："我们走错了，马上向后转进！"与日军脱离了接触。随后，我们经过苏州、无锡，在镇江渡江，直至到了江苏六合县，才赶上了第一军第一师的大部队，并在那里进行了整编。由于作战有功，旅长严明力保我当上了第二旅中校参谋主任。之后，我随着部队出发，经安徽、河南，到陕西潼关守备黄河去了。

《20世纪上海文史资料文库》编委会编：《20世纪上海文史资料文库》，第1辑，上海书店出版社，1999年版，第351—354页。

忆防守蕴藻浜大桥之战

林广明[①]

1937 年 8 月 13 日，日本侵略军大举进犯上海，淞沪抗战爆发。当时担任上海防御的是第三战区副司令长官顾祝同的部队。自吴淞口炮台失守后，部队退至长江口和黄浦江口的三角地带蕴藻浜设防。同时，蒋介石急调桂军第二十一集团廖磊部北上支援。当时我在该部第四十八军第一七四师高仰骥旅第一〇四〇团第一营第一连任少尉排长。我们于 10 月间经武汉、过南京到达上海。临行前全军来不及更换装备，我们步兵仍着当地单衣服装，穿着裤头和草鞋，另加一块油布充作雨衣。武器也是原第四集团军之旧装备，只有比利时造步枪和轻机枪。军官的手枪亦是原第四集团军的盒子枪。当时虽不到严冬，却天气突变下起大雪。在行军中战士们冻得发抖，军官鼓舞士气问战士："怕不怕冷？"战士们同声回答说："连死都不怕，还怕冷吗！"表现了同仇敌忾、共同御敌之决心。就这样全军上下个个意气风发地开赴前线。

10 月下旬，桂军到达上海前线后，即接防刘行蕴藻浜一带的防御任务。我所在的第一〇四〇团第一营第一连负责守卫蕴藻浜大桥前沿阵地。我们面对的是装备精良的日军，其作战方式是陆海空联合作战。即先以盖云式的飞机，对我前沿和后方进行轮番突击，狂轰滥炸；再以山炮向我阵地以及附近地带，进行梅花式的地毯炮击；最后才以坦克开路，尾随步兵前来进攻。我方的通讯及交通设施全遭破坏，联络中断。为对付凶猛的敌人，我团前沿官兵则利用近战方式，与敌开展了三次白刃战，使其无法使用飞机和炮击。在白刃格斗中，官兵们个个奋不顾身，

① 林广明，淞沪会战时任第二十一集团军第四十八军第一七四师第一〇四〇团第一营第一连排长、连长，后为第一营营长。

英勇御敌，双方都有大量伤亡。我方由于在交锋前交通、通讯遭敌破坏，前后方联系中断，兵员和武器弹药等均无法补充。故在这几次白刃战中，伤亡较敌军更大。我连连长及第二、第三排长相继阵亡。我当时也受数处轻伤。

记得有一次我在白刃格斗中，迎面来了一个个子不高，但身体极其粗壮的敌人向我冲刺，因我们所使用的步枪刺刀较敌所使用的三八式步枪刺刀为短。当时我向外一拨，但没拨动，势感力不如敌。即利用在军校所学过的中国武术，侧身转到敌之左侧，立即还了一刀，将其刺死，并调换了他所使用的步枪。紧接着第二个敌人又冲了上来，我即辗转其左右两侧。不料突然听到一声："排长！身后有人！"我来不及转身，就左手持步枪，右手从腰间拔出手枪向后开枪，意外地将后面的来敌击毙，随后又打死了面前的敌人。但我身上左脊背已被敌刺中，幸伤势不重，仍能继续战斗。当我回过头寻找喊我的那个人时，见是一名战士，已经倒在血泊之中。他喊了最后一声，救了我的命。我却没来得及问其姓名，他就壮烈牺牲了。至今我仍时时怀念他。此战结束后，战友们说我平时像个老太婆，打起仗来却像个猴子，乱蹦乱跳。我也正因为平时爱护战士，在战场上才能得到战士的相助。对敌人作战，不能固守一个方位，灵活冲杀，方能取胜。

自从连长及第二、第三排长相继阵亡后，突然接到第一七四师师长王赞斌的命令，命我代理连长职务，并带领全连死守桥头堡。自此固守蕴藻浜大桥前沿阵地的重担便压在我的身上。清点人数时，原来全连和一个加强炮兵排共计 160 余人，现只余下 23 人了。随后我又到野战医院，动员了受伤的战友 16 人归队，总共也不过 40 人，而且每个人都带有程度不同的伤残。此时前有穷凶极恶的敌人，后有中央督战军，为了保卫祖国，我毅然受命。后又由于旅长高仰骧临阵脱逃，第一〇四〇团团长王振朝畏缩不前，致使各团营连排前后不能协同兼顾，形成各自独立作战，也更使我连固守桥头堡变成孤军作战，以掩护第四十八军大部队退却，但全军只能退到中央督战军的黄旗前沿(注：所谓黄旗前沿，即督战军划的一条线，上面插上黄旗，作为退守的最后界线)。这个督战军，就是被我军换防下来的顾祝同的部队。

我自肩负起固守蕴藻浜大桥前沿阵地的重任后，人员武器给养不但得不到补充，就连后方送来的饭菜，也在半途中连人带物均被炸光。大家只好靠有限的炒米和积水来充饥。在战斗间隙，我派轻伤员到战地已阵亡的战友身上收集余下来的枪弹和炒米作为暂时补充。后我又想到根据敌拂晓攻击，前半夜休息的作战规律，决定在前半夜向敌军前沿阵地偷袭，以期在敌军身上夺来枪弹和粮食。一次，在夜间偷袭时，越过敌铁丝网，在敌坦克阵地埋没了10多组手雷，再攻其步兵。在猛攻其步兵时，又根据敌放哨和设防都在高处的规律，先打哑了高处，再往前进，结果收获很大，计炸毁敌坦克5辆，击溃敌一个加强分队，击毙3个军曹和一个名叫板田次六郎的中佐联队长。我连在此偷袭中，又伤亡了11人，并将其全部背回，而在我身上又多添了七处新伤。我回到阵地后，打开从敌中佐联队长身上缴获的一张帛质地图，不禁使我惊呆了。这张地图上面不仅画有战地附近的山川、河流、丘陵、凹地，就是当地的房屋坐落，甚至树木位置，以及一个小水井和坟头，都标绘得清清楚楚。可见日本侵略我国是蓄谋已久。其间谍深入我内地绘测地形，亦非短期所能做到的。它比我国自制的作战地图要详尽的多，这不能不引起我的深思。

经过这次偷袭，全连所余下的战士确实不多了，特别是能战斗的人更是极少。次日上午10时许，发现我方空军前来侦察，我们立即用对空通讯布板报告军情。下午6时许，已撤下来的第四十八军大部队，又被中央督战军逼返前沿阵地。第四十八军军长韦云淞和第一七四师师长王赞斌命令第一〇四〇团第三营接防桥头堡，始将我连替换下来。全连此时连同在战地收集到的伤员，总共只有38人了，没有一个不带伤的。我们先在野战医院稍事抢救包扎后，经由常熟、九江到达武昌，在熊廷弼路总医院内治疗养伤。

在蕴藻浜作战中，第二十一集军伤亡严重，奉命撤退到湖北关山休整。休整期间，对于临阵脱逃的高仰骥旅长，从外地抓回，开全军大会，当场执行枪决。对畏缩不前的王振朝团长，给予记大过处分。同时认为我连每个人在战争中都有功，给我记特等功并授予文虎勋章，其他战友们均论功行赏，越级晋升。

我伤愈出院后，回到第七军第一七四师第一〇四〇团晋升为第一营少校营长。回顾当初我们一起从黄埔军校广西分校毕业分配到集团军参战的62名同学，生还者只有我和炮科班的林振榆二人了。其他同学都为国捐躯，献身在战场。

（张泽时整理，1988年5月）

全国政协文史资料委员会编：《文史资料存稿选编：抗日战争》（上），中国文史出版社，2008年版，第534—536页。

七十八师淞沪抗战记述

李汇川[①]

1937年9月上旬，七十八师由师长李文率领，奉命由河南商丘营房出发，经陇海、津浦铁路，全速东驶。为了保守部队行动机密，除了用代号外，官兵佩戴的各种标志被一律撤除。车行到安徽滁县后，绕过南京，部队下车步行，经安徽全椒到马鞍山与当涂之间渡长江，直趋江苏常州，然后又转乘火车到南翔附近集结。全体官兵气吞河山，真能动天地而泣鬼神。

当时我是副营长。9月上旬，部队又奉命向前开进，我们四六八团由团长谢义锋指挥，到大场附近展开，作战任务是要夺回友军失去的红庙一线阵地。战场态势在局部上好像我们握有主动权，但从另外一方面看，并不完全这样。因为陆海空三军作战，我们只有在陆军数量上占有优势；而陆海空三军协同作战，主动权就在日军手中。这迫使我军只好白天固守，黑夜行动。

大场与红庙间横有一条小河，宽约20米，河上仅有一座容许单人通过的木桥，桥两端有大片竹林。我们就用这两片竹林作隐蔽休息。经仔细观察，木桥已明显受到日海军炮火的威胁，这给我们前进造成了一定的困难。但日军炮火对桥上封锁的间隔较长，一般是10—20分钟射击一次。这样我们决定在白天避开日军飞机的侦察，利用炮火间隙，单兵跃进通过。后来，除了个别战士在桥上通过时被日军弹片击中外，隐蔽在竹林中的战士，基本上没有受到损伤。要完成偷袭准备，还要利用黑夜再前进一段，通过一座小石桥，这才能到达攻击准备阵地。在通过小石桥时，发现很多尸体，经辨认，全是我军忠骨，推测我军在此已与日军经过艰难鏖战。全营战士睹此惨状后，无不捶胸蹬足，互相传话：“杀尽鬼子兵！为战

① 李汇川，淞沪会战时任第一军第七十八师四六八团第二营副营长。

友报仇雪恨!"

晚上9点前后,准备完毕。营长陈岗陵发布命令:第四连汪澄清连长率该连及第五连、机枪连各一个排,担任正面攻击;第五连(缺一个排)由连长严昆率领进行佯攻,牵制敌人;六连王国斡连为预备队。12点前后,稀疏的枪声突然密集,攻击已经开始。团部电话也接通了,传令兵同时穿梭于营连之间,枪声一阵一阵加紧,战斗趋向白热化。步枪声、机枪声、手榴弹声、日海军火炮轰鸣声交织在一起,加上天空上的照明弹、信号弹上下揉成一团。团部电话也频频询问战况。

兴奋的消息突然从一声报告中传来。"报告营长!第四连第一排蒋会东排长已突破了敌人阵地一个缺口。"接着"蒋排长受重伤!"另外又一声"报告营长,某排长阵亡!某班长阵亡!"伤亡报告一个接着一个。不到一刻钟,又传来一个熟悉的口音,营部传令兵在急喘中报告:"报告营长,汪连长带着第四连第二、三排及第五连的一个排,跟着冲进敌人阵地去了!"听后,我和陈岗陵营长同时立起,两双手早已紧握在一起了。两人正在交换意见中,四连传令兵:"报告营长,连长重伤。"询问情况,据讲:"连长带着第二、三两排及第五连的一个排冲进敌人阵地后,立即扩大战果,大喊'活捉鬼子兵',被敌鬼子机枪从暗处射中,当时倒地,他坐在地上还是大喊'活捉鬼子兵!'又被射中几枪,弟兄伤亡也很多……"营长当即令第六连王国斡率该连迅即前往接替第四连任务,扫清残敌,改造工事,固守待命;第五连仍在原地掩护第六连完成任务;第四连及第五连的一个排,后撤作为营预备队。另外,机枪连派重机枪一排归第五连连长严昆指挥。同时将情况报告团部。红庙阵地几经争夺,终于被我军收回。

汪连长被救下后,我坐在地上,把他抱在怀中,发现他身上被敌人枪弹贯穿达6处之多,全身血肉模糊,应急进行简单裹伤。他开口第一句话对我说:"副营长!我们弟兄打鬼子真勇敢,这种爱国精神,值得骄傲。"稍停,他又说:"我好像不行了!"我极力控制住自己感情,要他少讲话,并把救护情况告诉了他,要他安心。这已经是第二天凌晨3点的事了。

紧张的战斗,带来了紧张的抢救工作。全营担架只有8副,团部30副担架,只能使用一部分,后经调拨一共只有20多副。伤员在几十分钟内以十数地增加,远远不能完成下撤任务。群众救护工作为数虽多,工作也出色,但多在公路上,一时赶不上来,而且又在深夜。因此,护送伤员同样吃紧。下午护送伤员的第四连司务长回营报告:"伤员到公路上都交救护车接运去了,汪连长在汽车中因流血过多,不及医治,不幸牺牲!"并说,"他临死前,托付把一床毛巾毯和一只挂表交副营长保存留念。尸体由顾家宅老乡送了几块木板，埋葬在顾家宅旁。”看到他这两件遗物，我泪水禁不住滚滚流下来。我知道他，又最理解他，他是民族的好儿子，爱国的好志士！

3天的战斗，我们营除景纯庵机枪连稍好外，第四连伤亡十分惨重，连、排、班长非死即伤，士兵减员三分之二；五连严昆连长和六连王国斡连长均负伤，排长以下更为严重。

第三天奉命将夺回阵地交友军接替，部队调到南翔附近整补。约1星期后，接到由陕西公秉藩二十八师（番号记不准确）送来一批补充兵（都是训练有素的老兵），四六八团分到约700名，我营分到约250名。

不几天，我们四六八团，作为师预备队又进驻罗店、刘行、顾家宅地区。随着战斗推进，进入蕴藻浜沿线，形成阵地战。这期间，我们空军的飞机也不时出现在天空中，主要任务是打击对我陆军部队最有威胁的日海军舰艇。因为我们越接近江边，受日炮火威胁也越大。因此，白天多守在战壕里，很难找到机会出击。

10月下旬，第一营营长戴介枏和第二营营长陈岗陵在同一天均受伤（第三营唐明德营拨归二三二旅指挥）。当时，我即代理营长。我们第二营附第一营的第一连奉命在当天夜间攻占蕴藻浜河湾处一个敌据点。我接到命令后，立即布置作战行动：令第一营第一连于9时前到达北面突出部隐蔽行动，构筑工事，掩护五、六连攻击，完成钳制。如五、六连攻不上，再掩护此两连撤退。10点正，五、六连同时开始行动，五连在右，六连在左，避开日军阵地正面，分别从日据点两侧匍匐前进，迂回敌后，钳住敌人。两连前进，均未被日军发现，顺利地摸到日军后侧交通壕内。在扩大战果时，受到日军顽强抵抗，战斗瞬间激烈异常。因为是黑夜，双方射击不多，都在战壕内进行肉搏，一时杀声震天。2时许，虽伤亡很大，阵地尚未能完全控制。这时六连连长王其秀阵亡，尸体亦未抢下。据传令兵讲：王连长在战壕中与鬼子肉搏时，连续刺死鬼子七八名之多，不幸自己也牺牲了。五连也一样，严昆连长被敌弹击中，也牺牲在阵地上。排长以下伤亡同样惨重。

3点前后，接团部通知，我左翼友军在攻击时，未能得手，令我营在拂晓前撤回原阵地固守，防敌反攻。第一连王凯连长在掩护五、六连撤退时，走到部队最后，不幸被敌炮弹击中也牺牲了。这样第二营的这次行动，除了重机枪连长景纯庵幸存外，牺牲了3个连长，排长、班长的伤亡数，均超过编制额定人数。

天亮后，日海军炮火，一排一排，一行一行地进行地毯式轰击，日机也漫无目标地狂轰滥炸。中午前后，在敌人密集炮火下，我也不幸受伤被送往后方医院，营长职务由机枪连连长景纯庵接替。

我在后送途中，闻日军又在金山卫登陆，我军被迫撤出上海战场，这是后事了。

四十八年过去了，每当回顾当年战斗历程，历历在目。仅拿我们四六八团战场实况来讲，参战人员加上中途补充人员共有 3 000 名左右，作战军官约 150 名，其中百分之八十为黄埔同学。粗略计算一下，从参战到撤离战场的两个多月期间，全团连长定员 14 名，伤亡超过 20 名，排长 50 名，伤亡超过 100 名。他们保卫了民族的尊严，保卫了国土不受侵犯，保卫了人类的正义，生命光荣牺牲了，但鲜血没有白流。

上海市政协文史资料委员会编：《上海文史资料存稿汇编：抗战史料》，上海古籍出版社，2001 年版，第 99—103 页。

参加南翔附近战斗片断回忆

黄克群[①]

1937年淞沪抗战爆发后，我们第六十三团于8月下旬奉命由广西柳城县驻训地开拔，徒步行军到湖南衡阳，然后转乘火车去上海。在前进途中，于10月16日接第二十一集团军总司令廖磊的手谕，命我团暂归第四十八军第一七四师师长王赞斌指挥调遣。团长秦靖即率领全团官兵兼程前进，于10月23日到达上海市南翔西南的黄渡附近，向王赞斌师长报到。王师长于10月24日对我团官兵讲话，他说："你们这个团作为师的预备队，就地休息待命，估计到下星期才能用得上你们，希望做好战斗准备！"当时，我在第一七四师第六十三团第一营第三连任连长。

我们到达不久，前线战况就发生急剧变化。25日下午5时左右，日军乘桂系第二十一集团军与胡宗南第一军换防之隙，集中步、炮、空联合向我师正面发起猛烈进攻，前线伤亡甚重。师长命令我团急速增援前线，投入战斗。因我团由待命地点到第一线途中有一小河阻隔，虽有一小桥，但大部队通过很不容易，且上空有敌机侦察扫射。为了使我团能及时增援前线，团长命令按第二营、第一营、第三营及团直属队的次序，迅速通过该小桥。并命令第二营第五连连长王开甲率领全连为先导，同时以该连排长蒋超英在后督队。恰巧在这时候，有敌机5架朝小桥飞来，向我五连低空扫射并投弹轰炸。除连长王开甲、排长蒋超英幸存外，其余官兵死伤几尽。团长命令其余部队暂停通过，隐蔽待命。

不久天色黑定，各营照原计划继续前进，按时抵达指定地域。秦团长立即进行战斗部署：以第一营为左翼，第二营为右翼，第三营为预备队，团部及直属队随

---

① 黄克群，淞沪会战时任第二十一集团军第四十八军第一七四师第六十三团第一营第三连连长。

同预备队行动，各就战斗位置。我第一营营长潘安兰命令第一连、第三连及机枪连为第一线，第一连在右，第三连在左；第二连为预备队。机枪连之第一排配属第一连，归连长凌子明指挥；机枪连之第二排配属第三连，归连长黄克群指挥；机枪连连长陈继漠带领第三排在第一、第三两连间之适当位置，相机以火力支援第一、第三两连战斗。营部暂在营预备队位置。各部队进入阵地后，战斗正式开始。

日军恃其优势装备，步、炮、空联合，使用强大火力向我猛轰猛攻。我营王世勋副营长不幸中弹阵亡，全营官兵同仇敌忾，抱着有敌无我，有我无敌的决心，坚持战斗到第二天，伤亡惨重。特别是在当晚，我连右翼阵地被伪装成我军伤兵（一面呻吟，一面前进）的约一个排之敌人突入。在此紧急情况下，我连克服棉花杆高过人，漫天浓雾挡住视线的困难，以敌我钢盔不同为识别敌我标志，凡见戴敌方钢盔的，即行刺刀肉搏。就这样在棉花地肉搏混战约一小时之久，终于把敌人打退，恢复了失去的阵地。在这次肉搏战斗中，我连死伤士兵18名。敌人亦遗弃尸体20余具，其中有排长一名。

这股日军被打退以后不久，另一股更多的敌人又以密集队形蜂拥而来，向我营正面猛攻。官兵们沉着应战，集中火力对敌进行猛烈还击。敌人却利用我阵地前的一个自然凹地作掩护，与我顽强对战。我军则乘敌人猬集在凹地，集中轻机枪和手榴弹向敌人进行猛烈扫射和投掷。敌人伤亡甚重。正当该股日军处在进退两难之际，敌之支援行动开始了，敌机飞临阵地上空向我扫射轰炸，敌火炮向我猛烈轰击，我军临时构筑的野战工事全被摧毁。但全体官兵抱着与阵地共存亡的必死决心，在原阵地顽强地抵抗敌人，决不后退。同时当时战场军令森严，从作战开始，由总司令部到各团，层层派出督战队，实行层层督战。凡是由火线下来的官兵，必须经督战队检验过，发现非伤兵、伤员而后退的，即按军令由督战队就地执行枪决。

经过两昼夜的血战，全团官兵死伤过半，团长秦靖、副团长林密、第一营营长潘安兰和第二营营长陈汉先后负伤，送到后方医治。我连原有战斗兵160人，除死伤外只剩80余人。为了鼓舞官兵们的战斗意志，我勉励大家说：我们守土有责，全连打到现在，尽管剩下80余人了，但我们还要打下去，一直打到最后自己绝命为止。我们为守土而牺牲是光荣的。并带头高呼口号：“打倒日本帝国主义！还我大好河山！中国万岁！中华民族万岁！”并继续指挥官兵战斗到第二天中午。此时，由于我的颈部负了重伤不能坚持战斗了，才被送回后方，转到杭州西湖灵隐寺伤兵医院留医。其后因淞沪战事逆转，伤兵医院由灵隐寺转移到江西南昌，不久又转移到湖南长沙、祁阳等地，我继续留医。从此，我团的情况，就完全不知道了。

（1985 年 11 月）

全国政协文史资料委员会编：《文史资料存稿选编》，第 6 辑，中国文史出版社，2002 年版，第 532—533 页。

带领新兵营参加淞沪抗战日记

温　洛①

8 月 12 日　星期五

我在广西武鸣团管区参与广西第二届新兵集训刚结束，就奉调第二十一集团军第四十八军第五二二旅第一〇四四团第三营充任营长，准备北上参加淞沪抗战。

8 月 16 日　星期二

我带着营的空架子，去广西平乐县招收新兵。此时，抗日烽火正在全国烧起，人人奋起参军。到部队应征的不仅有参加过省集训的民兵，而且有许多青壮年，他们都以能当上抗日兵为荣。

9 月 16 日　星期五

新兵营编组就绪，正式番号为第二十一集团军第四十八军第一七三师第五二二旅第一〇四四团第三营。全营编制如下：

营部：营长温洛，副营长林建秋，副官赵东升，书记郭以修，各种勤杂士兵 16 人。第七连：连长韦昆山，排长凌碧龙、龚献宅、刘先进，士兵共 140 人；第八连：连长曾白云，排长曾庆南、韦兴隆、郑连英，士兵共 140 人；第九连：连长黎恭友，排长王盖龙、萧仲连、钟玲山，士兵共 140 人；机关枪连：连长林炳昆，排长董善邻、石碧云、钱金山，士兵 136 人；步炮排：排长陆干承，士兵 50 人。全营军官 25

① 温洛，淞沪会战时任第二十一集团军第四十八军第五二二旅第一〇四四团第三营营长。

人，士兵556人。

9月20日 星期二

我营编组完毕后，奉命由今日由广西乐平开赴湖南衡阳。

10月3日 星期一

我营抵达衡阳市郊，奉令进行军事训练、待命。

10月15日 星期五

我营由衡阳乘火车经长沙、武汉、郑州到达江苏铜山（徐州），听候调遣。

10月23日 星期六

全营奉命由铜山乘火车，开赴上海作战。

10月26日 星期二

抵达苏州。然后换乘火车向昆山进发。由于白天遭敌机袭击，只有利用夜间开进。

10月27日 星期三

上午4时，火车到达昆山棉花地，这里是苏嘉路第一道国防线。我旅的任务是：防守昆山，我团防地就在昆山东南棉花地附近。

10月30日 星期六

上午7时起，我团乘敌机空袭间断之机，动员官兵日以继夜地抢修和加固自己所负责地防御地段的工事，加固薄弱环节。我营阵地在昆山东南棉花地一带的小山岭，左由曾家店起，距铁路1 000公尺，右接颜家庄。阵地前面，是一高一低的坡地，都种有棉花；阵地后面，还有稀疏的小树林，接连着一片稻田。

我营受领任务后，立即作了兵力部署：以第七、第九连为第一线，第九连摆在第七连左边，以第八连为预备队。机关枪连连长率领第一、第二排协助第七、八连；以第三排配署第八连，归第八连连长指挥。营部迫击炮排排长率该排在营阵地后面周家屯南面附近构筑工事。营部通信班负责架设我营通往各下属单位及友邻指挥所的电话线。

11月1日　星期一

上午7时，由上海方向飞来的日军飞机20多架，向昆山、嘉定、常熟、吴县等地投弹五六十枚。在这一带的我军阵地和附近村庄、树林，全遭毁坏。敌机飞去后，我即号召全营官兵抢修阵地工事。下午2时，8架敌机又飞来昆山上空，向我阵地袭击，投弹30多枚，并用机枪疯狂向下扫射。这一带的我军阵地工事，城乡房屋、树林，遭到严重破坏。所幸当地居民，大部已疏散到南京后方，人畜少有伤亡。

11月2日　星期二

上午8时，我营正出动准备抢修加固工事之际，又有日机26架，由上海方向飞来袭击昆山等处我军阵地，投弹50多枚，并对苏嘉第一道国防线附近的我军阵地及城市、村庄狂轰滥炸。到正午12时，敌机才向上海飞去。当日我营吸取经验教训，只留警戒兵13名在阵地上面负责监视敌情，其余全部隐蔽起来。尽管敌机对我阵地狂轰滥炸，但只有一名战士负伤，其余安然无恙。与此同时，我们还在阵地前沿构筑伪装阵地及伪装人，以迷惑敌人，诱敌滥炸，消耗了敌人很多炸弹，也减少了阵地的破坏和人员损失。

11月3日　星期三

上午4时，日军开始用重炮向苏嘉国防线不断进行疯狂的炮击，至晚上10时才停止。估计这次敌对我阵地发射炮弹在千枚以上，阵地工事遭到严重破坏，官兵耳膜受震荡，嗡嗡响个不停，整夜不能成眠。

11月4日　星期四

上午5时50分，全营正进早餐之际，日炮兵又向我阵地进行炮击，至7时许才停止。接着有敌机18架由上海方向飞来，向嘉定、昆山、雄辅、嘉善等处我军阵地袭击，至正午12时20分始返航。敌机去后，我营又投入紧张的抢修工事，至午夜后。

11月5日　星期五

上午7时50分，我营官兵正在进早餐时，敌机38架又从上海方向飞来，向嘉定、昆山、苏州、雄辅、嘉善等地实施轰炸，投弹无数，地面建筑尽成废墟。入夜8时左右，敌又用重炮对我阵地进行猛烈攻击，至10时许才停止，使我营阵地再次受到严重的破坏。但全营官兵并不因此丧失斗志，大家互相激励，准备迎接第二次的战斗。

11月6日　星期六

上午6时，敌机26架由上海方面飞来，对我嘉善、嘉兴、苏州、无锡、常州等地进行轰炸扫射，至12时许始离去。下午2时，又有敌机多架，继续在上述各地找寻目标轰炸，至下午6时飞去。

11月12日　星期五

最高统帅部命令全军撤退，通过苏嘉国防线后，兵分两路，一路向南京撤退，一路向杭州撤退。

11月20日　星期六

我第二十一集团军后卫任务基本达到后，始放弃嘉定，转战于苏州、吴兴之线。20日下午4时，到达苏州附近。因苏嘉路破坏严重，障碍物特多(我军遗弃的车辆、军需用品)，敌人地面部队跟踪追击，敌机在上空扫射滥炸，我既无增援的生力军，又没有作有计划有秩序的撤退。“兵溃如山倒”，斯言实为我军此次大撤退之写照，“将帅无能，累死三军”亦为淞沪战役惨痛教训。当然，还有战略上失败的原因。最后还必须看到和肯定，我军广大士兵的忠勇爱国精神是无懈可击的。

全国政协文史资料委员会编：《文史资料存稿选编：抗日战争》(上)，中国文史出版社，2008年版，第561—564页。

八一三淞沪战事始末

——张柏亭“八一三淞沪会战回忆”读后

王绍斋[①]

顷读八月份《传记文学》内所载：张柏亭著、黎东方注《八一三淞沪会战回忆》文内，关于“警备司令部成立保安总团”及“上海爱国领袖杜月笙先生利用地方关系，配合国军预定作战计划，在闸北一带租赁民房在室内密建钢筋水泥掩体。”暨“当时市长吴铁城由秘书长俞鸿钧代行。”“同时俞先生还兼上海外交特派员。”又“八百壮士撤退入租界交涉情形。”等，均与事实有出入。史册记载，贵在真实，特将详情分述于次，以供参考。

吴铁城先生接任上海市长甫及月余，即发生一·二八中日之战，旋由驻沪各国总领事之调停，在上海订立了《停战协定》。协议内容为：“双方同时撤兵，但是在上海五十基罗米突内不能驻中国国军。”除这一点我方受委屈外，其他尚无辱国之处。同时各国驻沪总领事成立了“共同委员会”，由美国总领事克宁瀚先生任主席，每月开会一次，解决中日双方交涉事宜。日方代表初为冈崎总领事，后为石射猪太郎。中国代表为俞鸿钧先生，他初为市府秘书长，后接任上海市市长。惟战后唯一不便之处为宁杭间军队调动，在上海龙华转站时，事先须由共同委员会通知日方。我军事当局殊感不便，始有苏嘉铁路(由苏州至嘉兴)的兴筑。即不必经由上海解决了上述的困难。

淞沪停战以后，我方十九路军已调离上海，日海军亦已撤走，上海只留驻有日海军陆战队二千人。但是日本在沪军民均气焰高涨，尤其是日本浪人到处醉酒滋事，日有数起。幸吴铁老深谋远虑，一切以忍辱负重，力求安定为主。首先与内政

---

① 王绍斋，淞沪会战时任上海市政府秘书兼第一科科长。

部磋商由北平调来保警一队，另由税警团（税警总团长为温应星并兼任上海市公安局长）拨调一团士兵改编为上海市保安警察大队，派王惟民、齐学启分任第一、第二大队长，接防我军调离防务。后改设立保安总团，任吉章简先生为总团长，文华宙为副总团长。该团始终是直隶上海市政府，与淞沪警备总部无关。同时广为延揽通晓日文人士为警局分局长，如梁扶初先生任闸北分局长，陈伯华先生为北四川路分所长等，因该两处原为战区，且日人众多。梁扶初先生留日多年，与日本黑社会（黑龙会）颇有渊源，且人高马大，孔武有力，每遇有日人滋事，他就亲自擒拿送往日军部惩办，日人反而向其道谢。故该地区颇能相安于一时。此点不能不佩服吴铁老之知人善任耳！市府方面亦派王长春先生为专员，主办日人交涉事务。并为防御日军起见，曾秘密在市府增设军事科，由军政部派少将一人为科长，并另派科员两人协助，专为筹划大上海防御计划，（内科员梅雪岩君曾来台，一度任台北市警局主任秘书，后退休病故。）计划交由市工务局负责建筑，（局长沈怡）而此项公事多委由上海朱森记承办，因朱老板承建市政府的江湾新厦工程时，甫经开工，即遭遇一·二八事变，工料损失颇巨，市府为补偿其损失，一方可避免秘密泄漏。兴建前项工事时，为免日方注意，故均先盖一大民房，然后在民房内建筑钢筋水泥碉堡，先后在闸北江湾一带重要地区建有十余处之多，新建虬江码头时亦配合军事工程，惟尚有市中心一部分工程正待兴建，八一三战事起致未能完成。前项工事市府曾动用经费数百万元，时间达五年。故我军在闸北能防守三个月之久，使日军未能越雷池一步，如果不是日军在后方浏河登陆，闸北仍可防守一时。前项工程在建筑期间，日方似有所闻，经常派间谍从事窥探，每在附近低洼地区有积水之处持杆钓鱼，市府立即派工将水塘填塞或用竹篱围住，因防范严密，日人无法侦知其详。张君文内误为杜月笙先生私人所筑，杜先生何来如此巨款？因属秘密，可能杜先生事先根本不知此事。作者张君似乎忘了尚有上海市政府的存在耳？

上海市市长吴铁城先生在任五年，对于地方建设、治安、自治等均有卓越的贡献。例如建筑市中心区的新市府大厦、运动场、体育场、游泳池、图书馆、博物馆、虬江码头，当时在远东均属第一流建筑，又如举办学生军训、公民训练（即壮丁训练），增加国防力量不少。一切在安定中求进步。民国廿四年铁老奉调广东省政府主席，力保秘书长俞鸿钧代理市长，不久即获真除。秘书长由周雍能先生继任（现任立法委员）。俞市长驾轻就熟，萧规曹随，市政亦大有进步。未料日军居心叵测，时时制造事端，旋因发生虹桥飞机场日军大佐驾车直闯机场，守军制止不服被击毙一事引起纠纷，日方更藉词启衅，我保安团队为防范未然，故进入防线守卫。于是，日方要求共同委员会开会，要求撤防。同时市府已接获日奸密报，“日海军第三舰队已出动，在来上海的途中。”市府立即密电中央报告，俞市长并在共同委员会席上反问日方代表石射猪太郎第三舰队出动有无此事？石射猪太郎当时还极力否认，幸英美双方代表亦接获前项情报，故一致谴责日方背信，俞市长当即宣布《淞沪停战协定》被日方首先撕毁，即日起应即宣告无效，我军当可自由进入上海区域。日方代表仍继续争辩，他的英语本不佳，就用法语补充，于是口沫四射，各国总领事听不懂他说什么？急得他暴跳不止，于是主席美国总领事宣布本会解散。次日上海中英各报均竞相登载。此为俞市长在外交上一大胜利！在中日交涉史上应大写特写的一页。（笔者兼任中国委员的秘书故知其详情）

在八一三的前夕，笔者曾奉令在市中心区新厦值夜（笔者当时是市府秘书兼第一科科长），因市中心区与日军海军陆战队司令部近在咫尺，故是晚市府周围均特别戒严。肃静无声，行人绝迹，真所谓刁斗森严。笔者率同市府警卫廿余人暨工友十余人守卫市府大厦，我令除值班守卫不得休息外，其余均应和衣而睡，一闻警报可立即起身。本人却身怀左轮一枝及白郎宁手枪一支坐镇办公室整夜未睡，并随时与四周警察分所通话，互通消息，随时电话报告俞市长。回想个人当年确是勇气百倍，万一敌军进犯，准备予以强烈的抵抗。幸一夜平安过去，待天将破晓时，接俞市长电话云：“我国军八十七、八十八，及卅六师业已开抵上海接防。”于是我始转知警卫等安心休息。我军进入防线时均改着警察制服，故未被日军察觉，至上午七时余果然八十七师师长王敬久先生率同团长一人来到市府，我即出面欢迎！旋由保安总团吉团长派车送我退出防御线进入租界。当年是晚情景深入我脑海，至今未能忘怀。

外交部在沪设有办事处，处长为周珏先生（号志成），曾任驻日横滨总领事有年。他的夫人是日本人，上海沦陷后，因周凤岐被刺一案被牵涉，被日军绑架赴虹口新亚酒店毒打一顿。幸其夫人（其父为日军官）亲赴日军司令部见松井大将，大吵大闹，使得释放，但附有条件须离开上海赴北平居住，始得保住性命。胜利后曾来台湾，接受黄朝琴先生招待在北投居住，旋在台逝世。以此证明俞市长始终未兼任外交部交涉员也。

上海最后撤守的地方是南市，当时该处尚有正规军及地方团队暨公民训练人员约四万余人，因已无退路，经俞市长与法租界当局交涉，开放租借铁门，缴械进入法租界。如在上海有住址者立即获得自由，无住址者收入集中营。由我方每月给付伙食费法币四万元。法租界对前项军人颇为宽大，每遇有患者即送广慈医院诊治，病愈出院即获自由不必回营，故两年之后所剩下的人极少。俞市长离沪后，笔者即奉令蛰居法租界两年，负责办理法租界联络事宜，前项伙食费由香港中国银行每月汇与我转交。此系当年秘密外交，殊少有人知者。至四行仓库之八百壮士的撤退，系应公共租界当局的要求，奉军事当局的核准，商由驻沪英军掩护撤退入租界。爰中国军队在平时不可能携械入租界，何况在战时，此为吾人应有之常识。八百壮士初不明原委，一度拒绝缴械，旋经解释即顺利缴械入营。此事与公共租界公部局接洽者为市府英文秘书张廷荣先生，亦即指挥女童军杨慧敏过河献旗之人。张君所云：租界轻诺食言，临时变卦一节，殊非事实，或系不明当年情势所推测耳。况当年八一三沪战启后，中央即派宋子文先生住沪就近指挥一切大计，俞市长办理外交事项即随时请示宋先生决定，不可能有其他人士参与其事，此事鲜有人知悉耳。

至于杜月笙先生在当时主持地方协会，战时对于救济难民，接济前方，慰劳将士，曾出钱出力，卓著勤劳，功不可没。至王晓籁先生当年虽为市商会会长，因其实力有限号召力差，殊无特殊表现也。

以上所述各节，在当时多属国家机密，鲜有人知其详，惟现时逾四十余年，事过境迁，特详细叙述以正视听并供读者参考。

台湾传记文学社编：《传记文学》，第 4 卷，第 6 期，第 61 页—63 页。

中央军校教导总队上海抗日作战经过

吴幼元[①]

1937 年上海抗战期间，教导总队先后两次由南京开往上海参战。第一次是 8 月底日军由复兴岛登陆后窜进公大纱厂，教导总队奉命围攻公大纱厂，以两个加强团担任围攻。由于日本人早已秘密地将公大纱厂改建成为日军的上海基地，纱厂的周围架设了铁丝电网，墙壁是钢骨水泥盾发射掩体，形成一个军事堡垒，因此围攻两日毫无进展，而且伤亡惨重，于是教导总队在 9 月上旬奉命调返南京整补。第二次是 10 月下旬，我军放弃大场、江湾等地，转移到苏州河南岸继续抗日。教导总队主力部队由南京开往上海，担任苏州河小八字桥防守任务，当时笔者是教导总队特务连少校连长。特务连的任务是警卫指挥所，防御奸细、防空、便衣侦察等，不参加第一线战斗，但是连长时刻不能离开指挥所。在激烈战斗中，参谋人员日夜守着电话，处理战情，只好轮流睡眠。参谋人员极度疲劳，因此参谋处长彭克定要我帮助参谋处整理每日战斗要报，所以我对当时作战情形比较了解。

第二次赴上海参战时，教导总队计有兵力 4 个步兵团，骑兵、工兵、炮兵、通信、输送营，平射炮连、特务连等部共计 15 000 余人，运兵列车达 10 多辆，当时只能由苏嘉线抵达上海。11 月 3 日到达莘庄下车，4 曰到七宝镇待命，5 日开到虹桥飞机场西北端苏州河小八字桥南岸占领阵地。右翼是张发奎部，左翼是胡宗南部。教导总队防御地段，是以小八字桥为中心点的 2 500 米苏州河南岸的防御阵地，这一带部队统归张发奎总司令指挥，小八字桥附近河宽百余米、水深约 1—3 米。这个地区绝大部分是棉田，村庄很少，地势平坦，有利于敌坦克车活动。由于受战事影响，棉秸尚未拔掉，成了汉奸隐藏场所，往往敌人飞机飞临上空时，棉田

---

① 吴幼元，淞沪会战时任中央军校教导总队特务连少校连长。

里汉奸发信号枪，指示敌机轰炸目标。有时汉奸扰乱我后方，夜间散射，并且袭击我指挥部。记得11月6、7两日就抓到汉奸100余人，一部分带有枪支与出入证件。11月7日午后汉奸突然袭击我指挥部时，被我军掳获33人，他们的口供是日本人派了两个组袭击指挥部及我后方运输车辆等。7曰晚参谋长邱锦泉下命令各部抓到汉奸就地枪毙，不必送到指挥部。8、9两日汉奸活动比较少些。

南京开往上海运送炮兵营、输送营的运兵列车行驶到嘉善时被敌机发现，敌机追踪轰炸扫射，列车受到损坏。炮兵营、输送营因此只能沿公路行军。到松江地区，河流纵横贯穿，公路桥梁均被敌机炸坏，无法前进。虽然进行抢修，但一边修一边又被炸毁，难以前进，只好到白鹤港待命。因此炮兵营、输送营未能参加苏州河南岸战斗。

防御部署

第一团、第三团、工兵一个连、平射炮连、骑兵一个排为右梯队，由第一团团长李昌龄指挥。防御地段右接张发奎部，左接本部。左梯队在八字桥，应于八字桥河北岸派出前哨部队，发现敌情，前哨部队自行撤到河南。

第二团、补充一团、工兵一个连，骑兵一个排为左梯队，由第二团团长胡启儒指挥，右接本部右梯队，左接胡宗南部。

各部必须妥善部署防空部队，骑兵营应于苏州河北岸派出搜索、侦察敌情的部队，特务连派出少数便衣侦察兵潜伏在苏州河以北1 000米以外监视敌情。

左右两梯队于苏州河北面通向敌方扼要地点埋设地雷，挖掘陷阱，防御敌人战车活动。野战医院在各梯队地区设急救站，并派兵向上海市红十字会接洽收容准备。通信营与总司令部取得联络，各梯队抓住电台与指挥部联络。

前哨部队壮烈牺牲

小八字桥北面，距桥头百余米处，有一个独立家屋小村庄，只有3间平房，左右后三面是竹林，大门外有一道矮围墙，老百姓已逃走，无人居住。教导总队右梯队的前哨排住在小村里担任警戒。梯队命令前哨部队发现敌情立即退回到河南岸，不需在河北岸作抵抗。11月6日凌晨3点多钟，前方的地雷响了，估计是敌人进犯，同时我特务连潜伏在前面的便衣侦察兵用信号报告，敌人部队正向我方前进。前哨排的副排长率领士兵2人赴哨兵岗位去察看情形，正在询问哨兵前方地雷响的地点。敌人的机枪向哨兵岗位处射击，副排长倒下，1个哨兵受伤，另外3个士兵立即与敌战斗。排长闻枪声大作时，当即率1个班赶赴哨兵岗处，尚未到达哨兵岗位，即与敌人遭遇战斗。前哨排长喊二班长打电话报告连长，同时命令班长守住村庄，排长带一个班去村庄外与敌激战，连长在电话中命令前哨排撤回河南岸。这时，排长重伤。班长报告连长说，排长、副排长均已负伤，敌人正向小村庄进攻无法撤退。连长闻听排长受伤，立即率领第二排过河去接应。过河后连长叫第二排排长带2个班去接应前哨排，连长自己带1个班去找前哨排长，过河只有五六米，连长负伤。1个士兵跑到连部去告诉第三排排长说连长负伤，第三排排长闻听，留1个班守住桥头，自己带2个班去抢救连长，派人将连长背送到河南岸连部。第三排排长冲向前哨小村庄去接应前哨部队。这时夜色蒙蒙敌我混战，直至天亮发现村庄外都是敌人。先后前来接应的8个班均在河北岸无法撤退。天亮后，敌人飞机向前哨小村庄投弹10余枚，上午7时敌人部队逼近河边。我军由北岸退到河沿抵抗，至下午3时敌人坦克3辆进入河边，与我河北部队激战至下午5时，小村庄内没有了枪声。下午10时先后泅水回到河南岸共4人。河北岸的我军8个班全部牺牲。是役阵亡排长3人、士兵150余人，损失步枪70余支、轻机枪8挺、掷弹筒3支、冲锋枪30支。连长姜定龄重伤住医院受到降级处分，营长记过处分。虽然，受到损失，但是役说明在上海抗日时期部队士气的旺盛、爱国的热忱，遇到敌人就不顾一切地拼搏，也说明了官兵相处无间、亲如手足、安危与共的精神。

小八字桥战斗经过逐日评述

1937年11月6日上午7时，我右梯队正面河北岸派出的便衣侦察兵信号报告，敌人部队向我前进中。8时，便衣侦察兵泅水退回，敌军已进入到小八字桥河北沿岸，向我军阵地零星射击。下午1时敌机3架1队、5架1队轮流向我阵地投弹轰炸、俯冲扫射，被我军击中1架坠毁。下午2时苏州河北面我骑兵与敌激战，下午5时我骑兵泅水退回到南岸。

11月6日下午4时，敌军沿苏州河北岸构筑工事，并用小机船向南岸强渡，均被我击沉。是日零星战斗中，我军伤亡官兵120余人（飞机轰炸伤亡在内），遗失步枪20余支、轻机枪2挺。打中敌机1架，地雷炸毁敌人坦克2辆，击沉小机船3只，击毙敌人30余人。

11月7日上午7时，我右梯队伙房正准备送饭到前线去。敌机六架轰炸大伙房，并低空扫射，将第一、三两团伙房炸毁，炊事人员伤亡过半，炊具被炸坏。因此大伙房无人做饭，前线官兵得不到饭吃。当时即将左梯队的伙食均分一半给右梯队，于是全体人员只吃到一餐饭。经过这一教训后，便将伙房分散，并由工兵营、骑兵营抽出60余人补充右梯队任炊事人员。

7日上午8时，敌军飞机、大炮向我阵地猛烈轰击。飞机在上空轮流盘旋达数小时，黄浦江敌兵舰的大炮盲目地向我阵地后方纵深地带不停发炮，将我阵地几乎全部炸毁。

下午3时敌军坦克车10多辆，掩护步兵攻到河对岸。我用平射炮击毁敌人坦克3辆，敌军用小机船10多只向河南岸强渡，均被我军歼灭于河中。下午4时我左梯队正面发现敌人小机船3只向南岸强渡。在敌兵登岸之际我军猛冲向敌人，将登陆敌人5名击毙，尚未登陆的敌人全被歼灭于河中。

是日战役，我伤营长孙仲猷、索本勤2人，伤亡连长、排长10余人，死伤士兵300余人，损坏平射炮1门，炸毁轻机枪20余支，阵地战壕几乎全被炸坏。战役中掳获小机船3只，击毁敌人坦克2辆，击沉小机船10余只，打下敌机1架，敌军伤亡不详。

11月8日天将亮，敌机两队每队5架，轮流盲目地向我阵地投弹，低飞扫射，黄浦江敌舰上的大炮向我阵地纵深地带发射。上午7时敌人的气球在我阵地前升起；上午8时敌军坦克车20多辆并列驶进苏州河北岸沿河一带，与我军隔河炮战。同时，敌人的小机船20余艘向河南岸强渡，均被我军击退击沉。下午3时敌人再度以飞机大炮向我阵地猛击数十分钟后，用水陆两用坦克10多辆向小八字桥左右强渡。这次敌人用上所有武器企图强渡过河，均被我击退击沉。是日战役，我右梯队第一团团长李昌龄重伤，营长卢禹鼎负伤，伤亡官兵500余人，被炸毁迫击炮2门、重机枪5挺、步枪100多支。击毙敌人200余人，俘获小机船12只；击毁敌人战车3辆；击沉敌人水陆两用坦克1辆；俘获敌兵13人。

11月9日上午2时，敌军坦克、骑兵、小机船，同时大举进攻，骑兵泅渡，小机船强渡，坦克向我岸猛烈射击。由于夜色蒙蒙，猝不及防，敌骑10余人泅水冲过河南岸。我军与之肉搏，将过河之敌全部歼灭。战斗至天亮时，我集中所有的迫击炮向河北岸轰击，把敌军坦克击退，沿河北岸的敌人亦向后退，战斗稍为缓和。

11月10日敌人向我阵地零星射击，未见敌人飞机扰乱，除黄浦江敌舰上的大炮偶尔发射外，不见有其他动静。因此中午 12 时半我派出骑兵 2 个排泅水渡河，搜索敌情。下午 2 时半骑兵部队在苏州河北与敌激烈战斗，我增派 4 个轻机枪组乘橡皮船过河，占领苏州河北岸河沿阵地，掩护骑兵撤退，敌人亦没有追击。

11 月 11 日前线沉寂，敌我两军已成胶着状态，教导总队准备出击，但总司令未允。

撤退情况及沿途所见

11 月 11 日下午，张发奎总部电话通报，敌军在金山卫登陆，有可能切断我军后方。

11 月 11 日下午 6 时接到张总部命令，决定 11 月 11 日下午 8 时开始撤退，务于 12 日早晨 5 时以前到达白鹤港待命。教导总队撤退时，小八字桥左右各留 1 个营兵力担任掩护，掩护部队必须守住原阵地，延至 11 月 12 日凌晨 2 时撤离阵地，到白鹤港归队。教导总队于 11 月 12 日上午天将亮时到达白鹤港。当时有五十一师师长王耀武在白鹤港布防。王耀武师长传达张发奎总司令的命令，要教导总队迅速到达昆山县集中。11 月 13 日到达昆山县，又说要到苏州集中待命，14 日到达苏州。据说统帅部原预定由上海撤退后占领江阴、苏州、长兴之线继续作战，江阴至长兴之线是几年前做好的国防永久工事。由于上海撤退时，沿途受到敌人飞机追踪袭击，我军各部溃不成军，无法掌握部队建制，到达国防工事之线不能按预定计划进入阵地，有的部队甚至已超越国防线继续向西溃退。因此统帅部只好改变战略计划，改为固守龙潭——汤山——淳化镇南京外围线。教导总队于 18 日到达南京。

由苏州河到白鹤港一段是夜间行动，没有月亮，各部队又无向导带路，该地区河流甚多，桥梁已被敌机炸毁，许多部队同时撤退，同时到白鹤港。再加激战数日，官兵极度疲劳，一旦撤退，精神松懈，有的士兵边走边睡，前后脱队，失却联络，各部混作一团，混乱不堪。

由白鹤港到苏州一段虽然是白天行军，但在敌人飞机追踪袭扰之下，退却部队混乱，马路上、小路上、田野间都是散兵。各部混杂行动，官找不到兵，兵也找不到官，无法掌握建制，也就无法办理伙食。因此军纪破坏，沿途百姓家都可见到士兵找食物。那时谁也管不了谁，沿途被敌人飞机打伤打死的士兵无人过问。情形非常悲惨，真是兵败如山倒。

下面是参加上海抗日战争教导总队各部主官姓名：

中将总队长桂永清　炮兵营中校营长娄迪善

少将副总队长周振强　工兵营中校营长杨厚彩

少将参谋长邱锦泉　骑兵营少校营长王汉卿

少将参谋处长彭克定　通信营少校营长田鄂云

第一团上校团长李昌龄　输送营少校营长郭岐

第二团上校团长胡启儒　平射炮连少校连长郭云鹏

第三团上校团长马威龙　特务连少校连长吴幼元

补充一团上校团长谢承瑞

上海市政协文史资料委员会编：《上海文史资料存稿汇编：抗战史料》，上海古籍出版社，2001 年版，第 91—98 页。

回忆上海大场战役

强兆馥[①]

我部原系川军第20军，前辖杨森后属刘湘。归入国民政府中央军后，改20军番号为43军，直辖一个师(即26师)；由郭汝栋任军长兼师长。1937年抗日战争前夕，副师长刘雨卿继任师长，当时部队住在贵州都匀、榕江一带。七七卢沟桥事变消息传来，全师官兵义愤填膺，全体军官联名上电中央请缨杀敌。

日本军国主义侵略成性，不仅于8月13日继续向华北各地进攻，同时又悍然以几个师团的兵力配合海军优势在上海登陆。其战略目的不仅必得上海，更图占领南京。蒋介石迫于形势，动用了国民党在华中、华南的亲信部队，奋力保卫。不料仅月余时间，上海市区，即落入敌手，蒋不得不调集各地的杂牌部队，固守上海外围。因此，我军奉命星夜驰赴上海参战。

我当时是26师78旅154团中校团付(即副团长)兼第二营营长。我部经由贵阳、长沙到达武汉，改乘轮船至南京，又乘火车经苏州、昆山徒步驰赴上海市郊。那时上海战争的重点已转至外围的大场、罗店、蕴藻浜一带。我师立即受命担任大场宋希濂师的预备队。当时四川杨森部队先期开赴上海已在罗店与日寇血战数日，伤亡颇大，亟待后援。临战前，我被升代155团团长，率领本团第二、第三营，152团第一营于10月11日赶赴大场三马桥宅地区，接替36师指挥的全国税警总队王功亮支队的全线防务，阵地全长四千余公尺，工事重叠，交通壕纵横错杂。时机紧急，不容延误，我一巡视，便作部署，以155团的两个营担任第一线，以第152团第一营为预备队。左翼与我师76旅之151团相衔接，右翼与友军东北部队取得联系。

① 强兆馥，淞沪会战时任第二十六师七十八旅一五五团中校营长，代理一五五团团长。

王功亮支队因连日伤亡惨重，不能再战，乃将剩余的新式步枪和手榴弹数箱全部移交给我。次日（10 月 12 日），拂晓，日寇即向我阵地用海陆军大炮猛轰几个小时，并升起氢气球探测。我军阵地上硝烟弥漫，爆炸声震耳欲聋，连眼也睁不开。我前沿工事多处被毁，守卫阵地的抗日战士被敌炮杀伤，残肢断体，血肉模糊，伤员忍痛至夜间，才能下火线。同时，敌机亦出动助战，少则一两架，多则二、三架，在我阵地上空盘旋轰炸，低空扫射。阵地又多属棉田，无法隐蔽，我官兵只有靠个人伪装防卫，战斗在惨烈中进行。我爱国健儿在极艰苦环境中，凭落后的武器，英勇反击。每日在拂晓前和日落后，部队才能用饭，白天全凭面包锅盔充饥，晚间还要埋死扶伤，修整工事，日以继夜，战斗不息，根本无睡眠时间。但我全部官兵，敌忾同仇，精神振奋，毫无倦容。所幸入冬少雨，工事和交通壕内尚不泥泞。日寇步兵每日炮轰后即开始向我阵地攻击，我军在有效射程内，始开枪射击，敌人接近后即上刺刀，跃出战壕与敌人肉搏。日军常被逼仓皇回窜；有时连死尸也不及拖走。如此与敌血战三个昼夜。由于敌人炮火优势，我军处于被动地位，曾请上级调炮兵支援，两天后听到我方发射大炮声，官兵均极振奋，殊仅几个小时，又哑然无声了。我官兵虽伤亡惨重，日寇亦死伤不少，大大挫败了日军的攻势。

我的指挥所掩蔽部被敌炮击中，塌毁。附近竹林树木也全被夷为平地，我即移至交通壕的机枪掩体内，继续指挥战斗。我头部被敌流弹中伤，仍坚持率部奋战。我可爱的川军健儿用不及掩埋的同志尸体当作工事，不畏敌人陆空军轰击，奋勇与敌作殊死拚搏。就这样与敌鏖战至第七个昼夜，敌人未越雷池一步。之后日寇窥我伤亡惨重，工事亦多被摧毁，遂对我整个防线加强炮轰，连续几个小时，同时出动飞机轮流轰炸扫射。炮轰后以坦克为前导，向我阵地疯狂扑来。这时我部伤亡过大，预备队已使用殆尽，三个营长已阵亡二人，仅余侯希吾一人，十三个连长中，已阵亡龙嘉伦、肖京兆、蒋有德等七人，负伤五人，仅余刘长寮一人，面临敌人如此强大攻势，渐至不支。这时我左腿又被敌弹洞穿，只有一面派传令兵口头向上级陈述，一面率部拚死奋战。在这危急关头，又发现部分敌人从我左翼 151 团阵地向我包围前进，我团有被全歼的危险。我即督部队凭现有工事，加速轻重机枪射击以迟滞敌人，随即率身旁仅有的残存部队转移阵地，继续打击进犯之敌。殊横穿道路小河时，因海水倒流，河水猛涨，我由卫兵背负才得过小河。我前线部队，亦陆续零星到达，凭借原筑工事，继续阻击敌人，使增援部队得以作好部署，薄暮时，敌人始停止进攻。当夜我师奉命撤至江西整补，所遗防务交由 18

师朱耀华部接替。我于当日深夜被送至松江医院后转乘沪杭路列车，经杭州到达江西临川上顿渡55后方医院治疗。在治疗中获悉大场重镇于18师接替后，越日即失守。

我师守卫大场之战，共历七个昼夜，我干部伤亡三分之二以上，所余士兵不到千人，我牺牲官兵尸体，多未及时掩埋，实为惨酷之战斗。

值此纪念七七抗战五十周年之际，我深深缅怀为国捐躯，血染沙场的川中健儿。

四川彭县政协文史资料研究委员会编：《彭县文史资料选辑》，第2辑，1987年版，第27—30页。

四行孤军——八百壮士

孙元良

第八十八师孤军的由来

一九三七年八一三上海抗日之役,国军坚强抗战,日军屡攻不逞,相持三月余。十月二十六日,我大场阵地失陷,迫得国军于当夜从第一线转移到沪西。十一月十二日更向后总退却。

十月二十六日早晨,上海战区国军最高指挥官顾祝同先生打电话给我:"委员长想要第八十八师留在闸北,死守上海。你的意见怎么样?"我略加思索,答:"我不同意。为什么呢?如果我们死一人,敌人也死一人,甚至我们死十人,敌人死一人,我就愿意留在闸北,死守上海。最可虑的是,我们孤立在这里,于激战之后,干部伤亡了,联络隔绝了,在组织解体,粮弹不继,混乱而无指挥的状态下,被敌军任意屠杀,那才不值,更不光荣啊!第八十八师的士气固然很高,并且表现了坚守闸北两个多月的战绩,但我们也经过五次的补充啊!新兵虽然一样忠勇爱国,但训练时间较短,缺乏各自为战的技能。——这是实际情形,所以我不同意。"

最后终于奉命留下一个团,死守闸北。——这就是"八百壮士"的由来。

孤军光荣达成任务

在全军退却沪西前,我请第五二四团的团附谢晋元中校和该团第一营营长杨瑞符少校两位同志到"四行仓库"(大陆、金城、盐业、中南四银行联营的仓库)我的司令部里,我亲自交给他们"死守上海最后阵地"的命令。

我向他们说："你们最好把指挥所和核心部队布置在这里。这幢庞大的建筑物不只坚固易于防守，同时更易于掌握部队，我们的新兵实在太多啦。这里粮弹存储很多，为防自来水管被截断，饮水也有存储。有这样好的根据地，你们可以坚持下去，好好地打仗了。"他们很骄傲地接受了我的命令。后来果不负我所期，在抗战史上留一极壮烈的史迹。

坚守最后阵地三天后，晋元同志给我一封信：

元良师长钧鉴：窃职以牺牲的决心，谨遵钧座意旨，奋斗到底。在未完全达成任务前，绝不轻率怠忽。成功成仁，计之熟矣。工事经三日夜加强，业经达到预定程度。任敌来攻，定不得逞，二十七日敌军再次来攻，结果，据瞭望哨兵报告，毙敌在八十人以上。昨(二十八)晨六时许，职亲手狙击，毙敌一名。河南岸同胞望见，咸拍掌欢呼。现职决心待任务完成，作壮烈牺牲！一切祈释钧念。

职谢晋元上。二十九日午前十时　于四行仓库。

我的回信：

谢团附、杨营长、暨我诸忠勇同志：余顷在沪西前线。余虽在沪西前线，余之心魂与诸同志同在闸北。

余奉命防御闸北轴心阵地，保我疆土。诸同志奋勇却敌，固守二月有半，倭敌终于未能越雷池一步，所以报国，幸不后人。近以一发之动，全线西移！本军亦奉令转移阵地，而以最后守卫闸北之责付托我忠勇之诸同志。

诸同志能服从命令，死守据点，誓与闸北共存亡！此种坚忍不拔、临危授命之精神，余与全军同志同致无上之敬意。

我中华民族自古多果敢赴难之士，岳家军屹然不动，戚公军剽悍却敌，以身许国，浩气长留天地间。我国民革命军赋此美德，重以最高统帅之教训，不吝牺牲，早抱成仁之决心。此次杀敌致果，实开震天动地之历史伟绩。我黄帝亿兆子孙，全世界千百万后世人，必以血诚读此史页。

诸同志孤守闸北已三日夜矣，敌之畏葸与我之勇敢已为举世所共见。沪上中外人士交口钦佩，民众奔走援助；咸负"如可赎也，人百其身。"之愿。此诚中华民族之光荣，我中华民国之光荣，亦我国民革命军之光荣。

望继续奋斗，完成抗敌使命，流最后一滴血！我最高统帅于诸同志之壮烈牺牲，殊深嘉慰。余敬以转告。

十月二十九日，孙元良于沪西。

冒险献旗的四十一号女童子军

四十一号中国女童子军杨慧敏在十月二十八日中夜，冒着生命危险，冲过火线，向我四行仓库的英勇守军献送国旗。此一壮举和四十一的编号，立即由路透社传遍世界，在国际童子军史上写下辉煌的一页。

以下是杨慧敏女士的自述：

中华民国二十六年，抗战军兴，时局一天天的紧张。八月初，敌人的炮火已经迫近淞沪了。那时我在高中毕业不久，在美的糖果公司任职，此时已经停工。我像其他爱国青年一样，献身捍卫祖国的洪流，加入上海童子军战地服务团，对前后方军民展开广大而深入的服务工作。

经过三个多月的保卫战，上海最终失守了！我们童子军服务团有的随军队撤走，一部分随着难民撤进租界。我率领七个男女童军，在公共租界苏州河畔一个尼姑庵里为一千多难民服务。

这天（十月二十七日）夜里，沉寂的夜空忽然响起激烈的枪声，我悄悄地溜出尼姑庵去侦察。上海十月的夜是寒冷的，疏星几点，像往日一样还是那么懒洋洋地挂在天幕。远近的建筑物静静地罗列着。苏州河水默默地流着，没有半点声音。我听着自己胶鞋擦在柏油路面的单调脚步声。

沿着苏州河往西边的垃圾桥走，毫无目的地，我不知道枪声从哪里来，也不知道该往哪里走。走到垃圾桥，一排铁丝网挡住去路。我正在探望，想找一个空当钻过去，忽然“噗”的一声，星光下一把寒光闪闪的刺刀挡在我胸前。几个月来枪林弹雨的服务，我的胆子也磨大了；加上四周岑寂似水的夜空，使我的心情格外镇静，我一点也不害怕。我的眼光沿着刺刀往上移，朦胧星光下，隔铁丝网站着一个高大的英国兵。他用生硬的中国话问我：“你是什么人？”我没有答他，只伸三个指头敬礼。他喊了一声，用英语说：“Boy scout。”

我告诉他，我要侦察枪声的来源。他见我说得轻松，态度又满不在乎，再加上我的装束是男童子军，说话却是娘娘腔，他找不出一句适当的中国话来问我，只好跟在我的后面走。我们过了垃圾桥，进入桥头的英国守兵碉堡，从枪眼中清楚看见仅隔开一条马路的四行仓库。

英国兵告诉我，四行仓库里的中国守军要死守，刚才的枪声正是与敌军在激战。我听得兴奋，心中升上一个念头——我要帮助我们勇敢的守军。

天已破晓，我只望见一座弹痕累累的四层楼大建筑物，看不见人。我又望见这大建筑物矗立在三方是太阳旗、一方是英国米字旗的中间，我心里产生一个迫切的祈求：为了鼓励上海市的人心，表现我中华民族的凛然正气，四行仓库的屋顶必须飘扬一面青天白日满地红的国旗。

回到住处，到了晚上，我脱下童子军制服，将一面大国旗紧紧地缠在身上，我再罩上制服。夜空是黝黑的，有英国兵走动的影子。马路对面的四行仓库像一个巨人，俯视着我。我观察了一下地形，若是溜过马路，势必要被左右的英国警戒兵发现，把我作为枪靶子。过了马路，四行仓库有重重铁丝网围着，只有沿着铁丝网工事爬到缺口处，再从窗子爬进去。

终归是冒险的，我卧倒地上，爬过马路。我急跳的心刚稳定下来，忽然枪炮声大作。我以为我被敌人或是警戒兵发现了，忙伏在路旁的工事里不敢动。红绿的火舌在我头上飞舞。原来是敌人又向四行仓库进攻哩。不过敌人似乎不敢过分乱放枪炮，因为隔苏州河对岸英租界耸立一排大汽油坦克，一颗子弹飞错方向，全上海市民连日本人也不例外，都要遭受祸殃！

不久，枪炮声沉寂下去，我又开始慢慢爬，终于到了东侧的楼下。谢晋元团长、杨瑞符营长早有消息，知道我要来献旗，他们都在等候我。

我脱下外衣，将浸透了汗水的国旗呈献给他们，在朦胧的灯光下，这一群捍卫祖国的英雄都激动得流下泪来了！谢团长说："勇敢的同志，你给我们送来的岂仅仅是一面崇高的国旗，而是我们中华民族誓死不屈的坚毅精神！"

他立刻吩咐准备升旗。因为屋顶没有旗杆，临时用两根竹竿连接扎成旗杆。这时东方已现鱼肚白，曙色微茫中，平台上站了一二十个人，都庄重地举手向国旗敬礼。没有音乐，没有排场，只有一两声冷枪声，但那神圣而肃穆的气氛，单纯而悲壮的场面，却是感人至深的。我一辈子永远不会忘记。

谢团长带我参观各处，窗口和各种工事都就地利用仓库积存的整麻袋黄豆或麦子堆成，十分坚固。负伤的弟兄们躺在地上，有的在呻吟！我的热泪长流，我坚决要留下来替他们服务。但是谢团长硬把我送出门口，将我推出去。他喊："冲过马路，跳下河！"

我猛冲过去，跃下苏州河。头上枪声大作，我知道敌军发现了我，这时已是白天了。我平日练就的游泳技术救了我，我深潜水中，游至对河公共租界登岸。抬头一看，苏州河畔站满了人，纷纷向四行仓库屋顶迎着朝阳招展的美丽国旗招手欢呼！

最高统帅部下令孤军撤退

“八百壮士”在几天以后，奉到我统帅部的命令，于十一月一日拂晓，退入上海公共租界。

先是英国军同情他们，认为孤守无益，劝他们退入租界。孤军感谢这种好意，但告以遵守命令，乐于杀敌，不同意随便撤退。这使英国军大大佩服。临到奉命退却时，英军指挥官马勒提少将不顾日军的抗议，亲自站在他警戒线上的重机关枪阵地上，掩护我孤军通过新垃圾桥。这本不是他的责任，也不是我孤军所需要的。——由于我孤军的英勇，激发起英国军人的侠义心肠。

这一役，孤军坚守最后阵地，力战四日夜，击退敌军六次围攻。敌军横尸四行仓库附近二百余，伤者无算，并毁其战车两辆。我孤军仅伤亡三十七人，营长杨瑞符少校弹穿左胸，负重伤。

为什么一会儿要孤军死守，一会儿又要孤军撤退呢？晋元同志在一次谈话中有一段话说得很明白：

“我等困守闸北四行仓库凡四日夜，击退敌军六次进攻。弹药的消耗不及十分之一，至于给养，虽坚守三年亦无绝粮之虞。

我政府为维护世界和平，达成抗战神圣的目的，复兴中华民族，为千秋万世基业计，虽牺牲千万人之生命，亦无所悔恨！似此四百余之我等孤军，实沧海之一粟耳，何惜牺牲！且我等已有充分之弹药与给养，准备重创敌人，作光荣的战死！‘借租界的庇护以保生命’，我等绝未作此想。

我等之撤退，系因第三者要求维护中立地区（公共租界）之安全，请求我政府同意，而由我最高当局下令撤退者。”

孤军退入上海公共租界后，在租界内所处的地位非常微妙。他们既不是俘虏，也不是要求庇护者。因此，他们以后的经历就十分复杂——我在这篇文内都将一一说到。现在先把晋元同志这一次谈话的全文且录如下。这篇富有历史性的谈话是他在上海胶州路（后改名晋元路）孤军营发表的，时间大概是一九三八年五六月间。

“数月来，关怀我等的人士因为自我等撤离后，消息阻隔，所以传说纷纭。实则六个月来，我等被禁锢此间，始终未离公共租界一步。

前数日，因华东社之新闻一则，我等曾发表一公开信，该信登于五月十七日上海各报。

余今日所欲言者，为我等在此间的法律地位问题。按国际法，依据《海牙陆战条规》，交战国俘虏之处置应属于敌国政府之权内，而不属于捕获俘虏的个人或军队之权内，自不能将俘虏作罪人看待。更有明文规定，应以人道待遇俘虏，保留其私权和宗教信仰。只要不越出秩序与风纪的范围，应有相当之自由。

此外，尚有因弹尽援绝，非逃避至中立国的领域不能生存者。第一次世界大战之际，瑞士国收容交战国之军人甚多，该国对此等军人概依《陆战中立规约》与《陆战法惯例条规》，优礼相待的前例办理。

但如我等之撤退，则情势特殊，稽诸古今，并无前例，更绝不能视同俘虏。

我等困守闸北四行仓库凡四日夜，击退敌军六次进攻。弹药的消耗不及十分之一，至于给养，虽坚守三年亦无绝粮之虞。事实如此，不能武断加以‘溃退租界，借此庇护’的侮辱言词，其理甚明。

我政府为维护世界和平，达到抗战神圣的目的，复兴中华民族，为千秋万世基业计，虽牺牲千万人之生命，亦无所悔恨！似此四百余之我等孤军，实沧海之一粟耳，何惜牺牲！且我等已有充分之弹药与给养，准备重创敌人，作光荣的战死！‘借租界的庇护以保生命’，我等绝未作此想。

我等之撤退，系因第三者要求维护中立地区（公共租界）之安全，请求我政府同意，而由我最高当局下令撤退者。

上海公共租界既得谓之为中立地区，则应履行其中立者的权利与义务，此为不易之论。倘有漠视一方的行为，何能维持中立者自身之中立与安全乎？况中日两国迄今尚未宣战，日人敢以中国四万万五千万人为敌乎！

或曰：‘上海公共租界当局恐释放我等，将遭日人之反对，因此，处境维艰耳！’余以为日人既自诩崇尚武士道，当不出此反对下策。倘日人欲效稚儿，作意气的反对，直不啻与全世界爱好和平、主张正义之人类为敌！况有上海战事初起时，日军被我军击溃，其一部二百余人逃入公共租界（此为真正的“溃退租界，借保生命”），旋即经租界当局释放，并将缴获之武器一并送还之前例乎？先哲有言：‘己所不欲，勿施于人。’若以自国溃军被释为是，而于他人则以为非，是诚自居劣等矣。

余为一军人，但余不信武力为万能。历史实例，可为前鉴。若侈言武力，此时倘有人以十万兵临孤军，亦非我等所惧！

余向全世界爱好和平人士呼吁，请主持公理与正义，唤醒上海公共租界当局，注意其自身的中立态度，实践其诺言，使我等自由。更有望于当日呼吁我政府下令撤退孤军之友邦人士，为正义故而始终赞助我等，则不独我等之幸，实全世界人类正义之幸也。”

我国政府循上海中立人士的呼吁，为维护上海公共租界的安全，正式下令撤退孤军。孤军服从命令，全副武装整齐地退入公共租界。他们既不是被俘虏，也不是自动要求庇护，可说是公共租界邀请的客人。这是当日的事实。

更有事实足以证明孤军并非俘虏，不应长期被羁留，就是那时公共租界当局因为孤军不是俘虏，不肯供给伙食。临时借垫的少数款项，后来都向我政府索回了。孤军在最初两个月全靠上海爱国团体（刘鸿生等主持）供应给养，以后则由我政府按照国军待遇，源源接济，一直到太平洋战争发生，公共租界沦入日伪手中才停止。

上海公共租界当局对于真正溃逃租界、借保生命的日军完全放还，武器也一并送还，而对我孤军则不能作同样的处置！虽由环境使然，出于无奈；然而有强权、无公理的丑恶怯懦面目又在这般人身上再度显露一次啊！

孤军为国旗而流血

孤军羁旅上海公共租界四整年又一个月零二十七天（一九三七年十一月一日至一九四一年十二月十八日）。“此种长期奋斗，实较之前线官兵在炮火炸弹之下，浴血作战，慷慨牺牲，尤为艰苦卓绝，难能而可贵。”他们的生活是艰苦卓绝的，同时也是光辉灿烂的。晋元同志从一九三八年元旦起，直到他遇害前两天（一九四一年四月二十二日）止，连续写了三年的日记。从他的日记中可以看到孤军在上海晋元路孤军营中出操、上课、工作、游戏，以及和上海租界内学生、工人、市民同胞等交往各种情形……

国军撤退后的上海，孤军营成为上海同胞唯一振奋和关切的对象。孤军的荣辱丕泰，上海同胞都视为自己所身受的一样。有一段时期，孤军营未被限制普通人的出入，上海同胞可以随便和孤军接谈，所以晋元路上，每天人来人往，络绎不绝。好像信徒们拥向圣地。

一九三八年八月，孤军为纪念八一一（一九三七年八月十一日第八十八师自无锡出师向上海抗日），向公共租界万国商团团长亨培交涉，悬旗三天。八月九日，孤军营内竖起旗杆。亨培来干涉，先是不许悬旗，后要求将旗杆截短，俾与营内大礼堂屋顶相齐，避免日军看见，引起麻烦，使工部局为难。翌日，孤军八一一、八一三两大纪念日将临，而悬旗问题尚未决定，不得已将旗杆砍去数尺，重新竖立起来。

十一日晨六时，举行升旗典礼，国旗飘扬于孤军营内。上海市同胞望见，无不感奋流泪！

四小时后，工部局派英格兰兵三百名，包围孤军营房，派意大利兵四百名，散布晋元路一带警戒；又派白俄一队向孤军营冲入！幸有万国商团中国团员吴启荣事先发觉，来告。晋元同志即令第一连负责警戒瞭望塔，第二连分散于大操场。下令后不到五分钟，白俄队即冲进营房，用机关枪向手无寸铁的孤军扫射。当有刘尚方、尤长青、吴祖德、王文义四同志殉难于国旗下，另负伤官兵十一人。

白俄队行凶后退出。同日晚十时又来了一队白俄，强将我全部孤军挟入救护车多辆，驶往外滩中央银行幽禁，晋元同志及全体官兵对此绝食抗议。

此事引起上海同胞的愤怒！一致罢市三天，声援孤军，要求将孤军送回晋元路原营地。工部局不得已照办。悬旗事件暂告一段落。但经此事件后，孤军营内的国旗被收缴，此后只能举行“精神升旗”了！

何玉湘烈士被害

一九四〇年九一八，孤军营又发生了何玉湘中士被白俄开枪杀死，高广云上等兵被击伤的血案！抗战胜利后，一九四六年，凶手米奇亚可夫经上海法院审讯，判处徒刑十五年。当时上海新闻报登载审讯经过颇详，内容如下：

一九四〇年，上海万国商团白俄雇佣兵米奇亚可夫枪杀四行孤军何玉湘中士一案，自本（十）月十二日初审后，以该案证人未能到齐，故改于昨日（十月二十二日）下午再审。昨日到案证人有前四行孤军中士班长石洪谟，及在警察局任警官之前万国商团白俄队长伊凡诺夫。

推事吴荣林、书记谢寅生升座后，首传被告米奇亚可夫讯问。据米供：二十九年（一九四〇年）九月十八日那天。担任守卫孤军营的白俄士兵由七岗增至十三岗。当时被告担任守卫第一岗。因那天形势紧张，迫不得已乃开放一枪。同时，在被告开枪后三十秒，第七岗之拉希开维支亦开放一枪。被告虽开枪，但不能确定何玉湘即为彼所伤。

次由证人伊凡诺夫作证。伊称，当时并未在场。但从报告书上得知米曾开枪。于米开枪后三十秒，第七岗亦曾开枪。唯记录上并未载有开枪致何玉湘死命一文。又因奉上司令，无论何人不得入孤军营，故亦无从查得开枪后所发生情事。彼当将每日记事簿一册呈交庭上，以备参考。

伊发言完毕，由证人石洪谟发言，石称，年二十八岁，现服务于中央干训团，原在孤军营唐棣连长部下任中士班长。现唐连长因公赴苏州，故由本人代连长作证。出事那天，因奉谢团长命令，察看营外马路上是否有事发生。本人奉命后，当即驰往出事地点，而情逢其会，故知之甚详。当时因欲察看马路上是否有事情发生，故与何玉湘并肩站在一凳上，向外观看。当时孤军与民众等因营门无故被封锁，与白俄守兵发生冲突，米乃向营内开放一枪。记得当时米曾瞄准二次，至第三次瞄准才开枪。所放枪弹先中何头部，再中另一士兵高广云之腿。因高适在洗浴室内，而该室地位颇高，故弹中腿部。

石讲述完毕，被告律师刘剑刚乃起立为被告辩护。"当时环境恶劣，日人屡次要求接管孤军，租界当局则竭力避免。因之派白俄队戒备，名为看守，实则暗中保护。九月十四日为升旗一事已有不幸事件发生，盖当时租界不准孤军升旗，而孤军则因情绪热烈，故未得着管理当局允许，仍将国旗升上，因此遭管理当局用自来水、催泪弹将士兵冲散后，将旗降下。此事发生后，白俄警士等奉令不得入营。九一八那天，马路上已有民众数百人与营内士兵互相摇手呼应。那时米年纪不过二十岁，因年幼无法应付当时紧张情形，故而开枪。事后本人亦曾向白俄队长伊凡诺夫询问，何以不多派人协助米等？伊答以无法。米之上司亦应负担相当责任。本人有三点为被告辩护：(一)被告承认开枪，但未承认杀人，亦未能证明彼杀人。(二)何玉湘致死之枪弹，未能证明即为被告所开放者。又因环境不许可入内调查，故无法证明子弹为谁所发。盖当时第七岗亦曾开放一枪。(三)当时民众包围被告，营内孤军又发动呼应，有缴械形势。因当时守卫孤军营之警士有法令一条，即于形势险恶，可以无须长官允许开枪。白俄警士入伍之初，乃依照英国军队规定规律，彼等未受良好教育，对法律一项不明了。又当时租界之法令，到现在看来，又大不相同。故请庭上判被告较轻之罪或无罪。"

刘律师辩护完毕后，庭谕：本案定二十八日下午二时宣判，被告还押。

一九四六年十月二十八日，上海法院判凶手米奇亚可夫有期徒刑十五年。

谢晋元烈士殉国

一九四一年四月二十四日，晨光熹微的五时许，孤军营官兵循例在垛场集合，列队早操。点名时，发觉士兵郝鼎诚等四名迟到五分钟。晋元同志治军素严，当众予以训斥。不料郝等早受敌伪方面诱骗，趁机下手。在全体跑步时，乘晋元同志不备，用短刀向他头腰两处猛刺，晋元同志伤重立殒！团附上官志标中校见状趋前援救，也受重伤。凶手当场被附近官兵捕获，移解上海公共租界当局法办。

晋元同志的死讯传出，上海同胞哀痛至极！任何危险也阻挡不住爱国同胞在马路上汇成的大洪流。他们拥进孤军营向他致敬，瞻视他的遗体，三天内共达二十五万人，人人显露出悲愤的面色。

蒋介石于一九四一年四月二十八日发出通电："谢晋元同志之成仁，为我中华民国军人垂一光荣之纪念，亦为我抗战史上留一极悲壮之史迹，回溯该团长率领八百孤军，坚守闸北，誓死尽职，守护我国旗与最后阵地而绝不撤退，其忠勇无畏之精神，已获举世之称颂。而其留驻孤军营中，为时三载以上；历受艰难，尚能坚毅不移，始终一致，保持我国民革命军人独立自强之人格。此种长期奋斗，实较之前线官兵在炮火炸弹之下，浴血作战，慷慨牺牲，尤为艰苦卓绝，难能而可贵。此次被刺殒命，显为敌伪方面久已蓄意。收买暴徒，下此毒手！而我孤军营之忠勇官兵赤手擒奸，固绝不损其全体之荣誉。谢团长不幸殒命，然其精神实永留人间而不朽。谢团长不仅表现我军人坚贞壮烈之气概，亦为我民族不屈不挠正气之代表。除已优予抚恤外，甚望我全体官兵视为模范，共同景仰。以期无负先烈之英灵，而发扬我民族正气之光辉也。"

日本型的野蛮残暴行为

一九四一年十二月八日，日本突袭美国珍珠港，太平洋战争爆发。上海由此沦为真正的孤岛，而孤军堕入了更黑暗的地狱。

十二月十日，伪上海市市长陈公博致函孤军营代团长雷雄同志，要孤军全体参加"和平运动"。雷同志严词拒绝。

十二月二十八日，日军数百突入孤军营，将手无寸铁的孤军全部押到宝山月浦飞机场拘禁。

一九四二年二月九日，敌人又将他们从宝山押到新龙华游民习艺所，强迫他们挖壕沟，做苦工。因为孤军反抗，敌军残酷地镇压，把他们押去南京，关在珠江路老虎桥原第一监狱的俘虏收容所里。

处在这么恶劣的情况下，孤军仍表现出坚强的团结力和严肃的纪律，每天抽空由官长率领跑步和体操。这种强硬不屈的精神激怒了敌人，使敌人痛恨。于是敌人第一步将孤军的官长和士兵分开，第二步将士兵五十人押去光华门外，六十人押去孝陵卫，一百人押去杭州；另押解裕溪口和南洋群岛各五十人。其余仍关在城内原处，将官兵杂在一起，强迫他们做不堪忍受的无休止的苦工！

这种日本帝国主义对于占领地的俘虏和一般平民所施的残暴不法行为，后来经盟军远东军事法庭肯定。盟军在审判德国纳粹战犯时，也曾特别提到“在战争中采取日本形式的野蛮残暴行为，蹂躏了国际法的原则和人道主义的精神”。

孤军的最后奋斗

日本蔑视国际公理，残忍狠毒的手段，压制不住孤军反抗强暴、热爱祖国的精神。十一月六日，光华门外的孤军趁着和孝陵卫的孤军对调的时候，大部分逃走。他们先到小茅山藏了几天，有的就留在本地参加游击部队，有的绕道浙江、江西、湖南、贵州，回到抗战首都重庆——这是回到重庆的九个孤军同志施彪、陈裕松、段海青、陈祖谟、徐文卿、万国卿、张永祥、黎时德、肖益生的最后的冒险经历，也就是大部分孤军的同样的冒险经历。

日本战败投降，抗战胜利后，孤军除了早回到了重庆的以外，从全国各地和南洋回到上海的，计有一百余人。受敌人折磨，赍志死去的当然不在少数了！

被日军押至新几内亚做苦工的孤军三十六人，经澳大利亚政府派军舰送还，于一九四六年八月二十四日到达上海。他们的姓名是唐棪、陈日升、冷光前、王长林、吴萃其、童字标、邹莫、汤聘莘、刘一陵、严占标、陶杏春、伍杰、杨德余、刘辉坤、许贵卿、赵庆全（以上十六人都是官长）、李自飞、赵春山、傅梅山、傅冠芷、石洪华、谢学梅、徐毓芳、周正明、邹斌、陈翰钦、杨柏章、赵显良、张永善、徐玉开、魏成、何英书、杨振兴、任全福、雷鑫海、钱水生（以上二十人大部分是上士中士阶级）。——这三十六人都是孤军干部，被日本人送到最远最坏的地方做苦工！

我们读古今中外的战史，实在还没有发现过像我四行孤军这样壮烈的史迹。他们身虽辱而志不屈，使我们想象到苏武在北海冰天雪地中持汉节牧羊的情景。

然苏武终于由敌国匈奴送还汉朝，而我们残留的万劫未死的孤军却由于日本败退，才能重新享受到光复后祖国的自由。

《孙元良回忆录——亿万光年中的一瞬 1904—1949》，台北坤记印刷有限公司，1975 年版，第 221—240 页。

八百壮士故事

上官百成[①]

民国二十六年(1937 年)八月十三日,日本军阀自中国华北大举侵略上海,继七七事变后,再挑起淞沪战争,揭开了中国全面抗战的序幕。

我陆军第八十八师奉命调至上海布防,在师长孙元良将军卓越的指挥下,全军怀着同仇敌忾的如虹气势,以悬殊的兵力和装备,英勇的与日寇相当优越的海陆空配备浴血苦战,纵然日寇用数以千计的炮火不分日夜的猛烈轰击,后以飞机肆意滥炸,但我军仍前仆后继的坚守闸北阵地两个多月,粉碎日寇"三月亡华"的妄念。

同年十月二十六日清晨,孙将军接到我第三战区副司令长官顾祝同将军的电话,为能详尽讨论,即派参谋长张柏亭少将至中央军指挥部面报战况。经向顾将军详析情况后,便将研议结果向上呈报,最高指挥当局为保持战力,与日长期抗战计,由顾将军转令,以 1 团兵力固守闸北的四行仓库,掩护我军撤退。后斟酌实况,乃权宜变更由第五二四团第一营为基干,配属必要特种部队共八百人留守。于是在中校团附谢晋元,少校团附上官志标,少校营长杨瑞符等人率领下,担负此项轰动国际的艰巨任务。

十月二十六日午夜,豪气干云的壮士待完成掩护任务后,迅速往光复路口的四行仓库最后的阵地集合。当时,日寇炮火十分猛烈,分散在阵地上的部队不易快速会合,谢团附决计分批行动,彼此互相掩护。他分派传令兵传达命令,先集合防守上海北站前线的第一连进入四行仓库,随后,二、三连和机关枪连再立即行动。待全体都进入仓库后,谢团附即指示侦查地形,布置阵地,赶筑防御工事,并

① 上官百成,系参加四行仓库保卫战的国民革命军第 88 师 524 团少校团附上官志标之子。

破坏仓库内的所有电灯，以便隐蔽行动，防止敌人藉电线纵火，全部部署妥当后，已是二十七日的清晨。在蒙古路附近警戒排一士兵发觉敌兵前来搜索，不久该排即与敌人接触，边抵抗边退回仓库。下午二时许，敌人到苏州河边，向仓库外的第一线守军做试探性的攻击。此时，谢团附正坐镇仓库内，加紧赶筑工事；上官团附亦忙着指挥警戒部队在仓库外的第一线抵抗，敌方来势凶猛，既攻击又放火，彼此相持三小时，我方使敌方死伤达四、五十人。当我军撤回仓库时，敌兵即跟踪而至，我方立刻防堵库门，又奋力毙敌七、八人，伤敌三十多人，迫使敌兵狼狈逃窜。

黄昏之后，敌兵复不断向仓库周围的木屋发射烧夷弹，妄想引火烧仓库。从二十七日晚上入夜起，上海市民纷纷涌到新闸桥，兴奋的遥望英勇的八百壮士和敌寇作殊死战，直到翌日黎明时分，市民们仍像蚂蚁般沿着新闸桥聚集观看。租界路口的英军纷纷买了百元多的面包送给八百壮士，同时，上海市各界亦竞相解囊购送各种食品，甚至沿北京路到新闸路一带的烧饼店，更主动烤制许多烧饼去慰劳孤军。

二十八日凌晨，有敌军二十多人在苏州河畔打旗语，欲指挥部队进击。在六楼守望的第三连士兵见状，立即负着伤将全身挂满手榴弹，跨过围墙，对准敌丛跃下，他拉开手榴弹的保险键轰然爆炸，烟屑飞扬中，二十多个敌兵已横七八竖地躺在仓库大门前，其余的敌兵拼命往后逃遁，南岸群集的市民无不鼓掌欢呼。接着敌方两名敢死队员，从交通银行北边抬着梯子往仓库爬，到二楼窗口，一队员正想将手榴弹投入仓库时，谢团附和上官团附正好在窗口附近，谢先上去，日兵持枪猛扑，上官速上前，以一手挟住枪，一手扼其喉，猛力一推，使日兵悬空跌落，被自己所带的手榴弹炸死。跟着爬上来的日兵惊慌无比，亦被谢拔出手枪予以击毙。在屋顶上的我军见到敌人，亦快速的投下迫击炮弹和手榴弹，将近抵仓库墙角的敌兵尽皆消灭，残余的敌兵仓皇逃窜。群集在苏州河南岸的同胞和英军见到如此精彩的战斗场面，纷纷鼓掌呼应。

当天上午，有敌机多架飞临四行仓库的上空盘旋侦查，经我军设在屋顶上的防空火力猛射，使之纷纷遁走。守在仓库外碉堡中的蒋震发觉自公尺外有敌人，立刻持机枪朝敌兵猛射，陆续击倒数十个敌兵，使他们无法往仓库的西边进展。在仓库平台墙边瞭望的士兵示警敌方正朝西边运炮欲进击，谢团附即吩咐杨营长调回在仓库外警戒的弟兄，在外警戒的钱振华排长先让弟兄们安全退回仓库后，正欲通知蒋震速自碉堡撤出，惜蒋未能及时撤退，不幸遭敌方炮火炸毁碉堡，而壮烈牺牲。

敌兵又趁机涌出数十人进犯，和守军们展开激烈血战，彼此互有损伤，后终被守军击退。当天下午，四行仓库的屋顶上突然升起一面巨幅的国旗，令租界里的中外人士都大为鼓舞，原来，当张柏亭将军电询谢团附时，获知四行仓库需要补给品和一面国旗，上海市商会得知后，立即备妥所需物资，再交由七位童子军设法送给孤军，其中四十一号童军杨惠敏，特地将国旗折叠好带在身上，在其他人的协助下，冒险匍匐通过西藏北路，将国旗交给孤军。

十月二十九日清晨五时，天刚微明，仓库西北的国庆路上，十多个日军从破屋断墙间潜近，欲作试探性进击，孤军早已发觉，待他们挨近仓库后，即投下迫击炮弹和手榴弹予以击毙。七时二十分，日军复妄图进击，仍被击毙十多人。下午三时三十分许，两艘青灰色的敌方汽艇，每艘带日兵数十人，各驾机枪一挺，杂有持相机的记者多人，自黄浦江闯入苏州河，欲向四行仓库冲去。当日艇将进第七座老垃圾桥时，被两岸和墙上守卫的英军发现，立即出面阻其前进，一时间，双方剑拔弩张。

同时，日军又经上海银行堆栈进犯，孤军立刻沉着应战，由仓库底层以机枪猛烈射击，兼从窗口投下手榴弹和迫击炮弹，再次毙敌四十多人。而在苏州河上的两艇日兵与英军僵持半小时无效后，方退离苏州河。至下午五时四十分许，日军再发动大规模的攻击，彼此战斗十分激烈，虽使日军伤亡一百多人，但孤军中亦有七人阵亡，十多人受伤。

当晚八时，谢团附召集全体官兵检讨三天来的战斗得失，复做精神谈话，当表明要和四行仓库共存亡的决心后，大家分头写信或立遗嘱向亲友们各表报国壮志，然后统由上官团附收妥奋力送出。仓库外，童军们正冒着枪火设法送补给品给孤军，经上官团附力克万难，终将补给品顺利送给孤军。

十月三十日凌晨，日军自虹口方面获得补充后，再次调整部署，将多门平射炮往国庆路推进，持续轰炸仓库后墙。同时，亦在仓库正西方的福康、福源两家钱庄的屋顶上架设多挺机枪，企图压制在仓库平台上的守军从瞭望台向下投弹，并在上空配合数架敌机作势盘旋。而壮士们愈战愈勇，沉着应付日军的围攻，屡次予敌以猛烈痛击，使敌军两次进击都无法得逞，复被击毙数十人。

惜好景不长，租界当局不敌日寇的恶意威胁，复顾及自身的利害，竟纷纷要求壮士们撤兵。我统帅部为顾全大局，始命此英勇的壮士们向租界撤军，虽谢团附和上官团附力表死守壮志，但碍于现况和大局，只得安排壮士们一面战斗，一面准备撤退。他们在日寇猛烈火网的攻击下，虽到达租界，但却死伤了一些壮士。十月三十日午夜，十三辆军用卡车虽按约定已在西藏北路的英军营中接应，孰料，租界竟慑于日寇的淫威，在三十一日的凌晨，根本不照预约的将他们送到沪西归队，反将壮士们送往荒凉的上海跑马厅！

羁留壮士的营区，始终由万国商团的白俄队严密警戒，这白俄队常保有一排人，司令叫依凡诺夫，他们在营区围墙的四个角，各搭一座瞭望台，日夜有人轮流站哨，美其名为保护，实际上是监视与看管。白俄队的门禁极森严，营区有一座大铁门，已被封闭，只有旁边 1 个仅容一人进出的小门是开放的，严禁孤军官兵外出，如外边有人要进入，必须先在营门的卫兵室登记，搜过身后始能进入，并管制出入的人数。虽然租界当局将壮士们当囚犯看待，但全上海仰慕壮士们的民众，却齐称壮士们住的地方为“孤军营”。进入该营参观和慰问的人很多，各行各业都有，尤其是学生，几乎上海租界的所有学校都曾集体去向孤军们慰劳、致敬，甚至有许多外籍人士亦纷纷慕名去瞻仰孤军的丰采。

十月三十一日当天，有关单位传达统帅部的命令，将四行仓库守军的全体官兵各晋升一级。谢团长真除上校团长，并获青天白日勋章；上官志标升为少校代营长，同年十二月又升为少校团附；机枪连连长雷雄先升为少校，同年十二月再升为营长，此命令使孤军们大为振奋。

自己的双手推平营内的垃圾、清除杂草，并开辟出一个大操场。营区中，除三间芦席房子外，由工部局加盖以竹子搭的五大间房子，房子分配为一连住一间，还有一大间作为礼堂，供营内一切室内活动之用。操场旁有间同质料的小竹房，作为谢将军的办公室和卧室，所有营房布置完全部队化。他们虽失去自由，但每个人的心仍是热血沸腾地武装着。在谢将军的领导下，全营官兵的起居作息纪律井然，犹如整训中的部队。他们在营内自设针织、肥皂、汽车驾驶、藤器、毛巾等小型工厂，力求每位兵官都能习得一技之长，并能自给自足。

谢将军将教育和康乐分交上官团附和营长雷雄负责，孤军营学校对外称是育德中学，依官兵程度高低分为四班，师资由救国团的倪灿曾同志从租界的学校中聘请。上官团附组成的孤军剧团，在上海影剧界的协助下，由孤军自编、自导、自演，每逢假日或纪念日，便招待上海市民和学生观赏，俨然形成爱国思想的播种者。此外，孤军营还组成篮球队、足球队，常向外界挑战。民国二十九年秋天，谢团长复策动举办孤军营运动大会，营内官兵全部参加，并聘请上海体育界的知名人士担任裁判，盛况空前。

民国二十七年(1938 年)八月间，正逢八月十一日，是八十八师全体将士在无锡驻地誓师抗日的周年纪念日；十三日，亦是淞沪抗战周年纪念日。谢将军为纪念这两个日子，数天前特地与万国商团的负责人亨培交涉，要求允许悬国旗三天。起初，工部局送来旗杆让孤军竖于操场上，但旋即，亨培竟派人通知不能悬旗！后又决意要砍短一截旗杆，使其高度不能超过礼堂。谢将军即予以言词力争，直至十日谢将军碍于大局，方勉应旗杆高度不超过礼堂，始达成协议。孰料次日，谢将军率同孤军们升完国旗正在训话时，白俄队长摩斐竟前来要求取下国旗，被婉拒而含怒离去。

营外的市民看见营内飘扬着久违的国旗，兴奋地竞相传报，很快的围墙边聚满民众，纷向营内孤军鼓掌欢呼。然在上午十时许，工部局派出英军三百人驱散围墙边的民众，包围营房，复派意大利士兵四百多人在胶州路一带戒备，接着负责担任孤军营警卫的白俄队闯入营房干涉。幸而谢将军预先从我方工作人员获知消息，已将官兵的战斗位置安排妥当，待白俄队冲进营房，谢即力表坚拒降国旗，于是数十名白俄兵砍倒旗杆、扯下国旗，孤军们立刻上前阻止，双方发生激烈的冲突，后经英军进入营房排解，双方才停止攻击。当时，因孤军大多赤手空拳，白俄队皆持有木棍，致使孤军受伤颇重，计有七十人轻伤，四十一人重伤(包括七位军官)。当晚，受重伤的孤军尤长青、刘尚方、王文义、吴祖德等四位不治而死，而白俄队方面，亦有相当程度的伤亡。

十一日晚间十时，亨培又率另一白俄队入孤军营房中。他佯致歉意，假意和孤军全体军官交换意见，当亨培与谢团长交谈时，白俄队竟分别迫孤军各级官佐进入预备之救护车，连同谢团长一起开向外滩中央银行，加以严格看守，妄想隔离孤军的官和兵，使他们就范。但从十二日开始，被看管的官佐和孤军营的士兵们同时绝食，连着七天都拒绝进食，此举令租界大感手足无措。当上海市民们得知护旗冲突后，群怀愤慨，齐发动全面罢市三日，要求释放孤军官佐，严逞白俄凶手。另方面，蒋委员长对此事件十分关怀，一面请中央和外交部向有关各国交涉，一面电请驻沪英大使寇尔主持正义，促使许多自由国家舆论谴责租界之乖张行为，让租界不得不向孤军们屈服。十九日，被看管的官佐终由英国人亲自送回孤军营，全营弟兄们欢欣鼓舞，营外聚集的市民亦乐得互传佳音。

民国二十九年(1940 年)九月十八日，正是九一八国耻的十周年纪念日，孤军为鼓舞上海民心，刻意欲举行盛大纪念会。十四日，孤军营开始升旗，工部局获悉他们的企图，便采取各种方式加以阻挠，虽谢团长立刻提出抗议，但工部局竟然置之不理，双方剑拔弩张。至十八日，工部局更封闭孤军营之营门，不准任何人进出，甚至白俄队警卫的岗位亦突增十三岗！使原本欲进营区参加纪念会的三四百位市民无法进入，而激怒的在营门外叫骂警卫蛮横霸道，营内孤军亦与之遥相呼应，情况相当紧张。

谢团长听到喧哗声，便派三连的中士班长石洪谟去查看，于是石班长赶至营房前，见同连的上士班长何玉湘正立在长凳上，向外挥手张望。孰料，竟被担任第一岗的警卫射杀！顿时，营内、营外群情哗然，工部局为平息众怒，便将该白俄兵扣押。

民国三十年(1941 年)四月间，孤军营正热烈举行“晋元杯”篮球循环赛，外界有许多篮球队前来参加。二十四日晨，谢团长率全营孤军“精神升旗”后，便赶回办公室筹划“晋元杯”决赛事宜，由上官团附负责带队出操。此际，谢团长突遭人行刺，上官团附速赶往搭救，亦被刺六刀受重伤，且背负其遗体离开现场抢救，孤军弟兄们及时奋力制服四名凶手。众弟兄得知谢团长已被刺身亡，大感悲痛，齐欲当场寸磔四凶手，营长雷雄加以制止，表示欲详细盘查凶手。谢团长蒙难的噩耗震惊中外，租界内到孤军营瞻仰遗容的达二十多万市民，青年学生群尤为悲伤。二十九日盛殓时，上官团附不顾伤势担任主祭、抬棺，将他安葬在其生前的办公室旁边。

同年十二月七日晚上，爆发太平洋战争。八日晨，日军进占租界，当天上午八时许改由日军守卫孤军营，从此孤军们过着暗无天日的战俘生活。十二月十日，孤军营上官团附收到汪伪上海市市长陈公博的信件，要求全体孤军参加“伪军”，上官团附立刻严词拒绝。起初，汪伪官员妄想利诱孤军们臣服，但他们始终不为所动，双方坚持十多天期间，重庆国民政府曾密令孤军适时突围，惜他们毫无良机，兼之政府所设的秘密机关屡被日军破获，机会更加渺茫。

二十八日晨，日军派出约一团兵力包围孤军营，并在营区四周岗台架设重机枪，周围遍布轻机枪。每位孤军被三个日军加以监视，强押至宝山月浦机场旁的一座日军营中，对孤军严密看守、刻意折磨，意图迫使孤军们屈服。历经四十多天，壮士们依然坚贞不拔，不愿编入伪军，日军恼羞成怒，于民国三十二年二月九日，复将孤军们押至龙华游民习艺所，强迫他们挖壕沟、做苦工。此时，他们曾计划突围，惜接应部队误时，而功亏一篑。

日本特务侦查知他们的意图，又将众壮士转送至南京珠江路老虎桥第一监狱的俘虏收容所中。因孤军仍坚拒编入伪军，日军便先将孤军的军官和士兵分开，再陆续押一百人到杭州，五十人送至南洋群岛，五十人送到南京光华门外，押数十人至南京孝陵卫，数十人到裕溪口挖煤矿，并留一些人在原处，时常强迫他们无休无止的做苦工。孤军分散至各处做苦工时，各处常觅机作反抗行动，有的成功，有的不幸失败。

如：被分散在芜湖裕溪口数处做工的壮士们，有一组十几位壮士被日军以一挺轻机枪监视着，他们计划将日军击倒，抢得了机枪，不料机枪中没子弹，反被赶至的大批日军处死，其余的壮士们亦准备反抗，但又被日军侦知，而遭受苦刑。另方面，钱振华趁美国轰炸南京的日寇时，便率孤军二十余人在孝陵卫杀死日军警卫，突围而出，从龙潭渡江，进入我军游击队，继续为国效力。其他亦有陈一陵、严占标等十二人，以及陈文仙等数人，都分别由各地逃出魔掌。而到南洋群岛的壮士们，终在抗战胜利后，只有三十六人从新几内亚遣返，其余的多饮恨异域。

三十二年春天，上官团附和部分壮士们被派至南京附近做苦工，在日积月累的劳累下，他旧伤复发而染上肺炎，幸经同做苦工的弟兄协助，将他保释至监狱外医治和疗养。当年，八十八师曾驻于无锡，他便趁机潜至无锡郊外东大池的万福寺疗养，因此，认识了荣淑伟（美英）小姐，两人很快就萌生感情，待上官团附复原后，即毅然的重上前线杀敌，虽战火让他们分两地，但两人仍千方百计的书信往返。抗战胜利后，两人在上海再度相逢，感情越发的成熟，终于“有情人终成眷属”，传为大战之后的佳话。

历经日军的迫害和战火之摧残，抗战胜利后，回到上海的八百壮士只剩两百人左右，经过上官团长的安排，让他们各自重入军旅、回归故乡或在沪地就业。同时，他还呈请政府，将胶州路改为晋元路，胶州公园辟为晋元公园，复协力创办晋元中学，现已成为上海市十一大重点中学之一。民国三十四年十月二十六日，更为谢将军举行公祭大典，特邀天主教南京教区主教于斌主祭，场面十分感人而隆重，并修葺谢将军墓园（后毁于“文化大革命”），上官志标团附带领八百壮士余部所设计建立之墓碑，“文革”后得以抗日英雄获得平反，重葬于上海与宋庆龄同墓园之名人墓园中。

上官志标团长民国三十七年（1948 年）来台，转任公务员任职台南县政府兵役科长，至 1967 年因公积劳成疾殉职于任内。“上官志标传”列入学校五专及台湾大学、师范大学、辅仁大学等国文教科书。1975 年本人依据先父上官志标团长遗留之手稿及资料汇编成《八百壮士与谢晋元日记》一书，由华欣文化事业中心出版，1976 年由中央电影公司辜振甫董事长（原海基会董事长）等改摄为“八百壮士”电影在海内外发行，并参加亚洲影展荣获七项大奖，驰名海内外。1985 年再增摄“八百壮士”续集“旗正飘飘”电影。两部片子上官百成均参加演出，且在海内外电影及电视频道播出，成为爱国教育之经典教材，使“中国一定强”之歌声响彻海内外。谢团长和上官团附领导八百壮士坚守四行仓库的英勇壮烈事迹，至今仍为海内外传扬歌颂。

蒋委员长在抗日初期，领导上海决战，展开惨烈的淞沪会战，虽然日军得到海空军优势支援，消耗国军部分兵力，但也激起全国军民同仇敌忾，团结抗战，终赢得最后胜利。身为“八百壮士”后裔之一，祈愿先烈热血不要白流，世界和平永远确保，诚为人民百姓之大幸也！

台湾中国妇女写作协会编：《走过烽火岁月》，台北黎明文化公司，2006 年版，第 19—32 页。

谢晋元团长与八百壮士

郑侠飞[①]

谢晋元团长是一位杰出的抗日英雄，他与八百壮士坚守四行仓库，在中国抗战史上写下了光辉的一页。当时我以上海公共租界万国商团华队队员的身份，在四行仓库门口的碉堡内值勤，后来又担任谢团长的翻译，和他共同生活过一段时间，回忆往事，历历在目。但时隔四十余年，在细节上可能有与事实出入的地方，请有关同志给以指正。

（一）

一九三七年淞沪战役是在八月十三日凌晨一点钟左右发生的。在此前几小时，八月十二日下午四时左右，我从收音机中听到公共租界万国商团华队的通知，要求华队队员立即全部武装，携带枪支弹药，到九江路江西路口礼拜堂，向华队临时司令部集合。从这一点可以明白，八一三战役的爆发，租界当局是事先知道的。我听了这个通知后，马上前去报到。

上海公共租界万国商团成立于二十世纪二十年代，是公共租界工部局领导下的一支武装队伍，参加的人起初都是外国侨民。后来工部局设立董事会，经过华董的力争，在万国商团之下，成立中华队，由中国人组成。一九三二年一·二八战役前后，由于事实上的需要，又成立翻译队，归华队领导。万国商团除了华队以外，还有英国队、美国队、日本队、苏格兰队、骑兵队、运输队等等，全由外国侨民组成。无论外国队和华队的队员，一律义务性质，不支薪给。另外，万国商团还雇用白俄为团丁，那是职业性的，有工资。当时华队队员有三百多人，其中翻译队一百

---

① 郑侠飞，淞沪会战时系上海公共租界万国商团翻译队队员。

多人。万国商团这支武装力量的建立，名义上是为了保护公共租界的安全，实际上是为帝国主义服务的镇压中国人民的工具。

万国商团司令是英国人马飞少校，华队司令是中国人陈时侠(海关高级职员)，翻译队队长是王廷魁(南京西路国际照相馆老板)。翻译队设三个分队，分队长是徐绍楣(五金店老板)、钟玉亭(鲁麟洋行华经理)等。我是翻译队队员，编号为53号。当时我在美商丽安电器公司任会计主任，该公司经理、厂长都是美国人，和其他外国籍成员先后参加万国商团骑兵队、运输队等。当时参加万国商团的在职人员可以随时请假，到队里去值勤，不扣工资。不论外国队员或中国队员，虽然没有薪给，但值勤时可以享受膳食待遇。华队队员每人发给夏季制服两套、卡其操练服一件、圆形大盖帽一顶、冬季呢制服一套、呢大衣一件、呢军帽一顶、呢帮腿一副，一律黄色，还发给黑色高统皮鞋一双、钢盔一顶、子弹袋一副、军用水壶一只、挂包一只、背包一只、步枪一支、刺刀一把、子弹五发。对于这些待遇，我当时极为羡慕。刚巧一·二八战役时，万国商团成立翻译队，招收队员，应试资格为懂得外语、能口译笔译而有正当职业，并得到所属单位同意的职员。我就报名投考，录取后，经过六个月军事训练(包括学科及实弹射击)，成为正式队员。

一九三七年八月十二日下午四时，我向华队临时司令部报到后，当晚被派往苏州河南岸一带巡逻，下班后睡在司令部待命。八月十三日，我被派往愚园路乌鲁木齐路口救火会美军驻地任翻译，做了两三天。后来华队派我到浙江北路上海第一特区地方法院做警卫工作，又先后被派到凯旋路美军防地、北火车站英军防地做翻译。自从八月十三日日军突然进犯上海以来，中国军队在广大人民群众支持下，英勇对抗，战斗极为激烈。谢晋元率部驻防在北火车站一带，坚守阵地达两个多月之久。当时他是八十八师二六二旅五二四团代理团长，八十八师师长为孙元良。

十月二十六日晨，我被派往北火车站附近克伦海路英军防地做翻译。在那里的英军有一百多人，队长约翰士(Johns)是英国职业军人。晚十一时左右，我在英军营房里听见北火车站方向枪声密集，出去一看，只见北火车站附近的国民党军队正在向西撤退，一个站岗的英军士兵突然喊："Japanese army!"(意思是说日本兵来了)。原来十月二十六日日军突破大场防线，中国军队奉命后撤，谢晋元团担负掩护退却的任务。不久，北火车站被日军占领。

十月二十七日上午，我回到九江路万国商团华队临时司令部，向司令陈时侠汇报日军侵占北火车站情况，陈见我疲劳不堪，叫我在司令部里休息一天。第二天早晨，陈对我说，“约翰士队长指定你到西藏路桥北堍碉堡去做翻译”，我即奉命到达那里。这个碉堡是在一九三二年一·二八事变时建筑的，有三四层楼房那样高，内有铁梯可以到达高顶，上有几个瞭望口。地点是在公共租界西藏路桥北堍的西侧，对面就是华界边沿的四行仓库即金城银行、大陆银行、盐业银行、中南银行共同投资的四行储蓄会仓库。

十月二十六日深夜，谢晋元团八百多人从北站进驻四行仓库，那时仓库的西边和北边都是中国地界，已被日军占领，东边是西藏路，属于公共租界，南边是苏州河，过河即是公共租界，所以四行仓库事实上成为孤岛，与未被日军占领的华界完全隔绝。他们进驻以后，忙在库内建筑工事，把所有的门窗全部封闭，堆满沙包麻袋，工事比较坚固。仓库的东南角有一家小烟纸店的楼房，他们在仓库里挖了一个洞，与小烟纸店相通，并在店面的板门内外堆满沙包，只在楼上留一窗口没有堵塞。这个窗口对面就是西藏路桥北堍的碉堡，彼此可以通话，这是当时四行仓库对外联络的唯一出口。

我到达公共租界西藏路桥北堍的碉堡以前，那里已驻扎十几个英军官兵。我向英国小队长报到以后，一面与他闲谈，了解昨天（二十八日）的情况，一面观看四周环境。小队长盛赞谢晋元团长率领八百壮士英勇抗击日军的事迹。他说：“昨天，日军曾两次进攻，企图趁中国兵尚未站稳以前，一下进占四行仓库。但中国兵一面堵截敌人，一面上屋投手榴弹和迫击炮弹，日军伤亡很多。今天拂晓，有一个中国兵身上裹满手榴弹，从仓库顶上突然而下，跃入日兵丛中，只听轰然一声，这位勇敢的中国兵为保卫祖国与敌人同归于尽。”几个英国兵也说：“昨天下午，中国人用卡车装了慰劳品，沿苏州河北岸，开到西藏路桥北堍东侧，将慰劳品送进烟纸店窗口，给四行仓库内的中国兵。昨天中国兵还在四行仓库顶上升起了中国国旗。苏州河南岸和西藏路桥北堍以东公共租界内成千上万的中国群众，见到国旗升起，热烈欢呼，掌声雷动。”

关于女童子军杨惠敏送旗一节，确是事实，但当时各报说她是游过苏州河去献旗的，则属夸大性的宣传。这里，谈一谈几个根据：

一、四行仓库在苏州河北岸，南岸是公共租界，当时英美军队在苏州河南岸布置了两条警戒线。第一条警戒线在西藏路煤气公司门口，由巡捕房巡捕和特别巡捕防守（特别巡捕英语为 Shanghai Municipal Police Special，简称 S. M. P. S，是义务性质，类似旧中国的义务警察，其中有中国人，也有外国人）。他们防守的目的，主要在于保卫煤气公司。第二条警戒线在西藏路桥南堍沿苏州河一带，由美国海军陆战队防守，禁止行人过西藏路桥。所以杨惠敏不可能通过第二条警戒线，更不可能横渡苏州河，即使渡过河，也不可能上岸到达四行仓库，因为北岸也有英军警戒，不许行人通过。

二、十月三十一日，我和谢晋元团长一起到达孤军营，第二天早晨，我就见到杨惠敏也在那里。她对我说，“前几天，我跟装慰劳品的卡车一起到达西藏路桥北堍的东侧，我把国旗送进了四行仓库”，可见并非游过河去献旗。她在八一三战役爆发后，参加中国童子军战地服务队，上海失守后她到宁波做伤兵运输工作，后来到达后方。据传说，在赴重庆途中，电影演员胡蝶托她代带一只箱子，后来这只箱子遗失了，胡蝶向军统特务头子戴笠告了一状，戴笠就逮捕杨惠敏，把她长期关押在歌乐山中美合作所，以后情况不详。

三、在孤军营时，我碰到谢晋元的营副上官志标，他对我说：“我在北站阵地转移时，掉了队，所以我是十月二十八日到达四行仓库的。”我问：“报上说杨惠敏游渡苏州河，是否有这件事？”他说：“我并没有听见。”

但无论杨惠敏游渡苏州河也好，跟着装慰劳品的卡车过苏州河也好，她在八百壮士困守四行仓库的危急关头，英勇地去献旗，终究是一件值得赞扬的爱国行动。十月三十日，万国商团华队没有派人来调班，我仍留在碉堡里值勤。这天，日军继续进攻四行仓库，但仓库的墙壁厚，工事好，加上八百壮士奋勇对抗，日军没有得逞。那时日军虽有大炮但不敢轰击，虽有飞机，不敢投弹，因为仓库附近就是公共租界，如果流弹误入租界，会引起国际争端。下午三时，发现苏州河里有两艘汽艇，向西藏路桥驶来，船上悬挂日本国旗，载着全部武装的日本兵。汽艇穿过浙江路桥、临近西藏路桥东侧时，原来停泊在那里的中国小木船上的船民知道敌军是去进攻四行仓库的，他们出于爱国热忱，不约而同地把小木船从四面八方集中起来，堵塞了河面，使日本汽艇无法前进。这时，四行仓库里的战士，从小烟纸店楼上的窗口里喊我（他们早从窗口看出我是英军的翻译人员，喊我翻译官），叫我告诉英军，不让日本汽艇开过来，如果汽艇驶到西藏路桥，八百壮士就要用机关枪扫射，不管什么租界不租界，后果应由英军负责。我把这些话告诉了小队长，小队长立即离开碉堡到中国银行仓库队部去请示。后来，日艇先后退去，中日双方都未开枪。

三十日下午四时，我同英兵一起，从碉堡出发，沿西藏路往北巡逻，到达开封路口，又掉头回来。在开封路上，我见到有几十个日军，正在布置大炮和重机枪，枪炮口都对准四行仓库后面。回来后，我把日军部署情况写了一张小纸条，搓成团团，丢入烟纸店楼上窗口，劝八百壮士早作准备。

三十日下午五点多钟，英军小队长对我说："请你告诉八百壮士，我们英军要撤退了。"我问："为什么？"他说："下午七时，日军要开始总攻。"我把此事告诉烟纸店楼上的孤军。大约隔了十分钟，孤军又叫我，要我告诉英军："如果英军撤退，那么不管碉堡铁门上锁不上锁，中国军队就要占领碉堡。他们什么时候走，我们就什么时候占领，要英军立即以行动来答复。"下午六时半左右，小队长留两个英兵在碉堡内，他自己和其余英兵包括我在内，一起向东撤退到西藏路东侧中国银行仓库。这个仓库与四行仓库东西相峙，但它的地位属于公共租界。

我们撤至中国银行仓库，小队长对我说："今晚没有事了，我们休息吧！"我即和小队长和衣躺在行军床上。但我想外面战事这样紧张，小队长却叫我休息，其中一定有什么花样，便假装睡着。没有几分钟，他蹑手蹑脚地走出去，我也跟着出去。刚出中国银行仓库门，我被小队长看见了，他对我说："外面危险，你不要出去，留在里面。"我即退入门内，窥看路上的动静。原来中国银行仓库在西藏路上有两扇大铁门，这时小队长把一扇铁门打开。我很诧异，不知道为什么要这样做，后来才了解是执行上级命令，掩护四行仓库孤军撤退。

中国银行仓库沿西藏路的围墙上，有英军驻守，桥堍的路面上铺了一面英国旗，表示这是公共租界。下午六点多钟，天黑下来，原来留在碉堡里的两个英国兵也撤入中国银行仓库。到了晚上七时，突然枪声大作，日军又向四行仓库进攻，孤军顽强应战，我听到一个个手榴弹在日军阵地上爆炸，心中有说不出的兴奋和喜悦。

接着，日军用探照灯照亮了四行仓库的东南角，连英军原来驻守的碉堡也被照得清清楚楚。经过半个多小时的激战，探照灯突然熄灭，路上一片漆黑（后来听孤军杨排长说，是他用机关枪把日军探照灯打掉的）。探照灯被打掉后，八百壮士开始撤退。他们把烟纸店门口的工事拆掉，然后一个个从店内柜台上跳出，穿过西藏路街心，几步就跃入对街的中国银行仓库。第一个冲出的是杨瑞符营长，其余壮士陆续撤出，最后退出的是谢晋元团长。由于天黑，又有中国银行仓库大铁门的掩护，我没有听见在撤退过程中，有什么大的伤亡。事后听说，当晚日军总攻前，宋子文曾从中国银行仓库打电话给谢晋元，叫他立即撤入公共租界中国银行仓库，谢普元不同意，要继续对抗。宋子文对他讲，军人应以服从命令为天职，于是谢晋元不得不同意撤退。

(二)

孤军全部撤入中国银行仓库,已是后半夜,即十月三十一日零时左右。这时,谢晋元团长和八百壮士被迫把武器交给英军,英国兵陪谢晋元团长进入仓库底层的办公室,即我和英军小队长原来睡觉的地方。当时在场的有谢晋元团长、万国商团司令马飞少校,还有两个英军和我。谢团长面容憔悴,满眼红丝,流着眼泪,悲愤之情,溢于言表,但精神很好。他和马飞少校谈话时,由我任翻译。谢团长在谈话中,有时泣不成声,于是大家只好默然相对。这是我第一次见到谢晋元团长。

不久,天蒙蒙亮了,马飞少校对我说:"请你告诉谢将军,我们调一个地方,让他好好休息。"于是谢团长、马飞少校和我三人坐小轿车到北苏州路河滨大厦三楼的一个房间里,这是事先预备好了的。马飞问谢:"要吃些点心么?"谢说:"不要,我不饿。"

大约早晨八点多钟,我们三人又坐小轿车到跑马厅(现在黄陂路口上海图书馆后面的楼房)二楼休息。上午十时,马飞少校叫我对谢团长说,现在营房已经准备好了,请到营房去休息,但他没有说出营房的地点。谢同意后,我们仍坐小轿车出发(我们都坐在后座,谢坐中间,马飞坐右旁,我坐左旁)。当轿车出门时,门前门后,街上墙上,甚至屋顶上都站满密密层层的人群,大家热烈鼓掌,高声欢呼:"抗战英雄万岁!""打倒日本帝国主义!"等口号。由于人群拥挤,车子几乎开不出去,只得缓缓前进。谢团长一面流泪不止,一面对人群不断举手行礼,我和马飞少校也跟着行军礼。

营房在沪西新嘉坡路四〇号对过的一块空地上,面积有数十亩,附近就是胶州公园。这块空地坎坷不平,垃圾满地,搭有大小帐篷,大帐篷搭在四周,小帐篷搭在中间。空地四周围以铁丝网,大门口由万国商团白俄团丁守卫,有时还在铁丝网四周内外巡逻。我们到时,八百壮士已先到达,住在大帐篷里。谢团长和八百壮士都只许在铁丝网内活动,不能出大门一步,我因是万国商团华队队员,可以自由出入。这个地方实际上就是俘虏营,不过我们中国人则尊称它为"孤军营"。

小帐篷内分内外两间,面积约五六十平方米。谢团长睡在内间,外间作会客之用,晚上是我的睡室,我们两人睡的都是帆布床。八百壮士一进孤军营,中外记者就跟踪而来,进行采访。万国商团华队司令陈时侠和其他官员数人也来了。谢团长对几位记者说:"我几夜未睡,太疲劳了,你们下午来好了。"记者和华队官员走了以后,我们马上睡觉休息。

当天下午，谢团长接待新闻记者，由华队司令陈时侠任翻译，我和万国商团华队几个队员去做慰劳品的接收、登记工作。中国人是多么热爱祖国啊！天天有慰劳品送来，有的用卡车运，有的用黄鱼车拉。吃的，穿的，用的，应有尽有，单毯子一项，就有成百上千条。药品送来也不少，谢团长指定一个军医负责管理。中国群众来访的也不少，因为守门的白俄团丁不会讲中国话，中国人也多半不会讲英语，由我从中翻译。谢团长对来访群众，都一一接见。

迁入孤军营后，头绪纷纭，百废待兴。空地上尽是坑坑注，高低不平，既无厕所，又无烧饭场所。于是谢团长动员战士进行整理，挖一排土坑，坑上加块木板，作为厕所。帐篷外面搭上竹篱笆，涂层泥土，作为墙壁。经过一两个星期的紧张劳动，营房比进来时像样得多。不久，接到南京国民党政府来电，晋升谢晋元为少将团长。八一三战役以前，谢原为五二四团中校参谋，驻在无锡，八一三战役中，晋升为团副，团长牺牲后，由他代团长执行团长职务，这次晋升为少将，并真授为团长。

十一月中旬，孤军营整理就绪。谢团长因身体不适（患有严重胃病），经公共租界工部局同意，住宏恩医院（即现在华东医院）休养，要我住进医院作陪。他占用病室两间，里间为卧室，外间作会客用，病室门口有万国商团白俄团丁守卫，实际上还是监视。在住院期间，他亲手书写中堂一幅赠我，文曰：“富贵不能淫，威武不能屈，贫贱不能移”；还书对联一副，上联为“养天地正气”，下联为“法古今完人”。在与谢闲谈中，我知道了他的身世：广东蕉岭县人，生于一九〇四年，比我大四岁，如果活到现在，应为七十六岁了。他出身贫苦家庭，一九二四年进黄埔军校第四期，一九二六年毕业，以后历任国民革命军连长、营长、团副等职。

大约过了半个月，谢团长和我由医院回到孤军营、这时万国商团华队认为我能主动给孤军服务，升我为翻译队副班长，并通令全华队记大功一次。我同谢晋元相处很好，我的妻子儿女也常到孤军营探望他，和他一起在孤军营内照了不少照片，其中一张谢抱着我的女孩骑在马上，可惜这些照片都在战火中遗失了。除我以外，万国商团华队还派过队员吴萃其、苏宜园、陈克勤等到孤军营服务。

谢团长守四行仓库时，全团号称八百壮士，到孤军营时，只有四百多人（这个数字，是听谢讲的）。人数减少的原因，可能有两个，一是国民党军队一般都有空额，二是在坚守四行仓库的四天战斗中，不免有伤亡和掉队。由于兵员缺额，各营、连人数，有的多，有的少。于是谢团长将人员重新编组，编制仍为营、连、排、班，团设团部，营设营部，连设连部，仍由原来的骨干统率。

谢团长极为好学，每天早晨打太极拳后，即看书看报，对古书尤为喜爱，并练习写大字。他也督促部属读书识字，每周必对全体官兵作一次精神讲话。在孤军营中，官兵们仍旧过着军队生活，每天早晨四时半起床，整理内务，接着为早操、上课、操练，下午为操练和自由活动，有的唱歌，有的打球，每星期还放映电影一次。在体育活动中，有一位指导，名叫俞晋祥，毕业于中央大学体育系，主动要求来营为孤军服务。谢团长还有一匹马，给官兵们作为练习骑马之用。谢治军极严，在孤军营中照样责成官兵轮流站岗，毫不松懈，官兵们偶有违背，辄加严厉指责，听说有时还要有一些体罚。我曾规劝过他，说现在处境不好，对官兵不能太严，否则可能有变。谢说："是啊！目前我们是在帝国主义魔掌下过生活，但如果对部队不严，不培养他们的爱国思想，他们中间可能有人会丧失爱国立场。"这几句话，我今天回忆起来，犹在耳际。但终因他对部属过严，再加上外界因素，以致后来有不幸事件发生。

伙食由炊事班料理，由战士推选产生的伙食委员会领导。每天只吃两顿饭，一顿在上午十时，一顿在下午四时。伙食还算可以，有时吃鱼吃肉，但平常以素食为主。小菜每天由菜场送到营房，炊事班不能出门购买。药品不少，都是各界的慰劳品，由一位绍兴人军医管。

出入制度也有规定，凡是外界有人来参观、访问，先要通过守门的万国商团白俄团丁（警卫室），填写登记表，注明姓名、单位、地址等等，然后由白俄团丁将登记表交给孤军岗哨，转向谢团长请示，能接见的就接见，不能接见的就不接见，不过来访者一般都会得到接待。来访者参观时，必有白俄团丁和孤军战士陪同，不得自由行动。有时有外国人来访时，由我做翻译。

这里值得一提的是所谓"精神升旗"的仪式。中国军队在每天早操之前，必须升旗，这是一个极为普通的礼节。但是在孤军营里，既无国旗，又无军号，甚至连旗杆也没有一根。于是每天早晨，举行"精神升旗"，由谢团长带头，向空中行敬礼，礼毕，大家肃立唱国歌，好像真的在升旗一样。这件事虽小，但它充分表达了八百壮士爱祖国的心情。

十二月中旬，因为我的工作单位美商丽安电器公司恢复营业，我不得不回去工作。在一个寒风凛冽的冬天早晨，我怀着恋恋不舍的心情，离开了孤军营。这一个半月的孤军营生活，时间虽不长，但它在我的一生中，留下了不可泯灭的印象。我舍不得谢晋元团长，舍不得八百壮士，每星期必定去探望一两次。

（三）

一九四一年四月二十五日，我在报上看到谢晋元团长遇刺消息，大吃一惊，赶忙跑到孤军营去，见到了营副上官志标。这时灵堂已经布置好，遗体也已化装，身着军衣，头戴军帽。公共租界华董何德奎、万国商团华队司令陈时侠和华队其他官员数人，都已到场。

丧事由上官志标主持，他向我们几个人叙述了谢晋元团长被刺的经过：二十四日早晨五点钟早操时，有士兵郝鼎诚等四人迟到。谢团长责问他们为什么迟到？这四个士兵早已对谢有所不满，拿起地上的洋镐向谢的后脑猛砍，谢当即倒地，头部和胸部都有重伤。虽然马上叫军医包扎，并打电话给工部局，转请营外医生来救治，但因流血过多，遇刺后一个多小时，便停止呼吸，全体官兵痛哭失声。郝鼎诚等四个凶手，当场被擒，得到了应有的下场。报载凶手是用匕首刺杀谢的，这不符事实，因孤军的武器，包括匕首在内（菜刀例外）都已全部缴出。

第二天，举行大殓，盖棺后举行出殡仪式，送葬的爱国群众有六、七万人。我跟在棺材后边，接着是数不尽的人群，蜿蜒达数里之长。这位全国人民所敬仰的抗日英雄，只有三十七岁就离开了他热爱的祖国。

一九四一年十二月珍珠港事件发生后，日军侵入上海租界，听说孤军营就解散了，万国商团也无形中解散。

上海市政协文史资料委员会编：《文史资料选辑》，第 4 辑，上海人民出版社，1980 年版，第 70—82 页。

八百壮士

杨惠敏[1]

民国廿六年八月十四号。

那是个晴朗和多云的天气，长空中传来了敌机的马达声，一向宁静的上海市民，还未尝到战争的可怖，纷纷爬到屋顶上去看。我爬在晒楼上，带着家乡姐姐两个小孩子，敌机黑幢幢的魔影掠过我们的头上，发出穷凶极恶的吼声，接着在闸北一带投弹了。

“鬼子的飞机下蛋了”，小孩子喊，邻居也在喊。炸弹的爆炸声，人们的惨叫声旋即掩盖了小孩子的喊声，浓烟在四面升起，炸弹的爆炸震得瓦屋沙沙作声，仿佛地面也要崩裂似的，大半个上海似乎都已笼罩在火海之中。

下午，我同家乡姐姐去看被炸后的大世界，一片瓦砾，断垣残壁，人的尸骨东挂在屋檐上，西挂在电线杆上，到处都是人的呼嚎、哀哭，家乡姐姐铁青着脸紧握着我的手，不住地说：“记住，惠敏，这是血债呀！”

我双手掩着脸，呜咽起来，愤恨、辛酸，在我心中燃起了激烈的火炬。自此，敌人的残酷，真正的在我心里烙下了伤痕，而渴求参加抗日保卫工作的热望，随着我的热血在沸腾起来了。

这时，八十八师的五二四团，奉命驻守上海闸北车站一带。八月十二日首先由孙元良将军率领的八十八师，秘密奉命集中于真如。十三日下午三时，向永丰大楼、八字桥、持志大学、爱国女校敌阵发动猛烈攻势，神圣的大上海保卫战就展开了。

敌军猝不及防，五二三团攻入敌阵，占领八字桥，一股作气进攻敌海军陆战队

---

① 杨惠敏，淞沪会战时系童子军服务团难民服务队的小队长。

司令部，发生惨烈的肉搏战。

五二四团的谢晋元团长与上官志标副团长、杨瑞符营长率部固守闸北车站，与敌军作殊死战。敌军将大批的步兵投入战场，再加海、空的攻势，上海保卫战越来越惨烈了。可是谢团长率领着副团长上官志标、营长杨瑞符不眠不休，与士兵共艰苦，前仆后继，视死如归，谁也没有气馁，因此日军也最痛恨闸北的守军。

从八一四这天起，短短一星期内，志愿参加童子军服务的就有一千五百多人，这是既无待遇而又危险的工作，但是，从没有人计较这一点，所计较的是如何争取机会为神圣的民族抗战献上血和汗。十六岁以下的，都不接受，他（她）们除了狠狠地哭了一顿外，还费了不少办事人员的口舌才把他（她）们劝走。我们担任的工作约有十大项：①交通，②保安，③宣传，④慰劳，⑤工程，⑥军需，⑦募集，⑧侦察，⑨救护，⑩消防。不出一个星期，我们就编组好了，有的人兼了好几个组，很快地就展开了对广大上海军民的服务工作。

经过三个多月的浴血保卫战，上海终于失守了。上海的人心都颓丧不堪，大批难民涌向租界。我们童子军服务团，有的跟着军队撤走，有的随着难民进入租界，不能不在沉闷之中，振作起来，担当更艰巨的任务。我被派为难民服务队的小队长，率领了四个男童军，两个女童军，连我共是七人，在公共租界苏州河畔的一个尼姑庵里为一千多名难民服务。

十月廿六日我上海驻军奉命西撤，驻守闸北的八十八师五二四团，进入四行仓库，驻守苏州河岸，掩护主力转进。这时的五二四团经过三个多月的浴血苦战，士兵们已是疲惫不堪，以一营之众进入四行仓库，营长是谢瑞符，团长谢晋元，以百折不回的我军人本色，指挥弟兄部署守卫。

四行仓库是两栋六楼的钢筋建筑，里面堆积大批的小麦、豆子、纸张。当时就拿这些东西筑建工事，堵塞窗户。

弟兄们拖着软绵绵的身子，有的走着走着就倒在地上睡着了，经别人扶起，又咬着牙去背一包两百斤的麻袋赶筑工事，这的确是一件苦事，但时机紧迫，敌人的炮火接踵而至，弟兄们仍然前仆后继地把工事做好，谢团长对他随身参谋人员说：“你可以休息了。”

他说了几句，对方没有反应，再看时，参谋竟靠在他身上睡着了，他摇摇对方，自己也随着打了两个哈欠，连忙定定神，咬咬下唇，大声把参谋喝醒，再看左右时，有一半弟兄倒在地上，呼呼大睡着！谢团长问：“工事差不多了吧？”“差不多了！”谢团长才喘了一口气，吩咐让弟兄们休息一会。“轰”的一声炮声，紧接着敌人的炮火如织而来，地上的弟兄都倏的从睡梦中跳起来，大家一起拿起武器，进入工事，一场大战又展开了！

这天夜里，已是十一点多，难民们都睡了以后，我们检讨完了一天的工作情形，便准备就寝。我看见“耗子精”脱光衣服的瘦个子，显得皮包骨头，完完全全两格大排骨，我不禁叹了口气，哪晓得“哭泡糖”触景生情，呜呜咽咽地哭起来。“不要哭，再哭就变成‘口香糖了’！”我强忍着自己的伤感打趣她。

突然，一度沉寂的夜空传来几声枪声，紧接着枪炮齐鸣，“耗子精”本来已经睡了，连忙爬起来找衣服，我看看寝室，这时才发觉“红嘴鸭”不在，大概又跟她难民中一个情人约会去了。不久，全庵的难民都惊得爬起来，探询在哪里打仗，“听声音，好像不远！”

立刻有人猜测，敌人也许在进攻租界了，这时外面跑来一个人？正是“红嘴鸭”，她脸色发白，指着苏州河北岸，眨眨眼说：“就在那边，看样子，我们还有军队跟敌人打上了！”

听见是苏州河北岸，我们才喘了口气，那是租界以外，为了求事实的真相，我叫“红嘴鸭”安慰难民睡觉，于是我一个人溜出了尼姑庵去侦察。

我沿着苏州河往西走，夜空是寂静的，远处还有零星的枪声，好像就是苏州河对岸发出的，于是我沿河一直往西走，准备过桥到对岸去。走到桥头，这里已是英租界了，两个大堡垒守在桥的两边，就像两个巨人，瞪视着我。桥头的四周，都用铁丝网围着。我站在铁丝网边，正在捉摸如何爬过去，忽然“卟”的一声，星光下一把寒光闪闪的刺刀刺到我的胸脯前。几个月来的枪林弹雨中的服务，把我的胆子也磨大了，再加上这宁静的夜空气氛，使我格外镇静，我一点也不害怕，我的眼光沿着刺刀往上移，朦胧的星光下，隔着铁丝网面朝我站着一个高大的英国兵，张开那如刺猬似的满是胡须的嘴，用生硬的上海话问我：“你是什么人？”我一声不吭，缓缓地伸出三个指头向他敬礼，他哦了一声，用英语说：“波爱是可！”（意即童子军）

他眨着眼打量我身上的童子军装，脸色和缓了些，隔着铁丝网向我伸出他的大巴掌，用三个指头和我握童子军礼。我察看他的颜色，对我已经没有敌意，我一面同他握手，一面趁机蹲下去，找空隙准备爬过去。他收回手，愣了一愣，想阻止我，旋又站开好奇看着我，等我爬过去，他说：“你究竟要干什么？”我指指河对岸，说：“我要过桥去。”他摇谣头，我告诉他，我是要侦察枪声来源的，请他帮忙，尤其这黑夜，他站卫兵站得太久，他有兴趣，可以陪我走走这不是很好吗？

这时他的好奇心大发，因为看外貌，我是个男孩子？听声音却是个女孩子，他眨着眼，好半天找不出表达他心里一句中国话来问我。他用英语同另一个英国卫兵商量，我听懂一半，看他们的脸色，猜想他们是好奇，不妨陪我过桥去，看看我究竟搞些什么名堂。同时他也应了我的请求，在我的纪念簿上签名。

过了桥我碰到麻烦了，这边的卫兵无论如何也不让我再往前走一步，我跟他争吵起来，彼此僵持了半小时，后来桥东的茶叶大楼来了一个办事人员，听见我们的吵声，过来察看动静的，他也帮着英国兵讲话。我气愤已极，对他说："你是哪国人？"对方愣了下，说："中国人呀！""你既然是中国人，就应该帮我的忙！""但是你要我帮什么忙啊，你又不说！"

我要他们帮什么忙呢，我自己也搞不清楚，我说："那我在你这个桥头的碉堡玩玩可以吗？"他们都好奇地看着我，不知道我葫芦里究竟卖的什么药，于是我进入他们的碉堡。有个英国兵拿了一包香烟，向马路对面的四行仓库窗口丢过去，这事立刻引起我的注意，我问向什么人丢香烟，英国兵指指四行仓库说："那边有中国兵！"

这一句话仿佛一针兴奋剂，我的每一根神经都跳动起来，可是我表面不动声色，问他："听说中国兵不是全退完了吗，怎么还有？"

他们摇摇头，不知道是不愿意把原因告诉我，还是不知道原因，我从他们口中知道这批国军是有意死守四行仓库，我心情很是激动，趁他们不注意，我写了一条字条："亲爱的将士们，我是童军 41 号，请告诉我你们的困难，我要帮助你们。"

我把字条夹在一包香烟里，请英国兵丢进去。等了好久，不见对方回信，我借口溜出碉堡，举起童军帽向四行仓库的枪眼口摇。这时已是薄曙，对面可见人影了，不久，枪口扩大了，探出一个脑袋，我作手势，告诉他烟盒里有字条，果然不一会，里面丢出一个小纸包，夹了一块石头，英国兵这时跑了出来要去拾，我一把抢过来，迅速地打开来看，上面写的是："我们需要粮食、弹药、擦枪油！"

我很快把它撕碎丢开，英国兵问写的什么，我说要香烟，要猪肉罐头，英国兵对四行窗口做了个无可奈何的手势。我向他们告辞，沿原路回到尼姑庵。我向大家报告这个消息，每个人都很兴奋，每个都愿意帮国军的忙，都又不知从何帮起。

我骑着一部脚踏车，便一个人到市商会去找商会会长，突的一声紧急煞车，一辆小包车煞在我的身边，前面保险杠正碰着我的屁股，再站前一寸，我就完了，连人带车，摔了个四脚朝天，司机破口大骂，我也懒得去听，一口气冲到市商会，找到会长王晓籁。我说明来意，他怎么样也不相信上海还有国军，他斥责我说："你这个傻丫头，不知道撒的什么谎，上海还有国军，为什么我商会会长都不知道?"我心里又急又气，掏出英兵给我的签名给他看，他还是不相信，我这时真后悔把那张条子撕掉，我气得哭了起来，但我并不灰心，回到尼姑庵，我坐立不安，饭也吃不下，觉也睡不着，脑子里想的尽是如何去帮助四行仓库的国军。等到入夜，我又一个人溜了出来，来到桥头，这时桥头英国卫兵换了人，他很凶，也不讲理，我跟他磨了半夜，他终于磨我不过，把我带过桥，看我干什么。桥东有茶叶大楼，昨天那个万国商团的办事员带我到他们俱乐部去玩，里面有很多人在下棋、喝酒、赌钱，我也穿在他们中间玩，趁机找到了他们电话机管理人，我问他会不会修电话线，他说会修，我便要求他将四行仓库的电话线接好。据我的判断，四行仓库一定有电话通外面，那个电话机管理人大吃一惊，我好说歹说，他才答应试一试看，这时候我吊着一颗心，生怕他的电线接不上。直挨到天快亮，他轻轻告诉我修好了，我差点高兴得跳了起来，我把事先抄好的市商会电话号包好，丢进四行仓库，叫他们直接打电话向市商会请援。

事情办好，我高高兴兴放心回收容所，别人都劝我好好休息一会？可是我睡不着，太兴奋了，我斜靠在床上。据我判断，王晓籁会长在接到四行仓库电话后，一定会来找我的。果然，还不到九点，门口停下一部崭新的黑色小包车，会长一下车就找我，这时我故意逗他，懒洋洋的不理睬他，他拍着我的头，笑着说："你真是个刁丫头，算我错怪了你，现在我们快来商量，怎么把东西运进去。"

原来他在早晨六点就接到四行仓库守军求援的电话，他这才相信了我的话，也立刻被这消息兴奋起来，马上通知各电台。在我躺在床上痴想的时候，四行仓库有我守军的消息，以及请援的事早已广播到上海各地了。等我跟着会长的车到市商会去的时候，沿路各商店纷纷捐献粮食、食品、衣物、香烟，…而我机警的童子军，便已展开了各项收集工作。

不到中午，整个上海都轰动了，到了下午，市商会的慰劳品已堆积如山，会长看着还源源不断来的物品，忧愁地说："怎么运进去呢，怎么运进去呢……杨惠敏，你这个鬼精灵想得出办法来吗?"我大胆的拍拍胸脯，答道："我有办法!"其实，我脑里一片空白，办法不知在哪里，但我有一个自信，一定可以把它办到!

于是，我迅速回到难民收容所，苦苦思索起来。

我左思右想，想不出一个办法，因为四行仓库三面都是敌人，只有南面的英国租界可以接近，怎么向英租界设法呢，我忽然灵机一动，召集了七个女童子军，每个人整装向英租界司令部进发。

他们并不知道我要做什么，直到司令部门口不远，我停下来说："等下进大门的时候，我们只管挺胸鼓肚冲进去，不要怕！"我们八人，排成一字纵队，我带头执着童子军服务队的旗帜，大伙儿挺胸昂首，神气十足的大踏步迈进大门。两旁卫兵莫明其妙地瞪着我们，不知道我们干什么的，一时拿不定主意，好在他们还没动过念头来，我们已冲到办公室门口。这时，每个人都暗暗松了口气，刚才虽然大家都神气活现的，可是心里面都提心吊胆，万一卫兵硬拦住我们怎么办？

我们找到司令官办公室喊声报告，不等对方答话，全冲了进去，一字排开在英军司令的办公桌前。英军司令错愕的看看我们，摸不清是怎么一回事，我将一封事先准备好的英文信，伸手放在他的办公桌上，他问我们干什么，我指指桌上的信，他拿起信来看，我们便散开在他那铺着红厚地毯的大办公室里，看他的画报，撕他的邮票，玩了起来。

英军司令看完了信，脸色大变，用英文嘀咕了几句，再用流利的中文说："开玩笑，你们简直开玩笑！"

"不！"我激烈的抗议，"我们不是开玩笑，我们实在需要你的帮助！"

"那怎么行，我们大英帝国现在是中立的，虽然我们的枪口也对准日本兵的枪口，但是他们不打我们，我们也决不会向他们开枪，这事我不能帮忙！"

"我们不是要求你帮忙打他们，而是请你帮忙把我们的慰劳品运到四行仓库门口就可以了。"

"不行，这与作战没有分别！"

我们八个全部对着他吼了起来："你不帮忙，我们今天就不走！"

说完，我们索性坐在地毯上，慢条斯理的看起画报来，一面将里面的喜爱的照片撕下来。"那不能动，"他想制止我们，我们哪听他的，他制止哪个，这个就撕了一页，不出一会，整个办公室被我们闹得一团糟，他想发脾气，却看我们那付天真模样，觉得滑稽可笑。急得他不住的搔秃脑袋，来回在桌子周围走，口里喃喃地用英语说："糟透了？这团小鬼，怎么办，怎么办……"

我走到他面前，指着他的鼻子，一字一句地对他说："你现在帮我们的忙，也等于帮你们自己的忙，因为日本打了我们，还要打你们！"

英军司令狠狠瞪着我："你是小鬼队的队长，是你出的主意，来这里找我？"

我点头大声应是，他忽然按下桌上的铃子，进来一个英国人。"是谁放他们进来的？"

那人惶惑的着看我们，眨眨眼，答道："我不知道！"

“饭桶!”英军司令拍桌子,“把大门口卫兵叫来!”

大门口两个卫兵嗒嗒地响进来,英军司令问:“是你们放他进来的吗?”

两个卫兵支支吾吾半天,答不出所以然来,英军司令鼻子哼哼指着我们,用中文说:“把他们关起来了!”

卫兵就要来抓我们,我们毫不害怕,反而挺胸对他说:“我们为了国家就是死也不怕,你关好了!”

英军司令狡猾的看看我们八个,接着哈哈大笑起来,他翘起大拇指对我们说:“勇敢!好,我愿意帮助你们!”

我们并不马上表示我们的高兴,问他:“你怎么帮助我们呢?”

“你们要相信我,明天晚上九点,你们将慰劳品载到垃圾桥的旁边,我自会帮你们。”

我最后警告他:“我们童子军从不撒谎,所以也从来不怀疑别人的诺言,谢谢你!”

我发个口令,八个人站成一字队形,举手向他行童子军礼,他看我们虽然顽皮,童子军动作却做得熟练整齐,也庄严地还了我们一个军礼。我们整队才走出司令办公室,就听见后面两声“哎哟”,回头看时,那两个可怜的卫兵,每一个屁股上,正吃了司令的两记大牛皮鞋,狗吃屎地跌爬在办公室门口哩!

我回到市商会,王晓籁会长高兴得跳起来,他拍着我的肩膀,笑骂道:“鬼精灵,还是你有办法!”

我建议用小麻袋并成大麻袋,将慰劳品一袋袋装好。翌晚九时,我召集了四十个童子军,连同慰劳品在垃圾桥等候,果然来了英国兵十辆大卡车,他们不许我们一个人上车,我说:“这怎么行,我们没有人跟着,谁知道你们将我们的慰劳品怎么办了?说不定你们吃掉了我们还不知道!”

英国大兵听了我的话,又好气又好笑,结果让我们四十个童子军全上了车,每辆车上四人。只是限制我们不许出声,这是怕引起敌人发现。

趁着朦胧夜色,缓缓地驰到了茶叶大楼,迅速地将物品卸下,这时桥的两头,已由原来四个卫兵加上了两排排哨,似专为我们而警戒的。

在上车的时候,每一包慰劳品的麻袋上做了个活圈,以车为单位,每个麻袋都用粗绳子串起来,这时我们将绳子都连接起来,准备抢运。这时,突然夜空中起了枪声。

谢团长对弟兄下命令:“弟兄们!好好打上这一仗,鬼子又向我们进攻了!”

弟兄们分做三批，一批在擦枪，一批预备，一批作战，但是困难越来越多了，弟兄连续报告："子弹不够！""没有擦枪油，枪打不响！"

但是没有一个人叫肚子饿？虽然每个人都在饿着肚子，自进入四行仓库以来，就只有生吃仓库中的小麦大豆，吃了两天，由于不消化，已经无法下肚了。谢团长看得出弟兄们的需要，他鼓励说："勇敢一些，我相信上海的老百姓会支援我们，昨天我们不是打电话求援了吗？""报告团长，工事的麦包被打穿，往下漏麦子！"

这下使这个百战英雄不得不注意了，所有的防御工事全是这些大小麦包筑成的，但是他只略为巡视一下，立即想出了办法，叫接上水龙头，把麦子浸湿，果然就不再往下漏麦子了。

通讯人兴奋的递过来一个电话。谢团长大声喊："上海市民的慰劳品已到了侧门！弟兄们，猛烈还击把敌人火力压下去！"一阵激烈的枪战爆发开来。

惊心动魄的抢运工作便开始了。

这天的夜是分外的黑，夜空更是死沉沉的，英国兵单调的皮鞋踩在柏油路面的"叮叮"声，听来格外刺耳。我们四十个童子军迅速地将慰劳品卸下车，将串通的绳子再联起来，五步站一个人，一直通到四行仓库的侧门，市商会事先已有电话通知守军，这时侧门打开了，我们将一袋袋沉重的慰劳品，慢慢地在地上拖，每个人的心情是严肃的，也是机警的，略有一丝响动，我们就卧地不动，等观察清楚，又再开始慢慢地拖。

我站的位置是绳子的中间，也就是马路的中间，便于指挥两头的人，慰劳品在地上"沙沙"地擦着，就像擦在我的心上，这一期间，时间、空间以及意念，对我们仿佛都是静止的，每个人的脑子中只有一个单纯的意念，就是拖地上的麻袋，拖、拖、拖……。

差不多整整花了四个小时，早上五点多光景，当最后一包慰劳品拖进了四行仓库时，我们全想大声欢呼！身心那种轻松愉快的劲儿，即使以后我这三十年颠沛的生涯中，也没有经历过第二次。回到市商会，王晓籁先生已摆下了丰盛的酒席为我们庆功，席上他打开收音机，传出播音员激动而兴奋的声音：

"各位听众，上海市民送给四行仓库守军的慰劳品，已于今天清晨，由四十名童子军冒险运进了四行仓库。请各位市民，仍本爱国精神，给我英勇守军继续支援……"

人心是特别兴奋的，苏州河畔租界这边，站满了人，男男女女，老老少少，一波一波的对隔河四行仓库致敬，可是他们看不见人，只是一座弹痕累累的四楼建筑物而已！

席中，我从窗口望见四行仓库矗立在三面的太阳旗，一面米字旗的中间，心里有一个迫切的企求，为了鼓励上海市的人心，表现我中华民族的凛然正气，四行仓库的屋顶，必须飘扬一面青天白日满地红的国旗！

我从席位中站起来，指着窗外那远处跋扈的太阳旗说："我建议，四行仓库的屋顶应该飘扬一面代表我中华民族精神的青天白日满地红国旗！"

席中各人异口同声地赞同，王先生用上海话对我说："你这囡子哪这聪明！"

他立即拿起电话，订制一面十二尺见方的国旗，酒席还未散，那方美丽庄严的国旗已送来了。"可是谁送去呢?"王先生捧着国旗，茫然地望着我说。"以前是我自动的，这次是你交下的，我就觉得责任重大，你若有比我更恰当的人选……"

我绝非推辞，只是若达不成这个任务，反而有辱国家的声誉。王先生将国旗交给另一个男士。席散，我有点悒悒不乐地回到尼姑庵，这时才想起已经有三天没有睡过觉了，连衣服也没有脱，在地铺上一躺，不久门口就到了王先生的小轿车，不消说这个艰巨的任务还是落在我的身上了。

我伸手去接他手里的国旗，我的两臂不禁微微地有点发抖。王先生并没有立即把国旗交给我，他两眼凛凛地注视着我，脸上泛着庄严的神情，沉沉地问我："你的手……？你害怕?"

心情的激动使我有点说不出话来：

"不，我……我是太太兴奋了，我有荣幸来做这一件事！"

"你知道国旗代表的意义吗?"

"我知道！"

"你能够达成这个任务吗?"

"我愿意达成这个任务！"

"无论什么情况?"

"即使牺牲！"

"好！"王先生高高举起国旗，端重的放在我的手上，然后用一种慈母般的柔和爱怜的声调说："去吧？万一你有什么……我们会转告你的家里，我们将永远纪念你……"

他轻轻按着我的头，低头吻我的面颊，我发觉颊上一阵湿热，抬头看他，模糊一片，他脸上挂着泪痕，我也流泪了。

我将外衣脱去，将国旗紧紧地裹在我内衣外面，再穿上制服，入夜以后溜到茶叶大楼的俱乐部。这时英国卫兵与俱乐部里的人差不多都认识我了，没有遇到什么麻烦，他们称呼我：

“number 41（四十一号）”

我们互相交换小礼物、签名，甚至交换帽子，玩得很痛快。夜半以后，我便趁机溜出了茶叶大楼。

夜空是黝黑的，远处有英国卫兵走动的影子，马路对面，四行仓库大楼像一个巨人，凛然地俯视着我。我观察了一下地形，若是直接溜过马路，势必要被左右的英国兵发现，而把我当靶子。四行仓库楼下，有重重一铁丝网，我不能从昨天运送慰劳品的侧门进去，那样便会被英国兵发现。唯一的办法，只有沿着楼下铁丝网的工事，爬到另一面缺口，从窗子爬进去。主意打定，便准备爬过马路。

刚想起步，侧面起了步声，我机警的卧倒，一个英国士兵，醉醺醺地在我身旁撒了一泡大尿。等他走了，我便一寸一步地往前爬。

爬过马路，我急跳的心刚稳定下来，忽然枪声大作，我以为被敌人或是英国兵发现了，忙倒伏在工事里不敢动，红绿的火舌在我头上飞舞，原来是白天的广播引起了敌人的妒意，向四行仓库发动进攻呢。好在敌人不敢过分放手进攻，因为隔河对岸，英租界里矗立着一排大汽油桶，一颗子弹飞错了方向，全上海市民即使连日本人也不例外，都要遭受浩劫。

不久，枪声沉寂下去，我又开始慢慢爬，终于爬到了东侧的楼下，一根绳子自楼上垂下。王先生白天已通知守军，我知道这根绳子是迎接我的，我拉动绳子，楼上的人迅速地将我吊进窗子。

谢晋元团长、上官志标副团长（现任台南县兵役科长）、杨营长，还有好几个高级军官，早已在窗口迎接我。我脱下外衣，将浸透了汗水的国旗呈献在他们面前时，朦胧的灯光下，这一群捍卫祖国的英雄，都激动得流下泪来了。谢晋元团长一把紧拥着我，大颗大颗的热泪从他脸上流到我的脸上，这位百战英雄，在敌人的炮火下没有使他唉过半声，这时泣不成声地说：“勇敢的孩子，你给我们送来的岂仅仅是一面崇高的国旗，而是我中华民族誓死不屈的坚毅精神！”

他立刻吩咐准备升旗，因为屋顶没有旗杆，临时用两根竹竿扎成旗杆。这时东方已现鱼肚白，暑色曦微中，平台上稀落地站了一二十个人，都庄重的举手向国旗敬礼。没有音乐，没有排场，但是那神圣而肃穆的气氛，单调而悲壮的场面，却是感人至深的，我一辈子永远也不会忘记。

四行仓库的军心大振，弟兄们脸上掠过几个月来没有的笑容，谢团长更是神采奕奕，他带我参观仓库的工事，许多弟兄躺在血泊呻吟，我问他："你们打算守到什么时候""死守！"他简短有力的语调，我感动得哭了，我要求说："我求求你们，把你们的名字抄给我，万一以后，全国的老百姓也好知道你们的名字！"他们抄了一张名单给我，这时枪声又起了，谢团长送我走，我不肯走，我说："让我留下为你们服务！"他们坚持要我离开，说："为了你的安全，为了你更可以为别人服务！""不，我不能离去，我不忍心离开你们……"说着我又哭了起来，空中枪声这时大作，谢团长开了朝苏州河的边门把我推了出去："四十一号，我们永远记得你，感激你，去吧，冲过去，跳下河！"我回头看时，门已关上了，"叶"的一声，子弹从我身边飞过，我知道这时再也不能迟疑了。

我一个猛冲，跃下苏州河，头上的枪声便大作起来，我知道敌人已发现我了。这时我平日的游泳技术救了我，我深潜入水，游至对河公共租界登岸，抬头看时，苏州河畔已站满了人，纷纷向四行仓库屋顶迎着朝阳招展的美丽国旗欢呼招手！

人群中跑出一个人来拉着我，他正是王晓籁先生，我把衔在嘴里的八百壮士名单交给他。他兴奋地笑着，却一边挥着热泪，他半搂着我，朝着四行仓库屋顶飘扬的国旗举手高呼：

"中华民国万岁，英勇国军胜利万岁！"

四周人群一齐欢呼高叫起来，响彻云霄。泪眼模糊中，我从人群中看去，英军租界的河畔上，一排英国军队，排着整齐的行列，面向着我国旗庄严的行致敬礼！

我回到尼姑庵，才将湿衣服换下，空中传来马达声，一架敌机在四行仓库屋顶盘旋，企图将国旗括倒，可是他们失败了，两岸的市民越发高声欢呼。以后三个月的时间，我仍在为八百壮士服务。

这时英国路透社记者将我八百壮士的英勇事迹，早已广播全球。我"上海童子军服务团 41 号"的编号，传遍海内外，而我自己仅不过觉得略尽了一点青年人应尽的任务而已，救国建国的工作来日方长，每一个黄帝子孙的仔肩仍重呢！

不久敌人悬赏一万银元捉拿我，王晓籁先生便为我策划逃亡，英军司令派人驾驶游艇送我离开上海。逃出上海后，我参加抗日工作，直到珍珠港事变前，我周游全球宣扬抗战。

《八百壮士》，台北九三印刷厂，1967 年版。

“四行孤军”壮士行

——我的所闻与所见

陈临庄

我自幼就十分崇敬谢晋元团长和他率领的“八百壮士”，在上小学时，我与孤军官兵，以及孤军营和谢晋元将军墓，就有着一段不解的情结。后来，也就很自然地比较注意收集有关“四行孤军”抗日斗争的史料。几十年来，有关“四行孤军”抗日斗争的史料非常多，我所收集到的当然只是其中很小的一部分。但就我所见所闻，并加以相互印证，觉得这些史料大都比较真实。其中尤以戴广德先生发表在黄埔军校同学会《黄埔》杂志 1992 年第四、五期上的《四行仓库孤军抗日始末》最为完整、翔实。还有当年曾多次采访过谢晋元和孤军官兵的《正言报》编辑潘湛钧先生发表在上海《静安区文史资料选辑》1990 年第五辑上的《一面爱国抗日的旗帜——八百壮士在胶州路孤军营前前后后》也很真实、客观。我不是史学工作者，但我愿以当年的亲见亲闻，加之戴、潘两先生等有关史料佐证，来谈谈“四行孤军”，以此缅怀民族英雄谢晋元及由其率领的“八百壮士。”

一　四行孤军是奉命撤退，不是被“引渡”进入租界

我家住上海海防路崇安里，离四行仓库所在的闸北不远。1937 年八一三淞沪抗战时，我虽年幼，但当时的炮火轰鸣声和飞机呼啸声，如今仍犹在耳。敌我双方飞机空战时，一颗机关枪子弹头还曾掉到我家的天井里。

是年 10 月 26 日夜，我军第八十八师五二四团第一营在团附谢晋元中校率领下奉命从闸北天通庵阵地转移，进驻光复路苏州河北岸的四行仓库，掩护我右翼大军西撤。四行仓库是金城、大陆、中南、盐业四家银行储蓄会仓库的简称，是一

座高5层、长120米、宽15米的钢筋水泥建筑，异常坚固。一营以四行仓库为依托阻击日军，保障大部队撤退，从战役全局来说，四行之战是一场阻击战，而不是一场保卫战。

一营自八一三参战以来，伤亡很大，虽经五次补充，仍未满员，按编制应有452人，但进入四行仓库时已不足此数，有史料记载，当时实有411人，对外号称八百，故时人誉为“八百壮士”。又因一营孤军在四行仓库担任阻击日军的任务，又称“四行孤军”。

一营在谢晋元和营长杨瑞符指挥下，正气磅礴，英勇抗击日军四昼夜，歼敌200余人，击毁敌战车3辆、击伤1辆、使日军未能越雷池一步，胜利完成了阻击任务。此时，驻防苏州河南岸的英军，为了租界免被战火波及，多次劝说孤军撤入租界，并愿提供便利，均被谢晋元婉言谢绝。及至10月30日午夜，上级下令一营撤退，谢晋元和杨瑞符才冒险越过北西藏路敌人封锁线，进入四行仓库东侧的中国银行仓库会见英军军官，联系撤退路线。31日凌晨1时许，谢、杨组织部队开始撤退。在越过敌封锁线时，因遭日军机枪猛烈扫射，孤军五名战士牺牲，杨瑞符营长等20余名官兵负伤。约2时，一营全部撤入中国银行仓库。此时，租界当局以日方干涉为由，要求孤军缴出武器，遭到官兵拒绝。双方相持两小时后，由谢晋元下令把武器交英军代管，一营遂沿北苏州河，跨过老垃圾桥进入公共租界，分乘13辆卡车，在上海民众的夹道欢迎下，经跑马厅(今人民广场)、南京路、胶州路，进入新加坡路(今余姚路)租界当局为其安排的营地，即后来所称的“孤军营”。

从“四行孤军”奉命撤退，与英军联系，到进入租界、进驻孤军营，整个过程并非是被“引渡”进入公共租界的。

二　孤军营官兵得到上海同胞的热情支援与关怀，并未与外界隔绝

孤军营位于胶州路新加坡路，与胶州公园(今静安工人体育场)一墙之隔，现今的江宁电影院是当年孤军营东部营区的一部分。孤军刚进驻时，这里是一片杂草丛生、垃圾成堆、只搭建有几排临时简易营舍的荒地。孤军进驻后，对营区进行了清整，并因陋就简逐步扩建了营房。

当年，孤军营由上海公共租界的统治机构——工部局派“万国商团”的白俄团丁荷枪把守监视，官兵只能在营内活动，不许出大门。但客观地说，孤军营还不等

同于集中营。营内孤军并不是完全“与外界隔绝”，孤军营之名也更非因此而来。“孤军营”是上海人民对四行孤军营地的亲切称呼。

一营撤入租界后，国民政府军事当局曾以孤军忠勇抗敌，为国争光，特电犒赏，对殉难和受伤者从优抚恤；奖励全营官兵各晋一级；谢晋元授上校团长，连长上官志标、邓英、雷雄三人升少校团附。谢晋元的团长职务由此而来。孤军营内的官兵们虽然身陷困境，但依然军容整肃，军纪严明，士气旺盛。全营每日 4 时起床，4 时半出早操，虽无武器，照常操课，还编成小学、初中、高中三个班级学习文化，组织篮、排球队和戏剧组，开展文体活动；并成立了生产合作社，生产肥皂、袜子、毛巾和藤椅等，除自用外亦外销部分产品以生产自救。

上海各界同胞非常关注生活在孤军营里的官兵。孤军营虽有白俄团丁把守，但外界来客和上海市民、学生来孤军营看望，经过营门口白俄团丁允许，还是可以入内的。所以，上海同胞常来探望、慰问，高峰时一天多达数千人。他们向官兵馈赠各种慰问品，为士兵代写书信，拆洗被褥，演出文娱节目，进行友谊球赛等。上海各大学还派教师来营义务授课。云飞、祥生等四家出租车公司派来技师培训司机，并提供教练车和油料。申新纱厂总经理荣德生先生捐款 15 万元，谢团长推辞不掉，便用此款为全营官兵每人购置两套单制服、一套呢制服、一条棉毯，余款转助难民。商务印书馆门市部主任顾祖荫捐出自己三个月薪金 200 块银元，买了《步兵操典》和笔墨纸砚，赠送给官兵。

当时我家位于海防路西端，与新加坡路、胶州路相交，离孤军营步行只需十多分钟，因此我和小同学们曾多次去孤军营玩，请官兵讲战斗故事。该团二连副班长陈树生腰缠多枚手榴弹，奋不顾身从四行仓库五楼窗口纵身跃入敌群，与 20 多个日军同归于尽；上海童子军女学生杨惠敏冒着弹雨夜泅苏州河为孤军献上一面国旗，庄严的国旗在阵地高高飘扬，极大地激励了“八百壮士”和隔岸助战的上海民众等事迹，使我们深受教育和鼓舞。

我现在还清楚记得，孤军营的营区仅比南邻的胶州公园略小些。营区被砖墙和铁丝网围着，营门口和四角的瞭望台上都有白俄团丁持枪把守监视，十分森严。营区北部是营舍和工房，有十几排用竹子、芦席和油毡盖成的简陋平房，还有一座同样简陋的大礼堂兼饭厅，这里还修有花园、鱼池和球场。南部是大操场。我们去孤军营一般是周末下午或星期天，官兵们有搞文体活动的，也有在宿舍学习、下棋的，但是工房里的士兵都在坚持生产，用比较简易的织机织袜子和毛巾等。这个时候上海各界民众和学生来看望和慰问孤军的也很多，有时还搞些联欢活动。

官兵们的精神面貌非常好，营内洋溢着高昂的士气，与四周监视的白俄岗哨形成强烈的对比。

孤军官兵在孤军营四年多的时间里，日常生活尽管由国民党“上海统一委员会”拨款维持，主要还是由社会各界热情支援。上海同胞的关怀使困居于孤军营里的官兵受到莫大的鼓舞。在我的印象里，抗战时期上海有两件家喻户晓的美谈，一件是四行孤军英勇抗日的事迹，另一件是上海同胞对“八百壮士”的衷心爱戴和热情关怀。

三　悬旗斗争，孤军死难四人，不是一人

四行孤军入驻孤军营之初，每天早操前坚持升国旗仪式。但因租界当局横加干涉，遂改为“精神升旗”，在早操前由谢团长率领，全体官兵肃立，向天空行军礼，以示热爱祖国、抗战到底的决心。

1938 年 8 月 11 日，是第八十八师从无锡出师参加淞沪抗战的一周年。谢团长在月初就向万国商团团长亨培提出，孤军要在这天悬挂国旗，请商团准备旗杆，9 日，旗杆送到，插在礼堂门前。几小时后，亨培来团，说旗杆太高，怕日本人看见了对租界不利，要求不要悬旗，遭到谢晋元严词拒绝。10 日，亨培又要求把旗杆截去四尺，使之与屋顶同高，再次被谢拒绝。11 日上午 6 时，孤军举行升旗仪式，全营官兵集合在旗杆前高唱国歌，行礼如仪。那面曾在四行仓库经过战火洗礼的国旗，又在孤军营高高飘扬。

下午 3 时，工部局派来 300 多名英格兰兵、400 名意大利兵，将孤军营团团围住。这时谢晋元已得到报告，工部局正在跑马厅集结兵力，准备前来强抢国旗。于是，他立即部署部队保护国旗。五分钟后，万国商团的白俄团丁倾巢出动，冲进营房，挥动警棍向我手无寸铁的官兵袭来。我官兵以血肉之躯同白俄团丁展开激烈搏斗。混战中，二连班长何玉湘竟被白俄团丁开枪击倒，当场牺牲；四连号兵王文义、一连战士吴祖德、三连战士刘尚才被打成重伤，送到医院后不治殉难；其余被打伤者有士兵 86 人（其中重伤 36 人）、军官 8 人，国旗也被抢走，造成震惊上海的流血惨案。谢晋元遂下令全营绝食，抗议工部局的血腥暴行。晚上，亨培带领团丁再次来营，一面伪装与谢团长谈判；一面由其喽啰强迫孤军官佐登上汽车，拉到外滩中央银行幽禁起来。

工部局的暴行传出后，激起了上海同胞极大的公愤。各界人士要求工部局惩

办凶手，抚恤死难士兵，释放被押官佐。三天后，工部局慑于众怒，被迫解除了对孤军营的封锁，将我国旗送还，被押官佐亦全部送回营房。

1939 年 8 月 11 日是悬旗斗争一周年纪念日，孤军营再次举行精神升旗典礼，谢团长发表讲话："一年前为悬挂国旗，吾同志死难四人，流血 100 多人。大家必须以牙还牙，以血还血，永记勿忘！"接着他预立遗嘱，并函父母，重申誓死报国之决心。信中说道："上海情势恶化，租界自身难保，而敌人对男之企图，势在必得，大丈夫光明而生，亦必光明磊落而死。男对死生之义，求仁得仁，泰山鸿毛之旨熟虑之矣。人生必有一死，此时此地而死，实人生之快事也！"视死如归之精神，溢于言表。

四　谢晋元在操场门口遇难，不是在伙房里被刺
翌日举行棺殓仪式，没有三天三夜地向遗体告别

1940 年，大汉奸汪精卫在南京成立了傀儡政权，陈公博当了伪上海市市长。为对孤军进行分化，诱降，陈曾亲赴孤军营面见谢晋元，要把孤军收编为上海保安第二大队，并许愿将委任谢为上海保安总队长。谢团长当即断然拒绝，怒斥道："我父母是中国人，生下我这个儿子也是中国人，中国人决不当外国人的走狗！"陈公博碰了钉子，只好灰溜溜地走了。

此后虽在工部局和汪伪汉奸的双重压力下，处境日益艰困，但孤军官兵临危不惧，坚守爱国立场，仍同敌伪进行顽强的斗争。不料，祸从内起，被敌人收买的四个叛兵，竟对谢晋元下了毒手。

1941 年 4 月 24 日下午，我就读的戈登路（今江宁路）生活小学传开了一个噩耗：敬爱的谢团长今晨 5 时在大操场检查部队早操时，被四个叛兵刺杀了！顿时，师生们都惊呆了，感到非常悲痛。待我们放学时，整个上海都传遍了。

关于谢晋元的遇难经过，戴广德先生著文这样回忆：4 月 24 日清晨，东方刚露鱼肚色，孤军官兵已在操场上出早操，随着值星官的口令跑步。谢晋元循例站在操场门口检查迟到的人。4 时许，二连的郝景成、四连的张文清、张国顺、张福忠四个叛兵，从礼堂跑过来，谢晋元以为是迟到的士兵，正欲上前查问，不想郝景成手持电工刀独刺谢团长的左太阳穴和喉部，谢猝不及防，当即倒向操场门内。正在跑步的队伍从远处瞥见操场门口有人影骚动，以为是谢团长在处罚出操迟到的人，待跑过半圈转回来，才发现谢晋元倒在血泊中。人们纷纷围拢过来，排长李

春林怀着营救的希望,刚说了一句:“团长没死!”郝景成即挥动刀子大声狂叫:“让开!”又向谢团长腹部连刺数刀,民族之星就此陨落。上官志标团附在混乱中臂部也受了刀伤。这时,工部局大批巡捕赶到,将四名罪犯带走,后来怎样处置,再无消息。传闻郝景成被处绞刑,但无从证实。

谢晋元遇难的噩耗传出后,举国震悼,各地唁电如雪片飞来,上海同胞更加悲愤,纷纷到孤军营吊唁,瞻仰谢团长遗容。

4月25日,谢晋元遗体移入礼堂,举行棺殓仪式。素车白马,途为之塞。从胶州路到新加坡路孤军营北大门,吊唁的队伍排成一条长龙,自军营门口到灵堂,都有官兵肃立。在低沉的哀乐声中,场面显得格外悲壮肃穆。人们瞻仰英雄遗容,不禁悲愤难抑,更有许多人失声痛哭。

这天下午3时,我放学回家途中听大人们说今天吊唁谢团长,便家也未回背着书包直奔孤军营。令人惋惜的事,我赶到时棺殓仪式已结束,棺木也已下葬,但前来吊唁的人还是络绎于途,可见大家对英雄景仰之深。

至今我还记得,这一天碧空万里,灵堂设在大礼堂,四周挂满了挽幛,里里外外摆放着许多花圈。我同大人们一样,向敬爱的谢团长遗像鞠躬致哀。

谢晋元的墓地选在营房北门内东侧。我到了那里,看到一些士兵和石匠已在动手为谢团长建墓。他们见我小小年纪也来吊唁,很关心地问我几岁,家住哪里,在哪个学校上学?我都一一告诉了他们,并请他们讲了谢团长遇害的大致经过。

谢晋元夫人、曾任上海虹口区政协委员的凌维诚女士对谢晋元被刺和吊唁情况也曾有过忆述。她于1986年8月13日八一三淞沪抗战48周年纪念日,在《人民政协报》发表的《回忆我的丈夫谢晋元》一文中这样说:“1941年4月24日晨5时上操时,晋元被汉奸刺杀,惨然死去,全营官兵失声恸哭。4月25日对晋元遗体举行棺殓仪式,前往吊唁者六万余众。”

五 谢晋元的少将军衔为殉国后追赠,并非生前授予;谢团长去世后孤军由上官志标为首的三位团附领导,雷雄没有代理团长

谢晋元殉难后,国民政府给予他高度评价。军事委员会委员长蒋介石在给各军的通电中指出:“谢之成仁为我中华民族垂一光荣之纪念,亦为我抗战史留一悲壮之史迹……谢团长不仅表现我军人坚贞壮烈之气概,亦为我民族不屈不挠正

气之代表。”谢夫人凌维诚从谢的故乡广东蕉岭赴重庆报丧时，由宋美龄迎接到官邸，蒋介石亲自接见，慰勉抚养子女，并特恤5万元。国民政府为褒奖谢晋元四行抗战之殊勋及退入租界后领导孤军英勇抗争、坚贞不屈、壮烈牺牲的精神，特追授谢晋元陆军少将军衔。作为一位团长，于牺牲后被追授少将衔，这在八年抗战中是绝无仅有的殊荣。

1943年，我转到新加坡路上海市立小学(抗战胜利后命名为晋元小学)读书，直到抗战胜利小学毕业，整整两年里，与孤军营和谢晋元将军墓相伴。市立小学的西面和南面与孤军营隔着一道稀疏的竹篱笆，南面有两扇篱笆门，中间用锁锁着，小孩子可以从两扇门的间隙钻过去。这时的孤军营已被夷为平地，只有谢晋元将军墓依然还在。墓茔距我的教室约50米，站在教室门口西望，就能看到。谢晋元墓竣工后，我再没有到孤军营去过，但转到市立小学后，与英雄墓地毗邻，便常和同学们钻过篱笆门去谢将军墓前凭吊。斯时，孤军营已是满目荒芜，杳无人迹。

谢晋元将军墓是一座水泥砌成的篮球形墓茔，有一层低矮的墓台，坐北朝南。墓前是四行孤军全体部属敬立的一人多高的汉白玉墓碑，正中隶书竖刻：“追赠陆军步兵少将谢公晋元之墓”，上方镶嵌着谢将军半身戎装的椭圆形烧瓷遗像，英俊轩昂。戴广德先生文中谈到谢将军墓还有一块云飞、祥生、泰来、银色四家出租车公司立的概述将军生平及遇难经过的纪念碑，也许在日军夷平孤军营时已遭毁坏，我没有看到。但我清楚地记得从关着的东营门到墓前，有条被人们踩出来的小径，这说明不时有人进来吊唁这位长眠地下的民族英雄。

1944年深秋一个下午，天上下着细雨，我和几个同学正在教室门口廊檐下闲谈，忽见孤军营门口东门那面进来四个日本军官，牵着马径直走向谢将军墓地。他们先在将军墓前肃立了一会儿，又低声说了些话，观看了一番然后离去。对日本军官前来谒墓，我们颇为不解。放学后，我好奇地来到墓前，看到日本人并没有动过啥，很多天前不知是谁送来的花圈依然整齐地摆放在墓前，只是因风吹雨淋花圈上的花朵有些凋零了，铁丝也长了锈……顿时我明白了，这几个日本军官一定是路过这里，特地进来向他们敬畏的这位抗日名将表示自己的敬意。

谢团长去世后，孤军营的领导人是谁？

前面已经说到，四行仓库守军本是第五二四团的一个营——第一营，并非是一个团。虽然后来团附(相当于团参谋长)谢晋元因战功被升为上校团长，几位连长上官志标、邓英、雷雄升为少校团附，但并未撤销第一营建制，授予团的番号。

因此，谢和上官、邓、雷是以团长和团附的职务领导第一营的。

按当年军制，团长出缺，如上级没有新的任命，可由副团长自行依序临时代行团长职权。但这与上级正式任命的代理团长不同，前者是临时代行，后者是正式任命。谢晋元去世后，上级既没有新的任命，又无副团长，因此孤军营按例由团附领导。既然上官志标在三位团附中排名在前，上级也没有指定别人，自然就依序以上官志标为首的三位团附来领导。关于这个问题，戴广德先生文中是这样说的："谢晋元殉难后，孤军由上官志标和雷雄领导，继续坚持斗争。"这个说法符合我们当年知道的实际情况，也符合军制(至于戴先生为何没有提到第二位团附邓英，就不得而知了)。

六　孤军被日军俘后历尽苦难，一部分官兵后来成功脱逃，雷雄于途中病故，未能到达重庆

1941 年 12 月 8 日，太平洋战争爆发，日军攻占上海租界。第二天，日军就在孤军营布岗，加以控制，孤军随即落入了魔掌。孤军官兵先是被押送到月浦机场附近的陈家桥(今宝钢基地)俘虏营关押，不久又被转移到龙华强制服劳役，挖掘铁路两旁的护路水沟。在龙华期间，我方游击队曾打算营救孤军，但被敌人发现，又将孤军营转押至南京老虎桥俘虏营(原江苏省第一模范监狱)，他们在那里受到日军极其野蛮凶残的迫害。

1942 年 5 月，敌人为了离散孤军，曾调出原四连代连长陈日升等 100 余人去杭州南星桥外西兴镇养马。其抵达后，又分出 25 人去上饶，这批人在原营部通信班长刘一林带领下成功脱逃。消息传到杭州，敌人将陈日升痛打一顿，罚孤军长跪一天，不给饭吃。不久，又把他们押回南京老虎桥俘虏营关押。

1943 年冬，敌人从老虎桥俘虏营又调出 100 多人去芜湖裕溪口装卸煤炭。团附雷雄秘密组织大家逃跑，利用出工机会领着 90 余人夺取敌人轻机枪一挺，步枪 6 支，脱逃成功。可惜雷雄在率众去重庆的途中不幸病故，幸存的人到重庆后重新入伍，参加了湘桂战役。在雷雄组织大家逃跑时，有十名战士因留在营房未及参加，后来其中六名伺机逃跑，不幸被敌人发现，开枪射击，一人中弹身亡，三人逃散，只有于长寿、曾和平两人逃到皖南新四军防地，得到安置，抗战胜利后返回上海。

1942 年，日军还曾从老虎桥俘虏营调出 1 000 余名战俘到南洋做苦工，这其

中也有数十名“孤军”战士。几十年后的1989年6月10日，当年被押往南洋的孤军田际钿，在《人民政协报》上著文说：1942年旧历七月，日军从老虎桥俘虏营调出田际钿等36名“孤军”，随同其他一批俘虏被运往南洋，经过20多天海上航行，到达几利亚纳不尔，在炎热、饥渴和瘟疫流行的折磨下做苦工，砍树、打石头、烧石灰、运煤、搬运物资。俘虏的命运十分悲惨，大批俘虏病、饿而死。到日本投降时，这三十几名孤军只有田际钿等十余人幸存下来，于1946年10月随同其他俘虏，经国际红十字会安排，乘澳大利亚政府提供的船只回到上海。

抗日战争胜利后的1945年冬，从各地赶来上海的孤军官兵，由上官志标主持，在孤军营旧址聚会，庆祝抗战胜利，缅怀谢晋元团长。我记得，第二天上海各主要报纸以头版报道了这则消息，还在刊头登了一幅时人十分熟悉的照片——英武的谢晋元一身戎装骑着高头白马，向自己的部队举手致敬。当时的政府为了褒扬谢晋元爱国抗日、坚贞不渝的精神和业绩，还将四行仓库西侧的满洲路命名为晋元路，胶州公园命名为晋元公园，沪西市立模范中学命名为晋元中学，我们市立小学命名为晋元小学。

中华人民共和国成立后，中国人民仍以不同形式缅怀和纪念谢晋元将军。改革开放后，原孤军营北面余姚路（原新加坡路）西首新建的一条里弄，即由上海人民政府命名为晋元里，以表对这位抗日英烈的纪念。

1983年4月15日，上海市委、市政府又将谢晋元灵柩迁到虹桥万国公墓，并举行了纪念仪式。新墓建于宋庆龄陵园右侧，墓碑和纪念碑均是当年原物，谢晋元团长以身许国，“四行孤军”英勇抗战的事迹将永为后人怀念和景仰。

《纵横》，2000年第9期，第25—30页。

"八百壮士"

——幸存者的自述

田际钿①

一

1937年,我刚进20岁,就应招到湖北保安第五团一营一连当兵,驻防咸宁汀泗桥一带。卢沟桥事变后,湖北保安第五团奉命东调。7月上旬,全团从汀泗桥出发,到嘉鱼轮船码头坐船到武昌,驻防卓刀泉。经过一个星期的整训之后,7月20日全团集结,陈诚到会致辞,要我们东赴上海参加保卫大上海的战斗。并亲自向团长李书裕授旗一面(当时谢晋元为中校团附),第三天就从武昌乘火车去上海。全团在上海南翔火车站下车,又徒步60里到闸北,当时闸北已经是淞沪战场的第二道防线,随后,全团整编到第八十八师(孙元良部)二六二旅,大部分官兵编入五二四团,我和蒲圻、通城的50名老乡扩充到该团的一营一连。

1937年8月中旬,五二四团一营接到命令,立即投入向日本海军陆战队司令部发起进攻的战斗。这次战役非常艰苦,担任主攻的部队伤亡惨重。日本军队不仅训练有素,武器精良,而且工事坚固,我军多次进攻均未成功,有的整营整连牺牲。我们营也有一定的伤亡,一连一排长杨德灵身负重伤退下火线。在这种不利情况下,我们迅速转入巷战,与日军在商业区、居民区、街道、工厂激战达10天之久。

9月10日,日军增援达10万人,已作好全线大规模进攻的准备,一些重要战场,布满了装甲车、大炮,每天有上百架飞机轮番轰炸,并从闸北、江湾、庙行一带

① 田际钿,淞沪会战时系第九集团军第八十八师第二六二旅第五二四团一营一连士兵。

形成一个扇形包围圈，使中国军队侧背受敌。9 月 30 日，数十万日军在淞沪战场发动全面进攻。中国军队为避免全军覆没，主力全部撤至苏州河南岸阵地。此时，五二四团担负阻击日军、掩护大部队撤退的任务。10 月 26 日，一营在团长谢晋元率领下于深夜两点开进四行仓库。四行仓库是一幢多层大楼，里面有蚕丝、白糖、粮食等物资，前后四个大铁门，当中有 4 根大水泥柱子。连夜，全营投入紧急战备，用黄豆、小麦、豌豆装麻袋修筑工事，设置路障，还对火力进行配备。一楼门口有重机枪连和临时组成的百人敢死队坚守。敢死队每人发鬼头大刀一把。二楼有轻机枪连，配有炸药包和手榴弹。三楼是步兵连，步兵连里有轻、重机枪组。每组九人，有弹药手两人，一营营长杨端符和重机枪连连长上官治标在一楼指挥。10 月 27 日，日军组织 3 000 人的兵力对四行仓库发动猛烈进攻，企图一举拿下四行仓库，但意想不到遭到一营猛烈还击，前沿留下近百具日军尸体而撤退，尔后反复组织进攻达 16 次之多；我们还与敌开展肉搏战达两个小时，使日军进退维谷。整个阵地白天黑夜都是硝烟腾腾，看不见人，敌人的进攻只能凭枪声的大小密度来断定。经过四天四夜的苦战，一营伤亡人数已达百多人。日军也留下数百具尸体，在黑夜由搜索队将尸体拖走。此时，有上海某校女童子军杨惠敏泅渡苏州河，向中国军队献旗，随即悬挂四行仓库上空，顿时军威大震，震惊中外，一营官兵被上海人民誉为“八百壮士”。

日本上海派遣军司令官松井石根大将对四行仓库的进攻失败十分恼火，要用高压炮火摧毁四行仓库的建筑。因四行仓库与各国领事馆邻近，遭到九国领事馆的强烈反对，最后才推选英、美领事出面调停。日军停止进攻，中国军队由英国领事馆监护退出四行仓库。①

二

一营从四行仓库撤出之后，住在新加坡路胶州公园附近的 10 栋平房里，前面有个大操场，营房周围都栽上了铁丝网，负责监护的是英国的雇佣军，每天在门口放哨巡逻。我们吃的用的东西都是上海工商界、华侨和爱国人士捐赠的，原先国民政府也提供过一段时间。为了生存下去，我们把上海各界人民捐赠的资金用来购买一批生产工具，生产毛巾、袜子、手套、肥皂，做到自食其力。在这种身陷困境

① 作者关于四行孤军退入公共租界的原因和经过的记述有误。——本书编者注

的情况下，谢团长经常列队训话，训导大家爱国爱家，要有中国人的骨气，经常放岳飞的电影给我们看，教育我们精忠报国。有次，我们在院子里升旗，英国雇佣军却进行粗暴干涉，说是日本人不让升旗。“在中国的土地上谁不让升旗，我们就跟他拼个你死我活。”大家怒火填胸，一场大规模的械斗开始，全营受伤者达200多人。英雇佣军受伤者更多。最后还是一位工商界的头面人物出来劝和才停息下来。一天，一桩惨案发生了：早饭后，我正在织袜机上做事，突然听到有人喊叫：“谢团长遇刺了！”大家蜂拥到谢的住处，看谢躺在血泊中，凶手也当场被擒。经审查是日军收买了一个叫禾金城的干的。谢晋元遇刺身亡的消息传出后，上海各界人民十分悲痛，每天有数万人前来吊唁。全市人民自动静哀达七天之久，各国领事也都参加吊唁。领事馆还下半旗七天，表示对这位民族英雄的敬仰。

三

1941年太平洋战争爆发后，英、美等国与日本断绝外交关系，纷纷从上海撤走领事人员，上海租界也沦于日军手中。我们中国一营官兵像孤儿一样失去依靠，英国领事馆屈服于日军的压力，便把我们移交给日军上海司令部。移交时，全营只有500人左右。

次年3月，日军把我们迁至南京老虎桥集中营。在此期间。日军派出感化队对我们进行思想感化，还动员我们投向汪精卫政府。消息传开，大家静坐绝食达两天之久，一致表示，宁愿一死，决不投靠汉奸。日军见此情景只好作罢。

7月份，日军看守中来了一个少佐，通知我们每连挑选9名年轻力壮者去南洋日军基地服劳役。我当时也在挑选人员名单之列。旧历七月十三日，在上海乘一艘货轮起程。36人坐在最下面的仓里，闷热难忍，食物用水都是定量，更无法洗澡，一些人身上长了疮疖，病号天天都有发生。经过20多天航行，总算到了几内亚那不尔登陆上岸，每组6人分开住在靠近海边的半山腰上，6个人住一个草棚，发一套灶具，粮食每天一斤半米，吃咸菜。后来，我们就自己上山打野兽来补充食品，如果下山到外地干活，就向当地老百姓乞讨一些牛羊奶和食物，当地人知道我们是华人苦工，都表同情。

劳动是繁重的，主要是砍树、打石头、烧石灰、运煤、搬运物资。日本兵穷凶极恶，稍不如意就鞭抽拳打，有的把人提起来往地上摔，打得半死，如果反抗，就要被刺刀刺死。加上那里天气炎热、蚊虫极多，我们水土不服，36个人最后只剩下十几个人了。我们仅有的 3 个蒲圻同乡刘炳秋、雷炳林、向寿山都先后病死了。我最好的朋友、带队的排长薛仁鑫有次与日本兵格斗，也被日本兵用刺刀刺死了。

四

就这样熬了四年，一直到 1945 年旧历八月十五日中秋节，我刚做好早饭，就听到天上有飞机的响声，不一会天上就飘下来一大片传单，黄纸黑字。传单上写着“日本投降，向中国致敬”。从那天起，看守我们的日军不再上班催工了，都呆在他们的营房里。

日本一投降，被日军押送到那里的美国、英国、新加坡、爪哇、印度、中国的两万多名俘虏，从四面八方汇集起来欢庆。有的人还冲进日军营房，殴打日军士兵，放火烧毁他们的住所。由于仇恨，在几内亚那不尔出现屠杀日军的情况。此时，当地政府要求停止杀害日军，对日军俘虏实行人道主义。这时当地政府军队把我们从山上接进了营房，并且发给衣服、用品，还发给货币，可在附近城市自由活动。

1946 年 10 月，经国际红十字会的安排，我们乘坐澳大利亚政府提供的船只回到了上海。上岸的那天，国民党政府组织了军乐队和数百人到码头迎接，虽然迎接的场面非常热闹，但我们的心却是冰冷的。在江湾音乐学校大约住了 3 个月的时间，我就获准回乡了。

（李远记录整理）

全国政协文史资料委员会编：《文史资料精华丛书：抗日战争的正面战场》，安徽人民出版社，2000 年版，第 63—67 页。

八百壮士报国记

万连卿[①]

我叫万连卿，湖北省通城县黄袍镇人，出生于1917年，曾是爱国将领谢晋元团长的勤务兵，亲身参加过四行仓库战斗。现将有关这次战斗前前后后的情况追述如下：

我和临危受命的湖北保安第五团

我父亲万顺富早在1929年参加红军，同年加入中国共产党，历任中共通城县黄袍乡的支部书记、县苏维埃主席、县保卫局局长等职务。我是县共产主义儿童团团长。1933年10月的一个晚上，国民党反动派闯进我家，我父亲及时逃走，他们便将我抓走。国民党县长贾廷申见我年幼，动了一点恻隐之心，才免我一死，并由他安排在他手下当了一名勤务兵。1935年正月，父亲在与保安大队二中队（队长叫葛皇埔）的遭遇战中不幸负伤被捕，后被活活拷打致死。1936年9月，贾廷申也因"包庇匪眷"等罪名，被当地豪绅告发而被免除县长职务。他免职时便送我参加了湖北保安第五团的通城大队，这个团是1935年由湖北省第一区各县的保安队组建而成的。

淞沪会战爆发后，各省保安部队奉命增援上海。1937年9月，湖北第五团也奉命调赴上海参战。

我们首先从通城到蒲圻集中，随即乘车到武昌，在汉阳蔡甸"九栋营房"整训二十来天。10月上旬在汉口大智门车站上火车，途径郑州转陇海线到达徐州，再

① 万连卿，淞沪会战时任谢晋元团长的勤务兵。

转津浦路，到南京浦口乘火车轮渡过江，历时五天五夜，最后达到上海真如车站。当我们到达上海时，八十八师二六二旅五二四团已进行了两个月左右的顽强拼搏，每连最多只剩下七八个人。也许是为了迷惑敌人和保存嫡系部队的缘故，第八十八师的番号一直未撤，而是用地方部队不断去补充，我们补到八十八师已是第五批了。通城县保安大队一、三队就是以整个中队对口编入了五二四团的第一营的一、三两连的。由于五二四团第一营主要由湖北保安第五团补充，所以这个营的湖北籍官兵特别多，大约占了整个营的 80%，而一、三两连又主要是由通城调去的一、三两个中队补充的。所以在湖北人中，通城县人最多，共有 100 余人。

血战四行仓库的四天四夜

1937 年 10 月 26 日，八十八师奉上级命令决定撤退到苏州河以南地区，并令五二四团牵制闸北地区敌军。当天午夜，谢晋元奉命率五二四团第一营进入四行仓库防守。四行仓库是金城、中南、大陆和盐业四家银行联合的货物堆栈，里面堆满了小麦、干黄花菜、牛皮、纸张、鸦片烟等许多货物。从次日凌晨到 30 日晚，我们在这里同日军激战了整整四天四夜。从闸北撤入四行仓库后，谢团长立即指挥我们一面监视敌人，一面拆除周围的平房，这样既开阔了我们的视野，又防止敌人利用平房靠近我们；同时组织大家利用货物堵门窗、筑掩体。为了阻止日军从背后进攻，我们将四行仓库北面的房子全部烧掉了。在我们撤入四行仓库后，日军占领了四行仓库左面的交通银行。我们主要在一至三楼设防，五楼可以俯射还击敌人，故也是我们的重点防守阵地，其余各楼仅留有几名士兵观察敌情。四行仓库门前用小麦袋筑成的弧形工事，由三连班长占标率兵驻守，他是一个轻机枪手，打仗非常勇敢，每当敌军发动进攻时，他端起机枪，猛扫敌军，鼓舞了其他士兵的杀敌勇气。

四行仓库前面是光复路，有五六米宽，再前面是苏州河。苏州河内有日军汽艇来往，用机枪、小钢炮对我阵地进行射击。在苏州河与四行仓库隔河相望的岸边，有许多中国百姓观战，他们还不时向我们打手势，通报敌人的动向，楼上的士兵明白后，将八二型迫击炮弹的保险装置拆掉，用炮弹当作手榴弹投向日军。对岸的百姓一看到有日军被消灭就拍手称快，场面十分感人。有一次，日军又发动新进攻，被百姓看见，赶紧打手势告诉我们。有一个叫汪顺的士兵看到日军进攻了，端起轻机枪，喊道：“不怕死的鬼子来吧！我看你们有多少，我都把你们送回老家。”接着，勇敢地向日军扫射，最后中弹牺牲。

当时，我们四行仓库里非常艰苦，由于没有柴火，从进入四行仓库到第二天上午都粒米未进，下午才吃上百姓通过垃圾桥送来的罐头、烧饼、面包、饼干等干粮。水很珍贵，尽管租界对四行仓库的水还未完全截断，有少量水进入四行仓库，但为了防火、灭火以防后患，我们还是尽量节省，以利坚守阵地。四天四夜来，我们顾不上睡觉，敌人没有来进攻时，就加紧修固工事。

日军几次进攻没有得逞后，便穷凶极恶地发动了一次更大规模的进攻。谢团长、杨营长亲临各阵地鼓舞大家，在四面被围、内无粮草、外无援兵的情况下，要有“人在阵地在”的精神，与阵地同生死、共存亡。面对敌军的猖狂进攻，战士们把手榴弹、炮弹捆在一起，用棉花包裹住往下扔，并把火力重点用于抵挡苏州河上的敌艇。敌人虽然有飞机、大炮，但是他们不敢充分使用，因为他们害怕打中四行仓库右翼的垃圾桥旁边的煤气罐，引起爆炸，危及租界安全。一次，日军向我发动进攻，在我猛烈的炮火打击下，无功而返。班长段海清（安徽人）亲率五六人趁势冲出来追击，最后段海清英勇牺牲，黄绣锦、黄亮安（均系通城籍士兵）二人光荣负伤。

10 月 30 日午夜，我们奉命由四行仓库撤往租界，四行仓库与租界仅有北西藏路一路之隔，七八米宽，并且在撤退前打灭了敌人的探照灯，但由于四行仓库右前方的一工事被日军占领，他们用机枪封锁了我们通往租界的北西藏路，致使我们在撤出四行仓库时伤亡了二三十人。

四年多的“孤军营”生活

1937 年 10 月 30 日，我们撤离四行仓库，进入跑马厅。工部局收缴了我们的武器之后，由租界当局决定转移到上海胶州路花园附近，这里实际上是租界当局用来收容难民的地方，到处是垃圾堆、污水沟，高高低低。我们就在这个地方开始了长达四年多的“孤军营”生活。我们开始住在几间临时的草席棚里，谢团长住在帐篷里。后来，我们与工部局交涉，要求建筑房屋。这样，工部局请民工建了四幢平房。我们搬进新房子后，开始平整操场、修路、做礼堂、修篮球场和网球场，使占地 200 多亩的营区面貌大为改观。

进入“孤军营”的第二年（1938 年），我们成立了孤军学校，创办了工务社。谢团长说：“现在的抗日不是一天的事，你们年纪又大了，当团长的应对你们负责。

办工厂、学校，是为了你们学得一技之长，将来抗战胜利后，能参加国家的建设事业。”工务社主要生产肥皂、袜子、毛巾、筐子、藤椅等，所有原料、材料都是上海爱国工商业者廉价供应的，如荣氏兄弟等提供棉纱，大生纱厂经理刘鸿生先生提供油脂。当时工务社的主任是二连连长伍杰，他抓生产、跑业务并且还当师傅，我当时是织袜子的，班长是陈岂凡。我们产品的销路很好，出售价格比市场价低，一部分由前来参观的人购买，另一部分送到上海最大商场永安公司销售，有时也赠送给从事秘密抗日工作的人员，但绝对不卖给日本、汪精卫政府。商品印有“孤军营”、“八百壮士”或“四行孤军”的商标，开介绍信、结算时加盖“工务社”的印章，印章上面有四行仓库图案，是由伍杰在外面雕刻的。

孤军学校主要学习历史、算术、国文、地理四门课，并按照文化程度高低分为甲乙丙丁四个班，谢团长兼任校长、副校长倪灿曾、教导主任李宏生，教员是复旦、上海交大的大学生。编班时进行了一次测验，不分官兵都参加，然后按照考试成绩分班。我当时在甲班学习，老师是高洪道。课本由老师从外面带进来，内容主要是传播文化知识，并不完全宣传国民党政策。每天上午做工，下午、晚上上课，一次两个班。在课堂上老师对我们要求很严，并不因为我们年纪大，又是四行孤军就让我们随随便便。师生关系融洽，我们很尊敬老师，在路上碰到老师一律行军礼。经过一段时间的学习，原先不会写字、写信的，后来都不用请人代劳了，效果十分明显。

谢团长教育我们，身体是本钱。我们始终注意加强体育锻炼，开展篮球、乒乓球、跑步、跳高、跳远、标枪等活动，上海市民常前来孤军营参观，和我们关系密切，经常和我们一起搞球赛，并为我们表演节目。当时有三位女学生叶茵绿、叶珉、叶君炎，其中叶君炎和叶珉是两姊妹，由于她们都热心帮助四行孤军，经常到军营演戏慰问，所以亲切地称她们为“叶氏三小姐”。在她们和其他爱国人士的帮助指导下，孤军营也成立了话剧组，组长是上官志标，剧目内容大都是揭露日军侵略暴行和反映中国人民英勇抗日事迹的。这段时间孤军营到处可以听到歌声，《在松花江上》、《歌八百壮士》、《满江红》、《游击队员之歌》、《黄河大合唱》等歌曲都是大家所喜爱的，这些歌曲起到了振奋民族精神的作用。1939 年，孤军营开了一次体育运动会，有赛跑、撑竿跳、跳高、跳远、单杠等项目，每人每项都参加。记得当时工务社仓库保管员上士刘一林获得跳高第一名，他还是篮球队主力队员之一。我当时跳高的成绩是 1.4 米。运动会共开三天，团长负总责，裁判工作均由外面来的人员担当。体育锻炼对我们的帮助太大了，我们后来能从敌人虎穴中逃出来，能在战争中挺过来，很大程度上得力于强壮的身体。那时我们纪律很严格，各连值日官出操点名，如有病需向班长请假，无故不到者罚立正，凡打架、斗殴者都得关禁闭。

1938年8月为了纪念八一三淞沪会战一周年，我们在谢团长的鼓动下决定举行一次升旗仪式，但公共租界当局怕得罪日本人，不敢答应。谢团长打电话与外界联系，12日上海人民送来了旗杆。13日，我们举行了庄严的升旗仪式。租界当局认为旗杆太高，我们作了让步将旗杆截短了一些，但租界当局还是不允许升旗，并派来100多名持警棍的白俄警士围攻我们。我们则用酒瓶、石头、棍棒等还击，最后我们有200多人被打伤，其中刘尚方、游长青等四人不幸牺牲。事后租界当局把我们排长以上军官除留伍杰一人外，统统关押到上海中央银行，我们在忍无可忍的情况下举行了绝食斗争，以示抗议，三天后租界当局才被迫放人。

我到孤军营后就担任了谢团长的勤务兵。他的爱国主义精神和崇高的品德给我留下了深刻的印象。他是一个极为严肃认真的人，干什么事都有一股坚忍不拔的精神，每天坚持写日记，从不间断，在大是大非问题上毫不含糊。记得有位来访人士问及谢团长对共产党抗日主张的看法，谢回答："不论什么党派，只要抗日就是好的，我们就拥护！"表现了他抗日的坚强信念。不幸的是后来谢团长被张宝生、郝鼎诚等四个叛徒谋害。噩耗传出后，上海各界人士前来吊唁者络绎不绝，每天数以万计。由于悼念的人太多，只能绕遗体而行，不能停留，当时军营内外凡是参加吊唁的人没有不掉泪的。孤军营用最好的棺木来收敛谢团长的遗体，并用水泥棺材作外棺，最后安葬在他生前住的小花园里（墓穴就挖在原来的金鱼池那块地方）。还一致决议铸造了一枚有团长半身像的铜质纪念像章，以表示官兵们对谢团长永恒的怀念。

孤军营生活一直延续到1941年12月。

逃出孝陵卫日军士官学校

太平洋战争爆发后，日军占领了公共租界。孤军营也被日军占据接管，日军就把我们押送到宝山月浦机场，以后转到"龙华游民习艺所"挖沟、护铁路，然后又转到南京老虎桥第一监狱。我们仍然团结在一起，在雷雄（谢晋元牺牲后代理团长）率领下，全体官兵坚持操练，从不懈怠。日军对此既怕又恨，强迫孤军做苦力，挑大粪，百般折磨。一名湖北籍士兵叫邓贵清，是个豪爽的汉子，气愤不过，用扁担将一日军手臂打断。当时日军没有公开进行报复，后来邓贵清被日军派到鼓楼做苦力时，走在一座桥上被日兵用枪托活活打死。日军为了不让孤军团结在一起，便对我们实行分散看管，分别把大家押往裕溪口、杭州、孝陵卫、光华门、新几内亚等地做苦力。1942年，我等70余人被押至位于南京几十里之外孝陵卫的一所军官学校校址内，该校被日军占领后，成为日军的战地士官学校，是轮训在中国华南的日军下级军官的场所。我们在那里从事割草、喂马、换马掌等工作，看管我们的日军有一个班，十几人，由一名军曹（相当班长）负责，大家都叫他阿依玛依（军曹的译音）。我们吃的伙食比日兵差，但一个星期还发点香烟。日军慑于我们孤军的力量，不敢随便侮辱我们，他们中不少人对“八百壮士”的爱国主义和勇敢精神也很佩服，有的日军还向我们伸出大拇指，称我们“大大的”。相反，你越卑躬屈节，日本兵就越鄙视你。他们需要劳力时即通知我们。这期间我随演习的日军到离孝陵卫几十里远的汤山喂马，有时一去好几天。逃跑的机会不少，但是我们这里没有一个人跑，因为在老虎桥时雷雄团长曾与大家有约在先，即“能生就生在一起，要死就死在一起”，不许私自逃跑，以免因少数人引起日军对大伙儿的迫害。11月，杭州有一名孤军逃跑，消息传到孝陵卫后，日军军曹便立即加强戒备，把我们集中在一起说：“杭州有人跛里跛里的（逃跑）”，并威胁说：“你们的脑筋有问题，需要治疗治疗（意思是要打我们）。”但是杭州有人逃跑的消息，激起了我们逃跑的愿望。一天晚上，我们发现电网未通电，我等八人在上士班长庞济凯的带领下秘密计议逃跑，决定一是分散逃出去，在茅山集中，然后设法到重庆去找八十八师；二是为了避免途中遇上麻烦，每个人都带上谢团长像章及有四行孤军标志的毛巾作身份证明。1942年秋的一天，按计划由我和军曹阿依玛依打乒乓球迷惑和稳住敌人，其余七人便乘机先后逃了出来。等他们逃出后，我也以上厕所为由骗过军曹，逃出孝陵卫。我们八人安全到达句容县茅山集中，终于逃离了虎口。

重新踏上征途

在茅山碰到新四军游击队，他们问我们是哪里人，我们说是孤军营的，并拿出纪念章和毛巾等物。于是游击队热情地接待了我们，并挽留我们参加新四军。我们婉言谢绝，游击队便把我们送到新四军旅部。当时新四军部旅部的政治部有来自上海的学生，知道我们的一些情况，对我们特别热情，还教我们唱游击队歌。在那里待了两天，新四军见我们去重庆的心切，也没强留，临行前给我们每个人都发了路条和300元钱。后来在沿途群众的帮助下，我们先后经丹阳、溧阳、广德等地的新四军协助，最后终于在张渚与国民党江苏监察使的吴绍树取得联系。在张渚待了十几天，由原来在孤军营教书的倪岂曾先生带我们到学校、工厂、机关作宣传，宣传我们打仗的经过，还印了许多四行仓库战斗的传单，以后每到一地就张贴传单。当时吴绍树打电报请示张治中，张治中指示把我们送回重庆。离开张渚后，到了安徽屯溪，在当地报社住了三四天，当时《中央日报》社主任冯有真在这里负责，他指导我们转到上饶第三战区长官司令部。此时军政部下令不准我们去重庆，要长官司令部安排我们，我们不愿意在上饶，坚持要到重庆去，并请上饶宪兵替我们拦车。到福建，在永安住了两天，然后经南平、长汀，到了江西赣州，在这里碰到从杭州逃出来的陈祖谟(安徽广德人)。这样我们一行十人在倪岂曾先生的带领下，到达广东韶关的第九战区长官司令部，他们给我们买了火车票到广西桂林，随后到柳州，转贵州，于1943年到重庆。在成都军官学校就读一年，之后回到八十八师留守处，随即跟随七十一军陈明仁部八十八师(这时师长是胡家骥)赴缅甸作战。我们从云南保山到狼桂至芒市一直打到中缅边界的畹町，仗打了两个月就胜利结束了。回国后我又随部队转战桂林，在那里我被调军部参谋处当组长。随后我们收复了柳州、桂林。1945年8月，日军无条件投降，八十八师也奉令调回上海。

后来还得知有不少人在我们逃出后，也从孝陵卫逃出来了，他们中间有人在茅山参加了新四军。

我的晚年生活

八十八师在上海驻留一个月后，要调往东北参加内战。我想到打了八年日本强盗，又要打中国人，的确不想再打，所以在上海部队整编时退了下来。后又找到谢晋元团长夫人凌维诚，请她帮忙找个工作。她通过谢团长的结拜兄弟王少槐(当时任上海北站铁路局警务处长)的关系，让我在上海当了一名铁路警长。新中国成立后我被铁路局解雇，就在上海做了三年小本生意，1953年到上海市建筑公司当纠察。自1956年起，先后在上海民政局所属安徽广德农场、甘肃酒泉炼铁厂、新疆建设兵团农七师车排子一二三团劳动，在车排子一待就是18年。1979年，63岁时从车排子退休回到家乡通城。

在通城，我只有妹妹这个唯一的亲人，儿子远在苏州工作。1983年，由于党的政策得到落实，我受到了通城县各级政府的关怀、照顾，先是住在黄袍乡政府，后住进了幸福院，不仅温饱有保证，而且黄袍乡党政领导和乡亲们都很尊敬我，使我能欢度安乐、幸福的晚年。

《纵横》，2000 年第 8 期，第 16—20 页。

怀念抗日英雄谢晋元

凌维城[1]

我的丈夫谢晋元为抗日捐躯，至今已数十年了。每当我整理晋元的遗像、遗书和当时上海各报登载的关于八百壮士坚守四行仓库的英勇事迹时，历历往事，重现在我的眼前。

晋元字中民，广东蕉岭县同福乡尖坑村人，生于 1904 年，父亲是个小贩，母亲是渔民女儿。他兄弟姐妹共 9 人，家境贫困，不得已，哥哥带着 5 个妹妹到南洋谋生，结果哥哥贫病交迫，死在南洋。晋元于 1924 年走出家门，考进黄埔军校第四期政治科学习，1926 年毕业，时年 22 岁。26 岁担任中尉连长，在歼灭土匪刘桂堂的战斗中英勇善战，被调到十九路军蔡廷锴部。同年，我和晋元在汉口结婚。

坚守四行仓库

1937 年八一三淞沪战役爆发，驻沪官兵在爱国主义精神感召和各界人民支持下，英勇抗敌，在中华民族反抗外来侵略的光荣历史上写下了新的一页。晋元和他所率领的八百壮士[2]坚守四行仓库就是其中突出的一例。

那时，晋元任八十八师二六二旅五二四团团附，在团长牺牲后，担任团长职务。1937 年秋，晋元驻防北火车站坚守阵地达数月之久。10 月 26 日，日军突破大场防线，由该团掩护退却，晚上 11 时，奉命率第一营坚守四行仓库。当时他曾致函师长孙元良：“在未达成任务前，决不轻易作牺牲；任务达成后，决作壮烈牺

① 凌维城，谢晋元之妻。

② 实为 420 人——本书编者注。

牲，以报国家。”并作诗云：“勇敢杀敌八百兵，抗敌豪情以诗鸣。谁怜爱国千行泪，说到倭奴气不平。”

晋元奉命后，先把分散在附近的4个连（包括一个机枪连）集中起来，因为事前无准备，外面炮火猛烈，队伍又分散，直至次日凌晨2时左右，部队才全部集中。这个营共有轻机枪27挺、重机枪2挺、高射机枪2挺。晋元把兵力主要集中在东西两翼，然后侦察地形，布置阵地，构筑工事，并截断照明电源，以便部队隐蔽，防止敌人利用电线放火。到这一切都部署好，天已快亮了。

27日晨6时，警戒闸北蒙古路的士兵发现敌人前进，接着与敌人边战边撤，退到本阵地时，已7时半了。这时，北站大楼已插上太阳旗，敌兵不知四行仓库虚实，不敢轻进，只用炮火乱轰了一阵，见我还击稀疏，即到处放火，实行威力搜索。下午2时，敌人开始进攻，来势很凶，警戒部队立即应战，库内部队仍赶做工事。激战两小时，杀伤敌数10人，警戒部队退进仓库，敌人就将仓库门堵住。一营官兵一面截击敌人，一面上屋顶投弹，毙敌七、八名，伤二三十名，其余敌军向后逃窜。这时苏州河南岸租界的群众目睹中国军队英勇善战，人心振奋，敌忾同仇，有童子军冒着炮火把国旗送至四行仓库。当国旗在7层楼上迎风招展时，对岸群众欢呼雷动。接着，各界人民慰劳自己的军队，各种食物、药品堆积如山。军队的英勇抗敌，鼓舞了人民群众，人民群众的爱国热情，激励了战士斗志，这股力量是任何敌人也征服不了的。

四行仓库是大陆银行的堆栈，[①]坐落在苏州河北西藏路桥西面，是一幢7层楼的钢筋水泥建筑，里面储存了几千包粮食和牛皮、丝茧等物资。部队驻入后，筑了坚固的工事，敌人的坦克冲不进来，步炮用不上，飞机怕伤了他们自己人不敢投弹。我军日夜防守极为严密，自28日拂晓至30日，敌军多次进攻，均被我军击退，出现了许多可歌可泣的动人事迹。29日，晋元曾致函某团体云：“军人以服从为天职，保国卫土，职责所在。洒最后一滴血，必向倭寇索取相当代价；余一枪一弹，亦必与敌周旋到底。”表示了誓与阵地共存亡的英勇气概。

双方对峙了4昼夜，我军虽有伤亡，但歼灭了大量敌军，坚守了阵地。直到30日晚9时，晋元接到撤退命令，于31日凌晨2时左右，率领全体官兵，以3挺机枪掩护，冲破敌阵，由新垃圾桥退入租界，走在最后面的就是晋元。这就是八百壮

---

① 四行仓库是大陆银行、金城银行，盐业银行和中南银行共同投资所建的四行储会的仓库——本书编者注。

士坚守四行仓库的事迹。他们抱着与阵地共存亡的决心，以数百战士、弹丸之地，抗击日军数万人，毙敌200余人，自己只死5人、伤32人。他们的英雄业绩，人民永远不会忘记。

孤军营里的斗争

晋元等到了租界后，被解除武装，送进胶州路的孤军营。这个所谓"孤军营"在当时新加坡路40号对过堆积垃圾的空地上，和胶州公园一墙之隔，住房十分简陋，下雨天满地泥泞，毫无卫生设备。在这艰苦的环境中，壮士们依然把生活、工作安排得井井有条。官兵们每天早晨4时半起床，5时至7时早操，8时由担任警卫的万国商团俄国队检查人数，9时吃早饭，10时至11时上课，11时至下午2时半勤务交代、自由活动，2时半至3时半再上课，4时晚膳，5时至7时教练拳术或唱歌，7时半至8时休息，9时就寝。早晚两餐由官兵自办，柴、米、菜蔬等，由附近商店送来发卖。

晋元本来以为撤退到租界后，即可向沪西归队，不料武器被收缴，人被软禁起来，这对热血沸腾的爱国志士来讲，刺激很大，内心十分痛苦。他自己说："从31日晨起至本年(1938年)5月间止，患严重失眠症，彻夜不能安睡，虽服多量药品，亦鲜见效。"

1938年8月，晋元向租界工部局再三交涉，要在营内挂国旗。8月9日旗杆送来，随即挖坑插上。过了四、五小时，租界当局派人来营，不准悬旗，恐为日军发现，对工部局不利。晋元强调按照国际公法，营内事务应由他作主，外人不能干涉。第二天商量结果，将旗杆截去4尺，只剩1丈多高。11日上午6时，举行升旗典礼，全体孤军看着临风飘扬的国旗，欢欣鼓舞。过了三四个小时，租界苏格兰军队300余人包围孤军营，意大利军队400余人在胶州路一带警戒，白俄队向营房冲击。同时万国商团一个姓吴的团员匆匆地跑来告诉晋元，工部局在跑马厅集中兵力，要来孤军营抢夺国旗。晋元下令：第一连看守瞭望台，第二连在操场散开，第三连死守营门，第四连保卫国旗。当白俄冲进营房时，手无寸铁的孤军和他们肉搏，刘尚才、龙长青、吴祖德、王文义4人为保卫国旗而英勇牺牲，其余负伤的有数百人。这时，工部局派来的亨培一面与晋元谈判，一面命令白俄强迫孤军进入救护车，开往外滩中央银行大楼幽禁。晋元随即下令绝食抗议，亨培不得不放松压制。

晋元之死

晋元等进入孤军营后，日军侵略气焰嚣张，环境非常恶劣，他觉得即使是孤军营的软禁生活也不一定能维持下去。同时，汪精卫等大汉奸在南京粉墨登场，曾想拉晋元下水。1939 年九一八纪念日，他写信给父母说："上海情况日益险恶，租界地位能否保持长久，现成疑问，敌人劫辱男之企图，据最近消息，势在必得。敌曾向租界当局要求引渡未果，但野心仍未死，声称不惜任何代价，必将谢团长劫到虹口(敌军根据地)，只要谢团长答应合作，任何位置均可给予云云。似此劫夺，为欲迫男屈节，为敌作牛马耳。大丈夫光明磊落而生，亦必光明磊落而死。男对生死之义求仁得仁，泰山鸿毛之旨熟虑之矣。今日纵死，而男之英灵必流芳千古。故此日险恶之环境男从未顾及，如敌劫持之日，即男成仁之时。人生必有一死，此时此境而死，实人生之快事也。惟今日对家庭不能无一言：万一不讳，大人切勿悲伤，且应闻此讯以自慰。大人年高，家庭原非富有，可将产业变卖以养余年。男之子女渐长，必使其入学，平时应严格教养，使成良好习惯。幼民子弟均富天资，除教育费应请政府补助外，大人以下应刻苦自励，不轻受人分毫。男尸如觅获，应归葬抗战阵亡将士公墓。此函俟男殉国后即可发表，亦即男预立之遗嘱也。"这是他的最后一次遗书，也是他对自己命运的预计。

果然，敌人收买不成，就下毒手了。1941 年 4 月 24 日晨 5 时早操，有上等兵郝鼎诚，张文清、龙耀亮等 4 人迟到，晋元即询问为何迟到，他们却早有异志，突然取出铁镐，蜂拥而上，猛击晋元，同时用其他铁器狠击。这 4 个叛兵，当场被扭获，晋元除头部被铁棍击伤外，左太阳穴及胸部亦有极深的重伤，当时流血过多，延至 6 时许，惨然死去。全营官兵失声痛哭。4 月 25 日，晋元遗体举行棺殓仪式，前往吊唁者在 6 万人以上。中华民族培育出来的这位爱国男儿，在尽忠职守后，离开了人间，时年仅 37 岁。

《20 世纪上海文史资料文库》编委会编：《20 世纪上海文史资料文库》，第 1 辑，上海书店出版社，1999 年版，第 366—370 页。

“八百壮士”后来的悲壮

陈岂凡①

60年前，日本在上海发动八一三事变，中国军队五二四团谢晋元团长率领“八百壮士”，孤守苏州河畔四行仓库，血战四昼夜，击退敌人数十次进攻，成功地掩护了数十万大军撤退的事迹，传遍了海内外，被誉为“盖世的英雄”。“八百壮士”后来的命运怎样？他们又有哪些曲折悲壮的经历？本文系由谭特立同志在多次采访“八百壮士”中的一位幸存者，湖南省攸县渌田镇陈岂凡老人之后整理而成。陈岂凡老人在淞沪抗战时，任谢晋元所部一营三连三排的少尉排长。现以其口述的亲身经历，首次披露了“八百壮士”撤出战场后，继续与日寇作斗争的鲜为人知的史实。

一　租界中的升旗风波

震惊中外的“四行”仓库保卫战结束了，坚守“四行”的“八百壮士”撤出阵地，被“引渡”进入公共租界，其临时驻扎的营地遂成为与外界隔绝的“孤军营”。

1938年，八一三抗战一周年之际，租界内的华人都悬挂着国旗，隆重纪念。我们征得租界工部局的同意后，也悬挂国旗纪念，用两根长树干连接成旗杆，把国旗升得很高。这时，驻上海的日本侵略军向租界当局提出抗议，工部局也派人向我们交涉，要我们将国旗降下。谢团长代表全体孤军作了理直气壮的回答：“只要我们334名（坚守“四行”时，实际官兵不足400人，英、美记者采访时，我们随口说有800人，后渲染为“八百壮士”）孤军留有一人在，中国的国旗就坚决不许降

① 陈岂凡，淞沪会战时任第八十八师二六二旅五二四团第一营三连三排少尉排长。

下!”工部局恼羞成怒,竟派来百余名巡捕,强制将国旗降下。我们誓死守护国旗,双方因此发生斗殴。他们头戴钢盔,脚穿皮靴,手持警棒,而我们赤手空拳,吃了不少亏。一年轻士兵随身带有小刀一把,刺伤了一名巡警,竟被十几名巡捕围着用警棒活活打死。这一来,斗争更为激烈,巡捕越来越多。结果,我们被打死 1 人,打伤 130 多人,其中重伤 30 多人,国旗也被抢走了。蒙此奇耻大辱,我们全体官兵经过讨论,一致同意向国内外控诉上海租界内帝国主义分子的暴行,并宣布从即日起全体绝食。租界内所有的同胞无不义愤填膺,纷纷向租界当局抗议,接着工人罢工、商人罢市、学生罢课,为我们作出有力声援,迫使租界当局不得不向我们低头。先是工部局派来华董,携带酒席,劝我们复食。我们没有答应。后来又把全体官佐请到中国银行,企图用豪华酒宴,说是赔礼道歉来软化我们。我们没为引诱而动心。在谈判中,谢团长明确宣布:“要我们复食,条件只有一个,必须把夺去的中国国旗披红挂彩送还,让这面国旗重新在中国领空招展飘扬。”由于罢工、罢市、罢课的压力,帝国主义者生怕担当迫害“八百壮士”的罪名,最后不得不把夺去的国旗披红挂彩,沿途燃放鞭炮,送到我们营地,并肃立把国旗徐徐升起。我们复食了,工人复工,商人复市、学生复课了,三天绝食终告胜利。正如谢团长所说:“我们是在自己的国土上战斗,有四亿五千万同胞并肩作战,孤军不孤,最后胜利还是属于我们。”

二　谢晋元团长在伙房被刺

“四行”阻击战后,南京国民政府授予谢晋元少将官衔,全国各地及世界发来的慰问、致敬电报,如雪片飞来,使我们深感荣幸。

谢团长治军严明,恩威并济,对部属及士兵情同手足。部队成为孤军后,他益自淬砺,处处以身作则,吃苦在前,享受在后,受到全体官兵的爱戴和尊敬,然而也为敌人深恶痛绝。1941 年 4 月 24 日黎明,正当我们开始早操的时候,谢团长巡视营房,最后进入伙房检查,发现有三个士兵藏在伙房没有出操,于是趋前询问原因。万万没料到,郝鼎诚等三个坏蛋,已被敌人收买,不待谢团长近前,三人同时跃起,用俗称小攮子的小刀向谢团长胸、腹部刺去,谢团长的肠子顿时流出来,血流满地,旋不幸殉难,时年仅 36 岁。

谢团长殉难的噩耗传出去后,上海市民前来吊唁者纷至沓来,营房内外,被挤得水泄不通。经各界共同协商,开展有组织、有秩序的悼念活动,以区域、单位为序，一队接一队，进行了三天三夜的向遗体告别仪式。这种悲壮场面，诚系向国内外庄严昭告：一个为国家、民族作出贡献的人，将永远受到人民的尊敬。

谢团长牺牲后，我们全体官兵公意，推荐第一营附兼机炮连连长雷雄为代理团长。

三 “盖世英雄”成了“囚犯”

太平洋战争爆发后，英、美对日宣战，日军占领了上海公共租界后，立即派了一连人看守我们；还很快派来一名高级军官，集合我们训话，引诱我们投降，说要将我们编入“和平”军上海警备团。由于我们没有答复，又派出汉奸翻译专事劝降职责。此后一段时间他们每隔一两天，就派一名将级军官来向我们训话，但我们始终不为所动。于是，日军变换方式，企图对我们实行各个击破。他们印制了所谓调查表，发给每个人一份填写，表的内容有七项，什么为什么要当兵，对移驻重庆的国民政府的看法，对南京汪伪政权的看法、认识，对中日战争的看法，现在情况怎样，将来有何打算，等等。我们经过集体讨论，作出了同样的回答，但仍是一人填写一张，分散交上去。当汉奸翻译收集表格时，看到都是同样内容，只有唉声叹气，悻悻而去。

敌人诱降不成，便将我们押解到上海附近的宝山县月浦机场，住在一个空出来的军营里，警戒森严，还在四周拉上电网，我们在这里成了名副其实的囚犯。

四 “孤军”岂减当年志

日本侵略军对我们施行强迫劳动，挖淞沪铁路吴淞——上海段两旁的护路沟，规定挖三米宽、三米深，一个连一日挖三条铁轨长（当时我们是三个连，每个连110人）的任务。为了表现中华民族顶天立地、无所畏惧的精神，显示我们“孤军”的力量，我们自始至终鼓劲挖沟，从不示弱乞怜。每天总是提前两个小时完成任务。几天之后，敌人要增加我们的任务，要求一个连一天挖四条铁轨长，遭到我们的严正拒绝。

挖沟挖到上海市郊时，有些认识我们的人发现了我们。他们不胜惊喜，其中有几个和我们相识的女大学生，她们乔装打扮，接连三四天往来工地活动。我们在大路上丢下小纸团，请他们与附近游击队联系，帮助我们脱逃，但不幸被监视的敌兵发现了。第二天晚上，敌人用火车把我们集体押解到南京老虎桥第一监狱。

在南京，我们蹲了八个月的牢。开始，被敌人严格紧闭，不让我们到监外劳动。两个月后，才渐渐驰禁，但每天只抽少数人去监外从事劳作。经过几个月的“考验”，没有发生什么事故，于是，日军将我们拆散，分三批调出服劳役。

五　从敌人眼皮下逃到游击区

1942 年冬，我们这一批人共 87 人（军官有雷雄代团长，陈日升、杨德钦和我），被分配往安徽芜湖裕溪口装卸煤炭，由车上卸下再装上船。为便于管理，敌人又将我们 87 人分成三个组，利用官管兵的办法，指定我和陈日升、杨德钦各为组长，并配发袖章以示区别。我们从称煤的司称口中打听到，裕溪口对面山上就是游击区，于是就暗中组织以三人为单位的行动小组。行动小组的任务是商定各自瞅准一个目标，或打死，或抢夺其枪支。并约定在大逃脱行动之前，我们三个组长要适时把袖章脱掉，以为信号，一听哨声响，统一行动。

一天，司称员向我们示意，对面山上有新四军活动。我们于是决定趁机于当天行动。我们三个组长分别脱下袖章，示意各行动小组先有准备。下午收工时，在走向集中营方向岔路转弯处，突然一声哨音，走在前面的几个行动组当即行动，从后面夺取了走在前面敌人的一挺机枪和一支步枪。其余的行动组要夺取走在道路两旁敌兵的武器，因有段距离，旋被敌兵发现。大家知事不谐，便都向路坡滚下去，往山里方向逃奔。敌人随即调动大批人马追捕，他们在铁路上用巡道车、公路上用汽车追赶扫射，并派步兵跟踪追击。我们逃到游击区时，87 人只剩下 29 人了，其余的多数在脱逃途中遇难，也有少数逃散的，不知下落。

我们逃到游击区后，受到了新四军的欢迎，他们向我们宣传抗日的形势，安排最好的住房给伤员养伤，用最好的食品慰劳我们。后来，我们辗转到了宣城，再经河南去重庆。

六　历史竟是这样无情

我们一行人，在雷代团长带领下来到重庆，向国民政府陈述“八百壮士”后来的悲惨遭遇，希望政府能支持我们重上前线，重振当年抗日雄风。谁知呈词递上去了，成了“泥牛入海无消息”，当局对此竟不予理睬，甚至连个像样的接待也没有，只做了简单的登记，敷衍了事。雷代团长没法，只好解散让各自归家。我于1944年春节前离重庆，在四川万县过春节，路上走了四个月，把随带的衣物卖光吃光，才回到攸县老家。不到一个月，家乡也沦陷了，又过了一年多的颠沛流离生活，直到抗战胜利后，才结婚成家，过着安贫守命、默默无闻的生活。

早些年有消息说，"孤军营"中有36名官兵由二排长薛荣鑫(四川人)带领，被押解到海天万里的西太平洋的一个神秘岛屿上，过着非人的苦役生活，他们的遭遇比我们更惨。但"孤军营"还有众多兄弟音信渺无。历史竟是这样无情，留给我们一个不解的谜。想起当年"八百壮士"威震敌胆的英雄气概，对照后来被冷落的悲惨遭遇，谁都会情不自禁地要掉下泪来。

《纵横》，2000年第5期，第13—15页。

东线前卫战的活教训

黄席珍[1]

地图上的蓝色彩阵线

去年八月十六日——继卢沟桥前哨战而发生的八一三后三日，我应前线程太阿兄之电邀，在开始而又剧烈的首都轰炸中，离开外语实习所，踏上庄严的神圣的战场来了。当时钧歧亦到了南翔前线，我们准备大部分的力量，去推动战区中民众组织和训练的工作，小部分力量来实践我们所学的战术理论，这一个准备后来未克充分实现。因此，整个力量便注意到参谋业务这一方面来。

我们从电话中，听取前线指挥官战况变化的报告，再将这些战况描绘到地图上来。当时由吴淞登陆之敌，对于蕴藻浜、张华浜这方面，是主力搏斗的据点，其目的在突破大场、浏河我军之防线，并威胁北站市区作战的我军之侧背，使浦江之敌，易于登陆。然而我们地图上的蓝色战线终未轻易后描。在市区方面的战争，我军冲到虬江码头的时候，蓝色线的描绘真是特别有劲，看看杨树浦至虹口公园防线之敌，已被我从梧州路截成东西两段了。然而当时我们为什么不能肃清市区里之敌呢，这是因为敌准备多年的洋房工事，已越过炮火所不能摧毁的坚强厚度，所以不能一鼓摧毁一举荡尽。当时高级将领，曾主张用火油喷射，使其燃烧焚毁，可是也很少效力。我们的步兵，一班一班地往洋房内冲，可是洋房的铁门自动地又关起来，冲进去的又是全数牺牲了。杨树浦至虹口一带敌的洋房坚固工事，使我们战士牺牲了不少的战斗生命。敌在上海的处心积虑对华侵略的永久准备，是

---

[1] 作者黄席珍，原系南京中央军校外语补习所教员，淞沪会战开始后调入第九集团军总司令部从事参谋业务。

我们终究都无法健忘的。

当时,由宝山登陆,进攻罗店之敌的战斗,也是最惊心动人的。敌军先用飞机做焦土的在宝山轰炸,而后驱步兵猛冲登陆在宝山守土有责的姚营。因为没有坚固的工事可守,就全数的做悲壮的牺牲了。这一场的牺牲,永远地应牢记在我们革命军人的脑海里。宝山的失而复得有三次,在地图上,红蓝色彩线的变更次数,真够使我们欣笑和悲啼。宝山,已够给世界各列强一个悲壮的答复了。不久因为张华浜、蕴藻浜及宝山、浏河一带之敌,已完全登陆,我军以阻止登陆消耗敌人之目的已达,便作有计划的撤到浏河、罗店、刘行、大场至北站之防线。

指挥部暴露了

作战指挥部,比任何都来得重要,是不能够丝毫暴露的。我们在指挥部的生活是非常谨慎而留意,日间,公余的时候,有时从遮蔽的树荫下,跑到旷野来,看着敌机的投弹表演,但不能穿着反光色新的衣服。没有掩护部,没有地下室,因为指挥部是时常移动的,构筑是非常不经济,在前方根本就不所谓警报,飞机来了,听到音响了,我们仍然是埋头工作,不过把门关关罢了。说也可笑,轰炸的时候,如果关门本来就是没有用的,可是一般心理,都以为关了门,好像可以得到幻想的保障哩。夜间,敌机来了的时候,把洋蜡烛吹灭了,在黝黑的茅舍里默坐着,因为夜间看不见敌机的踪迹,所以特别感觉到一种不可预测的恐怖。

指挥部最初的指挥位置,是在南翔的一个村落里。敌军因有“一二八”进攻的经验与无耻汉奸的报告,知道我军司令部的位置在南翔乡下。可是经过多日的搜索轰炸,并未命中正确位置,附近的房子炸毁了,树林炸平了,但我们指挥部的人员,终未被炸轰伤亡,指挥部位置也未移动。

前线的防空真是根本谈不到,我们没有多量的高射炮分配,只有二尊小炮跟随着司令部行动。在前线上,我们天天盼望着我们的飞机,会由南京、广德方面飞来,给予敌机打个落花流水,可是终未能满足我们的希望。

我们知道那两尊小炮,是敌不过敌人多量飞机的轮流轰炸的,所以命令炮长审慎射击,以免暴露自己的位置。但是,不很了解命令意义的炮长,不重审慎,偏又射击,以致暴露了指挥部的位置了。当然,我们防空的武器,都市都不够分配,哪来在村落里有防空武器的设备。敌人一判断就可以知道了这是一个指挥部了,因之自小炮射击后,敌机便用得意的手段,向我们全部位置附近狂炸,结果,电话线炸坏了，办公厅（在村落里应是办公房）炸毁了。当时高级对于这一位小炮排长，施以重罚，大家对于这一位排长，加以焦急的默怨，这一次指挥部决定迁移了。

徐公桥的壮丁们

总司令部的位置，在敌机的轮流监视下，要合乎战术原则去决定真非易事。第一次迁移，初决定于方泰东约五十里处一个村落里。可是因副官处先头宿营负责人员不高明，该处房舍又暴露，又是敌机由上海浦江出发必经的地方，且指挥又不甚灵活，搬到后第三日敌机便侦查清楚，于黑夜中来轰炸。同时据报杨林口方面有敌登陆，该处距杨林口仅七十余里，而受威胁，于第四日便搬到徐公桥来。此处对于指挥部之条件较合，所以驻了将近一个月。

在徐公桥，我感觉得最满意的是当地民众组织的问题。自八一三事件爆发后，对于后方民众工作，大家都十二分注意，可是教育素称发达的江苏省，除了常熟、昆山、无锡数区外，真没有什么成绩表现。徐公桥镇是属昆山县辖，有义勇壮丁队组织，当地的壮丁们真帮过我们军队不少的忙。他们帮忙我们捉汉奸，帮忙我们军队做劳力的搬运，做我们道路的指导者，做我们驻地的良善宿主。我们到达这个地方后，便联络着县长、镇长、区长及乡长，要他们同我们打成一片，捉汉奸也是这地方壮丁们亲身出马的义务。所以总司令部，在这一个月驻程中，过得特别安宁。

我们特别羡慕着这儿的村风景，一座村庄，一道溪水，平坦的田园，碧青的农作物，使我们马上可以想象到该地民众生活的全影。当是在总司令部较熟的同学有潘震、李钧歧、史必烈、崔维周、周文清、朱雨农等几个人。我们都在同时的时期，牺牲了一个月的辛勤代价，每人购买了一枝三号左轮手枪，（我的手枪，不幸在南京退出之后，到了滁州城外，被第一军团独立连强缴去了，这是我心爱的一件物，我永远不会忘记的）。有一天除了潘震、朱雨农二同学外，我们到了徐公桥郊外去打靶，我们用新买来的手枪，试练近距离射击，准备给无耻汉奸死的答复；同时我们准备，到了被俘虏的时候，实行殉国。

还有一个问题，值得我们注意的，就是战区教育界的失业流亡问题。有一个晚上，我随着黄铁民先生去徐公桥乡公所准备找嘉定县长电话，哪知该县长早已逃之夭夭了。在乡公所当晚，镇长介绍了一位在上海教书的教员同我们谈话，他要求我们总司令部负责收容战区中失业流亡的青年，他要求我们给一个吃饭的职务。由他诚恳而逼真的希望中,我感觉到这一个问题的普遍严重性。黄先生给他的答复,是允予考虑设法。然而我明知道事实上会给他绝望的,因为总司令部的编制有定,只有军职没有文职,而且这是一个普遍的期待救济的问题,是需要政府有计划去办理的。

住了将近一个月的徐公桥,因张治中教育长被调回大本营任职,于是这总部随着做第二次的迁移。

消耗战的一面

新总司令朱绍良到任后,为求尔后指挥作战便利起见,便将总司令部推进到真如蔡家桥。

蔡家桥距大场仅六十余里,距黄浦江亦不过数十里,是一个真北路附近的村庄,穷酸极了,古破极了。也许就是有钱的太太先生统挤入上海租界里去了。民众训练组织等工作,我们调查不出一点痕迹来,当地所存壮丁,根本就不受过训练,他们见我们军人是畏惧的避开的。举例来说吧,我们很诚恳地拿钱给他们,要他卖鸡,卖菜给我们,然而他们不肯。我们给工钱请他们帮忙,帮我们搬运东西,他们不答应。据说,以前曾一度有不良的军人到该地强抢强夺过,所以他们现在不信任军人,害怕军人。这个理由是否可靠,我们姑置不论,而在这对外抗战的时候,民众不能和军人合作是极危险的事实。想不到大上海附近的真如,民众组织训练的工作,都没有人过问。民运工作忽略了,所以这地方的汉奸活动特别活跃,军人单独行动时,遭汉奸的暗杀者特别多。

当时敌我的情势,仍然相持于大场、浏河之线,而敌攻击重点仍然在大场。敌军因大场突破目的未遂,对于后方的真如,于每日从早晨到黄昏,轮流地轰炸没有停息。日间真不是我们舒气的时候,然而夜间我们却自由了。每一晚,当我听到我们飞机声响的时候,我都注视黄浦江方向,看着敌人仓皇失措向空乱照的探照灯光,一盘盘的好像从海中伸到天空的莲叶那种碧蓝的色彩,只使人感到祥和、美丽,并不可怕。一朵朵的红白绿的高射弹,伸插在探照光中,更是像艳丽而动人的莲花,使人增加鉴赏的爱美力。我机飞远了,这一幅莲花夜景,才慢慢地萎缩下来。这也是消耗战中有力消耗敌人的一面啊!

在蔡家桥的生活,还是夜间到大场前线去视察战况有趣,有时是传达命令,有时是接各部高级指挥官到来总部,在炮声火光火药气味弥漫的夜战场上来往,真够增加胆量的。我最欣喜听机关枪声，因为它响得非常整齐、坚实、雄壮，可惜甚少见到光，因为他们统是躲在掩体里射击的。炮声从我们阵地发射的有一种均匀的弹性音波，一种震动。但在敌方来的，爆炸的时候，却有一种剧烈的威胁。不过如果我们观察弹着点清楚，则可判断其射击方向，那就可以躲避了。

大场的守军，虽然已尽最大的努力，但指挥官仍然未下死守的决心，所以于十月二十五日卒被敌人突破了。当时指挥官朱耀华的自杀，就是因这一点的责任心所促成的。大场突破后，沿真北路撤退的我军，行军序列不好，纪律也不好，有少数像散兵游勇式三五成群，往村落里乱窜。当时我们后方的敌容工作也没有十分的成绩，因为散兵一群群地奔到蔡家桥总司令部位置附近来，所以敌机便追着他们，往村落里轰炸，结果总部所在附近房子、树林、桥梁，一律被敌机炸坏。总部人员四名受伤，老百姓死伤最惨。因此，总部就是从真如蔡家桥做第二次的退却移动了。

总司令部的第一次后移

大场之线，自九月十一日起，支撑到十月二十五日止，守卫时间最久，可惜因稍失军机，致被突破牵动全线，而且决定了整个东战线的命运。上海、南京、杭州的沦陷都是受这一点的影响。

我军自十月二十五日，陆续撤退到苏州河南岸之线后，总部的位置——第一次退却的位置是在青浦北干山附近。可是这一线的时间仅有两个星期。在八字桥、屈家桥方面渡河攻击之敌和我教导总队防地战斗最烈。

这一段生活中，可记述的是某外籍工兵顾问和总司令张发奎的谈话。十一月四日晚，我奉派去青浦县政府，接某顾问到北干山总司令部。当时总部朱绍良总司令已调他职，然尚未离部，新总司令由张发奎兼任，所以总部时有二位总司令。顾问到部的时候，我分别介绍后，他们就开始谈话。关于工事配备防线，顾问的意见，是利用空旷的地方，构筑工事并加以良好的伪装，是则敌机难于侦察。然而，张总司令的意见是利用村落构筑工事防御线较优，理由是中国的村落，尤其是上海附近的村落，多有河流，可以利用，且免于伪装。这两个意见恰恰相反，当时我坐在旁边静听，顾问结果仍赞成张总司令官的主张，且誉为经验丰富之将军。

这一线的战事，因敌在金山卫登陆，及松江被包围，我沪西驻军为免受南北夹击，遂于十一月九日起，逐渐向昆山撤退。同时浦东、南市两处，亦于十、十一两日先后转进，形成北自浏河，南迄乍浦止的垂直新阵线。

总部当时移动到苏州。

前线归来时的苏州

在向苏州移动的途中，我从水路走，经过昆山的时候，已经是寒凉的初冬之夜了。当夜，因为我军后撤的集结地点在昆山，所以队伍特别多，次序一时非常混乱。昆山的炸后景象，在夜间亦特别显出凄凉惨酷的形影。我不忍看，回到船上来，内心的愤痛有三个钟头之久。

船夫不断的摇，又到了第二天的晚上了。船夫因为迷了苏州的去向，便摇入一个小湖村畔处停泊着睡觉。这是阳历是十一月十一日夜，不记得阴历是几号，可是天空中却挂有一轮新月。我睡不着，在甲板上，踱着看月，看夜的湖畔景致，看来一切景物表现上，却是非常和平的，可是时代太不和平了。到了午夜后二时，我晕眩地闭着眼睛的时候，我听到飞机的音响，随着有机枪的扫射声。我推几位同睡的同事醒坐起来，用惊奇的心，兴奋的脑，思考着，判断着。不久，在静寂的空气里，传来官长的训话声。因此，便判断是敌机得汉奸的报告，来轰炸那村落里集结训话的队伍的，绝不是来扫射我们这一只小船的。敌机这一次的村落夜轰，使我们感到对于汉奸之多的战栗。

第三日（十一月十二日）在凄风苦雨中到达苏州。因为我们没有得到在某地集合的命令，所以到苏州时找不到总部，于是便在街上巡寻了一遍。

当时的苏州，一切都反常地不是以前天堂时代的苏州了。最热闹的观前街，变成最冷落的死街了。据说因敌机前日散发传单，说十三四两日要轰炸苏州，所以老百姓都跑开苏州了。街上，当时所见的是，我们的散兵抢吃，随便打开店门取物这些情形，使苏州变成地狱了。我们的队伍，一到混乱的时候，为什么不能自动地遵守纪律呢？我们军队的精神教育不彻底呀。

当时苏州的火车已停开，炸后的火车站，瓦砾铁木，纵横交错地混在那里。好多的伤兵们，都在那里期待着火车返后方，他们的伤痕中，所流出来的血腥，发出一阵阵的秽气，散布火车站的周边。他们，怒恨呵！他们已经尽了责任了，但是这刻没有人来救护他们，使他们僵冷地冻在没人过问的角落里。

苏州，停在苏州二日，所给我的印象太悽惨了。去时的苏州是八月十七日，回时的苏州是十一月十二日，经过了几个月的前线生涯，已再不能见着后线的繁华光景了。

一个共同的要求

十一月十四日，从苏州乘船经常州搭车返京。然而南京亦已非往昔的南京了，我不忍想。

十二月十三日晨，在敌舰包围中渡江离京。然而试问几时能重返南京呢！我希望我们的同学共同答复这一个问题！

二十七年一月十五日于武昌教导总队军次

中央军校政治训练处编：《黄埔》月刊，第9卷第1期，1938年1月30日。

忍耐的收获

——八一三上海抗战采访

杨　纪

我在《大公报》工作了几十年，开始是外勤记者，要说“印象深刻的一次采访”，我得举出 1937 年八一三上海抗战初期，我匹马单枪去访问我军最高司令部这件事。当时经过无数折腾，我都出以最大的耐心，终于遇到了好机会，结果在 8 月 17 日《大公报》上海版发表了一篇《司令部中》的“独家”特写，虽然曾被新闻检查所检扣了许多内容。

京沪警备司令部驻沪办事处负责人邢震南、屈武在 1937 年 8 月 13 日，曾代表张治中司令官招待了一次上海报界。两天后，办事处送来了一张特别通行证。

16 日的早晨，我乘了一辆轿车，经过大西路折入中山路时，便开始使用这张特别通行证了。路旁的机关枪掩体内，窜出了一个步兵来，查看了特别通行证后，便认真而又亲切地告诉我：“过了这段防御工事，车子得向马路左边开，中间是走不得的。”后来我才明白，路的中间埋有地雷。

车到南翔镇，好容易才找到警察局。警士们背着旧式步枪，头上戴着树枝扎成的伪装，进入战时状态了。

电话打通后，一个警士带我经过一条积水的狭巷，找到了联络点。这里，离副官处还有几里路。

我们坐车沿着公路急驶，找到副官处。在几位军官陪同下，汽车向昆山公路开行十多里，转入路边的丛林，经过一个水塘，找到一个农家，这便是我第一次访问的上海战线的最高司令部。

现在，我已置身在司令部里了。在内战时期，国民党军队大大小小的司令部，总是排场很大，军旗挂在大门口，卫兵至少是复哨，地点必定是繁华之区。这一次的抗日战争似乎有些不同了，为了避免敌机敌舰的轰炸和炮击，不得不把目标隐蔽起来，使你虽置身在司令部中，亦不易发现它的存在。

当我被领进一间装着螺壳片格子门窗的厅堂时，一张长桌的一端，坐着一个戴眼镜的军官和另外几个军官，他们正在吃饭，我被招待坐在长桌的另一端，默然的等候机会说话。在默然中，我看见桌上搁着两张名片，一张印着《申报》记者某某，一张是《新闻报》记者某某某（姓名都忘记了），我立即想起，当我来时，有一辆汽车迎面驶过，车上有两个穿西装的人，另有几个军官同在，莫非就是他们？我后悔来迟一步，我不知道他们有些什么收获。倘若我所得的材料没有他们多，那我怎么办呢？一种好胜的心理，使我慢慢成为一个善于嫉妒的人。

墙壁上悬着许多杂粮种子和农具，我也无心去鉴赏。我正在纳闷的时候，碰巧遇见北伐时期在东路军工作的刘某（名字也忘了），他在司令部当股主任，他惊异于我的改行，欢然道故起来，他介绍我认识那位戴眼镜的军官，原来是副官处长刘一公，听我说已和参谋长接洽好，他就替我去找参谋长。

天气那么热，他来回去找，使我不安。他告诉我："同事们都喜欢看《大公报》，希望能够每天送几十份到上海办事处，晚上可以由童子军送来，当晚就能看到。"

一位戴着中将领章的军官，走到我的面前，和蔼地和我握手。他就是参谋长徐权。

他不等我发问，就坦率地向我倾诉起来。

"一·二八以后，我们埋头苦干，准备和敌人拼，京沪警备司令部的名义，虽然现在才拿出来对外，实际上早已开始工作。我们原想自力更生，学德国的样，可是敌人当然不让你慢慢准备好了才来打你。"这一段话，使我相信这次打起来一定比一·二八有把握。

徐权继续述说"虹桥事件"的发生和经过，他认定那是日军在上海挑战的一种手段。他以坚决而乐观的态度，述说我军应付的情形，他把动员的事实都隐下不提，只在动员的意义方面解释，他说："我们为要执行保国卫民的天职，不得不起来抵抗，凡是有国家观念的文明国民，必定同情我们。一·二八以后，我们固然力求和平，军事上也有所准备，虽然这种准备不及日本，只要我们抱定焦土抗战的决心，和敌人周旋，能够长期抗战，最后胜利必定属于我们。"

"我军来沪的情形是怎样的？"我把话题转向现实。

“这种调动的经过，不必去细讲，有一点值得提出，就是日本由各处调沪的军队，11 日都已到达上海，他们所谓‘外交解决’的烟幕已被看穿，而撤退闸北保安队等无理要求已经提出，我军才在 11 日的深夜动员，12 日拂晓已经占领指定的阵地。这是‘后发先制’，可以证明我们的确是有准备的。”

我因记忆着一·二八的经验，对于日军所采用的包翼战略，感到不能放心，我提出：“江防怎么样？”

“这你放心好了。江防已不是一·二八时代的江防了。日舰前天不也向浏河进扰吗？你可以向大家说，日舰真的要在江防进扰，必定受到严重的打击！”。他的话我相信。以后日军偷渡川沙口、沙龙口、吴淞，……都受过严重的打击。无如 11 月 5 日敌人在金山卫登陆，淞沪战线的战斗就不得不中止，结果还是吃了包翼战略的亏！所不同者，一·二八吃的亏是在上海的左翼扬子江流域，而八一三吃的亏是在上海的右翼钱塘江流域而已。

谈话又转入另一课题，我问 14 日市内大世界落弹的情况，他首先表示同情于伤亡的同胞。他站在军事家的观点上，认定那是一种出于不得已。而租界当局要求不在租界上空作战，这一点使他非常义愤，他说：“租界的领土领空主权都是中国的，日本的空军可以违法利用租界，中国的空军在自己的领空作战，他们反而不能同意，这是何等矛盾而无理的！”

我和徐权的谈话，到此结束。我要求会见司令官张治中，我请他代我致意。

大约等了半点钟，我又请刘一公去致意。刘回来说，还得等一会，因为饭还没吃完。冯玉祥副委员长也来了。

我为这个新奇的消息所吸引了，我再忍耐着等，我期望会见张治中以后，还要会见冯玉祥。

门外传进了一叠名片，刘一公接来放在桌上，“李根源、张一廖……”随着一群退休了的老政治家出现在我的面前。

一位身材高大而结实，还保持着西南人俭朴的风度，穿一件褪了色的蓝布长衫，汗流浃背先走进来的，那便是曾经做过云南副都督、陕西省省长、农商总长、代理过国务总理、主办过云南讲武堂的李根源（号印泉）。他近年隐居苏州，绝迹仕途，他是日本士官学校学步兵的，已有 60 高龄，精神健壮，头上垂下一绺拿破仑式的黑发，表现着一位在野的战略家的身份，他虽不直接打日本，却间接地来鼓励后进们打日本的。

跟在他后面是一位矮小的老人张一麐（号仲仁），穿一件白麻布长衫，一只手拿顶呢帽，一只手拄根手杖，弄得一双手都不得闲。他那雪白的须发；在我们青年人的眼中，几乎是神仙下凡。他已有72岁的高龄，在文学方面修养很深，举人出身，当过袁世凯的秘书长，教育总长。以后还在苏州倡议组织“老子军”抗日，苏州沦陷后，曾谣传他已自杀。（1938年他到香港遇见了我，我问起他自杀的事，他说：“我死不得。我要死了，老子军就全军覆没了！”我给《大公报》汉口版发了个专电，用花边新闻登在报上。他一到汉口，各方面都争着找他，国民参政会因为他年高德劭，发表他为首席参政员。）他给我一本《八一三倭寇侵占淞沪后杂诗》，共有159首之多。（可惜在香港沦陷时丢失了！我在香港同他游浅水湾时，他兴之所至，题有七绝一首给我：“三千毛瑟一枝笔，东战场间始识君。今日香江重聚首，孙阳一顾已空群。”）

跟在他俩后面的，大约有十几位文质彬彬的人，他们是代表苏州民众到前线来劳军的。

我和他们混在一起等待。不到五分钟，张治中首先迎出来，他那清癯的面容，刻画着几条纹路，用庄重的言辞，回答李、张二位的话。

李含笑说：“我们今天是代表苏州民众来慰劳的。”

张跟着说：“诸位很辛苦，肯替国家做干城。不然，我们这几根老骨头真不知道埋在哪里呢！”

司令官很感动地立起了身子，并齐了脚跟，像对答长官一样的礼仪，用十分庄重的语调说：“仲老和印老，还有各位先生，这样热心地来慰劳我们，我代表全军将士，感谢各位！”

他们的会话刚开始，接着走进几位高级指挥官，第一位是穿着白色中山装的铁军将领张发奎，他坐在一角不多言语，人们说话，他都用坚毅果决的眼光来表同情。

第二位是上海戒严司令官杨虎，他不时地去检阅他手上拿着的一束文件，大概他是另有任务的。

第三位是冯玉祥将军，他穿一身整齐的草绿色布军服，体格魁梧，在全屋里要数第一。

他们双方对我大约都有误会，劳军的或者把我当成司令部的人，张治中等大约又把我当成劳军的。这只有我自己才明白。于是，我趁机会活动起来。

我把张治中和李根源谈话的情形，拍了一张照片。张谈话时，（我并不当场记录，以免引起他们的注意。）我只默记了可以发表的一部分，我在那篇《司令部中》,写着“……张氏发言简洁,纯一儒将风度,对于此次战略,氏谓上海既系市区,自非野战可比,吾人本稳扎稳打之法,得一寸保持一寸,不求速效,但求确实把握,必使侵略者之范围日削月减,吾人虽持久至三年五载,终须驱逐暴力于国境之外。……”

他们的会谈快要终了的时候,我已选择好地方,为他们摄影留念。这个意见大家都赞成,我立刻在嵌螺壳片的格子门前,为他们拍下了两张照片。

这时,张治中忽然问起《大公报》记者在哪里?刘一公回答说就是我,事情才明朗起来。我又要求给他单独拍了两张半身照。他告诉我那张团体照片不能发表。我虽觉得很可惜,但终于答应了他。他的半身照片和同李根源谈话的照片,在8月21日出版的《国闻周报·战时特刊》第一期发表了。

(9月21日,担任上海战区最高指挥官的第九集团军总司令张治中,已因病奉准调回南京。朱绍良奉派来接替他。23日下午在他正要离开上海之前的三小时,我偶然找到了设在徐公桥的另一个司令部,对他作了上海战场上的最后采访。他回南京后不久,打了个电报给屈武,告诉我那张团体照片现在可以发表了。屈武约我去看了电报后,我才拿来登在《国闻周报·战时特刊》第十二期封面上,题目是《现在可以发表的一张照片》。)

当我们告辞离开司令部时,我是走在张一麐和冯玉祥的旁边的,张对冯说:“冯先生的《吊佟赵》(佟麟阁和赵登禹)诗,我已拜读过了。”冯立刻笑着说:“那是丘八诗,仲老还要多多指教。”

我们在那农家的门口握手别了。李、张诸位和我正走向竹林的地方,秘书处长宣(名字忘记了)特别赶来告诉我:刚刚接到前方的报告,我们的炮兵在吴淞口击沉敌舰一艘。刘一公又托我代他们募集一点军中最感缺乏的车辆、汽油和粮食。

李、张诸位那时已上了大汽车回苏州。我兴高采烈地回到上海,下午五点多钟,在编辑部里,我把情况报告给总经理胡政之、总编辑张季鸾,胡不时地对我露出一种安慰的微笑;张正在吸水烟,他听完了报告,停止了吸烟,用那只拿着纸捻的右手,向我竖起了大拇指。

晚上,我正在编辑部写那篇《司令部中》,李子宽走来坐在我的旁边,当他看我写到司令部在“茂林修竹”之中这一句,立刻提了意见:“呵!那正好看见茂林修竹就去炸。”他的警惕性使我悚然,立刻把它改成“矮屋疏檐之内”,这该不会暴露目标吧。《司令部中》一文写好后,送到新闻检查所检查回来,全文已受刖足之刑;

冯玉祥和张发奎的段落一律被检扣，虽然扫兴得很，但总算采访到一条“独家”新闻。第二天翻阅《申报》、《新闻报》，他们关于司令部的特写和特讯都没有，我才确信，我出以最大的忍耐，是有了相当收获的。

《印象深刻的一次采访》，重庆出版社，1983 年版，第 72—78 页。

三　左翼战线

一寸山河一寸血的淞沪战争

黄　维①

1931 年日本军国主义者发动九一八事变，武装侵占我东北三省以来，我国军民为了救亡图存，要求对日抗战的热潮，日益高涨。我原任陆军第十八军第十一师师长，为了提高个人的军事素质，准备进行抗日战争，于 1936 年请准赴德国考察和研究军事。几经周折，于 1937 年 2 月由上海乘船赴德。是年 7 月，日本侵略军在卢沟桥发动七七事变，向我国当地驻军大举进攻。我军英勇抵抗，战局急剧扩大。在日本侵略军疯狂进攻面前，我国实现了国共第二次合作，从而展开了举国一致的抗日战争。

这时，我应召回国参加抗战，于八一三事变的那天，由柏林起程回国。当时，获悉日本侵略军又在上海向我国发动进攻，我心急如焚，恨不能缩地有术，此时，只能照原定旅程，经热那亚搭乘“康特罗梭”号邮轮回国。船到香港，已不能驶往上海，而改由火车经广九路、粤汉路、浙赣路、沪杭路转赴上海。在杭州到上海的火车上，遭到日机空袭，走走停停，9 月下旬，我才抵达上海前线。

赤心报国　罗店鏖战

我到达上海前线才三、四天，便接任第十八军第六十七师师长职务。这时，该师已在罗店与日军进行拉锯战，坚持了大约近 1 月，伤亡惨重，特别是干部伤亡更大，真是一寸山河一寸血。我们的部队白天烧饭冒烟，便会招来敌机的扫射轰炸。由于制空权完全为敌方所掌握，所以我们很被动，但一到夜间，便是我军调动部队

---

① 黄维，淞沪会战时任第十八军第六十七师师长。

和向敌搜索骚扰的时候，而敌军一般都在夜间龟缩不动。这样比较沉寂的状况.大致延续了个把星期。我们预感到日军在向我正面增加兵力，将对我发起大规模的进攻。

当我接任第六十七师师长后，军长罗卓英转到太仓方面指挥。第十八军的其他各师均调走了，仅第六十七师改归第十九集团军总司令薛岳指挥，仍在原阵地与据守罗店的日军阵地相对峙，时有局部战斗。我回到师后大约三、四天，拂晓时日军开始炮击，向我阵地发动全线进攻，其主攻的重点在我右翼的第七十四师方面，对我师的进攻并不猛烈。对我攻击之敌，被我火力所拒止，双方对战。此时，罗店全镇毁于炮火，成为一片焦土。我军经常趁敌机不能活动的晚间，发动夜战以夺回白天丧失的阵地，有时进行肉搏战，双方伤亡都很大，第六十七师伤亡过半。这时，我接到命令，上级指示于夜间主动后撤到南翔集结。我师在友军的掩护下，安全撤出阵地。这是我罗店方面作战部队的一次主动后撤行动。

由于第六十七师参加沪西罗店方面的作战，经过长时间的苦战，部队建制残破不全。后撤到南翔后，一面担任构筑工事的任务，一面进行休整补充。幸而，陈诚总司令和军长罗卓英，早已抽调驻防在后方的第九十九师等部队的官兵 3 000 多人开到战地，及时补充。还有各团均派出多数得力官兵，到后方和医院动员组织大量本师和其他师的伤病愈归队士兵，一并调整补充。并且所损耗的武器、弹药、装具也得到及时的补充。这时，我们抓紧一切时间，在全师进行了作战检讨、战斗训练和精神教育，团结军心，激励士气，做了很多工作。在一个月的时间内，把部队整补完成，基本上恢复了战斗力。

四天五夜的北新泾战斗

10 月上旬以来，日军使用新增援的强大兵力，由蕴藻浜北岸强行渡河，向南岸猛烈进攻。我防守部队，乘其渡河，予以反击，累挫凶锋。但日军不顾牺牲，继续增加兵力，扩人地盘，使我军在该方面陷于苦战。

11 月 5 日，我第六十七师奉令由南翔附近增援苏州河南岸的作战。当夜以第四〇二团、第四〇一团、第三九九团接替北新泾方面厅头，我第八十七师（师长王敬久）及其以东第三师（师长李玉堂）的阵地。以第三九八团控制于八字桥为师预备队。师指挥所设地虹桥飞机场东北角独立家屋。我左翼的邻接部队为占领姚家宅阵地的第四十六师（师长戴嗣夏）。6 日拂晓，日军把主攻指向我师，发动猛攻，用气球升高在我阵地上空，指导炮兵向我阵地射击，敌飞机助威滥炸，并以战车掩护步兵向我猛烈进攻。当时，我官兵沉着应战，双方伤亡惨重。

与此同时，我占领姚家宅之第四十六师在日军攻击压迫下溃退。使日军直插厅头第四〇二团左侧阵地，包围该团。此时，我在八字桥之第三九八团措手不及，不得已在原处应战，与第四〇二团几乎成一个 90 度的拐角，形成向西的作战正面，势甚危殆。幸而作战的第二天即 7 日，广东部队巫剑雄师到达增援，但该师不是向敌军外翼反包围，而是对向西正面延伸，老老实实地在那里挨打。

战斗的第三天，第四〇二团仍坚守厅头，逐屋争夺，团长赵天民负伤，以后成残。中校团附叶迪负重伤，少校团附王家骏阵亡，营、连长基本上伤亡殆尽，士兵前赴后继，伤亡更为惨重。但到最后仍有部队死守厅头的一角，屹然不动，直到作战的第 5 夜，才把阵地移交给教导总队接替。

在八字桥之第三九八团团长曹振铎负伤后，仍带伤坚持指挥作战。第四〇一团联接第四〇二团右翼，受其影响，曾一度动摇。作战的第 3 天下午，一时电话中断，我很担心出问题，立即率工兵营向该团增援。当我们接近第四〇一团阵地时，见到该团团长朱志席和零星部队向后转移。当他们看见我亲自率部到前线时，该团立即稳定下来，继续激烈的战斗。我军官兵就是在这样的激烈战斗中坚持下来，使敌人的攻势徘徊不前，再衰三竭。这次战斗坚持了四天五夜，才由教导总队（总队长桂永清，这个总队比一个师的实力还强）接替我第六十七师的全部阵地，由他们继续阻击日军进攻。

扼守苏州河上泗江口公路大桥

9 日夜间，第六十七师把阵地移交完毕后，于 10 日凌晨前开向七宝镇休整。部队开到七宝镇，只休息了一天，当夜接到薛岳的命令，限第六十七师务必于 11 日到达安亭车站附近，扼守苏州河泗江口公路大桥，掩护全军总退却。

我接到命令时，的确感到部队已经打得七零八落，精疲力尽，如何完成这一重大任务？当时为了应急，决心把 4 个团的战斗兵集中编到第三九八团和第三九九团，每团编足两个营，以便投入战斗，归第一九九旅旅长胡琏指挥。而把其余所有的勤杂人员，编为第四〇一团和第四〇二团两团的营底，归旅长杨勃率领，立即开赴后方接领新兵。11 日上午，部队编配调整完毕，即分头行动。

我率第一九九旅实则是 4 个营的兵力，于 11 日傍晚到达安亭火车站附近。

在泗江口公路大桥的苏州河北岸占领掩护阵地。此时，公路大桥已由第十九集团军的工兵部队装好炸药，只要一按电钮，便可将公路桥彻底炸毁。当时，安亭以西所有村落房舍，俱已有部队宿营，非常混乱。师部和旅部在一起，都在距离泗江口公路大桥以西相当远的小河边的村落宿营。入暮以后，由东而来，由南而来，向西退却的大军，漫山遍野，争先恐后，如潮涌一般向西急行，部队混乱不堪言状。

师部很快与在济公桥的第十九集团军指挥所架通了电话。我与薛岳总司令通了话，报告当面情况，告诉他，我师只有 4 个营的兵力，在这里掩护，我师以东以西都没有联系到掩护部队。薛总司令告诉我，他已命令巫剑雄师在我师右翼担任掩护。于是我派人四处寻找巫剑雄师部，最后，终于与巫剑雄取得了联系。但是，巫剑雄与所属部队失去了联络，对部队失去了掌握，无法将部队配置于掩护位置，以遂行其任务。因而，误了大事。

当日深夜，日军挺进队在泗江口以西 10 余里的地方，偷渡过苏州河，骚扰和袭击我退却部队，造成了我军更大的混乱，以致有自相践踏等现象。当夜，我正在电话中向薛岳总司令报告情况，突然在电话中听到了枪声，薛总司令在和我讲话时，惊惶失措地中断了电话。当时，我判断集团军总部可能遭到袭击。事后听说，日军的挺进队夜间由泗江口以西 10 余里的两棵树渡口，混在我退却部队中渡过苏州河，在向我混乱的退却部队袭击时，同时也袭击了薛岳总司令的指挥所。在这一情况下，我即转移到泗江口，直接掌握部队，为应付情况的变化。出乎意外的是泗江口公路大桥方面平安无事。快天亮时，退却部队已通过完毕，公路大桥也已由负责的工兵部队炸毁。于是我指挥所部向北进入丘陵地带，经无锡、宜兴、广德、誓节渡、宁国到达皖南山区，进行保卫南京的外围作战。

《20 世纪上海文史资料文库》编委会编：《20 世纪上海文史资料文库》，第 1 辑，上海书店出版社，1999 年版，第 346—350 页。

八一三淞沪抗战回忆

龚传文①

卢沟桥事变时，九十八师分驻在湖北汉口、荆门、沙市担任防务。师长夏楚中、副师长王甲本，二九二旅旅长吕国铨、副旅长陈集辉，五八三团团长路景荣，五八四团团长胡一；二九四旅旅长方靖、副旅长龚传文，五八七团团长侯思明，五八八团团长向敏思。7月10日，师长夏楚中召集连营团旅长到师部开会说："日本强盗强占我东北，又进攻我华北，硬要灭亡中国，要把中国人民世代当做日本人的奴隶。我们中国是有悠久历史的文明国家。只要我们军人服从命令，遵守纪律，是可以打败日本强盗的，是可以收复东北和华北的。养兵千日，用在一时，保国卫民是我们军人的天职。我师在未奉到命令出发去打日本强盗以前，要加强训练阵地攻守战，特别是夜间街市战和挖战壕、挖掩蔽部、挖防空洞等的作业演习。各级官佐一律不准请假，积极做好出发打仗的准备工作。"会后有些连长愤慨地说："日本鬼子太欺负我们中国人了，不把中国人看在眼里，得寸进尺，夜郎自大。我们如能开到前线去，决与日本鬼子拚个死活，使他知道中国人不是好欺负的。"连以下的军官和士兵也义愤填膺，准备到前线去杀日寇。

8月5日，师部下命令，指定二九四旅准备开往上海。8月8日下午4时前集结于汉口江汉码头，乘大轮到南京下关，再转乘火车到南翔，进驻大场集结待命。8月11日夜行军到达约离日本大纱厂五、六华里处就攻击位置。旅长和我及两个团长，即开始侦察地形和攻击前进道路。二九四旅在12日奉师部命令，13日拂晓前，向日军据点大纱厂攻击前进，右翼与八十八师密切联系。旅长同时命令五八七团为攻击部队、五八八团为预备队，占领阵地构筑工事，掩护五八七团攻

① 龚传文，淞沪会战时任第九十八师二九四旅副旅长。

击。五八七团13日拂晓前即开始向盘踞在大纱厂的敌人攻击前进。当天12时以前,已把大纱厂外围敌人的工事完全突破占领,敌人全部退进纱厂,凭坚固工事据守。五八七团连续猛攻三次,都未成功,官兵伤亡较大。旅长令该团停止攻击,加强已占领阵地的工事固守,严防敌人反攻。据侯思明团长报告说:“攻不进去的原因,是敌人的机关枪掩体全是钢骨水泥做的,我们没有平射炮,不能打破他的机关枪掩体,靠迫击炮、机关枪是攻不进去的。”

8月21日师部命令我旅把攻击日本大纱厂的任务移交税警总团后,我旅即向蕴藻浜登陆之敌攻击前进。当时我旅虽受敌人的陆、海、空军炮火轰击,但官兵攻击精神非常旺盛,一鼓作气就把敌人打过蕴藻浜。有17个敌人,持轻机枪2挺、步枪7支,占据一间独立房屋死守,掩护敌主力撤退。五八八团第三连围攻了一昼夜,敌兵顽固抵抗,死不投降。王连长负伤,排长以下士兵伤亡20多人。为尽快解决这小部分阻碍我们前进的敌人,我和向敏思团长研究,决定挖坑道接近屋边,然后投手榴弹进去,以歼灭敌人。官兵遵照实行,分三路进攻,不到半天,就把敌兵炸死13个,其余4个手足被炸伤,失去了战斗力,也只得投降。

为了防止被我旅击退的敌人再登陆反攻,我旅即在蕴藻浜至宝山城一线赶筑野战工事固守。敌人败退后,恼羞成怒,连日用兵舰和飞机不断轰炸我旅阵地。但敌人打来的炮弹,有半数以上不爆炸。抗战胜利后,参加南京受降的师长彭战存说:“日本炮兵部队,有我东北人参加,受到日本人的歧视欺压,恨日本人残暴,不愿中国人当亡国奴,装炮弹时不装雷管,所以打出来的炮弹不爆炸。”

在上述这条战线上,我旅与敌人激战10多天,伤亡较大,兵力减弱,于是调五八三团第三营营长姚子青守宝山城。宝山城是长江和黄浦江出入口的战略要地,守住这个大据点,便可以巩固我军的阵线,是敌我双方必争之地。姚子青营长进入宝山城后,于9月5日打电话报告说:“敌人在长江口和黄浦江面集中百多只军舰,敌机连日不断低飞侦察宝山城,有进攻宝山的模样。”当时,旅长方靖要我在黄昏后到宝山城去视察城防工事和兵力配备,并要我转达以下指示:(一)要赶快加强城防工事和防空掩蔽部。(二)维护通讯联络,不断派通讯兵查线。(三)多储备粮食弹药。(四)全营官兵要与(宝山)城共存亡,没有命令不得离开阵地,要执行连坐法。

我当天下午8时到达宝山营部。姚营长即约我去看城防工事和防空地下室。营部和预备队在城西南角空地上,用木料架成能容100多人的一个掩蔽部,城防工事做得比较坚固,各地下室挖得又深又宽,空气流通。我视察完后,很满意。对他说:“一营人守这么大一个城,兵力太薄了,应当增加一营兵力就好了。在未增加兵力以前,最好是把东、北、南三门封闭堵死,开西门作进出路,这样才可以集结一部分兵力来应付各方面情况,你看怎样?”他答:“很好。”这时官兵已进入阵地,枕戈以待。我视察到夜 12 时以后,才回到营部。由姚营长召集 4 个连长来营部开会,我把方旅长的口述命令转告他们,要他们传达给全营官兵。当时营连长异口同声地表示遵守这个命令,誓死保卫宝山城,与宝山城共存亡。接着姚营长说:“日本强盗是我们中国人民不共戴天的死敌,我们头可断,而志不可屈,宁愿死在战场,决不偷生做亡国奴。”我被他这气壮山河的话感动了,鼓励他们说:“你们的工事和兵力配备和杀敌的决心,我一定转报旅长。希望你们不论遇到任何困难,任何牺牲,都要守住宝山城。因为宝山城是一个重要的大据点,关系到全线作战的得失,你们能守住这个宝山城,就是你们立了功。”接着酒菜摆上,彼此敬酒祝贺,痛饮一番。到下半夜 3 点多钟,我才离开宝山城。

我回到旅部时天已大亮,当将视察情况和营长誓死保卫宝山城,与城共存亡的决心,转报旅长时,方旅长说:“姚营长是广东人,性情爽直,服从军令,打仗勇敢,忠实可靠,守宝山城不成问题。”到了中午,听到姚营长打电话报告旅长说:“敌机 20 多架轮流扫射投弹,兵舰上的炮火向城里猛烈轰击,已落弹 100 多枚,有 10 多处起火。长江口和黄浦江面的敌舰已靠近江岸,有登陆模样。”方旅长指示:“除派少数官兵严密监视外,其余官兵进入防空洞,减少伤亡。马上组织救火队,迅速把火扑灭为要。”次日(9 月 7 日)上午 9 时,姚营长打电话报告:“约有一旅团敌人已登陆向宝山城攻击前进,正与我城外东北警戒部队激战中。敌机低飞扫射,守城部队不能活动。”方旅长指示:“把城外部队撤到城边附近,待敌人接近时,集中兵力反击敌人。马上派部队前来增援。告知官兵奋勇抵抗,要不惜一切牺牲,坚守宝山城。”旅长当即打电话给五八七团团长侯思明,要他马上抽调一营兵力,火速出发,到宝山城去归姚营长指挥,固守宝山城。

约 1 小时后,侯团长打电话报告:“第一营出发在前进路上,被敌机发现轰炸扫射,白天不能行动,可否黄昏后再去增援。”旅长问我可否黄昏后去,我答:“救兵如救火,不能延迟时刻,可用班排为单位分散前进。”方旅长同意,即告知侯团长照这样办。下午 1 时,侯团长打电话报告,“据传令兵回来报告:第一营到达离宝山城 5 里路地方,被敌机发现滥炸,把第一营官兵炸乱了。现在正派人与第一营长联络。”旅长说:“白天不能去,到黄昏去好了。”接着姚营长又打电话报告:“东北门外之敌人已迫近城边,向西南门迂回攻击,城外部队已完全撤进城里,请即派增援部队来内外夹攻敌人。”方旅长指示：“已派五八七团第一营前来增援，归你指挥。在未到达以前，无论如何要死守宝山城。”从此以后，电话就打不通了。我即派情报员去侦察宝山城情况，到下午3时许，情报员回来说：“宝山城周围都是敌人，不能进城，只听到城里机枪声和手榴弹声不断，打得激烈，恐怕敌人已打进城了。”我要他再去打探一个确实消息，看敌人是否攻进城了。到下午5时许，情报员急急忙忙跑回来报告：“敌人已攻进宝山城了，城内没有听到机枪声，只听到冷落的步枪声。五八八团正面机枪声和炮声打得很激烈，没有看见第三营的一个官兵逃出来。”这样九十八师五八三团第三营姚子青营长和全营官兵，便在宝山城全数壮烈牺牲，在抗战史上写下了光辉的一页。当时方旅长叹了一口气，洒下了热泪，沉痛地说：“第三营官兵全部牺牲了，真正为国效忠，可歌可泣。”话还未说完，五八八团团长向敏思打电话报告：“宝山城已失守，敌人已迂回到我团左后方，团预备队正与敌人展开激战，敌人还在继续增加部队，我手中没有预备队了，请派一营兵来增援，以防万一。”旅长指示：“目前全线打得很激烈，派不出兵来，自己抽调部队抵抗敌人的迂回攻击，待我报师部再作决定。”旅长当即把以上情况报告师部。

当天下午9时，师部命令我二九四旅即时把主力转进到大场、月浦之线赶筑野战工事，留一部固守原阵地，到8日上午4时撤出。我旅8日拂晓前全部转进到大场、月浦之线，一面构筑工事，一面抵抗敌人的进攻。由于工事没有做好，第一天伤亡侯思明团长以下官兵300多人，第二天伤亡何俊营长以下官兵100多人，第三天伤亡官兵50多人，以后伤亡就逐日减少了。官兵日夜不息地加强战壕和防空洞，使敌人的炮火失去了作用。敌人在地面上不敢前进一步，只好挖地道来接近我阵地，用炸药破坏五八七团第一营阵地机枪掩体3处，我们发觉后，即令官兵把外壕挖深挖宽灌水，打破了敌人的地道战法。同时我们派工兵协助步兵，用坑道战法，破坏敌人的阵地工事多处。并选派官兵在阵地前方挖一个较深的掩体，趴在地下，静听地下有无声音响动。如发觉有音响时，即派工兵按照有声音的方向挖壕前进，装好炸药和手榴弹，待人接近时，拉火爆炸，歼灭来犯的敌人，已收到几次效果。敌人在战壕作业战斗中吃了大亏，在地面也无法攻击前进，于是就在浏河口登陆，迂回攻击我军后方。我军不得不全线转进到罗店、嘉定之线。10月9日我旅转进到嘉定线后，官兵到达指定地点，先挖好工事才吃饭，并日夜不停地赶筑战壕和防空洞。这时，除了敌机的重磅炸弹外，其他什么大炮打来都不怕了。在嘉定之线作战中，不管白天或夜间，我旅官兵随时都能攻击敌人，敌人则不敢进攻我们。

11月5日下午6时，接到师部指示："敌人已由杭州湾登陆，我师向常熟转进，占领吴福国防工事阵地。二九四旅务必于11月6日黄昏后开始转进，以主力占领常熟东北国防工事线。左与川军唐式遵部衔接，右与二九二旅五八三团衔接。留一部固守原地，到夜12时开始转进。"旅部当即把这个命令下达各团，有两个团长打电话报告，官兵听到转到国防工事线与敌作战，工事坚固，伤亡可以减少，都很兴奋，认为这样可以打破敌人3个月要灭亡中国的梦想。旅长命令我率领两团主力部队，于11月6日下午8时前去分配两团国防阵地线。我于次日上午3时到达国防工事线附近，即令五八七团团长谢俊汉、五八八团团长朱声沛和我分头前去侦察国防工事线在什么地方，找来找去，找不到国防工事线。据五八八团团长朱声沛报告："只看到相隔200多公尺有一个坟堆，但是用电筒详细查看，四面没立碑位，恐怕就是国防工事的堡垒了。"我指示朱团长赶快派兵挖开看看。挖开几个一看，确实是钢骨水泥做成的轻重机枪掩体，但是掩体的门都用暗锁锁着，打不开。用大十字镐和大石头打，都冲不开。天快亮了，主力部队还没有进入阵地，大家急得冒火，急忙打电话找师部问明情况，师部电话又没有接通。我说，事到如今有什么办法呢？最好先在堡垒左右挖散兵坑和机枪掩体，暂时用以抵抗敌人。大家都同意这样办。过了30多分钟，师部电话才接通。我把国防工事情况报告师部，副参谋长王禹九对我说："国防工事机枪掩体的钥匙，在工事附近张家村吴乡长处保管，你去找他拿好了。"我即赶到该村，只见家家关门闭户。把门叫开，只有少数老头子和老妈妈在家。我找吴乡长家，赶去叫门，出来一个老婆婆。她对我说："乡长昨天出去没有回来。"我问她："他保管的国防工事掩体钥匙放在哪里，你知道吗？"她说："不知道。"那时天已大亮了，掩护部队已到达阵地后方，敌人少数先头部队，已接近阵地前缘开始战斗。接着敌机到达阵地上空低飞扫射轰炸，随后转进下来的部队来不及掩蔽，被敌机发现，炸死炸伤不少。这时老百姓都逃光了，还到哪里去找乡长呢？我只好赶回旅部，把以上情况报告旅长。旅长愤怒地说："打，打他妈的，这么好的国防工事都利用不上，还能同敌人拼命吗？国防工事没有准备好，不应该把部队撤下来，这不是把官兵白白送死？上级指挥部糊涂极了。"到中午12时左右，敌人的主力部队赶到，向我展开激烈攻击。我旅右翼唐式遵川军部队抵挡不住，被迫后撤，即将旅部预备队和特务排顶上去，占据两个村庄，才抵住敌人的进攻。接着敌人升起气球，指挥炮兵目标，专打阵地线，官兵伤亡较大。下午4时许，奉师部命令，要我旅经过常熟、无锡到宜兴集结，非战斗人员到黄昏后开始行动。战斗部队坚守阵地，到夜12时以后再后撤。我旅决定每团酌留一营固守原阵地，每团组织一部夜袭队，到黄昏后佯攻敌人的阵地，掩护主力后撤。我率两个团掩护部队在次日上午3时到达常熟西门外桥边时，见有死伤的军民几百人，这是因为到达桥边时，军队太多了，拥挤不通，遭敌机轰炸而致。我看到这种惨状，非常痛心，即派部队把受伤的人背到附近屋里去休息。我旅在夜12时以后脱离战场，顺利地到达宜兴县西门外集结。而美丽可爱的淞沪，就在11月12日沦陷于敌人之手。

我旅未参加上海抗战前，原有官兵4 000多人，参加这次战役，为期3月，计先后补充3次，共补充4 000多人。到宜兴清点时，只有一千五、六百人，伤亡失踪在6 000人以上。

《20世纪上海文史资料文库》编委会编：《20世纪上海文史资料文库》，第1辑，上海书店出版社，1999年版，第339—345页。

第七十四军上海抗战概述

吴　鸯　王仲模

八一三淞沪抗战时，我们都在第七十四军工作。七十四军在小川沙、曹王庙、罗店、蕴藻浜、八字桥等处，与敌周旋。五十八师以机动使用为主，五十一师是坚守阵地，历时 3 个月。现就记忆所及，叙述如后。

沪战爆发，驻陕西汉中、洋县一带的第五十一师王耀武，驻平汉（今称京广）线南段的河南信阳至湖北孝感间的第五十八师冯圣法，均奉令调沪参战。王部是从宝鸡上车，经陇海、津浦、京沪（即今沪宁）线于 8 月底到达上海郊区。冯部在汉口集中后，船运南京，也是 8 月底到达苏州附近的。这两师均为嫡系部队，军官一律是中央军校各期毕业生，装备较好，都是两旅四团制。为适应指挥需要，将这两师编为第七十四军，以俞济时（黄埔一期，后任蒋介石侍卫长，总统府军务局长）为军长。当时指挥系统如下表。

第七十四军系统表
（1937 年沪战时）

<table>
<tr><td colspan="8">军长
俞济时</td></tr>
<tr><td colspan="4">第五十八师
冯圣法</td><td colspan="4">第五十一师
王耀武</td></tr>
<tr><td colspan="2">第一七四旅
吴继光</td><td colspan="2">第一七二旅
何凌霄</td><td colspan="2">第一五三旅
李天霞</td><td colspan="2">第一五二旅
周志道</td></tr>
<tr><td>三四八团
廖龄奇</td><td>三四七团
朱奇</td><td>三四四团
陈式正</td><td>三四三团</td><td>三〇六团
邱维达</td><td>三〇五团
张灵甫</td><td>三〇二团
程智</td><td>三〇一团
吴克定</td></tr>
</table>

五十八师战斗情况

川沙河口附近的攻击战：8 月 30 日，五十八师(缺一七四旅)到达嘉定滩石桥附近地区集结待命，接到军部转发陈诚总部电令要旨：

一、川沙河口登陆之敌，为敌第六师团之一部，经我友军阻击，连日来，陆续增援，似有南犯罗店企图，着五十八师(缺一七四旅)到达滩石桥后，即经岳庙——新家桥，向川沙镇之敌进攻。

二、该师右与五十一师、左与五十六师妥取联系。

当时一七四旅担任白茆口、浒浦至福山镇沿江守备，采取游动后退配备，遇敌登陆，乘其立足未稳，将其击破。

遵照总部及军部意图，制定作战方案如下：

一、着一七四旅旅长吴继光于 30 日晚，乘夜暗推进至陈家湾附近，展开于仓基、罗宅之线，攻击当面之敌，进击于北岸南北线，作战地境如下：

51D
东李宅 — 曹王庙 — 仓基 — 吕家宅 — 百家宅之线，线上属右。
58D
徐宅 — 金家牌楼 — 水干桥 — 小川沙 — 何家宅 — 史家宅之线，线上属右。
56D

二、师直属部队：工兵营位于岳王庙，通信兵营以岳王庙为基点，构成与各部通信网。辎重兵营在余家村、南樊村，开设弹药交付所。卫生队在新家桥开设绷带所。

三四七、三四八两团，于 30 日午后 10 时，准备完毕，于 31 日 5 时，以迅雷疾风之势，攻击前进。敌猝不及防，其警戒部队，大部被歼。7 时许，三四七团进展至唐家宅、蒋宅、顾家、油车、张宅之线，与敌主力遭遇，双方展开肉搏战。左翼三四八团在西宅、蒋家宅、水桥之线，与敌激战。敌集结约 2 个中队兵力，向我两团接合部猛攻，飞机 3 架，临空助战，投弹百余枚，使我部受到较大伤亡，一时情况紧急，第三四七团三营营长李嵩(抗战后期任五十八师副师长)机智勇敢，不失时机，率领团预备队攻击大徐宅，袭击敌之侧背，一战奏功，俘虏鹰森旅团井木联队上等兵田一中武等 2 人(当时生俘日军是很不容易的，日军士兵受武士道影响，多自杀)，夺获轻机枪 2 挺，步枪 24 支及战刀、杂件等，使敌攻势顿挫。第三四七团团长朱奇，率领第二营乘势猛攻，将侵入东王宅之敌，歼灭过半。下午 2 时，李嵩营攻占275高地。这个制高点，敌据此，可以掩护川沙河口上岸之敌；我部据此，可以瞰制川沙镇附近之敌和扑灭登陆之敌。因此，双方反复争夺，易手3次，我部将士不顾一切牺牲，前仆后继，确保此制高点不落入日军手中。黄昏后，战斗停止。是役，我部伤亡官兵达270余人。初战告捷，给全师官兵以莫大鼓舞。

浒浦镇沿江防御战：9月2日，日军巡洋舰1艘，由崇明岛向白茆口驶来，下午2时许，到福山镇附近江面游弋，逐渐接近南岸，当驶至浒浦镇附近时，用机枪向南岸作盲目射击，以侦察我军动静，我军则一枪不发，日舰见无反应，1小时后离去。

9月5日，日炮舰3艘，载有橡皮艇及木船10余只，乘晨光曦微之际，驶至浒浦镇附近，先施放烟幕，掩护部队登陆。守备在这里的一七二旅三四四团二营，利用既设工事，在营长童亚仆的沉着指挥下，发挥火力，歼击登陆日军。日舰发现我军阵地，集中火炮轰击，工事毁坏过半。三四四团团长陈式正（抗战中期任五十八师师长）亲率预备队第三营增援，与敌在浒浦口至花家之线，恶战3小时，敌不支，施放烟幕，向东逸去。迨9月12日，奉令将防务交一五三旅接替，一七二旅归还建制。

曹王庙至海王宅之阵地战：8月31日，午后8时，军部转发总部电话命令：因战略关系，着五十八师于今（31日）夜转移至罗（店）浏（河）公路以西地区，占领曹王庙（不含）、岳庙、苏村至朱家宅之线阵地，限9月1日拂晓前部署完毕。当时各师作战地境如下：

51D
　　＞杨家村—东李宅—曹王庙—仓基—吕家宅之线，线上属右。
58D
　　＞吴家牌楼—大李村—新庙—朱宅—四眼桥—文宅之线，线上属右。
56D

9月1日7时许，正当我军各部队加紧构筑工事时，有日兵五六十人（搜索兵）由小川沙窜至王家楼附近，与三四八团警戒部队接火。9时许，有步骑联合之敌约七八百人，由小川沙经南樊宅、陆家宅向王家楼急进，并以一部（二三百人）经新家桥、丁家楼向三四七团二营警戒阵地进犯，全线展开激战。11时许，敌机3架，对王家楼阵地俯冲轰炸，步兵在空军掩护下发起冲锋。我部官兵奋勇迎击，与敌反复肉搏，卒将来犯之敌击退。入暮后，敌曾数度进犯，但均被遏制。

9月2日，敌仅派小部队进扰2次，均被我军击退，毙10余人。

9月3日，日军按照一贯战法，集中炮兵火力向王家楼阵地轰击，飞机10余架，临空助战，步兵约七八百人，在炮火与空军掩护下，采用三面围攻方式，向王家楼进攻。我军工事几乎全部被毁，全营伤亡颇重，营长龙腾的两腿被炮弹炸断后牺牲，九连连长阮康达负重伤。经过苦战后，我军阵地屹然未动。这次血战后，旬日间无较大战斗。龙营调至师部附近休整，防务由三四八团一营接替。此役，我军俘获轻机枪1挺、步枪22枝，伤亡官兵200余人。

苏村附近争夺战：9月13日，一七二旅归还建制后，奉令接替五十六师朱宅（不含）至吴家巷之线阵地守备任务，师部基于持久战之目的，对两旅作战境区分，分工如下：

51D
杨家村 — 东李宅 — 曹王庙 — 仓基 — 吕家宅之线，线上属右。
172B
石家桥 — 北新泾桥 — 杨家村 — 小川沙 — 小川沙镇之线，线上属右。
174B
吴家牌楼 — 大李村 — 新庙 — 朱宅 — 四眼桥 — 文宅之线，线上属右。
56D

9月18日，日炮4门向我三四三团三营阵地连续发射千余发，我部因连日来加固阵地工事，故伤亡甚少。上午7时许，日步骑兵300余人，经高家衖钻隙窜至306高地，与我军警戒部队接触。1小时许，增至八九百人，我警戒部队伤亡殆尽。8时许，敌窜至苏村北端，发射各种信号弹，接着，敌炮兵集中火力，向我苏村阵地密集射击，飞机6架，轮番投弹、扫射，步兵乘势猛攻，逐步深入，激战至午，苏村东北阵地被突破。一时战况危急，营长陈东木不顾飞机轰炸，带领第八连，向日军逆袭，终将阵地恢复，并生俘敌兵2名，局势始告稳定。下午2时许，我炮兵向敌方密集射击，正在发扬威力时，敌机5架，飞临炮兵阵地上空盘旋，投弹不下200余枚，迫使我炮兵不能发射。第三四三团三营，血战竟日，情况危急，已无预备队可派，乃令师辎重兵营营长张彝模率领2个连增援。张营长临危受命，由苏村东端经张家宅向江宅附近之敌攻击，威胁敌之侧背，敌不得不退走。张营长在追击中不幸弹穿头部，当场牺牲。从俘获文件中证明当面之敌系第六师团。

王宅附近反击战：9月19日起，正面之敌，已改取守势，主力逐次使用于蕴藻浜方面，目标似指向大场。军部发来命令：

"敌自窜过蕴藻浜后，逐次南犯，有攻略大场企图，我友军一七一、一七三、一七四、一七六等4个师（均系广西部队）由陈家行、广福附近，采取攻势，向当面之敌攻击，我军为策应友军作战，着五十八师派出有力之一部，于今（20）日午后6时，开始向当面之敌攻击，以牵制敌人兵力转用。"

五十八师当即部署如下：

一、着一七四旅三四七团派兵一营，附迫击炮 4 门，于午后 6 时，经王家宅攻击新家桥附近之敌。

二、着一七二旅三四四团派兵一营，附迫击炮 4 门，于午后 6 时，经永干桥攻击东李宅附近之敌。

三、其余各部，仍固守原阵地，以防敌之窜扰。

下午 6 时，三四七团二营与三四四团一营，按照命令指示，向当面之敌攻击。7 时许，接近新家桥、东李宅敌军阵地，我军正在破坏鹿砦、铁丝网时，敌以交叉火力，向我部扫射，因夜暗目标不明，伤亡较轻。迫击炮向新家桥、东李宅敌军阵地射击，步兵发起冲锋，与敌展开白刃战。三四七团二营，于拂晓前占领新家桥。当三四四团一营占领东李宅时，立足未稳，即遭到日军强大炮兵群准确射击。由于地面开阔，阵地突出，伤亡较大，于黄昏后撤回原阵地。从俘虏口中得知日军为台湾守备旅第一联队二大队。是役，我部俘日兵 3 名，轻机枪 3 挺，步枪 26 枝。

苏州河南岸八字桥附近阻击战：11 月 6 日上午，接到军部命令，要旨：

一、窜过苏州河南岸之敌，现在东西陶浜、屈家桥至姚家宅之线，与我友军对战中。

由金山卫登陆之敌，与我六十一、六十二两师对战中。

二、着五十八师于 7 日拂晓前，接替李家(含)、北新泾、东西陶浜、屈家桥、八字桥、施家衖至方家之线阵地，拒止敌之进扰。并限 7 日 6 时，接替完毕具报。

当令一七四旅接替第三十六师李家(含)、北新泾沿东西陶浜(含)之线阵地，重点保持在左。一七二旅接替教导总队西陶浜(不含)、屈家桥、八字桥、施家衖(含)线之阵地，重点保持于右。作战地境如下：

58D
　　龚家庄 — 李家 — 赵家角之线，线上属左。
174B
　　唐家宅 — 西陶浜 — 张家桥之线，线上属右。
172B
　　地园 — 施家衖 — 张家巷 — 石桥之线，线上属右。
36D

师炮兵营应在西蒋上附近选择阵地，准备对西陶浜、屈家桥、秋巷上之敌射击。

骑兵连归一七二旅指挥，担任右翼之搜索警戒，并与友军接合部之联系。

11 月 7 日上午 6 时许，敌步兵五六百人，向东西陶浜、屈家桥、八字桥、施家衖之线，大举进犯，集中优势炮火，对我阵地发炮数百发，尘土飞扬，步兵乘势猛攻，激战至9时，敌始终未逞。敌机9架，在我东西陶浜、八字桥一带阵地，倾泻炸弹，使我阵地工事几乎全毁。三四八团一营之东陶浜阵地，被敌突破一小部，营长陈中起率领预备队逆袭，歼灭部分敌军。八字桥方向之三四四团一营在敌空、炮联合轰炸射击、步兵进攻下，浴血迎战，营长童亚仆誓死不退，不幸头部中弹，当场阵亡。部队失去指挥，情况危急，该团中校团附（即副团长）刘国用，指挥一、二两营逆袭，使局势暂告稳定。

下午2时，敌又发起攻击，在空、炮掩护下，向我东西陶浜阵地猛攻，一时硝烟弥漫，搏斗惨烈。第一七四旅旅长吴继光亲到第一线督战，前仆后继，激战至黄昏，保持原阵地。由于日间双方恶战，入夜，仅有小接触。

8日拂晓，敌对东西陶浜又发起攻击，7时许，一股200余人之敌，由北新泾、东陶浜间隙处突入，直趋张家宅，有切断公路企图。三四七团中校团附李嵩带领第一营由范家攻击敌之侧背，第三营由北新泾西端侧击侵入之敌，敌因背腹受敌，被迫退回原阵地。第一营营长应扬在与敌搏斗中，流弹贯穿头部，当场壮烈牺牲。团长陈式正在第一、二两营营长相继阵亡后，重新组织兵力，在敌空军、炮兵狂轰滥炸的情况下，艰苦支撑。午后，正着手调整部署时，接到军部电话命令，由于金山卫登陆之敌得逞，直趋松江，我军作战略转移至苏州、嘉兴一带布防，官兵们含泪撤离上海。

阵地守备战的五十一师

第五十一师是1937年8月29日到达嘉定的，接替十八军的防务，担任左自感桥起，经施相公庙、杨家宅、东李宅、曹王庙、仓基、吕家宅、罗店至刘行的守备任务。

8月30日，日军约一个旅团，由川沙镇登陆，经石东桥南犯，企图直趋罗店、刘行，进击真如、嘉定，切断京（指当时的南京）沪线及苏州河南岸。因此，罗店的得失，关系整个战局的安危。

任何部队都愿意打运动战，捕捉战机，有运用自如的自主权，不愿意打持久的阵地战，因为这是等着挨打。分配给五十一师的任务是在空旷的田野上构筑阵地，拒止敌人。在装备上，敌优我劣，敌军陆、空、炮协同，还在阵地前沿，气球观测。白天，我无法活动，只有利用夜暗，加强工事，不断向敌逆袭。9月上旬，下了几天雨，气候暂时限制了敌军的活动，但给我蹲在战壕里的战士，也带来了很大的不便。水一时排不出去，深处几可没膝，腿、脚整天泡在水里，没有坚忍的毅力，是支持不了的。连、排长和士兵蹲在一起，毫无怨言，大家风趣地说是“受洋罪”。

天晴了，敌军陆、炮、空协同，天天发动进攻。我们摸清了敌人的规律，尽管炸弹、炮兵把泥土掀到半空，头也不抬。它炸它的，我守我的，当敌军进入有效射程内，才开始射击。这时，飞机不敢投弹，炮兵不敢射击，是步兵对步兵的白刃战。我们将少数会武术的组成大刀队与敌拚搏，杀得遍地血迹。经过几次较量，我军虽蒙受重大伤亡，但敌人也没有得到便宜。局势暂时安定了。9月8日，一五一旅三〇二团二营营长詹文（黄埔四期，湖北浠水人）率领两个连，乘小雨迷蒙，摸进敌人炮兵阵地，犹如飞将军从天而降，手榴弹、刺刀杀得敌军晕头转向。詹营长身先士卒，在与敌搏斗中壮烈牺牲。事后，报请军委会特准晋两级抚恤（国民党阵亡官兵，一般都晋一级抚恤）。我伤亡官兵90余人，击毙敌方竹田联队长和炮兵联队长，受到总部通报嘉奖。从此造成近10天的小接触局面。

敌军的气球，天晴时，就在两军阵地前沿上空窥伺我军动静。这个眼中钉一定要拔掉。大家动脑筋，先选出特等射手2人，白天看好进出道路，夜间挖好交通壕。射手在黎明前进入临时据点，到了10点钟，在气球上的观察兵正手拿望远镜眼观四方时，我方射手冷不防双枪齐发，把气球打破，敌观察兵被摔死。我潜伏战士顺着壕沟回来了。敌人便经常更换地方，我们也就因地制宜，予以打击。

9月20日，为配合友军作战，抽调2个营，组织突击队，作有限目标的攻击，借以牵制敌军兵力转用。领队的是一五一旅三〇一团一营营长尹元之（黄埔六期）、一五三旅三〇六团一营营长刘振武（黄埔五期）。这出敌意料的行动，打得敌人措手不及。这一仗，事后获悉击毙敌联队长川于大佐。我刘、尹两营长也壮烈殉职。敌军遭到两次打击，也组织夜袭，但我军早有戒备，在扇形阵地上，发扬交叉火力网，打得敌军抱头鼠窜。9月下旬，日军新闻发言人，承认罗店至刘行这一地区工事坚固，进展困难。日军原来直趋真如、嘉定的企图被挫败。上海《大公报》、《申报》、《新闻报》、《时事新报》的记者，纷纷来到五十一师采访。师长王耀武的照片，刊在头版。来师工作的青年战地服务队有3个，这些青年学生，大多随军西撤。王耀武根据各人的志愿，或保送中央军校学习，或资助升学，使他（她）们都有了归宿。

11月8日，日军在金山卫登陆成功，战局急转直下，我军作战略撤退。官兵们含泪与厮守3个月的阵地诀别，发誓：我们一定要打回来。

七十四军从上海撤退后，在南京保卫战中，与日军鏖战于上方镇、中华门、水西门一带。渡江北撤中，损失较重。尔后，经过整补，转战于河南、江西、湖南。在俞济时调离七十四军后，五十七师加入建制，由王耀武任军长。锐意整训，愈战愈强，从而成为国民党五大主力军之一。

1938年冬，长沙大火，七十四军驻长沙。田汉（时任军委会政治部三厅五处少将处长）曾为七十四军作军歌，由任光（《渔光曲》作者）作曲，歌词大意是："起来，弟兄们是时候了，我们向日本强盗反攻！他，侵犯我们国土；他，残杀妇女儿童。我们保卫过京沪，大战过兰封。南浔线（指九江南昌铁路），显精忠；张古山，血染红。我们是人民的武力，抗日的先锋。人民的武力，抗日的先锋！"

上海市政协文史资料委员会编：《上海文史资料存稿汇编：抗战史料》，第3辑，上海古籍出版社，2001年版，第66—77页。

八一三淞沪抗战中的第十一军团

饶启尧[①]

八一三淞沪抗战时，我在国民革命军第十一军团参谋处任参谋，军团长上官云相，驻节苏州。上官原任豫鄂陕边区绥靖公署主任，淞沪抗战爆发，才调任第十一军团军团长，辖有萧之楚的第二十六军和刘培绪的第四十师。第十一军团原拟开赴大同，参加山西方面抗战，由于上海战事吃紧，抵汉口后奉命增援第三战区。

9月上旬，第十一军团作为第三战区总预备队驻防于苏州、常熟之间。此时前方战事十分激烈，日军实施中央突破，从宝山、狮子林、小川沙等处登陆，自北而南向大场方面步步楔入，同时敌舰溯江而上，巡弋于横泾、浒浦江面。战区司令部即令萧、刘两部分驻白茆、支塘等地防范，征集民工赶筑沿江野战工事。白天，日舰炮火袭击江岸，构筑工事的军民迭有伤亡，后改为上午9时前和薄暮后施工，伤亡稍减。部队加强军事训练后，施工任务主要由民工承担，每日仅得两餐粗饭，且工具自备，但他们满怀爱国激情，不顾敌舰炮火借照明弹袭击，忘我工作，按期完成任务。

参谋处的作业主要是绘制工事配备图。上官云相把各课擅长制图的参谋集中起来，吩咐以五千分之一的比例，绘制出吴（苏州）福（福山镇）主阵地，横泾（不含）至浒浦沿江野战工事和横泾经支塘、白茆至常熟的斜交工事图，一式三份，分报军事委员会、战区司令长官部与前敌总指挥陈诚。

参加淞沪战线的国民革命军兵力以左、中、右三路军部署，陈诚、朱绍良、张发奎分任总指挥，但该三路军力配备不等，陈诚所辖兵力几乎等于朱、张两部的总和，实是尾大不掉。记得我随上官云相视察萧、刘两部时，他对两位说：“你们黏

---

① 饶启尧，淞沪会战时任国民革命军第十一军团参谋处参谋。

在江边不能动，我这个总预备队司令是个空头，在苏州无一兵一卒，好几次来了部队，副司令长官（顾祝同）同意控制于苏州附近，但陈总指挥给委员长一个电话，就留不成了，现左翼军方面部队猬集，恐不利。”后来果应其言。日军在金山卫登陆的同时，派遣海军陆战队一部，沿江岸突入支塘，击溃萧、刘两部，续战常熟，切断左翼军退路，致使20余万军队阻塞在苏州以东水网地区，遭敌机狂轰滥炸，造成重大损失。上官始终挂着一个空头衔，退至屯溪后撤销。

吴（苏州）福（福山）线永久工事各掩体的大门钥匙，曾由第十一军团后勤课保管，撤退时移交给临时组成的苏州守军，因他们远离吴福线，无法顾及工事交接手续。因此，承担掩护任务的部队开到该线，找着工事找不到钥匙，无法打开各工事的大门，只好弃之不用。锡（无锡）澄（江阴）线亦如此。记得1936年冬，中央军校教育长张治中在总理纪念周的会上，曾就抗日备战问题发表演讲说，今后日本人敢于再由上海来犯，决不会像一·二八那样占便宜，要给他们一点厉害。张的所谓厉害，即指这两条左依长江、右靠太湖、纵深配备的国防工事。由于撤退过程中的混乱，这些永久性工事未能发挥应有的效用，不能不说是一次深刻的教训。

全国政协文史资料委员会编：《文史资料存稿选编：抗日战争》（上），中国文史出版社，2008年版，第512—513页。

淞沪抗战前后见闻数则

周穆深[①]

一　如此江防要隘

1936年西安事变后，蒋介石为了改编张学良的东北炮兵部队——炮兵第八旅(该旅辖第十五、第十六两个团，旅长乔方中将)，派了很多嫡系军官到该旅去担任连、营、团长，企图改变这个旅的原来面貌，成为中央嫡系部队。陈诚的保定八期同学王若卿派为少将团长。我也是被调派的下级干部之一，充任炮兵第十六团第三营少校营附，营长为曹英麟。

炮兵第十六团每营有77毫米口径的野炮12门，每连3门，最大射程为10 000米。1936年至1937年，担任长江上游要塞守备任务。西起武昌，东迄九江，以连为单位，扼守沿江各半永久性的要塞阵地。

根据南京参谋本部下发的情报：日军在长江流域水面上共有兵舰商船70余只，型号、类别、船名、吨位、航行水域和停泊码头都说得很清楚。最大的有万吨级的商船和5 000吨级的巡洋舰。

南京参谋本部已早作准备，一旦封锁长江，除要塞守备部队担任这个职务外，另在马当、江阴、吴淞口江面中流，沉下5 000吨级旧船几艘，阻止日军所有船只进出。预计一声令下，长江封锁了，日军在长江的大小兵舰、商船势必被俘。这样，将增强我国内河航行和水运力量，对抗日战争是一个很大的贡献。

炮兵第十六团第三营，把守武昌金口大军山要塞阵地。由重庆、万县、宜昌、

---

① 周穆深，淞沪会战期间先后任江防军炮兵第八旅十六团第三营少校营附、第十八军第十七师第一九九旅第三九八团第一营营长。

沙市、长沙、城陵矶一线日船通过武汉，是第一道关口。金口离武汉 45 公里，江面宽度只有 500—800 米，形势险要；大军山观测所可以瞭望 15 公里江面，对付上游过境的船只，有充分准备时间，是一个有利地形。假如开火的话，日军两三千吨级的船只保证逃脱不了，冲不过去。

1937 年七七事变后一星期，日本准备在武汉撤侨，并秘密把长江所有船只撤出吴淞口外，尔后陆军在吴淞口登陆，侵占上海，威胁南京，迫使蒋介石订立屈辱的城下之盟。

南京国民政府了解到此情况后，立即召开高级会议，会议地点在行政院。当时蒋介石系军事委员会委员长，汪精卫系行政院院长。会议决定，第二天封锁长江（大约是七七事变后第八天）。

就是在这一天晚上 10 时 30 分，月色朦胧，长江江面风平浪静。我守备区大军山观测所报告：有日船 18 艘，内有 2 000 吨级炮舰护航，到达大军山要塞外江面。已令它停泊在离大军山约 500 米的江面上一小时。到底如何处理，准通过不准通过，请营部迅速决定！

营长曹英麟早回公馆睡觉去了。传令兵找他，他说："营附决定就行了。"如此大事，一个中校营长，竟安然放弃责任，度其甜梦，古今中外，闻所未闻！

我立即命令各连进入阵地，火炮准备射击，机枪、步枪担任掩护，防止敌人登陆。同时打电话请示武汉卫戍总司令部参谋长，他也回公馆去了，电话打不通。没有办法，只好直接打电话给郭忏总司令，郭亲自接电话说："等一下，请示南京何部长，再通知你。"11 时、11 时 30 分，我再两次打电话给郭催问，郭两次都说："何部长没有回电话，武汉不敢决定。"至 12 时，日军 18 艘船只由两艘炮舰护航，一不鸣号，二不放汽，便偷偷地通过了金口，直驶武汉、九江。翌日，据第二营电话说这一批敌船加上原停泊在武汉、九江的敌船共 20 多艘，都于上午 8 时通过九江，向马当、南京驶去了。

第三天，我团部已获知，日军在长江所有的舰船共 70 余艘，只用一天一夜时间，便分批逃出了吴淞口外。南京政府于高级会议后第二天黄昏，才下令封锁长江，只俘虏敌人停在南京、上海的几条破船。

听说（不是正式情报）蒋介石非常愤怒，下令追查责任。武汉、马当、江阴、吴淞各要塞司令，都因事先没有接到南京参谋本部指示，不负责任。东查西调，结果查出在那次高级会议上作记录的行政院秘书是汉奸，会后是他把情报告知日本人了！这个秘书听说姓黄，是汪精卫的最亲信的助手。蒋介石一怒之下，把这个秘书杀了。汪精卫十分尴尬。

这起严重事件，到底责任归何应钦负，还是归汪精卫负？一定是有真实史料记载的。不过，南京政府战前既无决心抗日，临时又仓皇失措，铸成大错，则是很明显的了。

二　要塞司令刘兴

刘兴，系保定一期学生，湖南祁阳人，曾在唐生智手下当过师长、军长。抗日战争前夕，他荣任马垱要塞防御总司令，中将衔，上将待遇。1936 年南京军委会决定重新构筑马垱要塞防御阵地系统，准备一旦战争爆发，可以长期固守，保护长江中游。阵地系统中的各种掩体如大炮掩体、轻武器掩体、弹药仓库掩体，都用钢筋水泥构成，可以承受和抵抗 100 毫米以上火炮的轰击和摧毁。在 30 年代，也可以说是现代化的防御工事。

刘兴接到南京任命后，立即领到构筑国防工事用款 15—20 万元。当时法币值高，这笔钱很可以做点事。但刘兴心怀鬼胎，迟迟拒不施工，每天只派一些工兵挖掘土方。加之南京政府腐败无能，也不派员检查监督，以致要塞阵地拖延到 1937 年七七事变时，尚未正式动工。当时全国人民愤慨日本入侵，全民要求抗日，马垱僻处长江中游，无人注意及此。刘兴趁南京政府西迁武汉之机，将构筑马垱国防工事的全部资金、器材，用 20 多只帆船，运回其家乡湖南祁阳县城内，修盖了一栋三层楼房，占地 1 000 多平方米，雄踞半条街道。群众眼睛是雪亮的，当时祁阳老百姓编了几句歌谣："马垱虽失守，刘府样样有，造了三层楼，羊羔加美酒。"的确，1938 年日军西侵武汉时，马垱要塞司令刘兴，早已逃之夭夭！马当成为一座空城，日军如入无人之境。

1944 年，日军长驱湘桂，祁阳沦陷，刘兴避难于道县。道县老百姓又送他一副对联："失马垱健将，做道县难民！"如此要塞司令，真是见所未见。

三　徒有国防工事

从 1937 年 8 月中旬至 11 月中旬，我们在上海打了三个半月，伤亡惨重。我这个营已经补充了三次。中下级军官和士兵大部分筋疲力尽，很想凭借永久性的坚固阵地据险防御，好好抵抗一下。上级也经常透露：如上海撤退，就可以退到吴(苏州)福(山)、锡(无锡)、澄(江阴)等国防工事一线。

日军从杭州湾登陆后,右翼溃败,左翼受到影响,也不得不向苏州、南京退却。但我们在转移中途,从未接到命令,占领江阴国防线,继续抵抗。而是一直撤到无锡、宜兴、广德、孙家埠、宁国之线。我当时很怀疑,为什么不进入江阴国防工事呢?后来据一般传说,我军退到江阴时,准备进入锡澄、吴福线国防工事,重新部署防御战线。可是,国防工事各种火炮、掩体和设备还锁着哩!原来负责管理国防工事的人员,早已逃走了。部队到达时,因没有钥匙开锁,无法进入阵地,加之敌人跟踪追击,情况紧迫,只好一再退却,最后退到了南京。

由此可见,抗日开始前后,长江所有国防要塞完全没有起到一点作用。现在回忆起来,南京政府战前犹豫不决,战后部署紊乱,纪律废弛,这是任何人都不能否认的。

四　要塞火炮叫屈

抗日战争前,南京政府由英国买回一门海岸要塞大炮。口径约 12 英寸,全部用电力操纵,炮弹用起重机装填,在抗战时期算是崭新的武器。

1937 年底,上海溃退,南京失守。薛岳、罗卓英大军,撤至皖南徽州整训。我当时任第十八军第六十七师第一九九旅第三九八团第一营少校营长。全师只此一营,兵员装备完整,有些战斗力。薛、罗指示旅长胡琏,派我营到位于宣城孙家埠宁国一带,担任掩护大军整训任务。我营决定以孙家埠为据点,扰乱南京到杭州的日军交通线,到处打游击。

南京至南昌的新修铁路线,未曾通车,就被自己主动破坏。在孙家埠东站发现有一列完整的列车,约有十几节车厢,上面装载的正是我前面所说的那门从英国买回来的海岸要塞大炮。火炮本身各种装备和弹药附件,整整齐齐,毫不缺少。估计这门大炮,不是由哪一个要塞拆卸下来转移到别的要塞去装备的,而是刚一进口或进口不久,就遇到战火纷飞,在仓忙中把它拉到后方去逃难的。谁知铁路中断了,只有扔在孙家埠。我当以电话向旅长胡琏报告,胡指示:“把这门大炮掩埋在铁路下面。”

一边掩埋,一边惋惜!假如动作迅速的话,或者爱国责任心比较强一点的话,炮一进口,就安装在吴淞口要塞,这次日军登陆,不知要打沉多少只敌兵舰!这门大炮,由英国远涉重洋运回中国,未能一显身手,就埋没于地下,它一定会含冤叫屈的！

至于花了中国老百姓多少钱，才买回这门大炮，还是另外一码子事。更可以此透视南京政府腐败到了何种地步！惊慌到何种地步！

全国政协文史资料委员会编：《文史资料存稿选编：抗日战争》(上)，中国文史出版社，2002 年版，第 590—593 页。

我随第七十五军参加淞沪抗战亲历记

李鹤生[①]

1937年8月，为支援淞沪抗战，第四预备军第七十五军周碞部奉命由西安急速车运，经陇海路转津浦、京沪路，抵达上海南翔下车。当时我由南京陆军大学参谋班第二期毕业、回到第七十五军司令部参谋处第一科任少校参谋。周碞军长派我为联络参谋，到南翔安亭的集团军总司令部了解作战情况，受领作战命令和机密作战文件。我军到南翔后，立即构筑工事。因为日军的飞机非常猖狂，竟日不断地低飞侦察，见人即行扫射轰炸。我侦察和构筑工事人员白天行动，均须带伪装网。敌炮兵，尤其海军炮兵不时地向我南翔阵地轰击，造成一些不必要的伤亡。此时，蒋介石曾在南京统帅部打电话给周碞军长，询问前线情况，并嘱咐注意加强阵地工事，务须多多构筑掩蔽部，以减少伤亡。

后来，集团军总部命令周碞指挥原在上海的陈得法旅及谈经国旅，连同周碞的基本部队第六师，向占据吴淞口同济大学的日军发起进攻。当我们把这个命令传达到第六师等部后，官兵们怀着抗战救国的热忱，初战士气极为旺盛，不惜牺牲，勇往直前，经过刘行、真如，一举攻到吴淞口同济大学的楼下一层。但日军依据楼上二层继续顽抗，吴淞口的日海军炮兵集中向我射击，日飞机亦猛烈轰炸我阵地，日军坦克也反复对我冲击。由于我缺乏作战经验，部队过于集中，加之没有注意疏散隐蔽自己，因之徒以血气之勇与敌激战四昼夜，结果伤亡3 000余人，被迫退回南翔整理补充。我所退出阵地，由胡宗南的第一军部队顶替。他们说第七十五军没有战斗力，其实他们部队上去也只打了两天，就不支撤下来了。

淞沪抗战中日双方争夺达三个月之久。日军看到由正面攻击牺牲大而进展

---

① 李鹤生，淞沪会战时任第十九集团军第七十五军司令部参谋处第一科少校参谋。

慢，就于11月5日，从国内调第十军在柳川平助指挥下，于上海以南的杭州湾金山卫登陆，包抄上海我军，威胁我之右侧背。为争取主动，在上海作战的中国军队开始由大场一带全线撤退。我第七十五军奉命担任后卫，逐次占领收容阵地，迟滞敌人的追击。目击由前线退下的大军，争先恐后地由南翔沿公路直向昆山后退，秩序至为混乱，通过公路桥梁时将人挤入河中或将人踏死的均有。我随周碞军长之后，由卫士排在前冲出一条通路，始得安全通过，真是兵败如山倒。当抵达昆山过桥时，日军飞机飞临上空大肆扫射轰炸，我军及友军均用高射机枪及步枪齐向敌机射击，敌机不敢低飞，炸弹落入桥的两侧河中，激起好高的浪花。

第七十五军嗣后由昆山、苏州、无锡退至宜兴。11月17日晚到苏州时，这座古城死一般的沉寂，街上店门紧闭，空无一人。到苏州后，原拟利用既设的吴（江）福（山）线的国防工事进行抵抗，阻止敌人前进。但此时因既设阵地没有留守部队和向导人员，也没有工事位置图，更找不着管理工事的人员和工事的钥匙，眼睁睁地望着现成的国防工事因无法打开扇门而成为废品。在敌跟踪追击的情况下，我们只有继续向宜兴退却。到达宜兴后，第七十五军划归第十一军团上官云相军团长指挥，并转来统帅部蒋介石的电话命令，第七十五军沿太湖防守，拒止敌人前进。

当天下午，周碞军长派我带三名精干士兵，携带手提机枪、手榴弹和手枪，乘坐小汽车到常州传达蒋介石的电话命令：着由上海退下的俞济时的第五十八师和王耀武的第五十一师会同第七十五军在宜兴沿太湖防守。下午6时许到达常州，得知俞、王二部为避免日军之追击，早已由常州向南京退跑了。我即星夜乘原车赶回宜兴，翌晨见第七十五军部队正在集合，准备向广德、宣城、郎溪撤退。周碞军长正为我未回来着急时，我已出现在他的面前。

记得在撤退前，曾在宜兴善卷洞召开过一次军事紧急会议。参加的有上官云相军团长、周碞军长、宜兴县长和地方团队长，另外还见有东北冯庸大学校长冯庸和朝鲜义勇队队长，共商一同抗击日军，准备配合打游击，保卫锦绣河山的大计。但因日军第十八师团（牛岛师团）已尾追至太湖附近，太湖中敌人橡皮艇的马达声已清晰可闻，空中敌人的飞机轮番侦察轰炸，而俞济时、王耀武两师已远去，只剩第七十五军一个军，难以阻挡精锐的日军，于是上官云相便下决心撤退。

第七十五军遵命由宜兴向广德、郎溪、宣城撤退，并在宣城附近的湾沚和尾追的配有坦克、炮兵、飞机的日军打了一仗。我第六师第十七旅在旅长吴振华的指挥下，官兵们不惜牺牲，奋勇抗击，用战防炮、战防枪、集束手榴弹（每束12颗）打退了敌坦克的进攻,并炸毁坦克数辆。我军的炮兵营亦以密集的炮火向敌集中射击,予以重创。我乘夜暗继续退到芜湖的竹丝港,后又由芜湖退至九江,转乘长江轮船经武穴到武汉,从事整补。

从军事战略上讲,八一三淞沪抗战到10月底,如按统帅部原定计划及时将我军主力撤到吴(江)福(山)线既设阵地,另以有力一部占领锡澄线(江阴、无锡至海盐),那么,就不至于出现后来那样混乱的大溃退。但蒋介石听信外交部的意见,没有贯彻统帅部既定的战略方针,而轻信并依赖国际联盟和九国公约国开会制裁日本,硬要疲惫不堪的各军在上海战场再支持两个星期,使得日军利用时机调动大军,在杭州湾金山卫登陆,占松江,袭青浦,迫使我军不得不仓促从上海全线撤退,结果溃不成军,造成无法挽回的巨大损失,也给南京保卫战失败埋下了伏笔。这未尝不是蒋介石一意孤行,在战略决策上的一大错误呢?!

全国政协文史资料委员会编:《文史资料存稿选编:抗日战争》(上),中国文史出版社,2002年版,第522—523页。

随罗卓英血战淞沪纪略

邱行湘[1]

七七卢沟桥事变，抗日战争烽火四起，1937 年 8 月，罗卓英由广州军事委员会委员长行营办公厅厅长，调任陆军第十五集团军副总司令兼陆军第十六军团长，11 月升任陆军第十五集团军总司令，随陈诚参加淞沪抗战。我当时担任十八军六十七师二〇一旅副旅长兼四〇二团团长，归陈诚、罗卓英指挥。

我十五集团军加入沪战

8 月 23 日至 29 日，日军在浦东登陆失败后，调集约 58 艘运输舰只，运载第三师团、第十一师团主力及吴港、横须贺海军陆战队一部为先遣队，在日派遣军司令官松井石根大将指挥下，集结于引翔港镇、殷行镇、张华浜、吴淞镇、宝山、狮子林、川沙镇、浏河一带江面。

23 日凌晨，日军在小川沙、狮子林、炮台湾同时登陆，向宝山、罗店、浏河之线攻击，重点指向罗店、嘉定方面。25 日，敌第八师团、第四旅团先头部队与敌第三师团之一部，在吴淞镇、蕴藻浜、张华浜及黄浦江码头分别登陆，企图突破罗店，席卷嘉定，截断京沪路，以包围我上海野战军。

这时，我上海长江沿岸警戒部队，仅刘和鼎的五十六师。日军登陆时，张治中抽调控制在大场的彭善的第十一师和已在新市区的第九十八师，冒着敌机的猛烈轰炸，前来增援。

24 日，我军对敌军反攻，以敌之海陆空军火力过猛，未能奏效；后来敌人以后

---

① 邱行湘，淞沪会战时任第十八军六十七师二〇一旅副旅长兼四〇二团团长。

续部队增援，并以其主力攻我罗店。8月29日，罗店失陷。

是役，敌军第三师团第六联队长仓永长治被我军击毙，第三十四联队长加藤守雄受伤。经过这一战役的打击，敌人乃变右翼包围为正面进攻。同时，敌将陆上作战全归陆军担任，以期统一指挥。

罗店争夺战

8月24日至9月17日。

罗卓英第十八军第十一师、十四师、六十七师、九十八师到达长江右岸增援时，罗店已被敌占。我第十一师奋力夺回，交六十七师防守。

敌以第三、第十一师团及其舰队、飞机逐次增援，演成激烈的争夺战。

当时，上海整个战局中，以罗店争夺战最为激烈。因为罗店距离吴淞、长江口近，离大场、闸北亦不远。敌海军炮可直接命中目标。兼以敌军掌握制空权，可以发挥其陆海空联合作战的优势。而我军被迫在此作战，极为不利。由于我军官兵激于民族义愤，士气高昂，反复冲锋，并发动夜战，终于夺回阵地，英勇杀敌，迭挫敌锋。

9月13日，罗卓英部主动将两翼稍向后移，扼守罗店之突出部。敌乃集中其第十一师团主力，先以飞机、大炮轰击，旋以铁甲车掩护步兵由月浦来犯。日军分三路猛攻，我军沉着应战，将敌击退。入夜，敌又集中炮火向淑里桥附近轰击，我所筑工事被毁。这时，敌乘机派出战车四辆，伴随步兵七八百人，在小金宅方面渡河，袭击罗店之东侧，另一股敌军袭击我罗店之北。

我军奋勇苦战，肉搏多次，始将其左翼敌军击退。这时，敌一部窜入罗店镇，纵火焚烧。我军难以坚守，再度退出罗店突出部，转守西郊预设阵地。

9月15日，我军增援反攻，在大雨滂沱中与敌肉搏，敌狼狈溃逃，我乘胜追击，恢复了罗店东郊原有阵地。

16日，罗店南北两面阵地均有激战，镇南我六十七师、十四师和十一师据守顾家阁、南北塘口之线。敌军集中炮火轰击，掩护其步兵猛攻，激战至午，敌无隙可乘，且以雨后泥泞，敌坦克不能活动。这时，我军炮兵亦猛烈轰击，敌死伤惨重。罗店镇北我军已抵张家堰、洪家宅、李家宅及丁家楼以西之线，敌顽强抵抗。我则利用敌人旧有工事苦撑，终于固守了新阵地。

其后，敌又向我左翼反攻，经王耀武的五十一师和俞济时的五十八师痛击，敌伤亡惨重，我乘胜追击，获敌二十二联队队旗一面及军用品甚多。

罗店，血战旬余，伤亡枕藉。在残酷的拉锯战中，罗店镇已成一片焦土。为了构筑新阵地，我六十七师四〇一团中校团附汪化霖亲率步兵一个排，在金家宅附近占领前进阵地，掩护全团构筑工事。汪化霖临出发前，团长朱志席心情沉重地对汪说："任务艰巨，希望你多坚持一点时间。"汪化霖斩钉截铁地回答："成功不敢预期，成仁我确有决心，不坚持到日暮，决不生还。"敌在飞机、炮舰连续轰击下，一再向金家宅进攻。汪化霖率部反复搏斗，终于坚持到黄昏，完成了团长交给他的任务后，和他率领的一个排全体官兵均壮烈牺牲。

在罗店争夺战中，第十一师代理团长韩应斌，副团长薛先维、曹金轮负伤；营长伤亡 18 人。第六十七师师长李树森被敌机炸伤右臂。

六十七师二〇一旅旅长蔡炳炎、四〇二团团长李维藩阵亡，三九八团团长傅锡章负伤。第九十八师路景荣、李远新团长阵亡，侯思明团长负伤，连排长和士兵们的伤亡之惨重自可想见。

宝山之战

8 月 31 日至 9 月 7 日淞沪宝山之战。

第十八军九十八师二九二旅五八三团第三营，在营长姚子青率领下，于 8 月 31 日晚，接替第六师担任宝山城防。

9 月 1 日晨，由炮台湾登陆之敌，开始向宝山进犯。吴淞口外的敌舰，以宝山城为目标，不断轰击。敌机亦不断飞往轰炸，城垣雉堞屡坍屡修。姚营乘敌立足未稳，迎头痛击，自 9 月 2 日起，击退敌人数路进攻。延至 9 月 4 日，狮子林方面之敌，赶来夹攻。姚子青派队拦击于金家宅一带，用白刃冲锋，敌军攻势顿挫。当晚，敌一部又由炮台湾登陆，血战通宵。

9 月 5 日，战况激烈，日军集结兵舰多艘，飞机十余架，坦克数辆，猛攻宝山。姚营在敌陆、海、空军三方夹击下，凭城恶战，死伤惨烈。

9 月 6 日，吴淞镇为敌突破，敌军继续增援，相持至 7 日晨，敌舰炮轰毁城东南一角，敌军蜂拥而来，企图由城垣缺口冲入，而姚子青指挥所部，拼死苦战，搬取断栋折梁和缸瓮、桌椅填塞缺口。最后姚子青率仅存之 20 余人拼死冲杀，敌人炮弹击中姚的腹部，而姚子青仍高喊"杀身成仁，以死报国！"姚子青全营终于壮烈殉国。

罗卓英谈淞沪血战

陆军第十五集团军总司令罗卓英说：

(1) 东战场诸役，是八年抗日血战的一个开始，我们不敢说："好的开始，便是成功的一半。"而事实证明，东战场诸役，确是表现了我中华儿女忠勇爱国的气质，留下了许多可歌可泣的事迹。这里所记的不过是一部分战绩。虽属一斑，也可由此略窥全豹了。

我们知道，日本帝国主义蓄意谋我已历数十年之久，经过充分准备才来向我挑衅，以至不宣而战。但这种应战是被迫的，完全是以同仇敌忾的心情，在装备和武器完全不及敌人的情况下，不得不拿血肉作长城，以求保卫我们国家的领土。

(2) 坚守罗店。卓英奉命率陆军第十八军一部分队伍，扼守罗店一线。罗店在离上海不远的海边上，是嘉定与浏河之间的一个小镇。市面虽不大，却是极富战略意义的据点。守住罗店，嘉定、浏河一带就可以保全，间接也就是守住了苏州和上海的门户。

但是这地方一展平阳，没有山岭，也没有特殊的设备可资利用，连个像样的战壕也来不及修筑，勉强建立了一点简单的工事，可以说是只是象征性的。在敌军重炮和坦克车的疯狂攻势下，只有拿我们的血肉去和他们硬拼。

我在罗店作战，赖诸将士用命，大战七天七夜，敌人进犯三次，三次都被我军击退。在第二次争夺战时，本军旅长蔡炳炎、团长李维藩壮烈殉国。今以诗记其事：

三来三往力争持，十荡十决扫虾夷。淞沪风云罗店血，大书蔡李是男儿。

敌军本想一鼓而下罗店，长驱进犯，无奈我方坚守，敌与我隔水相持，不敢越雷池一步。

(3) 一寸山河一寸血，吊宝山殉城姚营官兵。

因为战线太长，我方兵力实在不够分配。十八军一部分队伍，在罗店抵抗敌人。所属第九十八师的一个营，则调去防守宝山。9 月 7 日那天，营长姚子青和全营官兵与宝山城同时殉难。我下面的诗，就是哀悼他们的。

吊宝山殉营官兵

鲸涛鳄浪撼危城，全仗吾曹抵死争。五百健儿齐殉国，中华何止一田横。

挽姚子青营长

英雄年少气如云，八载相从念虎贲；今日海疆成壮节，临风洒泪哭将军。

东战场的战事，非常猛烈。因为是滨海地区，敌方的兵舰可以开炮助战，而我方却无力还击。敌登陆，又有海军做他们的掩护，各种武器也占优势。使我方牺牲惨重。

(4) 吊雷汉池营殉国官兵。

10 月 5 日，我第十一师雷汉池营长率军守“徐宅”阵线。敌以战车 20 余辆，冲我阵地，并施放毒气。我官兵誓死不退，与阵地同存亡了。

最令人感泣的是，有士兵 18 人自动将手榴弹捆在身上，伏地以候战车冲来。结果，人亡战车也同时被炸毁。这是古今中外所未有的壮举，也是空前的惨剧。不敢不为记出，藉以稍慰这些壮士们的英灵。

雷汉池营官兵殉国“徐宅”

我成诗以吊：

姚营而后又雷营，溅血成仁性命轻；毒弹战车何足畏，浩然正气作干城。

1937 年 10 月 1 日，我们在嘉定城开庆祝大会，军民情绪欢洽，牺牲的官兵虽然不少，但士气却愈战愈为旺盛，而真正做到了前仆后继。民心也坚定而乐观，认为日军必败，最后胜利一定属于我们。

(5) 敌人的士气已开始低落了。

我们从敌人的尸体中，找到一页日记：“向支那进军，意义不明，我不知为什么要去作战？明天拂晓，要实行敌前登陆，也许会战死。一想到死亡，就担忧家中今后将没有男丁了，怎么过活呢？我的妻子正怀孕，愿菩萨保佑生个男孩吧。”

也有些敌人战败被俘，他们愿意投降。我们对他们很优待，把他们护送到后方去了。在罗店，前后共计俘获了 32 个敌人，中间有一个中尉军官，其余都是士兵。

"武士道"精神那里去了?《祈战死》的军歌丢进纸篓里去了吗?反观我国官兵,宁死不屈,绝没有一个投降敌人的。真不愧为堂堂的中国军人!中华儿女!

有个晚上,陈老总(指陈诚)的随从副官钱汉佐来,交了几件密件给我。他说:"前天好危险,陈老总正在打电话,敌机已在总部上空盘旋好久了。老总一向胆子大,从不进防空壕的。这次大家觉得情况不对,劝他躲躲,他的脾气你老知道,他是从不听人劝的。后来,敌机已经到了头上,我们刚刚把他拉出屋子,一个炸弹下来,办公室垮了。假如迟一秒钟就完蛋了!"

陈老总的勇敢,真可佩服。但是敌机的投弹,怎么会这样命中呢?就像看见的一样。

汉奸太厉害了啊,敌机一来指示目标,夜间发信号弹,真是捉不胜捉。消灭汉奸的事,各方面都没有做好。

我们在罗店和敌人争持半月。因为其他战场失利,淞沪已无坚守价值,奉命放弃。放弃后都被我军封锁,敌人无法进入。

嘉定、浏河,始终无恙。

《中华文史资料文库》(政治军事编),中国文史出版社,1996 年版,第 77—80 页。

第四军上海抗战[1]

黄增章　黄子宣

一九三七年七月七日卢沟桥事变爆发后，全国抗战开始，第四军奉令从贵阳东进，奔赴抗日前线。在八年抗战中，该军先后参加过上海抗战、南浔会战、四次长沙会战和赣东会战，转战于苏、皖、赣，粤、湘五省，立过一定的战功。第四军原是广东部队，在上海抗战时损失惨重，南粤健儿伤亡殆尽，其后转战于第三战区和第九战区，均从当地补充兵员。但四军军长一职始终由广东人担任，其先后军长吴奇伟、欧震、张德能都是广东人，并且长期在薛岳指挥下作战（薛是广东乐昌人，上海抗战时为第十九集团军总司令、左翼军总司令，其后担任第三战区前敌总司令，第一战区前敌总司令、第九战区代司令长官等职，一九三九年十月一日任为第九战区司令长官，直至抗战结束）。第四军一直是薛岳所依靠的一支得力部队。我们为保存有关广东官兵抗战史实，特将第四军在抗日战争中的主要作战经过，如实记录，以供研究抗日战争史家参考。

一九三七年七七事变之后，全面抗战开始，蒋介石调集后方部队参战。第四军其时驻防贵阳，七月十日奉令东下武汉，师次常德，因八一三上海抗战爆发，复转调乘轮开赴上海，于八月[2]十七日抵上海安亭，参加上海抗战。

其时，第四军军长为吴奇伟，下辖韩汉英五十九师（三四九、三五〇、三五一、三五四团）、欧震九十师（五三五、五三六、五三八、五四〇团），战斗序列归十九集团军（总司令薛岳）。八月〔九月〕十九日，四军进入战场，接防原十八军防地，固守严家宅、谢村、陶家宅、殷家宅（不含）一线阵地。

---

① 本文节录自《抗日战争中的第四军》一文，标题系本书编者所加。

② 此处记忆有误，应为九月——本书编者注。

当四军开抵前线时，上海战事已经激战一月余，进入相持阶段，日军发动闪电战谋取京、沪的企图已遭破灭。九月下旬，日军以三个师团兵力增援上海。九月二十七日，日军第九师团向四军防地发动猛攻，我五〇四团团长官惠民率兵一连，与敌作白刃战，卒将敌军击退。次日，日军复以步兵随装甲车沿沪太公路（上海至太仓）向我军阵地推进，飞机重炮，上下为助，我官兵遭受敌炮火猛烈射击，伤亡惨重。我团长吴坚、徐孝安虽负伤，仍坚持指挥作战，严守阵地，誓不后撤。吴奇伟以敌装甲车威胁我侧背，遂令主力置沪太公路西，固守严宅迄陶家宅一线阵地。

十月一日，日军攻破我六十六军（军长叶肇）殷家角、太平桥阵地，致使四军侧背受胁，被迫撤守蕴藻浜、杨泾一线，于顾家宅、徐家宅集结。十九日，四军在新二塘、马陆镇、石岗门间接守六十六军防地。其后，复在张家塘、唐家桥、新俞宅、花家桥、梅园、小宅一带构筑堡垒固守。二十八日上午，日军增援部队十三师团来犯，四军与之展开激战，猛烈阻击，敌不得逞，而我团长官惠民及团附曾某均阵亡。下午四时，敌又发动进攻，并使用催泪弹，时适风向相反，我军乘势出击，再次将敌击退。代团长王大舫、团附邓某亦于是役牺牲。九十师防守梅园、花园滨、何家头、小宅、新陆宅，亦屡败敌人进攻。十一月六日，敌复于清水显等处向我九十师防地发动夜袭，经我军奋勇迎战，敌又为我击退。

日军久攻上海不下，遂以三个师团重兵增援上海。十一月五日，日军增援部队在杭州湾金山卫登陆，我军以侧背受胁，形势急转直下，被迫后撤，于十一月十日第四军终于奉令撤出上海战场。计自八月〔九月〕十九日四军开赴前线，至是共经历了八〔五〕十三个昼夜，几经激战，伤亡惨重，全军兵力只剩原有的四分之一左右。而日军大吹三个月内灭亡中国的预言，也成梦呓。

第四军从上海战场撤出后，经江苏、无锡、金坛，节节抵抗，退至皖南宁国一带，展开游击战，直至一九三八年夏。

广东省政协文史资料研究委员会编：《广东文史资料》，第 50 辑，广东人民出版社，1987 年版，第 67—69 页。

川军第一三四师在南翔战斗中

胡忆初[①]

上海战役,把全面抗日战争推向高潮。数以百万计的爱国军民,从祖国的四面八方涌入上海战场。远在西南边陲的川军第二十军在杨森将军的率领下,于战争初期请缨参战。被批准后全军立即以最快的速度,兼程赶到武汉集结。军用列车早已严阵以待。我军稍事整补,即乘特快火车,奔驰在直达上海的铁道上。

10 月初的一个夜里,我们第二十军第一三四师抵达上海南翔,当即进入阵地,一座"新的长城"矗立在上海陈家行的抗日战场上。连续十几个日日夜夜,战斗不息,枪炮声、喊杀声不绝于耳。我们当面之日军似乎要想拔掉这颗新碰上的硬钉子,倾重兵在海空大炮、飞机的配合下向我猛扑。我军缺乏远射程火器,又无海、空军助战,每次都在等敌人的飞机、大炮轰炸以后,让敌步兵接近我阵地时,敌的飞机、大炮失去了作用,我军才冲出战壕先用手榴弹爆炸,然后再拼拼刀。就这样一次又一次地打退了敌人数十次的进攻,大挫敌人的锐气,迫使它再也不敢轻举妄动,而我军阵地却依如长城,巍然屹立不动。

我当时是第二十军第一三四师第八〇五团团部的少尉见习官(附员),虽然对全军的战情不够详细清楚,但对本师特别是本团的情况是比较熟悉的。团长向文彬指挥的第八〇四和以团长林相侯所指挥的第八〇五团,担任了本师阵地的重点,战斗最激烈,敌人进攻的次数最多,伤亡也最大。特别是正当师长杨汉忠负伤离去后,向文彬团长又伤了脚,行动已很困难。按说应去后方治疗,但战况又非常紧急。在这关键时刻,向团长毅然不下火线,坐着担架或由士兵扶着继续指挥战斗,使战局转危为安,不但继续坚守着原阵地,还收复了被友军失去的阵地。向文

① 胡忆初,淞沪会战时任第十九集团军第二十军第一三四师第八〇五团团部少尉见习官。

彬团的辉煌战果以及他本人的英勇行动，曾受到当时的最高统帅部的传令嘉奖和给奖金 6 000 元，向文彬本人还晋级为少将。

再说林相侯团长，他那不怕牺牲的英雄面貌至今还在人们的心目中留着深刻的印象：自战争一开始，就抱必死信念以报效国家，表现在行动上时刻都是以身作则，身先士卒。他很少蹲指挥所，常出现在第一线，和士兵一起向敌人冲杀、拚搏。尽管有飞机大炮的轰击，阻止不了他勇往直前。在枪林弹雨之下，他从不低头弯腰，他藐视敌人的一切。正由于他的这些行动，激励了全团的士气，在强敌面前，无所畏惧，奋不顾身，谁也不甘落后。在林团长身负重伤失去知觉的时候，全团的斗志不仅未减，反而是更加高涨，特别是当他牺牲的消息传到前线时，阵地上空立刻传出"为团长报仇，向敌人冲呀"的喊杀声！我当面之敌被震动了，企图先发制人向我猛扑过来。一场惊天动地的战斗打响了。怒火冲天的官兵们像饿虎扑向羊群似的冲向敌人，与敌展开激烈的厮杀。一时间双方杀得难分难解，天昏地暗！最后我军终于将来犯之敌大部消灭在我阵地面前。当然我团的伤亡也很大。说来真是骇人听闻，深约 2 米的战壕，在战争开始时，人们还要站在踏脚坑上才看得出去，随后战壕逐渐被战士的血肉填满了，此时死尸堆集竟比战壕还高，活着的人是用先烈的血肉作掩体，继续打击敌人的。而敌人的伤亡比我军更多，单是我阵地前缘就尸横遍野……。其情其景，实为罕见。

烈火见真金，激战出英雄。在这次战争中我团英雄辈出，这里应该特别提到的是第六连年轻的连长李怀英。他平时练兵有方，重政治教育，常向士兵讲解日本帝国主义的侵华史，以树立同仇敌忾的爱国观念。他要求士兵要勇于公战，怯于私斗。打日本帝国主义是为民族而战，是公战，过去为少数人争地盘而战是私斗。为公战而死，死也光荣；为私斗而死，实在可惜。他还特别注意士兵的遵纪守法等问题。正由于这样，所以在这次战役中，他所率领的这个连，打得最出色，战果为全团之冠。李怀英连长平时练兵堪称为模范，战时也不愧为英雄。他冲锋在前，撤退在后。那[哪]里的战斗最激烈，他就出现在那[哪]里；那[哪]里有危险，他就守卫在那[哪]里。他把生死置之度外，身负重伤仍坚持不下火线，誓与阵地共存亡。士兵们见他失血过多，便"强迫"把他送到了后方。他们连虽然失去他的领导，但士兵们没有忘记他的教导，常用"勇于公战"勉励自己，用高度的纪律性和高度的责任感约束自己，继续坚持战斗，直到牺牲到只剩最后几个人的时候，还固守着阵地，实为战争中少见的奇迹。至于这个团的其他各连的情况也大致差不多。全团 3 个营长 9 个步兵连长，由团长带头，不是阵亡就是负伤，有的还负伤多次。全团数千人参战最后只剩下150名官兵，其中很多还是轻伤未离队的。伤亡尽管如此惨重，但阵地仍完整无缺地移交给了友军。

全国政协文史资料委员会编：《文史资料存稿选编：抗日战争》(上)，中国文史出版社，2008年版，第530—531页。

忆蕴藻浜守备战

陆承裕[①]

淞沪会战爆发后，第七十军第十九师在大场以北坚守蕴藻浜防线达月余之久，被评为上海会战中战绩最优的十个师之一，蒋介石曾通电嘉奖。我当时任第十九师第五十五旅第一〇九团少校团附、代理副团长职务，曾亲身参加这次战斗，并负轻伤未下火线。兹将战斗经过回忆如下：

第十九师先头第五十五旅刚抵杭州，刘建绪总部即指示旅长唐伯寅不必等后续部队到达，立即乘沪杭铁路经嘉兴、苏州急驰上海，归第三战区代司令长官顾祝同指挥(蒋介石兼司令长官)。第五十五旅先后到达上海真如车站时，张发奎总司令部的参谋人员已持令等在那里，命全旅迅即沿真如——大场公路徒步赶赴大场以北第三十六师阵地后集结，等待全师后续部队的到来。

当时真大公路白天已被日军机群轮番狂炸所封锁，大部队行进困难。黄昏后南来北往的部队非常杂乱，汽车运载军用补给物资和伤员，络绎不绝。有时还有敌机夜袭，所以部队静肃疾行，也不时发生混乱。第三十六师师长宋希濂对第十九师第五十五旅赶到，非常高兴，主动介绍了前线紧迫的战斗情况，说已无第二线部队，左翼税警总团部队，武器装备是好的，但战斗力脆弱，欠缺作战经验，容易动摇。

八石桥首战告捷

第十九师第五十五旅第一〇九团是深夜到达大场以北真大公路右侧附近地

① 陆承裕，淞沪会战时任第十集团军第七十军第十九师第五十五旅第一〇九团团附。

区的。拂晓，团长刘湘辅、团附陆承裕赴各营察看地形。不久，日机群沿真大公路狂轰滥炸，前线战况激烈。9时许，正当我们进入第三营第八、第九连防御地段时，发现公路左侧税警总团阵地之一部被敌突破，溃兵分向公路左侧南窜，在公路上的炮兵团官兵也弃炮向大场奔跑。日军百数十人正越过蕴藻浜追击，情况非常危急。已来不及上报请示和等待集结部队的时间了，团长刘湘辅当机立断，自率团特务排及第九连，团附陆承裕率第八连分两路向敌侧后进行出其不意地猛烈夹击，敌仓皇后退。我乘势追击，一鼓作气夺回了税警总团所失去的八石桥阵地。此时，敌百余人乘我立足未稳，进行反扑，又被我击退。随后，税警总团杨营长亦收集该营溃散官兵返回阵地，刘团长遂将原阵地交还杨营长，责令死守，不得再溃，并将在追击中所收容的该营溃散官兵38人及各连所拾得的美式步机枪40余只(挺)，全交给杨营。正要撤回时，敌再度进攻，又协助杨营将敌击退后，才撤回原地。

这次税警团八石桥阵地的溃退，对蕴藻浜守备部队及在大场的炮兵团、后勤补给站等震动很大。所以第十九师第一〇九团主动出击尚未撤回时，各有关部队、单位，已纷纷将情况上报。第一〇九团撤回后尚未来得及将战况上报时，顾祝同长官部、张发奎总部已派来高级官员查询情况，要追究税警总团溃退的责任。当时税警总团团长黄杰兼任蕴藻浜守备部队的军团长，竟否认税警团八石桥阵地有失守溃退之事，但也承认在战斗危急中得到了第十九师第一〇九团的主动支援才确保了阵地。顾祝同对蒋的嫡系部队素来纵容包庇的，并未据实查办，对第十九师第一〇九团这次战绩给予嘉奖，算是敷衍了事。旋上海人民团体及战地服务团等都送来慰劳品、慰问信等，鼓舞了士气。

蕴藻浜的拉锯战

第十九师是一支武器装备较差的部队，士兵每人一顶斗笠和一块油布，军官中多数人有一把雨伞，没有雨衣，所以初到大场时许多友军瞧不起这支部队，讽刺为伞兵部队，就是总部对这支部队能否战斗也很怀疑，八石桥之战，改变了人们的看法。

第十九师当晚奉令接替蕴藻浜沿线麦桥宅、陈家宅、季项宅，陆家堰、孙家宅、苏家宅、郭家牌楼之线守备任务。师的部属是：以第五十五旅第一〇九团、第一一〇团守备麦桥宅、陈家宅、陆家堰、季项宅之线；第五十七旅第一一四团、第一一三团守备孙家宅、苏家宅、郭家牌楼之线。蕴藻浜水面不宽、不深、可徒涉；沿线地形平坦开阔，全是棉花田，尚未凋谢；少数小村庄和周围竹木，均被炸毁，到处危垣断壁，弹坑累累，深达数公尺，已成为鸡犬不闻的无人地带。各团营分别进入守备地，彻夜赶修工事。

次日黎明，日机群和炮兵同时向我轰击，阵地工事多被摧毁，官兵顽强抗击，随毁随修，并英勇击退了敌步兵的多次进攻，伤亡颇大。入夜，又彻夜加强阵地工事和伪装设施，改进交通壕和伪装阵地工事的联系，以减轻敌火力损害。此时，发现在我阵地区域内有敌特和汉奸潜伏活动，白天用烟火、夜间用照明弹为敌机、敌炮指示目标。官兵们愤恨之极，分派巡逻小组搜索捕杀，两三日内得以肃清，大大降低了敌机、敌炮的命中率，我军死伤逐渐减少。

初期日军步兵攻击重点指向季项宅、孙家宅一带，并多次在炮击后以坦克多辆掩护步兵冲锋，连日都有肉搏血战。我官兵体力虽不如敌人，但这个部队多年以来都重视练习武术，故能增大敌之伤亡，使敌不能越雷池一步。一天下午，敌以8辆坦克掩护步兵数百人向我阵地进攻。当时先头坦克2辆冲过蕴藻浜时，其履带即被我迫击炮和集束手榴弹击毁，其余6辆坦克立即转头回窜，尾随的步兵也被我打了回去。双方形成对峙态势20余日。

由于连日苦战，官兵伤亡惨重。在阵地上，兵力日益不敷分配，师、旅、团又都无可控制使用的预备队。如一处被敌突破，就有全线皆溃的危险。为此，师长李觉决定进行阵地调整和暂时的兵力整编，并将师、旅、团部的非战斗部队和非战斗人员编入第一线连队，充实战斗力量。经过这一调整后，一个团也只剩一个营或略多一点兵力，而且已苦战20余天，部队疲惫已极，伤、病员有增无减，但士气未馁。

郭家牌楼的血战

随着日军兵力的不断增援，其主攻方向逐渐向西南转移，上海战局发展已对我不利，蕴藻浜全线陷入危急状态。此时，战区长官司令部调来广西的第二十一集团军廖磊部向日军发起反攻，张发奎总司令指定第十九师掩护该军从郭家牌楼附近进出。桂军在我第一一三团掩护下从狮子桥阵地出击，对敌发起猛烈的攻击，在敌机、炮炽烈的火网下，经过几进几退的反复冲锋后，终因伤亡过重而被迫撤回。次日，再换部队出击，如此三天的轮换出击战斗，桂军不支被迫全部撤退，反攻战斗遂告结束。

桂军撤走之后，第十九师阵地的压力更大了，连日敌猛扑郭家牌楼之线阵地，狮子桥成为争夺焦点，第一一三团伤亡最大。李觉师长为确保狮子桥，遂令第一一〇团和第一一四团各抽一部兵力，加强郭家牌楼守备；令第一一三团团长秦庆武死守狮子桥桥头阵地。此时，敌对狮子桥彼岸桥头堡垒采取了势在必得的猛攻，集中炮火猛轰，从早晨到午后，工事全毁，官兵百余人无一生还者。彼岸屏障既失，桥上的肉搏争夺相持两天，秦庆武团长手执马刀亲身与敌肉搏，最后只剩十余人，全部壮烈牺牲。这一英勇杀敌的事迹，次日上海各报都给以赞扬表彰，蒋介石曾通令全军追赠秦庆武为陆军少将，优予抚恤。

秦团全部牺牲后，当晚第十九师奉令交防后撤至北新泾镇附近休整三天，将全师整编为一个战斗团，编余干部待命赴湖南接补新兵。第三日蕴藻浜全线撤守大场，情势危急，第十九师刚整编之团奉命开赴大场为预备队。旋大场不守，第十八师溃退，师长朱耀华自杀未死。第十九师奉总司令部薛岳电令，立即撤至昆山附近，利用国防工事担任掩护收容。到达昆山后，以一个不足 1 500 人、已疲惫不堪的步兵团如何完成掩护收容任务？并无明确指示。此时整个上海战役已成全线溃退之势，部队互不相顾，纷纷后退，薛岳已无法掌握，加以原在大场、真如车站、北新泾镇等地的后勤补给、医疗等单位也仓皇后撤，伤病员、溃散部队都夺路奔逃，极其混乱复杂。李觉遂令第五十五旅旅长唐伯寅率全师编余干部由昆山登车经沪杭铁路转浙赣铁路急赴湖南接补新兵。

第十九师从昆山撤至苏州，听说顾祝同长官部从苏州撤走时，对原有国防坚固工事的钥匙竟不知在何人手中保管，无人查问，也无部队可守。薛岳急令第十九师残部撤往杭州，归还第十集团军建制。此时苏州告急，杭州亦吃紧，沪杭铁路的平望已被日军的海军陆战队所截断，只好绕太湖西岸经宜兴、长兴、吴兴（湖州）、武康，兼程前进。

12 月下旬，第十九师残部赶到杭州后，旋杭州亦弃守。刘建绪令第十九师残部经诸暨至新登，担任富春江右岸的守备任务。

全国政协文史资料委员会编：《文史资料存稿选编：抗日战争》（上），中国文史出版社，2008 年版，第 540—542 页。

苏锡既设阵地的构筑与不守

龚孟涛①

上海抗战，自八一三起，已苦战了两个多月，给日军以重大打击！为了长期抗战，以空间换时间，应当适可而止，撤退到吴福（苏州—福山）线和锡澄（无锡—江阴）线等几条既设永久性防御阵地，整顿补充有生力量，继续给日本侵略者以沉重打击。但是蒋介石幻想九国公约国开会制裁日本，竟以政略变更战略，复令已准备撤退的上海守军再死守两星期，结果遭日军从杭州湾登陆的包抄，造成守军仓皇西撤，溃不成军，致使吴福和锡澄等线既设永久性防御阵地也失去了作用。

抗日战争前的几年中，因为九一八事变，东北沦陷，全国人民要求抗日收复失地，蒋介石在群情愤慨的要求下，接受爱国人士的建议，在军事委员会之下，设立一主持国防的执行部。当时执行部的主任是唐生智，副主任是当时的参谋本部第一厅厅长刘君实（光）。下设几个组，调军事方面各部的人员组织而成。主持作战计划的立案，以及预设阵地的选定和永久工事的构筑等。当时的作战方针是根据敌我国情决定以持久抗战消耗敌人，用空间换取时间对付敌人的速战速战的歼灭战略方针，来拖垮敌人。因此，在华东方面沪宁铁路沿线决定构筑四道防御阵地，以淞沪至杭州湾为第一线，苏州至福山为第二线，无锡至江阴为第三线，南京附廓为第四线。在立案之后，组织军事参谋人员进行实地勘察，选择各个阵地带，标定各种工事位置。其间颇经过相当时间的现地参谋旅行和图上研究讨论，才定下来构筑阵地强度的各种方案。然后，由执行部提请蒋介石作出决定，才组织施工部队，准备施工材料和进行施工。

---

① 龚孟涛，1935年至七七事变前任第三十六师司令部参谋处主任，全面抗战开始后调任第一战区司令长官部幕僚。——本书编者注。

淞沪附近的第一线阵地，由淞沪警备司令杨虎指挥淞沪保安总队负责就近构筑；第二线、第三线即所谓吴福线和锡澄线，指定第三十六师宋希濂部、第五十七师阮肇昌部、第八十七师王敬久部和第八十八师孙元良部等四个整编师分段负责，进行工事构筑；南京附近之线，则由教导总队桂永清部负责。我当时任第三十六师司令部参谋处主任，所以这两线阵地带的选定、阵地各线的勘察和标定位置的参谋旅行，以及工事构筑的计划与实施，我都亲自参与其役。第三十六师担任铁道线正面的阵地构筑；第五十七师担任联接第三十六师左翼方面的阵地构筑；第八十七师、第八十八师担任沿长江南岸方面的阵地构筑，右与第五十七师的左翼相联接。

阵地的结构是采取纵深配备的，每一线阵地带有三线，即：警戒阵地、主阵地和预备阵地。而各线阵地又分为轻重机枪掩体、小炮掩体和炮兵观测所与炮兵阵地、兵员掩蔽部和指挥所等纵深工事配备。这些掩体和掩蔽部等永久工事是阵地组成的骨干，到战时再加上野战筑城的步兵壕、交通壕联系这些骨干，即成为完整的坚强防御阵地。

这些骨干掩体工事的构筑是用钢筋混凝土结构做起来的，它的强度是为能抗击野炮弹和重榴炮弹的破坏威力而设计的。主要部分的钢筋混凝土结构的厚度约在一公尺以上，再加上积土一二公尺，那是非常坚固的。

负责构筑这些工事的部队，对这些钢筋混凝土结构都是外行。我们奉到命令后，组织了一个指挥机构，下设工务、材料、运输等三个处。工务处负责施工技术指导，下设：木工厂，拼做各种木模型；铁工厂，裁截弯曲各种钢筋，按工事图样配备成套。材料处，计划材料的采购、领管等工作。钢筋、水泥、铁丝、木材等，由军政部统筹拨发，沙石等是就地招商承办的，统由材料处接收、保管、分配。运输处，负责运输各项模型板、钢筋等所有构筑工事材料到工地，交施工部队应用。工务处下的木工、铁工两场的技术作业，主要是由执行部指派独立工兵第一团马崇六所属的一个营和我师工兵连，选拔长于木工和铁工的士兵组成工作班，担负各项技术工作。

永久工事开始构筑之初，工务处召集各施工部队长进行学习，按照工事图样，分别掘土、钢筋结扎、木模安装和混凝土拌和与贯注等工序的施工班，进行实地施工的训练。然后把部队摆开，分配工地，进行施工。在施工开始的时候，采取先分区试点，吸取经验，然后推行及面，进行全面施工。

对工事构筑的技术精度和强度，由工务处组织工兵团的官兵分班派赴各工区进行指导操作和检查。因为工事掘土的深浅，不仅关系发扬火力与战斗员兵的掩护安全，而且有关材料的使用多少，和施工有无困难？在江浙一带，尤其是无锡、苏州等地多湖泊地带，掘土二三尺就要冒出水来，工事位置又多在农田或河流附近，因此施工掘土，还要添置排水设备，否则钢筋结扎、木模安装和混凝土贯注都有困难，而且可能影响工事的强度。而钢筋结扎的尺度、规格与牢固否？也会影响到工事的强度。至于混凝土的沙、石、水泥的比例，与拌和方法、石子的种类与大小尺度、贯注的捣固等，都有一定的操作方法要求的。我对这些技术知识，原来都是外行，后来由于马崇六工兵第一团派来的那位工兵营长的帮助，也懂得一点。我是负责全师工事计划分工和实施的责任，所以我经常偕同那位工兵营长一道去工地指导，检查发现有问题立即处理和解决。

我们奉命构筑这两线工事，从 1934 年到 1936 年花了两年半的时间。第三十六师的部队最初驻在南京通济门外的通光营房整训。当时是一个整编师，属蒋介石的嫡系部队，辖两个旅四个步兵团，师长宋希濂，湖南湘乡人，黄埔军校第一期学生出身。一个旅长是陈瑞和，黄埔二期，另一个旅长是杨光钰，也是黄埔一期生。四个步兵团的团长是刘英、李志鹏、胡家骥、颜葆裕，他们也是黄埔四五期以上的学生出身。师参谋长是向贤矩，保定军官学校出身，湖南宁乡人。

最初接到命令的时候，就决定先将部队推进到武进(即常州)与无锡之间的地区，接近锡澄线，师部暂驻武进。开始施工时推进到无锡，我和执行部所派幕僚组成的现地参谋旅行组，先在地图上研究讨论阵地线的部署，然后作现地侦查，标定工事的种类和位置，再划分部队的工作地区。把本师负责构筑地区的工事，按前后左右的顺序编列号次，分配到各团分担施工。钢筋、木模都由铁、木工厂预先按工种类、号次准备好，编号标记，送往工地。执行部的计划是每一个工事准备一付木模，这些木模的材料大部分是进口的洋松木。我发现同一类型的工事，如轻重机枪掩体的数目不下数百，其他小炮和炮兵与观察所掩蔽部等也不下数十个，为了节约进口洋松木材，遂将同一类型的工事，按次序先后构筑，使用同一模型。在工事做好之后，拆模型时加倍小心，保持模板的完整，以便继续使用。即使拆坏了一些，也可以稍加修补再用。因此，一副模型板可用 3—5 次，节约不少材料，也节约不少人工。这一经验，在各师工地也很快得以推广。

我师先参加修筑无锡附近的工事。完成任务之后，便推进到苏州，进行吴福线工事的构筑。钢筋混凝土的结构做好之后，再加上土工作业，施行伪装等外部工作。掩体内部装配有两重门，外面是一公分厚的钢板门，以防炮弹或炸弹破片伤害人员。里面是一种三夹板或五夹板做的木防毒门，门缝处装有防止漏气的呢绒或橡胶布之类的密接设备。两重门上还涂有防锈防腐的油漆。每个掩体内装设防毒通风的防护装置。即使敌人在战时使用毒气或毒气弹等，都能保证防护安全。每个掩体的钢门上都用进口货的 YALE 大号钢锁锁上，每个锁有两把钥匙，锁和钥匙上按工事编号刻有阿拉伯数字的号码，以防错乱。阵地内的交通路大部是新建的汽车道。工事外部对敌方面多利用河流做外壕，障碍力相当大。以这些钢筋混凝土结构的工事为骨干的阵地带，是相当坚固的，有人称这几线阵地为东方的“马奇诺防线”也并不过分！如果我们能贯彻持久消耗战略方针，利用这几线阵地，逐步抵抗，以空间换取时间，一定可以把日本帝国主义者拖垮，取得持久抗战的最后胜利。

八一三以来，各部队坚强抗战，又有人民群众的热烈支持，打得有声有色，给敌人以痛击，使敌不得不逐次增加兵力，由原使用一个混成旅团，不到一万人的兵力，增加到 9 个师团，共 22 万人的兵力。大炮、战车、飞机的数量也很庞大！原来敌人夸口三个月打垮我国，而上海一地就打了三个月，如果我能以有计划的行动，凭借既设阵地的防御工事和有利地形，逐次消耗敌人，我则利用时机整补部队，建全有生力量，势必可以打破敌人的梦想，而赢得持久抗战的最后胜利！

当时最高统帅部作战组组长刘斐将军曾向蒋介石建议“上海会战应适可而止，适时向吴福线既设阵地转移，来保持自己的战斗力量，更好地打击敌人。”蒋介石最初也采纳了这一建议，并且已在 10 月下旬下达转移阵地的命令。可是蒋介石忽于 11 月 1 日晚亲赴前线，召集将领会议，期待 11 月 3 日在比利时首都召开的九国公约国会议能制裁日本，从而变更了转移阵地的决策，命令各部队再死守原阵地两个星期，造成不可挽回的错误！11 月 5 日，日军乘机以优势的海陆空战力，从杭州湾登陆，对上海实行右侧翼大包围，向我进行猛追。致使我上海几十万大军全线溃乱，敌人于 11 月 19 日占领苏州，接着又连续占领无锡、武进、宜兴等地。

遗憾的是在大撤退中，吴福、锡澄两线既设阵地，不独没有发挥消耗敌人的作用，连迟滞敌人、掩护南京的防守部署的效用都没有起到。听说那些工事在上海溃退以后，部队混乱，指挥系统联络中断，以致无从部署。即使是过去参加过构筑这些工事的部队如第三十六师从上海撤退下来，经过苏州、无锡时，想利用这些既设阵地，阻止敌人迅速推进，也无能为力。因为事先没有作好准备，过去各工事铁门上的钥匙是交给保甲长保管的。由于当时保甲长已经逃散，这些工事的钥匙也无法找到。退下来的部队连工事铁门都没有打开,更加谈不上占领阵地、阻击敌人！这是抗战初期的一大失误！完全是蒋介石的错误决策和指挥错乱所造成的,教训极为深刻。

我当时在平汉铁路上第一战区司令长官部任幕僚,有人从上海下来告诉我这些情况,我几夜都没有睡着觉！想起当年建设这些工事的情形,实在令人心痛！

全国政协文史资料委员会编:《文史资料存稿选编:抗日战争》(上),中国文史出版社,2008年版,第586—589页。

第二十军出川参加上海抗战[①]

李介立[②]

1937年8月，杨森在贵州安顺执行当时川康绥靖主任刘湘所主持的“川康整军会议”的决议，将其三个师的编制缩编成两个师，即133师和134师，辖于20军；撤销的135师的官兵，除充实其他两个师外，尚余三分之一的人员，则移交川康绥署安置和资遣回家。20军仍由杨森任军长，副军长夏炯，参谋鲜光俊，副官长范埏生，军直属手枪团长杨汉印，133师师长杨汉域，134师师长杨汉忠。每师辖2旅，每旅辖2团。20军整编完毕，待命开赴前线。

这时正是日本帝国主义于8月13日调遣海陆空军大举向我长江口淞沪地区进攻之时，全国军民，同仇敌忾，决心不惜牺牲，一致愤起抵抗。7月17日国共双方代表在江西庐山举行了会谈，共同决定全国总动员，立即调动兵力，进行全面抗战。

整编后的杨森的20军，接到命令，赓即于是年9月从贵州出发，取道湖南沅陵、常德转至汉口，乘船东下，是为川军第一支参加抗战的部队。20军于10月10日到达南京下关，立即换乘火车到达江苏南翔，接受淞沪战区司令长官薛岳指挥，编入第6兵团战斗序列，位置于大场、蕴藻浜、陈家行一线，随即进入战斗准备位置，军指挥部设置于南翔东站附近。部队以快速行动构筑阵地及防空掩体，情绪相当紧张。

笔者当时任20军133师397旅794团团长，亲历战斗。部队从贵州山岳出发后，在沿途地区直至进入前线的战斗准备位置，都受到民众的欢迎鼓励，物质犒劳，人民团体的各种慰问演出，情景动人，士气高昂。尽管川军手持陈旧枪械难敌

① 本文摘录自《第二十军出川抗战纪实》，标题为本书编者所加。

② 李介立，淞沪会战时任第二十军一三三师三九七旅七九四团团长。

日寇的精锐武器，然而都抱杀敌决心，战死疆场之志。大家回忆过去长期在四川打内战，为军阀卖命，争权夺地，深以为耻；今天走上疆场，参加关系到国家命运的战斗，为民族求生存，都深以为荣。所以进入阵地后，个个摩拳擦掌，厉兵秣马，誓将敌阻于阵前，完成守住阵地的任务。

10 月 15 日，134 师首先在大场、蕴藻浜一线与日寇白川大将指挥的第 9 师团一个旅，近卫师团一个旅展开了剧烈的战斗。日寇企图达到中央突破的目的。20 军重点是扼守桥亭宅的石硚。在两天两夜的争夺中，虽然守住了阵地，但由于装备陈旧，以致牺牲惨重，官兵伤之过半，134 师师长杨汉忠负伤，团长林相侯、营长先纠华、彭泽生阵亡，同时 133 师亦同样受到巨大牺牲。在第三天中午，守陈家行阵地的友军 32 师，受到日军的猛烈攻击，不支，撤退下来，薛岳令杨森派兵立刻收复陈家行阵地。杨森当即令 133 师 794 团协同炮兵集中火力攻击前进，与敌精锐部队展开拉锯战。将士抱定必死的决心，勇猛向前，终于把陈家行阵地从敌人手中夺回，并完成了上级下达的固守阵地两天半的命令。随后因官兵伤亡不断增加，杨森又增援三个营的兵力交我指挥，任务完成后，我奉令把阵地交给广西部队接防。在交接中，日军乘桂军立脚未稳之际发起攻击，致使广西部队一部溃退下来。上级又再令我回师收复阵地，待巩固后，再行撤离。在战斗中，我和第 1 营营长刘龙骧、三营营长芦光荣负伤，2 营营长戈厚培阵亡。任务胜利完成后，军委会传令奖励我“陆海空甲种一等勋章”一枚，由中校提升为上校。

20 军在淞沪对日寇作战中，共计伤亡团营长 20 多人，连排长 200 多人，士兵 7 000 余人。战区司令长官部决定将 20 军撤换下来，到后方整补，阵地由广西部队接替。部队先撤到纪王庙附近，然后经常熟、苏州到南京秣陵关，整理一段时间后，再调往安徽安庆补充训练。杨森到达南京时，受到蒋介石礼见。蒋对 20 军在上海战役中表现的英勇顽强，慰勉有加，当面嘉奖，允许优先补充增加最新装备，并希望以战斗中的经验，训练士卒，早日重赴战场。

四川省政协文史资料委员会编：《四川文史资料选辑》，第 30 辑，四川人民出版社，1983 年版，第 204—206 页。

郭家牌楼狮子桥血战记

汤启圣[①]

笔者当年在陆军第十九师第五十七旅第一一三团第一营充任营长，参加了淞沪抗战，特别是在固守郭家牌楼，争夺狮子桥战斗中，与全团官兵一道同凶恶的敌人，拼马刀、甩手榴弹，血战五昼夜，保全了阵地。我作为这次战斗的参与者和幸存者，现就记忆所及，分述于次，以昭先烈，以示后人。

一　出征前准备

陆军第十九师师长李觉隶属于第十集团军第七十军。该师辖两旅四团，两个旅分别是：第五十五旅（旅长唐伯寅）、第五十七旅（旅长庄文枢）；四个团分别是：第一〇九团（刘湘辅）、第一一〇团（团长邬乐和）、第一一三团（团长秦庆武）、第一一四团（团长周昆源）。全师共约官兵 1.2 万人。八一三以前，我师驻防浙江，担任温州、乐清、镇海、玉环、象山等重要港口守备。淞沪抗战爆发后，我师奉命将温州、台州、象山等海防守备交由友军接管，全部集结宁波待命，加紧进行战前的各种准备。9 月下旬，上海战况日益激烈，中华儿女保家卫国的呼声，如火如荼，震撼全国。从上海到宁波来的救亡宣传队和宁波市的爱国学生及救亡团体，每天都要来我们部队控诉日军的罪行，高唱“流亡曲”和“长城谣”。他们大声疾呼：国难已到了最后关头，我们必须用血与肉去战斗，才能保卫民族的生存。在他们的感召下，官兵们个个失声痛哭，义愤填膺。一致表示，决心以自己的血肉洗雪国耻，团、营、连、排长，纷纷写了血书，写遗嘱，作必死的决心，保卫大上海。当时官兵们

① 汤启圣，淞沪会战时任第十集团军第七十军第十九师第五十七旅第一一三团第一营营长。

慷慨激昂的情绪，真可说是惊天地而泣鬼神！

二 接防蕴藻浜

由于上海战况紧迫，我师奉命于 9 月 30 日晚在宁波分乘沪杭甬火车，经杭州、昆山、南翔，10 月 1 日清晨，抵达真如车站。下车后，步行到达大场。这个镇自八一三以来开战以来，经敌机百余架次轰炸，全镇只剩残垣败瓦，空无一人。幸亏连日以来大雨不止，敌机少有活动。我们部队抵大场后，迅即分散隐蔽。用完早餐后，即沿着泥深路滑的道路，分向蕴藻浜地区的胡里宅、苏家宅和郭家牌楼等地，接替友军第三十六师的防务。当地居民房屋多数遭敌机反复轰炸，片瓦无存。我们部队分散在横约 2 公里，纵深 3 公里的棉花田里，抢修工事。

10 月 4 日，雨后天晴。日军飞机数十架次从上午 8 时起至午后 4 时止，不停地在我军阵地上空或低飞侦察，或俯冲扫射，凶残到了极点。可是我们最高统帅部命令，不准对空射击，只能隐蔽在战壕里，听天由命，当敌机的活靶子。尤其每天午后，敌人升起气球，观察我方阵地的情况。如果我们隐蔽不好，暴露了目标，气球上的敌人，就会通知他们的炮兵，向我军猛轰。可惜我们部分忠勇将士，没有亲眼见到敌人就牺牲了，真是壮志未酬而身已逝，殊堪哀悼。我军在这样的情况下，部队补给异常困难，每天只能在晚间吃上一顿饭。加之战壕的积水排不出去，泥深没径，生活艰苦到了极点。可是，我们的忠勇将士，报国心切，士气高昂，毫无怨言，诚难可贵。

三 血战狮子桥

10 月 6 日晚，我第一一三团团长秦庆武下达命令：令第二营营长张勋业、第三营营长刘书周各率所部，守卫狮子桥北岸阵地；团长率团直属部队和第一营营长刘阳生所部，固守郭家牌楼主阵地；第一一四团第二营（配属该团的）营长包恒山所部为团的预备队，集结在郭家牌楼附近棉田里待命。当夜各部分赴守备阵地，加修工事，充分做好战斗准备。

10 月 7 日清晨，日军首以火炮猛烈轰击我军阵地；继以飞机 3 架，在我阵地上空低飞扫射；约 3 小时后再出动战车 4 辆，步兵 600 余人，向我阵地侵犯，企图突破狮子桥，一举攻占郭家牌楼。我各守备部队凭藉工事与旺盛士气，沉着应战，并以炽烈的火力射杀敌人。待敌人冲至我阵地前沿时，忠勇卫国的官兵，抢着跃出战壕，先是甩手榴弹猛炸敌人，继之手持马刀冲入敌阵，乱砍乱杀，刀光剑影，血肉横飞，敌军遗尸累累，狼狈溃退。但是，敌人并不甘心失败，自10月7日起至10月10日止，这样的恶战每天必有一次，甚至两次。我军官兵伤亡与日俱增，但是幸存的官兵，毫不气馁，誓与阵地共存亡，阵地依然屹立无恙。

10月10日，凶恶的日军一面用小汽艇沿狮子桥的小港，袭击我狮子桥北岸阵地的侧背，一面以步兵700余人，在5辆战车的掩护下，向我正面阵地猛扑。我军一再增援与敌展开恶战，时至半日，伤亡惨重，势渐不支，秦团长目睹情况危急，便手持马刀，率领我连冲出狮子桥，高呼“杀呀！杀呀!”的口号，与敌人展开了肉搏战。他深有武力，体魄雄伟，连续砍死了3个敌人后，未及猝防侧背，突被敌猛刺一刀，伤中要害，壮烈殉国。我连官兵都勇猛绝伦，用马刀和手榴弹同敌人肉搏，使敌人多次攻势顿挫。但是我连官兵已大部光荣牺牲，我也在同敌肉搏时，身负三处重伤，倒在血泊之中。幸好支援部队及时赶到，防御阵地无恙。我经抢救，幸能苟存。在五昼夜的血战中，我团上自团长下至士兵有800多人为保卫祖国献出了宝贵的生命。缅怀忠烈，无限凄怆。我作为血战狮子桥的幸存者，特将我所记得的几位殉难者的芳名分写于后：上校团长秦庆武，湖南浏阳人；代理连长余承鑑，安徽合肥人；中尉排长李碧林；少尉排长罗梭芳，两人均系湖南新化人；少尉排长伍俊杰，湖南邹阳人。

全国政协文史资料委员会编：《文史资料存稿选编：抗日战争》(上)，中国文史出版社，2008年版，第537—539页。

独立第三十七旅参加淞沪抗战点滴回忆

徐会春[1]

奉命参加淞沪抗战

第十集团军独立第三十七旅，原系福建省防军教导团。在闽变后，改编为陆军新编第十师。该师归蒋鼎文指挥后，就被缩编为独立第三十七旅，军官大部被淘汰。淞沪抗战爆发时，该旅旅长为少将陈德法，副旅长为少将顾宏扬。旅直属部队有：特务连、通讯连（有15瓦特电台一部、交换机2部、电话机9部）、卫生队；旅下辖第一〇九团、第一一〇团（原有第一一一团缩编合并于第一〇九、第一一〇团）。团直属部队有：特务排、通讯排（交换机1部、电话机7部）、迫击炮连（八二迫击炮4门）、卫生队。第一〇九团团长为上校朱企，副团长为中校徐会春（作者本人），第一一〇团团长为上校梁为焯，副团长为中校周弘训。团下辖3个营，每个营辖3个步兵连，每连步枪90支，捷克式及勃朗宁式轻机枪9挺，自来得手枪13支，担架2付，每班士兵共16名。另有重机枪一个连（马克沁重机枪4挺）），步枪36支，自来得手枪13支，每班士兵13名，担架2付。全旅计有官兵约4 500名。

1937年8月15日中午，独立第三十七旅奉宁波防守司令部的命令："着该旅迅即将沿海所有防务分别交由奉化、镇海、慈溪、余姚各县之自卫队接替后，将部队克日分别集中于宁波及慈溪两车站附近，听候出发命令。"当日，我旅受命后，即令第一〇九团将防务交由慈溪及余姚两县自卫队接替后，克日集中于慈溪车站附近；令第一一〇团将防务交由奉化、镇海两县自卫队接替后，克日集中于宁波附

① 徐会春，淞沪会战时任第十集团军独立第三十七旅第一〇九团中校副团长。

近，听候出发命令。同时领取弹药、粮食及医药发给各部队。当晚 18 时，部队先后交防完毕。23 时，第一一〇团集中于宁波车站附近。16 日 5 时，第一〇九团集中于慈溪车站附近。同时，各部弹药、粮食、医药等，均补充完毕，一切准备就绪。

民众拥护　开赴前线

部队奉令出发上海抗战的消息传出后，宁波、慈溪各界即分头捐赠大量医药及“光饼”。临出发时，各机关团体均到车站热烈欢送。内有许多学校师生挥动着“欢送独立第三十七旅官兵赴上海参战”、“打倒日本帝国主义”、“抗战救国”等三角旗的标语，也有结队唱着义勇军进行曲，来激发我军的士气；有的学生，更自动向部队要求亲赴前线参加杀敌。由此可见当时宁波、慈溪的人民群众，也和全国人民一样，抗日的情绪是异常高涨和激昂的！

部队在杭州南站候车时，有许多男女学生热烈争送茶水，有的更自动地为部队挑水烧饭，来激励我军的斗志。

部队到达上海后，上海各界及爱国同胞，号召上海市民，“有钱出钱，有力出力”，支援抗战。当时除募集款项及急需物资外，还组织伤兵救护队、伤兵后送运输队，踊跃支持前线；又组织慰劳队，到处慰劳，激励士气。这种爱国情绪的热烈高涨，实为抗战中不多见的事！我旅到达上海后，上海各界慰劳队立即前来慰劳，并赠送汽车 1 辆，自行车 32 辆，作为我军补给粮食、弹药及后送伤兵以及通讯之用。从这里可以看出上海各界及爱国同胞，当时对抗战的大力支持。

急速增援九十八师

8 月 18 日黄昏，我旅奉令开赴上海杨行附近，归第十五集团军第六师师长周碞指挥，并限于 19 日 12 时以前到达。我第一一〇团于当晚 24 时左右经漕河泾向刘行公路急进，旅部指挥所及旅直属部队相继跟进；我第一〇九团于 19 日 4 时左右沿旅部行军路线跟进。

19 日天刚拂晓，我第一一〇团及旅直属部队已到达刘行附近，第一〇九团刚走过蕴藻浜的漕河泾公路桥后，就有敌机一批 9 架分作三个小队向我军前进路线上空迎面飞来。这时我旅部队迅速跑到公路两侧隐蔽，没有被敌机发觉。我第一一〇团及旅直属部队见敌机已向南飞，就继续前进；我第一〇九团仍然在公路的西侧利用小树丛及棉花地作疏散掩蔽,停止前进。因为当时看到我第十六师的部队在漕河泾附近被敌机发现,遭到大肆轰炸及扫射。后又有敌机 9 架分成两批,一批在漕河泾上空继续轰炸及扫射,一批回去补充炸弹复来,作整天不断的轮流轰炸(据说第十六师的官兵,当时被炸死炸伤达百余名,附近居民被炸死炸伤的达 70 余人)。我团因处在敌机监视之下(距漕河泾只有 1—1.5 公里),继续前进恐怕暴露目标,不前进仍作隐蔽,又恐贻误戎机,影响局部的战况。后经朱团长和我再三考虑,为了避免无谓的牺牲,决定利用黄昏敌机飞回后,来个急行军前进。

我旅到达杨行后,即奉第六师师长周碞命令,开赴宝山增援第九十八师的作战。20 日午夜 2 时,旅先头部队第一一〇团即奉令驰赴宝山附近增援,因沿途受敌机的骚扰,加之地形不熟又没有向导,前进迟缓,至中午左右才到达宝山以西地区(距宝山 4 公里)。第一〇九团于是日 6 时,又奉令继续开赴第一线。我旅部队即在宝山以西地区展开兵力,占领阵地,阻敌前进。

首战宝西与牛角尖

宝山以西地区的战斗

8 月 19 日,日军大举进犯宝山附近,我第九十八师和敌作剧烈的战斗,牺牲惨重!该师的姚子青营,奉令负责防守宝山城,更被敌军四面围困,情况非常危急。我旅奉令驰援宝山,支持友军作战。第一一〇团于 20 日 2 时先行出发,第一〇九团于同日 6 时跟进。沿途受敌机及敌炮火的骚扰,以及沟渠的限制,到中午左右始到达宝山以西 4 公里的地区,与西进之日军遭遇(防守宝山的姚子青营已全部壮烈牺牲,敌复西进),遂展开兵力,协同第九十八师和敌激战。约一小时后,敌机两架飞来我阵地上空侦察,约过 20 分钟左右,见敌机一架以红旗伸出摇摆,指示敌舰射击目标,敌海军炮兵即向我阵地内发射排炮近 300 发。我第一一〇团由于来不及挖散兵坑交通壕及掩蔽部,官兵损失极重。该团第二营少校营长赖德润眼看到我阵地受敌炮火的大肆轰击,士兵无谓牺牲,不如迫近敌阵,免受敌炮火的威胁。即行发起冲锋,冲入敌阵内,和敌作肉搏战。这时人人奋勇,个个争先,莫不以杀尽倭寇为快!激战约 2 时许,结果营长赖德润阵亡,全营官兵牺牲过半,被迫后退。幸得该团第一、三两营及友军第九十八师竭力抵抗及火力支持,阵势才没有发生动摇。14 时许,我第一〇九团部队赶到,加入战斗,并利用敌人炮火间断赶筑临时简单工事作掩蔽，才逐渐形成对峙局面。21 日 1 时，第六师部队前来接防，我旅利用夜暗撤到牛角尖附近，加紧构筑预备阵地。

牛角尖附近的战斗

我旅于 21 日 3 时，由第一线撤到牛角尖后，就一面派员侦察地形，计划构筑阵地工事，一面将每团并编为两个营（原为三个营，因作战兵员损失达 2/5，现并编为两个营，原每步兵连有士兵约 160 名，现每连只有百名上下），以利于指挥作战。整编后，部队即在阵地内构筑简易工事。至 23 日上午 8 时许，我第一线部队不支后撤，我旅奉令阻敌前进。旅即令第一〇九团在牛角尖附近占领阵地，第一一〇团在徐行附近占领阵地，阻敌前进。第一〇九团右翼友军为第六师，左翼和第一一〇团相连，第一一〇团左翼友军为第十四师。

11 时左右，当面之日军，迫近我阵地前，遂即发生战斗。同时我左右翼友军的阵地，战况也逐渐趋于剧烈。这时有敌机一架在我第一线阵地上空作盘旋侦察，后即施其故技指示敌舰向我第一线阵地时行全线炮击，时而作横广的轰击，时而作纵深的射击，时而海陆军野炮齐发，时而敌机群向我第一线附近投弹或用机枪扫射。约 3 个小时，没有间断。14 时左右敌炮延伸射击时，我当面之敌以为我阵地内的部队已大部被炮火消灭，即行向我攻击前进，被我军迎头痛击，将其击退。战况一时稍行和缓。15 时起，我左右翼友军阵地上战况复趋剧烈，我当面之敌，又蠢蠢欲动。16 时左右，敌更以战车 7 辆为前导，向我阵地前沿攻击前进，不到 200 公尺，即被我阵地前的天然小沟渠及我猛烈的火力所阻。敌先头战车 3 辆陷入沟渠泥坑中，无法自拔，其余战车及步兵前进即行停止。就这样敌我双方隔渠对峙到天黑。日军计发炮弹 1 000 余发，飞机投弹 50 余颗。在战场上整日的炮声、炸弹声、机枪声，几乎震耳欲聋。

入夜后，战况渐趋缓和，只有日军炮兵断断续续向我阵地附近及阵地后作扰乱性的射击，日机两三架也不断在我阵地上空及阵地后以及后方交通线，不时投下照明弹或炸弹，作侦查及骚扰。我军就抓住战况稍为缓和机会，利用夜暗一面积极修筑白天被敌炮火轰毁的工事及击断的通讯线路；一面抢救伤兵，掩埋尸体，整编队伍，补充弹药、粮食、茶水，以及与友军联络等工作。就这样到天明。

24 日拂晓前 5 时左右，日军步兵向我全线出击，尤其在右翼第六师方面，战况最为激烈。经友军及我部奋勇阻击，敌不得逞。天明后，日军仍施其过去一贯故伎，以海军炮火向我阵营大肆轰击，有时以排炮向我后方 2—4 公里处突然袭击，企图消灭我指挥机关。敌机群也不断由海面航空母舰起飞，向我阵营后方不时投弹并用机枪扫射。9 时许，在敌炮向我阵地后方延伸射击的同时，当面之敌再次向我出击，经我浴血苦战，敌仍不得逞。后敌仍以步兵、炮兵及海军炮兵向我阵地不断轰击。这时我军已经从血的经验中吸取教训，即一面派少数兵力监视着敌人，一面令主力部队都蹲在壕沟里或掩蔽部里掩蔽，避免重大的牺牲。午后 16 时，敌复向我左翼友军阵地及我第一一〇团阵地再行猛烈的攻击。这时，我部由于牺牲过重，逐渐不支，幸有增援部队一再增援，向敌阻击，阵地才转危为安。我旅和敌血战已达三日，官兵伤亡达 2/5，无法继续作战，乃奉令将阵地交由第十一师接防。24 时左右，全旅撤至刘行附近整补。

8 月 25 日 3 时左右，我旅撤至刘行附近待命补充。26 日晚 23 时左右，河南部队陆军第八十二师奉命拨出 3 000 名士兵补充我旅。这些士兵身高体大，又经训练，一经编入部队，就可参加前线作战。为此，我旅一面进行整编，将各团仍编成各三个营；一面补充武器、弹药及工作器具。至此实力大增，士气也为之一振。28 日晚上 20 时，复奉命开赴龙家弄构筑第一线预备阵地的工事。

龙家弄与赵家弄之战

龙家弄附近的战斗

8 月 28 日，日军进占杨行和我第一线友军部队发生剧烈战斗。29 日，第一线友军阵地形势危急，我旅又奉命在龙家弄附近占领阵地，利用既设工事，准备迎击敌人。30 日，日军利用野炮向我阵地内射击，12 时许，敌又以海军炮兵向我阵地内发弹 300 余枚，我伤亡官兵达 200 余名，通讯线路也被击毁。当面之敌，则抱稳打稳进、不乱射击的态度(敌发现我目标，就急行瞄准射击，没有发现目标，就停止射击)。就这样双方对峙到天黑。22 时，敌企图在我阵营前架桥，用轻重机枪掩护作业，我军即以轻重机枪及迫击炮集中火力向敌作业场所射击，敌的企图失败，双方断续互相射击到天明。

31 日拂晓起，日军仍和前天一样，用炽盛的炮火向我全线时时作点面的轰击。8 时左右，敌步兵以战车 9 辆为前导，由杨行公路(阵地前公路已破坏)方向向我阵地进迫。我左翼友军立即以战防炮向敌猛烈射击，其先头战车 5 辆被我击毁，阻塞了公路，其余 4 辆战车，即急向后退，敌的企图未能得逞。过了约一小时，敌又以炮火向公路附近我友军的阵地轰击。10 时许，又将炮火转向阵地，所发炮弹达 400 余枚，我阵地工事大部被毁，官兵伤亡达 500 余名，第一〇九团第三营关营长也负了伤。当时敌乘炮兵射击方向转移时，即以步兵向我阵地进迫，情况危急，幸得我预备队全部添补到火线上来，兼之阵地前有无名河可作为天然的障碍，敌前进又不得逞。敌我双方遂形成隔河对峙。

入夜后，战况转趋缓和，我军上半夜一面修补工事，掩埋尸体，一面救护及后送伤兵。下半夜，部队则以轮流的方法，一半监视着敌人，一半在阵地后作短时间的睡眠。不料次日凌晨 3 时左右，敌突向我阵地附近进行炮火急袭，一连发射炮弹 400 余枚。我睡眠部队因当时疏散不及，又伤亡百余名。经受这一次的严重教训，在今后不论战斗和休息或睡眠，不论白天和黑夜，都要时时作疏散的安排。天明后，敌海军炮兵仍向我第一线部队作横广及纵深的轰击。8 时后，炮击由面转到点，黄浦江江面的敌舰炮由一架飞机指示目标，向我右翼友军阵地轰击；长江江面的敌海军炮兵也由另一架敌机指示目标，向我左翼友军阵地射击。10 时 20 分，敌炮兵转向对我阵地进行点射，计在第一线阵地发炮达千发，我军损失惨重。

到 12 时左右，日军炮兵开始延伸射击，其步兵即向我发起攻击，均为我奋勇击退。13 时左右，敌炮兵仍由飞机指示射击目标，再转向我阵地及吴南公路附近我左翼友军阵地，发炮 500 余发，我工事尽被轰毁。当面近百余名敌人，以轻重机枪火力作掩护，在我阵地前无名河左岸利用撑竿跳到了河的右岸，与我展开激烈战斗。敌后续部队愈来愈众，并且步步进迫，我无法将其击退。幸有我预备队一再增援，并用迫击炮等火力予以压制，敌才停止前进，我军坚守到天黑。晚 22 时，我军奉命留一部兵力和敌保持接触，主力利用夜暗撤至赵家弄附近，占领第二线阵地，继续抵抗。

赵家弄附近的战斗

9 月 1 日 3 时，我主力部队在赵家弄附近占领阵地后，一切准备及兵力配备就绪，即将第一线和敌保持接触的部队撤回赵家弄，作为预备队。拂晓后，日军迫近我阵地前，即与之继续发生战斗。8 时左右，敌侦察机一架，在细雨中飞到我阵地上空，作低空盘旋侦察，被我步兵以步枪击毁，敌机尾拖着浓烟坠入敌阵地内，我官兵个个振奋，更增强了对空射击的信心。8 时 40 分，当面之敌采取报复手段，集中野炮向我阵地内大肆轰击。10 时许，敌机一架又飞临我阵地上空，给敌舰炮指示射击目标，随即向我阵地附近发射炮弹达 500 余枚，我阵地内所有工事大部被毁,人员的伤亡达300余名。连我第一〇九团指挥所的掩蔽部,也被摧毁,电话机及通讯线路,全被击坏。我指挥所人员在敌炮向我作试射时,即迅速向第一线转移,幸免于难。12时左右,当面之敌,乘势向我发起攻击,经我军奋勇阻击,激战约3小时,敌前进不得逞,双方形成对峙。

入夜后,我军和日军作间断的对射,并赶修被摧毁的工事。22时左右,我第一〇九团及第一一〇团各派一个营分作六个分队,向敌奇袭,未成功。9月2日2时起,在我阵地前面之敌,怕我再行奇袭,遂在阵地内利用探照灯向我阵地前及阵地内不断照射,使我阵地内的官兵活动受到限制。我当即集中迫击炮向敌阵地内的探照灯轰击,其探照灯才熄灭。这时第十六师奉命前来接防,我旅奉命交防后配合第一线友军向敌采取攻势,经过约3小时的激烈战斗后,敌因牺牲惨重,被迫后退。赵家弄附近的战斗,至此结束。

9月2日4时许,我旅在赵家弄附近向敌出击受挫后,于9时左右撤至刘行附近整编,每团缩编成一个营,实力锐减,即请求再行补充。后奉令开赴南翔附近待命整补。整编后于9月9日夜,奉令开赴刘行附近构筑工事,准备迎接新的战斗。

全国政协文史资料委员会编:《文史资料存稿选编:抗日战争》(上),中国文史出版社,2008年版,第524—529页。

黄维回忆八一三抗战经历

陆　诒[1]

中国人民政治协商会议第五届全国委员会常务委员会黄维委员曾于去年十二月到上海参观访问，他和其他委员先后参观了上海的工厂、人民公社、学校和科研单位，参加了好几次座谈会。临别之前，他曾向市政协提一愿望，还想看一看四十二年前上海八一三抗战中自己亲身战斗过的旧战场。

一九三七年上海八一三抗战爆发，国民革命军第十八军六十七师在宝山县的罗店战场浴血奋战，屡挫敌锋，九月下旬，在激烈战斗中黄维接任该师师长。当时该师伤亡过半，但仍裹创再战，坚持抗击敌军。旋以阵地转移，被调到南翔附近整理补充。十一月初部队整补完毕，奉命调到沿苏州河北新泾一带接守友军阵地，在敌军猛烈进攻下，于十一月九日夜间，把阵地移交给教导总队桂永清所部接防，撤至上海县七宝镇休整。当时敌军在金山卫大举登陆，从西线迂回我军后方，他接到紧急命令，星夜驰赴嘉定县的安亭车站，扼守泗江口公路大桥，掩护几十万大军从上海战场撤退。

市政协领导满足他的要求，派我于十二月十二日陪他到罗店、金家宅、南翔、北新泾、七宝等地参观访问。八一三抗战时，我任上海《新闻报》战地记者，也曾到过闸北、吴淞和罗店前线采访，这次旧地重游，倍增今昔之感。现略记此行经过如下：

十二日上午十时，我们驱车到达宝山县罗店人民公社。公社负责同志邀请身经八一三战争的老社员六人，一起举行座谈会。他们鬓发斑白，年龄都在七十岁

---

① 陆诒，著名新闻工作者，曾任重庆《新华日报》采访部主任、重庆《大公报》记者，上海《联合日报》、《联合晚报》编委，《时代日报》编委、采访部主任，《新闻日报》副总编辑。

以上，回忆当年罗店全镇毁于敌军炮火，我军仍在断壁残垣间据壕坚守的壮烈战史，可歌可泣！罗店附近乡村也遭到敌军烧杀蹂躏，许多人家破人亡。新中国成立以后，在中国共产党领导之下，当地工农业生产迅速发展，社员生活不断提高，生气蓬勃，历经战祸的老年人都能安度幸福的晚年。黄维委员即席发言，他说："今天，我生平第二次来到罗店与诸位父老相见，内心十分兴奋，同时又感到非常难受！八一三抗战时，我带领六十七师的弟兄们，在此地作战，战斗激烈，全师伤亡惨重。这次仗没有打好，牺牲了许多弟兄，使当地同胞受到灾难，作为一个军人，我对不起国家，对不起当地父老兄弟。"说到这里，他感到心情沉重，默然不语。一位年已七十五岁的老社员立即插话劝慰："黄委员不要难过！那次打仗是民族抗战，我们亲眼看到中国军队在敌人海、陆、空军联合进攻下，奋勇抵抗，使中国人出了一口气。即使我全家七日中有两人伤亡，我绝无怨言。这次仗打得对、打得好，应该说虽败犹荣！"黄委员继即略述罗店战役的经过，他说："一九三七年下半年，我正在柏林。七七抗战爆发以后，接到电令奉召回国，八月十三日从柏林动身，循海道归国。到香港后由广九、粤汉、浙赣、沪杭铁路赶赴上海前线。经过江西贵溪家中，也只停留一宿。九月中旬到达上海，当时闸北、罗店、吴淞、刘行一带战斗激烈，战争规模越打越大。我即向国民革命军第十八军军部报到，军长罗卓英叫我先视察战场，了解当前敌情，继即命我接任正在激烈战斗中的第六十七师师长。"

"罗店距闸北、大场不远，离吴淞长江口更近，敌方海军炮火可以直接命中陆地目标，加以当时敌军完全掌握制空权，可以发挥其海、陆、空军联合进攻的优势。我们被迫在这里作阵地战，形势极为不利，但我军将士激于民族义愤，奋不顾身，浴血抗战，力阻敌军进攻。八月二十三日敌军在吴淞狮子林登陆，以一个旅团的兵力，在多数军舰的炽烈炮火掩护下，大举进攻，其主力的一部绕道木杓镇与我争夺罗店，开始罗店战役。当时上海整个战局中，以罗店争夺战最为激烈，鏖战月余，敌我双方屡进屡退作拉锯战，全镇毁于炮火，成为一片焦土。我军经常趁敌机不能活动的晚间，发动夜战以夺回白天丧失的阵地，有时进行肉搏，双方伤亡都很大。六十七师伤亡过半，逐步后退至金家宅之线，与敌对峙约半月之久。敌又增兵发动攻击，经过激战始奉命撤至南翔整补。回想当年的战斗，真是一寸山河一寸血！"

我们巡视罗店镇，当年战争废墟上已造起了许多楼房，街道整洁，市面繁荣。走到镇东看交叉的河流，听当地老社员介绍当时敌军如何循河道进攻，我军坚守两岸与敌军奋战的情况。

我们又走到金家宅，这个村庄的全部房屋现在都已翻造成为两层楼的农民新村，整齐美观，气象一新，黄维委员看了也不认识了，仅对村西的小木桥和村前的树木还有些印象。我们随便走进一家社员的新居参观，主人是罗南大队社员金永德，现年六十四岁，招待我们坐下来亲切交谈。据大队干部介绍，八一三抗战时，他曾经为我军当过向导，也曾冒着敌军的炮火，两次到前线为我军送饭。黄维委员获悉这位老人战时协助军队的事迹，肃然起敬，特同他热烈握手道谢，并请他谈谈当时的情况。

金永德老人追叙往事，他说；“九月二十日中午，我正在村前那块稻田的水车旁乘凉，遇见几个武装军人同我攀谈，他们问我村上有几户人家，八一三打仗后，还有多少人留在村上。又说罗店镇打得很厉害，东洋兵进镇后即到处烧杀，你们不要怕，大军即刻赶到，我们一定要组织反攻，收复失地。当天傍晚，空中已无敌机踪迹，果见有部队陆续到达，还有骡马拖着大炮，大部分军队开到罗店镇的两侧，只有少数部队进村架起军用电话线，当时我还不知道这支部队就是六十七师，更不知道师部就驻在我们村上。我家里的人都逃走了，留下我在村上看守，部队待我很好，我帮军队做向导，又到前线送饭，为抗战尽一点力量，这正是我高兴做的事情。那时候，敌机常来此地轰炸、扫射，白天经常有六、七架敌机在空中盘旋侦察，使大军大部队在白天不能运动自如，只有在晚上调动繁忙，同时又要修补工事，运送伤员，有好几次我帮军队带路也都在晚上。那次仗打得很激烈，我方的损失很大，后来大军撤退，我就开始过逃难生活，直至第二年才从太仓重返故乡。”

告别金家宅，我们继续驱车到南翔、北新泾一带。在车上，黄维委员深有感慨地对我说：“今天，上海郊区全部农田已使用电力灌溉，农业机械化程度较高，道路、河流、渠道都整修一新，工厂林立，新村棋布，一片兴旺景象，重临旧战场，已很难辨认出当年的泥泞小道和破旧农舍了。”

驰抵苏州河以南，我们问了许多人，才找到旧日的厅头镇，六十七师曾在这里激战五夜四天，打过一场硬仗。黄维委员指着镇上一座弹痕累累的楼房，向我们叙述当年战况。他说：“八一三抗战时我军最大的失策，是在战略战术上采取单纯防御，以分散的兵力，扼守点和线，始终处于被动挨打的地位，而敌军在上海战场上却能充分发挥海、陆、空军联合作战的有利条件，集中使用优势兵力，采取中央突破、两翼包抄的进攻战术。加以当时我军指挥系统混乱，部队庞杂，不能协同作战，往往侧翼受到敌军迂回包抄，即牵动全面，使正面的部队不得不忍痛撤退，厅头一战即为例证。十一月初，六十七师调到苏州河一带作战，接替八十七师和第三师扼守阵地。苏州河流经北新泾之后，即转一个大弯流向南北，当时我师驻守河南的厅头镇，左翼友军为四十六师戴嗣夏所部，防守姚家宅阵地。作战第二天，戴部垮了下来，姚家宅突告失守，敌军即从侧翼包围我占领厅头的四〇二团，并对控制在八字桥的师预备队三九八团猛烈进攻。另有四〇一团和三九九团则在其右翼阻击敌军。敌军集中其优势兵力突击厅头镇，利用系留气球在空中指示目标，用猛烈炮火集中轰击我阵地，掩护其步兵进攻。我四〇二团战斗至最后，仅占有镇端一角，仍坚持逐屋战斗，死守不退，该团官兵伤亡殆尽。团长赵天民重伤残废，团副和营长先后阵亡。八字桥一带，三九八团团长曹振铎负伤后不下火线，坚持指挥战斗。激战到第四天晚间，教导总队桂永清部赶来接防，始将全部阵地移交。部队于十一月七日晨到达七宝镇休整。不料到七宝镇只住了一晚，因敌军在金山卫大举登陆，我军后路即将被切断，牵动了上海整个战局。我师奉命开赴安亭车站，扼守泗江口公路大桥，掩护大军撤退。当时我把全师的战斗官兵临时编成三九八团和三九九团(各拨两个营)，以便指挥。在撤退途中，目睹漫山遍野的退却部队，自相践踏，混乱不堪。十一日夜间，又受到敌军便衣队趁退却部队混乱之时进行袭击，造成了更大的混乱和损失。六十七师掩护部队于退却大军完全通过之后，才全师而退，从南面的丘陵地带经过无锡、宜兴、长兴转到皖南山区，继续抗战。八一三抗战的史实深刻地教育我们，没有现代化的国防，就不能保卫我们国家的独立与生存！抚今思昔，使我们更进一步认识建设四个现代化的社会主义祖国的迫切性和必要性！”

从厅头登车经虹桥路赴七宝镇，黄维委员游览了当地街市并健步走上著名的七宝石桥。他高兴地说：“这个镇上的旧房子我还认得出来，但新建筑和新工厂却使我更感到莫大的欣慰和鼓舞。”

上海市政协文史资料委员会编：《文史资料选辑》，第 4 辑，上海人民出版社，1980 年版，第 58—63 页。

第九师在上海战场和溃退到芜湖见闻

王惜时　解云祥

1937 年 9 月底，第二军第九师奉命从湖南衡阳开到了上海战场。半夜，部队在一处不知名的火车站下了火车，很快就离开了交通线，在附近的隐蔽地和树林里隐蔽起来。有些官兵则钻进稻谷田里、棉花地里，不做工事，也禁止高声谈话，恐怕被敌机发现。而敌机则整天在上空盘旋、轰炸、扫射，迫使我们不敢活动。夜幕降临后，部队才开始再前进，大家对行进路线和方向都不明白，后面的人只知跟着前面的人走，各部队的前进路线互相交错，人员混杂，东转西折，蠕动着缓行了一整夜，才走了 10 多里路。各部队官找不到兵，兵找不到官，像在捉迷藏。黎明后散乱的官兵才各归所属部队，经过集结整顿，各部长官才把部队掌握起来。

随着旭日东升，发现天际悬挂着一个大黑球。大家不知是什么东西，好奇地争相观看，等到知道是日军炮兵的观测气球时，已来不及隐蔽了。密集的炮弹像冰雹似地从天而降，第五十二团团长窦长清被打伤了下颚，营长杨培德(后任第五师师长)炸伤了左臂，下级官兵更伤亡很大。部队还在第二线，还没有看到敌人的影子，就蒙受了损失。

部队在接防吴王宅、金邱宅的友军阵地后，一个多月的时间里，除派出担任警戒的哨兵以外，全体官兵都蹲在战壕中。军官白天在掩蔽部里睡大觉，夜晚才出来巡查岗哨，等后方送给养来吃。

这个地区地下水位很高，河泾水流还受潮汐涨落的影响，堑壕不能深挖，一米五六就出水了。雨天浮泥满壕，只能在接近地面处挖洞蹲着，或用木板垫高，平躺在里面。日军炮火猛烈，我军在地面上不能活动，偶尔暴露目标，就被冷枪打中(日军中有受过专门训练的狙击手)。部队在第二线还没参加战斗，又遭到很大的伤亡，加上官兵不适应这种特殊的生活条件，生病送后方医院的一天比一天多。

各部队的兵员本来就不足额，在这种迅速减员的情况下，战斗力锐减。为了保持战斗力，每隔三四天就补充一批由后方部队里抽调来的老兵，发给枪支弹药后，交各班长带去守堑壕放步哨，就这样在第二线糊里糊涂地混了五六十天。

以后我部从罗店附近调去防守江桥镇。日军在其兵舰炮火的掩护下，于金山卫强行登陆，向我第一线各守军阵地猛烈进攻，敌机也终日对我军前线和后方进行狂轰滥炸。我全体将士虽奋不顾身地回击，卒因各部队指挥不协调，加上我军武器装备和训练远远落后于敌人，以血肉之躯挡装备精良和训练有素之敌，终不能克奏肤功。11 月底，全线崩溃了。

由于仓促撤退，各级指挥官对部队失去控制力。士兵争先恐后，东奔西逃，加上上海郊外河道纵横，港湾交错，路少人多，渡河点上事先又没有架设浮桥和足够的渡河工具，只靠有限的木船来回摆渡，先头上船的人马超了载，后来的人马还是继续拚命地往上涌，很多渡船被压沉了。人马被淹死，枪炮沉入河底，岸上人叫马嘶，落水官兵哀嚎呼救，敌机又在上空俯冲扫射，死伤枕藉，惨绝人寰。强渡过河的部队，上岸后官兵各不相顾，零乱不堪，完整而有战斗力的部队为数实在太少了。部分官兵乘混乱之际，不听上级的约束和指挥，一股劲地向后逃命，避免上级来找麻烦。要是哪个部队比较完整，就会被上级抓着不放，命令去担任掩护。我们在苏州至无锡的铁路线上行进时，就几次听车站值勤人员喊过路的师长去接委员长的电话，并说没师长，团长也可以。

部队过了常州，已离火线很远了。因有敌机前来侦察，上级指挥部怕被敌机发现，下令各部队成单行每人取 20 米的距离前进。这样，一个营就拉了上十里路长，前后无法联系，各部队只得停止下来等齐集好后再走。哪知这一等更糟了，连找不到营部，营找不到团部，师部也早已不知去向了。大家都只知道向西走安全，到了南京不进城，都靠南面走，各部队各不相顾。这样自由行动了五六天才到芜湖。这时候，师部、团部才派人来找部队，收容失散的官兵。

部队到芜湖后，师部责怪团长以下各部队长没有把部队掌握好，要惩办失职的官长。代理了 3 个月团长的第五十二团团长龙汉涛，成了大家的替罪羊，被撤了职。其实真是冤枉，在乱军中，营长、连长们又有哪一个听他的指挥呢？大家都各行其是，他又有什么办法呢？

一向糊涂昏愦的营长李景贤这次却受到上级的嘉奖，说他把部队掌握得好。其实李景贤营在脱离团部后，沿途碰上了许多师司令部和师直属部队的流散官员，李在沿途倍加照顾，殷勤款待。这些人跟随到芜湖后才回师部去，都在师长面前说李营长如何如何有能力等等。师长信以为真,大为欣赏,其实只有天晓得。

1937 年 12 月,部队退到芜湖集结后,统帅部命令第二军军长李延年指挥第九师和第一〇五师担任芜湖守备,此时日军已迅速攻占了南京,乘胜前进。第二军在芜湖还没来得及布防,日军就已兵临城下。各部队仓促应战,在湾址附近与日军发生激战。卒因以疲惫之师,当新胜之敌,不能力挫敌锋,遂退过青弋江西岸固守待命。

上海市政协文史资料委员会编:《上海文史资料存稿汇编:抗战史料》,第 3 辑,上海古籍出版社,2001 版,第 104—107 页。

蔡将军罗店血战殉国记

薛祚光[①]

自八一三英勇的淞沪抗战开始以后，在战略上占着很重要位置的罗店，这个名儿几乎是举世都知，无人不晓了。在这儿牺牲了无数的爱国志士与民族英雄，他们是用了他们的头颅和热血，去阻止倭寇的前进，以换取我们国家的独立和民族的生存。我们勇毅而仁厚的蔡旅长，他就是这群伟大的先烈里面的一位，而且是我们高级长官中最先牺牲的一员。

记得是八月廿五日的那一天吧，敌由川沙口登陆的一部约三千人左右，据当时的探报系敌十一师团多田骏所部，于罗店的北面陆家宅、沈宅之线占领阵地，并急谋袭占罗店。那时蔡旅长.他率着五千健儿从××星夜赶到了罗店，奉有攻击该敌的任务，他于是很沉着地作了极周密的部署。待部署完毕，时间还只是午前二时。夜色的沉暗与寂静，象征了整个中华民族的遭遇，邻接阵地的远处，传来几声断续而依稀的枪声，更增加了这五千健儿杀敌的决心。他们一方面在罗店的附周构筑点必要的工事，一方面就在阵地上取着休息的姿态，好准备拂晓后的厮杀。但是我们这位足智多谋的蔡将军，他并不和他部卒一般地去睡眠，却另外派了一排的兵力在阵地前方一个角落里埋伏起来，然后才走进他临时的掩蔽部中，倒在一块门板上和衣假寐。不一会，阵地的前面，传来几分钟浓密的枪声和沉重的手榴弹声，接着就寂然无闻。再过十多分钟，就看见先派去埋伏的那位排长到旅部来报告，说是有两排的敌人前来夜袭，他约束着他全排埋伏的士兵，不许动，不许作声，等他们接近到约莫五十公尺的时候，他们就把二十多个手榴弹一齐向敌投掷了去，接着又是几次排枪，随后就端起步枪挺着雪亮亮的刺刀向敌人猛冲了去。

① 薛祚光，淞沪会战时任第六十七师第二〇一旅参谋主任。

结果那两排的敌人，除了少数窜走外，无一生还，其中并击毙敌少尉成田三一员，并搜获他们的兵力部署一纸，和十万分一地图一份。

蔡将军这时把手表看了一下，是三时卅分，他于是紧速地把那俘获来的敌人兵力部署和十万分之一地图检阅了一会，派人转到师部，一方面就下令准备攻击，天色虽仍是那样的黑暗，但远处东方的天空正透露了几许淡青的光亮，星儿的眼睛已不像深夜中闪烁得那样厉害了。任攻击最先头的队伍都屏声静气地开始向前面的目的地蠕动着，不一会敌人的枪声由稀薄而转到浓密，午前四时三十分，李团的先头部队就完全占了敌人的前哨阵地。蔡将军等到前哨阵地占领以后，确实知道敌人的大部在陆家村盘踞，于是就决心命李团向陆家村攻击前进，这班健儿得命，兴高采烈，无不前仆后继，向着陆家村勇猛地一往直前，杀敌无算。适在这当儿，敌人的大队增援部队赶到，于是又重整队势，向我们这英勇的蔡旅反攻，同时又用它优势的炮火向这边阵地的后缘行歼灭射击，一时枪声、炮声、飞机掷弹声、两军肉搏喊杀声，喧嚷一片，响彻天地。我们的蔡将军就在这时陆续地接到李团长负伤和张营长阵亡、魏营长负伤的噩耗，又听说敌人数倍于我，而我方各部因干部伤亡太多，大有无人掌握的趋势。他听了这许多噩耗，但他竟没有一点慌张的气态，他一方面命朱团增加左翼，一方面指定了李团的代理人，自己又把旅部推进了百多公尺接近到散兵线的直后去指挥，并下如左一道命令：“本旅将士誓与阵地共存亡，前进者生，后退者死，其各凛遵！”

此时已午后零时三十分，强烈的阳光，直射到这般为民族求生存的健儿的全身，似乎是象征了他们前途的光明，他们更加鼓起了勇气，向陆家村的敌人辗转地冲杀。敌人因了第二次援军的增加，也拼命顽强抵抗，他们的战机更是在天空像飞蝗般的活动轰炸。在这儿，蔡将军他见着战况的紧张和罗店的重要，他竟率着他唯一的特务排和朱团第三营，向敌阵突击，全旅官兵见着旅长率身先导，于是士气大振，进攻也更加剧烈。不幸我们忠勇仁厚蔡将军的胸部，就在他这勇往直前的当儿，被敌人的步弹贯穿了，他这时还扬着手高呼“前进！前进！”及至他左右的卫士和看护扶他倒下包扎的时候，他喉中“前进”的声浪，还由他最后的几次微弱的呼吸中传吐了出来，一直到他双目阖闭为止。啊！这样悲壮热烈的牺牲，为国家求生存的牺牲，为人类求和平的牺牲是多么值得崇拜而景仰的哟！

最后，请大众知道一下蔡将军的简历吧：蔡将军字絜宜，隶籍安徽合肥，黄埔一期及陆大特别班一期毕业，历任团旅长、警备司令，及保安处长各要职，常识和经验都非常丰富，尤其是性情的温厚，决事的爽速，特具有大将军风度。他全旅的官兵没有一个不爱戴他的。这次罗店为国捐躯，无不悲伤不止，这可证明蔡将军平昔待人之厚和感人之深了！听说蔡将军生前廉洁，死后萧条，他那旅的上级司令部已积极的在那里替他从优抚恤哩！

《我军英勇抗战事迹》，拔提书店，1938年版，第68—71页。